CURSO DE PROCESSO PENAL

www.editorasaraiva.com.br/direito
Visite nossa página

Outros livros publicados pelo Autor

1) *Código de Processo Penal comentado*, 1. ed., Saraiva, 2016;

2) *Crimes ambientais*, 4. ed., Saraiva, 2017;

3) *Crimes contra a dignidade sexual*, 3. ed., Saraiva, 2018;

4) *Crimes contra a ordem tributária, econômica e relações de consumo*, 2. ed., Saraiva, 2018;

5) *Crimes de trânsito*, 6. ed., Saraiva, 2017;

6) *Curso de execução penal*, 17. ed., Saraiva, 2019;

7) *Estatuto do Desarmamento*, 4. ed., Saraiva, 2012;

8) *Execução penal – Coleção Saberes do Direito*, 1. ed., Saraiva, 2012;

9) *Lei de Execução Penal anotada*, 6. ed., Saraiva, 2017;

10) *Prisões cautelares*, 2. ed., Saraiva, 2012;

11) *Tóxicos*, 11. ed., Saraiva, 2017.

RENATO MARCÃO

Advogado. Membro do Ministério Público de São Paulo aposentado. Doutorando em Ciências Jurídico-Criminais pela Universidade de Coimbra. Mestre em Direito Penal, Político e Econômico. Professor convidado no curso de pós-graduação em Ciências Criminais da Estácio/CERS; e em cursos de pós-graduação promovidos por diversas Escolas Superiores do Ministério Público e da Magistratura Nacional. Membro da Association Internationale de Droit Pénal (AIDP), do Instituto Brasileiro de Ciências Criminais (IBCCrim), do Instituto de Ciências Penais (ICP) e do Instituto Brasileiro de Execução Penal (IBEP).

E-mail: rmarcao@terra.com.br

CURSO DE PROCESSO PENAL

7ª edição

Revista, ampliada e atualizada, de acordo com as Leis ns. 13.964/2019, 13.967/2019 e 13.984/2020

3ª tiragem

2022

saraiva jur

saraiva EDUCAÇÃO | saraiva jur

Av. Paulista, 901, 3º andar
Bela Vista – São Paulo – SP – CEP: 01311-100

SAC | sac.sets@saraivaeducacao.com.br

DADOS INTERNACIONAIS DE CATALOGAÇÃO NA PUBLICAÇÃO (CIP)
ANGÉLICA ILACQUA CRB-8/7057

Marcão, Renato
Curso de processo penal / Renato Marcão. – 7. ed. – São Paulo: Saraiva Educação, 2021.
1352 p.

Bibliografia
ISBN 978-65-5559-447-8 (impresso)

1. Processo penal – Brasil. I. Título.

CDD 341.14

20-0758 CDU 342.2(81)

Índice para catálogo sistemático:

1. Brasil : Direito penal

Diretoria executiva Flávia Alves Bravin
Diretoria editorial Renata Pascual Müller
Gerência de projetos e produção editorial Fernando Penteado

Planejamento Josiane de Araujo Rodrigues

Novos projetos Sérgio Lopes de Carvalho
Dalila Costa de Oliveira

Edição Marisa Amaro dos Reis

Produção editorial Daniele Debora de Souza (coord.)
Estela Janiski Zumbano
Rosana Peroni Fazolari

Arte e digital Mônica Landi (coord.)
Camilla Felix Cianelli Chaves
Claudirene de Moura Santos Silva
Deborah Mattos
Guilherme H. M. Salvador
Tiago Dela Rosa

Projetos e serviços editoriais Daniela Maria Chaves Carvalho
Kelli Priscila Pinto
Laura Paraíso Buldrini Filogônio
Marília Cordeiro
Nicoly Wasconcelos Razuk

Diagramação Edson Colobone
Revisão Carolina Massanhi
Capa Tiago Dela Rosa
Produção gráfica Marli Rampim
Sergio Luiz Pereira Lopes
Impressão e acabamento Edições Loyola

Data de fechamento da edição: 11-12-2020

Dúvidas? Acesse www.editorasaraiva.com.br/direito

CL 606899 CAE 749259

Dedico este livro à LUCIANA MARTINS TAJARA,
com amor e os meus melhores pensamentos.

Mais que um simples livro, este novo trabalho tornou-se um VERDADEIRO AMIGO. COMPANHEIRO FIEL: esteve ao meu lado em todos os momentos, mais ou menos difíceis; COMPREENSIVO: soube entender minhas dificuldades e limitações; COMPLACENTE: permitiu que eu colocasse em suas páginas virgens, dia após dia, minhas inquietações ilimitadas; PACIENTE: soube entender que há tempo para tudo, *inclusive para o silêncio*; CRÍTICO: convocou-me a refletir profundamente sobre a vida; SEVERO: arrastou-me para a realidade quando dela busquei me distanciar; GENEROSO: permite-me agora desfrutar de sua existência.

A partir deste momento já não é só "meu"; seguirá "vida própria".

Desejo que cumpra a missão para a qual foi concebido e gerado, e que sua aceitação seja proporcional ao meu esforço, dedicação e afeto.

"Com este e os demais livros...
disputo a glória de ensinar até depois de morto."

(*Roberto Lyra*)

Sumário

CAPÍTULO 2
JUIZ DAS GARANTIAS

CAPÍTULO 3
FONTES DO DIREITO PROCESSUAL PENAL E INTERPRETAÇÃO DA LEI PROCESSUAL PENAL

Capítulo 4
Lei Processual Penal no Espaço

Capítulo 5
Lei Processual Penal no Tempo

Capítulo 6
Inquérito Policial

Capítulo 7
O Ministério Público e o Ofendido, frente ao inquérito policial relatado

Capítulo 8
Ação Penal

Capítulo 9
Petição Inicial da Ação Penal: Denúncia ou Queixa-Crime

Capítulo 10
Ação Civil *Ex Delicto*

Capítulo 11
Jurisdição e Competência

Capítulo 12
Questões e Processos Incidentes

Capítulo 13
Prova

Capítulo 14
Sujeitos Processuais

Capítulo 15
Prisão, Medidas Cautelares e Liberdade Provisória

Capítulo 16
Fatos e Atos Processuais

Capítulo 17
Citação e Intimação

Capítulo 18
Sentença e Coisa Julgada

Capítulo 19
Procedimentos

Capítulo 20
Procedimento Relativo aos Processos de Competência do Tribunal do Júri

Capítulo 21
Nulidades

Capítulo 22
Recursos

CAPÍTULO 23
REVISÃO CRIMINAL

Capítulo 24
Habeas Corpus

Capítulo 25
Reabilitação

Capítulo 26
Relações Jurisdicionais com Autoridades Estrangeiras

Capítulo 27
Disposições Gerais

Apresentação

Desde os bancos universitários fui tomado de encantamento pelo Direito Penal e Processual Penal – o que para muitos acadêmicos é regra – e na medida em que me aprofundava nos estudos o flerte inicial foi se transformando em verdadeira paixão, que ainda hoje domina.

Encerrada a graduação, vieram as gratificantes experiências proporcionadas pela advocacia criminal, interrompida pelo ingresso na carreira do Ministério Público de São Paulo, onde encontrei outro fecundo ambiente para minhas já incontáveis inquietações.

A completa sedução não me permitiu desatender ao chamado, e então vieram as aulas de Direito Processual Penal em cursos de graduação e preparatórios para carreiras jurídicas. Pouco tempo depois, levado pelo avassalador envolvimento passei a ministrar aulas de pós-graduação em ciências criminais, especialmente como professor convidado nas Escolas Superiores da Magistratura e do Ministério Público, em quase todo o território nacional.

Neste contexto, por meio de palestras e artigos comecei a expor meus pensamentos de maneira difusa, e lá se vão centenas deles. Também em livros (este é o décimo quarto, sendo dez pela Editora Saraiva), passei a cuidar de variados temas: Execução penal; Lei de drogas; Crimes de trânsito; Crimes ambientais; Dignidade sexual; Estatuto do Desarmamento; Prisões cautelares, dentre outros.

Depois de mais de uma dezena de livros publicados e outras tantas vivências, inclusive como Membro do Conselho Nacional de Política Criminal e Penitenciária (Ministério da Justiça), ainda havia um projeto desafiador, concebido nos bancos da faculdade, e que o tempo e as experiências cuidaram de aprimorar: escrever um *Curso de processo penal*. Em meados de 2012 a íntima convicção sinalizou que havia chegado a hora de materializá-lo, e mais uma vez não fugi às convocações da consciência e do dever.

Logo de partida, no planejamento da obra, um instigante problema: não poderia ser apenas "mais um Curso" dentre tantos outros; afinal, a doutrina nacional sempre contou com vários, de excelente qualidade, inclusive publicados pela própria Saraiva.

Entretanto, da mesma maneira que apreendi ser o momento de a *ele* me dedicar intensamente, logo compreendi a metodologia a ser empregada, pois ela já se encontrava formatada em meus pensamentos, fruto das experiências colhidas e do estudo atento de todas as outras obras já publicadas no Brasil com o mesmo objeto de estudo, além do compulsar frequente de tantas publicações alienígenas.

Neste trabalho que agora apresento, o estimado leitor irá verificar que todos os temas foram revisitados e refletidos sob a claridade do Direito Constitucional; em vários momentos foi preciso discordar, sempre de maneira respeitosa e fundamentada, de alguns posicionamentos sedimentados na doutrina nacional, e em decorrência disso apresentar novas perspectivas e conclusões.

Em cada capítulo, além das convicções próprias solidamente expostas, alguns argumentos escolhidos pelo grau de complexidades ou disceptações foram reforçados com apoio em farta doutrina nacional e estrangeira, especialmente por meio de obras clássicas e específicas, sem deixar de apontar, inclusive, pensamento em sentido contrário.

Não poderia faltar o valioso aval da jurisprudência, e não falta.

Do início ao fim, em meio ao texto ou em notas de rodapé, o leitor encontrará inúmeras referências à jurisprudência mais atualizada possível do Superior Tribunal de Justiça e do Supremo Tribunal Federal, e neste particular impende observar que na maioria das vezes a obra apresenta o posicionamento das duas Turmas criminais e da Terceira Seção do STJ, das duas Turmas e do Plenário do STF, além de Súmulas de ambas as Cortes.

Merece destaque, ainda, algo que reputamos fundamental e constitui característica marcante em todas as nossas publicações: a linguagem simples.

Este livro foi feito exatamente como imaginei. É a materialização de um sonho bom.

Meu desejo é que *ele* contribua para a realização de coisas virtuosas, de alguma maneira e em alguma medida.

Quanto a você, que *dele* agora se ocupa: não abandone seus sonhos.

Renato Marcão

Primavera de 2013

Capítulo 1
Introdução

1. Conceito de Direito

Conceituar o Direito não é tarefa fácil.

Conhecer seus institutos, suas relações com as coisas da vida, e estabelecer sobre eles uma verdade universal é mesmo impossível, não só em razão da enorme diversidade cultural reinante, apesar da globalização, que de certa forma tende a criar núcleos mais ou menos homogêneos em vários segmentos, mas, sobretudo, em razão dos variados fundamentos filosóficos que empolgam certos temas. Não é outra a realidade do Direito e de seus apaixonantes temas.

Talvez por essa razão HART[1] tenha sentenciado que mesmo hábeis juristas têm sentido que, embora conheçam o direito, há muito acerca do direito e das suas relações com outras coisas que não são capazes de explicar e que não compreendem plenamente.

Para KANT, o direito é uma coação universal, que protege a liberdade de todos.

STUART MILL dizia que o direito é uma liberdade limitada por outra liberdade.

Como bem observou VICENTE RÁO, "o direito ampara o ser humano desde o momento em que é concebido e enquanto vive no ventre materno. E depois o segue e acompanha em todos os passos e contingências de sua vida, contemplando o seu nascimento e, com o seu nascimento, o início de sua personalidade. Protege-lhe, com a liberdade, a integridade física e moral. Prevê e segue, de grau em grau, seu desenvolvimento físico e moral, dispondo sobre sua capacidade progressiva ou sobre sua incapacidade. Regula relações de família, como filho, parente, nubente, esposo e pai, bem assim suas relações patrimoniais, quer tenham por objeto bens corpóreos,

1. HERBERT L. A. HART, *O conceito de direito*, 2. ed., Lisboa, Fundação Calouste Gulbenkian, 1994, p. 18.

quer recaiam sobre outras pessoas, obrigadas a uma prestação de dar, fazer, ou não fazer alguma coisa. Prevê e disciplina as consequências patrimoniais e penais da violação de seus direitos".

E arremata: "(...) encontra-se, pois, a origem do direito na própria natureza do homem havido como ser social. E é para proteger a personalidade deste ser e disciplinar-lhe sua atividade, dentro do todo social de que faz parte, que o direito procura estabelecer, entre os homens, uma proporção tendente a criar e a manter a harmonia na sociedade. Constitui, pois, o direito, o fundamento da ordem social".[2]

De uma forma simplificada, para VON LISZT[3] o Direito é a ordenação da sociedade organizada em Estado; manifesta-se em um sistema de normas coercitivas que ligam os particulares com a comunidade e que garantem a consecução dos fins comuns. Todo direito existe para o homem. Tem por objeto a defesa dos interesses da vida humana. O Direito é, por sua natureza, a proteção dos interesses.

2. ORIGEM E MISSÃO DO DIREITO PENAL

O Direito Penal, como objeto de ciência autônoma, nasce com o iluminismo. "É nesse momento que o homem moderno toma consciência crítica do problema penal como problema filosófico e jurídico que é. Os temas em torno dos quais se desenvolve a nova ciência são, sobretudo, os fundamentos do direito de punir e da legitimidade das penas (em particular, da pena de morte) na dialética das relações entre os indivíduos, que tomavam consciência de seu intrínseco valor humano, e o Estado, saído do período do absolutismo à procura de diferentes estruturas: o motivo condutor era a concepção jusnaturalista do Estado e do direito. Nessa perspectiva, tem desde logo importância a elaboração do princípio da legalidade e, junto a este, com predominante função de garantia, o tema da sanção penal".[4]

Proteger valores e bens jurídicos fundamentais da vida comunitária no âmbito da ordem social e garantir a paz jurídica em sua plenitude são desafio e tarefa do Direito Penal.

SAUER[5] ensina que o delito é uma aparição, nunca extirpada completamente, da vida social de todos os povos e de todas as épocas; ele exige o tratamento e a luta segundo determinadas linhas de orientação sobre cujo conteúdo essencial os modernos Estados civilizados estão de acordo.

O mesmo SAUER afirma que o Direito Penal é, segundo sua essência e conteúdo, *o tratamento jurídico e ético-social do delito.*

2. VICENTE RÁO, *O direito e a vida dos direitos*, São Paulo, Revista dos Tribunais, 1997, p. 48-49.

3. FRANZ VON LISZT, *Tratado de derecho penal*, Madrid, Reus, 1927, p. 2.

4. MAURÍCIO ANTONIO RIBEIRO LOPES, Alternativas para o direito penal e o princípio da intervenção mínima, *RT* 757/402.

5. GUILHERME SAUER, *Derecho penal* – Parte general, Barcelona, Bosch, 1956, p. 7.

Na visão de Welzel, o Direito Penal é aquela parte do ordenamento jurídico que determina as características da conduta delituosa e impõe penas ou medidas de segurança. Missão da ciência penal é desenvolver e explicar o conteúdo destas regras jurídicas e sua conexão interna, é dizer, "sistematicamente". Como ciência sistemática estabelece a base para uma administração de justiça igualitária e justa. E arremata: "A missão do Direito Penal é proteger os valores elementares da vida em comunidade".[6] Na sua visão, a tarefa do Direito Penal consiste na preservação dos valores éticos-sociais, não se restringindo à mera proteção de bens jurídicos.

Como é intuitivo, a concepção de Welzel não reina absoluta, e conforme assinala Wessels,[7] é bastante questionável a matéria referente às funções do Direito Penal. Dentre as mais diversas orientações, cita o autor três grupos principais: *a)* dos que entendem que sua tarefa consiste, primeiramente, em proteger os valores éticos-sociais do ânimo (ação) e só secundariamente os bens jurídicos concretos; *b)* dos que se fixam exclusivamente (ou quase exclusivamente) na proteção dos bens jurídicos; *c)* dos que vinculam a proteção aos bens jurídicos com outros fins ou mais propriamente com a paz jurídica ou social.

Para Von Liszt,[8] se o direito tem como missão principal o amparo dos interesses da vida humana, o Direito Penal tem como missão peculiar *a defesa mais enérgica dos interesses especialmente dignos e necessitados de proteção* por meio da ameaça e execução da pena, considerada como um mal contra o delinquente.

Seja qual for a orientação a ser seguida, a missão/função incumbida ao Direito Penal se subordina, entre outros fatores, à forma de Estado, absoluto ou de direito, que condiciona a produção legislativa no âmbito do *sistema de direito penal*.

3. Breve Desenvolvimento Histórico da Pena Criminal

A origem da pena é a vindita. Nos povos primitivos, a ideia da pena nasceu do sentimento de vingança, inicialmente na forma privada, e posteriormente foi alçada à categoria de direito.

Segundo René Ariel Dotti,[9] é generalizada a opinião de que a pena deita raízes no instinto de conservação individual movimentado pela vingança. Tal conclusão, porém, é contestada diante da afirmação segundo a qual tanto a vingança de sangue como a perda da paz não caracterizavam reações singulares, mas a revolta coletiva.

6. Hans Welzel, *Derecho penal alemán*, 4. ed., Santiago, Editorial Jurídica de Chile, 1997, p. 1.

7. Johannes Wessels, *Direito penal* – Parte geral, tradução de Juarez Tavares, Porto Alegre, Fabris, 1976, p. 3.

8. Op. cit., p. 5.

9. René Ariel Dotti, *Bases e alternativas para o sistema de penas*, 2. ed., São Paulo, Revista dos Tribunais, 1998, p. 31.

O homem primitivo, assinala Duek Marques,[10] "encontra-se muito ligado à sua comunidade, pois fora dela sentia-se desprotegido dos perigos imaginários. Essa ligação refletia-se na organização jurídica primitiva, baseada no chamado *vínculo de sangue*, representado pela recíproca tutela daqueles que possuíam uma descendência comum. Dele se originava a chamada *vingança de sangue*, definida por Erich Fromm como 'um dever sagrado que recai num membro de determinada família, de um clã ou de uma tribo, que tem de matar um membro de uma unidade correspondente, se um de seus companheiros tiver sido morto'".[11]

Após o surgimento do Estado, com o aparecimento das religiões, surgiram regras de Direito Penal com conotação de divindade. A punição se aplicava em nome desta, e, sendo o ato considerado como atentado à divindade, a sanção tendia para a eliminação ou expulsão do transgressor, sacrifício que se oferecia aos deuses.[12]

A *vingança* perdurou até ser substituída pelas penas públicas.[13]

> A ideia da pena como instituição de garantia foi obtendo disciplina através da evolução política da comunidade (grupo, cidade, Estado) e o reconhecimento da autoridade de um chefe a quem era deferido o poder de castigar em nome dos súditos. É a *pena pública* que, embora impregnada pela vingança, penetra nos costumes sociais e procura alcançar a proporcionalidade através das formas do talião e da composição. A expulsão da comunidade é substituída pela morte, mutilação, banimento temporário ou perdimento de bens.[14]

Não se deve confundir a origem histórica da pena com sua origem jurídica.

Na correta visão de Henny Goulart: "A partir do século XV, a elaboração das ideias liberais, condicionada pela renovação de conceitos a respeito do mundo e do destino do ser humano, acentua-se, concretizada, afinal, no século XVIII, com os postulados da Revolução Francesa. Novas concepções surgem, então, no campo penal e, com elas, as doutrinas acerca do fundamento do direito de punir".[15]

A abordagem do tema impõe destacar a figura de Cesare Bonessana, Marquês de Beccaria, filósofo italiano, nascido em Milão, em 1738, seguidor das ideias de Rousseau e Montesquieu, autor do famoso livro *Dos delitos e das penas* (1764), a quem se tem atribuído a criação da ideia utilitarista e o movimento de renovação do Direito Penal da época, que deu origem à Escola Clássica, de que fizeram parte Carmignani, Carrara, Filangieri, Pessina, Feuerbach, entre outros.

---

10. Oswaldo Henrique Duek Marques, *Fundamentos da pena*, São Paulo, Juarez de Oliveira, 2000, p. 2.
11. Erich Fromm, Anatomia de destrutividade humana, tradução de Marco Aurélio de Moura Matos, Rio de Janeiro, Zahar, 1975, p. 366, apud Oswaldo Henrique Duek Marques, *Fundamentos da pena*, São Paulo, Juarez de Oliveira, 2000, p. 3.
12. Henny Goulart, *Penologia I*, São Paulo, Editora Brasileira de Direito, 1975, p. 25.
13. Para evitar o cometimento de excessos, o Estado retirou do particular o direito ao justiçamento privado, só que ele mesmo passou a patrocinar práticas terríveis, ainda mais graves, como nos lembram, exemplificativamente, as denominadas ordálias ou juízos de Deus (*judicium Dei*).
14. Op. cit., p. 31.
15. Op. cit., p. 27.

Por fim, é oportuna a lição de Carrara[16] quando adverte sobre a impossibilidade de enumerar todos os diversos sistemas que imaginaram os publicistas para dar ao direito de castigar seu princípio fundamental, e é difícil distingui-los, porque, ainda que amiúde sejam diferentes na exterioridade das palavras, unificam-se no fundo.

4. Necessidade de Regras Procedimentais Democráticas

Em todos os tempos, em todas as épocas e culturas, a imposição de pena criminal sempre pendeu ao cometimento de abusos e, portanto, injustiças. Marcada pela nota de desproporcionalidade que em muitos casos ainda persiste; praticada por mãos privadas; em nome da divindade ou pelo Estado como pena pública, seu manuseio sempre tendeu ao excesso.

Com o passar dos tempos, e sob a efervescência de justas postulações democráticas, ocorreram abrandamentos em relação à natureza das penas, especialmente nos países ocidentais e no tocante àquelas que causavam mutilações físicas e a eliminação, mas não é correto afirmar que tais práticas foram abolidas, como é cediço.

Mas isso nunca foi suficiente. Era preciso mais. Era necessário um conjunto de regras igualmente democráticas que dispusessem previamente a respeito das providências a serem observadas no momento de se investigarem fatos dotados de aparente feição delitiva; regras a respeito da titularidade do direito de postular a aplicação de pena em face de outrem; formalidades procedimentais a respeito do início, meio e fim da atividade oficial capaz de levar à imposição de pena criminal pelo Estado, e, bem assim, regras a respeito da execução da pena eventualmente aplicada.

Sem limites procedimentais claros e definidos, a realização prática do Direito Penal é desordenada e fonte inesgotável de injustiças.

É nesse cenário tempestuoso que as regras procedimentais surgem e lentamente se consolidam na história como valioso instrumento de contenção, em qualquer medida, dos mais variados tipos de excessos verificados na prática de dizer o direito aplicável em face de quem seja apontado como autor de delito, e em razão disso se torne passível de suportar os rituais que podem culminar com a imposição de pena criminal.

Como veremos, tais regras devem levar em conta a dignidade da pessoa humana e andar em conformidade com todo o sistema de valores e garantias fundamentais a que paulatinamente evoluímos, pois de nada adianta contra o cometimento de injustiças a existência de *qualquer* procedimento tipificado, se este não atender fervorosamente aos postulados do Estado Democrático de Direito.

16. Francesco Carrara, *Programa de derecho criminal* – Parte general, Bogotá, Temis, 1996, v. II, § 601, p. 44-47.

5. DIREITO DE PUNIR

Atualmente, como emanação da soberania, titular exclusivo do *jus puniendi* (direito-dever de punir) é o Estado.

O direito-dever de punir, ou poder-dever de punir, é *abstrato, genérico* e *impessoal,* posto que, pairando em potencial, não se dirige a determinada pessoa ou fato, mas ao corpo social. Autorizado nos moldes da doutrina *contratualista* de ROUSSEAU, revela-se imprescindível na ordenação da vida em sociedade.

Nas denominadas ações penais privadas – que estudaremos em momento próprio –, o Estado apenas outorga ao particular a legitimidade para o ajuizamento da ação. Defere-se o *jus persequendi in judicio* (direito de ajuizar a ação; pedir a instauração e seguir com o processo), jamais o *jus puniendi* (direito-dever de punir).

A vingança privada – fazer justiça com as próprias mãos – deixou de ser regra e tornou-se exceção, cabível somente em casos determinados (legítima defesa, estado de necessidade, desforço imediato, v.g.), de modo que sua prática quando juridicamente incabível chega a tipificar crime (exercício arbitrário das próprias razões, no caso do art. 345 do Código Penal brasileiro).

Quando ocorre a prática de um delito, o *jus puniendi* deixa de ser abstrato e passa para o plano concreto.

Aquilo que era um direito em potencial passa a ser um direito em face de determinada pessoa, por fato igualmente determinado.

Essa materialização do direito de punir faz nascer a *pretensão punitiva;* a justa pretensão do Estado contra aquele que incidiu na norma penal incriminadora.

Na *generalidade dos casos,* a violação de natureza penal atinge interesse público de maneira preponderante, daí a necessidade de o Estado, como titular do direito a ser restaurado, atuar por meio de outro órgão: o Ministério Público – titular do direito de ação (*dominus litis*). *Excepcionalmente,* e tendo em conta a natureza do bem jurídico tutelado, o direito de ação é outorgado ao particular ofendido. No primeiro caso, temos as ações penais públicas; no último, as ações penais privadas.

Em regra, portanto, haverá de um lado o Estado como detentor do direito de ação, e do outro o investigado ou acusado, detentor do direito de ver preservada sua liberdade e integridade moral.

Em substituição às partes envolvidas, como terceiro imparcial, também cabe ao Estado exercer o *jus puniendi* e resolver a controvérsia penal, seja ela pública ou privada, e isso só se faz cabível por meio do devido processo, posto que impossível a aplicação de pena criminal sem processo.

Mesmo naquelas hipóteses em que admitido o instituto da transação penal no modelo da Lei n. 9.099/95,[17] que instituiu Juizados Especiais Criminais para as infrações penais de menor potencial ofensivo, ou acordo de não persecução penal (art. 28-A do CPP, introduzido pelo art. 3º da Lei n. 13.964/2019), a homologação judicial é imprescindível e só por meio dela é que pode nascer o título que adquire força executiva.

6. Jurisdição

A palavra *jurisdição* vem do latim *juris dictio*, que significa dizer o direito.

Com a concretização da teoria idealizada por Aristóteles, segundo a qual as *funções* essenciais do Estado devem ser distribuídas entre órgãos distintos, independentes e harmônicos entre si, posteriormente reformulada em parte por John Locke e difundida especialmente a partir da tripartição elaborada por Montesquieu, a *função de dizer o direito ou função jurisdicional* cabe ao Poder Judiciário; é seu o poder-dever de dizer o direito aplicável na solução de uma controvérsia.

Bem observou Gössel que, segundo Montesquieu,[18] não existe liberdade quando a competência judicial não está separada da legislativa e da executiva. "El poder sobre la vida y la libertad de los ciudadanos sería ilimitado si la competencia judicial estuviera adscrita a la competencia legislativa, pues el juez sería el legislador. Y si el Poder Judicial estuviera vinculado al Poder Ejecutivo, el juez tendría el poder coactivo de un opresor. Todo estaría perdido si un solo hombre o una misma corporación, de los poderosos o de los nobles o del pueblo, ejercieran los tres poderes en forma absoluta: promulgar leyes, ejecutar decisiones y juzgar los crímenes y los litigios privados".[19]

Historicamente, a partir do monopólio da jurisdição em mãos do Estado é que surgiu o direito de ação. Desde então, aquele que desejar ver satisfeito um direito seu, lesado ou ameaçado de lesão, deverá apresentar sua pretensão em juízo, posto que não poderá buscar justiça pelas próprias mãos. Bem por isso, o art. 5º, XXXV, da Carta Magna, assegura que a lei não excluirá da apreciação do Poder Judiciário lesão ou ameaça a direito.

17. A nosso ver, estão sujeitas à execução as decisões que homologam transação penal em sede de Juizado Especial Criminal, mas, atualmente, prevalece entendimento diverso no Supremo Tribunal Federal e no Superior Tribunal de Justiça, onde se tem decidido ser cabível o ajuizamento de ação penal caso a transação homologada não seja cumprida.

A propósito desse tema, foi editada a Súmula Vinculante 35, que tem o seguinte enunciado: "A homologação da transação penal prevista no art. 76 da Lei n. 9.099/95 não faz coisa julgada material e, descumpridas suas cláusulas, retoma-se o *status quo ante*, possibilitando-se ao Ministério Público a continuidade da persecução penal mediante oferecimento de denúncia ou requisição de inquérito policial". A respeito desse tema: Renato Marcão, *Curso de execução penal*, 17. ed. São Paulo, Saraiva, 2019; *Lei de execução penal anotada*, 6. ed. São Paulo, Saraiva, 2017.

18. *Vom Geist der Gesetze (De l'esprit des lois)*, lib. XI, cap. 6, en *Reclam*, 1976, p. 213.

19. Karl Heinz Gössel, *El derecho procesal penal en el estado de derecho*, Buenos Aires, RubinzalCulzoni, 2007, t. I, p. 35-36.

Com o surgimento fático do direito de punir, caberá ao Estado, *em regra*, investigar o delito por meio de instituições próprias (instituições policiais); promover a ação penal pela iniciativa do órgão ativamente legitimado (Ministério Público), e dizer o direito aplicável na solução da controvérsia penal, função constitucionalmente atribuída de maneira preponderante ao Poder Judiciário.

7. Processo

Em Carnelutti,[20] encontramos que a origem da palavra *processo* deriva de *procedere*: proceder; caminhar, ir adiante.

Idealmente, o processo é o *instrumento*[21] democrático de que se vale o Estado para dar resposta à pretensão punitiva e fazer justiça.

Por meio do processo se permite que o órgão incumbido da acusação prove perante o Poder Judiciário, observadas as regras e garantias preestabelecidas, que um delito foi praticado e quem foi seu autor, a fim de que se aplique a sanção prevista na lei penal para o responsável,[22] daí Beling ter afirmado que a função do processo, como instituição jurídica, é atuar como meio de tutela do Direito Penal.[23]

Giovanni Leone[24] destacou o *particular caráter instrumental do processo penal* em razão do princípio *nulla poena sine iudicio* (nenhuma pena senão em juízo), a determinar que não é possível, em caso algum, a aplicação de sanção penal sem processo.

Jurisdição é função, e *processo, o instrumento* por meio do qual se verifica o seu exercício.

Com a instauração do processo, surge a *lide penal*,[25] e na solução desta o Estado fará valer, coativamente, sua decisão, daí o acerto de Tucci quando afirma que, "em

20. Francesco Carnelutti, *Trattato del processo civile*, Napoli, Morano, 1958, p. 17.

21. Para aprofundamento da matéria, recomendamos: Cândido Rangel Dinamarco, *A instrumentalidade do processo*, 14. ed., São Paulo, Malheiros, 2009.

22. José I. Cafferata Nores e outros, *Manual de derecho procesal penal*, 3. ed., Córdoba, Advocatus, 2012, p. 194-195. "Cuando deba perseguirse una conducta delictiva, el proceso penal se establece como el instrumento imprescindible para actuar el Derecho penal, de modo que sólo pasando por el proceso puede imponerse una sanción de esta naturaleza" (Victor Moreno Catena e Valentín Cortés Domínguez, *Derecho procesal penal*, 6. ed., Valencia, Tirant lo Blanch, 2012, p. 41).

23. Ernest Beling, *Derecho procesal penal*, Buenos Aires, DIN Editora, 2000, p. 19.

24. *Tratado de derecho procesal penal*, traducción de Santiago Sentís Melendo, Buenos Aires, EJEA – Ediciones Jurídicas Europa-América, 1989, t. I, p. 6.

25. Há antiga e profunda discussão doutrinária sobre a existência, ou não, de *lide penal*. No particular, estamos com José Frederico Marques quando afirma que a prática de infração penal faz surgir a lide penal, "resultante do conflito entre o direito de punir do Estado e o direito de liberdade do réu. A pretensão punitiva encontra no direito de liberdade, a resistência necessária para qualificar esse conflito como litígio, visto que o Estado não pode fazer prevalecer, *de plano*, o seu interesse repressivo" (*Elementos de direito processual penal*, Rio de Janeiro, Forense, 1961, v. I, p. 11-12). A respeito do assunto, consultar: Rogério Lauria Tucci, *Teoria do direito processual penal*, São Paulo, Revista dos Tribunais, 2003, p. 162-176; Jacinto Nelson de Miranda Coutinho, *A lide e o conteúdo do processo penal*, Curitiba, Juruá, 1989.

suma, é o processo – complexo de atos, sucessivos e coordenados, tendentes ao exercício da função jurisdicional, ou, mais simplesmente, da jurisdição", sendo ainda um "instrumento, técnico, público, político e ético de realização do Direito, pelos agentes do Poder Judiciário, quais sejam os juízes e tribunais".[26]

8. Procedimento

Não se deve confundir *processo* com *procedimento.*

Sem rodeios, sob o enfoque que verdadeiramente nos interessa, *procedimento* é a marcha ordenada de atos processuais; a sequência como se desenvolve o processo com seus rituais, do início ao fim. Envolve a ideia de "orden, secuencia, progresividad en el desarrollo de la actividad de la justicia", na expressão de Binder.[27]

Conforme sintetizou Aragoneses Alonso, o procedimento é a coordenação de atos que tendem a um efeito jurídico comum.[28]

Na feliz metáfora utilizada por Fenech,[29] o procedimento é para o processo o que os trilhos são para o trem.

O art. 394 do Código de Processo Penal subdivide os procedimentos no primeiro grau de jurisdição em *comum* e *especial*, sendo que o procedimento comum pode ser *ordinário*, *sumário* ou *sumaríssimo*, conforme veremos oportunamente.

Processo é o ambiente em que se materializa o procedimento; o universo ou corpo onde os atos procedimentais são concretizados. É, por fim, o instrumento em que se materializa formalmente o conflito que se estabelece entre o *jus puniendi* do Estado e o *jus libertatis* do acusado.

9. Atos Processuais

Atos processuais são atos jurídicos praticados no processo, com vistas a criar, modificar ou extinguir direitos processuais.

Não é possível pensar a existência de processo sem procedimento e sem a prática de atos processuais, bem por isso o acerto de Giovanni Leone[30] quan-

26. Rogério Lauria Tucci, *Teoria do direito processual penal*, São Paulo, Revista dos Tribunais, 2003, p. 161.

27. Alberto M. Binder, *Derecho procesal penal*, Buenos Aires, Ad-Hoc, 2013, t. I, p. 92.

28. Pedro Aragoneses Alonso, *Proceso y derecho procesal*, Madrid, Aguilar, 1960, p. 137.

29. Miguel Fenech, *Principios de derecho procesal tributario*, Barcelona, Libreria Bosch, 1949, p. 28. O mesmo Fenech assim se reportou ao tema: "Entendemos por procedimiento penal el sistema o conjunto de normas que regulan la procesión de los actos en el proceso penal, de modo que la dinámica procesal, o sea, el avance hacia un resultado querido por la norma, debe realizar-se con arreglo a los preceptos procedimentales correspondientes" (Miguel Fenech, *Derecho procesal penal*, 3. ed., Barcelona, Editorial Labor, 1960, v. II, p. 931).

30. *Tratado de derecho procesal penal*, traducción de Santiago Sentís Melendo, Buenos Aires, EJEA – Ediciones Jurídicas Europa-América, 1989, t. I, p. 10.

do afirma que, numa visão restrita, o processo pode ser apontado como um conjunto de atos encaminhados a uma decisão jurisdicional acerca de uma *notitia criminis*.

O desenvolvimento da marcha processual reclama uma sucessão de atos que devem ser praticados pelas partes; pelo juiz; por auxiliares da justiça e também por terceiros[31] (interessados ou desinteressados).

Para o momento, basta saber que *as partes podem* praticar atos postulatórios, instrutórios e dispositivos; *o juiz deve* praticar atos instrutórios, de polícia processual, de coerção, decisórios e também atos anômalos; *os auxiliares da justiça devem* (funcionários do Poder Judiciário) praticar atos de movimentação, de documentação e de execução.

Terceiros também praticam atos processuais, tal como ocorre com a testemunha chamada a depor em juízo, aliás, em regra a prova testemunhal é um ato processual de extrema importância para o julgamento da causa.

Voltaremos ao assunto em momento mais apropriado; por aqui, são suficientes as noções gerais apresentadas.

10. Relação Jurídica Processual

Do que foi dito até aqui, é possível extrair que a realização do direito de punir traz consigo a ideia de *relação jurídica processual*, assim compreendida a situação que se estabelece entre os sujeitos que protagonizam o processo, entenda-se: partes (autor e réu) e juiz, a quem o sistema normativo atribui faculdades, direitos, obrigações e ônus processuais. É uma relação entre os sujeitos processuais, juridicamente regulada.[32]

Nesse cenário, é importante destacar a significativa contribuição de Büllow,[33] que, como bem observou J. Goldschmidt, foi quem estabeleceu a teoria de que o processo tem o caráter de uma relação jurídica pública existente entre o Estado e as partes.[34]

Como se vê, no processo é possível identificar a existência de dois elementos distintos: *1)* o *procedimento* e *2)* a *relação jurídica processual*.

---

31. "É possível a fixação de astreintes em desfavor de terceiros, não participantes do processo, pela demora ou não cumprimento de ordem emanada do Juízo Criminal" (STJ, REsp 1.568.445/PR, Terceira Seção, rel. Min. Rogério Schietti Cruz, rel. p/ o Acórdão Min. Ribeiro Dantas, j. 24-6-2020, *DJe* de 20-8-2020).

32. Pedro Aragoneses Alonso, *Proceso y derecho procesal*, Madrid, Aguilar, 1960, p. 200.

33. Oskar Von Büllow, *Teoria das exceções e dos pressupostos processuais*, tradução e notas de Ricardo Rodrigues Gama, Campinas, LZN Editora, 2003.

34. James Goldschmidt, *Derecho, derecho penal y proceso* (problemas fundamentales del derecho), traductores del alemán, Miguel Ángel Cano Paños, Christian Celdrán Kuhl, León García-Comendador Alonso, Jacobo López Barja de Quiroga, Barcelona, Marcial Pons, 2010, t. I, p. 814.

Enquanto o procedimento diz respeito à materialização do processo e, portanto, à sua forma extrínseca, a relação jurídica processual é o liame subjetivo que vincula os sujeitos do processo.

11. Direito Processual Penal

Os atos processuais, o procedimento e o processo não se realizam aleatória e desordenadamente, daí a necessidade de que sejam normatizados; previstos expressamente em regras jurídicas.

Encontramos regras dessa natureza na Constituição Federal, em tratados internacionais, em leis infraconstitucionais e outras espécies normativas.

No Brasil, o Código de Processo Penal (Decreto-Lei n. 3.689/41) é que disciplina as *regras gerais* que devem ser observadas do início da investigação até a solução final do processo.

Em leis especiais, como é exemplo a Lei de Drogas (Lei n. 11.343/2006),[35] encontramos regras procedimentais para a investigação e processamento dos delitos particularmente tipificados, aplicando-se subsidiariamente as regras gerais do Código de Ritos.

Há ainda leis que abordam temas específicos ligados ao processo penal, tal como ocorre com a Lei n. 9.296/96, que trata da interceptação de comunicações telefônicas para prova em investigação criminal e instrução processual penal, de modo a regulamentar o art. 5º, XII, parte final, da CF, e da captação ambiental de sinais eletromagnéticos, ópticos ou acústicos..

Direito Processual Penal, portanto, é o conjunto de regras jurídicas que disciplinam a persecução penal em sentido amplo, da investigação até a decisão final do processo, ou, como ensina Maier,[36] é um ramo da ordem jurídica interna de um Estado, cujas normas instituem e organizam os órgãos públicos que cumprem a função judicial penal do Estado e disciplinam os atos que integram o procedimento necessário para impor uma pena ou medida de segurança. É um dos ramos do Direito Público.

Se a prestação jurisdicional resultar em sentença condenatória ou de absolvição imprópria (assim considerada a sentença que aplica medida de segurança), a execução do julgado ficará submetida aos rituais determinados na Lei de Execução Penal (Lei n. 7.210/84),[37] que normatiza o que convencionamos denominar *processo execucional*.

---

35. Sobre a Lei de Drogas, conferir nosso livro: *Tóxicos*, 11. ed., São Paulo, Saraiva, 2017.

36. Julio B. J. Maier, *Derecho procesal penal*, Buenos Aires, Editores del Puerto s.r.l., 2011, t. I, p. 75.

37. Sobre execução penal, conferir nossos livros: *Curso de execução penal*, 17. ed., São Paulo, Saraiva, 2019; *Execução penal*, São Paulo, Saraiva, 2012, v. 9, Coleção Saberes do Direito; *Lei de execução penal anotada*, 6. ed., São Paulo, Saraiva, 2017.

12. Finalidades do Processo Penal

Inicialmente, há que se distinguir a existência de *finalidade imediata* e *finalidade mediata*.

A *finalidade imediata* é a administração e solução do conflito; do litígio de natureza penal.

Como detentor do direito de punir, cabe ao Estado fazer atuar as regras jurídicas em busca de resolver a lide penal, de modo a solucionar definitivamente a instância com a proclamação do direito aplicável na solução da controvérsia, e, sendo caso, aplicar a sanção cabível.

Na medida em que resolve pontual e casuisticamente as questões penais, o Estado também caminha em direção ao atingimento da *finalidade mediata* do processo penal, que é a *paz social*.

Não há dúvida de que a administração e adequada solução dos litígios leva a alcançar não apenas a pacificação das pessoas diretamente envolvidas, mas também o meio social. Na medida em que as situações de conflito se multiplicam no cotidiano, não haveria paz social sem a intervenção garantidora do Estado, que em regra não permite ao particular fazer justiça com as próprias mãos e assegura a intervenção da justiça pública, mediante o exercício do poder-dever de dizer o direito aplicável ao caso.

Ao resolver os conflitos isoladamente, numa visão mais ampla o Estado termina por solucionar não apenas os conflitos entre as partes (finalidade imediata), mas também atua de modo a pacificar todo o meio social (finalidade mediata).

13. Princípios do Processo Penal

Princípio – ensinou Bandeira de Mello – "é, por definição, mandamento nuclear de um sistema, verdadeiro alicerce dele, disposição fundamental que se irradia sobre diferentes normas compondo-lhes o espírito e servindo de critério para sua exata compreensão e inteligência, exatamente por definir a lógica e a racionalidade do sistema normativo, no que lhe confere a tônica e lhe dá sentido harmônico".[38]

Os princípios jurídicos são verdadeiros dogmas; constituem postulados fundamentais, expressos ou implícitos, que integram o sistema jurídico e se prestam a ressaltar valores de categoria superior, de modo a orientar e delimitar a criação, interpretação e aplicação das regras jurídicas.

38. Celso Antonio Bandeira de Mello, *Elementos de direito administrativo*, São Paulo, Revista dos Tribunais, 1991, p. 299-300. "Princípio jurídico quer dizer um postulado que se irradia por todo o sistema de normas, fornecendo um padrão de interpretação, integração, conhecimento e aplicação do direito positivo, estabelecendo uma meta a seguir" (Guilherme de Souza Nucci, *Manual de processo e execução penal*, 14. ed., Rio de Janeiro, Forense, 2017, p. 32).

Ainda que se desconheça uma regra específica (um artigo de lei, por exemplo), conhecendo os princípios aplicáveis, por certo será possível imaginar a solução justa para o caso. Exemplo: sabendo que o Ministério Público pode arrolar na denúncia até cinco testemunhas de acusação, ainda que se desconheça o artigo de lei que dispõe a respeito do número de testemunhas que a defesa poderá arrolar no processo, por certo não haverá dificuldade em se conhecer a resposta se logo pensarmos no *princípio da igualdade das partes*.

O que acabamos de dizer bem demonstra a precisão de Bandeira de Mello ao afirmar que "é o conhecimento dos princípios que preside a intelecção das diferentes partes componentes do todo unitário que há por nome sistema jurídico positivo".[39]

É possível afirmar a existência de *princípios gerais*, tal como se verifica em relação ao princípio da legalidade e ao princípio da dignidade da pessoa humana, dentre outros, e *princípios específicos*, estes, ligados a determinadas áreas de maneira particular: princípios atrelados à jurisdição; princípios relacionados à prova; princípios vinculados especificamente ao sistema de nulidades ou aos recursos etc.

Há princípios que devem ser observados na fixação e também na execução da sanção penal, e sobre estes tratamos em nosso *Curso de execução penal* (Saraiva).

Violar um princípio, disse também Bandeira de Mello com a inteligência de sempre, "é muito mais grave que transgredir uma norma. A desatenção ao princípio implica ofensa não apenas a um específico mandamento obrigatório, mas a todo o sistema de comandos. É a mais grave forma de ilegalidade ou inconstitucionalidade, conforme o escalão do princípio atingido, porque representa insurgência contra todo sistema, subversão de seus valores fundamentais, contumélia irremissível a seu arcabouço lógico e corrosão de sua estrutura mestra. Isto porque, com ofendê-lo, abatem-se as vigas que o sustêm e alui-se toda a estrutura neles esforçada".[40]

Por opção metodológica, neste tópico trataremos dos princípios gerais e de apenas alguns específicos, a fim de que, em conjunto, permitam visualizar mais amplamente o processo penal, de modo a facilitar o caminho para a compreensão sistêmica.

Os princípios específicos serão abordados e enfatizados por ocasião da análise das matérias a que se encontram intimamente atrelados (ação penal; jurisdição e competência; prova, sentença, procedimentos etc.), o que não quer dizer que não poderão ser revisitados a qualquer momento, sempre que pertinente.

Na Constituição Federal, encontramos a maioria dos princípios gerais reguladores do processo penal; outros decorrem de regras processuais propriamente ditas; e outros, do sistema adotado.

39. Celso Antonio Bandeira de Mello, *Elementos de direito administrativo*, São Paulo, Revista dos Tribunais, 1991, p. 300.

40. Celso Antonio Bandeira de Mello, *Elementos de direito administrativo*, São Paulo, Revista dos Tribunais, 1991, p. 300.

Vejamos quais são os que despertam interesse para o momento:

13.1. Princípio da dignidade da pessoa humana

Não por acaso, já no art. 1º, III, a Constituição Federal destaca a relevância do princípio da dignidade da pessoa humana como um dos fundamentos do Estado Democrático de Direito, e nem poderia ser de modo diverso.

A propósito, diz o § 2º do art. 5º que os direitos e garantias expressos na Constituição Federal não excluem outros decorrentes do regime e *dos princípios por ela adotados*, ou dos tratados internacionais em que o Brasil seja parte.

Ensina Luís Barroso que "a dignidade humana, como atualmente compreendida, se assenta sobre o pressuposto de que cada ser humano possui um valor intrínseco e desfruta de uma posição especial no universo".[41]

Bem por isso, esse princípio fundamental deve nortear toda a edição, interpretação e aplicação das regras jurídicas. Não se admite na persecução penal, em absoluto, qualquer proceder ou consequência que contrarie a regra de máxima valoração estudada.

Qualquer espécie normativa ou simples dispositivo de lei que esteja em rota de colisão com os valores alcançados pelo princípio da dignidade da pessoa humana não poderá surtir efeitos práticos, e deverá ser extirpada do cenário jurídico. Nesse tema incide a regra da máxima efetividade dos direitos fundamentais.

Não tem sentido imaginar ou praticar um sistema de prestação jurisdicional em que não se reconheça a dignidade humana, antes e acima de qualquer outra finalidade, como valor maior a ser preservado.

13.2. Princípio da legalidade

A teor do disposto no art. 5º, XXXIX, da CF, e no art. 1º, do CP, não há crime sem lei anterior que o defina, nem pena sem prévia cominação legal.

Disso decorre afirmar que a possibilidade de instauração de persecução penal (investigação de natureza criminal e também processo) é vinculada; só se faz possível quando houver elementos mínimos indicativos da prática de conduta típica (crime ou contravenção).

Iniciada a investigação ou o processo, todos os atos que se praticarem, do início ao fim, devem estar em relação de subordinação e obediência à lei; guardar conformidade com as regras aplicáveis na espécie.

---

41. Luís Roberto Barroso, *A dignidade da pessoa humana no direito constitucional contemporâneo*, Belo Horizonte, Fórum, 2013, p. 14.

Enquanto o particular, na vida privada, pode fazer tudo o que não for proibido, o Estado só pode fazer o que for permitido.

No Estado de Direito, asseverou Bandeira de Mello, "a Administração só pode agir em obediência à lei, esforçada nela e tendo em mira o fiel cumprimento das finalidades assinadas na ordenação normativa".[42]

Esse dogma deve ser observado em todas as áreas de atuação do Estado.

13.3. Princípio do devido processo legal

O mesmo art. 5º da CF, no inciso LIV, dispõe que ninguém será privado da liberdade ou de seus bens sem o devido processo legal.

Instaurado o processo, é de rigor sejam cumpridas as regras dispostas no ordenamento jurídico.

Sob a vigência do Estado de Direito, não se admite processo que não se ajuste aos modelos legais tipificados.

Qual é o devido processo?

Aquele previsto em lei, obviamente.

Para tanto, é preciso admitir que esse princípio alcança todo o sistema processual, de modo a estabelecer relações com cada fase do processo e com outros tantos princípios incidentes.

De tal sorte, haverá quebra ao devido processo, por exemplo, se o juiz não observar, já de início, a necessidade de intimação do acusado para resposta escrita, nos casos e na forma em que aplicável o disposto no art. 396 do CPP. Note-se, ainda, que essa violação também guarda relação com os princípios da ampla defesa e do contraditório, que veremos mais adiante.

De igual maneira, haverá quebra do princípio tratado caso o juiz não cumpra o disposto no art. 212 do CPP,[43] que disciplina a forma de inquirição de testemunha.

Forma é garantia, e o descumprimento do procedimento tipificado é causa de nulidade por evidente violação ao princípio do devido processo legal.

Para melhor compreensão do princípio ora tratado, calha transcrever a ementa que segue, referente a julgado do STF relatado pelo Min. Celso de Mello:

> O exame da cláusula referente ao *due process of law* permite nela identificar alguns elementos essenciais à sua configuração como expressiva garantia de ordem constitucional, destacando-se, dentre eles, por sua inquestionável importância, as seguintes prerrogativas:

42. Celso Antonio Bandeira de Mello, *Elementos de direito administrativo*, São Paulo, Revista dos Tribunais, 1991, p. 300.

43. "Cabe ao juiz, na audiência de instrução e julgamento, observar o disposto no artigo 212 do Código de Processo Penal, abrindo campo a que a inquirição de testemunhas seja feita pelas partes, podendo veicular perguntas caso necessário algum esclarecimento – inteligência do artigo 212 do Código de Processo Penal" (STF, HC 161.658/SP, 1ª T., rel. Min. Marco Aurélio, j. 2-6-2020, *DJe*-235, de 24-9-2020).

> *(a)* direito ao processo (garantia de acesso ao Poder Judiciário); *(b)* direito à citação e ao conhecimento prévio do teor da acusação; *(c)* direito a um julgamento público e célere, sem dilações indevidas; *(d)* direito ao contraditório e à plenitude de defesa (direito à autodefesa e à defesa técnica); *(e)* direito de não ser processado e julgado com base em leis *ex post facto*; *(f)* direito à igualdade entre as partes; *(g)* direito de não ser processado com fundamento em provas revestidas de ilicitude; *(h)* direito ao benefício da gratuidade; *(i)* direito à observância do direito ao silêncio (privilégio contra a autoincriminação); *(j)* direito à prova; e *(l)* direito de presença e de "participação ativa" nos atos de interrogatório judicial dos demais litisconsortes penais passivos, quando existentes. – O direito do réu à observância, pelo Estado, da garantia pertinente ao *due process of law*, além de traduzir expressão concreta do direito de defesa, também encontra suporte legitimador em convenções internacionais que proclamam a essencialidade dessa franquia processual, que compõe o próprio estatuto constitucional do direito de defesa, enquanto complexo de princípios e de normas que amparam qualquer acusado em sede de persecução criminal, mesmo que se trate de réu estrangeiro, sem domicílio em território brasileiro, aqui processado por suposta prática de delitos a ele atribuídos.[44]

13.4. Princípio da oficialidade

A persecução penal é obrigação constitucional imposta ao Estado, que a desenvolve por seus órgãos legitimados: polícia; Ministério Público e Poder Judiciário.

Verificada a prática de infração penal, cabe ao Estado, por intermédio da polícia judiciária (civil ou federal), investigar o fato em sua plenitude (CF, art. 144). Sendo caso, caberá ao Ministério Público o ajuizamento da ação penal pública (CF, art. 129). Ao Poder Judiciário, a Constituição Federal incumbe o papel de dizer o direito aplicável na solução da controvérsia (CF, art. 92 e s.).

Todas as atividades indicadas são públicas, desempenhadas por órgãos oficiais, portanto.

Nas denominadas ações penais privadas, clássico exemplo de substituição processual, encontramos ligeira exceção no que diz respeito à titularidade ativa, pois o Estado outorgou ao particular a legitimidade para o exercício do direito de ação.

Note-se, entretanto, que o particular ofendido só detém o *jus persequendi in judici*, e não o *jus puniendi*. A execução da pena ou medida de segurança aplicada em processo de ação penal privada é atribuição do Estado, sem qualquer possibilidade de iniciativa ou intervenção do particular ofendido.

13.5. Princípio do juiz natural

Lembra Scarance que "são várias as denominações utilizadas para a garantia a ser examinada: garantia do juiz natural, do juiz legal, do juiz competente. No direito

44. STF, HC 94.016/SP, 2ª T., rel. Min. Celso de Mello, j. 16-9-2008, *DJe* n. 38, de 27-2-2009, *RTJ* 209/702; STF, HC 94.601/CE, 2ª T., rel. Min. Celso de Mello, j. 4-8-2009, *DJe* n. 171, de 11-9-2009, *RTJ* 211/379.

espanhol usa-se a denominação 'juiz competente', enquanto 'juiz legal' é usada no direito alemão. Entre nós a denominação mais utilizada é a de juiz natural".[45]

Ensina Gimeno Sendra[46] que o direito ao juiz legal ou natural é um direito fundamental que assiste a todos os sujeitos de direito, de ser julgado por um órgão jurisdicional pertencente à jurisdição penal ordinária, comprometido com os princípios constitucionais de igualdade, independência, imparcialidade e submissão à lei, e constituído com base nas normas comuns de competência preestabelecidas.

No ordenamento brasileiro, o princípio do juiz natural decorre do disposto no art. 5º, LIII, da CF, segundo o qual "ninguém será processado nem sentenciado senão pela autoridade competente".

Trata-se de verdadeira *"garanzia fondamentale di libertà"*, conforme expressou Bettiol.[47]

Como veremos oportunamente, a Constituição Federal e o Código de Processo Penal adotaram um sistema de distribuição de competências entre os órgãos da jurisdição; ora em razão do lugar da infração; ora por força da natureza da infração; e, ainda, em razão da distribuição, de conexão ou continência, de prevenção ou prerrogativa de função.

Disso decorre que não basta a existência de um juiz regularmente investido e no exercício da função jurisdicional. É preciso mais. É indispensável seja ele o *juiz competente* para o caso, em conformidade com as regras jurídicas do momento.[48]

Bem por isso, a própria Constituição Federal diz em seu art. 5º, XXXVII, que não haverá juízo ou tribunal de exceção, de forma a impedir julgamento por quem não seja o juiz competente para o caso determinado, e no mesmo art. 5º, XXXVIII, *d*, fixa a competência do Tribunal do Júri para o julgamento dos crimes dolosos contra a vida.

Em outros momentos, a Constituição Federal também fixa o juiz natural, como é o caso, dentre outros, do art. 29, X, que trata da competência do Tribunal de Justiça para o julgamento de prefeito; do art. 96, III, que outorga aos Tribunais de Justiça a competência para julgar os juízes estaduais e do Distrito Federal, bem como os membros do Ministério Público, nos crimes comuns e de responsabilidade, ressalva-

45. Antonio Scarance Fernandes, *Processo penal constitucional*, 5. ed., São Paulo, Revista dos Tribunais, 2007, p. 133.

46. Vicente Gimeno Sendra, *Derecho procesal penal*, Navarra, Civitas, 2012, p. 80-81.

47. Giuseppe Bettiol, *Istituzioni di diritto e procedura penale*, Padova, CEDAM – Casa Editrice Dott. Antonio Milani, 1966, p. 182.

48. "Não viola o princípio do Juiz natural o julgamento de apelação por órgão colegiado presidido por Desembargador, sendo os demais integrantes Juízes convocados. Precedente do Plenário do STF" (STF, HC 101.473/SP, 1ª T., rel. Min. Marco Aurélio, rel. p/ o Acórdão Min. Roberto Barroso, j. 16-2-2016, *DJe* n. 117, de 8-6-2016).

da a competência da Justiça Eleitoral; e do art. 102, I, *a*, que estabelece a competência do Supremo Tribunal Federal para processar e julgar, originariamente, nas infrações penais comuns, o Presidente da República, o Vice-Presidente, os Membros do Congresso Nacional, seus próprios Ministros e o Procurador-Geral da República.

13.6. Princípio do promotor natural

Não há dispositivo de lei que disponha expressamente a respeito deste princípio, que decorre logicamente do sistema processual e de garantias fundamentais adotadas.

Promotor Natural, *in casu*, é o Membro do Ministério Público (Promotor ou Procurador de Justiça no âmbito Estadual; Procurador da República na esfera Federal) com atribuições para atuar no feito de natureza criminal (inquérito ou processo) em razão de regras previamente conhecidas.

Imagine-se, por exemplo, hipótese envolvendo crime de roubo consumado na cidade "Xis", onde há apenas um cargo de Promotor de Justiça. É evidente que o Promotor Natural para o feito criminal respectivo é o Promotor da indicada comarca, o que impede que Promotor de comarca diversa possa atuar nos autos, salvo situações excepcionais (férias; licença etc.) e mediante designação do Procurador-Geral de Justiça.[49]

No mesmo exemplo, se na comarca existirem dois Promotores de Justiça, um com atribuições cíveis e outro com atribuições criminais, Promotor Natural para o feito em questão será este último.

Não é incomum, entretanto, a designação de membro do Ministério Público para atuar em conjunto com o Promotor Natural (em expediente de atribuição deste, evidentemente).

Note-se que em tais situações o Promotor Natural não sairá do caso; apenas contará com o auxílio de outro, necessidade que por vezes poderá estar justificada na complexidade dos fatos ou até mesmo no interesse de preservar e fortalecer o órgão de execução das atividades Ministeriais no enfrentamento de determinados casos em que se identifique grau anormal de risco à sua integridade.

O que não se admite é o Procurador-Geral, sem qualquer fundamento jurídico válido, designar determinado Promotor para atuar em um caso específico, de modo a acarretar o afastamento do Promotor Natural do exercício de suas funções naquele expediente.

13.7. Princípios da obrigatoriedade, indisponibilidade, oportunidade ou conveniência e disponibilidade

Na generalidade dos delitos, o bem jurídico tutelado é de natureza pública, daí por que, *em regra*, as ações penais são públicas incondicionadas.

49. As designações estão autorizadas no art. 10, IX, da Lei Orgânica Nacional do Ministério Público (Lei n. 8.625/93).

Disso decorre que, tão logo tenha conhecimento da ocorrência do delito de ação pública incondicionada, *a autoridade policial deverá* instaurar procedimento adequado com vistas à respectiva apuração; deverá concluir as investigações no prazo previsto em lei, e não poderá mandar arquivar, por iniciativa própria, as investigações a que proceder.

O art. 17 do CPP é taxativo ao afirmar que "a autoridade policial não poderá mandar arquivar autos de inquérito".

Concluídas as investigações, os autos devem ser remetidos ao fórum para depois desaguar em mãos do representante do Ministério Público, a quem compete privativamente, nos termos do art. 129, I, da CF, promover a ação penal pública, na forma da lei.

Se no caderno investigatório estiverem apuradas a prática de ilícito penal, a respectiva autoria e eventual materialidade, não sendo hipótese de transação penal (art. 76 da Lei n. 9.099/95) ou de acordo de não persecução penal (art. 28-A do CPP, introduzido pelo art. 3º da Lei n. 13.964/2019), por força do *princípio da obrigatoriedade*, o Promotor de Justiça não poderá deixar de ajuizar a ação penal; estará *obrigado* a oferecer denúncia. Nesse caso, não haverá discricionariedade que ampare o titular do direito de ação, porque o bem jurídico tutelado é de natureza pública e é seu dever constitucional zelar por tais interesses.

Ajuizada a ação penal, o representante do Ministério Público não poderá dela desistir (CPP, art. 42), tampouco desistirá validamente de eventual recurso que tenha interposto (CPP, art. 576), também aqui porque o bem jurídico envolvido é de natureza pública e, portanto, indisponível, daí ser aplicável o *princípio da indisponibilidade*.

A Lei n. 12.850/2013 (define organização criminosa e dispõe sobre a investigação criminal, os meios de obtenção da prova, infrações penais correlatas e o procedimento criminal a ser aplicado) introduziu regras de abrandamento ao princípio ora tratado, na medida em que passou a permitir que o Ministério Público proponha, *a qualquer tempo* (portanto, antes mesmo de oferecer denúncia), a concessão de *perdão judicial* àquele que prestar "colaboração premiada" (§ 2º do art. 4º), ou deixe de oferecer denúncia, nas situações tipificadas no § 4º de seu art. 4º.

Na hipótese de *ação penal pública condicionada à representação,* incide para o particular ofendido o *princípio da disponibilidade* enquanto não ocorrer o oferecimento da denúncia pelo Ministério Público, pois o art. 25 do CPP admite a retratação da representação enquanto não for oferecida a inicial acusatória pelo *Parquet,* regra jurídica que entendemos aplicável também em relação às *ações penais públicas condicionadas à requisição do Ministro da Justiça,* conforme nos ocuparemos de expor cuidadosamente no momento oportuno.

Ainda nas ações penais públicas condicionadas, mas sob outro enfoque, se apurada a autoria delitiva e eventual materialidade, satisfeita a condição de procedibilidade (representação do ofendido ou requisição do Ministro da Justiça, conforme o caso), incidem para o Ministério Público os princípios da obrigatoriedade e da indisponibilidade.

Nas *ações penais privadas*, a situação é inversa, e nem poderia ser diferente.

Ainda que tenha postulado a instauração de inquérito e as investigações tenham sido exitosas na apuração do delito e respectiva autoria, o particular não estará obrigado a ajuizar a ação penal privada.

Observado que o interesse protegido é de natureza privada, o Estado deixa a critério do maior interessado – o ofendido – a decisão de ajuizar ou não a ação, por isso que aqui incide o *princípio da oportunidade ou conveniência*, e não o da *obrigatoriedade*.

Mesmo depois de ajuizada a ação penal privada, por força do *princípio da disponibilidade*, o ofendido-querelante (autor da ação penal privada) poderá abrir mão do conteúdo material do processo mediante perdão (desde que aceito) ou perempção, temas que também analisaremos mais adiante, em capítulo adequado.

13.8. Princípio da publicidade

No processo penal, vigora, como regra, o princípio da publicidade absoluta.

Na Constituição Federal, encontramos o art. 5º, LX, que trata diretamente da matéria, nos seguintes termos: "a lei só poderá restringir a publicidade dos atos processuais quando a defesa da intimidade ou o interesse social o exigirem".

Também no art. 5º, XXXIII, há regra dispondo sobre o direito a receber dos órgãos públicos informações de interesse particular, ou de interesse coletivo ou geral, ressalvadas aquelas cujo sigilo seja imprescindível à segurança da sociedade e do Estado.

Há ainda o art. 93, IX, que assim dispõe: "todos os julgamentos dos órgãos do Poder Judiciário serão públicos, e fundamentadas todas as decisões, sob pena de nulidade, podendo a lei limitar a presença, em determinados atos, às próprias partes e a seus advogados, ou somente a estes, em casos nos quais a preservação do direito à intimidade do interessado no sigilo não prejudique o interesse público à informação".

Observadas tais disposições, por aqui é preciso distinguir *publicidade geral* de *publicidade especial*.

Publicidade geral ou *ampla* é aquela que permite a qualquer pessoa acesso irrestrito a todo e qualquer ato processual e também ao processo; é a publicidade ilimitada.[50]

Publicidade especial ou *específica* diz respeito ao acesso das partes e seus procu-

50. "A publicidade ampla é a regra geral no processo penal, e consiste na possibilidade plena de os atos do Judiciário transcorrerem 'a portas abertas', ou seja, sem quaisquer restrições de acesso ao público, permitindo uma plena fiscalização da comunidade, e não somente das partes interessadas no processo" (Américo Bedê Júnior e Gustavo Senna, *Princípios do processo penal*, São Paulo, Revista dos Tribunais, 2009, p. 321).

radores (Ministério Público; advogado do assistente da acusação; querelante; defensores) ao processo e atos processuais.

Como decorrência do sistema de garantias vigente, somente a publicidade geral é que poderá sofrer restrições, conforme o caso. Jamais, em hipótese alguma, a publicidade especial estará sujeita a limitação, daí por que eventual decisão judicial que imponha tal tipo de restrição materializará desconfortável ilegalidade e violação de direito fundamental.

No Código de Processo Penal, dentre outras regras, destacamos as que seguem:

1) o art. 20 determina que a autoridade assegure no inquérito policial o sigilo necessário à elucidação do fato ou exigido pelo interesse da sociedade;

2) o art. 201, § 6º, impõe ao juiz o dever de tomar as "providências necessárias à preservação da intimidade, vida privada, honra e imagem do ofendido, podendo, inclusive, determinar o segredo de justiça em relação aos dados, depoimentos e outras informações constantes dos autos a seu respeito para evitar sua exposição aos meios de comunicação";

3) o art. 792, § 1º, dispõe que "se da publicidade da audiência, da sessão ou do ato processual, puder resultar escândalo, inconveniente grave ou perigo de perturbação da ordem, o juiz, ou o tribunal, câmara, ou turma, poderá, de ofício ou a requerimento da parte ou do Ministério Público, determinar que o ato seja realizado a portas fechadas, limitando o número de pessoas que possam estar presentes".

As situações em que admitida restrição à publicidade geral estão plenamente justificadas.

Imagine-se, por exemplo, hipótese de crime contra a segurança nacional em que a divulgação dos fatos possa colocar em risco a segurança da sociedade ou do Estado. Parece evidente que em casos tais a restrição se impõe.

Sob outro enfoque, mais particular, nos processos em que se apura a prática de crime contra a dignidade sexual, a publicidade geral deve sofrer restrições, pois não se deve permitir que o fato ganhe maior publicidade e notoriedade no meio social, de modo a produzir inaceitável ofensa à intimidade da vítima, já tão gravemente atingida. Há que se homenagear o direito da vítima em ver preservada sua intimidade e integridade moral.

O art. 93, IX, parte final, da CF, acena para a possibilidade de conflito entre o *direito à intimidade do interessado* e o *interesse público à informação.*

É sabido, entretanto, que o direito à intimidade comporta gradações, daí por que a necessidade de que o juiz avalie, caso a caso, qual o interesse preponderante, para depois decidir a respeito de eventual restrição à publicidade geral.

Não se pode negar que na hipótese de um crime de roubo a situação envolverá direito à intimidade da vítima, que pode pretender não ver publicada na mídia a natureza de seu patrimônio subtraído ou a situação de violência física a que fora exposta.

O grau de direito à intimidade que tal situação envolve não é nada comparado àquele da vítima que suportou a prática de crime contra sua dignidade sexual.

Nesse ambiente de sutilezas e interesses constitucionalmente protegidos, a cautela e o bom senso do juiz devem ser redobrados.

13.9. Princípio acusatório e princípio da iniciativa das partes

Para a compreensão do verdadeiro significado do *princípio acusatório*, basta transcrever o pensamento de Teresa Armenta Deu: "no hay proceso sin acusación" e "quien acusa no puede juzgar".[51] Esse princípio, acrescenta, leva à necessidade de existência de uma ação; à obrigatoriedade de correlação entre acusação e sentença; e, por fim, à proibição de *reformatio in pejus*, temas que serão analisados cada qual a seu tempo.[52]

A prestação jurisdicional pressupõe o ajuizamento de ação penal, portanto formal acusação em juízo por quem de direito (*nemo judex sine actore*).

Conforme o ordenamento jurídico adotado, as ações penais são públicas ou privadas.

Nas ações penais públicas, titular do direito de ação (parte legítima ativa) é o Ministério Público (CF, art. 129, I; CPP, art. 24), que representa o Estado-Administração.

Nas ações penais privadas, titular do direito de ação é o particular ofendido ou seu representante legal (CPP, arts. 29 e 30).

É incompatível com o sistema vigente a iniciativa de qualquer ação penal pelo próprio juiz, para que ele mesmo julgue. A jurisdição é inerte; o juiz não pode proceder de ofício à instauração de ação penal (*ne procedat judex ex officio*).

O *princípio da imparcialidade do juiz* impede que ele seja, ao mesmo tempo, autor e juiz da causa. Não há qualquer possibilidade jurídica de que tal superposição de funções ocorra validamente.

No dizer de Pimenta Bueno, "o juiz não deve ser senão juiz, árbitro imparcial, e não parte, porque, do contrário, criará em seu espírito 'as primeiras suspeitas', e, por amor próprio de sua previdência, ele julgará antes de ser tempo de julgar".[53]

A *iniciativa da ação penal pertence*, portanto, às partes (em sentido técnico); aos respectivos titulares do direito de ação (Ministério Público ou particular ofendido, conforme o caso).

13.10. Princípio do impulso oficial

Após o ajuizamento da ação penal, como administrador do processo submeti-

51. Teresa Armenta Deu, *Estudios sobre el proceso penal*, Santa Fé, Rubinzal-Culzoni, 2008, p. 93.

52. As matérias estão tratadas nos Capítulos: "Ação Penal"; "Sentença e Coisa Julgada" e "Recursos", respectivamente.

53. Apud José Frederico Marques, *Elementos de direito processual penal*, Rio de Janeiro, Forense, 1961, v. I, p. 63.

do à sua presidência, o juiz deverá proceder de ofício em relação ao seu andamento; ao curso da marcha processual ou processamento do feito.

Por força do *princípio do impulso oficial*, o juiz não necessita aguardar que as partes requeiram o andamento do processo, o ingresso nesta ou naquela fase. Deverá impulsioná-lo por iniciativa própria, por dever de ofício, e, considerando que o Estado-juiz é órgão oficial, é correto falar que o impulso é oficial.

Nessa linha de pensamento, calha citar, a título de exemplo, o disposto no art. 251 do CPP, segundo o qual "ao juiz incumbirá prover à regularidade do processo e manter a ordem no curso dos respectivos atos, podendo, para tal fim, requisitar a força pública".

De ver, entretanto, que por força do atual art. 3º-A do CPP, introduzido pelo art. 3º da Lei n. 13.964/2019, observado que o processo penal tem estrutura acusatória, são vedadas ao magistrado qualquer iniciativa na fase de investigação e a substituição da atuação probatória das partes.

13.11. Princípios da indeclinabilidade da jurisdição e da correlação

Está no art. 5º, XXXV, da CF, que "a lei não excluirá da apreciação do Poder Judiciário lesão ou ameaça a direito".

Por força de tal regra, todo aquele que se sentir lesado ou em via de ser lesado em direito seu poderá dirigir-se ao Poder Judiciário a fim de pedir, formalmente, a prestação jurisdicional adequada ao caso.

Sabido que o Estado retirou do particular a capacidade de fazer justiça com as próprias mãos, e sendo ele o detentor do monopólio da jurisdição, não poderá recusar-se a conhecer e decidir qualquer pretensão *legitimamente deduzida*.

Em síntese: o juiz não pode declinar de seu ofício; não pode negar jurisdição.

Na apreciação do caso concreto, decorre do princípio da iniciativa das partes que o julgador ficará adstrito aos limites da pretensão punitiva fixada pelo acusador na petição inicial (Ministério Público ou querelante, conforme a natureza da ação penal), de modo que a decisão a ser proferida deverá guardar *correlação* com os termos da acusação.

Exige-se *correlação entre a acusação e a sentença*, de modo que por força deste tal *princípio da correlação* o juiz não poderá, insistimos, decidir além da pretensão deduzida; não poderá ir além do pedido do autor (*ne eat judex ultra petita partium*), pois, do contrário, estaria ampliando, por iniciativa sua (que não é permitida), o teor da acusação inicial. Estaria, em última análise, *iniciando e julgando*, ainda que parcialmente, uma acusação não deduzida pelo titular do direito de ação.

13.12. Princípio da igualdade processual

A igualdade constitucional disposta no art. 5º, *caput*, da CF, irradia sobre o processo, de modo a determinar a *igualdade processual* ou *igualdade das partes*. Isso quer dizer que as partes envolvidas – autor e réu – são detentoras de iguais direitos, e, sendo assim, deve haver *isonomia* entre uma e outra, ou seja, aquilo que for permitido a uma parte deve ser permitido à outra em iguais condições. Trata-se do *princípio da igualdade processual, igualdade das partes* ou *paridade de armas* (*non debet licere actori, quod reo non permittitur*), de que bem trataram Carnelutti[54] e Beling,[55] dentre outros.

Em termos práticos, sempre que for permitido ao autor se manifestar nos autos, também deverá ser permitido ao acusado, e vice-versa; se aquele pode produzir determinado tipo de prova, este último também pode, e assim segue.

13.13. Princípios do contraditório e da ampla defesa

Diz o art. 5º, LV, da CF, que "aos litigantes, em processo judicial ou administrativo, e aos acusados em geral são assegurados o contraditório e a ampla defesa, com os meios e recursos a ela inerentes".

Por força do ***princípio do contraditório***, que não incide na fase de investigação (inquérito ou termo circunstanciado), deverá ser permitido à parte se manifestar, sempre, sobre a argumentação da parte contrária; sobre a prova produzida e, bem assim, sobre qualquer ato processual (*audiatur et altera pars*). Estabelecer ou respeitar o contraditório nada mais é do que permitir o debate entre as partes envolvidas, conforme as faculdades processuais previstas, daí afirmar Scarance que "são elementos essenciais do contraditório a necessidade de informação e a possibilidade de reação".[56]

Para que exista contraditório, portanto, é necessário que o acusado seja citado[57] para a ação e que a parte seja intimada a respeito dos atos praticados no processo pela outra parte. São estes os mecanismos formais de informação: citação e intimação.

Disso decorre o inegável acerto de Canuto Mendes, também citado por Mirabete[58] e outros, quando define o contraditório como a "ciência bilateral dos atos e termos processuais e possibilidade de contrariá-los".[59]

Como já é dado perceber, *sob certo enfoque* os princípios do contraditório e da **ampla defesa** se cruzam *em algum momento* e estão visceralmente ligados entre si; são indissociáveis na medida em que ao exercer o contraditório o acusado se defende, mas disso não se extrai relação de primazia ou derivação entre um e outro, como bem

---

54. Francesco Carnelutti, *Principi del processo penale*, Napoli, Morano Editore, 1960, p. 47.

55. Ernest Beling, *Derecho procesal penal*, Buenos Aires, DIN Editora, 2000, p. 27.

56. Antonio Scarance Fernandes, *Processo penal constitucional*, 5. ed., São Paulo, Revista dos Tribunais, 2007, p. 63.

57. "O réu deve conhecer a acusação que se lhe imputa para poder contrariá-la, evitando, assim, possa ser condenado sem ser ouvido" (Fernando da Costa Tourinho Filho, *Manual de processo penal*, 17. ed., São Paulo, Saraiva, 2017, p. 65).

58. Julio Fabbrini Mirabete, *Processo penal*, 16. ed., São Paulo, Atlas, 2004, p. 46.

59. Joaquim Canuto Mendes de Almeida, *Princípios fundamentais do processo penal*, São Paulo, Revista dos Tribunais, 1973, p. 81.

observou Scarance, que arremata: "Defesa e contraditório estão intimamente relacionados e ambos são manifestações da garantia genérica do devido processo legal".[60]

Mas essa é uma visão apenas parcial das consequências do princípio, por isso dizer que se verifica apenas "sob certo enfoque", dado que também à acusação se deve permitir o contraditório pleno, e nesse caso não será possível afirmar qualquer proximidade entre *contraditório e ampla defesa*.

Há quem entenda, como Nucci,[61] que o princípio da ampla defesa se sustenta no desequilíbrio que existe entre o acusado e o Estado, sendo aquele hipossuficiente por natureza e este último sempre mais forte.

Quer nos parecer, entretanto, que a ampla defesa tem vinculação mais sólida e evidente com o princípio da dignidade da pessoa humana.

Não haveria qualquer respeito ao referido dogma fundamental se não fosse dado ao acusado defender-se amplamente, sempre que estivesse diante de imputação penal de qualquer natureza.

A ampla defesa deve ser observada sob dois enfoques que se complementam: *1)* **defesa técnica** e, *2)* **autodefesa**.

1) **Defesa técnica** é aquela levada a efeito por profissional habilitado: advogado ou Defensor Público.

Com efeito, se a acusação formal só pode ser feita pelo Ministério Público (nas ações penais públicas) ou pelo ofendido por intermédio de advogado (nas ações penais privadas), sendo ambos profissionais, técnicos, portanto, não haveria igualdade de partes e tratamento isonômico se não fosse exigida defesa igualmente técnica e capacitada.

Em atenção ao art. 5º, LV, da CF, dispõe o art. 261, *caput*, do CPP, que "nenhum acusado, ainda que ausente ou foragido, será processado ou julgado sem defensor".

O art. 5º, LXXIV, da CF, assegura ao acusado pobre o direito à assistência judiciária gratuita.

Diz o art. 263, *caput*, do CPP, que: "Se o acusado não o tiver, ser-lhe-á nomeado defensor pelo juiz, ressalvado o seu direito de, a todo tempo, nomear outro de sua confiança, ou a si mesmo defender-se, caso tenha habilitação".

Conforme o disposto no § 2º do art. 396-A do CPP, se após regular citação o acusado não constituir defensor e por isso deixar de apresentar sua primeira defesa escrita, o juiz nomeará defensor para oferecê-la.

A propósito, a ausência de defensor nos autos é apontada no art. 564, III, *c*, do CPP, como causa de nulidade processual.

---

60. Antonio Scarance Fernandes, *Processo penal constitucional*, 5. ed., São Paulo, Revista dos Tribunais, 2007, p. 291.

61. Guilherme de Souza Nucci, *Manual de processo e execução penal*, 14. ed., Rio de Janeiro, Forense, 2017, p. 35-36.

É possível que o acusado, sendo advogado, atue em causa própria, quando então não haverá necessidade de se nomear defensor para que atue em seu benefício.

A necessidade de ampla defesa é de tal modo relevante que não basta a simples *existência formal* de defensor nos autos, seja ele nomeado pelo juiz ou contratado pelo acusado. É imprescindível que a defesa seja *efetiva*,[62] atuante e tecnicamente à altura dos direitos em jogo no processo.

Por isso a afirmação de CATENA e DOMÍNGUEZ no sentido de que "la defensa opera como factor de legitimidad de la acusación y de la sanción penal".[63] E acrescentamos: fator de legitimidade do processo e da justiça, visto que sem defesa não é possível falar em devido processo legal, tampouco em justiça.

De sua relevância resulta, ainda, ser ela indeclinável para o acusado, mesmo quando revel ou foragido (que por isso não poderá abrir mão de defender-se), e se na prática ela for de tal modo desqualificada tecnicamente; fraca demais ou inexistente, o juiz deverá declarar o acusado indefeso e providenciar a intimação do réu para que constitua outro advogado em substituição, sob pena de ser-lhe nomeado defensor pelo juízo.

Conforme ensinou FREDERICO MARQUES, "se estiver evidente a inércia e desídia do defensor nomeado, o réu deve ser tido por indefeso e anulado o processo desde o momento em que deveria ter sido iniciado o patrocínio técnico no juízo penal. Abraçar entendimento diverso a respeito do assunto, além de constituir inaceitável posição diante da evidência *ictu oculi* de real ausência de defesa, é ainda orientação de todo censurável e errônea, mesmo porque pode legitimar situações verdadeiramente iníquas".[64]

Admitir como válida defesa pífia constitui opção reveladora de verdadeira e lastimável hipocrisia processual.

2) **Autodefesa**

Ainda em CATENA e DOMÍNGUEZ encontramos a seguinte definição: "La autodefensa consiste en la intervención directa y personal del imputado en el proceso,

62. "A indisponibilidade do direito de defesa – que traduz prerrogativa jurídica de extração constitucional – impõe ao magistrado processante o dever de velar, incondicionalmente, pelo respeito efetivo a essa importante garantia processual, cabendo-lhe, inclusive, proclamar o réu indefeso, mesmo naquelas hipóteses em que a ausência de defesa técnica resulte do conteúdo nulo de peça produzida por advogado constituído pelo próprio acusado. Precedentes. – A liberdade de escolha do advogado não pode expor o réu a situações que se revelem aptas a comprometer, gravemente, o seu *status libertatis*" (STF, HC 70.600/SP, 1ª T., rel. Min. Celso de Mello, j. 19-4-1994, *DJe* n. 157, de 21-8-2009). "A presença formal de um defensor dativo, sem que a ela corresponda a existência efetiva de defesa substancial, nada significa no plano do processo penal e no domínio tutelar das liberdades públicas" (STF, HC 68.926/MG, 1ª T., rel. Min. Celso de Mello, j. 10-12-1991, *DJ* de 28-8-1992, p. 13.453, *RTJ* 142/582).

63. VICTOR MORENO CATENA e VALENTÍN CORTÉS DOMÍNGUEZ, *Derecho procesal penal*, 6. ed., Valencia, Tirant lo Blanch, 2012, p. 145.

64. JOSÉ FREDERICO MARQUES, *Elementos de direito processual penal*, Rio de Janeiro, Forense, 1962, v. II, p. 423.

realizando actividades encaminadas a preservar su libertad: impedir la condena u obtener mínima sanción penal posible".[65]

O *direito à autodefesa*, conforme Scarance, "se manifesta no processo de várias formas: direito de audiência, direito de presença, direito a postular pessoalmente".[66]

O *direito de audiência* diz com a garantia conferida ao acusado de apresentar-se diante do juiz no momento do interrogatório para dar sua versão sobre os fatos.

O *direito de presença* garante ao acusado acompanhar, com seu advogado, todos os atos de instrução do processo.

O *direito de postular pessoalmente* permite, por exemplo, a impetração de *habeas corpus* pelo acusado que não disponha de habilitação profissional para a advocacia;[67] a formulação de pedidos em sede de execução de pena etc.

De tudo o que se observou, se lançarmos um olhar mais amplo sobre a realidade do processo, concluiremos que o princípio da dignidade da pessoa humana, dogma de categoria superior, resultaria solenemente desrespeitado caso não fossem possíveis o contraditório e a ampla defesa, visto que não se concebe Estado Democrático de Direito em que se desconsidere o valor e a irrenunciabilidade de tais garantias fundamentais.

Além de assegurar a *ampla defesa* (art. 5º, LV), a Constituição Federal também garante a *plenitude de defesa* (art. 5º, XXXVIII, *a*), esta pertinente aos julgamentos de competência do Tribunal do Júri, a que são submetidos os processos que versam sobre crimes dolosos contra a vida (art. 5º, XXXVIII, *d*), mas em razão de constituir *princípio específico*, observada a metodologia que escolhemos, sobre a plenitude de defesa falaremos no momento de refletir sobre o procedimento do júri.

13.14. Princípios da celeridade e economia processual

O art. 5º, LXXVIII, da CF, determina celeridade na tramitação dos processos.

Sem se distanciar dos princípios do devido processo legal e da busca da verdade real, o juiz deve imprimir celeridade de modo a dar prestação jurisdicional rápida, pois do contrário o processo penal não atingirá suas *finalidades imediata* (pronta solução do litígio) e *mediata* (pacificação social).

A desejada economia impõe ao magistrado o dever de evitar a prática de atos inúteis ou protelatórios, o que também representa celeridade.

---

65. Victor Moreno Catena e Valentín Cortés Domínguez, *Derecho procesal penal*, 6. ed., Valencia, Tirant lo Blanch, 2012, p. 147.

66. Antonio Scarance Fernandes, *Processo penal constitucional*, 5. ed., São Paulo, Revista dos Tribunais, 2007, p. 304.

67. Conforme o art. 1º, § 1º, da Lei n. 8.906/94 (dispõe sobre o Estatuto da Advocacia e a Ordem dos Advogados do Brasil – OAB): não se inclui na atividade privativa de advocacia a impetração de *habeas corpus* em qualquer instância ou tribunal.

Exemplificativamente, no Código de Processo Penal, o § 1º do art. 400 (de igual maneira o § 2º do art. 411) determina que em regra deve haver uma só audiência de instrução (audiência concentrada): "As provas serão produzidas numa só audiência, podendo o juiz indeferir as consideradas irrelevantes, impertinentes ou protelatórias"; nessa mesma linha, diz o art. 567 que: "A incompetência do juízo anula somente os atos decisórios, devendo o processo, quando for declarada a nulidade, ser remetido ao juiz competente" (todos os demais atos – não decisórios – são válidos e não precisam ser refeitos).

13.15. Princípios da duração razoável do processo e da prisão cautelar

Também o art. 5º, LXXVIII, da CF, garante que "a todos, no âmbito judicial e administrativo, são assegurados a razoável duração do processo (...)".[68]

Já decidiu o Supremo Tribunal Federal que "o direito ao julgamento, sem dilações indevidas, qualifica-se como prerrogativa fundamental que decorre da garantia constitucional do *due process of law*".[69]

Há que se ter em mente, todavia, que a duração do processo não é aritmética "sobretudo, por acolhida, no sistema de direito positivo, a força maior".[70]

Disso decorre que a prisão cautelar (prisão sem condenação definitiva) também deve ter duração que não exceda os limites do bom senso, daí o *princípio da duração razoável da prisão cautelar*.[71]

68. "Não há que se falar em excesso de prazo quando, a depender da complexidade da causa, considerando-se o elevado número de réus, dos fatos e das provas, extrai-se que o curso processual não rompeu a barreira da duração razoável" (STF, HC 120.235/SP, 1ª T., rel. Min. Marco Aurélio, rel. p/ o Acórdão Min. Edson Fachin, j. 15-3-2016, *DJe* n. 159, de 1º-8-2016). "A duração razoável do processo deve ser aferida à luz da complexidade dos fatos e do procedimento, bem como a pluralidade de réus e testemunhas (Precedentes: HC 133.580, rel. Min. Cármen Lúcia, *DJe* de 30-3-2016, e HC 88.399, rel. Min. Joaquim Barbosa, 2ª T., *DJ* de 13-4-2007)" (STF, RHC 124.796, AgR/ES, 1ª T., rel. Min. Luiz Fux, j. 28-6-2016, *DJe* n. 179, de 24-8-2016). *No mesmo sentido*: STF, HC 132.543/RS, 1ª T., rel. Min. Rosa Weber, j. 2-8-2016, *DJe* n. 189, de 6-9-2016; STF, HC 130.056/CE, 2ª T., rel. Min. Gilmar Mendes, j. 7-6-2016, *DJe* n. 132, de 24-6-2016; STJ, HC 389.495/SP, 5ª T., rel. Min. Felix Fischer, j. 20-6-2017, *DJe* de 30-6-2017; STJ, RHC 81.555/RJ, 6ª T., rel. Min. Antonio Saldanha Palheiro, j. 16-5-2017, *DJe* de 30-6-2017.

"A razoável duração do processo não pode ser aferida de modo dissociado das especificidades da hipótese sub examine. Precedentes: HC 125.144-AgR, Primeira Turma, rel. Min. Rosa Weber, *DJe* de 28-6-2016; HC 132.610-AgR, Segunda Turma, rel. Min. Dias Toffoli, *DJe* de 6-6-2016" (STF, HC 170.886 AgR/CE, 1ª T., rel. Min. Luiz Fux, j. 23-8-2019, *DJe*-191, de 3-9-2019).

69. STF, HC 80.379/SP, 2ª T., rel. Min. Celso de Mello, j. 18-12-2000, *DJ* de 25-5-2001, p. 11.

70. STJ, HC 41.372/RJ, 6ª T., rel. Min. Hamilton Carvalhido, j. 31-8-2005, *DJ* de 26-6-2006, p. 204. "A aferição da razoabilidade da duração do processo não se efetiva de forma meramente aritmética" (STJ, HC 439.302/AL, 6ª T., rel. Min. Nefi Cordeiro, j. 12-6-2018, *DJe* de 19-6-2018).

71. "O réu – especialmente aquele que se acha sujeito a medidas cautelares de privação da sua liberdade – tem o direito público subjetivo de ser julgado, pelo Poder Público, dentro de prazo razoável, sem demora excessiva e nem dilações indevidas. Convenção Americana sobre Direitos Humanos (art. 7º, n. 5 e 6). O excesso de prazo, quando exclusivamente imputável ao aparelho judiciário – não derivando, portanto, de qualquer fato procrastinatório causalmente atribuível ao réu –, traduz situação anômala que

Toda pessoa detida tem direito a ser julgada dentro de prazo razoável ou a ser posta em liberdade sem prejuízo de que prossiga o processo (art. 7º da Convenção promulgada pelo Decreto n. 678/92[72] e art. 5º, LXXVIII, da CF), tema de que nos ocuparemos no capítulo destinado ao estudo das prisões cautelares.

13.16. Princípio da verdade real

Ao contrário do que ocorre no Direito Processual Civil, em que vige o princípio da *verdade formal* e a revelia autoriza presumir verdadeiros os fatos alegados pelo autor, no processo penal prevalece o interesse público, e a prestação jurisdicional busca reconstruir a verdade real, empírica, e assim esclarecer, com a maior precisão possível, a maneira como os fatos imputados verdadeiramente se deram.

Matéria analisada de forma superior por Guzmán,[73] são profundas as discussões a respeito desse princípio, especialmente em relação à *verdade* que se busca com o processo penal, bem por isso as adequadas referências de Bedê Júnior e Gustavo Senna à busca da *máxima probabilidade* ou *ausência de dúvida razoável*.[74]

A esse respeito, veste como luva a seguinte lição de Tourinho Filho ao afirmar que "quando se fala em verdade real, não se tem a presunção de chegar à verdade verdadeira, como se costuma dizer, ou, se quiserem, à verdade na sua essência – esta é acessível apenas à Suma Potestade –, mas tão somente salientar que o ordenamento confere ao Juiz penal, mais que ao Juiz não penal, poderes para coletar dados que lhe possibilitem, numa análise histórico-crítica, na medida do possível, restaurar aquele acontecimento pretérito que é o crime investigado, numa tarefa semelhante à do historiador".[75]

No processo penal prevalece a indisponibilidade do direito à liberdade.

Não se pode negar que, se o processo é o instrumento para a materialização da justiça, ele só pode ter por objetivo a verdade,[76] e nesse cenário emerge com particu-

---

compromete a efetividade do processo, pois, além de tornar evidente o desprezo estatal pela liberdade do cidadão, frustra um direito básico que assiste a qualquer pessoa: o direito à resolução do litígio, sem dilações indevidas e com todas as garantias reconhecidas pelo ordenamento constitucional" (STF, HC 80.379/SP, 2ª T., rel. Min. Celso de Mello, j. 18-12-2000, *DJ* de 25-5-2001, p. 11).

72. Promulga a Convenção Americana sobre Direitos Humanos (Pacto de São José da Costa Rica), de 22 de novembro de 1969.

73. Leitura complementar recomendada: Nicolás Guzmán, *La verdad en el proceso penal*, 2. ed., Buenos Aires, Editores del Puerto, 2011.

74. Américo Bedê Júnior e Gustavo Senna, *Princípios do processo penal*, São Paulo, Revista dos Tribunais, 2009, p. 102.

75. Fernando da Costa Tourinho Filho, *Manual de processo penal*, 17. ed., São Paulo, Saraiva, 2017, p. 59.

76. No dizer de Julio B. J. Maier, "esa función o finalidad del procedimiento sólo debe ser considerada como un ideal, esto es, como un objetivo al que tiende el procedimiento penal, que constituye una de sus razones de ser, perto que, en un proceso concreto puede no ser alcanzado sin que ese procedimiento carezca de sentido" (*Derecho procesal penal*, Buenos Aires, Editores del Puerto s.r.l., t. I, 2011, p. 852). Sobre verdade, conferir a lição de Luigi Ferrajoli (*Direito e razão*, São Paulo, Revista dos Tribunais, 2002, p. 37-57).

lar relevo o tema *prova*, ao qual nos dedicaremos com adequada profundidade no capítulo específico.

Importante não desconsiderar que o art. 3º-A do CPP, introduzido pelo art. 3º da Lei n. 13.964/2019, exige de todo magistrado postura compatível com o processo penal acusatório e, por isso, proíbe todo tipo de iniciativa judicial na fase de investigação e a adoção de postura que implique substituição da atuação probatória das partes.

A tarefa conferida ao juiz de é a de vasculhar **a prova apresentada em juízo**, com o objetivo de **nela alcançar elementos de convicção** que o aproximem da verdade real, sem que isso implique arvorar-se detentor de iniciativa probatória.

Sem prejuízo do acima anotado, são oportunas as considerações de Mirabete quando afirma que: "No processo penal brasileiro o princípio da verdade real não vige em toda a sua inteireza. Não se permite que, após uma absolvição transitada em julgado, seja ela rescindida, mesmo quando surjam provas concludentes contra o agente. A transação é permitida, por exemplo, nas ações privadas com o perdão do ofendido. A omissão ou desídia do querelante pode provocar a perempção. Há, também, inúmeras outras causas de extinção da punibilidade que podem impedir a descoberta da verdade real".[77]

13.17. Princípios da presunção de inocência e *favor rei*

Dispõe o art. 9º da Declaração de Direitos do Homem e do Cidadão (1789) que: "Todo acusado é considerado inocente até ser considerado culpado".[78]

Nessa mesma linha de pensamento, diz o art. 8º, § 2º, da Convenção Americana sobre Direitos Humanos (Pacto de São José da Costa Rica), adotada pelo Brasil por meio do Decreto n. 678, de 6 de novembro de 1993, que "toda pessoa acusada de delito tem direito a que se presuma sua inocência enquanto não se comprovar legalmente sua culpa", regra também disposta em outros textos internacionais.

Essa *presunção de inocência, estado de inocência*[79] ou *presunção de não culpabilidade* também está assegurada no art. 5º, LVII, da CF, segundo o qual "ninguém será considerado culpado até o trânsito em julgado de sentença penal condenatória".

77. Julio Fabbrini Mirabete, *Processo penal*, 16. ed., São Paulo, Atlas, 2004, p. 47.

78. "A origem desse princípio 'remonta ao art. 9º da Declaração dos Direitos do Homem e do Cidadão proclamada em Paris em 26-8-1789 e que, por sua vez, deita raízes no movimento filosófico-humanitário chamado 'Iluminismo', ou Século das Luzes, que teve à frente, dentre outros, o Marquês de Beccaria, Voltaire, Montesquieu, Rousseau. Foi um movimento de ruptura com a mentalidade da época, em que, além das acusações secre tas e das torturas, o acusado era tido como objeto do processo e não tinha nenhuma garantia. Dizia Beccaria que 'a perda da liberdade sendo já uma pena, esta só deve preceder a condenação na estrita medida que a necessidade o exige' (*Dos delitos e das penas*, São Paulo: Atena Ed., 1954, p. 106)" (STF, HC 99.141/SP, 1ª T., rel. Min. Luiz Fux, j. 29-3-2011, *DJe* n. 071, de 14-4-2011, *RT* 908/448).

79. Segundo Julio Fabbrini Mirabete: "O que se entende hoje, como diz Florian, é que existe apenas uma *tendência* à presunção de inocência, ou, mais precisamente, um *estado de inocência*, um estado jurídico no qual o acusado é inocente até que seja declarado culpado por uma sentença transitada em julgado" (*Processo penal*, 16. ed., São Paulo, Atlas, 2004, p. 45).

A rigor, o dispositivo constitucional não fala em "presunção de inocência", mas em "não culpabilidade", daí a existência de discussão doutrinária com vistas a definir o real alcance da garantia em questão.

Nesse particular, conforme leciona GUSTAVO BADARÓ: "Não há diferença de conteúdo entre presunção de inocência e presunção de não culpabilidade. As expressões 'inocente' e 'não culpável' constituem somente variantes semânticas de um idêntico conteúdo. É inútil e contraproducente a tentativa de apartar ambas as ideias – se é que isso é possível –, devendo ser reconhecida a equivalência de tais fórmulas. Procurar distingui-las é uma tentativa inútil do ponto de vista processual. Buscar tal diferenciação apenas serve para demonstrar posturas reacionárias e um esforço vão de retorno a um processo penal voltado exclusivamente para a defesa social, que não pode ser admitido em um Estado Democrático de Direito".[80]

Milita em favor de todo acusado a presunção relativa (*juris tantum*) de que é inocente em relação ao cometimento do delito imputado, de tal modo que a garantia constitucional remete ao acusador o ônus de produzir prova em sentido contrário. Bem por isso, a advertência de GIMENO SENDRA[81] no sentido de que a carga material da prova incumbe exclusivamente ao acusador.

Se ao final do processo restar dúvida, esta será resolvida em favor do acusado, que então deverá ser absolvido (CPP, art. 386, VII),[82] porquanto não elidida a presunção constitucional. Incide o princípio *in dubio pro reo* (na dúvida decide-se em favor do réu).

A presunção de que ora se cuida tem duração determinada, pois deixará de existir com a superveniência do trânsito em julgado definitivo de sentença penal condenatória.

Do princípio *sub examine* não se extrai, entretanto, a impossibilidade de determinar medidas cautelares em desfavor do imputado, tal como ocorre com a decretação de prisão preventiva e a imposição de medidas cautelares restritivas, conforme veremos no capítulo destinado ao estudo das *prisões cautelares*.

A presunção de inocência que acompanha toda e qualquer pessoa leva ao princípio do *favor rei*,[83] segundo o qual, *na interpretação da lei*, havendo possibili-

---

80. GUSTAVO HENRIQUE BADARÓ, *Direito processual penal*, São Paulo, Elsevier-Campus Jurídico, 2008, t. I, p. 16.

81. VICENTE GIMENO SENDRA, *Derecho procesal penal*, Navarra, Civitas, 2012, p. 129.

82. STF, AP 447/RS, Tribunal Pleno, rel. Min. Carlos Britto, j. 18-2-2009, *DJe* de 29-5-2009; STF, AP 430/RS, Tribunal Pleno, rel. Min. Cármen Lúcia, j. 7-8-2008, *DJe* de 26-9-2008. "A condenação criminal não pode ser apoiada em mera presunção, desacompanhada de outros elementos de convicção" (STF, AP 330/SP, Tribunal Pleno, rel. Min. Sydney Sanches, j. 24-10-2002, *DJe* de 5-9-2003). "Não existindo, nos autos, prova judicializada suficiente para a condenação, nos termos do que reza o art. 386, VII, do Código de Processo Penal, impõe-se a absolvição" (STJ, REsp 1.253.537/SC, 6ª T., rel. Min. Maria Thereza de Assis Moura, j. 1º-9-2011, *DJe* de 19-10-2011).

83. "O princípio processual penal do *favor rei* não ilide a possibilidade de utilização de presunções *hominis* ou *facti*, pelo juiz, para decidir sobre a procedência do *ius puniendi*, máxime porque o Código de Pro-

dades contrapostas, o juiz deverá adotar a que melhor atender aos interesses do acusado.

Como ensinou Bettiol, ele supõe que quando não se pode ter uma interpretação unívoca, mas situação de contraste entre duas interpretações de uma norma penal (antinomia interpretativa), o juiz terá que eleger a interpretação mais favorável às posições do imputado.[84] Em verdade, o juiz não pode ser agnóstico a respeito da escolha interpretativa, pois: "Egli vive in un determinato clima politico-costituzionale nell'ambito del quale il valore supremo è la persona umana; ed è la posizione di questa che il giudice deve sposare quando è chiamato a scegliere tra due interpretazioni contrastanti di una norma di legge".[85]

Acolhida a lição do mestre italiano, enquanto o princípio *in dubio pro reo* orienta a decisão do juiz diante de *prova* insegura ou não convincente a respeito de qualquer das versões existentes nos autos, o princípio do *favor rei* indica a adequada *interpretação da regra jurídica*, na vertente mais compatível com a presunção de inocência.

Essa também parece ser a opinião de Nucci,[86] que, após explicar o significado do princípio *in dubio pro reo* e sua conexão com a prova produzida no processo, refere-se ao *favor rei* nos seguintes termos: "Por outro lado, quando dispositivos processuais penais forem interpretados, apresentando dúvida razoável quanto ao seu real alcance e sentido, deve-se optar pela versão mais favorável ao acusado, que, como já se frisou, é presumido inocente até que se demonstre o contrário. Por isso, a sua posição, no contexto dos princípios, situa-se dentre aqueles vinculados ao indivíduo, sendo, ainda, considerado como constitucional implícito".[87]

Nessa linha de argumentação, já decidiu o STJ que:

> O princípio do *favor rei* estabelece, diante do conflito entre o *jus puniendi* do Estado e o *jus libertatis* do acusado, a interpretação mais benéfica ao réu do texto legal (STJ, REsp 1.201.828/RJ, 6ª T., rel. Min. Sebastião Reis Júnior, j. 1º-9-2011, *DJe* de 5-3-2012).

---

cesso Penal prevê expressamente a prova indiciária, definindo-a no art. 239 como 'a circunstância conhecida e provada, que, tendo relação com o fato, autorize, por indução, concluir-se a existência de outra ou outras circunstâncias'" (STF, HC 111.666/MG, 1ª T., rel. Min. Luiz Fux, j. 8-5-2012, *DJe* n. 100, de 23-5-2012).

84. De igual teor, conferir: Raúl Washington Ábalos, *Derecho procesal penal*, 2. ed., Mendoza, Ediciones Jurídicas Cuyo, 2006, t. I, p. 141.

85. Giuseppe Bettiol, *Istituzioni di diritto e procedura penale*, Padova, CEDAM – Casa Editrice Dott. Antonio Milani, 1966, p. 214.

86. Há divergência na doutrina, pois alguns afirmam que esse princípio determina que a dúvida deve ser resolvida em favor do acusado, *referindo-se à prova do processo* (absolvição por insuficiência de prova); e só a defesa dispõe de certas faculdades jurídicas, tais como ação rescisória e embargos infringentes; manifestando-se, ainda, na vedação à possibilidade de *reformatio in pejus*. Conferir a esse respeito o pensamento de Tourinho Filho (*Manual de processo penal*, 17. ed., São Paulo, Saraiva, 2017, p. 79) e Fernando Capez (*Curso de processo penal*, 24. ed., São Paulo, Saraiva, 2017, p. 80).

87. Guilherme de Souza Nucci, *Manual de processo e execução penal*, 14. ed., Rio de Janeiro, Forense, 2017, p. 35.

13.18. Princípio da imparcialidade do juiz

Para W. Goldschmidt, "la imparcialidad consiste en poner entre paréntesis todas las consideraciones subjetivas del juzgador. Este debe sumergirse en el objeto, ser objetivo, olvidarse de su propia personalidad".[88]

Bem por isso, a afirmação de Aragoneses Alonso no sentido de que "la imparcialidad es una especie determinada de motivación, consistente en que la declaración o resolución se orienta en el deseo de decir la verdad, de dictaminar con exactitud, de resolver justa o legalmente".[89]

A decisão histórica de se retirar do particular o poder de fazer justiça com as próprias mãos e a ideia matriz da separação de poderes têm como um de seus fundamentos centrais a necessidade de julgamento justo, esperança sempre presente nas causas criminais.

De nada adianta a adoção de um sistema de processo penal atrelado a diversos princípios fundamentais, especialmente a garantia de legalidade, as exigências do devido processo legal, do juiz natural, da ampla defesa, do contraditório, da presunção de inocência etc., se o julgamento da pretensão não for proferido por órgão imparcial.

O juiz não atua no processo em nome próprio, tampouco sustenta conflito de interesse com qualquer das partes.

A imparcialidade constitui um dos pressupostos de validade para a constituição da relação processual.

A propósito, com vistas a assegurar a imparcialidade, a Constituição Federal proscreve a criação de juízo ou tribunal de exceção (art. 5º, XXXVII), dispõe a respeito das garantias da magistratura (art. 95, I, II e III) e determina vedações ou incompatibilidades (art. 95, parágrafo único, I, II, III, IV e V).

Seguindo esse mesmo ideal, dispõe o Código de Processo Penal hipóteses de impedimento (arts. 252 e 253) e suspeição (art. 254), que deverão ser reconhecidas pelo próprio magistrado, *ex officio*, ou mediante arguição da parte.

13.19. Princípio da fundamentação das decisões judiciais

Esse princípio está expresso no art. 93, IX, da CF, onde se lê que *todas* as decisões do Poder Judiciário devem ser fundamentadas, sob pena de nulidade.

Como bem observou Tucci, é "mediante a motivação que o magistrado pronunciante de ato decisório mostra como apreendeu os fatos e interpretou a lei que sobre eles incide, propiciando, com as indispensáveis clareza, lógica e precisão, a perfeita

88. Werner Goldschmidt, *Conducta y norma*, Buenos Aires, Valerio Abeledo, 1955, p. 133.

89. Pedro Aragoneses Alonso, *Proceso y derecho procesal*, Madrid, Aguilar, 1960, p. 89.

compreensão da abordagem de todos os pontos questionados e, consequente e precipuamente, a conclusão atingida".[90]

A fundamentação ou motivação das decisões se presta a demonstrar o enfoque sob o qual o juiz analisou a prova, bem como sua interpretação da regra jurídica aplicável na solução da controvérsia, seu conhecimento do processo, imparcialidade e senso de justiça; atende à necessidade de satisfação das partes e do corpo social, que têm direito de conhecer as razões determinantes da decisão judicial; permite controle hierárquico-funcional a respeito da qualidade técnica do julgador e a aferição do cabimento de reforma de sua decisão.

Ao tratar da garantia da motivação como garantia da jurisdição, ensina Scarance de maneira irretocável que: "Evoluiu a forma de se analisar a garantia da motivação das decisões. Antes, entendia-se que se tratava de garantia técnica do processo, com objetivos endoprocessuais: proporcionar às partes conhecimento da fundamentação para impugnar a decisão; permitir que os órgãos judiciários de segundo grau pudessem examinar a legalidade e a justiça da decisão. Agora, fala-se em garantias de ordem política, em garantia da própria jurisdição. Os destinatários da motivação não são mais somente as partes e os juízes de segundo grau, mas também a comunidade que, com a motivação, tem condições de verificar se o juiz, e por consequência a própria justiça, decide com imparcialidade e com conhecimento da causa. É por meio da motivação que se avalia o exercício da atividade jurisdicional. Ainda, às partes interessa verificar na motivação se as razões foram objeto de exame pelo juiz. A este também importa a motivação, pois, mediante ela, evidencia a sua atuação imparcial e justa".[91]

Reiteradas vezes já decidiu o Supremo Tribunal Federal[92] que:

> A fundamentação dos atos decisórios qualifica-se como pressuposto constitucional de validade e eficácia das decisões emanadas do Poder Judiciário, de tal modo que a inobservância do dever imposto pelo art. 93, IX, da Carta Política, mais do que afetar a legitimidade

---

90. Rogério Lauria Tucci, *Direitos e garantias individuais no processo penal brasileiro*, 4. ed., São Paulo, Revista dos Tribunais, 2011, p. 196.

91. Antonio Scarance Fernandes, *Processo penal constitucional*, 5. ed., São Paulo, Revista dos Tribunais, 2007, p. 139.

92. "A exigência de motivação dos atos jurisdicionais constitui, hoje, postulado constitucional inafastável, que traduz poderoso fator de limitação ao exercício do próprio poder estatal, além de configurar instrumento essencial de respeito e proteção às liberdades públicas. Com a constitucionalização desse dever jurídico imposto aos magistrados – e que antes era de extração meramente legal – dispensou-se aos jurisdicionados uma tutela processual significativamente mais intensa, não obstante idênticos os efeitos decorrentes de seu descumprimento: a nulidade insuperável e insanável da própria decisão. A importância jurídico-política do dever estatal de motivar as decisões judiciais constitui inquestionável garantia inerente à própria noção do Estado Democrático de Direito. Fator condicionante da própria validade dos atos decisórios, a exigência de fundamentação dos pronunciamentos jurisdicionais reflete uma expressiva prerrogativa individual contra abusos eventualmente cometidos pelos órgãos do Poder Judiciário" (STF, HC 69.013/PI, 1ª T., rel. Min. Celso de Mello, j. 24-3-1992, *DJe* de 1º-7-1992).

dessas deliberações estatais, gera, de maneira irremissível, a sua própria nulidade (STF, HC 74.438/SP, 1ª T., rel. Min. Celso de Mello, j. 26-11-1996, *DJe* n. 047, de 14-3-2011).

A ofensa ao dever constitucional de fundamentar as decisões judiciais gera a nulidade do julgamento efetuado por qualquer órgão do Poder Judiciário. Os magistrados e Tribunais estão vinculados, no desempenho da função jurisdicional, a essa imposição fixada pela Lei Fundamental da República (STF, HC 68.571/DF, 1ª T., rel. Min. Celso de Mello, j. 1º-10-1991, *DJe* de 12-6-1992).

13.20. Princípio da persuasão racional ou do livre convencimento fundamentado

No que tange à valoração das provas, o Código de Processo Penal adotou o *sistema da persuasão racional ou do livre convencimento fundamentado,*[93] segundo o qual o juiz não está preso a regras rígidas de valoração (prova tarifada), de maneira que lhe é permitido formar sua convicção pela *livre apreciação das provas produzidas nos autos*, conforme a lógica de seu raciocínio, sua experiência, formação, compromisso e grau de responsabilidade.

Diz o art. 155, *caput*, do CPP, que "o juiz formará sua convicção pela livre apreciação da prova (...)".

Sim, há exceções, como veremos no capítulo destinado ao estudo do tema *prova*, mas a regra é norteada pelo princípio em estudo.

> O sistema do livre convencimento motivado ou da persuasão racional permite ao magistrado revelar o seu convencimento sobre as provas dos autos livremente, desde que demonstre o raciocínio desenvolvido.[94]

> Nunca é demais, porém, advertir que *livre convencimento* não quer dizer puro capricho de opinião ou mero arbítrio na apreciação das provas. O juiz está livre de *preconceitos legais* na aferição das provas, mas não pode abstrair-se ou alhear-se ao seu conteúdo. Não estará ele dispensado de *motivar* sua sentença. (...) Como corolário do sistema de livre convicção do juiz, é rejeitado o velho brocardo *testis unus testis nullus*.[95]

Não se deve confundir *íntima convicção* com *livre convicção.*

A livre convicção que está autorizada deve decorrer da prova produzida e, portanto, estar lastreada em material probatório existente no processo, cujo teor não é dado ao magistrado desconsiderar, daí a denominação livre convencimento *fundamentado.*

Dentre outras, cabe aqui citar importante exceção admitida nos processos de competência do Tribunal do Júri, no qual a votação é sigilosa e os jurados decidem sem qualquer fundamentação, apenas com base na *íntima convicção.*

93. STF, HC 108.435/RS, 1ª T., rel. Min. Rosa Weber, j. 6-3-2012, *DJe* n. 059, de 22-3-2012.

94. STF, HC 101.698/RJ, 1ª T., rel. Min. Luiz Fux, j. 18-10-2011, *DJe* n. 227, de 30-11-2011.

95. Item VII da Exposição de Motivos do CPP.

13.21. Princípio *ne bis in idem*

Esse princípio veda a reiteração de processos pelo mesmo fato.

Como expressou Nieves Accorinti,[96] ninguém pode ser perseguido penalmente mais de uma vez pelo mesmo fato.

Mais do que uma simples questão de lógica jurídica, a vedação ao *bis in idem* indica respeito aos princípios da dignidade da pessoa humana e da legalidade.

Se o acusado for condenado, não tem sentido imaginar possa responder novamente pelo mesmo delito, inclusive em razão de se verificar o fenômeno da coisa julgada material.

A condenação, entretanto, pode ser rediscutida em sede de revisão criminal, se surgirem provas novas, mas a ação revisional só pode ser manuseada *pro reo*. Não há possibilidade jurídica de revisão *pro societate*.

Mesmo na hipótese de ser absolvido e surgirem novas provas que o incriminem, não poderá ser instaurado novo processo.

A propósito, dispõe o art. 8º, 4, da Convenção Americana sobre Direitos Humanos (Pacto de São José da Costa Rica), adotada no Brasil pelo Decreto n. 678/92, que: "O acusado absolvido por sentença transitada em julgado não poderá ser submetido a novo processo pelos mesmos fatos".

Como bem observou Binder, "El conjunto de las garantías básicas que rodean a la persona a lo largo del proceso penal se completa con el principio llamado *ne bis in idem* o *non bis in idem*, según el cual el Estado no puede someter a proceso a un imputado dos veces por el mismo hecho, sea en forma simultánea o sucesiva".[97]

Sua fundamentação, sustenta Cafferata,[98] está na necessidade de preservar a estabilidade da ordem jurídica, da qual resulta a derivação necessária de presunção de verdade da coisa julgada, tal como exige a segurança jurídica de quem já foi objeto de persecução penal pelo Estado.

14. Sistemas de Processo Penal

14.1. Classificação

Considera-se sistema de processo penal o modelo político-jurídico adotado pelo legislador para o início e desenvolvimento da *persecução penal em juízo*; do oferecimento da inicial acusatória até o resultado final da prestação jurisdicional.

---

96. María de Las Nieves Accorinti, in *Principios de derecho procesal penal*, coord. María Cristina Camiña, Buenos Aires, Ad-Hoc, 2002, p. 63.

97. Alberto M. Binder, *Introducción al derecho procesal penal*, 2. ed., 5. reimp., Buenos Aires, Ad-Hoc, 2009, p. 167.

98. José I. Cafferata Nores e outros, *Manual de derecho procesal penal*, 3. ed., Córdoba, Advocatus, 2012, p. 151.

Ensinou Mirabete que, "segundo as formas com que se apresentam e os princípios que os informam são três os sistemas processuais utilizados na evolução histórica do direito",[99] a saber: *1) inquisitivo; 2) acusatório;* e *3) misto.*

14.1.1. Sistema inquisitivo

Próprio dos regimes totalitários ou absolutistas, no *sistema inquisitivo,* que tem sua origem atrelada ao Direito Romano, são desconsiderados os princípios e garantias fundamentais, tão caros a toda e qualquer democracia.

É caracterizado pela concentração de poderes em mãos de um só órgão, de maneira que o próprio juiz é quem detém o poder de acusar, de defender e de julgar, em verdadeiro monopólio do *actum trium personarum,* o que traduz flagrante violação ao princípio da imparcialidade do juiz, dentre outros.

O processo de modelo inquisitivo normalmente é secreto, alheio às garantias da ampla defesa, do contraditório, igualdade de partes e devido processo legal. Contenta-se com o sistema de provas tarifadas, em que a confissão tem valor absoluto (é considerada a rainha das provas) sobre qualquer outro meio de prova e não raras vezes é obtida mediante emprego de violência física ou psicológica, daí admitir a tortura como meio para sua obtenção.

Nele, o processo não é visto como um instrumento para alcançar a verdade e fazer justiça, mas tão somente como um meio para fazer atuar o Direito Penal, e o imputado é considerado simples *objeto* de persecução na qual se desconhece sua dignidade.[100]

14.1.2. Sistema acusatório

No sistema acusatório, que tem origem na Grécia Antiga e nítida feição democrática, o imputado é sujeito de direito, e não simples objeto de persecução, daí ser presumido inocente, até prova em contrário, do que decorre, como regra, o direito de aguardar o término dos rituais judiciários em liberdade, dentre outras garantias.

Caracteriza-se pela irrenunciável repartição de funções entre órgãos distintos, de maneira que caberá ao Ministério Público (em regra, no nosso modelo processual) a função de acusar, porquanto titular do direito de ação na generalidade dos casos; a defesa deve ser efetiva e desempenhada por profissional habilitado (advogado ou Defensor Público); a presidência do processo e o julgamento final são da competência do Poder Judiciário, por seus Magistrados.

Tem seu desenvolvimento delineado, dentre outros, pelos princípios da dignidade da pessoa humana; legalidade; oficialidade; juiz natural; devido processo le-

99. Julio Fabbrini Mirabete, *Processo penal*, 16. ed., São Paulo, Atlas, 2004, p. 43.

100. José I. Cafferata Nores e outros, *Manual de derecho procesal penal*, 3. ed., Córdoba, Advocatus, 2012, p. 202.

gal; publicidade; igualdade processual; iniciativa das partes; ampla defesa; contraditório; verdade real; presunção de inocência; imparcialidade do juiz e fundamentação das decisões judiciais.

Ao tratar da distinção entre o processo acusatório e o inquisitivo, observou GERALDO PRADO que: "Este último se satisfaz com o resultado obtido de qualquer modo, pois nele prevalece o objetivo de realizar o direito penal material, enquanto no processo acusatório é a defesa dos direitos fundamentais do acusado contra a possibilidade de arbítrio do poder de punir que define o horizonte do mencionado processo".[101]

14.1.3. *Sistema misto*

Como a própria denominação aponta, o *sistema misto, francês*[102] ou *inquisitivo mitigado*, resulta da combinação de elementos do inquisitivo e do acusatório.

Basicamente, é dividido em duas[103] fases que se sucedem logicamente.

Na *primeira* há uma instrução preparatória inquisitiva, feita por um juiz instrutor.

Na *segunda* ocorre o julgamento, por um juiz, com as características do modelo acusatório.

Em razão de sua parcela inquisitiva, esse modelo se mostra incompatível com os princípios democráticos explícita e implicitamente adotados na vigente Constituição Federal.

14.2. Sistema adotado no Brasil

Das reflexões precedentes, e conforme evidenciam os princípios gerais a que nos referimos momentos antes, é certo afirmar que a Constituição Federal e o Código de Processo Penal adotam o sistema de processo penal *acusatório*.

As garantias fundamentais listadas na Constituição da República, delimitado-

---

101. *Sistema acusatório*, 3. ed., Rio de Janeiro, Lumen Juris, 2005, p. 104.

102. JOSÉ FREDERICO MARQUES, *Elementos de direito processual penal*, Rio de Janeiro, Forense, 1961, v. I, p. 63.

103. Essa também é a posição de JOSÉ FREDERICO MARQUES (*Elementos de direito processual penal*, Rio de Janeiro, Forense, 1961, v. I, p. 63-64). Conforme JULIO FABBRINI MIRABETE: "O sistema misto, ou sistema acusatório formal, é constituído de uma instrução *inquisitiva* (de investigação preliminar e instrução probatória) e de um posterior juízo *contraditório* (de julgamento)" (*Processo penal*, 16. ed., São Paulo, Atlas, 2004, p. 44). GUILHERME DE SOUZA NUCCI também se refere apenas a duas fases: "A instrução preliminar, com os elementos do sistema inquisitivo, e a fase de julgamento, com a predominância do sistema acusatório" (*Manual de processo e execução penal*, 14. ed., Rio de Janeiro, Forense, 2017, p. 72). FERNANDO DA COSTA TOURINHO FILHO diz que o processo de tipo misto se desenvolve em três etapas: "*a)* investigação preliminar, a cargo da Polícia Judiciária, sob a orientação do Ministério Público; *b)* instrução preparatória, a cargo do juiz instrutor; e *c)* fase do julgamento. Das duas primeiras não participa a Defesa. Na fase do julgamento, o processo se desenvolve *contradictoirement*" (*Manual de processo penal*, 17. ed., São Paulo, Saraiva, 2017, p. 83).

ras da ação estatal na realização do processo de natureza penal, não permitem qualquer dúvida a respeito do sistema eleito.

Quanto ao Código de Processo Penal, apesar de sua matriz autoritária, a determinar dispositivos inconciliáveis com a ordem constitucional vigente, consta na exposição de motivos do Ministro Francisco Campos que não o inspira "o espírito de um incondicional autoritarismo do Estado ou de uma sistemática prevenção contra os direitos e garantias individuais".

É bem verdade que o ajuizamento de ação penal *pode* ser precedido de investigação levada a cabo pela polícia judiciária e que nesta fase da persecução penal em regra[104] não incidem, dentre outros, princípios como o da ampla defesa e do contraditório (pleno), sendo o inquérito sigiloso, nos moldes determinados pelo art. 20 do CPP.

Essa inegável realidade, entretanto, não autoriza afirmar a vigência de sistema diverso, visto que a definição pela adoção de um ou outro *sistema processual* deve levar em conta as regras balizadoras da *persecução penal em juízo*, até porque prescindível a existência de prévia investigação materializada em inquérito.

Não é outra a compreensão de Pacelli, exposta nos seguintes termos: "No que se refere à fase investigativa, convém lembrar que a definição de um sistema processual há de limitar-se ao exame do *processo*, isto é, da atuação do juiz no curso do processo. E porque, decididamente, inquérito policial não é *processo*, misto não será o sistema processual, ao menos sob tal fundamentação".[105]

Não se desconhece, ainda, a possibilidade de valoração judicial da prova produzida fora do contraditório, nos moldes do art. 155, *caput*, do CPP.

Quanto a essa regra, a solução passa pela necessidade de *interpretação conforme a Constituição*.

Não se pode perder de vista que o inquérito policial tem por finalidade formar a convicção do titular do direito de ação – do acusador –, e que não se admite condenação fundamentada unicamente em prova produzida fora do contraditório judicial.

---

104. O atual art. 14-A do CPP, introduzido pelo art. 3º da Lei n. 13.964/2019, disciplina exceção nos seguintes termos: Art. 14-A. Nos casos em que servidores vinculados às instituições dispostas no art. 144 da Constituição Federal figurarem como investigados em inquéritos policiais, inquéritos policiais militares e demais procedimentos extrajudiciais, cujo objeto for a investigação de fatos relacionados ao uso da força letal praticados no exercício profissional, de forma consumada ou tentada, incluindo as situações dispostas no art. 23 do Decreto-Lei n. 2.848, de 7 de dezembro de 1940 (Código Penal), o indiciado poderá constituir defensor. § 1º Para os casos previstos no *caput* deste artigo, o investigado deverá ser citado da instauração do procedimento investigatório, podendo constituir defensor no prazo de até 48 (quarenta e oito) horas a contar do recebimento da citação. § 2º Esgotado o prazo disposto no § 1º deste artigo com ausência de nomeação de defensor pelo investigado, a autoridade responsável pela investigação deverá intimar a instituição a que estava vinculado o investigado à época da ocorrência dos fatos, para que essa, no prazo de 48 (quarenta e oito) horas, indique defensor para a representação do investigado.

105. Eugênio Pacelli, *Curso de processo penal*, 21. ed., São Paulo, Atlas, 2017, p. 14.

Mesmo aquelas provas ditas *irrepetíveis* (exames periciais, v.g.), embora produzidas na fase investigatória, e por isso não expostas ao contraditório no momento de sua produção, encontram-se sujeitas ao contraditório diferido, do que é dado à defesa atacá-las em juízo, no momento oportuno.

"O fato de ainda existirem juízes criminais que ignoram as exigências constitucionais não justifica a fundamentação de um modelo processual brasileiro *misto*", disse bem Pacelli.[106]

Embora evidente a promíscua interferência inquisitiva, não se pode negar a preponderância das regras delineadoras do sistema acusatório.

Essas constatações levaram Tourinho Filho a afirmar que "no Direito pátrio, o sistema adotado, pode-se dizer, não é o processo acusatório puro, ortodoxo, mas um sistema acusatório com laivos de inquisitivo",[107] mas é certo que as contaminações inquisitivas não chegam ao ponto de tornar o sistema híbrido ou misto.

De modo a dirimir qualquer dúvida, o art. 3º da Lei n. 13.964/2019 introduziu no Código de Processo Penal seu atual art. 3º-A, onde consta expressa adoção ao modelo acusatório, nos seguintes termos: "O processo penal terá estrutura acusatória, vedadas a iniciativa do juiz na fase de investigação e a substituição da atuação probatória do órgão de acusação".

Identificado o modelo adotado, é sempre atual a advertência feita por Manzini no sentido de que "o escopo do processo penal não é o de tornar a pretensão punitiva realizável a qualquer custo".[108]

É preciso que na materialização do processo sejam respeitadas todas as garantias fundamentais.

Na doutrina, já defendiam a vigência do *sistema acusatório* entre nós, dentre outros: José Frederico Marques,[109] Tourinho Filho,[110] Mirabete,[111] Pacelli[112] e Capez.[113]

106. Eugênio Pacelli, *Curso de processo penal*, 21. ed., São Paulo, Atlas, 2017, p. 15.

107. Fernando da Costa Tourinho Filho, *Manual de processo penal*, 17. ed., São Paulo, Saraiva, 2017, p. 84.

108. Vicenzo Manzini, in A prova ilícita no processo penal, Marcio Gaspar Barandier, *Revista Brasileira de Ciências Criminais*, ano 1, n. 2, abr./jun. 1993, v. 2, p. 74.

109. José Frederico Marques, *Elementos de direito processual penal*, Rio de Janeiro, Forense, 1962, v. II, p. 63.

110. Fernando da Costa Tourinho Filho, *Manual de processo penal*, 15. ed., São Paulo, Saraiva, 2012, p. 79.

111. Julio Fabbrini Mirabete, *Processo penal*, 16. ed., São Paulo, Atlas, 2004, p. 44.

112. Eugênio Pacelli, *Curso de processo penal*, 16. ed., São Paulo, Atlas, 2012, p. 15.

113. Fernando Capez, *Curso de processo penal*, 19. ed., São Paulo, Saraiva, p. 85.

Capítulo 2
Juiz das Garantias

1. Juiz das Garantias

O art. 3º da Lei n. 13.964/2019 acrescentou ao Código de Processo Penal seus atuais arts. 3º -B a 3º -F e, ao assim proceder, instituiu o que convencionou denominar *juiz das garantias*.

A criação entre nós do juiz das garantias deriva da adoção da estrutura acusatória em nosso sistema processual penal que, só agora, se alinha definitivamente ao vetor constitucional.

Uma vez que "o processo penal é direito constitucional aplicado",[1] o que se busca é prestigiar e adensar o sistema acusatório adotado pela Magna Carta de 1988.

A mudança é profunda, pois praticamente refunda o sistema processual penal brasileiro. Com o art. 3-A, "o legislador deixa explícito seu compromisso com a ideia de que todo o desenvolvimento processual, a todo tempo e em todas as fases, deve estar comprometido com os direitos fundamentais da pessoa humana".[2]

Isso impõe "um giro paradigmático na própria compreensão funcional dos juízes no processo penal, na medida em que exige uma atuação comprometida com o sistema acusatório",[3] onde cada parte deva atuar no seu lugar constitucionalmente demarcado, notadamente, sem *a substituição da atuação probatória do órgão de acusação* por parte do juiz, de maneira a se resguardar a sua imparcialidade. O lugar de atuação do juiz no processo penal faz parte da própria essência do sistema acusatório.

---

1. João Mendes Almeida Júnior. *O processo criminal brasileiro*. Rio de Janeiro: Freitas Bastos, Rio de Janeiro, 1959, Tomo I, p. 13.

2. Marco Aurélio Marrafon. *O juiz de garantia e a compreensão do processo à luz da Constituição: perspectivas desde a virada hermenêutica do direito brasileiro. Apud* Jacinto Nelson de Miranda Coutinho e outros. *O novo Processo Penal à Luz da Constituição*. Rio de Janeiro: Lumen Juris, 2010, p. 145.

3. Idem, p. 146.

Daí o art. 3º-B a instituir o juiz das garantias em nosso sistema processual penal. Com isso, quer-se, ao julgar a causa ao final, um julgador que se apresente distante e alheio aos interesses das partes, aquilo que a doutrina italiana chama de *terzietà*.

Não só aqui, mas também no velho continente existe esse cuidado: "De hecho, cuando la Ley de Enjuiciamiento Criminal española se esfuerza, acertadamente, en separar al juez del juicio de todas las actuaciones instructoras, ello se hizo para no contaminarlo, no tanto com el material de la instrucción, sino com las conclusiones extraídas de esa misma instrucción, que probablemente sea lo más relevante. Es decir, se intentó evitar que el juez pudiera iniciar el juicio partiendo de uma hipótesis preconcebida ".[4]

Portanto, para que isso ocorra, necessário se faz o completo afastamento do juiz da instrução, enfim, dos atos de investigação, a fim de que possa julgar com a prova produzida em contraditório judicial e trazida por atividade das partes à sua apreciação. Essa a intenção maior da criação do juiz das garantias.

Sancionada a Lei n. 13.964/2019, não tardou para que fossem ajuizadas no Supremo Tribunal Federal ações diretas de inconstitucionalidade questionando alguns dos seus dispositivos – ADI 6.298, 6.299 e 6.300 –, e no dia 15 de janeiro de 2020 o Min. Dias Toffoli concedeu medida cautelar nos autos da ADI 6.298, para, entre outras coisas: "(i) suspender-se a eficácia dos arts. 3º-D, parágrafo único, e 157, § 5º, do Código de Processo Penal, incluídos pela Lei n. 13.964/19; (ii) suspender-se a eficácia dos arts. 3º-B, 3º-C, 3º-D, *caput*, 3º-E e 3º-F do CPP, inseridos pela Lei n. 13.964/2019, até a efetiva implementação do juiz das garantias pelos tribunais, o que deverá ocorrer no prazo máximo de 180 (cento e oitenta) dias, contados a partir da publicação desta decisão; (iii) conferir-se interpretação conforme às normas relativas ao juiz das garantias (arts. 3º-B a 3º-F do CPP), para esclarecer que não se aplicam às seguintes situações: (a) processos de competência originária dos tribunais, os quais são regidos pela Lei n. 8.038/1990; (b) processos de competência do Tribunal do Júri; (c) casos de violência doméstica e familiar; e (d) processos criminais de competência da Justiça Eleitoral".

Ainda em confronto com as inovações determinadas pela Lei n. 13.964/2019, no dia 22 de janeiro de 2020, nos autos da ADI 6.298, na condição de relator das ADIs 6.298, 6.299, 6.300 e 6305, o Min. Luiz Fux revogou a decisão monocrática constante das ADIs 6.298, 6.299, 6.300 e suspendeu *sine die* a eficácia da implantação do juiz das garantias e seus consectários (arts. 3º-A, 3º-B, 3º-C, 3º-D, 3ª-E, 3º-F, do CPP); da alteração do juiz sentenciante que conheceu de prova declarada inadmissível (art. 157, § 5º, do CPP); e concedeu a medida cautelar requerida nos autos da ADI 6.305, para suspender *sine die* a eficácia da alteração do procedimento de arquivamento do inquérito policial (art. 28, *caput*, CPP) e da ilegalidade

4. Jordi Nieva FenoLL. *Fundamentos de Derecho Procesal Penal*. Madrid: Ed. Edisofer, 2012, p. 291.

da prisão pela não realização da audiência de custódia no prazo de 24 horas (art. 310, § 4º, do CPP).

Feitas as necessárias observações introdutórias, seguiremos com a análise das regras que norteiam esse virtuoso instituto.

1.1. Competência

A teor do disposto no art. 3º-A do CPP, o juiz das garantias é responsável pelo controle da legalidade da investigação criminal e pela salvaguarda dos direitos individuais cuja franquia tenha sido reservada à autorização prévia do Poder Judiciário.

Isso corresponde dizer que, com exclusão dos temas que não são alcançados por sua competência, como é o caso das infrações penais de menor potencial ofensivo (Lei n. 9.099/95, art. 61),[5] expressamente excepcionadas no art. 3º-C, *caput*, do CPP, deflagrada investigação de natureza criminal, caberão ao juiz das garantias o controle da legalidade de todos os atos que forem praticados e a salvaguarda dos direitos fundamentais que podem ser alcançados e malferidos nas irradiações desta primeira fase da persecução penal.

Os incisos do art. 3º-B listam de forma exemplificativa, portanto, não exaustiva, algumas das principais competências do juiz das garantias.

Vejamos.

1.1.1. Controle imediato de legalidade da prisão

Dentre as relevantíssimas atribuições de competência do juiz das garantias, os incisos I, II e III do art. 3º-B indicam as seguintes:

> I – receber a comunicação imediata da prisão, nos termos do inciso LXII do *caput* do art. 5º da Constituição Federal;
>
> II – receber o auto da prisão em flagrante para o controle da legalidade da prisão, observado o disposto no art. 310 deste Código;
>
> III – zelar pela observância dos direitos do preso, podendo determinar que este seja conduzido à sua presença, a qualquer tempo;

Segundo o **princípio do controle jurisdicional imediato**, tema a respeito do qual refletiremos no capítulo destinado ao estudo das prisões cautelares, a prisão de qualquer pessoa e o local onde se encontre serão comunicados imediatamente ao juiz competente (CF, art. 5º, LXII).

Nas hipóteses em que a prisão cautelar decorra de decisão judicial (prisão temporária e preventiva), há um controle jurisdicional prévio a respeito do cabimento e

5. "Art. 61. Consideram-se infrações penais de menor potencial ofensivo, para os efeitos desta Lei, as contravenções penais e os crimes a que a lei comine pena máxima não superior a 2 (dois) anos, cumulada ou não com multa".

legalidade da medida privativa de liberdade, feito pelo próprio órgão do Poder Judiciário que a ordena (o que não impede seja a decisão questionada e levada à apreciação de outra instância judiciária).

Por força da determinação expressa no art. 5º, LXII, da CF,[6] a que também se refere o art. 306, *caput*, do CPP,[7] no caso de prisão em flagrante, ausente o controle prévio, a comunicação de que ora se cuida deve seguir-se *imediatamente* após a apresentação do conduzido à autoridade que irá providenciar a formalização da prisão, com a lavratura do auto de prisão em flagrante.

Mas não basta a comunicação da prisão em flagrante.

Para a completude do sistema de asseguramento de direitos e garantias fundamentais, após a lavratura do auto – documentação diferida da prisão – é imprescindível que cópia integral do próprio auto de prisão em flagrante seja enviada ao juiz, a fim de que avalie com mais profundidade a legalidade da prisão, sob todos os aspectos, e delibere a respeito das providências cabíveis a partir desse momento crucial.

Nesse sistema de controle de legalidade da prisão em flagrante e de asseguramento de direitos fundamentais, diz o art. 310 do CPP que "Após receber o auto de prisão em flagrante, no prazo máximo de até 24 (vinte e quatro) horas após a realização da prisão, o juiz deverá promover audiência de custódia com a presença do acusado, seu advogado constituído ou membro da Defensoria Pública e o membro do Ministério Público".

Se no prazo indicado não for realizada a audiência de custódia, que preferimos denominar **audiência de apresentação**, a prisão passará a ser ilegal e deverá ser relaxada pela autoridade competente.

A autoridade que, sem justo motivo, der causa à não realização da audiência no prazo fixado, responderá administrativa, civil e criminalmente pela omissão (CPP, art. 310, § 3º).

Na concretização do art. 310 cumprirá ao magistrado, basicamente: I – relaxar a prisão ilegal; ou II – converter a prisão em flagrante em preventiva, quando presentes os requisitos constantes do art. 312 do CPP, e se revelarem inadequadas ou insuficientes as medidas cautelares diversas da prisão; ou III – conceder liberdade provisória, com ou sem fiança.

Isso implica, evidentemente, zelar pelos direitos do preso, mas é certo que para tal finalidade poderá, a qualquer tempo, determinar que ele seja conduzido à sua presença.

---

6. "Art. 5º. LXII – a prisão de qualquer pessoa e o local onde se encontre serão comunicados imediatamente ao juiz competente e à família do preso ou à pessoa por ele indicada".

7. "Art. 306. A prisão de qualquer pessoa e o local onde se encontre serão comunicados imediatamente ao juiz competente, ao Ministério Público e à família do preso ou à pessoa por ele indicada".

1.1.2. Controle de legalidade da instauração, continuação e duração da investigação criminal

O juiz das garantias não deve ser informado tão somente a respeito de prisão em flagrante levada a efeito.

Para que possa exercer efetivo controle de legalidade dos atos praticados pela autoridade policial, deve também ser formalmente informado sobre a instauração de qualquer investigação de natureza criminal (CPP, art. 3º-B, IV).

A comunicação deve ser feita a fim de que, acessada a integralidade das informações, possa o juiz das garantias verificar eventual ilegalidade na instauração ou no prosseguimento das investigações e, desde logo, determinar o trancamento do inquérito policial, devendo, para tanto, conceder *habeas corpus ex officio*.

O art. 5º da CF, em seu inciso X, dispõe que "são invioláveis a intimidade, a vida privada, a honra e a imagem das pessoas, assegurando o direito a indenização pelo dano moral decorrente de sua violação".

A dignidade da pessoa humana encontra-se no rol dos princípios fundamentais da República Federativa do Brasil, tal como fixado no art. 1º, III, da CF.

Já decidiu o Supremo Tribunal Federal que "a mera instauração de inquérito, quando evidente a atipicidade da conduta, constitui meio hábil a impor violação aos direitos fundamentais, em especial ao princípio da dignidade humana".[8]

Apurar infrações penais ou exercer a supervisão da investigação criminal é tarefa cujo desempenho requer de quem exerce a função discrição e serenidade, isso em decorrência dos eternos princípios da presunção de inocência e da inviolabilidade da intimidade, da vida privada etc. Compete ao Judiciário – se e quando necessário – a correção de desacertos, de violências e desatinos.[9]

Desde a vigência do atual inciso VIII, c.c. o § 2º, ambos do art. 3º-B do CPP, é possível a prorrogação do prazo de conclusão do inquérito, estando o investigado preso, desde que o delegado de polícia responsável formule representação fundamentada, na qual demonstre a real necessidade da medida, indique as diligências pendentes e o motivo da demora.

A representação deve ser endereçada ao *juiz das garantias* competente, quando e onde estiver implementado,[10] que determinará a abertura de vista dos autos ao

8. STF, HC 82.969/PR, 2ª T., rel. Min. Gilmar Mendes, j. 30-9-2003, *DJ* de 17-10-2003, p. 37.

9. STJ, RHC 16.659/RS, 6ª T., rel. Min. Nilson Naves, j. 17-2-2005, *DJ* de 5-9-2005, p. 490.

10. Após a publicação da Lei n. 13.964/2019, foram ajuizadas no Supremo Tribunal Federal três ações diretas de inconstitucionalidade questionando alguns de seus dispositivos – ADI 6.298, 6.299 e 6.300 –, e no dia 15 de janeiro de 2020 o Min. Dias Toffoli concedeu medida cautelar nos autos da ADI 6.298, para, entre outras coisas: "**(i)** suspender-se a eficácia dos **arts. 3º-D, parágrafo único, e 157, § 5º**, do Código de Processo Penal, incluídos pela Lei n. 13.964/19; (ii) suspender-se a eficácia dos arts. 3º-B, 3º-C, 3º-D, *caput*, 3º-E e 3º-F do CPP, inseridos pela Lei n. 13.964/2019, até a efetiva implementação do juiz das garantias pelos tribunais, o que deverá ocorrer **no prazo máximo de 180 (cento e oitenta) dias,**

Ministério Público, a fim de que se manifeste, após o que, conclusos os autos, decidirá a respeito, de maneira fundamentada.

Admite-se uma única prorrogação, pelo prazo de até 15 (quinze) dias.

Vencido o prazo total, se as investigações não estiverem concluídas, a prisão será imediatamente relaxada e o custodiado colocado em liberdade, hipótese em que o inquérito policial seguirá sua marcha.

Sempre que julgar necessário ao pleno exercício das atribuições de sua competência, o juiz poderá requisitar documentos, laudos e informações ao delegado de polícia sobre o andamento da investigação (CPP, art. 3º-B, X).

Por aqui não se trata, evidentemente, de determinar, *ex officio*, produção de prova documental ou pericial. No processo penal acusatório, nenhum magistrado dispõe de iniciativa probatória.

1.1.3. Decidir sobre decretação e prorrogação de medidas cautelares

A teor do disposto art. 3º -B do CPP, também compete ao juiz das garantias:

> V – decidir sobre o requerimento de prisão provisória ou outra medida cautelar;
>
> VI – prorrogar a prisão provisória ou outra medida cautelar, bem como substituí-las ou revogá-las, assegurado, no primeiro caso, o exercício do contraditório em audiência pública e oral, na forma do disposto neste Código ou em legislação especial pertinente;

O Código de Processo Penal elenca medidas cautelares reais e pessoais, e diante da ausência de restrição expressa, integra o rol das competências do juiz das garantias decidir sobre qualquer delas, do início da investigação policial até o momento do art. 399 do CPP.

Por prisão provisória, entenda-se prisão cautelar ou medida cautelar pessoal.

As medidas cautelares pessoais estão tratadas no Título IX, Livro I, do Código de Processo Penal, a saber: prisão em flagrante (arts. 301 a 309); prisão preventiva

---

contados a partir da publicação desta decisão; (iii) conferir-se interpretação conforme às normas relativas ao juiz das garantias (arts. 3º-B a 3º-F do CPP), para esclarecer que não se aplicam às seguintes situações: (a) processos de competência originária dos tribunais, os quais são regidos pela Lei n. 8.038/1990; (b) processos de competência do Tribunal do Júri; (c) casos de violência doméstica e familiar; e (d) processos criminais de competência da Justiça Eleitoral".

Ainda em confronto com as inovações determinadas pela Lei n. 13.964/2019, no dia 22 de janeiro de 2020, nos autos da ADI 6.298, na condição de relator das ADIs 6.298, 6.299, 6.300 e 6305, o Min. Luiz Fux revogou a decisão monocrática constante das ADIs 6.298, 6.299, 6.300 e suspendeu *sine die* a eficácia da implantação do juiz das garantias e seus consectários (artigos 3º-A, 3º-B, 3º-C, 3º-D, 3ª-E, 3º -F, do CPP); da alteração do juiz sentenciante que conheceu de prova declarada inadmissível (157, §5º, do CPP); e concedeu a medida cautelar requerida nos autos da ADI 6.305, para suspender *sine die* a eficácia, da alteração do procedimento de arquivamento do inquérito policial (28, *caput*, CPP), e da ilegalidade da prisão pela não realização da audiência de custódia no prazo de 24 horas (artigo 310, §4º, do CPP).

(arts. 311 a 316); prisão domiciliar substitutiva da prisão preventiva (arts. 317 e 318) e medidas cautelares restritivas, diversas da prisão (arts. 319 e 320).

A Lei n. 7.960/89, que trata da prisão temporária, também disciplina medida cautelar pessoal.

As medidas cautelares serão **decretadas pelo juiz**, a **requerimento das partes** *ou*, quando no curso da investigação criminal, por **representação da autoridade policial** ou mediante **requerimento do Ministério Público** (CPP, art. 282, § 2º).

Desde a vigência da Lei n. 13.964/2019, em qualquer fase da persecução penal, **só são cabíveis decretação e prorrogação de medida cautelar pessoal mediante provocação, jamais *ex officio*.**

As hipóteses de substituição e revogação de medidas cautelares estão indicadas nos §§ 4º e 5º do art. 282 do CPP.

Enquanto o § 4º se refere à hipótese de **descumprimento injustificado**, o § 5º do art. 282 diz respeito à **falta de motivo** para que a medida cautelar anteriormente aplicada subsista.

Determina o **art. 5º, LV, da CF**, que "aos litigantes, em processo judicial ou administrativo, e aos acusados em geral são assegurados o contraditório e ampla defesa, com os meios e recursos a ela inerentes".

Atendendo ao comando superior, diz o **§ 3º do art. 282 do CPP** que: "Ressalvados os casos de urgência ou de perigo de ineficácia da medida, o juiz, ao receber o pedido de medida cautelar, determinará a intimação da parte contrária, para se manifestar no prazo de 5 (cinco) dias, acompanhada de cópia do requerimento e das peças necessárias, permanecendo os autos em juízo, e os casos de urgência ou de perigo deverão ser justificados e fundamentados em decisão que contenha elementos do caso concreto que justifiquem essa medida excepcional".

Apresentado em juízo pedido de aplicação de medida cautelar, dele **previamente deverá ser intimada a parte contrária** a fim de que se manifeste **antes da decisão judicial**.

A regra comporta exceção em duas hipóteses: *1ª)* casos de urgência; *2ª)* perigo de ineficácia da medida caso se aguarde a prévia intimação da *parte* contrária.

1.1.4. Decidir sobre produção antecipada de provas

Não raras vezes, no curso de certas investigações, surgem situações em que se faz imperiosa a produção cautelar de provas, não repetíveis e antecipadas, como é o caso de se mostrar imprescindível a colheita de um depoimento por se encontrar a testemunha gravemente enferma e com risco de morte.

Se qualquer testemunha houver de ausentar-se, ou, por enfermidade ou por velhice, inspirar receio de que ao tempo da instrução criminal já não exista, o juiz poderá, a requerimento de qualquer das partes, tomar-lhe antecipadamente o depoimento.

A providência apontada tem natureza tipicamente cautelar.

É possível que em casos determinados, ainda na fase de investigação, a prova pericial decorra de determinação judicial, como pode acontecer, por exemplo, na hipótese de inércia da autoridade policial, da qual decorra pedido de produção antecipada de prova por iniciativa do Ministério Público.

Em casos tais, sob pena de nulidade da prova respectiva, a participação da defesa se faz imprescindível no procedimento para tanto levado a efeito pelo juiz, e isso torna menos inquietante a possibilidade de sua utilização nos autos do processo a que se vincula.

Embora o art. 225 do CPP se refira à possibilidade de produção antecipada da prova oral por iniciativa do juiz, no processo penal acusatório ideal, de partes, adversarial, tal prática se encontra proscrita. O juiz só pode determinar a produção de prova se houver requerimento nos autos, formulado por quem de direito.

Para as situações em que se revelar imprescindível, diz o art. 3º-B,VII, do CPP, que compete ao juiz das garantias "decidir sobre o requerimento de produção antecipada de provas consideradas urgentes e não repetíveis, assegurados o contraditório e a ampla defesa em audiência pública e oral".

1.1.5. Decidir sobre meios de obtenção de provas

Conforme o tipo de delito e a complexidade dos fatos, caberá à autoridade policial realizar a atividade investigatória, valendo-se de determinados meios de prova.

Nos capítulos destinados ao estudo do *inquérito policial* e da *prova*, respectivamente, discorremos sobre todas as questões – das mais simples às dilemáticas – que integram essa relevante atividade.

Certo é que, por força do que anuncia o art. 3º-A, do CPP, em tema de atividade probatória, a inércia judicial constitui garantia fundamental que segue visceralmente atrelada ao princípio acusatório e decorre, logicamente, do virtuoso princípio da imparcialidade do juiz.

Disso decorre que as limitações impostas pela Constituição Federal à atividade probatória levada à efeito pela autoridade policial – acertadamente justificadas na necessidade de assegurar direitos e garantias fundamentais – podem ser superadas por decisão judicial fundamentada (CF, art. 93, IX), de competência do juiz das garantias.

A autoridade policial poderá endereçar representação ao juiz, que antes de decidir determinará abertura de vista ao Ministério Público a fim de que se manifeste a respeito.

Por sua exclusiva iniciativa, a depender da hipótese, o Ministério Público poderá endereçar requerimento ao juiz das garantias visando à superação de obstáculos à obtenção da prova, que só se rendem à decisão judicial. Diante de semelhante quadro, igual proceder poderá ser adotado pelo ofendido, quando se tratar de delito de ação penal privada.

Muito embora não existam contraditório pleno e ampla defesa na fase de inquérito, não é correto dizer que toda atividade defensória está proscrita.

Sempre que for relevante para as investigações, pode a defesa requerer ao juiz das garantias decisão que permita acesso a determinada prova, que de outro modo não se alcançaria.

Aliás, não é nada incomum nas investigações, especialmente naquelas conduzidas pelo Ministério Público, desprezar-se prova conhecida, apta a atender interesse defensório.

No curso das investigações, segue do disposto no inciso XI do art. 3º-B do CPP, que compete ao juiz das garantias decidir sobre os requerimentos de:

> a) interceptação telefônica, do fluxo de comunicações em sistemas de informática e telemática ou de outras formas de comunicação;
>
> b) afastamento dos sigilos fiscal, bancário, de dados e telefônico;
>
> c) busca e apreensão domiciliar;
>
> d) acesso a informações sigilosas;
>
> e) outros meios de obtenção da prova que restrinjam direitos fundamentais do investigado;

No que diz respeito à busca e apreensão domiciliar (CPP, arts. 240 a 250), é preciso observar rigorosamente os procedimentos que integram a cadeia de custódia a que referem os arts. 158-A a 158-F do CPP.

Por fim, também compete ao juiz das garantias apreciar pedido de admissão de assistente técnico para acompanhar a produção de prova pericial (CPP, art. 3º-B, XVI).

1.1.6. *Julgar* habeas corpus

Nos termos do art. 5º, LXVIII, da CF, "conceder-se-á *habeas corpus* sempre que alguém sofrer ou se achar ameaçado de sofrer violência ou coação em sua liberdade de locomoção, por ilegalidade ou abuso de poder".[11]

Em conformidade com a normatização superior, diz o art. 647 do CPP que: "Dar-se-á *habeas corpus* sempre que alguém sofrer ou se achar na iminência de sofrer violência ou coação ilegal na sua liberdade de ir e vir, salvo nos casos de punição disciplinar".

11. "O *habeas corpus* tem previsão constitucional para aquele que sofre ou se acha ameaçado de sofrer violência ou coação em sua liberdade de locomoção, por ilegalidade ou abuso de poder (art. 5º, LXVIII, da Constituição Federal)" (STF, HC 96.238 AgR/DF, Tribunal Pleno, rel. Min. Dias Toffoli, j. 6-10-2011, *DJe* n. 212, de 8-11-2011).

O art. 5º, LXXVII, da CF, diz que "são gratuitas as ações de *habeas corpus*...".

As diretrizes do art. 5º, LXVIII, da CF, e do art. 647 do CPP, indicam a possibilidade jurídica de dois tipos de *habeas corpus*: *1)* **preventivo;** e *2)* **liberatório.**

Preventivo é aquele impetrado antes que o constrangimento ilegal se verifique, exatamente com o objetivo de impedir a concretização do mal anunciado e iminente.[12]

Destacou Espínola Filho que "perigo iminente é o que fatalmente acontecerá se não for evitado; é uma ideia de certeza, e não de dúvida".[13]

Liberatório, por outro vértice, é aquele que tem por escopo fazer cessar o mal já consumado, mas ainda presente.

Em qualquer das modalidades, a finalidade específica é a salvaguarda do estado de liberdade ou *jus libertatis*.

O art. 648, I a VII, do CPP, traz **lista exemplificativa**[14] de situações corriqueiras em que a coação se considerará ilegal, a saber:

- ✓ quando não houver justa causa;
- ✓ quando alguém estiver preso por mais tempo do que determina a lei;
- ✓ quando quem ordenar a coação não tiver competência para fazê-lo;
- ✓ quando houver cessado o motivo que autorizou a coação;
- ✓ quando não for alguém admitido a prestar fiança, nos casos em que a lei a autoriza;
- ✓ quando extinta a punibilidade.

Diz o inciso XII do art. 3º-B que compete ao juiz das garantias julgar *habeas corpus* **impetrado antes do oferecimento da denúncia**.

Pela letra da lei, sua competência não vai além da atividade ministerial tendente à instauração da ação penal.

Portanto, basta que ocorra o **oferecimento** da denúncia para que se tenha por cessada sua competência, mesmo que ainda não tenha ocorrido o **recebimento** da inicial acusatória.

Mas, e se exatamente no momento em que analisar a denúncia e o material probatório que lhe serve de base o juiz das garantias se convencer da existência de

---

12. "Dentre as ações autônomas de impugnação a decisões proferidas no âmbito da justiça criminal, sobressai a de *habeas corpus*, não só por propiciar o reexame de qualquer tipo de provimento, mas principalmente pela celeridade e simplicidade de seu procedimento, bem como pela possibilidade de sua utilização como forma de tutela preventiva, impedindo a concretização de eventuais ameaças ao direito de liberdade" (Ada Pellegrini Grinover, Antonio Magalhães Gomes Filho e Antonio Scarance Fernandes, *Recursos no processo penal*, 6. ed., São Paulo, Revista dos Tribunais, 2009, p. 265).

13. Eduardo Espínola Filho, *Código de Processo Penal brasileiro anotado*, 3. ed., Rio de Janeiro, Borsoi, 1955, v. VII, p. 41.

14. *No mesmo sentido:* Pontes de Miranda, *História e prática do habeas corpus*, 2. ed., Rio de Janeiro, José Konfino, 1951, p. 434. Em sentido contrário: José Frederico Marques, *Elementos de direito processual penal*, Campinas-SP, Bookseller, 1997, v. IV, p. 365.

constrangimento ilegal por falta de justa causa, não poderá conceder *habeas corpus* eventualmente ajuizado e pendente de apreciação, cujo fundamento seja a ausência de elementos para a denúncia ofertada?

Apesar da redação do inciso XII do art. 3º-B, entendemos que cabe ao juiz das garantias, no momento em que decidir sobre o recebimento da inicial acusatória, também julgar o ***habeas corpus* ajuizado após o oferecimento da denúncia, e antes do seu efetivo recebimento**.

Não tem sentido imaginar que, na hipótese, o juiz das garantias deva enviar os autos ao juiz da instrução e julgamento para que aprecie o *habeas corpus* e, em caso de ser denegada a ordem, devolva os autos para que ele, o juiz das garantias, decida sobre o recebimento da denúncia.

Note-se, em adendo, que o inciso IX do art. 3º-B confere competência ao juiz das garantias para determinar o trancamento do inquérito policial quando não houver fundamento razoável para sua instauração ou prosseguimento, e esse dispositivo não delimita a extensão da competência até o momento em que se dá o oferecimento da denúncia.

Segundo nosso pensamento exposto em linhas precedentes, esse trancamento só pode ser determinado, *in casu*, por decisão concessiva de *habeas corpus, ex officio*.

Diante de tal quadro, se o *habeas corpus* atacar exatamente a denúncia já ofertada e/ou a falta de justa causa para seu recebimento, caberá ao juiz das garantias julgá-lo.

O inciso XII deveria estar assim redigido: "julgar *habeas corpus* impetrado antes do recebimento da denúncia".

1.1.7. Decidir sobre a instauração de incidente de insanidade mental

Também compete ao juiz das garantias determinar a instauração de incidente de insanidade mental (CPP, art. 3º-B, XIII).

Decorre do art. 149 do CPP que, quando houver dúvida sobre a integridade mental do investigado ou acusado, o juiz ordenará seja ele submetido a exame médico-legal.

O mesmo art. 149 diz que o incidente de insanidade mental poderá ser instaurado *ex officio* pelo juiz, ou em razão de requerimento do Ministério Público, do defensor, do curador, do ascendente, descendente, irmão ou cônjuge do acusado. Poderá, ainda, decorrer de representação formulada pela autoridade policial, na fase de inquérito. Esse rol de legitimados ativamente para a deflagração do incidente em questão não é taxativo, mas exemplificativo.

A instauração só pode advir de decisão judicial, e, conforme se tem decidido, "A implementação do incidente de insanidade não é automática ou obrigatória, dependendo da existência de dúvida plausível acerca da higidez mental do acusado".[15]

---

15. STJ, RHC 42.254/MG, 5ª T., rel. Min. Ribeiro Dantas, j. 6-6-2017, *DJe* de 14-6-2017. *No mesmo sentido*: STJ, HC 336.811/SP, 5ª T., rel. Min. Reynaldo Soares da Fonseca, j. 28-6-2016, *DJe* de

Uma vez instaurado, o incidente processar-se-á em autos apartados, em juízo.

Do art. 150 do CPP retiramos que, para a realização do exame, que em regra deve ser concluído em 45 dias (salvo se demonstrada a necessidade de maior prazo), o investigado, se estiver preso, será internado em manicômio judiciário, onde houver, ou, se estiver solto, e assim requerer o perito, em estabelecimento adequado que o juiz designar.

1.1.8. Decidir sobre o recebimento da denúncia ou queixa

Depois de concluídas as investigações, o inquérito em que se materializar será remetido ao fórum, onde irá com vista ao Ministério Público a fim de que se manifeste.

Se o *dominus litis* se convencer a respeito do cabimento de ação penal, não sendo hipótese de deixar de oferecer denúncia ou requerer a concessão de perdão àquele que prestou colaboração premiada (Lei n. 12.850/2013, art. 4º, §§ 2º e 4º), ou de entabular acordo de não persecução penal (CPP, art. 28-A), deverá oferecer denúncia contra quem entender seja autor do delito.

É preciso ter em mente que "O oferecimento da denúncia pelo Ministério Público submete-se, após a sua formalização, a estrito controle jurisdicional. Essa atividade processual do Poder Judiciário, exercida liminarmente no âmbito do processo penal condenatório, objetiva, em essência, a própria tutela da intangibilidade do *status libertatis* do imputado".[16]

A denúncia deverá ser endereçada a juiz das garantias competente, a quem caberá verificar se é caso de sua rejeição ou de seu recebimento. É ele seu destinatário imediato, e não o juiz da instrução e julgamento, competente para eventual processo, caso a inicial acusatória venha a ser recebida.

É proveitoso citar que:

> Na fase de recebimento da denúncia não se faz um juízo aprofundado de mérito, mas apenas uma análise perfunctória da denúncia e do substrato probatório mínimo de autoria e materialidade delitiva, de modo a se verificar o preenchimento dos requisitos do art. 41 do CPP, bem como da não incidência de quaisquer das hipóteses de rejeição previstas no art. 395 do CPP.[17]
>
> Como já decidido pelo Supremo Tribunal Federal, "a fase processual do recebimento da denúncia é juízo de delibação, jamais de cognição exauriente. Não se pode, portanto, confundir os requisitos para o recebimento da denúncia, delineados no art. 41 do Código de

1º -8-2016; STJ, AgRg no AREsp 859.289/MG, 6ª T., rel. Min. Sebastião Reis Júnior, j. 16-6-2016, *DJe* de 30-6-2016.

16. STF, HC 68.926/MG, 1ª T., rel. Min. Celso de Mello, j. 10-12-1991, *DJ* de 28-8-1992, p. 13.453, *RTJ* 142/582.

17. STF, Inq 3.331/MT, 1ª T., rel. Min. Edson Fachin, j. 3-5-2016, *DJe* n. 101, de 18-5-2016.

Processo Penal, com o juízo de procedência da imputação criminal" (Inq n. 4.022/AP, 2ª T., rel. Min. Teori Zavascki, *DJe* de 22-9-2015).[18]

As hipóteses de rejeição estão listadas no art. 395 do CPP, que assim dispõe:

> Art. 395. A denúncia ou queixa será rejeitada quando:
>
> I – for manifestamente inepta;
>
> II – faltar pressuposto processual ou condição para o exercício da ação penal; ou
>
> III – faltar justa causa para o exercício da ação penal.

Se a denúncia[19] estiver em ordem (e também a queixa), deverá o juiz recebê-la em decisão convenientemente fundamentada (CF, art. 93, IX),[20] e no despacho de recebimento deverá ordenar a citação do acusado para responder à acusação, por escrito, no prazo de 10 (dez) dias.

Na hipótese de citação por edital, o prazo para a resposta escrita começará a fluir a partir do comparecimento pessoal do acusado *ou* do defensor constituído.

Decorridos os trâmites do art. 396-A, o juiz poderá *julgar antecipadamente a lide* e *absolver sumariamente o acusado* com fundamento em uma das situações do art. 397 do CPP, quando verificar:

> I – a existência manifesta de causa excludente da ilicitude do fato;
>
> II – a existência manifesta de causa excludente da culpabilidade do agente, salvo inimputabilidade;
>
> III – que o fato narrado evidentemente não constitui crime; ou
>
> IV – extinta a punibilidade do agente.

1.1.9. Decidir sobre a homologação de acordo de não persecução penal

A possibilidade de acordo de não persecução penal está regulada no art. 28-A e foi introduzida no Código de Processo Penal pelo art. 3º da Lei n. 13.964/2019.

---

18. STF, RHC 129.043/PR, 2ª T., rel. Min. Dias Toffoli, j. 4-10-2016, *DJe* n. 228, de 26-10-2016.

19. "Atendidos os preceitos dos arts. 41 e 395 do Código de Processo Penal, cumpre receber a denúncia, viabilizando-se a atuação do Ministério Público em prol da sociedade" (STF, Inq 3.198/RJ, Tribunal Pleno, rel. Min. Marco Aurélio, j. 14-6-2012, *DJe* n. 164, de 21-8-2012).

20. "A alteração criou para o magistrado a faculdade, em observância ao princípio da duração razoável do processo e do devido processo legal, de absolver sumariamente o acusado ao vislumbrar hipótese de evidente atipicidade da conduta, a ocorrência de causas excludentes da ilicitude ou culpabilidade, ou ainda a extinção da punibilidade, situação em que deverá, por imposição do art. 93, IX, da Constituição Federal, motivadamente fazê-lo, como assim deve ser feito, em regra, em todas as suas decisões. Esta Corte Superior de Justiça firmou o entendimento de que a motivação acerca das teses defensivas apresentadas por ocasião da resposta escrita deve ser sucinta, limitando-se à admissibilidade da acusação formulada pelo órgão ministerial, evitando-se, assim, o pré-julgamento da demanda. Precedentes" (STJ, HC 244.883/RJ, 5ª T., rel. Min. Jorge Mussi, j. 20-11-2012, *DJe* de 3-12-2012).

Esse tema está tratado no Capítulo 7, para onde remetemos o estimado leitor.

1.1.10. Decidir sobre outros temas

No rol exemplificativo do art. 3º-B, encontramos ainda que compete ao juiz das garantias assegurar prontamente, quando se fizer necessário, o direito outorgado ao investigado e ao seu defensor de acesso a todos os elementos informativos e provas produzidos no âmbito da investigação criminal, salvo no que concerne, estritamente, às diligências em andamento (inciso XV), e decidir sobre todas as demais matérias inerentes às atribuições definidas no *caput* (inciso XVIII).

Dentre as funções institucionais da Defensoria Pública, indicadas na Lei Complementar n. 80/94, tem fundamental importância a de "acompanhar inquérito policial, inclusive com a comunicação imediata da prisão em flagrante pela autoridade policial, quando o preso não constituir advogado" (art. 4º, XIV).

No rol das prerrogativas dos membros da Defensoria Pública da União tem relevo a de "examinar, em qualquer repartição pública, autos de flagrantes, inquéritos e processos, assegurada a obtenção de cópias e podendo tomar apontamentos" (art. 44, VIII).

No que concerne ao advogado, aplica-se o disposto no art. 7º, XIV, da Lei n. 8.906/94 (Estatuto da OAB), que diz ser direito seu "examinar, em qualquer instituição responsável por conduzir investigação, mesmo sem procuração, autos de flagrante e de investigações de qualquer natureza, findos ou em andamento, ainda que conclusos à autoridade, podendo copiar peças e tomar apontamentos, em meio físico ou digital".

O direito de acesso da defesa às investigações – defensor público ou advogado –, deve ser analisado sob dois enfoques: *1ª)* acesso às investigações ainda não materializadas em inquérito; e *2ª)* acesso ao inquérito policial propriamente dito.

Quanto às investigações sigilosas, não documentadas em inquérito policial, é possível a negativa de acesso à defesa, como deve ocorrer, por exemplo, com o conteúdo das interceptações de comunicação telefônica, que deverá se materializar em autos apartados, para posterior apensamento aos autos do inquérito policial ou do processo criminal, na forma do art. 8º, *caput* e parágrafo único, da Lei n. 9.296/96, preservando-se o sigilo das diligências, gravações e transcrições respectivas.

Nesse sentido:

> O sistema normativo brasileiro assegura, ao Advogado regularmente constituído pelo indiciado (ou por aquele submetido a atos de persecução estatal), o direito de pleno acesso aos autos de investigação penal, mesmo que sujeita a regime de sigilo (necessariamente excepcional), limitando-se, no entanto, tal prerrogativa jurídica, às provas já produzidas e formalmente incorporadas ao procedimento investigatório, excluídas, consequentemente, as informações e providências investigatórias ainda em curso de execução e, por isso mesmo, não documentadas no próprio inquérito (STF, HC 87.725-MC/DF, 2ª T., rel. Min. Celso de Mello, *DJU* de 2-2-2007).

Em outra ocasião, asseverou o Min. Celso de Mello que a jurisprudência do STF "tem garantido, *a qualquer pessoa sob investigação do Estado* e, também, *ao seu Advogado* (não importando que se trate de inquérito policial, *de inquérito parlamentar* ou de processo penal), o direito de conhecer as informações *já formalmente produzidas* nos autos (excluídas, *portanto*, aquelas diligências *ainda em curso de execução*), não obstante se cuide de investigação promovida *em caráter sigiloso*".[21] "(...) o fascínio do mistério e o culto ao segredo não devem estimular, *no âmbito de uma sociedade livre*, práticas estatais cuja realização, notadamente na esfera da persecução instaurada pelo Poder Público, culmine em ofensa aos direitos básicos daquele que é submetido, *pelos órgãos* e *agentes do Poder*, a atos de investigação (...)". "(...) cumpre enfatizar, *por necessário, que os estatutos do poder*, numa República fundada em bases democráticas, *não podem privilegiar o mistério*".[22]

Quanto ao tema em testilha, diz a **Súmula Vinculante 14**: "É direito do defensor, no interesse do representado, ter acesso amplo aos elementos de prova que, já documentados em procedimento investigatório realizado por órgão com competência de polícia judiciária, digam respeito ao exercício do direito de defesa".[23]

Ciente da impossibilidade de listar todas as discussões que podem surgir – desde a instauração da investigação até o momento do art. 399 do CPP –, após as indicações casuísticas, o legislador houve por bem, e acertadamente, adotar a fórmula genérica indicada no inciso XVIII do art. 3º-B, a permitir a ampliação do

21. STF, HC 113.548/DF, 2ª T., rel. Min. Celso de Mello, j. 14-5-2012 (Disponível em: http://s.conjur.com.br/dl/decisao-celso-mello-concedeu-habeas.pdf).

22. STF, HC 113.548/DF, 2ª T., rel. Min. Celso de Mello, j. 14-5-2012 (Disponível em: http://s.conjur.com.br/dl/decisao-celso-mello-concedeu-habeas.pdf). "Esse sistema, fortemente estimulado pelo 'perigoso fascínio do absoluto' (Pe. Joseph Comblin, *A ideologia da segurança nacional – o poder militar da América Latina*, p. 225, 3. ed., 1980, trad. de A. Veiga Fialho, Civilização Brasileira), ao privilegiar e cultivar o sigilo, transformando-o em 'praxis' governamental institucionalizada, frontalmente ofendeu o princípio democrático, pois, consoante adverte Norberto Bobbio, em lição magistral sobre o tema (*O futuro da democracia*, 1986, Paz e Terra), não há, nos modelos políticos que consagram a democracia, espaço possível reservado ao mistério. O novo estatuto político brasileiro – que rejeita o poder que oculta e não tolera o poder que se oculta – consagrou a publicidade dos atos e das atividades estatais como valor constitucionalmente assegurado, disciplinando-o, com expressa ressalva para as situações de interesse público, entre os direitos e garantias fundamentais. A Carta Federal, ao proclamar os direitos e deveres individuais e coletivos (art. 5º), enunciou preceitos básicos, cuja compreensão é essencial à caracterização da ordem democrática como um regime do poder visível, ou, na lição expressiva de Bobbio, como 'um modelo ideal do governo público em público'" (STF, MI 284/DF, Tribunal Pleno, rel. Min. Marco Aurélio, rel. p/ o Acórdão Min. Celso de Mello, j. 22-11-1992, *DJ* de 26-6-1992, p. 10.103, *RTJ* 139/712).

23. Data de aprovação: STF, Sessão Plenária de 2-2-2009. Fonte de publicação: *DJe* n. 26, de 9-2-2009, p. 1; *DOU* de 9-2-2009, p. 1. Referência legislativa: Constituição Federal de 1988, art. 1º, III, art. 5º, XXXIII, LIV e LV; Código de Processo Penal de 1941, art. 9º e art. 10; Lei n. 8.906/94, art. 6º, parágrafo único, e art. 7º, XIII e XIV.

rol de competências do juiz das garantias para além do que se vê expressamente assegurado.

Com amplo espectro, também cabe ao juiz das garantias "assegurar o cumprimento das regras para o tratamento dos presos, impedindo o acordo ou ajuste de qualquer autoridade com órgãos da imprensa para explorar a imagem da pessoa submetida à prisão, sob pena de responsabilidade civil, administrativa e penal" (CPP, art. 3º-F).

O dispositivo se refere ao preso cautelar, enquanto não estiver cessada a competência do juiz das garantias.

Após o momento do art. 399 do CPP, efetivada a remessa do processo ao juiz da instrução e julgamento, a competência indicada passa para esse juízo, e, no ambiente execucional, a competência sempre será do juiz da Vara de Execução Penal em que a execução tramitar.[24]

1.2. Cessação da competência

Cessa a competência do juiz das garantias no momento em que se materializa o art. 399, conforme está expresso no art. 3º-C, ambos do CPP.

Isso corresponde dizer que, recebida a denúncia ou queixa (CPP, art. 396, *caput*), após a citação do réu e a apresentação de sua resposta escrita, não sendo hipótese de absolvição sumária ou suspensão condicional do processo, o **juiz das garantias**, quando e onde estiver implementado,[25] por força do disposto nos arts. 3º-B, XIV, e 3º-C, *caput*, do

---

24. Sobre execução penal: Renato Marcão. *Lei de Execução Penal anotada*. 6. ed. São Paulo: Saraiva, 2018; *Curso de Execução Penal*. 17 ed. São Paulo: Saraiva, 2019.

25. Após a publicação da Lei n. 13.964/2019 foram ajuizadas no Supremo Tribunal Federal três ações diretas de inconstitucionalidade questionando alguns de seus dispositivos – ADI 6.298, 6.299 e 6.300 –, e no dia 15 de janeiro de 2020 o Min. Dias Toffoli concedeu medida cautelar nos autos da ADI 6.298, para, entre outras coisas: "**(i)** suspender-se a eficácia dos **arts. 3º-D, parágrafo único, e 157, § 5º**, do Código de Processo Penal, incluídos pela Lei n. 13.964/19; **(ii)** suspender-se a eficácia dos arts. 3º-B, 3º-C, 3º-D, *caput*, 3º-E e 3º-F do CPP, inseridos pela Lei n. 13.964/2019, até a efetiva implementação do juiz das garantias pelos tribunais, o que deverá ocorrer **no prazo máximo de 180 (cento e oitenta) dias, contados a partir da publicação desta decisão; (iii)** conferir-se interpretação conforme às normas relativas ao juiz das garantias (arts. 3º-B a 3º-F do CPP), para esclarecer que não se aplicam às seguintes situações: (a) processos de competência originária dos tribunais, os quais são regidos pela Lei n. 8.038/90; (b) processos de competência do Tribunal do Júri; (c) casos de violência doméstica e familiar; e (d) processos criminais de competência da Justiça Eleitoral".

Ainda em confronto com as inovações determinadas pela Lei n. 13.964/2019, no dia 22 de janeiro de 2020, nos autos da ADI 6.298, na condição de relator das ADIs 6.298, 6.299, 6.300 e 6305, o Min. Luiz Fux revogou a decisão monocrática constante das ADIs 6.298, 6.299, 6.300 e suspendeu *sine die* a eficácia da implantação do juiz das garantias e seus consectários (arts. 3º-A, 3º-B, 3º-C, 3º-D, 3ª-E, 3º-F, do CPP); da alteração do juiz sentenciante que conheceu de prova declarada inadmissível (art. 157, § 5º, do CPP); e concedeu a medida cautelar requerida nos autos da ADI 6.305, para suspender *sine die* a eficácia, da alteração do procedimento de arquivamento do inquérito policial (art. 28, *caput*, CPP), e da ilegalidade da prisão pela não realização da audiência de custódia no prazo de 24 horas (art. 310, § 4º, do CPP).

CPP, determinará a remessa dos autos ao **juiz da instrução e julgamento**, que então designará dia e hora para a audiência de instrução e julgamento, a ser realizada no prazo máximo de 60 (sessenta) dias, ordenando a intimação do acusado, de seu defensor, do Ministério Público[26] e, se for o caso, do querelante e do assistente (CPP, art. 399).

O art. 399 deve ser interpretado com lógica e visão sistêmica, daí não ser da competência do juiz das garantias a designação de audiência para colheita das provas, mas do juiz da instrução e julgamento, a quem cumpre organizar a pauta de audiências da vara judicial a que se encontrar vinculado.

Importante observar que o fato de o inciso XIV do art. 3º-B do CPP dizer que cabe ao juiz das garantias decidir sobre o recebimento da denúncia ou queixa, **nos termos do art. 399 deste Código**, evidentemente não permite concluir que foram revogados tacitamente os arts. 396 e 397 do CPP. Admitir o contrário levaria ao absurdo de aceitarmos um processo desprovido de resposta preliminar ou defesa prévia, o que levaria, entre outras aberrações, à supressão do direito conferido ao acusado de arrolar testemunhas.

Recebida a inicial acusatória – denúncia ou queixa –, as questões pendentes deverão ser decididas pelo juiz da instrução e julgamento, e, observado que as decisões proferidas pelo juiz das garantias não vinculam o juiz da instrução e julgamento, após o recebimento do processo, este deverá reexaminar a necessidade das medidas cautelares em curso, no prazo máximo de 10 (dez) dias.

1.3. Remessa dos autos ao juiz da instrução e julgamento

Diz o § 3º do art. 3º-C do CPP que "Os autos que compõem as matérias de competência do juiz das garantias ficarão acautelados na secretaria desse juízo, à disposição do Ministério Público e da defesa,[27] e não serão apensados aos autos do processo enviados ao juiz da instrução e julgamento, ressalvados os documentos relativos às provas irrepetíveis, medidas de obtenção de provas ou de antecipação de provas, que deverão ser remetidos para apensamento em apartado".

---

26. "Nos termos do posicionamento jurisprudencial firmado neste Superior Tribunal de Justiça, a simples ausência do órgão acusatório na audiência de oitiva de testemunhas não enseja a nulidade do ato, quando não restar devidamente demonstrada a ocorrência de prejuízos. Precedentes" (STJ, AgRg no REsp 1.712.039/RO, 5ª T., rel. Min. Jorge Mussi, j. 3-5-2018, *DJe* de 9-5-2018). "Esta Corte sufragou entendimento de que 'a ausência do Ministério Público na audiência de instrução constitui nulidade relativa que, para ser declarada, deve ser alegada em momento processual oportuno e demonstrado o efetivo prejuízo ao réu. Aplicação do princípio *pas nullité sans grief* (REsp 174.290/RJ, rel. Min. Hélio Quaglia Barbosa, 6ª T., *DJ* 3-10-2005)" (STJ, AgRg no AREsp 885.644/RS, 6ª T., rel. Min. Maria Thereza de Assis Moura, j. 2-6-2016, *DJe* de 14-6-2016). No mesmo sentido: STJ, REsp 1.493.227/RS, 6ª T., rel. Min. Rogério Schietti Cruz, j. 13-9-2016, *DJe* de 20-9-2016; STJ, AgRg no REsp 1.505.705/RS, 6ª T., rel. Min. Sebastião Reis Júnior, j. 8-11-2016, *DJe* de 21-11-2016.

27. De modo redundante, diz o § 4º do mesmo artigo: "Fica assegurado às partes o amplo acesso aos autos acautelados na secretaria do juízo das garantias".

A ideia de **documentos relativos às provas irrepetíveis** remete àquelas provas que só precisam ser feitas uma vez, como é o caso dos laudos periciais.

Essa forma de pensar deve ser compreendida com ressalva, visto que laudos periciais podem ser impugnados em juízo, no curso da instrução, e disso decorrer determinação de nova perícia, quando possível.

Ainda assim, os laudos periciais juntados aos autos do inquérito policial devem acompanhar os autos do processo remetido ao juiz da instrução e julgamento.

Exemplos de **medidas de obtenção de provas** são as buscas e apreensões; as determinações de interceptações das comunicações telefônicas e de fluxo de comunicações em sistemas de informática e telemática; de quebra de sigilo fiscal e bancário.

Clássica hipótese de **antecipação de prova** encontramos no art. 225 do CPP, que diz: "Se qualquer testemunha houver de ausentar-se, ou, por enfermidade ou por velhice, inspirar receio de que ao tempo da instrução criminal já não exista, o juiz poderá, de ofício ou a requerimento de qualquer das partes, tomar-lhe antecipadamente o depoimento".

A propósito, somente a prova oral colhida sob tais circunstâncias deverá acompanhar os autos do processo, e atividade judicial probatória *ex officio* está proscrita. Os demais depoimentos colhidos no curso das investigações – declarações de testemunhas, da vítima, e interrogatório do investigado –, integram o rol das provas que ficarão acauteladas na secretaria do juízo das garantias, à disposição do Ministério Público e da defesa. A elas o juiz da instrução e julgamento não poderá ter acesso.

Cabe aqui ressaltar **reflexa limitação à produção de prova documental pelas partes**, porquanto vedada à acusação e também à defesa a juntada aos autos do processo, perante o juiz da instrução e julgamento, de cópia dos depoimentos que não devem ser remetidos pelo juiz das garantias.

Com as ressalvas apontadas, a pretensão é no sentido de que as provas produzidas na fase preliminar, e bem assim o conteúdo das decisões judiciais proferidas nesse momento sensível da persecução, não contaminem a compreensão do juiz da instrução e julgamento a respeito dos fatos, de modo a exercer influência sobre as decisões que deverá proferir na fase distinta, sob sua competência.

Mas é preciso reconhecer que a regra impõe séria limitação à aplicação eficaz do § 2º do art. 3º-C do CPP, do qual decorre a obrigatoriedade de reexame, pelo juiz da instrução, de todas as decisões proferidas pelo juiz das garantias na fase antecedente.

Se é certo que a audiência de instrução e julgamento jamais será realizada antes do prazo de 10 (dez) dias, são insuficientes as provas com as quais deverá o magistrado reexaminar as decisões de antes, que exatamente por isso, em regra, acabam mantidas.

No caso, o rigor excessivo na disciplina do instituto tende a tolher, na prática cotidiana, a eficácia do reexame coativamente imposto.

1.4. Observações finais

Em arremate, cumpre observar a regra disposta no art. 3º-D do CPP, onde está escrito que "O juiz que, na fase de investigação, praticar qualquer ato incluído nas competências dos arts. 4º e 5º deste Código ficará impedido de funcionar no processo".

Novamente andou muito mal o legislador *ordinário.* O *deficit* de capacidade técnica é inquietante.

O art. 4º do CPP diz que "A polícia judiciária será exercida pelas autoridades policiais no território de suas respectivas circunscrições e terá por fim a apuração das infrações penais e da sua autoria".

Nada aqui diz respeito a qualquer atividade que possa ser levada a efeito por juiz de direito.

O art. 5º do CPP disciplina formas pelas quais o inquérito policial será iniciado, quando se estiver diante de delito de ação penal pública.

Por força da redação expressa no art. 3º-A do CPP, estão vedadas aos magistrados quaisquer iniciativas na fase de investigação, o que implica a revogação tácita da primeira parte do inciso II do art. 5º do CPP, de modo que não há mais falar em inquérito policial instaurado por requisição de magistrado.

A regra em análise, portanto, é desprovida de repercussão jurídica.

Capítulo 3
Fontes do Direito Processual Penal e Interpretação da Lei Processual Penal

1. Fontes do Direito Processual Penal

1.1. Conceito

Considerada a ideia comum de que fonte é o lugar de onde algo se origina, é possível o estudo das fontes históricas do Direito, fontes sociológicas e outros tantos enfoques, como bem observou Tornaghi.[1]

No entanto, interessa-nos para o momento o sentido de *fonte* como aquilo de onde se origina um preceito jurídico; o manancial de onde provém a regra jurídica.

Objetivamente, fonte indica o local onde encontramos o direito aplicável na solução de uma controvérsia.

1.2. Classificação

Subdividem-se as fontes em (1) *materiais* ou *de produção* e (2) *formais* ou *de cognição*.

Fontes materiais, de produção ou de criação, são aquelas que criam a regra jurídica.

Fontes formais, na clássica proposição de Battaglini, também adotada por Frederico Marques[2] e Tourinho Filho,[3] são as maneiras de expressão da norma jurídica positiva, vale dizer, as fontes no único sentido técnico possível.[4]

---

1. Hélio Tornaghi, *Instituições de processo penal*, Rio de Janeiro, Forense, 1959, v. I, p. 79-80.

2. José Frederico Marques, *Elementos de direito processual penal*, Rio de Janeiro, Forense, 1961, v. I, p. 28.

3. Fernando da Costa Tourinho Filho, *Manual de processo penal*, 17. ed., São Paulo, Saraiva, 2017, p. 110.

4. Giulio Battaglini, *Direito penal* – Parte geral, tradução de Paulo José da Costa Jr. e Ada Pellegrini Grinover, São Paulo, Saraiva, 1964, p. 21.

1.3. Fontes materiais

Fonte material ou de produção do Direito Processual Penal é o Estado. A produção das regras jurídicas compete privativamente à União. Os Estados-membros e o Distrito Federal detêm competência concorrente.

A esse respeito, diz o art. 22 da CF que compete privativamente à União legislar sobre Direito Processual (inciso I), e que lei complementar poderá autorizar os Estados a legislar sobre matéria processual penal em questões específicas, circunscritas ao interesse local (parágrafo único).

O art. 24 da CF dispõe sobre a competência concorrente entre a União, os Estados e o Distrito Federal para legislar sobre Direito Penitenciário (inciso I); sobre a criação, funcionamento e processo dos juizados de pequenas causas (inciso X); e procedimentos em matéria processual (inciso XI).

Com propriedade, lembra Nucci que também compete à União celebrar tratados e convenções internacionais, fontes criadoras de normas processuais penais, e que a "Convenção Americana dos Direitos Humanos (Decreto n. 678/92) criou pelo menos três regras (verdadeiras garantias humanas fundamentais) de processo penal: o direito ao julgamento por um juiz ou tribunal imparcial (art. 8, n. 1), o direito ao duplo grau de jurisdição (art. 8, n. 2, *h)* e a vedação ao duplo processo pelo mesmo fato (art. 8, n. 4)".[5]

As leis de organização judiciária, de iniciativa dos Tribunais de Justiça dos Estados (CF, § 1º do art. 125), não raras vezes disciplinam matéria processual penal, tal como ocorre com as disposições pertinentes à distribuição de competência interna e tramitação de recursos junto ao tribunal respectivo.

1.4. Fontes formais

As fontes formais se subdividem em (*1*) *imediatas* ou *diretas* e (*2*) *mediatas* ou *indiretas*.

Fontes formais imediatas ou *diretas* são as espécies normativas: lei ordinária; lei complementar e emenda à Constituição. Aqui também se inserem os tratados e as convenções de que o Brasil é signatário.

Na Constituição Federal encontramos regras de processo penal, muitas delas distribuídas pelo art. 5º, como ocorre, por exemplo, nos incisos XXXVII (não haverá juízo ou tribunal de exceção); XXXVIII (fixa a competência do Tribunal do Júri para o julgamento dos crimes dolosos contra a vida); LIII (princípio do juiz natural); LIV (princípio do devido processo legal); LV (assegura o contraditório e a ampla defesa); e LIX (autoriza a ação penal privada subsidiária da pública).

5. Guilherme de Souza Nucci, *Manual de processo e execução penal*, 14. ed., Rio de Janeiro, Forense, 2017, p. 82.

A lei, a seu turno, é a principal fonte de direito,[6] o que se evidencia claramente no Código de Processo Penal, no Código de Processo Penal Militar e em leis extravagantes também dotadas de regras processuais, tal como se verifica, por exemplo, no art. 48 e s. da Lei n. 11.343/2006 (Lei de Drogas).

São *fontes formais mediatas* ou *indiretas*: os costumes e os princípios gerais de direito.

Costume é a prática reiterada de determinada conduta revestida da aparência de obrigatoriedade, que em razão dessa mesma reiteração e adequação ao sistema termina por ingressar informalmente no ordenamento.

Os *princípios*, na expressão de LARENZ, representam uma *consciência jurídica geral* ou *ideias diretrizes*.[7]

Os *princípios gerais de direito* são postulados gerais e genéricos que podem ser extraídos do ordenamento jurídico, calcados em premissas éticas e valorativas, compatíveis com o senso comum e com o sistema normativo vigente.

Segundo MAXIMILIANO: "Todo conjunto harmônico de regras positivas é apenas o resumo, a síntese, o *substratum* de um complexo de altos ditames, o índice materializado de um sistema orgânico, a concretização de uma doutrina, série de postulados que enfeixam princípios superiores. Constituem estes as *diretivas* ideias do hermeneuta, os pressupostos científicos da ordem jurídica. Se é deficiente o repositório de normas, se não oferece, explícita ou implicitamente, e nem sequer por analogia, o meio de regular ou resolver um caso concreto, o estudioso, o magistrado ou funcionário administrativo como que renova, em sentido inverso, o trabalho do legislador: este procede de cima para baixo, do geral ao particular; sobe aquele gradativamente, por indução, da ideia em foco para outra mais elevada, prossegue em generalizações sucessivas, e cada vez mais amplas, até encontrar a solução colimada".

E segue: "(...) abrangem, não só as ideias básicas da legislação nacional, mas também os princípios filosóficos, fundamentais do Direito, sem distinção de fronteiras".[8]

Na dicção do art. 4º da Lei de Introdução às Normas do Direito Brasileiro (Decreto-Lei n. 4.657/42), quando a lei for omissa, o juiz decidirá o caso de acordo com a analogia, os costumes e os princípios gerais de direito.

---

6. Ensina LIMONGI FRANÇA que "a principal das formas assumidas pela norma jurídica é a lei, i.e., o preceito jurídico escrito, emanado do Poder Público, com caráter geral" (*Hermenêutica jurídica*, 13. ed., São Paulo, Revista dos Tribunais, 2015, p. 113).

7. KARL LARENZ, *Metodologia da ciência do direito*, tradução de José Lamego, 3. ed., Lisboa, Fundação Calouste Gulbenkian, 1997, p. 599.

8. CARLOS MAXIMILIANO, *Hermenêutica e aplicação do direito*, 21. ed., Rio de Janeiro, Forense, 2017, p. 266.

1.5. Doutrina, jurisprudência e analogia

Entende-se por *doutrina* os estudos teóricos e respectivas proposições, elaborados e publicados por cultores do Direito, por isso denominados doutrinadores.

Jurisprudência é a reiteração de julgados dos tribunais em um mesmo sentido, a respeito de questão semelhante.

Exemplo:

> É firme a jurisprudência desta Corte no sentido de que não se aplica o princípio da insignificância aos delitos relacionados a entorpecentes (STF, HC 102.940/ES, 1ª T., rel. Min. Ricardo Lewandowski, j. 15-2-2011, *DJe* n. 065, de 6-4-2011).

A *doutrina* e a *jurisprudência* não são fontes de direito, mas formas de interpretação da regra jurídica.

A *analogia*, a seu turno, não é método de interpretação, mas de integração ou autointegração da lei, como veremos mais adiante.

2. INTERPRETAÇÃO DA LEI PROCESSUAL PENAL

> A palavra, quer considerada isoladamente, quer em combinação com outra para formar a norma jurídica, ostenta apenas rigidez ilusória, exterior. É por sua natureza elástica e dúctil que varia de significação com o transcorrer do tempo e a marcha da civilização. Tem, por isso, a vantagem de traduzir as realidades jurídicas sucessivas. Possui, entretanto, os defeitos das suas qualidades; debaixo do invólucro fixo, inalterado, dissimula pensamentos diversos, infinitamente variegados e sem consistência real. Por fora, o dizer preciso; dentro, uma policromia de ideias.
>
> Traçar um rumo nesse mar revolto; numa torrente de vocábulos descobrir um conceito; entre acepções várias e hipóteses divergentes fixar a solução definitiva, lúcida, precisa; determinar o sentido exato e a extensão da fórmula legal – é a tarefa do intérprete.
>
> Não lhe compete apenas procurar atrás das palavras os pensamentos possíveis, mas também entre os pensamentos possíveis o único apropriado, correto, jurídico.[9]

Diz o art. 3º do CPP que a lei processual penal admitirá interpretação extensiva e aplicação analógica, bem como o suplemento dos princípios gerais de direito.

Interpretar é buscar definir o verdadeiro significado da norma jurídica.[10]

---

9. CARLOS MAXIMILIANO, *Hermenêutica e aplicação do direito*, 21. ed., Rio de Janeiro, Forense, 2017, p. 15.

10. No dizer de Carlos Maximiliano: "É explicar, esclarecer; dar o significado de vocábulo, atitude ou gesto; reproduzir por outras palavras um pensamento exteriorizado; mostrar o sentido verdadeiro de uma expressão; extrair, de frase, sentença ou norma, tudo o que na mesma se contém" (*Hermenêutica e aplicação do direito*, 21. ed., Rio de Janeiro, Forense, 2017, p. 9).

O fundamento lógico da interpretação, segundo Aftalión, "está dado por la indeterminación relativa de las normas generales. Toda norma general determina siempre cierto ámbito, pero deja siempre cierto ámbito indeterminado. En virtud de esta indeterminación que implica toda norma general se hace absolutamente necesaria una tarea de interpretación, para dicidir si un caso concreto cae o no dentro del ámbito regulado por la norma",[11] daí afirmar Clariá Olmedo que "interpretar es aclarar las dudas sobre la voluntad de la norma, desentranhando del texto legal mediante un procedimiento que no nos aparte de la noción jurídica, vale decir obtener lo que la ley dice efectivamente y no lo que se quiso decir o conviene que diga".[12]

Tornaghi afirmou com acerto que o intérprete nada acrescenta à lei e dela nada retira; apenas a elucida e explica.[13]

No dizer de Larenz, interpretar é "uma actividade de mediação, pela qual o intérprete traz à compreensão o sentido de um texto que se lhe torna problemático. O texto da norma torna-se problemático para quem a aplica atendendo à aplicabilidade da norma precisamente a uma situação de facto dessa espécie. Que o significado preciso de um texto legislativo seja constantemente problemático depende, em primeira linha, do facto de a linguagem corrente, de que a lei se serve em grande medida, não utilizar, ao contrário de uma lógica axiomatizada e da linguagem das ciências, conceitos cujo âmbito esteja rigorosamente fixado, mas termos mais ou menos flexíveis, cujo significado possível oscila dentro de uma larga faixa e que pode ser diferente segundo as circunstâncias, a relação objectiva e o contexto do discurso, a colocação da frase e a entoação de uma palavra. Mesmo quando se trata de conceitos em alguma medida fixos, estes contêm frequentemente notas distintivas que, por seu lado, carecem de uma delimitação rigorosa".[14]

Interpretar a lei é tarefa complexa, que tem por objetivo buscar seu real significado;[15] alcançar a *voluntas legis* (vontade da lei), compreender, portanto, a *mens*

11. Enrique R. Aftalión, José Vilanova e Julio Raffo, *Introducción al derecho*, 3. ed., Buenos Aires, Abeledo-Perrot, 1999, p. 776.

12. Jorge A. Clariá Olmedo, *Derecho procesal penal*, 1. ed., 1. reimp., Santa Fé, Rubinzal-Culzoni Editores, atualizado por Jorge Eduardo Vázquez Rossi, 2008, t. I, p. 113.

13. Hélio Tornaghi, *Curso de processo penal*, 7. ed., São Paulo, Saraiva, 1990, p. 25.

14. Karl Larenz, *Metodologia da ciência do direito*, tradução de José Lamego, 3. ed., Lisboa, Fundação Calouste Gulbenkian, 1997, p. 439.

15. "O intérprete produz a norma a partir dos textos e da realidade. A interpretação do direito tem caráter constitutivo e consiste na produção, pelo intérprete, a partir de textos normativos e da realidade, de normas jurídicas a serem aplicadas à solução de determinado caso, solução operada mediante a definição de uma norma de decisão. A interpretação/aplicação do direito opera a sua inserção na realidade; realiza a mediação entre o caráter geral do texto normativo e sua aplicação particular; em outros termos, ainda: opera a sua inserção no mundo da vida. (...) O significado válido dos textos é variável no tempo e no espaço, histórica e culturalmente. A interpretação do direito não é mera dedução dele, mas sim processo de contínua adaptação de seus textos normativos à realidade e seus conflitos. Mas essa

legislatoris (mente do legislador) ou a *mens legis* em relação à regra de direito submetida à avaliação do intérprete.

Necessário observar, entretanto, e com apoio em Mirabete, que: "A interpretação é o processo lógico que procura estabelecer a vontade da lei, que não é, necessariamente, a vontade do legislador. A lei deve ser considerada como entidade objetiva e independente e a intenção do legislador só deve ser aproveitada como auxílio ao intérprete para desvendar o verdadeiro sentido da norma jurídica".[16]

2.1. Espécies de interpretação

Classificam-se as espécies de interpretação (1) *quanto ao sujeito*; (2) *quanto aos meios empregados*; e (3) *quanto ao resultado*.

1) *Quanto ao sujeito* que procede à interpretação ela poderá ser: *autêntica, doutrinária* ou *judicial*.

2) *Quanto aos meios* empregados pode ser (1) *gramatical* ou *literal*, (2) *lógica* ou *teleológica*, (3) *histórica* e (4) *sistemática*.

3) *Quanto ao resultado*, a interpretação pode ser (1) *declarativa*, (2) *restritiva* e (3) *extensiva*.

2.2. Interpretação autêntica

A interpretação autêntica, também chamada legislativa, pode ser *contextual* ou *por lei posterior*.

Denomina-se autêntica porque é feita pelo mesmo órgão autor do texto interpretado.

Diz-se *contextual* quando o mesmo texto normativo já aponta a correta interpretação que se deve dar a determinado dispositivo. Exemplo: o art. 327 do CP[17] dá o conceito de funcionário público, de modo a não permitir dúvidas a respeito da interpretação do que deva ser considerado funcionário público para fins de imputação penal.

---

afirmação aplica-se exclusivamente à interpretação das leis dotadas de generalidade e abstração, leis que constituem preceito primário, no sentido de que se impõem por força própria, autônoma. Não àquelas, designadas leis-medida (*Massnahmegesetze*), que disciplinam diretamente determinados interesses, mostrando-se imediatas e concretas, e consubstanciam, em si mesmas, um ato administrativo especial. No caso das leis-medida interpreta-se, em conjunto com o seu texto, a realidade no e do momento histórico no qual ela foi editada, não a realidade atual. (...) No Estado democrático de direito o Poder Judiciário não está autorizado a alterar, a dar outra redação, diversa da nele contemplada, a texto normativo. Pode, a partir dele, produzir distintas normas. Mas nem mesmo o Supremo Tribunal Federal está autorizado a reescrever leis (...)" (STF, ADPF 153/DF, Tribunal Pleno, rel. Min. Eros Grau, j. 29-4-2010, *DJe* n. 145, de 6-8-2010).

16. Julio Fabbrini Mirabete, *Processo penal*, 16. ed., São Paulo, Atlas, 2004, p. 74.

17. Art. 327 do CP – "Considera-se funcionário público, para os efeitos penais, quem, embora transitoriamente ou sem remuneração, exerce cargo, emprego ou função pública".

Interpretação *por lei posterior*, como o próprio nome indica, não é feita no mesmo corpo normativo, mas em espécie normativa diversa, evidentemente posterior.

2.3. Interpretação doutrinária

Doutrinária ou doutrinal é a interpretação feita pelos cultores do Direito – justamente denominados doutrinadores –, que se dedicam a estudar o texto legal e refletir profundamente sobre seu conteúdo e harmonia sistêmica.

É, em síntese, a interpretação feita pelos juristas, normalmente expressa em publicações de artigos e livros.

Observada a envergadura de sua relevância, Maximiliano chegou a afirmar que "rigorosamente só a doutrinal merece o nome de interpretação, no sentido técnico do vocábulo; porque esta deve ser, na essência, um ato livre do intelecto humano".[18]

2.4. Interpretação judicial

É a interpretação levada a efeito pelos juízes e tribunais no julgamento dos processos a eles submetidos.

No exercício da prestação jurisdicional, o órgão judicial deve dizer o direito aplicável na solução da controvérsia – e para tanto é preciso interpretar a lei com vistas a apreender a *voluntas legis*, e só então julgar.

As decisões reiteradas e uniformes dos tribunais sobre determinado ponto de direito formam a jurisprudência sobre o tema respectivo.

Nesse sentido:

> A lei – todos o sabemos – nada mais é do que a sua própria interpretação. No poder de interpretar os atos legislativos, encontra-se a magna prerrogativa judicial de estabelecer o alcance e de definir o sentido da vontade normativa, que, emanada do Estado, neles encontra o meio idôneo de sua expressão formal.[19]

2.5. Interpretação gramatical ou literal

Gramatical ou literal é a interpretação que leva em conta, fundamentalmente, o significado das palavras.

Possui acentuada importância, mas, isoladamente, nem sempre é a melhor companheira, daí ser comum estar associada a outros métodos interpretativos.

Não raras vezes, cede diante de outras formas de interpretação, conforme o caso e a necessidade de se fazer justiça, visto que o sentido literal das palavras pode não corresponder ao sentido jurídico mais adequado.

18. Carlos Maximiliano, *Hermenêutica e aplicação do direito*, 21. ed., Rio de Janeiro, Forense, 2017, p. 86.
19. STF, RE 156.583/SP, rel. Min. Celso de Mello, j. 21-5-1997, *DJ* de 18-6-1997, p. 27.988.

2.6. Interpretação lógica ou teleológica

Na objetiva expressão de Tourinho Filho, a interpretação lógica ou teleológica visa a precisar a genuína finalidade da lei, a vontade nela manifestada,[20] ou, como prefere Limongi França, "é aquela que se leva a efeito, mediante a perquirição do sentido das diversas locuções e orações do texto legal, bem assim através do estabelecimento da conexão entre os mesmos. Supõe quase sempre a posse dos meios fornecidos pela interpretação gramatical".[21]

2.7. Interpretação histórica

Histórica ou reconstrutiva é a interpretação que leva em conta os antecedentes da regra interpretada.

Para alcançar o melhor significado do texto analisado, o intérprete deve buscar conhecer o momento histórico-político em que a norma foi criada; deve se valer dos anais da Casa Legislativa em que constam os debates a respeito da matéria que resultou no projeto de lei que a ele deu origem; deve avaliar eventuais vetos e respectivas fundamentações; analisar a Exposição de Motivos da espécie normativa etc.

2.8. Interpretação sistemática

Nesse caso, a necessidade de interpretação não decorre de dúvida a respeito do que diz o texto analisado, mas de sua conformidade com o sistema jurídico em que se insere.

Não visa ao sentido isolado da regra, mas sua congruência com as demais regras e princípios do ordenamento.

2.9. Interpretação declarativa, restritiva e extensiva

Especialmente no Brasil, são de conhecimento geral as inúmeras imperfeições patrocinadas pelo Poder Legislativo quando do processo de elaboração de leis, notadamente em relação àquelas que interessam ao *sistema penal*.

Ora se apresentam genéricas demais; ora tacanhas, limitadas, de maneira a dizer menos do que deveriam. Disso decorre a necessidade de árdua tarefa interpretativa, com vistas a buscar a verdadeira intenção e alcance da regra de direito.

Conforme já apontamos, levando em consideração o resultado pretendido ou alcançado, a interpretação pode ser: (*1*) declarativa, (*2*) restritiva, ou (*3*) extensiva.

Na interpretação *declarativa*, não há expansão ou restrição ao alcance da regra de direito, limitando-se o intérprete a revelar o sentido literal da norma.

---

20. Fernando da Costa Tourinho Filho, *Manual de processo penal*, 17. ed., São Paulo, Saraiva, 2017, p. 106.

21. R. Limongi França, *Hermenêutica jurídica*, 13. ed., São Paulo, Revista dos Tribunais, 2015, p. 28.

Na segunda – *restritiva* –, o intérprete limita, restringe o alcance da norma, para dela extrair menos do que aparentemente sugeria.

Na interpretação *extensiva* – expressamente admitida no art. 3º do CPP –, o intérprete ou aplicador amplia o alcance da norma para abarcar situação aparentemente não regulada.

Tomando por base determinada situação jurídica tipificada, o intérprete resolve situação distinta, mas semelhante, não alcançada num primeiro olhar pela regra interpretada.

3. Analogia e Interpretação Analógica

Não se deve confundir analogia com interpretação analógica.

Conforme Maximiliano, "*analogia*, no sentido primitivo, tradicional, oriundo da Matemática, é uma semelhança de relações".[22]

Na analogia, o intérprete ou aplicador procura e não encontra no ordenamento jurídico dispositivo que regule a situação tratada, o que autoriza reconhecer típica hipótese de lacuna no ordenamento.

Para a solução do impasse, recorre-se à existência de regra jurídica reguladora de caso semelhante, daí afirmar-se que "a analogia consiste em aplicar a uma hipótese não prevista em lei a disposição relativa a um caso semelhante",[23] o que empolgou Clariá Olmedo a afirmar ser ela verdadeira "extensión de la voluntad de la norma para captar lo que en realidad ella no comprende".[24]

A analogia não é método de interpretação, mas de integração ou autointegração da lei, conforme ensina Bobbio.[25]

Na interpretação analógica – que é método interpretativo, hermenêutico –, a lei indica uma fórmula casuística seguida de expressões genéricas, como é exemplo clássico o tipo de homicídio qualificado disposto no art. 121, § 2º, III, do CP, em que, ciente da impossibilidade de regular todas as formas possíveis de execução do crime, após indicar alguns meios específicos (com emprego de veneno, fogo, explosivo, asfixia, tortura), o legislador refere genericamente à possibilidade de outras formas semelhantes (ou outro meio insidioso ou cruel, ou de que possa resultar perigo comum).

22. *Hermenêutica e aplicação do direito*, 21. ed., Rio de Janeiro, Forense, 2017, p. 186.

23. Carlos Maximiliano, *Hermenêutica e aplicação do direito*, 21. ed., Rio de Janeiro, Forense, 2017, p. 188.

24. Jorge A. Clariá Olmedo, *Derecho procesal penal*, 1. ed., 1. reimp., Santa Fé, Rubinzal-Culzoni Editores, atualizado por Jorge Eduardo Vázquez Rossi, 2008, t. I, p. 114.

25. Norberto Bobbio, *Teoría general del derecho*, 2. ed., Santa Fé de Bogotá, Editorial Temis, 1999, p. 233.

O art. 254, II, do CPP, invoca expressamente a utilização da interpretação analógica ao regular as razões de suspeição do juiz, *verbis*: "Art. 254. O juiz dar-se-á por suspeito, e, se não o fizer, poderá ser recusado por qualquer das partes: I – (...); II – se ele, seu cônjuge, ascendente ou descendente, estiver respondendo a processo por fato análogo, sobre cujo caráter criminoso haja controvérsia".

O que diferencia a analogia da interpretação analógica é a *voluntas legis*, já que nesta última é a própria lei que indica a possibilidade de alcançar fatos semelhantes. Ao contrário do que ocorre em relação à analogia, só é cabível interpretação analógica quando a própria lei assim indicar.

4. Diferença entre Interpretação Extensiva e Analogia

Embora sutil, há diferença entre interpretação extensiva e analogia.

Enquanto a primeira é forma de interpretação, a segunda constitui método de integração.

Na lição de Ferrara,[26] citado por Limongi França, "a interpretação extensiva não faz senão reconstruir a vontade legislativa *existente* para a relação jurídica que só por inexata formulação parece à primeira vista excluída, enquanto, ao invés, a analogia se encontra em presença de uma *lacuna*, de um caso não previsto, e procura superá-lo através de casos afins".[27]

O cabimento da interpretação extensiva reclama a existência de norma a respeito do tema (norma a ser interpretada extensivamente), enquanto a analogia reclama a existência de lacuna (ausência de norma específica a respeito do tema analisado).

Ensinou Bento de Faria que "a analogia consiste na aplicação duma lei determinada ou expressamente formulada pelo legislador a casos que essa lei não abrange", e distingue-se da "interpretação extensiva porque nesta determina-se o conteúdo da própria lei pelo seu espírito, ao passo que pela analogia de lei não se determina o sentido dessa lei, mas aplica-se por identidade ou semelhança de motivos a fatos que ela não compreende".[28]

26. Francesco Ferrara, *Tratatto di diritto civile italiano*, Roma, Athenaeum, 1921, p. 231.
27. R. Limongi França, *Hermenêutica jurídica*, 13. ed., São Paulo, Revista dos Tribunais, 2015, p. 51.
28. *Código de Processo Penal*, 2. ed., Rio de Janeiro, Record, 1960, v. 1, p. 57.

Capítulo 4
Lei Processual Penal no Espaço

1. Noções Introdutórias

O Código de Processo Penal dispõe, já de início, a respeito do alcance territorial de suas regras, e aponta exceções à incidência da normatividade geral, conforme a redação que segue transcrita:

> Art. 1º O processo penal reger-se-á, em todo o território brasileiro, por este Código, ressalvados:
>
> I – os tratados, as convenções e regras de direito internacional;
>
> II – as prerrogativas constitucionais do Presidente da República, dos ministros de Estado, nos crimes conexos com os do Presidente da República, e dos ministros do Supremo Tribunal Federal, nos crimes de responsabilidade (Constituição, arts. 86, 89, § 2º, e 100);
>
> III – os processos da competência da Justiça Militar;
>
> IV – os processos da competência do tribunal especial (Constituição, art. 122, n. 17);
>
> V – os processos por crimes de imprensa.
>
> Parágrafo único. Aplicar-se-á, entretanto, este Código aos processos referidos nos n. IV e V, quando as leis especiais que os regulam não dispuserem de modo diverso.

Vejamos, a seguir, os desdobramentos da regulamentação exposta.

2. Lei Processual Penal no Espaço

Conforme sintetiza Clariá Olmedo, "la eficacia espacial de la ley procesal penal se refiere al ámbito territorial de su aplicación".[1]

---

1. Jorge A. Clariá Olmedo, *Derecho procesal penal*, 1. ed., 1. reimp., Santa Fé, Rubinzal-Culzoni Editores, atualizado por Jorge Eduardo Vázquez Rossi, 2008, t. I, p. 100.

O Direito Processual Penal é eminentemente territorial,[2] e bem por isso a necessidade apreendida pelo legislador de explicitar, já no art. 1º, regras relacionadas com o alcance da lei processual penal no espaço, indicando a extensão territorial em que se faz impositiva/obrigatória sua aplicação, ao mesmo tempo em que apresenta situações nas quais devem ser observadas regras especiais, e determinar a incidência subsidiária do CPP nas hipóteses em que leis especiais não dispuserem de modo diverso.

Adotado o critério territorial (real ou por extensão), com as exceções e particularidades apontadas, como manifestação da soberania nacional, aplica-se o CPP em todo o território brasileiro, o que envolve o espaço aéreo,[3] as águas interiores, o mar territorial e a plataforma continental.[4]

Nesse mesmo caminho, dispõe o art. 5º, *caput*, do CP: "Aplica-se a lei brasileira, sem prejuízo de convenções, tratados e regras de direito internacional, ao crime cometido no território nacional", e acrescentam seus parágrafos: "Para os efeitos penais, consideram-se como extensão do território nacional as embarcações e aeronaves brasileiras, de natureza pública ou a serviço do governo brasileiro onde quer que se encontrem, bem como as aeronaves e as embarcações brasileiras, mercantes ou de propriedade privada, que se achem, respectivamente, no espaço aéreo correspondente ou em alto-mar" (§ 1º), e, "É também aplicável a lei brasileira aos crimes praticados a bordo de aeronaves ou embarcações estrangeiras de propriedade privada, achando-se aquelas em pouso no território nacional ou em voo no espaço aéreo correspondente, e estas em porto ou mar territorial do Brasil" (§ 2º).

Sobre competência jurisdicional falaremos em capítulo específico.

3. Atos de Cooperação Internacional

Na realização de atos de cooperação internacional relacionados com processos oriundos de Estados estrangeiros, entre os quais, destacadamente, inserem-se a extradição, a homologação de sentença estrangeira e o cumprimento de cartas rogatórias (arts. 207/214, 215/224 e 225/229, respectivamente, todos do Regimento Interno do STF), são aplicáveis as regras nacionais, locais.

O processo e o julgamento de pedido de extradição solicitada por Estado estrangeiro se situa no rol de competência originária do Supremo Tribunal Federal (CF, art. 102, I, *g*).

---

2. José Frederico Marques, *Elementos de direito processual penal*, Campinas, Bookseller, 1997, v. I, p. 64.
3. Ver a Lei n. 7.565/86 – Código Brasileiro da Aeronáutica.
4. Ver a Lei n. 8.617/93.

O art. 105, I, *i*, da CF, diz ser competência do Superior Tribunal de Justiça processar e julgar, originariamente, a homologação de sentenças estrangeiras e a concessão de *exequatur* às cartas rogatórias.

Insere-se na competência dos juízes federais processar e julgar "os crimes de ingresso ou permanência irregular de estrangeiro, a execução de carta rogatória, após o *exequatur*, e de sentença estrangeira, após a homologação, as causas referentes à nacionalidade, inclusive a respectiva opção, e à naturalização" (CF, art. 109, X).

Sobre o cumprimento de cartas rogatórias emanadas de autoridades estrangeiras, conferir os arts. 784 a 786 do CPP.

4. Leis de Organização Judiciária

Por vezes as leis de organização judiciária cuidam de regra processual penal, cuja aplicação não se expande para além da realidade a que se dirige, restringindo-se, portanto, à Unidade da Federação a que se encontrar vinculada.

5. Lugar da Infração Penal

Aplica-se a lei processual brasileira na persecução relacionada a toda e qualquer infração penal praticada em território nacional.

Sobre a matéria, importante verificar as disposições dos arts. 4º a 8º do CP, cumprindo por aqui destacar que, em relação ao *tempo do delito*, considera-se praticado "no momento da ação ou omissão, ainda que outro seja o momento do resultado" (CP, art. 4º), e que, no tocante ao *local do delito*, considera-se praticado "no lugar em que ocorreu a ação ou omissão, no todo ou em parte, bem como onde se produziu ou deveria produzir-se o resultado" (CP, art. 6º).

De fundamental importância, ainda, verificar as determinações do art. 7º do CP, relacionadas a certos tipos de delitos que ficam sujeitos à lei brasileira, embora cometidos no estrangeiro.

6. Tratados, Convenções e Regras de Direito Internacional

Discute-se na doutrina se há diferença entre *tratado* e *convenção*.[5]

---

5. Guilherme de Souza Nucci escreve a respeito nos seguintes termos: "Debate-se, outrossim, se tratado e convenção são termos correlatos ou diferentes, até porque os textos legais, no Brasil, utilizam ambos, como é o caso do inciso I, do art. 1º, do Código de Processo Penal. Para Rezek são termos correlatos, indevidamente utilizados no mesmo texto – como ocorre na lei processual penal – dando ideia de que cuidam de coisas diversas (op. cit., p. 15). Para Albuquerque Mello, no entanto, pode-se fazer a seguinte diferença entre ambos: 'tratado é utilizado para acordos solenes, por exemplo, tratados de paz; convenção é o tratado que cria normas gerais, por exemplo, convenção sobre mar territorial' (op. cit., p. 133). A tradição dos textos legislativos brasileiros tem, realmente, utilizado os dois termos, como se

Os tratados internacionais configuram verdadeira fonte concreta do Direito Internacional Público, e "se consubstanciam na vontade livre e conjugada dos Estados e das Organizações Internacionais".[6]

Conforme define o art. 2º, § 1º, *a*, da Convenção de Viena sobre o Direito dos Tratados,[7] *tratado* significa "um acordo internacional concluído por escrito entre Estados e regido pelo Direito Internacional, quer conste de um instrumento único, quer de dois ou mais instrumentos conexos, qualquer que seja sua denominação".

Para Mazzuoli, a expressão *convenção* conota "um tipo de tratado solene (e multilateral) em que a vontade das partes não é propriamente divergente, como ocorre nos chamados *tratados-contrato*, mas paralela e uniforme, ao que se atribui o nome de *tratados-lei* ou *tratados-normativos*, dos quais são exemplos as convenções de Viena sobre relações diplomáticas e consulares, as de Genebra sobre direito humanitário etc.". E segue: "Ocorre que o termo também tem sido indiscriminadamente utilizado – principalmente pelas Constituições brasileiras – ao lado da expressão genérica *tratado*. Mas não se tem dúvida de que é mais apropriado reservar-se o termo convenção para os atos multilaterais oriundos de conferências internacionais, que versem sobre assuntos de interesse geral".[8]

Mas a distinção que se faz entre *tratado* e *convenção* – conclui Mazzuoli – "não subsiste a uma análise detalhada dos textos normativos internacionais, o que demonstra que ambos os significados ainda se confundem na atualidade".[9]

Decorre das regras e relações de direito internacional a vinculação do Estado brasileiro a *tratados e convenções* sobre temas diversos, o que por vezes termina por

---

vê, também, no art. 5º, do Código Penal, razão pela qual nada impede que possamos nos valer do sentido exposto por Albuquerque Mello, embora cientes de que tratado é a essência do conceito" (*Manual de processo e execução penal*, 14. ed., Rio de Janeiro, Forense, 2017, p. 90).

6. Valerio de Oliveira Mazzuoli, *Curso de direito internacional público*, 6. ed., São Paulo, Saraiva, 2012, p. 119.

7. "Chamada Lei dos Tratados, Código dos Tratados ou ainda Tratado dos Tratados, a Convenção de Viena de 1969 é um dos mais importantes documentos já concluídos na história do Direito Internacional Público. (...) A Convenção regula desde questões pré-negociais (capacidade para concluir tratados e plenos poderes), até o processo de formação dos tratados (adoção, assinatura, ratificação, adesão, reservas etc.), sua entrada em vigor, aplicação provisória, observância e interpretação, bem assim a nulidade, extinção e suspensão de sua execução. Entre as regras basilares de direito das gentes reconhecidas pela Convenção, pode ser citada a norma *pacta sunt servanda* (art. 26) e o seu corolário segundo o qual o Direito interno não pode legitimar a inexecução de um tratado (art. 27); recorda-se, ainda, o reconhecimento da cláusula *rebus sic stantibus*, que permite a extinção ou retirada de um tratado quando passa a existir uma mudança fundamental nas circunstâncias relativamente àquelas existentes ao tempo de sua estipulação do acordo (art. 62), entre outras" (Valerio de Oliveira Mazzuoli, *Curso de direito internacional público*, 6. ed., São Paulo, Saraiva, 2012, p. 173).

8. Valerio de Oliveira Mazzuoli, op. cit., p. 186.

9. Op. cit., p. 186.

determinar que, mesmo diante da prática de delito nos limites do território nacional (real ou por extensão), a lei penal e também a processual penal não tenham aplicação ao caso concreto.

É o que ocorre, por exemplo, com o chefe de Estado estrangeiro e os integrantes de sua comitiva em visita ao País, bem como em relação aos funcionários e empregados consulares, pelas condutas praticadas no exercício das funções.[10]

Dessa maneira, não são alcançados pela lei processual penal brasileira e algumas vezes pelo Poder Judiciário local os delitos assim particularizados, porque excepcionados – regulados de forma diversa à generalidade – em tratados, convenções e regras internacionais, sem que disso se possa extrair conclusão no sentido de que em tais hipóteses ocorra derrogação do princípio da territorialidade[11] ou violação ao princípio do juiz natural (CF, art. 5º, LIII), do qual decorre a obrigatoriedade de que magistrados brasileiros tenham competência previamente estabelecida para processar e julgar delitos que toquem[12] o território nacional.

O art. 5º, § 4º, da CF, submete o Brasil à jurisdição do Tribunal Penal Internacional, e é relevante verificar, nesse tema, que por meio do Decreto Legislativo n. 112/2002, o Congresso Nacional aprovou o texto do Estatuto de Roma do Tribunal Penal Internacional; e por meio do Decreto n. 4.388/2002, o Poder Executivo determinou que no âmbito interno ele será executado e cumprido inteiramente, sem qualquer ressalva.

Diz o art. 1º do Estatuto de Roma: "É criado, pelo presente instrumento, um Tribunal Penal Internacional ('o Tribunal'). O Tribunal será uma instituição permanente, com jurisdição sobre as pessoas responsáveis pelos crimes de maior gravidade com alcance internacional, de acordo com o presente Estatuto, e será complementar às jurisdições penais nacionais. A competência e o funcionamento do Tribunal reger-se-ão pelo presente Estatuto".

Disso decorre que, algumas vezes, mesmo tendo sido praticado no Brasil, o crime poderá ser de interesse e competência do Tribunal Penal Internacional, situação que irá sujeitar o infrator à jurisdição respectiva, alienígena, salvo quando se

---

10. Conforme dispõe o art. 43 da Convenção de Viena sobre relações consulares, aprovada no Brasil pelo Decreto Legislativo n. 6/67 e ratificada em 20 de abril de 1967, em vigor no Brasil desde 10 de junho de 1967, e promulgada pelo Decreto n. 61.078, de 26 de julho de 1967: "Os funcionários consulares e os empregados consulares não estão sujeitos à jurisdição das autoridades judiciárias e administrativas do Estado receptor pelos atos realizados no exercício das funções consulares". Nos termos do art. 45 da referida Convenção, "o Estado que envia poderá renunciar, com relação a um membro da repartição consular, aos privilégios e imunidades previstos nos arts. 41, 43 e 44". Dispõe o art. 31 da Convenção de Viena sobre relações diplomáticas (promulgada pelo Decreto n. 56.435/65) que "o agente diplomático gozará da imunidade de jurisdição penal do Estado acreditado".

11. José Frederico Marques, *Elementos de direito processual penal*, Campinas, Bookseller, 1997, v. I, p. 64.

12. STF, Ext 492/República da Bolívia, Tribunal Pleno, rel. Min. Moreira Alves, j. 19-12-1989, *DJ* de 23-3-1990, p. 2.085.

tratar da proibição regulada no art. 5º, LI, da CF, no qual há vedação expressa à extradição de brasileiro nato.

Quando a competência não for de Estado alienígena ou do Tribunal Penal Internacional, nos moldes em que dispuser a regra de Direito Internacional, competirá aos Juízes Federais processar e julgar "os crimes previstos em tratado ou convenção internacional, quando, iniciada a execução no País, o resultado tenha ou devesse ter ocorrido no estrangeiro, ou reciprocamente" (CF, art. 109, V).

7. Tensão entre Regras Dispostas em Tratados Internacionais e o Direito Interno

É bastante conhecida a acalorada discussão sobre a prevalência de determinada regra sobre outra, quando houver colidência entre regra disposta em tratado internacional comum e regra do ordenamento jurídico brasileiro.

A respeito desse tema, formaram-se duas teorias bem distintas.

De um lado, entendem os adeptos da *teoria monista* – francamente majoritária – que a ordem jurídica é única, e, em razão disso, a regra adotada em tratado ou convenção a que se tenha vinculado o Estado passa, automaticamente, a integrar seu sistema normativo.

Já para os partidários da *teoria dualista*, distingue-se a ordem jurídica internacional da ordem jurídica interna, daí não ser possível que as regras internacionais ingressem automaticamente no ordenamento jurídico nacional, sem que sejam, antes, materializadas em lei local.

O Direito brasileiro adotou a *teoria monista*, e em razão disso as regras dispostas em tratado ou convenção a que o Brasil se encontre vinculado ingressam no sistema normativo sem que seja necessário editar lei específica a respeito.

O art. 102, III, *b*, da CF, tornou evidente o alinhamento linear entre o tratado e a lei federal, ao referir-se à competência do Supremo Tribunal Federal para julgar recurso extraordinário, quando a decisão anterior, em única ou última instância, declarar a inconstitucionalidade de um ou outro.

Como se vê, a regra disposta em tratado ou convenção internacional pode ser declarada inconstitucional no âmbito jurisdicional interno, do que decorre afirmar que não prevalece quando estiver em colidência com o Texto Magno.

Se a tensão se estabelecer entre regra internacional comum, assim entendida aquela que não versar sobre direitos humanos, e lei federal, a situação jurídica se resolverá com a prevalência daquela que for mais recente; aplica-se o princípio *lex posterior derogat priori*.

8. Regras sobre Proteção a Direitos Humanos

Em relação aos *tratados e convenções* a que o Brasil se vincular, as regras que versem sobre proteção a direitos humanos ingressam no ordenamento jurídico brasileiro com força de norma constitucional.

A respeito, dispõe o art. 5º, § 3º, da CF, que "os tratados e convenções internacionais sobre direitos humanos que forem aprovados, em cada Casa do Congresso Nacional, em dois turnos, por três quintos dos votos dos respectivos membros, serão equivalentes às emendas constitucionais".

9. Crimes de Responsabilidade Praticados pelo Presidente da República, Ministros de Estado e do Supremo Tribunal Federal

Os artigos indicados no inciso II do art. 1º do CPP se referem à Constituição Federal de 1937.

Na Constituição Federal vigente, a correspondência é encontrada nos arts. 50, *caput* e § 2º, 52, I, II, e parágrafo único, 85, 86, § 1º, II, e 102, I, *b*.

Nos precisos termos do art. 85 da CF, são crimes de responsabilidade os atos do Presidente da República que atentem contra a Constituição Federal e, especialmente, contra: I – a existência da União; II – o livre exercício do Poder Legislativo, do Poder Judiciário, do Ministério Público e dos Poderes constitucionais das unidades da Federação; III – o exercício dos direitos políticos, individuais e sociais; IV – a segurança interna do País; V – a probidade na administração; VI – a lei orçamentária; VII – o cumprimento das leis e das decisões judiciais. E acrescenta o parágrafo único: "Esses crimes serão definidos em lei especial, que estabelecerá as normas de processo e julgamento".

Admitida a acusação contra o Presidente da República, por dois terços da Câmara dos Deputados, será ele submetido a julgamento perante o Supremo Tribunal Federal, nas infrações penais comuns, ou perante o Senado Federal, nos crimes de responsabilidade (CF, art. 86, *caput*).

A Lei n. 1.079/50 define crimes de responsabilidade e regula o respectivo processo, com referência expressa, dentre outros, ao Presidente da República, aos Ministros de Estado e aos Ministros do Supremo Tribunal Federal.

O julgamento dos crimes de responsabilidade se submete à jurisdição política levada a efeito pelo Poder Legislativo, o que configura exceção ao princípio segundo o qual as infrações praticadas no território nacional devem ser julgadas pelo Poder Judiciário local.

10. Imunidades Parlamentares

As imunidades parlamentares se dividem em: *1) imunidade absoluta*, material ou de inviolabilidade; e *2) imunidade relativa*, formal ou processual.

Da imunidade absoluta ou material cuida o art. 53, *caput*, da CF, segundo o qual: "Os Deputados e Senadores são invioláveis, civil e penalmente, por quaisquer de suas opiniões, palavras e votos".

A imunidade absoluta é irrenunciável,[13] e tem natureza jurídica de causa de exclusão da tipicidade.[14] Nos termos em que originalmente concebida, a garantia de *imunidade* não deve ser confundida com *impunidade*.

Ao contrário do que a *realidade* prática muitas vezes demonstra, no plano do *ideal* a imunidade absoluta tem por escopo assegurar ao máximo a liberdade de expressão parlamentar, servindo como garantia de eficiência e integridade do Poder Legislativo,[15] e não como blindagem pessoal de parlamentares.

A imunidade absoluta acompanha o parlamentar desde a diplomação – interpretação que se extrai do art. 53, § 1º, da CF – até o término do mandato, e bem por isso, mesmo depois de expirado o lapso da legislatura, não será possível a instauração de inquérito policial/processo criminal por expressões utilizadas durante o período de imunidade.

Ainda que externadas fora do Congresso Nacional e, portanto, do exercício direto da atividade parlamentar, as expressões que possam justificar imputação penal estarão acobertadas pela imunidade material se guardarem relação com referida atividade pública.[16]

---

13. STF, Inq 2.424/RJ, Tribunal Pleno, rel. Min. Cezar Peluso, j. 26-11-2008, *DJe* n. 55, de 26-3-2010.

14. Conforme anotou Julio Fabbrini Mirabete: "Quanto à natureza jurídica das imunidades absolutas, as posições são as mais controvertidas. São reproduzidos a seguir os esclarecimentos de Antonio Edying Caccuri: 'Pontes de Miranda, Nelson Hungria e José Celso de Mello Filho entendem-na como uma causa excludente de crime e, semelhantemente, Basileu Garcia como causa que se opõe à formação do crime; Heleno Cláudio Fragoso considera-a causa pessoal de exclusão de pena; Damásio de Jesus, causa funcional de exclusão ou isenção de pena; Aníbal Bruno, causa de exclusão de criminalidade; Magalhães Noronha, causa de irresponsabilidade; José Frederico Marques, causa de incapacidade penal por razões políticas'. Conclui o citado autor, aliás, que se trata de 'causa impeditiva de aplicação da lei (ou causa paralisadora da eficácia da lei, relativamente aos congressistas, em razão de suas funções)'" (Processo Penal, 16. ed., São Paulo, Atlas, 2004, p. 67).

15. "Os membros do Congresso Nacional, pela condição peculiar de representantes do povo ou dos Estados que ostentam, atraem a competência jurisdicional do Supremo Tribunal Federal. O foro especial possui natureza *intuitu funcionae*, ligando-se ao cargo de Senador ou Deputado e não à pessoa do parlamentar. Não se cuida de prerrogativa *intuitu personae*, vinculando-se ao cargo, ainda que ocupado interinamente, razão pela qual se admite a sua perda ante o retorno do titular ao exercício daquele. A diplomação do suplente não lhe estende automaticamente o regime político-jurídico dos congressistas, por constituir mera formalidade anterior e essencial a possibilitar à posse interina ou definitiva no cargo na hipótese de licença do titular ou vacância permanente" (STF, Inq 2.453 AgR/MS, Tribunal Pleno, rel. Min. Ricardo Lewandowski, j. 17-5-2007, *DJe* n. 47, de 29-6-2007).

16. "A regra do art. 53, *caput*, da Constituição da República contempla as hipóteses em que supostas ofensas proferidas por parlamentares guardem pertinência com suas atividades, ainda que as palavras sejam proferidas fora do recinto do Congresso Nacional. Essa imunidade material tem por finalidade dotar os membros do Congresso Nacional da liberdade necessária ao pleno exercício da atividade parlamentar. (...) A regra do art. 53, *caput*, da CR confere ao parlamentar uma proteção adicional ao direito fundamental, de todos, à liberdade de expressão, previsto no art. 5º, IV e IX, da CR. Mesmo quando evidentemente enquadráveis em hipóteses de abuso do direito de livre expressão, as palavras dos parlamentares, desde que guardem pertinência com a atividade parlamentar, estarão infensas à persecução penal. Configura-se, na jurisprudência do Supremo Tribunal Federal, como absoluta a imunidade material parlamentar quando as palavras tidas por ofensivas forem

O art. 27, § 1º, da CF, determina que são aplicáveis aos Deputados Estaduais as regras da Constituição Federal sobre imunidades, e nessa linha de orientação as Constituições Estaduais outorgam identidade de tratamento em relação a eles no que tange à imunidade tratada.

Os vereadores também dispõem de imunidade absoluta, e por isso são invioláveis por suas opiniões, palavras e votos, desde que tais expressões tenham sido proferidas no exercício da atividade parlamentar e tenham relação direta com o desempenho do mandato; desde que sejam indissociáveis deste.

As imunidades relativas, formais ou processuais, estão reguladas no art. 53 da CF, que teve sua redação modificada pela Emenda Constitucional n. 35/2001, e tratam:

(*a*) *da prisão do parlamentar*: "Desde a expedição do diploma, os membros do Congresso Nacional não poderão ser presos, salvo em flagrante de crime inafiançável. Nesse caso, os autos serão remetidos dentro de vinte e quatro horas à Casa respectiva, para que, pelo voto da maioria de seus membros, resolva sobre a prisão" (§ 2º);[17]

(*b*) *da instauração de processo criminal contra parlamentar*: "Recebida a denúncia contra o Senador ou Deputado, por crime ocorrido após a diplomação, o Supremo Tribunal Federal dará ciência à Casa respectiva, que, por iniciativa de partido político nela representado e pelo voto da maioria de seus membros, poderá, até a decisão final, sustar o andamento da ação" (§ 3º);

"O pedido de sustação será apreciado pela Casa respectiva no prazo improrrogável de quarenta e cinco dias do seu recebimento pela Mesa Diretora" (§ 4º);

"A sustação do processo suspende a prescrição, enquanto durar o mandato" (§ 5º).

---

proferidas no recinto do Parlamento, dispensando-se a configuração da pertinência entre as ofensas irrogadas e o exercício da atividade parlamentar. Precedentes" (STF, Inq 4.177/DF, 1ª T., rel. Min. Edson Fachin, j. 12-4-2016, *DJe* n. 124, de 16-6-2016). *No mesmo sentido*: STF, AP 926/AC, 1ª T., rel. Min. Rosa Weber, j. 6-9-2016, *DJe* n. 257, de 2-12-2016; STF, Pet 6.156/DF, 2ª T., rel. Min. Gilmar Mendes, j. 30-8-2016, *DJe* n. 207, de 28-9-2016.

17 "Na independência harmoniosa que rege o princípio da Separação de Poderes, as imunidades do Legislativo, assim como as garantias do Executivo, Judiciário e do Ministério Público, são previsões protetivas dos Poderes e Instituições de Estado contra influências, pressões, coações e ingerências internas e externas e devem ser asseguradas para o equilíbrio de um Governo Republicano e Democrático. Desde a Constituição do Império até a presente Constituição de 5 de outubro de 1988, as imunidades não dizem respeito à figura do parlamentar, mas às funções por ele exercidas, no intuito de preservar o Poder Legislativo de eventuais excessos ou abusos por parte do Executivo ou Judiciário, consagrando-se como garantia de sua independência perante os outros poderes constitucionais e mantendo sua representação popular. Em matéria de garantias e imunidades, necessidade de interpretação separando o CONTINENTE ("Poderes de Estado") e o CONTEÚDO ("eventuais membros que pratiquem ilícitos"), para fortalecimento das Instituições. A imunidade formal prevista constitucionalmente somente permite a prisão de parlamentares em flagrante delito por crime inafiançável, sendo, portanto, incabível aos congressistas, desde a expedição do diploma, a aplicação de qualquer outra espécie de prisão cautelar, inclusive de prisão preventiva prevista no artigo 312 do Código de Processo Penal" (STF, ADI 5.526/DF, Tribunal Plano, rel. Min. Edson Fachin, rel. para o Acórdão Min. Alexandre de Moraes, j. 11-10-2017, *DJe* 159, de 7-8-2018).

(*c*) *do foro por prerrogativa de função*: "Os Deputados e Senadores, desde a expedição do diploma, serão submetidos a julgamento perante o Supremo Tribunal Federal" (§ 1º);[18]

Em sua genuína concepção, esta modalidade de foro especial visa a beneficiar não a pessoa, mas o cargo ocupado.[19]

A renúncia ao cargo "produz plenos efeitos no plano processual, o que implica a declinação da competência do Supremo Tribunal Federal para o juízo criminal de primeiro grau".[20] Todavia, a Excelsa Corte já decidiu que a renúncia de parlamentar, após o final da instrução, não acarreta a perda de competência do Supremo Tribunal Federal,[21] pois não pode ser "utilizada como subterfúgio para deslocamento de competências constitucionalmente definidas, que não podem ser objeto de escolha pessoal".[22]

O Plenário do Supremo Tribunal Federal, ao julgar a Ação Penal n. 937, decidiu que o foro por prerrogativa de função aplica-se apenas aos crimes cometidos durante o exercício do cargo e relacionados às funções desempenhadas, mas deste tema cuidaremos no capítulo destinado ao estudo da *competência* no processo penal brasileiro.

(*d*) *da prerrogativa para servir como testemunha*: "Os Deputados e Senadores não serão obrigados a testemunhar sobre informações recebidas ou prestadas em razão do exercício do mandato, nem sobre as pessoas que lhes confiaram ou deles receberam informações" (§ 6º).

Dentre outras autoridades listadas, os Senadores e os Deputados Federais serão inquiridos em local, dia e hora previamente ajustados entre eles e o juiz, conforme regra disposta no art. 221, *caput*, do CPP, sendo certo que os presidentes do Senado Federal e da Câmara dos Deputados poderão optar pela prestação de depoimento por escrito, caso em que as perguntas, formuladas pelas partes e deferidas pelo juiz, lhes serão transmitidas por ofício (CPP, art. 221, § 1º).

---

18. "Com o advento da Emenda Constitucional n. 35, de 20-12-2001, que deu nova redação ao art. 53 da Constituição Federal de 5-10-1988, os Deputados e Senadores já não gozam de imunidade processual, mas, apenas, de imunidade material, por suas opiniões, palavras e votos, proferidos, obviamente, no exercício do mandato ou em razão dele. Por crimes de outra natureza, respondem os parlamentares, perante esta Corte, agora sem necessidade de prévia licença da respectiva Casa Legislativa, como exigia o § 1º do art. 53 da C.F., em sua redação originária" (STF, Inq 1.710/SP, Tribunal Pleno, rel. Min. Sydney Sanches, j. 27-2-2002, *DJ* de 28-6-2002, p. 88, *RTJ* 181/882). "A licença prévia da sua Casa para a instauração ou a sequência de processo penal contra os membros do Congresso Nacional, como exigida pelo texto originário do art. 53, § 1º, da Constituição configurava condição de procedibilidade, instituto de natureza processual, a qual, enquanto não implementada, representava empecilho ao exercício da jurisdição sobre o fato e acarretava, por conseguinte, a suspensão do curso da prescrição, conforme o primitivo art. 53, § 2º, da Lei Fundamental" (STF, Inq 1.566 QO/AC, Tribunal Pleno, rel. Min. Sepúlveda Pertence, j. 18-2-2002, *DJ* de 22-3-2002, p. 32, *RTJ* 182/80).

19. STF, HC 88.536/GO, 1ª T., rel. Min. Marco Aurélio, j. 25-9-2007, *DJe* de 15-2-2008.

20. STF, AP 333/PB, Tribunal Pleno, rel. Min. Joaquim Barbosa, j. 5-12-2007, *DJe* n. 65, de 11-4-2008.

21. STF, AP 568/SP, 1ª T., rel. Min. Roberto Barroso, j. 14-4-2015, *DJe* n. 91, de 18-5-2015.

22. STF, AP 396/RO, Tribunal Pleno, rel. Min. Cármen Lúcia, j. 28-10-2010, *DJe* n. 78, de 28-4-2011.

Encerrado o mandato, cessa automaticamente a imunidade parlamentar.[23]

10.1. Imunidades parlamentares durante o estado de sítio

As imunidades de Deputados e Senadores subsistirão durante o estado de sítio, só podendo ser suspensas mediante o voto de dois terços dos membros da Casa respectiva, nos casos de atos praticados fora do recinto do Congresso Nacional, que sejam incompatíveis com a execução da medida (CF, art. 53, § 8º).

11. Imunidade Diplomática/Consular

De forma central, em matéria de imunidades é imprescindível analisar a Convenção de Viena sobre relações diplomáticas (18-4-1961), aprovada no âmbito interno pelo Decreto Legislativo n. 103/64 e ratificada em 23 de fevereiro de 1965, promulgada pelo Decreto n. 56.435/65, e a Convenção de Viena sobre relações consulares (24-4-1963), aprovada no Brasil pelo Decreto Legislativo n. 6/67 e ratificada em 20 de abril de 1967, em vigor no Brasil desde 10 de junho de 1967, e promulgada pelo Decreto n. 61.078/67.

Dispõe o art. 31 da Convenção de Viena sobre relações diplomáticas que: "O agente diplomático gozará da imunidade de jurisdição penal do Estado acreditado", mas essa imunidade não o isenta de responsabilização perante a jurisdição de seu país de origem.

Diz ainda o art. 37 da mesma Convenção que "*1*. Os membros da família, de um agente diplomático que com ele vivam gozarão dos privilégios e imunidades mencionados nos artigos 29 a 36, desde que não sejam nacionais do Estado acreditado. *2*. Os membros do pessoal administrativo e técnico da Missão, assim como os membros de suas famílias que com eles vivam, desde que não sejam nacionais do Estado acreditado nem nele tenham residência permanente, gozarão dos privilégios e imunidades mencionados nos artigos 29 a 35, com a ressalva de que a imunidade de jurisdição civil e administrativa do Estado acreditado, mencionada no parágrafo 1º do artigo 31, não se estenderá aos atos por eles praticados fora do exercício de suas funções; gozarão também dos privilégios mencionados no parágrafo 1º do artigo 36; no que respeita aos objetos importados para a primeira instalação. *3*. Os membros do pessoal de serviço da Missão, que não sejam nacionais do Estado acreditado nem nele tenham residência permanente, gozarão de imunidades quanto aos atos praticados no exercício de suas funções, de isenção de impostos e taxas sobre os salários que perceberem pelos seus serviços e da isenção prevista no artigo 33. *4*. Os criados particulares dos membros da Missão, que não sejam nacionais do Estado acreditado

23. "Depois de cessado o exercício da função, não deve manter-se o foro por prerrogativa de função, porque cessada a investidura a que essa prerrogativa é inerente, deve esta cessar por não tê-la estendido mais além a própria Constituição" (STF, Inq 656 QO/AC, Tribunal Pleno, rel. Min. Moreira Alves, j. 25-8-1999, *DJ* de 31-10-2001, p. 6).

nem nele tenham residência permanente, estão isentos de impostos e taxas sobre os salários que perceberem pelos seus serviços. Nos demais casos, só gozarão de privilégios e imunidades na medida reconhecida pelo referido Estado. Todavia, o Estado acreditado deverá exercer a sua jurisdição sobre tais pessoas de modo a não interferir demasiadamente com o desempenho das funções da Missão".

As prerrogativas e as imunidades diplomáticas têm por finalidade "permitir aos agentes diplomáticos o exercício pleno e sem restrições dos deveres que lhes são inerentes, (...) sem os quais não poderiam livremente e com independência exercer os seus misteres".[24]

O Estado estrangeiro pode renunciar à imunidade de jurisdição dos seus agentes diplomáticos e das pessoas que gozem de imunidade nos termos do art. 37, conforme regula o art. 32 da Convenção citada.

Nos moldes do que dispõe o art. 43 da Convenção de Viena sobre relações consulares: "Os funcionários consulares e os empregados consulares não estão sujeitos à jurisdição das autoridades judiciárias e administrativas do Estado receptor pelos atos realizados no exercício das funções consulares".[25]

Por fim, nos termos do art. 45 da referida Convenção, "o Estado que envia poderá renunciar, com relação a um membro da repartição consular, aos privilégios e imunidades previstos nos artigos 41, 43 e 44".

12. Processos de Competência da Justiça Militar

Compete à Justiça Militar estadual processar e julgar os militares dos Estados, nos crimes militares definidos em lei, e as ações judiciais contra atos disciplinares militares, ressalvada a competência do júri quando a vítima for civil, cabendo ao tribunal competente decidir sobre a perda do posto e da patente dos oficiais e da graduação das praças (CF, art. 125, § 4º).[26]

---

24. Valerio de Oliveira Mazzuoli, op. cit., p. 543.

25. Em complemento, ver as regras ditadas pelo art. 37 da mesma Convenção.

26. "A doutrina clássica revela a virtude da sua justeza ao asseverar que 'o fôro militar não é propriamente para os crimes dos militares, sim para os crimes militares; porque, no militar, há também o homem, o cidadão, e os factos delictuosos praticados nesta qualidade caem sob a alçada da (...) comunhão civil; o fôro especial é só para o crime que elle praticar como soldado, *ut miles*, na phrase do jurisconsulto romano. Affrontaria o princípio da egualdade o arredar-se da justiça ordinária o processo e julgamento de crimes communs para uma jurisdicção especial e de excepção' (*Constituição Federal de 1891*, comentários por João Barbalho U. C., ed. Fac-similar, Brasília: Senado Federal – Secretaria de Documentação e Informação, 1992, p. 343, nota ao art. 77). Os militares, assim como as demais pessoas, têm a sua vida privada, familiar e conjugal, regidas pelas normas do Direito Comum (HC n. 58.883/RJ, rel. Min. Soares Muñoz). Essa necessária congruência entre a definição legal do crime militar e as razões da existência da Justiça Militar é o critério básico, implícito na Constituição, a impedir a subtração arbitrária da Justiça comum de delitos que não tenham conexão com a vida castrense (Recurso Extraordinário n. 122.706, rel. Min. Sepúlveda Pertence)". (STF, HC 103.812/SP, 1ª T., rel. Min. Cármen Lúcia, rel. p/ o Acórdão Min. Luiz Fux, j. 29-11-2011, *DJe* n. 35, de 17-2-2012).

A respeito desse tema, ver o art. 124 da CF e o Decreto-Lei n. 1.002/69 (Código de Processo Penal Militar).

13. Processos da Competência de Tribunal Especial

Não haverá juízo ou tribunal de exceção, determina o art. 5º, XXXVII, da CF.

O Tribunal de Segurança Nacional que era previsto no art. 122, n. 17, da Constituição Federal de 1937, foi extinto pela Lei Constitucional n. 14/45.

Os crimes contra a segurança nacional regulados na Lei n. 7.170/83 devem ser julgados, em regra, pela Justiça Federal Comum, conforme decorre do art. 109, IV, da CF.

Vezes há, entretanto, em que o julgamento será de competência da Justiça Militar Federal, conforme decorre do disposto no art. 82, § 1º, do Código de Processo Penal Militar, segundo o qual "o foro militar se estenderá aos militares da reserva, aos reformados e aos civis, nos crimes contra a segurança nacional ou contra as instituições militares, como tais definidas em lei".

14. Processos por Crimes de Imprensa

No dia 30 de abril de 2009, quando do julgamento da ADPF n. 130/DF (Arguição de Descumprimento de Preceito Fundamental), de que foi relator o Min. Carlos Ayres Britto, o Plenário do Supremo Tribunal Federal, por maioria de votos, reconheceu que todo o conjunto de dispositivos da Lei de Imprensa (Lei n. 5.250/67) não foi recepcionado pela vigente Constituição Federal.

Desde então, conforme anotado nas linhas conclusivas do julgado, "aplicam-se as normas da legislação comum, notadamente o Código Civil, o Código Penal, o Código de Processo Civil e o Código de Processo Penal às causas decorrentes das relações de imprensa".

No referido acórdão, ficou consignado que: "A plena liberdade de imprensa é um patrimônio imaterial que corresponde ao mais eloquente atestado de evolução político-cultural de todo um povo. Pelo seu reconhecido condão de vitalizar por muitos modos a Constituição, tirando-a mais vezes do papel, a Imprensa passa a manter com a democracia a mais entranhada relação de mútua dependência ou retroalimentação. Assim visualizada como verdadeira irmã siamesa da democracia, a imprensa passa a desfrutar de uma liberdade de atuação ainda maior que a liberdade de pensamento, de informação e de expressão dos indivíduos em si mesmos considerados. O § 5º do art. 220 apresenta-se como norma constitucional de concretização de um pluralismo finalmente compreendido como fundamento das sociedades autenticamente democráticas; isto é, o pluralismo como a virtude democrática da respeitosa convivência dos contrários. A imprensa livre é, ela mesma, plural, devido a que são constitucionalmente proibidas a oligopolização e a monopolização do setor (§ 5º do art. 220 da CF)".

15. APLICAÇÃO SUBSIDIÁRIA DO CPP

O parágrafo único do art. 1º determina a aplicação subsidiária das regras dispostas no CPP quando se tratar de processo de competência do tribunal especial a que se refere seu inciso IV e nos processos por crime de imprensa (inciso V).

Embora inaplicável a determinação sob certo enfoque, visto que o art. 122, n. 17, da Constituição Federal de 1937, não encontra correspondência na atual Carta Magna, e observado que o Plenário do Supremo Tribunal Federal decidiu que a Lei de Imprensa (Lei n. 5.250/67) não foi recepcionada pela CF/88 (ADPF n. 130/DF, rel. Min. Carlos Ayres Britto), é certo que diante de outras situações a aplicação subsidiária das regras do CPP é de rigor, como é exemplo a lembrança expressamente apontada no art. 65 da Lei n. 5.010/66 (organiza a Justiça Federal de primeira instância); no art. 92 da Lei n. 9.099/95 (dispõe sobre os Juizados Especiais Cíveis e Criminais); no art. 17-A da Lei n. 9.613/98 (Crimes de Lavagem de Dinheiro); no art. 188 da Lei n. 11.101/2005 (regula a recuperação judicial, a extrajudicial e a falência do empresário e da sociedade empresária) e também no art. 48 da Lei de Drogas (Lei n. 11.343/2006).

Capítulo 5
Lei Processual Penal no Tempo

1. *Vacatio Legis* e Vigência

O art. 2º do CPP refere-se à **lei processual penal no tempo**, e assim dispõe:

> Art. 2º A lei processual penal aplicar-se-á desde logo, sem prejuízo da validade dos atos realizados sob a vigência da lei anterior.

As leis devem ser duráveis, mas não imutáveis. Promulgada e publicada, em regra a lei terá vigência por prazo indeterminado, exceto quando se tratar de lei excepcional (editada para atender a certas particularidades do momento, de maneira que, cessada a situação extraordinária que legitimou sua edição, cessa automaticamente a vigência) ou temporária (que já traz em seu texto as datas de início e término de sua vigência).

Algumas leis entram em vigor na data de sua publicação, se assim dispuserem expressamente, enquanto outras devem aguardar certo tempo para entrar em vigor; tempo que se reputa necessário para que os cidadãos conheçam seu texto,[1] cumprindo lembrar, nesse passo, que ninguém pode se escusar de cumprir a lei alegando que não a conhece (art. 3º do Decreto-Lei n. 4.657/42).

Denomina-se *vacatio legis* o período que vai da publicação ao início da vigência da lei. Durante a *vacatio legis* – ensinou Goffredo Telles Junior –, "a lei está publicada e pronta. Mas não é lei vigente. No decurso da vacância, continua em vigor a lei antiga,

---

1. Segundo Goffredo Telles Junior, três razões justificam a *vacatio legis*. São elas: "A primeira é a conveniência, em certos casos, de não entrar a lei imediatamente em vigor, para possibilitar que todos quantos forem atingidos tenham um tempo razoável para bem interpretá-la e a ela adequar-se. A segunda é a necessidade de se conceder às autoridades, a que seja eventualmente dirigida, o tempo necessário para que se aprestem para cumpri-la. A terceira, finalmente, é a precisão do prazo indispensável para elaboração do regulamento (pelo Poder Executivo), ou do regimento (pelo Poder Legislativo), ou se outras normas, exigidas pela própria lei, como requisitos para sua entrada em vigor" (*Iniciação na ciência do direito*, São Paulo, Saraiva, 2001, p. 196).

isto é, a lei que será substituída pela lei que aguarda o fim da *vacatio legis*. Enquanto a lei nova não estiver em vigor, a lei antiga regula a matéria que a lei nova irá tratar".[2]

Conforme o art. 1º, *caput*, da Lei de Introdução às Normas do Direito Brasileiro (Decreto-Lei n. 4.657/42), "salvo disposição contrária, a lei começa a vigorar em todo o país quarenta e cinco dias depois de oficialmente publicada", e acrescenta o § 1º do dispositivo invocado que "nos Estados, estrangeiros, a obrigatoriedade da lei brasileira, quando admitida, se inicia três meses depois de oficialmente publicada".

2. Revogação

Não se destinando à vigência temporária, a lei estenderá sua vigência até que outra a modifique ou revogue (art. 2º, *caput*, do Decreto-Lei n. 4.657/42).

A lei perderá sua força impositiva, e, portanto, deixará de ser aplicada, quando ocorrer sua revogação, que pode ser *expressa* ou *tácita*.

"A lei posterior revoga a anterior quando expressamente o declare, quando seja com ela incompatível ou quando regule inteiramente a matéria de que tratava a lei anterior" (art. 2º, § 1º, do Decreto-Lei n. 4.657/42).[3]

Fala-se em **revogação expressa** quando a lei posterior, dita revogadora, dispõe expressamente a respeito da revogação da anterior.

Ocorrerá **revogação tácita** quando a lei nova regular a matéria tratada na lei antiga, impondo, portanto, nova disciplina.

A **revogação pode ser total ou parcial**. Na primeira hipótese, denomina-se **ab-rogação**; na segunda, **derrogação**.

3. Repristinação

Revogada a lei revogadora, é possível que aquela (a anteriormente revogada) tenha restaurada sua vigência?

Conforme dispõe o art. 2º, § 3º, da Lei de Introdução às Normas do Direito Brasileiro (Decreto-Lei n. 4.657/42): "Salvo disposição em contrário, a lei revogada não se restaura por ter a lei revogadora perdido a vigência".

Disso se extrai que, *em regra*, não haverá repristinação. Esse fenômeno jurídico só irá ocorrer se – e quando – houver disposição expressa nesse sentido.

4. Princípio *Tempus Regit Actum* e Princípio da Incidência Imediata

É possível que a persecução penal em juízo – que se materializa em um processo – seja iniciada sob a égide de determinada lei que trate do procedimento a ser

2. *Iniciação na ciência do direito*, São Paulo, Saraiva, 2001, p. 197.

3. "A lei posterior revoga a anterior quando expressamente o declare, quando com ela seja incompatível ou quando regule inteiramente toda a matéria de que tratava a anterior" (STJ, HC 24.779-MS, 6ª T., rel. Min. Fernando Gonçalves, *DJU* 20-9-2004, p. 335, *Revista Magister de Direito Penal e Processual Penal*, n. 1, p. 150).

observado, e no seu curso entre em vigor outra lei dispondo da mesma matéria, o que pode sugerir, de início, a possibilidade de conflito de leis no tempo.

O art. 2º do CPP adota o **princípio *tempus regit actum***, segundo o qual (*1*) são válidos os atos processuais anteriormente praticados, sob a égide da lei antiga, e (2) a nova lei tem incidência imediata, de maneira que os atos praticados a partir de sua vigência devem observar suas regras tipificadas.

Não há falar, por aqui, na incidência dos princípios da retroatividade benéfica ou da irretroatividade da *lei penal* mais severa, de envergadura constitucional (CF, art. 5º, XL), visto que a hipótese tratada não versa sobre lei *penal*, mas sobre lei *processual* penal.

A norma *eminentemente processual* não tem efeito retroativo;[4] não alcança os atos já praticados sob a égide da lei processual antiga, revogada. Presta-se, validamente, para regular o presente e o futuro. Alcança, *em regra*, apenas os atos processuais pendentes de realização a contar do início de sua vigência.

Não tem sentido imaginar que a lei processual nova tem efeito *ex tunc* e invalida os atos anteriores *perfeitamente praticados*,[5] para que sejam renovados nos moldes de sua tipificação atual. Admitir tal efeito acarretaria verdadeiro caos na prestação jurisdicional; instabilidade não desejada pelo Estado, tampouco pela sociedade ordeira.

Ensinou Massari,[6] também citado por Frederico Marques,[7] que a regularidade do ato processual se subordina à lei em cuja vigência foi praticado.

Portanto, e no dizer de Binder,[8] o princípio garantista fundamental que aqui se aplica consiste na irretroatividade da lei processual penal.

5. Norma de Natureza Mista

Advertiu Clariá Olmedo que: "El deslinde entre la norma procesal penal y la norma penal no resulta fácil en algunos casos. Hay ciertas zonas jurídicas llamadas grises o de penumbra, porque aparentan ser intermedias o superpuestas, pero que con un examen adecuado pueden ser descubiertas".[9]

4. "La regla de la irretroactividad significa que la nueva ley regirá para todo proceso a iniciarse y para la continuación de todo proceso ya iniciado" (Jorge A. Clariá Olmedo, *Derecho procesal penal*, 1. ed., 1. reimp., Santa Fé, Rubinzal-Culzoni Editores, atualizado por Jorge Eduardo Vázquez Rossi, 2008, t. I, p. 108).

5. Os atos nulos ou anuláveis não são convalidados.

6. Edoardo Massari, *Il processo penal nella nuova legislazione italiana*, Napoli, Jovene, 1934, p. 502.

7. José Frederico Marques, *Elementos de direito processual penal*, Campinas, Bookseller, 1997, v. I, p. 61.

8. Alberto M. Binder, *Introducción al derecho procesal penal*, 2. ed., 5. reimp., Buenos Aires, Ad-Hoc, 2009, p. 134.

9. Jorge A. Clariá Olmedo, *Derecho procesal penal*, 1. ed., 1. reimp., Santa Fé, Rubinzal-Culzoni Editores, atualizado por Jorge Eduardo Vázquez Rossi, 2008, t. I, p. 96.

Em COUTURE aprendemos que a natureza processual de uma lei não depende do corpo de disposições em que esteja inserida, mas sim de seu conteúdo próprio.[10]

Conforme MANZINI, estar uma norma compreendida no Código de Processo Penal ou no Código Penal não basta para qualificá-la, respectivamente, como norma de direito processual ou de direito material.[11]

Muito embora irretroativa por determinação legal, algumas vezes a norma processual tem efeito ou consequência penal, daí se afirmar sua natureza mista. É o que ocorre, por exemplo, com as regras sobre legitimação ativa e representação do ofendido.

Imagine-se hipótese em que, diante de delito de ação penal pública incondicionada, o Ministério Público ofereça denúncia, que é recebida, e no curso do processo respectivo entre em vigor lei nova, dispondo que o crime imputado passou a ser de natureza pública condicionada à representação do ofendido.

Muito embora a representação seja instituto de natureza processual penal, porquanto condição de procedibilidade ou perseguibilidade nas hipóteses em que a lei exige essa manifestação positiva de vontade, sua ausência tem consequência de natureza penal, visto que termina por acarretar a extinção da punibilidade em razão da decadência (CPP, art. 38; CP, art. 107, IV). Inegável, portanto, a natureza mista da norma que tratar a respeito, daí incidir, *in casu*, os princípios da ultra-atividade e da retroatividade benéfica (CF, art. 5º, XL).[12]

Se a regra processual, embora de natureza mista, tiver consequências mais severas, aplicável será o princípio da irretroatividade, por força do mesmo comando constitucional anteriormente invocado.

---

10. EDUARDO J. COUTURE, *Interpretação das leis processuais*, tradução de Gilda Maciel Corrêa Meyer Russomano, 4. ed., Rio de Janeiro, Forense, 2001, p. 36.

11. VICENZO MANZINI, *Tratado de derecho procesal penal*, Buenos Aires, Ediciones Jurídicas Europa--América, 1951, t. I, p. 108 (tradução do italiano para o espanhol de Santiago Sentís Melendo e Marino Ayerra Redín).

12. Em sentido contrário, conferir JOSÉ FREDERICO MARQUES, que após expor seus argumentos assim justifica: "Penalistas de tomo, nacionais e peregrinos, abraçam, no entanto, entendimento diverso, incluindo as condições de procedibilidade na esfera das normas que beneficiam o réu, da *loi plus douce* que deve retroagir em prol do acusado ou indiciado. Nada mais condenável que esse alargamento da lei penal mais branda, porquanto invade os domínios do direito processual, em que vigoram diretrizes diversas no tocante às normas intertemporais. Direito Penal é direito penal, e processo é processo. Um disciplina a relação material consubstanciada no *jus puniendi*, e outro, a relação instrumental que se configura no *actum trium personarum* do juízo, seja este civil ou penal. É inaceitável, assim, como lembra ANTON ONECA, a aplicação das regras do direito penal intertemporal ao processo penal. Se a lei penal não é lei processual, e a lei processual não é penal, as regras sobre ação penal e as condições de procedibilidade (queixa, representação e requisição ministerial) não se incluem no cânon constitucional que manda retroagir, em benefício do réu, tão só a lei penal" (*Elementos de direito processual penal*, Campinas, Bookseller, 1997, v. I, p. 58-59). Na mesma obra, mais adiante, o citado autor reconsiderou em parte sua posição, para admitir a retroatividade apenas em relação à requisição do Ministro da Justiça.

Capítulo 6
Inquérito Policial

1. Persecução Penal

A *persecução penal em sentido amplo* se desenvolve em dois momentos distintos. Inicia-se com o inquérito, na fase preliminar, de investigação, que tem natureza administrativa, e *pode* se estender em juízo, caso ocorra instauração de processo, quando então o procedimento respectivo deverá observar princípios como o do devido processo legal, ampla defesa e contraditório.

Pode, no condicional, porque vezes há em que, encerrada a investigação, seu conteúdo probatório não disponibiliza ao titular do direito de ação elementos suficientes para o ajuizamento da demanda de natureza penal, situação em que o arquivamento do inquérito será a solução jurídica adequada, como veremos adiante, encerrando-se a persecução sem que alcance a fase do judicial contraditório.

Ao contrário, se a investigação coletar provas que indiquem a prática de fato típico, sua autoria e materialidade (se a hipótese for de delito material), o ajuizamento da ação penal será inevitável,[1] instaurando-se, então, a persecução penal em juízo,

---

1. Há exceções. O atual art. 28-A do CPP, introduzido pelo art. 3º da Lei n. 13.964/2019, disciplina o *acordo de não persecução penal*, que poderá ser proposto pelo Ministério Público sempre que presentes os requisitos legais.

A Lei n. 12.850/2013 (define organização criminosa e dispõe sobre a investigação criminal, os meios de obtenção da prova, infrações penais correlatas e o procedimento criminal a ser aplicado) permite que o Ministério Público proponha, *a qualquer tempo*, portanto, antes mesmo de oferecer denúncia, a concessão de *perdão judicial* àquele que prestar "colaboração premiada" (§ 2º do art. 4º), ou deixe de oferecer denúncia, nas situações tipificadas no § 4º de seu art. 4º.

Nas infrações penais de pequeno potencial ofensivo (Lei n. 9.099/95, art. 61), submetidas à competência dos Juizados Especiais Criminais, a transação penal e também a transação civil (Lei n. 9.099/95, arts. 76 e 74, parágrafo único) excluem a possibilidade de oferecimento de denúncia e consequente instauração de ação penal.

A nosso ver, estão sujeitas à execução as decisões que homologam transação penal em sede de Juizado Especial Criminal, mas, atualmente, prevalece entendimento diverso no Supremo Tribunal Federal e no Superior

salvo quando ocorrer causa de extinção da punibilidade (CP, art. 107) ou de *evidente* exclusão da antijuridicidade (CP, art. 23). É manifesta, portanto, a importância da investigação, na medida em que seu êxito é que irá proporcionar conteúdo probatório capaz de legitimar, ou não, a instauração de processo.

2. Polícia Judiciária

Nos precisos termos do art. 144, *caput*, da CF: "A segurança pública, dever do Estado, direito e responsabilidade de todos, é exercida para a preservação da ordem pública e da incolumidade das pessoas e do patrimônio (...)".

A atividade investigatória que se materializa em inquérito policial deve ser desenvolvida pelo Estado, levada a efeito pela polícia judiciária – estadual e federal. Não se trata de carreira policial nos quadros do Poder Judiciário, como uma leitura despreocupada pode sugerir.

A propósito, diz o art. 2º, *caput*, da Lei n. 12.830/2013, que "as funções de polícia judiciária e a apuração de infrações penais exercidas pelo delegado de polícia são de natureza jurídica, essenciais e exclusivas de Estado".

Dispõe o art. 4º, *caput*, do CPP, que: "A polícia judiciária será exercida pelas autoridades policiais no território de suas respectivas circunscrições e terá por fim a apuração das infrações penais e da sua autoria". E arremata o parágrafo único: "A competência definida neste artigo não excluirá a de autoridades administrativas, a quem por lei seja cometida a mesma função".

O § 4º do art. 144, da CF, determina que incumbem às polícias civis, dirigidas por delegados de polícia de carreira, as funções de polícia judiciária e a apuração de infrações penais, exceto as militares.[2]

Incumbe, ainda, à autoridade policial (CPP, art. 13):[3] I – fornecer às autoridades judiciárias as informações necessárias à instrução e julgamento dos processos;

Tribunal de Justiça, onde se tem decidido ser cabível o ajuizamento de ação penal caso a transação homologada não seja cumprida (Renato Marcão, *Curso de execução penal*, 17. ed., São Paulo, Saraiva, 2019).

A propósito desse tema, foi editada a Súmula Vinculante 35, que tem o seguinte enunciado: "A homologação da transação penal prevista no art. 76 da Lei n. 9.099/95 não faz coisa julgada material e, descumpridas suas cláusulas, retoma-se o *status quo ante*, possibilitando-se ao Ministério Público a continuidade da persecução penal mediante oferecimento de denúncia ou requisição de inquérito policial".

2. STF, ADI 3.916/DF, Tribunal Pleno, rel. Min. Eros Grau, j. 3-2-2010, *DJe* n. 86, de 14-5-2010.

3. A Lei n. 13.344, de 6 de outubro de 2016, que entre outras coisas dispõe sobre prevenção e repressão ao tráfico interno e internacional de pessoas e sobre medidas de atenção às vítimas, acrescentou os arts. 13-A e 13-B ao CPP, nos seguintes termos:

"Art. 13-A. Nos crimes previstos nos arts. 148, 149 e 149-A, no § 3º do art. 158 e no art. 159 do Decreto-Lei n. 2.848, de 7 de dezembro de 1940 (Código Penal), e no art. 239 da Lei n. 8.069, de 13 de julho de 1990 (Estatuto da Criança e do Adolescente), o membro do Ministério Público ou o delegado de polícia poderá requisitar, de quaisquer órgãos do poder público ou de empresas da iniciativa privada, dados e informações cadastrais da vítima ou de suspeitos.

II – realizar as diligências requisitadas pelo juiz ou pelo Ministério Público;
III – cumprir os mandados de prisão expedidos pelas autoridades judiciárias;
IV – representar acerca da prisão preventiva.

No art. 144, § 1º, IV, da CF, vê-se que incumbe à Polícia Federal exercer, com exclusividade, as funções de polícia judiciária da União, e o art. 1º da Lei n. 10.446/2002 dá atribuição ao Departamento de Polícia Federal do Ministério da Justiça para, quando houver repercussão interestadual ou internacional que exija repressão uniforme, sem prejuízo da responsabilidade dos órgãos de segurança pública arrolados no art. 144 da CF, em especial das Polícias Militares e Civis dos Estados, proceder à investigação, dentre outras, das seguintes infrações penais: I – sequestro, cárcere privado e extorsão mediante sequestro, se o agente foi impelido por motivação política ou quando praticado em razão da função pública exercida pela vítima; II – formação de cartel; III – relativas à violação a direitos humanos, que a República Federativa do Brasil se comprometeu a reprimir em decorrência de tratados internacionais de que seja parte; IV – furto, roubo ou receptação de cargas, inclusive bens e valores, transportadas em operação interestadual ou internacional, quando houver indícios da atuação de quadrilha ou bando[4] em mais de um Estado da Federação. Acrescenta o parágrafo único: "Atendidos os pressupostos do *caput*, o

---

Parágrafo único. A requisição, que será atendida no prazo de 24 (vinte e quatro) horas, conterá:
I – o nome da autoridade requisitante;
II – o número do inquérito policial; e
III – a identificação da unidade de polícia judiciária responsável pela investigação.

Art. 13-B. Se necessário à prevenção e à repressão dos crimes relacionados ao tráfico de pessoas, o membro do Ministério Público ou o delegado de polícia poderão requisitar, mediante autorização judicial, às empresas prestadoras de serviço de telecomunicações e/ou telemática que disponibilizem imediatamente os meios técnicos adequados – como sinais, informações e outros – que permitam a localização da vítima ou dos suspeitos do delito em curso.

§ 1º Para os efeitos deste artigo, sinal significa posicionamento da estação de cobertura, setorização e intensidade de radiofrequência.

§ 2º Na hipótese de que trata o *caput*, o sinal:
I – não permitirá acesso ao conteúdo da comunicação de qualquer natureza, que dependerá de autorização judicial, conforme disposto em lei;
II – deverá ser fornecido pela prestadora de telefonia móvel celular por período não superior a 30 (trinta) dias, renovável por uma única vez, por igual período;
III – para períodos superiores àquele de que trata o inciso II, será necessária a apresentação de ordem judicial.

§ 3º Na hipótese prevista neste artigo, o inquérito policial deverá ser instaurado no prazo máximo de 72 (setenta e duas) horas, contado do registro da respectiva ocorrência policial.

§ 4º Não havendo manifestação judicial no prazo de 12 (doze) horas, a autoridade competente requisitará às empresas prestadoras de serviço de telecomunicações e/ou telemática que disponibilizem imediatamente os meios técnicos adequados – como sinais, informações e outros – que permitam a localização da vítima ou dos suspeitos do delito em curso, com imediata comunicação ao juiz".

4. O art. 24 da Lei n. 12.850/2013 alterou o *nomen juris* do art. 288 do CP – de "quadrilha ou bando" para "associação criminosa".

Departamento de Polícia Federal procederá à apuração de outros casos, desde que tal providência seja autorizada ou determinada pelo Ministro de Estado da Justiça".

Denomina-se *polícia judiciária* a atividade de polícia assim considerada, em razão de suas funções se encontrarem voltadas ao fornecimento de informações e à realização de diligências diretamente ligadas à atividade judiciária criminal, além da apuração de fatos dotados de aparente feição delitiva.

3. Inquérito Policial

O inquérito policial é o *principal* instrumento de que se vale o Estado para a investigação de fato tipificado como delito.

Não se presta à investigação de fato qualquer da vida privada, de modo a ensejar indevida intromissão na esfera de intimidade do indivíduo, constitucionalmente assegurada.

Do inquérito policial cuida o Código de Processo Penal no Livro I, Título II, arts. 4º a 23.[5]

Espínola Filho anotou que a tendência tem sido sempre "no sentido de que o inquérito é que deve fornecer, aos órgãos competentes para movimentar a ação penal, os elementos necessários ao convencimento de que há uma infração, pela qual alguém deve ser punido".[6]

Como bem observou o tratadista, "tem-se mantido e continua em vigor o sistema de relegar a verificação da existência das infrações penais e a sindicância dos responsáveis, por elas, a um inquérito, anterior à fase própria do processo criminal".[7]

Nos termos em que dispõe o art. 4º do CPP, deve ser elaborado pela polícia judiciária – Polícia Civil ou Federal – que é exercida por autoridades policiais de carreira, no território de suas respectivas circunscrições.

3.1. Conceito, finalidade e natureza jurídica

No Brasil, foi o art. 42 da Lei n. 2.033/1871 que por vez primeira mencionou e definiu o inquérito policial, assim o fazendo nos seguintes termos: "O inquérito policial consiste em todas as diligências necessárias para o descobrimento dos fatos criminosos, de suas circunstâncias e de seus autores e cúmplices, devendo ser reduzido a instrumento escrito".

---

5. Leitura recomendada: Francisco Sannini Neto, *Inquérito policial e prisões provisórias*, São Paulo, Ideias & Letras, 2014.

6. Eduardo Espínola Filho, *Código de Processo Penal brasileiro anotado*, 3. ed., Rio de Janeiro, Borsoi, 1954, v. I, p. 242.

7. Eduardo Espínola Filho, op. cit., p. 245.

Entende-se por inquérito policial o procedimento administrativo[8] de natureza investigatória, instaurado e presidido pela polícia judiciária com a finalidade de apurar a ocorrência de determinado fato apontado como ilícito penal, sua autoria e eventual materialidade, com todas as suas circunstâncias.

Na definição de Rômulo Moreira, "o inquérito policial é um procedimento preliminar, extrajudicial e preparatório para a ação penal, sendo por isso considerado como a primeira fase da *persecutio criminis* (que se completa com a fase em juízo). É instaurado pela polícia judiciária e tem como finalidade a apuração de infração penal e de sua respectiva autoria".[9]

Observado seu caráter instrumental e sua natureza jurídica eminentemente administrativa, por meio do inquérito a autoridade deve buscar a mais ampla apuração dos fatos, sem excluir *a priori* qualquer das vertentes que indício ou prova apontar factível.

O inquérito deve buscar a verdade. Não se destina à apuração direcionada, com vistas à confirmação de uma *tese* ou *intuição* preconcebida a olhos turvos pela autoridade policial ou pelo Ministério Público em desconsideração ao todo; com desleixo em relação ao drama humano que uma imputação irresponsável de autoria delitiva desgraçadamente acarreta, de forma a ensejar violação ao princípio da dignidade da pessoa humana.

Constitui peça meramente informativa,[10] que deve ser instaurada e presidida por autoridade policial civil ou federal legalmente investida de atribuições para tanto.[11]

Para Tornaghi, "o inquérito policial é a investigação do fato, na sua materialidade, e da autoria. É a *inquisitio generalis* destinada a ministrar elementos para que o titular da ação penal (Ministério Público, ofendido) acuse o autor do crime".[12]

Presta-se, ainda, o inquérito, à coleta de provas ou indícios que autorizem eventual imposição, pelo juiz, de medidas cautelares reais (sequestro de

---

8. STJ, HC 83.020/RS, 6ª T., rel. Min. Og Fernandes, j. 18-12-2008, *DJe* de 2-3-2009. "O inquérito policial qualifica-se como procedimento administrativo, de caráter pré-processual, ordinariamente vocacionado a subsidiar, nos casos de infrações perseguíveis mediante ação penal de iniciativa pública, a atuação persecutória do Ministério Público, que é o verdadeiro destinatário dos elementos que compõem a *informatio delicti*" (STF, HC 94.173/BA, 2ª T., rel. Min. Celso de Mello, j. 27-10-2009, *DJe* n. 223, de 27-11-2009).

9. Rômulo de Andrade Moreira, *Direito processual penal*, Salvador, JusPodivm, 2007, p. 3.

10. STJ, HC 66.186/SP, 5ª T., rel. Min. Laurita Vaz, j. 4-9-2008, *DJe* de 29-9-2008.

11. "A investigação penal, quando realizada por organismos policiais, será sempre dirigida por autoridade policial, a quem igualmente competirá exercer, com exclusividade, a presidência do respectivo inquérito" (STF, HC 94.173/BA, 2ª T., rel. Min. Celso de Mello, j. 27-10-2009, *DJe* n. 223, de 27-11-2009).

12. Hélio Tornaghi, *Instituições de processo penal*, Rio de Janeiro, Forense, 1959, v. II, p. 136.

bens; hipoteca legal e arresto) ou pessoais (prisão temporária, prisão preventiva, prisão domiciliar substitutiva da prisão preventiva ou medidas cautelares restritivas), temas que serão estudados em capítulos distintos.

3.2. Destinatários

A elucidação dos fatos perseguida pelo inquérito tem por objetivo fornecer elementos ao titular da ação penal respectiva, para que possa reunir condições de se pronunciar adequadamente a respeito do ocorrido e apresentar em juízo a petição inicial acusatória, sendo caso.

Destinatários imediatos são, portanto, **o Ministério Público,**[13] nos delitos de ação penal pública – condicionada ou incondicionada –, **e o ofendido ou seu representante legal** – nos delitos de ação penal privada.

Destinatário mediato é o juiz, na exata medida em que deverá valer-se dos elementos de convicção informadores do inquérito a fim de avaliar a viabilidade jurídica da denúncia ou queixa-crime apresentada pelo Ministério Público ou pelo ofendido, respectivamente; o cabimento ou não de medidas cautelares – reais ou pessoais –, ou de outra manifestação lançada pelo Ministério Público.

3.3. Características do inquérito policial

Formal e documentado como deve ser, o inquérito policial é dotado de características próprias, bem definidas, conforme se extrai da Constituição Federal e do Código de Processo Penal.

Tais características estão evidenciadas desde a instauração até o encerramento do inquérito.

Vejamos.

3.3.1. Oficialidade

O inquérito policial materializa **atividade investigatória levada a efeito por órgão oficial do Estado**.

Seja qual for a natureza do delito que se busque apurar; independentemente da natureza da ação penal correspondente – seja ela, portanto, pública ou privada –, somente o órgão oficial é que poderá proceder à instauração de inquérito policial.

A investigação levada a efeito em inquérito é oficial, presidida por Delegado de Polícia de carreira, muito embora o ofendido possa contribuir com a apresentação de provas licitamente coletadas.

---

13. STF, HC 94.173/BA, 2ª T., rel. Min. Celso de Mello, j. 27-10-2009, *DJe* n. 223, de 27-11-2009.

3.3.2. *Autoridade*

Determina o art. 144, § 4º, da CF, que o inquérito policial deve ser **presidido por autoridade pública legalmente investida**, entenda-se, por Delegado de Polícia.[14]

3.3.3. *Oficiosidade*

Em regra*, a autoridade policial deve instaurar inquérito policial *ex officio; de plano; sem aguardar provocação, estando dispensada a anuência dos envolvidos e a necessidade de requerimento ou requisição de quem quer que seja (CPP, art. 5º, I).

Assim que tomar conhecimento de fato que possa configurar ilícito penal cuja ação seja de natureza *pública incondicionada*, a autoridade policial, por dever de ofício, deverá instaurar inquérito com vistas à completa apuração. As providências, em casos tais, não se encontram subordinadas a qualquer manifestação positiva de vontade, e devem ser adotadas até mesmo quando houver manifestação contrária do ofendido ou de seu representante legal, sendo caso.

Se o delito vislumbrado estiver dentre aqueles submetidos à ação penal pública condicionada à representação do ofendido ou requisição do Ministro da Justiça ou ação penal privada, a autoridade policial não poderá agir *ex officio*, visto que em tais hipóteses a prévia manifestação positiva de vontade de quem de direito é condição inarredável (CPP, art. 5º, §§ 4º e 5º).

3.3.4. *Obrigatoriedade*

Presentes elementos mínimos indicativos da ocorrência de delito e satisfeita eventual condição de procedibilidade, a autoridade policial tem a **obrigação legal de instaurar inquérito policial** para a completa apuração dos fatos.

Deverá proceder *ex officio* quando se tratar de delito submetido à ação penal pública incondicionada (CPP, art. 5º, I), mas, se a hipótese tratar de delito que se apure mediante ação penal pública condicionada ou ação penal privada, a instauração somente poderá ocorrer depois de satisfeita a condição (representação do ofendido ou requisição do Ministro da Justiça) ou formulado o requerimento, conforme dispõe o art. 5º, §§ 4º e 5º.

O desconhecimento da autoria delitiva não exime a autoridade da obrigação de instaurar inquérito, até porque tal elucidação constitui uma das finalidades do procedimento investigativo.

A aparência de eventual causa de exclusão da antijuridicidade (CP, art. 23) também não exime a autoridade policial do dever de investigar, pois, como bem observou Bento de Faria: "Evidentemente, a autoridade policial não pode se investir das funções de julgador para negar, sem apuração regular, a responsabilidade de qual-

14. Sobre a possibilidade de investigação de natureza criminal presidida por membro do Ministério Público, consultar tópico específico, mais adiante, neste mesmo Capítulo.

quer infrator da lei penal, o que importaria enfrentar a ordem jurídica e social, subvertendo a noção do – *poder de polícia*".[15]

3.3.5. *Materialização na forma escrita*

Está expresso no art. 9º do CPP que: "Todas as peças do inquérito policial serão, num só processado, reduzidas a escrito ou datilografadas e, neste caso, rubricadas pela autoridade".

Considerando os inúmeros documentos que podem interessar aos rumos da investigação; as variadas diligências que podem ser realizadas e a finalidade específica do inquérito, torna-se **inconcebível a forma oral, e imprescindível seja ele materializado na forma escrita**, para que dessa documentação se possa valer seu destinatário (seja o Ministério Público ou o titular da ação penal privada), o imputado e também a autoridade judiciária, que dele se utilizará em diversos momentos ao longo da prestação jurisdicional.

A linguagem do art. 9º não está atualizada com os dias que correm, visto ser possível a forma impressa de documentos – mediante a utilização de computador e impressora –, como hodiernamente ocorre em relação aos termos de depoimentos colhidos ao longo da investigação, não sendo correto exigir seja escrito a punho ou redigido mediante utilização de jurássica máquina de datilografia.

Documentadas as peças do inquérito, este poderá ser materializado em papel ou formato digital.

3.3.6. *Ausência de* ***ampla*** *defesa e contraditório* ***pleno***

Não há acusação na fase de inquérito, mas investigação, daí se afirmar que o inquérito policial é inquisitivo.

Não é correto falar em *acusado* nesse momento da persecução penal, e exatamente por isso não há *ampla defesa*, tampouco *contraditório pleno*[16] nessa mesma fase, sem que disso se possa extrair violação aos respectivos princípios constitucionais, incidentes e essenciais na persecução penal em Juízo (CF, art. 5º, LV).

> A investigação policial – que tem no inquérito o instrumento de sua concretização – não se processa, em função de sua própria natureza, sob o crivo do contraditório, eis que é somente em juízo que se torna plenamente exigível o dever de observância ao postulado da bilateralidade e da instrução criminal contraditória. A inaplicabilidade da garantia do contraditório ao procedimento de investigação policial tem sido reconhecida tanto pela doutrina quanto pela jurisprudência dos tribunais (*RT* 522/396), cujo magistério tem acen-

15. Op. cit., p. 68.

16. STF, HC 90.232/AM, 1ª T., rel. Min. Sepúlveda Pertence, j. 18-12-2006, *DJ* de 2-3-2007, p. 38, *RTJ* 202/272; STJ, HC 20.099/CE, 5ª T., rel. Min. Gilson Dipp, j. 21-11-2002, *DJ* de 10-2-2003, p. 224; STJ, RHC 13.823/RS, 5ª T., rel. Min. Laurita Vaz, j. 9-8-2005, *DJ* de 5-9-2005, p. 435; STJ, HC 83.020/RS, 6ª T., rel. Min. Og Fernandes, j. 18-12-2008.

tuado que a garantia da ampla defesa traduz elemento essencial e exclusivo da persecução penal em juízo.[17]

Embora ausentes a amplitude de defesa e o contraditório pleno, nos moldes e com a intensidade incidentes no processo jurisdicional, não é correto dizer que não há defesa na fase de inquérito,[18] e isso resulta claro não apenas da leitura ao art. 14 do CPP,[19] que assegura ao ofendido ou seu representante legal, e também ao investigado, a possibilidade de requerer diligências no curso das investigações, mas, sobretudo, do direito de não produzir prova contra si mesmo (inegável atitude defensória); da faculdade de permanecer calado quando de seu interrogatório (autodefesa negativa) ou apresentar a versão que convier à sua defesa (autodefesa positiva), bem como de se fazer acompanhar de advogado, cuja atuação, embora de contornos estreitos nessa fase, tem por objetivo exatamente evitar o cometimento de excessos em detrimento do investigado (v.g., colheita de prova de forma ilegal), podendo, na defesa de seus legítimos interesses, ajuizar mandado de segurança[20] e *habeas corpus*, sendo caso.

Pois bem. Se há defesa (embora limitada) como vimos que há, é correto dizer que também *há contraditório em alguma intensidade*, ainda que tal não se verifique de forma plena.

Não é correto afirmar que após a vigência da Lei n. 13.245/2016, que alterou o art. 7º da Lei n. 8.906/94 (Estatuto da OAB), o inquérito policial passou a ser procedimento contraditório. Absolutamente não. Continua a ser procedimento administrativo de natureza inquisitiva.

Com efeito, diz o art. 7º, XIV, do referido "Estatuto" que configura direito do advogado "examinar, em qualquer instituição responsável por conduzir investigação, mesmo sem procuração, autos de flagrante e de investigações de qualquer natureza, findos ou em andamento, ainda que conclusos à autoridade, podendo copiar peças e tomar apontamentos, em meio físico ou digital".[21]

---

17. STF, RE 136.239/SP, 1ª T., rel. Min. Celso de Mello, j. 7-4-1992, *DJ* de 14-8-1992, p. 12.227, *RTJ* 143/306.

18. Leitura recomendada: Fábio Motta Lopes, *Os direitos de informação e de defesa na investigação criminal*, Porto Alegre, Livraria do Advogado, 2009.

19. A propósito do tema, cumpre observar que, se a diligência pretendida pelo interessado estiver relacionada com a realização de exame de corpo de delito, é imperioso que se observe o disposto no art. 184 do CPP, segundo o qual "salvo o caso de exame de corpo de delito, o juiz ou a autoridade policial negará a perícia requerida pelas partes, quando não for necessária ao esclarecimento da verdade". Sobre esse tema trataremos de maneira mais profunda no capítulo destinado a estudar as regras que envolvem a prova no processo penal.

20. Renato Marcão e outros, *Comentários à lei do mandado de segurança*, 4. ed., São Paulo, Revista dos Tribunais, 2015.

21. Art. 7º , § 11, da Lei n. 8.906/94: "No caso previsto no inciso XIV, a autoridade competente poderá delimitar o acesso do advogado aos elementos de prova relacionados a diligências em andamen-

Tais prerrogativas já se encontravam asseguradas, ao menos desde a vigência da Súmula Vinculante 14 (STF), que tem o seguinte teor: "É direito do defensor, no interesse do representado, ter acesso amplo aos elementos de prova que, já documentados em procedimento investigatório realizado por órgão com competência de polícia judiciária, digam respeito ao exercício do direito de defesa".[22]

Observado que a redação anterior do inciso XIV se referia ao direito de examinar autos "em qualquer repartição policial", a alteração que comporta destaque diz respeito à possibilidade de examinar autos "em qualquer instituição responsável por conduzir investigação", de modo a alcançar também aquelas levadas a efeito pelo Ministério Público ou qualquer outro órgão legitimado.

O atual inciso XXI do mesmo art. 7º diz que configura direito do advogado: "assistir a seus clientes investigados durante a apuração de infrações, sob pena de nulidade absoluta do respectivo interrogatório ou depoimento e, subsequentemente, de todos os elementos investigatórios e probatórios dele decorrentes ou derivados, direta ou indiretamente, podendo, inclusive, no curso da respectiva apuração: *a)* apresentar razões e quesitos".

O art. 5º, LXIII, da CF já assegurava ao preso e, é claro, a todo e qualquer investigado em inquérito policial, dentre outras garantias, a assistência de advogado. Não se pode imaginar a efetiva assistência que deve ser levada a efeito sem que ocorra o pleno exercício das atividades mencionadas no inciso XXI do citado art. 7º.

A regra não diz mais que o óbvio. O sistema vigente não foi alterado para o fim de determinar que todo e qualquer indivíduo seja sempre assistido por advogado em sede de inquérito policial, sob pena de nulidade. Note-se que a alteração não foi introduzida no Código de Processo Penal, mas no "Estatuto dos Advogados", e tem por escopo ressaltar as elevadas atividades da nobre categoria. Não por acaso, a regra em questão foi inserida no rol dos "direitos dos advogados".

No que diz respeito à possibilidade de nulidade dos atos subsequentes em razão do desatendimento às determinações normativas, a questão deve ser analisada como sempre foi: deve-se levar em conta a eventual contaminação, ou não, da prova colhida, e sobre este aspecto falaremos em outro momento deste livro, quando analisarmos os temas atrelados às nulidades do processo penal.

---

to e ainda não documentados nos autos, quando houver risco de comprometimento da eficiência, da eficácia ou da finalidade das diligências".

22. Data de aprovação: STF, Sessão Plenária de 2-2-2009. Fonte de publicação: *DJe* n. 26, de 9-2-2009, p. 1; *DOU* de 9-2-2009, p. 1. Referência legislativa: Constituição Federal de 1988, arts. 1º, III, e 5º, XXXIII, LIV e LV; Código de Processo Penal de 1941, arts. 9º e 10; Lei n. 8.906/94, arts. 6º, parágrafo único, e 7º, XIII e XIV.

Quanto à possibilidade de apresentar razões e formular quesitos na fase de inquérito, tais prerrogativas já estavam asseguradas no Código de Processo Penal, cujo art. 14 dispõe que: "O ofendido, ou seu representante legal, e o indiciado poderão requerer qualquer diligência, que será realizada, ou não, a juízo da autoridade".

A propósito, de maneira específica e mais abrangente, o art. 159, § 3º, do CPP faculta ao acusado a apresentação de quesitos e indicação de assistente técnico, não havendo razão lógica ou jurídica para pensar que tal regra não se aplica à fase de inquérito, em que, em regra, são realizadas as perícias mais importantes para o destino da persecução penal.

Neste tema, é oportuna a advertência feita pelo Min. CELSO DE MELLO no sentido de que "A unilateralidade das investigações preparatórias da ação penal não autoriza a Polícia Judiciária a desrespeitar as garantias jurídicas que assistem ao indiciado, que não mais pode ser considerado mero objeto de investigações. O indiciado é sujeito de direitos e dispõe de garantias, legais e constitucionais, cuja inobservância, pelos agentes do Estado, além de eventualmente induzir-lhes a responsabilidade penal por abuso de poder, pode gerar a absoluta desvalia das provas ilicitamente obtidas no curso da investigação policial".[23]

3.3.6.1. Servidores investigados

Nesses tempos sombrios, em que a inescondível ausência de cultura e o acintoso descompromisso com a ciência jurídica empolgam discursos risíveis, foi gestada a Lei n. 13.964/2019 que, apesar de alguns de seus inegáveis aspectos positivos, pecou ao introduzir a lamentável aberração jurídica que está expressa no atual art. 14-A, §§ 1º, 2º e 6º, do CPP.

Seguindo a toada de tantas outras medidas que não tendem ao propalado fortalecimento das corporações policiais para o enfrentamento da criminalidade, mas para instituir injustificáveis privilégios, geradores de desigualdade entre cidadãos, diz o art. 14-A, *caput*, que

> Nos casos em que servidores vinculados às instituições dispostas no art. 144 da Constituição Federal figurarem como investigados em inquéritos policiais, inquéritos policiais militares e demais procedimentos extrajudiciais, cujo objeto for a investigação de fatos relacionados ao uso da força letal praticados no exercício profissional, de forma consumada ou tentada, incluindo as situações dispostas no art. 23 do Decreto-Lei n. 2.848, de 7 de dezembro de 1940 (Código Penal), o indiciado poderá constituir defensor.

Até aqui nenhum grave problema de técnica jurídica, mas estamos diante de disposição configuradora de obviedade e superfetação, porquanto cediço que toda e

23. STF, HC 73.271/SP, 1ª T., rel. Min. Celso de Mello, j. 19-3-1996, *DJe* de 4-10-2006.

qualquer pessoa investigada pode constituir defensor, e dessa regra não se encontravam excluídos os servidores alcançados pela norma jurídica em comento.

Todavia, ao depararmos com o § 1º do art. 14-A, a indignação com a injuridicidade ganha relevo, na medida em que referido dispositivo aponta que, para a finalidade de nomear defensor, **o investigado deverá ser *citado* da instauração do procedimento investigatório**, a fim de que constitua defensor nos autos, no prazo de até 48 (quarenta e oito) horas a contar do recebimento da citação.

Por óbvio **a hipótese referida não é de citação, mas de intimação**, posto que não há ação penal em curso, não há processo, mas tão somente instauração de procedimento investigatório, de natureza administrativa. É lamentável o revelado desprezo do legislador *ordinário* com o manuseio de sua função precípua.

Há mais.

Muito embora o § 1º anuncie mera *faculdade* conferida ao indiciado (o indiciado *poderá* constituir defensor), o § 2º revela que a presença de defensor em casos tais é *obrigatória*, ao determinar que, transcorrido o prazo fixado, não sendo nomeado defensor nos autos, a autoridade responsável pela investigação *deverá* intimar a instituição a que estava vinculado o investigado à época da ocorrência dos fatos, para que esta, no prazo de 48 (quarenta e oito) horas, indique defensor para a representação do investigado.

Conforme o § 6º do art. 14-A, "As disposições constantes deste artigo se aplicam aos servidores militares vinculados às instituições dispostas no art. 142 da Constituição Federal, desde que os fatos investigados digam respeito a missões para a Garantia da Lei e da Ordem".

Não sem antes registrarmos que enquanto o § 1º se refere à figura do *indiciado*, o § 2º se dirige ao *investigado*, como se não houvesse distinção técnica entre um designativo e outro, cabe formularmos a seguinte pergunta: Como deverá proceder a autoridade que conduz a investigação, caso o investigado e o chefe da instituição não indiquem defensor para a representação do investigado?

A lei nada diz.

Na hipótese, como não há processo, descabe falar em nulidade, caso a investigação transcorra e seja concluída sem a presença de defensor, desde que se tenha procedido às **intimações** regulares: do investigado e, sendo caso, da instituição a que estava vinculado à época da ocorrência dos fatos sob apuração.

3.3.7. *Indisponibilidade*

O inquérito policial é indisponível para a autoridade policial.

Instaurado, deverá ser conduzido até que se esgotem as diligências legalmente possíveis, com vista à completa apuração do fato apontado como ilícito penal.

A autoridade policial não pode mandar arquivar autos de inquérito (CPP, art. 17).

Destinando-se a investigação à coleta de elementos que habilitem o titular do direito de ação – *dominus litis* – se pronunciar sobre o ocorrido, inclusive a ajuizar a demanda de natureza penal, é intuitivo que a autoridade policial não esteja legitimada a arquivar inquérito.

3.3.8. *Sigiloso*

Nos precisos termos do art. 20 do CPP, "a autoridade assegurará no inquérito o sigilo necessário à apuração do fato ou exigido pelo interesse da sociedade".

A publicidade dos *atos processuais* – ensinou Bento de Faria – constitui o melhor meio de se aferir da retidão e do acerto das determinações da autoridade, constituindo assim uma garantia da justiça e da liberdade.[24]

Em relação à *investigação policial*, entretanto, a veiculação de notícias a respeito de sua instauração pode levar à ocultação ou destruição de provas por alguns interessados, atrapalhando ou impossibilitando o bom êxito das investigações.[25] Pode, ainda, causar dano moral e econômico de difícil ou impossível reparação à pessoa do investigado e seus familiares, bem como à vítima.

Observada sua natureza inquisitiva, a regra que impõe o sigilo das investigações tem por objetivo, portanto, permitir a colheita isenta das provas disponíveis, bem como preservar a integridade moral e econômica (direta ou reflexamente) das pessoas que possam ser alcançadas com a apuração.

O sigilo das investigações não é inconstitucional, até porque o art. 5º, XXXIII, da CF, ao assegurar o direito de informação em relação a fatos de interesse particular ou coletivo, ressalva a possibilidade de sigilo nas hipóteses em que se revelar imprescindível para a segurança da sociedade e do Estado.

O sigilo do inquérito não é absoluto, mas relativo, visto que não se aplica ao Ministério Público – titular da ação penal de natureza pública[26] –, conforme decorre

---

24. Op. cit., p. 112.

25. "Da própria índole das investigações policiais é que se processem com o necessário sigilo, indispensável para que as diligências não fiquem frustradas por aquêles que teem interesse em impedir seja descoberta e apurada a verdade dos fatos" (Eduardo Espínola Filho, op. cit., p. 313).

26. "A outorga constitucional de funções de polícia judiciária à instituição policial não impede nem exclui a possibilidade de o Ministério Público, que é o *dominus litis*, determinar a abertura de inquéritos policiais, requisitar esclarecimentos e diligências investigatórias, estar presente e acompanhar, junto a órgãos e agentes policiais, quaisquer atos de investigação penal, mesmo aqueles sob regime de sigilo, sem prejuízo de outras medidas que lhe pareçam indispensáveis à formação da sua *opinio delicti*, sendo-lhe vedado, no entanto, assumir a presidência do inquérito policial, que traduz atribuição privativa da autoridade policial" (STF, HC 94.173/BA, 2ª T., rel. Min. Celso de Mello, j. 27-10-2009, *DJe* n. 223, de 27-11-2009).

do disposto no art. 15, III, da Lei Complementar n. 40/81 – Lei Orgânica do Ministério Público.[27]

O sigilo também não se aplica ao Poder Judiciário, a quem compete, inclusive, e em última análise, zelar pela legalidade das investigações, que são realizadas no exercício das atividades de *polícia judiciária*.

São funções institucionais da Defensoria Pública, listadas na Lei Complementar n. 80/94, dentre outras, "acompanhar inquérito policial, inclusive com a comunicação imediata da prisão em flagrante pela autoridade policial, quando o preso não constituir advogado" (art. 4º, XIV), e "atuar nos estabelecimentos policiais, penitenciários e de internação de adolescentes, visando a assegurar às pessoas, sob quaisquer circunstâncias, o exercício pleno de seus direitos e garantias fundamentais" (art. 4º, XVII).

Constitui prerrogativa dos Membros da Defensoria Pública da União, nos termos da referida lei, "examinar, em qualquer repartição pública, autos de flagrantes, inquéritos e processos, assegurada a obtenção de cópias e podendo tomar apontamentos" (art. 44, VIII).

Ao advogado se aplica o disposto no art. 7º, XIV, da Lei n. 8.906/94 (Estatuto da OAB), que diz ser direito seu "examinar, em qualquer instituição responsável por conduzir investigação, mesmo sem procuração, autos de flagrante e de investigações de qualquer natureza, findos ou em andamento, ainda que conclusos à autoridade, podendo copiar peças e tomar apontamentos, em meio físico ou digital".

No que tange ao direito de acesso da Defesa às investigações – Defensor Público ou Advogado –, é preciso considerar duas situações distintas: *1ª)* acesso às investigações ainda não materializadas em inquérito; e *2ª)* acesso ao inquérito policial propriamente dito.

Em relação às investigações sigilosas que ainda não integrem o corpo de inquérito policial formalmente instaurado, é possível a negativa de acesso à Defesa, como deve ocorrer, por exemplo, com o conteúdo das interceptações de comunicação telefônica, que deverá se materializar em autos apartados, para posterior apensamento aos autos do inquérito policial ou do processo criminal, na forma do art. 8º, *caput* e parágrafo único, da Lei n. 9.296/96, preservando-se o sigilo das diligências, gravações e transcrições respectivas.

Nesse sentido:

> O art. 20 do CPP, ao permitir sigilo nas investigações, não vulnera o Estatuto da OAB ou infringe a Constituição Federal. Em nome do interesse público, podem as investigações policiais revestir-se de caráter sigiloso, quando não atingirem o direito subjetivo do investigado. Somen-

27. Art. 15. São atribuições dos Membros do Ministério Público: (...) III – acompanhar atos investigatórios junto a organismos policiais ou administrativos, quando assim considerarem conveniente à apuração de infrações penais, ou se designados pelo Procurador-Geral.

te em relação às autoridades judiciárias e ao Ministério Público é que inexiste sigilo. Em sendo sigilosas as investigações, ainda não transformadas em inquérito, pode a autoridade policial recusar pedido de vista do advogado (STJ, RMS 13.465/PR, 2ª T., rel. Min. Francisco Peçanha Martins, rel. p/ o Acórdão Min. Eliana Calmon, j. 2-9-2003, *DJ* de 8-6-2007, p. 239).

O direito do indiciado, por seu advogado, tem por objeto as informações já introduzidas nos autos do inquérito, não as relativas à decretação e às vicissitudes da execução de diligências em curso (cf. L. 9.296, atinente às interceptações telefônicas, de possível extensão a outras diligências); dispõe, em consequência, a autoridade policial de meios legítimos para obviar inconvenientes que o conhecimento pelo indiciado e seu defensor dos autos do inquérito policial possa acarretar à eficácia do procedimento investigatório (STF, HC 90.232/AM, 1ª T., rel. Min. Sepúlveda Pertence, j. 18-12-2006, *DJ* de 2-3-2007, p. 38, *RTJ* 202/272).

O direito assegurado ao indiciado (bem como ao seu defensor) de acesso aos elementos constantes em procedimento investigatório que lhe digam respeito e que já se encontrem documentados nos autos, não abrange, por óbvio, as informações concernentes à decretação e à realização das diligências investigatórias, mormente as que digam respeito a terceiros eventualmente envolvidos (STF, HC 94.387/RS, 1ª T., rel. Min. Ricardo Lewandowski, j. 18-11-2008, *DJe* n. 25, de 6-2-2009, *LEXSTF* 362/417; *Informativo STF* n. 529).

Note-se a esse respeito que, nada obstante a abrangência do art. 7º, XIV, da Lei n. 8.906/94, o mesmo art. 7º, em seu § 11, ressalva que "no caso previsto no inciso XIV, a autoridade competente poderá delimitar o acesso do advogado aos elementos de prova relacionados a diligências em andamento e ainda não documentados nos autos, quando houver risco de comprometimento da eficiência, da eficácia ou da finalidade das diligências".[28]

Por outro vértice, se já ocorreu instauração de inquérito, a regra do sigilo não se aplica à Defesa, sob pena de tornar inócua a garantia contida no art. 5º, LXIII, da CF, que assegura o direito de assistência técnica de advogado.

A matéria já foi objeto de análise no Supremo Tribunal Federal:

Do plexo de direitos dos quais é titular o indiciado – interessado primário no procedimento administrativo do inquérito policial –, é corolário e instrumento a prerrogativa do advogado de acesso aos autos respectivos, explicitamente outorgada pelo Estatuto da Advocacia (L. 8.906/94, art. 7º, XIV), da qual – ao contrário do que previu em hipóteses assemelhadas – não se excluíram os inquéritos que correm em sigilo: a irrestrita amplitude do preceito legal resolve em favor da prerrogativa do defensor o eventual conflito dela com os interesses do sigilo das investigações, de modo a fazer impertinente o apelo ao princípio da proporcionalidade. A oponibilidade ao defensor constituído esvaziaria uma garantia constitucional do

28. "Persiste em nosso ordenamento jurídico, mesmo com a alteração do Estatuto da Advocacia determinada pela Lei n. 16.245/2016 (art. 7º e seus parágrafos), o direito limitado de acesso a autos sob sigilo. Nestes, é facultado à autoridade competente 'delimitar o acesso do advogado aos elementos de prova relacionados a diligências em andamento e ainda não documentados nos autos, quando houver risco de comprometimento da eficiência, da eficácia ou da finalidade das diligências' (art. 7º, § 11, da Lei n. 8.906/94)" (STF, Inq 3.075, ED-AgR/SP, 2ª T., rel. Min. Teori Zavascki, j. 1º-3-2016, *DJe* n. 58, de 31-3-2016).

indiciado (CF, art. 5º, LXIII), que lhe assegura, quando preso, e pelo menos lhe faculta, quando solto, a assistência técnica do advogado, que este não lhe poderá prestar se lhe é sonegado o acesso aos autos do inquérito sobre o objeto do qual haja o investigado de prestar declarações (STF, HC 90.232/AM, 1ª T., rel. Min. Sepúlveda Pertence, j. 18-12-2006, *DJ* de 2-3-2007, p. 38, *RTJ* 202/272; STF, HC 82.354/PR, 1ª T., rel. Min. Sepúlveda Pertence, j. 10-8-2004, *DJ* de 29-4-2004, p. 42, *RTJ* 191/547).

É direito do advogado, suscetível de ser garantido por *habeas corpus*, o de, em tutela ou no interesse do cliente envolvido nas investigações, ter acesso amplo aos elementos que, já documentados em procedimento investigatório realizado por órgão com competência de polícia judiciária ou por órgão do Ministério Público, digam respeito ao constituinte (STF, HC 88.190/RJ, 2ª T., rel. Min. Cezar Peluso, j. 29-8-2006, *DJ* de 6-10-2006, p. 67, *RTJ* 201/1.078).

Disso resulta afirmar a distinção que há entre *diligências preliminares investigatórias* e *atos de instrução do inquérito*. Aquelas, sempre precedentes, e estas, posteriores à instauração formal do inquérito.

Quanto ao sigilo, há que se distinguir entre: *1) sigilo interno* e *2) sigilo externo*.

Sigilo interno é aquele que se impõe em relação ao investigado e seu defensor, e alcança apenas diligências realizadas em termos de investigação preliminar, sobre as quais a defesa poderá ter acesso após sua materialização em inquérito (publicidade diferida ou postergada).

Sigilo externo é aquele que impede a publicidade dos atos de investigação e inquérito em relação a terceiros; impede a publicidade difusa.

Resolvendo as situações acima apontadas, a **Súmula Vinculante 14** tem a seguinte redação: "É direito do defensor, no interesse do representado, ter acesso amplo aos elementos de prova que, já documentados em procedimento investigatório realizado por órgão com competência de polícia judiciária, digam respeito ao exercício do direito de defesa".[29]

Os Tribunais sempre admitiram a impetração de *habeas corpus* ou de mandado de segurança com a finalidade de fazer cessar violação ao direito de acesso profissional aos autos de inquérito.

Desde a edição da Súmula Vinculante 14, se houver violação a tal garantia, o correto é ingressar com "Reclamação" junto ao Supremo Tribunal Federal, tal como autoriza o art. 102, I, *l*, da CF, mas, na prática, continua comum e admitida junto aos Tribunais a impetração de *habeas corpus* ou mandado de segurança, evidentemente mais céleres.

29. Data de aprovação: STF, Sessão Plenária de 2-2-2009. Fonte de publicação: *DJe* n. 26, de 9-2-2009, p. 1; *DOU* de 9-2-2009, p. 1. Referência legislativa: Constituição Federal de 1988, art. 1º, III, art. 5º, XXXIII, LIV e LV; Código de Processo Penal de 1941, art. 9º e art. 10; Lei n. 8.906/94, art. 6º, parágrafo único, e art. 7º, XIII e XIV.

3.3.8.1. Organização criminosa

A Lei n. 12.850/2013 (define organização criminosa e dispõe sobre a investigação criminal, os meios de obtenção da prova, infrações penais correlatas e o procedimento criminal a ser aplicado) diz em seu art. 23 que, em relação aos crimes a que se refere: "O sigilo da investigação poderá ser decretado pela autoridade judicial competente, para garantia da celeridade e da eficácia das diligências investigatórias, assegurando-se ao defensor, no interesse do representado, amplo acesso aos elementos de prova que digam respeito ao exercício do direito de defesa, devidamente precedido de autorização judicial, ressalvados os referentes às diligências em andamento".

E arremata o parágrafo único: "Determinado o depoimento do investigado, seu defensor terá assegurada a prévia vista dos autos, ainda que classificados como sigilosos, no prazo mínimo de 3 (três) dias que antecedem ao ato, podendo ser ampliado, a critério da autoridade responsável pela investigação".

3.3.9. *Procedimento prescindível*

O inquérito policial não é imprescindível[30] ao oferecimento de denúncia[31] ou queixa-crime e instauração de processo penal, de ação pública ou privada.

O art. 28, *caput*, se refere à existência de inquérito policial ou quaisquer *elementos informativos da mesma natureza*, o art. 40 à remessa de *autos ou papéis* cujo conteúdo autorize o Ministério Público a oferecer denúncia, e os arts. 12, 27, 39, § 5º, e 46, § 1º, todos do CPP, autorizam expressamente a dispensa de inquérito policial.

Não raras vezes o Ministério Público dispõe de prova colhida em procedimento diverso, indicativa da ocorrência de delito e da respectiva autoria. É o que ocorre, por exemplo, nos casos em que a prática delitiva é revelada em autos de inquérito civil[32] instaurado para a apuração de improbidade administrativa ou de natureza ambiental; em qualquer processo extrapenal (v.g.: recibo falso juntado em processo

30. STJ, REsp 761.938/SP, 5ª T., rel. Min. Gilson Dipp, j. 4-4-2006; *DJ* de 8-5-2006, p. 282; STJ, HC 41.875/SC, 5ª T., rel. Min. Laurita Vaz, j. 6-9-2005, *DJ* de 3-10-2005, p. 296; STJ, HC 24.493/MG, 6ª T., rel. Min. Hamilton Carvalhido, j. 23-9-2003, *DJ* de 17-11-2003, p. 383, *RSTJ* 179/516.

31. "Nos termos do pacífico entendimento desta Corte, o inquérito policial não é pressuposto para a propositura da ação penal, por ser peça meramente informativa, sendo dispensável diante da existência de elementos suficientes de convicção para fundamentar a denúncia. Precedente" (STJ, RHC 61.671/SP, 5ª T., rel. Min. Ribeiro Dantas, j. 18-10-2016, *DJe* de 9-11-2016). *No mesmo sentido*: STF, Inq 2.245/MG, Tribunal Pleno, rel. Min. Joaquim Barbosa, j. 28-8-2007, *DJe* n. 139, de 9-11-2007; STJ, HC 38.062/RS, 5ª T., rel. Min. Gilson Dipp, j. 16-12-2004, *DJ* de 21-2-2005, p. 201.

32. "É firme a jurisprudência do Supremo Tribunal de que o Ministério Público pode oferecer denúncia com base em elementos de informação obtidos em inquéritos civis, instaurados para a apuração de ilícitos civis e administrativos, no curso dos quais se vislumbre suposta prática de ilícitos penais" (STF, AP 396/RO, Tribunal Pleno, rel. Min. Cármen Lúcia, rev. Min. Dias Toffoli, j. 28-10-2010, *DJe* n. 078, de 28-4-2011). *No mesmo sentido:* STF, Inq 2.677/BA, Tribunal Pleno, rel. Min. Ayres Britto, j. 12-8-2010, *DJe* n. 200, de 22-10-2010.

de execução de alimentos), ou mesmo dentro de processo de natureza penal instaurado em relação a crime praticado por terceiro, como é o caso do crime de falso testemunho ou falsa perícia (CP, art. 342).

É evidente que em tais situações, dispondo o *dominus litis* de todos os elementos necessários ao oferecimento de denúncia, a instauração de inquérito se revela desnecessária – verdadeira superfetação –, daí a possibilidade de ajuizamento da pretensão de natureza penal sem a precedente apuração dos fatos em sede de inquérito policial.

Bem por isso, sempre se decidiu que "o inquérito policial pode ser substituído por qualquer outra peça informativa idônea a servir de base para a ação penal".[33]

> Ainda que inexista qualquer investigação penal promovida pela Polícia Judiciária, o Ministério Público, mesmo assim, pode fazer instaurar, validamente, a pertinente *persecutio criminis in judicio*, desde que disponha, para tanto, de elementos mínimos de informação, fundados em base empírica idônea, que o habilitem a deduzir, perante juízes e Tribunais, a acusação penal.[34]

> A instauração de inquérito policial não é imprescindível à propositura da ação penal pública, podendo o Ministério Público valer-se de outros elementos de prova para formar sua convicção.[35]

Em síntese: "O Órgão Ministerial não é vinculado à existência do procedimento investigatório policial – o qual pode ser eventualmente dispensado para a propositura da ação penal".[36]

3.3.10. Função asseguradora

Muito embora seja o inquérito dispensável e inquisitivo, sua existência tem embasamento garantista e função asseguradora para o Estado e para o indivíduo, na medida em que permite evitar, tanto quanto possível e ao menos em tese, a formalização de acusações injustas que se materializam com o ajuizamento de ações penais temerárias, fontes de indevida movimentação do Poder Judiciário e considerável drama humano.

É por meio da investigação legalmente levada a efeito que o Estado colhe e disponibiliza ao *dominus litis* – Ministério Público ou particular – provas ou indícios que podem autorizar o oferecimento da inicial acusatória – denúncia ou queixa-crime, respectivamente –, sem os quais faltará justa causa para a persecução em juízo.

---

33. STJ, RHC 4.002/SP, 6ª T., rel. Min. Anselmo Santiago, j. 20-6-1995, *DJ* de 2-10-1995, p. 32.422.

34. STF, HC 94.173/BA, 2ª T., rel. Min. Celso de Mello, j. 27-10-2009, *DJe* n. 223, de 27-11-2009.

35. STF, Inq 1.957/PR, Tribunal Pleno, rel. Min. Carlos Velloso, j. 11-5-2005, *DJ* de 11-11-2005, p. 7, *RTJ* 196/101.

36. STJ, RHC 12.308/ES, 5ª T., rel. Min. Gilson Dipp, j. 21-2-2002, *DJ* de 8-4-2002, p. 234.

A instauração do inquérito e as práticas investigativas a cargo da polícia judiciária estão delimitadas pela moldura da legalidade, de modo que essa submissão às regras democráticas do Estado de Direito termina por assegurar, ao menos em tese, menor possibilidade de ajuizamento de acusações infundadas, desacompanhadas de elementos de convicção.

4. Competência

Autoridade competente para presidir inquérito é o delegado de polícia – civil ou federal.

Tecnicamente, a expressão *competência*, em processo penal, é utilizada para indicar o limite territorial ou material do poder jurisdicional; a esfera legalmente permitida para o exercício da jurisdição pelo *juiz natural*.

No art. 4º do CPP a expressão é utilizada no sentido vulgar, como designativo da esfera de *atribuições da autoridade policial*, que exatamente por não ser detentora de jurisdição, também não detém competência *stricto sensu*.[37]

Mas é certo que o exercício das funções de autoridade policial também se encontra delimitado, *a priori*, em determinado território, tecnicamente denominado circunscrição, e mesmo em razão da natureza do delito, conforme dispuser regra específica.

Na letra da lei, a polícia judiciária será exercida pelas autoridades policiais no território de suas respectivas circunscrições, daí a impossibilidade, em regra, de praticar diligências e coletar provas fora de determinados limites, cumprindo que se proceda à expedição de carta precatória solicitando a produção de prova em circunscrição diversa da que sediar a investigação, sendo caso.

Vezes há, entretanto, em que a autoridade policial se encontra legitimada ao exercício de funções além de sua circunscrição, como ocorre na hipótese de prisão em flagrante, quando há perseguição ao autor da infração penal, podendo esta se estender para municípios diversos e até mesmo para outros Estados, sendo legítima a prisão em flagrante em tais circunstâncias, ainda que levada a efeito por autoridade policial que não detenha atribuições na circunscrição territorial onde a prisão-captura se verificar.

A propósito, diz o art. 22 do CPP: "No Distrito Federal e nas comarcas em que houver mais de uma circunscrição policial, a autoridade com exercício em uma delas poderá, nos inquéritos a que esteja procedendo, ordenar diligências em circunscri-

37. "Os princípios constitucionais do juiz natural e do promotor natural têm seu emprego restrito às figuras dos magistrados e dos membros do Ministério Público, não podendo ser aplicados por analogia às autoridades policiais ou ao denominado 'delegado natural', que obviamente carecem da competência de sentenciar ou da atribuição de processar, nos termos estabelecidos na Constituição da República" (STF, RHC 126.885/RJ, 2ª T., rel. Min. Cármen Lúcia, j. 15-12-2015, *DJe* n. 18, de 1º-2-2016).

ção de outra, independentemente de precatórias ou requisições, e bem assim providenciará, até que compareça a autoridade competente, sobre qualquer fato que ocorra em sua presença, noutra circunscrição".

A despeito da agora conhecida delimitação de atribuições, não há nulidade que se possa reconhecer se a investigação for levada a efeito por autoridade policial diversa da que deveria investigar. Não há *nulidade* em inquérito policial,[38] mas apenas *irregularidade*, que não se presta a nulificar a ação penal que dele decorra.

Com efeito, "ao expressar que a polícia judiciária é exercida pelas autoridades policiais no território de suas respectivas jurisdições (*rectius* circunscrição), o art. 4º do C. Pr. Penal não impede que autoridade policial de uma circunscrição (Estados ou municípios) investigue os fatos criminosos que, praticados noutra, hajam repercutido na de sua competência",[39] visto que os atos de investigação não se encontram acobertados pela regra do art. 5º, LIII, da CF, que assegura o direito de *julgamento pelo juiz natural*.

Há ainda delimitação de atribuições afetas à polícia judiciária que leva em conta a natureza do delito, do que decorre a existência de delegacias especializadas, como servem de exemplo as delegacias de furtos e roubos; de drogas; de homicídios, antissequestros; da mulher; do idoso, do consumidor etc.

Em se tratando de inquérito policial no qual se apure delito eleitoral praticado por prefeito, o Supremo Tribunal Federal já decidiu que "a competência para supervisionar as investigações é do Tribunal Regional Eleitoral, nos termos da Súmula 702 do Supremo Tribunal Federal. (...) A usurpação da competência do Tribunal Regional Eleitoral para supervisionar as investigações constitui vício que contamina de nulidade a investigação realizada em relação ao detentor de prerrogativa de foro, por violação do princípio do juiz natural (art. 5º, LIII, CF)".[40] Adotado esse raciocínio, a regra há de ser aplicada em relação a todas as demais autoridades detentoras de foro privilegiado por prerrogativa de função, em semelhante situação.

---

38. "O inquérito é peça informativa que não contamina a ação penal. Precedentes" (STF, RHC 126.885/RJ, 2ª T., rel. Min. Cármen Lúcia, j. 15-12-2015, *DJe* n. 18, de 1º-2-2016). "O Supremo Tribunal Federal tem uma jurisprudência consolidada no sentido de que não se proclama nulidade sem a comprovação de prejuízo, sendo certo ainda que eventuais irregularidades do inquérito não repercutem na ação penal. Precedentes" (STF, HC 130.810 AgR/AL, 1ª T., rel. Min. Roberto Barroso, j. 2-8-2016, *DJe* n. 198, de 16-9-2016). "É inviável anulação do processo penal por alegada irregularidade no inquérito, pois, segundo jurisprudência firmada neste Supremo Tribunal, as nulidades processuais concernem tão somente aos defeitos de ordem jurídica pelos quais afetados os atos praticados ao longo da ação penal condenatória. Precedentes" (STF, RHC 131.450/DF, 2ª T., rel. Min. Cármen Lúcia, j. 3-5-2016, *DJe* n. 100, de 17-5-2016). *No mesmo sentido*: STJ, REsp 1.659.662/CE, 5ª T., rel. Min. Ribeiro Dantas, j. 6-4-2017, *DJe* de 19-4-2017; STJ, HC 398.527/RJ, 6ª T., rel. Min. Maria Thereza de Assis Moura, j. 13-6-2017, *DJe* de 23-6-2017.

39. STF, HC 54.933/SP, 1ª T., rel. Min. Antonio Neder, j. 14-12-1976, *DJ* de 4-3-1977, p. 1.164.

40. STF, AP 933 QO/PB, 2ª T., rel. Min. Dias Toffoli, j. 6-10-2015, *DJe* n. 020, de 3-2-2016.

5. Valor Probatório

As provas colhidas durante a investigação e materializadas em inquérito policial têm valor relativo; são dotadas de limitada eficácia probatória.

Para a procedência da ação penal, é imprescindível a produção de provas em juízo, sob o crivo do contraditório e da ampla defesa, observado o devido processo legal, daí a necessidade de repetição de determinadas provas – como é exemplo a prova testemunhal –, sem prejuízo de outras provas novas que poderão ser produzidas.

É juridicamente impossível a procedência de ação penal com base em prova colhida *exclusivamente* no inquérito. "A unilateralidade das investigações desenvolvidas pela polícia judiciária na fase preliminar da persecução penal (*informatio delicti*) e o caráter inquisitivo que assinala a atuação da autoridade policial não autorizam, sob pena de grave ofensa à garantia constitucional do contraditório e da plenitude de defesa, a formulação de decisão condenatória cujo único suporte seja a prova, não reproduzida em juízo, consubstanciada nas peças do inquérito."[41]

Mesmo não havendo ampla defesa e contraditório pleno no momento inicial da persecução penal, a colheita de certas provas pode ser impugnada, ainda na fase investigativa, estando expostas a tal situação, dentre outras, a busca e apreensão realizada ao arrepio da lei; a violação ilegal de sigilo fiscal ou bancário, ou, ainda, a interceptação telefônica não autorizada ou praticada em desconformidade com a lei.[42]

Ainda que determinadas provas não sejam objeto de questionamento no momento de sua colheita, contemporaneamente à sua produção, ficam expostas ao contraditório diferido, que necessariamente se verificará ao tempo da persecução penal em juízo, quando então caberá à defesa argumentar e provar eventual ilegalidade na sua produção e consequente desvalia frente ao ordenamento.

A nulidade da prova, entretanto, não é causa de nulidade do processo, conforme já afirmamos neste mesmo capítulo, alcançando, apenas, o mérito da demanda, na medida em que, uma vez declarada, poderá influenciar decisivamente no acolhimento ou não da pretensão punitiva.

É possível que prova produzida na fase de inquérito seja anulada em juízo e depois refeita, como pode ocorrer, v.g., com a confecção de determinado laudo pericial.

41. STF, RE 136.239/SP, 1ª T., rel. Min. Celso de Mello, j. 7-4-1992, *DJ* de 14-8-1992, p. 12.227, *RTJ* 143/306.

42. "A interceptação telefônica fundada exclusivamente em denúncia anônima é absolutamente nula, em razão da vedação constitucional ao anonimato, consubstanciada no art. 5º, IV, da Carta Magna. Ordem concedida para declarar nula a prova resultante da interceptação telefônica, com a consequente anulação da sentença condenatória" (STJ, HC 94.546/RJ, 6ª T., rel. Min. Maria Thereza de Assis Moura, j. 18-11-2010, *DJe* de 7-2-2011).

Embora o conteúdo probatório do inquérito esteja impregnado de valor relativo, o juiz não o despreza ao proferir sentença.[43]

Cabe lembrar, nesse passo, o disposto no art. 155, *caput*, do CPP, segundo o qual: "O juiz formará sua convicção pela livre apreciação da prova produzida em contraditório judicial, não podendo fundamentar sua decisão exclusivamente nos elementos informativos colhidos na investigação, ressalvadas as provas cautelares, não repetíveis e antecipadas".

A respeito dessa matéria, tem relevo observar que, a teor do disposto no § 3º do art. 3º do CPP, os autos que compõem as matérias de competência do juiz das garantias ficarão acautelados na secretaria desse juízo, à disposição do Ministério Público e da defesa, e não serão apensados aos autos do processo enviados ao juiz da instrução e julgamento, ressalvados os documentos relativos às provas irrepetíveis, medidas de obtenção de provas ou de antecipação de provas, que deverão ser remetidos para apensamento em apartado.

6. VÍCIOS OU IRREGULARIDADE NO INQUÉRITO POLICIAL

Não há *nulidade* em inquérito policial.

O que pode ocorrer, e não raras vezes ocorre, é a prática de *irregularidade/ ilegalidade*.

Eventual irregularidade/ilegalidade, contudo, qualquer que seja sua natureza, não contamina a ação penal;[44] não cabe ser arguida após a instauração do processo com vistas a pretender a invalidação deste.[45]

Essa forma de compreensão da matéria é tranquila na doutrina e na jurisprudência.

Ao explicar que a declaração de nulidade de prova produzida no inquérito não atinge o processo, assinalou ESPÍNOLA FILHO, com o costumeiro acerto, que "(...) não importa na consequência de invalidar, anulando-o, o processo criminal, a circunstância de se terem realizado, no inquérito, diligências ou quaisquer atos sem respeitar as formalidades legais, ou mesmo contrariando expressas determinações de lei. O fato só terá o resultado de retirar o valor probante do ato ou diligência assim vi-

---

43. EDUARDO ESPÍNOLA FILHO, op. cit., p. 253.

44. "Eventuais vícios do inquérito policial não contaminam a ação penal" (STF, HC 83.921/RJ, 1ª T., rel. Min. Eros Grau, j. 3-8-2004, *DJ* de 27-8-2004, p. 70, *RTJ* 191/598). "Eventuais nulidades ocorridas na fase inquisitorial ou no curso de outros procedimentos investigativos preparatórios não têm o condão de macular a ação penal posteriormente instaurada, conforme já decidiu o Superior Tribunal de Justiça" (STJ, HC 83.611/SP, 5ª T., rel. Min. Laurita Vaz, j. 2-2-2010, *DJe* de 1º-3-2010).

45. "(...) o inquérito não é parte integrante do processo criminal, mas mero elemento de instrução da Promotoria, ou da parte privada, na fundamentação da denúncia ou queixa" (EDUARDO ESPÍNOLA FILHO, op. cit., p. 259).

ciados, que, entretanto, o juiz mandará, por sanar-lhe a falta, repetir, sempre que isso for realizável".[46]

A esse respeito, reiteradas vezes se tem decidido, inclusive no Supremo Tribunal Federal, que: "Eventuais vícios formais concernentes ao inquérito policial não têm o condão de infirmar a validade jurídica do subsequente processo penal condenatório. As nulidades processuais concernem, tão somente, aos defeitos de ordem jurídica que afetam os atos praticados ao longo da ação penal condenatória".[47]

"Por se tratar de peça meramente informativa da denúncia ou da queixa, eventual irregularidade no inquérito policial não contamina o processo, nem enseja a sua anulação."[48] "Os vícios existentes no inquérito policial não repercutem na ação penal, que tem instrução probatória própria."[49]

Não é correto afirmar, entretanto, que eventual irregularidade/ilegalidade praticada no inquérito não acarreta consequência alguma na ação penal; não influencia no seu destino.

Com efeito, é possível que *determinada prova* seja produzida de forma ilegal, de maneira a se expor à arguição e reconhecimento de sua nulidade.[50] Note-se: **nulidade da prova** colhida na fase de investigação, **e não nulidade do inquérito**.

É o que ocorre, por exemplo, na hipótese de interceptação telefônica e também na busca e apreensão de documentos realizada de forma ilegal, quando então a prova que de tais diligências decorre será declarada nula em juízo, sem que isso implique a nulidade do processo.

---

46. Eduardo Espínola Filho, op. cit., p. 259.

47. STF, HC 73.271/SP, 1ª T., rel. Min. Celso de Mello, j. 19-3-1996, *DJe* de 4-10-2006.

48. STF, HC 80.902/SP, 2ª T., rel. Min. Carlos Velloso, j. 18-12-2001, *DJ* de 8-3-2002, p. 52. "O inquérito é peça informativa que não contamina a ação penal. Precedentes" (STF, RHC 126.885/RJ, 2ª T., rel. Min. Cármen Lúcia, j. 15-12-2015, *DJe* n. 18, de 1º-2-2016). "É inviável anulação do processo penal por alegada irregularidade no inquérito, pois, segundo jurisprudência firmada neste Supremo Tribunal, as nulidades processuais concernem tão somente aos defeitos de ordem jurídica pelos quais afetados os atos praticados ao longo da ação penal condenatória. Precedentes" (STF, RHC 131.450/DF, 2ª T., rel. Min. Cármen Lúcia, j. 3-5-2016, *DJe* n. 100, de 17-5-2016).

49. STF, RHC 85.286/SP, 2ª T., rel. Min. Joaquim Barbosa, j. 29-11-2005, *DJ* de 24-3-2006, p. 55. "O Supremo Tribunal Federal tem uma jurisprudência consolidada no sentido de que não se proclama nulidade sem a comprovação de prejuízo, sendo certo ainda que eventuais irregularidades do inquérito não repercutem na ação penal. Precedentes" (STF, HC 130.810 AgR/AL, 1ª T., rel. Min. Roberto Barroso, j. 2-8-2016, *DJe* n. 198, de 16-9-2016).

50. "A unilateralidade das investigações preparatórias da ação penal não autoriza a Polícia Judiciária a desrespeitar as garantias jurídicas que assistem ao indiciado, que não mais pode ser considerado mero objeto de investigações. O indiciado é sujeito de direitos e dispõe de garantias, legais e constitucionais, cuja inobservância, pelos agentes do Estado, além de eventualmente induzir-lhes a responsabilidade penal por abuso de poder, pode gerar a absoluta desvalia das provas ilicitamente obtidas no curso da investigação policial" (STF, HC 73.271/SP, 1ª T., rel. Min. Celso de Mello, j. 19-3-1996, *DJe* de 4-10-2006).

A nulidade da prova, como é evidente, poderá enfraquecer o conteúdo informativo do processo, de maneira a determinar a absolvição do acusado por falta de prova (princípio *in dubio pro reo*), daí não ser possível afirmar que as irregularidades/ilegalidades praticadas no inquérito não respingam, de forma alguma, no processo.

De ver, ainda, que a nulidade do auto de prisão em flagrante não acarreta a nulidade do processo-crime instaurado com base no inquérito que daquele decorre.

Em relação a esse tema, há exceção no que diz respeito à investigação levada a efeito por autoridade incompetente, contra pessoa detentora de foro privilegiado por prerrogativa de função.

Nesse sentido, aliás, já decidiu o Supremo Tribunal Federal, em caso de crime praticado por prefeito, que: "A usurpação da competência do Tribunal Regional Eleitoral para supervisionar as investigações constitui vício que contamina de nulidade a investigação realizada em relação ao detentor de prerrogativa de foro, por violação do princípio do juiz natural (art. 5º, LIII, CF)".[51]

7. Instauração do Inquérito

A instauração de inquérito policial reclama da autoridade incumbida da tarefa investigatória cuidados especiais, cuja ausência de observância fatalmente acarretará constrangimento ilegal sanável pela via do *habeas corpus*, que constitui providência jurídica apta a fazer paralisar extraordinariamente a apuração.

Não é qualquer fato que comporta apuração em inquérito policial. É preciso que se esteja diante de fato tipificado na legislação penal como delito.

Mas não é só.

Dependendo da natureza do delito, deverá a autoridade atentar para a satisfação de certos requisitos especiais, denominados *condições de procedibilidade ou perseguibilidade*, sem os quais, a depender da hipótese, não poderá iniciar a investigação ou seguir com ela, ainda que evidente a ilicitude penal da conduta focada.

Nesse momento é que se torna indispensável identificar se o delito que se pretende investigar é:

1) de ação penal *pública incondicionada*;

2) de ação penal *pública condicionada à representação*;

3) de ação penal *pública condicionada à requisição do Ministro da Justiça*; ou

4) de ação penal *privada*.

Sobre essa classificação, dispõe o art. 100, *caput*, do CP, que: "A ação penal é pública, salvo quando a lei expressamente a declare privativa do ofendido". Acrescenta seu § 1º que: "A ação pública é promovida pelo Ministério Público, dependendo,

51. STF, AP 933 QO/PB, 2ª T., rel. Min. Dias Toffoli, j. 6-10-2015, *DJe* n. 20, de 3-2-2016.

quando a lei o exige, de representação do ofendido ou de requisição do Ministro da Justiça". Arremata o § 2º: "A ação de iniciativa privada é promovida mediante queixa do ofendido ou de quem tenha qualidade para representá-lo".

Identificada a natureza do delito em tese praticado, é preciso que se observe o tipo de ação penal a que este se encontra vinculado, para que então se conclua a respeito da necessidade, ou não, de atender a requisitos especiais para a instauração do inquérito.

Nessa toada:

1) se o delito for de ação penal pública incondicionada: a autoridade policial deverá agir *ex officio* (CPP, art. 5º, I);

2) se o delito for de ação penal pública condicionada à representação do ofendido: a autoridade policial não poderá proceder à instauração de inquérito sem antes obter a *representação* de quem de direito (CPP, art. 5º, § 4º);

3) se o delito for de ação penal pública condicionada à requisição do Ministro da Justiça: a autoridade policial somente poderá instaurar inquérito se contar com referida *requisição* (CP, art. 7º, § 3º, *b*);

4) se o delito for de ação penal privada: a autoridade somente poderá instaurar inquérito se houver *requerimento* de quem tenha legitimidade para intentá-la (CPP, art. 5º, § 5º).

É possível *prisão em flagrante* qualquer que seja a modalidade de ação penal a que se encontrar vinculado o delito, desde que presente situação de flagrância e observadas as peculiaridades que veremos mais adiante.

É comum, ainda, a instauração em razão de *delação* feita por terceiro.

Em resumo, o inquérito policial pode ser iniciado: *1) ex officio* pela autoridade policial; *2)* em razão de requerimento/representação do ofendido ou seu representante legal; *3)* em razão de requisição do Ministro da Justiça; *4)* em razão de requisição do Promotor de Justiça/Procurador da República; *5)* por força de prisão em flagrante; *6)* em razão de delação feita por terceiro.

Desde a vigência do atual art. 3º-A do CPP (introduzido pelo art. 3º da Lei n. 13.964/2019), não é cabível requisição judicial para instauração de inquérito policial. Referido dispositivo assegura que o processo penal tem estrutura acusatória, e por isso veda expressamente a "iniciativa do juiz na fase de investigação".

Tal compreensão guarda coerência com o disposto no art. 40 do CPP, *verbis*: "Quando, em autos ou papéis de que conhecerem, os juízes ou tribunais verificarem a existência de crime de ação pública, remeterão ao Ministério Público as cópias e os documentos necessários (...)".

Após cuidadosa análise, caberá ao representante do Ministério Público providenciar a requisição de instauração do inquérito policial, sendo caso.

São peças inaugurais do inquérito:

1) **portaria** do delegado de polícia, quando se tratar de delito de ação penal pública incondicionada, condicionada ou privada, e a autoridade agir *ex officio* ou em razão de representação; delação, requisição ou requerimento de quem de direito; ou

2) **auto de prisão em flagrante**, qualquer que seja o tipo de delito e de ação penal a que este se vincule, desde que presente situação de flagrante e, sendo caso, que previamente à prisão-captura ocorra manifestação positiva de vontade de quem de direito.

Com efeito, para que ocorra prisão em flagrante nos delitos de ação penal pública condicionada, é preciso *prévia* representação do ofendido ou de seu representante legal, ou, sendo caso, a requisição do Ministro da Justiça. Se o flagrante versar sobre delito de ação penal privada, a prisão não poderá ser realizada sem *prévia* autorização ou requerimento de quem tenha legitimidade para intentar a ação penal (o ofendido ou seu representante legal). Dada a excepcionalidade das situações aventadas, em qualquer das hipóteses as manifestações de vontade serão verbais,[52] já que não se pode exigir forma diversa no momento do flagrante, mas deverão ser reduzidas a termo por ocasião da lavratura do respectivo auto de prisão.

Há quem entenda que a **requisição** do Ministério Público; o **requerimento** do ofendido ou de seu representante legal; a **representação** do ofendido ou de seu representante legal e a **requisição** do Ministro da Justiça, nos casos em que se verificar, deverão constituir a peça inaugural do inquérito.[53]

Em nossa forma de ver, nas situações indicadas deverá o delegado de polícia, formalmente autorizado, baixar *portaria* para instauração do inquérito, sendo esta, portanto, a peça inaugural em tais casos.

7.1. Justa causa para instauração de inquérito

Em tese, haverá justa causa para a instauração de inquérito sempre que ocorrer a prática de um delito, mas a atribuição de autoria da infração penal a quem quer que seja é providência que reclama cuidado, e só estará justificada quando houver ao menos indícios que relacionem o imputado com o fato investigado.

Macular a honra alheia é conduta tantas vezes mais perigosa, mutiladora e aniquiladora que muitas ofensas físicas diretas. A ofensa da honra acarreta efeitos

52. Isso pressupõe que o delito seja praticado na presença de quem tenha legitimidade para formular a representação/requisição/autorização. Tudo num mesmo contexto. Praticado o delito, de imediato o legitimado se manifesta autorizando a prisão em flagrante, que é realizada por quem de direito. Em seguida, todos deverão comparecer à repartição policial para a lavratura do auto e formalização das manifestações.

53. Nesse sentido, conferir: FERNANDO CAPEZ, *Curso de processo penal*, 24. ed., São Paulo, Saraiva, 2017, p. 129; NESTOR TÁVORA e ROSMAR RODRIGUES ALENCAR, *Curso de direito processual penal*, 7. ed., Salvador, JusPodivm, 2012, p. 119-120.

danosos ao ofendido perante si, internamente, ferindo sua autoestima, e perante seus concidadãos, externamente, atingindo seu conceito na sociedade.

A honra ofendida aniquila vibrações positivas e estímulos produtivos, levando o indivíduo à apatia e profundo grau de melancolia; comprime a alma e o coração; inibe momentos de felicidade.

A atualidade e relevância do tema, segundo pensamos, nunca deixaram de existir, e nos dias atuais despontam ainda mais sensíveis, notadamente em razão das garantias constitucionais que visam, direta ou indiretamente, a preservação da honra e da dignidade da pessoa humana.

A título de exemplo, note-se que o art. 5º da CF, tratando dos direitos e garantias fundamentais, em seu inciso X, dispõe que "são invioláveis a intimidade, a vida privada, a honra e a imagem das pessoas, assegurando o direito a indenização pelo dano moral decorrente de sua violação".

A propósito, a dignidade da pessoa humana encontra-se no rol dos princípios fundamentais da República Federativa do Brasil, nos termos em que dispõe o art. 1º, III, da CF.

Já decidiu o Supremo Tribunal Federal que "a mera instauração de inquérito, quando evidente a atipicidade da conduta, constitui meio hábil a impor violação aos direitos fundamentais, em especial ao princípio da dignidade humana".[54]

Quando se estiver diante de infração cuja ação penal seja de natureza pública condicionada, ou privada, ainda que evidentes a ocorrência do delito e respectiva autoria, a autoridade policial não poderá instaurar inquérito sem antes dispor da manifestação positiva de vontade de quem de direito, concordando com, ou requerendo, a instauração do procedimento investigatório.

O desconhecimento da autoria e a possibilidade de reconhecimento de eventual causa de exclusão da ilicitude (CP, art. 23) não impedem a instauração de inquérito, que tem por finalidade a mais ampla apuração, com vistas a esclarecer, inclusive, a ocorrência, ou não, de qualquer das escusativas possíveis.

Faltará justa causa, por outro lado, se a conduta for atípica ou já estiver extinta a punibilidade por qualquer causa, sendo cabível em tais casos o ajuizamento de *habeas corpus* visando a trancar o inquérito e assim paralisar as investigações, fazendo cessar o constrangimento ilegal.

Mas é preciso ter em mente que "o trancamento de inquérito policial pela via estreita do *habeas corpus* é medida de exceção, só admissível quando emerge dos autos, de forma inequívoca e sem a necessidade de valoração probatória, a inexistência de autoria por parte do indiciado, a atipicidade da conduta",[55] ou outra causa justificadora.

---

54. STF, HC 82.969/PR, 2ª T., rel. Min. Gilmar Mendes, j. 30-9-2003, *DJ* de 17-10-2003, p. 37.
55. STJ, HC 44.577/SP, 5ª T., rel. Min. Laurita Vaz, j. 26-2-2008, *DJe* de 7-4-2008.

"Sendo o inquérito policial mero procedimento administrativo preparatório para a ação penal, tem por objeto a apuração do fato tido como delituoso e a respectiva autoria, não devendo ser obstado pela restrita via do *habeas corpus*, para que não se incorra no risco de coactar as atividades da polícia judiciária e do Ministério Público",[56] salvo evidente hipótese de constrangimento ilegal que de sua existência decorra.

Por fim, o alerta rotineiramente ignorado:

> Apurar infrações penais ou exercer a supervisão da investigação criminal é tarefa cujo desempenho requer de quem exerce a função discrição e serenidade, isso em decorrência dos eternos princípios da presunção de inocência e da inviolabilidade da intimidade, da vida privada etc. Compete ao Judiciário – se e quando necessário – a correção de desacertos, de violências e desatinos (STJ, RHC 16.659/RS, 6ª T., rel. Min. Nilson Naves, j. 17-2-2005, *DJ* de 5-9-2005, p. 490).

7.2. *Notitia criminis*

Notitia criminis é a notícia do delito; a notícia da prática de determinada conduta que pode, em tese, configurar ilícito penal (crime ou contravenção). Na expressão de FENECH, é "el conocimiento de un hecho o evento que reviste los caracteres de delito".[57]

É por meio dela que a autoridade policial toma conhecimento da prática de determinada conduta, e a partir daí inicia investigações visando à completa apuração dos fatos.

Subdivide-se em:

1) *Notitia criminis* de cognição espontânea, direta ou imediata: regulada no art. 5º, I, do CPP, segundo o qual, nos *crimes de ação penal pública*, o inquérito policial será iniciado de ofício.

Por meio dela a autoridade policial tem conhecimento direto do fato, sem que seja levado a seu saber formalmente por pessoa interessada. Esse conhecimento pode decorrer, dentre outras situações, da localização casual do corpo de delito; de notícias veiculadas na mídia[58] ou apurações realizadas pela polícia.

2) *Notitia criminis* de cognição provocada, indireta ou mediata: a autoridade policial toma conhecimento do delito por meio de provocação formal que lhe é endereçada por terceiro.

---

56. STJ, RHC 74/SP, 5ª T., rel. Min. Cid Flaquer Scartezzini, j. 27-9-1989, *DJ* de 16-10-1989, p. 15.858, *RSTJ* 9/108.

57. MIGUEL FENECH, *Derecho procesal penal*, 3. ed., Madrid-Barcelona, Editorial Labor, 1960, v. 1, p. 273.

58. "É possível a deflagração de investigação criminal com base em matéria jornalística" (STJ, RHC 98.056/CE, 6ª T., rel. Min. Antonio Saldanha Palheiro, j. 4-6-2019, *DJe* de 21-6-2019).

Pode ocorrer em razão de requisição do Ministério Público; atendendo a requerimento do ofendido ou de quem tiver qualidade para representá-lo (CPP, art. 5º, II, e §§ 4º e 5º), ou em razão de requisição do Ministro da Justiça (CP, art. 7º, § 3º, *b*).

Também se dará cognição provocada ou indireta na denominada *delatio criminis*,[59] quando a *notitia criminis* for levada à autoridade policial mediante comunicação verbal ou escrita feita por qualquer pessoa do povo,[60] na hipótese de infração penal em que caiba ação penal pública (CPP, art. 5º, § 3º), ainda que se trate de delação anônima, também denominada *"delatio criminis" inqualificada*.

3) *Notitia criminis* de cognição coercitiva ou flagrancial: é a que decorre da prisão em flagrante de determinada pessoa.

Qualquer pessoa do povo pode e as autoridades policiais e seus agentes devem prender quem quer que seja encontrado em situação de flagrante delito (CPP, arts. 8º, 301 e 302).

Efetuada a prisão-captura, o preso deve ser imediatamente conduzido à presença da autoridade policial competente, que então tomará conhecimento do fato e irá lavrar o auto de prisão em flagrante, sendo caso, iniciando a partir deste o inquérito policial.

7.3. *Delatio criminis*

Nos precisos termos do art. 5º, § 3º, do CPP: "Qualquer pessoa do povo que tiver conhecimento da existência de infração penal em que caiba ação pública poderá, verbalmente ou por escrito, comunicá-la à autoridade policial, e esta, verificada a procedência das informações, mandará instaurar inquérito".

Delatio criminis, stricto sensu, é a delação, a comunicação feita por particular à autoridade policial a respeito da ocorrência de delito de ação pública incondicionada ou condicionada.

Recebida a *delatio*, caberá à autoridade policial verificar a idoneidade das informações apresentadas e, sendo caso, instaurar inquérito visando à completa investigação.

Vezes há em que a *delatio* não contém elementos suficientes para a instauração de inquérito, situação em que poderá a autoridade policial desenvolver investigações preliminares com vistas a recolher indícios ou elementos de prova que, se existentes, justificarão a instauração formal.

59. "É dever de toda e qualquer autoridade comunicar o crime de que tenha ciência no exercício de suas funções. Dispõe significativamente o art. 144 da Constituição da República que 'A segurança pública, dever do Estado, direito e responsabilidade de todos, é exercida para a preservação da ordem pública e da incolumidade das pessoas e do patrimônio'" (STJ, HC 35.654/RO, 6ª T., rel. Min. Hamilton Carvalhido, j. 7-3-2006, *DJ* de 20-3-2006, p. 357, *LEXSTJ* 200-292).

60. Por "qualquer pessoa do povo" entenda-se qualquer pessoa que não seja o ofendido ou seu representante legal; qualquer pessoa que não tenha legitimidade para o ajuizamento da ação penal.

Se a *delatio* versar sobre delito de ação penal privada, a autoridade policial não poderá proceder a qualquer atividade investigatória sem antes obter do titular do direito de ação a imprescindível autorização, conforme indica o art. 5º, § 5º, do CPP.

Muito embora o § 3º do art. 5º se refira apenas a delito de ação penal pública, não raras vezes a autoridade policial recebe informações sobre a ocorrência de crime de ação penal privada, e é evidente que em tais situações não poderá desconsiderar o conteúdo informativo simplesmente por força da regra acima invocada, e com isso permitir que situação de ilícito penal se perpetue ou não receba mínima atenção do Estado.

Em casos tais, muito embora não possa de imediato investigar formalmente o delito de que tem notícia por terceira pessoa, deverá fazer cessar a atividade ilícita, sendo caso; convidar a suposta vítima a fim de que compareça à repartição policial, ou ir ao encontro dela, quando então deverá instruí-la a respeito dos procedimentos e formalismos relativos à situação tratada, colhendo, se for caso, sua espontânea autorização para dar início ao procedimento investigatório.

Se a *delatio* for enviada a representante do Ministério Público, deverá ser encaminhada à repartição policial para a adoção das providências cabíveis. Se for endereçada a magistrado, este deverá reenviá-la a representante do Ministério Público, a fim de que proceda como entender cabível (art. 3º-A, c.c. o art. 40, do CPP).

7.3.1. Formas de delação

Levando em conta seu conteúdo, a delação pode ser *simples* ou *postulatória*.

Ocorre **delação simples** quando o noticiante apenas comunica a ocorrência do delito, sem nada postular.

Denomina-se **delação postulatória**, por outro vértice, a comunicação de delito contida em requerimento ou representação visando à instauração de inquérito para sua apuração.

Considerando o elemento volitivo, a delação pode ser *espontânea* ou *obrigatória*.

Em regra, a delação é espontânea ou facultativa, e por isso decorre da vontade do cidadão em colaborar ou não com a apuração.

Excepcionalmente, a lei impõe a determinados profissionais a **delação compulsória ou obrigatória** de delito de que tenha conhecimento em razão do ofício, daí o art. 66, I e II, do Decreto-Lei n. 3.688/41 (Lei das Contravenções Penais), cominar pena de multa para quem deixar de comunicar à autoridade competente: I – crime de ação pública, de que teve conhecimento no exercício de função pública, desde que a ação penal não dependa de representação; II – crime de ação pública, de que teve conhecimento no exercício da medicina ou de outra profissão sanitária, desde que a ação penal não dependa de representação e a comunicação não exponha o cliente a procedimento criminal.

7.3.2. Delação anônima

A instauração de inquérito policial *no qual se aponte determinada pessoa como autora de delito* é providência que reclama a presença de elementos mínimos indicativos da real existência de um delito e ao menos indícios *da autoria atribuída*.

Não raras vezes a autoridade policial, e também o Ministério Público, recebe delação anônima[61] informando a ocorrência de delito, com ou sem indicação de quem seja o infrator.

A delação anônima é também chamada de *"notitia criminis" inqualificada*.

Fundamentado no entendimento segundo o qual a Constituição Federal veda o anonimato (CF, art. 5º, VI), e com vistas a preservar a possibilidade de responsabilização por acusações temerárias, prevalece o entendimento no sentido de que não é possível *a imediata instauração* de inquérito policial quando o fato for comunicado mediante delação anônima; apócrifa.

Com este pensamento:

> Não serve à persecução criminal notícia de prática criminosa sem identificação da autoria, consideradas a vedação constitucional do anonimato e a necessidade de haver parâmetros próprios à responsabilidade, nos campos cível e penal, de quem a implemente (STF, HC 84.827/TO, 1ª T., rel. Min. Marco Aurélio, j. 7-8-2007, *DJe* n. 147, de 23-11-2007).

Concordamos que a denúncia anônima não se presta à instauração de inquérito policial.[62] Todavia, chegando ao conhecimento da autoridade a prática de um delito por tal modo comunicado, deverá esta realizar investigações preliminares[63] visando a coletar informações que eventualmente permitam, em momento seguinte, instaurar inquérito.

Observada a diferença que há entre tais procedimentos, recebida a delação anônima, primeiro a autoridade policial deverá investigar o fato noticiado; depois, sendo caso, instaurar formalmente a investigação que irá se materializar em inquérito policial.

É recorrente na rotina policial e também nos gabinetes de Ministério Público a chegada de delação anônima, assim veiculada em razão de fundado receio do delator quanto à integridade própria e de sua família.

---

61. A propósito deste tema, a Lei n. 13.608, de 10 de janeiro de 2018, dispõe sobre o serviço telefônico de recebimento de denúncias e sobre recompensa por informações que auxiliem nas investigações policiais.

62. "A Constituição Federal veda o anonimato, o que tinge de ilegitimidade a instauração de inquérito policial calcada apenas em comunicação apócrifa" (STJ, HC 53.703/RJ, 6ª T., rel. Min. Maria Thereza de Assis Moura, j. 2-4-2009, *DJe* de 17-8-2009).

63. "As autoridades públicas não podem iniciar qualquer medida de persecução (penal ou disciplinar), apoiando-se, unicamente, para tal fim, em peças apócrifas ou em escritos anônimos. É por essa razão que o escrito anônimo não autoriza, desde que isoladamente considerado, a imediata instauração de '*persecutio criminis*'. – Nada impede que o Poder Público, provocado por delação anônima ('disque-denúncia', p.ex.), adote medidas informais destinadas a apurar, previamente, em averiguação sumária, 'com prudência e discrição', a possível ocorrência de eventual situação de ilicitude penal, desde que o faça com o objetivo de conferir a verossimilhança dos fatos nela denunciados, em ordem a promover, então, em caso positivo, a formal instauração da '*persecutio criminis*', mantendo-se, assim, completa desvinculação desse procedimento estatal em relação às peças apócrifas" (STF, RHC 117.988/RS, 2ª T., rel. Min. Gilmar Mendes, rel. p/ o Acórdão Min. Celso de Mello, j. 16-12-2014, *DJe* n. 037, de 26-2-2015). No mesmo sentido: STJ, HC 94.546/RJ, 6ª T., rel. Min. Maria Thereza de Assis Moura, j. 18-11-2010, *DJe* de 7-2-2011.

No estágio de insegurança pública e violência descontrolada em que vivemos, não é difícil compreender as razões que levam pessoas a optar por essa maneira de agir.

Mesmo que de forma anônima, a delação motivada pelo desejo de contribuir com a harmonia social é sempre mais útil que a omissão, que a indiferença de quem tem nome e sobrenome conhecidos.

Em meio a esse aparente conflito de bens jurídicos, sem que possamos identificar qualquer violação à Carta Magna, é adequado averiguar melhor o conteúdo da *delatio*, ao invés de simplesmente desconsiderá-la:

> Firmou-se a orientação de que a autoridade policial, ao receber uma denúncia anônima, deve antes realizar diligências preliminares para averiguar se os fatos narrados nessa 'denúncia' são materialmente verdadeiros, para, só então, iniciar as investigações (STF, HC 95.244/PE, 1ª T., rel. Min. Dias Toffoli, j. 23-3-2010, *DJe* n. 76, de 30-4-2010, *RTJ* 214/441, *RT* 900/480).
>
> Não obstante seja a acusação anônima insuficiente para a abertura de inquérito policial, nada impede que, após investigação preliminar, seja iniciado o inquérito com base em tais fatos, para sua apuração e eventual instauração de ação penal (STJ, HC 83.611/SP, 5ª T., rel. Min. Laurita Vaz, j. 2-2-2010, *DJe* de 1º-3-2010).
>
> Ainda que com reservas, a denúncia anônima é admitida em nosso ordenamento jurídico, sendo considerada apta a deflagrar procedimentos de averiguação conforme contenham ou não elementos informativos idôneos suficientes, e desde que observadas as devidas cautelas no que diz respeito à identidade do investigado (STJ, HC 83.830/PR, 5ª T., rel. Min. Laurita Vaz, j. 3-2-2009, *DJe* de 9-3-2009).

7.4. Instauração visando à apuração de delito de ação penal pública incondicionada

Se tomar conhecimento de delito de ação penal pública incondicionada, deve a autoridade policial proceder à instauração de inquérito policial *ex officio*, sendo suficiente que tenha ciência do fato que configura ilícito penal para que inicie sua investigação, independentemente de provocação (CPP, art. 5º, I). Aplica-se o princípio da oficiosidade.

Quando se tratar de delito de ação penal pública[64] incondicionada, a instauração de inquérito pode decorrer, ainda, de *requisição* formulada pelo Ministério Público,[65] à luz do disposto no art. 5º, II, do CPP.

---

64. "O respeito aos bens jurídicos protegidos pela norma penal é, primariamente, interesse de toda a coletividade, sendo manifesta a legitimidade do Poder do Estado para a imposição da resposta penal, cuja efetividade atende a uma necessidade social. Daí por que a ação penal é pública e atribuída ao Ministério Público, como uma de suas causas de existência" (STJ, HC 35.654/RO, 6ª T., rel. Min. Hamilton Carvalhido, j. 7-3-2006, *DJ* de 20-3-2006, p. 357, *LEXSTJ* 200/292).

65. "Não configura constrangimento ilegal a instauração de inquérito policial por autoridade competente, mediante requisição do Ministério Público, para apurar suposta prática de crimes de ação penal pública" (STJ, RHC 16.477/RJ, 5ª T., rel. Min. Arnaldo Esteves Lima, j. 7-10-2004, *DJ* de 25-10-2004, p. 366).

Nessa hipótese, basta o conhecimento a respeito do fato para que se possa requisitar a instauração do inquérito, estando dispensada qualquer manifestação positiva de vontade de quem quer que seja.

Leciona Nucci que: "Requisição é a exigência para a realização de algo, fundamentada em lei. (...) Requisitar a instauração do inquérito significa um requerimento lastreado em lei, fazendo com que a autoridade policial cumpra a norma e não a vontade particular do promotor (...)".[66]

Na expressão de Tourinho Filho, requisição é exigência legal.[67]

A *requisição* feita por Promotor de Justiça deverá – sempre – contar com adequada fundamentação, conforme se extrai do art. 129, VIII, da CF.

Ressalvada a excepcional hipótese de se revelar manifestamente ilegal, a *requisição* corretamente formulada não pode ser desatendida/indeferida pela autoridade policial, pena de responsabilização funcional e criminal, especialmente, neste último caso, em face dos delitos de desobediência (CP, art. 330) e prevaricação (CP, art. 319).

Não é por razão diversa que o § 2º do art. 5º do CPP diz que a autoridade policial poderá indeferir o *requerimento*, não sendo isso possível em relação à *requisição*.

A instauração abusiva de inquérito pela autoridade policial, *ex officio* ou em razão de requisição manifestamente ilegal, também poderá render responsabilização funcional e criminal, neste último caso, por crime de abuso de autoridade (Lei n. 13.869/2019).

Requisição e *requerimento* não são expressões sinônimas; não se equivalem. Embora possam ter o mesmo conteúdo e objetivo (instauração de inquérito para apuração de infração penal), há diferença de intensidade entre uma e outro.

Enquanto a *requisição* contém exigência que em regra não pode ser desatendida, o *requerimento* traduz simples solicitação, que pode ou não ser atendida, a critério da autoridade policial.

7.5. Instauração a requerimento do ofendido

Vezes há em que o ofendido ou quem tenha qualidade para representá-lo, após tomar conhecimento da prática do delito, procura pela autoridade policial, a quem endereça requerimento visando à instauração de inquérito para a completa apuração dos fatos.

Essa providência está autorizada no art. 5º, II, parte final, do CPP.

Nesse caso, o delito poderá ser de ação pública – condicionada ou incondicionada – e até mesmo de ação privada.

66. Guilherme de Souza Nucci, *Manual de processo penal e execução penal*, 14. ed., Rio de Janeiro, Forense, 2017, p. 115.

67. *Manual de processo penal*, 17. ed., São Paulo, Saraiva, 2017, p. 126.

Se o delito for de ação penal pública condicionada à representação, do requerimento formulado é correto concluir que contém *representação*, ainda que não se tenha utilizado tal expressão no texto escrito, porquanto inegável a manifestação positiva de vontade no sentido de autorizar a instauração de inquérito e o oferecimento de denúncia.

Dispõe o art. 5º, § 1º, do CPP, que o requerimento conterá, *sempre que possível*:

a) a narração do fato, com todas as circunstâncias;

b) a individualização do indiciado (*rectius*: investigado ou autor do fato) ou seus sinais característicos e as razões de convicção ou de presunção de ser ele o autor da infração, ou os motivos de impossibilidade de o fazer;

c) a nomeação das testemunhas, com indicação de sua profissão e residência.

Se não for possível ao ofendido fornecer desde logo todas as informações acima apontadas, nem por isso estará impedido de formular requerimento, cumprindo, entretanto, que forneça todas as informações de que dispõe, mínimas que sejam, a fim de que a autoridade, sendo caso, proceda às investigações preliminares com vistas a colher melhores elementos de prova que possam autorizar instauração de inquérito.

Na expressão do § 2º do art. 5º, "do despacho que indeferir o requerimento de abertura de inquérito caberá recurso para o chefe de Polícia".

Não mais existe a figura do "Chefe de Polícia".

A melhor interpretação que se deve dar ao referido dispositivo é no sentido de que o *recurso* que se pode interpor contra o indeferimento há que ser endereçado ao Delegado-Geral de Polícia ou outra autoridade que as vezes faça.

Na prática, entretanto, caso o requerimento não seja atendido, o melhor é procurar pelo representante do Ministério Público e apresentar-lhe formalmente os fatos, para que depois de cuidadosa análise, se entender cabível, este requisite a instauração de inquérito (CPP, art. 5º, II).

Se a autoridade policial entender não dispor de atribuições para a apuração do fato, ao invés de indeferir o requerimento deverá determinar a remessa dele à autoridade que entender cabível.

7.6. Instauração para apuração de delito de ação penal pública condicionada

Classificam-se as ações penais públicas condicionadas em: (*1*) condicionada à representação do ofendido ou de seu representante legal; (*2*) condicionada à requisição do Ministro da Justiça.

Nessas hipóteses, a ação penal é pública, e o titular do direito de ação é, portanto, o Ministério Público, mas a investigação e o oferecimento de denúncia se encontram *condicionados* à manifestação de vontade de quem de direito (CPP, art. 24).

7.6.1. *Delito de ação penal pública condicionada à representação*

Há determinados tipos de delitos que, em razão do bem jurídico tutelado, só podem ser investigados pela autoridade policial, e o Ministério Público somente poderá oferecer denúncia contra seu autor se houver representação do ofendido ou de seu representante legal, sendo caso.

É o que ocorre, por exemplo, com os crimes de lesão corporal dolosa simples (CP, art. 129, *caput*)[68] e ameaça (CP, art. 147), nos quais a lei exige expressamente a representação.

7.6.1.1. Representação do ofendido

Representação é a manifestação positiva de vontade, feita pelo ofendido ou seu representante legal, de forma a autorizar a instauração de inquérito pela polícia judiciária e o oportuno oferecimento de denúncia pelo Ministério Público, com vistas à instauração do processo.

O direito de representação poderá ser exercido, pessoalmente ou por procurador com poderes especiais, mediante declaração, escrita ou oral, feita ao juiz, ao órgão do Ministério Público, ou à autoridade policial.

Só é necessária a representação quando a lei exigir expressamente (CP, art. 100, § 1º). Não havendo exigência, a ação é de natureza diversa.

Nada obstante o disposto no art. 39 do CPP, na doutrina e jurisprudência tornou-se incontroverso que não há forma rígida para a representação, que pode ser formulada por meio de singela manifestação de vontade do ofendido[69] perante a autoridade policial.[70]

Conforme se tem decidido, "a representação não necessita ser exteriorizada de forma solene, sendo bastante que a vítima explicite sua intenção de ver processar o autor do ataque, mesmo que através de um simples boletim de ocorrência".[71]

---

68. "A ação penal relativa a lesão corporal resultante de violência doméstica contra a mulher é pública incondicionada" (STF, ADI 4.424/DF, Tribunal Pleno, rel. Min. Marco Aurélio, j. 9-2-2012, *DJe* n. 148, de 1º-8-2014).

Súmula 542 do STJ: "A ação penal relativa ao crime de lesão corporal resultante de violência doméstica contra a mulher é pública incondicionada".

No dia 10 de maio de 2017, a Terceira Seção do Superior Tribunal de Justiça, por unanimidade, acolheu questão de ordem e procedeu à revisão do entendimento consolidado por ocasião do julgamento do REsp n. 1.097.042/DF – Tema 177, de modo que a tese passou a ter a seguinte redação: "A ação penal nos crimes de lesão corporal leve cometidos em detrimento da mulher, no âmbito doméstico e familiar, é pública incondicionada" (STJ, Pet 11.805/DF, Terceira Seção, rel. Min. Rogério Schietti Cruz, j. 10-5-2017, *DJe* de 17-5-2017).

69. STJ, RO HC 11.406/PB, 5ª T., rel. Min. Gilson Dipp, j. 11-9-2001, *DJU* de 22-10-2001, *RT* 796/563.

70. STJ, RHC 16.461/SP, 6ª T., rel. Min. Hamilton Carvalhido, j. 30-5-2006, *DJ* de 5-2-2007, p. 379.

71. TJSP, Ap. 270.978-3/9-00, 3ª Câm., rel. Des. Segurado Braz, *RT* 769/570. *No mesmo sentido*: STJ, RO HC 10.872/SC, 5ª T., rel. Min. José Arnaldo da Fonseca, j. 15-3-2001, *DJU* de 4-6-2001, *RT* 795/545; STJ, RHC 19.044/SC, 6ª T., rel. Min. Paulo Medina, j. 18-5-2006, *DJ* de 1º-8-2006, p. 546.

Se o ofendido for menor de 18 (dezoito) anos, caberá ao seu representante legal oferecer representação. Se maior de 18 (dezoito) e mentalmente capaz, poderá agir em nome próprio, conforme decorre do art. 5º do Código Civil.

Tem relevo enfatizar que se a representação for endereçada a magistrado, observado o disposto nos arts. 3º-A e 40 do CPP, a autoridade judiciária não poderá requisitar a instauração do procedimento investigatório, mas tão somente encaminhá-la ao Promotor de Justiça para conhecimento e adoção das providências que entender cabíveis.

7.6.1.2. Retratação da representação

A representação é irretratável depois de oferecida a denúncia (CPP, art. 25).

A contrario sensu, se a denúncia ainda não foi oferecida pelo Promotor de Justiça, é possível a retratação.

7.6.2. Delito de ação penal pública condicionada à requisição do Ministro da Justiça

Há determinados tipos de delitos que, em razão da natureza do objeto jurídico da tutela penal, só podem ser investigados se houver requisição do Ministro da Justiça.

Requisição, por aqui, não significa exigência lastreada em dispositivo de lei, mas simples manifestação positiva de vontade, autorizadora da instauração de inquérito pela polícia judiciária e de oferecimento de denúncia pelo Ministério Público.

Em casos tais a ação penal é pública, ficando a apuração e também a instauração do processo que eventualmente se seguir *condicionadas* à existência de oportuna *requisição*.

Trataremos do assunto com maior profundidade no capítulo destinado ao estudo da *ação penal*.

7.6.2.1. Destinatário da requisição do Ministro da Justiça

Destinatário da requisição Ministerial poderá ser tanto o Delegado de Polícia com atribuições para tratar do caso quanto o representante do Ministério Público.

Se a requisição for apresentada diretamente ao Delegado de Polícia, caberá a este providenciar a instauração do inquérito.

Se a requisição do Ministro da Justiça for endereçada ao Ministério Público, caberá ao *Parquet* expedir ofício requisitando a instauração de inquérito para apuração dos fatos (CPP, art. 5º, II).

Na hipótese de a requisição ser enviada a magistrado, com fundamento nos arts. 3º-A e 40 do CPP, deverá providenciar o encaminhamento de todo o expediente ao Ministério Público, a quem incumbirá, em última análise, verificar se é caso de oferecimento de denúncia ou promover o arquivamento desde logo, ou de requisitar instauração de inquérito para melhor apuração dos fatos.

Se, endereçada diretamente ao representante do *Parquet*, encontrar-se suficientemente instruída, restará dispensada a instauração de inquérito, cumprindo seja dado o encaminhamento adequado à hipótese (oferecimento de denúncia; promoção de arquivamento ou de extinção da punibilidade, v.g.).

7.6.2.2. Requisição ministerial ***versus*** requisição ministerial

A **requisição formulada pelo Ministro da Justiça** não se confunde com a **requisição que é feita pelo Ministério Público**.

A requisição do Ministro da Justiça, conforme vimos, **constitui simples manifestação positiva de vontade**, autorizadora da investigação e do oferecimento de denúncia pelo Ministério Público. Por meio dela nada se *exige*.

Já a **requisição formulada pelo Ministério Público** com vistas à instauração de inquérito policial **constitui exigência que não pode ser desatendida pela autoridade policial**, salvo excepcional hipótese em que se revelar manifestamente ilegal.

7.6.3. O Ministério Público pode requisitar instauração de inquérito de ação penal pública condicionada?

Sim, é possível.

Se o delito for de *ação penal pública condicionada*, a requisição somente poderá ser formulada e, de consequência, instaurado o inquérito, se a autoridade requisitante já contar com a manifestação positiva de vontade de quem de direito (representação do ofendido ou requisição do Ministro da Justiça), que nesse caso deverá acompanhar o ofício requisitório.

Com efeito, dispõe o art. 5º, § 4º, do CPP, que "o inquérito, nos crimes em que a ação pública depender de representação, não poderá sem ela ser iniciado", e igual raciocínio se impõe quando estivermos diante de delito de ação penal pública condicionada à requisição do Ministro da Justiça.

Não é correto afirmar cegamente que o Ministério Público não se encontra legitimado a requisitar instauração de inquérito por delito de ação penal pública condicionada. Como visto, essa afirmação é verdadeira apenas em parte.

Imagine-se situação em que o representante do Ministério Público é procurado em seu gabinete por vítima que narre a ocorrência de delito de ação penal pública condicionada à representação. Nesse caso, e até mesmo por força do disposto no art. 129, VIII, da CF, cumprirá ao Promotor de Justiça reduzir a termo as declarações da vítima e colher desde logo sua representação (manifestação positiva de vontade, autorizadora da instauração do inquérito e do oferecimento de denúncia), para, em seguida, expedir ofício à autoridade policial requisitando a instauração de inquérito, instruindo aquele com as declarações e representação da vítima.

O que não se admite é a requisição desacompanhada da manifestação de vontade de quem de direito.

Se ainda assim houver requisição, a autoridade policial não estará obrigada a atendê-la, visto ser a exigência manifestamente ilegal.

7.7. Instauração visando à apuração de delito de ação penal privada

Nos delitos de ação penal privada, diz o art. 5º, § 5º, do CPP, "a autoridade policial somente poderá proceder a inquérito a requerimento de quem tenha qualidade para intentá-la".

Estão legitimados a ingressar com ação penal privada o ofendido ou seu representante legal, conforme arts. 30 a 36 do CPP.

7.8. Instauração em razão de flagrante delito

Se o delito for de **ação penal pública incondicionada**, presente situação que legitime o flagrante, não haverá óbice à lavratura do auto respectivo.

Se o delito for de **ação penal pública condicionada** à representação do ofendido ou requisição do Ministro da Justiça, sem a prévia existência da condição de procedibilidade ou perseguibilidade cabível na hipótese não poderá ocorrer prisão e, portanto, não haverá lavratura do auto. É possível nesses casos, entretanto, que, mesmo não ocorrendo prisão em flagrante, posteriormente ocorra requerimento/representação ou requisição do Ministro da Justiça, quando então será possível a instauração de inquérito e completa apuração dos fatos.

Se o delito for de **ação penal privada**, também não será possível a prisão em flagrante e subsequente lavratura do auto sem a prévia autorização da pessoa legitimada para a propositura da ação penal. De igual forma, ainda que não ocorra flagrante, poderá ocorrer requerimento posterior, ficando assim autorizada a instauração do inquérito, cumprindo, neste passo, que se observe o prazo decadencial a que se refere o art. 38 do CPP.

Modalidade denominada *cognição coercitiva*, o auto de prisão em flagrante é uma das maneiras pelas quais se inicia um inquérito policial, e sabemos que diante de delito de ação penal pública condicionada ou privada aquele não poderá ser instaurado sem a manifestação de vontade de quem de direito.

Sem a manifestação de vontade, portanto, não se prende em flagrante, e tal providência cautelar somente será possível se a pessoa legitimada a se manifestar

– a formular representação ou requerimento/autorização para prisão – se encontrar presente no momento em que o crime é praticado.

Se existir situação de flagrante delito e for externada a imediata manifestação positiva de quem de direito, legitima-se a prisão em flagrante, a subsequente lavratura do auto e, portanto, a instauração do inquérito que dele decorre.

Lavrar o auto é o mesmo que formalizar; documentar, redigir o auto de prisão em flagrante, prática que está regulada no art. 304 do CPP.

7.9. Instauração de inquérito para apuração de infração penal de menor potencial ofensivo

Verificada a prática de infração penal de menor potencial ofensivo, a apuração que se desencadear será formalizada em procedimento denominado "termo circunstanciado", conforme veremos mais adiante, neste mesmo capítulo.

Excepcionalmente, admite-se prisão em flagrante em razão da prática de infração penal de menor potencial ofensivo (parágrafo único do art. 69 da Lei n. 9.099/95), quando então a autoridade policial deverá proceder à formalização de inquérito policial para a completa apuração dos fatos.

Também será possível instauração de inquérito visando à apuração de conduta que se encaixe nessa categoria de infração penal quando a complexidade ou dificuldade de colheita da prova assim recomendar.

Imagine-se hipótese de acidente de trânsito ocorrido em rodovia, do qual resultem lesões corporais culposas em vítimas diversas (art. 303 do CTB c.c. o art. 70 do CP), residindo todos os envolvidos (vítimas, testemunhas e o apontado autor do fato) em localidades distantes de Estados distintos, devendo a prova oral ser colhida por precatória. É claro que nesse caso o ideal será a instauração de inquérito policial.

Conforme se extrai do art. 77, § 1º, da Lei n. 9.099/95, na apuração de infração penal de menor potencial ofensivo o inquérito policial é *dispensável*, mas não *proibido*.

8. DILIGÊNCIAS

Dispõe o art. 2º, §§ 1º e 2º, da Lei n. 12.830/2013, que "ao delegado de polícia, na qualidade de autoridade policial, cabe a condução da investigação criminal por meio de inquérito policial ou outro procedimento previsto em lei, que tem como objetivo a apuração das circunstâncias, da materialidade e da autoria das infrações penais", e "durante a investigação criminal, cabe ao delegado de polícia a requisição de perícia, informações, documentos e dados que interessem à apuração dos fatos".

Ao contrário do que ocorre em relação aos procedimentos que se desenvolvem durante a persecução penal em Juízo – em que vigora o princípio do *due process of law* –, na fase de inquérito não há um procedimento rígido e específico para o desenrolar das atividades investigatórias que se possa afirmar impositivo.

Salvo em relação às formalidades exigidas por ocasião da lavratura do auto de prisão em flagrante (CPP, arts. 8º e 304), cuja inobservância acarreta a nulidade do auto, com consequente relaxamento da prisão e soltura do preso, no mais, não há uma sequência de atos que se deva seguir com rigor, muito embora o bom senso e a inteligência apontem para a necessidade de determinadas práticas numa certa ordem que só a realidade do caso concreto permitirá estabelecer.

Tendo em conta a generalidade dos casos, o art. 6º do CPP aponta uma sequência de diligências que a autoridade policial, sem desconsiderar o caso concreto, *deverá proceder*, logo que tiver conhecimento da prática da infração penal, e é até *possível* pensar que deva praticá-las na ordem apontada.

São elas:

I – dirigir-se ao local, providenciando para que não se alterem o estado e conservação das coisas, até a chegada dos peritos criminais;

II – apreender os objetos que tiverem relação com o fato, após liberados pelos peritos criminais;

III – colher todas as provas que servirem para o esclarecimento do fato e suas circunstâncias;

IV – ouvir o ofendido;

V – ouvir o indiciado, com observância, no que for aplicável, do disposto no Capítulo III do Título VII, deste Livro, devendo o respectivo termo ser assinado por duas testemunhas que lhe tenham ouvido a leitura;

VI – proceder a reconhecimento de pessoas e coisas e a acareações;

VII – determinar, se for caso, que se proceda a exame de corpo de delito e a quaisquer outras perícias;

VIII – ordenar a identificação do indiciado pelo processo datiloscópico, se possível, e fazer juntar aos autos sua folha de antecedentes;

IX – averiguar a vida pregressa do indiciado, sob o ponto de vista individual, familiar e social, sua condição econômica, sua atitude e estado de ânimo antes e depois do crime e durante ele, e quaisquer outros elementos que contribuírem para a apreciação do seu temperamento e caráter;

X – colher informações sobre a existência de filhos, respectivas idades e se possuem alguma deficiência e o nome e o contato de eventual responsável pelos cuidados dos filhos, indicado pela pessoa presa.[72]

72. Este inciso foi incluído pela Lei n. 13.257, de 8 de março de 2016.

"A enumeração contida no dispositivo em apreço, apenas indica os meios clássicos, sem caráter taxativo, e, portanto, não exclui a possibilidade de ser utilizado qualquer outro."[73]

Para verificar que a ordem acima apontada não é inviolável, basta imaginar hipótese em que a autoridade policial se encontre diante de crime de homicídio tentado praticado sem a presença de testemunha, e tenha a vítima algum sopro de vida efêmera, diante de um quadro de improvável recuperação.

É evidente que, nesse caso, a inteligência e o bom senso recomendam que, antes de qualquer outra diligência, a autoridade policial providencie, sendo possível, colher da vítima informações a respeito da autoria, motivo e circunstâncias em que os fatos se deram.

Seja como for, vejamos as situações tratadas no art. 6º, *caput* e incisos.

8.1. Logo que tiver conhecimento da prática da infração penal

Determina o art. 6º, *caput*, do CPP, que, *logo que tiver conhecimento da prática* da infração penal, a autoridade policial deverá proceder às diligências que indica.

O inquérito tem por objetivo "colher todas as provas que servirem para o esclarecimento do fato e suas circunstâncias" (CPP, art. 6º, III), e para tanto, a celeridade das providências é algo que se impõe, especialmente em razão da possibilidade de perecimento de determinadas provas que podem ser decisivas para o êxito das investigações.

É preciso diligenciar buscando a apuração do fato, a autoria, eventual materialidade, a existência de circunstâncias agravantes (CP, arts. 61 e 62); atenuantes (CP, arts. 65 e 66); causas de aumento e diminuição de pena (CP, art. 68).

É preciso, ainda, fazer juntar aos autos informações que sirvam para a dosimetria da pena e fixação do regime em caso de condenação (CP, arts. 33 e 59); que permitam concluir pela suficiência, ou não, da substituição da privativa de liberdade por restritivas de direitos (CP, art. 44); que sirvam para a avaliação da culpabilidade, antecedentes, conduta social e personalidade do agente; que auxiliem na fixação do valor do dia-multa (CP, art. 49) etc.

Disso se extrai a importância das providências que a seguir analisaremos.

8.2. Preservação do local

Em boa parte dos casos, a preservação do local é de extrema importância na apuração da dinâmica dos fatos; esclarecimentos a respeito da materialidade, autoria e demais circunstâncias.

73. Bento de Faria, op. cit., p. 78.

Ainda que existente prova oral, em se tratando de crime material a prova da materialidade é imprescindível, a teor do disposto no art. 158 do CPP, que assim dispõe: "Quando a infração deixar vestígios, será indispensável o exame de corpo de delito, direto ou indireto, não podendo supri-lo a confissão do acusado".

Não raras vezes a prova pericial é que irá indicar, com exclusividade, a dinâmica do delito,[74] especialmente quando praticado na clandestinidade.

Atento a essa realidade, diz o art. 6º, I, do CPP, que, assim que tomar conhecimento do delito, a autoridade policial deverá "dirigir-se ao local, providenciando para que não se alterem o estado e conservação das coisas, até a chegada dos peritos criminais".

Essa regra é reiterada e mais bem explicada no art. 169 do CPP, *verbis*:

> Art. 169. Para o efeito de exame do local onde houver sido praticada a infração, a autoridade providenciará imediatamente para que não se altere o estado das coisas até a chegada dos peritos, que poderão instruir seus laudos com fotografias, desenhos ou esquemas elucidativos.
>
> Parágrafo único. Os peritos registrarão, no laudo, as alterações do estado das coisas e discutirão, no relatório, as consequências dessas alterações na dinâmica dos fatos.

Discorrendo sobre a importância da preservação do local, ensinou Espínola Filho que:

> As diligências da autoridade policial tendem, primeiramente, a constatar a realidade da existência da infração penal, seja crime, seja contravenção, na sua materialidade.
>
> Daí, a conveniência de transportar-se a própria autoridade dirigente do inquérito, ou auxiliares por ela designados, ao local da ocorrência, que lhe ou lhes proporcionará um contato vivo com a ainda palpitante verdade de um fato anormal, quente na sua projeção, através das coisas e das pessoas.
>
> O exame prévio do local, em que as coisas se conservem no mesmo estado em que as encontrou ou as colocou o crime, no seu desenrolar, pode ser de uma incalculável utilidade, para esclarecimento da infração e dos responsáveis por ela. Há, pois, necessidade de providências policiais, tão rápidas quanto eficientes, para que, onde se registrou um crime, tudo

74. "Os agentes de polícia quando descobrirem o delito ou forem chamados a conhecê-lo não devem tocar nos móveis, ou removê-los, em utensílios e principalmente nos objetos de superfície polida que se encontrarem no local. Nenhum objeto será tocado ou destruído antes do comparecimento da autoridade, sendo expressamente proibido tocar nos cadáveres. Evitarão sempre que se ande na área determinada. Tomarão nota dos nomes das pessoas que estiverem no local do crime antes da autoridade. As impressões de sangue não serão tocadas se estiverem ao abrigo de qualquer possível destruição, devendo, em caso contrário, ser cobertas por papel grosso de tamanho que as cubra inteiramente, ou por encerado quando expostas à chuva. As pegadas devem ser, igualmente, cobertas para evitar o seu desaparecimento (apud Elysio de Carvalho, *A função fotográfica nos inquéritos judiciários*, p. 13)" (Bento de Faria, op. cit., p. 80).

permaneça tal qual, até o exame pericial (com fotografias), de ordenar, quando possível, salvo se for de patente desnecessidade.[75]

A preservação do local tem grande relevância na investigação dos crimes cometidos com destruição ou rompimento de obstáculo à subtração da coisa, ou por meio de escalada, quando então a perícia se torna imprescindível para a demonstração das circunstâncias,[76] e "os peritos, além de descrever os vestígios, indicarão com que instrumentos, por que meios e em que época presumem ter sido o fato praticado" (CPP, art. 171).

No crime de incêndio (CP, art. 250), "os peritos verificarão a causa e o lugar em que houver começado, o perigo que dele tiver resultado para a vida ou para o patrimônio alheio, a extensão do dano e o seu valor e as demais circunstâncias que interessarem à elucidação do fato" (CPP, art. 173).

Exceção à regra, a Lei n. 5.970/73 exclui da aplicação do disposto nos arts. 6º, I, 64 e 169, do CPP, os casos de acidente de trânsito, visto autorizar em seu art. 1º que: "Em caso de acidente de trânsito, a autoridade ou agente policial que primeiro tomar conhecimento do fato poderá autorizar, independentemente de exame do local, a imediata remoção das pessoas que tenham sofrido lesão, bem como dos veículos nele envolvidos, se estiverem no leito da via pública e prejudicarem o tráfego".

A preservação do local contribui, ainda, com a possibilidade de coleta de material que se preste à identificação do perfil genético utilizado para a identificação criminal, na forma introduzida pela Lei n. 12.654/2012.

Em respeito à relevância do tema, a Lei n. 13.964/2019 houve por bem instituir e regular a **cadeia de custódia do vestígio** coletado em local ou em vítima de delito, e fixou como marco inicial da cadeia de custódia a preservação do local do delito ou os procedimentos policiais ou periciais nos quais seja detectada a existência de vestígio (CPP, art. 158-A, § 1º).

Sobre **cadeia de custódia** – profunda e virtuosa inovação introduzida no sistema processual penal brasileiro – falaremos no capítulo destinado ao estudo da *prova*.

---

75. Eduardo Espínola Filho, op. cit., p. 280.

76. "A jurisprudência desta Corte entende que, para reconhecimento da qualificadora da escalada é imprescindível a realização de exame pericial, sendo possível a sua substituição por outros meios probatórios somente se não existirem ou tenham desaparecido, ou se as circunstâncias do crime não permitirem a confecção do laudo" (STJ, AgRg no REsp 1.553.341/MT, 5ª T., rel. Min. Reynaldo Soares da Fonseca, j. 24-11-2015, *DJe* de 1º-12-2015). "Consoante orientação jurisprudencial desta Corte, o reconhecimento da qualificadora da escalada exige a realização de exame pericial, o qual somente pode ser substituído por outros meios probatórios quando inexistirem vestígios, o corpo de delito houver desaparecido ou as circunstâncias do crime não permitirem a confecção do laudo. Ausente laudo pericial que ateste a configuração da escalada, deve ser afastada a qualificadora prevista no inciso II do § 4º do art. 155 do Código Penal" (STJ, AgRg no AREsp 649.719/SE, 6ª T., rel. Min. Nefi Cordeiro, j. 8-11-2016, *DJe* de 21-11-2016).

8.3. Apreensão e coleta de vestígio

O art. 6º, II, precisa ser interpretado em harmonia com os arts. 6, I, 158-B e 158-C, todos do CPP.

Observado que incumbe **ao Delegado de Polícia presidir as investigações e o inquérito policial**, assim que tomar conhecimento do delito, a autoridade policial deverá **dirigir-se ao local** e providenciar o necessário para que não se alterem o estado e conservação das coisas, sempre que tal proceder se revelar pertinente.

Na sequência das atividades investigatórias, após o reconhecimento de algum vestígio encontrado no local do delito ou em vítima com ele relacionado, sendo de potencial interesse para a produção de prova pericial, deverá proceder a seu **isolamento** – providência que se consegue com a preservação do ambiente imediato, mediato e relacionado aos vestígios e local do crime –, a fim de evitar que se altere o estado das coisas.

Em seguida, deverá ser feita a **fixação**, assim compreendida a descrição detalhada do vestígio em auto próprio, no qual deverão constar, inclusive, o dia, a hora, o local e as condições em que foi encontrado, para que depois ocorram sua **apreensão e coleta**,[77] sendo que esta deverá ser realizada preferencialmente por perito oficial.

Para a formalização de tais diligências, é imprescindível seja lavrado o que denominamos "**auto de apreensão e coleta de vestígio**".

No que diz respeito à **fixação**, cumpre observar que a descrição detalhada do vestígio e sua localização poderão ser ilustradas "por fotografias, filmagens ou croqui, sendo indispensável a sua descrição no laudo pericial produzido pelo perito responsável pelo atendimento" (CPP, art. 158-B, III).

Da **coleta** do vestígio ao seu **descarte**, passando pela realização do **exame pericial**, para a validade da prova há que se seguir rigorosamente a disciplina determinada pelos incisos V a X do art. 158-B do CPP.

Na cadeia de custódia probatória, "o agente público que reconhecer um elemento como de potencial interesse para a produção da prova pericial fica responsável por sua preservação" (CPP, art. 158-A, § 2º). Portanto, o reconhecimento de um vestígio e seu isolamento podem ser levados a efeito por qualquer agente público, dentre eles, integrantes da polícia militar, investigador de polícia ou delegado de polícia, mas **a coleta do vestígio deve ser feita por perito oficial**. Basta um perito.

77. Entende-se por *coleta* o "ato de recolher o vestígio que será submetido à análise pericial, respeitando suas características e natureza" (CPP, art. 158-B, IV).

Apenas quando não houver perito oficial em condições de realizar a coleta é que a autoridade policial ou quem for por ela designado (perito leigo, por exemplo), poderá proceder à coleta do vestígio.

Ciente das deficiências do sistema de justiça criminal, o legislador houve por bem conferir tal tarefa *preferencialmente* a perito oficial, ou seja, com preferência em relação a outrem, mas sem exclusividade.

Aquele que realizar a coleta dará o encaminhamento necessário do vestígio para a central de custódia, mesmo quando for necessária a realização de exames complementares, devendo, para tanto, providenciar o acondicionamento e o transporte, com atenção aos comandos dos incisos V e VI do art. 158-B do CPP.

8.3.1. Busca e apreensão realizada em escritório de advocacia

Além da coleta de vestígio (CPP, art. 158-B, IV), que recai sobre elemento de prova encontrado no local do delito ou em vítima de crime, há situações em que será necessária a realização de busca e apreensão.

É possível que diligências de busca e apreensão recaiam em escritório de advocacia, desde que evidenciado o envolvimento do advogado ou do local com a prática do delito investigado e a real necessidade da medida extrema.

Não é incomum a busca e apreensão de documentos em escritório de advocacia com o propósito de produzir prova da autoria e da materialidade de determinados tipos de crimes.

"Os escritórios de advocacia, como também os de outros profissionais, não são impenetráveis à investigação de crimes."[78]

A respeito desse tema, dispõe o art. 7º do Estatuto da OAB (Lei n. 8.906/94):

> Art. 7º São direitos do advogado:
>
> (...)
>
> II – a inviolabilidade de seu escritório ou local de trabalho, bem como de seus instrumentos de trabalho, de sua correspondência escrita, eletrônica, telefônica e telemática, desde que relativas ao exercício da advocacia;
>
> (...)
>
> § 6º Presentes indícios de autoria e materialidade da prática de crime por parte de advogado, a autoridade judiciária competente poderá decretar a quebra da inviolabilidade de que trata o inciso II do *caput* deste artigo, em decisão motivada, expedindo mandado de busca e apreensão, específico e pormenorizado, a ser cumprido na presença de representante da OAB,[79] sendo, em qualquer hipótese, vedada a utili-

78. STJ, HC 149.008/PR, 5ª T., rel. Min. Arnaldo Esteves Lima, rel. p/ o Acórdão Min. Napoleão Nunes Maia Filho, j. 17-6-2010, *DJe* de 9-8-2010, *RT* 905/549.

79. Antes da Lei n. 11.767/2008, a redação do inciso II do art. 7º do Estatuto da OAB foi ques-

> zação dos documentos, das mídias e dos objetos pertencentes a clientes do advogado averiguado, bem como dos demais instrumentos de trabalho que contenham informações sobre clientes.
>
> § 7º A ressalva constante do § 6º deste artigo não se estende a clientes do advogado averiguado que estejam sendo formalmente investigados como seus partícipes ou coautores pela prática do mesmo crime que deu causa à quebra da inviolabilidade.

A teor do disposto no § 2º do art. 243 do CPP: "Não será permitida a apreensão de documento em poder do defensor do acusado, salvo quando constituir elemento do corpo de delito".

Em outras palavras, poderá recair busca e apreensão sobre *tudo aquilo que se encaixe no amplo conceito de documento* (papéis, instrumentos, CDs, DVDs, *hard disk* etc.), desde que tal constitua elemento do corpo de delito.

Para a legalidade da prova resultante de busca e apreensão deverão ser observadas as regras determinadas nos arts. 158-B a 158-E do CPP. Esses temas – busca e apreensão e cadeia probatória – serão cuidadosamente analisados no capítulo destinado ao estudo da *prova* no processo penal.

8.4. Oitiva do ofendido

Sempre que possível, o ofendido será qualificado e perguntado sobre as circunstâncias da infração, quem seja ou presuma ser o seu autor, as provas que possa indicar, tomando-se por termo as suas declarações. Se, intimado para esse fim, deixar de comparecer sem motivo justo, o ofendido poderá ser conduzido à presença da autoridade (CPP, art. 201, *caput* e § 1º).

Ofendido é o sujeito passivo do delito; é a vítima. É aquele sobre quem recai a conduta ilícita de natureza penal.

Dependendo do tipo de delito, ofendido pode ser uma pessoa determinada ou um grupo de pessoas, o Estado-administração, a coletividade etc.

Tomemos como exemplo o art. 121 do CP, no qual o legislador incrimina a conduta consistente em *matar alguém*. Nesse caso, só é possível figurar como sujeito passivo *pessoa humana viva*.

---

tionada no Supremo Tribunal Federal – ADIn 1.127 – com vistas a obter o reconhecimento da inconstitucionalidade de disposição semelhante, que determinava fosse a diligência acompanhada "de representante da OAB". Foi concedida liminar para suspender a eficácia da regra, mas, no mérito, a ação foi julgada improcedente. Na ocasião ficou decidido que: "A inviolabilidade do escritório ou do local de trabalho é consectário da inviolabilidade assegurada ao advogado no exercício profissional" (STF, ADIn 1.127/DF, Tribunal Pleno, rel. Min. Marco Aurélio, rel. p/ o Acórdão Min. Ricardo Lewandowski, j. 17-5-2006, *DJe* n. 105, de 11-6-2010, *RTJ* 215/528).

No art. 155 do CP, quando o legislador se refere à *coisa alheia*, tecnicamente diz que o objeto furtado deve pertencer a *outrem*, entenda-se, pertencer a terceiro, que nesse caso pode ser pessoa física ou jurídica.

Em algumas situações, sujeito passivo é a coletividade, assim compreendida a generalidade humana, como ocorre nas hipóteses dos arts. 12 do Estatuto do Desarmamento[80] e 306 do Código de Trânsito.[81]

Para saber quem é o ofendido, é preciso analisar cuidadosamente o preceito primário da norma penal incriminadora. É preciso refletir sobre o objeto jurídico da tutela penal. É preciso, em suma, refletir sobre o tipo penal incriminador.

Como é intuitivo, a versão do ofendido é de suma importância na apuração dos fatos, por isso o art. 6º, IV, do CPP, referir-se a tal providência.

Em regra, a vítima é quem reunirá melhores condições de fornecer informações sobre a dinâmica dos fatos, a autoria, os motivos determinantes e todas as circunstâncias que interessam à apuração, daí ser possível até mesmo sua condução coercitiva, caso desatenda injustificadamente à notificação para prestar depoimento.

A palavra da vítima, aliás, tem especial relevância na apuração de crimes cometidos na clandestinidade, como são exemplos recorrentes na prática judiciária o roubo e os crimes contra a dignidade sexual, especialmente o estupro.

A propósito, a jurisprudência é tranquila no sentido de que "no campo probatório, a palavra da vítima de um roubo é sumamente valiosa, pois, incidindo sobre proceder de desconhecidos, seu único interesse é apontar os verdadeiros culpados e narrar-lhes a atuação e não acusar inocentes" (*RT* 484/320), por isso, "mostra-se suficiente à condenação pela prática de roubo a palavra da vítima que, segura e coerentemente, indica e reconhece o autor" (*RJDTACrimSP* 2/135). Mesmo perante divergência frontal entre a palavra da vítima e a do acusado, é de se dar prevalência à do sujeito passivo.[82]

Raciocínio idêntico vale para a hipótese de crime contra a dignidade sexual, especialmente quando praticado contra vulnerável. A respeito deste tema, é oportuno mencionar que a Lei n. 13.341/2017 instituiu a tomada de **depoimento especial** de criança ou adolescente, sobre o qual falaremos mais adiante, e o Conselho Nacional de Justiça editou a Resolução n. 299/2019.

---

80. Renato Marcão, *Estatuto do desarmamento*, 4. ed., São Paulo, Saraiva, 2012.

81. Renato Marcão, *Crimes de trânsito*, 6. ed., São Paulo, Saraiva, 2018.

82. "A palavra da vítima, nos crimes às ocultas, em especial, tem relevância na formação da convicção do Juiz sentenciante, dado o contato direto que trava com o agente criminoso" (STJ, HC 143.681/SP, 5ª T., rel. Min. Arnaldo Esteves Lima, j. 15-6-2010, *DJe* de 2-8-2010). "As declarações da vítima, apoiadas nos demais elementos dos autos, em se tratando de crimes cometidos sem a presença de outras pessoas, é prova válida para a condenação, mesmo ante a palavra divergente do réu" (STJ, HC 83.479/DF, 5ª T., rel. Min. Jane Silva, j. 6-9-2007, *DJ* de 1º-10-2007, p. 344, *RT* 868/561).

Se o ofendido for membro do Ministério Público, da Magistratura ou da Defensoria Pública, em conformidade com o disposto no art. 40, I, da Lei n. 8.625/93 (LONMP), no art. 33, I, da Lei Complementar n. 35/79 (LOMN), e no art. 44, XIV, da Lei Complementar n. 80/94 (Lei Orgânica da Defensoria Pública), respectivamente, poderá ser ouvido em local, dia e hora previamente ajustados com a autoridade competente.

Embora o ofendido não preste compromisso de dizer a verdade, pois não é testemunha, configura crime de denunciação caluniosa, tipificado no art. 339 do CP, dar causa à instauração de inquérito policial ou outra forma de investigação contra alguém, imputando-lhe crime de que o sabe inocente.

8.5. Identificação e oitiva do investigado

Havendo suspeita ou certeza a respeito da autoria delitiva, deve a autoridade policial diligenciar no sentido de identificar e ouvir o *investigado*.

O art. 6º, V, do CPP, fala em ouvir o *indiciado*, mas o fato é que na esmagadora maioria das vezes a oitiva se verificará antes mesmo do indiciamento formal (assunto que abordaremos mais adiante, em tópico específico), quando tecnicamente o correto é falar na existência de *investigado*.

Advertiu o Min. Marco Aurélio que "sendo o Direito uma ciência, há de emprestar-se sentido técnico a institutos, expressões e vocábulos".[83]

Não se trata de estabelecer contraditório no inquérito policial, mas de procurar ouvir, como se deve, todas as versões possíveis a respeito dos fatos submetidos à investigação policial, para que esta siga isenta de paixões subalternas com propensões ao arbítrio; para que caminhe com responsabilidade e equilíbrio, sem pré-julgamentos extemporâneos e inconstitucionais.

Afinal, não se deve desprezar por razão alguma o conteúdo informativo que qualquer dos protagonistas da cena delituosa possa apresentar, seja para confirmar o que já se tem nos autos, seja para apresentar uma nova linha investigativa, capaz de conduzir o inquérito a resultado diverso daquele inicialmente sugerido.

Muito embora cogitável a possibilidade de condução coercitiva do *investigado* até a presença da autoridade policial com vistas à sua oitiva, isso por força do disposto no art. 260 do CPP, não há dúvida a respeito da inconstitucionalidade desse dispositivo,[84] visto não se encontrar o increpado obrigado a colaborar com as diligências em seu desfavor.

83. STF, HC 83.439/RJ, 1ª T., rel. Min. Marco Aurélio, j. 14-10-2003, *DJe* de 7-11-2003.

84. Nesta linha de orientação, no dia 14 de junho de 2018 o Plenário do Supremo Tribunal Federal julgou procedentes as Arguições de Descumprimento de Preceito Fundamental (ADPFs) 395 e 444, e reconheceu a não recepção da expressão "para o interrogatório", constante do art. 260 do CPP.

Se o investigado pode se manter calado, não tem sentido lógico e coerência sistêmica a interpretação que permite sua condução coercitiva até a presença da autoridade policial, pois sua recusa manifestada mediante ausência inicialmente evidenciada deve ser interpretada como clara opção pelo silêncio.

Como se sabe, o investigado tem direito a se manter calado quando perguntado a respeito dos fatos contra si imputados (CF, art. 5º, LXIII), sem que de tal "silêncio constitucional" se possa retirar qualquer conclusão que o prejudique, até porque, como também afirma STEINER: "Não se concebe um sistema de garantias no qual o exercício de um direito constitucionalmente assegurado pode gerar sanção ou dano".[85]

Na expressão do Min. CELSO DE MELLO, "o exercício do direito ao silêncio, que se revela insuscetível de qualquer censura policial e/ou judicial, não pode ser desrespeitado nem desconsiderado pelos órgãos e agentes da persecução penal, porque a prática concreta dessa prerrogativa constitucional – além de não importar em confissão – jamais poderá ser interpretada em prejuízo da defesa".[86]

> A recusa em responder ao interrogatório policial e/ou judicial e a falta de cooperação do indiciado ou do réu com as autoridades que o investigam ou que o processam traduzem comportamentos que são inteiramente legitimados pelo princípio constitucional que protege qualquer pessoa contra a autoincriminação, especialmente quando se tratar de pessoa exposta a atos de persecução penal. O Estado – que não tem o direito de tratar suspeitos, indiciados ou réus, como se culpados fossem, antes do trânsito em julgado de eventual sentença penal condenatória (*RTJ* 176/805-806) – também não pode constrangê-los a produzir provas contra si próprios (*RTJ* 141/512), em face da cláusula que lhes garante, constitucionalmente, a prerrogativa contra a autoincriminação.[87]

Há que se considerar, entretanto, que existindo nos autos de inquérito apenas a versão do ofendido, não contrariada pelo investigado, a possibilidade de oferecimento de denúncia pelo Ministério Público é muito maior se comparada à situação em que existentes duas versões conflitantes – versão do ofendido contrariada pelo investigado –, ausentes elementos de convicção a amparar a primeira.

Conforme se tem decidido com acerto, "a simples oitiva nos autos de inquérito não pode ser considerada constrangedora",[88] a ponto de ser obstada por *habeas corpus*, até porque, destinando-se o inquérito à correta apuração de fatos que se relacionam com o averiguado, é de seu interesse a oportunização de sua fala.

Mesmo não havendo contraditório pleno na fase de inquérito, é direito do investigado fazer-se acompanhar de defensor por ocasião de sua oitiva perante a au-

85. SYLVIA HELENA DE FIGUEIREDO STEINER, *A Convenção Americana sobre Direitos Humanos e sua integração ao processo penal brasileiro*, São Paulo, Revista dos Tribunais, 2000, p. 125.
86. STF, HC 99.289/RS, 2ª T., rel. Min. Celso de Mello, j. 23-6-2009, *DJe* n. 149, de 4-8-2011.
87. STF, HC 99.289/RS, 2ª T., rel. Min. Celso de Mello, j. 23-6-2009, *DJe* n. 149, de 4-8-2011.
88. STJ, RHC 16.477/RJ, 5ª T., rel. Min. Arnaldo Esteves Lima, j. 7-10-2004, *DJ* de 25-10-2004, p. 366.

toridade policial (CF, art. 5º, LXIII), providência que deverá adotar, querendo, visto que tal cautela não constitui dever da autoridade policial, de quem não se pode exigir, portanto, providenciar a presença ou intimação de qualquer defensor, indicado ou não pelo interessado.

A presença do advogado, contudo, tem por escopo assegurar respeito aos direitos do investigado e lisura na colheita do depoimento. Não pode o defensor, nesse momento da persecução, formular perguntas ou reperguntas, de maneira que não lhe é lícito intervir diretamente na colheita da prova.

O interrogatório, que será reduzido a termo (documentado; formalizado) e por todos assinado, deve materializar-se em conformidade com o disposto nos arts. 185 a 195 do CPP, cumprindo nesse passo relembrar que: "a unilateralidade das investigações preparatórias da ação penal não autoriza a Polícia Judiciária a desrespeitar as garantias jurídicas que assistem ao indiciado, que não mais pode ser considerado mero objeto de investigações. O indiciado é sujeito de direitos e dispõe de garantias, legais e constitucionais, cuja inobservância, pelos agentes do Estado, além de eventualmente induzir-lhes a responsabilidade penal por abuso de poder, pode gerar a absoluta desvalia das provas ilicitamente obtidas no curso da investigação policial".[89]

Dentre outros temas, na inquirição do investigado a autoridade policial deverá buscar colher informações a respeito de sua vida pregressa, sob o ponto de vista individual, familiar e social, sua condição econômica, suas atitudes e estado de ânimo antes, durante e depois do crime, e quaisquer outros elementos que contribuírem para a apreciação do seu temperamento e caráter.

Se o investigado optar pelo silêncio, essa manifestação de vontade deverá constar do termo de depoimento, que ainda assim será por todos assinado.

Se, perguntado a respeito de sua qualificação, o investigado fornecer informações falsas, responderá pelo crime tipificado no art. 307 do CP.

8.5.1. Oitiva de investigado menor de 21 anos

Nos termos do art. 15 do CPP, se o investigado for pessoa menor de 21 anos (e maior de 18, é claro), ser-lhe-á nomeado *curador especial* pela autoridade policial.

Nos dias que correm, entretanto, não há mais necessidade de se nomear curador especial na hipótese mencionada.

A cautela legal levava em conta o fato de se considerar o investigado relativamente incapaz, e seu desatendimento nulificava o ato.

Não era necessário, contudo, que o curador especial fosse bacharel em Direito ou advogado militante, mas a nomeação não podia recair em investigador de polí-

89. STF, HC 73.271/SP, 1ª T., rel. Min. Celso de Mello, j. 19-3-1996, *DJe* de 4-10-2006.

cia subordinado à autoridade policial que presidisse o ato, ou policial lotado na mesma repartição.

Desde a vigência do Código Civil atual,[90] a pessoa maior de 18 anos é considerada absolutamente capaz para todos os atos da vida civil, inclusive para prestar depoimento em investigação contra si instaurada, o que afasta a necessidade de atendimento à regra do art. 15 do CPP.

Some-se a isso o fato de que o art. 194 do CPP, que dispunha sobre a necessidade de nomeação de curador especial ao réu menor quando de seu interrogatório em juízo, foi revogado pela Lei n. 10.792/2003.

8.5.2. Oitiva do investigado no auto de prisão em flagrante

A oitiva do investigado é o ato pelo qual a autoridade que preside a formalização do flagrante questiona o conduzido a respeito da imputação que lhe é feita.

Como providência preliminar ao interrogatório, o preso deverá ser informado a respeito de seus direitos, entre os quais o de permanecer calado, sendo-lhe assegurada a assistência da família e de advogado[91] (art. 5º, LXIII, CF).

Por força do disposto no inciso X, que foi introduzido no art. 6º do CPP pela Lei n. 13.257/2016, na inquirição do autuado a autoridade policial também deverá colher informações sobre a existência de filhos, respectivas idades, se possuem alguma deficiência e o nome e o contato de eventual responsável pelos cuidados dos filhos.

Tais questionamentos visam a colher elementos para a verificação da possibilidade de aplicação do art. 318, III a VI, do CPP, caso venha a ser decretada a prisão preventiva, especialmente ao ensejo do art. 310, II, do CPP, e também a eficácia de políticas públicas para a primeira infância.

8.6. Reconhecimento de pessoas e coisas

Não raras vezes o reconhecimento de pessoas e coisas conduz à certeza da autoria do delito.

É recorrente na investigação criminal e na prática judiciária o reconhecimento de pessoas, fato que diariamente se repete nas apurações de estelionato, roubo, estupro etc.

---

90. Lei n. 10.406, de 10 de janeiro de 2002.

91. "Eventual nulidade no auto de prisão em flagrante por ausência de assistência por advogado somente se verificaria caso não tivesse sido oportunizado ao conduzido o direito de ser assistido por advogado, não sendo a ausência de causídico por ocasião da condução do flagrado à Delegacia de Polícia para oitiva pela Autoridade Policial, por si só, causa de nulidade do auto de prisão em flagrante (RHC n. 61.959/ES, rel. Min. Maria Thereza de Assis Moura, 6ª T., *DJe* de 4-12-2015). Isso porque a documentação do flagrante prescinde da presença do defensor técnico do conduzido, sendo suficiente a lembrança, pela autoridade policial, dos direitos constitucionais do preso de ser assistido" (STJ, HC347.050/RS, 5ª T., rel. Min. Reynaldo Soares da Fonseca, j. 12-4-2016, *DJe* de 19-4-2016).

Quando houver necessidade de se proceder ao reconhecimento de pessoa, diz o art. 226 do CPP que a autoridade *deverá* proceder da seguinte forma:

I – a pessoa que tiver de fazer o reconhecimento será convidada a descrever a pessoa que deva ser reconhecida;

II – a pessoa, cujo reconhecimento se pretender, será colocada, se possível, ao lado de outras que com ela tiverem qualquer semelhança, convidando-se quem tiver de fazer o reconhecimento a apontá-la;

III – se houver razão para recear que a pessoa chamada para o reconhecimento, por efeito de intimidação ou outra influência, não diga a verdade em face da pessoa que deve ser reconhecida, a autoridade providenciará para que esta não veja aquela;

IV – do ato de reconhecimento lavrar-se-á auto pormenorizado, subscrito pela autoridade, pela pessoa chamada para proceder ao reconhecimento e por duas testemunhas presenciais.

No que couber, essas mesmas cautelas deverão ser observadas quando se proceder ao reconhecimento de objeto (CPP, art. 227).

"Se várias forem as pessoas chamadas a efetuar o reconhecimento de pessoa ou de objeto, cada uma fará a prova em separado, evitando-se qualquer comunicação entre elas" (CPP, art. 228).

8.6.1. Reconhecimento fotográfico

É possível a realização de reconhecimento fotográfico.

Em boa parte dos casos o delito é cometido por pessoa desconhecida da vítima, e, não tendo ocorrido prisão em flagrante ou identificação imediata da autoria, a vítima será convidada a proceder ao reconhecimento do autor do delito por meio da verificação de fotografias de autores de delitos semelhantes, colecionadas em álbuns ou banco de dados mantidos pela polícia.

Imagine-se a ocorrência de crime de estupro, quase sempre praticado na clandestinidade, e por pessoa com razoável propensão à reincidência nesse tipo de delito.

Sendo o autor desconhecido para a vítima, é comum seja ele identificado ou reconhecido por ela quando da verificação do acervo de fotografias,[92] permitindo, assim, sua qualificação e responsabilização criminal.

Na prática, o reconhecimento fotográfico também é bastante comum na identificação da autoria de crime de roubo.

O ideal, nesses casos, é que a autoridade policial documente o procedimento em um "auto de reconhecimento fotográfico", em que faça constar como este ocor-

92. Estabelece o art. 5º da Lei n. 12.037/2009, que dispõe sobre a identificação criminal do civilmente identificado, regulamentando o art. 5º, inciso LVIII, da Constituição Federal, que a identificação criminal incluirá o processo *datiloscópico* e o *fotográfico*, que serão juntados aos autos da comunicação da prisão em flagrante, ou do inquérito policial ou outra forma de investigação.

reu, devendo ser por todos assinado. A vítima poderá confirmar em juízo o reconhecimento da autoria levado a efeito na fase de investigação, ou mesmo proceder a novo reconhecimento na presença do juiz – quando possível –, conforme analisaremos no capítulo destinado ao estudo do tema *prova* no processo penal.

É preciso anotar, desde já, que a formalização do auto de reconhecimento instruído com fotografia do reconhecido muitas vezes se revela de extrema valia no conjunto probatório, especialmente quando, na fase judicial, o réu, citado pessoalmente, optar pela revelia, e por isso não for possível seu reconhecimento pessoal em juízo.

8.7. Acareações

Acarear é o mesmo que colocar "cara a cara", *face to face*; frente a frente, pessoas que tenham apresentado versões antagônicas sobre fatos ou circunstâncias relevantes, a fim de que esclareçam as divergências; ratifiquem ou retifiquem suas versões.

Nos termos do art. 229 do CPP: "A acareação será admitida entre acusados, entre acusado e testemunha, entre testemunhas, entre acusado ou testemunha e a pessoa ofendida, e entre as pessoas ofendidas, sempre que divergirem, em suas declarações, sobre fatos ou circunstâncias relevantes". E arremata o parágrafo único: "Os acareados serão reperguntados, para que expliquem os pontos de divergências, reduzindo-se a termo o ato de acareação".

Admite-se acareação por carta precatória (CPP, art. 230).

Reduzir a termo é o mesmo que documentar, formalizar a acareação; fazer constar de documento o procedimento e o resultado da acareação.

Na prática, a acareação tem se revelado de pouca eficiência, já que na maioria das vezes os acareados ratificam as versões anteriormente apresentadas, ficando tudo como estava em termos de investigação.

É claro que não é possível conceber duas verdades antagônicas sobre o mesmo fato ou circunstância, daí a conclusão no sentido de que uma das versões será sempre mentirosa, ficando seu autor exposto à imputação do crime capitulado no art. 342, § 1º, do CP.

8.8. Exame de corpo de delito e outras perícias

Quando a infração penal deixar vestígios, será imprescindível o exame de corpo de delito, direto ou indireto, não podendo supri-lo a confissão do acusado, conforme diz o art. 158 do CPP.

O exame de corpo de delito e outras perícias serão realizados *por perito oficial*, portador de diploma de curso superior (CPP, art. 159). Já não se exige a atuação de *peritos*. Basta, portanto, *um perito*.

Não sendo possível o exame de corpo de delito, por haverem desaparecido os vestígios, a prova testemunhal poderá suprir-lhe a falta (CPP, art. 167).[93]

Mesmo nos delitos materiais, é possível o oferecimento e o recebimento de denúncia desacompanhada de laudo pericial que prove a materialidade delitiva, mas é impossível impor condenação sem tal prova, daí a necessidade de se fazer juntar o laudo respectivo até o encerramento da instrução processual.

Na hipótese de delito regulado na Lei n. 11.343/2006 (Lei de Drogas), dispõe o art. 50, § 1º, que, *para efeito da lavratura do auto de prisão em flagrante* e estabelecimento da materialidade do delito, é suficiente o laudo de constatação da natureza e quantidade da droga, firmado por perito oficial ou, na falta deste, por pessoa idônea.

No CPP, o art. 162 trata da realização de autópsia; os arts. 163 a 166 falam da exumação; o art. 168 trata do exame a respeito de lesões corporais; o art. 169 fala da perícia no local da infração; o art. 170, das perícias em laboratório; o art. 171 trata das perícias nos crimes cometidos com destruição ou rompimento de obstáculo a subtração da coisa, ou por meio de escalada;[94] o art. 172 trata da avaliação; o art. 173, da perícia em caso de incêndio; o art. 174 cuida da perícia grafotécnica, para reconhecimento de escritos; o art. 175 trata da perícia sobre os instrumentos empregados para a prática da infração.

Salvo o caso de exame de corpo de delito, o juiz ou a autoridade policial negará a perícia requerida pelas partes, quando não for necessária ao esclarecimento da verdade (CPP, art. 184).

Trataremos de todos esses temas, detalhadamente, no capítulo destinado ao estudo da *prova* no processo penal.

8.9. Averiguação da vida pregressa do investigado

Determina o art. 6º, IX, do CPP, que a autoridade policial deve averiguar a vida pregressa do *investigado*, "sob o ponto de vista individual, familiar e social, sua con-

93. Leitura recomendada: Eduardo Luiz Santos Cabette, *Homicídio sem cadáver*, Porto Alegre, Nuria Fabris Editora, 2012, Coleção Ciências Penais – II.

94. "A jurisprudência desta Corte entende que, para reconhecimento da qualificadora da escalada é imprescindível a realização de exame pericial, sendo possível a sua substituição por outros meios probatórios somente se não existirem ou tenham desaparecido, ou se as circunstâncias do crime não permitirem a confecção do laudo" (STJ, AgRg no REsp 1.553.341/MT, 5ª T., rel. Min. Reynaldo Soares da Fonseca, j. 24-11-2015, *DJe* de 1º-12-2015). "Consoante orientação jurisprudencial desta Corte, o reconhecimento da qualificadora da escalada exige a realização de exame pericial, o qual somente pode ser substituído por outros meios probatórios quando inexistirem vestígios, o corpo de delito houver desaparecido ou as circunstâncias do crime não permitirem a confecção do laudo. Ausente laudo pericial que ateste a configuração da escalada, deve ser afastada a qualificadora prevista no inciso II do § 4º do art. 155 do Código Penal" (STJ, AgRg no AREsp 649.719/SE, 6ª T., rel. Min. Nefi Cordeiro, j. 8-11-2016, *DJe* de 21-11-2016).

dição econômica, sua atitude e estado de ânimo antes e depois do crime e durante ele, e quaisquer outros elementos que contribuírem para a apreciação do seu temperamento e caráter".

A apuração da vida pregressa demanda colher e formalizar nos autos informações a respeito da conduta social e antecedentes criminais do apontado autor do fato.

Tais informações importam, dentre outras coisas, para a individualização da pena[95] e fixação do regime prisional (CP, arts. 33 e 59); substituição da pena privativa de liberdade por restritivas de direitos (CP, art. 44, III) e concessão de *sursis* (CP, art. 77).

A apuração da condição econômica visa a atender ao disposto no art. 49, § 1º, do CP, que trata da quantificação do valor do dia-multa.

9. Oitiva de Testemunhas

Embora o art. 6º do CPP não determine expressamente, é preciso que a autoridade policial diligencie no sentido de identificar e ouvir testemunhas a respeito dos fatos a cuja apuração procede.

Mesmo sem existir qualquer referência a tais providências no capítulo que o CPP destina ao regramento das atividades do inquérito policial, é de se ter em vista que o inciso III do referido artigo indica a necessidade de se "colher todas as provas que servirem para o esclarecimento do fato e suas circunstâncias", e é inegável que tais esclarecimentos, em regra, poderão ser prestados por testemunhas.

---

95. Sobre esse tema, conferir: Renato Marcão, Antecedentes, para os fins do art. 59 do CP, *RT* 956/299. "Ante o princípio constitucional da não culpabilidade, inquéritos e processos criminais em curso são neutros na definição dos antecedentes criminais" (STF, RE 591.054/SC, rel. Min. Marco Aurélio, j. 17-12-2014, *DJe* n. 37, de 26-2-2015). "Na fixação da pena-base e do regime prisional, inquéritos e processos em andamento não podem ser levados em consideração como maus antecedentes, em respeito ao princípio da não culpabilidade" (STJ, HC 63.788/RJ, 5ª T., rel. Min. Laurita Vaz, j. 3-10-2006, *DJ* de 6-11-2006, p. 356). "Segundo a pacífica jurisprudência desta Corte Superior de Justiça e do Colendo STF, ações penais ou inquéritos policiais em andamento, ou mesmo condenações ainda não transitadas em julgado, não podem ser considerados como maus antecedentes, má conduta social ou personalidade desajustada, sob pena de malferir o princípio constitucional da presunção de não culpabilidade" (STJ, HC 126.381/MS, 5ª T., rel. Min. Jorge Mussi, j. 2-3-2010, *DJe* de 29-3-2010). "(...) 'Viola o princípio constitucional da presunção da inocência (art. 5º, LVII, da CF) a consideração, à conta de maus antecedentes, de inquéritos e processos em andamento para a exacerbação da pena-base e do regime prisional' (REsp 675.463/RS, rel. Min. José Arnaldo da Fonseca, *DJ* de 13-12-2004, p. 454), sendo vários os precedentes deste Tribunal afirmando, ultimamente, que, '(...) Por maus antecedentes criminais, em virtude do que dispõe o art. 5º, LVII, da Constituição de República, deve-se entender a condenação transitada em julgado, excluída aquela que configura reincidência (art. 64, I, CP), excluindo-se processo criminal em curso e indiciamento em inquérito policial' (HC 31.693/MS, rel. Min. Paulo Medina, *DJ* de 6-12-2004, p. 368)" (STJ, HC 39.052/SP, 5ª T., rel. Min. Arnaldo Esteves Lima, j. 17-5-2005, *DJ* de 8-8-2005, p. 308, *LEXSTJ* 193/336).

Pela palavra *testemunha* – disse Mittermaier –, designa-se o indivíduo chamado a depor segundo sua experiência pessoal.[96]

Para Malatesta: "O caráter fundamental do testemunho, aquele que o especifica como uma das formas particulares da afirmação de pessoa, diferenciando-o da outra forma particular chamada documento; o caráter fundamental, repito, do testemunho se baseia na oralidade; oralidade efetiva, em regra, ou também simplesmente potencial, por exceção. É esta a forma essencial, sem a qual a afirmação de pessoa não é testemunho".

E segue o tratadista: "Para que o homem, como pretende a presunção geral da veracidade humana, narre a verdade que percebeu, é necessário que não se tenha enganado percebendo, e que não queira enganar referindo".[97]

Toda pessoa poderá ser testemunha (CPP, art. 202).

Se, regularmente intimada, a testemunha deixar de comparecer no dia e hora designados para a tomada de seu depoimento e nada justificar, por determinação da autoridade, poderá ser conduzida coercitivamente à sua presença para a realização do ato e obrigada a pagar as custas das diligências respectivas, sem prejuízo da imposição de multa e de sua responsabilização por crime de desobediência, conforme interpretação que se extrai dos arts. 218 e 219 do CPP, e sobre isso falaremos no capítulo destinado ao estudo do tema *prova*.

As pessoas impossibilitadas, por enfermidade ou por velhice, de comparecer para depor serão inquiridas onde estiverem (CPP, art. 220).

O Presidente e o Vice-Presidente da República, os senadores e deputados federais, os ministros de Estado, os governadores de Estados e Territórios, os secretários de Estado, os prefeitos do Distrito Federal e dos Municípios, os deputados às Assembleias Legislativas Estaduais, os membros do Poder Judiciário, os ministros e juízes dos Tribunais de Contas da União, dos Estados, do Distrito Federal, serão inquiridos em local, dia e hora previamente ajustados entre eles e a autoridade (CPP, art. 221).

O Presidente e o Vice-Presidente da República, os presidentes do Senado Federal, da Câmara dos Deputados e do Supremo Tribunal Federal poderão optar por prestar depoimento na forma escrita, caso em que as perguntas, formuladas pelas partes e deferidas pelo juiz, lhes serão transmitidas por ofício (CPP, art. 221, § 1º).

96. C. J. A. Mittermaier, *Tratado da prova em matéria criminal*, tradução de Herbert Wüntzel Henrich, 3. ed., Campinas, Bookseller, 1996, p. 231.

97. Nicola Framarino Dei Malatesta, *A lógica das provas em matéria criminal*, tradução de Alexandre Augusto Correia e anotações de Hélio Pereira Bicudo, São Paulo, Saraiva, 1960, v. II, p. 22 e 42.

Se a testemunha for membro do Ministério Público, da Magistratura ou da Defensoria Pública, em conformidade com o disposto no art. 40, I, da Lei n. 8.625/93 (LONMP), no art. 33, I, da Lei Complementar n. 35/79 (LOMN), e no art. 44, XIV, da Lei Complementar n. 80/94 (Lei Orgânica da Defensoria Pública), respectivamente, poderá ser ouvida em local, dia e hora previamente ajustados com a autoridade competente.

Os militares deverão ser requisitados à autoridade superior (CPP, art. 221, § 3º).

Admite-se expedição de carta precatória para oitiva de testemunha que residir em cidade diversa daquela em que se deu o delito (CPP, art. 222).

10. Depoimento Especial: Oitiva de Criança ou Adolescente, Vítima ou Testemunha de Violência

A Lei n. 13.341/2017 ampliou o sistema de garantias de direitos regulados na Lei n. 8.069/90 (Estatuto da Criança e do Adolescente), e dentre os temas tratados determinou a adoção da tomada de depoimento especial, assim considerado o procedimento de oitiva de criança ou adolescente, perante autoridade policial ou judiciária, na condição de vítima ou testemunha de violência, física, psicológica, sexual, ou institucional, na forma que dispõe seu art. 4º.

Com vistas à preservação da integridade, a criança ou adolescente chamada a prestar depoimento, na polícia ou em juízo, deverá ser resguardada de qualquer contato com o investigado ou acusado, e, de igual modo, com qualquer outra pessoa que represente ameaça, coação ou constrangimento (art. 9º).

A providência é saudável, pois além de contribuir para a preservação integral do depoente, também se presta a garantir a fidedignidade das informações que serão colhidas com a prática do ato probatório.

Ressalvada a hipótese de se revelar imprescindível, o depoimento especial deverá ser tomado uma única vez, "em sede de produção antecipada de prova judicial, garantida a ampla defesa do investigado" (art. 11). Diz ainda a lei que no caso de reoitiva se faz necessária a concordância da vítima ou testemunha, ou de seu representante legal (§ 2º do art. 11).

Os rituais para a colheita do depoimento especial estão disciplinados de modo minudente no art. 12 da Lei n. 13.431/2017, que é autoexplicativo, não demanda maior análise, e por isso nos limitaremos a transcrevê-lo, conforme segue:

> Art. 12. O depoimento especial será colhido conforme o seguinte procedimento:
>
> I – os profissionais especializados esclarecerão a criança ou o adolescente sobre a tomada do depoimento especial, informando-lhe os seus direitos e os procedimentos a serem adotados e planejando sua participação, sendo vedada a leitura da denúncia ou de outras peças processuais;
>
> II – é assegurada à criança ou ao adolescente a livre narrativa sobre a situação de violência, podendo o profissional especializado intervir quando necessário, utilizando técnicas que permitam a elucidação dos fatos;

III – no curso do processo judicial, o depoimento especial será transmitido em tempo real para a sala de audiência, preservado o sigilo;

IV – findo o procedimento previsto no inciso II deste artigo, o juiz, após consultar o Ministério Público, o defensor e os assistentes técnicos, avaliará a pertinência de perguntas complementares, organizadas em bloco;

V – o profissional especializado poderá adaptar as perguntas à linguagem de melhor compreensão da criança ou do adolescente;

VI – o depoimento especial será gravado em áudio e vídeo.

§ 1º À vítima ou testemunha de violência é garantido o direito de prestar depoimento diretamente ao juiz, se assim o entender.

§ 2º O juiz tomará todas as medidas apropriadas para a preservação da intimidade e da privacidade da vítima ou testemunha.

§ 3º O profissional especializado comunicará ao juiz se verificar que a presença, na sala de audiência, do autor da violência pode prejudicar o depoimento especial ou colocar o depoente em situação de risco, caso em que, fazendo constar em termo, será autorizado o afastamento do imputado.

§ 4º Nas hipóteses em que houver risco à vida ou à integridade física da vítima ou testemunha, o juiz tomará as medidas de proteção cabíveis, inclusive a restrição do disposto nos incisos III e VI deste artigo.

§ 5º As condições de preservação e de segurança da mídia relativa ao depoimento da criança ou do adolescente serão objeto de regulamentação, de forma a garantir o direito à intimidade e à privacidade da vítima ou testemunha.

§ 6º O depoimento especial tramitará em segredo de justiça.

A respeito desse tema, o Conselho Nacional de Justiça editou a Resolução n. 299/2019, cuja consulta recomendamos.

11. Reprodução Simulada dos Fatos

O art. 7º do CPP diz que "para verificar a possibilidade de haver a infração sido praticada de determinado modo, a autoridade policial poderá proceder à reprodução simulada dos fatos, desde que esta não contrarie a moralidade ou a ordem pública".

Na feliz expressão de Espínola Filho, é a reconstituição viva do crime.[98]

A reprodução simulada dos fatos ou *reconstituição* é a encenação da conduta delituosa, passo a passo, com o registro fotográfico dos instantes principais e resumo explicativo de cada momento e fotografia, a fim de reproduzir ficticiamente a prática do delito e demonstrar toda a dinâmica do evento.

98. Eduardo Espínola Filho, *Código de Processo Penal brasileiro anotado*, 3. ed., Rio de Janeiro, Borsoi, 1954, v. I, p. 289.

De acordo com a apropriada observação de Bento de Faria, "o modo de reproduzir consiste em uma descrição viva do fato, por forma a apresentá-lo nas circunstâncias aproximadas em que se teria verificado. O local, sempre que possível, deve ser o mesmo, ou, então, organizado de modo a guardar as mesmas disposições; mantidas as mesmas entradas e a colocação dos móveis. A organização do cenário e a posição dos figurantes deve se ajustar às indicações decorrentes das declarações, quer das testemunhas, quer do próprio acusado".[99]

Esse tipo de prova é muito comum na apuração de crimes de homicídio, e a autoridade policial pode providenciá-la *ex officio*, independentemente de requerimento ou determinação de quem quer que seja.[100]

Dada a possibilidade de existir no inquérito mais de uma versão a respeito dos fatos – a versão da vítima de homicídio tentado contrariada pela versão do imputado que alega ter agido em legítima defesa, por exemplo –, é possível que se realize mais de uma reconstituição, sendo uma para cada versão.

É cabível se proceda à reconstituição em qualquer fase da persecução penal – durante o inquérito ou no momento do judicial contraditório –; neste último caso, sempre sob a determinação do juiz competente, mas não *ex officio*, porquanto vedada qualquer iniciativa judicial na atividade probatória (art. 3º-A do CPP).

O investigado não pode ser constrangido a *participar* da reconstituição, por se encontrar desobrigado de produzir prova contra si mesmo (CF, art. 5º, LXIII).

Esse tema já foi apreciado no STF, ocasião em que ficou assentado que: "O suposto autor do ilícito penal não pode ser compelido, sob pena de caracterização de injusto constrangimento, a participar da reprodução simulada do fato delituoso. O magistério doutrinário, atento ao princípio que concede a qualquer indiciado ou réu o privilégio contra a autoincriminação, ressalta a circunstância de que é essencialmente voluntária a participação do imputado no ato – provido de indiscutível eficácia probatória – concretizador da reprodução simulada do fato delituoso".[101]

Com efeito, "a falta de cooperação do indiciado ou do réu com as autoridades que o investigam ou que o processam traduzem comportamentos que são inteiramente legitimados pelo princípio constitucional que protege qualquer pessoa contra a autoincriminação, especialmente quando se tratar de pessoa exposta a atos de persecução penal. O Estado – que não tem o direito de tratar suspeitos, indiciados ou réus, como se culpados fossem, antes do trânsito em julgado de eventual sentença penal condenatória (*RTJ* 176/805-806) – também não pode constrangê-los a produzir provas contra si próprios (*RTJ* 141/512), em face da cláusula que lhes garante, constitucionalmente, a prerrogativa

99. *Código de Processo Penal*, 2. ed., Rio de Janeiro, Record, 1960, v. 1, p. 97-98.

100. STF, HC 98.660/SP, 2ª T., rel. Min. Gilmar Mendes, j. 29-11-2011, *DJe* n. 236, de 14-12-2011.

101. STF, HC 69.026/DF, 1ª T., rel. Min. Celso de Mello, j. 10-12-1991, *DJ* de 4-9-1992, p. 14.091, *RTJ* 142/855.

contra a auto-incriminação. Aquele que sofre persecução penal instaurada pelo Estado tem, dentre outras prerrogativas básicas, (*a*) o direito de permanecer em silêncio, (*b*) o direito de não ser compelido a produzir elementos de incriminação contra si próprio nem de ser constrangido a apresentar provas que lhe comprometam a defesa e (*c*) o direito de se recusar a participar, ativa ou passivamente, de procedimentos probatórios que lhe possam afetar a esfera jurídica, tais como a reprodução simulada (reconstituição) do evento delituoso (HC 96.219-MC/SP, rel. Min. Celso de Mello, v.g.)".[102]

E mais: "A invocação da prerrogativa contra a autoincriminação, além de inteiramente oponível a qualquer autoridade ou agente do Estado, não legitima, por efeito de sua natureza eminentemente constitucional, a adoção de medidas que afetem ou que restrinjam a esfera jurídica daquele contra quem se instaurou a *persecutio criminis* nem justifica, por igual motivo, a decretação de sua prisão cautelar. O exercício do direito ao silêncio, que se revela insuscetível de qualquer censura policial e/ou judicial, não pode ser desrespeitado nem desconsiderado pelos órgãos e agentes da persecução penal, porque a prática concreta dessa prerrogativa constitucional – além de não importar em confissão – jamais poderá ser interpretada em prejuízo da defesa".[103]

Da recusa em participar da reconstituição não se pode extrair fundamento para a decretação de prisão preventiva, sob pena de constrangimento ilegal passível de reparação pela via do *habeas corpus*.

Embora não exista contraditório pleno na fase de inquérito, dispõe o art. 14 do CPP que: "O ofendido, ou seu representante legal, e o indiciado poderão requerer qualquer diligência, que será realizada, ou não, a juízo da autoridade".

Por seu turno, o art. 184 do CPP dispõe que "salvo o caso de exame de corpo de delito, o juiz ou a autoridade policial negará a perícia requerida pelas partes, quando não for necessária ao esclarecimento da verdade". Tem-se aí juízo de conveniência, tanto da autoridade policial quanto do magistrado, no que tange à relevância, ou não, da prova resultante da diligência requerida.[104]

Não se procederá à realização de reprodução simulada/reconstituição dos fatos quando esta contrariar a *moralidade* ou a *ordem pública*, conceitos que não se confundem.

A reconstituição de crimes contra a dignidade sexual; crime de ato obsceno, dentre outros, pode ofender a moralidade, pública e/ou particular.

---

102. STF, HC 99.289/RS, 2ª T., rel. Min. Celso de Mello, j. 23-6-2009, *DJe* n. 149, de 4-8-2011.

103. STF, HC 99.289/RS, 2ª T., rel. Min. Celso de Mello, j. 23-6-2009, *DJe* n. 149, de 4-8-2011.

104. STF, RHC 88.320/PI, 2ª T., rel. Min. Eros Grau, j. 25-4-2006, *DJ* de 26-5-2006, p. 39, *RTJ* 200/1.333.

Quanto à ordem pública, "o critério é relativo para considerá-la impediente da reprodução quando o fato tiver ocorrido na via pública, ou possa excitar o ânimo popular".[105]

12. Interceptação Telefônica

Na expressão do art. 5º, XII, da CF, "é inviolável o sigilo da correspondência e das comunicações telegráficas, de dados e das comunicações telefônicas, salvo, no último caso, por ordem judicial, nas hipóteses e na forma que a lei estabelecer para fins de investigação criminal ou instrução processual penal".

Não se deve perder de vista, portanto, que a regra constitucional é a inviolabilidade e a exceção é a quebra.

A Lei n. 9.296/96 regulamentou o inciso XII do art. 5º da CF,[106] e passou a disciplinar a interceptação das comunicações telefônicas e de fluxo de comunicações em sistemas de informática e telemática.

Conforme dispõe seu art. 3º, I, a interceptação poderá ser **determinada pelo juiz**, de ofício ou a requerimento da autoridade policial, na investigação criminal, ou a requerimento do Ministério Público, na investigação criminal e na instrução processual penal. Estamos convencidos, contudo, de que referido dispositivo foi derrogado pelo atual art. 3º-A do CPP, introduzido pelo art. 3º da Lei n. 13.964/2019, segundo o qual "O processo penal terá estrutura acusatória, vedadas a iniciativa do juiz na fase de investigação e a substituição da atuação probatória do órgão de acusação".

Muito embora se possa argumentar em sentido contrário que a lei geral não derroga a lei especial (*lex posterior generalis non derogat priori speciali*), e sem desconhecermos os ensinamentos de Bobbio[107] no que tange ao critério cronológico, ao critério hierárquico e ao critério da especialidade, no caso, deve prevalecer o princípio acusatório, de categoria superior e que rege todo o processo penal no Estado Democrático de Direito. Importante observar, ademais, semelhante opção democrática igualmente expressada no art. 8º-A, introduzido na Lei n. 9.296/96, que regula as interceptações, pelo art. 7º da Lei n. 13.964/2019, ao tratar da captação ambiental de sinais eletromagnéticos, ópticos ou acústicos.

Em ambiente processual democrático, é sem sentido lógico e jurídico sustentar que, para a generalidade dos meios de prova (regulados no CPP) e para a captação

105. Bento de Faria, op. cit., p. 98.

106. "O art. 5º, XII, da Constituição Federal tutela o sigilo das comunicações telefônicas, admitindo o afastamento, para fins de investigação criminal e de instrução processual penal, por meio de lei própria, advinda em 1996 – Lei n. 9.296" (STF, RHC 121.430/BA, 1ª T., rel. Min. Marco Aurélio, j. 9-8-2016, *DJe* n. 226, de 24-10-2016).

107. Norberto Bobbio, *Teoria do ordenamento jurídico*, Brasília, Editora UNB, 10. ed., 1997, p. 81.

ambiental (art. 8º-A da Lei n. 9.296/96), está vedada a iniciativa judicial probatória, mas que tal proceder, indelevelmente marcado de parcialidade, segue autorizado exclusivamente para as interceptações telefônicas (Lei n. 9.296/96).

Desde a vigência do atual regramento, para todo e qualquer meio de prova, está proscrita a iniciativa judicial; o proceder *ex officio*. Necessária interpretação sistêmica desautoriza conclusão em sentido diverso.

Certo é que a interceptação telefônica tem se revelado de extrema valia na apuração de determinados tipos de crimes,[108] tais como sequestro, tráfico de drogas, associação para o tráfico de drogas, associação criminosa etc.[109]

Também são frequentes as notícias veiculadas na mídia dando conta de sua eficácia nas investigações envolvendo organizações criminosas, especialmente protagonizadas por políticos de várias siglas partidárias; empresários; membros do Congresso Nacional, Ministros de Estado e marginais diversos, de modo a se firmar como valoroso procedimento investigativo.

É cediço, entretanto, que excessos são praticados não apenas nas decretações, mas, sobretudo, nas prorrogações do período permitido para a escuta.[110]

---

108. "É desnecessária a juntada do conteúdo integral das degravações das escutas telefônicas realizadas nos autos do inquérito no qual são investigados os ora Pacientes, pois bastam que se tenham degravados os excertos necessários ao embasamento da denúncia oferecida, não configurando, essa restrição, ofensa ao princípio do devido processo legal (art. 5º, LV, da Constituição da República)" (STF, HC 91.207/RJ, Tribunal Pleno, rel. Min. Marco Aurélio, rel. p/ o Acórdão Min. Cármen Lúcia, j. 11-6-2007, *DJe* n. 106, de 21-9-2007). "Conforme firme jurisprudência do Supremo Tribunal Federal, afigura-se suficiente, para adimplir a determinação do art. 6º, § 1º, da Lei 9.296/95 e assegurar o direito de defesa dos acusados, o acesso à degravação dos diálogos aludidos pela denúncia, sendo dispensável a disponibilização de todo o material oriundo da interceptação telefônica (HC 91.207/MC, rel. Min. Marco Aurélio, rel. p/ Acórdão: Min. Cármen Lúcia, Tribunal Pleno, *DJe* de 21-9-2007; Inq 2.424, rel. Min. Cezar Peluso, Tribunal Pleno, *DJe* de 26-3-2010; RHC 117.265, rel. Min. Ricardo Lewandowski, 2ª T., *DJe* de 26-5-2014; Inq 4.023, rel. Min. Cármen Lúcia, 2ª T., *DJe* de 1º-9-2016)" (STF, Inq 3.965/DF, 2ª T., rel. Min. Teori Zavascki, j. 22-11-2016, *DJe* n. 259, de 6-12-2016).

109. "É lícita a prova de crime diverso, obtida por meio de interceptação de ligações telefônicas de terceiro não mencionado na autorização judicial de escuta, desde que relacionada com o fato criminoso objeto da investigação" (STJ, HC 33.553/CE, 5ª T., rel. Min. Laurita Vaz, j. 17-3-2005, *DJ* de 11-4-2005, p. 338).

110. "É possível a prorrogação do prazo de autorização para interceptação telefônica, ainda que sucessivamente, especialmente quando, em razão do número de fatos e investigados, o caso seja dotado de complexidade que demande uma investigação diferenciada, profícua e contínua" (STF, HC 120.027/PR, 1ª T., rel. Min. Marco Aurélio, rel. p/ o Acórdão Min. Edson Fachin, j. 24-11-2015, *DJe* n. 30, de 18-2-2016). "Nos termos da jurisprudência pacífica desta Corte e do Supremo Tribunal Federal: 'persistindo os pressupostos que conduziram à decretação da interceptação telefônica, não há obstáculos para sucessivas prorrogações, desde que devidamente fundamentadas, nem ficam maculadas como ilícitas as provas derivadas da interceptação' (STF, RHC 85.575/SP, 2ª T., rel. Min. Joaquim Barbosa, *DJ* 16-3-2007)" (STJ, HC 151.415/SC, 5ª T., rel. Min. Laurita Vaz, j. 22-11-2011, *DJe* de 2-12-2011). "A jurisprudência do Supremo Tribunal Federal admite que a interceptação de comunicação telefônica seja prorrogada, desde que a ordem seja fundamentada e respeite o prazo legal. Precedentes" (STF, RHC 128.485/TO, 2ª T., rel. Min. Ricardo Lewandowski, j. 25-10-2016, *DJe* n. 246, de 21-11-2016).

Não se deve admitir determinação de interceptação telefônica lastreada em denúncia anônima que não tenha sido objeto de confirmação em investigação preliminar.

A esse respeito:

> As garantias do processo penal albergadas na Constituição Federal não toleram o vício da ilegalidade mesmo que produzido em fase embrionária da persecução penal.
>
> A denúncia anônima, como bem definida pelo pensamento desta Corte, pode originar procedimentos de apuração de crime, desde que empreendidas investigações preliminares e respeitados os limites impostos pelos direitos fundamentais do cidadão, o que leva a considerar imprópria a realização de medidas coercitivas absolutamente genéricas e invasivas à intimidade tendo por fundamento somente este elemento de indicação da prática delituosa.
>
> A exigência de fundamentação das decisões judiciais, contida no art. 93, IX, da CR, não se compadece com justificação transversa, utilizada apenas como forma de tangenciar a verdade real e confundir a defesa dos investigados, mesmo que, ao depois, supunha-se estar imbuída dos melhores sentimentos de proteção social.
>
> Verificada a incongruência de motivação do ato judicial de deferimento de medida cautelar, *in casu*, de quebra de sigilo de dados, afigura-se inoportuno o juízo de proporcionalidade nele previsto como garantia de prevalência da segurança social frente ao primado da proteção do direito individual (STJ, HC 137.349/SP, 6ª T., rel. Min. Maria Thereza de Assis Moura, j. 5-4-2011, *DJe* de 30-5-2011).

Visando a coibir excessos, o CNJ – Conselho Nacional de Justiça expediu a Resolução n. 59/2008, que disciplina e uniformiza as rotinas, objetivando o aperfeiçoamento do procedimento de interceptação de comunicações telefônicas e de sistemas de informática e telemática nos órgãos jurisdicionais do Poder Judiciário.[111]

É firme no Supremo Tribunal Federal e no Superior Tribunal de Justiça o entendimento segundo o qual admite-se prorrogações sucessivas de interceptações telefônicas, desde que não exista vício na decretação inicial e as circunstâncias provadas nos autos justifiquem o alongamento da providência excepcional, que deverá ser determinada em decisão convenientemente fundamentada.

Não padece de ilegalidade, ademais, a interceptação telefônica efetivada pela Polícia Militar, se precedida de expressa e regular ordem judicial. Não há que se falar em prova ilícita, na hipótese.

Observadas as emanações do art. 3º-A do CPP, desde a data de sua vigência, sem efeito retroativo, são ilícitas a decretação e a prorrogação judicial *ex officio* de interceptação das comunicações telefônicas e de fluxo de comunicações em sistemas

111. "É legítima a prova oriunda de interceptação de comunicação telefônica autorizada judicialmente, de forma fundamentada e com observância dos requisitos legais: *i)* existência de indícios razoáveis de autoria ou participação em ilícito penal; ii) único meio disponível para comprovar o fato investigado; iii) o crime investigado deve ser punido com pena mais gravosa que a detenção" (STF, RHC 128.485/TO, 2ª T., rel. Min. Ricardo Lewandowski, j. 25-10-2016, *DJe* n. 246, de 21-11-2016).

de informática e telemática, e igualmente ilícitas as provas decorrentes da iniciativa judicial proscrita.

12.1. Captação ambiental de sinais eletromagnéticos, ópticos ou acústicos

O art. 7º da Lei n. 13.964/2019 introduziu na Lei n. 9.296/96 seu atual art. 8º-A, de modo a instituir e regular a captação ambiental de sinais eletromagnéticos, ópticos ou acústicos.

Vedada a iniciativa judicial *ex officio*, a produção desse valioso meio de prova poderá ser requerida em qualquer fase da investigação policial ou da instrução processual, pela autoridade policial ou pelo representante do Ministério Público.

Configuram **pressupostos de admissibilidade da decretação**: (1) que a prova não possa ser feita por outros meios disponíveis e igualmente eficazes; (2) a existência de elementos probatórios razoáveis de autoria ou participação em crime cuja pena máxima cominada seja superior a 4 (quatro) anos ou em infrações penais conexas.

Além de demonstrar de maneira inequívoca a existência dos pressupostos, o requerimento deverá descrever circunstanciadamente o local e a forma de instalação do dispositivo de captação ambiental (§ 1º do art. 8º-A).

A captação ambiental pode ser determinada por **prazo inicial de até 15 (quinze) dias, renovável por iguais períodos**. Não há limite máximo, mas é certo que não se admite renovação automática ou por prazo superior ao anotado, e a licitude da prova obtida a cada novo período está condicionada à existência de **precedente decisão judicial** corretamente fundamentada, da lavra de magistrado competente.

Os **pressupostos de admissibilidade da renovação** estão indicados no § 3º do art. 8º-A. São eles: (1) demonstração empírica da indispensabilidade do meio de prova; (2) estar a medida destinada à apuração de atividade criminal permanente, habitual ou continuada.

Quanto ao último pressuposto da renovação, não é ocioso ressaltar que não se trata de apuração de crime necessariamente permanente, habitual ou continuado, muito embora até possa ocorrer qualquer dessas situações. Basta, na hipótese, que a atividade criminal se prolongue no tempo.

No que couberem, devem ser aplicadas subsidiariamente à captação ambiental as regras previstas na Lei n. 9.296/96 para a interceptação telefônica e telemática.

Quando realizada por um dos interlocutores, a captação ambiental é providência lícita, e para tanto se afigura desnecessária prévia autorização judicial. Seu conteúdo pode ser utilizado como meio de prova, qualquer que seja a infração penal que se destine a demonstrar. Todavia, nos precisos termos do art. 10-A da Lei n. 9.296/96, realizar captação ambiental de sinais eletromagnéticos, ópticos ou acústicos para investigação ou instrução criminal sem autorização judicial, quando esta for exigida, configura crime punido com reclusão de 2 (dois) a 4 (quatro) anos e multa. A pena será aplicada em dobro ao funcionário público que descumprir determinação de sigilo das investigações que envolvam a captação ambiental ou revelar o conteúdo das gravações enquanto mantido o sigilo judicial (§ 2º).

12.2. Acesso a mensagens de *WhatsApp*

É ilegal o acesso realizado por autoridade policial às mensagens enviadas pelo apontado autor do delito, pelo aplicativo *WhatsApp* ou qualquer outro, sem prévia e escorreita autorização judicial. De consequência, o material e as informações coletadas com a invasão proscrita carregam mácula de insuperável ilicitude, por inaceitável violação ao disposto no 5º, XII, da CF.

Neste sentido:

> Os dados armazenados nos aparelhos celulares – envio e recebimento de mensagens via SMS, programas ou aplicativos de troca de mensagens, fotografias etc. –, por dizerem respeito à intimidade e à vida privada do indivíduo, são invioláveis, nos termos em que previsto no inciso X do art. 5º da Constituição Federal, só podendo, portanto, ser acessados e utilizados mediante prévia autorização judicial, com base em decisão devidamente motivada que evidencie a imprescindibilidade da medida, capaz de justificar a mitigação do direito à intimidade e à privacidade do agente (STJ, HC 101.119/SP, 6ª T., rel. Min. Rogério Schietti Cruz, j. 10-12-2019, *DJe* de 13-12-2019).
>
> Ilícita é a devassa de dados, bem como das conversas de *whatsApp*, obtidas diretamente pela polícia em celular apreendido no flagrante, sem prévia autorização judicial (STJ, RHC 51.531/RO, 6ª T., rel. Min. Nefi Cordeiro, j. 19-4-2016, *DJe* de 9-5-2016, *RT* 970/461).
>
> Com o mesmo entendimento: STJ, RHC 89.981/MG, 5ª T., rel. Min. Reynaldo Soares da Fonseca, j. 5-12-2017, *DJe* de 13-12-2017; STJ, RHC 76.324/DF, 6ª T., rel. Min. Maria Thereza de Assis Moura, j. 14-2-2017, *DJe* de 22-2-2017.

13. Leis Especiais

Considerando determinados tipos ou categorias de delitos e suas especificidades, sem prejuízo da aplicação do art. 6º do CPP, leis especiais dispõem a respeito de *providências* e *procedimentos* relacionados à produção de certas provas particularizadas.

Vejamos algumas dessas regras.

13.1. Lei Maria da Penha

Trata-se da Lei n. 11.340/2006, que dispõe, dentre outros temas, sobre regras especiais que deverão ser observadas pela autoridade policial por ocasião do inquérito.

Note-se que os crimes mais comumente praticados contra a mulher no ambiente familiar e nas relações domésticas estão tipificados nos arts. 129, *caput* (lesão corporal dolosa de natureza leve), e 147 (ameaça), ambos do Código Penal, e, muito embora a quantidade de pena cominada para cada um permita enquadrá-los no âmbito dos Juizados Especiais Criminais, a Lei n. 11.340/2006 dispõe expressamente em seu art. 41 que aos crimes praticados com violência doméstica e familiar contra a mulher, independentemente da pena prevista, não se aplica a Lei n. 9.099/95, daí a apuração em sede de *inquérito policial*, e não em singelo *termo circunstanciado*.

Esclarece seu art. 1º que: "Esta Lei cria mecanismos para coibir e prevenir a violência doméstica e familiar contra a mulher, nos termos do § 8º do art. 226 da Constituição Federal, da Convenção sobre a Eliminação de Todas as Formas de Violência contra a Mulher, da Convenção Interamericana para Prevenir, Punir e Erradicar a Violência contra a Mulher e de outros tratados internacionais ratificados pela República Federativa do Brasil; dispõe sobre a criação dos Juizados de Violência Doméstica e Familiar contra a Mulher; e estabelece medidas de assistência e proteção às mulheres em situação de violência doméstica e familiar".

Para os termos dessa lei, independentemente de orientação sexual, "configura violência doméstica e familiar contra a mulher qualquer ação ou omissão baseada no gênero que lhe cause morte, lesão, sofrimento físico, sexual ou psicológico e dano moral ou patrimonial: I – no âmbito da unidade doméstica, compreendida como o espaço de convívio permanente de pessoas, com ou sem vínculo familiar, inclusive as esporadicamente agregadas; II – no âmbito da família, compreendida como a comunidade formada por indivíduos que são ou se consideram aparentados, unidos por laços naturais, por afinidade ou por vontade expressa; III – em qualquer relação íntima de afeto, na qual o agressor conviva ou tenha convivido com a ofendida, independentemente de coabitação".

O art. 7º indica, dentre outras, as seguintes formas de violência doméstica e familiar: I – a violência física, entendida como qualquer conduta que ofenda sua integridade ou saúde corporal; II – a violência psicológica, entendida como qualquer conduta que lhe cause dano emocional e diminuição da autoestima ou que lhe prejudique e perturbe o pleno desenvolvimento ou que vise degradar ou controlar suas ações, comportamentos, crenças e decisões, mediante ameaça, constrangimento, humilhação, manipulação, isolamento, vigilância constante, perseguição contumaz, insulto, chantagem, violação de sua intimidade, ridicularização, exploração e limitação do direito de ir e vir ou qualquer outro meio que lhe cause prejuízo à saúde psicológica e à autodeterminação; III – a violência sexual, entendida como qualquer conduta que a constranja a presenciar, a manter ou a participar de relação sexual não desejada, mediante intimidação, ameaça, coação ou uso da força; que a induza a comercializar ou a utilizar, de qualquer modo, a sua sexualidade, que a impeça de usar qualquer método contraceptivo ou que a force ao matrimônio, à gravidez, ao aborto ou à prostituição, mediante coação, chantagem, suborno ou manipulação; ou que limite ou anule o exercício de seus direitos sexuais e reprodutivos; IV – a violência patrimonial, entendida como qualquer conduta que configure retenção, subtração, destruição parcial ou total de seus objetos, instrumentos de trabalho, documentos pessoais, bens, valores e direitos ou recursos econômicos, incluindo os destinados a satisfazer suas necessidades; V – a violência moral, entendida como qualquer conduta que configure calúnia, difamação ou injúria.

Pois bem.

Verificada situação de violência doméstica e familiar contra mulher, no atendimento à vítima a autoridade policial deverá (art. 11 da lei), entre outras providências: I – garantir proteção policial, quando necessário, comunicando de imediato ao Ministério Público e ao Poder Judiciário; II – encaminhar a ofendida ao hospital ou posto de saúde e ao Instituto Médico Legal; III – fornecer transporte para a ofendida e seus dependentes para abrigo ou local seguro, quando houver risco de vida; IV – se necessário, acompanhar a ofendida para assegurar a retirada de seus pertences do local da ocorrência ou do domicílio familiar; V – informar à ofendida os direitos a ela conferidos nesta Lei e os serviços disponíveis.

Nos precisos termos do art. 12:

> *Caput*: Em todos os casos de violência doméstica e familiar contra a mulher, feito o registro da ocorrência, deverá a autoridade policial adotar, de imediato, os seguintes procedimentos, sem prejuízo daqueles previstos no Código de Processo Penal:
>
> I – ouvir a ofendida, lavrar o boletim de ocorrência e tomar a representação a termo, se apresentada;
>
> II – colher todas as provas que servirem para o esclarecimento do fato e de suas circunstâncias;
>
> III – remeter, no prazo de 48 (quarenta e oito) horas, expediente apartado ao juiz com o pedido da ofendida, para a concessão de medidas protetivas de urgência;
>
> IV – determinar que se proceda ao exame de corpo de delito da ofendida e requisitar outros exames periciais necessários;
>
> V – ouvir o agressor e as testemunhas;
>
> VI – ordenar a identificação do agressor e fazer juntar aos autos sua folha de antecedentes criminais, indicando a existência de mandado de prisão ou registro de outras ocorrências policiais contra ele;
>
> VII – remeter, no prazo legal, os autos do inquérito policial ao juiz e ao Ministério Público.
>
> § 1º O pedido da ofendida será tomado a termo pela autoridade policial e deverá conter:
>
> I – qualificação da ofendida e do agressor;
>
> II – nome e idade dos dependentes;
>
> III – descrição sucinta do fato e das medidas protetivas solicitadas pela ofendida.
>
> IV – informação sobre a condição de a ofendida ser pessoa com deficiência e se da violência sofrida resultou deficiência ou agravamento de deficiência preexistente.
>
> § 2º A autoridade policial deverá anexar ao documento referido no § 1º o boletim de ocorrência e cópia de todos os documentos disponíveis em posse da ofendida.

§ 3º Serão admitidos como meios de prova os laudos ou prontuários médicos fornecidos por hospitais e postos de saúde.

Alterações introduzidas pela Lei n. 13.827/2019 determinaram a redação do atual art. 12-C, assim redigido:

Art. 12-C. Verificada a existência de risco atual ou iminente à vida ou à integridade física da mulher em situação de violência doméstica e familiar, ou de seus dependentes, o agressor será imediatamente afastado do lar, domicílio ou local de convivência com a ofendida:

I – pela autoridade judicial;

II – pelo delegado de polícia, quando o Município não for sede de comarca; ou

III – pelo policial, quando o Município não for sede de comarca e não houver delegado disponível no momento da denúncia.

§ 1º Nas hipóteses dos incisos II e III do caput deste artigo, o juiz será comunicado no prazo máximo de 24 (vinte e quatro) horas e decidirá, em igual prazo, sobre a manutenção ou a revogação da medida aplicada, devendo dar ciência ao Ministério Público concomitantemente.

§ 2º Nos casos de risco à integridade física da ofendida ou à efetividade da medida protetiva de urgência, não será concedida liberdade provisória ao preso.

As medidas protetivas de urgência referidas no art. 12 estão listadas nos arts. 22 a 24, todos da Lei n. 11.340/2006.

13.1.1. Representação da ofendida

No dia 9 de fevereiro de 2012, por maioria de votos, o Plenário do Supremo Tribunal Federal julgou procedente a Ação Direta de Inconstitucionalidade (ADIn 4.424)[112] ajuizada pela Procuradoria-Geral da República, para decidir, contra literal disposição, que é pública incondicionada a ação penal nos crimes relacionados com a Lei Maria da Penha, desconsiderando, assim, o teor do art. 16 da referida lei, cuja redação diz exatamente o contrário, ao afirmar ser pública condicionada à representação da ofendida a ação penal em casos tais.

Sobre este mesmo tema, a Súmula 542 do STJ tem o seguinte enunciado: "A ação penal relativa ao crime de lesão corporal resultante de violência doméstica contra a mulher é pública incondicionada".

No dia 10 de maio de 2017, a Terceira Seção do Superior Tribunal de Justiça, por unanimidade, acolheu questão de ordem e procedeu à revisão do entendimento consolidado por ocasião do julgamento do REsp n. 1.097.042/DF – Tema 177, de modo que a tese passou a ter a seguinte redação: "A ação penal nos crimes de le-

112. "A ação penal relativa a lesão corporal resultante de violência doméstica contra a mulher é pública incondicionada" (STF, ADI 4.424/DF, Tribunal Pleno, rel. Min. Marco Aurélio, j. 9-2-2012, *DJe* n. 148, de 1º-8-2014).

são corporal leve cometidos em detrimento da mulher, no âmbito doméstico e familiar, é pública incondicionada".[113]

13.2. Lei de Drogas

Ao regrar a produção de prova relacionada a qualquer dos crimes tipificados na Lei de Drogas (Lei n. 11.343/2006), dispõe seu art. 53 que em qualquer fase da persecução criminal – fase de investigação ou fase processual, portanto – são permitidos, além dos previstos em lei, mediante autorização judicial e ouvido o Ministério Público, os seguintes procedimentos investigatórios:

I – a infiltração por agentes de polícia, em tarefas de investigação, constituída pelos órgãos especializados pertinentes;

II – a não atuação policial sobre os portadores de drogas, seus precursores químicos ou outros produtos utilizados em sua produção, que se encontrem no território brasileiro, com a finalidade de identificar e responsabilizar maior número de integrantes de operações de tráfico e distribuição, sem prejuízo da ação penal cabível.

Na hipótese do inciso II, a autorização será concedida desde que sejam conhecidos o itinerário provável e a identificação dos agentes do delito ou de colaboradores (parágrafo único do art. 53).[114]

13.3. Lei de Combate ao Crime Organizado

A Lei n. 12.850/2013, que define organização criminosa e dispõe sobre a investigação criminal, os meios de obtenção da prova, infrações penais correlatas e o procedimento criminal, também traz regras especiais a respeito da produção de provas.

Diz seu art. 3º que, *em qualquer fase da persecução penal*, serão permitidos, sem prejuízo de outros já previstos em lei, os seguintes meios de obtenção da prova:

a) colaboração premiada;

b) captação ambiental de sinais eletromagnéticos, ópticos ou acústicos;

c) ação controlada;

d) acesso a registros de ligações telefônicas e telemáticas, a dados cadastrais constantes de bancos de dados públicos ou privados e a informações eleitorais ou comerciais;

e) interceptação de comunicações telefônicas e telemáticas, nos termos da legislação específica;

f) afastamento dos sigilos financeiro, bancário e fiscal, nos termos da legislação específica;

---

113. STJ, Pet 11.805/DF, Terceira Seção, rel. Min. Rogério Schietti Cruz, j. 10-5-2017, *DJe* de 17-5-2017.

114. Sobre a matéria, conferir: Renato Marcão, *Tóxicos*, 11. ed., São Paulo, Saraiva, 2017.

g) infiltração, por policiais, em atividade de investigação, na forma do art. 11;

h) cooperação entre instituições e órgãos federais, distritais, estaduais e municipais na busca de provas e informações de interesse da investigação ou da instrução criminal.

Conforme seu art. 10-A, introduzido pela Lei n. 13.964/2019,[115] "Será admitida a ação de agentes de polícia infiltrados virtuais, obedecidos os requisitos do *caput* do art. 10, na internet, com o fim de investigar os crimes previstos nesta Lei e a eles conexos, praticados por organizações criminosas, desde que demonstrada sua necessidade e indicados o alcance das tarefas dos policiais, os nomes ou apelidos das pessoas investigadas e, quando possível, os dados de conexão ou cadastrais que permitam a identificação dessas pessoas".

No desenvolvimento de tais práticas investigativas, é necessário respeitar as regras legais e constitucionais que tratam da preservação do sigilo.

13.4. Crime contra a dignidade sexual de criança e adolescente

A Lei n. 13.441/2017 alterou o Estatuto da Criança e do Adolescente para regular a infiltração de agentes de polícia na *internet*,[116] com o fim de investigar crime contra a dignidade sexual de criança e de adolescente.

A excepcionalidade da infiltração está duplamente revelada pelas limitações legais, a saber:

- ✓ tem sede de aplicação apenas quando tiver por escopo investigar os crimes previstos nos arts. 240, 241, 241-A, 241-B, 241-C e 241-D do Estatuto da Criança e do Adolescente, e nos arts. 154-A, 217-A, 218, 218-A e 218-B do Código Penal (ECA, art. 190-A, *caput*);
- ✓ somente poderá ser autorizada quando não for possível obter a prova por outros métodos investigativos (ECA, art. 190-A, § 3º).

Muito embora a redação dos dispositivos que regulam a matéria aponte para uma inicial conclusão no sentido de que tais diligências têm sede de aplicação na fase de investigação policial, não se pode excluir o cabimento após a instauração do processo, durante o contraditório judicial.

---

115. Nos precisos termos do atual art. 10-C da Lei n. 12.850/2013, introduzido pela Lei n. 13.964/2019, "Não comete crime o policial que oculta a sua identidade para, por meio da internet, colher indícios de autoria e materialidade dos crimes previstos no art. 1º desta Lei. Parágrafo único. O agente policial infiltrado que deixar de observar a estrita finalidade da investigação responderá pelos excessos praticados".

116. Art. 190-C do ECA: "Não comete crime o policial que oculta a sua identidade para, por meio da internet, colher indícios de autoria e materialidade dos crimes previstos nos arts. 240, 241, 241-A, 241-B, 241-C e 241-D do Estatuto da Criança e do Adolescente, e nos arts. 154-A, 217-A, 218, 218-A e 218-B do Código Penal. Parágrafo único. O agente policial infiltrado que deixar de observar a estrita finalidade da investigação responderá pelos excessos praticados".

Qualquer que seja o momento, é necessário se proceda à instauração de autos apartados, específicos para a materialização e compilação das providências relacionadas a este tipo de prova.

Pois bem.

A infiltração deve ser precedida de autorização judicial fundamentada (CF, art. 93, IX), na qual o juiz fixará os limites da providência tratada, que deverá se restringir ao estritamente necessário para a obtenção da prova.

A determinação poderá decorrer do acolhimento de representação formulada por delegado de polícia ou requerimento do Ministério Público. Observado o vigente modelo de processo penal acusatório, é descabida determinação ex *officio* pela autoridade judiciária, que, de tal modo, só poderá agir mediante provocação.

Embora atualmente os crimes contra a dignidade sexual praticados em desfavor de vítima menor de 18 anos ou vulnerável sejam de ação penal pública incondicionada (CP, art. 225),[117] é certo que em caso de absoluta inércia do Ministério Público poderá ocorrer o ajuizamento de ação penal privada subsidiária da pública (CPP, art. 29), hipótese em que a(o) ofendida(o)-querelante poderá postular a infiltração para colheita de provas, porquanto evidente que a execução e o êxito de tais diligências não se restringem à fase de inquérito e interessam ao autor da ação penal.

A representação da autoridade policial, o requerimento do Ministério Público ou da(o) ofendida(o)-querelante devem conter adequada fundamentação, de modo a indicar a real necessidade da diligência, o alcance das tarefas dos policiais, os nomes ou apelidos das pessoas investigadas e, quando possível, os dados de conexão ou cadastrais que permitam a identificação dessas pessoas.

Quando o Ministério Público não for o autor da postulação, antes de decidir a respeito, o juiz deverá determinar a abertura de vista dos autos a fim de que se manifeste sobre a pretensão formulada.

A decisão concessiva, sempre fundamentada, insista-se, deverá fixar prazo – não superior a 90 (noventa) dias – para a realização das diligências cabíveis.[118]

Em caso de comprovada necessidade, admite-se, também mediante provocação e decisão judicial fundamentada, renovação do prazo inicialmente fixado para a realização das diligências, respeitado o limite intransponível de 720 (setecentos e vinte) dias.

A qualquer tempo, antes de vencido o prazo fixado, a autoridade judicial e o Ministério Público poderão requisitar relatórios parciais da operação de infiltração, com vistas a avaliar o êxito e a necessidade de permanência da determinação expedida.

117. RENATO MARCÃO e PLÍNIO GENTIL, *Crimes contra a dignidade sexual*, 3. ed., São Paulo, Saraiva, 2018.

118. Art. 190-A, III, do ECA.

A teor do disposto no art. 190-B, *caput* e parágrafo único, do ECA, observado que as informações colhidas com as diligências de infiltração envolvem material resguardado por sigilo, elas deverão ser encaminhadas diretamente ao juiz responsável pela autorização da medida, que deverá determinar as providências cabíveis à preservação do sigilo. Também com vistas à preservação do sigilo, antes da conclusão da operação, o acesso aos autos será reservado ao juiz, ao Ministério Público e ao delegado de polícia responsável pela operação, sem que disso se extraia violação ao princípio constitucional da ampla defesa.

Concluídas as investigações, "todos os atos eletrônicos praticados durante a operação deverão ser registrados, gravados, armazenados e encaminhados ao juiz e ao Ministério Público, juntamente com relatório circunstanciado" (ECA, art. 190-E, *caput*).

Não é ocioso enfatizar que os atos eletrônicos que materializam as diligências realizadas com a infiltração deverão ser reunidos em autos específicos, distintos do inquérito policial e do processo criminal, mesmo quando utilizado o formato digital.

A todo tempo, é imprescindível sejam adotadas providências com vistas à preservação da identidade do agente policial infiltrado e a intimidade das crianças e dos adolescentes envolvidos.

13.5. Lei n. 13.344/2016 (Dispõe sobre prevenção e repressão ao tráfico interno e internacional de pessoas)

13.5.1. Sobre o art. 13-A do CPP

O art. 11 da Lei n. 13.344/2016, que dispõe, dentre outros temas, sobre prevenção e repressão ao tráfico interno e internacional de pessoas, introduziu no Código de Processo Penal seu atual art. 13-A, que tem aplicação apenas em relação aos crimes taxativamente indicados, a saber: arts. 148, 149 e 149-A, no § 3º do art. 158 e no art. 159 do Decreto-Lei n. 2.848, de 7 de dezembro de 1940 (Código Penal), e no art. 239 da Lei n. 8.069, de 13 de julho de 1990 (Estatuto da Criança e do Adolescente).

O mesmo art. 13-A também diz que em se tratando dos crimes referidos, o membro do Ministério Público ou o delegado de polícia poderá requisitar, de quaisquer órgãos do poder público ou de empresas da iniciativa privada, dados e informações cadastrais da vítima ou de suspeitos. Por fim, dispõe seu parágrafo único que a requisição, que será atendida no prazo de 24 (vinte e quatro) horas, conterá: I – o nome da autoridade requisitante; II – o número do inquérito policial; e III – a identificação da unidade de polícia judiciária responsável pela investigação.

No Código Penal, o art. 148 tipifica o crime de sequestro e cárcere privado; o art. 149 tipifica o crime de redução à condição análoga à de escravo; o art. 149-A trata do crime de tráfico de pessoas (a Lei n. 13.344/2016 revogou os arts. 231 e 231-A do CP, que disciplinavam, respectivamente, o tráfico internacional e o tráfico interno de pessoa para fins de exploração sexual); o § 3º do art. 158 dispõe sobre o crime de extorsão mediante restrição da liberdade da vítima, e o art. 159 do *Codex* tipifica o crime de extorsão mediante sequestro.

Por fim, a regra também alcança o crime do art. 239 do ECA (Lei n. 8.069/90), onde se lê que constitui crime promover ou auxiliar a efetivação de ato destinado ao envio de criança ou adolescente para o exterior, com inobservância das formalidades legais ou com o objetivo de obter lucro.

Em relação ao Ministério Público o art. 13-A era desnecessário, pois, qualquer que seja o crime sob sua apuração, o representante do *Parquet* poderá requisitar de órgãos públicos e empresas privadas informações não acobertadas por sigilo. A propósito, leia-se, por exemplo, o disposto no art. 26, I, "b", e II, da Lei n. 8.625/93 (Lei Orgânica Nacional do Ministério Público), onde está expressa a atribuição para requisição de informações a órgãos do poder público ou de empresas da iniciativa privada.

A diferença, portanto, é que nas hipóteses listadas no art. 13-A a requisição terá prazo exíguo para atendimento.

O parágrafo único do art. 13-A diz menos do que deveria, e precisa ser interpretado em conformidade com a realidade do ordenamento e o verdadeiro alcance do que se lê no *caput*.

De início é preciso considerar que o Ministério Público tem atribuições para promover investigações de natureza criminal, que obviamente não se materializam em inquérito policial. A instauração e presidência de inquérito são atribuições exclusivas de Delegado de Polícia.

Há que se ter em mente, ainda, que não raras vezes se faz necessário que o Delegado de Polícia proceda a investigações preliminares, com diligências variadas que não se materializam em inquérito policial (como ocorre na hipótese de denúncia anônima, v.g.), que só depois poderá ser instaurado.

Disso decorre a certeza de que o parágrafo único do art. 13-A é tacanho, anêmico em seu conteúdo, pois da forma como se encontra redigido pode permitir a equivocada conclusão no sentido de que a requisição a que se refere só poderá ser feita no curso de inquérito policial, e, portanto, pressupõe inquérito policial já instaurado.

Para se apreender o desacerto de tal forma de pensar, basta dizer que não teria sentido a regra referir-se ao Ministério Público, fosse esta a interpretação adequada.

Afastada a interpretação limitativa e desajustada a que pode levar a leitura isolada do parágrafo único, é cabível a requisição: *(1)* em sede de procedimento investigatório de natureza criminal a cargo do Ministério Público; *(2)* no curso de investigações preliminares não materializadas em inquérito e desenvolvidas por Delegado de Polícia, e, *(3)* em sede de inquérito policial.

É esta a interpretação juridicamente adequada, e que se ajusta ao ideal de proteção que empolgou a edição da Lei n. 13.344/2016.

Contraria a lógica jurídica e regras de interpretação imaginar que a deficiência redacional do parágrafo único seria capaz de limitar o alcance das disposições claramente contidas no *caput* do mesmo artigo.

Observado o exposto, é força convir que a requisição deverá indicar o prazo para seu atendimento; o nome da autoridade requisitante; o número do inquérito policial, quando já houver sido instaurado; a identificação da unidade de polícia judiciária responsável pela investigação, e, por fim, o número do procedimento investigatório de atribuição do representante do Ministério Público.

A requisição das informações mencionadas poderá ser endereçada a quaisquer órgãos do poder público ou de empresas da iniciativa privada. Não há restrição na lei; todos, sem exceção, devem atender à requisição, desde que adequadamente formulada por autoridade que detenha atribuição para a prática do ato.

Dirige-se a requisição apenas em relação a dados e informações cadastrais da vítima ou de suspeitos. Tais dados são aqueles que não estão acobertados pelo sigilo constitucional, cujo rompimento reclama imprescindível e motivada decisão judicial. Ademais, a requisição não alcança dados de testemunhas.

A requisição de que ora se cuida é uma ordem a ser atendida; ordem legal, portanto.

O prazo para atendimento da requisição está expresso: 24 horas. Eventualmente este prazo poderá ser dilatado, em atendimento a pedido convenientemente motivado.

Em caso de relutância e desatendimento injustificado, sem prejuízo de outras providências cabíveis, deverá ocorrer responsabilização de natureza criminal, em razão do disposto no art. 330 do Código Penal, segundo o qual, configura crime de desobediência, punido com detenção, de quinze dias a seis meses, e multa, desobedecer a ordem legal de funcionário público.

13.5.2. Sobre o art. 13-B do CPP

Dispõe a regra sob análise:

> Art. 13-B do CPP: Se necessário à prevenção e à repressão dos crimes relacionados ao tráfico de pessoas, o membro do Ministério Público ou o delegado de polícia poderão requisitar, mediante autorização judicial, às empresas prestadoras de serviço de telecomunicações e/ou telemática que disponibilizem imediatamente os meios técnicos adequados – como sinais, informações e outros – que permitam a localização da vítima ou dos suspeitos do delito em curso.
>
> § 1º Para os efeitos deste artigo, sinal significa posicionamento da estação de cobertura, setorização e intensidade de radiofrequência.
>
> § 2º Na hipótese de que trata o *caput*, o sinal:
>
> I – não permitirá acesso ao conteúdo da comunicação de qualquer natureza, que dependerá de autorização judicial, conforme disposto em lei;

II – deverá ser fornecido pela prestadora de telefonia móvel celular por período não superior a 30 (trinta) dias, renovável por uma única vez, por igual período;

III – para períodos superiores àquele de que trata o inciso II, será necessária a apresentação de ordem judicial.

§ 3º Na hipótese prevista neste artigo, o inquérito policial deverá ser instaurado no prazo máximo de 72 (setenta e duas) horas, contado do registro da respectiva ocorrência policial.

§ 4º Não havendo manifestação judicial no prazo de 12 (doze) horas, a autoridade competente requisitará às empresas prestadoras de serviço de telecomunicações e/ou telemática que disponibilizem imediatamente os meios técnicos adequados – como sinais, informações e outros – que permitam a localização da vítima ou dos suspeitos do delito em curso, com imediata comunicação ao juiz.

O objetivo da disposição é nobre: facilitar a localização da vítima ou dos suspeitos do *delito em curso*. A providência é extremamente útil, mas, da forma como está regulada, só se aplica *aos crimes relacionados com o tráfico de pessoas*, ou seja, apenas quando estiver *em curso* crime tipificado no art. 149-A do Código Penal, já que a Lei n. 13.344/2016 revogou os arts. 231 e 231-A do CP, que disciplinavam, respectivamente, o tráfico internacional e o tráfico interno de pessoa para fins de exploração sexual.

Considere-se, ainda, que se o delito já estiver consumado, será descabido pedido lastreado no art. 13-B do CPP.

Há que se fazer um reparo ao art. 13-B. Decorre do *caput* que a providência também se destina à *prevenção de delito em curso*. Ora, se a atuação é de natureza *preventiva*, não se pode falar de sua incidência em face de *delito em curso*. Se o delito está *em curso*, incide a atividade repressiva. O que se pode prevenir, na hipótese, quando muito, são algumas consequências do delito, mas não o delito propriamente.

Para os limites e efeitos do art. 13-B, conforme dispõe seu § 1º, sinal significa posicionamento da estação de cobertura, setorização e intensidade de radiofrequência.

No que diz respeito ao § 2º, as regras são autoexplicativas e em razão disso não demandam outras considerações.

As informações a que se refere o dispositivo sob análise estão acobertadas por sigilo constitucional (CF, art. 5º, XII), daí ser imprescindível decisão judicial a fim de que se possa alcançar o excepcional rompimento desta modalidade de garantia fundamental.

Textualmente, diz o art. 13-B que, "se necessário à prevenção e à repressão dos crimes relacionados ao tráfico de pessoas, o membro do Ministério Público ou o delegado de polícia poderão requisitar, mediante autorização judicial, às empresas prestadoras de serviço de telecomunicações e/ou telemática que disponibilizem imediatamente os meios técnicos adequados – como sinais, informações e outros – que permitam a localização da vítima ou dos suspeitos do delito em curso".

Convenhamos. Se há autorização judicial, perde sentido a requisição do Ministério Público ou do Delegado de Polícia. O que se disciplinou foi a expedição de requisição por qualquer das autoridades indicadas, a fim de que se cumpra decisão judicial. Isso é ridículo, porém, compreensível, porquanto compatível com o grau de responsabilidade e técnica do Congresso Nacional brasileiro.

Com efeito, deferida judicialmente a quebra de sigilo para a finalidade tratada, bastaria que o juízo que assim decidiu determinasse a expedição do(s) ofícios(s) necessários(s), tal como já se procede na generalidade dos casos, com maior celeridade e eficiência.

À luz do disposto no § 3º do art. 13-B do CPP, o inquérito policial para o qual se destinam as providências deverá ser instaurado no prazo máximo de 72 (setenta e duas) horas, contado do registro da respectiva ocorrência policial.

O § 4º do art. 13-B do CPP é inconstitucional.

O art. 5º, XII, da CF, dispõe que "é inviolável o sigilo da correspondência e das comunicações telegráficas, de dados e das comunicações telefônicas, salvo, no último caso, por ordem judicial, nas hipóteses e na forma que a lei estabelecer para fins de investigação criminal ou instrução processual penal".

A ausência de decisão judicial no prazo de 12 (doze) horas a respeito do pedido não tem o condão de acarretar a superação da garantia fundamental. A ressalva no sentido de que a violação só poderá ocorrer "nos termos da lei" não pode ser compreendida senão em relação à decisão judicial que deve ser proferida. Ou seja, a decisão judicial, sempre imprescindível, deverá ser proferida "nos termos da lei".

Poder-se-ia argumentar que o acesso ao *sinal* que possibilita a localização do usuário não está amparado pelo sigilo constitucional. Ledo engano. Fosse assim, o *caput* do art. 13-B não condicionaria a requisição do Delegado de Polícia e do representante do Ministério Público à existência de prévia autorização judicial, e nem mesmo seria preciso existir o § 4º.

14. INCOMUNICABILIDADE

Incomunicabilidade é restrição que se impõe com vistas a impedir que determinada pessoa se comunique com outra.

Prevista no art. 21 do CPP, antes da vigente Constituição Federal, que é de 5 de outubro de 1988, atendendo a requerimento da autoridade policial ou do Ministério Público, era permitido ao juiz decretar a incomunicabilidade do preso por até 3 (três) dias, quando o interesse da sociedade ou a conveniência da investigação assim exigisse. A incomunicabilidade, em qualquer hipótese, não se aplicava em relação ao advogado do preso, com quem poderia manter contato.

Sob a atual ordem constitucional, não é possível falar em incomunicabilidade do preso. Está revogado o art. 21 do CPP.

Com efeito, ao regular o *estado de defesa*, situação excepcional que impõe restrições ao exercício de direitos fundamentais, a Constituição Federal proíbe expressamente a incomunicabilidade do preso (CF, art. 136, § 3º, IV), daí não se admitir que em condições normais, de estabilidade jurídica, política e social, seja constitucional impor restrição de tal magnitude.[119]

15. Indiciamento

Indiciamento é a formal atribuição de autoria delitiva feita pela autoridade policial[120] a alguém nos autos do inquérito. "É o ato pelo qual a autoridade policial aponta determinada pessoa como a autora do ilícito em apuração, configurando-se legítimo quando realizado em inquérito no qual existam fundadas suspeitas de participação ou autoria delitiva, tratando-se de ato inserido dentro da esfera de atribuições da autoridade policial".[121]

Na acertada visão de Mougenot, "o indiciamento é ato complexo da autoridade policial, dividindo-se em três partes (art. 6º, V, VIII e IX): deve o delegado, inicialmente, interrogar o suspeito, com observância, no que cabível, do previsto para o interrogatório judicial, devendo a leitura do respectivo termo ser presenciada por duas testemunhas. Após, será ordenada a identificação do investigado e, finalmente, elaborada a folha de vida pregressa deste".[122]

Se os indícios ou provas colhidas durante a investigação forem convergentes para a identificação de quem seja o autor do delito, a autoridade policial procederá à respectiva identificação e indiciamento formal.[123]

Por meio do indiciamento, portanto, a autoridade manifesta sua convicção a respeito de quem pensa ser o autor do delito,[124] e o art. 2º, § 6º, da Lei n. 12.830/2013 diz que "o indiciamento, privativo do delegado de polícia, dar-se-á por ato fundamentado, mediante análise técnico-jurídica do fato, que deverá indicar a autoria, materialidade e suas circunstâncias".

---

119. *No mesmo sentido:* Fernando da Costa Tourinho Filho, *Manual de processo penal*, 17. ed., São Paulo, Saraiva, 2017, p. 123; Guilherme de Souza Nucci, *Manual de processo e execução penal*, 14. ed., Rio de Janeiro, Forense, 2017, p. 134.

120. "A competência para indiciamento é da autoridade policial" (STJ, RHC 4.461/SP, 5ª T., rel. Min. Cid Flaquer Scartezzini, j. 19-4-1995, *DJ* de 15-5-1995, p. 13.417, *RT* 726/610).

121. STJ, HC 190.507/SP, 5ª T., rel. Min. Gilson Dipp, j. 20-10-2011, *DJe* de 4-11-2011.

122. Edilson Mougenot Bonfim, *Curso de processo penal*, 6. ed., São Paulo, Saraiva, 2011, p. 165.

123. "O simples indiciamento em inquérito policial não caracteriza constrangimento ilegal reparável através de *habeas corpus*" (STJ, RHC 17.379/RJ, 5ª T., rel. Min. Gilson Dipp, j. 14-2-2006, *DJ* de 6-3-2006, p. 416). *No mesmo sentido*: STJ, HC 6.903/SP, 5ª T., rel. Min. Edson Vidigal, j. 7-4-1998, *DJ* de 4-5-1998, p. 193; STJ, HC 7.849/SP, 6ª T., rel. Min. Vicente Leal, j. 13-10-1998, *DJ* de 9-11-1998, p. 173.

124. Francisco Sannini Neto, *Inquérito policial e prisões provisórias*, São Paulo, Ideias & Letras, 2014.

A convicção da autoridade policial, como é intuitivo, não vincula o Ministério Público, que após analisar os autos de inquérito poderá se convencer de maneira diversa.[125]

É comum a autoridade encerrar o inquérito sem indiciar quem quer que seja, e isso sempre deverá ocorrer quando a investigação não conseguir apontar ao menos indício da autoria delitiva. Se o autor do fato não for identificado, não haverá quem indiciar.

Também não deverá ocorrer indiciamento quando, ao final da investigação, ficar apurado que o fato evidentemente não constitui delito, ou encontrar-se extinta a punibilidade.

Na letra do art. 6º, VIII, do CPP, a autoridade policial deverá "ordenar a identificação do indiciado pelo processo datiloscópico, se possível, e fazer juntar aos autos sua folha de antecedentes".

Essa regra, entretanto, deve ser analisada em conjunto com o art. 5º, LVIII, da CF, segundo o qual "o civilmente identificado não será submetido à identificação criminal, salvo nas hipóteses previstas em lei".

Desde a vigência da atual Carta Magna, *a regra* é que o civilmente identificado não será submetido à identificação criminal pelo processo datiloscópico (colheita das impressões digitais), salvo exceções que somente poderão estar previstas em lei, *in casu*, na Lei n. 12.037/2009, que analisaremos mais adiante.

Com o indiciamento, sob a ótica da autoridade policial o investigado deixa de ser mero suspeito para ser o provável autor do delito.

O indiciamento pode ser espontaneamente desfeito pela autoridade policial, caso a continuidade das investigações desconstrua sua convicção anterior a respeito da autoria.

Pode, ainda, ser compulsoriamente cancelado por força de decisão proferida em *habeas corpus* em que se reconheça constrangimento ilegal que dele resulte, como ocorre, por exemplo, na hipótese de se julgar atípica a conduta imputada; encontrar-se extinta a punibilidade, ou ser o investigado menor de 18 (dezoito) anos na data do fato imputado.

15.1. Lei n. 9.034/95 (Lei de Combate ao Crime Organizado)

A Lei de Combate ao Crime Organizado (Lei n. 9.034/95), em seu art. 5º, trazia exceção à regra do art. 5º, LVIII, da CF, ao dispor que "a identificação criminal de pessoas envolvidas com a ação praticada por organizações criminosas será realizada independentemente da identificação civil".

---

125. "A adequação típica, atribuída pelo Delegado de Polícia, em fase de inquérito policial, não impede que o Ministério Público, verdadeiro *dominus litis*, vislumbre outras condutas delituosas" (STJ, HC 26.920/SC, 5ª T., rel. Min. Felix Fischer, j. 4-3-2004, *DJ* de 3-5-2004, p. 188).

Essa lei, no entanto, foi revogada pela Lei n. 12.850/2013 (define organização criminosa e dispõe sobre a investigação criminal), que não contém regra semelhante.

15.2. Lei n. 9.613/98 (Crimes de Lavagem de Dinheiro)

A Lei n. 12.683/2012 alterou a Lei n. 9.613/98, e dentre outras regras criou o art. 17-D, segundo o qual: "Em caso de indiciamento de servidor público, este será afastado, sem prejuízo de remuneração e demais direitos previstos em lei, até que o juiz competente autorize, em decisão fundamentada, o seu retorno".

15.3. Lei n. 12.037/2009 (Regula a Identificação Criminal)

A Lei n. 12.037/2009 regulamenta o art. 5º, LVIII, da CF,[126] e dispõe sobre a identificação criminal do civilmente identificado.

Nos termos de seu art. 2º, a identificação civil é atestada por qualquer dos seguintes documentos: I – carteira de identidade; II – carteira de trabalho; III – carteira profissional; IV – passaporte; V – carteira de identificação funcional;[127] VI – outro documento público que permita a identificação do indiciado.

Equiparam-se aos documentos de identificação civis os documentos de identificação militares (parágrafo único do art. 2º).

A Lei n. 13.444/2017, que dispõe sobre a Identificação Civil Nacional, criou o Documento Nacional de Identificação (DNI), com fé pública e validade em todo território nacional, que será emitido pela Justiça Eleitoral; pelos institutos de identificação civil dos Estados e do Distrito Federal ou outros órgãos, mediante delegação do Tribunal Superior Eleitoral, com certificação da Justiça Eleitoral, qualquer que seja a hipótese.

---

126. Com a vigência do referido dispositivo constitucional, perdeu sentido a Súmula 568 do STF, *verbis*: "A identificação criminal não constitui constrangimento ilegal, ainda que o indiciado já tenha sido identificado civilmente".

127. Conforme dispõe a Lei n. 13.444/2017: "Art. 8º É criado o Documento Nacional de Identidade (DNI), com fé pública e validade em todo o território nacional. § 1º O DNI faz prova de todos os dados nele incluídos, dispensando a apresentação dos documentos que lhe deram origem ou que nele tenham sido mencionados. § 2º (Vetado). § 3º O DNI será emitido: I – pela Justiça Eleitoral; II – pelos institutos de identificação civil dos Estados e do Distrito Federal, com certificação da Justiça Eleitoral; III – por outros órgãos, mediante delegação do Tribunal Superior Eleitoral, com certificação da Justiça Eleitoral. § 4º O DNI poderá substituir o título de eleitor, observada a legislação do alistamento eleitoral, na forma regulamentada pelo Tribunal Superior Eleitoral.

Art. 9º O número de inscrição no Cadastro de Pessoas Físicas (CPF) será incorporado, de forma gratuita, aos documentos de identidade civil da União, dos Estados e do Distrito Federal.

Art. 10. O documento emitido por entidade de classe somente será validado se atender aos requisitos de biometria e de fotografia estabelecidos para o DNI. Parágrafo único. As entidades de classe terão 2 (dois) anos para adequarem seus documentos aos requisitos estabelecidos para o DNI".

Embora apresentado documento de identificação, nos moldes do art. 3º da Lei n. 12.037/2009, poderá ocorrer identificação criminal quando: I – o documento apresentar rasura ou tiver indício de falsificação; II – o documento apresentado for insuficiente para identificar cabalmente o indiciado; III – o indiciado portar documentos de identidade distintos, com informações conflitantes entre si; IV – a identificação criminal for essencial às investigações policiais, segundo despacho da autoridade judiciária competente, que decidirá de ofício ou mediante representação da autoridade policial, do Ministério Público ou da defesa; V – constar de registros policiais o uso de outros nomes ou diferentes qualificações; VI – o estado de conservação ou a distância temporal ou da localidade da expedição do documento apresentado impossibilite a completa identificação dos caracteres essenciais.

Na hipótese do inciso IV do art. 3º, a identificação criminal poderá incluir a coleta de material biológico para a obtenção do perfil genético (parágrafo único do art. 5º).

Apresentado o documento de identificação civil, a autoridade deverá providenciar a juntada de cópia deste aos autos do inquérito policial, ou outra forma de investigação, ainda que consideradas insuficientes para identificar o indiciado (parágrafo único do art. 3º).

Quando houver necessidade de identificação criminal, a autoridade encarregada tomará as providências necessárias para evitar o constrangimento do identificado (art. 4º).

A identificação criminal incluirá o processo datiloscópico e o fotográfico, que serão juntados aos autos da comunicação da prisão em flagrante, ou do inquérito policial ou outra forma de investigação (art. 5º).

É vedado mencionar a identificação criminal do indiciado em atestados de antecedentes ou em informações não destinadas ao juízo criminal, antes do trânsito em julgado da sentença condenatória (art. 6º).

No caso de não oferecimento da denúncia, ou sua rejeição, ou absolvição, é facultado ao indiciado ou ao réu, após o arquivamento definitivo do inquérito, ou trânsito em julgado da sentença, requerer a retirada da identificação fotográfica do inquérito ou processo, desde que apresente provas de sua identificação civil (art. 7º).

Cumpre registrar, ainda, que o art. 12 da Lei n. 13.964/2019 acrescentou à Lei n. 12.037/2009 seu atual art. 7º-C, para disciplinar a criação, no Ministério da Justiça e Segurança Pública, do Banco Nacional Multibiométrico e de Impressões Digitais, que tem como objetivo armazenar dados de registros biométricos, de impressões digitais e, quando possível, de íris, face e voz, para subsidiar investigações criminais federais, estaduais ou distritais.

Os registros biométricos, de impressões digitais, de íris, face e voz, poderão ser colhidos dos presos provisórios ou definitivos, quando não tiverem sido extraídos por ocasião da identificação criminal (§§ 3º e 4º do art. 7º-C).

15.4. Membros do Ministério Público, da Magistratura e da Defensoria Pública

Nos termos do art. 41, I, da Lei n. 8.625/93, constitui prerrogativa do membro do Ministério Público, no exercício de sua função, não ser indiciado em inquérito policial, observado o disposto no parágrafo único do mesmo artigo, que diz: "Quando no curso de investigação, houver indício da prática de infração penal por parte de membro do Ministério Público, a autoridade policial, civil ou militar remeterá, imediatamente, sob pena de responsabilidade, os respectivos autos ao Procurador-Geral de Justiça, a quem competirá dar prosseguimento à apuração".

O art. 33, parágrafo único, da Lei Complementar n. 35/79 (Lei Orgânica da Magistratura Nacional), tem a seguinte redação: "Quando, no curso de investigação, houver indício da prática de crime por parte do magistrado, a autoridade policial, civil ou militar, remeterá os respectivos autos ao Tribunal ou órgão especial competente para o julgamento, a fim de que prossiga na investigação".

De igual sentido, dispõe o art. 44, parágrafo único, da Lei Complementar n. 80/94 (Lei Orgânica da Defensoria Pública): "Quando, no curso de investigação policial, houver indício de prática de infração penal por membro da Defensoria Pública da União, a autoridade policial, civil ou militar, comunicará, imediatamente, o fato ao Defensor Público-Geral, que designará membro da Defensoria Pública para acompanhar a apuração".

Em qualquer caso, não se trata de privilégio, mas de indispensável prerrogativa de função.

15.5. Indiciamento tardio

Como exteriorização de convencimento que é, o formal indiciamento, sendo caso, deverá ser feito pela autoridade policial durante a fase de inquérito.

Encerradas as investigações, a autoridade policial providenciará a elaboração do *relatório final* e a remessa dos autos ao juiz competente para posterior abertura de *vista* ao Ministério Público, a fim de que, sendo caso, ofereça denúncia, com vistas à instauração do processo.

É comum, na prática, hipótese em que, por entender ausentes elementos mínimos indicativos da autoria delitiva, a autoridade policial encerra o inquérito e não indicia pessoa alguma, após o que faz a remessa dos autos ao juiz competente.

Na sequência, os autos de inquérito são remetidos ao Ministério Público, que, após cuidadosa análise, pode entender ser caso de processar pessoa identificada no caderno investigatório que tem em mãos, e, em razão disso, ao oferecer denúncia lança manifestação requerendo ao juiz que determine expedição de ofício à autoridade policial para que proceda ao formal indiciamento do denunciado.

O Superior Tribunal de Justiça tem decidido que configura constrangimento ilegal, sanável pela via do *habeas corpus*, a determinação de indiciamento formal do acusado "no momento do/após o" recebimento da denúncia, visto ser este ato próprio da fase inquisitorial da *persecutio criminis*:

> Com a superveniência da decisão que recebe a denúncia, em princípio, não mais se justifica a determinação judicial para que se promova o indiciamento formal do acusado (Precedentes).[128]
>
> Este Superior Tribunal de Justiça, em reiterados julgados, vem afirmando seu posicionamento no sentido de que caracteriza constrangimento ilegal o formal indiciamento do paciente que já teve contra si oferecida denúncia e até mesmo já foi recebida pelo Juízo *a quo*. Uma vez oferecida a exordial acusatória, encontra-se encerrada a fase investigatória e o indiciamento do réu, neste momento, configura-se coação desnecessária e ilegal.[129]
>
> Sendo o inquérito policial instrumento de investigação destinado à formação da *opinio delicti*, ou seja, do convencimento por parte do Ministério Público a respeito da autoria do crime e suas circunstâncias, com o intuito de formulação de acusação nos casos de ação penal pública, caracteriza constrangimento ilegal o formal indiciamento do paciente que já teve contra si oferecimento de denúncia, a qual, inclusive, foi recebida pelo Juízo.[130]
>
> Não se admite a determinação de indiciamento, medida própria do inquérito policial, quando o feito já se encontra na fase judicial.[131-132]

Essa maneira de entender a questão é absolutamente correta.

Com efeito, constituindo o formal indiciamento exteriorização do convencimento da autoridade policial a respeito da autoria delitiva, não tem sentido o juiz, por iniciativa própria ou em razão de requerimento do Ministério Público, determinar que a autoridade a ele proceda. Pensar o contrário significa admitir possa o juiz determinar que a autoridade policial mude seu ponto de vista a respeito da autoria e assim se manifeste.

Em síntese, após o recebimento da denúncia ou queixa, é incorreto determinar o indiciamento do réu ou querelado.

---

128. STJ, RHC 89.410/SP, 5ª T., rel. Min. Felix Fischer, j. 13-3-2018, *DJe* de 21-3-2018.

129. STJ, HC 179.951/SP, 5ª T., rel. Min. Gilson Dipp, j. 10-5-2011, *DJe* de 27-5-2011.

130. STJ, HC 78.984/SP, 5ª T., rel. Min. Jorge Mussi, j. 26-10-2010, *DJe* de 13-12-2010.

131. STJ, HC 144.125 / SP, 6ª T., rel. Min. Maria Thereza de Assis Moura, j. 2-2-2012, *DJe* de 15-2-2012).

132. *No mesmo sentido*: STJ, RHC 60.445/SP, 5ª T., rel. Min. Felix Fischer, j. 26-4-2016, *DJe* de 13-5-2016; STJ, HC 324.395/SP, 5ª T., rel. Min. Ribeiro Dantas, j. 22-9-2016, *DJe* de 28-9-2016; STJ, RHC 54.635/SP, 6ª T., rel. Min. Nefi Cordeiro, j. 9-8-2016, *DJe* de 23-8-2016; STJ, AgRg no RHC 93.548/ES, 6ª T., rel. Min. Sebastião Reis Júnior, j. 5-6-2018, *DJe* de 22-6-2018.

16. Prazo para Conclusão do Inquérito

A investigação policial não pode se arrastar indefinidamente,[133] daí a necessidade de fixação de prazo para sua conclusão.

Dispõe o art. 10 do CPP que: "O inquérito deverá terminar no prazo de 10 dias, se o indiciado tiver sido preso em flagrante, ou estiver preso preventivamente, contado o prazo, nesta hipótese, a partir do dia em que se executar a ordem de prisão, ou no prazo de 30 dias, quando estiver solto, mediante fiança ou sem ela".

Resumindo:

1) **Preso o investigado**, o prazo é de 10 (dez) dias, contados da data em que se verificar a prisão.

Ao fixar o prazo de 10 (dez) dias para a conclusão do inquérito, o art. 10 do CPP faz referência à custódia cautelar em razão de *prisão em flagrante* ou decretação de *prisão preventiva*.

Necessário observar, nesse particular, que não é possível cogitar prisão *por força de flagrante* pelo prazo de 10 (dez) dias, e isso em razão do disposto no art. 5º, LXV e LXVI, da CF, e do art. 306, § 1º, c.c. o art. 310, ambos do CPP, já que, depois da lavratura do auto de prisão em flagrante, a autoridade policial deverá comunicar o juiz competente, remeter-lhe cópia do auto em até 24 horas após a realização da prisão, e providenciar a presença do preso na audiência de apresentação/custódia, cumprindo ao juiz, a partir de então e na forma que mais adiante veremos: *1) relaxar* a prisão, se ilegal; *2) converter* a prisão em flagrante em preventiva, quando imprescindível, ou, *3) conceder* liberdade provisória, com ou sem fiança, cumulada ou não com medidas cautelares restritivas (CPP, arts. 319 e 320), conforme o caso.

No mesmo momento, poderá, ainda, ser decretada prisão temporária, se cabível (Lei n. 7.960/89).

Disso se extrai que, se ocorrer prisão em flagrante e persistir privação da liberdade após sua comunicação ao juiz, a custódia terá natureza diversa: decorrerá da decretação de prisão preventiva ou de prisão temporária.

Mas é preciso estar atento, pois a regra comporta exceção.

A realidade prática tem demonstrado que, não raras vezes, na audiência de apresentação/custódia o magistrado concede liberdade provisória mediante fiança, que pode demorar tempo dilatado até que seja paga (dias ou até meses), permanecendo preso o autuado em razão do não pagamento da fiança. Em casos tais, a hipótese é de prisão por força de flagrante, até porque não fora decretada prisão temporária ou preventiva, ao contrário, fora concedida a liberdade provisória, que não se efetivou em razão da ausência de pagamento da fiança arbitrada.

133. "O inquérito policial está sujeito a duração razoável (art. 5º, LXXVIII, da CF)" (STJ, PExt no HC 362.797/DF, 6ª T., rel. Min. Rogério Schietti Cruz, j. 7-6-2018, *DJe* de 15-6-2018).

Para a solução deste indesejado e deplorável quadro que a realidade cotidiana insiste em proporcionar, é imperioso que se postule liberdade provisória sem fiança, que então deverá ser concedida, cumulada ou não com medida cautelar restritiva, conforme determinar o caso concreto (CPP, art. 321).

Ausentes os requisitos para a decretação de prisão temporária ou preventiva, a dilatação do tempo de prisão por força do flagrante, como consequência do não pagamento da fiança arbitrada, seguida da não concessão de liberdade provisória sem fiança, enseja constrangimento ilegal, passível de ser sanado em sede de *habeas corpus*.

2) **Solto o investigado**, o prazo é de 30 (trinta) dias, a contar da instauração do inquérito.

A distinta quantificação dos prazos leva em conta o fato de que, estando o investigado preso, as apurações devem ter maior celeridade, com vistas a evitar constrangimento ilegal, até porque, ao final da apuração, poderá o Ministério Público concluir não ser caso de denúncia.

Prestigia-se o direito fundamental à liberdade.

16.1. Prazos especiais

Há prazos que fogem da regra geral, previstos em leis especiais.

Nos **crimes contra a economia popular**, o art. 10, § 1º, da Lei n. 1.521/51, diz que o inquérito policial – preso ou solto o investigado – deverá terminar no prazo de dez dias.

Nos **inquéritos policiais a cargo da Polícia Federal**, diz o art. 66, *caput*, da Lei n. 5.010/66, que o prazo para conclusão é de quinze dias, quando o indiciado estiver preso, podendo ser prorrogado por mais quinze dias, a pedido, devidamente fundamentado, da autoridade policial e deferido pelo Juiz a que competir o conhecimento do processo.

Conforme o art. 20 do **Código de Processo Penal Militar** (Decreto-Lei n. 1.002/69), o inquérito deverá terminar dentro em vinte dias, se o indiciado estiver preso, contado esse prazo a partir do dia em que se executar a ordem de prisão; ou no prazo de quarenta dias, quando o indiciado estiver solto, contados a partir da data em que se instaurar o inquérito.

Nos **crimes tipificados na Lei de Drogas**, determina o art. 51 da Lei n. 11.343/2006 que o inquérito policial será concluído no prazo de trinta dias, se o indiciado estiver preso, e de noventa dias, quando solto.[134]

16.2. Contagem do prazo

No caso de **investigado solto**, por se tratar de prazo processual, na contagem é de se observar o disposto no art. 798, § 1º, do CPP, segundo o qual "não se computará no prazo o dia do começo, incluindo-se, porém, o do vencimento".

134. Renato Marcão, Tóxicos, 11. ed., São Paulo, Saraiva, 2017.

Despreza-se o dia do início, mas deve ser incluído o dia do vencimento, de forma a permitir espaço de tempo mais dilatado se comparado com prazo de dez dias que mereça contagem segundo a regra do art. 10 do CP.

A contagem do prazo deve levar em consideração o dia da instauração do inquérito, e será iniciada no dia seguinte.

Não se transfere para o primeiro dia útil o prazo cuja contagem deva iniciar-se no sábado, domingo ou feriado.

Quando a hipótese versar sobre **investigado preso**, evidenciadas a natureza material do direito em questão e a necessidade de se preservar o *status libertatis* do indivíduo, a contagem deve ser feita com base no art. 10 do CP, segundo o qual, o dia do começo é incluído no cômputo do prazo.

A questão é controvertida na doutrina, visto que para muitos a contagem deve levar em conta o disposto no art. 798, § 1º, do CPP.[135]

No caso de **prisão temporária ou preventiva**, é de levar em conta a data em que realizada a prisão-captura. Não se deve considerar a data do despacho em que o juiz decretou a custódia, mas a data em que realizada a prisão. Concretizada esta, inicia-se a contagem do prazo no mesmo dia, independentemente da hora em que se tenha efetivado.

Realizada prisão em flagrante (CF, art. 5º, LXV e LXVI; CPP art. 306, § 1º, c.c. o art. 310), só poderá perdurar prisão cautelar se houver decretação de prisão temporária (Lei n. 7.960/89) ou preventiva (CPP, art. 310, II, c.c. os arts. 311, 312 e 313), cumprindo observar, nesse passo, que esta poderá ser substituída por prisão domiciliar, sendo caso (CPP, arts. 317/318). Se não houver, o investigado será colocado em liberdade (CPP, art. 310, I e III).

Em qualquer dessas duas hipóteses, decretada a cautelar e não havendo interrupção da prisão, independentemente do tipo de custódia, deverá ser considerado o tempo inicial de prisão em flagrante para efeito de limitar o prazo de conclusão do inquérito.

Em outras palavras, no caso de *conversão* da prisão em flagrante em preventiva[136] (CPP, art. 310, II) ou de subsequente *decretação* de prisão temporária (Lei n. 7.960/89) que se cumpra *sem solução de continuidade com o tempo de prisão por força de flagrante*, deve ser incluído no cômputo do prazo para conclusão do inquérito o tempo de prisão por força do flagrante.

---

135. Entendendo que, na hipótese de investigado preso, a contagem deve ser realizada com base no art. 10 do CP: Fernando da Costa Tourinho Filho, *Manual de processo penal*, 17. ed., São Paulo, Saraiva, 2017, p. 155; Guilherme de Souza Nucci, *Manual de processo e execução penal*, 14. ed., Rio de Janeiro, Forense, 2017, p. 129. Em sentido contrário, por entender que a contagem deve levar em conta o disposto no art. 798, § 1º, do CPP: Fernando Capez, *Curso de processo penal*, 24. ed., São Paulo, 2017, p. 148-149; Julio Fabbrini Mirabete, *Processo penal*, 16. ed., São Paulo, Atlas, 2004, p. 103.

136. Substituída, ou não, por prisão domiciliar (CPP, arts. 317/318).

16.3. Prorrogação do prazo

Observada a complexidade do fato investigado, é possível que o prazo fixado em lei não seja suficiente para a conclusão do inquérito.

É comum a necessidade de expedição de carta precatória para a oitiva da vítima, de testemunha ou do investigado, residente em localidade diversa daquela em que tramita o inquérito, o que irá demandar tempo dilatado para a realização dos atos que envolvem tais diligências.

Somem-se a isso as incontáveis dificuldades estruturais das polícias; o volume insuperável de inquéritos; a falta de pessoal; a inexistente capacitação do pessoal disponível; a demora na realização de laudos periciais etc.

Para tais casos, aplica-se a regra geral contida no § 3º do art. 10 do CPP, segundo o qual, "quando o fato for de difícil elucidação, e o indiciado estiver solto, a autoridade poderá requerer ao juiz a devolução dos autos, para ulteriores diligências, que serão realizadas no prazo marcado pelo juiz".

Leis especiais também regulam a possibilidade de prorrogação do prazo de conclusão do inquérito para casos particularmente regrados, a exemplo do que se vê no art. 51, parágrafo único, da Lei n. 11.343/2006 (Lei de Drogas)[137] e no art. 20, §§ 1º e 2º, do CPP Militar (Decreto-Lei n. 1.002/69).

Mesmo sob a égide do art. 28, *caput*, do CPP, com a redação da Lei n. 13.964/2019, que confere ao Ministério Público atribuição para arquivar inquérito policial sem homologação judicial, a prorrogação de prazo para a conclusão das investigações continua a integrar o rol das competências jurisdicionais, o que evidencia descompasso sistêmico.

16.3.1. Investigado preso

Antes da vigência da Lei n. 13.964/2019, não era possível prorrogação de prazo para conclusão de inquérito e manutenção do investigado sob custódia cautelar.

Cumpria ao Estado movimentar o aparato investigativo no prazo fixado em lei, com vistas a colher todos os elementos de prova tendentes a influir na convicção do titular do direito de ação, que em regra é o Ministério Público.

Se, terminado o prazo, não estivessem concluídas as diligências e o titular do direito de ação não estivesse habilitado a se posicionar sobre o mérito da apuração, o investigado deveria ser colocado em liberdade, continuando as investigações até apuração total, com novo prazo para finalização do inquérito.

Observados os 10 (dez) dias iniciais de prisão, após a soltura, sendo caso, a autoridade policial dispunha de outros 20 (vinte) dias para concluir o inquérito, bem como a possibilidade de prorrogação do prazo total.

137. Renato Marcão, *Tóxicos*, 11. ed., São Paulo, Saraiva, 2017.

Mas o atual art. 3º-B disciplina a matéria de modo diverso, e da conjugação das disposições contidas em seu inciso VIII e § 2º extrai-se que é possível a prorrogação do prazo de conclusão do inquérito, estando o investigado preso, desde que o Delegado de Polícia responsável formule representação fundamentada, na qual demonstre a real necessidade da medida; indique as diligências pendentes e o motivo da demora.

A representação deve ser endereçada ao *juiz das garantias* competente, quando e onde estiver implementado,[138] que determinará a abertura de vista dos autos ao Ministério Público, a fim de que se manifeste, após o que, conclusos os autos, decidirá a respeito, de maneira fundamentada.

Como medida excepcional que é, admite-se uma única prorrogação, pelo prazo de até 15 (quinze) dias.

Decorrido o prazo total, se as investigações não estiverem concluídas, a prisão será imediatamente relaxada e o custodiado colocado em liberdade, hipótese em que o inquérito policial seguirá sua marcha.

16.3.2. Investigado solto

Verificada a impossibilidade de conclusão do inquérito dentro do prazo estabelecido no art. 10, *caput*, do CPP, e estando o investigado solto, a autoridade que preside o inquérito deverá proferir despacho em que faça constar as razões da demora e as diligências pendentes para, em seguida, remeter os autos ao juiz competente, solicitando prorrogação do prazo.

---

138. Após a publicação da Lei n. 13.964/2019 foram ajuizadas no Supremo Tribunal Federal três ações diretas de inconstitucionalidade questionando alguns de seus dispositivos – ADI 6.298, 6.299 e 6.300 –, e no dia 15 de janeiro de 2020 o Min. Dias Toffoli concedeu medida cautelar nos autos da ADI 6.298, para, entre outras coisas: "**(i)** suspender-se a eficácia dos **arts. 3º-D, parágrafo único, e 157, § 5º**, do Código de Processo Penal, incluídos pela Lei n. 13.964/19; **(ii)** suspender-se a eficácia dos arts. 3º-B, 3º-C, 3º-D, *caput*, 3º-E e 3º-F do CPP, inseridos pela Lei n. 13.964/2019, até a efetiva implementação do juiz das garantias pelos tribunais, o que deverá ocorrer **no prazo máximo de 180 (cento e oitenta) dias, contados a partir da publicação desta decisão; (iii)** conferir-se interpretação conforme às normas relativas ao juiz das garantias (arts. 3º-B a 3º-F do CPP), para esclarecer que não se aplicam às seguintes situações: (a) processos de competência originária dos tribunais, os quais são regidos pela Lei n. 8.038/90; (b) processos de competência do Tribunal do Júri; (c) casos de violência doméstica e familiar; e (d) processos criminais de competência da Justiça Eleitoral".

Ainda em confronto com as inovações determinadas pela Lei n. 13.964/2019, no dia 22 de janeiro de 2020, nos autos da ADI 6.298, na condição de relator das ADIs 6.298, 6.299, 6.300 e 6305, o Min. Luiz Fux revogou a decisão monocrática constante das ADIs 6.298, 6.299, 6.300 e suspendeu sine die a eficácia da implantação do juiz das garantias e seus consectários (arts. 3º-A, 3º-B, 3º-C, 3º-D, 3ª-E, 3º-F, do CPP); da alteração do juiz sentenciante que conheceu de prova declarada inadmissível (art. 157, § 5º, do CPP); e concedeu a medida cautelar requerida nos autos da ADI 6.305, para suspender *sine die* a eficácia, da alteração do procedimento de arquivamento do inquérito policial (art. 28, *caput*, CPP), e da ilegalidade da prisão pela não realização da audiência de custódia no prazo de 24 horas (art. 310, § 4º, do CPP).

16.3.3. O Ministério Público e o pedido de prorrogação de prazo

Embora não exista regra expressa no CPP a esse respeito,[139] após receber os autos de inquérito o juiz deve determinar se proceda à abertura de vista ao Ministério Público a fim de que se manifeste sobre o pedido de prorrogação de prazo.

A razão de tal cautela reside no fato de que, sendo o Ministério Público, em regra, o titular do direito de ação – o *dominus litis* da ação penal pública –, pode ocorrer que, após analisar os autos, entenda desnecessária qualquer outra diligência, sentindo-se desde logo habilitado ao oferecimento de denúncia, que de imediato apresenta.

Pode ainda ocorrer que o Ministério Público, visando a evitar prescrição, e dispondo de elementos suficientes, ofereça denúncia desde logo,[140] sem prejuízo de outras diligências que poderão ser realizadas pela autoridade policial em expediente distinto, separadamente, e depois enviadas ao juiz competente para juntada aos autos, observadas as restrições que decorrem do § 3º do art. 3º-C do CPP, segundo o qual, "Os autos que compõem as matérias de competência do juiz das garantias ficarão acautelados na secretaria desse juízo, à disposição do Ministério Público e da defesa, e não serão apensados aos autos do processo enviados ao juiz da instrução e julgamento, ressalvados os documentos relativos às provas irrepetíveis, medidas de obtenção de provas ou de antecipação de provas, que deverão ser remetidos para apensamento em apartado".

Por outro vértice, se entender justificado o pedido de prorrogação do prazo para conclusão do inquérito, deverá externar sua concordância e na mesma manifestação requisitar da autoridade policial eventuais diligências que considerar imprescindíveis, bem como propor ao juiz a concessão do prazo que entender deva ser fixado para o término das investigações.

Na prática, estando o investigado solto, é comum a prorrogação por mais 30 (trinta) dias, mas nada impede seja fixado prazo diverso.

Se o investigado não estiver preso, são possíveis prorrogações sucessivas, caso demonstrada a real necessidade de cada uma delas, mas é preciso que o Ministério Público se coloque atento no sentido de evitar que a demora leve à prescrição da pretensão punitiva.

16.3.4. O juiz frente ao pedido de prorrogação de prazo

Encaminhado pela autoridade policial o pedido de prorrogação de prazo e colhida a manifestação favorável do Ministério Público, restará ao juiz decidir a respeito.

139. Na Lei de Drogas (Lei n. 11.343/2006), o parágrafo único do art. 51 determina a prévia oitiva do Ministério Público a respeito do pedido de duplicação de prazo para conclusão do inquérito.

140. "Independentemente da conclusão do inquérito com o relatório da autoridade policial, poderá o Ministério Público, em face das diligências já realizadas, oferecer denúncia" (STF, RHC 129.043/PR, 2ª T., rel. Min. Dias Toffoli, j. 4-10-2016, *DJe* n. 228, de 26-10-2016).

Na hipótese tratada, é possível que o juiz indefira o pedido de prorrogação de prazo e determine a volta dos autos ao Ministério Público para oferecimento de denúncia?

Não. Claro que não.

Se o Ministério Público concordou com o pedido de prorrogação de prazo deduzido pela autoridade policial, é porque entendeu não dispor de elementos suficientes para se manifestar sobre o mérito da investigação e oferecer eventual denúncia.

Há mais. Nenhum juiz ou Tribunal pode determinar que o Ministério Público ofereça denúncia, em hipótese alguma.

17. Materialização e Encerramento do Inquérito

Dispõe o art. 9º do CPP que "todas as peças do inquérito policial serão, num só processado, reduzidas a escrito ou datilografadas e, neste caso, rubricadas pela autoridade".

É inimaginável nos dias que correm a formalização de um inquérito policial *escrito*, de próprio punho, pela autoridade ou pelo escrivão de polícia.

Em termos atuais, a regra do art. 9º indica que todas as peças que compõem o inquérito devem ser materializadas em documento escrito; datilografado ou impresso, e assinadas pela autoridade que o presidiu.

Ao tempo da colheita da prova, a vítima também deve assinar o termo que materializar suas declarações, e de igual maneira as testemunhas e o investigado em relação aos documentos que formalizarem as respectivas declarações e interrogatório.

Se presente a qualquer ato, o advogado ou defensor será convidado a assinar juntamente com os demais envolvidos o documento cuja formalização acompanhou. Eventual recusa deve ser certificada nos autos pela autoridade policial.

O inquérito deve ter uma peça inaugural (portaria ou auto de prisão em flagrante) e relatório final.[141] Entre esses dois extremos, ordinariamente, será instruído com cópia do boletim de ocorrência relacionado ao fato investigado; relatório preliminar de investigação ou de informações elaborado por investigador de polícia que trabalhar no caso; autos de apreensão de objetos; laudos periciais; termos de declarações (vítima e testemunhas) e de interrogatório (investigado); informações sobre a vida pregressa do investigado etc.

Com ou sem prorrogação de prazo, algum dia chegará o momento em que todas as provas pertinentes e disponíveis tenham sido colhidas pela autoridade poli-

141. "Independentemente da conclusão do inquérito com o relatório da autoridade policial, poderá o Ministério Público, em face das diligências já realizadas, oferecer denúncia" (STF, RHC 129.043/PR, 2ª T., rel. Min. Dias Toffoli, j. 4-10-2016, *DJe* n. 228, de 26-10-2016).

cial, que então encerrará as investigações e deverá elaborar relatório final, que fará juntar ao inquérito.

Documentadas as peças do inquérito, este poderá ser materializado em papel ou formato digital.

17.1. Conteúdo do relatório

Encerradas as investigações sob sua ótica pertinentes, a autoridade que no momento presidir o inquérito deverá fazer minucioso relatório do que tiver sido apurado e juntá-lo aos autos, que em seguida remeterá ao juiz das garantias competente (CPP, § 1º do art. 10, c.c. o art. 3º-C), quando e onde estiver implementado.[142]

Embora exista determinação legal, a ausência de relatório não nulifica o inquérito, até porque, como visto, não há falar em nulidade de inquérito. De consequência, tal irregularidade em nada atrapalha o processo que eventualmente se instaurar com base nas provas colhidas.

A lei fala em *minucioso relatório*, daí não ser caso de se exigir que a autoridade policial faça análise das provas produzidas e opine sobre o mérito da investigação.

Não cabe à autoridade policial opinar sobre o cabimento ou não de ação penal em relação aos fatos apurados.

Não deve a autoridade policial argumentar sobre eventual legítima defesa ou outra excludente de antijuridicidade, daí não ser correto,[143] por exemplo, o relatório

---

142. Após a publicação da Lei n. 13.964/2019 foram ajuizadas no Supremo Tribunal Federal três ações diretas de inconstitucionalidade questionando alguns de seus dispositivos – ADI 6.298, 6.299 e 6.300 –, e no dia 15 de janeiro de 2020 o Min. Dias Toffoli concedeu medida cautelar nos autos da ADI 6.298, para, entre outras coisas: "**(i)** suspender-se a eficácia dos **arts. 3º-D, parágrafo único, e 157, § 5º**, do Código de Processo Penal, incluídos pela Lei n. 13.964/19; **(ii)** suspender-se a eficácia dos arts. 3º-B, 3º-C, 3º-D, *caput*, 3º-E e 3º-F do CPP, inseridos pela Lei n. 13.964/2019, até a efetiva implementação do juiz das garantias pelos tribunais, o que deverá ocorrer **no prazo máximo de 180 (cento e oitenta) dias, contados a partir da publicação desta decisão; (iii)** conferir-se interpretação conforme às normas relativas ao juiz das garantias (arts. 3º-B a 3º-F do CPP), para esclarecer que não se aplicam às seguintes situações: (a) processos de competência originária dos tribunais, os quais são regidos pela Lei n. 8.038/90; (b) processos de competência do Tribunal do Júri; (c) casos de violência doméstica e familiar; e (d) processos criminais de competência da Justiça Eleitoral".

Ainda em confronto com as inovações determinadas pela Lei n. 13.964/2019, no dia 22 de janeiro de 2020, nos autos da ADI 6.298, na condição de relator das ADIs 6.298, 6.299, 6.300 e 6305, o Min. Luiz Fux revogou a decisão monocrática constante das ADIs 6.298, 6.299, 6.300 e suspendeu *sine die* a eficácia da implantação do juiz das garantias e seus consectários (arts. 3º-A, 3º-B, 3º-C, 3º-D, 3ª-E, 3º-F, do CPP); da alteração do juiz sentenciante que conheceu de prova declarada inadmissível (art. 157, § 5º, do CPP); e concedeu a medida cautelar requerida nos autos da ADI 6.305, para suspender *sine die* a eficácia, da alteração do procedimento de arquivamento do inquérito policial (art. 28, *caput*, CPP), e da ilegalidade da prisão pela não realização da audiência de custódia no prazo de 24 horas (art. 310, § 4º, do CPP).

143. "Inquérito: ausência de formalidade no relatório da autoridade policial: as nulidades do inquérito não alcançam a ação penal: precedentes" (STF, HC 86.066/PE, 1ª T., rel. Min. Sepúlveda Pertence, j. 6-9-2005, *DJ* de 21-10-2005, p. 27).

elaborado em inquérito que apurar homicídio doloso praticado entre cônjuges, no qual se faça constar opinião particular a respeito dos motivos do crime.

O relatório não deve ser mais que *um índice do inquérito*, por isso, ao redigir referida peça, a autoridade deve apenas indicar, ordenadamente, as provas produzidas do início ao fim, ou, no máximo, como aceita Gustavo Badaró, deve conter "apenas uma descrição objetiva dos fatos".[144]

Verificada a impossibilidade de colher qualquer prova, a autoridade deverá informar no relatório as razões do impedimento, como ocorre na hipótese de falecimento de quem deveria ser ouvido (testemunha ou vítima), ou, ainda, em razão de se encontrar referida pessoa em lugar incerto e não sabido.

Outras vezes, havendo considerável número de testemunhas a respeito do delito, a autoridade poderá ouvir apenas algumas, conforme a conveniência, e considerar seus depoimentos suficientes para a elucidação pretendida, quando então deverá consignar no relatório o nome, qualificação e endereço das testemunhas não ouvidas, tal como autoriza e recomenda o § 2º do art. 10 do CPP.

Regra especial, o art. 52, I, da Lei n. 11.343/2006 (Lei de Drogas) determina que, ao elaborar o relatório, a autoridade faça menção sumária a respeito das circunstâncias do fato, "justificando as razões que a levaram à classificação do delito, indicando a quantidade e natureza da substância ou do produto apreendido, o local e as condições em que se desenvolveu a ação criminosa, as circunstâncias da prisão, a conduta, a qualificação e os antecedentes do agente".

Diz ainda o art. 52, parágrafo único, da Lei de Drogas, que, ao final do prazo para sua conclusão, o inquérito poderá ser relatado e enviado ao juiz competente, sem prejuízo das diligências complementares, necessárias ou úteis à plena elucidação do fato (inciso I), e/ou necessárias ou úteis à indicação de bens, direitos e valores de que seja titular o agente, ou que figurem em seu nome (inciso II).

No relatório, pode a autoridade policial formular representação ao juiz com vistas à decretação de prisão preventiva, conforme está claro nos arts. 282, § 2º, e 311, ambos do CPP, e veremos em capítulo adequado.

18. Remessa do Inquérito Relatado ao Juiz Competente

Concluídas as investigações e relatado o inquérito, em seguida a autoridade policial deverá providenciar a remessa dos respectivos autos ao juiz das garantias (CPP, art. 3º-C) que entender competente e a expedição de ofício ao Instituto de Identificação e Estatística, ou repartição congênere, mencionando o juízo a que tiverem sido distribuídos, e os dados relativos à infração penal e à pessoa do indiciado (CPP, art. 23).

144. Gustavo Henrique Badaró, *Direito processual penal*, São Paulo, Elsevier-Campus Jurídico, 2008, t. I, p. 58.

O art. 11 do CP diz que os instrumentos do delito, bem como os objetos que interessarem à prova, acompanharão os autos do inquérito, contudo, esse dispositivo foi tacitamente revogado.

Desde a vigência do atual art. 158-B do CPP, todos os instrumentos e vestígios relacionados com o delito devem ser submetidos aos trâmites da cadeia de custódia. Disso decorre que, após reconhecimento, isolamento, fixação, coleta, acondicionamento, transporte, recebimento e processamento, deverão permanecer armazenados na central de custódia, até que ocorra o descarte, a restituição ou a entrega a quem de direito.

Recebidos os autos, o juiz deverá determinar a abertura de vista ao Ministério Público a fim de que se manifeste.

19. Outras Formas de Investigação

O inquérito policial não é o único instrumento jurídico apto a permitir coleta de provas a respeito da prática de conduta apontada como infração penal; não é imprescindível para a propositura de ação penal. Não é por razão diversa que o art. 28, *caput*, se refere à existência de *quaisquer elementos informativos da mesma natureza* e o art. 40, ambos do CPP, a *papéis* que possam autorizar o oferecimento de denúncia pelo Ministério Público, estando sua prescindibilidade destacada, ainda, nos arts. 12, 27, 39, § 5º, e 46, § 1º, todos do CPP.

Levando em conta a natureza da infração ou o órgão que conduz a investigação, é possível encontrarmos outros procedimentos de apuração formal, como é o caso do termo circunstanciado; do inquérito visando à expulsão de estrangeiro; da Comissão Parlamentar de Inquérito; da investigação de natureza criminal conduzida pelo Ministério Público; da investigação de delito praticado por parlamentar; da investigação de delito cometido nas dependências do Congresso Nacional; da investigação de delito praticado por Membro do Ministério Público ou por Magistrado, e do inquérito policial militar.

19.1. Termo circunstanciado

O termo circunstanciado – TC na prática judiciária – presta-se à investigação das infrações penais de menor potencial ofensivo, assim consideradas as contravenções penais e os crimes a que a lei comine pena máxima não superior a 2 (dois) anos, cumulada ou não com multa (Lei n. 9.099/95, art. 61).

A autoridade policial que tomar conhecimento da prática de infração penal de menor potencial ofensivo deverá lavrar termo circunstanciado, que encaminhará imediatamente ao Juizado, com o autor do fato e a vítima, e providenciar as requisições dos exames periciais necessários (Lei n. 9.099/95, art. 69, *caput*).

Excepcionalmente, admite-se instauração de inquérito policial para apuração de infração penal de menor potencial ofensivo, até porque, conforme se extrai do art. 77, § 1º, da Lei n. 9.099/95, em sede de Juizados Especiais Criminais o inquérito policial é *dispensável*, mas não *proibido*.

19.2. CPI – Comissão Parlamentar de Inquérito

A autorização para a criação de CPI – Comissão Parlamentar de Inquérito[145] se encontra no § 3º do art. 58 da CF, *verbis*:

> As comissões parlamentares de inquérito, que terão poderes de investigação próprios das autoridades judiciais, além de outros previstos nos regimentos das respectivas Casas, serão criadas pela Câmara dos Deputados e pelo Senado Federal, em conjunto ou separadamente, mediante requerimento de um terço de seus membros, para a apuração de fato determinado e por prazo certo, sendo suas conclusões, se for o caso, encaminhadas ao Ministério Público, para que promova a responsabilidade civil ou criminal dos infratores.

O art. 2º da Lei n. 1.579/52,[146] que trata da criação de Comissões Parlamentares de Inquérito, dispõe sobre as atividades investigatórias nos seguintes termos:

> No exercício de suas atribuições, poderão as Comissões Parlamentares de Inquérito determinar as diligências que reputarem necessárias e requerer a convocação de Ministros de Estado, tomar o depoimento de quaisquer autoridades federais, estaduais ou municipais, ouvir os indiciados, inquirir testemunhas sob compromisso, requisitar da administração pública direta, indireta ou fundacional informações e documentos, e transportar-se aos lugares onde se fizer mister a sua presença.

Na colheita das provas é necessário que sejam observadas as disposições da Lei n. 1.579/52, aplicando-se subsidiariamente as regras do Código de Processo Penal.

"Em caso de não comparecimento da testemunha sem motivo justificado, a sua intimação será solicitada ao juiz criminal da localidade em que resida ou se encontre, nos termos dos arts. 218 e 219 do CPP" (art. 3º, § 1º, da Lei n. 1.579/52, com a redação da Lei n. 13.367/2016).

Admite-se condução coercitiva e quebra de sigilo diretamente pela CPI.

> O sigilo bancário, o sigilo fiscal e o sigilo telefônico (sigilo este que incide sobre os dados/registros telefônicos e que não se identifica com a inviolabilidade das comunicações telefônicas) – ainda que representem projeções específicas do direito à intimidade, fundado no art. 5º, X, da Carta Política – não se revelam oponíveis, em nosso sistema jurídico, às Comissões Parlamentares de Inquérito, eis que o ato que lhes decreta a quebra traduz natural derivação dos poderes de investigação que foram conferidos, pela própria Constituição da

145. Sobre CPIs – Comissões Parlamentares de Inquérito, sugerimos leitura ao capítulo de Thaís Aroca Datcho Lacava intitulado "O sigilo nas Comissões Parlamentares de Inquérito e as garantias individuais", in *Sigilo no processo penal*, coord. Antonio Scarance Fernandes, José Raul Gavião de Almeida e Maurício Zanóide de Moraes, São Paulo, Revista dos Tribunais, 2008, p. 115-137.

146. Com a redação da Lei n. 13.367, de 5 de dezembro de 2016.

República, aos órgãos de investigação parlamentar. As Comissões Parlamentares de Inquérito, no entanto, para decretarem, legitimamente, por autoridade própria, a quebra do sigilo bancário, do sigilo fiscal e/ou do sigilo telefônico, relativamente a pessoas por elas investigadas, devem demonstrar, a partir de meros indícios, a existência concreta de causa provável que legitime a medida excepcional (ruptura da esfera de intimidade de quem se acha sob investigação), justificando a necessidade de sua efetivação no procedimento de ampla investigação dos fatos determinados que deram causa à instauração do inquérito parlamentar, sem prejuízo de ulterior controle jurisdicional dos atos em referência (CF, art. 5º, XXXV). – As deliberações de qualquer Comissão Parlamentar de Inquérito, à semelhança do que também ocorre com as decisões judiciais (*RTJ* 140/514), quando destituídas de motivação, mostram-se írritas e despojadas de eficácia jurídica, pois nenhuma medida restritiva de direitos pode ser adotada pelo Poder Público, sem que o ato que a decreta seja adequadamente fundamentado pela autoridade estatal.[147]

Encerradas as investigações, os Presidentes da Câmara dos Deputados, do Senado Federal ou do Congresso Nacional encaminharão o relatório da Comissão Parlamentar de Inquérito respectiva, e a resolução que o aprovar, aos chefes do Ministério Público da União ou dos Estados, ou ainda às autoridades administrativas ou judiciais com poder de decisão, conforme o caso, para a prática de atos de sua competência, consoante determina o art. 1º da Lei n. 10.001/2000, que dispõe sobre a prioridade nos procedimentos a serem adotados pelo Ministério Público e por outros órgãos a respeito das conclusões das comissões parlamentares de inquérito.

O art. 5º da Lei n. 13.367/2016 acrescentou à Lei n. 1.579/52 seu art. 6º-A, que tem o seguinte teor: "A Comissão Parlamentar de Inquérito encaminhará relatório circunstanciado, com suas conclusões, para as devidas providências, entre outros órgãos, ao Ministério Público ou à Advocacia-Geral da União, com cópia da documentação, para que promovam a responsabilidade civil ou criminal por infrações apuradas e adotem outras medidas decorrentes de suas funções institucionais".

Para o estudo dos limites de atuação das CPIs e da possibilidade jurídica de sua contenção, é impossível não transcrever, ainda que em parte, ementa de lapidar acórdão relatado pelo Min. Celso de Mello, conforme segue:

O controle jurisdicional de abusos praticados por comissão parlamentar de inquérito não ofende o princípio da separação de poderes. – A essência do postulado da divisão funcional do poder, além de derivar da necessidade de conter os excessos dos órgãos que compõem o aparelho de Estado, representa o princípio conservador das liberdades do cidadão e constitui o meio mais adequado para tornar efetivos e reais os direitos e garantias proclamados pela Constituição. Esse princípio, que tem assento no art. 2º da Carta Política, não pode constituir e nem qualificar-se como um inaceitável manto protetor de compor-

147. STF, MS 23.452/RJ, Tribunal Pleno, rel. Min. Celso de Mello, j. 16-9-1999, *DJ* de 12-5-2000, p. 20.

tamentos abusivos e arbitrários, por parte de qualquer agente do Poder Público ou de qualquer instituição estatal. – O Poder Judiciário, quando intervém para assegurar as franquias constitucionais e para garantir a integridade e a supremacia da Constituição, desempenha, de maneira plenamente legítima, as atribuições que lhe conferiu a própria Carta da República. O regular exercício da função jurisdicional, por isso mesmo, desde que pautado pelo respeito à Constituição, não transgride o princípio da separação de poderes. Desse modo, não se revela lícito afirmar, na hipótese de desvios jurídico-constitucionais nas quais incida uma Comissão Parlamentar de Inquérito, que o exercício da atividade de controle jurisdicional possa traduzir situação de ilegítima interferência na esfera de outro Poder da República. O CONTROLE DO PODER CONSTITUI UMA EXIGÊNCIA DE ORDEM POLÍTICO-JURÍDICA ESSENCIAL AO REGIME DEMOCRÁTICO. – O sistema constitucional brasileiro, ao consagrar o princípio da limitação de poderes, teve por objetivo instituir modelo destinado a impedir a formação de instâncias hegemônicas de poder no âmbito do Estado, em ordem a neutralizar, no plano político-jurídico, a possibilidade de dominação institucional de qualquer dos Poderes da República sobre os demais órgãos da soberania nacional. Com a finalidade de obstar que o exercício abusivo das prerrogativas estatais possa conduzir a práticas que transgridam o regime das liberdades públicas e que sufoquem, pela opressão do poder, os direitos e garantias individuais, atribuiu-se, ao Poder Judiciário, a função eminente de controlar os excessos cometidos por qualquer das esferas governamentais, inclusive aqueles praticados por Comissão Parlamentar de Inquérito, quando incidir em abuso de poder ou em desvios inconstitucionais, no desempenho de sua competência investigatória. OS PODERES DAS COMISSÕES PARLAMENTARES DE INQUÉRITO, EMBORA AMPLOS, NÃO SÃO ILIMITADOS E NEM ABSOLUTOS. – Nenhum dos Poderes da República está acima da Constituição. No regime político que consagra o Estado democrático de direito, os atos emanados de qualquer Comissão Parlamentar de Inquérito, quando praticados com desrespeito à Lei Fundamental, submetem-se ao controle jurisdicional (CF, art. 5º, XXXV). As Comissões Parlamentares de Inquérito não têm mais poderes do que aqueles que lhes são outorgados pela Constituição e pelas leis da República. É essencial reconhecer que os poderes das Comissões Parlamentares de Inquérito – precisamente porque não são absolutos – sofrem as restrições impostas pela Constituição da República e encontram limite nos direitos fundamentais do cidadão, que só podem ser afetados nas hipóteses e na forma que a Carta Política estabelecer. Doutrina. Precedentes. LIMITAÇÕES AOS PODERES INVESTIGATÓRIOS DA COMISSÃO PARLAMENTAR DE INQUÉRITO. – A Constituição da República, ao outorgar às Comissões Parlamentares de Inquérito "poderes de investigação próprios das autoridades judiciais" (art. 58, § 3º), claramente delimitou a natureza de suas atribuições institucionais, restringindo-as, unicamente, ao campo da indagação probatória, com absoluta exclusão de quaisquer outras prerrogativas que se incluem, ordinariamente, na esfera de competência dos magistrados e Tribunais, inclusive aquelas que decorrem do poder geral de cautela conferido aos juízes, como o poder de decretar a indisponibilidade dos bens pertencentes a pessoas sujeitas à investigação parlamentar. A circunstância de os poderes investigatórios de uma CPI serem essencialmente limitados levou a jurisprudência constitucional do Supremo Tribunal Federal a advertir que as Comissões Parlamentares de Inquérito não podem formular acusações e nem punir delitos (*RDA* 199/205, rel. Min. PAULO BROSSARD), nem desrespeitar o privilégio contra a autoincriminação que assiste a qualquer indiciado ou testemunha (*RDA* 196/197, rel. Min. CELSO DE MELLO – HC 79.244-DF, rel. Min. SEPÚLVEDA

Pertence), nem decretar a prisão de qualquer pessoa, exceto nas hipóteses de flagrância (*RDA* 196/195, rel. Min. Celso de Mello – *RDA* 199/205, rel. Min. Paulo Brossard).[148]

19.3. Investigação conduzida pelo Ministério Público

A atividade investigatória não é exclusiva da Polícia Judiciária. Como vimos, existem outras formas de investigação atreladas a órgãos diversos.

Interessa à ordem social e ao adequado funcionamento do Estado democrático que os ilícitos penais sejam apurados, e essa afirmação é clara no ordenamento jurídico vigente, daí não ser adequado limitar ou impedir que determinados órgãos deixem de apurar aquilo de que têm conhecimento em razão de suas atividades.

Nessa linha de argumentação, não tem sentido lógico excluir do Ministério Público a possibilidade de proceder à investigação de delitos.[149]

Mas a questão não é apenas de lógica ou principiológica, na exata medida em que não há embasamento jurídico que se preste a fundamentar com acerto qualquer pretensão que tenha por escopo impedir que o Ministério Público promova investigações de natureza criminal.

O poder investigatório do Ministério Público conta com autorização no texto constitucional e também no Código de Processo Penal,[150] que, nada obstante sua matriz autoritária, não estabeleceu qualquer óbice a esse respeito.

Como bem observou Rômulo Moreira, a atribuição investigatória "transparece suficientemente possível à luz da Constituição Federal e de textos legais".[151]

De interesse para a matéria, é oportuno lembrar que constitui função institucional do Ministério Público, nos termos do art. 129 da CF, promover, privativamente, a ação penal pública (inciso I); zelar pelo efetivo respeito dos Poderes Públicos e dos serviços de relevância pública aos direitos assegurados na Constituição, promovendo as medidas necessárias a sua garantia (inciso II); expedir notificações nos procedimentos administrativos de sua competência, requisitando informações e documentos para instruí-los, na forma da lei complementar respectiva (inciso VI); exercer o controle externo da atividade policial (inciso VII); requisitar diligências investiga-

148 STF, MS 23.452/RJ, Tribunal Pleno, rel. Min. Celso de Mello, j. 16-9-1999, *DJ* de 12-5-2000, p. 20.

149. Sobre a matéria, recomendamos consultar: Rogerio Lauria Tucci, *Ministério Público e investigação criminal*, São Paulo, Revista dos Tribunais, 2004; Marcelo Batlouni Mendroni, *Curso de investigação criminal*, São Paulo, Juarez de Oliveira, 2002; Paulo Rangel, *Investigação criminal direta pelo Ministério Público*, Rio de Janeiro, Lumen Juris, 2003; Valter Foleto Santin, *O Ministério Público na investigação criminal*, São Paulo, Edipro, 2001.

150. STF, HC 93.930/RJ, 2ª T., rel. Min. Gilmar Mendes, j. 7-12-2010, *DJe* n. 22, de 3-2-2011.

151. Rômulo de Andrade Moreira, *Direito processual penal*, Salvador, JusPodivm, 2007, p. 29.

tórias e a instauração de inquérito policial (inciso VIII), e exercer *outras funções* que lhe forem conferidas, desde que *compatíveis com sua finalidade* (inciso IX).

O art. 129, ademais, não é taxativo, mas apenas exemplificativo, de modo a tornar possível que o Ministério Público exerça outras funções, desde que compatíveis com seu perfil e sua finalidade constitucional.

Dentre outras atribuições nessa mesma linha, o art. 26 da Lei n. 8.625/93, Lei Orgânica Nacional do Ministério Público, que dispõe sobre normas gerais para a organização do Ministério Público dos Estados, autoriza o Ministério Público a instaurar procedimentos administrativos; expedir notificações para colher depoimento ou esclarecimentos; requisitar de autoridades e órgãos: informações, exames periciais e documentos; promover inspeções e diligências investigatórias junto às autoridades, órgãos e entidades; requisitar informações e documentos a entidades privadas, para instruir procedimentos; requisitar diligências investigatórias.

Nesse mesmo caminho segue o art. 8º da Lei Complementar n. 75/93 (Dispõe sobre a organização, as atribuições e o estatuto do Ministério Público da União).

Portanto, "a legitimidade do Ministério Público para a colheita de elementos probatórios essenciais à formação de sua *opinio delicti* decorre de expressa previsão constitucional, oportunamente regulamentada pela Lei Complementar n. 75/93 (art. 129, VI e VIII, da Constituição da República, e art. 8º, V e VII, da LC n. 75/93). A Polícia Judiciária não possui o monopólio da investigação criminal. É consectário lógico da própria função do órgão ministerial – titular exclusivo da ação penal pública – proceder à realização de diligências investigatórias pertinentes ao respectivo âmbito de atuação, a fim de elucidar a materialidade do crime e os indícios de autoria".[152]

Dentro das regras analisadas, é absolutamente compatível com as finalidades do Ministério Público o exercício da atividade investigatória.[153]

É caso de adoção da *teoria dos poderes implícitos*, visto que: "A interpretação sistêmica da Constituição e a aplicação dos poderes implícitos do Ministério Público conduzem à preservação dos poderes investigatórios deste Órgão, independentemente da investigação policial".[154]

---

152. STJ, HC 151.415/SC, 5ª T., rel. Min. Laurita Vaz, j. 22-11-2011, *DJe* de 2-12-2011.

153. Contra: "A Constituição Federal dotou o Ministério Público do poder de requisitar diligências investigatórias e a instauração de inquérito policial (CF, art. 129, VIII). A norma constitucional não contemplou a possibilidade de o *Parquet* realizar e presidir inquérito policial. Não cabe, portanto, aos seus membros inquirir diretamente pessoas suspeitas de autoria de crime" (STF, RHC 81.326/DF, 2ª T., rel. Min. Nelson Jobim, j. 6-5-2003, *DJ* de 1º-8-2003, p. 142).

154. STJ, REsp 738.338/PR, 5ª T., rel. Min. Gilson Dipp, j. 25-10-2005, *DJ* de 8-5-2006, p. 278. "O entendimento consolidado desta Corte é no sentido de que são válidos, em princípio, os atos investigatórios realizados pelo Ministério Público. A interpretação sistêmica da Constituição e a aplicação dos poderes implícitos do Ministério Público conduzem à preservação dos poderes investigatórios deste Órgão, independentemente da investigação policial. Além da investigação policial,

Se o Ministério Público pode requisitar instauração de inquérito; se pode instaurar procedimento administrativo, requisitar diligências e ajuizar denúncia sem precedente inquérito policial, é evidente que também pode investigar. Quem pode o mais pode o menos.

Ainda que assim não fosse, como afirmado, a legitimação para investigar não decorre apenas de lógica, de princípio jurídico ou de raciocínio indutivo, mas de regra expressa, e é a própria Constituição Federal que admite a adoção das medidas indicadas.

Também não é por razão diversa que o art. 28, *caput*, do CPP faz referência ao arquivamento de *quaisquer elementos informativos da mesma natureza*, e o art. 40 a *autos e papéis* suficientes para o ajuizamento de processo penal.

O inquérito policial não é imprescindível.

Se o Ministério tiver em mãos documentos que o habilitem à propositura de ação penal, poderá oferecer denúncia sem que tenha ocorrido precedente atividade investigatória da polícia judiciária, conforme autorização contida nos arts. 12, 27, 39, § 5º, e 46, § 1º, do CPP.

Ora, por que razão charadística não poderia então promover investigação de natureza criminal?

Argumenta-se que o art. 144, § 1º, IV, da CF, diz competir à Polícia Federal exercer, com *exclusividade*, as funções de polícia judiciária da União, daí a impossibilidade de investigação de natureza criminal promovida pelo Ministério Público.

Ledo engano. A tese é juridicamente caquética.

Para que se possa chegar à correta interpretação, o termo "exclusividade", grafado no inciso IV do § 1º, deve ser analisado em confronto com a expressão "ressalvada a competência da União" contida no § 4º do mesmo art. 144 da CF,[155] quando então será possível entender que o legislador constitucional teve por objetivo apenas delimitar as atribuições das polícias referidas.

A regra invocada visa apenas a distinguir as atribuições da Polícia Federal daquelas outorgadas às Polícias Civis dos Estados, sem excluir qualquer iniciativa investigatória do Ministério Público.

o Ministério Público pode se valer de outros elementos de convencimento, como diligências complementares a sindicâncias ou auditorias desenvolvidas por outros órgãos, peças de informação, bem como inquéritos civis que evidenciem, além dos fatos que lhe são próprios, a ocorrência, também, de crimes. O Supremo Tribunal Federal decidiu que a vedação dirigida ao Ministério Público é quanto a presidir e realizar inquérito policial" (STJ, Ap 345/AP, Corte Especial, rel. Min. Gilson Dipp, j. 20-4-2005, *DJ* de 8-11-2007, p. 155).

155. "Tal norma constitucional, por fim, define, é certo, as funções das Polícias Civis, mas sem estabelecer qualquer cláusula de exclusividade" (STJ, HC 35.654/RO, 6ª T., rel. Min. Hamilton Carvalhido, j. 7-3-2006, *DJ* de 20-3-2006, p. 357, *LEXSTJ* 200/292).

Nesse sentido, basta conferir o entendimento exposto no julgado do STF, de que foi relator o Min. CELSO DE MELLO, ementado conforme segue:

> A cláusula de exclusividade inscrita no art. 144, § 1º, IV, da Constituição da República – que não inibe a atividade de investigação criminal do Ministério Público – tem por única finalidade conferir à Polícia Federal, dentre os diversos organismos policiais que compõem o aparato repressivo da União Federal (Polícia Federal, Polícia Rodoviária Federal e Polícia Ferroviária Federal), primazia investigatória na apuração dos crimes previstos no próprio texto da Lei Fundamental ou, ainda, em tratados ou convenções internacionais. – Incumbe, à Polícia Civil dos Estados-membros e do Distrito Federal, ressalvada a competência da União Federal e excetuada a apuração dos crimes militares, a função de proceder à investigação dos ilícitos penais (crimes e contravenções), sem prejuízo do poder investigatório de que dispõe, como atividade subsidiária, o Ministério Público. Função de polícia judiciária e função de investigação penal: uma distinção conceitual relevante, que também justifica o reconhecimento, ao Ministério Público, do poder investigatório em matéria penal (STF, HC 94.173/BA, 2ª T., rel. Min. Celso de Mello, j. 27-10-2009, *DJe* n. 223, de 27-11-2009).

O representante do Ministério Público está legitimado a investigar, como também pode acompanhar investigação presidida pela autoridade policial e requisitar dela outras diligências. O que não pode é *presidir inquérito policial*.[156]

Sintetizando o afirmado, segue ementa de julgado do STF, relatado pela Min. ELLEN GRACIE:

> É perfeitamente possível que o órgão do Ministério Público promova a colheita de determinados elementos de prova que demonstrem a existência da autoria e da materialidade de determinado delito. Tal conclusão não significa retirar da Polícia Judiciária as atribuições previstas constitucionalmente, mas apenas harmonizar as normas constitucionais (arts. 129 e 144) de modo a compatibilizá-las para permitir não apenas a correta e regular apuração dos fatos supostamente delituosos, mas também a formação da *opinio delicti*. O art. 129, I, da Constituição Federal, atribui ao *Parquet* a privatividade na promoção da ação penal pública. Do seu turno, o Código de Processo Penal estabelece que o inquérito policial é dispensável, já que o Ministério Público pode embasar seu pedido em peças de informação que concretizem justa causa para a denúncia. Ora, é princípio basilar da hermenêutica constitucional o dos "poderes implícitos", segundo o qual, quando a Constituição Federal concede os fins, dá

156. "A outorga constitucional de funções de polícia judiciária à instituição policial não impede nem exclui a possibilidade de o Ministério Público, que é o *dominus litis*, determinar a abertura de inquéritos policiais, requisitar esclarecimentos e diligências investigatórias, estar presente e acompanhar, junto a órgãos e agentes policiais, quaisquer atos de investigação penal, mesmo aqueles sob regime de sigilo, sem prejuízo de outras medidas que lhe pareçam indispensáveis à formação da sua *opinio delicti*, sendo-lhe vedado, no entanto, assumir a presidência do inquérito policial, que traduz atribuição privativa da autoridade policial" (STF, HC 94.173/BA, 2ª T., rel. Min. Celso de Mello, j. 27-10-2009, *DJe* n. 223, de 27-11-2009). *No mesmo sentido*: STJ, REsp 738.338/PR, 5ª T., rel. Min. Gilson Dipp, j. 25-10-2005, *DJ* de 8-5-2006, p. 278; STJ, Ap 345/AP, Corte Especial, rel. Min. Gilson Dipp, j. 20-4-2005, *DJ* de 8-11-2007, p. 155.

os meios. Se a atividade-fim – promoção da ação penal pública – foi outorgada ao *Parquet* em foro de privatividade, não se concebe como não lhe oportunizar a colheita de prova para tanto, já que o CPP autoriza que "peças de informação" embasem a denúncia.[157]

No mesmo sentido:

> O poder de investigar compõe, em sede penal, o complexo de funções institucionais do Ministério Público, que dispõe, na condição de *dominus litis* e, também, como expressão de sua competência para exercer o controle externo da atividade policial, da atribuição de fazer instaurar, ainda que em caráter subsidiário, mas por autoridade própria e sob sua direção, procedimentos de investigação penal destinados a viabilizar a obtenção de dados informativos, de subsídios probatórios e de elementos de convicção que lhe permitam formar a *opinio delicti*, em ordem a propiciar eventual ajuizamento da ação penal de iniciativa pública. Precedentes: RE 535.478/SC, rel. Min. Ellen Gracie; HC 91.661/PE, rel. Min. Ellen Gracie; HC 85.419/RJ, rel. Min. Celso de Mello; HC 89.837/DF, rel. Min. Celso de Mello.[158]

Na mesma linha de pensamento já se decidiu que: "O Ministério Público, por expressa previsão constitucional, possui a prerrogativa de instaurar procedimento administrativo e conduzir diligências investigatórias, podendo requisitar documentos e informações que entender necessários ao exercício de suas atribuições. A atuação do Ministério Público, no contexto da investigação penal, longe de comprometer ou de reduzir as atribuições de índole funcional das autoridades policiais – a quem sempre caberá a presidência do inquérito policial –, representa, na realidade, o exercício concreto de uma atividade típica de cooperação, que, em última análise, mediante a requisição de elementos informativos e acompanhamento de diligências investigatórias, além de outras medidas de colaboração, promove a convergência de dois importantes órgãos estatais incumbidos, ambos, da persecução penal e da concernente apuração da verdade real".[159]

A constitucionalidade dos poderes de investigação do Ministério Público foi reconhecida pelo Supremo Tribunal Federal, conforme se extrai da ementa que segue:

> Questão constitucional com repercussão geral. Poderes de investigação do Ministério Público. Os arts. 5º, LIV e LV, 129, III e VIII, e 144, IV, § 4º, da Constituição Federal, não tornam a investigação criminal exclusividade da polícia, nem afastam os poderes de investigação do Ministério Público. Fixada, em repercussão geral, tese assim sumulada: "O Ministério Público dispõe de competência para promover, por autoridade própria, e por prazo razoável, investigações de natureza penal, desde que respeitados os direitos e garantias que assistem a qualquer indiciado ou a qualquer pessoa sob investigação do Estado, observadas, sempre, por seus agentes, as hipóteses de reserva constitucional de jurisdição e, também, as prerrogativas profissionais de que se

157. STF, HC 91.661/PE, 2ª T., rel. Min. Ellen Gracie, j. 10-3-2009, *DJe* n. 64, de 3-4-2009.
158. STF, HC 94.173/BA, 2ª T., rel. Min. Celso de Mello, j. 27-10-2009, *DJe* n. 223, de 27-11-2009.
159. STJ, AgRg-REsp 1.316.659/MG, 5ª T., rel. Min. Marco Aurélio Bellizze, j. 16-8-2012, *DJe* de 3-9-2012.

acham investidos, em nosso País, os Advogados (Lei n. 8.906/94, art. 7º, notadamente os incisos I, II, III, XI, XIII, XIV e XIX), sem prejuízo da possibilidade – sempre presente no Estado Democrático de Direito – do permanente controle jurisdicional dos atos, necessariamente documentados (Súmula Vinculante 14), praticados pelos membros dessa instituição".[160]

Com inegável autoridade intelectual, sentenciou o Min. HAMILTON CARVALHIDO que: "O exercício desse poder investigatório do Ministério Público não é, por óbvio, estranho ao Direito, subordinando-se, à falta de norma legal particular, no que couber, analogicamente, ao Código de Processo Penal, sobretudo na perspectiva da proteção dos direitos fundamentais e da satisfação do interesse social, que determina o ajuizamento tempestivo dos feitos inquisitoriais e faz obrigatória oitiva do indiciado autor do crime e a observância das normas legais relativas ao impedimento, à suspeição, e à prova e sua produção".[161]

O procedimento investigatório instaurado pelo Ministério Público não pode ser sigiloso para o investigado e seu Defensor.

> O regime de sigilo, sempre excepcional, eventualmente prevalecente no contexto de investigação penal promovida pelo Ministério Público, não se revelará oponível ao investigado e ao Advogado por este constituído, que terão direito de acesso – considerado o princípio da comunhão das provas – a todos os elementos de informação que já tenham sido formalmente incorporados aos autos do respectivo procedimento investigatório.[162]

O representante do Ministério Público que *acompanhar investigação presidida por autoridade policial* não está impedido de oferecer denúncia lastreada no inquérito que dela resultar, a teor do disposto na Súmula 234 do STJ, *verbis*: "A participação de membro do Ministério Público na fase investigatória criminal não acarreta o seu impedimento ou suspeição para o oferecimento da denúncia". Esse entendimento também prevalece na Suprema Corte, onde reiteradamente se tem enfatizado que: "A jurisprudência do STF é no sentido de que a participação de membro do Ministério Público na fase investigatória não acarreta, por si só, seu impedimento ou sua suspeição para o oferecimento da denúncia, e nem poderia ser diferente à luz da tese firmada pelo Plenário, mormente por ser ele o *dominus litis* e sua atuação estar voltada exatamente à formação de sua convicção".[163]

---

160. STF, RE 593.727/MG, Tribunal Pleno, rel. Min. Cezar Peluso, rel. p/ o Acórdão Min. Gilmar Mendes, j. 14-5-2015, *DJe* n. 175, de 8-9-2015.

161. STJ, HC 35.654/RO, 6ª T., rel. Min. Hamilton Carvalhido, j. 7-3-2006, *DJ* de 20-3-2006, p. 357, *LEXSTJ* 200/292.

162. STF, HC 94.173/BA, 2ª T., rel. Min. Celso de Mello, j. 27-10-2009, *DJe* n. 223, de 27-11-2009. *No mesmo sentido*: STF, HC 87.610/SC, 2ª T., rel. Min. Celso de Mello, j. 27-10-2009, *DJe* n. 228, de 4-12-2009; STF, HC 90.099/RS, 2ª T., rel. Min. Celso de Mello, j. 27-10-2009, *DJe* n. 228, de 4-12-2009; STF, HC 89.837/DF, 2ª T., rel. Min. Celso de Mello, j. 20-10-2009, *DJe* n. 218, de 20-11-2009.

163. STF, HC 85.011/RS, 1ª T., rel. Min. Luiz Fux, rel. p/ o Acórdão Min. Teori Zavascki, j. 26-5-2015, *DJe* n. 119, de 22-6-2015.

Também não se encontra impedido de oferecer denúncia o representante do Ministério Público que *promover, em procedimento próprio*, a apuração dos fatos.

Nem teria sentido pensar diferente, considerando ser ele o *dominus litis* e sua atuação estar voltada exatamente à formação de sua convicção.

Sobre este tema, o Conselho Nacional do Ministério Público – CNMP editou a Resolução n. 181, de 7 de agosto de 2017, que regulamenta a instauração e a tramitação do procedimento investigatório de natureza criminal a cargo do Ministério Público.

19.3.1. Crítica

O grave problema que se pode identificar com certa facilidade em investigação promovida pelo Ministério Público, a nosso ver, nunca esteve na (i)legitimidade, mas na forma como é conduzida, considerando o objetivo que algumas vezes visa a alcançar.

A atividade investigativa que pensamos seja correta deve ser responsável e comprometida *com a verdade*; desprovida de pré-julgamento e de maldade; não deve ser cega e inconsequentemente dirigida à comprovação de uma versão calcada em suposição.

Esse é o problema, já que algumas vezes o representante do Ministério Público demonstra ter uma convicção previamente formada – nem sempre condizente com a realidade –, e o procedimento investigativo por ele conduzido passa a ter por finalidade exclusiva amontoar documentos que sirvam para *estruturar o raciocínio anteriormente elaborado*, com total desconsideração a qualquer prova que desacredite sua linha de pensamento.

Procede-se à juntada de alguns documentos e desconsidera-se a existência de outros muito mais relevantes e verdadeiramente esclarecedores; são lançadas imputações desarrazoadas e injustas baseadas somente em retórica, quando a oitiva de determinada testemunha conhecida evitaria a injusta infâmia contra o investigado; afirma-se estar frente a uma organização criminosa onde nem sequer há contravenção; e, o que é pior, muitas vezes tudo isso é feito com o intuito de obter "um minuto de fama" para o inquisidor e a execração pública do investigado, de consequências tantas vezes pior que a condenação sabidamente impossível na hipótese.

O Min. Celso de Mello já analisou situação que lembra bem o acima afirmado, e na ocasião assinalou:

> O procedimento investigatório instaurado pelo Ministério Público deverá conter todas as peças, termos de declarações ou depoimentos, laudos periciais e demais subsídios probatórios coligidos no curso da investigação, não podendo, o *Parquet*, sonegar, selecionar ou deixar de juntar, aos autos, quaisquer desses elementos de informação, cujo conteúdo, por referir-se ao objeto da apuração penal, deve ser tornado acessível tanto à pessoa sob investigação quanto ao seu Advogado.[164]

164. STF, HC 94.173/BA, 2ª T., rel. Min. Celso de Mello, j. 27-10-2009, *DJe* n. 223, de 27-11-2009.

Na prática, muitas vezes não se tem levado a sério a advertência de BENTO DE FARIA no sentido de que "o representante do Ministério Público deve ser estranho às paixões, para manter a mais estrita imparcialidade sustentando sempre os interesses da verdade e da justiça".[165]

19.4. Investigação de delito praticado por parlamentar

Deputados e Senadores gozam de imunidades parlamentares,[166] e isso já analisamos no capítulo apropriado.

As imunidades relativas, formais ou processuais, estão reguladas no art. 53 da CF, e tratam: *da prisão do parlamentar; da instauração de processo criminal contra parlamentar; do foro por prerrogativa de função*, e *da prerrogativa para servir como testemunha*.

Decorre do foro por prerrogativa de função que "os Deputados e Senadores, desde a expedição do diploma, serão submetidos a julgamento perante o Supremo Tribunal Federal" (§ 1º).[167]

Isso implica dizer que: "A iniciativa do procedimento investigatório deve ser confiada ao MPF contando com a supervisão do Ministro-Relator do STF. A Polícia Federal não está autorizada a abrir de ofício inquérito policial para apurar a conduta de parlamentares federais ou do próprio Presidente da República (no caso do STF). No exercício de competência penal originária do STF (CF, art. 102, I, *b* c/c Lei n. 8.038/90, art. 2º e RI/STF, arts. 230 a 234), a atividade de supervisão judicial deve ser constitucionalmente desempenhada durante toda a tramitação das inves-

165. Op. cit., p. 70.

166. "A prerrogativa de foro é uma garantia voltada não exatamente para os interesses dos titulares de cargos relevantes, mas, sobretudo, para a própria regularidade das instituições em razão das atividades funcionais por eles desempenhadas" (STF, Pet 3.825 QO/MT, Tribunal Pleno, rel. Min. Sepúlveda Pertence, rel. p/ o Acórdão Min. Gilmar Mendes, j. 10-10-2007, *DJe* n. 74, de 25-4-2008).

167. "Com o advento da Emenda Constitucional n. 35, de 20-12-2001, que deu nova redação ao art. 53 da Constituição Federal de 5-10-1988, os Deputados e Senadores já não gozam de imunidade processual, mas, apenas, de imunidade material, por suas opiniões, palavras e votos, proferidos, obviamente, no exercício do mandato ou em razão dele. Por crimes de outra natureza, respondem os parlamentares, perante esta Corte, agora sem necessidade de prévia licença da respectiva Casa Legislativa, como exigia o § 1º do art. 53 da CF, em sua redação originária" (STF, Inq 1.710/SP, Tribunal Pleno, rel. Min. Sydney Sanches, j. 27-2-2002, p. 88, *RTJ* 181/882). "A licença prévia da sua Casa para a instauração ou a sequência de processo penal contra os membros do Congresso Nacional, como exigida pelo texto originário do art. 53, § 1º, da Constituição configurava condição de procedibilidade, instituto de natureza processual, a qual, enquanto não implementada, representava empecilho ao exercício da jurisdição sobre o fato e acarretava, por conseguinte, a suspensão do curso da prescrição, conforme o primitivo art. 53, § 2º, da Lei Fundamental" (STF, Inq 1.566 QO/AC, Tribunal Pleno, rel. Min. Sepúlveda Pertence, j. 18-2-2002, *DJ* de 22-3-2002, p. 32, *RTJ* 182/80).

tigações desde a abertura dos procedimentos investigatórios até o eventual oferecimento, ou não, de denúncia pelo *dominus litis*".[168]

Necessário destacar, ainda, e nos precisos termos da Súmula 245 do STF, que a imunidade parlamentar relativa ou processual não se estende ao corréu sem essa prerrogativa.[169]

Calha registrar que no julgamento da Ação Penal n. 937, concluído no dia 3 de maio de 2018, o Plenário da Suprema Corte decidiu que o foro por prerrogativa de função aplica-se apenas aos crimes cometidos durante o exercício do cargo e relacionados às funções desempenhadas, posição também adotada pela Corte Especial do Superior Tribunal de Justiça no que diz respeito às hipóteses de foro por prerrogativa de função perante a Corte Federal, como ficou decidido por ocasião do julgamento do AgRg na APn 866/DF, ocorrido em 20 de junho de 2018 (*DJe* de 3-8-2018), de que foi relator o Min. Luis Felipe Salomão.

19.5. Delito cometido nas dependências do Congresso Nacional

Diz a Súmula 397 do STF que: "O poder de polícia da Câmara dos Deputados e do Senado Federal, em caso de crime cometido nas suas dependências, compreende, consoante o regimento, a prisão em flagrante do acusado e a realização do inquérito".

19.6. Investigação de delito praticado por membro do Ministério Público ou por magistrado

19.6.1. Investigação de delito praticado por membro do Ministério Público

Prerrogativa de função, quando incidente, impede que membros do Ministério Público sejam investigados por autoridade policial.

Assim, sendo aplicável a regra do foro privilegiado por prerrogativa de função, "quando no curso de investigação, houver indício da prática de infração penal por parte de membro do Ministério Público, a autoridade policial, civil ou militar remeterá, imediatamente, sob pena de responsabilidade, os respectivos autos ao Procurador-Geral de Justiça, a quem competirá dar prosseguimento à apuração" (art. 41, parágrafo único, da Lei n. 8.625/93 – Lei Orgânica do Ministério Público dos Estados).

168. STF, Pet 3.825 QO/MT, Tribunal Pleno, rel. Min. Sepúlveda Pertence, rel. p/ o Acórdão Min. Gilmar Mendes, j. 10-10-2007, *DJe* n. 74, de 25-4-2008; STF, Inq 2.411 QO/MT, Tribunal Pleno, rel. Min. Gilmar Mendes, j. 10-10-2007, *DJe* n. 74, de 25-4-2008, *RTJ* 204/632.

169. A Súmula 245 do STF não tem aplicação em relação à imunidade absoluta ou material.

No âmbito do Ministério Público da União, há regra de semelhante teor, disposta no art. 18, parágrafo único, da Lei Complementar n. 75/93 – Lei Orgânica do Ministério Público da União, determinando que a remessa se faça – imediatamente – ao Procurador-Geral da República, que designará membro do Ministério Público para prosseguimento da apuração do fato.

19.6.2. *Investigação de delito praticado por magistrado*

A Lei Complementar n. 35/79 – Lei Orgânica da Magistratura Nacional –, em seu art. 33, parágrafo único, assegura prerrogativa de função nos seguintes termos: "Quando no curso de investigação, houver indício da prática de crime por parte do magistrado, a autoridade policial, civil ou militar, remeterá os respectivos autos ao Tribunal ou órgão especial competente para o julgamento, a fim de que prossiga na investigação".

Também aqui é importante lembrar o que fora decidido no julgamento da Ação Penal n. 937, ocasião em que o Plenário do Supremo Tribunal Federal restringiu a interpretação e alcance do foro privilegiado por prerrogativa de função.

Muito embora esta decisão se refira apenas a processos de competência da Suprema Corte contra parlamentares, tal linha de orientação deve ser adotada por todos os demais tribunais pátrios (STJ, TRFs e TJs), de modo a alcançar todas as hipóteses em que se revelar incidente o foro especial.

19.7. Inquérito policial militar

O art. 7º do CPPM – Código de Processo Penal Militar (Decreto-Lei n. 1.002/69), trata da polícia judiciária militar.

Nos termos do art. 8º, *a*, *f* e *g*, do CPPM, compete à Polícia Militar apurar os crimes militares, bem como os que, por lei especial, estão sujeitos à jurisdição militar, e sua autoria; solicitar das autoridades civis as informações e medidas que julgar úteis à elucidação das infrações penais, que esteja a seu cargo, e requisitar da Polícia Civil e das repartições técnicas civis as pesquisas e exames necessários ao complemento e subsídio de inquérito policial militar.

O Inquérito Policial Militar (IPM), portanto, é de competência da Polícia Militar.

20. Controle Externo da Atividade Policial

A Constituição Federal outorgou ao Ministério Público a legitimação para o controle externo da atividade policial (CF, art. 129, VII), conforme dispuser lei complementar.

O art. 9º da Lei Complementar n. 75/93 (Ministério Público da União) dispõe que o Ministério Público da União exercerá o controle externo da atividade policial por meio de medidas judiciais e extrajudiciais, podendo: I – ter livre ingresso em estabelecimentos policiais ou prisionais; II – ter acesso a quaisquer documentos relativos à atividade-fim policial; III – representar à autoridade competente pela adoção de providências para sanar a omissão indevida, ou para prevenir ou corrigir ilegalidade ou abuso de poder; IV – requisitar à autoridade competente para instauração de inquérito policial sobre a omissão ou fato ilícito ocorrido no exercício da atividade policial; V – promover a ação penal por abuso de poder.

A prisão de qualquer pessoa, por parte de autoridade federal ou do Distrito Federal e Territórios, deverá ser comunicada imediatamente ao Ministério Público competente, com indicação do lugar onde se encontra presa e cópia dos documentos comprobatórios da legalidade da prisão (LC n. 75/93, art. 10).

Determina o art. 80 da Lei n. 8.625/93 (institui a Lei Orgânica Nacional do Ministério Público, dispõe sobre normas gerais para a organização do Ministério Público dos Estados), que se aplicam aos Ministérios Públicos dos Estados, subsidiariamente, as normas da Lei Orgânica do Ministério Público da União, onde se encontra o regramento legal do controle externo, conforme acima transcrito.

No âmbito do CNMP – Conselho Nacional do Ministério Público, a Resolução n. 20, de 28 de maio de 2007, disciplina o controle externo da atividade policial.

Capítulo 7
O Ministério Público e o Ofendido, frente ao inquérito policial relatado

1. O Ministério Público e o Inquérito Policial Relatado

Ao receber o inquérito policial relatado, várias possibilidades se abrem para análise do Ministério Público em tempo certo.

Vejamos as mais comuns.

1.1. Prazo para manifestação do Ministério Público

Salvo previsão em contrário expressa em lei especial, segundo se extrai do art. 46 do CPP, o prazo para manifestação do Ministério Público é de 5 (cinco) dias quando o indiciado estiver preso e de 15 (quinze) dias quando estiver solto, contados da data em que receber os autos de inquérito policial em seu gabinete.

Preso o investigado, conta-se o prazo conforme o art. 10 do CP; estando solto, segue-se a regra do art. 798, § 1º, do CPP.

1.2. Requisição de novas diligências

Vezes há em que, após analisar os autos de inquérito, o representante do Ministério Público entende sejam necessárias novas diligências ou esclarecimentos a respeito dos fatos.

Para regrar essas situações, dispõe o art. 16 do CPP que "o Ministério Público não poderá requerer a devolução do inquérito à autoridade policial, senão para novas diligências, imprescindíveis ao oferecimento da denúncia".

Muito embora o art. 16 se refira a diligências imprescindíveis ao **oferecimento da denúncia**, é certo que o resultado de tais diligências também se presta a fundamentar **promoção de arquivamento** ou outra manifestação pertinente.

Não é *qualquer diligência* que pode justificar o pedido. Como se vê, somente é possível a devolução dos autos de inquérito à delegacia de origem para a realização de diligências *imprescindíveis*, assim consideradas aquelas sem as quais não é possível ao *dominus litis* formar convicção a respeito do apurado.

Destinando-se o inquérito à *completa apuração do delito*, autoria e eventual materialidade, antes de postular seu arquivamento ou oferecer denúncia, o representante do Ministério Público deve dispor de todas as provas que sirvam à elucidação do ocorrido.

Se a diligência *não for imprescindível*, poderá o Ministério Público oferecer denúncia e concomitantemente requisitar diretamente à autoridade policial, por ofício seu, a realização em expediente distinto, para que depois de produzida seja juntada aos autos do processo, observadas as restrições que decorrem do § 3º do art. 3º-C, segundo o qual, "Os autos que compõem as matérias de competência do juiz das garantias ficarão acautelados na secretaria desse juízo, à disposição do Ministério Público e da defesa, e não serão apensados aos autos do processo enviados ao juiz da instrução e julgamento, ressalvados os documentos relativos às provas irrepetíveis, medidas de obtenção de provas ou de antecipação de provas, que deverão ser remetidos para apensamento em apartado".

Se ainda há prova a produzir, não é correto postular o arquivamento do inquérito.

Não tem sentido imaginar hipótese em que o Ministério Público promova o arquivamento dos autos e ao mesmo tempo requisite a realização de diligências complementares. Nesse caso, o melhor a fazer é requerer a devolução dos autos de inquérito à autoridade policial para complementação da prova, visto que a modificação do quadro probatório poderá, eventualmente, justificar o oferecimento de denúncia.

Se o Ministério Público se manifestar nos autos pela realização de novas diligências, o inquérito deverá ser devolvido em cartório ou ambiente eletrônico, onde a serventia providenciará sigam conclusos ao juiz para despacho.

O juiz não pode indeferir a manifestação do Ministério Público, visto ser este o órgão constitucionalmente legitimado à propositura da ação penal pública (CF, art. 129, I), e, se o fizer, sua decisão deverá ser atacada via correição parcial.

Ora, se o *dominus litis* necessita de novas diligências para formar seu convencimento, não cabe ao juiz obstar a colheita da prova pendente, salvo hipótese de ser ela manifestamente ilegal.

Com mais forte razão, a autoridade policial não pode deixar de realizar as diligências *requisitadas* pelo Ministério Público, salvo, é claro, hipótese de ilegalidade manifesta.

1.3. Pedido de extinção da punibilidade

Concluídas as investigações, ou mesmo antes, poderá ocorrer causa de extinção da punibilidade, como é o caso da morte do agente (CP, art. 107, I) e do pagamento do tributo nos crimes contra a ordem tributária.[1]

Constatada a situação nos autos de inquérito, deverá o Ministério Público requerer ao juiz competente seja julgada extinta a punibilidade e, de consequência, determinada a remessa dos autos ao arquivo.

1.4. Pedido de remessa dos autos a outro juízo

A situação tratada tem relação com o *princípio do juiz natural*, adotado expressamente no art. 5º, LIII, da CF.

Pode ocorrer que, ao analisar os autos de inquérito policial, o Ministério Público entenda ser **outro o juízo competente para eventual processo e julgamento do caso**.

Se o Promotor de Justiça verificar que o investigado era menor de 18 (dezoito) anos ao tempo do fato, e por isso penalmente inimputável (CP, art. 27), deverá requerer que o juiz determine a remessa dos autos ao juízo da Vara da Infância e da Juventude competente.

Imagine-se, ainda, inquérito remetido ao Ministério Público Estadual versando sobre crime de competência da Justiça Federal, como é exemplo o crime de tráfico transnacional de drogas (Lei de Drogas, art. 70).

Em casos tais, não restará ao Ministério Público alternativa diversa. Deverá postular que o juízo se declare incompetente para o caso e determine a imediata remessa dos autos àquele que julgar competente.

Pode ocorrer, ainda, que o crime tenha se consumado em comarca diversa, ou esteja relacionado à competência de Vara Especializada (Juizados Especiais Criminais, por exemplo), hipóteses em que a incompetência do juízo deverá ser reconhecida e então determinada a remessa àquele competente.

É claro que o juízo para onde for remetido o inquérito também poderá entender ser incompetente para o caso, surgindo então *conflito negativo de competência*, tema que será analisado em capítulo distinto.

1.5. Pedido de abertura de vista dos autos a outro Promotor de Justiça

Em determinadas situações, poderá o representante do Ministério Público **não possuir atribuições para o caso** tratado no inquérito e, diante disso, requerer ao juiz que determine a abertura de vista a outro promotor de justiça que atue na mesma comarca, e que considera o promotor natural para o caso.

1. Sobre esse tema, consultar: Renato Marcão, *Crimes contra a ordem tributária, econômica e relações de consumo*, 2 ed., São Paulo, Saraiva, 2018.

Não se trata de incompetência do juízo, como no item anterior, mas típica hipótese de ausência de atribuição de determinado representante do *Parquet*, como ocorre, por exemplo, em inquéritos relacionados a crimes ambientais, cuja atribuição para o feito seja de Promotoria de Justiça específica para o trato de todas as questões ambientais que surgirem na comarca, sejam elas cíveis ou criminais, conforme a distribuição de funções entre os cargos do Ministério Público.

Nesse caso, recebendo os autos, o juiz determinará a abertura de vista ao promotor de justiça indicado, para que proceda conforme entender de direito, e, nessa situação, se este concluir não dispor de atribuições para o caso, mas sim o anterior, poderá suscitar *conflito negativo de atribuições*, a ser solucionado pelo Procurador-Geral de Justiça, conforme estudaremos no momento oportuno.

Pode ocorrer, ainda, que este segundo entenda ser outro o promotor competente, quando então deverá postular a abertura de vista ao terceiro que indicar.

Em qualquer das situações exemplificadas, não se trata de incompetência do juízo, mas de debate sobre atribuições atreladas a diversos membros do Ministério Público.

1.6. Promoção de arquivamento do inquérito

Vezes há em que, esgotadas as diligências, por não dispor de elementos para o oferecimento de denúncia, o Ministério Público deverá promover o arquivamento do inquérito.

Se ao final das investigações o titular do direito de ação se convencer de que o fato apurado não configura delito, deverá promover o arquivamento dos autos, pois não há como iniciar ação penal por fato atípico.

Por outro lado, embora se convença de que ocorreu delito, se não houver prova da autoria ou da materialidade (sendo caso de delito material), também deverá promover o arquivamento do inquérito.

Igual proceder deverá adotar *quando restar evidente* que o investigado agiu acobertado por qualquer causa de exclusão da antijuridicidade (CP, art. 23).

Não há falar em arquivamento do inquérito quando o investigado for inimputável em razão de desenvolvimento mental incompleto ou retardado ou semi-imputável (CP, art. 26), se estiver demonstrada a ocorrência do delito, autoria e eventual materialidade. Nesse caso, não sendo hipótese de perdão ao colaborador ou de deixar de oferecer denúncia (Lei n. 12.850/2013, art. 4º, *caput*, §§ 2º e 4º) ou de acordo de não persecução penal (CPP, art. 28-A), deverá ocorrer oferecimento de denúncia para que, observado o devido processo legal, oportunamente se verifique a respeito do reconhecimento de uma ou outra dentre as situações jurídicas aventadas (semi-imputabilidade ou inimputabilidade).

Sobre as repercussões do atual art. 28 do CPP falaremos mais adiante.

1.7. Acordo de não persecução penal

Entre outros institutos virtuosos, a Lei n. 13.964/2019 introduziu no Código de Processo Penal seu atual art. 28-A, que trata do acordo de não persecução penal (ANPP).

Conforme está disciplinado, não sendo caso de extinção da punibilidade; de propor a concessão de perdão ou de deixar de oferecer denúncia em razão de colaboração premiada (Lei n. 12.850/2013, art. 4º, *caput*, §§ 2º e 4º) ou arquivamento dos autos de inquérito policial, o Ministério Público *poderá* propor ao investigado[2] **acordo de não persecução penal**, desde que:

- ✓ o delito não tenha sido praticado no âmbito de violência doméstica ou familiar, ou praticado contra a mulher por razões da condição de sexo feminino (**Lei n. 11.340/2006 – Lei Maria da Penha**);
- ✓ o delito não tenha sido praticado mediante **violência** *ou* **grave ameaça**;
- ✓ a **pena mínima cominada** ao delito seja **inferior a 4 (quatro) anos** (de detenção ou reclusão);
- ✓ **não seja cabível transação penal** de competência dos Juizados Especiais Criminais, nos termos da Lei n. 9.099/95;
- ✓ o investigado **tenha confessado formalmente** a prática da infração penal;
- ✓ o investigado **não seja reincidente** (CP, arts. 63 e 64);
- ✓ o investigado **não tenha sido beneficiado nos 5 (cinco) anos anteriores ao cometimento da infração**, em acordo de não persecução penal, transação penal ou suspensão condicional do processo; e
- ✓ não exista prova que indique tratar-se de **conduta criminosa habitual, reiterada ou profissional, exceto se insignificantes as infrações penais pretéritas**.

Para aferição da pena mínima cominada ao delito, serão consideradas as causas de aumento e diminuição aplicáveis ao caso concreto (§ 1º do art. 28-A).

Presente uma ou outra situação, a pena mínima cominada deverá sofrer o mínimo aumento previsto, e a máxima diminuição.

Circunstâncias agravantes e atenuantes porventura presentes não entram no cálculo do aumento ou da redução para a finalidade tratada.

Além dos requisitos objetivos acima listados, o acordo somente poderá ser proposto quando se revelar **necessário e suficiente para a reprovação do delito**.

---

2. "Mostra-se incompatível com o propósito do instituto do Acordo de Não Persecução Penal (ANPP) quando já recebida a denúncia e já encerrada a prestação jurisdicional na instância ordinária, com a condenação do acusado" (STJ, EDcl no AgRg no AgRg no AREsp 1.635.787/SP, 5ª T., rel. Min. Reynaldo Soares da Fonseca, j. 4-8-2020, *DJe* de 13-8-2020).

Todos esses requisitos são cumulativos[3] e, se satisfeitos, o investigado terá a seu favor o direito subjetivo de desfrutar dessa causa legal de não punibilidade. Embora seja o *dominus litis*, na hipótese a proposta de transação configura poder-dever atrelado ao Ministério Público.

Não sendo cabível qualquer das providências mencionadas nos tópicos precedentes (arquivamento etc.), quando o Ministério Público deixar de propor acordo de não persecução penal, por força do princípio da obrigatoriedade deverá oferecer denúncia, e então a defesa poderá postular ao juiz das garantias, desde logo, antes mesmo do recebimento da inicial acusatória por ocasião do art. 396, *caput*, do CPP, por analogia ao atual art. 28 do CPP (§ 14º do art. 28-A), que determine a remessa dos autos **ao Procurador-Geral de Justiça ou** outra **instância ministerial de revisão**, sendo caso, a fim de que a postura do *Parquet* seja reavaliada e disso resulte proposta de acordo de não persecução penal, ou a ratificação da negativa, hipótese em que o processo seguirá seu curso.

Considerando que na esmagadora maioria dos procedimentos criminais não há defesa atuando até que ocorram o recebimento da denúncia e a citação do réu para a apresentação da resposta escrita de que fala o mesmo art. 396, *caput*, do CPP, o requerimento da defesa poderá ser formulado após o recebimento da denúncia, em petição autônoma ou no corpo da resposta escrita.

No vigorante processo de modelo acusatório, não cabe ao magistrado discordar da posição adotada pelo Ministério Público e, *ex officio*, determinar a remessa dos autos ao Procurador-Geral de Justiça ou outra instância ministerial de revisão. Pesa ainda o fato de que o juiz não pode obrigar o acusado a aceitar qualquer acordo, que evidentemente **pressupõe consenso entre as partes**. Sendo o processo adversarial, de partes, cabe à defesa, sendo caso, e não ao juiz, se opor à opção adotada pelo representante do Ministério Público.

Problema que a realidade prática sempre demonstra reside na aferição da **necessidade *e* suficiência para reprovação *e* prevenção do crime**, ainda assim, é imprescindível buscar proporcionalidade entre o delito e os termos do acordo.

Sendo cabível a proposta, nela deverão constar as seguintes condições:

> I – reparar o dano ou restituir a coisa à vítima, exceto na impossibilidade de fazê-lo;
>
> II – renunciar voluntariamente a bens e direitos indicados pelo Ministério Público como instrumentos, produto ou proveito do crime;

---

3. "Com efeito, o membro do Ministério Público, ao se deparar com os autos de um inquérito policial, a par de verificar a existência de indícios de autoria e materialidade, deverá ainda analisar o preenchimento dos requisitos autorizadores da celebração do ANPP, os quais estão expressamente previstos no Código de Processo Penal: 1) confissão formal e circunstancial; 2) infração penal sem violência ou grave ameaça e com pena mínima inferior a 4 (quatro) anos; e 3) que a medida seja necessária e suficiente para reprovação e prevenção do crime" (STJ, HC 612.449/SP, 5ª T., rel. Min. Reynaldo Soares da Fonseca, j. 2-9-2020, *DJe* de 28-9-2020).

III – prestar serviço à comunidade ou a entidades públicas por período correspondente à pena mínima cominada ao delito diminuída de um a dois terços, em local a ser indicado pelo juízo da execução, na forma do art. 46 do Decreto-Lei n. 2.848, de 7 de dezembro de 1940 (Código Penal);

IV – pagar prestação pecuniária, a ser estipulada nos termos do art. 45 do Decreto-Lei n. 2.848, de 7 de dezembro de 1940 (Código Penal), a entidade pública ou de interesse social, a ser indicada pelo juízo da execução, que tenha, preferencialmente, como função proteger bens jurídicos iguais ou semelhantes aos aparentemente lesados pelo delito; ou

V – cumprir, por prazo determinado, outra condição indicada pelo Ministério Público, desde que proporcional e compatível com a infração penal imputada.

O art. 28-A, *caput*, diz de modo expresso que tais condições deverão ser ajustadas **cumulativa *e* alternativamente**.

Trata-se de mais um erro grosseiro do legislador *ordinário*. Ou as condições são cumulativas ou são alternativas. Cumulativas e alternativas ao mesmo tempo, definitivamente, não dá.

No caso, as condições podem ser ajustadas cumulativa **ou** alternativamente, conforme se revelarem cabíveis frente ao caso concreto, proporcionais, necessárias e suficientes para a reprovação e prevenção do crime.

Cabe ainda uma última observação: **o inciso V do art. 28-A é inconstitucional**. Mesmo diante de hipótese em que cabível transação entre o titular da ação penal e o investigado ou acusado, o ordenamento não permite – por decorrência do **princípio da reserva legal**, disposto no art. 5º, XXXIX, da CF – regras abertas, que levem à indeterminação.

Para ter validade jurídica, assim como as penas[4] (CP, art. 1º), as condições transacionáveis devem ser taxativamente indicadas na lei.

São inconstitucionais as disposições que admitem penas ou condições indeterminadas.

O atual § 3º da Lei n. 8.038/90, que institui normas procedimentais para os processos de competência originária do Superior Tribunal de Justiça e do Supremo Tribunal Federal, admite a realização de acordo de não persecução penal, nos termos do art. 28-A do CPP.

1.7.1. Homologação do acordo

Para ter validade jurídica e adquirir força executiva, o acordo de não persecução penal deve ser **formalizado por escrito** e contar com as assinaturas do representante do Ministério Público, do investigado e de seu defensor.

4. A pena de *prestação de outra natureza* a que se refere o § 2º do art. 45 do CP, por exemplo, é inconstitucional. Nesse sentido: Renato Marcão. *Lei de Execução Penal anotada*. 6ed. São Paulo: Saraiva, 2018; *Curso de Execução Penal*. 17 ed. São Paulo: Saraiva, 2019.

Assinado por todos, o acordo deverá ser enviado aos autos do processo.

Recebendo os autos conclusos, o juiz deverá submeter a avença a cuidadosa análise com vistas a aferir se estão presentes todos os requisitos de admissibilidade, bem como se as condições transacionadas são (in)adequadas e (in)suficientes para a reprovação e prevenção do crime.

É imperioso que as condições sejam proporcionais, em alguma medida, e que, portanto, não sejam abusivas.

Bem por isso, se identificar qualquer fundamento que impeça a homologação, o juiz devolverá os autos ao Ministério Público para que reformule a proposta de acordo, com concordância do investigado e seu defensor (CPP, art. 28-A, § 5º).

Com ou sem ajustes, se considerar cabível, justo, proporcional e suficiente o acordo entabulado, **o juiz designará audiência** e determinará a intimação do todos os signatários a fim de que compareçam no dia e hora marcados.

Essa audiência tem por finalidade proceder à oitiva do investigado na presença de todos, com vistas a aferir a voluntariedade de sua adesão e real conhecimento a respeito da matéria envolvida; vantagens e desvantagens do ajuste.

A qualquer tempo, se o juiz verificar a ausência de requisito legal para o acordo, deverá lançar **decisão de indeferimento.**

Semelhante decisão se impõe quando o Ministério Público deixar de proceder ao ajuste das condições consideradas inadequadas, insuficientes ou abusivas pelo magistrado, ou ficar demonstrada a ausência de voluntariedade do investigado ou acusado.

Indeferida a homologação do acordo, "o juiz devolverá os autos ao Ministério Público para a análise da necessidade de complementação das investigações ou o oferecimento da denúncia" (CPP, art. 28-A, § 8º).

Contra a decisão que indefere homologação de acordo de não persecução penal cabe **recurso em sentido estrito** (CPP, art. 581, XXV)

Se o juiz não encontrar óbice que sirva de fundamento para o indeferimento, lançará **decisão de homologação do acordo de não persecução penal**.

No § 6º do art. 28-A encontramos erro grosseiro e evitável.

O dispositivo determina que o Ministério Público deverá promover a **execução do acordo de não persecução penal perante o juízo de execução penal**.

Não há dúvida de que a opção legislativa foi desastrada e injurídica.

Considerando que o acordo homologado não representa condenação, o juízo competente para sua execução não deveria ser o juízo da vara de execuções penais.

Embora não participe da negociação do acordo, nem possa se envolver diretamente na discussão de suas cláusulas, **a vítima deve ser intimada** para ter conhecimento da homologação, de eventual descumprimento e também de sua extinção pelo integral cumprimento das cláusulas ajustadas.

Verificado o cumprimento integral, qualquer das partes poderá requerer ao juízo competente que seja declarada a **extinção de punibilidade**.

Qual é o juízo competente para declarar a extinção da punibilidade? Aquele em que se deu a homologação do acordo, ou o da execução penal?

Competente para julgar extinta a punibilidade e pôr fim ao processo é o juízo em que se deu a homologação do acordo.

Para tanto, o Ministério Público ou o Defensor deverá informar o cumprimento do acordo, nos autos em que o mesmo ocorreu.

Antes de decidir, o magistrado determinará a intimação da parte contrária a fim de que se manifeste a respeito.

A decisão que declara a extinção da punibilidade pelo cumprimento integral do acordo de não persecução penal **tem natureza de decisão definitiva em sentido *lato***, pois, embora decida sobre a pretensão punitiva, é terminativa do processo sem tratar da procedência ou improcedência da imputação penal.

1.7.2. Descumprimento do acordo

Do § 10 do art. 28-A extrai-se que, **verificado o descumprimento** de quaisquer das condições ajustadas, o Ministério Público deverá requerer ao juiz competente a **rescisão do acordo** de não persecução penal e a abertura de vista nos autos para posterior oferecimento de denúncia.

Apresentado o requerimento ministerial – que deverá ser fundamentado e instruído com as provas disponíveis –, em respeito aos elevados princípios do devido processo legal (CF, art. 5º, LIV), do contraditório e da ampla defesa (CF, art. 5º, LV), o juiz deverá **designar audiência de justificação** e determinar a intimação do investigado ou acusado para que nela compareça, e, querendo, apresente sua versão a respeito dos fatos.

Para a audiência também deverão ser intimados o representante do Ministério Público e o defensor, que poderão, nessa ordem, fazer perguntas ao investigado.

Deve ser observado o devido processo legal tipificado para a inquirição, tal como disciplinado no **art. 212 do CPP**.

Considerando que foi o representante do Ministério Público quem requereu a rescisão do acordo, cabe a ele, e não ao juiz, o ônus de provar as alegações em que apoia sua pretensão, e por isso deve iniciar a inquirição.

Não se pode descartar aprioristicamente a possibilidade de situação em que o investigado tenha boa justificativa para o descumprimento noticiado nos autos (esteve hospitalizado, por exemplo). Por essa razão, após o momento destinado à sua oitiva em juízo deverá ser dada a palavra ao Ministério Público para que se manifeste, e em seguida à defesa. Só depois de cumpridas essas formalidades democráticas é que **o juiz deverá decidir** sobre eventual revogação ou manutenção do acordo.

Se o juiz rescindir o acordo determinará a abertura de vista dos autos ao Ministério Público, que então deverá oferecer denúncia e avaliar o cabimento de eventual proposta de suspensão condicional do processo (Lei n. 9.099/95, art. 89).

O § 11º do art. 28-A é taxativo quando afirma que a rescisão do acordo de não persecução penal não constitui óbice ao oferecimento de suspensão condicional do processo.

Se o Ministério Público se recusar a propor a suspensão, sendo ela cabível, restará ao juiz determinar, por analogia ao atual art. 28, *caput*, do CPP, a remessa dos autos ao Procurador-Geral de Justiça ou outro órgão de revisão ministerial eventualmente competente.

1.7.3. Registros oficiais

A aceitação do acordo de não persecução penal não implica reconhecimento de culpa por parte do acusado, razão pela qual, cumpridos os termos da avença, as informações correspondentes não constarão de certidão de antecedentes criminais, exceto para a finalidade de aferir, em outro procedimento criminal, a incidência da causa impeditiva apontada no inciso III do § 2º do art. 28-A do CPP.

1.8. Oferecimento de denúncia

Em regra, se o inquérito apurar a prática de delito, a autoria e a materialidade; se não for hipótese de extinção da punibilidade por qualquer causa; se não estiver manifesta a incidência de causa excludente da antijuridicidade; presentes as condições da ação, caberá ao Ministério Público oferecer denúncia contra o autor do delito, observando o disposto no art. 41 do CPP.

Denomina-se *denúncia* a petição inicial da ação penal pública – incondicionada ou condicionada – formulada pelo Ministério Público e apresentada em juízo com vistas à instauração do processo de natureza criminal, com as particularidades que mais adiante analisaremos.

Há exceções.

Nas infrações penais de menor potencial ofensivo sujeitas à competência dos Juizados Especiais Criminais (Lei n. 9.099/95, art. 61), antes de oferecer denúncia é necessário que se cumpram as regras relacionadas à transação penal e cível, extintivas da punibilidade, conforme tratam os arts. 72, 74 e 76 da Lei n. 9.099/95.

A Lei n. 12.850/2013 (define organização criminosa e dispõe sobre a investigação criminal, os meios de obtenção da prova, infrações penais correlatas e o procedimento criminal a ser aplicado) permite que o Ministério Público proponha, a qualquer tempo, portanto, antes mesmo de oferecer denúncia, a concessão de perdão judicial àquele que prestar "colaboração premiada" (§ 2º do art. 4º), ou deixe de oferecer denúncia, nas situações tipificadas no § 4º de seu art. 4º.

O art. 28-A do CPP, introduzido pelo art. 3º da Lei n. 13.964/2019, disciplina o acordo de não persecução penal, que poderá ser proposto pelo Ministério Público sempre que presentes os requisitos legais, nos moldes em que anteriormente anotamos.

De relevo, ainda, diz a Súmula 234 do STJ que: "A participação de membro do Ministério Público na fase investigatória criminal não acarreta o seu impedimento ou suspeição para o oferecimento da denúncia".

1.9. Delito de ação penal privada

Se o inquérito apurar delito de ação penal privada, o Ministério Público estará desprovido de legitimidade ativa, cabendo-lhe requerer, com fundamento no art. 19 do CPP, que os autos aguardem o oferecimento de queixa-crime por quem de direito, ou eventual decadência – causa de extinção da punibilidade disposta no art. 107, IV, do CP –, caso esta ainda não se tenha verificado.

Se já tiver ocorrido decadência, sem delongas, deverá postular que o juiz julgue extinta a punibilidade.

2. O Ofendido e o Inquérito Policial Relatado

2.1. Delito de ação penal privada exclusiva

Típica hipótese de substituição processual, em que o Estado outorga a outrem o *jus persequendi in judicio*, em regra, compete ao ofendido ou seu representante legal o oferecimento de queixa-crime em juízo com vistas à instauração de processo por delito de ação penal privada.

Não se deve confundir *queixa-crime* com a *representação* que se exige do ofendido para instauração de inquérito policial e oferecimento de denúncia nos delitos de ação penal pública condicionada (CPP, art. 5º, § 4º), e mesmo com o *requerimento* para instauração de inquérito policial nos casos de delito de ação penal privada (CPP, art. 5º, § 5º).

Denomina-se *queixa-crime* a petição inicial da ação penal privada, que deve ser apresentada *em juízo* com vistas à instauração do processo. Só se apresenta *queixa-crime* em juízo, jamais em Delegacia de Polícia.

Essa *queixa-crime* de que estamos tratando não se confunde com a expressão vulgar por muitos utilizada, quando dizem comparecer à repartição policial "para dar *queixa* contra" alguém.

Tal *queixa* nada mais é do que a notícia do delito levada ao conhecimento da autoridade policial (*notitia criminis*), e quando muito, esta sim, poderá ser interpretada como representação do ofendido, se a hipótese versar sobre delito de ação penal pública condicionada à representação.

Queixa-crime é documento formal que deve ser tecnicamente redigido em termos de petição inicial (CPP, art. 41).

Ainda que equivocadamente alguém denomine *queixa-crime* documento endereçado à repartição policial solicitando instauração de inquérito, de *queixa-crime* tal monstrengo nada tem.

Não se trata de discussão meramente acadêmica, mas de técnica processual.

O não oferecimento de queixa-crime em juízo no prazo legal, que em regra é de seis meses contados da data em que o ofendido tomou conhecimento de quem foi o autor do delito, acarreta a extinção da punibilidade pela decadência (art. 38 do CPP c.c. o art. 107, IV, do CP).

De consequência, se o interessado endereçar documento que denomine *queixa-crime* à autoridade policial, acreditando estar resolvido o problema para a inteireza da persecução relacionada a delito de ação penal privada, cometerá indesculpável equívoco – infelizmente comum na prática forense.

Tal "queixa-crime", que de *queixa-crime* nada tem, não é mais que simples requerimento para instauração de inquérito, cumprindo que, depois de instaurado este, as investigações findem em prazo que não permita o reconhecimento da decadência, daí a necessidade de o interessado acompanhar de perto as investigações e facilitar ao delegado, tanto quanto possível, a colheita das provas.

Concluído o inquérito, deverá o ofendido ou seu representante legal oferecer *em juízo* a queixa-crime, cumprindo observar que o prazo decadencial não se interrompe nem se suspende, daí sua fluência ininterrupta desde o momento em que o ofendido tomou conhecimento de quem foi o autor do delito.

Mesmo que o inquérito não tenha terminado, o interessado deverá estar atento à fluência do prazo decadencial e, dispondo de elementos mínimos, ajuizar a queixa-crime com vistas a evitar a extinção da punibilidade.

Sobre ação penal privada trataremos detalhadamente no capítulo destinado ao estudo do tema *ação penal*.

Por fim, cumpre anotar que o art. 14 do CPP autoriza que o ofendido ou seu representante legal formule pedido de diligência em inquérito policial; contudo, observado o prazo decadencial, é de bom tom que se tenha redobrada cautela antes de formular qualquer requerimento nesse sentido.

2.2. Delito de ação penal pública

Diz o art. 5º, LIX, da CF, que será admitida ação privada nos crimes de ação pública, se esta não for ajuizada no prazo legal.

De igual teor é a regra contida no art. 100, § 3º, do CP.

Nessa mesma linha, porém com maior conteúdo, dispõe o art. 29 do CPP que: "Será admitida ação privada nos crimes de ação pública, se esta não for intentada no prazo legal, cabendo ao Ministério Público aditar a queixa, repudiá-la e oferecer denúncia substitutiva, intervir em todos os termos do processo, fornecer elementos de prova, interpor recurso e, a todo tempo, no caso de negligência do querelante, retomar a ação como parte principal".

Trata-se da denominada **ação penal privada subsidiária da pública**, que também será analisada em profundidade no capítulo destinado ao estudo do tema *ação penal*.

Por aqui, basta dizer que, na hipótese, o delito é de ação penal pública – incondicionada ou condicionada – e **somente será admitida a ação penal privada subsidiária quando verificada a total inércia do Ministério Público**, que é o *dominus litis*.

De tal sorte, se o órgão Ministerial postular o arquivamento dos autos; a realização de diligências imprescindíveis, a extinção da punibilidade ou apresentar qualquer outra manifestação, não terá espaço para a ação penal privada subsidiária.

Somente a inércia, compreendida na forma mais simples, é que abre a possibilidade excepcional em que o particular se vê legitimado a oferecer petição inicial visando à instauração de processo por delito de ação penal pública.

3. Arquivamento do Inquérito

Concluídas as investigações, com ou sem prorrogação de prazo, recebendo os autos de inquérito policial, caberá ao Ministério Público adotar uma dentre as possibilidades anteriormente expostas, e, dentre elas, **promover o arquivamento**.

A autoridade policial não pode mandar arquivar autos de inquérito (CPP, art. 17).[5]

A colheita de provas a que se presta a investigação formal tem por objetivo apresentar a seu destinatário o resultado da apuração do fato apontado como ilícito penal, de forma a permitir eventual instauração de processo contra quem de direito.

Titular da ação penal pública é o Ministério Público (CF, art. 129, I), sendo este o destinatário do inquérito.

Disso resulta sem sentido lógico imaginar possa a autoridade policial arquivar – seja a que título for – inquérito instaurado para instruir convicção de outrem.

5. "Assim, mesmo quando se trata de fatos de polícia, que não envolvem a existência de qualquer infração penal, e ainda que esta esteja, clara e definitivamente, excluída, como nos casos de morte súbita na via pública, de suicídio, a autoridade policial, encerrando o inquérito instaurado a respeito, terá de remetê-lo a juízo, onde, somente, se poderá efetivar o arquivamento" (Eduardo Espínola Filho, op. cit., p. 310).

Pode até deixar de instaurar inquérito em determinados casos, mas, se instaurar, não poderá arquivá-lo.

O juiz também não pode arquivar autos de inquérito.

Somente **o Ministério Público pode *promover* arquivamento de inquérito** que verse sobre fato apontado como delito de ação penal pública – incondicionada ou condicionada.

Antes da sistemática determinada pela Lei n. 13.964/2019, nas situações precedentemente indicadas, cumpria ao representante do Ministério Público **postular ao juiz** competente o arquivamento dos autos de inquérito, quando então, havendo discordância, ao magistrado restava determinar a remessa dos autos ao Procurador-Geral de Justiça para revisão da opção externada nos autos. O magistrado, na hipótese, exercia função anômala de fiscal do princípio da obrigatoriedade.

Desde a vigência do atual art. 28, *caput*, do CPP, **o representante do Ministério Público não pede o arquivamento do inquérito; ele mesmo promove o arquivamento**.

É certo que o art. 28, *caput*, diz que o *Parquet* ordena o arquivamento, mas o verbo foi mal utilizado, visto que a manifestação de arquivamento não exprime ordem; não contem ordem a quem quer que seja.

Promovido o arquivamento do inquérito policial ou de quaisquer elementos informativos da mesma natureza, **o órgão do Ministério Público comunicará** sua decisão à vítima, ao investigado e à autoridade policial. As comunicações são providências obrigatórias, e não simples faculdade.

Na dicção do § 1º do art. 28, "Se a vítima, ou seu representante legal, não concordar com o arquivamento do inquérito policial, poderá, no prazo de 30 (trinta) dias do recebimento da comunicação", postular a revisão da decisão de arquivamento pela instância competente do órgão ministerial. "Nas ações penais relativas a crimes praticados em detrimento da União, Estados e Municípios, a revisão do arquivamento do inquérito policial poderá ser provocada pela chefia do órgão a quem couber a sua representação judicial" (§ 2º).

Mesmo sem qualquer discordância por parte dos interessados indicados nos §§ 1º e 2º, **o representante do Ministério Público que promover o arquivamento deverá encaminhar os autos para a instância de revisão ministerial**, para fins de homologação. Também nesse ponto a guinada foi radical.

No plano estadual, o controle sobre arquivamento de inquérito policial e peças de informação é de atribuição do Procurador-Geral de Justiça, e em matéria de competência federal, a atribuição recai sobre as Câmaras de Coordenação e Revisão a que se refere o art. 62, *caput*, da Lei Complementar n. 75/93 (Estatuto do Ministério Público da União), conforme dispõe o inciso IV do mesmo artigo. Exceto nos casos de sua competência originária, não cabe ao Procurador-Geral da República decidir a respeito do arquivamento ou não de inquérito policial ou peças de informação.

É nesses órgãos que se corporificam as respectivas instâncias de revisão, mas nada impede que, em razão da demanda exponencialmente multiplicada, sejam criados e implantados órgãos diversos, com atribuições específicas.

Se o inquérito versar sobre delito de ação penal privada exclusiva, o legitimado para a propositura da ação até poderá requerer o arquivamento dos autos quando não dispuser de elementos para o oferecimento de queixa-crime, mas, juridicamente, expirado o prazo para a apresentação da referida petição inicial em juízo, o que ocorrerá é a extinção da punibilidade em razão da decadência (CP, art. 107, IV).

3.1. Arquivamento implícito

O arquivamento deve ser expresso e adequadamente fundamentado.

É inadmissível arquivamento *por omissão*; implícito ou tácito.

A discussão tem relevância visto que, algumas vezes, havendo no inquérito policial notícia de mais de um delito e/ou indicação de mais de um infrator, ao oferecer denúncia ou promover arquivamento, deixa o Ministério Público de se pronunciar a respeito de alguns, restringindo sua manifestação a apenas parte do apurado.

De tal omissão não se extrai *silêncio eloquente* capaz de autorizar afirmação no sentido de que em relação ao conteúdo não abordado ocorre arquivamento implícito.

Pensar o contrário sujeitaria essa parte da apuração aos efeitos do arquivamento, só se permitindo sua análise diante do surgimento de prova nova (Súmula 524 do STF; CPP, art. 18).

Ressaltando a incidência obstativa do princípio da indisponibilidade da ação penal pública, com acerto anotou o Min. Ricardo Lewandowski que "não existe, em nosso ordenamento jurídico processual, qualquer dispositivo legal que preveja a figura do arquivamento implícito".[6]

Em resumo, e nos termos da jurisprudência do Supremo Tribunal Federal, não há arquivamento implícito de ação penal pública,[7] e tal entendimento também prevalece no Superior Tribunal de Justiça.[8]

3.2. Arquivamento indireto

Há quem vislumbre hipótese que se convencionou denominar **arquivamento indireto** se o Ministério Público deixar de oferecer denúncia por entender incompetente o juízo perante o qual oficie.

---

6. STF, HC 104.356/RJ, 1ª T., rel. Min. Ricardo Lewandowski, j. 19-10-2010, *DJe* n. 233, de 2-12-2010, *RT* 906/480.

7. STF, AI 803.138 AgR/RJ, 2ª T., rel. Min. Gilmar Mendes, j. 25-9-2012, *DJe* n. 201, de 15-10-2012.

8. STJ, AgRg no REsp 1.499.292/RS, 5ª T., rel. Min. Reynaldo Soares da Fonseca, j. 16-2-2016, *DJe* de 23-2-2016; STJ, REsp 1.580.497/AL, 6ª T., rel. Min. Rogério Schietti Cruz, j. 27-9-2016, *DJe* de 10-10-2016.

Não concordamos com tal forma de pensar.

Na hipótese de entender incompetente o juízo, caberá ao representante do Ministério Público apresentar expressamente as razões de seu convencimento e postular a remessa dos autos àquele que entender competente, conforme anotamos anteriormente.

É inexistente, na prática, a figura do arquivamento indireto.

3.3. A instância de revisão ministerial frente à promoção de arquivamento

Feita a promoção de arquivamento, o mesmo representante do Ministério Público procederá às comunicações de que fala o art. 28, *caput*, do CPP, onde também consta que deverá providenciar a remessa dos autos para a instância de revisão ministerial.

Procedida a devida análise, se houver concordância da instância de revisão com a opção externada pelo órgão de primeiro grau, será determinado o arquivamento do inquérito ou peças de informações.

Se a instância de revisão entender improcedentes as razões invocadas pelo promotor de justiça, caberá ao Procurador-Geral oferecer denúncia ou designar outro promotor de justiça para oferecê-la.[9] Nesse caso, em regra, o Procurador-Geral designará o substituto automático do promotor que promoveu o arquivamento, conforme tabela de substituição existente.

Conforme a sistemática vigente, não pode o Procurador-Geral de Justiça (chefe do Ministério Público Estadual) determinar ao promotor que promoveu o arquivamento que desconsidere sua manifestação; que viole sua convicção externada a respeito do fato, para que volte atrás e ofereça denúncia.

Por outro vértice, o promotor designado não poderá recusar a incumbência e deixar de oferecer denúncia, ainda que concorde com as razões expostas na promoção de arquivamento apresentada por seu antecessor, visto que nesse caso estará atuando por delegação do Procurador-Geral, que para ele é irrecusável.

Terá, então, que oferecer denúncia e atuar nos autos até o final do processo, regra que, segundo pensamos, merece ser revista em razão de acarretar, não raras vezes, flagrante e odiosa violação de convicção, com prejuízo à necessária liberdade de atuação do órgão ministerial e também à sociedade.

Embora não previsto expressamente, é possível que o Procurador-Geral de Justiça requisite à autoridade policial a realização de nova diligência que entender imprescindível, antes de adotar qualquer das outras providências precitadas.

Na Justiça Federal, exceto nos casos de sua competência originária, não cabe ao Procurador-Geral da República decidir a respeito do arquivamento ou não de inqué-

9. STF, HC 92.885/CE, 1ª T., rel. Min. Cármen Lúcia, j. 29-4-2008, *DJe* de 19-6-2008.

rito policial ou peças de informação, mas a uma das Câmaras de Coordenação e Revisão a que se refere o art. 62, *caput*, da Lei Complementar n. 75/93 (Estatuto do Ministério Público da União), conforme dispõe o inciso IV do mesmo artigo.

3.3.1. *Arquivamento em grau de competência originária*

Se a hipótese versar sobre delito de competência originária, feita a promoção de arquivamento pelo Procurador-Geral de Justiça, não há como aplicar o art. 28 do CPP, e então, sem alternativa, o procedimento será arquivado por determinação do próprio Procurador-Geral.

A única possibilidade de questionamento é outorgada ao *legítimo interessado*, que poderá ingressar com recurso administrativo contra a decisão de arquivamento de inquérito policial ou peças de informações externada pelo Procurador-Geral de Justiça, nos casos de sua atribuição originária, devendo tal decisão ser reapreciada pelo Colégio de Procuradores de Justiça (art. 12, XI, da Lei n. 8.625/93 – Lei Orgânica Nacional do Ministério Público).

No âmbito federal, se o Procurador-Geral da República promover o arquivamento de inquérito policial ou peças de informações que versem sobre assunto de sua atribuição, o procedimento será arquivado sem outros questionamentos.

4. Desarquivamento ou Reabertura de Inquérito

Diz a Súmula 524 do STF: "Arquivado o inquérito policial, por despacho do juiz, a requerimento do Promotor de Justiça, não pode a ação penal ser iniciada, sem novas provas".

Considerando que o arquivamento não mais se encontra submetido à análise e controle judicial, a ementa da súmula transcrita deve ser revista em parte, mas dela ainda se aproveita a afirmação no sentido de que, arquivado o inquérito policial, não pode a ação penal ser iniciada sem novas provas.

Depois de promovido o arquivamento do inquérito, por falta de base para a denúncia, a autoridade policial poderá proceder a novas pesquisas, se de outras provas tiver notícia (CPP, art. 18).[10]

A decisão de arquivamento do inquérito não tem caráter definitivo, mas impede o oferecimento de denúncia, salvo se ocorrer o surgimento de *prova nova*. Sem prova materialmente nova, não se reabre inquérito policial arquivado.

10. "É possível o desarquivamento de inquérito com o surgimento de novos elementos de prova" (STF, AP 898/SC, 2ª T., rel. Min. Teori Zavascki, j. 12-4-2016, *DJe* n. 97, de 13-5-2016). "Uma vez angariados novos elementos de convicção, plenamente possível a reabertura de inquérito policial, ou a oferta de ação penal, sem que isso configure ofensa ao art. 18 do CPP, à Súmula 524/STF, ou à autoridade do Acórdão proferido por este Tribunal no RHC n. 41.933/SP" (STJ, AgRg na Rcl 34.032/SP, Terceira Seção, rel. Min. Felix Fischer, j. 11-4-2018, *DJe* de 16-4-2018).

Entende-se por *prova nova* a prova inédita, formal e substancialmente nova, assim compreendida a prova não disponível nos autos do inquérito ao tempo de seu arquivamento, com conteúdo apto a modificar o quadro probatório anteriormente avaliado.[11]

A propósito do tema, calha citar lição irretocável do Min. Hélio Quaglia Barbosa, lavrada nos seguintes termos:

> Entendem doutrina e jurisprudência que três são os requisitos necessários à caracterização da prova autorizadora do desarquivamento de inquérito policial (art. 18 do CPP): *a)* que seja formalmente nova, isto é, sejam apresentados novos fatos, anteriormente desconhecidos; *b)* que seja substancialmente nova, isto é, tenha idoneidade para alterar o juízo anteriormente proferido sobre a desnecessidade da persecução penal; *c)* seja apta a produzir alteração no panorama probatório dentro do qual foi concebido o arquivamento. Preenchidos os requisitos – isto é, tida a nova prova por pertinente aos motivos declarados para o arquivamento do inquérito policial, colhidos novos depoimentos, ainda que de testemunha anteriormente ouvida, e diante da retificação do testemunho anteriormente prestado –, é de se concluir pela ocorrência de novas provas, suficientes para o desarquivamento do inquérito policial e o consequente oferecimento da denúncia.[12]

Embora já existisse anteriormente, sua existência não era conhecida e por isso não foi colhida e juntada aos autos, não constituindo objeto de análise.

Basta, portanto, que seja nova *para o inquérito*.

Não se admite, destarte, reabertura de inquérito policial com base na reavaliação de prova já produzida nos autos e,[13] portanto, formalmente conhecida antes do arquivamento, ainda que bem ou mal apreciada.

É possível a reabertura de inquérito anteriormente arquivado com fundamento em causa de exclusão da antijuridicidade.

> Se as provas obtidas são capazes de autorizar o início da ação penal, por permitirem uma modificação contundente no cenário probatório dos autos quanto à ocorrência da legítima defesa, deve ser admitida a hipótese de desarquivamento do inquérito.[14]

---

11. "Novas provas capazes de autorizar início da ação penal, segundo a súmula 524, serão somente aquelas que produzem alteração no panorama probatório dentro do qual fora concebido o arquivamento do inquérito. A nova prova há de ser substancialmente inovadora, e não formalmente nova" (*RT* 540/393), nela não se incluindo, por certo, a simples mudança de entendimento jurisprudencial. *No mesmo sentido: RT* 674/356, *RTJ* 91/381 e *RSTJ* 67/17" (STJ, HC 24.028/PB, 6ª T., rel. Min. Hamilton Carvalhido, j. 19-12-2003, *DJ* de 16-2-2004, p. 349).

12. STJ, RHC 18.561/ES, 6ª T., j. 11-4-2006, *DJ* de 1º-8-2005, p. 545.

13. "(...) a reabertura não pode decorrer da simples mudança de opinião ou reavaliação da situação. É indispensável que haja novas provas ou, ao menos, novas linhas de investigação em perspectiva" (STF, Rcl 20.132 AgR-segundo/SP, 2ª T., rel. Min. Teori Zavascki, rel. p/ o acórdão Min. Gilmar Mendes, j. 23-2-2016, *DJe* n. 82, de 28-4-2016).

14. STJ, REsp 738.338/PR, 5ª T., rel. Min. Gilson Dipp, j. 25-10-2005, *DJ* de 8-5-2006, p. 278.

O arquivamento de inquérito policial por excludente de ilicitude realizado com base em provas fraudadas não faz coisa julgada material.[15]

5. Ajuizamento de Ação Penal

Não sendo caso de arquivamento ou outra manifestação, presentes as condições da ação, caberá ao legitimado oferecer petição inicial em juízo, com vistas à instauração do processo.

Denúncia é o nome técnico que se dá à petição inicial que deve ser apresentada pelo Ministério Público visando à instauração do processo quando o delito apurado for de ação penal pública incondicionada ou condicionada.

Denomina-se *queixa-crime* a petição inicial da ação penal privada.

Sobre o tema *ação penal* trataremos de forma pormenorizada no capítulo seguinte.

15. STF, HC 87.395/PR, Tribunal Pleno, rel. Min. Ricardo Lewandowski, j. 23-3-2017, *DJe* de 31-3-2017, *Informativo STF* n. 858.

Capítulo 8
Ação Penal

1. Perspectiva Histórica da Pena Criminal e do Direito de Ação

Vimos no primeiro capítulo que originariamente a pena foi aplicada como forma de vingança privada; verdadeira retaliação particular; numa fase intermediária ou de transição, foi aplicada em nome da divindade, o que perdurou até tornar-se pública, uma imposição do Estado, que atualmente monopoliza o direito de punir; de impor sanção de natureza criminal.

O monopólio do poder de punir em mãos do Estado fez surgir o *direito de ação*, pois a partir desse momento histórico já não se permite, em regra, fazer justiça com as próprias mãos. De tal maneira, aquele que pretender a satisfação de um direito seu deve se dirigir ao Estado e postular a prestação jurisdicional, visto que, por força de sua imprescindível imparcialidade, a jurisdição é inerte e precisa ser *acionada* para que possa exercitar-se validamente.[1]

O mecanismo jurídico apto a buscar a prestação jurisdicional é o *direito de ação*, que deve ser exercitado contra o Estado, e não contra o sujeito passivo da pretensão, aquele em face de quem se pede algo.

É esse o uso jurídico da palavra *ação*, sob o enfoque que passaremos a analisar.

O que antes era regra – fazer justiça com as próprias mãos – agora é crime tipificado no art. 345 do CP (exercício arbitrário das próprias razões).

Só é possível fazer justiça com as próprias mãos nas hipóteses residual e taxativamente previstas, tais como: estado de necessidade (CP, art. 24); legítima defesa (CP, art. 25) e desforço imediato (CC, art. 1.210, § 1º).

1. Jorge A. Clariá Olmedo, *Derecho procesal penal*, 1. ed., 1. reimp., Santa Fé, Rubinzal-Culzoni Editores, atualizado por Jorge Eduardo Vázquez Rossi, 2008, t. I, p. 157.

O *instrumento* jurídico disponibilizado para o exercício do direito de ação é o processo, enfatiza Dinamarco.[2]

2. Fundamento Constitucional do Direito de Ação

A dinâmica da vida em sociedade e a complexidade das relações humanas são fontes de conflitos cuja solução, muitas vezes, só pode ser dada pelo Estado.

Bem por isso, dispõe o art. 5º, XXXV, da CF, que "a lei não excluirá da apreciação do Poder Judiciário lesão ou ameaça a direito".

Trata-se do *princípio da inafastabilidade*[3] *ou irrecusabilidade da jurisdição.*

Monopólio seu, o Estado não pode se furtar à tarefa de dizer o direito aplicável na solução de uma controvérsia; não pode recusar a prestação jurisdicional; subtrair-se à análise do descontentamento legítima e formalmente levado à apreciação do órgão competente.

3. Conceito

Direito de ação é o direito subjetivo de invocar a prestação jurisdicional do Estado a fim de que aplique o direito penal objetivo a um caso concreto.

"Ação, portanto, é o *direito ao exercício da atividade jurisdicional* (ou o *poder* de exigir esse exercício). Mediante o exercício da ação, provoca-se a jurisdição que por sua vez se exerce através daquele complexo de atos que é o processo".[4]

A prática de um fato tipificado como ilícito penal movimenta do plano abstrato para o concreto o *jus puniendi* que pertence ao Estado, e a pena criminal correspondente ao delito só pode ser aplicada por meio do processo, cuja instauração reclama o efetivo exercício do direito de ação; o oferecimento da inicial acusatória em juízo.

Conforme ensinou Mirabete, "o *poder-dever de punir*, só se realiza pelo exercício do *jus persequendi*".[5]

Na seara processual penal, exercita-se o direito de ação com vistas a postular do Estado-Juiz a satisfação de uma pretensão punitiva que decorre de caso concreto, mediante a aplicação do direito penal objetivo, de modo a solucionar o conflito de interesses.

---

2. Cândido Rangel Dinamarco, *A instrumentalidade do processo*, 14. ed., São Paulo, Malheiros, 2009.

3. Leitura recomendada: Zaiden Geraide Neto, *O princípio da inafastabilidade do controle jurisdicional*, São Paulo, Revista dos Tribunais, 2003, v. 56, Coleção Estudos de Direito de Processo Enrico Tullio Liebman.

4. Antonio Carlos de Araújo Cintra, Ada Pellegrini Grinover e Cândido Rangel Dinamarco, *Teoria geral do processo*, 28. ed., São Paulo, Malheiros, 2012, p. 279.

5. Julio Fabbrini Mirabete, *Processo penal*, 16. ed., São Paulo, Atlas, 2004, p. 112.

4. Natureza e Características

O direito de ação, enquanto *direito abstrato* de movimentar a jurisdição, tem natureza subjetiva. É um *direito público subjetivo* de natureza processual que integra o rol dos direitos e garantias fundamentais.

Como principais *características do direito de ação*, é possível apontar tratar-se de: (*1*) um *direito público*, visto que a prestação jurisdicional perseguida é atividade de natureza pública, exercida pelo Poder Judiciário, que é órgão público; (2) um *direito subjetivo*, pois qualquer pessoa pode formular sua pretensão em juízo e reclamar do Estado a correspondente prestação jurisdicional; (3) um *direito autônomo*, pois o direito de movimentar a máquina jurisdicional do Estado não se confunde com o direito material cuja tutela o autor da ação busca alcançar; (4) um *direito abstrato*, na exata medida em que preexiste à prática da infração e não guarda vinculação com o resultado do processo (procedente ou não a ação; acolhida ou não a pretensão exposta em juízo, o *direito de ação* foi exercitado), daí a afirmação de Fenech no sentido de que "la acción penal, en el proceso regido por el principio acusatorio, es indispensable para que pueda dictarse una sentencia sobre el fondo, pero ni toda acción supone el derecho a llegar a esta sentencia".[6]

Verificado o fato ensejador do ajuizamento da ação, é possível falar, ainda, tratar-se de (1) um *direito determinado*, porquanto indissociável de um caso concreto, e por isso (2) *específico*, delimitado pelo mesmo fato.[7]

5. Classificação das Ações Penais

Ensinou Frederico Marques que: "A ação como direito abstrato, fundado nas normas de Direito Constitucional, é uma só como instituto jurídico em que se contêm as regras sobre o direito de invocar a prestação jurisdicional do Estado" (...). "Todavia, a ação é um direito instrumental conexo a uma pretensão. Como figura de Direito Processual, a ação pode agrupar-se em categorias que se distingam entre si em razão da tutela jurisdicional invocada, ou em razão da pretensão".[8]

Observada a natureza da prestação jurisdicional pretendida, a *ação* pode ser *extrapenal* ou *penal*.

Na primeira hipótese, prestar-se-á à tutela de todo e qualquer interesse que não envolva demanda de natureza penal, assim compreendidos os temas relacionados com o Direito Civil, Direito do Trabalho etc.

---

6. Miguel Fenech, *Derecho procesal penal*, 3. ed., Barcelona, Editorial Labor, 1960, v. I, p. 285.

7. Sobre a matéria, ver também: Julio Fabbrini Mirabete, *Processo penal*, 16. ed., São Paulo, Atlas, 2004, p. 110.

8. José Frederico Marques, *Elementos de direito processual penal*, Rio-São Paulo, Forense, 1961, v. 1, p. 321.

Se a prestação jurisdicional tiver relação com matéria penal, como decorre logicamente, estaremos diante de *ação penal*. Sob tal enfoque, "a ação penal é um direito instrumental relacionado com uma pretensão de Direito Penal".[9]

A classificação das ações penais pode levar em conta: (*1*) a natureza da prestação jurisdicional invocada, ou, (*2*) a titularidade do direito de ação.

No primeiro grupo – natureza da prestação jurisdicional –, conforme a Teoria Geral do Processo,[10] temos (*1.1*) a *ação de conhecimento*, que pode ter natureza condenatória, declaratória ou constitutiva; (*1.2*) a *ação cautelar* e, por fim, (*1.3*) a *ação de execução*.

Ação penal condenatória "é aquela que tem por objetivo o reconhecimento de uma pretensão punitiva ou de aplicação de medida de segurança, para que seja imposto ao réu o preceito sancionador de uma norma penal incriminadora".[11]

Ainda em Frederico Marques,[12] também citado por Tourinho Filho, como exemplo de ação declaratória negativa temos o *habeas corpus* fundamentado no art. 648, VII, do CPP. "Como exemplo de ação constitutiva, a revisão criminal, o pedido de homologação de sentença penal estrangeira e o pedido de extradição passiva; como ação cautelar, o *habeas corpus* com fundamento no art. 648, V, e a prisão preventiva. Declaratória positiva seria o *habeas corpus* preventivo, motivado por fato que não constitui crime, 'destinado ao reconhecimento do direito penal de liberdade'."[13]

As ações cautelares podem ser de natureza real (CPP, arts. 125 a 144) ou pessoal (CPP, arts. 282 a 350).

As modalidades de ação de execução, sempre públicas incondicionadas, estão reguladas na Lei de Execução Penal – Lei n. 7.210/84.[14]

No segundo grupo, em que se leva em conta o titular do direito de ação, temos a denominada *classificação subjetiva*.

Sob tal enfoque, *a ação penal condenatória* pode ser: (*1*) pública ou (*2*) privada.

A *ação penal pública*, cujo titular é o Ministério Público, subdivide-se[15] em: (*1*) incondicionada; (*2*) condicionada à representação do ofendido ou de seu representante legal; (*3*) condicionada à requisição do Ministro da Justiça.

---

9. José Frederico Marques, *Elementos de direito processual penal*, p. 321.

10. A classificação tripartida das ações formulada na Teoria Geral do Processo serve ao Direito Processual Civil e a Direito Processual Penal de igual maneira.

11. José Frederico Marques, *Elementos de direito processual penal*, p. 325.

12. *Elementos de direito processual penal*, Rio-São Paulo, Forense, v. 1, 1961, p. 324-325.

13. *Manual de processo penal*, 17. ed., São Paulo, Saraiva, 2017, p. 170.

14. Sobre a matéria, conferir nossos: *Curso de execução penal*, 17. ed., São Paulo, Saraiva, 2019; *Execução penal*, São Paulo, Saraiva, 2012, v. 9, Coleção Saberes do Direito; *Lei de execução penal anotada*, 6. ed., São Paulo, Saraiva, 2017.

15. CP, art. 100, *caput*: "A ação penal é pública, salvo quando a lei expressamente a declara privativa do ofendido". § 1º: "A ação pública é promovida pelo Ministério Público, dependendo, quando a lei o exige, de representação do ofendido ou de requisição do Ministro da Justiça".

A *ação penal privada*,[16] a seu turno, é de iniciativa, em regra, do ofendido, e pode ser: (*1*) privada exclusiva; (*2*) privada personalíssima, ou (*3*) privada subsidiária da pública.[17]

Fala-se ainda em *ação penal originária* para designar a ação penal que só pode ser proposta em segundo grau de jurisdição em razão da prerrogativa de função a que se encontra atrelado o apontado autor do delito, como é exemplo comum a hipótese de crime praticado por prefeito (CF, art. 29, X; CPP, art. 84; Súmula 394 do STF).

6. Condições da Ação no Processo Penal

Condição é um requisito ou exigência indispensável.

Condições da ação, portanto, são exigências a que se subordina o exercício[18] do direito de ação, a fim de que haja imputação razoável.

Para exigir a prestação jurisdicional do Estado, o que deve ser feito pela utilização do direito de ação, é imprescindível a satisfação de certos requisitos, de análise prévia ou preliminar – por isso *condição para o exercício* do direito de ação –, sem os quais o Estado-jurisdição, por meio de seus juízes e tribunais, sequer se pronunciará sobre o mérito do pedido formulado.

A propósito, dispõe o art. 395, II, do CPP, que a denúncia ou queixa *será rejeitada* quando faltar pressuposto processual ou condição para o exercício da ação penal.

O art. 397, III, do CPP, determina a *absolvição sumária* do denunciado, após a defesa ou resposta preliminar no processo de conhecimento (CPP, arts. 396 e 396-A), quando ausente condição da ação.

A existência das condições da ação deve ser analisada pelo juiz, portanto, já no momento em que proferir decisão de recebimento ou rejeição da inicial acusatória, quando então declarará o autor carecedor do direito de ação, caso ausente qualquer delas, mas, ainda que ultrapassado esse momento sensível da instância penal, caberá a extinção do processo sob tal fundamento, a qualquer tempo, inclusive em segundo grau de jurisdição.

16. CF, art. 100, § 2º: "A ação de iniciativa privada é promovida mediante queixa do ofendido ou de quem tenha qualidade para representá-lo".

17. CF, art. 5º, LIX: "será admitida ação privada nos crimes de ação pública, se esta não for intentada no prazo legal".

CPP, art. 29: "Será admitida ação privada nos crimes de ação pública, se esta não for intentada no prazo legal (...)".

CP, art. 100, § 3º: "A ação de iniciativa privada pode intentar-se nos crimes de ação pública, se o Ministério Público não oferece denúncia no prazo legal".

18. "Para uma corrente, as condições da ação são condições de existência da própria ação; para outra, condições para o seu exercício" (Antonio Carlos de Araújo Cintra, Ada Pellegrini Grinover e Cândido Rangel Dinamarco, *Teoria geral do processo*, 21. ed., São Paulo, Malheiros, 2005, p. 266).

A ausência de qualquer das condições da ação torna a imputação temerária e inviabiliza a marcha procedimental, de modo a determinar a extinção do processo sem julgamento do mérito, daí afirmarmos que a presença de todas constitui *condictio sine qua non* para o exercício do direito de ação.

Na doutrina nacional, as condições da ação se subdividem em (1) *condições genéricas* e (2) *condições específicas* ou de *procedibilidade*.

6.1. Condições genéricas da ação

As condições genéricas ou gerais da ação no processo penal são exatamente as mesmas exigidas no processo civil.

A teoria geral do processo apresenta as seguintes condições genéricas da ação, que servem em igual medida às ações de natureza penal e extrapenal: (1) *possibilidade jurídica do pedido*, (2) *legitimação* ad causam; e (3) *interesse de agir*.

São denominadas genéricas porque de satisfação exigida em todo e qualquer tipo de ação.

6.1.1. Possibilidade jurídica do pedido

Tem relação com a causa de pedir ou *causa petendi*.

Para postular em juízo, é preciso que a prestação jurisdicional pretendida recaia sobre algum direito juridicamente tutelado. É preciso, em suma, que o pedido seja juridicamente possível; juridicamente acolhível.

Exemplo elucidativo ocorre em relação às *ações penais de conhecimento*, em que se busca a imposição de uma pena criminal. Nesses casos, a possibilidade jurídica do pedido está atrelada à existência de lei anterior tipificando determinada conduta como ilícito penal e cominando a pena respectiva, visto que "não há crime sem lei anterior que o defina, nem pena sem prévia cominação legal"[19] (*nullum crimen, nulla poena sine lege et sine conditione*), de modo que a atipicidade evidente da conduta, passível de pronto reconhecimento, impede a instauração do processo, sem que ocorra julgamento de mérito.[20]

Disso decorre a distinção que há no âmbito do processo civil e do processo penal.

No processo civil, o conceito de possibilidade jurídica é negativo, vale dizer: será juridicamente possível o pedido que não for vedado no ordenamento jurídico.

Já no processo penal, especialmente no de natureza condenatória, o conceito é positivo: a providência de natureza penal só será juridicamente possível se prevista no ordenamento.

---

19. CF, art. 5º, XXXIX; CP, art. 1º.

20. Para ANTONIO CARLOS DE ARAÚJO CINTRA, ADA PELLEGRINI GRINOVER e CÂNDIDO RANGEL DINAMARCO, a hipótese não é de falta de condição da ação, mas de julgamento de mérito, "levando à improcedência do pedido" (*Teoria geral do processo*, 21. ed., São Paulo, Malheiros, 2005, p. 267).

A possibilidade jurídica do pedido repousa na admissibilidade em abstrato da providência pedida, na expressão de Liebman,[21] apropriadamente citado por Frederico Marques.[22]

6.1.2. *Legitimação* ad causam

Para o adequado exercício do direito de ação, não basta a existência de um direito submetido à tutela do Estado, do qual decorra o cabimento de pedido juridicamente possível no âmbito penal.

É preciso mais. Para ver movimentada a jurisdição e aplicada eventual sanção, é imprescindível que o autor da ação penal seja detentor do direito de agir, que se vincula ao direito lesado.

Para propor uma ação em juízo, é preciso ter *legitimidade ativa*; estar juridicamente autorizado a postular a prestação jurisdicional; legitimidade para figurar como autor, no polo ativo da ação, como seu titular, daí a afirmação irretocável de Buzaid no sentido de que a legitimidade é a pertinência subjetiva da ação.[23]

Nas ações penais públicas, condicionadas ou incondicionadas, parte legítima ativa é o Ministério Público (CF, art. 129, I; CPP, art. 24; CP, art. 100, § 1º).

Nas ações penais privadas, parte legítima ativa é o ofendido ou quem tenha qualidade para representá-lo (CPP, art. 30; CP, art. 100, § 2º).[24]

A ilegitimidade ativa acarreta nulidade do processo, como determina o art. 564, II, do CPP.

A legitimação *ad causam* não se confunde com a legitimação *ad processum*, que na expressão de Buzaid[25] é a idoneidade da pessoa para agir em juízo,[26] *in casu*, a idoneidade para figurar no polo ativo da ação penal em nome próprio.

A primeira é a *condição da ação*; capacidade de ser parte na ação penal. A segunda traduz *pressuposto processual* vinculado à capacidade postulatória; capacidade de comparecer perante o Poder Judiciário em nome próprio, sem estar representado.

---

21. *Manuale di diritto processuale civile*, 1955, v. 1, p. 45.

22. José Frederico Marques, *Tratado de direito processual penal*, São Paulo, Saraiva, 1980, v. II, p. 75.

23. Alfredo Buzaid, *Do agravo de petição no sistema do Código de Processo Civil*, São Paulo, Saraiva, 1956, p. 89.

24. "A companheira, em união estável homoafetiva reconhecida, goza do mesmo *status* de cônjuge para o processo penal, possuindo legitimidade para ajuizar a ação penal privada" (STJ, APn 912/RJ, Corte Especial, rel. Min. Laurita Vaz, j. 7-8-2019, *DJe* de 22-8-2019).

25. *Estudos de direito I*, São Paulo, Saraiva, 1972, p. 38.

26. "Quem não tem o livre exercício dos seus direitos não pode participar da relação processual senão representado, assistido ou autorizado conforme a lei que rege o estado e a capacidade" (Alfredo Buzaid, *Estudos de direito I*, São Paulo, Saraiva, 1972, p. 38).

Sob outro enfoque, mas ainda no campo da legitimidade, é preciso que a ação penal seja ajuizada em face de quem possa responder pela imputação deduzida em juízo. É preciso que se observe a *legitimidade passiva* em relação ao demandado.

Nos processos criminais de conhecimento de natureza condenatória, por exemplo, a ação só pode ser ajuizada em face de autor, coautor ou partícipe da conduta delitiva,[27] e que em razão disso possa responder, como réu, sujeitando-se à eventual imposição de sanção penal (pena ou medida de segurança).

Logo se vê, por exemplo, que diante do ordenamento jurídico vigente, excetuadas as hipóteses de crimes ambientais, em que há regra expressa a respeito,[28] a pessoa jurídica não pode figurar como ré na generalidade dos casos. Falta-lhe legitimidade passiva para tanto.

Muito embora também se possa cogitar falta de possibilidade jurídica do pedido no exemplo indicado, temos que a hipótese é mesmo de ilegitimidade passiva, pois, o pedido é admitido no ordenamento, só não pode ser deduzido em face de pessoa jurídica.

Legitimidade passiva, portanto, é a capacidade jurídica para ser demandado.

Parte legítima passiva é aquele em face de quem a ação penal deve ser ajuizada; o suposto autor do ato incriminado.[29]

6.1.3. *Interesse de agir*

Para a viabilidade do processo e julgamento do mérito, não é suficiente que a *parte legítima ativa* formule em juízo *pedido juridicamente possível*, contra quem de direito.

É imprescindível exista *interesse de agir*, cuja análise há que ser feita de forma tripartida, sob os enfoques da (1) *necessidade*, (2) *adequação* e (3) *utilidade*.

Não se trata de um interesse qualquer, mas de um *interesse jurídico* na prestação jurisdicional.

Conforme CINTRA, GRINOVER e DINAMARCO, "repousa a *necessidade* da tutela jurisdicional na impossibilidade de obter a satisfação do alegado direito sem a intercessão do Estado (...). *Adequação* é a relação existente entre a situação lamentada pelo autor ao vir a juízo e o provimento jurisdicional concretamente solicitado. O provimento, evidentemente, deve ser apto a corrigir o mal de que o autor se queixa, sob pena de não ter razão de ser".[30]

27. CP, art. 29.

28. Lei n. 9.605/98, art. 3º.

29. No processo de conhecimento de natureza condenatória.

30. ANTONIO CARLOS DE ARAÚJO CINTRA, ADA PELLEGRINI GRINOVER e CÂNDIDO RANGEL DINAMARCO, op. cit., p. 267.

A *utilidade*, a seu turno, deve ser analisada sob o enfoque da eficácia da prestação jurisdicional no atendimento do interesse do autor, pois não convém "acionar o aparato judiciário sem que dessa atividade se possa extrair um resultado útil".[31]

Interesse-necessidade: decorre do princípio *nulla poena sine judicio* que nenhuma pena de natureza criminal poderá ser imposta senão por meio do devido processo legal (*due process of law*) e pelo juiz ou tribunal competente (princípio ou garantia do juiz natural).

Praticado algum fato dotado de aparente feição delitiva, o *jus puniendi* (direito de punir) sai do plano abstrato e passa para o plano concreto, o que faz evidenciar o *interesse-necessidade*, que "surge para o processo penal da violação efetiva ou aparente da norma criminal, não havendo possibilidade de satisfação voluntária da pretensão punitiva fora do processo".[32]

Interesse-adequação: excetuadas as hipóteses em que cabível transação penal (Lei n. 9.099/95), para a imposição de pena criminal ou medida de segurança é imprescindível o ajuizamento de ação penal de conhecimento. Exemplo: "À ação penal condenatória proposta contra menor de 18 anos, falta o *interesse-adequação* (pois o provimento invocado não é adequado à aplicação de medidas socioeducativas ao menor de idade)".[33]

Interesse-utilidade: exemplo clássico de falta de interesse de agir ocorre na hipótese da chamada prescrição virtual, antecipada ou em perspectiva,[34] em que por ocasião do oferecimento/recebimento da denúncia já é possível antever a ocorrência da prescrição. Nesse caso, mesmo que ocorra condenação, esta será alcançada pela causa extintiva da punibilidade, a revelar total e absoluta ausência de *interesse-utilidade* no processo penal condenatório.

Na hipótese, deve o Promotor de Justiça promover o arquivamento dos autos, por falta de interesse de agir e, não sendo esta sua opção, cabe ao Magistrado rejeitar a inicial acusatória, porquanto ausente condição da ação.

---

31. Antonio Carlos de Araújo Cintra, Ada Pellegrini Grinover e Cândido Rangel Dinamarco, op. cit., p. 267.

32. Ada Pellegrini Grinover, Antonio Magalhães Gomes Filho e Antonio Scarance Fernandes, *As nulidades no processo penal*, 11. ed., São Paulo, Revista dos Tribunais, 2009, p. 63-64.

33. Ada Pellegrini Grinover, Antonio Magalhães Gomes Filho e Antonio Scarance Fernandes, op. cit., p. 64.

34. Há sensível divergência na doutrina a respeito desse tema. Sobre a matéria, consultar: Carla Rahal Benedetti, *Prescrição penal antecipada*, São Paulo, Quartier Latin, 2009.

A respeito desse tema, entretanto, é preciso consignar que o Superior Tribunal de Justiça[35] e o Supremo Tribunal Federal[36] não admitem a denominada *prescrição virtual*.

Não haverá *interesse jurídico*, portanto, se a pretensão não se revelar necessária, adequada e útil, impondo-se, de consequência, a extinção do processo sem julgamento do mérito.

Ensinou Frederico Marques que "o interesse processual, por força do estatuído no art. 648, I, do Código de Processo Penal, significa interesse na instauração do *processus justus*. De outro modo, o réu estará sendo submetido a *coação ilegal* ou *processo injusto*".[37]

6.2. Condições específicas ou de procedibilidade

A par das já estudadas condições genéricas e somando-se a elas, aponta a doutrina para a existência de condições específicas ou especiais, assim denominadas em razão de incidirem apenas em casos determinados.

São também denominadas *condições de procedibilidade* ou *perseguibilidade*, pois, sem elas, argumenta-se, revela-se inviável a instauração do processo e a persecução penal em juízo, o que levou De Marsico a afirmar que, sem que se satisfaça determinada condição de procedibilidade exigida na espécie, "l'azione penale non è in grado di essere iniziatta o proseguita".[38]

Grinover, Gomes Filho e Scarance advertem que: "Na doutrina processual penal, além das condições da ação acima examinadas, costuma-se afirmar a existência de outra categoria de requisitos sem os quais a acusação deve ser rejeitada: trata-se das chamadas condições de procedibilidade, vistas ora como condições específicas de exercício da ação penal, ora como gênero mais amplo ao qual pertenceria a espécie das condições da ação".

E seguem: "Exemplos de condições de procedibilidade são: a representação do ofendido e a requisição do Ministro da Justiça; a entrada do agente no território nacional; a admissão, pela Câmara dos Deputados, da acusação contra o Presidente da República para ser processado por crimes comuns; e o trânsito em julgado da sen-

---

35. A Súmula 438 do STJ (*DJe* de 13-5-2010) tem o seguinte enunciado: "É inadmissível a extinção da punibilidade pela prescrição da pretensão punitiva com fundamento em pena hipotética, independentemente da existência ou sorte do processo penal".

36. "Esta Corte, em sede de repercussão geral, fixou entendimento de ser inviável o reconhecimento da prescrição em perspectiva (virtual, antecipada) – RE 602.527 QO-RG, Cezar Peluso, *DJe* de 18-12-2009" (STF, HC 125.777/CE, 2ª T., rel. Min. Gilmar Mendes, j. 21-6-2016, *DJe* n. 159, de 1º-8-2016).

37. José Frederico Marques, *Tratado de direito processual penal*, São Paulo, Saraiva, 1980, v. II, p. 72.

38. Alfredo De Marsico, *Diritto processuale penale*, 4. ed., Napoli, Casa Editrice Dott. Eugenio Jovene, 1966, p. 158.

tença que, por motivo de erro ou impedimento, anule o casamento. Mais recentemente, o art. 83, *caput*, da Lei n. 9.430/96 passou a considerar a decisão definitiva no procedimento administrativo de lançamento como requisito para o exercício da ação penal nos crimes tributários".[39]

Para os autores citados, a falta de qualquer das condições específicas ou de procedibilidade acima apontadas resultará, em última análise, na *impossibilidade jurídica do pedido*, condição genérica da ação, daí não ser apropriada a classificação – condições específicas ou de procedibilidade – apontada por parcela da doutrina.[40]

Seja como for, para o adequado exercício do direito de ação em busca de um processo justo, algumas vezes não basta a existência de um direito submetido à tutela do Estado, do qual decorra a possibilidade de pedido juridicamente possível e útil.

6.3. Justa causa para a ação penal

Para ser viável a ação penal, além da regularidade formal da inicial acusatória, que também deverá estar acompanhada de elementos de convicção, é preciso estar demonstrada a ocorrência do ilícito penal imputado, a autoria e a materialidade, sendo caso. É preciso, ademais, que estejam presentes as condições da ação.

Ausente qualquer dos requisitos, faltará *fumus boni juris*[41] para a acusação.

A imputação não pode afastar-se do conteúdo probatório que lhe serve de suporte.

Para comportar recebimento, a denúncia (e também a queixa) deve estar formalmente em ordem (CPP, arts. 41 e 395) e substancialmente autorizada. Deve haver correlação entre os fatos apurados e a imputação.

Há processo injusto, e, portanto, constrangimento ilegal, quando não se pode identificar justa causa para a ação penal (CPP, art. 648, I).

Cuidaremos dessa matéria em tópico específico do capítulo destinado ao estudo dos procedimentos, para onde remetemos o leitor visando a evitar o enfaro da repetição.

7. Das Ações Penais

O monopólio da jurisdição é Estatal, já sabemos.

---

39. Ada Pellegrini Grinover, Antonio Magalhães Gomes Filho e Antonio Scarance Fernandes, *As nulidades no processo penal*, 11. ed., São Paulo, Revista dos Tribunais, 2009, p. 60. "Carece de justa causa qualquer ato investigatório ou persecutório judicial antes do pronunciamento definitivo da administração fazendária no tocante ao débito fiscal de responsabilidade do contribuinte" (STF, HC 108.159/RO, 1ª T., rel. Min. Dias Toffoli, j. 19-3-2013, *DJe* n. 73, de 19-4-2013).

40. Op. cit., p. 60-63.

41. Tradução livre: fumaça de um bom direito.

O Estado retirou do particular o direito de autotutela, de maneira que, ressalvadas as exceções já apontadas no início deste capítulo, não é permitido fazer justiça com as próprias mãos. Tal prática, a propósito, configura crime de exercício arbitrário das próprias razões.[42]

Compete ao Estado, em regra, por meio de seus órgãos constituídos, investigar a prática de determinada infração penal; postular a instauração do processo criminal correspondente, o que é feito com o oferecimento da petição inicial acusatória, incumbindo-lhe, ainda, a prestação jurisdicional.

Digno de nota, nesse passo, que a atribuição das tarefas de acusar, defender e julgar a órgãos distintos atende aos princípios informadores do sistema de processo penal acusatório vigente, banida que fora no plano normativo a figura do juiz inquisitivo ou inquisidor.

A atividade investigatória é levada a efeito, em regra, pela polícia, conforme estudamos no capítulo em que tratamos do inquérito policial.

Compete ao Ministério Público a titularidade da ação penal pública, seja ela condicionada ou incondicionada.

A prestação jurisdicional é de competência do Poder Judiciário.

O legislador houve por bem fixar a natureza da ação penal – pública ou privada – levando em conta o bem jurídico tutelado; o objeto jurídico da tutela penal.

Onde prevalece o interesse público, as ações penais são públicas incondicionadas.

Vezes há, entretanto, em que, embora público o interesse protegido, mas considerando certo grau de interesse privado na questão, o legislador outorga ao particular ofendido a possibilidade jurídica de autorizar, ou não, as investigações a respeito do fato, e bem assim o início da ação penal, cujo titular continuará sendo o Ministério Público, hipótese em que estaremos diante de crime de ação penal pública condicionada à representação do ofendido.

Outras vezes, ainda que de relevante interesse público a tutela do bem jurídico, por critério de conveniência política, o legislador outorga ao Ministro da Justiça autorizar, ou não, a investigação do delito e a instauração do correspondente processo penal em juízo.

Se o interesse preponderante é de natureza eminentemente privada, como ocorre em regra nas questões que envolvem crimes contra a honra, a ação penal será de natureza privada, e titular do direito de ação, o ofendido (ou seu representante legal, sendo caso).

42. Art. 345 do Código Penal.

Na síntese de Mirabete: "Embora como direito abstrato a ação seja um único instituto jurídico, é ela um direito instrumental conexo a uma pretensão e esta varia segundo a razão da tutela jurisdicional invocada, seu conteúdo e o titular do direito de ação".[43]

7.1. Da ação penal pública

Já vimos que sob o critério da titularidade do direito de ação temos a denominada *classificação subjetiva*, e sob esse prisma a ação penal pode ser (*1*) pública ou (*2*) privada.

A *ação penal pública* se subdivide em: (*1*) incondicionada; (*2*) condicionada à representação do ofendido; (*3*) condicionada à requisição do Ministro da Justiça.

São esses os temas sobre os quais deitaremos reflexões a seguir.

7.1.1. Ação penal pública incondicionada

7.1.1.1. Titularidade

Observada a indiscutível relevância dos bens jurídicos tutelados e o correspondente interesse do Estado em solucionar os litígios e promover a paz social que se espera advenha da regulação e efetivação desse complexo sistema de distribuição de Justiça, na generalidade dos casos os crimes são de ação penal pública incondicionada.

Dispõe a esse respeito o art. 100, *caput*, do CP, que "a ação penal é pública, salvo quando a lei expressamente a declara privativa do ofendido".

Não havendo disposição expressa em sentido contrário, a ação penal será sempre pública incondicionada, daí ser correto afirmar que esse tipo de ação constitui a regra, e as demais, exceção.

O Ministério Público é o titular da ação penal pública; é o *dominus litis*, e isso está no art. 129, I, da CF, segundo o qual, é função institucional do Ministério Público promover, privativamente, a ação penal pública, na forma da lei.

Apurada a prática de determinado delito, sua autoria e materialidade (sendo caso de crime material), presentes todas as condições da ação e os pressupostos processuais a que se referiu Von Bülow com impecável acerto,[44] caberá ao Ministério Público deduzir a pretensão punitiva em juízo, com a finalidade de ver instaurado o devido processo legal e condenado o infrator, caso não seja hipótese de transação penal (art. 76 da Lei n. 9.099/95); de requerer a concessão de perdão ou de deixar de oferecer denúncia em face daquele que prestou colaboração premiada (§§ 2º e 4º do art. 4º da Lei n. 12.850/2013), ou de acordo de não persecução penal (art. 28-A do CPP).

---

43. Julio Fabbrini Mirabete, op. cit., p. 117.

44. Oskar Von Bülow, *Teoria das exceções e dos pressupostos processuais*, tradução e notas de Ricardo Rodrigues Gama, Campinas, LZN, 2003.

Para tanto, deverá redigir a petição inicial da ação penal pública, que se chama denúncia, e endereçá-la ao juiz competente. Dispõe o art. 24 do CPP que, "nos crimes de ação pública, esta será promovida por denúncia do Ministério Público (...)".

Não foram recepcionados pela vigente Constituição Federal os arts. 26 e 531 (redação original, antes da Lei n. 11.719/2008) do CPP, que autorizavam, nas contravenções penais, o início da ação penal pública pelo auto de prisão em flagrante ou por meio de portaria expedida pela autoridade judiciária ou policial. Não subsiste no ordenamento, portanto, o procedimento judicialiforme que autorizava a ação penal *ex officio* e tornava concorrente a titularidade da ação penal nas infrações indicadas.

O art. 257 do CPP também é expresso no sentido de que compete ao Ministério Público promover, privativamente, a ação penal pública, nos moldes da regulamentação atual.

Excepcionalmente, e apenas no caso de absoluta inércia, extrapolado o prazo para a manifestação do Ministério Público, poderá o particular ofendido apresentar em juízo a petição inicial intitulada queixa-crime, objetivando a instauração do processo, e isso ocorre na denominada *ação penal privada subsidiária da pública*, que tem fundamentação constitucional (CF, art. 5º, LIX) e infraconstitucional (CPP, art. 29; CP, art. 100, § 3º), constituindo matéria de que trataremos em item específico, neste mesmo capítulo.

Apesar da existência de expressa disposição de lei em sentido contrário (CP, art. 145, parágrafo único), na hipótese de crime contra a honra praticado contra funcionário público em razão de suas funções (*propter officium*), para o qual a ação penal é pública condicionada à representação do ofendido, a Súmula 714 do STF[45] admite legitimação concorrente e permite ao ofendido o ajuizamento de ação penal privada, independentemente do escoamento do prazo outorgado ao Ministério Público.

7.1.1.2. Princípios

Não se desconhece a celeuma que há a respeito dos conceitos de *norma*, *princípio*, *regra*, *direito* e *garantia*, e os diversos pensamentos filosóficos a respeito da conceituação do que seriam os *princípios*, e disso nos dá conta Nelson Nery Junior em seu conhecido livro *Princípios do processo na Constituição Federal*.[46]

Conhecida a divergência, filiamo-nos ao pensamento de Robert Alexy, para quem: "Os princípios são normas que ordenam que algo seja realizado na maior medida possível, dentro das possibilidades jurídicas e reais existen-

45. Súmula 714 do STF: "É concorrente a legitimidade do ofendido, mediante queixa, e do Ministério Público, condicionada à representação do ofendido, para a ação penal por crime contra a honra de servidor público em razão do exercício de suas funções".

46. 10. ed., São Paulo, Revista dos Tribunais, 2010.

tes. Assim, os princípios são *mandamentos de otimização*, caracterizados pelo fato de que podem ser cumpridos em diferentes graus, e de que seu cumprimento não somente depende das possibilidades reais, mas também das jurídicas. O âmbito das possibilidades jurídicas é determinado pelos princípios e regras postas".[47]

Analisando a tipologia de princípios, Canotilho apresenta uma proposta quadripartida, da qual, para a compreensão que buscamos alcançar no momento, calha citar os *princípios jurídicos fundamentais*, que segundo o renomado constitucionalista lusitano são "os princípios historicamente objectivados e progressivamente introduzidos na consciência jurídica e que encontram uma recepção expressa ou implícita no texto constitucional", e os *princípios garantistas*, que "visam instituir directa e imediatamente uma *garantia* dos cidadãos. É-lhes atribuída uma densidade de autêntica norma jurídica e uma força determinante, positiva e negativa. Refiram-se, a título de exemplo, o princípio do *nullum crimen sine lege* e de *nulla poena sine lege*, o princípio do juiz natural, os princípios de *non bis in idem* e *in dubio pro reo*".[48]

Conceitualmente, ainda com apoio em Canotilho, "princípios são normas que exigem a realização de algo, da melhor forma possível, de acordo com as possibilidades fácticas e jurídicas. Os princípios não proíbem, permitem ou exigem algo em termos de 'tudo ou nada'; impõem a optimização de um direito ou de um bem jurídico, tendo em conta a 'reserva do possível', fáctica ou jurídica".[49]

Na visão de Larenz, "princípios não são regras imediatamente aplicáveis aos casos concretos, mas ideias diretrizes, cuja transformação em regras que possibilitem uma resolução tem lugar em parte pela legislação, em parte pela jurisprudência".[50]

Em tema de ações penais, é possível identificar princípios que são comuns a toda e qualquer modalidade, outros não.

Na ação penal *pública incondicionada*, identificamos os seguintes princípios: (*1*) oficialidade; (*2*) oficiosidade; (*3*) obrigatoriedade; (*4*) indisponibilidade ou indesistibilidade; (*5*) indivisibilidade; (*6*) intranscendência.

Vejamos de maneira particularizada.

7.1.1.2.1. Princípio da oficialidade

A segurança pública é dever do Estado (CF, art. 144, *caput*).

---

47. Apud Nelson Nery Junior, op. cit., p. 25.

48. J. J. Gomes Canotilho, *Direito constitucional e teoria da Constituição*, 2. ed., Coimbra, Almedina, 1998, p. 1.038 e 1.041.

49. J. J. Gomes Canotilho, op. cit., p. 1.123.

50. Karl Larenz, *Metodologia da ciência do direito*, tradução de José Lamego, 3. ed., Lisboa, Fundação Calouste Gulbenkian, 1997, p. 599.

Verificada a prática de determinada infração penal, em regra, é das Polícias – federal e estadual – a incumbência de investigar (CF, art. 144, §§ 1º e 4º).

Apurada a infração, compete privativamente ao Ministério Público promover a ação penal pública, na forma da lei (CF, art. 129, I).

A instauração do processo e a prestação jurisdicional ocorrem no âmbito do Poder Judiciário, que para tanto dispõe de seus órgãos constitucionalmente delineados (CF, art. 92).

Como se vê, a persecução penal em sentido amplo – da investigação ao término da prestação jurisdicional – é monopólio do Estado, que desenvolve todas as atividades correspondentes por meio de seus órgãos constitucionalmente dispostos.

Os órgãos incumbidos da persecução penal são oficiais, daí a ação penal encontrar-se envolvida pelo *princípio da oficialidade*.

7.1.1.2.2. Princípio da oficiosidade

Na ação penal pública *incondicionada*, **os órgãos incumbidos da persecução devem agir de ofício** – *ex officio* –, pois não dependem de provocação de quem quer que seja.

De ver, entretanto, que o sistema acusatório adotado e regras expressas impedem que o juiz proceda de ofício em determinadas situações, mesmo diante de delito de ação penal pública incondicionada.

É o que ocorre, por exemplo, com a impossibilidade de decretação de prisão preventiva ou imposição de medida cautelar restritiva *ex officio* em qualquer fase da persecução penal – investigação ou processo –, a teor do disposto nos arts. 282, § 2º, e 311, do CPP.

É proveitoso ressaltar, ainda, que o art. 3º-A do CPP é contundente ao determinar que "O processo penal terá estrutura acusatória, vedadas a iniciativa do juiz na fase de investigação e a substituição da atuação probatória do órgão de acusação".

O princípio da oficiosidade não incide na ação penal pública *condicionada*.

Contrariamente ao que ocorre na ação penal incondicionada, na hipótese de ação condicionada, ausente a representação do ofendido ou a requisição do Ministro da Justiça (a depender do caso), a autoridade policial não poderá instaurar investigação *ex officio*; o Ministério Público não poderá oferecer denúncia, e o juiz não poderá instaurar o processo.

7.1.1.2.3. Princípio da obrigatoriedade

No dizer de Puglia: "L'eserzizio dell' azione penale è un dovere per il Pubblico Ministero, a cui non può per qualsiasi ragione ricusare di adempiere, poichè si tratta di un dovere pubblico, di un interesse sociale".[51]

---

51. Ferdinando Puglia, *Manuale di procedura penale*, 2. ed., Napoli, Ernesto Anfossi – Libraio Editore e Commissionario, 1889, p. 84.

Verificada a prática de determinada infração penal, movimenta-se o Estado no sentido de buscar a completa apuração dos fatos (autoria, materialidade etc.), tarefa que é desenvolvida, em regra, pela atividade policial.

Concluídas as investigações, o inquérito será remetido ao fórum, onde ocorrerá a distribuição ao juiz das garantias competente, quando e onde estiver implementado,[52] que então determinará a abertura de vista dos autos ao órgão do Ministério Público detentor de atribuições para o feito, a fim de que se manifeste sobre o conteúdo da apuração, no prazo legal.

Oportuno lembrar, nesse passo, que o inquérito policial não é imprescindível para a apuração de infrações penais[53] e que, por vezes, o Ministério Público receberá em mãos documentos suficientes para formar sua convicção, hipótese em que, dispensado o inquérito, deverá se manifestar sobre o conteúdo dos documentos no mesmo prazo fixado no CPP para a apreciação do inquérito.

Nas ações penais públicas, o Ministério Público é o *titular do direito de ação*, mas não é senhor absoluto de seu destino.

Se ficar apurada a prática de infração penal, a autoria e eventual materialidade (exigida esta apenas em relação aos crimes materiais), não sendo hipótese de evidente causa de exclusão da antijuridicidade (CP, art. 23) ou extinção da punibilidade

52. Após a publicação da Lei n. 13.964/2019 foram ajuizadas no Supremo Tribunal Federal três ações diretas de inconstitucionalidade questionando alguns de seus dispositivos – ADI 6.298, 6.299 e 6.300 –, e no dia 15 de janeiro de 2020 o Min. Dias Toffoli concedeu medida cautelar nos autos da ADI 6.298, para, entre outras coisas: "**(i)** suspender-se a eficácia dos **arts. 3º-D, parágrafo único, e 157, § 5º**, do Código de Processo Penal, incluídos pela Lei n. 13.964/19; **(ii)** suspender-se a eficácia dos arts. 3º-B, 3º-C, 3º-D, *caput*, 3º-E e 3º-F do CPP, inseridos pela Lei n. 13.964/2019, até a efetiva implementação do juiz das garantias pelos tribunais, o que deverá ocorrer **no prazo máximo de 180 (cento e oitenta) dias, contados a partir da publicação desta decisão**; **(iii)** conferir-se interpretação conforme às normas relativas ao juiz das garantias (arts. 3º -B a 3º -F do CPP), para esclarecer que não se aplicam às seguintes situações: (a) processos de competência originária dos tribunais, os quais são regidos pela Lei n. 8.038/90; (b) processos de competência do Tribunal do Júri; (c) casos de violência doméstica e familiar; e (d) processos criminais de competência da Justiça Eleitoral".

Ainda em confronto com as inovações determinadas pela Lei n. 13.964/2019, no dia 22 de janeiro de 2020, nos autos da ADI 6.298, na condição de relator das ADIs 6.298, 6.299, 6.300 e 6305, o Min. Luiz Fux revogou a decisão monocrática constante das ADIs 6.298, 6.299, 6.300 e suspendeu *sine die* a eficácia da implantação do juiz das garantias e seus consectários (arts. 3º -A, 3º -B, 3º -C, 3º -D, 3ª-E, 3º -F, do CPP); da alteração do juiz sentenciante que conheceu de prova declarada inadmissível (art. 157, § 5º, do CPP); e concedeu a medida cautelar requerida nos autos da ADI 6.305, para suspender *sine die* a eficácia, da alteração do procedimento de arquivamento do inquérito policial (art. 28, *caput*, CPP), e da ilegalidade da prisão pela não realização da audiência de custódia no prazo de 24 horas (art. 310, § 4°, do CPP).

53. "É firme a jurisprudência do Supremo Tribunal de que o Ministério Público pode oferecer denúncia com base em elementos de informação obtidos em inquéritos civis, instaurados para a apuração de ilícitos civis e administrativos, no curso dos quais se vislumbre suposta prática de ilícitos penais" (STF, AP 396/RO, Tribunal Pleno, rel. Min. Cármen Lúcia, rev. Min. Dias Toffoli, j. 28-10-2010, *DJe* n. 78, de 28-4-2011).

(CP, art. 107), **o órgão Ministerial estará obrigado a oferecer a denúncia com vistas à instauração do processo.**

A esse respeito, pontuou Bettiol que "questo *principio di obbligatorietà* dell'esercizio dell'azione penale si contrappone a quello di *discrezionalità* o di *opportunità*",[54] incidentes na ação penal privada.

Bem por isso, dispõe o art. 24 do CPP que, nos crimes de ação pública, esta *será promovida* por denúncia do Ministério Público.

Havendo justa causa para a ação penal, não pode o Ministério Público deixar de deflagrá-la, conforme o procedimento previsto em lei.

Oportuno observar que o art. 98, I, da CF, admite a possibilidade de transação nas infrações penais de menor potencial ofensivo, submetidas a procedimento de competência de Juizado Especial Criminal (Lei n. 9.099/95), o que permite que o órgão do Ministério Público, sob certas condições, disponha do conteúdo material do processo, o que representa verdadeiro abrandamento ao princípio da indisponibilidade.

Tal ocorre quando cabível a transação penal regulada no art. 76 da Lei n. 9.099/95[55] e também na hipótese de suspensão condicional do processo, tratada no art. 89 da mesma Lei.

De ver, ainda, que a Lei n. 12.850/2013 (define organização criminosa e dispõe sobre a investigação criminal, os meios de obtenção da prova, infrações penais correlatas e o procedimento criminal a ser aplicado) permite que o Ministério Público proponha, a qualquer tempo, portanto, antes mesmo de oferecer denúncia, a concessão de perdão judicial àquele que prestar colaboração premiada (§ 2º do art. 4º), ou deixe de oferecer denúncia, nas situações tipificadas no § 4º de seu art. 4º.

Por fim, o art. 28-A do CPP, introduzido pelo art. 3º da Lei n. 13.964/2019, disciplina o acordo de não persecução penal, que poderá ser proposto pelo Ministério Público sempre que presentes os requisitos legais.

Em qualquer caso, entretanto, a atuação Ministerial está pautada pelo princípio da legalidade, não se sujeitando, portanto, a critérios de oportunidade e conveniência.

7.1.1.2.4. Princípio da indisponibilidade ou indesistibilidade

Esse princípio decorre do disposto no art. 42 do CPP, segundo o qual **"o Ministério Público não poderá desistir da ação penal"**.

54. Giuseppe Bettiol, *Istituzioni di diritto e procedura penale*, Padova, CEDAM – Casa Editrice Dott. Antonio Milani, 1966, p. 186.

55. Súmula Vinculante n. 35: "A homologação da transação penal prevista no art. 76 da Lei n. 9.099/95 não faz coisa julgada material e, descumpridas suas cláusulas, retoma-se a situação anterior, possibilitando-se ao Ministério Público a continuidade da persecução penal mediante oferecimento de denúncia ou requisição de inquérito policial".

Desdobramento dessa regra, o art. 576 do CPP dispõe que: "O Ministério Público não poderá desistir de recurso que haja interposto".

O *jus puniendi* pertence ao Estado, que em seu aparelhamento outorga ao Ministério Público o *jus persequendi in judicio*, mas não o total e desregrado assenhoramento da ação penal.

Na irretocável expressão de Vicente de Azevedo, o Ministério Público não é o proprietário da ação penal.[56]

A necessidade de solução de litígios e pacificação social, finalidades mediata e imediata do processo penal, reclama a instauração de processo sempre que presente justa causa para tanto, daí não se admitirem certas liberalidades ao órgão público incumbido de postular em juízo a prestação jurisdicional nas ações penais públicas.

A Lei n. 12.850/2013 (define organização criminosa e dispõe sobre a investigação criminal, os meios de obtenção da prova, infrações penais correlatas e o procedimento criminal a ser aplicado) introduziu regras de abrandamento ao princípio ora tratado, na medida em que passou a permitir que o Ministério Público proponha, *a qualquer tempo* (portanto, antes ou depois de oferecer denúncia), a concessão de *perdão judicial* àquele que prestar "colaboração premiada" (§ 2º do art. 4º), ou deixe de oferecer denúncia, nas situações tipificadas no § 4º de seu art. 4º.

Relevante destacar, por fim, que o acordo de não persecução penal regulado pelo art. 28-A do CPP, e a possibilidade de transação penal e de suspensão condicional do processo, reguladas respectivamente nos arts. 76 e 89 da Lei n. 9.099/95, também representam abrandamentos ao princípio da indisponibilidade ou indesistibilidade.

7.1.1.2.5. Princípio da indivisibilidade

Apurado determinado delito que tenha sido cometido em concurso de agentes, **o Ministério Público não poderá deixar de ajuizar ação penal em relação a todos os responsáveis. Não lhe é dado escolher quem irá ou não incluir no polo passivo da ação penal**.

Em síntese: a ação penal deve ser proposta contra todos os que cometeram o delito.

É preciso ressalvar que, havendo coautor adolescente, a situação ganha outro enfoque, visto que em relação a este o procedimento adequado é aquele destinado à apuração de atos infracionais, nos moldes regulados no Estatuto da Criança e do

56. Vicente de Paulo Vicente de Azevedo, *Curso de direito judiciário penal*, São Paulo, Saraiva, 1958, v. I, p. 195.

Adolescente (Lei n. 8.069/90), e deve tramitar separadamente, na Vara da Infância e da Juventude.

Na hipótese de coautor morto, contra este é incogitável o ajuizamento de ação penal, porquanto extinta a punibilidade (CP, art. 107, I).

Se o coautor for portador de desenvolvimento mental incompleto ou retardado, ainda assim deverá figurar no polo passivo da ação, pois, não sendo caso de *absolvição em sentido próprio*, ao final do processo, por força de *absolvição imprópria*, poderá ser aplicada medida de segurança em relação a ele.

Esse princípio também incide nas ações penais privadas, como consequência da redação do art. 48 do CPP.

Mirabete tinha opinião em sentido contrário, pois, segundo sustentava, nas ações penais públicas incide o *princípio da divisibilidade*, e explicava: "Por esse princípio, o processo poder ser desmembrado, o oferecimento de denúncia contra um acusado não exclui a possibilidade de ação penal contra outros, permite-se o aditamento da denúncia com a inclusão de corréu a qualquer tempo ou a propositura de nova ação penal contra coautor não incluído em processo já sentenciado etc.".[57]

7.1.1.2.6. Princípio da intranscendência

A ação penal deve ser ajuizada apenas em face de quem for autor, coautor ou partícipe do delito,[58] e nenhuma pena passará da pessoa do condenado (CF, art. 5º, XLV).

De tal sorte, a rigor não é possível ajuizar ação penal contra os pais do menor que tenha praticado ato infracional, salvo se a responsabilidade decorrer do disposto no art. 29 do CP (concurso de agentes ou participação) ou a conduta daqueles se ajustar a outro tipo de delito.

Esse princípio alcança todo e qualquer tipo de ação penal, seja ela pública ou privada.

7.1.2. Ação penal pública condicionada

Condicionada é a ação penal pública cuja persecução depende da manifestação positiva de vontade de quem de direito.[59]

São duas as espécies de ação penal condicionada: (*1*) ação penal pública condicionada à *representação* do ofendido (ou de seu representante legal, sendo caso), e (2) ação penal pública condicionada à *requisição* do Ministro da Justiça.

---

57. Julio Fabbrini Mirabete, op. cit., p. 121.

58. Nos moldes regulados no art. 29 do CP.

59. Conforme Fernando da Costa Tourinho Filho, ação penal pública condicionada "é aquela cujo exercício se subordina a uma condição. Esta ou é a manifestação de vontade no sentido de proceder, externada pelo ofendido ou por quem legalmente o represente (representação), ou é a requisição do Ministro da Justiça, que também é manifestação de vontade no sentido de proceder" (*Manual de processo penal*, 17. ed., São Paulo Saraiva, 2017, p. 179).

A ação penal somente será pública condicionada quando houver expressa disposição legal nesse sentido, visto configurar verdadeira exceção, já que em regra a ação é pública incondicionada.

A propósito, diz o art. 100, § 1º, do CP, que "A ação pública é promovida pelo Ministério Público, dependendo, quando a lei o exige, de representação do ofendido ou de requisição do Ministro da Justiça".

A representação do ofendido e a requisição do Ministro da Justiça consubstanciam manifestações positivas de vontade, autorizadoras da investigação criminal pela autoridade competente, oferecimento de denúncia pelo Ministério Público e instauração do processo.

7.1.2.1. Ação penal pública condicionada à representação do ofendido

Há determinados tipos de delitos em que, a despeito do interesse público evidenciado, o legislador preferiu deixar a possibilidade de persecução penal a critério do ofendido, tendo em vista a relevância de algum interesse seu.

Nesses casos, procura-se impedir que a investigação e o processo causem mal ainda maior ao ofendido, daí a lei condicionar a instauração da persecução ao desejo do interessado. Visa-se evitar o *strepitus fori* ou *strepitus judicii*.

A representação, em casos tais, constitui verdadeiro obstáculo que somente poderá ser removido por quem de direito.

Dentre outros, são exemplos de delitos de ação penal pública condicionada à representação do ofendido: lesão corporal dolosa leve e lesão corporal culposa (CP, art. 129, *caput* e § 6º c.c. o art. 88 da Lei n. 9.099/95); perigo de contágio venéreo (CP, art. 130, § 2º) e ameaça (CP, art. 147, parágrafo único).

7.1.2.1.1. Quem pode formular representação

Em regra, titular do direito de formular representação é o ofendido, assim entendido o sujeito passivo do delito; aquele que sofreu as consequências da ação ou omissão delitiva.

Se o ofendido for menor de 18 anos ou mentalmente enfermo, o direito de representação deverá ser exercido por seu representante legal, e, no caso de não ter representante legal, ou colidirem os interesses deste com os daquele, o direito de representação poderá ser exercido por curador especial, nomeado, de ofício ou a requerimento do Ministério Público, pelo juiz competente para o processo penal, conforme interpretação tirada do art. 33 do CPP, por analogia.

Com o advento do atual Código Civil (Lei n. 10.406/2002; ver art. 5º), não subsiste no ordenamento a regra do art. 34 do CPP, que determinava a possibilidade de oferecimento de queixa-crime pelo ofendido ou por seu representante legal, quando aquele fosse menor de 21 (vinte e um) e maior de 18 (dezoito) anos. A redução da maioridade civil de 21 (vinte e um) para 18 (dezoito) anos revela que a cautela anteriormente expressa não mais se justifica. De consequência, resulta afastada a possibilidade de aplicação do art. 34 por analogia, em se tratando do exercício do direito de representação.

Em síntese, se maior de dezoito anos e mentalmente capaz, o ofendido poderá exercer livremente o direito de representação. Não há falar em concomitante ou concorrente legitimação de outrem.

No caso de morte do ofendido *antes do escoamento do prazo para a representação*, ou quando declarado ausente por decisão judicial, o direito de representação passará ao cônjuge, ascendente, descendente ou irmão (CPP, art. 24, § 1º). Comparecendo mais de um dentre os legitimados, a solução do impasse deverá levar em conta o disposto no art. 36 do CPP, segundo o qual terá preferência o cônjuge, e, em seguida, o parente mais próximo na ordem de enumeração.

Se no caso específico o cônjuge formular representação, nada restará aos demais legitimados fazer, salvo se houver retratação da representação.

Se por ocasião da morte do ofendido já havia decorrido o prazo, não será possível representação válida, porquanto evidente a opção do extinto e a decadência do direito.

As fundações, associações ou sociedades legalmente constituídas poderão exercer o direito de representação, devendo ser representadas por quem os respectivos contratos ou estatutos designarem ou, no silêncio destes, pelos seus diretores ou sócios-gerentes (CPP, art. 37).

O rol dos legitimados ao direito de representação é taxativo, mas a jurisprudência tem flexibilizado a regra, especialmente diante da prática de crimes graves.

Nessa toada, relacionou Mirabete que já se admitiu representação formulada por avós (*RTJ* 57/90 e 62/26); por tios (*RT* 396/366 e *RTJ* 85/482); irmãos (*RT* 392/391, 416/318, 573/346, 586/400; *RTJ* 14/306 e 36/82); pais de criação (*RJTJESP* 9/449 e 29/355); por pessoas encarregadas da guarda do ofendido (*RJTJESP* 20/439, 33/238 e 56/339; *RT* 582/315 e 709/391), por pessoa a quem o ofendido esteja ligado por dependência econômica (*RTJ* 61/343) etc.[60]

O art. 226, § 3º, da CF, reconhece a união estável como entidade familiar, daí entendermos que os companheiros ou conviventes assim considerados estão legitimados ao exercício do direito de representação, na exata medida em que a lei para tanto legitimou os cônjuges, sem que disso decorra ampliação indevida do rol por força de interpretação extensiva em prejuízo do investigado.

Em qualquer das situações tratadas, o direito de representação poderá ser exercido, pessoalmente ou por procurador com poderes especiais (CPP, art. 39, *caput*).

7.1.2.1.2. A representação: natureza jurídica e forma

A *representação* é instituto de natureza processual que exterioriza manifestação positiva de vontade que pode ser feita pelo ofendido ou outro legitimado com vistas à

60. Julio Fabbrini Mirabete, op. cit., p. 122-123.

instauração de inquérito pela autoridade policial e oferecimento de denúncia pelo representante do Ministério Público, constituindo verdadeira *delatio criminis* postulatória.

Trata-se de *condição objetiva de procedibilidade*, sem a qual se revela impossível a instauração de procedimento investigatório nas hipóteses em que a lei a exige expressamente (CPP, art. 5º, § 4º), e, bem assim, também não poderá ocorrer instauração da ação penal, vale dizer, o órgão do Ministério Público não poderá oferecer denúncia sem que se encontre satisfeita tal condição específica quando a lei a impuser (CPP, art. 24, *caput*; CP, art. 100, § 1º).

Só é necessária a representação quando a lei exigir expressamente. Se não houver determinação neste sentido, já sabemos, a ação é de natureza diversa.

A representação deve ser feita mediante declaração escrita ou oral (neste caso deverá ser documentada, reduzida a termo) que externe o desejo de ver instaurada a persecução penal.

Nada obstante o disposto no art. 39 do CPP, que reclama certo formalismo, doutrina e jurisprudência[61] pacificaram o entendimento no sentido de que não há forma rígida para a representação, que pode ser formulada por meio de singela manifestação de vontade, mas é certo que, na medida do possível, deverá vir acompanhada de todas as informações que possam servir à apuração do fato e de sua autoria, dispensada a correta capitulação jurídica do delito.

Conforme se tem decidido, "a representação não necessita ser exteriorizada de forma solene, sendo bastante que a vítima explicite sua intenção de ver processar o autor do ataque, mesmo que através de um simples boletim de ocorrência".[62]

61. "A representação do ofendido é ato que dispensa maiores formalidades, bastando a inequívoca manifestação de vontade da vítima, ou de quem tenha qualidade para representá-la, no sentido de ver apurados os fatos acoimados de criminosos (Inq 3.438, de minha relatoria, 1ª T., *DJe* de 1º -2-2015)" (STF, AP 926/AC, 1ª T., rel. Min. Rosa Weber, j. 6-9-2016, *DJe* n. 257, de 2-12-2016). "É da jurisprudência desta Corte que a representação nos crimes de ação penal pública condicionada prescinde de qualquer formalidade, bastando o elemento volitivo, ainda que manifestado na fase policial" (STF, HC 86.122/SC, 1ª T., rel. Min. Eros Grau, j. 15-12-2005, *DJe* de 17-3-2006). "O art. 39 do CPP prevê que a representação pode ser oferecida por escrito ou reduzida a termo, quando oral ou em escrito não assinado, exigindo que contenha todas as informações que possam servir à apuração do fato e da autoria (§ 2º). 2. Entretanto, a jurisprudência tem entendido que esta disposição legal não exige forma especial para a representação, sendo suficiente para suprir os seus efeitos a inequívoca manifestação de vontade do ofendido no sentido de que os ofensores sejam processados criminalmente, a qual pode ser verificada no boletim de ocorrência, na *notitia criminis*, nas declarações do ofendido na polícia ou em juízo, como ocorre no caso" (STF, HC 77.238/RS, 2ª T., rel. Min. Maurício Corrêa, j. 17-8-1998, *DJe* de 27-4-2001). *No mesmo sentido:* STF, RHC 60.722/SP, 1ª T., rel. Min. Alfredo Buzaid, j. 15-4-1983, *DJe* de 13-5-1983; STF, HC 70.029/CE, Tribunal Pleno, rel. Min. Marco Aurélio, j. 31-3-1993, *DJe* de 13-8-1993; STF, HC 85.872/SP, 1ª T., rel. Min. Eros Grau, j. 6-9-2005, *DJe* de 21-10-2005; STF, HC 84.765/SP, 2ª T., rel. Min. Celso de Mello, j. 30-11-2004, *DJe* de 6-11-2006.

62. TJSP, Ap. 270.978-3/9-00, 3ª Câm., rel. Des. Segurado Braz, j. 29-6-1999, *RT* 769/570. *No mesmo sentido*: STJ, RHC 19.044/SC, 6ª T., rel. Min. Paulo Medina, j. 18-5-2006, *DJ* de 1º -8-2006, p. 546; STJ, RO HC 10.872/SC, 5ª T., rel. Min. José Arnaldo da Fonseca, j. 15-3-2001, *DJU* de 4-6-

Adverte Capez que: "Apesar de sua natureza eminentemente processual (condição especial da ação), aplicam-se a ela as regras de direito intertemporal, haja vista sua influência sobre o direito de punir do Estado, de natureza inegavelmente substancial, já que o não exercício do direito de representação no prazo legal acarreta a extinção da punibilidade do agente pela decadência".[63]

Ensinou Couture que "a natureza processual de uma lei não depende do corpo de disposições em que esteja inserida, mas sim de seu conteúdo próprio".[64]

No mesmo sentido é o entendimento de Manzini, para quem, estar uma norma compreendida no Código de Processo Penal ou no Código Penal não basta para qualificá-la, respectivamente, como norma de direito processual ou de direito material.[65]

7.1.2.1.3. Prazo e destinatários da representação

Salvo disposição em contrário, o ofendido decairá do direito de representação se não o exercer dentro do prazo de 6 (seis) meses, contado do dia em que vier a saber quem é o autor do delito (CPP, art. 38; CP, art. 103).

Importante destacar que *o prazo não flui a partir da data do delito, mas da data em que o ofendido tomar conhecimento de quem fora seu autor*, e nem sempre tais datas coincidem.

No caso de morte do ofendido ou quando declarado ausente por decisão judicial, o direito de representação passará ao cônjuge, ascendente, descendente ou irmão, e deverá ser exercido no prazo de seis meses, *contados da data em que um dos sucessores tomar conhecimento de quem foi o autor do delito*, tal como decorre do disposto no parágrafo único do art. 38 do CPP. Se qualquer dos sucessores legitimados deixar transcorrer o prazo sem o oferecimento de representação, deverá ser julgada extinta a punibilidade, visto não ser concebível a infinita multiplicidade de prazos. Não haverá, portanto, um prazo para cada sucessor legitimado.

Em qualquer das hipóteses tratadas, o prazo é decadencial, e, portanto, não se suspende nem se prorroga. Iniciada a contagem, fluirá inexoravelmente.

Se o ofendido for menor de dezoito anos, teremos situação excepcional em que serão dois os prazos: um para seu representante legal e outro para o ofendido.

Para o representante legal, o prazo fluirá conforme a regra geral: a partir da data em que tomou conhecimento de quem foi o autor do delito.

2001, *RT* 795/545; STJ, RO HC 9.164/SP, 6ª T., rel. Min. Vicente Leal, j. 14-3-2000, *DJU* de 10-4-2000, *RT* 779/526; STJ, HC 7.985/PB, 6ª T., rel. Min. Vicente Leal, j. 22-6-1999, *DJU* de 9-8-1999, *RT* 771/544.

63. Fernando Capez, *Curso de processo penal*, 24. ed., São Paulo, Saraiva, 2017, p. 176.

64. Eduardo J. Couture, *Interpretação das leis processuais*, tradução de Gilda Maciel Corrêa Meyer Russomano, 4. ed., Rio de Janeiro, Forense, 2001, p. 36.

65. Vincenzo Manzini, *Tratado de derecho procesal penal*, Buenos Aires, Ediciones Jurídicas Europa-América, 1951, t. I, p. 108 (tradução do italiano para o espanhol de Santiago Sentís Melendo e Marino Ayerra Redín).

Para o ofendido menor: fluirá a partir da data em que completar dezoito anos, visto que antes disso não poderá, por iniciativa sua, formular representação.

Nessa hipótese, que não é incomum na prática forense, *o menor* não poderá exercer o direito de representação por lhe faltar capacidade, e, se não pode exercê-lo, é evidente que o prazo decadencial contra ele não corre até que possa proceder por iniciativa própria.

Vejamos um exemplo.

Imagine-se hipótese em que na data do crime o ofendido seja menor, com 17 anos e 10 meses de idade, e seu representante legal tome conhecimento de quem foi o autor do crime na mesma data em que este ocorreu. Nesse caso, o prazo decadencial começa a correr para o representante legal, mas não para o ofendido menor.

Ainda nesse exemplo, na data em que o ofendido completar dezoito anos começará a fluir o prazo decadencial em relação a ele, extinguindo-se o direito de representação para o representante legal (embora não escoado o prazo de seis meses), pois não é mais possível falar em concomitância de prazos decadenciais entre ofendido e representante, já que por força do art. 5º do atual Código Civil foram revogadas as disposições dos arts. 34 e 50, parágrafo único, do CPP, que permitiam a coexistência dos prazos.

Antes da redução da maioridade civil de 21 para 18 anos, o ofendido e seu representante legal dispunham de prazos concomitantes enquanto o ofendido maior de 18 não completasse 21 anos, daí a razão de a Súmula 594 do STF dispor que o direito de representação poderia ser exercido, independentemente, pelo ofendido e seu representante legal.

Desde a redução da maioridade civil, entretanto, só é possível falar em duplicidade de prazos na situação anteriormente exemplificada, e, como visto, embora existam dois prazos, não há falar em concomitância ou simultaneidade.

Há que se considerar, todavia, que os prazos para o ofendido e seu representante legal continuam independentes, daí não ser correto afirmar que referida Súmula perdeu totalmente sua razão de existir.

Para tanto, imagine-se, ainda, exemplo em que o ofendido tenha dezessete anos na data do crime, momento em que ele e seu representante legal tomaram conhecimento de quem foi o autor do mal feito.

Nesse caso, ainda que o representante legal não ofereça representação dentro do prazo e, portanto, em relação a ele ocorra decadência do direito, ao completar dezoito anos começará a fluir o prazo para que o ofendido, querendo, formule representação.

Os prazos, também sob tal enfoque, fluem independentemente.

Feitas tais considerações, resta acrescentar que a representação poderá ser endereçada ao órgão do Ministério Público ou ao delegado de polícia, embora na prática seja mais comum e também mais célere endereçá-la diretamente ao último, pois, se o fato depender de esclarecimentos, o membro do Ministério Público que tenha recebido a representação deverá encaminhá-la à autoridade policial, mediante ofício, requisitando a instauração de procedimento investigatório para a completa apuração dos fatos (CPP, art. 39, §§ 3º, 4º e 5º).

Caso a representação venha a ser encaminhada a algum magistrado, considerando as disposições dos arts. 3º-A e 40 do CPP, a documentação deverá ser reencaminhada por ofício ao representante do Ministério Público, para conhecimento e providências que entender cabíveis.

Com as ressalvas analisadas, escoado o prazo sem manifestação daquele que estiver legitimado, opera-se a extinção da punibilidade pela decadência (CP, art. 107, IV).

7.1.2.1.4. Retratação da representação

A representação é irretratável depois de oferecida a denúncia (CPP, art. 25; CP, art. 102).

É possível a retratação válida da representação, *a contrario sensu*, se ainda não foi *oferecida* denúncia pelo Ministério Público.

Se já ofertada a inicial acusatória, mesmo que ainda não tenha sido submetida a despacho judicial, é vedada a retratação.[66] Torna-se irretratável.

Feita a representação e oferecida a denúncia, desimporta para os rumos do processo o desejo do ofendido de voltar atrás, pois o titular da ação penal é o Ministério Público, que desta não poderá desistir.

7.1.2.1.5. Retratação da retratação

A questão que agora se põe é a seguinte: formulada a representação e tendo dela se retratado em tempo hábil, pode o ofendido, mais uma vez arrependido, retratar-se da retratação?

Tal proceder, em última análise, corresponde a revitalizar, ressuscitar, fazer ressurgir a representação inicialmente formulada.

Segundo nosso entendimento, a retratação da representação configura causa de extinção da punibilidade, sabido que o art. 107 do CP não é taxativo.

Traduz, em última análise, renúncia ao direito de representação, e em razão disso deverá ser julgada extinta a punibilidade do agente. Uma vez extinta a punibilidade, torna-se absolutamente inviável o oferecimento de denúncia, ainda que diante de nova manifestação de vontade do ofendido, agora no sentido de ver instaurada a ação penal.

---

66. Caso seja feita, não alcançará o objetivo desejado. "Não gera a extinção do processo penal a retratação que, somente formalizada após o oferecimento da denúncia, tem como objetivo obstar a continuidade de feito já instaurado" (STF, HC 85.056/MG, Tribunal Pleno, rel. Min. Carlos Britto, j. 17-11-2005, *DJe* de 25-8-2006).

Ainda que não se pense constituir a retratação da representação causa de extinção de punibilidade, é forçoso admitir que, feita tal retratação, caberá ao Ministério Público promover o arquivamento dos autos de inquérito ou termo circunstanciado e, depois de arquivado, não será possível sua reabertura sem provas novas (CPP, art. 18).

Tudo a indicar, portanto, ser juridicamente impossível a retratação da retratação, que exatamente por isso não pode ser admitida.

Há entendimento no sentido de que a retratação da retratação é possível, desde que feita antes de escoado o prazo decadencial, visto que, vencido este, restará extinta a punibilidade em razão da decadência.

Tal forma de pensar pode levar ao infinito, pois não teria como obstar retratações sucessivas, enquanto não escoado o prazo decadencial, o que evidentemente não coincide com a seriedade que se espera no trato das questões judiciais.

7.1.2.1.6. Renúncia ao direito de representação

Nas ações penais públicas condicionadas à representação do ofendido, a renúncia deste ao exercício do direito de representação é causa de extinção da punibilidade, restando obstada a investigação e, de consequência, impossível o ajuizamento de ação penal a respeito do fato.

7.1.2.1.7. Eficácia objetiva e não vinculação

A representação do ofendido tem eficácia objetiva, vale dizer: no caso de concurso de agentes, ainda que feita apenas em relação a um deles, alcança todos aqueles que cometeram o delito, o que decorre do princípio da indivisibilidade da ação penal.

A representação, por outro vértice, *não vincula o órgão do Ministério Público* de modo a impor-lhe o dever de denunciar, pois não vai além de uma mera *condição de procedibilidade*, permanecendo a legitimação ativa para a demanda em mãos do *Parquet*, como disse Garraud.[67]

Se, após analisar o inquérito policial ou peças de informações, o Ministério Público, titular da *opinio delicti*, entender, por exemplo, que não houve crime, ou que não foi apurado quem seja seu autor, deverá promover o arquivamento do expediente.

7.1.3. Ação penal pública condicionada à requisição do Ministro da Justiça

7.1.3.1. Requisição do Ministro da Justiça

Encontra-se prevista no art. 24 do CPP e no art. 100, § 1º, do CP.

67. René Garraud, *Compendio de direito criminal*, tradução de A. T. de Menezes, Lisboa, Livraria Clássica Editora, 1915, v. I, p. 17 e s.

Há determinados tipos de delitos que, em razão da natureza do objeto jurídico da tutela penal, só podem ser investigados se houver requisição do Ministro da Justiça.

Uma advertência inicial se impõe.

A *requisição* de que ora se cuida não pode ser confundida, em hipótese alguma, com a requisição que pode ser formulada pelo Ministério Público com fundamento no art. 5º, II (segunda figura), do CPP. A observação é pertinente, já que ambas são costumeiramente chamadas de *requisição Ministerial*, o que pode causar certa confusão.

A requisição de que trata o art. 5º, II (segunda figura), do CPP, é a requisição endereçada pelo representante do Ministério Público, entenda-se, Promotor de Justiça, Procurador de Justiça ou Procurador da República, à autoridade policial (Delegado de Polícia), determinando, *requisitando*, a instauração de procedimento penal investigatório (inquérito policial ou termo circunstanciado).

Por outro vértice, a requisição do Ministro da Justiça é condição para a deflagração do procedimento investigatório e da ação penal referente aos delitos que a ela se encontram subordinados. Sem ela, é ilegal a instauração do inquérito ou da ação penal.

Como a regra é que as ações penais são públicas incondicionadas, só se exigirá a satisfação de tal *condição de procedibilidade* quando houver previsão nesse sentido; exigência expressa, o que autoriza dizer que tais ações constituem exceção no universo em que se insere o tema ação penal. Não havendo tal subordinação, a ação será pública incondicionada.

Ensina Tourinho Filho que a requisição do Ministro da Justiça é um ato político, porque "há certos crimes em que a conveniência da persecução penal será subordinada a essa conveniência política".[68] E continua: "Assim, a requisição nada mais é senão mera autorização para proceder, permissão para ser instaurado o processo, manifestação de vontade que tende a provocar a atividade processual. Ela é, por assim dizer, a representação política".[69]

Trata-se de uma *manifestação positiva de vontade*, com conteúdo político, autorizadora da instauração do inquérito e do oferecimento de denúncia.

Sua natureza jurídica é de *condição de procedibilidade*. Como ato administrativo da autoridade ministerial, diz Vilas Boas, "contém uma manifestação de vontade para que se instaure a ação penal, narrando o fato criminoso".[70]

São poucos os crimes cuja ação penal se encontra submetida à requisição do Ministro da Justiça, e a legislação processual penal é carente de regras específicas

68. Fernando da Costa Tourinho Filho, *Manual de processo penal*, 17. ed., São Paulo, Saraiva, 2017, p. 202.
69. Fernando da Costa Tourinho Filho, *Manual de processo penal*, 17. ed., São Paulo, Saraiva, 2017, p. 203.
70. Marco Antonio Vilas Boas, *Processo penal completo*, São Paulo, Saraiva, 2001, p. 186.

reguladoras do instituto. Exemplos: delitos praticados por estrangeiro contra brasileiro fora do Brasil (CP, art. 7º, § 3º) e os crimes contra a honra do Presidente da República ou chefe de governo estrangeiro (CP, art. 145, parágrafo único).

7.1.3.2. Prazo para a requisição e conteúdo

Decorrência da anêmica regulamentação do instituto, não há na lei processual penal qualquer fixação de prazo para o oferecimento da requisição Ministerial.

Da ausência de qualquer limite temporal expresso decorre que poderá ser feita a qualquer tempo, enquanto não estiver extinta a punibilidade.

Embora a lei não diga expressamente, a requisição deverá informar, tanto quanto possível, todos os fatos e circunstâncias, nome e qualificação de eventuais testemunhas e de todos que tenham relação com o delito que visa a submeter à persecução penal.

7.1.3.3. Retratação da requisição

Uma vez feita e apresentada, é discutida a possibilidade de sua retratação.

Autores de nomeada como Tourinho Filho entendem que a retratação não é possível, e são essas as razões de seu convencimento: "O art. 24 do CPP diz: 'Nos crimes de ação pública, esta será promovida por denúncia do Ministério Público, mas dependerá, quando a lei o exigir, de requisição do Ministro da Justiça, ou de representação do ofendido ou de quem tiver qualidade para representá-lo'. E, mais adiante, no art. 25, declara a irretratabilidade da *representação* depois de oferecida a denúncia. Ora, se o legislador quisesse, também, tornar retratável a requisição ministerial, tê-lo-ia feito no próprio corpo do art. 25 ou em parágrafo. Silenciou a respeito, numa demonstração inequívoca de considerar a requisição irrevogável, irretratável, uma vez encaminhada ao Ministério Público. Fosse ela retratável, não se compreenderia que, no art. 24 do CPP, falasse o legislador em requisição e representação como condições para o exercício da ação penal nos casos expressos em lei e, no art. 25, vale dizer, imediatamente em seguida, podendo traçar normas quanto a revogabilidade da requisição, se houvesse limitado, estritamente, à retratação da representação. Tal circunstância constitui prova eloquente de não ter querido o legislador estender a retratação à requisição".[71]

Não obstante as substanciosas razões apresentadas, ousamos divergir.

Com efeito. Não é novidade que o legislador pátrio sempre foi pródigo em cometer *deslizes* no exercício de sua finalidade precípua; na elaboração de sua obra, e são vários os exemplos que a tal respeito encontramos no CPP.

---

71. Fernando da Costa Tourinho Filho, *Processo penal*, 25. ed., São Paulo, Saraiva, 2003, v. 1, p. 386. No mesmo sentido, confira-se a doutrina de José Frederico Marques, *Elementos de direito processual penal*, p. 344.

É bem verdade que a sequência e forma como a matéria se encontra tratada no Estatuto Processual Penal sugere ou pode sugerir a conclusão a que chegou Tourinho Filho; por outro vértice, também é necessário ponderar que, se não há regra específica autorizando a retratação da requisição do Ministro da Justiça, também não há qualquer regra que a proíba expressamente.

Há mais. Se a razão determinante; se a essência do referido instituto é a preservação do interesse político maior, envolvido na pendência de natureza penal, de molde a suplantar o interesse público que informa as ações penais públicas e que determina que em regra sejam incondicionadas, não nos parece razoável concluir pela impossibilidade de retratação da requisição quando ocorrer o surgimento de causa justificadora superveniente ao seu oferecimento.

No ambiente político, o que hoje é conveniente pode em breve deixar de ser.

Pelas mesmas razões não se pode acolher o argumento contrário à possibilidade de retratação, baseado na premissa de que sendo a *requisição* um ato político formal, de autoria de um Ministro de Estado que nem mesmo dispõe de tempo para sua formalização, eventual possibilidade de retratação poderia retirar os contornos de seriedade em que se encontra envolto o ato.

Sob nossa ótica, o interesse político justificador da própria existência do instituto deve pairar acima de todos os argumentos impeditivos da retratação apontados na doutrina. Ademais, insista-se, não há qualquer regra expressa proibindo a retratação da requisição, que assim poderá ser feita, antes do *oferecimento* da denúncia, inclusive por força de interpretação autorizada no art. 3º do CPP. Após o oferecimento da inicial acusatória, aí sim, tornar-se-á irretratável.

7.1.3.4. Eficácia objetiva

A requisição tem eficácia objetiva.

Feita em relação a um ou alguns dos autores do delito, alcança todos aqueles que possam ser criminalmente responsabilizados, e isso por força do princípio da indivisibilidade da ação.

7.1.3.5. Destinatários da requisição

Destinatário da requisição, segundo indicam objetivamente Frederico Marques[72] e Tourinho Filho,[73] é o Ministério Público.

Não pensamos assim.

72. José Frederico Marques, *Elementos de direito processual penal*, p. 344.

73. Fernando da Costa Tourinho Filho, *Manual de processo penal*, 17. ed., São Paulo, Saraiva, 2017, p. 202.

Ao contrário do que ocorre em face de delito submetido à representação do ofendido, em que há exigência expressa (CPP, art. 5º, § 4º), o art. 5º do CPP não faz referência à imprescindibilidade de requisição do Ministro da Justiça para a instauração de inquérito em relação aos delitos de ação penal condicionada a esse tipo de autorização.

Mesmo diante de tal omissão, não há divergência na doutrina a respeito da exigência de requisição do Ministro da Justiça devidamente documentada para que se possa instaurar investigação policial e eventual ação penal nas hipóteses a tanto subordinadas.

Tal qual a representação do ofendido, a requisição ministerial pode ser encaminhada ao Ministério Público ou ao delegado de polícia.

A propósito, se houver necessidade de produzir provas em regular inquérito policial, o ideal é que a requisição seja endereçada diretamente ao delegado de polícia, em homenagem à esperada celeridade.

Não havendo necessidade de produzir outras provas, por já estar acompanhada de elementos suficientes de convicção, o melhor é enviá-la diretamente ao Ministério Público.

Se a requisição for enviada a juiz de direito, com fundamento nos arts. 3º-A e 40 do CPP, ele deverá providenciar o encaminhamento do expediente ao Ministério Público, ao qual cumprirá, em última análise, verificar se é caso de oferecimento de denúncia desde logo, ou de requisitar instauração de inquérito para melhor apuração dos fatos.

7.1.3.6. Não vinculação do Ministério Público

Outra característica interessante da requisição e que merece nota é a sua *não vinculação*, de maneira que, uma vez formalizada, a ela o Ministério Público não estará vinculado, de maneira que, se o seu entendimento caminhar no sentido da não instauração da ação penal, nada o obrigará a deflagrar o processo.

Sobre o tema, é precisa a lição de Cernicchiaro, nos seguintes termos: "A lei remeteu ao Ministro da Justiça o juízo de conveniência para provocar o Ministério Público a oferecer a ação penal. Tal como acontece com o ofendido, nos casos arrolados na lei. A condição de procedibilidade não encontra obstáculo na Constituição; aliás, disciplinada pela legislação ordinária. Apesar da manifestação do interessado, somente o Ministério Público, titular da ação penal, dirá a última palavra. Caso entenda não ser o caso de crime, não deduzirá a ação".[74]

A tais considerações, acrescente-se que não só na hipótese de entender "não ser o caso de crime" é que o Ministério Público "não deduzirá a ação". Outras situa-

74. Luiz Vicente Cernicchiaro, *Questões penais*, Belo Horizonte, Del Rey, 1998, p. 3.

ções podem determinar o não ajuizamento da demanda; por exemplo, quando apesar da existência de prova do crime, não ficar devidamente esclarecida a respectiva autoria ou estiver demonstrada a incidência de causa de exclusão da ilicitude ou extinção da punibilidade.

7.1.4. Ação penal privada

Na ação privada, o direito de acusar pertence ao ofendido.

"Ela se denomina *ação privada*, porque seu titular é um particular, em contraposição à ação penal pública, em que o titular do *jus actions* é um órgão estatal: o Ministério Público."[75]

As ações penais privadas se classificam em: (*1*) **ação penal privada exclusiva** ou propriamente dita, (*2*) **ação penal privada personalíssima**, e (*3*) **ação penal privada subsidiária da pública**.

Nos precisos termos do art. 100, *caput*, do CP, o crime será de ação penal privada somente quando a lei assim dispuser expressamente.

Se a lei não tiver regra expressa em sentido contrário, a ação penal será *pública incondicionada*. Para que seja *pública condicionada* ou *privada*, deverá existir algum dispositivo de lei indicando tratar-se de uma ou outra, excepcionando a regra geral.

A natureza do direito lesado com o delito é que determina a opção do legislador em fixar a legitimação ativa em mãos do Ministério Público ou do particular; em tornar a ação de natureza pública ou privada.[76]

Se evidenciado como de maior relevo o interesse social – público, portanto –, a ação penal será de natureza pública, condicionada ou incondicionada, e sua subclassificação irá depender do grau do interesse particular envolvido.

Se o bem jurídico tutelado revelar acentuado interesse privado – particular, portanto –, e decorrer daí certa necessidade de se preservar tal interesse, o legislador adotará a opção de tornar a ação penal de natureza privada, fazendo ceder o interesse público, que sempre há em todas as pendências de natureza penal, ao interesse

75. José Frederico Marques, *Elementos de direito processual penal*, Rio de Janeiro, Forense, 1961, v. II, p. 350.

76. "Nos casos de crime contra a honra de funcionário público, *propter officium*, cabe ao ofendido optar entre representar ao Ministério Público, a fim de que este inicie a ação penal pública condicionada, ou iniciar diretamente a ação penal privada, através de queixa-crime, até porque a honra é um bem inviolável, e a lei não veda a apregoada alternatividade" (*RJTACrimSP* 42/359). "Em se tratando de crime contra a honra de funcionário público, praticado em razão de suas funções, é possível o oferecimento de queixa-crime pelo ofendido, uma vez que a proteção à honra, preconizada na Constituição Federal, não pode inibir a ação penal exclusivamente privada para o funcionário público, que possui maior interesse em manter a própria reputação, sendo admissível, portanto, a legitimidade concorrente em tal hipótese" (*RJTACrimSP* 51/32). *No mesmo sentido: RJTACrimSP* 50/198; *RJTACrimSP* 46/50; *RJTACrimSP* 45/417.

maior de preservar a vontade do ofendido no sentido de ver instaurado ou não o inquérito; de se promover ou não a ação penal respectiva.[77]

Nos casos de ação penal privada, ocorre o fenômeno jurídico denominado **substituição processual**, hipótese de legitimação ativa extraordinária, quando então o Estado transfere ao ofendido ou seu representante legal apenas a legitimação para agir; a legitimação ativa da ação penal. O querelante atua em juízo, em nome próprio, para fazer valer um direito subjetivo do Estado, que é o "direito de punir".[78]

Busca-se com tal medida privilegiar o interesse do ofendido em relação à instauração da persecução penal e evitar o *strepitus fori* ou *strepitus judicii*, que é o escândalo que o processo pode causar, apto a provocar no ofendido um mal ainda maior que o próprio delito ou aquele resultante da impunidade do ofensor como decorrência da não instauração da ação.

Referindo-se à razão de existência da ação penal privada exclusiva, Hungria assim se expressou: "(...) em certos casos, em que o bem jurídico protegido tem caráter mais privado do que público, ou em que o *strepitus judicii* pode ser mais prejudicial ao interesse do ofendido do que a impunidade do ofensor ao interesse social, é razoável que ao ofendido deve ser deixada a iniciativa ou exercício da ação penal". Em relação à ação penal privada subsidiária da pública, justificou o renomado penalista que, "seja qual for o crime, cumpre que não fique sem eficiente corretivo a possível desídia ou relapsia do Ministério Público, e a solução lógica, num regime democrático, é permitir que o ofendido, participando da atividade judiciário-penal, supra a omissão do órgão oficial".[79]

7.1.4.1. Princípios que regem a ação penal privada

As ações penais privadas têm princípios próprios e outros comuns, estes, aplicáveis a todo e qualquer tipo de ação. São eles:

7.1.4.1.1. Princípio da oportunidade ou conveniência

Contrário ao princípio da obrigatoriedade, que se aplica à ação penal pública, por força do princípio da oportunidade ou conveniência, ainda que evidenciada a ocorrência de infração penal e conhecido seu autor, o ofendido poderá ajuizar a ação penal *se e quando quiser*, desde que o faça dentro do prazo que a lei prevê.

7.1.4.1.2. Princípio da disponibilidade

Ao contrário do que ocorre em relação ao representante do Ministério Público na ação penal pública, a critério exclusivamente seu, e sem que tenha que dar contas

77. STF, HC 76.461/RS, 2ª T., rel. Min. Carlos Velloso, j. 16-6-1998, *DJ* de 4-8-1998, p. 4, *Ementário do STF* v. 01921-01, p. 129.

78. José Frederico Marques, *Elementos de direito processual penal*, Rio de Janeiro, Forense, 1961, v. II, p. 28.

79. Nelson Hungria Hoffbauer, *Novas questões jurídico-penais*, Rio de Janeiro, Editora Nacional de Direito, 1945, p. 275.

a quem quer que seja, o ofendido pode *não aproveitar o prazo decadencial* para o exercício do direito de queixa ou até *renunciar* ao exercício de tal direito.

Mesmo após o ajuizamento da ação, o querelante poderá dispor de seu conteúdo material até o trânsito em julgado da sentença condenatória, por meio do *perdão* ou da *perempção*, temas de que trataremos detalhadamente um pouco mais adiante.

Eventual renúncia, perdão ou perempção não surtirá efeito em face de ação penal privada subsidiária da pública.

7.1.4.1.3. Princípio da intranscendência

Comum a toda espécie de ação penal – pública ou privada –, em razão dele o processo (e também a pena) não pode ir além da pessoa do autor, coautor ou partícipe do delito, o que revela tratar-se de um *princípio superior de justiça*.

7.1.4.1.4. Princípio da indivisibilidade

Esse princípio também é comum a toda espécie de ação penal – pública ou privada.

No âmbito da ação penal privada, dispõe o art. 48 do CPP que: "A queixa contra qualquer dos autores do crime obrigará ao processo de todos, e o Ministério Público velará pela sua indivisibilidade".

Essa regra determina que, diante de concurso de agentes, o querelante não poderá escolher, a seu critério, quem irá ou não processar, e se assim proceder, de modo a não incluir no polo passivo da queixa todos aqueles que ali devam figurar, caberá ao Ministério Público promover o aditamento da queixa a fim de ver instaurada a ação penal contra todos os responsáveis.

Bem por isso o art. 45 do CPP a dizer que: "A queixa, ainda quando a ação penal for privativa do ofendido, poderá ser aditada pelo Ministério Público, a quem caberá intervir em todos os termos subsequentes do processo".

O prazo para o aditamento da queixa é de 3 (três) dias, contado da data em que o órgão do Ministério Público receber os autos, e, se este não se pronunciar dentro do tríduo, entender-se-á que não tem o que aditar, prosseguindo-se nos demais termos do processo (CPP, art. 46, § 2º). Há quem entenda que a não inclusão de determinada pessoa no polo passivo da queixa constitui *renúncia tácita* ao direito de queixa, e é certo que a renúncia ao exercício do direito em relação a um dos autores do crime a todos se estenderá (CPP, art. 49).

Acolhida tal forma de pensar, a situação tratada levaria à extinção da punibilidade em relação a todos os autores do delito, impossibilitando, por evidente, o aditamento da queixa pelo Ministério Público.

Necessário observar, entretanto, que a renúncia – que pode ser expressa ou tácita, conforme veremos – pressupõe sempre um *agir* de forma a evidenciar o desejo de renunciar; *uma ação* contrária ao desejo de processar.

No caso em questão, não se pode dizer, a rigor, que houve um *agir* em relação àquele(s) não incluído(s) na queixa, *mas um não agir*. Não se trata de *ação*, mas de *inação; inércia* em relação a ele(s), daí afirmarmos que não ocorre renúncia tácita.

Tourinho Filho está coberto de razão quando diz: "Tem-se alegado, quanto ao art. 48 do CPP, que, uma vez ofertada a queixa em relação a um dos querelados, extinta estará a punibilidade em relação aos demais em face da renúncia tácita.

Se a omissão de um dos querelados na queixa implicasse renúncia tácita, ganharia o reino dos céus quem explicasse a regra contida no art. 48 do CPP (...)". E arremata: "Se a queixa em relação a um 'obrigará a todos', parece óbvio que todos devem ser postos no polo passivo da relação processual".[80]

7.1.4.2. Quem pode formular queixa-crime

Ao ofendido ou a quem tenha qualidade para representá-lo caberá intentar a ação privada,[81] na expressão do art. 30 do CPP.

Se o ofendido for menor de 18 anos ou mentalmente enfermo, o direito de queixa deverá ser exercido por seu representante legal, e, no caso de não ter representante legal, ou colidirem os interesses deste com os daquele, o direito de queixa poderá ser exercido por curador especial, nomeado, de ofício ou a requerimento do Ministério Público, pelo juiz competente para o processo penal, conforme interpretação que se extrai do art. 33 do CPP, por analogia.

Com o advento do atual Código Civil,[82] não subsiste no ordenamento a regra do art. 34 do CPP, que determinava a possibilidade de oferecimento de queixa-crime pelo ofendido ou por seu representante legal, concorrentemente, quando aquele fosse menor de 21 (vinte e um) e maior de 18 (dezoito) anos. A redução da maioridade civil de 21 (vinte e um) para 18 (dezoito) anos revela que a cautela anteriormente expressa não mais se justifica.

Atualmente, o ofendido maior de dezoito anos, desde que mentalmente capaz, poderá exercer, livre e solitariamente, o direito de queixa.

No caso de morte do ofendido *antes do escoamento do prazo*, ou quando declarado ausente por decisão judicial, o direito de oferecer queixa ou prosseguir na ação passará ao cônjuge, ascendente, descendente ou irmão (CPP, art. 31). Comparecendo mais de uma pessoa com direito de queixa, a solução do impasse deverá levar em conta o disposto no art. 36 do CPP, segundo o qual terá preferência o cônjuge, e, em seguida, o parente mais próximo na ordem de enumeração do art.

80. Fernando da Costa Tourinho Filho, *Manual de processo penal*, p. 225.

81. "Em sede de delito de difamação, não havendo como precisar a data do conhecimento da autoria delitiva pelo ofendido, o prazo decadencial para o oferecimento da queixa deve iniciar-se no momento da conclusão de inquérito policial instaurado para a apuração do delito" (*RJTACrimSP* 36/185).

82. Ver o art. 5º.

31, podendo, entretanto, qualquer delas prosseguir na ação, caso o querelante desista da instância ou a abandone.

Se por ocasião da morte do ofendido já havia decorrido o prazo, não será possível a apresentação de queixa-crime, porquanto evidente a opção do extinto e a decadência do direito.

As fundações, associações ou sociedades legalmente constituídas poderão exercer o direito de queixa, devendo ser representadas por quem os respectivos contratos ou estatutos designarem ou, no silêncio destes, pelos seus diretores ou sócios-gerentes (CPP, art. 37).

No caso de ação penal privada personalíssima, somente o ofendido, e mais ninguém, poderá ajuizar queixa-crime, seja qual for a situação evidenciada.

7.1.4.3. Queixa-crime; querelante e querelado; conteúdo, prazo e destinatário

A *queixa-crime* está para a ação penal privada como a denúncia está para a ação penal pública.

Queixa-crime é o nome que se dá à petição inicial da ação penal privada.

Querelante é o autor da queixa-crime – o autor da ação privada –, que nem sempre é exatamente o ofendido, conforme vimos.

Querelado é aquele contra quem a ação privada é proposta – o autor da infração penal, e só ele.

Na elaboração da queixa-crime, é preciso que se observe o art. 41 do CPP, que não é taxativo, e por isso ela deverá conter o endereçamento ao juiz competente, a qualificação do querelante e do querelado, ou esclarecimentos pelos quais se possa identificá-lo (ver art. 259 do CPP), a exposição do fato com todas as suas circunstâncias, a classificação do crime, pedido de citação e condenação ao final do devido processo legal e, quando necessário, o rol das testemunhas com as quais se pretende provar o teor da acusação.

É preciso, ainda, que a queixa-crime seja redigida na língua nacional, datada e assinada pelo advogado do querelante, que nela deverá estar identificado.

Deve ser apresentada *em juízo* no prazo decadencial de seis meses, contado, em regra, do dia em que o ofendido tomou conhecimento de quem foi o autor do delito, ou, no caso de ação penal privada subsidiária da pública, do dia em que se esgotar o prazo para o oferecimento da denúncia.

O prazo decadencial é para o oferecimento da queixa, e não para seu recebimento pelo juiz.[83]

No caso de morte do ofendido, a ação penal privada poderá ser ajuizada pelo cônjuge, ascendente, descendente ou irmão, no prazo de seis meses, conta-

83. STF, RHC 85.951/PR, 2ª T., rel. Min. Gilmar Mendes, j. 7-2-2006, *DJe* de 3-3-2006.

do da data em que um dos sucessores tomou conhecimento de quem foi o autor do delito, conforme decorre do disposto no parágrafo único do art. 38 do CPP.

Se qualquer dos sucessores legitimados deixar transcorrer o prazo sem o ajuizamento da queixa, deverá ser julgada extinta a punibilidade, visto não ser concebível a infinita multiplicidade de prazos. Não haverá, portanto, um prazo para cada sucessor legitimado.

É oportuna a observação feita por CAPEZ quando afirma: "Na hipótese de crime continuado, o prazo incidirá isoladamente sobre cada crime (*RT* 523/418), iniciando-se a partir do conhecimento da respectiva autoria (despreza-se a continuidade delitiva para esse fim). No crime permanente, o prazo começa a partir do primeiro instante em que a vítima tomou conhecimento da autoria, e não a partir do momento em que cessou a permanência (não se aplica, portanto, a regra do prazo prescricional). Finalmente, nos crimes habituais, inicia-se a contagem do prazo a partir do último ato".[84]

Nos crimes contra a propriedade imaterial que deixam vestígios, nos moldes do art. 529 do CPP, requerida busca e apreensão e exame pericial, o ofendido disporá do prazo de 30 (trinta) dias para o oferecimento de queixa. Aqui a contagem do prazo se inicia na data de intimação da homologação do laudo.

O crime previsto no art. 236 do CP tem prazo especial, pois a ação penal só pode ser ajuizada depois de transitar em julgado a sentença que, por motivo de erro ou impedimento, anular o casamento realizado com violação à lei.

Em qualquer das variantes tratadas, por ser decadencial, o prazo não pode ser suspenso ou prorrogado, mesmo quando o termo final coincidir com sábado, domingo ou feriado, sendo inaplicável o disposto no art. 798, § 3º, do CPP.

Trata-se de *prazo fatal*. Iniciada a contagem, fluirá até que seja interrompido com a apresentação da queixa-crime em juízo, ou até a extinção da punibilidade em relação ao autor do delito (CP, art. 107, IV).

Na contagem do prazo decadencial, segue-se a regra do art. 10 do CP, segundo o qual deve ser computado o dia do começo e excluído o dia final.

Como petição inicial que é, só pode ser apresentada em juízo, e essa advertência se faz necessária para afastar a confusão que se tem feito amiúde por conta da expressão vulgarmente utilizada quando se diz *dar queixa contra alguém na delegacia*.

A expressão *dar queixa contra alguém na delegacia*, tecnicamente, de queixa-crime nada tem, e não passa de simples comunicação de delito e pedido de instauração de inquérito ou termo circunstanciado visando à apuração dos fatos.

Ainda que a eventual petição feita e assinada por advogado e intitulada de queixa-crime venha ser endereçada a delegado de polícia, não há falar, tecnicamente, em queixa-crime e, portanto, o prazo fatal para seu oferecimento em juízo – como petição inicial que é – estará fluindo ininterruptamente.

84. FERNANDO CAPEZ, *Curso de processo penal*, p. 195.

Comunicado o fato e postulada a instauração de inquérito para sua apuração, *as investigações deverão estar concluídas e a queixa-crime ofertada em juízo dentro do prazo decadencial*, daí a necessidade de se ficar atento à imprescindível celeridade das providências quando se estiver diante de crime de ação penal privada.[85]

7.1.4.4. O Ministério Público e o art. 19 do CPP

Concluídas as investigações, os autos de inquérito ou termo circunstanciado em que se materializar serão remetidos ao fórum, onde o juiz competente determinará se proceda à abertura de vista ao Ministério Público a fim de que se manifeste, ocasião em que, observada a natureza da ação penal e o disposto no art. 19 do CPP, referido órgão deverá requerer que os autos aguardem em cartório/ambiente eletrônico a iniciativa do ofendido ou de quem de direito dentre os legitimados ativamente.

7.1.4.5. Procurador com poderes especiais

Ensinou ESPÍNOLA FILHO que: "O exercício do direito de queixa, instaurando ação penal, pode chegar a acarretar, para o querelante, consequências muito sérias, até o extremo da responsabilidade criminal, por ter feito imputação falsa de crime a outrem, e, por isso, para evitar possa a parte vir a ser prejudicada por excessos do seu mandatário, quando tenha exorbitado dos poderes recebidos, é uma preocupação constante do Direito Processual Penal reclamar, a fim de que alguém ofereça, legitimamente, queixa, como procurador do ofendido, do cônjuge ou de parente deste, haja, no instrumento de mandato, poderes especiais para isso".[86]

Quando do oferecimento da queixa-crime, de rigor estrita observância ao que determina o art. 44 do CPP,[87] segundo o qual a queixa poderá ser dada por procura-

---

85. Em sentido contrário, já se decidiu que: "No caso de ser ela antecedida de inquérito policial (pedido de providências) deve o prazo ser apurado a partir da conclusão oficial deste procedimento preparatório" (STF, RHC 85.951/PR, 2ª T., rel. Min. Gilmar Mendes, j. 7-2-2006, *DJe* de 3-3-2006).

86. EDUARDO ESPÍNOLA FILHO, *Código de Processo Penal brasileiro anotado*, 3. ed., Rio de Janeiro, Borsoi, 1954, v. I, p. 434.

87. "A procuração outorgada ao advogado do querelante, ao se limitar a dar o *nomen iuris* dos crimes que a queixa atribui ao querelado, não atende à finalidade a que visa o art. 44 do Código de Processo Penal, e que é a da fixação da responsabilidade por denunciação caluniosa no exercício do direito personalíssimo de queixa" (STF, Inq 1.696/SP, Tribunal Pleno, rel. Min. Moreira Alves, j. 27-11-2002, *DJe* de 7-3-2003).

"Se de um lado o art. 44 do Código de Processo Penal impõe a formalidade alusiva à menção ao fato criminoso, de outro, tem-se a necessidade de buscar-se a *mens legis* do preceito. Mostra-se regular a representação processual quando o instrumento de mandato consigna a outorga de poderes para a propositura de queixa-crime, nomeando-se o querelado e indicando-se, com especificidade, as vítimas, bem como o preceito legal em que o primeiro estaria incurso, vindo o outorgante a subscrever a inicial da referida queixa" (STF, HC 73.888/SC, 2ª T., rel. Min. Marco Aurélio, j. 13-8-1996, *DJe* de 4-10-1996).

"A indicação na procuração do nome do querelado e do dispositivo legal correspondente ao suposto fato delituoso, bem assim a elementos suficientes à compreensão da imputação, é suficiente para atender a regra do art. 44 do Código de Processo Penal" (STF, RHC 85.951/PR, 2ª T., rel. Min. Gilmar Mendes, j. 7-2-2006, *DJe* de 3-3-2006).

dor com poderes especiais, devendo constar do instrumento do mandato o nome do querelado[88] e a menção do fato criminoso, salvo quando tais esclarecimentos dependerem de diligências que devem ser previamente requeridas no juízo criminal.

Não há necessidade de narrativa circunstanciada do fato, sendo suficiente singela menção ao tipo de delito que se pretende imputar na queixa.[89]

Há quem entenda que a ausência da procuração ou mesmo eventuais omissões nela existentes só poderão ser sanadas dentro do prazo decadencial, pois, vencido este, restará extinta a punibilidade.

Nesse sentido, anota Damásio E. de Jesus que "as omissões da procuração em ação penal privada podem a todo tempo ser sanadas, mas dentro do prazo decadencial (*RT* 514/334 e 432/285; TACrimSP, *HC* 253.660, *RJDTACrimSP* 21/358, ACrim 1.109.549, *RJTACrimSP* 42/221-5 e RSE 1.167.563, *RT* 775/615)".[90]

Observada a *finalidade asseguradora* da regra disposta no art. 44, claramente explicada por Espínola Filho, e verificado o disposto no art. 568 do CPP, segundo o qual "a nulidade por ilegitimidade do representante da parte poderá ser a todo tempo sanada, mediante ratificação dos atos processuais", estamos convencidos de que eventual irregularidade da representação do querelante comporta regularização, mesmo depois de vencido o prazo decadencial, cujo termo fatal alcança apenas o ajuizamento da ação propriamente dita.

Há mais.

Se até mesmo eventual omissão observada na queixa-crime comporta regularização a qualquer tempo, antes da sentença final, tal como disciplina o art. 569 do CPP, não tem sentido lógico deixar de admitir que se faça – a qualquer tempo, antes da sentença – a regularização de falha identificada na representação processual, mesmo depois de vencido o prazo decadencial.

Ao dispor sobre a matéria da maneira escolhida, o objetivo do legislador não foi o de criar entrave ao exercício do direito de ação, mas tão somente determinar que fique expresso no instrumento os limites do mandato, como forma de resguardar interesses do outorgante e do outorgado.

---

88. Na redação do art. 44 do CPP, consta a necessidade de menção ao nome do *querelante*, mas é evidente o erro de grafia, já que não é possível imaginar que alguém outorgue procuração em que não conste seu próprio nome. O correto, portanto, é entender que a referência diz respeito ao nome do *querelado*.

89. STF, HC 111.916 AgR/SP, 2ª T., rel. Min. Teori Zavascki, j. 15-12-2015, *DJe* n. 28, de 16-2-2016. "'A procuração outorgada pelo querelante ao seu advogado, para fins de ajuizamento de queixa-crime, não requer a descrição pormenorizada do fato criminoso, bastando, no dizer do art. 44 do CPP, a menção a ele, a qual se perfaz tanto com a indicação do artigo de lei como do *nomen juris* do crime no qual incidiram, em tese, os querelados' (RHC n. 69.301/MG, rel. Min. Maria Thereza de Assis Moura, 6ª T., j. 2-8-2016, *DJe* de 9-8-2016)" (STJ, AgRg no RHC 93.319/SP, 6ª T., rel. Min. Antonio Saldanha Palheiro, j. 10-4-2018, *DJe* de 16-4-2018).

90. *Código de Processo Penal anotado*, 23. ed., São Paulo, Saraiva, 2009, p. 60.

Note-se, por fim, que, se o querelante assinar conjuntamente com o advogado a queixa-crime, estará mais que evidenciada sua anuência aos termos da acusação lançada contra o querelado, de maneira a revelar que eventual irregularidade no instrumento de procuração deverá ser desconsiderada, porquanto atingida a finalidade visada pelo art. 44 do CPP.

7.1.4.6. Ação penal privada exclusiva e ação penal privada personalíssima

Ação penal privada exclusiva ou propriamente dita é aquela que pode ser proposta pelo ofendido, por seu representante legal (sendo caso), ou qualquer dentre os demais legitimados anteriormente apontados, nas situações indicadas (CPP, arts. 30, 31, 33, 36 e 37).

São exemplos de crimes de ação penal privada exclusiva, dentre outros: calúnia, difamação e injúria (CP, arts. 138, 139 e 140, observadas as regras do art. 145 do mesmo *Codex*); dano (CP, art. 163, *caput* e parágrafo único, IV); fraude à execução (CP, art. 179, parágrafo único) e exercício arbitrário das próprias razões (CP, art. 345, parágrafo único).

Personalíssima é a ação penal privada que só pode ser ajuizada pelo próprio ofendido e ninguém mais.

No ordenamento jurídico brasileiro, apenas o crime do art. 236 do CP (induzimento a erro essencial e ocultação de impedimento para o casamento) é de ação penal privada personalíssima, estando a legitimidade ativa para a queixa-crime em mãos do cônjuge enganado (CP, art. 236, parágrafo único). Outra hipótese prevista tratava do crime de adultério (CP, art. 240), mas em relação a este ocorreu *abolitio criminis* com o advento da Lei n. 11.106/2005.

Na ação personalíssima, não há qualquer possibilidade de atuação de outrem em nome do ofendido, seja qual for a real situação.

Mesmo se o ofendido for portador de doença mental que o impeça de exercer capacidade processual (legitimação *ad processum*), não será cabível queixa-crime ofertada por outrem. Nesse caso, enquanto não recuperar a capacidade mental, não correrá o prazo decadencial para o ofendido, mas a prescrição fluirá em favor do autor do delito, podendo levar, por esse caminho, à extinção da punibilidade (CP, art. 107, IV).

No caso de morte do cônjuge ofendido, extingue-se a punibilidade em relação ao autor do crime tipificado no art. 236 do CP, não havendo falar em legitimação sucessiva, pois inaplicável a regra do art. 31 do CPP.

7.1.4.7. Ação penal privada subsidiária da pública

Nos precisos termos do art. 29 do CPP, "será admitida ação privada nos crimes de ação pública, se esta não for intentada no prazo legal".[91]

91. O art. 100, § 3º, do CP, também dispõe sobre o cabimento de ação penal privada subsidiária da pública.

Embora o texto expresso se refira apenas ao não oferecimento de denúncia, o correto é entender que somente a absoluta inércia do Ministério Público,[92] de modo a não se pronunciar sobre o caso dentro do prazo fixado em lei, é que autoriza a *legitimação concorrente* do ofendido. Havendo qualquer pronunciamento ministerial[93] (pedido de diligências; promoção de arquivamento; de remessa dos autos a outro Juízo etc.), ficará descartado o cabimento de ação penal privada subsidiária da pública, cuja base constitucional repousa no art. 5º, LIX, da atual Carta Política.

Vencido o prazo para o Ministério Público, inicia-se no dia seguinte a contagem do prazo decadencial para o ajuizamento da queixa-crime.[94]

Na correta observação de Choukr, "ainda que se rotule esse exercício de direito de ação como de iniciativa privada, indicando-se que a peça inicial se trata de uma queixa-crime e que seu legitimado deva ser rotulado de querelante, a natureza jurídica do instituto encaminha-se, sem sombra de dúvidas, para a ação de legitimação pública na sua forma de persecução",[95] tanto isso é exato que o Ministério Público poderá, ainda nos termos do art. 29 do CPP, aditar a queixa, repudiá-la e oferecer denúncia substitutiva, intervir em todos os termos do processo, fornecer elementos de prova, interpor recurso e, a todo tempo, no caso de negligência do querelante, retomar a ação como parte principal.

Disso se extrai que na hipótese tratada:

(*1*) mesmo após o vencimento do prazo previsto em lei para sua manifestação e verificada a inércia daquele que poderia intentar a ação penal subsidiária, o representante do Ministério Público poderá oferecer denúncia, requerer diligências ou promover o arquivamento dos autos etc., pois a legitimação concedida ao ofendido é concorrente e não retira a legitimação do Ministério Público;

---

92. STF, Inq 2.242 AgR/DF, Tribunal Pleno, rel. Min. Eros Grau, j. 7-6-2006, *DJe* de 25-8-2006; STF, HC 70.029/CE, Tribunal Pleno, rel. Min. Marco Aurélio, j. 31-3-1993, *DJe* de 13-8-1993.

93. "Recurso extraordinário com agravo. Repercussão geral. Constitucional. Penal e processual penal. Inquérito policial relatado remetido ao Ministério Público. Ausência de movimentação externa ao *Parquet* por prazo superior ao legal (art. 46 do Código de Processo Penal). Surgimento do direito potestativo a propor ação penal privada. Questão constitucional resolvida no sentido de que: (i) o ajuizamento da ação penal privada pode ocorrer após o decurso do prazo legal, sem que seja oferecida denúncia, ou promovido o arquivamento, ou requisitadas diligências externas ao Ministério Público. Diligências internas à instituição são irrelevantes; (ii) a conduta do Ministério Público posterior ao surgimento do direito de queixa não prejudica sua propositura. Assim, o oferecimento de denúncia, a promoção do arquivamento ou a requisição de diligências externas ao Ministério Público, posterior ao decurso do prazo legal para a propositura da ação penal, não afastam o direito de queixa. Nem mesmo a ciência da vítima ou da família quanto a tais diligências afasta esse direito, por não representar concordância com a falta de iniciativa da ação penal pública. Reafirmação da jurisprudência do Supremo Tribunal Federal" (STF, ARE 859.251 RG/DF, Tribunal Pleno, rel. Min. Gilmar Mendes, j. 16-4-2015, *DJe* n. 094, de 21-5-2015).

94. STF, AO 191/PE, Tribunal Pleno, rel. Min. Marco Aurélio, j. 20-4-1994, *DJ* de 17-6-1994, p. 15.706.

95. Fauzi Hassan Choukr, *Processo penal à luz da Constituição*, São Paulo, Edipro, p. 191.

(2) ofertada queixa subsidiária, *o Ministério Público atuará nos autos como parte secundária* e poderá aditá-la para ajustá-la à realidade fático-jurídica e, inclusive, incluir *corréu* que eventualmente não tenha sido nela apontado como corresponsável pelo delito, quando deveria;

(3) *poderá ocorrer denúncia substitutiva*: se a queixa-crime for inaproveitável, por ser inepta e de complexa correção, poderá o Ministério Público ofertar denúncia substitutiva da queixa, que então será desconsiderada;

(4) excepcionalmente, se o ofendido deixar escoar seu prazo decadencial, tal situação não acarretará a extinção da punibilidade do agente por força da decadência. Como efeito da decadência, nesse caso, ocorrerá apenas a perda pelo ofendido do direito de oferecer queixa subsidiária, e o Ministério Público continuará legitimado – pois, na essência, a ação penal é pública – e poderá ser oferecida denúncia a qualquer tempo, enquanto não estiver extinta a punibilidade;

(5) se o ofendido ajuizar a queixa subsidiária no prazo legal e depois abandonar o processo, não ocorrerá perempção (CPP, art. 60), visto que tal causa de extinção da punibilidade só tem incidência nas ações em que *somente* se procede mediante queixa, e, no caso em testilha, a rigor, procede-se mediante denúncia, só excepcionalmente mediante queixa.

Evidenciada negligência do querelante subsidiário, caberá ao Ministério Público retomar a ação como *parte principal*.

7.1.4.8. Renúncia ao exercício do direito de queixa

Nas ações penais privadas, vigorante o princípio da oportunidade ou conveniência, cabe exclusivamente ao ofendido, em regra, optar por formular ou não queixa-crime contra seu ofensor, e na hipótese de optar pelo ajuizamento deverá fazê-lo dentro do prazo decadencial.

O não aproveitamento do prazo decadencial leva à extinção da punibilidade do agente, por força do disposto no art. 107, IV, do CP, e nada restará a fazer em relação a ele na seara penal.

Pode também o ofendido *renunciar ao exercício do direito de ofertar queixa-crime* contra seu ofensor, devendo fazê-lo, nesse caso, dentro do prazo decadencial, o que pressupõe não tenha ainda escoado (pois não se renuncia a direito de que não mais se dispõe).

A renúncia é, pois, na expressão de TOURINHO FILHO, a abdicação do direito de oferecer queixa-crime, da faculdade de ajuizar a ação penal privada.[96]

O direito de queixa não pode ser exercido quando renunciado expressa ou tacitamente (CP, art. 104).

96. FERNANDO DA COSTA TOURINHO FILHO, *Processo penal*, 23. ed., São Paulo, Saraiva, 2003, p. 585.

A renúncia necessariamente antecede o oferecimento da queixa-crime, por isso sempre será *extraprocessual*, feita fora do processo – até porque, para que aquela ocorra, este não poderá existir – se existir, o instituto jurídico será o do *perdão*, e não renúncia. Iniciada a ação penal, não há falar em renúncia.

A renúncia pode ser *expressa* ou *tácita*.

A *renúncia expressa* constará de declaração assinada pelo ofendido, por seu representante legal ou procurador com poderes especiais (CPP, art. 50).

Não há necessidade de que o representante legal ou o procurador seja advogado ou disponha de habilitação técnica. Basta que seja pessoa maior de dezoito anos e capaz.

A *renúncia tácita* decorre da prática de qualquer ato incompatível com o desejo de oferecer queixa-crime contra o autor do delito, podendo ser demonstrado por todos os meios de prova lícita (CPP, art. 57).

O recebimento, pelo ofendido, de indenização do dano causado não configura renúncia ao exercício do direito de queixa (CP, art. 104).

Configura renúncia tácita, por outro vértice, aceitar convite do agressor para ser seu padrinho de casamento, ou de batismo de um filho seu.

Havendo pluralidade de ofendidos, a renúncia de um em nada influenciará no direito do outro.

Na hipótese de morte do ofendido ou quando declarado ausente por decisão judicial, a renúncia de um dos sucessores legitimados pelo art. 31 do CPP (cônjuge, ascendente, descendente ou irmão) não atingirá o direito do outro.

Cumpre observar, por fim, que desde a vigência do atual art. 5º do Código Civil foi revogado o parágrafo único do art. 50 do CPP, de maneira que não há falar em conflito entre o desejo do ofendido que estiver entre 18 e 21 anos e o desejo de seu representante legal.

O indivíduo com 18 anos e mentalmente apto é considerado capaz para todos os atos da vida civil e, portanto, não necessita da intervenção de representante legal, daí por que desprezada eventual opinião de terceiros a respeito dos fatos.

A renúncia é ato unilateral do ofendido, titular do direito de queixa, pois prescinde da aceitação do apontado autor do delito.

Com vistas a evitar inadmissível ofensa ao princípio da indivisibilidade da ação penal privada, dispõe o art. 49 do CPP que: "A renúncia ao exercício do direito de queixa, em relação a um dos autores do crime, a todos se estenderá".

7.1.4.9. Perdão do ofendido

Decorre ainda do *princípio da disponibilidade* da ação penal privada que, mesmo depois de ajuizada a queixa-crime, poderá o ofendido-querelante perdoar o ofensor-querelado e com isso abrir mão do processo; abdicar do direito de prosseguir com a ação penal.

Na letra do art. 105 do CP, "o perdão do ofendido, nos crimes em que somente se procede mediante queixa, obsta ao prosseguimento da ação".

O perdão do ofendido só é cabível, portanto, nos casos em que *somente* se procede mediante queixa. Vale dizer: só é cabível em face de (1) *ação penal privada exclusiva* ou (2) *ação penal privada personalíssima*.

Disso se extrai não ser cabível em caso de *ação penal privada subsidiária da pública*, visto que esta, a rigor, por ser pública na essência, deveria ter sido iniciada por denúncia do Ministério Público (portanto, não se trata de ação que *somente* se procede mediante queixa), mas apenas em razão da inércia do referido órgão tornou-se cabível a queixa subsidiária.

Se mesmo assim o querelante perdoar o querelado, caberá ao Ministério Público retomar a ação como parte principal (CPP, art. 29), do que decorre afirmar que tal perdão não surtirá qualquer efeito sobre o destino do processo; não acarretará extinção da punibilidade.

Como manifestação de vontade do querelante, o perdão é ato unilateral; todavia, para que possa surtir efeito jurídico é imprescindível seja ele aceito pelo querelado, do que resulta afirmar que para aperfeiçoar-se como causa de extinção da punibilidade *constitui ato bilateral*: *pressupõe a concessão por parte do querelante e a aceitação do querelado*.

O perdão poderá ser aceito por procurador com poderes especiais (CPP, art. 55).

Nos termos do art. 106 do CP, o perdão pode ser: (1) *processual* ou (2) *extraprocessual*; (3) *expresso* ou (4) *tácito*.

(1) *Perdão processual* é aquele concedido dentro dos autos do processo em que se faz a acusação que constitui objeto da indulgência do querelante.

(2) *Perdão extraprocessual*, ao contrário, é aquele concedido fora do processo, e que deverá ser levado ao processo em momento seguinte, para que possa *eventualmente* acarretar extinção da punibilidade.

(3) *Perdão expresso* é o perdão feito por documento escrito.

(4) *Perdão tácito* é aquele que resulta da prática de ato incompatível com a vontade de prosseguir na ação penal (CP, art. 106, § 1º).

O perdão processual é sempre expresso, porquanto materializado dentro do processo.

O perdão extraprocessual pode ser expresso ou tácito.

O perdão extraprocessual expresso deve constar de declaração assinada pelo ofendido, por seu representante legal ou procurador com poderes especiais (CPP, art. 56 c.c. o art. 50).

O perdão tácito admite todos os meios de prova (CPP, art. 57).

Haverá perdão tácito, por exemplo, se o querelante convidar o querelado para ser seu padrinho de casamento ou padrinho de batismo de filho seu, visto que tais manifestações de estima e consideração pessoal positiva, permeadas que são de respeito e sentimentos nobres, são absolutamente incompatíveis com o desejo de continuar com o processo contra aquele que fora publicamente distinguido.

No caso de pluralidade de querelados, se o perdão for concedido a qualquer deles, a todos aproveitará, e isso por força do disposto nos arts. 51 do CPP e 106, I, do CP, que estão em consonância com o princípio da indivisibilidade da ação penal.

Não fosse assim, para burlar o princípio da indivisibilidade e o art. 48 do CPP, o querelante poderia oferecer queixa contra todos e depois escolher a quem perdoar, o que é inaceitável.

O perdão não surtirá efeito, contudo, em relação àquele que eventualmente não o aceitar, prosseguindo o processo contra este em seus ulteriores termos (CPP, art. 51, parte final; CPP, art. 106, III).

No caso de pluralidade de querelantes, se concedido por um deles, não prejudica o direito dos outros (CP, art. 106, II).

Com o advento do atual Código Civil, que reduziu a maioridade civil de 21 para 18 anos, ocorreu revogação tácita dos arts. 52 e 54 do CPP; de tal sorte, o maior de 18 anos que for mentalmente capaz poderá conceder e aceitar perdão livremente, independentemente do assentimento de quem quer que seja, pois não se sujeita mais à assistência de representante legal.

Se o querelado for mentalmente enfermo ou retardado mental e não tiver representante legal, ou colidirem os interesses deste com os do querelado, a aceitação do perdão caberá ao curador que o juiz lhe nomear (CPP, art. 53).

A aceitação do perdão pode ser *(1) processual*; *(2) extraprocessual*; *(3) expressa*; ou *(4) tácita*.

Concedido o perdão, mediante declaração expressa nos autos, o querelado será intimado a dizer, dentro de três dias, se o aceita, devendo, ao mesmo tempo, ser cientificado de que o seu silêncio importará aceitação (CPP, art. 58, *caput*). Aceito o perdão, o juiz julgará extinta a punibilidade (CPP, art. 58, parágrafo único).

A aceitação processual pode ser expressa, quando manifestada expressamente nos autos do processo, *ou tácita*, no caso de inércia nos moldes indicados no art. 58, *caput*, do CPP.

A aceitação extraprocessual expressa deverá ser comunicada nos autos do processo a fim de que o juiz possa julgar extinta a punibilidade, mas isso não lhe retira a natureza extraprocessual, porque o que se leva em conta na classificação apresentada é o ambiente em que verificada: dentro ou fora do processo.

A aceitação extraprocessual expressa deve constar de declaração assinada pelo querelado, por seu representante legal ou procurador com poderes especiais (CPP, art. 59).

Muito embora a legislação silencie a respeito, é possível a *aceitação extraprocessual tácita de perdão tácito*, o que se verificará, por exemplo, na hipótese em que, após a instauração do processo, o querelante convidar o querelado para ser padrinho de batismo de seu filho e o convite for aceito.

Comunicada e provada tal situação nos autos (CPP, art. 57), caberá ao juiz julgar extinta a punibilidade em razão do perdão aceito.

Em resumo: (*1*) o perdão processual, que é sempre expresso, comporta aceitação tácita ou expressa, e (*2*) o perdão extraprocessual, que pode ser tácito ou expresso, comporta aceitação tácita ou expressa.

O perdão pode ser concedido mesmo depois de proferida sentença condenatória, enquanto não se verificar seu trânsito em julgado (CP, art. 106, § 2º).

Pode parecer estranho à primeira vista o querelado recusar o perdão do querelante, já que a aceitação terminaria com o processo instaurado e afastaria definitivamente a possibilidade de eventual condenação pelo delito imputado.

Mas não é bem assim.

Pode ocorrer que a acusação seja temerária, inconsistente ou até mesmo falsa, e o querelado pretenda ver julgado o mérito da ação contra ele proposta, isso por questão de honra ou até mesmo por força de repercussões financeiras decorrentes do imbróglio.

Perdoa quem acredita ser vítima.

Aceita o perdão aquele que se considera culpado e, por isso, em situação de ser *perdoado* por aquele que injustamente ofendeu.

7.1.4.10. Perempção

Já vimos que o particular ofendido pode dispor da ação penal privada pelo não aproveitamento do prazo decadencial, pela renúncia e pelo perdão.

Falta agora estudarmos a *perempção*, outra forma de disposição da ação penal privada que também constitui causa de extinção da punibilidade (CP, art. 107, IV).

A perempção é uma sanção jurídica processual que se impõe ao querelante como consequência de sua desídia frente aos rumos do processo instaurado por iniciativa sua.

Ensina Gustavo Badaró que "perimir é matar, extinguir, destruir. Assim, a perempção é a extinção do direito de ação, pelo desinteresse ou negligência do querelante em prosseguir na ação".[97]

97. Gustavo Henrique Badaró, *Direito processual penal*, São Paulo, Elsevier-Campus Jurídico, 2008, t. I, p. 91.

Da mesma forma que o perdão, a perempção pressupõe tenha sido ofertada a queixa-crime dentro do prazo legal. Reclama a existência de ação penal privada em curso.

Não cabe perempção se o processo versar sobre crime de ação penal pública, pois, conforme explicita o art. 60, *caput*, do CPP, admite-se perempção apenas nos casos em que *somente* se procede mediante queixa, valendo aqui, nesse particular, as mesmas reflexões que já fizemos quando do estudo do perdão.

Disso decorre que não é cabível perempção em face de ação penal privada subsidiária da pública, pois, caso o querelante a abandone, o Ministério Público assumirá a ação como parte principal.

Nos precisos termos do art. 60 do CPP, considera-se perempta a ação penal:

> I – quando, iniciada esta, o querelante deixar de promover o andamento do processo durante 30 dias seguidos;
>
> II – quando, falecendo o querelante, ou sobrevindo sua incapacidade, não comparecer em juízo, para prosseguir no processo, dentro do prazo de 60 (sessenta) dias, qualquer das pessoas a quem couber fazê-lo, ressalvado o disposto no art. 36;
>
> III – quando o querelante deixar de comparecer, sem motivo justificado, a qualquer ato do processo a que deva estar presente, ou deixar de formular o pedido de condenação nas alegações finais;
>
> IV – quando, sendo o querelante pessoa jurídica, esta se extinguir sem deixar sucessor.

A perempção permite que o querelante disponha da ação penal privada exclusiva ou personalíssima mesmo sem o consentimento do querelado, e isso pode levar à seguinte situação: o querelante perdoa o querelado, mas este não aceita o perdão, pois quer ver julgado o mérito da ação contra ele proposta. Em seguida, o querelante abandona propositadamente o processo de modo a ensejar a extinção da punibilidade pela perempção, e, portanto, sem julgamento do mérito, sem que contra isso possa se opor juridicamente o querelado.

7.1.4.11. Intervenção fiscalizadora do Ministério Público nas ações penais privadas

O Ministério Público atua no processo penal ora como parte (quando legitimado ativamente, propõe a ação penal), ora como *custos legis* (fiscal da lei). Nessa última hipótese, terá a incumbência de fiscalizar a aplicação da lei sob todos os ângulos.

É inegável que nas ações penais de natureza pública condicionada ou incondicionada, o Ministério Público será parte no processo, e isso decorre de sua inafastável legitimidade ativa para a demanda. Decorre daí a obrigatoriedade de sua intervenção em tal modalidade de ação.

Mesmo diante de ação penal privada subsidiária da pública, em que o objeto jurídico da tutela penal é essencialmente de natureza pública e o Estado só outorga ao particular a iniciativa da ação penal ante a inércia do órgão do Ministério Público, este continuará no processo como parte ativa secundária, e retomará a ação como parte principal no caso de ser ela abandonada.

Se, não obstante a expressa disposição legal, eventual ação penal privada tramitar sem a intervenção do Ministério Público, mesmo após o trânsito em julgado de eventual sentença condenatória o *decisum* poderá ser rescindido por *habeas corpus*, visto ser manifesta a nulidade absoluta, matéria, aliás, de ordem pública, e que por isso comporta até mesmo reconhecimento *ex officio*.

Constatado o constrangimento ilegal decorrente de condenação imposta em processo nulo, o mínimo que se pode fazer é conceder liminar em *habeas corpus* ou mesmo *habeas corpus ex officio* para corrigir, sem maiores delongas, a injustiça advinda de visceral e evidente causa de nulificação.

8. Causas de Extinção da Punibilidade

O art. 107 do CP, que não é taxativo, mas apenas exemplificativo, elenca diversas causas de extinção da punibilidade, dentre as quais estão a prescrição,[98] a decadência, a perempção e a morte do agente.

Este tema diz respeito a matéria penal, por isso limitaremos nossa abordagem ao que vem tratado no CPP.

Das causas de extinção da punibilidade anteriormente analisadas, calha citar que, enquanto o *não aproveitamento do prazo decadencial* e a *renúncia* impedem o ajuizamento da queixa-crime, o *perdão* e a *perempção* pressupõem tenha ela sido ofertada.

Não se deve confundir o perdão do querelante, que uma vez aceito leva à extinção da punibilidade (CP, art. 107, V), com o perdão judicial que pode ser concedido em certos casos (CP, art. 107, IX).

A extinção da punibilidade pode e deve ser declarada de ofício pelo magistrado em qualquer fase do processo, tempo ou grau de jurisdição.

No caso de morte do acusado, entretanto, seja a ação penal pública ou privada, o juiz só poderá julgar extinta a punibilidade depois de juntada aos autos a respectiva certidão do assento de óbito e colhida a prévia manifestação do Ministério Público a respeito (CPP, art. 62).

É preciso redobrada cautela nesses casos, pois, se a certidão for falsa e ainda assim o juiz julgar extinta a punibilidade, o processo não poderá ser reaberto, restando apenas a possibilidade de buscar a responsabilização criminal daqueles que falsificaram e usaram o documento.

98. "A prescrição, em Direito Penal, é matéria de ordem pública, podendo ser arguida a qualquer tempo, e, por ser ela causa extintiva de punibilidade (CP, art. 107, IV), deve ser reconhecida de ofício (CPP, art. 61). Precedentes" (STF, RHC 129.996/PE, 2ª T., rel. Min. Dias Toffoli, j. 2-8-2016, *DJe* n. 177, de 22-8-2016).

9. Custas Processuais, Taxa Judiciária e Sucumbência

Na hipótese de ação penal pública, condicionada ou incondicionada, o Ministério Público não está obrigado a pagar custas e taxas iniciais ou finais, ainda que a ação venha a ser julgada improcedente.

Como órgão do Estado que age no interesse da sociedade, não teria sentido lógico ou jurídico impor tal ônus ao *dominus litis* da ação penal pública.

O ofendido também não está obrigado a pagar custas processuais na hipótese de ação penal pública.

Em sede de ação penal privada, a situação é diferente e há regra expressa a respeito.

Dispõe o art. 806 do CPP que, salvo no caso de comprovada pobreza, "nas ações intentadas mediante queixa, nenhum ato ou diligência se realizará, sem que seja depositada em cartório a importância das custas" (*caput*).

Na dicção do § 1º do art. 806, nenhum ato requerido *no interesse da defesa* será realizado, sem o prévio pagamento das custas, salvo se o acusado for pobre, regra evidentemente inconstitucional, por colidir com o princípio ou garantia fundamental que assegura a ampla defesa.

Para a acusação, a falta de pagamento das custas, nos prazos fixados em lei ou marcados pelo juiz, importará renúncia à diligência requerida ou deserção do recurso interposto (§ 2º).

A falta de qualquer prova ou diligência que deixe de realizar-se em virtude do não pagamento de custas não implicará a nulidade do processo, se a prova de pobreza do acusado só posteriormente foi feita (§ 3º).

No Estado de São Paulo, dispõe o art. 4º, § 9º, da Lei n. 11.608/2003 que: "Nas ações penais, salvo aquelas de competência do Juizado Especial Criminal – JECRIM, em primeiro grau de jurisdição, o recolhimento da taxa judiciária será feito da seguinte forma: *a)* nas ações penais, em geral, o valor equivalente a 100 (cem) UFESPs, será pago, a final, pelo réu, se condenado; *b)* nas ações penais privadas, será recolhido o valor equivalente a 50 (cinquenta) UFESPs no momento da distribuição, ou, na falta desta, antes do despacho inicial, bem como o valor equivalente a 50 (cinquenta) UFESPs no momento da interposição do recurso cabível, nos termos do disposto no § 2º do art. 806 do Código de Processo Penal".

Por fim, importante mencionar que "a jurisprudência consolidada do Superior Tribunal de Justiça é firme no sentido de ser possível a condenação do vencido na ação penal privada ao pagamento de honorários sucumbenciais, o que resulta da aplicação da analogia e dos princípios gerais do Direito, consoante previsto no art. 3º do Código de Processo Penal".[99]

99. STJ, AgRg no REsp 1.417.694/SP, 5ª T., rel. Min. Ribeiro Dantas, j. 19-4-2018, *DJe* de 25-4-2018.

Ainda a respeito desse tema:

> Consoante a jurisprudência sedimentada do STJ, o princípio geral da sucumbência é aplicável no âmbito do processo penal quando se tratar de ação penal privada. Precedentes. Julgada improcedente a queixa-crime, é cabível a condenação do querelante ao pagamento dos honorários do advogado do querelado, aplicando-se o princípio geral da sucumbência.[100]

100. STJ, EDcl no AgRg na PET na APn 735/DF, Corte Especial, rel. Min. Og Fernandes, j. 2-12-2015, *DJe* 18-12-2015. No mesmo sentido: STJ, EREsp 1.218.726/RJ, Terceira Seção, rel. Min. Felix Fischer, j. 22-6-2016, *DJe* de 1-7-2016; STJ, AgRg no AREsp 992.183/DF, 5ª T., rel. Min. Joel Ilan Paciornik, j. 7-6-2018, *DJe* de 20-6-2018; STJ, AgRg no REsp 1.218.726/RJ, 6ª T., rel. Min. Sebastião Reis Júnior, j. 5-2-2013, *DJe* de 22-2-2013.

Capítulo 9
Petição Inicial da Ação Penal: Denúncia ou Queixa-Crime

1. Noções Preliminares e Conceito

Para dar início a um processo judicial, é imprescindível que a parte legitimada provoque a jurisdição, que é essencialmente inerte.

Para tanto, é necessário que providencie a elaboração de uma *petição inicial* que atenda a todos os requisitos de forma e conteúdo exigidos por lei.

Denomina-se *denúncia* a petição inicial da ação penal pública – condicionada ou incondicionada (CPP, art. 24).

Queixa-crime, ou simplesmente *queixa*, é a petição inicial da ação penal privada (CP, art. 100, § 2º).

2. Requisitos da Denúncia ou Queixa

Dispõe o art. 41 do CPP que a denúncia ou queixa deve conter: (*1*) a exposição do fato criminoso, com todas as suas circunstâncias; (*2*) a qualificação do acusado ou esclarecimentos pelos quais se possa identificá-lo; (*3*) a classificação do delito e, (*4*) quando necessário, o rol de testemunhas.

Não são apenas esses os requisitos da inicial acusatória, o que permite afirmar que o art. 41 não é taxativo, mas apenas exemplificativo.

Outros requisitos: (*1*) endereçamento ao juízo competente; (*2*) precisa ser escrita na língua oficial (português); (*3*) pedido de condenação; (*4*) indicação do local e data de sua elaboração; (*5*) identificação do nome e cargo ou profissão daquele que a subscreve (Promotor de Justiça, Procurador da República ou advogado), e (*6*) assinatura do profissional identificado.

Leis especiais também tratam de requisitos específicos ou especiais da inicial acusatória, como é o caso da Lei n. 9.613/98, que em seu art. 2º, § 1º, determina que a denúncia será instruída com indícios suficientes da existência da infração penal antecedente.

Necessário observar que eventuais omissões da denúncia ou da queixa poderão ser sanadas a todo tempo, antes de proferida a sentença (CPP, art. 569).

Trataremos a seguir *dos requisitos gerais* acima indicados, na ordem que deve ser observada por ocasião da confecção da petição inicial.

2.1. Endereçamento

Ao iniciar a petição inicial, é preciso que se faça o correto endereçamento, ao magistrado competente, conforme regras de fixação de competência que analisaremos em capítulo distinto.

Exemplo:

> "Excelentíssimo Senhor Doutor Juiz de Direito da 1ª Vara Criminal da comarca de Barretos-SP".

O endereçamento equivocado, entretanto, não impede o recebimento da petição, cumprindo se faça posterior remessa ao juízo competente.

2.2. Exposição do fato criminoso, com todas as suas circunstâncias

Feito o endereçamento, passa-se na sequência à exposição do fato, com todas as suas circunstâncias.

Inicialmente, é necessário que a denúncia ou queixa contenha a indicação clara e precisa do local, dia e hora[1] em que os fatos se deram, bem como da conduta típica praticada.[2] É imprescindível que transcreva o tipo penal a que se refere e indique *as elementares do tipo* em que incidiu o apontado autor do delito.[3]

Na hipótese de crime de furto, por exemplo, não basta afirmar que em determinado dia e hora o imputado *furtou* algo. Deve narrar que na ocasião referida o denunciado *subtraiu, para si (ou para outrem, sendo caso), coisa alheia móvel, de propriedade da vítima "fulano de tal", consistente em ...*, avaliado em R$ ... (reais).

1. Quando não for possível indicar com exatidão o dia e hora em que o fato ocorreu, a inicial deverá apontar ao menos o mês, período ou época do ano; se durante a manhã, tarde ou noite etc.

2. "É inepta a denúncia que remete a individualização e delimitação das condutas a relatório formulado por Comissão de Inquérito do Banco Central, se este afasta, expressamente, a responsabilidade do acusado" (STF, HC 95.507/SP, 2ª T., rel. Min. Cezar Peluso, j. 9-3-2010, *DJe* de 23-4-2010).

3. Sobre o tema *imputado*, recomendamos consultar: José I. Cafferata Nores e Jorge Montero, *El imputado*, Córdoba, Mediterránea, 2004.

Nos crimes culposos,[4] deve indicar qual a modalidade de culpa com que agiu o autor do delito: se *negligência*, *imprudência* ou *imperícia*. Mas não basta indicar a modalidade de culpa; deve também explicar em que consistiu uma ou outra (exemplo de narrativa em caso de *imprudência*: desrespeitou sinal de parada obrigatória e a preferência do veículo em que trafegava a vítima, e assim deu causa ao acidente).

No caso de homicídio qualificado, deve informar corretamente a qualificadora e, sendo caso, explicar em que esta consistiu. Exemplo: motivo torpe (CP, art. 121, § 2º, I); motivo fútil (CP, art. 121, § 2º, II), meio insidioso ou cruel (CP, art. 121, § 2º, III); recurso que impossibilitou a defesa do ofendido (CP, art. 121, § 2º, IV), para assegurar a execução, a ocultação, a impunidade ou vantagem de outro crime (CP, art. 121, § 2º, V); contra a mulher por razões da condição de sexo feminino (CP, art. 121, § 2º, VI), ou contra autoridade ou agente descrito nos arts. 142 e 144 da Constituição Federal, integrantes do sistema prisional e da Força Nacional de Segurança Pública, no exercício da função ou em decorrência dela, ou contra seu cônjuge, companheiro ou parente consanguíneo até terceiro grau, em razão dessa condição (CP, art. 121, § 2º, VII).

Em outras palavras, deve indicar com precisão em que consistiu o motivo torpe, o motivo fútil ou qualquer outro.

Deve precisar, ainda, o nexo de causalidade entre a conduta e o resultado, eventuais circunstâncias agravantes e causas de aumento de pena.

Com efeito, é na petição inicial que são fixados os limites e, portanto, a intensidade e alcance da acusação, daí a necessidade de ser ela precisa a fim de proporcionar ao juiz condições de avaliar se há justa causa, e ao apontado autor do delito, todos os elementos de que necessita para sua ampla defesa.[5]

4. Sobre culpa na área médica, consultar: Paulo Younes, *Direito penal médico – Ensaios sobre a culpa*, Editora Boreal, Birigui-SP, 2016. Sobre culpa penal: E. Magalhães Noronha, *Do crime culposo*, 2. ed., São Paulo, Saraiva, 1966; Enrico Altavilla, *La culpa*, Bogotá, Témis, 1987; Carlos A. Condeixa da Costa, *Da natureza formal dos crimes culposos*, Rio de Janeiro, Liber Juris, 1989; Fábio Roberto D'Ávila, *Crime culposo e a teoria da imputação objetiva*, São Paulo, Revista dos Tribunais, 2001; Heitor Costa Jr., *Teoria dos delitos culposos*, Rio de Janeiro, Lumen Juris, 1988; Juarez Tavares, *Direito penal da negligência*, São Paulo, Revista dos Tribunais, 1985.

5. "Tratando-se a denúncia da peça por meio da qual o Órgão Acusatório submete ao Poder Judiciário o exercício do *ius puniendi* estatal, estabeleceu o legislador uma série de requisitos essenciais para que se oportunize ao acusado o contraditório e a ampla defesa que lhe são garantidos constitucionalmente. Tais exigências não se prestam a mera formalidade, mas para que o acusado possa ter conhecimento das razões pelas quais irá responder em juízo por um delito que lhe é atribuído, criando-se, assim, condições para que prepare a sua defesa juntamente com o seu defensor, seja constituído ou nomeado, bem como para que indique e produza as provas que servirão como sustentáculo para as teses que serão sustentadas. Faltando quaisquer das circunstâncias fáticas possíveis de serem narradas na exordial acusatória, e que seriam necessárias para a configuração do ilícito atribuído ao acusado, dificultando-se ou impossibilitando-se, assim, o exercício da sua defesa em juízo, a peça deve ser considerada inepta para o fim a que se destina, atribuindo-lhe a legislação a sanção de rejeição, nos termos do art. 395 do Código de Processo Penal" (STJ, HC 132.199/SP, 5ª T., rel. Min. Jorge Mussi, j. 3-5-2012, *DJe* de 21-5-2012).

Conforme asseverou o Min. CELSO DE MELLO, não se revela admissível a imputação penal destituída de base empírica idônea.[6]

Deve apontar, ainda, ao juiz,[7] pleno conhecimento de todos os limites da prestação jurisdicional pretendida, e assim possibilitar adequada produção de provas e justa individualização da pena, em caso de condenação, com respeito aos princípios da ampla defesa e do contraditório.

Disso decorre não ser admitida denúncia ou queixa que tenha conteúdo vago ou impreciso, sendo recomendada a rejeição da petição inicial que assim se apresentar, conforme veremos mais adiante, quando estudarmos as hipóteses de rejeição da peça inaugural da ação penal.

Nessa ordem de ideias:

> A denúncia – enquanto instrumento formalmente consubstanciador da acusação penal – constitui peça processual de indiscutível relevo jurídico. Ela, antes de mais nada, ao delimitar o âmbito temático da imputação penal, define a própria *res in judicio deducta*. A peça acusatória, por isso mesmo, deve conter a exposição do fato delituoso, em toda a sua essência e com todas as suas circunstâncias. Essa narração, ainda que sucinta, impõe-se ao acusador como exigência derivada do postulado constitucional que assegura, ao réu, o exercício, em plenitude, do direito de defesa. Denúncia que não descreve, adequadamente, o fato criminoso e que também deixa de estabelecer a necessária vinculação da conduta individual de cada agente ao evento delituoso qualifica-se como denúncia inepta.[8]
>
> É assente na doutrina e na jurisprudência que a acusação formalizada pelo Ministério Público deve conter a exposição do fato criminoso, ou em tese criminoso, com todas as suas circunstâncias, de par com a qualificação do acusado, ou, de todo modo, esclarecimentos que possam viabilizar a defesa do acusado. Isso para que o contraditório e a ampla defesa se estabeleçam nos devidos termos.[9]
>
> A acusação formalizada pelo Ministério Público deve conter a exposição do fato criminoso, ou em tese criminoso, com todas as circunstâncias até então conhecidas, de parelha

---

"A perfeita descrição do comportamento irrogado na denúncia é pressuposto para o exercício da ampla defesa. Do contrário, a peça lacônica causa perplexidade, prejudicando tanto o posicionamento pessoal do réu em juízo como a atuação do defensor técnico" (STJ, HC 164.248/RR, 6ª T., rel. Min. Maria Thereza de Assis Moura, j. 1º-12-2011, *DJe* de 14-12-2011).

6. STF, Inq 1.978/PR, Tribunal Pleno, rel. Min. Celso de Mello, *DJU* de 17-8-2007.

7. "De acordo com o Direito brasileiro, a denúncia deve conter a exposição do fato criminoso, com todas as suas circunstâncias, a qualificação do acusado (ou esclarecimentos pelos quais se possa identificá-lo), a classificação do crime e, quando for o caso, o rol de testemunhas (CPP, art. 41). Tais exigências se fundamentam na necessidade de precisar, com acuidade, os limites da imputação, não apenas autorizando o exercício da ampla defesa, como também viabilizando a aplicação da lei penal pelo órgão julgador" (STF, Inq 1.926/DF, Tribunal Pleno, rel. Min. Ellen Gracie, j. 9-10-2008, *DJe* de 21-11-2008).

8. STF, HC 89.427/BA, 2ª T., rel. Min. Celso de Mello, j. 12-9-2006, *DJe* de 28-3-2008; STF, HC 88.875/AM, 2ª T., rel. Min. Celso de Mello, j. 7-12-2010, *DJe* de 12-3-2012.

9. STF, HC 102.650/PA, 2ª T., rel. Min. Ayres Britto, j. 2-8-2011, *DJe* de 19-12-2011.

com a qualificação do acusado, ou, de todo modo, esclarecimentos que possam viabilizar a defesa do acusado. Isso para que o contraditório e a ampla defesa se estabeleçam nos devidos termos. A higidez da denúncia opera, ela mesma, como uma garantia do acusado. Garantia que, por um lado, abre caminho para o mais desembaraçado exercício da ampla defesa e, por outro, baliza a atuação judicial (STF, HC 94.226/SP, 2ª T., rel. Min. Ayres Britto, j. 28-6-2011, *DJe* de 29-11-2011).

Não suficientemente descritos os fatos delituosos (indícios de autoria e materialidade), é inepta a denúncia (STJ, RHC 95.097/SC, 6ª T., rel. Min. Maria Thereza de Assis Moura, j. 12-6-2018, *DJe* de 22-6-2018).

No mesmo sentido: STF, Pet 5.629/DF, 1ª T., rel. Min. Rosa Weber, j. 24-5-2016, *DJe* n. 130, de 23-6-2016; STF, RE 696.533 AgR/SC, 1ª T., rel. Min. Luiz Fux, j. 2-9-2016, *DJe* n. 204, de 26-9-2016; STF, HC 133.814/BA, 2ª T., rel. Min. Cármen Lúcia, j. 17-5-2016, *DJe* n. 112, de 2-6-2016; STF, RHC 135.300/DF, 2ª T., rel. Min. Ricardo Lewandowski, j. 6-12-2016, *DJe* n. 267, de 16-12-2016.

Da necessidade de ser ela precisa, decorre não se admitir *denúncia alternativa* ou *imputação subsidiária*, assim considerada aquela em que o Ministério Público apresenta imputações alternativas, requerendo seja o réu processado por ambas e, ao final, caso não se afigure hipótese de condenação por um dos delitos, seja ele condenado pelo outro.

Bem observou NUCCI que: "O ideal, caso o órgão acusatório esteja em dúvida quanto a determinado fato ou quanto à classificação que mereça, é fazer sua opção antes do oferecimento, mas jamais apresentar ao juiz duas versões contra o mesmo réu, deixando que uma delas prevaleça ao final". E segue: "Tal medida impossibilita a ideal e ampla defesa pelo acusado, que seria obrigado a apresentar argumentos em vários sentidos, sem saber, afinal, contra qual conduta efetivamente se volta o Estado-acusação".[10]

GRECO FILHO tem opinião em sentido contrário, e, segundo pensa, "desde que não haja incompatibilidade lógica, pode haver imputação alternativa ou subsidiária, a fim de que o acusado se defenda de mais de um fato, ainda que alternativa ou subsidiariamente".[11]

2.2.1. Denúncia ou queixa no concurso de agentes

Não há consenso na doutrina e na jurisprudência a respeito do necessário conteúdo da inicial acusatória em se tratando de crime praticado em concurso de agentes (CP, art. 29).

Discute-se, em verdade, se é imprescindível ou não, e em que medida, descrever de forma pormenorizada a conduta de cada um dos coautores.

10. GUILHERME DE SOUZA NUCCI, *Manual de processo e execução penal*, 14. ed., Rio de Janeiro, Forense, 2017, p. 185.

11. VICENTE GRECO FILHO, *Manual de processo penal*, 11. ed., São Paulo, Saraiva, 2015, p. 148.

Situações existem em que tal forma de descrição se revela impossível, daí a jurisprudência admitir, em casos tais, que a denúncia ou queixa contenha alguma imprecisão, contanto que não inviabilize o direito de defesa.[12]

Tal forma de pensar é acertada em alguma medida, e apenas em relação a determinadas circunstâncias, até porque a inicial acusatória poderá ser emendada a qualquer tempo, antes da sentença (CPP, art. 569), não sendo adequado, portanto, seu pronto indeferimento quando atender aos requisitos mínimos de forma e conteúdo,[13] e não restar cerceado o exercício da ampla defesa.

Outras vezes a pormenorização é desnecessária, especialmente quando todos praticaram exatamente a mesma conduta, convergente para o fim comum.

Exemplo clássico deste último caso é o que comumente ocorre em crime de furto qualificado pelo concurso de agentes, em que todos ingressam no imóvel da vítima e praticam subtração, quando então bastará narrar na denúncia que: ... *agindo em concurso e unidade de desígnios, subtraíram, para si, coisa alheia móvel, de propriedade da vítima "fulano de tal", consistente em ...*

Se houver divisão de tarefas, é imprescindível que cada conduta venha corretamente descrita, até para que se possa avaliar e punir proporcionalmente, inclusive por força da distribuição de responsabilidades que decorre do disposto no art. 29 do CP.[14]

Nos crimes societários de autoria coletiva é que as discussões se tornam mais latentes, e nesses casos, embora já tenha se posicionado de forma diversa,[15] nos dias

---

12. "Nos chamados crimes de autoria coletiva, embora a vestibular acusatória não possa ser de todo genérica, é válida quando, apesar de não descrever minuciosamente as atuações individuais dos acusados, demonstra um liame entre o agir do paciente e a suposta prática delituosa, estabelecendo a plausibilidade da imputação e possibilitando o exercício da ampla defesa, caso em que se entende preenchidos os requisitos do art. 41 do Código de Processo Penal" (STJ, HC 71.362/MA, 5ª T., rel. Min. Jorge Mussi, j. 13-12-2011, *DJe* de 1º -2-2012).

"Em crime a envolver pessoa jurídica, a responsabilidade é de quem implementa a gerência, não cabendo exigir a narração, na denúncia, da forma em que teria, nesse mister, praticado o ato" (STF, HC 91.591 MC/MG, Tribunal Pleno, rel. Min. Marco Aurélio, j. 21-6-2007, *DJe* de 14-3-2008).

13. "Admite-se que a denúncia descreva, de modo relativamente genérico, a participação de cada um dos integrantes, em razão, no caso, das circunstâncias do crime, que ocorreu às escondidas e em lugar ermo. Reserva-se, para a instrução criminal, o detalhamento preciso de suas condutas, a fim de que se permita a correta e equânime aplicação da lei penal. 3. Precedentes do STJ. 4. Ordem denegada" (STJ, HC 43.572/RN, 5ª T., rel. Min. Laurita Vaz, j. 7-2-2006, *DJe* de 30-3-2006).

14. "Art. 29. Quem, de qualquer modo, concorre para o crime incide nas penas a este cominadas, na medida de sua culpabilidade. § 1º Se a participação for de menor importância, a pena pode ser diminuída de um sexto a um terço. § 2º Se algum dos concorrentes quis participar de crime menos grave, ser-lhe-á aplicada a pena deste; essa pena será aumentada até metade, na hipótese de ter sido previsível o resultado mais grave".

15. "Nos crimes de autoria coletiva, a jurisprudência da Corte não tem exigido a descrição pormenorizada da conduta de cada acusado" (STF, HC 85.636/PI, 2ª T., rel. Min. Carlos Velloso, j. 13-12-2005, *DJe* de 24-2-2006).

que correm a jurisprudência tende a se firmar no sentido de ser necessária a descrição detalhada das respectivas condutas.

Vejamos:

> O sistema jurídico vigente no Brasil – tendo presente a natureza dialógica do processo penal acusatório, hoje impregnado, em sua estrutura formal, de caráter essencialmente democrático – impõe, ao Ministério Público, notadamente no denominado *reato societario*, a obrigação de expor, na denúncia, de maneira precisa, objetiva e individualizada, a participação de cada acusado na suposta prática delituosa. O ordenamento positivo brasileiro – cujos fundamentos repousam, dentre outros expressivos vetores condicionantes da atividade de persecução estatal, no postulado essencial do direito penal da culpa e no princípio constitucional do *due process of law* (com todos os consectários que dele resultam) – repudia as imputações criminais genéricas e não tolera, porque ineptas, as acusações que não individualizam nem especificam, de maneira concreta, a conduta penal atribuída ao denunciado. Precedentes. A pessoa sob investigação penal tem o direito de não ser acusada com base em denúncia inepta. – A denúncia deve conter a exposição do fato delituoso, descrito em toda a sua essência e narrado com todas as suas circunstâncias fundamentais. Essa narração, ainda que sucinta, impõe-se, ao acusador, como exigência derivada do postulado constitucional que assegura, ao réu, o exercício, em plenitude, do direito de defesa. Denúncia que deixa de estabelecer a necessária vinculação da conduta individual de cada agente aos eventos delituosos qualifica-se como denúncia inepta. Precedentes. Crime de Descaminho – Peça acusatória que não descreve, quanto ao paciente, sócio-administrador de sociedade empresária, qualquer conduta específica que o vincule, concretamente, aos eventos delituosos – Inépcia da denúncia. – A mera invocação da condição de sócio ou de administrador de sociedade empresária, sem a correspondente e objetiva descrição de determinado comportamento típico que o vincule, concretamente, à prática criminosa, não constitui fator suficiente apto a legitimar a formulação de acusação estatal ou a autorizar a prolação de decreto judicial condenatório. – A circunstância objetiva de alguém ser meramente sócio ou de exercer cargo de direção ou de administração em sociedade empresária não se revela suficiente, só por si, para autorizar qualquer presunção de culpa (inexistente em nosso sistema jurídico-penal) e, menos ainda, para justificar, como efeito derivado dessa particular qualificação formal, a correspondente persecução criminal. – Não existe, no ordenamento positivo brasileiro, ainda que se trate de práticas configuradoras de macrodelinquência ou caracterizadoras de delinquência econômica, a possibilidade constitucional de incidência da responsabilidade penal objetiva. Prevalece, sempre, em sede criminal, como princípio dominante do sistema normativo, o dogma da responsabilidade com culpa (*nullum crimen sine culpa*), absolutamente incompatível com a velha concepção medieval do *versari in re illicita*, banida do domínio do direito penal da culpa. Precedentes. As acusações penais não se presumem provadas: o ônus da prova incumbe, exclusivamente, a quem acusa. – Nenhuma acusação penal se presume provada. Não compete, ao réu, demonstrar a sua inocência. Cabe, ao contrário, ao Ministério Público, comprovar, de forma inequívoca, para além de qualquer dúvida razoável, a culpabilidade do acusado. Já não mais prevalece, em nosso sistema de direito positivo, a regra, que, em dado momento histórico do processo político brasileiro (Estado Novo), criou, para o réu, com a falta de pudor que caracteriza os regimes autoritários, a obrigação de o acusado provar a sua própria inocência (Decreto-Lei n. 88, de 20-12-1937, art. 20, n. 5). Prece-

dentes. – Para o acusado exercer, em plenitude, a garantia do contraditório, torna-se indispensável que o órgão da acusação descreva, de modo preciso, os elementos estruturais (*essentialia delicti*) que compõem o tipo penal, sob pena de se devolver, ilegitimamente, ao réu, o ônus (que sobre ele não incide) de provar que é inocente. – Em matéria de responsabilidade penal, não se registra, no modelo constitucional brasileiro, qualquer possibilidade de o Judiciário, por simples presunção ou com fundamento em meras suspeitas, reconhecer a culpa do réu. Os princípios democráticos que informam o sistema jurídico nacional repelem qualquer ato estatal que transgrida o dogma de que não haverá culpa penal por presunção nem responsabilidade criminal por mera suspeita.[16]

É inepta a denúncia que não descreve a conduta criminosa praticada pelo paciente, mencionando apenas sua condição de sócio de empresa nem sequer indicada como responsável pelo empreendimento que culminou na suposta prática dos delitos contra o meio ambiente. Não se pode presumir a responsabilidade criminal daquele que se acha no contrato social como sócio-gerente somente por revestir-se dessa condição. A peça acusatória deve especificar, ao menos sucintamente, fatos concretos, de modo a possibilitar ao acusado a sua defesa, não podendo se limitar a afirmações de cunho vago.[17]

Entende Nucci que: "Se vedássemos o ingresso da ação penal somente porque a conduta de cada coautor (ou partícipe) não ficou nitidamente demonstrada, haveria impunidade, situação indesejável. Diante disso, acolhe-se a denúncia genérica quando há provas contra todos os acusados, embora não se saiba, com precisão, qual a conduta de cada um. Entretanto, se as condutas estiverem bem definidas no inquérito, cabe ao promotor individualizá-las corretamente na denúncia, para que esta não se torne inepta".[18]

Embora num primeiro momento estivéssemos de acordo com tal forma de pensar, evoluímos para outra linha de reflexão, de modo a concluir ser imprescindível que: a inicial acusatória exponha de maneira individualizada e pormenorizada a conduta de cada increpado. É inepta a denúncia ou queixa que não expõe adequadamente a conduta atrelada ao tipo penal cuja autoria, coautoria ou participação atribui a determinada pessoa. Como afirmado alhures, a necessidade de individualização das condutas é irrecusável, até mesmo para que se possa, em caso de procedência da ação, avaliar e punir proporcionalmente, por força da distribuição de responsabilidades que decorre do disposto no art. 29 do CP.

Também no processo penal, em sede de petição inicial, da narração dos fatos deve decorrer pedido lógico. Disso decorre afirmar que, se os fatos não estão adequadamente narrados, a inicial acusatória não comporta recebimento na parte que se revelar omissa ou incongruente.

---

16. STF, HC 88.875/AM, 2ª T., rel. Min. Celso de Mello, j. 7-12-2010, *DJe* de 12-3-2012.
17. STJ, HC 209.413/BA, 6ª T., rel. Min. Og Fernandes, j. 14-2-2012, *DJe* de 28-3-2012.
18. Guilherme de Souza Nucci, *Manual de processo e execução penal*, 14. ed., Rio de Janeiro, Forense, 2017, p. 185.

Sob outro olhar, é inegável que a falta de imputação individualizada das condutas carrega consigo inconstitucional ofensa ao princípio da ampla defesa.

2.3. Qualificação do acusado ou esclarecimentos pelos quais se possa identificá-lo

Qualificar o acusado é o mesmo que identificá-lo pelo nome de registro e indicar seus dados pessoais, tais como filiação, estado civil, profissão e número de documentos (RG e CPF).

Consiste em particularizar a pessoa contra quem a ação penal é proposta, de forma a distingui-la de qualquer outra.

Tal medida é imprescindível, visto ser necessário delimitar a responsabilidade penal, de forma a prestigiar o princípio da personalidade ou intranscendência, inclusive.

Vezes há, entretanto, em que, embora o autor do delito possa ser individualizado por características físicas, não será possível indicar, na inicial acusatória, dados de sua qualificação pessoal, daí a ressalva contida no art. 41 do CPP a permitir que a denúncia ou queixa seja apresentada com a qualificação do acusado *ou esclarecimentos pelos quais se possa identificá-lo*.

Note-se que é possível não apenas o indiciamento em inquérito policial, mas também a denúncia e seu recebimento, partindo-se daí com a efetiva instauração de processo contra alguém de quem não se disponha da completa qualificação, mas tão somente *de esclarecimentos pelos quais se possa identificá-lo*.

Não é outra a conclusão que se extrai do art. 259 do CPP, no qual está expresso que: "A impossibilidade de identificação do acusado com o seu verdadeiro nome ou outros qualificativos não retardará a ação penal, quando certa a identidade física. A qualquer tempo, no curso do processo, do julgamento ou da execução da sentença, se for descoberta a sua qualificação, far-se-á a retificação, por termo, nos autos, sem prejuízo da validade dos atos precedentes".

Nesse sentido:

> O Código de Processo Penal permite o oferecimento da denúncia mesmo com elementos mínimos ou apenas esclarecimentos que possam identificar o denunciado (STF, RHC 135.300/DF, 2ª T., rel. Min. Ricardo Lewandowski, j. 6-12-2016, *DJe* n. 267, de 16-12-2016).

2.4. Classificação do delito

Por classificação do delito entende-se a definição jurídica do fato; a indicação do tipo penal em que incidiu o apontado autor do delito.

Embora seja necessária, a perfeita classificação jurídica não constitui elemento essencial, daí não ser correto rejeitar denúncia ou queixa em que esta tenha sido apontada com algum equívoco.

O réu se defende dos fatos que lhe são imputados.[19] De tal sorte, se a conduta se encontra corretamente descrita, desimporta para o desfecho da ação penal tenha o Ministério Público ou o querelante dado a ela capitulação errônea.[20]

Ademais, o que vincula e impõe limitações ao juiz no processo é a descrição dos fatos, e não a correspondente classificação jurídica feita pelo órgão acusador, que inclusive pode ser modificada. Tanto isso é exato que o art. 383 do CPP admite que o juiz dê nova classificação jurídica ao fato imputado,[21] e bem assim o art. 569 do CPP está a permitir o aditamento da inicial acusatória a qualquer tempo, antes da sentença, inclusive para a finalidade tratada.

2.5. Pedido de condenação

Da narração dos fatos deve decorrer pedido lógico; correspondente.

Como petição inicial que são, a denúncia, e também a queixa, devem conter pedido de condenação do apontado autor do delito, conforme os fatos narrados.

A inicial acusatória não se presta à simples comunicação de um fato, de maneira que incumbe àquele que apresentá-la em juízo deduzir pedido juridicamente possível. Cabe ao autor da ação penal *postular a prestação jurisdicional condenatória*.

Se, ao contrário, a petição não contiver pedido, não poderá ser recebida. Vale dizer: deverá ser rejeitada.

Não é necessário, entretanto, pedir determinada pena, visto que tal individualização somente se verificará após o término da instrução processual.

Para a regularidade formal sob tal enfoque, basta que conste da denúncia ou queixa singelo pedido de condenação: ... *nos termos acima expostos* ...

Há quem entenda que a ausência de pedido de condenação não nulifica a denúncia, visto que o princípio da indisponibilidade da ação penal pública torna tal deficiência irrelevante.[22]

De ver, entretanto, que a rejeição da inicial capenga, em tal hipótese, não impediria novo ajuizamento da ação penal, daí não nos convencermos de que no caso em testilha haveria violação ao invocado princípio.

---

19. "O acusado se defende dos fatos descritos na denúncia e não de sua classificação jurídica. Precedentes" (STF, Inq 4.093/AP, 1ª T., rel. Min. Roberto Barroso, j. 2-2-2016, *DJe* n. 101, de 18-5-2016). "O réu se defende dos fatos, e não da definição jurídica a eles atribuída" (STF, HC 92.181/MG, 2ª T., rel. Min. Joaquim Barbosa, j. 3-6-2008, *DJe* de 1º -8-2008).

20. "Eventual erro na classificação do crime pode ser corrigido até a prolação da sentença (CPP, art. 383). O réu deve se defender dos fatos que lhe são imputados, e não do tipo penal mencionado na denúncia" (STF, HC 80.306/SP, 2ª T., rel. Min. Maurício Corrêa, j. 4-5-2001, *DJe* de 4-5-2001).

21. "A *emendatio libelli* autoriza ao magistrado, na sentença, a corrigir e adequar a classificação da conduta imputada ao paciente (art. 383 do CPP)" (STF, HC 94.226/SP, 2ª T., rel. Min. Ayres Britto, j. 28-6-2011, *DJe* de 29-11-2011).

22. VICENTE GRECO FILHO, *Manual de processo penal*, 11. ed., São Paulo, Saraiva, 2015, p. 148.

2.6. Rol de testemunhas

A apuração da dinâmica dos fatos, em regra, reclama produção de prova oral, mas algumas vezes a prova pericial e/ou documental se revela suficiente, por isso o art. 41 do CPP refere-se à apresentação do rol de testemunhas, *quando necessário*.

A indicação de testemunhas para oitiva no curso da instrução é facultativa, daí por que a ausência do rol não implica rejeição da denúncia ou queixa.

Todavia, pretendendo produzir prova oral no curso do processo, caberá ao autor da ação penal apresentar desde logo o respectivo rol, sob pena de preclusão que irá repercutir na (im)procedência da ação penal, pois não poderá apresentá-lo em outra ocasião.

O art. 402 do CPP permite a oitiva de pessoa diversa das arroladas na inicial acusatória, cuja importância tenha sido revelada posteriormente, no curso da instrução, como decorrência da prova colhida. A permissão é justificada, visto que, na hipótese, a *testemunha referida* não era conhecida, ou não era sabido seu conhecimento a respeito dos fatos, e exatamente por isso não fora arrolada. A oitiva somente será possível, entretanto, se a parte interessada requerer e justificar a necessidade, estando vedada a iniciativa probatória judicial; o proceder *ex officio*, conforme se infere do art. 3º-A do CPP.[23]

No caso de procedimento *ordinário*, poderão ser arroladas até 8 (oito) testemunhas de acusação (CPP, art. 401). Nesse número não se compreendem as que não prestem compromisso e as referidas (CPP, art. 401, § 1º).

Nos procedimentos *sumário* e *sumaríssimo*,[24] podem ser arroladas até 5 (cinco) testemunhas (CPP, art. 532).

Nos crimes de competência do Tribunal do Júri, o limite máximo também é de 8 (oito) testemunhas (CPP, art. 406, § 2º).[25]

No procedimento regulado na Lei de Drogas, admite-se arrolar até 5 (cinco) testemunhas (Lei n. 11.343/2006, art. 54, III).

---

23. "No sistema acusatório, tal como preconizado pela Constituição Federal, há a separação das funções de investigar, acusar e julgar, de modo a preservar a neutralidade e imparcialidade do Órgão judicante, considerado o necessário distanciamento dos interesses processuais das partes. O artigo 3º-A do Código de Processo Penal veda a autuação supletiva do julgador" (STJ, HC 160.496 MC/RS, rel. Min. Marco Aurélio, j. 4-9-2020, *DJe*-225, de 11-9-2020).

24. *No mesmo sentido:* Rômulo de Andrade Moreira, *Juizados Especiais Criminais*: o procedimento sumaríssimo, 2. ed., Porto Alegre, Lex Magister, 2012, p. 74; Guilherme de Souza Nucci, *Manual de processo e execução penal*, 14. ed., Rio de Janeiro, Forense, 2017, p. 651 e 653. Contra, entendendo que no procedimento sumaríssimo são 3 (três) testemunhas para cada parte: Fernando da Costa Tourinho Filho, *Manual de processo penal*, p. 628; Nestor Távora e Rosmar Rodrigues Alencar, *Curso de direito processual penal*, p. 446.

25. "O rito especial do Tribunal do Júri limita o número de testemunhas a serem inquiridas e, ao contrário do procedimento comum, não exclui dessa contagem as testemunhas que não prestam compromisso legal. Ausência de lacuna a ensejar a aplicação de norma geral, preservando-se, bem por isso, a imperatividade da regra especial" (STF, HC 131.158/RS, 1ª T., rel. Min. Edson Fachin, j. 26-4-2016, *DJe* n. 196, de 14-9-2016).

2.7. Deve ser escrita na língua oficial

A denúncia ou queixa, como de resto toda e qualquer petição endereçada ao processo, deve ser elaborada com respeito ao vernáculo.

Deve ser redigida em português, sob pena de rejeição.

Isso não quer dizer que não possa conter algumas poucas expressões em língua estrangeira, como é comum na praxe forense, especialmente com a utilização do latim, do italiano e do espanhol.

A petição grafada em idioma não oficial impede a ampla defesa e o contraditório, e ninguém está obrigado a conhecer outros idiomas.

2.8. Indicação do local e data de sua elaboração

Deve o autor da ação penal identificar o local e data de sua elaboração, mas a ausência de tais informações, por si, não autoriza a rejeição da inicial, visto não constituir elemento essencial.

2.9. Identificação do subscritor

Finalizando a petição, cumpre se faça consignar a identificação de seu subscritor, com a indicação de seu nome e cargo ou profissão.

A medida se revela de suma importância, visto que só poderá assiná-la, e, portanto, ingressar em juízo, aquele que dispuser de capacidade postulatória, mas a ausência da identificação não leva à rejeição liminar.

A indicação do Promotor de Justiça subscritor, com a denominação de seu cargo, é de fundamental importância, e isso em face do *princípio do promotor natural*, assim considerado aquele que detém atribuição funcional para o caso, já que a denúncia não pode ser assinada por Promotor que não seja titular de atribuições que a tanto o legitimem.

Quanto ao advogado, é preciso verificar se ele se encontra no pleno gozo de sua profissão, pois não poderá postular em juízo aquele que não estiver regularmente habilitado ao exercício da advocacia.

O advogado-vítima pode postular em causa própria, e assim redigir e assinar petição inicial de ação penal privada.

2.10. Assinatura

A pessoa identificada conforme o item anterior deve assinar a denúncia ou queixa, de modo a demonstrar inequivocamente sua autoria.

A falta de assinatura, contudo, não torna inepta a denúncia, tampouco nulifica o processo. Já em relação à queixa, impõe-se redobrada cautela.

Conforme observa GRECO FILHO: "Sobre a falta de assinatura do promotor, argumenta-se que, no caso, a denúncia seria inexistente. Essa afirmação, contudo, não é correta. Inexistência ocorreria se a denúncia não fosse elaborada por promotor. Se o foi, e esta questão é matéria de prova, a denúncia existe e seu defeito é de autenticação, que evidentemente pode ser suprido. A correção deve ser feita por petição do promotor em exercício no momento da correção, o qual deverá declarar assinada, autenticada e ratificada a peça inicial".[26]

Na opinião de Nucci, "a falta de assinatura da peça inicial pode não ser defeito essencial. Quanto à denúncia, tendo em vista que o representante do Ministério Público é órgão oficial conhecido dos serventuários, e, consequentemente, terá vista aberta para sua manifestação, a falta de assinatura é mera irregularidade, não impedindo o seu recebimento, especialmente se for imprescindível para evitar a prescrição. Quanto à queixa, entretanto, temos que não pode prescindir da assinatura, pois é ato fundamental de manifestação da vontade da vítima, que dá início à ação penal dando entrada no distribuidor, como regra. Logo, cabe ao juiz, quando a recebe, analisar quem a fez, se realmente a fez e se tinha poderes ou capacidade para tanto. Não deve recebê-la sem a assinatura, ainda que isso possa acarretar a decadência".[27]

2.11. Infração cuja pena máxima cominada seja superior a 6 (seis) anos de reclusão

A Lei n. 13.964/2019 acrescentou ao Código Penal seu atual art. 91-A, que no *caput* assim dispõe: "Na hipótese de condenação por infrações às quais a lei comine pena máxima superior a 6 (seis) anos de reclusão, poderá ser decretada a perda, como produto ou proveito do crime, dos bens correspondentes à diferença entre o valor do patrimônio do condenado e aquele que seja compatível com o seu rendimento lícito".

Além das condicionantes apontadas no *caput*, o § 3º do art. 91-A explicita que a perda de bens, na hipótese, deverá ser requerida expressamente pelo Ministério Público, por ocasião do oferecimento da denúncia, com a indicação da diferença apurada.

Muito embora o § 3º se refira apenas ao Ministério Público, certo é que, na hipótese de ação penal privada subsidiária da pública, semelhante pedido deverá ser formulado na queixa-crime subsidiária (petição inicial), pelo querelante, caso pretenda a decretação da perda de bens autorizada no art. 91-A. Se o pedido não for expressamente consignado, o Ministério Público deverá aditar a queixa subsidiária para tal finalidade.

Observado que a perda de bens é consequência gravosa, que constitui efeito da condenação, o art. 91-A do CP não retroage, de modo que só incide nas condenações por infrações praticadas após o início de sua vigência.

3. Prazos

3.1. Prazo para o oferecimento da denúncia

Dispõe o art. 46 do CPP que, em regra, o prazo para oferecimento da denúncia, estando o investigado preso, é de 5 (cinco) dias, contado da data em que o órgão do

26. Vicente Greco Filho, *Manual de processo penal*, 11. ed., São Paulo, Saraiva, 2015, p. 148.

27. Guilherme de Souza Nucci, *Manual de processo e execução penal*, 14. ed., Rio de Janeiro, Forense, 2017, p. 183.

Ministério Público receber os autos de inquérito policial, e de 15 (quinze) dias, se o investigado estiver solto.

Caso o Ministério Público requeira diligências (CPP, art. 16), o prazo de 15 (quinze) dias será restituído integralmente e voltará a correr na data em que referido órgão receber novamente os autos.

Quando o Ministério Público dispensar o inquérito policial, por já dispor de elementos suficientes para formar sua convicção, o prazo para o oferecimento da denúncia contar-se-á da data em que tiver recebido as peças de informações ou a representação (CPP, art. 46, § 1º).

Há prazos especiais, previstos em leis diversas, como é o caso do art. 54 da Lei de Drogas (Lei n. 11.343/2006): 10 dias, preso ou solto o investigado, e do art. 357 do Código Eleitoral: 10 dias, preso ou solto o investigado.

Se o Ministério Público deixar escoar o prazo, ainda assim poderá, validamente, oferecer denúncia[28] enquanto não estiver extinta a punibilidade (prescrição ou morte do agente, p.ex.).

Decorrido o prazo que a lei defere ao Promotor de Justiça, em caso de absoluta inércia, poderá o particular ofendido ingressar com ação penal privada subsidiária da pública (CF, art. 5º, LIX; CPP, art. 29; CP, art. 100, § 3º).

No caso de atraso injustificado, o representante do Ministério Público poderá sofrer sanção administrativa, em procedimento levado a efeito pela Corregedoria do *Parquet*.

Dispõe a respeito, por exemplo, o § 3º do art. 357 do Código Eleitoral que: "Se o órgão do Ministério Público não oferecer a denúncia no prazo legal representará contra ele a autoridade judiciária, sem prejuízo da apuração da responsabilidade penal".

Sobre contagem dos prazos processuais, observar o capítulo dedicado ao estudo das *disposições finais*.

3.2. Prazo para o oferecimento da queixa

Em regra, é de 6 (seis) meses, contado a partir da data em que o ofendido tomou conhecimento de quem foi o autor do fato, o prazo para o oferecimento de queixa-crime em se tratando de *ação penal privada exclusiva*.

No caso de morte do ofendido, a ação penal privada poderá ser ajuizada pelo cônjuge, ascendente, descendente ou irmão, no prazo de seis meses, contado da data

28. "A inobservância do prazo para oferecimento da denúncia não contamina o direito de apresentação do rol de testemunhas, cuja exibição associa-se ao ato processual acusatório, ainda que extemporâneo. Assim, o apontamento de testemunhas pela acusação submete-se à preclusão consumativa, e não a critérios de ordem temporal, já que o prazo para formalização da peça acusatória é de natureza imprópria" (STF, HC 131.158/RS, 1ª T., rel. Min. Edson Fachin, j. 26-4-2016, *DJe* n. 196, de 14-9-2016).

em que um dos sucessores tomou conhecimento de quem foi o autor do delito, conforme decorre do disposto no parágrafo único do art. 38 do CPP.

Nessa hipótese, se qualquer dos sucessores legitimados deixar transcorrer o prazo sem o ajuizamento da queixa, deverá ser julgada extinta a punibilidade, visto não ser concebível a infinita multiplicidade de prazos. Não haverá, portanto, um prazo para cada sucessor legitimado.

Nos crimes contra a propriedade imaterial que deixam vestígios, nos moldes do art. 529 do CPP, requerida busca e apreensão e exame pericial, o ofendido disporá do prazo de 30 (trinta) dias para o oferecimento de queixa. Em tal hipótese, a contagem do prazo se inicia na data de intimação da homologação do laudo.

O crime previsto no art. 236 do CP tem prazo especial, pois a ação penal só pode ser ajuizada depois de transitar em julgado a sentença que, por motivo de erro ou impedimento, anular o casamento realizado com violação à lei.

Em qualquer das hipóteses tratadas, por ser decadencial, o prazo não pode ser suspenso ou prorrogado, mesmo quando o termo final coincidir com sábado, domingo ou feriado, sendo inaplicável o disposto no art. 798, § 3º, do CPP.

Trata-se de *prazo fatal*.

Iniciada a contagem, fluirá até que seja interrompido com a apresentação da queixa-crime em juízo, ou até a extinção da punibilidade em relação ao autor do delito.

Na contagem do prazo decadencial, segue-se a regra do art. 10 do CP, segundo o qual deve ser computado o dia do começo e excluído o dia final.

Vencido o prazo sem o ajuizamento da inicial, operar-se-á a decadência do direito de queixa, e o juiz deverá julgar extinta a punibilidade com fundamento no art. 107, IV, do CP.

Na hipótese de *ação penal privada subsidiária da pública*, o prazo de 6 (seis) meses é contado a partir do dia em que se esgotar o prazo para o oferecimento de denúncia (CPP, art. 38, *caput*), e a inércia do ofendido não acarreta decadência, visto que a ação penal é de natureza pública e, nesta, não tem incidência referido instituto jurídico.

3.3. Prazos para aditamento da denúncia ou queixa

Assegura o art. 569 do CPP que as omissões da denúncia ou da queixa poderão ser supridas a todo tempo, antes da sentença final.

Interpretar tal regra *ao pé da letra*, gramaticalmente, pode levar à conclusão no sentido de que não seria possível rejeitar a inicial acusatória por inépcia, visto ser permitida sua correção a qualquer tempo, antes da sentença.

Mas não é bem assim.

O aditamento permitido até a sentença diz respeito a informações que não impliquem inépcia, podendo, algumas vezes, ser feito até mesmo para incluir corréu ou dar nova definição jurídica aos fatos, conforme decorrer da prova produzida no curso da instrução, a teor do disposto no art. 384 do CPP, hipótese em que o Ministério Público deverá proceder no prazo de 5 (cinco) dias, seguindo o processo conforme o disposto nos parágrafos do dispositivo em questão.

O Ministério Público poderá aditar a queixa no prazo de 3 (três) dias, contado da data em que receber os autos, e, se não se pronunciar dentro do tríduo, entender-se-á que não tem o que aditar.

É discutida a possibilidade de aditamento da queixa pelo particular, especialmente para incluir corréu, pois há quem entenda impossível tal proceder em razão da decadência que se opera por força do disposto no art. 38 do CPP.

Com efeito, se o corresponsável pelo delito já era conhecido ao tempo em que ofertada a queixa, a *renúncia* em relação a ele ou o simples *escoamento do prazo decadencial* têm repercussões que já foram analisadas no capítulo anterior.

Quer nos parecer, entretanto, que, se as informações dando conta do envolvimento do corresponsável pelo delito surgirem no curso da instrução processual, o aditamento se revelará cabível por força do disposto no art. 569 do CPP.

4. Rejeição e Recebimento da Denúncia ou Queixa

As causas de rejeição da inicial acusatória estão dispostas no art. 395 do CPP.

A respeito delas e também do recebimento e suas implicações falaremos no capítulo destinado ao estudo dos *procedimentos*, onde melhor se encaixam.

Capítulo 10
Ação Civil *Ex Delicto*

1. Introdução

"Aquele que, por ação ou omissão voluntária, negligência ou imprudência, violar direito e causar dano a outrem, ainda que exclusivamente moral, comete ato ilícito" (CC, art. 186), e "Aquele que, por ato ilícito (arts. 186 e 187), causar dano a outrem, fica obrigado a repará-lo (CC, art. 927).

Disso decorre evidente que a prática de ilícito penal pode causar dano que comporte reparação econômica ao ofendido, e bem por isso o Código Penal enumera como um dos efeitos automáticos da sentença condenatória "tornar certa a obrigação de indenizar o dano causado pelo crime" (art. 92, I).

Sempre que tal se verificar, poderá o interessado valer-se da ação civil *ex delicto* com vistas a obter justa reparação.

Denomina-se ação civil *ex delicto* porque, na hipótese, a causa de pedir decorre da prática de delito; de ilícito de natureza criminal.

2. Execução Civil da Sentença Penal Condenatória

A prática de um ato que se reputa punível, ensinou Fenech, "produce, siempre que se declare dicha punibilidad, la vulneración del orden jurídico. Ahora bien, la sentencia en que se declare la responsabilidad criminal de su autor deve tender, no sólo a establecer la actuación de una sanción penal contra éste, sino además a restablecer el *statu quo ante*, o sea, a hacer desaparecer los efectos del delito".[1]

É certo que o art. 935 do CC enfatiza a independência das esferas de responsabilidade civil e penal, mas, por outro vértice, determina o art. 387, IV, do CPP,

1. Miguel Fenech, *Derecho procesal penal*, 3. ed., Barcelona, Editorial Labor, 1960, v. I, p. 423.

que o juiz, ao proferir sentença condenatória, deverá fixar o valor mínimo para reparação dos danos causados pela infração, considerando os prejuízos sofridos pelo ofendido, o que a doutrina convencionou denominar *parcela mínima*.

Conforme dispõe o art. 63 do CPP, "transitando em julgado a sentença condenatória, poderão promover-lhe a execução, no juízo cível, para efeito da reparação do dano, o ofendido, seu representante legal ou seus herdeiros".

É bem verdade que o modelo adotado está distante daquele defendido por Catena[2] quando expõe a necessidade de completa reparação do ofendido e argumenta que a imposição e o cumprimento de uma pena, por grave que seja, não se mostram suficientes se se esquece de quem tenha sofrido as consequências da conduta criminal, visto que de tal maneira não se consegue alcançar em sua totalidade os efeitos sociais e pessoais derivados da atuação ilícita de natureza penal.

Seja como for, no modelo brasileiro não é possível desprezar, "no cível, o pronunciamento do juiz criminal proclamando a responsabilidade criminal do réu por isso condenado".[3]

Transitada em julgado a sentença condenatória – diz o parágrafo único do art. 63 do CPP –, a execução poderá ser efetuada pelo valor fixado nos termos do inciso IV do art. 387, sem prejuízo da liquidação para a apuração do dano efetivamente sofrido.

Pelo que se percebe, no tocante à reparação dos danos causados, na sentença haverá uma parte líquida – com o valor fixado por força do art. 387, IV, do CPP – e outra que deverá ser liquidada no juízo próprio.

Embora evidente a possibilidade de interposição de recurso por parte do ofendido visando a majorar a condenação imposta na parte líquida, quando atuar no processo como assistente (CPP, arts. 268 e 271) ou autor da queixa-crime, o Ministério Público somente poderá interpor recurso com o mesmo objetivo nas hipóteses em que estiver legitimado para a ação civil *ex delicto* (CPP, art. 68).

De qualquer forma, a sentença penal condenatória transitada em julgado constitui título executivo judicial (CPC/2015, arts. 515, VI, e 516, III), daí a desnecessidade de novo processo de conhecimento a respeito dos mesmos fatos.

Considerando que o Poder Judiciário já se pronunciou a respeito da ocorrência do fato e de quem foi seu autor, bem como analisou a incidência, ou não, de causa de exclusão da ilicitude etc., não se deve exigir do lesado o ajuizamento de ação civil de conhecimento, visto que toda a matéria de interesse já foi decidida pelo órgão jurisdicional. Falta-lhe interesse jurídico para o ajuizamento da ação de conhecimento quando a matéria já estiver decidida na instância criminal.

2. Victor Moreno Catena e Valentín Cortés Domínguez, *Derecho procesal penal*, 6. ed., Valencia, Tirant lo Blanch, 2012, p. 38.

3. Eduardo Espínola Filho, op. cit., v. II, p. 23-24.

Poderá, assim, ingressar direto com a execução do julgado, encurtando sobremaneira o caminho até alcançar a justa reparação.

2.1. Revisão criminal e suas consequências

Se o condenado ajuizar revisão criminal e obtiver êxito, de modo a restar rescindida a condenação, a execução civil não poderá ser ajuizada.

Caso já tenha sido ajuizada e o processo se encontre em curso, deverá ser julgado extinto, porquanto desconstituído o título judicial em que se fundava.

Se a reparação civil já tiver ocorrido, caberá ao interessado promover ação judicial de conhecimento com vistas à recomposição de seu patrimônio.

2.2. Sentença que concede perdão judicial

Discute-se sobre a possibilidade de execução da sentença penal que concede perdão judicial.

A esse respeito, dispõe a Súmula 18 do STJ que "a sentença concessiva do perdão judicial é declaratória da extinção da punibilidade, não subsistindo qualquer efeito condenatório".

Por força de tal entendimento, não há como executar sentença que tenha tal natureza.

2.3. Sentença de absolvição imprópria

Observado que o art. 63 fala em *sentença condenatória*, não comporta execução no juízo cível a *sentença de absolvição imprópria*, assim considerada aquela que reconhece a existência do delito, aponta como provada a autoria e a materialidade (sendo caso), não reconhece a incidência de causas de exclusão da antijuridicidade (CP, art. 23), mas, em razão de ser o autor do delito absolutamente incapaz, por isso inimputável, decreta sua absolvição e impõe medida de segurança.

2.4. Sentença que reconhece prescrição

De início é necessário distinguir *prescrição da pretensão punitiva* de *prescrição da pretensão executória*.

Na primeira – *prescrição da pretensão punitiva* –, ensina ROGÉRIO GRECO que o Estado perde a possibilidade de formar o seu título executivo de natureza judicial.[4]

Na segunda – *prescrição da pretensão executória* –, o título executivo que decorre do trânsito em julgado da sentença condenatória ou de absolvição imprópria para ambas as partes não poderá ser executado na instância criminal em razão do transcurso do lapso prescricional previsto em lei.

4. *Curso de direito penal* – parte geral, 6. ed., Niterói, Impetus, 2006, p. 782.

> A extinção da punibilidade pela prescrição regula-se, antes de transitar em julgado a sentença, pelo máximo da pena prevista para o crime (CP, art. 109) ou pela pena efetivamente aplicada, depois do trânsito em julgado para a acusação (CP, art. 110), conforme expressa previsão legal.[5]

Conforme a Súmula 438 do STJ: "É inadmissível a extinção da punibilidade pela prescrição da pretensão punitiva com fundamento em pena hipotética, independentemente da existência ou sorte do processo penal".

Em sede de repercussão geral, o Supremo Tribunal Federal, "fixou entendimento de ser inviável o reconhecimento da prescrição em perspectiva".[6]

> É inadmissível a extinção da punibilidade em virtude de prescrição da pretensão punitiva com base em previsão da pena que hipoteticamente seria aplicada, independentemente da existência ou sorte do processo criminal.[7]

A nosso ver, entretanto, é possível a extinção da punibilidade com fundamento na prescrição em perspectiva, virtual ou antecipada, visto faltar na hipótese interesse de agir.

Se a sentença reconhecer a prescrição da pretensão punitiva, não há como promover a execução civil, e a iniciativa reparatória terá que enveredar pelos percalços do processo de conhecimento[8] na busca de estabelecer formalmente o *an debeatur*.

Se a hipótese for de prescrição da pretensão executória, caberá execução civil com vistas à apuração do *quantum debeatur*, exceto quando se tratar de sentença de absolvição imprópria.

3. Ajuizamento das Ações Civil e Penal de Conhecimento

Na lição de Galdino Siqueira,[9] também citado por Espínola Filho,[10] "se bem resultem, ocasionalmente, do mesmo fato delituoso, a ação penal e a ação civil têm, entretanto, uma causa jurídica diferente, porquanto a ação penal nasce do delito, encarado como perturbação da ordem social, ao passo que a ação civil nasce do delito, considerado, do ponto de vista privado, como um fato danoso. E, também, tem

5. STJ, HC 42.338/MG, 5ª T., rel. Min. Arnaldo Esteves Lima, j. 21-6-2005, *DJ* de 22-8-2005, p. 321.

6. STF, HC 125.777/CE, 2ª T., rel. Min. Gilmar Mendes, j. 21-6-2016, *DJe* n. 159, de 1º-8-2016.

7. STF, RE 602.527 QO-RG/RS, Tribunal Pleno, rel. Min. Cezar Peluso, j. 19-11-2009, *DJe* n. 237, de 18-12-2009.

8. "A decretação da prescrição da pretensão punitiva do Estado na ação penal não fulmina o interesse processual no exercício da pretensão indenizatória a ser deduzida no juízo cível pelo mesmo fato" (STJ, REsp 1.802.170/SP, 3ª T., rel. Min. Nancy Andrighi, j. 20-2-2020, *DJe* de 26-2-2020).

9. *Curso de processo criminal*, 2. ed., 1930, p. 68.

10. Eduardo Espínola Filho, *Código de Processo Penal brasileiro anotado*, 5. ed., Rio de Janeiro, Borsoi, 1960, v. II, p. 13.

objeto diverso, esta tendendo apenas à reparação de um prejuízo particular; aquela visando à punição de um infrator, como ato de defesa da sociedade".

O art. 63 do CPP assegura a possibilidade de execução civil da sentença penal condenatória, de modo a se discutir apenas o *quantum debeatur* (quanto deve), e não mais o *an debeatur* (se deve).

Condenado que seja o réu, não mais poderá discutir a sua responsabilidade no Juízo cível.[11]

A obrigação de reparar os danos – como vimos – decorre da própria sentença condenatória. A discussão que resta é voltada tão só à apuração de valores (*quantum*).

Mesmo assim, pode ocorrer que o ofendido não queira aguardar a ação penal, ou mesmo não se interesse em saber se houve instauração da persecução penal.

Conforme o art. 64 do CPP, a *ação civil de ressarcimento do dano* poderá ser proposta no juízo civil, contra o autor do delito e, se for caso, contra o responsável.

Note-se que nesse caso não se trata de ajuizar *execução da sentença penal*, mas *processo de conhecimento*, sujeito a todos os percalços da instrução probatória no juízo cível.

Após o ajuizamento da ação de conhecimento, se também for ajuizada a ação penal, o juiz da ação civil *poderá* suspender o curso desta, até o julgamento definitivo daquela.

Trata-se de uma *faculdade* concedida ao juiz,[12] que poderá, ou não, determinar a suspensão da ação civil, muito embora seja sempre recomendada a suspensão, com vistas a evitar julgamentos contraditórios entre uma e outra esfera de jurisdição.

Imagine-se, por exemplo, no juízo cível a ação ser julgada procedente e, na esfera criminal, outro juiz decidir que não ocorreu o fato narrado, ou que o réu não foi seu autor, ou que, mesmo sendo, agiu em legítima defesa ou estado de necessidade. É evidente que tal estado de coisas geraria imenso transtorno, absolutamente evitável, além da dúplice instrução probatória, com custos para os envolvidos e também para o Estado, quando apenas uma colheita de prova seria suficiente.

Na dicção do art. 313, V, *a*, do CPC/2015, suspende-se o processo quando a sentença de mérito depender do julgamento de outra causa, ou da declaração da existência ou inexistência da relação jurídica, que constitua o objeto principal de outro processo pendente.

---

11. Bento de Faria, op. cit., v. I, p. 162.

12. "A responsabilidade civil, nos termos do art. 935 do CC, é independente da criminal, motivo pelo qual, em princípio, não se justifica a suspensão da ação indenizatória até o desfecho definitivo na esfera criminal. Somente nos casos em que possa ser comprovado, na esfera criminal, a inexistência de materialidade ou da autoria do crime, tornando impossível a pretensão ressarcitória cível, será obrigatória a paralisação da ação civil. Não sendo esta a hipótese dos autos, deve prosseguir a ação civil" (STJ, REsp 860.591/PR, 4ª T., rel. Min. Luís Felipe Salomão, j. 20-4-2010, *DJe* de 4-5-2012).

Determina o § 4º do art. 313 do CPC que a suspensão, em tal hipótese, nunca poderá exceder 1 (um) ano,[13] e, findo esse prazo, o juiz mandará prosseguir no processo.

Segundo pensamos, apesar da taxatividade do dispositivo citado, o prazo indicado comporta flexibilização lastreada em razoabilidade e nos princípios da economia e celeridade processual, pois não tem sentido retomar o curso da ação civil que ficou paralisada por 1 (um) ano se, nada obstante vencido o prazo fixado na lei, estiver demonstrado nos autos que o julgamento da ação penal se avizinha.

Tanto quanto possível, o ideal é que se aguarde o julgamento da ação penal.

4. Causas de Exclusão da Antijuridicidade

Na expressão do art. 65 do CPP, "faz coisa julgada no cível a sentença penal que reconhecer ter sido o ato praticado em estado de necessidade, em legítima defesa, em estrito cumprimento de dever legal ou no exercício regular de direito".

Não haverá delito quando o autor praticar conduta acobertada por qualquer das causas de exclusão da antijuridicidade acima apontadas. É o que diz o art. 23 do CP.

A propósito, dispõe o art. 188 do Código Civil que não constituem atos ilícitos: I – os praticados em legítima defesa ou no exercício regular de um direito reconhecido; II – a deterioração ou destruição da coisa alheia, ou a lesão a pessoa, a fim de remover perigo iminente.

Ressalva o parágrafo único que "no caso do inciso II, o ato será legítimo somente quando as circunstâncias o tornarem absolutamente necessário, não excedendo os limites do indispensável para a remoção do perigo".

A conduta, em casos tais, é lícita, e por isso, em regra, não pode acarretar dever de indenizar.

Na hipótese de legítima defesa, como bem observou Araken de Assis, "protegida a pessoa, seus direitos personalíssimos ou bens materiais, não há dever indenizatório do absolvido no processo-crime".[14]

Excepcionalmente, entretanto, caberá indenização.

Será possível a busca reparatória na hipótese de estado de necessidade, quando o agente sacrificar bem de terceiro inocente.

Nesse caso, o terceiro lesado poderá acionar o causador do dano (que agiu em estado de necessidade), e este poderá acionar regressivamente[15] o causador da situação de perigo.

---

13. "O prazo de tal suspensão não poderá exceder um ano. Recurso Especial a que se dá provimento" (STJ, REsp 282.235/SP, 3ª T., rel. Min. Nancy Andrighi, j. 19-12-2000, *DJ* de 9-4-2001, p. 356, *RSTJ* 145/406).
14. *Eficácia civil da sentença penal*, 2. ed., São Paulo, Revista dos Tribunais, 2000, p. 107.
15. Arts. 929 e 930, *caput*, do Código Civil.

Também na hipótese de legítima defesa, desde que haja erro na execução que venha a provocar dano a terceiro inocente, este poderá acionar civilmente o defendente (que agiu em legítima defesa), que por sua vez poderá acionar regressivamente[16] o autor da agressão injusta.

5. Independência das Jurisdições Penal e Civil

O art. 935 do Código Civil, afirmamos linhas antes, enfatiza a independência das esferas de responsabilidade civil e penal.[17]

Nessa linha de pensamento, diz o art. 66 do CPP que: "Não obstante a sentença absolutória no juízo criminal, a ação civil poderá ser proposta quando não tiver sido, categoricamente, reconhecida a inexistência material do fato".

Nos limites do art. 67 do CPP, também não impede a propositura de ação civil visando a reparação dos danos: I – o despacho de arquivamento do inquérito ou das peças de informação; II – a decisão que julgar extinta a punibilidade, e III – a sentença absolutória que decidir que o fato imputado não constitui crime.

Não impede o ajuizamento de ação civil a absolvição lastreada nos seguintes incisos do art. 386 do CPP:

II – não haver prova da existência do fato;

III – não constituir o fato infração penal;

V – não existir prova de ter o réu concorrido para a infração penal;[18]

---

16. Art. 930, parágrafo único, do Código Civil.

17. "É firme a jurisprudência deste Supremo Tribunal no sentido da plena independência entre as instâncias cível e penal, o que garante a persistência da ação penal se paralela a uma ação cível de ressarcimento, e não o contrário" (STF, HC 97.725/SP, 1ª T., rel. Min. Cármen Lúcia, j. 9-3-2010, *DJe* n. 55, de 26-3-2010). "A decisão na esfera criminal somente gera influência na jurisdição cível, impedindo a rediscussão do tema, quando tratar de aspectos comuns às duas jurisdições, ou seja, quando tratar da materialidade do fato ou da autoria, segundo previsto no art. 935 do CC/2002 (que repetiu o disposto no art. 1.525 do CC/16)" (STJ, REsp 686.486/RJ, 4ª T., rel. Min. Luís Felipe Salomão, j. 14-4-2009, *DJe* de 27-4-2009).

18. "Embora tanto a responsabilidade criminal quanto a civil tenham tido origem no mesmo fato, cada uma das jurisdições utiliza critérios diversos para verificação do ocorrido. A responsabilidade civil independe da criminal, sendo também de extensão diversa o grau de culpa exigido em ambas as esferas. Todo ilícito penal é também um ilícito civil, mas nem todo ilícito civil corresponde a um ilícito penal. A existência de decisão penal absolutória que, em seu dispositivo, deixa de condenar o preposto do recorrente por ausência de prova de ter o réu concorrido para a infração penal não impede o prosseguimento da ação civil de indenização. A decisão criminal que não declara a inexistência material do fato permite o prosseguimento da execução do julgado proferido na ação cível ajuizada por familiar da vítima do ato ilícito" (STJ, REsp 1.117.131/SC, 3ª T., rel. Min. Nancy Andrighi, j. 1º-6-2010, *DJe* de 22-6-2012).

VI – se houver fundada dúvida sobre a existência de circunstâncias que excluam o crime ou que isentem o réu de pena;

VII – não existir prova suficiente para a condenação.[19]

Por outro vértice, não será juridicamente possível o ajuizamento de ação civil de reparação se o juiz decretar a absolvição com base nos seguintes incisos do art. 386 do CPP:

I – estar provada a inexistência do fato;[20]

IV – estar provado que o réu não concorreu para a infração penal;

VI – existirem circunstâncias que excluam o crime (CP, art. 23).

Na lição de Bento de Faria, a desistência ou renúncia da ação penal, quando couber ao ofendido, não lhe retira o direito de pedir a reparação civil do dano sofrido.[21]

6. Legitimidade Ativa

Parte legítima para postular reparação pelo dano sofrido é o ofendido; sujeito passivo do delito; aquele que suportou as consequências da conduta ilícita.

Cabe a ele, inicialmente, ajuizar a *execução civil da sentença penal condenatória* ou a *ação civil de conhecimento*.

Em determinadas hipóteses, entretanto, a iniciativa é outorgada a representante legal ou aos sucessores do ofendido.

O direito de exigir reparação transmite-se com a herança (CC, art. 943).

Conforme o art. 68 do CPP: "Quando o titular do direito à reparação do dano for pobre (art. 32, §§ 1º e 2º), a execução da sentença condenatória (art. 63) ou a ação civil (art. 64) será promovida, a seu requerimento, pelo Ministério Público".

Com a criação e organização da Defensoria Pública[22] da União, dos Estados e do Distrito Federal, temos que tal legitimação passou a ser dos Defensores, no âmbito das respectivas atribuições.

---

19. "Sentença criminal que, em face da insuficiência de prova da culpabilidade do réu, o absolve sem negar a autoria e a materialidade do fato, não implica na extinção da ação de indenização por ato ilícito, ajuizada contra a preponente do motorista absolvido. A absolvição no crime, por ausência de culpa, não veda a *actio civilis ex delicto*" (STJ, REsp 257.827/SP, 4ª T., rel. Min. Sálvio de Figueiredo Teixeira, j. 13-9-2000, *DJ* de 23-10-2000, p. 144, *RSTJ* 140/462).

20. "As instâncias das esferas civil, penal e administrativa são autônomas e não interferem nos seus respectivos julgados, ressalvadas as hipóteses de absolvição por inexistência de fato ou de negativa de autoria. Precedente: RMS 26.510/RJ, rel. Min. Cezar Peluso, Tribunal Pleno, *DJe* de 26-3-2010)" (STF, RMS 26.951 AgR/DF, 1ª T., rel. Min. Luiz Fux, j. 3-11-2015, *DJe* n. 231, de 18-11-2015).

21. *Código de Processo Penal*, Rio de Janeiro, Record, 1960, v. I, p. 162.

22. "A alternativa radical da jurisdição constitucional ortodoxa entre a constitucionalidade plena e a declaração de inconstitucionalidade ou revogação por inconstitucionalidade da lei com fulminante eficácia *ex tunc* faz abstração da evidência de que a implementação de uma nova ordem constitucional não é um fato instantâneo, mas um processo, no qual a possibilidade de realização da norma da Constituição – ainda quando teoricamente não se cuide de preceito de eficácia limitada – subordina-se muitas vezes a alterações

A despeito da existência da regra expressa, não cabe ao Ministério Público tal iniciativa,[23] que tem escopo puramente patrimonial, portanto disponível (ainda que se trate de reparação de dano moral).

Nesse sentido:

> Ação Civil. Crime. Reparação do Dano. Ministério Público. O art. 68 do CPP não foi recepcionado pela vigente Constituição, desde que o que nele se contém revela-se incompatível com a finalidade do Ministério Público, que se acha expressa no art. 129. A reparação do dano envolve interesse individual disponível. Recurso não conhecido.[24]

O Plenário da Suprema Corte já se pronunciou sobre a matéria, conforme ementa que segue transcrita:

> LEGITIMIDADE – AÇÃO *EX DELICTO* – MINISTÉRIO PÚBLICO – DEFENSORIA PÚBLICA – ART. 68 DO CÓDIGO DE PROCESSO PENAL – CARTA DA REPÚBLICA DE 1988. A teor do disposto no art. 134 da Constituição Federal, cabe à Defensoria Pública, instituição essencial à função jurisdicional do Estado, a orientação e a defesa, em todos os graus, dos necessitados, na forma do art. 5º, LXXIV, da Carta, estando restrita a atuação do Ministério Público, no campo dos interesses sociais e individuais, àqueles indisponíveis (parte final do art. 127 da Constituição Federal). INCONSTITUCIONALIDADE PROGRESSIVA – VIABILIZAÇÃO DO EXERCÍCIO DE DIREITO ASSEGURADO CONSTITUCIONALMENTE – ASSISTÊNCIA JURÍDICA E JUDICIÁRIA DOS NECESSITADOS – SUBSISTÊNCIA TEMPORÁRIA DA LEGITIMAÇÃO DO MINISTÉRIO PÚBLICO. Ao Estado, no que assegurado constitucionalmente certo direito, cumpre viabilizar o respectivo exercício. Enquanto não criada por lei, organizada – e, portanto, preenchidos os cargos próprios, na unidade da Federação – a Defensoria Pública, permanece em vigor o art. 68 do Código de Processo Penal, estando o Ministério Público legitimado para a ação de ressarcimento nele prevista. Irrelevância de a assistência vir sendo prestada por órgão da Procuradoria-Geral do Estado, em face de não lhe competir, constitucionalmente, a defesa daqueles que não possam demandar, contratando diretamente profissional da advocacia, sem prejuízo do próprio sustento.[25]

---

da realidade fáctica que a viabilizem. No contexto da Constituição de 1988, a atribuição anteriormente dada ao Ministério Público pelo art. 68 C. Pr. Penal – constituindo modalidade de assistência judiciária – deve reputar-se transferida para a Defensoria Pública: essa, porém, para esse fim, só se pode considerar existente, onde e quando organizada, de direito e de fato, nos moldes do art. 134 da própria Constituição e da lei complementar por ela ordenada: até que – na União ou em cada Estado considerado –, se implemente essa condição de viabilização da cogitada transferência constitucional de atribuições, o art. 68 C. Pr. Pen. será considerado ainda vigente: é o caso do Estado de São Paulo, como decidiu o plenário no RE 135.328" (STF, RE 147.776/SP, 1ª T., rel. Min. Sepúlveda Pertence, j. 19-5-1998, *DJ* de 19-6-1998, p. 9).

23. "Segundo entendimento majoritário da doutrina e da jurisprudência desta Corte, arrimada em julgado do STF, o Ministério Público somente tem legitimidade para propor ação civil *ex delicto*, em favor de pessoas pobres, se não houver ou for insuficiente o serviço da Defensoria Pública" (STJ, REsp 171.918/MG, 4ª T., rel. Min. Fernando Gonçalves, j. 18-5-2004, *DJ* de 23-8-2004, p. 238).

24. STJ, REsp 57.092/MG, 3ª T., rel. Min. Waldemar Zveiter, rel. p/ o Acórdão Min. Paulo Costa Leite, j. 4-6-1996, *DJ* de 10-3-1997, p. 5.963, *RSTJ* 92/195.

25. STF, RE 135.328/SP, Tribunal Pleno, rel. Min. Marco Aurélio, j. 29-6-1994, *DJ* de 20-4-2001, p. 137, *RTJ* 177/879.

Nessa mesma linha também decidiu o Superior Tribunal de Justiça:

> A Corte Especial deste Superior Tribunal de Justiça, na assentada de 1º-7-2003, pacificou o entendimento segundo o qual, "apesar de a Constituição Federal de 1988 ter afastado, dentre as atribuições funcionais do Ministério Público, a defesa dos hipossuficientes, incumbindo-a às Defensorias Públicas (art. 134), o Supremo Tribunal Federal consignou pela inconstitucionalidade progressiva do CPP, art. 68, concluindo que 'enquanto não criada por lei, organizada – e, portanto, preenchidos os cargos próprios, na unidade da Federação – a Defensoria Pública, permanece em vigor o art. 68 do Código de Processo Penal, estando o Ministério Público legitimado para a ação de ressarcimento nele prevista' (RE 135.328-7/SP, rel. Min. Marco Aurélio, *DJ* 1º-8-1994)" (STJ, EREsp 232.279/SP, rel. Min. Edson Vidigal, *DJ* de 4-8-2003). Dessa forma, como não foi implementada Defensoria Pública no Estado de São Paulo, o Ministério Público tem legitimidade para, naquela Unidade da Federação, promover ação civil por danos decorrentes de crime, como substituto processual dos necessitados. Recurso especial não provido.[26]

A rigor, portanto, não há como negar que o Ministério Público não é parte legítima para ajuizar execução civil de sentença penal condenatória ou ação civil *ex delicto*. A interpretação inversa emprestada nas instâncias judiciárias, mais social que jurídica, *data venia*, presta-se a suprir a ausência de assistência jurídica aos necessitados em razão de pobreza, naquelas localidades em que não há Defensoria Pública em funcionamento.

7. Legitimidade Passiva

Parte legítima passiva, em regra, é o autor do delito, pois, como bem observou Catena, "la responsabilidad civil por hecho propio derivada de los daños o perjuicios que hubieren causado los hechos delictivos se hace recaer de forma directa en el que resulte responsable penalmente, sea como autor o como cómplice".[27]

Na expressão de Manzini, "l'imputato pertanto, nei procedimenti per reati che hanno cagionato danno, può sempre essere chiamato a rispondere, oltre che come penalmente responsabile, anche come responsabile civile diretto".[28]

É certo que a responsabilidade criminal é intransmissível; não pode ir além da pessoa do autor do delito, e isso por força do princípio da intranscendência ou personalidade, disposto no art. 5º, XLV, da CF. De tal sorte, morto o infrator, restará extinta a punibilidade (CP, art. 107, I).

26. STJ, REsp 475.010/SP, 2ª T., rel. Min. Franciulli Netto, j. 25-11-2003, *DJ* de 2-2-2004, p. 313.

27. Victor Moreno Catena e Valentín Cortés Domínguez, *Derecho procesal penal*, 6. ed., Valencia, Tirant lo Blanch, 2012, p. 125.

28. Vincenzo Manzini, *Trattato di diritto processuale penale italiano*, 6. ed., Torino, Unione Tipografico-Editrice Torinese, 1968, v. 2, p. 485.

A responsabilidade civil, ao invés, "é transmissível aos herdeiros do delinquente, na medida em que os bens deixados por este comportam a indenização pecuniária".[29]

Os bens do responsável pela ofensa ou violação do direito de outrem ficam sujeitos à reparação do dano causado; e se a ofensa tiver mais de um autor, todos responderão solidariamente pela reparação (CC, art. 942).

A obrigação de reparar o dano transmite-se com a herança (CC, art. 943), mas "o herdeiro não responde por encargos superiores às forças da herança; incumbe-lhe, porém, a prova do excesso, salvo se houver inventário que a escuse, demonstrando o valor dos bens herdados" (CC, art. 1.792).

Na dicção do art. 932 do Código Civil: São também responsáveis pela reparação civil: I – os pais, pelos filhos menores que estiverem sob sua autoridade e em sua companhia; II – o tutor e o curador, pelos pupilos e curatelados, que se acharem nas mesmas condições; III – o empregador ou comitente, por seus empregados, serviçais e prepostos, no exercício do trabalho que lhes competir, ou em razão dele; IV – os donos de hotéis, hospedarias, casas ou estabelecimentos onde se albergue por dinheiro, mesmo para fins de educação, pelos seus hóspedes, moradores e educandos; V – os que gratuitamente houverem participado nos produtos do crime, até a concorrente quantia.

À luz do regramento contido no art. 64 do CPP, a *ação para ressarcimento do dano* poderá ser proposta no juízo cível, contra o autor do delito *e, se for caso, contra o responsável civil*.

Segundo nosso entendimento, embora cabível a ação de conhecimento, não cabe execução civil *ex delicto* contra o responsável civil que não figurou como réu na ação penal. Parece evidente que terceira pessoa não pode ser atingida por qualquer efeito que decorra do trânsito em julgado de sentença penal condenatória proferida em relação a outrem, em processo do qual não fez parte.

Não é diferente o pensamento de Grinover quando diz que "a única posição aceitável é, portanto, a da absoluta insensibilidade do terceiro, frente à coisa julgada penal, quaisquer que sejam os nexos entre as infrações penais ou entre os sujeitos que concorreram para a ação".[30]

8. Competência Jurisdicional e Prazo Prescricional

Ensinou Bento de Faria que "a ação civil, para o fim exposto, deve, melhormente, ser intentada perante os Juízos cíveis, segundo os princípios e regras da competência".[31]

29. Eduardo Espínola Filho, *Código de Processo Penal brasileiro anotado*, 5. ed., Rio de Janeiro, Borsoi, 1959, v. II, p. 14.

30. Ada Pellegrini Grinover, *Eficácia e autoridade da sentença penal*, São Paulo, Revista dos Tribunais, 1978, p. 36.

31. *Código de Processo Penal*, Rio de Janeiro, Record, 1960, v. I, p. 161.

A execução fundada em título judicial processar-se-á perante o juízo cível competente, quando o título executivo for sentença penal condenatória (CPC/2015, art. 516, III).

Em regra, a ação deve ser ajuizada no foro do domicílio do réu. Entretanto, nas ações de reparação do dano sofrido em razão de delito ou acidente de veículos, inclusive aeronaves, considera-se competente o foro do *domicílio do autor* ou do *local do fato* (CPC/2015, art. 53, V).

A lei outorga ao titular do direito lesado, para sua livre escolha, 3 (três) opções de foro para o ajuizamento da ação ou execução, a saber: (*1*) domicílio do réu; (*2*) domicílio do autor, e (*3*) local do fato.

Prescreve em três anos a pretensão de reparação civil (CC, art. 206, § 3º, V), mas não correrá a prescrição antes de a sentença condenatória de natureza criminal transitar em julgado (CC, art. 200).

Capítulo 11
Jurisdição e Competência

1. Introdução

A ordem social reclama padrões éticos e normas de conduta, das quais, muitas são positivadas; transformadas em regras jurídicas; dispositivos de lei que servem para criar, ainda que no plano do ideal, um ambiente de equilíbrio no qual os integrantes do corpo social possam viver em relativa harmonia.

Nos Estados democráticos politicamente organizados, incumbe precipuamente ao Poder Legislativo a tarefa de elaborar leis, cujo escopo consiste em estabelecer parâmetros comportamentais; delimitar responsabilidades e regrar a possibilidade de impor sanções àqueles que se prestarem à prática de desvios, mais ou menos graves.

A liberdade individual, assim, deve sofrer restrições jurídicas quando as restrições do bom senso e do bom uso não tiverem sido suficientes.

Tais normas jurídicas, legitimadas pela coletividade política, obrigam a todos, indistintamente.

A dinâmica da vida em sociedade, a seu turno, impõe incontável gama de relações intersubjetivas de natureza conflituosa, cuja solução não pode ser dada pelo particular, vedada que é no plano normativo a autotutela.

É aqui que se revela imprescindível a atuação de um terceiro, necessariamente desinteressado e imparcial, capaz de resolver o *conflito de interesses* de forma justa, equilibrada e soberana; com força para fazer valer sua decisão coativamente, e assim restaurar a ordem jurídica violada.

Esse terceiro é o Poder Judiciário, que por seus órgãos deve dizer o direito aplicável na solução da controvérsia que os interessados não se revelaram capazes de evitar ou resolver entre si.

Como bem observou Frederico Marques, em casos tais, a intervenção do órgão judicante com a prestação jurisdicional deve ocorrer para que as leis tenham valor prático.[1]

2. Jurisdição

Jurisdição – etimologicamente – vem de *juris dictio*, e significa dizer o direito, ou, na expressão de Rivera Silva, "proviene de las palabras 'jus' y 'dicere'".[2]

É a função[3] do Estado que consiste em interpretar as regras que integram o sistema normativo e dizer o direito aplicável na solução de uma controvérsia posta à apreciação do Poder Judiciário,[4] a quem compete, precipuamente,[5] por seus magistrados, mediante provocação e devido processo, a soberana tarefa de instruir e julgar o caso concreto,[6] em conformidade com o ordenamento jurídico vigente. No dizer de Chiovenda,[7] é uma função da soberania do Estado.

---

1. José Frederico Marques, *Da competência em matéria penal*, São Paulo, Saraiva, 1953, p. 8.
2. Manuel Rivera Silva, *El procedimiento penal*, 5. ed., México, Editorial Porrua, 1970, p. 82.
3. Entende Vicente Greco Filho que "jurisdição é o poder, função e atividade de aplicar o direito a um fato concreto, pelos órgãos públicos destinados a tal, obtendo-se justa composição da lide". E acrescenta: "Este conceito engloba a definição de Chiovenda e a de Carnelutti, que tantas vezes foram consideradas como antagônicas, mas que na verdade se completam" (*Manual de processo penal*, p. 155). Entretanto, conforme lição de Cândido Rangel Dinamarco, "modernamente sabe-se que a jurisdição não é um poder, no quadro de uma suposta pluralidade de poderes exercidos pelo Estado; é somente uma expressão do poder estatal, que por sua vez é uno e indivisível, definindo-se como *capacidade de decidir imperativamente e impor decisões*" (*Litisconsórcio*, 5. ed., São Paulo, Malheiros, 1997, p. 41).
4. Na visão de Giuseppe Chiovenda, "consiste na atuação da lei mediante a *substituição* da atividade alheia pela atividade de órgãos públicos, afirmando a existência de uma vontade da lei e colocando-a, posteriormente, em prática" (*Derecho procesal civil*, México, Cardenas, 1989, v. 1, t. 1, p. 369, apud Athos Gusmão Carneiro, *Jurisdição e competência*, 18. ed., São Paulo, Saraiva, 2012, p. 27).
5. O art. 52, I e II, da CF, representa exceção à regra de monopólio da jurisdição em mãos do Poder Judiciário, ao dispor que compete privativamente ao Senado Federal: I – processar e julgar o Presidente e o Vice-Presidente da República nos crimes de responsabilidade, bem como os Ministros de Estado e os Comandantes da Marinha, do Exército e da Aeronáutica nos crimes da mesma natureza conexos com aqueles; II – processar e julgar os Ministros do Supremo Tribunal Federal, os membros do Conselho Nacional de Justiça e do Conselho Nacional do Ministério Público, o Procurador-Geral da República e o Advogado-Geral da União, nos crimes de responsabilidade.

   Conforme lembra Guilherme de Souza Nucci, "nessa esteira, as Constituições Estaduais têm estabelecido regras semelhantes fixando a competência de tribunais especiais para julgar o Governador, o Vice-Governador, os Secretários de Estado, o Procurador-Geral de Justiça e o Procurador-Geral do Estado nos crimes de responsabilidade. Destaque-se, ainda, que os Prefeitos Municipais devem ser julgados, nos crimes de responsabilidade previstos no art. 4º do Decreto-Lei n. 201/67, pela Câmara Municipal" (*Manual de processo e execução penal*, 14. ed., Rio de Janeiro, Forense, 2017, p. 212).
6. *Potestad instructoria y potestad decisoria* a que se referiu Francesco Carnelutti (*Lecciones sobre el proceso penal*, tradução de Santiago Sentís Melendo, Buenos Aires, Bosch y Cia. Editores, 1950, v. II, p. 153).
7. Giuseppe Chiovenda, *Instituições de direito processual civil*, tradução de J. Guimarães Menegale e notas de Enrico Tullio Liebman, 2. ed., São Paulo, Saraiva, 1965, v. II, p. 4.

No exercício da jurisdição, cabe ao Poder Judiciário, na visão de Beling, "la potestad de resolución de los asuntos concretos de la vida",[8] ou, como preferiu Fenech, "la potestad soberana de garantizar la observancia de una norma mediante la decisión en un caso concreto".[9]

Ensinou Frederico Marques que o escopo da jurisdição "é o de tornar efetiva a ordem jurídica e de impor, através dos órgãos estatais adequados, a regra jurídica concreta que, por força do direito vigente, deve regular determinada situação jurídica. A atuação do Estado, nesta tarefa complementar de impor a *norma agendi*, é consequência de uma situação contenciosa derivada da incerteza sobre as relações de vida em que incide a ordem jurídica, ou resultante da violação desta com a prática de atos lesivos a interesses juridicamente tutelados".[10]

Como disse Alfredo Rocco,[11] enquanto a *legislação* é tutela *mediata* de interesses, a *jurisdição* é tutela *imediata*.

Acrescente-se, com apoio em Manzini, que: "La giurisdizione si distingue dalla legislazione non solo perchè in questa si presenta esclusivamente l'elemento della volontà, ma altresì perchè la norma legislativa è una regola astratta generale prefissa, mentre l'atto giurisdizionale, che applica nel caso particolare la norma giuridica, è concreto e contingente, e la sua forza non va oltre il caso deciso, fatta eccezione per le sentenze della magistratura del lavoro su controversie concernenti rapporti colletivi di lavoro".[12]

2.1. Jurisdição penal e jurisdição extrapenal

Embora possa ser pensada abstratamente, em verdade, no plano prático a jurisdição está sempre *conexa a uma pretensão*, que pode ser de Direito Penal, ou não.

Sob tal enfoque, embora unitário e, portanto, comum o conceito de jurisdição, considerando a matéria que constitui o objeto do poder de julgar[13] fala-se em *jurisdição penal* e *jurisdição extrapenal*.

A distinção leva em conta tão somente a natureza da *pretensão* submetida ao órgão jurisdicional do Estado – *ratione materiae*.

8. Ernest Beling, *Derecho procesal penal*, Buenos Aires, DIN Editora, 2000, p. 29.

9. Miguel Fenech, *Derecho procesal penal*, 3. ed., Madrid-Barcelona, Editorial Labor, v. 1, 1960, p. 169. Alfredo De Marsico definiu *jurisdição* como "la potestà esclusiva di un organo pubblico di accertare la violazione o il pericolo di violazione di un diritto statuale o privato, per la dichiarazione della volontá della legge e l'applicazione coaitiva dele conseguenze comminate per la infrazione o delle misure dirette a prevenirla" (*Diritto processuale penale*, 4. ed., Napoli, Casa Editrice Dott. Eugenio Jovene, 1966, p. 28).

10. José Frederico Marques, *Da competência em matéria penal*, p. 9.

11. Alfredo Rocco, *La sentenza civile*, Milano, A. Giuffrè, 1962, p. 13-14.

12. Vincenzo Manzini, *Trattato di diritto processuale penale italiano*, 6. ed., Torino, Unione Tipografico-Editrice Torinese, 1968, v. 2, p. 23.

13. José Frederico Marques, *Da competência em matéria penal*, p. 14.

De tal sorte, se o processo versar sobre a aplicação de regras de Direito Penal e Processual Penal, estar-se-á diante de atividade de competência da jurisdição penal.

Calha observar, com apoio em CARNELUTTI, que: "Di giurisdizione penale non si può parlare se non quanto alla fase del processo punitivo, che si svolge davanti al giudice".[14]

No campo extrapenal é possível falar em jurisdição civil, jurisdição eleitoral, jurisdição trabalhista e, sob certo enfoque, em jurisdição militar.

2.2. Jurisdição especial e jurisdição comum ou ordinária

Há distinção, ainda, entre (1) *jurisdição especial* e (2) *jurisdição comum ou ordinária*.

A *jurisdição especial* é composta pelos órgãos da Justiça do Trabalho (CF, arts. 111 a 116), que não dispõem de competência em matéria penal; Justiça Eleitoral (CF, arts. 118 a 121) e Justiça Militar (CF, arts. 122 a 124).

A *jurisdição comum ou ordinária* é residual e, portanto, composta pelos órgãos da Justiça Federal (CF, arts. 106 a 110) das "Justiças Estaduais" e da Justiça local do Distrito Federal (CF, arts. 92 a 100, 125 e 126).

A classificação leva em conta apenas a especialidade da matéria tratada – *ratione materiae* – e não há hierarquia ou grau de importância entre comum e especial.

Dizer, ademais, que a Jurisdição Comum é residual, não é dar a ela menor relevância, pois apenas serve para enfatizar que tudo aquilo que não for de competência da Jurisdição Especial é de competência da Jurisdição Comum, que pode ser Federal, Estadual ou do Distrito Federal, conforme regras de fixação de competência que analisaremos neste capítulo.

O Plenário do STF já decidiu que: "No plano federal, as hipóteses de competência cível ou criminal dos tribunais da União são as previstas na Constituição da República ou dela implicitamente decorrentes, salvo quando esta mesma remeta à lei a sua fixação. Essa exclusividade constitucional da fonte das competências dos tribunais federais resulta, de logo, de ser a Justiça da União especial em relação às dos Estados, detentores de toda a jurisdição residual".[15]

2.3. Jurisdição estadual e jurisdição federal

A distinção leva em conta o órgão jurisdicional.

Os juízes e desembargadores estaduais são investidos de jurisdição para o julgamento das questões afetas à jurisdição comum estadual, em primeiro e segundo graus de jurisdição, respectivamente.

14. FRANCESCO CARNELUTTI, *Principi del processo penale*, Napoli, Morano Editore, 1960, p. 64.

15. STF, ADIN 2.797/DF, Tribunal Pleno, rel. Min. Sepúlveda Pertence, j. 15-9-2005, *DJ* de 19-12-2006, p. 250.

Os juízes e desembargadores federais julgam processos de interesse da União Federal (CF, art. 109), em primeiro e segundo graus, respectivamente.

A Lei n. 5.010/66 organiza a Justiça Federal de primeira instância.

2.4. Jurisdição inferior e jurisdição superior

Tal distinção toma por base o grau ou categoria de jurisdição.

Na jurisdição inferior encontramos a primeira instância, composta pelas Varas da Justiça Comum Estadual e Federal, conforme as respectivas leis de organização judiciária.

Na instância superior estão os tribunais: Tribunais de Justiça dos Estados e do Distrito Federal; Tribunais Regionais Federais; Superior Tribunal de Justiça e Supremo Tribunal Federal, dentre outros, detentores de competência originária e competência recursal, como veremos em momento oportuno.

2.5. Jurisdição de primeiro grau e jurisdição de segundo grau

Observada a análise do tópico precedente, temos que a jurisdição inferior corresponde à jurisdição de primeiro grau, enquanto a jurisdição superior, à jurisdição de segundo grau.

2.6. Jurisdição política ou extraordinária

A jurisdição política ou extraordinária é exercida, de forma absolutamente excepcional, por órgão que não integra o Poder Judiciário em qualquer de suas esferas.

É o que ocorre, por exemplo, com o poder jurisdicional que a Constituição Federal no art. 52, I e II, confere ao Senado da República para: I – processar e julgar o Presidente e o Vice-Presidente da República nos crimes de responsabilidade, bem como os Ministros de Estado e os Comandantes da Marinha, do Exército e da Aeronáutica nos crimes da mesma natureza conexos com aqueles; II – processar e julgar os Ministros do Supremo Tribunal Federal, os membros do Conselho Nacional de Justiça e do Conselho Nacional do Ministério Público, o Procurador-Geral da República e o Advogado-Geral da União nos crimes de responsabilidade.

2.7. Características e elementos da jurisdição

Como expressão de uma das funções e do Poder soberano do Estado,[16] *a jurisdição é una*,[18] e disso resulta seu conceito de unidade e homogeneidade.

A jurisdição pressupõe a existência de conflito intersubjetivo de interesses.[17]

16. Maria Lúcia Karam, *Competência no processo penal*, 4. ed., São Paulo, Revista dos Tribunais, 2005, p. 18.

17. "La giurisdizione, in tutte le sue manifestazione, è funzione unitaria, gacchè la fonte da cui proviene e láttività che richiede sono essenzialmente identiche in ogni caso" (Vincenzo Manzini,

Ela é inerte e, portanto, seu exercício pelo Poder Judiciário reclama formal provocação; o juiz não pode agir *ex officio*.

A formal provocação só pode ser legitimamente realizada por quem tenha interesse jurídico na prestação jurisdicional.

O instrumento no qual se materializa a jurisdição é o processo.

Conforme lembra CAPEZ, são também características da jurisdição:

"a) *Substitutividade*: o órgão jurisdicional declara o direito ao caso concreto, substituindo-se à vontade das partes.[18]

b) *Definitividade*: ao se encerrar o processo, a manifestação do juiz torna-se imutável".[19]

Ensina TOURINHO FILHO que a jurisdição compreende os cinco elementos seguintes: *notio*, *judicium*, *vocatio*, *coertio* e *executio*.

E acrescenta: "A *notio* ou *cognitio* é o poder de conhecer os litígios.

Judicium é a função conclusiva, a função característica, a mais eminente e essencial à jurisdição, consistindo no poder de compor a lide, isto é, de aplicar o Direito em relação a uma pretensão.

A *vocatio* consiste na faculdade de fazer comparecer em juízo todos aqueles cuja presença seja necessária ao regular andamento do processo.

A *coertio* ou *coercitio* abrange todas as medidas coercitivas, desde o poder de fazer comparecer em juízo testemunhas, vítimas, peritos e intérpretes, até o de privar preventivamente o imputado da sua liberdade.

Por último a *executio*, o poder de tornar obrigatória sua decisão. O 'direito de, em nome do poder soberano, tornar obrigatória ou cumprida a decisão ou sentença'".[20]

2.8. Princípios da jurisdição

A jurisdição, como *função*, e também seus *órgãos* (que integram o Poder Judiciário) estão permeados de princípios pelos quais podem ser mais bem compreendidos, conforme passaremos a expor:

Trattato di diritto processuale penale italiano, 6. ed., Torino, Unione Tipografico-Editrice Torinese, 1968, v. 2, p. 25).

18. Conforme MARIA LÚCIA KARAM: "Realizando esta função, o Estado, pelos órgãos integrantes do Poder Judiciário, se substitui aos titulares dos interesses em conflito, para, de forma imparcial e equidistante, fazer atuar, através do processo, a norma jurídica que deve disciplinar a situação que lhe é concretamente apresentada" (*Competência no processo penal*, 4. ed., São Paulo, Revista dos Tribunais, 2005, p. 15).

19. FERNANDO CAPEZ, op. cit., p. 258.

20. FERNANDO DA COSTA TOURINHO FILHO, *Manual de processo penal*, p. 286-287. *No mesmo sentido:* JULIO FABBRINI MIRABETE, op. cit., p. 177-178.

2.8.1. *Princípio da indeclinabilidade*

Decorre do art. 5º, XXXV, da CF, segundo o qual "a lei não excluirá da apreciação do Poder Judiciário lesão ou ameaça a direito". De tal sorte, o juiz, regularmente investido no cargo e competente para a hipótese, não pode *negar jurisdição*; não pode subtrair-se ao exercício de seu dever funcional de julgar.

2.8.2. *Princípio da titularidade ou da inércia* (ne procedat iudex ex officio)

A jurisdição é inerte; o juiz não pode agir *ex officio*; é preciso que haja provocação para que o órgão jurisdicional se manifeste e desempenhe a tarefa de dizer o direito aplicável na solução da controvérsia, que deve ser materializada em um processo mediante o exercício do direito de ação.

Com acerto, afirmou FREDERICO MARQUES que: "O direito subjetivo serve de base e estalão para justificar o pedido de prestação jurisdicional. Como os órgãos judiciários, inertes por natureza, não conhecem *ex officio* das turbações sofridas pela ordem jurídica, faz-se necessário que o cumprimento da lei e a restauração do direito violado ou ameaçado se efetivem mediante pedido de pessoas físicas ou jurídicas que assim movimentam o aparelhamento judiciário do Estado e requerem a tutela jurisdicional a que este se acha obrigado. Nisso consiste o direito de ação, que, embora seja um direito *per se* e autônomo, não pode ser exercido validamente sem que certas condições se verifiquem".[21]

2.8.3. *Princípio da investidura*

Somente o magistrado – juiz, desembargador ou ministro –, regularmente investido no cargo e no exercício de suas respectivas funções, é que pode exercer jurisdição.[22]

A usurpação de função pública configura crime previsto no art. 328 do CP.

2.8.4. *Princípio do juiz natural, ou juiz competente*

Esse princípio decorre do disposto no art. 5º, LIII, da CF, segundo o qual "ninguém será processado nem sentenciado senão pela autoridade competente".

Trata-se de verdadeira "garanzia fondamentale di libertà", na autorizada lição de BETTIOL.[23]

ÁBALOS destaca que: "El Juez Natural es una garantía del justicable no solo en el campo del Proceso Penal, sino también en la administración de justicia de cualquier

---

21. JOSÉ FREDERICO MARQUES, *Da competência em matéria penal*, p. 11-12.

22. Conforme sintetizou CATENA: "La potestad jurisdiccional consiste, según definición constitucional, en juzgar y hacer ejecutar lo juzgado" (VICTOR MORENO CATENA e VALENTÍN CORTÉS DOMÍNGUEZ, *Derecho procesal penal*, 6. ed., Valencia, Tirant lo Blanch, 2012, p. 63).

23. GIUSEPPE BETTIOL, *Istituzioni di diritto e procedura penale*, Padova, CEDAM – Casa Editrice Dott. Antonio Milani, 1966, p. 182.

derecho sustantivo, que otorga a los ciudadanos la posibilidad de conocer cuál es el juez que ha de entender en su causa. Pero en el campo del Derecho Procesal Penal el principio tiene una vigencia mayor, por cuanto está en juego la libertad personal, y la historia de su privación se vincula con los cambios políticos y pasiones de esta índole que afectaron el principio en detrimento del individuo".[24]

A Constituição Federal e o CPP adotaram um sistema de distribuição de competências entre os órgãos da jurisdição; ora em razão do lugar da infração; ora por força da natureza da infração; e ainda, em razão da distribuição, de conexão ou continência, de prevenção ou prerrogativa de função.

Disso decorre que não basta a existência de um juiz regularmente investido e no exercício da função jurisdicional. É preciso mais. É indispensável seja ele *o juiz competente* para o caso, em conformidade com as regras jurídicas do momento.

Bem por isso a própria Constituição Federal diz em seu art. 5º, XXXVII, que não haverá juízo ou tribunal de exceção, de forma a impedir julgamento por quem não seja o juiz competente para o caso determinado, e no mesmo art. 5º, XXXVIII, *d*, fixa a competência do Tribunal do Júri para o julgamento dos crimes dolosos contra avida.

Em outros momentos a Carta Política também fixa o juiz natural, como é o caso, dentre outros, do art. 29, X, que trata da competência do Tribunal de Justiça para o julgamento de prefeito, do art. 96, III, que outorga aos Tribunais de Justiça a competência para julgar os juízes estaduais e do Distrito Federal, bem como os membros do Ministério Público, nos crimes comuns e de responsabilidade, ressalvada a competência da Justiça Eleitoral, e do art. 102, I, *a*, que estabelece a competência do Supremo Tribunal Federal para processar e julgar, originariamente, nas infrações penais comuns, o Presidente da República, o Vice-Presidente, os Membros do Congresso Nacional, seus próprios Ministros e o Procurador-Geral da República.

2.8.5. *Princípio da indelegabilidade* (delegatus judex non potest subdelegare)

Decorrência do princípio do juiz natural, a função jurisdicional não pode ser delegada a outro órgão, de igual, menor ou maior grau de jurisdição. Menos ainda a órgão diverso do Poder Judiciário.

Voltaremos a esse tema mais adiante, no tópico "delegação de competência".

2.8.6. *Princípio da improrrogabilidade da jurisdição, ou princípio da aderência*

Observadas as regras de delimitação de competência a que se encontram circunscritos os magistrados – e bem assim todos os órgãos da jurisdição –, ainda que haja concordância entre eles, nenhum juiz pode invadir a jurisdição alheia e se imiscuir em processo da competência de outro juiz ou tribunal.

---

24. Raúl Washington Ábalos, *Derecho procesal penal*, 2. ed., Mendoza, Ediciones Jurídicas Cuyo, 2006, t. I, p. 191.

De forma excepcional, o CPP admite prorrogação de competência relativa, como ocorre nas situações de conexão e continência, matéria que estudaremos mais adiante, neste mesmo capítulo.

2.8.7. Princípio da irrecusabilidade

Ressalvadas as hipóteses legais de suspeição ou impedimento, as partes não podem recusar o juiz natural.

Trataremos das exceções de suspeição (*judex suspectus*) e impedimento (*judex inhabilis*) em capítulo específico, quando então estudaremos as repercussões do art. 95 e s. do CPP.

2.8.8. Princípio da unidade

"A jurisdição é única, pertencente ao Poder Judiciário, diferenciando-se apenas no tocante à sua aplicação e ao grau de especialização, podendo ser civil – federal ou estadual; penal – federal ou estadual; militar – federal ou estadual; eleitoral ou trabalhista".[25]

2.8.9. Nulla poena sine judicio

No ordenamento jurídico vigente, não há qualquer possibilidade de impor pena de natureza criminal sem a intervenção de um juiz, observado o devido processo legal (*due process of law*).

Dispõe o art. 5º, LIV, da CF, que ninguém será privado da liberdade ou de seus bens sem o devido processo legal, e este pressupõe, evidentemente, regular tramitação em juízo.

Até mesmo quando cabível transação penal regulada na Lei n. 9.099/95, a homologação judicial é imprescindível para que a pena transacionada possa ser executada.

De semelhante modo, nas hipóteses de perdão ou em que o Ministério Público deixa de oferecer denúncia em razão de colaboração premiada (art. 4º, *caput*, §§ 2º e 4º, da Lei n. 12.850/2013) ou de acordo de não persecução penal ajustado com fundamento no art. 28-A do CPP, a intervenção judicial homologatória constitui condição essencial de validade do título executivo.

2.8.10. Princípio da correlação

Cabe ao titular da ação penal – Ministério Público ou querelante – fixar os limites da acusação; o alcance da pretensão relacionada à prestação jurisdicional desejada. De tal sorte, e considerando que a jurisdição é inerte e imparcial, não cabe ao magistrado ampliar *ex officio* os limites da acusação, e a partir disso pro-

25. GUILHERME DE SOUZA NUCCI, *Manual de processo penal e execução penal*, 14. ed., Rio de Janeiro, Forense, 2017, p. 212.

ferir julgamento que ultrapasse o pedido delineado pelo titular do direito de postular em juízo.

Deve haver correspondência entre os termos da acusação inicial e a final prestação jurisdicional, que assim compreendida e circunscrita impede o juiz de julgar *extra* ou *ultra petita*.

2.8.11. Princípio do duplo grau de jurisdição[26]

Este princípio está consagrado em diversos dispositivos da Constituição Federal (v.g., art. 5º, LV, art. 93, III e XV) e também decorre de tratados internacionais de que o Brasil é signatário, como é exemplo o Pacto de San José da Costa Rica (Convenção Americana de Direitos Humanos – CADH), que cuida da matéria em seu art. 8º, 2, *h*.

3. Competência

Carnelutti advertiu que "la noción de competencia, elaborada ante todo por las ciencias particulares del proceso civil y penal, se ha trasladado más tarde a la teoría general del proceso, y también a la teoría general del derecho, a las cuales, por tanto, los lectores más diligentes deben ser remitidos para profundizar más en la cuestión".[27]

Pelo que já dissemos, é possível perceber que a atividade jurisdicional não é ilimitada em mãos de seu detentor legitimamente investido; não pode ser exercida sem critérios, por qualquer juiz, frente a toda e qualquer causa, em qualquer juízo ou tribunal, indistintamente.

Da infinita multiplicidade de causas decorre a necessidade de que o Estado disponha de muitos juízes e tribunais, daí a necessidade de distribuir entre eles o poder jurisdicional, criteriosamente;[28] por isso, Clariá Olmedo afirmou que "razones prácticas y de carácter técnico advierten la necesidad de un fraccionamiento para proveer a una más adecuada administración de la justicia penal".[29]

O exercício da atividade jurisdicional, sob tal enfoque, sofre limitações jurídicas em sua amplitude, que evidentemente não é irrestrita.

---

26. Obra recomendada para pesquisa: Marina França Santos, *A garantia do duplo grau de jurisdição*, Belo Horizonte, Del Rey, 2012.

27. Francesco Carnelutti, *Lecciones sobre el proceso penal*, tradução de Santiago Sentís Melendo, Buenos Aires, Bosch y Cia. Editores, 1950, v. II, p. 280.

28. "Ragioni d'interesse pubblico e d'interesse privato, motivi di economia funzionale, presunzione di maggiori o minori capacità tecnica o attitudine psichica, necessità d'ordine, comodità di prova, criteri di garanzia, e d'équa agevolazione difensiva, ecc., hanno indotto lo Stato a limitare l'esercizio della potestà di giurisdizione entro certi confini, mediante il regolamento della competenza di ciascuna categoria di giudici, di ciascuna sede giurisdizionale, di ciascun giudice impersonalmente considerato" (Vincenzo Manzini, *Trattato*, p. 37).

29. Jorge A. Clariá Olmedo, *Derecho procesal penal*, 1. ed., 1. reimp., Santa Fé, Rubinzal-Culzoni Editores, atualizado por Jorge Eduardo Vázquez Rossi, t. I, 2008, p. 325.

Competência, por assim dizer, é a porção de jurisdição que cabe a cada magistrado exercer; *é o limite ou medida da jurisdição*,[30] na expressão de Fenech[31], Gómez Orbaneja[32] e tantos outros. É o âmbito "legislativamente delimitado, dentro do qual o Órgão jurisdicional exerce o seu poder jurisdicional".[33]

Embora a jurisdição seja una, a divisão de competências se revela imprescindível para o êxito de seu exercício; de sua realização e eficácia social, até porque evidente o caos que se implantaria se todo e qualquer juiz pudesse decidir, sem que existissem critérios objetivos de delimitação de seu poder, este ou aquele processo, conforme sua exclusiva opção e conveniência.

Ao ingressar na magistratura o juiz recebe do Estado competência funcional para o exercício da jurisdição. Já aqui não é ilimitada a capacidade de colocar em prática o poder jurisdicional. Por exemplo: um juiz que pertença aos quadros do Poder Judiciário do Estado de São Paulo não pode julgar processos que versem sobre matéria de competência da Justiça Federal, e vice-versa.

Mas não é só.

Esse mesmo juiz que integra o Poder Judiciário paulista pode, *apenas em tese*, julgar todo e qualquer processo de competência da Justiça Estadual em primeiro grau. Sim, *apenas em tese*, porque o exercício efetivo da jurisdição é vinculado e limitado a determinado cargo que o magistrado deve ocupar – como titular, auxiliar ou substituto designado – para levar a efeito tal atividade, estando tal cargo vinculado a determinadas funções. Por exemplo: se for juiz na bucólica comarca de Estrela D'Oeste-SP, não poderá julgar processo da vizinha comarca de Fernandópolis-SP. E mais: se for juiz de uma Vara Cível em São José do Rio Preto-SP, não poderá julgar processo de outras comarcas, nem mesmo processo que tramite em outras varas, cíveis ou criminais, da mesma comarca em que trabalha.

Em síntese, poderá julgar apenas processos que sejam de atribuição do cargo a que se encontrar vinculado, conforme divisão de competência prevista em lei.

Disso decorre a distinção apresentada por Bellavista,[34] citado por Manzini, entre *competência objetiva* e *competência subjetiva*.

---

30. Conforme expressou Binder, "Es muy difícil que, en cualquier Estado, un juez ejerza una jurisdicción ilimitada en todas las materias posibles. La forma de limitar la jurisdicción es lo que se denomina 'competencia'. La competencia es una limitación de la jurisdicción del juez; éste sólo tendrá jurisdicción para cierto tipo de casos. Esto responde a motivos prácticos: la necesidad de dividir el trabajo dentro de un determinado Estado por razones territoriales, materiales, funcionales" (Alberto M. Binder, *Introducción al derecho procesal penal*, 2. ed., 5. reimp., Buenos Aires, Ad-Hoc, 2009, p. 318-319).

31. Miguel Fenech, *Derecho procesal penal*, 3. ed., Madrid-Barcelona, Editorial Labor, 1960, v. 1, p. 197.

32. Lembrado por Catena (Victor Moreno Catena e Valentín Cortés Domínguez, *Derecho procesal penal*, 6. ed., Valencia, Tirant lo Blanch, 2012, p. 64).

33. Fernando da Costa Tourinho Filho, *Manual de processo penal*, p. 295.

34. Girolamo Bellavista, Competenza penale, in *Novissimo digesto italiano*, Torino, UTET, 1959, v. III, p. 768.

Conforme o mestre italiano, "la competenza, oggetivamente considerata, è la cerchia legislativamente limitata entro la quale un giudice, avente giurisdizione ordinaria o speciale, puó esercitare la sua giurisdizione".

"Risguardata soggetivamente, essa è il potere-devere di un giudice di esercitare la giurisdizione, che gli è propria, in relazione a un determinato affare penale". [35]

3.1. Modalidades de competência

Numa visão mais ampla, é possível falar em (1) *competência interna* e (2) *competência internacional*.

No plano interno ou nacional, fala-se em (1) *competência absoluta* e (2) *competência relativa*.

Sob outro enfoque, em consideração às funções exercidas pelo juiz no processo, fala-se em *competência funcional*.

Por fim, e destas trataremos mais adiante, temos: (1) *competência pelo lugar da infração*; (2) *competência pelo domicílio ou residência do réu*; (3) *competência em razão da natureza da infração ou da matéria* e (4) *competência originária ou em razão de prerrogativa de função*.

3.1.1. Competência interna e competência internacional

Competência interna é aquela que alcança todos os fatos que podem e devem ser apreciados pelo Poder Judiciário brasileiro, em qualquer de suas instâncias.

A competência do Poder Judiciário brasileiro, contudo, não se restringe aos delitos praticados nos limites geográficos do território nacional, e isso por força da extraterritorialidade da lei penal brasileira.

Sob esse olhar, fala-se em competência *territorial* e *extraterritorial*.

A competência territorial é tratada no art. 5º e a extraterritorial no art. 7º, ambos do CP.

Conforme o art. 5º do CP, aplica-se a lei brasileira, sem prejuízo de convenções, tratados e regras de direito internacional, ao crime cometido no território nacional: § 1º Para os efeitos penais, consideram-se como extensão do território nacional as embarcações e aeronaves brasileiras, de natureza pública ou a serviço do governo brasileiro onde quer que se encontrem, bem como as aeronaves e as embarcações brasileiras, mercantes ou de propriedade privada, que se achem, respectivamente, no espaço aéreo correspondente ou em alto-mar. § 2º É também aplicável a lei brasileira aos crimes praticados a bordo de aeronaves ou embarcações estrangeiras de propriedade privada, achando-se aquelas em pouso no território nacional ou em voo no espaço aéreo correspondente, e estas em porto ou mar territorial do Brasil.

35. Vincenzo Manzini, *Trattato di diritto processuale penale italiano*, p. 37.

Pelo que dispõe o art. 7º: Ficam sujeitos à lei brasileira, embora cometidos no estrangeiro: I – os crimes: *a)* contra a vida ou a liberdade do Presidente da República; *b)* contra o patrimônio ou a fé pública da União, do Distrito Federal, de Estado, de Território, de Município, de empresa pública, sociedade de economia mista, autarquia ou fundação instituída pelo Poder Público; *c)* contra a administração pública, por quem está a seu serviço; *d)* de genocídio, quando o agente for brasileiro ou domiciliado no Brasil; II – os crimes: *a)* que, por tratado ou convenção, o Brasil se obrigou a reprimir; *b)* praticados por brasileiro; *c)* praticados em aeronaves ou embarcações brasileiras, mercantes ou de propriedade privada, quando em território estrangeiro e aí não sejam julgados. § 1º Nos casos do inciso I, o agente é punido segundo a lei brasileira, ainda que absolvido ou condenado no estrangeiro. § 2º Nos casos do inciso II, a aplicação da lei brasileira depende do concurso das seguintes condições: *a)* entrar o agente no território nacional; *b)* ser o fato punível também no país em que foi praticado; *c)* estar o crime incluído entre aqueles pelos quais a lei brasileira autoriza a extradição; *d)* não ter sido o agente absolvido no estrangeiro ou não ter aí cumprido a pena; *e)* não ter sido o agente perdoado no estrangeiro ou, por outro motivo, não estar extinta a punibilidade, segundo a lei mais favorável. § 3º A lei brasileira aplica-se também ao crime cometido por estrangeiro contra brasileiro fora do Brasil, se, reunidas as condições previstas no parágrafo anterior: *a)* não foi pedida ou foi negada a extradição; *b)* houve requisição do Ministro da Justiça.

A aplicação da lei penal brasileira aos delitos praticados fora do território nacional só é possível em razão do *princípio da personalidade ou nacionalidade*; do *princípio da proteção ou de defesa*; do *princípio da Justiça universal ou cosmopolita*, e do *princípio da representação* (CP, art. 7º, I e II, e § 3º).

Observados os critérios apontados, se a competência não estiver afeta ao Poder Judiciário brasileiro, estará afeta a outra Nação soberana ou Tribunal Internacional.

No Brasil, por meio do Decreto Legislativo n. 112/2002, o Congresso Nacional aprovou o texto do Estatuto de Roma do Tribunal Penal Internacional, e o Decreto n. 4.388/2002 assegura que ele deverá ser executado e cumprido "tão inteiramente como nele se contém".

Nos precisos termos do art. 5º do Estatuto de Roma, a competência do Tribunal restringir-se-á aos crimes mais graves, que afetam a comunidade internacional no seu conjunto, a saber: *a)* o crime de genocídio; *b)* crimes contra a humanidade; *c)* crimes de guerra; e *d)* o crime de agressão.

3.1.2. Competência absoluta e competência relativa

Competência absoluta é aquela que não admite prorrogação. Vale dizer: ajuizada a ação perante juízo absolutamente incompetente, este deve declarar-se como tal e determinar a imediata remessa do processo ao juiz natural; ao juiz que entenda competente conforme as regras constitucionais e processuais penais. Exemplos: competência em razão da matéria e competência em razão de prerrogativa de função (CPP, art. 69, III e VII).

Juiz incompetente é aquele que não tem jurisdição para o processo e, por isso, se não for feita a remessa dos autos àquele que for competente, ocorrerá nulidade absoluta; será nula a pseudoprestação jurisdicional que se verificar em sede imprópria.

Competência relativa é aquela que admite prorrogação. Se a incompetência relativa não for alegada no prazo para a defesa preliminar, haverá preclusão,[36] decorrendo daí o fenômeno jurídico denominado *prorrogação de competência*; com isso, o juiz que inicialmente não era, passa a ser competente, e, portanto, serão válidos, sob tal enfoque, todos os atos que praticar no processo. Exemplos: competência pelo lugar da infração e competência pelo domicílio ou residência do réu (CPP, art. 69, I e II).

No processo penal, a declaração de incompetência – absoluta ou relativa – não depende de provocação de quem quer que seja e, portanto, deve ser feita *ex officio* pelo juiz (CPP, art. 109).

Se não for observada pelo magistrado, poderá ser oposta *exceção de incompetência*, verbalmente ou por escrito, no prazo para a defesa (CPP, arts. 95, II, e 108), matéria que estudaremos no capítulo destinado à análise "das questões e dos processos incidentes".

Havendo questionamento a respeito da (in)competência do juízo, poderá decorrer conflito negativo ou positivo de competência, temas de que igualmente cuidaremos no momento oportuno.

3.1.2.1. Prorrogação de competência

A prorrogação de competência é cabível apenas quando se tratar de competência relativa, e pode ser: (*1*) *necessária* ou (2) *voluntária*.

A primeira – *prorrogação necessária* – ocorre por força de (*1.1*) *conexão* e (*1.2*) *continência*, que analisaremos mais adiante e estão tratadas nos arts. 76 e 77 do CPP, e também (*1.3*) em razão de *desclassificação do delito*, levada a efeito por juiz de jurisdição mais graduada do que a do juiz que passou a ser competente, para quem deveria remeter os autos caso fossem de mesmo grau.

A esse respeito, dispõe o § 2º do art. 74 do CPP que: "Se, iniciado o processo perante um juiz, houver desclassificação para infração da competência de outro, a este será remetido o processo, salvo se mais graduada for a jurisdição do primeiro, que, em tal caso, terá sua competência prorrogada".

A segunda – *prorrogação voluntária* – decorre (*2.1*) da *não arguição/declaração oportuna* quando se estiver diante de (in)competência relativa (CPP, art. 108), e, ainda,

36. STF, HC 81.134/RS, 1ª T., rel. Min. Sepúlveda Pertence, j. 7-8-2007, *DJe* de 5-9-2007.

(2.2) da *possibilidade de escolha*, nas ações penais exclusivamente privadas, em que a lei permite ao querelante, ainda que conhecido o lugar da infração, escolher livremente o juízo em que irá propor a ação penal: lugar da infração, domicílio ou residência do réu, conforme autoriza o art. 73 do CPP.

3.1.3. Competência funcional

No dizer de Chiovenda, "o critério funcional extrai-se da natureza especial e das exigências especiais das funções que se chama o magistrado a exercer num processo".[37]

Objetivamente, afirmou Carnelutti que a competência funcional "depende de la naturaleza de los actos que se trata de cumplir".[38]

Ela deve ser analisada levando em conta: (*1*) *a fase do processo*; (*2*) *o objeto do juízo*, e (*3*) *o grau de jurisdição.*

Sob o olhar da *fase do processo*, admite-se falar que há um juiz competente para o processo de conhecimento – *competência ou jurisdição de cognição ou jurisdição cognoscitiva* – e, conforme a lei de organização judiciária, poderá haver outro juiz competente para a execução da pena aplicada[39] – *competência ou jurisdição executiva*.

Há comarcas com Vara Única, onde um mesmo juiz exerce funções cumulativas, com competência para julgar processos penais e extrapenais, de conhecimento e de execução, mas isso não afasta a possibilidade da classificação apontada.

O juiz das garantias, inovação introduzida no ordenamento pelo art. 3º da Lei n. 13.964/2019,[40] tem competência para o controle da legalidade da investigação criminal (art. 3º-A do CPP), mas é certo que também atua de modo a permitir a instauração do processo, haja vista ser de sua competência, sendo caso, proceder ao recebimento da denúncia ou queixa (art. 3º-C), do que decorre afirmarmos que pra-

---

37. Giuseppe Chiovenda, *Instituições de direito processual civil*, tradução de J. Guimarães Menegale e notas de Enrico Tullio Liebman, 2. ed., São Paulo, Saraiva, 1965, v. II, p. 154.

38. Francesco Carnelutti, *Lecciones sobre el proceso penal*, p. 283.

39. Sobre competência do juiz de execução, consultar nossos livros: *Curso de execução penal*, 17. ed., São Paulo, Saraiva, 2019; *Execução penal*, São Paulo, Saraiva, 2012, v. 9, Coleção Saberes do Direito, e *Lei de execução penal anotada*, 6. ed., São Paulo, Saraiva, 2017.

40. Após a publicação da Lei n. 13.964/2019 foram ajuizadas no Supremo Tribunal Federal três ações diretas de inconstitucionalidade questionando alguns de seus dispositivos – ADI 6.298, 6.299 e 6.300 –, e no dia 15 de janeiro de 2020 o Min. Dias Toffoli concedeu medida cautelar nos autos da ADI 6.298, para, entre outras coisas: "**(i)** suspender-se a eficácia dos **arts. 3º-D, parágrafo único, e 157, § 5º**, do Código de Processo Penal, incluídos pela Lei n. 13.964/19; **(ii)** suspender-se a eficácia dos arts. 3º-B, 3º-C, 3º-D, *caput*, 3º-E e 3º-F do CPP, inseridos pela Lei n. 13.964/2019, até a efetiva implementação do juiz das garantias pelos tribunais, o que deverá ocorrer **no prazo máximo de 180 (cento e oitenta) dias, contados a partir da publicação desta decisão; (iii)** conferir-se interpretação conforme às normas relativas ao juiz das garantias (arts. 3º-B a 3º-F do CPP), para esclarecer que não se aplicam às seguintes situações: (a) processos de competência originária dos tribunais, os quais são regidos pela Lei n. 8.038/90; (b) processos de competência do Tribunal do Júri; (c) casos de violência doméstica e familiar; e (d) processos criminais de competência da Justiça Eleitoral".

tica atividade de conhecimento ao decidir pelo recebimento, e em razão desse particular aspecto, ainda que de maneira limitada, exerce *competência ou jurisdição de cognição ou jurisdição cognoscitiva*.

No que diz respeito ao *objeto do juízo*, o que se leva em conta é a atividade a que se encontra restrito o exercício da jurisdição. Exemplo comumente indicado é o do julgamento pelo Tribunal do Júri, em que ao juiz togado compete presidir o julgamento e resolver as questões porventura levantadas ao longo dele, bem como proferir sentença e fixar a pena e o regime, mas quem decide a respeito da condenação, ou não, são os jurados, em resposta aos quesitos formulados pelo mesmo magistrado.

Quanto ao *grau de jurisdição – competencia por grado del proceso*, na expressão de Carnelutti[41] –, também subespécie da competência funcional, leva-se em conta a existência de graus sucessivos de jurisdição e, portanto, competências distintas em cada grau.

Em regra, os processos criminais são iniciados em *primeiro grau de jurisdição*; todavia, na hipótese de *competência originária* em razão de prerrogativa de função, o processo será iniciado em *instância ou jurisdição de grau superior*. Exemplo: crime praticado por prefeito durante o exercício do cargo, e relacionado às funções desempenhadas, deve ser julgado originariamente pelo Tribunal de Justiça (*giudici di secondo grado*), e não na comarca onde foi praticado, conforme o art. 29, X, da CF.

Ainda sob o enfoque do grau de jurisdição, tem-se a *competência recursal*, que decorre de recurso interposto à Superior Instância. Exemplo: o juiz da comarca de José Bonifácio-SP – primeiro grau de jurisdição – profere sentença condenatória, e o réu ingressa com recurso de apelação junto ao Tribunal de Justiça do Estado de São Paulo – segundo grau de jurisdição (*giudici d'appello*) – visando à reforma da sentença. No mesmo processo funcionarão juízes diversos, igualmente competentes, porém em graus de jurisdição distintos.

3.1.4. Delegação de competência

Há quem entenda que, nas hipóteses em que ocorre expedição de carta precatória ou carta rogatória visando à realização de atos processuais em comarca diversa do juízo do processo, ocorre delegação de *jurisdição* ou de *competência*, do juiz *deprecante* para o juiz *deprecado*.

Respeitadas as valiosas opiniões em sentido contrário,[42] nesse tema preferimos a lição de Tourinho Filho, para quem o juiz a quem se pediu a prática do ato processual, ao cumprir a diligência, apenas está exercendo sua própria competência, de acordo com a lei.

---

41. Francesco Carnelutti, *Lecciones sobre el proceso penal*, p. 294.

42. Conferir a respeito análise feita por Guilherme de Souza Nucci em seu *Manual de processo penal e execução penal*, 14. ed., Rio de Janeiro, Forense, 2017, p. 212-213.

Acrescenta o renomado jurista que o princípio da indelegabilidade, entretanto, não é absoluto, e esclarece: "Vejam-se, a propósito, o § 1º do art. 9º da Lei n. 8.038/90 e os Regimentos Internos do STF, do STJ, dos Tribunais Regionais Federais e dos Tribunais de Justiça, cuidando das 'cartas de ordem', que nada mais são que requisições dos Tribunais aos órgãos inferiores visando à prática de atos processuais. Uma vez que o STF e o STJ exercem o seu poder jurisdicional em todo o território nacional, podem eles requisitar dos órgãos inferiores, de qualquer parte do País, a prática de ato processual, p.ex., se em um processo de competência originária do STF ou do STJ deve ser ouvida uma testemunha residente em Esplanada, na Bahia, tanto pode o Ministro relator deslocar-se até lá para ouvi-la, como ouvi-la em Brasília (neste último caso, se a testemunha voluntariamente for a essa Capital), ou, simplesmente, requisitar ao Juiz de Esplanada a colheita do depoimento".[43]

No exemplo apontado, a diferença essencial que há entre as hipóteses de carta precatória e carta rogatória é que naquela o juiz deprecante não pode se deslocar até a comarca de domicílio da testemunha para ouvi-la, pois a competência jurisdicional para tal oitiva é do juiz da comarca de residência da testemunha (salvo se ela se dispuser a ser ouvida no juízo do processo e até lá se dirigir), ao passo que no caso de carta de ordem o Ministro Relator pode, como decorrência da ampla competência do STF e do STJ sobre todo o território nacional, querendo, deslocar-se até a localidade de domicílio da testemunha para proceder à sua formal oitiva, ou simplesmente expedir carta de ordem requisitando que assim se cumpra. Quando procede desta última maneira, *delega competência que é sua*.[44]

Observado nosso entendimento, apenas por dever de informar, cabe lembrar que parte da doutrina[45] fala em (1) *delegação externa* e em (2) *delegação interna*.

Ocorre *delegação externa* quando se verifica a prática de ato por juízo diverso daquele do processo, em comarca distinta, como ocorre no cumprimento de cartas precatórias (de juiz para juiz) e carta de ordem (de tribunal para juiz).

A *delegação interna*, a seu turno, é aquela que por vezes ocorre no mesmo juízo ou Vara Criminal, quando o juiz titular, por exemplo, delega competência sua para que juiz substituto ou juiz auxiliar formalmente designado proceda a determinados atos processuais.

---

43. Fernando da Costa Tourinho Filho, *Manual de processo penal*, p. 288.

44. "A delegação de atos de instrução, observadas as disposições legais e regimentais, consubstancia medida direcionada à racionalização das forças dirigidas à consecução da razoável duração do processo, sem que se subtraia dos membros do Tribunal a competência para processamento e julgamento das causas assim definidas pela Constituição" (STF, HC 131.164/TO, 1ª T., rel. Min. Edson Fachin, j. 24-5-2016, *DJe* n. 196, de 14-9-2016).

45. Conferir Julio Fabbrini Mirabete, op. cit., p. 182; Fernando Capez, op. cit., p. 280.

Isso ocorre, por exemplo, quando um juiz substituto é designado para auxiliar determinada Vara na qual já existe um juiz titular, e este entrega àquele, por escolha sua, determinados processos que originariamente são de sua competência, para que despache, faça audiência etc.

3.2. Divisão constitucional de competências

Como expressa o art. 92 da CF, para o desempenho da tarefa jurisdicional, são órgãos do Poder Judiciário no Estado brasileiro:

I – o Supremo Tribunal Federal;

I-A – o Conselho Nacional de Justiça;

II – o Superior Tribunal de Justiça;

III – os Tribunais Regionais Federais e Juízes Federais;

IV – os Tribunais e Juízes do Trabalho;

V – os Tribunais e Juízes Eleitorais;

VI – os Tribunais e Juízes Militares;

VII – os Tribunais e Juízes dos Estados e do Distrito Federal e Territórios.

Num primeiro plano, a divisão apresentada visa definir a existência de cada órgão que integra o Poder Judiciário, cumprindo observar, nesse passo, que, *embora autônomos* e detentores de competências distintas, não podem ser entendidos senão como "partes" de um *sistema integrado de jurisdição*.

Exceto em relação ao Conselho Nacional de Justiça e Tribunais e Juízes do Trabalho, cuja análise consideramos sem relevância para o estudo da matéria abordada neste capítulo, veremos a seguir que a própria Constituição Federal indica o âmbito de atuação – a esfera de competência – de cada órgão jurisdicional, conforme a distribuição do poder de julgar que leva em conta a natureza da lide e do interesse jurídico envolvido.

3.2.1. Supremo Tribunal Federal

De relevo para a matéria tratada neste livro, cumpre destacar que compete ao Supremo Tribunal Federal, precipuamente, a guarda da Constituição, cabendo-lhe (CF, art. 102):

Processar e julgar, originariamente:

1) nas infrações penais comuns, o Presidente da República, o Vice-Presidente, os membros do Congresso Nacional, seus próprios Ministros e o Procurador-Geral da República;

2) nas infrações penais comuns e nos crimes de responsabilidade, os Ministros de Estado e os Comandantes da Marinha, do Exército e da Aeronáutica, ressalvado o disposto no art. 52, I, os membros dos Tribunais Superiores, os do Tribunal de Contas da União e os chefes de missão diplomática de caráter permanente;

3) o *habeas corpus*, sendo paciente qualquer das pessoas referidas nos itens anteriores; o mandado de segurança e o *habeas data* contra atos do Presidente da República, das Mesas da Câmara dos Deputados e do Senado Federal, do Tribunal de Contas da União, do Procurador-Geral da República e do próprio Supremo Tribunal Federal;

4) a extradição solicitada por Estado estrangeiro;

5) o *habeas corpus*, quando o coator for Tribunal Superior ou quando o coator ou o paciente for autoridade ou funcionário cujos atos estejam sujeitos diretamente à jurisdição do Supremo Tribunal Federal, ou se trate de crime sujeito à mesma jurisdição em uma única instância;

6) a revisão criminal de seus julgados;

7) a reclamação para a preservação de sua competência e garantia da autoridade de suas decisões;

8) a execução de sentença nas causas de sua competência originária, facultada a delegação de atribuições para a prática de atos processuais;

9) os conflitos de competência entre o Superior Tribunal de Justiça e quaisquer tribunais, entre Tribunais Superiores, ou entre estes e qualquer outro tribunal.

Julgar, em recurso ordinário:

1) o *habeas corpus* e o mandado de segurança decididos em única instância pelos Tribunais Superiores, se denegatória a decisão;

2) o crime político.

Julgar, mediante recurso extraordinário, as causas decididas em única ou última instância, quando a decisão recorrida:

1) contrariar dispositivo da Constituição;

2) declarar a inconstitucionalidade de tratado ou lei federal;

3) julgar válida lei ou ato de governo local contestado em face da Constituição;

4) julgar válida lei local contestada em face de lei federal.

É de sua competência, por fim, **julgar a arguição de descumprimento de preceito fundamental**, decorrente da Constituição.

3.2.2. Superior Tribunal de Justiça

Nos limites do que é de interesse para o momento, cabe enfatizar que compete ao Superior Tribunal de Justiça (CF, art. 105):

Processar e julgar, originariamente:

1) nos crimes comuns, os Governadores dos Estados e do Distrito Federal, e, nestes e nos de responsabilidade, os desembargadores dos Tribunais de Justiça dos Estados e do Distrito Federal, os membros dos Tribunais de Contas dos Estados e do Distrito Federal, os dos Tribunais Regionais Federais, dos Tribunais Regionais Eleitorais e do Trabalho, os membros dos Conselhos ou Tribunais de Contas dos Municípios e os do Ministério Público da União que oficiem perante tribunais;

2) os *habeas corpus*, quando o coator ou paciente for qualquer das pessoas mencionadas no item 1, ou quando o coator for tribunal sujeito à sua jurisdição, Ministro de Estado ou Comandante da Marinha, do Exército ou da Aeronáutica, ressalvada a competência da Justiça Eleitoral;

3) os conflitos de competência entre quaisquer tribunais, ressalvado o disposto no art. 102, I, *o*, bem como entre tribunal e juízes a ele não vinculados e entre juízes vinculados a tribunais diversos;

4) as revisões criminais de seus julgados;

5) a reclamação para a preservação de sua competência e garantia da autoridade de suas decisões;

6) a homologação de sentenças estrangeiras e a concessão de *exequatur* às cartas rogatórias.

Julgar, em recurso ordinário:

1) os *habeas corpus* decididos em única ou última instância pelos Tribunais Regionais Federais ou pelos tribunais dos Estados, do Distrito Federal e Territórios, quando a decisão for denegatória;

2) os mandados de segurança decididos em única instância pelos Tribunais Regionais Federais ou pelos tribunais dos Estados, do Distrito Federal e Territórios, quando denegatória a decisão.

Julgar, em recurso especial, as causas decididas, em única ou última instância, pelos Tribunais Regionais Federais ou pelos tribunais dos Estados, do Distrito Federal e Territórios, quando a decisão recorrida:

1) contrariar tratado ou lei federal, ou negar-lhes vigência;

2) julgar válido ato de governo local contestado em face de lei federal;

3) der a lei federal interpretação divergente da que lhe haja atribuído outro tribunal.

3.2.3. *Tribunais Regionais Federais*

Compete aos Tribunais Regionais Federais (CF, art. 108):

Processar e julgar, originariamente:

1) os juízes federais da área de sua jurisdição, incluídos os da Justiça Militar e da Justiça do Trabalho, nos crimes comuns e de responsabilidade, e os membros do Ministério Público da União, ressalvada a competência da Justiça Eleitoral;

2) as revisões criminais de julgados seus ou dos juízes federais da região;

3) os mandados de segurança contra ato do próprio Tribunal ou de juiz federal;

4) os *habeas corpus*, quando a autoridade coatora for juiz federal;

5) os conflitos de competência entre juízes federais vinculados ao Tribunal.

Julgar, em grau de recurso, as causas decididas pelos juízes federais e pelos juízes estaduais no exercício da competência federal da área de sua jurisdição.

3.2.4. Juízes Federais

Com repercussões penais e processuais penais que merecem ser citadas, na dicção do art. 109 da CF, aos juízes federais compete processar e julgar:

1) as causas em que a União, entidade autárquica ou empresa pública federal forem interessadas[46] na condição de autoras, rés, assistentes ou oponentes, exceto as de falência, as de acidentes de trabalho e as sujeitas à Justiça Eleitoral e à Justiça do Trabalho;

2) os crimes políticos e as infrações penais praticadas em detrimento de bens, serviços ou interesse da União ou de suas entidades autárquicas ou empresas públicas, excluídas as contravenções e ressalvada a competência da Justiça Militar e da Justiça Eleitoral;

3) os crimes previstos em tratado ou convenção internacional, quando, iniciada a execução no País, o resultado tenha ou devesse ter ocorrido no estrangeiro, ou reciprocamente;

4) as causas relativas a direitos humanos a que se refere o § 5º deste artigo;

5) os crimes contra a organização do trabalho e, nos casos determinados por lei, contra o sistema financeiro e a ordem econômico-financeira;

6) os *habeas corpus*, em matéria criminal de sua competência ou quando o constrangimento provier de autoridade cujos atos não estejam diretamente sujeitos a outra jurisdição;

7) os mandados de segurança contra ato de autoridade federal, excetuados os casos de competência dos tribunais federais;

8) os crimes cometidos a bordo de navios ou aeronaves, ressalvada a competência da Justiça Militar;

---

46. "A Justiça Federal é competente para o julgamento de crimes relativos a desvio ou à apropriação de verba federal destinada à realização de serviços de competência privativa da União ou de competência comum da União e do ente beneficiário, ou de verba cuja utilização se submeta à fiscalização por órgão federal. Precedentes: (RE 464.621/RN, rel. Min. Ellen Gracie, 2ª T., *DJe* de 21-11-2008; RE 605.609-AgR, 1ª T., rel. Min. Cármen Lúcia, *DJe* de 1º -2-2011; HC 81.994, 1ª T., rel. Min. Ilmar Galvão, *DJ* de 27-9-2012). O elemento definidor da competência do órgão judiciário, em se tratando de questão envolvendo suposta apropriação ou aplicação irregular de verbas públicas federais repassadas a Estados e Municípios, está no interesse lesado em decorrência da pretensa conduta criminosa. O fato de a verba repassada ser proveniente de recursos federais e fiscalizada pela União, é suficiente para afirmar a existência de interesse desta e a consequente competência da Justiça Federal para apreciar o feito. Precedentes: RHC 98.564 rel. Min. Eros Grau, 2ª T., *DJe* de 6-11-2009; HC 80.867, rel. Min. Ellen Gracie, 1ª T., *DJe* de 12-4-2002; ACO 1.109/SP, rel. p/ Acórdão, Min. Luiz Fux, *DJe* de 7-3-2012" (STF, RE 696.533 AgR/SC, 1ª T., rel. Min. Luiz Fux, j. 2-9-2016, *DJe* n. 204, de 26-9-2016).

9) os crimes de ingresso ou permanência irregular de estrangeiro, a execução de carta rogatória, após o *exequatur*, e de sentença estrangeira, após a homologação.

As causas em que a União for autora serão aforadas na seção judiciária onde tiver domicílio a outra parte (§ 1º).

Nas hipóteses de grave violação de direitos humanos, o Procurador-Geral da República, com a finalidade de assegurar o cumprimento de obrigações decorrentes de tratados internacionais de direitos humanos dos quais o Brasil seja parte, poderá suscitar, perante o Superior Tribunal de Justiça, em qualquer fase do inquérito ou processo, incidente de deslocamento de competência para a Justiça Federal (§ 5º).

3.2.5. *Tribunais de Justiça Estaduais*

Conforme o art. 125 da CF, os Estados organizarão sua Justiça, observados os princípios estabelecidos na Constituição.

A competência dos Tribunais de Justiça é residual e encontra-se definida na Constituição do Estado, sendo a lei de organização judiciária de iniciativa do respectivo tribunal (§ 1º).

Embora de maior amplitude, alcança apenas o que a Constituição Federal não fixou na competência de outros órgãos.

3.2.5.1. Justiça Militar

Diz ainda o art. 125 da CF que a lei estadual pode criar, mediante proposta do Tribunal de Justiça, a Justiça Militar estadual, constituída, em primeiro grau, pelos juízes de direito e pelos Conselhos de Justiça e, em segundo grau, pelo próprio Tribunal de Justiça, ou por Tribunal de Justiça Militar nos Estados em que o efetivo militar seja superior a vinte mil integrantes (§ 3º).

Compete à Justiça Militar estadual processar e julgar os militares dos Estados, nos crimes militares definidos em lei, e as ações judiciais contra atos disciplinares militares, ressalvada a competência do júri quando a vítima for civil, cabendo ao tribunal competente decidir sobre a perda do posto e da patente dos oficiais e da graduação das praças (§ 4º).

Compete aos juízes de direito do juízo militar processar e julgar, singularmente, os crimes militares cometidos contra civis, cabendo ao Conselho de Justiça, sob a presidência de juiz de direito, processar e julgar os demais crimes militares (§ 5º).

O art. 9º do Código Penal Militar (Decreto-Lei n. 1.001, de 21-10-1969), com a redação da Lei n. 13.491/2017, diz que se consideram crimes militares em tempo de paz:

I – os crimes de que trata este Código, quando definidos de modo diverso na lei penal comum, ou nela não previstos, qualquer que seja o agente, salvo disposição especial;

II – os crimes previstos neste Código e os previstos na legislação penal, quando praticados:

a) por militar em situação de atividade ou assemelhado, contra militar na mesma situação ou assemelhado;

b) por militar em situação de atividade ou assemelhado, em lugar sujeito à administração militar, contra militar da reserva, ou reformado, ou assemelhado, ou civil;

c) por militar em serviço ou atuando em razão da função, em comissão de natureza militar, ou em formatura, ainda que fora do lugar sujeito à administração militar contra militar da reserva, ou reformado, ou civil;

d) por militar durante o período de manobras ou exercício, contra militar da reserva, ou reformado, ou assemelhado, ou civil;

e) por militar em situação de atividade, ou assemelhado, contra o patrimônio sob a administração militar, ou a ordem administrativa militar;

III – os crimes praticados por militar da reserva, ou reformado, ou por civil, contra as instituições militares, considerando-se como tais não só os compreendidos no inciso I, como os do inciso II, nos seguintes casos:

a) contra o patrimônio sob a administração militar, ou contra a ordem administrativa militar;

b) em lugar sujeito à administração militar contra militar em situação de atividade ou assemelhado, ou contra funcionário de Ministério militar ou da Justiça Militar, no exercício de função inerente ao seu cargo;

c) contra militar em formatura, ou durante o período de prontidão, vigilância, observação, exploração, exercício, acampamento, acantonamento ou manobras;

d) ainda que fora do lugar sujeito à administração militar, contra militar em função de natureza militar, ou no desempenho de serviço de vigilância, garantia e preservação da ordem pública, administrativa ou judiciária, quando legalmente requisitado para aquele fim, ou em obediência a determinação legal superior.

§ 1º Os crimes de que trata este artigo, quando dolosos contra a vida e cometidos por militares contra civil, serão da competência do Tribunal do Júri.

§ 2º Os crimes de que trata este artigo, quando dolosos contra a vida e cometidos por militares das Forças Armadas contra civil, serão da competência da Justiça Militar da União, se praticados no contexto:

I – do cumprimento de atribuições que lhes forem estabelecidas pelo Presidente da República ou pelo Ministro de Estado da Defesa;

II – de ação que envolva a segurança de instituição militar ou de missão militar, mesmo que não beligerante; ou

III – de atividade de natureza militar, de operação de paz, de garantia da lei e da ordem ou de atribuição subsidiária, realizadas em conformidade com o disposto no art. 142 da Constituição Federal e na forma dos seguintes diplomas legais:

a) Lei n. 7.565, de 19 de dezembro de 1986 – Código Brasileiro de Aeronáutica;

b) Lei Complementar n. 97, de 9 de junho de 1999;

c) Decreto-Lei n. 1.002, de 21 de outubro de 1969 – Código de Processo Penal Militar; e

d) Lei n. 4.737, de 15 de julho de 1965 – Código Eleitoral.

Em relação ao art. 9º do CPM, por força de sua atual redação, determinada pela Lei n. 13.491/2017, é preciso considerar que:

– observado o disposto no art. 9º, *caput*, II, do CPM, insere-se no rol de competências da Justiça Militar – da União e Estadual – não apenas os crimes tipificados no Código Penal Militar, mas também aqueles tipificados na legislação penal (Código Penal comum e leis penais especiais), quando praticados em qualquer das situações listadas em suas alíneas *a* a *e*;

– o art. 9º, §§ 1º e 2º, do CPM, dispõe sobre a competência para o processo e julgamento de crime doloso contra a vida, praticado por militar contra civil.

Quanto aos militares dos Estados, por força do disposto no art. 125, § 4º, da CF, a competência é da Justiça Comum e está afeta ao Tribunal do Júri (CF, art. 5º, XXXVIII, c.c. o art. 9º, § 1º, do CPM).

Já, em relação aos militares das Forças Armadas, a competência é da Justiça Militar da União, (CF, arts. 122 a 124, c.c. o art. 9º, § 2º, do CPM), quando praticado no contexto: do cumprimento de atribuições que lhes forem estabelecidas pelo Presidente da República ou pelo Ministro de Estado da Defesa; de ação que envolva a segurança de instituição militar ou de missão militar, mesmo que não beligerante; ou de atividade de natureza militar, de operação de paz, de garantia da lei e da ordem ou de atribuição subsidiária, realizadas em conformidade com o disposto no art. 142 da Constituição Federal e na forma dos seguintes diplomas legais: Lei n. 7.565, de 19 de dezembro de 1986 (Código Brasileiro de Aeronáutica); Lei Complementar n. 97, de 9 de junho de 1999 (Dispõe sobre normas gerais para a organização, o preparo e o emprego das Forças Armadas); Decreto-Lei n. 1.002, de 21 de outubro de 1969 (Código de Processo Penal Militar), e Lei n. 4.737, de 15 de julho de 1965 (Código Eleitoral).

Por exclusão, ainda em se tratando de crime doloso contra a vida, quando praticado por militar integrante das Forças Armadas contra civil, se a hipótese fática não se amoldar a qualquer das situações anteriormente listadas, a competência será da Justiça Comum, perante o Tribunal do Júri.

À luz do disposto no art. 10 do mesmo Estatuto, consideram-se crimes militares, em tempo de guerra:

I – os especialmente previstos neste Código para o tempo de guerra;

II – os crimes militares previstos para o tempo de paz;

III – os crimes previstos neste Código, embora também o sejam com igual definição na lei penal comum ou especial, quando praticados, qualquer que seja o agente:

a) em território nacional, ou estrangeiro, militarmente ocupado;

b) em qualquer lugar, se comprometem ou podem comprometer a preparação, a eficiência ou as operações militares ou, de qualquer outra forma, atentam contra a segurança externa do País ou podem expô-la a perigo;

IV – os crimes definidos na lei penal comum ou especial, embora não previstos neste Código, quando praticados em zona de efetivas operações militares ou em território estrangeiro, militarmente ocupado.

Súmulas sobre competência da Justiça Militar:

Súmula 6 do STJ: "Compete à Justiça Comum Estadual processar e julgar delito decorrente de acidente de trânsito envolvendo viatura de polícia militar, salvo se autor e vítima forem policiais militares em situação de atividade".

Súmula 47 do STJ: "Compete à Justiça Militar processar e julgar crime cometido por militar contra civil, com emprego de arma pertencente à corporação, mesmo não estando em serviço".

Súmula 53 do STJ: "Compete à Justiça Comum Estadual processar e julgar civil acusado de prática de crime contra instituições militares estaduais".

Súmula 75 do STJ: "Compete à Justiça Comum Estadual processar e julgar o policial militar por crime de promover ou facilitar a fuga de preso de estabelecimento penal".

Súmula 78 do STJ: "Compete à Justiça Militar processar e julgar policial de corporação estadual, ainda que o delito tenha sido praticado em outra unidade federativa".

Súmula 90 do STJ: "Compete à Justiça Estadual Militar processar e julgar o policial militar pela prática do crime militar, e a comum pela prática do crime comum simultâneo àquele".

Súmula 172 do STJ: "Compete à Justiça Comum processar e julgar militar por crime de abuso de autoridade, ainda que praticado em serviço".

Importante observar que o art. 9º, II, do CPM, com a redação determinada pela Lei n. 13.491/2017, está a determinar a revisão de algumas das súmulas transcritas. Já não tem sentido, por exemplo, a parte final da Súmula 90 do STJ, e é evidente a necessidade de cancelamento da Súmula 172 da mesma Corte.

Conforme a regra atual, é de competência da Justiça Militar, da União ou Estadual, conforme o caso, o processo e julgamento dos crimes tipificados no Código Penal Militar, e também os previstos na *legislação penal* – Código Penal e leis penais especiais, portanto, – quando praticados nas situações indicadas nas alíneas *a* a *e* do art. 9º, II.

3.3. Garantias dos juízes e vedações constitucionais

Os juízes gozam das seguintes *garantias* (CF, art. 95):

I – *vitaliciedade*, que, no primeiro grau, só será adquirida após dois anos de exercício, dependendo a perda do cargo, nesse período, de deliberação do tribunal a que o juiz estiver vinculado, e, nos demais casos, de sentença judicial transitada em julgado;

II – *inamovibilidade*, salvo por motivo de interesse público, na forma do art. 93, VIII;

III – *irredutibilidade de subsídio*, ressalvado o disposto nos arts. 37, X e XI, 39, § 4º, 150, II, 153, III, e 153, § 2º, I.

Aos juízes é *vedado* (CF, parágrafo único do art. 95):

I – exercer, ainda que em disponibilidade, outro cargo ou função, salvo uma de magistério;

II – receber, a qualquer título ou pretexto, custas ou participação em processo;

III – dedicar-se à atividade político-partidária;

IV – receber, a qualquer título ou pretexto, auxílios ou contribuições de pessoas físicas, entidades públicas ou privadas, ressalvadas as exceções previstas em lei;

V – exercer a advocacia no juízo ou tribunal do qual se afastou, antes de decorridos três anos do afastamento do cargo por aposentadoria ou exoneração.

3.4. Regras de delimitação de competência no Código de Processo Penal

A macrodistribuição constitucional de competências entre os diversos órgãos da jurisdição, conforme anteriormente listada, não é suficiente para a solução dos variados casos que são enfrentados na rotina judiciária, daí a necessidade de o legislador infraconstitucional dispor a respeito, de forma mais detalhada, conforme procedeu no art. 69 do CPP, segundo o qual a competência será determinada levando em conta:

I – o lugar da infração;

II – o domicílio ou residência do réu;

III – a natureza da infração;

IV – a distribuição;

V – a conexão ou continência;

VI – a prevenção;

VII – a prerrogativa de função.

Esses critérios resolvem por inteiro as inúmeras situações do cotidiano forense e estão disciplinados detalhadamente nos arts. 70 a 91 do CPP, objeto das reflexões que seguem ordenadas.

3.4.1. Competência pelo lugar da infração

Essa modalidade leva em conta critério territorial, e, como disse MANZINI, a repartição de competência por território se funda no pressuposto de existência de diversas circunscrições territoriais identicamente competentes por matéria.[47]

47. VINCENZO MANZINI, *Trattato di diritto processuale penale italiano*, p. 90, tradução livre.

O critério territorial – afirmou Chiovenda – relaciona-se com a circunscrição territorial designada à atividade de cada órgão jurisdicional.[48]

A regra geral[49] é que o processo e o julgamento de toda infração penal ocorra no juízo da comarca em que esta se consumar, ou, no caso de tentativa, na comarca em que for praticado o último ato de execução.

A competência pelo lugar da infração – competência *ratione loci* – leva em conta o espaço geográfico em que o delito se deu: o país, Estado, comarca ou circunscrição (conforme dispuser a lei de organização judiciária do Estado). Está indicada no art. 69, I, e regulada nos arts. 70 e 71, todos do CPP.

Lugar da infração é o local onde foi praticado o delito.

Nada mais razoável do que fixar, como regra geral e primeira, a competência para o processo e julgamento, preferencialmente, no lugar em que o delito ocorreu, pois é lá que repercutiu; é lá que a comunidade sentiu seus efeitos; é lá que estão as provas que interessam ao processo (ou a maioria delas), de modo que a fixação da competência com base em tal critério atende não só a uma das finalidades da pena – prevenção geral –, mas também a princípios de economia e celeridade processual.

Existem três teorias para definir o que se deve considerar como lugar do delito. São elas: (1) *teoria da atividade*; (2) *teoria do resultado*, e (3) *teoria da ubiquidade*.

Enquanto as duas primeiras se sustentam em critérios que estão em extremos opostos, a terceira, unitária ou conciliadora, utiliza-se de todos os critérios, indistintamente.

Vejamos.

1) *Teoria da atividade*: considera-se lugar da infração o local em que ocorreu a ação ou omissão delitiva, pouco importando o local em que se tenha produzido o resultado.

2) *Teoria do resultado*: considera-se lugar da infração o local em que se produziu o resultado, sendo irrelevante o local da ação ou omissão delitiva.

3) *Teoria da ubiquidade*: considera-se lugar da infração tanto o local da ação ou omissão delitiva quanto o local em que ocorreu o resultado.[50]

---

48. Giuseppe Chiovenda, *Instituições de direito processual civil*, tradução de J. Guimarães Menegale e notas de Enrico Tullio Liebman, 2. ed., São Paulo, Saraiva, 1965, v. II, p. 154.

49. "Não verificada hipótese de conexão ou continência com outros procedimentos de persecução penal já instaurados, a competência deve ser determinada pelo lugar em que se consumou a infração ou, no caso de tentativa, pelo lugar em que foi praticado o último ato de execução, nos termos da regra geral do Código de Processo Penal (art. 70)" (STF, Pet 5.862/DF, 2ª T., rel. Min. Teori Zavascki, j. 15-3-2016, *DJe* n. 199, de 19-9-2016).

50. O Código Penal, em seu art. 6º, adotou a teoria da ubiquidade, segundo a qual: "Considera-se praticado o crime no lugar em que ocorreu a ação ou omissão, no todo ou em parte, bem como onde se produziu ou deveria produzir-se o resultado".

O Código de Processo Penal, em seu art. 70, *caput*, adota a *teoria do resultado*. De tal sorte, a competência será, de regra, determinada pelo lugar em que se consumar a infração.

No caso de delito tentado,[51] é preciso distinguir: (*1*) se todos os atos foram praticados em uma mesma comarca; (2) se os atos foram praticados em mais de uma comarca.

Na maioria dos casos ou em boa parte deles, os atos que integram a tentativa são praticados nos limites territoriais de uma mesma comarca. Sendo essa a hipótese, nenhuma dúvida poderá surgir a respeito do juízo competente, quando for suficiente a regra do *lugar da infração*. Exemplo: o crime de roubo – tentado ou consumado – que em momento algum ultrapassou os limites territoriais de determinada comarca é de competência do juízo local; deve ser julgado no juízo da comarca em que foi praticado.

No caso de infração penal tentada, cuja execução se estenda geograficamente, passando por territórios expostos à competência de juízes diversos – *delitos plurilocais* –, competente será o juiz do lugar em que for praticado o último ato de execução.[52]

Nos denominados *crimes a distância*, "se, iniciada a execução no território nacional, a infração se consumar fora dele, a competência será determinada pelo lugar em que tiver sido praticado, no Brasil, o último ato de execução" (§ 1º do art. 70).

Imagine-se que alguém envie, de São José do Rio Preto-SP, uma carta-bomba para sua sogra que reside em Santiago, no Chile, onde a correspondência, ao ser aberta, explode e mata a *pobre senhora*.

Pela regra indicada, embora o crime tenha se consumado em Santiago, competente para o processo e julgamento será o juízo da comarca de São José do Rio Preto-SP, onde foi praticado, no Brasil, o último ato de execução, com a postagem da missiva.

Por outro vértice, "quando o último ato de execução for praticado fora do território nacional, será competente o juiz do lugar em que o crime, embora parcialmente, tenha produzido ou devia produzir seu resultado" (§ 2º do art. 70).

Para entender melhor, tomemos o exemplo acima, na ordem inversa: agora é a *sogra amada* que envia missiva explosiva ao genro dileto, de Santiago para São José do Rio Preto.

No caso, tendo sido praticado no Chile o último ato de execução, portanto fora do território nacional, *lugar da infração*, para os fins do CPP, e, portanto, competente para o processo e julgamento, no Brasil, é o juízo da comarca onde, embora parcialmente, tenha produzido ou devia produzir seu resultado: juízo criminal da comarca de São José do Rio Preto-SP.

---

51. Considera-se consumado o delito quando nele se reúnem todos os elementos de sua definição legal, e tentado, quando, iniciada a execução, não se consuma por circunstâncias alheias à vontade do agente (CP, art. 14, I e II).

52. STJ, RHC 25.163/PR, 5ª T., rel. Min. Laurita Vaz, j. 5-10-2010, *DJe* de 18-10-2010.

Quando incerto o limite territorial entre duas ou mais jurisdições, ou quando incerta a jurisdição por ter sido a infração consumada ou tentada nas divisas de duas ou mais jurisdições, a competência firmar-se-á pela *prevenção* (CPP, § 3º do art. 70).

A fixação de competência por *prevenção* é matéria tratada no art. 83 do CPP, *verbis*: "Verificar-se-á a competência por prevenção toda vez que, concorrendo dois ou mais juízes igualmente competentes ou com jurisdição cumulativa, um deles tiver antecedido aos outros na prática de algum ato do processo ou de medida a este relativa, ainda que anterior ao oferecimento da denúncia ou da queixa (arts. 70, § 3º, 71, 72, § 2º, e 78, II, *c*)".

Tratando-se de infração continuada ou permanente, praticada em território de duas ou mais jurisdições, a competência também será definida pela *prevenção* (CPP, art. 71).

A primeira hipótese – crime continuado – ocorre quando o agente, "mediante mais de uma ação ou omissão, pratica dois ou mais delitos da mesma espécie e, pelas condições de tempo, lugar, maneira de execução e outras semelhantes, devem os subsequentes ser havidos como continuação do primeiro" (CP, art. 71).

A *fictio juris* que é a continuidade delitiva pressupõe ao menos dois delitos praticados em idênticas condições, e permite, por medida de política criminal, que tudo se resolva como se fosse delito único, que deverá ter sua pena aumentada.

Crime permanente é aquele cuja execução se prolonga no tempo. Nesse caso, enquanto durar a permanência, o crime estará em fase de execução, o que autoriza, inclusive, prisão em flagrante enquanto não cessar a atividade ilícita.

Exemplo de crime permanente: extorsão mediante sequestro (CP, art. 159).

Pela prevenção, havendo mais de um juiz igualmente competente conforme a lei de organização judiciária, tornar-se-á competente para o processo específico aquele que primeiro conhecer formalmente da matéria; que primeiro despachar nos autos, como veremos mais ao final deste capítulo.

3.4.1.1. Outras observações pertinentes

1) Juizados Especiais Criminais:

Consideram-se infrações penais de menor potencial ofensivo, sujeitas à competência dos Juizados Especiais Criminais, as contravenções penais e os crimes a que a lei comine pena máxima não superior a 2 (dois) anos, cumulada ou não com multa.

Dispõe o art. 63 da Lei n. 9.099/95 que: "A competência do Juizado será determinada pelo lugar em que foi praticada a infração penal".

Em casos tais, a lei adotou a *teoria da ubiquidade*, segundo a qual "considera-se praticado o crime no lugar em que ocorreu a ação ou omissão, no todo ou em parte, bem como onde se produziu ou deveria produzir-se o resultado" (CP, art. 6º).

2) *Art. 171, § 2º, VI, do Código Penal*:

Cuida a hipótese de estelionato mediante emissão de cheque sem provisão de fundos em poder do sacado.

Se o cheque é emitido na mesma cidade em que se encontra a agência sacada, a solução da competência do juízo não revela qualquer dificuldade.

De modo inverso, imagine-se que o cheque é emitido e entregue ao credor-vítima na cidade de Araçatuba-SP, e a agência sacada está localizada em Bauru-SP. Neste caso, a jurisprudência é pacífica no sentido de que *lugar da infração*, e, portanto, competente para o processo e julgamento, é o juízo da comarca em que se encontrar a agência bancária sacada, pois foi lá que ocorreu a recusa no pagamento e se consumou o crime (teoria do resultado).

Nesse sentido:

Súmula 521 do STF: "O foro competente para o processo e julgamento dos crimes de estelionato, sob a modalidade da emissão dolosa de cheque sem provisão de fundos, é o do local onde se deu a recusa do pagamento pelo sacado".

Súmula 244 do STJ: "Compete ao foro do local da recusa processar e julgar o crime de estelionato mediante cheque sem provisão de fundos".

Tal forma de pensar, todavia, não atende aos princípios de celeridade e economia processual, visto que toda a prova oral (oitiva da vítima, testemunhas e eventualmente o interrogatório) deverá ser colhida por precatória expedida pelo juízo de Bauru para o juízo de Araçatuba, tampouco à finalidade de prevenção geral da pena, pois em caso de condenação esta será imposta em local diverso daquele em que se deu a negociata (embora *possa* ser executada no juízo da comarca de domicílio do condenado).

Importante, por fim, não confundir a regra de definição de competência do estelionato mediante emissão de cheque sem provisão de fundos com a competência para o estelionato fundamental, regulado no art. 171, *caput*, do CP, em que se leva em consideração o local onde fora praticado o engodo.

3) *Crimes dolosos contra a vida*:

Imagine-se que, em uma briga de bar ocorrida na pequena comarca de Palestina-SP, "Tibúrcio" efetue, dolosamente, disparos de arma de fogo contra seu desafeto "Tibério", que em razão da gravidade dos ferimentos e ausência de melhor aparato médico e hospitalar em Palestina é encaminhado para atendimento em São José do Rio Preto-SP, centro médico mais avançado, onde dias depois vem a falecer.

Pela teoria do resultado, competente deveria ser o juízo da comarca de São José do Rio Preto, mas, convenhamos, não tem sentido algum o processo e julgamento nessa comarca, e isso não só em razão da necessidade de se prestigiar a finalidade de prevenção geral da pena, a economia e a celeridade processual que se deve buscar no caso em questão.

A solução reclama bom senso. Imaginar o contrário seria tumultuar as Varas Criminais de determinadas comarcas que dispõem de melhores condições de atendimento médico, e passar a fixar competência jurisdicional com base em *critério* tão *injurídico* quanto *contraproducente*.

No mesmo exemplo, imagine-se que no caminho entre Palestina e São José do Rio Preto a vítima dos disparos viesse a morrer exatamente quando a ambulância estivesse nos limites territoriais da comarca de Nova Granada-SP. Tem algum sentido dizer que o processo e o julgamento do crime de homicídio devem ocorrer nesta última, lugar em que se consumou o crime?

Ainda no exemplo indicado, se a vítima fosse pessoa abastada e por isso levada em seu avião para cuidados médicos em São Paulo-Capital, onde viesse a morrer dias depois, teria algum sentido fixar a competência do foro da Capital para o processo e julgamento? Claro que não!

Em razão disso é que doutrina e jurisprudência sempre foram tranquilas em afirmar que competente, no exemplo citado, é o juízo da comarca onde ocorreram os disparos de arma de fogo, ainda que o evento morte tenha se consumado em comarca diversa, seja ela qual for.

3.4.2. Competência pelo domicílio ou residência do réu

Está regulada nos arts. 72[53] e 73 do CPP.

A competência pelo domicílio ou residência do réu – competência *ratione loci* –, como resta evidente, decorre do seu local de domicílio ou residência.[54]

Residência é o local, espaço físico habitado pelo indivíduo.

Domicílio é o lugar onde a pessoa estabelece a sua residência com ânimo definitivo (CC, art. 70).

Se, porém, a pessoa natural tiver diversas residências, onde, alternadamente, viva, considerar-se-á domicílio seu qualquer delas (CC, art. 71). Muda-se o domicílio, transferindo a residência, com a intenção manifesta de mudar (CC, art. 74).

Dispõe o art. 72, *caput*, do CPP, que: "Não sendo conhecido o lugar da infração, a competência regular-se-á pelo domicílio ou residência do réu".

Se o réu tiver mais de uma residência, a competência firmar-se-á pela prevenção (§ 1º).

---

53. "Quando já existente um Juízo prevento, não se aplica a regra do art. 72 do Código de Processo Penal" (STF, HC 103.510/PR, 2ª T., rel. Min. Ellen Gracie, j. 30-11-2010, *DJe* de 17-12-2010).

54. "Em se tratando de queixa-crime formalizada contra agente público e não se conhecendo o local exato da consumação da infração penal, a competência é regida pelo art. 72 do Código de Processo Penal, ou seja, fica ligada ao foro do domicílio ou da residência do réu" (STF, Inq 2.956 AgR/DF, Tribunal Pleno, rel. Min. Marco Aurélio, j. 19-5-2011, *DJe* de 1º -6-2011).

Se o réu não tiver residência certa ou for ignorado o seu paradeiro, será competente o juízo que primeiro tomar conhecimento do fato (§ 2º).

Nos casos de exclusiva ação privada, o querelante poderá preferir o foro de domicílio ou da residência do réu, ainda quando conhecido o lugar da infração (CPP, art. 73).

Nos quadrantes do art. 72, pressuposto comum é o desconhecimento do lugar da infração.

No caso do art. 73, desimporta se é conhecido ou não o lugar da infração.

Pelo que se observa, são estas as situações reguladas:

1) O lugar da infração é desconhecido:

Trata-se do denominado *foro subsidiário*, raramente utilizado, como lembra Rômulo Moreira.[55]

Embora possa parecer estranho, vezes há em que o lugar da infração pode ser desconhecido, como ocorre, por exemplo, no caso de ser localizado um cadáver boiando nas águas correntes de rio caudaloso que corta mais de uma comarca.

Conhecido o suposto autor do crime e não sendo possível apurar em que comarca o homicídio se deu, competente será o juízo do domicílio ou residência do imputado.

1.1) O autor do delito tem mais de uma residência:

Utilizando o mesmo exemplo anterior, desconhecido o exato local da infração, mas conhecido seu autor, se ele tiver mais de uma residência ou domicílio, a competência para o processo e julgamento firmar-se-á pela prevenção (CPP, art. 83). Vale dizer: será competente o juízo que primeiro conhecer formalmente da matéria. Exemplo: o juízo que decretar a prisão temporária ou a prisão preventiva do autor do crime.

1.2) O autor do delito não tem residência ou domicílio e é ignorado seu paradeiro:

Como as duas anteriores, a hipótese aqui regulada também parte do pressuposto de que é desconhecido o lugar da infração.

Se o autor do delito não tiver residência ou domicílio certo ou for ignorado o seu paradeiro, por ser andarilho, por exemplo, a competência será fixada por prevenção, de forma a vincular o juízo que primeiro tomar conhecimento do fato.

Não se trata de conhecimento midiático ou por *ouvir dizer*, mas de *conhecimento formal*.

Tem conhecimento formal o juízo que primeiro decidir a respeito do fato, valendo também aqui o anteriormente afirmado a esse respeito.

---

55. Rômulo de Andrade Moreira, *Uma crítica à teoria geral do processo*, Porto Alegre, Lex Magister, 2013, p. 21.

2) *Ação penal exclusivamente privada*:

Nos casos de *exclusiva ação privada*, o que evidentemente não inclui a *ação penal privada subsidiária da pública*,[56] o querelante poderá preferir o foro de domicílio ou da residência do réu, ainda quando conhecido o lugar da infração (CPP, art. 73).

Em casos tais, a lei confere com exclusividade ao querelante as seguintes opções:

1) ajuizar a ação penal no juízo do local da infração;

2) ajuizar a ação penal no juízo de domicílio ou da residência do querelado.

Acertadamente, observou Mirabete que "o Código é omisso quanto à determinação da competência no caso de vários corréus com domicílio e residência diferentes e, na lacuna, aplica-se por analogia o critério da prevenção diante do art. 72, § 1º".[57]

3.4.3. Competência em razão da natureza da infração

Trata-se de competência em razão da matéria – competência *ratione materiae*.

Não basta, não é suficiente para a fixação da competência, na generalidade dos casos, saber o lugar da infração. Conhecido este, é preciso considerar a natureza da infração para concluir a respeito, tendo em vista a existência de jurisdições especializadas e de varas especializadas em razão da matéria, como ocorre em relação à Jurisdição Militar (ou Justiça Militar) e à Jurisdição Eleitoral (ou Justiça Eleitoral).

Embora conhecido o lugar da infração, é preciso verificar, ainda, se esta é de competência da Justiça Comum Estadual ou Federal.[58]

Se da Justiça Estadual, é preciso analisar se há alguma Vara Especializada para o determinado tipo de delito.[59] Exemplo: comarca em que existe Vara Especializada para processar e julgar crimes tipificados na Lei de Drogas.

Nesse caso, em razão da especificidade da matéria e da lei de organização judiciária, conhecido o lugar da infração, o inquérito que apurar crime de tal natureza deverá ser encaminhado para a Vara Especializada, onde tramitará o processo.

---

56. Nestas a ação penal é pública e seu titular, o Ministério Público. Permite-se ao particular apenas o ajuizamento da ação, que continuará submetida aos princípios norteadores da ação penal pública.

57. Julio Fabbrini Mirabete, op. cit., p. 188.

58. "O fato de a verba repassada ser proveniente de recursos federais e fiscalizada pela União, é suficiente para afirmar a existência de interesse desta e a consequente competência da Justiça Federal para apreciar o feito. Precedentes: RHC 98.564 rel. Min. Eros Grau, 2ª T., *DJe* de 6-11-2009; HC 80.867, rel. Min. Ellen Gracie, 1ª T., *DJe* de 12-4-2002; ACO 1.109/SP, rel. p/ Acórdão, Min. Luiz Fux, *DJe* de 7-3-2012" (STF, RE 696.533 AgR/SC, 1ª T., rel. Min. Luiz Fux, j. 2-9-2016, *DJe* n. 204, de 26-9-2016).

59. A Lei n. 13.964/2019, entre tantos outros temas, por seu art. 13, introduziu à Lei n. 12.694/2012 seu atual art. 1º-A, que assim dispõe: "Os Tribunais de Justiça e os Tribunais Regionais Federais poderão instalar, nas comarcas sedes de Circunscrição ou Seção Judiciária, mediante resolução, Varas Criminais Colegiadas com competência para o processo e julgamento: I – de crimes de pertinência a organizações criminosas armadas ou que tenham armas à disposição; II – do crime do art. 288-A do Decreto-Lei n. 2.848, de 7 de dezembro de 1940 (Código Penal)".

Se, entretanto, a hipótese versar sobre crimes previstos nos arts. 33 a 37 da Lei de Drogas[60] e ficar demonstrada a *transnacionalidade*,[61] será de competência de uma das Varas da Justiça Federal: vara criminal comum ou especializada, onde houver.

Dispõe o art. 74, *caput*, do CPP, que "a competência pela natureza da infração será regulada pelas leis de organização judiciária, salvo a competência do Tribunal do Júri", visto que esta decorre do art. 5º, XXXVIII, *d*, da CF, e alcança os crimes dolosos contra a vida, que estão tipificados nos arts. 121, §§ 1º e 2º, 122, parágrafo único, 123, 124, 125, 126 e 127 do Código Penal, consumados ou tentados (§ 1º do art. 74).

O Tribunal do Júri Estadual é presidido pelo Juiz de Direito e tem competência para o julgamento dos crimes dolosos contra a vida que não sejam de competência do Tribunal do Júri Federal, que é presidido por Juiz Federal e tem competência para julgar, por exemplo, os delitos de genocídio e de homicídio ou homicídios dolosos que constituíram modalidade de sua execução.[62]

Se, iniciado o processo perante um juiz, houver desclassificação para infração da competência de outro, a este será remetido o processo, salvo se mais graduada for a jurisdição do primeiro, que, em tal caso, terá sua competência prorrogada (§ 2º).

Ajustada a redação do § 3º do art. 74 do CPP às mudanças introduzidas pela Lei n. 11.689/2008, por ocasião da decisão de pronúncia[63] nos processos de competência do Tribunal do Júri, "quando o juiz se convencer, em discordância com a acusação, da existência de crime diverso dos referidos no § 1º do art. 74 deste Código e não for competente para o julgamento, remeterá os autos ao juiz que o seja" (CPP, art. 419).

Se houver desclassificação da infração para outra, de competência do juiz singular, ao presidente do Tribunal do Júri caberá proferir sentença em seguida,[64] aplicando-se, quando o delito resultante da nova tipificação for considerado pela lei como infração penal de menor potencial ofensivo, o disposto nos arts. 69 e s. da Lei n. 9.099, de 26 de setembro de 1995 (CPP, § 1º do art. 492).

A competência penal do Júri possui extração constitucional, estendendo-se – ante o caráter absoluto de que se reveste e por efeito da *vis attractiva* que exerce – às infrações penais conexas aos crimes dolosos contra a vida. Desclassificado, no entanto, pelo Conselho de Sentença, o crime doloso contra a vida, para outro ilícito penal incluído na esfera de atribuições jurisdicionais do magistrado singular, cessa, em tal caso, a competência do Júri, incum-

60. Renato Marcão, *Tóxicos*, 11. ed., São Paulo, Saraiva, 2017.

61. Ver art. 70 da Lei de Drogas (Lei n. 11.343/2006).

62. STF, RE 351.487/RR, Tribunal Pleno, rel. Min. Cezar Peluso, j. 3-8-2006, *DJe* de 10-11-2006.

63. Nos crimes dolosos contra a vida, diz o art. 413 do CPP: "O juiz, fundamentadamente, pronunciará o acusado, se convencido da materialidade do fato e da existência de indícios suficientes de autoria ou de participação".

64. "Crime doloso contra a vida em conexão com estupro consumado e tentado, em concurso material. Desclassificação, pelos jurados, da tentativa de homicídio para disparo de arma de fogo em local habitado. Competência do Presidente do Tribunal do Júri para o julgamento do crime desclassificado e do conexo" (STF, HC 100.843/RJ, 2ª T., rel. Min. Eros Grau, j. 2-2-2010, *DJe* de 21-5-2010).

bindo, a seu Presidente, o poder de julgar tanto o delito resultante da desclassificação quanto as infrações penais, que, *ratione connexitatis*, foram submetidas ao Tribunal Popular, mesmo que se cuide de crime de tráfico de entorpecentes ou de simples contravenção penal.[65]

Se os jurados decretarem a absolvição do réu em relação ao crime doloso contra a vida, ao Tribunal do Júri competirá o julgamento de eventual crime conexo,[66] porquanto admitida sua competência para todos.

3.4.3.1. Desaforamento

O desaforamento só é cabível nos processos de competência do Tribunal do Júri e configura verdadeira exceção ao princípio da *perpetuatio jurisdictionis*.

Desaforar é remeter de um foro competente para outro que originariamente não o era, mas passou a ser por força de decisão judicial fundamentada em necessidade invencível.

A regra é que os processos sejam julgados pelo Tribunal Popular do local em que o crime ocorreu, mas que a lei prevê hipóteses em que o julgamento pode ser transferido para Tribunal do Júri de comarca diversa.

Diz o art. 427 do CPP: "Se o interesse da ordem pública o reclamar ou houver dúvida sobre a imparcialidade do júri ou a segurança pessoal do acusado, o Tribunal, a requerimento do Ministério Público, do assistente, do querelante ou do acusado ou mediante representação do juiz competente, poderá determinar o desaforamento do julgamento para outra comarca da mesma região, onde não existam aqueles motivos, preferindo-se as mais próximas".

A outra hipótese está regulada no art. 428 do CPP, que assim dispõe: "O desaforamento também poderá ser determinado, em razão do comprovado excesso de serviço, ouvidos o juiz-presidente e a parte contrária, se o julgamento não puder ser realizado no prazo de 6 (seis) meses, contado do trânsito em julgado da decisão de pronúncia".

O desaforamento não viola o princípio do juiz natural, pois em casos tais, dada a excepcionalidade evidenciada, há um interesse superior, fundamentado em princípio de justiça, a permitir que se providencie o necessário na busca de um julgamento imparcial, que transcorra em ambiente de normalidade e em prazo razoável, de modo a traduzir a afirmação do Estado de Direito.

3.4.3.2. Deslocamento de competência

Configura causa de modificação de competência em razão da natureza da infração.

Essa *medida excepcional* encontra-se prevista no art. 109, § 5º, da CF, nos seguintes termos:

---

65. STF, HC 74.295/RJ, 1ª T., rel. Min. Celso de Mello, j. 10-12-1996, *DJe* de 22-6-2001.
66. STF, HC 93.096/PA, 1ª T., rel. Min. Cármen Lúcia, j. 18-3-2008, *DJe* de 18-4-2008.

Nas hipóteses de grave violação de direitos humanos, o Procurador-Geral da República, com a finalidade de assegurar o cumprimento de obrigações decorrentes de tratados internacionais de direitos humanos dos quais o Brasil seja parte, poderá suscitar, perante o Superior Tribunal de Justiça, em qualquer fase do inquérito ou processo, incidente de deslocamento de competência para a Justiça Federal.

A primeira dificuldade a enfrentar diz respeito ao que se pode, ou não, considerar "grave violação de direitos humanos".

Outra diz respeito ao princípio do juiz natural. Nesse particular, temos que a excepcionalidade da situação e a gravidade dos interesses em jogo, tal como ocorre no desaforamento, justificam a providência extrema, de modo a afastar qualquer pecha de inconstitucionalidade.

Com efeito, a Constituição Federal erigiu a dignidade da pessoa humana à categoria de fundamento da República Federativa do Brasil (CF, art. 1º, III), que em suas relações internacionais rege-se, dentre outros, pelos seguintes princípios (CF, art. 4º): prevalência dos direitos humanos (inciso II); repúdio ao terrorismo e ao racismo (inciso VIII) e cooperação entre os povos para o progresso da humanidade (inciso IX).

Nessa mesma linha, calha recordar a vigência do princípio constitucional que assegura os *direitos da pessoa humana*, cuja preservação é de competência da União (CF, art. 34, VII, *b*).

São pressupostos para o deslocamento de competência:

1) que o inquérito ou processo tramite no âmbito estadual;

2) que o inquérito ou processo verse sobre grave violação de direitos humanos;

3) que o deslocamento seja necessário para assegurar o cumprimento de obrigações decorrentes de tratados internacionais de direitos humanos dos quais o Brasil seja parte;

4) que o Procurador-Geral da República suscite, frente ao Superior Tribunal de Justiça, *incidente de deslocamento da competência* da Justiça Estadual para a Justiça Federal.

Nesta ótica, já decidiu o Superior Tribunal de Justiça:

> A teor do § 5º do art. 109 da Constituição Federal, introduzido pela Emenda Constitucional n. 45/2004, o incidente de deslocamento de competência para a Justiça Federal fundamenta-se, essencialmente, em três pressupostos: a existência de grave violação a direitos humanos; o risco de responsabilização internacional decorrente do descumprimento de obrigações jurídicas assumidas em tratados internacionais; e a incapacidade das instâncias e autoridades locais em oferecer respostas efetivas.[67]
>
> Dada a amplitude e a magnitude da expressão "direitos humanos", é verossímil que o constituinte derivado tenha optado por não definir o rol dos crimes que passariam para a competência da Justiça Federal, sob pena de restringir os casos de incidência do dispo-

67. STJ, IDC 2/DF, Terceira Seção, rel. Min. Laurita Vaz, j. 27-10-2010, *DJe* de 22-11-2010.

sitivo (CF, art. 109, § 5º), afastando-o de sua finalidade precípua, que é assegurar o cumprimento de obrigações decorrentes de tratados internacionais firmados pelo Brasil sobre a matéria, examinando-se cada situação de fato, suas circunstâncias e peculiaridades detidamente, motivo pelo qual não há falar em norma de eficácia limitada. Ademais, não é próprio de texto constitucional tais definições. Aparente incompatibilidade do IDC, criado pela Emenda Constitucional n. 45/2004, com qualquer outro princípio constitucional ou com a sistemática processual em vigor deve ser resolvida aplicando-se os princípios da proporcionalidade e da razoabilidade. O deslocamento de competência – em que a existência de crime praticado com grave violação aos direitos humanos é pressuposto de admissibilidade do pedido – deve atender ao princípio da proporcionalidade (adequação, necessidade e proporcionalidade em sentido estrito), compreendido na demonstração concreta de risco de descumprimento de obrigações decorrentes de tratados internacionais firmados pelo Brasil, resultante da inércia, negligência, falta de vontade política ou de condições reais do Estado-membro, por suas instituições, em proceder à devida persecução penal.[68]

3.4.3.3. Súmulas do STF e do STJ a respeito de competência em razão da natureza da infração

1) Conflito de competência:

Súmula 3 do STJ: "Compete ao Tribunal Regional Federal dirimir conflito de competência verificado, na respectiva região, entre Juiz Federal e Juiz Estadual investido de jurisdição federal".

Súmula 59 do STJ: "Não há conflito de competência se já existe sentença com trânsito em julgado, proferida por um dos juízos conflitantes".

Súmula 348 do STJ: "Compete ao Superior Tribunal de Justiça decidir os conflitos de competência entre Juizado Especial Federal e Juízo Federal, ainda que da mesma seção judiciária".

Ao julgar o Conflito de Competência 107.635/PR, na sessão de 17-3-2010, a Corte Especial deliberou pelo CANCELAMENTO da Súmula 348.

Súmula 428 do STJ: "Compete ao Tribunal Regional Federal decidir os conflitos de competência entre Juizado Especial Federal e Juízo Federal da mesma seção judiciária".

2) Delito envolvendo militar:

Consultar o item *supra*: "3.2.5.1. Justiça Militar".

3) Contravenção penal contra bens e serviços da União:

---

68. STJ, IDC 1/PA, Terceira Seção, rel. Min. Arnaldo Esteves Lima, j. 8-6-2005, *DJ* de 10-10-2005, p. 217, *RSTJ* 198/435.

Súmula 38 do STJ: "Compete à Justiça Estadual Comum, na vigência da Constituição de 1988, o processo por contravenção penal, ainda que praticada em detrimento de bens, serviços ou interesse da União ou de suas entidades".

4) Estelionato:

Súmula 48 do STJ: "Compete ao Juízo do local da obtenção da vantagem ilícita processar e julgar crime de estelionato cometido mediante falsificação de cheque".

Súmula 521 do STF: "O foro competente para o processo e julgamento dos crimes de estelionato, sob a modalidade da emissão dolosa de cheque sem provisão de fundos, é o do local onde se deu a recusa do pagamento pelo sacado".

Súmula 107 do STJ: "Compete à Justiça Comum Estadual processar e julgar crime de estelionato praticado mediante falsificação das guias de recolhimento das contribuições previdenciárias, quando não ocorrente lesão à autarquia federal".

Súmula 244 do STJ: "Compete ao foro do local da recusa processar e julgar o crime de estelionato mediante cheque sem provisão de fundos".

5) Falsa anotação na CTPS:

Súmula 62 do STJ: "Compete à Justiça Estadual processar e julgar o crime de falsa anotação na carteira de trabalho e previdência social, atribuído a empresa privada".

6) Papel-moeda grosseiramente falsificado:

Súmula 73 do STJ: "A utilização de papel-moeda grosseiramente falsificado configura, em tese, o crime de estelionato, da competência da Justiça Estadual".

7) Crimes contra a fauna:

Súmula 91 do STJ: "Compete à Justiça Federal processar e julgar os crimes praticados contra a fauna".

Na sessão de 8-11-2000, a Terceira Seção deliberou pelo CANCELAMENTO da Súmula 91.

8) Falsificação e uso de documento falso:

Súmula 104 do STJ: "Compete à Justiça Estadual o processo e julgamento dos crimes de falsificação e uso de documento falso relativo a estabelecimento particular de ensino".

Súmula 546 do STJ: "A competência para processar e julgar o crime de uso de documento falso é firmada em razão da entidade ou órgão ao qual foi apresentado o documento público, não importando a qualificação do órgão expedidor".

9) Crimes conexos de competência federal e estadual:

Súmula 122 do STJ: "Compete à Justiça Federal o processo e julgamento unificado dos crimes conexos de competência federal e estadual, não se aplicando a regra do art. 78, II, *a*, do Código de Processo Penal".

*10) **Crime envolvendo indígena***:

Súmula 140 do STJ: "Compete à Justiça Comum Estadual processar e julgar crime em que o indígena figure como autor ou vítima".

*11) **Crime contra funcionário público federal no exercício da função***:

Súmula 147 do STJ: "Compete à Justiça Federal processar e julgar os crimes praticados contra funcionário público federal, quando relacionados com o exercício da função".

*12) **Contrabando e descaminho***:

Súmula 151 do STJ: "A competência para o processo e julgamento por crime de contrabando ou descaminho define-se pela prevenção do Juízo Federal do lugar da apreensão dos bens".

Em razão da oscilação de posicionamentos no Superior Tribunal de Justiça, é importante transcrever a elucidativa ementa extraída de julgado da Terceira Seção, conforme segue:

> A jurisprudência desta Corte orientava para a competência da Justiça Federal para o julgamento dos crimes de contrabando e descaminho (Súmula 151/STJ), até que julgado (CC n. 149.750/MS, de 26-4-2017), fundado em conflito que debateu crime diverso (violação de direito autoral), modificou a orientação sedimentada, para limitar a competência federal, no caso de contrabando, às hipóteses em que for constatada a existência de indícios de transnacionalidade na conduta do agente. Consolidada a nova compreensão, sobreveio o julgamento do CC n. 159.680/MG (realizado em 8-8-2018), no qual a Terceira Seção entendeu pela competência federal para o julgamento do crime de descaminho, ainda que inexistentes indícios de transnacionalidade na conduta. Tal orientação, no sentido da desnecessidade de indícios de transnacionalidade, deve prevalecer não só para o crime de descaminho, como também para o delito de contrabando, pois resguarda a segurança jurídica, na medida em que restabelece a jurisprudência tradicional; além do que o crime de contrabando, tal como o delito de descaminho, tutela prioritariamente interesse da União, que é a quem compete privativamente (arts. 21, XXII e 22, VII, ambos da CF) definir os produtos de ingresso proibido no país, além de exercer a fiscalização aduaneira e de fronteira.[69]

*13) **Execução penal***:

Súmula 192 do STJ: "Compete ao Juízo das Execuções penais do Estado a execução das penas impostas a sentenciados pela Justiça Federal, Militar ou Eleitoral, quando recolhidos a estabelecimentos sujeitos a administração estadual".

---

69. STJ, CC 160.748/SP, Terceira Seção, rel. Min. Sebastião Reis Júnior, j. 26-9-2018, *DJe* de 4-10-2018.

Súmula 611 do STF: "Transitada em julgado a sentença condenatória, compete ao juízo das execuções a aplicação de lei mais benigna".

14) ***Crime de falso testemunho cometido na Justiça do Trabalho***:

Súmula 165 do STJ: "Compete à Justiça Federal processar e julgar crime de falso testemunho cometido no processo trabalhista".

15) ***Uso de passaporte falso***:

Súmula 200 do STJ: "O Juízo Federal competente para processar e julgar acusado de crime de uso de passaporte falso é o do lugar onde o delito se consumou".

16) ***Crime praticado por prefeito***:

Súmula 702 do STF: "A competência do Tribunal de Justiça para julgar prefeitos restringe-se aos crimes de competência da Justiça Comum Estadual; nos demais casos, a competência originária caberá ao respectivo tribunal de segundo grau".

Súmula 208 do STJ: "Compete à Justiça Federal processar e julgar prefeito municipal por desvio de verba sujeita à prestação de contas perante órgão federal".

Súmula 209 do STJ: "Compete à Justiça Estadual processar e julgar prefeito por desvio de verba transferida e incorporada ao patrimônio municipal".

17) ***Crime contra a economia popular***:

Súmula 498 do STF: "Compete à Justiça dos Estados, em ambas as instâncias, o processo e o julgamento dos crimes contra a economia popular".

18) ***Tráfico de drogas***:

Súmula 522 do STF: "Salvo ocorrência de tráfico para o exterior, quando, então, a competência será da justiça federal, compete à Justiça dos Estados o processo e julgamento dos crimes relativos a entorpecentes".

O processo e o julgamento dos crimes previstos nos arts. 33 a 37 da Lei de Drogas (Lei n. 11.343/2006), se caracterizado ilícito transnacional, são da competência da Justiça Federal, conforme determina o art. 70 da mesma Lei.[70]

19) ***Latrocínio***:

Súmula 603 do STF: "A competência para o processo e julgamento de latrocínio é do juiz singular e não do Tribunal do Júri".

20) ***Júri:***

Súmula Vinculante 45: "A competência constitucional do Tribunal do Júri prevalece sobre o foro por prerrogativa de função estabelecido exclusivamente pela constituição estadual".

70. Renato Marcão, *Tóxicos*, 11. ed., São Paulo, Saraiva, 2017.

3.4.4. Competência por distribuição

Por vezes, para a fixação da competência jurisdicional não basta identificar o lugar da infração, como também não é suficiente conhecer sua natureza. Exemplo: "Tibúrcio", marginal de alta periculosidade, praticou crime de roubo triplamente qualificado na cidade de Barretos, onde existem duas Varas Criminais comuns e, portanto, dois juízes igualmente competentes para o caso.

Nessa hipótese, como definir qual o juízo ou Vara competente?

Não basta conhecer o lugar da infração, e, na situação indicada, a natureza da infração não resolve o dilema.

O critério agora é o da distribuição.

Conforme diz o art. 75 do CPP, "a precedência da distribuição fixará a competência quando, na mesma circunscrição judiciária, houver mais de um juiz igualmente competente".[71]

Feita a distribuição a um ou outro, estará fixada a competência.

Diz o parágrafo único do art. 75 que a distribuição realizada para o efeito da concessão de fiança ou da decretação de prisão preventiva ou de qualquer diligência anterior à denúncia ou queixa prevenirá a da ação penal, mas esse dispositivo foi derrogado e a regra só tem valia para definir, por prevenção (CPP, art. 83), a **competência entre juízes das garantias (arts. 3º-B e 3º-C do CPP) igualmente competentes na mesma circunscrição judiciária**, visto que perante um deles é que se dará a **instauração da ação penal**, quando ocorrer recebimento de denúncia ou queixa. Com o recebimento da inicial acusatória, cessa a competência do juízo das garantias e o processo deve ser enviado ao juiz da instrução e julgamento (§§ 1º e 2º do art. 3º-C do CPP).

3.4.5. Competência em razão de conexão ou continência

MIRABETE escreveu que conexão e continência "não são causas determinantes da *fixação* da competência, como o são o lugar do crime, o domicílio ou residência do réu etc., mas motivos que determinam a sua *alteração*, atraindo para a atribuição de um juiz ou juízo o crime que seria da atribuição de outro".[72]

Quer nos parecer, entretanto, que razão assiste a GRECO FILHO quando, após observar que é costume dizer que a conexão e a continência *modificam* a competência, conclui que "essa afirmação, porém, somente é válida no que concerne à competência em abstrato, ou seja, no caminho que se desenvolve antes da fixação definitiva, em concreto. O desaforamento, sim, modifica a competência em concreto, depois de definida. A conexão e a continência atuam antes dessa definição".[73]

---

71 STF, HC 136.097 AgR/DF, Tribunal Pleno, rel. Min. Luiz Fux, j. 14-10-2016, *DJe* n. 232, de 2-11-2016.

72. JULIO FABBRINI MIRABETE, op. cit., p. 190. *No mesmo sentido:* STF, HC 70.581/AL, 2ª T., rel. Min. Marco Aurélio, j. 21-9-1993, *DJe* de 29-10-1993.

73. VICENTE GRECO FILHO, *Manual de processo penal*, p. 184.

A matéria está tratada nos arts. 76 a 82 do CPP,[74] que a seguir analisaremos. Antes, porém, cabe ressaltar que "a conexão de ações penais é matéria incognoscível em *habeas corpus*, por demandar dilação probatória".[75]

3.4.5.1. Conexão

Conexão significa ligação, nexo, relação; "é o liame que se estabelece entre dois ou mais fatos que, desse modo, se tornam ligados por algum motivo, oportunizando sua reunião no mesmo processo, de modo a permitir que os fatos sejam julgados por um só juiz, com base no mesmo substrato probatório, evitando o surgimento de decisões contraditórias. Desse modo, a conexão provoca a reunião de ações penais num mesmo processo e é causa de modificação da competência (relativa) mediante a prorrogação de competência".[76]

Havendo conexão de delitos, o ideal é que tudo seja apurado em um só inquérito e que haja um só processo – *simultaneus processus*. Assim, como explicou Carnelutti, "no sólo se obtiene una economía, en cuanto las mismas pruebas y las mismas razones sirven para la declaración de certeza de cada delito conexo evitando inútiles repeticiones, sino, lo que importa más, el beneficio se extiende a la certeza en cuanto se evita también el peligro, que de otra manera podría producirse, de juicios contradictorios; perjudiciaría, verdaderamente, a la justicia penal el que sobre los delitos conexos diversos jueces pronunciariam juicios que se encontraran en contraste lógico el uno con el otro".[77]

No processo penal, indica a ideia de dois ou mais delitos, ligados entre si por vínculo comum.

Em sede de delitos conexos, ainda que apurados em inquéritos policiais distintos, todos devem ser objeto da mesma denúncia e um só processo, no qual ocorrerá única colheita de prova e julgamento, de modo a traduzir economia e celeridade processual, bem como evitar decisões conflitantes, que eventualmente poderiam surgir caso fossem julgados em processos diversos.

A conexão não determina a reunião dos processos, se um deles já foi julgado (Súmula 235 do STJ).[78]

---

74. "Crimes conexos ou continentes regem-se pelas regras dos arts. 76 a 82 do CPP, o que implica unidade de processo e julgamento" (STF, HC 82.840/MT, 2ª T., rel. Min. Gilmar Mendes, j. 3-6-2003, *DJe* de 22-8-2003).

75. STF, HC 104.017 AgR/RJ, 1ª T., rel. Min. Luiz Fux, j. 13-12-2011, *DJe* de 13-2-2012; STF, HC 131.164/TO, 1ª T., rel. Min. Edson Fachin, j. 24-5-2016, *DJe* n. 196, de 14-9-2016.

76. STF, HC 96.453/MS, 2ª T., rel. Min. Ellen Gracie, j. 28-10-2008, *DJe* de 14-11-2008.

77. Francesco Carnelutti, *Lecciones sobre el proceso penal*, p. 324.

78. "Havendo sentenças definitivas, descabe a arguição de competência, por conexão, da autoridade de jurisdição prevalente (CPP, art. 82, *in fine*)" (STF, HC 87.376/RJ, 1ª T., rel. Min. Eros Grau, j. 7-3-2006, *DJe* de 24-3-2006).

3.4.5.1.1. Modalidades de conexão

A doutrina aponta para a existência de 3 (três) modalidades de conexão,[79] a saber: (1) *conexão intersubjetiva*; (2) *conexão objetiva, lógica ou material*, e (3) *conexão instrumental ou probatória*.

1) Conexão intersubjetiva

Regulada no art. 76, I, do CPP, subdivide-se em: (1.1) *conexão intersubjetiva por simultaneidade*; (1.2) *conexão intersubjetiva concursal ou por concurso*, e (1.3) *conexão intersubjetiva por reciprocidade*.

1.1) ***Conexão intersubjetiva por simultaneidade*****: se, ocorrendo duas ou mais infrações, houverem sido praticadas, ao mesmo tempo, por várias pessoas reunidas (primeira parte do inciso I do art. 76).**

Os elementos que identificam essa modalidade são os seguintes: pluralidade de infrações penais; pluralidade de infratores reunidos; ausência de concurso de agentes, pois não há nexo ou liame subjetivo entre os infratores.

É *intersubjetiva* porque necessariamente envolve duas ou mais pessoas. A *simultaneidade* decorre do fato de agirem no mesmo contexto, simultaneamente.

Exemplo: em meio a uma passeata na via pública, alguns de seus integrantes, sem prévio ajuste ou aderência à conduta do outro, portanto, *de per si*, passam a arrombar portas e vidraças de estabelecimentos comerciais diversos, de onde subtraem bens das vítimas.

Na lição de MIRABETE, a conexão intersubjetiva por simultaneidade tem caráter subjetivo-objetivo ou meramente ocasional.[80]

1.2) ***Conexão intersubjetiva concursal ou por concurso*****: se, ocorrendo duas ou mais infrações, houverem sido praticadas, ao mesmo tempo, por** *várias pessoas em concurso*, **embora diversos o tempo e o lugar (segunda parte do inciso II do art. 76).**

---

79. "O Plenário do Supremo Tribunal Federal, no julgamento da questão de ordem no Inquérito 4.130, Rel. Min. Dias Toffoli, assentou que a identidade entre autores de crimes em tese praticados no âmbito de pessoas jurídicas diversas, por si só, não enseja a existência de conexão (a) instrumental, quando não constatada que a prova relacionada a infrações penais supostamente ocorridas em uma pessoa jurídica possa influir decisivamente na prova de crimes cometidos em outra; (b) intersubjetiva, se os delitos não forem praticados 'ao mesmo tempo, por várias pessoas reunidas', 'por várias pessoas em concurso, embora diverso o tempo e o lugar' ou 'por várias pessoas, umas contra as outras' (art. 76, I, do Código de Processo Penal). Na ocasião, também foi rejeitada a existência de continência por cumulação subjetiva, porquanto não constatada hipótese de unidade de infração e pluralidade de agentes. Não verificada hipótese de conexão ou continência com outros procedimentos de persecução penal já instaurados, a competência deve ser determinada pelo lugar em que se consumou a infração ou, no caso de tentativa, pelo lugar em que foi praticado o último ato de execução, nos termos da regra geral do Código de Processo Penal (art. 70)" (STF, Pet 5.862/DF, 2ª T., rel. Min. Teori Zavascki, j. 15-3-2016, *DJe* n. 199, de 19-9-2016).

80. JULIO FABBRINI MIRABETE, op. cit., p. 191.

Os elementos que identificam essa modalidade são os seguintes: pluralidade de infrações penais e pluralidade de infratores *em concurso de agentes*.

De igual maneira que a anterior, é denominada *intersubjetiva* por envolver duas ou mais pessoas; *concursal*, por agirem elas em concurso; com unidade de desígnios (CP, art. 29).

Exemplo: no crime de extorsão mediante sequestro (CP, art. 159) praticado por diversos infratores, é praxe a cooperação concursal entre eles, com divisão de tarefas que convergem para a finalidade comum, que é a obtenção do resgate. De tal sorte, alguns praticam a captura física da vítima; outros, seu transporte até o local do cativeiro, onde é entregue aos cuidados de outros integrantes da associação criminosa; outros, ainda, prestam-se a vigiar as imediações do cativeiro para avisar sobre eventual movimentação policial ou algo que coloque em risco a empreitada marginal; outros se dedicam a fazer contato e exigir o resgate; outros, ao recebimento do resgate etc.

1.3) Conexão intersubjetiva por reciprocidade: **se, ocorrendo duas ou mais infrações, houverem sido praticadas, ao mesmo tempo, por várias pessoas,** *umas contra as outras* **(última parte do inciso I do art. 76).**

Os elementos que identificam essa modalidade são os seguintes: pluralidade de infratores e pluralidade de *infrações penais reciprocamente praticadas*.

É *intersubjetiva* por envolver duas ou mais pessoas. A *reciprocidade*, como está claro, decorre da reciprocidade das infrações penais. Todos são réus e vítimas ao mesmo tempo.

Exemplo: após jogo de futebol em que o "Palmeiras" sofreu mais uma vergonhosa e tradicional goleada imposta pelo "Todo Poderoso Timão", torcedores de ambas as agremiações se enfrentam na saída do estádio, onde são praticadas agressões recíprocas.

2) Conexão objetiva, lógica ou material

É tratada no art. 76, II, do CPP e subdivide-se em: (2.1) *conexão objetiva teleológica*, e (2.2) *conexão objetiva consequencial*.

2.1) Conexão objetiva teleológica: **se, ocorrendo duas ou mais infrações, houverem sido umas praticadas para** *facilitar a execução de outra* **(primeira parte do inciso II do art. 76).**

Os elementos que a identificam são: pluralidade de infrações penais; liame objetivo entre uma infração e outra, com a finalidade específica de facilitação de qualquer delas.

É *objetiva* porque, ao contrário da intersubjetiva, não exige pluralidade de agentes, tão só de delitos.

É dita *teleológica*[81] porque nesse caso um delito é praticado com o *fim*, *objetivo* ou *propósito* ligado a outro.

Exemplo: o criminoso mata o segurança da vítima, que em seguida sequestra.

***2.2) Conexão objetiva consequencial*: se, ocorrendo duas ou mais infrações, houverem sido umas praticadas para *ocultar* as outras, ou para *conseguir impunidade* ou *vantagem* em relação a qualquer delas (parte final do inciso II do art. 76).**

Elementos identificadores: pluralidade de infrações penais; nexo objetivo entre uma infração e outra; finalidade específica de evitar a responsabilização penal ou de assegurar a vantagem advinda do delito.

Assim como a anterior, é denominada *objetiva* em razão de tratar da pluralidade de delitos, e não de infratores.

É *consequencial* porque praticada visando às consequências do outro delito a que se liga; seja para assegurar impunidade, seja para garantir o assenhoramento da vantagem advinda do delito.

Exemplos:

Ocultar: crime de homicídio (CP, art. 121) seguido de ocultação de cadáver (CP, art. 211).

Conseguir impunidade: ao ser surpreendido traficando drogas ilícitas (Lei de Drogas, art. 33), o criminoso mata o policial que pretendia prendê-lo em flagrante (CP, art. 121); empresário que comete crime de falsificação de documento público (CP, art. 297), usa referido documento (CP, art. 304) e depois, ao ser descoberto, consegue a supressão deste (CP, art. 305), mediante corrupção ativa (CP, art. 333).

Conseguir vantagem: após a prática de crime de roubo em concurso de agentes (CP, art. 157, § 2º, II), um dos criminosos mata o outro para ficar com a integralidade dos valores subtraídos (CP, art. 121, § 2º, V).[82]

3) Conexão instrumental ou probatória

Verifica-se a conexão instrumental ou probatória quando a prova de uma infração ou de qualquer de suas circunstâncias elementares influir na prova de outra infração (inciso III do art. 76).

Consolidou-se na jurisprudência do STF que, para configurar a conexão de que ora se cuida, não bastam razões de mera conveniência no *simultaneus processus*,

81. "A *teleologia* (do grego τ΄ελος, finalidade, e -logía, estudo) é o estudo filosófico dos fins, isto é, do propósito, objetivo ou finalidade" (<http://pt.wikipedia.org/wiki/Teleologia>).

82. O crime de homicídio é qualificado, sempre que cometido para assegurar a execução, a ocultação, a impunidade ou a vantagem de outro crime (CP, art. 121, § 2º, V).

reclamando-se que haja vínculo objetivo entre os diversos fatos criminosos.[83] Não basta, assim, para sua caracterização, a identidade do agente e da vítima de delitos independentes.[84]

Precisamente, sentenciou o Min. CELSO DE MELLO que: "A configuração de conexão probatória ou instrumental impõe a unidade de processo e julgamento (CPP, art. 79) e induz a prorrogação legal ou necessária da competência do magistrado".[85]

A situação fala por si, pois é evidente que em casos tais o ideal é que tudo seja apurado em um só inquérito; que, sendo caso, haja uma só denúncia, e, portanto, um só processo a ser resolvido em única sentença.

Elementos identificadores: pluralidade de infrações penais; nexo probatório entre uma e outra.

Diz-se *instrumental ou probatória* porque, como o próprio inciso III explica, a prova de uma infração influi na prova de outra, em sentido amplo.

Exemplos: crime de furto (CP, art. 155) seguido de receptação (CP, art. 180); crime de favorecimento pessoal (CP, art. 348), que pressupõe a antecedente prática de crime punido com pena de reclusão pelo favorecido.

Há que se fazer um reparo em relação à redação do dispositivo legal em análise: *circunstâncias* e *elementares* têm sentido jurídico distintos, que não se confundem, daí não ser tecnicamente correto falar em *circunstâncias elementares*.[86]

3.4.5.2. Continência

Continência é a relação de interdependência que ocorre quando uma coisa está indissociavelmente contida em outra. Por força dela, uma situação não pode ser separada da outra, daí a necessidade de análise conjunta.

---

83. STF, HC 81.811/RJ, 1ª T., rel. Min. Sepúlveda Pertence, j. 22-10-2002, *DJe* de 22-11-2002.

84. STF, HC 81.042/DF, 1ª T., rel. Min. Sepúlveda Pertence, j. 11-9-2001, *DJe* de 19-10-2001.

85. STF, HC 67.773/SP, 1ª T., rel. Min. Celso de Mello, j. 28-11-1989, *DJe* de 28-8-1992.

86. *Circunstância*, que vem de *circum estare*, significa estar ao redor, e não integra o tipo fundamental, como é o caso das circunstâncias agravantes e atenuantes, dispostas nos arts. 61, 62 e 65 do Código Penal. Na expressão de DAMÁSIO E. DE JESUS: "É um dado eventual, que pode existir ou não, sem que o crime seja excluído. Ao lado dos elementos que compõem o crime, podem concorrer certos dados ou fatos, de natureza objetiva ou subjetiva, com função específica de aumentar ou diminuir a pena. Não incidem sobre a qualidade do crime, mas sobre a quantidade da pena" (*Direito penal* – Parte geral, 26. ed., São Paulo, Saraiva, 2003, v. 1, p. 551).

As *elementares* integram o tipo penal, e a ausência de uma delas pode levar à atipicidade da conduta ou desclassificação do delito. *Exemplo de atipicidade*: no crime de furto (CP, art. 155), a ausência da elementar "alheia" torna atípica a conduta, pois não existe furto de coisa própria (necessário lembrar que o CP tipifica como crime o furto de coisa comum no art. 156, mas não de coisa própria, exclusiva). *Exemplo de desclassificação*: no crime de roubo (CP, art. 157), a ausência das elementares *violência ou grave ameaça* desclassifica a conduta para o crime de furto (CP, art. 155).

Na hipótese, implica *simultaneus processus*; um só processo para a análise conjunta e julgamento único dos fatos, de modo a traduzir economia processual e evitar decisões conflitantes.

Dispõe o art. 77 do CPP que a competência será determinada pela continência quando:

I – duas ou mais pessoas forem acusadas pela mesma infração;

II – no caso de infração cometida nas condições previstas nos arts. 51, § 1º, 53, segunda parte, e 54 do Código Penal.

***Primeira hipótese*: concurso de agentes**

Regulada no inciso I, reclama *pluralidade de agentes em concurso* (CP, art. 29) e *apenas um delito*.

Não se confunde com a conexão intersubjetiva concursal, na qual é imprescindível pluralidade de agentes *e de delitos*.

Mesmo que um dos envolvidos tenha foro privilegiado por prerrogativa de função, haverá unidade de processo, pois: "Não viola as garantias do juiz natural, da ampla defesa e do devido processo legal a atração por continência ou conexão do processo do corréu ao foro por prerrogativa de função de um dos denunciados" (Súmula 704 do STF).[87]

***Segunda hipótese*: concurso formal de delitos**

Haverá continência sempre que ocorrer concurso formal de delitos, o que pressupõe uma só conduta ilícita com pluralidade de resultados.

Com a reforma introduzida no Código Penal pela Lei n. 7.209/84, as matérias tratadas nos arts. 51, § 1º, 53, segunda parte, e 54 passaram a ser reguladas nos arts. 70, 73, 2ª parte, e 74, segunda parte.

Haverá, portanto, continência por (*1*) *concurso formal simples ou puro*; por (*2*) *concurso formal decorrente de erro na execução* (*aberratio ictus*), e por (*3*) *concurso formal com resultado diverso do pretendido* (*aberratio delicti* ou *aberratio criminis*).

Note-se uma vez mais que é imprescindível, em qualquer caso, tenha ocorrido concurso formal.

O art. 70 do CP cuida do *concurso formal simples ou puro* e regula situação em que o agente, mediante uma só ação ou omissão, pratica dois ou mais delitos, idênticos ou não (concurso formal homogêneo ou heterogêneo).

---

87. "O *habeas corpus* não constitui via adequada para reexame dos elementos fático-probatórios que justificaram o reconhecimento da conexão instrumental e do juízo de conveniência que motivou a unidade de processamento e julgamento. Preenchida a hipótese modificativa de competência, não viola o devido processo legal 'a tração por continência ou conexão do processo do corréu ao foro por prerrogativa de função de um dos denunciados', forte na Súmula 704/STF" (STF, HC 131.164/TO, 1ª T., rel. Min. Edson Fachin, j. 24-5-2016, *DJe* n. 196, de 14-9-2016).

Exemplo de concurso formal homogêneo: motorista que conduz veículo automotor imprudentemente na via pública e desrespeita sinal que lhe impunha parada obrigatória, terminando por interceptar a trajetória de outro veículo que tinha preferência de passagem, com o que dá causa a acidente de trânsito do qual resultam lesões corporais nos ocupantes do veículo atingido (CTB, art. 303 c.c. o art. 70 do CP).

Exemplo de concurso formal heterogêneo: na mesma situação acima tratada, alguns dos ocupantes do veículo interceptado sofrem lesões corporais e outros morrem (CTB, arts. 302 e 303 c.c. o art. 70 do CP).

O art. 73, segunda parte, trata do *concurso formal de delitos com erro na execução* (*aberratio ictus*), quando, por acidente ou erro no uso dos meios de execução, o agente atinge a pessoa que pretendia ofender e também pessoa diversa.

Exemplo: pretendendo matar "Hermann", seu marido infiel, contra ele "Josephine" efetua disparos com um revólver calibre 38, mas, por erro na execução, termina por matar seu cônjuge e causar lesões corporais de natureza grave em terceira pessoa que passava na calçada em frente ao local e não tinha qualquer relação com o problema familiar.

Não se pode negar que nesse caso também há unidade de conduta com pluralidade de resultados.

O art. 74, segunda parte, regula situação em que ocorre *concurso formal com resultado diverso do pretendido* (*aberratio delicti* ou *aberratio criminis*), e que se verifica quando, fora dos casos do art. 73, por acidente ou erro na execução do delito, além do resultado pretendido o agente ofende outro bem jurídico.

Exemplo: com a intenção de causar dano ao patrimônio alheio, durante a madrugada, ao passar em frente de um pequeno estabelecimento comercial, o agente arremessa pedras contra sua vidraça e termina por também atingir um vigia cuja presença no local ignorava, mas que se encontrava no interior do prédio. Nessa hipótese, comete crime de dano em concurso formal com lesão corporal culposa.

3.4.5.3. Foro prevalente

Vimos que nas hipóteses de conexão e continência haverá somente um juiz ou juízo competente para o processo e julgamento dos fatos e/ou autores (*simultaneus processus*).

Diante disso é que surge a pergunta: qual é o foro que deve prevalecer sobre outro? (daí a denominação foro prevalente)

Quem responde é o art. 78 do CPP, que apresenta as seguintes regras:

1) No concurso entre a competência do júri e a de outro órgão da jurisdição comum, prevalecerá a competência do júri.

A competência do Tribunal do Júri decorre de determinação constitucional (CF, art. 5º, XXXVIII, *d*), e atrai para julgamento conjunto qualquer outra infração de competência da jurisdição comum, nas circunstâncias de conexão ou continência. Exemplos: homicídio praticado para assegurar a impunidade de crime de estupro; homicídio praticado contra policial visando evitar prisão em flagrante por tráfico de drogas.

Em tais casos, tudo será levado a julgamento perante o Tribunal Popular.

> A regra estabelecida no art. 78, I, do CPP, de observância obrigatória, faz com que a competência constitucional do Tribunal do Júri exerça uma *vis atractiva* sobre delitos que apresentem relação de continência ou conexão com os crimes dolosos contra a vida.[88]

2) ***No concurso de jurisdições da mesma categoria*:**

São jurisdições da mesma categoria aquelas que se encontram no mesmo grau de hierarquia.

Sendo esse o caso, a lei oferece três regras para a definição do foro prevalente. São elas:

a) ***preponderará a do lugar da infração, à qual for cominada a pena mais grave*.**

Baseado em critérios criminológicos; de proporcionalidade e razoabilidade, na individualização formal da pena o legislador estabelece, para os crimes mais graves, penas igualmente mais severas.

A pena mais grave prevista na legislação em vigor é a privativa de liberdade.

Depois, temos as penas restritivas de direitos e, por fim, as pecuniárias.[89]

Dentre as privativas de liberdade, pelas implicações que são determinadas no art. 33 do CP, temos que a pena de *reclusão* é a mais severa, seguida da pena de *detenção* e da *prisão simples*.

Em homenagem ao *critério qualitativo*,[90] é adequado que nas situações indicadas prevaleça a competência do juízo em que for praticado o delito punido com pena mais grave, a fim de que em relação a ele seja facilitada a colheita da prova (princípios da economia e da celeridade processual) e a parcela da sociedade mais profundamente atingida saiba da resposta penal (prevenção geral).

Trata-se, ademais, de princípio lógico, "según el cual lo mayor atrae a lo menor", na significativa afirmação de Clariá Olmedo.[91]

Com vistas à preservação da ampla defesa (CF, art. 5º, LV), entretanto, há quem entenda que na situação tratada deve ser considerado prevalente o foro do local em que for praticado o delito submetido a *procedimento* mais dilatado.

---

88. STF, HC 101.542/SP, 1ª T., rel. Min. Ricardo Lewandowski, j. 4-5-2010, *DJe* de 27-5-2010.

89. A respeito de tal classificação, conferir o capítulo sobre penas restritivas de direitos em nosso *Curso de execução penal*, 17. ed., São Paulo, Saraiva, 2019.

90. STF, HC 85.796/PR, 2ª T., rel. Min. Eros Grau, j. 4-8-2009, *DJe* de 28-10-2009; STF, HC 67.773/SP, 1ª T., rel. Min. Celso de Mello, j. 28-11-1989, *DJe* de 28-8-1992.

91. Jorge A. Clariá Olmedo, *Derecho procesal penal*, 1. ed., 1. reimp., Santa Fé, Rubinzal-Culzoni Editores, atualizado por Jorge Eduardo Vázquez Rossi, 2008, t. I, p. 358.

Adotado tal posicionamento, se dentre os delitos estiver algum submetido ao procedimento regulado nos arts. 55 a 58 da Lei de Drogas, prevalente será o foro em que este tiver sido praticado, visto ser referido procedimento mais favorável ao agente, se comparado a qualquer outro comum regulado no art. 394 do CPP[92] – ordinário, sumário ou sumaríssimo.

*b) **prevalecerá a do lugar em que houver ocorrido o maior número de infrações, se as respectivas penas forem de igual gravidade.***

Não sendo possível definir o foro com base na gravidade da pena ou amplitude do procedimento (conforme se entender mais acertado), segue-se o *critério quantitativo*, e então será competente o foro do local em que tiver sido praticado o maior número de delitos.[93] Exemplo: dois indivíduos, em concurso e unidade de desígnios, praticam 3 (três) furtos na comarca de Palestina e outros 2 (dois) na vizinha comarca de Nova Granada, em continuidade delitiva.

Sabendo que todos os delitos são punidos com penas idênticas, prevalecerá a competência do juízo da comarca de Palestina para o processo e julgamento de todos.

*c) **firmar-se-á a competência pela prevenção, nos outros casos.***

Se não for possível resolver o foro prevalente com base nas regras anteriormente apontadas, a competência se definirá pela prevenção (CPP, art. 83), que estudaremos um pouco mais adiante. Exemplo: ligados entre si pela comparsaria criminosa, "Tibúrcio", "Timóteo" e "Tibério", em concurso e unidade de desígnios, cometem 2 (dois) furtos simples na comarca de Mirassol e outros 2 (dois) na comarca de São José do Rio Preto.

A competência para o *simultaneus processus*, nesse caso, não pode ser resolvida pela gravidade do crime ou pela amplitude do procedimento, pois são idênticos em todos os casos. Também não se resolve pelo número de crimes em uma ou outra comarca.

Ocorrendo semelhante situação, a competência firmar-se-á frente ao juízo das garantias que primeiro conhecer formalmente do caso (v.g., conceder liberdade provisória, com ou sem fiança; decretar prisão preventiva etc.), e é importante não desconsiderar que, encerrada a fase de investigação, com o recebimento da inicial acusatória cessa a competência do juízo das garantias, quando então o processo deve ser enviado ao juiz da instrução e julgamento (§§ 1º e 2º do art. 3º-C do CPP).

*3) **No concurso de jurisdições de diversas categorias, predominará a de maior graduação.***

Jurisdições de categorias diversas pressupõem menor e maior graduação entre juízes e Tribunais,[94] e, no caso, é intuitivo deva prevalecer esta última em detrimento

---

92. Sobre a matéria, conferir nosso livro *Tóxicos*, 11. ed., São Paulo, Saraiva, 2017.

93. STF, HC 67.713/SC, 2ª T., rel. Min. Celio Borja, j. 7-11-1989, *DJe* de 7-12-1989.

94. "Denúncia acertadamente oferecida perante o Tribunal de Justiça, contra todos os acusados e por todos os crimes, federais e estaduais, em face dos princípios da conexão e continência, e tendo em vista, ainda,

daquela.[95] Exemplo: no caso de crime de corrupção praticado por juiz,[96] desembargador,[97] promotor de justiça[98] ou prefeito municipal, em concurso com indivíduo que não disponha de foro privilegiado por prerrogativa de função, ambos serão processados e julgados originariamente no Tribunal de Justiça do Estado (CF, art. 29, X).

Não há graduação entre Justiça Estadual Comum e Justiça Federal Comum, mas a jurisprudência é no sentido de que, havendo conexão envolvendo essas duas esferas de jurisdição, prevalece a competência da Justiça Federal,[99] cuja delimitação é encontrada na Constituição Federal (art. 109), enquanto a Estadual, não.

Bem por isso a Súmula 122 do STJ, que tem o seguinte teor: "Compete à Justiça Federal o processo e julgamento unificado dos crimes conexos de competência federal e estadual, não se aplicando a regra do art. 78, II, *a*, do Código de Processo Penal".

4) No concurso entre a jurisdição comum e a especial, prevalecerá esta.

A jurisdição comum pode ser Estadual ou Federal.

Exemplo clássico é aquele que envolve crimes conexos de competência da Justiça Estadual Comum com crime da alçada da Justiça Eleitoral, quando então esta será prevalente.

---

a jurisdição de maior graduação (art. 78, III, do CPP), reconhecida àquela Corte por força da norma do art. 96, III, da CF/88, dada a presença, entre os acusados, de um Juiz de Direito. Precedente do STF: HC 68.846-2. Ordem denegada" (STF, HC 68.935/RJ, Tribunal Pleno, rel. Min. Ilmar Galvão, j. 2-10-1991, *DJe* de 25-10-1991).

95. STF, HC 68.139/RS, 2ª T., rel. Min. Paulo Brossard, j. 3-8-1990, *DJe* de 12-10-1990.

96. "Competência do Tribunal de Justiça para julgar ação penal em que figure juiz de direito como um dos acusados. CF, art. 96, III. III. Competência do Tribunal de Justiça para julgar os demais acusados, tendo em vista os princípios da conexão e da continência e em razão da jurisdição de maior graduação. CPP, art. 78, III. IV. – Recurso conhecido, em parte, e, nessa parte, improvido" (STF, RHC 81.944/RJ, 2ª T., rel. Min. Carlos Velloso, j. 4-6-2002, *DJe* de 28-6-2002).

97. "1. A ocorrência de duas ou mais infrações, supostamente praticadas por várias pessoas em concurso, algumas inclusive com prerrogativa de foro, embora diverso o tempo e o lugar, resulta tanto na conexão subjetiva concursal quanto na reunião dos inquéritos separadamente instaurados na instância competente, atendendo às exigências dos arts. 76, I, e 78, III, do Código de Processo Penal. 2. A apuração unificada, especialmente quando se cogita da existência de uma quadrilha envolvendo juízes e desembargadores, justifica a tramitação do inquérito policial sob a competência do Superior Tribunal de Justiça, na forma estabelecida nos arts. 84 e s. do Código de Processo Penal, no art. 105, I, 'a', da Constituição da República, e na Súmula 704 deste Supremo Tribunal" (STF, HC 106.279/GO, 1ª T., rel. Min. Cármen Lúcia, j. 23-8-2011, *DJe* de 6-9-2011).

98. "O art. 96, III, da Constituição outorga competência privativa aos Tribunais de Justiça para processar e julgar os membros do Ministério Público. Trata-se de competência absoluta, tanto pelo fato de estar prevista como privativa na Constituição como por ser fixada em razão da função exercida" (STF, HC 77.883/RJ, 2ª T., rel. Min. Maurício Corrêa, j. 18-9-1998, *DJe* de 18-5-2001).

99. "A competência criminal da Justiça Federal ordinária constitui jurisdição especial em relação à da Justiça comum dos Estados, para os efeitos do art. 78, IV, CPP e, portanto, atrai para a sua esfera o processo dos crimes conexos àquele que a tenha determinado. Cuida-se da chamada 'competência de atribuições', de matriz constitucional, cuja falta acarreta a nulidade *ex radice* do processo, seja por carência absoluta de jurisdição do órgão judiciário que presidiu aos atos instrutórios, seja pela decorrente ilegitimidade *ad causam* do Ministério Público estadual" (STF, HC 68.399/DF, 1ª T., rel. Min. Sepúlveda Pertence, j. 19-2-1991, *DJe* de 15-3-1991). "No concurso de crimes, a competência criminal da Justiça Federal para um deles atrai o processo dos crimes conexos" (STF, HC 81.617/MT, 2ª T., rel. Min. Carlos Velloso, j. 4-6-2002, *DJe* de 28-6-2002). *No mesmo sentido:* STF, HC 100.154/MT, 1ª T., rel. Min. Ricardo Lewandowski, j. 16-11-2010, *DJe* de 22-2-2011.

3.4.5.3.1. Competência para avocar processo

Avocar significa atribuir-se o poder de decisão; chamar para si a competência para julgar.

Diz o art. 82 do CPP que: "Se, não obstante a conexão ou continência, forem instaurados processos diferentes, a autoridade de jurisdição prevalente deverá avocar os processos que corram perante os outros juízes, salvo se já estiverem com sentença definitiva. Neste caso, a unidade dos processos só se dará, ulteriormente, para o efeito de soma ou de unificação das penas".[100]

Imagine-se que o agente cometeu 5 (cinco) crimes de furto simples em continuidade delitiva, sendo 3 (três) deles na comarca de Colina, que tem Vara Única, e 2 (dois) na vizinha comarca de Barretos, que tem duas Varas Criminais.

Na situação paradigma, competente para todos os crimes é o Juízo da comarca de Colina; porém, se ainda assim forem instaurados processos distintos – um em Colina e dois em Barretos –, o Juízo da comarca prevalente – Colina, *in casu* – poderá avocar os demais para tramitação conjunta, salvo se já houver sentença, quando então deverá ocorrer unificação de penas em sede de execução penal, pois a conexão não determina a reunião dos processos, se um deles já foi julgado (Súmula 235 do STJ).[101]

Note-se que, na condenação em que se reconheça a continuidade delitiva, "aplica-se a pena de um só dos crimes, se idênticas, ou a mais grave, se diversas, aumentada, em qualquer caso, de 1/6 (um sexto) a 2/3 (dois terços)" (CP, art. 71).

Caso não se observe a regra da unidade e ocorra instauração de processos distintos, resultando cada processo em condenação, num primeiro olhar, se ocorrer a soma das penas o resultado será significativamente danoso ao réu, pois, onde deveria existir pena por crime continuado haverá soma e, portanto, concurso material (CP, art. 69).

É por essa razão que o art. 82 do CPP ressalva a possibilidade de unificação de penas no âmbito da execução penal, no qual ainda será possível reconhecer a continuidade delitiva e assim proceder ao ajuste nos moldes do art. 71 do CP.[102]

---

100. "1. As normas contidas nos arts. 76 a 82, primeira parte, do CPP, que regulam a competência por conexão ou continência, são excepcionadas pela da segunda parte do art. 82, de forma que, uma vez lavrada a sentença pelo Juízo que se tornou incompetente, esta é válida e a unidade dos processos só se dará, posteriormente, para efeito de soma ou unificação de penas; por força desta ressalva não ocorre nulidade por violação do princípio do julgamento *simultaneus processus*. Precedente: RHC n. 57.764-SP (*RTJ* 94/135). 2. A expressão sentença definitiva contida no art. 82 do CPP não exige que tenha ela transitado em julgado, mas, simplesmente, que tenha sido lavrada, independentemente de pender julgamento de recurso interposto. Precedente do Plenário: CJC n. 6.468-MG (*RTJ* 111/178). 3. A nulidade decorrente da incompetência de juízo, por conexão ou continência (CPP, arts. 76 a 82), é relativa. 4. Prejuízo não demonstrado, mesmo porque inexistente, em face da ressalva do art. 82 do CPP. 5. *Habeas corpus* conhecido, mas indeferido" (STF, HC 74.470/RJ, 2ª T., rel. Min. Maurício Corrêa, j. 13-12-1996, *DJe* de 28-2-1997).

101. STF, HC 73.034/SP, 1ª T., rel. Min. Ilmar Galvão, j. 28-11-1995, *DJe* de 8-3-1996.

102. Sobre a matéria, conferir, ainda, nosso *Curso de execução penal*, 17. ed., São Paulo, Saraiva, 2019.

Calha citar, por fim, a lembrança feita pelo Min. Francisco Rezek no sentido de que "a avocatória prevista no art. 82 do CPP é norma que deve ser interpretada juntamente com o art. 80 do Código, que faculta a separação dos processos quando, pelo excessivo número de acusados ou por outro motivo relevante, o juiz reputar conveniente a separação".[103]

3.4.5.4. Separação de processos

Como vimos, havendo conexão ou continência, em regra deverá ocorrer unidade de processo e julgamento.

O *simultaneus processus*, entretanto, não é regra inflexível.

Casos há em que a separação de processos ora se apresenta *obrigatória*, ora *facultativa*. É o que veremos a seguir.

3.4.5.4.1. Separação obrigatória

As hipóteses de separação obrigatória estão listadas no art. 79 do CPP.

A primeira ocorrerá quando houver concurso entre a *jurisdição comum* e a *militar*.[104] Em cada esfera de jurisdição deverá tramitar processo distinto, que se restringirá ao âmbito da matéria de sua competência.

A segunda se verifica diante de concurso entre a *jurisdição comum* e a do *juízo da infância e da juventude* (*Juízo de menores* na ultrapassada redação do CPP). Exemplo: é recorrente na lida forense casos em que adolescente pratica tráfico de drogas, furto ou roubo, em concurso e unidade de desígnios com pessoa maior de 18 (dezoito) anos.

Em casos dessa natureza, não há unidade de processo e julgamento, mas separação obrigatória, de maneira que: (*1*) o adolescente, por ser penalmente inimputável (CP, art. 27), responderá perante o Juízo da Vara da Infância e da Juventude pelo ato infracional praticado (Estatuto da Criança e do Adolescente – Lei n. 8.069/90), e (*2*) o maior de 18 (dezoito) anos será processado perante o Juízo da Vara Criminal competente.

Mesmo nas comarcas em que existir Vara Única e, portanto, um só juiz, a separação será obrigatória.

Indistintamente, cessará a unidade do processo, se ficar apurado que, após a infração penal, algum corréu foi acometido por doença mental que afete sua integridade (CPP, § 1º do art. 79, c.c. os arts. 149 e 152).

---

103. STF, HC 73.423/RJ, 2ª T., rel. Min. Francisco Rezek, j. 10-12-1996, *DJe* de 12-11-1999.

104. "A conexão e a continência não constituem óbice à separação obrigatória de processos quando da ocorrência de concurso entre crime militar e crime comum, conforme dispõe o art. 79, I, CPP. Ordem denegada" (STF, HC 105.301/MT, 2ª T., rel. Min. Joaquim Barbosa, j. 5-4-2011, *DJe* de 12-5-2011). *No mesmo sentido:* STF, HC 69.662/RJ, 1ª T., rel. Min. Sepúlveda Pertence, j. 25-8-1992, *DJe* de 18-9-1992; STF, HC 68.510/DF, 2ª T., rel. Min. Paulo Brossard, j. 10-9-1991, *DJe* de 1º-11-1991.

Por aqui, o juiz deverá determinar o desmembramento dos processos, seguindo apenas em relação àquele(s) que estiver(em) no uso de suas faculdades mentais. Quanto ao outro, permanecerá suspenso até que o acusado se restabeleça, podendo ser colhidas apenas as provas cuja produção possa ser prejudicada pelo adiamento (CPP, art. 152).

A unidade do processo não importará a do julgamento, se houver corréu foragido que não possa ser julgado à revelia (§ 2º do art. 79), ou, nos processos de competência do Tribunal do Júri, quando, em razão das recusas, não for obtido o número mínimo de 7 (sete) jurados para compor o Conselho de Sentença (CPP, § 1º do art. 469).

Não sendo possível o julgamento simultâneo, o juiz determinará o desmembramento do processo, para que a partir de então sigam separadamente.

3.4.5.4.2. Separação facultativa

Regra matriz para o estudo, o art. 80 do CPP tem a redação que segue: "Será facultativa a separação dos processos quando as infrações tiverem sido praticadas em circunstâncias de tempo ou de lugar diferentes, ou, quando pelo excessivo número de acusados[105] e para não lhes prolongar a prisão provisória, ou por outro motivo relevante, o juiz reputar conveniente a separação".

A complexidade que decorre das circunstâncias apontadas justifica a separação em processos distintos, com vistas a obter maior celeridade[106] e qualidade na colheita da prova, bem como evitar o prolongamento desnecessário de prisão preventiva,

105. "O desmembramento do processo, como consectário do excessivo número de acusados, para imprimir maior celeridade processual, encontra respaldo no art. 80 do Código de Processo Penal. Precedentes" (STF, HC 127.288/SP, 2ª T., rel. Min. Teori Zavascki, j. 23-8-2016, *DJe* n. 188, de 5-9-2016). "A pluralidade de réus e a necessidade de tramitação mais célere do processo justificam o desmembramento do processo" (STF, AP 396/RO, Tribunal Pleno, rel. Min. Cármen Lúcia, rev. Min. Dias Toffoli, j. 28-10-2010, *DJe* n. 078, de 28-4-2011). "Na forma de inúmeros precedentes da Suprema Corte, o elevado número de agentes e de condutas demandam complexa dilação probatória a justificar o desmembramento do feito" (STF, Inq 2.168 ED/RJ, Tribunal Pleno, rel. Min. Menezes Direito, j. 15-4-2009, *DJe* de 27-8-2009). "Não há qualquer violação às garantias processuais – tampouco cerceamento de defesa – na condução dos três processos de modo autônomo e independente, sendo claro que o Direito Processual Penal contempla a facultatividade da separação dos processos quando as infrações tiverem sido praticadas em circunstâncias de tempo ou de lugar diferentes, ou, quando pelo excessivo número de acusados e para não lhes prolongar a prisão provisória, ou por outro motivo relevante (CPP, art. 80)" (STF, HC 92.440/MT, 2ª T., rel. Min. Ellen Gracie, j. 26-8-2008, *DJe* de 12-9-2008).

106. "Além de serem vários indiciados, deve-se levar em consideração, para o desmembramento, a necessidade de tramitação mais célere possível do feito, sobretudo quando há risco de prescrição" (STF, Inq 2.628 QO/RJ, Tribunal Pleno, rel. Min. Cármen Lúcia, j. 30-4-2008, *DJe* de 26-9-2008).

de forma a homenagear o princípio da economia processual, a busca da verdade e o direito de obter prestação jurisdicional em prazo razoável.[107]

O dispositivo em análise exemplifica situações em que a separação se faz *possível*, mas não esgota todas as possibilidades. Tanto isso é verdade que, após as *indicações casuísticas*, apresenta uma *fórmula genérica*, aberta, qual seja: "ou por outro motivo relevante".

Com base nisso, admite-se a separação de processos quando, em meio a vários corréus, apenas um ou alguns são detentores de foro privilegiado por prerrogativa de função.[108]

A relevância do motivo, é evidente, deverá ser criteriosamente analisada diante do caso concreto[109] e convenientemente exposta pelo julgador no despacho que decidir a respeito.[110]

Seja como for, a separação dos processos configura *mera faculdade*[111] conferida ao magistrado, e não obrigação que a lei lhe impõe.

---

107. "Será facultativa a separação dos processos quando as infrações tiverem sido praticadas em circunstâncias de tempo ou de lugar diferentes, ou, quando pelo excessivo número de acusados e para não lhes prolongar a prisão provisória, ou por outro motivo relevante, o juiz reputar conveniente a separação. (Precedentes: HC 91.895/SP, rel. Min. Menezes Direito, 1ª T., j. 1-4-2008; HC 84.301/SP, rel. Min. Joaquim Barbosa, 2ª T., j. 9-11-2004)" (STF, HC 104.017 AgR/RJ, 1ª T., rel. Min. Luiz Fux, j. 13-12-2011, *DJe* de 13-2-2012).

108. "A doutrina e a jurisprudência são uníssonas no sentido de aplicar o art. 80 do Código de Processo Penal nos processos criminais em que apenas um ou alguns dos acusados detêm a prerrogativa de foro. Não há, no caso, qualquer excepcionalidade que impeça a aplicação do art. 80 do CPP" (STF, Inq 2.443 QO/SP, Tribunal Pleno, rel. Min. Joaquim Barbosa, j. 1º-7-2008, *DJe* de 26-9-2008). "É praxe nesta Suprema Corte a prolação de decisões monocráticas determinando o desmembramento de feitos que tenham pluralidade de litisconsortes penais passivos. A presente medida é determinada com apoio no art. 80 do Código de Processo Penal, que autoriza a separação do feito, presente motivo relevante que torne conveniente a adoção de tal providência. Esse proceder tem fundamento no parágrafo único do art. 2º da Lei n. 8.038/90, que 'confere aos Ministros Relatores dos Tribunais Superiores as atribuições inerentes aos Juízes singulares, dentre elas a de ser o Juiz da instrução, aos quais caberá decidir sobre todas as providências pertinentes ao bom andamento do processo'" (STF, HC 94.224 AgR/MG, Tribunal Pleno, rel. Min. Menezes Direito, j. 12-6-2008, *DJe* de 12-9-2008).

109. "'Desde que submetidos ao mesmo juízo, pode o magistrado utilizar-se da faculdade de não reunir processos conexos, por força do que dispõe o art. 80 do CPP (HC n. 80.717/SP, Tribunal Pleno, rel. Min. Sepúlveda Pertence, *DJ* de 5-3-2004)'. A multiplicidade de ações penais não constitui, por si só, obstáculo ao exercício do direito de ampla defesa do paciente. Somente é possível aferir eventual desrespeito a essa garantia constitucional diante de situação concreta" (STF, HC 91.895/SP, 1ª T., rel. Min. Menezes Direito, j. 1º-4-2008, *DJe* de 8-8-2008)

110. "Quando o número de acusados e a conexidade dos fatos não constituam razão relevante nem conveniente, não se procede a desmembramento de inquérito policial ou de processo de ação penal" (STF, Inq 2.455/RR, Tribunal Pleno, rel. Min. Cezar Peluso, j. 5-6-2008, *DJe* de 29-8-2008).

111. "É facultado ao juiz, nas hipóteses legais de conexão ou de continência de causas, ordenar a separação de processos, ainda que ocorrente qualquer das situações previstas no art. 80 do CPP" (STF, HC 103.149/RS, 2ª T., rel. Min. Celso de Mello, j. 25-5-2010, *DJe* de 11-6-2010). "O art. 80

3.4.5.5. Perpetuação da jurisdição (*perpetuatio jurisdictionis*)

Verificada a unidade de processos por conexão ou continência – diz o art. 81 do CPP –, ainda que no processo da sua competência própria venha o juiz ou tribunal a proferir sentença absolutória ou que desclassifique a infração para outra que não se inclua na sua competência, continuará competente em relação aos demais processos.

Necessário atentar, entretanto, para o parágrafo único do art. 81 do CPP, segundo o qual: "Reconhecida inicialmente ao júri a competência por conexão ou continência, o juiz, se vier a desclassificar a infração ou impronunciar ou absolver o acusado, de maneira que exclua a competência do júri, remeterá o processo ao juízo competente".

Ainda em relação a processo de competência do Tribunal do Júri, dispõe o § 1º do art. 492 do CPP que, se no julgamento em plenário ocorrer "desclassificação da infração para outra, de competência do juiz singular, ao presidente do Tribunal do Júri caberá proferir sentença em seguida, aplicando-se, quando o delito resultante da nova tipificação for considerado pela lei como infração penal de menor potencial ofensivo, o disposto nos arts. 69 e s. da Lei n. 9.099, de 26 de setembro de 1995".

Em caso de desclassificação, o crime conexo que não seja doloso contra a vida será julgado pelo juiz-presidente do Tribunal do Júri, aplicando-se, no que couber, o disposto no § 1º do art. 492.

Por outro vértice, se os jurados absolverem o acusado quanto ao crime doloso contra a vida, continuarão competentes para o julgamento dos crimes conexos, pois, ao proferir decisão de absolvição, terminaram por aceitar a competência para o integral julgamento do processo.

Note-se, por fim, que "a criação de novas varas, em virtude de modificação da Lei de Organização Judicial local, não implica incompetência superveniente do juízo em que se iniciou a ação penal".[112]

3.4.6. *Competência por prevenção*

Vezes há em que dois ou mais juízes são igualmente competentes para o caso, não se resolvendo a competência em favor de um ou outro por qualquer dos critérios anteriormente analisados.

Para tais situações, diz o art. 83 do CPP que: "Verificar-se-á a competência por prevenção toda vez que, concorrendo dois ou mais juízes igualmente competentes ou com jurisdição cumulativa, um deles tiver antecedido aos outros na prática de

---

do CPP assegura ao magistrado, nos casos de conexão ou continência, a faculdade de avaliar a conveniência da reunião dos processos" (STF, HC 83.463/RS, 2ª T., rel. Min. Carlos Velloso, j. 16-3-2004, *DJe* de 4-6-2004).

112. STF, RHC 83.181/RJ, Tribunal Pleno, rel. Min. Marco Aurélio, j. 6-8-2003, *DJe* de 22-10-2004.

algum ato do processo ou de medida a este relativa, ainda que anterior ao oferecimento da denúncia ou da queixa".[113]

Como se vê, considera-se prevento o juízo que primeiro tomar conhecimento formal do fato, antecipando-se em relação aos demais com a determinação de providência que dele decorra, como ocorre nos casos de concessão de liberdade provisória, com ou sem fiança (CF, art. 5º, LXVI), decretação de prisão temporária; determinação de busca e apreensão de bens, interceptação telefônica;[114] decretação de prisão preventiva[115] (CPP, art. 311) e aplicação de medidas cautelares pessoais restritivas (CPP, arts. 319 e 320), dentre outras.

Calha observar que "não previnem a competência decisões de juiz de plantão, nem as facultadas, em caso de urgência, a qualquer dos juízes criminais do foro".[116]

Há que se pensar em prevenção entre juízes das garantias (arts. 3º-B e 3º-C do CPP), com competência para decidir a respeito de todas as questões jurídicas suscitadas e que lhe forem formalmente apresentadas, da instauração da persecução penal na fase policial ao momento que antecede o recebimento da denúncia ou queixa, e, sob olhar diverso, em prevenção entre juízes de instrução e julgamento. O magistrado que decidir temas de competência do juiz das garantias[117] jamais poderá prati-

---

113. "A competência por prevenção, a que se refere o art. 83 do CPP, somente ocorre quando, havendo dois ou mais juízes igualmente competentes, um deles tiver antecedido ao outro na prática de algum ato do processo ou de medida a este relativa" (STF, HC 83.463/RS, 2ª T., rel. Min. Carlos Velloso, j. 16-3-2004, *DJe* de 4-6-2004).

114. É competente para a ação penal, por prevenção, o juízo que autorizou interceptação telefônica, e não o juízo do local em que ocorreu a prisão em flagrante que decorreu das providências autorizadas: STF, HC 93.762/SP, 2ª T., rel. Min. Eros Grau, j. 29-4-2008, *DJe* de 14-8-2008. "Tem prevenção para a ação penal o Juiz que primeiro toma conhecimento da causa e examina a representação policial relativa aos pedidos de prisão temporária, busca e apreensão e interceptação telefônica, nos termos do art. 75, parágrafo único, c/c art. 83 do Código de Processo Penal" (STF, HC 88.214/PE, 1ª T., rel. Min. Marco Aurélio, j. 28-4-2009, *DJe* de 14-8-2009).

115. STF, HC 70.843/MG, 1ª T., rel. Min. Sydney Sanches, j. 3-5-1994, *DJe* de 1º-7-1994.

116. STF, HC 69.599/RJ, Tribunal Pleno, rel. Min. Sepúlveda Pertence, j. 30-6-1993, *DJe* de 27-8-1993. "A jurisprudência do Supremo Tribunal Federal é no sentido de que a regra do art. 83 do Código de Processo Penal deve ser entendida em conjugação com o parágrafo único do art. 75, de modo que a decretação de medidas urgentes, em procedimentos que não obedeceram à regra de distribuição, não previnem a competência do juiz. A inobservância dessa regra gera nulidade meramente relativa, passível de reconhecimento apenas quando evidenciado o prejuízo para a defesa que, no caso, não restou demonstrado" (STF, HC 83.086/MG, 2ª T., rel. Min. Carlos Velloso, j. 16-12-2003, *DJe* de 12-3-2004).

117. Após a publicação da Lei n. 13.964/2019 foram ajuizadas no Supremo Tribunal Federal três ações diretas de inconstitucionalidade questionando alguns de seus dispositivos – ADI 6.298, 6.299 e 6.300 –, e no dia 15 de janeiro de 2020 o Min. Dias Toffoli concedeu medida cautelar nos autos da ADI 6.298, para, entre outras coisas: "**(i)** suspender-se a eficácia dos **arts. 3º-D, parágrafo único, e 157, § 5º**, do Código de Processo Penal, incluídos pela Lei n. 13.964/19; **(ii)** suspender-se a eficácia dos arts. 3º-B, 3º-C, 3º-D, *caput*, 3º-E e 3º-F do CPP, inseridos pela Lei n. 13.964/2019, até a efetiva implementação do juiz das garantias pelos tribunais, o que deverá ocorrer **no prazo máximo de 180 (cento e oitenta) dias, contados a partir da publicação desta**

car, validamente, qualquer ato de instrução e julgamento no processo relacionado ao mesmo fato.

Prevenção, sob o enfoque que estamos a analisar, significa antecipação.

Exemplos:

1) Art. 70, § 3º, do CPP: "Quando incerto o limite territorial entre duas ou mais jurisdições, ou quando incerta a jurisdição por ter sido a infração consumada ou tentada nas divisas de duas ou mais jurisdições, a competência firmar-se-á pela prevenção".

2) Art. 71 do CPP: "Tratando-se de infração continuada ou permanente, praticada em território de duas ou mais jurisdições, a competência firmar-se-á pela prevenção".

3) Art. 72, § 2º, do CPP: "Não sendo conhecido o lugar da infração, a competência regular-se-á pelo domicílio ou residência do réu. Se o réu não tiver residência certa ou for ignorado o seu paradeiro, será competente o juiz que primeiro tomar conhecimento do fato".

4) Art. 78, II, c, *do CPP*: Na determinação da competência por conexão ou continência entre jurisdições da mesma categoria, se não for possível fixá-la com base no critério que remete ao juízo em que tenha ocorrido a infração mais grave (letra *a)* ou pelo juízo em que tenha ocorrido o maior número de infrações (letra *b*), a competência firmar-se-á por prevenção.

5) Art. 91 do CPP: Quando incerta e não se determinar de acordo com as normas estabelecidas nos arts. 89 e 90 do CPP, a competência se firmará pela prevenção.

Lembra Vicente Greco que: "Há polêmica a respeito da distribuição de *habeas corpus* contra ato do inquérito e a prevenção para a futura ação penal. Tecnicamente, o *habeas corpus* não é um ato ou diligência, mas uma ação; logo, a distribuição deveria ser livre. Todavia, a jurisprudência, inclusive com fundamentos de ordem prática, tem o entendimento dominante de que a distribuição do *habeas corpus* fixa a competência para ação penal subsequente, tanto que, no Estado de São Paulo, existe norma do Tribunal de Justiça determinando aos distribuidores que, distribuído o *habeas corpus*, já se determine a distribuição da ação penal".[118]

---

decisão; (iii) conferir-se interpretação conforme às normas relativas ao juiz das garantias (arts. 3º-B a 3º-F do CPP), para esclarecer que não se aplicam às seguintes situações: (a) processos de competência originária dos tribunais, os quais são regidos pela Lei n. 8.038/90; (b) processos de competência do Tribunal do Júri; (c) casos de violência doméstica e familiar; e (d) processos criminais de competência da Justiça Eleitoral".

118. Vicente Greco Filho, *Manual de processo penal*, 11. ed., São Paulo, Saraiva, 2015, p. 181. "Não há nulidade a ser declarada quanto à fixação da competência por prevenção, para julgamento da apelação do paciente, quando anteriores distribuições de *habeas corpus*, impetrados por diferentes corréus no mesmo processo-crime, couberam a mais de um Relator da mesma Turma e as apelações posteriormente interpostas foram distribuídas apenas a um deles" (STF, HC 73.556/SP, 2ª T., rel. Min. Maurício Corrêa, j. 13-8-1996, *DJe* de 4-10-1996).

A teor do disposto na Súmula 706 do STF, "é relativa a nulidade decorrente da inobservância da competência penal por prevenção",[119] e por isso ficará sanada se não for arguida no prazo para a defesa prévia.[120]

Já decidiu o STF que a prevenção não viola qualquer dispositivo constitucional,[121] e não é mero critério para decidir um conflito positivo entre dois juízos igualmente competentes. Ela também possui a função de impedir que se demore na propositura da ação penal, sob o pretexto de não se saber qual o juízo competente.[122]

3.4.7. Competência originária ou por prerrogativa de função

No CPP, a matéria está regulada nos arts. 84 e 85. Segundo nosso entendimento, os arts. 86 e 87 foram revogados pela Constituição Federal, que passou a dispor inteiramente da matéria nos arts. 102, 108, 125 e 96, III.

Trata-se do denominado "foro por prerrogativa de função" ou "foro privilegiado", que fixa a "competência originária" para o início do processo e respectivo julgamento frente a determinada instância judiciária, diversa do juízo de primeiro grau. Vale dizer: em casos dessa natureza, ao contrário do que ocorre na generalidade, o processo não se inicia no juízo de primeiro grau,[123] mas frente a um tribunal, portanto, num grau de jurisdição mais elevado.

Não se trata de favorecimento em razão da pessoa (*ratione personae*), até porque vedada tal particularização no ambiente da Constituição Federal, mas de deferência aos ocupantes de determinados cargos públicos relevantes na engrenagem do Estado.

É o interesse público que determina a prerrogativa, e até por isso, no confronto com os critérios anteriormente analisados (lugar da infração etc.), prevalece a competência originária por prerrogativa de função, que no dizer do art. 84 do CPP é do Supremo Tribunal Federal, do Superior Tribunal de Justiça, dos Tribunais Regionais Federais e Tribunais de Justiça dos Estados e do Distrito Federal, relativamente às pessoas que devam responder perante eles por crimes comuns e de responsabilidade.

A competência originária por prerrogativa de função, ademais, atrai o julgamento de corréu que não disponha de igual garantia. De tal sorte, basta que um dos envolvidos desfrute de "foro privilegiado", para que todos respondam, em conjunto, num mesmo processo, originariamente, na instância judiciária que determinar a

---

119. STF, HC 103.226/RS, 1ª T., rel. Min. Dias Toffoli, j. 10-4-2012, *DJe* de 4-5-2012.

120. STF, HC 81.134/RS, 1ª T., rel. Min. Sepúlveda Pertence, j. 7-8-2007, *DJe* de 5-9-2007.

121. STF, HC 92.893/ES, Tribunal Pleno, rel. Min. Ricardo Lewandowski, j. 2-10-2008, *DJe* de 12-12-2008.

122. STF, HC 103.510/PR, 2ª T., rel. Min. Ellen Gracie, j. 30-11-2010, *DJe* de 17-12-2010.

123. "Acresce que a competência originária dos Tribunais é, por definição, derrogação da competência ordinária dos juízos de primeiro grau" (STF, ADIN 2.797/DF, Tribunal Pleno, rel. Min. Sepúlveda Pertence, j. 15-9-2005, *DJ* de 19-12-2006, p. 250).

prerrogativa de foro. Exemplo bastante conhecido é o que ocorreu no famoso julgamento do "caso mensalão", ação penal n. 470, processada e julgada em única e última instância no STF.

A propósito, diz a Súmula 704 do STF que: "Não viola as garantias do juiz natural, da ampla defesa e do devido processo legal a atração por continência ou conexão do processo do corréu ao foro por prerrogativa de função de um dos denunciados".[124]

É cabível a separação de processos, tantas vezes recomendada com vistas a evitar tumulto e morosidade processual, de modo a permitir que somente aquele que desfrutar da prerrogativa de foro seja processado na instância originária. "A doutrina e a jurisprudência são uníssonas no sentido de aplicar o art. 80 do Código de Processo Penal nos processos criminais em que apenas um ou alguns dos acusados detêm a prerrogativa de foro. Não há, no caso, qualquer excepcionalidade que impeça a aplicação do art. 80 do CPP".[125]

Nesse sentido, a propósito, "segundo entendimento afirmado por seu Plenário, cabe ao Supremo Tribunal Federal, ao exercer sua prerrogativa exclusiva de decidir sobre a cisão de processos envolvendo agentes com prerrogativa de foro, promover, em regra, o seu desmembramento, a fim de manter sob sua jurisdição apenas o que envolva especificamente essas autoridades, segundo as circunstâncias de cada caso (Inq 3515 AgR, rel. Min. Marco Aurélio, Tribunal Pleno, j. 13-2-2014, *DJe* de 14-3-2014). Ressalvam-se, todavia, situações em que os fatos se revelem 'de tal forma imbricados que a cisão por si só implique prejuízo a seu esclarecimento' (AP 853, rel. Min. Rosa Weber, *DJe* de 22-5-2014)".[126]

Mas atenção. Conforme decisões reiteradas do Supremo Tribunal Federal, "nos procedimentos criminais em que há mais de um implicado, sendo alguns com foro originário perante tribunal e outros não, incumbe ao próprio tribunal, de acordo com as circunstâncias do caso concreto, avaliar a conveniência de unificar ou cindir

---

124. STF, HC 131.164/TO, 1ª T., rel. Min. Edson Fachin, j. 24-5-2016, *DJe* n. 196, de 14-9-2016.

125. STF, Inq 2.443 QO/SP, Tribunal Pleno, rel. Min. Joaquim Barbosa, j. 1º -7-2008, *DJe* de 26-9-2008.

126. STF, Inq 3.983/DF, Tribunal Pleno, rel. Min. Teori Zavascki, j. 3-3-2016, *DJe* n. 95, de 12-5-2016. "O Supremo Tribunal Federal assentou que o desmembramento do feito em relação a imputados que não possuam prerrogativa de foro deve ser a regra, diante da manifesta excepcionalidade do foro por prerrogativa de função. Precedentes. Apenas em situações excepcionais, é admissível a instauração do *simultaneus processus* perante o Supremo Tribunal Federal, por força de conexão ou continência. A aplicação da regra do desmembramento, fixada por iterativa jurisprudência da Corte, prescinde de fundamentação adicional. Somente a permanência do feito, em caráter excepcional, no STF exige motivação específica. Trata-se de escorreita aplicação do princípio do juiz natural (art. 5º, LIII, CF), não cabendo ao réu eleger o foro em que será julgado" (STF, AP 956 ED/AL, 2ª T., rel. Min. Dias Toffoli, j. 19-4-2016, *DJe* n. 108, de 27-5-2016).

o processo e o julgamento em relação a implicados que não têm foro originário".[127] Em casos tais, portanto, a competência para aplicação do art. 80 do CPP não é do magistrado de primeiro grau, mas do tribunal competente[128] para o processo e julgamento daquele que desfrutar de foro privilegiado por prerrogativa de função.[129]

Impende considerar, ainda, que a renúncia ao mandato político não se presta "a ser utilizada como subterfúgio para deslocamento de competências constitucionalmente definidas, que não podem ser objeto de escolha pessoal", e disso decorre a "impossibilidade de ser aproveitada como expediente para impedir o julgamento em tempo à absolvição ou à condenação e, neste caso, à definição de penas".[130]

No julgamento da Ação Penal n. 937, finalizado no dia 3 de maio de 2018, por maioria e seguindo o voto do relator, Min. Roberto Barroso, o Plenário da Suprema Corte decidiu que "(i) O foro por prerrogativa de função aplica-se apenas aos crimes cometidos durante o exercício do cargo e relacionados às funções desempenhadas; e (ii) Após o final da instrução processual, com a publicação do despacho de intimação para apresentação de alegações finais, a competência para processar e julgar ações penais não será mais afetada em razão de o agente público vir a ocupar cargo ou deixar o cargo que ocupava, qualquer que seja o motivo". Também ficou decidido que esta nova linha interpretativa se aplica aos processos em curso, sem efeito *ex tunc*, e, portanto, ficam a salvo todos os atos praticados e decisões proferidas pelo Supremo Tribunal Federal e demais juízos com base na jurisprudência anterior.

O posicionamento adotado alcança apenas processos de competência daquela Augusta Corte prolatora, mas é certo que a nova orientação deve ser adotada por todos os demais tribunais pátrios (STJ, TRFs e TJs), tanto assim que, dias após o paradigmático julgamento, o Superior Tribunal de Justiça se posicionou sobre a matéria em relação a processo que constava ser de sua competência originária (art. 105, I, da CF), e assim procedeu nos autos da Ação Penal n. 866, ajuizada contra determinado Governador de Estado, versando sobre a prática de crimes de responsabilidade

---

127. STF, Inq 3.711 AgR/DF, 2ª T., rel. Min. Gilmar Mendes, j. 1-12-2015, *DJe* n. 18, de 1º-2-2016.

128. "A modificação superveniente de competência não importa em nulidade dos atos processuais até então praticados. Precedentes. Pelo princípio do *tempus regit actum*, são válidos os atos processuais praticados ao tempo em que o juízo de primeiro grau era competente, dentre os quais o recebimento da denúncia, prosseguindo-se a ação penal a partir da fase processual em que se encontra" (STF, AP 914 AgR/AP, 2ª T., rel. Min. Cármen Lúcia, j. 8-3-2016, *DJe* n. 57, de 30-3-2016).

129. "A jurisprudência desta Corte é firme no sentido de que 'é de ser tido por afrontoso à competência do STF o ato da autoridade reclamada que desmembrou o inquérito, deslocando o julgamento do parlamentar e prosseguindo quanto aos demais' (Rcl 1121, rel. Min. Ilmar Galvão, Tribunal Pleno, j. 4-5-2000, *DJ* 16-6-2000, p. 00032, Ement. v. 01995-01, p. 00033)" (STF, Rcl 9.248 AgR/PE, 1ª T., rel. Min. Edson Fachin, j. 16-2-2016, *DJe* n. 44, de 9-3-2016).

130. STF, AP 396/RO, Tribunal Pleno, rel. Min. Cármen Lúcia, j. 28-10-2010, *DJe* n. 78, de 28-4-2011, *RTJ* 223/105.

tipificados no Decreto-Lei n. 201/67, ocorridos em 2010, quando ainda exercia cargo de Prefeito. Na referida decisão, de que foi relator o Min. Luis Felipe Salomão, adotou-se o entendimento segundo o qual, "ao limitar o foro e estabelecer as hipóteses de exceção, o Supremo Tribunal Federal entendeu que seria necessária a adoção de interpretação restrita das competências constitucionais", e que "o princípio da simetria obriga os Estados a se organizarem de forma simétrica à prevista para a União". Por consequência, reconhecida a incompetência da Corte Federal para o julgamento originário, foi determinada a baixa e redistribuição do processo ao juízo competente.

Pois bem. Os *crimes de responsabilidade próprios* correspondem aos crimes funcionais, cometidos por funcionários públicos no exercício do cargo ou função, e estão descritos nos arts. 312 a 326 do CP. "Na legislação especial, os crimes de responsabilidade propriamente ditos estão definidos no Decreto-Lei n. 201, de 27-2-1967 (crimes de responsabilidade de prefeitos e vereadores), alterado pelo art. 4º da Lei n. 10.028, de 19-10-2000",[131] na Lei n. 13.869, de 5-9-2019 (Lei de abuso de autoridade), e em outras normas que cominam penas a funcionários públicos que cometem delitos no exercício da função.

Por *crime comum* entenda-se os crimes que não se enquadram no conceito de crime de responsabilidade, e estão previstos no Código Penal; no Código Eleitoral; no Código Penal Militar, na Lei de Contravenções Penais e leis extravagantes.

Exemplos de competência penal originária por prerrogativa de função:

1) Competência do Supremo Tribunal Federal

No art. 102, I, da CF, encontramos que compete ao STF processar e julgar originariamente:

a) (...)

b) nas infrações penais comuns, o Presidente da República, o Vice-Presidente, os membros do Congresso Nacional, seus próprios Ministros e o Procurador-Geral da República;

c) nas infrações penais comuns e nos crimes de responsabilidade, os Ministros de Estado e os Comandantes da Marinha, do Exército e da Aeronáutica, ressalvado o disposto no art. 52, I, os membros dos Tribunais Superiores, os do Tribunal de Contas da União e os chefes de missão diplomática de caráter permanente;

d) o *habeas corpus*, sendo paciente qualquer das pessoas referidas nas alíneas anteriores (...).

2) Competência do Superior Tribunal de Justiça

Compete ao Superior Tribunal de Justiça processar e julgar originariamente (CF, art. 105, I):

131. Damásio E. de Jesus, *Direito penal* – Parte geral, 26. ed., São Paulo, Saraiva, 2003, v. 1, p. 222.

a) nos crimes comuns, os Governadores dos Estados e do Distrito Federal, e, nestes e nos de responsabilidade, os desembargadores dos Tribunais de Justiça dos Estados e do Distrito Federal, os membros dos Tribunais de Contas dos Estados e do Distrito Federal, os dos Tribunais Regionais Federais, dos Tribunais Regionais Eleitorais e do Trabalho, os membros dos Conselhos ou Tribunais de Contas dos Municípios e os do Ministério Público da União que oficiem perante tribunais.

*3) **Tribunais Regionais Federais***

Compete aos Tribunais Regionais Federais processar e julgar originariamente (CF, art. 108, I):

a) os juízes federais da área de sua jurisdição, incluídos os da Justiça Militar e da Justiça do Trabalho, nos crimes comuns e de responsabilidade, e os membros do Ministério Público da União, ressalvada a competência da Justiça Eleitoral.

*4) **Tribunais de Justiça Estaduais***

Observados os princípios estabelecidos na Constituição Federal, compete aos Estados, respectivamente, a organização de sua Justiça (CF, art. 125).

A competência dos tribunais é definida na Constituição do Estado e regulada em lei de organização judiciária de iniciativa do Tribunal de Justiça (§ 1º).

A título de exemplo, note-se que o art. 74 da Constituição do Estado de São Paulo[132] dispõe que compete ao Tribunal de Justiça processar e julgar, originariamente:

I – nas infrações penais comuns, o Vice-Governador, os Secretários de Estado, os Deputados Estaduais, o Procurador-Geral de Justiça, o Procurador-Geral do Estado, o Defensor Público Geral e os Prefeitos Municipais;

II – nas infrações penais comuns e nos crimes de responsabilidade, os juízes do Tribunal de Justiça Militar, os juízes de Direito e os juízes de Direito do juízo militar, os membros do Ministério Público, exceto o Procurador-Geral de Justiça, o Delegado Geral da Polícia Civil e o Comandante-Geral da Polícia Militar.

Compete, outrossim, ao Tribunal de Justiça, processar e julgar, originariamente ou em grau de recurso, as demais causas que lhe forem atribuídas por lei complementar (art. 76 da Constituição Estadual de SP).

É oportuno observar, com apoio em MIRABETE, que "o foro por prerrogativa de função estabelecido nas Constituições estaduais e leis de organização judiciária é válido apenas em relação às autoridades judiciárias estaduais e locais, não podendo ser invocado em face do Poder Judiciário Federal. Nesse sentido, a orientação formulada na Súmula 3 do STF: 'A imunidade concedida a Deputado Estadual é restrita à Justiça do Estado-membro'. Assim, nos crimes eleitorais, a competência origina-

132. Ver: <http://www.al.sp.gov.br/repositorio/legislacao/constituicao/1989/constituicao%20de%2005.10.1989.htm>.

ria é do TRE, nos crimes contra as instituições militares a competência é dos Conselhos de Justiça de primeira instância".[133]

Compete privativamente aos Tribunais Estaduais e do Distrito Federal processar e julgar os juízes estaduais e do Distrito Federal e Territórios, bem como os membros do Ministério Público, nos crimes comuns e de responsabilidade, ressalvada a competência da Justiça Eleitoral (CF, art. 96, III).

Embora tenha outorgado aos Estados o trato das questões de sua competência, a própria Constituição Federal cuidou de estabelecer em seu art. 29, X, de forma excepcional, que compete originariamente ao Tribunal de Justiça do Estado *o julgamento* de crime praticado por prefeito.

Tal regra é anêmica e diz menos do que deveria.

Embora não esteja expresso, o correto é entender que a competência é para *o processo e o julgamento*.

Ademais, como não se fez qualquer distinção, cabe entender que a competência tratada alcança os crimes comuns e de responsabilidade, listados no Decreto-Lei n. 201/67.

Nesse particular, é apropriado transcrever a Súmula 703 do STF, que assim dispõe: "A extinção do mandato do prefeito não impede a instauração de processo pela prática dos crimes previstos no art. 1º do Decreto-Lei 201/67".

Competente para o processo e julgamento é o Tribunal de Justiça do Estado a que se encontrar vinculado, ainda que o delito tenha sido praticado em outro Estado.

Ponderou ESPÍNOLA FILHO que, firmando-se, na espécie, a competência por prerrogativa de função, é excepcionada a regra comum da competência do foro do delito, e por isso pouco importa o lugar onde qualquer das pessoas com foro privilegiado cometeu o delito, já que competente será sempre o Tribunal do Estado em que esta exercer sua função, e que lhe confere a prerrogativa de foro excepcional.[134]

3.4.7.1. Competência por prerrogativa de função na jurisdição política

Em relação à denominada jurisdição política, calha citar que, nos contornos do art. 52 da CF, compete privativamente ao Senado Federal:

I – processar e julgar o Presidente e o Vice-Presidente da República nos crimes de responsabilidade, bem como os Ministros de Estado e os Comandantes da Marinha, do Exército e da Aeronáutica nos crimes da mesma natureza conexos com aqueles.

II – processar e julgar os Ministros do Supremo Tribunal Federal, os membros do Conselho Nacional de Justiça e do Conselho Nacional do Ministério Pú-

133. JULIO FABBRINI MIRABETE, op. cit., p. 201.

134. EDUARDO ESPÍNOLA FILHO, *Código de Processo Penal brasileiro anotado*, 5. ed., v. II, p. 217.

blico, o Procurador-Geral da República e o Advogado-Geral da União nos crimes de responsabilidade.

3.4.7.2. Foro competente após o fim da investidura no cargo

Versando sobre a matéria, a Súmula 394 do STF tinha a seguinte redação: "Cometido o crime durante o exercício funcional, prevalece a competência especial por prerrogativa de função, ainda que o inquérito ou a ação penal sejam iniciados após a cessação daquele".

Essa Súmula foi cancelada pelo STF[135] e, então, o Poder Legislativo, em mais uma vergonhosa e ilegítima retaliação, editou a Lei n. 10.628/2002, que acrescentou um § 1º ao art. 84, com a seguinte redação:

> A competência especial por prerrogativa de função, relativa a atos administrativos do agente, prevalece ainda que o inquérito ou a ação judicial sejam iniciados após a cessação do exercício da função pública.

Mas foi além o legislador ordinário – e põe ordinário nisso –, tanto que chegou ao extremo de também acrescentar um § 2º, com o seguinte teor:

> A ação de improbidade, de que trata a Lei 8.429, de 2 de junho de 1992, será proposta perante o tribunal competente para processar e julgar criminalmente o funcionário ou autoridade na hipótese de prerrogativa de foro em razão do exercício de função pública, observado o disposto no § 1º.

Já havíamos nos manifestado por meio de artigo[136] sobre a inconstitucionalidade das disposições introduzidas pela Lei n. 10.628/2002 quando o Supremo Tribunal Federal, nessa mesma linha de pensamento, julgou a ADIN 2.797, proposta pela CONAMP – Associação Nacional dos Membros do Ministério Público –, e retirou do ordenamento tais aberrações normativas.

Segue parte da ementa do julgado:

> Foro especial por prerrogativa de função: extensão, no tempo, ao momento posterior à cessação da investidura na função dele determinante. Súmula 394/STF (cancelamento pelo Supremo Tribunal Federal). Lei 10.628/2002, que acrescentou os §§ 1º e 2º ao art. 84 do C. Processo Penal: pretensão inadmissível de interpretação autêntica da Constituição por lei ordinária e usurpação da competência do Supremo Tribunal para interpretar a Constituição: inconstitucionalidade declarada. 1. O novo § 1º do art. 84 CPrPen constitui evidente reação legislativa ao cancelamento da Súmula 394 por decisão tomada pelo

---

135. A Súmula 394 foi cancelada nos seguintes julgamentos: Inq 687-QO (*DJ* de 9-11-2001), Ap 315-QO (*DJ* de 31-10-2001), Ap 319-QO (*DJ* de 31-10-2001), Inq 656-QO (*DJ* de 31-10-2001), Inq 881-QO (*DJ* de 31-10-2001), Ap 313-QO (*DJ* de 12-11-1999).

136. Renato Marcão, Foro especial por prerrogativa de função: o novo artigo 84 do Código de Processo Penal, *RT* 834/431-441.

Supremo Tribunal no Inq 687-QO, 25.8.97, rel. o em. Ministro Sydney Sanches (*RTJ* 179/912), cujos fundamentos a lei nova contraria inequivocamente. 2. Tanto a Súmula 394, como a decisão do Supremo Tribunal, que a cancelou, derivaram de interpretação direta e exclusiva da Constituição Federal. 3. Não pode a lei ordinária pretender impor, como seu objeto imediato, uma interpretação da Constituição: a questão é de inconstitucionalidade formal, ínsita a toda norma de gradação inferior que se proponha a ditar interpretação da norma de hierarquia superior. 4. Quando, ao vício de inconstitucionalidade formal, a lei interpretativa da Constituição acresça o de opor-se ao entendimento da jurisprudência constitucional do Supremo Tribunal – guarda da Constituição –, às razões dogmáticas acentuadas se impõem ao Tribunal razões de alta política institucional para repelir a usurpação pelo legislador de sua missão de intérprete final da Lei Fundamental: admitir pudesse a lei ordinária inverter a leitura pelo Supremo Tribunal da Constituição seria dizer que a interpretação constitucional da Corte estaria sujeita ao referendo do legislador, ou seja, que a Constituição – como entendida pelo órgão que ela própria erigiu em guarda da sua supremacia –, só constituiria o correto entendimento da Lei Suprema na medida da inteligência que lhe desse outro órgão constituído, o legislador ordinário, ao contrário, submetido aos seus ditames. 5. Inconstitucionalidade do § 1º do art. 84 C.Pr. Penal, acrescido pela lei questionada e, por arrastamento, da regra final do § 2º do mesmo artigo, que manda estender a regra à ação de improbidade administrativa.[137]

Com efeito, se o delito for praticado durante o período de investidura no cargo e estiver relacionado às funções desempenhadas, é induvidoso que o agente terá direito à prerrogativa de foro.

Porém, cessado o exercício da função, não faz sentido manter a prerrogativa, que não é pessoal, mas ligada ao cargo. Cessada a investidura, cessa a prerrogativa de foro. Também por isso, "A competência especial por prerrogativa de função não se estende ao crime cometido após a cessação definitiva do exercício funcional" (Súmula 451 do STF).

3.4.7.3. Exceção da verdade oposta em relação a quem tem foro privilegiado

Nos processos por crime contra a honra, em que forem *querelantes* as pessoas que a Constituição sujeita à jurisdição do Supremo Tribunal Federal, do Superior Tribunal de Justiça, dos Tribunais Regionais Federais e Tribunais de Justiça dos Estados e do Distrito Federal, a qualquer deles, respectivamente, caberá *o julgamento*, quando oposta e admitida exceção da verdade, conforme interpretação tirada do art. 85 do CPP.

Os crimes contra a honra – calúnia, difamação e injúria – estão tipificados nos arts. 138, 139 e 140 do Código Penal,[138] respectivamente.

---

137. STF, ADIN 2.797/DF, Tribunal Pleno, rel. Min. Sepúlveda Pertence, j. 15-9-2005, *DJ* de 19-12-2006, p. 250.

138. Não subsistem no ordenamento os crimes contra a honra outrora tipificados na Lei de Imprensa (Lei n. 5.250/67), visto que no dia 30 de abril de 2009, quando do julgamento da ADPF n. 130/DF (Ar-

O CP admite exceção da verdade em relação aos crimes de *calúnia* (art. 138, § 3º) e *difamação* (art. 140, parágrafo único), mas há quem entenda ser ela cabível somente em relação ao crime de calúnia, em que há imputação de *fato* definido como crime.

A ação penal em que o detentor de foro privilegiado por prerrogativa de função for *vítima* deve ser proposta em obediência às demais regras de fixação de competência.

Nas hipóteses admitidas, cabe ao querelado interpor exceção da verdade, que nesse caso se prestará a demonstrar que não cometeu o crime imputado pelo querelante, mas, ao contrário, suas afirmações têm correspondência com a realidade dos fatos.

Bem por isso, embora não seja o querelado-excipiente detentor de foro privilegiado por prerrogativa de função, a *exceptio veritatis* que ajuizar *será julgada* no foro originário a que se encontrar vinculado o querelante-excepto, pois, se demonstrada a veracidade de suas afirmações (do querelado), poderá decorrer responsabilização ao querelante, inclusive de natureza penal, daí deferir-se desde logo ao foro competente a apreciação da matéria.

Discute-se se, com o ajuizamento da exceção da verdade, apenas esta deverá ser julgada pelo Tribunal ou todo o processo, o que envolveria prorrogação de competência para o foro especial.

Parece-nos acertada a visão de GRECO FILHO quando diz que "a exceção da verdade não é um procedimento ritual autônomo, mas uma defesa de *direito material* que, se procedente, exclui a tipicidade ou a antijuridicidade, ou seja, é pertencente ao *mérito* da imputação. Logo, não poderia ser decidida separadamente".

Nada obstante, como arremata o citado jurista, "o entendimento jurisprudencial é o de que se desloca apenas a exceção, sob o argumento de que a deslocação total para o tribunal levaria a julgamento em competência originária pessoa sem prerrogativa de função. O argumento, contudo, *data venia*, não convence, porque nos crimes conexos, por exemplo, também pessoas não sujeitas à jurisdição de determinado tribunal por ele são julgadas".[139]

Na linha do pensamento jurisprudencial dominante, e considerando que cabe ao Tribunal apenas *o julgamento*, a exceção da verdade há de submeter-se preliminarmente a um juízo de admissibilidade e a processo que evidentemente se situam na instância ordinária.[140]

---

guição de Descumprimento de Preceito Fundamental), de que foi relator o Min. Carlos Britto, o Plenário do Supremo Tribunal Federal, por maioria de votos, reconheceu que todo o conjunto de dispositivos da Lei de Imprensa não foi recepcionado pela vigente Constituição Federal.

139. VICENTE GRECO FILHO, *Manual de processo penal*, p. 183.

140. STF, AP 264/ES, Tribunal Pleno, rel. Min. Rafael Mayer, j. 22-8-1979, *DJ* de 21-9-1979, p. 8, *RTJ* 91/755. *No mesmo sentido:* STF, EV 522/RJ, Tribunal Pleno, rel. Min. Carlos Velloso, j. 4-8-1993, *DJ* de 3-9-1993, p. 53.

Por entender pertinente, pedimos *venia* para transcrever ementa de acórdão relatado pelo Min. Celso de Mello, exauriente de toda a matéria tratada:

> A formalização da *exceptio veritatis* contra aquele que goza de prerrogativa de foro *ratione muneris* perante o Supremo Tribunal Federal desloca, para esta instância jurisdicional, somente o julgamento da exceção oposta. Para esse efeito, impõe-se que a exceção da verdade de competência do Supremo Tribunal Federal seja previamente submetida a juízo de admissibilidade que se situa na instância ordinária. Resultando positivo esse juízo de admissibilidade, a *exceptio veritatis* deverá ser processada perante o órgão judiciário inferior, que nela promoverá a instrução probatória pertinente, eis que a esta Corte cabe, tão somente, o julgamento dessa verdadeira ação declaratória incidental. A competência do Supremo Tribunal Federal para o julgamento da exceção da verdade resume-se, na linha da jurisprudência desta Corte, aos casos em que a *demonstratio veri* disser respeito ao delito de calúnia, no qual se destaca, como elemento essencial do tipo, a imputação de fato determinado revestido de caráter delituoso. Tratando-se de difamação, hipótese em que se revela inaplicável o art. 85 do Código de Processo Penal, a exceção da verdade, uma vez deduzida e admitida, deverá ser processada e julgada pelo próprio juízo inferior, ainda que o excepto disponha, nos termos do art. 102, I, *b* e *c*, da Constituição, de prerrogativa de foro perante o Supremo Tribunal Federal.[141]

Muito embora o art. 85 do CPP se refira à pessoa do *querelante*, o que num primeiro olhar poderia restringir sua aplicação aos casos de ação penal privada, é inegável que a regra também se aplica aos processos de ação penal pública, iniciados por denúncia assinada pelo Ministério Público, tal como ocorre nos crimes contra a honra de funcionário público no exercício de suas funções (CP, parágrafo único do art. 145).

3.4.7.4. Competência por prerrogativa de função *versus* competência do Tribunal do Júri

Observado que a cláusula – "crimes relacionados às funções desempenhadas" – criada pelo Plenário do Supremo Tribunal Federal por ocasião do julgamento da Ação Penal n. 937 (rel. Min. Roberto Barroso, j. 3-5-2018), quando se restringiu o alcance da competência por prerrogativa de função, comporta interpretação que deve levar em conta a situação tratada, é possível que diante de caso concreto, mesmo em se tratando de crime doloso contra a vida, praticado durante o exercício do cargo, a Corte entenda aplicável a prerrogativa de foro. Note-se, inclusive, que a decisão da Augusta Corte exige que o delito seja praticado *durante o exercício*, e não *no exercício* do mandato.

Diante de tal realidade, para a compreensão da matéria relacionada à competência em aparente conflito, de início é necessário distinguir se o autor do crime doloso contra a vida é ou não detentor de foro privilegiado por prerrogativa de função previsto em regra da Constituição Federal.

141. STF, AP 305 QO/DF, Tribunal Pleno, rel. Min. Celso de Mello, j. 12-8-1993, *DJe* de 10-9-1993). *No mesmo sentido:* STF, EV 541 QO/DF, Tribunal Pleno, rel. Min. Sepúlveda Pertence, j. 22-10-1992, *DJ* de 2-4-1993, p. 464; STF, EV 522/RJ, Tribunal Pleno, rel. Min. Carlos Velloso, j. 4-8-1993, *DJe* de 3-9-1993.

Se a previsão se encontrar na Constituição Federal, prevalecerá a competência originária nesta indicada, pois especial em relação à competência do Tribunal do Júri, que também é prevista na Constituição Federal. Exemplo: prefeito que mata dolosamente, durante o exercício do cargo, sendo o crime relacionado às funções desempenhadas. A competência originária para processar prefeito criminalmente é do Tribunal de Justiça do Estado (CF, art. 29, X) e, nesse caso, prevalece sobre a competência do Tribunal do Júri (CF, art. 5º, XXXVIII, *d*), pois ambas estão fixadas na Constituição Federal.

A competência do Tribunal Popular não é absoluta. Afasta-a a própria Constituição Federal, no que prevê, em face da dignidade de certos cargos e da relevância destes para o Estado.[142]

Em razão da imunidade de foro por prerrogativa de função, deve ser julgado perante o Supremo Tribunal Federal o parlamentar acusado da prática, durante o exercício do cargo, de crime doloso contra a vida, relacionado com as funções desempenhadas. "A norma contida no art. 5º, XXXVIII, da Constituição da República, que garante a instituição do júri, cede diante do disposto no art. 102, I, *b*, da Lei Maior, definidor da competência do Supremo Tribunal Federal, dada a especialidade deste último".[143]

Já decidiu o STF que, "envolvidos em crime doloso contra a vida Prefeito e cidadão comum, biparte-se a competência, processando e julgando o primeiro o Tribunal de Justiça e o segundo o Tribunal do Júri".[144]

Se, ao invés, o foro privilegiado por prerrogativa de função decorrer de previsão contida na Constituição do Estado ou em lei de organização judiciária,[145] prevalecerá a competência do Tribunal do Júri, já que esta decorre da Constituição Federal. Exemplo: Secretário de Estado paulista que mata dolosamente, durante o exercício do cargo, sendo o delito relacionado com as funções desempenhadas. Nos crimes comuns, a competência originária para processar e julgar Secretário de Estado em São Paulo é do respectivo Tribunal de Justiça (Constituição Estadual de SP, art. 74, I), mas nesse caso prevalece a competência do Tribunal do Júri, pois esta decorre da Constituição Federal (art. 5º, XXXVIII, *d*).

Nesse sentido, a Súmula Vinculante 45, originada da Súmula 721 do STF, tem o seguinte teor: "A competência constitucional do tribunal do júri prevalece sobre o foro por prerrogativa de função estabelecido exclusivamente pela Constituição Estadual".

142. STF, HC 70.581/AL, 2ª T., rel. Min. Marco Aurélio, j. 21-9-1993, *DJe* de 29-10-1993.

143. STF, AP 333/PB, Tribunal Pleno, rel. Min. Joaquim Barbosa, j. 5-12-2007, *DJe* n. 65, de 11-4-2008.

144. "Conflito aparente entre as normas dos arts. 5º, XXXVIII, *d*, 29, VIII, *a*, da Lei Básica Federal e 76, 77 e 78 do Código de Processo Penal" (STF, HC 70.581/AL, 2ª T., rel. Min. Marco Aurélio, j. 21-9-1993, *DJe* de 29-10-1993).

145. "Leis infraconstitucionais, que preveem o deslocamento da competência pela conexão ou pela continência, não têm o condão de modificar a competência fixada pela Constituição, ainda mais quando absoluta" (STF, HC 77.883/RJ, 2ª T., rel. Min. Maurício Corrêa, j. 18-9-1998, *DJe* de 18-5-2001).

Mas atenção. Qualquer que seja a hipótese, para a fixação da competência, antes de mais nada é imprescindível averiguar se a autoridade detentora de foro por prerrogativa de função praticou a conduta *durante* o exercício do cargo, e se o delito está relacionado com as funções desempenhadas. Ausente qualquer dessas condicionantes, não incide o foro especial.

4. Disposições Especiais

Por força da regra exposta no art. 7º do CP, ficam sujeitos à lei brasileira, embora cometidos no estrangeiro:

I – os crimes:

a) contra a vida ou a liberdade do Presidente da República;

b) contra o patrimônio ou a fé pública da União, do Distrito Federal, de Estado, de Território, de Município, de empresa pública, sociedade de economia mista, autarquia ou fundação instituída pelo Poder Público;

c) contra a administração pública, por quem está a seu serviço;

d) de genocídio, quando o agente for brasileiro ou domiciliado no Brasil;

II – os crimes:

a) que, por tratado ou convenção, o Brasil se obrigou a reprimir;

b) praticados por brasileiro;[146]

c) praticados em aeronaves ou embarcações brasileiras, mercantes ou de propriedade privada, quando em território estrangeiro e aí não sejam julgados.

Sob as condições que estão listadas no § 2º do art. 7º do CP (entrar o agente no território nacional; ser o fato punível também no país em que foi praticado; estar o crime incluído entre aqueles pelos quais a lei brasileira autoriza a extradição; não ter sido o agente absolvido no estrangeiro ou não ter aí cumprido a pena; não ter sido o agente perdoado no estrangeiro ou, por outro motivo, não estar extinta a punibilidade, segundo a lei mais favorável), é possível a aplicação da lei penal brasileira ao crime cometido por estrangeiro contra brasileiro fora do Brasil (§ 3º do art. 7º).

A aplicação da lei penal brasileira nas realidades acima indicadas só é possível em razão do princípio da personalidade ou nacionalidade; do princípio da proteção ou de defesa; do princípio da Justiça universal ou cosmopolita, e do princípio da representação.

Para tais casos, diz o art. 88 do CPP que: "No processo por crimes praticados fora do território brasileiro, será competente o juízo da Capital do Estado onde hou-

146. "O cometimento de crime por brasileiro no exterior, por si só, não atrai a competência da Justiça Federal, sendo neutra, para tal fim, a prática de atos preparatórios no território nacional" (STF, HC 105.461 SP, 1ª T., rel. Min. Marco Aurélio, j. 29-3-2016, *DJe* n. 160, de 2-8-2016).

ver por último residido o acusado. Se este nunca tiver residido no Brasil, será competente o juízo da Capital da República".

Os crimes cometidos em qualquer embarcação nas águas territoriais da República, ou nos rios e lagos fronteiriços, bem como a bordo de embarcações nacionais, em alto-mar, serão processados e julgados pela Justiça do primeiro porto brasileiro em que tocar a embarcação, após o crime, ou, quando se afastar do País, pela do último em que houver tocado (CPP, art. 89).

Os crimes praticados a bordo de aeronave nacional, dentro do espaço aéreo correspondente ao território brasileiro, ou ao alto-mar, ou a bordo de aeronave estrangeira, dentro do espaço aéreo correspondente ao território nacional, serão processados e julgados pela Justiça da comarca em cujo território se verificar o pouso após o crime, ou pela da comarca de onde houver partido a aeronave (CPP, art. 90).

Quando incerta e não se determinar de acordo com as normas estabelecidas nos arts. 89 e 90, a competência se firmará pela prevenção (CPP, art. 91).

Capítulo 12
Questões e Processos Incidentes

1. Introdução

Do art. 92 ao 154, cuida o Código de Processo Penal das denominadas questões e processos incidentes, quando o correto seria referir-se à existência de *questões prejudiciais*[1] e *procedimentos incidentes*.

Deflagrado o processo, sua trajetória segue para o julgamento do mérito. Vezes há, entretanto, em que ao longo da marcha procedimental surgem questões diversas, cuja resolução precedente se faz imprescindível para o atingimento da prestação jurisdicional final.

É o que ocorre, por exemplo, no processo por crime de bigamia, quando estiver pendente ação judicial visando à anulação do primeiro casamento, por motivo que não seja a bigamia (CP, art. 235). Anulado o casamento, não há falar em duplicidade, o que torna inexistente o crime.

A invalidade do casamento, portanto, é *questão prejudicial*, cuja análise – que é de competência do juízo cível – pode *incidir* no curso do processo criminal instaurado. Não se pode negar que no exemplo indicado há uma controvérsia jurídica prejudicial, cuja solução precedente é fundamental para o julgamento do mérito da ação penal.

É exatamente por isso que essas *questões* são denominadas *incidentes*: incidem; surgem formalmente *durante o curso do processo* e se apresentam como tema de conhecimento obrigatório para o regular andamento do feito e oportuno julgamento do mérito, que é a questão principal.

As questões prejudiciais estão reguladas nos arts. 92 a 94.

1. Gaetano Foschini, *La pregiudizialità nel processo penale*, Milano, A. Giuffrè, 1942.

Os *procedimentos incidentes*, a seu turno, materializam controvérsias que cabe ao juiz criminal decidir antes de seguir com a marcha processual e atingir o momento da sentença, e no CPP estão assim dispostos: exceções (arts. 95 a 111), incompatibilidades e impedimentos (art. 112), conflito de jurisdição (arts. 113 a 117), restituição de coisa apreendida (arts. 118 a 124), medidas assecuratórias (arts. 125 a 144), incidente de falsidade (arts. 145 a 148) e incidente de insanidade mental (arts. 149 a 154).

2. Das Questões Prejudiciais

Considera-se prejudicial toda **controvérsia jurídica séria e fundada**, cuja solução precedente se impõe, para que em momento seguinte e oportuno o juiz possa reconhecer no processo criminal *a existência, ou não, de determinada infração penal*. Seu julgamento tem relação direta com o objeto principal da ação e, portanto, dá fundamentação ao julgamento de mérito. Diz respeito à *existência do delito* imputado, e não às suas circunstâncias.

Não é a arguição de qualquer matéria que irá fundamentar questão prejudicial e, com isso, desviar o curso normal da marcha processual. Levantada a questão, cabe ao juiz criminal fazer *juízo de prelibação* a respeito do argumento utilizado e da relevância da arguição para verificar se, de fato e de direito, a *controvérsia é séria e fundada*, visto que tal constatação constitui requisito básico para a instauração do incidente em tela.

A prévia solução das prejudiciais se interpõe no processo como condicionante do julgamento de mérito, pois a decisão do juízo cível faz coisa julgada no juízo criminal.

Pelo que já se viu, não há falar da existência de questões prejudiciais na fase de *inquérito*, porquanto imprescindível que a controvérsia se instaure no curso do *processo*.

Segundo o magistério de Tornaghi,[2] fala-se em *questão prejudicial* (a que deve ser analisada no incidente) e *questão prejudicada* (aquela que é afetada pela decisão do incidente), sendo certo que a decisão da prejudicial é logicamente anterior à da prejudicada, de modo a revelar que aquela é um *prius* lógico desta.

Numa visão mais ampla, as questões prejudiciais podem ser assim classificadas: (1) *prejudiciais em sentido estrito ou propriamente prejudiciais* e (2) *prejudiciais em sentido lato*.

(1) As **prejudiciais em sentido estrito ou propriamente prejudiciais** estão reguladas no art. 92 do CPP e dizem respeito ao estado civil das pessoas.

"A expressão estado civil pode ser tomada em sentido amplo, compreensivo do estado político (nacionalidade, cidadania etc.) ou apenas em sentido estrito, para significar a situação em relação ao casamento, ao parentesco, à afinidade".[3]

(2) As **prejudiciais em sentido lato** estão tratadas no art. 93 do CPP e se referem às demais questões sobre relações jurídicas diversas.

---

2. Hélio Tornaghi, *Instituições de processo penal*, Rio de Janeiro, Forense, 1959, v. II, p. 355-357.
3. Hélio Tornaghi, *Instituições de processo penal*, Rio de Janeiro, Forense, 1959, v. II, p. 385.

Sob outro enfoque, classificam-se ainda as questões prejudiciais: (*1*) *quanto ao mérito*; (*2*) *quanto aos efeitos* e (*3*) *quanto ao juízo competente*.

(*1*) **Quanto ao mérito**, leva-se em conta a natureza da matéria a ser decidida, e então as questões prejudiciais podem ser: *homogêneas* ou *heterogêneas*.

Dizem-se *homogêneas* quando a controvérsia a ser previamente enfrentada também é de natureza penal, daí a homogeneidade. Exemplo: a exceção da verdade no crime de calúnia (CP, art. 138, § 3º).

Dizem-se *heterogêneas* quando a controvérsia jurídica versar sobre matéria extrapenal; que deve ser solucionada em juízo diverso. Exemplos: a invalidade de um dos casamentos no crime de bigamia;[4] controvérsia sobre ser o acusado do crime de furto proprietário do bem cuja subtração lhe é imputada na denúncia.

(*2*) **Quanto aos efeitos**, leva-se em conta a suspensão, ou não, do processo principal, e sob tal enfoque a prejudicial pode ser: *obrigatória* ou *facultativa*.

Obrigatórias são aquelas previstas no art. 92 do CPP,[5] que versam sobre o estado civil das pessoas e *impõem a suspensão do processo criminal* até que seja proferida decisão no juízo cível, solucionando a controvérsia.

Em casos tais, *ex officio* ou a requerimento das partes, a suspensão do processo criminal é *obrigatória*, pois o juízo só poderá seguir com este depois do trânsito em julgado da sentença que decidir sobre a questão prejudicial.

Durante o período de suspensão do processo, em homenagem ao princípio da verdade real, mediante provocação e jamais *ex officio*, o juiz *poderá* determinar a inquirição de eventuais testemunhas e a produção de outras provas consideradas urgentes, a fim de evitar o perecimento.

Se o crime imputado for de ação pública, o Ministério Público, quando necessário, promoverá a ação civil ou prosseguirá na que tiver sido iniciada, com a citação dos interessados etc.

Facultativas são as reguladas no art. 93 do CPP, que versam sobre temas diversos (excetuado o estado civil das pessoas), mas de competência do juízo cível,

4. Exemplo fornecido por HÉLIO TORNAGHI: "Tício, acusado de bigamia, alega em sua defesa a nulidade de um dos casamentos. A questão de saber se existe realmente crime de bigamia depende da questão acerca da validez dos casamentos. Se um deles for julgado nulo, estará prejudicada a controvérsia sobre a bigamia. Por essa razão, a questão (civil) concernente à validez do casamento chama-se prejudicial e a (penal) relativa à bigamia, prejudicada" (*Instituições de processo penal*, Rio de Janeiro, Forense, 1959, v. II, p. 355-356).

5. Art. 92 do CPP. "Se a decisão sobre a existência da infração depender da solução de controvérsia, que o juiz repute séria e fundada, sobre o estado civil das pessoas, o curso da ação penal ficará suspenso até que no juízo cível seja a controvérsia dirimida por sentença passada em julgado, sem prejuízo, entretanto, da inquirição das testemunhas e de outras provas de natureza urgente. Parágrafo único. Se for o crime de ação pública, o Ministério Público, quando necessário, promoverá a ação civil ou prosseguirá na que tiver sido iniciada, com a citação dos interessados."

quando então a lei *faculta* ao juiz *suspender, ou não, o processo criminal,* até que a controvérsia extrapenal seja decidida.

Nos precisos termos do art. 93: "Se o reconhecimento da existência da infração penal depender de decisão sobre questão diversa da prevista no artigo anterior, da competência do juízo cível, e se neste houver sido proposta ação para resolvê-la, o juiz criminal poderá, desde que essa questão seja de difícil solução e não verse sobre direito cuja prova a lei civil limite, suspender o curso do processo, após a inquirição das testemunhas e realização das outras provas de natureza urgente".

Colhe-se a prova e depois, sendo caso, *ex officio* ou a requerimento das partes, o juiz *poderá* suspender o processo criminal para aguardar a decisão do juízo cível.

Se decretar a suspensão, o juiz deverá marcar o prazo de sua duração, que poderá ser razoavelmente prorrogado, se a demora não for imputável à parte. Expirado o prazo sem que o juiz cível tenha proferido decisão, o juiz criminal fará prosseguir o processo, retomando sua competência para resolver, de fato e de direito, toda a matéria da acusação ou da defesa (§ 1º).

Suspenso o processo, e tratando-se de crime de ação pública, incumbirá ao Ministério Público intervir imediatamente na causa cível, para o fim de promover-lhe o rápido andamento (§ 3º).

Ao contrário do que ocorre na hipótese do art. 92, em que *o juiz remete as partes ao juízo cível* para a solução da controvérsia, quando se tratar de questão prejudicial fundamentada no art. 93 a *preexistência* de ação tramitando no juízo cível a respeito de relação jurídica controvertida (que não verse sobre estado civil das pessoas) é pressuposto. Nesse caso, o juiz não *remete às partes,* mas decide sobre aguardar, ou não, a solução daquela pendência judicial. "Essa faculdade não é ilimitada. O juiz só deve usá-la se entender que a controvérsia prejudicial é de difícil solução, exige indagação mais alta. No caso oposto, ele próprio deve conhecer, *incidenter tantum,* da questão prejudicial".[6]

(3) **Quanto ao juízo competente** para sua solução, as prejudiciais podem ser: *devolutivas absolutas, não devolutivas* e *devolutivas relativas.*

São *prejudiciais devolutivas absolutas* as prejudiciais heterogêneas, cuja solução da controvérsia é de competência exclusiva do juízo cível.

Por outro vértice, são *prejudiciais não devolutivas* as prejudiciais homogêneas, cuja solução da controvérsia é de competência do juízo penal.

Devolutivas relativas são as questões prejudiciais que podem ser julgadas no juízo cível ou criminal, a critério deste.

---

6. HÉLIO TORNAGHI, *Instituições de processo penal,* Rio de Janeiro, Forense, 1959, v. II, p. 387.

Cabe recurso em sentido estrito, sem efeito suspensivo, contra a decisão que *ordenar a suspensão* do processo em virtude de questão prejudicial (CPP, art. 581, XVI), seja qual for o fundamento da decisão.

Em sentido oposto, não há recurso previsto contra a decisão que indefere pedido de suspensão do processo.

Na dicção do art. 116, I, do CP, "antes de passar em julgado a sentença final, a prescrição não corre enquanto não resolvida, em outro processo, questão de que dependa o reconhecimento da existência do crime". Objetivamente falando: não corre prescrição durante o prazo de suspensão do processo com vistas a aguardar decisão sobre matéria que envolve questão prejudicial.

3. Dos Procedimentos Incidentes

3.1. Das exceções

Ajuizada a ação penal, o réu poderá apresentar *defesa contra a ação* ou *contra o processo*; ou contra ambos.

A defesa *contra a ação* pode ser *direta* ou *indireta*. Na primeira – *defesa direta* –, o réu enfrenta a imputação contida na inicial acusatória e sustenta tese que, uma vez acolhida, resultará na improcedência da ação, com julgamento do mérito, como ocorre nas hipóteses em que nega a ocorrência do fato; nega a autoria que lhe é atribuída ou sustenta a atipicidade da conduta. Na segunda – *defesa indireta* –, mesmo confessando a prática delitiva, o réu sustenta a presença de situação jurídica impeditiva da condenação, como são exemplos as causas de exclusão da ilicitude (CP, art. 23) e de extinção da punibilidade (CP, art. 107).

Na **defesa contra o processo**, o réu não trata do mérito da imputação, mas de questões outras, denominadas *exceções*, que podem dilatar a marcha processual ou provocar a extinção do processo, daí falar-se na existência de *exceções dilatórias* e *exceções peremptórias*, respectivamente.

As **exceções dilatórias**, como o nome está a indicar, apenas dilatam; retardam a marcha processual pelo tempo necessário para se decidir sobre a incidência de qualquer delas, a saber: exceção de suspeição e exceção de incompetência.

As **exceções peremptórias**, a seu turno, paralisam definitivamente a pretensão do autor,[7] por determinarem a extinção do processo. São elas: exceção de litispendência e de coisa julgada.

A exceção de ilegitimidade de parte pode ser peremptória ou dilatória.

Em síntese: *ordinariamente*, deduzida a pretensão em juízo, observado o devido processo legal, caberá ao juiz julgar o mérito da demanda e acolher, ou não, o pedido

7. HÉLIO TORNAGHI, *Instituições de processo penal*, 2. ed., São Paulo, Saraiva, 1977, v. 1, p. 408.

do autor. *Excepcionalmente*, antes de julgar o mérito e ao invés disso, deverá decidir sobre certas circunstâncias ou situações jurídicas que podem afastá-lo do processo ou determinar a extinção deste sem o julgamento do mérito.

Exceções, portanto, são questões jurídicas cuja análise precedente ao mérito se impõe ao juiz do feito, com o objetivo de decidir sobre a ausência, ou não, de pressupostos processuais[8] e condições da ação.[9]

Embora exista discussão na doutrina a respeito da correta denominação que se deva dar às situações jurídicas que seguem indicadas,[10] ficaremos com a opção do art. 95 do CPP, segundo o qual poderão ser opostas as *exceções* de:

I – suspeição;

II – incompetência de juízo;

III – litispendência;

---

8. Contrário ao que Oskar von Bülow escreveu sobre a existência de pressupostos processuais (*Teoria das exceções e dos pressupostos processuais*, tradução e notas de Ricardo Rodrigues Gama, Campinas-SP, LZN, 2003), Werner Goldschmidt (*Problemas generales de derecho*, p. 66) defendeu que os pressupostos processuais referidos por von Bülow são, em verdade, pressupostos da sentença sobre o mérito.

9. "No Processo Penal as exceções visam a impedir que a causa seja apreciada ou julgada com ofensa ao princípio do Juiz Natural e imparcial, nas hipóteses de suspeição e incompetência do Juízo (art. 95, I e II, do CPP), ou intentada contra parte ilegítima (art. 95, IV, do CPP), ou que a pessoa seja processada duas vezes pelo mesmo fato, o que caracterizaria (i) a litispendência processual (na hipótese de propositura de duas ações penais simultâneas) ou (ii) o maltrato à coisa julgada (se já existente sentença condenatória transitada em julgado em um dos processos) (art. 95, III e V, do CPB, respectivamente)" (STJ, HC 106.181/ES, 5ª T., rel. Min. Jorge Mussi, j. 2-8-2011, *DJe* de 9-9-2011).

10. Segundo Alfredo Araújo Lopes da Costa, tais hipóteses não configuram exceções propriamente ditas, visto que o juiz oficiosamente tem o dever de reconhecê-las (*Direito processual civil brasileiro*, Rio de Janeiro, Forense, v. II, p. 224). *No mesmo sentido:* José Frederico Marques: *Da competência em matéria penal*, São Paulo, Saraiva, 1953, p. 309; *Elementos de direito processual penal*, Rio de Janeiro, Forense, v. II. Seguindo a linha de Renzo Bolaffi (*Le eccezione nel diritto sostanziale*, Milano, Societa Editrice Libraria, 1936, p. 37), para quem a exceção constitui defesa processual – *objeção processual* –, que somente poderá ser conhecida quando alegada pelo réu, Hélio Tornaghi (*Instituições de processo penal*, 2. ed., São Paulo, Saraiva, 1º v., 1977) preferiu denominá-las *impedimentos processuais*, pois, segundo sustentou, "as verdadeiras exceções são razões do devedor (*lato sensu*) que se contrapõem às razões do credor (*lato sensu*). À pretensão deste opõe aquele a própria pretensão" (p. 419), daí concluir que "somente a ampliação desmedida do conceito pode explicar que o Código de Processo Penal compreenda como exceções os obstáculos processuais previstos no art. 95", visto que no processo penal "o juiz não somente pode mas até deve pronunciar-se por iniciativa própria acerca de todos os impedimentos processuais, invocados ou não" (p. 430). Segue sua justificativa: "Os interesses do réu, tutelados, quer pelo Direito Constitucional, quer pelo Direito Judiciário, quer ainda pelo Direito Penal, e que constituem o chamado direito público de liberdade, são também interesses do Estado, que os faz valer independentemente da vontade do particular. A própria lei processual é, antes de mais nada, um compêndio de normas tutelares da liberdade individual e promulgadas em vista do empenho do Estado em não se expor a ferir a inocência, em evitar o erro judiciário, em poupar o acusado de vexames desnecessários etc. Quando a lei protege o interesse do réu em ser julgado por juiz competente e insuspeito, em não sofrer dois processos pelo mesmo fato, em que ele quer ser protegido, mas sem qualquer atenção à vontade dele. Escudando-o, o Estado se resguarda e é para se amparar a si próprio, para assegurar-se de estar fazendo justiça que ele estabelece os impedimentos processuais" (p. 430).

IV – ilegitimidade de parte;

V – coisa julgada.

O art. 112 do CPP, a seu turno, trata da *incompatibilidade* e do *impedimento legal*, cuja análise se submete ao procedimento estabelecido para a exceção de suspeição.

Denomina-se *excipiente* aquele que argui a exceção (o autor da exceção) e *excepto* aquele contra quem ela é arguida.

3.1.1. Exceção de suspeição

É modalidade de exceção dilatória *ratione personae* (em razão da pessoa), regulada nos arts. 96 a 107 do CPP.

Para que possa exercer seu poder jurisdicional frente a determinado processo, não basta que o magistrado se encontre legalmente investido no cargo e no exercício das funções respectivas. É também imprescindível seja ele insuspeito, para que seu atuar não contrarie o *princípio da imparcialidade do juiz*,[11] pois, como enfatizou CARNELUTTI, "la imparzialità del giudice è una garanzia imprescindibile della giustizia del giudizio".[12]

A suspeição pode recair sobre qualquer magistrado, em qualquer grau de jurisdição. Alcança, portanto, Juiz, Desembargador e Ministro.

Atento a essa necessidade, dispõe o art. 254 do CPP, em rol taxativo,[13] que o juiz deverá dar-se por suspeito, e, se não o fizer, poderá ser arguida exceção de suspeição, por qualquer das partes, nas seguintes hipóteses:

---

11. Sobre o princípio da imparcialidade, consultar: WERNER GOLDSCHMIDT, La imparcialidad como principio basico del proceso, *Revista de Derecho Procesal*, n. 2, 1950. "(...) uma das mais importantes características do sistema acusatório e, consequentemente, do processo penal" (STJ, HC 140.616/SP, 5ª T., rel. Min. Marco Aurélio Bellizze, j. 6-9-2012, *DJe* de 17-9-2012). "A arguição de suspeição do juiz é destinada à tutela de uma característica inerente à jurisdição, que é a sua imparcialidade, sem a qual se configura a ofensa ao devido processo legal" (STJ, HC 172.819/MG, 5ª T., rel. Min. Jorge Mussi, j. 28-2-2012, *DJe* de 16-4-2012). *No mesmo sentido*: STJ, HC 146.796/SP, 5ª T., rel. Min. Arnaldo Esteves Lima, j. 4-3-2010, *DJe* de 8-3-2010.

"São inaceitáveis os comportamentos em que se vislumbra resistência ou inconformismo do magistrado, quando contrariado por decisão de instância superior. Atua com inequívoco desserviço e desrespeito ao sistema jurisdicional e ao Estado de Direito o juiz que se irroga de autoridade ímpar, absolutista, acima da própria Justiça, conduzindo o processo ao seu livre-arbítrio, bradando sua independência funcional. Revelam-se abusivas as reiterações de prisões desconstituídas por instâncias superiores e as medidas excessivas tomadas para sua efetivação, principalmente o monitoramento dos patronos da defesa, sendo passíveis inclusive de sanção administrativa. (...) O conjunto de atos abusivos, no entanto, ainda que desfavorável ao paciente e devidamente desconstituído pelas instâncias superiores, não implica, necessariamente, parcialidade do magistrado. No caso, as decisões judiciais foram passíveis de controle e efetivamente revogadas, nas balizas do sistema. Apesar de censuráveis, elas não revelam interesse do juiz ou sua inimizade com a parte, não sendo hábeis para afastar o magistrado do processo. Ordem conhecida e denegada" (STF, HC 95.518/PR, 2ª T., rel. Min. Eros Grau, rel. p/ o Acórdão Min. Gilmar Mendes, j. 28-5-2013, *DJe* n. 54, de 19-3-2014).

12. FRANCESCO CARNELUTTI, *Principi del processo penale*, Napoli, Morano Editore, 1960, p. 41.

13. "As hipóteses que as caracterizam acham-se enumeradas, de modo exaustivo, na legislação processual penal. Trata-se de *numerus clausus*, que decorre da própria taxatividade do rol consubstanciado

I – se for amigo íntimo ou inimigo capital de qualquer deles;

II – se ele, seu cônjuge, ascendente ou descendente, estiver respondendo a processo por fato análogo, sobre cujo caráter criminoso haja controvérsia;

III – se ele, seu cônjuge, ou parente, consanguíneo, ou afim, até o terceiro grau, inclusive, sustentar demanda ou responder a processo que tenha de ser julgado por qualquer das partes;

IV – se tiver aconselhado qualquer das partes;

V – se for credor ou devedor, tutor ou curador, de qualquer das partes;

VI – se for sócio, acionista ou administrador de sociedade interessada no processo.

Tourinho Filho lembra ser cabível a declaração de suspeição *ex officio* em razão de foro íntimo, e fundamenta seu convencimento no art. 145, § 1º, do CPC/2015, combinado com o art. 3º do CPP,[14] para tanto, deverá o juiz declarar-se suspeito no processo respectivo, sem consignar as razões propriamente ditas, que deverão ser enviadas, por escrito, ao Conselho Superior da Magistratura para conhecimento.

A suspeição decorrente de parentesco por afinidade cessará pela dissolução do casamento que lhe tiver dado causa, salvo sobrevindo descendentes; mas, ainda que dissolvido o casamento sem descendentes, não funcionará como juiz o sogro, o padrasto, o cunhado, o genro ou enteado de quem for parte no processo.[15]

A suspeição não poderá ser declarada nem reconhecida, quando a parte injuriar o juiz ou de propósito der motivo para criá-la.[16]

---

nas normas legais referidas" (STF, HC 68.784/DF, 1ª T., rel. Min. Celso de Mello, j. 1º-10-1991, *DJe* de 26-3-1993). *No mesmo sentido*: STF, ARE 813.030 AgR/SP, 1ª T., rel. Min. Roberto Barroso, j. 9-9-2016, *DJe* n. 208, de 29-9-2016; STF, RHC 131.735/DF, 2ª T., rel. Min. Cármen Lúcia, j. 3-5-2016, *DJe* n. 100, de 17-5-2016; STJ, HC 55.884/BA, 5ª T., rel. Min. Arnaldo Esteves Lima, j. 17-4-2008, *DJe* de 4-8-2008; STJ, HC 319.280/SC, 6ª T., rel. Min. Maria Thereza de Assis Moura, j. 23-6-2015, *DJe* de 3-8-2015. *Em sentido contrário*, entendendo que o rol é exemplificativo: "As causas de suspeição previstas no art. 254 do Código de Processo Penal não se referem às situações em que o magistrado está impossibilitado de exercer a jurisdição, relacionando-se, por outro lado, aos casos em que o togado perde a imparcialidade para apreciar determinada causa, motivo pelo qual doutrina e jurisprudência majoritárias têm entendido que o rol contido no mencionado dispositivo legal é meramente exemplificativo" (STJ, HC 172.819/MG, 5ª T., rel. Min. Jorge Mussi, j. 28-2-2012, *DJe* de 16-4-2012). "Embora se afirme que a enumeração do art. 254, do Código de Processo Penal, seja taxativa, a imparcialidade do julgador é tão indispensável ao exercício da jurisdição que se deve admitir a interpretação extensiva e o emprego da analogia diante dos termos previstos no art. 3º do Código de Processo Penal" (STJ, REsp 245.629/SP, 6ª T., rel. Min. Vicente Leal, j. 11-9-2001, *DJe* de 1º-10-2001). Nessa mesma linha de pensamento: STJ, RHC 57.488/RS, 5ª T., rel. Min. Ribeiro Dantas, j. 7-6-2016, *DJe* de 17-6-2016; STJ, AgRg no AREsp 928.838/SP, 5ª T., rel. Min. Reynaldo Soares da Fonseca, j. 16-8-2016, *DJe* de 26-8-2016.

14. Fernando da Costa Tourinho Filho, *Manual de processo penal*, 17. ed., São Paulo, Saraiva, 2017, p. 452.

15. Art. 255 do CPP.

16. Cf. art. 256 do CPP. "Em direito processual, é vedado às partes a adoção de comportamentos contraditórios (*nemo venire contra factum proprium*)" (STJ, HC 206.706/RR, 6ª T., rel. Min. Og Fernandes, j. 27-9-2011, *DJe* de 21-3-2012).

Não se presume suspeição, cumprindo seja demonstrada, de forma concreta, por meio de documentos, fatos e circunstâncias plausíveis.[17]

Conforme o entendimento sedimentado no Supremo Tribunal Federal: "Decisão judicial em que se justifique a escolha de uma interpretação possível não é apta, por si só, a gerar a suspeição de seu prolator, e sua revisão pelas instâncias superiores não significa que o magistrado tenha atuado de forma direcionada a prejudicar o recorrente. Com efeito, 'não se pode considerar um Magistrado suspeito por decidir de acordo com tese jurídica que considera correta, pois se estaria atingindo o exercício da atividade jurisdicional' (RHC n. 127.256/SP-AgR, 2ª T., rel. Min. Gilmar Mendes, *DJe* de 10-3-2016). Outrossim, a quebra do dever de imparcialidade não se confunde com decisão contrária aos interesses do réu".[18]

"Sendo do excipiente o ônus de produção da prova, ela, quando apresentada, deve ser confrontada com os argumentos do excepto, possibilitando ao julgador aferir sua veracidade e o contexto fático no qual foi gerada".[19]

"Para ser acolhida, deve restar sobejamente demonstrada pelo excipiente, com apoio em elementos de persuasão indene de dúvidas".[20]

Para a arguição de suspeição de integrante de tribunal, recomenda-se consultar o Regimento Interno da Corte a que pertença o magistrado excepto.

3.1.1.1. Oportunidades, modalidades e legitimidade

Diz o art. 96 do CPP que a arguição de suspeição precederá a qualquer outra,[21] salvo quando fundada em motivo superveniente.

A razão da urgência e precedência da suspeição reside no fato de que, sendo suspeito o juiz, os atos que praticar no processo serão nulos, por isso a necessidade de arguição e declaração já no primeiro momento em que se fizer possível. Mesmo a análise de outras exceções só poderá ser feita validamente por juiz que não seja suspeito, daí por que, sendo cabíveis duas ou mais, a de suspeição deve preceder às outras.

A declaração de suspeição pode decorrer de (*1*) abstenção ou reconhecimento *ex officio* ou (2) do acolhimento de exceção arguida pelo réu.

1) **Abstenção ou declaração *ex officio***: Após o oferecimento da denúncia ou queixa, logo que receber os autos respectivos o juiz deverá analisar se estão presentes

17. STF, HC 84.023/MG, 1ª T., rel. Min. Gilmar Mendes, j. 17-4-2007, *DJe* de 10-8-2007. *No mesmo sentido:* STJ, HC 55.884/BA, 5ª T., rel. Min. Arnaldo Esteves Lima, j. 17-4-2008, *DJe* de 4-8-2008.

18. STF, RHC 131.544/PR, 2ª T., rel. Min. Dias Toffoli, j. 21-6-2016, *DJe* n. 159, de 1º-8-2016.

19. STJ, HC 146.796/SP, 5ª T., rel. Min. Arnaldo Esteves Lima, j. 4-3-2010, *DJe* de 8-3-2010.

20. STJ, HC 146.796/SP, 5ª T., rel. Min. Arnaldo Esteves Lima, j. 4-3-2010, *DJe* de 8-3-2010.

21. "A presunção de parcialidade nas hipóteses de suspeição é relativa, pelo que cumpre ao interessado argui-la na primeira oportunidade, sob pena de preclusão" (STF, HC 107.780/BA, 1ª T., rel. Min. Cármen Lúcia, j. 13-9-2011, *DJe* de 5-10-2011).

quaisquer das situações listadas no art. 254 do CPP, e, sendo caso, deverá dar-se por suspeito *ex officio*, independentemente de qualquer requerimento nesse sentido, pois a existência de *judex suspectus* afeta substancialmente a relação processual.[22] Nestes casos, sintetizou FENECH, o juiz "se excluye espontáneamente".[23]

TORNAGHI destacou o *caráter declinatório da exceção* ao enfatizar que "a recusa do juiz é feita a ele próprio para que decline, para que se abstenha, e não a outro para que o iniba. Por isso a exceção entra no rol das declinatórias".[24]

O juiz que espontaneamente afirmar suspeição deverá fazê-lo por escrito, declarando o motivo legal (salvo quando fundada em razões de foro íntimo), e, em seguida, deverá determinar a remessa imediata dos autos ao seu substituto, bem como a intimação das partes a respeito de sua decisão (CPP, art. 97), que não comporta qualquer tipo de recurso, mas pode ser atacada mediante correição parcial, quando evidenciar *injustificado tumulto* na tramitação do feito.

2) **Exceção de suspeição:** Se, por iniciativa própria, o magistrado não se declarar suspeito, caberá ao interessado arguir a suspeição na primeira oportunidade em que se manifestar no processo, sob pena de preclusão.[25]

Nos procedimentos ordinário e sumário (CPP, art. 394, § 1º, I e II), oferecida a denúncia ou queixa, o juiz, se não a rejeitar liminarmente (CPP, art. 395, I, II e III),[26] recebê-la-á e ordenará a citação do acusado para responder à acusação, por escrito, no prazo de 10 (dez) dias.

Na resposta, o acusado poderá arguir preliminares e alegar tudo o que interesse à sua defesa, oferecer documentos e justificações, especificar as provas pretendidas e arrolar testemunhas, qualificando-as e requerendo sua intimação, quando necessário.[27]

É no momento da resposta escrita, portanto, que o acusado deve arguir eventual exceção, dentre elas a de suspeição, salvo se tal decorrer de motivo superveniente. Por óbvio que o referido incidente poderá ser instaurado em momento posterior a esses atos processuais se o fato determinante só vier a lume em ocasião futura.[28] É o

---

22. JOSÉ FREDERICO MARQUES, *Elementos de direito processual penal*, Rio de Janeiro, Forense, v. II, p. 406.

23. MIGUEL FENECH, *Derecho procesal penal*, 3. ed., Madrid-Barcelona, Editorial Labor, 1960, v. 1, p. 242.

24. HÉLIO TORNAGHI, *Instituições de processo penal*, v. 1, p. 437.

25. "Sob pena de preclusão, há de ser arguida a impossibilidade de participação do magistrado na primeira oportunidade que a parte tiver para falar no processo" (STF, HC 126.104/RS, 1ª T., rel. Min. Marco Aurélio, j. 31-5-2016, *DJe* n. 196, de 14-9-2016). *No mesmo sentido*: STJ, HC 55.703/ES, 6ª T., rel. Min. Og Fernandes, j. 20-10-2011, *DJe* de 28-11-2011.

26. Art. 395 do CPP: "A denúncia ou queixa será rejeitada quando: I – for manifestamente inepta; II – faltar pressuposto processual ou condição para o exercício da ação penal; ou III – faltar justa causa para o exercício da ação penal".

27. Art. 396-A do CPP.

28. STJ, HC 55.703/ES, 6ª T., rel. Min. Og Fernandes, j. 20-10-2011, *DJe* de 28-11-2011.

que ocorre, por exemplo, na hipótese em que o juízo das garantias não é suspeito, mas recai sobre o juiz da instrução alguma situação que legitime a suspeição.

Ao contrário do que pode sugerir uma leitura desatenta, a exceção de suspeição pode ser arguida pelo acusado; pelo querelado; pelo querelante; pelo Ministério Público e pelo assistente da acusação.

Em relação à iniciativa do querelante e do Ministério Público, cabe observar que, se a suspeição do magistrado for conhecida previamente, deverá proceder à arguição respectiva no momento em que oferecer a inicial acusatória, separadamente.

Quanto ao assistente da acusação, muito embora o art. 271 do CPP não faça referência expressa a tal legitimação, é adequado entender que tem interesse jurídico em perseguir prestação jurisdicional que advenha de juiz insuspeito. Não tem sentido admitir sua atuação no processo – *ainda que* com o fim específico de alcançar a reparação dos danos suportados com a conduta delitiva[29] – e negar-lhe tal direito.

Não bastasse, incide aqui interesse público superior a reclamar prestação jurisdicional isenta, como determina o princípio da imparcialidade do juiz.

3.1.1.2. Forma, juiz competente, processamento e ataque recursal

Quando qualquer das partes pretender recusar o juiz por suspeição, deverá fazê-lo em petição assinada por ela própria ou por procurador com poderes especiais,[30] aduzindo as suas razões acompanhadas de prova documental ou do rol de testemunhas.[31]

Na falta de disposição expressa, poderão ser arroladas até três testemunhas para cada fato que se pretenda provar (art. 357, § 6º, do CPC/2015, c.c. o art. 3º do CPP).

A exceção de suspeição é "dirigida diretamente contra a pessoa, e não contra o Órgão",[32] e deve ser examinada por meio de procedimento próprio, perante o Juiz inquinado de suspeito.[33]

Arguida, será processada em apartado, nos termos dos arts. 95 a 111 do CPP, o mesmo ocorrendo em relação aos processos de competência do Tribunal do Júri (CPP, art. 407) ou qualquer outro que, não disponha de regra específica.

---

29. Não é essa a única razão justificadora da intervenção do *assistente* no processo penal. Sobre a matéria, conferir o capítulo destinado ao estudo dos "Sujeitos processuais".

30. "A exceção subscrita, também pela parte, dispensa a procuração com poderes especiais (art. 98 do CPP)" (STJ, REsp 446.011/SP, 5ª T., rel. Min. Felix Fischer, j. 10-12-2002, *DJ* de 10-3-2003, p. 295).

31. Art. 98 do CPP. STJ, HC 126.643/PB, 5ª T., rel. Min. Laurita Vaz, j. 15-12-2011, *DJe* de 2-2-2012.

32. STJ, REsp 170.137/MT, 5ª T., rel. Min. Gilson Dipp, j. 28-5-2002, *DJe* de 1º-7-2002. A suspeição é contra o juiz, e não contra a Vara.

33. STJ, HC 93.485/SP, 6ª T., rel. Min. Jane Silva, j. 7-8-2008, *DJe* de 25-8-2008.

Há quem entenda[34] que, na hipótese de ser o defensor dativo – nomeado pelo juiz ao hipossuficiente – por não dispor de procuração outorgada pelo acusado, não poderá arguir exceção de suspeição, podendo fazê-lo, apenas, mediante petição assinada conjuntamente pelo acusado.

Com a devida *venia*, não nos parece adequado o exagerado apego à literalidade do texto legal.

Para tanto, imagine-se processo em que o acusado citado pessoalmente se faz revel e vai para lugar incerto e não sabido. Afigura-se-nos atentatório aos princípios da ampla defesa e da imparcialidade do juiz entender que neste caso, por não dispor de procuração com poderes especiais e não poder contar com a assinatura do acusado, o defensor nomeado não poderá arguir exceção de suspeição.

Seja como for, arguida, o juiz excepto terá duas opções:

1ª) *Se reconhecer a suspeição*: sustará a marcha do processo, mandará juntar aos autos a petição do excipiente com os documentos que a instruam, e por despacho se declarará suspeito, ordenando a remessa dos autos ao substituto.[35]

Não cabe recurso contra tal decisão, conforme decorre do art. 581, III, do CPP.[36]

A definição a respeito de quem será o *substituto* que receberá os autos deve levar em conta as disposições contidas na Lei de Organização Judiciária aplicável na espécie ou, na ausência de lei ou se houver lacuna, o que estiver determinado em Provimento ou Resolução que trate da matéria.

O magistrado que receber os autos enviados por determinação do excepto poderá concordar, ou não, com a decisão proferida. Na primeira hipótese, assumirá a direção do processo, e seguirá conforme o princípio do impulso oficial etc. Na segunda, deverá suscitar conflito negativo de competência, ou determinar a remessa dos autos a outro juízo que entender competente, e, se houver recusa deste, deverá ser suscitado conflito negativo de competência, sempre pelo juízo que receber os autos.

2ª) *Não aceitando a suspeição*: mandará tramitar em apartado a petição, dará sua resposta dentro em três dias, podendo instruí-la e oferecer testemunhas, e, em seguida, determinará sejam os autos da exceção remetidos, dentro em vinte e quatro horas, ao tribunal a que competir o julgamento.[37]

---

34. Nesse sentido: FERNANDO CAPEZ, *Curso de processo penal*, 24. ed., São Paulo, Saraiva, 2017, p. 488.

35. Art. 99 do CPP.

36. "Não há prejuízo para o réu por não ter sido intimado da decisão irrecorrível" (STF, HC 66.157/RS, 2ª T., rel. Min. Francisco Rezek, j. 9-8-1988, *DJe* de 26-8-1988).

37. Art. 100 do CPP. Embora o art. 100 do CPP se refira ao "juiz ou tribunal", conforme lembra FERNANDO DA COSTA TOURINHO FILHO, "Como o CPP é de 1942, àquela época havia juízes hierarquicamente inferiores aos Juízes de Direito. Eram os Juízes Preparadores ou Pretores. A suspeição deles era julgada pelo Juiz da comarca" (*Manual de processo penal*, p. 455).

No Estado de São Paulo, a Câmara Especial é o órgão competente para julgar a exceção, que será distribuída a um de seus integrantes, que irá funcionar como relator.

Em sede de *juízo de prelibação*, avalia-se inicialmente a *relevância da arguição*, ou seja: se ela está lastreada em qualquer dos motivos listados no art. 254.[38]

Se entender de manifesta improcedência, o relator poderá rejeitá-la liminarmente.[39] Caso contrário, o juiz ou tribunal determinará a intimação das partes e designará dia e hora para a inquirição de testemunhas,[40] sendo caso, seguindo-se, sem outras manifestações dos interessados, com o julgamento de procedência ou improcedência.

Julgada procedente a suspeição, ficarão nulos os atos do processo principal, desde o instante em que incidiu o motivo da suspeição,[41] pagando o juiz as custas, no caso de erro inescusável; rejeitada, evidenciando-se a malícia do excipiente, a este será imposta a multa, cujo valor não se pode dizer, visto que totalmente desatualizada a unidade monetária indicada no art. 101 do CPP.

No tocante ao alcance da nulidade, é necessário destacar que somente a *suspeição originária*, assim compreendida aquela existente desde o início, é que fulmina todo o processo. Na *suspeição superveniente* são nulos apenas os atos processuais que lhe são posteriores,[42] pois não opera retroativamente.[43]

Em regra, a arguição de suspeição não suspende o curso do processo principal,[44] salvo quando a parte contrária reconhecer sua procedência, situação em que poderá ser sustado, a seu requerimento, até que se julgue o incidente de suspeição.[45]

---

38. Hélio Tornaghi, *Instituições de processo penal*, v. 1, p. 439.

39. "Não indicado pelo excipiente qualquer das hipóteses de impedimento ou suspeição elencadas nos arts. 252 e 254 do CPP capaz de fundamentar a arguição, e inexistindo prova documental ou requerimento de oitiva de testemunhas capaz de comprovar o fato alegado, impõe-se a rejeição liminar da exceção, por inépcia" (STJ, AgRg na ExImp 7/SP, Corte Especial, rel. Min. Francisco Peçanha Martins, j. 7-2-2007, *DJe* de 5-3-2007).

40. STJ, HC 55.886/RJ, 5ª T., rel. Min. Laurita Vaz, j. 20-11-2007, *DJe* de 17-12-2007.

41. Arts. 101 e 564, I, do CPP.

42. "A suspeição por foro íntimo, em razão de causa superveniente à instauração da ação penal, não gera a nulidade dos atos processuais precedentes, sendo desnecessário que o magistrado decline os motivos que o levaram a assim se declarar. À míngua de qualquer nulidade, se a suspeição exsurge no decorrer do procedimento, os atos até então praticados devem ser tidos como válidos" (STJ, HC 95.311/AM, 5ª T., rel. Min. Jorge Mussi, j. 28-4-2009, *DJe* de 25-5-2009).

43. STJ, HC 48.889/RS, 5ª T., rel. Min. Felix Fischer, j. 6-6-2006, *DJe* de 14-8-2006.

44. "Não há obrigatoriedade da suspensão do processo devido à simples arguição da suspeição do juiz no âmbito do Código de Processo Penal" (STF, HC 92.440/MT, 2ª T., rel. Min. Ellen Gracie, j. 26-8-2008, *DJe* de 12-9-2008).

45. Art. 102 do CPP.

O processamento de exceção arguida contra membro de Tribunal Superior segue o disposto no art. 103 do CPP, sendo prudente a consulta a eventuais regras específicas dispostas no Regimento Interno da Casa. Por Tribunal Superior entenda-se: Supremo Tribunal Federal; Superior Tribunal de Justiça; Tribunal Superior Eleitoral; Superior Tribunal Militar; os Tribunais de Justiça dos Estados e do Distrito Federal; Tribunais Regionais Eleitorais e Tribunais Regionais Federais.

Embora não seja possível excluir aprioristicamente a possibilidade de se reconhecer a suspeição em sede de *habeas corpus*,[46] quando demonstrada de plano, sem necessidade de outras provas, em regra tal remédio jurídico não é cabível para a finalidade apontada, pois não comporta qualquer dilação probatória.[47]

3.1.1.3. Exceção de suspeição contra membro do Ministério Público

O membro do Ministério Público – Promotor de Justiça; Procurador de Justiça ou Procurador da República –, sendo caso, deve declarar-se suspeito, abstendo-se de atuar em determinado processo.

Se não o fizer, será cabível sua recusa mediante exceção de suspeição, tal como autorizado no art. 104 do CPP.[48]

Na dicção do art. 258 do CPP: "Os órgãos do Ministério Público não funcionarão nos processos em que o juiz ou qualquer das partes for seu cônjuge, ou parente, consanguíneo ou afim, em linha reta ou colateral, até o terceiro grau, inclusive, e a eles se estendem, no que lhes for aplicável, as prescrições relativas à suspeição e aos impedimentos dos juízes".

Verificada qualquer das situações indicadas, deverá o representante do *Parquet*, por iniciativa própria (*ex officio*), declarar-se suspeito e providenciar a remessa dos autos ao seu substituto automático (conforme tabela de substituição existente em

---

46. "Em que pese ser possível, embora pouco provável, ocorrerem hipóteses nas quais a parcialidade do magistrado se revela ostensiva, viabilizando, desde logo, a utilização desta via, para afastar o constrangimento" (STJ, HC 146.796/SP, 5ª T., rel. Min. Arnaldo Esteves Lima, j. 4-3-2010, *DJe* de 8-3-2010). "A alegação de suspeição ou impedimento de magistrado pode ser examinada em sede de *habeas corpus* quando independente de dilação probatória. É possível verificar se o conjunto de decisões tomadas revela atuação parcial do magistrado neste *habeas corpus*, sem necessidade de produção de provas, o que inviabilizaria o *writ*" (STF, HC 95.518/PR, 2ª T., rel. Min. Eros Grau, rel. p/ o Acórdão Min. Gilmar Mendes, j. 28-5-2013, *DJe* n. 54, de 19-3-2014).

47. STJ, RHC 17.949/MG, 5ª T., rel. Min. Gilson Dipp, j. 18-8-2005, *DJe* de 19-9-2005; STJ, HC 83.510/PE, 5ª T., rel. Min. Jane Silva, j. 20-11-2007, *DJe* de 10-12-2007.

48. "Há precedente desta Suprema Corte, no qual, explicitamente, indica-se que não há impedimento na atuação sucessiva de cônjuges promotores de justiça, no curso do mesmo processo (HC n. 77.959/PB, 1ª T., rel. Min. Octávio Gallotti, *DJ* de 21-5-1999)" (STF, ES 5/RJ, Tribunal Pleno, rel. Min. Marco Aurélio, rel. p/ Acórdão Min. Menezes Direito, j. 3-4-2008, *DJe* de 19-6-2008).

cada Ministério Público), mas, se assim não proceder, poderá ser recusado mediante formal arguição.

Já decidiu o Superior Tribunal de Justiça que: "O exercício das nobres funções do Ministério Público, assim como o exercício da jurisdição, exige postura de absoluta imparcialidade e isenção, não podendo ser exercida sob o calor de interesses ou sentimentos pessoais. Sob a inspiração desse valor jurídico, a lei confere especial relevo ao incidente de suspeição, que se adequadamente arguido, com pedido de produção de provas, deve ser regularmente processado, nos termos do art. 100, do CPP, não podendo ser liminarmente indeferido".[49]

Recebida a exceção, que deverá ser feita em petição fundamentada e não suspenderá a marcha do processo principal, o magistrado, em obediência ao princípio do contraditório, determinará a intimação do excepto a fim de que se manifeste.

Se entender necessária, o juiz[50] permitirá a produção de provas em 3 (três) dias, após o que decidirá.

A decisão que julgar a *exceção de suspeição* não está sujeita a qualquer tipo de recurso,[51] da mesma maneira que a *abstenção* (reconhecimento da suspeição *ex officio*) também é irrecorrível.

Por falta de disposição expressa a respeito, não são nulos os atos praticados por membro do Ministério Público considerado suspeito.[52]

A jurisprudência do Supremo Tribunal Federal é no sentido de que a participação de membro do Ministério Público na fase investigativa não acarreta o seu impedimento ou suspeição para o oferecimento da denúncia.[53] "O simples fato de ter

---

49. STJ, HC 11.745/TO, 6ª T., rel. Min. Vicente Leal, j. 27-6-2000, *DJe* de 4-3-2002.

50. "À luz do art. 104 do CPP, é do juiz de primeira instância a competência para processar e julgar exceção de impedimento ou suspeição de promotor de justiça, a quem cabe, inclusive, decidir sobre a realização ou não de diligências solicitadas nesse incidente processual, podendo indeferir as que entender irrelevantes, impertinentes ou protelatórias (CPP, art. 400, § 1º), sem que tanto configure cerceamento de defesa" (STF, HC 85.011/RS, 1ª T., rel. Min. Luiz Fux, rel. p/ o Acórdão Min. Teori Zavascki, j. 26-5-2015, *DJe* n. 119, de 22-6-2015).

51. STJ, RMS 19.984/MG, 5ª T., rel. Min. José Arnaldo da Fonseca, j. 8-11-2005, *DJe* de 5-12-2005; STJ, HC 38.707/PE, 5ª T., rel. Min. Arnaldo Esteves Lima, j. 15-3-2005, *DJe* de 9-5-2005.

52. "A declaração de suspeição de membro do Ministério Público não tem o poder de anular os atos já praticados, inclusive, a denúncia" (STJ, REsp 170.137/MT, 5ª T., rel. Min. Gilson Dipp, j. 28-5-2002, *DJe* de 1º-7-2002). *Em sentido contrário*, por entender que há nulidade relativa: "A suspeição do órgão do Ministério Público implica em nulidade relativa, passível de preclusão, porquanto só a suspeição do Juiz implica em nulidade absoluta (CPP, art. 564, I)" (STF, HC 77.930/MG, 2ª T., rel. Min. Maurício Corrêa, j. 9-2-1999, *DJe* de 9-4-1999). *No mesmo sentido*: STJ, HC 12.145/SP, 6ª T., rel. Min. Hamilton Carvalhido, j. 7-11-2000, *DJe* de 19-2-2001.

53. "A jurisprudência do STF é no sentido de que a participação de membro do Ministério Público na fase investigatória não acarreta, por si só, seu impedimento ou sua suspeição para o oferecimento da denúncia, e nem poderia ser diferente à luz da tese firmada pelo Plenário, mormente por

atuado na fase investigatória não induz ao impedimento ou à suspeição do promotor de Justiça, pois tal atividade é inerente às funções institucionais do membro do Ministério Público."[54]

Nessa mesma linha, por fim, dispõe a Súmula 234 do STJ que: "A participação de membro do Ministério Público na fase investigatória criminal não acarreta o seu impedimento ou suspeição para o oferecimento da denúncia".[55]

3.1.1.4. Exceção de suspeição contra perito; intérpretes, serventuários ou funcionários da justiça

As partes poderão também arguir de suspeitos os peritos, os intérpretes e os serventuários ou funcionários de justiça, decidindo o juiz de plano e sem recurso, à vista da matéria alegada e prova imediata.[56]

É extensivo aos peritos, no que lhes for aplicável, o disposto sobre suspeição dos juízes,[57] e os intérpretes são, para todos os efeitos, equiparados aos peritos.[58]

Quanto ao mais, como observa NUCCI, "embora disponha o art. 274 do CPP que o aplicável sobre a suspeição de juízes deve ser estendido aos serventuários e funcionários da justiça, no que for compatível, parece-nos exagerada tal disciplina. Não tomam eles nenhuma providência decisória, nem são auxiliares do juiz para decidir a causa. Não promovem a ação penal, nem a fiscalizam. Logo, ainda que um escrevente seja amigo íntimo ou inimigo capital do réu, por exemplo, nenhum prejuízo daí poderia advir".[59]

3.1.1.5. Exceção de suspeição contra jurado

Nos processos de competência do Tribunal do Júri, o jurado sorteado pode dar-se por suspeito, e, se assim não proceder, sua suspeição deverá ser arguida oralmente, após seja sorteado para compor o Conselho de Sentença (CPP, art. 468), sob pena de preclusão,[60] decidindo de plano o juiz-presidente, que a rejeitará se,

---

ser ele o *dominus litis* e sua atuação estar voltada exatamente à formação de sua convicção" (STF, HC 85.011/RS, 1ª T., rel. Min. Luiz Fux, rel. p/ o Acórdão Min. Teori Zavascki, j. 26-5-2015, *DJe* n. 119, de 22-6-2015).

54. STF, HC 86.346/SP, 2ª T., rel. Min. Joaquim Barbosa, j. 18-4-2006, *DJe* de 2-2-2007.

55. STJ, HC 38.087/SP, 5ª T., rel. Min. Arnaldo Esteves Lima, j. 12-4-2005, *DJe* de 20-6-2005.

56. Art. 105 do CPP.

57. Art. 280 do CPP.

58. Art. 281 do CPP.

59. GUILHERME DE SOUZA NUCCI, *Manual de processo e execução penal*, 14. ed., Rio de Janeiro, Forense, 2017, p. 298.

60. "Segundo o art. 571, VIII, da Lei Processual Penal, a ausência de protesto acerca da suspeição ou impedimento de jurados no momento oportuno, qual seja, durante a sessão de julgamento, acarreta preclusão" (STJ, HC 167.133/SC, 5ª T., rel. Min. Jorge Mussi, j. 27-9-2011, *DJe* de 28-10-2011).

negada pelo recusado, não for imediatamente provada, fazendo constar da ata (CPP, art. 106) do julgamento.

"É incontroverso que as causas de impedimento ou de suspeição dos juízes togados são aplicáveis aos jurados, juízes leigos, que igualmente decidem 'de fato', nas deliberações do Júri".[61]

Aplicam-se-lhes, portanto, as diretrizes *gerais* do art. 254 do CPP, além daquelas *específicas* dispostas nos arts. 448 e 449 do mesmo Estatuto.

Embora devam ser opostas no mesmo momento, não se deve confundir *recusa peremptória* com *suspeição de jurado*.

As recusas peremptórias são imotivadas e até o máximo de 3 (três) para cada parte (defesa e Ministério Público), tal como disciplinado no art. 468 do CPP.

A exceção de suspeição deve ser motivada e provada, podendo alcançar quantos forem os jurados suspeitos.

3.1.1.6. Exceção de suspeição contra delegado de polícia

É incabível, por disposição expressa.

Diz o art. 107 do CPP que: "Não se poderá opor suspeição às autoridades policiais nos atos do inquérito, mas deverão elas declarar-se suspeitas, quando ocorrer motivo legal".

As causas de suspeição que justificam a abstenção *ex officio* são aquelas listadas no art. 254 do CPP.

Cabe a *abstenção* (declaração *ex officio* da suspeição), mas não a exceção.

Causa estranheza o fato de o legislador ter reconhecido e externado a possibilidade de suspeição do Delegado de Polícia, mas impedido seja arguida mediante exceção.

É evidente que a autoridade suspeita – que nem sempre terá a nobre iniciativa de reconhecer tal situação jurídica, caso se encontre imbuída de intenções menos louváveis e inconfessáveis – poderá conduzir a investigação em benefício ou total prejuízo do investigado, com inegável dano à busca da verdade e à própria Justiça, que, ao final, poderá não ser alcançada em razão da maneira como fora conduzida a colheita das provas na fase inicial da persecução.

Vedada a arguição em juízo, caso a autoridade policial não se abstenha de presidir o inquérito, poderá o interessado expor seu descontentamento em petição fundamentada, que deverá ser dirigida ao Delegado-Geral de Polícia (ou outro superior hierárquico conforme a organização do Estado), a fim de que a situação seja avaliada e eventualmente determinado o afastamento, por decisão administrativa, sem prejuízo da análise que se deverá fazer sob a ótica de eventual crime de prevaricação (CP, art. 319).

---

61. STJ, REsp 245.629/SP, 6ª T., rel. Min. Vicente Leal, j. 11-9-2001, *DJe* de 1º-10-2001.

Necessário destacar, por fim, que "a jurisprudência do Supremo Tribunal Federal estabelece que a suspeição de autoridade policial não é motivo de nulidade do processo, pois o inquérito é mera peça informativa, de que se serve o Ministério Público para o início da ação penal".[62]

3.1.1.7. Convalidação da nulidade que decorre da suspeição

Se a parte legitimada não arguir a exceção no primeiro momento em que se pronunciar nos autos, após a identificação do fundamento que sirva de base para a suspeição preexistente ou superveniente, haverá *preclusão*, ficando afastada a possibilidade de arguir nulidade sob tal fundamento, porquanto convalidados os atos praticados pelo magistrado suspeito.

3.1.2. Exceção de incompetência do juízo

É modalidade de exceção dilatória denominada *declinatoria fori*, regulada nos arts. 108 e 109 do CPP.

Decorre do princípio do juiz natural, de estatura constitucional (CF, art. 5º, LIII), que, embora investido de poder jurisdicional, não cabe a qualquer magistrado exercer o poder-dever de julgar sem observar os critérios de delimitação de competência fixados na Constituição Federal e em lei processual penal. Essa matéria, aliás, já foi amplamente analisada no capítulo em que tratamos do tema *competência*.

Somente o juízo competente está habilitado a conduzir e julgar o processo, daí por que não se encontrar a parte obrigada a aceitar que juízo incompetente atue frente ao caso. O direito de ser julgado pelo juiz natural é um direito individual indisponível.[63] A violação à regra de competência absoluta torna nulo o processo (CPP, art. 564, I).

Necessário destacar, nesse passo, que, ao contrário do que se verifica com a suspeição, a incompetência é do juízo ou Vara, e não do juiz, pessoalmente.

Diz-se que o juízo é incompetente – observou TORNAGHI – "quando, de acordo com os critérios legais, não lhe cabe conhecer do feito, no todo ou em parte. Para afirmar a incompetência é preciso verificar se não ocorre: atribuição originária de competência; derrogação da regra geral pela vontade do querelante; prorrogação; atribuição derivada de competência".[64]

3.1.2.1. Reconhecimento *ex officio*, legitimidade, arguição, processamento, decisão judicial e ataque recursal

Assim como ocorre na suspeição, se o juiz verificar de pronto sua incompetência para o processo – seja ela *relativa* ou *absoluta* –, deverá declará-la *ex officio* e determinar o imediato encaminhamento dos autos ao juízo que entender competente para o caso.

---

62. STF, RHC 131.450/DF, 2ª T., rel. Min. Cármen Lúcia, j. 3-5-2016, *DJe* n. 100, de 17-5-2016.

63. STF, HC 90.305/RN, 1ª T., rel. Min. Carlos Britto, j. 20-3-2007, *DJe* de 25-5-2007.

64. HÉLIO TORNAGHI, *Instituições de processo penal*, v. 1, p. 455.

Por outro vértice, se não agir da forma anteriormente indicada, caberá ao legitimado arguir a exceção de incompetência do juízo, verbalmente ou por escrito, no prazo de defesa.[65]

Calha observar que a arguição oral pressupõe seja feita no momento em que se realizar algum ato processual, hipótese em que deverá ser reduzida a termo nos autos, caso o ato não esteja sendo submetido, pelo juízo, a documentação pelo sistema de gravação de imagem e som.

São legitimados para tanto: o réu, o querelado, o querelante, o Ministério Público e o assistente da acusação.

Em relação ao querelado ou réu, o primeiro momento para falar nos autos ocorre por ocasião da resposta preliminar tratada nos arts. 396 e 396-A do CPP, e a exceção deve ser apresentada em petição distinta, pois, conforme determina o art. 111 do CPP, "as exceções serão processadas em autos apartados", em apenso aos autos principais.

Respeitadas as opiniões adversas, não é correto afirmar que o Ministério Público e o querelante não estão legitimados a tal arguição.

Pode ocorrer, por exemplo, que após receber a denúncia o juiz das garantias, quando e onde estiver implementado,[66] providencie a remessa dos autos a determinado juiz de instrução e julgamento, e o Ministério Público argua a incompetência deste. Pode ocorrer, ainda, que após receber os autos para instrução e julgamento o juiz se declare incompetente *ex officio*, e por isso determine a remessa a outro juiz de instrução e julgamento. Não concordando com tal decisão, o Ministério Público poderá, também

---

65. Art. 108 do CPP.

66. Após a publicação da Lei n. 13.964/2019 foram ajuizadas no Supremo Tribunal Federal três ações diretas de inconstitucionalidade questionando alguns de seus dispositivos – ADI 6.298, 6.299 e 6.300 –, e no dia 15 de janeiro de 2020 o Min. Dias Toffoli concedeu medida cautelar nos autos da ADI 6.298, para, entre outras coisas: "**(i)** suspender-se a eficácia dos **arts. 3º-D, parágrafo único, e 157, § 5º**, do Código de Processo Penal, incluídos pela Lei n. 13.964/19; **(ii)** suspender-se a eficácia dos arts. 3º-B, 3º-C, 3º-D, *caput*, 3º-E e 3º-F do CPP, inseridos pela Lei n. 13.964/2019, até a efetiva implementação do juiz das garantias pelos tribunais, o que deverá ocorrer **no prazo máximo de 180 (cento e oitenta) dias, contados a partir da publicação desta decisão**; **(iii)** conferir-se interpretação conforme às normas relativas ao juiz das garantias (arts. 3º-B a 3º-F do CPP), para esclarecer que não se aplicam às seguintes situações: (a) processos de competência originária dos tribunais, os quais são regidos pela Lei n. 8.038/90; (b) processos de competência do Tribunal do Júri; (c) casos de violência doméstica e familiar; e (d) processos criminais de competência da Justiça Eleitoral".

Ainda em confronto com as inovações determinadas pela Lei n. 13.964/2019, no dia 22 de janeiro de 2020, nos autos da ADI 6.298, na condição de relator das ADIs 6.298, 6.299, 6.300 e 6305, o Min. Luiz Fux revogou a decisão monocrática constante das ADIs 6.298, 6.299, 6.300 e suspendeu *sine die* a eficácia da implantação do juiz das garantias e seus consectários (arts. 3º-A, 3º-B, 3º-C, 3º-D, 3ª-E, 3º-F, do CPP); da alteração do juiz sentenciante que conheceu de prova declarada inadmissível (art. 157, § 5º, do CPP); e concedeu a medida cautelar requerida nos autos da ADI 6.305, para suspender *sine die* a eficácia, da alteração do procedimento de arquivamento do inquérito policial (art. 28, *caput*, CPP), e da ilegalidade da prisão pela não realização da audiência de custódia no prazo de 24 horas (art. 310, § 4º, do CPP).

nesse caso, ingressar com exceção de incompetência. As observações feitas em relação à legitimação do Ministério Público também são aplicáveis ao querelante.

Quanto ao assistente, embora o art. 271 do CPP não disponha expressamente, considerando a natureza da matéria e o inegável interesse público em dar cumprimento às irradiações do princípio do juiz natural, entendemos deva ser reconhecida sua legitimação.

A incompetência do juízo é causa de nulidade do processo (CPP, art. 564, I), daí não ser recomendado apego exagerado à letra da lei quando se encontrar em jogo, como é o caso, interesse público de categoria superior.

Pois bem.

Arguida em petição autônoma, específica,[67] o juiz deverá determinar seu processamento em expediente que seguirá apenso ao processo principal. Em seguida determinará a intimação do Ministério Público para que se manifeste, caso não seja ele o excipiente, após o que decidirá o incidente (CPP, art. 108, § 1º).

Se for aceita a declinatória, o feito será remetido ao juízo considerado competente, onde prosseguirá,[68] podendo ser ratificados ou refeitos os atos anteriores (a critério do juízo competente) e necessariamente refeitos os atos decisórios considerados nulos.[69]

Se o juiz que receber o processo não concordar com a decisão, deverá suscitar *conflito negativo de competência*, matéria que será tratada mais adiante, em tópico distinto deste mesmo capítulo.

Se o juiz julgar improcedente a exceção, continuará no feito, e sua decisão a tal título é irrecorrível, à luz do disposto no art. 581, II, do CPP, expondo-se, todavia, à discussão em sede de *habeas corpus*.[70] Pode ainda a matéria ser discutida em preliminar de recurso de apelação, nesse caso, após a sentença final.

---

67. "Nos termos dos arts. 95 e 108 do CPP, a exceção de incompetência é aduzida autonomamente em petição apartada da defesa" (STJ, HC 96.063/AM, 5ª T., rel. Min. Arnaldo Esteves Lima, j. 4-2-2010, *DJe* de 8-3-2010).

68. "O ato processual de oferecimento da denúncia, praticado, em foro incompetente, por um representante, prescinde, para ser válido e eficaz, de ratificação por outro do mesmo grau funcional e do mesmo Ministério Público, apenas lotado em foro diverso e competente, porque o foi em nome da instituição, que é una e indivisível" (STF, HC 85.137/MT, 1ª T., rel. Min. Cezar Peluso, j. 13-9-2005, *DJe* de 28-10-2005).

69. STF, RHC 64.715/GO, 2ª T., rel. Min. Francisco Rezek, j. 6-2-1987, *DJe* de 20-3-1987. "A modificação superveniente de competência não importa em nulidade dos atos processuais até então praticados. Precedentes. Pelo princípio do *tempus regit actum*, são válidos os atos processuais praticados ao tempo em que o juízo de primeiro grau era competente, dentre os quais o recebimento da denúncia, prosseguindo-se a ação penal a partir da fase processual em que se encontra" (STF, AP 914 AgR/AP, 2ª T., rel. Min. Cármen Lúcia, j. 8-3-2016, *DJe* n. 57, de 30-3-2016).

70. STF, HC 75.578/RJ, 2ª T., rel. Min. Maurício Corrêa, j. 25-11-1997, *DJe* de 20-2-1998.

A decisão que conclui pela incompetência do juízo[71] comporta recurso em sentido estrito (CPP, art. 581, II).

Se a incompetência relativa (competência territorial) não for alegada em tempo oportuno, ocorrerá prorrogação de competência,[72] de maneira que, o juízo que não era, passará a ser competente.

Já decidiu o Supremo Tribunal Federal que a incompetência relativa induz a nulidade relativa, que, não arguida oportunamente, mediante exceção de incompetência de juízo, fica sanada, pela preclusão.[73]

No que diz respeito à incompetência absoluta – em razão da matéria ou por prerrogativa de função –, poderá ser reconhecida em qualquer tempo e grau de jurisdição. Ela não se sujeita à preclusão, não decorrendo, por isso mesmo, prorrogação em face de incompetência absoluta.

3.1.2.2. Teoria do juízo aparente

O art. 109 do CPP informa que a incompetência poderá ser declarada em qualquer fase do processo, sempre que o juiz reconhecer motivo que o torne incompetente, devendo consigná-lo nos autos, haja ou não alegação da parte,[74] prosseguindo-se na forma do art. 108.

Pode acontecer que, em razão da prova colhida, o juiz conclua pela existência de situação até então não aventada, apta a evidenciar sua incompetência, devendo,

---

71. "A modificação superveniente de competência não importa em nulidade dos atos processuais até então praticados. Precedentes. Pelo princípio do *tempus regit actum*, são válidos os atos processuais praticados ao tempo em que o juízo de primeiro grau era competente, dentre os quais o recebimento da denúncia, prosseguindo-se a ação penal a partir da fase processual em que se encontra" (STF, AP 914 AgR/AP, 2ª T., rel. Min. Cármen Lúcia, j. 8-3-2016, *DJe* n. 57, de 30-3-2016).

72. "As regras do princípio do Juiz Natural dizem respeito tão somente às determinações constitucionais acerca da jurisdição brasileira, e não às infraconstitucionais, como é o caso da competência territorial, não havendo, portanto, o que se falar em ofensa ao art. 5º, LIII, da CF/88 quando eventualmente inobservada essa norma. A incompetência *ratione loci* constitui nulidade relativa, dependendo de alegação oportuna, nos moldes do art. 108 do CPP. Não sendo oposta a exceção de incompetência na forma e momento processual oportunos, ocorre a preclusão, prorrogando-se, via de consequência, a competência do Juízo pela prevenção" (STJ, HC 108.869/DF, 5ª T., rel. Min. Jorge Mussi, j. 2-6-2009, *DJe* de 3-8-2009). *No mesmo sentido*: STJ, RHC 16.234/PE, 6ª T., rel. Min. Hamilton Carvalhido, j. 28-6-2007, *DJe* de 6-8-2007; STJ, HC 152.792/RJ, 5ª T., rel. Min. Marco Aurélio Bellizze, j. 1º-3-2012, *DJe* de 22-3-2012.

73. "Caso em que se discute competência *ratione loci*, cuja inobservância, segundo a reiterada jurisprudência deste Supremo Tribunal Federal, implica nulidade relativa, que deve ser arguida, oportunamente – no tríduo da defesa prévia ou mediante oposição de exceção (art. 108 do CPP) –, sob pena de preclusão" (STF, HC 83.563/MS, 1ª T., rel. Min. Carlos Britto, j. 18-11-2003, *DJe* de 19-2-2003). *No mesmo sentido*: STF, HC 70.627/PA, 1ª T., rel. Min. Sydney Sanches, j. 13-10-1994, *DJe* de 18-11-1994.

74. "O Juiz criminal, reconhecendo motivo que o torne incompetente, pode, em qualquer fase do processo, declará-lo nos autos, haja ou não alegação da parte (art. 109 do Código de Processo Penal)" (STJ, REsp 151.231/PE, 6ª T., rel. Min. Hamilton Carvalhido, j. 29-3-2000, *DJe* de 5-6-2000).

em casos tais, decidir de maneira convenientemente fundamentada a esse respeito, e determinar o encaminhamento dos autos ao juízo que entender competente.

A rigor, a hipótese não trata de incompetência superveniente, porquanto preexistente a situação jurídica que vem à luz, e de cujo conhecimento formal decorre a conclusão incidente.

Há, *in casu*, verdadeira situação de "juízo aparente", assim compreendida a realidade em que, pelas circunstâncias até então conhecidas e consideradas, era legítimo ao juízo entender fosse ele, de fato e de direito, competente para a persecução penal levada a efeito.

Neste cenário, é de se reconhecer validade jurídica a determinadas decisões até então proferidas pelo juízo aparentemente competente, e também aos atos procedimentais que delas decorrem.

Sob tal olhar, a Suprema Corte já se pronunciou a respeito desse tema nos seguintes termos:

> Segundo a teoria do juízo aparente, não há nulidade na medida investigativa deferida por magistrado que, posteriormente, vem a declinar da competência por motivo superveniente e desconhecido à época da autorização judicial (STF, HC 120.027/PR, 1ª T., rel. Min. Marco Aurélio, rel. p/ o Acórdão Min. Edson Fachin, j. 24-11-2015, *DJe* n. 30, de 18-2-2016).
>
> Ausente a prática intencional de atos violadores da competência do Supremo Tribunal Federal, esta Corte possui clara orientação no sentido de que são válidos, em princípio, os atos processuais praticados. (Rcl 19.135-AgR, de minha relatoria, 2ª T., *DJe* de 3-8-2015; RHC 120.379, Rel. Min. Luiz Fux, 1ª T., *DJe* de 24-10-2014; AI 626214-AgR, Rel. Min. Joaquim Barbosa, 2ª T., *DJe* de 8-10-2010; HC 83.515, Rel. Min. Nelson Jobim, Tribunal Pleno, *DJ* 4-3-2005). Assim, devem ser preservados os atos decisórios proferidos, inclusive as prisões cautelares e as provas colhidas, já que praticadas por juízo aparentemente competente (HC 81.260, Rel. Min. Sepúlveda Pertence, Tribunal Pleno, *DJ* de 19-4-2002). Nesse sentido foi o entendimento desta Corte em recente julgamento no já referido caso análogo (Inq 4.130-QO, Rel. Min. Dias Toffoli, Tribunal Pleno, j. 23-9-2015) (STF, Pet 5.862/DF, 2ª T., rel. Min. Teori Zavascki, j. 15-3-2016, *DJe* n. 199, de 19-9-2016).
>
> A modificação superveniente de competência não importa em nulidade dos atos processuais até então praticados. Precedentes. Pelo princípio do *tempus regit actum*, são válidos os atos processuais praticados ao tempo em que o juízo de primeiro grau era competente, dentre os quais o recebimento da denúncia, prosseguindo-se a ação penal a partir da fase processual em que se encontra.[75]

3.1.3. *Exceção de litispendência*

A exceção de litispendência configura modalidade de defesa contra o processo – exceção peremptória – que tem por escopo fazer extinguir o feito criminal onde é

75. STF, AP 914 AgR/AP, 2ª T., rel. Min. Cármen Lúcia, j. 8-3-2016, *DJe* n. 57, de 30-3-2016.

arguida, em razão da existência de outro processo precedente exatamente idêntico, ainda pendente de julgamento.

Litispendência é o mesmo que lide pendente; é a fluência da causa em juízo.[76] Afirmá-la em linhas de exceção implica dizer que os mesmos fatos estão sendo imputados ao mesmo réu, em processo distinto, que ainda não foi julgado. No dizer de ESPÍNOLA FILHO, "para haver litispendência, é preciso haja identidade de causa e de pessoa do ou dos réus".[77]

Não tem sentido admitir que o Estado possa instaurar validamente dois ou mais processos contra o mesmo réu, pelo mesmo fato. Tal proceder violaria o princípio *ne bis in idem*.

Para o reconhecimento da litispendência, exige o art. 240, *caput*, do CPC/2015, a citação válida. No Direito Processual Civil, somente após a regular formalização do ato citatório em cada um dos processos repetidos é que se poderá arguir a exceção.

Não há previsão semelhante no Código de Processo Penal; todavia, na visão de TORNAGHI, "no crime deve entender-se da mesma forma, pois é a partir de então que se integra a relação processual angular". E justificou: "Como bem observa CHIOVENDA, há perfeita coincidência temporal entre a litispendência e a relação processual".[78]

Nada obstante a argumentação exposta, estamos convencidos de que em sede penal não se deve exigir ou aguardar a citação válida para que se possa reconhecer a situação jurídica de litispendência, bastando para tanto o ajuizamento de ações repetidas, o que já caracteriza constrangimento ilegal em relação àquela que configurar *bis in idem*.

Para que haja litispendência, entre as demandas apontadas como repetidas deve ocorrer identidade de *pedido*, *partes* e *causa de pedir*.[79]

Bem por isso a afirmação de TORNAGHI no sentido de que a doutrina, tradicionalmente, aponta três elementos de identificação, a saber:

Petitum, o que o autor pede ao juiz. A *res petita* (o objeto do pedido).

Personae são as partes em litígio.

Causa petendi, a razão de fato pela qual se pede.

---

76. E. D. MONIZ DE ARAGÃO, *Comentários ao Código de Processo Civil*, 7. ed., Rio de Janeiro, Forense, 1991, v. II, p. 253.

77. EDUARDO ESPÍNOLA FILHO, *Código de Processo Penal brasileiro anotado*, 5. ed., Rio de Janeiro, Borsoi, 1959, v. II, p. 294.

78. HÉLIO TORNAGHI, *Instituições de processo penal*, v. 1, p. 458.

79. Por ação idêntica – ensinou EDUARDO ESPÍNOLA FILHO – "deve entender-se a ação destinada à apuração do mesmo fato delituoso, quer seja uma infração simples, quer um crime composto, ou um delito continuado ou permanente" (*Código de Processo Penal brasileiro anotado*, 5. ed., Rio de Janeiro, Borsoi, 1959, v. II, p. 293).

E arremata: "Se o mesmo autor, com o mesmo fundamento de fato, faz o mesmo pedido, contra o mesmo réu, a demanda é a mesma que a anterior. Se varia qualquer desses elementos, já não há identidade de demanda".[80]

3.1.3.1. Reconhecimento *ex officio*, legitimidade, arguição, processamento, decisão judicial e ataque recursal

No tocante à litispendência, é de se observar, naquilo que for aplicável, o disposto sobre a exceção de incompetência do juízo.[81]

Disso decorre que deverá o juiz reconhecê-la *ex officio*, e com isso extinguir o processo instaurado em repetição.[82]

Se assim não proceder, a parte interessada poderá arguir a exceção de litispendência **a qualquer tempo** – pois nesse caso **não há preclusão** –, devendo fazê-lo em **petição específica**, pois as exceções são processadas em autos apartados, em apenso ao processo principal; o juiz deverá determinar a **intimação da parte contrária** a fim de que se manifeste, após o que irá proferir sua **decisão**.

É cabível a **arguição oral**, que deverá ser reduzida a termo.

Têm **legitimidade para suscitar** o incidente: o querelado; o réu; o querelante; o Ministério Público. Entendemos que o assistente da acusação também está legitimado a tal postulação, nada obstante a ausência de disposição expressa no art. 271 do CPP.

A exceção, em regra, não suspende o andamento da ação penal.[83]

Contra a decisão judicial que extingue o processo *ex officio*, fundamentada em litispendência, cabe recurso de apelação (CPP, art. 593, II).

Se a exceção for julgada procedente, a decisão poderá ser atacada com recurso em sentido estrito (CPP, art. 581, III), desprovido de efeito suspensivo.

Não há recurso previsto contra a decisão do juiz que julga improcedente a exceção de litispendência, mas a questão poderá ser rediscutida em preliminar de recurso de apelação e até mesmo em *habeas corpus*, porquanto inegável o constrangimento ilegal que decorre da pluralidade de processos contra o mesmo réu, versando sobre o mesmo fato.

3.1.3.2. Litispendência e incompetência de juízo

Nesse contexto de pluralidade de ações penais ajuizadas contra o mesmo réu, pode ocorrer, ainda, que, ao analisar a situação jurídica, o juiz entenda ser ele o competente para a causa, e não aquele outro onde já se encontra instaurado o primeiro processo.

---

80. Hélio Tornaghi, *Instituições de processo penal*, v. 1, p. 460.

81. Art. 110, *caput*, do CPP.

82. Para Eduardo Espínola Filho, nesse caso o juiz deve suspender o curso da ação penal e remeter os autos ao outro juízo, para apensamento (*Código de Processo Penal brasileiro anotado*, v. II, p. 296).

83. Art. 111 do CPP.

Diante de tal quadro, *ex officio* ou em razão de arguição, não cabe ao juiz extinguir o processo sob sua análise, tampouco desconsiderar a existência do outro.

Conforme observou Espínola Filho, com o costumeiro acerto: "Invocada a litispendência e provado que, em juízo diverso, corre, também, ação contra o réu, pelo mesmo fato, o juiz, embora apure ser incompetente aquele outro juízo, porque a competência é sua, não deverá, licitamente, levar adiante a ação, indiferente à outra. Cumpre-lhe suscitar o conflito de jurisdição, para que o réu não fique sujeito a dois processos por fato idêntico".[84]

Do conflito de jurisdição trataremos mais adiante.

3.1.3.3. Litispendência e inquérito policial

Litispendência pressupõe a existência de *processos*, daí resultar incabível sua arguição em face de procedimento investigatório.

Muito embora não seja possível arguir exceção de litispendência em face de inquérito policial ou termo circunstanciado, é adequada a utilização de *habeas corpus* quando verificada a pluralidade de investigações ou a existência de processo e investigação simultâneos, versando sobre o mesmo delito, em face do mesmo increpado.

3.1.4. Exceção de ilegitimidade de parte

Para demandar ou ser demandado; figurar em juízo como autor ou réu, é indispensável ter legitimidade.

Sob tal enfoque, fala-se em legitimidade ou ilegitimidade ativa e passiva.

A exceção de ilegitimidade de parte configura defesa processual e, dependendo de seu fundamento, poderá constituir exceção peremptória ou dilatória. Seja como for, sempre será *ratione personae* (em razão da pessoa).

É parte ilegítima ativa quem não possui condição jurídica para postular em juízo, por não ser o *dominus litis*; titular do direito de ação.

No campo processual penal, é parte ilegítima passiva aquele que não é autor ou partícipe do delito.

Reconhecida a ilegitimidade ativa ou passiva, caberá ao juiz, *ex officio* ou em acolhimento a exceção arguida, julgar extinto o processo sem conhecimento do mérito, por falta de condição da ação, quando então será correto falar em exceção peremptória.

Necessário observar que, em tal situação, a ação penal poderá ser novamente ajuizada por quem de direito, entenda-se: pela parte legítima ativa, ou contra quem de direito: o verdadeiro autor do delito; salvo se já estiver extinta a punibilidade.

Exemplos de ilegitimidade ativa: (*1*) o Ministério Público não pode ajuizar denúncia por crime de ação penal privada; (*2*) excetuada a hipótese de ação penal pri-

84. Eduardo Espínola Filho, op. cit., v. II, p. 295.

vada subsidiária da pública, o ofendido não pode ofertar queixa-crime por delito de ação penal pública incondicionada;[85] (3) nos crimes de ação penal privada, o genitor não pode figurar como querelante quando o ofendido, seu filho, é maior e capaz.

Exemplos de ilegitimidade passiva: (1) os genitores não podem ser processados criminalmente por delito cometido pelo filho, para o qual não concorreram; (2) o tutor não pode ser responsabilizado criminalmente por ilícito penal praticado pelo tutelado; (3) o curador não pode ser processado por delito praticado pelo curatelado.

A exceção sob análise, entretanto, alcança não apenas a legitimidade da parte (*legitimatio ad causam*), mas também a *capacidade processual*, assim compreendida a capacidade jurídica para o exercício do direito de ação e dos atos processuais; a capacidade para estar em juízo (*legitimatio ad processum*), hipótese em que não terá natureza peremptória, mas dilatória, visto que nesse caso a irregularidade poderá ser sanada mediante ratificação dos atos processuais,[86] sem que se faça imperiosa a extinção do processo, que só irá ocorrer se não for providenciada a regularização em tempo oportuno.

Sobre a legitimidade ativa, aduz Espínola Filho que: "Somente, pois, quando é apresentada denúncia ou queixa em condições admitidas por lei e oferecida por quem tem qualidade legal para instaurar a ação penal, se pode dizer que esta foi proposta por parte legítima, isto é, com qualidade para, a respeito do caso concreto, estar em juízo".[87]

Calha citar o pensamento divergente de Tornaghi, para quem a exceção sob análise diz respeito apenas à *legitimatio ad processum*: "Por mais autorizada que seja qualquer opinião diferente, entendo que a lei não se refere aqui à legitimidade *ad causam*. Esta é condição do exercício da ação, não é pressuposto processual. E as exceções de que fala o art. 95, sem qualquer sombra de dúvida, são pressupostos processuais". E arremata: "A exceção cabe, pois, quando não observadas as disposições sobre capacidade".[88]

3.1.4.1. Reconhecimento *ex officio*, legitimidade, arguição, processamento, decisão judicial e ataque recursal

Também no tocante à exceção de ilegitimidade de parte, deve ser observado, naquilo que for aplicável, o disposto sobre a exceção de incompetência do juízo.[89]

---

85. Apesar da existência de expressa disposição de lei em sentido contrário (CP, art. 145, parágrafo único), na hipótese de crime contra a honra praticado contra funcionário público em razão de suas funções (*propter officium*), para o qual a ação penal é *pública condicionada* à representação do ofendido, a Súmula 714 do STF admite legitimação concorrente e permite ao ofendido o ajuizamento de ação penal privada, independentemente do escoamento do prazo outorgado ao Ministério Público.

86. Dispõe o art. 568 do CPP que: "A nulidade por ilegitimidade do representante da parte poderá ser a todo tempo sanada, mediante ratificação dos atos processuais".

87. Eduardo Espínola Filho, *Código de Processo Penal brasileiro anotado*, v. II, p. 306.

88. Hélio Tornaghi, *Instituições de processo penal*, v. 1, p. 461.

89. Art. 110, *caput*, do CPP.

O juiz deve reconhecê-la *ex officio*, a qualquer tempo, e com isso extinguir o processo por falta de condição da ação.

Se assim não proceder, a parte interessada poderá arguir a exceção, por escrito ou verbalmente,[90] na primeira ocasião em que se manifestar nos autos, devendo fazê-lo em **petição específica**, pois as exceções são processadas em autos apartados, em apenso ao processo principal; o juiz deverá determinar a **intimação da parte contrária** a fim de que se manifeste, após o que proferirá sua **decisão**.

Têm **legitimidade para suscitar** o incidente: o querelado e o réu. Como *fiscal da lei*, nada impede que o Ministério Público assim proceda em sede de ação penal privada.

A exceção, em regra, não suspende o andamento da ação penal.[91]

Nas ações penais privadas, se for arguida a ilegitimidade do querelante, o juiz determinará a intimação deste e depois a do Ministério Público a fim de que se manifestem, após o que irá proferir sua decisão.

Contra a decisão judicial *que reconhece a ilegitimidade da parte* e extingue o processo, *ex officio* ou em razão de exceção oportunamente arguida, cabe recurso em sentido estrito (CPP, art. 581, III), sem efeito suspensivo.

Contra a decisão *que julga improcedente a exceção de ilegitimidade* não há recurso previsto, mas nada impede seja a matéria rediscutida em sede de *habeas corpus* e em preliminar de recurso de apelação, oportunamente.

3.1.5. Exceção de coisa julgada

Também denominada *exceptio rei judicatae*, é modalidade de defesa contra o processo na forma de exceção peremptória (visa a extinguir o processo).

Pressupõe a existência de processo idêntico, já decidido, tendo a respectiva sentença transitado em julgado.

Se não tem sentido admitir a existência simultânea de processos repetidos, como ocorre com a litispendência, menos ainda imaginar a instauração de novo processo visando a rediscutir matéria já apreciada e julgada, cujo teor se impõe coativamente como vontade do Estado frente ao caso concreto.

Quando o juiz reconhece o direito de uma das partes – afirmou Tornaghi – "dizer que a coisa está julgada significa afirmar a intangibilidade desse direito, nos termos em que a sentença o definiu". "Antes da sentença, incerteza; depois dela tudo está certo, *accertado*. Antes dela, vacilação, insegurança; depois dela, solidez, situação firme

90. Calha observar que a arguição oral pressupõe seja feita no momento em que algum ato se realizar perante o juiz, hipótese em que deverá ser reduzida a termo nos autos.

91. Art. 111 do CPP.

(*Feststellung*)". Todavia, arremata que "o fundamento da coisa julgada não é a presunção ou a ficção de acerto do juiz, mas uma razão de pura conveniência".[92]

Constituem **elementos identificadores da coisa julgada**: a existência de uma decisão judicial com trânsito em julgado, versando sobre o mesmo fato, contra o mesmo réu, com o mesmo fundamento ou causa de pedir.

O trânsito em julgado definitivo não acarreta apenas a irrecorribilidade, mas também a *imutabilidade*[93] *da sentença*, embora possa ainda ser alvo de revisão criminal em favor do réu (CPP, art. 621) e seja possível tratar de sua indeterminação em sede de execução penal por força de institutos como o indulto, comutação, anistia e unificação de penas.

O princípio da segurança jurídica veda o *bis in idem* e impede a existência do segundo processo, instaurado em repetição, tenha a primeira ação penal sido julgada procedente ou improcedente. Pensar o contrário seria admitir a perpetuação das discussões judiciais, de modo a acarretar inaceitável e perigosa insegurança social e jurídica.

3.1.5.1. Limites subjetivos e objetivos da coisa julgada

Observados os termos da decisão proferida no processo precedente, é possível falar na existência de limites *subjetivos* e *objetivos* da coisa julgada.

1) *Limites subjetivos*: sob tal enfoque, é possível falar que a coisa julgada alcança apenas as partes envolvidas no processo, visto que seu efeito, em regra, não vincula terceiros.

Essa afirmação, contudo, só é inquestionável quando for apenas um o apontado autor da infração penal.

Havendo pluralidade de investigados, conforme o teor da decisão judicial, os efeitos da coisa julgada podem se estender ou não sobre todos.

Vejamos o seguinte quadro: havendo dois investigados pelo mesmo delito (concurso de agentes), apenas um é conhecido e processado, sendo certo que em relação a este ocorre a extinção da punibilidade em razão da prescrição, porquanto menor de 21 anos na data do fato. Nada impede que o outro, que não esteja na mes-

---

92. Hélio Tornaghi, *Instituições de processo penal*, v. 1, p. 463 e 468. E segue o jurista: "A primeira dessas explicações proveio da supervalorização da atividade intelectiva do juiz no processo romano-canônico medieval. A segunda adveio da concepção privatística do processo. É claro que o juiz procura a verdade e que a lei cerca de toda cautela a pesquisa dos fatos e a reta aplicação do Direito. Nessas condições é lícito supor que a coisa julgada, na maioria dos casos, corresponda à verdade. Isso conforta a força do julgado, dá-lhe certa autoridade ética e grande valor lógico. Mas não é o fundamento do instituto" (p. 468-469).

93. Após discorrer sobre a conhecida disputa entre Liebman e Carnelutti, Hélio Tornaghi afirma que a imutabilidade é um atributo da coisa julgada (*Instituições de processo penal*, v. 1, p. 467).

ma situação, depois de identificado, seja processado pelo mesmo delito, como coautor ou partícipe, e eventualmente condenado.

De igual maneira, a absolvição de corréu por falta de provas não impede o processo e eventual condenação do outro.

Por outro vértice, se duas pessoas são investigadas pela prática de determinado crime, sendo certo que num primeiro momento apenas uma delas é identificada, processada e absolvida por ter o juiz reconhecido a inexistência do fato (CPP, art. 386, I), ainda que num segundo momento o outro investigado venha a ser identificado, não mais poderá ser processado pela mesma conduta outrora imputada àqueloutro.

2) *Limites objetivos*: dispõe o art. 110, § 2º, do CPP, que a exceção de coisa julgada *somente poderá ser oposta em relação ao fato principal*, que tiver sido objeto da sentença.

Disso decorre que a preexistência de decisões sobre *questões incidentais* – tais como aquelas que versam sobre o estado civil das pessoas (ver art. 93 do CPP) – analisadas em processos diversos não constitui fundamento apto a ensejar exceção de coisa julgada.

3.1.5.2. Reconhecimento *ex officio*, legitimidade, arguição, processamento, decisão judicial e ataque recursal

Por expressa disposição legal, também no tocante à exceção de coisa julgada deve ser observado, naquilo que for aplicável, o disposto sobre a exceção de incompetência do juízo.[94]

Portanto, o juiz deve reconhecê-la *ex officio*, a qualquer tempo, e com isso extinguir o processo por falta de condição da ação.

Caso assim não proceda, a parte interessada poderá arguir a exceção, por escrito ou verbalmente,[95] *em regra*, e em atendimento ao princípio da economia processual, na primeira ocasião em que se manifestar nos autos, mas nada impede arguição em outro momento, especialmente quando for posterior o conhecimento a respeito do antecedente processo julgado.

Embora possa parecer estranho, não é incomum que o réu seja pessoa de pouca ou nenhuma cultura formal – e no Brasil há um grande contingente de réus analfabetos e de baixa escolaridade –, situação em que, levado pela ignorância ou incompreensão a respeito da *nova* imputação sofrida, deixe de informar ao advogado a preexistência de idêntico processo já julgado, que então será analisado já depois de lançada a primeira

94. Art. 110, *caput*, do CPP.

95. Calha observar que a arguição oral pressupõe seja feita no momento em que algum ato se realizar perante o juiz, hipótese em que deverá ser reduzida a termo nos autos.

manifestação nos autos. É evidente que em casos tais não se deve negar a possibilidade de arguição da exceção, a qualquer tempo, seja qual for a fase do processo.

Se o conhecimento for posterior ao trânsito em julgado de sentença condenatória, o segundo processo poderá ser anulado em sede de *habeas corpus*, porquanto evidente o constrangimento ilegal.

Por se tratar de matéria de ordem pública, não é adequado impor restrições à sua apreciação.

Como qualquer outra, materializa-se em petição específica, pois as exceções são processadas em autos apartados, em apenso ao processo principal, e o juiz deverá determinar a intimação da parte contrária a fim de que se manifeste, após o que proferirá sua decisão.

Têm legitimidade para suscitar o incidente: o querelado, o réu e o Ministério Público. Como *fiscal da lei* que é, nada impede que o Ministério Público alegue coisa julgada em sede de ação penal privada.

Mesmo nas ações penais públicas ajuizadas pelo *Parquet*, pode ocorrer que só após a juntada das informações sobre os antecedentes do réu aos autos do processo é que vem o conhecimento sobre a existência de coisa julgada, daí não ficar excluída a legitimação do Ministério Público para alegá-la.

A exceção, em regra, não suspende o andamento da ação penal.[96]

Nas ações penais privadas, se for arguida, o juiz determinará a intimação do querelante e depois a do Ministério Público a fim de que se manifestem, e só depois proferirá sua decisão.

Se o juiz reconhecer a existência de coisa julgada – *ex officio* ou por acolher exceção –, deverá extinguir o processo ilegalmente repetido. Dessa decisão caberá recurso em sentido estrito (CPP, art. 581, III), sem efeito suspensivo.

Se desacolher a pretensão e julgar improcedente a exceção, o processo seguirá. Contra tal decisão não há recurso específico previsto, podendo ser rediscutida a matéria em preliminar de apelação.

Nada impede, entretanto, a impugnação dessa mesma temática em sede de *habeas corpus*, porquanto evidente o constrangimento ilegal, caso seja equivocada a decisão desacolhedora.

3.1.6. Regras gerais sobre as exceções

Já anotamos, mas não é exagerado enfatizar, que por força do disposto no art. 110 do CPP, nas exceções de litispendência, ilegitimidade de parte e coisa julgada, será observado, no que lhes for aplicável, o disposto sobre a exceção de incompetência do juízo.

96. Art. 111 do CPP.

Se a parte houver de opor mais de uma dessas exceções, deverá fazê-lo numa só petição.

A exceção de suspeição deve preceder a qualquer outra, visto que o juiz suspeito, porquanto parcial, não pode, sequer, decidir sobre as demais.

A arguição de exceção deve ser processada em autos apartados, em apenso ao processo principal, e não suspenderá, em regra, o andamento da ação penal.

Quando for arguida verbalmente, o que pressupõe seja feita no momento em que algum ato se realizar perante o juiz, deverá ser reduzida a termo nos autos.

O Código de Processo Penal não diz expressamente qual o prazo para que o Ministério Público se manifeste sobre as exceções arguidas, devendo ser fixado pelo juiz.

3.2. Das incompatibilidades e impedimentos

Dispõe o art. 112 do CPP que "o juiz, o órgão do Ministério Público, os serventuários ou funcionários de justiça e os peritos ou intérpretes abster-se-ão de servir no processo, quando houver incompatibilidade ou impedimento legal, que declararão nos autos. Se não se der a abstenção, a incompatibilidade ou impedimento poderá ser arguido pelas partes, seguindo-se o processo estabelecido para a exceção de suspeição".

As causas de *suspeição* e *impedimento* estão previstas no Código de Processo Penal, que nada esclarece a respeito das *incompatibilidades*, nem mesmo quando trata das nulidades (CPP, art. 564, I).

Diante de tal omissão, são diversas as conclusões apresentadas na doutrina a respeito do que se possa considerar *incompatibilidade* para funcionar no processo,[97] mas não se pode negar que em relação a todas essas situações excepcionais tratadas – *suspeição, impedimento* e *incompatibilidade* – há um objetivo comum: a imparcialidade do juiz e demais atores do processo.

De nossa parte, concordamos com Tornaghi, para quem a suspeição decorre da incompatibilidade: "Juiz impedido é o que tem relação com o objeto da causa; juiz suspeito é o que por ter relação (de amizade, inimizade, dependência) com qualquer das partes não oferece garantia de isenção psicológica, ainda que moralmente inata-

97. Segundo Fernando da Costa Tourinho Filho, *as incompatibilidades* "dizem respeito a cargos ou funções que não podem ser desempenhados juntos ou simultaneamente pela mesma pessoa ou no mesmo processo. Ante essa consideração, pode-se concluir haver incompatibilidade em face do nosso CPP: a). se as funções distintas deverem ser exercidas por pessoas parentes entre si, nos graus estabelecidos em lei, *simultaneamente* (art. 448); b). se as funções inconciliáveis forem exercidas *simultaneamente* pela mesma pessoa (um cidadão que está funcionando como juiz num processo e, também, como advogado, ou como órgão do Ministério Público) haveria manifesta incompatibilidade" (*Manual de processo penal*, p. 458-459). Para Eugênio Pacelli, as incompatibilidades compreendem todas as situações que possam interferir na imparcialidade do julgador, não arroladas entre as hipóteses de suspeição e impedimento. E exemplifica: "É o que ocorre, por exemplo, em relação às razões de *foro íntimo*, não previstas na casuística da lei, mas suficientes para afetar a imparcialidade do julgador" (*Curso de processo penal*, 21. ed., São Paulo, Atlas, 2017, p. 305).

cável. Não é necessariamente da honradez do juiz que se desconfia, mas de sua condição *psicológica*. O impedimento priva o juiz do exercício da jurisdição (Cód. Proc. Penal, art. 252). A incompatibilidade, tornando-o suspeito, enseja abstenção ou a recusa (Cód. Proc. Penal, art. 254)".[98]

Impedimento é algo que obsta a atuação de alguém no processo.

O CPP lista causas de impedimento no art. 252, onde se lê que o juiz não poderá exercer jurisdição no processo em que:

I – tiver funcionado seu cônjuge ou parente, consanguíneo ou afim, em linha reta ou colateral até o terceiro grau, inclusive, como defensor ou advogado, órgão do Ministério Público, autoridade policial, auxiliar da justiça ou perito;

II – ele próprio houver desempenhado qualquer dessas funções ou servido como testemunha;

III – tiver funcionado como juiz de outra instância, pronunciando-se, de fato ou de direito, sobre a questão;[99]

IV – ele próprio ou seu cônjuge ou parente, consanguíneo ou afim em linha reta ou colateral até o terceiro grau, inclusive, for parte ou diretamente interessado no feito.

Nos juízos colegiados, não poderão servir no mesmo processo os juízes que forem entre si parentes, consanguíneos ou afins, em linha reta ou colateral até o terceiro grau, inclusive.[100]

Considera-se cessado o impedimento decorrente de parentesco por afinidade se sobrevier dissolução do casamento que lhe tiver dado causa, salvo se da relação decorrerem descendentes; mas, ainda que dissolvido o casamento sem descendentes, não poderá funcionar como juiz o sogro, o padrasto, o cunhado, o genro ou enteado de quem for parte no processo.[101]

---

98. HÉLIO TORNAGHI, *Instituições de processo penal*, 2. ed., São Paulo, Saraiva, 1977, v. 1, p. 432-433.

99. "A jurisprudência do Supremo Tribunal Federal é firme no sentido de que a participação de julgador impedido, quando do julgamento do recurso no órgão colegiado do tribunal, não acarreta automática nulidade da decisão proferida se, excluindo-se o voto do referido magistrado, o resultado da votação permanecesse incólume" (STF, HC 125.610/PR, 1ª T., rel. Min. Marco Aurélio, rel. p/ o Acórdão Min. Edson Fachin, j. 29-3-2016, *DJe* n. 164, de 5-8-2016). "A causa de impedimento do art. 252, III, do CPP (tiver funcionado como juiz de outra instância, pronunciando-se, de fato ou de direito, sobre a questão) incide na atuação no mesmo processo, em diferentes instâncias recursais, em homenagem ao princípio do duplo grau" (STJ, REsp 1.171.973/ES, 6ª T., rel. Min. Nefi Cordeiro, j. 17-3-2015, *DJe* de 25-3-2015). *No mesmo sentido*: STJ, REsp 1.177.612/SP, 6ª T., rel. Min. Og Fernandes, j. 1º-9-2011, *DJe* de 17-10-2011; STJ, AgRg no AREsp 291.728/SP, 6ª T., rel. Min. Maria Thereza de Assis Moura, j. 4-12-2014, *DJe* de 17-12-2014.

100. Art. 253 do CPP.

101. Art. 255 do CPP.

"Suspeição ocorre quando há vínculo do Juiz com qualquer das partes (CPP, art. 254). Impedimento configura-se quando há interesse do juiz com o objeto do processo (CPP, art. 252)".[102]

As causas de impedimento e de suspeição estão dispostas taxativamente, e por isso não há possibilidade de ampliação das hipóteses elencadas.[103]

O Supremo Tribunal Federal já decidiu que: "As causas geradoras de impedimento (CPP, art. 252) e de suspeição (CPP, art. 254) do magistrado são de direito estrito. As hipóteses que as caracterizam acham-se enumeradas, de modo exaustivo, na legislação processual penal. Trata-se de *numerus clausus*, que decorre da própria taxatividade do rol consubstanciado nas normas legais referidas".[104]

Verificada situação de incompatibilidade ou impedimento, a qualquer tempo, anula-se o processo a partir do momento em que a pessoa impedida nele funcionou, devendo proceder-se ao refazimento dos atos anulados, depois de regularizada a mácula.

Os órgãos do Ministério Público não podem funcionar nos processos em que o juiz ou qualquer das partes for seu cônjuge, ou parente, consanguíneo ou afim, em linha reta ou colateral, até o terceiro grau, inclusive, e a eles se estendem, no que lhes for aplicável, as prescrições relativas à suspeição e aos impedimentos dos juízes.[105]

Presente situação de incompatibilidade ou impedimento, o juiz, o órgão do Ministério Público, o serventuário ou funcionário da justiça e o perito ou intérprete deverá abster-se de servir no processo, fazendo consignar as razões nos autos.

---

102. STF, HC 77.622/SC, 2ª T., rel. Min. Nelson Jobim, j. 17-11-1998, *DJe* de 29-10-1999.

103. **Na 5ª Turma do Superior Tribunal de Justiça** há decisões no sentido de que: "As causas de impedimento do juiz estão previstas taxativamente no art. 252 do Código de Processo Penal, ao passo que os atos que indicam a suspeição estão dispostos no rol exemplificativo contido no art. 254 do aludido diploma legal" (STJ, RHC 69.927/RJ, 5ª T., rel. Min. Jorge Mussi, j. 28-6-2016, *DJe* de 1º-8-2016). *No mesmo sentido*: STJ, RHC 57.488/RS, 5ª T., rel. Min. Ribeiro Dantas, j. 7-6-2016, *DJe* de 17-6-2016; STJ, AgRg no AREsp 928.838/SP, 5ª T., rel. Min. Reynaldo Soares da Fonseca, j. 16-8-2016, *DJe* de 26-8-2016. **Já, na 6ª Turma da mesma Corte Federal**, há decisões alinhadas com o pensamento prevalente no Supremo Tribunal Federal, conforme indica a ementa que segue transcrita: "Este Tribunal possui entendimento pacífico de que 'as causas de impedimento e suspeição de magistrado estão dispostas taxativamente no Código de Processo Penal, não comportando interpretação ampliativa' (REsp 1.177.612/SP, rel. Min. Og Fernandes, 6ª T., *DJe* de 17-10-2011)" (STJ, HC 319.280/SC, 6ª T., rel. Min. Maria Thereza de Assis Moura, j. 23-6-2015, *DJe* de 3-8-2015).

104. STF, HC 68.784/DF, 1ª T., rel. Min. Celso de Mello, j. 1º-10-1991, *DJe* de 26-3-1993. "A jurisprudência do Supremo Tribunal Federal, em sede de *habeas corpus*, é no sentido de que as hipóteses previstas no art. 252 do Código de Processo Penal são taxativas, não comportando ampliação. Precedente" (STF, ARE 813.030 AgR/SP, 1ª T., rel. Min. Roberto Barroso, j. 9-9-2016, *DJe* n. 208, de 29-9-2016). "A jurisprudência deste Supremo Tribunal assentou a impossibilidade de criação pela interpretação de causas de impedimento e suspeição. Precedentes" (STF, RHC 131.735/DF, 2ª T., rel. Min. Cármen Lúcia, j. 3-5-2016, *DJe* n. 100, de 17-5-2016).

105. Art. 258 do CPP.

Se não se der a abstenção, a incompatibilidade ou impedimento poderá ser arguida pela parte, seguindo-se o processo estabelecido para a exceção de suspeição.[106]

3.3. Conflito de competência

Muito embora o CPP trate nos arts. 113 a 117 de matéria que convencionou denominar *conflito de jurisdição*, estamos convencidos de que o correto é falar em *conflito de competência.*

Ao ingressar na magistratura, o juiz é investido da função jurisdicional, que não pode exercer ilimitadamente, mas tão só no âmbito de sua competência, que é a medida da jurisdição e sempre estará ligada ao cargo que ocupe e funções que exerça (ainda que juiz substituto e designado para o cargo).

Decorre do princípio do juiz natural a necessidade de que o processo seja conduzido e julgado por juiz competente, um dos pressupostos de validade do processo, cuja não observância é fonte de nulidade (CPP, art. 564, I).

Na doutrina, há quem distinga[107] *conflito de jurisdição* de *conflito de competência*, aceitando a existência de ambos.

É a posição de Espínola Filho, externada nos seguintes termos:

> O conflito pode registrar-se porque, das autoridades da mesma circunscrição judiciária, nenhuma se julga competente para o processo, sem que, porém, entendam ser o caso de submeter-se a juízo de outra jurisdição; ou porque duas ou mais dentre elas se reputam a competente para o processo. Nesses casos, não há conflito de jurisdição, rigorosamente, e sim conflito de competência entre juízos da mesma jurisdição.
>
> Mas, pode ocorrer que o conflito se estenda além da jurisdição, estabelecendo-se entre juízo comum ou especial de uma circunscrição judiciária e juízo comum ou especial de outra, ou entre o foro comum de certa circunscrição judiciária e o foro de exceção, ou entre qualquer deles e um tribunal com jurisdição em todo o país. Nesses casos, há verdadeiramente, e em todo o rigor da palavra, conflito de jurisdição.[108]

Na mesma direção segue Tourinho Filho, para quem: "Diz-se que há conflito de jurisdição quando duas ou mais Autoridades Judiciárias integrantes de Justiças diversas se dizem competentes ou incompetentes para conhecer do mesmo fato criminoso, ou quando surgir entre elas controvérsia sobre a unidade do juízo, junção ou separação dos processos". E conclui: "Entre nós, em face da autonomia dos Estados-mem-

106. Art. 112 do CPP.

107. Sem apresentar qualquer distinção, Bento de Faria referiu-se à existência de *conflito de jurisdição ou competência* "sempre que duas ou mais autoridades judiciárias se arrogarem simultaneamente o poder de conhecer do mesmo processo ou praticar o mesmo ato, ou se declaram ambas incompetentes para resolver ou determiná-lo" (*Código de Processo Penal*, 2. ed., Rio de Janeiro, Record, 1960, v. 1, p. 224).

108. Eduardo Espínola Filho, *Código de Processo Penal brasileiro anotado*, 5. ed., Rio de Janeiro, Borsoi, v. II, p. 341.

bros, pode-se falar em conflito de jurisdição quando a divergência para o conhecimento de uma causa ocorrer entre órgãos da Justiça Comum e da Especial, entre órgãos de Justiça Especial diversa, entre Órgãos Jurisdicionais Comuns de Estados-membros diferentes".[109] Exemplo: disputa de competência entre juiz estadual e juiz federal.

Quanto ao *conflito de competência*, este somente ocorreria entre dois ou mais juízes que pertençam a um mesmo órgão de jurisdição. Exemplo: conflito entre dois juízes do Estado de São Paulo, na mesma comarca ou em comarcas diversas.

Daí a afirmação de TORNAGHI no sentido de que o verdadeiro conflito de competência existe quando um ou mais juízes, pertencentes à mesma jurisdição, contemporaneamente, dão-se por competentes para a prática dos mesmos atos (conflito positivo) ou cada um deles entende que o competente é um dos outros (conflito negativo).

Observada a controvérsia doutrinária e respeitadas as doutas opiniões em sentido contrário, temos que, tecnicamente, o correto é falar apenas em *conflito de competência*, que poderá ocorrer entre juízes de jurisdições diversas, ou não. Em qualquer das situações apontadas, todos os juízes envolvidos são detentores do poder jurisdicional em que se insere a competência. Como afirmamos no início deste tópico, a competência é a medida da jurisdição que cabe a cada juiz exercer. O incidente que se instaura decorre do *dissenso sobre a competência para o processo específico*.

A propósito, é sintomático que a Constituição Federal se refira apenas ao conflito de competência (arts. 102, 105 e 108), sem qualquer referência ao denominado conflito de jurisdição.

Como exemplo de *conflito de competência entre juízes de jurisdições diversas*, podemos indicar a seguinte situação: o juiz da 1ª Vara Criminal da comarca de Barretos-SP entende que a competência para determinado processo é do juiz da comarca de Frutal-MG, para onde remete o processo, e este também se declara incompetente para o caso.[110]

Ou, ainda, o mesmo juiz da comarca de Barretos-SP entende que a competência para determinado processo é de uma das Varas da Justiça Federal de Ribeirão Preto-SP, para onde remete o processo, e lá o juiz federal a quem foi distribuído o feito criminal entende que a competência é do juízo da comarca de Barretos.

Configura exemplo de *conflito de competência entre juízes da mesma jurisdição*, hipótese em que o juiz da 1ª Vara Criminal da comarca de Barretos-SP entende que a competência para determinado processo é do juiz da vizinha comarca de Colina-SP, para onde remete o processo, e este também se declara incompetente para o caso.

---

109. FERNANDO DA COSTA TOURINHO FILHO, *Manual de processo penal*, p. 468.

110. Nessa hipótese, "a competência para dirimir a desavença é a prevista no art. 105, I, 'd', da Carta Política" (STF, Pet. 623 QO/RS, Tribunal Pleno, rel. Min. Maurício Corrêa, j. 11-12-1995, *DJe* de 27-9-1996).

3.3.1. Modalidades de conflito

Dispõe o art. 113 do CPP que: "As questões atinentes à competência resolver-se-ão não só pela exceção própria, como também pelo conflito positivo ou negativo de jurisdição" (que para nós é conflito de competência).

Da exceção de incompetência tratamos pouco antes e não é necessário voltar ao tema.

A disputa que se estabelece no conflito em questão diz respeito aos limites; parcela ou medida de competência que cabe a cada juiz exercer.

Conforme o art. 114 do CPP, haverá conflito:

1) Quando duas ou mais autoridades judiciárias se considerarem competentes, ou incompetentes, para conhecer do mesmo fato criminoso.

Como se vê, conforme a disposição dos juízes para o caso, fala-se em conflito positivo ou negativo.

1.1) *Conflito positivo*: quando dois ou mais juízes se dizem competentes para o mesmo processo,[111] ou, na expressão de Fenech, sempre que dois ou mais juízes "estimaren que les corresponde el conocimiento de una causa".[112]

Decorre da divisão de competências listada na Constituição Federal e nas normas infraconstitucionais que, em sede de juízo singular, é impossível cogitar da coexistência de dois ou mais juízes igualmente competentes para o mesmo processo. Havendo disputa e sabido que apenas um dentre eles é competente, decorre necessário dirimir o conflito e decidir, portanto, qual o juiz natural para o caso.

1.2) *Conflito negativo*: nesse caso, a disputa entre dois ou mais juízes se estabelecerá porque todos se recusam a atuar no processo, por entender, cada qual, que a competência é de outro.

2) Quando entre as autoridades surgir controvérsia sobre unidade de juízo, junção ou separação de processos.

Essa modalidade de conflito ocorre quando surge disputa entre dois ou mais juízes a respeito de qual é o *prevalente*,[113] como é possível discutir sempre que ocorre conexão,[114] continência ou continuidade delitiva, nesse caso, especialmente quando os delitos são praticados em territórios de comarcas diversas.

---

111. "Para que se configure conflito positivo de competência é necessário que dois Juízos se declarem competentes para apreciar a *quaestio*" (STJ, CC 116.490/DF, Terceira Seção, rel. Min. Adilson Vieira Macabu, j. 23-11-2011, *DJe* de 17-2-2012).

112. Miguel Fenech, *Derecho procesal penal*, 3. ed., Madrid-Barcelona, Editorial Labor, 1960, v. 1, p. 186.

113. Ver o art. 78 do CPP.

114. Súmula 235 do STJ: "A conexão não determina a reunião dos processos, se um deles já foi julgado". "A prolação de sentença definitiva obstaculiza a reunião de processos conexos, nos termos do art. 82 do Código de Processo Penal" (STJ, CC 93.297/MA, Terceira Seção, rel. Min. Arnaldo Esteves Lima, j. 25-6-2008, *DJe* de 20-8-2008). *No mesmo sentido*: STJ, CC 48.573/SP, Terceira Seção, rel. Min. Laurita Vaz, j. 24-8-2005, *DJe* de 10-10-2005.

Também será possível esta última hipótese de conflito quando um juiz entender não se encontrar diante de qualquer das situações apontadas no parágrafo anterior e por isso determinar a separação de processos, com subsequente remessa de um deles para a apreciação de outro juiz, que por não concordar com a decisão sobre sua competência deverá suscitar conflito.

3.3.2. *Pressupostos e objeto do conflito*

São dois os *pressupostos* do conflito:

1) A existência de processo ajuizado, pois não é possível a instauração do incidente para discussão de competência *em tese*;

2) Dissenso entre magistrados a respeito da competência para o mesmo caso.[115]

Observado que o incidente em questão – positivo ou negativo – decorre do dissenso entre autoridades judiciárias a respeito de matéria competencial, tem-se por *objeto do conflito* a determinação do órgão jurisdicional competente para o processo e julgamento do caso concreto.

Há quem entenda que a existência de conflito pressupõe processo penal ainda em curso; no qual não exista sentença com trânsito em julgado,[116] mas essa forma de pensar não é acertada, *data venia*, visto que cabível conflito no momento da execução penal, conforme ainda trataremos.

3.3.3. *Legitimidade para suscitar o conflito*

Nos limites do art. 115 do CPP, o conflito poderá ser suscitado: I – pela parte interessada; II – pelos órgãos do Ministério Público junto a qualquer dos juízos em dissídio; III – por qualquer dos juízes ou tribunais em causa.

O Ministério Público pode suscitar conflito quando for *parte* no processo (titular da ação penal pública) ou mesmo como *fiscal da lei* (nas ações penais privadas).

A despeito da ausência de menção expressa na lei, o assistente da acusação também tem legitimidade para suscitar conflito.

O *assistente* é *parte contingente* (adesiva; desnecessária ou eventual) no processo penal; com ou sem ele, o processo caminhará rumo ao seu fim. Sob tal olhar, é legítima sua atuação ao suscitar conflito, inclusive em razão do disposto no art. 115, I, do CPP, visto que ingressa no processo na *qualidade de parte*, embora contingente, adesiva, desnecessária ou eventual. É, portanto, *parte interessada*.

---

115. "O pressuposto básico para a existência do conflito de competência é a controvérsia sobre a jurisdição para se apreciar determinado caso" (STJ, CC 100.331/SC, Terceira Seção, rel. Min. Arnaldo Esteves Lima, j. 24-6-2009, *DJe* de 3-8-2009). "Para que haja conflito, é necessário o pronunciamento controverso de dois ou mais juízos" (STJ, CC 93.297/MA, Terceira Seção, rel. Min. Arnaldo Esteves Lima, j. 25-6-2008, *DJe* de 20-8-2008).

116. STJ, CC 81.999/PR, Terceira Seção, rel. Min. Paulo Gallotti, j. 9-5-2007, *DJe* de 21-5-2007.

3.3.4. *Conflito em sede de execução penal*

Diz a Súmula 59 do STJ que: "Não há conflito de competência se já existe sentença com trânsito em julgado, proferida por um dos juízos conflitantes".

Tal enunciado só tem sentido enquanto a disputa de competência entre juízes se der em face de *processo de conhecimento*.

A execução penal tem natureza de processo jurisdicional,[117] e disso decorre, sem qualquer sombra de dúvida, a possibilidade de se estabelecer *conflito de competência* em sede de processo execucional, sempre que houver dissenso entre magistrados a respeito da competência de um e outro, nos termos em que anteriormente anotamos.

Bem por isso já decidiu o STJ que: "O conceito clássico de conflito, tanto no processo de conhecimento quanto no de execução, exige dois juízes em confronto, ambos afirmando-se competentes ou incompetentes".[118]

3.3.5. *Arguição, processamento e decisão*

Observado o anotado no item anterior, o conflito pode decorrer da iniciativa dos magistrados envolvidos no dissenso ou de requerimento da parte interessada (autor ou réu), do Ministério Público ou do assistente.

O conflito por iniciativa dos magistrados é a hipótese mais comum na prática judiciária.

Conforme o art. 116, *caput*, do CPP, os juízes e tribunais podem/devem suscitar conflito sob a forma de *representação* e os demais legitimados mediante *requerimento*.

Essa *representação* – que só é usada na modalidade de *conflito positivo* – constitui documento escrito em que o magistrado deve expor de forma circunstanciada as razões e os fundamentos de seu convencimento para, ao final, *solicitar* junto ao órgão jurisdicional superior – seu destinatário – a resolução do impasse jurídico.

Sempre que necessário, a representação deverá ser instruída com documentos que sirvam para a demonstração do alegado.

Quando negativo o conflito, os juízes e tribunais poderão suscitá-lo nos próprios autos do processo.[119]

Para suscitar conflito, os demais legitimados devem apresentar *petição* contendo *requerimento* circunstanciado, fundamentado, e instruído com os documentos eventualmente necessários para a prova do alegado.

---

117. Ver: Renato Marcão, *Curso de execução penal*, 17. ed., São Paulo, Saraiva, 2019; *Lei de execução penal anotada*, 6. ed., São Paulo, Saraiva, 2017; *Execução penal*, São Paulo, Saraiva, 2012, Coleção Saberes do Direito, v. 9.

118. STJ, CC 81.999/PR, Terceira Seção, rel. Min. Paulo Gallotti, j. 9-5-2007, *DJe* de 21-5-2007.

119. Art. 116, § 1º, do CPP.

Destinatário do *requerimento* deve ser o órgão ou autoridade judiciária do tribunal competente, conforme dispõem a Constituição Federal, o Código de Processo Penal, a lei de organização judiciária e o regimento interno do tribunal a que se dirigir. No Estado de São Paulo, a competência é da Câmara Especial do Tribunal de Justiça.

Para Tourinho Filho, "o requerimento ou representação deverá ser endereçado ao Presidente do Tribunal competente para o deslinde da questão, a quem caberá proceder à distribuição, se não dever, ele próprio, funcionar como relator",[120] sentir do qual não destoa Nucci, para quem o requerimento deve ser "dirigido ao Presidente do tribunal competente, conforme o previsto na Constituição Federal para dirimir conflitos de competência".[121]

Distribuído o feito, se o *conflito for positivo*, o relator *poderá* determinar imediatamente que se suspenda o andamento do processo.[122]

A suspensão não é obrigatória, mas facultativa, e, se o processo não for suspenso, continuará a presidi-lo o juiz perante o qual se encontre.

É intuitivo, por outro vértice, que, na hipótese de *conflito negativo*, a suspensão da marcha do processo é inevitável, não por decisão do relator, mas por faltar juiz que se habilite para o caso.[123]

Expedida ou não a ordem de suspensão, o relator requisitará informações às autoridades em conflito, remetendo-lhes cópia do requerimento ou representação.[124]

Suscitado o conflito por uma autoridade judiciária, a outra deverá ser ouvida a respeito.

No caso de conflito negativo, em que as razões dos juízes já foram apresentadas nos próprios autos do processo, em regra não é necessário colher novas informações destes.

Se diante de conflito suscitado por qualquer dos legitimados, os magistrados deverão prestar informações no prazo que o relator fixar.

Conforme tantas vezes já se decidiu, na sequência deverá ser oportunizada a manifestação do Ministério Público em segundo grau,[125] cumprindo ao Procurador de Justiça oficiante emitir seu parecer, após o que o conflito deverá ser julgado o mais brevemente possível, em regra na primeira sessão que se seguir, salvo se a instrução do feito depender de diligência.

---

120. *Manual de processo penal*, p. 470.

121. Guilherme de Souza Nucci, *Manual de processo e execução penal*, 14. ed., Rio de Janeiro, Forense, 2017, p. 316-317.

122. Art. 116, § 2º, do CPP.

123. Admitindo a prática de atos pelo juiz perante o qual se encontra o processo, mesmo na pendência de conflito negativo: STJ, HC 35.787/MG, 5ª T., rel. Min. José Arnaldo da Fonseca, j. 28-9-2004, *DJe* de 25-10-2004.

124. Art. 116, § 3º, do CPP.

125. "É obrigatória a manifestação do Ministério Público em todos os conflitos de competência" (STJ, REsp 36.274/DF, 5ª T., rel. Min. Cid Flaquer Scartezzini, j. 29-9-1993, *DJe* de 25-10-1993).

Entendemos descabida a intervenção do Ministério Público em segundo grau, se já existir nos autos manifestação de outro integrante da instituição pertencente à instância inferior (promotor de justiça ou procurador da República).

O Ministério Público é uno – sua indivisibilidade constitui princípio institucional expresso no art. 127, § 1º, da CF – e é o titular da ação penal pública, a teor do disposto no art. 129, I, da CF. O processo penal acusatório não comporta dupla intervenção ministerial, geradora de desequilíbrio em relação à defesa. É juridicamente insustentável argumentar que a intervenção do Ministério Público em segundo grau, em processo que verse sobre delito de ação penal pública, decorre de atuação na qualidade de *custos legis*, como se tem feito amiúde. O processo penal acusatório é processo de partes, adversarial, e o art. 3º-A do CPP, introduzido pelo art. 3º da Lei n. 13.964/2019, é suficientemente claro a respeito do modelo de processo penal vigente.

No julgamento do conflito – seja ele positivo ou negativo –, o tribunal poderá decidir que a competência é de um dos juízos em dissídio, *ou mesmo de terceiro* que não participou da discussão,[126] daí por que eventual retratação de qualquer dos discordantes não faz extinguir o conflito,[127] sendo inafastável a necessidade de julgamento do mérito, até mesmo por critério de economia processual.

Proferida a decisão, as cópias necessárias serão remetidas, para a sua execução, às autoridades alcançadas.[128]

3.3.6. Competência para julgar conflito

A competência para processar e julgar conflito de competência decorre de regras fixadas na Constituição Federal, nas Constituições Estaduais, no Código de Processo Penal, em leis de organização judiciária e nos regimentos internos dos tribunais.

Compete ao Supremo Tribunal Federal processar e julgar, originariamente, conflitos de competência entre o Superior Tribunal de Justiça e quaisquer tribunais, entre Tribunais Superiores, ou entre estes e qualquer outro tribunal (CF, art. 102, I, *o*).

---

126. *No mesmo sentido:* Eduardo Espínola Filho (*Código de processo penal brasileiro anotado*, 5. ed., v. II, p. 339). Bento de Faria, de início, sustenta que, terminado o dissenso entre os juízes por iniciativa de qualquer deles antes do julgamento, deve ser julgado extinto o incidente, mas na página seguinte afirma: "Pode suceder que nenhuma das autoridades judiciárias em conflito seja realmente competente, mas sim outra, que não interveio. Neste caso, a economia do processo justifica seja declarada a sua competência, ainda quando não figure entre os Juízes suscitados" (*Código de Processo Penal*, v. 1, p. 227). Respeitada a douta opinião, temos que exatamente em razão dessa possibilidade é que não se deve extinguir o incidente quando terminado o dissenso entre os magistrados que deram origem ao conflito, sendo de rigor a decisão de mérito, que poderá conferir a competência a juízo diverso, contribuindo para a economia e celeridade processual.

127. Em sentido contrário: STJ, CC 1.010/DF, Terceira Seção, rel. Min. Edson Vidigal, j. 20-9-1990, *DJe* de 22-10-1990.

128. Art. 116, § 6º, do CPP.

Compete ao Superior Tribunal de Justiça[129] processar e julgar, originariamente, conflitos de competência entre quaisquer tribunais, ressalvado o disposto no art. 102, I, *o*, bem como entre tribunal e juízes a ele não vinculados e entre juízes vinculados a tribunais diversos (CF, art. 105, I, *d*).

"Tem o Superior Tribunal de Justiça a competência para dirimir conflito entre autoridades judiciárias vinculadas a tribunais diversos, no exercício de suas competências jurisdicionais" (STJ, CC 100.331/SC, Terceira Seção, rel. Min. Arnaldo Esteves Lima, j. 24-6-2009, *DJe* de 3-8-2009).

Compete aos Tribunais Regionais Federais processar e julgar, originariamente, os conflitos de competência entre juízes federais vinculados ao Tribunal (CF, art. 108, I, *e*).

A propósito, dispõe a Súmula 3 do STJ que: "Compete ao Tribunal Regional Federal dirimir conflito de competência verificado, na respectiva região, entre juiz federal e juiz estadual investido de jurisdição federal".

Compete ao Tribunal Superior Eleitoral processar e julgar conflitos de competência entre Tribunais Regionais Eleitorais ou juízes eleitorais de Estados diversos (Código Eleitoral, art. 29, I, *b*).

Compete ao Tribunal Regional Eleitoral processar e julgar conflitos de competência entre juízes eleitorais do mesmo Estado (Código Eleitoral, art. 29, I, *d*).

Compete aos Tribunais de Justiça dos Estados (e do Distrito Federal) a solução de conflitos entre seus respectivos juízes.

Ocorrendo conflito entre juiz de direito estadual e juiz auditor da Justiça Militar, concordamos com Nucci quando pondera que, "considerando-se que ambos são magistrados da Justiça Estadual, pode apresentar duas situações: *a)* caso haja Tribunal de Justiça Militar no Estado, como é o caso de São Paulo, por exemplo, o juiz auditor é considerado magistrado vinculado a Corte diversa da que pertence o juiz de direito. Portanto, quem dirime o conflito é o Superior Tribunal de Justiça; *b)* caso inexista Tribunal de Justiça Militar, ambos os magistrados se ligam à mesma Corte, que é o Tribunal de Justiça, órgão que deve resolver o conflito".[130]

3.3.7. Recurso contra decisão proferida em conflito de competência

Observado que o julgamento de conflito de competência é matéria atribuída à segunda instância, o acórdão que sobre ele decidir ficará exposto a ataque mediante recurso especial ou extraordinário, observadas as hipóteses de cabimento

129. Ao julgar o CC 107.635/PR, na sessão de 17-3-2010, a Corte Especial do STJ deliberou pelo cancelamento de sua Súmula 348, que assim dispunha: "Compete ao Superior Tribunal de Justiça decidir os conflitos de competência entre juizado especial federal e juízo federal, ainda que da mesma seção judiciária".

130. Guilherme de Souza Nucci, *Manual de processo e execução penal*, 14. ed., Rio de Janeiro, Forense, 2017, p. 316-317.

e os requisitos que serão analisados no capítulo destinado ao estudo das espécies recursais.

3.3.8. Avocatória

Trata-se de instituto regulado no art. 117 do CPP, que assim dispõe: "O Supremo Tribunal Federal, mediante avocatória, restabelecerá a sua jurisdição, sempre que exercida por qualquer dos juízes ou tribunais inferiores".

Em outras palavras, isso quer dizer que não há possibilidade de se instaurar conflito de competência entre o STF e *qualquer outro* órgão jurisdicional – juiz ou tribunal –, e a razão é simples: sendo o STF o órgão máximo de jurisdição – a Corte Suprema –, não tem sentido a instauração de qualquer disputa com órgão inferior.

A solução é a *avocatória*, ou seja: sempre que o STF entender que *processo* de sua competência estiver tramitando em órgão jurisdicional diverso, seja ele qual for, deverá *avocá-lo*.

Avocar é o mesmo que chamar para si. *In casu*, determinar que os autos sejam remetidos ao STF para que lá se verifique a tramitação e julgamento.

TOURINHO FILHO[131] e NUCCI[132] entendem que o Superior Tribunal de Justiça também tem o poder de avocar processos em situações semelhantes, todavia quer nos parecer que o art. 102, I, *o*, da CF, constitui óbice a tal entendimento, visto que a solução do conflito, nesses casos, é da competência do Supremo Tribunal Federal.

PACELLI,[133] TÁVORA e ALENCAR[134] sustentam que, ao invés da avocatória, o procedimento correto é a *reclamação*, prevista na Constituição Federal e nos arts. 988 a 993 do CPC/2015, que poderá ser utilizada tanto no STF (CF, art. 102, I, *l*) quanto no STJ (art. 105, I, *f*).

Ousamos divergir.

Com efeito, a *reclamação* é providência de iniciativa *da parte interessada e do Ministério Público*, tal como expresso no art. 988 do CPC, e o que o art. 117 do CPP está a regular é o deslocamento do processo para o STF *por iniciativa e determinação do próprio STF*, e não por provocação de outrem.

Assim, se se entender competente para determinada ação penal que esteja a tramitar em juízo diverso, deverá o STF *avocar* o respectivo processo.

---

131. *Manual de processo penal*, p. 472-473.

132. GUILHERME DE SOUZA NUCCI, *Manual de processo e execução penal*, 14. ed., Rio de Janeiro, Forense, 2017, p. 316.

133. EUGÊNIO PACELLI, *Curso de processo penal*, 21. ed., São Paulo, Atlas, 2017, p. 318.

134. NESTOR TÁVORA e ROSMAR RODRIGUES ALENCAR, *Curso de direito processual penal*, 7. ed., Salvador, JusPodivm, 2012, p. 336.

Se a arguição da competência do STF para processo que tramitar em juízo diverso for suscitada pela parte interessada ou pelo Ministério Público, o instrumento jurídico em que deverá materializar-se é a *reclamação*.

3.3.9. Conflito de atribuições

Diferentemente do *conflito de competência*, que decorre exclusivamente do dissenso – positivo ou negativo – entre *autoridades judiciárias*, restringindo-se, portanto, ao âmbito do Poder Judiciário, o *conflito de atribuições* pode ocorrer entre autoridades administrativas de órgãos diversos (Poder Executivo e Poder Legislativo), ou entre autoridade administrativa e autoridade judiciária.[135]

De interesse para o momento é o conflito que ocorre entre membros do Ministério Público, quando há disputa a respeito de qual seja o detentor de atribuições para determinado caso.

Tecnicamente, não é correto falar que promotores de justiça têm *competência*, mas sim *atribuição*, para este ou aquele feito criminal, por isso o dissenso que se formar entre eles não traduzirá conflito de competência, mas de atribuições.[136]

O conflito entre autoridades administrativas em geral (exemplo: conflito entre delegados de polícia do mesmo Estado) pode ser solucionado no âmbito do próprio Poder que integrem ou pelo Poder Judiciário, de quem não se pode excluir eventual reapreciação do caso, e isso por força do princípio da inafastabilidade da jurisdição (CF, art. 5º, XXXV).

A solução do conflito de atribuições entre promotores de justiça, a seu turno, é assunto da alçada do Procurador-Geral de Justiça, chefe do Ministério Público do respectivo Estado.

Se o conflito se instaurar entre promotores de justiça de Estados diversos,[137] e mesmo entre promotor de justiça (Ministério Público Estadual) e procurador da repú-

---

135. "Quando se trata de autoridades do mesmo Estado, envolvendo juízes, cabe ao Tribunal de Justiça dirimi-lo (ex.: entre delegado de polícia e juiz de direito)" (GUILHERME DE SOUZA NUCCI, *Manual de processo e execução penal*, 14. ed., Rio de Janeiro, Forense, 2017, p. 313). Essa possibilidade, entretanto, só será cogitável quando o conflito não decorrer de ato judicial emanado de juiz competente confrontado com ato administrativo, pois, conforme já se decidiu com acerto, "é absolutamente impossível estabelecer-se conflito de atribuições de ato judicial de magistrado, no exercício da jurisdição, com ato de autoridade administrativa. Entendimento consagrado nas 1ª e 2ª Seções do STJ" (STJ, CA 77/PR, 1ª Seção, rel. Min. Francisco Peçanha, j. 24-10-2001, *DJ* de 4-3-2002, p. 162).

136. "A divergência entre promotores públicos não enseja conflito de competência. Caracteriza conflito de atribuições" (STJ, CAt 47/MG, Terceira Seção, rel. Min. Luiz Vicente Cernicchiaro, j. 28-5-1997, *DJe* de 20-10-1997).

137. "(...) inexiste dispositivo legal que atribua ao Procurador-Geral da República o poder de dirimir conflito de atribuições entre Promotores de Estados diferentes" (STF, Pet. 623 QO/RS, Tribunal Pleno, rel. Min. Maurício Corrêa, j. 11-12-1995, *DJe* de 27-9-1996).

blica (Ministério Público Federal), a competência para julgamento é do Superior Tribunal de Justiça, por interpretação extensiva ao art. 105, I, *d*, da CF, cumprindo anotar, entretanto, que o Supremo Tribunal Federal já decidiu de forma diversa, por maioria de votos, ao entender ser sua a competência, com fundamento no art. 102, I, *f*, da CF, por se tratar de conflito entre órgãos de Estados-membros diversos.[138] Nesse julgamento ficou vencido o Ministro MARCO AURÉLIO, que declinava da competência ao Superior Tribunal de Justiça. De igual maneira, se o conflito se instaurar entre promotor de justiça e delegado de polícia, a solução só poderá ser dada pelo Poder Judiciário.

De modo equivocado, com o devido respeito, no dia 19 de maio de 2016 o Plenário do Supremo Tribunal Federal mudou seu posicionamento, por maioria de votos, e passou a entender que cabe ao Procurador-Geral da República a solução de conflito de atribuições instaurado entre promotor de justiça (membro do Ministério Público Estadual) e procurador da república (membro do Ministério Público Federal), conforme ementa que segue transcrita:

> Em sede preliminar, o tema enseja revisitação da jurisprudência assentada por esta Corte (ACO 1.109/SP e, especificamente, PET 3.528/BA), para não conhecer da presente Ação Cível Originária (ACO). Nesses precedentes, firmou-se o entendimento no sentido de que simples existência de conflito de atribuições entre Ministérios Públicos vinculados a entes federativos diversos não é apta, per si, para promover a configuração de típico conflito federativo, nos termos da alínea *f* do inciso I do art. 102 da Constituição da República Federativa do Brasil de 1988 (CRFB/88). O caso dos autos remete, consectariamente, a mero conflito de atribuições entre órgãos ministeriais vinculados a diferentes entes federativos. Em conclusão, essa situação institucional e normativa é incapaz de comprometer o pacto federativo e, por essa razão, afasta a regra que, em tese, atribui competência originária ao STF. Ademais, em consonância com o entendimento firmado por este Tribunal no julgamento da ACO 1.394/RN, o caso é de não conhecimento da ação cível originária, com a respectiva remessa dos autos ao Procurador-Geral da República para a oportuna resolução do conflito de atribuições (STF, ACO 924/PR, Tribunal Pleno, rel. Min. Luiz Fux, j. 19-5-2016, *DJe* n. 204, de 26-9-2016).

Na ocasião o Min. MARCO AURÉLIO consignou em seu voto divergente que se a Constituição da República não designa o órgão competente para dirimir um conflito – como na hipótese –, cabe ao Supremo Tribunal Federal fazê-lo. Aduziu, ainda, que o Procurador-Geral da República é chefe do Ministério Público Federal, mas não dos Ministérios Públicos Estaduais, que são chefiados por seus respectivos Procuradores-Gerais, daí não ser juridicamente correto deferir àquele a solução da controvérsia.

Seguindo a toada de suas frequentes oscilações, no dia 16 de junho de 2020, quando do julgamento das Petições (PETs) 4.891, 5.091 e 5.756, que versavam sobre conflitos de atribuições entre o Ministério Público do Estado de São Paulo (MPSP) e

138. STF, ACO 889/RJ, Tribunal Pleno, rel. Min. Ellen Gracie, j. 11-9-2008, *DJe* n. 227, de 28-11-2008, *RTJ* 209/31.

o Ministério Público Federal (MPF), o Plenário do Supremo Tribunal Federal decidiu, por maioria, que cabe ao Conselho Nacional do Ministério Público (CNMP) decidir conflitos de atribuições entre os diversos ramos dos Ministérios Públicos.

Na prática, há situações em que à primeira vista pode parecer estarmos diante de *conflito de atribuições* entre membros do *Parquet*, quando, na verdade, a questão versa sobre *conflito de competência*.

Suponha-se que, ao analisar inquérito policial versando sobre crime ambiental, o promotor de justiça oficiante se manifeste no sentido de não ser sua a *atribuição* para o caso, por se tratar de crime de competência da União, e assim requeira a remessa dos autos a juiz das garantias[139] de uma Vara da Justiça Federal para que lá se faça a abertura de vista ao procurador da república que detiver atribuições para o caso. Acolhendo tal entendimento, o juiz das garantias Estadual estará decidindo sobre sua competência, e, se na Justiça Federal houver dissenso quanto a isso, o que irá se instaurar será conflito de competência, jamais de atribuições.

Já decidiu o STF que: "Se Juízes de comarcas situadas em Estados-membros diversos, acolhendo manifestações dos respectivos membros do Ministério Público, decidem no sentido da incompetência dos seus Juízos, o que se configura é conflito de jurisdição e não de atribuições entre órgãos do Ministério Público".[140]

3.4. Da restituição das coisas apreendidas

A apreensão de objetos e coisas que interessam à investigação criminal e ao processo decorre de obrigação legal imposta à autoridade que estiver à frente das investigações, pois, determina o art. 6º, II e III, do CPP, que, logo que tiver conhecimento da prática da infração penal, a autoridade policial deverá dirigir-se ao local e apreender os objetos que tiverem relação com o fato, e colher todas as provas que servirem para o esclarecimento do fato e suas circunstâncias.

---

139. Após a publicação da Lei n. 13.964/2019 foram ajuizadas no Supremo Tribunal Federal três ações diretas de inconstitucionalidade questionando alguns de seus dispositivos – ADI 6.298, 6.299 e 6.300 –, e no dia 15 de janeiro de 2020 o Min. Dias Toffoli concedeu medida cautelar nos autos da ADI 6.298, para, entre outras coisas: "**(i)** suspender-se a eficácia dos **arts. 3º-D, parágrafo único, e 157, § 5º**, do Código de Processo Penal, incluídos pela Lei n. 13.964/19; **(ii)** suspender-se a eficácia dos arts. 3º-B, 3º-C, 3º-D, *caput*, 3º-E e 3º-F do CPP, inseridos pela Lei n. 13.964/2019, até a efetiva implementação do juiz das garantias pelos tribunais, o que deverá ocorrer **no prazo máximo de 180 (cento e oitenta) dias, contados a partir da publicação desta decisão; (iii)** conferir-se interpretação conforme às normas relativas ao juiz das garantias (arts. 3º-B a 3º-F do CPP), para esclarecer que não se aplicam às seguintes situações: (a) processos de competência originária dos tribunais, os quais são regidos pela Lei n. 8.038/90; (b) processos de competência do Tribunal do Júri; (c) casos de violência doméstica e familiar; e (d) processos criminais de competência da Justiça Eleitoral".

140. STF, Pet. 623 QO/RS, Tribunal Pleno, rel. Min. Maurício Corrêa, j. 11-12-1995, *DJe* de 27-9-1996.

Também com vistas à correta apuração, o art. 240, §§ 1º e 2º, do CPP, permite que a autoridade policial proceda, *ex officio* ou em razão de determinação judicial, à busca e apreensão domiciliar e pessoal, para: apreender coisas achadas ou obtidas por meios criminosos; apreender instrumentos de falsificação ou de contrafação e objetos falsificados ou contrafeitos; apreender armas e munições, instrumentos utilizados na prática de crime ou destinados a fim delituoso etc.

Em qualquer das situações mencionadas, por força do que dispõe o art. 158-B, IV, do CPP, a apreensão deverá ser seguida da coleta do vestígio encontrado em local ou em vítima de delito.

A medida de busca e apreensão, todavia, não deve recair sobre coisas ou valores que constituam proveito auferido pelo agente com a prática delitiva, *mediante sucessiva especificação* ou *obtidos em razão de alienação*.

Apreende-se, por exemplo, o dinheiro roubado da vítima, mas não o bem que com ele tenha sido adquirido. Em relação a este cabe a medida assecuratória de sequestro, que depende de decisão judicial e incide sobre bens adquiridos pelo indiciado ou acusado com os proventos da infração, ainda que já tenham sido transferidos a terceiro (CPP, art. 125 c.c. o art. 132).

De relevo para a compreensão da matéria, ainda, o disposto no art. 158 do CPP, segundo o qual, "quando a infração deixar vestígios, será indispensável o exame de corpo de delito, direto ou indireto, não podendo supri-lo a confissão do acusado", bem como a regra do art. 175 do mesmo *Codex*, segundo o qual os instrumentos empregados para a prática da infração devem ser submetidos a exame pericial, a fim de se lhes verificar a natureza e eficiência.

Apreendidos, é certo que em algum momento *poderão* ser restituídos *a quem de direito*,[141] depois de cumprida a finalidade da medida constritiva, daí a necessidade de regulamentação da matéria, que está tratada nos arts. 118 a 124 do CPP.

---

141. "Enquanto não restituídos ou alienados os bens apreendidos, cumpre 'determinar a prática de atos necessários à [sua] conservação' (art. 4º, § 3º da Lei n. 9.613/98), nada impedindo que, para esse efeito, e em se tratando de bens que não configurem coisa ilícita per si, fique nomeado o terceiro que os detinha como fiel depositário, com a finalidade de proteção e preservação, a teor do art. 120, § 5º, do Código de Processo Penal. (...) Embora o art. 4º, § 1º da Lei n. 9.613/98 determine a alienação antecipada dos bens sob constrição quando sujeitos 'a qualquer grau de deterioração ou depreciação', tal dispositivo deve ser interpretado à luz dos princípios constitucionais do devido processo legal e da presunção da inocência. Esses preceitos, por óbvio, não obstam a decretação de quaisquer medidas constritivas sobre o patrimônio ou a liberdade dos investigados, durante o curso da persecução penal, quando o interesse público assim demandar, mas impõe cautela na exegese do art. 4º, § 1º, da Lei n. 9.613/98. Afinal, em regra, todo o bem está sujeito a algum grau de deterioração ou depreciação. Assim, a aplicação não ponderada desse dispositivo legal acabaria por acarretar a alienação antecipada de todos os bens dos acusados sobre os quais recaísse alguma medida constritiva" (STF, Pet 5.740 AgR/DF, 2ª T., rel. Min. Teori Zavascki, j. 16-2-2016, *DJe* n. 95, de 12-5-2016).

A respeito do momento em que se faz possível, diz o art. 118 do CPP que, antes de transitar em julgado a sentença final, as coisas apreendidas *não poderão* ser restituídas *enquanto interessarem ao processo*. Por conseguinte, ainda que não se tenha ultimado o processo, inexistindo interesse na permanência do bem sob custódia, a restituição é de rigor.

"Somente quando nenhum, absolutamente nenhum interesse, para a elucidação do caso, haja na sua conservação, e nem se apresente qualquer possibilidade, por mínima que seja, de vir a observação pessoal dessas coisas, ou o seu confronto, concorrer para esse esclarecimento, é lícita a restituição".[142]

A regra se justifica no interesse do processo, visto que antes do seu término poderá surgir necessidade de ter o bem à disposição, seja para nova perícia (desde que imprescindível), seja para análise do juiz (que não fica adstrito às conclusões do laudo pericial), daí não ser razoável devolvê-lo ou entregá-lo, e com isso correr o risco de não mais reavê-lo, caso necessário. Portanto, deve ficar à disposição da justiça, enquanto interessar aos rumos do processo.

3.4.1. Bens que não comportam restituição

Mesmo após o trânsito em julgado da sentença, não tem sentido imaginar possa ser objeto de restituição todo e qualquer bem apreendido.

Essa afirmação guarda absoluta coerência com o disposto no art. 91, II, do CP,[143] de onde se extrai que constitui efeito automático da condenação a perda em favor da União: *a)* dos instrumentos do crime, desde que consistam em coisas cujo fabrico, alienação, uso, porte ou detenção constitua fato ilícito;[144] *b)* do produto do crime ou de qualquer bem ou valor que constitua proveito auferido pelo agente com a prática do fato criminoso. Nessa mesma linha de orientação, dispõe o atual art. 91-A, § 5º, do CP, introduzido pelo art. 2º da Lei n. 13.964/2019, que "Os instrumentos utilizados para a prática de crimes por organizações criminosas e milícias deverão ser declarados perdidos em favor da União ou do Estado, dependendo da Justiça onde tramita a ação penal, ainda que não ponham em perigo a segurança das pessoas, a moral ou a ordem pública, nem ofereçam sério risco de ser utilizados para o cometimento de novos crimes".

Embora os dispositivos legais se refiram a *crime*, é cabível a *interpretação extensiva*, de maneira a concluir ser aplicável a *delitos*, ou seja: crime ou contravenção.

---

142. EDUARDO ESPÍNOLA FILHO, *Código de Processo Penal brasileiro anotado*, 5. ed., v. II, p. 357-358.

143. "Ausência de comprovação de origem lícita dos valores. Impossibilidade de devolução. Arts. 118 e 119 do Código de Processo Penal, e 91, II, do Código Penal" (STF, Pet 5.920 AgR/DF, 2ª T., rel. Min. Teori Zavascki, j. 25-10-2016, *DJe* n. 239, de 10-11-2016).

144. Sobre a destinação de arma de fogo, ver o art. 65 do Decreto n. 5.123/2004, com a redação do Decreto n. 8.938/2016.

Não tem sentido lógico, tampouco jurídico, imaginar que tais bens, impregnados e manchados de ilicitude, possam voltar para o patrimônio do criminoso ou de terceiro.

A providência cabível, em casos tais, é o confisco em favor da União, ressalvado o direito do lesado ou de terceiro de boa-fé que detenha prova boa de lícita posse ou propriedade, conforme ressalvam os arts. 91, II, do CP, e 119 do CPP.

É recorrente na prática judiciária, especialmente nos crimes patrimoniais, a apreensão do bem subtraído e sua posterior restituição à vítima.

Se a coisa apreendida configurar produto cujo fabrico, alienação, uso, porte ou detenção constitua fato ilícito, mesmo se ocorrer o arquivamento do inquérito policial ou a absolvição do réu, a perda em favor da União é de rigor, sendo irrelevante a existência, ou não, de declaração judicial nesse sentido.

A prescrição da pretensão executória também não autoriza a restituição de tais bens.[145]

3.4.1.1. Direito do lesado ou de terceiro de boa-fé

Há casos excepcionais em que, mesmo diante de coisa cujo fabrico, alienação, uso, porte ou detenção constitua fato ilícito, a restituição se faz possível.

Com o costumeiro acerto, anotou Espínola Filho que: "Somente em casos especiais, por desaparecerem as causas de proibição de fabricar, possuir e usar tais objetos, ante uma autorização, pode efetuar-se a restituição ao lesado, ou a terceiro, de coisas dessa ordem. É quando se trata de objetos, cuja fabricação, posse, uso, alienação não é proibida de modo absoluto, mas só é permitida a certas pessoas, em razão da sua qualidade ou função, ou mediante autorização adrede dada. Assim, a arma proibida pode ser levada por quem tem licença especial para isso, e, verificada a condição, a sua restituição à vítima de um delito, ou a terceiro, é de ser feita, se já não interessar à instrução da causa".[146]

Outro exemplo: o furto e posterior apreensão de certa quantidade de morfina, que se encontrava legalmente estocada em indústria farmacêutica autorizada. Embora exista restrição à posse e comercialização desse tipo de droga, no exemplo apontado é induvidoso que a empresa-vítima poderá obter a restituição da *res furtiva* apreendida.

De igual maneira, se o mesmo ocorrer em relação a armas de fogo de uso restrito, munições e explosivos, subtraídos do fabricante ou do Exército, ou mesmo armas que se encontrem legalmente em mãos de colecionador, terá lugar a restituição.

3.4.2. Restituição pela autoridade policial

Não havendo dúvida a respeito do direito de quem postula, e se a coisa apreendida não mais interessar aos rumos da investigação ou do processo, o Delegado de Polícia

---

145. "Bens objeto do crime. Consistindo efeito da condenação a sua perda, não há devolvê-los, ainda que sobrevenha a prescrição da pretensão executória" (STJ, RMS 5.526/SP, 5ª T., rel. Min. José Dantas, j. 17-4-1995, *DJe* de 8-5-1995).

146. Eduardo Espínola Filho, *Código de Processo Penal brasileiro anotado*, 5. ed., v. II, p. 362.

que presidir o inquérito ou termo circunstanciado, após a sempre imprescindível oitiva prévia do Ministério Público (CPP, art. 120, § 3º), poderá determinar a restituição do bem apreendido a quem de direito.

Imagine-se hipótese em que determinado veículo envolvido em acidente de trânsito é apreendido para perícia, e, depois de realizada esta, o condutor envolvido no acidente faz prova da legítima propriedade e pede a restituição do bem à autoridade policial.

Nesse exemplo, tirado de situação recorrente na vida prática, periciado o veículo e não havendo razão outra para sua retirada de circulação, não tem sentido mantê-lo apreendido até o final do processo. Tal proceder implicaria inaceitável restrição ao direito de propriedade, constitucionalmente assegurado.

Ressalvadas situações realmente excepcionais, a restituição é de rigor e pode ser feita pela autoridade policial, que para tanto deverá lavrar termo nos autos, documentando a entrega ao proprietário ou ao terceiro por ele indicado.

Se houver dúvida a respeito do direito do postulante, ou se por qualquer razão a autoridade policial não se sentir plenamente segura quanto ao cabimento da restituição, deverá submeter o pedido à apreciação judicial.[147]

3.4.3. Restituição judicial. Procedimento

A matéria está regulada no art. 120 do CPP.

A restituição, quando cabível, poderá ser ordenada pelo Delegado de Polícia ou pelo Juiz de Direito, mediante termo nos autos.

Não havendo dúvida a respeito do direito de quem postula, o pedido tramitará nos próprios autos do processo, e, após a manifestação do Ministério Público, o juiz deverá decidir a respeito.

Se determinada, a restituição deverá ser documentada: será lavrado termo de restituição, que será assinado por quem receber o bem.

---

147. "Cumpre tenham sempre isso em consideração as autoridades policiais, pois muitas delas, no afã de agradar às partes lesadas, agem com tal precipitação, deferindo a restituição pedida, que graves inconvenientes surgem, posteriormente, quando o juiz tem de fazer a apreciação da prova. Muito razoável é se atenda à situação deveras delicada das vítimas; estas, além de sofrerem, em toda a sua extensão, os efeitos imediatos do crime, se veem, efetivamente, incomodadas, quando não sacrificadas, com a continuidade do *statu quo*, retidos, como ficam, à disposição das autoridades, objetos de utilidade, de que necessitam. Deve, porém, considerar se, principalmente, há um interesse público, sempre preponderante, na apuração perfeita do fato e das suas circunstâncias, para isso se fazendo mister não se subtrair aqueles objetos à possibilidade de ser, no estado em que estavam quando se praticou a infração, ou em que ficaram em consequência da ação delituosa, examinados pelas partes e pelo julgador, com a responsabilidade de pronunciar a decisão, pela qual a espécie de fato é submetida à norma disciplinadora" (Eduardo Espínola Filho, *Código de Processo Penal brasileiro anotado*, 5. ed., v. II, p. 358).

Se duvidoso esse direito, formar-se-á o *incidente de restituição*,[148] quando então o juiz determinará que o pedido tramite em separado e concederá ao requerente o prazo de cinco dias para que prove o teor de suas alegações.[149] Em tal caso, só o juiz criminal poderá decidir o *incidente de restituição*.

Se a coisa for apreendida em poder de terceiro de boa-fé, de igual maneira, o juiz determinará que o pedido tramite em separado e concederá prazo de cinco dias para que o postulante produza suas provas. Em seguida, concederá igual prazo para que o terceiro de boa-fé possa alegar e provar o que entender de interesse para a preservação de seu direito.

Vencidos os prazos acima indicados, o postulante e o terceiro terão prazos sucessivos de dois dias cada um para a apresentação das respectivas razões finais.

Em seguida, com ou sem manifestação dos interessados, abrir-se-á vista dos autos ao Ministério Público a fim de que lance seu parecer final.

Em qualquer hipótese, *se restar dúvida sobre quem seja o verdadeiro dono* do bem cuja restituição se pretende, o juiz remeterá as partes para o juízo cível – às vias ordinárias –, ordenando o depósito da *res* em mãos de depositário ou do próprio terceiro que as detinha, se for pessoa idônea.[150]

Já decidiu o Superior Tribunal de Justiça que "a restituição de bens apreendidos depende do fato de não interessarem ao processo e de não haver dúvidas quanto ao direito sobre eles reivindicado".[151] "O Juízo Criminal não decide o processo incidental de restituição, remetendo as partes para o Juízo Cível, caso a complexidade da questão acerca da propriedade demande ampla dilação probatória".[152] Portanto, se, mesmo após a produção de prova no incidente de restituição, persistir dúvida sobre o direito de propriedade, a questão escapa do juízo penal e deve ser decidida no juízo cível.

---

148. "Configura nulidade relativa a inobservância do procedimento previsto no art. 120, § 1º, do Código de Processo Penal que trata da restituição de coisas apreendidas. Desse modo, para que seja reconhecida, deve ser demonstrado o prejuízo resultante do desrespeito à forma do ato que, na espécie, não restou configurado. Recurso especial desprovido" (STJ, REsp 1.121.337/RS, 5ª T, rel. Min. Felix Fischer, j. 19-8-2010, *DJe* de 27-9-2010).

149. "1. O indeferimento de produção de provas nos autos de incidente de restituição de coisa apreendida, por meio do qual a defesa pretendia comprovar a origem lícita de quantia em dinheiro encontrada em poder do acusado quando de sua prisão em flagrante pela suposta prática do delito de tráfico de entorpecentes, configura cerceamento de defesa. 2. O próprio Código de Processo Penal, nos §§ 1º e 4º do art. 120, prevê a instrução probatória no incidente de restituição, com o fim de comprovar a propriedade da coisa. 3. Ordem concedida para anular a decisão no incidente de restituição de coisa apreendida, determinando-se a reabertura de prazo para a produção da prova testemunhal requerida" (STJ, HC 139.656/GO, 5ª T., rel. Min. Jorge Mussi, j. 21-9-2010, *DJe* de 18-10-2010).

150. "Militando em favor do adquirente a presunção de boa-fé, estando ainda na posse do bem, é possível designá-lo como depositário, até solução pelo juízo da causa" (STJ, RMS 1.633/SP, 5ª T., rel. Min. Edson Vidigal, j. 7-10-1992, *DJe* de 26-10-1992).

151. STJ, AgRg na Pet. 8.260/DF, Corte Especial, rel. Min. João Otávio de Noronha, j. 31-8-2011, *DJe* de 26-9-2011.

152. STJ, REsp 788.301/PA, 5ª T., rel. Min. Laurita Vaz, j. 10-9-2009, *DJe* de 28-9-2009.

Tratando-se de coisas *facilmente deterioráveis*, para evitar o perecimento durante a tramitação do procedimento de restituição, o juiz deverá determinar sejam avaliadas e levadas a leilão público. O dinheiro apurado será depositado em conta judicial com atualização monetária ou entregue ao terceiro que as detinha, se houver prova nos autos a respeito de tratar-se de pessoa idônea e assinar termo de responsabilidade.

Decidida definitivamente a restituição, o juiz autorizará o levantamento do dinheiro junto à entidade bancária por quem de direito, e para tanto mandará expedir o respectivo alvará, ou, na segunda opção, determinará a notificação daquele em poder de quem se encontrar para que proceda à entrega.

3.4.4. *Coisa adquirida com os proventos da infração*

Os bens adquiridos com os proventos da prática delitiva **devem ser objeto de sequestro**, e não de apreensão.

Pode ocorrer, entretanto, que a apreensão inicial se faça recomendada em razão de repercutir na prova do processo, hipótese excepcional em que não poderá ser afastada. Apreendido o bem, descabe falar em restituição a quem quer que seja, devendo recair sobre ele a medida assecuratória de sequestro, que estudaremos mais adiante, bastando para tanto a existência de *indícios veementes* da proveniência ilícita do bem, conforme consta nos arts. 121, 126 e 132 do CPP.

Transitada em julgado a sentença condenatória, o juiz penal (a competência não é do juízo cível), de ofício ou a requerimento do interessado, determinará a avaliação e a venda do bem em leilão público. O dinheiro apurado será destinado ao lesado ou ao terceiro de boa-fé, e o saldo, se houver, será recolhido ao Tesouro Nacional.

3.4.5. *Destinação dos objetos apreendidos*

Como bem observou ESPÍNOLA FILHO, "os objetos apreendidos só se conservam nesse estado, enquanto interessarem à instrução da causa, pelo que, decidida por sentença definitiva, transitada em julgado, devem ter o destino competente".[153]

Pois bem. Com o advento da Lei n. 13.964/2019, após o trânsito em julgado da *sentença condenatória*, se não for determinada a restituição ou o sequestro e consequente alienação pública, se for caso, o juiz, de ofício ou a requerimento do interessado ou do Ministério Público, determinará a avaliação e a venda em leilão público dos bens cujo perdimento tenha sido decretado.

O dinheiro apurado será destinado ao lesado ou a terceiro de boa-fé, conforme a hipótese dos autos, e eventual valor remanescente deverá ser depositado em favor do Fundo Penitenciário Nacional, exceto se houver previsão diversa em lei especial.

De igual maneira, vencida a utilidade probatória, nos casos em que não for determinada a restituição, sequestro ou perda em favor da União, se dentro no prazo

---

153. EDUARDO ESPÍNOLA FILHO, *Código de Processo Penal brasileiro anotado*, 5. ed., v. II, p. 357.

de 90 (noventa) dias, a contar da data em que transitar em julgado a sentença final, *condenatória* ou *absolutória*, e mesmo nas hipóteses de *arquivamento do inquérito* ou *extinção da punibilidade*, os objetos apreendidos não forem reclamados ou não pertencerem ao réu, serão vendidos em leilão, depositando-se o saldo à disposição do juízo de ausentes (CPP, art. 123; CPC/2015, arts. 744 e 745).

Os instrumentos do crime, cuja perda em favor da União for decretada, e as coisas confiscadas serão inutilizados ou recolhidos a museu criminal, se houver interesse na sua conservação (CPP, art. 124). O art. 124-A do CPP, introduzido pelo art. 3º da Lei n. 13.964/2019, determina que "Na hipótese de decretação de perdimento de obras de arte ou de outros bens de relevante valor cultural ou artístico, se o crime não tiver vítima determinada, poderá haver destinação dos bens a museus públicos".

Quando houver interesse público, o juiz poderá autorizar "a utilização de bem sequestrado, apreendido ou sujeito a qualquer medida assecuratória pelos órgãos de segurança pública previstos no art. 144 da Constituição Federal, do sistema prisional, do sistema socioeducativo, da Força Nacional de Segurança Pública e do Instituto Geral de Perícia, para o desempenho de suas atividades. O órgão de segurança pública participante das ações de investigação ou repressão da infração penal que ensejou a constrição do bem terá prioridade na sua utilização" (art. 133-A, *caput* e § 1º, do CPP). Referidos bens só podem ser destinados a órgãos públicos e a ordem listada deve ser rigorosamente observada. Somente na hipótese de não haver interesse de qualquer dos órgãos anteriormente indicados é que o magistrado poderá destinar tais bens a órgãos públicos diversos, desde que demonstrada a existência de interesse público na adoção de tal providência.

Se o bem apreendido consistir em veículo, embarcação ou aeronave, o juiz ordenará à autoridade de trânsito ou ao órgão de registro e controle a expedição de certificado provisório de registro e licenciamento em favor do órgão público beneficiário. Ressalvado o direito do lesado ou de terceiro de boa-fé, em caso de condenação com decretação do perdimento de bens, após o trânsito em julgado o juiz poderá determinar a transferência definitiva da propriedade ao órgão público beneficiário ao qual foi custodiado o bem (§§ 3º e 4º do art. 133-A do CPP).

Dispõe o art. 25, *caput*, da Lei n. 10.826/2003 (Estatuto do Desarmamento) que: "As armas de fogo apreendidas, após a elaboração do laudo pericial e sua juntada aos autos, quando não mais interessarem à persecução penal serão encaminhadas pelo juiz competente ao Comando do Exército, no prazo de até 48 (quarenta e oito) horas, para destruição ou doação aos órgãos de segurança pública ou às Forças Armadas, na forma do regulamento desta Lei".

Na Lei n. 11.343/2006 (Lei de Drogas), a matéria referente à apreensão, arrecadação e destinação de bens está regulada nos arts. 60 a 64.[154]

---

154. Sobre a matéria, consultar nosso livro: *Tóxicos*, 11. ed., São Paulo, Saraiva, 2017.

3.4.6. *Ataque recursal*

Cabe recurso de apelação contra decisão que defere ou indefere pedido de restituição de coisa apreendida, por se tratar de decisão interlocutória mista ou com força de definitiva (CPP, art. 593, II), visto que coloca fim ao incidente processual.

Se proferida em sede de execução penal, pelo juízo da execução, o recurso tipificado é o agravo em execução (LEP, art. 197).[155]

Em situações excepcionais, concedida ou negada a restituição, é cabível a impetração de mandado de segurança,[156] com vistas a evitar a ocorrência de dano de difícil reparação.[157]

3.5. Das medidas assecuratórias

As *medidas assecuratórias* são providências de cunho patrimonial adotadas em *procedimentos incidentes*, que, portanto, devem ser decididos no curso do processo criminal.

Visam impor restrições à fruição do produto do crime ou qualquer proveito ou vantagem que dele decorra; assegurar a recomposição do patrimônio lesado, com justa indenização ou reparação do dano causado à vítima, bem como o pagamento de eventuais penas pecuniárias e despesas processuais.

São três as medidas assecuratórias tipificadas no CPP, que configuram verdadeiras *medidas cautelares reais*,[158] a saber: (1) *sequestro*; (2) *especialização de hipoteca legal* e (3) *arresto*.

Leis especiais também tratam de medidas assecuratórias, tal como ocorre com a Lei n. 11.343/2006 (Lei de Drogas), que em seus arts. 60 a 64 regula a apreensão, arrecadação e destinação de bens móveis, imóveis e valores, consistentes em produto de crime nela tipificado, e com a Lei de Lavagem ou Ocultação de Bens (Lei n. 9.613/98), conforme seu art. 4º, § 4º, segundo o qual "poderão ser decretadas medidas assecuratórias sobre bens, direitos ou valores para reparação do dano decorrente da infração penal antecedente ou da prevista nesta Lei ou para pagamento de prestação pecuniária, multa e custas".

3.5.1. *Sequestro*

O sequestro configura medida cautelar de natureza real, que pode ser decretada em face do cometimento de delito de ação pública ou privada.

---

155. Sobre execução penal: Renato Marcão, *Curso de execução penal*, 17. ed., São Paulo, Saraiva, 2019; *Lei de execução penal anotada*, 6. ed., São Paulo, Saraiva, 2017; *Execução penal*, São Paulo, Saraiva, 2012, Coleção Saberes do Direito, v. 9.

156. Sobre mandado de segurança em matéria criminal, conferir: Renato Marcão e outros, *Comentários à lei do mandado de segurança*, 4. ed., São Paulo, Revista dos Tribunais, 2015.

157. STJ, RMS 17.994/SP, 6ª T., rel. Min. Paulo Gallotti, j. 6-12-2004, *DJe* de 9-2-2005.

158. "Para decretação de medidas cautelares reais, basta a configuração do *fumus comissi delicti*, consistente na existência de materialidade delitiva e de indícios de autoria, e do *periculum in mora*, relativo à probabilidade de que, durante o curso do processo, os bens se deteriorem ou se percam, impossibilitando, dessa forma, eventual ressarcimento dos danos advindos do ilícito penal" (STJ, AgRg no REsp 1.166.754/PR, 6ª T., rel. Min. Maria Thereza de Assis Moura, j. 4-10-2011, *DJe* de 17-10-2011).

Ressalvado o direito do lesado ou de terceiro de boa-fé, constitui efeito da condenação (CP, art. 91, II, *b*) a perda, em favor da União, do *produto do crime* (vantagem diretamente obtida com a prática delitiva) ou de qualquer bem ou valor que constitua *proveito auferido* pelo agente *com a prática do fato criminoso* (bens adquiridos com o proveito do crime).

Sabido que, muitas vezes, o investigado ou acusado pode dar rápido e desconhecido destino ao *proveito* que do delito decorre, o sequestro se apresenta como medida jurídica célere, apta a acautelar tais bens e, com isso, evitar maiores danos ao lesado ou ao terceiro de boa-fé, bem como à União, destinatários finais dos benefícios proporcionados por essa modalidade de procedimento incidente.

3.5.1.1. Bens que podem ser sequestrados

O sequestro pode recair sobre bens *imóveis*[159] (art. 125) e *móveis*[160] (art. 132), desde que se trate de *bem determinado; específico*. Não cabe sequestro sobre bem indeterminado ou sobre a generalidade dos bens do apontado autor do delito.

Não é todo e qualquer bem que se encontra sujeito a esse tipo de medida constritiva, visto ser ela *cabível apenas em relação àqueles bens adquiridos pelo indiciado ou acusado com os proveitos da infração penal*,[161] ainda que já tenham sido transferidos a terceiro (CPP, art. 125).

Proceder-se-á ao sequestro dos bens móveis se, havendo indícios veementes da proveniência ilícita, não for cabível a medida de busca e apreensão regulada no art. 240 do CPP.

Em relação ao *produto do crime*, não se determina sequestro, mas busca e apreensão (CPP, art. 240, § 1º, *b*).

---

159. Conforme o Código Civil brasileiro: "Art. 79. São bens imóveis o solo e tudo quanto se lhe incorporar natural ou artificialmente. Art. 80. Consideram-se imóveis para os efeitos legais: I – os direitos reais sobre imóveis e as ações que os asseguram; II – o direito à sucessão aberta. Art. 81. Não perdem o caráter de imóveis: I – as edificações que, separadas do solo, mas conservando a sua unidade, forem removidas para outro local; II – os materiais provisoriamente separados de um prédio, para nele se reempregarem".

160. Conforme o Código Civil brasileiro: "Art. 82. São móveis os bens suscetíveis de movimento próprio, ou de remoção por força alheia, sem alteração da substância ou da destinação econômico-social. Art. 83. Consideram-se móveis para os efeitos legais: I – as energias que tenham valor econômico; II – os direitos reais sobre objetos móveis e as ações correspondentes; III – os direitos pessoais de caráter patrimonial e respectivas ações. Art. 84. Os materiais destinados a alguma construção, enquanto não forem empregados, conservam sua qualidade de móveis; readquirem essa qualidade os provenientes da demolição de algum prédio".

161. "O sequestro deve recair sobre os produtos, diretos ou indiretos, do crime, pois seu escopo é o de propiciar o perdimento desses bens" (STJ, RMS 23.044/PR, 6ª T., rel. Min. Jane Silva, j. 5-5-2009, *DJe* de 8-6-2009). "Embora existam divergências quanto aos limites e à finalidade do sequestro de bens no processo penal, remanesce coerente entendê-lo como medida que preserva os bens tidos como produto ou provento do crime, retirando-os da esfera de liberdade do agente até que acertada a pretensão acusatória" (STJ, REsp 882.400/RJ, 6ª T., rel. Min. Maria Thereza de Assis Moura, j. 22-11-2007, *DJe* de 10-12-2007).

Quando se tratar de crime praticado em detrimento da Fazenda Pública, calha observar que: "O Superior Tribunal de Justiça já se manifestou no sentido de que o sequestro de bens de pessoa indiciada ou já denunciada por crime de que resulta prejuízo para a Fazenda Pública, previsto no Decreto-Lei n. 3.240/41, tem sistemática própria e não foi revogado pelo Código de Processo Penal em seus arts. 125 a 133, continuando, portanto, em pleno vigor, em face do princípio da especialidade. O art. 3º do Decreto-Lei n. 3.240/41 estabelece para a decretação do sequestro ou arresto de bens imóveis e móveis a observância de dois requisitos: a existência de indícios veementes da responsabilidade penal e a indicação dos bens que devam ser objeto da constrição. Com efeito, o sequestro ou arresto de bens previsto na legislação especial pode alcançar, em tese, qualquer bem do indiciado ou acusado por crime que implique prejuízo à Fazenda Pública, diferentemente das idênticas providências cautelares previstas no Código de Processo Penal, que atingem somente os bens resultantes do crime ou adquiridos com o proveito da prática delituosa. Tem-se, portanto, um tratamento mais rigoroso para o autor de crime que importa dano à Fazenda Pública, sendo irrelevante, na hipótese, o exame em torno da licitude da origem dos bens passíveis de constrição".[162]

3.5.1.2. Momento da decretação

O sequestro pode ser decretado em qualquer fase do inquérito ou do processo de natureza criminal.

Não cabe sequestro de bens na fase de execução da pena, visto que constitui efeito da sentença penal condenatória a perda em favor da União dos bens sequestráveis, tal como regulamenta o art. 91, II, *b*, do CP.

Com efeito, se já ocorreu perda em favor da União, não há como pensar em sequestro desses mesmos bens em momento posterior.

3.5.1.3. Requisitos

São requisitos para a decretação do sequestro: (*1*) a prática de fato descrito como *infração penal*, (2) existência de *indícios*[163] *veementes* da *proveniência ilícita dos bens*[164] e (3) *periculum in mora*.

Por *infração penal* entenda-se: crime ou contravenção.

---

162. STJ, REsp 1.124.658/BA, 6ª T., rel. Min. Og Fernandes, j. 17-12-2009, *DJe* de 22-2-2010. *No mesmo sentido*: STJ, AgRg no REsp 1.166.754/PR, 6ª T., rel. Min. Maria Thereza de Assis Moura, j. 4-10-2011, *DJe* de 17-10-2011.

163. Ver o art. 239 do CPP.

164. "Portanto, para que o sequestro seja válido, necessária a presença de indícios de que o bem tenha sido adquirido com proventos da infração" (STJ, RMS 28.627/RJ, 5ª T., rel. Min. Jorge Mussi, j. 6-10-2009, *DJe* de 30-11-2009).

Indício, em sentido amplo, ensina Zwanck,[165] corresponde, modernamente, a sinal, argumento, vestígio, indicação, aspecto, aparência, mostra, rasto, marca, pegada, descoberta, revelação.

Para Mittermaier, indício é um fato em relação tão precisa com outro fato que, de um, o juiz chega ao outro por uma conclusão natural.[166]

Segundo Malatesta, no indício, que é modalidade de prova indireta, "a coisa que se apresenta como verdadeira é sempre diversa da desconhecida, que se faz conhecer".[167]

De acordo com as graduações de probabilidade que o indício fornece; conforme a verossimilhança que dele se extrai, na medida em que se afasta da simples probabilidade, é possível distinguir *meros indícios* de *indícios veementes*, conforme sua substância probatória.

Para o deferimento da medida, não se exige prova robusta; é suficiente a demonstração de indícios veementes, sérios, a indicar que determinado bem foi adquirido com proveito obtido com a prática delitiva. Exemplo: são sequestráveis o apartamento, as joias e veículos adquiridos com dinheiro roubado (CP, art. 157) ou proveniente de corrupção passiva (CP, art. 317).

Os dois primeiros requisitos representam o *fumus boni juris*, mas, por estarmos diante de medida acautelatória, é indispensável a presença do *periculum in mora*; é preciso estar evidenciado que a medida se faz urgente, sob pena de ineficácia, e tanto isso é exato que, se for determinada na fase de inquérito, a ação penal deverá ser ajuizada no prazo de sessenta dias, contados de sua efetivação, sob pena de levantamento do sequestro, conforme veremos mais adiante.

3.5.1.4. Juiz competente e legitimação ativa

A decretação de qualquer medida assecuratória é matéria de competência jurisdicional.

Conforme o momento em que se verificar, a competência para decretar o sequestro de bens é do juiz juiz das garantias, quando e onde estiver implementado[168]

---

165. Carlos Alberto Zwanck, *Indícios*, Enciclopédia Jurídica Omeba, Buenos Aires, Editora Bibliográfica Argentina, t. XV, 1967, p. 487.

166. C. J. A. Mittermaier, *Tratado da prova em matéria criminal*, 1871, p. 497.

167. Nicola Framarino Dei Malatesta, *A lógica das provas em matéria criminal*, tradução de Alexandre Augusto Correia e anotações de Hélio Pereira Bicudo, São Paulo, Saraiva, 1960, v. I, p. 221.

168. Após a publicação da Lei n. 13.964/2019 foram ajuizadas no Supremo Tribunal Federal três ações diretas de inconstitucionalidade questionando alguns de seus dispositivos – ADI 6.298, 6.299 e 6.300 –, e no dia 15 de janeiro de 2020 o Min. Dias Toffoli concedeu medida cautelar nos autos da ADI 6.298, para, entre outras coisas: "**(i)** suspender-se a eficácia dos **arts. 3º-D, parágrafo único, e 157, § 5º**, do Código de Processo Penal, incluídos pela Lei n. 13.964/19; **(ii)** suspender-se a eficácia dos arts. 3º-B, 3º-C, 3º-D, *caput*, 3º-E e 3º-F do CPP, inseridos pela Lei n. 13.964/2019, até a efetiva implementação do juiz das garantias pelos tribunais, o que deve-

(da instauração do inquérito até o recebimento da denúncia ou queixa) ou do juiz de instrução e julgamento (após o recebimento do processo de natureza criminal, até o momento da sentença).

Vedada a decretação *ex officio*, a medida pode ser imposta pelo juiz em razão de requerimento do Ministério Público ou do ofendido,[169] ou, ainda, em acolhimento à representação formulada pela autoridade policial que oficiar nos autos do inquérito.

O *assistente* do Ministério Público pode postular sequestro de bens?

Claro que sim.

Podem figurar como *assistente*: o ofendido, seu representante legal, ou, na falta, qualquer das pessoas mencionadas no art. 31 do CPP (cônjuge, ascendente, descendente ou irmão) (CPP, art. 268).

Embora o art. 127 do CPP se refira apenas ao *ofendido* como legitimado e o art. 271 não disponha expressamente, não tem sentido imaginar o contrário, já que, no mais das vezes, a atuação do assistente no processo penal, seja ele quem for, tem como *principal objetivo* (mas não o único) a recomposição do patrimônio lesado, medida que se consegue com a reparação dos danos sofridos, sendo esta uma das finalidades do sequestro de bens.

3.5.1.5. Procedimento

O pedido de sequestro deve ser feito por escrito, em petição específica, que deverá ser apresentada com as provas disponíveis a respeito do alegado, sem prejuízo da indicação de outras que se pretenda produzir (requisição de documentos fiscais, bancários etc.).

Seu processamento corre em separado.

Vencido o juízo de prelibação (análise inicial de seu cabimento quando deflagrado por provocação) e determinado o sequestro, se recair sobre bem imóvel, depois de efeti-

---

rá ocorrer **no prazo máximo de 180 (cento e oitenta) dias, contados a partir da publicação desta decisão; (iii)** conferir-se interpretação conforme às normas relativas ao juiz das garantias (arts. 3º-B a 3º-F do CPP), para esclarecer que não se aplicam às seguintes situações: (a) processos de competência originária dos tribunais, os quais são regidos pela Lei n. 8.038/90; (b) processos de competência do Tribunal do Júri; (c) casos de violência doméstica e familiar; e (d) processos criminais de competência da Justiça Eleitoral".

Ainda em confronto com as inovações determinadas pela Lei n. 13.964/2019, no dia 22 de janeiro de 2020, nos autos da ADI 6.298, na condição de relator das ADIs 6.298, 6.299, 6.300 e 6305, o Min. Luiz Fux revogou a decisão monocrática constante das ADIs 6.298, 6.299, 6.300 e suspendeu *sine die* a eficácia da implantação do juiz das garantias e seus consectários (arts. 3º-A, 3º-B, 3º-C, 3º-D, 3ª-E, 3º-F, do CPP); da alteração do juiz sentenciante que conheceu de prova declarada inadmissível (art. 157, § 5º, do CPP); e concedeu a medida cautelar requerida nos autos da ADI 6.305, para suspender *sine die* a eficácia, da alteração do procedimento de arquivamento do inquérito policial (art. 28, *caput*, CPP), e da ilegalidade da prisão pela não realização da audiência de custódia no prazo de 24 horas (art. 310, § 4º, do CPP).

169. "Em acordo ao disposto no art. 127 do Código de Processo Penal, o ofendido tem legitimidade para requerimento de sequestro de bens" (STJ, REsp 846.025/RS, 5ª T., rel. Min. Felix Fischer, j. 30-5-2008, *DJe* de 4-8-2008).

vado, o juiz ordenará a sua inscrição no Registro de Imóveis, de modo a dar formal publicidade à indisponibilidade do bem e resguardar direitos, especialmente em relação a terceiro, que não poderá alegar boa-fé caso adquira bem sujeito a tal constrição.

A partir daí a questão patrimonial entra em compasso de espera, até que o processo criminal seja definitivamente solucionado.

Se a ação penal for julgada procedente, após o trânsito em julgado da sentença condenatória, o juiz, a requerimento do interessado, determinará a avaliação e a venda em leilão público do bem sequestrado.

O valor arrecadado com a venda pública será destinado ao lesado e/ou ao terceiro de boa-fé. O saldo, se houver, será recolhido ao Tesouro Nacional.

3.5.1.6. Ataque recursal

A decisão que concede ou nega pedido de sequestro de bens pode ser atacada com recurso de apelação (CPP, art. 593, II).

3.5.1.7. Cabimento de embargos e competência para julgamento

Efetivado o sequestro, admite-se *defesa* ou *contrariedade* à medida por meio de embargos,[170] que nos termos dos arts. 129 e 130 do CPP podem ser interpostos pelo investigado ou acusado e também por terceiro de boa-fé (terceiro senhor e possuidor, ou apenas possuidor).

De início, cumpre estabelecer a diferença que há entre o *terceiro de boa-fé* que nada tem com a situação tratada no processo criminal, ao qual não se vincula seu patrimônio, e ainda assim sofre os efeitos da decisão que determina o sequestro (CPP, art. 129), e o *terceiro de boa-fé* que se encontra vinculado à questão penal por ter adquirido, a título oneroso, bem sujeito a sequestro (CPP, art. 130, II).

Em verdade, a defesa apresentada pelo investigado ou acusado, e também pelo terceiro de boa-fé que adquiriu a título oneroso bens sequestráveis, traduz verdadeira contestação ou impugnação à medida constritiva, e não embargos propriamente. Da interposição de embargos só se pode falar, tecnicamente, e a teor do disposto no art. 674 do CPC/2015, em relação ao terceiro que não tem qualquer relação com a prática penal tratada no processo principal ou seu autor, e foi atingido indevidamente em seu patrimônio com o sequestro de bens.

170. "A via impugnativa dos embargos, prevista no art. 130 do CPP, é cabível no caso de o sequestro recair sobre bens imóveis adquiridos com os proventos da infração, medida constritiva prevista no art. 125 do mesmo diploma processual. Mostra-se inviável o oferecimento dos embargos previstos no art. 130, I, do CPP, contra o sequestro prévio a que se refere o art. 136 do CPP, que tem natureza de garantia à hipoteca legal (art. 134 do CPP) e que atinge quaisquer bens imóveis do réu para assegurar posterior especialização e inscrição desses bens" (STJ, RMS 14.465/SC, 5ª T., rel. Min. Arnaldo Esteves Lima, j. 15-3-2005, *DJe* de 9-5-2005).

O art. 130, I e II, do CPP, restringe as matérias que podem ser discutidas em sede de embargos (que têm natureza de contestação), de tal sorte que o *acusado* somente poderá valer-se da via processual para alegar e provar que o bem sequestrado *não foi adquirido com aquilo que lhe rendeu a infração penal* (proveitos da infração).

Em relação ao *terceiro*, a quem houverem os bens sido transferidos a título oneroso, só caberão embargos sob o fundamento de tê-los adquirido de *boa-fé*.

É oportuna nesse momento a observação de PACELLI quando aponta que "a exigência de fundamentação *vinculada* (às matérias mencionadas no art. 130, CPP) dos embargos pode esbarrar, no caso concreto, nas franquias constitucionais do devido processo legal, uma vez que ninguém será privado de seus bens sem a sua observância (art. 5º, LIV)",[171] cumprindo se respeitem os princípios da ampla defesa e do contraditório, a reclamar, por vezes, a necessidade de discussão mais ampla.

Mas é preciso considerar que, em relação aos embargos a que se refere o art. 129 do CPP – que podem ser interpostos pelo terceiro cujo patrimônio não guarda qualquer relação com o processo de natureza criminal –, não há igual limitação temática; inexiste fundamentação vinculada.

A competência para julgar os embargos é do juiz penal que determinou o sequestro; tudo se resolve na vara criminal em que tramita o processo principal (o processo-crime que serve de base para a cautelar).

Com o intuito de evitar decisões contraditórias, o parágrafo único do art. 130 do CPP determina que o juiz só poderá decidir os embargos depois do trânsito em julgado da sentença penal condenatória, mas, quando se tratar de embargos de terceiro de boa-fé que não tem qualquer relação com o processo, essa regra não deve ser aplicada, pois, como apreendeu NUCCI, nesse caso os embargos devem ser julgados tão logo termine a instrução do procedimento incidente, visto que "não há razão de se reter o bem imóvel de terceiro inocente, que relação alguma tem com o crime, por tempo excessivo".

Com o mesmo olhar que anteriormente apresentamos, justifica o jurista: "A diferença existente entre este terceiro de boa-fé, estranho ao processo criminal, e o terceiro de boa-fé do art. 130, II, do CPP, que se vale de uma impugnação ao pedido de sequestro, é a seguinte: o primeiro não adquiriu o bem imóvel sobre o qual recaiu o sequestro diretamente do indiciado ou acusado, podendo ter havido mera confusão a respeito da ordem de constrição judicial. Ilustrando: ordena o juiz o sequestro da casa 1-A do condomínio, mas a medida é lavrada no tocante a casa 1-B. O proprietário deste imóvel interpõe embargos de terceiro, com base no art. 129, merecendo julgamento imediato. Quanto ao terceiro adquirente, a título oneroso, do imóvel, cabe a previsão feita no parágrafo único do art. 130, ou seja, os

171. EUGÊNIO PACELLI, *Curso de processo penal*, p. 323.

embargos por ele interpostos serão apreciados somente após o término definitivo do processo criminal".[172]

3.5.1.8. Levantamento do sequestro

O art. 131 do CPP indica situações jurídicas em que o sequestro perderá sua eficácia, quando então será *levantado*.

O *levantamento do sequestro* nada mais é do que o término de seus efeitos; o fim da constrição judicial outrora determinada sobre bem específico, o que não impede eventual ação de reparação civil; não obsta a iniciativa do lesado no juízo cível, em ação própria, com vistas à recomposição do patrimônio diminuído por consequência da prática delitiva.

Caberá o levantamento do sequestro:

1) Se, determinado na fase de investigação, a ação penal não for intentada no prazo de sessenta dias, contado da data em que ficar concluída a diligência.[173]

A inércia ou desídia, em tal caso, está a indicar que a medida não era urgente, e por isso deve perder sua eficácia.

2) Se o terceiro, a quem tiverem sido transferidos os bens, prestar caução que assegure a aplicação do disposto no art. 91, II, *b*, segunda parte, do CP.

3) Se for julgada extinta a punibilidade ou absolvido o réu, por sentença transitada em julgado.

A sentença de extinção da punibilidade não altera o direito de que dispõe o lesado de perseguir no juízo cível a justa reparação do dano sofrido. De igual maneira, considerando o fundamento que se utilizar, a sentença absolutória também não produz empecilho à via reparatória, tal como irá ocorrer quando o réu for absolvido por não existir prova suficiente para a condenação (CPP, art. 386, VII).

3.5.2. *Especialização de hipoteca legal*

Constitui efeito automático da condenação tornar certa a obrigação de indenizar o dano causado pelo delito (CP, art. 91, I).

---

172. Guilherme de Souza Nucci, *Manual de processo e execução penal*, 14. ed., Rio de Janeiro, Forense, 2017, p. 325.

173. "A análise acerca da violação ao art. 131, I, do Código de Processo Penal não passa apenas por uma verificação aritmética, devendo ser analisada à luz do princípio da razoabilidade, segundo as circunstâncias detalhadas de cada caso concreto" (STJ, REsp 1.057.650/RS, 6ª T., rel. Min. Maria Thereza de Assis Moura, j. 16-2-2012, *DJe* de 5-3-2012). "Apesar de não ter sido intentada a ação penal no prazo descrito no art. 131, I, do CPP, o sequestro merece ser mantido, considerando a excepcionalidade do caso e as informações ministeriais no sentido de não se tratar de inércia daquele órgão, mas, sim, de dificuldades no cumprimento de certas diligências e na apuração dos fatos" (STJ, RMS 9.999/SP, 5ª T., rel. Min. José Arnaldo da Fonseca, j. 1º-6-1999, *DJe* de 28-6-1999).

A hipoteca de bens imóveis pode decorrer da livre manifestação de vontade das partes, quando então é denominada *hipoteca convencional*; de determinação judicial manifestada em sentença, hipótese em que é chamada de *hipoteca judicial*, ou de previsão legal específica, como é o caso sob análise, por isso chamada *hipoteca legal*.

A medida assecuratória de especialização de hipoteca legal é procedimento cautelar incidente, de natureza real, que tem por finalidade separar, do patrimônio do autor do delito, bens suficientes para o pagamento de eventual indenização – reparação dos danos causados com a ação ilícita –, pagamento de custas e despesas processuais.

Também está prevista no Código Civil, no qual o art. 1.489, I, dispõe que a lei confere hipoteca ao ofendido, ou aos seus herdeiros, sobre os imóveis do delinquente, para satisfação do dano causado pelo delito e pagamento das despesas judiciais.

3.5.2.1. Requisitos

A especialização de hipoteca reclama a satisfação de dois requisitos, a saber: (*1*) *certeza* da ocorrência da infração penal, e (2) *indícios* suficientes da respectiva autoria.

Para afirmar *certeza* é preciso *prova inequívoca* de que o crime de fato ocorreu. Não basta, portanto, a afirmação de meros indícios a esse respeito.

Seja como for, o legislador se equivocou ao exigir *certeza* a respeito da ocorrência do delito, visto que *certeza* – mesmo –, juridicamente falando, só poderá ser afirmada, e ainda assim com alguma reserva, após o trânsito em julgado da sentença penal que decidir sobre o fato dotado de aparência ilícita, porquanto vigorante entre nós o princípio da presunção de inocência.

Ora, se a medida de especialização de hipoteca pode ser determinada ainda na fase de inquérito, é no mínimo estranho afirmar tal *certeza* nesse momento inicial da persecução.

Sendo assim, onde se lê *certeza da ocorrência da infração penal*, entenda-se: *prova da existência do delito*, tal como se verifica no art. 311 do CPP, que trata da prisão preventiva.

Sobre indícios e sua força probante, para evitar o enfaro da repetição sugerimos consulta ao que escrevemos a tal respeito no capítulo destinado ao tema *prova*.

3.5.2.2. Bens sujeitos à hipoteca legal

Ao contrário do sequestro, a hipoteca *só pode recair sobre bens imóveis* e não visa patrimônio litigioso, que tenha origem ilícita por guardar relação com a prática delitiva (produto do crime ou vantagem dele advinda). Ao contrário, *recai apenas sobre bem livre, de origem lícita*.

Deve recair sobre *imóvel determinado*, específico.

O art. 1.473, I, do Código Civil, diz que podem ser objeto de hipoteca os imóveis e os acessórios dos imóveis conjuntamente com eles.

3.5.2.3. Legitimação ativa. Quem pode requerer?

Na letra da lei, somente o ofendido, sujeito passivo que sofreu as consequências patrimoniais da infração penal, seu representante legal ou herdeiros podem requerer especialização de hipoteca.

Configura atribuição do Ministério Público, entretanto, promover as medidas tendentes à especialização de hipoteca em duas hipóteses: (*1*) se houver interesse da Fazenda Pública, ou (2) se o ofendido for pobre e o requerer (CPP, art. 142).

Cabe pedido formulado por *assistente da acusação* e, quanto a esse assunto, reiteramos o anotado no mesmo sentido quanto à legitimação ativa no tocante ao pedido de sequestro de bens.

3.5.2.4. Momento em que pode ser requerida

O art. 134 do CPP diz que a hipoteca legal sobre os imóveis *do indiciado* poderá ser requerida pelo ofendido em qualquer fase do *processo*, desde que haja *certeza da infração* e *indícios suficientes da autoria*.

Pode, portanto, ser requerida durante a fase de investigação e no curso do processo.

A possibilidade de especialização de hipoteca legal na fase de investigação decorre não apenas da referência expressa ao *indiciado*, mas também da indicação dos requisitos: *certeza da infração* e *indícios suficientes da autoria*.

Com efeito, se fosse cabível tal medida assecuratória apenas na fase do processo, não haveria necessidade de indicar tais requisitos, pois não é possível – juridicamente – instaurar processo criminal sem que exista *prova da existência do delito* e *indícios suficientes da autoria*, do que decorreria a absoluta desnecessidade de destacar a verificação dos requisitos apontados, não fosse caso de detectá-los já na fase de investigação.

3.5.2.5. Requerimento e procedimento

O ofendido deve formular seu pedido de especialização de hipoteca por petição escrita, na qual deve narrar objetivamente os fatos; estimar o valor da responsabilidade civil e da correspondente reparação pretendida, bem como indicar o imóvel ou imóveis em que deve recair, estimando também o valor do referido patrimônio que pretende submeter à constrição judicial, de modo a demonstrar que há proporcionalidade de valores.

A petição deve ser instruída com as provas ou indicação das provas em que se fundar a estimação da responsabilidade, com a relação dos imóveis que o responsável possuir, se outros tiver, além dos indicados no requerimento, e com os documentos comprobatórios do domínio (CPP, art. 135, § 1º).

Recebido o pedido, que tramitará em separado, apenso ao processo criminal, o juiz determinará que se faça o arbitramento do valor da provável responsabilidade civil e à avaliação do patrimônio imóvel indicado pelo requerente, sobre o qual deva recair a hipoteca, valendo-se para tanto de avaliador judicial, ou, na falta deste, de perito de sua confiança, sendo facultada a qualquer deles a consulta dos autos do processo respectivo.

Ato contínuo, o juiz determinará a notificação das partes para que se manifestem sobre o arbitramento dos valores no prazo comum de dois dias (prazo que corre em cartório, sem a retirada dos autos por qualquer dos interessados), após o que poderá alterar, ou não, o arbitramento do valor da responsabilidade civil, para menos ou para mais, conforme lhe parecer excessivo ou deficiente.

Eventuais impugnações dos interessados, a depender da consistência dos fundamentos, poderão ser submetidas ao avaliador ou ao perito que tiver atuado nos autos, caso o juiz entenda imprescindível tal providência, não sendo demais lembrar, nesse passo, que o juiz não está adstrito aos laudos e trabalhos técnicos, podendo aceitá-los ou rejeitá-los, no todo ou em parte (CPP, art. 182).

Fixado o valor, o juiz autorizará somente a inscrição da hipoteca do imóvel ou imóveis necessários à garantia da responsabilidade civil arbitrada, cumprindo se façam as providências quanto ao *ônus real* junto ao cartório de registro do lugar do imóvel, ou no de cada um deles, se o título se referir a mais de um.[174]

Se o investigado ou réu oferecer *caução suficiente*, em dinheiro ou em títulos de dívida pública, pelo valor de sua cotação em Bolsa, o juiz *poderá* deixar de mandar proceder à inscrição da hipoteca legal (CPP, art. 135, § 6º). Nessa hipótese, o juiz deverá analisar a *suficiência* e *viabilidade*, ou não, da *caução alternativa* ofertada, devendo indeferi-la caso entenda desatender à finalidade asseguradora da medida em questão.

Se a ação penal for julgada procedente, após o trânsito em julgado da sentença penal condenatória os autos de hipoteca serão remetidos ao juízo cível, onde se fará a liquidação em execução (CPP, art. 143 c.c. o art. 63).

O § 5º do art. 135 autoriza pedido de *novo arbitramento* se qualquer das partes não se conformar com o arbitramento anterior à sentença condenatória. Não se trata de flexibilização irrefletida ou permissão legal que possa ser utilizada sem critérios.

Como bem observaram Marco Antonio Marques da Silva e Jayme Walmer de Freitas, "a apuração objetiva harmonizar, muitas vezes, o tempo decorrido do fato até o trânsito em julgado que, não raro, percorre anos a fio".[175]

Com efeito, o passar do tempo pode levar a certo desequilíbrio entre os valores inicialmente apurados como suficientes e a realidade do momento em que transitar em julgado a sentença condenatória (exemplo: desvalorização acentuada do imóvel

174. Art. 1.492 do Código Civil.

175. *Código de Processo Penal comentado*, São Paulo, Saraiva, 2012, p. 240.

hipotecado em razão de vandalismo ou deterioração causada por força de fenômenos naturais, tais como vendaval, inundações etc.), daí ser acertado permitir a incidência de novo arbitramento.

Sobrevindo extinção da punibilidade ou absolvição, o juiz determinará o cancelamento da hipoteca, mas a sentença que extingue a punibilidade não impede que o ofendido ingresse no juízo cível com ação adequada contra o causador do dano, com vistas à recomposição de seu patrimônio lesado.

Quanto à sentença de absolvição, é preciso verificar seu fundamento, para depois concluir se restou vedada, ou não, a via reparatória de conhecimento.

3.5.2.6. Ataque recursal

Contra a decisão que defere ou indefere especialização de hipoteca legal e sua respectiva inscrição no Registro de Imóveis cabe recurso de apelação (art. 593, II).

3.5.3. *Arresto*

Constatada a ausência ou insuficiência de *bens imóveis* que se prestem à reparação dos danos causados ao ofendido, pagamento de custas e despesas processuais, poderão ser arrestados *bens móveis suscetíveis de penhora*, nos termos em que facultada a hipoteca legal dos imóveis.

Enquanto o *sequestro* recai sobre bens de origem ilícita, o *arresto* só alcança bens de origem lícita.[176]

Enquanto a *hipoteca legal* recai sobre imóveis, o *arresto*, em regra, recai sobre bens móveis.

Visa o *arresto*, portanto, e *em regra*, impor constrição judicial a *bens móveis*, de origem lícita,[177] que integrem o patrimônio do apontado autor do delito, com a *principal finalidade* de assegurar a reparação dos danos decorrentes da prática delitiva, e, *secundariamente*, garantir o pagamento das custas e despesas processuais.[178] A finalidade de reparação do dano ao ofendido tem preferência sobre as demais.

---

176. "O arresto, decretado nos moldes do art. 137 do CPP, não pressupõe a origem ilícita dos bens móveis, pois a constrição, nesta hipótese, é determinada com o mero objetivo de garantir a satisfação, em caso de condenação, de eventual pena de multa, custas processuais e ressarcimento dos danos causados pela perpetração delitiva" (STJ, RMS 21.967/PR, 5ª T., rel. Min. Jorge Mussi, j. 5-2-2009, *DJe* de 2-3-2009). *No mesmo sentido*: STJ, REsp 584.221/RO, 5ª T., rel. Min. Arnaldo Esteves Lima, j. 15-10-2009, *DJe* de 16-11-2009.

177. "O arresto, decretado nos moldes do art. 137 do CPP, não pressupõe a origem ilícita dos bens móveis, pois a constrição, nesta hipótese, é determinada com o mero objetivo de garantir a satisfação, em caso de condenação, de eventual pena de multa, custas processuais e ressarcimento dos danos causados pela perpetração delitiva" (STJ, RMS 21.967/PR, 5ª T., rel. Min. Jorge Mussi, j. 5-2-2009, *DJe* de 2-3-2009).

178. Art. 140 do CPP. "As garantias do ressarcimento do dano alcançarão também as despesas processuais e as penas pecuniárias, tendo preferência sobre estas a reparação do dano ao ofendido".

3.5.3.1. Bens suscetíveis de penhora

São suscetíveis de penhora os bens que não são impenhoráveis.

A impenhorabilidade, a seu turno, extrai-se do art. 833 do CPC/2015 e também da Lei n. 8.009/90.

Diz o art. 833 que são impenhoráveis: I – os bens inalienáveis e os declarados, por ato voluntário, não sujeitos à execução; II – os móveis, os pertences e as utilidades domésticas que guarnecem a residência do executado, salvo os de elevado valor ou os que ultrapassem as necessidades comuns correspondentes a um médio padrão de vida; III – os vestuários, bem como os pertences de uso pessoal do executado, salvo se de elevado valor; IV – os vencimentos, os subsídios, os soldos, os salários, as remunerações, os proventos de aposentadoria, as pensões, os pecúlios e os montepios, bem como as quantias recebidas por liberalidade de terceiro e destinadas ao sustento do devedor e de sua família, os ganhos de trabalhador autônomo e os honorários de profissional liberal, ressalvado o § 2º; V – os livros, as máquinas, as ferramentas, os utensílios, os instrumentos ou outros bens móveis necessários ou úteis ao exercício da profissão do executado; VI – o seguro de vida; VII – os materiais necessários para obras em andamento, salvo se essas forem penhoradas; VIII – a pequena propriedade rural, assim definida em lei, desde que trabalhada pela família; IX – os recursos públicos recebidos por instituições privadas para aplicação compulsória em educação, saúde ou assistência social; X – a quantia depositada em caderneta de poupança, até o limite de 40 (quarenta) salários mínimos; XI – os recursos públicos do fundo partidário recebidos por partido político, nos termos da lei; XII – os créditos oriundos de alienação de unidades imobiliárias, sob regime de incorporação imobiliária, vinculados à execução da obra.

No art. 1º da Lei n. 8.009/90, está expresso que: "O imóvel residencial próprio do casal, ou da entidade familiar, é impenhorável e não responderá por qualquer tipo de dívida civil, comercial, fiscal, previdenciária ou de outra natureza, contraída pelos cônjuges ou pelos pais ou filhos que sejam seus proprietários e nele residam, salvo nas hipóteses previstas nesta lei". Acrescenta seu parágrafo único que: "A impenhorabilidade compreende o imóvel sobre o qual se assentam a construção, as plantações, as benfeitorias de qualquer natureza e todos os equipamentos, inclusive os de uso profissional, ou móveis que guarnecem a casa, desde que quitados".

3.5.3.2. Modalidades

Excepcionalmente, o art. 136 do CPP autoriza a decretação de *arresto prévio sobre bem imóvel*, como medida preparatória da hipoteca legal. Nessa modalidade, o arresto será revogado se, no prazo de 15 (quinze) dias, não for promovido o processo de inscrição da hipoteca legal.

Em regra, caberá o *arresto de bens móveis*, conforme veremos mais adiante (CPP, art. 137).

3.5.3.3. Requisitos

Constituem requisitos do arresto: (*1*) prova da existência do delito e (*2*) indícios suficientes da autoria.

3.5.3.4. Legitimidade ativa

Estão legitimados ativamente para postular arresto de bens: o ofendido, sujeito passivo que sofreu as consequências patrimoniais da infração penal, seu representante legal ou herdeiros.

O Ministério Público pode postular arresto de bens em duas hipóteses: (*1*) se houver interesse da Fazenda Pública, ou (*2*) se o ofendido for pobre e o requerer (CPP, art. 142).

Cabe, ainda, no curso do processo, pedido formulado por *assistente da acusação*, e quanto a esse assunto reiteramos o anotado no mesmo sentido quanto à legitimação ativa no tocante ao pedido de sequestro de bens, para onde remetemos o leitor visando evitar repetição.

3.5.3.5. Momento em que pode ser requerido

Atendidos os requisitos legais, o arresto pode ser requerido e concedido tanto na fase de investigação, hipótese em que a competência para julgamento é do juiz das garantias, quando e onde estiver implementado,[179] quanto na fase do processo,

179. Após a publicação da Lei n. 13.964/2019 foram ajuizadas no Supremo Tribunal Federal três ações diretas de inconstitucionalidade questionando alguns de seus dispositivos – ADI 6.298, 6.299 e 6.300 –, e no dia 15 de janeiro de 2020 o Min. Dias Toffoli concedeu medida cautelar nos autos da ADI 6.298, para, entre outras coisas: "**(i)** suspender-se a eficácia dos **arts. 3º-D, parágrafo único, e 157, § 5º**, do Código de Processo Penal, incluídos pela Lei n. 13.964/19; **(ii)** suspender-se a eficácia dos arts. 3º-B, 3º-C, 3º-D, *caput*, 3º-E e 3º-F do CPP, inseridos pela Lei n. 13.964/2019, até a efetiva implementação do juiz das garantias pelos tribunais, o que deverá ocorrer **no prazo máximo de 180 (cento e oitenta) dias, contados a partir da publicação desta decisão**; **(iii)** conferir-se interpretação conforme às normas relativas ao juiz das garantias (arts. 3º-B a 3º-F do CPP), para esclarecer que não se aplicam às seguintes situações: (a) processos de competência originária dos tribunais, os quais são regidos pela Lei n. 8.038/90; (b) processos de competência do Tribunal do Júri; (c) casos de violência doméstica e familiar; e (d) processos criminais de competência da Justiça Eleitoral".

Ainda em confronto com as inovações determinadas pela Lei n. 13.964/2019, no dia 22 de janeiro de 2020, nos autos da ADI 6.298, na condição de relator das ADIs 6.298, 6.299, 6.300 e 6305, o Min. Luiz Fux revogou a decisão monocrática constante das ADIs 6.298, 6.299, 6.300 e suspendeu *sine die* a eficácia da implantação do juiz das garantias e seus consectários (arts. 3º-A, 3º-B, 3º-C, 3º-D, 3ª-E, 3º-F, do CPP); da alteração do juiz sentenciante que conheceu de prova declarada inadmissível (art. 157, § 5º, do CPP); e concedeu a medida cautelar requerida nos autos da ADI 6.305, para suspender *sine die* a eficácia, da alteração do procedimento de arquivamento do inquérito policial (art. 28, *caput*, CPP), e da ilegalidade da prisão pela não realização da audiência de custódia no prazo de 24 horas (art. 310, § 4º, do CPP).

quando então será competente para apreciação do pedido o juiz da instrução e julgamento.

3.5.3.6. Requerimento e procedimento

O pedido de arresto deve ser materializado na forma escrita, e a petição respectiva deverá ser endereçada ao juiz competente, onde deverá tramitar em separado; correrá em apenso ao inquérito ou processo principal, com o objetivo de evitar tumulto procedimental em relação a este.

A medida assecuratória de arresto não suspende o curso da ação penal (processo principal), da qual é incidente processual.

O depósito e a administração dos bens arrestados ficarão sujeitos, no que couber, ao disposto nos arts. 159, 160 e 161 do Código de Processo Civil/2015, *verbis*:

> Art. 159. A guarda e a conservação de bens penhorados, arrestados, sequestrados ou arrecadados serão confiadas a depositário ou a administrador, não dispondo a lei de outro modo.
>
> Art. 160. Por seu trabalho o depositário ou o administrador perceberá remuneração que o juiz fixará levando em conta a situação dos bens, ao tempo do serviço e às dificuldades de sua execução.
>
> Parágrafo único. O juiz poderá nomear um ou mais prepostos por indicação do depositário ou do administrador.
>
> Art. 161. O depositário ou o administrador responde pelos prejuízos que, por dolo ou culpa, causar à parte, perdendo a remuneração que lhe foi arbitrada, mas tem o direito a haver o que legitimamente despendeu no exercício do encargo.
>
> Parágrafo único. O depositário infiel responde civilmente pelos prejuízos causados, sem prejuízo de sua responsabilidade penal e da imposição de sanção por ato atentatório à dignidade da justiça.

Se os bens arrestados consistirem em coisas fungíveis e facilmente deterioráveis, serão avaliados e levados a leilão público, depositando-se o dinheiro apurado, ou deverão ser entregues ao terceiro que os detinha, se este for pessoa idônea e assinar termo de responsabilidade (CPP, art. 137, § 1º).

Das rendas dos bens móveis poderão ser fornecidos recursos arbitrados pelo juiz, para a manutenção do indiciado ou réu e de sua família (CPP, art. 137, § 2º).

Sobrevindo condenação, após o trânsito em julgado definitivo da sentença ou acórdão que irá formar o título executivo judicial (CP, art. 91, I), a pedido do interessado os autos do arresto serão desapensados dos autos principais e levados ao juiz cível competente para a execução civil *ex delicto* (CPP, art. 63), onde, na forma da lei, será apurado o *quantum debeatur* (quanto deve), nada mais se discutindo a respeito do *an debeatur* (se deve).

Anotou Pacelli que: "Enquanto no sequestro propriamente dito (aquele do art. 125, relativo ao bem imóvel adquirido com os proventos da infração), uma vez passada em julgado a sentença condenatória, os bens são levados à praça, exatamente por constituírem proveito da conduta criminosa (estando, assim, sujeitos *à pena de perdimento*), na hipótese de hipoteca, como visto, e do *arresto*, condenado definitivamente o acusado, o incidente é remetido à instância civil, para a apuração da respectiva responsabilidade".[180]

Cabe ao ofendido, seu representante legal, herdeiros e assistente da acusação, e também ao Ministério Público nas hipóteses do art. 142 do CPP, *requerer no juízo cível, contra o responsável civil*, as medidas previstas nos arts. 134 (hipoteca legal), 136 (arresto prévio sobre bem imóvel) e 137 (arresto de bens móveis).

Nos precisos termos do art. 942, *caput*, do Código Civil: "Os bens do responsável pela ofensa ou violação do direito de outrem ficam sujeitos à reparação do dano causado; e, se a ofensa tiver mais de um autor, todos responderão solidariamente pela reparação". E arremata o parágrafo único: "São solidariamente responsáveis com os autores os coautores e as pessoas designadas no art. 932".

Conforme dispõe o art. 932 do Código Civil: "São também responsáveis pela reparação civil: I – os pais, pelos filhos menores que estiverem sob sua autoridade e em sua companhia; II – o tutor e o curador, pelos pupilos e curatelados, que se acharem nas mesmas condições; III – o empregador ou comitente, por seus empregados, serviçais e prepostos, no exercício do trabalho que lhes competir, ou em razão dele; IV – os donos de hotéis, hospedarias, casas ou estabelecimentos onde se albergue por dinheiro, mesmo para fins de educação, pelos seus hóspedes, moradores e educandos; V – os que gratuitamente houverem participado nos produtos do crime, até a concorrente quantia".

Cabe observar, por fim, o teor do art. 935 do Código Civil, segundo o qual "a responsabilidade civil é independente da criminal, não se podendo questionar mais sobre a existência do fato, ou sobre quem seja o seu autor, quando estas questões se acharem decididas no juízo criminal".

3.5.3.7. Levantamento do arresto

Levantamento, *in casu*, significa tornar sem efeito a constrição judicial anteriormente determinada.

O arresto será levantado se, por sentença irrecorrível, o réu for absolvido ou julgada extinta a punibilidade (CPP, art. 141),[181] situação em que os bens outrora arrestados serão devolvidos a quem de direito, mediante termo nos autos.

De ver, entretanto, que, a depender do fundamento da sentença de absolvição (insuficiência de provas, por exemplo: CPP, art. 386, VII), o ofendido poderá valer-se da ação própria no juízo cível com vistas à justa reparação dos danos sofridos,

180. Eugênio Pacelli, *Curso de processo penal*, p. 326.

181. STJ, REsp 762.072/RS, 5ª T., rel. Min. Laurita Vaz, j. 19-2-2008, *DJe* de 10-3-2008.

e que, "se extinta a punibilidade, sempre caberá a ação autônoma de reparação civil de dano".[182]

3.5.3.8. Alienação antecipada

A alienação antecipada dos bens arrestados é medida que deverá ser adotada pelo juiz quando se fizer necessária: (*1*) para a preservação do valor dos bens sempre que estiverem sujeitos a qualquer grau de deterioração ou depreciação, ou (*2*) quando houver dificuldade para sua manutenção.

A deterioração ou a depreciação podem advir da ação do tempo, de fenômenos naturais, da queda de preço no mercado ou qualquer outra causa.

A dificuldade para a manutenção pode decorrer, por exemplo, do alentado volume ou quantidade de bens arrestados.

O leilão dos bens far-se-á *preferencialmente* por meio eletrônico.

As regras que deverão ser observadas estão apontadas nos parágrafos do art. 144-A do CPP, *verbis*:

> § 2º Os bens deverão ser vendidos pelo valor fixado na avaliação judicial ou por valor maior. Não alcançado o valor estipulado pela administração judicial, será realizado novo leilão, em até 10 (dez) dias contados da realização do primeiro, podendo os bens ser alienados por valor não inferior a 80% (oitenta por cento) do estipulado na avaliação judicial.
>
> § 3º O produto da alienação ficará depositado em conta vinculada ao juízo até a decisão final do processo, procedendo-se à sua conversão em renda para a União, Estado ou Distrito Federal, no caso de condenação, ou, no caso de absolvição, à sua devolução ao acusado.
>
> § 4º Quando a indisponibilidade recair sobre dinheiro, inclusive moeda estrangeira, títulos, valores mobiliários ou cheques emitidos como ordem de pagamento, o juízo determinará a conversão do numerário apreendido em moeda nacional corrente e o depósito das correspondentes quantias em conta judicial.
>
> § 5º No caso da alienação de veículos, embarcações ou aeronaves, o juiz ordenará à autoridade de trânsito ou ao equivalente órgão de registro e controle a expedição de certificado de registro e licenciamento em favor do arrematante, ficando este livre do pagamento de multas, encargos e tributos anteriores, sem prejuízo de execução fiscal em relação ao antigo proprietário.
>
> § 6º O valor dos títulos da dívida pública, das ações das sociedades e dos títulos de crédito negociáveis em bolsa será o da cotação oficial do dia, provada por certidão ou publicação no órgão oficial.

Leis especiais também tratam da alienação antecipada de bens, a exemplo do que se verifica no art. 4º-A da Lei n. 9.613/98 (Lei de Lavagem de Dinheiro).

---

182. MARCO ANTONIO MARQUES DA SILVA e JAYME WALMER DE FREITAS, *Código de Processo Penal comentado*, São Paulo, Saraiva, 2012, p. 244.

3.5.3.9. Ataque recursal

Contra a decisão que defere ou indefere pedido de arresto cabe recurso de apelação (art. 593, II).

3.6. Do incidente de falsidade

A providência aqui tratada se presta à análise de eventual falsidade – material ou ideológica – de qualquer documento juntado aos autos do inquérito ou do processo (de conhecimento ou de execução).

A apuração da falsidade atende à necessidade de solução do processo, fundamentada tanto quanto possível na verdade real e na pretensão geral de que todos os delitos sejam apurados e punidos seus responsáveis. Nessa ordem de ideias, permite não só a adequada solução do processo principal em relação ao acusado, mas também a instauração de novo processo contra quem quer que tenha praticado o crime de falsidade documental e de uso de documento falso, com vistas a fazer prova naqueloutro.

Consideram-se documentos quaisquer escritos, instrumentos ou papéis, públicos ou particulares (CPP, art. 231), portanto não se restringe o incidente em questão à clássica e restritiva interpretação de documento como papel que contém texto escrito.

Ademais, como adverte Pacelli: "Por óbvio, o documento aqui mencionado não é aquele que constitui o objeto material do delito, mas quaisquer outros que possam interferir na apreciação da imputação penal. Ao contrário, o documento que constitui o próprio objeto material do delito, tal como ocorre em relação aos crimes previstos no art. 297 (falsificação de documento público), art. 298 (falsificação de documento particular), art. 299 (falsidade ideológica), bem como todos os tipos penais específicos dos arts. 300 e s. do CP, deve, necessariamente, ser periciado, independentemente da arguição por parte da defesa, para fins de comprovação da existência do crime, não como *incidente*, mas como questão principal, ligada à própria materialidade do delito".[183]

O incidente de falsidade documental pode ser instaurado em razão de requerimento do Ministério Público, do assistente da acusação, do réu, do querelante e do querelado. Não cabe instauração *ex officio*, segundo entendemos, por revelar iniciativa vedada ao magistrado no vigente processo acusatório (CPP, art. 3º-A).

A arguição de falsidade, feita por procurador, exige poderes especiais (CPP, art. 146). Tal regra tem por objetivo impedir temerárias arguições, já que disso pode decorrer responsabilização de natureza criminal (crime de denunciação caluniosa, por exemplo), daí a necessidade de ser interpretada não como um obstáculo à arguição do discutido incidente, mas como forma de resguardar aquele que figurar como seu postulante.

183. Eugênio Pacelli, *Curso de processo penal*, p. 329.

Deve ser feita na forma escrita, materializada em petição específica, que o juiz mandará tramitar em apartado (o incidente corre em separado), após o que determinará a notificação da parte contrária para que no prazo de 48 horas ofereça sua resposta.

Sendo necessário, o juiz concederá prazo de três dias, sucessivamente, a cada uma das partes, para prova de suas respectivas alegações.

Colhida a prova, ou sendo esta desnecessária, conclusos os autos, o juiz poderá ordenar as diligências que entender pertinentes, sendo caso.

Em regra, deve o juiz determinar seja o documento submetido a exame pericial, a fim de verificar a falsidade arguida.[184]

Encerrada a colheita das provas, o juiz deverá determinar a intimação das partes para que se manifestem sobre o laudo pericial, caso tenha sido produzida tal prova, e em seguida decidirá o incidente, reconhecendo ou não a falsidade discutida.

Se o Ministério Público não for o autor do pedido de instauração do incidente, deverá ser ouvido antes da decisão do juiz.

Cabe recurso em sentido estrito (CPP, art. 581, XVIII), sem efeito suspensivo, contra a decisão que julga procedente ou improcedente o incidente de falsidade.

Se o juiz reconhecer a falsidade, mandará desentranhar o documento e remetê-lo ao Ministério Público com os autos do processo incidente, a fim de que adote as providências que entender cabíveis em razão do crime apurado.

Para que não haja burla ou troca de documentos, de modo a fazer desaparecer a materialidade delitiva, no caso do art. 145, IV, do CPP – determina o art. 15 da Lei de Introdução ao Código de Processo Penal –, o documento reconhecido como falso será, antes de desentranhado dos autos, rubricado pelo juiz e pelo escrivão em cada uma de suas folhas.

A decisão que se proferir no incidente não causará repercussão em eventual processo, de natureza civil ou criminal, a que venha a responder o autor do documento falso ou quem dele fez uso, pois não faz coisa julgada em relação a ele (CPP, art. 148).

3.7. Da insanidade mental do acusado

Afastado do ordenamento jurídico brasileiro pela reforma penal de 1984, o sistema do *duplo binário*, em que se permitia aplicação de pena *e* medida de segurança conjuntamente, e adotado que fora pelo legislador o *sistema vicariante*, em que só cabe aplicar pena *ou* medida de segurança, havendo dúvida fundada sobre a higidez mental do apontado autor do delito, na sistemática vigente é preciso apurar eventual inimputabilidade, visto que a imputabilidade constitui pressuposto da aplicação de pena.

184. Sobre o exame para reconhecimento de escritos, por comparação de letra (exame grafotécnico), ver o art. 174 do CPP.

A situação de inimputabilidade em razão de doença mental pode ser precedente ou posterior à prática do delito; preexistente ou superveniente.

Disso decorre que a apuração de incapacidade mental poderá ocorrer na fase de investigação (materializada em inquérito policial ou termo circunstanciado); durante o processo de conhecimento ou no curso da execução da pena.

3.7.1. Cabimento, legitimidade ativa, instauração, processamento e ataque recursal

Dispõe o art. 26 do CP que "é isento de pena o agente que, por desenvolvimento mental incompleto ou retardado, era, *ao tempo da ação ou da omissão*, inteiramente incapaz de entender o caráter ilícito do fato ou de determinar-se de acordo com esse entendimento".

Em conformidade com tal regra, determina o art. 149 do CPP que, quando houver dúvida sobre a integridade mental do acusado, o juiz ordenará seja ele submetido a exame médico-legal.[185]

O mesmo art. 149 diz que o incidente de insanidade mental poderá ser instaurado *ex officio* pelo juiz do processo, ou em razão de requerimento do Ministério Público, do defensor, do curador, do ascendente, descendente, irmão ou cônjuge do acusado. Poderá, ainda, decorrer de representação formulada pela autoridade policial, na fase de inquérito. Esse rol de legitimados ativamente para a deflagração do incidente em questão não é taxativo, mas exemplificativo. inquérito. Esse rol de legitimados ativamente para a deflagração do incidente em questão não é taxativo, mas exemplificativo.

No vigente processo penal de modelo acusatório, não encontramos óbice a que o juiz determine – *ex officio* – a instauração do incidente.

Venha de quem vier a iniciativa, é certo que a instauração só pode decorrer de decisão judicial, e, conforme se tem decidido, "A implementação do incidente de insanidade não é automática ou obrigatória, dependendo da existência de dúvida plausível acerca da higidez mental do acusado".[186]

---

185. "O reconhecimento da inimputabilidade ou semi-imputabilidade do réu depende da prévia instauração de incidente de insanidade mental e do respectivo exame médico-legal nele previsto. (...) No processo penal brasileiro, em consequência do sistema da persuasão racional, o juiz forma sua convicção pela livre apreciação da prova (art. 155 do CPP). Assim, em regra, não há falar em prova legal ou tarifada no processo penal brasileiro. Contudo, com relação à inimputabilidade (art. 26, *caput*, do CP) e semi-imputabilidade (art. 26, parágrafo único, do CP), não há como ignorar a importância do exame pericial, considerando que o Código Penal adotou expressamente o critério biopsicológico" (STJ, REsp 1.802.845/RS, 6ª T., rel. Min. Sebastião Reis Júnior, j. 23-6-2020, *DJe* de 30-6-2020).

186. STJ, RHC 42.254/MG, 5ª T., rel. Min. Ribeiro Dantas, j. 6-6-2017, *DJe* de 14-6-2017. *No mesmo sentido*: STJ, HC 336.811/SP, 5ª T., rel. Min. Reynaldo Soares da Fonseca, j. 28-6-2016, *DJe* de 1º-8-2016; STJ, AgRg no AREsp 859.289/MG, 6ª T., rel. Min. Sebastião Reis Júnior, j. 16-6-2016, *DJe* de 30-6-2016.

Uma vez instaurado, o incidente processar-se-á em autos apartados, em juízo. Se estiver em curso o processo criminal, será determinada sua suspensão durante todo o tempo em que tramitar o incidente, e o juiz nomeará curador ao acusado.

Eventuais diligências urgentes poderão ser realizadas no processo (embora suspenso), com o intuito de evitar sejam prejudicadas pelo adiamento. Busca-se com tal providência evitar o perecimento da prova.

Conforme o art. 150 do CPP, para a realização do exame, que em regra deve ser concluído em quarenta e cinco dias (salvo se demonstrada a necessidade de maior prazo), o acusado, se estiver preso, será internado em manicômio judiciário, onde houver, ou, se estiver solto, e assim requerer o perito, em estabelecimento adequado que o juiz designar.

Na hipótese de encontrar-se preso o acusado, sua transferência para manicômio é medida que conta com fundamentação jurídica e decorre logicamente de sua particular condição de aparente incapacidade mental. Estando solto o acusado, o instrumento jurídico de que poderá valer-se o juiz para decretar a internação é a medida cautelar restritiva prevista no art. 319, VII, do CPP, observada a *necessidade* para *aplicação da lei penal, para a investigação ou a instrução criminal* e a *adequação* à gravidade do crime, circunstâncias do fato e *condições pessoais do indiciado ou acusado* (CPP, art. 282).

O juiz poderá autorizar a entrega dos autos do processo ao perito por prazo determinado, a fim de que colha subsídios para a realização do exame.

Apresentado o laudo, o juiz decidirá sobre sua homologação, e o incidente será apensado ao processo principal (CPP, art. 153).

A decisão que homologa o laudo pericial tem natureza de interlocutória mista definitiva, e por isso pode ser atacada com recurso de apelação (CPP, art. 593, II).

Não é incomum, na prática, situação em que o acusado responde a vários processos e, em qualquer deles, instaura-se o incidente de insanidade.

Considerando as implicações que decorrem de tal apuração, não é correto juntar cópia do incidente nos demais processos e daí reconhecer idêntica situação em todos, mas instaurar, em cada caso, incidente distinto. A economia e a celeridade processual que podem ser perseguidas com tal providência não justificam qualquer quebra ao princípio do devido processo legal.

Com efeito, embora possa ser inimputável no momento da prática de uma dentre as condutas ilícitas apuradas em processos distintos, pode ocorrer que em relação a outras a inimputabilidade seja superveniente, do que irá decorrer tratamento jurídico distinto para cada uma delas.

3.7.1.1. Perito ou peritos?

Muito embora o art. 150 do CPP fale em *peritos*, no plural, para a realização da perícia e confecção do laudo respectivo basta um só *perito*, tal como decorre do atual art. 159, *caput*, do CPP.

A Lei n. 11.690/2008 alterou a redação do art. 159, de modo a afastar a necessidade de *peritos* para a generalidade das perícias, mas o legislador ordinário esqueceu-se de atualizar e colocar na mesma linha de pensamento o vetusto art. 150, cuja interpretação deve levar em conta a regulamentação mais recente.

3.7.2. Conclusões possíveis e suas consequências

Tendo por base o acima apontado, o incidente poderá ser instaurado e encerrado na fase de *investigação*, do *processo* de conhecimento ou da *execução* da pena, e poderá concluir que o investigado ou acusado: (*1*) jamais foi inimputável ou semi-imputável por doença mental; (*2*) era, ao tempo da ação ou omissão, inimputável ou semi-imputável por ser portador de doença mental incapacitante; (*3*) é portador de doença mental incapacitante, que surgiu em tempo posterior à prática do delito, ou (*4*) é portador de doença mental que surgiu no curso da execução definitiva da pena.

De tais variantes, algumas situações decorrem.

Se ficar provado que o agente jamais foi inimputável, a situação seguirá dentro daquelas possibilidades já analisadas no capítulo em que tratamos do inquérito policial, quando apontamos as possibilidades que se abrem ao final da apuração.

Por outro vértice, imagine-se hipótese de crime de furto em que nos autos de inquérito policial ficou apurada a ocorrência do delito, a autoria atribuída ao investigado e a materialidade, sendo certo que o incidente de insanidade apontou que na data do delito o investigado era absolutamente incapaz de entender o caráter ilícito do fato e de determinar-se de acordo com esse entendimento.

Poderá o Promotor de Justiça, nesse caso, oferecer denúncia contra o apontado autor do furto?

Claro que sim.

Nesse caso, entretanto, não poderá postular a condenação do acusado e consequente aplicação de pena, mas a absolvição imprópria e imposição de medida de segurança.

A imputabilidade – ausente no caso – constitui pressuposto para a aplicação da pena, e por isso não impede o oferecimento de denúncia, visto que o crime ocorreu e seu autor é conhecido.

Apurado – na fase de inquérito ou do processo de conhecimento – que o *acusado* era *absolutamente incapaz* na data em que praticou o delito, observado o devido processo legal, se ficar provada a inicial acusatória, em vez de proferir sentença condenatória o juiz irá proferir sentença de *absolvição imprópria*, com a consequente *aplicação de medida de segurança* (CPP, art. 386, parágrafo único, III).

Se ficar apurado que o acusado era semi-imputável, por ser apenas *parcialmente incapaz* (e não totalmente incapaz) de entender o caráter ilícito do fato e de determinar-se de acordo com esse entendimento, poderá haver condenação com pena reduzida (CP, art. 26, parágrafo único) *ou* imposição de medida de segurança (CP, art. 98), conforme se afigurar melhor solução para o caso.

Importante destacar, todavia, que a inimputabilidade apurada pericialmente não determina, *sempre*, imposição de *absolvição imprópria* como única solução para o processo. Pode ocorrer que, ao final deste, fique apurado não ter ocorrido crime algum (furto de coisa própria, por exemplo), que o acusado não foi o autor da prática imputada, ou restar dúvida a respeito de tudo, situações, dentre outras, em que o juiz irá proferir *sentença de absolvição, pura e simples, sem a imposição de qualquer medida de segurança*.

Necessário observar, ainda, e agora lastreado no art. 152 do CPP, que, se o incidente for instaurado no curso do processo de conhecimento e apurar que a doença mental sobreveio à infração penal, o processo continuará suspenso até que o acusado se restabeleça (durante o período de suspensão, o juiz poderá determinar a realização de diligências urgentes).

Diz o § 1º do art. 152 que o juiz poderá, nesse caso, ordenar a internação do acusado em manicômio judiciário ou em outro estabelecimento adequado, mas estamos convencidos de que tal prática se revela inviável à luz do ordenamento jurídico vigente, maculada que está por vício de inconstitucionalidade, e isso em face da impossibilidade de se admitir a imposição de tal medida sem a existência de devido processo legal finalizado com sentença de absolvição imprópria (excetuada a possibilidade da medida cautelar prevista no art. 319, VII, do CPP), e também por força da indeterminação do prazo de internação – que não está previsto e pode levar à perpetuidade da medida –, do que decorre a possibilidade de tal proceder acarretar consequências mais drásticas que a própria resolução do processo com sentença de mérito.

É apropriado destacar que ninguém pode ser internado para cumprimento de medida de segurança sem que tenha sido expedida a guia respectiva pela autoridade judiciária, o que somente poderá ocorrer após o trânsito em julgado da sentença (LEP, arts. 171 e 172).[187]

Seja como for, o processo retomará o seu curso, desde que se restabeleça o acusado, ficando-lhe assegurada a faculdade de reinquirir as testemunhas que houverem prestado depoimento sem a sua presença, e isso por força dos princípios da ampla defesa e do contraditório.

Pode ocorrer, por fim, que a doença mental ou perturbação da saúde mental apareça *no curso da execução da pena* privativa de liberdade aplicada, e, neste caso, esclarece o art. 183 da LEP que "o juiz, de ofício, a requerimento do Ministério Públi-

---

187. Renato Marcão, *Curso de execução penal*, 17. ed., São Paulo, Saraiva, 2019; *Lei de Execução Penal anotada*, 6. ed., São Paulo, Saraiva, 2017.

co, da Defensoria Pública ou da autoridade administrativa, poderá determinar a substituição da pena por medida de segurança".

Diante de simples distúrbio mental transitório, que pode decorrer de *stress*, depressão ou outra causa, o ideal é submeter o acusado ao tratamento indicado, em local adequado, sendo inadequada a *medida de segurança substitutiva*.

3.7.2.1. Duração da medida de segurança substitutiva

Discute-se na doutrina e na jurisprudência qual o prazo de duração da medida de segurança aplicada em substituição à pena privativa de liberdade em razão de doença ou perturbação mental surgida no curso da execução.

Sobre o tema formaram-se duas correntes bem distintas.

Uma delas, francamente minoritária, sustenta que a medida de segurança substitutiva deve durar até que cesse a periculosidade. Argumenta-se que, "sobrevindo doença mental ao sentenciado, durante a execução da pena, a medida de segurança substitutiva desta, que tem a mesma natureza daquela que é imposta no processo de conhecimento, deve durar até que cesse sua periculosidade. Nesse caso, o término da pena não pode ser utilizado como marco final da medida, devendo prevalecer o prazo referido no § 1º do art. 97 do CP".[188]

A majoritária, à qual nos filiamos, entende que a duração da *medida de segurança substitutiva* deve corresponder ao prazo da pena corporal imposta (substituída).

Nesse sentido, o Tribunal de Justiça do Estado de São Paulo já decidiu que "a substituição da pena privativa de liberdade por medida de segurança quando, no curso da execução, sobrevém doença mental ou perturbação da saúde mental ao condenado, prevista no art. 183 da Lei 7.210/84, não guarda relação direta e imediata com a prática de um fato típico, nem está vinculada à periculosidade que a lei presume no inimputável. Pelo crime o agente imputável teve a retribuição da pena, na medida de sua culpabilidade. A doença ou a perturbação da saúde mental posterior à condenação definitiva não suprime, retroativamente, a imputabilidade presente no momento da prática do ilícito penal e que legitimou a punição. A chamada 'medida de segurança substitutiva' não se identifica e nem tem os mesmos pressupostos da medida de segurança prevista no art. 96, I, do CP, embora as providências importem a internação do doente ou perturbado mental em hospital de custódia e tratamento psiquiátrico. A medida de segurança prevista na lei penal, que se destina aos inimputáveis autores de fato típico e deita raízes no conceito de periculosidade, não tem prazo determinado e só cessa com a cessação da periculosidade. A 'medida de segurança substitutiva', ao contrário, aplica-se a quem foi julgado imputável e *substitui* a pena imposta. Sua duração não pode, por isso mesmo, e em respeito à

188. *RJTACrimSP* 42/43; *RT* 762/654.

coisa julgada, ser maior do que o tempo da pena. Se, ao término desta, o condenado, por suas condições mentais, não puder ser restituído ao convívio social, o juiz da execução deverá colocá-lo à disposição do juízo cível competente para as medidas de proteção aconselhadas por sua enfermidade".[189]

Seguindo a mesma linha argumentativa, é tranquilo no Superior Tribunal de Justiça o entendimento segundo o qual "em se tratando de medida de segurança aplicada em substituição à pena corporal, prevista no art. 183 da Lei de Execução Penal, sua duração está adstrita ao tempo que resta para o cumprimento da pena privativa de liberdade estabelecida na sentença condenatória, sob pena de ofensa à coisa julgada",[190] com fundamento nos princípios da isonomia e da proporcionalidade.[191]

---

189. TJSP, Ag. 71.408/3, 4ª Câm., rel. Des. Dante Busana, j. 10-2-1989, *RT* 640/294.

190. STJ, HC 130.162/SP, 6ª T., rel. Min. Maria Thereza de Assis Moura, j. 2-8-2012, *DJe* de 15-8-2012. *No mesmo sentido*: STJ, HC 130.160/SP, 5ª T., rel. Min. Arnaldo Esteves Lima, j. 19-11-2009, *DJe* de 14-12-2009; STJ, RHC 20.200/RO, 5ª T., rel. Min. Jane Silva, j. 6-9-2007, *DJ* de 8-10-2007, p. 318; STJ, HC 56.828/SP, 5ª T., rel. Min. Felix Fischer, j. 3-8-2006, *DJ* de 4-9-2006, p. 311; STJ, HC 55.044/SP, 5ª T., rel. Min. Gilson Dipp, j. 23-5-2006, *DJ* de 19-6-2006, p. 169.

191. STJ, HC 143.315/RS, 6ª T., rel. Min. Og Fernandes, j. 5-8-2010, *DJe* de 23-8-2010.

Capítulo 13
Prova

1. Introdução

No quadro das garantias do devido processo legal – ensina Scarance[1] – insere-se o direito à prova.

Este tema constitui matéria da mais expressiva relevância, também porque em razão da existência ou inexistência de prova no processo, e, na primeira hipótese, de sua consistência – vale dizer: dos elementos de convicção que dela se extraem –, é que se determinará o destino da ação penal, que então poderá ser julgada procedente ou improcedente, com sensíveis repercussões na sociedade e na vida do réu.

É por meio da prova que se tenta chegar à verdade.

Sin la prueba – adverte Echandía – "estaríamos expuestos a la irreparable violación del derecho por los demás, y el Estado no podría ejercer su función jurisdiccional para amparar la armonía social y restablecer el orden jurídico. Gráficamente expresa ese concepto el viejo adagio: tanto vale no tener un derecho, cuanto no poder probarlo. Es decir, la administración de justicia sería imposible sin la prueba, lo mismo que la prevención de los litigios y de los ilícitos penales; no existiría orden jurídico alguno".[2]

Complexo como se apresenta este tema, já de início impõe observar que a palavra *prova* – que é originária do latim *probatio* – pode ser utilizada em vários sentidos, daí afirmar Dellepiane que "usa-se, de ordinário, no sentido de *meio de prova*, isto é, significando os diferentes elementos de juízo produzidos pelas partes

---

1. Antonio Scarance Fernandes, *Processo penal constitucional*, 5. ed., São Paulo, Revista dos Tribunais, 2007, p. 77.

2. Hernando Devis Echandía, *Compendio de la prueba judicial*, Buenos Aires, Rubinzal-Culzoni, 2007, t. I, p. 13-14.

ou recolhidos pelo juiz, a fim de estabelecer no processo a existência de certos fatos (prova testemunhal, prova indiciária). A seguir, entende-se por prova a *ação de provar*, a ação de fazer prova, e é neste sentido que se diz que ao autor incumbe a prova do que afirma (*actor probat actionem*), o que quer dizer que é ele quem deve fornecer os elementos de juízo, ou produzir os meios indispensáveis para determinar-se a exatidão dos fatos que elenca como fundamento da sua ação, e sem cuja demonstração perderá o seu pleito. Finalmente, a palavra *prova* designa também o fenômeno psicológico, o estado de espírito produzido no Juiz por aqueles elementos de juízo, ou seja, a convicção, a *certeza* acerca da existência de certos fatos sobre os quais recairá o seu pronunciamento".[3]

Pode significar, portanto, a *atividade probatória* levada a efeito por quem atue no processo; o *meio de prova* utilizado para a demonstração daquilo que se pretende provar; a *ação de provar*, ou *o resultado da atividade probatória*, nos moldes do que se observa, por exemplo, no art. 155 do CPP, no qual está escrito que "o juiz formará sua convicção pela livre apreciação da *prova* (...)" (destacamos).

Lembra Tornaghi que, numa acepção mais ampla, indica ainda *qualquer elemento de convicção*, como decorre, por exemplo, do art. 6º do CPP, "que manda a autoridade policial colher todas as provas que servirem para o esclarecimento do fato e suas circunstâncias".[4]

2. Conceito, Destinatário e Finalidade

Em sentido estrito, *prova* é a informação ou o conjunto de informações determinadas, trazidas aos autos em que materializada a persecução penal, por iniciativa do Delegado de Polícia, das partes no processo, pelo juiz ou por terceiros.

Trata-se de uma reconstrução[5] histórica subjetivo-objetiva que tem por escopo demonstrar as razões e a dinâmica do fato passado.

É preciso não confundir o conceito de *prova* com o de *ato probatório*, este compreendido como a atividade levada a efeito com o escopo de produzir prova.

Sem esquecer que, num primeiro momento, a prova produzida na fase de investigação tem por objetivo apurar os fatos e formar a convicção do titular da ação penal (*dominus litis*), *destinatário da prova judicial ou judicializada* é sempre o juiz, a quem a Constituição Federal incumbe a competência de dizer o direito aplicável na solução de uma controvérsia, atividade levada a efeito, no processo penal,

---

3. Antonio Dellepiane, *Nova teoria da prova*, 2. ed., Rio de Janeiro, José Konfino, 1958, tradução da 5. edição argentina por Érico Maciel, p. 19-20.

4. Hélio Tornaghi, *Instituições de processo penal*, 2. ed., São Paulo, Saraiva, 3. v., 1978, p. 411-412.

5. Sobre as ciências reconstrutivas e o método reconstrutivo, consultar: Antonio Dellepiane, *Nova teoria da prova*, tradução de Érico Maciel, 2. ed., Rio de Janeiro, José Konfino, 1958, p. 25-31 e 32-37.

após a colheita e avaliação das provas disponíveis acerca da imputação contida nos autos.

A finalidade da prova é demonstrar que algo ocorreu, ou não, de uma ou outra maneira, e assim *influenciar* na convicção do magistrado a respeito da existência ou inexistência de um fato ou alegação pertinente e relevante para o julgamento da causa, por isso o acerto de Manzini quando diz que "la prova penale è l'attività processuale immediatamente diretta allo scopo di ottenere la certezza giudiziali, secondo il criterio della verità reale, circa l'imputazione o altra affermazione o negazione interessante un provvedimento del giudice".[6]

3. Objeto da Prova

A prova produzida em juízo serve para a demonstração da verdade que se pretende ver formalmente reconhecida, para que dela decorram os efeitos jurídicos previstos em lei.

Objeto da prova, portanto, é a veracidade, ou não, da imputação; *é a alegação ou o fato*[7] *que deve ser demonstrado nos autos do processo* a fim de que o juiz possa conhecê-lo e sobre ele emitir juízo de valor quando for decidir a respeito.

Bem por isso, têm absoluta razão Cafferata e Hairabedián ao sustentar que "en un proceso penal determinado, la prueba deberá versar sobre la existencia del 'hecho delictuoso' y las circunstancias que lo califiquen, agraven, atenúen o justifiquen, o influyan en la punibilidad y la extensión del daño causado".[8]

Cabe observar, nesse passo, que o ambiente processual não comporta toda e qualquer prova, indistintamente. Há restrições probatórias que *decorrem da Constituição Federal* (CF, art. 5º, LVI) *ou da própria lei* (CPP, art. 157), tal como ocorre com as *provas ilícitas* e também com aquelas *derivadas de prova ilícita*, ou de princípios, como é o caso do *princípio da economia processual*, do qual brota a proibição lógica de se produzirem *provas impertinentes* ou *irrelevantes*, inúteis para o julgamento da causa.

Em síntese: só devem constituir objeto de prova as alegações e os fatos *pertinentes* e *relevantes*, assim compreendidos aqueles que têm relação com a causa e realmente podem influenciar na análise da imputação formulada, contribuindo para o julgamento da ação penal, cumprindo que a atividade probatória se desenvolva conforme o ordenamento jurídico vigente.

Só se pode afirmar *pertinente* a prova que tenha relação com objeto do processo.

---

6. Vincenzo Manzini, *Trattato di diritto processuale penale italiano*, 6. ed., Torino, Unione Tipografico-Editrice Torinese – UTET, 1970, v. III, p. 231.

7. Fato principal ou secundário.

8. José I. Cafferata Nores e Maximiliano Hairabedián, *La prueba en el proceso penal*, 7. ed., Buenos Aires, Abeledo Perrot, 2011, p. 45.

Por outro vértice, como disse VERBIC, "se considera que una prueba es relevante cuando resulta idónea para brindar elementos de conocimiento útiles para la acreditación de los hechos que constituyen el objeto del proceso".[9]

3.1. Fato axiomático ou evidente

O fato *axiomático* ou *evidente* é aquele que guarda coerência lógica com outro já demonstrado, e por isso não precisa de prova, dado o grau de certeza que dele imediatamente se extrai, tal como afirmou MANZINI,[10] para quem, provar o evidente é empresa de idiotas.

Exemplo: se há prova inequívoca nos autos de que, no dia do crime de mão própria que lhe é imputado (estupro, v.g.), o réu se encontrava preso, no regime fechado, em estabelecimento penal localizado na cidade de Ribeirão Preto-SP, não é necessário provar que não foi o autor imediato do crime que, segundo a denúncia, ocorreu em Santos-SP.

3.2. Verdade sabida ou fato notório

Verdade sabida ou *fato notório* diz com os fatos cujo conhecimento integra a cultura dos indivíduos de determinado meio.[11]

Já se afirmou que o fato notório não precisa ser provado (*notorium non eget probatione*), mas não nos parece bem assim.

Com efeito, o que pode ser notório para uma pessoa pode não ser para outra e, principalmente, para o juiz. A propósito, no modelo constitucional e processual penal vigente, nem mesmo a notoriedade do fato para o juiz é suficiente e dispensa a prova nos autos do processo, até porque, conforme tantas vezes já se pronunciou: o que não está no processo não está no mundo. Ademais, é cediço que a prova não se presta a tranquilizar apenas o espírito do julgador, mas também o das partes.

Não serve para o enfrentamento da questão a utilização, como se tem feito amiúde, de exemplos baseados em fatos absolutamente irrelevantes, visto que em relação a estes não cabe admitir prová-los, porquanto alheios ao *thema probandum* e, por isso, desimportantes, inúteis para o processo.

Não há *verdade sabida* ou *fato notório* que dispense a necessidade de prova em juízo, especialmente no que tange às elementares do tipo. "O fato notório não goza, em absoluto, dum privilégio de prova: a notoriedade deve dobrar-se às regras e às

9. FRANCISCO VERBIC, *Prueba científica en el proceso judicial*, Buenos Aires, Rubinzal-Culzoni Editores, 2008, p. 25.

10. VINCENZO MANZINI, *Trattato di diritto processuale penale italiano*, 6. ed., Torino, Unione Tipografico-Editrice Torinese – UTET, 1970, v. III, p. 240. Entre nós, *no mesmo sentido:* HÉLIO TORNAGHI, *Instituições de processo penal*, 2. ed., São Paulo, Saraiva, 1978, v. 3, p. 432.

11. HÉLIO TORNAGHI, *Instituições de processo penal*, 2. ed., São Paulo, Saraiva, 1978, v. 3, p. 432.

exigências do processo. (...) A assegurada notoriedade não impede, em absoluto, nem suprime a necessidade do contraditório; o juiz não pode, na ignorância das partes, considerar subsistente um fato, porque é notório."[12]

Notoriedade não é o mesmo que verdade, por isso a prova dos fatos notórios se faz necessária no processo penal de modelo democrático.

3.3. Fato incontroverso

Observada a envergadura do direito à liberdade; à integridade moral da pessoa humana, por vezes, até mesmo o *fato incontroverso* deve ser objeto de prova, pois, como bem lembra GRECO FILHO, "a confissão, por exemplo, que elimina a controvérsia sobre a autoria, não dispensa a necessidade de outras provas sobre ela e que, aliás, deverão corroborá-la".[13]

A *revelia do réu*, portanto, em hipótese alguma fará presumir verdadeiros os fatos alegados pelo autor da ação penal.

Ensinou ESPÍNOLA FILHO que a falta de divergência, de controvérsia, sobre o fato, não tem importância para o processo penal; não tolhe o interesse ou a necessidade de prova.[14]

3.4. Presunções

Quanto aos *fatos presumidos*, temos que não necessitam ser provados.

É preciso distinguir, todavia, a *presunção absoluta* (*juris et de jure*), que não admite prova em contrário, da *presunção relativa* (*juris tantum*), que pode ser derrubada por prova em contrário.

De *presunção absoluta* cuidam, por exemplo, o art. 228 da CF e o art. 27 do CP, quando afirmam que os menores de 18 (dezoito) anos são penalmente inimputáveis. Não há como produzir prova adversa.

Já o art. 1.597 do Código Civil traz presunção relativa a respeito da filiação, passível de discussão no campo probatório.

3.5. Prova do direito

Na dicção do art. 3º da Lei de Introdução às Normas do Direito Brasileiro (Decreto-Lei n. 4.657/42, com a redação da Lei n. 12.376/2010), "ninguém se escusa de cumprir a lei, alegando que não a conhece" (*ignorantia legis neminem excusat*).

---

12. EDUARDO ESPÍNOLA FILHO, *Código de Processo Penal brasileiro anotado*, 5. ed., Rio de Janeiro, Borsoi, v. II, p. 436-437.

13. VICENTE GRECO FILHO, *Manual de processo penal*, 11. ed., São Paulo, Saraiva, 2015, p. 221.

14. EDUARDO ESPÍNOLA FILHO, *Código de Processo Penal brasileiro anotado*, 5. ed., Rio de Janeiro, Borsoi, v. II, p. 436-437.

Não há no CPP regra semelhante à disposta no art. 376 do CPC/2015, segundo o qual "a parte, que alegar direito municipal, estadual, estrangeiro ou consuetudinário, provar-lhe-á o teor e a vigência, se assim o determinar o juiz".

Vigente o princípio da inafastabilidade da jurisdição (CF, art. 5º, XXXV) e a presunção de que o juiz conhece a lei, expressa nos princípios *narra mihi factum tibi dabo jus* (narra-me os fatos que eu te darei o direito) e *iura novit curia* (o juiz conhece o direito), embora até possa fazê-lo, não cabe à parte o ônus de provar a vigência de determinado *direito municipal ou estadual* invocado, cumprindo ao juiz, caso não o conheça, buscar conhecê-lo, sendo essa atividade uma decorrência lógica de sua missão de dizer o direito aplicável na solução da controvérsia.[15]

"La norma di legge non va provata. Il giudice deve conoscerla e deve saperla interpretare", sentenciou Bettiol.[16]

Por outro vértice, se a parte invocar *direito estrangeiro ou consuetudinário* (costumeiro), não se aplica a presunção geral de conhecimento, e então será seu o ônus de fazer *prova a respeito do fato de que aquele vigora em determinado local*, cumprindo ao juiz interpretá-lo e decidir a respeito de sua aplicação, ou não, ao caso sob análise.

4. Classificação da Prova

De interesse para o momento, classifica-se a prova *quanto ao objeto*; *quanto ao sujeito ou causa* de que provém; *quanto ao seu conteúdo ou força*; e *quanto ao seu valor*.

Quanto ao objeto, a prova pode ser *direta* ou *indireta*.

Prova direta é aquela que demonstra, por si, o fato probando; que tem por objeto imediato a coisa que se quer verificar.[17] Exemplo: a vítima ou a testemunha apontam com segurança quem foi o autor do delito.

Prova indireta, ao contrário, é aquela que não trata diretamente do *fato probando* ou *fato principal*, mas guarda com ele estreita relação, e faz chegar a alguma conclusão a respeito dele, via raciocínio lógico-dedutivo. Exemplo: o réu alega um álibi e, para sua demonstração, prova que na data do delito se encontrava hospitalizado, internado em uma UTI, portanto não pode ser o autor do furto que lhe é imputado.

---

15. Em sentido contrário, por entender que cabe à parte provar também *o direito municipal e estadual*, conferir Fernando Capez (*Curso de processo penal*, p. 371). Após anotar que "se se tratar de direito municipal, estadual, estrangeiro ou consuetudinário o juiz pode determinar que a parte a quem aproveita lhe faça prova do teor e da vigência", Vicente Greco Filho ressalva que "em se tratando de direito estadual e municipal do local em que o juiz está exercendo suas funções, entende a doutrina que incumbe também ao juiz conhecê-lo, não podendo determinar a prova à parte" (*Manual de processo penal*, p. 221).

16. Giuseppe Bettiol, *Istituzioni di diritto e procedura penale*, Padova, CEDAM – Casa Editrice Dott. Antonio Milani, 1966, p. 201.

17. Nicola Framarino Dei Malatesta, *A lógica das provas em matéria criminal*, tradução de Alexandre Augusto Correia, São Paulo, Saraiva, 1960, v. I, p. 159.

Enquanto a prova direta visa as elementares do tipo ou eventuais circunstâncias contidas na imputação, a prova indireta se refere a fatos estranhos, diversos da imputação, mas que terminam por alcançá-la.[18]

Na expressão de Taruffo,[19] a prova poderá definir-se como direta ou indireta em função da relação que se dê entre o fato a provar e o objeto da prova. Está-se diante de uma prova direta quando a prova versa sobre o fato principal.

E arremata o Professor da Universidade de Pavia explicando que, ao contrário, estar-se-á ante uma prova indireta quando essa situação não se produza, é dizer, quando o objeto da prova está constituído por um ato distinto daquele que deve ser provado por ser juridicamente relevante aos efeitos da decisão.

É pacífica a jurisprudência do STF na orientação de que "o julgador pode, através de um fato devidamente provado que não constitui elemento do tipo penal, mediante raciocínio engendrado com supedâneo nas suas experiências empíricas, concluir pela ocorrência de circunstância relevante para a qualificação penal da conduta".[20]

Quanto ao sujeito ou causa, a prova pode ser *real* ou *pessoal*.

Prova real é a consubstanciada em algo material. Exemplos: a arma utilizada no crime; um documento; o corpo de delito etc.

Prova pessoal é a que decorre da manifestação de determinada pessoa, que pode ser parte no processo, ou não. Exemplo: o interrogatório do réu; as declarações da vítima; os depoimentos prestados por testemunhas; os esclarecimentos periciais em audiência etc.

Como disse Malatesta, "a coisa produz afirmação apresentando inconscientemente, à percepção de quem quer investigar, as modalidades reais que sofreu, relativas ao fato a verificar. A pessoa produz afirmação, revelando conscientemente as impressões psíquicas conservadas no seu espírito, relativamente ao fato a verificar".[21]

---

18. "A prova direta orienta-se no sentido de demonstrar a ocorrência dos elementos típicos da norma (qualquer norma) que se quer aplicar (*gesetzliches Tatbestandsmerkmal*); a indireta objetiva outros fatos, estranhos à tipicidade da norma aplicanda (*tatbestandsfremde Tatsachen*)" (Hélio Tornaghi, *Instituições de processo penal*, 2. ed., São Paulo, Saraiva, 3. v., 1978, p. 420). "A prova pode referir-se, como a objeto imediato, ao delito, seja mesmo num dos seus mínimos elementos; ou consistir no próprio elemento delituoso, então se denominando prova direta. Pode, ao contrário, a prova, como ao objeto imediato, referir-se a uma coisa diversa do delito, da qual, por um esforço da razão se passa ao delito, referindo-se assim, a este mediatamente; ou pode consistir diretamente nessa coisa diversa, e então a prova se denominará indireta" (Nicola Framarino Dei Malatesta, *A lógica das provas em matéria criminal*, tradução de Alexandre Augusto Correia, São Paulo, Saraiva, 1960, v. I, p. 158).

19. Michele Taruffo, *La prueba de los hechos*, tradução de Jordi Ferrer Beltrán, 4. ed., Madrid, Editorial Trotta, 2011, p. 455-456.

20. STF, HC 101.519/SP, 1ª T., rel. Min. Luiz Fux, j. 20-3-2012, *DJe* n. 081, de 26-4-2012.

21. Nicola Framarino Dei Malatesta, *A lógica das provas em matéria criminal*, tradução de Alexandre Augusto Correia, São Paulo, Saraiva, 1960, v. I, p. 308.

Quanto ao seu conteúdo ou força, a prova pode ser *plena, robusta ou completa; razoável; precária* ou *incompleta*.

Prova plena, robusta ou completa é a prova suficiente, clara, evidente, que não deixa dúvida a respeito do fato probando.

Prova razoável é a prova suficiente, embora não robusta, tal como ocorre com a prova indiciária, indicadora de certa probabilidade a respeito do fato probando. Exemplos: a prova produzida no auto de prisão em flagrante, estando ainda pendente de instauração o correspondente inquérito, autorizadora da decretação de medidas cautelares pessoais (prisão temporária ou preventiva); a prova colhida no inquérito policial, autorizadora da imposição de medidas cautelares reais (sequestro, arresto ou hipoteca legal).

Prova precária é a prova incompleta, insuficiente; frágil; não conclusiva a respeito daquilo que se pretendia com ela demonstrar.

Por fim, *quanto ao seu valor*, a prova pode ser *válida* ou *inválida*.

Prova válida é aquela cujo conteúdo, forma e momento de sua produção se encontram em absoluta conformidade com o ordenamento jurídico vigente.

Prova inválida é a prova que desatende aos preceitos legais, sendo por isso nula; de nenhum efeito para o julgamento do processo. Tal prova pode ser lícita ou ilícita. Se ilícita, sua invalidade será evidente (exemplo: interceptação telefônica não autorizada judicialmente). Se lícita, poderá ser invalidada ou nulificada, por exemplo, em razão de conter vício na sua produção ou formação (exemplo: laudo pericial não assinado e sem identificação de quem o elaborou).

5. Ônus da Prova

Muito embora no léxico a palavra *ônus* seja definida como *dever, obrigação*, em termos processuais penais não se pode afirmar que o ônus da prova – *onus probandi* – traduz *dever ou obrigação imposta à parte*.

Aponta Capez que "a principal diferença entre obrigação e ônus reside na obrigatoriedade. Enquanto na obrigação a parte tem o dever de praticar o ato, sob pena de violar a lei, no ônus o adimplemento é facultativo, de modo que o seu não cumprimento não significa atuação contrária ao direito. Neste último caso, contudo, embora não tendo afrontado o ordenamento legal, a parte arcará com o prejuízo decorrente de sua inação ou deixará de obter a vantagem que adviria de sua atuação".[22]

O art. 3º-A, do CPP, é peremptório quando diz que "O processo penal terá estrutura acusatória, vedadas a iniciativa do juiz na fase de investigação e a substituição da atuação probatória do órgão de acusação".

22. Fernando Capez, *Curso de processo penal*, 24. ed., São Paulo, Saraiva, 2017, p. 406.

Nos precisos termos do art. 156, primeira parte, do CPP, a prova da alegação incumbe a quem a fizer, vale dizer: o ônus da prova incumbe a quem o fato probando aproveita. Ensinou Mirabete que "o princípio decorre não só de uma razão de oportunidade e da regra de experiência fundada no interesse à afirmação, mas da equidade, da paridade de tratamento das partes. Litigando estas é justo não impor a uma só o ônus da prova: do autor não se pode exigir senão a prova dos fatos que criam especificamente o direito; do réu apenas aqueles em que se funda a defesa".[23]

Nesses termos, e sob o enfoque subjetivo, cabe ao autor da ação penal – Ministério Público[24] ou querelante – a prova incriminatória, vale dizer: provar que o delito ocorreu, conforme narrado na inicial acusatória; que o réu ou querelado é o autor do delito; a materialidade delitiva, sendo caso, e demais circunstâncias imputadas. "É trabalho da acusação transformar os elementos do inquérito em elementos de convicção do juiz."[25]

No modelo de processo penal vigente, embora até possa fazê-lo, conforme a estratégia defensória adotada, não constitui ônus do réu ou querelado provar que o delito não ocorreu; que não foi seu autor; a ausência de materialidade ou de qualquer das circunstâncias imputadas. Todavia, é recomendável que assim proceda, ao menos com o intuito de abalar a credibilidade da prova acusatória e com isso alcançar algum benefício que da dúvida possa surgir. O fato de "não ter o ônus da prova não significa que não possa produzi-la".[26]

O acusador carrega o ônus de produzir *certeza* no espírito do julgador, e certeza nada mais é do que a verdade enquanto seguramente percebida.[27] Se o órgão acusador não se desincumbir do ônus da prova, e por isso ao final do processo restar dúvida a respeito da imputação; se, em síntese, não existir prova suficiente para a condenação, a improcedência da ação penal se apresentará como único resultado possível, por força do disposto no art. 386, VII, do CPP, que acolhe o princípio democrático segundo o qual a dúvida se resolve em favor do réu – *in dubio pro reo*. Para que se declare a inocência, basta a existência de dúvida não dirimida.

A esse respeito leciona Renato Furtado que: "O Estado, ao dar início à persecução penal, ao pôr em funcionamento as formidáveis engrenagens que lhe estão à disposição para tal mister, há que se lembrar que tem diante de si um acusado que tem o direito

---

23. Julio Fabbrini Mirabete, *Processo penal*, 16. ed., São Paulo, Atlas, 2004, p. 283.

24. "Compete ao Ministério Público, e só àquela Instituição, coligir e apresentar, ao Juiz, as provas que entender capazes de comprovar a prática criminosa. Esta é uma exigência legal, contida no art. 156 do Cód. de Pr. Penal e, desta norma, não se pode extrair ofensa à garantia paritária" (STJ, HC 190.917/SP, 6ª T., rel. Min. Celso Limongi, j. 15-3-2011, *DJe* de 28-3-2011).

25. STJ, HC 148.140/RS, 6ª T., rel. Min. Celso Limongi, j. 7-4-2011, *DJe* de 25-4-2011.

26. Hélio Tornaghi, *Instituições de processo penal*, 2. ed., São Paulo, Saraiva, 3. v., 1978, p. 469.

27. Nicola Framarino Dei Malatesta, *A lógica das provas em matéria criminal*, tradução de Alexandre Augusto Correia, São Paulo, Saraiva, 1960, v. I, p. 60.

constitucional a ser presumido inocente, pelo que possível não é que desta inocência o mesmo tenha que fazer prova. Resta então a ele (Estado) a obrigação de estar imbuído da ideia que é exclusivamente sua, a responsabilidade de levar a bom termo, com supedâneo em prova lícita e moralmente encartada aos autos, a acusação formalizada inicialmente, sob pena de, em não fazendo o trabalho que é seu, arcar com as consequências de um veredito valorado em favor do acusado a proferir o *non liquet*. O contrário, da imposição ao acusado de fazer prova de sua inocência, seria a consagração do absurdo constitucional da presunção da culpa, situação intolerável no Estado Democrático de Direito".[28]

Para o êxito da acusação, portanto, não basta a existência de mera probabilidade de que os fatos tenham ocorrido conforme a imputação inicial, daí a advertência de MITTERMAIER no sentido de que é preciso distinguir bem a *probabilidade* da *certeza*. "Dá-se a probabilidade quando a razão, apoiando-se em graves motivos, considera um fato verdadeiro, sem que, entretanto, os motivos sérios em contrário estejam completamente aniquilados. Resulta ela de que as provas, que deveriam por si mesmas estabelecer a verdade, se não apresentam na espécie com todas as condições requeridas, ou que, em face dos motivos que fornece, outros se erguem em sentido inverso e também muito fundados, ou, enfim, de que a convicção repousa apenas sobre dados, que apesar de sua reunião, não são ainda bastante poderosos para gerar certeza. Em todos estes casos a probabilidade não pode servir de base para a condenação, pois que há sempre ensejo para a dúvida, e a consciência só ficaria satisfeita quando desaparecesse a possibilidade do contrário."[29]

Na expressão de MALATESTA: "O ordinário no homem é a inocência, por isso ela se presume, e é ao acusador que cabe a obrigação da prova no juízo penal" (*quilibet praesumitur bonus, donec contrarium probetur*). Após enfatizar que não se trata de *presunção de bondade* do homem, mas de *presunção de inocência*, acrescenta tratar-se de "presunção negativa de ações criminosas, presunção sustentada pela grande e severa experiência da vida. O homem, no maior número dos casos, não comete ações criminosas; é, ordinariamente, inocente. Portanto, a inocência se presume. A presunção de inocência não é, pois, senão uma especialização da grande presunção genérica no sentido de que: o ordinário se presume".[30]

Cabe ao réu ou querelado, por outro vértice, a prova dos fatos impeditivos, modificativos ou extintivos do direito do autor, de maneira que a prova de eventual causa de exclusão da antijuridicidade que venha a alegar – legítima defesa, por exemplo – será de

---

28. RENATO DE OLIVEIRA FURTADO, Ônus da prova penal. *Jus Navigandi*, Teresina, ano 7, n. 53, 1º jan. 2002. Disponível em: <http://jus.com.br/revista/texto/2510>. Acesso em: 31 jan. 2013.

29. C. J. A. MITTERMAIER, *Tratado da prova em matéria criminal*, tradução de Herbert Wüntzel Heinrich, 3. ed., Campinas-SP, Bookseller, 1996, p. 66-67.

30. NICOLA FRAMARINO DEI MALATESTA, *A lógica das provas em matéria criminal*, tradução de Alexandre Augusto Correia, São Paulo, Saraiva, 1960, v. I, p. 143.

inteira e exclusiva responsabilidade sua. Demonstrada a prática de um fato típico, não cabe ao acusador provar que o acusado agiu antijuridicamente. A propósito, ausência de prova plena a respeito de todos os elementos que integram a legítima defesa desautoriza seu reconhecimento; a dúvida a esse respeito, *in casu*, não favorece o réu.[31]

Conforme já se decidiu, "a prova de causas de exclusão da ilicitude de fatos objetivamente típicos incumbe ao agente que, no processo penal, assume o papel de reconvinte do processo civil".[32]

Ao invocar a escusativa, o agente admite que o fato ocorreu e que dele foi autor, por isso a inversão do ônus da prova, cumprindo, a partir de então, que demonstre, à saciedade, todos os elementos identificadores de seu agir conforme a lei.

De igual maneira, "cabe à defesa a produção de prova da ocorrência de álibi que aproveite ao réu".[33]

O direito à prova é decorrência lógica do processo penal contraditório, e, referindo-se ao direito à prova legitimamente obtida ou produzida, afirma Tucci que se expressa ele na concessão, aos sujeitos parciais integrantes do processo penal, de idênticas possibilidades de oferecer e materializar, nos autos, todos os elementos de convicção demonstrativos da veracidade dos fatos alegados, bem como de participar de todos os atos probatórios e manifestar-se sobre os seus respectivos conteúdos; e descartando-se, na expressão de Barbosa Moreira,[34] qualquer disparidade no deferimento ou indeferimento de sua apresentação e produção.[35]

5.1. Ônus da prova quanto ao elemento subjetivo do tipo

A mesma presunção que autoriza concluir que, até prova em contrário, todos são inocentes, leva à presunção no sentido de que, havendo prova de que o réu praticou o delito, assim procedeu dolosamente. O dolo, portanto, é presumido na conduta.

Mas essa presunção de dolo "não é senão uma presunção *juris tantum*, que encontra sua justificativa na exterioridade criminosa da ação já provada, enquanto que *res ipsa in se dolum habet*, ou, em outros termos, o fato material criminoso, por si mesmo, só se apresenta suscetível de uma intenção dolosa. Quando, pois, diante da ação criminosa provada, que inclui o dolo, o acusado se apresenta negando este dolo, contrapõe a uma afirmativa provada, uma asserção totalmente improvada e que ele

31. Ver a esse respeito nossas reflexões lançadas por ocasião da análise do art. 386, VI, do CPP, no capítulo "Sentença e coisa julgada".

32. TJMG, Ap 11.873, 1ª C., rel. Des. Lima Torres, j. 27-6-1978, *RT* 542/418.

33. STF, HC 70.742/RJ, 2ª T., rel. Min. Carlos Velloso, j. 16-8-1994, *DJ* de 30-6-2000, p. 39.

34. José Carlos Barbosa Moreira, A garantia do contraditório na atividade de instrução, *RePro*, cit., 35 (1984): 232-2; e na *RJTRJ* 10 (1981):4.

35. Rogério Lauria Tucci, *Direitos e garantias individuais no processo penal brasileiro*, 4. ed., São Paulo, Revista dos Tribunais, 2011, p. 172.

tem obrigação de demonstrar. Mas é preciso não esquecer que a obrigação de provar entende-se sempre de um modo muito limitado quanto aos fins da defesa penal. Se as provas da acusação, para terem consequências jurídicas, devem conduzir à certeza da criminalidade, as da defesa produzem seu efeito quando chegam, simplesmente, a abalar tal certeza; e alcançam este fim, apenas fazendo admitir a credibilidade do próprio assunto".[36]

Calha citar, nesse passo, a lição de TORNAGHI quando diz que: "Há certos crimes em que o comum é o dolo e o raro, o excepcional, é a culpa, enquanto que outros geralmente são culposos e excepcionalmente dolosos". E exemplifica: "Se um motorista atropela alguém, a presunção é de que o fez por culpa. Não é assim habitualmente? Se, pois, apesar disso, em determinado caso concreto a acusação sustenta que houve dolo, deve prová-lo. Até que o faça, presume-se culposo o crime. Igualmente há crimes que são em geral dolosos. Se um sujeito mata um desafeto, supõe-se que o fez dolosamente e não há mister que a acusação prove o dolo. Incumbe ao defendente demonstrar que o resultado morte proveio de culpa (*stricto sensu*). É importante ressaltar, entretanto, que se trata de mero ônus. Ainda que o interessado não o exerça, a presunção de dolo ou de culpa não prevalecerá se o contrário resultar das provas dos autos ou das circunstâncias em que o fato se passou".[37]

5.2. Produção de prova por iniciativa do juiz

Adverte acertadamente GERALDO PRADO que: "Quem procura sabe ao certo o que pretende encontrar e isso, em termos de processo penal condenatório, representa uma inclinação ou tendência perigosamente comprometedora da imparcialidade do juiz",[38] que na correta expressão de ALVARADO VELLOSO está ligada essencialmente à ideia de devido processo.[39]

---

36. NICOLA FRAMARINO DEI MALATESTA, *A lógica das provas em matéria criminal*, v. I, p. 145-146.

37. HÉLIO TORNAGHI, *Instituições de processo penal*, 2. ed., v. 3, p. 469.

38. *Sistema acusatório*, 3. ed., Rio de Janeiro, Lumen Juris, 2005, p. 137. Acrescenta GERALDO PRADO: "Desconfiado da culpa do acusado, investe o juiz na direção da introdução de meios de prova que sequer foram considerados pelo órgão de acusação, ao qual, nestas circunstâncias, acaba por substituir. Mais do que isso, aqui igualmente se verificará o mesmo tipo de comportamento psicológico objeto de reservas quanto ao poder do próprio juiz iniciar o processo, na medida em que o juiz se fundamentará, normalmente, nos elementos de prova que ele mesmo incorporou ao processo, por considerar importantes para o deslinde da questão. Isso acabará afastando o juiz da desejável posição de seguro distanciamento das partes e de seus interesses contrapostos, posição essa apta a permitir a melhor ponderação e conclusão". E arremata o jurista: "Entre os poderes do juiz, por isso, sendo o princípio acusatório, não se deve encontrar aquele pertinente à investigação judicial, permitindo-se, quando muito, pela coordenação dos princípios constitucionais da *justiça material* e *presunção de inocência*, que moderadamente intervenha, durante a instrução, para, na implementação de poderes de assistência ao acusado, pesquisar de maneira supletiva provas da inocência, conforme a(s) tese(s) esposada(s) pela defesa" (op. cit., p. 137).

39. *Debido proceso versus pruebas de oficio*, Bogotá, Editorial Temis, 2004, p. 115.

Nos precisos termos do art. 3º-A do CPP, introduzido pelo art. 3º da Lei n. 13.964/2019, "O processo penal terá estrutura acusatória, vedadas a iniciativa do juiz na fase de investigação e a substituição da atuação probatória do órgão de acusação".

Não subsistem no ordenamento vigente as disposições que autorizavam o juiz determinar produção de prova *ex officio* no curso da persecução penal; na fase investigação ou no contraditório judicial.

Mesmo na hipótese em que da prova emanar dúvida, observada a vigência do art. 386, VII, do CPP; as emanações do princípio *in dubio pro reo*, e que **a dissipação da dúvida pode favorecer tese acusatória**, é **vedada a iniciativa judicial tendente ao esclarecimento**. A razão é de simples compreensão: se persistir dúvida, ela irá favorecer o réu.

A jurisprudência continua sedimentada no sentido de que, "Em atenção ao princípio do *in dubio pro reo*, as dúvidas porventura existentes devem ser resolvidas em favor do acusado, nos termos do artigo 386, inciso VII, do Código de Processo Penal".[40]

No processo penal de modelo acusatório, **o juiz criminal não é protagonista na atividade probatória**, e por isso seu atuar não se presta a aliviar ou desonerar o órgão incumbido da acusação do ônus que segue atrelado à sua qualidade de parte. Não há comparsaria juridicamente válida entre o Poder Judiciário e o Ministério Público na dilemática realização empírica do dever de provar os termos da pretensão deduzida em juízo.

Ademais, sendo o processo acusatório processo de partes, adversarial, também não cabe ao julgador imparcial inclinar-se em socorro da defesa para determinar produção de prova *ex officio*, com o propósito de tentar explicitar prova defensória que não se apresente suficientemente clara nos autos do processo.

O art. 156, *caput*, parte final, e seus incisos I e II, do CPP, portanto, devem ler interpretados com base nessas premissas fundamentais.

Segue disso que, observado o sistema acusatório adotado e a ordem constitucional vigente, determinar **a produção antecipada de provas na fase de investigação** está no rol de competências do **juiz das garantias**, quando e onde estiver implementado,[41]

---

40. STJ, APn 626/DF, Corte Especial, rel. Min. Jorge Mussi, revisor Min. Og Fernandes, j. 15-8-2018, *DJe* de 29-8-2018.

41. Após a publicação da Lei n. 13.964/2019 foram ajuizadas no Supremo Tribunal Federal três ações diretas de inconstitucionalidade questionando alguns de seus dispositivos – ADI 6.298, 6.299 e 6.300 –, e no dia 15 de janeiro de 2020 o Min. Dias Toffoli concedeu medida cautelar nos autos da ADI 6.298, para, entre outras coisas: "**(i)** suspender-se a eficácia dos **arts. 3º -D, parágrafo único, e 157, § 5º**, do Código de Processo Penal, incluídos pela Lei n. 13.964/19; **(ii)** suspender-se a eficácia dos arts. 3º -B, 3º -C, 3º -D, **caput**, 3º -E e 3º -F do CPP, inseridos pela Lei n. 13.964/2019, até a efetiva implementação do juiz das garantias pelos tribunais, o que deverá ocorrer **no prazo máximo de 180 (cento e oitenta) dias, contados a partir da publicação desta decisão; (iii)** conferir-se interpretação conforme às normas relativas ao juiz das garantias (arts. 3º -B a 3º -F do CPP), para esclarecer que não se aplicam às seguintes situações: (a) processos de competência originária dos tribunais, os quais são regidos pela Lei n. 8.038/1990; (b) processos de competência do Tribunal do Júri; (c) casos de violência doméstica e familiar; e (d) processos criminais de competência da Justiça Eleitoral".

e só é concebível que assim proceda em atendimento a **representação** da autoridade policial ou **requerimento** formulado por quem tenha legitimidade para a ação penal; **jamais poderá ser determinada *ex officio***. Após regular provocação, o magistrado deverá analisar a pertinência da medida tendo por referência os critérios apontados na norma (necessidade, adequação e proporcionalidade).

No curso da instrução processual, não subsiste qualquer iniciativa probatória conferida ao julgador, que nem mesmo poderá *agir de forma supletiva*, visando à complementação da prova de acusação ou de defesa. Não se permite ao juiz suprir a inércia da parte ou a esta se sobrepor, tomando para si a iniciativa de produzir prova.

Concordamos com Pacelli quando exemplifica: "O art. 564, III, *b*, do CPP, prevê como nulidade a falta de exame de corpo de delito nos crimes que deixam vestígios, quando ainda presentes os vestígios. Acreditamos que, em tal situação, se o Ministério Público *não requerer* a produção da prova técnica, quando exigida, o juiz não poderá fazê-lo à conta do princípio da verdade real, na medida em que ele estaria atuando *em substituição* ao Ministério Público, empreendendo atividade tipicamente acusatória, supletivamente ao órgão estatal responsável pela sua produção".[42]

Já não é atual, e não serve para o sistema acusatório, o pensamento de Pietro Ellero quando diz que "em matéria penal compete ao juiz a obrigação da prova".[43] É certo, como afirmou Malatesta, que o juiz penal deve, ele próprio, procurar alcançar a verdade substancial, que é o fim último de todo o processo,[44] mas disso não se extrai possa o magistrado atribuir a si mesmo o *ônus*, ou *dever* nesse caso, de produzir a prova pertinente. A afirmação de Malatesta só serve ao modelo acusatório de processo penal se compreendida como a tarefa conferida ao juiz de vasculhar a prova apresentada em juízo, com o objetivo de nela alcançar elementos de convicção que o aproximem da verdade real.

Observados os limites apontados, calha pontuar que no CPP encontramos alguns dispositivos disciplinando diligências com vistas à produção de provas, por iniciativa do juiz, a saber: art. 196 (a todo tempo o juiz poderá proceder a novo

---

Ainda em confronto com as inovações determinadas pela Lei n. 13.964/2019, no dia 22 de janeiro de 2020, nos autos da ADI 6.298, na condição de relator das ADIs 6.298, 6.299, 6.300 e 6305, o Min. Luiz Fux revogou a decisão monocrática constante das ADIs 6.298, 6.299, 6.300 e suspendeu *sine die* a eficácia da implantação do juiz das garantias e seus consectários (arts. 3º-A, 3º-B, 3º-C, 3º-D, 3ª-E, 3º-F, do CPP); da alteração do juiz sentenciante que conheceu de prova declarada inadmissível (art. 157, § 5º, do CPP); e concedeu a medida cautelar requerida nos autos da ADI 6.305, para suspender *sine die* a eficácia, da alteração do procedimento de arquivamento do inquérito policial (art. 28, *caput*, CPP), e da ilegalidade da prisão pela não realização da audiência de custódia no prazo de 24 horas (art. 310, § 4º, do CPP).

42. Eugênio Pacelli, *Curso de processo penal*, 21. ed., São Paulo, Atlas, 2017, p. 344.

43. Apud Nicola Framarino Dei Malatesta, *A lógica das provas em matéria criminal*, v. I, p. 146.

44. Nicola Framarino Dei Malatesta, *A lógica das provas em matéria criminal*, v. I, p. 146.

interrogatório do réu, *de ofício* ou a pedido fundamentado de qualquer das partes); art. 290 (o juiz, quando julgar necessário, poderá ouvir outras testemunhas, além das arroladas pelas partes); art. 229 (proceder a acareações); art. 234 (determinar a juntada de determinado documento relevante), e art. 240 (determinar busca domiciliar ou pessoal, bem como a apreensão de objetos e coisas).

Todas essas atividades probatórias se encontram limitadas pelas determinações que emanam do art. 3º-A do CPP.

O juiz não atua no processo em nome próprio, tampouco sustenta conflito de interesse com qualquer das partes. A imparcialidade constitui um dos pressupostos de validade para a constituição da relação processual.

Urge se implante no sistema judiciário brasileiro um verdadeiro sistema acusatório, de partes, adversarial.

No plano normativo não há margem para dúvidas, mas a realidade prática continua a estampar incompreensíveis dificuldades de assimilação dos valorosos avanços democráticos implementados a partir da Lei n. 13.964/2019.

5.3. Momento de se produzir prova: limites objetivos

Na fase de investigação, diz o art. 6º, III, do CPP, que, logo que tiver conhecimento da prática da infração penal, a autoridade policial deverá colher todas as provas que servirem para o esclarecimento do fato e suas circunstâncias. Instaura-se o inquérito policial ou termo circunstanciado, sendo caso, para que em sede de investigação sejam produzidas e/ou formalizadas as provas disponíveis.

Iniciada a ação penal, a atividade probatória se estende do oferecimento da denúncia ou queixa-crime até o encerramento da instrução, o que deve ocorrer, *em regra*, com o término da audiência de instrução e julgamento (CPP, art. 400).

Eventualmente, produzidas as provas, ao final da audiência, o Ministério Público, o querelante e o assistente e, a seguir, o acusado poderão requerer diligências *cuja necessidade se origine de circunstâncias ou fatos apurados na instrução* (CPP, art. 402).

Não havendo requerimento de diligências, ou sendo indeferido, serão oferecidas alegações finais orais, após o que o juiz deverá proferir sentença (CPP, art. 403).

Assim, é correto afirmar que a atividade probatória em sentido amplo tem início logo após a prática do delito. *Eventualmente* continuará em juízo com o oferecimento/recebimento da denúncia ou da queixa-crime, que necessariamente deve estar acompanhada de elementos de convicção (prova) e requerer a produção de outras provas, agora sob o crivo do contraditório constitucional.

Seja como for, encerra-se quando o juiz entende que não existem outras provas a produzir, considera finda a instrução e profere sentença, muito embora em alguns casos o tribunal, quando da apreciação de recurso, possa converter seu julgamento em diligência.

Feito isso, salvo hipótese de nulidade do processo reconhecida em grau de recurso (por cerceamento de defesa, p.ex.), não cabe produzir outras provas no *processo de conhecimento*. Será possível atividade probatória em sede de execução penal, mas disso trataremos em outro tópico, ao final deste capítulo.

Por fim, cumpre lembrar que também neste tema existem particularidades em relação aos processos de competência do Tribunal do Júri, mas disso cuidaremos no capítulo destinado ao estudo do procedimento em questão.

6. Meios de Prova e Sujeito de Prova

> Deu-se um fato; manifestou a sua vida de realidade no mundo exterior, e desapareceu. Não é mais possível, atualmente, perceber todo o complexo dos elementos constitutivos daqueles fatos; mas é necessário verificar de qualquer modo a realidade da sua existência passada, fazendo-o, direi assim, reviver aos olhos do espírito. Por que meio será isso possível?[45]

A resposta é evidente: por intermédio da prova que a respeito do fato se faz possível produzir.

Mas a prova não surge do nada para o processo nesse caminho de reconstrução. Há um fio condutor que liga a realidade do fato passado à realidade do processo, e nele encontramos os meios de prova, que assim se prestam a fazer chegar até o mundo formal do processo as informações necessárias à apuração da verdade real.

Meio de prova, portanto, é o *veículo, instrumento*[46] ou *maneira*, pessoal ou real, pela qual a prova poderá ser produzida; levada ao processo.

Para Verbic, entende-se como tal aquele "modo u operación a través de la cual se proporcionan al juez los elementos necesarios para formular las respectivas inferencias".[47]

O fato ou alegação que interessa à parte poderá ser provado, portanto, mediante depoimento de testemunha (prova testemunhal); por documento (prova documental); por laudo pericial (prova pericial); busca e apreensão de objeto (prova real ou material); gravação de som e imagem, ou qualquer outro meio que não seja ilícito.

O CPP lista os seguintes meios de prova: exame de corpo de delito e perícias em geral (arts. 158 a 184); o interrogatório do acusado (arts. 185 a 196); a confissão (arts. 197 a 200); a oitiva do ofendido (art. 201); a oitiva de testemunhas (arts. 202 a 225); o

---

45. Nicola Framarino Dei Malatesta, *A lógica das provas em matéria criminal*, tradução de Alexandre Augusto Correia, São Paulo, Saraiva, 1960, v. I, p. 307.

46. Na expressão de Paolo Tonini, "Meio de prova é o instrumento processual que permite a aquisição de um elemento de prova" (*A prova no processo penal italiano)*, tradução de Alexandra Martins e Daniela Mróz, São Paulo, Revista dos Tribunais, 2002, p. 108.

47. Francisco Verbic, *Prueba científica en el proceso judicial*, Buenos Aires, Rubinzal-Culzoni Editores, 2008, p. 22.

reconhecimento de pessoas e coisas (arts. 226 a 228); a acareação (arts. 229 e 230); os documentos (arts. 231 a 238); os indícios (art. 239), e a busca e apreensão de pessoas e coisas (arts. 240 a 250).

As modalidades probatórias listadas no CPP não são exaustivas, mas apenas exemplificativas.

Impende observar, nesse passo, que a liberdade probatória não é absoluta, pois a Constituição Federal (art. 5º, LVI) não admite provas obtidas por meios ilícitos e o CPP determina algumas restrições, tais como aquelas verificadas no art. 155, parágrafo único (para a prova quanto ao estado das pessoas serão observadas as restrições estabelecidas na lei civil, de maneira que o nascimento, o casamento, a morte, o grau de parentesco etc. prova-se com a certidão do respectivo assento); no art. 158 (quando a infração deixar vestígios, será indispensável o exame de corpo de delito, direto ou indireto, não podendo supri-lo a confissão do acusado), e art. 479 (nos processos de competência do Tribunal do Júri, durante o julgamento não será permitida a leitura de documento ou a exibição de objeto que não tiver sido juntado aos autos com a antecedência mínima de três dias úteis, dando-se ciência à parte contrária).

Necessário observar, ainda, as determinações contidas nos arts. 158-A a 158-F, no que pertine à cadeia de custódia probatória, o exame de corpo de delito e as perícias em geral, conforme cuidaremos de analisar no tópico que segue.

Por ***sujeitos de prova***, entenda-se: as pessoas que levam ao juiz os meios de prova;[48] que praticam as ações que resultam na efetiva produção da prova dentro do processo. Exemplos: o ofendido que presta declarações; as testemunhas que prestam depoimentos; o acusado, que é interrogado.

7. Cadeia de Custódia e Atividade Probatória no Juízo de Instrução e Julgamento

Decorre evidente do sistema formal adotado que a atividade probatória não pode ser desregrada. Não tem sentido imaginar que qualquer pessoa, a qualquer tempo, possa produzir qualquer tipo de prova nos autos, sem critério algum.

Disso advém ser apropriado analisarmos a cadeia de custódia probatória, para depois seguirmos com o estudo da atividade probatória que se desenvolve na persecução penal.

7.1. Cadeia de custódia

A definição do que se deve considerar cadeia de custódia nos é dada pelo art. 158-A do CPP, segundo o qual, "Considera-se cadeia de custódia o conjunto de todos os procedimentos utilizados para manter e documentar a história cronológica do

48. Hélio Tornaghi, *Instituições de processo penal*, 2. ed., São Paulo, Saraiva, 1978, 3. v., p. 422.

vestígio coletado em locais ou em vítimas de crimes, para rastrear sua posse e manuseio a partir de seu reconhecimento até o descarte".

Dos trâmites tipificados facilmente se extrai que a cadeia de custódia diz respeito apenas à prova material, que tem por pressuposto a existência de vestígio. Não incide, por óbvio e a título de exemplo, na colheita da prova testemunhal, na acareação e no reconhecimento de pessoas.

Sublinha Geraldo Prado, citando a Juan Carlos Urazán Bautista, que a cadeia de custódia fundamenta-se no princípio universal de "autenticidade da prova", definido como "lei da *mesmidade*", isto é, o principio pelo qual se determina que "o mesmo" que se encontrou na cena [do crime] é "o mesmo" que se está utilizando para tomar a decisão judicial.[49]

Os procedimentos que integram a cadeia de custódia, dos arts. 158-B ao 158-F, têm por objetivo assegurar a lisura, a fiabilidade, a idoneidade da prova, e a vulneração de qualquer deles tem por consequência a desvalia, a inadmissibilidade e a exclusão da prova material produzida.

Compreensível, pois, a exigência de cuidado e zelo na captação e preservação do elemento probatório, de forma a preservar sua incolumidade e fiabilidade.

Conforme a disciplina vigente, incumbe **ao delegado de polícia presidir as investigações e o inquérito policial**. Em razão disso, tão logo tome conhecimento da prática de um delito, a autoridade policial deverá **dirigir-se ao local** e providenciar o necessário para que não se alterem o estado e conservação das coisas, sempre que tal proceder se revelar pertinente. A propósito, o início da cadeia de custódia dá-se com a preservação do local da infração penal ou com procedimentos policiais ou periciais nos quais seja detectada a existência de vestígio (CPP, art. 158-B, § 1º).

Na sequência das atividades investigatórias, após o **reconhecimento** de algum vestígio encontrado no local do delito ou em vítima com ele relacionado, sendo de potencial interesse para a produção de prova pericial, deverá providenciar seu **isolamento** – medida que se consegue com a preservação do ambiente imediato, mediato e relacionado aos vestígios e local do crime –, a fim de evitar que se altere o estado das coisas.

Na dicção do art. 158-A, § 3º, do CPP, vestígio é todo objeto ou material bruto, visível ou latente, constatado ou recolhido, que tenha relação com infração penal.

Tendo procedido ao isolamento, deverá preceder à **fixação**, assim compreendida a descrição detalhada do vestígio em auto próprio, no qual deverá constar, inclusive, o dia, a hora, o local e as condições em que foi encontrado, para que depois

49. Geraldo Prado. *A cadeia de custódia da prova no processo penal*, São Paulo, Macial Pons, 2019, p. 95.

ocorra sua **apreensão e coleta**,[50] sendo que esta deverá ser realizada preferencialmente por perito oficial.

"É proibida a entrada em locais isolados bem como a remoção de quaisquer vestígios de locais de crime antes da liberação por parte do perito responsável, sendo tipificada como fraude processual a sua realização" (CPP, art. 158-C, § 2º).

Para a formalização de tais diligências, é imprescindível seja lavrado o que denominamos **auto de apreensão e coleta de vestígio**.

Da **coleta** do vestígio ao seu **descarte**, passando pela realização do **exame pericial**, para a validade da prova há que se seguir rigorosamente a disciplina determinada pelos incisos V a X do art. 158-B do CPP.

Na cadeia de custódia probatória, "o agente público que reconhecer um elemento como de potencial interesse para a produção da prova pericial fica responsável por sua preservação" (CPP, art. 158-A, § 2º). Portanto, o reconhecimento de um vestígio e seu isolamento podem ser levados a efeito por qualquer agente público, dentre eles integrantes da polícia militar, investigador de polícia ou delegado de polícia, **mas a coleta do vestígio deve ser feita por perito oficial**. Basta um perito.

Apenas **quando não houver perito oficial** em condições de realizar a coleta é que a autoridade policial ou quem for por ela designado (perito nomeado, não oficial, por exemplo) poderá proceder à coleta do vestígio.

Ciente das deficiências do sistema de justiça criminal, o legislador houve por bem conferir tal tarefa *preferencialmente* a perito oficial, ou seja, com preferência em relação a outrem, mas sem exclusividade.

O art. 158-E do CPP determina que "Todos os Institutos de Criminalística deverão ter uma central de custódia destinada à guarda e controle dos vestígios, e sua gestão deve ser vinculada diretamente ao órgão central de perícia oficial de natureza criminal".

"Toda central de custódia deve possuir os serviços de protocolo, com local para conferência, recepção, devolução de materiais e documentos, possibilitando a seleção, a classificação e a distribuição de materiais, devendo ser um espaço seguro e apresentar condições ambientais que não interfiram nas características do vestígio" (CPP, art. 158-E, § 1º), e contar com rigoroso controle formal de entrada e saída de vestígios, com sistema de protocolo no qual seja identificada a ocorrência ou inquérito ao qual se vincula.

Aquele que realizar a coleta providenciará o necessário **encaminhamento do vestígio para a central de custódia**, mesmo quando for necessária a realização de exames complementares, devendo, para tanto, providenciar o acondicionamento e o transporte, com atenção aos comandos dos incisos. V e VI do art. 158-B do CPP.

50. Entende-se por *coleta* o "ato de recolher o vestígio que será submetido à análise pericial, respeitando suas características e natureza" (CPP, art. 158-B, IV).

Acondicionamento é o "procedimento por meio do qual cada vestígio coletado é embalado de forma individualizada, de acordo com suas características físicas, químicas e biológicas, para posterior análise, com anotação da data, hora e nome de quem realizou a coleta e o acondicionamento" (CPP, art. 158-B, V). Para o correto acondicionamento do vestígio é imprescindível não se desviar das determinações do art. 158-D, §§ 1º a 5º, do CPP, que disciplina as cautelas que devem ser adotadas com relação ao **recipiente adequado** e sua abertura, utilização de lacre e cautelas que devem ser adotadas cada vez que se der seu rompimento.

Transporte é o ato de "transferir o vestígio de um local para o outro, utilizando as condições adequadas (embalagens, veículos, temperatura, entre outras), de modo a garantir a manutenção de suas características originais, bem como o controle de sua posse" (CPP, art. 158-B, VI).

Ao final do transporte ocorrerá o **recebimento do vestígio na central de custódia**. É imprescindível a documentação da tradição ou transferência de posse do vestígio, o que poderá ser feito em "termo de recebimento", no qual deverá constar, no mínimo, "informações referentes ao número de procedimento e unidade de polícia judiciária relacionada, local de origem, nome de quem transportou o vestígio, código de rastreamento, natureza do exame, tipo do vestígio, protocolo, assinatura e identificação de quem o recebeu" (CPP, art. 158-B, VII).

Ainda com vistas a resguardar a fidedignidade da prova e assegurar eventual punição que possa decorrer de ilegalidade a ela atrelada, deverá ser feita a completa identificação, com registro de data e hora, das pessoas que tiverem acesso ao vestígio armazenado na central de custódia e, em caso de seu transporte para local diverso, deverão ser registrados a destinação, o horário da diligência e da saída do vestígio da central etc.

O vestígio recebido na central de custódia será encaminhado para perícia, que deverá levar em conta sua natureza e a prova a que se destina produzir.

Na cadeia de custódia, denomina-se **processamento** o exame pericial, "a manipulação do vestígio de acordo com a metodologia adequada às suas características biológicas, físicas e químicas, a fim de se obter o resultado desejado, que deverá ser formalizado em laudo produzido por perito" (CPP, art. 158-B, VIII).

Depois de submetido a exame pericial, o vestígio deverá ser novamente transportado à central de custódia,[51] devendo lá permanecer armazenado[52] até que se

51. "Caso a central de custódia não possua espaço ou condições de armazenar determinado material, deverá a autoridade policial ou judiciária determinar as condições de depósito do referido material em local diverso, mediante requerimento do diretor do órgão central de perícia oficial de natureza criminal" (CPP, parágrafo único do art. 158-F).

52. Armazenamento é o "procedimento referente à guarda, em condições adequadas, do material a ser processado, guardado para realização de contraperícia, descartado ou transportado, com vinculação ao número do laudo correspondente" (CPP, art. 158-B, IX).

verifique sua destinação final – seu **descarte**, na letra da lei – o que poderá ocorrer com a sua restituição, alienação ou destruição, por exemplo, determinada pela autoridade que preside o inquérito ou pelo juiz competente, conforme o caso.

Sob pena de **nulidade da prova**, os procedimentos que informam a cadeia de custódia devem ser rigorosamente aplicados, em relação a todo e qualquer vestígio coletado no curso da persecução penal – da investigação ao término da instrução processual penal.

Nesta seara, há que se repudiar contemporizações tendentes a relativizações.

7.2. Atividade probatória no juízo de instrução e julgamento

A atividade probatória, como qualquer outra que se desenvolve no processo, é tipificada no CPP, daí a existência de parâmetros, lógicos e jurídicos; verdadeiras balizas que devem ser respeitadas por todo aquele que se encontrar legitimado e pretender produzir prova penal.

Como é intuitivo, o primeiro momento é a (1) *proposição ou especificação* da prova, que a seguir passará pela fase de (2) *admissão*, e só depois virá, eventualmente, sua (3) *produção* para, ao final, ocorrer sua (4) *valoração* pelo julgador.

(1) *Proposição* ou *especificação*: é o ato de propor a produção; em verdade, indicar e requerer a produção de determinada prova nos autos do processo.

Exemplos: (*a*) se o Ministério Público pretender produzir prova oral no curso do processo que verse sobre delito de ação penal pública, deverá indicar, já na denúncia, o rol respectivo (nome e endereço das testemunhas e da vítima, sendo caso); (*b*) dispõe o art. 396-A do CPP que na resposta preliminar (CPP, art. 396) o acusado poderá, dentre outras coisas, oferecer documentos e justificações, especificar as provas pretendidas e arrolar testemunhas, qualificando-as; (*c*) produzidas as provas, ao final da audiência, o Ministério Público, o querelante e o assistente e, a seguir, o acusado poderão requerer diligências cuja necessidade se origine de circunstâncias ou fatos apurados na instrução (CPP, art. 402).

(2) *Admissão*: proposta a prova, o juiz, a quem incumbe a direção do processo,[53] deverá analisar se tem relação com o *thema probandum* e se é caso de produzi-la nos autos, momento em que decidirá sobre sua admissão, ou não.

Cabe ao juiz da causa examinar a pertinência das provas especificadas/requeridas, e assim analisar se são necessárias ou meramente protelatórias.[54]

Em poucas palavras, trata-se do juízo preliminar de relevância a que se refere Taruffo,[55] e, tal como já decidiu o STF, "é lícito ao juiz indeferir as provas considera-

---

53. STF, AR 1.538 AgR-AgR/MG, Tribunal Pleno, rel. Min. Maurício Corrêa, j. 4-10-2001, *DJ* de 8-2-2002, p. 261.

54. STJ, RHC 25.475/SP, 5ª T., rel. Min. Jorge Mussi, j. 16-9-2010, *DJe* de 16-11-2010.

55. Michele Taruffo, *La prueba de los hechos*, tradução de Jordi Ferrer Beltrán, 4. ed., Madrid, Editorial Trotta, 2011, p. 455.

das desnecessárias ou inconvenientes. Todavia, uma vez adstrito ao princípio do livre convencimento motivado, o julgador deve fundamentar, de maneira objetiva, a decisão que indeferiu a produção da prova requerida".[56]

Exemplo: se a prova for protelatória, impertinente, irrelevante e inútil para o processo, o juiz deverá indeferir sua produção[57] – hipótese em que não será admitida[58] (CPP, § 1º do art. 400 e art. 403) –, mas, ocorrendo o inverso, seguir-se-á com sua produção, cumprindo que se observe o momento e forma adequados (CPP, arts. 399 e 400).

(3) *Produção*: é o ato de realizar; produzir; trazer para os autos; incorporar ao processo a prova que foi proposta e admitida, e que deverá servir para formar a convicção do julgador.

Exemplo: admitida a prova oral, o juiz designará dia e hora para a audiência em que procederá à colheita dos respectivos depoimentos (CPP, arts. 399 e 400).

(4) *Valoração*: é a análise crítica da prova. Produzida esta, no momento oportuno *o juiz irá analisá-la* conjuntamente com todos os elementos disponíveis nos autos, do que decorrerá certa *atribuição de credibilidade* ao seu conteúdo, que em alguma medida irá influir na formação do convencimento.

Exemplo: encerrada a instrução, após as alegações das partes, o juiz deverá proferir sentença (CPP, art. 403), ocasião em que deverá analisar e valorar todo o conjunto probatório, e fundamentar adequadamente sua decisão (CF, art. 93, IX).

Na sintética expressão de Fenech, "la valoración de la prueba está reservada al titular del órgano jurisdiccional".[59]

8. Sistemas de Valoração das Provas

Há quem entenda que o correto seria denominar *sistema de apreciação das provas*, o que preferimos intitular *sistema de valoração das provas*.

Com efeito, a *apreciação* é algo que se verifica logicamente em momento anterior ao da *valoração*. Neste é que o juiz irá atribuir alguma medida de credibilidade à prova que apreciou, e calcado nessa credibilidade, geradora de sua convicção a respeito dos fatos, é que irá decidir e, coerentemente, fundamentar seu veredicto.

---

56. STF, HC 102.759/SP, 2ª T., rel. Min. Ellen Gracie, j. 29-3-2011, *DJe* n. 083, de 5-5-2011.

57. STJ, AgRg no REsp 1.170.268/PR, 5ª T., rel. Min. Jorge Mussi, j. 11-9-2012, *DJe* de 18-9-2012.

58. "A negativa ao pedido de realização de perícia é faculdade do magistrado, que pode indeferir a produção de prova que avalie desnecessária ou inútil ao esclarecimento dos fatos, desde que de forma fundamentada" (STJ, AgRg no Agravo de Inst. 1.197.303/PB, 5ª T., rel. Min. Arnaldo Esteves Lima, j. 22-6-2010). Sobre indeferimento de pedido de acareação: STJ, HC 62.382/GO, 5ª T., rel. Min. Laurita Vaz, j. 14-11-2006, *DJ* de 11-12-2006, p. 400.

59. Miguel Fenech, *Derecho procesal penal*, 3. ed., Barcelona, Editorial Labor, 1960, v. I, p. 590.

Basicamente, os sistemas de valoração podem ser assim apontados: (1) *sistema da prova legal ou tarifada*; (2) *sistema da íntima convicção do juiz ou da certeza moral*, e (3) *sistema da livre convicção do juiz ou persuasão racional*.

(1) Sistema da prova legal ou tarifada:

Neste modelo, também chamado *sistema da certeza moral do legislador*, *da verdade legal* ou *formal*, não se permite ao julgador valorar livremente a prova, conforme sua experiência e formação, pois a própria lei cuida de estabelecer uma hierarquia entre os diversos meios de prova, de modo a fixar antecipadamente o valor que cada uma tem, e, em razão disso, qual prova deve prevalecer sobre outra. Como perfeito burocrata, o julgador não tem qualquer margem de discricionariedade na valoração do conjunto probatório. Por isso se diz que neste sistema a prova é tarifada. Exemplos: a confissão, mesmo desacompanhada de elementos de convicção, vale mais que qualquer outra prova; duas testemunhas de acusação valem mais que uma de defesa,[60] independentemente do conteúdo das informações que esta prestar.

No dizer de Alcalá-Zamora, trata-se de um critério de valoração rígida e prefixada.[61]

(2) Sistema da íntima convicção do juiz ou da certeza moral:

Ao contrário do anterior, neste a lei não atribui valor a determinado tipo ou meio de prova, mas permite que o juiz decida livremente, como bem entender, ancorado apenas em sua convicção e consciência.

A credibilidade que poderá ser dada, ou não, às provas produzidas depende *exclusivamente* da intuição; íntima convicção ou certeza moral do julgador, que bem por isso poderá decidir contra a prova constante dos autos.

(3) Sistema da livre convicção do juiz ou persuasão racional:

Também denominado *sistema do livre convencimento*[62] ou *da verdade real*, nele o juiz não está preso a regras rígidas de valoração, de maneira que lhe é permitido

---

60. "No sistema da persuasão racional ou do livre convencimento motivado adotado pela Constituição Federal (CF, art. 93, IX), inexiste hierarquia entre os elementos probatórios, não sendo possível afirmar que uma prova testemunhal ostente menor valor probante que a de outra espécie, já que o juiz formará sua convicção pela livre apreciação de todos os elementos de convicção alheados no curso da persecução penal (CPP, art. 155, *caput*)" (STJ, HC 350.906/RJ, 5ª T., rel. Min. Ribeiro Dantas, j. 20-6-2017, *DJe* de 28-6-2017). *No mesmo sentido*: STJ, AgRg no AREsp 377.671/DF, 5ª T., rel. Min. Marco Aurélio Bellizze, j. 21-8-2014, *DJe* de 28-8-2014; STJ, HC 340.815/MT, 6ª T., rel. Min. Maria Thereza de Assis Moura, j. 2-2-2016, *DJe* de 23-2-2016.

61. Niceto Alcalá-Zamora y Castillo, *Estudios de teoria general e historia del proceso* (1945-1972), México, Universidad Nacional Autónoma de México – Instituto de Investigaciones Jurídicas, 1974, t. II, p. 374.

62. STF, HC 108.435/RS, 1ª T., rel. Min. Rosa Weber, j. 6-3-2012, *DJe* n. 059, de 22-3-2012.

formar sua convicção pela *livre apreciação das provas produzidas nos autos*, conforme a lógica de seu raciocínio, sua experiência, formação, compromisso e grau de responsabilidade.

> O sistema do livre convencimento motivado ou da persuasão racional permite ao magistrado revelar o seu convencimento sobre as provas dos autos livremente, desde que demonstre o raciocínio desenvolvido.[63]

> Nunca é demais, porém, advertir que *livre convencimento* não quer dizer puro capricho de opinião ou mero arbítrio na apreciação das provas. O juiz está livre de *preconceitos legais* na aferição das provas, mas não pode abstrair-se ou alhear-se ao seu conteúdo. Não estará ele dispensado de *motivar* sua sentença. (...) Como corolário do sistema de livre convicção do juiz, é rejeitado o velho brocardo *testis unus testis nullus*.[64]

Não se deve confundir *íntima convicção* com *livre convicção*.

A livre convicção que está autorizada deve decorrer da prova produzida e, portanto, estar lastreada em material probatório existente no processo, cujo teor não é dado ao magistrado desconsiderar, daí ser correto denominá-lo *sistema do livre convencimento fundamentado*.

8.1. Sistema adotado no CPP vigente

Para a generalidade dos casos, o CPP adotou o *sistema da livre convicção do juiz, persuasão racional* ou *livre convencimento fundamentado*,[65] e isso está expresso na sua Exposição de Motivos, item VII, *verbis*:

> Todas as provas são relativas; nenhuma delas terá, *ex vi legis*, valor decisivo ou necessariamente maior prestígio que outra. Se é certo que o juiz fica adstrito à prova constante dos autos, não é menos certo que não fica subordinado a nenhum critério apriorístico no apurar, através delas, a verdade material. O juiz criminal é, assim, restituído à sua própria consciência.

---

63. STF, HC 101.698/RJ, 1ª T., rel. Min. Luiz Fux, j. 18-10-2011, *DJe* n. 227, de 30-11-2011.

64. Item VII da Exposição de Motivos do CPP.

65. "Vigora no Direito brasileiro e no Direito contemporâneo em geral o princípio da persuasão racional ou do livre convencimento motivado" (STF, RHC 103.736/MS, 1ª T., rel. Min. Rosa Weber, j. 26-6-2012, *DJe* n. 160, de 15-8-2012). "No sistema da persuasão racional ou do livre convencimento motivado adotado pela Constituição Federal (CF, art. 93, IX), inexiste hierarquia entre os elementos probatórios, não sendo possível afirmar que uma prova ostente menor valor probante que a de outra espécie, já que o juiz formará sua convicção pela livre apreciação de todos os elementos de convicção dos autos, podendo, inclusive, indeferir a produção de prova que entenda desnecessária para a solução da controvérsia (CPP, art. 155, *caput*)" (STJ, HC 419.819/SP, 5ª T., rel. Min. Ribeiro Dantas, j. 17-4-2018, *DJe* de 24-4-2018). *No mesmo sentido:* STF, RHC 86.674/RJ, 1ª T., rel. Min. Carlos Britto, j. 7-3-2006, *DJe* de 10-11-2006, p. 57, *RTJ* 201/637; STF, RHC 91.691/SP, 1ª T., rel. Min. Menezes Direito, j. 19-2-2008, *DJe* n. 074, de 25-4-2008; STF, HC 104.669/SP, 1ª T., rel. Min. Ricardo Lewandowski, j. 26-10-2010, *DJe* n. 221, de 18-11-2010; STF, HC 102.759/SP, 2ª T., rel. Min. Ellen Gracie, j. 29-3-2011, *DJe* n. 083, de 5-5-2011; STF, HC 111.666/MG, 1ª T., rel. Min. Luiz Fux, j. 8-5-2012, *DJe* n. 100, de 23-5-2012.

São oportunas as observações lançadas por BENTO DE FARIA no sentido de que "não é permitido ao juiz fundar a sua convicção na notoriedade do fato, assim conceituado pelo seu próprio conhecimento, desde que tal notoriedade só faz prova quando resultar das circunstâncias emergentes do processo pela forma legal. Seria, realmente, admitir o testemunho do juiz, e ninguém pode, no mesmo processo, figurar como julgador e testemunha. O princípio da liberdade da prova resultaria no da exclusão de toda a prova. A liberdade de apreciação da prova há de ser, portanto, limitada à análise da que existir nos autos. O julgamento há de, pois, assentar na prova e não na consciência de quem o profere". E arrematou o jurista: "A liberdade de convicção confere ao juiz a faculdade de decidir, conforme o seu conhecimento, *com fundamento em qualquer das provas*, a que dê mais crédito e validade, e *não a de julgar livremente*, sem atenção aos elementos existentes nos autos. (...) Do contrário, surgiria o regime do arbítrio e da insegurança".[66]

Nesses termos, diz o art. 155 do CPP que: "O juiz formará sua convicção pela livre apreciação da prova produzida em contraditório judicial, não podendo fundamentar sua decisão exclusivamente nos elementos informativos colhidos na investigação, ressalvadas as provas cautelares, não repetíveis e antecipadas".

Sob pena de violação aos princípios do devido processo legal, da ampla defesa e do contraditório, em regra, só a prova produzida em juízo pode servir para formar a convicção do juiz e fundamentar sua decisão, mas isso não afasta por completo a possibilidade de valoração de algumas provas produzidas na fase de investigação, oportunamente judicializadas[67] com o ajuizamento da ação penal, tal como ocorre com os laudos periciais elaborados na persecução inquisitiva (exemplos: exame de corpo de delito; laudo necroscópico; laudo sobre rompimento de obstáculo para a prática de furto; laudo do local em que se deu o acidente de trânsito etc.).

Muito embora tais provas não tenham sido expostas ao contraditório no momento de sua produção – porque não há contraditório pleno na fase de inquérito –, em relação a elas há o contraditório diferido, visto que após o ajuizamento da ação penal poderão ser atacadas pela defesa, que então terá plena possibilidade de demonstrar algum vício na sua confecção e, com isso, afastá-la do acervo probatório por invalidade.

Note-se que o art. 155 não diz que o juiz não poderá apoiar sua decisão com base em prova produzida na fase de inquérito. De tal forma, "os elementos do inquérito podem influir na formação do livre convencimento do juiz para a decisão da causa quando complementam outros indícios e provas que passam pelo crivo do contraditório em juízo".[68] Na verdade, só não permite que a decisão seja fundamentada

---

66. BENTO DE FARIA, *Código de Processo Penal*, 2. ed., Rio de Janeiro, Record, 1960, v. 1, p. 254.

67. STJ, HC 175.413/PE, 5ª T., rel. Min. Jorge Mussi, j. 26-6-2012, *DJe* de 1º-8-2012; STJ, HC 233.118/SP, 5ª T., rel. Min. Jorge Mussi, j. 28-8-2012, *DJe* de 5-9-2012.

68. STF, HC 102.473/RJ, 2ª T., rel. Min. Ellen Gracie, j. 12-4-2011, *DJe* n. 080, de 2-5-2011. "Os

exclusivamente nos elementos informativos colhidos na investigação. Ou seja: o que o juiz não pode é decidir com base – *apenas, tão só, exclusivamente* – nos elementos de prova colhidos na fase inquisitiva, com total desconsideração à prova produzida durante o contraditório constitucional.

Segue nesse sentido a jurisprudência do Superior Tribunal de Justiça e da Suprema Corte:

> A Lei n. 11.690/2008, ao introduzir na nova redação do art. 155 do Código de Processo Penal o advérbio "exclusivamente", permite que elementos informativos da investigação possam servir de fundamento ao juízo sobre os fatos, desde que existam, também, provas produzidas em contraditório judicial. Noutras palavras: para chegar à conclusão sobre a veracidade ou falsidade de um fato afirmado, o juiz penal pode servir-se tanto de elementos de prova – produzidos em contraditório – como de informações trazidas pela investigação. Apenas não poderá se utilizar exclusivamente de dados informativos colhidos na investigação.[69]

> Esta Corte Superior de Justiça possui entendimento no sentido de ser inadmissível a prolação de decreto condenatório exclusivamente com base em notícias colhidas durante investigações preliminares, que não tenham sido submetidas ao crivo do devido processo legal, em seus consectários do contraditório e da ampla defesa. Vige em nosso ordenamento jurídico o princípio do livre convencimento motivado ou da persuasão racional, segundo o qual o magistrado pode livremente apreciar as provas, adotá-las ou recusá-las mediante convicção motivada. Contudo, há proibição expressa de fundamentação exclusiva nos elementos do inquérito, ressalvadas as provas cautelares, não repetíveis e antecipadas.[70]

> Vige em nosso sistema o princípio do livre convencimento motivado ou da persuasão racional, segundo o qual compete ao Juiz da causa valorar com ampla liberdade os elementos de prova constantes dos autos, desde que o faça motivadamente, com o que se permite a aferição dos parâmetros de legalidade e de razoabilidade adotados nessa operação intelectual.[71]

> O art. 155 do Código de Processo Penal não impede que o juiz, para a formação de sua livre convicção, considere elementos informativos colhidos na fase de investigação criminal, mas apenas que a condenação se fundamente exclusivamente em prova da espécie.[72]

---

elementos colhidos no inquérito policial podem influir na formação do livre convencimento do juiz para a decisão da causa quando complementados por outros indícios e provas obtidos na instrução judicial" (STF, HC 104.669/SP, 1ª T., rel. Min. Ricardo Lewandowski, j. 26-10-2010, *DJe* n. 221, de 18-11-2010). *No mesmo sentido*: STJ, HC 350.906/RJ, 5ª T., rel. Min. Ribeiro Dantas, j. 20-6-2017, *DJe* de 28-6-2017; STJ, AgRg no AREsp 1.096.705/PR, 6ª T., rel. Min. Maria Thereza de Assis Moura, j. 13-6-2017, *DJe* de 21-6-2017.

69. STJ, HC 173.965/PE, 5ª T., rel. Min. Marco Aurélio Bellizze, j. 1º-3-2012, *DJe* de 29-3-2012.
70. STJ, HC 230.922/RS, 5ª T., rel. Min. Gilson Dipp, j. 26-6-2012, *DJe* de 1º-8-2012.
71. STF, RHC 91.691/SP, 1ª T., rel. Min. Menezes Direito, j. 19-2-2008, *DJe* n. 074, de 25-4-2008.
72. STF, HC 105.837/RS, 1ª T., rel. Min. Rosa Weber, j. 8-5-2012, *DJe* de 22-5-2012.

No plano prático, é importante observar que compete ao juiz das garantias, quando e onde estiver implementado,[73] decidir sobre o recebimento da denúncia ou queixa (CPP, art. 3º -B, XIV), e que "Os autos que compõem as matérias de competência do juiz das garantias ficarão acautelados na secretaria desse juízo, à disposição do Ministério Público e da defesa, e não serão apensados aos autos do processo enviados ao juiz da instrução e julgamento, ressalvados os documentos relativos às provas irrepetíveis, medidas de obtenção de provas ou de antecipação de provas, que deverão ser remetidos para apensamento em apartado" (CPP, art. 3º -C, § 3º).

Há situações em que se faz imperiosa a produção cautelar de provas, não repetíveis e antecipadas, como é o caso de se mostrar imprescindível a colheita de um depoimento por se encontrar a testemunha gravemente enferma e com risco de morte. Em casos tais, sob pena de nulidade da prova respectiva, a participação da defesa se faz imprescindível no procedimento para tanto levado a efeito pelo juiz, e isso torna menos inquietante a possibilidade de sua utilização nos autos do processo a que se vincula.

Calha enfatizar que a produção antecipada de provas pode ocorrer ainda na fase de inquérito ou mesmo durante o processo. Seja como for, independentemente do momento em que se realizar, a oportunização de participação da defesa, que deve ser feita com sua cientificação a respeito do dia e hora em que determinada prova será colhida, é providência indeclinável.

Por fim, impõe advertir que, muito embora largamente utilizado na prática judiciária, o *habeas corpus* não se presta ao reexame da prova, entendimento, aliás, pacificado na jurisprudência atual do Superior Tribunal de Justiça e do Supremo Tribunal Federal:

---

73. Após a publicação da Lei n. 13.964/2019 foram ajuizadas no Supremo Tribunal Federal três ações diretas de inconstitucionalidade questionando alguns de seus dispositivos – ADI 6.298, 6.299 e 6.300 –, e no dia 15 de janeiro de 2020 o Min. Dias Toffoli concedeu medida cautelar nos autos da ADI 6.298, para, entre outras coisas: "**(i)** suspender-se a eficácia dos **arts. 3º -D, parágrafo único, e 157, § 5º**, do Código de Processo Penal, incluídos pela Lei n. 13.964/19; **(ii)** suspender-se a eficácia dos arts. 3º -B, 3º -C, 3º -D, *caput*, 3º -E e 3º -F do CPP, inseridos pela Lei n. 13.964/2019, até a efetiva implementação do juiz das garantias pelos tribunais, o que deverá ocorrer **no prazo máximo de 180 (cento e oitenta) dias, contados a partir da publicação desta decisão**; **(iii)** conferir-se interpretação conforme às normas relativas ao juiz das garantias (arts. 3º -B a 3º -F do CPP), para esclarecer que não se aplicam às seguintes situações: (a) processos de competência originária dos tribunais, os quais são regidos pela Lei n. 8.038/90; (b) processos de competência do Tribunal do Júri; (c) casos de violência doméstica e familiar; e (d) processos criminais de competência da Justiça Eleitoral".

Ainda em confronto com as inovações determinadas pela Lei n. 13.964/2019, no dia 22 de janeiro de 2020, nos autos da ADI 6.298, na condição de relator das ADIs 6.298, 6.299, 6.300 e 6305, o Min. Luiz Fux revogou a decisão monocrática constante das ADIs 6.298, 6.299, 6.300 e suspendeu *sine die* a eficácia da implantação do juiz das garantias e seus consectários (arts. 3º -A, 3º -B, 3º -C, 3º -D, 3ª-E, 3º -F, do CPP); da alteração do juiz sentenciante que conheceu de prova declarada inadmissível (art. 157, § 5º, do CPP); e concedeu a medida cautelar requerida nos autos da ADI 6.305, para suspender *sine die* a eficácia, da alteração do procedimento de arquivamento do inquérito policial (art. 28, *caput*, CPP), e da ilegalidade da prisão pela não realização da audiência de custódia no prazo de 24 horas (art. 310, § 4°, do CPP).

No processo penal brasileiro vigora o princípio do livre convencimento, em que o julgador, desde que de forma fundamentada, pode decidir pela condenação, não cabendo na augusta via do *habeas corpus* o exame aprofundado de prova no intuito de reanalisar as razões e motivos pelos quais as instâncias anteriores formaram convicção pela prolação de decisão repressiva em desfavor dos pacientes.[74]

A reapreciação do acervo probatório é vedada na via estreita do *habeas corpus*, conforme a remansosa jurisprudência desta Corte Suprema. Precedentes (HC 106.393, rel. Min. Cármen Lúcia, 1ª T., j. 15-02-2011; RHC 98.731, rel. Min. Cármen Lúcia, 1ª T., j. 2-12-2010; HC 72.979, rel. Min. Moreira Alves, 1ª T., j. 23-2-96; HC 93.369, rel. Min. Celso de Mello, 2ª T., j. 15-9-2009).[75]

Vigora no Direito brasileiro e no Direito contemporâneo em geral o princípio da persuasão racional ou do livre convencimento motivado. Não se presta o *habeas corpus*, enquanto não permite ampla avaliação e valoração das provas, como instrumento hábil ao reexame do conjunto fático-probatório que leva à condenação.[76]

8.2. Os outros dois sistemas e o CPP

Sem dúvida, no processo penal vigente prevalece o *sistema do livre convencimento fundamentado*; todavia, não é correto afirmar que entre nós já não há resquícios dos outros dois sistemas de valoração de provas anteriormente indicados.

Predomina nos julgamentos pelo Tribunal do Júri, em plenário, o *sistema da íntima convicção*, visto que cada jurado pode avaliar livremente a prova e não precisa fundamentar ou justificar sua decisão, que só não irá prevalecer quando o resultado final do julgamento for manifestamente contrário à prova dos autos. Seja como for, o jurado pode votar, e, portanto, julgar, guiado por sua íntima convicção a respeito dos fatos.[77]

Muito embora a Exposição de Motivos do CPP, em seu item VI, proclame que a sistemática adotada abandonou radicalmente o sistema da *certeza legal*, a rigor não é bem assim, já que *tanto o parágrafo único do art. 155 do CPP*, quando determina que a prova relativa ao estado das pessoas (se casada ou solteira; grau de parentesco, idade[78] etc.) está sujeita às restrições estabelecidas na lei civil

74. STJ, HC 174.849/RJ, 5ª T., rel. Min. Jorge Mussi, j. 14-2-2012, *DJe* de 29-2-2012.

75. STF, HC 103.118/SP, 1ª T., rel. Min. Luiz Fux, j. 20-3-2012, *DJe* n. 073, de 16-4-2012.

76. STF, RHC 114.058 AgR/RJ, 1ª T., rel. Min. Rosa Weber, j. 11-9-2012, *DJe* n. 198, de 9-10-2012.

77. "A Constituição Federal, em seu art. 5º, XXXVIII, 'b' e 'c', conferiu ao Tribunal do Júri a soberania dos seus veredictos e o sigilo das votações, tratando-se de exceção à regra contida no inciso IX do art. 93, razão pela qual não se exige motivação ou fundamentação das decisões do Conselho de Sentença, fazendo prevalecer, portanto, como sistema de avaliação das provas produzidas a íntima convicção dos jurados" (STJ, HC 209.107/PE, 5ª T., rel. Min. Jorge Mussi, j. 4-10-2011, *DJe* de 19-10-2011).

78. "A idade – qualificando-se como situação inerente ao estado civil das pessoas – expõe-se, para efeito de sua comprovação, em juízo penal, às restrições probatórias estabelecidas na lei civil (CPP, art. 155)" (STF,

(prova-se o estado civil, por exemplo, apenas com a juntada da certidão do assento de nascimento, se solteiro, ou casamento), *quanto o art. 158 do CPP*, ao gizar a imprescindibilidade do exame de corpo de delito direto ou indireto nos crimes que deixam vestígios, não podendo supri-lo nem mesmo a confissão do acusado confortada por outros elementos de convicção, não fazem mais do que adotar o *sistema da prova legal ou tarifada.*[79]

9. Princípios Reguladores

Objetivamente, sintetizou Karl Larenz que os *princípios* representam uma consciência jurídica geral ou ideias diretrizes.[80]

No tocante ao tema prova, são eles:

9.1. Princípio da liberdade de prova

Como o próprio nome diz, é ampla a liberdade probatória das partes.

Essa amplitude, contudo, não é plena, na medida em que vigentes resquícios do sistema de prova tarifada, conforme se verifica no parágrafo único do art. 155, segundo o qual "somente quanto ao estado das pessoas serão observadas as restrições estabelecidas na lei civil", e no art. 158, ambos do CPP, que, a seu turno, determina que nas situações em que o delito deixar vestígios será indispensável o exame de corpo de delito direto ou indireto.

A liberdade probatória diz respeito à produção de provas lícitas.

9.2. Princípio da inadmissibilidade das provas ilícitas

Decorre do disposto no art. 5º, LVI, da CF, segundo o qual são inadmissíveis no processo as provas obtidas por meios ilícitos. Também o art. 157 do CPP dispõe a respeito, determinando sejam desentranhadas do processo as provas consideradas ilícitas e também as ilícitas por derivação, temas de que trataremos mais adiante, neste mesmo capítulo.

HC 71.134/SP, 1ª T., rel. Min. Celso de Mello, j. 9-8-1994, *DJe* de 23-5-2011). "Para efeitos penais, a comprovação da idade, como as outras situações quanto ao estado das pessoas, há de ser realizada mediante prova documental hábil, de acordo com as restrições estabelecidas na lei civil. Inteligência do parágrafo único do art. 155 do CPP. Precedentes" (STF, HC 132.204/DF, 2ª T., rel. Min. Teori Zavascki, j. 26-4-2016, *DJe* n. 94, de 11-5-2016).

79. "Vigora no sistema processual penal brasileiro o princípio do livre convencimento motivado do juiz, consoante o disposto no art. 155, *caput*, do Código de Processo Penal, pelo qual o magistrado pode formar o seu convencimento livremente, ponderando as provas que desejar, valorando-as conforme o seu entendimento, ressalvados os casos de provas tarifadas, desde que o faça fundamentadamente" (STJ, RHC 25.475/SP, 5ª T., rel. Min. Jorge Mussi, j. 16-9-2010, *DJe* de 16-11-2010).

80. *Metodologia da ciência do direito*, tradução de José Lamego, 3. ed., Lisboa, Fundação Calouste Gulbenkian, 1997, p. 599.

9.3. Princípio da autorresponsabilidade das partes

Conforme a distribuição do ônus da prova, cabe a cada parte dele desincumbir-se, e, se assim não proceder, arcará com as consequências que disso decorrem. As partes são responsáveis, respectivamente, pelas omissões e erros eventualmente praticados na atividade probatória.

9.4. Princípio da audiência contraditória

Decorre do princípio do contraditório.

Toda prova produzida nos autos deve ser levada ao conhecimento da outra parte ou das partes (quando decorrer de iniciativa exclusiva do juiz), podendo ser questionada e contrariada.

9.5. Princípio da comunhão da prova

Uma vez incorporada ao processo, a prova não pertence à parte que dela se ocupou.

Independentemente de quem a produziu nos autos, toda prova pertence ao processo, de maneira que o conjunto probatório pode ser utilizado indistintamente, por qualquer das partes. Exemplos: um documento juntado pela defesa pode ser usado para sustentar tese da acusação; um depoimento prestado por testemunha da acusação pode ser usado para fundamentar tese da defesa etc.

9.6. Princípio da concentração

Em regra, toda a prova oral deve ser colhida numa só audiência.

A audiência é una, mas isso não impede que em casos determinados, por força da necessidade, ocorra seu desmembramento e seja designada outra em continuação.

Também não é vedada a colheita de prova oral fora da comarca do processo (fora da terra), como ocorre nos casos em que se faz imprescindível a expedição de carta precatória, carta rogatória ou carta de ordem.

9.7. Princípio da oralidade

Tem relação com a prova colhida em audiência, que, em regra, deve ser produzida oralmente e reduzida a termo (transcrita em papel) ou gravada em mídia – som e imagem.

9.8. Princípio da publicidade

Excetuadas as situações excepcionais em que o juiz poderá decretar segredo de justiça, os atos processuais são públicos, e, portanto, em regra a colheita da prova fica sujeita a tal princípio.

9.9. Princípio do livre convencimento fundamentado

Ressalvados os resquícios do sistema da prova tarifada que ainda encontramos nos arts. 155 e 158 do CPP, vige entre nós o princípio do livre convencimento fundamentado, segundo o qual o juiz deverá formar sua convicção a partir da livre apreciação das provas. Embora seja *livre*, deve considerar, sempre, a prova dos autos, de maneira a não decidir contrariamente àquilo que for por ela autorizado.

Remansosa a jurisprudência do STF sobre esse tema: "A exigência de motivação dos atos jurisdicionais constitui, hoje, postulado constitucional inafastável, que traduz poderoso fator de limitação ao exercício do próprio poder estatal, além de configurar instrumento essencial de respeito e proteção às liberdades públicas. Com a constitucionalização desse dever jurídico imposto aos magistrados – e que antes era de extração meramente legal – dispensou-se aos jurisdicionados uma tutela processual significativamente mais intensa, não obstante idênticos os efeitos decorrentes de seu descumprimento: a nulidade insuperável e insanável da própria decisão. A importância jurídico-política do dever estatal de motivar as decisões judiciais constitui inquestionável garantia inerente à própria noção do Estado Democrático de Direito. Fator condicionante da própria validade dos atos decisórios, a exigência de fundamentação dos pronunciamentos jurisdicionais reflete uma expressiva prerrogativa individual contra abusos eventualmente cometidos pelos órgãos do Poder Judiciário".[81]

9.10. Princípio da imediatidade

Decorre da proximidade do juiz com a prova por ele colhida.

Quando procede ao interrogatório do acusado; à tomada de declarações da vítima ou à inquirição de testemunha, pela imediatidade que haverá entre eles (proximidade entre o juiz e a pessoa por ele ouvida em audiência), o juiz reunirá condições de compreender melhor a cena em que os fatos se deram; o ambiente em que o delito ocorreu; aferir o nível de cultura ou simplicidade dos envolvidos; o grau de confiabilidade e segurança das informações colhidas etc.

Tais percepções, por certo, irão influenciar na valoração da prova e, de consequência, na convicção do julgador e na construção de seu raciocínio por ocasião da sentença.

9.11. Princípio da verdade real

A prova do processo busca a verdade real ou substancial;[82] destina-se à demonstração da verdade dos fatos; à reconstrução, o mais próximo possível, do *thema*

81. STF, HC 69.013/PI, 1ª T., rel. Min. Celso de Mello, j. 24-3-1992, *DJe* de 1º-7-1992.

82. Leitura recomendada: Marco Antonio de Barros, *A busca da verdade no processo penal*, 3. ed., São Paulo, Revista dos Tribunais, 2011.

probandum, a fim de que o juiz, dele conhecendo verdadeiramente, possa proferir julgamento justo.

Bem por isso, e ao contrário do que ocorre no processo civil como regra, no âmbito do processo penal a revelia do acusado não faz presumir verdadeiros os fatos alegados pelo autor da ação penal.

Importante não desconsiderar que o art. 3º-A do CPP, introduzido pelo art. 3º da Lei n. 13.964/2019, exige de todo magistrado postura compatível com o processo penal acusatório, e, por isso, proíbe todo tipo de iniciativa judicial na fase de investigação e a adoção de postura que implique substituição da atuação probatória das partes.

A tarefa conferida ao juiz é a de vasculhar **a prova apresentada em juízo**, com o objetivo de **nela alcançar elementos de convicção** que o aproximem da verdade real, sem que isso implique arvorar-se detentor de iniciativa probatória.

9.12. Princípio da identidade física do juiz

Este princípio só era aplicável ao processo civil, porquanto previsto no art. 132 do CPC/73, que assim dispunha: "O juiz, titular ou substituto, que concluir a audiência julgará a lide, salvo se estiver convocado, licenciado, afastado por qualquer motivo, promovido ou aposentado, caso em que passará os autos ao seu sucessor".

Por ocasião da reforma parcial que ocorreu com o advento da Lei n. 11.719/2008, o princípio da identidade física do juiz foi introduzido no CPP e está regulado no art. 399, § 2º, nos seguintes termos: "O juiz que presidiu a instrução deverá proferir a sentença".

A preocupação que justificou a incidência do referido princípio no campo extrapenal serve, e em maior proporção, para que se aplique em matéria penal, mas isso só se tornou possível após a existência de regra específica.

Até mesmo por força do princípio da imediatidade, não há dúvida de que o juiz que presidiu a audiência e colheu a prova é aquele que reúne melhores condições de julgar.[83]

10. DAS PROVAS EM ESPÉCIE

Salientamos em linhas passadas que o CPP lista, de forma não taxativa, alguns meios de prova, que são os mais comuns, sobre os quais refletiremos a partir de agora.

83. "O princípio da identidade física do juiz, previsto no art. 399, § 2º, do Código de Processo Penal, não é absoluto, comportando as exceções previstas no art. 132 do Código de Processo Civil (hoje revogado), aplicável ao processo penal pela via do art. 3º do CPP" (STF, AP 971/RJ, 1ª T., rel. Min. Edson Fachin, j. 28-6-2016, *DJe* n. 217, de 11-10-2016). *No mesmo sentido*: STF, ARE 839.680 AgR/SC, 2ª T., rel. Min. Dias Toffoli, j. 2-9-2016, *DJe* n. 206, de 27-9-2016.

Ao final deste item trataremos de alguns temas recorrentes e polêmicos na prática judiciária, para depois voltar a seguir a ordem disposta no CPP.

10.1. Do Exame de Corpo de Delito e Perícias em Geral

10.1.1. Perícia: conceito e natureza jurídica

A prestação jurisdicional trata de fatos simples e complexos, e em relação a estes, algumas vezes, compreendê-los é algo que exige conhecimento bastante específico e profundo, só disponível em quem se dedicou e/ou dedica de forma particular ao conhecimento de determinadas matérias.

Como é intuitivo, por mais experiente, eclético e culto que possa ser o juiz, ele não detém conhecimento sobre todo e qualquer tema, indistintamente.

Vezes há, ainda, em que a questão levada à apreciação judicial só pode ser provada tecnicamente, por laudo pericial, isso em razão de expressa disposição de lei.

Seja como for – por ausência de conhecimento específico *ou* por exigência legal –, não raras vezes o juiz só poderá alcançar a certeza e a verdade que se buscam no processo socorrendo-se de prova pericial; prova técnica, realizada por perito.

Entende-se por *perito* o indivíduo que é especialista, *expert* em um assunto ou atividade; que possui habilidade ou conhecimento específico sobre algo; que detenha perícia, em última análise, e sobre esse auxiliar da Justiça falaremos no capítulo destinado ao estudo dos "sujeitos processuais".

Perito oficial é o profissional aprovado em concurso público, que ao ser nomeado para o cargo e assumir as respectivas funções presta compromisso de bem e fielmente portar-se no exercício de sua profissão.

Perito nomeado ou *louvado* é o perito não oficial, nomeado em confiança para determinado trabalho pericial.

Mas a palavra *perícia* não significa apenas habilidade ou conhecimento específico, e também pode ser empregada para designar *a atividade, trabalho ou constatação técnica levada a efeito por um perito*.

Sob tal enfoque, *a perícia tem natureza jurídica de meio de prova e pode ser conceituada como trabalho técnico levado a efeito por pessoa que disponha de habilidade ou destacado conhecimento em relação à matéria tratada*.

A perícia que se fundamenta na *falta de conhecimento específico do juiz* pode versar sobre temas variados, sendo comuns, dentre outros, os que tratam de matéria: financeira; contábil; arquitetônica; ambiental etc.

A perícia exigida por lei decorre de expressa previsão, e sobre ela discorreremos mais adiante.

Por fim, cabe afirmar que, na generalidade dos casos, a perícia irá recair sobre o próprio *corpo de delito*; sobre os instrumentos empregados para a prática delitiva ou sobre o local do delito.

10.1.2. Da prova pericial: procedimento

Em Scarance encontramos que "a prova pericial é aquela decorrente do exame realizado sobre fatos ou pessoas por quem possui conhecimento técnico, ou seja, por perito".[84]

Observado o que já analisamos sobre a cadeia de custódia do vestígio, alcançado o momento do processamento (CPP, art. 158-B, VIII), diz o art. 159 do CPP que o exame de corpo de delito e demais perícias serão realizados por *perito oficial*, portador de diploma de curso superior, e, na falta de perito oficial, o exame será realizado por 2 (duas) pessoas idôneas, portadoras de diploma de curso superior preferencialmente na área específica,[85] dentre as que tiverem habilitação técnica[86] relacionada com a natureza do exame.[87]

Perito ou peritos?

Tal como vem expresso no texto, quando se tratar de *perito oficial* basta que *apenas um* faça a perícia, e o laudo que dela decorrer deverá ser por ele subscrito.

A observação é pertinente porque durante muito tempo se discutiu sobre a necessidade de um ou dois peritos oficiais, já que antiga redação do art. 159 se referia a *peritos*, no plural.

Por essa razão, aliás, é que foi editada a Súmula 361 do STF com a seguinte ementa: "No processo penal, é nulo o exame realizado por um só perito, considerando-se impedido o que tiver funcionado, anteriormente, na diligência de apreensão".

Com a vigência da Lei n. 11.690/2008, que deu nova redação ao art. 159, referida Súmula deixou de ter aplicação quando se tratar de perícia levada a efeito por perito oficial, já que agora a própria lei exige um só perito, mas não é correto dizer

84. Antonio Scarance Fernandes, *Processo penal constitucional*, 5. ed., São Paulo, Revista dos Tribunais, 2007, p. 87.

85. "Revela-se válido o laudo firmado por dois peritos médicos, não oficiais, consideradas as balizas do § 1º do art. 159 do Código de Processo Penal, sendo recomendável, mas não obrigatória, a especialidade correlata à natureza do exame" (STF, RHC 125.235/PA, 1ª T., rel. Min. Marco Aurélio, j. 9-8-2016, *DJe* n. 181, de 26-8-2016).

86. "A qualidade de policial dos peritos é irrelevante para a validade ou não da perícia" (STF, HC 100.860/RS, 2ª T., rel. Min. Ellen Gracie, j. 17-8-2010, *DJe* de 28-10-2010). "Ainda que o laudo pericial não tenha informado se os peritos nomeados para o exame tinham ou não diploma de curso superior, é inegável que, enquanto policiais, possuíam a necessária habilitação técnica para aferir a eficácia de uma arma de fogo" (STF, HC 98.306/RS, 2ª T., rel. Min. Ellen Gracie, j. 29-9-2009, *DJe* de 20-11-2009).

87. Art. 179 do CPP. "No caso do § 1º do art. 159, o escrivão lavrará o auto respectivo, que será assinado pelos peritos e, se presente ao exame, também pela autoridade."

que ela perdeu totalmente sua eficácia e por isso deva ser cancelada, pois ainda é possível sua aplicação quando se tratar de trabalho técnico feito por *peritos não oficiais*, em que a lei ainda exige a presença de 2 (dois) peritos.

Peritos não oficiais deverão prestar compromisso de bem e fielmente desempenhar o encargo. Tal formalidade não se aplica quando se trata de *perito oficial*, porque o compromisso de bem servir já decorre de sua própria oficialidade, enquanto órgão do Estado.

Não é demais lembrar, nesse passo, que fazer falsa perícia configura crime tipificado no art. 342 do CP, punido com reclusão e multa.

No CPP, o perito é considerado um auxiliar da Justiça, e por isso sujeito à disciplina judiciária (CPP, art. 275), podendo ser aplicadas em relação a ele as causas de suspeição dos juízes (CPP, art. 280).

As partes não intervirão na nomeação do perito (CPP, art. 276), nem mesmo quando se tratar de delito sujeito a ação penal privada, mas o art. 159, §§ 3º e 5º, II, faculta ao Ministério Público, ao assistente de acusação, ao ofendido, ao querelante e ao acusado a formulação de quesitos (perguntas técnicas e objetivas que devem ser respondidas pelos peritos) e a indicação de assistente técnico.

A autoridade e as partes poderão formular quesitos até o ato da diligência pericial.

O assistente técnico, que é pessoa de confiança da parte e por isso não está sujeito às regras de impedimento ou suspeição, atuará a partir de sua admissão pelo juiz e *após a conclusão dos exames e elaboração do laudo pelo(s) perito(s)*, podendo apresentar parecer em documento autônomo, no prazo que for fixado, bem como ser inquirido em audiência (CPP, art. 159, §§ 4º e 5º, II).

No curso do processo judicial, é permitido às partes requerer a oitiva do(s) perito(s) para esclarecer(em) a prova ou para responder(em) a quesitos, desde que o mandado de intimação e os quesitos ou questões a serem esclarecidos sejam encaminhados com antecedência mínima de 10 (dez) dias, podendo apresentar as respostas em laudo complementar (§ 5º, I).

O art. 400, *caput*, do CPP prevê a possibilidade de intimação do(s) perito(s) para esclarecimentos orais em audiência, mediante prévio e fundamentado requerimento das partes (§ 2º), que será avaliado pelo juiz (§ 1º).

Havendo requerimento, o material probatório que serviu de base à perícia será disponibilizado no ambiente do órgão oficial, que manterá sempre sua guarda, e na presença de perito oficial, para exame pelos assistentes, salvo se for impossível a sua conservação (§ 6º).

Tratando-se de perícia complexa que abranja mais de uma área de conhecimento especializado, o juiz poderá designar a atuação de mais de um perito oficial, e a parte indicar mais de um assistente técnico (§ 7º).

Terminada a perícia, no prazo de 10 (dez) dias o(s) perito(s) deverá(rão) elaborar o respectivo laudo,[88] no qual descreverá(rão) minuciosamente o que examinou(aram), e responderá(rão) aos quesitos formulados.

O *laudo pericial* é, portanto, o documento em que se materializam na forma escrita o procedimento pericial, a conclusão da perícia e as respostas aos quesitos, devendo nele constar a identificação e assinatura do(s) perito(s).[89]

Em casos excepcionais e plenamente justificados, o prazo de apresentação do laudo pericial poderá ser prorrogado pelo juiz, a requerimento do(s) perito(s) (CPP, art. 160), que deverá(rão) subscrever e rubricar todas as folhas do laudo.

Pode acontecer que não haja coincidência de entendimento entre os *experts* sobre ponto relevante, o que termina por impedir conclusão comum a respeito do objeto da perícia.

Para essas situações, diz o art. 180 do CPP que: "Se houver divergência entre os peritos, serão consignadas no auto do exame as declarações e respostas de um e de outro, *ou* cada um redigirá separadamente o seu laudo, e a autoridade nomeará um terceiro; se este divergir de ambos, a autoridade poderá mandar proceder a novo exame por outros peritos". A autoridade referida nesse caso pode ser policial ou judiciária.

No caso de inobservância de formalidades, omissões, obscuridades ou contradições, a autoridade judiciária, e somente ela, poderá determinar seja suprida a formalidade, que se façam esclarecimentos ou complementação do laudo, conforme entender adequado e suficiente.

Verificada a imprestabilidade do laudo ou a necessidade de ser confrontado com outro trabalho técnico, poderá, ainda, determinar que se proceda a novo exame, por outro(s) perito(s), se julgar conveniente.

Confeccionado o laudo, na fase de investigação ou judicial, deverá ser juntado aos autos a que se destina. Nos casos de ação penal privada, se a perícia for feita em atendimento a medida cautelar de produção antecipada de provas, o laudo poderá ser entregue diretamente ao interessado, se assim requerer (CPP, art. 183).

10.1.2.1. Sistemas de avaliação da prova pericial

Existem dois sistemas de avaliação da prova pericial, a saber; (*1*) *sistema vinculatório* e (2) *sistema liberatório*.

---

88. "Alegação de nulidade no laudo pericial, pois teria sido elaborado após o decurso do prazo legal de 10 dias. Suposta violação ao art. 160, parágrafo único, do Código de Processo Penal. Inexistente. O prazo estabelecido pela lei é impróprio, caso seja ultrapassado não implica nenhuma sanção processual específica" (STF, HC 125.507/SP, 2ª T., rel. Min. Gilmar Mendes, j. 10-5-2016, *DJe* n. 109, de 30-5-2016).

89. "É no laudo que os dois peritos devem responder aos quesitos e firmá-lo" (STF, RHC 79.973/MG, 2ª T., rel. Min. Nelson Jobim, j. 23-5-2000, *DJe* de 13-10-2000).

Pelo que se viu ao final do item anterior, a legislação vigente não adotou o *sistema vinculatório*, pelo qual o juiz estaria vinculado e, portanto, obrigado a aceitar as conclusões periciais, o que corresponderia em última análise a admitir que a decisão seria proferida pelo perito, e não pelo juiz.

Vige entre nós o *sistema liberatório*, pelo qual, e em harmonia com o princípio do livre convencimento motivado, o juiz não está adstrito ao laudo, podendo aceitá-lo ou rejeitá-lo, no todo ou em parte, cumprindo que sobre isso decida fundamentadamente, como de resto devem ser fundamentadas todas as decisões judiciais (CF, art. 93, IX; CPP, art. 182).[90]

10.1.2.2. Quem pode determinar o exame pericial?

A prova pericial pode decorrer de iniciativa da autoridade policial, enquanto durar a fase investigatória (CPP, art. 6º, VII), ou do juiz competente, atendendo a requerimento das partes, a qualquer tempo, até a prolação da sentença[91] no processo de conhecimento. Não cabe determinação *ex officio*, por se tratar de iniciativa probatória vedada a qualquer magistrado no sistema acusatório ideal.

É possível que em casos determinados, ainda na fase de investigação, a prova pericial decorra de determinação judicial, como pode acontecer na hipótese de inércia da autoridade policial, da qual decorra pedido de produção antecipada de prova por iniciativa do Ministério Público em Juízo.

10.1.2.3. Indeferimento do pedido de exame pericial

Salvo o caso de exame de corpo de delito, o juiz ou a autoridade policial negará a perícia requerida pelas partes, quando não for necessária ao esclarecimento da verdade (CPP, art. 184), o que se verifica facilmente diante de diligência desnecessária ou procrastinatória.

Segundo o magistério de Espínola Filho,[92] "nem se concebe que fosse doutra forma: o juiz é quem dirige a apuração da verdade e decide da necessidade, ou não, das perícias e diligências acaso requeridas pelas partes. O absurdo seria o juiz estar sujeito a deferir todos os exames e perícias que as partes requeressem".[93]

---

90. "Consoante o disposto no art. 182 do Código de Processo Penal, o laudo pericial não vincula o magistrado, que poderá aceitá-lo ou rejeitá-lo, no todo ou em parte, desde que o faça em decisão validamente motivada" (STJ, HC 419.819/SP, 5ª T., rel. Min. Ribeiro Dantas, j. 17-4-2018, *DJe* de 24-4-2018).

91. "Se considerado necessário, o exame pericial será realizado durante o curso da instrução criminal, podendo o respectivo laudo ser apresentado até a prolação da sentença" (STF, HC 73.263/RS, 2ª T., rel. Min. Carlos Velloso, j. 13-2-1996, *DJe* de 29-3-1996).

92. *Código de Processo Penal brasileiro anotado*, 5. ed., Rio de Janeiro, Borsoi, v. II, p. 577.

93. O texto é transcrição da ementa referente ao seguinte julgado: TJSP, HC 21.903, Seção Criminal, rel. Des. Vicente de Azevedo, j. 16-6-1948, *RT* 175/101.

Não há previsão de recurso contra a decisão que indefere tal pretensão, mas a parte interessada poderá valer-se de simples *pedido de reconsideração* ou, eventualmente, de mandado de segurança.[94]

No caso de indeferimento pela autoridade policial, a parte interessada poderá, também, postular em juízo – em sede de medida cautelar de produção antecipada de prova – a realização da perícia pretendida.

Se a prova for requerida e indeferida na fase judicial, a parte interessada poderá, ainda, e conforme o caso, interpor recurso em sentido estrito ou alegar cerceamento de defesa ou de acusação, em preliminar de recurso de apelação.

10.1.2.4. Perícia feita por carta precatória

Se o exame pericial tiver que ser feito em comarca diversa daquela em que tramitar o processo, dentro do território nacional, sua solicitação deverá ser providenciada mediante expedição de carta precatória, situação em que a nomeação do(s) perito(s) far-se-á no *juízo deprecado* (aquele para quem foi endereçada a carta precatória: juiz solicitado).

Quando versar sobre perícia que interesse a processo de ação penal privada, se houver acordo a esse respeito entre as partes (querelante e querelado), o(s) perito(s) poderá(rão) ser nomeado(s) pelo *juiz deprecante* (aquele que expediu a carta precatória: juiz solicitante).

Em qualquer caso, os quesitos do juiz e das partes serão transcritos na precatória.

10.1.2.5. Necessidade de contraditório judicial

Concluída a perícia, o laudo redigido e assinado deverá ser juntado aos autos. Se isso ocorrer na fase judicial, a observância do princípio do contraditório é providência que se impõe, sob pena de nulidade do processo.

A esse respeito, conferir a notável decisão do STF, de que foi relator o Min. Celso de Mello, conforme ementa que segue:

> O respeito ao princípio constitucional do contraditório – que tem, na instrução probatória, um dos momentos mais expressivos de sua incidência no processo penal condenatório –, traduz um dos elementos realizadores do postulado do devido processo legal. É preciso ter presente que os poderes inquisitivos do juiz encontram limite no princípio constitucional do contraditório que impõe à autoridade judiciária – qualquer que seja o grau de jurisdição em que atue – o dever jurídico-processual de assegurar às partes o exercício das prerrogativas inerentes à bilateralidade do juízo. – A natureza probatória do exame pericial – notadamente quando realizado na fase judicial da *persecutio criminis* – impõe que se respeite a exigência de bilateralidade dos atos processuais,

94. Sobre o tema, conferir: Renato Marcão e outros, *Comentários à lei do mandado de segurança*, 4. ed., São Paulo, Revista dos Tribunais, 2015.

ensejando-se às partes, "inclusive ao próprio réu", em consequência, a possibilidade *(a)* de arguirem a incompatibilidade dos peritos (CPP, art. 112), *(b)* de formularem quesitos (CPP, art. 176) e *(c)* de criticarem o laudo pericial produzido. – O réu tem o ineliminável direito de ser ouvido previamente sobre quaisquer provas produzidas no processo penal condenatório. A inobservância dessa prerrogativa – que possui extração constitucional – implica cerceamento de defesa e gera, como inevitável efeito consequencial, a nulidade do procedimento persecutório.[95]

Nessa mesma linha, o Plenário do STF já decidiu que o réu tem direito de conhecer o grau de formação profissional do perito, "prerrogativa que se compreende na fórmula constitucional da plenitude do direito de defesa",[96] mas "o princípio da contraditoriedade não confere à parte o direito de intervir no exame técnico".[97]

10.1.3. Do exame de corpo de delito

É certo que nem todo delito deixa vestígios palpáveis – *delicta facti transeuntis* –, tal como ocorre na generalidade dos casos envolvendo, por exemplo: crime de ameaça verbalmente realizada;[98] crimes contra a honra; invasão de domicílio sem violência etc.

Entretanto, na maioria das vezes o delito deixa vestígios – *delicta facti permanentis* – exatamente como se verifica nos seguintes casos: homicídio; aborto; lesões corporais; furto qualificado pelo rompimento de obstáculo; roubo mediante violência física; dano; estelionato mediante emprego de cheque; incêndio; falsificação de documento público ou particular; posse de droga para consumo pessoal; tráfico de droga, dentre outros.

Quando a infração penal deixar vestígios[99] – diz o art. 158 do CPP[100] –, será *indispensável* o exame de corpo de delito, *direto ou indireto*, não podendo supri-lo nem mesmo a confissão do acusado.

---

95. STF, HC 69.001/RJ, 1ª T., rel. Min. Celso de Mello, j. 18-2-1992, *DJ* de 26-6-1992, p. 10.106, *RTJ* 140/865.

96. STF, AP 470 AgR – décimo quarto/MG, Tribunal Pleno, rel. Min. Joaquim Barbosa, rel. p/ o Acórdão Min. Celso de Mello, j. 26-5-2011, *DJe* de 21-9-2011.

97. STJ, RHC 54.614/SE, Tribunal Pleno, rel. Min. Antonio Neder, j. 17-11-1976, *DJe* de 18-2-1977.

98. Se a ameaça verbal for objeto de gravação, poderá haver perícia para identificação/confirmação do conteúdo e da voz; se feita na forma escrita, poderá ocorrer perícia grafotécnica para apurar a origem da caligrafia, sendo caso. Isso também pode ocorrer em relação aos crimes contra a honra.

99. "Nos crimes contra a liberdade sexual cometidos mediante grave ameaça ou com violência presumida, não se impõe, necessariamente, o exame de corpo de delito direto, porque tais infrações penais, quando praticadas nessas circunstâncias (com violência moral ou com violência ficta), nem sempre deixam vestígios materiais" (STF, HC 69.591/SE, 1ª T., rel. Min. Celso de Mello, j. 10-11-1992, *DJe* de 29-9-2006).

100. "Esta norma tem por escopo trazer aos autos prova incontroversa da existência material do delito" (STF, HC 76.420/SP, 2ª T., rel. Min. Maurício Corrêa, j. 16-6-1998, *DJe* de 14-8-1998). "Quando o

Com vistas a evitar entraves na produção da prova, o exame de corpo de delito poderá ser feito em qualquer dia e a qualquer hora.[101]

De relevo observar que o art. 2º da Lei n. 13.721/2018 acrescentou um parágrafo único ao art. 158 do CPP, com dois incisos, e desde sua vigência é preciso que se dê prioridade à realização de exame de corpo de delito quando se tratar de crime que envolva (I) violência doméstica e familiar contra a mulher, e (II) violência contra criança, adolescente, idoso ou pessoa com deficiência.

Não se deve confundir *corpo de delito* com *exame de corpo de delito.*

Corpo de delito, na clássica definição de João Mendes Júnior,[102] são os elementos sensíveis do fato criminoso; são os vestígios que guardam relação direta com a infração penal, e que por isso se prestam a provar sua materialidade, sua existência e concretização.

A seu turno, compreende-se por *exame de corpo de delito* a perícia que se faz sobre tais vestígios, com vistas a apurar tecnicamente a materialidade da infração penal e/ou particularidades ou condições de objetos e coisas com ela relacionados.[103]

O *exame de corpo de delito* tem natureza jurídica de meio de prova: prova pericial.

Dispõe o art. 12, § 3º, da Lei n. 11.340/2006 (Lei Maria da Penha), que *nos casos de violência doméstica e familiar contra a mulher* "serão admitidos como meios de prova os laudos ou prontuários médicos fornecidos por hospitais e postos de saúde", mas essa disposição não afasta a necessidade de exame de corpo de delito direto, quando possível sua realização, até porque o *caput* do art. 12 diz que os *procedimentos* por ele listados devem ser adotados "sem prejuízo daqueles previstos no Código de Processo Penal", no qual está expresso que a autoridade deve providenciar o exame de corpo de delito.

Os laudos e prontuários médicos, sabidamente, poderão ser utilizados para fins de exame indireto, quando cabível.

10.1.3.1. Exame de corpo de delito direto e indireto

Sempre que o delito deixar vestígios, será *indispensável* o exame de corpo de delito, direto ou indireto.

---

crime que não deixa vestígios, não tem aplicação o art. 158 do Código de Processo Penal, que exige o exame de corpo de delito" (STF, HC 76.642/SP, 2ª T., rel. Min. Maurício Corrêa, j. 10-3-1998, *DJe* de 17-4-1998).

101. "A perícia criminal pode ser feita em qualquer dia e a qualquer hora, como expressa o art. 161 do C.Pr. Penal, e, por isto, nem sempre é possível marcar-se com exatidão o instante em que será realizada. Portanto, as partes não têm direito a um pré-aviso acerca do momento em que os peritos vão realizá-la. Nenhuma nulidade se configura no fato de o réu não haver sido intimado para presenciar a perícia" (STJ, RHC 54.614/SE, Tribunal Pleno, rel. Min. Antonio Neder, j. 17-11-1976, *DJe* de 18-2-1977).

102. *Processo criminal brasileiro*, Rio de Janeiro, Laemmert, 1901, v. 2, p. 7.

103. "O exame de corpo de delito tem por objeto, segundo o art. 158 C.Pr.Penal, os vestígios deixados pela infração tal como concretamente praticado" (STF, HC 78.749/MS, 1ª T., rel. Min. Sepúlveda Pertence, j. 25-5-1999, *DJe* de 25-6-1999).

Sendo possível, deverá ser realizado o *exame de corpo de delito direto*, assim considerado aquele que recai sobre o próprio corpo de delito. Exemplos: exame realizado no cadáver (autópsia ou necropsia) visando a apurar a causa do homicídio; exame realizado na vítima para constatar as lesões corporais que lhe foram produzidas por terceiro; exame sobre a cédula falsa, para a apurar a falsificação etc.

Desaparecendo o corpo de delito (por iniciativa do investigado ou como consequência do tempo decorrido, p.ex.) ou se por qualquer razão restar impossível o exame direto (a vítima se recusa a se submeter ao exame), far-se-á o *exame de corpo de delito indireto*,[104] que poderá resultar de apontamentos, informações de testemunhas etc. Exemplo: inviabilizada a prova direta das lesões corporais sofridas por vítima de agressão, é possível o exame indireto, levando-se em conta os dados existentes na ficha clínica de seu atendimento hospitalar verificado logo após o delito com vistas a tratar das lesões.[105]

A propósito, diz o art. 167 do CPP que: "Não sendo possível o exame de corpo de delito, por haverem desaparecido os vestígios, a prova testemunhal poderá suprir-lhe a falta".[106]

O que a lei não admite é que seja ele suprido *exclusivamente* pela confissão do acusado, visto se tratar de prova frágil, insuficiente, quando isolada, para o esclarecimento da verdade.

Já decidiu o STF, em acórdão relatado pelo Min. Celso de Mello, que:

> É inquestionável a imprescindibilidade do exame de corpo de delito, quando a infração penal deixar vestígios. Trata-se de exigência peculiar aos delitos materiais, imposta pelo art. 158 do Código de Processo Penal. A omissão dessa formalidade – considerada juridicamente relevante pelo próprio estatuto processual penal – constitui

---

104. STF, HC 73.334/SP, 1ª T., rel. Min. Ilmar Galvão, j. 30-4-1996, *DJe* de 14-6-1996; STF, HC 73.157/RJ, 2ª T., rel. Min. Marco Aurélio, j. 22-10-1996, *DJe* de 29-11-1996; STF, HC 85.744/RJ, 2ª T., rel. Min. Gilmar Mendes, j. 2-8-2005, *DJe* de 2-9-2005.

105. STF, HC 88.878/MS, 2ª T., rel. Min. Eros Grau, j. 22-8-2006, *DJe* de 15-9-2006.

106. "O exame de corpo de delito direto, por expressa determinação legal, é indispensável nas infrações que deixam vestígios, podendo apenas supletivamente ser suprido pela prova testemunhal quando tenham estes desaparecido, *ex vi* do art. 167 do Código de Processo Penal" (STF, HC 104.722/RS, 1ª T., rel. Min. Luiz Fux, j. 12-4-2011, *DJe* de 4-5-2011). "O preceito do art. 158 do Código de Processo Penal há de ser interpretado de forma sistemática, ou seja, levando-se em conta que, 'não sendo possível o exame de corpo de delito, por haverem desaparecido os vestígios, a prova testemunhal poderá suprir-lhe a falta' (art. 167 do referido Diploma)" (STF, HC 72.283/SP, 2ª T., rel. Min. Marco Aurélio, j. 9-5-1995, *DJe* de 9-6-1995). "A não realização do exame de corpo de delito (CPP, art. 158) não implica em nulidade (CPP, art. 564, III, *b*, do CPP) quando o crime, pela forma como realizado, não deixa vestígios ou quando estes desaparecerem (CPP, art. 167)" (STF, HC 76.102/PR, 2ª T., rel. Min. Maurício Corrêa, j. 25-11-1997, *DJe* de 13-2-1998). *No mesmo sentido:* STF, HC 70.487/RJ, 1ª T., rel. Min. Ilmar Galvão, j. 12-4-1994, *DJe* de 26-8-1994; STF, HC 69.591/SE, 1ª T., rel. Min. Celso de Mello, j. 10-11-1992, *DJe* de 29-9-2006; STF, HC 130.265/DF, 2ª T., rel. Min. Teori Zavascki, j. 31-5-2016, *DJe* n. 120, de 13-6-2016.

circunstância apta a invalidar, por nulidade absoluta, a própria regularidade do procedimento penal-persecutório (*RTJ* 114/1064). Quando, no entanto, não for possível o exame de corpo de delito direto, por haverem desaparecido os vestígios da infração penal, a prova testemunhal – que materializa o exame de corpo de delito indireto – supre a ausência do exame direto (*RTJ* 76/696 – 89/109 – 103/1040). A Corte Suprema tem proclamado a dispensabilidade do exame pericial nos delitos que deixem vestígios, desde que a materialidade do ilícito penal esteja comprovada, por outros meios, inclusive de natureza documental.[107]

O *exame direto* é feito por perito(s), conforme anteriormente exposto.

O *exame indireto* pode ser feito por perito(s), situação em que deverá(rão) elaborar o respectivo *laudo indireto*, observadas as formalidades legais, *ou* decorrer da avaliação das demais provas dos autos (documentos, vistorias, testemunhas etc.), quando então irá resultar da análise que é feita pelo próprio juiz, ficando dispensada, por evidente, a confecção de laudo indireto.

10.1.4. *Das perícias em geral*

Entre os arts. 162 e 175, o Código de Processo Penal trata exemplificativamente de outras perícias, e sobre elas se impõem algumas considerações.

10.1.4.1. Autópsia ou necropsia

A autópsia cadavérica, expressou Puglia, consiste em uma "investigazione interna" que "mira alla ricerca della causa letale".[108]

A morte, como evento inexorável imposto à generalidade humana, tem repercussões sensíveis no Direito, derrama consequências no campo extrapenal e por vezes também na seara penal.[109]

Disso decorre que em algumas situações, ainda que se trate de *aparente suicídio*, será necessária a apuração em inquérito policial.

A propósito, ao contrário do que já ocorreu em diversas culturas em tempos remotos e ainda acontece em outras menos evoluídas, entre nós o suicídio não é considerado crime, mas não é impertinente lembrar que o induzimento, a instigação ou auxílio ao suicídio estão tipificados no art. 122 do CP.

---

107. STF, HC 69.013/PI, 1ª T., rel. Min. Celso de Mello, j. 24-3-1992, *DJe* de 1º-7-1992.

108. Ferdinando Puglia, *Manuale di procedura penale*, 2. ed., Napoli, Ernesto Anfossi – Libraio Editore e Commissionario, 1889, p. 111.

109. Leitura recomendada: Ottorino Vannini, *Il delitto di omicidio*, Milano, Società Editrice Libraria, 1935; Enrique Ferri, *El homicida*, tradução de J. Masaveu y R. Rivero de Aguilar, Madrid, Editorial Reus, 1930; Enrique Bacigalupo, *Los delitos de homicidio*, Santa Fé de Bogotá, Editorial Temis, 1999; Olavo Oliveira, *O delito de matar*, São Paulo, Saraiva, 1962; Eduardo Luiz Santos Cabette, *Homicídio sem cadáver*, Porto Alegre, Nuria Fabris, 2012.

Seja como for, havendo necessidade de apuração, far-se-á a autópsia, que tem natureza jurídica de meio de prova e consiste num exame externo e interno feito no cadáver com a finalidade de determinar a causa da morte.

A *autópsia* é modalidade de exame de corpo de delito, com a particularidade de recair sobre pessoa morta, ainda não sepultada. Se já tiver ocorrido o sepultamento do corpo, poderá ocorrer sua exumação para fins de *exame cadavérico*, mas disso trataremos no item seguinte.

Determina o art. 162, *caput*, do CPP que a autópsia seja feita pelo menos seis horas depois do óbito, salvo se os peritos, pela evidência dos sinais de morte, julgarem que possa ser feita antes daquele prazo, o que deverá constar no laudo.

Acrescenta o parágrafo único que, nos casos de morte violenta, bastará o simples exame externo do cadáver, quando não houver infração penal a apurar, ou quando as lesões externas permitirem precisar a causa da morte e não houver necessidade de exame interno para a verificação de alguma circunstância relevante.

Bem apreendeu Espínola Filho que: "Há casos de morte violenta, nos quais a existência de ação criminosa, determinando diretamente a morte, é excluída com tanta evidência que seria uma superfetação desagradável e impiedosa retalhar o corpo humano, para relacionar o evento com uma ação, que se sabe não o ter determinado diretamente".[110]

A morte violenta, entretanto, quase sempre ensejará investigação.

O primeiro contato do(s) perito(s) com o corpo de delito ocorre, em regra, no local dos fatos, e com vistas à fidelidade da prova, à orientação dos trabalhos e à possibilidade de contraditório pleno, o cadáver sobre o qual recaia a diligência deverá ser fotografado[111] na posição em que for encontrado, bem como, na medida do possível, todas as lesões externas e vestígios deixados no local do crime (CPP, art. 164), revelando-se de extrema importância para esse mister a preservação do local do crime, exatamente como determinam os arts. 6º, I, e 169, ambos do CPP.

Após esse contato inicial e providências cabíveis, o cadáver deve ser removido ao Instituto Médico Legal ou congênere, onde será detalhada e cuidadosamente examinado; periciado.

Para representar as lesões encontradas no cadáver, os peritos, quando possível, juntarão ao laudo do exame provas fotográficas, esquemas ou desenhos, devidamente rubricados (CPP, art. 165).

---

110. *Código de Processo Penal brasileiro anotado*, 5. ed., Rio de Janeiro, Borsoi, v. II, p. 527.

111. Sobre a matéria, consultar: Rodolphe Archibald Reiss, *La photographie judiciaire*, Paris, Charles-Mendel, 1903.

Autópsia, necropsia ou *exame necroscópico* são denominações que se equivalem; têm o mesmo significado; são exatamente a mesma coisa; o mesmo tipo de exame pericial.

10.1.4.2. Exumação e exame cadavérico

Por vezes, mesmo depois de ter sido feita a autópsia e já enterrado o corpo da vítima, surge questão relevante a exigir novas informações periciais, seja para melhor esclarecer a causa da morte; o momento da morte, ou qualquer outra questão relevante (p.ex.: se a vítima, esposa do agressor, estava no início de gravidez não detectada inicialmente; exame de DNA para saber se o filho era do esposo etc.).

Em casos tais, sem que disso possa resultar injustificado vilipêndio de sepultura ou de cadáver, será possível novo exame pericial, que recebe o nome de exame cadavérico.

Para que se faça o exame cadavérico, é necessário se proceda à *exumação* do corpo.[112]

Exumação é o ato de desenterrar, tirar da sepultura, mas ordinariamente, com certa imprecisão gramatical e técnica, tem-se denominado exumação o que na verdade é exame cadavérico.

Em síntese: primeiro ocorre a exumação; o cadáver é tirado da sepultura, para que sobre ele se faça o exame pericial, cujo nome é exame cadavérico.

Dizer que o cadáver foi *desenterrado para fins de exumação* configura inaceitável pleonasmo.

Dispõe o art. 163, *caput*, do CPP que: "Em caso de exumação para exame cadavérico, a autoridade providenciará para que, em dia e hora previamente marcados, se realize a diligência, da qual se lavrará auto circunstanciado".

No desenvolvimento das diligências, o administrador de cemitério será instado a indicar o lugar da sepultura, sob pena de responder por crime de desobediência. No caso de recusa ou de falta de quem indique a sepultura, ou de encontrar-se o cadáver em lugar não destinado a inumações, a autoridade procederá às pesquisas necessárias, o que tudo constará do auto (parágrafo único).

Havendo dúvida sobre a identidade do cadáver exumado, proceder-se-á ao reconhecimento pelo Instituto de Identificação e Estatística ou repartição congênere ou pela inquirição de testemunhas, lavrando-se auto de reconhecimento e de identidade, no qual se descreverá o cadáver, com todos os sinais e indicações (CPP, art. 166, *caput*).

112. Sobre a matéria, conferir: WARLEY BELO, Exumação cadavérica como meio de prova, *Revista Magister de Direito Penal e Processual Penal*, n. 50, out./nov. 2012, p. 52-53.

É comum o reconhecimento de cadáveres mediante exames comparativos de DNA; impressões digitais, radiografias, arcada dentária etc.

Sempre que houver exumação, devem ser arrecadados e autenticados todos os objetos encontrados que possam ser úteis para a identificação do cadáver. Tudo com o objetivo de afastar ou excluir qualquer dúvida a respeito da identidade dos restos mortais sobre os quais incidiu a perícia.

Concluídas as diligências, o(s) perito(s) deve(m) lavrar o respectivo *laudo de exumação e exame necroscópico*, que depois de pronto e assinado deve ser encaminhado à autoridade que o requisitou.

10.1.4.3. Lesões corporais

O crime de lesões corporais configura modalidade de *delicta facti permanentis*: delito que deixa vestígios.

Disso decorre a obrigatoriedade de constatação pericial da natureza e sede das lesões suportadas pela vítima, como é o desejo do art. 158 do CPP.

O art. 129 do CP tipifica o crime de lesões corporais dolosas, que *em razão da intensidade do ferimento* podem ser leves (*caput*), graves (§ 1º) ou gravíssimas (§ 2º).[113]

Pode acontecer que no momento da perícia não seja possível afirmar a natureza das lesões, e isso por força de diversos fatores, mas especialmente diante da possibilidade de agravamento do quadro apresentado pela vítima, daí o art. 168, *caput*, do CPP determinar que em caso de lesões corporais, se o primeiro exame pericial tiver sido incompleto, proceder-se-á a *exame complementar* por determinação da autoridade policial ou judiciária, de ofício, ou a requerimento do Ministério Público, do ofendido ou do acusado, ou de seu defensor, quando então o(s) perito(s) terá(rão) presente o auto de corpo de delito, a fim de suprir-lhe a deficiência ou retificá-lo.

Mas a necessidade de *exame complementar* pode decorrer não apenas da situação anteriormente tratada, quando a justificada incerteza sobre a natureza das lesões deixa a prova pericial pendente de complementação. Em alguns casos, a necessidade decorrerá de falhas, omissões ou contradições que se verificarem no laudo.

Há mais.

Sempre que se tratar de crime de lesão corporal de natureza grave, da qual resulte incapacidade para as ocupações habituais por mais de trinta dias (CP, art. 129, § 1º, I), deverá ser feito *exame complementar* logo que decorra o indicado prazo, contado da data do crime (CPP, art. 168, § 2º), para que se possa afirmar, com segurança, ser mesmo caso desse tipo de lesão, com tal gravidade.

A falta de exame complementar, todavia, poderá ser suprida pela prova testemunhal (§ 3º).[114]

113. Por aqui não é relevante tratar das outras tipificações contidas no art. 129 do CP.

114. "O laudo complementar previsto no art. 168, § 2º, do Código de Processo Penal, exigível para

Importa observar, ainda e uma vez mais com apoio na jurisprudência do STF, que: "O prazo de 30 dias a que alude o § 2º do art. 168 do C.P.P. não é peremptório, mas visa a prevenir que, pelo decurso de tempo, desapareçam os elementos necessários à verificação da existência de lesões graves. Portanto, se mesmo depois da fluência do prazo de 30 dias, houver elementos que permitam a afirmação da ocorrência de lesões graves em decorrência da agressão, nada impede que se faça o exame complementar depois de fluído esse prazo".[115]

Não é correto pensar que apenas nas hipóteses de lesões corporais dolosas será necessário apurar a magnitude das lesões.

Mesmo quando se tratar de lesões corporais culposas que decorram de acidente envolvendo veículo automotor (Código de Trânsito, art. 303) e também fora desses casos (CP, art. 129, § 6º), à luz do disposto no art. 59 do CP, a pena-base poderá ser aumentada levando em consideração a *gravidade das lesões*, sob o enfoque das *consequências do crime*.

Não há dúvida de que, mesmo diante de delito culposo, a lesão mais grave está por exigir punição mais severa, decorrendo indispensável para tanto a existência de prova a respeito da gravidade.

Pensar o contrário é desconsiderar, dentre outros, os princípios da individualização da pena, da proporcionalidade e da razoabilidade.

10.1.4.4. Local onde houver sido praticada a infração penal

É de fundamental importância, na apuração de certos tipos de delitos, a colheita técnica de informações e impressões a respeito do local em que os fatos se deram.

Bem por isso o art. 6º, I, do CPP determina que, logo que tiver conhecimento da prática da infração penal, a autoridade policial deverá dirigir-se ao local e providenciar para que não se alterem o estado e conservação das coisas, até a chegada dos peritos criminais que deverá acionar.

Com o mesmo objetivo, diz o art. 169 do CPP que: "Para o efeito de exame do local onde houver sido praticada a infração, a autoridade providenciará imediatamente para que não se altere o estado das coisas até a chegada dos peritos, que poderão instruir seus laudos com fotografias, desenhos ou esquemas elucidativos". E acrescenta o parágrafo único: "Os peritos registrarão, no laudo, as alterações do estado das coisas e discutirão, no relatório, as consequências dessas alterações na dinâmica dos fatos".

Para ilustrar, vejamos exemplo da prática judiciária: hipótese de homicídio doloso em que o investigado alega ter sido surpreendido pela vítima, por quem fora golpeado na cabeça com um pedaço de madeira, sendo que após intensa luta

---

o caso de crime de lesão corporal qualificada pela incapacidade para as ocupações habituais por mais de 30 (trinta) dias, pode ser suprido por prova testemunhal" (STF, HC 104.557/MS, 1ª T., rel. Min. Luiz Fux, j. 13-9-2011, *DJe* de 27-9-2011).

115. STF, HC 73.444/RJ, 1ª T, rel. Min. Moreira Alves, j. 27-2-1996, *DJe* de 11-10-1996.

corporal, e já sangrando, depois de ser por ela perseguido, acabou por se apoderar de uma faca que casualmente encontrou no local, e com ela golpeou a vítima uma única vez, produzindo-lhe as lesões que a levaram à morte.

A perícia no local poderá indicar, entre outras coisas: o exato local onde os fatos se deram; se há vestígios de luta corporal; se no local foi encontrado o pedaço de madeira supostamente usado pela vítima fatal e se nele havia vestígios de sangue ou tecido humano; a extensão e o(s) local(is) por onde havia sangue; o(s) tipo(s) sanguíneo(s) dos vestígios encontrados; se a faca utilizada foi encontrada no local etc.

Tais apurações podem ser decisivas para indicar se o investigado diz a verdade; se houve, de fato, situação de legítima defesa, e outros apontamentos que, somados e confrontados com o restante da prova, podem conduzir à verdade real.

Dentre outros, a perícia no local é de suma importância, ainda, na apuração de certos crimes ambientais (Lei n. 9.605/98).[116]

No que diz respeito aos vestígios existentes no local dos fatos, não é ocioso ressaltar a necessidade de observância das determinações dos arts. 158-A a 158-F do CPP, sobre os quais discorremos em páginas anteriores, que disciplinam a cadeia de custódia.

10.1.4.5. Perícias de laboratório

Quando a hipótese versar sobre perícia de laboratório, os peritos guardarão material suficiente para a eventualidade de nova perícia. Sempre que conveniente, os laudos serão ilustrados com provas fotográficas, ou microfotográficas, desenhos ou esquemas (CPP, art. 170).

É o que ocorre, por exemplo, no crime de tráfico em que, após a apreensão, a droga deverá ser submetida a exame pericial em laboratório, com reagentes, a fim de que fique demonstrada a natureza da substância apreendida, sem o que não se prova a materialidade do crime.

10.1.4.6. Destruição ou rompimento de obstáculo e escalada

Nos crimes cometidos com destruição ou rompimento de obstáculo a subtração da coisa, ou por meio de escalada,[117] os peritos, além de descrever os vestígios,

116. Sobre a matéria, consultar: RENATO MARCÃO, *Crimes ambientais*, 4. ed., São Paulo, Saraiva, 2018.

117. "A jurisprudência desta Corte entende que, para reconhecimento da qualificadora da escalada é imprescindível a realização de exame pericial, sendo possível a sua substituição por outros meios probatórios somente se não existirem ou tenham desaparecido, ou se as circunstâncias do crime não permitirem a confecção do laudo" (STJ, AgRg no REsp 1.553.341/MT, 5ª T., rel. Min. Reynaldo Soares da Fonseca, j. 24-11-2015, *DJe* de 1º-12-2015). "Consoante orientação jurisprudencial desta Corte, o reconhecimento da qualificadora da escalada exige a realização de exame pericial, o qual somente pode ser substituído por outros meios probatórios quando inexistirem vestígios, o corpo de delito houver desaparecido ou as circunstâncias do crime não permitirem a confecção do laudo. Ausente laudo pericial que

indicarão com que instrumentos, por que meios e em que época presumem ter sido o fato praticado (CPP, art. 171).

O dispositivo fala em subtração e, portanto, tem relação com os crimes de furto e roubo.

Exemplo: é comum na rotina penal a apuração de crime de furto praticado mediante destruição ou rompimento de obstáculo e/ou escalada, estando tal crime tipificado no art. 155, § 4º, I e II, do CP.

Enquanto na *destruição* ocorre completa inutilização da coisa atingida, que não mais poderá ser utilizada para sua finalidade (o furtador quebra/estoura a porta de vidro *blindex*, que se desfaz no chão), no *rompimento* há uma menor deterioração ou alteração da coisa atingida (o furtador quebra apenas a tranca da janela, e com isso consegue abri-la, para em seguida ingressar no imóvel).

Escalada é a subida para passar sobre algo. Exemplo: o furtador se utiliza de uma escada para escalar um muro de 3 metros de altura e, a seguir, ingressar no local da subtração.

Não raras vezes as subtrações são praticadas mediante escalada *e* rompimento de obstáculo.

Elemento comum em todos os casos é a finalidade de ingressar clandestinamente no local da subtração.

10.1.4.7. Avaliação de coisas destruídas, deterioradas ou que constituam produto do crime

Quando necessário, deverá ser providenciada a avaliação de coisas destruídas, deterioradas ou que constituam produto do crime (CPP, art. 172).

Se a coisa não for encontrada e tornar-se impossível sua *avaliação direta*, o(s) perito(s) procederá(rão) à *avaliação indireta*, por meio dos elementos existentes nos autos e dos que resultarem de diligências (declarações da vítima; depoimentos de testemunhas etc.).

Destruídas, como vimos no item anterior, são as coisas completamente deterioradas pela conduta delitiva, de modo a tornarem-se inúteis para sua finalidade.

Deteriorada é a coisa danificada, mas que ainda pode ser usada, especialmente após regular conserto que a restitua o mais próximo possível de seu estado original.

Produto do crime é a própria coisa sobre a qual recai o delito.

As situações tratadas no caso em tela podem decorrer, dentre outras, da prática de crime de furto, roubo, dano etc.

---

ateste a configuração da escalada, deve ser afastada a qualificadora prevista no inciso II do § 4º do art. 155 do Código Penal" (STJ, AgRg no AREsp 649.719/SE, 6ª T., rel. Min. Nefi Cordeiro, j. 8-11-2016, *DJe* de 21-11-2016).

A avaliação dos danos serve ora para demonstrar a própria tipicidade do delito, como é o caso do crime de dano (CP, art. 163), visto que para tal imputação é preciso indicar o valor pericialmente apurado, sem o que a denúncia ou queixa estará inepta; ora para permitir ou afastar o reconhecimento de privilégio, como é o caso do furto de pequeno valor tratado no § 2º do art. 155 do CP; ora para justificar o aumento da pena-base em razão das consequências do crime (CP, art. 59) etc.

No crime de furto, a propósito, poderá servir não apenas para a verificação da incidência do furto privilegiado, mas também para a própria tipicidade material, visto que por vezes aplicável o princípio da insignificância.[118]

Mas não é só.

O art. 387, IV, do CPP determina que, ao proferir sentença condenatória, o juiz deverá fixar o valor mínimo para a reparação dos danos causados pela infração, considerando os prejuízos sofridos pelo ofendido, e, nessa ordem de ideias, também com vistas à recomposição do patrimônio lesado, *as coisas* destruídas, deterioradas ou que constituam produto do crime deverão ser avaliadas.

Avalia-se, por exemplo: o carro, as joias, o relógio, o aparelho de telefonia celular etc.

Calha destacar que a regra fala na avaliação de *coisas*, portanto se refere a bens materiais, daí não ser possível, com base no art. 172, proceder à avaliação, para fins reparatórios, de dano imaterial (dano moral ou lucro cessante, por exemplo) decorrente de crime de homicídio, lesões corporais, estupro, abandono material etc.

10.1.4.8. Incêndio

No caso de incêndio, os peritos verificarão a causa e o lugar em que houver iniciado, o perigo que dele tiver resultado para a vida ou para o patrimônio alheio,

---

118. "O princípio da insignificância – que deve ser analisado com conexão com os postulados da fragmentariedade e da intervenção mínima do Estado em matéria penal, examinada na perspectiva de seu caráter material. Tal postulado – que considera necessária, na aferição do relevo material da tipicidade penal, a presença de certos vetores, tais como, *a).* a mínima ofensividade da conduta do agente, *b).* a nenhuma periculosidade social da ação, *c).* o reduzidíssimo grau de reprovabilidade do comportamento, e *d).* a inexpressividade da lesão jurídica provocada – apoiou-se, em seu processo de formulação teórica, no reconhecimento de que o caráter subsidiário do sistema penal reclama e impõe, em função dos próprios objetivos por ele visados, a intervenção mínima do poder público. O sistema jurídico há de considerar a relevantíssima circunstância de que a privação da liberdade e a restrição de direitos do indivíduo somente se justificam quando estritamente necessárias à própria proteção das pessoas, da sociedade e de outros bens jurídicos que lhes sejam essenciais notadamente naqueles casos em que os valores penalmente tutelados se exponham a dano, efetivo ou potencial, impregnado de significativa lesividade. O Direito Penal não deve se ocupar de condutas que produzam resultado, cujo desvalor – por não importar em lesão significativa, a bens jurídicos relevantes, não represente, por isso mesmo, prejuízo importante, seja ao titular do bem jurídico tutelado, seja à integridade da própria ordem social" (STF, HC 84.412-0/SP, 2ª T., rel. Min. Celso de Mello, j. 19-10-2004, *DJU* de 19-11-2004, *RT* 834/477).

a extensão do dano e o seu valor, e as demais circunstâncias que interessarem à elucidação do fato (CPP, art. 173).

Não se trata de perícia relacionada apenas com o crime de incêndio (CP, art. 250), mas destinada a todo e qualquer delito em que se tenha verificado incêndio, o que pode ocorrer, por exemplo, nos crimes de dano (CP, art. 163) e homicídio (CP, art. 121).

A lei fala em *incêndio*, que indica evento de grandes proporções, mas, segundo pensamos, a perícia deverá ser feita sempre que o delito for praticado com emprego de *fogo*, que tem menores dimensões que o incêndio, porquanto cabível a interpretação ampliativa na hipótese, sendo inegáveis as vantagens que poderão decorrer desse tipo de apuração.

É prudente enfatizar que não se trata de apurar apenas o local e os meios empregados para a prática ilícita, mas também os demais aspectos indicados (perigo decorrente; extensão e valor dos danos, e demais circunstâncias relevantes).

A extensão do dano, por exemplo, é informação útil na apuração do valor a indenizar.

10.1.4.9. Exame grafotécnico

Alguns delitos só podem ser praticados na forma escrita (exemplos: CP, art. 302: falsidade de atestado médico; CP, art. 299: falsidade ideológica comissiva); outros só eventualmente serão praticados por esse meio (CP, art. 171: estelionato).

O crime de ameaça pode eventualmente ser praticado na forma escrita (um *e-mail* ou uma carta ameaçadora, p.ex.), e o mesmo se diga em relação aos crimes contra a honra (calúnia, difamação ou injúria veiculada em uma publicação ou *site*, p.ex.); o crime de extorsão (CP, art. 158), dentre outros.

O mais comum, entretanto, é que a forma escrita seja utilizada em crimes determinados, tais como: estelionato mediante emissão de cheque[119] (CP, art. 171, *caput*); falsificação de documento público (CP, art. 297); falsificação de documento particular (CP, art. 298); certidão ou atestado ideologicamente falso (CP, art. 301), falsa perícia (CP, art. 342).

Em qualquer caso, até mesmo por se tratar de crime que deixa vestígio, será indispensável exame pericial visando ao reconhecimento da origem do texto – *seu autor*, na verdade –, resultado que se pode alcançar com a colheita de material caligráfico fornecido pelo imputado e posterior exame grafotécnico comparativo entre as escritas.

Com base em conhecimentos técnicos específicos, o perito grafotécnico compara o material caligráfico existente no corpo de delito com aquele fornecido, para o

---

119. STF, HC 70.127/SP, 2ª T., rel. Min. Carlos Velloso, j. 4-10-1993, *DJe* de 17-12-1993.

fim de identificar semelhanças, ou não, que possam afirmar ou afastar a proveniência comum dos manuscritos.

Desse tipo de exame trata o art. 174, I a IV, do CPP, de onde se extrai que, caso seja encontrada, a pessoa a quem se atribua ou se possa atribuir o escrito (a pessoa investigada) será intimada para as diligências relacionadas com o exame comparativo; para a comparação, poderão servir quaisquer documentos que a dita pessoa reconhecer ou já tiverem sido judicialmente reconhecidos como de seu punho, ou sobre cuja autenticidade não houver dúvida; a autoridade, quando necessário, requisitará, para o exame, os documentos que existirem em arquivos ou estabelecimentos públicos (bancos, cartórios, escolas etc.), ou nestes realizará a diligência, se daí não puderem ser retirados; quando não houver escritos para a comparação ou forem insuficientes os exibidos, a autoridade mandará que a pessoa escreva o que lhe for ditado. Se estiver ausente a pessoa, mas em lugar certo, esta última diligência poderá ser feita por precatória, em que se consignarão as palavras que a pessoa será intimada a escrever.

Na prática, antes mesmo de tentar a colheita de material comparativo já disponível, o que se tem feito amiúde é solicitar que a pessoa investigada forneça material caligráfico, que em seguida será examinado pelo(s) perito(s). Dito exame se faz com a comparação técnica dos padrões de escrita, o que permite concluir se há, ou não, coincidência entre o material grafotécnico confrontado, e com isso apontar, eventualmente, a autoria do delito.

Decorre do art. 5º, LXIII, da CF, e do art. 8º, II, *g*, da Convenção Americana de Direitos Humanos (Pacto de San José da Costa Rica), que ninguém está obrigado a produzir prova em detrimento de seu interesse; assim, o investigado ou acusado pode se recusar, impune e solenemente, a fornecer material caligráfico para ser usado em exame grafotécnico comparativo.

10.1.4.10. Instrumentos empregados para a prática do delito

O art. 6º, II, do CPP determina que a autoridade policial proceda à apreensão dos *objetos que tiverem relação com o fato* (arma ou não).

Tais *objetos* podem ter relação direta ou indireta com o delito, e dele constituem vestígio a teor do disposto no art. 158-A, § 3º, do CPP, segundo o qual "Vestígio é todo objeto ou material bruto, visível ou latente, constatado ou recolhido, que se relaciona à infração penal".

Apreendidos e coletados, observada a cadeia de custódia, num primeiro momento deverão ser submetidos a exame pericial apenas *os instrumentos empregados para a prática da infração*, a fim de se lhes verificar a *natureza* e a *eficiência* (CPP, art. 175).

Por aqui, não se trata de periciar todo e qualquer *objeto* apreendido no local do delito, mas apenas aqueles empregados para sua prática. Isso não quer dizer que os objetos que não foram diretamente usados não interessam para a prova. Tanto interessam que devem ser apreendidos e coletados.

O instrumento referido pode ser uma *arma própria* (revólver, espingarda etc.), uma *arma imprópria* (faca ou facão, p.ex.) ou mesmo *qualquer outro artefato* que tenha sido utilizado para a prática infracional (um pedaço de madeira, uma pedra, um bloco de cimento, p.ex.).

O que se busca com isso apurar é se tal ou qual *instrumento* foi realmente utilizado, daí ser importante constatar eventuais vestígios de sangue ou tecido humano e, sendo caso, se provieram da vítima (tais resquícios são normalmente encontrados no instrumento utilizado: faca, machado etc.); se o objeto tem *natureza* cortante, perfurante, contundente, perfurocortante, perfurocontundente, dilacerante etc., para ser possível concluir se as lesões apresentadas pela vítima poderiam ter sido causadas por referido *instrumento*.

Em determinados tipos de crimes (homicídio e lesão corporal, v.g.), a arma de fogo merece particular atenção, pois é preciso provar pericialmente *sua eficácia*, vale dizer: se estava em condições de efetuar disparo; seu calibre; se tinha vestígios de disparo recente etc.

Com efeito, *se a arma é ineficaz*, sem condições de efetuar disparo, não pode ter sido utilizada para causar a morte de quem foi fatalmente atingido por um projétil de arma de fogo.

De igual maneira, *ainda que eficaz*, se a vítima foi morta por disparos de revólver calibre 38 e a arma apreendida no local do crime tem calibre 22, por certo não foi desta que saíram os tiros fatais, e tais circunstâncias estão a indicar novos rumos para a persecução penal.

Coletados e periciados na fase de investigação, os instrumentos do crime e os objetos que interessarem à prova deverão ser devolvidos à central de custódia, onde permanecerão armazenados. O art. 11 do CPP foi revogado tacitamente pelo art. 158-F do CPP, e por isso tais instrumentos não mais serão remetidos ao fórum com os autos do inquérito policial.

Essa medida é imperiosa e providencial, visto que o(s) laudo(s) pericial(is) poderá(rão) ser objeto de impugnação na fase judicial da persecução (em sede de contraditório diferido), surgindo daí a necessidade de esclarecimentos periciais ou até mesmo nova perícia, providências que restariam prejudicadas sem a disposição de tais *instrumentos*.

Ademais, por vezes, algo que possa não ter valor probatório aos olhos da autoridade policial que presidiu o inquérito, poderá ter alguma valia para a acusação ou defesa na prova de suas respectivas teses, do que provém o acerto em se preservar e encaminhar para que fiquem custodiados os *instrumentos do crime* e *objetos apreendidos no local dos fatos*.

10.1.4.10.1. Apreensão e perícia da arma empregada em crime de roubo

Esse tema é frequentemente debatido em processos judiciais, pois em boa parte das vezes a arma utilizada não é apreendida/coletada e a defesa sustenta a necessidade de laudo pericial visando a provar sua natureza e eficácia.

A matéria já foi decidida pelo Plenário do Supremo Tribunal nos seguintes termos:

> Não se mostra necessária a apreensão e perícia da arma de fogo empregada no roubo para comprovar o seu potencial lesivo, visto que tal qualidade integra a própria natureza do artefato. Lesividade do instrumento que se encontra *in re ipsa*. A qualificadora do art. 157, § 2º, I, do Código Penal, pode ser evidenciada por qualquer meio de prova, em especial pela palavra da vítima – reduzida à impossibilidade de resistência pelo agente – ou pelo depoimento de testemunha presencial. Se o acusado alegar o contrário ou sustentar a ausência de potencial lesivo da arma empregada para intimidar a vítima, será dele o ônus de produzir tal prova, nos termos do art. 156 do Código de Processo Penal. A arma de fogo, mesmo que não tenha o poder de disparar projéteis, pode ser empregada como instrumento contundente, apto a produzir lesões graves.[120]

De igual maneira, a Terceira Seção do STJ também se pronunciou sobre o tema:

> Para a caracterização da majorante prevista no art. 157, § 2º, I, do Código Penal, prescinde-se da apreensão e realização de perícia em arma utilizada na prática do crime de roubo, se por outros meios de prova restar evidenciado o seu emprego.[121]

Para o reconhecimento da qualificadora que decorre do emprego de arma de fogo em crime de roubo, não é indispensável sua apreensão, coleta e perícia. Pensar o contrário seria deixar em mãos do próprio interessado a possibilidade de agravamento de sua situação frente à Justiça.

10.1.5. Prova pericial nos crimes sexuais

Nem todo crime contra a dignidade sexual[122] deixa vestígios.

Até mesmo o crime de estupro, quando praticado mediante violência moral ou ficta, por exemplo, pode não deixar vestígios.[123] A situação deverá ser avaliada – caso a caso – para que se possa concluir sobre a necessidade, ou não, de exame pericial.

Nesse sentido, já decidiu o Excelso Pretório que:

---

120. STF, HC 96.099/RS, Tribunal Pleno, rel. Min. Ricardo Lewandowski, j. 19-2-2009, *DJe* de 5-6-2009; *LEXSTF* v. 31, n. 367, p. 410-427.

121. STJ, EREsp 961.863/RS, Terceira Seção, rel. Min. Celso Limongi, rel. p/ o Acórdão Min. Gilson Dipp, j. 13-12-2010, *DJe* de 6-4-2011.

122. Sobre a matéria, conferir: RENATO MARCÃO e PLÍNIO GENTIL, *Crimes contra a dignidade sexual*, 3. ed., São Paulo, Saraiva, 2018.

123. STF, HC 85.955/RJ, 2ª T., rel. Min. Ellen Gracie, j. 5-8-2008, *DJe* de 22-8-2008.

> Nos crimes contra a liberdade sexual cometidos mediante grave ameaça ou com violência presumida, não se impõe, necessariamente, o exame de corpo de delito direto, porque tais infrações penais, quando praticadas nessas circunstâncias (com violência moral ou com violência ficta), nem sempre deixam vestígios materiais (STF, HC 69.591/SE, 1ª T., rel. Min. Celso de Mello, j. 10-11-1992, *DJe* de 29-9-2006).

Não é imperioso que se faça coleta e perícia de sêmen, até porque, mesmo no crime de estupro, tais vestígios nem sempre são deixados na vítima, e, ainda que isso ocorra, esta prova não é reclamada, embora possa ser produzida em reforço.

Já decidiu a Suprema Corte que "a existência de sêmen na vagina não é essencial à configuração do delito".[124]

A propósito, dada a clandestinidade com que quase sempre são praticados, a prova dos crimes contra a dignidade sexual é predominantemente oral, sendo de relevante valor as informações da vítima, corroboradas por outros elementos de convicção.

A Suprema Corte também já se pronunciou sobre esse tema:

> A prova testemunhal é de difícil desenvolvimento, por tratar-se de evento raramente presenciado. Potencializa-se o depoimento da vítima, não cabendo perquirir, para efeito de simplificação, a conduta cotidiana (STF, HC 68.704/SP, 2ª T., rel. Min. Marco Aurélio, j. 10-9-1991, *DJe* de 4-10-1991).

10.1.6. Exames de alcoolemia e teste do "bafômetro"

Bem observou Piovesan que "a partir da Carta de 1988, importantes tratados internacionais de direitos humanos foram ratificados pelo Brasil",[125] dentre eles a Convenção Americana de Direitos Humanos, que em seu art. 8º, II, *g*, estabelece que toda pessoa acusada de um delito tem o direito de não ser obrigada a depor contra si mesma, nem a confessar-se culpada, consagrando assim o princípio segundo o qual ninguém está obrigado a produzir prova contra si mesmo.

Sylvia Steiner ensina que "o direito ao silêncio, diz mais do que o direito de ficar calado. Os preceitos garantistas constitucional e convencional conduzem à certeza de que o acusado não pode ser, de qualquer forma, compelido a declarar contra si mesmo, ou a colaborar para a colheita de provas que possam incriminá-lo".[126]

A respeito da discussão sobre eventuais conflitos normativos entre o direito internacional e o direito interno, vale citar a irretocável conclusão de Comparato, sintetizada nos seguintes termos:

---

124. STF, HC 68.704/SP, 2ª T., rel. Min. Marco Aurélio, j. 10-9-1991, *DJe* de 4-10-1991.

125. Flavia Piovesan, *Direitos humanos e o direito constitucional internacional*, 3. ed., São Paulo, Max Limonad, 1997, p. 254.

126. Sylvia Helena de Figueiredo Steiner, *A Convenção Americana sobre Direitos Humanos e sua integração ao processo penal brasileiro*, São Paulo, Revista dos Tribunais, 2000, p. 125.

Sem entrar na tradicional querela doutrinária entre monistas e dualistas, a esse respeito, convém deixar aqui assentado que a tendência predominante, hoje, é no sentido de se considerar que as normas internacionais de direitos humanos, pelo fato de exprimirem de certa forma a consciência ética universal, estão acima do ordenamento jurídico de cada Estado. Em várias Constituições posteriores à 2ª Guerra Mundial, aliás, já se inseriram normas que declaram de nível constitucional os direitos humanos reconhecidos na esfera internacional. Seja como for, vai-se firmando hoje na doutrina a tese de que, na hipótese de conflito entre regras internacionais e internas, em matéria de direitos humanos, há de prevalecer sempre a regra mais favorável ao sujeito de direito, pois a proteção da dignidade da pessoa humana é a finalidade última e a razão de ser de todo o sistema jurídico.[127]

É o que basta para afirmarmos que o agente sobre o qual recaia suspeita de encontrar-se a conduzir veículo automotor sob influência de álcool ou de qualquer outra substância psicoativa que determine dependência, não poderá ser submetido, contra sua vontade, sem sua explícita autorização, a qualquer *procedimento que implique intervenção corporal*, da mesma maneira que não está obrigado a se pronunciar a respeito de fatos contra si imputados (CF, art. 5º, LXIII), sem que de tal "silêncio constitucional" se possa extrair qualquer conclusão em seu desfavor, até porque, como também afirma Sylvia Steiner: "Não se concebe um sistema de garantias no qual o exercício de um direito constitucionalmente assegurado pode gerar sanção ou dano".[128]

Há ainda o princípio da presunção de inocência,[129] inscrito no art. 5º, LVII, da Constituição Federal, a reforçar a ideia de que aquele a quem se imputa a prática de um delito não poderá ser compelido a produzir prova em seu desfavor.

Nessa linha de argumentação se faz necessário destacar o direito à *ampla defesa* consagrado no art. 5º, LV, da Constituição Federal, que possui contornos bem mais amplos do que a ele tantas vezes se tem emprestado, a permitir que o condutor recuse ser submetido a *procedimentos que impliquem intervenção corporal*, sem que de tal agir decorra qualquer consequência administrativa ou criminal, daí a normal recusa a tais procedimentos não configurar crime de desobediência (art. 330 do CP) ou qualquer outro.

Da mesma opinião comunga Scarance, que assim discorre:

Já era sensível a evolução da doutrina brasileira no sentido de extrair da cláusula da ampla defesa e de outros preceitos constitucionais, como o da presunção de inocência, o princípio de que ninguém é obrigado a se autoincriminar, não podendo o suspeito ou o acusado ser forçado a produzir prova contra si mesmo. Com a convenção de Costa Rica, ratificada pelo Brasil e incorporada ao direito brasileiro (Decreto 678, de 6-11-1992), o

---

127. Fábio Konder Comparato, *A afirmação histórica dos direitos humanos*, São Paulo, Saraiva, 1999, p. 48-49.

128. Sylvia Helena de Figueiredo Steiner, *A Convenção Americana sobre Direitos Humanos e sua integração ao processo penal brasileiro*, São Paulo, Revista dos Tribunais, 2000, p. 125.

129. Jaime Vegas Torres, *Presunción de inocencia y prueba en el proceso penal*, Madrid, La Ley, 1993.

princípio foi inserido no ordenamento jurídico nacional, ao se consagrar, no art. 8º, n. 2, *g*, da referida Convenção que "toda pessoa tem direito de não ser obrigada a depor contra si mesma, nem a declarar-se culpada". Significou a afirmação de que a pessoa não está obrigada a produzir prova contra si mesma. Pode por exemplo invocar-se esse princípio em face do Código de Trânsito (Lei 9.503, de 23-9-1997) para não se submeter ao teste por "bafômetro".[130]

Após anotar que a Convenção Americana sobre Direitos Humanos, em seu art. 8º, garante o direito à não autoincriminação, Ribeiro Lopes também lembra que, "desse modo, pode haver recusa pelo condutor de se submeter a esses exames sem que tal fato venha a caracterizar autonomamente crime, tampouco presumir seu estado de embriaguez".[131]

Há uma última questão.

Com o propósito de assegurar o princípio segundo o qual ninguém está obrigado a produzir prova contra si mesmo, diz o art. 5º, LXIII, da Constituição Federal, que "o preso será informado de seus direitos, entre os quais o de permanecer calado (...)".

Ora, se o assim denominado "silêncio constitucional" existe para assegurar a regra estabelecida no art. 8º, II, *g*, da Convenção Americana de Direitos Humanos, e tem as repercussões amplas que anteriormente anotamos, por questão de lealdade e cumprimento da própria Constituição Federal, todo aquele que for abordado conduzindo veículo automotor sob suspeita de haver ingerido bebida alcoólica deve ser "informado de seus direitos, entre os quais o de não se submeter a exames de alcoolemia, teste do bafômetro" etc.

Trata-se de decorrência lógica. A regra está prevista na Constituição Federal e é assim que se deve proceder em um Estado de Direito minimamente democrático.

10.1.7. Do interrogatório do acusado

10.1.7.1. Conceito

Interrogar é o mesmo que fazer perguntas com a finalidade de apurar algo.

Interrogatório é o ato em que o juiz pergunta ao acusado sobre sua qualificação e aspectos de sua vida e formação, bem como sobre a imputação que lhe é feita, relacionada com a prática de um fato tipificado como delito.

Reconhece Maier que "el derecho de ser oído alcanza su expresión real en la audiencia del imputado ante al tribunal".[132]

---

130. Antonio Scarance Fernandes, *Processo penal constitucional*, 5. ed., São Paulo, Revista dos Tribunais, 2007, p. 303-304.

131. Maurício Antonio Ribeiro Lopes, *Crimes de trânsito*, São Paulo, Revista dos Tribunais, 1998, p. 223-224.

132. Julio B. J. Maier, *Derecho procesal penal*, 1. ed., Buenos Aires, Editores del Puerto s.r.l., 2011, t. I, p. 562.

10.1.7.2. Natureza jurídica

É acirrada a discussão doutrinária a respeito da natureza jurídica do interrogatório. Existem quatro correntes a respeito, a saber:

1ª) o interrogatório é meio de prova;

2ª) o interrogatório é meio de defesa;[133]

3ª) o interrogatório é meio de prova e de defesa;

4ª) o interrogatório é meio de defesa e eventualmente meio de prova.[134]

Muito embora o CPP trate do interrogatório no capítulo destinado à regulamentação das provas no processo penal, estamos convencidos de que não pode ser considerado um meio de prova, *pura e simplesmente*. Tampouco será *sempre, apenas e tão somente* um meio de defesa, ou as duas coisas ao mesmo tempo (meio de prova e de defesa).

Segundo pensamos, *o interrogatório é meio de defesa e, eventualmente, meio de prova.*

Afirmar que o interrogatório constitui apenas *meio de prova* não explica a situação em que o acusado faz opção pelo silêncio constitucional, pois desse silêncio não se pode retirar *prova* alguma quanto ao mérito da imputação.

Dizer que é *meio de defesa* também não explica aquelas situações em que ocorre confissão e/ou delação de corréu, que em harmonia com o restante da prova servirá para a formação de juízo condenatório.

Isso também afasta a possibilidade de afirmar que será *sempre* meio de prova e de defesa.

Como desdobramento do *direito de autodefesa*, assim compreendida como "aquela que é exercida pelo próprio acusado, em momentos fundamentais do processo, não a que é patrocinada por advogado em seu próprio benefício, quando acusado em processo criminal",[135] é no interrogatório que o acusado vê assegurado seu *direito de audiência*, no sentido de ser, direta e formalmente, ouvido pelo juiz a respeito dos fatos, e assim exercer sua *autodefesa* (direito de postular pessoalmente) em conformidade com as bases democráticas do processo penal de modelo acusatório, da ampla defesa e do contraditório (*audiatur et altera pars*).

---

133. "Em sede de persecução penal, o interrogatório judicial – notadamente após o advento da Lei n. 10.792/2003 – qualifica-se como ato de defesa do réu, que, além de não ser obrigado a responder a qualquer indagação feita pelo magistrado processante, também não pode sofrer qualquer restrição em sua esfera jurídica em virtude do exercício, sempre legítimo, dessa especial prerrogativa" (STF, HC 94.016/SP, 2ª T., rel. Min. Celso de Mello, j. 16-9-2008, *DJe* n. 38, de 27-2-2009, *RTJ* 209/702; STF, HC 94.601/CE, 2ª T., rel. Min. Celso de Mello, j. 4-8-2009, *DJe* n. 171, de 11-9-2009, *RTJ* 211/379). Sobre a matéria, consultar: Ada Pellegrini Grinover, O interrogatório como meio de defesa (Lei 10.792/2003), *Revista Brasileira de Ciências Criminais*, n. 53, p. 185-200.

134. STJ, HC 83.875/GO, 6ª T., rel. Min. Paulo Gallotti, rel. p/ o Acórdão Min. Maria Thereza de Assis Moura, j. 25-3-2008, *DJe* de 4-8-2008, *RT* 877/534.

135. Antonio Scarance Fernandes, *Processo penal constitucional*, 5. ed., São Paulo, Revista dos Tribunais, 2007, p. 304.

Embora não possa ser desprezado pelo juiz, esse direito é renunciável por parte do acusado,[136] o que lhe assegura a possibilidade de não responder às perguntas formuladas, quando faz impune opção pelo silêncio, ou mesmo se fazer ausente à audiência de interrogatório, na situação em que optar pela revelia.

Nesse sentido, manifesta-se o interrogatório como evidente *meio de defesa*.

Todavia, se o acusado comparece à audiência de interrogatório e apresenta sua versão sobre os fatos, o ato processual adquire natureza de meio de prova, pois o juiz deverá considerar as informações prestadas, confrontando-as com as demais informações existentes nos autos, a fim de formar sua convicção.

Disso decorre afirmarmos que o interrogatório tem natureza jurídica de *meio de defesa e, eventualmente, meio de prova*.

10.1.7.3. Obrigatoriedade e ausência de interrogatório

A obrigação constitucional de se observar princípios como os da ampla defesa, do contraditório e do devido processo legal, tão caros ao sistema acusatório, determina a necessidade de que seja o acusado ouvido a respeito daquilo que contra ele se imputa em ação penal. No modelo processual adotado, é inconcebível processo criminal no qual não se proporcione ao acusado a faculdade de se dirigir ao juiz pessoalmente, em dia, local e hora por este designados, a fim de apresentar sua versão em interrogatório formal.

A não designação de interrogatório é causa de nulidade absoluta por quebra dos princípios anteriormente anotados.

Não há que se confundir, entretanto, a *não designação* com a *não realização*.

Embora necessário, o interrogatório não é imprescindível.

É certo que a não realização do interrogatório, estando o acusado presente, é causa de nulidade absoluta, e isso advém do art. 564, III, *e*, do CPP; contudo, é possível a tramitação do processo em caso de *revel citado pessoalmente*,[137] o que indica a existência de processo sem que o interrogatório tenha efetivamente se realizado (apesar de designado).

10.1.7.4. Momento do interrogatório

O acusado que comparecer perante a autoridade judiciária, no curso do processo penal, será qualificado e interrogado na presença de seu defensor, constituído ou nomeado (CPP, art. 185, *caput*).

---

136. Antonio Scarance Fernandes, *Processo penal constitucional*, p. 304.

137. Art. 367 do CPP. "O processo seguirá sem a presença do acusado que, citado ou intimado pessoalmente para qualquer ato, deixar de comparecer sem motivo justificado, ou, no caso de mudança de residência, não comunicar o novo endereço ao juízo."

A regra geral disposta no art. 400, *caput*, do CPP, determina que na audiência de instrução e julgamento o juiz deverá proceder na seguinte ordem: *1º)* tomar declarações do ofendido, sendo caso; *2º)* inquirir as testemunhas arroladas pela acusação e pela defesa, nessa ordem, ressalvado o disposto no art. 222 do CPP; *3º)* colher esclarecimentos dos peritos, acareações e reconhecimento de pessoas e coisas, sendo caso, e, só ao final, *4º)* interrogar o acusado.

A possibilidade de interrogatório ao final da instrução condiz com o princípio da ampla defesa, pois é inegável que, na ocasião em que se realizar, a defesa técnica e o próprio acusado já terão conhecimento de toda a prova produzida, quando então este poderá sobre ela se manifestar, apresentando sua versão sobre os fatos e o acervo probatório.

Mesmo assim, há regras especiais dispondo de modo diverso, como ocorre, por exemplo, no procedimento regulado na Lei n. 11.343/2006 (Lei de Drogas), em que o art. 57 fixa o interrogatório como primeira oitiva a se realizar na audiência de instrução e julgamento.[138]

No curso do processo, o acusado pode ainda ser interrogado no plenário do júri (crimes dolosos contra a vida) ou na Instância Superior, quando responder a processo de competência originária dos tribunais.

Discute-se se depois de proferida a sentença, antes do trânsito em julgado, é cabível o interrogatório do acusado revel, se este se tornar presente, por opção ou porque fora preso.

Há quem entenda que tal providência constitui *mera faculdade outorgada ao juiz*, e, por outro vértice, quem sustente, como nós, que em casos tais *o juiz deve proceder ao interrogatório*.

Embora encerrada a instrução, não há dúvida de que os esclarecimentos do acusado a respeito dos fatos poderão influenciar no conjunto probatório e, de consequência, na convicção daqueles que irão julgá-lo nas instâncias recursais.

"A jurisprudência do STF, à vista do art. 185 C. Pr. Pen., exige o interrogatório do réu preso antes do trânsito em julgado, ainda que posteriormente à sentença".[139]

Bem por isso é possível que, se o juiz assim não proceder, o Tribunal converta o julgamento em diligência e determine a baixa dos autos à Vara de origem, para que se proceda ao interrogatório do acusado.

Note-se, por fim, que mesmo após a sentença *o curso do processo* não se encerra, daí ter inteira aplicação o art. 185, *caput*, a determinar que se faça o interrogatório enquanto não passar em julgado a sentença, mesmo que absolutória, porquanto passível de mudança a sua fundamentação.

---

138. Renato Marcão, *Tóxicos*, 11. ed., São Paulo, Saraiva, 2017.

139. STF, HC 69.321/SP, 1ª T., rel. Min. Sepúlveda Pertence, j. 2-6-1992, *DJ* de 4-9-1992, p. 14.092, *RTJ* 143/181.

10.1.7.5. Local do interrogatório

Geralmente o acusado é interrogado na sala de audiências do fórum da comarca, pelo juiz competente para a ação penal.

Se o acusado não puder se locomover, o juiz deverá dirigir-se até o local onde ele se encontrar, a fim de interrogá-lo.

É possível que o interrogatório seja feito em juízo diverso daquele em que tramita a ação penal, nas hipóteses em que a prática do ato se realizar por carta precatória; carta rogatória, ou ainda em razão de carta de ordem.

Quando o acusado estiver preso, será interrogado no estabelecimento prisional, em sala própria, desde que estejam garantidas a segurança do juiz e seus auxiliares, e bem assim de todos os que devam estar presentes ao ato (defensor; representante do Ministério Público, assistente da acusação etc.).

Se a segurança for falha ou inexistente, o interrogatório deverá ser feito no fórum, pessoalmente ou por videoconferência (*on-line*).

10.1.7.6. Características

O interrogatório é *ato privativo do juiz*: vige o *sistema presidencialista*, em que só o juiz pode interrogar o acusado.

Muito embora o art. 188 do CPP permita certa atuação do Ministério Público e da defesa na realização do ato, quem o preside e formula perguntas é o juiz.

Nos processos de competência do Tribunal do Júri há exceção, pois a lei permite que as partes façam as perguntas diretamente ao acusado (CPP, § 1º do art. 474).

Na fase investigatória da persecução, quem preside o interrogatório é o Delegado de Polícia, evidentemente, e, seja qual for o delito, não há previsão jurídica de participação do Ministério Público, do ofendido ou de defensor.

O interrogatório é *ato personalíssimo*: decorre dessa *característica* que só o acusado, pessoalmente, pode ser interrogado, daí não ser possível falar em "interrogatório por procuração", prestado por terceiro, ou coisa que o valha.

A pessoa jurídica, entretanto, não fala por si, diretamente, devendo ser interrogada conforme veremos mais adiante.

Outra característica é a *oralidade*: em sua forma de se operacionalizar, o Juiz formula perguntas diretamente ao acusado, que as responde também oralmente. Em seguida, salvo se o interrogatório for gravado em mídia (CD, DVD ou *hard disk*) ou taquigrafado, o Juiz ditará as respostas ao escrevente, que tudo consignará no termo de interrogatório.

Exceção à oralidade é o interrogatório do surdo e do surdo-mudo, tema que abordaremos em tópico específico.

O interrogatório *é um ato público*, salvo quando incidente a regra do art. 792, § 1º, do CPP, segundo o qual, se da publicidade puder resultar escândalo, inconveniente grave ou perigo de perturbação da ordem, poderá ser realizado a portas fechadas, limitando o Juiz o número de pessoas que possam estar presentes.

Por fim, é *ato não preclusivo*: o interrogatório não preclui.

Quando se afirma que o interrogatório não preclui, logo se pensa: se não foi realizado no momento certo, poderá ser feito em momento posterior, e é bem verdade que, ao contrário do que ocorria antes da reforma introduzida nesse tema pela Lei n. 10.793/2003, quando era realizado, sempre, no início do processo, em audiência distinta e específica, pela regra geral atual o interrogatório deve ser realizado ao final da audiência de instrução e julgamento, o que num primeiro olhar pode causar alguma dificuldade em afirmar essa característica.

Um refletir mais atento, entretanto, logo faz lembrar que em procedimentos específicos, como é o caso daquele regulado na Lei de Drogas, o interrogatório ainda ocorre no início da audiência, o que facilita a compreensão da característica apontada.

Mas não é só.

O acusado revel poderá ser interrogado a qualquer tempo, se comparecer no processo (CPP, art. 185).

Qualquer que seja o procedimento adotado na lei: *1º)* mesmo que já tenha sido realizado, não se expõe o interrogatório à *preclusão consumativa*, podendo ser refeito, a qualquer tempo, como está expresso no art. 196 do CPP; *2º)* havendo *mutatio libelli*, o juiz poderá proceder a novo interrogatório, e isso decorre do art. 384, § 2º, do CPP; *3º)* se após o interrogatório for produzida prova nova (CPP, art. 402), poderá o juiz proceder a novo interrogatório.

10.1.7.7. Divisão temática do interrogatório

O art. 187, *caput*, do CPP diz que o interrogatório está dividido em *duas partes*. A primeira *sobre a pessoa do acusado* e a segunda *sobre os fatos*.

É possível, entretanto, subdividir a primeira parte em três, visto que inicialmente o acusado será perguntado sobre seus dados pessoais (sua qualificação), depois sobre dados relativos ao seu *modus vivendi*, e, por fim, será questionado com vistas a atender a determinação do atual § 10 do art. 185 do CPP, introduzido pela Lei n. 13.257/2016.

Na primeira parte, ocorre o *interrogatório de qualificação ou identificação*, em que o juiz buscará dados relacionados à pessoa do acusado; sua qualificação com a indicação do nome completo, número dos documentos pessoais, profissão, endereço etc.

Na segunda, há o *interrogatório de individualização*, que tem por finalidade colher informações que interessam na aplicação do art. 59 do CP. Assim, o acusado será perquirido sobre "meios de vida ou profissão, oportunidades sociais, lugar onde exerce a sua atividade, vida pregressa, notadamente se foi preso ou processado alguma vez e, em caso afirmativo, qual o juízo do processo, se houve suspensão condicional ou condenação, qual a pena imposta, se a cumpriu e outros dados familiares e sociais" (§ 1º do art. 187).

Na terceira ocorre o interrogatório que visa a colher elementos para a verificação da possibilidade de aplicação do art. 318, III a VI, do CPP, caso venha a ser decretada a prisão preventiva, e também a eficácia de políticas públicas para a primeira infância.[140]

A ausência dos questionamentos indicados constitui mera irregularidade e, portanto, não acarreta a nulidade do ato.

Na quarta e última, ocorre o *interrogatório de mérito*, quando então, depois de cientificado do teor da acusação, será perguntado sobre: I – ser verdadeira a acusação que lhe é feita; II – não sendo verdadeira a acusação, se tem algum motivo particular a que atribuí-la, se conhece a pessoa ou pessoas a quem deva ser imputada a prática do crime, e quais sejam, e se com elas esteve antes da prática da infração ou depois dela; III – onde estava ao tempo em que foi cometida a infração e se teve notícia desta; IV – as provas já apuradas; V – se conhece as vítimas e testemunhas já inquiridas ou por inquirir, e desde quando, e se tem o que alegar contra elas; VI – se conhece o instrumento com que foi praticada a infração, ou qualquer objeto que com esta se relacione e tenha sido apreendido; VII – todos os demais fatos e pormenores que conduzam à elucidação dos antecedentes e circunstâncias da infração; VIII – se tem algo mais a alegar em sua defesa (§ 2º do art. 187).

10.1.7.8. Direito de permanecer calado

O interrogatório judicial é ato processual que proporciona ao acusado a faculdade de apresentar direta e pessoalmente ao juiz sua versão a respeito dos fatos que lhe são imputados.

Regra anterior contida no CPP dizia que o silêncio do acusado poderia ser interpretado em prejuízo da própria defesa. Tal disposição fora revogada pelo art. 5º, LXIII, da CF, que assegura ao acusado o direito ao silêncio, base fundamental do que se convencionou denominar "silêncio constitucional".

Nessa mesma linha, o art. 8º, II, *g*, da Convenção Americana de Direitos Humanos, estabelece que toda pessoa acusada de um delito tem o direito de não ser obrigada a depor contra si mesma, nem a confessar-se culpada, consagrando assim o

---

140. Conforme o atual § 10 do art. 185 do CPP, introduzido pela Lei n. 13.257/2016, "do interrogatório deverá constar a informação sobre a existência de filhos, respectivas idades e se possuem alguma deficiência e o nome e o contato de eventual responsável pelos cuidados dos filhos, indicado pela pessoa presa".

princípio *nemo tenetur se detegere*, segundo o qual ninguém está obrigado a produzir prova contra si mesmo.[141]

Consoante o art. 186 do CPP: "Depois de devidamente qualificado e cientificado do inteiro teor da acusação, o acusado será informado pelo juiz, antes de iniciar o interrogatório, do seu direito de permanecer calado e de não responder perguntas que lhe forem formuladas". E arremata seu parágrafo único: "O silêncio, que não importará em confissão, não poderá ser interpretado em prejuízo da defesa".

Com a nova regulamentação, depois de qualificado e cientificado quanto aos termos da imputação, antes de iniciar o interrogatório sobre sua conduta sociofamiliar e sobre o mérito, o juiz informará ao acusado do seu direito de permanecer calado e de não responder às perguntas que lhe forem formuladas.

Ao contrário do que ocorre no Direito Processual Civil (CPC/2015, art. 385, § 1º), no processo penal a ausência de resposta por parte do acusado em relação às questões de mérito apresentadas pelo juiz, em hipótese alguma, importará em confissão, tampouco poderá, de qualquer forma, ser interpretada em prejuízo da defesa. Atualmente não há, no Direito Processual Penal brasileiro, "pena de confissão" nos casos de revelia, fuga ou silêncio no interrogatório.

Mas referida garantia não é ilimitada e não alcança o *interrogatório de qualificação*. Se ocorrer recusa de dados sobre a própria identidade ou qualificação, estará tipificada a contravenção do art. 68 da LCP, e se o acusado fornecer dados falsos sobre sua identidade poderá ser processado criminalmente (CP, art. 307).

Quanto às outras partes em que subdividido o interrogatório (*interrogatório de individualização* e *interrogatório de mérito*), o increpado poderá portar-se como bem lhe aprouver. Poderá mentir, calar ou dizer a verdade. Ninguém pode ser compelido a depor contra si próprio, porque ninguém é obrigado a autoincriminar-se (*nemo tenetur prodere seipsum, quia nemo tenetur detegere turpitudinem suam*).[142]

10.1.7.9. Conteúdo do interrogatório de mérito

No interrogatório de mérito, algumas situações podem acontecer, e dentre as mais comuns estão aquelas em que o acusado:

1) opta pelo silêncio constitucional e não responde às perguntas do juiz;

2) não responde às perguntas iniciais do juiz, mas responde às perguntas decorrentes de esclarecimento solicitados pelas partes (CPP, art. 188);

3) confessa a prática delitiva, no todo ou em parte, de maneira pura e simples;

---

141. Sobre a matéria, conferir: Maria Elizabeth Queijo, *O direito de não produzir prova contra si mesmo*, 2. ed., São Paulo, Saraiva, 2012.

142. Rogério Lauria Tucci, *Direitos e garantias individuais no processo penal brasileiro*, 4. ed., São Paulo, Revista dos Tribunais, 2011, p. 307.

4) confessa e alega tese defensiva (alguma excludente da antijuridicidade, por exemplo);

5) confessa e delata eventual corréu;

6) nega a imputação de forma pura e simples;

7) nega a imputação e atribui a autoria a outrem.

Se o acusado negar a acusação, no todo ou em parte, *poderá* prestar esclarecimentos e indicar provas (CPP, art. 189).

Se confessar a autoria, será perguntado sobre os motivos e circunstâncias do fato e se outras pessoas concorreram para a infração, e quais sejam.

É possível, ainda, ocorrer *delação* ou *colaboração premiada*, quando então o acusado, em troca de determinados benefícios, tais como isenção ou redução de pena, admite sua responsabilidade e também fornece informações e/ou provas a respeito de outros fatos e/ou outros coautores.

10.1.7.9.1. Interrogatório negativo

Ao negar a acusação, no todo ou em parte, o acusado poderá prestar esclarecimentos e indicar provas.

Antes da Lei n. 10.792/2003, se negasse a imputação no todo ou em parte, o acusado era *convidado* a indicar as provas da verdade de suas declarações. Era como se tivesse que provar que não havia praticado a conduta, total ou parcialmente, nada obstante a presunção constitucional de inocência e o inegável ônus que pertence ao acusador de provar a imputação atribuída.

Afastada qualquer discussão sobre as decorrências que a regra impunha, tem-se agora que não há para o acusado qualquer ônus de indicar prova *da verdade de suas declarações*. *Poderá*, entretanto, prestar esclarecimentos a tal respeito e indicar prova. Trata-se, agora, de mera *faculdade*, quando antes parecia um dever disfarçado pela quase suavidade da palavra *convidado*.

10.1.7.10. Intervenção das partes no interrogatório

Antes das alterações impostas pela Lei n. 10.792/2003, era possível a realização do interrogatório sem a presença de defensor, e não havia qualquer possibilidade jurídica de intervenção das partes que legitimasse a formulação de perguntas ou qualquer questionamento. Disso decorria que a *judicialidade* era uma das características marcantes do interrogatório, porquanto ato processual realizado apenas entre o acusado e o juiz, sem intervenção de outrem.

A realidade agora é outra.

Em perfeita harmonia com o princípio da ampla defesa, o art. 185 do CPP determina que o acusado, preso ou solto, seja qualificado e interrogado *na presença de seu defensor*, constituído ou nomeado.

E as inovações foram além. Cuidou-se de estabelecer expressamente que, antes da realização do interrogatório, o juiz garantirá ao acusado o direito de entrevista prévia e reservada com o seu defensor (CPP, art. 185, § 5º).

Tal regra é impositiva e por isso indica uma obrigação, e não mera faculdade conferida ao magistrado.

Salientada a nova orientação do interrogatório com maior amplitude na atuação defensória, era imprescindível assegurar o direito de entrevista reservada, ocasião em que o acusado poderá receber orientação técnica de seu defensor a lhe propiciar maior segurança e meios de autodefesa.

Mas não é só.

Em sua redação antiga, o art. 187 do CPP cuidava de não permitir a intervenção das partes no interrogatório,[143] e tal impossibilidade fora reconhecida à época pelo Supremo Tribunal Federal.

Mas o vigente art. 188 do CPP diz que: "Após proceder ao interrogatório, o juiz indagará das partes se restou algum fato para ser esclarecido, formulando as perguntas correspondentes se o entender pertinente e relevante".

Agora, por força da atual tipificação, após o juiz esgotar seus questionamentos ao interrogado, deverá indagar das partes se restou *algum fato para ser esclarecido*.

De logo se vê que o defensor e também o representante do Ministério Público ou do querelante poderão influenciar, *de algum modo*, ao menos nas perguntas.

As partes não estão autorizadas a "intervir ou influir" diretamente nas perguntas feitas pelo juiz ou nas respostas apresentadas pelo acusado de forma a procurar mudar uma ou outra. Também *não podem formular perguntas diretamente ao acusado*.

A atuação se restringe à *indicação de fato a ser esclarecido*, decorrendo de tal indicação a possibilidade de nova formulação de perguntas ao acusado, sempre pelo magistrado que presidir o ato.

O juiz continua a presidir o interrogatório. O *sistema presidencialista* foi mantido.

Muito embora caiba ao juiz apreciar a *pertinência* e *relevância* dos fatos indicados pelas partes, para depois fazer ou não ao acusado as perguntas correspondentes, é certo que, uma vez indeferido qualquer esclarecimento sobre fato indicado, deverá cuidar-se para que conste do termo exatamente como apresentado pela parte e as razões do indeferimento, como garantia da ampla defesa, visto abrir-se possibilidade de discussão em eventual ataque recursal sobre tal particularidade.

---

143. Conforme asseverou Damásio E. de Jesus ao tempo da antiga redação, não era de admitir a intervenção da defesa no interrogatório, tampouco do Ministério Público (*Código de Processo Penal anotado*, 15. ed., São Paulo, Saraiva, 1998, p. 154), posição contrariada por outros juristas, e aqui destacamos o trabalho assinado por Fernando Yukio Fukassawa, intitulado: Interrogatório judicial e o contraditório (*RT* 676/403).

Calha observar que, em julgamento perante o Plenário do Júri, o § 1º do art. 474 do CPP permite que as partes façam perguntas *diretamente ao acusado*. Tais perguntas não são endereçadas ao juiz para que ele as faça, como intermediário entre a parte que questiona e o acusado. Não. Como diz a lei, devem ser feitas *diretamente*, o que revela exceção ao modelo geral.

10.1.7.10.1. Participação defensória no interrogatório de corréu

Havendo corréus com defensores distintos, há discussão na doutrina e na jurisprudência a respeito da possibilidade, ou não, de se verificar a participação de defensor no interrogatório de corréu que não seja seu cliente.

Discute-se, ainda, quais as consequências jurídicas que eventualmente decorrem da decisão do juiz que não permite que o defensor *interfira* no interrogatório do acusado cuja defesa não patrocina.

Com efeito, qualquer que seja o conteúdo das declarações, em homenagem aos princípios do devido processo legal, ampla defesa e contraditório, não se pode negar ao defensor de um dos acusados a possibilidade de indicar ao juiz fato que pretende ver esclarecido pelo corréu que tem a defesa patrocinada por outro, inclusive por força do princípio da comunhão das provas. Tal necessidade se torna ainda mais evidente nos casos em que ocorre delação entre eles.

A vedação ao exercício desse direito fundamental constitui causa de nulidade absoluta do processo.

Em reforço, seguem ementas do Supremo Tribunal Federal e do Superior Tribunal de Justiça nessa mesma linha de argumentação:

> Assiste, a cada um dos litisconsortes penais passivos, o direito – fundado em cláusulas constitucionais (CF, art. 5º, LIV e LV) – de formular reperguntas aos demais corréus, que, no entanto, não estão obrigados a respondê-las, em face da prerrogativa contra a autoincriminação, de que também são titulares. O desrespeito a essa franquia individual do réu, resultante da arbitrária recusa em lhe permitir a formulação de reperguntas, qualifica-se como causa geradora de nulidade processual absoluta, por implicar grave transgressão ao estatuto constitucional do direito de defesa.[144]

> A colenda 6ª T. entende possível, em casos de delação, a intervenção do Advogado em interrogatório de réu diverso daquele que defende (Precedentes do STJ/STF). Em prestígio à multifacetada cláusula do *due process of law*, é de se estender tal compreensão para casos de ausência de delação. A contribuição de todas as partes do processo para a escorreita busca da verdade consagra o teor do art. 188 do Código de Processo Penal (Precedentes do STF) (STJ, HC 112.993/ES, 6ª T., rel. Min. Maria Thereza de Assis Moura, j. 16-3-2010, *DJe* de 10-5-2010).

144. STF, HC 94.016/SP, 2ª T., rel. Min. Celso de Mello, j. 16-9-2008, *DJe* n. 38, de 27-2-2009, *RTJ* 209/702; STF, HC 94.601/CE, 2ª T., rel. Min. Celso de Mello, j. 4-8-2009, *DJe* n. 171, de 11-9-2009, *RTJ* 211/379.

O interrogatório é essencialmente meio de defesa. No entanto, se do interrogatório exsurgir delação de outro acusado, sobrevém para a defesa deste o direito de apresentar reperguntas. Tal decorre de um modelo processual penal garantista, marcado pelo devido processo legal, generoso feixe de garantias. A vedação do exercício de tal direito macula o contraditório e revela nulidade irresgatável (STJ, HC 83.875/GO, 6ª T., rel. Min. Paulo Gallotti, rel. p/ o Acórdão Min. Maria Thereza de Assis Moura, j. 25-3-2008, *DJe* de 4-8-2008, *RT* 877/534).

Em sentido contrário:

Em que pese a alteração do art. 188, do Código de Processo Penal, advinda com a Lei n. 10.792/2003, o interrogatório judicial continua a ser uma peça de defesa, logo, não se pode sujeitar o interrogado às perguntas de advogado de corréu, no caso de concurso de agentes (STJ, HC 93.125/CE, 5ª T., rel. Min. Laurita Vaz, j. 4-9-2008, *DJe* de 29-9-2008).

O interrogatório, nos termos da novel legislação (Lei n. 10.792/03), continua sendo, também, um meio de prova da defesa (arts. 185, § 2º, 186, *caput* e parágrafo único, do CPP), deixando apenas de ser ato personalíssimo do juiz (art. 188, do CPP), uma vez que oportuniza à acusação e ao advogado do interrogado a sugestão de esclarecimento de situação fática olvidada. A sistemática moderna não transformou, de forma alguma, o interrogado em testemunha. Ao passo que esta não pode se manter silente, aquele, por seu turno, não pode ser induzido a se autoacusar (o silêncio, total ou parcial, é uma garantia do réu, *ex vi* art. 5º, LXIII, da CF e art. 186, parágrafo único, do CPP). Apesar de ser meio de prova da defesa, aquilo que é dito no interrogatório integra o material cognitivo por força do princípio da comunhão probatória. A participação de advogados dos corréus não tem amparo legal, visto que criaria uma forma de constrangimento para o interrogado. A delação (prevista no art. 187, § 2º, II, do CPP), por si só, na esteira de ensinanças do Pretório Excelso, é que deve ser valorada com muita cautela.[145]

10.1.7.11. Formalização do interrogatório

O Direito Processual é formal; a formalização dos atos processuais é regra básica.

Como é intuitivo, o interrogatório precisa ser formalizado em documento, e por isso será reduzido a termo, salvo hipótese em que realizado com novas tecnologias autorizadas, quando então poderá permanecer gravado em mídia (CD, DVD ou *hard disk*).

Na forma tradicional ou escrita, feitas as perguntas e apresentadas respostas oralmente, estas deverão ser ditadas ao escrevente, que providenciará digitá-las imediatamente.

Se as respostas forem apresentadas por escrito, no caso do acusado mudo ou surdo-mudo, elas serão transcritas no termo de interrogatório, e o documento contendo as respostas deverá ser juntado aos autos.

145. STJ, HC 42.780/PR, 5ª T., rel. Min. Laurita Vaz, rel. p/ o Acórdão Min. Felix Fischer, j. 12-12-2006, *DJ* de 12-2-2007, p. 277, *RSTJ* 208/573; STJ, HC 100.792/RJ, 5ª T., rel. Min. Felix Fischer, j. 28-5-2008, *DJe* de 30-6-2008.

Todas as questões relevantes que ocorrerem durante o interrogatório, assim consideradas aquelas que interessam ao processo, deverão ser consignadas no termo respectivo.

Admite-se a taquigrafia, a estenotipia, ou qualquer outro meio idôneo de registro das informações, inclusive gravações, desde que garantida e preservada, sempre, a fidedignidade.

O termo de interrogatório deverá conter: as respostas necessariamente apresentadas no interrogatório de qualificação; as respostas eventualmente apresentadas nos interrogatórios de individualização e de mérito; a identificação e as assinaturas do Juiz, do Promotor de Justiça, do Defensor, do acusado, e, se for o caso, do assistente da acusação. Sendo hipótese, também deverá conter a assinatura do intérprete.

Se houver alguma recusa quanto à aposição de assinatura, ou alguém estiver impossibilitado de fazê-lo, tal fato deverá constar do termo.

10.1.7.12. Pluralidade de acusados. Interrogatório em separado

Havendo mais de um acusado, serão interrogados separadamente (CPP, art. 191).

Busca-se evitar com tal medida que o conteúdo das declarações prestadas por um corréu venha a influenciar, de qualquer forma, no interrogatório do outro.

É o meio utilizado pelo legislador para manter a espontaneidade do interrogatório, que deve acontecer livremente, distante de qualquer tipo de influência, muito embora a entrevista prévia e reservada com o defensor é que no mais das vezes irá definir o conteúdo das informações prestadas pelo interrogado.

Já decidiu o Supremo Tribunal Federal que tal formalidade visa a impedir a ciência, pelo corréu, do teor do depoimento do outro acusado. O interesse na observação de tal medida é do Estado-acusador, incidindo a regra do art. 565 do CPP.

A não observância do dispositivo gera nulidade relativa, devendo ser articulada oportunamente, sob pena de preclusão.

Observe-se, por fim, que "não há disposição legal que obrigue o comparecimento do réu e seu defensor ao interrogatório dos corréus".[146]

10.1.7.13. Interrogatório do réu preso

A Lei n. 11.900/2009 deu nova redação ao art. 185 do CPP e desde então o interrogatório do réu preso deve ser realizado, em sala própria, no estabelecimento em que estiver recolhido, desde que garantida a segurança do juiz, do membro do Ministério Público e dos auxiliares da Justiça, bem como a presença do defensor e a publicidade do ato.

146. STJ, HC 175.606/SP, 6ª T., rel. Min. Og Fernandes, j. 22-3-2012, *DJe* de 6-8-2012.

A medida atende a princípios de economia e celeridade processual, visto que a escolta de presos, do estabelecimento prisional até o fórum, é conhecida fonte de fuga e resgate, além de constituir procedimento de alto custo para os cofres públicos.

Se não bastasse, falta pessoal e aparato para o atendimento de tal providência, o que muitas vezes tem proporcionado, na prática forense, a redesignação de audiências criminais em processos envolvendo acusado preso, por força de sua não apresentação em juízo no dia e hora designados pelo juiz para a audiência a que deveria estar presente.

Mas o ideal normativo está longe de alcançar eficácia social. A realidade da grande maioria dos estabelecimentos prisionais do País é precária e não permite atender, minimamente, aos requisitos de segurança apontados na norma de regência.

Mudou a lei, mas, na prática, no mais das vezes, continua tudo como estava, até porque, e desde a Lei n. 11.719/2008, em regra, é na audiência única de instrução e julgamento que o acusado deve ser interrogado, daí a opção generalizada no sentido de trazê-lo para a audiência, ao invés de colher toda a prova no fórum e depois proceder ao interrogatório em local diverso.

Na generalidade dos procedimentos a audiência é una, e nela deve estar presente o acusado preso, conduzido que deve ser para ver assegurado seu *direito de autodefesa* (sob o enfoque do direito de presença).[147] Colhida a prova, ao final será interrogado (CPP, arts. 400, 411 e 531). Por esse enfoque, pode parecer sem sentido o art. 185, mas é preciso observar que nem sempre o interrogatório irá ocorrer ao final da audiência de instrução e julgamento (na mesma audiência), daí por que tem coerência lógica e continua aplicável.

Em outros casos, ainda, *excepcionalmente*, por decisão fundamentada, de ofício ou a requerimento das partes, o juiz poderá realizar o interrogatório do acusado preso por sistema de videoconferência ou outro recurso tecnológico de transmissão de sons e imagens em tempo real. Em casos tais, a instrução processual irá ocorrer sem a presença física do preso, que poderá acompanhar, pelo mesmo sistema tecnológico, a realização de todos os atos da audiência única de instrução e julgamento (§ 4º), quando então, ao final, será interrogado.

Se o juiz não se dirigir até o estabelecimento prisional para proceder ao interrogatório e não for caso de videoconferência, será requisitada a apresentação do acusado preso em juízo (CPP, § 7º do art. 185 e § 1º do art. 399), forma clássica de se proceder.

Em resumo, quanto ao acusado preso temos o seguinte: *1º*) poderá ser interrogado em sala especial do presídio em que se encontrar recolhido; 2º) poderá ser

147. Antonio Scarance Fernandes lembra que o *direito de autodefesa* "se manifesta no processo de várias formas: direito de audiência, direito de presença, direito a postular pessoalmente" (*Processo penal constitucional*, 5. ed., São Paulo, Revista dos Tribunais, 2007, p. 304).

interrogado pessoalmente na sala de audiências, no fórum, e, 3º) poderá ser interrogado por sistema de videoconferência ou outro recurso tecnológico de transmissão de sons e imagens em tempo real.

Seja como for, devem ser respeitadas as regras garantidoras da ampla defesa, do contraditório e do devido processo legal, sob pena de nulidade absoluta do ato processual.

Qualquer que seja a modalidade de interrogatório, o juiz deverá garantir ao réu o direito de entrevista prévia e reservada com o seu defensor; se realizado por videoconferência, fica também assegurado o acesso a canais telefônicos reservados para comunicação entre o defensor que esteja no presídio e o advogado presente na sala de audiência do Fórum, e entre este e o preso (CPP, § 5º do art. 185).

10.1.7.13.1. Interrogatório por videoconferência

Não é em todo e qualquer caso que o juiz poderá, a seu critério, realizar interrogatório por videoconferência (*on-line*).

O art. 185 do CPP[148] indica detalhadamente os requisitos para esse tipo de procedimento, que só será permitido quando for necessário para atender a uma das seguintes finalidades:

I – prevenir risco à segurança pública, quando exista fundada suspeita de que o preso integre organização criminosa ou de que, por outra razão, possa fugir durante o deslocamento;

II – viabilizar a participação do réu no referido ato processual, quando haja relevante dificuldade para seu comparecimento em juízo, por enfermidade ou outra circunstância pessoal;

III – impedir a influência do réu no ânimo de testemunha ou da vítima, desde que não seja possível colher o depoimento destas por videoconferência, nos termos do art. 217 do CPP;

IV – responder à gravíssima questão de ordem pública.

Convencido da existência de situação justificadora, o juiz deverá decidir de forma fundamentada a esse respeito (CF, art. 93, IX) e determinar a intimação das partes para a realização do ato, com 10 (dez) dias de antecedência (§ 3º).

---

148. "'A realização de interrogatório por meio de videoconferência é medida que objetiva a desburocratização, agilização e economia da Justiça, podendo ser determinada excepcionalmente nas hipóteses previstas no rol elencado no § 2º do art. 185 do Código de Processo Penal' (RHC 80.358/RJ, rel. Min. Felix Fischer, 5ª T., j. 14-3-2017, *DJe* de 22-3-2017); 'A dificuldade enfrentada pelo Poder Executivo na remoção e apresentação dos presos em juízo constitui motivação suficiente e idônea para realização da audiência una de instrução por meio do sistema de videoconferência' (RHC 83.006/AL, rel. Min. Ribeiro Dantas, 5ª T., j. 18-5-2017, *DJe* de 26-5-2017)" (STJ, RHC 96.881/AL, 5ª T., rel. Min. Reynaldo Soares da Fonseca, j. 5-6-2018, *DJe* de 15-6-2018).

Não há recurso previsto para atacar essa decisão; todavia, aquele que se sentir lesado poderá ingressar com pedido de *habeas corpus*, visto que de alguma maneira implica em seu direito de liberdade e atinge garantias fundamentais,[149] ou alegar o que entender de direito em sede de recurso de apelação.

Antes do interrogatório por videoconferência ou outra tecnologia autorizada, o preso poderá acompanhar, pelo mesmo sistema, a realização de todos os atos da audiência única de instrução e julgamento até o término dela, e bem assim aqueles que se seguirem.

Com vistas a assegurar sem restrições o exercício da ampla defesa, nessa modalidade de interrogatório o preso deverá estar acompanhado de defensor no local em que se encontrar, ao mesmo tempo em que outro defensor irá atuar em seu favor, simultânea e fisicamente perante o juiz, na sala de audiências.

A sala reservada no estabelecimento prisional para a realização de atos processuais por sistema de videoconferência será fiscalizada pelos corregedores e pelo juiz de cada causa, como também pelo Ministério Público e pela Ordem dos Advogados do Brasil (CPP, § 6º do art. 185).

10.1.7.14. Interrogatório do mudo, do surdo e do surdo-mudo

Se o acusado for surdo, mudo ou surdo-mudo, é intuitivo deva ser interrogado de forma a permitir possa expressar sua versão a respeito dos fatos, sob pena de nulidade intransponível.

Tais casos traduzem exceção à oralidade do interrogatório e estão tratados no art. 192 do CPP.

Ao *surdo* serão apresentadas as perguntas por escrito, e ele deverá respondê-las oralmente.

Ao *mudo* as perguntas serão feitas oralmente, e ele apresentará as respostas respectivas por escrito.

Se o acusado for *surdo-mudo*, as perguntas deverão ser formuladas por escrito e as respostas apresentadas de igual maneira.

Se o acusado portador de deficiência auditiva, de fala, ou de ambas, também for analfabeto, o juiz deverá nomear intérprete para o interrogatório. Nesse caso, o intérprete deverá prestar compromisso, e tudo o que for praticado durante o interrogatório deverá constar do termo respectivo.

Mesmo diante de dificuldades, é necessário que o juiz procure extrair a realidade das informações apresentadas, garantindo a ampla defesa e preservando a busca da verdade real.

149. Sobre esse tema, consultar o que colocamos no capítulo destinado especificamente ao estudo do *habeas corpus*.

10.1.7.15. Interrogatório de quem não fala a língua nacional

Quando o acusado não falar a língua nacional, seu interrogatório deverá ser feito *por meio de intérprete*. O ato não é feito *pelo intérprete*, mas *por meio* dele.

Mesmo que o juiz tenha domínio da língua estrangeira falada pelo acusado, a presença de intérprete será imprescindível caso a defesa, o representante do Ministério Público ou querelante, ou todos, não disponham de igual conhecimento e formação. Se todos dominarem o idioma, seja ele qual for, num primeiro momento pode parecer desnecessária a nomeação de intérprete, mas a verdade é que duas situações se abrem:

1ª) se a audiência estiver sendo documentada por captação audiovisual (mídia): será recomendada a nomeação de intérprete, pois, em caso de recurso contra a sentença que ao final será proferida, o ideal é que o conteúdo do interrogatório esteja disponibilizado em língua nacional para que possa ser analisado na Superior Instância;

2ª) se a audiência estiver sendo documentada por escrito, poderá ser dispensada a presença de intérprete, e nesse caso as declarações deverão ser ditadas pelo juiz e redigidas pelo escrevente em português (língua oficial).

É evidente que se o acusado, apesar de estrangeiro, falar fluentemente a língua portuguesa, não será necessário nomear intérprete.

A ausência de termo de compromisso assinado pelo intérprete é mera irregularidade formal, não constituindo causa suficiente para nulificar o interrogatório.

10.1.7.16. Interrogatório da pessoa jurídica

A inquietação quanto a este tema decorre do disposto no art. 3º da Lei n. 9.605/98 (Lei de Crimes Ambientais),[150] que em harmonia com o art. 225, § 3º, da CF, permite a responsabilização criminal da pessoa jurídica,[151] que em si considerada não tem como se expressar da mesma maneira que a pessoa física.

Diante da ausência de regra específica no CPP a esse respeito, a doutrina tem apresentado propostas com vistas a superar a lacuna no ordenamento e dar forma ao que deve ser o interrogatório em casos deste jaez.

Ada Grinover entendia que é de se observar a analogia, e sugeriu que, até que a situação venha a ser regulada no CPP, sejam aplicadas disposições do Código de

---

150. Dispõe o art. 3º da Lei n. 9.605/98 que "as pessoas jurídicas serão responsabilizadas administrativa, civil e penalmente conforme o disposto nesta Lei, nos casos em que a infração seja cometida por decisão de seu representante legal ou contratual, ou de seu órgão colegiado, no interesse ou benefício da sua entidade". E arremata o parágrafo único: "A responsabilidade das pessoas jurídicas não exclui a das pessoas físicas, autoras, coautoras ou partícipes do mesmo fato". Sobre a matéria, conferir: Renato Marcão, *Crimes ambientais*, 4. ed., São Paulo, Saraiva, 2018.

151. Sobre a matéria, consultar: Rômulo de Andrade Moreira, Responsabilidade penal da pessoa jurídica e o sistema processual penal brasileiro, *Revista Magister de Direito Penal e Processual Penal*, n. 50, out./nov. 2012, p. 54-76; Sérgio Salomão Shecaira, *Responsabilidade penal da pessoa jurídica*, São Paulo, Revista dos Tribunais, 1998.

Processo Civil e da Consolidação das Leis do Trabalho e, "dessa forma, será faculdade da pessoa jurídica acusada indicar a pessoa física que se submeterá ao interrogatório, sempre tendo em vista a proximidade de seu conhecimento nos fatos em apuração".[152]

Conforme pensamos, e na mesma linha de entendimento já adotado em julgamentos proferidos no STJ, "a pessoa jurídica só pode ser responsabilizada quando houver intervenção de uma pessoa física, que atua em nome e em benefício do ente moral",[153] e bem por isso "aceita-se a responsabilização penal da pessoa jurídica em crimes ambientais, sob a condição de que seja denunciada em coautoria com pessoa física, que tenha agido com elemento subjetivo próprio".[154]

A rigor, só poderá falar em nome da empresa quem for por ela responsável, e, diante do anteriormente apontado, o interrogatório da pessoa jurídica não pode ser prestado por pessoa estranha ao processo; que não seja corréu, a quem caberá falar em nome próprio e também da pessoa jurídica. Decorre do princípio da intranscendência a impossibilidade de o processo ir além da pessoa do acusado, e isso impede que terceiro, ainda que sob o título de "melhor informado", sente-se no banco dos réus para ser interrogado sobre algo que não lhe pesa.

Eventuais dificuldades na investigação, relacionadas com a apuração do(s) responsável(eis) pela ordem cuja execução tenha resultado na materialização de crime ambiental, não servem de argumento para permitir violação ao princípio da intranscendência (CF, art. 5º, XLV), sob o enfoque anteriormente apontado, daí a inviabilidade de se promover ação penal apenas contra a pessoa jurídica – nada obstante o art. 225, § 3º, da CF não conter expressa restrição neste sentido –, e, portanto, a necessidade de imputação simultânea da pessoa física e do ente moral.[155] Admitir

---

152. Ada Pellegrini Grinover, Aspectos processuais da responsabilidade penal da pessoa jurídica, in *Responsabilidade penal da pessoa jurídica e medidas provisórias em direito penal*, São Paulo, Revista dos Tribunais, 1999, p. 46-50.

153. STJ, REsp 628.637/SC, 5ª T., rel. Min. Gilson Dipp, j. 2-6-2005, *DJU* de 13-6-2005, *RT* 838/549.

154. STJ, REsp 800.817/SC, 6ª T., rel. Min. Celso Limongi, j. 4-2-2010, *DJe* de 22-2-2010, *REVFOR* 406/543. *No mesmo sentido:* "Nos crimes contra o meio ambiente é admitida a responsabilização penal da pessoa jurídica, desde que haja a imputação simultânea do ente moral e da pessoa física que age em seu nome ou em seu benefício, já que não se pode compreender que o ente moral seja responsabilizado dissociadamente da atuação de uma pessoa física, que age com elemento subjetivo próprio" (TRF, 1ª R., ApCrim 2005.41.00.001249-2/RO, 4ª T., rel. Des. Mário César Ribeiro, j. 5-5-2009, *DJF* de 20-6-2009, p. 236).

155. Em sentido contrário, já decidiu o STF que: "O art. 225, § 3º, da Constituição Federal não condiciona a responsabilização penal da pessoa jurídica por crimes ambientais à simultânea persecução penal da pessoa física em tese responsável no âmbito da empresa. A norma constitucional não impõe a necessária dupla imputação. As organizações corporativas complexas da atualidade se caracterizam pela descentralização e distribuição de atribuições e responsabilidades, sendo inerentes, a esta realidade, as dificuldades para imputar o fato ilícito a uma pessoa concreta. Condicionar a aplicação do art. 225, § 3º, da Carta Política a uma concreta imputação também a pessoa física implica indevida restrição da norma constitucional, expressa a intenção do constituinte originário não apenas de ampliar o alcance das sanções penais, mas também de evitar a impunidade pelos crimes

o contrário implicaria aceitar a possibilidade de um processo de natureza criminal sem interrogatório, porquanto insuperável o democrático e saudável entrave que decorre do princípio constitucional apontado, não sendo ocioso anotar que não há colidência entre regras constitucionais.

Na hipótese de pluralidade de corréus (duas ou mais pessoas físicas), havendo entre eles alguém indicado pelos estatutos para representá-la em juízo ou fora dele, este é que deverá ser interrogado também em nome da pessoa jurídica.

Se não figurar entre os corréus alguém indicado pelos estatutos, falará em nome da pessoa jurídica aquele que ostentar maior graduação no quadro hierárquico. Se de igual hierarquia, qualquer deles.

10.1.7.17. Presença de curador especial no interrogatório

Curador é a pessoa nomeada pelo juiz com a função de orientar o incapaz e zelar pelos seus interesses em juízo.

Não é necessário seja profissional habilitado para o exercício da advocacia.

10.1.7.17.1. Curador ao réu menor

Dispunha o art. 194 do CPP que, se o acusado fosse menor (maior de 18 e menor de 21 anos, obviamente), seu interrogatório deveria ser realizado na presença de curador.

Com o advento do atual Código Civil, a maioridade civil que por idade era alcançada aos 21 (vinte e um) foi rebaixada para os 18 (dezoito) anos de idade.

A nova regra determinou efeitos na legislação penal e processual penal, sendo um deles exatamente a revogação do art. 194 do CPP, situação posteriormente confirmada pelo art. 10 da Lei n. 10.792/2003, que cuidou de revogar expressamente referido dispositivo.

Foi derrogado o art. 564, III, *c*, parte final, do CPP, que tipificava nulidade quando não providenciada a nomeação de curador ao menor de 21 (vinte e um) anos.

Está superada a discussão.

---

ambientais frente às imensas dificuldades de individualização dos responsáveis internamente às corporações, além de reforçar a tutela do bem jurídico ambiental. A identificação dos setores e agentes internos da empresa determinantes da produção do fato ilícito tem relevância e deve ser buscada no caso concreto como forma de esclarecer se esses indivíduos ou órgãos atuaram ou deliberaram no exercício regular de suas atribuições internas à sociedade, e ainda para verificar se a atuação se deu no interesse ou em benefício da entidade coletiva. Tal esclarecimento, relevante para fins de imputar determinado delito à pessoa jurídica, não se confunde, todavia, com subordinar a responsabilização da pessoa jurídica à responsabilização conjunta e cumulativa das pessoas físicas envolvidas. Em não raras oportunidades, as responsabilidades internas pelo fato estarão diluídas ou parcializadas de tal modo que não permitirão a imputação de responsabilidade penal individual" (STF, RE 548.181 AgR/PR, 1ª T., rel. Min. Rosa Weber, j. 6-8-2013, *DJe* n. 213, de 30-10-2014).

10.1.7.17.2. Índios e doentes mentais

Não é correto pensar que não subsiste no ordenamento qualquer situação que justifique a nomeação de curador especial.

Com efeito, deverá ocorrer nomeação nas hipóteses em que o acusado for indígena que não esteja completamente integrado à civilização, ou quando se tratar de pessoa portadora de doença mental que a torne incapaz de entender o caráter ilícito do fato e de determinar-se de acordo com esse entendimento – semi-imputável ou inimputável – na forma do art. 26 do CP.

A ausência de curador especial torna nulo o interrogatório e, por consequência, os demais atos a seguir praticados.

10.1.7.18. Renovação de interrogatórios

A todo tempo o juiz poderá proceder a novo interrogatório atendendo a pedido fundamentado de qualquer das partes. A despeito da redação contida no art. 196 do CPP, em razão de sua natureza jurídica, o magistrado não pode proceder a novo interrogatório por iniciativa própria, *ex officio*.

Antes da Lei n. 10.792/2003 não se facultava expressamente às partes a possibilidade de pedir a realização de um novo interrogatório. É preciso reconhecer que, embora muitas vezes recomendado e necessário diante da prova colhida no curso da instrução processual, na prática é muito raro ver um segundo e mais esclarecedor interrogatório.

A postulação de qualquer das partes deve ser feita de forma fundamentada, como fundamentada deve ser a decisão que a apreciar.

É certo que a lei diz que o juiz *poderá* proceder a novo interrogatório, o que indica simples *faculdade*, mas é evidente que, se justificada a postulação, trata-se de um *poder-dever*, inclusive em homenagem ao princípio da verdade real.

É força convir que em razão da atual redação do art. 400 do CPP, a determinar que o interrogatório seja feito ao final da instrução, o art. 196 perdeu muito de sua relevância prática.

Seja como for, feito o pedido pela defesa e havendo indeferimento, a decisão poderá ser atacada em preliminar de recurso de apelação, por constituir matéria relacionada a cerceamento de defesa.

Se o pedido negado tiver sido formulado pelo Ministério Público ou pelo querelante, também na mesma ocasião, e pela mesma via, poderá ser alegado eventual cerceamento de acusação.

Por envolver valoração de prova, a questão não pode ser apreciada em *habeas corpus*, que é remédio constitucional de limites estreitos.

Tudo a revelar, como se vê, a importância do interrogatório no processo penal; seja pelo conjunto das informações diretas, ou pelas impressões ligadas à personalidade do acusado, somente perceptíveis se e quando houver imediatidade, contato visual entre o juiz e o acusado.

10.1.7.19. Condução coercitiva para interrogatório

Diz o art. 260 do CPP que se o acusado não atender à intimação para o interrogatório, reconhecimento ou qualquer outro ato que, sem ele, não possa ser realizado, a autoridade poderá mandar conduzi-lo à sua presença.

De outro modo, já não se discute que o acusado tem o direito de não produzir prova contra si mesmo; daí afirmar SCARANCE que ele não pode ser obrigado a comparecer para o interrogatório ou para a realização de atos processuais.[156]

No mesmo sentido, sentencia NUCCI, com quem concordamos, que "atento ao princípio constitucional de que ninguém é obrigado a produzir prova contra si mesmo e à garantia constitucional de se manter em silêncio, não é viável a aplicação literal do disposto no art. 260 do Código de Processo Penal, que prevê a possibilidade de condução coercitiva para o interrogatório simplesmente porque o réu, ciente da data, deixou de comparecer".[157]

Não podemos perder de vista que "a partir da Carta de 1988, importantes tratados internacionais de direitos humanos foram ratificados pelo Brasil",[158] dentre eles a Convenção Americana de Direitos Humanos, que em seu art. 8º, II, *g*, estabelece que toda pessoa acusada de um delito tem o direito de não ser obrigada a depor contra si mesma, nem a confessar-se culpada, consagrando assim o princípio segundo o qual **ninguém está obrigado a produzir prova contra si mesmo**.

SYLVIA STEINER ensina que "o direito ao silêncio, diz mais do que o direito de ficar calado. Os preceitos garantistas constitucional e convencional conduzem à certeza de que o acusado não pode ser, de qualquer forma, compelido a declarar contra si mesmo, ou a **colaborar para a colheita de provas que possam incriminá-lo**".[159]

É o que basta para afirmarmos a **inconstitucionalidade do art. 260 do CPP**.

Com efeito, deixar de participar da produção de **prova que poderá resultar em seu desfavor** é providência que integra o **direito de defesa**, e em relação a essa garantia é taxativo o **art. 5º, LV, da CF**, não sendo demais lembrar, com apoio em TUCCI,[160] que a ampla defesa é uma das exigências em que se consubstancia o *due process of law*.

---

156. ANTONIO SCARANCE FERNANDES, *Processo penal constitucional*, p. 304.

157. GUILHERME DE SOUZA NUCCI, *Manual de processo e execução penal*, 14. ed., Rio de Janeiro, Forense, 2017, p. 384.

158. FLAVIA PIOVESAN, *Direitos humanos e o direito constitucional internacional*, 3. ed., São Paulo, Max Limonad, 1997, p. 254.

159. SYLVIA HELENA DE FIGUEIREDO STEINER, *A Convenção Americana sobre Direitos Humanos e sua integração ao processo penal brasileiro*, São Paulo, Revista dos Tribunais, 2000, p. 125.

160. ROGÉRIO LAURIA TUCCI, *Direitos e garantias individuais no processo penal brasileiro*, 4. ed., São Paulo, Revista dos Tribunais, 2011, p. 154.

É preciso aceitar, definitivamente, que a cláusula constitucional compreende o direito à **defesa técnica** durante todo o processo e o **direito de autodefesa**,[161] e a ausência do acusado em determinadas ocasiões poderá decorrer de legítima estratégia defensória que não pode ser desprezada pelo magistrado.

Nesta linha de orientação, por maioria de votos (rel. Min. Gilmar Mendes), no dia 14 de junho de 2018, acertadamente, o Plenário do Supremo Tribunal Federal julgou procedentes as Arguições de Descumprimento de Preceito Fundamental (ADPFs) 395 e 444, e reconheceu a não recepção da expressão "para o interrogatório", constante do art. 260 do CPP. Por força desta decisão restou declarada a incompatibilidade com a Constituição Federal da condução coercitiva de investigados e de réus para interrogatório. No mesmo julgamento também ficou decidido que, sem prejuízo da ilicitude da prova colhida, o agente ou autoridade que proceder contrariamente ao que fora estabelecido ficará exposto à possibilidade de responsabilização disciplinar, civil e penal, sem prejuízo da responsabilidade civil do Estado. De relevo ainda mencionar que, conforme ficou expresso, esta decisão não tem efeito *ex tunc*, e por isso não atinge a validade de interrogatórios e demais provas precedentemente colhidas, por força ou em decorrência de condução coercitiva.

10.1.8. Da confissão

Num primeiro olhar – afirmou Otto Tschadek[162] –, a prova mais simples e clara parece ser a confissão.[163]

Mas essa aparente simplicidade não elimina desse exuberante meio de prova algum grau de complexidade, tampouco permite qualquer descuido em relação a seu estudo.

Como disse Tourinho Filho: "Houve um tempo em que a confissão era considerada a rainha das provas,[164] porque ninguém melhor do que o acusado pode saber se é ou não culpado. Tão importante era ela, que se torturava o pretenso culpado para arrancar-lhe o reconhecimento de sua culpabilidade. E, muitas vezes, a tortura era pior que a pena cominada à infração, o que levava o indivíduo, mesmo inocente, a confessar sua pretensa culpa".[165]

---

161. Antonio Scarance Fernandes, *Processo penal constitucional*, 5. ed., São Paulo, Revista dos Tribunais, p. 295.

162. *La prueba*, 2. ed., Bogotá, Editorial Temis, 2010, p. 3.

163. Tradução livre.

164. *No mesmo sentido:* Giuseppe Bettiol, *Istituzioni di diritto e procedura penale*, Padova, CEDAM – Casa Editrice Dott. Antonio Milani, 1966, p. 204.

165. Fernando da Costa Tourinho Filho, *Manual de processo penal*, 17. ed., São Paulo, Saraiva, 2017, p. 607.

Escreveu Garraud que "os antigos consideravam a confissão como a prova por excelência, *probatio probatissima*, a rainha das provas, a unica que podia n'um processo criminal assegurar a consciencia do juiz e permittir-lhe sem escrupulo como sem remorso, pronunciar o castigo capital".[166]

A confissão contraria o instinto de autopreservação – tão evidente entre os humanos – e por isso não é tão natural, num primeiro momento, mesmo que por simples impulso, qualquer admissão de culpa por parte de quem quer que se veja acusado de algo que tenha ou não praticado.

Não partilhamos do pensamento de Mittermaier quando afirma que a confissão, em regra, provém de um homem impelido por sua consciência a descobrir a verdade. Parecem-nos mais ajustados aos dias que correm os argumentos em sentido contrário, apresentados pelo mesmo tratadista, quando cita que a confissão é um fenômeno antinatural, visto que a natureza cerra os lábios do culpado; todo homem de espírito são esforça-se por evitar o que possa prejudicá-lo.[167]

Razões variadas têm sido apontadas para justificar a confissão de um fato que pode acarretar ao confitente graves consequências, especialmente jurídicas, como é o caso da pena criminal.

É certo que algumas vezes a confissão tem por objetivo alcançar redução de pena (CP, art. 65, III, *d*), mas outras razões que agem sobre o espírito humano podem determiná-la, cumprindo destacar, dentre elas: o remorso,[168] convicções religiosas, o altruísmo (para livrar um ente querido, p.ex.) e até mesmo o desejo de obter algum tipo de vantagem (quando, mediante paga ou promessa de recompensa, confessa falsamente a autoria de crime praticado por outra pessoa).

Gorphe indica, ainda, a possibilidade de confissão para livrar-se da tensão do interrogatório (*confesión por distensión*); por necessidade de explicar-se (movida pelo desejo de expor seu ponto de vista sobre os fatos); por lógica (quando o acusado se sente encurralado); por orgulho (para vangloriar-se), e por esperança ou por temor (movida pelo desejo de melhorar sua sorte, ou ao menos não piorá-la).[169]

---

166. René Garraud, *Compendio de direito criminal*, tradução de A. T. de Menezes, Lisboa, Livraria Clássica Editora, 1915, v. I, p. 207.

167. C. J. A. Mittermaier, op. cit., p. 186.

168. Na afirmação de Malatesta, "no espírito humano há sempre um instinto de veracidade que se opõe à mentira; e muitas vezes este instinto, coadjuvado pelo remorso do delito cometido, torna-se irresistível, vencendo a força do interesse contrário que levaria à mentira; e têm-se confissões verídicas" (Nicola Framarino Dei Malatesta, op. cit., v. II, p. 176). Segundo Mittermaier, "é certo que nada pode fazer calar a voz da alma: o crime uma vez consumado, trava-se uma luta no seio do culpado; falam igualmente alto a sua consciência e o interesse; não pode mais gozar de paz interna, menos que descarregue o fardo do remorso" (C. J. A. Mittermaier, op. cit., p. 186).

169. François Gorphe, Apreciación judicial de las pruebas, 2. ed., Bogotá, Editorial Temis, 2004, p. 182-183.

Seja qual for seu mote, seu fundamento psicológico, se verdadeira, concordamos com Echandía quando afirma ser ela "una de las principales fuentes de prueba en el proceso penal".[170]

10.1.8.1. Conceito e objeto

Confissão é a admissão da própria responsabilidade.

Confessar, no processo penal, significa admitir como verdadeiros os fatos imputados na denúncia ou queixa-crime.

Objeto da confissão é a autoria dos fatos imputados.

10.1.8.2. Natureza jurídica

A confissão é *meio de prova*.

Mittermaier chegou a afirmar que seria negar a evidência recusar que seja ela um *meio de prova*.[171]

10.1.8.3. Requisitos de validade

Para ser válida e, portanto, produzir efeitos na formação do convencimento, a confissão deve atender a alguns requisitos intrínsecos e extrínsecos.

São *requisitos intrínsecos de validade*: ser livre, espontânea; ser feita pessoalmente pelo acusado. Deve ter verossimilhança e gozar de credibilidade.

Na sintética proposição de Gorphe,[172] para que tenha valor de prova, requer-se que a confissão seja certa, sincera e verdadeira.[173]

Ela não pode decorrer de constrangimento ilegal, pois, "la confesión obtenida por medios violentos o mediante graves amenazas por los modernos medios de coacción psicológica, con o sin ayuda de drogas especiales, es una prueba ilícita",[174] verbalizou Echandía.

Como *requisitos extrínsecos de validade*: deve ser feita por pessoa capaz, em ato solene, leia-se: interrogatório formal perante a autoridade competente; e deve ser documentada conforme as regras processuais (reduzida a termo, gravada em CD, DVD ou *hard disk*).

---

170. Hernando Devis Echandía, *Compendio de la prueba judicial*, Buenos Aires, Rubinzal-Culzoni, 2007, t. I, p. 250.

171. C. J. A. Mittermaier, op. cit., p. 187.

172. François Gorphe, *Apreciación judicial de las pruebas*, 2. ed., Bogotá, Editorial Temis, 2004, p. 167.

173. Tradução livre.

174. Hernando Devis Echandía, *Compendio de la prueba judicial*, Buenos Aires, Rubinzal-Culzoni, 2007, t. I, p. 270.

Na essência, tecnicamente, a confissão traduz ato formal e processual, praticado livremente pelo acusado.

Quanto à capacidade do confitente, a doutrina é concorde que, em regra, a confissão de alguém que seja *absolutamente incapaz* carece de valor probatório.[175]

O relativamente incapaz pode confessar validamente, assim como o adolescente infrator poderá fazê-lo nos procedimentos que tramitam perante a Vara da Infância e da Juventude.

Cabe observar, por fim, que não se exige o *animus confitendi*. É absolutamente irrelevante o motivo pelo qual o acusado optou por confessar, o que revela o acerto de Jauchen ao afirmar que "lo realmente importante es que la manifestación sea voluntaria con total prescindencia de cuáles hayan sido los motivos psicológicos conductores para la determinación expresiva, su intencionalidad o impulso subjetivo. Es irrelevante también que quien confiesa conozca los efectos desfavorables de la misma, y menos aún si se hace con intención de producir esos efectos contrarios a los propios intereses".[176]

10.1.8.4. Modalidades de confissão

Quanto à forma de sua exteriorização, em sentido amplo a confissão pode ser *explícita*, assim definida quando o acusado admite diretamente, sem rodeios, a imputação que lhe é feita; ou *implícita*, quando pratica atos que *podem revelar* admissão de culpa, do que é exemplo a prática ou tentativa de reparação dos danos causados. É preciso ressaltar que nesta última hipótese não podemos falar em "confissão" sob o aspecto estritamente técnico-formal, tomada em ato solene etc. Aqui ela apenas se apresenta como *possível* de ser visualizada tendo por base a conduta do acusado, embora não tenha sido feita explicitamente. Funciona como simples indício, sem força de confissão propriamente. Não se confunde com a confissão tácita, inadmitida no processo penal.

No que diz respeito ao conteúdo, ela pode ser *simples* (não qualificada) quando o acusado admite pura e simplesmente a imputação, sem apresentar qualquer justificação para sua conduta; ou *qualificada*, quando o acusado confessa e alega fatos ou circunstâncias excludentes da antijuridicidade ou determinantes de isenção de pena. Ainda levando em conta seu conteúdo, também poderá ser *plena*, quando confessar todas as imputações, havendo mais de uma; ou *semiplena*, quando, diante da pluralidade de imputações, admitir apenas uma ou parte delas.

175. Hernando Devis Echandía, *Compendio de la prueba judicial*, Buenos Aires, Rubinzal-Culzoni, 2007, t. I, p. 266 e 268.

176. Eduardo M. Jauchen, *Tratado de la prueba en materia penal*, Buenos Aires, Rubinzal-Culzoni, 2009, p. 243-244.

Quanto ao local em que é prestada, ela pode ser *judicial*, reconhecida como tal a que for feita em juízo, e *extrajudicial* quando verificada perante autoridade administrativa (em procedimento administrativo); parlamentar (prestada em Comissão Parlamentar de Inquérito), ou policial (prestada perante Delegado de Polícia em inquérito policial ou termo circunstanciado, ou, ainda, prestada perante autoridade militar em inquérito policial militar).

Em relação à confissão judicial, há quem diga que ela pode ser dividida em: *confissão judicial própria* e *confissão judicial imprópria*, referindo-se a primeira hipótese à confissão prestada perante a autoridade judiciária competente para julgar o caso, e a segunda à hipótese de ser prestada perante autoridade judicial diversa.

10.1.8.4.1. Confissão tácita ou ficta

A *confissão tácita ou ficta* se distingue da denominada *confissão implícita* pelo fato de que, enquanto naquela há apenas silêncio, nesta há um agir do acusado, do qual se busca extrair, por dedução, uma conclusão a respeito de seu envolvimento com a prática do delito.

A primeira é omissiva e a segunda, comissiva.

Na expressão do art. 198 do CPP, o silêncio do acusado não importará confissão, mas poderá constituir elementos para a formação do convencimento do juiz.

Não há confissão tácita ou ficta no processo penal brasileiro. Não se presume, em situação qualquer, tenha o acusado confessado a prática de um delito.

Com relação à parte final do art. 198, impõe observar que não foi recepcionada pela Constituição Federal vigente, na qual o art. 5º, LXIII, assegura o direito ao silêncio impune, e por isso dele não se pode extrair validamente qualquer conclusão desfavorável ao acusado. Por aqui, não se aplica a máxima popular segundo a qual "quem cala consente".

A revelia não acarreta confissão tácita – admissão silenciosa de culpa –, da mesma maneira que a opção pelo silêncio por ocasião do interrogatório, em si considerada, não traduz prejuízo ao silente.

10.1.8.5. Características

10.1.8.5.1. Divisibilidade

Na valoração da prova, o juiz poderá aceitar como verdadeira toda a confissão ou apenas *parte dela*, o que demonstra sua divisibilidade, autorizada expressamente no art. 200 do CPP.

A título de exemplo, se o acusado confessar a autoria de um furto e alegar, na mesma ocasião, que agiu em estado de necessidade, finda a instrução, ao cotejar as provas o juiz poderá concluir que a confissão está em consonância com outras provas colhidas, quanto à autoria, e que a alegada excludente não restou provada.

Nesse caso, se provada a autoria e a materialidade, não militando em favor do acusado qualquer causa de exclusão da ilicitude ou da culpabilidade, a condenação será certa.

Na situação indicada, a confissão terá valor quanto à admissão de autoria, porém será desprezada na parte que sustenta causa de exclusão da ilicitude. Comportará, portanto, *divisão*.

10.1.8.5.2. Retratabilidade

A confissão pode ser retratada pelo acusado.

Uma vez feita, o confitente poderá voltar atrás; desdizer-se e apresentar, ou não, elementos de convicção a respeito dessa nova versão.

Na correta visão de Jauchen, "la retratación de la confesión tiene lugar cuando el imputado en algún estado o grado del proceso se desdice total o parcialmente de la versión anteriormente dada por la cual se confesaba autor o partícipe del hecho. Es una nueva declaración, y como tal puede ser prestada por el imputado en virtud de su derecho a ser oído, en cualquier momento de la secuela procesal".[177]

A credibilidade da retratação está submetida à livre apreciação judicial, e não é por outra razão que a parte final do art. 200 do CPP admite a retratação "sem prejuízo do livre convencimento do juiz, fundado no exame das provas em conjunto".

Em regra, na prática forense a retratação é feita de maneira pura e simples, desacompanhada de qualquer elemento de convicção, o que no mais das vezes inviabiliza sua credibilidade.[178]

Não raras vezes o acusado, acompanhado de advogado, confessa a autoria delitiva na fase de inquérito, perante a autoridade policial, e depois se retrata em juízo. Em casos tais, se a confissão extrajudicial estiver corroborada por outras provas colhidas em juízo e a retratação judicial se apresentar isolada nos autos, desamparada de qualquer elemento de convicção, e, portanto, inverossímil, será conferida maior credibilidade àquela.

Mas é preciso refazer a advertência: isolada nos autos, a confissão, mesmo judicial, não autoriza decreto de procedência da ação penal.

177. Eduardo M. Jauchen, op. cit., p. 280-281.

178. "A jurisprudência do Supremo Tribunal Federal admite a condenação do acusado com base em confissão extrajudicial posteriormente retratada em juízo, quando encontrar amparo suficiente nas demais provas produzidas (HC 100.693, rel. Min. Luiz Fux, 1ª T., *DJe* de 13-9-2011; HC 103.205, rel. Min. Ricardo Lewandowski, 1ª T., *DJe* de 10-9-2010; HC 73.898, rel. Min. Maurício Corrêa, 2ª T., *DJ* de 16-8-1996)" (STF, Inq 4.119/DF, 2ª T., rel. Min. Teori Zavascki, j. 15-12-2015, *DJe* n. 23, de 10-2-2016).

A teor do disposto no § 3º do art. 3º -C do CPP, "Os autos que compõem as matérias de competência do juiz das garantias ficarão acautelados na secretaria desse juízo, à disposição do Ministério Público e da defesa, e não serão apensados aos autos do processo enviados ao juiz da instrução e julgamento, ressalvados os documentos relativos às provas irrepetíveis, medidas de obtenção de provas ou de antecipação de provas, que deverão ser remetidos para apensamento em apartado".

Disso não se retira que o interrogatório colhido na fase de investigação jamais integrará os autos do processo que será enviado – já com denúncia recebida – ao juiz competente para a instrução e julgamento. Permanece possível o confronto das versões apresentadas em ambos os interrogatórios, prestados, respectivamente, na fase investigatória e na fase judicial, quando na primeira fase o interrogatório for colhido como antecipação de prova.

10.1.8.6. Momento da confissão

O momento em que se pode verificar a confissão tratada no CPP é o do *interrogatório em juízo* (CPP, art. 185); contudo, ainda que nessa ocasião o acusado negue a imputação, querendo, poderá confessar a qualquer tempo.

Diz o art. 199 do CPP que a confissão, quando feita fora do interrogatório, será tomada por termo nos autos, observado o disposto no art. 195.

10.1.8.6.1. Confissão extrajudicial

Porquanto colhida sem as garantias do contraditório e da ampla defesa, a *confissão extrajudicial* configura prova indireta; indício que deve ser somado a outros elementos de prova a fim de que se possa extrair conclusão a respeito do fato tratado. Isoladamente, de nada serve para o processo penal de modelo democrático.

Conforme expôs o Min. Celso de Mello:

> O inquérito policial constitui mero procedimento administrativo, de caráter investigatório, destinado a subsidiar a atuação do Ministério Público. Trata-se de peça instrutiva cujos elementos instrutórios – precipuamente destinados ao órgão da acusação pública – habilitá-lo-ão a instaurar a *persecutio criminis in judicio*. A unilateralidade das investigações desenvolvidas pela polícia judiciária na fase preliminar da persecução penal (*informatio delicti*) e o caráter inquisitivo que assinala a atuação da autoridade policial não autorizam, sob grave ofensa à garantia constitucional do contraditório e da plenitude de defesa, a formulação de decisão condenatória cujo único suporte seja a prova, não reproduzida em juízo, consubstanciada na peça do inquérito. A investigação policial – que tem no inquérito o instrumento de sua concretização – não se processa, em função de sua própria natureza, sob o crivo do contraditório, já que é somente em juízo que se torna plenamente exigível o dever de observância ao postulado da bilateralidade e da instrução criminal contraditória. A inaplicabilidade da garantia do contraditório ao procedimento de investigação policial tem sido reconhecida tanto pela doutrina quanto pela jurisprudência dos

Tribunais (*RT* 522/396), cujo magistério tem acentuado que a garantia da ampla defesa traduz elemento essencial e exclusivo da persecução penal em juízo.[179]

Disso também se extrai não ser correto afirmar que a confissão extrajudicial seja desprovida de todo e qualquer valor probatório, até porque, como afirmamos no início, constitui prova indireta, daí não se poder desprezá-la quando em harmonia com a prova produzida sob o crivo do contraditório.

Não é ocioso observar, entretanto, que, nos precisos termos do art. 3º-C, § 3º, do CPP, "os autos que compõem as matérias de competência do juiz das garantias ficarão acautelados na secretaria desse juízo, à disposição do Ministério Público e da defesa, e não serão apensados aos autos do processo enviados ao juiz da instrução e julgamento, ressalvados os documentos relativos às provas irrepetíveis, medidas de obtenção de provas ou de antecipação de provas, que deverão ser remetidos para apensamento em apartado".

É possível que o interrogatório em solo policial, no qual tenha ocorrido confissão, decorra de produção antecipada de prova, e sendo essa a hipótese, por força da ressalva contida na regra legal transcrita, tal prova poderá ser encaminhada ao juiz da instrução, e então valorada no conjunto probatório, com as necessárias cautelas.

10.1.8.7. Confissão e chamada de corréu

Se o acusado confessar a autoria do delito, o juiz deverá indagá-lo sobre os motivos e circunstâncias do fato e se houve concurso ou participação de outrem.

Antes da Lei n. 10.792/2003, confessando a autoria, o acusado era *especialmente perguntado* sobre os motivos e circunstâncias *da ação*. Agora, nas mesmas condições, *será perguntado* sobre os motivos e circunstâncias *do fato*.

Retirou-se a palavra "especialmente", extraindo-lhe a importância anteriormente dada em detrimento de outros questionamentos, e, reconhecendo-se que uma infração penal pode ser praticada não só por "ação", ajustou-se o texto, trocando a palavra *ação* pela palavra *fato*, que aqui tem a conotação de ação ou omissão.

Ao confessar a autoria, o acusado será instado a indicar eventuais comparsas.

A hipótese é de *delação* ou *chamamento de corréu*, em que o acusado, admitindo a própria responsabilidade mediante confissão em interrogatório formal, indica a de outrem em concurso ou participação.

Na lição de Camargo Aranha: "A delação, ou chamamento de corréu, consiste na afirmativa feita por um acusado, ao ser interrogado em juízo ou ouvido na polícia, e pela qual, além de confessar a autoria de um fato criminoso, igualmente atribui a um terceiro a participação como seu comparsa".[180]

---

179. STF, RE 136.239/SP, 1ª T., rel. Min. Celso de Mello, j. 7-4-1992, *DJ* de 14-8-1992, p. 12.227, *RTJ* 143/306.

180. Adalberto José Q. T. de Camargo Aranha, *Da prova no processo penal*, 6. ed., São Paulo, Saraiva, 2004, p. 128.

Para que se possa falar em delação como meio de prova, contudo, é preciso que o acusado tenha confessado a autoria. A confissão é *elemento essencial*.[181] Nela, além de admitir a própria culpa, o confitente também permite alcançar terceiro(s).

A delação é admitida no processo penal, embora não prevista expressamente como meio de prova, do que decorre a pecha de ser *prova anômala*, por não se assemelhar a qualquer outra prevista no CPP.

Como acertadamente afirma o mesmo Camargo Aranha, "não é testemunho, pois como testemunhante somente podem servir aqueles equidistantes das partes e sem interesse na solução da demanda, o que não acontece com o delator".[182]

Depois da Lei n. 10.792/2003, não prevalecem as críticas que eram feitas contra o valor da delação como meio de prova.

Antes era recorrente a alegação de violação a princípios como o do contraditório e da ampla defesa em ataque à força probante.

As críticas tinham por fundamento a impossibilidade de participação das partes no interrogatório, decorrendo de tal realidade a impossibilidade de questionamentos defensórios visando a prova em favor do delatado, e mesmo assim os Tribunais reiteradamente valoraram a delação como prova.

Se mesmo antes os Tribunais já refutavam os ataques, com as regras ditadas pela Lei n. 10.792/2003 não subsiste qualquer fundamento para as teses anteriormente sustentadas, na exata medida em que, desde a vigência do referido diploma legal, as partes poderão, após o interrogatório, apontar ao juiz interrogante fatos que entendam pendentes de esclarecimentos, cumprindo ao juiz formular as perguntas correspondentes se entendê-las pertinentes e relevantes, conforme o disposto no art. 188 do CPP.

Inviável, portanto, insistir na tese de violação do princípio do contraditório ou da ampla defesa.

Nesses termos, a delação de corréu, que confessando a prática do delito indica seu comparsa, tem validade como prova em detrimento deste último.

Necessário convir, entretanto, que a delação isolada não autoriza a condenação do corréu delatado. Para a procedência da ação contra este, o juiz deverá, como sempre, avaliar o conjunto probatório e constatar se a delação está amparada ou não em outros elementos de convicção.[183]

181. STJ, HC 98.491/MG, 5ª T., rel. Min. Napoleão Nunes Maia Filho, j. 21-8-2008, *DJe* de 15-9-2008.

182. Adalberto José Q. T. de Camargo Aranha, op. cit., p. 129.

183. "A delação do corréu, por si só, não respalda a condenação, especialmente quando não confirmada em Juízo" (STF, RHC 121.430/BA, 1ª T., rel. Min. Marco Aurélio, j. 9-8-2016, *DJe* n. 226, p. 24-10-2016).

Se a responsabilidade do delatado não estiver confirmada, a confissão comportará divisão. Valerá quanto à admissão da própria responsabilidade, feita pelo acusado em seu detrimento, e não surtirá efeito quanto ao delatado.

10.1.8.8. Delação e colaboração premiadas

> O instituto da delação premiada incide quando o réu, voluntariamente, colabora de maneira efetiva com a investigação e o processo criminal. Esse testemunho qualificado deve vir acompanhado da admissão de culpa e deve servir para a identificação dos demais coautores ou partícipes e na recuperação do produto do crime.[184]

De evidente notoriedade nos dias atuais, não é produto de criação recente no ordenamento jurídico brasileiro, mesmo assim demorou até que o legislador pátrio se embrenhasse na regulamentação normativa, e, quando assim passou a proceder, novamente se descuidou de certas cautelas das quais não poderia olvidar.

Embora a legislação esteja sujeita a críticas variadas, a intenção revelada é positiva, não obstante a só adoção do instituto já exponha o reconhecimento da incapacidade do Estado frente as mais variadas formas de ações criminosas, e demonstre a aceitação de sua ineficiência ao apurar ilícitos penais, notadamente os perpetrados por associações criminosas, grupos, organizações criminosas, alicerçados em complexidade organizacional não alcançada pelo próprio Estado. Em si mesmo, premiada ou não, a delação dá mostras de ausência de freios éticos; pode apresentar-se como verdadeira traição em busca de benefícios que satisfaçam necessidades próprias[185] em detrimento do(s) delatado(s), conduta nada recomendável, tampouco digna de aplausos. Em relação à delação premiada, o que se vê é seu surgimento quando há desajuste entre os envolvidos; quando um se sente prejudicado pela persecução penal (em sentido amplo) e desamparado pelo(s) comparsa(s). O desespero, a simples intenção de se beneficiar, ou ambos, constitui o mote da delação. Não há qualquer interesse primário em colaborar com a Justiça; não há qualquer conversão do espírito e do caráter para o bem; não há preocupação com o que é realmente justo e verdadeiro; não há, enfim, motivo de relevante valor moral para a conduta egoísta. Porém, dela se vale o Estado na busca da verdade real; dela se utiliza a Justiça na busca de sua finalidade mediata: a paz social.

Também por isso, afirmou Carrara: "(...) repugna que la ley determine con anticipación que, cuando un acusado confiese en perjuicio propio o de sus cómplices,

---

184. STJ, REsp 1.102.736/SP, 5ª T., rel. Min. Laurita Vaz, j. 4-3-2010, *DJe* de 29-3-2010.

185. "A aplicação da delação premiada, muito controversa na doutrina e na jurisprudência, deve ser cuidadosa, tanto pelo perigo da denúncia irresponsável quanto pelas consequências dela advindas para o delator e sua família, no que concerne, especialmente, à segurança. A delação premiada, por implicar traição do corréu ao comparsa do crime, não pode servir de instrumento a favor do Estado, que tem o dever de produzir provas suficientes para o decreto condenatório. Ao delator deve ser assegurada a incidência do benefício quando da sua efetiva colaboração resulta a apuração da verdade real" (STJ, HC 97.509/MG, 5ª T., rel. Min. Arnaldo Esteves Lima, j. 15-6-2010, *DJe* de 2-8-2010).

tendrá una disminución de la pena, porque esta norma parece una transacción con el delito, ofende el sentido moral de algunos, y hace que la teman como un incentivo para la delincuencia".[186]

Além das questões éticas, outros problemas podem ser identificados, e dentre eles podemos citar, por exemplo, a possibilidade de o instituto gerar acomodação; apatia da autoridade incumbida da apuração, pois, passando a contar com a possibilidade de delação, poderá deixar de dedicar-se com mais afinco na realização de seu ofício; é possível que a delação cegamente acolhida proporcione de forma proposital o desvio no rumo das investigações, ainda que temporário, porém com reflexos negativos à apuração da verdade etc.

Com suas vantagens e desvantagens, a delação e a colaboração premiadas vêm sendo usadas largamente, e algumas vezes com pouco ou nenhum critério técnico.

De tal situação também decorre a necessidade de se pensar sobre a incidência dos efeitos da delação em sede de execução penal. É necessário destacar ainda o espetáculo midiático absolutamente reprovável que já se proporcionou com a exposição de personalidades políticas e do ambiente empresarial envolvidas em delação ou colaboração premiada, com inegável *streptus*, quando a cautela recomendava caminho diverso até mesmo em razão do disposto no art. 20 do CPP, a indicar que o inquérito policial é sigiloso.

Não há uma só lei que trate das hipóteses de **delação premiada**, e embora existam semelhanças não há padronização no regramento do instituto.

A Lei n. 7.492/86 (Crimes contra o Sistema Financeiro) foi que abriu o caminho para a introdução da delação premiada no ordenamento brasileiro, e isso em razão do disposto em seu art. 25, § 2º: "Nos crimes previstos nesta lei, cometidos em quadrilha ou coautoria, o coautor ou partícipe que através de confissão espontânea revelar à autoridade policial ou judicial toda a trama delituosa terá a sua pena reduzida de 1 (um) a 2/3 (dois terços)".

Posteriormente vieram: Lei n. 8.072/90 (Lei dos Crimes Hediondos); Lei n. 8.137/90 (Crimes contra a Ordem Tributária, Economia e Relações de Consumo); Lei n. 9.034/95 (Lei de Combate ao Crime Organizado – já revogada); Lei n. 9.613/98 (Crimes de Lavagem de Capitais) e Lei n. 11.343/2006 (Lei de Drogas).

É importante mencionar, destacadamente, que a Lei n. 9.807/99, que também trata de delação premiada, dispõe, dentre outras providências, sobre a proteção de acusados ou condenados que tenham voluntariamente prestado efetiva colaboração à investigação policial e ao processo criminal.

---

186. Francesco Carrara. *Programa de Derecho Criminal*, Parte general, Bogotá, Temis, v. II, § 713, 1996, p. 171.

O art. 159, § 4º, do CP também dispõe sobre delação, nos seguintes termos: "Se o crime é cometido em concurso, o concorrente que o denunciar à autoridade facilitando a libertação do sequestrado, terá sua pena reduzida de 1 (um) a 2/3 (dois terços)".

A depender das condicionantes estabelecidas na norma, a *delatio* assume a natureza jurídica de perdão judicial, implicando a extinção da punibilidade, ou de causa de diminuição de pena.[187]

A Lei n. 12.850/2013 (Organizações Criminosas) regula, dentre outras coisas, a **colaboração premiada**, e a esse respeito, dispõe seu art. 3º -A que "O acordo de colaboração premiada é negócio jurídico processual e meio de obtenção de prova, que pressupõe utilidade e interesse públicos". Diz seu art. 4º que "o juiz poderá, a requerimento das partes, conceder o perdão judicial, reduzir em até 2/3 (dois terços) a pena privativa de liberdade ou substituí-la por restritiva de direitos daquele que tenha colaborado efetiva e voluntariamente com a investigação e com o processo criminal"; conforme a hipótese, o Ministério Público poderá deixar de oferecer denúncia (§ 4º), e "se a colaboração for posterior à sentença, a pena poderá ser reduzida até a metade ou será admitida a progressão de regime ainda que ausentes os requisitos objetivos" (§ 5º).

Observadas as variações no regramento, e por considerar a delação e a colaboração premiadas como verdadeiro "mal necessário", o que se espera é o aprimoramento das estruturas normativas, tanto quanto possível, buscando evitar resultados danosos à eficácia da justiça e proporcionar benefícios verdadeiros à sociedade.

Nessa linha de pensamento, o Supremo Tribunal Federal tem fixado importantes balizas para a aplicação desses institutos, como são exemplos as paradigmáticas decisões cujas ementas seguem transcritas:

> A colaboração premiada é um negócio jurídico processual, uma vez que, além de ser qualificada expressamente pela lei como "meio de obtenção de prova", seu objeto é a cooperação do imputado para a investigação e para o processo criminal, atividade de natureza processual, ainda que se agregue a esse negócio jurídico o efeito substancial (de direito material) concernente à sanção premial a ser atribuída a essa colaboração. A homologação judicial do acordo de colaboração, por consistir em exercício de atividade de delibação, limita-se a aferir a regularidade, a voluntariedade e a legalidade do acordo, não havendo qualquer juízo de valor a respeito das declarações do colaborador. Por se tratar de negócio jurídico personalíssimo, o acordo de colaboração premiada não pode ser impugnado por coautores ou partícipes do colaborador na organização criminosa e nas infrações penais por ela praticadas, ainda que venham a ser expressamente nominados no respectivo instrumento no "relato da colaboração e seus possíveis resultados" (art. 6º, I, da Lei n. 12.850/13). De todo modo, nos procedimentos em que figurarem como imputados, os coautores ou partícipes

187. STJ, HC 97.509/MG, 5ª T., rel. Min. Arnaldo Esteves Lima, j. 15-6-2010, *DJe* de 2-8-2010.

delatados – no exercício do contraditório – poderão confrontar, em juízo, as declarações do colaborador e as provas por ele indicadas, bem como impugnar, a qualquer tempo, as medidas restritivas de direitos fundamentais eventualmente adotadas em seu desfavor. A personalidade do colaborador não constitui requisito de validade do acordo de colaboração, mas sim vetor a ser considerado no estabelecimento de suas cláusulas, notadamente na escolha da sanção premial a que fará jus o colaborador, bem como no momento da aplicação dessa sanção pelo juiz na sentença (art. 4º, § 11, da Lei n. 12.850/13). A confiança no agente colaborador não constitui elemento de existência ou requisito de validade do acordo de colaboração. Havendo previsão em Convenções firmadas pelo Brasil para que sejam adotadas "as medidas adequadas para encorajar" formas de colaboração premiada (art. 26.1 da Convenção de Palermo) e para "mitigação da pena" (art. 37.2 da Convenção de Mérida), no sentido de abrandamento das consequências do crime, o acordo de colaboração, ao estabelecer as sanções premiais a que fará jus o colaborador, pode dispor sobre questões de caráter patrimonial, como o destino de bens adquiridos com o produto da infração pelo agente colaborador. Os princípios da segurança jurídica e da proteção da confiança tornam indeclinável o dever estatal de honrar o compromisso assumido no acordo de colaboração, concedendo a sanção premial estipulada, legítima contraprestação ao adimplemento da obrigação por parte do colaborador.[188]

Nos moldes do decidido no HC 127.483, rel. Min. Dias Toffoli, Tribunal Pleno, *DJe* de 4-2-2016, reafirma-se a atribuição ao Relator, como corolário dos poderes instrutórios que lhe são conferidos pelo Regimento Interno do STF, para ordenar a realização de meios de obtenção de prova (art. 21, I e II do RISTF), a fim de, monocraticamente, homologar acordos de colaboração premiada, oportunidade na qual se restringe ao juízo de regularidade, legalidade e voluntariedade da avença, nos limites do art. 4ª, § 7º, da Lei n. 12.850/2013. O juízo sobre os termos do acordo de colaboração, seu cumprimento e sua eficácia, conforme preceitua o art. 4º, § 11, da Lei n. 12.850/2013, dá-se por ocasião da prolação da sentença (e no Supremo Tribunal Federal, em decisão colegiada), não se impondo na fase homologatória tal exame previsto pela lei como controle jurisdicional diferido, sob pena de malferir a norma prevista no § 6º do art. 4º da referida Lei n. 12.850/2013, que veda a participação do juiz nas negociações, conferindo, assim, concretude ao princípio acusatório que rege o processo penal no Estado Democrático de Direito. Questão de ordem que se desdobra em três pontos para: (i) resguardar a competência do Tribunal Pleno para o julgamento de mérito sobre os termos e a eficácia da colaboração, (ii) reafirmar, dentre os poderes instrutórios do Relator (art. 21 do RISTF), a atribuição para homologar acordo de colaboração premiada; (iii) salvo ilegalidade superveniente apta a justificar nulidade ou anulação do negócio jurídico, acordo homologado como regular, voluntário e legal, em regra, deve ser observado mediante o cumprimento dos deveres assumidos pelo colaborador, sendo, nos termos do art. 966, § 4º, do Código de Processo Civil, possível ao Plenário analisar sua legalidade.[189]

---

188. STF, HC 127.483/PR, Tribunal Pleno, rel. Min. Dias Toffoli, j. 27-8-2015, *DJe* 021, de 4-2-2016.

189. STF, Pet 7.074 QO/DF, Tribunal Pleno, rel. Min. Edson Fachin, j. 29-6-2017, *DJe* 085, de 3-5-2018.

Há mais. Por ocasião do julgamento da ADI 5.508, ocorrido em 20 de junho de 2018, rel. Min. Marco Aurélio, o Plenário do STF assentou a constitucionalidade do § 2º e do § 6º do art. 4º da Lei n. 12.850/2013, de modo a reconhecer que Delegado de Polícia pode entabular acordo de colaboração premiada na fase de inquérito policial.

Por fim, sobre a validade da colaboração premiada como prova:

> Os precedentes do STF assentam que as declarações de colaboradores não são aptas a fundamentar juízo condenatório, mas suficientes dar início a investigações.[190]
>
> Conforme já anunciado pelo Plenário do Supremo Tribunal Federal, o conteúdo dos depoimentos colhidos em colaboração premiada não é prova por si só eficaz, tanto que descabe condenação lastreada exclusivamente neles, nos termos do art. 4º, § 16, da Lei n. 12.850/2013. São suficientes, todavia, como indício de autoria para fins de recebimento da denúncia (Inq 3.983, rel. Min. Teori Zavascki, Tribunal Pleno, *DJe* de 12-5-2016).[191]

10.1.8.9. Atenuante genérica e crime de autoacusação falsa

Afirmamos no início deste tópico que a confissão é contrária ao instinto natural de autopreservação. É da natureza humana o não reconhecimento das próprias falhas, das próprias mazelas; dos erros, enfim.

Sem ingressar em questionamentos éticos ou morais, e deixando de lado a hipocrisia, é preciso aceitar que, em regra, a tendência humana é pela negação de fatos não laudatórios, que desabonem ou comprometam a própria biografia.

Se, mesmo diante da possibilidade de censura pública ou de entes queridos, o silêncio do increpado quase sempre se impõe, com mais razão este irá se verificar se houver qualquer possibilidade de, confessando, sofrer sanção de natureza penal.

Pela lei, ninguém está obrigado a se autoacusar. Cabe ao Estado, por seus órgãos, promover a investigação criminal; promover a ação penal pública e a prestação jurisdicional. Para isso deverá aparelhar-se adequadamente de maneira a não esperar que o êxito dependa sempre, ou quase sempre, de uma eventual confissão ou qualquer outra manifestação de boa vontade do investigado ou acusado para o fim de favorecer a busca da verdade em detrimento de sua própria pessoa.

Mesmo assim o legislador buscou estabelecer estímulos para a confissão, e além da delação premiada, com possibilidade de redução de pena nas hipóteses reguladas, tratou de inseri-la na legislação penal como atenuante genérica.

De tal sorte, a confissão espontânea pronunciada pelo acusado, perante a autoridade pública, atua como circunstância que sempre atenua a pena, nos termos do art. 65, III, *d*, do CP, não importando, inclusive, se o agente fora preso em flagrante ou não.

---

190. STF, Inq 4.419/DF, 2ª T., rel. Min. Gilmar Mendes, j. 11-9-2018, *DJe* 250, de 23-11-2018.
191. STF, Inq 4.633/DF, 2ª T., rel. Min. Edson Fachin, j. 8-5-2018, *DJe* 113, de 8-6-2018.

Todavia, a teor do disposto na Súmula 545 do STJ, "quando a confissão for utilizada para a formação do convencimento do julgador, o réu fará jus à atenuante prevista no art. 65, III, *d*, do Código Penal".

A mesma Corte Superior já decidiu que "a circunstância atenuante da confissão exige, além do requisito objetivo, constituído pela ação enunciada pelo dispositivo, o requisito subjetivo, consistente no motivo nobre da confissão, como, por exemplo, o arrependimento".[192]

Impende observar, por fim, que embora a confissão não seja regra nos processos criminais, algumas vezes ela poderá ser falsa.

Seja qual for o motivo ensejador, acusar-se falsamente, perante a autoridade, de crime inexistente ou praticado por outrem é crime tipificado no art. 341 do CP.

10.1.8.10. Valor probatório da confissão

O valor da confissão se aferirá pelos critérios adotados para os outros elementos de prova, e para a sua apreciação o juiz deverá confrontá-la com as demais provas do processo, verificando se entre ela e estas existe compatibilidade ou concordância (CPP, art. 197).

A confissão não tem valor absoluto. De há muito ela já não é considerada a rainha das provas. *Seu valor é relativo.*

Para avaliá-la, o juiz deverá levar em conta as razões e os fundamentos que a ensejaram, bem como o conjunto e a harmonia das provas.

A confissão confortada por outros elementos da instrução conduz o julgador, com particular segurança, a um melhor conhecimento dos fatos que o processo visa a apurar.

10.1.9. Do ofendido

10.1.9.1. Conceito

Ofendido é o sujeito passivo do delito. É aquele sobre quem recai a conduta delitiva, direta ou indiretamente. É o titular do bem jurídico atingido pela infração penal. É a vítima, em síntese, no sentido processual penal.

Pode ser pessoa física ou jurídica.

Espínola Filho[193] alertou sobre a multiplicidade de funções do ofendido no processo penal, o que é correto, visto que ora se apresenta como *autorizador da persecução penal* (nas ações penais condicionadas, como titular do direito de representação ou da requisição Ministerial); ora como *autor da ação penal* (querelante); ora como *assistente da acusação* (CPP, art. 268); por vezes, como *objeto de prova*, quando a conduta

192. STJ, REsp 162.852/MT, 5ª T., rel. Min. José Arnaldo da Fonseca, j. 17-12-1998, *DJU* de 1º-3-1999, *RT* 764/533.

193. Eduardo Espínola Filho, *Código de Processo Penal brasileiro anotado*, 3. ed., Rio de Janeiro, Borsoi, 1955, v. III, p. 53.

delitiva recai sobre seu corpo e então se transforma no próprio corpo de delito (crime de lesões corporais, homicídio etc.); como *fonte de prova*, quando inquirido tem o dever de indicar todos os meios de prova de que tenha conhecimento, e, por fim, como *elemento de prova*, quando então, inquirido, irá prestar todas as informações de que tem conhecimento a respeito do delito de que fora vítima.

O art. 201 do CPP cuida da posição processual do ofendido enquanto *elemento e fonte de prova*, e é sobre tais aspectos que passaremos a refletir.

10.1.9.2. Natureza jurídica

As declarações do ofendido têm natureza jurídica de *meio de prova*.

10.1.9.3. Inquirição

Sempre que possível, incumbe à acusação e/ou defesa arrolar o ofendido para que seja ouvido no curso da instrução.

Por ocasião da audiência para sua inquirição, o ofendido *será* qualificado e perguntado sobre as circunstâncias da infração, quem seja ou presuma ser o seu autor, as provas que possa indicar, tomando-se por termo as suas declarações (CPP, art. 201, *caput*).

A regra transcrita é impositiva para o juiz, a quem incumbe a presidência do processo e, portanto, a adoção das medidas indicadas.

Por ter figurado no polo passivo da conduta delitiva, no mais das vezes o ofendido terá valiosas informações a prestar, e por isso seus informes podem ser decisivos na apuração da autoria e da materialidade, com todas as suas circunstâncias, bem como no desvendamento de eventual causa de exclusão da antijuridicidade.

Não se trata de prova que importa apenas *para a acusação*, mas para a *verdade real*, que também interessa ao acusado em certas situações.

Há casos em que a inquirição do ofendido demanda particular sensibilidade do juiz, tal como se verifica nos crimes contra a dignidade sexual e outros violentos, verdadeiramente traumáticos para o ofendido.

Em casos dessa natureza, é preciso redobrada cautela para obter a prova; é imperioso que o ato de inquirir seja o menos doloroso possível para quem suportou os efeitos da conduta delitiva, até mesmo para que se possa encontrar credibilidade em suas declarações.

Por força do disposto no art. 185, § 8º, do CPP, é possível a inquirição do ofendido por videoconferência (*on-line*), cumprindo para tanto que se observe o disposto nos §§ 2º, 3º, 4º e 5º do citado artigo, no tocante à excepcionalidade de seu cabimento e providências para sua realização.

O § 4º do art. 201 diz que *antes do início* da audiência *e durante* a sua realização, *será* reservado *espaço separado* para o ofendido, dando a entender que em cada vara criminal deverá existir um ambiente reservado para a prática de atos processuais com a sua presença.

É evidente que não é bem assim.

Essa regra está posta num contexto de garantias, todavia, diante da ausência de especificidade, o máximo que se poderá com ela alcançar é impedir que o ofendido aguarde a audiência na mesma sala em que se encontrar o acusado. *Antes do início da audiência*, deverão permanecer em salas separadas, e tal medida atende a interesses diversos, pois o ofendido pode se sentir coagido pelo acusado; pode ser intimidado; pode sofrer ameaça para não dizer a verdade; pode reviver na memória os momentos do crime, do que irá decorrer evitável sofrimento etc.

Durante a realização do ato, não tem qualquer sentido imaginar deva existir sala distinta para sua oitiva. Quando muito, se justificada a situação, o juiz poderá determinar a retirada do acusado da sala, à luz do disposto no art. 217 do CPP, se for caso.

10.1.9.3.1. Reperguntas ao ofendido

O art. 201 do CPP determina que o ofendido seja qualificado e perguntado sobre as circunstâncias da infração, quem seja ou presuma ser o seu autor, e eventuais provas que possa indicar, mas não diz qual a ordem de inquirição a ser implementada na colheita desta proeminente prova oral. Na hipótese, deve ser adotado o art. 212 do CPP, que se refere à oitiva de testemunhas, a fim de se alcançar interpretação harmoniosa que prestigie o modelo de processo penal acusatório.

De tal modo, a parte que arrolou o ofendido deve formular as perguntas iniciais. Se o ofendido for arrolado por ambas as partes, a acusação fará as perguntas iniciais, e só depois virá a atuação defensória. Em respeito aos princípios do contraditório e igualdade das partes, dentre outros, é sem sombra de dúvida que, após a inquirição do ofendido pela parte que o arrolou, o juiz deverá franquear a palavra à parte contrária para eventuais reperguntas. O juiz fará perguntas por último, conforme a regra disposta no parágrafo único do art. 212 do CPP, segundo o qual, "sobre os pontos não esclarecidos, o juiz poderá complementar a inquirição".

10.1.9.3.2. Possibilidade de condução coercitiva

Se, intimado para depor, deixar de comparecer sem motivo justo, o ofendido poderá ser conduzido à presença da autoridade (§ 1º do art. 201).

A previsão tem fundamento não apenas na importância de suas declarações para a apuração da verdade real, mas decorre também da regra geral segundo a qual ninguém, exceto o acusado, se exime do dever de colaborar com o Poder Judiciário.

Não cabe ao ofendido decidir se irá ou não depor. Uma vez intimado, deverá comparecer em juízo e prestar suas informações a respeito dos fatos. Se não se dirigir voluntariamente ao local de sua inquirição, será levado contra sua vontade: conduzido coercitivamente por autoridade policial ou oficial de justiça.

10.1.9.4. O ofendido não comete crime de desobediência

Embora possa ser conduzido coercitivamente, o ofendido não poderá ser responsabilizado por crime de desobediência (CP, art. 330).

Com efeito, ensinou HUNGRIA que "se pela desobediência de tal ou qual ordem oficial, alguma lei comina determinada penalidade administrativa ou civil, não se deverá reconhecer o crime em exame, salvo se dita lei ressalvar expressamente a cumulativa aplicação do art. 330".[194]

Na hipótese, o § 1º do art. 201 estabelece a medida de condução coercitiva e não faz qualquer ressalva à possibilidade de responsabilização criminal, daí não ser esta cabível, na espécie.

10.1.9.5. O ofendido como elemento de prova

Como *elemento de prova*, o ofendido deve ser perguntado sobre as circunstâncias da infração, quem seja ou presuma ser o seu autor.

Circunstâncias da infração não são apenas aquelas agravantes e atenuantes genéricas, ou as qualificadoras indicadas no Código Penal, mas toda e qualquer informação que possa levar à apuração do delito e respectiva autoria; que possa conduzir à reconstrução descritiva dos fatos, o mais próximo possível da realidade.

Tendo presenciado o cometimento do delito, deverá indicar quem foi seu autor.

É certo que algumas vezes não presencia a prática infracional, do que decorre a impossibilidade de afirmar certeza visual a respeito de quem o praticou, mas isso não quer dizer que não possa dar informações sobre a autoria delitiva.

A propósito, não é incomum o ofendido dispor de informações outras, indiretas, decisivas para a apuração da autoria, tal como ocorre, por exemplo, quando reconhece um objeto deixado pelo infrator na cena do crime; indica as pessoas que dispunham das chaves do imóvel no qual o furto ocorreu; identifica um veículo que viu parado nas imediações do local do crime etc.

Tudo deve ser considerado e confrontado com os demais elementos de prova disponíveis, em busca da *verdade real*.

10.1.9.6. O ofendido como fonte de prova

Além das informações diretas que pode apresentar, contribuindo para a apuração dos fatos, o ofendido também poderá indicar outras fontes de prova.

194. NELSON HUNGRIA, *Comentários ao Código Penal*, Rio de Janeiro, Forense, 1958, v. 9, p. 417.

10.1.9.7. Dispensa do compromisso de dizer a verdade

O ofendido não é testemunha na concepção técnica do termo, por isso não presta compromisso de dizer a verdade.

Salientou Barros que "isso se deve à presunção de que a vítima, como pessoa prejudicada imediata do ilícito penal, tem o suposto interesse na condenação do réu".[195]

10.1.9.8. O ofendido não comete crime de falso testemunho

Se o ofendido não é testemunha e não presta compromisso de dizer a verdade, como é fato, não pode responder pelo crime de falso testemunho, capitulado no art. 342 do CP.

Por conseguinte, arremata Barros, "se o juiz, ao proferir sentença final, reconhecer que ele fez falsa afirmação, calou ou negou a verdade, nem por isso remeterá cópia do termo de declarações à autoridade policial para a instauração de inquérito, pois a vítima não figura do rol de pessoas que podem praticar o crime de falso testemunho".[196]

Diante da atipicidade da conduta, como dito, o juiz não deverá enviar cópia do depoimento à autoridade policial, e acrescentamos: tampouco ao Ministério Público, "para conhecimento e *providências cabíveis*".

Disso também decorre que não cabe contradita ao depoimento do ofendido, mas sobre isso discorreremos em momento próprio.

10.1.9.9. Comunicação ao ofendido dos atos processuais

Antes mesmo da fase judicial, se o Ministério Público promover o arquivamento do inquérito policial ou de quaisquer elementos informativos da mesma natureza, deverá comunicar o ofendido a respeito de sua decisão, inclusive para que possa interpor eventual inconformismo, tal como disciplina o atual art. 28, *caput*, e seu § 1º, do CPP, com a redação determinada pela Lei n. 13.964/2019.

O ofendido será comunicado dos atos processuais relativos ao ingresso e à saída do acusado da prisão, à designação de data para audiência e à sentença e respectivos acórdãos que a mantenham ou modifiquem (§ 2º do art. 201).

As comunicações deverão ser feitas no endereço por ele indicado, admitindo-se, por opção do ofendido, o uso de meio eletrônico (§ 3º).

---

195. Marco Antonio de Barros, *A busca da verdade no processo penal*, 3. ed., São Paulo, Revista dos Tribunais, 2011, p. 248.

196. Marco Antonio de Barros, op. cit., p. 248.

Tais providências visam a levar conhecimento formal e oficial a respeito dos procedimentos adotados pelo Estado a partir da prisão do autor do delito e instauração da ação penal.

A disponibilização de tais informações permite não apenas a adoção de providências jurídicas (contratação de assistente de acusação; ajuizamento de ação civil *ex delicto*), mas, sobretudo, a contenção emocional a partir da ciência de que os fatos não caíram no esquecimento e foram adotados os procedimentos jurídicos, seja qual for o resultado do processo.

10.1.9.10. Atendimento multidisciplinar ao ofendido

Se o juiz entender necessário, *poderá* encaminhar o ofendido para atendimento multidisciplinar, especialmente nas áreas psicossocial, de assistência jurídica e de saúde, a expensas do ofensor ou do Estado (§ 5º do art. 201).

Nos crimes contra a dignidade sexual,[197] é comum a vítima tornar-se atormentada pela memória dos fatos, do que podem resultar deletérias repercussões em sua vida pessoal; amorosa; íntima; familiar ou social.

Em outros crimes violentos: roubo, sequestro, crimes contra a mulher no ambiente familiar (Lei Maria da Penha) etc., também é recorrente a vítima desenvolver algum tipo de perturbação ou instabilidade emocional como consequência da infração.

Para casos assim, *ex officio* ou em atendimento a pedido formulado pelo próprio ofendido, e até mesmo pelo Ministério Público, valendo-se de orientação profissional, poderá o juiz proceder a encaminhamento adequado, na forma indicada.

A conclusão do juiz não pode decorrer de simples intuição ou da capitulação do delito de que está a tratar. Deve, ao contrário, ter base empírica; estar lastreada em constatações profissionais ou informações convincentes do próprio ofendido a respeito de seu estado emocional. Deve estar identificada, ainda que num juízo perfunctório, a relação de causa e efeito entre o delito e a situação que está a reclamar atendimento profissional especializado.

O que o juiz faz, nesse caso, é *apenas disponibilizar o acompanhamento profissional*, cujo pagamento ficará a cargo do acusado ou do Estado, conforme decidir.

O ofendido, é evidente, não está obrigado a se submeter ao tratamento disponibilizado.

10.1.9.11. Preservação da intimidade do ofendido

A publicidade dos atos processuais[198] é regra, e isso decorre do disposto nos arts. 5º, LX, e 93, IX, ambos da CF.

---

197. Sobre a matéria, conferir: RENATO MARCÃO e PLÍNIO GENTIL, *Crimes contra a dignidade sexual*, 3. ed., São Paulo, Saraiva, 2018.

198. Leitura recomendada: ROGÉRIO LAURIA TUCCI, *Direitos e garantias individuais no processo penal brasileiro*, 4. ed., São Paulo, Revista dos Tribunais, 2011, p. 182.

Note-se, entretanto, que o próprio art. 5º, LX, destaca que a lei poderá restringir a publicidade dos atos processuais quando a defesa da intimidade ou o interesse social o exigirem.

Diz o art. 201, § 6º, do CPP que: "O juiz tomará as providências necessárias à preservação da intimidade, vida privada, honra e imagem do ofendido, podendo, inclusive, determinar o segredo de justiça em relação aos dados, depoimentos e outras informações constantes dos autos a seu respeito para evitar sua exposição aos meios de comunicação".

A possibilidade de restrição também está prevista no art. 792, § 1º, do CPP, e autorizada para as situações em que, da publicidade do ato, puder resultar escândalo, inconveniente grave ou perigo de perturbação da ordem.

Como se vê: a publicidade é a regra, o segredo ou sigilo, exceção.

Assim, não há mácula na disposição processual penal, cuja determinação é taxativa.

Estamos diante de uma imposição: o juiz *tomará*... Não se trata, portanto, de simples faculdade outorgada ao magistrado. Presente a situação identificadora, é direito público subjetivo do ofendido a preservação de sua imagem, tanto quanto possível.

A preservação moral do ofendido impõe o segredo em relação a terceiros em geral, o que inclui evidentemente a imprensa, pois, como bem observou Roberto Lyra, "o sensacionalismo da imprensa vive a fuçar nos lamaçais e nas esterqueiras da vida em busca de assunto".[199]

Há casos em que a publicidade do que for apurado poderá causar profunda exposição e desgaste à vítima, com sofrimento e danos proporcionais ou até mais significativos do que aqueles experimentados com o delito.

Isso é muito comum nos crimes contra a dignidade sexual; crimes contra a honra e outros mais.

Não é razoável admitir que aquele que já suportou o ônus do delito tenha que suportar também, sendo evitável, o desgaste, o *streptus* inegavelmente causado pela divulgação de detalhes a respeito do ocorrido.

O segredo em relação às informações materializadas no processo é apenas uma dentre as providências que poderão ser adotadas pelo juiz na preservação da integridade moral do ofendido (... podendo, *inclusive*, determinar...). Conforme o caso, o juiz também poderá restringir a publicidade de sessão, audiência ou ato processual, devendo justificar convenientemente sua decisão.

10.1.9.12. Valor probatório das declarações do ofendido

Isoladamente, a palavra do ofendido não basta para fundamentar condenação.

199. *Formei-me em direito... E agora?* Rio de Janeiro, Editora Nacional de Direito, 1957, p. 41.

Existindo nos autos apenas duas versões antagônicas, uma apresentada pelo ofendido e outra pelo acusado, sem qualquer elemento seguro de convicção que possa amparar uma ou outra, a absolvição é de rigor.

Jurisprudência sedimentada nas instâncias judiciárias reconhece que há determinados delitos em que a palavra do ofendido ganha especial relevância, tal como se verifica nos crimes de violência doméstica, crimes contra a dignidade sexual, e outros mais praticados na clandestinidade (roubo, sequestro etc.).

Em casos com essas particularidades comuns, porque "quase sempre praticados às escondidas, a palavra da vítima ganha especial relevo, mormente quando coerente, sem contradições e em consonância com as demais provas colhidas nos autos".[200]

Nesse sentido:

> A palavra da vítima, nos crimes às ocultas, em especial, tem relevância na formação da convicção do Juiz sentenciante, dado o contato direto que trava com o agente criminoso.[201]
>
> As declarações da vítima, apoiadas nos demais elementos dos autos, em se tratando de crimes cometidos sem a presença de outras pessoas, é prova válida para a condenação, mesmo ante a palavra divergente do réu.[202]
>
> No campo probatório, a palavra da vítima de um assalto é sumamente valiosa, pois, incidindo sobre proceder de desconhecidos, seu único interesse é apontar os verdadeiros culpados e narrar-lhes a atuação e não acusar inocentes (*RT* 484/320).
>
> Para a comprovação da prática do crime sexual, a palavra da vítima, corroborada por provas testemunhais idôneas e harmônicas, autorizam a condenação.[203]
>
> O depoimento da vítima ganha relevo, considerando tratar-se de fatos praticados sem a presença de terceiros.[204]
>
> A ausência de laudo pericial conclusivo não afasta a caracterização de estupro, porquanto a palavra da vítima tem validade probante, em particular nessa forma clandestina de delito, por meio do qual não se verificam, com facilidade, testemunhas ou vestígios.[205]
>
> Nos crimes de estupro, geralmente cometidos na clandestinidade, a palavra da vítima tem significativo valor probante.[206]

---

200. STJ, HC 100.719/SP, 5ª T., rel. Min. Adilson Vieira Macabu, j. 20-9-2011, *DJe* de 28-10-2011.

201. STJ, HC 143.681/SP, 5ª T., rel. Min. Arnaldo Esteves Lima, j. 15-6-2012, *DJe* de 2-8-2012.

202. STJ, HC 195.467/SP, 6ª T., rel. Min. Maria Thereza de Assis Moura, j. 14-6-2011, *DJe* de 22-6-2011.

203. STJ, AgRg no Ag 1.386.821/PA, 5ª T., rel. Min. Laurita Vaz, j. 4-8-2011, *DJe* de 16-8-2011, *LEXSTJ* 267/194.

204. STF, HC 109.390/MS, 2ª T., rel. Min. Gilmar Mendes, j. 18-9-2012, *DJe* n. 198, de 9-10-2012.

205. STJ, AgRg no AREsp 160.961/PI, 6ª T., rel. Min. Sebastião Reis Junior, j. 26-6-2012, *DJe* de 6-8-2012.

206. STJ, EDcl no AgRg no AREsp 151.680/TO, 5ª T., rel. Min. Marco Aurélio Bellizze, j. 23-10-2012, *DJe* de 30-10-2012.

A jurisprudência pátria é assente no sentido de que, nos delitos contra liberdade sexual, por frequentemente não deixarem vestígios, a palavra da vítima tem valor probante diferenciado. Precedentes.[207]

10.1.10. *Das testemunhas*

A palavra *testemunha*, afirmou Xavier de Aquino,[208] vem de *testibus*, que significa dar fé da veracidade de um fato. Echandía[209] diz que vem do latim *testis*, que designa a pessoa que dá fé, ou de *testando*, que quer dizer narrar ou referir.

A prova testemunhal é largamente utilizada, sendo raros os processos em que não se verifica sua produção. Mais raro ainda é encontrar ação penal que tenha sido julgada procedente sem que o autor tenha se utilizado de testemunha para a prova de suas alegações.

Em razão das peculiaridades que cercam o depoimento de testemunha, é preciso que o juiz esteja atento quando de sua *colheita* e *valoração*.

Por isso a afirmação de Florian no sentido de que: "Dentro del cuadro de las pruebas, la prueba testimonial es la que más aprovecha el proceso penal, pues el testimonio es el modo más adecuado para recordar y reconstruír los acontecimientos humanos, es la prueba en la cual la investigación judicial se desenvolve con mayor energia".[210]

No dizer de Gorphe: "La prueba testimonial suele ser la más importante en materia penal. Podemos prescindir de la confesión y de los documentos; pero resulta bastante complicado prescindir de testigos en cuantas ocasiones se quiere conocer cómo se han producido los hechos. 'Los testigos – decía Bentham – son los ojos y los oídos de la justicia'; instrumentos precisos, aunque con frecuencia falaces, han de ser utilizados con gran sentimiento crítico. Prueba relativamente sencilla y fácil de recibir, pero casi siempre muy delicada de apreciar; fuente de numerosos errores judiciales, que podrían haber sido evitados".[211]

10.1.10.1. Conceito

Em sentido estrito, *testemunha* é a pessoa chamada a depor, sem ser parte no processo, a fim de que possa declarar aquilo de que tem conhecimento.

---

207. STJ, HC 344.741/SP, 5ª T., rel. Min. Ribeiro Dantas, j. 22-11-2016, *DJe* de 25-11-2016. *No mesmo sentido:* STJ, HC 301.380/SP, 5ª T., rel. Min. Reynaldo Soares da Fonseca, j. 14-6-2016, *DJe* de 21-6-2016; STJ, AgRg no REsp 1.575.141/SP, 5ª T., rel. Min. Jorge Mussi, j. 6-10-2016, *DJe* de 19-10-2016; STJ, HC 190.219/DF, 6ª T., rel. Min. Sebastião Reis Junior, j. 6-10-2011, *DJe* de 9-11-2011; STJ, HC 368.275/MS, 6ª T., rel. Min. Rogerio Schietti Cruz, j. 4-10-2016, *DJe* de 17-10-2016.

208. José Carlos G. Xavier de Aquino, *A prova testemunhal no processo penal brasileiro*, 3. ed., São Paulo, Saraiva, 1995, p. 13.

209. Hernando Devis Echandía, *Compendio de la prueba judicial*, t. II, p. 15.

210. Eugenio Florian, *De las pruebas penales*, 3. ed., Santa Fé de Bogotá, Editorial Temis, 1995, t. II, p. 71.

211. François Gorphe, op. cit., p. 288.

10.1.10.2. Natureza jurídica

O depoimento de testemunha tem natureza jurídica de *meio de prova*.

10.1.10.3. Quem pode ser testemunha

Toda pessoa poderá ser testemunha (CPP, art. 202). Para tanto, basta que tenha informações relevantes e pertinentes relacionadas com o *thema probandum*.

10.1.10.4. Características da prova testemunhal

Na doutrina encontramos a indicação das seguintes características: judicialidade;[212] oralidade, objetividade e retrospectividade.

1ª) Aceitar *genericamente* a *judicialidade* como característica implica afirmar que só é prova testemunhal o *depoimento colhido em juízo* e/ou destinado a formar convicção de magistrado, com o que não concordamos, por também considerarmos como prova testemunhal os depoimentos extrajudiciais e acreditarmos que tais não se destinam, sempre e exclusivamente, a construir o convencimento do juiz. É o que ocorre, por exemplo, com os depoimentos colhidos na fase de inquérito, que se prestam à convicção da autoridade policial (para fins de indiciamento, v.g.) e também ao titular do direito de ação (para o convencimento sobre a viabilidade da demanda), muito embora também sirvam para que o juiz avalie, por exemplo, o cabimento de prisão preventiva ou a plausividade de uma acusação formalmente apresentada (se há justa causa para a ação penal manifestada em denúncia ou queixa-crime). Note-se, a propósito, que, nos delitos de ação penal pública, quem sempre dá a última palavra sobre o ajuizamento ou não da demanda é o Ministério Público (*dominus litis*), e não o Poder Judiciário.

Este também é o pensamento de Tourinho Filho[213] e Scarance.[214]

Mas é possível, *em sentido estrito, olhando apenas para o processo*, apontar a *judicialidade* como característica da prova testemunhal, visto que no curso da instrução o depoimento só pode ser colhido por juiz e o conteúdo de tal prova visa a formar o convencimento do julgador, que não pode se deixar influenciar por declaração de testemunha extrajudicial.

Vejamos as demais características:

2ª) *Oralidade*: na lição de Malatesta, "o caráter fundamental do testemunho, aquele que o especifica como uma das formas particulares da afirmação de pessoa,

---

212. Hernando Devis Echandía (*Compendio de la prueba judicial*, p. 14) e Eduardo M. Jauchen (*Tratado de la prueba em matéria penal*, p. 290) também entendem que prova testemunhal é somente aquela produzida em juízo, daí a *judicialidade* como uma de suas características.

213. Fernando da Costa Tourinho Filho, *Manual de processo penal*, p. 617.

214. Antonio Scarance Fernandes, *Processo penal constitucional*, 5. ed., São Paulo, Revista dos Tribunais, p. 82.

diferenciando-a da outra forma particular chamada documento, o caráter fundamental, repito, do testemunho se baseia na oralidade: oralidade efetiva, em regra, ou também simplesmente potencial, por exceção. É esta a forma essencial, sem a qual a afirmação de pessoa não é testemunho".[215]

Diz o art. 204, *caput*, do CPP que: "O depoimento será prestado oralmente, não sendo permitido à testemunha trazê-lo por escrito". E arremata o parágrafo único: "Não será vedada à testemunha, entretanto, breve consulta a apontamentos" de que disponha.

Todo depoimento é oral, salvo quando a testemunha for muda, surda ou surda-muda, quando então se procederá conforme o disposto no art. 192 do CPP, tal como determina o parágrafo único do art. 223 do *Codex*, ou, ainda, quando se tratar de Presidente, Vice-Presidente da República, presidente do Senado Federal, da Câmara dos Deputados e do Supremo Tribunal Federal, que podem optar por prestar depoimento, como testemunha, na forma escrita (CPP, art. 221, § 1º).

3ª) *Objetividade*: aquele que depõe não pode emitir juízo de valor sobre a prova; sobre aquilo que relata. Decorre do disposto no art. 213 do CPP que a testemunha deve restringir-se aos fatos que importam para o processo, prestando suas informações objetivamente, vale dizer: *sem fazer considerações ou externar suas apreciações pessoais* (de ordem subjetiva), salvo quando inseparável da narrativa do fato.

4ª) *Retrospectividade*: o testemunho tem conteúdo histórico; a testemunha se refere ao passado; o depoimento é a reconstrução ou reprodução de fatos ou informações anteriormente apreendidas pelos sentidos.

Ao acima exposto devemos acrescentar outra característica que consideramos fundamental, qual seja: (5ª) *individualidade, pessoalidade* ou *personalidade*, no sentido de que *o testemunho é um ato pessoal*; é a própria pessoa apontada como testemunha que deve depor, de modo que não pode se fazer representar por terceiro.

10.1.10.5. Classificação

Há quem defenda, como Nucci,[216] o desacerto de se estabelecer uma classificação das testemunhas.

De nossa parte, e na linha do pensamento dominante, entendemos que é possível a classificação, considerando certas variantes.

Em sentido amplo, cabe falar em testemunhas:

a) extraprocessuais ou extrajudiciais: são aquelas que prestam declarações fora do processo. Exemplo: testemunha ouvida na fase de inquérito policial.

---

215. Nicola Framarino Dei Malatesta, *A lógica das provas em matéria criminal*, tradução de Alexandre Augusto Correia, São Paulo, Saraiva, 1960, v. I, p. 22.

216. *Manual de processo e execução penal*, 14. ed., Rio de Janeiro, Forense, 2017, p. 420.

Trata-se de uma classificação didática, visto que para o julgamento do processo só deve ser levada em conta a narrativa de testemunha em juízo, em sede de contraditório.

b) processuais ou judiciais: são as testemunhas ouvidas em juízo, durante a instrução do processo.

Em sentido estrito, *quanto às testemunhas processuais ou judiciais*, é possível a seguinte classificação:

a) compromissada: é a que presta compromisso de dizer a verdade (CPP, art. 203);

b) informante: é a que não presta compromisso de dizer a verdade (CPP, art. 208);

c) numerárias: são aquelas arroladas pelas partes, até o número máximo permitido, e que deverão ser compromissadas;

d) extranumerárias: são aquelas arroladas pelas partes além do número máximo permitido. O juiz não está obrigado a ouvi-las, mas, se forem ouvidas, poderão ser compromissadas ou não, conforme o caso;

e) referida: se houver requerimento de qualquer das partes legitimadas e ao juiz parecer conveniente, serão ouvidas as pessoas a que as testemunhas eventualmente se refiram (CPP, § 1º do art. 209). É vedada a oitiva de testemunha referida por iniciativa; *ex officio*.

f) visuais ou diretas: são aquelas que prestam informações sobre aquilo que viram;

g) auriculares ou *indiretas*: são aquelas cujos depoimentos consistem na reprodução de algo que ouviram de terceira pessoa;

h) próprias: são testemunhas cujos depoimentos se referem ao mérito do processo;

i) impróprias: são aquelas cujos depoimentos não se referem aos fatos sob apuração, mas a determinados atos anteriormente praticados que tenha presenciado, tal como ocorre com a testemunha que presenciou a lavratura do auto de prisão em flagrante (CPP, art. 304, § 3º) ou o depoimento em juízo (CPP, art. 216, última parte), quando também são chamadas *testemunhas instrumentárias* ou *da leitura*;

j) de referência, abonatória ou de antecedentes: não depõe sobre o mérito do processo, mas sobre a vida pretérita do acusado, de modo a abonar sua conduta social e falar sobre seus antecedentes criminais (se tem, ou não). Por isso, são também denominadas, ironicamente, "testemunhas de beatificação".[217]

Tourinho Filho aponta que: "Ainda há as 'testemunhas da coroa' – *King's/Queen's evidence (witness) state's witness, Kronzeuge* (dos alemães) –, que são informadores que com os mais diversificados expedientes são infiltrados nas organizações criminosas com o objetivo de obter informações importantes para se proceder às investigações e

217. José Carlos G. Xavier de Aquino, *A prova testemunhal no processo penal brasileiro*, 3. ed., São Paulo, Saraiva, 1995, p. 102.

descoberta da verdade. Fala-se, também, em testemunha proibida, isto é, aquela que em razão de ofício, ministério, função ou profissão deva guardar segredo".[218]

Em arremate, Malatesta[219] se referiu à existência de testemunhas *ante factum* (testemunhas de um ato a praticar), testemunhas adventícias *in facto* (testemunhas que presenciaram o fato) e testemunhas *post factum* (visam a dar testemunho de certas condições particulares de fato, não perceptíveis à generalidade dos homens).

Esclareceu o tratadista que a distinção substancial entre testemunha *in facto* e testemunha *post factum* baseia-se na matéria da afirmação. Enquanto a primeira se refere a coisas que caem sob os sentidos comuns, as coisas perceptíveis pela generalidade dos homens, as segundas tratam de aspectos que reclamam uma perícia especial, daí a classificação: *testemunho comum* e *testemunho pericial*.

10.1.10.6. Dever de testemunhar

A testemunha não poderá eximir-se da obrigação de depor.

Interessa à ordem social e jurídica que os delitos sejam apurados, e na busca da verdade o interesse público[220] sobressai ao privado, de maneira que na generalidade dos casos aquele que for instado a depor como testemunha deverá assim proceder, e a recusa injustificada trará consequências que é melhor evitar, como veremos mais adiante.

Para Echandía[221] se trata de um verdadeiro dever jurídico que recai sobre todas as pessoas submetidas à jurisdição nacional, porque existe coercibilidade para seu cumprimento mediante sanções.

Acrescenta, por fim, que o dever de testemunhar traz em si outros deveres, formais e substanciais, dentre eles:

a) o dever de comparecer em juízo;

b) o dever de prestar juramento;

c) o dever de submeter-se a qualquer outra formalidade estabelecida em lei;

d) o dever de responder às perguntas que forem feitas, sem evasivas e de forma clara;

e) o dever de dizer a verdade;

f) o dever de dizer tudo que sabe a respeito dos fatos;

---

218. Fernando da Costa Tourinho Filho, *Manual de processo penal*, p. 617.

219. Nicola Framarino Dei Malatesta, *A lógica das provas em matéria criminal*, v. I, p. 20.

220. Ensinou Ugo Conti que: "La testimonianza delle persone legalmente capaci è obbligatoria perchè attiene al soddisfacimento di un pubblico interesse, l'interesse all'accertamento della verità mediante l'esercizio della funzione giurisdizionale, non già l'interesse privato delle parti che producono il testimonio" (*Il Codice di Procedura Penale*, Milano, Società Editrice Libraria, 1937, v. 3, p. 220).

221. Hernando Devis Echandía, *Compendio de la prueba judicial*, t. II, p. 17-18.

g) o dever de apresentar documentos e coisas que tenha em seu poder e que se relacionem com o objeto do testemunho.

10.1.10.6.1. Exceções ao dever de testemunhar

Como não poderia ser de modo diverso, situações particulares excepcionam a regra geral. A lei atende a certas **peculiaridades que levam em conta a relação de parentesco ou afinidade entre a testemunha e o acusado**, tal como expressa a segunda parte do **art. 206 do CPP**.

Poderá eximir-se do dever de depor quem for, em relação ao acusado:

a) ascendente;

b) descendente;

c) afim em linha reta;

d) cônjuge, ainda que separado;

e) irmão, pai, mãe ou filho adotivo.

Por força do disposto no art. 226, § 3º, da CF, o conceito de cônjuge alcança também o de companheiro ou companheira, inclusive do mesmo sexo, que vivam em união estável.

Adverte Nucci[222] que os laços de parentesco e afinidade devem ser constatados no momento do depoimento, e não na data do fato delituoso.

É evidente que a hipotética relação de proximidade afetiva, quase sempre envolta por lealdade, está por recomendar a licença genérica prevista na lei, seja para evitar desajustes no ambiente familiar (acirrando ou criando animosidades desnecessárias), seja pela potencial infidelidade da prova (tendenciosa por natureza, em regra).

Mas isso não quer dizer que se a testemunha quiser depor não poderá fazê-lo.

O dispositivo legal indica que, nas situações listadas, as pessoas indicadas *poderão eximir-se*, mas não proíbe que se apresentem como testemunha, por opção própria.

Se arrolada, antes de depor a *testemunha* deverá ser perguntada pelo juiz se deseja ou não prestar esclarecimentos sobre aquilo que constitui objeto da prova, quando então, querendo, poderá ser *dispensada*.

10.1.10.6.2. Exceção às exceções do dever de testemunhar

A licença do dever de testemunhar anteriormente analisada não é absoluta, pois o legislador optou por permitir a tomada de depoimento de parentes e afins em linha reta, quando não for possível, por outro modo, obter-se ou integrar-se a prova do fato e suas circunstâncias.

Essa prova só deverá ser colhida quando for realmente imprescindível para a apuração dos fatos. Sempre que possível a demonstração por outros meios, deverá ser dispensada.

222. Guilherme de Souza Nucci, *Manual de processo e execução penal*, 14. ed., Rio de Janeiro, Forense, 2017, p. 430.

Por aqui, no confronto que se trava entre os interesses público e privado, prevalece aquele, por ser o que melhor atende ao imperativo de justiça.

Imagine-se hipótese de crime contra a dignidade sexual praticado pelo pai contra a filha de tenra idade, dentro do ambiente familiar. É evidente que, em casos dessa magnitude, a oitiva da vítima, de sua genitora e demais familiares se faz de extrema valia para a prova. Imprescindível mesmo.

O exemplo apontado bem demonstra o acerto da exceção tipificada, para que não se sacrifique a busca da verdade que interessa ao processo e à sociedade.

Por força do disposto no art. 208 do CPP, a testemunha não prestará compromisso de dizer a verdade e, portanto, será ouvida como informante, sendo certo que o conteúdo de suas informações será avaliado conjuntamente com as demais provas produzidas, sob a égide do princípio do livre convencimento fundamentado.

10.1.10.7. Proibição de testemunhar

São proibidas de testemunhar as pessoas que, em razão de função, ministério, ofício ou profissão, devam guardar segredo (CPP, art. 207, primeira parte).

Função é a atividade exercida por funcionário público (Promotor de Justiça; Delegado de Polícia; Juiz de Direito etc.).

Ministério é a atividade de natureza religiosa (padres, freiras, monges, pastores, orientadores ou confessores religiosos vinculados a qualquer culto).

Ofício é a atividade em que predomina o desempenho de labor manual (enfermeiro, p.ex.).

Profissão é a atividade em que predomina o desempenho de labor intelectual (advogado, médico etc.).

O dever de sigilo decorre de regras específicas, normalmente dispostas em artigo de lei ou código de ética da profissão respectiva, mas não é dizer que médico, padre, juiz ou qualquer outro que se encaixe nos parâmetros apontados *jamais* poderá figurar como testemunha.

O que o CPP proíbe é o depoimento revelador de sigilo.

É claro que um padre, por exemplo, poderá depor como testemunha sobre crime de roubo que presenciou. O que não poderá é revelar a autoria do roubo se disso tomou conhecimento no confessionário, por informações do próprio criminoso.

10.1.10.7.1. Exceção à proibição de testemunhar

A proibição, contudo, não afasta de forma absoluta a possibilidade de depoimento nos casos anteriormente indicados, visto que a parte final do mesmo art. 207 admite a oitiva como testemunha daquele que, desobrigado do dever de silêncio pela parte interessada, *quiser* dar seu testemunho.

São duas, portanto, as condicionantes para a colheita de tais depoimentos:

1ª) que a parte interessada desobrigue a testemunha do dever de silêncio;

2ª) que a testemunha assim desobrigada queira depor.

Como se vê, mesmo depois de liberada do dever de silêncio, a testemunha não estará obrigada a depor, e assim só irá proceder por opção sua.

A propósito, diz o art. 7º, XIX, da Lei n. 8.906/94 (dispõe sobre o Estatuto da Advocacia e a Ordem dos Advogados do Brasil – OAB) que constitui direito do advogado "recusar-se a depor como testemunha em processo no qual funcionou ou deva funcionar, ou sobre fato relacionado com pessoa de quem seja ou foi advogado, mesmo quando autorizado ou solicitado pelo constituinte, bem como sobre fato que constitua sigilo profissional".

10.1.10.8. Momento para arrolar testemunhas

As testemunhas **da acusação** devem ser arroladas **na petição inicial**: denúncia ou queixa-crime (CPP, art. 41).

As testemunhas **da defesa** devem ser arroladas **na resposta preliminar** (CPP, art. 396-A). No procedimento ditado pela Lei de Drogas, o § 1º do art. 55 também diz que devem ser arroladas por ocasião da defesa preliminar.[223]

Para oitiva em plenário do júri, de acusação e de defesa devem ser arroladas no prazo de 5 (cinco) dias a que se refere o art. 422 do CPP.

10.1.10.9. Número de testemunhas que se pode arrolar

É variável o número de testemunhas que se pode arrolar.

Basicamente é possível afirmar que o número máximo permitido leva em conta a gravidade da pena cominada ao delito imputado e, de consequência, o procedimento adotado.

É o que se conclui da leitura ao art. 394 do CPP, segundo o qual o procedimento será *comum* ou *especial*, sendo que o comum pode ser: *ordinário*, *sumário* ou *sumaríssimo*, classificação que leva em conta a pena máxima cominada.

Mas essa regra não é absoluta.

Vejamos.

*1º) **Procedimento ordinário***: cada parte poderá arrolar até o máximo de 8 (oito) testemunhas[224] (CPP, art. 401).

---

223. RENATO MARCÃO, *Tóxicos*, 11. ed., São Paulo, Saraiva, 2017.

224. "Consoante entendimento jurisprudencial desta Corte Superior e do col. STF, o limite de 8 testemunhas a serem arroladas pela acusação e pela defesa deve levar em consideração cada fato delituoso imputado ao acusado (cf. HC 63.712/GO, rel. Min. Carlos Fernando Mathias, *DJU* 15-10-2007 e REsp 94.709/MG, rel. Min. Felix Fischer, *DJU* de 9-11-1998)" (STJ, HC 89.382/RS, 5ª T., rel. Min. Napoleão Nunes Maia Filho, j. 21-8-2008, *DJe* de 22-9-2008).

2º) ***Procedimento sumário***: cada parte poderá arrolar até o máximo de 5 (cinco) testemunhas (CPP, art. 532).

3º) ***Procedimento sumaríssimo***: cada parte poderá arrolar até o máximo de 5 (cinco) testemunhas (Lei n. 9.099/95).[225]

4º) ***Processo de competência do Tribunal do Júri***:

Para a ***instrução no juízo singular***, cada parte poderá arrolar até o máximo de 8 (oito) testemunhas (CPP, art. 406, § 2º).

Para **oitiva no *plenário do júri***, cada parte poderá arrolar até o máximo de 5 (cinco) testemunhas (CPP, art. 422).

5º) No **procedimento da Lei n. 11.343/2006** (Lei de Drogas), cada parte poderá arrolar até o máximo de 5 (cinco) testemunhas (LD, arts. 54, III, e 55, § 1º).

Em qualquer processo, não será computada como testemunha a pessoa que nada souber que interesse à decisão da causa (CPP, art. 209, § 2º), e, de igual maneira, os informantes e as testemunhas referidas (CPP, art. 401, § 1º).

A parte poderá desistir da inquirição de qualquer das testemunhas que tenha arrolado, e no modelo de processo penal acusatório que se buscou implementar com as alterações introduzidas no Código de Processo Penal com a Lei n. 13.964/2019, mesmo que o juiz entenda conveniente, não mais poderá ouvir a testemunha de que a parte tenha se desfeito. É preciso dar nova leitura ao art. 209, *caput* e § 1º, do CPP, e admitir que o juiz imparcial não pode, no modelo democrático, ouvir testemunha por iniciativa própria; produzir prova *ex officio* no processo penal de natureza condenatória.

Em situações excepcionais, plenamente justificadas, **é possível a substituição de testemunha arrolada**, tal como ocorre nos casos de morte, doença grave incapacitante ou não localização de seu paradeiro.

Muito embora não exista regra expressa a esse respeito na legislação processual penal vigente,[226] é cabível a aplicação do art. 451 do CPC/2015 por força do disposto no art. 3º do CPP.

Nesse sentido, já decidiu o Pleno do Supremo Tribunal Federal que:

> A ausência de previsão específica do Código de Processo Penal acerca do direito à substituição não pode ser interpretada como "silêncio eloquente" do legislador. A busca por um provimento jurisdicional final justo e legítimo não pode ser fulminado pelo legislador, sob pena de o processo não alcançar sua finalidade de pacificação da lide. A prova testemunhal é uma

---

225. *No mesmo sentido:* Rômulo de Andrade Moreira, *Juizados Especiais Criminais*: o procedimento sumaríssimo, 2. ed., Porto Alegre, Lex Magister, 2012, p. 74; Guilherme de Souza Nucci, *Manual de processo e execução penal*, 14. ed., Rio de Janeiro, Forense, 2017, p. 653. Contra, entendendo que são 3 (três) para cada parte: Fernando da Costa Tourinho Filho, *Manual de processo penal*, p. 628; Nestor Távora e Rosmar Rodrigues Alencar, *Curso de direito processual penal*, p. 446.

226. Antes da reforma parcial introduzida pela Lei n. 11.719/2008, o art. 397 do CPP dispunha a esse respeito.

> das mais relevantes no processo penal. Por esta razão, o juiz pode convocar, de ofício, testemunhas que considere importantes para a formação do seu convencimento. Daí por que não se pode usurpar o direito da parte de, na eventualidade de não ser localizada uma das testemunhas que arrolou para comprovar suas alegações, substituí-la por outra que considere apta a colaborar com a instrução. É inadmissível a interpretação de que a "vontade do legislador", na Reforma Processual Penal, seria no sentido de impedir quaisquer substituições de testemunhas no curso da instrução, mesmo quando não localizada a que fora originalmente arrolada. Tal interpretação inviabilizaria uma prestação jurisdicional efetiva e justa, mais próxima possível da "verdade material". Perfeitamente aplicável, à espécie, o Código de Processo Civil (...).[227]

Predomina no Superior Tribunal de Justiça entendimento no sentido de que testemunha arrolada na resposta à acusação só pode ser substituída nas hipóteses de sua não localização, enfermidade ou falecimento, nos termos do art. 451, do CPC/2015, aplicado ao processo penal por força do art. 3º do CPP.[228]

10.1.10.10. Chamamento para testemunhar e dever de comparecimento

Seja arrolada pelas partes ou indicada pelo juízo, a testemunha deverá ser intimada para comparecimento no local, dia e hora designados para ter lugar sua inquirição.

Para tanto, em regra, o juiz determinará a expedição de mandado de intimação que será entregue a oficial de justiça a fim de que proceda às diligências de localização e formalização do chamado judicial.

Localizada, será intimada e cientificada a respeito, devendo o oficial de justiça certificar o ocorrido e colher a assinatura da testemunha no mandado.

Se a testemunha se recusar, não souber ou não puder assinar, a circunstância deverá constar da certidão do oficial.

10.1.10.10.1. Ocupantes de cargos públicos de alto escalão

O Presidente e o Vice-Presidente da República, os senadores e deputados federais, os ministros de Estado, os governadores de Estados e do Distrito Federal, os secretários de Estado, os prefeitos dos Municípios, os deputados às Assembleias Legislativas Estaduais, os membros do Poder Judiciário, os ministros e juízes dos Tribunais de Contas da União, dos Estados, do Distrito Federal, bem como os do Tribunal Marítimo serão inquiridos em local, dia e hora previamente ajustados entre eles e o juiz (CPP, art. 221, *caput*).

Também os membros Ministério Público gozam de igual prerrogativa, por força do disposto no art. 40, I, da Lei n. 8.625/93 (Lei Orgânica Nacional do Ministério Público), e os Defensores Públicos em razão de regra idêntica contida no art. 44, XIV, da Lei Complementar n. 80/94 (Lei Orgânica Nacional da Defensoria Pública).

---

227. STF, AP 470 AgR-segundo/MG, Tribunal Pleno, rel. Min. Joaquim Barbosa, j. 23-10-2008, *DJe* n. 79, de 30-4-2009.

228. STJ, RHC 67.589/PA, 5ª T., rel. Min. Felix Fischer, j. 9-8-2016, *DJe* de 22-8-2016; STJ, RHC 96.948/BA, 6ª T., rel. Min. Maria Thereza de Assis Moura, j. 12-6-2018, *DJe* de 22-6-2018.

Se qualquer dos ocupantes dos cargos públicos apontados for arrolado como testemunha, caberá ao juiz endereçar-lhe ofício solicitando que especifique o local, dia e hora em que pretende ser ouvido a respeito dos fatos. Com a resposta nos autos, o juiz determinará a intimação das partes para conhecimento e para que estejam presentes por ocasião do ato processual. Deverá, ainda, comunicar a testemunha de modo a cientificá-la de que o ato processual se realizará conforme sua designação.

No dia e hora, o juiz e seus auxiliares deverão dirigir-se até o local, onde a audiência será realizada como qualquer outra.

Necessário observar, por fim, que o Presidente e o Vice-Presidente da República, os presidentes do Senado Federal, da Câmara dos Deputados e do Supremo Tribunal Federal *poderão optar pela prestação de depoimento por escrito*, caso em que as perguntas, formuladas pelas partes e deferidas pelo juiz, lhes serão transmitidas por ofício.

A nosso ver, o depoimento por escrito atenta contra a dignidade da Justiça e macula garantias fundamentais, especialmente o princípio do contraditório.

10.1.10.10.2. Militares e funcionários públicos

Em regra, a testemunha deve ser *pessoalmente intimada* a fim de que compareça à audiência designada. As razões de tal cautela são de fácil compreensão, até porque, como veremos adiante, eventual ausência injustificada acarretará consequências graves ao desidioso.

De maneira excepcional, dispõe o § 2º do art. 221 do CPP que **os militares deverão ser requisitados à autoridade superior**. Não é necessário sejam intimados pessoalmente, basta que se faça requisição, e isso se deve à rígida hierarquia militar.

Na legislação, também há particularidade em relação à intimação do funcionário público que não seja ocupante de qualquer dos cargos listados no tópico anterior.

Conforme o § 3º do artigo citado, **os funcionários públicos deverão ser intimados pessoalmente**, e a expedição do mandado de intimação deve ser imediatamente comunicada ao chefe da repartição em que servirem, com indicação do dia e da hora marcados pelo magistrado.

Não há necessidade de requisição do funcionário a seu superior. Basta que este seja comunicado a respeito, e a necessidade de cientificação tem por objetivo respeitar o princípio da continuidade do serviço público (o superior terá tempo de ajustar o quadro funcional de maneira a suprir a falta momentânea do funcionário ausente).

10.1.10.10.3. Ausência injustificada da testemunha

Pode acontecer que, na data da audiência, a testemunha se encontre impossibilitada de comparecer, por doença ou outro motivo de força maior, situação em que, tão logo seja possível, deverá justificar formalmente o ocorrido. Para tanto, o ideal é que procure aquele por quem foi arrolada – defensor ou representante do Ministério

Público – e peça que comunique nos autos do processo a razão de sua ausência, a fim de que o juiz dela conheça.

Se, **regularmente *intimada***, a testemunha deixar de comparecer **sem motivo justificável ou justificado**, o juiz poderá requisitar à autoridade policial a sua apresentação ou determinar seja conduzida por oficial de justiça, que poderá solicitar o auxílio da força policial (CPP, art. 218).

A suspensão temporária da audiência para que se cumpra a condução coercitiva da testemunha ausente só é recomendada quando possível o atendimento da diligência sem muita demora, ou no caso de prescrição próxima, daí por que, em regra, o que se faz é cindir a audiência, designar outra em continuação, para a qual se efetivará a condução coercitiva nos moldes anteriormente apontados.

Além da **condução coercitiva**, o juiz poderá aplicar à testemunha faltosa a **multa prevista no art. 458 do CPP**, que remete ao § 2º do art. 436, no qual está cominada multa de 1 (um) a 10 (dez) salários mínimos, sem prejuízo das providências cabíveis para que seja processada pelo **crime de desobediência** (CPP, art. 330) e **pagamento das custas da diligência** para sua condução "debaixo de vara".

Ainda que compareça para ser ouvida, durante o prazo de um ano, deverá comunicar ao juiz do processo qualquer mudança de endereço, sujeitando-se, pela simples omissão, às penalidades do não comparecimento injustificado (CPP, art. 224), regra que felizmente nunca se vê aplicar na prática judiciária, até porque desnecessária e esdrúxula.

10.1.10.11. Acomodações prévias e colheita de depoimentos em separado

Com vistas a assegurar a idoneidade da prova, dispõe utopicamente o parágrafo único do art. 210 do CPP que, antes do início da audiência e durante a sua realização, serão reservados espaços separados, de modo a garantir a incomunicabilidade entre as testemunhas.

Interpretada gramaticalmente, a regra leva a concluir que seria necessário providenciar uma sala para cada testemunha, pois só assim é que se poderia pensar em *tentar impedir* a comunicação entre elas. Nada mais impraticável e absurdo!

Embora a redação típica permita conclusões impossíveis de se atender na realidade judiciária brasileira, o que se pratica, quando muito, é destinar uma sala no interior do fórum para a acomodação de todas as testemunhas, conjuntamente, a fim de que aguardem o momento em que serão chamadas e levadas até a sala de audiências do juiz, a fim de que se efetive a inquirição formal.

Nesse ambiente, é claro que *interferências* e *troca de informações* ocorrem. Ademais, quem garante que já não se comunicaram dias antes sobre os fatos, ou a caminho do fórum, ou, ainda, nos corredores deste? Por fim, quem poderia assegurar que, mesmo estando em salas diversas, umas não poderiam ser procuradas por outras...

No mais, e aí sim, quando das respectivas oitivas o juiz deverá providenciar para que uma testemunha não presencie a tomada de declarações da outra, por isso deverão ser inquiridas separadamente, de modo a preservar a *integridade da prova*, que se espera seja colhida livre de influências evitáveis e indesejadas.

10.1.10.12. Do compromisso

O compromisso de que ora se cuida constitui um solene chamado de consciência[229] em relação à verdade.

Conforme a regra geral indicada no art. 203 do CPP, quando de sua oitiva a testemunha deverá ser compromissada, vale dizer: assumirá formalmente o compromisso de dizer a verdade do que souber e lhe for perguntado.

A vítima e o acusado, evidentemente, não prestam compromisso.

Trata-se de momento em que o juiz informa a testemunha a respeito de seu dever jurídico de dizer a verdade, pena de responder a processo por crime de falso testemunho, devendo tal advertência constar em campo próprio do termo de declarações.

Estão isentas de prestar compromisso aquelas pessoas mencionadas no art. 206 (ascendente, descendente, afim em linha reta, cônjuge, companheiro ou companheira, irmão, pai, mãe ou filho adotivo do acusado), os doentes mentais e os menores de 14 (catorze) anos.

A ausência de documentação do compromisso não invalida o depoimento, nem impede eventual responsabilização por crime de falso testemunho.

Com efeito, já sabemos que durante a instrução do processo o juiz poderá ouvir *testemunhas* e *informantes*.

Só se encaixa no conceito de testemunha aquela pessoa que é compromissada ou deveria ser, ainda que por descuido não tenha sido.

O informante não presta compromisso.

Logo: o informante não pode ser processado por crime de falso testemunho, *ex vi* do disposto no art. 342 do CP.

Ainda que por equívoco o juiz venha a tomar o compromisso daquele que só pode ser ouvido como informante, disso não se extrai nulidade, tampouco autorização para tentativa de responsabilização criminal em razão de eventual falsidade das informações que prestar.

Após o compromisso, sendo caso, passa-se imediatamente à inquirição.

10.1.10.13. Da inquirição em juízo

Já de início se revelam pertinentes as agudas observações feitas por Carrara há mais de um século, dignas de destaque porque ainda não refletidas pela maioria, conforme demonstra a infeliz atualidade:

229. François Gorphe, *Apreciación judicial de las pruebas*, p. 309.

Há quem, por efeito de opiniões preconcebidas, queira indistintamente, incluir na classe das contraditáveis todas as testemunhas arroladas *pelo réu* em seu próprio benefício. Invectiva-va contra este erro Benjamim Constant (*Comentario a Filangieri*, p. 207, cap. 9), deplorando o péssimo costume de alguns juízes que já no seu tempo inquiriam levianamente, ouvindo as testemunhas da defesa com manifestações de desprezo. Usa-se (dizia êle) de todas as insinuações e artifícios para levar as testemunhas da acusação a conciliar suas contradições, e fazer desaparecer dos seus depoimentos todas as inverossimilhanças. Empregam-se, ao invés, todos os artifícios para apanhar em falta as testemunhas apresentadas pela defesa. Eu não conheço (acrescentava) nada tão escandaloso e tão criminoso como essa conduta.

O juiz deve colher sem preocupação, tanto o depoimento das testemunhas de uma parte como as da outra. Não se pode admitir como presunção que a testemunha da acusação seja imparcial e a da defesa esteja subornada.

(...) quando um cidadão vai depor obrigado pela ordem do magistrado, é incivil e irracional que aquela mesma autoridade, depois de o convocar para o comparecimento, acolha-o com o preconceito de que vem a jurar falso, apenas porque a sua audição foi requerida pela defesa do réu.[230]

É preciso pensar muito sobre essas lúcidas inquietações.

Pois bem.

Inquirir é o mesmo que perguntar.

A inquirição da testemunha tem início com sua qualificação, quando então é perguntada e deve declarar seu nome, sua idade, seu estado civil e sua residência, sua profissão e lugar onde exerce as respectivas atividades, se é parente, e em que grau, de alguma das partes, ou quais suas relações com qualquer delas,[231] daí TOURINHO FILHO dividir a inquirição em quatro momentos, a saber: *a)* verificação de identidade; *b)* verificação de possível vinculação com as partes; *c)* advertência; e *d)* objeto concreto do seu depoimento.[232]

Se por qualquer razão ocorrer dúvida a respeito da identidade da testemunha, o juiz deverá proceder à verificação pelos meios ao seu alcance (declarações de testemunhas, reconhecimento fotográfico etc.), podendo, entretanto, tomar-lhe o depoimento desde logo.[233]

Na sequência, será perguntada sobre o *thema probandum*, quando então deverá relatar o que souber, explicando sempre as razões de sua ciência ou as circunstâncias pelas quais possa avaliar-se sua credibilidade.[234]

---

230. FRANCESCO CARRARA, *Programa do curso de direito criminal*, parte geral, tradução de José Luiz V. de A. Franceschini e J. R. Prestes Barra, São Paulo, Saraiva, 1957, v. II, p. 458-460.

231. Art. 203, primeira parte, do CPP.

232. FERNANDO DA COSTA TOURINHO FILHO, *Manual de processo penal*, p. 626.

233. Art. 205 do CPP.

234. Art. 203, segunda parte, do CPP.

Nesse momento, é imprescindível redobrado cuidado na formulação das perguntas, de modo a não intimidar ou constranger a testemunha, induzir ou impedir respostas, no todo ou em parte. A *inquirição* não pode ser transformada em *inquisição*. Também em razão do dever de urbanidade que a todos vincula (por berço ou texto de lei), o ideal é que a audiência transcorra serenamente, de forma equilibrada, sem demonstrações de autoritarismo.

Como uma de suas principais características já apontadas, a prova testemunhal distingue-se de outros meios de prova em razão da oralidade, e por se tratar de declarações prestadas por terceiro desinteressado (ao menos em tese), portanto pessoa que não se encaixa no conceito de parte.

Muito embora não seja admitido o testemunho por escrito, é permitido que a testemunha, durante seu depoimento, faça consultas breves a apontamentos de que eventualmente disponha.

Não é incomum a testemunha que não quer correr o risco do esquecimento anotar nomes, datas, ou mesmo fatos e circunstâncias que no momento oportuno irá consultar e em seguida informar ao juiz que procede à sua inquirição.

10.1.10.13.1. Testemunha surda, muda e surda-muda

Se a testemunha for surda, muda ou surda-muda, proceder-se-á conforme o art. 192 do CPP, *verbis*:

I – ao surdo serão apresentadas por escrito as perguntas, que ele responderá oralmente;

II – ao mudo as perguntas serão feitas oralmente, respondendo-as por escrito;

III – ao surdo-mudo as perguntas serão formuladas por escrito e do mesmo modo se dará as respostas.

10.1.10.13.2. Testemunha que não conhece a língua nacional

Como poderá a testemunha responder às indagações do juiz se desconhece o teor das perguntas?

Haveria alguma seriedade se a inquirição se desenvolvesse assim? Claro que não.

Atento a isso, o legislador tratou de dispor sobre o óbvio. De tal maneira, quando a testemunha não conhecer a língua nacional, será nomeado intérprete para traduzir as perguntas e também as respostas (CPP, art. 223, *caput*).

Mais do que uma questão de lógica e inteligência, pois não tem sentido algum dirigir perguntas ou ouvir respostas se a testemunha desconhece o idioma, a determinação atende ao princípio da ampla defesa e visa a assegurar a fidelidade da prova que se busca colher.

Ainda que o juiz entenda o idioma falado pela testemunha, se tal não ocorrer em relação ao acusado, ao defensor e ao autor da ação penal, a nomeação será de rigor.

Por outro vértice, se todos compreenderem suficientemente o idioma falado pela testemunha, a nomeação de intérprete será desnecessária, mas, no termo em que se lavrarem as declarações, deverão ser anotadas em língua nacional.

No caso de audiência documentada em mídia, com a captação de som e imagem, o ideal é que sempre se providencie a nomeação de intérprete, a fim de que a prova possa ser reavaliada na Superior Instância em caso de recurso contra a sentença que será proferida ao final da instrução.

A ausência de *termo de compromisso* assinado pelo intérprete é mera irregularidade formal, não constituindo causa suficiente para nulificar o depoimento.

10.1.10.13.3. Depoimento especial: oitiva de criança ou adolescente, vítima ou testemunha de violência

A **Lei n. 13.341/2017** ampliou o sistema de garantias de direitos regulados na Lei n. 8.069/90 (Estatuto da Criança e do Adolescente), e dentre os temas tratados determinou a adoção da tomada de **depoimento especial**, assim considerado o procedimento de oitiva de criança ou adolescente, perante autoridade policial ou judiciária, na condição de vítima ou testemunha de violência, física, psicológica, sexual, ou institucional, na forma que dispõe seu art. 4º. Também sobre esse tema, comporta anotar que o Conselho Nacional de Justiça editou a Resolução n. 299/2019, cuja consulta recomendamos.

Visando a evitar o enfaro da repetição, para melhor análise deste tema remetemos o estimado leitor ao capítulo destinado ao estudo do tema inquérito policial, onde estão disponibilizadas nossas reflexões, também aplicáveis à colheita do depoimento especial na fase judicial da persecução penal.

10.1.10.13.4. Recusa da testemunha em fornecer dados de sua qualificação ou fornecimento de dados falsos

A recusa injustificada da testemunha em fornecer dados de sua qualificação pessoal configura **crime de desobediência**, tipificado no **art. 330 do CP**.

O **fornecimento de dados falsos** tipifica o crime do **art. 307 do CP**.

10.1.10.13.5. Recusa em depor

A recusa injustificada da testemunha em depor sobre o mérito do processo configura **crime de falso testemunho**, tipificado no **art. 342 do CP**, na modalidade *calar a verdade*.

10.1.10.14. Da contradita e da arguição de defeito

Após a qualificação e antes de iniciado o depoimento de mérito, as partes poderão contraditar a *testemunha ou* arguir circunstâncias ou defeitos que a tornem suspeita de parcialidade, ou indigna de fé.[235]

---

235. Art. 214 do CPP.

A contradita e a arguição de defeito configuram instrumentos jurídicos que se pode manusear com fundamentos distintos, tendo em comum o fato de que funcionam como verdadeira impugnação que uma parte apresenta em relação à *testemunha* arrolada pela outra.

Não se prestam a impugnar a tomada de declarações da vítima ou o interrogatório do acusado, obviamente, visto que ambos não estão juridicamente obrigados a dizer a verdade, e até por isso o art. 214 é taxativo ao se referir exclusivamente à *testemunha*.

Vejamos de forma particularizada.

1º) ***Contradita***: os fundamentos que lhe servem de base são aqueles dispostos nos arts. 207 (pessoas proibidas de depor) e 208 (pessoas que não prestam compromisso de dizer a verdade; ascendente, descendente, cônjuge, companheiro, companheira etc.), ambos do CPP.

Procedimento: formal que é, o procedimento para contradita reclama atenção da parte interessada em apresentá-la não só em relação aos requisitos autorizadores, mas também quanto ao exíguo momento de sua formalização.

Nem antes, nem depois, é no exato momento que medeia o término da *inquirição de qualificação* e o início da *inquirição de mérito* que o interessado deve dirigir-se ao juiz que presidir o ato e, pela ordem, solicitar a palavra.

Deferida a palavra, a contradita deverá ser apresentada oralmente nesse exato instante, cumprindo que o interessado exponha desde logo as razões em que fundamenta sua pretensão.

Nada impede que o interessado apresente documentos de imediato ou requeira a produção de outras provas de que já dispõe no momento, especialmente testemunhal, com vistas a demonstrar a veracidade de suas afirmações.

Embora apresentada na forma oral, deverá ser reduzida a termo, quando a audiência não estiver sendo documentada em mídia, com gravação de som e imagem.

Apresentadas as razões, em homenagem ao princípio do contraditório o juiz permitirá que a parte contrária se manifeste, quando então poderá apresentar suas razões e também requerer a imediata produção de outras provas.

Na sequência o juiz deverá questionar a testemunha a respeito dos fundamentos da contradita, sem direito a repergunta pelas partes, e deliberar sobre a colheita, ou não, das provas especificamente requeridas (provas destinadas exclusivamente a formar o convencimento do juiz em relação aos fundamentos da contradita).

Somente as provas imediatamente disponíveis é que poderão ser produzidas. A audiência de instrução não poderá ser suspensa ou cindida para esse fim, daí por que o dever de redobrada cautela das partes em relação às eventuais provas de que disponham e pretendam produzir (mesmo testemunhal) a respeito desse tema incidental.

2º) ***Arguição de defeito***: os fundamentos que se prestam a embasar arguição de circunstâncias ou defeitos são aqueles que decorrem de situações diversas, aptas a viciar o depoimento, tal como ocorre, por exemplo, quando a testemunha é amiga íntima ou inimiga capital de uma das partes, ou tem interesse direto ou indireto na causa.

Procedimento: o procedimento a ser observado para esse tipo de impugnação é o mesmo ditado para a contradita.

Resultado da contradita e/ou arguição de defeito: *a) se rejeitada a impugnação*, será mantido o compromisso prestado, e a testemunha passará a ser inquirida sobre o mérito do processo; *b) se acolhida*, o juiz somente excluirá a testemunha (deixará de ouvi-la) ou não lhe deferirá compromisso nos casos previstos nos arts. 207 (pessoas proibidas de depor) e 208 (menores de 14 anos; doentes e deficientes mentais; ascendente, descendente, afim em linha reta, cônjuge, companheiro ou companheira, irmão, pai, mãe ou filho adotivo do acusado).

Portanto, só é possível deixar de ouvir testemunha ou ouvi-la sem compromisso no caso de *contradita acolhida*.

O **acolhimento da *arguição de defeito* não exclui a testemunha, tampouco afasta o compromisso** de dizer a verdade, e tem como efeito apenas registrar formalmente a névoa que envolve seu depoimento, a fim de que o juiz possa melhor avaliar o teor das informações prestadas.

Não é outra a compreensão de Nucci quando afirma que "circunstância (situações específicas ou particulares) ou defeitos (deficiências ou vícios) podem cercar a testemunha, devendo ser esses aspectos devidamente ressaltados ao juiz. Não para que sejam impedidas de depor ou para que o façam sem o compromisso de dizer a verdade, mas para que o magistrado fique ciente do que cerca a pessoa a ser ouvida, dando ao seu depoimento valoração cuidadosa". E arremata: "(...) é natural que a parte deseje que o julgador tome conhecimento de tais situações para não crer, integral e ingenuamente, na narrativa".[236]

10.1.10.15. Perguntas diretamente pelas partes

A Lei n. 11.690/2008 modificou a redação do art. 212, *caput* e parágrafo único, do CPP, que atualmente assim dispõe: "As perguntas serão formuladas pelas partes diretamente à testemunha, não admitindo o juiz aquelas que puderem induzir a resposta, não tiverem relação com a causa ou importarem na repetição de outra já respondida. Sobre os pontos não esclarecidos, o juiz poderá complementar a inquirição".

---

236. Guilherme de Souza Nucci, *Manual de processo e execução penal*, 14. ed., Rio de Janeiro, Forense, 2017, p. 441. *No mesmo sentido:* Fernando da Costa Tourinho Filho, *Manual de processo penal*, p. 630.

Desde então se estabeleceu profunda discussão na doutrina e na jurisprudência a respeito da ordem e da forma que se deve adotar na inquirição de testemunha.

Há quem entenda, como Greco Filho[237] e Nucci,[238] que só foi alterado o sistema de inquirição feito pelas partes (antes as partes formulavam suas perguntas ao juiz, que as refazia à testemunha, e agora as perguntas são feitas diretamente pelas partes à testemunha), e que mesmo diante da nova sistemática é o juiz quem inicia a inquirição de mérito, após o que as partes poderão formular suas perguntas diretamente à testemunha, e, ao final, visando a complementar a inquirição, poderá o juiz fazer novas perguntas com a finalidade de esclarecer determinados pontos do depoimento.

Segundo pensamos, no momento em que adotou o sistema do *direct examination* (de inquirição direta pelas partes), o legislador afinou-se com o sistema processual de modelo acusatório, de modo que a atividade do juiz passou a ser complementar na colheita da prova. Isso não quer dizer que está afastado o *sistema presidencialista*, até porque é o juiz quem preside a audiência e direciona os trabalhos, podendo, inclusive, indeferir perguntas, conforme veremos.

Esse também é o pensamento de Tourinho Filho,[239] Gomes Filho[240] e Pacelli, que sintetiza: "As partes iniciam a inquirição, e o juiz encerra".[241]

Qualificada a testemunha e resolvida eventual impugnação a seu depoimento (contradita ou arguição de defeito), o juiz deve passar a palavra à parte que arrolou a testemunha para que faça diretamente suas perguntas. Em seguida, a parte contrária poderá igualmente fazer as suas.[242]

Encerradas as perguntas das partes, caberá ao juiz *complementar a inquirição*, oportunidade em que indagará a testemunha a respeito de **pontos que devam ser esclarecidos.**

Note-se que o parágrafo único do art. 212 é expresso ao afirmar que *a atividade do juiz é de natureza complementar* (... o juiz *complementará a inquirição*), e a lei não mudou para ficar tudo como estava.

---

237. Vicente Greco Filho, *Manual de processo penal*, p. 247.

238. Guilherme de Souza Nucci, *Manual de processo e execução penal*, p. 476.

239. Fernando da Costa Tourinho Filho, *Manual de processo penal*, p. 627.

240. Antonio Magalhães Gomes Filho, Provas. Lei 11.690, de 09-06-2008, in *As reformas no processo penal*, São Paulo, Revista dos Tribunais, coord. Maria Thereza Rocha de Assis Moura, 2008, p. 287-288.

241. Eugênio Pacelli, *Curso de processo penal*, p. 429.

242. "A formulação de reperguntas de mérito às testemunhas constitui mera faculdade processual, razão por que sua ausência não gera nulidade. Precedentes" (STF, HC 130.111/SP, 2ª T., rel. Min. Dias Toffoli, j. 14-6-2016, *DJe* n. 136, de 30-6-2016).

A guinada legal objetivou um maior distanciamento do juiz com relação à gestão da prova, numa verdadeira adequação ao sistema acusatório, vale dizer, a um processo de partes.

É óbvio, e nunca se olvide: o juiz é o destinatário final da prova e sobre ela poderá buscar lançar luz relativamente aos temas que lhe causem perplexidade. Porém, nos termos do atual regramento, a atividade judicial no campo da prova está delineada pela complementaridade.

Para não expor o processo à nulidade absoluta, é necessário que se observe o disposto no art. 212 do CPP, em homenagem ao princípio do devido processo legal,[243] que se apresenta sob as vertentes da garantia ao procedimento integral e da garantia ao procedimento tipificado a que SCARANCE se refere com absoluta propriedade.[244]

O prejuízo, na hipótese, é indemonstrável. Não se pode exigir do acusado a demonstração, na prática impossível, do prejuízo acarretado à sua defesa em razão do desrespeito, por parte do Estado, às regras do procedimento tipificado.

A jurisprudência de ambas as Turmas do STF, entretanto, é no sentido de que a nulidade é relativa: HC 123.840/SP, 1ª T., rel. Min. Marco Aurélio, j. 1-8-2017, *DJe* n. 178, de 15-8-2017; HC 111.815/SP, 1ª T., rel. Min. Marco Aurélio, rel. p/ o Acórdão Min. Luiz Fux, j. 14-11-2017, *DJe* n. 025, de 14-2-2018; HC 112.217/SP, 2ª T., rel. Min. Gilmar Mendes, j. 13-11-2012, *DJe* 240, de 7-12-2012; HC 110.623/DF, 2ª T., rel. Min. Ricardo Lewandowski, j. 13-3-2012, *DJe* 61, de 26-3-2012; HC 115.336/RS, 2ª T., rel. Min. Cármen Lúcia, j. 21-5-2013, *DJe* n. 105, de 5-6-2013, *Informativo STF* n. 707.

Na mesma linha segue o entendimento da 5ª e da 6ª Turmas do STJ: AgRg no REsp 1.672.649/SP, 5ª T., rel. Min. Felix Fischer, j. 3-4-2018, *DJe* de 6-4-2018; AgRg no AREsp 1.204.288/SP, 5ª T., rel. Min. Jorge Mussi, j. 7-6-2018, *DJe* de 15-6-2018; AgRg no REsp 1.474.556/RS, 5ª T., rel. Min. Joel Ilan Paciornik, j. 7-6-2018, *DJe* de 15-6-2018; AgRg no AREsp 367.053/PR, 6ª T., rel. Min. Nefi Cordeiro, j. 20-3-2018, *DJe* de 2-4-2018; AgRg no AREsp 1.185.742/PR, 6ª T., rel. Min. Sebastião Reis Júnior, j. 20-3-2018, *DJe* de 27-3-2018.

---

243. Embora não seja a opinião predominante naquela A. Corte, o E. Superior Tribunal de Justiça já se pronunciou a respeito da matéria nos seguintes termos: "(...) no caso vertente restou violado o *due process of law* constitucionalmente normatizado, pois o art. 5º, LIV, da Carta Política Federal preceitua que 'ninguém será privado da liberdade ou de seus bens sem o devido processo legal', e na espécie o ato reclamado não seguiu o rito estabelecido na legislação processual penal, acarretando a nulidade do feito, porquanto, a teor do art. 212 do Código Instrumental, a oitiva das testemunhas deve ser procedida com perguntas feitas direta e primeiramente pelo Ministério Público e depois pela defesa, sendo que, na hipótese, o Magistrado não se restringiu a colher, ao final, os esclarecimentos que elegeu necessários, mas realizou o ato no antigo modo, ou seja, efetuou a inquirição das vítimas, olvidando-se da alteração legal, mesmo diante do alerta ministerial no sentido de que a audiência fosse concretizada nos moldes da vigência da Lei n. 11.690/2008" (STJ, HC 121.216/DF, 5ª T., rel. Min. Jorge Mussi, j. 19-5-2009, *DJe* de 1º-6-2009, *Boletim IBCCrim*, n. 200, jurisprudência, p. 1.273).

244. ANTONIO SCARANCE FERNANDES, *Processo penal constitucional*, 5. ed., São Paulo, Revista dos Tribunais, p. 123-124.

Aqueles que recusavam interpretação científica às regras processuais penais; que desconsideravam tentativas de conformação do ordenamento com o processo penal acusatório ideal, com a vigência do art. 3º-A, introduzido no Código de Processo Penal pelo art. 3º da Lei n. 13.964/2019, encontram agora ambiente definitivamente incompatível com a turva resistência de antes, e por certo esse novo impulso normativo haverá de determinar adequada releitura da regra sob análise.

Nesse quadro, tem relevo destacar importante decisão proferida em 2 de junho de 2020 pela Colenda 1ª Turma do Supremo Tribunal Federal, de que foi relator o Min. Marco Aurélio, em que ocorreu empate na votação e prevaleceu a tese favorável à defesa, quando então foi reconhecida a nulidade do processo a partir da audiência de instrução e julgamento. No caso, para a colheita da prova oral, a defesa pugnou pela observância do art. 212 do CPP, que seguiu desrespeitado.

O texto que segue é parte da ementa do julgado em testilha:

> Cabe ao juiz, na audiência de instrução e julgamento, observar o disposto no artigo 212 do Código de Processo Penal, abrindo campo a que a inquirição de testemunhas seja feita pelas partes, podendo veicular perguntas caso necessário algum esclarecimento – inteligência do artigo 212 do Código de Processo Penal.[245]

Não é juridicamente justificada a resistência às inovações legislativas. Como já disse Marc Ancel, "já tem o Estado tentacular não somente as tentações, mas as facilidades de volver ao Leviathan de Hobbes".[246]

Não é apropriado ver toda e qualquer inovação como anormal ou suspeita, ainda mais quando se tem em mira a harmonização do sistema, como na hipótese.

É preciso descobrir as razões profundas da mudança introduzida, a fim de incorporá-la no sistema, visto então em sua perspectiva evolutiva.[247]

A atuação judicial não perdeu relevância.

Com efeito, embora as perguntas devam ser feitas diretamente pelas partes à testemunha, o juiz não admitirá aquelas que puderem induzir a resposta, não tiverem relação com a causa ou importarem na repetição de outra já respondida.

Na busca da verdade real, a lisura da prova é de fundamental importância, daí não se admitir que as partes possam formular perguntas em que já se afirme ou induza a resposta.

---

245. STF, HC 161.658/SP, 1ª T., rel. Min. Marco Aurélio, j. 2-6-2020, *DJe*-235, de 24-9-2020.

246. *A nova defesa social*. Tradução do original da 2ª edição, 1971, por Osvaldo Melo, 1. ed., Rio de Janeiro, Forense, 1979, p. 363.

247. Marc Ancel, *A nova defesa social*. Tradução do original da 2ª edição, 1971, por Osvaldo Melo, 1. ed., Rio de Janeiro, Forense, 1979, p. 370.

De igual maneira, não tem sentido a formulação de pergunta cuja resposta não seja útil para o processo, e por isso não se deve admitir questionamento sobre algo irrelevante ou impertinente para a causa.

Nesse particular, é preciso que o magistrado se ponha atento e atue com redobrada cautela para não cercear atividade defensória ou acusatória, sabido que muitas vezes as perguntas poderão parecer *inúteis para o juiz* apenas por ainda não ter compreendido na inteireza a linha de atuação da parte que formula.

Vejamos a advertência feita por Carrara a esse respeito:

> O juiz, mesmo que seja mais douto que o defensor, não pode adivinhar a espécie de defesa que este prepara; e se êle o imaginar, mostrará que é mais presunçoso, mas não mais sábio do que aquêle. Uma circunstância de fato pode parecer insignificante no começo de um processo oral. Mas o defensor, que tem o propósito de justificar outras circunstâncias, e reuni-las à primeira, promovendo, enfim, um resultado tal que venha a destruir a acusação, com melhor conhecimento de causa, a considera como concludentíssima. Travando uma disputa neste terreno, o juiz vem a discutir a defesa antes que ela se faça; divulga o seu voto, e turba o esclarecimento da verdade, em prejuízo da Justiça.[248]

No mais, não é incomum situação em que a parte, tentando obter uma nova versão, quase sempre induzindo a resposta que pretende, refaça pergunta cuja resposta já foi apresentada pela testemunha. Nesse caso, com ou sem indução de resposta, caberá ao juiz indeferir a pergunta feita em reiteração.

Quando não for utilizado sistema de gravação de som e imagem da audiência, as partes poderão requerer que constem do termo de declarações as perguntas indeferidas e as razões eventualmente apresentadas pelo juiz como fundamento.

Tais providências são de extrema relevância para que em sede de recurso se possa alegar e julgar eventual cerceamento de defesa ou de acusação.

Em homenagem à ampla defesa, as testemunhas arroladas pela acusação são as primeiras a serem ouvidas. *De per si*, como diz o art. 210, o autor da ação penal (Ministério Público ou querelante) fará suas perguntas, depois a defesa e ao final o juiz.

Terminada a inquirição das testemunhas da acusação, e só depois disso, devem ser ouvidas as testemunhas de defesa, que então serão perguntadas inicialmente pelo defensor, depois pelo acusador e, ao final, pelo juiz.

A ordem na oitiva das testemunhas – primeiro as de acusação e depois as de defesa – deve ser observada sob pena de nulidade, salvo se a defesa concordar expressamente com a inversão de oitivas, quando então não poderá alegar a própria torpeza e com isso pretender nulificar o processo, alegando violação do princípio constitucional mencionado.

---

248. Francesco Carrara, *Programa do curso de direito criminal*, parte geral, tradução de José Luiz V. de A. Franceschini e J. R. Prestes Barra, São Paulo, Saraiva, 1957, v. II, p. 494-495.

Não é demais anotar, por fim, que **nos processos de competência do Tribunal do Júri**, quando do **julgamento em plenário**, o art. 473 do CPP assegura às partes o direito de fazer perguntas diretamente às testemunhas. Como são juridicamente leigos, os jurados poderão formular perguntas às testemunhas, por intermédio do juiz-presidente (§ 2º).

10.1.10.16. Impressões pessoais da testemunha

O juiz não permitirá que a testemunha manifeste suas apreciações pessoais, *salvo* quando inseparáveis da narrativa do fato (CPP, art. 213).

Como se vê, em regra a testemunha deverá ater-se a informar aquilo que lhe for perguntado, sem manifestar sua impressão a respeito daquilo que informa, mas a própria lei tratou de estabelecer exceção, por considerar que, em determinadas situações, esse tipo de informação pode influir positivamente na colheita da prova e, por consequência, na convicção do juízo.

Na apuração do crime de ameaça, por exemplo, é proveitosa a impressão da testemunha a respeito do aparente temor da vítima em relação ao mal prometido; nos crimes contra a dignidade sexual praticados contra criança, são de extrema importância impressões pessoais das testemunhas a respeito da vítima, do acusado e das declarações respectivas, bem como no que tange às circunstâncias em que os fatos se deram; nos crimes contra a mulher, praticados no ambiente doméstico, também as impressões das testemunhas podem ajudar, e muito.

Enfim, caso a caso deverá ser analisada a situação para se permitir, ou não, tal tipo de consideração por parte da testemunha.

Cabe aqui ressaltar que na colheita de *depoimento técnico*, como é o caso daquele prestado por perito, as impressões pessoais, quase sempre decorrentes da ou afiançadas pela *expertise*, são de extrema valia para a verdade que se pretende reproduzir no processo.

10.1.10.17. Redação e formalização do depoimento

Sempre que possível, o registro dos depoimentos do investigado, indiciado, ofendido e testemunhas será feito pelos meios ou recursos de gravação magnética, estenotipia, digital ou técnica similar, inclusive audiovisual, destinada a obter maior fidelidade das informações (CPP, arts. 405, § 1º, e 475, *caput*).

Quando a tomada de depoimento não for gravada em mídia (som e imagem em CD, DVD, *hard disk* ou outra tecnologia), este será reduzido a termo, vale dizer: será escrito (datilografado ou digitado e impresso).

O juiz deverá ditar ao escrevente de sala as respostas da testemunha, devendo cingir-se, tanto quanto possível, às expressões por ela usadas, reproduzindo fielmente as suas frases (CPP, art. 215), com vistas a preservar a fidelidade da prova.

É condenável a prática judicial que transcreve textos em desconformidade com as informações da testemunha. Não deve o juiz, nesse momento, interpretar o depoimento e formalizá-lo conforme sua versão pessoal.

Ao final do depoimento, todos os presentes deverão assinar o termo respectivo.

Se a testemunha não souber assinar (analfabeta), ou não puder fazê-lo (impedimento físico: mão imobilizada por fratura, por exemplo), pedirá a alguém que o faça por ela, depois de lido seu depoimento na presença de ambos (CPP, art. 216).

Lembremos: denomina-se *testemunha instrumentária* ou *da leitura* aquela que assina o depoimento no lugar da testemunha inquirida.

10.1.10.18. Inquirição de testemunha sem a presença do acusado

10.1.10.18.1. Hipóteses do art. 217 do CPP

Com vistas a assegurar o devido processo legal e a ampla defesa, o ideal é que o acusado se encontre presente na sala de audiência quando da oitiva de testemunha na instrução do processo a que responde, seja ela de acusação, de defesa ou do juízo.

Há casos, entretanto, em que a presença do acusado poderá colocar em risco a fidelidade da prova a ser colhida, por se sentir a testemunha constrangida, humilhada, ameaçada, psicologicamente inibida ou pressionada etc.

Nesses casos, se o juiz verificar que a presença poderá causar humilhação, temor ou sério constrangimento à testemunha (ou ao ofendido, quando da oitiva deste), de modo que prejudique a verdade do depoimento, deverá:

1º) fazer a inquirição da testemunha por videoconferência ou,

2º) não sendo possível a providência anterior, determinar a retirada do acusado da sala de audiência, e só depois prosseguir na inquirição, com a presença do defensor.

Cabe ao magistrado agir com extrema prudência em relação a tais providências, pois não lhe é dado presumir, pura e simplesmente, a opção da testemunha. Isso não impede que determine – por iniciativa própria, e sem perguntar a preferência da testemunha – a retirada do acusado da sala naqueles casos clássicos, tal como invariavelmente ocorre, dentre outros, nos processos por crimes contra a dignidade sexual e de extorsão mediante sequestro, mas não na generalidade; indiscriminadamente.

A oitiva de testemunha sem a presença do acusado, por aplicação do art. 217,[249] é providência excepcional, que deve encontrar justificativa diante do caso concreto.

249. "O artigo 217 do Código de Processo Penal admite a retirada do réu da sala de audiência quando qualquer declarante se sentir atemorizado, humilhado ou constrangido com a sua presença, sem que se possa falar em nulidade do ato processual. Precedentes" (STJ, AgRg no AREsp 1.241.994/SP, 5ª T., rel. Min. Ribeiro Dantas, j. 16-8-2018, *DJe* de 24-8-2018). "Conforme art. 217 do CPP, o acusado pode ser retirado da audiência em razão de sério constrangimento no depoimento do ofendido" (STJ, AgRg no AREsp 1.238.514/SP, 5ª T., rel. Min. Joel Ilan Paciornik, j. 12-2-2019, *DJe* de 21-2-2019). "É possível a retirada do réu

Na realidade prática, são poucas as comarcas que dispõem de equipamentos apropriados para inquirição por videoconferência, o que termina por quase anular a principal providência determinada. Ademais, é bastante duvidosa a eficiência dessa medida em relação à testemunha amedrontada ou temerosa, que ainda assim estará ciente de que se encontra sob o olhar do acusado.

O que se tem praticado, portanto, é a segunda opção: retirada da sala de audiência, para que a testemunha possa depor livremente, sem qualquer tipo de constrangimento que do confronto decorre.

No termo de audiência deverá constar o ocorrido, com a indicação das razões justificadoras da providência adotada.

10.1.10.18.2. Ausência de requisição do acusado preso

Doutrina e jurisprudência ainda estão divididas a respeito dos efeitos que se pode tirar da ausência de requisição do acusado preso, para que seja apresentado em juízo a fim de acompanhar a audiência de inquirição de testemunha (sua, da acusação ou do juízo).

Há quem entenda que a omissão acarreta **nulidade relativa** e há quem sustente que a **nulidade é absoluta**.

Segundo nosso entendimento, **a omissão estatal em casos tais fere a bilateralidade ou contraditoriedade da audiência e é fonte de nulidade absoluta por flagrante violação à garantia da plenitude de defesa, ínsita ao devido processo.**[250]

Nesse passo, é oportuna a lição de Scarance quando afirma que, na hipótese, há que se respeitar o assegurado *direito de autodefesa*, desdobramento do princípio da ampla defesa, sob o enfoque do direito de presença.[251]

Essa questão já foi enfrentada no STF e muito bem analisada em acórdãos relatados pelo Min. Celso de Mello, conforme segue:

> O acusado, embora preso, tem o direito de comparecer, de assistir e de presenciar, sob pena de nulidade absoluta, os atos processuais, notadamente aqueles que se produzem na fase de instrução do processo penal, que se realiza, sempre, sob a égide do contraditório. São irrelevantes, para esse efeito, as alegações do Poder Público concernentes à dificuldade ou inconveniência de proceder à remoção de acusados presos a outros pontos do Estado ou do

da sala de audiências desde que o magistrado justifique que a sua presença poderá influenciar negativamente o ânimo da vítima ou de alguma testemunha, como expressamente foi afirmado na hipótese em exame" (STJ, RHC 87.370/SP, 6ª T., rel. Min. Maria Thereza de Assis Moura, j. 12-6-2018, *DJe* de 22-6-2018).

250. Leitura recomendada: Rogério Lauria Tucci, *Direitos e garantias individuais no processo penal brasileiro*, 4. ed., São Paulo, Revista dos Tribunais, 2011, p. 166.

251. Antonio Scarance Fernandes lembra que o *direito de autodefesa* "se manifesta no processo de várias formas: direito de audiência, direito de presença, direito a postular pessoalmente" (*Processo penal constitucional*, 5. ed., São Paulo, Revista dos Tribunais, 2007, p. 304).

País, eis que razões de mera conveniência administrativa não têm – nem podem ter – precedência sobre as inafastáveis exigências de cumprimento e respeito ao que determina a Constituição. O direito de audiência, de um lado, e o direito de presença do réu, de outro, esteja ele preso ou não, traduzem prerrogativas jurídicas essenciais que derivam da garantia constitucional do *due process of law* e que asseguram, por isso mesmo, ao acusado, o direito de comparecer aos atos processuais a serem realizados perante o juízo processante, ainda que situado este em local diverso daquele em que esteja custodiado o réu. Pacto Internacional sobre Direitos Civis e Políticos/ONU (Art. 14, n. 3, 'd') e Convenção Americana de Direitos Humanos/OEA (Art. 8º, § 2º, 'd' e 'f'). Essa prerrogativa processual reveste-se de caráter fundamental, pois compõe o próprio estatuto constitucional do direito de defesa, enquanto complexo de princípios e de normas que amparam qualquer acusado em sede de persecução criminal, mesmo que se trate de réu processado por suposta prática de crimes hediondos ou de delitos a estes equiparados.[252]

Em outra ocasião, quando do julgamento do HC 111.728/SP pela 2ª Turma do STF, ocorrido em 19-2-2013, em que figurou como relatora a Ministra Cármen Lúcia, ficou consignado que "o acusado, embora preso, tem o direito de comparecer, de assistir e de presenciar, sob pena de nulidade absoluta, os atos processuais, notadamente aqueles que se produzem na fase de instrução do processo penal" (*Informativo do STF* n. 695). Na ocasião, enfatizou a relatora a existência de direito constitucional à apresentação em audiência, destacando, ainda, que *o direito de presença é personalíssimo*.

10.1.10.19. Local da inquirição

É no foro da comarca ou no tribunal, sede do juiz natural, que em regra a testemunha será ouvida.

As audiências, sessões e os atos processuais serão, em regra, públicos e se realizarão nas sedes dos juízos e tribunais, com assistência dos escrivães, do secretário, do oficial de justiça que servir de porteiro, em dia e hora certos, previamente designados (CPP, art. 792, *caput*).

Designada data para ter lugar a audiência, o juiz determinará a expedição de mandado a fim de que o oficial de justiça incumbido proceda à intimação da testemunha residente na comarca para que compareça no endereço, dia e hora indicados.

Comparecendo, será inquirida.

É recorrente na prática forense hipótese em que a testemunha não reside na comarca onde os fatos se deram. Exemplo: Pedro reside em Barretos e presenciou a prática de um crime de roubo na cidade de Campinas, razão pela qual foi arrolado como testemunha no processo que a tal respeito se instaurou.

---

252. STF, HC 86.634/RJ, 2ª T., rel. Min. Celso de Mello, j. 18-12-2006, *DJ* de 23-2-2007, p. 40, *RTJ* 202/1.146, *LEXSTF* v. 29, n. 340, 2007, p. 394/405; *Informativo STF* n. 453.

Nestes casos, fala-se em *testemunha de fora da terra*, que poderá ser ouvida por meio de videoconferência ou outro recurso tecnológico de transmissão de sons e imagens em tempo real, permitida a presença do defensor e podendo ser realizada, inclusive, durante a audiência de instrução e julgamento.

Não sendo possível a inquirição por videoconferência, a testemunha tem direito de ser ouvida no foro da comarca em que reside. Embora possa fazê-lo por opção sua, não é permitido exigir que se desloque até o juízo da comarca em que tramita o processo. Por certo isso acarretaria desnecessárias despesas e indesejáveis adiamentos de audiência, com prejuízo à celeridade e economia processual.

Se a testemunha residir em comarca diversa, dentro do território nacional, deverá ser ouvida mediante *carta precatória*. Se residir em outro país, para este será expedida *carta rogatória*, desde que conhecido seu endereço.

Imagine-se, ainda, hipótese de processo de competência originária do Tribunal de Justiça, sediado na comarca da capital do Estado, no qual se faça necessário inquirir testemunha residente em comarca do interior.

Nesse caso, o relator fará expedir *carta de ordem* ao juízo da comarca em que residir a testemunha, para que magistrado local proceda à respectiva inquirição.

Se a testemunha preferir ser ouvida em audiência perante o Tribunal, e não no local de sua residência, deverá fazer tal comunicação no processo para que as providências a esse respeito sejam adotadas.

No caso de a testemunha se encontrar presa, poderá ser ouvida pelo sistema de videoconferência ou outro recurso tecnológico de transmissão de sons e imagens em tempo real.

10.1.10.20. Carta precatória, carta rogatória e carta de ordem

Carta precatória: é a solicitação feita por um juiz a outro de igual instância (grau de jurisdição).

Não sendo possível a utilização de videoconferência, a testemunha que morar fora da jurisdição do juiz do processo será inquirida pelo juiz do lugar de sua residência, expedindo-se, para esse fim, carta precatória, com prazo razoável, intimadas as partes.

Denomina-se *juízo deprecante* aquele que solicita e *juízo deprecado* aquele a quem é solicitada a inquirição mediante tal expediente.

A intimação que se exige é apenas a da *expedição da precatória*, cumprindo que a parte interessada acompanhe no juízo deprecado a designação de data e demais providências.

É esse o entendimento tranquilo da jurisprudência, inclusive no Supremo Tribunal Federal:

> A ausência de intimação para a oitiva de testemunhas no juízo deprecado não consubstancia nulidade (precedentes). Havendo ciência da expedição da carta precatória, cabe ao

paciente ou a seu defensor acompanhar o andamento no juízo deprecado (HC 89.159/SP, rel. Min. Eros Grau, 2ª T., *DJ* de 13-10-2006). Precedentes: HC 87.027/RJ, rel. Min. Sepúlveda Pertence, 1ª T., *DJ* de 3-2-2006; HC 84.655/RO, rel. Min. Carlos Velloso, 2ª T., *DJ* de 4-2-2005; HC 82.888/SP, rel. Min. Gilmar Mendes, 2ª T., *DJ* de 6-6-2003).[253]

Nessa mesma linha, dispõe a Súmula 273 do STJ que: "Intimada a defesa da expedição da carta precatória, torna-se desnecessária intimação da data da audiência no juízo deprecado".

Prevalece, ademais, o entendimento segundo o qual ***a ausência de intimação da expedição da carta precatória gera nulidade relativa***, e não absoluta.

Versando sobre esse tema, a Súmula 155 do STF tem o seguinte teor: "É relativa a nulidade do processo criminal por falta de intimação da expedição de precatória para inquirição de testemunha".

Adotado que fora o princípio *pas de nullité sans grief* (não há nulidade sem demonstração de prejuízo: CPP, art. 563), referida maneira de pensar guarda coerência com a Súmula 523 do STF, *verbis*: "No processo penal, a falta de defesa constitui nulidade absoluta, mas a sua deficiência só o anulará se houver prova de prejuízo para o réu".

A expedição de carta precatória não suspende a instrução criminal, de forma que o processo seguirá normalmente com a colheita das demais provas.

Expirado o prazo marcado pelo juiz deprecante sem que retorne a precatória cumprida, poderá realizar-se o julgamento do processo, mas, a todo tempo, a precatória, uma vez devolvida, será juntada aos autos.

O julgamento na pendência de precatória constitui mera faculdade conferida ao juiz, que, portanto, poderá ou não aguardar o retorno, decisão que irá adotar após cuidadosa análise do conjunto probatório e consulta a eventual depoimento prestado pela testemunha na fase policial ou informações outras de que disponha a respeito do conhecimento que ela tiver sobre os fatos.

Carta rogatória: denomina-se *juízo rogante* aquele que solicita, e *juízo rogado* aquele para o qual é solicitada a providência.

A carta rogatória só será expedida se demonstrada previamente a sua imprescindibilidade,[254] arcando a parte requerente com os custos de envio, ônus que não se aplica ao Ministério Público.

253. STF, HC 96.026/RJ, 2ª T., rel. Min. Ellen Gracie, j. 9-12-2008, *DJe* n. 025, de 6-2-2009.

254. "Conforme disposto no art. 222-A do CPP, a expedição de carta rogatória para oitiva de testemunha requer demonstração de imprescindibilidade" (STJ, AgRg no REsp 1.589.291/PB, 5ª T., rel. Min. Joel Ilan Paciornik, j. 5-6-2018, *DJe* de 13-6-2018). "As cartas rogatórias só serão expedidas se demonstrada previamente a sua imprescindibilidade e o pagamento dos seus custos, inclusive de tradução (art. 222-A do CPP). Precedente do STF" (STJ, REsp 1.610.199/SC, 6ª T., rel. Min. Maria Thereza de Assis Moura, j. 9-8-2016, *DJe* de 24-8-2016).

A expedição de carta rogatória, de igual maneira, não suspende o curso da instrução criminal e, esgotado o prazo marcado para seu cumprimento, com ou sem ela nos autos o juiz poderá julgar o processo. Devolvida, será juntada a qualquer tempo, mesmo depois da sentença.

Carta de ordem: é determinação emanada de magistrado de instância superior, dirigida a outro de instância inferior, para a prática de ato processual, o que indica sua verticalidade.

Nos precisos termos do art. 7º da Lei n. 11.419/2006 (dispõe sobre a informatização do processo judicial), "as cartas precatórias, rogatórias, de ordem e, de um modo geral, todas as comunicações oficiais que transitem entre órgãos do Poder Judiciário, bem como entre os deste e os dos demais Poderes, serão feitas preferentemente por meio eletrônico".

10.1.10.21. Audiência em local especialmente designado

Em caso de comprovada necessidade, as audiências, as sessões e os atos processuais poderão realizar-se na residência do juiz, ou em outro local por ele especialmente designado, tal como acontece em caso de inundação do fórum; problemas relacionados com a segurança em casos rumorosos ou envolvendo acusados de alta periculosidade etc.

É o que ocorre, também, nas situações tratadas no art. 220 do CPP, onde se lê que as pessoas impossibilitadas, por enfermidade ou por velhice, de comparecer para depor, serão inquiridas onde estiverem (hospital, asilo, residência particular, abrigo ou clínica geriátrica etc.).

A providência autorizada está cercada de aspectos positivos, dentre os quais o imprescindível respeito à testemunha que não pode se locomover e a observância aos princípios que orientam para a necessidade de economia e celeridade processual.

Após tomar conhecimento da situação justificadora, caberá ao juiz designar data para a audiência e determinar a intimação das partes para comparecimento no local excepcionalmente fixado. Deverá, ainda, determinar a intimação da testemunha a respeito do dia e hora designados para a oitiva no local em que se encontrar.

10.1.10.22. Produção antecipada da prova testemunhal

Se qualquer testemunha houver de ausentar-se, ou, por enfermidade ou por velhice, inspirar receio de que ao tempo da instrução criminal já não exista, o juiz poderá, a requerimento de qualquer das partes, tomar-lhe antecipadamente o depoimento.

A providência apontada, que tem natureza tipicamente cautelar, também pode ser determinada pelo juiz em atendimento a pedido formulado pelo assistente da acusação, que no processo penal tem natureza de *parte ativa secundária*, conforme veremos oportunamente.

A possibilidade próxima de perecimento da prova justifica sua colheita antecipada, pois, do contrário, sem a providência acautelatória, ficaria prejudicada a busca da verdade.

Muito embora o art. 225 do CPP se refira à possibilidade de produção antecipada da prova oral por iniciativa do juiz, no processo penal acusatório ideal, de partes, adversarial, tal prática se encontra proscrita. O juiz só pode determinar a produção de prova se houver requerimento nos autos, formulado por quem de direito.

10.1.10.23. Corréu como testemunha

O corréu não pode ser ouvido como testemunha.

De ver, entretanto, que na hipótese de confissão com chamada de corréu/delação, conforme expusemos no item "Participação defensória no interrogatório de corréu", em homenagem aos princípios do devido processo legal, da ampla defesa e do contraditório, não se pode negar ao defensor de um dos acusados *a possibilidade de indicar ao juiz* fato que pretenda ver esclarecido pelo corréu delator, que tem a defesa patrocinada por outro, inclusive por força do princípio da comunhão das provas.

A vedação ao exercício desse direito fundamental constitui causa de nulidade absoluta do processo.

Em acórdão relatado pelo Min. Joaquim Barbosa, o Pleno do Supremo Tribunal Federal já decidiu que:

> O sistema processual brasileiro não admite a oitiva de corréu na qualidade de testemunha ou, mesmo, de informante. Exceção aberta para o caso de corréu colaborador ou delator, a chamada delação premiada, prevista na Lei 9.807/99.[255]

10.1.10.24. Depoimento infantil

Sempre que possível, deve ser evitado o depoimento infantil, assim compreendido aquele prestado por criança.

A recomendação decorre não apenas da necessidade de se evitarem constrangimentos ao impúbere e sua familiarização com o deletério ambiente forense, especialmente criminal, mas também por força da precariedade de que normalmente se reveste esse tipo de prova.

Timidez; necessidade de chamar a atenção; rebeldia; falta de consciência a respeito da real importância de suas declarações; menor resistência à possibilidade de sujeitar suas declarações à manipulação de terceiros etc. são alguns dos fatores que podem comprometer a credibilidade do depoimento infantil.

255. STF, AP 470 AgR-sétimo/MG, Tribunal Pleno, rel. Min. Joaquim Barbosa, j. 18-6-2009, *DJe* n. 186, de 2-10-2009.

Todavia, como observa Tschadek,[256] **em numerosas situações não se poderá evitar o depoimento de menores**, sobretudo quando forem testemunhas únicas, ou inclusive vítimas, de um ato delitivo.

Há determinados crimes, como os cometidos contra a dignidade sexual, em que o depoimento da criança, sobretudo quando vítima, reveste-se da maior importância e, ocorrendo na clandestinidade, merece crédito se coerente com outros seguros e idôneos elementos de convicção. A propósito, já decidiu o Tribunal de Justiça de São Paulo, em v. Acórdão do qual foi relator o Des. Acácio Rebouças, que: "Eliminar, aprioristicamente, o testemunho infantil, é entregar a criança à sanha dos sátiros. Essencialmente, todas as críticas podem ser feitas ao testemunho como instrumento do processo. É o meio de prova mais passível de infidelidade. Entretanto, o sistema judiciário não prescinde dele" (*RT* 420/89).

Não obstante tais e tantas restrições aos depoimentos infantis, vezes há em que as declarações judiciais, de menores de pouca idade, são acolhidas e consideradas expressão da verdade, e servem de lastro a decisões condenatórias. Isto, quando seus relatos guardam coerência, são harmônicos com o restante da prova e encontram apoio em depoimentos de testemunhas adultas (*RT* 157/619, 170/479, 176/481, 178/582, 183/799, 195/355, 212/433, 218/94, 221/94, 225/117, 251/130, 256/45, 257/148, 336/411, 388/110, 392/315, 415/88, 417/95, 422/329, 430/344, 496/289, 497/320 etc.).

A Lei n. 13.341/2017 ampliou o sistema de garantias de direitos regulados na Lei n. 8.069/90 (Estatuto da Criança e do Adolescente), e dentre os temas tratados determinou a adoção da tomada de **depoimento especial**, assim considerado o procedimento de oitiva de criança ou adolescente, perante autoridade policial ou judiciária, na condição de vítima ou testemunha de violência, física, psicológica, sexual, ou institucional, na forma que dispõe seu art. 4º. Sobre esse tema foi editada a Resolução n. 299/2019 do CNJ – Conselho Nacional de Justiça.

Com o desejo de evitar o enfaro da repetição, para melhor compreensão deste tema, recomendamos a leitura do que escrevemos a esse respeito no capítulo destinado ao estudo do inquérito policial.

Quando se tratar de **adolescente**, se **maior de 14 (catorze) anos, deve ser compromissado**; se menor, deverá ser ouvido como informante, por força do disposto no art. 208 do CPP.

10.1.10.25. Depoimento de policial

Não havendo comprovação do ânimo de incriminar o acusado, é perfeitamente válido o acréscimo oriundo da prova resultante de depoimentos prestados por agentes policiais.

256. Otto Tschadek, *La prueba*, 2. ed., Bogotá, Temis, 2010, p. 29.

Há presunção *juris tantum* de que agem escorreitamente no exercício de suas funções.

Essa matéria foi muito bem enfrentada pelo Min. Celso de Mello, conforme demonstram as ementas que seguem transcritas:

> O valor do depoimento testemunhal de servidores policiais – especialmente quando prestados em juízo, sob a garantia do contraditório – reveste-se de inquestionável eficácia probatória, não se podendo desqualificá-lo pelo só fato de emanar de agentes estatais incumbidos, por dever de ofício, da repressão penal. O depoimento testemunhal do agente policial somente não terá valor, quando se evidenciar que esse servidor do Estado, por revelar interesse particular na investigação penal, age facciosamente ou quando se demonstrar – tal como ocorre com as demais testemunhas – que as suas declarações não encontram suporte e nem se harmonizam com outros elementos probatórios idôneos.[257]
>
> Inexiste qualquer restrição a que servidores policiais sejam ouvidos como testemunhas. O valor de tais depoimentos testemunhais – especialmente quando prestados em juízo, sob a garantia do contraditório – reveste-se de inquestionável eficácia probatória, não se podendo desqualificá-los pelo só fato de emanarem de agentes estatais incumbidos, por dever de ofício, da repressão penal.[258]
>
> Segundo entendimento reiterado do Superior Tribunal de Justiça, os depoimentos dos policiais responsáveis pela prisão em flagrante são meios idôneos e suficientes para a formação do édito condenatório, quando em harmonia com as demais provas dos autos, e colhidos sob o crivo do contraditório e da ampla defesa, como ocorreu na hipótese, cabendo a defesa demonstrar sua imprestabilidade.[259]

O simples fato de as testemunhas de acusação serem policiais não é o bastante para que sejam desconsiderados seus depoimentos ou que estes sejam recebidos com reservas (*RT* 732/622). O depoimento de policial é considerado como o de qualquer outro cidadão (*RT* 860/599), pois não estão impedidos de depor, nem se pode previamente suspeitar da veracidade nos seus depoimentos. Sopesam-se como quaisquer outros; sujeitam-se aos obstáculos do impedimento e da suspeição, como quaisquer outros (*RT* 736/625). Não há obstáculo em que se tome a palavra de policiais no suporte de condenações (*RT* 736/625).

---

257. STF, HC 73.518/SP, 1ª T., rel. Min. Celso de Mello, j. 26-3-1996, *DJ* de 18-10-1996, p. 39.846.

258. STF, HC 74.438/SP, 1ª T., rel. Min. Celso de Mello, j. 26-11-1996, *DJe* n. 047, de 14-3-2011.

259. STJ, HC 422.908/SP, 5ª T., rel. Min. Ribeiro Dantas, j. 12-12-2017, *DJe* de 19-12-2017. *No mesmo sentido*: STJ, AgRg no AREsp 991.046/SP, 5ª T., rel. Min. Reynaldo Soares da Fonseca, j. 3-8-2017, *DJe* de 16-8-2017; STJ, AgRg no AREsp 1.142.626/SP, 5ª T., rel. Min. Felix Fischer, j. 28-11-2017, *DJe* de 13-12-2017; STJ, AgRg no REsp 1.514.101/SP, 5ª T., rel. Min. Jorge Mussi, j. 16-5-2017, *DJe* de 24-5-2017; STJ, AgRg no AREsp 972.349/MG, 6ª T., rel. Min. Rogério Schietti Cruz, j. 18-4-2017, *DJe* de 26-4-2017; STJ, AgRg no HC 391.080/SC, 6ª T., rel. Min. Nefi Cordeiro, j. 1-6-2017, *DJe* de 9-6-2017; STJ, HC 379.124/MA, 6ª T., rel. Min. Sebastião Reis Júnior, j. 3-8-2017, *DJe* de 14-8-2017.

Embora não seja caso de nutrir reservas infundadas à validade do depoimento prestado por policial, nunca é demais lembrar a lição de CARRARA ao observar que "certos instrutores se preocupam com as informações da polícia e as aceitam como se fossem fachos de luz esplêndida, quando muitas vezes não passam de fantasias".[260]

10.1.10.26. Valor probatório da prova testemunhal

Já se disse que a prova testemunhal é a prostituta das provas.

Isso se deve ao alto grau de insegurança a que se expõe esse meio de prova, em cuja fidelidade não se pode confiar cegamente.

Sim, há uma presunção abstrata de credibilidade da prova testemunhal no sentido de que geralmente a testemunha narra a verdade, mas, como advertiu MALATESTA, "esta presunção de veracidade pode ser destruída ou enfraquecida por condições particulares, que sejam, no caso especial, inerentes ao sujeito, à forma ou ao conteúdo de um depoimento particular".[261]

Da mentira ao erro involuntário, razões diversas podem influenciar o desvirtuamento de um testemunho de modo a deformar a prova em prejuízo da verdade, daí a necessidade de redobrada cautela do julgador na colheita e avaliação.

Conforme GORPHE,[262] a primeira tarefa para conhecer o valor de um testemunho consiste em averiguar se é *sincero*: se não for, deve ser rechaçado total ou parcialmente. Em seguida deve-se examinar se ele é *exato*: não suscetível de erro. Adverte o jurista que essa missão é mais complexa que a primeira, em razão da multiplicidade das fontes de erros: enquanto as causas de mentiras se reduzem todas, em maior ou menor grau, à vontade de enganar, as dos erros contam com procedências mais diversas, que dependem da natureza do fato, da mentalidade da testemunha e das condições do testemunho, tais como as alucinações, as invenções, as confabulações, as falsas interpretações, as confusões e as ilusões.

Em síntese, na significativa expressão de MALATESTA: "Para que o homem, como pretende a presunção geral da veracidade humana, narre a verdade que percebeu, é necessário que não se tenha enganado percebendo, e que não queira enganar referindo. Eis as duas condições que devem ser inerentes ao sujeito do testemunho, sem as quais ele não pode inspirar fé alguma. Para que a testemunha tenha direito a ser acreditada, é necessário, portanto: 1º) que ela não se engane; 2º) que ela não queira enganar".[263]

Desacolhido o sistema de *prova tarifada*, não é possível a determinação matematicamente definida do seu valor.[264]

---

260. FRANCESCO CARRARA, *Programa do curso de direito criminal*, parte geral, tradução de José Luiz V. de A. Franceschini e J. R. Prestes Barra, São Paulo, Saraiva, 1957, v. II, p. 386.

261. NICOLA FRAMARINO DEI MALATESTA, *A lógica das provas em matéria criminal*, v. II, p. 37.

262. FRAÇOIS GORPHE, *Apreciación judicial de las pruebas*, p. 297-298.

263. NICOLA FRAMARINO DEI MALATESTA, *A lógica das provas em matéria criminal*, v. II, p. 42.

264. NICOLA FRAMARINO DEI MALATESTA, *A lógica das provas em matéria criminal*, v. II, p. 37.

Com as cautelas necessárias, **caberá ao julgador valorar o teor da prova testemunhal conforme o *princípio do livre convencimento fundamentado*.**

10.1.10.27. Falso testemunho

Não são possíveis duas verdades distintas sobre o mesmo fato. Essa é uma máxima universal tão exata quanto rotineiramente desrespeitada na lida judiciária.

Não são poucos os depoimentos conflitantes, diametralmente opostos, colhidos em audiências criminais, de modo a revelar, muitas vezes, a prática do crime de falso testemunho em uma das versões.

A propósito, nos moldes do art. 342 do CP, configura crime, punido com reclusão, **fazer afirmação falsa, negar ou calar a verdade, como testemunha**, perito, contador, tradutor ou intérprete **em processo judicial**, administrativo, inquérito policial ou em juízo arbitral. A pena, que é de 2 (dois) a 4 (quatro) anos e multa, será aumentada de 1/6 (um sexto) a 1/3 (um terço), se o crime for cometido com o fim de obter prova destinada a produzir efeito em processo penal.

Para essas situações, dispõe o art. 211 do CPP que se o juiz, ao proferir sentença, reconhecer que alguma testemunha fez afirmação falsa, calou ou negou a verdade, remeterá cópia do depoimento à autoridade policial para a instauração de inquérito.

Segundo pensamos, por se tratar de crime de ação pública e por força das emanações do art. 3º -A do CPP, não subsiste a remessa de cópias ao delegado de polícia para a finalidade apontada. A teor do disposto no art. 40 do CPP, caberá ao juiz determinar a extração das principais cópias do processo e remetê-las ao Ministério Público, para conhecimento e providências.

A propósito, o *Parquet* até poderá dispensar o inquérito e desde logo oferecer denúncia contra o criminoso mendaz.

Em casos tais, salvo situação excepcional, não tem sentido instaurar inquérito policial, que sabidamente não é imprescindível para o oferecimento de denúncia.

Nos termos do que dispõe o § 2º do art. 342 do CP, a mentira em juízo deixará de ser punível se, antes da sentença no processo em que praticada, o agente se retratar e declarar a verdade.

Cabe observar que a retratação do mentiroso só é cabível *antes da sentença*; depois de proferida esta, se houver retratação, na verdade estará ocorrendo confissão.

Determina o parágrafo único do art. 211 que, se o depoimento for prestado em plenário de julgamento, o juiz, no caso de proferir decisão na audiência, o tribunal, ou o conselho de sentença, após a votação dos quesitos, poderá fazer apresentar imediatamente a testemunha à autoridade policial.

10.1.10.28. Lei de proteção à testemunha

A Lei n. 9.807/99 estabelece normas para a organização e a manutenção de programas especiais de proteção a vítimas e a testemunhas ameaçadas, e institui o

Programa Federal de Assistência a Vítimas e a Testemunhas Ameaçadas, dentre outras providências.

O Programa Federal de Assistência a Vítimas e a Testemunhas Ameaçadas, instituído no âmbito da Secretaria de Estado dos Direitos Humanos do Ministério da Justiça, consiste no conjunto de medidas adotadas pela União com o fim de proporcionar proteção e assistência a pessoas ameaçadas ou coagidas em virtude de colaborarem com a investigação ou com o processo criminal.

As medidas do Programa, aplicadas isolada ou cumulativamente, objetivam garantir a integridade física e psicológica das referidas pessoas e de seus familiares, sendo caso, e a cooperação com o sistema de justiça, valorizando a segurança e o bem-estar dos beneficiários, e consistem, dentre outras, em: segurança nos deslocamentos; transferência de residência ou acomodação provisória em local sigiloso, compatível com a proteção; preservação da identidade, imagens e dados pessoais; ajuda financeira mensal; suspensão temporária das atividades funcionais; assistência social, médica e psicológica; apoio para o cumprimento de obrigações civis e administrativas que exijam comparecimento pessoal; e alteração de nome completo, em casos excepcionais.

10.1.11. *Do reconhecimento de pessoas e coisas*

A identificação dos culpados de um ato ilícito é uma das finalidades específicas do processo penal.[265]

O CPP regula o reconhecimento de pessoas e coisas nos arts. 226 a 228.

10.1.11.1. Conceito e modalidades

Reconhecimento é o ato formal por meio do qual uma pessoa tenta identificar outra pessoa ou coisa que tenha visto anteriormente e que possa ter relação com o objeto de determinada persecução penal.

Na expressão de CAFFERATA e HAIRABEDIÁN, "el reconocimiento es un acto formal, en virtud del cual se intenta conocer la identidad (*lato sensu*) de una persona, mediante la intervención de otra, quien al verla entre varias afirma (o niega) conocerla o haberla visto en determinadas circunstâncias".[266]

Levando em conta *o que é submetido a reconhecimento*, pode tratar-se de *pessoa* ou *coisa*.

Quanto ao resultado, o reconhecimento pode ser *positivo* ou *negativo*.

Quanto ao meio empregado, pode ser *direto* ou *indireto*.

Direto é aquele que recai diretamente sobre a pessoa ou coisa, que é vista pelo reconhecedor.

---

265. JOSÉ I. CAFFERATA NORES e MAXIMILIANO HAIRABEDIÁN, *La prueba en el proceso penal*, p. 161.

266. JOSÉ I. CAFFERATA NORES e MAXIMILIANO HAIRABEDIÁN, *La prueba en el proceso penal*, p. 162.

É *indireto* quando realizado por meio da análise de fotografias, gravação de imagem ou som.

10.1.11.2. Natureza jurídica

O reconhecimento, seja de pessoa ou coisa, tem natureza jurídica de *meio de prova*.

Com vistas à formação do convencimento, a conclusão que dele decorre deve ser analisada pelo juiz em conjunto com os demais elementos de prova colhidos no curso da instrução.

10.1.11.3. Formalidades

Nos quadrantes do art. 226 do CPP, quando houver necessidade de fazer-se o reconhecimento de pessoa, proceder-se-á pela seguinte forma:

> I – a pessoa que tiver de fazer o reconhecimento será convidada a descrever a pessoa que deva ser reconhecida;
>
> II – a pessoa, cujo reconhecimento se pretender, será colocada, se possível, ao lado de outras que com ela tiverem qualquer semelhança, convidando-se quem tiver de fazer o reconhecimento a apontá-la;
>
> III – se houver razão para recear que a pessoa chamada para o reconhecimento, por efeito de intimidação ou outra influência, não diga a verdade em face da pessoa que deve ser reconhecida, a autoridade providenciará para que esta não veja aquela;
>
> IV – do ato de reconhecimento lavrar-se-á auto pormenorizado, subscrito pela autoridade, pela pessoa chamada para proceder ao reconhecimento e por duas testemunhas presenciais.
>
> Parágrafo único. O disposto no n. III deste artigo não terá aplicação na fase da instrução criminal ou em plenário de julgamento.

10.1.11.3.1. Reconhecimento por videoconferência

Observado o disposto no § 8º do art. 185 do CPP, é possível o reconhecimento de pessoas ou coisas por videoconferência, respeitadas a excepcionalidade do ato e suas formalidades próprias, conforme dispõem os §§ 2º, 3º, 4º e 5º da norma de regência invocada.

10.1.11.4. Reconhecimento de pessoa

Inicialmente, o reconhecedor deve descrever aquele que se dispõe a reconhecer. Com isso, exterioriza particularidades que servem para fincar balizas, dar rumo ao reconhecimento. Deverá indiciar, por exemplo: sexo; altura; forma física; cor da pele; cabelo (liso ou crespo; longo ou curto, cor etc.); eventuais sinais identificadores (tatuagem; uma pinta ou sinal qualquer) etc. Em suma, deverá fornecer todos os elementos que sua memória permitir.

O inciso II diz que a pessoa a ser reconhecida deverá ser colocada em uma sala, *se possível*, com outras que tenham com ela alguma semelhança.

A regularidade do procedimento reclama, da autoridade que colhe esse tipo de prova, que *sempre* coloque várias pessoas juntas à apreciação do reconhecedor, para que dentre elas possa eventualmente apontar alguma. A cláusula – *se possível* – tem relação com a possibilidade de pessoas que guardem semelhanças entre si. Entenda-se: *sempre* várias pessoas juntas, e, *se possível*, com semelhanças entre si.

Já a seu tempo, Carrara advertiu para o fato de que: "O preceito do reconhecimento *inter plures* emana de um critério lógico, e é prescrito pelos práticos de todos os tempos. Sem essa formalidade, nunca se pode ter certeza da *espontaneidade* do reconhecimento, e, por conseguinte, de sua veracidade. Mas não basta que, por um sistema grosseiro, quase ridículo, sejam colocados entre duas outras pessoas ou dois outros objetos a pessoa ou o objeto que se deseja fazer reconhecer. É mister ainda que aqueles outros objetos ou aquelas outras pessoas sejam: 1º *desconhecidos* de quem faz o reconhecimento; 2º quanto possível, *semelhantes* à pessoa ou ao objeto a ser identificado. Isto não demanda demonstração, por ser dedução necessária do princípio lógico que ordena o reconhecimento *inter plures*. E causa mágoa ver, com demasiada frequência, conculcadas essas cautelas, com escárnio da lei e do próprio senso comum".[267]

Peneirando eventuais dúvidas, essas cautelas refinam ainda mais o reconhecimento.

Se, entre pessoas com características semelhantes (ou não), o reconhecedor distingue e aponta alguém, sem sombra de dúvida, e se as características físicas dessa pessoa apontada coincidirem com aquelas por ele inicialmente descritas, temos o *reconhecimento positivo*.

Se o reconhecedor não identifica a pessoa de que trata, ou se identifica alguém cujas características não conferem com aquelas inicialmente informadas, estamos diante de *reconhecimento negativo*.

Não raras vezes, e com fortes razões para isso, o reconhecedor poderá sentir-se constrangido. Não é difícil imaginar a tormenta psicológica, as incertezas e receios a que se vê justificadamente lançado o ofendido ou testemunha se tiver que apontar – *cara a cara* – o autor do delito.

Essa situação é, de fato, tormentosa e, por isso, o legislador permite no inciso III um procedimento em que o reconhecedor não seja visto pelo reconhecido.

O ideal é que exista um ambiente próprio para esse tipo de reconhecimento. Normalmente uma sala com uma *parede de vidro* (ou parte dela) que não permita enxergar de dentro para fora, mas de fora para dentro, onde são colocadas as pessoas expostas à apreciação do reconhecedor, ficando este do lado de fora.

Infelizmente, e isso se deve ao descaso generalizado do Poder Executivo com a segurança pública e demais questões penais, em regra o que se faz, quando muito, é colocar entre o reconhecedor e o reconhecido uma porta entreaberta, por

---

267. Francesco Carrara, *Programa do curso de direito criminal*, parte geral, tradução de José Luiz V. de A. Franceschini e J. R. Prestes Barra, São Paulo, Saraiva, 1957, v. II, p. 442-443.

onde o primeiro será convidado pela autoridade a *espiar*, para depois dizer se reconhece alguém.

Outras vezes, naquelas portas em que ao centro e na parte superior há um pequeno quadrado em vidro, coloca-se o pessoal de um lado e o reconhecedor do outro, tampa-se a parte de vidro com um papelão desgrenhado, com um pequeno e desbeiçado furo no meio, e por aí passa a visão do reconhecedor. É tudo muito ridículo e caricato, tipicamente tupiniquim; coisa de país que não respeita direitos e garantias fundamentais. País inviável!

Seja como for, ao menos na letra da lei, essa medida tem dupla finalidade: preservar o reconhecedor *e* garantir a fidedignidade da prova.

Encerrados os rituais, seja o reconhecimento positivo ou negativo, pouco importa, deverá ser formalizado em auto próprio, pormenorizado.

Sob pena de nulidade e consequente *invalidade da prova*, nele deverá constar o teor das informações preliminares fornecidas pelo reconhecedor, e bem assim tudo o mais que se verificar na concretização do ato, do início ao fim.

O auto que se materializar deverá ser assinado pela autoridade que presidiu as tarefas formais de realização da prova, pela pessoa chamada para proceder ao reconhecimento e por duas testemunhas presenciais. A lei não exige que se colha a assinatura da pessoa eventualmente reconhecida, mas se esta for aposta no documento, tal superfetação em nada prejudicará a validade da prova.

Trata-se, como é fácil observar, de procedimento formal. Não por acaso, o legislador cuidou de detalhar cada fase meticulosamente, passo a passo, tudo com o objetivo de evitar, tanto quanto possível, seja o reconhecedor induzido a apontar determinada pessoa sem que disponha da certeza necessária para esse tipo de afirmação, que tem consequências sérias. É imprescindível que se observe a forma regrada, a fim de garantir a fidelidade da prova.

Não cabe ao juiz alterar deliberadamente os ritos, pena de transformar-se naquela figura odiosa designada por Alvarado Velloso como "el juez normador".[268]

Como doutrina Renato Furtado com absoluta propriedade, "do respeito pela norma resultará o valor do reconhecimento como meio de prova. Norma que cuidadosamente posta pelo Legislador, reconhecendo este tratar-se de prova delicada, não é cabente ao intérprete e aplicador do direito escamoteá-la ou desprezá-la".[269]

10.1.11.4.1. Reconhecimento em juízo

Diz o parágrafo único do art. 226 que o disposto no inciso III não tem aplicação na fase da instrução criminal e no plenário de julgamento pelo Tribunal do Júri.

---

268. Adolfo Alvarado Velloso, *Debido proceso versus pruebas de oficio*, Bogotá, Temis, 2004, p. 124.

269. Renato de Oliveira Furtado, Os riscos do reconhecimento sem as formalidades legais. *Revista Consultor Jurídico*, 29 de abril de 2012. Disponível em: <http://www.conjur.com.br/2012-abr-29/renato-furtado-riscos-reconhecimento-formalidades-legais>. Acesso em: 31 jan. 2013.

De fato, *e sob os olhos do fiscal da lei*, em juízo o que invariavelmente se pratica é um tipo único de *reconhecimento "sui generis"*; um arremedo informal de reconhecimento; verdadeiro monstrengo, em que o magistrado, virando-se para o reconhecedor e apontando diretamente para o acusado, pergunta, quase afirmando, em tom de voz perfurocortante: foi *aquele ali* o autor do crime? (*sic*).

E o arguido, após olhar de soslaio, com os olhos turvos de quem fora surpreendido com tão brusca e inesperada inquirição, rapidamente responde: *sim*. É quase um "*nim*": um misto de sim com não.

Esse "sim", anunciado nessas circunstâncias, algumas vezes exterioriza muito mais o desejo de *não contrariar o juiz* do que o compromisso sério de identificar verdadeiramente, com segurança, o infeliz que está ali sentado. E dessa maneira, sem calcular o estrago, nesse "jeito de botequim", afirma-se a visceral ligação com o delito.

E mesmo assim: ponto final. É o que basta para mais adiante se fazer constar na fundamentação da sentença, solenemente e em letras destacadas, que o ofendido ou testemunha reconheceu *formalmente* o acusado em juízo.

Nada mais ilusório, grotesco e enganador.

Tal prática, de reconhecimento, nada tem.

Ensinou Carrara que: "Há sugestão quando, procurando a identificação de um objeto ou de uma pessoa, se apresenta ao interrogado aquele objeto ou pessoa que a acusação quer identificar, sem colocá-lo de permeio a outros. Essa *sugestão* se poderia dizer *implícita*. Tal forma de *sugestão* é um misto de sugestão real e verbal. É real enquanto, com a apresentação da coisa se sugere ao interrogando a ideia de identidade entre a conhecida e a desconhecida que se procura. É verbal por isso que, com a pergunta, se vem a insinuar tal ideia de identidade".[270]

A quebra do procedimento tipificado para a colheita desse tipo de prova desautoriza afirmar que houve reconhecimento em casos tais; tecnicamente, não houve. O que há é um simulacro de reconhecimento. Pensar o contrário é colocar em farrapos a dignidade da Justiça.

Na condução do processo de modelo democrático, o juiz não pode portar-se como um vulgar curioso; como um receptor displicente de informações tão sérias. Deve, acima e antes de tudo, respeitar a dignidade de todos e de tudo que o processo toca e envolve profundamente. Goste ou não; aprecie ou não o formalismo, impõe-se o acatamento irrestrito às diretrizes que informam os procedimentos normativamente delineados pelo Poder competente.

Daí, mais uma vez, a acertada conclusão de Renato Furtado quando afirma que "o apontamento em audiência é ato simultaneamente avesso à lei processual penal,

270. Francesco Carrara, *Programa do curso de direito criminal*, parte geral, tradução de José Luiz V. de A. Franceschini e J. R. Prestes Barra, São Paulo, Saraiva, 1957, v. II, p. 443.

à Magna Carta e aos tratados internacionais. Ao se informalizar tão delicado ato, reduz-se, drasticamente, a esfera das garantias fundamentais e 'não é necessário que entre o crime e a persecução penal tenha-se que espremer cada vez mais o núcleo que dá vida a uma Constituição'".[271]

A jurisprudência, entretanto, tem admitido o procedimento disforme como meio de prova, por entender *dispensáveis os trâmites formais para o reconhecimento em juízo*, conforme analisaremos mais adiante.

Por isso, cabe aqui a advertência de Ihering: A forma é inimiga jurada do arbítrio e irmã gêmea da liberdade.

Se quisermos ser livres, devemos ser escravos da Lei (M. T. Cícero).

10.1.11.5. Reconhecimento fotográfico

É comum na prática policial, e também em juízo, a apresentação de fotografias para que, por meio delas, identifique-se a pessoa do acusado.

Com vistas a evitar equívocos por parte do reconhecedor, para ter valia probatória,[272] feitas as devidas adaptações, esse procedimento deve seguir as regras indicadas no art. 226, I, II e IV, do CPP.[273]

No dizer de Frondizi e Daudet: "Los reconocimientos fotográficos deben efectuarse respetando las reglas establecidas para los reconocimientos efectuados con la persona presente. Ante todo, debe contarse con fotografías de sujetos de características fisionómicas semejantes al individuo a identificar".[274]

Ainda que bem formalizado, não se trata de reconhecimento direto, daí seu resultado apresentar mero indício, prova indireta da autoria, a ser confirmada em juízo por outros elementos de convicção.

---

271. Renato de Oliveira Furtado, Apontamento do acusado em audiência não é reconhecimento legal. *Jus Navigandi*, Teresina, ano 17, n. 3.246, 21 maio 2012. Disponível em: <http://jus.com.br/revista/texto/21814>. Acesso em: 31 jan. 2013.

272. "Eventuais vícios do inquérito policial não contaminam a ação penal. O reconhecimento fotográfico, procedido na fase inquisitorial, em desconformidade com o art. 226, I, do CPP, não tem a virtude de contaminar o acervo probatório coligido na fase judicial, sob o crivo do contraditório. Inaplicabilidade da teoria da árvore dos frutos envenenados (*fruits of the poisonous tree*). Sentença condenatória embasada em provas autônomas produzidas em juízo" (STF, HC 83.921/RJ, 1ª T., rel. Min. Eros Grau, j. 3-8-2004, *DJ* de 27-8-2004, *RTJ* 191/598). *No mesmo sentido:* STF, RE 626.600-AgR/ES, 1ª T., rel. Min. Cármen Lúcia, j. 9-11-2010, *DJe* de 25-11-2010; STF, RHC 85.286/SP, 2ª T., rel. Min. Joaquim Barbosa, j. 29-11-2005, *DJ* de 24-3-2006; STF, HC 84.316/MG, 1ª T., rel. Min. Ayres Britto, j. 24-8-2004, *DJ* de 17-9-2004; STF, HC 75.497/SP, 2ª T., rel. Min. Maurício Corrêa, j. 14-10-1997, *DJ* de 9-5-2003; STF, HC 81.993/MT, 2ª T., rel. Min. Ellen Gracie, j. 18-6-2002, *DJ* de 2-8-2002.

273. STF, HC 74.368/MG, Tribunal Pleno, rel. Min. Sepúlveda Pertence, j. 1º-7-1997, *DJU* de 28-11-1997, *RT* 749/576; STF, HC 74.751/RJ, 1ª T., rel. Min. Sepúlveda Pertence, j. 4-11-1997, *DJ* de 3-4-1998, *RT* 754/529.

274. Román Julio Frondizi e María Gabriela S. Daudet, *Garantías y eficiencia en la prueba penal*, La Plata, Libreria Editora Platense, 2000, p. 101.

O Pretório Excelso e o Superior Tribunal de Justiça têm se pronunciado reiteradamente nessa linha de raciocínio, conforme demonstram as ementas que seguem:

> O reconhecimento fotográfico do acusado [realizado na fase inquisitorial], quando ratificado em juízo, sob a garantia do contraditório e da ampla defesa, pode servir como meio idôneo de prova para lastrear o édito condenatório.[275]
>
> O reconhecimento fotográfico tem valor probante pleno quando acompanhado e reforçado por outros elementos de convicção.[276]
>
> O reconhecimento fotográfico, acompanhado de outras provas, justifica o regular processamento da ação penal e pode servir de elemento de convicção do Juiz.[277]
>
> Nos moldes da jurisprudência desta Corte, o reconhecimento fotográfico do acusado, quando ratificado em juízo, sob a garantia do contraditório e ampla defesa, pode servir como meio idôneo de prova para formar a convicção do magistrado e lastrear o édito condenatório, notadamente quando corroborado por outros elementos probatórios, inexistindo, portanto, ilegalidade manifesta a ser reparada.[278]

No mesmo sentido: STF, HC 99.786/RJ, 2ª T., rel. Min. Ellen Gracie, j. 29-9-2009, *DJe* de 16-10-2009; STJ, HC 214.644/SP, 5ª T., rel. Min. Laurita Vaz, j. 13-9-2011, *DJe* de 28-9-2011; STJ, HC 159.285/RJ, 6ª T., rel. Min. Sebastião Reis Júnior, j. 13-9-2011, *DJe* de 10-10-2011.

10.1.11.6. Reconhecimento de objeto

É comum, na prática, submeter a reconhecimento a arma utilizada na execução do crime (homicídio; lesões corporais; roubo etc.); bens de propriedade da vítima (nos crimes contra o patrimônio, p.ex.); objetos diversos apreendidos no local do crime; peças de vestuário (uma vestimenta apreendida na residência do suposto autor, p.ex.) etc.

Para o reconhecimento formal de objetos, são aplicáveis as mesmas regras acima indicadas, naquilo que for compatível (CPP, art. 227).

10.1.11.7. Reconhecimento de voz

O CPP não trata especificamente do reconhecimento de voz; não há forma prevista para esse tipo de prova.

Eventualmente a voz gravada poderá ser *reconhecida* por uma testemunha, mas esse será um indício muito leve, anêmico, que, por si, no mais das vezes, não conduzirá a um juízo de certeza a respeito de autoria delitiva.

---

275. STF, HC 104.404/MT, 1ª T., rel. Min. Dias Toffoli, j. 21-9-2010, *DJe* 230, de 30-11-2010.
276. STF, HC 74.267/SP, 2ª T., rel. Min. Francisco Rezek, j. 26-11-1996, *DJ* de 28-2-1997.
277. STJ, HC 120.867/SP, 5ª T., rel. Min. Adilson Vieira Macabu, j. 6-12-2011, *DJe* de 3-2-2012.
278. STJ, HC 248.400/DF, 5ª T., rel. Min. Marco Aurélio Bellizze, j. 18-9-2012, *DJe* de 21-9-2012.

Havendo necessidade, o que se pode fazer é *prova pericial comparativa*. Essa sim, depois de materializada em laudo formal pormenorizado, poderá levar à elucidação da autoria.

Cabe ressaltar que a situação aqui tratada não se confunde com aquela em que a gravação de voz decorre de escuta telefônica judicialmente autorizada, em que não há dúvida a respeito da identidade dos interlocutores.

10.1.11.8. Várias pessoas chamadas a fazer reconhecimento

Sendo várias as pessoas chamadas a efetuar o reconhecimento de pessoa ou de objeto, cada uma fará a prova em separado, evitando-se qualquer comunicação entre elas (CPP, art. 228).

10.1.11.9. Valor probatório do reconhecimento

A realização do reconhecimento configura simples faculdade conferida à autoridade (policial ou judiciária), que não fica vinculada às suas conclusões.[279] Só deve ser realizado quando demonstrada a necessidade,[280] mas é certo que, em determinados tipos de delito, esse meio de prova se mostra extremamente útil, quase imprescindível, o que exalta a necessidade de redobrada cautela ao se deliberar sobre sua realização.

Feito em conformidade com as regras dispostas, como qualquer outra prova, seu conteúdo deve ser valorado em conjunto com os demais elementos disponíveis nos autos. Isoladamente, não serve para fundamentar condenação.

Desatendidas as formalidades legais, perderá seu valor como prova.[281]

Sobre isso é preciso considerar duas situações: *1ª*) reconhecimento feito na fase policial, de investigação, e, 2ª) reconhecimento feito em juízo.

Se o reconhecimento for feito em desarmonia com o art. 226 do CPP na fase de investigação, somente ele será considerado nulo.

---

279. STF, HC 102.603/SP, 2ª T., rel. Min. Ayres Britto, j. 1º-3-2011, *DJe* n. *112*, de 13-6-2011; STJ, HC 97.195/SP, 6ª T., rel. Min. Haroldo Rodrigues, j. 29-9-2009, *DJe* de 19-10-2009.

280. "O reconhecimento de pessoas só é feito quando houver necessidade (CPP, art. 226)" (STF, HC 77.246/RS, 2ª T., rel. Min. Marco Aurélio, rel. p/o Acórdão Min. Maurício Corrêa, j. 9-3-1999, *DJ* de 29-8-2003, p. 34).

281. "As formalidades previstas no art. 226 do Código de Processo Penal são essenciais à valia do reconhecimento, que, inicialmente, há de ser feito por quem se apresente para a prática do ato, a ser iniciado com a descrição da pessoa a ser reconhecida. Em seguida, o suspeito deve ser colocado ao lado de outros que com ele guardem semelhança, a fim de que se confirme o reconhecimento. A cláusula 'se for possível', constante do inciso II do artigo de regência, consubstancia exceção, diante do princípio da razoabilidade. O vício não fica sanado pela corroboração do reconhecimento em juízo, também efetuado sem as formalidades referidas" (STF, HC 75.331/SP, 2ª T., rel. Min. Marco Aurélio, j. 2-12-1997, *DJ* de 6-3-1998, p. 3).

Não se trata de prova ilícita capaz de contaminar as demais provas colhidas; apta a nulificar o processo etc.

Sabemos que não há nulidade em inquérito policial, e as eventuais irregularidades nele praticadas não atingem a ação penal. Nulificam *a prova* desarmoniosa com a regra de direito, mas não *o processo*.

A Suprema Corte já se pronunciou sobre esse tema nos termos da ementa que segue:

> Eventuais vícios do inquérito policial não contaminam a ação penal. O reconhecimento fotográfico, procedido na fase inquisitorial, em desconformidade com o art. 226, I, do Código de Processo Penal, não tem a virtude de contaminar o acervo probatório coligido na fase judicial, sob o crivo do contraditório. Inaplicabilidade da teoria da árvore dos frutos envenenados (*fruits of the poisonous tree*).[282]

Se o reconhecimento for feito em juízo, sem as formalidades do art. 226, também será nulo; não servirá como prova direta da autoria. *Nesse sentido*: STF, HC 74.368/MG, 1ª T., rel. Min. Sepúlveda Pertence, j. 1º-7-1997, *DJ* de 28-11-1997, p. 62.218; STF, HC 75.331/SP, 2ª T., rel. Min. Marco Aurélio, j. 2-12-1997, *DJ* de 6-3-1998, p. 3.

O E. Min. MARCO AURÉLIO, em voto proferido por ocasião do julgamento da ADIn 3.367, destacou que: "A forma revela meio para alcançar a realização do direito substancial. A forma, colocada no cenário jurídico mediante preceitos imperativos é, acima de tudo, liberdade, em seu sentido maior; é a revelação do que pode ou não ocorrer, em se tratando de jurisdição".[283]

Mas é preciso dizer que há entendimento em sentido contrário, tal como denunciam os enunciados que trazemos à apreciação:

> Reconhecimento pessoal que, mesmo sem atender rigorosamente ao disposto no art. 226 do CPP, não é de molde a ensejar a anulação da prova assim obtida (STF, HC 73.839/RJ, 2ª T., rel. Min. Carlos Velloso, j. 29-4-1997, *DJ* de 27-3-1998, p. 3).

> Se as vítimas ou as testemunhas do evento delituoso apontam, com segurança, em audiência judicial, o acusado presente como o autor do ilícito penal praticado, essa prova possui eficácia jurídico-processual idêntica àquela que emerge do reconhecimento efetuado com as formalidades prescritas pelo art. 226 do Código de Processo Penal. Esse meio probatório, cuja validade é inquestionável, reveste-se de aptidão jurídica suficiente para legitimar, especialmente quando apoiado em outros elementos de convicção, a prolação de um decreto condenatório.[284]

---

282. STF, HC 83.921/RJ, 1ª T., rel. Min. Eros Grau, j. 3-8-2004, *DJ* de 27-8-2004, p. 70, *RTJ* 191/598.

283. STF, ADIn 3.367/DF, Tribunal Pleno, rel. Min. Cezar Peluso, j. 13-4-2005, *DJ* de 17-3-2006, p. 4, *RTJ* 197/875.

284. STF, HC 68.819/SP, 1ª T., rel. Min. Celso de Mello, j. 5-11-1991, *DJ* de 28-8-1992, p. 13.452, *RTJ* 136/1.229.

> A jurisprudência desta Corte é firme no sentido que as disposições insculpidas no art. 226 do CPP configuram mera recomendação legal, e não uma exigência, porquanto não se comina a sanção da nulidade quando praticado o reconhecimento pessoal de modo diverso.[285]

Independente de qual for a posição que se adote, é certo que, desacompanhado de outros elementos de convicção, venha de onde vier, o reconhecimento isolado jamais poderá ensejar condenação.

10.1.12. Da acareação

10.1.12.1. Conceito e finalidade

Regulada nos arts. 229 e 230 do CPP, a acareação configura ato processual em que pessoas que já foram ouvidas a respeito de determinado fato são colocadas frente a frente e reperguntadas sobre as divergências existentes entre as respectivas versões.

Apreendeu Jauchen[286] que a acareação se faz necessária por atos que surgem *do processo*, constituídos por declarações contraditórias prestadas diante do juiz da causa. Sua necessidade surge quando o processo já está em curso.

Não são possíveis duas verdades antagônicas sobre o mesmo fato. Se flagrante divergência se verificar nas declarações colhidas, é evidente que uma será verdadeira e a outra, falsa, o que fará surgir a necessidade de se apurar com profundidade qual narrativa tem correspondência com os fatos e qual é mendaz.

A finalidade da acareação, portanto, é obter a verdade.

Se em consequência dela se consegue chegar ou não a uma coincidência de versões, arremata Jauchen,[287] e se esta corresponde ou não à verdade histórica, tal será objeto de análise pelo juiz no confronto com os demais elementos de provas existentes, por ocasião da sentença.

10.1.12.2. Natureza jurídica

Tem natureza jurídica de meio de prova.

10.1.12.3. Momento de sua realização

A acareação pode ser feita na fase de investigação, pelo Delegado de Polícia que presidir o inquérito ou outro designado (CPP, art. 6º, VI), ou na fase judicial, após a instauração do processo, quando então será levada a efeito pelo juiz competente.

---

285. STJ, HC 417.291/SP, 5ª T., rel. Min. Ribeiro Dantas, j. 3-4-2018, *DJe* de 9-4-2018.
286. Op. cit., p. 445.
287. Op. cit., p. 447.

Já decidiu o STF que, em juízo, o momento oportuno para acareação se dá depois da colheita de toda a prova oral.[288]

10.1.12.4. Admissibilidade, pressuposto e objeto

Informa o art. 229 do CPP que *a acareação será admitida:*

1) entre acusados;

2) entre acusado e testemunha;

3) entre testemunhas;

4) entre acusado e ofendido;

5) entre ofendido e testemunha;

6) entre ofendidos.

Pressuposto da acareação é a preexistência de declarações formalizadas nos autos, nas quais se identifique divergência sobre fatos ou circunstâncias relevantes para a reconstrução da verdade.

Objeto da acareação, portanto, são as divergências existentes nas declarações que se antagonizam.

A divergência sobre fato irrelevante ou impertinente não autoriza a providência, porquanto inútil para o julgamento da causa.

10.1.12.5. Procedimento

A acareação pode ser determinada ou em razão de acolhimento a pedido formulado por qualquer das partes. No processo acusatório, jamais *ex officio*.

Designados dia e hora para ter lugar a audiência, devem ser intimados para o ato: o Ministério Público (sempre) e o querelante (caso seja o autor da ação penal), o defensor e o acusado (sempre, seja este acareado ou não) e, é evidente, aqueles que serão acareados (as pessoas que deverão esclarecer seus depoimentos anteriormente prestados).

O juiz deverá destacar os pontos controvertidos entre os depoimentos já prestados e então os acareados serão reperguntados, um a um, a respeito do que têm a esclarecer e/ou acrescentar sobre cada divergência apontada.

Caso o ato não seja gravado em mídia (CD, DVD ou *hard disk*), conforme for obtendo as respostas o juiz deverá ditá-las ao escrevente de sala, a quem caberá redigi-las em termo próprio (termo de acareação), no qual todos serão identificados e deverão apor suas respectivas assinaturas (as eventuais recusas serão consignadas no termo).

O art. 230 do CPP admite acareação por precatória. Convenhamos! Trata-se de providência de quase nenhum efeito.

---

288. STF, Ap 470-QO5/MG, Tribunal Pleno, rel. Min. Joaquim Barbosa, j. 8-4-2010, *DJe* n. 164, de 3-9-2010.

A esse respeito, consignou Nucci que "se algum valor pode haver na acareação é justamente a colocação de duas pessoas, cujos depoimentos são contraditórios, frente a frente, para que o magistrado tenha a oportunidade de perceber, inclusive através de pequenos gestos corporais e faciais, frases e estado de espírito, quem está mentindo e quem fala a verdade".[289]

> Realizada por precatória, a prova é esvaziada em grande parte, restando pouca chance de ter sucesso. Assim, inicialmente, o magistrado colhe as respostas acerca das contradições da pessoa presente, para, depois, expedir precatória à autoridade judiciária de onde se encontra a pessoa ausente, que poderá esclarecer, na sua visão, as divergências existentes. É possível ocorrer duas situações: *a)* a pessoa presente está na comarca do juiz e a ausente em outra. Convoca o magistrado a residente na sua esfera de jurisdição, ouvindo-a sobre as contradições existentes. Se tudo ficar esclarecido devidamente, nenhuma outra providência é tomada; *b)* ouve o juiz a pessoa presente; persistindo as contradições, expede-se a precatória para outro magistrado ouvir a pessoa ausente, porque reside em comarca diversa.[290]

Por força do disposto no § 8º do art. 185 do CPP, admite-se acareação por videoconferência, cumprindo sejam observados os requisitos e procedimentos determinados nos §§ 2º, 3º, 4º e 5º do dispositivo em questão.

10.1.12.6. Valor probatório

Se eficaz, a acareação pode revelar eficiente meio de prova, mas a realidade é que, na prática, em regra é de nenhum efeito, visto que os acareados normalmente acabam mantendo a versão original, de modo a não resolver as divergências.

Constitui faculdade conferida à autoridade (policial ou judiciária), que não fica vinculada às suas conclusões.[291]

Estrategicamente, a acareação pode ser um bom momento para a testemunha mentirosa voltar atrás e narrar a verdade, de modo a escapar de eventual processo em razão da prática do crime de falso tipificado no art. 342 do CP.

10.1.13. Dos documentos

10.1.13.1. Conceito

O *conceito legal* está expresso no art. 232 do CPP, segundo o qual "consideram-se documentos quaisquer escritos, instrumentos ou papéis, públicos ou particulares".

---

289. Guilherme de Souza Nucci, *Manual de processo e execução penal*, 14. ed., Rio de Janeiro, Forense, 2017, p. 462.

290. Op. cit., p. 501.

291. STF, HC 102.603/SP, 2ª T., rel. Min. Ayres Britto, j. 1º-3-2011, *DJe* n. 112, de 13-6-2011 e STJ, HC 97.195/SP, 6ª T., rel. Min. Haroldo Rodrigues, j. 29-9-2009, *DJe* de 19-10-2009.

Ensina Tourinho Filho que, para o legislador processual penal, *papéis* "nada mais são que o documento feito sem o propósito de servir de prova, podendo, entretanto, exercer tal função ocasionalmente".

E segue:

> *Instrumento público*: é o lavrado por oficial público competente, em razão de seu ofício. Ex.: o testamento público, a escritura pública de compra ou venda de um imóvel.
>
> *Instrumento particular*: o formado por particulares ou até mesmo por oficiais públicos, não em razão de seu ofício. Ex.: nota promissória, escritura particular de compra ou venda de imóveis, letra de câmbio etc.
>
> *Papéis públicos*: são os lavrados por oficial público competente, no exercício de sua função. Ex.: guias de recolhimento de impostos, as publicações de atos administrativos no *Diário Oficial* etc.
>
> *Papéis particulares*: todos aqueles que não forem lavrados por oficial público no exercício de seu cargo. Ex.: uma carta, um convite para um baile etc.[292]

No passado, entendia-se como documento apenas o *papel contendo algum texto escrito ou impresso*. Tal concepção restritiva está superada.

Nos dias que correm, há que se emprestar uma interpretação mais ampla ao conceito de documento, de modo a considerar como tal: todo material, produto de uma atividade humana,[293] que contenha algum tipo de manifestação intelectual (palavras, imagens, sons etc.).[294]

Na expressão de Carnelutti, *o documento cria um objeto capaz de representar*, no sentido de trazer alguma informação. Disse ainda o professor italiano: "El documento no es sólo una cosa, sino una cosa representativa, o sea, capaz de representar un hecho".[295]

Disso decorre que são considerados documentos: texto escrito ou impresso, em papel ou não (inclusive e-mail); gravações de imagens e/ou áudio, dispostas em CDs, DVDs, *hard disk* ou outra tecnologia qualquer;[296] fotografias,[297] laudos, quadros, croqui[298] etc.

292. Fernando da Costa Tourinho Filho, *Manual de processo penal*, 17. ed., 2017, p. 636.

293. Francesco Carnelutti, *La prueba civil*, tradução de Niceto Alcalá-Zamora Y Castilho, 2. ed., Buenos Aires, Depalma, 1982, p. 161.

294. José I. Cafferata Nores e Maximiliano Hairabedián, *La prueba en el proceso penal*, p. 229.

295. Francesco Carnelutti, *La prueba civil*, tradução de Niceto Alcalá-Zamora Y Castilho, 2. ed., Buenos Aires, Depalma, 1982, p. 156.

296. O art. 11 da Lei n. 11.419/2006 (Dispõe sobre a informatização do processo judicial) fala sobre a existência de *documentos produzidos eletronicamente*.

297. Francesco Carnelutti, *La prueba civil*, tradução de Niceto Alcalá-Zamora Y Castilho, 2. ed., Buenos Aires, Depalma, 1982, p. 161.

298. Ver parágrafo único do art. 479 do CPP.

Em razão do que vimos anteriormente, para que não seja considerado inútil, é imprescindível que o documento externe alguma manifestação de vontade, realidade ou pensamento pertinente e juridicamente relevante para o processo.

Quando se relacione com o delito que se investiga ou possa ser útil para sua comprovação – asseverou Cafferata –, poderá ser incorporado ao processo como prova.[299]

10.1.13.2. Natureza jurídica e objeto

Os documentos têm natureza jurídica de *meio de prova*.

Qualquer fato pode ser objeto de representação documental.

10.1.13.3. Momento de se produzir prova documental

Salvo os casos expressos em lei, é permitida a produção de prova documental em qualquer fase do processo (CPP, art. 231).

Em determinados casos, a prova documental deverá ser juntada com a inicial acusatória, a fim de emprestar plausividade à imputação. Para comportar recebimento, é preciso que a denúncia ou queixa esteja formalmente em ordem e *substancialmente autorizada*.

Na resposta escrita tratada no art. 396-A do CPP, o acusado poderá apresentar documentos que demonstrem a veracidade das alegações defensórias.

Durante a instrução, as partes poderão requerer a juntada de outros documentos.[300]

Importante observar que a teor do disposto no § 3º do art. 3º-C do CPP, "Os autos que compõem as matérias de competência do juiz das garantias ficarão acautelados na secretaria desse juízo, à disposição do Ministério Público e da defesa, e não serão apensados aos autos do processo enviados ao juiz da instrução e julgamento, ressalvados os documentos relativos às provas irrepetíveis, medidas de obtenção de provas ou de antecipação de provas, que deverão ser remetidos para apensamento em apartado".

Essa regra está por determinar **limitação à produção de prova documental pelas partes**, porquanto veda, à acusação e também à defesa, a juntada aos autos do processo, perante o juiz da instrução e julgamento, de cópia dos depoimentos que não devem ser remetidos pelo juiz das garantias.

Com as ressalvas apontadas, a pretensão é no sentido de que as provas produzidas na fase preliminar, e bem assim o conteúdo das decisões judiciais proferidas nesse momento sensível da persecução, não contaminem a compreensão do juiz da

299. José I. Cafferata Nores e Maximiliano Hairabedián, *La prueba en el proceso penal*, p. 229.

300. "Não importa em violação aos princípios do contraditório e da ampla defesa a juntada de documento isolado após a oferta da denúncia" (STF, Inq 3.997/DF, 2ª T., rel. Min. Teori Zavascki, j. 21-6-2016, *DJe* n. 204, de 26-9-2016).

instrução e julgamento a respeito dos fatos, de modo a exercer influência sobre as decisões que deverá proferir na fase distinta, sob sua competência.

Sob pena de nulidade por violação da ampla defesa e do contraditório, após a juntada de qualquer documento é imprescindível se proceda à intimação da parte contrária para que dele tome conhecimento e, querendo, manifeste-se, ocasião em que poderá impugnar sua autenticidade; questionar a assinatura ou origem do texto expresso; arguir ilicitude na obtenção da prova etc.

O art. 479 do CPP dispõe restrição a respeito da produção de prova documental no plenário do júri ao determinar que "durante o julgamento não será permitida a leitura de documento ou a exibição de objeto que não tiver sido juntado aos autos com a antecedência mínima de três dias úteis, dando-se ciência à outra parte".

"Compreende-se na proibição deste artigo a leitura de jornais ou qualquer outro escrito, bem como a exibição de vídeos, gravações, fotografias, laudos, quadros, croqui ou qualquer outro meio assemelhado, cujo conteúdo versar sobre a matéria de fato submetida à apreciação e julgamento dos jurados" (parágrafo único).

Proferida a sentença, se a parte tiver acesso a documento novo poderá juntá-lo com as razões do recurso, a fim de que seja apreciado quando do julgamento na Instância superior.

Nesse caso, a parte contrária poderá se manifestar sobre ele por ocasião das contrarrazões ao inconformismo.

Após o trânsito em julgado da condenação, a descoberta de documento novo poderá justificar o ajuizamento de revisão criminal (CPP, art. 621, III) por parte do condenado.

10.1.13.4. Classificação

Na doutrina encontramos inúmeras classificações para os documentos, levando em consideração diferentes aspectos.

Interessa-nos a que leva em conta seu *autor*, sua *forma* e *finalidade*.

1) Quanto ao autor, em Malatesta[301] e Carnelutti[302] encontramos que os documentos podem ser:

1.1) públicos ou *oficiais*: quando elaborados por alguém que se encontre no exercício legítimo de função pública. Exemplos: uma certidão de nascimento, casamento ou óbito, lavrada por tabelião competente; uma certidão de matrícula de determinado imóvel, expedida pelo oficial do Cartório de Registro de Imóveis etc.

1.2) privados ou *particulares*: quando feitos por qualquer particular. Exemplo: uma declaração redigida por determinada pessoa.

---

301. Nicola Framarino Dei Malatesta, *A lógica das provas em matéria criminal*, v. II, p. 291.

302. Francesco Carnelutti, *La prueba civil*, tradução de Niceto Alcalá-Zamora Y Castilho, 2. ed., Buenos Aires, Depalma, 1982, p. 161 e s.

1.3) *heterógrafos*: documentos cuja nota essencial consiste em que não são formados por quem realiza o ato documentado. Há distinção entre o *autor do documento* e o *autor do fato documentado*. Exemplo: uma escritura pública de declaração feita em cartório.

1.4) *autógrafos*: documentos feitos pelo próprio autor do fato documentado. Há coincidência entre o autor do documento e o autor do fato documentado. "Quien en lugar de hablar escribe, puede, al mismo tiempo en que manifesta el pensamiento, formar el documento de la manifestación."[303] Exemplo: uma declaração redigida por alguém que se dispõe a narrar o que sabe a respeito de determinado fato.

2) *Quanto à forma*, os documentos se dividem em:

2.1) *solenes*: são os documentos cujo valor como tal está condicionado à observância de requisitos formais estabelecidos em lei. Exemplos: a letra de câmbio e a nota promissória, cujo preenchimento deve observar, respectivamente, os requisitos apontados nos arts. 1º e 54 da Lei Uniforme (Decreto n. 2.044, de 31-12-1908).

2.2) *livres* ou *não solenes*: são documentos cuja confecção não reclama observância de qualquer forma rígida. Podem ser confeccionados livremente. Exemplo: um recibo de compra e venda firmado por particular.

3) Quanto à *finalidade*, podem ser:

3.1) *causais*[304] ou *circunstanciais*: quando não foram feitos com a prévia e deliberada intenção de constituir meio de prova.

3.2) *pré-constituídos* ou *deliberados*: quando concebidos e elaborados com o objetivo de fazer prova a respeito de determinado fato.

A esse respeito, ensinou Mittermaier que: "Um documento é decisivo por si mesmo como objeto externo, e por sua natureza como documento; a circunstância de que o fato, de que a indicação aí foi consignada de propósito, e a fim de conservar a prova, como parece, por si só, é para o juiz um motivo grave para crer na verdade de suas enunciações; é razoável supor que seu autor tenha, mais do que nunca, usado de prudência e circunspecção, desde que se tratava de outra coisa, que não uma palavra sem alcance e lançada ao vento".[305]

Os documentos podem ser ainda classificados sob outros vários enfoques, tais como aqueles apresentados por Echandía,[306] dentre os quais retiramos os seguintes: *originais* ou *cópias* (segundo se apresentem em sua forma original ou reprodução); *nacionais* ou *estrangeiros* (segundo o lugar de onde provêm); *autênticos* ou *não autênticos* (levando em conta a certeza sobre seu autor).

---

303. Francesco Carnelutti, *La prueba civil*, p. 164.

304. Nicola Framarino Dei Malatesta, *A lógica das provas em matéria criminal*, v. II, p. 309.

305. C. J. A. Mittermaier, *Tratado da prova em matéria criminal*, p. 296.

306. Hernando Devis Echandía, *Compendio de la prueba*, t. II, p. 189-191.

10.1.13.5. Ônus da prova documental

A produção de prova documental se submete às regras gerais de distribuição subjetiva do ônus da prova, tal como anteriormente analisadas.

Basicamente, à acusação e à defesa incumbe o ônus de provar suas respectivas alegações, mas, se ao final da instrução restar dúvida quanto à ocorrência do delito, autoria e/ou materialidade (sendo caso), esta se resolverá em favor do acusado.

Sua incorporação ao processo deve decorrer de requerimento das partes (produção espontânea). Não subsiste no ordenamento a possibilidade de *produção coercitiva*, assim compreendida aquela que decorre de exclusiva iniciativa judicial.

10.1.13.6. Produção de prova documental por iniciativa do juiz

Verbera o art. 234 do CPP que: "Se o juiz tiver notícia da existência de documento relativo a ponto relevante da acusação ou da defesa, providenciará, independentemente de requerimento de qualquer das partes, para sua juntada aos autos, se possível".

Trata-se de providência judicial vedada no processo penal acusatório ideal.

Com efeito, mesmo que o conteúdo de determinado documento possa mudar o rumo do julgamento da causa, a inércia das partes diante da informação de sua existência obsta seu conhecimento em juízo.

Considerando que o acusado não está obrigado a produzir prova em seu desfavor, não pode o juiz obrigá-lo a apresentar ou exibir documento de que disponha, cujo conteúdo não lhe seja favorável. Caso haja determinação nesse sentido, o desatendimento não poderá acarretar qualquer consequência ao acusado (v.g.: crime de desobediência), por se tratar de ordem manifestamente ilegal.

Bem observou Jauchen,[307] ainda, que também em relação ao imputado, e em salvaguarda de seu direito de defesa, não se poderá sequestrar as cartas ou documentos que tenha enviado ou entregue a seus defensores para o desempenho profissional.

De ver, ainda, que outras vezes a parte não tem a disponibilidade do documento, que somente poderá vir aos autos por força de determinação judicial mesmo, tal como ocorre com documentos acobertados por sigilo, bancário ou fiscal, cujo carreamento ao processo pressupõe prévia decisão do juiz, determinando a excepcional quebra da restrição constitucional. Havendo requerimento de qualquer das partes, o juiz *poderá* determinar as providências necessárias para que integrem o material probatório sobre o qual irá se pronunciar por ocasião da sentença.

Há que se fazer uma advertência pertinente ao tema tratado: o juiz não pode atuar de modo a suprir a ausência de iniciativa das partes, e isso decorre

307. Eduardo M. Jauchen, *Tratado de la prueba em matéria penal*, p. 503.

logicamente do modelo de processo penal acusatório adotado, atrelado a valiosos princípios, tais como o da imparcialidade do juiz.

10.1.13.7. Fotografia de documento

O documento pode ser conhecido em sua forma original ou proveniente de cópia.

Original é o documento conforme materialmente concebido; é o corpo no qual fora originalmente impregnada a expressão intelectual.

Cópia é a reprodução do original. Há quem afirme que a cópia é o documento do documento.

O parágrafo único do art. 232 do CPP diz que "à fotografia do documento, devidamente autenticada, se dará o mesmo valor do original".

Por fotografia entenda-se fotocópia, a cópia feita por xerox ou *scanner*.

Muito embora o dispositivo legal se refira à necessidade de autenticação (atestação de conformidade com o original), é certo que mesmo a cópia não autenticada dispõe de valor probante em juízo, não havendo restrições à sua juntada aos autos.

Caberá ao juiz, diante do caso concreto, em razão de impugnação e requerimento apresentados pela outra parte, verificar se é caso, ou não, de determinar a juntada de cópia autenticada ou do documento original.

10.1.13.8. Documento inteiro

Para ganhar confiança, escreveu MITTERMAIER, o documento "deve ser apresentado inteiro, sem o menor vestígio de alteração ou de mutilação; se tiver numerosas riscaduras, se linhas inteiras houverem sido apagadas, se metade do documento houver sido arrancada, é logo tido por imprestável".[308]

Um documento íntegro, advertiu MALATESTA, terá sempre uma eficácia probatória maior que a de um mutilado, pois àquele a que falte uma parte, pode dar lugar a convicções errôneas, conducentes a errôneos julgamentos.[309]

Não é dizer, todavia, que o documento apresentado apenas em parte, porque deteriorada, destruída ou perdida a outra, deva ser sumariamente tachado de imprestável.

Absolutamente, não.

Há realidades em que, embora carente de integralidade, a parte disponível do documento poderá ser suficiente para provar algo que não se pode desconsiderar. É o que ocorre, por exemplo, com a gravação ambiental de parte de uma conversa em que alguém admite a prática do crime que se busca apurar. Se não houver dúvida

308. C. J. A. MITTERMAIER, *Tratado da prova em matéria criminal*, p. 297.

309. NICOLA FRAMARINO DEI MALATESTA, *A lógica das provas em matéria criminal*, v. II, p. 319.

a respeito do contexto e do teor das afirmações parcialmente preservadas, essa prova deverá ser valorada, em confronto com as demais produzidas.

Tal situação se repete em relação aos documentos escritos etc.

Se a prova não é ilícita, deve ser valorada no conjunto dos autos; não cabe excluí-la aprioristicamente, por força exclusiva da ausência de integralidade.

10.1.13.9. Cartas particulares

As cartas particulares, interceptadas ou obtidas por meios criminosos, não serão admitidas em juízo (CPP, art. 233).

Essa matéria constitui objeto do Tema 1.041 da Repercussão Geral, em relação ao qual o Supremo Tribunal Federal fixou a seguinte Tese: "Sem autorização judicial ou fora das hipóteses legais, é ilícita a prova obtida mediante abertura de carta, telegrama, pacote ou meio análogo".[310]

A propósito, a violação de correspondência se presta à configuração dos crimes tipificados nos arts. 151 e 152 do CP.

Essa determinação legal guarda coerência com a proibição genérica de provas ilícitas, contida no art. 5º, LVI, da CF, e também atende ao disposto no art. 157, *caput* e § 1º, do CPP, segundo o qual "são inadmissíveis, devendo ser desentranhadas do processo, as provas ilícitas, assim entendidas as obtidas em violação a normas constitucionais ou legais", e "são também inadmissíveis as provas derivadas das ilícitas".

Mas as cartas e demais formas de correspondência poderão ser exibidas em juízo pelo respectivo destinatário, para a defesa de seu direito, ainda que não haja consentimento do signatário (CPP, parágrafo único do art. 233), pois nessa hipótese não haverá *violação de correspondência* propriamente dita.

Não teria sentido proibir que alguém possa usar em juízo, como prova de sua inocência, documento de que é portador e legítimo destinatário.

10.1.13.10. Documento em língua estrangeira

Anuncia o art. 236 do CPP que "os documentos em língua estrangeira, sem prejuízo de sua juntada imediata, serão, se necessário, traduzidos por tradutor, ou, na falta, por pessoa idônea nomeada pela autoridade".

Essa regra não é impositiva, de modo que sua não aplicação *nem sempre* acarretará nulidade.[311]

---

310. STF, RE 1.116.949/PR, Tribunal Pleno, rel. Min. Marco Aurélio, rel. p/ o Acórdão Min. Edson Fachin, j. 18-8-2020, *DJe*-241, de 2-10-2020.

311. "A tradução para o vernáculo de documentos em idioma estrangeiro só deverá ser realizada se tal providência tornar-se absolutamente 'necessária', nos termos do que dispõe o art. 236 do Código de Processo Penal" (STF, Inq 4.146/DF, Tribunal Pleno, rel. Min. Teori Zavascki, j. 22-6-2016, *DJe* n. 212, de 5-10-2016).

Pode acontecer que as partes e o juiz disponham de conhecimento suficiente a respeito do idioma em que materializado o documento, de maneira a tornar-se desnecessária a tradução.

Não sendo esse o caso, ou havendo requerimento de qualquer dos interessados, o juiz deverá providenciar a nomeação de tradutor público, oficial, sempre que possível, e, na ausência deste, nomeará pessoa de confiança que disponha de conhecimento que a habilite, não necessariamente um professor da língua estrangeira tratada.

10.1.13.11. As públicas formas e sua conferência judicial

As públicas formas só terão valor quando conferidas com o original, em presença da autoridade (CPP, art. 237).

Pública forma é a cópia autenticada de um documento.

A providência visa a averiguar as condições extrínsecas de validade.

Diante da regra exposta e por força dela, se a autoridade judiciária tiver dúvida a respeito de determinado documento juntado aos autos, poderá determinar que a parte interessada apresente o original para confrontação.

Na visão de ESPÍNOLA FILHO, "a necessidade de virem para os autos, onde devem fazer prova, os documentos originais, pois, muita vez, não basta conhecer apenas o que forma o conteúdo do escrito, mas é preciso examinar também o instrumento na sua materialidade, determina a regra (não constitui qualquer inovação no nosso Código nacional, mas é tradicional no processo criminal), de que as públicas-formas (ou seja, as cópias literais avulsas de qualquer documento feito por oficial público), mesmo quando conferidas e consertadas por outro escrivão, que confirma a sua exatidão com os dizeres do documento copiado, não dispensam, nunca, a sua conferência com o original, feita na presença da autoridade processante".[312]

10.1.13.12. Incidente de falsidade documental

Decorre dos princípios da ampla defesa e do contraditório a imperiosidade de que a parte contrária seja intimada a respeito da juntada de documento a pedido da outra parte.

Analisado o documento, a parte poderá manter-se inerte se não tiver o que opor a ele, mas, em outro extremo, poderá impugnar seu conteúdo, questionar a autenticidade do documento, sua origem, a letra, a data ou a assinatura apostas etc.

Poderá, por exemplo, ser questionada a assinatura aposta em um contrato ou em um cheque; a origem da caligrafia preenchedora de um documento qualquer, quando então será útil o exame grafotécnico de que cuida o art. 174 do CPP.

Entendendo justificada a impugnação, o juiz ou relator do processo determinará a formação de *incidente de falsidade documental* em separado, conforme dispõe o art.

312. EDUARDO ESPÍNOLA FILHO, *Código de Processo Penal brasileiro anotado*, v. III, p. 173.

145 do CPP, devendo o documento ser submetido a exame pericial específico, a fim de ficar esclarecida a controvérsia.

Concluídos os trabalhos periciais e apresentado o respectivo laudo, as partes serão intimadas para conhecimento da conclusão técnica e eventual manifestação a respeito.

Se ficar evidenciada a prática de algum crime de falsidade documental (CP, art. 296 e s.),[313] além de desconsiderar o documento para efeito de prova no processo em que foi apresentado, o juiz deverá determinar a extração e remessa ao Ministério Público dos documentos necessários (documento falso, cópia do laudo etc.) para eventual oferecimento de denúncia contra quem de direito, inclusive pelo uso de documento falso tipificado no art. 304 do CP (CPP, arts. 40 e 145, IV).

10.1.13.13. Desentranhamento e devolução de documento

Após o trânsito em julgado da sentença, condenatória ou absolutória, os documentos originais juntados ao processo poderão ser desentranhados e devolvidos à parte interessada que assim requerer.

A devolução, entretanto, não é irrestrita, pois ficará condicionada à constatação de ausência de interesse na permanência do documento nos autos em que se encontra entranhado.

Feito o requerimento, o juiz deverá determinar a abertura de vista ao Ministério Público para que sobre ele se manifeste, após o que irá proferir sua decisão.

Deferido o pedido, o documento será desentranhado e entregue à parte que o produziu, mediante recibo e certidão nos autos, onde será mantida cópia dele.

É preciso redobrada cautela quando se tratar de documento que constitua o corpo de delito, pois em alguns casos a discussão poderá ser renovada em sede de revisão criminal, e a ausência do documento original poderá acarretar consequências indesejadas para a realização da Justiça.

No caso de documento falso que tenha sido utilizado como meio de prova, como vimos no item anterior, deverá ser encaminhado para o Ministério Público, com vistas a dar suporte a eventual ação penal pelo crime que configurar.

É correta a disposição do art. 238 do CPP quando se refere à possibilidade de devolução apenas do *documento original*. Se o que estiver juntado aos autos for cópia, não terá sentido o desentranhamento: nesse caso bastará que dele se faça outra cópia, que então será entregue.

Se houver dúvida a respeito da propriedade do documento, a devolução não poderá ser feita até que a questão seja definitivamente resolvida no juízo cível.

313. Leitura recomendada: Sylvio do Amaral, *Falsidade documental*, 3. ed., São Paulo, Revista dos Tribunais, 1989.

10.1.13.14. Valor do documento como prova

Para Gorphe,[314] a prova documental é uma das mais seguras, e sua superioridade resulta incontestável sobre a prova oral. Quando é completa, constitui prova perfeita. Mas com frequência não passa de prova fragmentária a que se encontra nos documentos apresentados em juízo, já que permite discussão e exige verificações ou uma interpretação.

Observado que no processo penal brasileiro não vigora (como regra) o princípio da prova legal ou tarifada, caberá ao juiz apreciar a prova documental como qualquer outra, guiado pelo princípio da persuasão racional ou livre convencimento fundamentado.

Mas convenhamos que, afastada a possibilidade de falsidade, a prova expressa em documento é consideravelmente robusta, como bem observou o jurista francês, daí por que, no mais das vezes, irresistível a força de convencimento que de seu conteúdo é dado retirar.

10.1.14. Prova emprestada

O ordinário é que determinada prova seja requerida, eventualmente admitida (se for útil, necessária...), para depois, sendo caso, ser produzida e valorada, tudo em um mesmo processo.

A bilateralidade do processo, informada pelos princípios da ampla defesa, do contraditório e do *due process of law*, exige que se permita a participação direta na colheita das provas por parte daqueles juridicamente interessados.

Vezes há, entretanto, em que a prova produzida em determinado processo é levada para outro, distinto, quando então recebe o nome de *prova emprestada*.[315]

10.1.14.1. Conceito

Emprestada é a prova transportada de um processo para outro, por qualquer meio gráfico ou digital de reprodução, ou mediante juntada de certidão que a ela se refira de maneira detalhada.

Trata-se de prova produzida para ser valorada no julgamento de determinado feito, da qual posteriormente se extrai cópia, em regra, para juntada e apreciação em feito diverso (para o qual não foi originariamente materializada).

10.1.14.2. Natureza jurídica

É acirrada a discussão doutrinária a respeito da natureza jurídica da prova emprestada.

---

314. François Gorphe, *Apreciación judicial de las pruebas*, p. 141.

315. "Inexiste nulidade na utilização de prova emprestada em processo criminal, notadamente fundamentada em decisão judicial deferindo o seu compartilhamento" (STF, Inq 4.023/AP, 2ª T., rel. Min. Cármen Lúcia, j. 23-8-2016, *DJe* n. 185, de 1º-9-2016).

O cerne da questão reclama saber se ela mantém sua natureza originária ou se deverá ser considerada, sempre, como prova documental.

Exemplo: atendendo a requerimento do Ministério Público, o juiz determina a juntada aos autos do processo n. 1.414/2021 de cópia de um depoimento prestado por uma testemunha no processo 1.313/2020.[316]

No processo em que é trasladado, esse depoimento mantém sua natureza de prova oral ou deverá ser valorado como prova documental?

Camargo Aranha, fundamentado na inegável distinção que há entre forma e essência, sustenta que nesse caso haverá um hibridismo: embora documental, a prova conserva sua natureza jurídica primitiva.[317]

A nosso juízo, a natureza jurídica desse tipo de prova é documental, até porque inviável praticar no processo que a recebe todo o procedimento tipificado para a colheita de depoimento.

Mesmo na hipótese de coincidirem as partes em ambos os processos, o juiz do processo que recebe a prova ficará logicamente impedido de arguir diretamente aquele que prestou informações orais em outro feito.

Qualquer que seja a opção que se adote, sendo ela prova oral ou documental, irá gozar do mesmo valor probatório, quando admitida, visto que não adotado no CPP, para a generalidade dos casos, o sistema de prova tarifada. Prova testemunhal e documental têm o mesmo valor *a priori*, devendo ser apreciadas conforme o livre convencimento motivado.

10.1.14.3. Valor probatório

A *prova emprestada* pode ser originária de processo de natureza penal ou extrapenal.

Para ser admitida e valorada, entretanto, deve atender a certos requisitos, a saber:

1) identidade de partes: as partes envolvidas nos dois processos devem ser as mesmas[318] (no processo que cede e naquele que recebe a prova). Do contrário, haverá

---

316. "'É firme a jurisprudência desta Corte no sentido da possibilidade de utilização do conteúdo de depoimento obtido em ação penal diversa como prova emprestada, desde que respeitado o contraditório e a ampla defesa, em homenagem aos princípios constitucionais da economia processual e da unidade da jurisdição' AgRg no HC 407.500/AL, rel. Ministro Felix Fischer, Quinta Turma, j. 26-6-2018, *DJe* 2-8-2018)" (STJ, AgRg no AREsp 1.652.779/SP, 5ª T., rel. Min. Joel Ilan Paciornik, j. 22-9-2020, *DJe* de 28-9-2020).

317. Adalberto José Q. T. de Camargo Aranha, *Da prova no processo penal*, 6. ed., São Paulo, Saraiva, 2004, p. 246.

318. Em sentido contrário: "Pacificou-se nesta Corte Superior de Justiça o entendimento de que a prova emprestada, ainda que proveniente de ação penal com partes distintas, é válida, desde que assegurado o exercício do contraditório" (STJ, RHC 74.548/RS, 5ª T., rel. Min. Jorge Mussi, j. 17-4-2018, *DJe* de 27-4-2018). "No processo penal, admite-se a prova emprestada, ainda que proveniente de ação penal com partes distintas, desde que assegurado o exercício do contraditório" (STJ, AgRg no HC 389.242/SC, 6ª T., rel. Min. Nefi Cordeiro, j. 20-2-2018, *DJe* de 26-2-2018).

inaceitável violação aos princípios do devido processo legal, ampla defesa, contraditório e juiz natural.[319]

É esse, portanto, o ponto de partida para a admissibilidade da prova emprestada. Se não houver identidade de partes, deverá ser indeferida sua produção. Na pior das hipóteses, se mantida a documentação respectiva nos autos, seu conteúdo não poderá ser valorado pelo juiz.

2) licitude da prova: é imprescindível que não se trate de prova ilícita (CF, art. 5º, LVI).

3) identidade de fatos: a prova emprestada deve ser pertinente e relevante, daí a necessidade de que se refira ao mesmo fato em ambos os processos, a fim de que seja útil.

4) devido processo: para que não seja nula, a prova importada deve ter sido colhida originariamente pelo juiz natural, em conformidade com os princípios regentes.[320]

Se posteriormente for reconhecida alguma nulidade no processo de onde se origina a prova emprestada (em grau de recurso, p.ex.), será preciso verificar o alcance da decisão: *1)* se diante de *nulidade absoluta do processo*, de modo a fulminar a instrução, tal prova será atingida e, de consequência, a prova emprestada, daí decorrendo consequências para o processo que a recebeu, caso o juiz tenha dela se utilizado para fundamentar sua decisão; *2)* na hipótese de *nulidade relativa*, em que apenas os atos decisórios são alcançados, nenhuma repercussão poderá advir, porque permanecem íntegros os atos instrutórios.

A impossibilidade de produção da prova original no processo que a recebe não é condição de validade da prova emprestada. Exemplo: no caso de prova oral produzida no processo que cede, não é imprescindível que ela já não possa ser produzida, oralmente, no processo que recebe a cópia do depoimento respectivo.

É recorrente na prática a extração de cópia de declarações prestadas por adolescente infrator, *confesso* nos autos de representação contra ele instaurada na Vara da Infância e da Juventude, e posterior juntada nos autos do processo-crime instaurado contra o imputável coautor, com vistas a fazer prova contra este.

---

319. "A garantia constitucional do contraditório – ao lado, quando for o caso, do princípio do juiz natural – é o obstáculo mais frequentemente oponível à admissão e à valoração da prova emprestada de outro processo, no qual, pelo menos, não tenha sido parte aquele contra quem se pretenda fazê-la valer" (STF, HC 78.749/MS, 1ª T., rel. Min. Sepúlveda Pertence, j. 25-5-1999, *DJe* de 25-6-1999). "É cabível prova emprestada no âmbito do processo penal, nomeadamente se o réu fez parte do feito originário, de onde ela adveio, desde que os fatos possuam correlação e sejam observados os princípios da ampla defesa, do contraditório e do devido processo legal" (STJ, AgRg no HC 537.387/MS, 6ª T., rel. Min. Rogério Schietti Cruz, j. 10-3-2020, *DJe* de 17-3-2020).

320. "A utilização de prova emprestada legalmente produzida em outro processo de natureza criminal não ofende os princípios constitucionais do processo" (STF, Inq 2.774/MG, Tribunal Pleno, rel. Min. Gilmar Mendes, j. 28-4-2011, *DJe* n. 171, de 6-9-2011).

Nessas situações, o imputável não participou do procedimento em que as declarações foram prestadas, e exatamente por isso o teor das declarações não terá outra serventia senão fornecer elementos para que se possa melhor inquirir o adolescente por ocasião de sua oitiva como testemunha nos autos do processo-crime, confrontando o teor de ambas, especialmente nos casos em que ocorrer retratação quanto aos termos das informações anteriormente prestadas.

Não é juridicamente aceitável que o Ministério Público, dispondo de uma confissão com delação feita pelo adolescente em sede própria, com o receio de eventual retratação, abra mão de sua oitiva no processo em que pode servir como testemunha, com a finalidade de *substituir* tal depoimento pela juntada da *prova emprestada*.

Quanto à prova técnica, é comum a juntada de cópia de laudo pericial em mais de um processo, a fim de que sirva de prova em todos, sem que disso se extraia nulidade.[321] De igual modo, admite-se o compartilhamento de elementos probatórios colhidos por meio de interceptação telefônica judicialmente autorizada.[322]

Presentes os requisitos de validade da prova anteriormente apontados, caberá ao juiz apreciá-la conforme o princípio do livre convencimento motivado, e assim segue a orientação jurisprudencial:

> Não há nulidade por terem sido juntadas aos autos do processo principal – e eventualmente relevadas na sentença de pronúncia – provas emprestadas de outro processo-crime, pois o que se exige é que não tenha sido a prova emprestada "a única a fundamentar a sentença de pronúncia" (*Habeas Corpus* n. 67.707, rel. Min. Celso de Mello, *DJ* 14-8-1992).[323]

> Com efeito, pacífico é o entendimento deste Tribunal no sentido de que a utilização da prova emprestada, em que pese sua precariedade, por si só, não é suficiente para anular sentença criminal, caso não seja ela o único elemento de destaque na fundamentação do decreto condenatório.[324]

> A utilização de prova emprestada, quando não constitui o único elemento a corroborar a condenação, não vicia o processo e a decisão proferida.[325]

---

321. STF, HC 78.749/MS, 1ª T., rel. Min. Sepúlveda Pertence, j. 25-5-1999, *DJe* de 25-6-1999.

322. "Esta Corte já assentou a legitimidade do compartilhamento de elementos probatórios colhidos por meio de interceptação telefônica autorizada judicialmente com processos criminais nos quais imputada a prática de crime punível com detenção (RE 810.906-AgR, rel. Min. Roberto Barroso, 1ª T., *DJe* de 14-9-2015; AI 626.214-AgR, rel. Min. Joaquim Barbosa, 2ª T., *DJe* de 8-10-2010; HC 83.515, rel. Min. Nelson Jobim, Tribunal Pleno, *DJ* de 4-3-2005), e até mesmo com processos de natureza administrativa (RMS 28.774, rel. Min. Marco Aurélio, rel. p/ Acórdão: Min. Roberto Barroso, 1ª T., *DJe* de 25-8-2016)" (STF, Inq 3.965/DF, 2ª T., rel. Min. Teori Zavascki, j. 22-11-2016, *DJe* n. 259, de 6-12-2016).

323. STF, HC 95.549/SP, 1ª T., rel. Min. Cármen Lúcia, j. 28-4-2009, *DJe* n. 99, de 29-5-2009, *LEXSTF* 365/450.

324. STJ, HC 38.671/RS, 5ª T., rel. Min. Arnaldo Esteves Lima, j. 3-2-2005, *DJ* de 7-3-2005, p. 308, *LEXSTJ* 188/318.

325. STJ, HC 17.513/RJ, 5ª T., rel. Min. José Arnaldo da Fonseca, j. 4-9-2001, *DJ* de 22-10-2001, p. 342.

Sobre a admissibilidade da prova emprestada, consultar também: STF, Inq 2.245/MG, Tribunal Pleno, rel. Min. Joaquim Barbosa, j. 28-8-2007, *DJe* n. 139, de 9-11-2007, *RTJ* 203/473; STF, Inq 2.774/MG, Tribunal Pleno, rel. Min. Gilmar Mendes, j. 28-4-2011, *DJe* n. 171, de 6-9-2011; STF, HC 67.707/RS, 1ª T., rel. Min. Celso de Mello, j. 7-11-1989, *DJ* de 14-8-1992, p. 12.225, *RTJ* 141/816; STF, HC 109.278/PI, 1ª T., rel. Min. Luiz Fux, j. 13-3-2012, *DJe* n. 72, de 13-4-2012; STJ, HC 66.873/SP, 5ª T., rel. Min. Gilson Dipp, j. 17-5-2007, *DJ* de 29-6-2007, p. 674; STJ, HC 23.721/SP, 6ª T., rel. Min. Hamilton Carvalhido, j. 2-3-2004, *DJ* de 3-5-2004, p. 214.

Importante limitação à prova empestada advém do disposto no art. 3º-C, § 3º, do CPP, segundo o qual "os autos que compõem as matérias de competência do juiz das garantias ficarão acautelados na secretaria desse juízo, à disposição do Ministério Público e da defesa, e não serão apensados aos autos do processo enviados ao juiz da instrução e julgamento, ressalvados os documentos relativos às provas irrepetíveis, medidas de obtenção de provas ou de antecipação de provas, que deverão ser remetidos para apensamento em apartado".

Disso decorre que somente poderá ser juntada em algum processo, a título de prova emprestada, a prova produzida em autos de inquérito ou termo circunstanciado alcançada pelas ressalvas contidas na parte final do dispositivo transcrito.

10.1.15. Dos indícios

10.1.15.1. Conceito

Nos contornos do art. 239 do CPP, considera-se indício a circunstância conhecida e provada que, tendo relação com o fato, autorize, *por indução*, concluir-se a existência de outra ou outras circunstâncias.

Trata-se da evidência (*evidence*) do Direito norte-americano, superiormente tratada por Wigmore.[326]

Segundo Manzini, *l'indizio è una circostanza certa, dalla quale si può trarre, per induzione logica, una conclusione circa la sussistenza o l'insussistenza di un fatto da provarsi*[327] (indício é uma circunstância certa, da qual se pode tirar, por indução lógica, uma conclusão acerca da subsistência ou insubsistência de um fato a provar).

Ou, ainda, conforme Mittermaier, "um indício é um fato em relação tão precisa com um outro fato que de um o juiz chega ao outro por conclusão toda natural". "Por sua natureza, e como indica o nome (*index*), o indício é, por assim dizer, o dedo que mostra um objeto",[328] fato ou circunstância.

---

326. John Henry Wigmore, *Evidence in trials at common law*, e *The principles of judicial proof*, Buffalo, New York, William S. Hein & Co., 2000.

327. Vincenzo Manzini, *Trattato di diritto processuale penale italiano*, 6. ed., Torino, UTET – Unione Tipografico-Editrice Torinese, 1970, v. 3, p. 523.

328. C. J. A. Mittermaier, op. cit., p. 323.

Nenhum fato é tão isolado que não guarde relação, direta ou indireta, com outro fato ou circunstância. Nessa inter-relação inevitável é que o observador encontra o caminho, por meio do fato *secundário*, e por indução, para chegar ao *principal* a que aquele remete.

Há inegável relação de causalidade entre o *fato indicativo* e o *fato indicado*.

10.1.15.2. Natureza jurídica

Os indícios têm natureza jurídica de *meio de prova*.[329] Integram o sistema de provas regrado no CPP.

Nesse particular, está superada a sustentação de Florian,[330] que não incluía os indícios entre os meios de prova.

Constitui *prova indireta*, segundo Pietro Ellero,[331] a que se chega por meio de raciocínio lógico-indutivo: parte-se da circunstância ou fato conhecido para chegar ao que se busca provar, daí afirmar Malatesta que, no indício, a coisa que se apresenta como conhecida é sempre diversa da desconhecida, que se faz conhecer.[332]

Em Gorphe encontramos que constitui uma *prova de segundo grau*, no sentido de que se apoia sobre os dados de outras provas, pelos quais pode ser conhecido o ato indiciário ou circunstancial.[333]

10.1.15.3. Classificação dos indícios

De partida cumpre consignar que nenhuma classificação dessa matéria pode seguir uma lógica rigorosa, mas ainda assim, em certa medida, constitui meio para facilitar o estudo.[334]

Nos clássicos tratados sobre prova, há inúmeras propostas de classificação e subclassificação dos indícios; verdadeiro emaranhado que não raramente se confunde.

Vejamos o que há de mais relevante na classificação apontada por Gorphe,[335] que reputamos suficiente para o momento:

a) considerando a *força probatória*, os indícios podem ser *manifestos* (têm relação direta e quase necessária com o fato que se pretende provar), *próximos* (têm uma

329. François Gorphe, op. cit., p. 201.

330. Eugenio Florian, *Delle prove penali*, Milão, F. Vallardi, 1921, v. 1, p. 81.

331. Pietro Ellero apontou, como *provas diretas*, a confissão, as declarações de testemunhas, a pericial, as inspeções judiciais, os documentos; e *indiretas*, os indícios (*De la certidumbre en los Juicios Criminales: Tratado de la prueba en matéria penal*, traducción de Adolfo Posada, 2. ed. espanhola, Madrid, Revista de Legislación y Jurisprudencia, 1900, p. 83).

332. Nicola Framarino Dei Malatesta, op. cit., v. 1, p. 221.

333. François Gorphe, op. cit., p. 203.

334. Op. cit., p. 207.

335. François Gorphe, op. cit., p. 204-205.

conexão direta e não necessária com o fato que se pretende provar) ou *remotos* (têm algum vínculo contingente com o fato que se pretende provar);[336]

b) por sua *extensão*, os indícios podem ser *comuns ou gerais* (referem-se a qualquer espécie de delito); *próprios ou especiais* (referem-se a um tipo de delito em particular);

c) do ponto de vista *cronológico*, o indício pode ser *antecedente* (precede ao fato probando), *concomitante* (concomitante ao fato) ou *subsequente* (posterior ao fato). Leva em conta o tempo em que se situa em relação com o delito.

Nada obstante a proposição teórica apontada, calha anotar a crítica de Malatesta[337] ao propugnar que os critérios extrínsecos nada revelam sobre a natureza substancial do indício como prova, e por isso a distinção que dele deriva não pode ter importância racional alguma.

De fato, como apregoou Garraud,[338] "se essas classificações tinham o seu interesse, no sistema das provas legais, porque a hierarquia dos indícios correspondia a uma hierarquia na sua força probante, no seu grau de certeza ou de probabilidade", nos dias que correm já não há *sentido prático* algum, visto que, no sistema da livre apreciação das provas, observado o princípio do livre convencimento motivado, caberá ao juiz valorar cada indício e dele extrair sua força probante, caso a caso, sem que possa partir de qualquer tarifação ou valoração de um ou outro *a priori*.

Isso não torna desprezível e sem *sentido teórico* a classificação apontada ou qualquer outra que se pretenda. No momento em que nos encontramos, é necessário o acesso a tais informações.

10.1.15.4. Presunção

A presunção pode ser analisada sob três enfoques: (1) *presunção legal*; (2) *presunção enquanto raciocínio lógico-dedutivo*, e (3) *presunção enquanto suposição*.

(1) *Presunção legal*: trata-se de uma avaliação *a priori* operada pelo legislador. Exemplo: a presunção de violência fixada no art. 217-A do CP, que tipifica o crime de estupro de vulnerável (ter conjunção carnal ou praticar outro ato libidinoso com menor de 14 anos), em que a vulnerabilidade é presumida em razão da idade.[339]

---

336. É a classificação indicada por Eduardo Espínola Filho (*Código de Processo Penal brasileiro anotado*, 3. ed., Rio de Janeiro, Borsoi, 1955, v. III, p. 189-190) e Bento de Faria (*Código de Processo Penal*, 2. ed., Rio de Janeiro, Record, 1960, v. 1, p. 347-348).

337. Nicola Framarino Dei Malatesta, op. cit., p. 227-228.

338. René Garraud, *Traité théorique et pratique d'instruction criminelle et de procédure pénale*, Paris, Recueil Sirey, 1909, v. 2, p. 280-281, apud Eduardo Espínola Filho, *Código de Processo Penal brasileiro anotado*, 3. ed., Rio de Janeiro, Borsoi, 1955, v. III, p. 190-191.

339. A respeito deste tema, a Súmula 593 do STJ tem o seguinte teor: "O crime de estupro de vulnerável configura com a conjunção carnal ou prática de ato libidinoso com menor de 14 anos, sendo irrelevante o eventual consentimento da vítima para a prática do ato, experiência sexual anterior ou existência de relacionamento amoroso com o agente".

Como é intuitivo, apesar da margem de risco que há, admite-se a presunção legal, que tem sentido jurídico e, evidentemente, sempre irá decorrer de expressa disposição de lei.

A presunção legal pode ser *absoluta* (*jure et de jure*), quando não admite prova em sentido contrário, ou *relativa*[340] (*juris tantum*), hipótese em que a lei expressamente admite prova adversa.

(2) *Raciocínio lógico-dedutivo*: é raciocínio lógico que, por força da relação de causalidade, liga o fato certo ao fato probando. Por meio dele o julgador parte de uma situação provada e, por regra de experiência, chega ou tenta chegar a um fato que se pretende provar.

Por se tratar de raciocínio lógico, a presunção pode partir até mesmo de um indício[341] para chegar a determinada conclusão. Nesse caso, como ensinou Whitaker,[342] o fato certo chama-se *indício*; o raciocínio que liga o fato certo ao probando é a *presunção*.

Note-se que, enquanto o indício tem caráter lógico-indutivo, a presunção tem caráter lógico-dedutivo.[343]

Sob tal enfoque, a presunção, que tem sentido jurídico, é válida e rotineiramente utilizada no campo probatório do processo penal. Exemplo: *presume-se* autor do furto aquele que é encontrado tendo em seu poder a coisa furtada.

Enquanto na *presunção legal* a conclusão decorre do legislador, na *presunção por raciocínio lógico-dedutivo* é produto de regra de experiência.

(3) Por fim, como *simples suposição*, em seu sentido literal mais simples ou vulgar, a presunção de nada serve para o Direito Processual Penal, por constituir frágil ilação; suspeita; conjectura; especulação ou mera probabilidade. Exemplo: quem cala consente.

---

340. Também chamada de *condicional*.

341. Cabe aqui destacar o pensamento contrário de Maria Thereza Rocha de Assis Moura, conforme segue: "Não concordamos, porém, com o argumento de que o indício é o fato-base da presunção, porque admitir que esta última seja a conclusão do raciocínio lógico indiciário é confundi-la com a inferência indiciária, o que não é correto, a nosso ver. Nesse passo, vale mencionar, ainda que sinteticamente, o pensamento de Sabatini, com o qual concordamos. Para o referido autor, a consequência que dos indícios extraímos, para atingir o desconhecido, é sempre uma inferência lógica indiciária, e não uma presunção; já que verificando, na medida dos indícios, a veracidade do testemunho, nada presumimos, mas fazemos obra de preciso acertamento probatório" (*A prova por indícios no processo penal*, São Paulo, Saraiva, 1994, p. 49).

342. Firmino Whitaker, *Jury*, 6. ed., São Paulo, Saraiva, 1930, p. 156, apud Eduardo Espínola Filho, *Código de Processo Penal brasileiro anotado*, 3. ed., Rio de Janeiro, Borsoi, 1955, v. III, p. 182.

343. Guglielmo Sabatini, *Principi di diritto processuale penale*, 2. ed., Catania, Casa del Libro, 1931, p. 330, apud Eduardo Espínola Filho, *Código de Processo Penal brasileiro anotado*, 3. ed., Rio de Janeiro, Borsoi, 1955, v. III, p. 185.

Interessam para o campo jurídico-probatório as duas primeiras, sintetizadas por Echandía nos seguintes termos: "La presunción es un juicio lógico del legislador o del juez (según sea presunción legal o judicial), en virtud del cual se considera como cierto o probable un hecho (lo segundo cuando es presunción judicial o de hombre) con fundamento en las máximas generales de la experiencia, que le indican cuál es el modo normal como se suceden las cosas y los hechos".[344]

10.1.15.5. Indício *versus* presunção

Na lógica anteriormente exposta, feitas as abstrações necessárias, *indício e presunção são coisas diversas*; não se confundem.[345]

Fundamentada em sólida doutrina alienígena, anotou a Ministra Maria Thereza Rocha de Assis Moura que "pode acontecer de usarem-se presunções na valoração dos indícios, mas isso não os identifica, porque as primeiras conservam sempre o caráter de dados genéricos prováveis, e os segundos o caráter de dados específicos certos, cuja significação é conexa à possibilidade de obtê-los sob uma proposição geral".[346]

10.1.15.6. Contraindícios

Se os indícios podem, como meio de prova, ser conclusivos a respeito do fato indicado, têm-se por contraindícios aqueles elementos que servem para anular ou nulificar a força probante dos primeiros.

Espínola Filho[347] apresenta o álibi como exemplo de contraindício ou indício negativo, e afirma que este constitui uma *prova indiciária* negativa da autoria, firmada pela conclusão de não ter podido praticar o delito quem é indigitado como autor. É preciso ter cuidado com tal proposição.

A nosso sentir, a só afirmação de um álibi por parte do acusado, por si, não configura *prova indiciária* (contraindício ou indício negativo), mas *mera alegação* a ser provada, por indícios ou outro meio de prova (testemunha, documento etc.). E, por constituir verdadeira exceção de defesa, cabe ao acusado o ônus de sua demonstração.[348]

Assim, não é correto afirmar que o álibi *constitui prova indiciária*, mas que ele *pode ser demonstrado em juízo por prova indiciária.*

---

344. Hernando Devis Echandía, *Compendio de la prueba judicial*, t. II, p. 304.

345. "Não se confunde com presunção, ou seja, efeito de que uma circunstância ou antecedente produz, no julgador, a respeito de existência de um fato" (STJ, HC 9.671/SP, 6ª T., rel. Min. Luiz Vicente Cernicchiaro, j. 19-6-1999, *DJ* de 16-8-1999, p. 115).

346. *A prova por indícios no processo penal*, São Paulo, Saraiva, 1994, p. 50.

347. Eduardo Espínola Filho, *Código de Processo Penal brasileiro anotado*, 3. ed., v. III, p. 191.

348. Adalberto José Q. T. de Camargo Aranha, *Da prova no processo penal*, 6. ed., São Paulo, Saraiva, 2004, p. 18.

10.1.15.7. Valor probatório dos indícios

Salvo alguns resquícios ainda existentes, em regra o CPP não adota o sistema de provas tarifadas, mas o do livre convencimento motivado, tal como tantas vezes enfatizamos.

Não há hierarquia entre provas.

Como qualquer outro meio de prova,[349] a indiciária deve passar pelas fases de *proposição ou especificação*, *admissibilidade* e *produção*, para que depois, sendo caso, possa ser oportunamente valorada.

Para que o indício possa dispor de valor probatório, é preciso que haja certeza a respeito do fato indiciante; relação de causalidade entre o fato indicador e o fato indicado; que não se verifique limitação probatória quanto ao fato que pretende provar;[350] que se trate de *prova lícita*; que seja produzido conforme o regramento legal, a fim de evitar nulidade,[351] o que demonstra o acerto de Echandía ao afirmar que: "Una apreciación adequada y completa de esta prueba implica el cuidadoso examen de todos los requisitos necesarios para la existencia, la validez procesal y la eficacia probatoria de cada indicio y de su conjunto".[352]

Trazidos aos autos, os indícios devem ser valorados em conjunto com o acervo probatório, e o valor que se pode dar a esse tipo de prova decorre do grau de certeza que deles se extrai; de sua verossimilhança.

Se os indícios são harmônicos, concatenados, coerentes, entre si e com o conjunto dos autos, servem, em absoluto, como elemento edificador da persuasão racional do juiz.[353]

Cada indício é um fragmento de prova – leciona Jauchen[354] – que deve ser complementado com outros elementos. Essa prova necessita geralmente estar composta por uma pluralidade razoável de indícios. De sua idoneidade, quantidade e convergência poderá obter-se a prova necessária. Um único indício isolado não é mais que uma mera suspeita.

---

349. "Validade de indícios como meio de prova (CPP, art. 239)" (STF, HC 83.348/SP, 1ª T., rel. Min. Joaquim Barbosa, j. 21-10-2003, *DJ* de 28-11-2003, p. 15).

350. Exemplo: conforme o art. 155 do CPP, quanto ao estado das pessoas serão observadas as restrições estabelecidas na lei civil.

351. Maria Thereza Rocha de Assis Moura, *A prova por indícios no processo penal*, São Paulo, Saraiva, 1994, p. 82-85.

352. Hernando Devis Echandía, *Compendio de la prueba judicial*, t. II, p. 297.

353. "Vigora no processo penal brasileiro o princípio do livre convencimento, segundo o qual o magistrado, desde que fundamentadamente, pode decidir pela condenação, ainda que calcada em indícios veementes de prática delituosa" (STJ, HC 15.736/MG, 6ª T., rel. Min. Fernando Gonçalves, j. 3-4-2001, *DJ* de 23-4-2001, p. 189).

354. Eduardo M. Jauchen, *Tratado de la prueba em matéria penal*, p. 605-606.

Vejamos o que tem decidido o Supremo Tribunal Federal a esse respeito:

Os indícios, dado ao livre convencimento do Juiz, são equivalentes a qualquer outro meio de prova, pois a certeza pode provir deles. Entretanto, seu uso requer cautela e exige que o nexo com o fato a ser provado seja lógico e próximo (STF, HC 70.344/RJ, 2ª T., rel. Min. Paulo Brossard, j. 14-9-1993, *DJ* de 22-10-1993, p. 22.253).

Deveras, o julgador pode, mediante um fato devidamente provado que não constitui elemento do tipo penal, utilizando raciocínio engendrado com supedâneo nas suas experiências empíricas, concluir pela ocorrência de circunstância relevante para a qualificação penal da conduta (STF, HC 111.666/MG, 1ª T., rel. Min. Luiz Fux, j. 8-5-2012, *DJe* n. 100, de 23-5-2012).

O que não se admite, por respeito ao princípio da culpabilidade, são meras conjecturas, ilações. Por outro lado, o conceito de "certeza", de "verdade" são inatingíveis, sendo que o processo, num mecanismo dialético, busca aproximar-se o máximo possível do que realmente ocorreu. Se, em face de tudo o que foi produzido e debatido durante o contraditório, o juiz atingir um grau de certeza que lhe dê segurança para condenar, assim deverá proceder. Do contrário, a absolvição é de rigor. A perspectiva que disso se extrai, diante da livre persuasão motivada do juiz, é de não se excluir, em abstrato, o valor da prova indiciária (STF, HC 83.348/SP, 1ª T., rel. Min. Joaquim Barbosa, j. 21-10-2003, *DJ* de 28-11-2003, p. 00015).

Bem por isso, vem se entendendo que indícios e presunções, analisados à luz do princípio do livre convencimento, quando fortes, seguros, indutivos e não contrariados por contraindícios ou por prova direta, podem autorizar o juízo de culpa do agente.[355]

É comum encontrarmos na doutrina e na jurisprudência afirmação no sentido de que, isoladamente, os indícios não autorizam a procedência da ação; não se prestam a fundamentar condenação de natureza penal.

Isso é verdade. Mas não é menos verdadeiro afirmar que nenhuma outra prova, seja ela qual for – mesmo a confissão –, se estiver isolada nos autos também não autoriza condenação.

Impõe-se admitir, todavia, que a existência de indícios se revela suficiente para determinadas providências de repercussões severas, autorizadas no CPP, tais como recebimento de denúncia[356] ou queixa (art. 396); sequestro de bens (art. 126); hipoteca legal (art. 134); decretação de prisão preventiva (art. 312)[357] e decisão de pronúncia (art. 413).[358]

355. STF, AP 481/PA, Tribunal Pleno, rel. Min. Dias Toffoli, rel. p/ o Acórdão Min. Luiz Fux, j. 8-9-2011, *DJe* n. 127, de 29-6-2012.

356. "Para o recebimento da ação penal não se faz necessária a existência de prova cabal e segura acerca da autoria do delito descrito na inicial, mas apenas prova indiciária, nos limites da razoabilidade" (STF, HC 93.628/SP, 1ª T., rel. Min. Ricardo Lewandowski, j. 31-3-2009, *DJe* n. 71, de 17-4-2009, *RTJ* 209/1.218).

357. "Diante da prova do crime e de indícios suficientes de autoria, presentes concretamente os motivos autorizadores da custódia preventiva, atinentes à garantia da ordem pública e à conveniência da instrução criminal, não há constrangimento ilegal a sanar" (STJ, HC 35.086/PE, 6ª T., rel. Min. Paulo Medina, j. 25-5-2004, *DJ* de 14-6-2004, p. 278, *RSTJ* 196/565).

358. STF, HC 83.542/PE, 1ª T., rel. Min. Sepúlveda Pertence, j. 9-3-2004, *DJ* de 26-3-2004, p. 9; STF,

Por fim, cabe a advertência sempre viva de MALATESTA ao expressar que: "Os indícios não merecem certamente uma apoteose, mas também não merecem a excomunhão maior. É preciso ter cautela na sua afirmação; mas não se pode negar que a certeza muitas vezes pode provir deles".[359]

10.1.16. *Da busca e apreensão*

Vimos anteriormente que a prova pode ser produzida por iniciativa da parte interessada, incumbindo tal ônus especialmente à acusação. Se a defesa preferir, poderá permanecer absolutamente inerte em relação à atividade probatória, considerando que a dúvida se resolverá em seu benefício, salvo quando invocar alguma causa de exclusão da ilicitude, quando então será seu o ônus de provar, na integralidade, os requisitos da escusativa invocada, pois, se restar dúvida a respeito de sua incidência, a excludente não poderá ser reconhecida, e a condenação será inevitável.

Seja como for, é sempre útil e prudente que a defesa técnica, que deve ser efetiva, utilize-se dos meios lícitos de prova a fim de instruir o processo com informações que possam arruinar ou ao menos enfraquecer a carga acusatória.

Ocorre que nem sempre a prova se encontra disponível para ser carreada ao processo espontaneamente, e diante de situação justificada, se houver requerimento nesse sentido, o juiz poderá determinar sua busca e apreensão, matéria regulada nos arts. 240 a 250 do CPP, nos moldes que veremos a seguir.

10.1.16.1. Distinção

Busca e apreensão são medidas distintas, que por isso não se confundem.

Algumas vezes procede-se à busca de pessoa ou coisa, e, sendo positiva a diligência, a consequência será a apreensão da pessoa ou coisa buscada; outras vezes, dar-se-á a apreensão sem busca precedente.

Muito embora, na generalidade dos casos, a apreensão se verifique após a busca e como consequência dela, ao contrário do que alguns juristas já sustentaram,[360] *a busca nem sempre precede a apreensão*. Vale dizer: *a busca não é antecedente necessário da apreensão*.

Exemplo: pode acontecer que alguém – a vítima, uma testemunha ou o próprio investigado – se dirija à repartição policial e entregue ao Delegado de Polícia a arma do crime ou outro objeto qualquer sobre o qual recaia interesse para a apuração dos fatos, hipótese em que, sem que tenha ocorrido busca precedente, dar-se-á a

---

HC 96.026/RJ, 2ª T., rel. Min. Ellen Gracie, j. 9-12-2008, *DJe* n. 25, de 6-2-2009, *RTJ* 209/777; STJ, AgRg no REsp 1.134.508/SC, 5ª T., rel. Min. Jorge Mussi, j. 8-2-2011, *DJe* de 10-8-2011.

359. NICOLA FRAMARINO DEI MALATESTA, op. cit., v. I, p. 233.

360. JULIO FABBRINI MIRABETE afirmou que "a busca é a diligência destinada a encontrar-se a pessoa ou coisa que se procura e a apreensão é a medida que a ele se segue" (*Processo penal*, 16. ed., p. 345). No mesmo sentido, FERNANDO CAPEZ afirma que "a *apreensão* é uma consequência da busca quando esta tenha resultado positiva" (*Curso de processo penal*, 24. ed., p. 412). Tal compreensão só é verdadeira em parte, visto que é possível apreensão sem busca precedente.

apreensão do objeto. Nesse caso a autoridade policial deverá lavrar um "auto de exibição e apreensão" da coisa, mas a ausência de documentação desse ato não importa em nulidade, até porque não há nulidade em inquérito.

Outro exemplo decorre de situação tratada no art. 6º, II, c.c. o art. 158-B, do CPP, que impõe à autoridade policial o dever de, logo após tomar conhecimento de delito, dirigir-se ao local em que este se deu e, observado o procedimento legal, apreender os vestígios que tiverem relação com os fatos, a fim de que sejam coletados e encaminhados para a central de custódia visando oportuna perícia.

10.1.16.2. Conceito

Busca é a procura; diligência destinada à localização de pessoa ou coisa que guarde relação de interesse com determinado delito.

Apreensão é restrição jurídica que se impõe à liberdade de pessoa ou à posse de coisa certa, como decorrência de sua vinculação a um delito.

10.1.16.3. Natureza jurídica

Discute-se na doutrina o acerto da localização da matéria no capítulo em que o CPP trata "Da prova". Argumenta-se no sentido de que a regulamentação respectiva deveria estar em capítulo distinto do Código.

O cerne da discussão está em saber se estamos diante de *meio de prova* ou de *medidas acautelatórias*.

TOURINHO FILHO[361] e CAPEZ[362] entendem que se trata de meio de prova; MIRABETE[363] escreveu tratar-se de medida acautelatória, e no mesmo sentido doutrina PACELLI;[364] NUCCI sustenta que são medidas de natureza mista, e justifica: "Conforme o caso, a busca pode significar um ato preliminar à apreensão de produto do crime, razão pela qual se destina à devolução à vítima. Pode significar, ainda, um meio de prova, quando a autorização é dada pelo juiz para se proceder a uma perícia em determinado domicílio. A apreensão tem os mesmos ângulos. Pode representar a tomada de um bem para acautelar os direitos de indenização da parte ofendida, como pode representar a apreensão da arma do delito para fazer prova. Assim, tanto a busca, quanto a apreensão, podem ser vistos, individualmente, como meios assecuratórios ou como meios de prova, ou ambos".[365]

Para o legislador, a busca e a apreensão têm natureza jurídica de *meio de prova*, por isso foram tratadas no capítulo em que se encontram.

---

361. FERNANDO DA COSTA TOURINHO FILHO, *Manual de processo penal*, 17. ed., 2017, p. 640.
362. FERNANDO CAPEZ, *Curso de processo penal*, 24. ed., p. 459.
363. JULIO FABBRINI MIRABETE, *Processo penal*, 16. ed., p. 345.
364. EUGÊNIO PACELLI, *Curso de processo penal*, 21. ed., p. 447.
365. *Manual de processo e execução penal*, 14. ed., Rio de Janeiro, Forense, 2017, p. 477.

Em geral, a nosso ver, *a busca e a apreensão são medidas acautelatórias – que têm por escopo evitar o perecimento ou assegurar a produção da prova, com a qual não se confundem* –, e não meio de prova em sentido estrito.

Em si consideradas, a busca e também a apreensão nada provam. Quem faz prova é o documento (por força de seu conteúdo); o objeto, o instrumento do crime apreendido etc. Como providências acautelatórias, visam apenas a evitar o perecimento; *trata-se de mecanismo jurídico por meio do qual se faz possível introduzir determinada prova aos autos*, mas não meio de prova.

Quando destinada a *prender criminosos* (CPP, art. 240, § 1º, *a)* ou *apreender pessoas vítimas de crimes* (§ 1º, *g*), torna-se ainda mais evidente sua natureza acautelatória, e é preciso entender que "apreender pessoas vítimas de crime" não se trata de impor restrição ao direito de locomoção, mas, ao contrário, libertá-las; livrá-las; retirá-las do poder de quem ilegalmente as subjugue, tal como ocorre nos crimes de extorsão mediante sequestro, cárcere privado, maus-tratos, dentre outros, em que o êxito das investigações leva à libertação das vítimas.

Na hipótese de a busca e apreensão recair sobre *coisas achadas ou obtidas por meios criminosos* (§ 1º, *b*), será a própria coisa ou o objeto que irá constituir meio de prova, e não a medida acautelatória utilizada para seu carreamento aos autos, providência que também fará assegurar, acautelar, o interesse reparatório da vítima.

10.1.16.4. Momentos para realização

As providências tratadas – domiciliar ou pessoal – podem ser realizadas antes da instauração do procedimento investigatório ou no curso deste (inquérito ou termo circunstanciado), bem como na fase judicial, no curso do processo contraditório.[366]

Em momento antecedente à instauração formal da investigação, pode ocorrer, por exemplo, situação em que policiais tenham razões para suspeitar que determinada pessoa esteja portando droga ou arma ilícita, quando então poderão proceder à busca e eventual apreensão daquilo que acaso for encontrado, ficando dispensada, por razões evidentes, a exigência de expedição prévia de mandado de busca e apreensão.

Ainda em sede de investigação preliminar ou preparatória, e mesmo durante a investigação já formalizada, tais medidas podem ser determinadas pelo Delegado de Polícia ou pelo juiz das garantias competente, quando e onde estiver implementado.[367]

366. "Não há nulidade na realização de busca e apreensão deferida após o oferecimento da denúncia, quando a medida cautelar visa especificamente coletar elementos referentes a fatos circunscritos a outra investigação e os elementos probatórios colhidos não foram utilizados ou considerados para o específico juízo de recebimento da denúncia" (STF, Inq 3.983/DF, Tribunal Pleno, rel. Min. Teori Zavascki, j. 3-3-2016, *DJe* n. 95, de 12-5-2016).

367. Após a publicação da Lei n. 13.964/2019 foram ajuizadas no Supremo Tribunal Federal três ações diretas de inconstitucionalidade questionando alguns de seus dispositivos – ADI 6.298, 6.299 e 6.300 –, e no dia 15 de janeiro de 2020 o Min. Dias Toffoli concedeu medida cautelar

Em juízo, durante o contraditório, podem decorrer de decisão do juiz da instrução e julgamento ou do relator do processo (nos processos de competência originária), conforme o caso.

10.1.16.5. Iniciativa

Dispõe o art. 242 do CPP que as providências de busca e apreensão podem ser determinadas *ex officio* pela autoridade policial ou judiciária, ou decorrer de requerimento de qualquer das partes (titular do direito de ação ou apontado autor do delito), mas é força convir que, no atual sistema processual penal – essencialmente acusatório, democrático – não há espaço para a atuação judicial *ex officio*.

No processo de partes, adversarial, o juiz imparcial não exerce qualquer protagonismo na atividade probatória.

Também é importante registrar, na linha de entendimento acolhido no Superior Tribunal de Justiça, que "Considera-se ilícita a revista pessoal executada por guardas municipais, sem a existência da necessária justa causa para a efetivação da medida invasiva, nos termos do § 2º do art. 240 do CPP, bem como a prova derivada da busca pessoal".[368]

10.1.16.6. Mandado de busca: (des)necessidade

Na dicção do art. 241 do CPP, "quando a própria autoridade policial ou judiciária não a realizar pessoalmente, a busca domiciliar deverá ser precedida da expedição do mandado".

---

nos autos da ADI 6.298, para, entre outras coisas: "**(i)** suspender-se a eficácia dos **arts. 3º -D, parágrafo único, e 157, § 5º**, do Código de Processo Penal, incluídos pela Lei n. 13.964/19; **(ii)** suspender-se a eficácia dos arts. 3º -B, 3º -C, 3º -D, *caput*, 3º -E e 3º -F do CPP, inseridos pela Lei n. 13.964/2019, até a efetiva implementação do juiz das garantias pelos tribunais, o que deverá ocorrer **no prazo máximo de 180 (cento e oitenta) dias, contados a partir da publicação desta decisão; (iii)** conferir-se interpretação conforme às normas relativas ao juiz das garantias (arts. 3º -B a 3º -F do CPP), para esclarecer que não se aplicam às seguintes situações: (a) processos de competência originária dos tribunais, os quais são regidos pela Lei n. 8.038/90; (b) processos de competência do Tribunal do Júri; (c) casos de violência doméstica e familiar; e (d) processos criminais de competência da Justiça Eleitoral".

Ainda em confronto com as inovações determinadas pela Lei n. 13.964/2019, no dia 22 de janeiro de 2020, nos autos da ADI 6.298, na condição de relator das ADIs 6.298, 6.299, 6.300 e 6305, o Min. Luiz Fux revogou a decisão monocrática constante das ADIs 6.298, 6.299, 6.300 e suspendeu *sine die* a eficácia da implantação do juiz das garantias e seus consectários (arts. 3º -A, 3º -B, 3º -C, 3º -D, 3ª-E, 3º -F, do CPP); da alteração do juiz sentenciante que conheceu de prova declarada inadmissível (art. 157, § 5º, do CPP); e concedeu a medida cautelar requerida nos autos da ADI 6.305, para suspender *sine die* a eficácia, da alteração do procedimento de arquivamento do inquérito policial (art. 28, *caput*, CPP), e da ilegalidade da prisão pela não realização da audiência de custódia no prazo de 24 horas (art. 310, § 4º, do CPP).

368. STJ, HC 561.329/SP, 6ª T., rel. Min. Nefi Cordeiro, j. 16-6-2020, *DJe* de 29-6-2020.

Essa regra foi derrogada pelo art. 5º, XI, da CF, segundo o qual: "A casa é o asilo inviolável do indivíduo, ninguém nela podendo penetrar sem consentimento do morador, salvo em caso de flagrante delito ou desastre, ou para prestar socorro, ou, durante o dia, por determinação judicial".

Decorre da vigente redação do texto constitucional que *a autoridade policial não pode proceder à busca domiciliar sem prévia autorização judicial*. Pretendendo fazer esse tipo de busca, deverá pedir autorização ao juiz competente, que, após a manifestação do Ministério Público, se deferir o pedido, fará expedir o mandado respectivo, que será entregue à autoridade solicitante.

Pelas mesmas razões, o representante do Ministério Público também não pode realizar busca domiciliar desprovido de prévia autorização judicial e correspondente mandado.

O art. 243 do CPP indica que o *mandado de busca* deverá:

> I – indicar, o mais precisamente possível, a casa em que será realizada a diligência e o nome do respectivo proprietário ou morador; ou, no caso de busca pessoal, o nome da pessoa que terá de sofrê-la ou os sinais que a identifiquem;
>
> II – mencionar o motivo e os fins da diligência;
>
> III – ser subscrito pelo escrivão e assinado pela autoridade que o fizer expedir.
>
> § 1º Se houver ordem de prisão, constará do próprio texto do mandado de busca.

Decorre do sistema de garantias fundamentais que *o mandado judicial de busca deve ser certo e determinado*. Materializa constrangimento ilegal o mandado incerto, indeterminado, aleatório.

Na lição de Hungria,[369] "para os fins da proteção jurídica a que se refere o art. 5º, XI, da Constituição da República, o conceito normativo de 'casa' revela-se abrangente e, por estender-se a qualquer compartimento privado não aberto ao público, onde alguém exerce profissão ou atividade (CP, art. 150, § 4º, III), compreende, observada essa específica limitação espacial (área interna não acessível ao público), os escritórios profissionais, inclusive os de contabilidade, 'embora sem conexão com a casa de moradia propriamente dita'",[370] o quarto de hotel[371] etc.

10.1.16.7. Finalidades, modalidades, cabimento, condição e taxatividade

O passar do tempo ou a vontade humana podem fazer com que determinado meio de prova se torne fragilizado ou desapareça.

---

369. Nélson Hungria, *Comentários ao Código Penal*, 3. ed., Rio de Janeiro, Forense, 1955, v. VI, p. 202.

370. STF, HC 82.788/RJ, 2ª T., rel. Min. Celso de Mello, j. 12-4-2005, *DJ* de 2-6-2006, p. 43, *RTJ* 201/170.

371. STF, RHC 90.376/RJ, 2ª T., rel. Min. Celso de Mello, j. 3-4-2007, *DJe* n. 018, de 18-5-2007, *RTJ* 202/764.

Não é difícil imaginar, por exemplo, situação em que o acusado possa pretender o *desaparecimento* de determinada prova documental, de maneira que a urgência na colheita desta se torne evidente, medida que será possível alcançar com a busca e a apreensão.

São duas as finalidades que visualizamos, a saber: (*1*) *finalidade imediata*, e (2) *finalidade mediata*.

A *finalidade imediata* é a colheita da prova, de modo a evitar seu perecimento.

A *finalidade mediata* é a busca da verdade real.

Duas também são as modalidades de busca, pois, conforme o art. 240 do CPP, ela poderá ser *domiciliar* ou *pessoal*.

Hipóteses de cabimento: previstas no art. 240, § 1º, proceder-se-á à *busca domiciliar* quando *fundadas razões* a autorizarem, para: (*a*) prender criminosos; (*b*) apreender coisas achadas ou obtidas por meios criminosos; (*c*) apreender instrumentos de falsificação ou de contrafação e objetos falsificados ou contrafeitos; (*d*) apreender armas e munições, instrumentos utilizados na prática de crime ou destinados a fim delituoso; (*e*) descobrir objetos necessários à prova de infração ou à defesa do réu; (*g*) apreender pessoas vítimas de crimes, e (*h*) colher qualquer elemento de convicção.

Dispunha a alínea *f* do § 1º a respeito da possibilidade de busca com a finalidade de apreender cartas, abertas ou não, destinadas ao acusado ou em seu poder, quando houvesse suspeita de que o conhecimento do seu conteúdo pudesse ser útil à elucidação do fato.

Referido dispositivo foi revogado pelo art. 5º, XII, da CF, que assegura a inviolabilidade do sigilo da correspondência e das comunicações telegráficas, de dados e das comunicações telefônicas, salvo, no último caso, por ordem judicial, nas hipóteses e na forma que a Lei n. 9.296/96 estabelece, para fins de investigação criminal ou instrução criminal.

Proceder-se-á à busca pessoal quando houver *fundada suspeita* de que alguém oculte consigo arma proibida ou objetos mencionados nas alíneas *b* a *e*, e também com fundamento na alínea *h*, todas do § 1º do art. 240, *supra*.

Condição para que se faça a busca domiciliar é a presença de *fundadas razões*, ao passo que para a busca pessoal a lei exige *fundadas suspeitas*, em qualquer caso, de encontrar-se o alvo da busca em uma das hipóteses anteriormente indicadas.

Na oportuna observação de Puglia,[372] a expressão *fundada suspeita* exclui o arbítrio, pois significa que esses atos somente podem ser praticados quando a possibilidade do encontro do que se busca resulte justificada por *indícios graves*.

O rol do art. 240 é taxativo; não comporta ampliação.

---

372. Ferdinando Puglia, *Manuale di procedura penale*, p. 118-119, apud Bento de Faria, *Código de Processo Penal*, 2. ed., Rio de Janeiro, Record, 1960, v. I, p. 359.

Não bastasse a enorme abrangência das providências cabíveis, é preciso considerar que as medidas de busca e apreensão – domiciliar e pessoal – acarretam restrições a direitos fundamentais, por isso incabível a analogia com vistas a ampliar o rol das hipóteses de admissibilidade.

Por se tratar de medidas excepcionais, devem ser interpretadas restritivamente.[373]

Na fase policial ou em juízo (CPP, § 1º do art. 158-C), concretizada a busca e recaindo a apreensão sobre vestígio, compreendido este como "todo objeto ou material bruto, visível ou latente, constatado ou recolhido, que se relaciona à infração penal" (CPP, art. 158-A, § 3º), para a validade da prova é imperioso que se observe a cadeia de custódia, tal como decorre das disposições contidas nos arts. 158-B a 158-F do CPP.

10.1.16.8. Busca domiciliar

Busca domiciliar é a diligência realizada no interior da residência, imóvel ou compartimento privado ocupado de alguém, com vistas à localização de pessoa ou coisa que guarde relação de interesse com determinado delito.

O conceito de domicílio, *in casu*, não se restringe àquele apontado no art. 70 do Código Civil, que considera como tal o lugar onde a pessoa natural estabelece a sua residência com ânimo definitivo.

Aplica-se em relação à matéria o § 4º do art. 150 do CP, segundo o qual a expressão "casa" compreende: I – qualquer compartimento habitado; II – aposento ocupado de habitação coletiva; III – compartimento não aberto ao público, onde alguém exerce profissão ou atividade.

Incide, ainda, o art. 246 do CPP, de onde se extrai que se entende por domicílio qualquer compartimento habitado ou aposento ocupado de habitação coletiva ou em compartimento não aberto ao público, onde alguém exerça profissão ou atividade.

Em regra, o domicílio é inviolável.

A esse respeito, dispõe o art. 5º, XI, da CF, que: "A casa é o asilo inviolável do indivíduo, ninguém nela podendo penetrar sem consentimento do morador, salvo em caso de flagrante delito ou desastre, ou para prestar socorro, ou, durante o dia, por determinação judicial".

Nesse sentido:

> A Corte Suprema assentou que "o conceito de 'casa', para o fim da proteção jurídico-constitucional a que se refere o art. 5º, XI, da Lei Fundamental, reveste-se de caráter amplo (HC 82.788/RJ, rel. Min. Celso de Mello, 2ª Turma do STF, julgado em 12-4-2005, *DJe* de 2-6-2006; RE 251.445/GO, rel. Min. Celso de Mello, decisão monocrática publicada no *DJ* de 3-8-2000), pois compreende, na abrangência de sua designação tutelar, (a) qualquer compartimento

373. *No mesmo sentido:* Fernando da Costa Tourinho Filho, *Manual de processo penal*, 17. ed., 2017, p. 643; Fernando Capez, *Curso de processo penal*, 24. ed., 2017, p. 412.

habitado, (b) qualquer aposento ocupado de habitação coletiva e (c) qualquer compartimento privado não aberto ao público, onde alguém exerce profissão ou atividade" (RHC 90.376/RJ, rel. Min. Celso de Mello, 2ª Turma do STF, julgado em 3-4-2007, *DJe* de 18-5-2007).[374]

A violação de domicílio configura crime tipificado no art. 150 do CP e pode ensejar imputação de crime de abuso de autoridade, conforme o caso.

Da norma constitucional é possível retirar as seguintes afirmações:

a) em regra, não é possível ingressar em domicílio alheio *sem o consentimento do morador, em hora alguma*; durante o dia ou durante a noite;

b) *se houver consentimento do morador*, como é evidente, o ingresso poderá ocorrer a qualquer hora do dia ou da noite;

c) em casos justificados pela excepcionalidade será possível o *ingresso desautorizado, durante a noite*:

c.1) no caso de desastre;

c.2) para prestar socorro; ou

c.3) no caso de flagrante delito.

d) *durante o dia*, além das hipóteses anteriormente listadas, poderá ocorrer ingresso sem o consentimento do morador:

d.1) no estrito cumprimento de dever legal (exemplo: agentes de saúde no trabalho de prevenção ou combate de epidemias);

d.2) no exercício regular de um direito (exemplo: art. 1.313 do CC[375]).

d.3) quando houver autorização judicial.

Dito isso, impõe-se a questão: O que se deve entender por *noite*?

Já se tentou na doutrina e na jurisprudência estabelecer regra para definir – entre limites marcados por hora certa – o que se deve entender por dia ou noite.

Contra esse tipo de tarifação exata, há o argumento no sentido de que não atende à generalidade dos casos, e isso em face da grande diversidade reinante entre os costumes regionais, tais como ocorre entre os grandes centros e a vida rural, ou, ainda, as regiões turísticas marcadas pela efervescência noturna e as localidades pacatas.

---

374. STJ, HC 588.445/SC, 5ª T., rel. Min. Reynaldo Soares da Fonseca, j. 25-8-2020, *DJe* de 31-8-2020.

375. "Art. 1.313. O proprietário ou ocupante do imóvel é obrigado a tolerar que o vizinho entre no prédio, mediante prévio aviso, para: I – dele temporariamente usar, quando indispensável à reparação, construção, reconstrução ou limpeza de sua casa ou do muro divisório; II – apoderar-se de coisas suas, inclusive animais que aí se encontrem casualmente. § 1º O disposto neste artigo aplica-se aos casos de limpeza ou reparação de esgotos, goteiras, aparelhos higiênicos, poços e nascentes e ao aparo de cerca viva. § 2º Na hipótese do inciso II, uma vez entregues as coisas buscadas pelo vizinho, poderá ser impedida a sua entrada no imóvel. § 3º Se do exercício do direito assegurado neste artigo provier dano, terá o prejudicado direito a ressarcimento".

Entendemos que a discussão é estéril diante da regra contida no art. 212 do CPC/2015 segundo o qual os atos processuais devem ser praticados em dias úteis, das 6 (seis) às 20 (vinte) horas.

Para tais efeitos, portanto, dia é o período compreendido entre 6 (seis) e 20 (vinte) horas. Noite é o período restante.

Não se deve confundir *noite* com o conceito de *repouso noturno*, e apenas para este é que servem as reflexões sobre as disparidades regionais.

Para afirmar que é *noite*, não importa se em determinado local – rua, bairro ou cidade – as pessoas têm por hábito dormir neste ou naquele horário; se logo ao cair do breu ou nas horas mortas, quando reduzido o movimento na rua.[376]

10.1.16.8.1. Busca em repartições públicas

Muito embora o art. 240 se refira à *busca domiciliar*, é possível que tal se realize em *repartições públicas*.

Se não houver receio de que a prova pereça ou extremada urgência, o ideal é que a autoridade *requisite* do responsável pela repartição, via ofício, o encaminhamento do que entender necessário.

No caso de inércia ou recusa injustificada, sem prejuízo das medidas tendentes à responsabilização penal (em razão do crime de desobediência previsto no art. 330 do CP, v.g.), caberá busca e apreensão.

A requisição prévia não é condição de legalidade da busca em repartições públicas, que, portanto, poderá ser realizada "de pronto", sempre que fundadas razões justifiquem tal medida.

10.1.16.8.2. Documento em poder do defensor

É possível que as diligências de busca e apreensão recaiam em escritório de advocacia, desde que evidenciado o envolvimento do advogado ou do local com a prática do delito investigado e a real necessidade da medida extrema.

Não é incomum a busca e apreensão de documentos em escritório de advocacia com o propósito de produzir prova da autoria e da materialidade de determinados tipos de crimes.

"Os escritórios de advocacia, como também os de outros profissionais, não são impenetráveis à investigação de crimes".[377]

Tratamos desse tema com adequada profundidade no capítulo em que estudamos o inquérito policial, e cabe agora acrescentar que, a teor do disposto no art. 243,

---

376. STF, HC 49.772/SP, 2ª T., rel. Min. Thompson Flores, j. 7-4-1972, *DJ* de 9-6-1972.

377. STJ, HC 149.008/PR, 5ª T., rel. Min. Arnaldo Esteves Lima, rel. p/ o Acórdão Min. Napoleão Nunes Maia Filho, j. 17-6-2010, *DJe* de 9-8-2010, *RT* 905/549.

§ 2º, do CPP, não é permitida a apreensão de documento em poder do defensor do acusado, *salvo quando constituir elemento do corpo de delito.*

De tal maneira, poderá recair busca e apreensão sobre *tudo aquilo que se encaixe no amplo conceito de documento* (papéis, instrumentos, CDs, DVDs, *hard disk* etc.), desde que evidenciada a condicionante indicada no parágrafo anterior.

10.1.16.8.3. Cautelas e procedimento

As cautelas exigidas por lei e o procedimento a ser observado estão indicados de forma suficientemente clara em artigos do CPP, e por isso, com a devida *venia*, optamos por transcrevê-los, dispensada a necessidade de maiores considerações a respeito.

Diz a lei:

> Art. 245. As buscas domiciliares serão executadas de dia, salvo se o morador consentir que se realizem à noite, e, antes de penetrarem na casa, os executores mostrarão e lerão o mandado ao morador, ou a quem o represente, intimando-o, em seguida, a abrir a porta.
>
> § 1º Se a própria autoridade der a busca, declarará previamente sua qualidade e o objeto da diligência.
>
> § 2º Em caso de desobediência, será arrombada a porta e forçada a entrada.
>
> § 3º Recalcitrando o morador, será permitido o emprego de força contra coisas existentes no interior da casa, para o descobrimento do que se procura.
>
> § 4º Observar-se-á o disposto nos §§ 2º e 3º, quando ausentes os moradores, devendo, neste caso, ser intimado a assistir à diligência qualquer vizinho, se houver e estiver presente.
>
> § 5º Se é determinada a pessoa ou coisa que se vai procurar, o morador será intimado a mostrá-la.
>
> § 6º Descoberta a pessoa ou coisa que se procura, será imediatamente apreendida e posta sob custódia da autoridade ou de seus agentes.
>
> § 7º Finda a diligência, os executores lavrarão auto circunstanciado, assinando-o com duas testemunhas presenciais, sem prejuízo do disposto no § 4º.
>
> Art. 246. Aplicar-se-á também o disposto no artigo anterior, quando se tiver de proceder a busca em compartimento habitado ou em aposento ocupado de habitação coletiva ou em compartimento não aberto ao público, onde alguém exercer profissão ou atividade.
>
> Art. 247. Não sendo encontrada a pessoa ou coisa procurada, os motivos da diligência serão comunicados a quem tiver sofrido a busca, se o requerer.
>
> Art. 248. Em casa habitada, a busca será feita de modo que não moleste os moradores mais do que o indispensável para o êxito da diligência.

10.1.16.8.4. Regras especiais

Além das regras gerais escritas no CPP, outras, dispostas em leis especiais, também podem tratar particularmente da matéria, exatamente como se verifica com a

Lei n. 9.279/96 (regula direitos e obrigações relativos à propriedade industrial), em seus arts. 198 e 201 a 204.

10.1.16.9. Busca pessoal

Verdadeiro *constrangimento legal*, a busca pessoal é modalidade de diligência que recai diretamente sobre a pessoa, e também sobre pertences seus, tais como vestimenta, carteira, bolsa, mala, automóvel, motocicleta etc., daí ser possível falar em busca pessoal *direta* e *indireta* nas situações respectivamente indicadas.

Por aqui é preciso cautela, pois, como argumenta Nucci,[378] se o indivíduo residir em seu veículo, que pode ser um *trailer*, um barco ou a cabine de um caminhão, por exemplo, a hipótese será de busca domiciliar e, portanto, imprescindível mandado judicial, observado o acima exposto.

É certo que o art. 5º, X, da CF, assegura que são invioláveis a intimidade, a vida privada, a honra e a imagem das pessoas, mas isso não impede a possibilidade de busca pessoal, medida que deve ser adotada por força de interesse público. A regra constitucional, se bem observada, impõe diretrizes à diligência de busca, que deve ser feita da maneira menos invasiva possível, restringindo-se ao necessário.

Isso não quer dizer que não seja possível revista em partes íntimas, diligência tantas vezes exitosa, por exemplo, nos dias de visitação em estabelecimentos prisionais, quando, por razões sobre as quais não cabe aqui discorrer, mulheres são flagradas com droga, aparelho de telefonia celular, *chip* e outras coisas mais, acomodadas em partes íntimas, objetivando ilegal entrega de tais bens a reclusos.

A busca pessoal pode ser realizada mediante farejamento preliminar por cães especialmente treinados, e de forma complementar ou efetiva por meio tátil, ocular ou mecânico.

Admite-se seja feita por qualquer tecnologia, compreendendo-se como tal o *scanner*, aparelho de raio X e detectores diversos.

Podem proceder à busca pessoal aqueles agentes incumbidos de garantir a segurança pública, como os indicados no art. 144 da CF, a saber: policial federal; policial rodoviário federal; policial ferroviário federal; policiais civis; policiais militares (dentre eles os integrantes de corpos de bombeiros militares).

Os integrantes das guardas municipais não estão legalmente autorizados a tais diligências.

10.1.16.9.1. Busca em mulher

Em regra, a busca em mulher deverá ser feita por outra mulher, se não importar retardamento ou prejuízo da diligência (CPP, art. 249).

---

378. Guilherme de Souza Nucci, *Manual de processo e execução penal*, 14. ed., Rio de Janeiro, Forense, 2017, p. 482.

Essa medida tem por escopo preservar ao máximo a integridade da mulher submetida à busca, evitando abusos, exposição e constrangimento além do estritamente necessário.

Mas é possível que uma mulher seja revistada por um homem, se a providência for imprescindível para o êxito da diligência.

Nesse caso a lei optou por submeter o interesse particular ao interesse público, e o fez acertadamente.

Observada a igualdade entre homens e mulheres disposta no art. 5º, *caput*, da CF, extrai-se do mesmo art. 249 que a pessoa do sexo masculino, em regra, deverá ser revistada por outro homem, salvo quando presente uma daquelas situações excepcionais indicadas no tipo em comento.

Dito isso, a quem caberá revistar homossexuais e travestis?

Ao pé da letra: o policial do sexo correspondente.

Pelo bom senso: o policial do sexo correspondente à opção do homossexual ou travesti.

10.1.16.9.2. Desnecessidade de mandado

A busca pessoal *independerá de mandado judicial* no caso de prisão ou quando houver fundada suspeita de que a pessoa esteja na posse de arma proibida ou de objetos ou papéis que constituam corpo de delito, ou quando a medida for determinada no curso de busca domiciliar (CPP, art. 244).

Quatro, portanto, são as hipóteses em que admitida busca pessoal sem mandado, a saber:

1ª) Quando ocorrer a prisão do revistado: a prisão poderá decorrer ou não de ordem judicial prévia (condenação definitiva transitada em julgado; prisão temporária; prisão preventiva ou prisão em flagrante).

A dispensa de mandado formalmente expedido decorre de raciocínio lógico, especialmente quando se tratar de prisão em flagrante. Com efeito, se a restrição à liberdade está autorizada, não há razão para não ser permitida a busca pessoal, que atende a interesse público e configura medida menos severa.

2ª) Quando houver fundada suspeita de que a pessoa esteja na posse de arma proibida: a situação é de inegável urgência e visa a reprimir a prática de crime tipificado na Lei n. 10.826/2003 (Estatuto do Desarmamento) ou outro qualquer (homicídio, roubo etc.). Se a evidente prática delitiva justifica a prisão em flagrante, que é o mais, não tem sentido imaginar que não seria possível o menos, que é a busca pessoal sem ordem judicial prévia.

Em casos desse jaez, a providência é medida lógica e razoável, pois, diante da impossibilidade de se anteverem determinadas situações ou da ausência de tempo hábil para a obtenção de mandado prévio, a única alternativa inteligente é permitir a busca imediata.

3ª) Quando houver fundada suspeita de que a pessoa esteja na posse de objetos ou papéis que constituam corpo de delito: também aqui a lógica e a razoabilidade é que determinam a providência de urgência, na medida em que o perecimento do corpo de delito poderá acarretar impunidade, caso não seja possível exame indireto.

4ª) Quando houver mandado de busca domiciliar: em casos tais já se autorizou a providência mais severa, que é o excepcional ingresso (desautorizado pelo morador) em domicílio alheio. Não teria sentido, portanto, não permitir providência mais amena, como é a busca pessoal, bem como eventual apreensão de coisa localizada em poder do revistado.

Em todos os casos, é evidente a urgência da medida, que se justifica pela necessidade e interesse público na apreensão de armas ilícitas e/ou acautelamento da prova que constitui o próprio *corpo de delito*.

Mas é preciso reafirmar que a providência só restará autorizada diante de *fundada suspeita*, e não *mera intuição* ou *capricho policial* despido da necessária preocupação que se deve ter com a integridade das garantias fundamentais dispostas objetivamente na Carta Política.

Por *fundada suspeita* entenda-se a convicção lastreada ao menos em algum elemento indiciário, mínimo que seja.

10.1.16.10. Diligência de apreensão em território de jurisdição alheia

Diz o art. 250 do CPP que: "A autoridade ou seus agentes poderão penetrar no território de jurisdição alheia, ainda que de outro Estado, quando, para o fim de apreensão, forem no seguimento de pessoa ou coisa, devendo apresentar-se à competente autoridade local, antes da diligência ou após, conforme a urgência desta".

Iniciada a diligência de busca, para que não se torne infrutífera, admite-se que a autoridade e seus agentes ingressem e executem a apreensão em comarca diversa daquela em que se fez expedir o respectivo mandado, inclusive em outra Unidade da Federação.

Não há qualquer excesso nessa regra, considerando que até mesmo a prisão em flagrante poderá decorrer de perseguição, com a efetiva captura em localidade distinta daquela em que se deu o delito, exatamente como afirmado no art. 290 do CPP.

Ir no *seguimento* é o mesmo que perseguir, e o § 1º do art. 250 diz que se entende que há perseguição de pessoa ou coisa, quando: *a)* tendo conhecimento direto de sua remoção ou transporte, a seguirem sem interrupção, embora depois a percam de vista; *b)* ainda que não a tenham avistado, mas sabendo, por informações fidedignas ou circunstâncias indiciárias, que está sendo removida ou transportada em determinada direção, forem ao seu encalço.

Em regra, logo que ingressarem em território alheio, os perseguidores devem apresentar-se à autoridade local a fim de comunicar as razões da diligência e da presença onde se encontram. Mas convenhamos que essa cautela, no mais das vezes, acarretará o insucesso da diligência, daí o legislador permitir que tal se verifique após a apreensão, conforme a urgência indicar.

Se as autoridades locais tiverem fundadas razões para duvidar da legitimidade das pessoas que, nas referidas diligências, entrarem pelos seus distritos, ou da legalidade dos mandados que apresentarem, poderão exigir as provas dessa legitimidade, mas de modo que não se frustre a diligência (§ 2º do art. 250).

11. Produção Antecipada de Prova

No manuseio do processo de natureza criminal, algumas provas devem ser apresentadas já com a inicial acusatória, dada a imprescindibilidade de que esta se encontre não apenas formalmente em ordem, mas também substancialmente autorizada; amparada em elementos de convicção, em síntese. A denúncia ou queixa desacompanhada de indícios mínimos a respeito do fato imputado e respectiva autoria não comporta recebimento.

Em outro extremo, poderá a defesa oferecer a resposta escrita de que cuida o art. 396-A do CPP, acompanhada de outras provas de seu interesse.

No mais, há momento e forma de se produzir prova no curso do processo; durante a instrução.

Algumas vezes, o surgimento de uma situação extraordinária reclama medida de urgência em relação à produção de determinada prova, tal como ocorre, por exemplo, se uma testemunha importante estiver gravemente enferma e houver risco de vir a falecer antes da data designada para seu depoimento, e se a vítima for viajar para país distante, em local de difícil acesso.

Em casos assim, como autoriza o art. 225 do CPP, e já analisado neste capítulo, seja qual for o momento da persecução penal, terá cabimento a produção antecipada da prova oral (os arts. 155 e 156 do CPP também tratam desse tema).

Interessa, por aqui, o disposto no art. 366 do CPP, que prevê a possibilidade de se produzir prova antecipada quando o acusado, citado por edital, não comparecer, nem constituir advogado, hipótese em que ficarão suspensos o processo e o curso do prazo prescricional, podendo o juiz, dentre outras providências, determinar a produção antecipada de provas.

O entendimento que tem prevalecido a esse respeito, inclusive no STF e STJ, é no sentido de que a simples revelia geradora da suspensão do processo não é fundamento suficiente para que se proceda à produção antecipada de prova.

É preciso que se demonstre a real urgência, tal qual apontada no art. 225 do CPP, que assim dispõe: "Se qualquer testemunha houver de ausentar-se, ou, por enfermidade ou por velhice, inspirar receio de que ao tempo da instrução criminal já não exista, o juiz poderá, de ofício ou a requerimento de qualquer das partes, tomar-lhe antecipadamente o depoimento".

Sobre essa matéria o STJ editou a Súmula 455 com o seguinte teor: "A decisão que determina a produção antecipada de provas com base no art. 366 do CPP deve ser concretamente fundamentada, não a justificando unicamente o mero decurso do tempo" (*DJe* de 8-9-2010).

A esse respeito, têm decidido a Suprema Corte e o Superior Tribunal de Justiça que:

> A decisão que determina a produção antecipada da prova testemunhal deve demonstrar a presença dos requisitos previstos no art. 225 do Código de Processo Penal. Firme a jurisprudência deste Supremo Tribunal no sentido de que "se o acusado, citado por edital, não comparece nem constitui advogado, pode o juiz, suspenso o processo, determinar produção antecipada de prova testemunhal, apenas quando esta seja urgente nos termos do art. 225 do Código de Processo Penal". Precedentes.[379]

> A produção antecipada de provas permitida pelo art. 366 do Código de Processo Penal possui natureza acautelatória e visa a resguardar a efetividade da prestação jurisdicional, diante da possibilidade de perecimento da prova em razão do decurso do tempo no qual o processo permanece suspenso. Nos termos do enunciado 455 da Súmula desta Corte de Justiça, "a decisão que determina a produção antecipada de provas com base no art. 366 do CPP deve ser concretamente fundamentada, não a justificando unicamente o mero decurso do tempo".[380]

> A determinação da produção antecipada de prova testemunhal, nos termos delineados no art. 366 do CPP, é faculdade conferida ao Magistrado processante, se o acusado, citado por edital, não comparecer, nem constituir advogado. Diante das peculiaridades do caso concreto, a medida pode, ou não, ser considerada urgente.[381]

No mesmo sentido: STF, HC 85.824/SP, 2ª T., rel. Min. Cezar Peluso, j. 5-8-2008, *DJe* n. 157, de 22-8-2008, *RTJ* 208/221; STJ, HC 438.916/SP, 5ª T., rel. Min. Reynaldo Soares da Fonseca, j. 17-4-2018, *DJe* de 25-4-2018; STJ, HC 425.852/SP, 6ª T., rel. Min. Maria Thereza de Assis Moura, j. 3-5-2018, *DJe* de 15-5-2018.

12. Atividade Probatória na Execução Penal

Engana-se profundamente quem pensa que a produção de provas só se faz possível na fase de investigação e durante o curso do processo de conhecimento.

No processo de execução, de igual forma, e sob as mesmas condições, é intensa a atividade probatória.

Por aqui também se aplicam os princípios sobre prova; as regras sobre a distribuição subjetiva do ônus da prova; os momentos da prova (proposição, admissão, produção e valoração); os meios de prova etc.

379. STF, HC 130.038/DF, 2ª T., rel. Min. Dias Toffoli, j. 3-11-2015, *DJe* n. 250, de 14-12-2015.

380. STJ, AgRg no HC 427.018/SC, 5ª T., rel. Min. Jorge Mussi, j. 20-2-2018, *DJe* de 28-2-2018.

381. STJ, RHC 72.208/RN, 5ª T., rel. Min. Joel Ilan Paciornik, j. 10-4-2018, *DJe* de 25-4-2018.

Incidem também os princípios da legalidade, individualização da pena, intranscendência ou personalidade da pena, da razoabilidade, devido processo legal, ampla defesa, contraditório, juiz natural, presunção de inocência (sim, presunção de inocência quanto aos fatos novos, surgidos no curso da execução, como ocorre com a imputação de falta grave, p.ex.), persuasão racional ou livre convencimento, obrigatoriedade de fundamentação das decisões judiciais (CF, art. 93, IX), dentre outros.

Já no art. 8º da LEP verificamos situações em que o executado será (ou poderá ser) submetido a exame criminológico para a obtenção dos elementos necessários a uma adequada classificação e com vistas à individualização da pena.

O exame criminológico constitui *prova técnica*, a ser elaborada por profissionais capacitados.

Para obter progressão de regime, o executado deverá *provar* que atende aos requisitos do art. 112 da LEP, e para tanto, é incumbência sua demonstrar que cumpriu o tempo de pena exigido para a hipótese e que ostenta bom comportamento carcerário, a ser materializado em atestado de conduta fornecido pelo diretor do estabelecimento em que se encontrar.

Há quem entenda que ainda é possível a realização de *exame criminológico* para a finalidade de apurar a presença, ou não, de requisito subjetivo para progressão de regime (LEP, art. 112, § 1º), com o que não concordamos.

No sentido de que o juiz pode determinar a realização do exame, temos a Súmula Vinculante 26 (STF)[382] e a Súmula 439 do STJ.[383]

Ainda em sede de progressão de regime, quando se tratar de crime praticado contra a Administração Pública, para obter o benefício, além dos requisitos genéricos o executado deverá *provar* a reparação do dano causado ou a impossibilidade de fazê-lo (CP, § 4º do art. 33).

A regressão de regime com base no art. 118 da LEP é providência que só pode ser adotada se ficar *provada* a prática de falta grave, por *documento e/ou testemunha*, assegurada a ampla defesa e o contraditório com a possibilidade de *oitiva do executado em juízo*, quando então poderá *confessar* ou *negar o deslize*, *apresentar álibi*, indicar *testemunhas*, fornecer *prova documental* e ainda propor *outros meios de prova* para a apuração do fato. Nesse particular, calha ressaltar que, se depois de produzidas as provas permanecer eventual incerteza a respeito do cometimento da falta, a dúvida deverá ser resolvida em favor do executado.

---

382. Súmula Vinculante 26: "Para efeito de progressão de regime no cumprimento de pena por crime hediondo, ou equiparado, o juízo da execução observará a inconstitucionalidade do art. 2º da Lei n. 8.072, de 25 de julho de 1990, sem prejuízo de avaliar se o condenado preenche, ou não, os requisitos objetivos e subjetivos do benefício, podendo determinar, para tal fim, de modo fundamentado, a realização de exame criminológico" (*DJe* n. 238, de 23-12-2009, p. 1).

383. Súmula 439: "Admite-se o exame criminológico pelas peculiaridades do caso, desde que em decisão motivada" (*DJe* de 13-5-2012).

Para obter remição de pena, é preciso *prova documental* dos dias de trabalho ou de estudo, conforme dispõe o art. 126 da LEP.

Para a declaração de perda dos dias remidos, também é preciso *prova* do cometimento de falta grave (LEP, art. 127).

Dentre outras situações, também é preciso produzir prova quando se pleitear: *1)* a concessão de livramento condicional, sua suspensão ou revogação; *2)* o reconhecimento de violação de deveres relacionados com o monitoramento eletrônico; *3)* seja reconhecido o descumprimento de pena restritiva de direitos; *4)* a avaliação de eventual causa de revogação do *sursis*; *5)* o reconhecimento da cessação da periculosidade, e *6)* a extinção da punibilidade pela morte do executado.

Intensa, portanto, a *atividade probatória no campo execucional*, e para ela devem estar aparelhados tecnicamente os operadores do Direito, para não correr o risco de se permitir negação a garantias fundamentais que interessam a toda a sociedade.

Como disse Roberto Lyra, é preciso "modernizar sempre sua caixa de ferramentas: o martelo da lei, o serrote da jurisprudência, os pregos e os parafusos da doutrina".

E arrematou: "O principal é o direito corrente, a lei aplicada, a seleção, a organização, a crítica dos julgados. Quem ensina, estuda, defende, acusa, decide, não pode dispensar esses instrumentos de ação".[384]

13. Prova Ilícita

Embora ampla, a iniciativa probatória não é ilimitada.

De forma categórica, afirma o art. 5º, LVI, da CF, que **são inadmissíveis**, no processo, as **provas obtidas por meios ilícitos**.

> A ação persecutória do Estado, qualquer que seja a instância de poder perante a qual se instaure, para revestir-se de legitimidade, não pode apoiar-se em elementos probatórios ilicitamente obtidos, sob pena de ofensa à garantia constitucional do *due process of law*, que tem, no dogma da inadmissibilidade das provas ilícitas, uma de suas mais expressivas projeções concretizadoras no plano do nosso sistema de direito positivo. A Constituição da República, em norma revestida de conteúdo vedatório (CF, art. 5º, LVI), desautoriza, por incompatível com os postulados que regem uma sociedade fundada em bases democráticas (CF, art. 1º), qualquer prova cuja obtenção, pelo Poder Público, derive de transgressão a cláusulas de ordem constitucional, repelindo, por isso mesmo, quaisquer elementos probatórios que resultem de violação do direito material (ou, até mesmo, do direito processual), não prevalecendo, em consequência, no ordenamento normativo brasileiro, em matéria de atividade probatória, a fórmula autoritária do *male captum, bene retentum*.[385]

A vedação prestigia direitos e garantias fundamentais, de modo a assegurar o livre-arbítrio do acusado em relação à iniciativa probatória (CF, art. 5º, II); vedar a

384. *Formei-me em direito... E agora?* Rio de Janeiro, Editora Nacional de Direito, 1956, p. 67.

385. STF, HC 82.788/RJ, 2ª T., rel. Min. Celso de Mello, j. 12-4-2005, *DJ* de 2-6-2006, p. 43, *RTJ* 201/170.

prova obtida mediante tortura, tratamento desumano ou degradante (CF, art. 5º, III); prestigiar a proteção do direito à intimidade, à vida privada e à imagem das pessoas (CF, art. 5º, X), bem como a inviolabilidade de domicílio (CF, art. 5º, XI).

Num olhar mais amplo, é caso de afirmar que o processo deve, em suma, respeitar o princípio da dignidade da pessoa humana, que constitui fundamento da República Federativa do Brasil (CF, art. 1º, III).

Coerente com o ordenamento constitucional, diz o art. 157, *caput*, do CPP, que são inadmissíveis, devendo ser desentranhadas do processo,[386] as provas ilícitas, assim entendidas as obtidas em **violação a *normas constitucionais* ou *legais***.

São dois, portanto, os fundamentos jurídicos para que se reconheça a ilicitude da prova: *1º*) violação de normas constitucionais; *2º*) violação de normas infraconstitucionais.

Haverá **prova ilícita por violação de norma constitucional**, por exemplo, quando for produzida em desrespeito ao art. 5º, XI, da CF, onde se lê que a casa é o asilo inviolável do indivíduo, ninguém nela podendo penetrar sem consentimento do morador, salvo em caso de flagrante delito ou desastre, ou para prestar socorro, ou, durante o dia, por determinação judicial. De igual maneira, dentre outras hipóteses, mácula surgirá se houver ofensa ao disposto no mesmo art. 5º, VII, segundo o qual é inviolável o sigilo da correspondência e das comunicações telegráficas, de dados e das comunicações telefônicas, salvo, no último caso, por ordem judicial, nas hipóteses e na forma que a lei estabelecer para fins de investigação criminal ou instrução processual penal.

Também é considerada ilícita a **prova produzida em desconformidade com as normas infraconstitucionais**, tal como ocorre, por exemplo, na situação em que o laudo pericial é realizado por um único perito não oficial (CPP, art. 159, § 1º); na confissão de autoria delitiva obtida mediante tortura,[387] e se o reconhecimento de pessoa for feito em desconformidade com o disposto no art. 226 do CPP.

É ilícita a prova que, embora admitida no ordenamento, foi produzida com desconsideração às regras que a informam.

É possível falar em ***ilicitude material*** e ***ilicitude formal***. No primeiro caso, a prova é vedada; no segundo caso, embora permitida, foi produzida em desconformidade com o regramento legal; sem observância à forma estabelecida.

Seja qual for a fonte da ilicitude, a prova ilícita deverá ser desentranhada do processo.

---

386. "O desentranhamento de provas ilícitas, na forma do art. 157 do CPP, não se traduz em necessidade de retorno do processo à etapa inicial. Assim, não seria o caso de desconstituir todos os atos processuais praticados desde a incorporação da prova ilícita aos autos" (STF, HC 125.218/RS, 2ª T., rel. Min. Gilmar Mendes, j. 24-5-2016, *DJe* n. 116, de 7-6-2016).

387. Leitura recomendada: Pietro Verri, *Observações sobre a tortura*, São Paulo, Martins Fontes, 1992.

Apresentada a resposta defensória escrita, caberá ao juiz das garantias, quando e onde estiver implementado,[388] por ocasião de sua apreciação e, portanto, antes da audiência de instrução e julgamento, decidir a respeito de eventual ilicitude de prova já produzida e, sendo caso, determinar seu desentranhamento dos autos. A decisão a tal título proferida poderá ser atacada por recurso em sentido estrito.

Se a ilicitude da prova for reconhecida ao final da instrução, na sentença, comportará discussão em recurso de apelação.

Consoante o § 3º do art. 157, preclusa a decisão de desentranhamento da prova declarada inadmissível, esta será inutilizada por decisão judicial, facultando-se às partes acompanhar o incidente.

Tal previsão não pode ser aplicada cegamente. Não raras vezes os documentos desentranhados irão configurar o próprio corpo de delito ou ao menos prova de situação ilícita distinta; outras, poderão pertencer a terceiro lesado, de quem tenham sido ilicitamente retirados, daí não ser recomendada a destruição sem maiores observações e cautelas.

13.1. Prova ilícita por derivação

São também inadmissíveis as **provas derivadas das ilícitas**,[389] salvo quando não evidenciado o nexo de causalidade entre umas e outras, ou quando as derivadas puderem ser obtidas por uma fonte independente das primeiras (CPP, art. 157, § 1º).[390]

388. Após a publicação da Lei n. 13.964/2019 foram ajuizadas no Supremo Tribunal Federal três ações diretas de inconstitucionalidade questionando alguns de seus dispositivos – ADI 6.298, 6.299 e 6.300 –, e no dia 15 de janeiro de 2020 o Min. Dias Toffoli concedeu medida cautelar nos autos da ADI 6.298, para, entre outras coisas: "**(i)** suspender-se a eficácia dos **arts. 3º -D, parágrafo único, e 157, § 5º**, do Código de Processo Penal, incluídos pela Lei n. 13.964/19; **(ii)** suspender-se a eficácia dos arts. 3º -B, 3º -C, 3º -D, *caput*, 3º -E e 3º -F do CPP, inseridos pela Lei n. 13.964/2019, até a efetiva implementação do juiz das garantias pelos tribunais, o que deverá ocorrer **no prazo máximo de 180 (cento e oitenta) dias, contados a partir da publicação desta decisão**; **(iii)** conferir-se interpretação conforme às normas relativas ao juiz das garantias (arts. 3º -B a 3º -F do CPP), para esclarecer que não se aplicam às seguintes situações: (a) processos de competência originária dos tribunais, os quais são regidos pela Lei n. 8.038/90; (b) processos de competência do Tribunal do Júri; (c) casos de violência doméstica e familiar; e (d) processos criminais de competência da Justiça Eleitoral".

Ainda em confronto com as inovações determinadas pela Lei n. 13.964/2019, no dia 22 de janeiro de 2020, nos autos da ADI 6.298, na condição de relator das ADIs 6.298, 6.299, 6.300 e 6305, o Min. Luiz Fux revogou a decisão monocrática constante das ADIs 6.298, 6.299, 6.300 e suspendeu *sine die* a eficácia da implantação do juiz das garantias e seus consectários (arts. 3º -A, 3º -B, 3º -C, 3º -D, 3ª-E, 3º -F, do CPP); da alteração do juiz sentenciante que conheceu de prova declarada inadmissível (art. 157, § 5º, do CPP); e concedeu a medida cautelar requerida nos autos da ADI 6.305, para suspender *sine die* a eficácia, da alteração do procedimento de arquivamento do inquérito policial (art. 28, *caput*, CPP), e da ilegalidade da prisão pela não realização da audiência de custódia no prazo de 24 horas (art. 310, § 4°, do CPP).

389. STF, Inq 3.732/DF, 2ª T., rel. Min. Cármen Lúcia, j. 8-3-2016, *DJe* n. 053, de 22-3-2016.

390. "Para que uma prova contamine outra e, via de consequência, todo o arcabouço probatório, é preciso ter por referencial a prova obtida de forma ilícita e admitida no processo, a partir da qual todas

No dizer de Avolio, "concerne às hipóteses em que a prova foi obtida de forma lícita, mas a partir da informação extraída de uma prova obtida por meio ilícito".[391]

Qualquer prova que decorra direta e essencialmente de prova ilícita, por consequência lógica e inevitável, é considerada prova ilícita por derivação. O nexo de causalidade contamina de ilicitude a prova sequencialmente obtida. Aplica-se, *in casu*, a **doutrina da árvore dos frutos envenenados** (*fruits of the poisonous tree*),[392] elaborada na jurisprudência norte-americana.

Se determinada prova decorrer de prova ilícita *e também* de outra fonte lícita independente, prevalecerá sua licitude.

Marteleto Filho lembra, a propósito, que há "limitações e exceções à teoria dos frutos da árvore envenenada, tais como a *teoria da fonte independente* (*independent source limitation*) e a *teoria da descoberta inevitável* (*inevitable discovery limitation*), as quais também foram desenvolvidas pela jurisprudência da Suprema Corte estadunidense e acolhidas pela legislação processual penal brasileira".[393]

A teor do disposto no § 2º do art. 157, considera-se fonte independente aquela que por si só, seguindo os trâmites típicos e de praxe, próprios da investigação ou instrução criminal, seria capaz de conduzir ao fato objeto da prova.

É o caso de uma prova indicada em confissão obtida mediante tortura e também alcançada mediante atividade lícita. Exemplo: ao mesmo tempo em que o confitente é torturado e informa o local em que está escondida certa quantidade de droga, essa mesma informação é obtida em interceptação telefônica judicialmente autorizada. Na hipótese, a localização da droga não decorreu da confissão ilicitamente obtida, mas de fonte lícita independente, daí não ter sentido desconsiderá-la.

A respeito do tema, vejamos ementa de julgado do STF, em acórdão relatado pelo Min. Celso de Mello:

> Ninguém pode ser investigado, denunciado ou condenado com base, unicamente, em provas ilícitas, quer se trate de ilicitude originária, quer se cuide de ilicitude por derivação. Qualquer novo dado probatório, ainda que produzido, de modo válido, em momento subsequente, não pode apoiar-se, não pode ter fundamento causal nem derivar de prova comprometida pela mácula da ilicitude originária. A exclusão da prova originariamente

as demais decorram, exclusivamente, da prova espúria" (STJ, HC 58.137/PR, 6ª T., rel. Min. Paulo Medina, j. 26-6-2007, *DJe* de 10-9-2007).

391. Luiz Francisco Torquato Avolio, *Provas ilícitas*, 5. ed., São Paulo, Revista dos Tribunais, 2012, p. 67.

392. "Como es ampliamente sabido, el Derecho angloamericano conoce la *fruit of the poisonous tree doctrine* (doctrina de los frutos del árbol venenoso), según la cual las pruebas inutilizables tampoco deben contribuir a la obtención de otras pruebas" (Claus Roxin, *Pasado, presente y futuro del derecho procesal penal*, 1. ed., 1. reimp., Santa Fé, Rubinzal-Culzoni, 2009, p. 137)

393. Wagner Marteleto Filho, *O direito à não autoincriminação no processo penal contemporâneo*, Belo Horizonte, Del Rey, 2012, p. 209.

ilícita – ou daquela afetada pelo vício da ilicitude por derivação – representa um dos meios mais expressivos destinados a conferir efetividade à garantia do *due process of law* e a tornar mais intensa, pelo banimento da prova ilicitamente obtida, a tutela constitucional que preserva os direitos e prerrogativas que assistem a qualquer acusado em sede processual penal. (...) A doutrina da ilicitude por derivação (teoria dos 'frutos da árvore envenenada') repudia, por constitucionalmente inadmissíveis, os meios probatórios, que, não obstante produzidos, validamente, em momento ulterior, acham-se afetados, no entanto, pelo vício (gravíssimo) da ilicitude originária, que a eles se transmite, contaminando-os, por efeito de repercussão causal. Hipótese em que os novos dados probatórios somente foram conhecidos, pelo Poder Público, em razão de anterior transgressão praticada, originariamente, pelos agentes estatais, que desrespeitaram a garantia constitucional da inviolabilidade domiciliar. Revelam-se inadmissíveis, desse modo, em decorrência da ilicitude por derivação, os elementos probatórios a que os órgãos estatais somente tiveram acesso em razão da prova originariamente ilícita, obtida como resultado da transgressão, por agentes públicos, de direitos e garantias constitucionais e legais, cuja eficácia condicionante, no plano do ordenamento positivo brasileiro, traduz significativa limitação de ordem jurídica ao poder do Estado em face dos cidadãos. Se, no entanto, o órgão da persecução penal demonstrar que obteve, legitimamente, novos elementos de informação a partir de uma fonte autônoma de prova – que não guarde qualquer relação de dependência nem decorra da prova originariamente ilícita, com esta não mantendo vinculação causal –, tais dados probatórios revelar-se-ão plenamente admissíveis, porque não contaminados pela mácula da ilicitude originária. A questão da fonte autônoma de prova (*an independent source*) e a sua desvinculação causal da prova ilicitamente obtida. Doutrina. Precedentes do STF (RHC 90.376/RJ, Rel. Min. Celso de Mello, v.g.) – Jurisprudência Comparada (A experiência da Suprema Corte americana): casos '*Silverthorne Lumber co. v. United States* (1920); *Segura v. United States* (1984); *Nix v. Williams* (1984); *Murray v. United States* (1988)', v.g.[394]

13.2. Serendipidade. Encontro causal ou fortuito de prova

É lícita a prova obtida fortuitamente.[395]

O denominado fenômeno da serendipidade ou encontro fortuito de provas não constitui causa de nulidade da prova propriamente considerada, e menos ainda do inquérito em que se materializa a atividade investigativa.[396]

394. STF, HC 167.550 AgR-ED/PR, 1ª T., rel. Min. Luiz Fux, j. 25-10-2019, *DJe*-250, de 18-11-2019; STF, RHC 182.520/AgR/RJ, 2ª T., rel. Min. Gilmar Mendes, j. 22-5-2020, *DJe*-135, de 1º-6-2020.

395. "A prova encontrada, fortuitamente, durante a investigação criminal é válida, salvo se comprovado vício ensejador de sua nulidade" (STF, Inq 3.732/DF, 2ª T., rel. Min. Cármen Lúcia, j. 8-3-2016, *DJe* n. 053, de 22-3-2016).

396. "Nas interceptações telefônicas validamente determinadas é passível a ocorrência da serendipidade, pela qual, de forma fortuita, são descobertos delitos que não eram objetos da investigação originária. Precedentes: HC 106.152, 1ª T., Rel. Min. Rosa Weber, *DJe* de 24-5-2016 e HC 128.102, 1ª T., Rel. Min. Marco Aurélio, *DJe* de 23-6-2016" (STF, HC 137438 AgR/ SP, 1ª T., rel. Min. Luiz Fux, j. 26-5-2017, *DJe* n. 133, de 20-6-2017). *No mesmo sentido*: STJ, RHC 60.871/MT, 6ª T., rel. Min. Nefi Cordeiro, j. 4-10-2016, *DJe* de 17-10-2016.

Imagine-se situação em que, autorizada judicialmente interceptação telefônica[397] com vistas a investigar crime de tráfico de drogas, durante as conversações gravadas e em razão delas se descobre a prática de outros delitos.

Muito embora a medida excepcional tenha sido autorizada com a finalidade de apurar crime determinado, não há razão lógica ou jurídica para desprezar a prova relativa a delito diverso.

O STF tem decidido reiteradamente que na hipótese tratada não há qualquer ofensa ao art. 5º, XII e LVI, da CF.[398]

13.3. Teoria da proporcionalidade

Conforme a *teoria da proporcionalidade* ou do *interesse preponderante*, consagrada nos tribunais alemães, é necessário ponderar os interesses em jogo, daí não ser possível desconsiderar a prova ilícita que leve à apuração de crime grave, de homicídio ou sequestro, por exemplo, visto que nesses casos o interesse público/social em apurar e punir tais condutas deve prevalecer sobre o interesse privado de liberdade a que se vincula o acusado.

Apesar dos fortes argumentos apresentados pelos partidários da respeitável teoria, temos que tal forma de pensar não pode prevalecer, pena de fazer ruir todo o sistema de garantias fundamentais.

Se bem delineado, o conflito que se estabelece não é entre o interesse público de punir e o interesse do acusado em ficar impune, mas entre aquele primeiro e o interesse de preservar a ordem constitucional vigente, os princípios e valores fundamentais, bem como o sistema de garantias, que inegavelmente deve prevalecer, porquanto evidente que a preservação e a integridade dos princípios basilares que regem a ordem superior do Estado interessam a toda a sociedade, e não apenas ao particular acusado.

Diante desse quadro e sob o enfoque analisado, resta evidente a insubsistência da teoria da proporcionalidade.

13.4. Prova ilícita em favor do acusado

Apesar da literalidade dos dispositivos de lei anteriormente indicados, não é correto afirmar que a prova ilícita *jamais* poderá ser levada em conta no julgamento de um processo. Ela não é irremediavelmente desprezível em todo e qualquer caso.

397. Sobre a matéria, consultar: Ada Pellegrini Grinover, *Liberdades públicas e processo penal*, 2. ed., São Paulo, Revista dos Tribunais, 1982.

398. STF, HC 167.550 AgR/PR, 1ª T., rel. Min. Luiz Fux, j. 23-8-2019, *DJe*-191, de 3-9-2019; STF, RHC 182.520/AgR/RJ, 2ª T., rel. Min. Gilmar Mendes, j. 22-5-2020, *DJe* -135, de 1º-6-2020.

E se alguém for acusado da prática de crime determinado e só conseguir provar sua inocência valendo-se de meio não permitido no ordenamento? Exemplo: acusado da prática de homicídio que intercepta ilicitamente uma correspondência em que o verdadeiro autor do crime confessa com riqueza de detalhes a execução do delito.

No caso apontado, é inegável que na disputa travada entre o *direito ao sigilo de correspondência* (que se liga ao *direito à intimidade* ou *privacidade*) e o *direito de liberdade*, ambos de envergadura constitucional, o último é que deve prevalecer.

O princípio da dignidade da pessoa humana (CF, art. 1º, III) não autoriza conclusão diversa.

Não se trata de permitir a prova ilícita apenas para evitar erro judiciário, pois, se assim fosse, o Ministério Público e o querelante também poderiam produzir prova ilícita, e a desordem constitucional se implantaria fácil, desastrosa e definitivamente.

É defensável, na hipótese, a inexigibilidade de conduta diversa por parte do acusado, ou até mesmo estado de necessidade, de modo a reconhecer ter agido acobertado por causa de exclusão da antijuridicidade e, portanto, licitamente.

Em síntese, sabendo que nenhum direito é absoluto, e bem delineado o confronto de valores que se estabelece no processo penal, *é possível* admitir a prova ilícita produzida pela defesa.

Tal permissão deve levar em conta a situação do caso concreto, de modo que só deverá ser acolhida e valorada a prova ilícita quando o acusado não dispuser de meios lícitos para demonstrar sua inocência.

14. Captação Ambiental de Sinais Eletromagnéticos, Ópticos ou Acústicos

O art. 7º da Lei n. 13.964/2019 introduziu na Lei n. 9.296/96 seu atual art. 8º-A, de modo a instituir e regular a captação ambiental de sinais eletromagnéticos, ópticos ou acústicos.

Vedada a iniciativa judicial *ex officio*, a produção desse valioso meio de prova poderá ser requerida em qualquer fase da investigação policial ou da instrução processual, pela autoridade policial ou pelo representante do Ministério Público.

Configuram **pressupostos de admissibilidade da decretação**: (1) que a prova não possa ser feita por outros meios disponíveis e igualmente eficazes; (2) a existência de elementos probatórios razoáveis de autoria ou participação em crime cuja pena máxima cominada seja superior a 4 (quatro) anos ou em infrações penais conexas.

Além de demonstrar de maneira inequívoca a existência dos pressupostos, o requerimento deverá descrever circunstanciadamente o local e a forma de instalação do dispositivo de captação ambiental (art. 8º-A, § 1º).

A captação ambiental pode ser determinada por **prazo inicial de até 15 (quinze) dias, renovável por iguais períodos**. Não há limite máximo, mas é certo que não se admite renovação automática ou por prazo superior ao anotado, e a licitude da prova obtida a cada novo período está condicionada à existência de **precedente decisão judicial** corretamente fundamentada, da lavra de magistrado competente.

Os **pressupostos de admissibilidade da renovação** estão indicados no § 3º do art. 8º -A. São eles: (1) demonstração empírica da indispensabilidade do meio de prova; (2) estar a medida destinada à apuração de atividade criminal permanente, habitual ou continuada.

Quanto ao último pressuposto da renovação, não é ocioso ressaltar que não se trata de apuração de crime necessariamente permanente, habitual ou continuado, muito embora até possa ocorrer qualquer dessas situações. Basta, na hipótese, que a atividade criminal se prolongue no tempo.

No que couberem, devem ser aplicadas subsidiariamente à captação ambiental as regras previstas na Lei n. 9.296/96 para a interceptação telefônica e telemática.

A teor do disposto no art. 10-A da Lei n. 9.296/96, realizar captação ambiental de sinais eletromagnéticos, ópticos ou acústicos para investigação ou instrução criminal sem autorização judicial, quando esta for exigida, configura crime punido com reclusão, de 2 (dois) a 4 (quatro) anos, e multa. A pena será aplicada em dobro ao funcionário público que descumprir determinação de sigilo das investigações que envolvam a captação ambiental ou revelar o conteúdo das gravações enquanto mantido o sigilo judicial (§2º).

14.1. Captação ambiental clandestina realizada por um dos interlocutores

É lícita a prova que consiste em gravação ambiental levada a efeito de maneira clandestina por um dos interlocutores, ainda que ausente o consentimento daquele que se manifesta de modo a dar ensejo à prova captada, e mesmo diante de sua prévia contrariedade a este procedimento, a qualquer tempo manifestada. Esta mesma liberdade probatória não alcança, entretanto, as conversações acobertadas por cláusula legal de sigilo.

A jurisprudência tem se mantido firme neste sentido:

> Prova. Gravação ambiental. Realização por um dos interlocutores sem conhecimento do outro. Validade. Jurisprudência reafirmada. Repercussão geral reconhecida. Recurso extraordinário provido. É lícita a prova consistente em gravação ambiental realizada por um dos interlocutores sem conhecimento do outro (STF, RE 583.937 QO-RG/RJ, Tribunal Pleno, rel. Min. Cezar Peluso, j. 19-11-2009, *DJe* n. 237, de 18-12-2009, *RTJ* 220/589).

> O presente caso versa sobre a gravação de conversa telefônica por um interlocutor sem o conhecimento de outro, isto é, a denominada "gravação telefônica" ou "gravação clandestina".

Entendimento do STF no sentido da licitude da prova, desde que não haja causa legal específica de sigilo nem reserva de conversação. Repercussão geral da matéria (RE 583.397/RJ).[399]

De modo a finalizar a discussão, o § 1º do art. 10-A, introduzido na Lei n. 9.296/96 pelo art. 7º da Lei n. 13.964/2019, diz expressamente que não há crime quando a captação ambiental de sinais eletromagnéticos, ópticos ou acústicos é realizada por um dos interlocutores.

A prova assim colhida pode ser utilizada na fase de investigação policial ou durante a instrução processual, independentemente da natureza da infração penal a que se encontre relacionada.

15. Interceptação Telefônica

Já escrevemos a respeito deste tema no capítulo destinado ao estudo do inquérito policial, mas parece oportuno reiterar que, na expressão do art. 5º, XII, da CF, "é inviolável o sigilo da correspondência e das comunicações telegráficas, de dados e das comunicações telefônicas, salvo, no último caso, por ordem judicial, nas hipóteses e na forma que a lei estabelecer para fins de investigação criminal ou instrução processual penal".

Não se deve perder de vista, portanto, que a regra constitucional é a inviolabilidade e a exceção é a quebra.

A Lei n. 9.296/96 regulamentou o inciso XII do art. 5º da CF, e passou a disciplinar a interceptação das comunicações telefônicas e de fluxo de comunicações em sistemas de informática e telemática.

Conforme dispõe seu art. 3º, I, a interceptação poderá ser **determinada pelo juiz**, de ofício ou a requerimento da autoridade policial, na investigação criminal, ou a requerimento do Ministério Público, na investigação criminal e na instrução processual penal. Referido dispositivo foi derrogado pelo atual art. 3º -A do CPP, introduzido pelo art. 3º da Lei n. 13.964/2019, segundo o qual "O processo penal terá estrutura acusatória, vedadas a iniciativa do juiz na fase de investigação e a substituição da atuação probatória do órgão de acusação".

Muito embora se possa argumentar em sentido contrário que a lei geral não derroga a lei especial (*lex posterior generalis non derogat priori speciali*), e sem desconhecermos os ensinamentos de Bobbio[400] no que tange ao critério cronológico, ao critério hierárquico, e ao critério da especialidade, no caso, deve prevalecer o

399. STF, HC 91.613/MG, 2ª T., rel. Min. Gilmar Mendes, j. 15-5-2012, *DJe* n. 182, de 17-9-2012, *RTJ* 224/392. *No mesmo sentido*: STJ, RHC 63.562/ES, 5ª T., rel. Min. Felix Fischer, j. 19-11-2015, *DJe* de 10-12-2015; STJ, REsp 1.689.365/RR, 5ª T., rel. Min. Reynaldo Soares da Fonseca, j. 12-12-2017, *DJe* de 18-12-2017; STJ, RHC 31.356/PI, 6ª T., rel. Min. Maria Thereza de Assis Moura, j. 11-3-2014, *DJe* de 24-3-2014; STJ, RHC 48.397/RJ, 6ª T., rel. Min. Nefi Cordeiro, j. 6-9-2016, *DJe* de 16-9-2016.

400. Norberto Bobbio, *Teoria do ordenamento jurídico*, Brasília, Editora UNB, 10. ed., 1997, p. 81.

princípio acusatório, de categoria superior e que rege todo o processo penal no Estado Democrático de Direito. Importante observar, ademais, semelhante opção democrática igualmente expressada no art. 8º-A, introduzido na Lei n. 9.296/96, que regula as interceptações, pelo art. 7º da Lei n. 13.964/2019, ao tratar da captação ambiental de sinais eletromagnéticos, ópticos ou acústicos.

Em ambiente processual democrático, é sem sentido lógico e jurídico sustentar que, para a generalidade dos meios de prova (regulados no CPP) e para a captação ambiental (art. 8º-A da Lei n. 9.296/96), está vedada a iniciativa judicial probatória, mas que tal proceder, indelevelmente marcado de parcialidade, segue autorizado exclusivamente para as interceptações telefônicas (Lei n. 9.296/96).

Desde a vigência do atual regramento, para todo e qualquer meio de prova, está proscrita a iniciativa judicial; o proceder *ex officio*. Necessária interpretação sistêmica desautoriza conclusão em sentido diverso.

Certo é que a interceptação telefônica tem se revelado de extrema valia na apuração de determinados tipos de crimes, tais como sequestro, tráfico de drogas, associação para o tráfico de drogas, associação criminosa etc.

Também são frequentes as notícias veiculadas na mídia dando conta de sua eficácia nas investigações envolvendo organizações criminosas, especialmente protagonizadas por políticos de várias siglas partidárias; empresários; membros do Congresso Nacional, Ministros de Estado e marginais diversos, de modo a se firmar como valoroso procedimento investigativo.

É cediço, entretanto, que excessos são praticados não apenas nas decretações, mas, sobretudo, nas prorrogações[401] do período permitido para a escuta.

Não se deve admitir determinação de interceptação telefônica lastreada em denúncia anônima que não tenha sido objeto de confirmação em investigação preliminar.

A esse respeito:

> As garantias do processo penal albergadas na Constituição Federal não toleram o vício da ilegalidade mesmo que produzido em fase embrionária da persecução penal.
>
> A denúncia anônima, como bem definida pelo pensamento desta Corte, pode originar procedimentos de apuração de crime, desde que empreendidas investigações preliminares e respeitados os limites impostos pelos direitos fundamentais do cidadão, o que leva a considerar imprópria a realização de medidas coercitivas absolutamente genéricas e invasivas à intimidade tendo por fundamento somente este elemento de indicação da prática delituosa.
>
> A exigência de fundamentação das decisões judiciais, contida no art. 93, IX, da CR, não se compadece com justificação transversa, utilizada apenas como forma de tangenciar a

---

401. "É exigida não só para a decisão que defere a interceptação telefônica, como também para as sucessivas prorrogações, a concreta indicação dos requisitos legais de justa causa e imprescindibilidade da prova, que por outros meios não pudesse ser feita" (STJ, REsp 1.670.637/SP, 6ª T., rel. Min. Nefi Cordeiro, j. 13-3-2018).

verdade real e confundir a defesa dos investigados, mesmo que, ao depois, suponha-se estar imbuída dos melhores sentimentos de proteção social.

> Verificada a incongruência de motivação do ato judicial de deferimento de medida cautelar, *in casu*, de quebra de sigilo de dados, afigura-se inoportuno o juízo de proporcionalidade nele previsto como garantia de prevalência da segurança social frente ao primado da proteção do direito individual.[402]

Visando a coibir excessos, o CNJ – Conselho Nacional de Justiça expediu a Resolução n. 59/2008, que disciplina e uniformiza as rotinas, objetivando o aperfeiçoamento do procedimento de interceptação de comunicações telefônicas e de sistemas de informática e telemática nos órgãos jurisdicionais do Poder Judiciário.

É firme no Supremo Tribunal Federal e no Superior Tribunal de Justiça o entendimento segundo o qual admite-se prorrogações sucessivas de interceptações telefônicas, desde que não exista vício na decretação inicial e as circunstâncias provadas nos autos justifiquem o alongamento da providência excepcional, que deverá ser determinada em decisão convenientemente fundamentada.

Não padece de ilegalidade, ademais, a interceptação telefônica efetivada pela Polícia Militar, se precedida de expressa e regular ordem judicial. Não há que se falar em prova ilícita, na hipótese.

Observadas as emanações do art. 3º -A do CPP, desde a data de sua vigência, sem efeito retroativo, são ilícitas a decretação e a prorrogação judicial *ex officio* de interceptação das comunicações telefônicas e de fluxo de comunicações em sistemas de informática e telemática, e igualmente ilícitas as provas decorrentes da iniciativa judicial proscrita.

15.1. Acesso a mensagens de *WhatsApp*

As mensagens enviadas pelo aplicativo *WhatsApp* ou qualquer outro estão acobertadas pelo sigilo a que se refere o art. 5º, XII, da CF. O acesso a tais informações não prescinde de prévia e fundamentada decisão judicial. A violação à regra constitucional fulmina de nulidade a prova afrontosamente colhida.

Nesse sentido:

> Ilícita é a devassa de dados, bem como das conversas de WhatsApp, obtidas diretamente pela polícia em celular apreendido no flagrante, sem prévia autorização judicial. (STJ, RHC 51.531/RO, 6ª T., rel. Min. Nefi Cordeiro, j. 19-4-2016, *DJe* de 9-5-2016, RT 970/461).

> A jurisprudência desta Corte Superior é firme ao considerar ilícito o acesso direto da polícia a informações constantes de aparelho celular, sem prévia autorização judicial. Precedentes.[403]

---

402. STJ, HC 137.349/SP, 6ª T., rel. Min. Maria Thereza de Assis Moura, j. 5-4-2011, *DJe* de 30-5-2011.

403. STJ, RHC 89.385/SP, 6ª T., rel. Min. Rogério Schietti Cruz, j. 16-8-2018, *DJe* de 28-8-2018.

No mesmo sentido: STJ, RHC 89.981/ MG, 5ª T., rel. Min. Reynaldo Soares da Fonseca, j. 5-12-2017, *DJe* de 13-12-2017; STJ, RHC 76.324/DF, 6ª T., rel. Min. Maria Thereza de Assis Moura, j. 14-2-2017, *DJe* de 22-2-2017.

16. VIOLAÇÃO DE CORRESPONDÊNCIA

Essa matéria constitui objeto do Tema 1.041 da Repercussão Geral, em relação ao qual o Supremo Tribunal Federal fixou a seguinte Tese: "Sem autorização judicial ou fora das hipóteses legais, é ilícita a prova obtida mediante abertura de carta, telegrama, pacote ou meio análogo".[404]

A propósito, a violação de correspondência se presta à configuração dos crimes tipificados nos arts. 151 e 152 do CP.

Mais não é preciso dizer.

17. PSICOGRAFIA E PROVA PENAL

O direito à prova insere-se no campo das garantias que integram o devido processo legal.

No sistema acusatório adotado pelo legislador brasileiro, depois da imputação inicial formalizada, em tempo oportuno e com limitações que decorrem também do sistema constitucional vigente, assegura-se o contraditório e a ampla defesa, com os meios e recursos a ela inerentes (CF, art. 5º, LV).

Como observou PRADO: "A marca característica da Defesa no processo penal está exatamente em participar do procedimento, perseguindo a tutela de um interesse que necessita ser o oposto daquele a princípio consignado à acusação, sob pena de o processo converter-se em instrumento de manipulação política de pessoas e situação".[405]

Questão das mais intrigantes e que de tempos em tempos inquieta a comunidade jurídica é a que impõe reflexões sobre a validade ou não de material psicografado, apresentado para ser valorado como prova em processo penal.

Psicografar é anotar ou escrever algo ditado ou sugerido por algum espírito desencarnado.[406]

A primeira reflexão, de ordem eminentemente religiosa, impõe aceitar ou não a doutrina espírita, suas crenças e dogmas. Nesse campo não ingressaremos em razão das limitações do conhecimento de que dispomos a respeito da doutrina espírita e em homenagem à liberdade de credo ou religião.

---

404. STF, RE 1.116.949/PR, Tribunal Pleno, rel. Min. Marco Aurélio, rel. p/ o Acórdão Min. Edson Fachin, j. 18-8-2020, *DJe*-241, de 2-10-2020.

405. GERALDO PRADO, *Sistema acusatório*. 3. ed., Rio de Janeiro, Lumen Juris, 2005, p. 121.

406. ANTÔNIO HOUAISS, *Dicionário Houaiss da língua portuguesa*. Rio de Janeiro, Editora Objetiva, 2001, p. 2.326.

Experiências mediúnicas são relatadas diuturnamente em todos os segmentos sociais, despertando reações as mais variadas, que vão da fé intransigente ao medo, passando, evidentemente, pelo crivo da credibilidade.

Dentre os médiuns brasileiros mais acatados e respeitados, temos a figura de "Chico Xavier" (falecido em 2001), que, de alguma maneira, e não por vontade própria como chegou a afirmar, acalorou a discussão a respeito da validade ou não do material psicografado como "meio de prova", visto que em três casos emblemáticos suas psicografias acabaram por influenciar, ao que se sabe, no resultado do julgamento de três episódios de sangue que terminaram com a morte das vítimas. De comum entre os três casos, dentre outras coisas, as psicografias que ganharam repercussão processual no campo da prova, em benefício dos réus, e o fato de que as vítimas foram atingidas por disparos de arma de fogo, além, é claro, do peso da credibilidade de um homem respeitado, inclusive internacionalmente, e que é a maior referência nacional no campo do espiritismo.

Dos três episódios a que me refiro, dois ocorreram no Estado de Goiás, em 1976, e os respectivos processos foram submetidos, em momentos diversos, ao mesmo Juiz de Direito, Dr. Orimar de Bastos. Figuraram como réus, respectivamente, João França e José Divino Nunes. No primeiro processo o Juiz optou pela absolvição sumária por entender que o agente não atuou com dolo ou culpa por ocasião do disparo. O réu não chegou a ser submetido a julgamento popular perante o Juiz Natural dos crimes dolosos contra a vida. No segundo, o réu acabou absolvido pelo Tribunal do Júri, por seis votos contra um. Em ambos, reafirme-se, foram ouvidos relatos baseados em espiritismo, ligados à psicografia.

O terceiro episódio ocorreu em 1980, no Mato Grosso do Sul, e o réu João Francisco de Deus terminou condenado, em segundo julgamento, por homicídio culposo, pela morte de sua esposa, Gleide Maria Dutra, atingida por um disparo de arma de fogo na região do pescoço.[407]

Tempos atrás ocorreu novo caso em que material psicografado foi levado à discussão e apreciação no plenário do Júri, desta vez no Estado do Rio Grande do Sul, fazendo ressurgir a discussão sobre o tema.

Como se sabe, o Estado brasileiro é laico, e também por isso não pode referir-se normativamente à validade ou não de material psicografado como meio de prova, entendendo-se como "meio de prova", no dizer de DELLEPIANE, "os diferentes elementos de juízo produzidos pelas partes ou recolhidos pelo juiz, a fim de estabelecer no processo a existência de certos fatos (prova testemunhal, prova indiciária)".[408]

A liberdade de produzir prova, como é cediço, não é ilimitada, pois são inadmissíveis no processo as provas obtidas por meios ilícitos.

407. Informações constantes do DVD "As cartas de Chico Xavier e outras histórias misteriosas".

408. ANTONIO DELLEPIANE, *Nova teoria da prova*, 5. ed., Rio de Janeiro, José Konfino, traduzida por Érico Maciel, 1958, p. 19.

O material psicografado apresentado em processo criminal para valoração probatória tem a natureza de prova documental que exprime declaração de quem já morreu, e, exatamente por isso, a prova, quanto à fonte, encontra-se exposta a questionamentos os mais variados.

Consideram-se documentos, dispõe o art. 232 do CPP, quaisquer escritos, instrumentos ou papéis, públicos ou particulares.

Como prova documental, submete-se a todas as restrições impostas pela legislação processual penal, inclusive quanto ao tempo e à forma de produção.

Note-se que a lei faz referência a quaisquer escritos, de maneira que os escritos psicografados devem ser considerados documentos, em sentido amplo.

Não há no ordenamento jurídico vigente qualquer regra que proíba a apresentação de documento produzido por psicografia, para que seja valorado como prova em processo penal. Não se trata de prova ilícita.

Nos processos submetidos a julgamento de juízo singular, o acolhimento ou não do documento psicografado como prova dependerá muito mais da formação religiosa do magistrado e das experiências adquiridas ao longo da vida, atuantes na formação de seu livre convencimento (motivado), e como advertiu NUOVOLONE: "O princípio do livre convencimento significa o princípio pelo qual o Juiz não está vinculado a um sistema de provas legais (pelo qual certos fatos só podem ser provados com determinados meios e pelo qual certas provas não podem ser infirmadas por outras)".[409]

Por outro vértice, em se tratando de julgamento levado a efeito perante o Tribunal do Júri, a aceitação tende a contar com menor restrição, não apenas em razão de se tratar de julgamento sem decisão motivada no que tange aos jurados, proveniente de formações ecléticas e multiculturais, mas, sobretudo, em razão dos apelos emocionais e religiosos tantas vezes explorados com maestria na Tribuna da Defesa.

No sistema jurídico brasileiro, não há como normatizar o uso do documento psicografado como meio de prova; seja para permitir ou proibir. O Estado é laico.

De prova ilícita não se trata.

Se não está submetido ao contraditório quando de sua produção, entenda-se, quando da psicografia, a ele estará exposto a partir da apresentação em juízo.

Como prova documental, a credibilidade de seu conteúdo, em razão da fonte, não pode ser infirmada com absoluta certeza, tanto quanto não poderá ser fielmente confirmada, não obstante a existência de relatos a respeito de confirmações de autoria atestadas por grafologistas.

As proposições apresentadas pelo sobrenatural, longe de alcançar consenso, não comportam afirmações peremptórias a respeito de todos os temas que envolvem.

409. Apud FERNANDO DE ALMEIDA PEDROSO, *Processo penal*. O direito de defesa: repercussão, amplitude e limites, São Paulo, Revista dos Tribunais, 3. ed., p. 404.

Capítulo 14
Sujeitos Processuais

1. Introdução

A formação e o desenvolvimento do processo reclamam a atuação de pessoas, com ou sem interesse direto na relação de direito material envolvida.

Como é intuitivo e decorre de tema tratado anteriormente, a relação jurídico-processual é uma relação triangular (*judicium est actum trium personarum*)[1] que envolve, direta e necessariamente, as *partes interessadas* (autor e réu)[2] e o *juiz*, a quem o Estado incumbe, por meio do processo, o poder-dever de solucionar a controvérsia formalmente apresentada, daí a afirmação feita por De Marsico[3] no sentido de que o processo é um conflito entre partes sob a direção do juiz, e o pensamento de Beling ao proclamar que ambas as partes se encontram entre si, e com o Poder Judiciário, em uma relação processual.[4]

1. "A justiça penal passou a figurar sob a forma do trinômio descrito por Bulgaro (*judicium est actum trium personarum: judicis, actoris et rei*), em que o órgão do interesse estatal de punir é o Ministério Público, cabendo ao juiz tão só o papel de decidir o litígio" (José Frederico Marques, *Elementos de direito processual penal*, Rio de Janeiro, Forense, 1961, v. I, p. 78). Ensinou Giuseppe Bettiol que: "Il rapporto giuridico processuale ha carattere *triangolare*, nel senso che è necessaria ai fini della sua costituzione la presenza di tre soggetti: giudice, pubblico ministero, imputato" (*Istituzioni di diritto e procedura penale*, Padova, CEDAM – Casa Editrice Dott. Antonio Milani, 1966, p. 199).

2. "Aun cuando discuta la doctrina acerca de la existencia de verdaderas partes en el proceso penal, si se adopta como punto de partida que la parte es 'quien pretende y frente a quien se ejercita la acción', no cabe duda alguna de que, al menos desde un punto de vista formal (y también material desde la óptica del acusado), ha de sostenerse que existen partes en el proceso penal" (Victor Moreno Catena e Valentín Cortés Domínguez, *Derecho procesal penal*, 6. ed., Valencia, Tirant lo Blanch, 2012, p. 93).

3. Alfredo De Marsico, *Diritto processuale penale*, 4. ed., Napoli, Casa Editrice Dott. Eugenio Jovene, 1966, p. 29.

4. Ernest Beling, *Derecho procesal penal*, Buenos Aires, DIN Editora, 2000, p. 93.

"Le persone necessarie in ogni giudizio penale – disse Puglia – sono tre: l'accusatore, il giudicabile, ed il giudice".[5] São esses os *protagonistas do procedimento*, na expressão utilizada por Maier.[6]

Há quem sustente a existência de *partes parciais*, identificando como tal o autor e o réu, e de *parte imparcial* em referência ao juiz.[7]

Segundo entendemos, o juiz não pode ser apontado como *parte* em hipótese alguma, ainda que sob a denominação teórica de *parte imparcial* (o que nos parece verdadeira e insuperável contradição). *Partes* são apenas autor e réu. *O juiz é sujeito processual*; sujeito necessariamente imparcial.

Autor da ação penal poderá ser o Ministério Público (nas ações públicas) ou o ofendido (nas ações penais privadas). Acusado ou réu é aquele contra quem a ação penal é ajuizada; é o apontado autor, coautor ou partícipe do delito.

Importa aqui alinhavar, ainda com apoio em Beling, que para todos os direitos e deveres de partes vige o princípio da "igualdade de armas". *"Non debet actori licere, quod reo non permittitur"*.[8]

Em seu caminhar, o processo pode contar, ainda, com a intervenção de outras pessoas que têm algum direito em relação a ele, como é o caso do ofendido, que pode ingressar no processo como assistente da acusação (CPP, art. 268), e do terceiro prejudicado, que tem legitimidade para formular pedido de restituição de bens apreendidos (CPP, art. 120, § 2º) e embargar sequestro de bens (CPP, art. 130, II).

Dito isso, é possível falar em **sujeitos processuais principais, estáveis ou essenciais**, assim considerados aqueles sem os quais não é possível existir processo formalmente instaurado (o autor, o réu e o juiz), e também em **sujeitos processuais secundários, acessórios ou não essenciais**, o que se diz em relação àqueles que só eventualmente irão atuar no processo (ofendido e terceiro prejudicado, v.g.).

Há ainda **terceiros desinteressados**, que não têm qualquer direito a reclamar no processo, mas que nele atuam de alguma maneira, no curso de seu desenvolvimento. Estamos nos referindo às testemunhas, aos peritos, aos tradutores e auxiliares da Justiça, e também ao ofendido, quando não ingressa como assistente.

Sujeitos processuais, portanto, **são as pessoas que, de forma imprescindível ou mesmo acidental, participam da formação ou de outra maneira interferem no desenvolvimento do processo.**

---

5. Ferdinando Puglia, *Manuale di procedura penale*, 2. ed., Napoli, Ernesto Anfossi – Libraio Editore e Commissionario, 1889, p. 229.

6. Julio B. J. Maier, *Derecho procesal penal*, Buenos Aires, Editores del Puerto s.r.l., 2011, t. II, p. 185, 294 e 436.

7. Fernando Capez, *Curso de processo penal*, 24. ed. São Paulo, Saraiva, 2017, p. 224.

8. Ernest Beling, *Derecho procesal penal*, Buenos Aires, DIN Editora, 2000, p. 103.

Autor e réu são ***partes necessárias*** no processo penal, imprescindíveis, na verdade, pois sem eles não há processo de conhecimento que possa ser instaurado e tramitar validamente.

O *assistente* é ***parte contingente*** (adesiva; desnecessária ou eventual) no processo penal; com ou sem ele, o processo caminhará rumo ao seu fim.

Conforme sua posição no processo, o ofendido poderá ser parte necessária (quando autor da ação penal: querelante) ou contingente (se ingressar como assistente).

Quanto aos advogados, como lembra Nucci, "ocupam posição especial, tanto quando representam o querelante, como quando atuam em nome do réu, visto serem representantes de interesse de outrem, por deterem capacidade postulatória exclusiva perante o Poder Judiciário (art. 133, CF). Não são, pessoalmente, sujeitos da relação processual, tampouco parte".[9]

Igual raciocínio se aplica aos **Defensores Públicos**.

2. Do Juiz

Na definição de Binder, o juiz é um funcionário do Estado que exerce determinado poder, denominado "poder jurisdicional".[10]

Decorre do **princípio da inafastabilidade da jurisdição**, afirmado em termos categóricos no art. 5º, XXXV, da CF, que a lei não excluirá da apreciação do Poder Judiciário lesão ou ameaça a direito.

Essa atividade, como bem observou Beling, não pode realizar-se sem determinadas instituições de caráter pessoal e material preexistentes,[11] daí por que, para o exercício de tão nobre missão, dispõe o art. 93, da CF, que são **órgãos do Poder Judiciário**: I – o Supremo Tribunal Federal; I-A – o Conselho Nacional de Justiça; II – o Superior Tribunal de Justiça; III – os Tribunais Regionais Federais e Juízes Federais; IV – os Tribunais e Juízes do Trabalho; V – os Tribunais e Juízes Eleitorais; VI – os Tribunais e Juízes Militares; VII – os Tribunais e Juízes dos Estados e do Distrito Federal e Territórios.

O **ingresso na carreira** da magistratura, cujo cargo inicial será o de juiz substituto, faz-se mediante concurso público de provas e títulos, exigindo-se do **bacharel em direito**, no mínimo, **três anos de atividade jurídica** (CF, art. 93, I).

---

9. Guilherme de Souza Nucci, *Manual de processo e execução penal*, 14. ed., Rio de Janeiro, Forense, 2017, p. 505.

10. Alberto M. Binder, *Introducción al derecho procesal penal*, 2. ed., 5. reimp., Buenos Aires, Ad-Hoc, 2009, p. 316.

11. Ernest Beling, *Derecho procesal penal*, Buenos Aires, DIN Editora, 2000, p. 30.

A **movimentação na carreira** dar-se-á, ordinariamente, por promoção, remoção ou permuta a pedido do magistrado, observando-se nos dois primeiros casos os critérios de antiguidade e merecimento (CF, art. 93, II e VIII-A).

A promoção **para atuar junto aos tribunais de segundo grau** far-se-á por antiguidade e merecimento (CF, art. 93, III).

Salvo autorização expressa do tribunal a que estiver vinculado, o juiz deverá **residir na comarca** em que atuar (CF, art. 93, VII).

2.1. Garantias da magistratura

Com vistas a resguardar a imprescindível independência funcional e, portanto, o livre exercício da função jurisdicional, a Constituição Federal assegura aos magistrados, no art. 95, I, II e III, as garantias da ***vitaliciedade, inamovibilidade*** e ***irredutibilidade de subsídios***.

Vejamos:

a) ***Vitaliciedade***:

Após aprovação e posse na carreira, o juiz substituto se submete a um período de estágio probatório, de dois anos, após o qual poderá ou não ser confirmado na carreira, por deliberação administrativa do tribunal a que estiver vinculado.

Os advogados, defensores públicos e membros do Ministério Público que ingressam nos Tribunais pelo denominado "quinto constitucional" não se sujeitam ao período de estágio probatório e se tornam vitalícios já no ato da posse formal no cargo.

O juiz vitalício só poderá perder seu cargo por decisão judicial transitada em julgado.

Em razão da prática de crime de responsabilidade, os Ministros do Supremo Tribunal Federal também poderão perder a vitaliciedade em processo de *impeachment*, conforme autorização que se extrai do art. 52, II, da CF.

b) ***Inamovibilidade***:

Ao ingressar na carreira por concurso, o magistrado não é titular de um cargo, e inicia o exercício da magistratura na condição de juiz substituto. Decorrência de tal situação é que irá atuar por força de designações periódicas, motivadas por critérios de conveniência e necessidade (ao menos em tese), conforme entender a assessoria de designações da Presidência do Tribunal a que estiver vinculado.

Chegará o momento em que, desejando, inscrever-se-á objetivando promoção para determinado cargo que se encontrar vago. Se promovido for, tornar-se-á titular de cargo (exemplo: Juiz de Direito da Vara Única da comarca de Palestina-SP).

Sendo titular de cargo, torna-se inamovível, vale dizer: somente se movimentará na carreira, mediante promoção ou remoção, se assim desejar. Se preferir, poderá permanecer no cargo até a data de sua aposentadoria.

Há uma única exceção: poderá ocorrer remoção, disponibilidade e aposentadoria do magistrado, por interesse público, medida extrema que só poderá ser adotada diante de situação plenamente justificada, por voto da maioria absoluta do respectivo tribunal ou do Conselho Nacional de Justiça, assegurada a ampla defesa (CF, art. 93, VIII).

c) ***Irredutibilidade de subsídio***:

Subsídio é o salário pago mensalmente ao magistrado, conforme denominação adotada pela Emenda Constitucional n. 19/98.

Essa garantia, como as demais, visa a evitar o amesquinhamento da magistratura.

Ao dispor sobre a irredutibilidade, o mesmo inciso III do art. 95 ressalva o disposto nos arts. 37, X e XI, 39, § 4º, 150, II, 153, III, e 153, § 2º, I, da CF.

2.2. Vedações

É vedado ao magistrado, em qualquer grau de jurisdição (CF, art. 95, parágrafo único): I – exercer, ainda que em disponibilidade, outro cargo ou função, salvo uma de magistério; II – receber, a qualquer título ou pretexto, custas ou participação em processo; III – dedicar-se à atividade político-partidária; IV – receber, a qualquer título ou pretexto, auxílios ou contribuições de pessoas físicas, entidades públicas ou privadas, ressalvadas as exceções previstas em lei; V – exercer a advocacia no juízo ou tribunal do qual se afastou, antes de decorridos três anos do afastamento do cargo por aposentadoria ou exoneração.

2.3. O juiz e o processo de natureza criminal

Compete ao Poder Judiciário, por seus magistrados, o exercício da função jurisdicional; o poder-dever de dizer o direito aplicável na solução de uma controvérsia concretamente manifestada.

Para exercer essa função, destacou Bento de Faria, mister se torna que o magistrado tenha *jurisdição* e *competência*.[12] É preciso, portanto, que se trate de **juiz legalmente investido no cargo**[13] (conforme as regras de ingresso na magistratura), e que seja o **juiz natural**[14] (que disponha de capacidade objetiva, assim compreendida a competência para o processo específico).

É imprescindível, ainda, seja o **juiz imparcial**[15] e assim se porte na condução do processo.

12. *Código de Processo Penal*, 2. ed., Rio de Janeiro, Record, 1960, v. II, p. 7.
13. Princípio da investidura.
14. Princípio do juiz natural.
15. Princípio da imparcialidade do juiz.

Na expressão de Binder, a imparcialidade significa que, para a resolução do caso, o juiz não se deixará levar por nenhum outro interesse que não seja o da aplicação correta da lei e a solução justa para o litígio tal como a lei prevê.[16]

Uma vez provocada, a atividade jurisdicional passa a se desenvolver *ex officio*, independentemente de provocação da parte interessada.[17]

Como bem observou Espínola Filho,[18] **a atividade do juiz é vinculada** à observância de normas precisas, fixadas pela lei processual, e para cujo cumprimento esta concede fiscalização e meios de impugnação.

Ao juiz incumbe prover a regularidade do processo e manter a ordem no curso dos respectivos atos, podendo, para tanto, requisitar força policial (CPP, art. 251).

Para que o juiz possa exercer as suas funções, a lei lhe atribui uma série de poderes referentes à produção da prova, à disciplina, de coerção, relativos à economia processual e de nomeação, pontuou Mirabete com o costumeiro acerto.[19]

Atento à diversidade de tarefas desempenhadas pelo juiz na condução do processo, afirmou Binder que não se pode identificar o "Poder jurisdicional" apenas como um "Poder de decisão", "posto que el juez tiene también otras facultades: ciertas facultades coercitivas, ciertas facultades ordenatorias dentro del proceso, ciertas facultades disciplinarias",[20] mas é bem verdade que todas as atividades ou providências adotadas no transcorrer da marcha processual tendem à finalidade única e específica de decidir; dizer o direito aplicável na solução da controvérsia.

Por força do **princípio da identidade física do juiz**, tipificado no art. 399, § 2º, do CPP, o juiz que presidir a instrução do processo deverá proferir sentença nos autos respectivos.[21]

2.4. Impedimento e suspeição

Os arts. 252 a 256 do CPP tratam das causas de impedimento e de suspeição do magistrado.

---

16. Alberto M. Binder, *Introducción al derecho procesal penal*, 2. ed., 5. reimp., Buenos Aires, Ad-Hoc, 2009, p. 320.

17. Princípio do impulso oficial.

18. Eduardo Espínola Filho, *Código de Processo Penal brasileiro anotado*, 3. ed., 1955, v. III, p. 232.

19. Julio Fabbrini Mirabete, *Processo penal*, 16. ed., p. 354.

20. Alberto M. Binder, *Introducción al derecho procesal penal*, 2. ed., 5. reimp., Buenos Aires, Ad-Hoc, 2009, p. 316.

21. "O princípio da identidade física do juiz, previsto no art. 399, § 2º, do Código de Processo Penal, não é absoluto, comportando as exceções previstas no art. 132 do Código de Processo Civil (hoje revogado), aplicável ao processo penal pela via do art. 3º do CPP" (STF, AP 971/RJ, 1ª T., rel. Min. Edson Fachin, j. 28-6-2016, *DJe* n. 217, de 11-10-2016). *No mesmo sentido*: STF, ARE 839.680 AgR/SC, 2ª T., rel. Min. Dias Toffoli, j. 2-9-2016, *DJe* n. 206, de 27-9-2016.

Ensinou Beling que: "El juez está autorizado para ejercer actividad en todos los asuntos jurídicos abarcados por su competencia. Sin embargo, cuando existan relaciones entre el juez y el asunto concreto, capaces de perturbar su imparcialidad, puede ser recusado por cualquiera de las partes y puede abstenerse por si mismo, como *judex suspectus*, 'por temor de parcialidad'. Se excluye por razón del prestigio de la Justicia, también legalmente, al juez (*judex inhabilis*), en ciertos casos típicos de posible parcialidad, por ej., si el mismo juez es la victma, o si es cónyuge del inculpado, o si es el mismo inculpado".[22]

Esses temas já foram analisados no capítulo em que tratamos das *questões e processos incidentes*.

3. Do Ministério Público

No dizer de Calamandrei, a atuação do Ministério Público está pautada por verdadeiro "absurdo psicológico", na medida em que deve ser, ao mesmo tempo, um "advogado sem paixão" e um "juiz sem imparcialidade".

Conforme suas palavras: "(...) como sustentáculo da acusação, devia ser tão parcial como um advogado; como guarda inflexível da lei, devia ser tão imparcial como o juiz. Advogado sem paixão, juiz sem imparcialidade, tal é o absurdo psicológico no qual o Ministério Público, se não adquirir o sentido do equilíbrio, se arrisca, momento a momento, a perder, por amor da sinceridade, a generosa combatividade do defensor ou, por amor da polêmica, a objetividade sem paixão do magistrado".[23]

Bem observou Maier que "el ministerio público, con su moderna función acusatoria o, mejor aún, de persecución penal en los delitos llamados 'de acción pública', es, en realidad, un desarrollo contemporáneo, un oficio público posterior a la transformación de la inquisición histórica e, incluso, a las propias ideas del Iluminismo".[24]

Trata-se de **instituição permanente, essencial à função jurisdicional do Estado**, incumbindo-lhe a defesa da ordem jurídica, do regime democrático e dos interesses sociais e individuais indisponíveis (CF, art. 127).

São princípios institucionais do Ministério Público a **unidade**, a **indivisibilidade** e a **independência funcional** (§ 1º do art. 127).

Suas funções só podem ser exercidas por integrantes da carreira, vedada, portanto, a nomeação de "Promotor *ad hoc*" (para o caso).

---

22. Ernest Beling, *Derecho procesal penal*, Buenos Aires, DIN Editora, 2000, p. 39.

23. Piero Calamandrei, *Eles, os juízes, vistos por nós, advogados*, tradução portuguesa de Ary dos Santos, 3. ed., Lisboa, Clássica, 1960, p. 59.

24. Julio B. J. Maier, *Derecho procesal penal*, Buenos Aires, Editores del Puerto s.r.l., 2011, t. II, p. 300.

O ingresso na carreira far-se-á mediante concurso público de provas e títulos, assegurada a participação da Ordem dos Advogados do Brasil em sua realização, exigindo-se do bacharel em Direito, no mínimo, três anos de atividade jurídica e observando-se, nas nomeações, a ordem de classificação (CF, art. 129, § 3º).

Os Promotores de Justiça deverão residir na comarca da respectiva lotação, salvo autorização do chefe da instituição.

O Ministério Público abrange: I – o **Ministério Público da União**, que compreende: *a)* o Ministério Público Federal; *b)* o Ministério Público do Trabalho; *c)* o Ministério Público Militar; *d)* o Ministério Público do Distrito Federal e Territórios; II – os **Ministérios Públicos dos Estados** (CF, art. 128, *caput*).

De relevo para o momento, e consoante o art. 129 da CF, cumpre observar que são **funções institucionais do Ministério Público**: promover, privativamente, a ação penal pública, na forma da lei (inciso I); exercer o controle externo da atividade policial, na forma da lei complementar (inciso VII); requisitar diligências investigatórias e a instauração de inquérito policial, indicados os fundamentos jurídicos de suas manifestações processuais (inciso VIII); exercer outras funções que lhe forem conferidas, desde que compatíveis com sua finalidade, vedada a representação judicial e a consultoria jurídica de entidades públicas (inciso IX).

3.1. Garantias e vedações

Com vistas a resguardar a imprescindível independência funcional e, portanto, o livre exercício da função Ministerial, a Constituição Federal assegura aos membros do Ministério Público as garantias da ***vitaliciedade, inamovibilidade*** e ***irredutibilidade de subsídios***. Nos termos do art. 128, § 5º, I, da CF: *a) vitaliciedade*, após dois anos de exercício, não podendo perder o cargo senão por sentença judicial transitada em julgado; *b) inamovibilidade*, salvo por motivo de interesse público, mediante decisão do órgão colegiado competente do Ministério Público, pelo voto da maioria absoluta de seus membros, assegurada ampla defesa, e; *c) irredutibilidade de subsídio*, fixado na forma do art. 39, § 4º, e ressalvado o disposto nos arts. 37, X e XI, 150, II, 153, III, 153, § 2º, I.

Sobre os fundamentos de tais garantias, servem as reflexões anteriormente anotadas em relação às idênticas outorgadas à magistratura.

O mesmo art. 128, em seu § 5º, II, lista **vedações** aos integrantes da carreira do Ministério Público, a saber: *a)* receber, a qualquer título e sob qualquer pretexto, honorários, percentagens ou custas processuais; *b)* exercer a advocacia; *c)* participar de sociedade comercial, na forma da lei; *d)* exercer, ainda que em disponibilidade, qualquer outra função pública, salvo uma de magistério; *e)* exercer atividade político-partidária; *f)* receber, a qualquer título ou pretexto, auxílios ou contribuições de pessoas físicas, entidades públicas ou privadas, ressalvadas as exceções previstas em lei.

3.2. O Promotor de Justiça e o processo de natureza criminal

Conforme o art. 257 do CPP, ao Ministério Público cabe: I – promover, privativamente, a ação penal pública, na forma estabelecida neste Código; e, II – fiscalizar a execução da lei.

Segundo a regra geral, a ação penal é pública, salvo quando a lei expressamente a declarar privativa do ofendido.

Em regra, a ação penal é pública incondicionada, mas há certos casos em que o legislador houve por bem condicionar a iniciativa do Ministério Público à existência de uma manifestação positiva de vontade do ofendido ou de seu representante legal, sendo caso, ou do Ministro da Justiça. Na primeira hipótese temos a denominada **ação penal pública condicionada à representação**. No segundo caso fala-se em **ação penal pública condicionada à requisição Ministerial**.

Seja a ação penal incondicionada ou condicionada, titular do direito de ação é sempre o Ministério Público.

Nas ações penais privadas, como também já vimos no capítulo em que estudamos as *ações penais*, titular do direito de ação é o ofendido ou seu representante legal (sendo caso).

Admite-se que o ofendido ingresse com a ação penal pública, se o Ministério Público permanecer inerte no prazo de que dispõe para a exteriorização de sua convicção a respeito dos fatos, hipótese em que teremos a **ação penal privada subsidiária da pública** (CF, art. 5º, LIX; CPP, art. 29; CP, art. 100, § 3º).

Nas ações penais públicas, o representante do Ministério Público (*dominus litis*) atua como *parte*, porquanto sujeito da relação processual.

Nucci sustenta que se trata de *parte imparcial*, "visto não estar obrigado a pleitear a condenação de quem julga inocente, nem mesmo de propor ação penal contra quem não existam provas suficientes".[25]

Ousamos divergir.

Muito embora disponha de liberdade de convicção e atuação, e em razão disso possa não só deixar de ajuizar a ação penal como também, depois de ajuizada, pedir a absolvição do acusado em momento próprio, o representante do Ministério Público atua em defesa dos interesses do Estado, como representante da sociedade, e nessa tarefa, quando deduz a pretensão punitiva, deflagra processo em que necessariamente haverá parte contrária (o acusado ou réu), também parcial.

Se ao final do processo de conhecimento formular pedido de absolvição, nem por isso deixará de ser parte no sentido clássico, até porque, do outro lado, o

25. Guilherme de Souza Nucci, *Manual de processo e execução penal*, 14. ed., Rio de Janeiro, Forense, 2017, p. 513.

acusado e seu defensor também podem postular, em vez da absolvição, uma condenação mais branda.[26] Exemplos: o acusado confessa em parte a acusação e pede sua condenação por furto privilegiado em vez de qualificado; furto em vez de roubo; lesões simples em vez de graves; homicídio privilegiado em vez de qualificado etc., e nem por isso a natureza de *parte parcial passiva* se desnatura.

Basta que alguém seja *parte* no processo – ativa ou passiva – para que se afirme sua *parcialidade* como característica essencial.

A esse respeito escreveu De Marsico que afirmar a existência de *parte imparcial* "è una contraddizione in termini, e si traduce in una negazione del concetto di parte",[27] o que coincide exatamente com o nosso pensamento.

Nas ações penais privadas, ensinou Frederico Marques,[28] ocorre o fenômeno jurídico denominado substituição processual, em que o ofendido, ou seu representante legal, sendo caso, atuam em juízo, em nome próprio, para fazer valer um direito subjetivo do Estado, que é o "direito de punir". O monopólio da administração da justiça é estatal, e nada muda quanto a isso.

Nesse ponto, concordamos com Nucci quando afirma que: "Nas ações penais privadas, o Ministério Público atua como fiscal da lei, sendo considerado, de qualquer modo, parte, pois continua a encarnar a pretensão punitiva do Estado".[29]

Por fim, **em se tratando de ação penal privada subsidiária da pública**, pelas mesmas razões anteriormente analisadas, destaca-se a natureza de *parte parcial* do Ministério Público, muito embora *parte ativa secundária*. Em casos tais, a ação penal continua pública e o Ministério Público, seu titular. O que a lei defere ao particular é apenas a possibilidade de deflagrar o processo com o oferecimento da inicial acusatória, tanto que inaplicáveis aqueles institutos que implicam disposição do conteúdo material do processo, incidentes na ação penal privada (renúncia, perdão e perempção), e, no caso de negligência do particular-querelante, diz a lei que o Ministério Público retomará a ação como *parte principal* (CPP, art. 29).

A função Ministerial, observou Fenech,[30] desenvolve-se em uma série de atividades que variam segundo o período ou etapa processual em que devam ter lugar. Seja qual for a natureza da ação penal, o representante do Ministério Público deverá

26. "Não se considera indefeso o réu quando o seu defensor técnico – tendo presentes os elementos probatórios existentes nos autos – postula a aplicação da pena no seu mínimo legal" (STF, HC 68.926/MG, 1ª T., rel. Min. Celso de Mello, j. 10-12-1991, *DJ* de 28-8-1992, p. 13.453, *RTJ* 142/582).

27. Alfredo De Marsico, *Diritto processuale penale*, 4. ed., Napoli, Casa Editrice Dott. Eugenio Jovene, 1966, p. 33.

28. José Frederico Marques, *Elementos de direito processual penal*, Rio de Janeiro, Forense, v. II, p. 28.

29. Guilherme de Souza Nucci, *Manual de processo e execução penal*, 14. ed., Rio de Janeiro, Forense, 2017, p. 514.

30. Miguel Fenech, *Derecho procesal penal*, 3. ed., Barcelona, Editorial Labor, 1960, v. I, p. 310.

ser intimado de todos os atos processuais. A ausência de intimação poderá gerar nulidade relativa ou absoluta, conforme o caso, e disso trataremos no capítulo destinado ao estudo das nulidades no processo penal.

Por fim, cabe a advertência feita por Jorge Americano, tantas vezes desconsiderada na prática forense:

> Obrigado a intervir, o Ministério Público estuda o fato e fiscaliza a aplicação do direito. Expõe os seus argumentos com sobriedade e firmeza, com precisão e energia, mas sem paixão nem violência. Tem em vista a moralidade e a justiça. Responde aos argumentos dos diversos interessados, sem jamais sacrificar a verdade. Poupa a reputação alheia. Abandona os gracejos e os doestos, economiza a *adje*tivação. Encara o episódio como um fato jurídico e não como questão pessoal contra os demais interessados.[31]

3.3. Impedimento e suspeição

Nos precisos termos do art. 258 do CPP, "os órgãos do Ministério Público não funcionarão nos processos em que o juiz ou qualquer das partes for seu cônjuge, ou parente, consanguíneo ou afim, em linha reta ou colateral, até o terceiro grau, inclusive, e a eles se estendem, no que lhes for aplicável, as prescrições relativas à suspeição e aos impedimentos dos juízes".

Esses temas já foram analisados no capítulo em que estudamos as *questões e processos incidentes*.

3.4. Princípio do promotor natural

Entende-se por *promotor natural* o órgão do Ministério Público com atribuições previamente delineadas em lei ou outro ato normativo/administrativo.

Pelo *princípio do promotor natural*, torna-se possível conhecer, de antemão, qual é o órgão Ministerial (Promotor de Justiça, Procurador de Justiça ou Procurador da República) que dispõe de atribuições para atuar no caso concreto, conforme analisamos no primeiro capítulo deste livro. Exemplos: salvo situações excepcionais (crime de competência originária, p.ex.), é atribuição do Promotor de Justiça da comarca de Estrela D'Oeste (que dispõe de Promotoria única) atuar em todos os feitos criminais que tramitam naquela comarca; integra o rol de atribuições do 6º Promotor de Justiça de Barretos atuar nos processos de competência do Tribunal do Júri da comarca de Barretos etc.

Somente em casos excepcionais é que o órgão do Ministério Público poderá desempenhar trabalho que se encaixe no rol de atribuições de outro Promotor ou

31. Apud Roberto Lyra, *Teoria e prática da promotoria pública*, Porto Alegre, Sérgio Antonio Fabris, Escola Superior do Ministério Público do Rio Grande do Sul, 1989, p. 74, e Rômulo de Andrade Moreira, *Uma crítica à teoria geral do processo*, Porto Alegre, Lex Magister, 2013, p. 101.

Procurador. Exemplificando: em regra, o 1º Promotor de Justiça de Barretos não poderá atuar em processo que é de atribuição de outro cargo qualquer, e vice-versa. Poderá fazê-lo, entretanto, se, na ausência momentânea de determinado Promotor, atuar nos feitos de atribuição deste em *substituição automática*, conforme tabela de substituição previamente elaborada e aprovada, *ou* contar com *designação* feita pela Procuradoria-Geral de Justiça (gozo de férias ou licença-saúde do Membro ausente; cargo vago; designação para prestar auxílio ou acumular o cargo etc.).

4. Do Acusado

Acusado, no dizer de Carnelutti, é o *sospetto del reato*;[32] é aquele contra quem se imputa a prática de determinado delito.

É o *sujeito* passivo da relação processual.

Na generalidade dos casos é **pessoa física**, mas nos crimes ambientais poderá ser também **pessoa jurídica**,[33] conforme autorizam os arts. 225, § 3º, da CF, e 3º, da Lei n. 9.605/98 (Lei de Crimes Ambientais).

Na fase de investigação policial, durante as investigações preliminares é denominado *suspeito*. Após formalmente instaurada a investigação, passa a ser chamado de *investigado*. Se ocorrer seu indiciamento em regular inquérito, será chamado de *indiciado*.

É denominado *autor do fato*, quando se tratar de investigação materializada em *termo circunstanciado*, procedimento que se destina à apuração das infrações penais de menor potencial ofensivo a que se refere a Lei n. 9.099/95.

Oferecida denúncia, e antes de seu recebimento, é denominado *denunciado* ou *imputado*.

Após o recebimento da denúncia, passa a ser *acusado* ou *réu*. No caso das ações penais privadas, será chamado de *querelado*.

Em sede de execução penal, denomina-se *executado*, independentemente da natureza da pena ou da medida de segurança que estiver sendo executada.

A ação penal deve ser proposta contra pessoa certa. Vezes há, entretanto, em que, embora o autor do delito possa ser individualizado por características físicas, não será possível apresentar na inicial acusatória dados de sua qualificação pessoal, daí a ressalva contida no art. 41 do CPP a permitir que a denúncia ou queixa seja apresentada com a qualificação do acusado *ou esclarecimentos pelos quais se possa identificá-lo*.

---

32. Francesco Carnelutti, *Principi del processo penale*, Napoli, Morano Editore, 1960, p. 87.

33. Leitura complementar sugerida: Victor Moreno Catena e Valentín Cortés Domínguez, *Derecho procesal penal*, 6. ed., Valencia, Tirant lo Blanch, 2012, p. 44; Sérgio Salomão Schecaira, *Responsabilidade penal da pessoa jurídica*, São Paulo, Revista dos Tribunais, 1998; Luiz Regis Prado, *Responsabilidade penal da pessoa jurídica*, São Paulo, Revista dos Tribunais, 2001.

Note-se que é possível não apenas o indiciamento em inquérito policial, mas também a denúncia e seu recebimento, partindo-se daí com a efetiva instauração de ação penal contra alguém de quem não se disponha da completa qualificação, mas tão somente *de esclarecimentos pelos quais se possa identificá-lo*.

No caso, a ação penal é ajuizada contra pessoa certa e determinada, mas não se conhece, no momento, sua qualificação (filiação, estado civil, números do CPF e do RG etc.).

A complementação dos dados, com as providências necessárias, poderá ser feita a qualquer tempo, inclusive em sede de execução de pena.

Não é outra a conclusão que se extrai do art. 259 do CPP, no qual está expresso que: "A impossibilidade de identificação do acusado com o seu verdadeiro nome ou outros qualificativos não retardará a ação penal, quando certa a identidade física. A qualquer tempo, no curso do processo, do julgamento ou da execução da sentença, se for descoberta a sua qualificação, far-se-á a retificação, por termo, nos autos, sem prejuízo da validade dos atos precedentes".

O acusado não é simples objeto de investigações, mas "sujeito de direitos, ônus, deveres e obrigações dentro do procedimento destinado a apurar da procedência ou não da pretensão punitiva do Estado".[34]

4.1. Direito de defesa

Desde os tempos do Brasil Império, a garantia da ampla defesa sempre esteve expressa nos textos constitucionais pátrios.

Atualmente se encontra estampada no art. 5º, LV, nos seguintes termos: "Aos litigantes, em processo judicial ou administrativo, e aos acusados em geral são assegurados o contraditório e ampla defesa, com os meios e recursos a ela inerentes".

Quando, nas Constituições, assegura-se a ampla defesa – ensina Scarance –, "entende-se que, para observância desse comando, deve a proteção derivada da cláusula constitucional abranger o direito à defesa durante todo o processo e o direito de autodefesa".[35] E, mais adiante: "Defesa e contraditório estão intimamente relacionados e ambos são manifestações da garantia genérica do devido processo legal".

Em sentido amplo, **o direito de defesa** assegura: o direito de escolha e contratação de defensor de confiança; o exercício da autodefesa; a garantia irrenunciável à presença de defesa técnica efetiva.

Trata-se de **direito indisponível**, daí o art. 261 do CPP disciplinar que: "Nenhum acusado, ainda que ausente ou foragido, será processado ou julgado sem defensor".

---

34. José Frederico Marques, *Elementos de direito processual penal*, Rio de Janeiro, Forense, 1961, v. I, p. 77.

35. Antonio Scarance Fernandes, *Processo penal constitucional*, 5. ed., São Paulo, Revista dos Tribunais, p. 295.

Se o acusado não escolher e contratar seu defensor de confiança, o juiz providenciará a nomeação de profissional para que atue no processo em sua defesa, mas, a qualquer tempo, o acusado poderá contratar outro se assim desejar.

A propósito, diz o § 2º do art. 396-A do CPP que se, após regular citação, o acusado não constituir defensor e por isso deixar de apresentar sua primeira defesa escrita, o juiz nomeará defensor para oferecê-la.

O acusado, que não for pobre, será obrigado a pagar ao defensor nomeado pelo juiz (defensor dativo) os honorários que forem arbitrados (CPP, art. 263, parágrafo único).

É possível que o acusado, sendo advogado, atue em causa própria, quando então não haverá necessidade de nomear defensor para que atue em seu benefício.

O **direito à autodefesa**, ainda no dizer de SCARANCE, "se manifesta no processo de várias formas: direito de audiência, direito de presença, direito a postular pessoalmente".[36]

O **direito de audiência** diz com a garantia conferida ao acusado de apresentar-se frente ao juiz no momento do interrogatório para dar sua versão sobre os fatos.

O **direito de presença** garante ao acusado acompanhar, com seu advogado, todos os atos de instrução do processo.

O **direito de postular pessoalmente** permite, por exemplo, a impetração de *habeas corpus* pelo acusado que não disponha de habilitação profissional para a advocacia[37] (inclusive de próprio punho); a formulação de pedidos em sede de execução de pena etc.

A defesa técnica efetiva é imprescindível para a validade do processo, entendendo-se como tal a atuação defensória que demonstre nos autos, empiricamente, desenvoltura técnica para a demanda, por isso a afirmação de ARMENTA DEU no sentido de que "la asistencia debe ser real, efectiva y no meramente formal".[38]

A ausência de defesa efetiva corresponde à ausência de defesa e é causa de nulidade do processo por quebra da garantia constitucional, daí por que incumbir ao juiz, diante de semelhante situação, seja o defensor constituído ou nomeado, ou mesmo naquelas hipóteses em que o acusado atuar em causa própria, declarar o **acusado indefeso** e providenciar o necessário para a **nomeação de outro profissional** para que cumpra, *efetivamente*, a nobre tarefa constitucional.

---

36. ANTONIO SCARANCE FERNANDES, *Processo penal constitucional*, 5. ed., São Paulo, Revista dos Tribunais, p. 304.

37. Conforme o art. 1º, § 1º, da Lei n. 8.906/94 (dispõe sobre o Estatuto da Advocacia e a Ordem dos Advogados do Brasil – OAB): não se inclui na atividade privativa de advocacia a impetração de *habeas corpus* em qualquer instância ou tribunal.

38. TERESA ARMENTA DEU, *Estudios sobre el proceso penal*, Santa Fé, Rubinzal-Culzoni, 2008, p. 91.

Conforme salientou Frederico Marques, "se estiver evidente a inércia e desídia do defensor nomeado, o réu deve ser tido por indefeso e anulado o processo desde o momento em que deveria ter sido iniciado o patrocínio técnico no juízo penal. Abraçar entendimento diverso a respeito do assunto, além de constituir inaceitável posição diante da evidência *ictu oculi* de real ausência de defesa, é ainda orientação de todo censurável e errônea, mesmo porque pode legitimar situações verdadeiramente iníquas".[39]

A Suprema Corte já se pronunciou sobre o tema nos seguintes termos:

> O princípio inserto no art. 261 do Código de Processo Penal há de ser preservado à exaustão (STF, HC 77.683/RJ, 2ª T., rel. Min. Marco Aurélio, j. 10-10-1998, *DJ* de 19-3-1999, p. 9).
>
> O princípio segundo o qual "nenhum acusado, ainda que ausente ou foragido, será processado ou julgado sem defensor" – art. 261 do Código de Processo Penal – há de ter alcance perquirido considerada a realidade. Exsurgindo dos autos que o defensor designado teve desempenho simplesmente formal, em verdadeira postura contemplativa, forçoso é concluir que o réu esteve indefeso. "A defesa é órgão da administração da Justiça e não mero representante dos interesses do acusado. Isto porque ela se exerce, substancialmente, para a preservação e tutela de valores e interesses do corpo social, sendo, assim, garantia de proteção da própria sociedade" (Nilo Batista – Defesa Deficiente, *Revista de Direito Penal*, p. 169) [40]
>
> A indisponibilidade do direito de defesa – que traduz prerrogativa jurídica de extração constitucional – impõe ao magistrado processante o dever de velar, incondicionalmente, pelo respeito efetivo a essa importante garantia processual, cabendo-lhe, inclusive, proclamar o réu indefeso, mesmo naquelas hipóteses em que a ausência de defesa técnica resulte do conteúdo nulo de peça produzida por advogado constituído pelo próprio acusado. Precedentes. – A liberdade de escolha do advogado não pode expor o réu a situações que se revelem aptas a comprometer, gravemente, o seu *status libertatis*.[41]
>
> A presença formal de um defensor dativo, sem que a ela corresponda a existência efetiva de defesa substancial, nada significa no plano do processo penal e no domínio tutelar das liberdades públicas.[42]
>
> Verificado que o réu esteve indefeso, impõe-se a anulação do processo (STF, HC 82.672/RJ, 1ª T., rel. Min. Carlos Britto, rel. p/ o Acórdão Min. Marco Aurélio, j. 14-10-2003, *DJ* de 1º-12-2006, p. 76).

Consoante dispõe a Súmula 523 do STF: "No processo penal, a falta de defesa constitui nulidade absoluta, mas a sua deficiência só o anulará se houver prova de prejuízo para o réu".

---

39. José Frederico Marques, *Elementos de direito processual penal*, Rio de Janeiro, Forense, v. II, p. 423.
40. STF, HC 71.961/SC, 2ª T., rel. Min. Marco Aurélio, j. 6-12-1994, *DJ* de 24-2-1995, p. 3.678.
41. STF, HC 70.600/SP, 1ª T., rel. Min. Celso de Mello, j. 19-4-1994, *DJe* n. 157, de 21-8-2009.
42. STF, HC 68.926/MG, 1ª T., rel. Min. Celso de Mello, j. 10-12-1991, *DJ* de 28-8-1992, p. 13.453, *RTJ* 142/582.

Embora a defesa técnica seja indisponível, **o exercício da autodefesa é renunciável** para o acusado, tanto assim que ele poderá calar-se impunemente por ocasião do interrogatório; poderá deixar de comparecer às audiências designadas (situação em que sofrerá os efeitos da revelia, como veremos no momento oportuno), bem como deixar de postular pessoalmente, sem que de qualquer dessas situações se retire causa de nulidade, salvo quando não se tratar de renúncia, mas de obstáculo ilegalmente imposto pelo juiz.

4.2. Condução coercitiva do acusado para colaborar com a produção de prova

Conforme salientamos no capítulo em que tratamos sobre o tema *prova*, "A partir da Carta de 1988, importantes tratados internacionais de direitos humanos foram ratificados pelo Brasil",[43] dentre eles a Convenção Americana de Direitos Humanos, que em seu art. 8º, II, *g*, estabelece que toda pessoa acusada de um delito tem o direito de não ser obrigada a depor contra si mesma, nem a confessar-se culpada, consagrando assim o princípio segundo o qual **ninguém está obrigado a produzir prova contra si mesmo**.

Sylvia Steiner ensina que "o direito ao silêncio, diz mais do que o direito de ficar calado. Os preceitos garantistas constitucional e convencional conduzem à certeza de que o acusado não pode ser, de qualquer forma, compelido a declarar contra si mesmo, ou a **colaborar para a colheita de provas que possam incriminá-lo**".[44]

É o que basta para afirmarmos a inconstitucionalidade do **art. 260 do CPP**, segundo o qual: "Se o acusado não atender à intimação para o interrogatório, reconhecimento ou qualquer outro ato que, sem ele, não possa ser realizado, a autoridade poderá mandar conduzi-lo à sua presença".

Com efeito, deixar de participar da produção de **prova que poderá resultar em seu desfavor** é providência que integra o **direito de defesa**, e em relação a essa garantia é taxativo o **art. 5º, LV, da CF**, não sendo demais lembrar, com apoio em Tucci,[45] que a ampla defesa é uma das exigências em que se consubstancia o *due process of law*.

De nada adiantaria a garantia constitucional se fosse permitido ao juiz determinar a condução coercitiva do acusado a fim de ser submetido, por exemplo, a reconhecimento formal pela vítima ou por testemunha.

É preciso aceitar, definitivamente, que a cláusula constitucional compreende o direito à **defesa técnica** durante todo o processo e o **direito de autodefesa**,[46] e a

---

43. Flavia Piovesan, *Direitos humanos e o direito constitucional internacional*, 3. ed., São Paulo, Max Limonad, 1997, p. 254.

44. Sylvia Helena de Figueiredo Steiner, *A Convenção Americana sobre Direitos Humanos e sua integração ao processo penal brasileiro*, São Paulo, Revista dos Tribunais, 2000, p. 125.

45. Rogério Lauria Tucci, *Direitos e garantias individuais no processo penal brasileiro*, 4. ed., São Paulo, Revista dos Tribunais, 2011, p. 154.

46. Antonio Scarance Fernandes, *Processo penal constitucional*, 5. ed., São Paulo, Revista dos Tribunais, p. 295.

ausência do acusado em determinadas ocasiões poderá decorrer de legítima estratégia defensória que não pode ser desprezada pelo juiz, daí por que o acerto da contundente e irretocável conclusão de Scarance[47] quando afirma que o acusado não pode ser obrigado a comparecer para o interrogatório ou para a realização de atos processuais.

Essa matéria já foi analisada no STF, em acórdão de que foi relator o Min. Celso de Mello, quando então ficou assentado que "o suposto autor do ilícito penal não pode ser compelido, sob pena de caracterização de injusto constrangimento, a participar da reprodução simulada do fato delituoso. O magistério doutrinário, atento ao princípio que concede a qualquer indiciado ou réu o privilégio contra a autoincriminação, ressalta a circunstância de que é essencialmente voluntária a participação do imputado no ato – provido de indiscutível eficácia probatória – concretizador da reprodução simulada do fato delituoso".[48]

Com efeito, "a falta de cooperação do indiciado ou do réu com as autoridades que o investigam ou que o processam traduzem comportamentos que são inteiramente legitimados pelo princípio constitucional que protege qualquer pessoa contra a autoincriminação, especialmente quando se tratar de pessoa exposta a atos de persecução penal. O Estado – que não tem o direito de tratar suspeitos, indiciados ou réus, como se culpados fossem, antes do trânsito em julgado de eventual sentença penal condenatória (*RTJ* 176/805-806) – também não pode constrangê-los a produzir provas contra si próprios (*RTJ* 141/512), em face da cláusula que lhes garante, constitucionalmente, a prerrogativa contra a autoincriminação. Aquele que sofre persecução penal instaurada pelo Estado tem, dentre outras prerrogativas básicas, (*a*) o direito de permanecer em silêncio, (*b*) o direito de não ser compelido a produzir elementos de incriminação contra si próprio nem de ser constrangido a apresentar provas que lhe comprometam a defesa e (*c*) o direito de se recusar a participar, ativa ou passivamente, de procedimentos probatórios que lhe possam afetar a esfera jurídica, tais como a reprodução simulada (reconstituição) do evento delituoso".[49]

E mais: "A invocação da prerrogativa contra a autoincriminação, além de inteiramente oponível a qualquer autoridade ou agente do Estado, não legitima, por efeito de sua natureza eminentemente constitucional, a adoção de medidas que afetem ou que restrinjam a esfera jurídica daquele contra quem se instaurou a *persecutio criminis* nem justifica, por igual motivo, a decretação de sua prisão cautelar. O exercício do direito ao silêncio, que se revela insuscetível de qualquer censura policial e/ou judicial, não pode ser desrespeitado nem desconsiderado pelos

---

47. Antonio Scarance Fernandes, *Processo penal constitucional*, 5. ed., São Paulo, Revista dos Tribunais, p. 295.

48. STF, HC 69.026/DF, 1ª T., rel. Min. Celso de Mello, j. 10-12-1991, *DJ* de 4-9-1992, p. 14.091, *RTJ* 142/855.

49. STF, HC 99.289/RS, 2ª T., rel. Min. Celso de Mello, j. 23-6-2009, *DJe* n. 149, de 4-8-2011.

órgãos e agentes da persecução penal, porque a prática concreta dessa prerrogativa constitucional – além de não importar em confissão – jamais poderá ser interpretada em prejuízo da defesa".[50]

Calha ainda mencionar que, por maioria de votos, no dia 14 de junho de 2018, acertadamente, o Plenário do Supremo Tribunal Federal julgou procedentes as Arguições de Descumprimento de Preceito Fundamental (ADPFs) 395 e 444, e reconheceu a não recepção da expressão "para o interrogatório", constante do art. 260 do CPP.

4.3. Outros direitos assegurados

Sem excluir outros que sejam decorrentes do regime e dos princípios por ela adotados, ou dos tratados internacionais em que a República Federativa do Brasil seja parte (CF, art. 5º, § 2º), a Constituição Federal lista as seguintes garantias aplicáveis aos *acusados* em geral:

↳ inviolabilidade do direito à vida, à liberdade, à igualdade, à segurança e à propriedade, nos termos da Constituição Federal (CF, art. 5º, *caput*);

↳ de igualdade entre homens e mulheres em direitos e obrigações, nos termos da Constituição (CF, art. 5º, I);

↳ de sujeição ao princípio da legalidade (CF, art. 5º, II);

↳ de integridade física e moral, não podendo ser submetido a tortura nem a tratamento desumano ou degradante (CF, art. 5º, III e XLIX; Lei n. 9.455/97);

↳ inviolabilidade da intimidade, da vida privada, da honra e da imagem, assegurado o direito a indenização pelo dano material ou moral decorrente de sua violação (CF, art. 5º, X);

↳ inviolabilidade do sigilo da correspondência e das comunicações telegráficas, de dados e das comunicações telefônicas, salvo, no último caso, por ordem judicial, nas hipóteses e na forma que a lei estabelecer (CF, art. 5º, XII);

↳ o direito de petição aos Poderes Públicos em defesa de direito ou contra ilegalidade ou abuso de poder, e obtenção de certidões em repartições públicas, para defesa de direitos e esclarecimento de situação de interesse pessoal (CF, art. 5º, XXXIV, *a* e *b*);

↳ direito à individualização da pena (CF, art. 5º, XLVI);

↳ direito ao cumprimento da pena em estabelecimentos distintos, de acordo com a natureza do delito, a idade e o sexo do apenado (CF, art. 5º, XLVIII);

↳ direito de não ser processado nem sentenciado senão pela autoridade competente (CF, art. 5º, LIII);

---

50. STF, HC 99.289/RS, 2ª T., rel. Min. Celso de Mello, j. 23-6-2009, *DJe* n. 149, de 4-8-2011.

↬ direito de não ser privado da liberdade ou de seus bens sem o devido processo legal (CF, art. 5º, LIV);

↬ inadmissibilidade das provas ilícitas (CF, art. 5º, LVI);

↬ presunção de inocência (CF, art. 5º, LVII);

↬ o civilmente identificado não será submetido a identificação criminal, salvo nas hipóteses previstas em lei (CF, art. 5º, LVIII);

↬ direito de impetrar *habeas corpus*, mandado de segurança, mandado de injunção e *habeas data* (CF, art. 5º, LXVIII, LXIX, LXXI e LXXII), com gratuidade (CF, art. 5º, LXXVII);

↬ direito à assistência jurídica integral gratuita, desde que comprove insuficiência de recursos (CF, art. 5º, LXXIV);

↬ indenização por erro judiciário, ou se ficar preso além do tempo fixado na sentença (CF, art. 5º, LXXV).

5. DO DEFENSOR

Genericamente, no dizer de MAIER, "la persona que cumple el papel de asistente técnico del imputado en matéria jurídica se llama defensor".[51]

Em matéria penal, *defensor* é o profissional que patrocina os interesses daquele que figura como *acusado* **em processo de natureza criminal**.

Numa visão mais ampla, entretanto, é preciso admitir que *a atuação do defensor não se restringe ao processo*, visto que, embora tecnicamente não exista *acusação* **na fase de investigação**, e por isso não se permita falar em *defesa* nesse momento sensível da persecução penal, tampouco se faz cabível a amplitude defensória nos moldes em que se verifica no curso do processo contraditório, não se pode negar que a defesa técnica também se faz possível na fase pré-processual e tem significativas repercussões nos rumos daquilo que ainda virá.

A seu tempo CARRARA já expunha as mazelas do sistema penal vigente e apresentava suas inquietações sobre esse tema, quando então escreveu que "a questão mais importante, levantada nos tempos modernos quanto aos direitos da defesa, e que **depois de 1866 se tornou de palpitante atualidade**, é a relativa ao *tempo* em que se deve abrir caminho ao exercício dêsse direito" (negritamos).

E enfatizou o mestre italiano:

> (...) se o direito de defesa atualmente é reconhecido como sagrado e atinente à ordem pública, não pode existir distinção de *tempo*. Desde o primeiro momento em que a Justiça teve sob suas mãos um cidadão, pretendendo que êle seja culpado de um delito, e entende de

51. JULIO B. J. MAIER, *Derecho procesal penal*, Buenos Aires, Editores del Puerto s.r.l., 2011, t. II, p. 260.

> fazer cair sobre êle a pena, tem êle o direito de que se lhe abram os caminhos úteis à defesa, porque também os atos preliminares são ofensivos ao seu direito individual, que êle tem motivo para defender, e que lhe acarretam grandes incômodos e, muito frequentemente, irreparáveis danos.[52]

Não é por razão diversa que o art. 5º, LXIII, da CF, assegura ao preso em flagrante, por exemplo, a assistência de advogado.

É cediço que, em razão de orientação defensória prestada na fase de investigação, poderá ser apresentada uma ou outra versão pelo investigado, ou nenhuma, conforme melhor atenda aos seus interesses.

Ainda na fase de investigação, embora a lei não disponha adequadamente a respeito, poderá o defensor apresentar meios de prova à autoridade policial que preside o inquérito (requerer a juntada de documento, indicar testemunhas etc.); em situações variadas, poderá a defesa ingressar com *habeas corpus* ou mandado de segurança etc.

É intensa, portanto, a possibilidade de atuação do defensor ao longo de toda a persecução penal, e já é vencido o tempo de se reformular a legislação para o fim de melhor regulamentar a matéria no tocante ao momento investigatório.

Mas a atuação que aqui focaremos é aquela que se presta ao *acusado*, e como já vimos no início deste capítulo, tecnicamente, *acusado* é aquele que já conta com *processo instaurado* em seu desfavor.

São oportunas as palavras de CLARIÁ OLMEDO quando afirma que: "La razón de la defensa está en el reconocimiento de la libertad. De aqui que se la haya considerado como una base constitucional y que su fuente sea el orden jurídico en su conformación integral. La ley procesal regula su actividad. Su contenido es una pretensión de inocencia o de menor responsabilidad en lo material, o de ineficacia de la persecución en lo formal".[53]

Pois bem.

Diz o **art. 133 da CF** que **o advogado é indispensável à administração da justiça**, sendo inviolável por seus atos e manifestações no exercício da profissão, nos limites da lei.

No processo penal, ensina FENECH,[54] o advogado é o defensor técnico-jurídico de uma parte privada, cuja assistência se justifica pela necessidade de possuir conhecimentos determinados para levar a cabo os atos processuais encaminhados para a

52. FRANCESCO CARRARA, *Programa do curso de direito criminal*, parte geral, tradução de José Luiz V. de A. Franceschini e J. R. Prestes Barra, São Paulo, Saraiva, 1957, v. II, p. 485-486.

53. JORGE A. CLARIÁ OLMEDO, *Derecho procesal penal*, atualizado por JORGE EDUARDO VÁZQUEZ ROSSI, Santa Fé, Rubinzal-Culzoni Editores, 2008, t. I, p. 164.

54. MIGUEL FENECH, *Derecho procesal penal*, 3. ed., Barcelona, Editorial Labor, 1960, v. I, p. 376.

defesa da parte, com as garantias necessárias para esta e para o fim que o Estado persegue com o processo, o que explica a obrigatoriedade de sua atuação processual.

Em atenção ao dispositivo constitucional, foi editada a **Lei n. 8.906/94**, que materializa o Estatuto da Advocacia, de onde extraímos os dispositivos que seguem transcritos, importantes para o momento:

> Art. 1º São atividades privativas de advocacia:
>
> I – a postulação a órgão do Poder Judiciário e aos juizados especiais;
>
> II – as atividades de consultoria, assessoria e direção jurídicas.
>
> Art. 2º O advogado é indispensável à administração da justiça.
>
> § 1º No seu ministério privado, o advogado presta serviço público e exerce função social.
>
> § 2º No processo judicial, o advogado contribui, na postulação de decisão favorável ao seu constituinte, ao convencimento do julgador, e seus atos constituem múnus público.
>
> § 3º No exercício da profissão, o advogado é inviolável por seus atos e manifestações, nos limites desta lei.
>
> Art. 3º O exercício da atividade de advocacia no território brasileiro e a denominação de advogado são privativos dos inscritos na Ordem dos Advogados do Brasil (OAB).
>
> Art. 4º São nulos os atos privativos de advogado praticados por pessoa não inscrita na OAB, sem prejuízo das sanções civis, penais e administrativas.
>
> Parágrafo único. São também nulos os atos praticados por advogado impedido – no âmbito do impedimento – suspenso, licenciado ou que passar a exercer atividade incompatível com a advocacia.
>
> Art. 5º O advogado postula, em juízo ou fora dele, fazendo prova do mandato.
>
> § 1º O advogado, afirmando urgência, pode atuar sem procuração, obrigando-se a apresentá-la no prazo de quinze dias, prorrogável por igual período.
>
> § 2º A procuração para o foro em geral habilita o advogado a praticar todos os atos judiciais, em qualquer juízo ou instância, salvo os que exijam poderes especiais.
>
> § 3º O advogado que renunciar ao mandato continuará, durante os dez dias seguintes à notificação da renúncia, a representar o mandante, salvo se for substituído antes do término desse prazo.

Salvo motivo relevante, os advogados serão obrigados, sob pena de multa, a prestar seu patrocínio aos acusados, quando nomeados pelo juiz (CPP, art. 264).

Mas ***defensor* não é apenas o advogado** habilitado, e quem diz isso é o art. 134 da CF quando afirma que **a Defensoria Pública é instituição essencial à função jurisdicional do Estado**, incumbindo-lhe a orientação jurídica, a promoção dos direitos humanos e a defesa, em todos os graus, judicial e extrajudicial, de forma integral e gratuita, dos necessitados, na forma do art. 5º, LXXIV, da CF, segundo o qual o Estado deve prestar assistência jurídica integral e gratuita *aos que comprovarem insuficiência de recursos*.

A Lei Complementar n. 80/94 (organiza a Defensoria Pública da União, do Distrito Federal e dos Territórios e prescreve normas gerais para sua organização nos Estados) dispõe sobre a matéria, e dela retiramos as regras que seguem:

Art. 1º A Defensoria Pública é instituição permanente, essencial à função jurisdicional do Estado, incumbindo-lhe, como expressão e instrumento do regime democrático, fundamentalmente, a orientação jurídica, a promoção dos direitos humanos e a defesa, em todos os graus, judicial e extrajudicial, dos direitos individuais e coletivos, de forma integral e gratuita, aos necessitados, assim considerados na forma do inciso LXXIV do art. 5º da Constituição Federal.

Art. 2º A Defensoria Pública abrange:

I – a Defensoria Pública da União;

II – a Defensoria Pública do Distrito Federal e dos Territórios;

III – as Defensorias Públicas dos Estados.

Art. 3º São princípios institucionais da Defensoria Pública a unidade, a indivisibilidade e a independência funcional.

Art. 3º-A São objetivos da Defensoria Pública:

I – a primazia da dignidade da pessoa humana e a redução das desigualdades sociais;

II – a afirmação do Estado Democrático de Direito;

III – a prevalência e efetividade dos direitos humanos; e

IV – a garantia dos princípios constitucionais da ampla defesa e do contraditório.

Art. 4º São funções institucionais da Defensoria Pública, dentre outras:

I – prestar orientação jurídica e exercer a defesa dos necessitados, em todos os graus;

(...)

V – exercer, mediante o recebimento dos autos com vista, a ampla defesa e o contraditório em favor de pessoas naturais e jurídicas, em processos administrativos e judiciais, perante todos os órgãos e em todas as instâncias, ordinárias ou extraordinárias, utilizando todas as medidas capazes de propiciar a adequada e efetiva defesa de seus interesses;

VI – representar aos sistemas internacionais de proteção dos direitos humanos, postulando perante seus órgãos;

(...)

IX – impetrar *habeas corpus*, mandado de injunção, *habeas data* e mandado de segurança ou qualquer outra ação em defesa das funções institucionais e prerrogativas de seus órgãos de execução;

X – promover a mais ampla defesa dos direitos fundamentais dos necessitados, abrangendo seus direitos individuais, coletivos, sociais, econômicos, culturais e ambientais, sendo admissíveis todas as espécies de ações capazes de propiciar sua adequada e efetiva tutela;

(...)

XIV – acompanhar inquérito policial, inclusive com a comunicação imediata da prisão em flagrante pela autoridade policial, quando o preso não constituir advogado;

XV – patrocinar ação penal privada e a subsidiária da pública;

(...)

XVII – atuar nos estabelecimentos policiais, penitenciários e de internação de adolescentes, visando a assegurar às pessoas, sob quaisquer circunstâncias, o exercício pleno de seus direitos e garantias fundamentais;

XVIII – atuar na preservação e reparação dos direitos de pessoas vítimas de tortura, abusos sexuais, discriminação ou qualquer outra forma de opressão ou violência, propiciando o acompanhamento e o atendimento interdisciplinar das vítimas;

XIX – atuar nos Juizados Especiais;

(...)

§ 5º A assistência jurídica integral e gratuita custeada ou fornecida pelo Estado será exercida pela Defensoria Pública.

(...)

§ 10. O exercício do cargo de Defensor Público é indelegável e privativo de membro da Carreira.

§ 11. Os estabelecimentos a que se refere o inciso XVII do *caput* reservarão instalações adequadas ao atendimento jurídico dos presos e internos por parte dos Defensores Públicos, bem como a esses fornecerão apoio administrativo, prestarão as informações solicitadas e assegurarão acesso à documentação dos presos e internos, aos quais é assegurado o direito de entrevista com os Defensores Públicos.

O acusado hipossuficiente; sem condições financeiras de arcar com as despesas de sua defesa sem prejuízo do sustento próprio e de sua família, tem direito à assistência jurídica prestada pela Defensoria Pública, mas é fato que nem todas as unidades federativas implantaram e/ou aparelharam adequadamente essa instituição essencial, de maneira que em algumas localidades a alternativa ainda tem sido a assistência jurídica prestada pela Procuradoria do Estado, ou a formalização de convênio entre o Estado e a Ordem dos Advogados do Brasil, de modo a viabilizar a nomeação de advogados previamente inscritos para atuar pela assistência judiciária gratuita.

Em casos tais, o juiz nomeará para atuar no processo, em defesa do acusado, advogado inscrito para prestar assistência judiciária, que nesse caso é chamado de **advogado dativo**, e no momento oportuno o juiz fixará o valor de seus honorários, conforme tabela em vigor, e determinará a expedição de uma certidão a respeito, com a qual o advogado receberá do Estado a contraprestação financeira de seu honroso trabalho.[55]

55. Lei n. 8.906/94: "Art. 22. A prestação de serviço profissional assegura aos inscritos na OAB o direito aos honorários convencionados, aos fixados por arbitramento judicial e aos de sucumbência. § 1º O advogado, quando indicado para patrocinar causa de juridicamente necessitado, no caso de impossibilidade da Defensoria Pública no local da prestação de serviço, tem direito aos honorários fixados pelo juiz, segundo tabela organizada pelo Conselho Seccional da OAB, e pagos pelo Estado".

Diante dessa situação, afirmou FENECH que: "La calidad de Abogado se adquiere bien por designación de la parte a la cual patrocina o por designación judicial, en los casos y en la forma establecida por la ley".[56]

Note-se que constitui infração disciplinar a recusa *injustificada* do advogado a prestar assistência jurídica, quando nomeado em virtude de impossibilidade da Defensoria Pública (art. 34, XII, da Lei n. 8.906/94), e também o acusado, em regra, não poderá recusar o defensor dativo nomeado.

A recusa é admitida em situações excepcionais, tal como ocorre quando o defensor já foi vítima de outro crime praticado pelo acusado ou exista alguma demanda entre ambos, seja ela de que natureza for, quando então caberá ao juiz providenciar a nomeação de outro em substituição.

A teor do disposto no art. 265 do CPP, cuja constitucionalidade foi reconhecida pelo Plenário do Supremo Tribunal Federal,[57] o *defensor* – advogado ou Defensor Público – não poderá *abandonar o processo* senão por motivo imperioso, comunicado previamente o juiz, sob pena de multa de 10 (dez) a 100 (cem) salários mínimos, sem prejuízo das demais sanções cabíveis, especialmente de natureza administrativa.

Quando a lei se refere ao *abandono do processo*, está dizendo que o defensor já assumiu a causa e em algum momento quer dela sair. Em outras palavras: quer deixar de patrocinar a defesa em processo no qual formalmente se encontra habilitado como defensor.[58]

São exemplos mais comuns de *motivo imperioso*: a aprovação em concurso público que torna incompatível o exercício da advocacia ou defensoria; doença incapacitante; viagem ao exterior por tempo dilatado; desinteligência com o acusado, e aposentadoria.

Segundo pensamos, pode o advogado alegar *motivo de foro íntimo* para deixar o patrocínio da causa, quando então levará em conta critérios éticos ou religiosos, por exemplo.

Diz a Súmula 708 do STF que: "É nulo o julgamento de apelação se, após a manifestação nos autos da renúncia do único defensor, o réu não for previamente intimado para constituir outro".

Corolário da garantia da ampla defesa, durante as audiências que forem realizadas no curso do processo é imprescindível a presença do defensor, **constituído**

---

56. MIGUEL FENECH, *Derecho procesal penal*, 3. ed., Barcelona, Editorial Labor, 1960, v. I, p. 377.

57. STF, ADI 4.398/DF, Plenário, rel. Min. Cármen Lúcia, j. 5-8-2020, *DJe* de 29-9-2020. O Superior Tribunal de Justiça já havia decidido não vislumbrar inconstitucionalidade no art. 265 do CPP: STJ, RMS 51.802/TO, 5ª T., rel. Min. Felix Fischer, j. 2-5-2017, *DJe* de 31-5-2017; STJ, AgRg no RMS 52.551/SP, 6ª T., rel. Min. Maria Thereza de Assis Moura, j. 25-4-2017, *DJe* de 3-5-2017; STJ, RMS 56.179/PR, 5ª T., rel. Min. Reynaldo Soares da Fonseca, j. 10-4-2018, *DJe* de 18-4-2018.

58. "A intimação do réu para constituir novo procurador, em razão da omissão de seu advogado, somente é exigida quando ocorre a renúncia do defensor constituído. Precedente" (STF, HC 134.217/PE, 2ª T., rel. Min. Cármen Lúcia, j. 31-5-2016, *DJe* n. 119, de 10-6-2016).

(contratado pelo acusado) ou **dativo** (nomeado pelo juiz); de tal forma, se por algum motivo justificado o defensor não puder comparecer no dia e hora designados (por ter outra audiência anteriormente marcada para o mesmo dia e hora em outro processo; viagem previamente agendada; doença etc.), a audiência *poderá* ser redesignada. Em casos tais, incumbe ao defensor provar o impedimento até a abertura da audiência. Não o fazendo, o juiz não determinará o adiamento de ato algum do processo, devendo nomear defensor substituto, ainda que provisoriamente ou só para acompanhar o ato **(defensor *ad hoc*)**.[59]

Se o impedimento ocasional for de determinado Defensor Público, deverá vir outro em seu lugar, e na impossibilidade, de igual forma, a situação inusitada deverá ser comunicada nos autos.

Com sua irretocável autoridade intelectual, destacou Frederico Marques que: "Pode o processo seguir os seus trâmites procedimentais sem a presença do réu: impossível será, no entanto, a sua movimentação sem que funcione e atue, em todos os atos e fases de seu desenvolvimento e transcurso, um defensor técnico do acusado".[60]

Na sistemática vigente, a audiência de instrução é una, e ao final desta ocorrerá, em regra, o término da instrução, passando-se aos debates orais,[61] salvo hipótese de se mostrar necessária a realização de outras provas, nos termos do art. 402 do CPP.

Embora a lei não disponha a respeito, com vistas a preservar a ampla defesa, o ideal é que, após finalizada a colheita da prova, o juiz abra prazo para que o defensor originariamente aportado nos autos apresente os memoriais finais, visto que o defensor *ad hoc*, que só acompanhou a colheita da prova na audiência, em regra não disporá de condições para uma profunda análise de todo o processo e questões jurídicas incidentes, como se deve esperar nesse momento processual.

A presença de defensor também é imprescindível **no processo de execução de pena**, para atuar amplamente em favor do executado.

---

59. "A nomeação de defensor *ad hoc* para atuar em audiência na qual o réu e seu advogado, devidamente intimados, não comparecem, não ofende o direito conferido ao acusado de escolher patrono de sua confiança. Inteligência dos arts. 263 e 265 do Código de Processo Penal. Precedentes do STJ. O § 2º do art. 265 do Código de Processo Penal determina que, na ausência do causídico contratado pelo acusado, um defensor substituto deve ser designado provisoriamente para o ato, não havendo qualquer exigência no sentido de que seja um membro do órgão de assistência judiciária, compreensão que contraria o próprio objetivo do dispositivo processual penal, que é o de evitar que a perda de um ato processual que pode ser realizado validamente, já que nem sempre um Defensor Público estará disponível no local ou no momento da solenidade para atuar como advogado *ad hoc*" (STJ, RHC 66.193/SC, 5ª T., rel. Min. Jorge Mussi, j. 19-4-2016, *DJe* de 4-5-2016). *No mesmo sentido*: STJ, RHC 71.696/PR, 5ª T., rel. Min. Joel Ilan Paciornik, j. 8-11-2016, *DJe* de 16-11-2016.

60. José Frederico Marques, *Elementos de direito processual penal*, Rio de Janeiro, Forense, v. II, p. 63.

61. Art. 400 do CPP.

5.1. Constituição de defensor

Verificada a redação do art. 266 do CPP, a constituição de defensor nos autos do processo não reclama a apresentação de procuração (instrumento de mandato), se o acusado o indicar por ocasião do interrogatório.

A regra do art. 266 tinha sentido prático antes das mudanças introduzidas pela Lei n. 11.719/2008 – quando o interrogatório era o primeiro ato do processo após a citação do acusado –, mas não atualmente.

Na generalidade dos procedimentos vigentes, o acusado é citado para responder à acusação, por escrito, no prazo de 10 (dez) dias (CPP, art. 396), e o interrogatório só se realiza depois de colhidas todas as provas, ao final da audiência de instrução (CPP, art. 400).

De tal sorte, o correto, agora, é o *defensor constituído* apresentar a procuração outorgada já no momento da resposta escrita, ou postular prazo de quinze dias para a juntada, prorrogável por igual período, conforme o art. 5º, § 1º, do Estatuto da OAB (Lei n. 8.906/94).

Se na situação for possível, a defesa poderá ser patrocinada por Defensor Público, dispensada a apresentação de instrumento de mandato, visto que a capacidade postulatória do Defensor Público decorre exclusivamente de sua nomeação e posse no cargo público (LC n. 80/94, art. 4º, § 6º).

Também o defensor nomeado (dativo) está dispensado de apresentar instrumento de mandato nos autos, por já se prestar a tanto a nomeação feita pelo próprio juiz.

5.2. Impedimento

O art. 267 do CPP dispõe a respeito de **impedimento ao exercício da defesa em juízo específico**, por parte de profissional determinado, quando então, nos termos do art. 252, **não funcionarão como defensores os parentes do juiz** (cônjuge, companheiro ou companheira, parente, consanguíneo ou afim, em linha reta ou colateral até o terceiro grau).

Nas hipóteses do art. 252, o juiz é que estará impedido e por isso não poderá atuar no processo.

No caso do art. 267, o juiz já está no processo, e quem não poderá nele ingressar é o defensor.

6. Do Curador Especial

Ao *acusado menor* dar-se-á curador. É o que consta no art. 262 do CPP.

O *menor* a que se refere o dispositivo em questão é aquele maior de 18 anos e menor de 21, visto que no sistema penal brasileiro os menores de 18 anos são penalmente inimputáveis e estão sujeitos às normas estabelecidas no Estatuto da Criança e do Adolescente (Lei n. 8.069/90). Portanto, tecnicamente não é possível falar em *acusado menor* de 18 anos.

Nos dias que correm, não há mais necessidade de se nomear curador especial na hipótese mencionada.

A cautela legal levava em conta o fato de se considerar o menor de 21 anos pessoa relativamente incapaz.

Ocorre, entretanto, que, desde a vigência do Código Civil atual, a pessoa maior de 18 anos é considerada absolutamente capaz para todos os atos da vida civil,[62] o que afasta a necessidade de atendimento ao dispositivo.

Some-se a isso o fato de que o art. 194 do CPP, que dispunha sobre a necessidade de nomeação de curador especial ao réu menor quando de seu interrogatório em juízo, foi revogado pela Lei n. 10.792/2003.

7. Do Assistente

O processo penal de natureza condenatória é um processo de partes. De um lado, como parte ativa ou autor, poderá figurar o Ministério Público ou o querelante. De outro, como parte passiva ou réu, o acusado ou querelado.

Autor e réu são *partes processuais necessárias*.

Eventualmente poderá ingressar no processo a figura do *assistente*[63] – também chamado *assistente da acusação ou assistente do Ministério Público* –, cuja presença não é necessária, daí sua **natureza jurídica** de *parte contingente* (adesiva; desnecessária ou eventual).

Sendo caso, caberá ao *ofendido* habilitar-se como *assistente*, conforme discorreremos adiante.

A denominação *"assistente"* leva em conta a posição daquele que é admitido como **litisconsorte ativo do Ministério Público no processo penal de natureza condenatória**. *Assistente da acusação*, portanto, é aquele a quem é permitido atuar adesivamente, conjuntamente com o Ministério Público no polo ativo da demanda penal.

62. Conforme o art. 5º, *caput*, do Código Civil (Lei n. 10.406/2002): "A menoridade cessa aos dezoito anos completos, quando a pessoa fica habilitada à prática de todos os atos da vida civil".

63. "Na linha do recente posicionamento desta Corte, 'não obstante a existência de posicionamentos, no âmbito doutrinário e jurisprudencial, que questionam a própria constitucionalidade da assistência à acusação, o Supremo Tribunal Federal reconhece a higidez do instituto processual, inclusive com amplo alcance, admitindo sua projeção não somente para as hipóteses de mera suplementação da atividade acusatória do órgão ministerial (...) (RMS 43.227/PE, 5ª T., rel. Min. Gurgel de Faria, *DJe* de 7-12-2015)'" (STJ, HC 400.465/SP, 5ª T., rel. Min. Felix Fischer, j. 28-11-2017, *DJe* de 7-12-2017). "Assim como o legislador constituinte admitiu a possibilidade de o ofendido iniciar a persecução penal em alguns casos de inação do Ministério Público, manteve o legislador ordinário – sem qualquer colisão com a ordem constitucional – a possibilidade de, quando já iniciada a persecução penal pelo seu órgão titular, atuar o assistente de acusação em seu auxílio e também supletivamente, na busca pela justa sanção" (STJ, REsp 1.496.114/RJ, 6ª T., rel. Min. Rogério Schietti Cruz, j. 7-11-2017, *DJe* de 13-11-2017).

Discute-se na doutrina a natureza do **interesse processual**; a **razão ou fundamento da atuação do assistente**, e sobre o assunto há ***duas correntes*** bem distintas.

Não se trata de discussão meramente acadêmica, pois, conforme a posição que se adotar, é que será ou não permitido ao assistente praticar determinados atos processuais.

De um lado, há quem afirme[64] que a atuação do assistente se fundamenta em sentimento de vingança e/ou **interesse econômico**, visto que a condenação penal torna certa a obrigação de reparar os danos causados com o delito (CC, art. 935; CP, art. 91, I; CPP, art. 63[65]), fixa um valor mínimo a título de indenização para a vítima (CPP, art. 387, IV) e constitui título executivo judicial (CPC/2015, art. 515, VI).

De outro, há quem defenda que a atuação não se legitima *apenas* no interesse reparatório, mas também no interesse superior de realizar Justiça, daí o auxílio acusatório prestado ao Ministério Público.[66]

De fato, muito embora seja mais comum a intervenção fundamentada em interesse reparatório, o que é justo e, por isso, não pode ser visto em sentido pejorativo, não se pode negar aprioristicamente que, em alguns casos, sua pretensão no processo possa estar lastreada em interesse diverso não menos justo; motivada pelo sentimento de contribuir para ver realizada a Justiça no caso concreto.

Com todo respeito àqueles que pensam em sentido contrário, a negativa genérica de que alguém possa pretender atuar ativamente num processo em que fora vítima, sem estar motivado por exclusivo interesse econômico, traduz desconhecimento da natureza humana e suas particularidades tantas vezes motivadas por convicções e valores variados, tais como religiosidade, padrões morais, formação intelectual, honra etc.

Essa realidade ficou ainda mais clara no CPP após a reforma introduzida com a Lei n. 12.403/2011, visto que, desde sua vigência, há autorização expressa para que o assistente requeira a decretação de prisão preventiva (art. 311), e até mesmo a substituição de uma medida cautelar por outra (§ 4º do art. 282), de modo a evidenciar que sua atuação não tem por escopo *apenas* a reparação dos danos sofridos com o delito, já que os fundamentos para decretação da prisão preventiva e imposição de cautelares restritivas não guardam relação, em regra, com a via reparatória.

---

64. Aury Lopes Junior, *Direito processual penal*, 11. ed., São Paulo, Saraiva, 2014, p. 789.

65. Nesse sentido: Fernando da Costa Tourinho Filho, *Manual de processo penal*, p. 436; Paulo Lúcio Nogueira, *Questões processuais penais controvertidas*, 3. ed., Rio de Janeiro, Forense, 1988, p. 147. Para Vicente Greco Filho: "O fundamento da possibilidade de sua intervenção é o seu interesse na reparação civil, mas o assistente atua, também, em colaboração com a acusação pública no sentido da aplicação da lei penal" (*Manual de processo penal*, 11. ed., p. 299).

66. Guilherme de Souza Nucci, *Manual de processo e execução penal*, 14. ed., Rio de Janeiro, Forense, 2017, p. 524-525; Nestor Távora e Rosmar Rodrigues Alencar, *Curso de direito processual penal*, 7. ed., p. 534.

Some-se a isso o fato de que, enquanto **no processo civil** a defesa pode ser ausente ou ineficiente, e até se admite a procedência da ação reparatória fundamentada na revelia do requerido, quando então os fatos alegados pelo autor serão admitidos como verdadeiros, **no processo penal** a ausência de defesa *efetiva* é causa de nulidade do processo, e a revelia jamais implicará confissão. Enquanto a defesa, no processo civil, é uma *opção* do requerido, no processo penal constitui verdadeiro *dever* imposto ao Estado, uma injunção legal, visto que não é possível tramitação válida de processo sem a presença de defensor e defesa efetiva.

E mais. Como sustenta Pacelli: "Parece-nos inteiramente divorciado da nossa ordenação o entendimento segundo o qual o único interesse da vítima na ação penal pública é a obtenção de título executivo para satisfação de direito civil reparatório. Se assim fosse, por que reconhecer a ele o direito à ação penal, quando a via do juízo cível estaria também à sua disposição no momento da provocação da jurisdição penal, com a instauração da ação privada subsidiária da pública? À alegação de que a instância criminal ofereceria mais probabilidades probatórias (menores restrições aos meios de prova) pode-se retrucar, com vantagem, que mesmo a absolvição no juízo criminal, quando motivada na *ausência de provas* (art. 386, II, V e VII, CPP), *não impede o ajuizamento* da ação civil *ex delicto*, como já estudado". E arremata: "Assim, segundo nos parece, a questão da amplitude do campo probatório não é decisiva para a definição da natureza do interesse jurídico do assistente".[67]

Referindo-se ao assistente, afirmou Mirabete que "sua função é auxiliar, ajudar, assistir o Ministério Público a acusar e, secundariamente, garantir seus interesses reflexos quanto à indenização civil dos danos causados pelo crime".[68]

Segundo nossa compreensão, e tendo em vista o que acima sustentamos, é juridicamente possível a intervenção do assistente mesmo quando não existir interesse reparatório qualquer, pois, como frisou Espínola Filho, "seja qual for o interesse público e social, que haja, de apurar o delito e punir o ou os autores, persiste sempre o grande e muito ponderável interesse particular na apuração do fato e na punição dos responsáveis".[69]

7.1. Tipo de processo em que se admite a figura do assistente

A assistência de que ora se cuida só se faz possível nos **processos de ação penal pública**, condicionada ou incondicionada, em que o Ministério Público, portanto, figure como autor.

Disso decorre afirmar que o Ministério Público jamais irá figurar como *assistente* em processo qualquer. Inexiste tal possibilidade jurídica.

---

67. Eugênio Pacelli, *Curso de processo penal*, 21. ed., p. 491.

68. Julio Fabbrini Mirabete, *Processo penal*, 16. ed., p. 376.

69. Eduardo Espínola Filho, *Código de Processo Penal brasileiro anotado*, 3. ed., v. III, p. 269.

Em se tratando de processo que envolva ação penal privada exclusiva, típica hipótese de substituição processual, a atuação Ministerial é obrigatória e marcada por natureza *essencialmente fiscalizatória* (*custos legis*), tanto que o abandono da causa pelo titular do direito de ação (*dominus litis*) acarreta a perempção e, portanto, a extinção da punibilidade (CPP, art. 60, e CP, art. 107, IV).

Nos processos de ação penal privada subsidiária da pública, a atuação do Ministério Público também é obrigatória, mas como *titular do direito de ação*, pois o que se permite ao particular é o oferecimento da inicial acusatória (queixa subsidiária) com vistas a deflagrar o processo, tanto que o Ministério Público retomará a ação como *parte principal*, a qualquer tempo, em caso de negligência do querelante (CPP, art. 29, parte final).

Nos processos que versem sobre delito de **ação penal privada exclusiva**, não tem cabimento a figura do assistente, visto que em tais hipóteses o ofendido já estará figurando no polo ativo da ação como parte necessária, e, como bem observou TOURINHO FILHO, é "inconcebível poder ser ele assistente de si próprio".[70]

Pelas mesmas razões, não caberá, *em regra*, a figura do assistente na **ação penal privada subsidiária da pública**, em que o ofendido é o querelante e, portanto, autor da ação penal.

Nesta última hipótese cabe uma ressalva, pois, se o querelante abandonar a causa, ao Ministério Público caberá retomá-la como parte principal, após o que será possível que o ofendido, agora não mais na condição de querelante, ingresse nos autos como assistente.

7.2. Quem pode figurar como assistente

7.2.1. Regras dispostas no CPP

Conforme o art. 268 do CPP, **em todos os termos da ação pública**, poderá intervir, como assistente do Ministério Público, **o ofendido ou seu representante legal**, o **cônjuge**, **ascendente**, **descendente** ou **irmão**.

O **companheiro e a companheira, inclusive do mesmo sexo**, também podem ingressar nos autos como assistentes, por força do disposto no art. 226, § 3º, da CF.[71]

> O Pleno do Supremo Tribunal Federal, no julgamento da ADI 4.277 e da ADPF 132, ambas da Relatoria do Ministro Ayres Britto, Sessão de 5-5-2011, consolidou o entendimento segundo o qual a união entre pessoas do mesmo sexo merece ter a aplicação das mesmas regras e consequências válidas para a união heteroafetiva. Esse entendimento foi formado utilizando-se a técnica de interpretação conforme a Constituição para excluir qualquer sig-

---

70. FERNANDO DA COSTA TOURINHO FILHO, *Manual de processo penal*, p. 437.
71. Em sentido contrário: JULIO FABBRINI MIRABETE, *Processo penal*, 16. ed., p. 374.

nificado que impeça o reconhecimento da união contínua, pública e duradoura entre pessoas do mesmo sexo como entidade familiar, entendida esta como sinônimo perfeito de família. Reconhecimento que deve ser feito segundo as mesmas regras e com idênticas consequências da união estável heteroafetiva.[72]

Comparecendo mais de um interessado em figurar como assistente, para resolver quem será admitido deve ser aplicada a regra do art. 36 do CPP, segundo o qual terá preferência o cônjuge, e, em seguida, o parente mais próximo na ordem de enumeração do art. 31, mas é certo que *em casos excepcionais* é possível admitir a atuação concomitante de mais de um assistente, quando se encontrarem em igualdade de condições e não houver consenso entre eles. Exemplos: filhos como assistentes em processo de homicídio da genitora comum;[73] pais divorciados como assistentes em processo no qual figura como vítima o filho de ambos etc.

O art. 530-H do CPP dispõe que: "As associações de titulares de direitos de autor e os que lhes são conexos poderão, em seu próprio nome, funcionar como assistente da acusação nos crimes previstos no art. 184 do Código Penal, quando praticado em detrimento de qualquer de seus associados".

7.2.2. *Pessoa jurídica de direito público ou privado como assistente*

Há discussão doutrinária a respeito da possibilidade de se admitir que pessoas jurídicas, de direito público ou privado, atuem no processo como assistentes do Ministério Público.

De nossa parte, pensamos que não há óbice algum a que tal ocorra.

Contrariamente, no sentido de que a assistência prestada por *outro órgão público* traduz superfetação acusatória e prejuízo para a defesa, temos as abalizadas opiniões de Tourinho Filho[74] e Mirabete.[75]

Quer nos parecer, entretanto, que determinados órgãos públicos poderão figurar como assistentes, sempre que presentes razões justificadoras, pois não se pode negar o interesse jurídico evidente em certos casos. Ademais, afirmar tal impossibilidade ao

72. STF, RE 687.432 AgR/MG, 1ª T., rel. Min. Luiz Fux, j. 18-9-2012, *DJe* n. 193, de 2-10-2012.

73. "Nada impede que a vítima ingresse no feito como Assistente da Acusação (art. 268 do CPP). Na hipótese, os filhos do acusado têm legítimo interesse no processo em vista do crime que ceifou a vida de sua mãe" (STJ, HC 89.382/RS, 5ª T., rel. Min. Napoleão Nunes Maia Filho, j. 21-8-2008, *DJe* de 22-9-2008).

74. "O Poder Público pode funcionar no processo penal como assistente da acusação? Parece-nos que não. Se o órgão do Ministério Público atua em nome do Poder Público, seria uma superfetação a ingerência da Administração Pública na ação penal pública, ao lado do Ministério Público" (Fernando da Costa Tourinho Filho, *Manual de processo penal*, 17. ed., p. 435).

75. "O Poder Público não pode intervir como assistente uma vez que o Ministério Público, parte acusadora, atua sempre em seu nome, sendo a ingerência da Administração uma superfetação prejudicial à defesa" (Julio Fabbrini Mirabete, *Processo penal*, 16. ed., p. 375).

argumento de que o Ministério Público é órgão público que defende interesses gerais, inclusive da própria Administração em sentido amplo, corresponde a negar a autonomia e independência funcional de tão nobre Instituição, sem contar que esse tipo de raciocínio termina por negar a própria figura do assistente no processo penal, visto que a atuação Ministerial também ocorre em nome do ofendido e seus sucessores, porquanto membros indissociáveis da sociedade que o Ministério Público representa no processo penal em que figura como *dominus litis*.

Não é outra a posição de NUCCI quando afirma que: "Pouco importa seja o Ministério Público também um órgão do Estado, já que é considerado uma instituição permanente e essencial à Justiça, mas que não integra os quadros de nenhum dos Poderes do Estado".[76]

Como bem observou PACELLI, "o Ministério Público, quando atua no processo penal, seja como titular da ação pública, seja como *custos legis* na ação privada, exerce atividade no interesse de toda a comunidade atingida (potencialmente) pela infração penal, além do interesse individualizado da vítima". (...) "Não se pode negar, por exemplo, o interesse jurídico de determinado Município, por exemplo, na condenação de servidor público acusado da prática de crime de peculato ou de desvio de verbas públicas". (...) "Nada impede, portanto, a participação assistencial de pessoa jurídica de direito público na ação penal pública, quando se revelarem distintos os interesses perseguidos por um (Ministério Público) e outro (o assistente)".[77]

Bem por isso, o art. 2º, § 1º, do Decreto-Lei n. 201/67 (dispõe sobre a responsabilidade dos prefeitos e vereadores), diz que: "Os órgãos federais, estaduais ou municipais, interessados na apuração da responsabilidade do Prefeito, podem requerer a abertura do inquérito policial ou a instauração da ação penal pelo Ministério Público, bem como intervir, em qualquer fase do processo, como assistente da acusação".

Nessa mesma linha, o parágrafo único do art. 26 da Lei n. 7.492/86 (define os crimes contra o Sistema Financeiro Nacional), *verbis*: "Sem prejuízo do disposto no art. 268 do Código de Processo Penal, aprovado pelo Decreto-Lei n. 3.689, de 3 de outubro de 1941, será admitida a assistência da Comissão de Valores Mobiliários – CVM, quando o crime tiver sido praticado no âmbito de atividade sujeita à disciplina e à fiscalização dessa Autarquia, e do Banco Central do Brasil quando, fora daquela hipótese, houver sido cometido na órbita de atividade sujeita à sua disciplina e fiscalização".

Nos crimes contra as relações de consumo, da combinação entre os arts. 80 e 82, III e IV, ambos da Lei n. 8.078/90, extrai-se autorização para que intervenham no processo em assistência ao Ministério Público "as entidades e órgãos da

---

76. GUILHERME DE SOUZA NUCCI, *Manual de processo e execução penal*, 14. ed., Rio de Janeiro, Forense, 2017, p. 526.

77. EUGÊNIO PACELLI, *Curso de processo penal*, 21. ed., p. 490.

Administração Pública, direta ou indireta, ainda que sem personalidade jurídica, especificamente destinados à defesa dos interesses e direitos protegidos por este código; as associações legalmente constituídas há pelo menos um ano e que incluam entre seus fins institucionais a defesa dos interesses e direitos protegidos por este código, dispensada a autorização assemblear".

Em situações determinadas, a Ordem dos Advogados do Brasil pode atuar como assistente, conforme consta do art. 49 da Lei n. 8.906/94 (Estatuto da Advocacia), *verbis*: "Os Presidentes dos Conselhos e das Subseções da OAB têm legitimidade para agir, judicial e extrajudicialmente, contra qualquer pessoa que infringir as disposições ou os fins desta lei. Parágrafo único. As autoridades mencionadas no *caput* deste artigo têm, ainda, legitimidade para intervir, inclusive como assistentes, nos inquéritos e processos em que sejam indiciados, acusados ou ofendidos os inscritos na OAB".

A melhor interpretação que se extrai do dispositivo acima é no sentido de que a OAB, nos casos justificados, poderá atuar como *assistente do Ministério Público* em procedimento instaurado *contra* quem infringiu regra de seu Estatuto (auxiliando a acusação), inclusive se o infrator for advogado (*caput*), e também poderá atuar com o objetivo de *dar assistência* a advogado indiciado, acusado ou ofendido, posicionando-se *na defesa*, portanto (parágrafo único).

7.3. Ingresso do assistente no processo

Na fase de investigação, não há falar em habilitação de assistente.

Sua admissão só é cabível **no curso do processo de conhecimento**, portanto depois do recebimento formal da denúncia, daí a impossibilidade jurídica da figura do assistente em sede de *habeas corpus*.

Em relação às contravenções penais e delitos de menor potencial ofensivo em geral, submetidos ao procedimento ditado pela Lei n. 9.099/95 (Juizados Especiais Criminais), não é possível a habilitação até a fase preliminar de transação. Depois, se for instaurado o procedimento sumaríssimo, caberá assistência.

Instaurado o **processo**, seja qual for o rito a ser seguido, o assistente será admitido **enquanto não passar em julgado a sentença**. De ver, entretanto, que, nos processos de competência do Tribunal do Júri, "o assistente somente será admitido se tiver requerido sua habilitação até 5 (cinco) dias antes da data da sessão na qual pretenda atuar" (CPP, art. 430).

Após o trânsito em julgado, durante a execução da pena, não se faz possível a admissão de assistente ou a atuação de assistente admitido no curso do processo de conhecimento. O marco final de sua participação no processo se verifica com o trânsito em julgado da sentença ou acórdão que resolve o mérito.

São esses, portanto, os **limites temporais de ingresso e atuação**: inicia-se com o recebimento da denúncia e termina com o trânsito em julgado da sentença ou acórdão.

Aquele que pretender sua habilitação como assistente deverá se fazer representar por advogado, que nesse sentido deverá formular requerimento nos autos, por petição acompanhada de procuração com poderes especiais.

É preciso não confundir a figura do assistente com o advogado do assistente.

Se o ofendido for advogado, dispondo de capacidade postulatória, poderá atuar em nome próprio, sendo desnecessário se fazer representar por outro profissional e, por evidente, outorgar procuração a si mesmo. Nesse caso estarão confundidos na mesma pessoa o assistente e o advogado.

Seja como for, o interessado deverá peticionar nos autos de modo a postular sua admissão, momento em que deverá apresentar prova de sua legitimidade, e sobre seu pedido deverá ser ouvido o Ministério Público, após o que decidirá o juiz a respeito.

A manifestação do Ministério Público não poderá ir além da análise da **legitimidade**, ou não, do postulante, e dos **limites em que se faz permitido o ingresso**, pois não lhe é dado contrariar o pedido lastreado em critérios de conveniência ou oportunidade, tampouco sob o argumento de que não necessita de qualquer assistência no caso concreto.

Também não serve como argumento a alegação no sentido de que não há interesse econômico que possa ser perseguido pelo ofendido no caso específico, visto não ser esse o único interesse jurídico autorizador da presença do assistente no processo penal.

Após a manifestação Ministerial, os autos seguirão conclusos ao juiz para que decida a respeito da pretensão formulada.

Diz o art. 273 do CPP que do despacho que admitir, ou não, o assistente, *não* caberá recurso, devendo, entretanto, constar dos autos o pedido e a decisão, o que é óbvio, pois o requerimento será feito por escrito, nos próprios autos do processo, e não teria sentido determinar seu desentranhamento, e bem assim dos pronunciamentos que sobre ele formalmente se seguiram.

Embora irrecorrível, não se pode negar que a decisão poderá materializar ofensa a direito líquido e certo quando o ofendido demonstrar satisfatoriamente sua legitimidade e mesmo assim não for admitido como assistente. Para casos tais, é inegável que o interessado poderá valer-se do mandado de segurança,[78] remédio constitucional (CF, art. 5º, LXIX) ágil e apto a coibir arbitrariedades dessa natureza.

7.4. Recebimento do processo no estado em que se encontrar

Sendo *parte contingente* no processo, e por isso desnecessária, eventual ingresso do assistente não poderá, jamais, reabrir fases já superadas, alcançadas pela preclusão consumativa.

78. Sobre mandado de segurança em matéria criminal, conferir: RENATO MARCÃO e outros, *Comentários à lei do mandado de segurança*, 4. ed., São Paulo, Revista dos Tribunais, 2015.

De tal forma, o assistente receberá o processo no estado ou fase em que se encontrar.

Se for desidioso e, por isso, tardar em formular seu pedido de admissão, assumirá, por conta e risco, as consequências de sua tardança.

7.5. Abandono da causa pelo assistente

Assim como ocorre com seu ingresso, que não é necessário e só depende de opção sua (desde que presentes os requisitos legais e seja ele admitido pelo juiz), o assistente poderá deixar a causa a qualquer tempo e mesmo abandoná-la, sem qualquer consequência para o processo, visto ser ele parte desnecessária ou contingente.

Nessa linha de pensamento, diz o § 2º do art. 271 do CPP que: "O processo prosseguirá independentemente de nova intimação do assistente, quando este, intimado, deixar de comparecer a qualquer dos atos da instrução ou do julgamento, sem motivo de força maior devidamente comprovado".

Como se vê, uma vez admitido, o assistente deverá ser intimado para todos os atos do processo, inclusive e especialmente a respeito da audiência de instrução e julgamento. A falta de intimação é fonte de nulidade relativa, cumprindo que se demonstre cerceamento de acusação para que possa ser acolhida, aplicável na hipótese o princípio *pas de nulitté sans grief* (não há nulidade quando não há prejuízo), que decorre do disposto no art. 563 do CPP.

Se, regularmente intimado, deixar de comparecer e não apresentar motivo justificador, o processo seguirá sem que seja intimado para os atos futuros.

Observado que, pela regra geral do art. 400, a colheita da prova oral deve ser feita em única audiência, e ao final desta será proferida sentença, se o assistente injustificadamente deixar de comparecer ao ato instrutório não será intimado a respeito da sentença que for proferida.

De ver, ainda, que outras vezes a audiência poderá ser cindida, ou mesmo se mostrar necessária a realização de outras diligências em razão de circunstâncias ou fatos apurados na instrução (CPP, art. 402), quando então o assistente também não será intimado para os atos seguintes, de modo a tornar absolutamente inexpressiva e insignificante sua presença formal no processo.

7.6. Corréu como assistente

Em determinadas situações, é possível que uma pessoa seja ao mesmo tempo *acusada* e *vítima, num mesmo processo*. Isso poderá ocorrer, por exemplo, em processo que verse sobre crimes de lesões corporais dolosas recíprocas.

Outras vezes, duas ou mais pessoas poderão figurar como corréus em um mesmo processo, tal como ocorre nas hipóteses de concurso eventual de agentes ou participação (CP, art. 29); crime de associação criminosa (CP, art. 288), ou crime de associação tipificado no art. 35 da Lei n. 11.343/2006 (Lei de Drogas).

Para tais situações, diz o art. 270 do CPP que o corréu no mesmo processo não poderá intervir como assistente do Ministério Público, e a doutrina tem elogiado essa regra.

Argumenta-se que a atuação do assistente, em casos tais, estaria motivada por pura emulação ou vingança,[79] como no caso de processo por crimes de lesões corporais dolosas recíprocas, ou estaria pautada apenas no interesse de fazer valer sua versão a respeito dos fatos e, com isso, tentar obter, por exemplo, redução de pena por força de delação premiada, no caso de concurso eventual de agentes ou crimes de concurso necessário.

Sobre tais argumentos, são cabíveis algumas considerações.

Primeiro é preciso dizer que afirmar a motivação por vingança, indistintamente, é fazer juízo apriorístico de valor negativo, fadado a incidir no mesmo equívoco daqueles que sustentam que a intervenção do assistente é motivada, sempre e exclusivamente, por interesse econômico.

Não se pode generalizar sem correr o risco de ser injusto. Não se trata de inocência na leitura e compreensão das coisas da vida, mas de encarar a realidade sem excluir qualquer possibilidade, daí não ser correto obstar a admissão de alguns legitimamente intencionados, por força de um raciocínio que leva em conta apenas o desejo reparatório de outros, que nem de longe se confunde com ambição desprezível, porquanto legítima – e expressamente disposta em lei – a possibilidade/necessidade de reparação dos danos causados.

Segundo, porque não é imoral ou menos nobre a intenção do corréu que, pretendendo benefício penal – previsto em lei – por força de delação premiada de que tenha se valido, busque atuar no processo como assistente do Ministério Público na intenção de provar que falou a verdade.

Que *o Instituto* da delação premiada *é imoral* já afirmamos em outra ocasião[80] e reiteramos agora, mas se o legislador optou por adotá-lo, como o fez expressamente e por mais de uma vez, aquele que dele se vale não faz mais do que *exercer um direito* seu, e *isso não é, nem pode ser, tachado de imoral*.

O problema de se admitir corréu como assistente, este sim intransponível, reside no fato de que ele viria a figurar *ao mesmo tempo* como *parte principal* (acusado ou réu) e *contingente* (assistente desnecessário), o que não deixa de causar certa perplexidade.

---

79. Nesse sentido: Guilherme de Souza Nucci, *Manual de processo e execução penal*, 14. ed., Rio de Janeiro, Forense, 2017, p. 528.

80. Conferir: Renato Marcão, Delação premiada, *Revista Magister de Direito Penal e Processual Penal*, v. 7, p. 103-107, 2005.

Na visão de Tourinho Filho, é impossível a admissão de corréu como assistente "Não só pela balbúrdia processual que se criaria como também porque eles, no processo, têm o mesmo interesse contra a mesmíssima acusação, e, assim, não poderiam, simultaneamente, dar-lhe assistência e contra ela rebelar-se... Esta a *ratio essendi* do art. 270".[81]

7.7. Faculdades processuais

Na dicção do art. 271, *caput*, do CPP: "Ao assistente será permitido propor meios de prova, requerer perguntas às testemunhas, aditar o libelo e os articulados, participar do debate oral e arrazoar os recursos interpostos pelo Ministério Público, ou por ele próprio, nos casos dos arts. 584, § 1º, e 598".

O Ministério Público deverá ser previamente ouvido a respeito das provas requeridas pelo assistente, e só depois é que o juiz irá decidir se defere ou indefere a pretendida produção.

A partir de sua admissão nos autos, **é ampla a iniciativa probatória do assistente**, pois, de outro modo, não se compreenderia sua atuação no processo.

Mesmo após o encerramento da audiência de instrução, o assistente poderá requerer a produção de outras provas, na forma disciplinada no art. 402 do CPP.

É certo, entretanto, que, embora ampla, a iniciativa probatória se encontra cercada por algumas **restrições, gerais e específicas**.

Dentre as restrições gerais, podemos apontar, por exemplo, a proibição de provas ilícitas (CF, art. 5º, LVI; CPP, art. 157), e a prova tarifada do estado civil (CPP, art. 155, parágrafo único).

Restrição específica haverá, por exemplo, quando o Ministério Público já tiver arrolado o número máximo de testemunhas admitido por lei, situação em que não será permitido ao assistente arrolar outras que excedam o limite.

É bem verdade, ainda, que o momento para a acusação arrolar testemunhas se verifica por ocasião do oferecimento da denúncia (CPP, art. 41), mas isso não impossibilita a indicação de outras pelo assistente (que só pode ingressar nos autos depois do recebimento da denúncia), até o limite máximo previsto para o tipo de procedimento, quando este não tiver sido esgotado pelo acusador oficial. Caso tenha sido, e o assistente ainda assim indique testemunhas, o Ministério Público poderá pedir a substituição de alguma(s) arrolada(s) na denúncia por outra(s) indicada(s).

Seja qual for a solução para o caso, é preciso muito cuidado por parte do juiz para não patrocinar inaceitável e injustificada situação de absoluto desequilíbrio em desfavor do acusado.

---

81. Fernando da Costa Tourinho Filho, *Manual de processo penal*, 17. ed., p. 442.

Pode o assistente, que é parte contingente, **postular a decretação de prisão preventiva** (art. 311); a **imposição de medidas cautelares restritivas** (§ 2º do art. 282), e até mesmo a **substituição de uma medida cautelar por outra** (§ 4º do art. 282), de modo a evidenciar que também poderá atacar, adequada e formalmente, as decisões de indeferimento a tais pedidos.

No que tange às **perguntas às testemunhas**, poderá proceder tal qual o Ministério Público a quem assiste, e depois deste, perguntando diretamente (CPP, art. 212), seja ela de acusação, de defesa ou do juízo.

Quanto ao **aditamento do libelo**, calha dizer que a peça processual denominada *libelo-crime acusatório*, que era apresentada em momento oportuno nos processos de competência do Tribunal do Júri, deixou de existir com a reforma introduzida no procedimento em questão[82] pela Lei n. 11.689/2008.

Encerrada a instrução, para que sua atuação tenha sentido e consistência, ao assistente se permite **apresentar razões finais oralmente** (debates em audiência), pelo prazo de 10 minutos, após a manifestação do Ministério Público (que dispõe de 20 minutos), conforme está expresso no art. 403, § 2º, do CPP.

Os **articulados** a que se refere o art. 271 compreendem qualquer manifestação escrita juntada ao processo, como constitui exemplo as alegações finais escritas (memoriais), que devem ser apresentadas pelo Ministério Público em substituição aos debates orais, ao final da instrução, quando incidente a regra contida no § 3º do art. 403 do CPP, mas, na verdade, a atuação do assistente não virá em termos de *aditamento*, visto que a ele caberá apresentar suas *próprias razões*.

Por força do disposto no art. 427 do CPP, o assistente pode formular **pedido de desaforamento**, tendo em vista sua justa expectativa no sentido de que ocorra julgamento célere e imparcial.

Pela mesma razão, poderá **suscitar os incidentes de impedimento ou suspeição** admitidos na legislação processual, pois do contrário não se compreenderia a razão e pertinência da autorização contida no art. 427.

Com efeito. Se lhe é permitido questionar formalmente a imparcialidade dos jurados, e sob a força de tal argumento fundamentar pedido de desaforamento, não tem sentido imaginar que não poderá utilizar nos demais processos, não submetidos ao tribunal popular do júri, os instrumentos aptos a afastar da causa aqueles que por idênticas razões estiverem em condições de impedimento ou contaminados de suspeita de imparcialidade.

No plenário do júri o assistente falará depois do Ministério Público (CPP, § 1º do art. 476), com quem deverá dividir consensualmente o tempo total destinado à acusação, que é de uma hora e meia, com acréscimo de uma hora em caso de corréus (CPP, art. 477, *caput* e parágrafo único), e, não havendo acordo entre eles, o tempo

82. Ver arts. 406 e s. do CPP.

será dividido pelo Juiz-Presidente do Tribunal do Júri, de forma a não exceder o máximo previsto (§ 1º).

O assistente poderá **arrazoar os recursos interpostos pelo Ministério Público**, no prazo de três dias, após o *Parquet* (CPP, § 1º do art. 600), o que fará de forma adesiva, seja qual for a fundamentação do inconformismo Ministerial.

Defere-lhe a lei **legitimação recursal** nos casos dos arts. 584, § 1º, e 598, a saber:

1) decisão de impronúncia (atacável por apelação);

2) julgamento em que se reconhece a extinção da punibilidade, por qualquer causa;

3) sentença absolutória, em processos de competência do juiz singular ou do Tribunal do Júri, e

4) sentença condenatória visando aumento de pena (*especialmente* quando a pena em concreto fixada permitir o reconhecimento da prescrição).

Consoante a Súmula 448 do STF: "O prazo para o assistente recorrer, supletivamente, começa a correr imediatamente após o transcurso do prazo do Ministério Público".

Sobre a atuação recursal do assistente, há ainda outras duas Súmulas do STF. São elas:

Súmula 208: "O assistente do Ministério Público não pode recorrer, extraordinariamente, de decisão concessiva de *habeas corpus*".

Súmula 210: "O assistente do Ministério Público pode recorrer, inclusive extraordinariamente, na ação penal, nos casos dos arts. 584, § 1º, e 598 do Código de Processo Penal".

Isso afirma a legitimação do assistente para a interposição de recurso em sentido estrito; carta testemunhável; embargos de declaração; embargos infringentes; recursos especial e extraordinário.

A propósito desse tema, importante transcrever as ementas que seguem:

> O assistente de acusação tem legitimidade para recorrer quando o Ministério Público abstiver-se de fazê-lo ou quando o seu recurso for parcial, não abrangendo a totalidade das questões discutidas (REsp 828.418/AL, rel. Min. Laurita Vaz, *DJ* de 23-4-2007) (RHC 31.893/SP, rel. Min. Og Fernandes, 6ª T., *DJe* de 15-10-2012) (STJ, AgRg no AREsp 920.205/SP, 5ª T., rel. Min. Joel Ilan Paciornik, j. 15-12-2016, *DJe* de 10-2-2017).

> Pode o assistente de acusação interpor recurso especial e recurso extraordinário, mesmo quanto a decisões proferidas pelo juiz singular, na hipótese de o Ministério Público não recorrer ou recorrer de apenas parte da decisão (STJ, HC 217.530/RJ, 6ª T., rel. Min. Nefi Cordeiro, j. 22-9-2015, *DJe* de 19-10-2015).

> O assistente da acusação possui legitimidade recursal mesmo em contrariedade à manifestação expressa do Ministério Público quanto a sua conformação com a sentença absolutória (RMS 43.227/PE, rel. Min. Gurgel de Faria, 5ª T., *DJe* de 7-12-2015).[83]

83. STJ, AgRg no AREsp 656.607/RS, 6ª T., rel. Min. Nefi Cordeiro, j. 15-12-2016, *DJe* de 2-2-2017.

É força convir, portanto, que **o rol de faculdades processuais do art. 271 do CPP não é exaustivo**, mas tão somente exemplificativo.

8. DOS FUNCIONÁRIOS DA JUSTIÇA

Serventuários e funcionários da Justiça são expressões sinônimas que servem para designar os funcionários públicos a serviço do Poder Judiciário.

9. DOS PERITOS E INTÉRPRETES

Entende-se por *perito* o indivíduo que é especialista, *expert* em um assunto ou atividade; que possui habilidade ou conhecimento específico sobre algo; que detenha perícia, em última análise.

Perito oficial é o profissional aprovado em concurso público, que ao ser nomeado para o cargo e assumir as respectivas funções presta compromisso de bem e fielmente portar-se no exercício de sua profissão.

Perito nomeado ou *louvado* é o perito não oficial, nomeado em confiança para determinado trabalho pericial.

Intérprete é o mesmo que tradutor; aquele que se põe como intermediador entre determinadas pessoas com o objetivo de traduzir ou fazer compreensível a manifestação de pessoa que se utiliza de linguagem desconhecida pelos demais interlocutores. É a pessoa conhecedora de idiomas estrangeiros ou outra forma de expressão, tal como ocorre com a linguagem de sinais ou gestual (alfabeto dactilológico utilizado por mudo ou surdo-mudo). No Brasil a linguagem de sinais é denominada LIBRAS – Língua Brasileira de Sinais.

Os intérpretes são, para todos os efeitos, equiparados aos peritos (CPP, art. 281).

9.1. Disciplina legal

Oficial ou não, o perito está sujeito à mesma disciplina legal dos demais funcionários públicos serventuários da Justiça, inclusive no que diz respeito à eventual responsabilização criminal, a teor do disposto no art. 327 do CP, segundo o qual: "Considera-se funcionário público, para os efeitos penais, quem, embora transitoriamente ou sem remuneração, exerce cargo, emprego ou função pública".

A falsa perícia, a propósito, é crime punido com reclusão e multa, tipificado no art. 342 do CP, e, segundo o art. 58 do CPC/2015, aplicável ao processo penal por força do disposto no art. 3º do CPP, o perito que, por dolo ou culpa, prestar informações inverídicas, responderá pelos prejuízos que causar à parte, e ficará inabilitado para atuar em outras perícias no prazo de 2 a 5 anos, independentemente das demais sanções previstas em lei.

As partes não podem intervir na escolha do perito (CPP, art. 276), mas após a nomeação poderão suscitar a instauração de incidente fundamentado em eventual causa de impedimento ou suspeição.

Podem, por outro vértice, formular quesitos e indicar assistentes técnicos, porque autorizado no art. 159, § 3º, do CPP.

Muito embora o art. 277 do CPP imponha a obrigatoriedade de aceitação do encargo de perito, é força convir que na generalidade dos casos as perícias criminais são realizadas por órgãos oficiais, e bem por isso os peritos, concursados que são, não podem furtar-se ao cumprimento do dever, sob pena de falta funcional.

Apenas excepcionalmente é que ocorrerá a nomeação judicial, de profissional particular para o exercício do *munus* público, quando então poderia cogitar-se a incidência do dispositivo em comento, mas é força convir que a multa prevista não pode ser aplicada, visto que inexistente na atualidade a unidade monetária indicada.

9.2. Impedimento e suspeição

Nos moldes do art. 279 do CPP, não poderão ser peritos os que estiverem cumprindo pena de interdição temporária de direitos consistente em proibição do exercício de cargo, função ou atividade pública, profissão, atividade ou ofício que dependam de habilitação especial, de licença ou autorização do poder público (CP, art. 47, I e II).

Aquele que for vítima ou testemunha não poderá figurar no mesmo processo como perito.

O juiz e o promotor de justiça, é evidente, também não podem atuar como peritos.

De igual sorte, estará impedido de funcionar como perito aquele que no mesmo processo figurar como vítima ou testemunha, ou tiver opinado anteriormente sobre o objeto da perícia (exemplo da última hipótese: profissional subscritor de parecer contratado por uma das partes).

De nenhuma utilidade prática em face do disposto no art. 159, *caput* e § 1º, do CPP que exigem diploma em curso superior para ser perito, dispõe o inciso III do art. 279 que os analfabetos estão impedidos de atuar como peritos.

Acrescente-se que os peritos oficiais são concursados e, portanto, absolutamente desnecessária a proibição em face dos mesmos.

A proibição contida no art. 279, III, quanto aos menores de 21 (vinte e um) anos, foi derrogada pelo Código Civil, que passou a considerar a pessoa maior de 18 (dezoito) anos plenamente capaz para todos os atos da vida civil.

Estendem-se aos peritos as hipóteses de suspeição de magistrados, dispostas no art. 254 do CPP, sobre as quais discorremos no capítulo denominado *questões e processos incidentes*.

Capítulo 15
Prisão, Medidas Cautelares e Liberdade Provisória

1. Regras Gerais

O art. 282 do CPP estabelece regras gerais que devem guiar a aplicação das medidas cautelares tratadas no Título IX, Livro I, do Código de Processo Penal, a saber: prisão em flagrante (arts. 301 a 309); prisão preventiva (arts. 311 a 316); prisão domiciliar substitutiva da prisão preventiva (arts. 317 e 318), e medidas cautelares restritivas, diversas da prisão (arts. 319 e 320).

Excetuada a prisão em flagrante, as medidas cautelares serão **decretadas pelo juiz**, a **requerimento das partes** *ou*, quando no curso da investigação criminal, por **representação da autoridade policial** ou mediante **requerimento do Ministério Público** (§ 2º do art. 282).

Desde a vigência da Lei n. 13.964/2019, em qualquer fase da persecução penal, **só é cabível a fixação de medida cautelar pessoal mediante provocação, jamais *ex officio*.**

Em relação às medidas listadas nos arts. 319 e 320 do CPP, caberá a aplicação isolada ou cumulativa, e, no caso de descumprimento de qualquer das obrigações impostas, o juiz, de ofício ou mediante requerimento do Ministério Público, de seu assistente ou do querelante, poderá *substituir* a medida, *impor outra em cumulação*, ou, em último caso, *decretar a prisão preventiva*.

1.1. Critérios para decretação

Em consideração ao art. 282, *caput* e inc. I, do CPP, o primeiro critério a ser observado é o da ***necessidade*** da medida, que tem relação com a *utilidade* da restrição para a investigação ou instrução criminal, ou ainda, nos casos expressos em lei, para evitar a prática de infrações penais, como ocorre nas situações que envolvem violência doméstica e familiar contra a mulher; violência em estádios de futebol por integrantes das denominadas torcidas organizadas etc.

Outro critério expresso é o da ***adequação***, tal como se verifica no inciso II do art. 282.

Por aqui, adequação tem o sentido de *proporcionalidade* e *razoabilidade*, remetendo à ideia de *individualização da medida*, que deverá ser escolhida levando em conta a gravidade do delito, circunstâncias do fato e condições pessoais do investigado ou acusado, para que não se revele inócua.

Não se pode perder de vista, ainda, que a imposição de medidas cautelares reclama observância ao *princípio da legalidade*, pois não se admite a fixação de alternativas outras, diversas daquelas taxativamente listadas, cuja execução está limitada à pessoa do agente por força de interpretação extensiva que se deve dar ao princípio da intranscendência, segundo o qual *a pena* (e também o processo) não poderá passar da pessoa do acusado.

Com vistas a atender aos critérios de necessidade e adequação, as medidas cautelares poderão ser aplicadas isolada ou cumulativamente, razão que se buscará aferir mediante critérios de *lógica*, *proporcionalidade* e *suficiência*.

Esses mesmos critérios deverão ser observados no caso de descumprimento de qualquer das obrigações impostas, quando então o juiz poderá, na forma do disposto no § 4º do art. 282 do CPP, substituir a medida, impor outra em cumulação ou, em último caso, atendendo a provocação, decretar a prisão preventiva.

Necessidade e *adequação* são critérios cumulativos, e não alternativos.

1.2. Contraditório prévio e contraditório diferido

Diz o **art. 5º, LV, da CF**, que "aos litigantes, em processo judicial ou administrativo, e aos acusados em geral são assegurados o contraditório e ampla defesa, com os meios e recursos a ela inerentes".

É a adoção expressa dos princípios do contraditório e da ampla defesa, de *status* constitucional, tão caros a toda democracia.

Nessa mesma linha, dispõe o **§ 3º do art. 282 do CPP** que: "Ressalvados os casos de urgência ou de perigo de ineficácia da medida, o juiz, ao receber o pedido de medida cautelar, determinará a intimação da parte contrária, para se manifestar no prazo de 5 (cinco) dias, acompanhada de cópia do requerimento e das peças necessárias, permanecendo os autos em juízo, e os casos de urgência ou de perigo deverão ser justificados e fundamentados em decisão que contenha elementos do caso concreto que justifiquem essa medida excepcional".

Pela regra disposta, apresentado em juízo pedido de aplicação de medida cautelar, dele **previamente deverá ser intimada a parte contrária** a fim de que se manifeste **antes da decisão judicial**.

A regra comporta exceção em duas hipóteses: *1ª)* casos de urgência; *2ª)* perigo de ineficácia da medida caso se aguarde a prévia intimação da *parte* contrária.

Somente diante do caso concreto é que se poderá aferir uma ou outra dentre as justificativas excepcionais; entretanto, quer nos parecer que os *casos de urgência* serão também aqueles casos em que haverá *perigo de ineficácia da medida* caso se aguarde outro momento para a decretação, e vice-versa.

Há mais. Se não há urgência e perigo de ineficácia, como sustentar a cautelaridade da medida?

Esse raciocínio leva a outro complicador: se toda cautelar pressupõe urgência e perigo de ineficácia, sempre que não estiverem presentes não será possível falar, legitimamente, em cautelaridade. E mais: raciocinando em sentido inverso, sempre que identificada situação de cautelaridade – exatamente na constatação de urgência e perigo de ineficácia da medida –, será dispensado o contraditório prévio.

É fato, entretanto, que na maioria das vezes a decretação de uma medida cautelar, exatamente por contar a situação com a presença dos requisitos gerais da cautelaridade – *fumus boni juris/fumus commissi delicti* e *periculum in mora/periculum libertatis* –, encontrar-se-á impulsionada pela urgência, pena de ineficácia absoluta da medida.

Tome-se, a título de exemplo, situação, infelizmente corriqueira, em que as ameaças constantes e o comportamento violento de determinado cidadão indiquem a iminência de mal maior já prometido contra sua esposa, companheira ou ex.

É evidente que, em casos tais, a necessidade de imposição de medidas cautelares emergenciais autoriza a dispensa do contraditório prévio, sem que disso se possa extrair qualquer violação a princípio constitucional e ilegalidade na decisão e da medida que se aplicar.

Permitir o contraditório, ademais, não é o mesmo que *pressupor*, daí não ser correto afirmar que a decretação de cautelar deverá ser *sempre* precedida de contraditório, que será apenas possível, mas não imprescindível, portanto.

Seja como for, a regra determina que o juiz respeite o **contraditório prévio** e, somente diante de situações verdadeiramente excepcionais, decida sem antes ouvir a parte contrária, quando então deverá observar o **contraditório diferido**, com a subsequente intimação para manifestação, após sua decisão.

A decisão sem prévia manifestação da parte contrária deve conter fundamentação que indique as razões da urgência ou do perigo identificados, justificadores da medida excepcional. Vale dizer: para atender o que determina o art. 93, IX, da CF, e o § 3º do art. 282 do CPP, em sua fundamentação a decisão deve apontar, com base em elementos concretos dos autos, as razões da superação do contraditório prévio, bem como os fundamentos específicos da medida cautelar aplicada.

Neste caso, apresentada a manifestação da "parte contrária", o juiz deverá analisá-la para depois manter ou reconsiderar sua decisão, de maneira fundamentada.

1.3. Substituição, cumulação ou revogação da medida aplicada

Dispõe o § 4º do art. 282 do CPP que "No caso de descumprimento de qualquer das obrigações impostas, o juiz, mediante requerimento do Ministério Público, de seu assistente ou do querelante, poderá substituir a medida, impor outra em cumulação, ou, em último caso, decretar a prisão preventiva, nos termos do parágrafo único do art. 312 deste Código" (*rectus*: § 1º do art. 312 deste Código).

A possibilidade de substituição e/ou cumulação, *in casu*, diz respeito às medidas cautelares restritivas listadas nos arts. 319 e 320 do CPP.

No caso de **descumprimento injustificado**, a medida cautelar restritiva poderá ser substituída por outra(s) dentre as listadas, ou, sendo mantida, poderá(ão) ser aplicada(s) outra(s) em cumulação. Em qualquer das hipóteses, é preciso que se verifiquem a real *necessidade* e a *adequação* da(s) medida(s), e que se respeitem a ampla defesa e o contraditório prévio.

O juiz não pode substituir ou aplicar medida em cumulação *ex officio*. É imprescindível ocorra requerimento de algum dentre os que se encontram para tanto legitimados.

Verificado o descumprimento injustificado, o **Ministério Público** poderá requerer a substituição ou a cumulação a qualquer tempo, na fase de investigação ou durante o contraditório judicial.

Considerando que a intervenção do **assistente** pressupõe processo instaurado, e que **querelante** é o autor da ação penal privada, esses dois sujeitos processuais só podem atuar na fase judicial, logicamente.

Na fase de investigação, nada impede que o **ofendido** – que poderá vir a ser assistente da acusação em processo de ação pública, ou querelante, se de ação privada – informe ao Ministério Público, ao delegado de polícia ou ao juiz das garantias, quando e onde estiver implementado,[1] o descumprimento de medida cautelar

1. Após a publicação da Lei n. 13.964/2019 foram ajuizadas no Supremo Tribunal Federal três ações diretas de inconstitucionalidade questionando alguns de seus dispositivos – ADI 6.298, 6.299 e 6.300 –, e no dia 15 de janeiro de 2020 o Min. Dias Toffoli concedeu medida cautelar nos autos da ADI 6.298, para, entre outras coisas: "**(i)** suspender-se a eficácia dos **arts. 3º-D, parágrafo único, e 157, § 5º**, do Código de Processo Penal, incluídos pela Lei n. 13.964/19; **(ii)** suspender-se a eficácia dos arts. 3º-B, 3º-C, 3º-D, **caput**, 3º-E e 3º-F do CPP, inseridos pela Lei n. 13.964/2019, até a efetiva implementação do juiz das garantias pelos tribunais, o que deverá ocorrer **no prazo máximo de 180 (cento e oitenta) dias, contados a partir da publicação desta decisão; (iii)** conferir-se interpretação conforme às normas relativas ao juiz das garantias (arts. 3º-B a 3º-F do CPP), para esclarecer que não se aplicam às seguintes situações: (a) processos de competência originária dos tribunais, os quais são regidos pela Lei n. 8.038/1990; (b) processos de competência do Tribunal do Júri; (c) casos de violência doméstica e familiar; e (d) pro-

restritiva aplicada em face do investigado, a fim de que sejam adotadas as providências cabíveis.

O § 5º do art. 282 do CPP diz que "O juiz poderá, de ofício ou a pedido das partes, revogar a medida cautelar ou substituí-la quando verificar a falta de motivo para que subsista, bem como voltar a decretá-la, se sobrevierem razões que a justifiquem".

Enquanto o § 4º se refere à hipótese de **descumprimento injustificado**, o § 5º do art. 282 diz respeito à **falta de motivo** para que a medida cautelar anteriormente aplicada subsista.

Revogar a medida cautelar é o mesmo que torná-la sem efeito, fazendo ressurgir o *status quo*.

Substituí-la quando verificar a falta de motivo para que subsista significa, *in casu*, modificar restrição cautelar anteriormente imposta, por outra que se afigure mais adequada no momento.

É possível que ocorra revogação ou substituição *ex officio*; por iniciativa exclusiva do magistrado, e a nosso ver o sistema acusatório não impede tal proceder. Contudo, apesar da literalidade do § 5º do art. 282, entendemos não ser cabível nova decretação *ex officio*, sem provocação por quem de direito.

O § 5º anuncia que o juiz também poderá proceder da maneira indicada em razão de provocação das *partes*.

De *partes*, a rigor, só é possível falar no curso do processo. Tecnicamente, não há *partes* na fase de investigação. Ainda assim, sendo caso, no curso do inquérito o **Ministério Público** poderá requerer ao juiz das garantias a revogação ou substituição de medida cautelar restritiva anteriormente aplicada, quando verificar a falta de motivo para que subsista.

O **querelante**, como parte ativa na ação penal privada, poderá formular requerimento em juízo.

O **assistente**, parte contingente ou adesiva, não essencial, poderá agir de semelhante maneira.

Quanto ao **ofendido**, valem as mesmas palavras que escrevemos linhas antes, quando da análise do § 4º do art. 282.

---

cessos criminais de competência da Justiça Eleitoral".

Ainda em confronto com as inovações determinadas pela Lei n. 13.964/2019, no dia 22 de janeiro de 2020, nos autos da ADI 6.298, na condição de relator das ADIs 6.298, 6.299, 6.300 e 6305, o Min. Luiz Fux revogou a decisão monocrática constante das ADIs 6.298, 6.299, 6.300 e suspendeu *sine die* a eficácia da implantação do juiz das garantias e seus consectários (arts. 3º-A, 3º-B, 3º-C, 3º-D, 3ª-E, 3º-F, do CPP); da alteração do juiz sentenciante que conheceu de prova declarada inadmissível (art. 157, § 5º, do CPP); e concedeu a medida cautelar requerida nos autos da ADI 6.305, para suspender *sine die* a eficácia, da alteração do procedimento de arquivamento do inquérito policial (art. 28, *caput*, CPP), e da ilegalidade da prisão pela não realização da audiência de custódia no prazo de 24 horas (art. 310, § 4°, do CPP).

1.3.1. Decretação de prisão preventiva

Se ocorrer descumprimento injustificado de medida cautelar restritiva e não se revelar adequada e suficiente a substituição da medida ou a aplicação de outra em cumulação, o juiz poderá decretar a prisão preventiva, nos termos do § 1º do art. 312 do CPP.

"A prisão preventiva somente será determinada quando não for cabível a sua substituição por outra medida cautelar, observado o art. 319 deste Código, e o não cabimento da substituição por outra medida cautelar deverá ser justificado de forma fundamentada nos elementos presentes do caso concreto, de forma individualizada" (art. 282, § 6º).

Impossibilitada a providência *ex officio*, **na fase policial** só caberá decretação de prisão preventiva se houver representação do delegado de polícia ou requerimento do representante do Ministério Público. **Em juízo**, o requerimento poderá ser feito por qualquer das partes legitimadas, a saber: 1) Ministério Público (parte ativa na ação penal pública); 2) assistente da acusação (*parte contingente*; adesiva; desnecessária ou eventual na ação penal pública); 3) querelante (parte ativa na ação penal privada).

1.4. Modalidades

Até há pouco tempo, a legislação processual penal brasileira contemplava as seguintes modalidades de prisão cautelar: prisão em flagrante; prisão temporária; prisão preventiva; prisão resultante de pronúncia e prisão resultante de sentença condenatória recorrível.

A Lei n. 11.689/2008 alterou o Código de Processo Penal no tocante aos processos de competência do Tribunal do Júri e deu nova redação ao art. 413, § 3º, do CPP, que passou a permitir somente a *prisão preventiva por ocasião da decisão de pronúncia*, se atendidos os requisitos da lei.

Não há falar, portanto, em prisão resultante de pronúncia propriamente dita, nos moldes em que anteriormente regulada no superado art. 408, § 2º, do CPP.

A Lei n. 11.719/2008 revogou expressamente o art. 594 do CPP, de maneira que não subsiste no ordenamento processual a possibilidade de *prisão decorrente de sentença condenatória recorrível*.

O art. 283 do CPP enfatiza que ninguém poderá ser preso senão em *flagrante* ou por ordem escrita e fundamentada da autoridade judiciária competente, nesse caso, em decorrência de prisão cautelar ou em virtude de condenação criminal transitada em julgado.

Na sistemática atual do Código de Processo Penal, ou ocorre **prisão em flagrante** (nas hipóteses tratadas no art. 302 do CPP); ou se decreta **prisão temporária**, quando cabível (Lei n. 7.960/89), ou **prisão preventiva** (CPP, arts. 311 a 316), podendo esta ser substituída por **prisão cautelar domiciliar**, conforme dispõem os arts. 317 e 318 do CPP.

A excepcionalidade dessas medidas decorre do fato de que incidem "sobre el derecho fundamental a la libertad de movimientos", na expressão de Armenta Deu.[2]

A prisão preventiva somente será *decretada* se não for cabível a sua *substituição* por outra medida cautelar dentre as previstas nos arts. 319 e 320 do CPP, conforme dispõe o § 6º do art. 282.

Necessário registrar, entretanto, que há impropriedade na redação desse dispositivo.

O correto seria dizer que a prisão preventiva *somente será decretada quando não for cabível, adequada ou suficiente a aplicação de outra medida cautelar* dentre as previstas nos arts. 319 e 320 do CPP, isolada ou cumulativamente.

Ao dizer que a preventiva não será decretada quando for cabível *sua substituição*, tecnicamente, o que se diz enseja antagonismo, pois sua *substituição* por outra medida cautelar pressupõe sua prévia decretação, o que o dispositivo visa exatamente a impedir.

A prisão preventiva poderá ser decretada em qualquer fase da investigação policial ou do processo, inclusive no momento da decisão de pronúncia, nos processos de competência do Tribunal do Júri (CPP, art. 413, § 3º) e da sentença condenatória (CPP, § 1º do art. 387), se presentes os requisitos legais.

Oportuno registrar que o art. 84 da Lei n. 13.445/2017 (Lei de Migração) prevê a possibilidade de **prisão cautelar para fins de extradição**, de competência do Supremo Tribunal Federal, cumprindo que o interessado instrua seu pedido "com a documentação comprobatória da existência de ordem de prisão proferida por Estado estrangeiro".

De resto, só haverá legítima prisão criminal se houver sentença penal condenatória transitada em julgado. Entenda-se: transitada definitivamente em julgado para ambas as partes; prisão-pena, portanto.[3]

1.4.1. Sobre a prisão em razão de condenação proferida ou mantida em Segundo Grau de Jurisdição, sem trânsito em julgado

Durante longo período a jurisprudência do Superior Tribunal de Justiça e do Supremo Tribunal Federal admitiu a execução provisória da pena quando pendente de julgamento recurso especial ou extraordinário, porquanto desprovidos de efeito suspensivo.[4]

2. Teresa Armenta Deu, *Estudios sobre el proceso penal*, Santa Fé, Rubinzal-Culzoni, 2008, p. 323.

3. "A superveniência do trânsito em julgado do decreto condenatório acarreta a alteração do título prisional, eis que se trata, a partir desse momento, de prisão referente ao início do cumprimento da pena imposta" (STF, HC 111.514/MG, 1ª T., rel. Min. Marco Aurélio, rel. p/ o Acórdão Min. Edson Fachin, j. 1º-3-2016, *DJe* n. 118, de 9-6-2016).

4. Nesse sentido: STF, HC 71.959/RS, 2ª T., rel. Min. Marco Aurélio, rel. p/ o Acórdão Min. Francisco Rezek, j. 3-2-1995, *DJ* de 2-5-1995; STF, HC 72.102/MG, 1ª T., rel. Min. Celso de Mello, j. 14-2-1995, *DJ* de 20-4-1995, p. 9948; STF, HC 75.152-1/SP, 2ª T., rel. Min. Maurício Corrêa, j. 10-2-

A propósito desse tema foi editada a **Súmula 267 do STJ**, com o seguinte enunciado: "A interposição de recurso, sem efeito suspensivo, contra decisão condenatória não obsta a expedição de mandado de prisão" (*DJ* de 29-5-2002).

Entretanto, quando do julgamento do HC 84.078/MG, o Plenário do Supremo Tribunal Federal mudou de posicionamento e deixou de admitir execução provisória em tais casos, ressalvada a hipótese de encontrar-se preso o recorrente em razão de prisão preventiva regularmente decretada.

Conforme decidiu a Excelsa Corte naquela ocasião:

> O art. 637 do CPP estabelece que "o recurso extraordinário não tem efeito suspensivo, e uma vez arrazoados pelo recorrido os autos do traslado, os originais baixarão à primeira instância para a execução da sentença". A Lei de Execução Penal condicionou a execução da pena privativa de liberdade ao trânsito em julgado da sentença condenatória. A Constituição do Brasil de 1988 definiu, em seu art. 5º, inciso LVII, que 'ninguém será considerado culpado até o trânsito em julgado de sentença penal condenatória'. Daí que os preceitos veiculados pela Lei n. 7.210/84, além de adequados à ordem constitucional vigente, sobrepõem-se, temporal e materialmente, ao disposto no art. 637 do CPP. A prisão antes do trânsito em julgado da condenação somente pode ser decretada a título cautelar. A ampla defesa, não se a pode visualizar de modo restrito. Engloba todas as fases processuais, inclusive as recursais de natureza extraordinária. Por isso a execução da sentença após o julgamento do recurso de apelação significa, também, restrição do direito de defesa, caracterizando desequilíbrio entre a pretensão estatal de aplicar a pena e o direito, do acusado, de elidir essa pretensão.[5]

De forma objetiva, e da maneira como destacou o Min. Roberto Barroso, "a partir do julgamento pelo Plenário do HC n. 84.078, deixou-se de se admitir a execução provisória da pena, na pendência de Recurso Extraordinário".[6]

Pelas mesmas razões, semelhante compreensão se impôs quando pendente de apreciação e julgamento Recurso Especial.

Sob a força de tal entendimento, só se afigurava viável execução provisória quando pendente de julgamento Recurso Especial (STJ) ou Extraordinário (STF), **se o acusado-recorrente estivesse preso em razão de prisão preventiva**, acertada e fundamentadamente decretada.[7]

1998, *DJU* de 13-3-1998, *RT* 753/511; STF, HC 85.886-4/RJ, 2ª T., rel. Min. Ellen Gracie, j. 6-9-2005, *DJ* de 28-10-2005, *RT* 845/508; STF, HC 84.029/SP, 2ª T., rel. Min. Gilmar Mendes, j. 26-6-2007, *DJe* n. 96, de 6-9-2007.

5. STF, HC 84.078/MG, Tribunal Pleno, rel. Min. Eros Grau, j. 5-2-2009, *DJe* n. 035, de 26-2-2010, *Informativo STF* 534.

6. STF, HC 107.710 AgR/SC, 1ª T., rel. Min. Roberto Barroso, j. 9-6-2015, *DJe* n. 128, de 1º-7-2015.

7. "A exigência de motivação dos atos jurisdicionais constitui, hoje, postulado constitucional inafastável, que traduz poderoso fator de limitação ao exercício do próprio poder estatal, além de configurar instrumento essencial de respeito e proteção às liberdades públicas. Com a constituciona-

Essa maneira de pensar é compatível com o vigente Estado de Direito democrático, e encontra amparo no art. 5º, LVII, da CF, de onde se extrai que ninguém será considerado culpado até que ocorra o trânsito em julgado definitivo de sentença ou acórdão penal condenatório proferido em seu desfavor.

Se a presunção de inocência só é destruída pelo trânsito em julgado de condenação criminal, não há como admitir prisão para execução provisória da pena enquanto pendente de julgamento recurso especial ou extraordinário, salvo quando decretada prisão preventiva, e a razão é simples: não ocorreu o trânsito em julgado e, portanto, persiste a presunção de inocência.

É o que também se extrai do art. 105 da LEP e do art. 283, *caput*, do CPP, que não foram e não podem ser declarados inconstitucionais, por se encontrarem em absoluta consonância com o art. 5º, LVII, da CF.

Mesmo assim, no dia 17 de fevereiro de 2016, por ocasião do julgamento do HC 126.292/SP, o Plenário da Suprema Corte retomou seu anterior entendimento, e novamente passou a admitir a execução provisória da pena na pendência de recurso especial ou extraordinário. De acordo com o posicionamento exposto, decretada ou mantida condenação criminal em Segunda Instância, é cabível a execução da pena, ainda que pendentes de apreciação recurso especial ou extraordinário.[8]

O Superior Tribunal de Justiça também retrocedeu ao entendimento anterior, no dia 3 de março de 2016, por ocasião do improvimento do REsp 1.484.415/DF, 6ª Turma, de que foi relator o Min. Rogério Schietti Cruz.

Reaberta a discussão dessa matéria no Plenário do Supremo Tribunal Federal, no dia 5 de outubro de 2016, quando do julgamento dos pedidos de liminares formulados nas Ações Declaratórias de Constitucionalidade (ADC) 43 e 44, por maioria de votos (6 x 5), foi decidido que o sistema normativo vigente não impede a prisão e consequente execução provisória de condenação mantida ou proferida em Segundo

---

lização desse dever jurídico imposto aos magistrados – e que antes era de extração meramente legal – dispensou-se aos jurisdicionados uma tutela processual significativamente mais intensa, não obstante idênticos os efeitos decorrentes de seu descumprimento: a nulidade insuperável e insanável da própria decisão. A importância jurídico-política do dever estatal de motivar as decisões judiciais constitui inquestionável garantia inerente à própria noção do Estado Democrático de Direito. Fator condicionante da própria validade dos atos decisórios, a exigência de fundamentação dos pronunciamentos jurisdicionais reflete uma expressiva prerrogativa individual contra abusos eventualmente cometidos pelos órgãos do Poder Judiciário" (STF, HC 69.013/PI, 1ª T., rel. Min. Celso de Mello, j. 24-3-1992, *DJ* de 1º-7-1992, p. 10.556, *RTJ* 140/870).

8. "A execução provisória de acórdão penal condenatório proferido em grau de apelação, ainda que sujeito a recurso especial ou extraordinário, não compromete o princípio constitucional da presunção de inocência afirmado pelo art. 5º, LVII, da Constituição Federal" (STF, HC 126.292/SP, Tribunal Pleno, rel. Min. Teori Zavascki, j. 17-2-2016, *DJe* n. 100, de 17-5-2016).

Grau de Jurisdição, ainda que pendente de apreciação recurso especial (STJ) ou extraordinário (STF).[9]

Em arremate, no dia 10 de novembro de 2016, quando do julgamento do Recurso Extraordinário com Agravo (ARE) 964.246/SP, **que teve repercussão geral reconhecida**, o Plenário Virtual do Supremo Tribunal Federal, novamente por maioria de votos, decidiu que a execução provisória, nos moldes em que já havia reconhecido possível por ocasião do julgamento do HC 126.292/SP e na apreciação das liminares nas ADCs 43 e 44, não ofende o princípio constitucional da presunção de inocência afirmado pelo art. 5º, LVII, da Constituição Federal.[10] O reconhecimento de repercussão geral, como é cediço, vincula as demais instâncias judiciárias.

Seguindo sua oscilação pendular, no dia 7 de novembro de 2019, novamente por maioria de votos (6 x 5), o Supremo Tribunal Federal concluiu o julgamento das Ações Declaratórias de Constitucionalidade (ADC) 43, 44 e 54, que foram julgadas procedentes, e com efeito *erga omnes* inverteu seu posicionamento firmado em 2016, agora para determinar a impossibilidade de execução provisória da pena em razão de condenação em Segundo Grau de Jurisdição. Desde então, ressalvada a possibilidade de execução provisória na hipótese em que o réu se encontrar preso por força da decretação de prisão preventiva, para que se instaure o momento execucional é imperioso o trânsito em julgado definitivo da condenação.

A prisão para execução provisória, decorrente de condenação proferida ou mantida em Segundo Grau de Jurisdição, lastreada no entendimento adotado em 2016 pela Douta maioria dos Ministros da Excelsa Corte, configurava modalidade de prisão cautelar *sui generis*, espécie de privação da liberdade não contemplada no ordenamento vigente, o que aponta para o acerto do entendimento agora vigorante.

---

9. "Nos termos do decidido pelo Tribunal Pleno, a 'execução provisória de acórdão penal condenatório proferido em grau de apelação, ainda que sujeito a recurso especial ou extraordinário, não compromete o princípio constitucional da presunção de inocência afirmado pelo art. 5º, LVII, da Constituição Federal' (HC 126292, rel. Min. Teori Zavascki, Tribunal Pleno, j. 17-2-2016). Na mesma direção, ao indeferir tutela cautelar nas ADCs 43 e 44, o Plenário conferiu interpretação conforme ao art. 283, CPP, para o fim de assentar que é coerente com a Constituição o principiar de execução criminal quando houver condenação confirmada em segundo grau, salvo atribuição expressa de efeito suspensivo ao recurso cabível" (STF, HC 135.644 AgR/RJ, 1ª T., rel. Min. Edson Fachin, j. 28-10-2016, *DJe* n. 243, de 17-11-2016).

10. "Em regime de repercussão geral, fica reafirmada a jurisprudência do Supremo Tribunal Federal no sentido de que a execução provisória de acórdão penal condenatório proferido em grau recursal, ainda que sujeito a recurso especial ou extraordinário, não compromete o princípio constitucional da presunção de inocência afirmado pelo art. 5º, LVII, da Constituição Federal. Recurso extraordinário a que se nega provimento, com o reconhecimento da repercussão geral do tema e a reafirmação da jurisprudência sobre a matéria" (STF, ARE 964.246 RG/SP, Tribunal Pleno, rel. Min. Teori Zavascki, j. 10-11-2016, *DJe* n. 251, de 25-11-2016).

1.5. Formalidades e concretização da prisão

A prisão poderá ser efetuada em qualquer dia e a qualquer hora, respeitadas as restrições relativas à inviolabilidade do domicílio, regra expressa no § 2º do art. 283 do CPP, que está em consonância com o disposto no art. 5º, XI, da CF, segundo o qual "a casa é asilo inviolável do indivíduo, ninguém nela podendo penetrar sem consentimento do morador, salvo em caso de flagrante delito ou desastre, ou para prestar socorro, ou, durante o dia, por determinação judicial".

Em caso de tentativa de fuga ou resistência à prisão determinada por autoridade competente, ainda que por parte de terceiros, o executor da prisão e as pessoas que o auxiliarem poderão utilizar-se de força física, na medida do indispensável para defender-se, vencer a resistência e efetivar a captura (CPP, art. 284), do que tudo se lavrará auto que será subscrito também por duas testemunhas (CPP, art. 292).

A autoridade judiciária que ordenar a prisão fará expedir o respectivo mandado, sem o qual não poderá a ordem ser cumprida. "Se a infração for inafiançável, a falta de exibição do mandado não obstará a prisão, e o preso, em tal caso, será imediatamente apresentado ao juiz que tiver expedido o mandado, para a realização de audiência de custódia" (CPP, art. 287).

O mandado, que deverá observar as regras dos arts. 285, parágrafo único, e 286, ambos do CPP, é documento de exibição indispensável ao diretor ou carcereiro do estabelecimento penal que receber o preso, devendo ser passado recibo da entrega deste, com declaração de dia e hora (art. 288), ainda que no próprio exemplar do mandado, se este for o documento exibido (parágrafo único do art. 288).

Conforme dispõe o parágrafo único do art. 13 da Resolução n. 213/2015 do CNJ (institui a audiência de custódia): "Todos os mandados de prisão deverão conter, expressamente, a determinação para que, no momento de seu cumprimento, a pessoa presa seja imediatamente apresentada à autoridade judicial que determinou a expedição da ordem de custódia ou, nos casos em que forem cumpridos fora da jurisdição do juiz processante, à autoridade judicial competente, conforme lei de organização judiciária local".

1.6. Prisão a ser executada fora da jurisdição do juiz processante

Conforme o art. 289, *caput*, do CPP, quando o acusado estiver no território nacional, fora da jurisdição do juiz processante, será deprecada a sua prisão, devendo constar da precatória o inteiro teor do mandado.

Deprecar a prisão significa expedir carta precatória, *de juiz para juiz*, solicitando providências no sentido de se efetivar a captura daquele contra quem a medida foi imposta.

Por outro vértice, o § 1º do art. 289 fala que o juiz também poderá *requisitar a prisão*, e então fica claro que está se referindo à requisição de juiz endereçada à autoridade policial, visto que *juiz não requisita de juiz*, apenas solicita.

Em caso de urgência, a precatória ou a requisição poderão ser enviadas mediante utilização de novas tecnologias (e-mail, p.ex.), devendo o destinatário adotar providências no sentido de averiguar a autenticidade da comunicação recebida.

Deprecada ou requisitada a prisão na forma do art. 289 e seus parágrafos, após efetivada a captura, caberá ao juiz processante, entenda-se, ao juiz que solicitou ou requisitou a prisão, providenciar a remoção do preso para sua comarca – comarca do processo –, no prazo máximo de 30 (trinta) dias, contados da efetivação da medida, para que permaneça sob sua jurisdição.

Na prática, o problema da prisão efetivada em local diverso ao do processo tem gerado enormes transtornos, visto que, não raras vezes, a prisão do acusado se verifica em local muito distante do juízo processante, e diante das dificuldades operacionais encontradas para sua remoção, dificuldades que vão desde a falta de viatura, falta de combustível, falta de pessoal, à falta de responsabilidade e cuidado de alguns, o excesso de prazo da prisão, nesses casos, tem sido constante.

Mas é claro que a previsão legal, pura e simplesmente, não resolve esse grave problema, já que a ausência do aparato policial e instrumental para remoção de presos decorre do descaso e da ineficiência de políticas públicas que devem ser executadas pelo administrador público, nos termos da Constituição Federal.

É evidente, portanto, que em muitos casos, embora definida em lei a quem incumbe a remoção do preso, e em que prazo isso se deva verificar, a remoção não se efetivará por quem de direito e no limite temporal fixado.

Qual a consequência jurídica?

Nenhuma.

Poder-se-ia argumentar ser caso de relaxamento da prisão, mas a afirmação não nos parece adequada.

Com efeito, diz o art. 5º, LXV, da CF, que *a prisão ilegal* será imediatamente relaxada pela autoridade judiciária.

Na hipótese analisada, a prisão é legal, ou pelo menos não se pode aferir ilegalidade na decisão que a determinou ou na prisão mesmo, pelo simples fato de se ver desrespeitado o prazo para remoção do preso.

Havendo excesso de prazo *na prisão* (e não na transferência), poderá ocorrer o seu relaxamento, mas não pela autoridade judiciária de igual estatura.

1.7. Cadastro de mandados de prisão em banco de dados no Conselho Nacional de Justiça

O art. 2º da Lei n. 12.403/2011 fez acrescer ao CPP o art. 289-A, que determinou a criação e regulamentação de um banco de dados pelo Conselho Nacional de Justiça, em que devem ser registrados os mandados de prisão expedidos contra quem se encontre no território nacional, em lugar estranho ao da jurisdição daquele que fez expedir a ordem.[11]

O dispositivo autoriza qualquer agente policial a efetuar a prisão decretada, e dispõe que esta deverá ser imediatamente comunicada ao juiz do local de cumprimento da medida – entenda-se: juiz do local onde a prisão foi efetuada, devendo este, então, providenciar uma certidão que será extraída do banco de dados do Conselho Nacional de Justiça e informar o juízo que a decretou para que providencie a remoção do preso, o que, nos termos do § 3º do art. 289, deverá ocorrer no prazo de trinta dias, contados da efetivação da medida.

1.8. Fuga e prisão

Ocorrendo fuga, poderá haver perseguição, na forma do art. 290 do CPP.

Conforme o art. 293, "se o executor do mandado verificar, com segurança, que o réu entrou ou se encontra em alguma casa, o morador será intimado a entregá-lo, à vista da ordem de prisão. Se não for obedecido imediatamente, o executor convocará duas testemunhas e, sendo dia, entrará à força na casa, arrombando as portas, se preciso; sendo noite, o executor, depois da intimação ao morador, se não for atendido, fará guardar todas as saídas, tornando a casa incomunicável, e, logo que amanheça, arrombará as portas e efetuará a prisão". E arremata o parágrafo único: "O morador que se recusar a entregar o réu oculto em sua casa será levado à presença da autoridade, para que se proceda contra ele como for de direito".

"A prisão em virtude de mandado entender-se-á feita desde que o executor, fazendo-se conhecer do réu, lhe apresente o mandado e o intime a acompanhá-lo" (art. 291).

1.9. Separação de presos provisórios

Conforme a lição de Basileu Garcia: "A prisão cautelar (*carcer ad custodiam*) não se confunde com a prisão penal (*carcer ad poenam*), porque não objetiva infligir punição à pessoa que sofre a sua decretação. Não traduz, assim, em face da estrita finalidade a que se destina, qualquer ideia de sanção. Constitui, ao contrário, instrumento destinado a atuar em benefício da atividade desenvolvida no processo penal".[12]

Bem por isso a determinação do art. 300 do CPP, no sentido de que as pessoas presas provisoriamente ficarão separadas das que já estiverem definitivamente condenadas, nos termos da Lei de Execução Penal, que em seu art. 84 determina: "O preso provisório ficará separado do condenado por sentença transitada em julgado".

---

11. Resolução n. 137 do Conselho Nacional de Justiça, de 13 de julho de 2011, publicada no *DJe* n. 130/2011, de 15-7-2011, p. 6-8.

12. *Comentários ao Código de Processo Penal*, Rio de Janeiro, Forense, 1945, v. 3, p. 7.

A previsão, aliás, atende ao disposto na *Regra* 11, item *b*, das Regras Mínimas das Nações Unidas para o Tratamento de Presos (Regras de Mandela), onde se lê que "presos preventivos devem ser mantidos separados daqueles condenados".[13]

Preso provisório é o preso cautelar, sem sentença penal condenatória com trânsito em julgado definitivo.

1.10. Prisão especial

O tema – prisão especial – foi o que maior debate causou nos tempos finais de tramitação do projeto que deu origem à Lei n. 12.403/2011, mas a redação do art. 295 do CPP não sofreu qualquer alteração; ficou exatamente como estava.

Diz o artigo que "serão recolhidos a quartéis ou a prisão especial, à disposição da autoridade competente, quando sujeitos a prisão antes de condenação definitiva: I – os ministros de Estado; II – os governadores ou interventores de Estados ou Territórios, o prefeito do Distrito Federal, seus respectivos secretários, os prefeitos municipais, os vereadores e os chefes de Polícia; III – os membros do Parlamento Nacional, do Conselho de Economia Nacional e das Assembleias Legislativas dos Estados; IV – os cidadãos inscritos no 'Livro de Mérito'; V – os oficiais das Forças Armadas e os militares dos Estados, do Distrito Federal e dos Territórios; VI – os magistrados; VII – os diplomados por qualquer das faculdades superiores da República; VIII – os ministros de confissão religiosa; IX – os ministros do Tribunal de Contas; X – os cidadãos que já tiverem exercido efetivamente a função de jurado, salvo quando excluídos da lista por motivo de incapacidade para o exercício daquela função; XI – os delegados de polícia e os guardas-civis dos Estados e Territórios, ativos e inativos".

As possibilidades de prisão especial não se esgotam no Código de Processo Penal, pois existem outras tantas leis dispondo a respeito da matéria.

Não se trata de privilégio no *cumprimento de pena*, mas tão somente recolhimento em local distinto da prisão comum, levando em conta determinadas profissões e atividades profissionais, devendo perdurar apenas durante o tempo de *encarceramento cautelar*.

A prisão especial só é aplicada àqueles que dela se beneficiam por disposição expressa de lei, e somente enquanto presos cautelares. Vale dizer: enquanto não ocorrer o trânsito em julgado definitivo de sentença penal condenatória.

Não havendo estabelecimento específico para o preso especial, diz o § 2º do art. 295 que este deverá ser recolhido em cela distinta do mesmo estabelecimento.

A cela especial poderá consistir em alojamento coletivo, atendidos os requisitos de salubridade do ambiente, pela concorrência dos fatores de aeração, insolação e condicionamento térmico adequados à existência humana (§ 3º).

---

13. Renato Marcão, *Curso de execução penal*, 17. ed., São Paulo, Saraiva, 2019.

Guardando coerência com a disposição que veda a permanência do preso especial no mesmo ambiente que os demais presos, determina o § 4º do art. 295 que o preso especial não será transportado com o preso comum.

Quanto ao mais, os direitos e deveres do preso especial serão os mesmos do preso comum (§ 5º do art. 295).

Estão também sujeitos a prisão especial: dirigentes de entidades sindicais e o empregado no exercício de representação profissional ou no cargo de administração sindical (Lei n. 2.860/56); servidores do Departamento Federal de Segurança Pública, com exercício de atividade estritamente policial (Lei n. 3.313/57); pilotos de aeronaves mercantes nacionais (Lei n. 3.988/61); funcionários policiais civis da União e do Distrito Federal (Lei n. 4.878/65); funcionários da Polícia Civil dos Estados e dos Territórios, ocupantes de cargos de atividade policial (Lei n. 5.350/67); oficiais da Marinha Mercante (Lei n. 5.606/70); juízes de paz (Lei Complementar n. 35/79 – LOMN); juízes de direito (Lei Complementar n. 35/79 – LOMN); agentes de segurança privada (Lei n. 7.102/83); professores do ensino de 1º e 2º graus (Lei n. 7.172/83); promotores e procuradores de justiça (Lei n. 8.625/93 – LONMP; no Estado de São Paulo: Lei Complementar n. 734/93 – LOMPSP); os Advogados (Lei n. 8.906/94); Membros do Ministério Público da União (Lei Complementar n. 75/93); Defensores Públicos da União (Lei Complementar n. 80/94).

A Lei n. 12.403/2011 deu nova redação ao art. 439 do CPP, de maneira a não mais assegurar a possibilidade de prisão especial àquele que tenha exercido efetivamente a função de jurado no julgamento de processo submetido ao Tribunal do Júri.

De observar, entretanto, que o art. 295, X, do CPP, continua a assegurar a possibilidade de prisão especial aos que tiverem exercido efetivamente a função de jurado, conforme especifica.

Aury Lopes Jr. explica o imbróglio: "O que provavelmente tenha ocorrido foi um vacilo do legislador, pois até a véspera da votação do PL 4.208, havia um consenso sobre a extinção da prisão especial e, portanto, haveria uma modificação radical no art. 295. Nesta linha, também teria que ser alterado o art. 439 (para supressão da parte final). Ocorre que, na última hora, decidiu-se pela manutenção da prisão especial e o art. 295 ficou inalterado (e esqueceram do art. 439 que acabou sendo alterado)".[14]

1.11. Uso de algemas

Ordenar ou executar medida privativa de liberdade individual, sem as formalidades legais ou com abuso de poder, é crime tipificado no art. 350 do CP, punido com detenção, de um mês a um ano.

14. *O novo regime jurídico da prisão processual, liberdade provisória e medidas cautelares diversas*, Rio de Janeiro, Lumen Juris, 2011, p. 114.

Determina o art. 284 do CPP que "não será permitido o emprego de força, salvo a indispensável no caso de resistência ou de tentativa de fuga do preso".

Mesmo assim, sempre foram constantes os abusos cometidos na contenção de presos, especialmente em se tratando de flagrante, de forma a evidenciar odioso desrespeito ao dispositivo acima invocado, ao princípio da dignidade da pessoa humana (CF, art. 1º, III), à regra que veda a submissão de quem quer que seja a tratamento desumano ou degradante (CF, art. 5º, III), à garantia de inviolabilidade da honra e da imagem das pessoas (CF, art. 5º, X) e do respeito à integridade física e moral do preso (CF, art. 5º, XLIX).

Visando a coibir os constantes abusos no uso de algemas, o STF editou a Súmula Vinculante 11, que tem o seguinte teor: "Só é lícito o uso de algemas em caso de resistência e de fundado receio de fuga ou de perigo à integridade física própria ou alheia, por parte do preso ou de terceiros, justificada a excepcionalidade por escrito, sob pena de responsabilidade disciplinar, civil e penal do agente ou da autoridade e de nulidade da prisão ou do ato processual a que se refere, sem prejuízo da responsabilidade civil do Estado" (Sessão Plenária de 13-8-2009; *DJe* n. 157, de 22-8-2008, p. 1; *DOU* de 22-8-2008, p. 1).[15]

Nos precisos termos do art. 2º do Decreto Federal n. 8.858, de 26 de setembro de 2016:[16] "É permitido o emprego de algemas apenas em casos de resistência e de fundado receio de fuga ou de perigo à integridade física própria ou alheia, causado pelo preso ou por terceiros, justificada a sua excepcionalidade por escrito". Já o art. 3º do mesmo diploma normativo dispõe que: "É vedado emprego de algemas em mulheres presas em qualquer unidade do sistema penitenciário nacional durante o trabalho de parto, no trajeto da parturiente entre a unidade prisional e a unidade hospitalar e após o parto, durante o período em que se encontrar hospitalizada".

No atual parágrafo único do art. 292 do CPP, com a redação da Lei n. 13.434/2017, encontramos que: "É vedado o uso de algemas em mulheres grávidas durante os atos médico-hospitalares preparatórios para a realização do parto e

---

15. "A inobservância da Súmula Vinculante 11, por expressa previsão, acarreta a nulidade dos atos processuais produzidos em desacordo com sua enunciação. Acolhimento da irresignação para alcançar as provas testemunhais colhidas com a participação do acusado que, mesmo sem fundamentação adequada, permaneceu algemado durante toda a audiência de instrução" (STF, Rcl 22.557 AgR/RJ, 1ª T., rel. Min. Edson Fachin, j. 24-5-2016, *DJe* n. 116, de 7-6-2016).

16. O Decreto Federal n. 8.858/2016 regulamenta o art. 199 da LEP, e conforme traz expresso: "Art. 1º O emprego de algemas observará o disposto neste Decreto e terá como diretrizes: I – o inciso III do *caput* do art. 1º e o inciso III do *caput* do art. 5º da Constituição, que dispõem sobre a proteção e a promoção da dignidade da pessoa humana e sobre a proibição de submissão ao tratamento desumano e degradante; II – a Resolução n. 2.010/16, de 22 mulheres infratoras (Regras de Bangkok); e III – o Pacto de San José da Costa Rica, que determina o tratamento humanitário dos presos e, em especial, das mulheres em condição de vulnerabilidade".

durante o trabalho de parto, bem como em mulheres durante o período de puerpério imediato".

Por fim, ordenar ou executar medida privativa de liberdade individual sem as formalidades legais ou com abuso de poder é **crime tipificado no art. 350 do Código Penal**, punido com detenção, de um mês a um ano.

2. Da Prisão em Flagrante

A prisão em flagrante é modalidade de prisão cautelar, e a palavra "flagrante", que procede do latim – *flagrans, flagrantis* –, significa aquilo que está queimando; que está em chamas; que se faz evidente naquele momento, em situação de atualidade.

A situação de flagrante delito reclama, em regra, *atualidade* e *visibilidade*, daí por que a afirmação de Scarance[17] no sentido de que para a prisão em flagrante exige-se que alguém, por ter assistido ao fato, possa atestar a sua ocorrência, ligando-o a quem venha a ser surpreendido na sua prática. E esclarece referindo-se à *visibilidade* tratar-se de "algo externo que se junta à situação de flagrância".

A *visibilidade*, todavia, não é elemento essencial a toda espécie de flagrante, haja vista a possibilidade de ser efetuada sob tal fundamento a prisão daquele que é perseguido, logo após, pela autoridade, pelo ofendido ou por qualquer pessoa, *em situação que faça presumir ser autor da infração* (CPP, art. 302, III), bem como daquele que *é encontrado*, logo depois, *em situação que faça presumir* ser o autor da infração (CPP, art. 302, IV).

Nesses casos há apenas uma *presunção* a respeito de quem seja o autor da infração, e isso em razão de particularidades subsequentes ao fato, nas quais a lei preferiu confiar, o que demonstra que não há *visibilidade* concomitante ou contemporânea à execução do delito, mas posterior.

A *visibilidade do fato* que se imputa a determinada pessoa integra com maior evidência o flagrante em sentido próprio, assim considerado aquele em que o agente *está cometendo a infração penal* ou *acaba de cometê-la*.

Em termos jurídicos, e numa fórmula bastante objetiva, *flagrante é o delito* que *está sendo* ou que *acabou de ser* cometido, não sendo possível confundir tal proposição com as situações de flagrante reguladas no art. 302 do CPP e as reflexões que delas se extraem,[18] as quais serão objeto de análise mais adiante, em momento oportuno.

---

17. Antonio Scarance Fernandes, *Processo penal constitucional*, 5. ed., São Paulo, Revista dos Tribunais, 2007, p. 330.

18. Aqui estamos nos referindo ao *delito que é flagrante*, evidente, e não às hipóteses de flagrante delito listadas no art. 302 do CPP.

Referindo-se às vantagens da prisão em flagrante, TORNAGHI destacou que ela "tira seu valor não só do interesse em dar relevo à flagrância, como também do fato de que ela, a prisão, nessas circunstâncias, tem tríplice efeito: I – a exemplariedade: serve de advertência aos maus; II – a satisfação: restitui a tranquilidade aos bons; III – o prestígio: restaura a confiança na lei, na ordem jurídica e na autoridade".

E arrematou, dizendo: "Eventualmente, a prisão em flagrante logra ainda: *a)* frustrar o resultado, evitando a consumação do crime ou, pelo menos, o seu exaurimento; *b)* proteger o preso contra a exasperação do povo".[19]

Conforme se extrai da Constituição Federal e do CPP, a prisão em flagrante não tem por finalidade a prisão do investigado, mas permitir a colheita da prova disponível, referente a todas as circunstâncias do delito quando ainda permeado de atualidade, o que sem sombra de dúvida representa vantagens em termos de apuração dos fatos.

Tanto isso é exato que sempre se permitiu, e ainda se permite, após a lavratura do auto de prisão em flagrante, a subsequente soltura do autuado mediante liberdade provisória – com ou sem fiança, a depender da hipótese –, salvo quando presentes os requisitos para a decretação de prisão temporária (Lei n. 7.960/89) ou preventiva (CPP, arts. 311 a 313).

Colhida a prova disponível, em regra o autuado deve ser recolocado em liberdade desde logo, o que evidencia a finalidade apontada.

2.1. Natureza jurídica

A prisão em flagrante é ato de natureza administrativa, muito embora o auto respectivo possa eventualmente ser presidido por autoridade judiciária.

Configura modalidade de **medida cautelar de natureza pessoal, privativa da liberdade**, e como tal está condicionada à demonstração dos requisitos da cautelaridade.

Reclama-se, portanto, a presença de *fumus boni juris*, que será evidenciado na tipicidade da conduta imputada e na existência de indícios da autoria (*fumus commissi delicti*) e do *periculum in mora*, que é presumido nos casos típicos de flagrância tratados no art. 302 do CPP.

O objetivo da prisão em flagrante – por nós identificado como a *colheita da prova ardente* – é que justifica a afirmação da necessidade dos requisitos apontados, visto que, assim compreendida, *tem por escopo garantir o resultado final do processo* ou ao menos influenciar positivamente na colheita da prova (ou parte dela) que servirá de base para sua instauração.

19. HÉLIO TORNAGHI, *Curso de processo penal*, 7. ed., São Paulo, Saraiva, 1990, p. 49-50.

Para Aury Lopes Jr., "a prisão em flagrante é uma medida pré-cautelar, de natureza pessoal, cuja precariedade vem marcada pela possibilidade de ser adotada por particular ou autoridade policial, e que somente está justificada pela brevidade de sua duração e o imperioso dever de análise judicial em até 24 h, onde cumprirá ao juiz analisar sua legalidade e decidir sobre a manutenção da prisão (agora como preventiva) ou não".

E segue: "A instrumentalidade manifesta-se no fato de o flagrante ser uma *strumenti dello strumento* – a prisão preventiva; ao passo que a autonomia explica as situações em que o flagrante não gera a prisão preventiva ou nos demais casos, em que a prisão preventiva existe sem prévio flagrante. Por isso, qualquer pessoa ou a autoridade policial podem prender em flagrante sem ordem judicial".[20]

Em posição contrária à que anteriormente anotamos, a visão apontada tem em conta que a prisão em flagrante não é uma *medida cautelar* pessoal, mas sim "pré-cautelar, no sentido de que não se dirige a garantir o resultado final do processo, mas apenas destina-se a colocar o detido à disposição do juiz para que adote ou não uma verdadeira medida cautelar",[21] conforme arrematou Aury.

Embora sedutores os argumentos, se nos afigura fora de dúvida que a prisão em flagrante tem como um de seus principais objetivos a colheita da prova ardente e, com isso, contribuir de maneira positiva com a melhor apuração dos fatos. Ademais, não se desenha razoável a privação da liberdade de quem quer que seja – ainda que por 24 horas ou pouco mais – apenas para que depois o juiz possa verificar a necessidade e adequação de outras providências cautelares, cuja aplicação sabidamente prescinde de tal privação precedente.

Dito isso, insistimos: a nosso ver, não se trata de prisão pré-cautelar, mas de típica prisão cautelar, marcada pela necessária brevidade que seus objetivos e delineamentos normativos estão a determinar.

2.2. Sujeitos do flagrante

2.2.1. Sujeito ativo

Sujeito ativo é quem efetua a prisão.

Qualquer do povo *poderá* e **as autoridades** policiais e seus agentes *deverão* prender quem quer que seja encontrado em flagrante delito. É o que diz expressamente o art. 301 do CPP.

Nos precisos termos do art. 292 do CPP, "se houver, ainda que por parte de terceiros, resistência à prisão em flagrante ou à determinada por autoridade

20. Op. cit., p. 31-32.
21. Aury Lopes Jr., op. cit., p. 30.

competente, o executor e as pessoas que o auxiliarem poderão usar dos meios necessários para defender-se ou para vencer a resistência, do que tudo se lavrará auto subscrito também por duas testemunhas".

2.2.1.1. Flagrante facultativo

A lei permite que **qualquer pessoa** prenda em flagrante aquele que se encontrar numa das situações a que se refere o art. 302 do CPP.

Fala-se, nessa hipótese, em *flagrante facultativo*, pois não há uma determinação no sentido de que o popular assim proceda. **O particular não está obrigado a efetuar a prisão em flagrante**, mas apenas autorizado a assim proceder quando evidenciada situação legitimadora, sem que possa ser responsabilizado pela prática de atos que impliquem restrição à liberdade de outrem – função eminentemente estatal que apenas por exceção pode praticar.

Aliás, embora a autorização legal esteja expressa, é sempre melhor que a prisão seja realizada por policiais e seus agentes, treinados que são para o exercício de tal atividade de risco.

Nada obstante a ausência de previsão expressa a respeito, não está o particular impedido de realizar a apreensão de objetos e coisas que interessem à apuração do fato, especialmente naquelas hipóteses em que a ausência da imediata cautela for capaz de acarretar o perecimento da prova.

Não se deve perder de vista, entretanto, a regra do art. 6º, I e II, do CPP, segundo a qual, logo que tiver conhecimento da prática da infração penal, a autoridade policial deverá dirigir-se ao local e providenciar para que não se alterem o estado e conservação das coisas, até a chegada dos peritos criminais, bem como adotar as cautelas relacionadas à cadeia de custódia da prova.

2.2.1.2. Flagrante obrigatório ou compulsório

A efetivação da prisão em flagrante é providência obrigatória para as **autoridades policiais e seus agentes**, sempre que se depararem com qualquer das situações delineadas no art. 302 do CPP. Trata-se de dever inerente ao cargo; que decorre do exercício das funções.

A ausência das providências cabíveis acarretará **consequências de natureza administrativa**, por evidenciar falta funcional, podendo ainda ensejar **responsabilização criminal**, caso fique demonstrado que a desídia teve por escopo a satisfação de interesse ou sentimento pessoal, nos termos do que dispõe o art. 319 do CP (crime de prevaricação).

Poderão, ainda, e segundo Mirabete, responder "eventualmente pelo resultado causado pelo agente se podiam evitar a consumação do crime (art. 13, § 2º, *a*, do CP)". E acrescenta: "Não há restrição, evidentemente, ao fato de que os agentes policiais estejam fora de sua circunscrição territorial, mesmo porque qualquer pessoa pode efetuar a prisão em flagrante".[22]

2.2.2. Sujeito passivo

Sujeito passivo é o indivíduo preso em situação de flagrante delito.

Em regra, **qualquer pessoa pode ser presa em flagrante**, desde que evidenciadas as situações legitimadoras da custódia cautelar de que ora se cuida.

A regra, todavia, comporta **exceções**.

De tal sorte, **não podem ser presos em flagrante delito**:

1º) em razão da inimputabilidade: os menores de 18 anos, sujeitos às normas da legislação especial (CF, art. 228; CP, art. 27). Entenda-se, sujeitos às regras do Estatuto da Criança e do Adolescente (Lei n. 8.069/90);

2º) em razão do cargo que ocupa: o Presidente da República (CF, art. 86, § 3º);[23]

3º) em decorrência de tratados e convenções: os diplomatas estrangeiros (CPP, art. 1º, I);

4º) em decorrência de pronto e integral socorro prestado à vítima: o condutor de veículo, nos casos de acidente de trânsito de que resulte vítima (art. 301 da Lei n. 9.503/97 – Código de Trânsito Brasileiro);

5º) em razão da ausência de condição de procedibilidade: o autor de delito de ação penal pública condicionada à representação do ofendido ou requisição do Ministro da Justiça (CPP, art. 24; CF, art. 129, I) e o autor de infração penal sujeita a ação penal privada exclusiva (CPP, arts. 19 e 38) não poderão ser presos em flagrante sem a manifestação positiva de vontade do ofendido ou seu representante legal, sendo caso (CPP, art. 5º, §§ 4º e 5º);

6º) em razão da natureza da infração: em se tratando de infração penal da competência dos Juizados Especiais Criminais, dispõe o parágrafo único do art. 69 da Lei n. 9.099/95 que: "o autor do fato que, após a lavratura do termo, for imediatamente encaminhado ao juizado ou assumir o compromisso de a ele comparecer". Deste também não se exigirá fiança. Em caso de violência doméstica, o juiz poderá determinar, como medida de cautela, seu afastamento do lar, domicílio ou local de convivência com a vítima;

7º) também em razão da natureza da infração: aquele que se der à prática de infração penal a que não for isolada, cumulativa ou alternativamente cominada pena privativa de liberdade, conforme determina o § 1º do art. 283;

---

22. JULIO FABBRINI MIRABETE, *Processo penal*, 16. ed., São Paulo, Atlas, 2004, p. 408.

23. Art. 86, § 3º, da CF: "Enquanto não sobrevier sentença condenatória, nas infrações comuns, o Presidente da República não estará sujeito a prisão".

8º) ainda em razão da natureza da infração: aquele que cometer o delito previsto no art. 28 da Lei n. 11.343/2006 (Lei de Drogas) (*caput*: posse de droga para consumo pessoal; § 1º: semear, cultivar ou colher plantas tóxicas para consumo pessoal), devendo o autor do fato ser imediatamente encaminhado ao juízo competente ou, na falta deste, assumir o compromisso de a ele comparecer, lavrando-se termo circunstanciado e providenciando-se as requisições dos exames e perícias necessários.[24]

Há que se considerar, ainda, que, levando em conta a relevância dos cargos que ocupam e das funções que exercem, somente poderão ser presos em flagrante quando a hipótese tratar de crime inafiançável:

1º) os Membros do Ministério Público (art. 40, III, da Lei n. 8.625/93 – LONMP);

2º) os magistrados (art. 33, II, da Lei Complementar n. 35/79 – LOMN);

3º) os advogados (art. 7º, § 3º, da Lei n. 8.906/94);

4º) os deputados estaduais (CF, art. 27, § 1º);

5º) os membros do Congresso Nacional – senadores e deputados federais, desde a expedição do diploma, devendo o agente ser encaminhado à respectiva Casa Legislativa, que decidirá sobre a prisão pelo voto da maioria de seus membros (CF, art. 53, § 2º).

Por fim, conforme ensinou MIRABETE, "é lícita a prisão dos alienados mentais, embora inimputáveis, já que a eles pode ser aplicada medida de segurança, cabendo no caso a instauração do incidente de insanidade mental (art. 149 do CPP)".[25]

2.3. Excepcionalidade da prisão em flagrante

Nos precisos termos do art. 5º, LXI, da CF, ninguém será preso senão em flagrante delito *ou* por ordem escrita e fundamentada de autoridade judiciária competente.

Por ser um mal necessário, que contraria, inclusive, a presunção de inocência (estado de inocência ou presunção de não culpabilidade), ***toda prisão* deve ser *precedida* de ordem expressa e fundamentada de autoridade judiciária competente**.

A licença constitucional para a **prisão em flagrante como exceção** (sem ordem judicial prévia) atende a uma questão lógica, haja vista ser impossível a quem quer que seja antever intuitivamente o local, dia e hora em que determinada pessoa irá praticar certo tipo de delito e, com base em tais informações, obter prévia ordem judicial de prisão.

Não fosse a ressalva constitucional, situações de flagrante delito restariam sem resposta jurídica adequada e imediata.

24. RENATO MARCÃO, *Tóxicos*, 11. ed., São Paulo, Saraiva, 2017.

25. JULIO FABBRINI MIRABETE, *Processo penal*, 16. ed., São Paulo, Atlas, 2004, p. 409.

Excepcional que é, a prisão em flagrante só se legitima diante de uma das situações listadas no art. 302 do CPP.

2.4. Prisão em flagrante no interior de residência

Observada a regra contida no art. 5º, XI, da CF, **é possível** o ingresso em residência sem mandado judicial, para se efetivar prisão em flagrante, **mesmo à noite**.

"A casa é o asilo inviolável do cidadão enquanto respeitada sua finalidade precípua de recesso do lar. Isso porque o direito constitucional de inviolabilidade domiciliar não se estende a lares desvirtuados".[26]

"A Constituição Federal autoriza a prisão em flagrante como exceção à inviolabilidade domiciliar, prescindindo de mandado judicial, qualquer que seja sua natureza".[27]

Sobre esse tema sensível, não é ocioso observar que:

> A Corte Suprema assentou que "o conceito de 'casa', para o fim da proteção jurídico-constitucional a que se refere o art. 5º, XI, da Lei Fundamental, reveste-se de caráter amplo (HC 82.788/RJ, rel. Min. Celso de Mello, 2ª Turma do STF, julgado em 12-4-2005, *DJe* de 2-6-2006; RE 251.445/GO, rel. Min. Celso de Mello, decisão monocrática publicada no *DJ* de 3-8-2000), pois compreende, na abrangência de sua designação tutelar, (a) qualquer compartimento habitado, (b) qualquer aposento ocupado de habitação coletiva e (c) qualquer compartimento privado não aberto ao público, onde alguém exerce profissão ou atividade" (RHC 90.376/RJ, rel. Min. Celso de Mello, 2ª Turma do STF, julgado em 3-4-2007, *DJe* de 18-5-2007).[28]
>
> A denúncia anônima, desacompanhada de outros elementos indicativos da ocorrência de crime, não legitima o ingresso de policiais no domicílio indicado, inexistindo, nessas situações, justa causa para a medida. A prova obtida com violação à norma constitucional é imprestável a legitimar os atos dela derivados.[29]

2.5. Infrações que admitem prisão em flagrante

A permissão constitucional para que alguém seja preso em flagrante atende a interesses sociais e de justiça, envolvendo a ideia de necessidade e utilidade, na exata medida em que permite fazer cessar a perturbação da ordem e a atividade criminosa, evitando, em alguns casos, a prática de delito mais grave, e possibilita a

26. TJSP, Ap. Crim. 130.489-3, 1ª Câm. Crim., rel. Des. Andrade Cavalcanti, j. 1º-2-1993, *JTJ* 141/394.

27. STF, RHC 91.189/PR, 2ª T., rel. Min. Cezar Peluso, j. 9-3-2010, *DJe* de 23-4-2010. "O ingresso em domicílio, independentemente de consentimento, é legítimo quando justificado pelas circunstâncias do caso concreto, que indiquem ocorrer, no interior da casa, situação de flagrante delito" (STJ, RHC 91.060/SP, 5ª T., rel. Min. Ribeiro Dantas, j. 21-6-2018, *DJe* de 28-6-2018).

28. STJ, HC 588.445/SC, 5ª T., rel. Min. Reynaldo Soares da Fonseca, j. 25-8-2020, *DJe* de 31-8-2020.

29. STJ, REsp 1.871.856/SE, 6ª T., rel. Min. Nefi Cordeiro, j. 23-6-2020, *DJe* de 30-6-2020.

colheita de provas no calor dos acontecimentos, tais como a oitiva dos envolvidos e testemunhas, apreensão de arma e objetos que tenham relação com o fato, daí por que a maioria dos casos em que ocorre prisão em flagrante termina em condenação.

Adotado o sistema bipartido, o Direito Penal brasileiro divide as infrações penais em *crimes* e *contravenções*.

Ao referir-se à prisão em flagrante, o texto constitucional fala em "flagrante delito", expressão igualmente utilizada no art. 302 do CPP, que também se refere à prática de "infração penal".

Como se vê, e **observadas as restrições** que cuidaremos de expor mais adiante, **é possível a prisão em flagrante pela prática de crime, doloso ou culposo,**[30] **ou de contravenção penal**.

Necessário anotar, desde logo, que não se imporá prisão em flagrante em relação à prática de infração penal a que não for isolada, cumulativa ou alternativamente cominada pena privativa de liberdade, conforme determina o § 1º do art. 283 do CPP.

2.6. Autoridade competente

É nulo o auto de prisão em flagrante lavrado por quem não preenche a condição de autoridade.

Autoridade competente é, em regra, o **delegado de polícia** no exercício de polícia judiciária na circunscrição.

Nos precisos termos do art. 4º do CPP, a polícia judiciária será exercida pelas autoridades policiais no território de suas respectivas circunscrições e terá por fim a apuração das infrações penais e respectiva autoria.

Ressalva, entretanto, o parágrafo único do art. 4º, que a atribuição de "competência" à polícia judiciária não exclui a de **autoridade administrativa diversa**, a quem por lei seja cometida a mesma função.

Bem por isso o Supremo Tribunal Federal editou a Súmula 397, que tem a seguinte redação: "O poder de polícia da Câmara dos Deputados e do Senado Federal, em caso de crime cometido nas suas dependências, compreende, consoante o regimento, a prisão em flagrante do acusado e a realização do inquérito".

O art. 307 do CPP menciona a possibilidade de a prisão em flagrante ser realizada por **juiz de direito**, a quem competirá a lavratura do auto, todavia, observado que o art. 3º-A do CPP, com a redação da Lei n. 13.964/2019, veda a iniciativa do juiz na fase de investigação, e considerando que a lavratura do auto de prisão em

30. Nos precisos termos do art. 301 do Código de Trânsito brasileiro: "Ao condutor de veículo, nos casos de acidentes de trânsito de que resulte vítima, não se imporá a prisão em flagrante, nem se exigirá fiança, se prestar pronto e integral socorro àquela".

flagrante visa a colheita da prova relacionada com o "crime ardente", embora deva prender quem quer que se encontre em situação de flagrante delito (prisão captura), desde a vigência da regra invocada, o magistrado que assim proceder não poderá presidir a lavratura do auto respectivo. O art. 307 do CPP foi tacitamente derrogado.

Diz o art. 308 do CPP que, não havendo autoridade no lugar em que se tiver efetuado a prisão, o preso será logo apresentado à do lugar mais próximo.

No tocante à possibilidade de ser a prisão em flagrante levada a efeito por **guardas municipais**, cabe ressaltar inicialmente que "a Constituição brasileira estabelece, de maneira segura, as competências das polícias e impôs séria restrição à atuação das guardas municipais, vedando a realização de policiamento ostensivo, que compete à Polícia Militar, e de atos de apuração de fato criminoso, uma vez que são eles reservados à Polícia Judiciária".[31] De tal sorte, não se aplica aos integrantes das guardas municipais a regra que obriga às autoridades e seus agentes a execução da prisão em flagrante quando identificada a hipótese (flagrante obrigatório). Todavia, considerando que a prisão em flagrante pode ser executada por qualquer do povo (flagrante facultativo), é correto entender que os integrantes das guardas municipais podem, como qualquer pessoa, executar prisão em flagrante.

No Superior Tribunal de Justiça é pacífico o entendimento no sentido de que, "nos termos do art. 301 do Código de Processo Penal, qualquer pessoa pode prender quem esteja em flagrante delito, de modo que inexiste óbice à realização do referido procedimento por guardas municipais", não havendo, portanto, que se falar em ilegalidade do flagrante ou das provas por ele alcançadas ou que dele decorram.[32]

Nessa mesma linha de orientação, diz o art. 5º, XIV, da Lei n. 13.022/2014 (dispõe sobre o Estatuto Geral das Guardas Municipais) que, respeitadas as competências dos órgãos federais e estaduais, também compete às guardas municipais "encaminhar ao delegado de polícia, diante de flagrante delito, o autor da infração, preservando o local do crime, quando possível e sempre que necessário".

2.7. Classificações

Com propriedade e de forma objetiva, conceitua Malcher que flagrante delito é uma situação de evidência da prática de uma infração penal, por parte de alguém.[33]

---

31. TJSP, Ap. 990.09.238853-3, 2ª Câm. Crim., rel. Des. Almeida Sampaio, j. 26-4-2010.

32. STJ, RHC 94.061/SP, 5ª T., rel. Min. Reynaldo Soares da Fonseca, j. 19-4-2018, *DJe* de 30-4-2018. *No mesmo sentido*: STJ, HC 371.494/SP, 5ª T., rel. Min. Ribeiro Dantas, j. 7-12-2017, *DJe* de 14-12-2017; STJ, HC 480.676/SP, 5ª T., rel. Min. Felix Fischer, j. 21-3-2019, *DJe* de 28-3-2019; STJ, AgRg no AREsp 771.369/SP, 6ª T., rel. Min. Rogério Schietti Cruz, j. 28-11-2017, *DJe* de 4-12-2017.

33. J. L. da Gama Malcher, *Manual de processo penal*, 2. ed., Rio de Janeiro, Freitas Bastos, 1999, p. 103.

O rol das situações que autorizam prisão em flagrante é taxativo. O art. 302 do CPP não comporta interpretação extensiva ou integração analógica.

A taxatividade decorre da própria necessidade de restringir as hipóteses de *prisão sem pena*, e a impossibilidade de ampliar o alcance do texto legal, por qualquer técnica de interpretação ou expediente diverso, é evidente.

Observadas as disposições do art. 302 do CPP e, portanto, levando em consideração a situação em que se encontrar o agente em relação a determinado delito, temos a seguinte classificação: *1º) flagrante em sentido* ***próprio*** (flagrante propriamente dito; real; verdadeiro ou perfeito); *2º) flagrante* ***impróprio*** (quase flagrante; irreal ou imperfeito); e *3º) flagrante* ***presumido*** (flagrante ficto; fictício ou assimilado).

Fala-se ainda em: *flagrante* ***preparado*** ou *provocado*; *flagrante* ***forjado***, *flagrante* ***esperado***; *flagrante* ***prorrogado***, *protelado*, *retardado* ou *postergado*.

Quanto ao sujeito ativo, assim considerado aquele que efetua a prisão-captura, temos o *flagrante* ***facultativo*** e o *flagrante* ***compulsório***, hipóteses já analisadas.

2.7.1. Flagrante em sentido próprio

Também chamado de flagrante propriamente dito, real, verdadeiro ou perfeito, está previsto no **art. 302, I e II, do CPP**, e ocorre quando o agente é surpreendido *no momento em que está cometendo a infração penal*, ou *acabou de cometê-la*.

Na primeira hipótese, o agente é surpreendido durante o *iter criminis*, podendo o delito ser consumado ou ficar na forma tentada.

Na segunda, o agente acaba de cometer a infração penal, tentada ou consumada, e é igualmente capturado em flagrante.

Divergimos de Mougenot[34] quando afirma que a segunda hipótese implica que o delito já se tenha consumado.

É perfeitamente possível que alguém seja preso em flagrante por ter *acabado de cometer* furto tentado, roubo tentado, homicídio tentado etc.

De igual maneira, discordamos das conclusões do citado jurista quando afirma que a hipótese do inciso II "é de presunção, não configurando, a rigor, flagrante próprio".[35]

---

34. Edilson Mougenot Bonfim, *Curso de processo penal*, 6. ed., São Paulo, Saraiva, 2011, p. 464.

35. Op. cit., p. 464. Referindo-se à matéria, Júlio F. Mirabete consignou a existência de entendimento no sentido de que a hipótese do inciso II do art. 302 do CPP cuida de "quase flagrância", e acrescentou: "(...) pois há apenas uma presunção, embora veemente, de que é o preso o autor do crime, quando até é possível que não seja ele o autor do ilícito (apanhou a arma deixada pelo autor do homicídio, manchou as vestes ao procurar socorrer a vítima etc.)". E finalizou: "Em geral, porém, a doutrina considera essa hipótese como flagrante próprio" (op. cit., p. 403).

Com efeito, cuida o inciso em testilha de situação em que o autor da infração penal é visto no momento em que acaba de cometer o delito, e não logo após ou logo depois. Há uma relação de imediatidade e, portanto, uma situação de concomitância entre a conduta praticada pelo infrator e a percepção visual daquele que a seguir irá efetuar sua prisão-captura.

Para Tourinho Filho, deve haver uma quase absoluta relação de imediatidade,[36] ou, como prefere Capez, "o agente deve ser encontrado imediatamente após o cometimento da infração penal (sem qualquer intervalo de tempo)".[37]

Em qualquer das situações de flagrante próprio, haverá sempre *atualidade* e *visibilidade*.

Para legitimar o flagrante, é imprescindível que o delito seja *atual* (... está cometendo a infração penal, ou acabou de cometê-la).

As situações tratadas pressupõem, ainda, uma *certeza visual* em relação *ao delito* e também em relação à pessoa que a ele se liga como *seu autor*.

2.7.2. *Flagrante impróprio*

Também chamado quase flagrante, irreal ou imperfeito.

A lei considera em situação de flagrante delito *aquele que é perseguido, logo após*, pela autoridade, pelo ofendido ou por qualquer pessoa, em situação que faça presumir ser autor da infração (**CPP, art. 302, III**).

A **perseguição** de que ora se cuida deve ser **ininterrupta** e seguir-se logo após a prática da infração penal. Pressupõe certeza a respeito do itinerário do autor do fato, de maneira que a prisão levada a efeito horas depois do ilícito, por agentes que se colocaram na via pública à procura do infrator, mas sem saber exatamente onde este se encontrava, de *flagrante impróprio* nada tem, embora possa caracterizar hipótese de *flagrante presumido*, conforme veremos adiante.

"Não se pode confundir flagrância com diligências policiais *post delictum*, cujo valor probante, por mais forte que pareça, não se encadeie em elos objetivos que entrelacem, indissoluvelmente, no tempo e no espaço, a prisão e a atualidade palpitante do crime".[38]

É evidente que a prisão levada a efeito no dia seguinte ao delito ou vários dias depois não pode ser considerada em flagrante se não ocorreu perseguição ininterrupta; incessante.

36. Fernando da Costa Tourinho Filho, *Manual de processo penal*, 17. ed., São Paulo, Saraiva, 2017, p. 678.

37. Fernando Capez, *Curso de processo penal*, 24. ed., São Paulo, Saraiva, 2017, p. 321.

38. *RT* 559/360.

Havendo perseguição, contudo, a **prisão** será legítima, ainda quando levada a efeito dias depois do crime, e mesmo **em outro Estado** da Federação.

Conforme disciplina o art. 290, *caput*, do CPP, aplicável à hipótese em questão: "Se o réu, sendo perseguido, passar ao território de outro município ou comarca, o executor poderá efetuar-lhe a prisão no lugar onde o alcançar, apresentando-o imediatamente à autoridade local, que, depois de lavrado, se for o caso, o auto de flagrante, providenciará para a remoção do preso". E acrescenta o § 1º: "Entender-se-á que o executor vai em perseguição do réu, quando: *a)* tendo-o avistado, for perseguindo-o sem interrupção, embora depois o tenha perdido de vista; *b)* sabendo, por indícios ou informações fidedignas, que o réu tenha passado, há pouco tempo, em tal ou qual direção, pelo lugar em que o procure, for no seu encalço".

A literalidade do dispositivo acima invocado permite entender que, em determinadas situações, a perseguição poderá sofrer solução de continuidade e ainda assim justificar prisão em flagrante.

A questão não é pacífica na doutrina[39] e na jurisprudência, e, segundo pensamos, só a perseguição ininterrupta é que legitima a captura flagrancial.

Se, durante a perseguição, o autor do delito ingressar em residência alheia, o morador será instado a entregá-lo. Se não for obedecido imediatamente, o executor da perseguição convocará duas testemunhas e, sendo dia, entrará à força na casa, arrombando as portas, se preciso; sendo noite, o executor, depois da intimação ao morador, se não for atendido, fará guardar todas as saídas, tornando a casa incomunicável, e, logo que amanheça, arrombará as portas e efetuará a prisão, caso necessário, conforme decorre dos arts. 293 e 294 do CPP.

No caso do flagrante impróprio, leciona Capez, "a expressão 'logo após' não tem o mesmo rigor do inciso precedente ('acaba de cometê-la'). Admite um intervalo de tempo maior entre a prática do delito, a apuração dos fatos e o início da perseguição. Assim, 'logo após' compreende todo o espaço de tempo necessário para a polícia chegar ao local, colher as provas elucidadoras da ocorrência do delito e dar início à perseguição do autor".[40]

Há que se pensar, contudo, em prazo razoável, não se justificando a prisão em flagrante levada a efeito em razão de perseguição iniciada horas depois do cometimento do delito, fundamentada em dificuldades operacionais da polícia judiciária.

39. Entendendo que não pode haver solução de continuidade até o instante de prender-se o autor da infração: José Frederico Marques, *Elementos de direito processual penal*, Campinas, Bookseller, 1997, p. 78.

40. Fernando Capez, op. cit., p. 321.

"A perseguição não se confunde com a investigação da autoria ou busca da coisa e deve ser iniciada *in continenti*, sem sofrer solução de continuidade, podendo a prisão distanciar-se um pouco da prática do ilícito".[41]

É necessário que a perseguição se inicie *logo após* a prática da infração penal (tentada ou consumada), e enquanto durar será possível a prisão em flagrante.

É possível, portanto, que a **prisão** ocorra **horas e mesmo dias depois do cometimento do delito**, desde que ocorra perseguição ininterrupta durante todo o período que intermedeia um e outro extremo, daí o acerto de CAPEZ quando afirma que "não tem qualquer fundamento a regra popular de que é de vinte e quatro horas o prazo entre a hora do crime e a prisão em flagrante, pois, no caso de flagrante impróprio, a perseguição pode levar até dias, desde que ininterrupta".[42]

2.7.3. *Flagrante presumido*

Também chamado flagrante ficto; fictício ou assimilado.

Pela redação do **art. 302, IV, do CPP**, legitima-se a prisão em flagrante daquele que *é encontrado, logo depois*, com instrumentos, armas, objetos ou papéis que façam presumir ser ele autor da infração.

Nesse caso, embora a infração penal deva estar impregnada de *atualidade*, não se exige *certeza visual* de quem seja seu autor; não se exige tenha sido surpreendido quando estava cometendo ou acabara de cometê-la. A *visibilidade* que se pode reclamar, na hipótese, não liga o agente diretamente ao momento da prática do delito, mas a instrumentos, armas, objetos ou papéis que façam presumir ser ele o autor. Ele é encontrado quando tem em sua posse objetos que estão ligados à prática de determinado(s) delito(s), daí o silogismo permitido.

O flagrante presumido também não reclama tenha havido a perseguição incessante de que trata o flagrante impróprio.

O que a lei exige é que determinada pessoa seja "encontrada", *logo depois* da prática do delito, portando algo que autorize concluir, ainda que num juízo *a priori* ou de dedução, seja autor ou partícipe do delito.

Nesse caso, pesará contra o agente "encontrado" nas condições tratadas a existência de indícios veementes de seu envolvimento com a prática delitiva. Na letra da lei, considera-se indício "a circunstância conhecida e provada, que tendo relação com o fato, autorize, por indução, concluir-se a existência de outra ou outras circunstâncias" (CPP, art. 239).

Embora a lei se refira ao agente que é "encontrado", o que pode levar alguém a concluir tratar-se de pessoa com identidade conhecida (se foi "encontrado" é

41. *RT* 591/359.
42. FERNANDO CAPEZ, op. cit., p. 321.

porque estava sendo procurado e era conhecido), o correto é que não se exige seja conhecida sua identidade. Pensar o contrário terminaria por reduzir consideravelmente o alcance da regra, impedindo o êxito na prisão em flagrante de inúmeros criminosos.

Discordamos de Frederico Marques, entretanto, quando afirma que na hipótese do art. 302, IV, do CPP, "não se sabe, ainda, quem é o autor da infração penal".[43]

O infrator tanto pode ser pessoa desconhecida como não.

Não raras vezes, aliás, o autor é conhecido e passa a ser procurado, inclusive dispondo a polícia de informações detalhadas a seu respeito.

Como disse Mirabete, "para a configuração da flagrância presumida nada mais se exige do que estar o presumível delinquente na posse de coisas que o indigitem como autor de um delito acabado de cometer".[44]

Há divergência doutrinária e jurisprudencial a respeito do alcance da expressão *logo depois*.

"Logo após" (flagrante impróprio) e "logo depois" (flagrante presumido) são expressões que se equivalem?

Cremos que não, muito embora uma interpretação puramente gramatical possa indicar o contrário e apontar o mesmo significado.

De longa data a questão vem sendo analisada na doutrina e na jurisprudência, que majoritariamente têm entendido que a expressão "logo após" (flagrante impróprio) determina relação de proximidade e imediatismo com o delito em espaço de tempo inferior ao que determina a expressão "logo depois" (flagrante presumido).

É dizer: a expressão "logo depois" é cronologicamente mais elástica que a expressão "logo após" e, portanto, indica maior espaço de tempo entre o delito e a prisão em flagrante.

Como afirma Capez: "Temos assim que a expressão 'acaba de cometê-la', empregada no flagrante próprio, significa imediatamente após o conhecimento do crime; 'logo após', no flagrante impróprio, compreende um lapso temporal maior; e, finalmente, o 'logo depois', do flagrante presumido, engloba um espaço de tempo maior ainda".[45]

2.7.4. *Flagrante preparado ou provocado*

Também chamado delito de ensaio, **delito putativo por obra do agente provocador**, ou *crime de experiência*, na lição de Hungria,[46] no flagrante preparado ou

43. José Frederico Marques, op. cit., p. 79.

44. Julio Fabbrini Mirabete, op. cit., p. 405.

45. Fernando Capez, op. cit., p. 321-322.

46. Nélson Hungria, *Comentários ao Código Penal*, 3. ed., Rio de Janeiro, Forense, 1955, v. 1, t. 2, p. 105.

provocado o agente é insidiosamente levado, induzido, instigado por alguém à prática do delito, ao mesmo tempo em que são adotadas providências suficientes para que ele não se consume.

Se **há induzimento à prática da conduta** para que se dê a prisão em flagrante, a hipótese é de crime impossível por obra do agente provocador, sendo insubsistente o flagrante.

A matéria já se encontra tratada na **Súmula 145 do STF**, que tem a seguinte redação: "Não há crime quando a preparação do flagrante pela polícia torna impossível a sua consumação".

Se, não obstante as providências adotadas, o crime se consumar, será legítima a prisão em flagrante, podendo, em certos casos, ser responsabilizado criminalmente também o agente provocador.

Imagine-se hipótese em que alguém é induzido por policiais à prática de roubo e, não obstante as cautelas adotadas visando a sua prisão em flagrante, de modo a evitar a consumação do crime, durante a tentativa de subtração ou em meio à intervenção policial o agente vem a efetuar disparo de arma de fogo que atinge a vítima do crime patrimonial.

É evidente, nesse caso, que a instigação ou induzimento foram preponderantes para a prática da conduta ilícita, tanto quanto sem eficácia as *cautelas* visando à preparação do flagrante, daí a justeza da conclusão que acima apontamos, no sentido da validade do flagrante.

Hipótese recorrente na prática judiciária envolve certos casos de tráfico de drogas ilícitas,[47] quando policiais simulam a condição de compradores a fim de efetuar a prisão em flagrante e apreender a droga que o agente já conservava em seu poder.

Em tais casos, comumente insurge-se a defesa com a alegação no sentido de ter ocorrido flagrante preparado. É certo, contudo, que referida tese defensória não pode vingar, pois a situação não enseja o reconhecimento do delito de ensaio.

Há que se distinguir com muito cuidado, em cada caso, a situação de fato tratada.

Na hipótese exemplificada, não ocorre flagrante preparado, pois o delito já estava caracterizado desde o momento em que o sujeito passivo do flagrante passou a ter em seu poder a droga que era destinada ao consumo de terceiros, de modo a evidenciar crime permanente, não sendo ocioso lembrar que nas infrações permanentes entende-se o agente em flagrante delito enquanto não cessar a permanência (CPP, art. 303).

A conduta policial em nada influenciou na consumação do crime de tráfico, já configurado em sua plenitude com a prática de qualquer outro verbo típico (adquirir; ter em depósito; trazer consigo; guardar etc.).

---

47. RENATO MARCÃO, *Tóxicos*, 11. ed., São Paulo, Saraiva, 2017.

Quando da ação policial, simulando condição de comprador, o crime de tráfico já estava consumado, até porque à configuração do referido delito não se exige seja o criminoso surpreendido na venda de droga a terceiros.

Não existe flagrante preparado quando o crime não resulta da ação direta do agente provocador. Estando a droga em poder e à disposição do traficante, destinada a consumo de terceiros, não há de cogitar de flagrante preparado. Evidencia-se o denominado flagrante esperado.

Diversa, entretanto, é a situação em que o policial induz alguém a adquirir/conseguir droga de que não dispunha, alegando intenção de comprá-la, para depois prendê-lo em flagrante em verdadeira situação de crime impossível.

Com efeito, "um crime que, além de astuciosamente sugerido e ensejado ao agente, tem suas consequências frustradas por medidas tomadas de antemão, não passa de um crime imaginário. Não há lesão, nem efetiva exposição a perigo de qualquer interesse público ou privado".[48]

2.7.5. *Flagrante forjado*

Também pode ser denominado flagrante arquitetado, fabricado, montado, arranjado ou urdido.

No flagrante forjado, os policiais ou o particular *criam*, *fabricam* provas de um delito inexistente, com o objetivo de vincular e responsabilizar determinada pessoa a um ilícito penal que não cometeu.

Nessa hipótese, não há delito, tentado ou consumado, que se possa imputar à pessoa presa em flagrante, daí por que insubsistente o flagrante que decorrer de prova forjada, ilicitamente fabricada.

Haverá, por outro vértice, crime praticado por aquele que forjar a existência de prova contra o terceiro prejudicado, v.g., abuso de autoridade; denunciação caluniosa etc.

2.7.6. *Flagrante esperado*

Hipótese das mais comuns nas rotinas policial e forense, o flagrante esperado é aquele em que a polícia ou o terceiro, em razão de investigações preliminares ou informações anônimas, toma conhecimento prévio de que algum delito irá ocorrer em determinado local, dia e hora, e em razão disso adota providências visando à constatação dos fatos e prisão em flagrante de quem de direito.

No flagrante esperado, o executor da prisão simplesmente aguarda, *espera* o melhor momento para efetuar a captura, sem influenciar, de qualquer forma, no desiderato ilícito e na conduta do autor da infração. Sua intervenção não provoca nem induz o autor do fato delituoso a cometê-lo.

---

48. TJSP, Ap. Crim. 147.227-3, 5ª Câm. Crim., rel. Des. Dante Busana, *JTJ* 150/286.

Não há, portanto, qualquer irregularidade ou ilegalidade no flagrante assim realizado.

Não se devem confundir as hipóteses de *flagrante preparado* com o *flagrante esperado*. Conforme assinala TOURINHO FILHO, citando HUNGRIA,[49] "deve-se notar, porém, que já não há falar em crime putativo quando, sem ter sido artificiosamente provocada, mas previamente conhecida a iniciativa dolosa do agente, a este apenas se dá o ensejo de agir, tomando-se as devidas precauções".

E arremata: "Não se pode confundir o agente provocador com o funcionário policial que, informado previamente acerca do crime que alguém está praticando ou vai consumar, diligencie prendê-lo em flagrante, pois em tal hipótese a intervenção da autoridade não provocou nem induziu o autor do fato criminoso a cometê-lo".[50]

"No *flagrante preparado*, o agente é estimulado por terceiro para a prática da conduta típica, cuja finalidade é prendê-lo no momento da execução. No *flagrante esperado*, a autoridade fica atenta à conduta de alguém e a prende em flagrante (sem estimulá-la) quando executada conduta típica".[51]

2.7.7. *Flagrante prorrogado, protelado, diferido, retardado ou postergado*

Decorre do disposto no art. 301 do CPP que, em regra, a autoridade policial e seus agentes estão obrigados a prender *imediatamente* quem quer que se encontre em situação de flagrante delito, sob pena de falta funcional e eventual responsabilização penal (prevaricação, v.g.).

Atento à complexidade das investigações envolvendo organizações criminosas, muitas vezes mais bem estruturadas e aparelhadas que o aparato policial, o legislador houve por bem, e acertadamente, instituir nos **arts. 8º e 9º da Lei n. 12.850/2013** (define Organização Criminosa), **estratégia investigativa** que convencionou denominar *ação controlada*, que na doutrina também é chamada de flagrante prorrogado, protelado, diferido ou retardado, em que a atuação policial poderá ser postergada estrategicamente, visando melhor êxito na elucidação dos fatos e prisão de outros envolvidos.

Em casos tais, explica SANNINI NETO que "o agente policial percebe o estado flagrancial de determinado criminoso, mas deixa de efetuar sua prisão naquela oportunidade, postergando-a para um momento mais apropriado do ponto de vista da formação de provas".[52]

---

49. NÉLSON HUNGRIA, Comentários ao Código Penal, Rio de Janeiro, Forense, 1955, v. I, t. 2, p. 105, apud FERNANDO DA COSTA TOURINHO FILHO, *Manual de processo penal*, 17. ed., São Paulo, Saraiva, 2017, p. 686.

50. Op. cit., p. 686.

51. STJ, RHC 4.908/MG, 6ª T., rel. Min. Luiz Vicente Cernicchiaro, j. 28-2-1996, *DJ* de 17-3-1997, *JSTJ* 96/273.

52. FRANCISCO SANNINI NETO, *Inquérito policial e prisões provisórias*, São Paulo, Ideias & Letras, 2014, p. 171.

A regra é aplicável exclusivamente quando a investigação tiver por foco atividades praticadas por *organizações criminosas* ou a elas vinculadas, não se prestando a outras hipóteses de incursões ilícitas.

Na expressão da lei, a ação controlada consiste em "retardar a intervenção policial ou administrativa relativa à ação praticada por organização criminosa ou a ela vinculada, desde que mantida sob observação e acompanhamento para que a medida legal se concretize no momento mais eficaz à formação de provas e obtenção de informações".[53]

Há quem entenda que o art. 53, II, da Lei de Drogas,[54] elenca outra hipótese de flagrante diferido.

Não é bem assim.

De fato, é possível denominar a estratégia investigativa regulada no art. 53, II, da Lei de Drogas, como *ação controlada* (embora a lei não diga expressamente), mas não para o fim de equipará-la à ideia de flagrante diferido ou protelado.

A não atuação policial sobre os *portadores* de drogas, seus precursores químicos ou outros produtos utilizados em sua produção, que se encontrem no território brasileiro, com a finalidade de identificar e responsabilizar maior número de integrantes de operações de tráfico e distribuição, sem prejuízo da ação penal cabível, permite uma apuração policial mais eficaz no sentido de conseguir um maior conjunto de informações sobre as atividades de todos os envolvidos.

De ver-se, entretanto, que não se trata de hipótese de flagrante *protelado*, também conhecido como flagrante prorrogado, flagrante retardado ou ação controlada. O que a lei autoriza, sob as condições que impõe, é a não atuação policial, ou seja: mesmo diante de hipótese de flagrante delito, *não ocorrerá a prisão*. Haverá inquérito e ação penal, mas *não haverá precedente prisão em flagrante*.

Importante destacar que a não atuação policial só está autorizada em face dos "portadores".

Portar é o mesmo que trazer consigo.

Portar e transportar, juridicamente, não significam a mesma coisa.

De tal sorte, os demais envolvidos, "não portadores", deverão ser presos em flagrante delito, conforme se extrai da combinação do inciso II do art. 53 (Lei de Drogas) com as disposições contidas no art. 301 do CPP.

2.8. Flagrante em situações particulares

2.8.1. *Flagrante em crime permanente*

Levando em consideração *o momento da consumação*, os delitos podem ser classificados em *instantâneos* e *permanentes*.

---

53. Art. 8º da Lei n. 12.850/2013.

54. Sobre a matéria, consultar: Renato Marcão, *Tóxicos*, 11. ed., São Paulo, Saraiva, 2017.

Segundo DAMÁSIO E. DE JESUS, crimes instantâneos são "os que se completam num só momento. A consumação se dá num determinado instante, sem continuidade temporal. Ex.: homicídio, em que a morte ocorre num momento certo".

O mesmo DAMÁSIO ensina que os crimes permanentes "são os que causam uma situação danosa ou perigosa que se prolonga no tempo. O momento consumativo se protrai no tempo, como se diz na doutrina. Exs.: sequestro ou cárcere privado (art. 148), plágio ou redução a condição análoga à de escravo (art. 149) etc.".[55]

É preciso não confundir *crime permanente* com *crime instantâneo de efeito permanente*, tanto quanto é necessário distinguir consumação de exaurimento.

O delito permanente se alonga indefinidamente no tempo, podendo seu autor interromper a qualquer momento a atividade ilícita, hipótese em que responderá pelos atos já praticados, daí a afirmação de BASILEU GARCIA no sentido de que "no *delito permanente*, é poder do sujeito ativo sustar o procedimento criminoso, embora sem aptidão para fazer desaparecer a infração cometida. Se não lhe resta essa faculdade, é porque o delito é de natureza *instantânea*".[56]

Nas infrações permanentes, **entende-se o agente em flagrante delito enquanto não cessar a permanência (CPP, art. 303)**, estando juridicamente autorizada a prisão cautelar de que ora se cuida durante todo o período do *iter criminis*.

Assevera CASTELO BRANCO que "a adoção deste ponto de vista encontra seguro respaldo doutrinário, pois, se a flagrância existe enquanto o delito está sendo cometido, e, nas *infrações permanentes*, está sendo cometido enquanto dura a atividade criminosa, justifica-se essa ampliação repressiva, que poderá, ademais, trazer, na prática, benefícios sociais, desde que aplicada sem precipitadas generalizações".[57]

Dentre os mais rotineiros na atividade forense, são exemplos de crimes permanentes: sequestro e cárcere privado (CP, art. 148); redução a condição análoga à de escravo (CP, art. 149); violação de domicílio, na modalidade permanecer clandestina ou astuciosamente (CP, art. 150); extorsão mediante sequestro (CP, art. 159); ocultação de cadáver (CP, art. 211); posse irregular de arma de fogo de uso permitido (Lei n. 10.826/2003, art. 12); posse irregular de arma de fogo de uso restrito (Lei n. 10.826/2003, art. 16); tráfico de droga ilícita, em várias das modalidades previstas (Lei n. 11.343/2006, art. 33);[58] associação para o tráfico (Lei n. 11.343/2006, art. 35).

Não obstante a regra contida no art. 5º, XI, da Carta Magna, é possível o ingresso em residência sem mandado judicial para se efetivar prisão em flagrante.

---

55. *Direito penal*, 26. ed., São Paulo: Saraiva, 2003, p. 193-194.
56. *Comentários ao Código de Processo Penal*, Rio de Janeiro, Forense, 1945, v. 3, p. 108.
57. TALES CASTELO BRANCO, *Da prisão em flagrante*, 5. ed., São Paulo, Saraiva, 2001, p. 67.
58. RENATO MARCÃO, *Tóxicos*, 11 ed., São Paulo, Saraiva, 2017.

A respeito desse tema, vejamos o que decidiu o Plenário do Supremo Tribunal Federal:

> 1. Recurso extraordinário representativo da controvérsia. Repercussão geral. 2. Inviolabilidade de domicílio – art. 5º, XI, da CF. Busca e apreensão domiciliar sem mandado judicial em caso de crime permanente. Possibilidade. A Constituição dispensa o mandado judicial para ingresso forçado em residência em caso de flagrante delito. No crime permanente, a situação de flagrância se protrai no tempo. 3. Período noturno. A cláusula que limita o ingresso ao período do dia é aplicável apenas aos casos em que a busca é determinada por ordem judicial. Nos demais casos – flagrante delito, desastre ou para prestar socorro – a Constituição não faz exigência quanto ao período do dia. 4. Controle judicial *a posteriori*. Necessidade de preservação da inviolabilidade domiciliar. Interpretação da Constituição. Proteção contra ingerências arbitrárias no domicílio. Muito embora o flagrante delito legitime o ingresso forçado em casa sem determinação judicial, a medida deve ser controlada judicialmente. A inexistência de controle judicial, ainda que posterior à execução da medida, esvaziaria o núcleo fundamental da garantia contra a inviolabilidade da casa (art. 5º, XI, da CF) e deixaria de proteger contra ingerências arbitrárias no domicílio (Pacto de São José da Costa Rica, artigo 11, 2, e Pacto Internacional sobre Direitos Civis e Políticos, artigo 17, 1). O controle judicial *a posteriori* decorre tanto da interpretação da Constituição, quanto da aplicação da proteção consagrada em tratados internacionais sobre direitos humanos incorporados ao ordenamento jurídico. Normas internacionais de caráter judicial que se incorporam à cláusula do devido processo legal. 5. Justa causa. A entrada forçada em domicílio, sem uma justificativa prévia conforme o direito, é arbitrária. Não será a constatação de situação de flagrância, posterior ao ingresso, que justificará a medida. Os agentes estatais devem demonstrar que havia elementos mínimos a caracterizar fundadas razões (justa causa) para a medida. 6. Fixada a interpretação de que a entrada forçada em domicílio sem mandado judicial só é lícita, mesmo em período noturno, quando amparada em fundadas razões, devidamente justificadas *a posteriori*, que indiquem que dentro da casa ocorre situação de flagrante delito, sob pena de responsabilidade disciplinar, civil e penal do agente ou da autoridade e de nulidade dos atos praticados. 7. Caso concreto. Existência de fundadas razões para suspeitar de flagrante de tráfico de drogas. Negativa de provimento ao recurso.[59]

2.8.2. Flagrante em crime habitual

Crime habitual é aquele que **exige pluralidade de ações para sua configuração**, como são exemplos os crimes de curandeirismo (CP, art. 284) e de exercício ilegal da medicina, arte dentária ou farmacêutica (CP, art. 282).

Para DAMÁSIO E. DE JESUS, crime habitual "é a reiteração da mesma conduta reprovável, de forma a constituir um estilo ou hábito de vida". Daí concluir que "é delito único, constituindo a habitualidade uma elementar do tipo".[60]

---

59. STF, RE 603.616/RO, Tribunal Pleno, rel. Min. Gilmar Mendes, j. 5-11-2015, *DJe* n. 093, de 10-5-2016.

60. Op. cit., p. 213-214.

À configuração do crime habitual – parte da doutrina tem apregoado amiúde –, é indispensável a prática reiterada de determinadas condutas, que somente podem ser consideradas em conjunto para o efeito de implicar o reconhecimento de infração penal.

Conforme sustenta esse mesmo segmento doutrinário, as ações isoladas que devem somar-se para efeito de conformação típica, *de per si*, são tidas como indiferente penal, daí a conclusão no sentido de ser impossível identificar estado flagrancial em crime habitual.

Não nos parece correta, todavia, a afirmação no sentido de que é *indiferente* ao Direito Penal a *ação isolada*, e isso por pelo menos três razões bem claras:

1ª) Não pode ser considerada indiferente a *ação isolada* que necessariamente deve integrar o todo. Vale dizer: sem a soma das ações isoladas não se pode chegar ao todo: à afirmação de que houve crime; e isso basta para evidenciar a relevância das *ações ditas isoladas*.

2ª) Há que se considerar, ainda, que as ações parcelares, em verdade, não são nem podem ser verdadeiramente entendidas como *isoladas*, haja vista que somente a soma dessas mesmas ações, que devem ser praticadas num mesmo contexto (embora em momentos distintos), com o mesmo objetivo, e, portanto, interligadas entre si, é que irá justificar o reconhecimento do crime habitual.

3ª) Admitir que a *ação isolada* é indiferente ao Direito Penal implicaria jamais poder afirmar o momento em que o crime habitual se consuma, o que evidentemente tem consequências contrárias ao bom senso.

Acarretaria, ainda, permitir a prática ilimitada de ações ilícitas imunes à providência emergencial que é a prisão em flagrante, o que não nos parece razoável.

Quantas e quais "ações isoladas" são necessárias para que se possa afirmar consumado um crime de curandeirismo? Ou um crime de exercício ilegal da medicina?

Em verdade, as ditas "ações isoladas" – que de isoladas nada têm, visto que integram objetiva e subjetivamente um todo que converge para finalidade única – integram o *iter criminis*, daí a prisão em flagrante se apresentar juridicamente possível[61] e não ser razoável excluí-la *a priori*.

---

61. **Em sentido contrário**, afirma TALES CASTELO BRANCO: "É indiferente ao Direito Penal a ação isolada. A prática solitária é irrelevante e dispensa repressão. No crime habitual é necessário que as ações se repitam. Vale dizer que não é possível materializar-se a prisão em flagrante delito enquanto não estiver comprovada a habitualidade" (op. cit., p. 71). FERNANDO CAPEZ também sustenta a impossibilidade de prisão em flagrante nos crimes habituais (op. cit., p. 324). Na mesma linha de raciocínio que os anteriormente citados, FERNANDO DA COSTA TOURINHO FILHO assevera: "Há discussão a respeito da possibilidade, ou não, de se prender em flagrante alguém que esteja cometendo um crime habitual. Sem embargo dessa flutuação jurisprudencial, não concebemos o flagrante no crime habitual. Entendemos que se alguém for preso por um crime habitual, o flagrante vai retratar, apenas, aquele ato insulado. Ora, aquele ato isolado constitui um indiferente legal (...)" (*Manual de processo penal*, 17. ed., 2017, p. 679).

Bem por isso, ao que parece, a opinião de ROGÉRIO GRECO no sentido de ser possível a tentativa nos crimes habituais.[62]

Ademais, conforme escreveu MIRABETE: "(...) não é incabível a prisão em flagrante em ilícitos habituais se for possível, no ato, comprovar-se a habitualidade. Não se negaria a situação de flagrância no caso da prisão de responsável por bordel onde se encontram inúmeros casais para fim libidinoso, de pessoa que exerce ilegalmente a medicina quando se encontra atendendo vários pacientes etc.".[63]

De forma similar a outras tantas situações já analisadas, a realidade fática de cada caso concreto é que irá, ao final, revelar o cabimento, ou não, da prisão em flagrante em crime habitual.

2.8.3. Flagrante em crime continuado

É no art. 71 do CP que encontramos as balizas para a compreensão do que a lei considera continuidade delitiva.

O crime continuado é uma ficção jurídica; uma opção político-jurídica de natureza criminal que tem por escopo minimizar a pena daquele que cometeu dois ou mais delitos da mesma espécie que, pelas condições de tempo, lugar, maneira de execução ou outras semelhantes, devem os subsequentes ser havidos como continuação do primeiro.

Na lição de HUNGRIA, "historicamente, a continuação proveio de propósito generoso. Hoje, no entanto, deve-se atender, ainda, à finalidade da pena".[64]

Para que ocorra continuidade, o agente deve praticar, nas condições tipificadas no **art. 71 do CP**, dois ou mais delitos,[65] sendo cada um deles considerado isoladamente para efeito de prisão em flagrante.

Incidem na hipótese tratada as regras comuns do art. 302 do CPP.

O reconhecimento da existência de continuidade delitiva **em nada influencia no flagrante propriamente dito**, contudo renderá implicações em termos de competência jurisdicional, haja vista a determinação contida no art. 71 do CPP, no sentido de que, "tratando-se de infração continuada ou permanente, praticada em território de duas ou mais jurisdições, a competência firmar-se-á pela prevenção"; além daquelas relativas à pena a ser aplicada em caso de condenação.

2.8.4. Flagrante em crime de ação penal pública condicionada

Como ensina ROGÉRIO GRECO: "Diz-se incondicionada a ação penal de iniciativa pública quando, para que o Ministério Público possa iniciá-la ou, mesmo, requisitar

---

62. *Curso de direito penal*, Niterói, Impetus, 2006, v. IV, p. 216.

63. JULIO FABBRINI MIRABETE, op. cit., p. 406.

64. NÉLSON HUNGRIA, *Comentários ao Código Penal*, 2. ed., Rio de Janeiro, Forense, 1955, v. II, p. 430-431.

65. MANOEL PEDRO PIMENTEL, *Do crime continuado*, 2. ed., São Paulo, Revista dos Tribunais, 1969.

a instauração de inquérito policial, não se exige qualquer condição. É a regra geral das infrações penais, uma vez que o art. 100 do Código Penal assevera que *a ação penal é pública, salvo quando a lei expressamente a declara privativa do ofendido*".[66]

A ação penal pública é a que se inicia por denúncia do Ministério Público, dependendo, quando a lei o exige, de representação do ofendido ou de requisição do Ministro da Justiça.

As ações penais públicas condicionadas se subdividem em:

1º) ações penais públicas condicionadas à requisição do Ministro da Justiça, e

2º) ações penais públicas condicionadas à representação do ofendido.

Nas primeiras – públicas condicionadas à requisição do Ministro da Justiça –, não é possível a instauração do inquérito policial, tampouco o oferecimento de denúncia pelo Ministério Público, sem que se obtenha previamente a manifestação positiva de vontade do Ministro da Justiça.

Para exemplo de crime submetido a este tipo de ação penal, ver o art. 7º, § 3º, *b*, do CP.

No caso das segundas – ações penais públicas condicionadas à representação do ofendido –, também não é possível a instauração de inquérito policial, tampouco oferecimento de denúncia, sem que se obtenha previamente a manifestação positiva de vontade do ofendido ou seu representante legal. O § 4º do art. 4º do CPP é taxativo ao dispor que o inquérito, nos crimes em que a ação pública depender de representação, não poderá sem ela ser iniciado.

São exemplos de crimes de ação penal pública condicionada à representação do ofendido: lesões corporais dolosas de natureza leve (CP, art. 129, *caput*); ameaça (CP, art. 147); lesão corporal resultante de acidente de trânsito (art. 303, *caput*, da Lei n. 9.503/97 – CTB).

Lavrado o auto de prisão em flagrante, inicia-se automaticamente a partir dele um inquérito policial. Essa formalização da prisão constitui documento inaugural da investigação que irá se seguir no caderno investigatório que se chama inquérito.

Sendo assim, caso o Ministro da Justiça não se encontre presente no momento em que possível a prisão em flagrante de determinada pessoa em razão da prática de crime de ação penal pública condicionada à requisição Ministerial, ou, estando presente, não venha a formular requisição – entenda-se: externar sua manifestação autorizando a prisão por quem e contra quem de direito; a instauração do inquérito pela autoridade competente, e o oportuno oferecimento da denúncia pelo Ministério Público –, não será possível a prisão em flagrante.

---

66. Rogério Greco, *Curso de direito penal*: parte geral, Niterói, Impetus, 2016, v. 1, p. 821.

Nesse caso, a efetivação do flagrante está condicionada, portanto, à presença do Ministro da Justiça no local e momento do flagrante, bem como à sua manifestação positiva de vontade, autorizadora das providências cabíveis.

Em se tratando de ação penal pública condicionada à representação do ofendido, idêntico raciocínio se impõe.

É imprescindível que o ofendido, ou seu representante legal (sendo caso), encontre-se no local e momento do flagrante, devendo externar, sem hesitação, seu desejo em ver realizada a prisão e instaurado o inquérito que ao final irá permitir eventual ajuizamento de ação penal pelo Ministério Público.

A requisição do Ministro da Justiça e a representação do ofendido, nos casos que a lei estabelece, constituem condição de procedibilidade ou perseguibilidade sem a qual não se procede à prisão em flagrante, não se instaura inquérito policial, e não se encontra legitimado o Ministério Público para iniciar a persecução penal em juízo.

Titular da ação penal, em ambos os casos, será sempre o Ministério Público (CF, art. 129, I; CPP, art. 24; CP, art. 100, *caput*), porquanto pública na essência a ação, mas a possibilidade de sua atuação se encontra condicionada ao desejo que deve ser externado por aqueles que a tanto se encontram legitimados.

2.8.5. Flagrante em crime de ação penal privada

Os crimes de ação penal privada são aqueles em que o legislador legitimou o particular ofendido a promover a ação penal, mediante a apresentação da petição inicial denominada queixa-crime, que deve ser distribuída em juízo, em regra, e sob pena de decadência, no prazo de seis meses a contar da data em que o ofendido tomou conhecimento de quem foi o autor do delito, ou, no caso de ação penal privada subsidiária da pública, do dia em que se esgotar o prazo para o oferecimento de denúncia pelo Ministério Público.

São exemplos de crimes de ação penal privada exclusiva: calúnia (CP, art. 138), difamação (CP, art. 139) e injúria (CP, art. 140), observadas as disposições do art. 145 do CP.

O auto de prisão em flagrante é peça inaugural de inquérito policial.

Diz o art. 4º, § 5º, do CPP que, nos crimes de ação privada, a autoridade policial somente poderá proceder a inquérito se dispuser de requerimento de quem tenha qualidade para intentá-la.

Disso decorre que a prisão em flagrante por crime de ação penal privada, como ocorre com as ações públicas condicionadas, também pressupõe a presença da vítima ou seu representante legal (sendo caso) no momento e local da infração, bem como sua oportuna manifestação positiva de vontade autorizando a prisão em flagrante e a instauração do inquérito pela autoridade competente.

Não é demais recordar que essa manifestação positiva de vontade não supre a necessidade de que o ofendido, querendo, promova o oferecimento da queixa-crime (petição inicial das ações penais privadas) em juízo, no prazo decadencial.

A propósito disso, diz o art. 19 do CPP que nos crimes de ação privada, após concluídas as investigações, os autos do inquérito serão remetidos ao juízo competente, onde aguardarão a iniciativa do ofendido ou de seu representante legal, ou serão entregues ao requerente, se o pedir, mediante traslado.

2.8.6. Flagrante nas infrações penais de competência dos Juizados Especiais Criminais

É possível a lavratura de prisão em flagrante como decorrência do cometimento de infração penal de menor potencial ofensivo.

Nos precisos termos do art. 61 da Lei n. 9.099/95, consideram-se infrações penais de menor potencial ofensivo as contravenções penais e os crimes a que a lei comine pena máxima não superior a dois anos, cumulada ou não com multa.

Dispõe o parágrafo único do **art. 69** da citada lei: "Ao autor do fato que, após a lavratura do termo, for imediatamente encaminhado ao juizado ou assumir o compromisso de a ele comparecer, não se imporá prisão em flagrante, nem se exigirá fiança".

A regra determina que, tomando conhecimento do fato, a autoridade policial deverá providenciar a incontinenti lavratura do termo circunstanciado, que será encaminhado imediatamente com o autor do fato ao Juizado Especial Criminal competente para as providências cabíveis.

Se o autor do fato concordar em se dirigir à sede do Juizado, a ele não se imporá prisão em flagrante, ainda que cabível na hipótese por força das regras do art. 302 do CPP.

Note-se, entretanto, que na grande maioria das comarcas não há Juizado Especial Criminal instituído e em funcionamento na forma da lei, e, mesmo onde há Juizado em funcionamento, quase sempre não é possível a imediata apresentação do autor do fato e do termo circunstanciado.

Diante dessa realidade, deverá a autoridade policial colher do autor do fato seu compromisso no sentido de que irá comparecer no Juizado no dia e hora designados para ter lugar a audiência preliminar (Lei n. 9.099/95, arts. 70 e s.).

Como se vê, em casos tais, somente será possível a prisão em flagrante se o autor do fato, surpreendido nas condições do art. 302 do CPP, após a lavratura do termo circunstanciado não concordar em se dirigir imediatamente à sede do Juizado Especial Criminal, tampouco assumir o compromisso de comparecer à audiência que por lá for designada.

A Lei n. 12.403/2011 introduziu um § 1º ao art. 283 do CPP, para dispor que as medidas cautelares previstas no Título IX, Livro I, do CPP, não se aplicam à infração a que não for isolada, cumulativa ou alternativamente cominada pena privativa de liberdade.

Logo, estando a prisão em flagrante regulada no Capítulo II do Título IX do Livro I, resulta inaplicável a tais infrações penais.

Há que se destacar, ainda, outra exceção, por se tratar de hipótese a que a lei procurou dar regulamentação diversa e impedir expressamente a prisão em flagrante.

Cuida-se, *in casu*, das modalidades típicas previstas no art. 28, *caput* e § 1º, da Lei de Drogas.

Ocorrendo uma das condutas regradas no art. 28, conforme dispõe o § 2º do art. 48 da mesma lei, "não se imporá prisão em flagrante, devendo o autor do fato ser imediatamente encaminhado ao juízo competente ou, na falta deste, assumir o compromisso de a ele comparecer, lavrando-se termo circunstanciado e providenciando--se as requisições dos exames e perícias necessários".

2.8.7. *Flagrante estando o preso hospitalizado e/ou inconsciente*

Imagine-se hipótese em que, durante ou logo após a prática da infração penal, o preso em flagrante venha a se lesionar (queda ou acidente de trânsito durante a fuga, v.g.), ou ser lesionado (por ação/reação da vítima; de terceiros ou de policiais, mediante disparo de arma de fogo, golpe com instrumento cortante, contundente ou cortocontundente etc.), de maneira que seja necessário receba atendimento médico--hospitalar imediato e, em razão disso, seja levado a algum hospital em que deva permanecer internado para tratamento.

Imagine-se, ainda, que, para o atendimento médico adequado, seja ele sedado e, em razão disso, deva permanecer, por algum tempo, em estado de inconsciência.

Nesses casos, deverá a autoridade competente dirigir-se até o local em que se encontrar o autuado e lá efetuar a lavratura do auto de prisão em flagrante, observando as regras que adiante veremos.

Estando o autuado inconsciente, ainda assim deverá lavrar o auto, fazendo constar tal particularidade e providenciar a colheita da assinatura de duas testemunhas instrumentárias ou de leitura, conforme regulado no § 3º do art. 304 do CPP, até porque, passada a situação de flagrância, não será possível a lavratura do auto, tampouco a prisão do increpado "por força do flagrante" após recuperar seu estado de consciência.

2.8.8. *Apresentação espontânea do autor da infração penal*

Ensina Castelo Branco que "a certeza de quem seja o autor da infração é o principal objetivo do flagrante delito".

Por isso – acrescenta –, "é patente o interesse social da imediata constatação do crime e de seu autor, decorrente do surpreendimento em flagrante, com a sua consequente documentação, através da lavratura do auto de prisão em flagrante.

Alguns códigos dão mais importância à *atualidade do crime*, levando em conta o que o flagrante é em si próprio, ou seja, toda evidência no momento mesmo em que o crime estava sendo praticado; outros dão maior relevo à *certeza* decorrente do flagrante, tendo em vista sua contribuição para formar o convencimento".[67]

Seja como for, é inegável que o principal objetivo da prisão em flagrante é a colheita da prova prontamente disponibilizada, tanto que, conforme já alinhavamos, a regra impõe que, tão logo seja lavrado o auto respectivo, o autuado deve ser colocado em liberdade, salvo se for hipótese de prisão preventiva (ou temporária), quando então deverá ser decretada.

É evidente que, de alguma maneira, *presta-se a garantir o resultado final do processo*, e não apenas a colocar a pessoa do autuado à disposição do juiz para que este decida sobre a decretação, ou não, da prisão preventiva.

Conforme a antiga redação do art. 317 do CPP, a apresentação espontânea do acusado à autoridade não impedia a decretação da prisão preventiva.

Por força dessa disposição legal, eram justificados os argumentos daqueles que extraíam conclusão no sentido de que não era possível prisão em flagrante quando o autor da infração se apresentasse espontaneamente à autoridade policial após o cometimento do ilícito.

Atualmente não há regra semelhante no CPP. Disso decorre que a apresentação espontânea à autoridade logo após a prática do crime não impede a lavratura do flagrante se presente situação de flagrância, até porque um dos objetivos dessa providência cautelar é colher a prova que está ardente.

Dir-se-á que a apresentação voluntária, por iniciativa do próprio autor da infração penal, afasta o *periculum in mora*. Mas não é bem assim.

Na hipótese, deverá ser lavrado o auto de prisão, cumprindo ao juiz competente analisar e decidir, por ocasião do art. 310 do CPP, qual ou quais providências adotar, caso não tenha sido arbitrada e efetuado o recolhimento da fiança em solo policial.

2.9. Formalização da prisão em flagrante

A prisão em flagrante compreende quatro momentos distintos: *1º) captura*; *2º) condução*; *3º) lavratura* do auto de prisão em flagrante; e *4º) recolhimento* do autuado ao cárcere.

Captura é a detenção física do autor da infração penal e ocorre, portanto, no momento em que o agente é detido em uma das situações previstas no art. 302 do CPP.

Como visto, qualquer do povo poderá e as autoridades policiais e seus agentes deverão prender quem quer que seja encontrado em flagrante delito, respeitadas as ressalvas legais.

Feita a captura, na sequência deverá ocorrer a apresentação coercitiva do agente à presença da autoridade competente, caso a infração penal não tenha sido praticada na sua presença, hipótese em que deverá ser observado o que dispõe o art. 307 do CPP.

67. Tales Castelo Branco, *Da prisão em flagrante*, 5. ed., São Paulo, Saraiva, 2001, p. 39-40.

Condução, portanto, é o ato de apresentar, levar o preso em flagrante até a presença da autoridade competente.

Efetivada a captura e a condução, apresentado o agente à autoridade competente, esta, se entender ser mesmo caso de prisão em flagrante, deverá providenciar a lavratura do auto respectivo.

Antes de iniciar a lavratura do auto de prisão em flagrante, a autoridade policial incumbida deverá comunicar a respeito da prisão a família do preso ou a pessoa por ele indicada (CF, art. 5º, LXII), para que àquele se providencie a assistência que se julgar adequada e cabível no momento.

Deverá a autoridade, ainda, informar o preso a respeito de seus direitos, entre os quais o de permanecer calado;[68] contar com assistência da família e de advogado[69] de sua confiança (CF, art. 5º, LXIII).

A ausência de comunicação da prisão à família ou à pessoa indicada pelo preso não acarreta o relaxamento do flagrante.

A ausência de advogado no momento da formalização da prisão também não implica nulidade do auto. Não é correto afirmar que após a vigência da Lei n. 13.245/2016, que alterou o art. 7º da Lei n. 8.906/94 (Estatuto da OAB), o inquérito policial passou a ser procedimento contraditório. Absolutamente não. Continua a ser procedimento administrativo de natureza inquisitiva.

O atual inciso XXI do mesmo art. 7º diz que configura direito do advogado: "assistir a seus clientes investigados durante a apuração de infrações, sob pena de nulidade absoluta do respectivo interrogatório ou depoimento e, subsequentemente, de todos os elementos investigatórios e probatórios dele decorrentes ou derivados, direta ou indiretamente, podendo, inclusive, no curso da respectiva apuração: *a)* apresentar razões e quesitos".

O art. 5º, LXIII, da CF, já assegurava ao preso e, é claro, a todo e qualquer investigado em inquérito policial, dentre outras garantias, a assistência de advogado. Não

68. "O STJ, acompanhando posicionamento consolidado no STF, firmou o entendimento de que eventual irregularidade na informação acerca do direito de permanecer em silêncio é causa de nulidade relativa, cujo reconhecimento depende da comprovação do prejuízo (RHC 67.730/PE, rel. Min. Jorge Mussi, *DJe* de 4-5-2016)" (STJ, RHC 61.754/MS, 5ª T., rel. Min. Reynaldo Soares da Fonseca, j. 25-10-2016, *DJe* de 7-11-2016). *No mesmo sentido*: STJ, RHC 30.528/RS, 5ª T., rel. Min. Gurgel de Faria, j. 4-11-2014, *DJe* de 12-11-2014; STJ, RHC 72.510/MG, 6ª T., rel. Min. Maria Thereza de Assis Moura, j. 6-10-2016, *DJe* de 21-10-2016.

69. "Eventual nulidade no auto de prisão em flagrante por ausência de assistência por advogado somente se verificaria caso não tivesse sido oportunizado ao conduzido o direito de ser assistido por advogado, não sendo a ausência de causídico por ocasião da condução do flagrado à Delegacia de Polícia para oitiva pela Autoridade Policial, por si só, causa de nulidade do auto de prisão em flagrante (RHC n. 61.959/ES, rel. Min. Maria Thereza de Assis Moura, 6ª T., *DJe* de 4-12-2015). Isso porque a documentação do flagrante prescinde da presença do defensor técnico do conduzido, sendo suficiente a lembrança, pela autoridade policial, dos direitos constitucionais do preso de ser assistido" (STJ, HC347.050/RS, 5ª T., rel. Min. Reynaldo Soares da Fonseca, j. 12-4-2016, *DJe* de 19-4-2016).

se pode imaginar a efetiva assistência que deve ser levada a efeito sem que ocorra o pleno exercício das atividades mencionadas no inciso XXI do citado art. 7º.

A regra não diz mais que o óbvio. O sistema vigente não foi alterado para o fim de determinar que todo e qualquer indivíduo seja sempre assistido por advogado em sede de inquérito policial, sob pena de nulidade. Note-se que a alteração não foi introduzida no Código de Processo Penal, mas no "Estatuto dos Advogados", e tem por escopo ressaltar as elevadas atividades da nobre categoria. Não por acaso, a regra em questão foi inserida no rol dos "direitos dos advogados".

Conforme já decidiu o Pleno do Supremo Tribunal Federal: "A documentação do flagrante prescinde da presença do defensor técnico do conduzido, sendo suficiente a lembrança, pela autoridade policial, dos direitos constitucionais do preso de ser assistido, comunicando-se com a família e com profissional da advocacia, e de permanecer calado".[70]

2.9.1. Lavratura do auto de prisão em flagrante

A lavratura do auto de prisão em flagrante consiste na formalização da prisão-captura, na forma e segundo os rituais do art. 304 do CPP. **É a documentação diferida da prisão**.

Diz o art. 5º, LXI, da CF que "ninguém será preso senão em flagrante delito ou por ordem escrita e fundamentada de autoridade judiciária competente, salvo nos casos de transgressão militar ou crime propriamente militar, definidos em lei". É correto afirmar, portanto, que a única modalidade de prisão sem prévia ordem escrita e fundamentada de autoridade judiciária, constitucionalmente autorizada, é a decorrente de flagrante delito, e as razões são óbvias, já que não seria possível exigir ordem prévia na maioria das hipóteses de flagrante, pois não se pode saber quem, quando e onde praticará qual delito, para expedir ordem prévia.

Embora não se exija a prévia formalização de uma ordem de prisão com expedição de mandado, uma vez realizada a prisão em flagrante, é necessário, para a validade e legalização do ato, sua formalização com a lavratura do respectivo auto, impondo-se para esse desiderato estrita observância das regras que seguem tratadas.

Nos precisos termos do **art. 304 do CPP**, que deve ser seguido à risca visando a evitar irregularidade que fulmine a prisão em flagrante, apresentado o preso à autoridade competente, ouvirá esta o **condutor** e colherá, desde logo, sua assinatura, entregando a este cópia do termo e recibo de entrega do preso. Em seguida, procederá à oitiva das **testemunhas** que o acompanharem e ao **interrogatório do**

70. STF, HC 102.732/DF, Tribunal Pleno, rel. Min. Marco Aurélio, j. 4-3-2010, *DJe* de 7-5-2010.

investigado sobre a imputação que lhe é feita, colhendo, após cada oitiva, suas **respectivas assinaturas**, lavrando, a autoridade, afinal, o auto.

2.9.1.1. Prazo para a lavratura do auto de prisão em flagrante

O CPP não fixa expressamente o prazo dentro do qual, após a prisão-captura, deve ser lavrado o auto de prisão em flagrante.

O art. 306, §§ 1º e 2º, do CPP, entretanto, diz que em até vinte e quatro horas após a realização da prisão deverá ser encaminhado ao juiz competente o auto de prisão em flagrante, e entregue a nota de culpa ao preso.

Realizada a prisão-captura, deve o condutor prover o necessário para a imediata apresentação do preso à autoridade, que deverá providenciar, na sequência, a lavratura do auto, na forma do art. 304 do CPP, para que dele possa enviar uma cópia ao juiz competente e a entrega da nota de culpa, no prazo que a lei determina.

Temos, pois, que a formalização da prisão deve seguir-se imediatamente à apresentação, que deverá ocorrer **antes de vencido o prazo de vinte e quatro horas, contado da prisão-captura**.

Em algumas situações particulares, inclusive por força de distâncias geográficas, e até por força da situação que é tratada no art. 308 do CPP, poderá ocorrer que a apresentação do preso demande algumas horas para se realizar, o que é compreensível.

Não se configura constrangimento ilegal se, diante de **fatos complexos**, que exigem a realização de diligências complementares, ocorrer demora de algumas horas para a lavratura. Todavia, se o auto for lavrado depois de vencido o prazo indicado no § 1º do art. 306, o relaxamento da prisão será inevitável.

O prazo máximo, portanto, para que a prisão seja formalizada e comunicada ao juiz competente é de vinte e quatro horas.

Disso decorre que, em certas situações muito particulares, a lavratura do auto de prisão poderá ocorrer no dia seguinte à prisão-captura, sem que disso se possa extrair mácula formal justificadora de relaxamento.

Frise-se, por oportuno, que o atraso indevido na lavratura redunda na ilegitimidade da prisão, sem jamais afetar a higidez da persecução penal em sentido amplo.

2.9.2. Autoridade competente para a lavratura do auto de prisão em flagrante

Competente para a lavratura do auto pode ser: *1º)* a autoridade do local onde o delito foi praticado; *2º)* a autoridade do local onde ocorreu a prisão-captura; *3º)* a autoridade da circunscrição mais próxima do local onde ocorreu a captura; *4º)* a autoridade que tenha presenciado a infração; *5º)* a autoridade contra quem se tenha praticado a infração, no exercício de suas funções, estando ela presente no momento do ilícito penal.

Em regra, praticado o delito e não sendo hipótese de *flagrante impróprio*, em que há perseguição, ou de *flagrante presumido*, modalidade em que o agente é encontrado, *logo depois*, com instrumentos, armas, objetos e papéis que façam concluir ser ele o autor da infração, a prisão em flagrante se verificará no local em que ocorreu o ilícito, devendo o infrator ser conduzido até a presença da autoridade da circunscrição, a quem incumbirá a lavratura do auto, sendo caso.

Nas hipóteses de *flagrante impróprio* (CPP, art. 302, III) e de *flagrante presumido* (CPP, art. 302, IV), poderá ocorrer que a prisão se verifique em localidade diversa daquela em que ocorreu a infração penal. Pode ocorrer, por exemplo, que o delito tenha sido praticado em determinado município e, após perseguição, a efetivação da prisão se verifique em município diverso – hipótese de flagrante impróprio. Nesse caso, autoridade competente para a lavratura do auto é aquela da circunscrição em que ocorreu a prisão-captura, e não a do local onde a infração penal foi praticada.

Se a perseguição ultrapassar os limites de divisas entre Estados da Federação, ainda assim a regra deverá ser observada, pois não há qualquer ressalva a tal título no Código de Processo Penal.

Não havendo autoridade no lugar em que se tiver efetuado a prisão, o preso deverá ser imediatamente apresentado à do lugar mais próximo, a quem incumbirá a formalização do auto respectivo.

Dispõe, por fim, o art. 307 do CPP, a respeito das hipóteses em que o delito venha a ser praticado em presença da autoridade, ou contra esta, no exercício de suas funções. Em ambos os casos, exceto no que diz respeito aos magistrados (CPP, art. 3º-A), caberá à autoridade-testemunha ou à autoridade-vítima, respectivamente, presidir o auto de prisão em flagrante.

2.9.3. Condutor

Condutor é aquela pessoa que faz a apresentação do preso à autoridade competente. A pessoa que leva; que *conduz* o preso até a autoridade.

Por força do disposto no art. 301 do CPP, qualquer pessoa poderá figurar como condutor. Entenda-se: qualquer do povo, e também as autoridades policiais e seus agentes.

Em regra, não é possível imaginar a existência de flagrante válido sem que exista a figura do condutor, que assim deverá ser particularmente identificado no auto de prisão em flagrante, pena de nulidade do auto, justificadora do relaxamento da prisão.

Colhido o depoimento do condutor e sua respectiva assinatura, a autoridade deverá entregar-lhe cópia do termo referente às declarações que prestou, bem como recibo de entrega do preso.

O art. 307 do CPP excepciona a obrigatoriedade da figura do condutor no auto de prisão em flagrante, nas hipóteses em que o **delito for praticado em presença da autoridade, ou contra esta, no exercício de suas funções**.

Segundo parece óbvio, se a prisão em flagrante for precedida de **apresentação espontânea**, também não será possível cogitar a figura do condutor.

Fora desses casos, a ausência de condutor implicará, sempre, *nulidade do auto de prisão*.

Adotadas as providências em relação ao condutor, sendo caso, em seguida a autoridade incumbida da formalização da prisão deverá proceder à oitiva das testemunhas apresentadas para prestar informações *a respeito dos fatos*.

2.9.4. Testemunhas e vítima

Pela palavra *testemunha* – disse Mittermaier –, "designa-se o indivíduo chamado a depor segundo sua experiência pessoal".[71]

Toda pessoa poderá ser testemunha (CPP, art. 202).

Refere-se o *caput* do art. 304, entretanto, a testemunhas que tenham conhecimento a respeito do fato: ***testemunhas da infração***.

Até onde analisamos, determina o art. 304 do CPP que, por ocasião da lavratura do auto de prisão, devem ser ouvidos o condutor e *testemunhas*; no plural. Portanto, duas ou mais *testemunhas*.

A jurisprudência, entretanto, admite seja o condutor considerado testemunha, bastando, portanto, para a legalidade formal do auto de prisão, a oitiva do condutor e mais outra testemunha.

Qualquer que seja o tipo de infração: dolosa ou culposa; crime ou contravenção; seja a pena cominada de prisão simples, detenção ou reclusão, a lei não particularizou o número de testemunhas que poderão ser ouvidas quando da lavratura do auto.

Prestadas as declarações, que serão reduzidas a termo, as testemunhas deverão assinar os respectivos termos.

A falta de testemunha da infração não impedirá o auto de prisão em flagrante; mas, nesse caso, com o condutor, deverão assiná-lo pelo menos duas pessoas que hajam testemunhado a apresentação do preso à autoridade (CPP, § 2º do art. 304).

Nesse caso, não se trata de testemunha da infração, mas de **testemunha da apresentação** do conduzido à autoridade competente. Bem por isso, referidas testemunhas – ditas ***instrumentais* ou *indiretas*** – não prestarão declarações nos autos, mas apenas confirmarão, com suas assinaturas, a apresentação levada a efeito pelo condutor.

O art. 304 do CPP não faz qualquer referência à necessidade de *oitiva da vítima* como requisito formal do auto de prisão em flagrante, e é até compreensível, visto que em muitos casos não será possível identificar uma vítima certa e determinada, como ocorre nas infrações penais em que o sujeito passivo é a incolumidade pública.

---

71. C. J. A. Mittermaier, *Tratado da prova em matéria criminal*, tradução de Herbert Wüntzel Henrich, 3. ed., Campinas, Bookseller, 1996, p. 231.

Mesmo sem negar essa realidade, entendemos que é de bom-tom que a autoridade proceda, sempre que possível, à **oitiva circunstanciada da vítima**, sujeito passivo da infração penal de que estará a tratar, e que por certo, no mais das vezes, terá valiosas informações a prestar já no auto de prisão em flagrante.

Nos flagrantes envolvendo infrações penais submetidas à ação penal pública condicionada à representação ou ação penal privada exclusiva, a oitiva da vítima se reveste de particular relevância.

Pois bem.

Como diz o texto da lei, colhidas, reduzidas a termo e assinadas as declarações do condutor e das testemunhas, deve a autoridade passar imediatamente ao interrogatório do conduzido; apontado autor da infração penal.

2.9.5. Interrogatório

Interrogatório é o ato pelo qual a autoridade que preside a formalização do flagrante questiona o conduzido a respeito da imputação que lhe é feita.

Como providência preliminar ao interrogatório, **o preso deverá ser informado a respeito de seus direitos**, entre os quais o de permanecer calado, sendo-lhe assegurada a assistência da família e de advogado (CF, art. 5º, LXIII).

Nos termos do art. 15 do CPP, se o conduzido for pessoa menor de 21 anos (e maior de 18, é claro), ser-lhe-á nomeado ***curador especial*** pela autoridade policial.

Nos dias que correm, entretanto, não há mais necessidade de se nomear curador especial na hipótese mencionada.

A cautela legal levava em conta o fato de se considerar o sujeito passivo do flagrante pessoa relativamente incapaz, e seu desatendimento nulificava o auto.

Desde a vigência do Código Civil atual, a pessoa maior de 18 anos é considerada absolutamente capaz para todos os atos da vida civil, inclusive para prestar depoimento em investigação contra si instaurada, o que afasta a necessidade de atendimento à regra do art. 15 do CPP.

Some-se a isso o fato de que o art. 194 do CPP, que dispunha sobre a necessidade de nomeação de curador especial ao réu menor de 21 anos, quando de seu interrogatório em juízo, foi revogado pela Lei n. 10.792/2003.

O civilmente identificado não será submetido à **identificação criminal**, salvo nas hipóteses excepcionadas em lei (CF, art. 5º, LVIII).

Tem também o preso direito à **identificação dos responsáveis** por sua prisão *e* por seu interrogatório policial (CF, art. 5º, LXIV).

Na expressão do art. 304, a autoridade policial deverá proceder ao interrogatório do *acusado*.

É evidente que no momento da lavratura do auto não é correto falar em *acusado*. Nesse caso, o termo a ser empregado é *conduzido*. No processo penal, só é correto falar em *acusado* após o recebimento da inicial acusatória (denúncia ou queixa) em juízo. Portanto, entenda-se: a autoridade policial procederá ao *interrogatório do conduzido*.

Apesar da atual incongruência da redação, não se trata propriamente de erro do legislador na escolha da palavra, embora fosse possível e recomendada a utilização de expressão diversa.

Nesse caso, o vocábulo *acusado* foi empregado pelas mesmas razões que no § 1º do art. 304 se fez constar que: a autoridade "prosseguirá nos atos do inquérito ou do *processo*", e no § 3º novamente se fez referência ao *acusado*.

A justificativa para a utilização das questionadas expressões remete ao fato de que, antes da Constituição Federal de 1988, *os processos criminais* envolvendo a prática de contravenções penais e delitos culposos contra a vida ou a integridade corporal *tinham início com o auto de prisão em flagrante*, portanto na repartição policial. Bem por isso, e referindo-se às contravenções, disse Tornaghi: "Em caso de contravenção, o auto de prisão em flagrante não é apenas, como no das demais infrações, peça inicial do inquérito; é o próprio ato iniciador do processo. A polícia, nesse caso, tem função quase jurisdicional, ou melhor, funciona como órgão de instrução".[72]

Aplicam-se ao interrogatório as regras do interrogatório judicial – arts. 185 a 195 do CPP –, naquilo que for compatível.

Tendo o condutor e as testemunhas prestado suas declarações e assinado os termos respectivos, estando encerrado o interrogatório do conduzido, deverá a autoridade que preside a formalização do flagrante colher a assinatura deste, e depois lavrar o auto de prisão em flagrante, que é documento distinto, cuja regularidade e validade formal reclama estar acompanhado dos termos das declarações prestadas pelo condutor e testemunhas da infração (sendo caso) – ou, na falta destas, assinado pelas testemunhas da apresentação –, do termo de interrogatório do conduzido, do recibo de entrega do preso (recibo que é entregue ao condutor) e da nota de culpa.

Se o conduzido *se recusar a assinar*, *não souber* ou *não puder fazê-lo*, o auto de prisão em flagrante será assinado por duas testemunhas que tenham ouvido sua leitura na presença deste.

Na primeira hipótese, o conduzido sabe assinar, mas se recusa a fazê-lo.

Na segunda, por ser analfabeto, não sabe, sequer, assinar o próprio nome.

Na terceira e última, embora saiba assinar e até se disponha a fazê-lo, assim não poderá proceder, por exemplo, em razão de encontrar-se imobilizado sobre uma cama de hospital.

Em qualquer das hipóteses acima tratadas, a autoridade que presidir o auto de prisão em flagrante deverá fazer constar a situação específica e providenciar a assinatura de duas testemunhas que tenham ouvido sua leitura na presença do

72. Hélio Tornaghi, *Curso de processo penal*, 7. ed., São Paulo, Saraiva, 1990, p. 74.

conduzido. Por tais razões, referidas testemunhas são denominadas **testemunhas *instrumentárias* ou *de leitura***.

Conforme o atual § 4º do art. 304 do CPP, introduzido pela Lei n. 13.257/2016: "Da lavratura do auto de prisão em flagrante deverá constar a informação sobre a existência de filhos, respectivas idades e se possuem alguma deficiência e o nome e o contato de eventual responsável pelos cuidados dos filhos, indicado pela pessoa presa".

É intuitivo, portanto, que a pessoa presa em flagrante deve ser interrogada a respeito de tais aspectos, por quem presidir a lavratura do auto.

Tais questionamentos visam a colher elementos para a verificação da possibilidade de aplicação do art. 318, III a VI, do CPP, caso venha a ser decretada a prisão preventiva, especialmente ao ensejo do art. 310, II, do CPP, e também a eficácia de políticas públicas para a primeira infância.

A ausência de tais questionamentos não acarreta a nulidade do auto de prisão em flagrante e, bem por isso, não dá ensejo ao relaxamento da prisão, nada obstante a inegável relevância e as nobres finalidades da norma de regência.

2.9.6. Escrivão

Na falta ou no impedimento do escrivão de polícia que irá redigir a documentação tratada, qualquer pessoa designada pela autoridade lavrará o auto, depois de prestado o compromisso legal, conforme regra contida no art. 305 do CPP.

2.9.7. Infração penal praticada na presença da autoridade, ou contra esta, no exercício de suas funções

A lavratura do auto de prisão em flagrante ficará sujeita a ritual diverso quando: *1º)* a infração penal for praticada em presença da autoridade; *2º)* a infração penal for praticada contra autoridade, no exercício de suas funções.

Nesses casos, conforme determina o art. 307 do CPP, constarão do auto a narração desse fato, a voz de prisão, as declarações que fizer o preso e os depoimentos das testemunhas, sendo tudo assinado pela autoridade, pelo preso e pelas testemunhas e remetido imediatamente ao juiz a quem couber tomar conhecimento do fato delituoso.

Note-se que não há a figura do *condutor*, e isso porque a infração penal, em qualquer das hipóteses tratadas, terá sido praticada na presença da autoridade, daí a desnecessidade de que alguém *conduza* o preso até sua presença. *Condutor*, se houvesse, seria a própria autoridade...

Desde a vigência do art. 3º -A, introduzido no Código de Processo Penal pelo art. 3º da Lei n. 13.964/2019, deixou de ser permitido a qualquer magistrado presidir a lavratura de auto de prisão em flagrante, mesmo nas situações tratadas no art. 307 do CPP.

Vedada que se encontra a iniciativa judicial na fase de investigação, e considerando que o auto de prisão em flagrante é um dos meios de deflagração do inquérito policial, resulta inquestionável a impossibilidade de ser presidido por magistrado.

2.9.8. Nota de culpa

Em até 24 horas após a realização da prisão, será entregue ao preso, mediante recibo, a nota de culpa, assinada pela autoridade, com o motivo da prisão, o nome do condutor e os das testemunhas (CPP, art. 306, § 2º).

A previsão atende ao disposto no art. 5º, LXIV, da CF, onde se lê que o preso tem direito à identificação dos responsáveis por sua prisão, bem por isso o acerto de Mirabete quando diz que "a finalidade da denominada nota de culpa é comunicar ao preso o motivo da prisão, bem como a identidade de quem o prendeu, num breve relato do fato criminoso de que é acusado".[73]

Eventuais irregularidades ou deficiências da nota de culpa, tais como a omissão do motivo da prisão ou da descrição do fato, e a equivocada classificação do fato, não têm o condão de nulificar o auto de prisão em flagrante, mas a sua ausência ou entrega tardia, fora do prazo legal, irá provocar o relaxamento da prisão.

2.10. Recolhimento ao cárcere

Terminada a lavratura do auto de prisão em flagrante, a autoridade encaminhará o autuado ao cárcere.

Na letra do art. 304, § 1º, do CPP, o réu deverá ser recolhido preso, salvo se for hipótese em que ele "se livra solto" ou que comporte fiança.

2.10.1. Hipóteses em que o autuado "se livra solto"

Conforme diz o art. 309 do CPP, "se o réu se livrar solto, deverá ser posto em liberdade, depois de lavrado o auto de prisão em flagrante".

As hipóteses em que o autuado "se *livrava* solto" estavam reguladas nos incisos I e II do art. 321 do CPP, *verbis*: "Art. 321. Ressalvado o disposto no art. 323, III e IV, o réu livrar-se-á solto, independentemente de fiança: I – no caso de infração, a que não for, isolada, cumulativa ou alternativamente, cominada pena privativa de liberdade; II – quando o máximo da pena privativa de liberdade, isolada, cumulativa ou alternativamente cominada, não exceder a três meses".

Ocorre, entretanto, que esses incisos foram expressamente revogados pelo art. 4º da Lei n. 12.403/2011, e o *caput* do mesmo artigo recebeu nova redação, sem qualquer referência ao instituto antigo.

73. Julio Fabbrini Mirabete, op. cit., p. 415.

Em resumo: não há mais previsão alguma no CPP a indicar quais são as hipóteses em que o autuado "se livra solto".

É verdade que o novo § 1º do art. 283 do CPP diz que não se imporá prisão em flagrante em relação à infração a que não for isolada, cumulativa ou alternativamente cominada pena privativa de liberdade; contudo, note-se que, nesses casos, o flagrante não será lavrado, daí não ser correto afirmar que, nessas hipóteses, o agente se livrará solto, como nos moldes em que antes ocorria.

Como se percebe, para que houvesse harmonia no trato da matéria, o art. 309 do CPP deveria ter sido revogado, e o § 1º do art. 304 deveria ter sido reformulado, para dele se extrair a referência ao "livrar-se solto".

Necessário observar que, em razão do advento da Lei n. 9.099/95, a possibilidade de prisão em flagrante nos casos que eram listados no art. 321 do CPP praticamente se extinguiu, conforme decorre do disposto no parágrafo único do art. 69, segundo o qual "ao autor do fato que, após a lavratura do termo, for imediatamente encaminhado ao Juizado ou assumir o compromisso de a ele comparecer, não se imporá prisão em flagrante, nem se exigirá fiança".

2.10.2. Liberdade provisória mediante fiança

Nos precisos termos do art. 322 do CPP: "A autoridade policial somente poderá conceder fiança nos casos de infração cuja pena privativa de liberdade máxima não seja superior a 4 (quatro) anos. Parágrafo único. Nos demais casos, a fiança será requerida ao juiz, que decidirá em 48 (quarenta e oito) horas".

Liberdade provisória, com ou sem fiança, são temas tratados em momentos distintos, mais adiante.

2.11. Comunicação da prisão: controle imediato

2.11.1. Controle jurisdicional

Segundo o **princípio do controle jurisdicional imediato**, a prisão de qualquer pessoa e o local onde se encontre serão comunicados imediatamente ao juiz competente (CF, art. 5º, LXII; CPP, art. 306, *caput*).

Nas hipóteses em que a prisão cautelar decorre de decisão judicial, há um controle jurisdicional prévio a respeito do cabimento e legalidade da medida privativa de liberdade, feito pelo próprio órgão do Poder Judiciário que a ordena (o que não impede seja a decisão questionada e levada à apreciação de outra instância judiciária).

No caso de prisão em flagrante, ausente o controle prévio, a comunicação de que ora se cuida deve seguir-se *imediatamente* após a apresentação do conduzido à autoridade que irá providenciar a formalização da prisão, mas normalmente ocorre após a lavratura do auto, com a remessa de que trata o § 1º do art. 306, e tem por objetivo dar cumprimento ao disposto no inciso LXV do art. 5º da CF, segundo o qual a prisão ilegal será imediatamente relaxada pela autoridade judiciária.

Tem relação, ainda, com a necessidade de observância ao disposto no inciso LXVI do art. 5º da CF, segundo o qual ninguém será levado à prisão ou nela mantido, quando a lei admitir a liberdade provisória, com ou sem fiança.

Bem por isso, dispõe o § 1º do art. 306 do CPP que, em até vinte e quatro horas após a realização da prisão, será encaminhado ao juiz competente o auto de prisão em flagrante. Entenda-se: auto de prisão em flagrante acompanhado de cópia das declarações do condutor (exceto na hipótese do art. 307 do CPP), declarações das testemunhas da infração (se houver); interrogatório do autuado, tudo devidamente assinado e com as particularidades anteriormente tratadas (CPP, §§ 2º e 3º do art. 304), bem como da nota de culpa, que no mesmo prazo – vinte e quatro horas – deve ser entregue ao preso, mediante recibo, antes, contudo, da remessa do expediente ao juiz competente.

Caso o autuado não informe, por ocasião da lavratura do auto de prisão em flagrante, o nome de seu advogado, ou de advogado informe não dispor, a autoridade que presidiu o auto também deverá providenciar o encaminhamento de **cópia integral para a Defensoria Pública**, onde houver, para conhecimento e providências que se entender cabíveis – estabelecendo-se o que convencionamos denominar **controle defensório imediato**.

A ausência de comunicação à Defensoria, contudo, não implica nulidade do auto e, por isso, relaxamento da prisão.

Já se decidiu que, estando regular a prisão em flagrante, "o atraso ou mesmo a falta de comunicação, dentro do prazo legal, à autoridade judiciária, não tem o condão de nulificar a custódia, pois trata-se de ato extrínseco à segregação".[74]

A comunicação da prisão em flagrante deve ser endereçada ao juiz das garantias competente (CF, art. 5º, LXII; CPP, art. 3º -B, I), quando e onde estiver implementado.[75]

---

74. TJSP, HC 265.453-3/1-00, 4ª Câm., rel. Des. Hélio de Freitas, *RT* 763/568.

75. Após a publicação da Lei n. 13.964/2019 foram ajuizadas no Supremo Tribunal Federal três ações diretas de inconstitucionalidade questionando alguns de seus dispositivos – ADI 6.298, 6.299 e 6.300 –, e no dia 15 de janeiro de 2020 o Min. Dias Toffoli concedeu medida cautelar nos autos da ADI 6.298, para, entre outras coisas: "**(i)** suspender-se a eficácia dos **arts. 3º -D, parágrafo único, e 157, § 5º**, do Código de Processo Penal, incluídos pela Lei n. 13.964/19; **(ii)** suspender-se a eficácia dos arts. 3º -B, 3º -C, 3º -D, *caput*, 3º -E e 3º -F do CPP, inseridos pela Lei n. 13.964/2019, até a efetiva implementação do juiz das garantias pelos tribunais, o que deverá ocorrer **no prazo máximo de 180 (cento e oitenta) dias, contados a partir da publicação desta decisão; (iii)** conferir-se interpretação conforme às normas relativas ao juiz das garantias (arts. 3º -B a 3º -F do CPP), para esclarecer que não se aplicam às seguintes situações: (a) processos de competência originária dos tribunais, os quais são regidos pela Lei n. 8.038/90; (b) processos de competência do Tribunal do Júri; (c) casos de violência doméstica e familiar; e (d) processos criminais de competência da Justiça Eleitoral".

Ainda em confronto com as inovações determinadas pela Lei n. 13.964/2019, no dia 22 de janeiro de 2020, nos autos da ADI 6.298, na condição de relator das ADIs 6.298, 6.299, 6.300 e 6305, o Min. Luiz Fux revogou a decisão monocrática constante das ADIs 6.298, 6.299, 6.300 e suspendeu *sine die* a eficácia

"Após receber o auto de prisão em flagrante" – diz o art. 310 do CPP –, "no prazo máximo de 24 (vinte e quatro) horas após a realização da prisão, o juiz deverá promover audiência de custódia com a presença do acusado, seu advogado constituído ou membro da Defensoria Pública e o membro do Ministério Público, e nessa audiência, o juiz deverá, fundamentadamente: I – relaxar a prisão ilegal; ou II – converter a prisão em flagrante em preventiva, quando presentes os requisitos constantes do art. 312 deste Código, e se revelarem inadequadas ou insuficientes as medidas cautelares diversas da prisão; ou III – conceder liberdade provisória, com ou sem fiança".

E arremata o § 1º do art. 310: "Se o juiz verificar, pelo auto de prisão em flagrante, que o agente praticou o fato em qualquer das condições constantes dos incisos I, II ou III do *caput* do art. 23 do Decreto-Lei n. 2.848, de 7 de dezembro de 1940 – Código Penal, poderá, fundamentadamente, conceder ao acusado liberdade provisória, mediante termo de comparecimento obrigatório a todos os atos processuais, sob pena de revogação".

Necessário consignar, entretanto, que a determinação emanada do § 1º do art. 310 é absolutamente equivocada.

Com efeito, dispõe o art. 23 do Código Penal que **não há crime** quando o agente pratica o fato sob o manto de uma das excludentes que aponta, a saber: estado de necessidade, legítima defesa, estrito cumprimento de dever legal e exercício regular de direito.

Ora, se não há crime nas hipóteses tratadas, o correto é falar em **relaxamento da prisão em flagrante** levada a efeito. Não se trata, portanto, de conceder liberdade provisória, e menos ainda liberdade provisória vinculada à obrigatoriedade de comparecimento aos atos do processo, modalidade de liberdade provisória *vinculada*, inexistente no Direito Processual Penal vigente, tal como cuidaremos de expor mais adiante.

Dito isso, é preciso destacar que **as disposições do art. 310 do CPP devem ser aplicadas em sede de audiência de custódia** – que preferimos denominar **audiência de apresentação** – tema sobre o qual falaremos mais adiante, mas nada impede, ao contrário, tudo recomenda, que a prisão ilegal seja imediatamente relaxada pelo magistrado, *ex officio*, atendendo à determinação contida no art. 5º, LXV, da CF, e que de semelhante modo a liberdade provisória, quando cabível, seja concedida antes mesmo da audiência de apresentação, tendo em vista que, conforme mandamento constitucional, ninguém será levado à prisão ou nela mantido, quando a lei admitir

---

da implantação do juiz das garantias e seus consectários (arts. 3º-A, 3º-B, 3º-C, 3º-D, 3ª-E, 3º-F, do CPP); da alteração do juiz sentenciante que conheceu de prova declarada inadmissível (art. 157, § 5º, do CPP); e concedeu a medida cautelar requerida nos autos da ADI 6.305, para suspender *sine die* a eficácia, da alteração do procedimento de arquivamento do inquérito policial (art. 28, *caput*, CPP), e da ilegalidade da prisão pela não realização da audiência de custódia no prazo de 24 horas (art. 310, § 4°, do CPP).

liberdade provisória, com ou sem fiança (CF, art. 5º, LXVI), e, mesmo que por algumas horas, sendo possível, é de rigor evitar prisão cautelar desnecessária.

O texto constitucional é claro em suas determinações. Carece de valor jurídico qualquer disposição infraconstitucional que aponte para a possibilidade de postura diversa.

2.11.2. Controle ministerial

Em sua antiga redação o art. 306 do CPP determinava a comunicação imediata da prisão ao juiz competente e à família do preso ou pessoa por ele indicada, bem como à Defensoria Pública, quando deixasse de informar o nome de seu advogado. Com a alteração introduzida pela Lei n. 12.403/2011, o legislador determinou que o Ministério Público também seja comunicado a respeito da prisão, instituindo com isso o **princípio do controle Ministerial imediato**.

Na rotina forense, entretanto, o problema nunca esteve na ausência de conhecimento e/ou manifestação do Ministério Público a respeito de determinada prisão em flagrante levada a efeito, mas sim na ausência de melhor análise da situação fática, nesse momento, e manifestação apropriada, levando em conta a real necessidade, ou não, de decretação da prisão preventiva.

Em que prazo deve ocorrer a comunicação ao Ministério Público?

Pensamos que no mesmo prazo em que deve ser comunicada ao juiz competente, qual seja: imediatamente. No máximo, é de se admitir se verifique em até vinte e quatro horas após a captura.

Problema na aplicação da regra será conhecer quem será o representante do Ministério Público a quem deva ser encaminhada a comunicação imediata nas comarcas onde houver mais de um com atribuições criminais, salvo se a autoridade policial verificar primeiramente a distribuição da comunicação ao juiz e, ciente das atribuições do Promotor de Justiça que atuar na Vara Judicial correspondente, seguir com o encaminhamento respectivo.

Do contrário, a autoridade deverá simplesmente protocolar a comunicação do flagrante junto ao cartório ou Secretaria do Ministério Público, onde houver, ou diretamente com o Promotor de Justiça ou funcionário que fizer as vezes.

A ausência da comunicação de que ora se cuida não nulifica o flagrante, tampouco enseja relaxamento da prisão levada a efeito.

Note-se, por outro vértice, que o art. 306 do CPP não determina o encaminhamento de cópia do auto de prisão em flagrante ao *Parquet*, que apenas deverá ser comunicado da prisão formalizada.

Recebida a comunicação, descortina-se o momento de dar efetividade ao controle ministerial, que irá ocorrer *especialmente* durante a **audiência de custódia**, na qual se dará a apresentação do preso em juízo para a análise do caso.

2.12. Audiência de apresentação/custódia

No dia 15 de dezembro de 2015 o Conselho Nacional de Justiça (CNJ) editou a Resolução n. 213, que entrou em vigor no dia 1º de fevereiro de 2016 e dispõe sobre a apresentação de toda pessoa presa à autoridade judicial, no prazo de 24 (vinte e quatro) horas.

Sobredita Resolução aponta dentre seus diversos fundamentos o disposto no art. 9º, item 3, do Pacto Internacional de Direitos Civis e Políticos das Nações Unidas; o art. 7º, item 5, da Convenção Americana sobre Direitos Humanos (Pacto de São José da Costa Rica); o art. 96, I, *a*, da Constituição Federal, que "defere aos tribunais a possibilidade de tratarem da competência e do funcionamento dos seus serviços e órgãos jurisdicionais e administrativos"; e também o que fora decidido na Ação Direta de Inconstitucionalidade 5.240,[76] oportunidade em que o Supremo Tribunal Federal declarou a constitucionalidade da disciplina pelos tribunais da apresentação da pessoa presa à autoridade judicial competente, e a determinação imposta por ocasião da apreciação da Ação de Descumprimento de Preceito Fundamental 347,[77] na qual a Suprema Corte fixou a obrigatoriedade de apresentação da pessoa presa à autoridade judicial competente.

---

76. "1. A Convenção Americana sobre Direitos do Homem, que dispõe, em seu art. 7º, item 5, que 'toda pessoa presa, detida ou retida deve ser conduzida, sem demora, à presença de um juiz', posto ostentar o *status* jurídico supralegal que os tratados internacionais sobre direitos humanos têm no ordenamento jurídico brasileiro, legitima a denominada 'audiência de custódia', cuja denominação sugere-se 'audiência de apresentação'. 2. O direito convencional de apresentação do preso ao Juiz, consectariamente, deflagra o procedimento legal de *habeas corpus*, no qual o Juiz apreciará a legalidade da prisão, à vista do preso que lhe é apresentado, procedimento esse instituído pelo Código de Processo Penal, nos seus arts. 647 e s. 3. O *habeas corpus ad subjiciendum*, em sua origem remota, consistia na determinação do juiz de apresentação do preso para aferição da legalidade da sua prisão, o que ainda se faz presente na legislação processual penal (art. 656 do CPP). 4. O ato normativo sob o crivo da fiscalização abstrata de constitucionalidade contempla, em seus arts. 1º, 3º, 5º, 6º e 7º normas estritamente regulamentadoras do procedimento legal de *habeas corpus* instaurado perante o Juiz de primeira instância, em nada exorbitando ou contrariando a lei processual vigente, restando, assim, inexistência de conflito com a lei, o que torna inadmissível o ajuizamento de ação direta de inconstitucionalidade para a sua impugnação, porquanto o *status* do CPP não gera violação constitucional, posto legislação infraconstitucional (...)" (STF, ADI 5.240/SP, Tribunal Pleno, rel. Min. Luiz Fux, j. 20-8-2015, *DJe* n. 018, de 1º -2-2016).

77. "Presente quadro de violação massiva e persistente de direitos fundamentais, decorrente de falhas estruturais e falência de políticas públicas e cuja modificação depende de medidas abrangentes de natureza normativa, administrativa e orçamentária, deve o sistema penitenciário nacional ser caraterizado como 'estado de coisas inconstitucional'. (...) Estão obrigados juízes e tribunais, observados os arts. 9.3 do Pacto dos Direitos Civis e Políticos e 7.5 da Convenção Interamericana de Direitos Humanos, a realizarem, em até noventa dias, audiências de custódia, viabilizando o comparecimento do preso perante a autoridade judiciária no prazo máximo de 24 horas, contado do momento da prisão" (STF, ADPF 347 MC/DF, Tribunal Pleno, rel. Min. Marco Aurélio, j. 9-9-2015, *DJe* n. 031, de 19-2-2016).

Embora tardiamente, com tal proceder foi formalmente instituída entre nós, em âmbito nacional, a denominada **audiência de custódia**, que preferimos intitular **audiência de apresentação**, visto que idealmente não se destina à custódia de quem já se encontra preso, mas a outras deliberações, inclusive e especialmente com vistas ao relaxamento da prisão[78] ou concessão de liberdade provisória[79] a quem fora preso em flagrante delito.

No caso de prisão em flagrante, nas 24 (vinte e quatro) horas seguintes a autoridade policial **deverá providenciar a comunicação da prisão e a apresentação da pessoa presa ao juiz competente**, nos moldes do que fora decidido na ADPF 347, onde consta expressamente que a audiência deve ser realizada no prazo de 24 (vinte e quatro) horas, **contado do momento da prisão**.[80]

O art. 310, *caput*, do CPP, determina que após receber o auto de prisão em flagrante, no prazo máximo de até 24 (vinte e quatro) horas após a realização da prisão, o juiz deverá realizar a audiência de apresentação. Note-se: da realização da prisão captura, e não de sua formalização com a lavratura do auto.

De modo diverso ao anteriormente delineado, o art. 1º, *caput*, da Resolução n. 213 do CNJ, indica que a partir da comunicação da prisão começa a contagem de novo prazo de 24 (vinte e quatro) horas, dentro do qual o preso deverá ser levado à presença do juiz para participar da audiência em testilha.

Ante a colidência de comandos evidenciada, é induvidoso que prevalece a contagem do prazo conforme fixada na decisão proferida pela Suprema Corte e foi inserida no art. 310, *caput*, do CPP, após a reforma determinada pela Lei n. 13.964/2019. Vamos avante.

Se o flagrante envolver pessoa sujeita a competência originária de Tribunal – foro privilegiado por prerrogativa de função –, a apresentação do preso *poderá* ser feita ao juiz que o Presidente do Tribunal ou Relator designar para esse fim.[81]

Em casos tais, portanto, a audiência poderá ser realizada no Tribunal ou por juiz de primeiro grau, e é inegável que a apresentação ao juiz de primeiro grau designado atende aos ideais de celeridade e economia, na medida em que permite a realização dos rituais na comarca em que os fatos se deram, muitas vezes distante do Tribunal.

---

78. Art. 5º, LXV, da CF: "A prisão ilegal será imediatamente relaxada pela autoridade judiciária".

79. Art. 5º, LXVI, da CF: "Ninguém será levado à prisão ou nela mantido, quando a lei admitir liberdade provisória, com ou sem fiança".

80. "Estão obrigados juízes e tribunais, observados os arts. 9.3 do Pacto dos Direitos Civis e Políticos e 7.5 da Convenção Interamericana de Direitos Humanos, a realizarem, em até noventa dias, audiências de custódia, viabilizando o comparecimento do preso perante a autoridade judiciária no prazo máximo de 24 horas, contado do momento da prisão" (STF, ADPF 347 MC/DF, Tribunal Pleno, rel. Min. Marco Aurélio, j. 9-9-2015, *DJe* n. 031, de 19-2-2016).

81. Art. 13, § 3º, da Resolução CNJ n. 213/2015.

Mas não é correto pensar que apenas quem fora preso em flagrante deve ser levado à presença da autoridade judiciária em dia e hora que se realizar a audiência de apresentação, pois, a teor do disposto no art. 13, *caput*, da Resolução n. 213, também deverá ocorrer audiência de apresentação após o cumprimento de mandado de prisão, por força da decretação de prisão cautelar (temporária ou preventiva) ou condenação definitiva. Toda pessoa presa deverá ser apresentada à autoridade judiciária no prazo de 24 (vinte e quatro) horas, a contar do cumprimento do mandado de prisão.

A propósito, diz o parágrafo único do art. 13 que: "Todos os mandados de prisão deverão conter, expressamente, a determinação para que, no momento de seu cumprimento, a pessoa presa seja imediatamente apresentada à autoridade judicial que determinou a expedição da ordem de custódia ou, nos casos em que forem cumpridos fora da jurisdição do juiz processante, à autoridade judicial competente, conforme lei de organização judiciária local".

Se a pessoa presa em flagrante ou por força de mandado de prisão estiver acometida de grave enfermidade, ou havendo circunstância comprovadamente excepcional que a impossibilite de ser apresentada[82] ao juiz no prazo de 24 (vinte e quatro) horas, deverá ser assegurada a realização da audiência no local em que ela se encontre e, nos casos em que o deslocamento se mostre inviável, deverá ser providenciada a condução para a audiência de custódia imediatamente após restabelecida sua condição de saúde ou de apresentação.[83]

Seja como for, a audiência sempre deverá ser realizada, inclusive nos dias de plantão judiciário (sábados, domingos e feriados) ou durante o período de recesso forense, não servindo de justificativa para sua não realização, ademais, a afirmação no sentido de que a prisão se encontra revestida de legalidade ou que a convicção do juízo fora satisfatoriamente formada com a apreciação dos documentos enviados com a comunicação da prisão.

Nesse sentido, proclamou o Supremo Tribunal Federal que:

> Nos termos do decidido liminarmente na ADPF 347/DF (rel. Min. Marco Aurélio, Tribunal Pleno, j. 9-9-2015), por força do Pacto dos Direitos Civis e Políticos, da Convenção Interamericana de Direitos Humanos e como decorrência da cláusula do devido processo legal, a realização de audiência de apresentação é de observância obrigatória. Descabe, nessa ótica, a dispensa de referido ato sob a justificativa de que o convencimento do julgador quanto às providências do art. 310 do CPP encontra-se previamente consolidado. A conversão da prisão em flagrante em preventiva não traduz, por si, a superação da flagrante irregularidade, na medida em que se trata de vício que alcança a formação e legitimação do ato constritivo. Considerando que, a teor do art. 316 do Código de Processo Penal, as medidas cautelares podem ser revisitadas pelo Juiz competente enquanto não ultimado o ofício jurisdicional,

82. Exemplos: pessoa que estiver hospitalizada gravemente ferida ou inconsciente.
83. Art. 13, § 4º, da Resolução CNJ n. 213/2015.

incumbe a reavaliação da constrição, mediante a realização de audiência de apresentação. Ordem concedida de ofício.[84-85]

Em sentido contrário ao que sempre defendemos, o Superior Tribunal de Justiça – 5ª e 6ª Turmas –, já decidiu diversas vezes que:

> A ausência de audiência de custódia não constitui irregularidade suficiente para ensejar a ilegalidade da prisão cautelar, se observados os direitos e garantias previstos na Constituição Federal e no Código de Processo Penal (STJ, RHC 76.100/AC, 5ª T., rel. Min. Felix Fischer, j. 8-11-2016, *DJe* de 2-12-2016).
>
> A jurisprudência desta Corte orienta-se no sentido de não reconhecer a nulidade da prisão apenas em razão da ausência da audiência de custódia, se não demonstrada inobservância aos direitos e garantias constitucionais do acusado, como no caso concreto (STJ, RHC 76.734/MG, 5ª T., rel. Min. Reynaldo Soares da Fonseca, j. 22-11-2016, *DJe* de 2-12-2016).
>
> Conforme orientação firmada no âmbito da 6ª T. desta Corte, "a não realização de audiência de custódia não é suficiente, por si só, para ensejar a nulidade da prisão preventiva, quando evidenciada a observância das garantias processuais e constitucionais" (AgRg no HC 353.887/SP, rel. Min. Sebastião Reis Júnior, 6ª T., j. 19-5-2016, *DJe* de 7-6-2016) (STJ, RHC 76.906/SP, 6ª T., rel. Min. Maria Thereza de Assis Moura, j. 10-11-2016, *DJe* de 24-11-2016).
>
> A não realização de audiência de custódia não induz a ilegalidade do decreto preventivo, cujos fundamentos e requisitos de validade não incluem a prévia realização daquele ato, vinculados, por força de lei, ao que dispõem os arts. 312 e 313 do Código de Processo Penal (Precedentes).[86]

Ocorre que o art. 3º da Lei n. 13.964/2019 introduziu ao art. 310 do CPP seu atual § 4º, que assim dispõe: "Transcorridas 24 (vinte e quatro) horas após o decurso do prazo estabelecido no *caput* deste artigo, a não realização de audiência de custódia sem motivação idônea ensejará também a ilegalidade da prisão, a ser relaxada pela autoridade competente, sem prejuízo da possibilidade de imediata decretação de prisão preventiva".

Está encerrada, em parte, a discussão, e a resistência deve ceder em alguma medida.

Remanesce para alguns, entretanto, tormentosa questão que reside em saber quando e em quais circunstâncias será possível encontrar **motivação idônea para a não realização da audiência** de apresentação no prazo legal.

A nosso sentir, a não realização da audiência de apresentação no prazo legal **sempre ensejará a ilegalidade da prisão**, que sob tais circunstâncias deverá ser relaxada.

---

84. Por maioria de votos, a Turma não conheceu da impetração, mas concedeu a ordem, de ofício, nos termos do voto do Relator, vencido o Senhor Ministro Marco Aurélio, que admitia o *habeas corpus* e deferia parcialmente a ordem.

85. STF, HC 133.992/DF, 1ª T., rel. Min. Edson Fachin, j. 11-10-2016, *DJe* 257, de 2-12-2016.

86. STJ, RHC 76.653/PR, 6ª T., rel. Min. Rogério Schietti Cruz, j. 22-11-2016, *DJe* de 7-12-2016.

Não se trata de ilegalidade da prisão em flagrante propriamente dita, tampouco do auto de prisão em flagrante, mas de **ilegalidade em razão do escoamento do tempo máximo de prisão por força do flagrante**, que em hipótese alguma poderá ultrapassar o prazo de 24 horas, contado da prisão captura.

Da imprescindibilidade da audiência de apresentação decorre que, se por qualquer motivo não houver juiz na comarca em que se deva realizar a audiência, a pessoa presa deverá ser levada imediatamente ao local em que se encontrar o juiz que responder pelo expediente em substituição a seu colega ausente, conforme dispuserem as normas do tribunal a que se encontrarem vinculados os magistrados.

Como é intuitivo, na audiência deverá estar presente o representante do Ministério Público que detiver atribuições para tanto, e a pessoa presa deverá estar assistida por defesa técnica.

"Se a pessoa presa em flagrante delito constituir advogado até o término da lavratura do auto de prisão em flagrante, o Delegado de polícia deverá notificá-lo, pelos meios mais comuns, tais como correio eletrônico, telefone ou mensagem de texto, para que compareça à audiência de custódia, consignando nos autos".[87]

Se a pessoa presa não tiver advogado constituído, será assistida por Defensor Público, e não sendo possível a atuação de Defensor Público o juiz deverá nomear defensor *ad hoc* (para o ato). O que não é possível admitir, qualquer que seja a hipótese, é a realização da audiência sem a presença de defensor.

Com o objetivo de assegurar a ampla defesa, "antes da apresentação da pessoa presa ao juiz, será assegurado seu atendimento prévio e reservado por advogado por ela constituído ou defensor público, sem a presença de agentes policiais, sendo esclarecidos por funcionário credenciado os motivos, fundamentos e ritos que versam a audiência de custódia".[88] Para tal finalidade, é necessário que se disponibilize local apropriado, de modo a assegurar a confidencialidade do ato.

A audiência, que não poderá ser presenciada pelos agentes policiais responsáveis pela prisão ou pela investigação dos fatos sob análise, deverá desenvolver-se conforme o procedimento traçado na Resolução n. 213 do CNJ, que é autoexplicativa a esse respeito e assim dispõe:

> Art. 8º Na audiência de custódia, a autoridade judicial entrevistará a pessoa presa em flagrante, devendo:
>
> I – esclarecer o que é a audiência de custódia, ressaltando as questões a serem analisadas pela autoridade judicial;
>
> II – assegurar que a pessoa presa não esteja algemada, salvo em casos de resistência e de fundado receio de fuga ou de perigo à integridade física própria ou alheia, devendo a excepcionalidade ser justificada por escrito;

87. Art. 5º, *caput*, da Resolução CNJ n. 213/2015.
88. Art. 6º, *caput*, da Resolução CNJ n. 213/2015.

III – dar ciência sobre seu direito de permanecer em silêncio;

IV – questionar se lhe foi dada ciência e efetiva oportunidade de exercício dos direitos constitucionais inerentes à sua condição, particularmente o direito de consultar-se com advogado ou defensor público, o de ser atendido por médico e o de comunicar-se com seus familiares;

V – indagar sobre as circunstâncias de sua prisão ou apreensão;

VI – perguntar sobre o tratamento recebido em todos os locais por onde passou antes da apresentação à audiência, questionando sobre a ocorrência de tortura e maus-tratos e adotando as providências cabíveis;

VII – verificar se houve a realização de exame de corpo de delito, determinando sua realização nos casos em que:

a) não tiver sido realizado;

b) os registros se mostrarem insuficientes;

c) a alegação de tortura e maus-tratos referir-se a momento posterior ao exame realizado;

d) o exame tiver sido realizado na presença de agente policial, observando-se a Recomendação CNJ 49/2014[89] quanto à formulação de quesitos ao perito;

VIII – abster-se de formular perguntas com finalidade de produzir prova para a investigação ou ação penal relativas aos fatos objeto do auto de prisão em flagrante;

IX – adotar as providências a seu cargo para sanar possíveis irregularidades;

X – averiguar, por perguntas e visualmente, hipóteses de gravidez, existência de filhos ou dependentes sob cuidados da pessoa presa em flagrante delito, histórico de doença grave, incluídos os transtornos mentais e a dependência química, para analisar o cabimento de encaminhamento assistencial e da concessão da liberdade provisória, sem ou com a imposição de medida cautelar.

Após o momento destinado às perguntas que o magistrado deverá endereçar à pessoa presa – que poderá optar pelo silêncio constitucional (CF, art. 5º, LXIII) –, o juiz deferirá ao Ministério Público e à defesa técnica, nesta ordem, a faculdade de formular reperguntas compatíveis com a natureza do ato,[90] devendo indeferir eventual arguição relativa ao mérito do delito pelo qual ocorreu a prisão.[91]

Em seguida, expondo os fundamentos de fato e de direito que entender pertinentes, deverá o representante do Ministério Público requerer: I – o relaxamento da

89. Dispõe sobre a necessidade de observância, pelos magistrados brasileiros, das normas – princípios e regras – do chamado Protocolo de Istambul, da Organização das Nações Unidas (ONU), e, bem assim, do Protocolo Brasileiro de Perícia Forense, em casos de crime de tortura e dá outras providências.

90. Conforme o art. 8º, § 2º, da Resolução CNJ n. 213: "A oitiva da pessoa presa será registrada, preferencialmente, em mídia, dispensando-se a formalização de termo de manifestação da pessoa presa ou do conteúdo das postulações das partes, e ficará arquivada na unidade responsável pela audiência de custódia".

91. Art. 8º, § 1º, da Resolução CNJ n. 213/2015.

prisão, ou II – a concessão de liberdade provisória, com ou sem fiança, cumulada ou não com medida cautelar restritiva; III – a decretação da prisão preventiva, ou IV – a decretação da prisão temporária, e, em qualquer caso, V – a adoção de outras medidas necessárias à preservação de direitos da pessoa presa.

Na sequência será dada a palavra à defesa a fim de que se manifeste, quando então poderá requerer: I – o relaxamento da prisão *ou* II – a concessão de liberdade provisória, com ou sem fiança, cumulada ou não com medida cautelar restritiva. Qualquer que seja a hipótese, como é intuitivo, a defesa também poderá postular a adoção de medidas que reputar necessárias à preservação de direitos da pessoa presa.

Se estiver diante de situação em que a pessoa se encontrar custodiada em razão de prisão preventiva ou temporária, o representante do Ministério Público poderá, e de igual modo a defesa, por evidente razão, requerer o relaxamento (quando ilegal) ou a revogação da medida imposta (quando não subsistirem os fundamentos que outrora legitimaram a decretação).[92]

Apresentadas as considerações e os requerimentos do Ministério Público e da defesa, caberá ao juiz proferir decisão, quando então deverá se pronunciar sobre os termos do art. 310 do CPP, sem prejuízo de outras medidas eventualmente cabíveis.[93] Neste momento, "havendo declaração da pessoa presa em flagrante delito de que foi vítima de tortura e maus-tratos ou entendimento da autoridade judicial de que há indícios da prática de tortura, será determinado o registro das informações, adotadas as providências cabíveis para a investigação da denúncia e preservação da segurança física e psicológica da vítima, que será encaminhada para atendimento médico e psicossocial especializado",[94] cumprindo sejam atendidas as demais disposições do art. 11 da Resolução CNJ n. 213.

---

92. O art. 5º, LXV, da CF, diz que "a prisão ilegal será imediatamente relaxada pela autoridade judiciária". O art. 316 do CPP fala da possibilidade de *revogação* da prisão preventiva quando se verificar a falta de motivo para que subsista. É inegável, portanto, a diferença que há entre *relaxamento* (que não se restringe à hipótese de ilegal prisão em flagrante) e *revogação*.

93. Dispõem os §§ 2º e 3º do art. 9º da Resolução CNJ n. 213 que: "§ 2º Identificadas demandas abrangidas por políticas de proteção ou de inclusão social implementadas pelo Poder Público, caberá ao juiz encaminhar a pessoa presa em flagrante delito ao serviço de acompanhamento de alternativas penais, ao qual cabe a articulação com a rede de proteção social e a identificação das políticas e dos programas adequados a cada caso ou, nas Comarcas em que inexistirem serviços de acompanhamento de alternativas penais, indicar o encaminhamento direto às políticas de proteção ou inclusão social existentes, sensibilizando a pessoa presa em flagrante delito para o comparecimento de forma não obrigatória. § 3º O juiz deve buscar garantir às pessoas presas em flagrante delito o direito à atenção médica e psicossocial eventualmente necessária, resguardada a natureza voluntária desses serviços, a partir do encaminhamento ao serviço de acompanhamento de alternativas penais, não sendo cabível a aplicação de medidas cautelares para tratamento ou internação compulsória de pessoas autuadas em flagrante que apresentem quadro de transtorno mental ou de dependência química, em desconformidade com o previsto no art. 4º da Lei 10.216, de 6 de abril de 2001, e no art. 319, inciso VII, do CPP".

94. Art. 11, *caput*, da Resolução CNJ n. 213/2015.

Com a decisão do juiz chega-se ao final da audiência de apresentação/custódia, cumprindo observar, nos precisos termos do art. 8º, §§ 3º, 4º e 5º, da Resolução tantas vezes citada, que:

> § 3º A ata da audiência conterá, apenas e resumidamente, a deliberação fundamentada do magistrado quanto à legalidade e manutenção da prisão, cabimento de liberdade provisória sem ou com a imposição de medidas cautelares diversas da prisão, considerando-se o pedido de cada parte, como também as providências tomadas, em caso da constatação de indícios de tortura e maus-tratos.
>
> § 4º Concluída a audiência de custódia, cópia da sua ata será entregue à pessoa presa em flagrante delito, ao Defensor e ao Ministério Público, tomando-se a ciência de todos, e apenas o auto de prisão em flagrante, com antecedentes e cópia da ata, seguirá para livre distribuição.
>
> § 5º Proferida a decisão que resultar no relaxamento da prisão em flagrante, na concessão da liberdade provisória sem ou com a imposição de medida cautelar alternativa à prisão, ou quando determinado o imediato arquivamento do inquérito, a pessoa presa em flagrante delito será prontamente colocada em liberdade, mediante a expedição de alvará de soltura, e será informada sobre seus direitos e obrigações, salvo se por outro motivo tenha que continuar presa.

Diz o art. 12 da Resolução CNJ n. 213 que o termo da audiência de custódia deverá ser apensado ao inquérito ou à ação penal.

Por fim, consoante o § 3º do art. 310, que constitui inovação introduzida pela Lei n. 13.964/2019, se a audiência de apresentação/custódia não for realizada no prazo de 24 (vinte e quatro) horas a partir da realização da prisão captura, sem prejuízo do relaxamento da prisão, a autoridade que deu causa, sem motivação idônea, à não realização do ato será responsabilizada civil, administrativa e penalmente pela omissão.

2.12.1. *Prazo máximo de duração da prisão por força de flagrante*

Em até vinte e quatro horas após a realização da prisão, o juiz deverá receber o auto de prisão em flagrante.

Conforme dispõe o art. 1º, *caput*, da Resolução n. 213 do CNJ, após a comunicação formal da prisão, a pessoa presa deverá ser apresentada ao juiz no prazo de vinte e quatro horas, **contado da comunicação**, e ouvida em **audiência de apresentação/custódia** sobre as circunstâncias em que se realizou sua prisão.

Necessário observar que no julgamento da ADPF 347 o Plenário do Supremo Tribunal Federal determinou que a audiência de apresentação seja realizada **no prazo de 24 (vinte e quatro) horas, contado da prisão,**[95] e não de sua comunicação ao

95. "Estão obrigados juízes e tribunais, observados os arts. 9.3 do Pacto dos Direitos Civis e Políticos e 7.5 da Convenção Interamericana de Direitos Humanos, a realizarem, em até noventa dias, audiências de custódia, viabilizando o comparecimento do preso perante a autoridade judiciária no prazo máximo de 24 horas, contado do momento da prisão" (STF, ADPF 347 MC/DF, Tribunal Pleno, rel. Min. Marco Aurélio, j. 9-9-2015, *DJe* n. 031, de 19-2-2016).

juiz, e então resulta evidente que neste particular não se aplica a Resolução. Conta-se o prazo, portanto, da data da prisão.

O art. 310, *caput*, do CPP, determina que a audiência de apresentação seja realizada no prazo máximo de até 24 (vinte e quatro) horas após a realização da prisão captura, e não da formalização do auto de prisão ou da comunicação.

Nesta audiência, não sendo caso de relaxamento da prisão em flagrante ou decretação de prisão preventiva ou temporária, o magistrado deverá conceder liberdade provisória, com ou sem fiança, cumulada ou não com medidas cautelares diversas da prisão.

Como se vê, o prazo máximo da *prisão por força de flagrante* é de **vinte e quatro horas**.

Na audiência de apresentação, ou o agente é colocado em liberdade ou se decreta sua prisão, preventiva (CPP, arts. 311/313) ou temporária (Lei n. 7.960/89).

Seja qual for a providência adotada, não subsistirá prisão em flagrante após a decisão judicial.

Se a prisão persistir, tecnicamente não será por força do flagrante, mas em razão de fundamento diverso. Mudará a natureza e os fundamentos do título da prisão cautelar, daí entendermos que a rigor não se trata de *converter* uma prisão em outra, mas de verdadeira *decretação*.

Ausentes os requisitos para a decretação de prisão temporária ou preventiva, a dilatação do tempo de prisão por força do flagrante, como consequência do não pagamento da fiança arbitrada, seguida da não concessão de liberdade provisória sem fiança, enseja constrangimento ilegal, passível de ser sanado em sede de *habeas corpus*.

Poderá o juiz *converter* a prisão em flagrante em preventiva *ex officio*?

Certamente, não. Quem dá a resposta é o § 2º do art. 282 e o art. 311, ambos do CPP, onde há vedação à decretação de preventiva *ex officio* em qualquer momento da persecução penal.

Como se vê, além de enfatizar a necessidade de um controle judicial maior do que aquele anteriormente praticado em relação às prisões em flagrante e apresentar alternativas ao encarceramento tradicional, o legislador reforçou a ideia de que um dos maiores objetivos do flagrante é a colheita da prova daquele delito aceso.

2.13. Relaxamento da prisão em flagrante

Diz o art. 5º, LXV, da CF, que "a prisão ilegal será imediatamente relaxada pela autoridade judiciária", regra expressamente adotada no art. 310, I, do CPP. Considerando o exposto, sem prejuízo de outras, é possível afirmar cabível o relaxamento da prisão em flagrante nas seguintes hipóteses: *1)* ausência de fato típico; *2)* presença de causas de exclusão da ilicitude; *3)* fato típico que não autoriza prisão em flagrante; *4)* ausência de situação que legitime flagrante; *5)* flagrante preparado ou provocado; *6)* flagrante forjado; *7)* vício formal na lavratura do auto; *8)* lavratura do auto de prisão fora do prazo; *9)* auto de prisão em flagrante formalizado por quem não seja autoridade competente; *10)* ausência ou demora injustificada nas comunicações da prisão em flagrante; *11)* ausência de "nota de culpa" ou sua entrega tardia.

Cumpre aqui reiterar que a ausência do questionamento apontado no § 4º do art. 304 do CPP[96] não acarreta a nulidade do auto de prisão em flagrante e, portanto, não dá ensejo ao relaxamento da prisão, nada obstante a inegável relevância e as nobres finalidades da norma de regência.

Observada a contundente determinação constitucional, deve o juiz relaxar a prisão ilegal desde logo, imediatamente, assim que constatar a ilegalidade, daí não ser necessário aguardar a presença do preso em **audiência de apresentação/custódia**, pois tal proceder poderá prolongar, ainda que por *apenas* algumas horas, a situação de constrangimento ilegal a que se encontra submetida a pessoa indevidamente privada de sua liberdade.

Nos precisos termos do § 4º do art. 310 do CPP, "Transcorridas 24 (vinte e quatro) horas após o decurso do prazo estabelecido no *caput* deste artigo, a não realização de audiência de custódia sem motivação idônea ensejará também a ilegalidade da prisão, a ser relaxada pela autoridade competente, sem prejuízo da possibilidade de imediata decretação de prisão preventiva".

Já afirmamos linhas antes, mas não é ocioso enfatizar que, conforme pensamos, **a não realização da audiência de apresentação no prazo legal sempre ensejará a ilegalidade da prisão**, que sob tais circunstâncias deverá ser relaxada.

Não se trata de ilegalidade da prisão em flagrante propriamente dita, tampouco do auto de prisão em flagrante, mas de **ilegalidade decorrente do vencimento do tempo máximo de prisão por força do flagrante**, que em hipótese alguma poderá ultrapassar o prazo de 24 horas, contados da prisão captura.

Observada a contundente determinação constitucional, deve o juiz relaxar a prisão ilegal desde logo, imediatamente, assim que constatar a ilegalidade, daí não ser necessário aguardar a presença do preso em **audiência de apresentação/custódia**, pois tal proceder poderá prolongar, ainda que por *apenas* algumas horas, a situação de constrangimento ilegal a que se encontra submetida a pessoa indevidamente privada de sua liberdade.

96. "Da lavratura do auto de prisão em flagrante deverá constar a informação sobre a existência de filhos, respectivas idades e se possuem alguma deficiência e o nome e o contato de eventual responsável pelos cuidados dos filhos, indicado pela pessoa presa."

3. Da Prisão Preventiva

No dizer de Maier, a prisão preventiva é "la injerencia más grave en la libertad personal y, al mismo tiempo, la más evidente contradicción con el *principio de inocencia* que ampara al imputado".[97]

Na expressão de Frederico Marques,[98] é a mais genuína das formas de prisão cautelar, ou, como prefere Scarance,[99] é a hipótese clássica de prisão cautelar no sistema brasileiro.

O instituto da prisão preventiva está regulado no Capítulo III, Título IX, do Livro I, do Código de Processo Penal (arts. 311 a 316), que constitui objeto de análise neste tópico.

A reforma instituída com a Lei n. 12.403/2011 proporcionou mudanças significativas na regulamentação normativa, de forma a deixar ainda mais evidente a importância e excepcionalidade dessa modalidade de prisão sem pena, que só terá cabimento quando não for possível a imposição de outras medidas cautelares menos severas (CPP, arts. 282, § 6º, e 283, § 1º).

Enfatizou-se, uma vez mais, que a liberdade é a regra; a prisão, medida excepcional.[100]

Que se reflita bem – advertiu Marc Ancel – ao enfatizar que "a prisão não é somente essa privação provisória de liberdade que o juiz comum, pronunciando-a sem muita hesitação, espera, às vezes ingenuamente, 'fazer com que o delinquente reflita'. Por curta que seja, essa 'privação da liberdade' é uma ruptura: com o trabalho, com o meio, com a família; é uma desgraça que poucos compreendem, uma marca de infâmia solidamente aposta no ser social",[101] e também fonte de criminalidade, na exata medida em que inegável o processo de "prisionização" a que se submete a pessoa presa. "A esse respeito já se falou de uma 'prisionização', que age sobre a personalidade do delinquente adaptando-o à mentalidade e às concepções do meio especial e anômalo dos detentos",[102] situação particularmente agravada na realidade nacional, quando se sabe que os estabelecimentos prisionais são dominados

97. Julio B. J. Maier, *Derecho procesal penal*, Buenos Aires, Editores del Puerto s.r.l., 2011, t. III, p. 415-416.

98. José Frederico Marques, *Elementos de direito processual penal*, Campinas, Bookseller, 1997, v. IV, p. 57.

99. Antonio Scarance Fernandes, *Processo penal constitucional*, 5. ed., São Paulo, Revista dos Tribunais, 2007, p. 329.

100. "A prisão preventiva há de guardar sintonia com o figurino legal, porque, revelando excepcionalidade, inverte a sequência natural das coisas – apurar para, selada a culpa, prender –, considerado o princípio constitucional da não culpabilidade" (STF, HC 126.104/RS, 1ª T., rel. Min. Marco Aurélio, j. 31-5-2016, *DJe* n. 196, de 14-9-2016). "A privação cautelar da liberdade individual reveste-se de caráter excepcional, somente devendo ser decretada ou mantida em situações de absoluta necessidade" (STF, HC 133.244 AgR/SP, 2ª T., rel. Min. Celso de Mello, j. 15-3-2016, *DJe* n. 065, de 8-4-2016).

101. Marc Ancel, *A nova defesa social*. Tradução do original da 2ª edição, 1971, por Osvaldo Melo, 1. ed., Rio de Janeiro, Forense, 1979, p. 359.

102. Marc Ancel, *A nova defesa social*. Tradução do original da 2ª edição, 1971, por Osvaldo Melo, 1. ed., Rio de Janeiro, Forense, 1979, p. 359.

por conhecidas facções criminosas que arregimentam seus membros dentro do próprio sistema, oferecendo-lhes garantia de sobrevivência (não assegurada minimamente pelo Estado), em troca de seu definitivo ingresso nas fileiras da criminalidade profissional, de onde não mais sairá, com vida, por opção própria.

É atual a advertência feita em 1910 por Adolphe Prins nos seguintes termos: "No perdamos de vista que poseemos garantías morales que son adquisiciones definitivas de la cultura y de la civilización modernas. El juez del antiguo régimen desconocía el derecho del individuo. El juez moderno tiene para el derecho individual un respecto que ha entrado en las costumbres y forma parte de su ambiente y le inspira escrúpulos, cuyo valor hay que reconocer, cuando se trata de la suerte y de la libertad del ciudadano".[103]

3.1. Conceito

A prisão preventiva é modalidade de **prisão cautelar de natureza processual** que decorre de decisão judicial, podendo ser decretada em qualquer fase da investigação policial ou do processo penal, e mesmo no momento da decisão de pronúncia ou da sentença penal condenatória, desde que presentes os requisitos legais.

3.2. Natureza jurídica

Por se tratar de modalidade de prisão sem pena, é correto afirmar que a prisão preventiva **é prisão provisória** (ainda não há uma condenação com trânsito em julgado), **de natureza cautelar**, que visa a assegurar a harmonia da ordem social ou da ordem econômica, o êxito da produção de provas, ou a efetiva aplicação da lei penal.

Tem *natureza residual ou subsidiária*, visto que somente será determinada quando não for adequada e suficiente a aplicação de outra medida cautelar.

É *providência excepcional* privativa de liberdade, cuja decretação somente se faz exercitável quando demonstrados seus requisitos indispensáveis, a saber: *fumus boni iuris* (fumaça de um bom direito) e *periculum in mora* (perigo na demora).

Parte da doutrina entende que o correto em termos de requisitos da cautelaridade é utilizar as denominações *fumus commissi delicti* (prova da existência do crime e indícios suficientes da autoria) e *periculum libertatis* (perigo que decorre da permanência de alguém em liberdade).

A nosso ver, não é inadequado apontar o *fumus boni iuris* e o *periculum in mora* como requisitos gerais da cautelaridade em se tratando de providência de natureza processual penal, em especial no que toca à prisão preventiva, visto que nesse caso o primeiro requisito – *fumus boni iuris* – corresponde exatamente ao *fumus commissi delicti* (prova da existência do crime e indícios suficientes da autoria), enquanto o

---

103. *La défense sociale et les transformations du droit penal*, Bruxelles, Misch et Thron, 1910, p. 136/137.

segundo – *periculum in mora* – tem com o *periculum libertatis* (perigo que decorre da liberdade de alguém) identidade de escopo.

Observado que o art. 312, *caput*, do CPP, apresenta quais são os pressupostos e as circunstâncias autorizadoras da prisão preventiva, o *fumus commissi delicti* nada mais é do que a fumaça de um bom direito, legitimador da medida extrema, ao passo que o *periculum libertatis* diz, em outras palavras, que a medida constritiva deve ser adotada com brevidade, sem tardança, pois há perigo na demora.

A esse respeito, discorre CABETTE que: "A crítica capitaneada modernamente por Lopes Júnior quanto ao *fumus boni juris* mediante a afirmação de que o crime seria uma negação do Direito e jamais poderia ser confundido com a 'fumaça de um bom direito', tem a aparência enganadora e sedutora das retóricas, mas, na realidade, sustenta-se sobre uma fragilidade argumentativa tremenda. Essa doutrina pretende convencer pela afirmação de que a 'fumaça do bom direito' estaria ligada à conduta do agente, o que realmente tornaria absurdo seu uso no campo penal. Mas, na realidade, nem no campo penal, nem no cível, o *fumus boni juris* se refere à atuação do sujeito passivo da medida cautelar, à legalidade ou não de sua conduta e sim à probabilidade de existência do Direito pleiteado pelo requerente da medida cautelar no campo civil ou no campo penal. Jamais que o sujeito passivo da medida tenha agido de modo regular. Ora, se assim fosse não deveria sofrer qualquer tipo de constrição, seja na seara civil ou penal".[104]

3.3. Constitucionalidade

Na democrática expressão do art. 5º, LVII, da CF, ninguém será considerado culpado até o trânsito em julgado de sentença penal condenatória.

A leitura isolada dessa regra fundamental poderia levar à conclusão no sentido de que qualquer forma de prisão cautelar é inconstitucional no sistema jurídico brasileiro.

Mas não é bem assim, já que a própria Carta Soberana estabelece a possibilidade de prisão em flagrante (art. 5º, LXI) e trata da inafiançabilidade de certos tipos de delito (art. 5º, XLIII), a demonstrar a possibilidade jurídica das prisões cautelares, tal como dispuser a regra infraconstitucional.

O Plenário do Supremo Tribunal Federal já decidiu que: "Não há, no sistema constitucional brasileiro, direitos ou garantias que se revistam de caráter absoluto, mesmo porque razões de relevante interesse público ou exigências derivadas do princípio de convivência das liberdades legitimam, ainda que excepcionalmente, a adoção, por parte dos órgãos estatais, de medidas restritivas das prerrogativas individuais ou coletivas, desde que respeitados os termos estabelecidos pela própria Constituição.

---

104. EDUARDO LUIZ SANTOS CABETTE, *Lei 12.403 comentada*, Rio de Janeiro, Freitas Bastos, 2013, p. 17.

O estatuto constitucional das liberdades públicas, ao delinear o regime jurídico a que estas estão sujeitas – e considerado o substrato ético que as informa – permite que sobre elas incidam limitações de ordem jurídica, destinadas, de um lado, a proteger a integridade do interesse social e, de outro, a assegurar a coexistência harmoniosa das liberdades, pois nenhum direito ou garantia pode ser exercido em detrimento da ordem pública ou com desrespeito aos direitos e garantias de terceiros".[105]

Conforme analisou Roxin, "entre as medidas que asseguram o procedimento penal, a prisão preventiva é a ingerência mais grave na liberdade individual; por outra parte, ela é indispensável em alguns casos para uma administração da justiça penal eficiente. A ordem interna de um Estado se revela no modo em que está regulada essa situação de conflito; os Estados totalitários, sob a antítese errônea Estado-cidadão, exagerarão facilmente a importância do interesse estatal na realização, o mais eficaz possível, do procedimento penal. Num Estado de Direito, por outro lado, a regulação dessa situação de conflito não é determinada através da antítese Estado-cidadão; o Estado mesmo está obrigado por ambos os fins: assegurar a ordem por meio da persecução penal e proteção da esfera de liberdade do cidadão. Com isso, o princípio constitucional da proporcionalidade exige restringir a medida e os limites da prisão preventiva ao estritamente necessário".[106]

3.4. Momento da decretação

O art. 310 do CPP determina que, não sendo caso de relaxamento ou de conceder liberdade provisória, com ou sem fiança, *o juiz deverá*, em decisão fundamentada, *converter* a prisão em flagrante em preventiva, quando presentes os requisitos constantes do art. 312 do CPP e se revelarem inadequadas ou insuficientes as medidas cautelares diversas da prisão.

Conforme a redação do art. 311 do CPP, a prisão preventiva **poderá ser decretada em qualquer fase da investigação policial ou do processo penal**. Pode ser decretada no momento da decisão de **pronúncia** (CPP, art. 413, § 3º)[107] ou da **sentença de condenação** (CPP, art. 387, § 1º).[108]

---

105. STF, MS 23.452/RJ, Tribunal Pleno, Min. Celso de Mello, j. 16-9-1999, *DJ* de 12-5-2000, p. 20.

106. Claus Roxin, *Derecho procesal penal*, Buenos Aires, Editores del Puerto, 2000, p. 258.

107. "Ao pronunciar o réu, deve o juiz, nos termos do art. 413, § 3º, do Código de Processo Penal, decidir, motivadamente, sobre a manutenção ou decretação da prisão" (STJ, RHC 89.170/BA, 6ª T., rel. Min. Antonio Saldanha Palheiro, j. 12-6-2018, *DJe* de 26-6-2018).

108. "O fato de o paciente permanecer livre durante o trâmite da ação penal não gera o 'direito adquirido' de aguardar o julgamento do recurso de apelação em liberdade. A prisão cautelar pode ser decretada em qualquer fase da investigação policial ou do processo penal, ou seja, ainda que na fase instrutória não tenha sido necessária, ao prolatar a sentença condenatória, sendo lícito ao magistrado determinar a segregação cautelar, se presentes, de forma superveniente, os requisitos autorizadores. Inteligência do art. 311 do Código de Processo Penal" (STF, HC 134.383/MT, 2ª T., rel. Min. Ricardo Lewandowski, j. 29-11-2016, *DJe* n. 264, de 13-12-2016).

No que tange à fase pré-processual, anterior redação do art. 311 dizia que a decretação era possível *em qualquer fase do inquérito policial*, o que autoriza afirmar que, ao permitir, agora, a decretação *em qualquer fase da investigação policial*, deu-se enorme ampliação das molduras da prisão preventiva nesse momento ainda inseguro da apuração, visto poder alcançar investigações que ainda não se materializaram em inquérito policial.

A decretação da prisão preventiva no curso das investigações, mesmo durante o inquérito policial, embora permitida, é medida que reclama redobrada cautela.

Com efeito, para a decretação desse tipo de prisão exige-se a demonstração inequívoca de prova da existência do crime e indício suficiente da autoria,[109] e é claro que, se esses pressupostos estão evidenciados, o Ministério Público já dispõe dos elementos de que necessita para o ajuizamento da ação penal, quando for o titular do direito de ação.

Como admitir, então, que o Ministério Público se manifeste, dizendo que há prova da existência do crime e indício da autoria; requeira ou endosse representação visando à decretação de prisão preventiva e desde já não ofereça a denúncia, caso seja o titular da ação penal?

Note-se que, nas infrações a que não for isolada, cumulativa ou alternativamente cominada pena privativa de liberdade, não se imporá qualquer das medidas cautelares previstas no Título IX, Livro I, do CPP. Vale dizer: em casos tais, não é possível prisão em flagrante (art. 302), prisão preventiva, ou qualquer outra medida cautelar diversa da prisão (CPP, arts. 319 e 320).

3.5. Modalidades

Observadas as situações reguladas, é possível afirmar a existência das seguintes modalidades de prisão preventiva: *prisão preventiva* ***autônoma*** **ou** ***tradicional*** (CPP, art. 311); *prisão preventiva* ***utilitária*** (CPP, art. 313, § 1º) e *prisão preventiva substitutiva, subsidiária ou* ***por descumprimento*** (CPP, art. 312, § 1º).

Há quem aponte uma quarta classificação: *prisão preventiva* ***por conversão***, para referir-se à hipótese tratada no art. 310, II, do CPP.

Guardada a necessária fidelidade com o que anotamos no tópico em que cuidamos da prisão em flagrante, calha enfatizar que, segundo pensamos, mesmo se referindo o dispositivo legal à *conversão* da prisão em flagrante em preventiva, temos que não é correto o emprego da expressão, visto que, na hipótese, o que ocorre é mesmo a *decretação* da prisão preventiva, enquadrando-se a situação na modalidade de prisão preventiva autônoma ou tradicional.

109. STF, RHC 136.168, AgR/RN, 2ª T., rel. Min. Teori Zavascki, j. 22-11-2016, *DJe* n. 259, de 6-12-2016.

Prisão em flagrante e prisão preventiva são institutos distintos, com objetivos e fundamentos que não se confundem, daí não ser possível *converter* a primeira na segunda.

3.5.1. *Prisão preventiva obrigatória, automática ou compulsória*

Como lembra Cabette, a prisão preventiva obrigatória foi introduzida no ordenamento jurídico brasileiro "com a promulgação do Código de Processo Penal de 1941, por influência da então legislação processual italiana".[110]

De longa data, **o sistema jurídico nacional não mais acolhe** essa modalidade de prisão preventiva,[111] que melhor se afeiçoa ao Brasil da era totalitária.[112] Desde seu desaparecimento, até a vigência da Lei n. 13.964/2019, não se impôs qualquer retrocesso nesse tema.

Ocorre que no atual § 2º do art. 310 se cometeu o grave erro de fazer constar a seguinte redação: "Se o juiz verificar que o agente é reincidente ou que integra organização criminosa armada ou milícia, ou que porta arma de fogo de uso restrito, deverá denegar a liberdade provisória, com ou sem medidas cautelares".

Nos termos em que se encontra grafada a regra, qualquer que seja o delito pelo qual se encontre preso em flagrante, não será concedida liberdade provisória ao autuado: *1)* reincidente; *2)* que integrar organização criminosa armada; *3)* que integrar milícia; ou, *4) que porta* arma de fogo de uso restrito.

Além da péssima qualidade técnica da redação, que entre outros defeitos inaceitáveis nem mesmo diz se a reincidência a que se refere é em crime doloso ou culposo, em crime hediondo etc.; a inconstitucionalidade da norma é de clareza solar.

Não se nega liberdade provisória e se mantém alguém preso *por força de flagrante* para além do momento em que ocorre a audiência de apresentação.

Negar a liberdade provisória implica ter que decretar a prisão preventiva ou a temporária. Não há alternativa jurídica diversa.

O que o legislador fez foi tentar restabelecer a inconcebível e odiosa prisão preventiva automática, incompatível com o ambiente democrático dos dias que fluem.

Nas últimas décadas, especialmente após a Lei n. 8.072/90 (Lei dos Crimes Hediondos), e em tempos mais recentes ao tratar do art. 44 da Lei n. 11.343/2006 (Lei de Drogas), todas as vezes que o legislador introduziu no ordenamento algum dispositivo proibindo, *ex lege*, a liberdade provisória, cedo ou tarde o Plenário do Supremo Tribunal Federal terminou por reconhecer sua inconstitucionalidade, tal como

---

110. Eduardo Luiz Santos Cabette, *Lei 12.403 comentada*, Rio de Janeiro, Freitas Bastos, 2013, p. 327.

111. "Inexiste, no arcabouço jurídico, a prisão automática, considerada a gradação do crime imputado" (STF, HC 120.961/SP, 1ª T., rel. Min. Marco Aurélio, j. 2-8-2016, *DJe* n. 177, de 22-8-2016).

112. Em sua redação original, o art. 312 do CPP estava assim grafado: "A prisão preventiva será decretada nos crimes a que for cominada pena de reclusão por tempo, no máximo, igual ou superior a dez anos".

procedeu por ocasião do julgamento do HC n. 104.339/SP, ocorrido em 10 de maio de 2012, de que foi relator o Ministro Gilmar Mendes (*DJe* n. 239, de 6-12-2012).

O § 2º do art. 310 do CPP está maculado de flagrante e insuperável inconstitucionalidade, posto que afronta e fere princípios básicos informadores do processo penal democrático. A vedação *a priori* que nele se contém, vulnera os princípios da presunção de inocência, do livre convencimento do juiz, da ampla defesa, do devido processo legal e da necessidade de fundamentação empírica das decisões judiciais.

3.6. Quem pode decretar prisão preventiva

Somente a **autoridade judiciária** competente está apta a decretar prisão preventiva, pois, segundo dispõe o art. 5º, LXI, da CF: "ninguém será preso senão em flagrante delito ou por ordem escrita e fundamentada de autoridade judiciária competente (...)", regra também disposta no art. 283, *caput*, do CPP.

Na fase de investigação e até o momento em que se verificar a decisão de recebimento da denúncia ou queixa, somente o juiz das garantias, quando e onde estiver implementado,[113] poderá decretar prisão preventiva.

A propósito, o decreto judicial de prisão preventiva, emanado de autoridade judiciária incompetente, é nulo e insuscetível de ratificação.

3.6.1. *Decretação* ex officio

Antes da reforma introduzida com a Lei n. 12.403/2011, pela leitura fria de regras dispostas no Código de Ritos, era possível a decretação da prisão preventiva por iniciativa do juiz – *ex officio* – em qualquer fase do inquérito ou da instrução criminal.

113 Após a publicação da Lei n. 13.964/2019 foram ajuizadas no Supremo Tribunal Federal três ações diretas de inconstitucionalidade questionando alguns de seus dispositivos – ADI 6.298, 6.299 e 6.300 –, e no dia 15 de janeiro de 2020 o Min. Dias Toffoli concedeu medida cautelar nos autos da ADI 6.298, para, entre outras coisas: "**(i)** suspender-se a eficácia dos **arts. 3º -D, parágrafo único, e 157, § 5º**, do Código de Processo Penal, incluídos pela Lei n. 13.964/19; **(ii)** suspender-se a eficácia dos arts. 3º -B, 3º -C, 3º -D, **caput**, 3º -E e 3º -F do CPP, inseridos pela Lei n. 13.964/2019, até a efetiva implementação do juiz das garantias pelos tribunais, o que deverá ocorrer **no prazo máximo de 180 (cento e oitenta) dias, contados a partir da publicação desta decisão; (iii)** conferir-se interpretação conforme às normas relativas ao juiz das garantias (arts. 3º -B a 3º -F do CPP), para esclarecer que não se aplicam às seguintes situações: (a) processos de competência originária dos tribunais, os quais são regidos pela Lei n. 8.038/1990; (b) processos de competência do Tribunal do Júri; (c) casos de violência doméstica e familiar; e (d) processos criminais de competência da Justiça Eleitoral".

Ainda em confronto com as inovações determinadas pela Lei n. 13.964/2019, no dia 22 de janeiro de 2020, nos autos da ADI 6.298, na condição de relator das ADIs 6.298, 6.299, 6.300 e 6305, o Min. Luiz Fux revogou a decisão monocrática constante das ADIs 6.298, 6.299, 6.300 e suspendeu *sine die* a eficácia da implantação do juiz das garantias e seus consectários (arts. 3º -A, 3º -B, 3º -C, 3º -D, 3ª-E, 3º -F, do CPP); da alteração do juiz sentenciante que conheceu de prova declarada inadmissível (art. 157, § 5º, do CPP); e concedeu a medida cautelar requerida nos autos da ADI 6.305, para suspender *sine die* a eficácia, da alteração do procedimento de arquivamento do inquérito policial (art. 28, *caput*, CPP), e da ilegalidade da prisão pela não realização da audiência de custódia no prazo de 24 horas (art. 310, § 4º, do CPP).

Com a redação da Lei n. 12.403/2011, o art. 311 do CPP, passou a permitir prisão preventiva decretada pelo juiz, de ofício, **apenas no curso do processo penal.** Durante a fase de investigação, não mais, e essa regra também estava disposta no art. 282, § 2º, do CPP.

Desde o advento da Lei n. 13.964/2019 não é possível a decretação de prisão preventiva *ex officio*, por iniciativa exclusiva do juiz, em qualquer momento da persecução penal.

Conforme nossa maneira de entender, a vedação sempre esteve entre nós, por decorrência do modelo de processo penal democrático que se extrai da Constituição Federal.

Com incontestável acerto, e citando expressamente nosso entendimento a respeito desse tema, em seu último pronunciamento na 2ª Turma do Supremo Tribunal Federal, o Min. Celso de Mello consignou, em voto histórico, seguido por unanimidade, que "tornou-se inadmissível, em face da superveniência da Lei n. 13.964/2019 (*Lei Anticrime*), a conversão, *ex officio*, da prisão em flagrante em preventiva, pois a decretação dessa medida cautelar de ordem pessoal dependerá, *sempre*, do prévio e necessário requerimento do Ministério Público, do seu assistente ou do querelante (se for o caso), ou, *ainda*, de representação da autoridade policial na fase pré-processual da *persecutio criminis*, sendo certo, *por tal razão*, que, em tema *de privação* e/ou *de restrição* cautelar da liberdade, não mais subsiste, em nosso sistema processual penal, *a possibilidade* de atuação *ex officio* do magistrado processante".[114]

Do início das investigações policiais até o epílogo da fase judicial, só será cabível prisão preventiva válida se a decretação for provocada por qualquer dos legitimados.

A adoção firme e expressa do processo de modelo acusatório, tal como manifestada no art. 3º -A do CPP, não deixa margem à dúvida qualquer.

Não bastasse, a redação do atual § 2º do art. 282, que traça regras gerais, foi alterada para fazer constar a seguinte: "As medidas cautelares serão decretadas pelo juiz a requerimento das partes ou, quando no curso da investigação criminal, por representação da autoridade policial ou mediante requerimento do Ministério Público".

Imbuído de semelhante propósito, o legislador também alterou a redação do art. 311 do CPP, regra-matriz da prisão preventiva, que agora diz: "Em qualquer fase da investigação policial ou do processo penal, caberá a prisão preventiva decretada pelo juiz, a requerimento do Ministério Público, do querelante ou do assistente, ou por representação da autoridade policial".

Como se vê, não há qualquer possibilidade de decretação de prisão preventiva *ex officio* no ordenamento jurídico brasileiro.

---

114. STF, HC 188.888/MG, 2ª T., rel. Min. Celso de Mello, j. 6-10-2020. *Em sentido contrário*: "Mesmo após o advento da Lei n. 13.964/2019 (Pacote Anticrime), o art. 310, II, do Código de Processo Penal autoriza a conversão, de ofício pelo Juízo processante, da prisão em flagrante em preventiva" (STJ, AgRg no HC 611.940/SC, 5ª T., rel. Min. Reynaldo Soares da Fonseca, j. 22-9-2020, *DJe* de 28-9-2020).

Para todas as situações, o fundamento lógico obstativo é exatamente o mesmo: no processo penal de modelo acusatório, democrático, de partes, o juiz não dispõe de iniciativa para a decretação de prisão preventiva. Não há exceção válida.

3.7. Quem pode postular a decretação

A prisão preventiva, nos precisos termos do novo art. 311 do CPP, poderá ser decretada em razão de *requerimento* do **Ministério Público**, do **querelante** ou do **assistente**, ou de *representação* da **autoridade policial**.

3.7.1. Requerimento do Ministério Público

Nada mais aconselhável e correto do que legitimar o Ministério Público, titular da ação penal pública, a requerer a decretação da prisão preventiva quando presentes os requisitos legais e evidenciada a imprescindibilidade da medida excepcional.

O Ministério Público deve formular sua pretensão por meio de *requerimento*, que deverá ser endereçado ao juiz competente.

Nesse caso, ressalvadas as hipóteses de urgência ou de perigo de ineficácia da medida, antes de proferir decisão a respeito, o juiz deverá determinar a intimação da *parte contrária* (investigado ou réu), a fim de que se manifeste, no prazo de 5 (cinco) dias, conforme determina o art. 282, § 3º, do CPP.

Indeferido o pedido, a decisão poderá ser atacada por meio de recurso em sentido estrito, conforme dispõe o art. 581, V, do CPP.

Pode o Ministério Público requerer a decretação da preventiva quando o inquérito ou a ação penal tratar de crime de ação penal privada exclusiva?

Sim. Muito embora o Ministério Público não esteja legitimado a propor ação penal privada exclusiva, deve intervir em todos os termos do processo que dela resultar, podendo, inclusive e se necessário, aditar a queixa-crime, conforme determina o art. 45 do CPP, daí a evidente possibilidade de postular a decretação de prisão preventiva quando a providência se revelar cabível e necessária.

Nesse caso, antes de decidir, o juiz deverá determinar a intimação do ofendido ou querelante para que se manifeste sobre o pedido Ministerial, e observar as regras sobre o contraditório prévio em relação ao investigado ou querelado.

3.7.2. Requerimento do querelante

Denomina-se *querelante* o autor da petição inicial da ação penal privada – queixa-crime.

A considerar a letra da lei, nesse caso o pedido somente poderá ser feito **após a instauração da ação penal**, pois antes não há falar em *querelante*, mas em *ofendido*, e a lei não permitiu ao ofendido formular tal pretensão.

A decretação a pedido do querelante já era autorizada, mesmo antes da reforma instituída com a Lei n. 12.403/2011.

Parte que é na ação penal privada, pode o querelante requerer a decretação da preventiva, e, no caso de desacolhimento da pretensão, interpor recurso em sentido estrito (CPP, art. 581, V).

Se **no curso do inquérito policial** que apure crime de ação penal privada se mostrar cabível e necessária a prisão preventiva, somente o Ministério Público poderá requerer a decretação da custódia, mas isso não retira do ofendido a possibilidade de expor sua pretensão em juízo.

Nesse caso, o juiz determinará a abertura de vista dos autos ao Ministério Público a fim de que se manifeste antes de proferir sua decisão a respeito, podendo daí resultar as situações que seguem analisadas:

a) o Ministério Público entende não ser caso de prisão preventiva, e o juiz não a decreta. O ofendido, nesse caso, não poderá recorrer da decisão judicial, pois a lei não o legitimou a tanto (só o querelante, conforme vimos);

b) o Ministério Público concorda com o ofendido, pura e simplesmente, e o juiz não decreta a prisão. Nesse caso, o ofendido não poderá recorrer, pois não é parte legítima, e o Ministério Público também não, pois apenas "concordou" com as razões expostas pelo ofendido, sem formular, a rigor, *requerimento expresso* com vistas à decretação da prisão preventiva;

c) o Ministério Público concorda com o ofendido e, em razão disso, formula *requerimento expresso* de decretação da prisão preventiva, mas o juiz não a decreta. Nessa situação, o ofendido também não poderá recorrer da decisão, pelos motivos já assinalados, mas o Ministério Público sim, pois formulou requerimento expresso;

d) o Ministério Público concorda com o ofendido e por isso formula requerimento expresso, ao final acolhido pelo juiz que então decreta a prisão. Nesse caso, não há falar em legitimidade do ofendido, tampouco em interesse jurídico do Ministério Público (ou de ambos) em ver modificada a decisão judicial que acolhe a pretensão.

Haverá, isso sim, legítimo interesse, daquele contra quem se decretou a custódia cautelar, em ver cassada tal decisão, mas a reação defensiva adequada será objeto de apreciação mais adiante, em tópico específico.

Deve-se recordar a necessidade de contraditório prévio, ressalvadas as hipóteses de urgência ou de perigo de ineficácia da medida (CPP, art. 282, § 3º).

3.7.3. Requerimento do assistente

Podem figurar como assistente da acusação no processo penal: a vítima, seu representante legal ou, no caso de morte, qualquer das pessoas indicadas no art. 31 do CPP (CPP, ver arts. 268 a 273).

Até a reforma processual penal introduzida com a Lei n. 12.403/2011, o assistente não se encontrava legitimado a requerer prisão preventiva.

Mesmo depois da Lei n. 13.964/2019, interpretação que se extrai do § 2º do art. 282 e do art. 311, ambos do CPP, permite concluir que o assistente, que é parte contingente, adesiva e não essencial, pode requerer decretação de prisão preventiva.

A previsão, contudo, não está a salvo de críticas, visto que muitas vezes[115] o interesse do assistente no processo penal está direcionado à possibilidade de reparação patrimonial, podendo ocorrer que o requerimento venha a ser formulado como forma de retaliação ou *vindicta*.

Contra eventuais requerimentos abusivos, entretanto, temos a vocação da magistratura para o equilíbrio na busca e atingimento da Justiça, sempre em condições de impor limitações jurídicas onde as balizas da ética e do bom senso não se revelarem suficientes.

Apresentado o requerimento do assistente, observado o disposto no art. 282, § 3º, do CPP, antes de sua decisão o juiz determinará se proceda à abertura de vista ao Ministério Público e à defesa a fim de que sobre tal pretensão se manifestem.

Negado o requerimento do assistente, a decisão que assim pautar será atacável por recurso em sentido estrito (CPP, art. 581, V).

Necessário anotar que a atuação do assistente só está autorizada no curso do processo penal, e não na fase de investigação.

3.7.4. Representação da autoridade policial

Autoridade policial, *in casu*, é a autoridade que preside o inquérito policial: Delegado de Polícia.

A representação de que ora se cuida nada mais é do que uma manifestação circunstanciada, assinada pela autoridade policial e endereçada ao juiz competente, alertando sobre o cabimento e a necessidade da prisão preventiva diante da excepcionalidade de certo caso.

Sobre ela deverão manifestar-se o Ministério Público e a defesa antes da decisão judicial que se irá lançar sobre seus termos.

Caso seja indeferida a representação, da decisão não poderá recorrer o Delegado de Polícia, pois lhe falta interesse jurídico recursal.

Note-se que ao possibilitar a interposição de recurso em sentido estrito, conforme o inciso V do art. 581 do CPP, o legislador restringiu o cabimento da via de impugnação à hipótese de indeferimento de *requerimento* visando decretação de prisão preventiva, e não de *representação*.

Preciosismo de linguagem?

115. Mas a intervenção do assistente não se justifica apenas no desejo de obter justa reparação dos danos sofridos em razão do delito, conforme estudamos no capítulo sobre os "Sujeitos processuais".

Claro que não.

Conforme advertiu o Min. MARCO AURÉLIO, "sendo o Direito uma ciência, há de emprestar-se sentido técnico a institutos, expressões e vocábulos".[116]

Não tem cabimento imaginar possa o Delegado de Polícia recorrer de decisão judicial que desacolhe representação formulada com vistas à decretação de prisão preventiva.

Necessário gizar, todavia, que, se o Ministério Público, ao se pronunciar sobre a representação formulada pela autoridade policial, endossar a argumentação por aquela exposta *e formular requerimento expresso* visando à decretação da prisão preventiva, embora o Delegado de Polícia não tenha legitimidade recursal, poderá o Ministério Público, querendo, interpor recurso em sentido estrito contra a decisão que desacolher a pretensão, com vistas a ver prevalecer as razões de seu requerimento.

Por fim, uma pergunta se impõe: a autoridade policial pode formular representação depois de encerradas as investigações a seu cargo e já instaurada a ação penal?

Pensamos que sim.

O art. 311 do CPP assegura que a prisão preventiva será cabível em qualquer fase da investigação policial ou do processo penal, e não há qualquer texto legal que determine algum tipo de limitação à referida atividade policial, levando em conta o momento da persecução penal.

3.8. Requisitos para a decretação

Medida excepcional que é, para a decretação da prisão preventiva se faz imprescindível o atendimento de determinados *requisitos*, que devem ser interpretados restritivamente, sem os quais qualquer decretação a tal título materializará ilegalidade.

Como disse o Min. MARCO AURÉLIO: "Ante o princípio constitucional da não culpabilidade, a custódia acauteladora há de ser tomada como exceção, cumprindo interpretar os preceitos que a regem de forma estrita, reservando-a a situações em que a liberdade do acusado coloque em risco os cidadãos".[117]

Como *requisitos*, em sentido amplo, podemos mencionar: *1º)* os ***pressupostos*** indicados no art. 312, *caput*, parte final, do CPP; *2º)* as ***hipóteses de cabimento***, previstas no art. 313, I a III e § 1º, e no art. 312, § 1º, c.c. o art. 282, § 4º, todos do CPP; *3º)* e as ***circunstâncias autorizadoras***, listadas no art. 312, *caput*, primeira parte, do CPP.[118]

---

116. STF, HC 83.439/RJ, 1ª T., rel. Min. Marco Aurélio, j. 14-10-2003, *DJe* de 7-11-2003.

117. STF, HC 83.439/RJ, 1ª T., rel. Min. Marco Aurélio, j. 14-10-2003, *DJe* de 7-11-2003.

118. "Segundo o art. 312 do Código de Processo Penal, a preventiva poderá ser decretada quando houver prova da existência do crime (materialidade) e indício suficiente de autoria, mais a demonstração de um elemento variável: *(a)* garantia da ordem pública; ou *(b)* garantia da ordem econômica; ou *(c)* por conveniência da instrução criminal; ou *(d)* para assegurar a aplicação da lei penal" (STF, HC 129.337/AL, 2ª T., rel. Min. Teori Zavascki, j. 8-3-2016, *DJe* n. 054, de 28-3-2016).

A seguir, cuidaremos da análise dos pressupostos e de cada uma dessas hipóteses e circunstâncias, que em conjunto apontamos como *requisitos* indispensáveis para a decretação da prisão preventiva.

3.8.1. *Pressupostos*

Pressuposto é um antecedente imprescindível.

Nesse caso, segundo dispõe o art. 312, *caput*, parte final, do CPP, os pressupostos são: ***prova da existência do crime, indício suficiente de autoria,*** e ***perigo gerado pelo estado de liberdade do imputado***.

Os pressupostos representam, em verdade, o *fumus boni juris* ou *fumus commissi delicti*, e o *periculum libertatis*, indispensáveis à decretação da prisão preventiva.

3.8.1.1. Prova da existência do crime

Para que se possa cogitar cabível a decretação, é preciso existir nos autos do inquérito ou do processo prova efetiva da existência do crime.

De ver, contudo, e nos precisos termos do art. 239 do CPP, que os indícios integram o sistema de provas no modelo processual penal brasileiro.

Há que se pensar, contudo, na exigência de indícios veementes (e não indícios leves) a respeito da ocorrência de determinado crime para que se possa continuar no raciocínio a respeito da admissibilidade da prisão cautelar de que ora se cuida.

Para Mittermaier, indício "é um fato em relação tão precisa com outro fato, que, de um, o juiz chega ao outro por uma conclusão natural".[119]

Segundo afirmou Frederico Marques, "o valor probante dos indícios e presunções, no sistema do livre convencimento que o Código adota, é em tudo igual ao das provas diretas".[120]

3.8.1.2. Indícios suficientes da autoria

Recaindo a prisão preventiva sobre determinada pessoa, é induvidoso que essa medida extrema e excepcional só poderá ser adotada se, *in casu*, além de ficar demonstrada a existência de prova da ocorrência do crime, também se evidenciar nos autos do inquérito ou da ação penal a existência de indícios suficientes indicativos da autoria.

Indícios suficientes não são *meros indícios*, mas *indícios veementes*, conforme já cuidou de diferenciar a doutrina especializada em prova criminal e reiteradamente têm decidido nossos tribunais, desde longa data.

---

119. *Tratado da prova em matéria criminal*, p. 497.

120. *Elementos de direito processual penal*, 2. ed., v. II, p. 378.

É preciso que o juiz disponha de elementos sensíveis de convencimento a respeito da existência do crime e de que aquela determinada pessoa fora o autor, coautor ou partícipe.

Não basta, não é suficiente para a decretação da prisão preventiva a presença dos pressupostos indicados.

É preciso ir além.

Para que a custódia se apresente viável, deverão estar presentes também algumas das hipóteses de cabimento, conforme analisaremos a seguir.

3.8.1.3. *Periculum libertatis*

Caracteriza-se o *periculum libertatis* pela necessidade da cautela, decorrente do risco que o autor de determinado delito representa para a sociedade ou para o êxito da persecução, caso permaneça em liberdade.

Identifica-se grave risco, por exemplo, nas situações em que o agente reitera na prática de condutas criminosas; pratica conduta tendente a interferir na produção da prova ou na aplicação da lei penal.

A imposição de prisão preventiva demanda a demonstração empírica da presença do *fumus comissi delicti* e do *periculum libertatis*.

Nos julgados do Superior Tribunal de Justiça, reiteradas vezes se tem afirmado que:

> A jurisprudência desta Corte Superior é firme em assinalar que a determinação de segregar cautelarmente o réu deve se efetivar apenas caso indicada, em dados concretos dos autos, a necessidade da cautela (*periculum libertatis*), à luz do disposto no art. 312 do CPP.[121]

3.8.2. Hipóteses de cabimento

Nos precisos termos do **art. 313 do CPP**, caberá prisão preventiva: "I – nos crimes dolosos punidos com pena privativa de liberdade máxima superior a 4 (quatro) anos; II – se tiver sido condenado por outro crime doloso, em sentença transitada em julgado, ressalvado o disposto no inciso I do *caput* do art. 64 do Decreto-Lei n. 2.848, de 7 de dezembro de 1940 – Código Penal; III – se o crime envolver violência doméstica e familiar contra a mulher, criança, adolescente, idoso, enfermo ou pessoa com deficiência, para garantir a execução das medidas protetivas de urgência".

Na dicção do § 1º: "Também será admitida a prisão preventiva quando houver dúvida sobre a identidade civil da pessoa ou quando esta não fornecer elementos suficientes para esclarecê-la, devendo o preso ser colocado imediatamente em liberdade após a identificação, salvo se outra hipótese recomendar a manutenção da medida".

---

121. STJ, AgRg no RHC 109.339/AL, 6ª T., rel. Min. Rogério Schietti Cruz, j. 5-12-2019, *DJe* de 11-12-2019.

Por fim, o art. 3º da Lei n. 13.964/2019 acrescentou o atual § 2º, que assim dispõe: "Não será admitida a decretação da prisão preventiva com a finalidade de antecipação de cumprimento de pena ou como decorrência imediata de investigação criminal ou da apresentação ou recebimento de denúncia".

A prisão preventiva também poderá ser decretada em caso de descumprimento injustificado de qualquer das obrigações impostas por força de outras medidas cautelares (CPP, **art. 312, § 1º, c.c. o art. 282, § 4º**).

3.8.2.1. Art. 313, I, do CPP: crimes dolosos punidos com pena privativa de liberdade máxima superior a quatro anos

Na redação antiga, dispunha o art. 313, I, do CPP, ser cabível a decretação de prisão preventiva em relação aos "crimes punidos com reclusão".

Como se pode concluir, bastava que a pena cominada fosse de reclusão para que estivesse aberta a possibilidade de prisão preventiva, cuja decretação iria depender, sempre, da conjugação dos demais requisitos (pressupostos + ao menos uma circunstância autorizadora).

Era possível, por exemplo, a decretação da prisão preventiva em crime de furto simples (CP, art. 155, *caput*: pena – reclusão de 1 a 4 anos); extorsão indireta (CP, art. 160: pena – reclusão, de 1 a 3 anos); apropriação indébita fundamental (CP, art. 168, *caput*: pena – reclusão, de 1 a 4 anos), dentre outros de semelhante repercussão.

O legislador abandonou o critério qualitativo (reclusão) e adotou o critério quantitativo da pena.

Na redação atual, determinada pela Lei n. 12.403/2011, será cabível a preventiva nos crimes dolosos punidos com pena privativa de liberdade máxima *superior a 4 (quatro) anos*, de maneira que o crime punido com pena *até quatro anos* (e quatro anos, inclusive) não mais admite prisão preventiva, salvo se identificada outra hipótese de cabimento.

Agora a lei impôs restrições severas à decretação, na medida em que não basta, como antes, ser o crime punido com reclusão.

Calcado no fundamento de que ora se cuida, temos que é necessário:

1º) tenha ocorrido a prática de *crime;*

2º) que o crime seja *doloso;*

3º) que o crime doloso seja punido com pena *privativa de liberdade;*

4º) que a pena privativa de liberdade máxima cominada seja *superior a quatro anos.*

Disso se extrai que:

1º) não é possível a prisão preventiva em relação à infração a que não for isolada, cumulativa ou alternativamente cominada pena privativa de liberdade (§ 1º do art. 282);

2º) não é possível prisão preventiva em razão da prática de *contravenção penal;*

3º) não se admite prisão preventiva nos *crimes culposos* (sob o fundamento que estamos analisando);

4º) é possível prisão preventiva nos *crimes preterdolosos* (dolo no antecedente e culpa no consequente);

5º) é possível, *a priori*, prisão preventiva em razão da prática de crime punido com *reclusão ou detenção.*

Nas hipóteses de **concurso de crimes dolosos** – arts. 69, 70 e 71 do CP –, as repercussões nas penas cominadas deverão ser observadas para efeito de analisar o cabimento de prisão preventiva.

De tal sorte, será cabível a custódia quando, em **concurso material** (CP, art. 69), a soma das penas mínimas cominadas for superior a quatro anos.

Ocorrendo **concurso formal**, a pena máxima cominada ao crime mais grave deve ser aumentada de metade (máximo permitido no art. 70 do CP). Se o total superar o limite de 4 (quatro) anos, caberá a preventiva.

Se a hipótese evidenciar **crime continuado**, a pena máxima cominada ao crime mais grave – se diversos – deve ser aumentada de 2/3 (máximo permitido no art. 71, *caput*, do CP). De igual maneira, se ultrapassada a barreira dos 4 (quatro) anos, caberá preventiva.

As **qualificadoras** também devem ser consideradas. De tal sorte, o que se deve levar em conta é a correta adequação típica da conduta.

Com vistas a apurar a maior pena abstratamente cominada, também as **causas de aumento e diminuição de pena** repercutem na delimitação tratada. Na primeira hipótese, a pena máxima cominada ao delito deve sofrer o aumento máximo previsto. Na segunda, a pena máxima cominada sofrerá a diminuição mínima.

Na hipótese de **crime tentado**, observada a pena máxima cominada, aplica-se a menor redução permitida no art. 14, II, do CP: 1/3 (um terço).

As **circunstâncias agravantes** (CP, arts. 61 e 62) e as atenuantes (CP, arts. 65 e 66) não devem ser levadas em conta para a finalidade estudada.

3.8.2.2. Art. 313, II, do CPP: reincidência dolosa

Diz o art. 313, II, do CPP, que será cabível prisão preventiva: se tiver sido condenado por outro crime doloso, em sentença transitada em julgado, ressalvado o disposto no inciso I do *caput* do art. 64 do Código Penal.

Cuida o dispositivo da reincidência dolosa.

A hipótese tratada autoriza, portanto, a decretação da prisão preventiva quando o investigado ou acusado for *reincidente em crime doloso*, assim reconhecido em sentença penal condenatória da qual não caiba mais recurso, salvo se tiver ocorrido a prescrição da reincidência de que trata o art. 64, I, do CP.

Caberá, portanto, prisão preventiva, em relação ao agente que já foi definitivamente condenado por crime doloso e agora praticou *outro* crime doloso[122].

Satisfeita essa hipótese de cabimento, não é necessário verificar se o novo crime, pelo qual se pretende a decretação da prisão preventiva, tem cominada pena privativa de liberdade máxima superior a quatro anos (CPP, art. 313, I), pois **as hipóteses de cabimento devem ser analisadas isoladamente**, e não em conjunto.

Muito embora a reincidência nos termos acima analisados seja causa eficiente para a decretação da custódia cautelar tratada, a primariedade e mesmo a ausência de antecedentes desabonadores não impedem a segregação, conforme decisões reiteradas do STJ e do STF,[123] quando identificada outra hipótese de cabimento.

3.8.2.3. Art. 313, III, do CPP: crime de covardia

Caberá prisão preventiva, ainda, se o crime envolver violência doméstica e familiar contra a mulher, criança, adolescente, idoso, enfermo ou pessoa com deficiência, para garantir a execução das medidas protetivas de urgência.

A lei que trata da violência doméstica e familiar contra a mulher é a Lei n. 11.340/2006, a *famosa* "Lei Maria da Penha", que segundo consta de seu preâmbulo: "Cria mecanismos para coibir a violência doméstica e familiar contra a mulher, nos termos do § 8º do art. 226 da Constituição Federal, da Convenção sobre a Eliminação de Todas as Formas de Discriminação contra as Mulheres e da Convenção Interamericana para Prevenir, Punir e Erradicar a Violência contra a Mulher".

Outra hipótese de cabimento de prisão preventiva se descortina, agora em relação ao criminoso covarde, autor de crime praticado com violência doméstica contra criança, adolescente, idoso, enfermo ou pessoa com deficiência.

Considera-se *criança*, nos termos do art. 2º do Estatuto da Criança e do Adolescente, a pessoa até 12 anos de idade incompletos, e *adolescente* aquela entre 12 e 18 anos de idade.

Idoso, nos termos do art. 1º do Estatuto do Idoso, é aquele com idade igual ou superior a 60 anos.

Enfermo é o acometido por algum tipo de moléstia; doente.

Pessoa com deficiência é a pessoa portadora de necessidades especiais em razão de alguma deficiência física ou mental, ou de ambas.

---

122. "A existência de condenações criminais transitadas em julgado, reveladoras dos maus antecedentes e da reincidência, revela o risco de reiteração, a justificar a prisão preventiva" (STF, HC 125.552/MG, 1ª T., rel. Min. Marco Aurélio, j. 9-8-2016, *DJe* n. 182, de 29-8-2016).

123. "Este Supremo Tribunal assentou ser idônea a custódia cautelar, independente das condições subjetivas favoráveis ao paciente, quando presentes os requisitos do art. 312 do Código de Processo Penal pelas circunstâncias concretas do delito" (STF, HC 130.709/CE, 2ª T., rel. Min. Cármen Lúcia, j. 7-6-2016, *DJe* n. 124, de 16-6-2016). "Jurisprudência do Supremo Tribunal Federal sedimentada em que primariedade, bons antecedentes, residência fixa e ocupação lícita, por si sós, não afastam a possibilidade da preventiva" (STF, HC 131.442/SP, 2ª T., rel. Min. Gilmar Mendes, j. 30-8-2016, *DJe* n. 201, de 21-9-2016).

Violência, nesse caso, poderá ser física ou psicológica.

A proteção legal encontra-se robustecida em relação a essas determinadas particularidades em razão de questões humanitárias e por levar em conta a reduzida ou nenhuma capacidade de resistência das vítimas, que assim ficam expostas à crueldade e ausência de parâmetros morais do agressor. Atende, ainda, a princípios constitucionais específicos ligados à preservação da infância e da adolescência, respeito aos idosos, enfermos e pessoas portadoras de deficiência.

É necessário observar que o art. 313, III, não autoriza a decretação da prisão preventiva *sempre* que figurar como vítima pessoa que se encaixe na previsão legal.

Não se trata de modalidade de prisão preventiva obrigatória para tais casos, tampouco pode a custódia ser decretada sem a satisfação de outro requisito.

A lei exige mais. Exige que a decretação da prisão preventiva se revele necessária para *garantir a execução de medidas protetivas de urgência anteriormente aplicadas*. Identificada a situação, não se reclama a conjugação de qualquer outra circunstância autorizadora ou hipótese de cabimento.

Dispõe o art. 22 da Lei n. 11.340/2006: "Constatada a prática de violência doméstica e familiar contra a mulher, nos termos desta Lei, o juiz poderá aplicar, de imediato, ao agressor, em conjunto ou separadamente, as seguintes medidas protetivas de urgência, entre outras: I – suspensão da posse ou restrição do porte de armas, com comunicação ao órgão competente, nos termos da Lei n. 10.826, de 22 de dezembro de 2003; II – afastamento do lar, domicílio ou local de convivência com a ofendida; III – proibição de determinadas condutas, entre as quais: *a)* aproximação da ofendida, de seus familiares e das testemunhas, fixando o limite mínimo de distância entre estes e o agressor; *b)* contato com a ofendida, seus familiares e testemunhas por qualquer meio de comunicação; *c)* frequentação de determinados lugares a fim de preservar a integridade física e psicológica da ofendida; IV – restrição ou suspensão de visitas aos dependentes menores, ouvida a equipe de atendimento multidisciplinar ou serviço similar; V – prestação de alimentos provisionais ou provisórios; VI – comparecimento do agressor a programas de recuperação e reeducação; e VII – acompanhamento psicossocial do agressor, por meio de atendimento individual e/ou em grupo de apoio".

3.8.2.4. Art. 313, § 1º, do CPP: dúvida sobre a identidade do agente

Também será admitida a prisão preventiva quando houver dúvida a respeito da identidade civil da pessoa *ou* quando esta não fornecer elementos suficientes para esclarecê-la, devendo o preso ser colocado imediatamente em liberdade após sua identificação, salvo se outra hipótese recomendar a manutenção da medida.

O art. 1º, II, da Lei n. 7.960/89 – Lei da Prisão Temporária –, estabelece que caberá a decretação da prisão temporária quando o *indiciado* não tiver residência fixa *ou* não fornecer elementos necessários ao esclarecimento de sua identidade.

Enquanto a prisão temporária é possível apenas na fase de investigação e para os crimes taxativamente previstos, a prisão preventiva em relação àquele sobre o qual paire dúvida a respeito de sua identidade pode ser decretada tanto na fase de investigação quanto no curso do processo penal.

Uma e outra modalidade de prisão cautelar convivem em harmonia.

O fato de o § 1º do art. 313 do CPP regular a matéria de maneira semelhante à tratada na Lei n. 7.960/89 não tem qualquer impacto sobre esta. Não ocorreu derrogação da regra especial.

É possível o oferecimento e recebimento de denúncia sem que se tenha a completa qualificação do réu, mas tão somente esclarecimentos pelos quais se possa identificá-lo, conforme decorre do disposto nos arts. 41 e 259 do CPP, e disso resulta afirmar a possibilidade de prisão preventiva na fase processual sob tal fundamento.

A decretação da prisão preventiva escoltada na hipótese em questão não reclama a presença de qualquer das circunstâncias indicadas no art. 312, *caput* (garantia da ordem pública; garantia da ordem econômica; conveniência da instrução criminal; assegurar a aplicação da lei penal), ou das hipóteses do art. 313, I e II (crime doloso punido com pena privativa de liberdade máxima superior a 4 anos; reincidente doloso, ressalvada a prescrição da reincidência), e bem por isso *pode ser decretada em relação a crime culposo*, mas é preciso ter em vista o disposto na Lei n. 12.037/2009, onde se lê que, em regra, o civilmente identificado não será submetido a identificação criminal.

Diz o art. 2º da Lei n. 12.037/2009 que a identificação civil poderá ser atestada por qualquer dos seguintes documentos: carteira de identidade; carteira de trabalho; carteira profissional; passaporte; carteira de identificação funcional,[124] ou outro documento público que permita a identificação, estando equiparados aos documentos de identificação civis os documentos de identificação militares.

A Lei n. 13.444/2017, que dispõe sobre a Identificação Civil Nacional, criou o Documento Nacional de Identificação (DNI), com fé pública e validade em todo o

124. Conforme dispõe a Lei n. 13.444/2017: "Art. 8º É criado o Documento Nacional de Identidade (DNI), com fé pública e validade em todo o território nacional. § 1º O DNI faz prova de todos os dados nele incluídos, dispensando a apresentação dos documentos que lhe deram origem ou que nele tenham sido mencionados. § 2º (Vetado). § 3º O DNI será emitido: I – pela Justiça Eleitoral; II – pelos institutos de identificação civil dos Estados e do Distrito Federal, com certificação da Justiça Eleitoral; III – por outros órgãos, mediante delegação do Tribunal Superior Eleitoral, com certificação da Justiça Eleitoral. § 4º O DNI poderá substituir o título de eleitor, observada a legislação do alistamento eleitoral, na forma regulamentada pelo Tribunal Superior Eleitoral.

Art. 9º O número de inscrição no Cadastro de Pessoas Físicas (CPF) será incorporado, de forma gratuita, aos documentos de identidade civil da União, dos Estados e do Distrito Federal.

Art. 10. O documento emitido por entidade de classe somente será validado se atender aos requisitos de biometria e de fotografia estabelecidos para o DNI. Parágrafo único. As entidades de classe terão 2 (dois) anos para adequarem seus documentos aos requisitos estabelecidos para o DNI".

território nacional, que será emitido pela Justiça Eleitoral; pelos institutos de identificação civil dos Estados e do Distrito Federal ou outros órgãos, mediante delegação do Tribunal Superior Eleitoral, com certificação da Justiça Eleitoral, qualquer que seja a hipótese.

Na dicção do art. 3º da Lei n. 12.037/2009, embora apresentado documento de identificação, poderá ocorrer identificação criminal quando: I – o documento apresentar rasura ou tiver indício de falsificação; II – o documento apresentado for insuficiente para identificar cabalmente o indiciado; III – o indiciado portar documentos de identidade distintos, com informações conflitantes entre si; IV – a identificação criminal for essencial às investigações policiais, segundo despacho da autoridade judiciária competente, que decidirá de ofício ou mediante representação da autoridade policial, do Ministério Público ou da defesa; V – constar de registros policiais o uso de outros nomes ou diferentes qualificações; VI – o estado de conservação ou a distância temporal ou da localidade da expedição do documento apresentado impossibilite a completa identificação dos caracteres essenciais.

Quando houver necessidade de identificação criminal, a autoridade encarregada tomará as providências necessárias para evitar o constrangimento do identificado (art. 4º da Lei n. 12.037/2009).

Nos precisos termos do art. 5º da lei citada, a identificação criminal incluirá o processo datiloscópico e o fotográfico, que serão juntados aos autos da comunicação da prisão em flagrante, ou do inquérito policial ou outra forma de investigação.

3.8.2.5. Descumprimento de qualquer das obrigações impostas por força de outras medidas cautelares

Da maneira analisada, a prisão preventiva somente será determinada quando não for possível a aplicação de outra medida cautelar (CPP, art. 282, § 6º), entenda-se: quando as medidas cautelares arroladas nos arts. 319 e 320 do CPP, adotadas de forma isolada ou cumulativamente, revelarem-se inadequadas ou insuficientes.

Determina o § 1º do art. 312 do CPP que a prisão preventiva poderá ser decretada em caso de descumprimento de qualquer das obrigações impostas por força de outras medidas cautelares, situação também referida no § 4º do art. 282.

A decretação da prisão preventiva por descumprimento de medida anteriormente aplicada não depende da concorrência de qualquer das hipóteses do art. 313 do CPP, *o que permite sua aplicação em relação a crimes culposos*, e poderá ocorrer em qualquer fase da investigação policial ou do processo penal, sempre mediante provocação.

Por aqui reside uma das grandes polêmicas trazidas pela Lei n. 12.403/2011, conforme se evidencia na doutrina a respeito do tema, pois há quem entenda, como Sanches Cunha, que o descumprimento injustificado de medida anteriormente aplicada, por si, não autoriza a decretação de prisão preventiva, providência que só restará autorizada se identificada uma das hipóteses do art. 313 do CPP.[125]

Sustenta-se que é necessária, ainda, a conjugação das circunstâncias tratadas no art. 312, *caput*, do CPP: garantia da ordem pública; garantia da ordem econômica; conveniência da instrução criminal; assegurar a aplicação da lei penal.

Com efeito. Exigir a presença de outros requisitos é o mesmo que reclamar a superposição de fundamentos, pois, se já estiverem presentes quaisquer das outras situações autorizadoras listadas, isso será suficiente para a decretação da preventiva, não existindo lógica, *data venia*, no raciocínio que exige a cumulação.

Em outras palavras: se no caso de descumprimento de medida restritiva fosse necessário identificar os pressupostos, ao menos uma das circunstâncias (art. 312, *caput*) e uma das hipóteses do art. 313, para que se tornasse possível a decretação da preventiva, isso levaria à total desnecessidade da regra contida no § 1º do art. 312, que assim seria lançada à condição de desprezível superfetação.

Na verdade, por aqui o legislador buscou disciplinar a matéria à semelhança do que fez em relação aos crimes praticados contra hipossuficientes no ambiente familiar, conforme consta do art. 313, III, parte final, onde há expressa indicação no sentido de que a prisão preventiva em casos tais se presta a *garantir a execução de medida* protetiva anteriormente aplicada, e não há exigência de conjugação de qualquer outra circunstância autorizadora ou hipótese de cabimento.

Conforme justifica BORGES DE MENDONÇA:

> Buscou-se uma válvula de escape para manter e estabelecer um mínimo de eficácia a todo o sistema de medidas cautelares criado pela nova legislação. Realmente, se não fosse possível a aplicação da prisão preventiva em caso de descumprimento das medidas alternativas, de nada adiantaria estabelecer um amplo leque de medidas cautelares à disposição do juiz para neutralizar o *periculum in mora* se, uma vez aplicadas e descumpridas, nada pudesse fazer. Sim, porque se o réu pudesse livremente descumprir as medidas alternativas à prisão sempre que a pena fosse igual ou inferior a quatro anos, sem que o magistrado tivesse qualquer instrumento para a proteção dos bens jurídicos indicados no art. 282, inciso I, seria o mesmo que estabelecer e aceitar a completa ineficiência e ineficácia do sistema. Sem a possibilidade de existir a prisão preventiva como ameaça constante ao réu em caso de descumprimento das medidas alternativas, seria negar a própria eficácia às medidas alternativas à prisão, concedendo ao réu uma "faculdade" de cumprir ou não as referidas medidas toda vez que a pena fosse igual ou inferior a quatro anos. Seria aceitar que o réu poderia

125. Nesse sentido é o pensamento de ROGÉRIO SANCHES CUNHA quando diz: "Mesmo aqui entendemos imprescindível ponderar a presença das condições de admissibilidade previstas no art. 313 do CPP. Raciocínio diverso, além de fomentar a prisão provisória fora dos casos permitidos por lei, não observa que o art. 313 se aplica a todas as hipóteses do art. 312, não excepcionando o seu parágrafo" (*Prisão e medidas cautelares*, coord. LUIZ FLÁVIO GOMES e IVAN LUÍS MARQUES, 2. ed., 2. tir., São Paulo, Revista dos Tribunais, 2011, p. 150).

solenemente desconsiderar a decisão do juiz e a medida alternativa imposta, sem que existisse qualquer instrumento hábil para forçá-lo a não violar os bens jurídicos do art. 282, inciso I (necessidade para aplicação da lei penal, para a investigação ou a instrução criminal e para evitar a prática de infrações penais).

E arremata: "A observância das condições impostas não pode ficar condicionada à voluntariedade do agente, pois, como estamos diante de medidas cautelares, devem ser medidas coativas. As medidas cautelares são expressão da própria coerção estatal, entendida, segundo Julio B. J. Maier, como o uso de seu poder, de acordo com a lei, para restringir certas liberdades ou faculdades das pessoas, com o fim de alcançar um fim determinado.[126] Não podem depender da vontade ou da potestatividade do próprio agente para seu cumprimento".[127]

A implantação exitosa da política criminal pretendida com a reforma processual introduzida com a Lei n. 12.403/2011 depende da eficácia das medidas cautelares listadas nos arts. 319 e 320 do CPP, pois, se não houver segurança a respeito da coerção e do cumprimento dessas medidas cautelares diversas da prisão, por certo os excessos nas decretações de prisões preventivas não serão reduzidos, o que constitui evidente contrariedade ao conhecido e manifesto desejo da lei.

Pois bem.

Se já houve imposição de cautelar restritiva é porque há *prova da existência do crime* e *indícios suficientes da autoria*.

Presentes tais requisitos, basta o descumprimento injustificado da medida para ter cabimento a prisão preventiva.

Essa é a interpretação que melhor atende aos interesses da Lei e do sistema adotado.

Contra eventuais excessos patrocinados na decretação de preventivas por descumprimento de medida cautelar anteriormente aplicada existem vias de ataque juridicamente disponibilizadas.

A leitura isolada do § 4º do art. 282 pode fazer concluir que a autoridade policial não está legitimada a formular representação visando à decretação de prisão preventiva na hipótese tratada, visto que a ela não faz referência. Todavia, o correto é admitir a legitimação, e isso por força do disposto no art. 311 do CPP.

3.9. Circunstâncias autorizadoras

Não basta para a decretação da prisão preventiva que se tenha provado nos autos a presença dos dois pressupostos e de uma dentre as hipóteses de cabimento.

---

126. *Derecho procesal penal*, 2. ed., 3. reimp., Buenos Aires, Del Puerto, 2004, t. I, p. 511.

127. Andrey Borges de Mendonça, *Prisão e outras medidas cautelares*, São Paulo, Método, 2011, p. 294-295.

É imprescindível, em se tratando das hipóteses do art. 313, I e II, do CPP, que se tenha claramente demonstrada a incidência de ao menos uma das circunstâncias autorizadoras arroladas no art. 312, *caput*, do CPP, a saber: *1ª) garantia da ordem pública; 2ª) garantia da ordem econômica; 3ª) conveniência da instrução criminal; 4ª) assegurar a aplicação da lei penal.*

A existência fática de uma dessas circunstâncias é suficiente para indicar o *periculum in mora*, que alguns preferem denominar *periculum libertatis*.

Nesses casos listados, observa MOUGENOT que "a liberdade do indiciado ou acusado pode ser perigosa para o processo ou para a sociedade".[128]

A presença das circunstâncias autorizadoras aqui referidas não é exigida em relação às demais hipóteses de cabimento tratadas nos arts. 313, III e § 1º, e 312, § 1º, ambos do CPP, não se justificando o pensamento contrário, já que em tal caso bastaria a presença de uma dessas tais circunstâncias para que se fizesse possível a decretação. Não é lógico exigir a superposição de circunstâncias autorizadoras.

3.9.1. Garantia da ordem pública

O que é que podemos considerar como fundamento suficiente para a decretação de uma prisão preventiva sob o argumento da garantia da ordem pública?

Em quais situações concretas[129] podemos dizer que a ordem pública se encontra abalada em razão da liberdade do indiciado ou acusado, a ponto de justificar a imposição da segregação cautelar, que é medida excepcional no sistema constitucional vigente?

Conforme se tem decidido, "a garantia da ordem pública visa, entre outras coisas, evitar a reiteração delitiva, assim resguardando a sociedade de maiores danos",[130] além de se caracterizar pelo perigo que o agente representa para a sociedade. "A garantia da ordem pública é representada pelo imperativo de se impedir a reiteração das práticas criminosas (...). A garantia da ordem pública se revela, ainda, na necessidade de se assegurar a credibilidade das instituições públicas quanto à visibilidade e transparência de políticas públicas de persecução criminal".[131]

---

128. EDILSON MOUGENOT BONFIM, *Curso de processo penal*, 6. ed., São Paulo, Saraiva, 2011, p. 476.

129. "A prisão preventiva pressupõe dados concretos, ligados ao acusado e à ação em que envolvido, enquadráveis no art. 312 do Código de Processo Penal, não cabendo adentrar o campo das suposições. A gravidade do crime, por si só, é elemento neutro quanto à prisão preventiva, não sendo a automaticidade agasalhada pela ordem jurídica" (STF, HC 127.729/MG, 1ª T., rel. Min. Marco Aurélio, j. 29-3-2016, *DJe* n. 184, de 31-8-2016).

130. STF, HC 84.658/PE, 2ª T., rel. Min. Joaquim Barbosa, j. 15-2-2005, *DJ* de 3-6-2005, p. 48. "(...) a periculosidade do agente e a reiteração delitiva demonstram a necessidade de se acautelar o meio social, para que seja resguardada a ordem pública, e constituem fundamento idôneo para a prisão preventiva" (STF, HC 136.255/PI, 2ª T., rel. Min. Ricardo Lewandowski, j. 25-10-2016, *DJe* n. 239, de 10-11-2016).

131. STF, HC 89.143, 2ª T., rel. Min. Ellen Gracie, j. 10-6-2008, *DJe* n. 117, de 27-6-2008, *RTJ* 205/1.248.

A fundamentação da prisão preventiva consistente na garantia da ordem pública deve lastrear-se na intranquilidade social causada pelo crime e/ou na demonstrada probabilidade de reiteração,[132] a ponto de colocar em risco a paz social e a estabilidade das instituições democráticas. Revela-se, ademais, na periculosidade do agente concretamente demonstrada pelo *modus operandi* mediante o qual foi praticado o delito.[133]

Não se trata, evidentemente, de hipótese em que o crime tenha provocado clamor público/comoção social[134] ou despertado a atenção da mídia.

Com efeito, "o estado de comoção social e de eventual indignação popular, motivado pela repercussão da prática da infração penal, não pode justificar, só por si, a decretação da prisão cautelar do suposto autor do comportamento delituoso, sob pena de completa e grave aniquilação do postulado fundamental da liberdade. O clamor público – precisamente por não constituir causa legal de justificação da prisão processual (CPP, art. 312) – não se qualifica como fator de legitimação da privação cautelar da liberdade do indiciado ou do réu".[135]

"A repercussão social do fato, inerente ao estrépito de sua execução e ao repúdio que a sociedade confere à prática criminosa, não é bastante, por si só, para fazer presente o *periculum libertatis* e justificar a prisão preventiva".[136]

De igual maneira, também não se presta à fundamentação adequada a alusão a conceitos abstratos de ofensa às instituições sociais e familiares, à possibilidade de gerar uma sensação de impunidade na sociedade, à necessidade de preservação da credibilidade do Poder Judiciário, ou a uma hipotética possibilidade de cometimento de outras infrações penais.[137] De ver, ainda, como bem observou o Min. Joaquim

132. "'A necessidade de acautelar-se o meio social ante a concreta possibilidade de reiteração criminosa' constitui motivação idônea para a decretação da custódia cautelar (HC 109.723, 1ª T., rel. Min. Luiz Fux, *DJ* de 27-6-2012). No mesmo sentido: HC 106.816, 2ª T., rel. Min. Ellen Gracie, *DJ* de 20-6-2011; HC 104.608, 1ª T., rel. Min. Ellen Gracie, *DJ* de 1º-9-2011; HC 106.702, 1ª T., rel. Min. Cármen Lúcia, *DJ* de 27-5-2011'" (STF, HC 122.104/RS, 1ª T., rel. Min. Luiz Fux, j. 6-5-2014, *DJe* n. 106, de 3-6-2014).

133. STF, HC 138.120/MG, 2ª T., rel. Min. Ricardo Lewandowski, j. 6-12-2016, *DJe* n. 267, de 16-12-2016; STF, HC 128.779/SP, 2ª T., rel. Min. Dias Toffoli, j. 20-9-2016, *DJe* n. 212, de 5-10-2016; STF, HC 133.210/SP, 2ª T., rel. Min. Gilmar Mendes, j. 20-9-2016, *DJe* n. 210, de 3-10-2016.

134. "O sentimento de desassossego da sociedade não conduz à custódia preventiva" (STF, HC 124.000/SP, 1ª T., rel. Min. Marco Aurélio, j. 1º-3-2016, *DJe* n. 119, de 10-6-2016).

135. STF, HC 80.379/SP, 2ª T., rel. Min. Celso de Mello, j. 18-12-2000, *DJ* de 25-5-2001, p. 11.

136. STJ, HC 33.668/SP, 6ª T., rel. Min. Paulo Medina, j. 17-6-2004, *DJ* de 16-8-2004, p. 288.

137. "A motivação genérica e abstrata, sem elementos concretos ou base empírica idônea a amparar o decreto prisional, esbarra na jurisprudência consolidada deste Supremo Tribunal Federal, que não lhe reconhece validade. Precedentes" (STF, HC 127.962/SP, 1ª T., rel. Min. Marco Aurélio, rel. p/ o Acórdão Min. Rosa Weber, j. 29-3-2016, *DJe* n. 085, de 2-5-2016). "A jurisprudência da Corte já afirmou que 'a mera suposição, fundada em simples conjecturas, não pode autorizar a decretação da prisão cautelar de qualquer pessoa' (HC n. 115.613/SP, 2ª T., rel. Min. Celso de Mello, *DJe* de 13-8-14)" (STF, HC 132.520/MT, 2ª T., rel. Min. Dias Toffoli, j. 31-5-2016, *DJe* n. 225, de 21-10-2016).

Barbosa quando do julgamento do HC 100.863/SP, de que foi relator, que "ninguém pode ser preso para sua própria proteção".[138]

A necessidade de garantia da ordem pública não se extrai da gravidade abstrata[139] da infração penal, pura e simplesmente.

Na atual conformação do Estado de direito democrático, não se deve admitir a invocação de uma "ordem pública supersticiosa" como fundamento para a imposição de tão drástica e excepcional providência, como é exemplo cediço a prisão preventiva.

É preciso, por fim, que o magistrado demonstre empiricamente[140] a necessidade incontrastável da medida excepcional que é a prisão antecipada, e o ato judicial que a formaliza deve conter fundamentação substancial.

3.9.2. Garantia da ordem econômica

Essa circunstância foi introduzida no art. 312 do CPP com a Lei n. 8.884/94 e está relacionada com o combate aos crimes financeiros, especialmente crimes contra o sistema financeiro nacional.

O que se leva em conta nesse caso é uma significativa lesão econômica e suas repercussões na ordem financeira, no mercado de ações, na credibilidade das instituições financeiras etc.

Nessa mesma linha de pensamento, o art. 30 da Lei n. 7.492/86, que define os crimes contra o sistema financeiro nacional, trata da possibilidade de prisão preventiva em razão da magnitude da lesão causada, o que evidencia a desnecessidade da previsão adicionada ao CPP.

3.9.3. Conveniência da instrução criminal

A conveniência da instrução criminal constitui a terceira circunstância autorizadora, na ordem de disposição do art. 312 do CPP.

Nesse caso, a prisão do investigado ou acusado tem por objetivo colocar a salvo de suas influências deletérias a prova que deverá ser colhida na instrução do feito e

---

138. STF, HC 100.863/SP, 2ª T., rel. Min. Joaquim Barbosa, j. 4-12-2009, *DJe* de 5-2-2010.

139. "A gravidade do crime, por si só, é elemento neutro quanto à prisão preventiva, não sendo a automaticidade agasalhada pela ordem jurídica" (STF, HC 127.729/MG, 1ª T., rel. Min. Marco Aurélio, j. 29-3-2016, *DJe* n. 184, de 31-8-2016). "Não bastam a gravidade do crime e a afirmação abstrata de que o réu oferece perigo à sociedade para justificar a imposição da prisão cautelar ou a conjectura de que, em tese, a ordem pública poderia ser abalada com a soltura do acusado" (STF, HC 136.784/SP, 2ª T., rel. Min. Ricardo Lewandowski, j. 22-11-2016, *DJe* n. 259, de 6-12-2016).

140. "A prisão preventiva pressupõe dados concretos, ligados ao acusado e à ação em que envolvido, enquadráveis no art. 312 do Código de Processo Penal, não cabendo adentrar o campo das suposições" (STF, HC 127.729/MG, 1ª T., rel. Min. Marco Aurélio, j. 29-3-2016, *DJe* n. 184, de 31-8-2016).

avaliada quando do julgamento do processo. Visa à preservação da verdade real, ameaçada por comportamento do agente contrário a esse objetivo.

Será cabível a prisão preventiva sob tal fundamento, por exemplo, nas hipóteses em que o agente passar a ameaçar a vítima ou testemunha visando impedir ou dificultar prova oral em seu desfavor; quando ameaçar ou tentar corromper perito que deva funcionar nos autos do inquérito ou processo; destruir prova documental ou qualquer vestígio ou evidência do crime; tentar aliciar jurado etc.

É preciso notar que a decretação da prisão preventiva fundada na circunstância em apreço deixará de estar justificada no momento em que advém o encerramento da instrução.

Se a imposição da cautela visava apenas e tão somente à conveniência da instrução criminal, estando ela finda, não deve subsistir a prisão sob tal fundamento decretada.

Se, todavia, a decretação estiver escoltada em mais de uma circunstância, poderá persistir a prisão, notadamente se o outro argumento tiver relação com a necessidade de assegurar a aplicação da lei penal, tema de que cuidaremos a seguir.

3.9.4. Assegurar a aplicação da lei penal

Esta circunstância tem por escopo impedir que a pena criminal deixe de ser executada em caso de condenação.

É claro que envolve um juízo arriscado, porquanto muitas vezes prematuro a respeito de uma *eventual* condenação, *que poderá ou não acontecer*.

Mesmo assim, não raras vezes, será a providência cautelar que irá impedir que o investigado ou réu, estando pronto para fugir, não deixe de ser alcançado pela Justiça Criminal.

Em certas situações, ciente da gravidade do crime cometido e convencido da correspondente condenação que daí advirá num futuro próximo, seguindo orientação ou mesmo por ideação sua, o increpado começa a se desfazer de seus bens móveis, pede demissão do emprego, coloca sua casa à venda ou rescinde a locação etc.

Nesses casos em que a proximidade da fuga se faz evidente e desde que demonstrada nos autos, tem cabimento a prisão preventiva, se atendidos os demais requisitos legais.

A possibilidade de fuga, quando evidenciada em elementos concretos, autoriza e recomenda a decretação da prisão preventiva; já a mera suspeita, desacompanhada de elementos seguros de convicção, não dá ensejo à segregação excepcional.[141]

---

141. "A jurisprudência desta Corte é firme no sentido da impossibilidade de decretação da prisão preventiva com base apenas em presunção de fuga. Precedentes" (STF, HC 130.803/SP, 2ª T., rel. Min. Teori Zavascki, j. 1º-12-2015, *DJe* n. 018, de 1º-2-2016).

Ainda que se trate de fuga,[142] o melhor é apreciar, caso a caso, a situação de fato, para que fique evidenciada a real pertinência da prisão.

3.10. Decretação da prisão preventiva

Em linhas gerais, a decretação da prisão preventiva reclama a coexistência e efetiva demonstração do *fumus boni juris/fumus commissi delicti* e do *periculum in mora/periculum libertatis*, requisitos da cautelaridade.

O *fumus boni juris*, já o dissemos, está na constatação empírica de prova da existência do crime e indícios suficientes da autoria, que constituem os dois pressupostos da medida extrema.

O *periculum in mora* identificamos com a presença de uma das circunstâncias autorizadoras.

Diante de um caso concreto, para verificar a possibilidade, ou não, de decretação da prisão preventiva impõem-se as seguintes observações:

1º) verificar se estão presentes *os dois pressupostos*;

2º) analisar se o caso se encaixa em *uma das hipóteses de cabimento*;

3º) nas hipóteses do art. 313, I e II, do CPP, identificar a ocorrência de ao menos *uma dentre as circunstâncias autorizadoras* previstas no art. 312, *caput*;

4º) em relação às demais hipóteses de cabimento (arts. 313, III e § 1º, e 312, § 1º), não se exige a presença de qualquer das circunstâncias do art. 312, *caput* (garantia da ordem pública; garantia da ordem econômica; conveniência da instrução criminal; assegurar a aplicação da lei penal), tampouco a concorrência dos requisitos do art. 313, I e II, o que permite cogitar a admissibilidade da decretação mesmo em se tratando de **crime culposo**, respeitada a indispensável proporcionalidade e razoabilidade. Caso fosse intenção do legislador restringir a prisão preventiva aos crimes dolosos e, assim, afastar a possibilidade de aplicação quanto a crimes culposos, por certo a cláusula limitadora – crimes dolosos – estaria no *caput* do art. 313, e não no inciso I.

3.10.1. Contraditório na decretação

Segundo dispõe o § 3º do art. 282 do CPP, que se refere a todas as medidas cautelares previstas no Título IX, Livro I, do CPP, em que logicamente se encontra inserida a prisão preventiva, ressalvados os casos de urgência ou de perigo de ineficácia da medida, o juiz, ao receber o pedido de medida cautelar, determinará

142. "A fuga do distrito da culpa, comprovadamente demonstrada nos autos, é motivo que reforça a necessidade de manutenção da custódia antecipada, também como forma de garantir a futura aplicação da lei penal" (STJ, RHC 97.663/AL, 5ª T., rel. Min. Jorge Mussi, j. 12-6-2018, *DJe* de 20-6-2018).

a intimação da *parte contrária*, acompanhada de cópia do requerimento e das peças necessárias, para que se manifeste no prazo de 5 (cinco) dias.

Se o pedido de aplicação de medida cautelar for feito em sede de **processo digital**, é evidente a desnecessidade de instruir a intimação com cópia do requerimento e outras peças processuais, porquanto se encontrem todos os documentos desde logo acessíveis, a qualquer tempo.

A intimação tem por escopo estabelecer contraditório prévio à decisão que, todavia, nos casos de urgência ou de perigo de ineficácia da medida poderá anteceder à manifestação da *parte contrária*, quando então deverá ocorrer o contraditório diferido, assim compreendido aquele que incidirá *após* a decisão judicial. A questão do contraditório prévio não é tão simples quanto parece e está analisada em profundidade no tópico em que tratamos das "Regras Gerais", no início deste capítulo.

Impende consignar, em arremate, que se o pedido de decretação da prisão preventiva for feito na **audiência de apresentação/custódia**, na qual tem sede de aplicação o art. 310 do CPP, é imprescindível que a defesa seja instada a se manifestar a respeito, previamente à decisão judicial que deverá ser proferida na mesma audiência, nos moldes em que democraticamente regulado o procedimento específico.

3.11. Condição especial impeditiva da prisão preventiva

Mesmo que em determinado caso se identifique a presença dos requisitos autorizadores da prisão preventiva, ainda assim ela não poderá ser decretada se for possível, adequada e suficiente a aplicação de outra medida cautelar (CPP, arts. 319 e 320).[143]

Como se vê, ainda que presentes os *requisitos gerais* autorizadores da prisão preventiva, ficará a decretação sujeita a não verificação de *condição especial impeditiva*, a saber: *1ª)* não ser possível a aplicação de medida(s) cautelar(es) diversa(s) da prisão, ou, *2ª)* sendo possível, elas se revelarem inadequadas ou insuficientes, ainda que cumulativamente pensadas.

É o que se compreende na leitura dos arts. 282, § 6º, e 310, II, do CPP.

3.12. Conversão da prisão em flagrante em preventiva

Conforme decorre do disposto no art. 310, II, do CPP, o juiz, não sendo caso de relaxamento, liberdade provisória com ou sem fiança, cumulada ou não com a aplicação de medida cautelar diversa da prisão, deverá, em decisão fundamentada, *converter a prisão em flagrante em preventiva*, quando presentes os requisitos constantes do art. 312.

143. STF, RHC 136.168, AgR/RN, 2ª T., rel. Min. Teori Zavascki, j. 22-11-2016, *DJe* n. 259, de 6-12-2016.

Importante enfatizar que, embora sem referência expressa no art. 310, II, a *decretação* da custódia só será possível diante de provocação, jamais por iniciativa de magistrado, *ex officio*, e se identificada uma das hipóteses do art. 313. Não se trata de modalidade *sui generis* de prisão preventiva. Com efeito, quando trata do cabimento de prisão preventiva, o art. 366 do CPP também se refere apenas ao art. 312, e é induvidoso que na situação regulada se faz imprescindível conjugar ao menos uma das hipóteses apontadas no art. 313.

Não é ocioso citar novamente parte do voto proferido pelo Min. Celso de Mello, seguido por unanimidade por seus pares, no julgamento do HC 188.888/MG, ocorrido dias antes de sua aposentadoria, quando então consignou que "tornou-se inadmissível, em face da superveniência da Lei n. 13.964/2019 (Lei Anticrime), a conversão, *ex officio*, da prisão em flagrante em preventiva, pois a decretação dessa medida cautelar de ordem pessoal dependerá, *sempre*, do prévio e necessário requerimento do Ministério Público, do seu assistente ou do querelante (se for o caso), ou, *ainda*, de representação da autoridade policial na fase pré-processual da *persecutio criminis*, sendo certo, *por tal razão*, que, em tema *de privação* e/ou *de restrição* cautelar da liberdade, não mais subsiste, em nosso sistema processual penal, *a possibilidade* de atuação *ex officio* do magistrado processante".[144]

Mesmo antes das modificações impostas pelas Leis n. 12.403/2011 e 13.964/2019, sempre entendemos que a prisão em flagrante não poderia ultrapassar o limite temporal que vai de sua efetivação até a apreciação que deve ser feita em sede de controle jurisdicional imediato.

Essa forma de pensar encontra sua fundamentação no art. 5º, LXVI, da CF, segundo o qual ninguém será levado à prisão ou nela mantido, quando a lei admitir a liberdade provisória, com ou sem fiança.

Do art. 5º, LXI, da CF, retiramos autorização para que pessoas possam ser presas em flagrante, mas a interpretação da regra deve ser feita em harmonia com o citado inciso LXVI, de onde se extrai que, após a prisão em flagrante, ninguém poderá continuar preso e, portanto, ser levado ao cárcere, se cabível a liberdade provisória, daí a necessidade de análise dessa situação jurídico-constitucional já no momento do controle jurisdicional imediato, a demonstrar absoluta impropriedade em se afirmar a possibilidade de que alguém possa permanecer, a partir desse instante, preso *por força do flagrante*.

A teor do disposto no art. 310, a partir desse momento, só poderá subsistir prisão se presentes os requisitos da custódia preventiva, que então deverá ser *decretada*.

144. STF, HC 188.888/MG, 2ª T., rel. Min. Celso de Mello, j. 6-10-2020. *Em sentido contrário*: "Mesmo após o advento da Lei n. 13.964/2019 (Pacote Anticrime), o art. 310, II, do Código de Processo Penal autoriza a conversão, de ofício pelo Juízo processante, da prisão em flagrante em preventiva" (STJ, AgRg no HC 611.940/SC, 5ª T., rel. Min. Reynaldo Soares da Fonseca, j. 22-9-2020, *DJe* de 28-9-2020).

A possibilidade jurídica de alguém sofrer restrições à sua liberdade por força de prisão em flagrante sempre esteve restrita e delimitada no tempo. Nunca pode ultrapassar o lapso temporal que medeia entre a prisão-captura e sua apreciação pelo juiz competente.

Isso sempre esteve muito claro no texto constitucional e também no CPP.

Em relação a isso, o legislador ordinário foi ainda mais enfático, já que o art. 310 do CPP evidencia claramente que o juiz deverá, no momento do controle jurisdicional, trabalhar com as variantes indicadas, dentre as quais encontramos a decretação da prisão preventiva.

Necessário lembrar, contudo, que o material probatório ordinariamente recolhido pela polícia por ocasião do flagrante nem sempre, ou quase nunca, disponibiliza elementos *concretos* suficientes para a decretação da prisão preventiva, mesmo diante de casos graves, em que a decretação se apresenta medida *de fato* imprescindível, o que está a determinar a emergência de uma nova e mais abrangente postura investigativa já nesse momento proeminente, por se tratar de dedicação que interessa não só à Polícia e ao Ministério Público, mas a toda a sociedade.

Muito embora o inciso II do art. 310 se refira à *conversão* da prisão em flagrante em preventiva, a nosso ver o correto seria referir à *decretação* desta última, visto que estamos diante de institutos distintos, com regras próprias e finalidades que não se confundem, não sendo caso, portanto, de conversão, mas de decretação.

3.13. Relaxamento da prisão em flagrante e imediata decretação da prisão preventiva

A prisão ilegal deve ser imediatamente relaxada pela autoridade judiciária, nos termos do art. 5º, LXV, da CF, c.c. o art. 310, I, do CPP.

O relaxamento por ilegalidade do flagrante ou decorrente da não realização da audiência de custódia/apresentação (CPP, § 4º do art. 310) não impede, todavia, a subsequente e imediata decretação da prisão preventiva, quando presentes os requisitos legais.

Essa situação, aliás, poderá ocorrer em um único despacho judicial.

As nulidades do flagrante ficam superadas com a superveniência do seu relaxamento e o eventual decreto de prisão preventiva, que passa a ser o novo título judicial ensejador da custódia cautelar.

Nada obstante o anteriormente anotado, é necessário considerar que em razão do disposto no art. 5º, LXV, da CF, que determina o imediato relaxamento da prisão ilegal, cabe ao magistrado apreciar tal situação jurídica tão logo tenha em mãos cópia do auto de prisão em flagrante, não sendo necessário aguardar a presença do autuado na audiência de apresentação/custódia, pois tal proceder faz prolongar a situação de constrangimento ilegal a que se encontra submetida a pessoa indevidamente privada de sua liberdade. O texto constitucional é claro em sua determinação: a prisão ilegal **será imediatamente relaxada** pela autoridade judiciária. É sem valor jurídico qualquer disposição infraconstitucional que aponte para a possibilidade de postura diversa.

3.14. Decretação da prisão preventiva na sentença de condenação ou decisão de pronúncia

A Lei n. 11.719/2008 revogou o art. 594 do CPP, que assim dispunha: "O réu não poderá apelar sem recolher-se à prisão, ou prestar fiança, salvo se for primário e de bons antecedentes, assim reconhecido na sentença condenatória, ou condenado por crime de que se livre solto".

Em contrapartida, criou um parágrafo[145] no art. 387 do CPP, dispondo que o juiz, ao proferir sentença condenatória, decidirá, fundamentadamente, sobre a manutenção ou, se for o caso, imposição de prisão preventiva ou de outra medida cautelar, sem prejuízo do conhecimento da apelação que vier a ser interposta.

Como é intuitivo, essa possibilidade de decretação não autoriza a providência *ex officio* e também não cuida de prisão preventiva obrigatória ou automática, já banida do ordenamento jurídico nacional de longa data.[146]

Quando a lei diz que *o juiz decidirá*, está a determinar que ele se pronuncie sobre o assunto por ocasião da sentença de condenação, para manter ou decretar a prisão preventiva, e não é ocioso enfatizar que a custódia só poderá ser decretada caso tenha sido requerida por qualquer das partes legitimadas.

A lei indicou claramente a abolição no CPP da "prisão para recorrer", como decorrência da sentença ou por conta da ausência de primariedade e de bons antecedentes.

Desde então, só é possível persistir prisão anteriormente decretada,[147] ou ocorrer decretação cautelar na sentença condenatória, quando presentes os requisitos da prisão preventiva.[148]

Também por ocasião da decisão de pronúncia, nos processos de competência do Tribunal do Júri, o juiz poderá decretar a prisão preventiva,[149] se presentes os requisitos legais (arts. 312 e 313), conforme dispõe o art. 413, § 3º, do CPP.

145. A Lei n. 11.719/2008 criou um parágrafo único, que foi transformado em § 1º pela Lei n. 12.736/2012.

146. "Inexiste, no arcabouço jurídico, a prisão automática, considerada a gradação do crime imputado" (STF, HC 120.961/SP, 1ª T., rel. Min. Marco Aurélio, j. 2-8-2016, *DJe* n. 177, de 22-8-2016).

147. "Ambas as Turmas desta Corte possuem entendimento no sentido de que 'permanecendo os fundamentos da prisão cautelar, revela-se um contrassenso conferir ao réu, que foi mantido custodiado durante a instrução, o direito de aguardar em liberdade o trânsito em julgado da condenação' (RHC 117.802, rel. Min. Ricardo Lewandowski, 2ª T., *DJe* de 1º -7-2014)" (STF, HC 132.296/PR, 2ª T., rel. Min. Teori Zavascki, j. 2-8-2016, *DJe* n. 217, de 11-10-2016).

148. "O fato de o paciente permanecer livre durante o trâmite da ação penal não gera o 'direito adquirido' de aguardar o julgamento do recurso de apelação em liberdade. A prisão cautelar pode ser decretada em qualquer fase da investigação policial ou do processo penal, ou seja, ainda que na fase instrutória não tenha sido necessária, ao prolatar a sentença condenatória, sendo lícito ao magistrado determinar a segregação cautelar, se presentes, de forma superveniente, os requisitos autorizadores. Inteligência do art. 311 do Código de Processo Penal" (STF, HC 134.383/MT, 2ª T., rel. Min. Ricardo Lewandowski, j. 29-11-2016, *DJe* n. 264, de 13-12-2016).

149. "Ao pronunciar o réu, deve o juiz, nos termos do art. 413, § 3º, do Código de Processo Penal, decidir, motivadamente, sobre a manutenção ou decretação da prisão" (STJ, RHC 89.170/BA, 6ª T., rel. Min. Antonio Saldanha Palheiro, j. 12-6-2018, *DJe* de 26-6-2018).

3.15. Decretação por força da revelia. A questão do art. 366 do CPP

A Lei n. 9.271/96 deu nova redação ao art. 366 do CPP, para dizer que, se o acusado, citado por edital, não comparecer, nem constituir advogado, ficarão suspensos o processo e o curso do prazo prescricional, podendo o juiz determinar a produção antecipada das provas consideradas urgentes *e, se for o caso, decretar prisão preventiva*, nos termos do disposto no art. 312, se também verificada uma das hipóteses anotadas no art. 313.

É evidente, portanto, que a revelia isoladamente considerada não é suficiente para atingir a finalidade do art. 312 do CPP, e assim tem decidido o STF.[150]

Se não demonstrada a presença do *periculum in mora/periculum libertatis*, a justificar a necessidade da custódia antes de uma condenação definitiva, a simples revelia do réu não é motivo suficiente para embasar decreto de prisão preventiva.

Note-se que o legislador apenas indicou a possibilidade de decretação – *se for o caso* –, coisa, aliás, que nem era preciso fazer.

3.16. Art. 23, *caput*, I, II e III, do CP

Diz o art. 314 do CPP que a prisão preventiva em nenhum caso será decretada se o juiz verificar pelas provas constantes dos autos ter o agente praticado o fato nas condições previstas nos incisos I, II e III do *caput* do art. 23 do Código Penal, que se refere à conduta praticada em estado de necessidade, legítima defesa, estrito cumprimento de dever legal ou no exercício regular de direito, respectivamente. São as causas de justificação a que se referiu Garraud.[151]

A regra leva em conta o fato de que, nas hipóteses indicadas, **não há crime**, o que está expresso no *caput* do art. 23.

Se não há crime, falta um dos pressupostos para a prisão preventiva: prova da existência do crime, o que implica afirmar que, em tais circunstâncias, estará ausente o *fumus boni juris/fumus commissi delicti*.

3.17. Necessidade de decisão fundamentada

A obrigatoriedade de fundamentação das decisões judiciais decorre da literalidade do art. 93, IX, da CF, e tem absoluta vinculação com o Estado Democrático de Direito, sendo por Lenio Streck considerada representante de uma "garantia de uma

150. STF, HC 100.184/MG, 1ª T., rel. Min. Ayres Britto, j. 10-8-2010, *DJe* de 1º-10-2010.

151. René Garraud, *Compendio de direito criminal*, tradução de A. T. de Menezes, Lisboa, Livraria Clássica Editora, 1915, v. I, p. 267.

garantia".[152] Motivar é justificar – se e, conforme sintetizou Bruggemann, o Estado Democrático de Direito é o Estado que se justifica.

Mesmo diante da clareza da regra constitucional, é comum a edição de súmulas pelos tribunais e também normas infraconstitucionais enfatizando a imprescindibilidade daquilo que assim já se encontra expresso no texto constitucional, porém, numa clara ratificação da regra Constitucional frente às inúmeras decisões mal fundamentadas que grassam no funcionamento da maquinaria processual penal, genéricas, que pela vaguidão cabem em qualquer processo, *prêt* à *porter*, o legislador, pela via da Lei 13.964/2019, a reafirma.

De plano, chama a atenção a ênfase do legislador no aspecto da motivação das decisões, em especial no decreto da prisão preventiva, pois não bastou dizer que tal decisão deva ser *motivada*. Ela há de ser *motivada e fundamentada*. Fica clara a *voluntas legis* no sentido que o juiz deva *"fundamentar a fundamentação de sua decisão"*. Deva, enfim, clarificar e explicitar suas razões, não se permitindo, de forma alguma, a supressão do inalienável direito da comunidade e das partes poderem, efetivamente, fiscalizar os atos de exercício de poder e as concretas razões que os determinam. Como dito por Willian Akerman Gomes, "a legitimidade das decisões judiciais perante uma sociedade que não escolheu os magistrados ou opinou acerca dos pronunciamentos jurisdicionais emerge da fundamentação".[153]

A nosso ver, o ponto fulcral da nova redação dos arts. 282, § 6º; 312, § 2º; 315; 316; e 564, V, do CPP, é a *imperiosa necessidade* de o juiz, doravante, não se furtar, não escamotear a garantia da motivação no contexto de suas decisões, todas elas – art. 315, § 2º –, de maneira a explicitar as razões de seu convencimento, **justificando-as.** Este o recado claro do legislador quando formula a lei e esta exige do magistrado ou do tribunal a demonstração dos "elementos presentes no caso concreto, de forma individualizada" – art. 282, §6º; do "perigo gerado pelo estado de liberdade do imputado" – art. 312; da "existência de fatos novos ou contemporâneos que justifiquem a aplicação da medida" – art. 312, e no "indicar concretamente" do art. 315, § 1º. É esta a *voluntas legis.*

Bem por isso o comando claro do atual art. 315 do CPP, cuja redação decorre da Lei n. 13.964/2019, *verbis*: "A decisão que decretar, substituir ou denegar a prisão preventiva será sempre motivada e fundamentada".

Seus parágrafos e incisos, que são autoexplicativos, estão grafados nos seguintes termos:

> § 1º Na motivação da decretação da prisão preventiva ou de qualquer outra cautelar, o juiz deverá indicar concretamente a existência de fatos novos ou contemporâneos que justifiquem a aplicação da medida adotada.

---

152. *O que é isso – As garantias processuais penais*? Porto Alegre, Editora Livraria do Advogado, 2019, p. 136.

153. *Habeas Corpus no Supremo Tribunal Federal*, São Paulo, Revista dos Tribunais, 2019, p.187.

§ 2º Não se considera fundamentada qualquer decisão judicial, seja ela interlocutória, sentença ou acórdão, que:

I – limitar-se à indicação, à reprodução ou à paráfrase de ato normativo, sem explicar sua relação com a causa ou a questão decidida;

II – empregar conceitos jurídicos indeterminados, sem explicar o motivo concreto de sua incidência no caso;

III – invocar motivos que se prestariam a justificar qualquer outra decisão;

IV – não enfrentar todos os argumentos deduzidos no processo capazes de, em tese, infirmar a conclusão adotada pelo julgador;

V – limitar-se a invocar precedente ou enunciado de súmula, sem identificar seus fundamentos determinantes nem demonstrar que o caso sob julgamento se ajusta àqueles fundamentos;

VI – deixar de seguir enunciado de súmula, jurisprudência ou precedente invocado pela parte, sem demonstrar a existência de distinção no caso em julgamento ou a superação do entendimento.

A decisão que decretar prisão preventiva **deve indicar de onde, nos autos,**[154] **extraiu seus fundamentos,**[155] pois não se sustenta em afirmações genéricas;[156] meras suposições;[157] ilações ou simples repetição do texto legal, sem apoio em prova válida efetivamente produzida.

O atual § 2º do art. 312, introduzido no Código de Processo Penal pelo art. 3º da Lei n. 13.964/2019, determina que "A decisão que decretar a prisão preventiva deve ser motivada e fundamentada em receio de perigo e existência concreta de fatos novos ou contemporâneos que justifiquem a aplicação da medida adotada".

Não subsiste decretação de prisão preventiva cujas circunstâncias autorizadoras tenham se verificado em data remota; que não sejam recentes ou contemporâneas à

---

154. "A prisão preventiva pressupõe dados concretos, ligados ao acusado e à ação em que envolvido, enquadráveis no art. 312 do Código de Processo Penal, não cabendo adentrar o campo das suposições. A gravidade do crime, por si só, é elemento neutro quanto à prisão preventiva, não sendo a automaticidade agasalhada pela ordem jurídica" (STF, HC 127.729/MG, 1ª T., rel. Min. Marco Aurélio, j. 29-3-2016, *DJe* n. 184, de 31-8-2016).

155. "O decreto de prisão preventiva que preenche os requisitos legais por meio de fundamentação idônea não viola a garantia da presunção de inocência. Precedentes" (STF, HC 134.383/MT, 2ª T., rel. Min. Ricardo Lewandowski, j. 29-11-2016, *DJe* n. 264, de 13-12-2016).

156. "A motivação genérica e abstrata, sem elementos concretos ou base empírica idônea a amparar o decreto prisional, esbarra na jurisprudência consolidada deste Supremo Tribunal Federal, que não lhe reconhece validade. Precedentes" (STF, HC 127.962/SP, 1ª T., rel. Min. Marco Aurélio, rel. p/ o Acórdão Min. Rosa Weber, j. 29-3-2016, *DJe* n. 085, de 2-5-2016).

157. "A jurisprudência da Corte já afirmou que 'a mera suposição, fundada em simples conjecturas, não pode autorizar a decretação da prisão cautelar de qualquer pessoa' (HC n. 115.613/SP, 2ª T., rel. Min. Celso de Mello, *DJe* de 13-8-14)" (STF, HC 132.520/MT, 2ª T., rel. Min Dias Toffoli, j. 31-5-2016, *DJe* n. 225, de 21-10-2016).

decretação. É imprescindível identificar certa atualidade, qualquer que seja a circunstância autorizadora apontada na representação ou no requerimento.

A seu turno, o § 2º do art. 313, igualmente introduzido pela Lei n. 13.964/2019, veda a decretação de prisão preventiva com finalidade de antecipação de cumprimento de pena ou como decorrência imediata de investigação criminal ou da apresentação ou recebimento de denúncia.

A análise das regras do ordenamento permite entrever a desnecessidade desse dispositivo, visto que a finalidade de antecipação de cumprimento de pena; a existência de investigação criminal em curso, a apresentação ou o recebimento de denúncia não configuram circunstâncias autorizadoras da prisão preventiva. Os excessos da realidade prática é que convenceram o legislador a respeito da necessidade de enfatizar tais aspectos.

Por fim, também não subsiste ao "Espírito da Lei" a decretação da preventiva sem que os lindes do *periculum libertatis* não sejam cumpridamente provados por elementos concretos, que venham a demonstrar de maneira patente o real perigo ao bom andamento do processo, decorrente da permanência do acusado em liberdade.

3.18. Prazo de duração da prisão preventiva

Toda pessoa detida tem direito a ser julgada dentro de prazo razoável ou a ser posta em liberdade sem prejuízo de que prossiga o processo (art. 7º da Convenção promulgada pelo Decreto n. 678/92[158] e art. 5º, LXXVIII, da CF). Há que se ter em mente, todavia, que "o tempo legal do processo submete-se ao princípio da razoabilidade, incompatível com o seu exame à luz de só consideração aritmética, sobretudo, por acolhida, no sistema de direito positivo, a força maior, como fato produtor da suspensão do curso dos prazos processuais".[159]

Ao contrário do que ocorre com a prisão temporária, que é determinada por prazo certo, já delineado na Lei n. 7.960/89, o legislador não cuidou de estabelecer prazo mínimo ou máximo de duração para a prisão preventiva, e o que se tem por base, em regra, é o prazo que a lei confere para o encerramento da instrução criminal, a depender de cada tipo de procedimento.

Conforme observa Nucci, "a regra é que perdure, até quando necessário, durante a instrução, não podendo, é lógico, ultrapassar eventual decisão absolutória – que faz cessar os motivos determinantes de sua decretação – bem como o trânsito de decisão condenatória, pois, a partir desse ponto, está-se diante de prisão-pena".[160]

---

158. Promulga a Convenção Americana sobre Direitos Humanos (Pacto de São José da Costa Rica), de 22 de novembro de 1969.

159. STJ, HC 41.372/RJ, 6ª T., rel. Min. Hamilton Carvalhido, j. 31-8-2005, *DJ* de 26-6-2006, p. 204.

160. Guilherme de Souza Nucci, op. cit., p. 571.

Não pode, entretanto, prolongar-se indefinidamente, por culpa do juiz ou por atos procrastinatórios do órgão acusatório.[161]

A jurisprudência do Supremo Tribunal Federal está consolidada no sentido de que:

> O direito ao julgamento, sem dilações indevidas, qualifica-se como prerrogativa fundamental que decorre da garantia constitucional do *due process of law*. O réu – especialmente aquele que se acha sujeito a medidas cautelares de privação da sua liberdade – tem o **direito público subjetivo de ser julgado, pelo Poder Público, dentro de prazo razoável, sem demora excessiva e nem dilações indevidas**. Convenção Americana sobre Direitos Humanos (art. 7º, n. 5 e 6). O excesso de prazo, quando exclusivamente imputável ao aparelho judiciário – não derivando, portanto, de qualquer fato procrastinatório causalmente atribuível ao réu –, traduz situação anômala que compromete a efetividade do processo, pois, além de tornar evidente o desprezo estatal pela liberdade do cidadão, frustra um direito básico que assiste a qualquer pessoa: o direito à resolução do litígio, sem dilações indevidas e com todas as garantias reconhecidas pelo ordenamento constitucional. (...) A natureza da infração penal não pode restringir a aplicabilidade e a força normativa da regra inscrita no art. 5º, LXV, da Constituição da República, que dispõe, em caráter imperativo, que a prisão ilegal "será imediatamente relaxada" pela autoridade judiciária (STF, HC 80.379/SP, 2ª T., rel. Min. Celso de Mello, j. 18-12-2000, *DJ* de 25-5-2001, p. 11).
>
> Esta Corte tem considerado tratar-se de hipótese de constrangimento ilegal, corrigível via *habeas corpus*, a prisão cautelar mantida em razão da mora processual **provocada exclusivamente em razão da atuação da acusação ou em razão do próprio (mau) funcionamento do aparato judicial** (HC 85.237/DF, rel. Min. Celso de Mello, Pleno, *DJ* de 29-4-2005) (STF, HC 94.661/SP, 2ª T., rel. Min. Ellen Gracie, j. 30-9-2008, *DJe* 202, de 24-10-2008).
>
> Uma vez constatado o excesso de prazo, impõe-se o relaxamento da prisão, sendo desinfluente o fato de o processo achar-se na fase de alegações finais.[162]
>
> **Ultrapassado o prazo total alusivo à instrução da ação penal**, é de se reconhecer o excesso e a ilegalidade da persistência da custódia, expedindo-se o alvará de soltura. Ao Estado cumpre aparelhar-se objetivando o respeito ao balizamento temporal referente à tramitação da ação penal e julgamento respectivo, nada justificando a permanência do acusado, simples acusado, na prisão, além do período previsto (STF, HC 79.750-4/RJ, 2ª T., rel. Min. Marco Aurélio, j. 14-12-1999, *DJU* de 12-4-2002, *RT* 803/495).

Mesmo nos crimes graves, não se admite o excesso de prazo injustificado[163] e não atribuível à defesa.

---

161. Guilherme de Souza Nucci, op. cit., p. 571-572.

162. STF, HC 83.534/SP, 1ª T., rel. Min. Marco Aurélio, j. 18-11-2003, *DJ* de 27-2-2004, p. 27.

163. "A jurisprudência do Supremo Tribunal Federal é firme no sentido de que a demora para o término da persecução criminal, como circunstância apta a ensejar constrangimento ilegal, somente se dá em hipóteses excepcionais, nas quais a mora seja decorrência de *(a)* evidente desídia do órgão judicial; *(b)* exclusiva atuação da parte acusadora; ou *(c)* situação incompatível com o princípio da razoável duração do processo, previsto no art. 5º, LXXVIII, da CF/88" (STF, HC 129.917/RJ, 2ª T., rel. Min. Teori Zavascki, j. 17-11-2015, *DJe* n. 242, de 1º-12-2015).

É imprescindível que a prestação jurisdicional ocorra em prazo razoável, pois, ultrapassado o horizonte da razoabilidade, haverá manifesto constrangimento ilegal.

Nada obstante o teor da Súmula 52 do STJ, no sentido de que o encerramento da instrução processual afasta eventual constrangimento ilegal por excesso de prazo na formação da culpa, à luz do ordenamento jurídico vigente, é correto afirmar deva ser reinterpretada, pois, "ainda que encerrada a instrução, é possível reconhecer o excesso de prazo, diante da garantia da razoável duração do processo, prevista no art. 5º, LXXVIII, da Constituição".[164]

Ademais, haverá constrangimento ilegal, e mesmo após o encerramento da instrução, se a custódia cautelar não resultar de prisão preventiva empírica e adequadamente fundamentada.

3.19. Revogação e nova decretação

Dispõe o art. 316 do CPP que o juiz poderá revogar a prisão preventiva[165] se, no correr do processo, verificar a falta de motivo para que subsista, bem como decretá-la novamente, se forem apresentadas razões novas, justificadoras da medida.[166]

Tanto o juiz que a decretou quanto o tribunal podem *revogar* a prisão preventiva, quando entenderem insubsistentes os fundamentos da decisão, tal como ocorre, por exemplo, quando decretada exclusivamente por conveniência da instrução criminal, no momento em que se declarar encerrada esta.

Entretanto, se após a revogação ficar demonstrado que nova custódia se faz imprescindível, agora para assegurar a aplicação da lei penal, nada impede seja ela decretada ao amparo desse novo fundamento.

3.20. Relaxamento da prisão preventiva

Diz o art. 5º, LXV, da CF (que não se aplica apenas à hipótese de flagrante delito), que *a prisão ilegal será imediatamente relaxada* pela autoridade judiciária.

O art. 316 do CPP diz que a prisão preventiva poderá ser *revogada* quando o juiz verificar a falta de motivo para que subsista.

Relaxamento e *revogação*, portanto, são institutos que não se confundem.

---

164. STJ, RHC 20.566/BA, 6ª T., rel. Min. Maria Thereza de Assis Moura, j. 12-6-2007, *DJ* de 25-6-2007, p. 300.

165. "As medidas cautelares podem ser revisitadas pelo Juiz competente enquanto não ultimado o ofício jurisdicional" (STF, HC 133.992/DF, 1ª T., rel. Min. Edson Fachin, j. 11-10-2016, *DJe* n. 257, de 2-12-2016).

166. "Na superveniência de fatos novos, nada impede o decreto de nova prisão preventiva, como prevê, aliás, o art. 316 do Código de Processo Penal" (STF, HC 132.267/PR, 2ª T., rel. Min. Teori Zavascki, j. 26-4-2016, *DJe* n. 199, de 19-9-2016).

Tecnicamente, caberá *relaxamento* da prisão preventiva quando se reconhecer ilegal a decretação (exemplo: prisão decretada sem fundamentação ou por autoridade incompetente). Terá cabimento a *revogação* quando não subsistirem os requisitos que outrora autorizaram a decretação.

3.21. Revisão da prisão preventiva anteriormente decretada

A reforma imposta pela Lei n. 13.964/2019 determinou várias mudanças positivas, sendo que uma delas está no atual parágrafo único do art. 316 do CPP, que diz: "Decretada a prisão preventiva, deverá o órgão emissor da decisão revisar a necessidade de sua manutenção a cada 90 (noventa) dias, mediante decisão fundamentada, de ofício, sob pena de tornar a prisão ilegal".

É verdade que a redação desse dispositivo poderia ser melhor e constar dentre as regras gerais, inclusive para alcançar as decisões que impõem medidas cautelares restritivas listadas nos arts. 319 e 320 do CPP, mas ainda assim é possível alcançar bom proveito de sua redação.

Não raras vezes a prisão preventiva é decretada pelo juiz das garantias, quando e onde estiver implementado,[167] por ocasião do recebimento da denúncia, e, recebida a inicial acusatória, vencida a fase do art. 399 do CPP, cessa a competência desse juízo, que então deve enviar os autos ao juiz da instrução e julgamento.

Cessada sua competência, o juiz das garantias não mais poderá revisar sua decisão.

---

167. Após a publicação da Lei n. 13.964/2019 foram ajuizadas no Supremo Tribunal Federal três ações diretas de inconstitucionalidade questionando alguns de seus dispositivos – ADI 6.298, 6.299 e 6.300 –, e no dia 15 de janeiro de 2020 o Min. Dias Toffoli concedeu medida cautelar nos autos da ADI 6.298, para, entre outras coisas: "**(i)** suspender-se a eficácia dos **arts. 3º -D, parágrafo único, e 157, § 5º**, do Código de Processo Penal, incluídos pela Lei n. 13.964/19; **(ii)** suspender-se a eficácia dos arts. 3º -B, 3º -C, 3º -D, *caput*, 3º -E e 3º -F do CPP, inseridos pela Lei n. 13.964/2019, até a efetiva implementação do juiz das garantias pelos tribunais, o que deverá ocorrer **no prazo máximo de 180 (cento e oitenta) dias, contados a partir da publicação desta decisão; (iii)** conferir-se interpretação conforme às normas relativas ao juiz das garantias (arts. 3º -B a 3º -F do CPP), para esclarecer que não se aplicam às seguintes situações: (a) processos de competência originária dos tribunais, os quais são regidos pela Lei n. 8.038/1990; (b) processos de competência do Tribunal do Júri; (c) casos de violência doméstica e familiar; e (d) processos criminais de competência da Justiça Eleitoral".

Ainda em confronto com as inovações determinadas pela Lei n. 13.964/2019, no dia 22 de janeiro de 2020, nos autos da ADI 6.298, na condição de relator das ADIs 6.298, 6.299, 6.300 e 6305, o Min. Luiz Fux revogou a decisão monocrática constante das ADIs 6.298, 6.299, 6.300 e suspendeu *sine die* a eficácia da implantação do juiz das garantias e seus consectários (arts. 3º -A, 3º -B, 3º -C, 3º -D, 3ª-E, 3º -F, do CPP); da alteração do juiz sentenciante que conheceu de prova declarada inadmissível (art. 157, § 5º, do CPP); e concedeu a medida cautelar requerida nos autos da ADI 6.305, para suspender *sine die* a eficácia, da alteração do procedimento de arquivamento do inquérito policial (art. 28, *caput*, CPP), e da ilegalidade da prisão pela não realização da audiência de custódia no prazo de 24 horas (art. 310, § 4º, do CPP).

Por outro lado, sem acesso à integralidade das provas em que o juiz das garantias encontrou fundamento para a decretação da custódia,[168] o juiz da instrução e julgamento, que na situação tratada não foi o órgão emissor da decisão, não reunirá plenas condições para, a rigor, **revisar** a necessidade da custódia cautelar.

Esse quadro não impede, todavia, que o juiz da instrução e julgamento, com base nas provas a que tem acesso e naquelas colhidas durante o contraditório de sua competência, revise a necessidade de manutenção da prisão preventiva outrora decretada pelo juiz das garantias ou por ele próprio, a fim de mantê-la ou revogá-la. Não é correto pensar que a revisão da decisão deva ser feita apenas no juízo em que fora decretada a prisão preventiva. Admitir o contrário implica negar a *voluntas legis*, claramente impregnada do desejo de evitar ou ao menos reduzir, tanto quanto possível, o encarceramento cautelar desnecessário ou excessivo, e assegurar direitos e garantias fundamentais.

Enquanto a condução do processo estiver sob sua competência, caberá ao juiz da instrução e julgamento, *ex officio*, proceder à revisão da prisão a cada 90 (noventa) dias, mas nada impede que a parte legitimada requeira que assim proceda.

De semelhante modo, e pelas mesmas razões, quando o processo estiver em grau de recurso, caberá ao Desembargador ou Ministro relator, conforme o caso, proceder à revisão da decisão de decretação da prisão preventiva.

Para não tornar ilegal a prisão preventiva outrora decretada, a decisão que materializa a revisão deve ser convenientemente fundamentada (CF, art. 93, IX; CPP, art. 315, § 2º). Isso significa que não pode ser anêmica, genérica, dotada de fundamentos abstratos ou lastreada em fatos não contemporâneos.

À luz do que diz o § 2º do art. 315 do CPP, "Não se considera fundamentada qualquer decisão judicial, seja ela interlocutória, sentença ou acórdão, que: I – limitar-se à indicação, à reprodução ou à paráfrase de ato normativo, sem explicar sua relação com a causa ou a questão decidida; II – empregar conceitos jurídicos indeterminados, sem explicar o motivo concreto de sua incidência no caso; III – invocar motivos que se prestariam a justificar qualquer outra decisão; IV – não enfrentar todos os argumentos deduzidos no processo capazes de, em tese, infirmar a conclusão adotada pelo julgador; V – limitar-se a invocar precedente ou enunciado de súmula, sem identificar seus fundamentos determinantes nem demonstrar que o caso sob julgamento se ajusta àqueles fundamentos; VI – deixar de seguir enunciado de súmula, jurisprudência ou precedente invocado pela

168. Art. 3º-C, § 3º, do CPP: "Os autos que compõem as matérias de competência do juiz das garantias ficarão acautelados na secretaria desse juízo, à disposição do Ministério Público e da defesa, e não serão apensados aos autos do processo enviados ao juiz da instrução e julgamento, ressalvados os documentos relativos às provas irrepetíveis, medidas de obtenção de provas ou de antecipação de provas, que deverão ser remetidos para apensamento em apartado".

parte, sem demonstrar a existência de distinção no caso em julgamento ou a superação do entendimento".

3.22. Reação defensiva à decretação da prisão preventiva

Conforme o art. 5º, LXVIII, da CF, "dar-se-á *habeas corpus* sempre que alguém sofrer ou se achar ameaçado de sofrer violência ou coação em sua liberdade de locomoção, por ilegalidade ou abuso de poder", regra também inscrita no art. 647 do CPP.

A decisão que decretar prisão preventiva poderá ser atacada pela via do *habeas corpus*, que também poderá ser eficazmente utilizado sempre que se identificar excesso de prazo na duração do encarceramento cautelar.

3.23. Substituição da prisão preventiva por prisão domiciliar

Outra inovação importante trazida com a Lei n. 12.403/2011 é a possibilidade de substituição da prisão preventiva por prisão cautelar domiciliar, regulada nos arts. 317 e 318 do CPP, conforme veremos a seguir.

4. PRISÃO CAUTELAR DOMICILIAR, SUBSTITUTIVA DA PRISÃO PREVENTIVA

A prisão cautelar domiciliar, substitutiva da prisão preventiva, é instituto introduzido no Brasil com a Lei n. 12.403/2011, e possibilita, dentre outras, as seguintes vantagens: *1º)* restringir cautelarmente a liberdade do indivíduo preso em razão da decretação de prisão preventiva, sem, contudo, submetê-lo às conhecidas mazelas do sistema carcerário; *2º)* tratar de maneira particularizada situações que fogem da normalidade dos casos[169] e que, em razão disso, estão a exigir, por questões humanitárias e de assistência, o arrefecimento do rigor carcerário; *3º)* reduzir o contingente carcerário, no que diz respeito aos presos cautelares; e *4º)* reduzir as despesas do Estado advindas de encarceramento antecipado.

Permite, ainda, respeito à integridade física e moral do preso (CF, art. 5º, XLIX), bem como assegurar às mulheres presas condições para que possam permanecer com seus filhos durante o período de amamentação (CF, art. 5º, L), além de evitar que em certos casos ocorra tratamento desumano (CF, art. 5º, III).

Antes da reforma determinada pela Lei n. 12.403/2011, a Lei de Execução Penal já dispunha da prisão em regime de albergue domiciliar em seu art. 117, todavia destinada apenas aos *condenados* com pena a cumprir no regime aberto, nas seguintes

169. "A prisão cautelar domiciliar versada nos arts. 317 e 318 do Código de Processo Penal está reservada a acusado em situação excepcional, ou seja, quando há outras situações que a ensejam" (STF, HC 132.469/SP, 1ª T., rel. Min. Marco Aurélio, j. 29-3-2016, *DJe* n. 164, de 5-8-2016).

situações: *a)* condenado maior de 70 anos; *b)* condenado acometido de doença grave; *c)* condenada com filho menor ou deficiente físico ou mental; *d)* condenada gestante.

Como se vê, no âmbito execucional, apenas as pessoas *já condenadas*, e somente nos casos de pena a ser cumprida no *regime aberto*, é que podem se beneficiar com referida modalidade de cumprimento de pena, não se prestando tal benefício às pessoas presas em razão de prisão preventiva.

Assim como ocorre em relação à regulamentação do art. 117 da LEP, a prisão domiciliar substitutiva da preventiva está condicionada à satisfação de determinados requisitos, claramente expostos no art. 318 do CPP, que serão analisados mais adiante.

4.1. Conceito

A prisão domiciliar substitutiva da preventiva é modalidade de prisão cautelar em regime domiciliar, cuja concessão se encontra condicionada à satisfação de determinados requisitos e sua permanência ao atendimento de outros, a ser determinada pelo juiz, em decisão fundamentada, de ofício ou a requerimento das partes ou, quando no curso da investigação criminal, por representação da autoridade policial, mediante requerimento do Ministério Público ou do próprio investigado.

4.2. Natureza jurídica

Cuida a hipótese de medida cautelar de natureza pessoal; modalidade de prisão cautelar.

4.3. Pressuposto e hipóteses de cabimento

Pressuposto da prisão cautelar domiciliar é a **antecedente decretação da prisão preventiva**, e disso resulta incogitável sua fixação quando se estiver diante de infração a que não for isolada, cumulativa ou alternativamente cominada pena privativa de liberdade, já que nesses casos não se admite prisão preventiva por força de vedação expressa estampada no § 1º do art. 283 do CPP.

Na fase de investigação, a decretação está condicionada à existência de requerimento do investigado, do Ministério Público ou de representação da autoridade policial.

Durante o processo, pode ser decretada em razão de provocação, jamais *ex officio* (CPP, § 2º do art. 282).

As **hipóteses de cabimento** da substituição estão reguladas no **art. 318 do CPP**, que é taxativo e, portanto, não comporta interpretação extensiva.

Segundo o texto legal, *poderá* o juiz substituir a prisão preventiva pela domiciliar quando o agente for: "I – maior de 80 (oitenta) anos; II – extremamente debilitado por motivo de doença grave; III – imprescindível aos cuidados especiais de pessoa menor de 6 (seis) anos de idade ou com deficiência; IV – gestante; V – mulher com filho de até 12 (doze) anos de idade incompletos; VI – homem, caso seja o único responsável pelos cuidados do filho de até 12 (doze) anos de idade incompletos".[170]

Com acertado conteúdo ético e jurídico, a Lei n. 13.769, de 19 de dezembro de 2018, acrescentou ao Código de Processo Penal seu atual art. 318-A, para determinar que a prisão preventiva imposta à mulher gestante ou que for mãe ou responsável por criança ou pessoa com deficiência será substituída por prisão domiciliar, desde que (I) o crime não tenha sido cometido com violência ou grave ameaça a pessoa, e (II) não se trate de hipótese em que o crime pelo qual se vê presa preventivamente tenha sido cometido contra seu filho ou dependente.

A violência que impede a substituição pode ser de qualquer natureza, real ou presumida, contudo, tal como se verifica em relação à *grave ameaça*, deve ser dirigida à pessoa. Se o crime for cometido com violência contra objetos e coisas em geral, ou *ameaça*, sob tal enfoque, não haverá óbice à substituição.

Não é ocioso atentar para o fato de que na hipótese de crime cometido contra o filho ou dependente, a lei não exige tenha sido praticado mediante violência ou grave ameaça para que a vedação se imponha. A previsão está correta, é autoexplicativa e de conteúdo ético reluzente.

O art. 318-B do CPP também constitui inovação introduzida pela Lei n. 13.769/2018, e dispõe que a substituição de que tratam os arts. 318 e 318-A poderá ser efetuada sem prejuízo da aplicação concomitante das medidas alternativas previstas nos art. 319 do CPP. Vale dizer: nas situações reguladas, ao substituir a prisão preventiva por prisão cautelar domiciliar, o juiz ou Tribunal poderá fixar, conjuntamente, medida(s) cautelar(es) restritiva(s) (CPP, arts. 319 e 320), desde que necessária(s) e adequada(s) (CPP, art. 282), mediante decisão convenientemente fundamentada (CF, art. 93, IX).

Conforme pensamos, e observados os apontamentos que seguem, presentes os requisitos legais e ausentes as vedações do art. 318-A, qualquer que seja a situação listada no art. 318, a substituição traduz direito subjetivo do encarcerado e, portanto, *poder-dever* conferido ao magistrado.

Em sentido contrário,[171] argumenta-se com a literalidade do art. 318, *caput*, que ao regular a matéria diz que o juiz *poderá* substituir a prisão preventiva pela

---

170. Redação em conformidade com as alterações determinadas pelo art. 41 da Lei n. 13.257/2016.

171. "Não obstante as alterações havidas no Código de Processo Penal pelo Estatuto da Primeira Infância (Lei n. 13.257/2016), e o *munus* do Estado no 'fortalecimento da família no exercício de sua função de cuidado e educação de seus filhos na primeira infância' (art. 14, § 1º), certo é que a jurisprudência desta Corte Superior firmou-se no sentido de que não se trata de 'dever' do julgador a determinação do cumprimento da prisão preventiva em custódia domiciliar quando se verificarem as condições objetivas previstas em lei. Posto isso, o verbo 'poderá' constante do *caput* do art. 318 da lei a*dje*tiva criminal não há de ser interpretado como uma obrigação judicial, sob pena de se extrair do magistrado a possibilidade de decidir de acordo com as peculiaridades concretas. Desse modo, nem toda pessoa com prole na idade indicada pelo dispositivo legal terá

domiciliar, e, então, conclui-se que não basta que a pessoa presa preventivamente se encaixe em qualquer dos modelos listados no tipo sob análise. Sustenta-se que o juiz deve avaliar aspectos de ordem subjetiva atrelados à pessoa custodiada – caso a caso –, e, só após, deferir ou não a substituição da custódia clássica pela domiciliar.

Para ver o desacerto de tais considerações, tomemos como exemplos os incisos IV, V e VI do art. 318. Por aqui, embora sedutores os argumentos contrários ao que defendemos, quem enxerga a possibilidade de apreciação de requisitos subjetivos – com todo respeito – está com os olhos voltados para o lado errado; olha para a pessoa presa e deixa de contemplar a pessoa sobre a qual recai a proteção perseguida pela providência excepcional. Essa forma de considerar o quadro processual deixa fora das molduras protetivas da lei – e por isso ao desamparo – exatamente aquele a quem se encontram endereçados os cuidados normativos.

Ainda no que diz respeito aos incisos IV, V e VI do art. 318, importante observar que a atual redação foi determinada pela Lei n. 13.257/2016, que estabelece políticas públicas para a primeira infância, no assim denominado Estatuto da Primeira Infância, e é aqui que se encontra a chave para a adequada compreensão da questão. Não se trata de "dar ou não uma chance" a quem se encontra custodiado... O foco, como visto, é outro. Essa nossa maneira de pensar foi robustecida pelo advento do art. 318-A, introduzido no Código de Processo Penal pela Lei n. 13.769/2018, que delimitou expressamente as hipóteses de vedação à substituição.

No dia 20 de fevereiro de 2018 a 2ª Turma do Supremo Tribunal Federal proferiu decisão histórica em *habeas corpus* coletivo, de onde retiramos os fundamentos a seguir transcritos:

> (...) X – Incidência de amplo regramento internacional relativo a Direitos Humanos, em especial das Regras de Bangkok, segundo as quais deve ser priorizada solução judicial que facilite a utilização de alternativas penais ao encarceramento, principalmente para as hipóteses em que ainda não haja decisão condenatória transitada em julgado. XI – Cuidados com a mulher presa que se direcionam não só a ela, mas igualmente aos seus filhos, os quais sofrem injustamente as consequências da prisão, em flagrante contrariedade ao art. 227 da Constituição, cujo teor determina que se dê prioridade absoluta à concretização dos direitos destes. XII – Quadro descrito nos autos que exige o estrito cumprimento do Estatuto da Primeira Infância, em especial da nova redação por ele conferida ao art. 318, IV e V, do Código de Processo Penal. XIII – Acolhimento do *writ* que

---

direito à cautela domiciliar, caso a medida não seja demonstrada como única providência cabível ao desenvolvimento infantil apropriado (Precedentes)" (STJ, RHC 74.933/MT, 6ª T., rel. Min. Antonio Saldanha Palheiro, j. 18-10-2016, *DJe* de 10-11-2016). Nessa mesma linha de pensamento: STJ, RHC 73.914/SP, 5ª T., rel. Min. Felix Fischer, j. 20-10-2016, *DJe* de 21-11-2016; STJ, RHC 71.697/SP, 5ª T., rel. Min. Joel Ilan Paciornik, j. 17-11-2016, *DJe* de 23-11-2016; STJ, RHC 73.399/RJ, 6ª T., rel. Min. Nefi Cordeiro, j. 23-8-2016, *DJe* de 1º -9-2016; STJ, HC 370.269/MG, 6ª T., rel. Min. Rogério Schietti Cruz, j. 18-10-2016, *DJe* de 10-11-2016.

> se impõe de modo a superar tanto a arbitrariedade judicial quanto a sistemática exclusão de direitos de grupos hipossuficientes, típica de sistemas jurídicos que não dispõem de soluções coletivas para problemas estruturais. XIV – Ordem concedida para determinar a substituição da prisão preventiva pela domiciliar – sem prejuízo da aplicação concomitante das medidas alternativas previstas no art. 319 do CPP – de todas as mulheres presas, gestantes, puérperas ou mães de crianças e deficientes, nos termos do art. 2º do ECA e da Convenção sobre Direitos das Pessoas com Deficiências (Decreto Legislativo n. 186/2008 e Lei n. 13.146/2015), relacionadas neste processo pelo DEPEN e outras autoridades estaduais, enquanto perdurar tal condição, excetuados os casos de crimes praticados por elas mediante violência ou grave ameaça, contra seus descendentes. XV – Extensão da ordem de ofício a todas as demais mulheres presas, gestantes, puérperas ou mães de crianças e de pessoas com deficiência, bem assim às adolescentes sujeitas a medidas socioeducativas em idêntica situação no território nacional, observadas as restrições acima.[172]

Qualquer que seja a situação listada no art. 318, não é adequado esquecer que a pessoa presa preventivamente continuará cautelarmente presa, porém, em regime domiciliar, entenda-se: deverá permanecer recolhida em sua residência em período integral; 24 horas por dia, e em caso de descumprimento injustificado da(s) condição(ões) imposta(s) ocorrerá o retorno ao cárcere.

A prisão domiciliar, ademais, poderá ser aplicada cumulativamente com outra(s) medida(s) cautelar(es) restritiva(s), mostrando-se eficiente, *in casu*, o monitoramento eletrônico (CPP, § 1º do art. 282, c.c. o art. 319, IX).

Há mais.

Entender que é possível avaliar aspectos de ordem subjetiva daquele que se encontra preso por força de prisão preventiva, que é medida extrema, somente aplicável em casos excepcionais e em relação a quem não seja suficiente e adequada nem mesmo a aplicação de medidas cautelares restritivas (CPP, art. 310, II, última parte; arts. 319 e 320), tem por consequência negar, via de regra – para não dizer sempre –, a substituição da custódia preventiva pela modalidade domiciliar.

Como dizer que a pessoa presa para garantia da ordem pública, da ordem econômica, por conveniência da instrução criminal ou para assegurar a aplicação da lei penal (CPP, art. 312, *caput*), desfruta de mérito; reúne atributos subjetivos positivos que possam ser valorados em seu favor para os fins do art. 318?

É imprescindível buscar a genuína finalidade da lei, que não pode ser alcançada com a interpretação puramente gramatical, exceto se a pretensão for negar a substituição, sempre e sempre.

4.3.1. *Pessoa maior de 80 anos*

A primeira hipótese regulada envolve pessoa maior de 80 anos.

172. STF, HC 143.641/SP, 2ª T., rel. Min. Ricardo Lewandowski, j. 20-2-2018.

A Lei n. 10.741/2003 (Estatuto do Idoso) diz que se considera idoso todo aquele que contar com idade igual ou superior a 60 anos.

O art. 117 da LEP permite a concessão de albergue domiciliar ao condenado *maior de 70 anos* que estiver cumprindo pena no regime aberto.

O art. 318, I, do CPP, permite a substituição da prisão preventiva por prisão domiciliar à pessoa *maior de 80 anos*.

O único critério utilizado pelo legislador foi o cronológico, sendo necessário, portanto, que o preso conte com 80 anos completos para que possa postular o benefício, e, como bem observou CABETTE, "tanto faz se o suspeito tem idade de 80 anos na data do crime ou se a completa depois já durante a execução, por exemplo, da preventiva".[173]

Não se exige, para o cabimento da substituição sob tal fundamento, a conjugação de qualquer outro requisito específico.

A previsão tem em conta fins humanitários e de respeito à dignidade da pessoa humana, por considerar que o idoso, em tal fase de sua existência, já não dispõe de condições físicas e emocionais para suportar o ônus do encarceramento tradicional, merecendo, sob tais perspectivas, um abrandamento na forma de cumprir sua prisão cautelar.

Quer nos parecer, entretanto, que a regra não tem muita utilidade prática, já que raras vezes será possível encontrar algum octogenário a tal ponto perigoso que não possa beneficiar-se com a aplicação de medidas cautelares restritivas e que em relação a ele seja necessária, adequada, razoável e proporcional a prisão preventiva, que sabidamente é medida de *ultima ratio*, somente manuseável diante de situações que não comportem enfrentamento jurídico menos drástico.

Segundo entendemos, deveria ocorrer um alinhamento das regras jurídicas citadas, para que todas se referissem ao maior de 70 anos de idade, com vistas a alcançar tratamento linear e coerente, como é de se esperar.

4.3.2. Pessoa extremamente debilitada por motivo de doença grave

A segunda hipótese se refere à pessoa extremamente debilitada por motivo de doença grave.

Tem cabimento a prisão domiciliar substitutiva, porque a permanência do preso no cárcere concorre para o agravamento de seu estado de saúde.

A previsão tem base em fundamentação humanitária, pois não se mostra razoável que alguém que se encontre extremamente debilitado por motivo de doença grave seja colocado ou mantido no ambiente carcerário tradicional para que lá pereça.

173. EDUARDO LUIZ SANTOS CABETTE, *Lei 12.403 comentada*, Rio de Janeiro, Freitas Bastos, 2013, p. 431.

A lei não contém palavras inúteis: não basta, portanto, a só demonstração de que se encontra acometido de doença grave para que consiga o benefício.

É imprescindível, em regra, a demonstração com base em parecer médico que ateste que, em razão da moléstia grave, o preso se encontra "extremamente debilitado".[174]

Isso não exclui a possibilidade de que, em alguns casos, possa o juiz, "de olho", verificar e constatar o grave quadro de saúde do preso e dispensar, em razão disso, prévia apresentação de prova documental específica.

É claro que a interpretação do que possa ser considerado "extremamente debilitado" não pode levar a exigir que o preso já se encontre próximo da morte, em seus momentos finais. Seria desumano e irracional pensar que a pretensão da lei iria ao ponto de só permitir o benefício em tais casos já praticamente finalizados.

4.3.3. *Pessoa imprescindível aos cuidados especiais de menor de 6 anos de idade ou de pessoa com deficiência*

Duas são as hipóteses reguladas no inciso III do art. 318, nas quais o preso preventivo é imprescindível aos cuidados especiais: *1ª)* de pessoa menor de 6 anos, e *2ª)* de pessoa com deficiência.

4.3.3.1. Pessoa menor de 6 anos de idade

Permite a lei substituição da prisão preventiva por domiciliar quando ficar demonstrado que o preso tem, sob sua responsabilidade, pessoa menor de 6 anos de idade, sendo ele imprescindível aos cuidados especiais desta.

Não há necessidade de que a criança tenha qualquer grau de parentesco com o preso, mas nesse caso deverá o juiz fazer uma apuração rigorosa a respeito do alegado, visto que poderá estar diante de expediente escuso que tenha por escopo a obtenção de benefício descabido.

Menor de 6 anos é a pessoa que ainda não completou tal idade.

Não se exige tenha a criança qualquer problema de saúde ou particular condição física, apesar de o texto da lei referir-se a *cuidados especiais*. Basta a idade indicada, já que a dependência de infantes em tal fase da vida é presumida.

Mas não é só.

174. "Segundo a jurisprudência desta Corte, 'o deferimento da substituição da prisão preventiva por prisão domiciliar, nos termos do art. 318, II, do Código de Processo Penal, depende da comprovação inequívoca de que o réu esteja extremamente debilitado, por motivo de grave doença aliada à impossibilidade de receber tratamento no estabelecimento prisional em que se encontra' (RHC n. 58.378/MG, rel. Min. Felix Fischer, 5ª T., *DJe* de 25-8-2015)" (STJ, HC 334.927/SP, 5ª T., rel. Min. Reynaldo Soares da Fonseca, j. 18-10-2016, *DJe* de 27-10-2016).

Se a criança puder contar com os cuidados de pessoa diversa, prestados por algum familiar ou não, ficará excluído o cabimento do benefício por falta do requisito *imprescindibilidade*.

Embora seja presumível que toda criança menor de 6 anos dependa de um adulto, não há como presumir a dependência exclusiva em relação a determinada pessoa, no caso, o preso.

A *imprescindibilidade* não se presume, e cabe ao interessado prová-la em juízo (CPP, parágrafo único do art. 318).

4.3.3.2. Pessoa portadora de deficiência

A redação do inciso III poderia ser melhor, pois pode levar à confusão no sentido de fazer crer que somente caberá o benefício se a pessoa com deficiência for menor de 6 anos de idade. Mas não é assim.

Nesse caso, independentemente da idade, se ficar provado que pessoa portadora de deficiência dependa exclusivamente do preso, o benefício comportará acolhimento.

Também aqui se exige a demonstração do requisito *imprescindibilidade* do auxílio, que só pode ser prestado pelo preso, a quem incumbe a demonstração em juízo.

Não se pode permitir que, nos casos do inciso III do art. 318, o preso preventivo encontre uma porta escancarada para a prisão domiciliar. É preciso que ele demonstre de forma clara atender aos requisitos da lei, pois a dúvida, nesse caso, será resolvida em seu desfavor.

4.3.4. Gestante

Até a vigência da Lei n. 13.257/2016, o inciso IV do art. 318 do CPP envolvia duas ordens de ideias: *1ª)* gestação a partir do sétimo mês de gravidez, ou *2ª)* gestação, a qualquer tempo, de alto risco.

Atualmente o dispositivo se refere apenas à gestante.[175] Portanto, para a substituição da prisão preventiva por domiciliar, sob tal fundamento, ausentes as vedações determinadas pelo art. 318-A, basta que se prove o estado gestacional,[176] em qualquer estágio e independentemente de qualquer possibilidade de risco.[177]

---

175. "Garantia do princípio da proteção à maternidade e à infância e do melhor interesse do menor" (STF, HC 134.069/DF, 2ª T., rel. Min. Gilmar Mendes, j. 21-6-2016, *DJe* n. 159, de 1º-8-2016).

176. "Não obstante a gravidade do delito, a concessão da prisão domiciliar encontra amparo legal na proteção à maternidade e à infância, como também na dignidade da pessoa humana, porquanto prioriza-se o bem-estar do nascituro, principalmente em razão dos cuidados necessários com o seu nascimento e futura fase de amamentação, cruciais para seu desenvolvimento" (STF, HC 131.760/SP, 2ª T., rel. Min. Gilmar Mendes, j. 2-2-2016, *DJe* n. 097, de 13-5-2016).

177. Em sentido contrário: "A Lei n. 13.257/2016 estabelece conjunto de ações prioritárias a ser observadas na primeira infância (0 a 6 anos de idade), mediante 'princípios e diretrizes para a

A regulamentação tem relação com as "Regras das Nações Unidas para o Tratamento de Reclusas e Medidas não Privativas de Liberdade para Mulheres Delinquentes (Regras de Bangkok)", que, em sua regra n. 58, dispõe: "Tendo em conta as disposições do parágrafo 2.3 das Regras de Tóquio, não se separarão as delinquentes de seus parentes e comunidade sem prestar a devida atenção a sua história e seus vínculos familiares. Quando proceda e seja possível, se utilizarão mecanismos opcionais no caso das mulheres que cometam delitos, como medidas alternativas e outras que substituam a prisão preventiva e a condenação".

De relevo para o estudo da matéria, impende destacar que o § 3º do art. 14 da LEP assegura o acompanhamento médico à mulher, principalmente no pré-natal e no pós-parto, extensivo ao recém-nascido, mas essa regra é diuturnamente descumprida.

O § 1º do art. 82 da LEP determina que a mulher e o maior de 60 anos, separadamente, serão recolhidos a estabelecimento próprio e adequado à sua condição pessoal.

O § 2º do art. 83 da LEP diz que os estabelecimentos penais destinados a mulheres devem ser dotados de berçário, onde as condenadas possam cuidar de seus filhos, inclusive amamentá-los, no mínimo, até 6 (seis) meses de idade, mas essa *garantia* também não se vê efetivar na realidade prática.

Conforme o art. 5º, L, da CF, "às presidiárias serão asseguradas condições para que possam permanecer com seus filhos durante o período de amamentação".

Mesmo estando diante de prisão cautelar, portanto prisão sem pena, não é desarrazoado afirmar que a prisão domiciliar permite corrigir, em parte, distorções evidenciadas no sistema e preserva o princípio da intranscendência ou

---

formulação e implementação de políticas públicas (...) em atenção à especificidade e à relevância dos primeiros anos de vida no desenvolvimento infantil e no desenvolvimento do ser humano' (art. 1º), em consonância com o Estatuto da Criança e do Adolescente. A novel legislação teve reflexos no Código de Processo Penal, imprimindo nova redação ao inciso IV do seu art. 318, além de acrescer-lhe os incisos V e VI. Tais mudanças encontram suporte no próprio fundamento que subjaz à Lei n. 13.257/2016, notadamente a garantia do desenvolvimento infantil integral, com o 'fortalecimento da família no exercício de sua função de cuidado e educação de seus filhos na primeira infância' (art. 14, § 1º). A despeito da benéfica legislação, que se harmoniza com diversos tratados e convenções internacionais, vale o registro de que o uso do verbo 'poderá', no *caput* do art. 318 do Código de Processo Penal, não deve ser interpretado com a semântica que lhe dão certos setores da doutrina, para os quais seria 'dever' do juiz determinar o cumprimento da prisão preventiva em prisão domiciliar ante a verificação das condições objetivas previstas em lei. Semelhante interpretação acabaria por gerar uma vedação legal ao emprego da cautela máxima em casos nos quais se mostre ser ela a única hipótese a tutelar, com eficiência, situação de evidente e imperiosa necessidade da prisão. Outrossim, importaria em assegurar a praticamente toda pessoa com prole na idade indicada no texto legal o direito a permanecer sob a cautela alternativa, mesmo se identificada a incontornável urgência da medida extrema" (STJ, HC 370.269/MG, 6ª T., rel. Min. Rogério Schietti Cruz, j. 18-10-2016, *DJe* de 10-11-2016).

personalidade *da pena*, segundo o qual a pena (e também o processo) não passará da pessoa do acusado (CF, art. 5º, XLV), deixando de atingir diretamente o recém-nascido, que poderá vir à luz em ambiente mais saudável e com melhores chances de saúde e felicidade.

4.3.5. Mulher com filho de até 12 (doze) anos de idade incompletos

O atual inciso V foi introduzido no art. 318 do CPP pela Lei n. 13.257/2016,[178] que dispõe sobre políticas públicas para a primeira infância.

Necessário destacar que a situação regulada não contraria ou envolve, tampouco se confunde com aquela disposta no inciso III do art. 318, que se refere à situação em que a pessoa presa preventivamente – homem ou mulher – for imprescindível aos cuidados especiais de pessoa menor de 6 (seis) anos de idade ou com deficiência.

Por aqui – nos limites do inciso V – a proteção recai especificamente sobre quem seja filho de mulher presa preventivamente, sendo que tais requisitos específicos não são exigidos no dispositivo contraposto.

Para obter o benefício é preciso que a presa tenha filho menor de 12 (doze) anos de idade, com ou sem deficiência, e não incida na hipótese qualquer das vedações indicadas no art. 318-A.

Mas não é só.

É imprescindível que por ocasião da custódia cautelar – contemporaneamente, entenda-se – o filho se encontre sob os cuidados e responsabilidade de sua genitora presa.[179] Se estiver sob os cuidados de outrem, como invariavelmente ocorre, não há sentido lógico em conceder a substituição benéfica, porquanto ausente o fundamento ético que animou o legislador ao tratar das políticas públicas protetivas da primeira infância.

---

178. "Por evidente que a nova redação do art. 318, V, do Código de Processo Penal, dada pelo Marco Legal da Primeira Infância (Lei n. 13.257/2016), veio a lume com o fito de assegurar a máxima efetividade ao princípio constitucional da proteção integral à criança e adolescente, insculpido no art. 227 da Constituição Federal, bem como no feixe de diplomas normativos infraconstitucionais integrante de subsistema protetivo, do qual fazem parte o Estatuto da Criança e do Adolescente (Lei n. 8.069/90), a Convenção Internacional dos Direitos da Criança (Decreto n. 99.710/90), dentre outros" (STJ, HC 357.470/RS, 6ª T., rel. Min. Maria Thereza de Assis Moura, j. 18-8-2016, *DJe* de 29-8-2016).

179. Conforme o entendimento que prevalece no STJ: "O inciso V, introduzido pela Lei n. 13.257/2016, não trouxe maiores detalhamentos sobre os requisitos subjetivos a serem atendidos para conversão da prisão preventiva em domiciliar. No *caput* do art. 318 do Código de Processo Penal encontra-se a previsão de que o Juiz poderá converter a prisão preventiva em domiciliar. Dessa forma, essa análise deve ser feita caso a caso, pois se por um lado não existe uma obrigatoriedade da conversão, por outro a recusa também deve ser devidamente motivada" (STJ, RHC 71.697/SP, 5ª T., rel. Min. Joel Ilan Paciornik, j. 17-11-2016, *DJe* de 23-11-2016). *No mesmo sentido*: STJ, RHC 73.914/SP, 5ª T., rel. Min. Felix Fischer, j. 20-10-2016, *DJe* de 21-11-2016; STJ, HC 359.302/SP, 6ª T., rel. Min. Nefi Cordeiro, j. 8-11-2016, *DJe* de 21-11-2016.

A regra – que institui benefício em prol do filho menor em situação de risco – não visa o desencarceramento injustificado de genitoras irresponsáveis.

4.3.6. Homem, caso seja o único responsável pelos cuidados do filho de até 12 (doze) anos de idade incompletos

Também aqui são válidas as reflexões lançadas no tópico anterior no que diz respeito ao confronto com o inciso III do art. 318, que reiteramos com vistas a evitar o enfaro da repetição.

Necessário acrescentar, entretanto, que nos limites do inciso VI do art. 318 do CPP – que é expresso ao restringir sua aplicação ao homem preso preventivamente – a prisão domiciliar substitutiva só terá cabimento se em razão da custódia do genitor o filho menor de 12 (doze) anos ficar em situação de completo desamparo; em típica situação de risco, o que pressupõe convivência contemporânea e pleno exercício do poder familiar.[180]

De tal modo, se no momento da prisão de seu genitor o *filho menor* já se encontrava sob a responsabilidade de outrem, ou, ainda que sob os cuidados do genitor ao tempo da prisão, puder ser colocado sob responsabilidade de terceiro, não necessariamente sua mãe ou qualquer familiar, a substituição não será permitida.

A regra jurídica não visa a estimular a procriação a ponto de permitir a utilização da prole como salvo-conduto contra o encarceramento preventivo. A elaboração da matriz normativa está permeada de evidente e indissociável fundamento ético, que não pode e não deve ser desconsiderado em hipótese alguma.

Por fim, se identificada qualquer das situações apontadas no art. 318-A, haverá óbice à substituição da prisão preventiva por prisão cautelar domiciliar.

4.4. Necessidade de prova idônea

Para a substituição da prisão preventiva por prisão cautelar domiciliar, diz o parágrafo único do art. 318 do CPP, o juiz exigirá prova idônea dos requisitos estabelecidos neste artigo.

4.5. Quem pode requerer

A prisão domiciliar pode ser requerida diretamente pelo preso ou por seu Defensor, estando legitimado, ainda, o Ministério Público.

---

180. "Não comporta acolhimento a pretensão de substituição da prisão preventiva por domiciliar na hipótese em que o paciente não preenche os requisitos legais necessários à concessão da benesse (CPP, art. 318). *In casu*, o juiz apontou que o paciente 'não demonstrou que é o único responsável pelos cuidados do seu filho'(...)" (STJ, HC 372.717/SC, 6ª T., rel. Min. Maria Thereza de Assis Moura, j. 18-10-2016, *DJe* de 8-11-2016).

Em casos tais, é de admitir, especialmente em razão das particularidades envolvidas, seja o pedido feito de próprio punho pelo preso. Nesse tema, os rigorismos formais devem ser desprezados ou ao menos relativizados.

Nenhuma dúvida, é evidente, que o Defensor pode, e deve, requerer o benefício sempre que cabível.

Cabe também ao Ministério Público, observado seu perfil constitucional/institucional e suas relevantes funções no Estado Democrático de Direito, formular a pretensão quando entender justificada.

O Diretor do estabelecimento prisional poderá formular *representação* – mera sugestão – para a finalidade tratada.

Independentemente de quem seja o autor do pedido, deverá ser feito, sempre, de forma fundamentada, estando amparada a pretensão em prova que a legitime.

Se o pedido não estiver devidamente instruído com as provas necessárias, nada impede que o juiz determine a produção de *outras provas*, a fim de formar seu convencimento.

4.6. Substituição *ex officio*

Pode o juiz substituir a prisão preventiva por domiciliar sem que haja pedido formulado por terceiro, vale dizer: determinar a substituição *ex officio*?

Pensamos que não.

Com efeito, o § 2º do art. 282 do CPP dispõe que "As medidas cautelares serão decretadas pelo juiz a requerimento das partes ou, quando no curso da investigação criminal, por representação da autoridade policial ou mediante requerimento do Ministério Público".

4.7. Momento em que pode ser concedida

Conforme analisamos, a prisão preventiva pode ser decretada em qualquer fase da investigação policial ou do processo penal.

Disso decorre o acerto da previsão contida no novo art. 317 do CPP, quando dispõe que a prisão domiciliar de que ora se cuida poderá ser concedida ao *indiciado* e também ao *acusado*.

Indiciado é aquele que, como tal, figura em inquérito policial.

De *acusado* só se pode falar, tecnicamente, após a instauração do processo com o recebimento da denúncia.

O vocábulo *acusado*, entretanto, comporta ampliação para o fim de alcançar também o *querelado*.

A substituição da preventiva por domiciliar poderá ocorrer, portanto, *no curso da investigação policial ou do processo penal*.

Seja em que momento for, postulada a substituição, é necessário sejam observadas as regras que determinam respeito ao contraditório (CPP, art. 282, § 3º).

4.8. Condições de permanência

Nos termos do art. 317 do CPP, a prisão domiciliar substitutiva será concedida mediante *condição legal* de não se ausentar o indiciado ou acusado de sua residência sem autorização judicial.

Note-se que a lei não restringiu a permanência domiciliar a determinado número de horas, de maneira que o beneficiado deverá permanecer todo o tempo – período integral – no interior de sua residência e dependências, e dela somente poderá se ausentar se contar com autorização judicial prévia e específica.

Não se deve perder de vista que a ideia central do instituto é a de que a pessoa se encontra presa, embora em sua residência, por isso a justificada restrição à sua liberdade de locomoção.

As medidas cautelares poderão ser aplicadas isolada ou cumulativamente, diz o § 1º do art. 282 do CPP.

Sendo assim, guiado pela necessidade e adequação da medida, é permitido ao juiz fixar outras condições além do dever de permanência em residência, especialmente dentre aquelas previstas nos arts. 319 e 320 do CPP.

4.9. Domicílio ou residência?

Residência é o local, espaço físico habitado pelo indivíduo.

Domicílio é o lugar onde a pessoa estabelece a sua residência com ânimo definitivo (CC, art. 70).

Se, porém, a pessoa natural tiver diversas residências, onde, alternadamente, viva, considerar-se-á domicílio seu qualquer delas (CC, art. 71). Muda-se o domicílio, transferindo a residência, com a intenção manifesta de mudar (CC, art. 74).

O art. 317 do CPP diz que a prisão domiciliar consiste no recolhimento do indiciado ou acusado em sua residência.

4.10. Pluralidade de residências

E se o indiciado ou acusado tiver mais de uma residência?

Pela letra do art. 71 do CC, considerar-se-á domicílio qualquer delas.

Como deve o juiz proceder ao conceder o benefício na hipótese de o indiciado ou acusado dispor de duas ou mais residências?

Deverá o magistrado fazer consignar, em sua decisão, em qual delas deverá permanecer o beneficiado, enquanto estiver cumprindo a prisão domiciliar.

Poderá o preso domiciliar se deslocar entre uma e outra dentre suas residências?

Em regra, não, salvo se contar com autorização judicial prévia e específica. Do contrário, não seria correto falar em prisão, já que permitido o trânsito livre.

4.11. Momento de se conceder autorização de saída da residência

A autorização para saída da residência em que deva permanecer sob cumprimento de pena é medida excepcional que, em regra, deverá ser solicitada e concedida previamente a cada saída, até porque demanda a demonstração das hipóteses autorizadoras, que deverão ser analisadas contemporaneamente ao pedido.

Nada impede, entretanto, que o juiz autorize determinadas saídas já no momento da concessão do benefício, caso disponha de elementos que permitam formar juízo de valor a tal respeito.

Imagine-se, por exemplo, hipótese em que a prisão domiciliar venha a ser concedida por encontrar-se a pessoa extremamente debilitada por motivo de doença grave, estando evidenciada a necessidade de saídas regulares para atendimento médico, hemodiálise, quimioterapia etc.

É possível, portanto, que diante do caso concreto o juiz autorize as saídas necessárias já na decisão que conceder a prisão domiciliar.

4.12. Descumprimento de condição do benefício

É possível, e não raras vezes ocorre que o preso domiciliar descumpre, justificadamente ou não, condição legal de permanência, do que pode decorrer a suspensão cautelar do benefício.

No caso de descumprimento de qualquer das obrigações impostas, o juiz, mediante requerimento do Ministério Público, de seu assistente ou do querelante, poderá substituir a medida, impor outra em cumulação, ou, em último caso, restabelecer a prisão preventiva (CPP, §§ 2º e 4º do art. 282), não sendo demais lembrar que o assistente e o querelante são sujeitos processuais que, tecnicamente, só podem atuar na fase processual; jamais durante o inquérito.

Igual procedimento será adotado no caso de o agente vir a praticar nova infração penal – o que é possível que faça mesmo estando ele no interior de sua residência.

4.12.1. Descumprimento justificável

Necessário enfatizar que nem todo descumprimento poderá ser injustificado, o que está a reforçar a imprescindibilidade do contraditório e da ampla defesa antes da decisão judicial que irá avaliar definitivamente a conduta inquinada de faltosa.

Pode ocorrer, por exemplo, que o preso venha a deixar sua residência para prestar socorro a terceira pessoa envolvida em acidente de trânsito ocorrido próximo de sua casa e seja necessário levá-la até um hospital distante para atendimento médico; pode ocorrer que tenha que auxiliar um vizinho enfermo em situação extrema; pode ocorrer, ainda, que venha a ser acometido de mal súbito e em razão disso tenha que se deslocar imediatamente em busca de atendimento específico etc.

Seja como for, tendo descumprido justificadamente o dever de permanecer em sua residência, é aconselhável que providencie comunicar o fato ao juiz do feito assim que possível, apresentando desde logo as provas que a respeito possuir.

Nada impede, é claro, que, não procedendo à justificativa antecipada e voluntária, se instado a se justificar posteriormente apresente as provas disponíveis.

4.12.2. Revogação definitiva

Comunicado o descumprimento nos autos, deverá o juiz designar dia e hora para a oitiva do preso em audiência de justificação, na qual deverão estar presentes o Ministério Público e a Defesa, que após as explicações do preso, caso queira prestá-las, deverão manifestar-se nos autos, nessa mesma ordem. Em seguida será proferida a decisão judicial definitiva, que eventualmente irá acolher a justificativa apresentada ou, no caso de rejeitá-la, revogar definitivamente a prisão domiciliar.

A decisão que revogar definitivamente a prisão domiciliar deverá ser sempre precedida de manifestação do Ministério Público e da Defesa a esse respeito.

Entre outras coisas, diz o § 4º do art. 282 do CPP, que, no caso de descumprimento de qualquer das obrigações impostas, o juiz, mediante requerimento do Ministério Público, de seu assistente ou do querelante, poderá substituir a medida.

Conforme dispõe o § 5º do art. 282 do CPP: "O juiz poderá, de ofício ou a pedido das partes, revogar a medida cautelar ou substituí-la quando verificar a falta de motivo para que subsista, bem como voltar a decretá-la, se sobrevierem razões que a justifiquem".

Apesar da literalidade do § 5º do art. 282, entendemos não ser cabível nova decretação de qualquer cautelar *ex officio*, sem que ocorra provocação por quem de direito.

4.13. Detração

O tempo de prisão domiciliar comporta detração nos termos do art. 42 do CP, visto que na hipótese a medida é aplicada em substituição à prisão preventiva.

O que se está a cumprir, em verdade, é *prisão* cautelar, embora na forma domiciliar, daí ser admissível o abatimento do tempo de encarceramento antecipado do total da pena ao final aplicada, em caso de condenação.

4.14. Preso que não tem defensor

Caso o preso não disponha de defensor constituído nos autos, antes de determinar a revogação definitiva da prisão cautelar domiciliar, deverá o juiz providenciar o necessário visando à efetividade de defesa técnica, que deverá ser intimada para a audiência de justificação.

Se o defensor não comparecer à audiência, deverá ser nomeado defensor *ad hoc* (para o ato).[181]

4.15. Possibilidade de *habeas corpus*

Se o procedimento adotado em juízo com vistas à revogação da prisão cautelar domiciliar não observar as garantias da ampla defesa, do contraditório, do devido processo legal (CF, art. 5º, LIV) e da obrigatoriedade de fundamentação das decisões judiciais (CF, art. 93, IX), terá cabimento a impetração de *habeas corpus*, pois, conforme dispõe o art. 5º, LXVIII, da CF, "conceder-se-á *habeas corpus* sempre que alguém sofrer ou se achar ameaçado de sofrer violência ou coação em sua liberdade de locomoção, por ilegalidade ou abuso de poder".

5. Da Prisão Temporária

Antes da Constituição Federal de 1988, era comum nos meios policiais a prática quase aleatória da detenção temporária de pessoas que, em razão disso, eram levadas até repartições policiais e lá submetidas a toda sorte de constrangimento.

A detenção era levada a efeito por autoridades policiais e seus agentes, desprovidos de mandado judicial, sem que estivesse em situação de flagrante delito a pessoa assim detida.

Essa prática antidemocrática que fere o Estado de Direito tinha nome conhecido: era denominada "prisão para averiguação".

Com o advento da "Constituição Cidadã" e seu conjunto de princípios fundamentais, especialmente previstos no art. 5º, tal prática foi abandonada, até porque, conforme dispõe o inciso LXI do mencionado artigo, "ninguém será preso senão em flagrante delito ou por ordem escrita e fundamentada da autoridade judiciária competente".

Mas a antiga "prisão para averiguação" acabou ressuscitada por meio da Medida Provisória n. 111, de 24 de novembro de 1989, depois convertida em lei, e passou a se chamar prisão temporária, conforme dispõe a Lei n. 7.960/89.

181. "A nomeação de defensor *ad hoc* para atuar em audiência na qual o réu e seu advogado, devidamente intimados, não comparecem, não ofende o direito conferido ao acusado de escolher patrono de sua confiança. Inteligência dos arts. 263 e 265 do Código de Processo Penal. Precedentes do STJ. O § 2º do art. 265 do Código de Processo Penal determina que, na ausência do causídico contratado pelo acusado, um defensor substituto deve ser designado provisoriamente para o ato, não havendo qualquer exigência no sentido de que seja um membro do órgão de assistência judiciária, compreensão que contraria o próprio objetivo do dispositivo processual penal, que é o de evitar que a perda de um ato processual que pode ser realizado validamente, já que nem sempre um Defensor Público estará disponível no local ou no momento da solenidade para atuar como advogado *ad hoc*" (STJ, RHC 66.193/SC, 5ª T., rel. Min. Jorge Mussi, j. 19-4-2016, *DJe* de 4-5-2016). *No mesmo sentido*: STJ, RHC 71.696/PR, 5ª T., rel. Min. Joel Ilan Paciornik, j. 8-11-2016, *DJe* de 16-11-2016.

Uma vez normatizada, ingressou no sistema jurídico brasileiro e desde então vem sendo largamente utilizada na prática da Justiça Criminal.

É certo que, na maioria das vezes, a utilização desse importante ferramental tem contribuído de maneira significativa para a apuração de crimes graves, como é seu objetivo, mas é preciso dizer que sua utilização muitas vezes indiscriminada, desnecessária e carente de fundamentação concreta, termina por colocar em risco sua própria existência ou sobrevivência, já que não são poucos os que passaram a defender sua incompatibilidade com o Estado de Direito.

Contra os excessos, entretanto, temos soluções jurídicas que vão desde a responsabilização administrativa e criminal de autoridades até a possibilidade de reparação civil, passando, é claro, pela restituição da liberdade muitas vezes cerceada de forma açodada e desnecessária.

É desse tema que cuidaremos nas linhas que seguem.

5.1. Conceito

A prisão temporária é modalidade de prisão cautelar pré-processual admitida apenas em relação a determinados tipos de crimes e que tem por objetivo permitir a colheita de provas que de outra maneira não se conseguiria êxito na produção, bem como esclarecimentos a respeito da identificação do investigado.

Conforme salientou o Min. Joaquim Barbosa, "nos termos da Lei n. 7.960/89, a prisão temporária tem por única finalidade legítima a necessidade da custódia para as investigações".[182]

5.2. Natureza jurídica

Configura medida cautelar de natureza pessoal; modalidade de prisão cautelar.

5.3. Cabimento

Desde o início de sua vigência, a Lei n. 7.960/89 tem despertado discussões a respeito das hipóteses em que se faz possível sua decretação, e é claro que essa é uma das preocupações mais relevantes, daí a necessidade de cuidadosa análise do texto legal, da doutrina e da jurisprudência a respeito.

Constitui ponto de partida, portanto, estabelecer quais são as hipóteses que legitimam seu cabimento, lembrando sempre que tais regras, impositivas de restrição à liberdade individual, devem ser sempre **interpretadas restritivamente**.

5.3.1. Imprescindibilidade para as investigações

Diz o inciso I do art. 1º da Lei n. 7.960/89 que a prisão temporária será cabível quando *imprescindível* para as investigações do **inquérito policial**.

182. STF, RHC 92.873/SP, 2ª T., rel. Min. Joaquim Barbosa, j. 12-8-2008, *DJe* de 19-12-2008.

Para os fins empregados no texto legal, *imprescindível* é aquilo sem o que não se pode conseguir algo ou chegar a determinado ponto. Nesse caso, deve a prisão antecipada e excepcional revelar-se imprescindível e, portanto, apresentar-se como única alternativa lógica e possível para se obter *determinada* prova ou conjunto de informações, sem as quais não chegará a bom termo a investigação criminal iniciada e documentada em inquérito policial regularmente instaurado.

Além da demonstração inequívoca da imprescindibilidade, é necessário que, antecedendo o pedido, já exista inquérito policial instaurado, em que se busque apurar os fatos e obter as provas que de outra maneira, por outros meios menos drásticos, não se consiga alcançar.

Não é possível, portanto, decretar a prisão temporária sob tal fundamento visando obter prova que *poderá* dar ensejo à instauração de inquérito, o que de certa forma colide com a atual redação do art. 311 do CPP, que permite a decretação de prisão preventiva *em qualquer fase da investigação*, não exigindo, como antes, a prévia instauração de inquérito policial.

Considerando que, nos incisos II e III do art. 1º, a Lei n. 7.960/89 faz referência expressa à pessoa do *indiciado*, e que tal não ocorre no dispositivo sob análise (inciso I), argumentou-se com a possibilidade de que a decretação da prisão temporária poderia recair sobre qualquer pessoa, investigada ou não, e por conta disso não foram poucas as severas críticas endereçadas *à lei*.

Nunca nos pareceu correta essa leitura que se extrai da análise dos incisos que integram o art. 1º da lei sob esse enfoque particular, mas é certo que ela conta com o peso da opinião de juristas do quilate do saudoso Mirabete, que, tratando do tema, assim se expressou: "Draconiana a lei no inciso I, permite a prisão não só do indiciado, como também de qualquer pessoa (uma testemunha, por exemplo), já que, ao contrário dos demais incisos do art. 1º, não se refere ela especificamente ao 'indiciado'. Trata-se, portanto, de norma legal odiosa e contrária à tradição do processo penal brasileiro".[183]

A compreensão que temos a respeito desse dispositivo tão duramente atacado é diametralmente oposta à acima apontada.

Quer nos parecer que, ao omitir o vocábulo "indiciado", o legislador não fez mais do que permitir a decretação da prisão temporária naqueles casos em que o inquérito policial já se encontra instaurado, mas a pessoa investigada ainda não figura como "indiciada"; não ocorreu indiciamento formal. Nada mais.

Conforme já enfatizamos, sendo o Direito uma ciência, advertiu o Min. Marco Aurélio, há de emprestar-se sentido técnico a institutos, expressões e vocábulos.[184]

---

183. Julio Fabbrini Mirabete, op. cit., p. 426.

184. STF, HC 83.439/RJ, 1ª T., rel. Min. Marco Aurélio, j. 14-10-2003, *DJe* de 7-11-2003.

No caso dos demais incisos, em que há menção expressa à figura do "indiciado", somente caberá a decretação quando já existir o indiciamento da pessoa contra quem se imputa, no inquérito, a prática de determinado ilícito penal.

No Estado de Direito minimamente democrático, essa é a interpretação que melhor se ajusta com os princípios e garantias constitucionais.

5.3.2. Quando o indiciado não tiver residência fixa ou não fornecer elementos necessários ao esclarecimento de sua identidade

A segunda hipótese de cabimento da prisão temporária está regulada no inciso II do art. 1º da Lei n. 7.960/89, que guarda semelhança, mas não se confunde, com o disposto no art. 313, § 1º, do CPP.

Nesses termos, caberá também a decretação da prisão temporária quando o indiciado não tiver residência fixa ou não fornecer elementos necessários ao esclarecimento de sua identidade.

Aqui a lei se refere textualmente à pessoa do "indiciado". É imprescindível, portanto, que já exista inquérito instaurado a respeito dos fatos e que já tenha ocorrido indiciamento do apontado autor do crime.

Não dá para pensar de maneira diversa quando estamos tratando do termo técnico – *indiciado* –, ainda mais estando relacionado com medida excepcional de tamanha gravidade, como é o caso da prisão temporária, modalidade de prisão cautelar em que, diversamente de outras, não houve situação de flagrante e não se exige, ao contrário do que ocorre com a prisão preventiva, prova da existência do crime e indícios suficientes da autoria.

Pois bem.

Por primeiro, nos termos da lei, caberá por aqui a decretação da prisão temporária em desfavor do indiciado quando este não tiver residência fixa.

É evidente que o fundamento da regra em comento não se confunde com o que está previsto no art. 312, *caput*, do CPP, que autoriza a decretação da prisão preventiva quando imprescindível para assegurar a aplicação da lei penal.

No caso da prisão temporária, o que se busca é a colheita de melhores informações a respeito da completa identificação do indiciado; proporcionar seja submetido a reconhecimento pessoal etc., daí também a sua admissibilidade quando ele não fornecer elementos necessários ao esclarecimento completo de sua identidade.

Note-se que uma leitura superficial do que acabamos de afirmar poderia apontar equívoco na nossa forma de pensar, quando sustentamos que, nos casos do inciso II, a prisão temporária só terá cabimento em face de quem já figure em inquérito policial como indiciado, quando na sequência sustentamos que a prisão autorizada nesse inciso tem por finalidade possibilitar o reconhecimento formal; a *completa identificação* do indiciado etc.

Mas a contrariedade na argumentação é só aparente. Não há equívoco algum, visto que é perfeitamente possível hipótese em que determinada pessoa seja indiciada antes mesmo de a Polícia dispor de todos os seus dados pessoais, da sua completa qualificação.

Não é outra a situação tratada no art. 41 do CPP quando se diz que a denúncia ou queixa deverá conter, dentre outras informações, a qualificação do acusado *ou esclarecimentos pelos quais se possa identificá-lo*.

Note-se que é possível não apenas o indiciamento em inquérito policial, mas também a denúncia e seu recebimento, partindo-se daí com a efetiva instauração de ação penal contra alguém de quem não se disponha da completa qualificação, mas tão somente *de esclarecimentos pelos quais se possa identificá-lo* (CPP, art. 259).[185]

5.3.3. Quando houver fundadas razões, de acordo com qualquer prova admitida na legislação penal, de autoria ou participação do indiciado nos crimes arrolados no inciso III

Observou Mirabete que: "Há evidentes impropriedades técnicas no dispositivo. Em primeiro lugar, não é a lei penal que prevê quais as provas admissíveis em juízo. Em segundo era desnecessário referir-se à prova para a decretação da medida já que 'fundadas razões' evidentemente só existem com base na prova colhida no inquérito policial. Também ao contrário dos demais incisos, que embasam a prisão temporária, nesta última hipótese não é necessário demonstrar a necessidade da prisão, bastando para ela a existência de indícios suficientes da autoria. Diante da enumeração legal do inciso III, pode-se concluir que tal medida é destinada a aplacar o clamor público e a indignação social diante dos crimes graves mencionados, mas a lei não exige que tais situações estejam presentes no caso particular".[186]

Diz o art. 29, *caput*, do CP: "Quem, de qualquer modo, concorre para o crime incide nas penas a este cominadas, na medida de sua culpabilidade".

Independentemente da "medida da culpabilidade" do indiciado, estará aberta a possibilidade de ver decretada sua prisão temporária sempre que estiver envolvido com a prática dos seguintes crimes: *1)* homicídio doloso (art. 121, *caput*, e seu § 2º); *2)* sequestro ou cárcere privado (art. 148, *caput*, e seus §§ 1º e 2º); *3)* roubo (art. 157, *caput*, e seus §§ 1º, 2º e 3º); *4)* extorsão (art. 158, *caput*, e seus §§ 1º e 2º); *5)* extorsão mediante sequestro (art. 159, *caput*, e seus §§ 1º, 2º e 3º); *6)* estupro (art. 213, *caput*, e §§ 1º e 2º); *7)* epidemia com resultado de morte (art. 267, § 1º); *8)* envenenamento de água potável ou substância alimentícia ou medicinal qualificado pela morte (art. 270, *caput*, c.c. o art. 285); *9)* associação criminosa

---

185. "O Código de Processo Penal permite o oferecimento da denúncia mesmo com elementos mínimos ou apenas esclarecimentos que possam identificar o denunciado" (STF, RHC 135.300/DF, 2ª T., rel. Min. Ricardo Lewandowski, j. 6-12-2016, *DJe* n. 267, de 16-12-2016).

186. Julio Fabbrini Mirabete, op. cit., p. 426.

(art. 288), todos do Código Penal; *10)* genocídio (arts. 1º, 2º e 3º da Lei n. 2.889/56), em qualquer de suas formas típicas; *11)* tráfico de drogas (art. 33 da Lei n. 11.343/2006); *12)* crimes contra o sistema financeiro (Lei n. 7.492/86); *13)* crimes previstos na Lei Antiterrorismo (Lei n. 13.260/2016).

Por força do que dispõe o art. 2º, § 4º, da Lei n. 8.072/90, também é cabível a decretação de prisão temporária em relação aos *crimes hediondos e assemelhados* a que se referem os arts. 1º e 2º da mesma lei, previsões que contemplam outros delitos não relacionados na Lei n. 7.960/89, tais como: tortura e falsificação, corrupção, adulteração ou alteração de produto destinado a fins terapêuticos ou medicinais.

5.3.4. Entendendo a aplicação das hipóteses de cabimento

Reflexão que se impõe agora é no sentido de buscar saber se, para a decretação da prisão temporária, é necessária a conjugação – a aplicação simultânea – dos três incisos do art. 1º da Lei; dois deles ou apenas um.

É possível pensar que seja necessário atender aos três incisos, conjuntamente; ou dois deles.

Também é possível *argumentar* que a prisão poderá ser decretada desde que satisfeitas as exigências de um único inciso isoladamente, mas calha dizer desde já, com apoio na lição de Scarance, que "não é possível exegese no sentido de ser bastante o preenchimento de um só dos requisitos dos três incisos para a prisão temporária".[187]

Pois bem.

Que a prisão só será possível em razão da apuração de um dos crimes listados no item anterior nos parece intuitivo (art. 1º, III, da Lei n. 7.960/89 + arts. 1º e 2º da Lei n. 8.072/90). Portanto, o ponto de partida será sempre identificar se o crime que está sendo apurado comporta prisão temporária.

Feito isso, e sendo caso, o problema que surge reside em saber se, satisfeito aquele requisito, será preciso também identificar as hipóteses dos incisos I e II, ou bastará apenas uma delas.

Bastará apenas uma.

Como concluiu Scarance: "Não se exige, para a prisão, o preenchimento das exigências dos incisos I e II, o que tornaria muito difícil a sua ocorrência. Assim, se alguém tivesse residência fixa e domicílio certo, nunca poderia ser submetido à prisão temporária. Basta, assim, a presença de situação descrita em um dos incisos. Em resumo, seria possível a medida constritiva quando, preenchido o requisito do inciso III, estivesse presente também um dos requisitos dos incisos I e II".[188]

187. Antonio Scarance Fernandes, *Processo penal constitucional*, 5. ed., São Paulo, Revista dos Tribunais, 2007, p. 335.

188. Antonio Scarance Fernandes, op. cit., p. 337.

É possível, entretanto, que em determinadas situações a prisão seja decretada por um dos crimes permissivos desse tipo de custódia cautelar mais as situações dos outros dois incisos do art. 1º.

5.4. Quem pode postular a decretação

O delegado de polícia que presidir o inquérito poderá dirigir-se ao juiz competente, endereçando-lhe representação fundamentada e instruída em que *sugira* a decretação da prisão temporária, fazendo a demonstração da imprescindibilidade da medida extrema. O Ministério Público poderá formular requerimento, igualmente fundamentado, com vistas à decretação.

Representação, aqui, nada mais é do que uma simples sugestão formulada pelo delegado, e a distinção que há entre os termos "representação" e "requerimento" é calcada no fato de que requerimento ao juiz só poderá fazer quem for *parte* interessada no feito, e, no caso das ações penais públicas (condicionada ou incondicionada), somente o Ministério Público está legitimado a formular "requerimento" ao juiz visando a decretação da prisão temporária.

Na hipótese de representação da autoridade policial – diz o § 1º do art. 2º da Lei n. 7.960/89 –, o juiz, antes de decidir, determinará a abertura de vista dos autos ao Ministério Público a fim de que se manifeste, concordando, ou não, com a representação.

5.5. Quem pode decretar

Somente o magistrado competente, conforme as regras do CPP e de organização judiciária, é que pode decretar prisão temporária.

Não pode o juiz decretar prisão temporária por iniciativa própria, *ex officio*, sem a formal provocação dos interessados.

A decisão judicial deve ser prolatada dentro do prazo de vinte e quatro horas, contadas a partir do recebimento da representação ou do requerimento (§ 2º do art. 2º da Lei n. 7.960/89), e não há necessidade de oitiva prévia da parte contrária, como manda o § 4º do art. 282 em relação a outras medidas cautelares (a prisão temporária não está prevista e regulada no CPP).

Para dar atendimento ao prazo fixado, determina a lei, em seu art. 5º, que em todas as comarcas e seções judiciárias haverá um plantão permanente de vinte e quatro horas do Poder Judiciário e do Ministério Público para apreciação dos pedidos de prisão temporária.

5.6. Decisão que aprecia pedido de prisão temporária

A obrigatoriedade de fundamentação das decisões judiciais decorre do disposto no art. 93, IX, da CF, em que é possível ler claramente que "todos os julgamentos dos órgãos do Poder Judiciário serão públicos, e fundamentadas todas as decisões, sob pena de nulidade (...)".

Medida de exceção que é no regime democrático adotado na Constituição Federal vigente, a decisão que decretar a prisão temporária deve vir suficientemente fundamentada, não se prestando a tanto simples referências aos dizeres da lei ou o endosso e repetição cega e muda dos argumentos constantes da representação ou do requerimento, sem indicar, nos autos, empiricamente, de onde foram extraídos os fundamentos de sua convicção, autorizadores da medida extrema.

A ausência de adequada fundamentação nulifica a decisão proferida ao arrepio do texto constitucional e autoriza a impetração de *habeas corpus*, visando a pôr fim à ilegal restrição da liberdade.

Se a decisão judicial for de indeferimento da prisão temporária, dela somente poderá recorrer o Ministério Público se for ele o autor do *requerimento* inacolhido.

A autoridade policial não tem legitimidade para recorrer da decisão judicial que indefere sua *representação*.

Pode ocorrer, entretanto, que a autoridade policial venha a formular representação e, por ocasião de sua manifestação que antecede à decisão judicial, o representante do Ministério Público endosse os argumentos naquela peça expostos e, nessa sua manifestação, *requeira* expressamente a decretação da temporária. Nesse quadro, não sendo decretada a prisão, caberá o inconformismo ministerial.

Cabível, *in casu*, é o recurso em sentido estrito (CPP, art. 3º c.c. o art. 581, V).

5.7. Procedimento

Chegando em mãos do juiz competente a representação formulada pelo delegado de polícia ou o requerimento da lavra do promotor de justiça, que deverá opinar previamente à decisão judicial na primeira hipótese (quando não for o autor da provocação), o juiz deverá decidir sobre a decretação em decisão fundamentada, no prazo de vinte e quatro horas.

Decretada a prisão temporária, expedir-se-á mandado de prisão, em duas vias, uma das quais será entregue ao apontado autor do delito e servirá como nota de culpa. No mandado de prisão deverá constar o prazo de duração da prisão e também o dia em que o preso deverá ser colocado em liberdade (§ 4º e 4º -A do art. 2º).

A prisão somente poderá ser executada depois da expedição de mandado judicial (§ 5º do art. 2º), até porque, conforme regula a Constituição Federal: "ninguém será preso senão em flagrante delito ou por ordem escrita e fundamentada de autoridade judiciária competente" (art. 5º, LXI).

Efetuada a prisão, a autoridade policial informará o preso dos direitos previstos no art. 5º da CF (§ 2º do art. 2º), dentre eles: inciso LVIII: o civilmente identificado não será submetido a identificação criminal, salvo nas hipóteses previstas em lei; inciso LXII: a prisão de qualquer pessoa e o local onde se encontre serão comunicados imediatamente ao juiz competente e à família do preso ou à pessoa por ele indicada; inciso LXIII: o preso será informado de seus direitos, entre os quais o de permanecer calado, sendo-lhe assegurada a assistência da família e de advogado; inciso LXIV: o preso tem direito à identificação dos responsáveis por sua prisão ou por seu interrogatório policial.

Em harmonia com o disposto no art. 84, *caput*, da LEP, segundo o qual o preso provisório deve ficar separado do condenado por sentença transitada em julgado, dispõe o art. 3º da Lei n. 7.960/89 que os presos temporários deverão permanecer, obrigatoriamente, separados *dos demais detentos*.

Essa regra determina, a rigor, que os presos temporários não podem permanecer em contato nem mesmo com outros presos cautelares: v.g., presos em flagrante (CPP, art. 301); presos em razão da decretação de prisão preventiva (CPP, art. 311) ou de prisão para fins de extradição (art. 84 da Lei n. 13.445/2017 – Lei de Migração).

O objetivo da restrição é evitar que o preso temporário tenha contato com outros presos, definitivos ou cautelares, o que poderia atrapalhar as investigações.

De ver, todavia, que não se trata de decretar sua incomunicabilidade, por ser esta uma medida já banida do Direito brasileiro e constitucionalmente proibida.

Realizada a prisão-captura, o preso temporário deverá ser levado até a presença do juiz, em dia e hora designados para ter lugar a audiência de apresentação/custódia, tal como determina o art. 13 da Resolução n. 213/2015 do CNJ (Conselho Nacional de Justiça).[189]

Nesta mesma linha de orientação, dispõe o § 3º do art. 2º da Lei n. 7.960/89, que desde o momento da decretação da prisão, durante o tempo que ela durar ou após seu vencimento, o juiz poderá, de ofício, a requerimento do Ministério Público ou da Defesa, determinar que o preso lhe seja apresentado para prestar-lhe informações sobre as condições em que se deu sua prisão e permanência sob cárcere, ou para eventuais constatações que possa o magistrado pretender fazer, por eventualmente dispor de relatos a respeito de práticas violentas contra o preso.

Pode ainda o magistrado, de ofício ou em razão de provocação, solicitar informações e esclarecimentos da autoridade policial a respeito da prisão e permanência do preso enquanto custodiado.

189. "Art. 13. A apresentação à autoridade judicial no prazo de 24 horas também será assegurada às pessoas presas em decorrência de cumprimento de mandados de prisão cautelar ou definitiva, aplicando-se, no que couber, os procedimentos previstos nesta Resolução. Parágrafo único. Todos os mandados de prisão deverão conter, expressamente, a determinação para que, no momento de seu cumprimento, a pessoa presa seja imediatamente apresentada à autoridade judicial que determinou a expedição da ordem de custódia ou, nos casos em que forem cumpridos fora da jurisdição do juiz processante, à autoridade judicial competente, conforme lei de organização judiciária local."

Se necessário, poderá, ainda, determinar seja o preso submetido a exame de corpo de delito para o fim de demonstrar tenha sido vítima, ou não, de práticas violentas contra sua integridade corporal.

5.8. Prazo da prisão

5.8.1. Generalidade dos casos

Como indica o próprio nome da prisão cautelar de que estamos a tratar, há tempo previamente delimitado para sua duração.

Esse tempo será, em regra, e inicialmente, de cinco dias, podendo ser prorrogado por igual período em caso de extrema e comprovada necessidade.

Portanto: 5 + 5. Dez, no máximo, para a generalidade dos crimes em que admitida.

A prorrogação, contudo, não pode dar-se de forma automática, menos ainda ser determinada ou autorizada no inicial despacho de decretação.

Para que possa ser validamente prorrogada, será necessário que a autoridade policial que presidir o inquérito ou o Ministério Público formule pedido expresso, que deve ser endereçado ao juiz competente antes do vencimento do prazo inicialmente fixado, em que se demonstre claramente a extrema e comprovada necessidade a que alude a parte final do art. 2º, *caput*, da Lei n. 7.960/89.

Questão interessante reside em saber se, tendo a decretação decorrido de decisão proferida em requerimento formulado pelo Ministério Público, pode o pedido de prorrogação ser feito pela autoridade policial.

A resposta a tal indagação só pode ser positiva.

Não há qualquer irregularidade em tal proceder, até porque, no mais das vezes, a autoridade policial terá melhores condições que o Ministério Público de dizer se a prorrogação é ou não necessária, por se encontrar diretamente à frente das investigações.

Se o requerimento tiver sido formulado pelo Ministério Público e o pedido de prorrogação pela autoridade policial, sobre este deverá manifestar-se o Ministério Público antes da decisão judicial que irá apreciar o cabimento, ou não, da prorrogação solicitada.

5.8.2. Crimes hediondos e assemelhados

Em se tratando de crimes hediondos, a prática da tortura, o tráfico ilícito de drogas e o terrorismo, assim referidos no art. 2º, § 4º, da Lei n. 8.072/90, o prazo inicial da prisão temporária será de trinta dias, prorrogável por igual período em caso de extrema e comprovada necessidade.

A Lei dos Crimes Hediondos se refere expressamente aos crimes de tortura; tráfico de drogas; terrorismo; homicídio (art. 121), quando praticado em atividade típica de grupo de extermínio, ainda que cometido por um só agente, e homicídio qualificado (art. 121, § 2º, I, II, III, IV, V, VI, VII e VIII); lesão corporal dolosa de natureza gravíssima (art. 129, § 2º) e lesão corporal seguida de morte (art. 129, § 3º), quando praticadas contra autoridade ou agente descrito nos arts. 142 e 144 da Constituição Federal, integrantes do sistema prisional e da Força Nacional de Segurança Pública, no exercício da função ou em decorrência dela, ou contra seu cônjuge, companheiro ou parente consanguíneo até terceiro grau, em razão dessa condição; roubo: a) circunstanciado pela restrição de liberdade da vítima (art. 157, § 2º, V); b) circunstanciado pelo emprego de arma de fogo (art. 157, § 2º -A, I) ou pelo emprego de arma de fogo de uso proibido ou restrito (art. 157, § 2º -B); c) qualificado pelo resultado lesão corporal grave ou morte (art. 157, § 3º); extorsão qualificada pela restrição da liberdade da vítima, ocorrência de lesão corporal ou morte (art. 158, § 3º); extorsão qualificada pela morte (art. 158, § 2º); extorsão mediante sequestro e na forma qualificada (art. 159, *caput* e §§ 1º, 2º e 3º); estupro (art. 213, *caput* e §§ 1º e 2º); estupro de vulnerável (art. 217-A, *caput* e §§ 1º, 2º, 3º e 4º); epidemia com resultado morte (art. 267, § 1º); falsificação, corrupção, adulteração ou alteração de produto destinado a fins terapêuticos ou medicinais (art. 273, *caput* e §§ 1º, 1º -A e 1º -B); favorecimento da prostituição ou de outra forma de exploração sexual de criança ou adolescente ou de vulnerável (art. 218-B, *caput* e §§ 1º e 2º); furto qualificado pelo emprego de explosivo ou de artefato análogo que cause perigo comum (art. 155, § 4º -A); o genocídio previsto nos arts. 1º, 2º e 3º da Lei n. 2.889/56, tentado ou consumado; os crimes de posse ou porte ilegal de arma de fogo de uso proibido, previstos no art. 16 da Lei n. 10.826/2003 (Estatuto do Desarmamento); o crime de comércio ilegal de arma de fogo, tipificado no art. 17 da Lei n. 10.826/2003; o crime de tráfico internacional de arma de fogo, acessório ou munição, previsto no art. 18 da Lei n. 10.826, de 22 de dezembro de 2003; e o crime de organização criminosa, quando direcionado à prática de crime hediondo ou equiparado.

5.8.3. Término da prisão temporária

Por ser a prisão temporária delimitada no tempo – o que seu próprio nome indica –, vencido o prazo inicialmente fixado ou o máximo prorrogado, deve o preso ser colocado imediatamente em liberdade, caso não tenha sido decretada sua prisão preventiva.

Não é necessário que o juiz expeça alvará de soltura, até porque a prisão, conforme a decisão judicial, será por prazo fixo.

A propósito desse tema, os atuais §§ 7º e 8º do art. 2º da Lei n. 7.960/89, introduzidos pela Lei n. 13.869/2019 (Lei de abuso de autoridade), são suficientemente esclarecedores quando determinam, respectivamente, que, decorrido o prazo contido no mandado de prisão, a autoridade responsável pela custódia deverá, independentemente de nova ordem da autoridade judicial, pôr imediatamente o preso em liberdade, salvo se já tiver sido comunicada da prorrogação da prisão temporária ou da decretação da prisão preventiva, e que se inclui o dia do cumprimento do mandado de prisão no cômputo do prazo de prisão temporária.

Pode acontecer, também, que, antes do término do prazo determinado para a prisão, as diligências pretendidas venham a ser realizadas, não se justificando, por isso e a partir da colheita da prova ou completa identificação do investigado, a continuidade do encarceramento cautelar.

Nesse caso, mesmo não tendo transcorrido todos os dias inicialmente fixados, a desnecessidade da custódia autoriza seja o preso colocado novamente em liberdade.

5.8.4. Excesso de prazo na prisão temporária

A teor do disposto no art. 12, parágrafo único, IV, da Lei n. 13.869/2019 (Lei de abuso de autoridade), configura crime, punido com detenção, de 6 meses a 2 anos, e multa, prolongar a prisão temporária, deixando, sem motivo justo e excepcionalíssimo, de cumprir o alvará de soltura imediatamente após recebido ou de promover a soltura do preso quando esgotado o prazo judicial ou legal.

6. Liberdade Provisória mediante Fiança

Decorre da presunção de inocência ou de não culpabilidade explicitada no art. 5º, LVII, da CF, a necessidade de assegurar que alguém preso em flagrante delito possa aguardar as investigações policiais e o julgamento de eventual processo criminal em liberdade.

Sendo regra a vida livre e a contenção prisional exceção, somente em casos realmente extremos, excepcionais[190] por excelência, é que se poderá admitir, validamente, que a prisão cautelar vença e se imponha.

Disso resulta a necessidade e grandiosidade do instituto denominado *liberdade provisória*, que poderá materializar-se com ou sem a prestação de fiança.

É bem verdade que o surgimento da possibilidade de liberdade provisória sem fiança, cabível em relação aos crimes inafiançáveis, criou aparente situação de injustiça, apontando para uma equação na qual, nos crimes mais leves, o agente paga fiança para aguardar em liberdade, enquanto naqueles mais graves, por isso inafiançáveis, pode aguardar em liberdade sem ter que prestar qualquer garantia real; sem desembolsar nada.

190. "A prisão preventiva há de guardar sintonia com o figurino legal, porque, revelando excepcionalidade, inverte a sequência natural das coisas – apurar para, selada a culpa, prender –, considerado o princípio constitucional da não culpabilidade" (STF, HC 126.104/RS, 1ª T., rel. Min. Marco Aurélio, j. 31-5-2016, *DJe* n. 196, de 14-9-2016). "A privação cautelar da liberdade individual reveste-se de caráter excepcional, somente devendo ser decretada ou mantida em situações de absoluta necessidade" (STF, HC 133.244 AgR/SP, 2ª T., rel. Min. Celso de Mello, j. 15-3-2016, *DJe* n. 065, de 8-4-2016).

Essa situação foi em parte superada com as modificações introduzidas pela Lei n. 12.403/2011, que ampliou consideravelmente as hipóteses de cabimento de fiança, e também em face da possibilidade de liberdade provisória cumulada com a cautelar restritiva denominada fiança, disposta no art. 319, VIII, do CPP, conforme veremos em tópico específico.

Urge se proceda a uma profunda revisão do sistema normativo, de modo a tornar afiançáveis todos os crimes e reservar a liberdade provisória sem fiança apenas para os casos de comprovada hipossuficiência econômico-financeira do autuado. Este é o sistema que reputamos ideal, com vistas a eliminar, sob o enfoque tratado, toda e qualquer possibilidade de distorção na aplicação do instituto libertário de que ora se cuida.

6.1. Liberdade provisória como gênero

Ao tratarmos do tema *liberdade provisória*, é preciso não confundir gênero com espécie.

Liberdade provisória, em sentido amplo, é o gênero, do qual extraímos as espécies: *1º)* liberdade provisória com fiança, e, *2º)* liberdade provisória sem fiança.

Não é outra a interpretação que se extrai do art. 5º, LXVI, da CF, quando diz que: "ninguém será levado à prisão ou nela mantido, quando a lei admitir a liberdade provisória, com ou sem fiança".

Não foi por razão diversa, aliás, que a Lei n. 6.416/77 introduziu um parágrafo único no art. 310 do CPP. A ideia foi exatamente permitir a liberdade provisória, sem fiança, para aqueles casos de crimes inafiançáveis.

A distinção está clara, inquestionavelmente delineada, e, por conta disso, até há pouco tempo a discussão era meramente acadêmica, não divergindo a esse respeito os manuais.

Sempre se admitiu que, depois de efetivada a prisão em flagrante, não sendo caso de relaxamento, decretação de prisão preventiva ou concessão de liberdade provisória mediante fiança, era possível a concessão de liberdade provisória sem fiança.

A Constituição Federal, por seu turno, dispõe no art. 5º, XLII, XLIII e XLIV, a respeito da inafiançabilidade de determinados crimes, mas isso não implica dizer que esses mesmos crimes não comportam liberdade provisória sem fiança.[191]

191. "(...) a mera inafiançabilidade do delito (CF, art. 5º, XLIII) não impede a concessão da liberdade provisória; sua vedação apriorística é incompatível com os princípios constitucionais da presunção de inocência e do devido processo legal, bem assim com o mandamento constitucional que exige a fundamentação para todo e qualquer tipo de prisão" (STF, HC 114.092/SC, 2ª T., rel. Min. Teori Zavascki, j. 12-3-2013, *DJe* n. 057, de 26-3-2013). *No mesmo sentido*: STF, HC 104.339/SP, Tribunal Pleno, rel. Min. Gilmar Mendes, j. 10-5-2012, *DJe* n. 239, de 6-12-2012; STF, HC 121.181 AgR/SP, 1ª T., rel. Min. Luiz Fux, j. 22-4-2014, *DJe* n. 090, de 13-5-2014; STF, HC 114.029/SP, 2ª T., rel. Min. Ricardo Lewandowski, j. 18-12-2012, *DJe* n. 035, de 22-2-2013.

Bem por isso a enfática afirmação de Pacelli no sentido de que "a inafiançabilidade não pode e não deve – considerados os princípios da presunção de inocência, da dignidade da pessoa humana, da ampla defesa e do devido processo legal – constituir causa impeditiva da liberdade provisória".[192]

6.2. Conceito

A fiança aqui tratada, espécie ligada ao gênero liberdade provisória, é uma garantia real que se presta como contracautela de escorreita prisão em flagrante levada a efeito, com a finalidade de ver restituída a liberdade do autuado e para que assim permaneça durante o transcurso da investigação policial e de eventual processo criminal relacionados ao delito que se lhe imputa.

Pode ser efetivada mediante pagamento em dinheiro ou entrega de bens e valores.

Na dicção do art. 330 do CPP, a fiança consistirá em depósito de dinheiro, pedras, objetos ou metais preciosos, título da dívida pública, federal, estadual ou municipal, ou em hipoteca inscrita em primeiro lugar.

O conceito de *fiança libertadora* ou *liberadora* aqui apresentado não se confunde com aquele emprestado à *fiança restritiva* que está listada entre as medidas cautelares diversas da prisão, no art. 319, VIII, do CPP.

6.3. Natureza jurídica

É modalidade de garantia real; espécie do gênero caução, e constitui direito subjetivo constitucionalmente assegurado.

Oportuno observar, com apoio em Maria Helena Diniz, que "a garantia real apresenta-se como um direito acessório, uma vez que sua existência só se compreende se houver uma relação jurídica obrigacional, cujo adimplemento assegura".[193]

Há que se enfatizar a necessária distinção que se deve fazer entre a fiança liberadora ou libertadora, que se presta após prisão em flagrante, e aquela que pode ser imposta como medida cautelar, regulada no art. 319, VIII, do CPP, que implica restrição ou ônus, embora algumas vezes se apresente como alternativa à prisão preventiva. Em relação à fiança na modalidade de medida cautelar restritiva, não é correto entender constitua direito subjetivo do indiciado ou réu.

Enquanto uma restitui a *liberdade* de quem fora preso em flagrante e só pode ser manuseada até o momento do art. 310 do CPP, a outra significa *restrição*, e poderá ser imposta em qualquer fase da investigação ou do processo.

---

192. Eugênio Pacelli, *Curso de processo penal*, 21. ed., São Paulo, Atlas, 2017, p. 614.
193. *Código Civil anotado*, 11. ed., São Paulo, Saraiva, 2005, p. 1.136.

6.4. Finalidade

A finalidade da fiança é permitir que alguém aguarde as investigações policiais e o curso de eventual processo criminal em liberdade, daí a definição: liberdade provisória, mediante fiança. Necessário anotar, entretanto, que, a rigor, *provisória* será sempre a prisão[194] – seja ela fundada em que título for – e a liberdade será sempre definitiva.

Mas não é só.

Também se presta à garantia do pagamento das custas do processo acaso existentes; eventual indenização do dano causado com o delito, se o réu for condenado, bem como pagamento da pena de prestação pecuniária ou da pena de multa, quando impostas.

6.5. Cabimento

A apuração das hipóteses de cabimento de fiança impõe se estabeleça raciocínio de exclusão.

É dizer: para se chegar às hipóteses em que cabível, é preciso antes conhecer as vedações.

Onde não for vedada, será permitida a fiança, e as vedações estão expressas na legislação.

Portanto, onde não há vedação legal, admite-se fiança.

6.5.1. Inafiançabilidade por determinação constitucional

Nos precisos termos do art. 5º, XLII, XLIII e XLIV, da CF:

> XLII – a prática do racismo constitui crime inafiançável e imprescritível, sujeito à pena de reclusão, nos termos da lei;
>
> XLIII – a lei considerará crimes inafiançáveis e insuscetíveis de graça ou anistia a prática da tortura, o tráfico ilícito de entorpecentes e drogas afins,[195] o terrorismo e os definidos como crimes hediondos, por eles respondendo os mandantes, os executores e os que, podendo evitá-los, se omitirem;
>
> XLIV – constitui crime inafiançável e imprescritível a ação de grupos armados, civis ou militares, contra a ordem constitucional e o Estado Democrático.

---

194. O art. 5º, XLVII, *b*, da CF, veda a privação da liberdade em caráter perpétuo.

195. O Plenário do Supremo Tribunal Federal, no HC 104.339/SP (rel. Min. Gilmar Mendes, *DJe* de 6-12-2012), "declarou a inconstitucionalidade da vedação à liberdade provisória prevista no art. 44, *caput*, da Lei n. 11.343/2006. Entendeu-se que *(a)* a mera inafiançabilidade do delito (CF, art. 5º, XLIII) não impede a concessão da liberdade provisória; *(b)* sua vedação apriorística é incompatível com os princípios constitucionais da presunção de inocência e do devido processo legal, bem assim com o mandamento constitucional que exige a fundamentação para todo e qualquer tipo de prisão" (STF, HC 114.092/SC, 2ª T., rel. Min. Teori Zavascki, j. 12-3-2013, *DJe* n. 057, de 26-3-2013).

São essas as hipóteses de inafiançabilidade por imperativo constitucional, e o catálogo dos crimes bem demonstra a necessidade de tratamento penal mais rigoroso para casos tais.

Ocorre, entretanto, que, embora não seja possível liberdade provisória mediante fiança para os crimes apontados, poderá ser concedida liberdade provisória sem fiança, salvo se presentes os requisitos da prisão preventiva,[196] que então deverá ser decretada.

Isso demonstra, sem dúvida, que o correto e mais justo seria alterar o instituto da liberdade provisória e passar a permitir fiança para todos os casos – salvo quando presentes os requisitos da prisão preventiva –, alcançando assim os crimes mais graves, dentre os quais se destacam os hediondos e assemelhados.

Pela nossa proposta, só seria possível a liberdade provisória sem fiança nos casos de comprovada hipossuficiência econômico-financeira. Para todos os demais, fiança.

6.5.2. Inafiançabilidade conforme as regras do CPP

As hipóteses que não comportam fiança, segundo o CPP, estão listadas nos arts. 323 e 324.

Vejamos.

> Art. 323. Não será concedida fiança:
>
> I – nos crimes de racismo;
>
> II – nos crimes de tortura, tráfico ilícito de entorpecentes e drogas afins, terrorismo e nos definidos como crimes hediondos;
>
> III – nos crimes cometidos por grupos armados, civis ou militares, contra a ordem constitucional e o Estado Democrático;
>
> IV – (*revogado*);
>
> V – (*revogado*).

O art. 323, I, II e III, do CPP relaciona as mesmas proibições contidas na Constituição Federal, art. 5º, XLII, XLIII e XLIV, na exata mesma ordem.

Sobre os crimes de racismo, consultar as Leis n. 7.716/89 e 9.459/97.

A Lei n. 9.455/97 define os crimes de tortura.

O tráfico de drogas é tratado na Lei n. 11.343/2006.

Crimes de terrorismo estão tipificados na Lei n. 13.260/2016.

Dos crimes hediondos cuida a Lei n. 8.072/90.

A Lei n. 7.170/83 disciplina os crimes contra a segurança nacional, a ordem política e social.

---

196. STF, HC 121.181 AgR/SP, 1ª T., rel. Min. Luiz Fux, j. 22-4-2014, *DJe* n. 090, de 13-5-2014.

Com a reformulação do inciso I do art. 323, deixou de ter sentido a Súmula 81 do STJ, com o seguinte teor: "Não se concede fiança quando, em concurso material, a soma das penas mínimas cominadas for superior a dois anos de reclusão" (*DJ* de 29-6-1993, p. 12.982).

Art. 324. Não será, igualmente, concedida fiança:

I – aos que, no mesmo processo, tiverem quebrado fiança anteriormente concedida ou infringido, sem motivo justo, qualquer das obrigações a que se referem os arts. 327 e 328 deste Código;

II – em caso de prisão civil ou militar;

III – (*revogado*);

IV – quando presentes os motivos que autorizam a decretação da prisão preventiva (art. 312).

A teor do art. 324, não será arbitrada uma segunda fiança no mesmo processo àquele que dela se mostrou desmerecedor, por ter ensejado o quebramento de outra anteriormente arbitrada.

A inafiançabilidade no caso de prisão civil tem visceral relação com a prisão do responsável pelo inadimplemento voluntário e inescusável de obrigação alimentícia, conforme autoriza o art. 528, § 3º, do CPC/2015, lastreado no art. 5º, LXVII, da CF.

Dada a natureza constritiva da prisão civil, não teria sentido algum permitir a fiança, que nesse caso seria até imoral.

É bem verdade que o dispositivo constitucional citado faz referência à prisão por dívida de alimentos e à prisão do depositário infiel. De ver, entretanto, que o STF já aboliu do ordenamento essa modalidade de prisão por dívida ao editar a Súmula Vinculante 25, que tem o seguinte teor: "É ilícita a prisão civil de depositário infiel, qualquer que seja a modalidade do depósito".[197]

A inafiançabilidade da prisão militar decorre de sua própria natureza e fundamento, considerada a regulamentação específica da matéria.

Também não será *concedida* fiança quando presentes os motivos que autorizam a decretação da prisão preventiva, e aqui as razões são óbvias, pois, se é caso de manter preso o agente, não teria sentido algum liberá-lo mediante fiança para em seguida decretar sua prisão preventiva.

6.6. Quem pode postular

A fiança pode ser postulada pelo próprio preso ou alguém por ele, diretamente ou por meio de defensor, sendo esta a hipótese mais comum.

197. A Súmula 419 do STJ tem o seguinte enunciado: "Descabe a prisão civil do depositário judicial infiel".

Também o Ministério Público pode, e deve, quando cabível, postular a liberdade provisória do investigado mediante fiança.

6.7. Quem pode arbitrar

O termo "*conceder* fiança" já era utilizado desde o início da vigência do CPP e foi mantido nos arts. 322, 323, 324, 325 etc., mesmo com o advento da Lei n. 12.403/2011.

Quer nos parecer, todavia, que a autoridade não *concede* fiança, mas *reconhece o direito* a que alguém preste esse tipo de caução. Direito previsto na Constituição Federal, a propósito.

De forma mais objetiva, preferimos dizer que a autoridade policial *arbitra* a fiança, cujo valor também deverá estipular.

O art. 325 do CPP diz que o valor da fiança será fixado pela autoridade que a conceder.

Que autoridade é essa a que a lei se refere?

Autoridade policial e judiciária.

Ambas poderão arbitrar fiança, *ex officio* ou em razão de provocação, conforme segue.

6.7.1. A autoridade policial

Efetuada a prisão em flagrante, após a lavratura do respectivo auto a autoridade policial que o presidiu poderá reconhecer o direito do agente à obtenção da liberdade provisória mediante fiança.

Só é possível pensar na possibilidade de arbitramento de fiança em sede de repartição policial em se tratando de prisão em flagrante.

Nesse tema, a Lei n. 12.403/2011 ampliou consideravelmente as hipóteses, pois na redação antiga do art. 322 a autoridade policial somente poderia *conceder* fiança nos casos de infração punida com detenção ou prisão simples.

Nos dias que correm, poderá *conceder* fiança nos casos de infração cuja pena privativa de liberdade máxima não seja superior a quatro anos. Entenda-se: quatro inclusive.

Nas hipóteses de concurso de crimes – arts. 69, 70 e 71 do CP –, as repercussões nas penas cominadas deverão ser observadas.

Assim, nos moldes do que dispunha a fulminada Súmula 81 do STJ,[198] a autoridade policial não poderá arbitrar fiança quando, em *concurso material* (CP, art. 69), a soma das penas mínimas cominadas for superior a quatro anos.

Ocorrendo *concurso formal*, a pena máxima cominada ao crime mais grave deve ser aumentada de metade (máximo permitido no art. 70 do CP). Se o total superar o limite de 4 (quatro) anos, a autoridade policial não poderá arbitrar fiança.

198. "Não se concede fiança quando, em concurso material, a soma das penas mínimas cominadas for superior a dois anos de reclusão" (*DJ* de 29-6-1993, p. 12.982).

Se a hipótese evidenciar *crime continuado*, a pena máxima cominada ao crime mais grave – se diversos – deve ser aumentada de 2/3 (máximo permitido no art. 71, *caput*, do CP). De igual maneira, se ultrapassada a barreira dos 4 (quatro) anos, a autoridade policial não poderá arbitrar fiança.

As *qualificadoras* também devem ser consideradas para efeito de apurar a alçada da autoridade policial. De tal sorte, o que se deve levar em conta é a correta adequação típica da conduta.

Com vistas a apurar a maior pena abstratamente cominada, também as *causas de aumento e diminuição de pena* repercutem na delimitação da alçada policial. Na primeira hipótese, a pena máxima cominada ao delito deve sofrer o aumento máximo previsto. Na segunda, a pena máxima cominada sofrerá a diminuição mínima.

Na hipótese de crime tentado, observada a pena máxima cominada, aplica-se a menor redução permitida no art. 14, II, do CP: 1/3 (um terço).

As circunstâncias agravantes (CP, arts. 61 e 62) e as atenuantes (CP, arts. 65 e 66) não devem ser levadas em conta para fins de delimitação da alçada da autoridade policial no arbitramento de fiança.

A partir da Lei n. 12.403/2011, a autoridade policial passou a ter atribuições para tratar de fiança nos crimes punidos com reclusão, algo que antes não ocorria.

É salutar a alteração do art. 322, visto que em relação aos delitos com pena cominada até quatro anos, em caso de condenação, poderá ocorrer imposição de penas restritivas de direitos (art. 44 do CP), não sendo razoável, tampouco proporcional, manter preso, ainda que brevemente, quem poderá, se condenado for, não ficar um único dia na prisão.

De ver, ainda, a possibilidade de suspensão condicional do processo (Lei n. 9.099/95, art. 89) a quem, por exemplo, for preso em flagrante por furto simples, dentre outros delitos que integram a rotina das repartições policiais, o que também justifica seja desde logo colocado em liberdade mediante fiança, imediatamente após a lavratura do auto de prisão em flagrante.

Por força do disposto no art. 325, I, do CPP, na fixação do valor da fiança a autoridade policial deverá observar os parâmetros mínimo e máximo, de um a cem salários mínimos.

6.7.2. O juiz

Se a autoridade policial não arbitrar a fiança quando cabível, caberá ao juiz competente estabelecê-la, devendo assim proceder no momento do art. 310 do CPP, conforme decorre do art. 5º, LXVI, da CF, segundo o qual "ninguém será levado à prisão ou nela mantido, quando a lei admitir a liberdade provisória, com ou sem fiança".

Não é por outra razão que o art. 5º, LXII, da CF, manda que a prisão de qualquer pessoa e o local onde se encontre sejam comunicados imediatamente ao juiz competente.

O conhecimento imediato da prisão pelo juiz tem por objetivo eventual relaxamento, quando ilegal (CF, art. 5º, LXV), ou concessão de liberdade provisória, com ou sem fiança (CF, art. 5º, LXVI), nas hipóteses em que admitida. A própria ordem topográfica dos incisos referidos assim informa, quando nem seria preciso.

"Recusando ou retardando a autoridade policial a concessão da fiança, o preso, ou alguém por ele, poderá prestá-la, mediante simples petição, perante o juiz competente, que decidirá em 48 (quarenta e oito) horas" (CPP, art. 335).

Também caberá ao juiz a fixação da fiança naqueles casos que extrapolam a alçada da autoridade policial – pena cominada superior a quatro anos.

Apresentado o pedido, sobre ele o juiz deverá decidir em 48 horas, conforme regra contida no parágrafo único do art. 322 do CPP. Registre-se que a previsão de tal prazo evidencia uma vez mais a falta de visão sistêmica do legislador, considerando o disposto no art. 310, *caput* e III, do CPP.

Na busca conciliatória, a melhor interpretação faz concluir que, após receber o auto de prisão em flagrante (CPP, § 1º do art. 306), o juiz deverá decidir sobre as situações tratadas no art. 310 até o momento da audiência de apresentação/custódia, que deverá ocorrer dentro do prazo de 24 horas, a contar da prisão.[199]

6.7.3. Fiança junto aos tribunais

Dispõe o art. 581, V, do CPP, que caberá recurso em sentido estrito contra a decisão que conceder, negar, arbitrar, cassar ou julgar inidônea a fiança.

Importante observar, entretanto, que em sede de aplicação do art. 310 do CPP, não sendo caso de relaxamento da prisão em flagrante e negada a fiança, caberá ao juiz: *(a)* conceder liberdade provisória sem fiança, ou *(b)* decretar a prisão preventiva.

Nada obstante a literalidade do art. 581, V, a demora na apreciação de eventual recurso em sentido estrito fará impor, convenhamos, reluzente e lastimável constrangimento ilegal naquelas hipóteses em que, negada a fiança na instância inferior quando permitida a cautela, for decretada a prisão preventiva, daí a necessidade e adequação de providência mais célere, como é o caso do *habeas corpus*.

---

199. No caso de prisão em flagrante, nas 24 (vinte e quatro) horas seguintes a autoridade policial deverá providenciar a comunicação da prisão e a apresentação da pessoa presa ao juiz competente, nos moldes do que fora decidido na ADPF 347, onde consta expressamente que a audiência deve ser realizada no prazo de 24 (vinte e quatro) horas, contado do momento da prisão (STF, ADPF 347 MC/DF, Tribunal Pleno, rel. Min. Marco Aurélio, j. 9-9-2015, *DJe* n. 031, de 19-2-2016).

Nada obstante o decidido na ADPF 347, o art. 1º, *caput*, da Resolução n. 213 do CNJ, diz que a partir da comunicação da prisão começa a contagem de novo prazo de 24 (vinte e quatro) horas, dentro do qual o preso deverá ser levado à presença do juiz com vistas a participar da audiência de apresentação/custódia.

É induvidoso que, ante a colidência evidenciada, prevalece a contagem do prazo conforme fixada pela Suprema Corte.

A fixação da fiança junto aos Tribunais, portanto, poderá decorrer do provimento de eventual inconformismo contra decisão judicial de instância inferior.

Nos casos de competência originária, também poderá ser fixada fiança junto aos Tribunais, hipótese em que caberá ao relator assim proceder.

6.8. Momento da concessão

Na dicção do art. 334 do CPP, a fiança pode ser prestada em qualquer fase do inquérito ou do processo, até o trânsito em julgado da sentença penal condenatória, mas essa afirmação reclama uma reflexão mais cuidadosa, já que o art. 310 do CPP determina que, no momento do controle jurisdicional que se segue à prisão em flagrante, e tem sede de aplicação na audiência de apresentação/custódia, o juiz deverá: relaxar a prisão, se ilegal;[200] *converter* a prisão em flagrante em preventiva, quando presentes os requisitos legais e se acenar insuficiente ou inadequada a aplicação de medidas cautelares diversas da prisão; ou conceder liberdade provisória, com ou sem fiança.

Nesses termos, a fiança libertadora da prisão em flagrante, a rigor, só terá cabimento dentro do período que medeia a lavratura do auto de prisão e a materialização do art. 310 do CPP.

Exceto nos casos de provimento de recurso em sentido estrito ou concessão de *habeas corpus* por negativa do direito na instância inferior, daquele momento em diante só será correto pensar em fiança enquanto medida cautelar do art. 319, VIII, do CPP, sendo possível, nesse caso, que, mesmo depois de decretada a prisão preventiva por ocasião do art. 310, II, do CPP, reconsidere o juiz a respeito da necessidade e utilidade do encarceramento, ocasião em que poderá substituir a privação cautelar da liberdade pela medida restritiva denominada fiança.

A fiança como medida cautelar restritiva poderá ser fixada até mesmo no momento da sentença condenatória ou da decisão de pronúncia, a teor do disposto no § 1º do art. 387 e do § 3º do art. 413 do CPP, respectivamente.

6.9. Quem pode prestar fiança

O preso ou alguém por ele, conforme decorre do art. 335 do CPP, estão legitimados a prestar fiança.

A propósito, dispõe o art. 329 do CPP que, nos juízos criminais e delegacias de polícia, haverá um livro especial, com termos de abertura e de encerramento, numerado e rubricado em todas as suas folhas pela autoridade, destinado especialmente aos termos de fiança. O termo será lavrado pelo escrivão e assinado pela autoridade e por quem prestar a fiança, e dele extrair-se-á certidão para juntar-se

200. Conforme já mencionamos, por força do disposto no art. 5º, LXV, da CF, entendemos que a prisão ilegal deve ser relaxada pelo magistrado antes mesmo da audiência de apresentação/custódia.

aos autos. E arremata o parágrafo único: o investigado e quem prestar a fiança serão pelo escrivão notificados das obrigações e da sanção previstas nos arts. 327 e 328, o que constará dos autos.

6.10. Destinação da fiança

Prestada a fiança, o valor em que consistir será recolhido à repartição arrecadadora federal ou estadual, ou entregue ao depositário público, juntando-se aos autos os respectivos conhecimentos.

Nos lugares em que o depósito não se puder fazer de pronto, o valor será entregue ao escrivão ou pessoa abonada, a critério da autoridade, e dentro de três dias dar-se-á ao valor o destino, devendo tudo constar do termo de fiança, conforme disciplina o art. 331 do CPP.

O dinheiro ou objetos dados como fiança servirão ao pagamento das custas, da indenização do dano, da prestação pecuniária e da multa, se o réu for condenado, mesmo no caso de prescrição depois da sentença condenatória, na forma do art. 336 do CPP.

6.11. Obrigações do afiançado

A fiança tomada por termo obrigará o afiançado a comparecer perante a autoridade todas as vezes em que for intimado para atos do inquérito e da instrução criminal e para o julgamento.

O réu afiançado não poderá mudar de residência, sem prévia permissão da autoridade processante, ou ausentar-se por mais de oito dias de sua residência, sem comunicar àquela autoridade o lugar onde será encontrado.

A violação injustificada de qualquer das obrigações implicará *quebramento da fiança*, cujas consequências serão analisadas mais adiante.

6.12. Valor da fiança

Para determinar o valor da fiança, a autoridade policial ou judiciária levará em consideração a natureza da infração; as condições pessoais de fortuna e vida pregressa do investigado ou acusado, as circunstâncias indicativas de sua periculosidade, bem como a importância provável das custas do processo, até final julgamento (CPP, art. 326).

A Lei n. 12.403/2011 alterou consideravelmente as regras para fixação do valor da fiança.

Atualmente são apenas dois os parâmetros, dispostos nos incisos I e II do art. 325, a saber:

1º) de um a cem salários mínimos, quando se tratar de infração cuja pena privativa de liberdade, no grau máximo, não for superior a quatro anos;

2º) de dez a duzentos salários mínimos, quando o máximo da pena privativa de liberdade cominada for superior a quatro anos.

Esses valores poderão sofrer modificações, para menor ou para maior, podendo, ainda, em último caso, ser dispensado o pagamento integral da fiança arbitrada, sempre que assim recomendar a situação econômica do investigado ou acusado.

Nesses termos é que a fiança poderá ser: ***dispensada***, na forma do art. 350 do CPP; ***reduzida*** até o máximo de 2/3; ou, ***aumentada*** em até mil vezes.

Nos dias que correm, o valor mínimo da fiança será de um salário mínimo reduzido até o máximo de 2/3. Já o valor máximo poderá chegar até duzentos mil salários mínimos.

Conforme a redação antiga do art. 325 do CPP, a redução era no mesmo patamar de agora, mas o aumento permitido era no máximo até o décuplo, salvo nos casos de prisão em flagrante pela prática de crime contra a economia popular ou de sonegação fiscal, quando então havia regras particulares, conforme dispunha o § 2º, II, também do art. 325, expressamente revogados pelo art. 4º da Lei n. 12.403/2011.

Como se vê, foram ampliadas as hipóteses de cabimento de liberdade provisória mediante fiança e também os seus valores. Tudo de forma a revigorar o instituto que sempre esteve em péssimas condições de regulamentação jurídica e, bem por isso, amesquinhado na realidade prática, inclusive em decorrência da possibilidade de liberdade provisória sem fiança, conforme trataremos em tópico distinto.

6.13. Extinção da fiança

A *fiança* será considerada extinta quando for julgada: ***quebrada***, ***perdida***, ***cassada*** ou ***sem efeito***.

6.13.1. Fiança quebrada

A quebra da fiança decorre do descumprimento de condição imposta.

Antes da Lei n. 12.403/2011, conforme o art. 341 do CPP, considerava-se quebrada a fiança quando o réu, legalmente intimado para ato *do processo*, deixasse de comparecer, sem provar, incontinenti, motivo justo, ou quando, na vigência da fiança, praticasse outra *infração penal*.

Como se vê, na regulamentação passada bastava o desatendimento a um chamado judicial para o processo criminal ou a prática de nova infração penal, de qualquer natureza – crime ou contravenção, dolosa ou culposa –, para que a fiança fosse julgada quebrada.

Havia excessivo rigor, até certo ponto injustificado, especialmente em relação à possibilidade de quebra em razão da prática de infração penal de natureza culposa.

A atual regulamentação das hipóteses de quebramento é mais acertada e restritiva, embora não esteja longe de merecer crítica.

Nos precisos termos do novo art. 341 do CPP, julgar-se-á quebrada a fiança quando o acusado: "I – regularmente intimado para ato do processo, deixar de comparecer, sem motivo justo; II – deliberadamente praticar ato de obstrução ao andamento do processo; III – descumprir medida cautelar imposta cumulativamente com a fiança; IV – resistir injustificadamente a ordem judicial; V – praticar nova infração penal dolosa".

De início é preciso anotar que, embora o art. 341, *caput*, refira-se ao *acusado*, as hipóteses de quebramento não estão vinculadas tão somente à fase judicial, alcançando também a fase de investigação policial – fase de inquérito, conforme veremos adiante.

A *primeira hipótese* está relacionada com o descaso do *acusado* em relação ao *andamento do processo.*

Refere-se exclusivamente à fase *processual*, e não à fase preliminar, de investigação.

Somente o descaso injustificado é que poderá implicar quebramento de fiança. Portanto, não é correto deduzir o abandono a partir de qualquer comportamento, devendo, antes da decisão judicial a respeito, proceder-se à intimação do afiançado para que apresente justificativa, caso não se tenha antecipado a fazê-lo. Após, deverá ser providenciada a abertura de vista dos autos ao Ministério Público, a fim de que se manifeste previamente à decisão judicial que em seguida será proferida.

De ver, entretanto, que nos precisos termos do art. 327 do CPP, cuja redação não foi alcançada pela Lei n. 12.403/2011, a fiança tomada por termo obrigará o afiançado a comparecer perante a autoridade todas as vezes em que for intimado para atos do inquérito e da instrução criminal e para o julgamento.

Como se vê, o descaso injustificado para com o inquérito ou o processo, por um ou outro fundamento legal, poderá levar à quebra da fiança.

A *segunda hipótese* de quebramento trata de situação em que o afiançado deliberadamente praticar ato de obstrução ao andamento *do processo*.

Mais uma vez a referência ao *andamento do processo*, de modo a restringir o alcance da situação regulada.

Ocorrerá obstrução deliberada ao andamento do processo, por exemplo, quando o afiançado criar algum empecilho à realização de determinado exame pericial imprescindível ou à colheita de prova oral; arrolar testemunha "de antecedentes" com endereço em localidade distante e inacessível, bem como substituí-la por outra em igual situação geográfica, de forma a evidenciar condenável chicana processual;

contratar e destituir defensor, repetidas e seguidas vezes, visando a morosidade da marcha procedimental etc.

O art. 328 do CPP, que não foi modificado pela Lei n. 12.403/2011, tem relação com a situação tratada, na medida em que também determina o quebramento da fiança se o réu afiançado mudar de residência, sem prévia permissão da autoridade processante, ou ausentar-se por mais de oito dias de sua residência, sem comunicar àquela autoridade o lugar onde será encontrado.

A *terceira hipótese* de quebramento consiste no descumprimento de medida cautelar imposta cumulativamente com a fiança, o que poderá ocorrer tanto na fase de inquérito quanto na fase do processo criminal.

Calha aqui relembrar que o descumprimento injustificado de cautelar restritiva autoriza a decretação de prisão preventiva, nos moldes preconizados no § 1º do art. 312 do CPP.

As medidas cautelares diversas da prisão encontram-se listadas nos arts. 319 e 320 do CPP.

A *quarta hipótese* – resistir injustificadamente a ordem judicial – pode ser verificada tanto na fase de inquérito quanto na fase de processo. Expedida a ordem judicial, seja ela para que finalidade for, seu descumprimento injustificado resultará em quebramento da fiança.

A *quinta hipótese*, última dentre as listadas no art. 341, refere-se à prática de *nova infração penal dolosa*.

Adotada no Direito Penal brasileiro a classificação bipartida, por infração penal entenda-se: crime ou contravenção, e aqui, segundo pensamos, há exagero praticado pelo legislador.

Essa hipótese de quebramento deveria referir-se apenas à prática de *crime doloso*, de maneira a não alcançar as contravenções.

De qualquer forma, já houve alguma evolução em relação ao sistema anterior, em que a prática de *infração penal culposa* permitia o quebramento.

6.13.1.1. Consequências do quebramento

O quebramento da fiança não acarreta, por si, o recolhimento ao cárcere. Não implica a expedição de mandado de prisão, o que autoriza dizer que não há prisão por quebra de fiança.

O quebramento importará, entretanto, na perda de metade do seu valor, cabendo ao juiz decidir sobre a imposição de outras medidas cautelares dentre aquelas reguladas nos arts. 319 e 320 do CPP, ou, *se for o caso*, a decretação da prisão preventiva.

Conforme o art. 324, I, do CPP, não será arbitrada nova fiança aos que, no mesmo processo, tiverem quebrado fiança anteriormente concedida ou infringido, sem motivo justo, qualquer das obrigações a que se referem os arts. 327 e 328 do mesmo *Codex*.

No caso de quebramento de fiança, deduzidas as custas e demais encargos a que o acusado estiver obrigado, o valor restante será recolhido ao fundo penitenciário, na forma da lei (CPP, art. 346).

6.13.2. Fiança perdida

A fiança perdida está ligada à fuga constatada após o trânsito em julgado de sentença penal condenatória.

Entender-se-á perdido, na totalidade, o valor da fiança, se, condenado, o acusado não se apresentar para o início do cumprimento da pena definitivamente imposta (CPP, art. 344).

No caso de perda da fiança, deduzidas as custas e demais encargos a que o condenado estiver obrigado, seu valor será recolhido ao fundo penitenciário.

6.13.3. Fiança cassada

A fiança que se reconheça não ser cabível na espécie será cassada em qualquer fase do processo (CPP, art. 338).

Imagine-se hipótese em que, logo após a lavratura do auto de prisão em flagrante por crime de tráfico de drogas na sua forma fundamental, a autoridade policial que presidiu o ato arbitrar fiança, e o autuado, por ter pago, for colocado em liberdade.

Nesse caso, diante da evidente violação ao disposto nos arts. 323, II, do CPP, e 5º, XLIII, da CF, a fiança deverá ser cassada pelo juiz competente.

Caso tenha sido arbitrada de forma equivocada em juízo, poderá ser cassada pelo tribunal em sede de recurso em sentido estrito que deverá ser interposto pelo Ministério Público (CPP, art. 581, V).

Será também cassada a fiança quando reconhecida a existência de delito inafiançável, no caso de *inovação* na classificação do delito (CPP, art. 339).

Essa outra hipótese trata de situação em que inicialmente mostrou-se cabível a fiança em razão da interpretação dada ao fato, e por isso foi arbitrada e prestada, mas depois, por força de *nova* capitulação jurídica que se impôs sobre o mesmo fato, deixou de ser.[201]

É o que ocorrerá, por exemplo, se o delegado de polícia arbitrar fiança por conduta que entenda configurar injúria racial, mas depois, no curso do processo, ficar apurado que na verdade ocorreu crime de racismo, para o qual a concessão de fiança está proibida por disposição expressa do art. 5º, XLII, da CF, e do art. 323, I, do CPP.

201. Na primeira hipótese, a fiança não era cabível desde o início; na segunda, ela era cabível, mas depois deixou de ser, em razão de nova capitulação jurídica do fato.

Cassada a fiança, seu valor será atualizado e devolvido integralmente a quem a tenha prestado.

6.13.4. Fiança sem efeito

Fiança sem efeito é a fiança que não foi reforçada.

Pode ocorrer, em alguns casos, de a fiança ser mesmo cabível, e por isso acertado o arbitramento levado a efeito pela autoridade policial ou judiciária, mas depois, em razão das situações listadas no art. 340 do CPP, ser necessário se proceda à complementação de seu valor.

Nesses casos, ao contrário do que ocorre com a fiança cassada, ela será cabível desde o início, e continuará sendo, mesmo que ocorra nova interpretação jurídica do fato.

As hipóteses previstas são as seguintes: I – quando a autoridade tomar, por engano, fiança insuficiente; II – quando houver depreciação material ou perecimento dos bens hipotecados ou caucionados, ou depreciação dos metais ou pedras preciosas; III – quando for inovada a classificação do delito.

Na fixação do valor da fiança, a autoridade deverá levar em consideração a natureza da infração, as condições pessoais de fortuna e vida pregressa do investigado ou acusado, as circunstâncias indicativas de sua periculosidade, bem como a importância provável das custas do processo, até final julgamento (CPP, art. 326).

Fixadas tais premissas, não fica difícil imaginar a necessidade de reforço da fiança por força de uma posterior reavaliação das variantes atreladas aos incisos I e III do art. 340.

No que tange ao inciso II do art. 340, o reforço se mostrará necessário não em razão da conduta, de nova capitulação ou circunstâncias de caráter pessoal, mas pela depreciação do bem dado em garantia.

Dispõe o parágrafo único do art. 340 que "a fiança ficará sem efeito e o réu será recolhido à prisão, quando, na conformidade deste artigo, não for reforçada", mas sobre esse retorno à prisão, que entendemos impossível, trataremos em tópico específico, mais à frente.

Se a fiança for declarada sem efeito, o valor que a constituir, atualizado, será restituído sem desconto a quem a tenha prestado.

6.14. Sentença no processo de conhecimento

6.14.1. Absolvição

Se passar em julgado sentença que houver absolvido o acusado ou declarado extinta a ação penal, salvo, nesse caso, se tiver ocorrido prescrição da pretensão executória, o valor da fiança, atualizado, será restituído sem desconto, conforme determina o art. 337 do CPP.

6.14.2. Condenação

O dinheiro ou objetos dados como fiança servirão ao pagamento das custas, da indenização do dano, da prestação pecuniária e da multa, se o réu for condenado.

Feitas as destinações apontadas, na medida em que cabíveis, se houver saldo remanescente o valor deverá ser atualizado e devolvido a quem prestou a fiança.

6.15. Fiança dispensada

Fiança dispensada é aquela que, embora cabível e por isso arbitrada, não pode ser prestada em razão da situação de pobreza do agente, que então deverá receber liberdade provisória na forma do art. 350 do CPP.

Nessa hipótese, sobre a impossibilidade de vinculação do agente às obrigações dos arts. 327 e 328 do CPP, consultar nossos comentários lançados um pouco mais adiante, no item "A questão da vinculação da liberdade provisória sem fiança".

6.16. Fiança reduzida e fiança aumentada

Nos precisos termos do art. 325, § 1º, II e III, do CPP, respectivamente, se assim recomendar a situação econômica do preso, a fiança poderá ser: *reduzida* até o máximo de 2/3, ou *aumentada* em até mil vezes.

6.17. Fiança restaurada ou restabelecida

A fiança cassada poderá eventualmente ser *restaurada* ou *restabelecida* em razão de provimento a recurso em sentido estrito interposto contra a decisão (CPP, art. 581, V).

6.18. O Ministério Público e a fiança

Se fixada pela autoridade policial por ocasião da lavratura do auto de prisão em flagrante, após a comunicação da prisão o Ministério Público deverá manifestar-se a respeito.

Bem, mas se já foi arbitrada e prestada fiança, o que restará ao Ministério Público fazer?

Analisando o caso concreto, poderá requerer, por exemplo, reforço (art. 340) ou cassação (art. 338) da fiança, bem como a imposição cumulativa de medidas cautelares restritivas (arts. 319 e 320).

Se fixada em juízo, diz o art. 333 do CPP que, depois de prestada a fiança, o Ministério Público terá vista dos autos a fim de requerer o que julgar conveniente.

Necessário observar, entretanto, que em sede de audiência de apresentação/custódia, que deverá ser realizada após a prisão em flagrante, com a presença do preso em juízo, a manifestação do Ministério Público deverá ser colhida antes do pronunciamento judicial que irá deliberar sobre o cabimento de fiança, na hipótese, à luz do disposto no art. 310 do CPP.

Concedida fiança, o Ministério Público poderá se insurgir quanto ao cabimento ou mesmo em relação ao valor arbitrado.

Dispõe o art. 348 do CPP que, nos casos em que a fiança tiver sido prestada por meio de hipoteca, a execução será promovida no juízo cível pelo órgão do Ministério Público.

6.19. Extinção da fiança libertadora e impossibilidade de retorno à prisão

Questão de suma importância é saber se a extinção da fiança pode ensejar o retorno do agente ao cárcere.

Na vigência da regulamentação anterior à Lei n. 12.403/2011, sempre se praticou a volta do afiançado à prisão quando quebrada a fiança; julgada sem efeito ou cassada, situação com a qual jamais concordamos.

Havia previsão expressa determinando o retorno à prisão na hipótese de *fiança quebrada*, conforme dizia o art. 343 do CPP, mas este artigo foi reformulado com a Lei n. 12.403/2011, e hoje não mais contempla tal consequência.

Com relação à *fiança sem efeito*, o parágrafo único do art. 340 do CPP diz que, se assim for declarada pelo juiz, o agente será recolhido à prisão.

Como se vê, mais um lamentável equívoco do legislador, que andou bem no que diz à atual redação do art. 343, mas não adotou a mesma postura no tocante ao art. 340, quando deveria e era de esperar, inclusive com vistas à necessária harmonia sistêmica em relação a esse tema.

Se aplicada a lei como está, quando o afiançado *descumprir as obrigações assumidas*, a fiança será quebrada e ele não voltará para o cárcere, mas se deixar de *complementar o valor* da fiança que inicialmente pagou conforme exigido, aí sim, retornará para detrás das grades.

Há bom senso nisso?

Claro que não. A proposta da lei é imoral, irrazoável, desproporcional, desinteligente e injusta.

O certo é que em hipótese alguma o afiançado deverá retornar para a prisão, e já era assim mesmo antes da reforma imposta pela Lei n. 12.403/2011, isso por força do disposto no art. 5º, LXVI, da CF, segundo o qual ninguém será *levado à prisão* ou nela mantido, quando a lei admitir a *liberdade provisória*, com ou *sem fiança*, mas é preciso reconhecer que na prática judiciária, com apoio da doutrina, a situação sempre foi tratada de maneira diversa.

Com efeito, ainda que se tenha por quebrada, insuficiente ou cassada a fiança, se não estiverem presentes os requisitos da prisão preventiva o agente não poderá *ser levado à prisão.*

Ainda que se queira argumentar com a literalidade do parágrafo único do art. 340 do CPP, será preciso reconhecer que, no mesmo despacho que decidir pela fiança sem efeito, o magistrado deverá conceder liberdade provisória, sem fiança, pois não é razoável imaginar que a ausência de reforço do valor da fiança seja causa impeditiva à liberdade provisória mais ampla (sem fiança), cujo dever de observância decorre de imperativo constitucional.

Em reforço ao alegado, imagine-se a seguinte hipótese: "Tibúrcio", preso em flagrante, pagou fiança e foi colocado em liberdade. Posteriormente, a fiança foi julgada sem efeito e apenas por isso ele retornou à prisão. Estando preso, e ausentes os requisitos da prisão preventiva, o que poderia impedir sua liberdade provisória sem fiança?

Nem se queira dizer que as hipóteses de quebramento, cassação ou fiança sem efeito, por si, legitimam a decretação da prisão preventiva. É óbvio que não. Se houver alguma dúvida quanto a isso, basta analisar o que escrevemos a respeito da necessidade de fundamentação concreta da decisão que decreta prisão preventiva.

Note-se, ainda, que, em casos tais, a liberdade provisória poderá ser concedida cumulativamente com medida cautelar restritiva, cujo descumprimento injustificado autoriza decretação de prisão preventiva.

6.19.1. Implicações da extinção

Se a fiança for julgada *quebrada, sem efeito* ou *cassada*, deverá o magistrado decidir sobre a imposição de medidas cautelares restritivas, diversas da prisão, conforme catalogadas nos arts. 319 e 320 do CPP, que somente não serão aplicadas, isolada ou cumulativamente, se a situação revelar insuficientes e inadequadas, hipótese em que poderá ser decretada a prisão preventiva, se presentes os requisitos legais.

6.20. Reação defensiva

Cabe recurso em sentido estrito, com fundamento no art. 581, V, do CPP, contra a decisão que *conceder*, *negar*, *arbitrar*, *cassar* ou *julgar inidônea* a fiança.

Nos casos em que se fizer evidente o constrangimento ilegal, especialmente por força de decisão que negar, cassar ou julgar inidônea a fiança, será mais eficaz e apropriado o manejo do *habeas corpus*, com fundamento no art. 5º, LXVIII, da CF, c.c. os arts. 647 e 648 do CPP, desde que não seja necessário revolver profundo exame do material cognitivo.

7. Liberdade Provisória sem Fiança

Há quem entenda que, a partir da vigência da Lei n. 12.403/2011, o instituto da liberdade provisória sem fiança passou a ter reduzido espaço *de tempo* e campo de incidência para sua utilização.

A bem da verdade, na regulamentação anterior das medidas cautelares, no que tange à forma e momento de se obter liberdade provisória sem fiança, as regras eram exatamente as mesmas, contudo rotineiramente malferidas e, por isso, fonte de reiteradas situações de constrangimento ilegal, o que por certo empolgou o legislador ordinário a ser mais específico, enfático mesmo, quanto à imperiosidade de se apurar, desde o primeiro momento possível, a necessidade, ou não, da permanência no cárcere daquele que tenha sido preso em flagrante.

É possível dizer isso porque a liberdade provisória é instituto visceralmente ligado à prisão em flagrante, não sendo aplicável em relação a quem se encontre preso por força de prisão temporária ou preventiva.

Não se presta, portanto, como contracautela em relação a qualquer outra forma de prisão provisória.

Como veremos, a liberdade provisória sem fiança não perdeu sua relevância no cenário democrático; não teve amesquinhada ou diminuída sua importância dentro do sistema de garantias constitucionalmente adotado. Ao contrário, tornou-se instrumento de maior amplitude libertária.

Calha anotar, por oportuno, que não há lógica e proporcionalidade no sistema em que, para os crimes mais brandos, se concede liberdade provisória mediante fiança, e para os crimes mais graves – por isso inafiançáveis nos comandos constitucionais e infraconstitucionais – se permite a liberdade pura, sem fiança, como hoje ocorre.

Segundo já anotamos, visando a corrigir essa grave distorção, deveria o ordenamento jurídico ser ajustado de forma linear, para passar a permitir liberdade provisória mediante fiança, independentemente da natureza da infração penal – salvo quando presentes os requisitos da prisão preventiva –, restando a liberdade provisória sem fiança apenas para os casos de comprovada hipossuficiência econômico-financeira do agente.

7.1. Liberdade provisória sem fiança como garantia constitucional

Decorre do princípio da presunção de inocência, albergado no art. 5º, LVII, da CF, a necessidade de se estabelecer também como garantia constitucional que "ninguém será levado à prisão ou nela mantido, quando a lei admitir a liberdade provisória, com ou sem fiança", conforme se vê no art. 5º, LXVI, da CF.

A rigor, *toda e qualquer prisão*, independentemente de seu fundamento, será sempre provisória, visto que no Brasil não há possibilidade jurídica de prisão perpétua e a liberdade é a regra constitucional.

Disso decorre que provisória será sempre a prisão, e não a liberdade, daí por que o correto é dizer que o investigado poderá aguardar os rituais do inquérito ou do processo **em liberdade, com ou sem o pagamento de fiança** (e não em liberdade *provisória*), mas na doutrina convencionou-se adotar o *nomem juris* liberdade provisória para o instituto que estamos a tratar, e nessa linha nos manteremos.

Diz-se liberdade *provisória* porque poderá ser revogada a qualquer tempo, se identificada situação que legitime a decretação de prisão preventiva, e mesmo em razão da possibilidade de futura condenação que resulte em prisão, ou de absolvição, que nesse caso a *tornará* definitiva, do que decorre sua limitação no tempo e no espaço e sua provisoriedade em relação à situação jurídica a que momentaneamente se entrelaça.

Falava-se, antes da Lei n. 12.403/2011, em liberdade provisória, *vinculada*, sem fiança, mas sob a égide da atual regulamentação normativa ela deixou de ser *vinculada* ou *precária* como era antes, quando então o investigado ou acusado ficava obrigado ao comparecimento a todos os atos e termos do processo, sob pena de revogação, conforme veremos no tópico em que trataremos exclusivamente da ausência de "vinculação" nessa modalidade de liberdade provisória.

É dita "sem fiança" porque, nesse caso, não se exige qualquer caução para que a liberdade seja restituída, o que é bastante evidente, pois, se cabível fiança, nesses termos e sob a força de tal regulamentação é que a liberdade será concedida, conforme já analisamos.

7.2. Conceito

A efetivação de prisão em flagrante que não comporte relaxamento constitui pressuposto para o manuseio do instrumento jurídico denominado liberdade provisória.

A liberdade provisória é uma contracautela cabível após prisão em flagrante revestida de legalidade, que tem por objetivo restituir à vida livre aquele contra quem não se faz justificada a decretação de prisão preventiva.

Nesses termos, conforme concebida, em sua forma básica e original, a fruição da liberdade provisória não está condicionada ou vinculada à satisfação de qualquer obrigação (nem mesmo de comparecimento aos atos do processo), mas eventualmente *poderá* o juiz, se entender cabível, no ato de concessão impor uma ou mais dentre as medidas cautelares diversas da prisão alinhadas nos arts. 319 e 320, observados os critérios do art. 282, todos do CPP.

Muito embora o § 1º do art. 310 e também o art. 350, ambos do Código de Ritos, acenem para a possibilidade de liberdade provisória, sem fiança, mediante condições de permanência, disso não se retira autorização para concluir continue a liberdade provisória a ser *vinculada* após a Lei n. 12.403/2011, até porque a redação daqueles dispositivos está equivocada, em dissonância com o art. 321 do mesmo *Codex*, conforme veremos.

Na sua forma mais pura, a liberdade provisória é e sempre será incondicionada; desvinculada.

7.3. Natureza jurídica

É medida cautelar de natureza jurisdicional, liberatória ou permissiva, que tem por escopo a liberdade física de quem fora legalmente preso em flagrante delito.

7.4. Quem pode postular

Qualquer pessoa pode postular, em nome próprio, sua liberdade provisória, mas o usual é que ocorra por iniciativa de Defensor, entenda-se: advogado ou Defensor Público.

Também o Ministério Público tem legitimidade para postular concessão de liberdade provisória, embora na prática esse proceder, infelizmente, seja pouco usual, e até por isso adequado lembrar que à Instituição incumbe a defesa da ordem jurídica, do regime democrático e dos interesses sociais e individuais indisponíveis, bem como zelar pelos direitos assegurados na Constituição Federal.

7.5. Quem pode conceder

Somente o juiz competente é que pode conceder liberdade provisória sem fiança.

Pode, e deve, ser concedida *ex officio*, sempre que recomendada, inclusive por força de interpretação sistêmica.

Após a prisão em flagrante e sua formal comunicação, em sede de audiência de apresentação/custódia o juiz deverá relaxar a prisão, conceder liberdade provisória ou decretar a prisão preventiva (CPP, art. 310), e o juiz somente negará liberdade provisória quando entender ser caso de prisão preventiva, que então deverá decretar.

Depois de decretada, o juiz poderá revogar a prisão preventiva se, no curso da persecução penal, verificar a falta de motivo para que subsista, tal como dispõe o art. 316, *caput*, primeira parte, do CPP. Nesse caso, concederá liberdade provisória nos moldes do art. 321 do *Codex*.

Podem os Tribunais conceder liberdade provisória sem fiança?

Claro que sim.

A liberdade provisória pós-flagrante também poderá ser concedida por tribunal nos casos que envolvam competência originária, quando ocorrer prisão em flagrante, claro.

Decretada a prisão preventiva por juiz ou tribunal, a liberdade poderá ser alcançada em Instância Superior por força de relaxamento[202] da prisão preventiva

202. Art. 5º, LXV, da CF: "a prisão ilegal será imediatamente relaxada pela autoridade judiciária".

(quando ilegal a decretação) ou de sua revogação[203] (quando não mais presentes os requisitos que outrora autorizaram a decretação).

7.6. Momento da concessão

Diz o art. 5º, LXI, da CF, que "ninguém será levado à prisão ou nela mantido quando a lei admitir a liberdade provisória, com ou sem fiança".

A possibilidade jurídica de alguém sofrer restrições à sua liberdade por força de prisão em flagrante sempre esteve restrita e delimitada no tempo, até porque *constitui exceção da exceção*, na exata medida em que a liberdade é a regra e a exceção é a prisão mediante ordem prévia, escrita e fundamentada de autoridade judiciária, sendo a prisão em flagrante exceção a esta última exceção. Nunca pode ultrapassar o lapso temporal que medeia entre a prisão-captura e sua primeira apreciação pelo juiz competente.

Comunicada a prisão em flagrante ao juiz, na audiência de apresentação/custódia, depois de colhida a manifestação do Ministério Público e da defesa a respeito, não sendo caso de relaxamento do flagrante ou decretação da prisão preventiva, de imediato deverá ser concedida liberdade provisória, com ou sem fiança, conforme o caso.

Sobre outros momentos para concessão, para evitar o enfaro da repetição, sugerimos ao estimado leitor consultar as reflexões lançadas no tópico anterior.

7.7. Regulamentação do CPP

O instituto da liberdade provisória, que é de envergadura constitucional, conta com regulamentação específica no CPP, conforme seus arts. 310, III, §§ 1º e 2º; 321 e 350, que devem ser analisados em conjunto com o art. 282.

7.7.1. Art. 310 do CPP

> Art. 310. Ao receber o auto de prisão em flagrante, o juiz deverá fundamentadamente:
>
> I – relaxar a prisão ilegal; ou
>
> II – converter a prisão em flagrante em preventiva, quando presentes os requisitos constantes do art. 312 deste Código, e se revelarem inadequadas ou insuficientes as medidas cautelares diversas da prisão; ou
>
> III – conceder liberdade provisória, com ou sem fiança.
>
> § 1º. Se o juiz verificar, pelo auto de prisão em flagrante, que o agente praticou o fato em qualquer das condições constantes dos incisos I, II ou III do *caput* do art. 23 do Decreto-Lei

---

203. O art. 316 do CPP fala da possibilidade de *revogação* da prisão preventiva quando se verificar a falta de motivo para que subsista. É inegável, portanto, a diferença que há entre *relaxamento* (CF, art. 5º, LXV) e *revogação*.

n. 2.848, de 7 de dezembro de 1940 – Código Penal, poderá, fundamentadamente, conceder ao acusado liberdade provisória, mediante termo de comparecimento obrigatório a todos os atos processuais, sob pena de revogação.

§ 2º Se o juiz verificar que o agente é reincidente ou que integra organização criminosa armada ou milícia, ou que porta arma de fogo de uso restrito, deverá denegar a liberdade provisória, com ou sem medidas cautelares.

(...)

Efetuada e formalizada a prisão em flagrante, em vinte e quatro horas após a realização da prisão deverá ser encaminhada ao juiz competente cópia do respectivo auto, e o preso deverá ser levado a participar de audiência de apresentação/custódia,[204] que se desenvolverá conforme os rituais estabelecidos, sobre os quais já discorremos oportunamente.

Nessa audiência, após as manifestações previstas, o juiz deverá proferir decisão com observância ao disposto no art. 310, lembrando que a adoção de uma dentre as opções exclui automaticamente a incidência das demais, da maneira que segue:

1º) relaxar a prisão em flagrante, se ilegal (CF, art. 5º, LXV);

2º) conceder liberdade provisória, com ou sem fiança (CF, art. 5º, LXVI), podendo ainda impor, ou não, medida(s) cautelar(es) dos arts. 319 e 320 do CPP, isolada ou cumulativamente;

3º) converter a prisão em flagrante em preventiva (CPP, art. 312).

A liberdade provisória, com ou sem fiança, é modalidade de medida cautelar liberatória, e por isso submetida às regras do art. 282 do CPP, no que couber.

Se interpretássemos ao pé da letra o disposto no § 2º do art. 282 do CPP, não poderia o juiz conceder liberdade provisória *ex officio*, no curso da investigação criminal, o que representaria um verdadeiro absurdo, especialmente em face do que dispõe o art. 5º, LXVI, da CF, e isso reforça a certeza de que o art. 282 não foi devidamente pensado, refletido, tampouco concebido para a totalidade das medidas cautelares previstas no Título IX do Livro I do CPP, ao contrário do que anuncia seu *caput*.

As medidas listadas nos arts. 319 e 320 do CPP, que podem ser impostas com a liberdade provisória já na ocasião do art. 310, obviamente também são medidas cautelares, mas, pela letra do § 2º do art. 282, e observada a natureza restritiva de que se encontram impregnadas, não poderão ser fixadas *ex officio* nesse momento.

---

204. "Estão obrigados juízes e tribunais, observados os arts. 9.3 do Pacto dos Direitos Civis e Políticos e 7.5 da Convenção Interamericana de Direitos Humanos, a realizarem, em até noventa dias, audiências de custódia, viabilizando o comparecimento do preso perante a autoridade judiciária no prazo máximo de 24 horas, contado do momento da prisão" (STF, ADPF 347 MC/DF, Tribunal Pleno, rel. Min. Marco Aurélio, j. 9-9-2015, *DJe* n. 031, de 19-2-2016).

Note-se a ausência de visão sistêmica do legislador nesse tema, pois o art. 321, *caput*, do CPP, dispõe que: "Ausentes os requisitos que autorizam a decretação da prisão preventiva, o juiz deverá conceder liberdade provisória, impondo, se for o caso, as medidas cautelares previstas no art. 319 deste Código e observados os critérios constantes do art. 282 deste Código".

Disso se extrai que, por ocasião do art. 310 do CPP:

1º) o juiz não só pode, como deve, relaxar a prisão ilegal *ex officio;*

2º) o juiz não só pode, como deve, conceder liberdade provisória, com ou sem fiança, *ex officio;*

3º) o juiz não pode decretar medida cautelar diversa da prisão (CPP, arts. 319 e 320) *ex officio* no ato de concessão da liberdade provisória e então só poderá fazê-lo se contar com provocação nesse sentido, devendo observar, nesse caso, o disposto no § 3º do art. 282;

4º) o juiz não pode converter a prisão em flagrante em prisão preventiva, *ex officio*, e só poderá fazê-lo se contar com provocação nesse sentido, devendo observar, nesse caso, o disposto no § 3º do art. 282, no que couber.

7.7.1.1. Sobre o § 1º do art. 310 do CPP

Dispõe o § 1º sobre a possibilidade de se conceder liberdade provisória quando o juiz verificar, de plano, que o agente praticou a conduta em qualquer das condições regradas nos incisos I a III do art. 23 do CP, ou seja: estado de necessidade; legítima defesa; estrito cumprimento de dever legal ou no exercício regular de direito.

Nessas circunstâncias, como diz o *caput* do art. 23, *não há crime*; sendo assim, se *não há crime* não é possível manter alguém preso em razão de conduta que não é punida na lei penal. Nesses casos, faltará *fumus boni juris* ou *fumus commissi delicti* para a manutenção da prisão.

É lamentável, entretanto, não tenha o legislador *aproveitado* as oportunidades das Leis n. 12.403/2011 e 13.964/2019 para corrigir o que já vem errado há décadas.

Conforme visto, o art. 23 do CP diz que *não há crime* nas hipóteses mencionadas em seus incisos, e sendo assim, se já é possível verificar que não há crime, o correto não é a liberdade provisória, mas o relaxamento da prisão, porquanto ilegal o aprisionamento cautelar em face de conduta que se afigura lícita perante o ordenamento, ainda que depois se possa provar o contrário no curso das investigações que se seguirem.

Note-se que reconhecer, já no momento do controle jurisdicional desenvolvido por ocasião do art. 310 do CPP, a possibilidade de a conduta estar acobertada por uma das causas de exclusão da antijuridicidade não implica o sepultamento das apurações policiais.

Desimporta para a continuidade das investigações se a decisão judicial é concessiva de relaxamento da prisão ou de liberdade provisória. Em qualquer caso, o curso investigatório deverá seguir até o final do inquérito.

Por outro lado, sendo hipótese de relaxamento, o agente não ficará exposto à possibilidade de aplicação de medidas cautelares restritivas, como ocorre com a liberdade provisória.

Note-se, por fim, que a aferição das escusativas de ilicitude do art. 23 do CP, de plano, já no momento do art. 310 do CPP, é deveras difícil e temerária, daí por que na maioria das vezes sempre foi evitada e continuará sendo, preferindo o Ministério Público e os juízes a opção pela alternativa que envolve conhecimento e fundamentação menos complexa e arriscada, que é a liberdade provisória tratada no art. 321 do CPP.

Em resumo, a redação do § 1º do art. 310 do CPP é duplamente equivocada: *primeiro* porque a hipótese não é de liberdade provisória, mas de relaxamento; *segundo* porque, ainda que fosse correto falar em liberdade provisória na hipótese tratada, não há falar em vinculação – obrigatoriedade de comparecimento a todos os atos do processo, sob pena de revogação –, conforme veremos mais adiante de maneira particularizada.

7.7.1.2. Sobre o § 2º do art. 310 do CPP

Já afirmamos em outro momento, mas reputamos produtivo e oportuno enfatizar que, de longa data, **o sistema jurídico nacional não mais acolhe** a prisão preventiva obrigatória, que melhor se afeiçoa ao Brasil da era totalitária.[205] Desde seu desaparecimento, até a vigência da Lei n. 13.964/2019, não se impôs qualquer retrocesso nesse tema.

Ocorre que no atual § 2º do art. 310 se cometeu o grave erro de fazer constar a seguinte redação: "Se o juiz verificar que o agente é reincidente ou que integra organização criminosa armada ou milícia, ou que porta arma de fogo de uso restrito, deverá denegar a liberdade provisória, com ou sem medidas cautelares".

Nos termos em que se encontra grafada a regra, qualquer que seja o delito pelo qual se encontre preso em flagrante, não será concedida liberdade provisória ao autuado: *1*) reincidente; 2) que integrar organização criminosa armada; 3) que integrar milícia; ou, 4) *que porta* arma de fogo de uso restrito.

Além da péssima qualidade técnica da redação, que entre outros defeitos inaceitáveis nem mesmo diz se a reincidência a que se refere é em crime doloso ou culposo, em crime hediondo etc., a inconstitucionalidade da norma é de clareza solar.

205. Em sua redação original, o art. 312 do CPP estava assim grafado: "A prisão preventiva será decretada nos crimes a que for cominada pena de reclusão por tempo, no máximo, igual ou superior a dez anos".

Não se nega liberdade provisória e se mantém alguém preso *por força de flagrante* para além do momento em que ocorre a audiência de apresentação.

Negar a liberdade provisória implica ter que decretar a prisão preventiva ou a temporária. Não há alternativa jurídica diversa.

O que o legislador fez foi tentar restabelecer a inconcebível e odiosa prisão preventiva automática, incompatível com o ambiente democrático dos dias que fluem.

Nas últimas décadas, especialmente após a Lei n. 8.072/90 (Lei dos Crimes Hediondos), e em tempos mais recentes ao tratar do art. 44 da Lei n. 11.343/2006 (Lei de Drogas), todas as vezes que o legislador introduziu no ordenamento algum dispositivo proibindo, *ex lege*, a liberdade provisória, cedo ou tarde o Plenário do Supremo Tribunal Federal terminou por reconhecer sua inconstitucionalidade, tal como procedeu por ocasião do julgamento do HC n. 104.339/SP, ocorrido em 10 de maio de 2012, de que foi relator o Ministro Gilmar Mendes (*DJe* n. 239, de 6-12-2012).

O § 2º do art. 310 do CPP está maculado de flagrante e insuperável inconstitucionalidade, posto que afronta e fere princípios básicos informadores do processo penal democrático. A vedação *a priori* que nele se contém vulnera os princípios da presunção de inocência, do livre convencimento do juiz, da ampla defesa, do devido processo legal e da necessidade de fundamentação empírica das decisões judiciais.

7.7.2. Art. 321 do CPP

> Art. 321. Ausentes os requisitos que autorizam a decretação da prisão preventiva, o juiz deverá conceder liberdade provisória, impondo, se for o caso, as medidas cautelares previstas no art. 319 deste Código e observados os critérios constantes do art. 282 deste Código.

Sempre que não estiverem presentes os requisitos da prisão preventiva, não sendo caso de relaxamento da prisão, o agente preso em flagrante terá direito à liberdade provisória. Em casos tais, não sendo cabível fiança, deverá obter liberdade provisória sem fiança.

A regra é lógica e até óbvia, pois, se estão presentes os requisitos da prisão preventiva, o agente deve ser preso ou assim permanecer.

Não tem sentido imaginar que alguém preso em flagrante deva ser beneficiado com a liberdade provisória para em seguida ver contra si decretada a prisão preventiva, no mesmo despacho.

É claro que, eventualmente – e não raras vezes isso acontece –, o preso em flagrante obtém liberdade provisória e depois de algum tempo, em razão de conduta posterior, evidencia-se a necessidade de sua prisão preventiva.

Nessas circunstâncias, as medidas cautelares – liberatória e privativa de liberdade, respectivamente – estarão sendo tratadas em tempos distintos, com razões e fundamentos diversos. Nenhum problema, portanto.

O que não se pode admitir (e a lei não admite), por absoluta ilogicidade, é conceder a liberdade provisória a quem no momento da concessão já se sabe deva permanecer preso porque presentes os requisitos da prisão preventiva.

A presença dos requisitos que autorizam a decretação da prisão preventiva constitui questão prejudicial à liberdade provisória, com ou sem fiança.

Ademais, não basta que o juiz negue a liberdade provisória a quem está preso em flagrante, sob o fundamento da presença dos requisitos da prisão preventiva. É imprescindível seja *decretada* a prisão preventiva, ou, na letra da lei, a prisão em flagrante deve ser *convertida* em preventiva para que se legitime a continuidade da custódia, sob novo título.

Sendo cabível a liberdade provisória sem fiança, na decisão que a conceder o magistrado *poderá* fixar medida cautelar restritiva, uma ou mais dentre as indicadas nos arts. 319 e 320 do CPP, caso a providência se afigure *necessária e adequada*. É preciso não perder de vista, todavia, que o § 2º do art. 282 do CPP[206] impõe proibição expressa à fixação de tais medidas *ex officio* na fase de investigação.

7.7.3. Art. 350 do CPP

> Art. 350. Nos casos em que couber fiança, o juiz, verificando a situação econômica do preso, poderá conceder-lhe liberdade provisória, sujeitando-o às obrigações constantes dos arts. 327 e 328 deste Código e a outras medidas cautelares, se for o caso.

Na hipótese tratada, o agente é preso em flagrante regular (aquele que não comporta relaxamento), é cabível e arbitrada fiança, mas sua situação de pobreza não permite seja prestada a caução para que aguarde em liberdade a investigação criminal e eventual ação penal.

Nada mais razoável que nesses casos se conceda a liberdade provisória sem fiança, afastando a possibilidade de *prisão cautelar por força de pobreza*.

De ver, entretanto, que o manuseio do art. 350 do CPP só estará justificado se, diante do caso concreto, nem mesmo a redução do valor da fiança permitir seja ela eficazmente prestada, por decorrência da hipossuficiência econômico-financeira.

Se, ao contrário, for possível o pagamento de valor menor, deverá ser ajustado às condições de fortuna do agente.

---

206. O art. 321 diz expressamente que na eventual aplicação de qualquer das medidas cautelares restritivas deverão ser observados os critérios constantes do art. 282 do CPP. Um dos critérios para aplicação está disposto exatamente no § 2º do citado artigo, onde encontramos a proibição para a providência judicial *ex officio* na fase de investigação.

Concedida liberdade provisória com fundamento no art. 350 do CPP, pela letra da lei ficará o beneficiado sujeito às obrigações anotadas nos arts. 327 e 328 do CPP (comparecimento perante a autoridade, todas as vezes que for intimado para atos do inquérito e da instrução criminal e para o julgamento; não mudar de residência, sem prévia permissão da autoridade processante, ou ausentar-se por mais de oito dias de sua residência, sem comunicar àquela autoridade o lugar onde será encontrado), e o descumprimento injustificado de qualquer dessas condições fará retornar o agente ao *status quo ante*, mas esse regramento não resiste a uma análise sistêmica do CPP, tampouco aos olhos da Constituição Federal, conforme trataremos de expor no item que segue.

7.8. A questão da vinculação da liberdade provisória sem fiança

7.8.1. A vinculação da liberdade provisória conforme o CPP

Falava-se, antes da Lei n. 12.403/2011, em liberdade provisória *vinculada*, sem fiança, estando a ideia de *vinculação* atrelada à necessidade de cumprimento de certas obrigações ou condições a que ficava *vinculado* o liberado, sendo o descumprimento causa eficiente de revogação do benefício e determinante do retorno ao cárcere, na visão da maioria.

Nas situações em que praticada, o fundamento jurídico da vinculação era extraído do art. 310, *caput*, do CPP, onde constava que nas hipóteses de estado de necessidade, legítima defesa, estrito cumprimento de dever legal ou no exercício regular de direito, o juiz, depois de ouvir o Ministério Público, deveria **conceder liberdade provisória, mediante termo de comparecimento a todos os atos do processo, sob pena de revogação**.

De contornos mais amplos, o parágrafo único do art. 310 do CPP determinava que o juiz deveria adotar igual procedimento àquele do *caput*, quando verificasse, pelo auto de prisão em flagrante, a inocorrência de qualquer das hipóteses autorizadoras da prisão preventiva.

Portanto, por força das circunstâncias do *caput*, ou do parágrafo único, ambos do art. 310 do CPP (na redação antiga), a liberdade provisória sempre seria concedida mediante a obrigação de atender a certas condições, pena de revogação do benefício. Era, portanto, vinculada.

Também o art. 350 do CPP dispunha, e continua dispondo, mesmo após sofrer mudança em sua redação, a respeito de condições que vinculam a liberdade provisória, sem fiança, nas situações tratadas.

Mas a sistemática exposta no CPP após a Lei n. 12.403/2011 e mantida com a Lei n. 13.964/2019 é diversa, embora capenga a regulamentação, que carece de coerência entre os dispositivos.

Vejamos se não.

O art. 310, III, indica que se não for caso de relaxamento da prisão, ou de decretação da prisão preventiva, deverá o magistrado conceder liberdade provisória, com ou sem fiança, podendo ser cumulada ou não com medida cautelar diversa da prisão (CPP, art. 321), *se for caso*.

Esse dispositivo não faz qualquer referência à imposição de obrigações a que deva estar sujeito o agente enquanto em liberdade. Não vincula, portanto, a permanência da liberdade provisória sem fiança a qualquer causa superveniente.

Já o atual § 1º do art. 310 trata da liberdade provisória aos que praticarem a conduta, em tese e *a priori*, acobertados por causa de exclusão da ilicitude, quando então a liberdade provisória deverá ser concedida mediante termo de comparecimento obrigatório a todos os atos do processo, sob pena de revogação. Vinculada, portanto.

Dir-se-á que o art. 310, III, apenas anuncia ou indica a necessidade de assim proceder o magistrado, diante da situação de fato identificada, devendo a questão da vinculação ou não da liberdade provisória ser retirada de dispositivo diverso, onde se encontre especificamente regulada a matéria.

Pois bem.

De forma central, a liberdade provisória está regulada no art. 321, que tem a seguinte redação:

> Art. 321. Ausentes os requisitos que autorizam a decretação da prisão preventiva, o juiz deverá conceder liberdade provisória, impondo, se for o caso, as medidas cautelares previstas no art. 319 deste Código e observados os critérios constantes do art. 282 deste Código.

Alguma vinculação por força exclusiva da liberdade provisória?

Claro que não.

Como dito no início deste título e agora reiteramos, conforme concebida, em sua forma básica e original, a liberdade provisória sem fiança não está condicionada ou vinculada à satisfação de qualquer obrigação (nem mesmo ao comparecimento aos atos do processo), mas *eventualmente poderá o juiz, se entender cabível*, no ato de concessão impor uma ou mais dentre as medidas cautelares listadas nos arts. 319 e 320 do CPP, observados os critérios do art. 282.

Contudo, disso não se retira autorização para concluir continue a liberdade provisória sem fiança a ser *vinculada* após a vigência da Lei n. 12.403/2011.

Na sua forma mais pura, ela é e sempre será incondicionada.

Mas o que pensar a respeito do § 1º do art. 310, que condiciona a liberdade provisória ao cumprimento de obrigações nos casos que elenca, sob pena de revogação do *benefício* (que de *benefício* nada tem, pois se trata de um *direito* constitucionalmente assegurado), ou, ainda, do art. 350 do CPP, que também sujeita o pobre às condições dos arts. 327 e 328 do CPP, sob pena de revogação da liberdade provisória?

Admitir a sensatez e a valia jurídica dessas regras seria o mesmo que admitir que para a generalidade dos casos em que se conceder liberdade provisória não haverá qualquer vinculação, mas na hipótese de ser o *indivíduo pobre* ou ter praticado *conduta que aparentemente não configura ilícito penal* se imporá legitimamente condição. Na generalidade não será vinculada, mas para os casos particularizados, sim.

Vejamos as seguintes fórmulas propostas no CPP, em pleno Estado de Direito:

1ª) preso em flagrante + situação de pobreza = liberdade provisória, sem fiança, vinculada ao cumprimento de condições, sob pena de revogação;

2ª) preso em flagrante + evidente causa de exclusão da ilicitude = liberdade provisória, sem fiança, vinculada ao cumprimento de condições, sob pena de revogação;

3ª) preso em flagrante + generalidade dos casos = liberdade provisória, sem fiança, sem qualquer obrigação adicional e, portanto, sem possibilidade de revogação por descumprimento.

É claro que a aplicação cega das regras do CPP, conforme expostas, acarretaria odioso e injustificável tratamento desigual.

É inconcebível que apenas *o pobre e aquele que aparentemente não praticou crime algum* – e que deveria, a rigor e exatamente por isso, ter a prisão em flagrante relaxada – tenham suas situações agravadas em relação aos demais.

A regulamentação geral da liberdade provisória sem fiança está tratada no art. 321 do CPP, de onde se extrai que, por ocasião de sua concessão, na generalidade dos casos, não será lícito ao magistrado impor qualquer vinculação, obrigação ou condição de permanência. Poderá o juiz, todavia, na mesma decisão determinar a submissão do liberado a uma ou mais dentre as medidas cautelares dos arts. 319 e 320, observadas as regras do art. 282, todos do CPP. Mas isso é coisa bem diversa de vinculação *ex lege*.

Em síntese, seja qual for o fundamento da liberdade provisória sem fiança, não se imporá vinculação, mesmo nas hipóteses do art. 310, § 1º, ou do art. 350, ambos do CPP.

7.9. Decisão judicial sobre liberdade provisória sem fiança

7.9.1. A decisão que nega e seus fundamentos

A liberdade provisória sem fiança deve ser negada quando estiverem presentes os requisitos que autorizam a prisão preventiva, que então deverá ser decretada.

A redação do art. 321 do CPP é suficientemente clara a respeito; o problema, entretanto, decorre da interpretação que se tem dado a determinados fatos e situações, bem como à fundamentação utilizada – ou a ausência dela –, nas decisões que negam liberdade provisória e decretam prisão preventiva. Não é por outra razão que o Conselho Nacional de Justiça editou a Resolução n. 66, de 27 de janeiro de 2009, para determinar a revisão periódica dos feitos criminais com prisão cautelar decretada, e posteriormente editou a Resolução n. 213, de 15 de dezembro de 2015, instituindo a denominada audiência de custódia – que preferimos chamar de audiência de apresentação –, e dispôs sobre a obrigatoriedade de apresentação de toda pessoa presa à autoridade judicial no prazo de vinte e quatro horas, o que atende, inclusive, ao disposto no art. 7º, item 5, da Convenção Americana sobre Direitos Humanos.

Na sistemática atualmente adotada, está claro no CPP que a prisão por força do flagrante não subsistirá após o controle jurisdicional, e que a partir daí a prisão cautelar somente persistirá se for decretada a preventiva (ou a prisão temporária), ou, na letra da lei, se for convertida a prisão em flagrante em preventiva (CPP, art. 310, II).

Não basta, portanto, que o juiz negue pedido de liberdade provisória para que alguém preso em flagrante permaneça cautelarmente privado de sua liberdade. É imprescindível que o juiz decrete a prisão preventiva.

Disso surge a necessidade de fundamento real, concreto, para que a liberdade provisória seja negada, e a prisão preventiva decretada.

Tudo o que se sabe em termos de necessidade de fundamentação para a decretação da prisão preventiva vale exatamente e na mesma proporção para a necessidade de fundamentação do despacho que analisar pedido de liberdade provisória, e disso já tratamos longamente no tópico referente à prisão preventiva, para onde remetemos o leitor em busca de informações substanciosas.

O fato de ser o agente reincidente, ou mesmo portador de maus antecedentes, isoladamente, não é fundamento suficiente para negar liberdade provisória.

Também o fato de ser estrangeiro, apenas, não determina negar o benefício.

A fundamentação consistente na garantia da ordem pública deve lastrear-se na intranquilidade social causada pelo crime e/ou na demonstrada probabilidade de reiteração[207], a ponto de colocar em risco a paz social e a estabilidade das instituições democráticas.

Não se trata, evidentemente, de hipótese em que o crime tenha provocado clamor público/comoção social[208] ou despertado a atenção da mídia.

De igual forma, não se presta à fundamentação adequada a alusão a conceitos abstratos de ofensa às instituições sociais e familiares, à possibilidade de gerar uma sensação de impunidade na sociedade, à necessidade de preservação da credibilidade

207. "'A necessidade de acautelar-se o meio social ante a concreta possibilidade de reiteração criminosa' constitui motivação idônea para a decretação da custódia cautelar (HC 109.723, 1ª T., rel. Min. Luiz Fux, *DJ* de 27-6-2012). No mesmo sentido: HC 106.816, 2ª T., rel. Min. Ellen Gracie, *DJ* de 20-6-2011; HC 104.608, 1ª T., rel. Min. Ellen Gracie, *DJ* de 1º -9-2011; HC 106.702, 1ª T., rel. Min. Cármen Lúcia, *DJ* de 27-5-2011'" (STF, HC 122.104/RS, 1ª T., rel. Min. Luiz Fux, j. 6-5-2014, *DJe* n. 106, de 3-6-2014).

208. "O sentimento de desassossego da sociedade não conduz à custódia preventiva" (STF, HC 124.000/SP, 1ª T., rel. Min. Marco Aurélio, j. 1º -3-2016, *DJe* n. 119, de 10-6-2016).

do Poder Judiciário, ou a uma hipotética possibilidade de cometimento de outras infrações penais.

A gravidade abstrata do delito[209] é insuficiente para a negativa de liberdade provisória, sob pena de afronta à garantia constitucional da presunção de não culpabilidade.

É preciso, por fim, que o magistrado demonstre empiricamente a necessidade incontrastável da medida excepcional que é a prisão preventiva,[210] e a decisão judicial a esse respeito deve conter fundamentação substancial, lastreada em elementos concretos dos autos.[211]

A imprescindibilidade de adequada fundamentação das decisões judiciais exsurge clara do art. 93, IX, da CF.

O § 1º do art. 315 do CPP diz que "Não se considera fundamentada qualquer decisão judicial, seja ela interlocutória, sentença ou acórdão, que: I – limitar-se à indicação, à reprodução ou à paráfrase de ato normativo, sem explicar sua relação com a causa ou a questão decidida; II – empregar conceitos jurídicos indeterminados, sem explicar o motivo concreto de sua incidência no caso; III – invocar motivos que se prestariam a justificar qualquer outra decisão; IV – não enfrentar todos os argumentos deduzidos no processo capazes de, em tese, infirmar a conclusão adotada pelo julgador; V – limitar-se a invocar precedente ou enunciado de súmula, sem identificar seus fundamentos determinantes nem demonstrar que o caso sob julgamento se ajusta àqueles fundamentos; VI – deixar de seguir enunciado de súmula, jurisprudência ou precedente invocado pela parte, sem demonstrar a existência de distinção no caso em julgamento ou a superação do entendimento".

---

209. "A prisão preventiva pressupõe dados concretos, ligados ao acusado e à ação em que envolvido, enquadráveis no art. 312 do Código de Processo Penal, não cabendo adentrar o campo das suposições. A gravidade do crime, por si só, é elemento neutro quanto à prisão preventiva, não sendo a automaticidade agasalhada pela ordem jurídica" (STF, HC 127.729/MG, 1ª T., rel. Min. Marco Aurélio, j. 29-3-2016, *DJe* n. 184, de 31-8-2016). "Não bastam a gravidade do crime e a afirmação abstrata de que o réu oferece perigo à sociedade para justificar a imposição da prisão cautelar ou a conjectura de que, em tese, a ordem pública poderia ser abalada com a soltura do acusado" (STF, HC 136.784/SP, 2ª T., rel. Min. Ricardo Lewandowski, j. 22-11-2016, *DJe* n. 259, de 6-12-2016).

210. "A privação cautelar da liberdade individual reveste-se de caráter excepcional, somente devendo ser decretada ou mantida em situações de absoluta necessidade" (STF, HC 133.244 AgR/SP, 2ª T., rel. Min. Celso de Mello, j. 15-3-2016, *DJe* n. 065, de 8-4-2016). "A prisão preventiva há de guardar sintonia com o figurino legal, porque, revelando excepcionalidade, inverte a sequência natural das coisas – apurar para, selada a culpa, prender –, considerado o princípio constitucional da não culpabilidade" (STF, HC 126.104/RS, 1ª T., rel. Min. Marco Aurélio, j. 31-5-2016, *DJe* n. 196, de 14-9-2016).

211. "A motivação genérica e abstrata, sem elementos concretos ou base empírica idônea a amparar o decreto prisional, esbarra na jurisprudência consolidada deste Supremo Tribunal Federal, que não lhe reconhece validade. Precedentes" (STF, HC 127.962/SP, 1ª T., rel. Min. Marco Aurélio, rel. p/ o Acórdão Min. Rosa Weber, j. 29-3-2016, *DJe* n. 085, de 2-5-2016). "A jurisprudência da Corte já afirmou que 'a mera suposição, fundada em simples conjecturas, não pode autorizar a decretação da prisão cautelar de qualquer pessoa' (HC n. 115.613/SP, 2ª T., rel. Min. Celso de Mello, *DJe* de 13-8-2014)" (STF, HC 132.520/MT, 2ª T., rel. Min. Dias Toffoli, j. 31-5-2016, *DJe* n. 225, de 21-10-2016).

No Brasil parece que não basta, não é suficiente estar na Constituição Federal, daí talvez o fato de leis ordinárias e súmulas sempre se referirem à necessidade de fundamentação das decisões judiciais.

7.9.2. *A decisão que concede e seus fundamentos*

A necessidade de fundamentação da decisão judicial que concede liberdade provisória sem fiança não fica excluída pelo fato de ser concessiva de liberdade e não o contrário.

Da mesma maneira que nas demais decisões, a necessidade de fundamentação decorre do art. 93, IX, da CF.

7.10. Crimes hediondos e assemelhados

A Constituição Federal veda a *concessão de liberdade provisória* ***mediante fiança*** aos crimes de racismo, tortura, tráfico ilícito de drogas, terrorismo e aqueles definidos como hediondos, a ação de grupos armados, civis ou militares, contra a ordem constitucional e o Estado Democrático de Direito, conforme dispõe no art. 5º, XLII, XLIII e XLIV, mas não proíbe, em relação a qualquer tipo de delito, a *liberdade provisória* ***sem fiança***.

Em sua redação original, o art. 2º, II, da Lei n. 8.072/90 dispunha serem **insuscetíveis** ***de fiança e liberdade provisória*** os crimes hediondos, a prática da tortura, o tráfico ilícito de entorpecentes e drogas afins e o terrorismo.

Doutrina e jurisprudência sempre foram divergentes a respeito da validade da regra proibitiva. De um lado, havia entendimento no sentido de que a vedação estava expressa e por isso não se deveria conceder liberdade provisória, sendo dispensável a análise de outros requisitos, bastando, portanto, o enquadramento na Lei n. 8.072/90 para ficar obstada. Para outros, dentre os quais sempre estivemos, se ausentes os requisitos da decretação da prisão preventiva, era cabível a liberdade provisória, independentemente da gravidade do crime.

Com a vigência do Estatuto do Desarmamento, a discussão adquiriu novo impulso em razão do disposto em seu art. 21, que passou a considerar insuscetíveis de liberdade provisória os crimes previstos nos arts. 16, 17 e 18 daquele Estatuto.

Contra tal vedação expressa, genérica e antecipada, foi ajuizada ação direta de inconstitucionalidade, que resultou procedente, ficando reconhecida afronta aos princípios constitucionais da presunção de inocência e do devido processo legal. Na ocasião, destacou-se que "a Constituição não permite a prisão *ex lege*, sem motivação, a qual viola, ainda, os princípios da ampla defesa e do contraditório (CF, art. 5º, LV)".[212]

---

212. Renato Marcão, *Estatuto do desarmamento*, 4. ed., São Paulo, Saraiva, 2012.

Sempre nos pareceu evidente que as mesmas razões que fundamentaram a inconstitucionalidade do art. 21 do referido Estatuto eram válidas também em relação à vedação contida na Lei n. 8.072/90, mas incompreensivelmente prevaleceu no STF, por longo período, entendimento no sentido de sua conformidade com o texto constitucional.

Demorou, mas a Lei n. 11.464/2007 deu nova redação ao art. 2º da Lei n. 8.072/90, que em razão das modificações sofridas *deixou de proibir expressamente a concessão de liberdade provisória* em se tratando da prática dos crimes que menciona.

Desde então, afastada a inconstitucional vedação *ex lege*, o cabimento deverá ser analisado em cada caso concreto.

7.11. Tráfico de drogas

7.11.1. O art. 44 da Lei de Drogas

No quadro anteriormente apresentado se insere a Lei de Drogas, que em seu art. 44 passou a dispor que os crimes previstos em seus arts. 33, *caput* e § 1º, e 34 a 37 são inafiançáveis e insuscetíveis de liberdade provisória, dentre outros benefícios também expressamente vedados.[213]

Conforme sempre sustentamos, as razões que fundamentaram o reconhecimento da inconstitucionalidade do art. 21 do Estatuto do Desarmamento deveriam nortear a compreensão do tema, de modo a não deixar dúvida a respeito da inconstitucionalidade da vedação à liberdade provisória contida no art. 44 da Lei de Drogas.

Se as situações são idênticas, como realmente são e isso não se pode negar (vedação *ex lege*), não há razão lógica ou jurídica para interpretações distintas e conclusões díspares, geradoras de condenável tratamento desigual.

7.11.2. A vedação a fiança não exclui a possibilidade de liberdade provisória sem fiança

É inaceitável e incompreensível a confusão que se estendeu por muito tempo, evidenciada inclusive em inúmeros acórdãos oriundos das Cortes Superiores, entendendo que a Constituição Federal, ao dispor no art. 5º, XLIII, sobre a impossibilidade de liberdade provisória *mediante fiança* para determinados tipos de crimes, também impossibilitou a liberdade provisória *sem fiança* nesses mesmos casos.

Essa forma de enxergar o instituto contraria, aliás, o disposto no art. 5º, LXVI, da CF, onde se encontram bem delineadas as possibilidades de liberdade provisória, com ou sem fiança, como espécies que pertencem a um mesmo gênero; ramos distintos de uma mesma árvore libertária.

---

213. RENATO MARCÃO, *Tóxicos*, 11. ed., São Paulo, Saraiva, 2017.

Fato é que esse entendimento estranho, *data venia*, grassou junto aos tribunais, majoritariamente.

A inafiançabilidade, por si só – disse com acerto o então Ministro EROS GRAU –, "não pode e não deve constituir-se em causa impeditiva da liberdade provisória. Não há antinomia na Constituição do Brasil. Se a regra nela estabelecida, bem assim na legislação infraconstitucional, é a liberdade, sendo a prisão a exceção, existiria conflito de normas se o art. 5º, XLII, estabelecesse expressamente, além das restrições nele contidas, vedação à liberdade provisória. Nessa hipótese, o conflito dar-se-ia, sem dúvida, com os princípios da dignidade da pessoa humana, da presunção de inocência, da ampla defesa e do devido processo legal".[214]

7.11.3. Declaração de inconstitucionalidade da vedação

Embora com razoável demora, o Plenário do Supremo Tribunal Federal, no julgamento do HC 104.339/SP (rel. Min. Gilmar Mendes, j. 10-5-2012, *DJe* n. 239, de 6-12-2012), "declarou a inconstitucionalidade da vedação à liberdade provisória prevista no art. 44, *caput*, da Lei n. 11.343/2006. Entendeu-se que (*a*) a mera inafiançabilidade do delito (CF, art. 5º, XLIII) não impede a concessão da liberdade provisória; (*b*) sua vedação apriorística é incompatível com os princípios constitucionais da presunção de inocência e do devido processo legal, bem assim com o mandamento constitucional que exige a fundamentação para todo e qualquer tipo de prisão".[215]

A gravidade do fato e a presumível periculosidade do agente não são elidentes do princípio da presunção de inocência. Inexistindo os requisitos autorizadores da custódia preventiva, deve ser concedida a liberdade provisória.

Na linha do que já afirmamos em outras ocasiões,[216] ao se permitir a liberdade provisória e condenar pela inconstitucionalidade toda e qualquer vedação *ex lege* ao benefício, não se está a homenagear a criminalidade, tampouco aqueles que a patrocinam.

É preciso admitir que "há traficantes e traficantes".

O que se busca, em verdade, é a plenitude do irrenunciável Estado Democrático de Direito e a efetividade das garantias constitucionais alcançadas ao longo dos tempos.

Busca-se restaurar a presunção de inocência, a dignidade da pessoa humana, o devido processo legal, a ampla defesa e o contraditório, rotineira e impunemente violados.

Com tal proceder, renovam-se os votos de confiança na Magistratura brasileira, acreditando na capacidade de discernimento na avaliação que deve ser feita por seus

214. STF, HC 97.579/MT, 2ª T., rel. Min. Ellen Gracie, rel. para o Acórdão Min. Eros Grau, j. 2-2-2010, *DJe* n. 86, de 14-5-2010.

215. STF, HC 114.092/SC, 2ª T., rel. Min. Teori Zavascki, j. 12-3-2013, *DJe* n. 057, de 26-3-2013.

216. RENATO MARCÃO, *Tóxicos*, 11. ed., São Paulo, Saraiva, 2017.

ilustrados integrantes, caso a caso, na apreciação da possibilidade, ou não, de se conceder a liberdade provisória.

Em última análise, busca-se a tratativa do humano pelo humano no enfrentamento de questões individuais que cada caso traz, sem olvidar do valor *Liberdade*. Não se olvidando, ainda, que "não haverá liberdade sempre que as leis permitirem que o homem deixe de ser pessoa e se torne coisa".[217]

7.12. Crimes contra a economia popular e de sonegação fiscal

Dispunha o § 2º do art. 325 do CPP que, nos casos de prisão em flagrante pela prática de crime contra a economia popular ou de crime de sonegação fiscal, não se aplicava o disposto no art. 310 e parágrafo único do CPP, e a liberdade provisória somente poderia ser concedida mediante fiança, por decisão do juiz competente, após a lavratura do auto de prisão em flagrante.

A previsão foi introduzida no CPP pela Lei n. 8.035/90, e segundo pensamos era inconstitucional.

A discussão, entretanto, deixou de ser relevante, já que o art. 4º da Lei n. 12.403/2011 revogou expressamente o § 2º, e seus incisos I, II e III, do art. 325 do CPP.

7.13. Revogação da liberdade provisória sem fiança

Embora não seja possível vincular ou condicionar a liberdade provisória sem fiança ao cumprimento de certas obrigações, é cabível pensar na sua revogação, contudo, apenas no caso de decretação de prisão preventiva, absolvição ou condenação definitiva, com trânsito em julgado, e isso não autoriza afirmar que houve enfraquecimento do sistema de proteção social contra condutas *desviantes*.

Praticado pelo agente qualquer daqueles comportamentos que para muitos autorizavam no passado a revogação da liberdade provisória e o retorno ao cárcere, caberá verificar se é caso, ou não, de aplicar uma ou mais dentre as medidas cautelares anotadas nos arts. 319 e 320 do CPP.

Dependendo da gravidade do que se fizer ou deixar de fazer, poderá ser aplicada apenas uma inicialmente, mas, se acaso se revelar insuficiente ou ocorrer novo comportamento que justifique, outra ou outras poderão ser aplicadas, em substituição ou cumulativamente.

Igual procedimento se verificará quando no gozo da liberdade provisória já estiver o agente submetido a outra medida restritiva, hipótese em que outras poderão ser fixadas, se demonstrada a necessidade, utilidade, razoabilidade e proporcionalidade da providência, sendo certo que o descumprimento injustificado de tais

217. Cesare Beccaria, *Dos delitos e das penas*, 3. ed., São Paulo, Revista dos Tribunais, 2006.

medidas poderá levar à decretação de prisão preventiva, conforme autoriza o § 1º do art. 312 do CPP.

Nada impede, entretanto, que, estando presentes os requisitos legais, seja a prisão preventiva a qualquer tempo decretada, independentemente da prévia imposição de cautelares restritivas, mas é preciso reforçar que essa providência extrema somente poderá ser determinada quando não for cabível outra medida cautelar (CPP, § 6º do art. 282).

Esse sistema gradativo de resposta estatal é eficiente e condiz com a Constituição Federal, onde a liberdade exala como valor supremo a se preservar, e a prisão, providência de *ultima ratio*.

8. Medidas Cautelares Restritivas Diversas da Prisão

A possibilidade de aplicação de medidas cautelares diversas da prisão já havia sido objeto de aceno quando a Lei n. 11.689/2008 reformulou o processo dos crimes de competência do Tribunal do Júri, na medida em que o § 3º do art. 413 do CPP passou a dispor que, por ocasião da decisão de pronúncia, o juiz deverá decidir, "motivadamente, no caso de manutenção, revogação ou substituição da prisão ou medida restritiva de liberdade anteriormente decretada e, tratando-se de acusado solto, sobre a necessidade da decretação da prisão ou imposição de quaisquer das medidas previstas no Título IX do Livro I deste Código".

Igual abordagem, aliás, também decorreu da Lei n. 11.719/2008, que, dentre outras alterações, deu um parágrafo[218] ao art. 387 do CPP com a seguinte redação: "O juiz decidirá, fundamentadamente, sobre a manutenção ou, se for o caso, imposição de prisão preventiva ou de outra medida cautelar, sem prejuízo do conhecimento da apelação que vier a ser interposta".

Consultávamos o Título IX do Livro I do CPP, e lá não encontrávamos qualquer previsão relacionada às medidas cautelares cogitadas, mas a partir da vigência da Lei n. 12.403/2011 esse quadro mudou completamente, e o CPP passou a contar com regulamentação específica a respeito da matéria.[219]

Essas novas medidas cautelares, diversas da prisão, podem ser chamadas de *medidas cautelares restritivas*, muito embora a medida de internação seja, de fato, privativa da liberdade.

Também é possível denominá-las *medidas cautelares alternativas*. Nesse caso, apenas por se apresentarem como opções; variantes dispostas na lei. Não é possível

218. A Lei n. 11.719/2008 criou um parágrafo único, que foi transformado em § 1º pela Lei n. 12.736/2012.

219. "Em nosso sistema, notadamente a partir da Lei 12.403/2011, que deu nova redação ao art. 319 do Código de Processo Penal, o juiz tem não só o poder, mas o dever de substituir a prisão cautelar por outras medidas sempre que essas se revestirem de aptidão processual semelhante" (STF, HC 132.233/PR, 2ª T., rel. Min. Teori Zavascki, j. 26-4-2016, *DJe* n. 101, de 18-5-2016).

pensá-las simplesmente como *alternativas à prisão*, ao contrário do que ocorre com as penas alternativas, pois embora algumas vezes possam ser utilizadas com vistas a evitar a decretação de prisão preventiva, em boa parte das vezes não.

Eventual referência ao designativo – *medidas cautelares alternativas* –, portanto, só poderá ser compreendida como acertada se entendida a expressão em sentido amplo.

8.1. Previsão legal

O art. 282 do CPP anuncia a existência de medidas cautelares pessoais que estão tratadas no Título IX do Livro I do CPP, e fixa regras, critérios[220] e parâmetros para aplicação.

As medidas cautelares referidas, *que fixam obrigações, determinam restrições à liberdade ou a direitos*, são as seguintes: prisão em flagrante (arts. 301 a 309); prisão preventiva (arts. 311 a 316); prisão domiciliar substitutiva da prisão preventiva (arts. 317 e 318) e medidas cautelares diversas da prisão (arts. 319 e 320).

Não é possível conceber a aplicação indiscriminada das medidas cautelares restritivas, que, embora não privativas de liberdade,[221] determinam obrigações ou sérias limitações a direitos constitucionalmente assegurados.

São medidas constritivas ou restritivas de direitos, e exatamente por isso de imposição excepcional, como toda e qualquer restrição cautelar, cumprindo que se observem os requisitos gerais de aplicação – necessidade e adequação (CPP, art. 282) –, bem como a taxatividade do rol disponibilizado.

8.2. Conceito

As medidas cautelares diversas da prisão são restrições ou obrigações que podem ser fixadas de forma isolada ou cumulativa em detrimento daquele a quem se imputa a prática de determinada infração penal, durante a fase de investigação policial, no curso do processo penal e mesmo por ocasião de sentença condenatória ou decisão de pronúncia, com vistas a permitir o êxito da investigação ou instrução criminal; a aplicação da lei penal, bem como evitar a prática de novas infrações penais e o encarceramento cautelar tradicional.

8.3. Natureza jurídica

As medidas de que ora se cuida configuram modalidades de medida cautelar pessoal, de natureza restritiva.

---

220. STF, HC 134.132 AgR/MG, 2ª T., rel. Min. Teori Zavascki, j. 7-6-2016, *DJe* n. 128, de 21-6-2016.

221. Exceto a medida prevista no art. 319, VII, do CPP, consistente em internação em hospital de custódia e tratamento psiquiátrico, em que por força da internação a liberdade de locomoção para fora do estabelecimento estará privada, ainda que a finalidade da medida seja terapêutica; de tratamento.

8.4. Pressuposto

Pressuposto indispensável à imposição de qualquer das medidas arroladas nos arts. 319 e 320 é a existência de imputação relacionada à prática de delito, que pode ser doloso ou culposo.

Há que se ter em mente, entretanto, que nem sempre a prática de delito sujeitará seu suposto autor a qualquer das restrições, na medida em que dispõe o § 1º do art. 283 que as medidas cautelares previstas no Título IX não se aplicam à infração a que não for isolada, cumulativa ou alternativamente cominada pena privativa de liberdade.

Disso decorre, por exemplo, a absoluta impossibilidade de aplicação de uma das medidas catalogadas àquele que for surpreendido na prática do crime de porte ilegal de droga para consumo pessoal (art. 28 da Lei de Drogas).[222]

8.5. Cabimento

Discute-se a respeito do cabimento de medida cautelar restritiva, para saber em qual situação jurídica o juiz poderá determinar a imposição de uma ou mais dentre aquelas taxativamente previstas. Por aqui, não estamos nos referindo aos conhecidos parâmetros ditados pelo art. 282, I e II, do CPP. A questão tem outro enfoque.

Segundo fundamentado entendimento de AURY LOPES JR.,[223] "a medida alternativa somente deverá ser utilizada quando cabível a prisão preventiva, mas, em razão da proporcionalidade, houver uma outra restrição menos onerosa que sirva para tutelar aquela situação". Justifica o jurista: "É importante compreender que as medidas do art. 319 têm o caráter substitutivo em relação à prisão preventiva e, portanto, não podem ser desconectadas dos seus limites, requisitos e pressupostos". E conclui: "Em suma: as medidas cautelares diversas são alternativas à prisão preventiva e devem ser aplicadas com caráter substitutivo, nos limites e casos em que couber aquela".[224]

Pensamos de modo diverso.

As medidas cautelares restritivas podem ser impostas mesmo nos casos em que ausentes os requisitos da prisão preventiva. Não é preciso que se estabeleça, antes, toda a análise das regras ditadas pelos arts. 312 e 313 do CPP, para, então, só depois de identificada hipótese de decretação da prisão, determinar uma ou mais dentre as restrições.

De início cumpre ressaltar que essas medidas catalogadas nos arts. 319 e 320 não são meras *alternativas* ao encarceramento preventivo, podendo ser aplicadas em casos outros.

---

222. Sobre constituir ou não *crime* a conduta indicada, ver: RENATO MARCÃO, *Tóxicos*, 11. ed., São Paulo, Saraiva, 2017.

223. *No mesmo sentido:* EDUARDO LUIZ SANTOS CABETTE, *Lei 12.403 comentada*, Rio de Janeiro, Freitas Bastos, 2013, p. 444.

224. Op. cit., p. 119 e 121.

Mas não é só.

Para afastar definitivamente o argumento no sentido de que apenas se faz possível a imposição de medida cautelar restritiva quando presentes os requisitos da prisão preventiva, basta verificar *que ditas medidas podem ser aplicadas no momento em que o juiz concede liberdade provisória*, como decorre do disposto no art. 321 do CPP. Vale dizer: **é juridicamente possível conceder liberdade provisória cumulada com medida cautelar restritiva**.

Ora, é sabido que prisão preventiva e liberdade provisória são institutos que se antagonizam. Onde cabe prisão preventiva não cabe liberdade provisória, e vice-versa.

Diante dessa realidade jurídica inarredável, não há como aceitar o argumento no sentido de que só cabe a aplicação dos arts. 319 e 320 do CPP quando presentes os requisitos da prisão preventiva, já que isso implicaria dizer que na hipótese de cabimento da liberdade provisória o juiz *não poderia* fixar cumulativamente medida cautelar restritiva.

Disso resulta afirmar que as medidas listadas nos arts. 319 e 320 podem ser aplicadas em razão da prática de delito doloso ou culposo, exceto quando não for cominada, isolada, cumulativa ou alternativamente, pena privativa de liberdade, conforme decorre do art. 283, § 1º, do CPP.

8.6. Quem pode decretar

Somente o juiz natural, o juiz competente é que poderá submeter o agente à medida cautelar restritiva, cumprindo que assim proceda em decisão convenientemente fundamentada.

8.7. Decretação *ex officio*

Com vistas ao fortalecimento do processo de modelo acusatório, não é cabível a imposição de medidas cautelares restritivas *ex officio*, *qualquer que seja a fase da persecução penal*.

O § 2º do art. 282 do CPP é suficientemente claro quando diz que: "As medidas cautelares serão decretadas pelo juiz a requerimento das partes ou, quando no curso da investigação criminal, por representação da autoridade policial ou mediante requerimento do Ministério Público".

8.8. Quem pode postular a decretação

As medidas cautelares serão decretadas pelo juiz, a requerimento *das partes* ou, quando no curso da investigação criminal, por representação da autoridade policial ou mediante requerimento do Ministério Público.

São duas as situações reguladas, levando em conta o momento da postulação:

1ª) durante a fase de investigação criminal: a autoridade policial poderá formular *representação* e o Ministério Público *requerimento* visando à aplicação de medidas cautelares;

2ª) no curso da ação penal: pode ocorrer decretação em razão de requerimento *das partes*. Entenda-se: Ministério Público; querelante e assistente.[225]

Pois bem.

É correto a autoridade policial formular representação visando à aplicação de medidas cautelares no curso do processo penal?

Não. Só está autorizada a assim proceder durante a investigação criminal.

Apresentada a representação da autoridade policial em juízo, após as providências a cargo da serventia, o juiz deverá determinar a abertura de vista ao Ministério Público e à defesa para que sobre ela se manifestem, e só depois de colhidos os pronunciamentos ou vencidos os prazos assinalados é que decidirá a respeito.

Apesar de não estar expressamente autorizada a representação da autoridade policial no curso do processo penal, nada impede que, tomando conhecimento de fatos que julgar relevantes, a autoridade comunique formalmente o Juízo ou o Ministério Público a respeito, para conhecimento e providências que entender cabíveis.

Têm o autor do delito e seu defensor legitimidade para postular a aplicação de medida cautelar?

Pensamos que sim, e em qualquer momento que se mostre cabível a fixação dessas medidas.

Cumpre aqui observar que, muito embora a redação do § 2º do art. 282 permita concluir que o requerimento do autor do delito só será possível durante a *ação penal*, após, portanto, a instauração do processo, pois diz que na fase policial poderá ocorrer representação da autoridade policial e requerimento do Ministério Público, enquanto reserva à instrução criminal a possibilidade de decretação em razão de *requerimento das partes*, o correto é dizer que a qualquer tempo o apontado autor do fato se encontrará legitimado a formular tal postulação.

A imperfeição do texto legal não pode acarretar tamanha restrição a direito, até porque admitir o contrário esbarraria em inconstitucionalidade.

A interpretação literal do § 2º do art. 282 poderia fazer concluir que estando o agente preso no curso da investigação policial, em razão de prisão preventiva, não estaria legitimado a postular a substituição do cárcere por medida alternativa de natureza restritiva, dentre as listadas nos arts. 319 e 320 do CPP, devendo esperar o momento do processo para assim proceder, pois só após a instauração do processo penal é que se pode tecnicamente falar na existência de *partes*.

---

225. O assistente tem natureza jurídica de parte contingente, adesiva, desnecessária ou eventual.

Não é possível admitir tal forma de interpretação.

8.9. Momento da decretação

Observados os critérios para escolha e decretação (necessidade e adequação) e o respeito ao contraditório prévio, conforme analisados por ocasião do estudo das regras gerais, as medidas restritivas podem ser determinadas **durante a investigação policial ou no curso do processo penal** (§ 2º do art. 282); **no momento da sentença condenatória** (§ 1º do art. 387) ou **na decisão de pronúncia** (§ 3º do art. 413).

8.10. Decretação

A decisão que impõe medida cautelar deve ser sempre fundamentada, como devem ser fundamentadas todas as decisões judiciais, a rigor do disposto no art. 93, IX, da CF.

A decretação pode ocorrer nas seguintes hipóteses, depois de aferido o cabimento:

1ª) **Durante a investigação policial**:

a) O investigado está solto desde o início da investigação: o Delegado de Polícia representa ou o Ministério Público faz requerimento com vistas à aplicação da medida, e o juiz acolhe a provocação;

b) O investigado foi preso em flagrante: pagou fiança que depois foi julgada quebrada, e o juiz acolhe pedido de decretação de medida cautelar restritiva (CPP, art. 343);

c) O juiz concede liberdade provisória, com ou sem fiança ao preso em flagrante: mas aplica medida cautelar restritiva, se houver provocação em relação a esta, pois não poderá decretá-la *ex officio*;

A esse respeito, diz o art. 321 do CPP que, "ausentes os requisitos que autorizam a decretação da prisão preventiva, o juiz deverá conceder liberdade provisória, impondo, se for o caso, as medidas cautelares previstas no art. 319 deste Código e observados os critérios constantes do art. 282 deste Código".

Diante da amplitude da matéria tratada no art. 310 do CPP, só podemos pensar na concessão de liberdade provisória a partir do momento da comunicação da prisão ao juiz até o transcurso da audiência de apresentação/custódia, em que se dá o efetivo controle jurisdicional, e então deverá ocorrer relaxamento da prisão, concessão de liberdade provisória, com ou sem fiança, cumulada ou não com medida cautelar, ou a decretação da prisão preventiva.

Se a prisão preventiva for então decretada, a partir daí não há falar em liberdade provisória, mas apenas em revogação[226] (por não subsistirem os fundamentos da decretação) ou relaxamento[227] (por ilegalidade na decretação).

d) O investigado teve sua prisão preventiva decretada e depois revogada para a aplicação de medida cautelar diversa da prisão, atendendo a pedido.

2ª) **Durante o processo criminal**:

a) O acusado está solto, e no momento de se receber a denúncia, ou durante a instrução, verifica-se a necessidade de aplicação, e o juiz decreta, mediante provocação;

b) O acusado está preso em razão de prisão preventiva, e o juiz, já no despacho de recebimento da denúncia, revoga a preventiva e aplica medida cautelar restritiva, ou assim procede no curso da instrução, em razão de provocação;

c) O acusado responde ao processo em liberdade em razão de ter prestado fiança que é julgada quebrada, e então o juiz impõe medida cautelar restritiva (CPP, art. 343), atendendo a postulação;

d) O acusado respondeu a todo o processo em liberdade e sem estar submetido a qualquer medida cautelar, mas por ocasião da sentença o juiz entende ser caso e, atendendo a requerimento, decreta a aplicação (§ 1º do art. 387 do CPP), situação que também poderá ocorrer por ocasião da decisão de pronúncia nos processos de competência do Tribunal do Júri (CPP, § 3º do art. 413).

8.11. Substituição, revogação e nova decretação

Sobre as repercussões dos §§ 4º e 5º do art. 282 do CPP, verificar nossas considerações lançadas por ocasião do estudo das regras gerais no início deste capítulo.

8.11.1. Ampla defesa e contraditório na revogação

A necessidade de observância à ampla defesa e ao contraditório para a revogação da medida cautelar impõe que, antes de determiná-la, o juiz deverá providenciar a designação de audiência de justificação e a intimação do investigado ou réu para que nela compareça e preste, querendo, seus esclarecimentos, após o que deverá o Ministério Público e também a defesa, obrigatoriamente presentes ao ato, lançarem suas respectivas manifestações, nessa mesma ordem, seguindo-se com a decisão judicial que irá, ou não, revogar definitivamente a medida cautelar.

---

226. Diz o art. 316, *caput*, do CPP, que o juiz poderá *revogar a prisão preventiva* se, no curso da persecução penal, verificar a falta de motivo para que subsista.

227. O art. 5º, LXV, da CF, determina que *a prisão ilegal será imediatamente relaxada* pela autoridade judiciária.

Um olhar apressado sobre a situação narrada poderia fazer concluir pela desnecessidade dessa audiência de justificação, na medida em que o que se visa é a revogação de restrições cautelares impostas a determinada pessoa, o que poderia sugerir ser algo vantajoso para o increpado e, por isso, desnecessária sua prévia oitiva.

Mas não é bem assim.

É preciso ter em mente que, nesse caso, estamos a cogitar hipótese em que imediatamente à revogação da medida cautelar ocorrerá a decretação de prisão preventiva, providência que tem autorização no § 1º do art. 312 do CPP.

8.11.2. Revogação de medida cautelar e decretação de prisão preventiva

Este tema já foi analisado quando discorremos sobre as hipóteses de cabimento da prisão preventiva, para onde remetemos o leitor.

8.12. Modalidades de medidas cautelares diversas da prisão

Na redação do art. 319 do CPP encontramos as seguintes medidas cautelares: "I – comparecimento periódico em juízo, no prazo e nas condições fixadas pelo juiz, para informar e justificar atividades; II – proibição de acesso ou frequência a determinados lugares quando, por circunstâncias relacionadas ao fato, deva o indiciado ou acusado permanecer distante desses locais para evitar o risco de novas infrações; III – proibição de manter contato com pessoa determinada quando, por circunstâncias relacionadas ao fato, deva o indiciado ou acusado dela permanecer distante; IV – proibição de ausentar-se da Comarca quando a permanência seja conveniente ou necessária para a investigação ou instrução; V – recolhimento domiciliar no período noturno e nos dias de folga quando o investigado ou acusado tenha residência e trabalho fixos; VI – suspensão do exercício de função pública ou de atividade de natureza econômica ou financeira quando houver justo receio de sua utilização para a prática de infrações penais; VII – internação provisória do acusado nas hipóteses de crimes praticados com violência ou grave ameaça, quando os peritos concluírem ser inimputável ou semi-imputável (art. 26 do Código Penal) e houver risco de reiteração; VIII – fiança, nas infrações que a admitem, para assegurar o comparecimento a atos do processo, evitar a obstrução do seu andamento ou em caso de resistência injustificada à ordem judicial; IX – monitoração eletrônica".

O art. 320 do CPP refere-se destacadamente à proibição de ausentar-se do País, dizendo que a adoção de tal medida será comunicada pelo juiz às autoridades encarregadas de fiscalizar as saídas do território nacional, intimando-se o indiciado ou acusado para entregar o passaporte, no prazo de 24 (vinte e quatro) horas.

Vejamos cada uma delas.

8.12.1. Comparecimento periódico em juízo

É branda a primeira medida cautelar catalogada no art. 319, I, do CPP, porém suficiente para determinados casos de menor gravidade: comparecimento periódico em juízo, no prazo e nas condições fixadas pelo juiz, para informar e justificar atividades.

Sob tal condição, deverá o agente apenas comparecer no cartório do juízo que fixou a obrigação a cada mês, bimestre, trimestre ou prazo que se determinar, tal como ocorre com o *sursis* (LEP, art. 158; CP, art. 78, § 2º, *c)* e o livramento condicional (LEP, art. 132).

O comparecimento é pessoal e obrigatório.

A finalidade da medida é fazer com que o agente preste contas a respeito de suas atividades profissionais e sociais. É uma espécie de *monitoramento* que se estabelece, mas que não se confunde com o monitoramento eletrônico, é claro.

Na prática, em relação ao *sursis* e ao livramento condicional, o cumprimento dessa obrigação tem se revelado sem muito sentido ou efeito, pois tudo não passa de um simples "carimbar a carteirinha".

8.12.2. Proibição de frequentar determinados lugares

Prevista no inciso II do art. 319 do CPP, consiste esta medida na proibição de acesso ou frequência a determinados lugares quando, por circunstâncias relacionadas ao fato, deva o indiciado ou acusado permanecer distante desses locais para evitar o risco de novas infrações.

O que se busca é evitar o cometimento de nova infração penal nas mesmas circunstâncias que a anteriormente praticada, critério de *necessidade* da medida também apontado no art. 282, I, do CPP.

A restrição pode ser aplicada com vistas a evitar a prática de crime contra a vida, a integridade física, a incolumidade pública, o patrimônio etc., bem por isso muitas vezes estará relacionada com a proibição de frequentar estádios de futebol, bares, casas noturnas e estabelecimentos do gênero.

Não se trata de restringir a presença do agente em determinado bairro ou cidade, mas a local específico, particularizado.

Sem prejuízo da aplicação de outras medidas previstas na legislação em vigor, o art. 22 da Lei n. 11.340/2006 (Lei Maria da Penha) permite a aplicação de medida protetiva de urgência consistente na proibição do agressor de frequentar determinados lugares, a fim de preservar a integridade física e psicológica da ofendida.

Em relação ao *sursis*, o art. 78, § 2º, *a*, do CP, tem disposição semelhante, o mesmo ocorrendo quanto ao livramento condicional, conforme o art. 132, § 2º, *c*, da LEP.

8.12.3. Proibição de contato com pessoa determinada

Não raras vezes, especialmente nos casos de crimes praticados contra a mulher no ambiente familiar, para os quais a Lei Maria da Penha já dispõe de regras particulares, a proibição de manter contato com pessoa determinada é medida imprescindível, com vistas a evitar o cometimento de novos ilícitos e a intranquilidade da vítima.

Não é diferente, por exemplo, nos casos de crimes contra a dignidade sexual,[228] especialmente aqueles praticados contra vulnerável, em que a distância do agressor é sempre recomendada.

É preciso, entretanto, que essa medida se justifique por circunstâncias relacionadas com o fato que deu ensejo à instauração da investigação policial ou processo penal de onde se extrai a necessidade de sua aplicação.

Não se trata de imposição aleatória, sem qualquer vinculação com o fato passado. É imprescindível a existência de nexo entre a conduta pretérita e o comportamento futuro que agora se busca evitar, reduzindo as oportunidades de contato entre os envolvidos, por iniciativa do investigado ou acusado, daí referir a lei que sua aplicação só terá cabimento quando, **por circunstâncias relacionadas ao fato**, deva o indiciado ou acusado permanecer distante da vítima.

A propósito da Lei Maria da Penha, diz seu art. 22, III, *a* e *b*, que:

> Art. 22. Constatada a prática de violência doméstica e familiar contra a mulher, nos termos desta Lei, o juiz poderá aplicar, de imediato, ao agressor, em conjunto ou separadamente, as seguintes medidas protetivas de urgência, entre outras:
>
> I – (...)
>
> II – (...)
>
> III – proibição de determinadas condutas, entre as quais:
>
> *a)* aproximação da ofendida, de seus familiares e das testemunhas, fixando o limite mínimo de distância entre estes e o agressor;
>
> *b)* contato com a ofendida, seus familiares e testemunhas por qualquer meio de comunicação.

Essas medidas podem ser aplicadas sem prejuízo da concomitância de outras medidas previstas na legislação em vigor, especialmente aquelas listadas no art. 319 do CPP.

8.12.4. Proibição de ausentar-se da comarca

Essa proibição de ausentar-se da comarca, prevista no inciso IV do art. 319 do CPP, não tem por objetivo evitar a prática de novo delito, mas influenciar de forma positiva na apuração dos fatos passados, ou, como diz a lei, **quando a permanência seja conveniente ou necessária para a investigação ou instrução**.

A avaliação da necessidade e adequação de sua imposição deve passar pela apuração das reais vantagens para os destinos da investigação ou instrução criminal, sem o que não estará justificada.

---

228. Sobre o tema, conferir: RENATO MARCÃO e PLÍNIO GENTIL, *Crimes contra a dignidade sexual*, 3. ed., São Paulo, Saraiva, 2018.

Note-se que o afastamento proibido não é do município em que residir o agente, mas **da comarca**, que pode ser composta por um, dois ou vários municípios.

O trânsito nos limites territoriais da comarca está permitido.

E que comarca é essa na qual deve permanecer?

Embora a lei não diga expressamente, devemos entender que é a comarca em que residir o agente, à semelhança da condição do *sursis* prevista no art. 78, § 2º, *b*, do CP, e a comarca em que residir o agente nem sempre coincidirá com a comarca em que tramitarem as investigações ou o processo.

Caso seja necessário que o investigado ou acusado se ausente da comarca, deverá formular requerimento prévio, devidamente instruído, e encaminhar ao juiz competente, que antes de decidir deverá determinar a abertura de vista dos autos ao Ministério Público a fim de que se manifeste.

Na hipótese de afastamento da comarca sem autorização prévia, mas por alguma razão emergencial, motivo de força maior, como é caso a necessidade de prestar socorro imediato a terceira pessoa ou mesmo buscar atendimento médico-hospitalar específico, logo após a violação deverá o agente antecipar-se em justificar o descumprimento ao juiz competente, por petição instruída com documentos, sempre que possível, a fim de que não se exponha à possibilidade de suspensão cautelar da medida restritiva até que aguarde audiência de justificação, prévia à eventual revogação definitiva.

Essa restrição tem **limitação lógica e temporal**: o término da instrução processual.

Encerrada a instrução, não haverá fundamento para mantê-la ou aplicá-la por ocasião do § 1º do art. 387 ou do art. 413, § 3º, ambos do CPP.

8.12.5. Recolhimento domiciliar

O recolhimento domiciliar está previsto no inciso V do art. 319 do CPP e pode revelar-se restrição de imensa valia na contenção de certos infratores.

Consiste em determinar a permanência em domicílio no período noturno e nos dias de folga, quando o investigado ou acusado tiver residência e trabalho fixos.

Genericamente, considera-se *período noturno* aquele compreendido entre as 20 horas de um dia e as 6 da manhã seguinte. É o tempo, em regra, destinado ao *repouso noturno*, quando então as pessoas se recolhem aos seus lares depois de longa jornada diária, segundo os costumes sociais.

Domicílio é o lugar onde a pessoa estabelece a sua residência com ânimo definitivo (CC, art. 70).

Residência é o local, espaço físico habitado pelo indivíduo.

Se, porém, a pessoa natural tiver diversas residências, onde, alternadamente, viva, considerar-se-á domicílio seu qualquer delas (CC, art. 71). Muda-se o domicílio, transferindo a residência, com a intenção manifesta de mudar (CC, art. 74).

E se o indiciado ou acusado tiver mais de uma residência?

Pela letra do art. 71 do CC, considerar-se-á domicílio qualquer delas.

Nessa hipótese, quando da imposição da medida, o juiz fará consignar no ato decisório em qual delas deverá permanecer.

Em tais casos não poderá ocorrer deslocamento entre uma e outra dentre as residências, salvo se o agente contar com autorização judicial prévia e específica.

Ficará sem sentido a imposição da restrição caso o agente não disponha de residência, tampouco emprego fixo.

Se o agente estiver ativado em trabalho noturno, a restrição não poderá ser imposta, por representar medida desnecessária, inadequada e limitadora da subsistência do increpado e de seus eventuais dependentes.

É indispensável, ademais, que exista nexo entre o delito praticado e a restrição, sem o que não estarão evidenciadas a necessidade e a adequação da medida.

O art. 317 do CPP trata da prisão cautelar domiciliar, modalidade distinta, que não se confunde com a medida cautelar de que ora se cuida.

A prisão cautelar domiciliar criada com a Lei n. 12.403/2011 é medida substitutiva à prisão preventiva, cabível somente naquelas hipóteses taxativamente listadas no art. 318 do CPP.

O ordenamento jurídico também contempla a limitação de fim de semana como pena restritiva de direitos (CP, art. 43, VI), que deve ser cumprida na forma dos arts. 151 a 153 da LEP.

O art. 36, § 1º, parte final, do CP, quando disciplina regras para o regime aberto, estabelece que o preso deverá permanecer recolhido durante o período noturno e nos dias de folga.

O Código Penal brasileiro também fala em *repouso noturno* quando trata de regras do regime fechado (art. 34, § 1º).

O art. 132, § 2º, *b*, da LEP, lista como condição facultativa do livramento condicional o recolhimento à habitação em hora fixada.

8.12.6. Suspensão do exercício de função pública ou de atividade de natureza econômica ou financeira

O inciso VI do art. 319 do CPP estabelece virtuosa restrição, consistente na suspensão do exercício de função pública ou de atividade de natureza econômica ou financeira *quando houver justo receio de sua utilização para a prática de infrações penais.*

A *suspensão* não se confunde com a *perda da função pública*, que constitui efeito da sentença penal condenatória (CP, art. 92, I, *a* e *b*), tampouco com a pena de interdição temporária de direitos prevista no art. 43, V, do CP, cuja execução está regulada nos arts. 154 e 155 da LEP.

Nessa mesma linha, o art. 56, § 1º, da Lei de Drogas instituiu a possibilidade de afastamento cautelar do funcionário público de suas atividades, por ocasião do despacho de recebimento da denúncia que imputar contra ele a prática de qualquer das condutas tipificadas nos arts. 33, *caput* e § 1º, e 34 a 37.

Encontramos no art. 327 do CP o seguinte conceito de funcionário público: "Considera-se funcionário público, para efeitos penais, quem, embora transitoriamente ou sem remuneração, exerce cargo, emprego ou função pública".

Por atividades de natureza econômica ou financeira, tome-se a título de exemplo, dentre outras, aquelas ligadas ao Ministério da Fazenda; Secretarias Estaduais e Municipais da Fazenda Pública; bancos; bolsa de valores, mercado de capitais etc.

Como nas demais situações, e aqui um pouco mais evidente, é imprescindível que exista nexo entre o delito praticado e a medida restritiva, mas não é necessário que o delito tenha sido praticado *no exercício das funções*, bastando que em razão delas.

O inciso I do art. 282 do CPP estabelece como critério para fixação de medidas cautelares: *1º)* a necessidade para aplicação da lei penal; *2º)* a necessidade para a investigação ou a instrução criminal; *3º)* e, nos casos expressamente previstos, para evitar a prática de infrações penais.

Pois bem.

Parece claro que a medida de suspensão poderá ser valiosa e até mesmo imprescindível para o êxito de determinada investigação ou instrução criminal, com vistas a preservar e garantir a fidelidade da prova.

Mas nesse caso, estranhamente, o legislador preferiu restringir a aplicação da medida de suspensão apenas para as hipóteses em que houver justo receio da utilização da função pública, da atividade de natureza econômica ou financeira, *para a prática de infrações penais*. A propósito, deveria ter dito: justo receio de sua utilização para a prática de *nova infração penal*, porque a já verificação de infração penal é pressuposto para a aplicação da medida.

Mas não é difícil arruinar essa tentativa de limitar o alcance da restrição, essa mazela da lei, de forma a permitir seja aplicada em busca da preservação da prova, já que o art. 347 do CP tipifica o crime de fraude processual, que consiste em inovar artificiosamente, na pendência de investigação policial ou processo penal, o estado de lugar, de coisa ou de pessoa, com o fim de induzir a erro o juiz ou o perito.

Por força desse raciocínio, portanto, e sob a perspectiva da prática do crime referido, é possível se imponha a restrição que, desse modo, em última análise servirá para a idoneidade da investigação ou da instrução criminal, sob o fundamento único de evitar a prática de nova infração penal.

Contra a malícia, a inteligência.

Não admitir a medida cautelar com vistas à preservação da idoneidade da prova, no mais das vezes, irá significar expor o agente à possibilidade de prisão preventiva, por conveniência da instrução criminal, quando presentes os demais requisitos da lei.

A suspensão cautelar não é inconstitucional, e quando determinada não poderá ensejar prejuízo no recebimento de vencimentos.

Determinada a suspensão, sendo caso, a autoridade judiciária fará providenciar para que o órgão público a que o imputado esteja vinculado seja oficialmente comunicado quanto ao teor da decisão, inclusive para que não se ofenda o princípio da continuidade dos serviços, inerente às atividades da Administração Pública.

8.12.7. Internação provisória

A internação provisória, conforme prevista no art. 319, VII, do CPP, é medida de aplicação restrita aos autores de ilícitos praticados mediante emprego de violência ou grave ameaça, quando os peritos concluírem ser ele inimputável ou semi-imputável (CP, art. 26) e houver risco de reiteração.

Essa providência cautelar veio em boa hora, pois, como anotou Cabette, "o que ocorria anteriormente é que o magistrado ficava de mãos atadas, sem uma medida adequada, sendo forçado a valer-se da prisão preventiva, mantendo um doente mental no cárcere juntamente com criminosos comuns, ocasionando transtornos à administração penitenciária, aos próprios demais detentos e principalmente ao doente mental que nesse ambiente tem sua enfermidade agravada, além de correr sérios riscos quanto à vida e integridade física".[229]

Ao contrário das demais reguladas no art. 319, é medida cautelar *privativa da liberdade*.

Não tem por objetivo preservar a idoneidade da prova, mas evitar a reiteração delitiva.

Embora a lei não diga expressamente, só tem pertinência em relação aos delitos praticados mediante violência ou grave ameaça *à pessoa*, e não contra objetos e coisas.

Pressuposto, ainda, é a existência de laudo pericial que ateste ser o agente inimputável ou semi-imputável, na forma do art. 26 do CP.

Mas não é só.

Também se faz imprescindível que, no laudo, os peritos apontem claramente a possibilidade de reiteração na conduta, afirmação que, convenhamos, não é nada

---

229. Eduardo Luiz Santos Cabette, *Lei 12.403 comentada*, Rio de Janeiro, Freitas Bastos, 2013, p. 462-463.

fácil se fazer com responsabilidade após uma única entrevista, quiçá com muitas, em verdadeiro e questionável exercício de futurologia.

A regulamentação é falha. O legislador disse menos do que deveria.

Com efeito, a internação provisória só se justifica em relação aos casos de inimputabilidade, pois, para os casos de semi-imputabilidade, basta, em regra, o tratamento ambulatorial.

Se considerarmos, entretanto, que quem pode o mais pode o menos, é de admitir a imposição de tratamento ambulatorial, que, em última análise, traduzirá benefício ao agente, se comparada esta com a medida de internação, que é privativa da liberdade. Aplica-se aqui a interpretação *in bonam partem*, sem que disso decorra violação à taxatividade das medidas.

Em que local deverá ocorrer a internação?

Embora a lei processual penal não diga, a resposta é apresentada no art. 96, II, do CP: internação em hospital de custódia e tratamento psiquiátrico ou, à falta, em outro estabelecimento adequado.

Permite-se, portanto, diante da omissão do Estado, internação em hospital particular especializado.

Como diz o art. 99 do CP, "o internado será recolhido a estabelecimento dotado de características hospitalares e será submetido a tratamento".

O tratamento ambulatorial é feito em meio livre, em clínica ou hospital especializado.

A qualquer tempo poderá ser realizada nova avaliação pericial para verificação da necessidade de manutenção ou adequação da medida restritiva.

8.12.8. Fiança

O art. 319, VIII, do CPP, estabelece a fiança como medida cautelar diversa da prisão, a qual denominamos "fiança restritiva", em contraste com a "fiança libertadora ou liberadora", que se pode prestar como contracautela à prisão em flagrante.

Na aferição da adequação, necessidade e suficiência, deverá o juiz pautar sua decisão com vistas a: *1º)* assegurar o comparecimento a atos do processo; *2º)* evitar a obstrução do seu andamento; ou *3º)* em caso de resistência injustificada à ordem judicial.

A fiança pode ser arbitrada e, portanto, prestada, em qualquer fase do inquérito ou do processo, mas essa afirmação reclama uma reflexão maior, já que o art. 310 do CPP determina que, no momento do controle jurisdicional que se segue à prisão em flagrante, o juiz deverá: relaxar a prisão, se ilegal; conceder liberdade provisória, com ou sem fiança, cumulada ou não com medidas cautelares; ou converter a prisão em flagrante em preventiva, quando presentes os requisitos do art. 312 do CPP, e não se revelarem suficientes ou adequadas as medidas cautelares diversas da prisão.

Nesses termos, a fiança libertadora da prisão em flagrante, a rigor, só terá cabimento dentro do período que medeia a lavratura do auto de prisão e a materialização do art. 310 do CPP.

Daí por diante, exceto nos casos de provimento a recurso em sentido estrito ou concessão de *habeas corpus* por negativa do direito na instância inferior, só será possível pensar em fiança enquanto medida cautelar regulada no art. 319, VIII, do CPP, sendo possível, nesse caso, que, mesmo depois de decretada a prisão preventiva por ocasião do art. 310 ou durante o processo, reconsidere o juiz a respeito da necessidade e utilidade do encarceramento, ocasião em que poderá fazer cessar a privação cautelar da liberdade e aplicar a medida diversa denominada fiança.

Cabe aqui enfatizar que a fiança como medida cautelar restritiva poderá ser fixada até mesmo no momento da sentença condenatória ou da decisão de pronúncia, a teor do disposto no § 1º do art. 387 e do § 3º do art. 413 do CPP, respectivamente.

É preciso distinguir, portanto, a fiança que está vinculada ao instituto da liberdade provisória, que se segue à prisão em flagrante, da fiança regrada no art. 319, VIII, do CPP, pois, embora ambas estejam moldadas pelos arts. 322 e s.,[230] na essência, a aplicação de cada uma tem fundamento de fato e de direito distinto.

Enquanto uma pressupõe, sempre, a existência de prisão em flagrante, a outra não, e poderá ser aplicada na fase de investigação ou do processo, até mesmo em relação a quem não tenha sofrido qualquer privação cautelar da liberdade.

8.12.9. Monitoramento eletrônico

Isolada ou cumulativamente, uma das medidas mais eficientes, se bem aplicada e executada, é a cautelar de monitoramento eletrônico, autorizada no inciso IX do art. 319 do CPP, e são muitas as vantagens que decorrem da utilização adequada das tecnologias relacionadas, conforme aponta Barros Leal.[231]

Segundo Edmundo Oliveira, o monitoramento eletrônico "evita os efeitos nefastos da dessocialização do encarceramento – principalmente para os delinquentes primários – e facilita a manutenção dos elos familiares e o exercício de uma atividade profissional. Esse sistema permite, também, diminuir a taxa de ocupação nos estabelecimentos penitenciários, acolhendo réus e condenados, a pequenas ou médias penas, a um custo bem menor. A prisão domiciliar sob monitoramento eletrônico afasta de seus beneficiários a promiscuidade e as más condições de higiene, a ociosidade e a irresponsabilidade, encontradas em tantas prisões. Trata-se de um tipo de punição que não acarreta o estigma associado ao encarceramento,

230. Conforme dispõe o § 4º do art. 319 do CPP, a *fiança restritiva* (CPP, art. 319, VIII) "será aplicada de acordo com as disposições do Capítulo VI deste Título (...)", que trata da liberdade provisória, com ou sem fiança.

231. César Barros Leal, *Vigilância eletrônica a distância*, Curitiba, Juruá, 2011.

assegurando a continuação de uma vida 'normal' aos olhos do empregador e junto da família".[232]

Existem várias tecnologias disponíveis no mercado, prontas para esse tipo de monitoramento, em regra feito por GPS (*Global Positioning System*, ou Sistema de Posicionamento Global), e que pode ocorrer pelo uso de pulseira; tornozeleira, implante de *chip* no corpo humano etc.

No Brasil, a Lei n. 12.258/2010 instituiu a possibilidade de monitoramento eletrônico *em relação a condenados*, durante a execução da pena.

Em razão dos vetos a que fora submetido o Projeto que deu origem à Lei n. 12.258/2010, no processo executório o monitoramento eletrônico somente poderá ser aplicado nas duas hipóteses taxativamente previstas. São elas: *1ª)* em relação àqueles beneficiados com saídas temporárias no regime semiaberto (LEP, arts. 122 a 125 c.c. o art. 146-B, II); *2ª)* aos que se encontrarem em prisão domiciliar (LEP, art. 117 c.c. o art. 146-B, IV).

A Resolução n. 5, de 10 de novembro de 2017, do Conselho Nacional de Política Criminal e Penitenciária – CNPCP, dispõe sobre a política de implantação de monitoramento eletrônico.

Conforme o art. 2º da citada resolução, "considera-se monitoração eletrônica a vigilância telemática posicional à distância de pessoas submetidas a medida cautelar, condenadas por sentença transitada em julgado ou em medidas protetivas de urgência, executada por meios técnicos que permitam indicar a sua localização".

8.12.10. Proibição de ausentar-se do país

Dispõe o art. 320 do CPP que: "A proibição de ausentar-se do País será comunicada pelo juiz às autoridades encarregadas de fiscalizar as saídas do território nacional, intimando-se o indiciado ou acusado para entregar o passaporte, no prazo de 24 (vinte e quatro) horas".

A redação descompromissada com a técnica dá a entender que não se trata de instituto novo; que não tenha sido anteriormente tratado. Mas não é bem assim.

Segundo pensamos, *o art. 320 regula medida cautelar distinta*, e não se presta simplesmente à execução da medida tratada no inciso IV do art. 319 – proibição de ausentar-se da comarca[233] –, com a qual não tem relação, mas de restrição diversa, *que tem por finalidade assegurar a aplicação da lei penal*, enquanto aquela, por disposição expressa, tem cabimento quando for conveniente ou necessária para a investigação ou instrução.

---

232. Edmundo Oliveira, *Direito penal do futuro*: a prisão virtual, Rio de Janeiro, Forense, 2007.

233. Em sentido contrário, conferir o sempre abalizado entendimento de Aury Lopes Jr. (op. cit., p. 127-128).

Necessário observar que o simples recolhimento do passaporte não é suficiente para evitar a saída do País, visto que é factível que tal ocorra com a utilização de meio de transporte que não seja avião, e, mesmo que a opção seja a fuga por via aérea, é possível embarcar para países do Mercosul apenas com a apresentação de documento oficial de identificação (RG, v.g.), daí a imprescindibilidade da comunicação pelo Juízo às autoridades encarregadas de fiscalizar as saídas do território nacional, como forma de tentar assegurar a aplicação da lei penal.

8.13. Fiscalização das medidas

A aplicação das medidas cautelares anteriormente tratadas reclama e pressupõe efetiva fiscalização para que se busque a pretendida eficácia.

No que tange à medida de comparecimento periódico, essa fiscalização já ocorre com o próprio cumprimento da restrição, podendo eventual descumprimento ser facilmente constatado e comunicado pela serventia ao juiz competente para as providências cabíveis.

Em relação às medidas de proibição de frequentar determinados lugares, proibição de ausentar-se da comarca, recolhimento domiciliar e suspensão do exercício de função pública ou de atividade de natureza econômica ou financeira, sempre que aplicadas deverá ocorrer comunicação à polícia militar para efetiva fiscalização e comunicação ao juízo em caso de constatado descumprimento.

Especialmente em relação à medida de suspensão do exercício de função pública ou de atividade de natureza econômica ou financeira, deverão ser comunicados os órgãos a que as atividades do agente estiverem relacionadas, a fim de que tomem conhecimento da medida aplicada e informem o Juízo a respeito de eventual descumprimento.

A medida de proibição de contato com pessoa determinada, caso descumprida, poderá ser formalmente comunicada pela pessoa interessada ao juiz competente, ao Ministério Público ou à polícia, hipóteses em que estes últimos deverão providenciar a imediata comunicação ao juiz da causa para as providências consequentes.

O descumprimento da internação provisória ou do tratamento ambulatorial deverá ser comunicado ao juiz pela administração do local em que se der, e que, para tal finalidade, deverá ser previamente alertada por ofício do juízo. Isso não exclui, é claro, a possibilidade de que a comunicação do descumprimento seja feita por terceiros, especialmente familiares.

As condições de permanência sob monitoramento eletrônico são de fácil fiscalização e, bem por isso, agilmente comunicada ao juiz competente qualquer violação, o que não desaconselha seja feita comunicação à polícia militar para que também fiscalize sua execução.

Por fim, para a fiscalização da proibição de ausentar-se do País é imprescindível que as autoridades encarregadas de fiscalizar as saídas do território nacional sejam comunicadas a respeito da imposição da medida, bem como para que informem o Juízo em caso de eventual constatação violadora da determinação judicial, o que não exclui a possibilidade de ser fiscalizada pelas Polícias Militar ou Federal e comunicada nos autos inclusive por terceiros.

8.14. Recurso contra a decisão que não acolhe pedido de decretação de medida cautelar

Se o pedido constar de representação da autoridade policial, o desacolhimento não poderá ser questionado pela autoridade solicitante por meio de recurso, pois a lei não lhe confere tal legitimação.

Se o indeferimento desacolher pretensão do Ministério Público ou de qualquer dentre os demais legitimados à postulação, pensamos que o ataque adequado deve ocorrer pela via do recurso em sentido estrito, conforme interpretação extensiva a se emprestar ao art. 581, V, do CPP.

Se o investigado ou acusado preso postular a revogação da prisão preventiva e, em lugar da custódia, a aplicação de cautelar restritiva, o indeferimento do pedido deverá ser analisado sob enfoque diverso, a desaconselhar o recurso anteriormente indicado e apontar para o cabimento de *habeas corpus*, sendo caso.

8.15. Reação defensiva contra a decretação

Decretada a medida cautelar restritiva, a decisão poderá ser atacada por *habeas corpus* (art. 5º, LXVIII, da CF, c.c. os arts. 647 e 648 do CPP) ou por recurso em sentido estrito (CPP, art. 581, V), a depender da natureza da restrição imposta, não sendo possível descartar, também, a utilização de mandado de segurança,[234] especialmente em face da suspensão do exercício de função pública ou de atividade de natureza econômica ou financeira (CPP, art. 319, VI).

8.16. Prazo de duração e extinção da medida cautelar

A lei não diz qual o prazo de duração de uma medida cautelar restritiva, o que evidentemente pode levar ao cometimento de excessos.

O prazo máximo, a rigor, é o previsto para o término da instrução, que varia de acordo com a natureza do procedimento a ser seguido, cumprindo nesse passo que se observem as regras estabelecidas para o procedimento comum, que pode ser ordinário, sumário ou sumaríssimo (CPP, art. 394). Nos processos de competência do

---

234. RENATO MARCÃO e outros. *Comentários à lei do mandado de segurança*, 4. ed., São Paulo, Revista dos Tribunais, 2015.

Tribunal do Júri, o procedimento observará as disposições estabelecidas nos arts. 406 a 497 do CPP. As regras para procedimentos especiais, como é o caso da Lei de Drogas, devem ser buscadas na lei reguladora.

Há que se considerar, entretanto, a possibilidade de aplicação de cautelar restritiva após o encerramento da instrução, conforme decorre do disposto nos arts. 387, § 1º, e 413, § 3º, ambos do CPP, que autorizam a imposição no momento da sentença condenatória e da decisão de pronúncia, respectivamente.

Observada a natureza cautelar e provisória das medidas listadas nos arts. 319 e 320, é evidente que todas têm início e fim, mas a extinção pode ocorrer por diversas razões, a depender de cada caso.

Aplicada determinada medida, com o passar do tempo e dos acontecimentos pode ocorrer que sua permanência não mais se justifique, devendo o investigado ou acusado permanecer em liberdade, porém sem qualquer restrição cautelar de natureza penal.

É o que ocorre, por exemplo, na hipótese do inciso IV do art. 319, com a superveniência do término da instrução.

Pode a extinção decorrer, ainda, da necessidade de revogação da medida cautelar e decretação de prisão preventiva, como irá ocorrer se houver descumprimento injustificado de qualquer das restrições impostas (art. 312, § 1º).

A superveniente absolvição impõe a extinção da medida cautelar a qualquer tempo aplicada.

Por fim, o trânsito em julgado de sentença penal condenatória faz cessar a medida cautelar anteriormente aplicada, para dar lugar à execução definitiva do título judicial nos termos da Lei de Execução Penal.

8.17. Detração

A única medida cautelar restritiva que admite detração é a internação provisória (CPP, art. 319, VII), e isso por força do disposto no art. 42 do CP, que tem previsão expressa a respeito.

A discussão na doutrina é acirrada e tem valiosos argumentos em sentido contrário, para afirmar a possibilidade de detração também em relação a outras medidas.

Com a devida *venia*, é imperioso concluir que a única possibilidade lógica autorizada é a acima indicada, e a omissão sintomática do legislador não pode ser suprida pelas variadas proposições que se têm apresentado a respeito do tema, ora para abater na mesma proporção dos dias de medida cautelar restritiva, ora para achar uma equação de proporcionalidade entre a cautelar e a definitiva.

As medidas cautelares restritivas não têm natureza de privação da liberdade – que visam exatamente evitar –, daí a impossibilidade de detração.

Capítulo 16
Fatos e Atos Processuais

1. Conceito

Fatos são acontecimentos rotineiros da vida, causados ou não pelo homem.

Se determinado fato estiver permeado de relevância jurídica, será considerado um *fato jurídico*; ocorrendo o contrário, será simplesmente um *fato natural*, sem repercussões no campo do Direito.

A morte de uma pessoa, por exemplo, decorrente de doença qualquer, é um fato natural. Já a morte de quem quer que seja, causada por dolo ou culpa de outrem, é um fato que promove repercussões jurídicas variadas – é um fato jurídico, portanto.

Haverá *fato processual* quando o fato (natural ou jurídico) repercutir sobre determinado processo (exemplo: a morte do réu causa a extinção da punibilidade e encerra o processo).

Atos jurídicos são declarações de vontade que causam repercussões jurídicas no sentido de criar, modificar ou extinguir direitos.

Atos processuais são atos jurídicos praticados no processo, com vistas a criar, modificar ou extinguir direitos processuais.

Não é possível pensar a existência de processo sem procedimento e sem a prática de atos processuais, bem por isso o acerto de Giovanni Leone[1] ao afirmar que, numa visão restrita, o processo pode ser apontado como um conjunto de atos encaminhados a uma decisão jurisdicional acerca de uma *notitia criminis*.

Ensina Maier que "el proceso penal es una reunión de múltiples actos que la ley disciplina (...). El *acto procesal* es, así, según ya fue dicho, la partícula más pequeña

---

1. *Tratado de derecho procesal penal*, traducción de Santiago Sentís Melendo, Buenos Aires, EJEA – Ediciones Jurídicas Europa-América, 1989, t. I, p. 10.

sobre la base de la cual la ley erige el edificio del procedimiento judicial, también en la materia penal".[2]

Essa mesma visão levou Clariá Olmedo a afirmar que o "acto es la unidad de la actividad procesal penal".[3]

O desenvolvimento da marcha processual reclama uma sucessão de atos que devem ser ordenadamente praticados.

2. Tipos de Atos Processuais

Os atos processuais podem ser *simples* ou *complexos*.

São ***simples*** os atos que resultam da manifestação de apenas uma pessoa ou órgão (monocrático ou colegiado).

Atos ***complexos*** são aqueles cuja realização demanda uma série ou conjunto de outros atos interligados entre si. Exemplo: a audiência de instrução e julgamento, em que se verifica a oitiva de testemunhas e da vítima (sendo caso), eventuais esclarecimentos periciais, o interrogatório do réu, a apresentação das razões finais das partes e a sentença.

Tendo em vista *o sujeito* do ato, podemos dizer que eles são praticados pelas *partes*; pelo *juiz*; por *auxiliares da Justiça* e também por *terceiros*, conforme passaremos a tratar nos tópicos que seguem.

3. Atos Praticados pelas Partes

Qualquer que seja a natureza do procedimento a ser observado, nele *as partes poderão* praticar atos postulatórios, instrutórios e dispositivos.

Atos postulatórios são requerimentos dirigidos pelas partes ao juiz para que se manifeste sobre um conteúdo determinado.[4] Podem versar sobre o *mérito* da ação ou sobre o *processo*. Exemplos: o oferecimento de denúncia; a resposta defensória escrita (CPP, arts. 396 e 396-A); *pedido* de revogação da prisão preventiva; pedido de reconsideração da decisão que aplicou medidas cautelares restritivas.

São *instrutórios* os atos que integram a atividade probatória; que se prestam a produzir prova e instruir o processo de modo a permitir ao julgador o maior conjunto possível de informações a respeito dos fatos tratados. Exemplos: *as reperguntas* feitas a determinada testemunha; *o pedido* de juntada de documentos.

---

2. Julio B. J. Maier, *Derecho procesal penal*, Buenos Aires, Editores del Puerto s.r.l., 2011, t. II, p. 10.

3. Jorge A. Clariá Olmedo, *Derecho procesal penal*, Santa Fé, Rubinzal-Culzoni Editores, atualizado por Carlos Alberto Chiara Díaz, 2008, t. II, p. 181.

4. Essa definição também é em parte utilizada por James Goldschmidt quando se refere a "las peticiones" (*Derecho, derecho penal y proceso*, Madrid, Marcial Pons, 2010, t. I, p. 851).

Atos dispositivos ou de disposição são aqueles que materializam declaração de vontade em relação à tutela jurisdicional do Estado. Exemplos: a transação penal; a renúncia ao direito de queixa e o perdão do ofendido.

4. Atos Jurisdicionais

Atos jurisdicionais são atos jurídicos praticados no exercício da jurisdição – por magistrado, portanto.

O juiz deve praticar atos instrutórios, de polícia processual, de coerção, decisórios e também atos anômalos.

Atos instrutórios são aqueles praticados com vistas a coletar provas que interessam para o julgamento do processo. Exemplos: oitiva de testemunhas e vítima e interrogatório do réu.

Atos de polícia processual são atos tendentes à manutenção da ordem entre os presentes durante as audiências e sessões. Exemplo: o art. 497, I, do CPP, determina que o juiz deve regular a polícia das sessões nos julgamentos pelo Tribunal do Júri, e prender os desobedientes; o art. 794 do CPP dispõe que "a polícia das audiências e das sessões compete aos respectivos juízes ou ao presidente do tribunal, câmara, ou turma, que poderão determinar o que for conveniente à manutenção da ordem. Para tal fim, requisitarão força pública, que ficará exclusivamente à sua disposição".

São ***atos de coerção*** aqueles em que o juiz determina que algo se faça, mesmo contra a vontade de quem deveria realizar. Exemplo: se a vítima e/ou testemunha regularmente intimada deixar de comparecer à audiência e nada justificar, o juiz poderá determinar a condução coercitiva (CPP, art. 201, § 1º, e art. 218).

Atos decisórios são atos que só podem ser praticados por magistrado (privativos do Juiz, Desembargador ou Ministro), e resolvem, *em regra*, questão controvertida *no processo*. Como expressou Maier, "cuando las partes requieren, los jueces decidem".[5]

Calha por aqui observar que há determinados *atos decisórios* que são praticados mesmo antes da existência do processo, tal como ocorre com a decisão que decreta prisão temporária; com a decisão que concede liberdade provisória, com ou sem fiança, em favor da pessoa presa em flagrante; decisão que decreta quebra de sigilo telefônico, bancário ou fiscal.

Observado o disposto no art. 800[6] e nos arts. 581, *caput*,[7] e 593, I[8] e II,[9] todos do CPP, é possível apresentar a seguinte classificação:

---

5. Julio B. J. Maier, *Derecho procesal penal*, Buenos Aires, Editores del Puerto s.r.l., 2011, t. II, p. 328.
6. Fala em *despachos* e *decisões*.
7. Aponta para a existência de *decisão, despacho* ou *sentença*.
8. Refere-se a *sentenças definitivas* de condenação ou absolvição.
9. Menciona a existência de *decisões definitivas* ou *com força de definitivas*.

1) *Despachos de expediente;*

2) *Decisões.*

Considerando o momento em que se verifica e a natureza da matéria tratada, *as decisões* podem ser assim classificadas:

2.1) *Decisões interlocutórias,*[10] que podem ser:

2.1.1) *Decisões interlocutórias simples;* ou

2.1.2) *Decisões interlocutórias mistas.*

2.2) *Decisões definitivas em sentido lato.*

2.3) *Decisões definitivas em sentido estrito.*

1) ***Despachos de expediente*** são atos jurisdicionais relacionados pura e simplesmente com a marcha ou andamento do processo. Não tratam de qualquer questão controvertida; sobre a qual divirjam as partes. Embora até seja possível enquadrá-los no conceito de *decisão em sentido amplo*, por veicularem alguma determinação judicial, um olhar mais sutil e técnico faz perceber que não se confundem com a ideia de *decisão*, visto que não se prestam a resolver questão controvertida. Exemplos: despacho determinando a expedição de carta precatória para a oitiva de testemunha, a juntada de um documento ou a intimação da parte contrária para que sobre tal meio de prova se manifeste; despacho no qual o juiz designa data para a audiência de instrução e julgamento.

2) ***Decisões interlocutórias*** são decisões que tratam de *matéria controvertida* nos autos, não julgam o mérito, mas *podem* acarretar o fim do processo.

"Il giudice" – ensinou Carnelutti – "non decide solamente alla fine del procedimento giurisdizionale".[11]

As decisões ***interlocutórias simples*** resolvem a controvérsia sem colocar fim ao processo ou fase do procedimento. Exemplos: decisão que decreta a prisão preventiva ou impõe medida cautelar restritiva; decisão de recebimento da denúncia ou queixa.

As decisões ***interlocutórias mistas,*** também chamadas ***decisões com força de definitiva,*** são aquelas em que o juiz avalia e resolve determinada controvérsia, de modo a colocar fim ao processo ou a uma fase processual, sem julgamento de mérito. Exemplos: decisão que acolhe exceção de coisa julgada e decisão de pronúncia (esta última é cabível nos processos de competência do Tribunal do Júri).

10. "As decisões interlocutórias, salvo previsão legal específica, são irrecorríveis no âmbito processual penal. Se tais provimentos não traduzem dano ou risco atual ou iminente ao estado de liberdade, o inconformismo do acusado deve ser veiculado, oportunamente, pelas vias próprias, descabendo a utilização desmedida do *habeas corpus*, relevante remédio constitucional vocacionado exclusivamente à tutela do direito de locomoção" (STF, HC 131.164/TO, 1ª T., rel. Min. Edson Fachin, j. 24-5-2016, *DJe* n. 196, de 14-9-2016).

11. Francesco Carnelutti, *Principi del processo penale*, Napoli, Morano Editore, 1960, p. 228.

3) ***Decisões definitivas em sentido lato*** são aquelas que, embora decidam sobre a pretensão punitiva, são terminativas do processo sem tratar da procedência ou improcedência da imputação penal. Exemplo: decisão que reconhece presente qualquer causa de extinção da punibilidade (morte do agente; prescrição; *abolitio criminis* etc.).

4) ***Decisões definitivas em sentido estrito*** são as sentenças, que se apresentam terminativas para o processo, pois resolvem a controvérsia processual com o julgamento do mérito.

5. Atos Praticados por Auxiliares da Justiça

Auxiliares da Justiça são os funcionários do Poder Judiciário, incumbidos de dar cumprimento às determinações judiciais, e no exercício de suas funções *devem* praticar atos de *movimentação*, de *execução* e de *documentação*.

São ***atos de movimentação*** aqueles destinados a cumprir a marcha processual. Exemplos: a abertura de vista dos autos ao Ministério Público ou ao defensor e a conclusão dos autos ao juiz.

Atos de execução são destinados ao cumprimento, à efetivação das determinações judiciais. Exemplos: a efetiva expedição dos mandados de citação e intimação; a citação do acusado; a intimação de testemunhas ou perito para comparecimento em juízo.

Atos de documentação são aqueles destinados a atestar ou certificar a prática de outro ato processual qualquer. Exemplos: o escrevente certifica que expediu mandado de citação ou de intimação; o oficial de justiça certifica que citou o acusado.

5.1. Termos

Quando cumpre uma determinação judicial, o auxiliar da Justiça deve, em regra, lavrar o termo respectivo, daí afirmar Tourinho Filho que "normalmente, os termos dizem respeito aos atos de movimentação praticados pelos auxiliares da Justiça".[12]

Basicamente relacionados com a tramitação ou movimentação do processo, acrescenta Mirabete que "são chamados de termo **de juntada** (de que foi anexado aos autos um documento ou coisa); **de conclusão** (de que se remetem os autos do juiz); **de vista** (de que os autos estão à disposição das partes); **de recebimento**; **de apensamento** (de terem sido juntados outros autos ou peças de informação aos autos principais); e **de desentranhamento** (de que foi separado, desentranhado, documento ou peça do processo)".[13]

---

12. Fernando da Costa Tourinho Filho, *Manual de processo penal*, 17. ed., São Paulo, Saraiva, 2017, p. 531.

13. Julio Fabbrini Mirabete, *Processo penal*, 16. ed., São Paulo, Atlas, 2004, p. 458-459.

O rol anteriormente indicado não é taxativo, mas apenas exemplificativo, na medida em que ainda é possível falar em termo **de remessa** (remessa dos autos à Superior Instância, por exemplo); **de baixa ou devolução** (baixa ou devolução dos autos ao juízo de primeiro grau), dentre outros.

6. Atos Praticados por Terceiros

Terceiros, interessados ou desinteressados, também praticam atos processuais, tal como ocorre com a testemunha chamada a depor em juízo; aliás, em regra, a prova testemunhal é um ato processual de extrema importância para o julgamento da causa.

Algumas vezes, terceiros poderão praticar atos de natureza postulatória dentro do processo. Exemplo: terceiro prejudicado que requer a restituição de um bem seu, apreendido nos autos.

Capítulo 17
Citação e Intimação

1. Introdução

Não é possível imaginar o atendimento a diversos princípios constitucionais se o conteúdo da acusação materializada em uma denúncia ou queixa-crime não for oficialmente informado àquele a quem se imputa a prática delitiva, que nesses termos deve ser formalmente chamado a se defender em juízo.

De igual maneira, as partes e terceiros devem ser cientificados de atos que se realizarem no curso do processo.

Para a concretização desses ideais democráticos, a validade do processo reclama que se façam, oportunamente, a citação e as intimações cabíveis, conforme veremos a seguir.

2. Citação

A citação é desdobramento lógico-jurídico que se segue ao formal recebimento da inicial acusatória, pois, conforme sentenciou Maier,[1] ninguém pode defender-se de algo que não conhece, daí o acerto de Armenta Deu ao afirmar que "no puede predicarse la vigencia del principio de audiência,[2] sin que, simultáneamente, se tenga conocimiento de la acusación formulada".[3]

1. Julio B. J. Maier, *Derecho procesal penal*, Buenos Aires, Editores del Puerto s.r.l., 2011, t. I, p. 559.

2. "En el principio de contradicción o audiencia, por su parte, se incluyen dos cuestiones frecuentes y erróneamente atribuidas a la aplicación del principio acusatorio: el derecho a conocer de la acusación formulada y la ya citada correlación entre acusación y sentencia" (Teresa Armenta Deu, *Estudios sobre el proceso penal*, Santa Fé, Rubinzal-Culzoni, 2008, p. 132).

3. Teresa Armenta Deu, *Estudios sobre el proceso penal*, Santa Fé, Rubinzal-Culzoni, 2008, p. 89.

Nos procedimentos ordinário e sumário, por exemplo, oferecida a denúncia ou queixa, o juiz, se não a rejeitar liminarmente, recebê-la-á e ordenará a citação do acusado para responder à acusação, por escrito, no prazo de 10 (dez) dias (CPP, art. 396).

Citação é ato de comunicação processual que tem por finalidade dar ciência ao acusado a respeito da existência da ação penal contra ele instaurada, permitindo-lhe pleno conhecimento do teor da acusação,[4] e chamá-lo a juízo para se defender,[5] pessoalmente e por intermédio de defensor técnico.

Segundo o conceito formulado por Frederico Marques, "citação é o ato processual com que se dá conhecimento ao réu da acusação contra ele intentada a fim de que possa defender-se e vir integrar a relação processual".[6]

Para Espínola Filho, "a citação é o ato oficial pelo qual, no início da ação penal, é dada ciência ao acusado de que contra ele se movimenta essa ação, chamando-o a vir, a juízo, ver-se processar e fazer a sua defesa".[7]

Na visão de Pacelli, a citação é "modalidade de ato processual cujo objetivo é o chamamento do acusado ao processo, para fins de conhecimento da demanda instaurada e oportunidade do exercício, desde logo, da ampla defesa e das demais garantias individuais".[8]

É com a citação válida[9] que se completa a relação jurídico-processual[10] delineada no trinômio *juiz, autor* (Ministério Público ou querelante) e *acusado* (*actum trium personarum*).

Ressalvada a hipótese de nulidade do ato, cita-se apenas uma vez. Não há citação na execução penal. Apenas no processo de execução da pena de multa será o executado *citado* para pagamento, conforme o procedimento aplicável.[11]

---

4. "(...) consiste en hacer saber o poner en conocimiento del imputado todos los elementos que el actor penal ha hecho valer en su requerimiento incriminatorio" (Raúl Washington Ábalos, *Derecho procesal penal*, 2. ed., Mendoza, Ediciones Jurídicas Cuyo, 2006, t. I, p. 264).

5. "A citação pessoal é direito de todo acusado. Direito que materializa a garantia constitucional da ampla defesa, notadamente porque a notícia da formalização de uma acusação criminal é, lógico, o ponto de partida de qualquer possibilidade de defesa" (STF, HC 98.184/SE, 2ª T., rel. Min. Ayres Britto, j. 31-5-2011, *DJe* de 4-10-2011).

6. José Frederico Marques, *Elementos de direito processual penal*, Rio-São Paulo, Forense, v. II, p. 176.

7. Eduardo Espínola Filho, *Código de Processo Penal brasileiro anotado*, 3. ed., Rio de Janeiro, Editor Borsoi, 1955, v. III, p. 527-528.

8. Eugênio Pacelli, *Curso de processo penal*, 21. ed., São Paulo, Atlas, 2017, p. 619.

9. "Sem citação válida, o texto da lei fundamental torna-se ineficaz" (STF, RHC 64.743/SP, 2ª T., rel. Min. Celso Borja, j. 18-12-1986, *DJe* de 30-3-1987).

10. Nos precisos termos do art. 363, *caput*, do CPP: "O processo terá completada a sua formação quando realizada a citação do acusado".

11. Consultar a respeito nossos livros: *Curso de execução penal*; *Lei de execução penal anotada*, e *Execução penal* (Coleção Saberes do Direito, v. 9), todos publicados pela Editora Saraiva.

Cita-se apenas aquele que figurar como sujeito passivo na ação penal, portanto o acusado ou querelado, e, por constituir ato pessoal, a citação deve ser executada diretamente na pessoa do imputado,[12] titular do direito de liberdade.[13] Quando se tratar de pessoa jurídica,[14] a citação deverá ser feita na pessoa de seu representante legal ou quem seus estatutos designarem.

Considerando que o art. 5º, LV, da CF, assegura aos acusados em geral o *contraditório* e a *ampla defesa*, com os meios e recursos a ela inerentes, a citação se apresenta no processo penal como regra primária de imprescindível observância.

Como bem apreendeu Maier: "En verdad, no tendría ningún sentido expresar el derecho a ser oído, ni regular pormenorizadamente la necesidad de una imputación correcta para darle vida, si no se previera el deber de comunicar al perseguido la imputación que a él se le dirige".[15]

Não se concebe o exercício da ampla defesa e do contraditório, tampouco devido processo, sem citação válida. A ausência ou nulidade da citação é causa de nulidade absoluta do processo, conforme preceitua o art. 564, III, *e*, do CPP. Tal mácula restará sanada, entretanto, se verificada a hipótese do art. 570 do CPP, *verbis*: "A falta ou nulidade da citação, da intimação ou notificação estará sanada, desde que o interessado compareça, antes de o ato consumar-se, embora declare que o faz para o único fim de argui-la. O juiz ordenará, todavia, a suspensão ou o adiamento do ato, quando reconhecer que a irregularidade poderá prejudicar direito da parte".

A citação contém um chamado para todos os atos da marcha processual, nos limites do art. 367 do CPP, segundo o qual "o processo seguirá sem a presença do acusado que, citado ou intimado pessoalmente para qualquer ato, deixar de comparecer sem motivo justificado".

2.1. Modalidades de citação

No processo penal são admitidas as seguintes modalidades: *1) citação pessoal*; *2) citação por edital* e, *3) citação por hora certa*.

Ao contrário do que se verifica no processo civil (CPC/2015, art. 246, I), no processo penal não se admite a citação pelo correio.

12. STF, Inq 2.704/RJ, Tribunal Pleno, rel. Min. Rosa Weber, rel. p/ o Acórdão Min. Dias Toffoli, j. 17-10-2012, *DJe* n. 038, de 27-2-2013.

13. Victor Moreno Catena e Valentín Cortés Domínguez, *Derecho procesal penal*, 6. ed., Valencia, Tirant lo Blanch, 2012, p. 93.

14. Em conformidade com o art. 225, § 3º, da CF, o art. 3º da Lei n. 9.605/98 (Crimes Ambientais) dispõe a respeito da responsabilidade penal da pessoa jurídica. Sobre a matéria, consultar: Renato Marcão, *Crimes ambientais*, 4. ed., São Paulo, Saraiva, 2018.

15. Julio B. J. Maier, *Derecho procesal penal*, Buenos Aires, Editores del Puerto s.r.l., 2011, t. I, p. 559.

Não se admite, ainda, citação por meio eletrônico, visto que o art. 9º da Lei n. 11.419/2006, que dispõe sobre a informatização do processo judicial, deve ser interpretado em conjunto com o art. 6º do mesmo Diploma, onde há vedação expressa à citação por meio eletrônico quando se tratar de processo criminal *ou* por ato infracional.

2.1.1. Citação pessoal

A citação será, em regra, *pessoal* ou *real*, assim considerada aquela realizada diretamente na pessoa do acusado (*in faciem*).

Sob tal modalidade, poderá efetivar-se: por mandado; por carta precatória; por carta rogatória; por carta de ordem; por requisição.

2.1.1.1. Citação por mandado

A citação por mandado é utilizada quando o acusado encontrar-se na mesma comarca ou local em que ajuizada a ação penal. Se estiver fora da jurisdição do juiz da causa, porém dentro do território nacional, a citação será efetivada, em regra, mediante carta precatória; se fora do território nacional, mediante carta rogatória, tudo com as particularidades que mais adiante veremos, inclusive em relação às hipóteses de efetivação da citação mediante carta de ordem e requisição.

Como aponta Nucci, "é a forma usual de citação, valendo-se o juiz do oficial de justiça, que busca o acusado, dando-lhe ciência, pessoalmente, do conteúdo da acusação, bem como colhendo o seu *ciente*".[16]

Nos precisos termos do art. 351 do CPP, "a citação inicial far-se-á por mandado, quando o réu estiver no território sujeito à jurisdição do juiz que a houver ordenado". Recebida a denúncia ou queixa e ordenada a citação (CPP, art. 396, *caput*), a serventia do juízo deverá providenciar a expedição de mandado judicial que será entregue a um oficial de justiça a quem cumprirá diligenciar junto ao(s) endereço(s) de que se tem notícia visando a localização do acusado e, uma vez encontrado, dar-lhe ciência, conhecimento formal da acusação, o que também ocorre com a entrega de uma cópia da inicial acusatória.

Por força do disposto no art. 352 do CPP, o mandado de citação deverá conter os seguintes ***requisitos intrínsecos***: I – o nome do juiz; II – o nome do querelante nas ações iniciadas por queixa; III – o nome do réu, ou, se for desconhecido, os seus sinais característicos; IV – a residência do réu, se for conhecida; V – o fim para que é feita a citação; VI – o juízo e o lugar, o dia e a hora em que o réu deverá comparecer; VII – a subscrição do escrivão e a rubrica do juiz.

---

16. Guilherme de Souza Nucci, *Manual de processo e execução penal*, 14. ed., Rio de Janeiro, Forense, 2017, p. 610.

Sob pena de nulidade por omissão de formalidade que constitui elemento essencial do ato (CPP, art. 564, IV), encontrando o acusado que deva ser citado, o oficial de justiça incumbido da diligência deverá providenciar a leitura do mandado e entregar-lhe contrafé (cópia integral do instrumento), na qual devem constar dia e hora da citação. De tudo o oficial deverá lavrar certidão, fazendo constar a entrega da contrafé, e sua aceitação ou recusa. Esses são os denominados ***requisitos extrínsecos*** da citação, pois se encontram fora do mandado, e estão regulados no art. 357 do CPP.

Se o acusado se recusar a apor seu ciente no verso do mandado; se negar à aceitação da citação, o oficial de justiça deverá constar tal recusa em sua certidão, que tem fé pública, e a citação será dada por efetivada. Prevalecerá a presunção de validade do ato realizado pelo funcionário público. De nada adiantará a descortesia do acusado.

É a certidão do oficial de justiça que faz prova da efetivação e data da citação, revelando, inclusive, sua regularidade formal ou nulidade.

Segundo já decidiu o Supremo Tribunal Federal: "Uma vez comprovada, mediante certidão lavrada por oficial de justiça, a citação pessoal, descabe acolher assertiva em sentido contrário. O oficial de justiça goza de fé pública, devendo a parte comprovar a insubsistência do que certificado".[17]

A citação poderá ser feita em qualquer dia e hora, inclusive durante os finais de semana e feriados. "Obviamente, não se realiza durante a noite, se o réu estiver em seu domicílio, por conta, inclusive, da inacessibilidade garantida, constitucionalmente, ao local (art. 5º, XI, CF). Fora daí, pouco importa ser noite ou dia. A nosso ver, a citação criminal é sempre urgente, motivo pelo qual não previu o Código de Processo Penal obstáculos à sua efetivação, tal como fez o Código de Processo Civil",[18] no art. 244: "Não se fará a citação, salvo para evitar o perecimento do direito: I – de quem estiver participando de ato de culto religioso; II – de cônjuge, de companheiro ou de qualquer parente do morto, consanguíneo ou afim, em linha reta, ou na linha colateral em segundo grau, no dia do falecimento e nos 7 (sete) dias seguintes; III – de noivos, nos 3 (três) primeiros dias seguintes ao casamento; IV – de doente, enquanto grave o seu estado'".

2.1.1.2. Citação por carta precatória

Quando o acusado estiver fora do território da jurisdição do juiz processante, porém dentro do território nacional, será citado mediante precatória (CPP, art. 353).

Se, por ocasião do despacho de recebimento da denúncia ou queixa, já existir informação nos autos indicando que o acusado se encontra em comarca diversa,

---

17. STF, HC 76.731-6/SP, 2ª T., rel. Min. Marco Aurélio, j. 23-6-1998, *DJU* de 4-9-1998, *RT* 758/473.

18. Guilherme de Souza Nucci, *Manual de processo e execução penal*, 14. ed., Rio de Janeiro, Forense, 2017, p. 613.

dentro do território nacional, desde logo o juiz determinará sua citação por precatória. Igual providência adotará se, após tentativa de citação por mandado, o oficial de justiça incumbido das diligências lavrar certidão informando que o mesmo se encontra sob a jurisdição de juiz diverso.

Deprecar significa solicitar, e aqui tem o sentido de solicitação feita por um juiz a outro, visando à realização do ato citatório. O juiz em cuja jurisdição tem curso a ação penal solicita a outro, de comarca diversa, a prática do ato.

Denomina-se ***juiz deprecante*** aquele que solicita, o juiz da causa, o juiz processante, e ***juiz deprecado*** o juiz solicitado, aquele da jurisdição onde o acusado se encontra e a quem foi solicitada a efetivação da citação.

A citação por precatória é ato de cooperação jurisdicional.[19]

Diz o art. 354 que a precatória indicará: I – o juiz deprecado e o juiz deprecante; II – a sede da jurisdição de um e de outro; III – o fim para que é feita a citação, com todas as especificações; IV – o juízo do lugar, o dia e a hora em que o réu deverá comparecer.

Cumpre anotar, no que tange ao inciso III, que em razão das alterações introduzidas no CPP pelas Leis n. 11.719/2008 e 11.689/2008, no procedimento comum e também naquele de competência do Tribunal do Júri, o juiz deve determinar a citação do acusado para que tome conhecimento da existência do processo e apresente resposta escrita no prazo de 10 (dez) dias, conforme determinam os arts. 396, *caput*, e 406, do CPP, respectivamente.

Por outro vértice, só cabe observar o inciso IV quando se tratar de carta precatória visando à *intimação* para comparecimento em audiência de instrução ou de outro ato processual para o qual seja necessário designar dia, hora e local visando sua realização.

Recebida a precatória, o juiz deprecado determinará o seu cumprimento, a fim de que se efetive o ato citatório. Nada impede que, ao lançar o seu "cumpra-se" (despacho determinando o cumprimento), faça constar que a própria precatória servirá de mandado, sendo desnecessária a expedição de outro documento denominado *mandado de citação*.

Considerando que a citação por carta precatória é modalidade de citação pessoal, sua efetivação pelo oficial de justiça reclama observância às regras ditadas no art. 357 do CPP, a saber: I – leitura do mandado ao citando pelo oficial de justiça e entrega da contrafé, na qual se mencionarão dia e hora da citação; II – declaração do oficial, na certidão, da entrega da contrafé, e sua aceitação ou recusa.

---

19. José Frederico Marques, *Elementos de direito processual penal*, Rio-São Paulo, Forense, v. II, p. 177.

Feita a citação, a precatória será devolvida ao juiz deprecante independentemente de traslado (não é necessário manter cópia da precatória no juízo deprecado).

Certificado pelo oficial de justiça que o acusado se oculta para não ser citado, será cabível a citação por hora certa, conforme veremos mais adiante.

Se houver urgência, a precatória poderá ser expedida por **via telegráfica**, depois de reconhecida a firma do juiz, o que a estação expedidora mencionará. Nesse caso, a precatória poderá conter em resumo os requisitos enunciados no art. 354 do CPP.

Também em caso de comprovada urgência, adotadas as cautelas necessárias visando à comprovação de sua autenticidade e origem, é possível que a precatória seja enviada **via** ***fax***.

Por igual razão e com as mesmas cautelas, é possível o encaminhamento da precatória por **meio eletrônico**, situação em que a assinatura do juiz deverá ser eletrônica, na forma da lei (CPC/2015, art. 263).

Muito embora o Código de Processo Penal não seja expresso a respeito, é possível a precatória **por telefone**, seguindo as regras ditadas pelos arts. 264 e 265 do CPC/2015.

Pode, em síntese, ser **expedida por qualquer meio de comunicação eficaz** a que se possa atribuir credibilidade, e é certo que a plena e exitosa implantação do **processo digital** fará extinguir ou reduzir a quase inaplicabilidade vetustas formas de veiculação do ato citatório.

Nas **comarcas contíguas**, como ocorre com as regiões metropolitanas, onde duas ou mais podem ser visualizadas e transitadas sem solução de continuidade em seus limites urbanos, é possível que a citação por mandado se realize fora dos limites da jurisdição do juiz que a determinou, constituindo verdadeira *exceção* à regra que determina a citação por precatória quando o acusado estiver sob outra jurisdição, diversa do juízo processante.

2.1.1.2.1. Carta precatória itinerante

Se, em razão das diligências visando à localização do acusado para citação no juízo deprecado, ficar constatado que ele se encontra em território sujeito à jurisdição de outro juiz, a este o juiz deprecado remeterá os autos visando à efetivação da diligência, quando então comunicará a respeito de tal providência o juízo deprecante (CPP, § 1º do art. 355).

No Código de Processo Civil/2015, a regra está regulada no art. 262, nos seguintes termos: "A carta tem caráter itinerante, podendo, antes ou depois de lhe ser ordenado o cumprimento, ser encaminhada a juízo diverso do que dela constar, a fim de praticar o ato".

Do caráter itinerante decorre a desnecessidade de devolução da carta ao juízo deprecante para que este a reenvie ao juízo competente para o cumprimento da diligência (um terceiro juízo), permitindo o reenvio, por exemplo, quando tiver ocorrido erro no endereçamento, ou quando se constatar que o acusado se encontra, efetivamente, sob outra jurisdição, do que resulta considerável economia e celeridade na realização do ato pendente.

2.1.1.3. Citação por carta rogatória

***Rogatória* é solicitação**, aqui, de um juízo nacional para outro, fora da Federação, daí constituir **ato de cooperação internacional**.

Seja qual for o delito praticado, se o acusado estiver ***no estrangeiro*, *em endereço sabido***, será citado mediante carta rogatória, suspendendo-se o curso do prazo de prescrição até o seu cumprimento (CPP, art. 368).

As citações que houverem de ser feitas ***em legações estrangeiras*** – embaixadas ou consulados – também serão efetuadas mediante carta rogatória (CPP, art. 369).

Para sua expedição, não basta que o acusado se encontre fora da Federação. É preciso seja conhecido seu endereço, pois do contrário não terá sentido a solicitação. Se estiver no estrangeiro, porém em local desconhecido, deverá ser citado no Brasil, por edital, conforme cuidaremos de analisar mais adiante.

Na dicção do § 1º do art. 256 do CPC/2015, considera-se inacessível o país que recusar o cumprimento de carta rogatória. Nessa situação, ainda que se encontre em endereço certo, o acusado será citado por edital.

Conforme o disposto no art. 783 do CPP: "As cartas rogatórias serão, pelo respectivo juiz, remetidas ao Ministro da Justiça, a fim de ser pedido o seu cumprimento, por via diplomática, às autoridades estrangeiras competentes", observando-se, quanto ao mais, as regras fixadas nos arts. 780 a 782, e 784 a 786 do CPP.

Sobre esse tema, ver o capítulo destinado ao estudo das relações institucionais com autoridades estrangeiras.

2.1.1.4. Citação por carta de ordem

***Carta de ordem* é determinação** que pode ser enviada de um tribunal superior a outro que lhe seja inferior, ou de um tribunal a um juízo.

Como disse Tourinho Filho: "Se o órgão que expedir for de grau superior, evidentemente que este não solicitará a um inferior a prática de algum ato processual. Ordenará. Daí a expressão 'carta de ordem', que se empresta àqueles 'pedidos' formulados pelos Tribunais, nas ações originárias, a teor do § 1º do art. 9º da Lei n. 8.038/90".[20]

---

20. Fernando da Costa Tourinho Filho, *Manual de processo penal*, 17. ed., 2017, p. 564.

Sob tal ótica, a citação por carta de ordem tem *tramitação vertical*, pois sua origem está vinculada em autoridade de grau superior e deve ser cumprida por autoridade de grau inferior.

Supondo que, em razão de foro privilegiado por prerrogativa de função, alguém tenha contra si ajuizada uma ação penal junto ao Tribunal de Justiça do Estado de São Paulo, originariamente competente, sendo domiciliado em uma comarca no interior do mesmo Estado, a citação far-se-á mediante expedição de carta de ordem endereçada pelo Egrégio Tribunal ao juiz da localidade onde o acusado residir.

Na arguta visão de VILAS BOAS: "Qualquer autoridade judiciária que esteja em grau superior remeterá a *carta de ordem* para a outra, em posição inferior, com vistas a cumprir uma atividade jurisdicional".[21]

É importante destacar que a carta de ordem não se destina apenas à citação, podendo ser utilizada para a prática de variados atos de instrução processual.

A diferença que se pode notar entre carta precatória e carta de ordem está no plano em que atuam. Enquanto a carta de ordem se presta a providências no sentido vertical: de um juízo superior para outro de grau inferior; a carta precatória se destina às solicitações entre juízos de mesmo grau; autoridades que se encontram no mesmo nível funcional, horizontal, portanto.

2.1.1.5. Citação por requisição

É a forma adequada de se proceder à **citação do militar**.

À luz do disposto no art. 358 do CPP, "a citação do militar far-se-á por intermédio do chefe do respectivo serviço".

É preciso entender, entretanto, como tal se procede.

Ao dizer que o militar deverá ser citado "por intermédio do chefe do respectivo serviço", o legislador determinou que o juiz do feito encaminhe *requisição*, por ofício, ao superior do acusado, que no momento e forma convenientes fará chegar até este o conhecimento necessário.

Para evitar tratamento desigual e ofensa ao princípio da ampla defesa, o ofício requisitório deverá conter os mesmos requisitos do mandado de citação.

Com tais formalidades, resguarda-se a disciplina e hierarquia do serviço militar ao qual está vinculado.

Observada a advertência feita por NUCCI, "quando a permanência do acusado for definitiva, em outra comarca, faz-se a expedição do ofício por precatória".[22]

---

21. MARCO ANTONIO VILAS BOAS, *Processo penal completo*, São Paulo, Saraiva, 2001, p. 365.
22. GUILHERME DE SOUZA NUCCI, op. cit., p. 613-614.

2.1.1.6. Citação do funcionário público

Antes da reforma introduzida pela Lei n. 11.719/2008, recebida a denúncia, o réu era citado para conhecimento da acusação e comparecimento em juízo, no dia e hora designados para seu interrogatório, que era realizado no início do processo.

Atualmente o interrogatório é o último ato da instrução, nos moldes do que dispõe o art. 400, *caput*, do CPP.

Sob a égide da lei antiga, a citação do funcionário público deveria ser realizada por mandado, com uma particularidade: o chefe de sua repartição era notificado do dia e hora em que seu subordinado deveria comparecer em juízo para ser interrogado.

Concomitantemente à citação, expedia-se um ofício de requisição ao superior hierárquico dando-lhe conhecimento prévio da ausência do funcionário a ele subordinado.

Visava-se com tal cautela evitar a paralisação do serviço público, na medida em que a necessidade de ausência momentânea do acusado, conhecida previamente por seu superior, poderia ser suprida pelo trabalho de outro oportunamente designado. Preservavam-se, além da necessária continuidade dos serviços públicos, a disciplina e a hierarquia do funcionalismo público.

O aperfeiçoamento da citação, nesse caso, reclamava a expedição de mandado de citação e ofício requisitório.

Havendo extrema e justificada necessidade, imposta pelas atividades desenvolvidas pelo acusado, seu superior hierárquico poderia solicitar ao juiz a designação de outra data para o interrogatório.

Atualmente o réu é citado para conhecimento do processo e para que apresente resposta escrita (CPP, art. 396, *caput*), do que decorre a desnecessidade de cientificação imediata de seu superior hierárquico para as finalidades acima anotadas. Basta que o funcionário público seja citado por mandado ou qualquer outra modalidade prevista.

De ver, entretanto, que, em se tratando de *intimação para comparecimento em juízo*, na audiência de instrução e julgamento, por exemplo, cabíveis se revelam as providências anteriormente descritas, conforme melhor interpretação que se deve emprestar ao art. 359 do CPP. Nesse caso, expede-se mandado de intimação (destinado ao acusado) e também o ofício requisitório (destinado ao chefe da repartição).

Como nas demais hipóteses, vale lembrar que, se o funcionário público for residente ou domiciliado em comarca diversa da jurisdição a que se encontrar submetida a ação penal, sua citação deverá ser deprecada, cabendo ao juiz solicitado a adoção das providências tendentes à efetivação do ato.

2.1.1.7. Citação do réu preso

A forma de citação do réu preso, antes da Lei n. 10.792/2003, era objeto de profundas discussões.

Alguns entendiam que bastava a sua *requisição* ao Diretor do estabelecimento penal onde se encontrava custodiado, não havendo necessidade de citação por mandado, sendo essa a posição adotada no Supremo Tribunal Federal.[23] Outros entendiam necessária a citação pessoal e também a requisição.

Arguições de nulidades sempre existiram em razão de tais questionamentos.

Com o advento da Lei n. 10.792/2003 a questão ficou superada e já não há mais razão para discussão, pois, conforme a atual redação do art. 360 do CPP, "se o réu estiver preso, será pessoalmente citado".[24]

Sob pena de nulidade absoluta, **a citação do réu preso será pessoal**.

O juiz processante deve, portanto, determinar a expedição de mandado de citação a ser cumprido por oficial de justiça, sendo descabida a singela requisição ao Diretor do estabelecimento prisional como único ato de comunicação.

Se o réu estiver preso em outra comarca, diversa daquela em que fora ajuizada a ação penal, sua citação deverá ser feita por carta precatória.

Nos precisos termos da Súmula 351 do STF: "É nula a citação por edital de réu preso na mesma Unidade da Federação em que o juiz exerce a sua jurisdição".

2.1.1.8. Citação do incapaz

A lei processual penal não tem regra específica para a citação do **incapaz em razão de doença mental**, não sendo demais lembrar que é impossível a existência de processo criminal válido contra o incapaz em razão da idade (menor de 18 anos).

Duas são as situações possíveis:

1ª A incapacidade do acusado já é conhecida antes da citação.

Diante de tal quadro, o juiz processante deverá adotar as providências do art. 149 do CPP (exame de insanidade mental do acusado) e, comprovada a incapacidade, determinar que a citação seja feita *na pessoa do curador* nomeado.

23. "Não enseja nulidade da citação a falta de expedição de mandado judicial juntamente com o pedido de requisição do réu preso, se este comparece em juízo, antes da consumação do interrogatório, tomando ciência da acusação, de acordo com o art. 570 do CPP" (STF, HC 76.193-4/SP, 1ª T., rel. Min. Moreira Alves, j. 5-5-1998, *DJU* de 6-8-1999, *RT* 772/517). "Conforme interpretação do art. 360 do CPP, não há falar em nulidade processual devido à ausência da citação por mandado de réu preso para o interrogatório, pois nesta circunstância tal ato é prescindível, bastando a mera requisição" (STF, HC 77.635-1/SP, 2ª T., rel. Min. Néri da Silveira, j. 3-11-1998, *DJU* de 28-4-2000, *RT* 783/559). *No mesmo sentido*: STF, HC 95.234/MG, 1ª T., rel. Min. Menezes Direito, j. 7-10-2008, *DJe* n. 241, de 19-12-2008, *RTJ* 210/372.

24. "Somente após o advento da Lei 10.792/2003 o Código de Processo Penal, em seu art. 360, passou a exigir que o réu preso seja 'pessoalmente citado'" (STF, HC 96.782/SP, 2ª T., rel. Min. Joaquim Barbosa, j. 2-2-2010, *DJe* de 5-3-2010).

2ª A incapacidade precedente só é conhecida após a citação.

Nesse caso, após a comprovação pericial, deverão ser anulados os efeitos resultantes de eventual revelia.

Na citação do incapaz é de se levar em conta as disposições contidas no art. 149 do CPP, c.c. o art. 245 do CPC/2015,[25] conforme permite o art. 3º do CPP,[26] sob pena de nulidade absoluta do processo, a teor do disposto no art. 564, III, *e*, do CPP.[27]

2.1.2. *Citação por edital*

Também denominada **citação *ficta*, *fictícia*** ou ***presumida***, na conceituação de Frederico Marques, "citação ficta é a que se presume ter sido levada ao conhecimento do réu, embora realizada por meios subsidiários destinados a suprir a falta da citação real ou *in faciem*".[28]

Não sendo encontrado, o acusado será citado por edital (CPP, arts. 361 e 363, § 1º).[29] Para essa hipótese, *única atualmente prevista no CPP*, o legislador estabeleceu esta forma de chamado, em que há apenas *presunção* de que o acusado tomou conhecimento da ação penal contra ele ajuizada e das demais informações a que teria acesso caso fosse pessoalmente citado.

A regra é a citação pessoal, mas, diante da impossibilidade de contato direto com o acusado, faz-se cabível a citação por edital, que, portanto, é medida excepcional.[30] Conforme a presunção geral, ainda que na forma ficta, assegura-se o respeito às garantias constitucionais da ampla defesa e do contraditório.

---

25. "Art. 245. Não se fará citação quando se verificar que o citando é mentalmente incapaz ou está impossibilitado de recebê-la. § 1º O oficial de justiça descreverá e certificará minuciosamente a ocorrência. § 2º Para examinar o citando, o juiz nomeará médico, que apresentará laudo no prazo de 5 (cinco) dias. § 3º Dispensa-se a nomeação de que trata o § 2º se pessoa da família apresentar declaração do médico do citando que ateste a incapacidade deste. § 4º Reconhecida a impossibilidade, o juiz nomeará curador ao citando, observando, quanto à sua escolha, a preferência estabelecida em lei e restringindo a nomeação à causa. § 5º A citação será feita na pessoa do curador, a quem incumbirá a defesa dos interesses do citando".

26. Art. 3º do CPP: "A lei processual penal admitirá interpretação extensiva e aplicação analógica, bem como o suplemento dos princípios gerais de direito".

27. *RT* 771/606.

28. José Frederico Marques, *Elementos de direito processual penal*, Rio-São Paulo, Forense, v. II, p. 186.

29. "Realizadas todas as diligências para tentar localizar o paciente, e não havendo êxito, é válida a citação por edital" (STF, HC 105.169/PE, 1ª T., rel. Min. Cármen Lúcia, j. 3-5-2011, *DJe* de 7-6-2011). "É válida a citação por edital realizada quando esgotadas as diligências necessárias à localização do réu, em obediência ao disposto no art. 361 do CPP" (STF, HC 85.473/BA, 1ª T., rel. Min. Ricardo Lewandowski, j. 19-9-2006, *DJe* de 24-11-2006).

30. "A citação por edital (ou citação ficta) constitui modalidade excepcional de chamamento do réu a Juízo" (STF, HC 106.840/SP, 2ª T., rel. Min. Ayres Britto, j. 12-4-2011, *DJe* de 22-9-2011). "O art. 361 do CPP prevê que, uma vez não encontrado o réu, será citado por edital. A citação por edital é o meio excepcional que somente pode ocorrer se esgotados todos os meios disponíveis para a localização do acusado" (STJ, HC 303.009/PE, 6ª T., rel. Min. Ericson Maranho, j. 6-11-2014, *DJe* de 12-12-2014). *No mesmo sentido*: STJ, RHC 29.571/PR, 6ª T., rel. Min. Nefi Cordeiro, j. 6-10-2015, *DJe* de 29-10-2015.

Conforme o art. 361 do CPP, "se o réu não for encontrado, será citado por edital, com o prazo de 15 (quinze) dias".[31]

Como a regra é o chamamento pessoal, a citação por edital só poderá ser utilizada quando esgotados todos os meios disponíveis para a localização do acusado,[32] devidamente certificado nos autos por oficial de justiça. Todas as referências que indiquem eventuais endereços do acusado devem ser checadas, notadamente aquelas obtidas e certificadas pelo oficial de justiça quando de suas diligências. Aliás, é a *certidão negativa* do oficial de justiça, indicando que o acusado se encontra "em lugar incerto e não sabido", que autoriza a citação ficta.

Referida certidão tem fé pública[33] e goza de presunção relativa de veracidade, cumprindo à Defesa produzir prova demonstrando seu desvalor, caso assim pretenda.

Antes de sua efetivação, é indispensável que o acusado seja procurado em todos os seus endereços constantes nos autos (residencial, de trabalho etc.), daí a importante cautela a ser adotada na fase investigatória, pelos Delegados de Polícia, no sentido de buscar anotar no inquérito policial a existência de endereços alternativos, de parentes ou amigos próximos, que poderão auxiliar na localização do então investigado caso ocorra mudança de endereço sem comunicação à autoridade.

Havendo indicação de endereço nos autos, ainda que nele o acusado não tenha sido localizado para ser ouvido na fase de inquérito, deverá ser determinada a citação pessoal, cumprindo ao oficial de justiça diligenciar junto a este, e só depois de certificado o insucesso das diligências e a não localização é que se procederá à citação por edital.

Eventual informação *constante em inquérito policial* no sentido de que o acusado se encontra em lugar incerto e não sabido, por si só, não autoriza a citação por edital sem que antes sejam adotadas cautelas tendentes à localização e citação pessoal.

É nula a citação por edital quando não esgotadas as vias disponíveis para citação pessoal,[34] e por isso é de extrema relevância que o oficial de justiça

---

31. STJ, RHC 55.120/PE, 6ª T., rel. Min. Sebastião Reis Júnior, j. 3-5-2016, *DJe* de 16-5-2016.

32. "O art. 361 do Código de Processo Penal dispõe que, se o réu não for encontrado, será citado por edital, com o prazo de quinze dias, constituindo-se, assim, a citação por edital meio excepcional, que somente pode ser levada a efeito se esgotados todos os meios disponíveis para localizar o acusado" (STJ, RHC 31.829/PR, 6ª T., rel. Min. Sebastião Reis Júnior, rel. p/ o Acórdão Min. Assusete Magalhães, j. 21-5-2013, *DJe* de 1º-7-2014). *No mesmo sentido*: STJ, HC 245.933/MG, 5ª T., rel. Min. Laurita Vaz, j. 23-10-2012, *DJe* de 31-10-2012; STJ, HC 215.956/SC, 6ª T., rel. Min. Sebastião Reis Júnior, j. 2-10-2012, *DJe* de 16-10-2012.

33. "A certidão expedida por oficial de justiça goza de fé pública, que somente pode ser infirmada diante de prova em contrário, idônea e inequívoca" (STF, HC 85.473/BA, 1ª T., rel. Min. Ricardo Lewandowski, j. 19-9-2006, *DJe* de 24-11-2006).

34. STJ, HC 215.956/SC, 6ª T., rel. Min. Sebastião Reis Júnior, j. 2-10-2012, *DJe* de 16-10-2012; STJ, HC 303.009/PE, 6ª T., rel. Min. Ericson Maranho, j. 6-11-2014, *DJe* de 12-12-2014; STJ, RHC 29.571/PR, 6ª T., rel. Min. Nefi Cordeiro, j. 6-10-2015, *DJe* de 29-10-2015.

desempenhe suas funções com zelo e dedicação, diligenciando e certificando tudo com detalhes, para que depois se possa aferir a regularidade ou não da opção pela citação ficta.

Além das diligências que deverão ser realizadas pelo oficial de justiça incumbido do mandado, é de boa cautela que o Ministério Público expeça ofícios a diversos órgãos públicos (Secretaria de Segurança Pública; Delegacia de Polícia do município etc.), visando a obter outros endereços do acusado, antes de requerer a citação por edital.

Hipótese comum é o oficial de justiça diligenciar junto ao endereço residencial disponível e encontrar a casa fechada. Diante de tal quadro, é prudente, e por isso recomendado, que questione vizinhos buscando obter informações a respeito.[35] Se o acusado estiver viajando, deverá retornar em data oportuna e tentar novamente a citação pessoal.

É preciso enfatizar que "a citação editalícia, como medida de exceção, só tem lugar quando esgotados todos os meios disponíveis para localizar o réu",[36] sob pena de nulidade do processo, que pode ser declarada a qualquer momento, mesmo contra a coisa julgada, inclusive em sede de *habeas corpus*.

2.1.2.1. Outras hipóteses em que cabível a citação por edital

Antes da Lei n. 11.719/2008, havia previsão expressa a respeito do cabimento da citação por edital para a hipótese do art. 361 (quando o réu não fosse encontrado para ser citado, estando em lugar incerto e não sabido); no caso do art. 362 (quando se ocultasse para não ser pessoalmente citado), e também nas hipóteses do art. 363, a saber:

> Art. 363. A citação ainda será feita por edital:
>
> I – quando inacessível, em virtude de epidemia, de guerra ou por outro motivo de força maior, o lugar em que estiver o réu;
>
> II – quando incerta a pessoa que tiver de ser citada.

Após a Lei n. 11.719/2008, há previsão expressa de citação por edital apenas para a hipótese em que o réu não for encontrado. Caso se oculte, deverá ser citado por hora certa. Ademais, referida Lei alterou a redação do *caput* e revogou os incisos I e II do art. 363 do CPP.

---

35. O Supremo Tribunal Federal já decidiu que "inexiste vício de nulidade a ser sanado se a citação editalícia ocorreu por constar nos autos do processo, segundo certidão exarada pelo oficial de justiça, que o réu não tem residência fixa, encontra-se em local incerto e não sabido, pois não há qualquer exigência na lei que obrigue o meirinho a outras diligências" (STF, HC 76.189-7/RS, 2ª T., rel. Min. Maurício Corrêa, j. 12-5-1998, *DJU* de 7-8-1998, *RT* 758/463).

36. STJ, HC 247.552/MT, 5ª T., rel. Min. Laurita Vaz, j. 6-9-2012, *DJe* de 19-9-2012.

É força convir, entretanto, que se o acusado estiver em lugar conhecido, mas inacessível, em virtude de epidemia, de guerra ou por outro motivo de força maior, a única solução viável será sua citação por edital.

De igual maneira, caberá a citação por edital quando incerta a pessoa que tiver que ser citada.

Ao dispor que a denúncia ou queixa deverá conter, entre outros requisitos, "a qualificação do acusado ou esclarecimentos pelos quais se possa identificá-lo", o art. 41 do CPP possibilitou o ajuizamento de ação penal contra qualquer pessoa que possa ser identificada.

Nessa mesma ordem de raciocínio, o art. 259 do CPP[37] determina que a impossibilidade de identificação do acusado com o seu verdadeiro nome ou outros qualificativos não retardará a ação penal, quando certa a identidade física. Dispõe ainda que a qualquer tempo, no curso do processo, do julgamento ou da execução da sentença, se for descoberta a sua qualificação, far-se-á a retificação, por termo, nos autos, sem prejuízo da validade dos atos precedentes.

Em consonância com as sobreditas regras, esta última hipótese indicada cuida da citação por edital do acusado "identificado fisicamente", sem qualificação nos autos.

A situação, pouco comum na prática judiciária, refere-se a "pessoa incerta". A incerteza, contudo, está relacionada à ausência de qualificação; diz respeito à real identidade do acusado. Não se trata de citação direcionada a "uma pessoa qualquer". Embora sem qualificação nos autos; embora desconhecida sua real identidade, o acusado deverá estar individualizado por sinais característicos específicos.

Feitas tais considerações, resta dizer que, mesmo após as alterações e revogações determinadas pela Lei n. 11.719, na falta de alternativa jurídica viável, continuam aplicáveis as regras anteriormente dispostas no art. 363 e, bem por isso, também as disposições do art. 364 do CPP (não alterado ou revogado), que trata dos prazos dos editais respectivos, onde se lê que no caso do art. 363, I, o prazo será fixado pelo juiz entre 15 (quinze) e 90 (noventa) dias, de acordo com as circunstâncias, e, no caso do inciso II, o prazo será de 30 (trinta) dias.

De ver, ainda e a esse respeito, o disposto no art. 256 do CPC/2015, cuja aplicação está autorizada no art. 3º do CPP.

2.1.2.2. Requisitos formais do edital de citação

O edital é o instrumento de citação, e por imposição do art. 365 do CPP deverá indicar: I – o nome do juiz que a determinar; II – o nome do réu, ou, se não for

37. "O Código de Processo Penal permite o oferecimento da denúncia mesmo com elementos mínimos ou apenas esclarecimentos que possam identificar o denunciado" (STF, RHC 135.300/DF, 2ª T., rel. Min. Ricardo Lewandowski, j. 6-12-2016, *DJe* n. 267, de 16-12-2016).

conhecido, os seus sinais característicos, bem como sua residência e profissão, se constarem do processo; III – o fim para que é feita a citação; IV – o juízo e o dia, a hora e o lugar em que o réu deverá comparecer; V – o prazo, que será contado do dia da publicação do edital na imprensa, se houver, ou da sua afixação.

Esses são os denominados **requisitos** ***formais intrínsecos*** **do edital de citação**.

Como regra garantidora dos princípios da ampla defesa e do contraditório, de *status* constitucional, a citação há de ser efetivada com rigor formal, e, sendo assim, o edital em que esta se materializa deverá conter dados corretos, sob pena de nulidade da citação.

Nessa linha de pensamento, o Supremo Tribunal Federal já decidiu que: "Se o edital de citação foi publicado com incorreção quanto ao nome do citando, tem-se configurada nulidade absoluta por ofensa ao princípio constitucional da ampla defesa e do contraditório, contagiando todos os demais atos processuais subsequentes".[38]

Quanto à obrigatoriedade de indicação "da residência" do acusado, o rigor merece ser abrandado. Essa regra tinha algum sentido antes da Lei n. 11.719/2008, quando era cabível a citação por edital na hipótese em que o endereço residencial era conhecido, mas o réu se ocultava para não ser pessoalmente citado. Em casos tais, agora, dar-se-á a citação por hora certa.

Quanto ao requisito do inciso III, o que se verifica é a acertada preocupação em deixar claro o fim para o qual é feita a citação, evidenciando a razão do chamado judicial.

A esse respeito, dispõe a Súmula 366 do STF que: "Não é nula a citação por edital que indica o dispositivo da lei penal, embora não transcreva a denúncia ou queixa, ou não resuma os fatos em que se baseia".

Conforme o inciso IV, o edital deverá indicar o juízo e o dia, a hora e o lugar em que o réu deverá comparecer. De ver, entretanto, que, após as mudanças introduzidas pela Lei n. 11.719/2008, a citação não envolve chamado para comparecimento em juízo a fim de ser *interrogado*, no modo anteriormente regulado. Agora o acusado é citado para ter conhecimento do processo instaurado e *apresentar resposta escrita* no prazo de 10 dias (CPP, art. 396, *caput*), daí por que desnecessário constar do *edital de citação "o dia, a hora e o lugar em que o réu deverá comparecer"*, mas sim o prazo para a referida resposta.

Por fim, o edital também deverá conter a indicação do prazo, que será contado do dia da publicação do edital na imprensa, se houver, ou da sua afixação.

Observado o disposto no art. 361 do CPP, o prazo do edital será sempre de 15 (quinze) dias.

38. STF, HC 75.743-0/RJ, 2ª T., rel. Min. Maurício Corrêa, , *RT* 752/524.

Esse é o prazo que deve ser levado em conta para o fim de verificar a tempestividade da resposta escrita que deve ser apresentada pelo acusado.

Muito embora revogados os incisos I e II do art. 363 do CPP, entendemos que os prazos variáveis tratados no art. 364 devem ser observados nas hipóteses respectivas, cuja aplicação ainda se impõe, conforme anteriormente anotamos.

2.1.2.3. Publicação do edital

O parágrafo único do art. 365 do CPP estabelece as formas de se tornar público o edital, e conforme a determinação legal ele deverá ser afixado à porta do edifício onde funcionar o juízo (fórum ou tribunal) e publicado na imprensa, onde houver, devendo a afixação ser certificada pelo oficial que a tiver feito e a publicação provada por exemplar do jornal ou certidão do escrivão, da qual conste a página do jornal com a data da publicação.

Esses são os **requisitos *extrínsecos*** de validade formal da citação ficta.

A publicação na imprensa não constitui elemento essencial, pois apenas deverá ocorrer "onde houver".

Assim, como anota Pacelli, "se no local do juízo não houver imprensa, ou, existindo, não houver verba orçamentária suficiente para a publicação, bastará a afixação do edital na sede do Foro judiciário".[39]

Na mesma linha segue a orientação de Nucci: "Afixa-se o edital no átrio do fórum, publicando-se pela imprensa oficial, onde houver. É o que basta, não sendo necessário, conforme orientação já firmada pelo Supremo Tribunal Federal, que seja publicado na imprensa comum. Aliás, nem verba para isso haveria".[40]

Disso decorre que, no mais das vezes, adverte Tourinho Filho, "o edital-citação fica limitado à afixação do edital no átrio do Fórum".[41]

A prova da afixação deve ser feita mediante certidão de quem praticar o ato; contudo, por não constituir elemento essencial da citação, sua ausência não acarreta nulidade, assim como não será considerada irregular se lavrada por *escrivão* ou *escrevente*, visto que, ao referir-se ao "oficial", a lei não restringiu a atribuição para tal certidão ao *oficial de justiça*, como pode parecer à primeira leitura.[42] Qualquer deles poderá lavrá-la validamente.

A prova da publicação na imprensa deverá ser feita com a juntada de exemplar do jornal *ou* certidão do escrivão, da qual conste a página do jornal com a data da publicação.

---

39. Eugênio Pacelli, *Curso de processo penal*, 21. ed., 2017, p. 626.

40. Guilherme de Souza Nucci, *Manual de processo e execução penal*, 14. ed., Rio de Janeiro, Forense, 2017, p. 616.

41. Fernando da Costa Tourinho Filho, *Manual de processo penal*, 17. ed., 2017, p. 565.

42. *No mesmo sentido:* Julio Fabbrini Mirabete, *Código de Processo Penal interpretado*, 10. ed., São Paulo, Atlas, 2003, p. 913.

Há quem entenda que, além da certidão, é necessário se providencie a juntada da página do jornal, com data, a fim de que se possa verificar a regularidade dos requisitos intrínsecos do edital. A lei, entretanto, apresenta regras alternativas: juntada de exemplar do jornal *ou* certidão.

Entendemos, não obstante a letra da lei, que, se ocorrer a regular publicação do edital na imprensa oficial, eventual irregularidade na afixação do edital não nulifica o ato citatório.

Para finalizar, e mais uma vez com apoio em Espínola Filho, "se o edital contiver engano em qualquer das indicações indispensáveis, é de ser reproduzido, pois o errado não tem valor, e só o segundo, certo, produzirá os efeitos legais".[43]

2.1.3. *Citação por hora certa*

Até a vigência da Lei n. 11.719/2008 não havia citação por hora certa no processo penal brasileiro. Nos casos em que o acusado se ocultava para não ser citado ocorria a citação por edital, e segundo pensamos deveria ter continuado assim.

Atualmente, se ficar demonstrado nos autos que o acusado se oculta para não ser citado, será determinada sua citação por hora certa,[44] conforme se extrai do § 2º do art. 355 e do art. 362, ambos do CPP.

Nessa hipótese o acusado não está em lugar incerto e não sabido. Ao contrário, está em local conhecido, porém **maliciosamente se oculta para não ser encontrado e citado pessoalmente**. Tenta impor sua má-fé e pretensa astúcia com a falsa ilusão de que assim conseguirá furtar-se ao chamamento judicial e à aplicação da lei penal.

Expedido o mandado de citação ou a carta precatória, se durante as diligências o oficial de justiça constatar que o réu está se ocultando para não ser citado, deverá certificar nos autos de forma detalhada as diligências realizadas e os motivos que o levaram a tal conclusão, que por certo não podem decorrer de uma única tentativa de citação pessoal. Só depois de bem analisadas as ponderações do oficial é que o juiz irá decidir sobre a realidade da ocultação e cabimento ou não da citação na forma tratada.

---

43. Eduardo Espínola Filho, *Código de Processo Penal brasileiro anotado*, 3. ed., Rio de Janeiro, Editor Borsoi, 1955, v. III, p. 565.

44. "Tem-se por válida a citação por hora certa realizada nos autos, diante da informação de que foram empreendidas as diligências necessárias à localização do denunciado, bem assim de que havia indícios da sua ocultação para não ser citado. Precedentes" (STJ, RHC 31.421/SP, 5ª T., rel. Min. Laurita Vaz, j. 8-5-2012, *DJe* de 21-5-2012). "Verificada a manobra procrastinatória do réu, bem como a regularidade da diligência, torna-se possível a citação por hora certa" (STJ, RHC 75.048/BA, 5ª T., rel. Min. Reynaldo Soares da Fonseca, j. 25-10-2016, *DJe* de 7-11-2016). *No mesmo sentido*: STJ, HC 174.136/SP, 6ª T., rel. Min. Haroldo Rodrigues, j. 21-9-2010, *DJe* de 25-10-2010.

A citação por hora certa está em absoluta consonância com o ordenamento jurídico vigente. A propósito, o Pleno do Supremo Tribunal Federal reconheceu sua constitucionalidade, conforme se verifica na ementa que segue:

> É constitucional a citação por hora certa, prevista no art. 362, do Código de Processo Penal. A conformação dada pelo legislador à citação por hora certa está de acordo com a Constituição Federal e com o Pacto de São José da Costa Rica. A ocultação do réu para ser citado infringe cláusulas constitucionais do devido processo legal e viola as garantias constitucionais do acesso à Justiça e da razoável duração do processo. O acusado que se utiliza de meios escusos para não ser pessoalmente citado atua em exercício abusivo de seu direito de defesa. Recurso extraordinário a que se nega provimento (STF, RE 635.145/RS, Tribunal Pleno, rel. Min. Marco Aurélio, rel. p/ o Acórdão Min. Luiz Fux, j. 1-8-2016, *DJe* n. 207, de 13-9-2017).[45]

Quando se tratar de tentativa de citação pessoal mediante carta precatória, é preciso estar atento, pois o § 2º do art. 355 do CPP pode levar a equívoco quando diz que, se o oficial de justiça certificar que o réu se oculta para não ser citado, "a precatória será imediatamente devolvida, para o fim previsto no art. 362".

Com efeito. O art. 362 trata da citação por hora certa, e **esta deve ser realizada no local de endereço do acusado**. De tal maneira, não é correto devolver a precatória ao juízo deprecante, visto que caberá ao próprio juízo deprecado determinar a citação na forma cabível (por hora certa).

A razão do equívoco legislativo é evidente: antes da reforma introduzida pela Lei n. 11.719/2008, o art. 362 do CPP tratava da *citação por edital*, e então se harmonizava, sem problemas, com a redação do § 2º do art. 355. Com a mudança de texto do art. 362, esqueceu-se o legislador de alterar o § 2º do art. 355, onde hoje deveria constar a seguinte redação: "certificado pelo oficial de justiça que o réu se oculta para não ser citado, caberá ao juiz deprecado determinar se proceda na forma do art. 362".

Pensar o contrário significa dizer que, se o oficial de justiça certificar que o acusado se oculta para não ser citado, a precatória deverá ser devolvida para que o *juízo deprecante* determine a citação por hora certa e depois a reenvie para que o mesmo

45. "Em relação à nulidade na citação por hora certa (art. 362 do CPP), duas ponderações merecem ser feitas. Primeiro, a afetação ao órgão especial (reserva de plenário, *full bench*) somente é obrigatória quando o órgão fracionário pretende declarar a inconstitucionalidade (art. 949, I e parágrafo único, do CPC, e Súmula Vinculante 10, a *contrario sensu*). Ressalte-se que prevalece em nosso ordenamento jurídico a presunção de constitucionalidade das normas produzidas pelo legislador, democraticamente eleito. Segundo, é importante verificar que, em julgamento do dia 8 de novembro de 2012, o Plenário virtual do Supremo Tribunal Federal reconheceu a repercussão geral da controvérsia acerca da constitucionalidade da citação por hora certa, prevista no art. 362 do Código de Processo Penal. Mais recentemente, no dia 1º de agosto de 2016, a Corte Excelsa declarou a constitucionalidade da citação por hora certa, prevista no art. 362 do CPP (RE 635.145/RS. rel. p/ Acórdão Min. Luiz Fux, j. 1-8-2016, *DJe* de 13-9-2017)" (STJ, RHC 64.956/BA, 5ª T., rel. Min. Ribeiro Dantas, j. 8-2-2018, *DJe* de 16-2-2018).

juízo deprecado determine o cumprimento, para então, só depois, efetivar-se a citação, o que evidentemente configura desnecessária perda de tempo e fere o bom senso, além de macular os princípios da razoabilidade, economia e celeridade processual.

Dentre tantas outras, as evidências mais comuns de que o acusado se oculta para não ser citado pessoalmente são as seguintes: embora estando em sua residência ou local de trabalho, não atende ao chamado do oficial de justiça; muda de residência; deixa de frequentar locais onde constantemente era encontrado; combina horário com o oficial de justiça por telefone ou por intermédio de outra pessoa e não comparece no local ajustado para ser citado.

Na citação por hora certa observar-se-á o disposto nos arts. 252 a 254 do CPC/2015, *verbis*:

> Art. 252. Quando, por 2 (duas) vezes, o oficial de justiça houver procurado o citando em seu domicílio ou residência sem o encontrar, deverá, havendo suspeita de ocultação, intimar qualquer pessoa da família ou, em sua falta, qualquer vizinho de que, no dia útil imediato, voltará a fim de efetuar a citação, na hora que designar.
>
> Parágrafo único. Nos condomínios edilícios ou nos loteamentos com controle de acesso, será válida a intimação a que se refere o *caput* feita a funcionário da portaria responsável pelo recebimento de correspondência.
>
> Art. 253. No dia e na hora designados, o oficial de justiça, independentemente de novo despacho, comparecerá ao domicílio ou à Presidência do citando a fim de realizar a diligência.
>
> § 1º Se o citando não estiver presente, o oficial de justiça procurará informar-se das razões da ausência, dando por feita a citação, ainda que o citando se tenha ocultado em outra comarca, seção ou subseção judiciárias.
>
> § 2º A citação com hora certa será efetivada mesmo que a pessoa da família ou o vizinho que houver sido intimado esteja ausente, ou se, embora presente, a pessoa da família ou o vizinho se recusar a receber o mandado.
>
> § 3º Da certidão da ocorrência, o oficial de justiça deixará contrafé com qualquer pessoa da família ou vizinho, conforme o caso, declarando-lhe o nome.
>
> § 4º O oficial de justiça fará constar do mandado a advertência de que será nomeado curador especial se houver revelia.
>
> Art. 254. Feita a citação com hora certa, o escrivão ou chefe de secretaria enviará ao réu, executado ou interessado, no prazo de 10 (dez) dias, contado da data da juntada do mandado aos autos, carta, telegrama ou correspondência eletrônica, dando-lhe de tudo ciência.

Pelo que acabamos de observar, **a citação por hora certa constitui modalidade de *citação ficta* ou *fictícia*,** visto que se satisfaz com a *presunção* no sentido de que o acusado tomou conhecimento da acusação.

2.1.4. *Efeitos da citação válida*

No processo penal, a citação válida não produz os mesmos efeitos que se verificam no processo civil, alinhados no art. 240 do CPC/2015.

Por aqui, a citação *não* torna prevento o juízo *nem* interrompe a prescrição ou a decadência.

Embora a existência formal do processo torne litigiosa a matéria nele debatida, não é *a citação* que induz litispendência.

Como bem observou FREDERICO MARQUES, "no processo penal, mesmo antes de iniciada a ação existe uma situação de litispendência pré-processual resultante da *notitia criminis* e dos atos preparatórios da instância".

Segue o jurista: "Os efeitos da citação que se verificam no processo penal condenatório são os seguintes: instauração da instância e consolidação do estado de litispendência. Com a citação válida, estabelece-se a angularidade da relação processual, surgindo assim a instância. Desde esse momento, a litispendência pré-processual se transforma em processual, com vinculação e deveres para as partes. O réu, desde que citado, fica preso à instância, através de deveres e ônus processuais".

E arremata: "Vê-se, pois, que o efeito básico e fundamental da citação, no processo penal condenatório, é o de constituir a relação processual, com os consectários jurídicos daí oriundos".[46]

Uma vez citado – diz TOURINHO FILHO –, "fica o réu vinculado à instância, com todos os ônus daí decorrentes".[47]

O acerto de tal afirmação pode ser confirmado em JAMES GOLDSCHMIDT quando assevera que "un efecto que se produce por la citación es que sólo por ella y después de ella se produce la rebeldia".[48]

2.1.5. *Revelia*

Ocorre *revelia* toda vez que, apesar de devidamente citado e intimado, o acusado permanecer injustificadamente inerte.

Réu *revel* é aquele que, embora regularmente chamado a se defender ou a comparecer a qualquer ato do processo, opta pela inatividade.

Nesses termos, haverá revelia nas hipóteses tratadas nos arts. 366 (revel *citado por edital*) e 367 (revel *citado pessoalmente*), mas as consequências em um e outro caso são bastante distintas.

Há uma lacuna na legislação brasileira a respeito das repercussões da revelia em relação ao acusado *citado por hora certa* (CPP, art. 362).

---

46. JOSÉ FREDERICO MARQUES, *Elementos de direito processual penal*, Rio-São Paulo, Forense, v. II, p. 192.

47. FERNANDO DA COSTA TOURINHO FILHO, *Manual de processo penal*, 17. ed., 2017, p. 556.

48. JAMES GOLDSCHMIDT, *Derecho, Derecho penal y proceso* (problemas fundamentales del Derecho), Barcelona, Marcial Pons, traductores del alemán, Miguel Ángel Cano Paños, Christian Celdrán Kuhl, León García-Comendador Alonso, Jacobo López Barja de Quiroga, 2010, t. I, p. 884.

Então, vem a pergunta: A citação por hora certa é modalidade de citação *pessoal* ou *ficta*?

Conforme anotamos anteriormente, **a citação por hora certa é modalidade de citação ficta**, pois, tal qual a citação por edital, satisfaz-se com a simples presunção no sentido de que o acusado tomou conhecimento da existência do processo.

De tal sorte, e diante da lacuna que decorre da falta de regulamentação específica, **incide o art. 366 em relação ao revel citado por hora certa**, por força de aplicação analógica autorizada no art. 3º do CPP.

2.1.5.1. O art. 366 do CPP e seus desdobramentos

Diz o art. 366 do CPP que: "Se o acusado, citado por edital, não comparecer, nem constituir advogado, ficarão suspensos o processo e o curso do prazo prescricional, podendo o juiz determinar a produção antecipada das provas consideradas urgentes e, se for o caso, decretar prisão preventiva, nos termos do disposto no art. 312".

Cabe uma vez mais anotar que, atualmente, nos procedimentos regulados no CPP, o acusado não é citado para *comparecer* em juízo a fim de ser interrogado, tal como ocorria antes da Lei n. 11.719/2008, mas sim para *responder à acusação* por escrito, na forma do art. 396.

O dispositivo regula, em linhas gerais, as consequências da citação por edital com subsequente silêncio e inércia processual do acusado.

Há exceção disposta na Lei n. 9.613/98, que cuida dos crimes de lavagem de capitais, na qual o art. 2º, § 2º, estabelece que nos processos por crimes nela previstos não se aplica o disposto no art. 366 do CPP. A regra excepcionante foi introduzida pela Lei n. 12.683/2012.

Para a generalidade dos casos: aplica-se o disposto no art. 366. Em processo por crime previsto na Lei n. 9.613/98: não se aplica o dispositivo indicado.

Note-se que a Lei n. 12.683/2012 é posterior à Lei n. 11.719/2008, que alterou os procedimentos ordinário e sumário no CPP, daí sua possibilidade de aplicação, sob tal enfoque.

2.1.5.1.1. Suspensão do processo em razão da revelia

Uma das preocupações da Lei n. 9.271/96, da qual decorre a atual redação do art. 366 do CPP, foi dar maior relevância e merecido destaque aos princípios da ampla defesa e do contraditório, dentro do devido processo legal, e permitir ao acusado não apenas o conhecimento formal da acusação. É revelada, portanto, sua feição nitidamente asseguradora.

Pelas regras introduzidas, o que se nota é que, para o legislador, a preservação das garantias constitucionais que integram o *due process of law* pressupõe a presença física do acusado ou do defensor por ele constituído; reclama conhecimento concreto e imediato do conteúdo acusatório.

2.1.5.1.1.1. Requisitos para a suspensão do processo

Para a suspensão da marcha processual, não basta que o acusado tenha optado pela revelia, pura e simplesmente.

São três os *requisitos* necessários.

É preciso que o acusado: *1)* tenha sido citado por edital; *2)* não constitua advogado nos autos; e *3)* não apresente resposta escrita à acusação.

A *citação por edital* é requisito básico, mas não único.

Somente a verificação conjunta dos três requisitos é que caracteriza a revelia autorizadora da suspensão do processo.

Se o acusado for *citado pessoalmente*, e optando pela revelia também deixar de constituir advogado ou apresentar resposta escrita, a suspensão será inaplicável.

Na mesma ordem de ideias, se o acusado, *citado por edital, não oferecer resposta escrita*, mas *constituir advogado nos autos*, não caberá a suspensão.

Se ocorrer aditamento à denúncia após o encerramento da instrução (CPP, art. 384), eventual não atendimento ao novo chamado em razão da mudança do conteúdo acusatório não ensejará a suspensão do processo, pois o instituto é inaplicável em relação à *revelia intercorrente*.

A nomeação de *defensor dativo* pelo juiz não supre, para os efeitos do art. 366 do CPP, a ausência de *advogado constituído*, vale dizer, contratado pelo acusado.

Presentes os requisitos legais, a suspensão do processo será obrigatória, não constituindo mera faculdade outorgada ao juiz.

2.1.5.1.1.2. Recurso adequado contra a decisão que suspende, ou não, o curso do processo

Não há previsão expressa no Código de Processo Penal a respeito do recurso cabível contra a decisão que suspende ou não suspende o processo com base no art. 366.

Da omissão resultaram posições contrapostas.

Parte da doutrina entende cabível a *correição parcial*, por considerar causadora de *tumulto processual* a decisão que determina a suspensão quando não for cabível, ou deixa de determiná-la quando cabível.

Também há entendimento no sentido de que, se na mesma decisão o juiz tratar da questão relacionada à suspensão da prescrição, será cabível *apelação* por se estar diante de decisão com força de definitiva.

Admitida a interpretação extensiva, como autoriza o art. 3º do CPP, e por considerar que as hipóteses do art. 581 do CPP são meramente exemplificativas, entendemos que, na situação aventada, a decisão deverá ser atacada por *recurso em sentido estrito*, com base no art. 581, XVI, do CPP (suspensão do processo em virtude de questão prejudicial).

Nesse sentido, aliás, confira-se julgado do Tribunal de Justiça do Estado de São Paulo em que a questão foi bem enfrentada e decidida com lúcidos argumentos no sentido de que: "Contra a decisão que aplicou a suspensão do processo em face da revelia do réu citado por edital é cabível recurso em sentido estrito e não correição parcial, pois a opção, pelo Magistrado, por uma interpretação legal embasada em orientação jurisprudencial não pode ser considerada como inversão tumultuária do processo".[49]

2.1.5.1.2. Suspensão do prazo prescricional

Além da obrigatória suspensão do processo quando identificada situação justificadora, a presença dos requisitos legais acima indicados determina a suspensão do prazo prescricional, e não haveria de ser diferente, pois, se o Estado se encontra impedido de seguir com o processo, não se mostra razoável *punir tal inércia* com a fluência do prazo extintivo da punibilidade.

A Lei n. 9.271/96 não cuidou de estabelecer a duração da suspensão do curso do prazo prescricional, e evidentemente não se pode concluir, de tal omissão, que a suspensão deverá ser considerada por *prazo indefinido*, pois tal entendimento esbarra no art. 5º, XLII[50] e XLIV,[51] da CF, onde estão previstas as excepcionais hipóteses de imprescritibilidade.[52]

Na contagem do tempo de suspensão, deve-se observar o prazo previsto para a prescrição da pretensão punitiva, tendo em consideração o máximo da pena

---

49. TJSP, RSE 219.091-3/7, 2ª Câm., rel. Des. Canguçu de Almeida, *RT* 756/543.

50. "A prática do racismo constitui crime inafiançável e imprescritível, sujeito à pena de reclusão, nos termos da lei."

51. "Constitui crime inafiançável e imprescritível a ação de grupos armados, civis ou militares, contra a ordem constitucional e o Estado Democrático."

52. Em sentido contrário: "Citação por edital e revelia: suspensão do processo e do curso do prazo prescricional, por tempo indeterminado – C.Pr.Penal, art. 366, com a redação da L. 9.271/96. 1. Conforme assentou o Supremo Tribunal Federal, no julgamento da Ext. 1.042, 19-12-2006, Pertence, a Constituição Federal não proíbe a suspensão da prescrição, por prazo indeterminado, na hipótese do art. 366 do C.Pr.Penal. 2. A indeterminação do prazo da suspensão não constitui, a rigor, hipótese de imprescritibilidade: não impede a retomada do curso da prescrição, apenas a condiciona a um evento futuro e incerto, situação substancialmente diversa da imprescritibilidade. 3. Ademais, a Constituição Federal se limita, no art. 5º, XLII e XLIV, a excluir os crimes que enumera da incidência material das regras da prescrição, sem proibir, em tese, que a legislação ordinária criasse outras hipóteses. 4. Não cabe, nem mesmo, sujeitar o período de suspensão de que trata o art. 366 do C. Pr.Penal ao tempo da prescrição em abstrato, pois, 'do contrário, o que se teria, nessa hipótese, seria uma causa de interrupção, e não de suspensão.' 5. RE provido, para excluir o limite temporal imposto à suspensão do curso da prescrição" (STF, RE 460.971/RS, 1ª T., rel. Min. Sepúlveda Pertence, j. 13-2-2007, *DJe* de 30-3-2007).

abstratamente prevista para o delito, conforme o disposto no art. 109 do CP ou em lei especial.

A propósito, confira-se a Súmula 415 do STJ, que tem a seguinte ementa: "O período de suspensão do prazo prescricional é regulado pelo máximo da pena cominada".

Em sentido contrário, há quem sustente que o prazo máximo da suspensão para a generalidade dos casos é o previsto no art. 109, I, do CP: vinte anos. Verdadeiro absurdo, *data venia*.

2.1.5.1.3. Produção antecipada de provas

Diz ainda o art. 366 que, na hipótese de suspensão do processo, o juiz poderá determinar a produção antecipada das *provas consideradas urgentes*.

Por força de tal previsão, é imperioso saber o que se deve entender por provas consideradas urgentes.

A melhor aplicação dessa regra passa, em alguma medida, pela compreensão do disposto no art. 225 do CPP,[53] segundo o qual: "Se qualquer testemunha houver de ausentar-se, ou, por enfermidade ou por velhice, inspirar receio de que ao tempo da instrução criminal já não exista, o juiz poderá, de ofício ou a requerimento de qualquer das partes, tomar-lhe antecipadamente o depoimento".

Não se deve perder de vista, entretanto, que o art. 3º-A, introduzido no Código de Processo Penal pelo art. 3º da Lei n. 13.964/2019, derrogou em parte e tacitamente o art. 225 do CPP, e a partir de sua vigência, não cabe a qualquer magistrado decretar, *ex officio*, produção antecipada de prova destinada a instruir processo de natureza criminal.

Em Rômulo Moreira encontramos que "devemos fazer uma interpretação analógica (art. 3º do Código de Processo Penal), aplicando-se o art. 92, *in fine*, do Código de Processo Penal ('inquirição de testemunhas e de *outras* provas de natureza urgente')". E arremata: "Por esse dispositivo, parece-nos que a prova testemunhal é sempre considerada urgente".[54]

---

53. "Se o acusado, citado por edital, não comparece nem constitui advogado, pode o juiz, suspenso o processo, determinar colheita antecipada de elemento de prova testemunhal, apenas quando esta seja urgente nos termos do art. 225 do Código de Processo Penal" (STF, RHC 90.630/DF, 2ª T., rel. Min. Cezar Peluso, j. 25-11-2008, *DJe* de 6-2-2009). "O art. 366 do Código de Processo Penal prevê a possibilidade da produção antecipada de provas e o art. 225, ao dispor especificamente sobre a prova testemunhal, fornece os parâmetros que autorizam a antecipação da oitiva de testemunhas. O juiz não está vinculado a fórmulas genéricas, válidas para todo e qualquer caso, como o esquecimento pelo decurso do tempo e a possibilidade de mudança de domicílio, ora invocados pelo Ministério Público estadual. Recurso ordinário em *habeas corpus* a que se dá provimento para restabelecer a decisão que indeferiu a produção antecipada da oitiva de testemunha" (STF, RHC 85.311/SP, 1ª T., rel. Min. Eros Grau, j. 1º-3-2005, *DJe* de 1º-4-2005).

54. Rômulo de Andrade Moreira, *Uma crítica à teoria geral do processo*, Porto Alegre, Lex Magister, 2013, p. 156.

A produção antecipada da prova testemunhal está sujeita ao **princípio da urgência**, mas, como ensina Tourinho Filho, "não são apenas os testemunhos das pessoas elencadas no art. 225 deste Código que apresentam a marca da urgência. É claro que a testemunha pode mudar de endereço, sem que se saiba onde foi morar, pode ausentar-se do Estado ou do País, ficar gravemente enferma, de molde a nem poder comunicar-se com o mundo exterior, falecer. Tais circunstâncias já indicam que, suspenso o processo, na hipótese de o Juiz determinar a produção antecipada das provas consideradas urgentes, uma destas será a testemunhal. Na verdade, se com a simples suspensão do processo, em face de uma questão prejudicial, cuja solução no cível não dura mais que três ou quatro anos, o legislador determinou a 'ouvida das testemunhas e de outras provas de natureza urgente', é sinal de que considerou a prova testemunhal como urgente. De se concluir, pois, a nosso juízo, que, em se tratando de réu que não atendeu à citação editalícia nem constituiu Advogado, não deve o Juiz limitar-se a inquirir as testemunhas que estejam enfermas ou idosas. E se o réu comparecer dez ou quinze anos depois? As testemunhas seriam capazes de relatar pormenores? Não poderiam morrer nesse espaço-tempo? Mudar de endereço sem que se possa localizá-las? Evidente que o Juiz, em hipóteses dessa natureza, deve não só colher antecipadamente os depoimentos, como, inclusive, determinar perícias e busca e apreensão, se for o caso".[55]

Sempre que houver risco de perecimento da prova pericial (por deterioração da coisa sobre a qual deva recair a perícia, v.g.), cabível se apresentará a produção antecipada.

Seja como for, ao postular a antecipação da colheita da prova, o interessado deverá demonstrar de maneira convincente o *periculum in mora* e o *fumus boni juris*, requisitos gerais de toda cautelaridade.

De interesse, cabe verificar a Súmula 455 do STJ, que assim dispõe: "A decisão que determina a produção antecipada de provas com base no art. 366 do CPP deve ser concretamente fundamentada, não a justificando unicamente o mero decurso do tempo" (*DJe* de 8-9-2010).[56]

Cumpre observar, ainda, que a busca da verdade real interessa tanto ao Ministério Público e ao próprio réu quanto ao Poder Judiciário. Interessa à segurança das decisões

---

55. Fernando da Costa Tourinho Filho, *Código de Processo Penal comentado*, 2. ed., São Paulo, Saraiva, 1997, v. 1, p. 628-629.

56. "Nos termos do entendimento pacífico desta Corte, cristalizado na súmula n. 455, a produção antecipada de provas, com base no art. 366 do Código de Processo Penal, deve ser concretamente fundamentada, não bastando a mera alegação de que o decurso do tempo poderá levar as testemunhas ao esquecimento" (STJ, RHC 85.236/ES, 6ª T., rel. Min. Maria Thereza de Assis Moura, j. 20-6-2017, *DJe* de 26-6-2017). *No mesmo sentido*: STJ, RHC 64.086/DF, Terceira Seção, rel. Min. Nefi Cordeiro, rel. p/ Acórdão Min. Rogerio Schietti Cruz, j. em 23-11-2016, *DJe* de 9-12-2016; STJ, RHC 74.083/DF, 5ª T., rel. Min. Ribeiro Dantas, j. 9-3-2017, *DJe* de 17-3-2017.

judiciais. Não se pode concluir, num juízo apriorístico, que a produção antecipada de prova seja instrumento de violação da ampla defesa, notadamente em casos em que sequer houve alegação de prejuízo por parte do réu em eventual desconformismo.

De se ressaltar, por fim, que o acusado, mesmo na produção antecipada de prova, sempre estará amparado por defesa técnica, pois, como adverte Rômulo Moreira, "a observância do contraditório é de rigor, sob pena de a prova ser considerada ilícita".[57]

2.1.5.1.4. Decretação da prisão preventiva

Em arremate, diz ainda o art. 366 que, na hipótese de suspensão do processo, o juiz *poderá* decretar a prisão preventiva, nos termos do art. 312 do CPP.

Essa previsão era absolutamente desnecessária, convenhamos, e só fez causar discussões evitáveis, pois alguns passaram a enxergar, equivocadamente, a possibilidade de decretação da medida excepcional privativa de liberdade sempre que determinada a suspensão do processo com fundamento no art. 366. Verdadeiros abusos foram e ainda são cometidos sob tal fundamento.

Isoladamente considerada, a revelia não é suficiente para atingir a finalidade do art. 312 do CPP, conforme reiterada jurisprudência do STF.[58]

Os requisitos e as hipóteses autorizadoras da prisão preventiva estão delineados nos arts. 312 e 313 do CPP, que já foram analisados à exaustão no capítulo em que tratamos das prisões cautelares.[59]

2.1.5.2. Revelia nos termos do art. 367 do CPP

Conforme o dispositivo agora analisado, se o acusado for ***citado* ou *intimado pessoalmente*** para *qualquer ato* e (1) *deixar de comparecer sem justo motivo*, ou, ainda, (2) se *mudar de residência e não comunicar o novo endereço ao juízo processante*; **terá decretada a revelia em seu desfavor, e o processo seguirá sem a sua presença**.

Contumácia é o nome que se dá à inércia injustificada do acusado que foi regularmente citado ou intimado. A contumácia acarreta a revelia. A revelia, *in casu*,

57. Rômulo de Andrade Moreira, *Uma crítica à teoria geral do processo*, Porto Alegre, Lex Magister, 2013, p. 158.

58. "Conforme disposto no art. 366 do Código de Processo Penal, verificada a revelia e a ausência de credenciamento de advogado, impõe-se a suspensão do processo e da prescrição, somente cabendo implementar a prisão preventiva se a situação enquadrar-se no art. 312 do Código de Processo Penal, não a respaldando o simples fato de o acusado não haver sido encontrado" (STF, HC 98.860/SP, 1ª T., rel. Min. Marco Aurélio, j. 16-3-2010, *DJe* de 23-4-2010). *No mesmo sentido*: STF, HC 99.252/PE, 1ª T., rel. Min. Marco Aurélio, j. 13-4-2010, *DJe* de 14-5-2010; STF, HC 106.209/SC, 2ª T., rel. Min. Ayres Britto, j. 1º-3-2011, *DJe* de 10-6-2011.

59. Sobre a matéria, conferir: Renato Marcão, *Prisões cautelares, liberdade provisória e medidas cautelares restritivas*, 2. ed., São Paulo, Saraiva, 2012.

determina o prosseguimento da marcha processual sem que o acusado seja intimado quanto aos atos futuros, o que constitui verdadeira *penalidade processual* em retribuição ao descaso manifestado em relação aos rumos do processo.

A revelia, no processo penal, *em hipótese alguma* implicará confissão ficta.

Tendo ocorrido *citação pessoal* e o acusado optado pela *revelia*, não se cogita de suspensão do processo e de estagnação da fluência do prazo prescricional. Decreta-se a revelia, e o processo segue sua marcha normalmente. Se no processo houver advogado constituído, o juiz não poderá nomear defensor dativo, contudo cabe recordar que "nenhum acusado, ainda que ausente ou foragido, será processado ou julgado sem defensor" (CPP, art. 261, *caput*).

Entendeu o legislador que a citação pessoal proporciona ao acusado conhecimento direto e efetivo da carga acusatória, ao contrário do conhecimento presumido que decorre da citação ficta. Bem por isso, concluindo que a ampla defesa e o contraditório foram plenamente preservados, optou por não adotar as providências do art. 366 do CPP.

Em casos tais, como ensinou Carnelutti,[60] mesmo diante da contumácia o procedimento se desenvolverá sem qualquer diferença em relação àquele em que participa o imputado.

Como já sabemos, o acusado deve ser citado para tomar conhecimento do processo e defender-se. Para tanto, de início deve contratar advogado de sua confiança e responder à acusação por escrito no prazo de 10 (dez) dias, conforme diz o art. 396 do CPP.

Deverá, ainda, comparecer a todos os atos do processo para os quais for regularmente intimado, daí a possibilidade de ter decretada sua revelia quando se *mudar de residência e não comunicar o novo endereço ao juízo processante*, mas essa regra não deve ser interpretada apenas gramaticalmente.

Mediante visão sistêmica, há que se emprestar sentido lógico à referida disposição, de maneira que somente a ausência do acusado a determinado ato processual em razão de ficar inviabilizada sua intimação pessoal como decorrência da mudança de endereço é que irá justificar a decretação da revelia.

Não tem sentido algum decretar a revelia do acusado que mudou e não comunicou o novo endereço ao juiz caso continue a comparecer regularmente aos atos e termos do processo.

Se houver *motivo justo* para sua inércia, a revelia não poderá ser decretada. Por motivo justo entenda-se, por exemplo, sua prisão antes do interrogatório; a impossibilidade de locomoção em razão de moléstia, ou como decorrência de caso fortuito ou motivo de força maior devidamente provado.

Se a revelia for decretada indevidamente, todos os atos praticados sem a presença do acusado durante o período em que foi injustamente considerado revel

60. Francesco Carnelutti, *Principi del processo penale*, Napoli, Morano Editore, 1960, p. 141.

serão nulos, e, após a regularização da condição do acusado frente ao processo, deverão ser refeitos, sob pena de violação aos princípios constitucionais da ampla defesa, do contraditório e do devido processo.

A única consequência da revelia tratada no art. 367 é a continuação do processo sem que o acusado seja intimado para os demais atos, contudo **seu defensor, nomeado ou constituído, sempre será intimado, sob pena de nulidade**. Se, depois de decretada, o acusado passar ou voltar a acompanhar os atos do processo, será ela (a revelia) reconsiderada.

Embora revel, o acusado poderá produzir sua defesa amplamente.

A revelia de que ora se cuida não impede o julgamento do processo. A propósito, até mesmo nos casos de competência do E. Tribunal do Júri o julgamento não será adiado em razão do não comparecimento do acusado solto que tiver sido regularmente intimado para o ato (CPP, art. 457).[61]

Proferida sentença, ainda que revel o acusado, dela será intimado, conforme disposições do art. 392 do CPP.

A revelia não autoriza exasperação de pena ou regime prisional, tampouco seja negada a substituição da privativa de liberdade por restritivas de direitos, quando presentes os requisitos, e bem assim a suspensão condicional da pena (*sursis*).

3. Intimação

Em homenagem aos princípios do contraditório e do devido processo, entre outros, também é necessário que se providencie dar conhecimento à acusação e à defesa de determinados atos praticados no processo, ou instá-las a praticá-los. Outras vezes é necessário praticar ato de comunicação processual em relação a terceiros: testemunha, perito, jurado etc. Em qualquer caso, o mecanismo jurídico que se presta a tais finalidades é a *intimação*.

Já não constitui novidade a ausência de técnica manifestada pelo legislador em vários momentos, e por aqui não é diferente, visto que, para situações semelhantes, ora o CPP fala em *intimação*, ora em *notificação*, daí a discussão que se estabeleceu na doutrina a respeito do tema com vistas a definir: *intimação* e *notificação* são institutos distintos? Prestam-se a desideratos diversos?

---

61. "Com a nova redação conferida ao art. 457 do CPP, a realização do julgamento sem a presença do réu não causará constrangimento ilegal ao réu, eis que diante da nova disciplina processual, ele detém agora apenas a faculdade de comparecer perante o Conselho de Sentença e exercer a opção do exercício da autodefesa" (STJ, HC 179.361/MT, 5ª T., rel. Min. Gilson Dipp, j. 15-3-2012, *DJe* de 22-3-2012). "Os arts. 420, parágrafo único e 457 da Lei A*dje*tiva Penal, alterado com a edição e entrada em vigor da Lei n. 11.689 de 9-6-2008, permite a intimação, por edital, da decisão de pronúncia do acusado solto, bem como deixa de exigir a presença do réu na sessão plenária" (STJ, REsp 1.201.301/RJ, 5ª T., rel. Min. Jorge Mussi, j. 15-3-2011, *DJe* de 4-4-2011).

Na visão de Mirabete, "chama-se *intimação* à ciência dada à parte, no processo, da prática de um ato, despacho ou sentença e *notificação* à comunicação à parte ou outra pessoa, do lugar, dia e hora de um ato processual a que deve comparecer".[62]

Após destacar que a distinção é apenas doutrinária, sem qualquer reflexo na prática, Tourinho Filho afirma que: "A **intimação** é, pois, a ciência que se dá a alguém de um ato já praticado, já consumado, seja um despacho, seja uma sentença, ou, como diz Pontes de Miranda, é a comunicação de ato praticado. Assim, intima-se o réu de uma sentença (note-se que o réu está sendo cientificado de um ato já consumado, já praticado, isto é, a sentença). A **notificação**, por outro lado, é a cientificação que se faz a alguém (réu, partes, testemunhas, peritos etc.) de um despacho ou decisão que ordena fazer ou deixar de fazer alguma coisa, sob certa cominação. Assim, a testemunha é notificada, porque se lhe dá ciência de um pronunciamento do Juiz, a fim de comparecer à sede do juízo em dia e hora designados, sob as cominações legais".[63]

Segundo tal compreensão, enquanto a *intimação* refere-se ao passado, a ato já praticado, a *notificação* refere-se ao futuro, a ato que se vai praticar.

Sem desconhecer o mérito das proposições divergentes, concordamos com Nucci[64] quando afirma que não há diferença alguma entre *intimação* e *notificação*, visto que o CPP usa indiscriminadamente os termos. Acrescente-se, ainda, que nos arts. 370 a 372, que tratam "*das intimações*", não encontramos uma única referência à *notificação*.

A propósito, o Código fala ainda em *comunicação*, a exemplo do que se verifica no art. 201, §§ 2º e 3º. Tal *comunicação* também não é coisa diversa de *intimação*.

Notificação, *intimação* e *comunicação*, portanto, são expressões utilizadas no CPP com sentido único: *intimação*.

3.1. Conceito

Intimação é o meio procedimental de que se vale o Estado para dar conhecimento às partes ou terceiros a respeito de ato praticado ou a praticar no processo ou em relação a ele.

Sua efetivação permite o exercício de faculdades e ônus processuais das partes,[65] de modo a assegurar a efetividade de princípios constitucionais (ampla defesa, contraditório, devido processo etc.), e deveres de terceiros (comparecimento de testemunha, ofendido, perito etc. em audiência, v.g.).

---

62. Julio Fabbrini Mirabete, *Código de Processo Penal interpretado*, 10. ed., São Paulo, Atlas, 2003, p. 951.

63. Fernando da Costa Tourinho Filho, *Manual de processo penal*, 17. ed., p. 567.

64. Guilherme se Souza Nucci, *Manual de processo e execução penal*, 14. ed., Rio de Janeiro, Forense, 2017, p. 622.

65. Eugênio Pacelli, *Curso de processo penal*, 21. ed., 2017, p. 635.

3.2. Procedimento

Somente o acusado poderá ser *citado*. Por outro vértice, a *intimação* poderá ter por alvo, além do próprio acusado, o representante do Ministério Público, o defensor (nomeado ou constituído), o assistente da acusação, perito, ofendido, testemunha, jurado, qualquer pessoa, enfim, que deva tomar conhecimento de um ato já praticado; que deva praticá-lo ou presenciar sua prática.

Conforme dispõe o art. 370, *caput*, do CPP, "nas intimações dos acusados, das testemunhas e demais pessoas que devam tomar conhecimento de qualquer ato, será observado, no que for aplicável, o disposto no Capítulo anterior".

De tal sorte, para as intimações deverão ser observadas as regras tipificadas para a citação (por mandado, por carta precatória, carta rogatória, carta de ordem, edital e hora certa), no que for compatível, e a ressalva não é sem sentido, pois é inconcebível imaginar, por exemplo, a intimação de testemunha por edital.

A **intimação do advogado**[66] **constituído pelo réu** (seja a ação penal pública ou privada); do **advogado do querelante** (autor da ação penal privada) e do **advogado do assistente da acusação** deve ser feita por publicação no órgão incumbido da publicação dos atos judiciais da comarca[67] – entenda-se: **pela imprensa, onde houver** – incluindo, sob pena de nulidade, o nome do acusado. Caso não haja órgão de publicação dos atos judiciais na comarca, a intimação far-se-á **diretamente pelo escrivão, por mandado**, ou **via postal**[68] com comprovante de recebimento, **ou por qualquer outro meio idôneo**, o que permite a intimação por ***fax, e-mail, telegrama*** ou ***telefone*** (CPP, art. 370, §§ 1º e 2º).

A **intimação do Defensor nomeado** (defensor dativo) deve ser feita **pessoalmente**, por mandado (CPP, § 4º do art. 370), estando vedada sua veiculação por meio da imprensa.[69]

66. "Pequeno erro de grafia do nome do defensor na publicação não gera nulidade quando presentes outros elementos que permitem a identificação pelo próprio causídico como o destinatário do ato" (STF, RHC 108.556/DF, 1ª T., rel. Min. Rosa Weber, j. 12-6-2012, *DJe* de 27-6-2012).

67. "Tratando-se de advogado constituído, sua intimação far-se-á por publicação no órgão incumbido da publicidade dos atos judiciais da comarca" (STF, HC 80.862/PE, 2ª T., rel. Min. Carlos Velloso, j. 23-10-2001, *DJe* de 14-12-2001). "Prerrogativa da intimação pessoal do Ministério Público, do defensor público e do defensor dativo que não se estende ao advogado particular constituído, nos termos do art. 370, § 4º, do Código de Processo Penal. Precedentes" (STF, HC 102.597/SP, rel. Min. Cármen Lúcia, j. 24-8-2010, *DJe* de 10-9-2010). *No mesmo sentido:* STF, ADI 2.144/DF, Tribunal Pleno, rel. Min. Teori Zavascki, j. 2-6-2016, *DJe* n. 122, de 14-6-2016; STF, HC 102.155/SC, 1ª T., rel. Min. Ayres Britto, j. 27-4-2010, *DJe* de 21-5-2010; STF, HC 131.198/SP, 2ª T., rel. Min. Gilmar Mendes, j. 6-9-2016, *DJe* n. 201, de 21-9-2016.

68. "Não é nula a intimação de defensor por meio postal, com aviso de recebimento, se inexiste órgão de publicação dos atos judiciais na comarca" (STF, HC 88.211/PE, 2ª T., rel. Min. Cezar Peluso, j. 15-12-2009, *DJe* de 12-2-2010).

69. "É constitucional o tratamento diferenciado dado às intimações do defensor constituído, do

"A falta de intimação pessoal do defensor dativo qualifica-se como causa geradora de nulidade processual absoluta, sendo desnecessária a comprovação, nesta hipótese, do efetivo prejuízo para que tal nulidade seja declarada".[70]

Quanto à **intimação da Defensoria Pública**, dispõe o art. 128, I, da Lei Complementar n. 80/94[71] que constitui prerrogativa dos Defensores Públicos do Estado, dentre outras, a **intimação pessoal** em qualquer processo e grau de jurisdição,[72] contando-se-lhes em dobro todos os prazos.[73]

"A data da entrega dos autos na repartição administrativa da Defensoria Pública é o termo inicial da contagem do prazo para impugnação de decisão judicial pela instituição, independentemente de intimação do ato em audiência".[74]

A **intimação do representante do Ministério Público**, em qualquer processo e grau de jurisdição, será feita **pessoalmente**,[75] nos termos em que dispõem o art.

---

advogado do querelante e do assistente, realizadas por meio de publicação oficial, em contraposição às do Ministério Público e do defensor nomeado, feitas pessoalmente (CPP, art. 370, §§ 1º e 4º)" (STF, ADI 2.144/DF, Tribunal Pleno, rel. Min. Teori Zavascki, j. 2-6-2016, *DJe* n. 122, de 14-6-2016). "A jurisprudência desta Corte firmou-se no sentido de que é necessária a intimação pessoal do defensor público ou dativo para sessão de julgamento, em face de expressa disposição legal" (STF, HC 108.271/GO, 2ª T., rel. Min. Ricardo Lewandowski, j. 6-9-2011, *DJe* de 22-9-2011). "1. A intimação pessoal do defensor dativo é expressão do direito à ampla defesa. Precedentes. 2. A imprescindibilidade da intimação pessoal do defensor dativo (§ 4º do art. 370 do Código de Processo Penal) não tem outra consequência lógica senão a de atrair a regra que se lê na alínea 'a' do § 5º do art. 798 do Código de Processo Penal. 3. Ordem concedida" (STF, HC 110.656/PR, 2ª T., rel. Min. Ayres Britto, j. 13-3-2012, *DJe* de 21-6-2012).

70. STF, HC 98.802/GO, 2ª T., rel. Min. Joaquim Barbosa, j. 20-10-2009, *DJe* de 27-11-2009; STF, HC 101.715/GO, 1ª T., rel. Min. Dias Toffoli, j. 9-3-2010, *DJe* de 9-4-2010.

71. Organiza a Defensoria Pública da União, do Distrito Federal e dos Territórios e prescreve normas gerais para sua organização nos Estados, e dá outras providências.

72. "O ordenamento positivo brasileiro torna imprescindível a intimação pessoal do defensor nomeado dativamente (CPP, art. 370, § 4º, na redação dada pela Lei n. 9.271/96) e reafirma a indispensabilidade da pessoal intimação dos Defensores Públicos em geral (LC n. 80/94, art. 44, I; art. 89, I, e art. 128, I), inclusive a dos Defensores Públicos dos Estados-membros (LC n. 80/94, art. 128, I; Lei n. 1.060/50, art. 5º, § 5º, na redação dada pela Lei n. 7.871/89). A exigência de intimação pessoal do Defensor Público e do Advogado dativo, notadamente em sede de persecução penal, atende a uma imposição que deriva do próprio texto da Constituição da República, no ponto em que o estatuto fundamental estabelece, em favor de qualquer acusado, o direito à plenitude de defesa em procedimento estatal que respeite as prerrogativas decorrentes da cláusula constitucional do *due process of law*. Precedentes" (STF, RHC 106.561/RJ, 2ª T., rel. Min. Celso de Mello, j. 21-6-2011, *DJe* de 26-8-2011). "A intimação pessoal dos atos processuais constitui prerrogativa da Defensoria Pública" (STF, HC 133.476/AM, 2ª T., rel. Min. Teori Zavascki, j. 14-6-2016, *DJe* n. 133, de 27-6-2016).

73. "A Defensoria Pública possui prazo em dobro para recorrer e deve ser intimada pessoalmente de todos os atos do processo, sob pena de nulidade, a teor do art. 370, § 4º, do Código de Processo Penal, do art. 5º, § 5º, da Lei 1.060/50 e do art. 44, I, da Lei Complementar 80/94. Homenagem ao princípio constitucional da ampla defesa" (STF, HC 132.336/MT, 2ª T., rel. Min. Gilmar Mendes, j. 21-6-2016, *DJe* n. 159, de 1º-8-2016).

74. STJ, HC 296.759/RS, Terceira Seção, rel. Min. Rogério Schietti Cruz, j. 23-8-2017, *DJe* de 21-9-2017.

75. "É constitucional o tratamento diferenciado dado às intimações do defensor constituído, do advogado do querelante e do assistente, realizadas por meio de publicação oficial, em

41, IV, da Lei n. 8.625/93 (Lei Orgânica Nacional do Ministério Público) e o art. 370, § 4º, do CPP,[76] devendo constar certidão nos autos dando notícia da prática do ato.

Essa matéria constitui objeto do Tema/Repetitivo 959, quando então foi firmada a seguinte Tese: "O termo inicial da contagem do prazo para impugnar decisão judicial é, para o Ministério Público, a data da entrega dos autos na repartição administrativa do órgão, sendo irrelevante que a intimação pessoal tenha se dado em audiência, em cartório ou por mandado".[77]

Nos precisos termos do **art. 371 do CPP**, é admitida a **intimação ou notificação por despacho na petição** em que for requerida. Diante de tal situação, apresentada a petição pelo advogado ou pelo representante do Ministério Público diretamente ao juiz, lançado o despacho ou decisão no corpo desta, porquanto manifesto o conhecimento do teor da resposta judicial, fica dispensada a intimação formal respectiva. Também o escrivão, ao invés de expedir mandado de intimação, poderá proceder à leitura da petição e do despacho à pessoa que deva ser intimada e entregar-lhe contrafé.

Em tais casos, é cautela recomendada, inclusive para a formalização dos atos do processo e garantia do devido processo legal, que se cuide de certificar nos autos a intimação conforme procedida.

Necessário convir, entretanto, que a efetiva implantação do **processo digital** faz reduzir, quando não extinguir mesmo, a possibilidade de aplicação prática do disposto no art. 371.

Por fim, determina o **art. 372 do CPP** que na hipótese de ser adiada, por qualquer motivo, audiência anteriormente designada, o juiz marcará, diante das partes e testemunhas presentes, novo dia e hora para sua realização em prosseguimento, de tudo lavrando termo nos autos, que terá o valor de intimação pessoal em relação aos presentes interessados.

3.3. Intimação e requisição de réu preso para audiência

Estando o acusado preso, é imprescindível que o Diretor do estabelecimento prisional em que se encontrar tenha conhecimento do local, dia e hora em que

---

contraposição às do Ministério Público e do defensor nomeado, feitas pessoalmente (CPP, art. 370, §§ 1º e 4º)" (STF, ADI 2.144/DF, Tribunal Pleno, rel. Min. Teori Zavascki, j. 2-6-2016, *DJe* n. 122, de 14-6-2016).

76. "A peculiar função dos membros do Ministério Público e dos advogados nomeados, no Processo Penal, justifica tratamento diferenciado caracterizado na intimação pessoal, não criando o § 1º do art. 370 do CPP situação de desigualdade ao determinar que a intimação do advogado constituído, do advogado do querelante e do assistente se dê por publicação no órgão incumbido da publicidade dos atos judiciais da comarca. O procedimento previsto no art. 370, § 1º, do CPP não acarreta obstáculo à atuação dos advogados, não havendo violação ao devido processo legal ou à ampla defesa" (STF, ADI 2.144 MC/DF, Tribunal Pleno, rel. Min. Ilmar Galvão, j. 11-5-2000, *DJe* de 14-11-2003).

77. STJ, REsp 1.349.935/SE, Terceira Seção, rel. Min. Rogério Schietti Cruz, j. 23-8-2017, *DJe* de 14-9-2017.

aquele deverá comparecer a fim de acompanhar a audiência de instrução e julgamento e ser interrogado, inclusive para que possa providenciar sua escolta, e, sendo assim, é preciso que o juiz do feito providencie a comunicação formal para que se efetive a apresentação do preso. O ato de comunicação do juiz ao Diretor do estabelecimento prisional denomina-se *requisição*.

Ora, se a apresentação do preso não for requisitada ao Diretor, como é que aquele poderá comparecer perante o juiz processante? Não dispondo de sua plena liberdade de ir e vir, é evidente que não disporá de condições para deixar a cela e comparecer perante o juiz, e a única forma de suprir tal obstáculo é a *requisição* indicada.

Em síntese: não basta a intimação do acusado preso para que compareça à audiência de instrução e julgamento, em que ao final será interrogado. Também é necessário que o juiz expeça *requisição* ao Diretor do estabelecimento prisional em que aquele se encontrar, ordenando sua apresentação no local, dia e hora previamente assinalados. Requisita-se a apresentação do preso.

A sintonia é imprescindível.

3.4. Intimação por meio eletrônico

Como não poderia ser de modo diverso, **a Lei n. 11.419/2006**, que dispõe sobre a informatização do processo judicial, **admite a intimação por meio eletrônico**.

Em conformidade com o disposto no art. 6º, as intimações serão feitas por meio eletrônico em portal próprio aos que se cadastrarem na forma do art. 2º da mesma Lei,[78] dispensando-se a publicação no órgão oficial, inclusive eletrônico.

Considerar-se-á realizada a intimação no dia em que o intimando efetivar a consulta eletrônica ao teor da intimação, e, nos casos em que a consulta se dê em dia não útil, a intimação será considerada como realizada no primeiro dia útil seguinte.

As intimações eletrônicas são consideradas pessoais.

78. "Art. 2º O envio de petições, de recursos e a prática de atos processuais em geral por meio eletrônico serão admitidos mediante uso de assinatura eletrônica, na forma do art. 1º desta Lei, sendo obrigatório o credenciamento prévio no Poder Judiciário, conforme disciplinado pelos órgãos respectivos. § 1º O credenciamento no Poder Judiciário será realizado mediante procedimento no qual esteja assegurada a adequada identificação presencial do interessado. § 2º Ao credenciado será atribuído registro e meio de acesso ao sistema, de modo a preservar o sigilo, a identificação e a autenticidade de suas comunicações. § 3º Os órgãos do Poder Judiciário poderão criar um cadastro único para o credenciamento previsto neste artigo".

Capítulo 18
Sentença e Coisa Julgada

1. Sentença

O curso natural e ordinário do processo segue em direção ao momento máximo da prestação jurisdicional, o epílogo do procedimento, que ocorre com o julgamento do mérito, quando então o julgador irá proferir decisão na qual irá acolher (no todo ou em parte) ou não o pedido deduzido na inicial acusatória, daí a afirmação de Fenech no sentido de que "el objeto de la sentencia está constituído por la pretensión punitiva".[1] Essa decisão recebe o nome de *sentença*.

Sentença, portanto, é a decisão jurisdicional definitiva que **aprecia o mérito da imputação** contida na denúncia ou queixa, de modo a julgar procedente ou improcedente a pretensão punitiva deduzida, e assim resolver o processo.

Enquanto a decisão judicial que resolve o processo em primeiro grau de jurisdição denomina-se *sentença*, junto aos tribunais, a decisão colegiada que materializa o julgamento do processo (de competência originária ou em razão de recurso) recebe o nome de *acórdão*.

Na lição apresentada por De Marsico, sentença é o provimento do juiz que, com base na prova produzida na discussão da causa, "afferma il suo potere di dichiarare la volontá della legge applicando la norma al caso concreto, ed attuando in questo atto la sua potestà di giurisdizione".[2]

---

1. Miguel Fenech, *Derecho procesal penal*, 3. ed., Barcelona, Editorial Labor, 1960, v. I, p. 920.

2. Alfredo De Marsico, *Diritto processuale penale*, 4. ed., Napoli, Casa Editrice Dott. Eugenio Jovene, 1966, p. 251.

Objetivamente, para CATENA e DOMÍNGUEZ, "la sentencia penal es el acto jurisdiccional que pone fin al proceso resolviendo definitivamente la cuestión criminal".[3]

Esta é a denominada *sentença* em sentido estrito, que pode ser:

1) *condenatória* ou

2) *absolutória*.

A sentença absolutória pode ser:

2.1) *própria* ou

2.2) *imprópria*.

Sentença condenatória é aquela que acolhe o pedido do autor, de modo a julgar procedente a pretensão punitiva, no todo ou em parte, e impõe pena de natureza criminal ao condenado.

Sentença absolutória, *a contrario sensu*, é a que desacolhe o pedido do autor, de modo a julgar improcedente a pretensão punitiva.

Sentença absolutória em sentido próprio é a sentença que desacolhe totalmente o pedido do autor e por isso julga improcedente a ação penal. Exemplo: sentença que reconhece estar provada a inexistência do fato imputado; não haver prova da existência do fato; não constituir o fato infração penal; estar provado que o acusado não concorreu para a infração penal; estar provada alguma causa de exclusão da antijuridicidade; não existir prova suficiente para a condenação (CPP, incisos I, II, III, IV, V, VI e VII do art. 386).

Sentença de absolvição imprópria é aquela em que o juiz reconhece a existência do fato e que este constitui infração penal; reconhece ser o acusado o autor da respectiva infração, mas aplica medida de segurança (CP, art. 96) e deixa de aplicar pena criminal em razão de estar provada a *inimputabilidade do acusado* que, por doença mental ou desenvolvimento mental incompleto ou retardado, era, ao tempo da ação ou da omissão, inteiramente incapaz de entender o caráter ilícito do fato ou de determinar-se de acordo com esse entendimento (CP, art. 26 c.c. o art. 97), conforme determina o art. 386, VI, parágrafo único, III, do CPP.

Na sentença de absolvição imprópria, o magistrado desenvolve todo o raciocínio de condenação, mas, ao final, encontra-se impedido de aplicar pena criminal em razão da inimputabilidade *por doença mental*, excludente da culpabilidade. Reconhece a existência do fato; reconhece a autoria atribuída ao acusado e eventual materialidade; reconhece, por fim, que o fato é típico e antijurídico; todavia, como a imputabilidade é pressuposto da aplicação da pena, sua ausência obsta a imposição de pena criminal e determina a aplicação de medida de segurança.

---

3. VICTOR MORENO CATENA e VALENTÍN CORTÉS DOMÍNGUEZ, *Derecho procesal penal*, 6. ed., Valencia, Tirant lo Blanch, 2012, p. 421. B. J. MAIER define sentença como "aquella decisión que pone fin al procedimiento penal" (JULIO B. J. MAIER, *Derecho procesal penal*, Buenos Aires, Editores del Puerto s.r.l., 2011, t. III, p. 337).

A rigor, verificado o raciocínio desenvolvido, o correto seria denominá-la *sentença de condenação imprópria*.

Cabe observar, ainda, que o inimputável deverá receber sentença de absolvição em *sentido próprio* naquelas mesmas hipóteses válidas para o imputável, pois não tem sentido lógico, tampouco jurídico, imaginar a imposição de medida de segurança fora das situações em que seria cabível a condenação caso imputável fosse. O raciocínio central, em resumo, é este: se fosse imputável receberia pena, como não é, receberá medida de segurança.

Na doutrina encontramos outras classificações, tais como:

1) *sentenças simples*: proferidas por órgão singular ou monocrático; proferida por um único julgador;

2) *sentenças subjetivamente complexas*: são assim denominadas aquelas provenientes de órgão colegiado, tal como ocorre no julgamento pelo Tribunal do Júri, em que a sentença é proferida pelo Juiz-Presidente com base na decisão dos jurados. Os acórdãos proferidos pelos Tribunais também são subjetivamente complexos, porquanto resultantes dos votos proferidos pelos Desembargadores ou Ministros competentes, conforme o caso;

3) *sentenças materiais* e *sentença em sentido estrito*: são aquelas que decidem o mérito da pretensão deduzida, para o fim de julgar procedente ou improcedente a ação penal;

4) *sentenças formais*: tratam de questões processuais, a exemplo do que ocorre com a decisão de impronúncia, nos processos de competência do Tribunal do Júri.

1.1. Requisitos intrínsecos da sentença

Nos precisos termos do art. 381 do CPP,[4] **a sentença deve conter**: I – os nomes das partes ou, quando não possível, as indicações necessárias para identificá-las; II – a exposição sucinta da acusação e da defesa; III – a indicação dos motivos de fato e de direito em que se fundar a decisão; IV – a indicação dos artigos de lei aplicados; V – o dispositivo; VI – a data e a assinatura do juiz.

A sentença (e também o acórdão ou sentença colegial[5]) é composta de 4 (quatro) partes:[6] *1) relatório*; *2) fundamentação*; *3) dispositivo*; e *4) autenticação*.

4. "A estrutura formal da sentença deriva da fiel observância das regras inscritas no art. 381 do Código de Processo Penal. O ato sentencial que contém a exposição sucinta da acusação e da defesa e que indica os motivos em que se funda a decisão satisfaz, plenamente, as exigências impostas pela lei" (STF, HC 70.814/SP, 1ª T., rel. Min. Celso de Mello, j. 1º -3-1994, *DJe* de 24-6-1994).

5. Expressão utilizada pelo Min. Celso de Mello, in: STF, Rcl 430/PI, Tribunal Pleno, rel. Min. Celso de Mello, j. 2-6-1993, *DJe* de 20-8-1993.

6. Para BENTO DE FARIA: "São elementos formais da sentença – o *enunciado* e a *disposição*, ordinariamente indicados como sendo – *relatório* (exposição da causa), a *motivação* (razões da convicção, de fato ou de direito), *conclusão* (decisão)" (*Código de Processo Penal*, 2. ed., Rio de Janeiro, Record, 1960, v. 2, p. 105).

O **relatório** é um resumo circunstanciado de todo o processo, da denúncia ou queixa até as alegações finais das partes. Nele o juiz deve indicar quem são o autor e o acusado na ação penal e, se possível,[7] a qualificação deste; a indicação sucinta da acusação[8] e da tese da defesa; eventuais incidentes e o que de relevante ocorrer.

De maneira excepcional, o § 3º do art. 81 da Lei n. 9.099/95 dispensa de relatório a sentença proferida nos processos de competência dos Juizados Especiais Criminais.

Na **fundamentação** ou motivação, o julgador deve analisar toda a prova produzida e *expor sua convicção* a respeito do apurado, conforme os princípios da imparcialidade e da persuasão racional ou livre convencimento motivado. Deve analisar as teses sustentadas pela acusação e pela defesa,[9] e também explicar as razões de fato e de direito que o levaram a proferir a decisão de absolvição ou de condenação, e, nessa hipótese, deverá esclarecer os parâmetros utilizados na individualização da pena e escolha do regime de cumprimento, sendo caso.

A fundamentação serve para expressar a medida e o enfoque da análise feita pelo julgador, de modo a permitir que as partes e a sociedade conheçam as razões de fato e de direito que o levaram a decidir de tal ou qual modo. Revela-se imprescindível não apenas para a informação e satisfação que se deve dar às partes, mas, sobretudo, para que, conhecendo as razões motivadoras, o inconformado dela possa recorrer com argumentos contrários e com isso pedir sua reforma, o que animou MAIER a afirmar que "ella resulta importante, sobre todo, para el control de la sentencia por un recurso".[10]

A obrigatoriedade de fundamentação das decisões judiciais decorre de regra disposta no art. 93, IX, da Constituição Federal, e traduz verdadeira garantia fundamental de que não se pode olvidar no Estado de Direito minimamente democrático.

Expressou o Min. CELSO DE MELLO que: "A exigência de motivação dos atos jurisdicionais constitui, hoje, postulado constitucional inafastável, que traduz poderoso

---

7. Ver arts. 41 e 259 do CPP.

8. "Son importantes para la sentencia la descripción de la imputación deducida por los acusadores y, en sus fundamentos, la concreción de la acción u omisión verificada con certeza, o la expresión de que nada o tan sólo algo de ello ha sido verificado con certeza, porque ambas descripciones y sus términos, cuando la sentencia afirma la imputación, total o parcialmente, comparecerán para ser comparadas entre sí en homenaje al *principio de correlación entre la acusación y la sentencia* (*iura novit curia*), porque en el otro caso será expresión del *principio in dubio pro reo* y porque, en definitiva, la sentencia será elemento esencial para tratar los problemas que después de ella puedan aparecer con referencia al principio *ne bis in idem* y a la *prohibición de la reforma in peius*" (JULIO B. J. MAIER, *Derecho procesal penal*, Buenos Aires, Editores del Puerto s.r.l., 2011, t. III, p. 339).

9. "É absolutamente nula a decisão que, em processo criminal, deixa de apreciar pedido de substituição de pena privativa de liberdade por restritiva de direitos, formulado no recurso da defesa" (STF, HC 87.917/GO, 1ª T., rel. Min. Cezar Peluso, j. 11-4-2006, *DJe* de 9-6-2006).

10. JULIO B. J. MAIER, *Derecho procesal penal*, Buenos Aires, Editores del Puerto s.r.l., 2011, t. III, p. 340.

fator de limitação ao exercício do próprio poder estatal, além de configurar instrumento essencial de respeito e proteção às liberdades públicas. Com a constitucionalização desse dever jurídico imposto aos magistrados – e que antes era de extração meramente legal – dispensou-se aos jurisdicionados uma tutela processual significativamente mais intensa, não obstante idênticos os efeitos decorrentes de seu descumprimento: a nulidade insuperável e insanável da própria decisão. A importância jurídico-política do dever estatal de motivar as decisões judiciais constitui inquestionável garantia inerente à própria noção do Estado Democrático de Direito. Fator condicionante da própria validade dos atos decisórios, a exigência de fundamentação dos pronunciamentos jurisdicionais reflete uma expressiva prerrogativa individual contra abusos eventualmente cometidos pelos órgãos do Poder Judiciário".[11] "A fundamentação dos atos decisórios qualifica-se como pressuposto constitucional de validade e eficácia das decisões emanadas do Poder Judiciário, de tal modo que a inobservância do dever imposto pelo art. 93, IX, da Carta Política, mais do que afetar a legitimidade dessas deliberações estatais, gera, de maneira irremissível, a sua própria nulidade".[12] "A ofensa ao dever constitucional de fundamentar as decisões judiciais gera a nulidade do julgamento efetuado por qualquer órgão do Poder Judiciário. Os magistrados e Tribunais estão vinculados, no desempenho da função jurisdicional, a essa imposição fixada pela Lei Fundamental da República".[13]

De ver, entretanto, e ainda com apoio na jurisprudência sedimentada no STJ e no STF, que: "O magistrado não está obrigado a refutar, um a um,[14] os argumentos deduzidos pela parte, desde que os fundamentos utilizados tenham sido suficientes para embasar a decisão".[15] "Embora seja necessário que o Magistrado aprecie as teses ventiladas pela defesa, torna-se despiciendo a menção expressa a cada uma das alegações se, pela própria decisão condenatória, resta claro que o Julgador adotou posicionamento contrário".[16] "Quando a decisão acolhe fundamentadamente uma

11. STF, HC 69.013/PI, 1ª T., rel. Min. Celso de Mello, j. 24-3-1992, *DJe* de 1º-7-1992.

12. STF, HC 74.438/SP, 1ª T., rel. Min. Celso de Mello, j. 26-11-1996, *DJe* n. 047, de 14-3-2011.

13. STF, HC 68.571/DF, 1ª T., rel. Min. Celso de Mello, j. 1º-10-1991, *DJe* de 12-6-1992.

14. "A jurisprudência deste Supremo Tribunal é firme no sentido de que o que se espera de uma decisão judicial é que seja fundamentada, e não que se pronuncie sobre todas as alegações deduzidas pelas partes" (STF, AP 396 ED/RO, Tribunal Pleno, rel. Min. Cármen Lúcia, j. 13-12-2012, *DJe* n. 051, de 18-3-2013).

15. STF, AI 786.511 AgR/RS, 1ª T., rel. Min. Luiz Fux, j. 16-10-2012, *DJe* n. 222, de 12-11-2012. "O órgão judicante não é obrigado a se manifestar sobre todas as teses apresentadas pela defesa, bastando que aponte fundamentadamente as razões de seu convencimento" (STF, AI 690.504-AgR/MG, rel. Min. Joaquim Barbosa, j. 4-3-2008, *DJe* n. 92, de 23-5-2008). *No mesmo sentido*: STF, AI 742.202 AgR/PE, 1ª T., rel. Min. Cármen Lúcia, j. 6-4-2010, *DJe* de 30-4-2010; STJ, HC 138.855/SP, 5ª T., rel. Min. Arnaldo Esteves Lima, j. 6-10-2009, *DJe* de 3-11-2009; STJ, HC 87.095/MG, 5ª T., rel. Min. Laurita Vaz, j. 8-5-2008, *DJe* de 2-6-2008.

16. STJ, HC 87.095/MG, 5ª T., rel. Min. Laurita Vaz, j. 8-5-2008, *DJe* de 2-6-2008.

tese, afasta implicitamente as que com ela são incompatíveis, não sendo necessário o exame exaustivo de cada uma das que não foram acolhidas".[17] "O sistema do livre convencimento motivado ou da persuasão racional permite ao magistrado revelar o seu convencimento sobre as provas dos autos livremente, desde que demonstre o raciocínio desenvolvido."[18] "A exigência do art. 93, IX, da Constituição, não impõe seja a decisão exaustivamente fundamentada. O que se busca é que o julgador informe de forma clara e concisa as razões de seu convencimento."[19]

O Supremo Tribunal Federal e o Superior Tribunal de Justiça admitem a motivação *per relationem*, assim compreendida aquela em que o magistrado adota como razão de decidir os fundamentos aduzidos por outrem nos autos do processo, citando-os em sua decisão.

Nesse sentido:

> O Supremo Tribunal Federal tem salientado, em seu magistério jurisprudencial, a propósito da motivação *per relationem*, que inocorre ausência de fundamentação quando o ato decisório – o acórdão, inclusive – reporta-se, expressamente, a manifestações ou a peças processuais outras, mesmo as produzidas pelo Ministério Público, desde que nelas achem-se expostos os motivos, de fato ou de direito, justificadores da decisão judicial proferida (STF, HC 127.228 AgR/SP, 2ª T., rel. Min. Celso de Mello, j. 1º-9-2015, *DJe* 225, de 12-11-2015).
>
> A jurisprudência do Supremo Tribunal Federal firmou-se no sentido de que a fundamentação *per relationem* constitui motivação válida e não ofende o disposto no art. 93, IX, da Constituição da República (STF, Inq 2.725/SP, 2ª T., rel. Min. Teori Zavascki, j. 8-9-2015, *DJe* n. 195, de 30-9-2015).[20]
>
> Esta Corte Superior possui entendimento de que a utilização da técnica de motivação *per relationem*, quando o ato decisório se reporte a outra decisão ou manifestação dos autos e as adote como razão de decidir, não vulnera o disposto no art. 93, IX, da Constituição Federal (*verbi gratia*, HC n. 310.625/SP, rel. Min. Maria Thereza de Assis Moura, 6ª T., j. 5-2-2015, *DJe* de 20-2-2015, e HC n. 286.080/SP, rel. Min. Felix Fischer, 5ª T., *DJe* de 13-10-2014).[21]

Embora seja possível e até recomendado fundamentar seu convencimento jurídico com base na doutrina e na jurisprudência, que poderá transcrever no corpo de

---

17. STF, HC 76.420/SP, 2ª T., rel. Min. Maurício Corrêa, j. 16-6-1998, *DJ* de 14-4-1998, p. 4.

18. STF, AI 847.110 AgR/RS, 1ª T., rel. Min. Luiz Fux, j. 25-10-2011, *DJe* n. 218, de 17-11-2011.

19. STF, AI 853.890 AgR/DF, 2ª T., rel. Min. Ricardo Lewandowski, j. 28-2-2012, *DJe* n. 052, de 13-3-2012.

20. No mesmo sentido: STF, HC 126.661/CE, 1ª T., rel. Min. Marco Aurélio, rel. p/ o Acórdão Min. Edson Fachin, j. 4-8-2015, *DJe* n. 167, de 26-8-2015; STF, ARE 936.510 AgR/RS, 2ª T., rel. Min. Gilmar Mendes, j. 8-3-2016, *DJe* n. 067, de 12-4-2016; STF, RMS 30.461 AgR-segundo/DF, 2ª T., rel. Min. Celso de Mello, j. 15-3-2016, *DJe* n. 065, de 8-4-2016.

21. STJ, HC 426.111/CE, 5ª T., rel. Min. Jorge Mussi, j. 17-4-2018, *DJe* de 25-4-2018.

sua decisão, não se admite, por evidente, a simples referência às alegações apresentadas pelas partes ou a texto de lei,[22] visto que a fundamentação é um ato de inteligência do juiz, que por isso deve expressar sua convicção pessoal a respeito dos fatos e do direito aplicável na solução da lide penal.

O **dispositivo** é a parte conclusiva da sentença. É o momento em que o julgador declara o direito aplicável na solução da controvérsia penal e, assim procedendo, absolve ou condena o acusado e, nesse caso, aplica a pena cabível e o respectivo regime de cumprimento. Por aqui, é oportuna a advertência feita por Carnelutti quando diz que: "El juez, no sólo *puede*, sino que *debe* absolver o condenar, lo que significa, ante todo, que *no puede abstenerse de la decisión* y, en segundo lugar, que *debe decidir según justicia*".[23]

Autenticação ou parte autenticativa é aquela parte final em que o magistrado indica o lugar, dia, mês e ano em que prolatada sua decisão, identifica-se e assina a sentença.

O desatendimento ao art. 381 do CPP é causa de nulidade por falta de formalidade que constitui elemento essencial do ato (CPP, art. 564, IV).[24] Nulidade *da sentença*, e não do processo.

1.1.1. Sentença oral

Desde o advento da Lei n. 11.719/2008, que deu nova redação ao art. 405 do CPP, é possível a prolação de sentença oral, sendo desnecessária, por óbvio, sua transcrição.

É sem sentido lógico imaginar que a prova colhida na audiência de instrução e os debates das partes possam ser registrados com o uso de recursos audiovisuais, fidedignamente, mas a sentença não.

Esta nossa maneira de pensar não isenta o magistrado sentenciante do dever de atendimento ao disposto no art. 381 do CPP, cumprindo observar que ao final do ato por ele presidido será lançada sua assinatura digital.

22. "A fundamentação das decisões do Poder Judiciário, tal como resulta da letra do inciso IX do art. 93 da Constituição Federal, é condição absoluta de sua validade e, portanto, pressuposto da sua eficácia, substanciando-se na definição suficiente dos fatos e do direito que a sustentam, de modo a certificar a realização da hipótese de incidência da norma e os efeitos dela resultantes. Tal fundamentação, para mais, deve ser deduzida em relação necessária com as questões de direito e de fato postas na pretensão e na sua resistência, dentro dos limites do pedido, não se confundindo, de modo algum, com a simples reprodução de expressões ou termos legais, postos em relação não raramente com fatos e juízos abstratos, inidôneos à incidência da norma invocada" (STJ, REsp 857.066/RJ, 6ª T., rel. Min. Hamilton Carvalhido, j. 27-11-2007, *DJe* de 14-4-2008).

23. Francesco Carnelutti, *Lecciones sobre el proceso penal*, p. 250.

24. "É nula a sentença proferida de forma oral e degravada parcialmente sem o registro das razões de decidir" (STJ, HC 470.034/SC, 6ª T., rela. Mina. Laurita Vaz, j. 9-10-2018, *DJe* de 19-11-2018).

A Terceira Seção do Superior Tribunal de Justiça já se pronunciou nessa mesma linha de pensamento, conforme demonstra a ementa que segue transcrita:

> A previsão legal do único registro audiovisual da prova, no art. 405, §2º, do Código de Processo Penal, deve também ser compreendida como autorização para esse registro de toda a audiência – debates orais e sentença. É medida de segurança (no mais completo registro de voz e imagem da prova oral) e de celeridade no assentamento dos atos da audiência. Exigir que se faça a degravação ou separada sentença escrita é negar valor ao registro da voz e imagem do próprio juiz, é sobrelevar sua assinatura em folha impressa sobre o que ele diz e registra. Não há sentido lógico ou de segurança, e é desserviço à celeridade. A ausência de degravação completa da sentença não prejudica ao contraditório ou à segurança do registro nos autos, do mesmo modo que igualmente ocorre com a prova oral.[25]

1.2. Princípio da correlação

Não é por razão qualquer ou simples excesso de zelo que o legislador cuidou de estabelecer no art. 41 do CPP, embora não taxativamente, os requisitos formais da denúncia ou queixa, conforme minimamente listados.

Dentre outras informações, a inicial acusatória deve conter a exposição do fato típico, com todas as suas circunstâncias.[26] É dizer: o autor da ação penal deve descrever com precisão técnica a conduta imputada; as circunstâncias de tempo e modo em que os acontecimentos se desenvolveram (dia, hora e local exato, sempre que possível), dolo ou culpa;[27] eventuais agravantes, qualificadoras etc.

Trata-se de necessidade que decorre dos princípios da iniciativa das partes, da ampla defesa,[28] do contraditório e do devido processo legal, visto que não se pode admitir a instauração de processo de natureza criminal em que o acusado não possa conhecer desde o início, com exatidão, a intensidade e os limites da imputação contra ele lançada por quem o acusa.

---

25. STJ, HC 462.252/SC, Terceira Seção, rel. Min. Nefi Cordeiro, j. 28-11-2018, *DJe* de 4-2-2019.

26. "A acusação formalizada pelo Ministério Público deve conter a exposição do fato criminoso, ou em tese criminoso, com todas as circunstâncias até então conhecidas, de parelha com a qualificação do acusado, ou, de todo modo, esclarecimentos que possam viabilizar a defesa do acusado. Isso para que o contraditório e a ampla defesa se estabeleçam nos devidos termos. A higidez da denúncia opera, ela mesma, como uma garantia do acusado. Garantia que, por um lado, abre caminho para o mais desembaraçado exercício da ampla defesa e, por outro, baliza a atuação judicial" (STF, HC 94.226/SP, 2ª T., rel. Min. Ayres Britto, j. 28-6-2011, *DJe* de 29-11-2011).

27. Sobre culpa na área médica, consultar: Paulo Younes, *Direito penal médico* – Ensaios sobre a culpa, Birigui-SP, Boreal, 2016.

28. No dizer de Catena e Domínguez: "La determinación de si son o no los mismos hechos, es decir, si existe correlación entre la acusación y la sentencia (puesto que sólo sobre el objeto del juicio histórico cabe la realización del juicio jurídico penal), es un problema que ha preocupado a la doctrina y es fundamental para determinar si el acusado ha visto vulnerado su derecho de defensa" (Victor Moreno Catena e Valentín Cortés Domínguez, *Derecho procesal penal*, 6. ed., Valencia, Tirant lo Blanch, 2012, p. 423).

Também por força e desdobramento da incidência dos princípios indicados, **o acusado** ***não pode ser surpreendido*** com a prolação de sentença condenatória que ultrapasse os limites da imputação contida na denúncia[29] ou queixa.

Não se concebe Estado de Direito em que o réu seja chamado a se defender de uma acusação determinada e, ao final do processo, possa suportar solene condenação lastreada em fato diverso daquele de que se defendeu.

Cabe ao julgador observar o **princípio da correlação**, segundo o qual os limites da acusação é que permitem enxergar o extremo de eventual sentença condenatória. Por força de tal princípio, não se admite seja o acusado surpreendido com condenação por **fato não descrito na inicial acusatória** e, portanto, a respeito do qual em momento algum foi chamado a se defender. Deve haver correlação, em síntese, entre acusação e sentença.[30]

Remansosa a orientação do Supremo Tribunal Federal neste sentido:

> O réu não pode ser condenado por fatos cuja descrição não se contenha, explícita ou implicitamente, na denúncia ou queixa, impondo-se, por tal razão, ao Estado, em respeito à garantia da plenitude de defesa, a necessária observância do princípio da correlação entre imputação e sentença (*quod non est in libello, non est in mundo*).[31]

Sob o enfoque ora tratado, a violação do princípio da correlação desrespeita a necessária paridade de armas entre acusação e defesa,[32] e constitui causa de nulidade absoluta da sentença, por malferir os já referidos princípios constitucionais.

1.3. *Emendatio libelli*

Apesar da *presumida* capacidade técnica e senso de responsabilidade daquele que promove ação penal de conhecimento em juízo, não raras vezes ocorre divergência ou erro na peça inaugural, indicador de descompasso entre os fatos narrados e a imputação tipificada ao final da denúncia ou queixa.

Para situações tais, se não houver aditamento por iniciativa do acusador no curso no processo, dispõe o art. 383 do CPP que: "O juiz, **sem modificar a descrição do fato contida na denúncia ou queixa**, poderá atribuir-lhe **definição jurídica diversa**, ainda que, em consequência, tenha de aplicar pena mais grave" (negritamos).

É o que se verifica, por exemplo, quando o Promotor de Justiça descreve na denúncia todas as elementares de um crime de roubo simples (CP, art. 157, *caput*),

---

29. "Viola o princípio da correlação entre acusação e sentença a condenação por crime diverso do narrado na denúncia" (STF, HC 109.151/RJ, 1ª T., rel. Min. Rosa Weber, j. 12-6-2012, *DJe* n. 162, de 17-8-2012).

30. Leitura complementar recomendada: Gustavo Henrique Righi Ivahi Badaró, *Correlação entre acusação e sentença*, São Paulo, Revista dos Tribunais, 2000.

31. STF, HC 88.025/ES, 2ª T., rel. Min. Celso de Mello, j. 13-6-2006, *DJ* de 16-2-2007, p. 86, *RTJ* 201/286.

32. STF, HC 82.980/DF, 1ª T., rel. Min. Carlos Britto, j. 17-3-2009, *DJe* n. 200, de 23-10-2009.

mas, ao final dessa mesma peça, pede seja o acusado processado e condenado como incurso no art. 155 do CP, que tipifica o crime de furto.

Na hipótese de *emendatio libelli*, o juiz apenas corrige a inicial acusatória no que toca à *tipificação ou classificação do delito*, sem qualquer alteração do *fato imputado* ao acusado.[33]

Exatamente por não ocorrer alteração do quadro fático constante da denúncia ou queixa, não haverá quebra do princípio da correlação, visto que a sentença[34] deve levar em conta *os fatos narrados*, e não a classificação inicial, que é sempre provisória e não vinculativa.

É entendimento sedimentado na doutrina e nos tribunais brasileiros que **o acusado se defende dos fatos imputados, e não da tipificação contida na peça acusadora**, e na hipótese tratada o juiz apenas fará ajustar a definição jurídica, conforme entender adequada aos fatos narrados. Aplica-se o brocardo latino *narra mihi factum dabo tibi jus* (narra-me o fato que te darei o direito).

Vejamos a orientação da Suprema Corte a esse respeito:

> O réu se defende dos fatos, e não da definição jurídica a eles atribuída.[35]
>
> O acusado se defende dos fatos, sendo provisória a qualificação dada pelo Ministério Público quando do oferecimento da denúncia. Ao magistrado é dado emprestar ao fato definição jurídica diversa daquela constante da denúncia (art. 383 do CPP).[36]
>
> A *emendatio libelli* autoriza ao magistrado, na sentença, a corrigir e adequar a classificação da conduta imputada ao paciente (art. 383 do CPP).[37]
>
> A sentença condenatória que se restringe a dar novo enquadramento jurídico aos mesmos fatos constantes da inicial acusatória, sem modificar o quadro factual-probatório da denúncia, efetua simples *emendatio libelli*.[38]

---

33. "Nos termos da jurisprudência do STJ, à luz do princípio da correlação ou da congruência, o juiz está adstrito aos limites da acusação, sendo-lhe defeso afastar-se dos fatos descritos na denúncia, podendo, contudo, dar-lhes capitulação jurídica diversa, ainda que implique em penalidade mais severa, nos termos do art. 383 do CPP" (STJ, HC 367.376/MG, 6ª T., rel. Min. Nefi Cordeiro, j. 8-11-2016, *DJe* de 17-11-2016).

34. "Em regra, é a sentença o momento adequado de análise da tipificação descrita na denúncia, mediante a correção pelo juiz processante através da *emendatio libelli* (art. 383 do CPP). Admite-se, excepcionalmente, a possibilidade de o magistrado, em caso de alteração de competência, proceder ao reenquadramento jurídico dos fatos descritos na denúncia e desclassificar para outro tipo penal, antes da fase processual decisória final (sentença). Precedentes" (STF, HC 113.598/PE, 2ª T., rel. Min. Gilmar Mendes, j. 15-12-2015, *DJe* n. 122, de 14-6-2016). "Ademais, 'não é lícito ao Juiz, no ato de recebimento da denúncia, quando faz apenas juízo de admissibilidade da acusação, conferir definição jurídica aos fatos narrados na peça acusatória. Poderá fazê-lo adequadamente no momento da prolação da sentença, ocasião em que poderá haver a *emendatio libelli* ou a *mutatio libelli*, se a instrução criminal assim o indicar' (HC 87.324, rel. Min. Cármen Lúcia, 1ª T., *DJe* de 18-5-2007)" (STF, Inq 4.146/DF, Tribunal Pleno, rel. Min. Teori Zavascki, j. 22-6-2016, *DJe* n. 212, de 5-10-2016).

35. STF, HC 92.181/MG, 2ª T., rel. Min. Joaquim Barbosa, j. 3-6-2008, *DJe* de 1º-8-2008.

36. STF, HC 90.686/PE, 1ª T., rel. Min. Ricardo Lewandowski, j. 24-4-2007, *DJe* de 11-5-2007.

37. STF, HC 94.226/SP, 2ª T., rel. Min. Ayres Britto, j. 28-6-2011, *DJe* de 29-11-2011.

38. STF, HC 88.946/SP, 1ª T., rel. Min. Carlos Britto, j. 5-12-2006, *DJe* de 16-2-2007.

Na situação tratada, adverte Tourinho Filho que, *em relação à pena cominada*, podem ocorrer três hipóteses: *1)* a pena não se altera; *2)* modifica-se para melhor; *3)* modifica-se para pior.[39]

Observado o disposto no § 1º do art. 383, "se, em consequência de definição jurídica diversa, houver possibilidade de proposta de suspensão condicional do processo, o juiz procederá de acordo com o disposto na lei".

Em atendimento, o juiz deverá determinar a abertura de vista dos autos ao autor da ação penal a fim de que apresente proposta nos moldes do art. 89 da Lei n. 9.099/95.[40]

Antes da Lei n. 13.964/2019, se o Ministério Público deixasse de oferecer proposta, restava ao juiz aplicar o disposto no art. 28 do CPP.

Ocorre que a atual redação do art. 28, *caput*, do CPP, não mais contempla a necessidade de homologação judicial da promoção de arquivamento de inquérito ou peças de informações. O juiz deixou de exercer a antiga função anômala de fiscal do princípio da obrigatoriedade e da indisponibilidade da ação penal pública. Não há regra no ordenamento que autorize o juiz se interpor contra arquivamento promovido pelo órgão ministerial.

Disso decorre que já não é mais possível a aplicação do art. 28 pelos fundamentos antes vigorantes.

Mas é certo que todo arquivamento realizado por promotor de justiça ou procurador da República deverá ser submetido à **instância de revisão ministerial** a que se refere o mesmo art. 28, *caput*, do CPP, com a redação determinada pelo art. 3º da Lei n. 13.964/2019.

Diante desse quadro, e ausente disposição legal diversa que possa ser aplicada, por analogia, havendo recusa do órgão do Ministério Público, e dela dissentindo o magistrado, deverá determinar a remessa dos autos à instância de revisão ministerial, a fim de que ratifique a postura adotada, ou dela divirja e, nesse caso, ofereça proposta de suspensão condicional do processo.

Com as ressalvas anteriormente expostas, incide ainda a Súmula 696 do STF, *verbis*: "Reunidos os pressupostos legais permissivos da suspensão condicional do processo, mas se recusando o Promotor de Justiça a propô-la, o juiz, dissentindo, remeterá a questão ao Procurador-Geral, aplicando-se por analogia o art. 28 do Código de Processo Penal".

É força convir, entretanto, que sua redação deverá ser ajustada ao regramento vigente.

---

39. Fernando da Costa Tourinho Filho, *Manual de processo penal*, 17. ed., São Paulo, Saraiva, 2017, p. 862.

40. Leitura complementar recomendada: Luiz Flávio Gomes, *Suspensão condicional do processo penal*, São Paulo, Revista dos Tribunais, 1995; Rômulo de Andrade Moreira, *Juizados especiais criminais*, 2. ed., Porto Alegre, Magister, 2012.

Por aqui, é oportuno refletir sobre o alcance da Súmula 337 do STJ, que tem o seguinte teor: "É cabível a suspensão condicional do processo na desclassificação do crime e na procedência parcial da pretensão punitiva" (*DJ* de 16-5-2007, p. 201).

Nucci entende inaplicável a suspensão condicional do processo no caso de desclassificação por ocasião da sentença e assim se expressa a esse respeito: "Soa-nos inviável conceder a suspensão condicional do processo, por ocasião da sentença, porque houve desclassificação para infração que comportaria o benefício. Afinal, cuida-se de suspensão do processo. Se este já tramitou, alcançando-se a fase da sentença, parece-nos incabível tornar ao início, como se nada tivesse ocorrido. A suspensão condicional do processo é uma medida de política criminal para evitar o *curso* processual. Ora, não tendo sido possível, profere-se a decisão e o julgador fixa os benefícios que forem cabíveis para o cumprimento da pena. Não vemos sentido em retornar à fase primeira, fazendo-se 'desaparecer' tanto a sentença quanto a instrução".[41]

Apesar das judiciosas considerações, quer nos parecer que a questão comporta análise sob outro enfoque.

A nosso ver, o benefício do art. 89 da Lei n. 9.099/95 tem a *finalidade imediata* de suspender o processo e a *finalidade mediata* de evitar eventual condenação nos casos em que se revelar cabível. A suspensão condicional do processo não é um fim em si mesma. Com efeito, se desde o início o acusado deveria usufruir do benefício e isso só não foi possível em razão da deficiente investigação que não conseguiu enxergar desde logo os fatos em sua inteireza e real profundidade, a melhor apuração tardia não pode constituir óbice a tal medida benéfica. Mesmo na hipótese de desclassificação por dúvida a respeito da imputação de implicação mais severa não encontramos fundamento lógico ou jurídico que se preste a amparar a negativa. O pensamento contrário termina por restringir indevidamente o alcance da política criminal desejada. O argumento no sentido de já se terem percorrido fases do processo não pode ter peso maior que o objetivo visado pela regra.

Por fim, se em razão da nova classificação o delito se encaixar na competência de outro juízo, o § 2º do art. 383 determina que se faça a remessa dos autos ao juízo que se tornar competente.

Essa regra foi introduzida pela Lei n. 11.719/2008 e merece reflexão mais atenta em razão do adotado *princípio da identidade física do juiz*, inserido no § 2º do art. 399 pela mesma lei.

Segundo pensamos, quando se tratar de *competência relativa*, o juiz não deverá fazer a remessa. Ao contrário, deverá continuar no processo e sentenciá-lo, como forma de assegurar efetividade ao citado princípio, do qual se extrai que o juiz que reúne melhores condições para julgar o caso é aquele que colheu a prova; o juiz que presidiu

41. Guilherme de Souza Nucci, *Manual de processo e execução penal*, 14. ed., Rio de Janeiro, Forense, 2017, p. 629.

a instrução. Diante da colidência de regras (art. 383, § 2º, *versus* art. 399, § 2º), deve prevalecer a interpretação que melhor satisfaça interesses defensórios e o ideal de Justiça.

Quando se estiver diante de *competência absoluta*, a remessa dos autos é providência indiscutível, visto que, nesse caso, o não cumprimento da regra estudada terminará por ensejar nulidade absoluta.

Calha observar, em arremate, que "inexiste vedação à realização da *emendatio libelli* no segundo grau de jurisdição, pois se trata de simples redefinição jurídica dos fatos narrados na denúncia".[42]

1.4. *Mutatio libelli*

Pode ocorrer – e não raras vezes ocorre – que, apesar de o fato imputado ao acusado se encontrar corretamente descrito e classificado na inicial, ao encerrar a instrução processual o autor da ação verifica a existência de prova a respeito de **fato novo**, diverso daquele inicialmente descrito pelo acusador.

Em casos tais, é evidente que se o juiz proferir sentença condenatória levando em conta o fato novo, não descrito na inicial acusatória e por isso mesmo não exposto a ataque defensório, ocorrerá flagrante quebra do *princípio da correlação*, com inegável violação aos *princípios da iniciativa das partes, da ampla defesa, do contraditório* e, por consequência, desrespeito ao *devido processo legal*, de modo a configurar julgamento *ultra petitum* e gerar nulidade absoluta do processo.[43]

Para solução do impasse é preciso observar o disposto no art. 384 do CPP, segundo o qual: "Encerrada a instrução probatória, se entender cabível nova definição jurídica do fato, em consequência de prova existente nos autos de elemento ou circunstância da infração penal não contida na acusação, o Ministério Público deverá aditar a denúncia ou queixa, no prazo de 5 (cinco) dias, se em virtude desta houver sido instaurado o processo em crime de ação pública, reduzindo-se a termo o aditamento, quando feito oralmente".

A regra alcança não apenas o fato principal – a modificação das elementares do delito imputado –, mas também "todas aquelas circunstâncias específicas de uma ou de algumas figuras delituosas e capazes de deslocar o tipo fundamental para uma modalidade especial".[44]

---

42. STF, HC 92.181/MG, 2ª T., rel. Min. Joaquim Barbosa, j. 3-6-2008, *DJe* de 1º-8-2008.

43. "Cabe, ao juiz – quando constatar a existência, nos autos, de prova evidenciadora de circunstância elementar, não contida, explícita ou implicitamente, na peça acusatória –, adotar, sob pena de nulidade (*RT* 740/513 – *RT* 745/650 – *RT* 762/567), as providências a que se refere o art. 384 do CPP, que dispõe sobre a *mutatio libelli*, ensejando, então, ao acusado, por efeito da garantia constitucional de defesa, o exercício das prerrogativas que essa norma legal lhe confere" (STF, HC 88.025/ES, 2ª T., rel. Min. Celso de Mello, j. 13-6-2006, *DJe* de 16-2-2007).

44. Fernando da Costa Tourinho Filho, *Manual de processo penal*, 17. ed., São Paulo, Saraiva, 2017, p. 863-864.

Exemplos: *1)* A denúncia descreve crime de furto simples, e a prova demonstra que ocorreu receptação simples; *2)* a denúncia descreve crime de furto simples e, ao final da instrução, fica apurado que ocorreu roubo simples; *3)* a denúncia narra a prática de crime de roubo simples, mas ao final da instrução fica provado que ocorreu receptação simples.

Como se vê nos exemplos indicados, do reconhecimento do fato novo pode decorrer que a pena cominada permaneça a mesma ou mude, para mais ou para menos, em relação à imputação inicial. Em qualquer caso, se existir *fato novo* do qual resulte alteração da definição jurídica, deverá ser adotada a providência analisada.

Não se há de confundir *emendatio libelli* com *mutatio libelli*. Enquanto na hipótese de *emendatio libelli* o fato está corretamente narrado,[45] mas há erro em sua classificação ou definição jurídica (erro que será corrigido pelo juiz na sentença), no caso de *mutatio libelli*, ao final da instrução se constata fato novo, por isso não descrito na inicial acusatória e consequentemente inquestionado pela defesa, que não pode ser surpreendida, daí a necessidade das providências asseguradoras indicadas (mudança do libelo inicial) para que não ocorra o descumprimento de princípios fundamentais e a nulidade do processo.[46]

O dispositivo legal faz pensar que a providência tratada só é cabível quando se tratar de *crime de ação pública*.

Com efeito, o art. 384 diz que caberá ao Ministério Público aditar a *denúncia* ou *queixa*, *se em virtude desta* houver sido instaurado o *processo em crime de ação pública*. Neste último caso, refere-se à hipótese de *ação penal privada subsidiária da pública*,[47] que sempre irá versar sobre *crime de ação pública* e poderá ser deflagrada pelo particular ofendido (mediante petição inicial que se chama queixa-crime),

45. "Registra-se hipótese da *mutatio libelli* sempre que, durante a instrução criminal, restar evidenciada a prática de ilícito cujos dados elementares do tipo não foram descritos, nem sequer de modo implícito, na peça da denúncia. Em casos tais, é de se oportunizar aos acusados a impugnação também de novos dados factuais, em homenagem à garantia constitucional da ampla defesa. Ocorre *emendatio libelli* quando os fatos descritos na denúncia são iguais aos considerados na sentença, diferindo, apenas, a qualificação jurídica sobre eles incidente. Caso em que não se cogita de nova abertura de vista à defesa, pois o réu deve se defender dos fatos que lhe são imputados, e não das respectivas definições jurídicas. Inocorre *mutatio libelli* se os fatos narrados na denúncia (e contra os quais se defendeu a recorrente) são os mesmos considerados pela sentença condenatória" (STF, RHC 85.657/SP, 1ª T., rel. Min. Carlos Britto, j. 31-5-2005, *DJ* de 5-5-2006, p. 19, *RTJ* 199/313).

46. "Dá-se *mutatio libelli* sempre que, durante a instrução criminal, restar evidenciada a prática de ilícitos cujos dados elementares do tipo não foram descritos, nem sequer de modo implícito, na peça de denúncia. Em casos tais, é de se oportunizar aos acusados a impugnação também desses novos dados factuais, em homenagem à garantia constitucional da ampla defesa" (STF, HC 87.503/PA, Tribunal Pleno, rel. Min. Carlos Britto, j. 29-6-2006, *DJe* de 18-8-2006).

47. Art. 5º, LIX, da CF; art. 29 do CPP; art. 100, § 3º, do CP.

no caso de inércia injustificada do Ministério Público e vencimento do prazo que a lei lhe confere para manifestação e ajuizamento da pretensão penal punitiva.

Segundo pensamos, nas mesmas circunstâncias, e observado o prazo decadencial, também quando se tratar de *ação penal privada exclusiva*, será possível o aditamento pelo querelante.

Em síntese: *1)* ajuizada a queixa, o querelante poderá aditá-la enquanto não decorrido o prazo decadencial e antes de ser proferida sentença, conforme se extrai do art. 569 do CPP; *2)* após o encerramento da instrução, caso a prova demonstre fato novo, que justifique a *mutatio*, a queixa poderá ser aditada dentro do prazo decadencial, que terá início na data em que o querelante tomou conhecimento de tal fato.

Pois bem. Identificada situação justificadora, encerrada a colheita da prova em audiência, o Ministério Público poderá postular o aditamento, que feito oralmente será reduzido a termo; levado a documento escrito; *in casu*, redigido no termo de audiência pelo escrevente de sala.

Se estiver diante de prova e/ou fatos complexos, o juiz poderá deferir prazo de 5 (cinco) dias para que o Órgão Ministerial avalie se é caso de aditamento e proceda conforme sua convicção, por escrito.

Em qualquer caso, e no mesmo prazo indicado, a acusação poderá arrolar até 3 (três) testemunhas, ficando o juiz, na sentença, adstrito aos termos do aditamento.

Caso o aditamento venha a ser feito, o juiz deverá determinar a intimação do defensor do acusado para que se manifeste no prazo de 5 (cinco) dias, quando então poderá arrolar até 3 (três) novas testemunhas.

Após a oitiva do defensor, o juiz decidirá se recebe, ou não, o aditamento, e se recebê-lo deverá designar dia e hora para a audiência em continuação e determinar as intimações cabíveis. Na audiência deverá proceder à inquirição das testemunhas arroladas e a novo interrogatório do acusado, após o que serão realizados os debates (alegações finais das partes apresentadas oralmente) e o julgamento do processo.

Cabe pontuar que acusação e defesa podem arrolar testemunhas novas ou postular a reoitiva daquelas já ouvidas, agora para o fim de esclarecer algo sobre o fato novo.

Mesmo na hipótese de as partes não arrolarem testemunhas, o juiz deverá designar dia e hora para proceder a novo interrogatório do acusado, com vista a garantir a ampla defesa.

Se, em consequência do aditamento, houver possibilidade de proposta de suspensão condicional do processo e ela não tiver sido formulada, o juiz determinará a abertura de vista dos autos ao Promotor de Justiça oficiante a fim de que proceda na forma do art. 89 da Lei n. 9.099/95.

Tratando-se de infração da competência de outro juízo, a este serão encaminhados os autos, tal como decorre do § 3º do art. 384, e aqui chamamos a atenção para aquilo que sobre isso escrevemos no item anterior (competência relativa *versus* competência absoluta), por ser igualmente pertinente.

Não recebido o aditamento, o processo prosseguirá (CPP, § 5º do art. 384).

Como é intuitivo, com ou sem aditamento, ao final do processo o juiz irá proferir a sentença, quando então poderá condenar ou absolver o réu, nos limites de sua particular convicção fundamentada.

Exceto quando se tratar de processo de competência originária, não se aplica a regra do art. 384 em segundo grau de jurisdição, visto que já proferida sentença. A respeito desse tema, a Súmula 453 do STF diz o seguinte: "Não se aplicam à segunda instância o art. 384 e parágrafo único do Código de Processo Penal, que possibilitam dar nova definição jurídica ao fato delituoso, em virtude de circunstância elementar não contida, explícita ou implicitamente, na denúncia ou queixa".

Necessário observar que a Lei n. 11.719/2008 alterou o art. 384, que hoje não mais dispõe de parágrafo único, mas de parágrafos.

Caso o representante do Ministério Público entenda não ser caso de aditamento, restará ao magistrado sentenciar o processo, oportunamente, conforme se encontrar. No processo penal acusatório ideal determinado pelo art. 3º-A do CPP, o magistrado não exerce função anômala de fiscal do princípio da obrigatoriedade ou da indisponibilidade da ação penal pública, e em razão disso, mesmo que venha a dissentir, não poderá provocar o Procurador-Geral de Justiça ou qualquer outro órgão a fim de que proceda à revisão do pronunciamento externado pelo *dominus litis*.

Está superada a possibilidade de aplicação do § 1º do art. 384 e do art. 28, ambos do CPP

1.4.1. Desclassificação de crime doloso para culposo

São recorrentes as situações em que a acusação inicial descreve crime doloso, mas, ao final da instrução, a prova indica tratar-se de crime praticado mediante culpa.

Em casos tais, o Ministério Público deverá avaliar o cabimento da *mutatio libelli*, visto que a formal imputação de delito culposo reclama que o acusador descreva com exatidão qual a modalidade de culpa em que acredita ter incidido o acusado; se imprudência, negligência ou imperícia, bem como esclareça em que exatamente consistiu a conduta culposa.[48] Sem tais indicações pormenorizadas, a acusação será inepta e, consequentemente, o juiz estará impedido de impor condenação.

48. Sobre culpa penal, consultar: E. MAGALHÃES NORONHA, *Do crime culposo*, 2. ed., São Paulo, Saraiva, 1966; ENRICO ALTAVILLA, *La culpa*, Bogotá, Temis, 1987; CARLOS A. CONDEIXA DA COSTA, *Da natureza formal dos crimes culposos*, Rio de Janeiro, Liber Juris, 1989; FÁBIO ROBERTO D'ÁVILA, *Crime culposo e a teoria da imputação objetiva*, São Paulo, Revista dos Tribunais, 2001; HEITOR COSTA JR., *Teoria dos delitos culposos*, Rio de Janeiro, Lumen Juris, 1988; JUAREZ TAVARES, *Direito penal da negligência*, São Paulo, Revista dos Tribunais, 1985.

É por vezes complexa a identificação da modalidade de culpa, e, seja qual for a opção do acusador a respeito de tal imputação, caberá a ele indicar em que consistiu a imprudência, a negligência ou a imperícia; ou duas dessas modalidades, ou as três.

Disso se extrai, por exemplo, que, se a denúncia imputar ao acusado a prática do crime de receptação dolosa, o juiz não poderá simplesmente desclassificar a conduta para receptação culposa (conduta não descrita), salvo se houver aditamento para tal finalidade. De igual maneira, não se desclassifica a imputação que versar sobre crime de lesão corporal dolosa para crime de lesão corporal culposa etc.

É bem verdade que o Supremo Tribunal Federal já admitiu a desclassificação de peculato doloso para peculato culposo sem *mutatio libelli*,[49] argumentando que a mudança de dolo para culpa não reclama tal providência, mas, pelo que já expusemos, nossa compreensão sobre esse tema segue caminho diverso, diametralmente oposto.

1.5. Sobre o art. 385 do CPP

Dispõe o art. 385 que: "Nos crimes de ação pública, o juiz poderá proferir sentença condenatória, ainda que o Ministério Público tenha opinado pela absolvição, bem como reconhecer agravantes, embora nenhuma tenha sido alegada".

Em relação à *primeira parte do dispositivo* em questão, não há qualquer dúvida: o Ministério Público, mesmo quando figure como autor da ação penal, guiado por sua independência funcional poderá, ao final da instrução, postular a improcedência da ação que ajuizou e, em consequência, a absolvição do acusado. Sua atuação é livre; não está obrigado a se bater pela condenação que se lhe afigure incabível. Não deve portar-se como promotor *de acusação*, mas *de Justiça*. O julgador, a seu turno, não fica adstrito à convicção exposta pelo Ministério Público. O pedido de absolvição do órgão acusador não vincula o juiz.[50]

Sejam quais forem os limites da pretensão exposta pelo autor da ação em suas alegações finais, o juiz sempre julgará livremente.[51] "Não procede a assertiva de que o art. 385 do Código de Processo Penal não fora recepcionado pela Constituição Federal de 1988".[52]

---

49. "Inocorre *mutatio libelli* se os fatos narrados na denúncia (e contra os quais se defendeu a recorrente) são os mesmos considerados pela sentença condenatória, limitando-se a divergência ao elemento subjetivo do tipo (culpa x dolo). Não é de se anular ato que desclassifica a infração imputada à acusada para lhe atribuir delito menos grave. Aplicação da parêmia *pas de nullité sans grief* (art. 563 do CPP)" (STF, RHC 85.657/SP, 1ª T., rel. Min. Carlos Britto, j. 31-5-2005, *DJ* de 5-5-2006, p. 19, *RTJ* 199/313).

50. STJ, HC 79.403/SP, 5ª T., rel. Min. Napoleão Nunes Maia Filho, j. 21-6-2007, *DJe* de 6-8-2007.

51. "O fato de o Ministério Público manifestar-se pela absolvição do réu, seja em alegações finais, seja em contrarrazões de apelação, não vincula o julgador, o qual tem liberdade de decidir de acordo com o seu livre convencimento, a teor do disposto no art. 385 do Código de Processo Penal" (STJ, HC 181.772/SP, 5ª T., rel. Min. Adilson Vieira Macabu, j. 21-6-2012, *DJe* de 2-8-2012).

52. STJ, HC 137.322/DF, 6ª T., rel. Min. Celso Limongi, j. 5-5-2011, *DJe* de 23-5-2011.

Vigorante o princípio da persuasão racional ou livre convencimento fundamentado,[53] cabe ao magistrado analisar a prova colhida e decidir com base na compreensão que dela extrair.

De ver, entretanto, que, no caso de *ação penal privada exclusiva*, a falta de pedido expresso de condenação pelo querelante impede a procedência da ação por força da perempção, a teor do disposto no art. 60, III, parte final, do CPP, sendo caso de se julgar extinta a punibilidade (CP, art. 107, IV).

Não se aplica o instituto da perempção quando se tratar de *ação penal privada subsidiária da pública*, visto que, nestas, o objeto jurídico da tutela penal é de natureza pública e não incide o princípio da disponibilidade.

Discute-se, por outro vértice, o alcance da parte final do artigo, onde se lê que o juiz poderá reconhecer na sentença a existência de *agravantes* não sustentadas pela acusação.

Tecnicamente, *agravantes* são aquelas taxativamente previstas nos arts. 61 e 62 do Código Penal.

Note-se, por exemplo, que o art. 61, II, *a*, *b*, *c* e *d*, do CP, considera agravantes circunstâncias que, em relação a determinados tipos penais, são tidas como qualificadoras, tal como ocorre com o crime de homicídio doloso (CP, art. 121, § 2º, II, III e IV), e se não é dado ao juiz reconhecer por ocasião da sentença a existência de qualificadora não descrita expressamente na denúncia, daí inclusive a possibilidade de *mutatio libelli*, não soa sequer razoável admitir como válida a previsão em comento.[54]

Não é possível admitir que o juiz possa, em pleno Estado de Direito, sem a iniciativa do órgão acusador e sem que a defesa seja oportunamente chamada a tratar do tema durante a instrução do processo, reconhecer, por exemplo, que o acusado agiu: por motivo fútil ou torpe; com emprego de veneno, fogo, explosivo, asfixia, tortura ou outro meio insidioso ou cruel, ou de que possa resultar perigo comum; à traição, de emboscada, ou mediante dissimulação ou outro recurso que dificulte ou torne impossível a defesa do ofendido etc.

Não guarda conformidade com a ordem constitucional vigente a sentença que reconhece agravante não imputada na inicial acusatória, por fazer configurar flagrante violação aos princípios da imparcialidade do juiz; iniciativa das partes; ampla defesa, contraditório e, por evidente, desconsiderar o devido processo de modelo acusatório.

---

53. "A decisão do Juiz não é vinculada pelas alegações finais apresentadas pelo Ministério Público, podendo ele condenar o réu, mesmo quando o *Parquet* opina pela absolvição. Havendo provas para julgar o feito, condenando o réu, o Juiz não deve se atrelar à opinião do Ministério Público, quando este requer a absolvição" (STJ, HC 84.001/RJ, 5ª T., rel. Min. Jane Silva, j. 11-12-2007, *DJe* de 7-2-2008). "O julgador não está vinculado à manifestação do Ministério Público. Tem ele liberdade de decidir, de acordo com o seu livre convencimento" (STJ, HC 137.322/DF, 6ª T., rel. Min. Celso Limongi, j. 5-5-2011, *DJe* de 23-5-2011).

54. Em sentido contrário: "O Juiz da causa pode reconhecer a existência de agravantes genéricas de pena que não constem da denúncia, tendo em vista que elas não pertencem ao tipo penal imputado" (STJ, HC 82.662/SP, 5ª T., rel. Min. Laurita Vaz, j. 25-10-2007, *DJe* de 19-11-2007).

1.6. Sentença absolutória

Como vimos, é possível falar em sentença absolutória em sentido próprio e absolutória em sentido impróprio.

No dizer de FENECH, sentenças absolutórias são "aquellas que desestiman la pretensión o pretenciones deducidas por la parte acusadora".[55]

Para GIMENO SENDRA,[56] são declarativas as sentenças absolutórias, visto que implicitamente restabelecem de forma definitiva o direito fundamental de liberdade ameaçado ao longo do processo, com a cominação de irrogar, mediante sentença, uma pena privativa de liberdade.

As situações em que o juiz deverá proferir sentença absolutória estão listadas no art. 386 do CPP, que assim dispõe:

> Art. 386. O juiz absolverá o réu, mencionando a causa na parte dispositiva, desde que reconheça:
>
> I – estar provada a inexistência do fato;
>
> II – não haver prova da existência do fato;
>
> III – não constituir o fato infração penal;
>
> IV – estar provado que o réu não concorreu para a infração penal;
>
> V – não existir prova de ter o réu concorrido para a infração penal;[57]
>
> VI – existirem circunstâncias que excluam o crime ou isentem o réu de pena (arts. 20, 21, 22, 23, 26 e § 1º do art. 28, todos do Código Penal), ou mesmo se houver fundada dúvida sobre sua existência;
>
> VII – não existir prova suficiente para a condenação.[58]

Inicialmente, vejamos os fundamentos para a **absolvição em sentido próprio**.

Conforme o inciso I, analisada toda a prova produzida, o julgador se convence de que o fato imputado não existiu. É dizer: há prova de que o fato empiricamente não ocorreu, e, diante de tal quadro, não resta alternativa a não ser a improcedência da ação penal, com a consequente absolvição do acusado. Ensinam CATENA e DOMÍNGUEZ que "desde el punto de vista lógico, no se absuelve en esos casos porque exista la presunción de inocencia, se absuelve porque

55. MIGUEL FENECH, *Derecho procesal penal*, 3. ed., Barcelona, Editorial Labor, 1960, v. I, p. 918.

56. VICENTE GIMENO SENDRA, *Derecho procesal penal*, Navarra, Civitas, 2012, p. 763.

57. "Por força do art. 386, V, do Código de Processo Penal, absolve-se o réu quando da ausência de provas de que tenha concorrido para a infração penal descrita na denúncia" (STF, AP 898/SC, 2ª T., rel. Min. Teori Zavascki, j. 12-4-2016, *DJe* n. 097, de 13-5-2016).

58. "A ausência de provas suficientes para a condenação conduz à absolvição do réu por força do art. 386, VII, do Código de Processo Penal" (STF, AP 512/BA, 2ª T., rel. Min. Teori Zavascki, j. 17-11-2015, *DJe* n. 082, de 28-4-2016).

no están fijados históricamente los hechos que podrián ser objeto de calificación penal".[59]

A absolvição sob tal fundamento obsta o ajuizamento de ação civil reparatória.

No inciso II, a situação é diferente. Por aqui, o julgador conclui pela inexistência de prova a respeito do fato. Enquanto na hipótese anterior há prova (de que o fato não ocorreu), nesta não há prova (de que o fato ocorreu). Em casos tais, a absolvição não impede o ajuizamento de ação civil reparatória.

O inciso III trata de situação em que há prova de que o fato ocorreu, contudo este não encontra correspondência em qualquer conduta tipificada pelo legislador penal. O fato é atípico; trata-se de um indiferente penal. De igual maneira, a absolvição sob tal fundamento não impede a ação civil de reparação pelo fato praticado.

Nessa hipótese se encaixa a sentença (ou acórdão) que impuser absolvição escoltada no princípio da insignificância, por se referir à falta de lesividade, que termina por excluir a tipicidade material.

Nesse sentido, já decidiram o Supremo Tribunal Federal e o Superior Tribunal de Justiça que:

> A aplicação do princípio da insignificância, por excluir a própria tipicidade material da conduta atribuída ao agente, importa, necessariamente, na absolvição penal do réu (CPP, art. 386, III), eis que o fato insignificante, por ser atípico, não se reveste de relevo jurídico-penal.[60]
>
> A aplicação do princípio da insignificância exclui a tipicidade da conduta, tendo em vista que, para que haja a incidência da norma incriminadora, não basta a mera adequação do fato empírico ao tipo penal (tipicidade formal), mas sim que esse fato se contraponha, em substância, ao bem ou ao interesse juridicamente protegido (tipicidade material), hipótese de absolvição prevista no art. 386, III, do Código de Processo Penal.[61]

No caso do inciso IV, há prova de que o delito ocorreu, mas a absolvição é lastreada na existência de prova indicativa de que o acusado não foi seu autor, coautor ou partícipe. Há prova, e não dúvida a esse respeito, razão pela qual também não será cabível ação reparatória no juízo cível.

No inciso V também há prova de que o delito ocorreu, mas, ao contrário, não há prova de ter o acusado concorrido para a sua prática, e bem por isso fica aberta a possibilidade de responsabilização reparatória do acusado no juízo cível.

---

59. Victor Moreno Catena e Valentín Cortés Domínguez, *Derecho procesal penal*, 6. ed., Valencia, Tirant lo Blanch, 2012, p. 424.

60. STF, HC 98.152/MG, 2ª T., rel. Min. Celso de Mello, j. 19-5-2009, *DJe* de 5-6-2009.

61. STJ, AgRg no REsp 1.113.306/PR, 5ª T., rel. Min. Marco Aurélio Bellizze, j. 13-3-2012, *DJe* de 29-3-2012.

O inciso VI indica o caminho da absolvição quando, nada obstante a presença de prova do fato e respectiva autoria, existir *prova* ou *ao menos dúvida fundada* a respeito da incidência de *excludentes da antijuridicidade* (legítima defesa, estado de necessidade, estrito cumprimento de dever legal e exercício regular de direito), *do tipo* (erro e descriminantes putativas) *e da culpabilidade* (inimputabilidade por problemas mentais).

A absolvição lastreada em *dúvida fundada* a respeito da incidência de excludentes da antijuridicidade, regra introduzida pela Lei n. 11.690/2008, está a determinar caminho perigoso e que exige cautelosa reflexão, pois, conforme era o entendimento prevalente e sempre nos pareceu acertado, "a prova de causas de exclusão da ilicitude de fatos objetivamente típicos incumbe ao agente que, no processo penal, assume o papel de reconvinte do processo civil" (*RT* 542/418).

Ao invocar a existência de qualquer escusativa, o acusado traz para si o ônus de prová-la na integralidade; em todos os seus requisitos, de forma clara e precisa. A ausência de prova plena, por isso mesmo, não deveria, e não deve, autorizar o reconhecimento.

Por fim, o inciso VII trata da absolvição por falta de provas e causa certa estranheza, visto que os incisos II e III já cuidam da absolvição fundada na ausência de prova *do fato e da autoria*, respectivamente.

A única interpretação lógica capaz de permitir compreender que por aqui não há redundância leva à conclusão no sentido de que o dispositivo (inciso VII) trata da dúvida que alcança simultaneamente *a autoria e a tipicidade*. De ver, entretanto, que ainda assim a regra se mostra repetitiva e, portanto, desnecessária, já que nada impede que o julgador fundamente sua absolvição nos incisos II e III.

Para impor condenação de natureza criminal, é preciso prova segura a respeito da ocorrência de delito, autoria, materialidade, dolo ou culpa. A dúvida desautoriza condenação e favorece o agente,[62] pois faz prevalecer a presunção de inocência (estado de inocência ou presunção de não culpabilidade). De igual maneira, não se sustenta validamente condenação criminal lastreada em mera presunção, desacompanhada de outros elementos de convicção. Incide o conhecido aforisma *in dubio pro reo*.[63]

Conforme salientou o Eminente Min. Celso de Mello:

> (...) Na realidade, em nosso sistema jurídico, como ninguém o desconhece, a situação de dúvida razoável só pode beneficiar o réu, jamais prejudicá-lo, pois esse é um princípio básico que deve sempre prevalecer nos modelos constitucionais que consagram o Estado democrático de Direito.

---

62. STF, AP 430/RS, Tribunal Pleno, rel. Min. Cármen Lúcia, j. 7-8-2008, *DJe* de 26-9-2008. "Não existindo, nos autos, prova judicializada suficiente para a condenação, nos termos do que reza o art. 386, VII, do Código de Processo Penal, impõe-se a absolvição do recorrente" (STJ, REsp 1.253.537/SC, 6ª T., rel. Min. Maria Thereza de Assis Moura, j. 1º-9-2011, *DJe* de 19-10-2011). "Constatada a insuficiência do acervo probatório quanto à participação do réu nos delitos descritos, é de ser julgada improcedente a denúncia, nos termos do art. 386, V, do Código de Processo Penal" (STJ, APn 331/PI, Corte Especial, rel. Min. Aldir Passarinho Júnior, j. 16-2-2011, *DJe* de 3-3-2011).

63. STF, AP 427/SP, Tribunal Pleno, rel. Min. Cármen Lúcia, j. 4-11-2010, *DJe* n. 122, de 28-6-2011.

> (...) Como sabemos, nenhuma acusação penal presume-se provada. Esta afirmação, que decorre do consenso doutrinário e jurisprudencial em torno do tema, apenas acentua a inteira sujeição do Ministério Público ao ônus material de provar a imputação penal consubstanciada na denúncia.
>
> Com a superveniência da Constituição de 1988, proclamou-se, explicitamente (art. 5º, LVII), um princípio que sempre existira, de modo imanente, em nosso ordenamento positivo: o princípio da não culpabilidade (ou do estado de inocência) das pessoas sujeitas a procedimentos persecutórios (DALMO DE ABREU DALLARI, *O Renascer do Direito*, p. 94/103, 1976, Bushatsky; WEBER MARTINS BATISTA, *Liberdade Provisória*, p. 34, 1981, Forense).
>
> Esse postulado – cujo domínio de incidência mais expressivo é o da disciplina da prova – impede que se atribuam à denúncia penal consequências jurídicas apenas compatíveis com decretos judiciais de condenação definitiva. Esse princípio tutelar da liberdade individual repudia presunções contrárias ao imputado, que não deverá sofrer punições antecipadas nem ser reduzido, em sua pessoal dimensão jurídica, ao *status poenalis* de condenado. De outro lado, faz recair sobre o órgão da acusação, agora de modo muito mais intenso, o ônus substancial da prova, fixando diretriz a ser indeclinavelmente observada pelo magistrado e pelo legislador.
>
> (...) não compete ao réu demonstrar a sua inocência. Antes, cabe ao Ministério Público demonstrar, de forma inequívoca, a culpabilidade do acusado. Hoje já não mais prevalece, em nosso sistema de direito positivo, a regra hedionda que, em dado momento histórico de nosso processo político, criou, para o réu, com a falta de pudor que caracteriza os regimes autoritários, a obrigação de ele, acusado, provar a sua própria inocência!!!
>
> O fato indiscutivelmente relevante no domínio processual penal é que, no âmbito de uma formação social organizada sob a égide do regime democrático, não se justifica, sem base probatória idônea, a formulação possível de qualquer juízo condenatório, que deve sempre assentar-se – para que se qualifique como ato revestido de validade ético-jurídica – em elementos de certeza, os quais, ao dissiparem ambiguidades, ao esclarecerem situações equívocas e ao desfazerem dados eivados de obscuridade, revelem-se capazes de informar e de subsidiar, com objetividade, o órgão judiciário competente, afastando, desse modo, dúvidas razoáveis, sérias e fundadas, cuja ocorrência só pode conduzir a um decreto de absolvição penal.[64]

Pois bem. Por aqui, resta dizer que da **absolvição imprópria** (preferimos chamá-la de condenação imprópria) cuida também o inciso VI.

Nesses casos, o juiz reconhece que o acusado *praticou um fato típico e antijurídico*, mas, *ausente a culpabilidade* em razão de ser ele portador de doença mental incapacitante, fica obstada a imposição de pena criminal, razão pela qual deverá ser aplicada medida de segurança (CP, art. 96), conforme o disposto no art. 26, *caput*, c.c. o art. 97, ambos do CP, e no art. 386, parágrafo único, III, do CPP.

Observado o disposto nos incisos I e II do parágrafo único do art. 386, na sentença que decretar a absolvição (própria ou imprópria), se for caso, o juiz mandará:

---

64. STF, AP 869/AL, 2ª T., voto do E. Revisor, Min. Celso de Mello, proferido em 29-9-2015.

pôr o acusado em liberdade;[65] cessar as medidas cautelares eventualmente aplicadas. Determinará, ainda, sendo caso, o levantamento do sequestro de bens e cancelamento da hipoteca legal.[66]

Na dicção do art. 7º-A, I, da Lei n. 12.037/2009, introduzido pelo art. 12 da Lei n. 13.964/2019, a sentença de absolvição configura causa de exclusão dos perfis genéticos dos bancos de dados, quando houver precedente inclusão, evidentemente.

1.7. Sentença condenatória

As cautelas formais que devem ser observadas pelo julgador ao proferir sentença de condenação estão dispostas no art. 387 do CPP nos seguintes termos:

> Art. 387. O juiz, ao proferir sentença condenatória:
>
> I – mencionará as circunstâncias agravantes ou atenuantes definidas no Código Penal, e cuja existência reconhecer;
>
> II – mencionará as outras circunstâncias apuradas e tudo o mais que deva ser levado em conta na aplicação da pena, de acordo com o disposto nos arts. 59 e 60 do Decreto-Lei n. 2.848, de 7 de dezembro de 1940 – Código Penal;
>
> III – aplicará as penas de acordo com essas conclusões;
>
> IV – fixará valor mínimo para reparação dos danos causados pela infração, considerando os prejuízos sofridos pelo ofendido;
>
> V – atenderá, quanto à aplicação provisória de interdições de direitos e medidas de segurança, ao disposto no Título XI deste Livro;
>
> VI – determinará se a sentença deverá ser publicada na íntegra ou em resumo e designará o jornal em que será feita a publicação (art. 73, § 1º, do Código Penal).
>
> § 1º O juiz decidirá, fundamentadamente, sobre a manutenção ou, se for o caso, a imposição de prisão preventiva ou de outra medida cautelar, sem prejuízo do conhecimento de apelação que vier a ser interposta.[67]

---

65. "Constitui constrangimento ilegal a manutenção em presídio comum do paciente, portador de Esquizofrenia, que ao tempo da ação era inteiramente incapaz de entender o caráter ilícito de sua conduta, mas detentor de periculosidade, e por isso foi absolvido, nos termos do art. 386, V do CPP (absolvição imprópria), tendo sido aplicada medida de segurança consistente em internação em hospital psiquiátrico. É de rigor a preservação do paciente, em estabelecimento adequado ao cumprimento da sanção penal, a fim de que se possibilite não só prevenir a reprodução de fatos análogos, diante da constatação de sua periculosidade, como também permitir o tratamento apropriado ao caráter curativo da medida de segurança" (STJ, HC 87.983/SP, 5ª T., rel. Min. Napoleão Nunes Maia Filho, j. 3-6-2008, *DJe* de 30-6-2008).

66. "O levantamento do sequestro e o cancelamento da hipoteca impõem-se como efeitos acessórios da não incriminação, seja pela absolvição ou pela extinção da punibilidade" (STJ, REsp 733.455/RS, 5ª T., rel. Min. Arnaldo Esteves Lima, j. 27-9-2005, *DJ* de 7-11-2005, p. 370, *RSTJ* 198/549). *No mesmo sentido*: STJ, AgRg no REsp 1.241.961/PR, 5ª T., rel. Min. Jorge Mussi, j. 27-11-2012, *DJe* de 3-12-2012.

67. "O fato de o paciente permanecer livre durante o trâmite da ação penal não gera o 'direito adquirido' de aguardar o julgamento do recurso de apelação em liberdade. A prisão cautelar pode ser decretada em qualquer fase da investigação policial ou do processo penal, ou seja, ainda que na fase

> § 2º O tempo de prisão provisória, de prisão administrativa ou de internação, no Brasil ou no estrangeiro, será computado para fins de determinação do regime inicial de pena privativa de liberdade.

Para que não ocorra violação a garantias fundamentais e nulidade da sentença, ao fundamentar decisão condenatória o julgador deve indicar a prova de onde extrai suas conclusões a respeito da existência do fato e de sua adequação típica; autoria; materialidade; presença de qualificadoras, circunstâncias agravantes ou atenuantes, causas de aumento ou diminuição de pena. Deve também apontar os critérios utilizados na individualização da(s) pena(s) e escolha do regime inicial de cumprimento da privativa de liberdade eventualmente aplicada, e sua substituição, ou não, por restritivas de direitos; concessão, ou não, da suspensão condicional da pena.

Inovação trazida com a Lei n. 11.719/2008, determina o inciso IV que, no caso de condenação, o julgador deverá fixar o valor mínimo para reparação dos danos causados pela infração, considerando os prejuízos sofridos pelo ofendido.

Cuida-se da denominada **parcela mínima** dos danos causados.

A regra é saudável e fonte de discussões, basicamente porque há quem entenda que o juiz só poderá fixar o valor se houver pedido expresso na denúncia, e também há quem sustente que o Ministério Público não dispõe de atribuições para tal tipo de postulação, visto que a busca reparatória de natureza civil só pode ser deflagrada em juízo por advogado ou Defensor Público.

Quanto à primeira objeção, quer nos parecer que a regra tratada é bastante clara ao *determinar* que o juiz, independentemente de qualquer provocação (*ex officio*), *deverá* fixar a parcela mínima da reparação sempre que cabível. O comando da regra é claro: *o juiz fixará*, portanto, com ou sem pedido expresso a esse respeito. Não é difícil saber o valor da parcela mínima que poderá ser fixada, por exemplo, nas condenações por furto; dano; apropriação indébita; estelionato; roubo etc. Nem se argumente que a defesa será surpreendida com tal fixação, visto que a condenação imposta no juízo criminal implica em reconhecimento jurídico do dever de indenizar, por expressa disposição de lei.

No mais, também não concordamos com as objeções ao pedido de fixação formulado pelo Ministério Público, pois, quando assim procede, nada mais faz do que postular o cumprimento da regra legal, impositiva para o julgador, e assim procede até desnecessariamente, em vista do que anotamos linhas atrás.

---

instrutória não tenha sido necessária, ao prolatar a sentença condenatória, sendo lícito ao magistrado determinar a segregação cautelar, se presentes, de forma superveniente, os requisitos autorizadores. Inteligência do art. 311 do Código de Processo Penal" (STF, HC 134.383/MT, 2ª T., rel. Min. Ricardo Lewandowski, j. 29-11-2016, *DJe* n. 264, de 13-12-2016).

Não se trata de promover ação reparatória conjuntamente com ação penal, tal como ocorre nas legislações em que admitida a cumulação de instâncias (penal e civil). A particularidade tratada está longe disso, até porque, no sistema jurídico vigente, a fixação judicial em sede de condenação criminal não resolve definitivamente o dever reparatório.

É importante registrar que a Terceira Seção do Superior Tribunal de Justiça pacificou o entendimento da Corte, de modo a admitir a fixação de parcela mínima indenizatória, a título de danos morais, nas condenações por delitos submetidos à esfera de proteção da Lei n. 11.340/2006 – Lei Maria da Penha –, conforme demonstra o texto abaixo transcrito, que constitui parte da ementa do julgado em testilha:

> No âmbito da reparação dos danos morais – visto que, por óbvio, os danos materiais dependem de comprovação do prejuízo, como sói ocorrer em ações de similar natureza –, a Lei Maria da Penha, complementada pela reforma do Código de Processo Penal já mencionada, passou a permitir que o juízo único – o criminal – possa decidir sobre um montante que, relacionado à dor, ao sofrimento, à humilhação da vítima, de difícil mensuração, deriva da própria prática criminosa experimentada. Não se mostra razoável, a esse fim, a exigência de instrução probatória acerca do dano psíquico, do grau de humilhação, da diminuição da autoestima etc., se a própria conduta criminosa empregada pelo agressor já está imbuída de desonra, descrédito e menosprezo à dignidade e ao valor da mulher como pessoa. Também justifica a não exigência de produção de prova dos danos morais sofridos com a violência doméstica a necessidade de melhor concretizar, com o suporte processual já existente, o atendimento integral à mulher em situação de violência doméstica, de sorte a reduzir sua revitimização e as possibilidades de violência institucional, consubstanciadas em sucessivas oitivas e pleitos perante juízos diversos. O que se há de exigir como prova, mediante o respeito ao devido processo penal, de que são expressão o contraditório e a ampla defesa, é a própria imputação criminosa – sob a regra, derivada da presunção de inocência, de que o *onus probandi* é integralmente do órgão de acusação –, porque, uma vez demonstrada a agressão à mulher, os danos psíquicos dela derivados são evidentes e nem têm mesmo como ser demonstrados.[68]

Ainda em relação a esse tema sensível, não é ocioso apontar que a Lei n. 13.871/2019 acrescentou regras ao art. 9º da Lei n. 11.340/2006, que devem ser utilizadas, sendo caso, no momento da fixação do valor da parcela mínima indenizatória.

A teor do disposto na primeira parte do atual § 4º do art. 9º da Lei n. 11.340/2006, "Aquele que, por ação ou omissão, causar lesão, violência física, sexual ou psicológica e dano moral ou patrimonial a mulher fica obrigado a ressarcir todos os danos causados", mas é certo que referido ressarcimento "não poderá importar ônus de

68. STJ, REsp 1.643.051/MS, Terceira Seção, rel. Min. Rogério Schietti Cruz, j. 28-2-2018, *DJe* de 8-3-2018.

qualquer natureza ao patrimônio da mulher e dos seus dependentes, nem configurar atenuante ou ensejar possibilidade de substituição da pena aplicada", conforme determina o § 6º do artigo em testilha.

Observado que a parcela mínima se destina, *in casu*, à reparação da ofendida, não podem ser incluídos na condenação, a tal título, os valores desembolsados pelo Sistema Único de Saúde (SUS), os custos relativos aos serviços de saúde prestados para o total tratamento da vítima em situação de violência doméstica e familiar a que também se refere o § 4º antes mencionado, tampouco podem ingressar no cálculo da parcela mínima os valores eventualmente gastos com "Os dispositivos de segurança destinados ao uso em caso de perigo iminente e disponibilizados para o monitoramento" da vítima de violência doméstica ou familiar amparada por medida protetiva (§ 5º do art. 9 da Lei n. 11.340/2006).

Diz o inciso V do art. 387 que, por ocasião da sentença, o juiz "atenderá, quanto à aplicação provisória de interdições de direitos e medidas de segurança, ao disposto no Título XI deste Livro".

Quanto a isso cabe observar que, em razão da vigência dos arts. 147, 171 e 172 da Lei de Execução Penal (Lei n. 7.210/84), os arts. 373 a 380 do CPP (Livro I, Título XI) perderam efeito e, desde então, não se aplica o inciso em questão, que a eles remete.

O inciso VI se refere à extinta pena de publicação de sentença outrora prevista no art. 73, § 1º, do CP, revogado pela Lei n. 7.209/84, que reformulou a parte geral do Código Penal, daí a consequente inaplicabilidade da regra.

Os incisos V e VI deveriam ter sido expressamente revogados pela Lei n. 11.719/2008 (ou qualquer outra), que tratou do art. 387, só que o legislador, como já se sabe e afirmamos em tantas outras ocasiões, é irresponsável e despreparado para o trato de temas penais em sentido amplo. De longa data somos obrigados a conviver com as aberrações, vergonhas e insegurança jurídica patrocinadas pelo Poder Legislativo brasileiro.

Por determinação do § 1º, com a redação da Lei n. 12.736/2012, o juiz deverá decidir,[69] fundamentadamente, sobre a manutenção ou, se for o caso, a imposição de prisão preventiva[70] ou de outra medida cautelar, sem prejuízo do conhecimento de apelação que vier a ser interposta.

---

69. "Via de regra, é garantido ao réu o direito de recorrer em liberdade (art. 387, p. u., CPP: 'O juiz decidirá, fundamentadamente, sobre a manutenção ou, se for o caso, imposição de prisão preventiva ou de outra medida cautelar, sem prejuízo do conhecimento da apelação que vier a ser interposta'), só podendo ser imposta ou mantida prisão processual na sentença caso presentes os requisitos previstos no art. 312 do CPP" (STF, HC 100.989/SE, 1ª T., rel. Min. Luiz Fux, j. 24-5-2011, *DJe* de 22-6-2011).

70. "O fato de o paciente permanecer livre durante o trâmite da ação penal não gera o 'direito adquirido' de aguardar o julgamento do recurso de apelação em liberdade. A prisão cautelar pode ser decretada em qualquer fase da investigação policial ou do processo penal, ou seja, ainda que na fase

Deverá o juiz, portanto, atendendo a requerimento da parte legitimada, dizer na sentença,[71] de forma fundamentada,[72] se mantém[73] ou revoga prisão preventiva ou medida cautelar restritiva anteriormente aplicada, ou se é caso de decretação[74] de uma ou outra.

Não se trata de impor *prisão para recorrer*,[75] modalidade de prisão cautelar inexistente no ordenamento atual,[76] conforme expusemos no capítulo em que tratamos das prisões cautelares e medidas cautelares restritivas, para onde remetemos o leitor visando a evitar o enfaro da repetição.

Outra alteração importante imposta pela Lei n. 12.736/2012 está tratada no § 2º do art. 387, onde se lê que "o tempo de prisão provisória, de prisão administrativa ou de internação, no Brasil ou no estrangeiro, será computado para fins de determinação do regime inicial de pena privativa de liberdade".[77]

Trata-se do dever de reconhecer detração (CP, art. 42) no momento da sentença.[78]

---

instrutória não tenha sido necessária, ao prolatar a sentença condenatória, sendo lícito ao magistrado determinar a segregação cautelar, se presentes, de forma superveniente, os requisitos autorizadores. Inteligência do art. 311 do Código de Processo Penal" (STF, HC 134.383/MT, 2ª T., rel. Min. Ricardo Lewandowski, j. 29-11-2016, *DJe* n. 264, de 13-12-2016).

71. "Oportunidade em que o julgador deve lançar fundamentação idônea quanto à necessidade de manutenção da custódia processual, nos termos do art. 312 do CPP, combinado com o parágrafo único do art. 387 do CPP, na redação dada pela Lei n. 11.719/2008" (STF, HC 104.394/SC, 2ª T., rel. Min. Ayres Britto, j. 25-10-2011, *DJe* de 2-5-2012).

72. STF, HC 85.369/SP, Tribunal Pleno, rel. Min. Cármen Lúcia, j. 26-3-2009, *DJe* de 30-4-2009.

73. "Havendo o acusado respondido ao processo sob a custódia do Estado, o juízo, consoante disposto no parágrafo único do art. 387 do Código de Processo Penal, pode manter a prisão, ficando mitigado o instituto do excesso de prazo" (STF, HC 95.898/MG, 1ª T., rel. Min. Marco Aurélio, j. 25-8-2009, *DJe* de 16-10-2009).

74. "A garantia da fundamentação das decisões judiciais importa o dever judicante da real ou efetiva demonstração de que a segregação atende a pelo menos um dos requisitos do art. 312 do Código de Processo Penal. Sem o que se dá a inversão da lógica elementar da Constituição, segundo a qual a presunção de não culpabilidade é de prevalecer até o momento do trânsito em julgado de sentença penal condenatória" (STF, HC 102.458/RS, 2ª T., rel. Min. Ayres Britto, j. 23-11-2010, *DJe* de 1º-3-2011).

75. "Surge extravagante, não merecendo agasalho jurisdicional, exigir-se o recolhimento do acusado para a admissão de recurso em processo-crime" (STF, HC 96.963/SP, 1ª T., rel. Min. Marco Aurélio, j. 15-9-2009, *DJe* de 13-11-2009).

76. Sobre a matéria, conferir nosso: *Prisões cautelares, liberdade provisória e medidas cautelares restritivas*, 2. ed., São Paulo, Saraiva, 2012.

77. "A possibilidade de o tempo de prisão provisória, de prisão administrativa ou de internação, no Brasil ou no estrangeiro, ser computado pelo juiz para fins de determinação do regime inicial de pena privativa de liberdade, ao proferir sentença condenatória, passou a constar no § 2º do art. 387 do Código de Processo Penal, com a entrada em vigor da Lei n. 12.736, que se deu apenas em 30-12-2012" (STJ, AgRg nos EDcl no AREsp 70.941/SP, 5ª T., rel. Min. Marco Aurélio Bellizze, j. 25-6-2013, *DJe* de 1º-7-2013).

78. "Com o advento da Lei n. 12.736/2012, o Juiz processante, ao proferir sentença condenatória, deverá detrair o período de custódia cautelar para fins de fixação do regime prisional" (STJ, HC 358.421/SP, 5ª T., rel. Min. Ribeiro Dantas, j. 8-11-2016, *DJe* de 14-11-2016).

Ao impor condenação, o juiz deverá verificar se na hipótese é cabível e, sendo caso, operar o abatimento do tempo de prisão ou internação já cumprido.

Tal redução irá repercutir não apenas no tempo de pena a cumprir (pena restante), mas eventualmente na fixação do regime inicial de cumprimento da privativa de liberdade, observados os parâmetros ditados pelo art. 33 do Código Penal, onde há critérios quantitativos para escolha do regime.

Cabe observar que o critério quantitativo da pena não é o único a ser considerado na fixação do regime prisional, daí não ser acertado concluir que a detração *sempre* irá repercutir no regime a ser fixado na sentença.

Não se desconhece a possibilidade de cumprimento de pena privativa de liberdade inferior a 8 (oito) anos no regime fechado.[79] De igual maneira, a pena inferior a 4 (quatro) anos também poderá ser cumprida em regime semiaberto e eventualmente no fechado, tal como decorre do disposto no § 3º do art. 33, c.c. o art. 59, ambos do Código Penal.[80]

1.8. Sentença datilografada

Antes que dispuséssemos dos abundantes recursos tecnológicos de que hoje desfrutamos, no passado não muito distante, época em que a atividade jurisdicional não se apresentava estrangulada, magistrados proferiam sentença *de próprio punho*, com a *pena* ou *caneta-tinteiro*.

Um tanto quanto fora do contexto atual, com os olhos na realidade anteriormente mencionada, diz o vetusto art. 388 do CPP que a sentença poderá ser *datilografada*, e nesse caso o juiz a rubricará[81] em todas as folhas.

---

79. "Sendo o réu reincidente, e a pena superior a 4 (quatro) anos de reclusão, o regime inicial para a execução da pena de reclusão é o fechado" (STJ, HC 77.879/SP, 5ª T., rel. Min. Felix Fischer, j. 7-8-2007, *DJ* de 1º-10-2007, p. 323). "É obrigatório o regime fechado para o réu reincidente condenado a pena superior a 4 anos de reclusão" (STJ, HC 77.678/SP, 6ª T., rel. Min. Hamilton Carvalhido, j. 28-6-2007, *DJ* de 22-10-2007, p. 377). "Sendo desfavoráveis as circunstâncias judiciais (CP, art. 59) na fixação da pena-base, é apropriado o regime prisional inicialmente fechado para o cumprimento da reprimenda, muito embora a pena aplicada ao paciente, se considerado somente seu *quantum*, permitisse a fixação do regime inicial semiaberto" (STJ, HC 69.923/AL, 5ª T., rel. Min. Felix Fischer, j. 13-2-2007, *DJ* de 19-3-2007, p. 378).

80. "A escolha do regime fechado deve ser concretamente fundamentada, principalmente se a dosagem final da pena permitir, em tese, regime menos grave" (STJ, HC 84.859/SP, 5ª T., rel. Min. Jane Silva, j. 29-8-2007, *DJ* de 17-9-2007, p. 338).

81. "Se o Juiz deixa de lançar a rubrica em algumas folhas da sentença datilografada, nem por isso esta se torna nula, pois, além de não cominada nulidade (art. 388 do C.P.Penal), não há prejuízo para o réu, se não põe em dúvida a autenticidade de tal peça do processo" (STF, HC 72.214/PR, 1ª T., rel. Min. Sydney Sanches, j. 26-3-1996, *DJe* de 17-5-1996).

É bem verdade que vivemos na *era da informática* e do processo digital ou eletrônico, em que até mesmo a assinatura é feita no formato digital ou eletrônico,[82] mas não é demais reconhecer que, em muitas localidades deste país, a benfazeja parafernália tecnológica ainda está bem distante de se tornar realidade na atividade forense, que bem por isso continua a se valer da boa, velha e romântica máquina de datilografia.

1.9. Publicação da sentença

Diz o art. 389 do CPP que "a sentença será publicada em mão do escrivão, que lavrará nos autos o respectivo termo, registrando-a em livro especialmente destinado a esse fim".[83]

É com a publicação que a sentença passa a integrar o processo e se torna exposta ao conhecimento geral, pública como soa evidente.

Maier chega a afirmar, em face do sistema analisado, que: "Las decisiones judiciales no están completas mientras ellas no hayan sido dadas a conocer a las partes o a quienes tengan derecho a conocerlas, hecho que las perfecciona".[84]

Como diz Nucci: "É viável que o juiz profira a decisão em audiência, conforme o rito processual, bem como que o juiz-presidente, ao término da sessão do júri, leia a decisão para conhecimento geral. Nesse caso, dispensa-se a certidão específica nos autos, pois ficará constando do termo da audiência ou na ata do plenário ter sido a sentença lida e publicada naquela data".[85]

A publicação tratada não se confunde com a pena acessória de publicação de sentença, atualmente inexistente no ordenamento pátrio. Com a implantação do sistema de automação da justiça, nos processos digitais o registro e a publicação da sentença são feitos no próprio sistema, daí não ser aplicado em casos tais, na sua literalidade, o art. 389 do CPP.

1.10. Intimação da sentença

Prolatada e publicada a sentença, na sequência é necessário que se façam as intimações previstas em lei, a fim de que as partes e eventualmente terceiros dela tomem conhecimento formal, e a partir de então decidam a respeito das providências que se apresentarem cabíveis.

---

82. A Lei n. 11.419, de 19 de dezembro de 2006, dispõe sobre a informatização do processo digital, e neste contexto se refere à assinatura digital ou eletrônica.

83. STF, HC 103.686/RJ, 1ª T., rel. Min. Dias Toffoli, j. 7-8-2012, *DJe* de 3-9-2012.

84. Julio B. J. Maier, *Derecho procesal penal*, Buenos Aires, Editores del Puerto s.r.l., 2011, t. III, p. 335.

85. Guilherme de Souza Nucci, *Manual de processo e execução penal*, 14. ed., Rio de Janeiro, Forense, 2017, p. 640.

Por determinação contida no art. 390 do CPP: "O escrivão, dentro de três dias após a publicação, e sob pena de suspensão de cinco dias, dará conhecimento da sentença ao órgão do Ministério Público".

A **intimação do representante do Ministério Público**, em qualquer processo e grau de jurisdição, será feita **pessoalmente**, com o encaminhamento dos autos, nos termos em que dispõe o art. 41, IV, da Lei n. 8.625/93 (Lei Orgânica Nacional do Ministério Público) e o art. 370, § 4º, do CPP,[86] devendo constar certidão nos autos dando notícia da prática do ato.

"O termo inicial da contagem do prazo para impugnar decisão judicial é, para o Ministério Público, a data da entrega dos autos na repartição administrativa do órgão, sendo irrelevante que a intimação pessoal tenha se dado em audiência, em cartório ou por mandado".[87]

Quanto à **intimação da Defensoria Pública**, dispõe o art. 128, I, da Lei Complementar n. 80/94[88] que constitui prerrogativa dos Defensores Públicos do Estado, dentre outras, a **intimação pessoal** em qualquer processo e grau de jurisdição.[89]

"A data da entrega dos autos na repartição administrativa da Defensoria Pública é o termo inicial da contagem do prazo para impugnação de decisão judicial pela instituição, independentemente de intimação do ato em audiência".[90]

---

86. "A peculiar função dos membros do Ministério Público e dos advogados nomeados, no Processo Penal, justifica tratamento diferenciado caracterizado na intimação pessoal, não criando o § 1º do art. 370 do CPP situação de desigualdade ao determinar que a intimação do advogado constituído, do advogado do querelante e do assistente se dê por publicação no órgão incumbido da publicidade dos atos judiciais da comarca. O procedimento previsto no art. 370, § 1º, do CPP não acarreta obstáculo à atuação dos advogados, não havendo violação ao devido processo legal ou à ampla defesa" (STF, ADI 2.144 MC/DF, Tribunal Pleno, rel. Min. Ilmar Galvão, j. 11-5-2000, *DJe* de 14-11-2003).

87. STJ, REsp 1.349.935/SE, Terceira Seção, rel. Min. Rogério Schietti Cruz, j. 23-8-2017, *DJe* de 14-9-2017.

88. Organiza a Defensoria Pública da União, do Distrito Federal e dos Territórios e prescreve normas gerais para sua organização nos Estados, e dá outras providências.

89. "O ordenamento positivo brasileiro torna imprescindível a intimação pessoal do defensor nomeado dativamente (CPP, art. 370, § 4º, na redação dada pela Lei n. 9.271/96) e reafirma a indispensabilidade da pessoal intimação dos Defensores Públicos em geral (LC n. 80/94, art. 44, I; art. 89, I, e art. 128, I), inclusive a dos Defensores Públicos dos Estados-membros (LC n. 80/94, art. 128, I; Lei n. 1.060/50, art. 5º, § 5º, na redação dada pela Lei n. 7.871/89). A exigência de intimação pessoal do Defensor Público e do Advogado dativo, notadamente em sede de persecução penal, atende a uma imposição que deriva do próprio texto da Constituição da República, no ponto em que o estatuto fundamental estabelece, em favor de qualquer acusado, o direito à plenitude de defesa em procedimento estatal que respeite as prerrogativas decorrentes da cláusula constitucional do 'due process of law'" (STF, RHC 106.561/RJ, 2ª T., rel. Min. Celso de Mello, j. 21-6-2011, *DJe* de 26-8-2011).

90. STJ, HC 296.759/RS, Terceira Seção, rel. Min. Rogério Schietti Cruz, j. 23-8-2017, *DJe* de 21-9-2017.

O querelante ou o assistente será intimado da sentença, pessoalmente ou na pessoa de seu advogado. Se nenhum deles for encontrado no lugar da sede do juízo, a intimação será feita mediante edital com o prazo de 10 dias, afixado no lugar de costume (CPP, art. 391).

Nada obstante a detalhada e já ultrapassada redação do art. 392 do CPP, em respeito ao princípio da ampla defesa, esteja o acusado preso ou em liberdade, é imprescindível que *ele e seu defensor* sejam intimados da sentença, e sempre que possível mediante intimação pessoal.[91] Qualquer que seja a situação, não é possível admitir que o maior interessado deixe de ser intimado da sentença, ainda que na forma ficta.

Seja qual for a infração penal imputada e a pena aplicada, só depois de esgotadas as tentativas de intimação pessoal é que se tornará cabível a intimação por edital, tanto do acusado quanto de seu defensor.

É certo que o inciso III autoriza a intimação apenas do defensor constituído quando o acusado não for encontrado pelo oficial de justiça para intimação pessoal e contar com mandado de prisão expedido em seu desfavor, mas, em razão do anteriormente afirmado, entendemos que aqui também se faz necessária a intimação do acusado, nesse caso por edital.

O prazo do edital será de 90 dias, se tiver sido imposta pena privativa de liberdade por tempo igual ou superior a um ano, e de 60 dias, nos outros casos (§ 1º).

1.11. Embargos de declaração

Qualquer das partes poderá, no prazo de 2 (dois) dias, pedir ao juiz que declare a sentença, sempre que nela houver obscuridade, ambiguidade, contradição ou omissão (CPP, art. 382).

Voltaremos ao assunto, com a necessária profundidade, no capítulo destinado ao estudo das modalidades recursais.

1.12. Prisão resultante de sentença condenatória recorrível

Nos precisos termos do art. 8º, item "2", "h", da Convenção Americana sobre Direitos Humanos (Pacto de São José da Costa Rica), ratificada no Brasil pelo Decreto n. 678/92, toda pessoa condenada tem direito de recorrer da sentença para juiz ou tribunal superior.

---

91. "A jurisprudência desta Corte está consolidada no sentido de que a intimação pessoal do réu ou de seu defensor, a teor do art. 392, I e II, do CPP, é obrigatória quando proferida sentença condenatória em primeiro grau de jurisdição" (STJ, HC 357.373/RS, 5ª T., rel. Min. Ribeiro Dantas, j. 19-4-2018, *DJe* de 25-4-2018).

A garantia ao duplo grau de jurisdição é de envergadura constitucional, e não há como negar que o entrave decorrente da necessidade de se recolher preso para poder interpor recurso fere a Carta Magna.

Essa modalidade de prisão fere, também, o princípio da igualdade das partes, já que nunca existiu entrave de proporção semelhante para que o Ministério Público ou o querelante possa interpor recurso. Fere, ainda, os princípios da presunção de inocência e da ampla defesa, na exata medida em que antecipa a execução da pena e impõe severa restrição ao exercício pleno da atividade defensória, conforme decidiu o Plenário do STF.[92]

Como afirmou o Min. GILMAR MENDES, "não se pode conceber como compatível com o princípio constitucional da presunção de não culpabilidade qualquer antecipação de cumprimento da pena. Aplicação de sanção antecipada não se compadece com a ausência de decisão condenatória transitada em julgado". E acrescentou: "Parece evidente, outrossim, que uma execução antecipada em matéria penal configuraria grave atentado contra a própria ideia de dignidade humana, enquadrada como postulado essencial da ordem constitucional (CF, art. 1º, III)".[93]

De outro modo, se presentes os requisitos da prisão preventiva, por isso decretada, não há falar em execução provisória ilegal, nas hipóteses em que se mostrar cabível tal modalidade de prisão cautelar.

Pois bem.

Proferida sentença no processo criminal e observados os pressupostos recursais, as partes poderão dela recorrer à superior instância enquanto não se verificar o trânsito em julgado.

A prisão resultante de sentença condenatória recorrível apresenta-se então como modalidade de prisão cautelar, porquanto ausente trânsito em julgado definitivo de sentença.

A Lei n. 11.719/2008 revogou expressamente o art. 594, e a Lei n. 12.403/2011, por força de seu art. 4º, revogou os arts. 393 e 595, todos do CPP, relacionados com a modalidade de prisão de que ora se cuida.

Não é correto afirmar, todavia, que por ocasião da sentença o juiz não mais poderá determinar a prisão cautelar do condenado, que nesse caso aguardará preso o julgamento de eventual recurso, até porque vigente o art. 387, § 1º, do CPP.

Além do entrave ao duplo grau de jurisdição efetivo, se depois de interposto o recurso viesse o réu a fugir, seu desconformismo não era conhecido na Instância Superior, sendo julgado deserto, nos termos do já revogado art. 595 do CPP, e isso

---

92. "O recolhimento do condenado à prisão não pode ser exigido como requisito para o conhecimento do recurso de apelação, sob pena de violação aos direitos de ampla defesa e à igualdade entre as partes no processo" (STF, RHC 83.810/RJ, Tribunal Pleno, rel. Min. Joaquim Barbosa, j. 5-3-2009, *DJe* n. 200, de 23-10-2009).

93. STF, HC 103.986/SP, 2ª T., rel. Min. Gilmar Mendes, j. 8-2-2011, *DJe* n. 37, de 24-2-2011, *RT* 907/409.

levava ao trânsito em julgado definitivo da sentença condenatória, sem apreciação de seu clamor.

Contra esse estado de coisas, a Lei n. 11.719/2008 mostrou-se instrumento valioso, já que, entre outras alterações que impôs ao Código de Processo Penal, algumas acertadas, outras nem tanto, contribuiu bem ao revogar o art. 594, até porque, conforme já havia decidido o Plenário do STF, esse dispositivo não fora recepcionado pela Constituição de 1988.[94]

Por ocasião da sentença condenatória, o juiz somente irá manter preso quem assim já se encontrar se persistirem os requisitos para a prisão preventiva, e, de igual maneira, só poderá decretar a prisão preventiva de quem respondeu ao processo em liberdade se estiverem presentes todos aqueles requisitos longamente analisados no capítulo em que tratamos das prisões cautelares.

Na dicção de SCARANCE: "Se o acusado já se encontrava preso antes da sentença condenatória, não poderá apelar em liberdade, ainda que primário e com bons antecedentes, caso persistam os motivos ensejadores de sua custódia cautelar. Essa orientação, aceita pela doutrina e pela jurisprudência, não afronta a Constituição Federal, pois, se o acusado esteve preso até a sentença em face de necessidade cautelar, não haveria razão para que, justamente depois de condenado, viesse a ser libertado".[95]

A única ressalva que acrescentamos diz com a hipótese da prisão preventiva decretada *exclusivamente* com fundamento na conveniência da instrução criminal, pois, encerrada esta, restará sem sentido a manutenção da cautelar.

Conclui-se, portanto, que a matéria tratada no § 1º do art. 387 não cuida, a rigor, de prisão para recorrer, mas de decretação de prisão preventiva reclamada naquele momento e autorizada nos autos, como de resto poderá ser decretada em qualquer outro instante da instrução ou na fase de investigação policial, se satisfeitos os requisitos legais.

---

94. STF, RHC 83.810/RJ, Tribunal Pleno, rel. Min. Joaquim Barbosa, j. 5-3-2009, *DJe* n. 200, de 23-10-2009. Essa decisão contrariou o entendimento anteriormente sedimentado naquela Augusta Corte, conforme segue: "O princípio ínsito no art. 5º, LVII, da CF, não impede a prisão antes do trânsito em julgado da decisão condenatória, mas apenas que o nome do réu seja desde logo lançado no rol dos culpados" (STF, HC 75.077-0/SP, 2ª T., rel. Min. Maurício Corrêa, j. 31-3-1998, *DJU* de 15-5-1998, *RT* 756/489). "É admissível a ordem de prisão de réu condenado, ainda que pendente de recurso a decisão condenatória, não havendo falar em afronta ao princípio da presunção de inocência, previsto no art. 5º, LVII, da CF" (STF, HC 76.510-0/SP, 2ª T., rel. Min. Carlos Velloso, j. 31-3-1998, *DJU* de 15-5-1998, *RT* 755/552).

95. ANTONIO SCARANCE FERNANDES, *Processo penal constitucional*, 5. ed., São Paulo, Revista dos Tribunais, 2007, p. 341. Seguindo a mesma linha de pensamento: "Ambas as Turmas desta Corte possuem entendimento no sentido de que 'permanecendo os fundamentos da prisão cautelar, revela-se um contrassenso conferir ao réu, que foi mantido custodiado durante a instrução, o direito de aguardar em liberdade o trânsito em julgado da condenação' (RHC 117.802, rel. Min. Ricardo Lewandowski, 2ª T., *DJe* de 1º-7-2014)" (STF, HC 132.296/PR, 2ª T., rel. Min. Teori Zavascki, j. 2-8-2016, *DJe* n. 217, de 11-10-2016).

É o que também ocorre por ocasião da *decisão de pronúncia*, nos processos de competência do Tribunal do Júri, em que, na forma do § 3º do art. 413 do CPP, naquele momento processual deverá o juiz decidir "motivadamente, no caso de manutenção, revogação ou substituição da prisão ou medida restritiva de liberdade anteriormente decretada e, tratando-se de acusado solto, sobre a necessidade da decretação da prisão ou imposição de quaisquer das medidas previstas no Título IX do Livro I deste Código".

Para que não reste dúvida, basta verificar que o art. 283, *caput*, do CPP, enfatiza que ninguém poderá ser preso senão em ***flagrante*** ou por ordem escrita e fundamentada da autoridade judiciária competente, nesse caso, em decorrência de ***prisão cautelar* ou em virtude de *condenação criminal transitada em julgado***, deixando claro que não há mais qualquer possibilidade de se pensar em prisão resultante de sentença condenatória recorrível.

2. Coisa Julgada

Quando o juiz reconhece o direito de uma das partes – afirmou Tornaghi –, "dizer que a coisa está julgada significa afirmar a intangibilidade desse direito, nos termos em que a sentença o definiu". "Antes da sentença, incerteza; depois dela tudo está certo, *accertado*. Antes dela, vacilação, insegurança; depois dela, solidez, situação firme (*Feststellung*)".[96]

O trânsito em julgado definitivo não acarreta apenas a irrecorribilidade, mas também a *imutabilidade*[97] *da sentença*, embora possa ainda ser alvo de **revisão criminal** em favor do réu (CPP, art. 621) e seja possível tratar de sua indeterminação em sede de execução penal por força de institutos como o indulto, comutação, anistia e unificação de penas.

2.1. Conceito

Liebman[98] afirmou que coisa julgada é a imutabilidade do comando emergente da sentença.

Ou, como ensinou Giovanni Leone, *coisa julgada*, em substância, significa decisão imutável e irrevogável; significa a imutabilidade do mandamento que nasce da sentença.[99]

96. Hélio Tornaghi, *Instituições de processo penal*, 2. ed., São Paulo, Saraiva, 1977, v. 1, p. 463.

97. Após discorrer sobre a conhecida disputa entre Liebman e Carnelutti, Hélio Tornaghi afirma que a imutabilidade é um atributo da coisa julgada (*Instituições de processo penal*, v. 1, p. 467).

98. Enrico Tullio Liebman, *Efficacia ed autorità dela sentenza*, Milano, A. Giuffrè, 1935, p. 27, apud Fernando da Costa Tourinho Filho (*Manual de processo penal*, 17. ed., São Paulo, Saraiva, 2017, p. 871) e Hélio Tornaghi (*Instituições de processo penal*, 2. ed., São Paulo, Saraiva, 1977, v. 1, p. 464).

99. *Tratado de derecho procesal penal*, traducción de Santiago Sentís Melendo, Buenos Aires, EJEA – Ediciones Jurídicas Europa-América, 1989, t. III, p. 321.

2.2. Elementos

No confronto entre dois processos, constituem elementos identificadores da coisa julgada: a existência de uma decisão judicial com trânsito em julgado, versando sobre o mesmo fato, contra o mesmo réu, com o mesmo fundamento ou causa de pedir.

É imprescindível a tríplice identidade: de partes, pedido e fundamento.

2.3. Fundamento

"O fundamento da coisa julgada não é a presunção ou a ficção de acerto do juiz, mas uma razão de pura conveniência".[100]

O princípio da segurança jurídica veda o *bis in idem* e impede a existência do segundo processo, instaurado em repetição, tenha a primeira ação penal sido julgada procedente ou improcedente. Pensar o contrário seria admitir a perpetuação das discussões judiciais de modo a acarretar inaceitável e perigosa insegurança jurídica e social.

O *ne bis in idem*, ensinam CATENA e DOMÍNGUEZ, "como exigencia de la libertad del individuo, lo que impide es que unos mismos hechos sean enjuiciados repetidamente, siendo indiferente que éstos puedan ser contemplados desde distintos ángulos penales, formal y técnicamente distintos".[101]

2.4. Limites subjetivos e objetivos da coisa julgada

Observados os termos da decisão proferida no processo precedente, é possível falar na existência de limites *subjetivos* e *objetivos* da coisa julgada.

1) Limites subjetivos: sob tal enfoque, é possível falar que a coisa julgada alcança apenas as partes envolvidas no processo, visto que seu efeito, em regra, não vincula terceiros, daí dizer CHIOVENDA que "a coisa julgada, como resultado da definição da relação processual, é obrigatória para os sujeitos desta".[102]

---

100. HÉLIO TORNAGHI, *Instituições de processo penal*, 2. ed., São Paulo, Saraiva, 1977, v. 1, p. 468. E segue o jurista: "A primeira dessas explicações proveio da supervalorização da atividade intelectiva do juiz no processo romano-canônico medieval. A segunda adveio da concepção privatística do processo. É claro que o juiz procura a verdade e que a lei cerca de toda cautela a pesquisa dos fatos e a reta aplicação do Direito. Nessas condições é lícito supor que a coisa julgada, na maioria dos casos, corresponda à verdade. Isso conforta a força do julgado, dá-lhe certa autoridade ética e grande valor lógico. Mas não é o fundamento do instituto" (p. 468-469). Segundo GIOVANNI LEONE: "El fundamento de la cosa juzgada, es decir, de la inmutabilidad de la decisión del juez, está en la exigencia de la certeza del derecho en el caso concreto; dicha certeza se pone como el necesario complemento de la certeza del derecho en su aspecto abstracto" (*Tratado de derecho procesal penal*, traducción de Santiago Sentís Melendo, Buenos Aires, EJEA – Ediciones Jurídicas Europa-América, 1989, t. III, p. 321).

101. VICTOR MORENO CATENA e VALENTÍN CORTÉS DOMÍNGUEZ, *Derecho procesal penal*, 6. ed., Valencia, Tirant lo Blanch, 2012, p. 445.

102. GIUSEPPE CHIOVENDA, *Instituições de direito processual civil*, tradução de J. Guimarães Menegale e notas de Enrico Tullio Liebman, 2. ed., São Paulo, Saraiva, 1965, v. I, p. 414.

Essa afirmação, contudo, só é inquestionável quando for apenas um o apontado autor da infração penal.

Havendo pluralidade de investigados, conforme o teor da decisão judicial, os efeitos da coisa julgada podem se estender *ou não* sobre todos.

Imagine-se hipótese em que, havendo dois investigados pelo mesmo fato (concurso de agentes), apenas um é conhecido e processado, sendo certo que em relação a este ocorre a extinção da punibilidade em razão da prescrição, porquanto menor de 21 anos na data do fato. Nada impede que o outro, que não esteja na mesma situação, depois de identificado, seja processado pelo mesmo fato, como coautor ou partícipe, e eventualmente condenado.

De igual maneira, a absolvição de corréu por falta de provas não impede o processo e eventual condenação do outro.

Outro exemplo: duas pessoas são investigadas pela prática de determinado crime, sendo certo que, num primeiro momento, apenas uma delas é identificada, processada e absolvida por ter o juiz reconhecido a inexistência do fato (CPP, art. 386, I). É evidente que diante desse quadro, mesmo que num segundo momento o outro investigado venha a ser identificado, não mais poderá ser processado pela mesma conduta outrora imputada àqueloutro.

2) *Limites objetivos*: dispõe o art. 110, § 2º, do CPP, que a exceção de coisa julgada *somente poderá ser oposta em relação ao fato principal*, que tiver sido objeto da sentença.

Disso decorre que a preexistência de decisões sobre *questões incidentais* – tais como aquelas que versam sobre o estado civil das pessoas (ver art. 93 do CPP) –, analisadas em processos diversos, não constitui fundamento apto a ensejar exceção de coisa julgada.

"O que, portanto, determina os limites objetivos da coisa julgada é a *demanda* de mérito da parte autora", disse também Chiovenda.[103]

2.5. Coisa julgada material, coisa julgada formal e preclusão

Gimeno Sendra afirma que: "Genéricamente se entiende por cosa juzgada la totalidad de los efectos que ocasiona una sentencia. Pero doctrina y jurisprudencia distinguen la cosa juzgada 'formal' de la 'material'".[104]

Só é possível falar em *coisa julgada material* quando há decisão judicial *sobre o mérito da causa* e dela já não caiba mais recurso, decorrendo daí a *imutabilidade da matéria* decidida. Exemplo: Tibúrcio é processado e absolvido da imputação de crime de violação de sigilo profissional. Após o trânsito em julgado da sentença, ainda que

103. Giuseppe Chiovenda, *Instituições de direito processual civil*, tradução de J. Guimarães Menegale e notas de Enrico Tullio Liebman, 2. ed., São Paulo, Saraiva, 1965, v. I, p. 410.

104. Vicente Gimeno Sendra, *Derecho procesal penal*, Navarra, Civitas, 2012, p. 776.

se obtenham novas provas, não será possível a instauração de novo processo pelo mesmo fato.

A *coisa julgada formal* acarreta apenas a imutabilidade da decisão proferida, que não mais poderá ser atacada por qualquer recurso,[105] mas não impede a instauração de novo processo. Exemplo: decisão judicial que acolhe exceção de ilegitimidade de parte e extingue o processo sem julgamento do mérito, por falha no polo ativo da demanda. Nesse caso, a parte legítima poderá ingressar validamente com nova ação penal.

Assevera NUCCI que: "A coisa julgada difere da preclusão, pois enquanto esta é a imutabilidade de matéria secundária do processo, a primeira diz respeito à matéria principal, provocando o encerramento do feito. Pode, neste caso, gerar coisa julgada material ou formal".[106]

2.6. Coisa julgada e coisa soberanamente julgada

Fala-se em *coisa julgada* quando a *sentença* proferida nos autos da ação penal é *condenatória*, visto que, mesmo depois de tornar-se irrecorrível, ainda poderá ser rescindida em sede de revisão criminal, que existe apenas em favor do réu e até mesmo por *habeas corpus*.

Diferencia-se da *coisa soberanamente julgada* na medida em que esta decorre de *sentença absolutória*, que jamais poderá ser modificada após tornar-se irrecorrível.

2.7. Exceção de coisa julgada

A exceção de coisa julgada, também denominada *exceptio rei judicatae*, é matéria que está tratada no capítulo em que discorremos sobre as *questões e processos incidentes*.

---

105. "Coisa julgada em sentido formal, é, pois, consequência da irrecorribilidade e traduz-se pela imutabilidade da sentença no processo em que foi proferida" (HÉLIO TORNAGHI, *Instituições de processo penal*, 2. ed., São Paulo, Saraiva, 1977, v. 1, p. 473).

106. GUILHERME DE SOUZA NUCCI, *Manual de processo e execução penal*, 14. ed., Rio de Janeiro, Forense, 2017, p. 305.

Capítulo 19
Procedimentos

1. Introdução

A instauração de determinada investigação de natureza criminal tem por escopo colher elementos de prova que são destinados a formar o convencimento do titular do direito de ação, de modo a permitir o oferecimento da inicial acusatória, e, oferecida e recebida esta, deflagra-se a persecução penal em juízo com a instauração do *processo* que deverá seguir o *procedimento* previsto para os rituais judiciários.

Procedimento é o conjunto de atos processuais ou a sucessão deles em busca da verdade real, conforme o modelo tipificado, daí a afirmação de James Goldschmidt no sentido de que "el fin del procedimiento penal es la averiguación de la verdad y la verificación de la justicia".[1]

2. Processo e Procedimento

Ensinou Carnelutti[2] que a origem da palavra processo deriva de *procedere*: proceder; caminhar, ir adiante.

Como já dissemos no primeiro capítulo deste livro, *idealmente*, o processo é o *instrumento*[3] democrático de que se vale o Estado para dar resposta à pretensão punitiva e fazer justiça. É o ambiente em que se materializa formalmente o conflito que se estabelece entre o *jus puniendi* do Estado e o *jus libertatis* do acusado.

1. James Goldschmidt, *Derecho, derecho penal y proceso*, Madrid, Marcial Pons, 2010, t. I, p. 779.

2. Francesco Carnelutti, *Trattato del processo civile*, Nápoles, Morano, 1958, p. 17.

3. Para aprofundamento da matéria, recomendamos: Cândido Rangel Dinamarco, *A instrumentalidade do processo*, 14. ed., São Paulo, Malheiros, 2009.

Por meio do processo se permite que o órgão incumbido da acusação prove perante o Poder Judiciário, observadas as regras e garantias preestabelecidas, que um delito foi praticado e quem foi seu autor, a fim de que se aplique a sanção prevista na lei penal para o responsável,[4] daí BELING ter afirmado que a função do processo, como instituição jurídica, é atuar como meio de tutela do Direito Penal.[5]

GIOVANNI LEONE[6] destacou o *particular caráter instrumental do processo penal* em razão do princípio *nulla poena sine iudicio* (nenhuma pena senão em juízo), a determinar que não é possível, em caso algum, a aplicação de sanção penal sem processo.

Não se deve confundir *processo* com *procedimento*.

Procedimento é a marcha ordenada de atos processuais; a sequência como se desenvolve o processo com seus rituais, do início ao fim. Envolve a ideia de "orden, secuencia, progresividad en el desarrollo de la actividad de la justicia", na expressão sempre abalizada de BINDER.[7]

Conforme sintetizou ARAGONESES ALONSO, o procedimento é a coordenação de atos que tendem a um efeito jurídico comum.[8]

Na feliz metáfora utilizada por FENECH,[9] o procedimento é para o processo o que os trilhos são para o trem.

Dito isso, é força convir que *processo* é o ambiente em que se materializa o *procedimento*; o universo ou corpo em que os atos procedimentais são concretizados.

3. PRINCÍPIOS INCIDENTES

Por aqui devem ser relembrados aqueles princípios sobre os quais já discorremos no primeiro capítulo deste livro, dentre eles: iniciativa das partes; impulso oficial; publicidade; celeridade e economia processual; igualdade processual; ampla defesa e contraditório; duração razoável do processo[10] e devido processo legal (CF, art. 5º, LIV).

---

4. JOSÉ I. CAFFERATA NORES e outros, *Manual de derecho procesal penal*, 3. ed., Córdoba, Advocatus, 2012, p. 194-195. "Cuando deba perseguirse una conducta delictiva, el proceso penal se establece como el instrumento imprescindible para actuar el Derecho penal, de modo que sólo pasando por el proceso puede imponerse una sanción de esta naturaleza" (VICTOR MORENO CATENA e VALENTÍN CORTÉS DOMÍNGUEZ, *Derecho procesal penal*, 6. ed., Valencia, Tirant lo Blanch, 2012, p. 41).

5. ERNEST BELING, *Derecho procesal penal*, Buenos Aires, DIN Editora, 2000, p. 19.

6. *Tratado de derecho procesal penal*, traducción de Santiago Sentís Melendo, Buenos Aires, EJEA – Ediciones Jurídicas Europa-América, 1989, t. I, p. 6.

7. ALBERTO M. BINDER, *Derecho procesal penal*, Buenos Aires, Ad-Hoc, 2013, t. I, p. 92.

8. PEDRO ARAGONESES ALONSO, *Proceso y derecho procesal*, Madrid, Aguilar, 1960, p. 137.

9. MIGUEL FENECH, *Principios de derecho procesal tributario*, Barcelona, Libreria Bosch, 1949, p. 28. O mesmo FENECH assim se reportou ao tema: "Entendemos por procedimiento penal el sistema o conjunto de normas que regulan la procesión de los actos en el proceso penal, de modo que la dinámica procesal, o sea, el avance hacia un resultado querido por la norma, debe realizar-se con arreglo a los preceptos procedimentales correspondientes" (MIGUEL FENECH, *Derecho procesal penal*, 3. ed., Barcelona, Editorial Labor, 1960, v. II, p. 931).

10. "Não há que se falar em excesso de prazo quando, a depender da complexidade da causa, considerando-se o elevado número de réus, dos fatos e das provas, extrai-se que o curso processual

Já decidiu o Supremo Tribunal Federal que:

> O exame da cláusula referente ao *due process of law* permite nela identificar alguns elementos essenciais à sua configuração como expressiva garantia de ordem constitucional, destacando-se, dentre eles, por sua inquestionável importância, as seguintes prerrogativas: (*a*) direito ao processo (garantia de acesso ao Poder Judiciário); (*b*) direito à citação e ao conhecimento prévio do teor da acusação; (*c*) direito a um julgamento público e célere, sem dilações indevidas; (*d*) direito ao contraditório e à plenitude de defesa (direito à autodefesa e à defesa técnica); (*e*) direito de não ser processado e julgado com base em leis *ex post facto*; (*f*) direito à igualdade entre as partes; (*g*) direito de não ser processado com fundamento em provas revestidas de ilicitude; (*h*) direito ao benefício da gratuidade; (*i*) direito à observância do princípio do juiz natural; (*j*) direito ao silêncio (privilégio contra a autoincriminação); (*l*) direito à prova; e (*m*) direito de presença e de "participação ativa" nos atos de interrogatório judicial dos demais litisconsortes penais passivos, quando existentes. – O direito do réu à observância, pelo Estado, da garantia pertinente ao *due process of law*, além de traduzir expressão concreta do direito de defesa, também encontra suporte legitimador em convenções internacionais que proclamam a essencialidade dessa franquia processual, que compõe o próprio estatuto constitucional do direito de defesa, enquanto complexo de princípios e de normas que amparam qualquer acusado em sede de persecução criminal, mesmo que se trate de réu estrangeiro, sem domicílio em território brasileiro, aqui processado por suposta prática de delitos a ele atribuídos.[11]

Carnelutti ensinou que – em matéria de procedimento – forma é garantia.[12]

Desrespeitar ao *devido processo*, em qualquer de suas vertentes, é dar ensejo à declaração de nulidade.

Cabe acrescentar, ainda, a incidência do *princípio da ordem consecutiva* e do princípio *pas de nullité sans grief*.

---

não rompeu a barreira da duração razoável" (STF, HC 120.235/SP, 1ª T., rel. Min. Marco Aurélio, rel. p/ o Acórdão Min. Edson Fachin, j. 15-3-2016, *DJe* n. *159*, de 1º -8-2016). "A duração razoável do processo deve ser aferida à luz da complexidade dos fatos e do procedimento, bem como a pluralidade de réus e testemunhas (Precedentes: HC 133.580, rel. Min. Cármen Lúcia, *DJe* de 30-3-2016, e HC 88.399, rel. Min. Joaquim Barbosa, 2ª T., *DJ* de 13-4-2007)" (STF, RHC 124.796 AgR/ES, 1ª T., rel. Min. Luiz Fux, j. 28-6-2016, *DJe* n. *179*, de 24-8-2016). *No mesmo sentido*: STF, HC 132.543/RS, 1ª T., rel. Min. Rosa Weber, j. 2-8-2016, *DJe* n. *189*, de 6-9-2016; STF, HC 130.056/CE, 2ª T., rel. Min. Gilmar Mendes, j. 7-6-2016, *DJe* n. *132*, de 24-6-2016; STJ, HC 389.495/SP, 5ª T., rel. Min. Felix Fischer, j. 20-6-2017, *DJe* de 30-6-2017; STJ, RHC 81.555/RJ, 6ª T., rel. Min. Antonio Saldanha Palheiro, j. 16-5-2017, *DJe* de 30-6-2017.

"A razoável duração do processo não pode ser aferida de modo dissociado das especificidades da hipótese *sub examine*. Precedentes: HC 125.144-AgR, Primeira Turma, rel. Min. Rosa Weber, *DJe* de 28-6-2016; HC 132.610-AgR, Segunda Turma, rel. Min. Dias Toffoli, *DJe* de 6-6-2016" (STF, HC 170.886 AgR/CE, 1ª T., rel. Min. Luiz Fux, j. 23-8-2019, *DJe*-191, de 3-9-2019).

11. STF, HC 94.016/SP, 2ª T., rel. Min. Celso de Mello, j. 16-9-2008, *DJe* 38, de 27-2-2009, *RTJ* 209/702; STF, HC 94.601/CE, 2ª T., rel. Min. Celso de Mello, j. 4-8-2009, *DJe* n. 171, de 11-9-2009, *RTJ* 211/379.

12. Francesco Carnelutti, *Principi del processo penale*, Napoli, Morano Editore, 1960, p. 66 e s.

O primeiro – *princípio da ordem consecutiva* – determina que na realização do processo é imperioso seguir a ordem disposta em lei. Há que se respeitar o procedimento e marchar de acordo com a sucessão lógica e ordenada expressamente prevista para a hipótese de que se cuidar, e nesse caminhar rumo à sentença a transposição de determinada fase impede que a ela se retorne, porquanto incidente a preclusão, salvo hipótese de nulidade capaz de tornar possível o refazimento do ato nulo e daqueles que lhe são subsequentes.

A propósito desse tema, SCARANCE ensina que as garantias procedimentais podem ser tratadas em duas vertentes: a *garantia do procedimento integral* e a *garantia ao procedimento tipificado*.

Conforme aduz, "são garantias não expressas, enquadráveis na garantia genérica do devido processo legal". (...) "Estabelecidos os procedimentos, a parte tem a garantia de que o juiz irá observá-los integralmente e, ainda, de que levará em conta a coordenação e vinculação estabelecidas entre os atos da cadeia procedimental".[13]

Disso decorre que o juiz não pode suprimir validamente, por sua vontade, e nem mesmo com a concordância das partes, atos ou fases do procedimento tipificado; implantar procedimento não previsto em lei ou mesmo inverter a ordem de qualquer procedimento expressamente regulado.

Decorre do princípio *pas de nullité sans grief* que não se declara nulidade sem que se demonstre a existência de prejuízo que dela decorra, mas esse é um tema complexo, que será analisado no capítulo sobre *nulidades*.

Nesse momento, sobre tal matéria cabe apenas indicar a posição comum adotada pelas duas Turmas do Supremo Tribunal Federal, de semelhante modo seguida pelas Turmas Criminais do Superior Tribunal de Justiça, aclarada nas ementas que seguem:

> No julgamento do *Habeas Corpus* n. 85.155/SP, a eminente rel., Min. Ellen Gracie, assentou que a demonstração de prejuízo, a teor do art. 563 do CPP, é essencial à alegação de nulidade, seja ela relativa ou absoluta, eis que, conforme já decidiu a Corte, "O âmbito normativo do dogma fundamental da disciplina das nulidades – *pas de nullité sans grief* – compreende as nulidades absolutas" (STF, ARE 666.424 AgR/SC, 1ª T., rel. Min. Luiz Fux, j. 12-3-2013, *DJe* n. 58, de 1º-4-2013). O princípio *pas de nullité sans grief* exige, sempre que possível, a demonstração de prejuízo concreto pela parte que suscita o vício.[14]

> Conforme o art. 563 do Código de Processo Penal, a demonstração de prejuízo é essencial à alegação de nulidade, seja ela absoluta ou relativa. Precedentes.[15]

13. ANTONIO SCARANCE FERNANDES, *Processo penal constitucional*, 5. ed., São Paulo, Revista dos Tribunais, 2007, p. 123-124.

14. STF, HC 115.336/RS, 2ª T., rel. Min. Cármen Lúcia, j. 21-5-2013, *DJe* n. 105, de 5-6-2013.

15. STF, HC 131.077/PE, 2ª T., rel. Min. Cármen Lúcia, j. 15-12-2015, *DJe* n. 018, de 1º-2-2016.

O reconhecimento de nulidades no curso do processo penal reclama uma efetiva demonstração do prejuízo à parte, sem a qual prevalecerá o princípio da instrumentalidade das formas positivado pelo art. 563 do CPP (*pas de nullité sans grief*).[16]

Seguindo o princípio *pas de nullité sans grief*, adotado pelo Código de Processo Penal em seu art. 563, não comprovado efetivo prejuízo ao acusado, não há falar-se em nulidade processual.[17]

4. PROCEDIMENTO COMUM E PROCEDIMENTO ESPECIAL

Muito embora o Código de Processo se refira à existência de *processo* comum e especial, é evidente a falta de técnica do legislador ao confundir conceitos tão distintos. Em verdade, comum ou especial é o *procedimento*, jamais o *processo*, que na instância penal só pode ser de *conhecimento* ou de *execução*.

O art. 394 do CPP subdivide *os procedimentos* no primeiro grau de jurisdição em *comum* e *especial*.

Para a generalidade dos processos aplica-se o ***procedimento comum***, que pode ser: *ordinário*, *sumário* ou *sumaríssimo*.

Na subdivisão que estabeleceu, o legislador houve por bem adotar o critério quantitativo, de maneira que se observará o procedimento:

> I – ordinário, quando tiver por objeto crime cuja sanção máxima cominada for igual ou superior a 4 (quatro) anos de pena privativa de liberdade;
>
> II – sumário, quando tiver por objeto crime cuja sanção máxima cominada seja inferior a 4 (quatro) anos de pena privativa de liberdade;
>
> III – sumaríssimo, para as infrações penais de menor potencial ofensivo, na forma da lei.

As regras do procedimento ordinário estão dispostas nos arts. 395 a 405; do procedimento sumário cuidam os arts. 531 a 538, e o sumaríssimo está regulado na Lei n. 9.099/95.

Para delitos particularmente tratados, aplica-se o ***procedimento especial* indicado no CPP ou em lei especial**. Conforme GIOVANNI LEONE: "Cuando razones particulares aconsejen derogar a una tal disciplina, se ofrecen los procedimientos especiales, que, como tales, no son reconducibles a un esquema único". E arremata: "Cada procedimiento especial tiene una configuración propia".[18]

Em relação aos **crimes dolosos contra a vida**, de competência do **Tribunal do Júri**,[19] o procedimento deverá observar as disposições dos arts. 406 a 497 do CPP, e

16. STJ, HC 264.145/SP, 5ª T., rel. Min. Ribeiro Dantas, j. 12-6-2018, *DJe* de 20-6-2018.

17. STJ, AgRg no RHC 77.393/SC, 6ª T., rel. Min. Nefi Cordeiro, j. 12-6-2018, *DJe* de 19-6-2018.

18. *Tratado de derecho procesal penal*, traducción de Santiago Sentís Melendo, Buenos Aires, EJEA – Ediciones Jurídicas Europa-América, 1989, t. II, p. 435.

19. "A competência do Tribunal do Júri 'para o julgamento dos crimes dolosos contra a vida'

sobre ele falaremos no capítulo seguinte, de forma destacada, tendo em vista as particularidades e extensão de suas regras.

O Código de Processo Penal regula de forma especial, com regras diferenciadas, o procedimento a ser observado em relação aos crimes de responsabilidade praticados por funcionários públicos (arts. 513 a 518), crimes contra a honra (arts. 519 a 523), e crimes contra a propriedade imaterial (arts. 524 a 530-I).

Regula, também, o procedimento não condenatório de restauração de autos, conforme os arts. 541 a 548.

Muito embora no CPP os arts. 503 a 512 se refiram ao procedimento a ser observado em relação aos crimes falimentares, tais regras foram revogadas pela Lei n. 11.101/2005 (Lei de Falência), de maneira que é de se aplicar, *in casu*, o procedimento disposto na lei especial.

De igual maneira, também não subsistem o procedimento para aplicação provisória de medida de segurança referido nos arts. 549 a 555 e as regras procedimentais para as instâncias superiores alocadas nos arts. 556 a 562.

Há procedimentos especiais regulados fora do CPP, em leis específicas, tal como se verifica na Lei de Falência (Lei n. 11.101/2005) e na Lei de Drogas (Lei n. 11.343/2006), dentre outras.

Diz o § 4º do art. 394 que as disposições dos arts. 395 a 398 aplicam-se a todos os procedimentos penais de primeiro grau, ainda que não regulados no CPP, mas, ao contrário do que pode sugerir a leitura isolada do dispositivo, essa regra não alterou o procedimento previsto na Lei de Drogas (Lei n. 11.343/2006), conforme detalhamos em nosso livro *Tóxicos*,[20] de maneira que o procedimento a ser observado em relação a tais delitos continua sendo aquele tipificado nos arts. 55 a 58 da referida lei.

Aplicam-se subsidiariamente aos procedimentos especial, sumário e sumaríssimo as disposições do procedimento ordinário (CPP, § 5º do art. 394).

Por força do disposto no art. 394-A do CPP, introduzido no ordenamento pela Lei n. 13.285/2016, "os processos que apurem a prática de crime hediondo terão prioridade de tramitação em todas as instâncias".

Embora o dispositivo se refira apenas aos crimes hediondos, também terão prioridade de tramitação os processos que versem sobre crimes a eles assemelhados/equiparados, por força de apropriada interpretação extensiva autorizada no art. 3º do CPP. Vale dizer: ficam sujeitos à prioridade de tramitação os processos por crimes listados na Lei n. 8.072/90.

(art. 5º, XXXVIII, 'd', da Constituição Federal) afasta a possibilidade de análise do mérito da imputação pelo Juiz togado" (STF, HC 131.308/PR, 2ª T., rel. Min. Teori Zavascki, j. 21-6-2016, *DJe* n. 159, de 1º-8-2016).

20. RENATO MARCÃO, *Tóxicos*, 11. ed., São Paulo, Saraiva, 2017.

4.1. Procedimento comum

Veremos a seguir as regras aplicáveis ao procedimento comum em suas três vertentes, separadamente: (*4.1.1.*) procedimento ordinário; (*4.1.2*) procedimento sumário, e (*4.1.3*) procedimento sumaríssimo.

4.1.1. Procedimento ordinário

O procedimento ordinário constitui subespécie do procedimento comum, e suas regras estão dispostas nos arts. 395 a 404 do CPP.

4.1.1.1. Rejeição da denúncia ou queixa

Se, após analisar o inquérito ou documentos informativos, o Ministério Público se convencer a respeito do cabimento de ação penal, não sendo hipótese de deixar de oferecer denúncia ou requerer a concessão de perdão em face daquele que prestou colaboração premiada (§§ 2º e 4º do art. 4º da Lei n. 12.850/2013), ou de entabular acordo de não persecução penal (art. 28-A do CPP), deverá oferecer denúncia contra quem entender seja autor do delito.

Oferecida, logo de início caberá ao juiz das garantias, quando e onde estiver implementado,[21] verificar se é caso de rejeição ou de recebimento da inicial acusatória.[22]

---

21. Após a publicação da Lei n. 13.964/2019 foram ajuizadas no Supremo Tribunal Federal três ações diretas de inconstitucionalidade questionando alguns de seus dispositivos – ADI 6.298, 6.299 e 6.300 –, e no dia 15 de janeiro de 2020 o Min. Dias Toffoli concedeu medida cautelar nos autos da ADI 6.298, para, entre outras coisas: "**(i)** suspender-se a eficácia dos **arts. 3º -D, parágrafo único, e 157, § 5º**, do Código de Processo Penal, incluídos pela Lei n. 13.964/19; **(ii)** suspender-se a eficácia dos arts. 3º -B, 3º -C, 3º -D, *caput*, 3º -E e 3º -F do CPP, inseridos pela Lei n. 13.964/2019, até a efetiva implementação do juiz das garantias pelos tribunais, o que deverá ocorrer **no prazo máximo de 180 (cento e oitenta) dias, contados a partir da publicação desta decisão**; **(iii)** conferir-se interpretação conforme às normas relativas ao juiz das garantias (arts. 3º -B a 3º -F do CPP), para esclarecer que não se aplicam às seguintes situações: (a) processos de competência originária dos tribunais, os quais são regidos pela Lei n. 8.038/90; (b) processos de competência do Tribunal do Júri; (c) casos de violência doméstica e familiar; e (d) processos criminais de competência da Justiça Eleitoral".

Ainda em confronto com as inovações determinadas pela Lei n. 13.964/2019, no dia 22 de janeiro de 2020, nos autos da ADI 6.298, na condição de relator das ADIs 6.298, 6.299, 6.300 e 6305, o Min. Luiz Fux revogou a decisão monocrática constante das ADIs 6.298, 6.299, 6.300 e suspendeu *sine die* a eficácia da implantação do juiz das garantias e seus consectários (arts. 3º -A, 3º -B, 3º -C, 3º -D, 3ª-E, 3º -F, do CPP); da alteração do juiz sentenciante que conheceu de prova declarada inadmissível (art. 157, § 5º, do CPP); e concedeu a medida cautelar requerida nos autos da ADI 6.305, para suspender *sine die* a eficácia, da alteração do procedimento de arquivamento do inquérito policial (art. 28, *caput*, CPP), e da ilegalidade da prisão pela não realização da audiência de custódia no prazo de 24 horas (art. 310, § 4º, do CPP).

22. "Na fase de recebimento da denúncia não se faz um juízo aprofundado de mérito, mas apenas uma análise perfunctória da denúncia e do substrato probatório mínimo de autoria e materialidade delitiva, de modo a se verificar o preenchimento dos requisitos do art. 41 do CPP, bem como da não incidência de quaisquer das hipóteses de rejeição previstas no art. 395 do CPP" (STF, Inq 3.331/MT, 1ª T., rel. Min. Edson Fachin, j. 3-5-2016, *DJe* n. 101, de 18-5-2016). "Como já decidido pelo Supremo Tribunal Federal, 'a fase processual do recebimento da denúncia é juízo de delibação, jamais de cognição exauriente. Não se pode, portanto, confundir os requisitos para o recebimento da denúncia, delineados no art. 41 do Código de Processo Penal, com o juízo de procedência da imputação criminal' (Inq n. 4.022/AP, 2ª T., rel. Min. Teori Zavascki, *DJe* de 22-9-2015)" (STF, RHC 129.043/PR, 2ª T., rel. Min. Dias Toffoli, j. 4-10-2016, *DJe* n. 228, de 26-10-2016).

Já decidiu o STF que: "O oferecimento da denúncia pelo Ministério Público submete-se, após a sua formalização, a estrito controle jurisdicional. Essa atividade processual do Poder Judiciário, exercida liminarmente no âmbito do processo penal condenatório, objetiva, em essência, a própria tutela da intangibilidade do *status libertatis* do imputado".[23]

Deve ser rejeitada a inicial acusatória que não estiver formalmente em ordem e substancialmente autorizada (amparada em elementos concretos de convicção colhidos em inquérito policial; termo circunstanciado ou outros documentos que lhe sirvam de base).

Na expressão de REZEK: "É preciso que a narrativa expressa na denúncia que pretenda apoiar-se, com exclusividade, em inquérito policial, aí encontre lastro em elementos que façam verossímil a acusação. Não pode ela repousar sobre exercício meramente especulativo".[24]

As hipóteses de rejeição estão listadas no art. 395 do CPP, que assim dispõe:

> Art. 395. A denúncia ou queixa será rejeitada quando:
>
> I – for manifestamente inepta;
>
> II – faltar pressuposto processual ou condição para o exercício da ação penal; ou
>
> III – faltar justa causa para o exercício da ação penal.

No dizer do Min. AYRES BRITTO: "Quando se trata de apreciar a alegação de inépcia da denúncia ou de sua esqualidez por qualquer outro motivo, dois são os parâmetros objetivos que orientam tal exame: os arts. 41 e 395 do Código de Processo Penal. O art. 41 indica um necessário conteúdo positivo para a denúncia, pois ela, denúncia, deve conter a exposição do fato criminoso, com todas as suas circunstâncias, a qualificação do acusado ou esclarecimentos pelos quais se possa identificá-lo, a classificação do crime e, quando necessário, o rol das testemunhas. Isso para que a garantia constitucional do contraditório se estabeleça nos devidos termos. Já o art. 395, este impõe à peça de acusação um conteúdo negativo. Se no primeiro (art. 41) há uma obrigação de fazer por parte do Ministério Público, no segundo (art. 395) há uma obrigação de não fazer; ou seja, a denúncia não pode incorrer nas impropriedades indicadas no mencionado art. 395 do CPP".[25]

4.1.1.1.1. Inépcia manifesta

Inepta é a denúncia ou queixa imperfeita, que desatende aos requisitos de forma e conteúdo exigidos no art. 41 do CPP e demais indicados, conforme anteriormente exposto.

---

23. STF, HC 68.926/MG, 1ª T., rel. Min. Celso de Mello, j. 10-12-1991, *DJ* de 28-8-1992, p. 13.453, *RTJ* 142/582.

24. STF, RHC 64.439/PR, 2ª T., rel. Min. Francisco Rezek, j. 10-10-1986, *DJ* de 7-11-1996, p. 21.557.

25. STF, HC 104.420/BA, 2ª T., rel. Min. Ayres Britto, j. 10-4-2012, *DJe* n. 84, de 2-5-2012.

Para a rejeição liminar da inicial acusatória, é preciso que a ausência dos requisitos legais seja evidente, indubitável, daí a lei exigir seja a inicial acusatória *manifestamente* inepta.

Manifesto é aquilo que se faz evidente com um simples olhar; que está posto à percepção de todos.

Conforme o entendimento solidificado na Suprema Corte:

> Não é inepta a denúncia que descreve, de forma lógica e coerente, os fatos em tese delituosos e as condutas dos agentes, com as devidas circunstâncias, narrando de maneira clara e precisa a imputação, segundo o contexto em que inserida.[26]
>
> A falta de identificação de alguns dos agentes não induz à inépcia da petição inicial.[27]
>
> É apta a denúncia que bem individualiza a conduta do réu, expondo de forma pormenorizada o fato criminoso, preenchendo, assim, os requisitos do art. 41 do Código de Processo Penal. Basta que, da leitura da peça acusatória, possam-se vislumbrar todos os elementos indispensáveis à existência de crime em tese, com autoria definida, de modo a permitir o pleno exercício do contraditório e da ampla defesa (AP 396, Pleno, rel. Min. Cármen Lúcia, *DJe* de 28-4-2011). No mesmo sentido: HC 109.942, 1ª T., rel. Min. Cármen Lúcia, *DJe* de 1º -8-2012; HC 108.645, 1ª T., rel. Min. Cármen Lúcia, *DJe* de 1º -2-2012; HC 103.104, 1ª T., rel. Min. Marco Aurélio, *DJe* de 14-2-2012; RHC 101.358, 2ª T., rel. Min. Ellen Gracie, *DJ* de 10-9-2010 (STF, RE 696.533 AgR/SC, 1ª T., rel. Min. Luiz Fux, j. 2-9-2016, *DJe* 204, de 26-9-2016).

No STJ o entendimento não destoa:

> A alegação de inépcia da denúncia deve ser analisada de acordo com os requisitos exigidos pelos arts. 41 do Código de Processo Penal e 5º, LV, da CF/88. Portanto, a peça acusatória deve conter a exposição do fato delituoso em toda a sua essência e com todas as suas circunstâncias, de maneira a individualizar o quanto possível a conduta imputada, bem como sua tipificação, com vistas a viabilizar a persecução penal e o exercício da ampla defesa e do contraditório pelo réu.[28]
>
> Somente é apta a iniciar a ação penal a denúncia que, atenta aos requisitos previstos no art. 41 do Código de Processo Penal, descreve os fatos criminosos imputados aos denunciados com todas as suas circunstâncias relevantes, de modo a permitir ao imputado compreender os termos da acusação e dela defender-se, sob o contraditório judicial.[29]

4.1.1.1.2. Falta de condição da ação ou de pressuposto processual

As ***condições da ação*** – genéricas e específicas – cuja ausência determina liminar rejeição da inicial acusatória já foram objeto de estudo no capítulo em que

26. STF, Inq 3.965/DF, 2ª T., rel. Min. Teori Zavascki, j. 22-11-2016, *DJe* 259, de 6-12-2016.

27. STF, HC 135.026/AP, 2ª T., rel. Min. Gilmar Mendes, j. 11-10-2016, *DJe* 226, de 24-10-2016.

28. STJ, RHC 36.434/ES, 5ª T., rel. Min. Ribeiro Dantas, j. 21-6-2018, *DJe* de 28-6-2018.

29. STJ, RHC 83.844/MG, 6ª T., rel. Min. Maria Thereza de Assis Moura, rel. p/ o acórdão Min. Rogerio Schietti Cruz, j. 13-6-2017, *DJe* de 30-6-2017.

tratamos do tema *ação penal*, para onde remetemos o leitor visando a evitar o enfaro da repetição.

A título de lembrança, constituem *condições genéricas da ação*: possibilidade jurídica do pedido; interesse de agir e legitimidade *ad causam*.

São exemplos de *condições específicas*: a representação do ofendido e a requisição do Ministro da Justiça; a entrada do agente no território nacional; a admissão, pela Câmara dos Deputados, da acusação contra o Presidente da República para ser processado por crimes comuns; e o trânsito em julgado da sentença que, por motivo de erro ou impedimento, anule o casamento.

A nosso ver, se evidenciada desde logo qualquer das hipóteses listadas nos incisos I, III e IV do art. 397 do CPP, ao invés de aguardar momento posterior para impor *absolvição sumária*, deverá o magistrado, já no primeiro momento, indeferir a inicial acusatória por *falta de interesse de agir* e/ou *possibilidade jurídica do pedido condenatório* (conforme o caso), pois é inegável a inviabilidade de instaurar processo quando se estiver diante de *manifesta* causa de exclusão da ilicitude do fato; quando o fato narrado *evidentemente* não constituir delito ou estiver extinta a punibilidade por qualquer causa.

Ainda que eventual absolvição sumária seja tecnicamente mais interessante ao acusado, na hipótese de resolver o mérito da demanda (quando o fundamento da decisão afasta a possibilidade de reparação civil *ex delicto*, por exemplo), isso não justifica permitir a instauração e o andamento de processo criminal inviável, sabidamente custoso para todos os envolvidos.

Tanto isso é possível que o próprio Ministério Público poderá/deverá promover o arquivamento dos autos de inquérito quando se convencer, por exemplo, de que o investigado agiu em legítima defesa, ou se estiver extinta a punibilidade por qualquer causa.

Pressupostos processuais – ensinou Tornaghi – são os requisitos para que exista um processo válido.[30]

No dizer de Gimeno Sendra,[31] são requisitos prévios ao processo, sem cujo cumprimento não pode validamente instaurar-se, nem pode o juiz entrar no exame jurídico material da pretensão, é dizer, não pode satisfazer materialmente a pretensão.

Para a viabilidade do processo, não basta que estejam presentes as condições da ação. Também é preciso a confirmação de pressupostos processuais.

Fala-se, por aqui, em (1) *pressupostos de existência* e (2) *pressupostos de validade* da relação processual.

30. Hélio Tornaghi, *Instituições de processo penal*, Rio de Janeiro, Forense, 1959, v. 1, p. 320.

31. Vicente Gimeno Sendra, *Derecho procesal penal*, Navarra, Civitas, 2012, p. 159.

São ***pressupostos de existência***: denúncia ou queixa; juiz investido de jurisdição e partes (acusador e acusado). Em outras palavras: demanda judicial, jurisdição e partes.

A jurisdição é inerte e por isso não pode agir *ex officio* (*ne procedat iudex ex officio*). Para a instauração do processo, deve haver provocação por quem de direito, contra quem de direito, e perante o órgão jurisdicional.

Isso quer dizer que não é possível existir processo sem que sejam atendidos tais requisitos mínimos, o que é evidente.

Estabelecidas tais premissas, de forma objetiva, são ***pressupostos processuais de validade***: a competência do juízo; a ausência de suspeição, de litispendência, de coisa julgada e de ilegitimidade *ad processum*, conforme aponta o art. 95 do CPP.

A necessidade de processo perante juiz competente decorre do princípio do juiz natural.

A ausência de suspeição está atrelada ao princípio da imparcialidade do juiz.

A ausência de litispendência e de coisa julgada guarda vínculo com o princípio *ne bis in idem* (originalidade do processo).

Ausência de ilegitimidade *ad processum* significa dizer que a parte é capaz para estar em juízo em nome próprio, não precisando ser representada.

Nos precisos termos do art. 70 do CPC/2015: "Toda pessoa que se acha no exercício dos seus direitos tem capacidade para estar em juízo".

Ausente qualquer pressuposto de existência, *tecnicamente* não existirá *processo*.

Ausente pressuposto de validade, embora seja possível a instauração do processo, não haverá relação processual válida.

Fala-se em ***pressupostos negativos*** e ***pressupostos positivos***.

Sob tal enfoque, a necessidade de que haja provocação da parte constitui pressuposto positivo, ao passo que a ausência de litispendência ou coisa julgada traduz pressuposto negativo.

Nada obstante a redação do art. 95 invocado, Tourinho Filho adverte com o costumeiro acerto que "tudo quanto possa acarretar nulidade absoluta do processo é pressuposto de validade".[32]

4.1.1.1.2.1. Pressupostos e exceções processuais

Para a análise e compreensão deste tópico, é suficiente transcrever a lição de Tornaghi – que a esse respeito adverte: "De tudo quanto foi dito, verifica-se que as

32. Fernando da Costa Tourinho Filho, *Manual de processo penal*, 17. ed., São Paulo, Saraiva, 2017, p. 260.

chamadas exceções processuais (Código de Processo Penal, art. 95): suspeição, incompetência de juízo, litispendência, ilegitimidade de parte e coisa julgada, nada mais são do que pressupostos processuais vistos ao avesso. Tanto faz dizer que pode ser alegada a invalidez do processo se o juiz é suspeito, quanto afirmar que a insuspeição do juiz é requisito ou pressuposto de validez do processo. O mesmo é sustentar que o processo é nulo se a parte é ilegítima ou que a legitimidade é pressuposto de eficácia do processo. E assim por diante". Depois arremata: "Na verdade é que tais requisitos nada têm em comum com as verdadeiras exceções".[33]

4.1.1.1.3. Justa causa

Para ser viável a ação penal, além da regularidade da inicial acusatória, é preciso estar demonstrada a ocorrência do ilícito penal imputado, a autoria e a materialidade (sendo caso), razão pela qual deve estar acompanhada de elementos de convicção.

A imputação não pode afastar-se do conteúdo probatório que lhe serve de suporte.

Para comportar recebimento, a denúncia (e também a queixa) deve estar formalmente em ordem (arts. 41 e 395 do CPP) e substancialmente autorizada. Deve haver correlação entre os fatos apurados e a imputação.

Não havendo correlação entre o material probatório e a acusação, a petição inicial deverá ser rejeitada por falta de "justa causa".[34]

> A verificação acerca da narração de fato típico, antijurídico e culpável, da inexistência de causa de extinção da punibilidade e da presença das condições exigidas pela lei para o exercício da ação penal (aí incluída a justa causa), revela-se fundamental para o juízo de admissibilidade de deflagração da ação penal.[35]

Todavia, a verificação de prova cabal da acusação só se faz necessária para o deslinde do processo, quando da decisão final acerca da procedência ou não da imputação, no momento do julgamento de mérito da ação penal.[36]

Se a inicial atende aos requisitos do art. 41 e, portanto, ausentes as situações tratadas no art. 395, ambos do CPP; presentes as condições da ação e os pressupostos processuais, bem como "substrato fático-probatório suficiente para o início e desenvolvimento da ação penal de forma legítima",[37] não há falar em rejeição.

---

33. Hélio Tornaghi, *Instituições de processo penal*, Rio de Janeiro, Forense, 1959, v. 1, p. 320.

34. Impõe-se "(...) aferir a presença de justa causa para a ação penal, a qual consiste 'na exigência de suporte probatório mínimo a indicar a legitimidade da imputação e se traduz na existência, no inquérito policial ou nas peças de informação que instruem a denúncia, de elementos sérios e idôneos que demonstrem a materialidade do crime e de indícios razoáveis de autoria' (Inq 3.719, rel. Min. Dias Toffoli, 1ª T., *DJe* de 30-10-2014)" (STF, Inq 4.119/DF, 2ª T., rel. Min. Teori Zavascki, j. 15-12-2015, *DJe* n. 023, de 10-2-2016).

35. STF, Inq 1.926/DF, Tribunal Pleno, rel. Min. Ellen Gracie, j. 9-10-2008, *DJe* de 21-11-2008.

36. STJ, HC 159.295/RS, 5ª T., rel. Min. Marco Aurélio Bellizze, j. 13-3-2012, *DJe* de 29-3-2012.

37. STF, Inq 1.926/DF, Tribunal Pleno, rel. Min. Ellen Gracie, j. 9-10-2008, *DJe* de 21-11-2008.

Oportuno relembrar, nesse passo, que "o Ministério Público pode oferecer denúncia independentemente de investigação policial, desde que possua os elementos mínimos de convicção quanto à materialidade e aos indícios de autoria (art. 46, § 1º, do CPP)".[38]

Se faltar justa causa e ainda assim for instaurada, a ação penal poderá ser trancada via *habeas corpus*, mas "o trancamento de ação penal em *habeas corpus* impetrado com fundamento na ausência de justa causa é medida excepcional que, em princípio, não tem cabimento quando a denúncia ofertada narra adequadamente fatos que constituem o crime".[39]

A via expedita do remédio heroico só se faz adequada, ademais, "quando se demonstrar, à luz da evidência, a atipicidade da conduta, a extinção da punibilidade ou outras situações comprováveis de plano, suficientes ao prematuro encerramento da persecução penal".[40]

Importa acrescentar, por fim, que a jurisprudência do Supremo Tribunal Federal "entende prejudicada a alegação de falta de justa causa para o oferecimento da denúncia com a superveniência da sentença condenatória, assim como coberta pela preclusão a questão da inépcia da denúncia, quando aventada após a sentença penal condenatória,[41] entendimento que somente não se tem aplicado quando a sentença é proferida na pendência de *habeas corpus* já em curso".[42]

---

38. STF, RE 464.893/GO, 2ª T., rel. Min. Joaquim Barbosa, j. 20-5-2008, *DJe* de 1º-8-2008. "O Ministério Público pode dispensar o inquérito policial quando dispuser de elementos de convicção aptos a embasar uma denúncia" (STF, HC 86.755/RJ, 1ª T., rel. Min. Eros Grau, j. 8-11-2005, *DJe* de 2-12-2005). "O Código de Processo Penal permite o oferecimento da denúncia mesmo com elementos mínimos ou apenas esclarecimentos que possam identificar o denunciado" (STF, RHC 135.300/DF, 2ª T., rel. Min. Ricardo Lewandowski, j. 6-12-2016, *DJe* n. 267, de 16-12-2016).

39. STF, HC 96.608/PE, 1ª T., rel. Min. Dias Toffoli, j. 3-11-2009, *DJe* de 4-12-2009. "O trancamento da ação penal, em *habeas corpus*, constitui medida excepcional que só deve ser aplicada nos casos de manifesta atipicidade da conduta, de presença de causa de extinção da punibilidade do paciente ou de ausência de indícios mínimos de autoria e materialidade delitivas, o que não ocorre na situação sob exame" (STF, HC 110.321/DF, 2ª T., rel. Min. Ricardo Lewandowski, j. 8-5-2012, *DJe* n. 158, de 13-8-2012). "É pacífica a jurisprudência do Supremo Tribunal Federal quanto à excepcionalidade do trancamento de ação penal pela via processualmente contida do *habeas corpus*. Jurisprudência assentada na ideia-força de que o trancamento da ação penal é medida restrita a situações excepcionalíssimas. Precedentes: HCs 87.310, 91.005 e RHC 88.139, da minha relatoria; HC 87.293, da relatoria do ministro Eros Grau; HC 85.740, da relatoria do ministro Ricardo Lewandowski; e HC 85.134, da relatoria do ministro Marco Aurélio" (STF, HC 95.154/SP, 2ª T., rel. Min. Ayres Britto, j. 27-3-2012, *DJe* n. 180, de 13-9-2012). *No mesmo sentido*: STF, HC 123.019/ES, 2ª T., rel. Min. Teori Zavascki, j. 1º-3-2016, *DJe* n. 082, de 28-4-2016; STF, RHC 129.043/PR, 2ª T., rel. Min. Dias Toffoli, j. 4-10-2016, *DJe* n. 228, de 26-10-2016; STJ, RHC 93.732/RJ, 5ª T., rel. Min. Reynaldo Soares da Fonseca, j. 10-4-2018, *DJe* de 18-4-2018.

40. STJ, HC 159.295/RS, 5ª T., rel. Min. Marco Aurélio Bellizze, j. 13-3-2012, *DJe* de 29-3-2012.

41. STF, RHC 133.426/RJ, 2ª T., rel. Min. Cármen Lúcia, j. 29-3-2016, *DJe* n. 082, de 28-4-2016.

42. STF, HC 96.050/RS, 1ª T., rel. Min. Cármen Lúcia, j. 9-6-2009, *DJe* de 17-12-2010.

Em resumo:

I – A peça acusatória deve conter a exposição do fato delituoso em toda a sua essência e com todas as suas circunstâncias (HC 73.271/SP, 1ª T., rel. Min. Celso de Mello, *DJU* de 4-9-1996). Denúncias genéricas que não descrevem os fatos na sua devida conformação, não se coadunam com os postulados básicos do Estado de Direito (HC 86.000/PE, 2ª T., rel. Min. Gilmar Mendes, *DJU* de 2-2-2007). A inépcia da denúncia caracteriza situação configuradora de desrespeito estatal ao postulado do devido processo legal. II – A exordial acusatória, na hipótese, contudo, apresenta uma narrativa congruente dos fatos (HC 88.359/RJ, 2ª T., rel. Min. Cezar Peluso, *DJU* de 9-3-2007), de modo a permitir o pleno exercício da ampla defesa (HC 88.310/PA, 2ª T., rel. Min. Joaquim Barbosa, *DJU* de 6-11-2006), descrevendo conduta que, ao menos em tese, configura crime (HC 86.622/SP, 1ª T., rel. Min. Ricardo Lewandowski, *DJU* de 22-9-2006), ou seja, não é inepta a denúncia que atende aos ditames do art. 41 do Código de Processo Penal (HC 87.293/PE, 1ª T., rel. Min. Eros Grau, *DJU* de 3-3-2006). III – A denúncia deve vir acompanhada com o mínimo embasamento probatório, ou seja, com lastro probatório mínimo (HC 88.601/CE, 2ª T., rel. Min. Gilmar Mendes, *DJU* de 22-6-2007), apto a demonstrar, ainda que de modo indiciário, a efetiva realização do ilícito penal por parte do denunciado. Em outros termos, é imperiosa existência de um suporte legitimador que revele, de modo satisfatório e consistente, a materialidade do fato delituoso e a existência de indícios suficientes de autoria do crime, a respaldar a acusação, de modo a tornar esta plausível. Não se revela admissível a imputação penal destituída de base empírica idônea (Inq 1.978/PR, Tribunal Pleno, rel. Min. Celso de Mello, *DJU* de 17-8-2007), o que implica a ausência de justa causa a autorizar a instauração da *persecutio criminis in iudicio*. IV – O trancamento da ação penal por meio do *habeas corpus* se situa no campo da excepcionalidade (HC 901.320/MG, 1ª T., rel. Min. Marco Aurélio, *DJU* de 25-5-2007), sendo medida que somente deve ser adotada quando houver comprovação, de plano, da atipicidade da conduta, da incidência de causa de extinção da punibilidade ou da ausência de indícios de autoria ou de prova sobre a materialidade do delito (HC 87.324/SP, 1ª T., rel. Min. Cármen Lúcia, *DJU* de 18-5-2007). Ainda, a liquidez dos fatos constitui requisito inafastável na apreciação da justa causa (HC 91.634/GO, 2ª T., rel. Min. Celso de Mello, *DJU* de 5-10-2007), pois o exame de provas é inadmissível no espectro processual do *habeas corpus*, ação constitucional que pressupõe para seu manejo uma ilegalidade ou abuso de poder tão flagrante que pode ser demonstrada de plano (RHC 88.139/MG, 1ª T., rel. Min. Carlos Britto, *DJU* de 17-11-2006). Na hipótese, há, com os dados existentes até aqui, o mínimo de elementos que autorizam o prosseguimento da ação penal. V – Tratando-se de denúncia que, amparada nos elementos que sobressaem do inquérito policial, expõe fatos teoricamente constitutivos de delito, imperioso o prosseguimento do processo-crime (RHC 87.935/RJ, 1ª T., rel. Min. Carlos Britto, *DJU* de 1º-6-2007). Recurso desprovido (STJ, RHC 25.543/SP, 5ª T., rel. Min. Felix Fischer, j. 7-5-2009, *DJe* de 3-8-2009).

4.1.1.1.4. Recurso contra a decisão de rejeição

A decisão que rejeitar denúncia ou queixa deve ser atacada, em regra, com recurso em sentido estrito, conforme decorre do disposto no art. 581, I, do CPP.

Nos casos de competência originária dos tribunais superiores, o recurso adequado é o agravo, nos termos do art. 39 da Lei n. 8.038/90 (institui normas procedimentais para os processos que especifica, perante o Superior Tribunal de Justiça e o Supremo Tribunal Federal).

Conforme dispõe a Súmula 709 do STF: "Salvo quando nula a decisão de primeiro grau, o acórdão que provê o recurso contra a rejeição da denúncia vale, desde logo, pelo recebimento dela".

4.1.1.2. Suspensão condicional do processo

De início cabe anotar, com apoio na doutrina de Rômulo Moreira, que: "A suspensão não sofre mácula de inconstitucionalidade, não ferindo o princípio da presunção de inocência, mesmo porque o réu não é considerado culpado, nem cumpre uma sanção de natureza penal, mas determinadas condições estabelecidas pela própria Lei (art. 89, § 1º, I, II, III e IV – condições legais) ou pelo Juiz de Direito, quando mais adequadas ao fato e à situação pessoal do acusado (§ 2º – condições judiciais)".[43]

Já decidiu o Pleno do Supremo Tribunal Federal que:

> O instituto da suspensão condicional do processo constitui importante medida despenalizadora, estabelecida por motivos de política criminal, com o objetivo de possibilitar, em casos previamente especificados, que o processo nem chegue a se iniciar.[44]

Qualquer que seja o procedimento a ser observado, nos crimes em que a pena *mínima cominada* for igual ou inferior a um ano, o Ministério Público, ao oferecer a denúncia, *deverá* propor a suspensão condicional do processo, por dois a quatro anos, desde que o acusado não esteja sendo processado ou não tenha sido condenado por outro crime, presentes os demais requisitos que autorizariam a suspensão condicional da pena, listados no art. 77 do Código Penal, a saber: que o réu não seja reincidente em crime doloso e a culpabilidade, os antecedentes, a conduta social e a personalidade do agente, bem como os motivos e as circunstâncias, autorizarem a concessão do benefício. É o que se extrai do art. 89, *caput*, da Lei n. 9.099/95 (Juizados Especiais Criminais).

Muito embora o art. 89 se refira apenas ao Ministério Público, predomina na doutrina e na jurisprudência o entendimento segundo o qual é cabível o instituto despenalizador também em relação aos crimes de ação penal privada, por força de analogia *in bonam partem* autorizada no art. 3º do CPP.

---

43. Rômulo de Andrade Moreira, *Juizados especiais criminais*: o procedimento sumaríssimo, 2. ed., Porto Alegre, Lex Magister, 2012, p. 113.

44. STF, AP 512 AgR/BA, Tribunal Pleno, rel. Min. Ayres Britto, j. 15-3-2012, *DJe* n. 77, de 20-4-2012.

O STJ e o STF já decidiram a respeito, conforme segue:

> A Lei n. 9.099/95, desde que obedecidos os requisitos autorizadores, permite a suspensão condicional do processo, inclusive nas ações penais de iniciativa exclusivamente privada, sendo que a legitimidade para o oferecimento da proposta é do querelante (Precedentes desta Corte e do Pretório Excelso).[45]

> Suspensão condicional do processo instaurado mediante ação penal privada: acertada, no caso, a admissibilidade, em tese, da suspensão, a legitimação para propô-la ou nela assentir é do querelante, não, do Ministério Público.[46]

Se, apesar de cabível, a proposta não for oferecida pelo Ministério Público, restará ao juiz, por analogia, determinar a remessa dos autos ao Procurador-Geral para reapreciação da matéria.

A propósito desse tema, diz a Súmula 696 do STF que: "Reunidos os pressupostos legais permissivos da suspensão condicional do processo, mas se recusando o Promotor de Justiça a propô-la, o juiz, dissentindo, remeterá a questão ao Procurador-Geral, aplicando-se por analogia o art. 28 do Código de Processo Penal".

Mesmo depois das alterações introduzidas no art. 28 do CPP pela Lei n. 13.964/2019, ainda é possível a aplicação da regra, por analogia, visto que em sua atual redação regula o controle da atividade ministerial por instância recursal, e, sendo o Procurador-Geral de Justiça o chefe do Ministério Público estadual, é correto que a ele se remeta a questão em dissenso.

Por outro vértice, não há como suprir validamente eventual recusa injustificada do querelante em propor a suspensão condicional, por falta de disposição expressa e alternativa jurídica viável. Por certo não é caso de se permitir proposta feita por Promotor de Justiça, tampouco aplicar a Súmula 696. De igual modo, não poderá o juiz ultrapassar os limites de sua atuação no processo de modelo acusatório e formular proposta.[47]

Quanto à possibilidade de suspensão condicional do processo em face de concurso de crimes, cabe lembrar a vigência das Súmulas 723 do STF ("Não se admite a suspensão condicional do processo por crime continuado, se a soma da pena mínima da infração mais grave com o aumento mínimo de um sexto for superior a um ano") e 243 do STJ ("O benefício da suspensão do processo não é aplicável em relação às infrações penais cometidas em concurso material, concurso formal ou continuidade delitiva, quando a pena mínima cominada, seja pelo somatório, seja pela incidência da majorante, ultrapassar o limite de um ano").

---

45. STJ, Apn 390/DF, Corte Especial, rel. Min. Felix Fischer, j. 6-3-2006, DJ de 10-4-2006, p. 106.

46. STF, HC 81.720/SP, 1ª T., rel. Min. Sepúlveda Pertence, j. 26-3-2002, *DJ* de 19-4-2002, p. 49.

47. Em sentido contrário, por entender que o juiz pode formular a proposta: Fernando da Costa Tourinho Filho, *Manual de processo penal*, 17. ed., São Paulo, Saraiva, 2017, p. 745.

A teor do disposto na Súmula 337 do STJ: "É cabível a suspensão condicional do processo na desclassificação do crime e na procedência parcial da pretensão punitiva".

Em homenagem ao *princípio da presunção de inocência*, oferecida a proposta, na sistemática procedimental vigente, o correto é primeiro o juiz decidir sobre eventual rejeição da inicial acusatória e, não sendo caso de colocar fim desde logo à pretensão do Estado-acusador, receber a denúncia, designar audiência específica para a formalização da proposta, determinar a *citação* do acusado para responder à acusação, por escrito (CPP, *caput* do art. 396).

O Pleno do Supremo Tribunal Federal já se pronunciou sobre o direito do acusado de aguardar eventual rejeição da inicial, nos seguintes termos:

> Diante da formulação de proposta de suspensão condicional do processo pelo Ministério Público, o denunciado tem o direito de aguardar a fase de recebimento da denúncia, para declarar se a aceita ou não. A suspensão condicional do processo, embora traga ínsita a ideia de benefício ao denunciado, que se vê afastado da ação penal mediante o cumprimento de certas condições, não deixa de representar constrangimento, caracterizado pela necessidade de submeter-se a condições que, viesse a ser exonerado da acusação, não lhe seriam impostas. Diante da apresentação da acusação pelo *Parquet*, a interpretação legal que melhor se coaduna com o princípio da presunção de inocência e a garantia da ampla defesa é a que permite ao denunciado decidir se aceita a proposta após o eventual decreto de recebimento da denúncia e do consequente reconhecimento, pelo Poder Judiciário, da aptidão da peça acusatória e da existência de justa causa para a ação penal. Questão de ordem que se resolve no sentido de permitir a manifestação dos denunciados, quanto à proposta de suspensão condicional do processo, após o eventual recebimento da denúncia.[48]

Mas é preciso ir além, de maneira que só depois de verificada a absoluta viabilidade da ação penal – o que pressupõe prévia análise judicial a respeito das *causas de rejeição da inicial* e de *absolvição sumária* – é que o juiz deverá formalizar a proposta em audiência.

Contraria o processo guiado por regras democráticas admitir que o juiz possa formalizá-la sem antes decidir a respeito das graves prejudiciais apontadas no art. 397 do CPP, especialmente quando *manifestas* ou *evidentes*.[49]

A opção contrária levaria ao extremo de se admitir a suspensão do processo, por exemplo, quando evidente a incidência de causa de extinção da punibilidade.

---

48. STF, Pet. 3.898/DF, Tribunal Pleno, rel. Min. Gilmar Mendes, j. 27-8-2009, *DJe* 237, de 18-12-2009.

49. Em sentido contrário, entende Fernando Capez que: "(...) primeiramente, deverá ser realizada a audiência para a aceitação ou não do benefício do *sursis* processual e, caso este não seja aceito, será oferecida a defesa escrita para a discussão do mérito da ação. Isto porque a suspensão condicional do processo antecede qualquer análise do mérito, constituindo verdadeira transação processual, de forma a suspender a ação penal" (*Curso de processo penal*, 24. ed., São Paulo, Saraiva, 2017, p. 566).

A proposta, como ato de disposição do acusador, é sempre unilateral; contudo, para surtir efeito, deve ser aceita, e sob tal enfoque passa a ser bilateral.

Ela deve ser aceita pelo acusado *e* por seu Defensor. Havendo dissenso entre eles quanto à aceitação, a rigor deveria prevalecer a opção técnica, feita pelo Defensor, que detém melhores condições de avaliar o quadro processual, mas o § 7º do art. 89 diz que, se *o acusado* não aceitar a proposta, o processo prosseguirá. Em face disso, de nada adianta a aceitação isolada manifestada pelo Defensor.[50]

Aceita a proposta, o processo ficará suspenso pelo prazo fixado, e, não ocorrendo descumprimento injustificado das condições acordadas,[51] ao final o juiz declarará extinta a punibilidade do agente (§ 5º do art. 89).

4.1.1.3. Recebimento da denúncia ou queixa

Estando em ordem a denúncia[52] (e também a queixa), deverá o juiz recebê-la.

Com o despacho de recebimento se instaura o processo, que então se desenvolverá conforme os rituais do procedimento incidente na espécie. Denomina-se *juízo de prelibação* esse momento proeminente,[53] em que o juiz deve analisar a existência dos pressupostos mínimos, autorizadores da instauração da ação penal.

A decisão de recebimento deve ser motivada (CF, art. 93, IX),[54] muito embora não exija profunda fundamentação, tendo em vista o momento processual em que incide.

---

50. *No mesmo sentido:* Rômulo de Andrade Moreira, *Juizados especiais criminais*: o procedimento sumaríssimo, 2. ed., Porto Alegre, Lex Magister, 2012, p. 137; Ada Pellegrini Grinover, Antonio Magalhães Gomes Filho, Antonio Scarance Fernandes e Luiz Flávio Gomes, *Juizados especiais criminais*, 5. ed., São Paulo, Revista dos Tribunais, p. 330.

51. "A jurisprudência desta Casa de Justiça é firme no sentido de que o benefício da suspensão condicional do processo pode ser revogado mesmo após o período de prova, desde que motivado por fatos ocorridos até o seu término. A melhor interpretação do art. 89, § 4º, da Lei 9.099/95 leva à conclusão de que não há óbice a que o juiz decida após o final do período de prova (cf. HC 84.593/SP, 1ª T., da minha relatoria, *DJ* 3-12-2004). Precedentes de ambas as Turmas" (STF, AP 512 AgR/BA, Tribunal Pleno, rel. Min. Ayres Britto, j. 15-3-2012, *DJe* n. 77, de 20-4-2012).

52. "Atendidos os preceitos dos arts. 41 e 395 do Código de Processo Penal, cumpre receber a denúncia, viabilizando-se a atuação do Ministério Público em prol da sociedade" (STF, Inq 3.198/RJ, Tribunal Pleno, rel. Min. Marco Aurélio, j. 14-6-2012, *DJe* n. 164, de 21-8-2012).

53. "A decisão que recebe a denúncia possui natureza interlocutória e emite juízo de mera prelibação" (STJ, AgRg no HC 349.397/SC, 5ª T., rel. Min. Joel Ilan Paciornik, j. 25-10-2016, *DJe* de 9-11-2016).

54. "A alteração criou para o magistrado a faculdade, em observância ao princípio da duração razoável do processo e do devido processo legal, de absolver sumariamente o acusado ao vislumbrar hipótese de evidente atipicidade da conduta, a ocorrência de causas excludentes da ilicitude ou culpabilidade, ou ainda a extinção da punibilidade, situação em que deverá, por imposição do art. 93, IX, da Constituição Federal, motivadamente fazê-lo, como assim deve ser feito, em regra, em todas as suas decisões. Esta Corte Superior de Justiça firmou o entendimento de que a motivação acerca das teses defensivas apresentadas por ocasião da resposta escrita deve ser sucinta, limitando-se à admissibilidade da acusação formulada pelo órgão ministerial, evitando-se, assim, o pré-julgamento da demanda. Precedentes" (STJ, HC 244.883/RJ, 5ª T., rel. Min. Jorge Mussi, j. 20-11-2012, *DJe* de 3-12-2012).

Observado que fundamentação sucinta não é o mesmo que ausência de fundamentação, conforme tem decidido o STF,[55] a decisão deve tratar, ao menos, da presença dos requisitos mínimos de admissibilidade da ação penal, expondo adequada análise da existência de *justa causa* para a instauração do processo, pois, como bem observou Fenech, "la imputación formal de un delito coloca al imputado en un *status* de sospecha, cuyos efectos metaprocesales pueden serle extremamente perjudiciales".[56]

No Supremo Tribunal Federal[57] prevalece o entendimento no sentido de que basta a análise dos requisitos positivos e negativos[58] dispostos, respectivamente, nos arts. 41 e 395 do CPP.

Nesse sentido:

> O exame prefacial da denúncia é restrito às balizas dos arts. 41 e 395 do Código de Processo Penal. É falar: a admissibilidade da acusação se afere quando satisfeitos os requisitos do art. 41, sem que ela, denúncia, incorra nas impropriedades do art. 395 do Código de Processo Penal.[59]
>
> Para o recebimento da denúncia, a análise restringe-se a analisar a existência de indícios suficientes da materialidade e da autoria do delito imputado aos denunciados.[60]
>
> O ato judicial que formaliza o recebimento da denúncia oferecida pelo Ministério Público não se qualifica nem se equipara, para os fins a que se refere o art. 93, IX, da Constituição, a ato de caráter decisório. O juízo positivo de admissibilidade da acusação penal, ainda que desejável e conveniente a sua motivação, não reclama, contudo, fundamentação.[61]

Parte da doutrina sustenta que o efetivo recebimento da inicial acusatória deve ocorrer já por ocasião do art. 396, *caput*,[62] enquanto parte entende que o vocábulo

---

55. "A fundamentação sucinta não se confunde com a ausência de motivação do ato (HC 105.349-AGR/SP, rel. Min. Ayres Britto, 2ª T., *DJ* de 17-2-2011; HC 98.504/MG, rel. Min. Cármen Lúcia, 1ª T., *DJ* de 12-2-2010; HC 98.673/SP, rel. Min. Ellen Gracie, 2ª T., *DJ* de 29-10-2009)" (STF, HC 111.127/DF, 1ª T., rel. Min. Luiz Fux, j. 9-4-2013, *DJe* n. 87, de 10-5-2013).

56. Miguel Fenech, *Derecho procesal penal*, 3. ed., Barcelona, Editorial Labor, 1960, v. I, p. 299.

57. "De acordo com o entendimento jurisprudencial sedimentado nesta Corte de Justiça e no Supremo Tribunal Federal, o ato judicial que recebe a denúncia, ou seja, aquele a que se faz referência no art. 396 do CPP, por não possuir conteúdo decisório, prescinde da motivação elencada no art. 93, IX, da Constituição da República" (STJ, AgRg no Ag 1.163.796/SP, 6ª T., rel. Min. Og Fernandes, j. 25-6-2013, *DJe* de 5-8-2013).

58. "O art. 41 indica um necessário conteúdo positivo para a denúncia, pois ela, denúncia, deve conter a exposição do fato criminoso, com todas as suas circunstâncias, a qualificação do acusado ou esclarecimentos pelos quais se possa identificá-lo, a classificação do crime e, quando necessário, o rol das testemunhas. Isso para que a garantia constitucional do contraditório se estabeleça nos devidos termos. Já o art. 395, este impõe à peça de acusação um conteúdo negativo. Se no primeiro (art. 41) há uma obrigação de fazer por parte do Ministério Público, no segundo (art. 395) há uma obrigação de não fazer; ou seja, a denúncia não pode incorrer nas impropriedades indicadas no mencionado art. 395 do CPP" (STF, HC 104.420/BA, 2ª T., rel. Min. Ayres Britto, j. 10-4-2012, *DJe* n. 84, de 2-5-2012).

59. STF, Inq 2.646/RN, Tribunal Pleno, rel. Min. Ayres Britto, j. 25-2-2010, *DJe* n. 81, de 7-5-2010.

60. STF, Inq 1.990/RO, Tribunal Pleno, rel. Min. Cármen Lúcia, j. 11-11-2010, *DJe* 34, de 21-2-2011.

61. STF, HC 93.056/PE, 2ª T., rel. Min. Celso de Mello, j. 16-12-2008, *DJe* de 15-5-2009.

62. Nesse sentido: Eugênio Pacelli de Oliveira, *Curso de processo penal*, 21. ed., São Paulo,

"recebê-la-á", contido no art. 396, *caput*, indica apenas a ausência de rejeição (art. 395) e não diz mais que um mero juízo preliminar de admissibilidade, sem representar efetivo recebimento da denúncia ou queixa, que só ocorrerá após a apresentação da resposta escrita (art. 396-A), caso não se verifique rejeição ou absolvição sumária (art. 397), isso por força do vocábulo "recebida", contido no art. 399 do mesmo *Codex*.[63]

Há ainda quem sustente a existência de dois despachos de recebimento, sendo um no momento do art. 396, *caput*, e outro por ocasião do art. 399, *caput*, o que, com todo respeito, afigura-se-nos verdadeiro absurdo. Só um *juiz juridicamente inseguro* concordaria em assim proceder.

Segundo nosso entendimento, o efetivo recebimento da peça acusatória deve ocorrer por ocasião do art. 396, *caput*, do CPP,[64] para que em seguida possa ser completada a formação do processo com a citação do acusado e regular triangulação, como manda o art. 363, e para que se possa falar verdadeiramente em absolvição sumária, a ensejo do art. 397.

A técnica jurídica está explícita. A lei fala em *rejeição* da denúncia ou queixa e *absolvição* sumária, tendo entre os dois extremos o *recebimento* e a *citação*. *Rejeição*, como é óbvio, antes e ao invés do recebimento da inicial acusatória. *Absolvição sumária*, como também é reluzente, após a efetiva instauração da ação penal, pressupondo recebimento formal da acusação e citação; estando completa a formação do processo, como diz o art. 363 do CPP.

No mesmo sentido, após desvendar a celeuma legislativa em relação ao tema tratado, conclui Aury Lopes Jr. que "o recebimento da denúncia é imediato e ocorre nos termos do art. 396. Esse é o marco interruptivo da prescrição e demarca o início do processo, que se completa com a citação válida do réu (art. 363)".[65]

Atlas, 2017, p. 694; Jayme Walmer de Freitas, *Pinceladas à reforma do CPP.* O art. 394 do CPP em face dos ritos especiais, na Lei n. 11.719/2008. Disponível em: <http://www.jus2.uol.com.br>; Luiz Flávio Gomes, Rogério Sanches Cunha e Ronaldo Batista Pinto, *Comentários às reformas do Código de Processo Penal e da lei de trânsito*, São Paulo, Revista dos Tribunais, 2008, p. 338; Rômulo de Andrade Moreira, A reforma do Código de Processo Penal – procedimentos, *Revista Jurídica*, n. 370, p. 117.

63. Nesse sentido: Antonio Scarance Fernandes e Mariângela Lopes, O recebimento da denúncia no novo procedimento, *Boletim IBCCrim* n. 190, setembro de 2008, p. 2; Cezar Roberto Bitencourt e Jose Fernando Gonzales, O recebimento da denúncia segundo a Lei n. 11.719/2008. Disponível em: <http://www.conjur.com.br>; Geraldo Prado, Sobre procedimentos e antinomias, *Boletim IBCCrim* n. 190, setembro de 2008, p. 5.

64. Nesse sentido: "É entendimento consolidado nesta Corte Superior que 'após a reforma legislativa operada pela Lei n. 11.719/2008, o momento do recebimento da denúncia se dá, nos termos do art. 396 do Código de Processo Penal, após o oferecimento da acusação e antes da apresentação de resposta à acusação, seguindo-se o juízo de absolvição sumária do acusado, tal como disposto no art. 397 do aludido diploma legal' (RHC 92.866/SP, rel. Min. Jorge Mussi, 5ª T., j. 22-3-2018, *DJe* de 2-4-2018). Assim, não se pode confundir a decisão que recebeu a denúncia (art. 396 do Código de Processo Penal) com aquela que rejeitou o pedido de absolvição sumária (art. 397 do mesmo diploma legal)" (STJ, RHC 86.857/SP, 5ª T., rel. Min. Reynaldo Soares da Fonseca, j. 12-6-2018, *DJe* de 20-6-2018).

65. *Direito processual penal*, 11. ed., São Paulo, Saraiva, 2014, p. 954.

Cumpre observar, por fim, que não há previsão expressa de *recurso* contra decisão de recebimento da inicial acusatória; todavia, é inegável que, se tal decisão acarretar *constrangimento ilegal*, poderá ser discutida em sede de *habeas corpus*, mas o trancamento de ação penal é medida excepcional, só admitida diante de manifesta ilegalidade, conforme entendimento sedimentado no Supremo Tribunal Federal.

Nesse sentido:

> É pacífica a jurisprudência do Supremo Tribunal Federal quanto à excepcionalidade do trancamento de ação penal pela via processualmente contida do *habeas corpus*. Jurisprudência assentada na ideia-força de que o trancamento da ação penal é medida restrita a situações excepcionalíssimas. Precedentes: HCs 87.310, 91.005 e RHC 88.139, da minha relatoria; HC 87.293, da relatoria do Min. Eros Grau; HC 85.740, da relatoria do Min. Ricardo Lewandowski; e HC 85.134, da relatoria do Min. Marco Aurélio.[66]

> O trancamento da ação penal, em *habeas corpus*, constitui medida excepcional que só deve ser aplicada nos casos de manifesta atipicidade da conduta, de presença de causa de extinção da punibilidade do paciente ou de ausência de indícios mínimos de autoria e materialidade delitivas.[67]

4.1.1.3.1. Desclassificação da conduta por ocasião do despacho de recebimento

Pode o juiz, no despacho de recebimento da inicial acusatória, desclassificar a conduta imputada?

Em regra, não.[68]

A oportunidade para tal desclassificação, sendo caso, é por ocasião da sentença, depois de encerrada a instrução.

Doutrina e jurisprudência são unânimes quanto a tal realidade jurídica, que, nesses termos, é irrecusável.

Tal regra, entretanto, atende à generalidade dos casos, mas não a todos, e pressupõe a existência de inicial acusatória ofertada com base em prova produzida no inquérito ou autorizada no teor dos documentos que servirem de base à formação da *opinio delicti*.

A instauração de ação penal, por si só, é suficiente para gerar depreciação moral, para acarretar baixa no conceito social do acusado, para causar repercussões negativas em seu ambiente de trabalho e danos na harmonia familiar, além de queda na autoestima e outros dramas psicológicos.

Diante de tais repercussões, que são graves, se houver descompasso entre a prova apresentada com a denúncia ou queixa e a conclusão do autor da ação penal

66. STF, HC 98.770/PE, 1ª T., rel. Min. Ayres Britto, j. 2-3-2010, *DJe* 62, de 9-4-2010.
67. STF, RHC 135.300/DF, 2ª T., rel. Min. Ricardo Lewandowski, j. 6-12-2016, *DJe* 267, de 16-12-2016.
68. STF, Inq 4.146/DF, Tribunal Pleno, rel. Min. Teori Zavascki, j. 22-6-2016, *DJe* n. 212, de 5-10-2016.

exposta no requisitório inicial, a intervenção judicial visando a ajustar os limites da acusação, já no primeiro momento, será de rigor.

Conforme anotamos anteriormente, a imputação não pode se afastar do conteúdo probatório que lhe serve de suporte, e, para ser viável e comportar recebimento, a denúncia (e também a queixa) deve estar formalmente em ordem (arts. 41 e 395 do CPP) e substancialmente autorizada. Deve haver correlação entre os fatos apurados e a imputação, não sendo razoável imaginar que ao juiz caberia apenas o papel de fiscalizador dos aspectos formais do pedido de instauração da ação penal.

Recomendada a rejeição total da denúncia ou queixa quando faltar "justa causa" para a ação penal, também deverá ocorrer rejeição parcial da acusação inicial quando evidente o descompasso entre a prova apresentada e a adequação jurídica procedida pelo acusador.

> O oferecimento da denúncia pelo Ministério Público submete-se, após a sua formalização, a estrito controle jurisdicional. Essa atividade processual do Poder Judiciário, exercida liminarmente no âmbito do Processo Penal condenatório, objetiva, em essência, a própria tutela da intangibilidade do *status libertatis* do imputado.[69]

> O juiz não está absolutamente impedido de fazer, no recebimento da denúncia, exame superficial de imputação. Se verificado abuso completo do poder de denunciar ou "excesso de capitulação", poderá proferir a rejeição total da peça acusatória ou proceder alguma correção.[70]

O processo não tem espaço para criações intelectuais que acarretem excesso acusatório.

O poder de acusar não é ilimitado, e bem por isso deve sofrer restrições jurídicas quando as restrições do bom senso e do bom uso não tiverem sido suficientes.

Por tais razões já se decidiu, acertadamente, que "para a instauração da ação penal é necessário que haja um lastro probatório mínimo que prove a materialidade delitiva e delineie os indícios de autoria".[71]

4.1.1.4. Citação e resposta escrita

Não sendo caso de rejeição liminar da acusação, no despacho de recebimento o juiz deverá ordenar a citação do acusado para responder à acusação, por escrito, no prazo de 10 (dez) dias.

---

69. STF, RHC 68.926/MG, 1ª T., rel. Min. Celso de Mello, j. 10-12-1991, *DJU* de 28-8-1992, p. 13.453, *RTJ* 142/582.

70. STJ, RHC 12.627/RJ, 5ª T., rel. Min. Félix Fischer, j. 17-8-2000, *DJ* de 9-10-2000, p. 166, *RT* 787/564.

71. TJMG, Proc. 1.0079.03.063048-1/001(1), 3ª Câm. Crim., rel. Des. Jane Silva, j. 15-3-2005, *Boletim do Instituto de Ciências Penais*, n. 57, jurisprudência, p. 223. *No mesmo sentido*: STJ, HC 41.486/SP, 5ª T., rel. Min. Arnaldo Esteves Lima, j. 17-5-2005.

No caso de citação por edital, o prazo para a resposta escrita começará a fluir a partir do comparecimento pessoal do acusado *ou* do defensor constituído, não sendo demais lembrar que a citação por edital tem implicações que estão dispostas no art. 366 do CPP, quando o acusado optar pela revelia e deixar de constituir defensor.

Na resposta, o acusado poderá arguir preliminares e alegar tudo o que interesse à sua defesa,[72] oferecer documentos e justificações, especificar as provas pretendidas e arrolar testemunhas, qualificando-as e requerendo sua intimação, quando necessário (CPP, art. 396-A).[73]

É obrigatória a apresentação de resposta escrita, tanto que se não for apresentada no prazo legal, ou se o acusado, citado, não constituir defensor, o juiz nomeará defensor para oferecê-la, concedendo-lhe vista dos autos por 10 (dez) dias.

Eventual exceção, quando arguida, será processada em apartado, nos termos dos arts. 95 a 112 do CPP.

No procedimento comum ordinário, é permitido a cada parte arrolar até o máximo de 8 (oito) testemunhas (CPP, *caput* do art. 401).

Apresentada a resposta, ainda que acompanhada de documentos, não é correto abrir vista dos autos ao Ministério Público para manifestação,[74] visto que a Defesa

---

72. "A arguição de inépcia da denúncia está coberta pela preclusão quando, como na espécie, aventada após a sentença penal condenatória" (STF, RHC 133.426/RJ, 2ª T., rel. Min. Cármen Lúcia, j. 29-3-2016, *DJe* n. 082, de 28-4-2016). "A jurisprudência deste Superior Tribunal de Justiça há muito se consolidou no sentido de que, após a prolação da sentença condenatória, torna-se preclusa a análise acerca da inépcia da denúncia" (STJ, AgRg no REsp 1.613.927/RS, 6ª T., rel. Min. Maria Thereza de Assis Moura, j. 20-9-2016, *DJe* de 30-9-2016). Nesta mesma linha de orientação: STJ, HC 190.095/AC, 5ª T., rel. Min. Laurita Vaz, j. 11-6-2013, *DJe* de 26-6-2013; STJ, HC 195.804/RJ, 6ª T., rel. Min. Nefi Cordeiro, j. 4-9-2014, *DJe* de 17-9-2014.

73. "A defesa prévia serve para o réu esboçar sua defesa, arrolar testemunhas e requerer as diligências que julgar necessárias, sob pena de preclusão. Nessa fase, o requerimento de diligências é ato de discricionariedade das partes (CPP, art. 399). Não cabe ao juiz exigir que a defesa demonstre sua necessidade" (STF, HC 80.159/RJ, 2ª T., rel. Min. Nelson Jobim, j. 15-8-2000, *DJe* de 13-10-2000, p. 10).

74. Em sentido contrário: "Apresentada defesa prévia em que são articuladas, até mesmo, preliminares, é cabível a audição do Estado-acusador, para haver definição quanto à sequência, ou não, da ação penal" (STF, HC 105.739/RJ, 1ª T., rel. Min. Marco Aurélio, j. 7-2-2012, *DJe* n. 041, de 28-2-2012). "Conquanto não encontre previsão legal, a manifestação do Ministério Público acerca do conteúdo da resposta à acusação não implica a nulidade do processo, caracterizando mera irregularidade. Precedentes do STJ e do STF" (STJ, RHC 73.917/MG, 5ª T., rel. Min. Jorge Mussi, j. 17-11-2016, *DJe* de 23-11-2016). "Segundo entendimento assente nesta Corte, das duas Turmas de Direito Penal, não é causa de nulidade a manifestação do Ministério Público após a resposta à acusação" (STJ, RHC 84.008/PR, 6ª T., rel. Min. Maria Thereza de Assis Moura, j. 3-10-2017, *DJe* de 9-10-2017). Nessa mesma linha de pensamento: STJ, RHC 56.882/MS, 5ª T., rel. Min. Reynaldo Soares da Fonseca, j. 2-8-2016, *DJe* de 10-8-2016; STJ, EDcl no RHC 53.118/SP, 5ª T., rel. Min. Ribeiro Dantas, j. 10-10-2017, *DJe* de 18-10-2017; STJ, AgInt no AREsp 1.195.419/SP, 5ª T., rel. Min. Felix Fischer, j. 12-6-2018, *DJe* de 20-6-2018; STJ, RHC 44.969/SP, 6ª T., rel. Min. Nefi Cordeiro, j. 9-8-2016, *DJe* de 23-8-2016; STJ, AgInt no RHC 54.714/SP, 6ª T., rel. Min. Antonio Saldanha Palheiro, j. 26-9-2017, *DJe* de 9-10-2017.

deve sempre falar por último, especialmente antes da sentença. Cabe ao juiz, portanto, analisar se é caso, ou não, de absolvição sumária e decidir conforme seu convencimento.[75]

Não se aplica analogicamente, na hipótese, o disposto no art. 409 do CPP, que incide nos procedimentos relativos ao Tribunal do Júri[76] e determina a abertura de vista ao autor da ação penal para que se manifeste em 5 (cinco) dias *sobre eventuais preliminares arguidas e documentos juntados.*

4.1.1.5. Absolvição sumária

Cumpridas as formalidades do art. 396-A, o juiz deverá proceder cuidadosa análise aos termos da resposta escrita, momento em que poderá *julgar antecipadamente a lide* e *absolver sumariamente o acusado* com fundamento em uma das situações do art. 397 do CPP, quando verificar:

> I – a existência manifesta de causa excludente da ilicitude do fato;
>
> II – a existência manifesta de causa excludente da culpabilidade do agente, salvo inimputabilidade;
>
> III – que o fato narrado evidentemente não constitui crime; ou
>
> IV – extinta a punibilidade do agente.

Conforme nosso entendimento já exposto, as causas apontadas nos incisos I, III e IV do art. 397 como fundamento de *absolvição sumária* devem ser utilizadas para a *rejeição* da inicial acusatória no momento do art. 396, *caput*, quando desde logo evidenciadas, visto que em última análise representam ausência de *interesse jurídico* para a demanda, a revelar, portanto, falta de condição da ação.

As ***causas de exclusão da ilicitude*** estão listadas no art. 23 do CP, a saber: estado de necessidade, legítima defesa, estrito cumprimento de dever legal e exercício regular de direito.

Com efeito, parece inimaginável a existência *manifesta* de causa de exclusão da ilicitude que não seja possível aferir já por ocasião do despacho de recebimento, com base no conteúdo do inquérito ou documentos que servirem de base para a denúncia ou queixa, de modo a ensejar a *rejeição* desta.

---

75. "Nos procedimentos em que o legislador exigiu defesa preliminar, é evidente a necessidade de motivação da decisão que recebe a denúncia, eis que, nesse tipo específico de procedimento, faculta-se à parte a manifestação pretérita ao ato decisório que deflagra a ação penal, podendo ela, inclusive, ofertar provas, tudo em homenagem ao princípio constitucional do contraditório. A ausência de análise das preliminares suscitadas pelo denunciado em defesa preliminar constitui vício que macula o procedimento e requer a declaração de sua nulidade como forma de cessar o constrangimento" (STJ, HC 89.765/SP, 6ª T., rel. Min. Jane Silva, j. 26-2-2008, *DJe* de 24-3-2008).

76. Em sentido contrário: Nestor Távora e Rosmar Rodrigues Alencar, *Curso de direito processual penal*, p. 780.

Pior ainda, soará mais estranho se o inquérito não tiver apurado algo de tal envergadura, revelado apenas em sede de resposta escrita, sabidamente de contornos mais reduzidos.

Note-se que a lei fala que a excludente se apresenta *manifesta* nos autos, portanto mais que evidente, daí nossa afirmação no sentido de que já deveria ter sido apurada na fase preliminar de investigação e reconhecida em sede de *juízo de prelibação*, de modo a ensejar *rejeição*, muito embora as excludentes se refiram ao mérito da imputação.

Por outro vértice, se a excludente não for *manifesta*, mas se apresentar apenas como uma das vertentes *possíveis* para o processo, incabível se afigurará a absolvição sumária, e o processo deverá seguir seu rumo.

Também caberá absolvição sumária quando presente qualquer ***causa de exclusão da culpabilidade***, exceto a inimputabilidade do agente, e a ressalva é acertada.

Como bem observou CAPEZ: "Na hipótese em que a inimputabilidade se encontra comprovada por exame de insanidade mental, o CPP não autoriza a absolvição imprópria do agente, pois esta implicará a imposição de medida de segurança, o que poderá ser prejudicial ao réu, já que lhe será possível comprovar por outras teses defensivas a sua inocência, sem a imposição de qualquer medida restritiva".[77]

Em outras palavras, se fosse permitida a absolvição sumária com base na inimputabilidade, sem que houvesse instrução o juiz iria decretar a *absolvição imprópria* e aplicar ao acusado medida de segurança, o que em determinados casos pode representar medida danosa e injusta, pois, havendo instrução processual, ao final o acusado poderá provar que é inocente, e então receber *absolvição pura e simples*, sem imposição de qualquer medida em seu desfavor.

Também haverá absolvição sumária se após a resposta escrita o juiz verificar que ***o fato narrado evidentemente não constitui crime***, e nesse caso a situação fala por si, pois, se a conduta é atípica, falta requisito básico para a viabilidade da ação penal.

A atipicidade poderá decorrer, por exemplo, da incidência do *princípio da bagatela ou insignificância* que conduz à *ausência de tipicidade material*.

Sinteticamente, afirmou LUIZ FLÁVIO GOMES que "bagatela significa ninharia, algo de pouca ou nenhuma importância ou significância".[78]

A propósito do tema, de longa data as duas Turmas do Supremo Tribunal Federal vêm se pronunciando favoravelmente à possibilidade de não se desprezar a realidade fática, de forma a fazer incidir referido princípio em matéria penal, marcando posição que pode ser muito bem compreendida nas ementas que seguem transcritas:

---

77. *Curso de processo penal*, 24. ed., São Paulo, Saraiva, 2017, p. 566.

78. Tendências político-criminais quanto à criminalidade de bagatela, *Revista Brasileira de Ciências Criminais*, São Paulo, Revista dos Tribunais, número especial de lançamento, 1992, p. 91.

O princípio da insignificância, vetor interpretativo do tipo penal, é de ser aplicado tendo em conta a realidade brasileira, de modo a evitar que a proteção penal se restrinja aos bens patrimoniais mais valiosos, ordinariamente pertencentes a uma pequena camada da população. A aplicação criteriosa do postulado da insignificância contribui, por um lado, para impedir que a atuação estatal vá além dos limites do razoável no atendimento do interesse público. De outro lado, evita que condutas atentatórias a bens juridicamente protegidos, possivelmente toleradas pelo Estado, afetem a viabilidade da vida em sociedade.[79]

O princípio da insignificância – que deve ser analisado com conexão com os postulados da fragmentariedade e da intervenção mínima do Estado em matéria penal – tem o sentido de excluir ou de afastar a própria tipicidade penal, examinada na perspectiva de seu caráter material. Tal postulado – que considera necessária, na aferição do relevo material da tipicidade penal, a presença de certos vetores, tais como, *a)* a mínima ofensividade da conduta do agente, *b)* a nenhuma periculosidade social da ação, *c)* o reduzidíssimo grau de reprovabilidade do comportamento, e *d)* a inexpressividade da lesão jurídica provocada – apoiou-se, em seu processo de formulação teórica, no reconhecimento de que o caráter subsidiário do sistema penal reclama e impõe, em função dos próprios objetivos por ele visados, a intervenção mínima do poder público. O sistema jurídico há de considerar a relevantíssima circunstância de que a privação da liberdade e a restrição de direitos do indivíduo somente se justificam quando estritamente necessárias à própria proteção das pessoas, da sociedade e de outros bens jurídicos que lhes sejam essenciais, notadamente naqueles casos em que os valores penalmente tutelados se exponham a dano, efetivo ou potencial, impregnado de significativa lesividade. O Direito Penal não se deve ocupar de condutas que produzam resultado, cujo desvalor – por não importar em lesão significativa a bens jurídicos relevantes, não represente, por isso mesmo, prejuízo importante, seja ao titular do bem jurídico tutelado, seja à integridade da própria ordem social.[80]

Por fim, igual destino terá o processo se estiver ***extinta a punibilidade do agente***, e, nesse caso, concordamos com Aury Lopes Jr.,[81] Nucci[82] e Pacelli[83] quando criticam a redação do art. 397 no que pertine à absolvição sumária lastreada em causa de extinção da punibilidade, visto que no caso – conclui Aury – "a decisão correta é a declaratória de extinção de punibilidade e não 'absolvição'", visto que na hipótese não incide qualquer análise sobre o mérito.

79. STF, HC 84.424/SP, 1ª T., rel. Min. Carlos Ayres Britto, j. 7-12-2004, *DJ* de 7-10-2005, p. 26, *RTJ* 196/235, *LEXSTF* 324/383.

80. STF, HC 84.412-0/SP, 2ª T., rel. Min. Celso de Mello, j. 19-10-2004, *DJ* de 19-11-2004, p. 37, *RTJ 192/963, RT 834/477.*

81. *Direito processual penal*, 11. ed., São Paulo, Saraiva, 2014, p. 957.

82. Guilherme de Souza Nucci, *Manual de processo e execução penal*, 14. ed., Rio de Janeiro, Forense, 2017, p. 647.

83. Eugênio Pacelli, *Curso de processo penal*, 21. ed., São Paulo, Atlas, 2017, p. 699.

Inquietação importante também é levantada por AURY[84] e PACELLI,[85] e diz respeito à *falta de justa causa* para a ação penal detectada pelo juiz somente após o recebimento da inicial acusatória e oferecimento da resposta escrita.

Diz AURY, com quem concordamos: "Questão problemática pode surgir quando, após a resposta escrita, o juiz se convencer de que não existe justa causa para a propositura da ação penal. Como essa hipótese não está prevista no art. 397, como deverá proceder?

Como explicamos anteriormente, pensamos que o juiz poderá desconstituir o ato de recebimento, anulando-o, para a seguir proferir uma decisão de rejeição liminar. Isso porque não existe preclusão *pro iudicato*, ou seja, nada impede que o juiz desconstitua seu ato e a seguir pratique aquele juridicamente mais adequado.

E, mais: nada impede que o juiz, após a resposta escrita, se convença da ausência de alguma das condições da ação e rejeite a denúncia anteriormente recebida. Pela ausência de preclusão para o juiz, poderá ele, perfeitamente, realizar um novo juízo de prelibação à luz dos novos elementos trazidos, evitando assim um processo natimorto, sem suporte probatório e jurídico suficiente".

Com esse mesmo olhar, o Superior Tribunal de Justiça se pronunciou sobre a matéria nos seguintes termos:

> O fato de a denúncia já ter sido recebida não impede o Juízo de primeiro grau de, logo após o oferecimento da resposta do acusado, prevista nos arts. 396 e 396-A do Código de Processo Penal, reconsiderar a anterior decisão e rejeitar a peça acusatória, ao constatar a presença de uma das hipóteses elencadas nos incisos do art. 395 do Código de Processo Penal, suscitada pela defesa. As matérias numeradas no art. 395 do Código de Processo Penal dizem respeito a condições da ação e pressupostos processuais, cuja aferição não está sujeita à preclusão.[86]

O problema, entretanto, reside no fato de que, em última análise, e porque se exige sejam *manifestas* ou *evidentes* as situações do art. 397, se detectadas desde o início, autorizam o indeferimento de plano da inicial, de tal modo que a verificação de qualquer delas após a resposta escrita sempre autorizaria a desconstituição do despacho de recebimento e consequente rejeição da inicial, sem proporcionar, jamais, e por isso mesmo, sentença de absolvição sumária.

A decisão que acolhe ou rejeita a resposta escrita deve ser convenientemente fundamentada.[87]

84. *Direito processual penal*, 11. ed., São Paulo, Saraiva, 2014, p. 957.

85. EUGÊNIO PACELLI, *Curso de processo penal*, 21. ed., São Paulo, Atlas, 2017, p. 698.

86. STJ, REsp 1.318.180/DF, 6ª T., rel. Min. Sebastião Reis Junior, j. 16-5-2013, *DJe* de 29-5-2013.

87. "A inobservância do disposto no art. 397 do Código de Processo Penal contraria o devido processo legal, sendo evidente o prejuízo ocasionado ao paciente, que não teve as suas razões previamente analisadas pelo magistrado de origem. 'Se não fosse necessário exigir que o Magistrado apreciasse as questões relevantes trazidas pela defesa – sejam preliminares ou questões de mérito – seria inócua a previsão normativa que assegura o oferecimento de resposta ao acusado" (HC 138.089/SC, rel. Min. Félix Fischer, *DJe de* 2-3-2010) (STJ, HC 183.355/MG, 5ª T., rel. Min. Marco Aurélio Bellizze, rel. p/ o Acórdão Min. Adilson Vieira Macabu, j. 3-5-2012, *DJe* de 19-9-2012).

4.1.1.6. Audiência de instrução e julgamento

Não sendo hipótese de rejeição da inicial acusatória, absolvição sumária ou suspensão condicional do processo, o juiz das garantias, quando e onde estiver implementado,[88] por força do disposto nos arts. 3º -B, XIV, e 3º -C, *caput*, do CPP, determinará a remessa dos autos ao juiz da instrução e julgamento, que então designará dia e hora para a audiência de instrução e julgamento, a ser realizada no prazo máximo de 60 (sessenta) dias, ordenando a intimação do acusado, de seu defensor, do Ministério Público[89] e, se for o caso, do querelante e do assistente (CPP, art. 399).

O acusado preso será requisitado para comparecer ao interrogatório, devendo o poder público providenciar sua apresentação (§ 1º do art. 399).

Na audiência, o juiz procederá à tomada de declarações do ofendido (sendo caso), à inquirição das testemunhas arroladas pela acusação e pela defesa, nessa ordem,[90] ressalvado o disposto no art. 222 do CPP, bem como aos esclarecimentos dos peritos, às acareações e ao reconhecimento de pessoas e coisas, quando necessário, após o que procederá ao interrogatório do acusado, ao final da instrução (CPP, art. 400).[91]

---

88. Após a publicação da Lei n. 13.964/2019 foram ajuizadas no Supremo Tribunal Federal três ações diretas de inconstitucionalidade questionando alguns de seus dispositivos – ADI 6.298, 6.299 e 6.300 –, e no dia 15 de janeiro de 2020 o Min. Dias Toffoli concedeu medida cautelar nos autos da ADI 6.298, para, entre outras coisas: "**(i)** suspender-se a eficácia dos **arts. 3º -D, parágrafo único, e 157, § 5º**, do Código de Processo Penal, incluídos pela Lei n. 13.964/19; **(ii)** suspender-se a eficácia dos arts. 3º -B, 3º -C, 3º -D, *caput*, 3º -E e 3º -F do CPP, inseridos pela Lei n. 13.964/2019, até a efetiva implementação do juiz das garantias pelos tribunais, o que deverá ocorrer **no prazo máximo de 180 (cento e oitenta) dias, contados a partir da publicação desta decisão; (iii)** conferir-se interpretação conforme às normas relativas ao juiz das garantias (arts. 3º -B a 3º -F do CPP), para esclarecer que não se aplicam às seguintes situações: (a) processos de competência originária dos tribunais, os quais são regidos pela Lei n. 8.038/90; (b) processos de competência do Tribunal do Júri; (c) casos de violência doméstica e familiar; e (d) processos criminais de competência da Justiça Eleitoral".

89. "Nos termos do posicionamento jurisprudencial firmado neste Superior Tribunal de Justiça, a simples ausência do órgão acusatório na audiência de oitiva de testemunhas não enseja a nulidade do ato, quando não restar devidamente demonstrada a ocorrência de prejuízos. Precedentes" (STJ, AgRg no REsp 1.712.039/RO, 5ª T., rel. Min. Jorge Mussi, j. 3-5-2018, *DJe* de 9-5-2018). "Esta Corte sufragou entendimento de que 'a ausência do Ministério Público na audiência de instrução constitui nulidade relativa que, para ser declarada, deve ser alegada em momento processual oportuno e demonstrado o efetivo prejuízo ao réu. Aplicação do princípio *pas nullité sans grief*' (REsp 174.290/RJ, rel. Min. Hélio Quaglia Barbosa, 6ª T., *DJ* 3-10-2005)" (STJ, AgRg no AREsp 885.644/RS, 6ª T., rel. Min. Maria Thereza de Assis Moura, j. 2-6-2016, *DJe* de 14-6-2016). No mesmo sentido: STJ, REsp 1.493.227/RS, 6ª T., rel. Min. Rogério Schietti Cruz, j. 13-9-2016, *DJe* de 20-9-2016; STJ, AgRg no REsp 1.505.705/RS, 6ª T., rel. Min. Sebastião Reis Júnior, j. 8-11-2016, *DJe* de 21-11-2016.

90. "Sob pena de nulidade do processo, as testemunhas da acusação devem ser ouvidas em primeiro lugar" (STF, HC 87.297/MT, Tribunal Pleno, rel. Min. Cezar Peluso, j. 3-5-2006, *DJ* de 10-8-2006, p. 20).

91. "Fixada orientação quanto à incidência da norma inscrita no art. 400 do Código de Processo Penal comum a partir da publicação da ata do presente julgamento, aos processos penais militares, aos processos penais eleitorais e a todos os procedimentos penais regidos por legislação especial, incidindo

As provas serão produzidas numa só audiência,[92] podendo o juiz indeferir, fundamentadamente,[93] as consideradas irrelevantes, impertinentes ou protelatórias (§ 1º).

Os esclarecimentos dos peritos dependerão de prévio requerimento das partes (§ 2º).

Na instrução poderão ser inquiridas até 8 (oito) testemunhas arroladas pela acusação e 8 (oito) pela defesa. Nesse número não se compreendem as que não prestem compromisso e as referidas, sendo oportuno lembrar que a parte poderá desistir da inquirição de qualquer das testemunhas arroladas.

Produzidas as provas, ao final da audiência, o Ministério Público, o querelante e o assistente e, a seguir, o acusado poderão requerer diligências cuja necessidade se origine de circunstâncias ou fatos *apurados na instrução* (CPP, art. 402).[94]

---

somente naquelas ações penais cuja instrução não se tenha encerrado" (STF, HC 127.900/AM, Tribunal Pleno, rel. Min. Dias Toffoli, j. 3-3-2016, *DJe* n. 161, de 3-8-2016). *No mesmo sentido*: STF, AP 862 AgR/RJ, 1ª T., rel. Min. Marco Aurélio, rel. p/ o Acórdão Min. Edson Fachin, j. 5-4-2016, *DJe* n. 164, de 5-8-2016; STF, HC 132.078/DF, 2ª T., rel. Min. Cármen Lúcia, j. 6-9-2016, *DJe* n. 202, de 22-9-2016.

Muito embora o Plenário e as Turmas do Supremo Tribunal Federal venham decidindo que o "interrogatório ao final da instrução" deve ser aplicado a todo e qualquer processo de rito especial, continuamos a entender que tal não ocorre em relação aos processos por crimes tipificados na Lei de Drogas (Lei n. 11.343/2006). A esse respeito, conferir: RENATO MARCÃO, *Tóxicos*, 11. ed., São Paulo, Saraiva, 2017.

92. STF, AP 986 AgR/AP, 2ª T., rel. Min. Dias Toffoli, j. 11-10-2016, *DJe* n. 243, de 17-11-2016.

93. "O § 1º do art. 400 do CPP faculta ao Juiz o indeferimento das provas consideradas irrelevantes, impertinentes ou protelatórias, desde, obviamente, que o faça de forma fundamentada (HC 106.734, Rel. Min. Ricardo Lewandowski, 1ª T., *DJe* de 04-05-2011; HC 108.961, Rel. Min. Dias Toffoli, 1ª T., *DJe* de 8-8-2012; AI n. 741.442/SP-AgR, 1ª T., Rel. Min. Ricardo Lewandowski, *DJe* de 15-6-2011; AI n. 794.090/SP-AgR, 2ª T., Rel. Min. Gilmar Mendes, *DJe* de 10-2-2011; e AI n. 617.818/SP-AgR, 1ª T., Rel. Min. Dias Toffoli, *DJe* de 22-11-2010)" (STF, RHC 115.133/DF, 1ª T., rel. Min. Luiz Fux, j. 9-4-2013, *DJe* n. 87, de 10-5-2013). "Não há um direito absoluto à produção de prova, facultando o art. 400, § 1º, do Código de Processo Penal ao juiz o indeferimento de provas impertinentes, irrelevantes e protelatórias. Cabíveis, na fase de diligências complementares, requerimentos de prova cuja necessidade tenha surgido apenas no decorrer da instrução. Em casos complexos, há que confiar no prudente arbítrio do magistrado, mais próximo dos fatos, quanto à avaliação da pertinência e relevância das provas requeridas pelas partes, sem prejuízo da avaliação crítica pela Corte de Apelação no julgamento de eventual recurso contra a sentença" (STF, HC 100.988/RJ, 1ª T., rel. Min. Marco Aurélio, rel. p/ o Acórdão Min. Rosa Weber, j. 15-5-2012, *DJe* n. 191, de 28-9-2012). "A jurisprudência desta Corte, ademais, firmou-se no sentido de que não há falar em cerceamento ao direito de defesa quando o magistrado, de forma fundamentada, lastreado nos elementos de convicção existentes nos autos, indefere pedido de diligência probatória que repute impertinente, desnecessária ou protelatória" (STF, HC 107.644/SP, 1ª T., rel. Min. Ricardo Lewandowski, j. 6-9-2011, *DJe* n. 200, de 18-10-2011). *No mesmo sentido*: STF, HC 131.941/SP, 2ª T., rel. Min. Teori Zavascki, j. 23-8-2016, *DJe* n. 188, de 5-9-2016; STF, HC 135.026/AP, 2ª T., rel. Min. Gilmar Mendes, j. 11-10-2016, *DJe* n. 226, de 24-10-2016; STF, AP 986 AgR/AP, 2ª T., rel. Min. Dias Toffoli, j. 11-10-2016, *DJe* n. 243, de 17-11-2016. *No mesmo sentido*: STJ, HC 427.051/SC, 5ª T., rel. Min. Felix Fischer, j. 5-4-2018, *DJe* de 10-4-2018.

94. "Conforme já decidiu esta Corte Superior, 'não há falar em inobservância do disposto no art. 402 do Código de Processo Penal quando verificado que, ao final da audiência de instrução, a defesa teve oportunidade e não se manifestou acerca da realização de qualquer diligência, não havendo, portanto, razão para que fosse determinada a intimação para o requerimento de diligências complementares, até

Não havendo requerimento de diligências, ou sendo indeferido o que for formulado, serão oferecidas alegações finais orais por 20 (vinte) minutos, respectivamente, pela acusação e pela defesa, prorrogáveis por mais 10 (dez), proferindo o juiz, a seguir, sentença (CPP, art. 403).

Havendo pluralidade de réus, o tempo básico previsto para a defesa de cada um será individual: 20 (vinte) minutos para cada defensor.

Havendo assistente da acusação habilitado nos autos, a ele se dará vista para alegações orais em audiência pelo prazo de 10 (dez) minutos, imediatamente após a manifestação do Ministério Público. Nesse caso, para que seja mantida a paridade de armas, o prazo para as alegações da defesa será prorrogado pelo mesmo tempo, podendo chegar, portanto, ao limite de 40 minutos.

Ao final da audiência poderão ocorrer algumas variantes, dentre elas: *a)* debates e sentença de imediato; *b)* debates de imediato e sentença no prazo de 10 (dez) dias; *c)* substituição dos debates orais por alegações finais escritas (memoriais), no prazo sucessivo de 5 (cinco) dias, com posterior sentença no prazo de 10 (dez) dias; *d)* atendendo a requerimento o juiz determina a oitiva de nova testemunha (em substituição de outra ou referida), quando então, após a oitiva, poderá ocorrer qualquer das opções anteriormente apontadas; *e)* atendendo a requerimento o juiz determina a realização de diligências complementares, quando então as partes apresentarão, no prazo sucessivo de 5 (cinco) dias, suas alegações finais escritas (memoriais), e, no prazo de 10 (dez) dias, o juiz proferirá a sentença; *f)* afigurar-se hipótese de *mutatio libelli*, quando então deverão ser adotadas as providências do art. 384 do CPP, analisadas no capítulo destinado ao estudo da *sentença*.

Se existir alguma testemunha que deva ser ouvida em comarca diversa, é preciso lembrar que a expedição de precatória não suspende a instrução criminal, e, findo o prazo marcado, poderá realizar-se o julgamento, mas, a todo tempo, a precatória, uma vez devolvida, será juntada aos autos (CPP, art. 222).

Sobre a possibilidade de substituição de testemunha;[95] oitiva de testemunha e interrogatório por videoconferência, já discorremos no capítulo em que tratamos do tema *prova*, para onde remetemos o leitor.

---

porque o referido dispositivo prevê que tal pedido deve ser feito ao final da própria audiência' (HC n. 297.684/PR, rel. Min. Sebastião Reis Júnior, 6ª T., *DJe* n. 10-11-2014)" (STJ, REsp 1.258.203/TO, 6ª T., rel. Min. Rogério Schietti Cruz, j. 18-10-2016, *DJe* de 7-11-2016).

95. "A ausência de previsão específica do Código de Processo Penal acerca do direito à substituição não pode ser interpretada como 'silêncio eloquente' do legislador. A busca por um provimento jurisdicional final justo e legítimo não pode ser fulminada pelo legislador, sob pena de o processo não alcançar sua finalidade de pacificação da lide. A prova testemunhal é uma das mais relevantes no processo penal. Por esta razão, o juiz pode convocar, de ofício, testemunhas que considere importantes para a formação do seu convencimento. Daí por que não se pode usurpar o direito da parte de, na eventualida-

Como se vê, o legislador adotou a *audiência una* ou *concentrada* para a conclusão da instrução, debates e sentença, mas é possível falar em *audiência cindida* quando, após a colheita da prova inicialmente vislumbrada, se estiver diante da necessidade de realização de diligências ainda imprescindíveis, hipótese em que a audiência será concluída sem as alegações finais, debates e sentença (CPP, art. 404).

No caso de se afigurar imprescindível a oitiva de nova testemunha, o juiz designará *audiência em continuação*, para outra data, ou determinará a expedição de carta precatória, e ordenará, em qualquer caso, as providências e intimações necessárias.

Sendo desnecessária nova audiência, a exemplo do que ocorre quando a diligência imprescindível se concretizar com a juntada de determinado documento aos autos, em seguida as partes apresentarão, no prazo sucessivo de 5 (cinco) dias, suas alegações finais, por memorial, e a seguir, no prazo de 10 (dez) dias, o juiz proferirá a sentença (CPP, parágrafo único do art. 404, c.c. o inciso I do art. 800).

Por aqui cabe lembrar que a defesa patrocinada em favor do acusado há que ser efetiva, sob pena de causar nulidade insanável do processo por flagrante violação ao disposto no art. 5º, LV, da CF, que trata dos princípios da ampla defesa e do contraditório, daí a imprescindibilidade das alegações finais defensórias, conforme entendimento adotado no Supremo Tribunal Federal, *verbis*:

> A jurisprudência desta Corte firmou-se no sentido de que "padece de nulidade absoluta o processo penal em que, devidamente intimado, o advogado constituído do réu deixa de apresentar alegações finais, sem que o juízo, antes de proferir sentença condenatória, lhe haja designado defensor dativo ou público para suprir a falta" (HC 92.680/SP, rel. Min. Cezar Peluso).[96]

> Padece de nulidade absoluta o processo penal em que, devidamente intimado, o advogado constituído do réu deixa de apresentar alegações finais, sem que o juízo, antes de proferir sentença condenatória, lhe haja designado defensor dativo ou público para suprir a falta.[97]

Se o juiz constatar que o réu ficou indefeso, deverá destituir o advogado desidioso e nomear outro em substituição, caso o réu não pretenda constituir outro de sua confiança. Não se deve perder de vista a advertência feita por Catena e

---

de de não ser localizada uma das testemunhas que arrolou para comprovar suas alegações, substituí-la por outra que considere apta a colaborar com a instrução. É inadmissível a interpretação de que a 'vontade do legislador', na Reforma Processual Penal, seria no sentido de impedir quaisquer substituições de testemunhas no curso da instrução, mesmo quando não localizada a que fora originalmente arrolada. Tal interpretação inviabilizaria uma prestação jurisdicional efetiva e justa, mais próxima possível da 'verdade material'. Perfeitamente aplicável, à espécie, o art. 408, III, do Código de Processo Civil/73, tendo em vista que a testemunha substituída não foi localizada em razão de mudança de endereço" (STF, AP 470 AgR-segundo/MG, Tribunal Pleno, rel. Min. Joaquim Barbosa, j. 23-10-2008, *DJe* n. 79, de 30-4-2009). A substituição de testemunha permanece autorizada no art. 451 do CPC/2015.

96. STF, HC 95.667/AM, 1ª T., rel. Min. Ricardo Lewandowski, j. 16-6-2012, *DJe* n. 120, de 1º-7-2012, *LEXSTF* 380/276.

97. STF, HC 92.680/SP, 2ª T., rel. Min. Cezar Peluso, j. 11-3-2008, *DJe* n. 74, de 25-4-2008.

DOMÍNGUEZ no sentido de que "la defensa opera como factor de legitimidad de la acusación y de la sanción penal".[98]

Bem por isso, como já enfatizamos no capítulo em que tratamos dos *sujeitos processuais*, o Supremo Tribunal Federal tem decidido reiteradamente que:

> O princípio segundo o qual "nenhum acusado, ainda que ausente ou foragido, será processado ou julgado sem defensor" – art. 261 do Código de Processo Penal – há de ter alcance perquirido considerada a realidade. Exsurgindo dos autos que o defensor designado teve desempenho simplesmente formal, em verdadeira postura contemplativa, forçoso é concluir que o réu esteve indefeso. "A defesa é órgão da administração da Justiça e não mero representante dos interesses do acusado. Isto porque ela se exerce, substancialmente, para a preservação e tutela de valores e interesses do corpo social, sendo, assim, garantia de proteção da própria sociedade" (NILO BATISTA, Defesa deficiente, *Revista de Direito Penal*, p. 169).[99]
>
> A indisponibilidade do direito de defesa – que traduz prerrogativa jurídica de extração constitucional – impõe ao magistrado processante o dever de velar, incondicionalmente, pelo respeito efetivo a essa importante garantia processual, cabendo-lhe, inclusive, proclamar o réu indefeso, mesmo naquelas hipóteses em que a ausência de defesa técnica resulte do conteúdo nulo de peça produzida por advogado constituído pelo próprio acusado. Precedentes. – A liberdade de escolha do advogado não pode expor o réu a situações que se revelem aptas a comprometer, gravemente, o seu *status libertatis*.[100]
>
> A presença formal de um defensor dativo, sem que a ela corresponda a existência efetiva de defesa substancial, nada significa no plano do processo penal e no domínio tutelar das liberdades públicas.[101]
>
> Verificado que o réu esteve indefeso, impõe-se a anulação do processo STF, HC 82.672/RJ, 1ª T., rel. Min. Carlos Britto, rel. p/ o Acórdão Min. Marco Aurélio, j. 14-10-2003, *DJ* de 1º-12-2006, p. 76.

Consoante dispõe a Súmula 523 do STF: "No processo penal, a falta de defesa constitui nulidade absoluta, mas a sua deficiência só o anulará se houver prova de prejuízo para o réu".

Adotado que fora o *princípio da identidade física do juiz*, aquele que presidiu a instrução deverá proferir a sentença (CPP, § 2º do art. 399), salvo situação excepcional (férias ou morte do juiz, convocação, licença, aposentadoria ou promoção, por exemplo).[102]

---

98. VICTOR MORENO CATENA e VALENTÍN CORTÉS DOMÍNGUEZ, *Derecho procesal penal*, 6. ed., Valencia, Tirant lo Blanch, 2012, p. 145.

99. STF, HC 71.961/SC, 2ª T., rel. Min. Marco Aurélio, j. 6-12-1994, *DJ* de 24-2-1995, p. 3.678.

100. STF, HC 70.600/SP, 1ª T., rel. Min. Celso de Mello, j. 19-4-1994, *DJe* n. 157, de 21-8-2009.

101. STF, HC 68.926/MG, 1ª T., rel. Min. Celso de Mello, j. 10-12-1991, *DJ* de 28-8-1992, p. 13.453, *RTJ* 142/582.

102. "(...) tem-se que, nos casos de convocação, licença, promoção, férias, ou outro motivo legal que impeça o Juiz que presidiu a instrução sentenciar o feito, o processo-crime será julgado, validamente, por outro Magistrado" (STJ, HC 165.866/DF, 5ª T., rel. Min. Laurita Vaz, *DJe* de 17-10-2012). Em igual sentido: STJ, AgRg no Ag 1.299.889/SC, 6ª T., rel. Min. Maria Thereza de Assis Moura, *DJe* de 26-10-2012" (STJ, AgRg no AREsp 214.163/DF, 6ª T., rel. Min. Assusete Magalhães, j. 16-4-2013, *DJe* de 10-5-2013). "O

Calha observar, finalmente, as disposições do art. 405 do CPP, que trata da documentação da audiência,[103] conforme segue:

> Art. 405. Do ocorrido em audiência será lavrado termo em livro próprio, assinado pelo juiz e pelas partes, contendo breve resumo dos fatos relevantes nela ocorridos.
>
> § 1º Sempre que possível, o registro dos depoimentos do investigado, indiciado, ofendido e testemunhas será feito pelos meios ou recursos de gravação magnética, estenotipia, digital ou técnica similar, inclusive audiovisual, destinada a obter maior fidelidade das informações.
>
> § 2º No caso de registro por meio audiovisual, será encaminhado às partes cópia do registro original, sem necessidade de transcrição.

Desde o advento da Lei n. 11.719/2008, que deu nova redação ao art. 405 do CPP, é possível a prolação de sentença oral, sendo desnecessária, por óbvio, sua transcrição.

É sem sentido lógico imaginar que a prova colhida na audiência de instrução e os debates das partes possam ser registrados com o uso de recursos audiovisuais, fidedignamente, mas a sentença não.

Esta nossa maneira de pensar não isenta o magistrado sentenciante do dever de atendimento ao disposto no art. 381 do CPP, cumprindo observar que ao final do ato por ele presidido será lançada sua assinatura digital.

4.1.2. Procedimento sumário

Sumário é o mesmo que reduzido. No caso, a denominação leva em conta o fato de estarmos diante de procedimento menos dilatado que o *ordinário*.

Destina-se aos crimes cuja sanção máxima privativa de liberdade cominada seja inferior a 4 (quatro) anos.

A rigor, a pena deve ser superior a 2 (dois) e inferior a 4 (quatro) anos, isso em razão do disposto no art. 61 da Lei n. 9.099/95, segundo o qual se consideram infrações penais de menor potencial ofensivo, sujeitas ao *procedimento sumaríssimo*, as contravenções penais e os crimes a que a lei comine pena máxima não superior a 2 (dois) anos, cumulada ou não com multa.

Nas infrações penais de menor potencial ofensivo, quando o Juizado Especial Criminal encaminhar ao juízo comum as peças existentes para a adoção de outro

---

princípio da identidade física do juiz, previsto no art. 399, § 2º, do Código de Processo Penal, não é absoluto, comportando as exceções previstas no art. 132 do Código de Processo Civil (hoje revogado), aplicável ao processo penal pela via do art. 3º do CPP" (STF, AP 971/RJ, 1ª T., rel. Min. Edson Fachin, j. 28-6-2016, *DJe* n. 217, de 11-10-2016). *No mesmo sentido*: STF, ARE 839.680 AgR/SC, 2ª T., rel. Min. Dias Toffoli, j. 2-9-2016, *DJe* n. 206, de 27-9-2016.

103. "É nula a sentença proferida de forma oral e degravada parcialmente sem o registro das razões de decidir" (STJ, HC 470.034/SC, 6ª T., rela. Mina. Laurita Vaz, j. 9-10-2018, *DJe* de 19-11-2018).

procedimento (Lei n. 9.099/95, parágrafo único do art. 66, e §§ 2º e 3º do art. 77), observar-se-á o procedimento sumário (CPP, art. 538).

Vejamos.

Oferecida a denúncia ou queixa, com ou sem proposta de suspensão condicional do processo, até o momento em que se dá a designação da audiência de instrução tudo deve seguir conforme o procedimento ordinário.

Portanto, o juiz das garantias, quando e onde estiver implementado,[104] deverá avaliar se é caso de rejeição, e, não sendo esse o caminho, receberá a denúncia ou queixa e mandará citar o acusado para apresentar resposta escrita no prazo de 10 (dez) dias. No caso de citação por edital, o prazo para a defesa começará a fluir a partir do comparecimento pessoal do acusado ou do defensor constituído (CPP, art. 396), cumprindo aqui ressaltar as implicações do art. 366 do CPP, já analisadas no capítulo em que estudamos a *citação*.

Na resposta, o acusado poderá arguir preliminares e alegar tudo o que interesse à sua defesa, oferecer documentos e justificações, especificar as provas pretendidas e arrolar testemunhas, qualificando-as e requerendo sua intimação, quando necessário (CPP, *caput* do art. 396-A).

Eventual exceção será processada em apartado, a teor do disposto nos arts. 95 a 112 do CPP (§ 1º).

Não apresentada a resposta no prazo legal, ou se o acusado, citado, não constituir defensor, o juiz nomeará defensor para oferecê-la, concedendo-lhe vista dos autos por 10 (dez) dias (§ 2º).

A resposta escrita deverá ser cuidadosamente analisada, e sobre seus termos o juiz proferirá decisão fundamentada.

Não sendo caso de absolvição sumária (CPP, art. 397) nem de suspensão condicional do processo (Lei n. 9.099/95, art. 89), o juiz determinará a remessa dos autos ao juiz da instrução e julgamento, que então designará audiência de instrução e julgamento, a ser realizada no prazo máximo de 30 (trinta) dias (CPP, art. 531).

---

104. Após a publicação da Lei n. 13.964/2019 foram ajuizadas no Supremo Tribunal Federal três ações diretas de inconstitucionalidade questionando alguns de seus dispositivos – ADI 6.298, 6.299 e 6.300 –, e no dia 15 de janeiro de 2020 o Min. Dias Toffoli concedeu medida cautelar nos autos da ADI 6.298, para, entre outras coisas: "**(i)** suspender-se a eficácia dos **arts. 3º -D, parágrafo único, e 157, § 5º**, do Código de Processo Penal, incluídos pela Lei n. 13.964/19; **(ii)** suspender-se a eficácia dos arts. 3º -B, 3º -C, 3º -D, *caput*, 3º -E e 3º -F do CPP, inseridos pela Lei n. 13.964/2019, até a efetiva implementação do juiz das garantias pelos tribunais, o que deverá ocorrer **no prazo máximo de 180 (cento e oitenta) dias, contados a partir da publicação desta decisão; (iii)** conferir-se interpretação conforme às normas relativas ao juiz das garantias (arts. 3º -B a 3º -F do CPP), para esclarecer que não se aplicam às seguintes situações: (a) processos de competência originária dos tribunais, os quais são regidos pela Lei n. 8.038/90; (b) processos de competência do Tribunal do Júri; (c) casos de violência doméstica e familiar; e (d) processos criminais de competência da Justiça Eleitoral".

Na audiência concentrada (audiência una), proceder-se-á à tomada de declarações do ofendido, sempre que possível, à inquirição das testemunhas arroladas pela acusação e pela defesa, nessa ordem, ressalvado o disposto no art. 222 do CPP, bem como aos esclarecimentos dos peritos, às acareações e ao reconhecimento de pessoas e coisas, interrogando-se, em seguida, o acusado e procedendo-se, finalmente, ao debate (alegações finais orais das partes).

Acusação e defesa poderão arrolar até o máximo de 5 (cinco) testemunhas cada (CPP, art. 532).

Sendo caso, o juiz indeferirá, em decisão fundamentada, as diligências requeridas pelas partes sempre que se apresentarem irrelevantes, impertinentes ou protelatórias, e os esclarecimentos dos peritos dependerão de prévio requerimento das partes (CPP, art. 533).

Dada a necessária celeridade que se deve imprimir a esse tipo de procedimento, em regra não serão cabíveis alegações finais escritas, na forma de memorial, pois o art. 534 impõe a forma oral, devendo, para tanto, ser concedida a palavra, respectivamente, à acusação e à defesa, pelo prazo de 20 (vinte) minutos, prorrogáveis por mais 10 (dez), proferindo o juiz, a seguir, sentença.

Havendo mais de um acusado, o tempo previsto para a defesa de cada um será individual (§ 1º).

Sendo caso, ao assistente do Ministério Público, após a manifestação deste, serão concedidos 10 (dez) minutos, prorrogando-se por igual período o tempo de manifestação da defesa (§ 2º).

Apesar da ausência de autorização expressa, diante de situações excepcionais, não haverá nulidade a ser reconhecida caso o juiz faculte às partes a apresentação de alegações finais na forma escrita, no prazo sucessivo de 5 (cinco) dias, hipótese em que deverá proferir sentença no prazo de 10 (dez) dias após receber os autos conclusos.

Não é incomum, por exemplo, situação em que o adiantado da hora e o número de audiências na pauta do dia terminam por determinar tal providência, que deve ser evitada tanto quanto possível em homenagem aos objetivos de economia e celeridade.

Nenhum ato será adiado, salvo quando imprescindível a prova faltante, determinando o juiz a condução coercitiva de quem deva comparecer (CPP, art. 535).

A testemunha que comparecer será inquirida, independentemente da suspensão da audiência, observada em qualquer caso a ordem estabelecida no art. 531 do CPP (art. 536).

4.1.3. Procedimento sumaríssimo: Juizados Especiais Criminais

Se *sumário* é o procedimento reduzido, como afirmamos anteriormente, *sumaríssimo* só pode ser aquele ainda mais reduzido e simplificado dentro da *escala procedimental comum* fornecida pelo legislador.

Em comunhão com essa ordem de ideias, anuncia o art. 62 da Lei n. 9.099/95 que: "O processo perante o Juizado Especial orientar-se-á pelos critérios da oralidade, simplicidade, informalidade, economia processual e celeridade (...)", objetivando, sempre que possível, a reparação dos danos sofridos pela vítima e a aplicação de pena não privativa de liberdade.

Destina-se ao processamento das infrações penais de menor potencial ofensivo, assim compreendidas as contravenções penais e os crimes a que a lei comine pena máxima não superior a 2 (dois) anos, cumulada ou não com multa, e é oportuno observar que, em razão de ressalva expressa contida no art. 3º-C, *caput*, do CPP, as infrações de menor potencial ofensivo não estão inseridas no rol de competência do juiz das garantias.

Algumas vezes, entretanto, essas infrações menores poderão ser submetidas ao procedimento *sumário*, e isso por força do disposto no art. 538 do CPP, c.c. o parágrafo único do art. 66 da Lei n. 9.099/95, segundo o qual, "não encontrado o acusado para ser citado, o Juiz encaminhará as peças existentes ao Juízo comum para adoção do procedimento previsto em lei", e também nos §§ 2º e 3º do art. 77 do mesmo diploma legal, que remetem à aplicação dessa regra quando a complexidade ou circunstâncias do caso recomendarem.

Observada a proposta metodológica deste livro, a seguir discorreremos apenas sobre aquilo que reputamos essencial em matéria de *procedimento*, conforme segue.

1º) **fase preliminar**

Para as infrações penais de menor potencial ofensivo, o legislador fixou uma *fase preliminar* que está regulada nos arts. 69 a 76 da Lei n. 9.099/95, em que, logo após tomar conhecimento do fato, a autoridade policial deverá lavrar um "termo circunstanciado", assim denominado o expediente em que se materializa a *célere investigação* e *documentação* do que for apurado em relação ao cometimento do delito, respectiva autoria e eventual materialidade. A rigor, portanto, não se instaura inquérito. Lavra-se *termo circunstanciado*. Trata-se do famoso "TC", conforme se convencionou apelidar na prática forense. Contudo, embora o inquérito seja *dispensado* no âmbito da Lei n. 9.099/95 (§ 1º do art. 77), ele não é *proibido*.

Observada a letra da lei, que em regra não se pratica por razões variadas, após a lavratura do "TC" o autor e a vítima devem ser encaminhados imediatamente ao Juizado Especial Criminal com vistas à realização de *audiência preliminar de transação*, ou assumir o compromisso de a ele comparecer quando intimados.

Comparecendo o autor do fato e a vítima, e não sendo possível a realização imediata da audiência preliminar por qualquer razão (em regra não há estrutura para tanto e também a pauta de audiências do juiz não comporta esse tipo de *encaixe*), será designada data próxima, da qual ambos sairão cientes (art. 70).

Seja em que tempo for, "na audiência preliminar, presente o representante do Ministério Público, o autor do fato e a vítima e, se possível, o responsável civil, acompanhados por seus advogados, o Juiz esclarecerá sobre a possibilidade da composição dos danos e da aceitação da proposta de aplicação imediata de pena não privativa de liberdade" (art. 72).

Eventual composição dos danos civis, quando cabível, "será reduzida a escrito e, homologada pelo Juiz mediante sentença irrecorrível, terá eficácia de título a ser executado no juízo civil competente" (art. 74).

Se a hipótese versar sobre delito de *ação penal privada* ou *pública condicionada à representação*, a homologação do acordo civil acarretará a renúncia ao direito de queixa ou de representação, e então o juiz deverá julgar extinta a punibilidade, de modo a obstar a persecução penal. Igual efeito *não* se aplica em relação aos delitos de *ação penal pública incondicionada* e também àqueles de *ação penal pública condicionada à requisição do Ministro da Justiça*.

Se não for alcançada a composição civil dos danos, sendo caso, o juiz perguntará imediatamente ao ofendido se pretende exercer seu direito de representação contra o autor do fato, devendo informá-lo de que o não oferecimento da representação nesse momento não implicará decadência do direito, que poderá ser exercido a qualquer tempo, dentro do prazo previsto em lei.

Na mesma audiência, formulada a representação, ou se a hipótese versar sobre delito de ação penal pública incondicionada, o juiz dará a palavra ao Ministério Público para que se manifeste, quando então poderá promover o *arquivamento* dos autos, sendo caso, ou propor *transação penal* consistente na *aplicação imediata de pena restritiva de direitos ou multa*, que deverá especificar.

No caso de ser a pena de multa a única aplicável, o juiz poderá reduzi-la até a metade, quando julgar conveniente, o que deverá avaliar mediante critérios de individualização, razoabilidade e proporcionalidade.

O ordenamento jurídico vigente não admite transação penal consistente na aplicação de pena privativa de liberdade.

Dispõe o § 2º do art. 76 que:

> Não se admitirá a proposta se ficar comprovado:
>
> I – ter sido o autor da infração condenado, pela prática de crime, à pena privativa de liberdade, por sentença definitiva;
>
> II – ter sido o agente beneficiado anteriormente, no prazo de cinco anos, pela aplicação de pena restritiva ou multa, nos termos deste artigo;
>
> III – não indicarem os antecedentes, a conduta social e a personalidade do agente, bem como os motivos e as circunstâncias, ser necessária e suficiente a adoção da medida.

Se a proposta formulada pelo representante do Ministério Público for aceita pelo apontado autor da infração penal e seu defensor, será submetida à apreciação do Juiz para fins de homologação, que implicará a aplicação da pena transacionada.

A transação homologada não se presta à caracterização de antecedentes criminais desabonadores, tampouco gera reincidência, mas impede que o autor do fato possa desfrutar do mesmo benefício no prazo de 5 (cinco) anos.

A *sentença de homologação* pode ser atacada mediante apelação, conforme refere o § 5º do art. 76.

Consoante dispõe a Súmula Vinculante 35 (STF): "A homologação da transação penal prevista no art. 76 da Lei n. 9.099/95 não faz coisa julgada material e, descumpridas suas cláusulas, retoma-se a situação anterior, possibilitando-se ao Ministério Público a continuidade da persecução penal mediante oferecimento de denúncia ou requisição de inquérito policial".

A transação homologada não implica reconhecimento de culpa penal ou civil, daí por que, sendo caso, o interessado deverá propor no juízo cível a ação de conhecimento cabível, visando a recomposição de seu patrimônio lesado com a prática delitiva (§ 6º).

Isso é o que está na Lei. É o ideal, portanto.

Ocorre que **na prática**, na maioria das vezes, a tramitação é bem diversa, e, verificada a ocorrência de delito de menor potencial ofensivo, o autor do fato, a vítima e eventual testemunha são encaminhados para a delegacia de polícia, onde é lavrado o termo circunstanciado; a seguir todos são dispensados; após sua conclusão, o "TC" é enviado ao fórum, onde após registros e documentação nos cartórios do distribuidor e do Juizado Especial Criminal irá desaguar em mãos de um Promotor de Justiça, que então irá verificar se é caso de arquivamento ou de novas diligências e, não sendo essas as hipóteses, postular a designação de audiência preliminar para proposta de transação civil e/ou penal, quando cabível.

Outras vezes, *sem antes verificar* se é caso de arquivamento ou diligências complementares, postula-se a designação de audiência preliminar de transação. Na audiência, muitas vezes conduzida por funcionários do Poder Judiciário, sem a presença do juiz e do Promotor de Justiça na sala, quando deveriam lá estar, a proposta é apresentada ao autor do fato, quase que de maneira impositiva, e este, algumas vezes desorientado ou mal orientado, termina por aceitá-la quando não deveria, convencido de que será melhor assim, pois do contrário terá que enfrentar um processo...

Se a proposta não for aceita, encerra-se a audiência com boa dose de perigoso rancor despejado sobre o apontado autor do fato (que não colaborou com o encerramento do *processo*...), e os autos são encaminhados com vista ao Ministério Público, que só então irá se manifestar a respeito de novas diligências eventualmente imprescindíveis, arquivamento dos autos ou oferecimento de denúncia, e nesta última hipótese, contrariando o procedimento fixado em lei, oferecerá a inicial acusatória em peça escrita.

A realidade prática, como se vê, quase sempre faz nascer um "monstrengo"; um "Frankenstein jurídico".

2º) **denúncia e procedimento**

O ideal é que só se encaminhe para audiência de tentativa de conciliação o "TC" em que não se afigurar cabível qualquer diligência complementar para melhor elucidação dos fatos, e que também já se tenha ultrapassado o juízo de valoração a respeito de seu arquivamento, de maneira que, não ocorrendo transação penal, o Ministério Público possa desde logo oferecer denúncia oral, nessa mesma audiência, quando então será ela reduzida a termo.

Embora irregular, a praxe consistente em abrir vista dos autos para que o Ministério Público se manifeste por escrito logo após o insucesso da tentativa de transação não macula o procedimento de modo a causar nulidade.

A rigor tal prática só poderá ser adotada diante de insuperável complexidade dos fatos (algo raro em se tratando de infração de menor potencial) ou circunstâncias realmente justificadoras, situação em que, a teor do disposto nos §§ 2º e 3º do art. 77, os autos serão encaminhados na forma do parágrafo único do art. 66, e então haverá mudança de procedimento, para o sumário, conforme determina o art. 538 do CPP.

Essa regra também se aplica ao ofendido-querelante, nos casos de ação penal privada.

O § 1º do art. 77 diz que *para efeito da denúncia* (e também da queixa) "prescindir-se-á do exame do corpo de delito quando a materialidade do crime estiver aferida por boletim médico ou prova equivalente".

Isso não quer dizer que o juiz poderá reconhecer a materialidade delitiva e *impor condenação* sem prova direta (CPP, art. 158) ou indireta (CPP, art. 167) da materialidade.

O que a lei admite, em razão da desejada celeridade e economia, é o *oferecimento* da inicial acusatória sem prova da materialidade nos moldes determinados no CPP, mas disso não se retira algo maior, de efeitos mais drásticos.

A propósito, também em relação a outros delitos, tal como ocorre com o tráfico de drogas, a jurisprudência sempre admitiu o oferecimento e o recebimento da denúncia, mas não a condenação, sem prova definitiva da materialidade delitiva.

Pois bem.

Oferecida oralmente, a denúncia ou queixa será reduzida a termo, entregando-se cópia ao acusado, que com ela ficará citado e imediatamente cientificado da designação de dia e hora para a audiência de instrução e julgamento, da qual também tomarão ciência o Ministério Público, o ofendido, o responsável civil e seus advogados (art. 78).

Se o acusado não estiver presente, será citado na forma do art. 66 da Lei n. 9.099/95, segundo o qual: "A citação será pessoal e far-se-á no próprio Juizado, sempre que possível, ou por mandado", no qual constará a advertência do art. 68, onde se lê que deverá comparecer acompanhado de advogado, pena de ser-lhe nomeado defensor público.

Na mesma ocasião, o acusado será cientificado a respeito da data designada para a audiência de instrução e julgamento a que deverá comparecer com suas testemunhas, ou apresentar requerimento para a intimação delas, no prazo mínimo de 5 (cinco) dias antes da audiência.

Cada parte – acusação e defesa – poderá arrolar até o máximo de 5 (cinco) testemunhas (em razão da aplicação do art. 532 do CPP, por analogia).[105]

O ofendido e o responsável civil, sendo caso, também deverão ser intimados para comparecimento à audiência designada.

As intimações, inclusive das testemunhas, devem ser feitas "por correspondência, com aviso de recebimento pessoal ou, tratando-se de pessoa jurídica ou firma individual, mediante entrega ao encarregado da recepção, que será obrigatoriamente identificado, ou, sendo necessário, por oficial de justiça, independentemente de mandado ou carta precatória, ou ainda por qualquer meio idôneo de comunicação". "Dos atos praticados em audiência considerar-se-ão desde logo cientes as partes, os interessados e defensores" (art. 67, *caput* e parágrafo único).

"No dia e hora designados para a audiência de instrução e julgamento, se na fase preliminar não tiver havido possibilidade de tentativa de conciliação e de oferecimento de proposta pelo Ministério Público, proceder-se-á nos termos dos arts. 72, 73, 74 e 75 desta Lei" (art. 79).

No cumprimento do ideal de economia e celeridade, bases informadoras do procedimento em tela, diz o art. 80 que: "Nenhum ato será adiado, determinando o Juiz, quando imprescindível, a condução coercitiva de quem deva comparecer".

Necessário enfatizar, entretanto, que não se afigura possível a condução coercitiva do acusado, a quem a Constituição Federal assegura o direito de não colaborar com a produção de provas em seu desfavor, pois não se pode negar que o não comparecimento em juízo poderá decorrer de estratégia defensória (com vistas a evitar o

---

105. *No mesmo sentido:* Rômulo de Andrade Moreira, *Juizados Especiais Criminais*: o procedimento sumaríssimo, 2. ed., Porto Alegre, Lex Magister, 2012, p. 74; Guilherme de Souza Nucci, *Manual de processo e execução penal*, 14. ed., Rio de Janeiro, Forense, 2017, p. 653. **Contra**, entendendo que são 3 (três) para cada parte: Fernando da Costa Tourinho Filho, *Manual de processo penal*, p. 628; Nestor Távora e Rosmar Rodrigues Alencar, *Curso de direito processual penal*, p. 446.

reconhecimento, por exemplo), daí a impossibilidade de sua condução "debaixo de vara", conforme já sustentamos quando do estudo do art. 260 do CPP.

Aberta a audiência, será dada a palavra ao defensor para responder oralmente à acusação. Em seguida caberá ao juiz decidir se recebe ou rejeita a inicial acusatória, ocasião em que deverá analisar as norteadoras dos arts. 41 e 395 do CPP. Sobre a necessidade de decisão motivada, servem aqui as observações lançadas por ocasião do estudo do procedimento ordinário.

Não há citação para resposta escrita, tampouco fase de absolvição sumária, mas é certo que os fundamentos que a esta servem de base autorizam a rejeição da denúncia, conforme já expusemos.

Se a inicial acusatória for rejeitada, contra tal decisão caberá recurso de apelação, no prazo de 10 (dez) dias. Se for recebida e disso resultar constrangimento ilegal, embora não exista recurso previsto contra tal decisão, o acusado poderá valer-se da impetração de *habeas corpus*, mas cabe aqui relembrar que o trancamento de ação penal é providência excepcional, conforme entendimento pacificado no Supremo Tribunal Federal.[106]

Recebida a denúncia ou queixa, serão ouvidas a vítima (sendo caso) e as testemunhas de acusação e defesa, interrogando-se a seguir o acusado, se presente, passando-se imediatamente aos debates orais e à prolação da sentença (art. 81).

O interrogatório é realizado ao final da instrução.

Na falta de previsão expressa, aplica-se por analogia o disposto no art. 403, §§ 2º e 3º, do CPP, segundo o qual cada parte disporá de 20 (vinte) minutos, prorrogáveis por mais 10 (dez), para apresentação de alegações orais, após o que o juiz deverá prolatar sentença, também em audiência.

---

106. "É pacífica a jurisprudência do Supremo Tribunal Federal quanto à excepcionalidade do trancamento de ação penal pela via processualmente contida do *habeas corpus*. Jurisprudência assentada na ideia-força de que o trancamento da ação penal é medida restrita a situações excepcionalíssimas. Precedentes: HCs 87.310, 91.005 e RHC 88.139, da minha relatoria; HC 87.293, da relatoria do Min. Eros Grau; HC 85.740, da relatoria do Min. Ricardo Lewandowski; e HC 85.134, da relatoria do Min. Marco Aurélio" (STF, HC 98.770/PE, 1ª T., rel. Min. Ayres Britto, j. 2-3-2010, *DJe* n. 62, de 9-4-2010). "A Constituição Federal de 1988, ao cuidar do *habeas corpus*, no inciso LXVIII do art. 5º, autoriza o respectivo manejo 'sempre que alguém sofrer ou se achar ameaçado de sofrer violência ou coação em sua liberdade de locomoção'. Mas a Constituição não para por aí e arremata o seu discurso normativo: 'por ilegalidade ou abuso de poder'. De outro modo, aliás, não podia ser, pois ilegalidade e abuso de poder não se presumem; ao contrário, a presunção é exatamente inversa. Em suma, o indeferimento do *habeas corpus* não é uma exceção; exceção é o trancamento da ação penal à luz desses elementos interpretativos diretamente hauridos da Carta Magna de 1988" (STF, HC 104.420/BA, 2ª T., rel. Min. Ayres Britto, j. 10-4-2012, *DJe* n. 84, de 2-5-2012). "O trancamento da ação penal, em *habeas corpus*, constitui medida excepcional que só deve ser aplicada nos casos de manifesta atipicidade da conduta, de presença de causa de extinção da punibilidade do paciente ou de ausência de indícios mínimos de autoria e materialidade delitivas" (STF, HC 114.597/MG, 2ª T., rel. Min. Ricardo Lewandowski, j. 2-4-2013, *DJe* n. 70, de 17-4-2013).

Havendo pluralidade de réus, o tempo previsto para a defesa de cada um será computado separadamente: 20 (vinte) minutos para a defesa de cada réu, prorrogáveis, conforme o caso, por mais 10 (dez).

Havendo assistente do Ministério Público habilitado nos autos, disporá ele de 10 (dez) minutos para suas alegações orais, a se verificarem logo depois da manifestação do Estado-acusador, hipótese em que o prazo para a defesa (ou para cada defensor, no caso de pluralidade de réus) será prorrogado por igual período.

Vê-se, assim, que o prazo máximo para as alegações orais defensórias poderá chegar a 40 (quarenta) minutos: 20 (regulares) + 10 (advindos de eventual prorrogação) + 10 (em razão da existência de assistente do MP, sendo caso) = 40 min.

A audiência de instrução e julgamento é concentrada (audiência una), mas em determinadas hipóteses poderá ocorrer desmembramento e, portanto, audiência em continuação, tal como se verificará se o réu *justificadamente* deixar de comparecer ao ato.

Sobre a possível oitiva de testemunhas e também interrogatório por videoconferência, ver o que anotamos no capítulo destinado ao estudo do tema *prova*.

"De todo o ocorrido na audiência será lavrado termo, assinado pelo Juiz e pelas partes, contendo breve resumo dos fatos relevantes ocorridos em audiência e a sentença" (§ 2º do art. 81).

Contrariando a regra geral, no procedimento sumaríssimo a sentença não precisa conter relatório (§ 3º do art. 81).

4.2. Procedimentos especiais

Trataremos a seguir dos procedimentos especiais disciplinados no Código de Processo Penal, lembrando que existem outros, dispostos em leis diversas (Lei de Drogas; Lei de Falência etc.).

4.2.1. Procedimento previsto para os crimes de responsabilidade praticados por funcionário público

Regulado nos arts. 513 a 518 do Código de Processo Penal, o procedimento em questão destina-se aos crimes afiançáveis tipificados nos arts. 312 a 326 do Código Penal, considerados *crimes funcionais típicos*.[107]

Na atualidade, em razão das alterações introduzidas no CPP com a Lei n. 12.403/2011, todos os crimes funcionais são afiançáveis, e dentre eles existem alguns

107. "O procedimento especial previsto no art. 514 do Código de Processo Penal somente é aplicável para crimes praticados por servidor público contra a Administração Pública, elencados nos arts. 312 a 326 do Código Penal" (STJ, AgInt no RHC 68.809/RJ, 5ª T., rel. Min. Joel Ilan Paciornik, j. 7-6-2018, *DJe* de 20-6-2018).

cuja pena máxima cominada não é superior a 2 (dois) anos, tal como se verifica com aqueles tipificados nos arts. 313-B, 319, 320, 321, 323, 324, 325, *caput*, e 326, que em razão disso estão sujeitos ao *procedimento sumaríssimo* da Lei n. 9.099/95, ou ao *procedimento sumário*, na hipótese de ser aplicável o parágrafo único do art. 66 ou o § 2º do art. 77 da mesma lei, como decorre do disposto no art. 538 do CPP.

Se a denúncia ou queixa envolver *crimes funcionais típicos* e *crimes não funcionais* (furto, roubo, estelionato etc.), aplica-se procedimento diverso.[108]

Nesse sentido segue a jurisprudência do Supremo Tribunal Federal:

> O procedimento previsto nos arts. 513 e s. do CPP reservam-se aos casos em que são imputados ao réu apenas crimes funcionais típicos.[109]
>
> Tendo a denúncia imputado ao ora paciente crimes funcionais e não funcionais, não se aplica o disposto no art. 514 do C.P.P., como entendeu esta Corte no julgamento do HC 50.664 (*RTJ* 66/365 e s.), ao salientar: "Bastante é que a denúncia classifique a conduta do réu em norma que defina crime não funcional, embora nela inclua também o de responsabilidade, para se afastar a medida prevista no art. 514 do C.Pr. Penal".[110]
>
> É da jurisprudência do Supremo Tribunal (v.g. HC 73.099, 1ª T., 3-10-1995, Moreira, *DJ* 17-5-1996) que o procedimento previsto nos arts. 513 e s. do C.Pr.Penal se reserva aos casos em que a denúncia veicula tão somente crimes funcionais típicos (C.Penal, arts. 312 a 326).[111]

No Superior Tribunal de Justiça não é diferente:

> O procedimento especial previsto nos arts. 513 a 518 do Código de Processo Penal só se aplica aos delitos funcionais típicos, descritos nos arts. 312 a 326 do Código Penal.[112]
>
> O procedimento previsto no art. 514 do Código de Processo Penal se aplica aos delitos previstos nos arts. 312 a 326 do Código Penal, vale dizer, aos crimes funcionais próprios.[113]

Como é possível observar, a denominação dada pelo CPP não é correta, pois, em verdade, não se trata propriamente de crimes de responsabilidade, visto que destes só se poderá falar tecnicamente quando se estiver diante daquelas infrações

---

108. "Consoante a orientação deste Superior Tribunal de Justiça e do Excelso Pretório, se a denúncia imputa ao agente público crime funcional e crime não funcional, não se aplica a defesa preliminar prevista no art. 514 do Código de Processo Penal" (STJ, HC 164.643/SP, 5ª T., rel. Min. Laurita Vaz, j. 25-9-2012, *DJe* de 2-10-2012). "(...) não se aplica o rito previsto para o processamento dos crimes de responsabilidade do funcionário público, o que afasta a determinação do art. 514 do Código de Processo Penal (REsp 670.739/RJ)" (STJ, HC 160.332/SP, 5ª T., rel. Min. Jorge Mussi, j. 13-3-2012, *DJe* de 30-3-2012).

109. STF, HC 95.667/AM, 1ª T., rel. Min. Ricardo Lewandowski, j. 16-6-2012, *DJe* n. 120, de 1º-7-2012, *LEXSTF* 380/276.

110. STF, HC 73.099/SP, 1ª T., rel. Min. Moreira Alves, j. 3-10-1995, *DJ* de 17-5-1996, p. 16.324.

111. STF, HC 89.686/SP, 1ª T., rel. Min. Sepúlveda Pertence, j. 12-6-2007, *DJe* n. 82, de 17-8-2007.

112. STJ, HC 198.074/RJ, 5ª T., rel. Min. Jorge Mussi, j. 22-11-2011, *DJe* de 19-12-2011.

113. STJ, HC 79.751/RJ, 6ª T., rel. Min. Paulo Gallotti, j. 11-3-2008, *DJe* de 14-4-2008, *RT* 873/540.

políticas previstas na Constituição Federal, julgadas, em regra, pelas "Casas Legislativas" (Senado, Câmara Federal, Assembleias Estaduais e Câmaras Municipais); julgamentos levados a efeito por órgãos políticos, portanto.

Delimitado o âmbito de sua aplicação aos processos submetidos a julgamento por juiz de direito, explicita o art. 513 que a denúncia ou queixa deverá ser instruída com *documentos* ou *justificação* que façam presumir a existência do delito ou com *declaração fundamentada* da impossibilidade de apresentação de qualquer dessas provas.

A *justificação* referida é aquela procedida fora do juízo criminal – produção antecipada de prova –, notadamente com a oitiva de testemunhas.

Tal como se verifica em relação a qualquer outra infração penal, o inquérito policial não é imprescindível, mas, embora dispensável, não está proibido.

A despeito da regra indicada, a inicial acusatória *sempre* deverá estar lastreada em elementos de convicção que autorizem a instauração do processo, sob pena de liminar indeferimento por falta de *justa causa* para a ação penal, aplicando-se aqui o quanto já expendido anteriormente sobre esse tema.

Seja qual for a infração penal, a inicial *sempre* deverá estar *formalmente em ordem* e *substancialmente autorizada*, daí não se apresentar viável quando desamparada de qualquer suporte probatório mínimo a respeito da ocorrência do delito, autoria e materialidade.

Na dicção do art. 514: "Nos crimes afiançáveis, estando a denúncia ou queixa em devida forma, o juiz mandará autuá-la e ordenará a notificação do acusado, para responder por escrito, dentro do prazo de quinze dias".

A resposta ou defesa ora tratada deve ser apresentada *antes do recebimento da denúncia*, e há discussão doutrinária e jurisprudencial a respeito dos efeitos de sua ausência quando a inicial acusatória estiver lastreada em inquérito.

Há quem afirme que o cabimento da defesa preliminar se justifica apenas na possibilidade de oferecimento de acusação formal desacompanhada de inquérito, daí a cautela prévia visando a evitar instauração de ação penal temerária e constrangimento ilegal ao acusado.

Com base em tal entendimento, quando a acusação estiver lastreada em inquérito, a defesa preliminar será dispensável.

Esse tipo de compreensão não pode prevalecer, visto que inconcebível a supressão de fase procedimental asseguradora de ampla defesa tendo por base a existência ou inexistência de inquérito prévio. Tal forma de pensar parece sugerir que, mesmo sem inquérito, a inicial acusatória poderia ensejar instauração de ação penal quando desacompanhada de elementos mínimos de convicção, o que é absolutamente inviável.

Com ou sem inquérito, observadas as garantias do procedimento tipificado e do procedimento integral, não é dado ao juiz, validamente, suprimir o direito à resposta preliminar.

É nesse sentido o entendimento que prevalece atualmente no Supremo Tribunal Federal:[114]

> A partir do julgamento do HC 85.779/RJ, passou-se a entender, nesta Corte, que é indispensável a defesa preliminar nas hipóteses do art. 514 do Código de Processo Penal, mesmo quando a denúncia é lastreada em inquérito policial (*Informativo* 457/STF).[115]
>
> Ao julgar o HC 85.779, Gilmar, Inf. STF 457, o plenário do Supremo Tribunal, abandonando entendimento anterior da jurisprudência, assentou, como *obter dictum*, que o fato de a denúncia se ter respaldado em elementos de informação colhidos no inquérito policial, não dispensa a obrigatoriedade da notificação prévia (CPP, art. 514) do acusado.[116]

O Superior Tribunal de Justiça continua entendendo de modo diverso,[117] e inclusive ainda é aplicada sua Súmula 330, cujo enunciado tem o seguinte teor: "É desnecessária a resposta preliminar de que trata o art. 514 do Código de Processo Penal, na ação penal instruída por inquérito policial".

Diz o parágrafo único do art. 514 que: "Se não for conhecida a residência do acusado, ou este se achar fora da jurisdição do juiz, ser-lhe-á nomeado defensor, a quem caberá apresentar a resposta preliminar".

Necessário observar que se o acusado residir fora da comarca do processo (se achar fora da jurisdição do juiz), *em endereço conhecido*, o correto é proceder-se à sua intimação por carta precatória para que providencie a apresentação de sua defesa preliminar.

Viola o princípio da ampla defesa e contraria o próprio sentido da norma deixar de dar ao acusado conhecimento pessoal e direto a respeito da imputação contra ele lançada, apenas porque não reside na comarca do juízo processante.

---

114. Antes, prevaleceu o entendimento segundo o qual "a notificação do acusado prevista no art. 514 do Código de Processo Penal apenas é exigível quando a denúncia deixa de ser precedida do inquérito – inteligência dos arts. 513 e 514 do Código de Processo Penal. Precedentes: recurso em *habeas corpus* n. 50.664/PR, rel. Min. Antonio Neder, *Revista Trimestral de Jurisprudência* n. 66/365; *habeas corpus* n. 60.826, rel. Min. Néri da Silveira, *Revista Trimestral de Jurisprudência* n. 110/601 e *Diário* de 3 de dezembro de 1993" (STF, HC 71.237/RS, 2ª T., rel. Min. Marco Aurélio, j. 17-5-1994, *DJ* de 1º-7-1994, p. 17.482).

115. STF, HC 95.969/SP, 1ª T., rel. Min. Ricardo Lewandowski, j. 12-5-2009, *DJe* n. 108, de 12-6-2009.

116. STF, HC 89.686/SP, 1ª T., rel. Min. Sepúlveda Pertence, j. 12-6-2007, *DJe* n. 82, de 17-8-2007.

117. "Consolidou-se neste Superior Tribunal de Justiça o entendimento de que a notificação do servidor público, nos termos do art. 514 do Código de Processo Penal, não é necessária quando a ação penal é precedida de inquérito policial. Enunciado 330 da Súmula deste Sodalício" (STJ, AgRg no HC 441.555/SC, 5ª T., rel. Min. Jorge Mussi, j. 17-4-2018, *DJe* de 26-4-2018). *No mesmo sentido*: STJ, AgRg no REsp 1.194.459/RS, 5ª T., rel. Min. Marco Aurélio Bellizze, j. 14-5-2013, *DJe* de 21-5-2013; STJ, HC 220.235/MT, 5ª T., rel. Min. Laurita Vaz, j. 4-9-2012, *DJe* de 17-9-2012; STJ, HC 171.117/PE, 6ª T., rel. Min. Sebastião Reis Junior, j. 23-4-2013, *DJe* de 6-5-2013; STJ, AgRg no Ag 1.114.632/RJ, 6ª T., rel. Min. Maria Thereza de Assis Moura, j. 3-3-2011, *DJe* de 16-3-2011.

Diz o art. 515 que o prazo para resposta correrá em cartório, onde os autos poderão ser consultados pelo acusado e seu defensor. A regra deixa de ter sentido, é força convir, quando se estiver diante de processo digital.

Como não poderia ser de forma diversa, a resposta poderá ser instruída com documentos e justificações.

Observado o disposto no art. 93, IX, da CF, sob pena de nulidade, cumpre seja convenientemente fundamentada a decisão de rejeição, e também a de recebimento[118] da inicial acusatória.

O direito à resposta preliminar não se estende ao corréu que não é funcionário público,[119] e de igual maneira àquele que já tenha deixado o *efetivo exercício* da função pública.[120]

Há dissenso na doutrina e na jurisprudência a respeito das consequências advindas da não observância do procedimento preliminar anteriormente indicado.

O Supremo Tribunal Federal e o Superior Tribunal de Justiça têm entendido que a mácula gera *nulidade relativa*.

Nesse sentido:

> De outra parte, a omissão dessa formalidade só acarreta, segundo a jurisprudência desta Corte, nulidade relativa, que não se declara quando não alegada – como não o foi no caso – no momento oportuno, nem quando não há a demonstração de prejuízo para o réu.[121]

---

118. "Oferecida defesa preliminar, é nula a decisão que, ao receber a denúncia, desconsidera as alegações apresentadas" (STF, HC 84.919/SP, 2ª T., rel. Min. Cezar Peluso, j. 2-2-2010, *DJe* n. 55, de 26-3-2010). "À luz da jurisprudência dominante, é dispensável a fundamentação no despacho que recebe a denúncia, visto que tal procedimento não possui caráter decisório" (STJ, AgRg no REsp 1.194.459/RS, 5ª T., rel. Min. Marco Aurélio Bellizze, j. 14-5-2013, *DJe* de 21-5-2013).

"Este Superior Tribunal, na linha do entendimento firmado no Supremo Tribunal Federal, tem entendido ser desnecessária robusta fundamentação a respeito do recebimento da inicial acusatória, uma vez que tal ato não se classifica como de caráter decisório, para os fins a que se refere o art. 93, IX, da Constituição Federal" (STJ, HC 171.117/PE, 6ª T., rel. Min. Sebastião Reis Junior, j. 23-4-2013, *DJe* de 6-5-2013).

119. "De acordo com a jurisprudência do Superior Tribunal de Justiça, a notificação do acusado para apresentar defesa antes do recebimento da denúncia, nos termos do art. 514 do Código de Processo Penal, somente se aplica ao funcionário público, não se estendendo ao particular que seja coautor ou partícipe. Precedentes" (STJ, HC 102.816/DF, 6ª T., rel. Min. Maria Thereza de Assis Moura, j. 22-8-2011, *DJe* de 8-9-2011, *LEXSTJ* 267/233).

120. "O procedimento especial estabelecido nos arts. 513 a 516 do Código de Processo Penal não é aplicável ao servidor público aposentado" (STF, HC 96.058 ED/SP, 2ª T., rel. Min. Eros Grau, j. 15-12-2009, *DJe* n. 76, de 30-4-2010). "O procedimento especial previsto no art. 514 do CPP não é de ser aplicado ao funcionário público que deixou de exercer a função na qual estava investido" (STF, HC 95.402 ED/SP, 2ª T., rel. Min. Eros Grau, j. 2-6-2009, *DJe* n. 148, de 7-8-2009). "O rito especial previsto no art. 514 do Código de Processo Penal não se aplica ao funcionário público que deixou de exercer o cargo ou a função pública que ocupava. Precedentes do STF" (STJ, RHC 31.752/MT, 5ª T., rel. Min. Marco Aurélio Bellizze, j. 27-3-2012, *DJe* de 4-5-2012).

121. STF, HC 73.099/SP, 1ª T., rel. Min. Moreira Alves, j. 3-10-1995, *DJ* de 17-5-1996, p. 16.324.

A teor do disposto nos arts. 563, 566, 575, II, e 572 do Código de Processo Penal, a inobservância da formalidade prevista no art. 514 deste diploma legal acarreta nulidade relativa. Ocorre a preclusão quando não arguida no prazo assinado para as alegações – art. 500 da referida legislação instrumental. Precedentes: recurso extraordinário criminal n. 113.777-SP, 2ª T., rel. Min. Aldir Passarinho, acórdão publicado na *Revista Trimestral de Jurisprudência* n. 123/816; recurso extraordinário criminal n. 108.485-SP, 2ª T., rel. Min. Celio Borja, acórdão publicado na *Revista Trimestral de Jurisprudência* n. 124/686; *habeas corpus* n. 60.826-SP, 1ª T., rel. Min. Neri da Silveira, acórdão publicado na *Revista Trimestral de Jurisprudência* n. 110/601; recurso extraordinário n. 113.601-SP, 1ª T., rel. Min. Moreira Alves, acórdão publicado na *Revista Trimestral de Jurisprudência* n. 123/803.[122]

Segundo a jurisprudência do Superior Tribunal de Justiça, configura nulidade relativa a ausência de abertura de prazo para o oferecimento de defesa preliminar, nos termos do art. 514 do Código de Processo Penal, devendo ser arguida em momento oportuno e com demonstração de prejuízo, sob pena de preclusão.[123]

A nulidade pela ausência de abertura de prazo para oferecimento da defesa preliminar prevista no art. 514 do Código de Processo Penal tem natureza relativa, devendo ser arguida tempestivamente e com demonstração do prejuízo, sob pena de preclusão.[124]

A nosso ver, a hipótese é de *nulidade absoluta* e não se pode exigir a demonstração de prejuízo indemonstrável.

Com efeito, observado que *forma é garantia*,[125] o desatendimento ao disposto no art. 514 do CPP viola as garantias do procedimento integral e do procedimento tipificado, de modo a malferir o princípio do devido processo legal, além de sacrificar a ampla defesa tipicamente assegurada.

A concessão do prazo para defesa preliminar decorre de imposição legal e não pode ser suprimida, mas sua apresentação não configura obrigação que se possa impor ao acusado.

Recebida a denúncia ou queixa, segue-se conforme o *procedimento ordinário* (citação para resposta escrita; decisão sobre absolvição sumária etc.).

A decisão sobre a resposta escrita deve ser convenientemente fundamentada e é de competência do juiz das garantias, quando e onde estiver implementado.[126]

---

122. STF, HC 71.237/RS, 2ª T., rel. Min. Marco Aurélio, j. 17-5-1994, *DJ* de 1º-7-1994, p. 17.482.

123. STJ, RHC 31.752/MT, 5ª T., rel. Min. Marco Aurélio Bellizze, j. 27-3-2012, *DJe* de 4-5-2012.

124. STJ, HC 165.725/SP, 5ª T., rel. Min. Laurita Vaz, j. 31-5-2011, *DJe* de 16-6-2011.

125. Francesco Carnelutti, *Principi del processo penale*, Napoli, Morano Editore, 1960, p. 66 e s.

126. Após a publicação da Lei n. 13.964/2019 foram ajuizadas no Supremo Tribunal Federal três ações diretas de inconstitucionalidade questionando alguns de seus dispositivos – ADI 6.298, 6.299 e 6.300 –, e no dia 15 de janeiro de 2020 o Min. Dias Toffoli concedeu medida cautelar nos autos da ADI 6.298, para, entre outras coisas: "**(i)** suspender-se a eficácia dos **arts. 3º-D, parágrafo único, e 157, § 5º**, do Código de Processo Penal, incluídos pela Lei n. 13.964/19; **(ii)** suspender-se a eficácia dos arts. 3º-B, 3º-C, 3º-D, *caput*, 3º-E e 3º-F do CPP, inseridos pela Lei n. 13.964/2019, até a efetiva implementação do juiz das garantias pelos tribunais, o que deverá ocorrer **no prazo máximo de 180 (cento e oitenta) dias,**

Só após proferir tal decisão é que determinará a remessa dos autos ao juiz da instrução e julgamento.

É oportuno dizer que há entendimento segundo o qual estariam revogadas as regras particulares do procedimento ora tratado, de modo a ser aplicável o procedimento ordinário, do início ao fim.

Nesse sentido, leciona Pacelli que: "O rito, agora, é o ordinário, em face do quanto previsto no art. 394, § 4º, do CPP, que manda sejam aplicadas as disposições do art. 395 ao art. 397, CPP, a todos os procedimentos de primeira instância, em quaisquer ritos, salvo as exceções ali mencionadas (Júri, Juizados Especiais Criminais). (...) Ora, como após essa fase, isto é, após o recebimento da peça acusatória, prevê o art. 517 a adoção do rito ordinário, as diferenças entre o procedimento nos crimes de responsabilidade dos funcionários públicos e o rito ordinário não mais existem. A nosso juízo, ficam também revogadas as disposições do art. 516, CPP, no qual se previa a possibilidade de rejeição da denúncia ou queixa ou a improcedência da ação. Impõe-se a uniformidade de decisões judiciais, na forma, então, do art. 395, art. 397, na fase preliminar, e, após a instrução, do art. 386, todos do CPP, quando se tratar, por óbvio, de decisões absolutórias e/ou de rejeição da peça acusatória".[127]

Aury Lopes Jr. comunga do mesmo entendimento, e chega a afirmar que "houve uma ordinarização do procedimento especial, que agora seguirá integralmente o rito ordinário".[128]

Considerando as atuais e reiteradas decisões do STF e do STJ sobre aspectos diversos do procedimento especial regulado no CPP, conforme indicadas ao longo deste tópico, extrai-se que prevalece nas Cortes Superiores o entendimento segundo o qual continuam aplicáveis as regras dos arts. 513 a 518.

4.2.2. *Procedimento previsto para os crimes contra a honra*

Muito embora o Capítulo II do Título II do CPP se refira ao processo e julgamento dos crimes de *calúnia* e *injúria*, "de competência do juiz singular", fato é que também o crime de *difamação* está sujeito à mesma *disciplina procedimental* que a seguir analisaremos, mas a ela não se submetem os crimes contra a honra previstos em leis especiais. Alcança apenas os crimes tipificados no Código Penal, com as exceções que adiante verificaremos.

---

contados a partir da publicação desta decisão; (iii) conferir-se interpretação conforme às normas relativas ao juiz das garantias (arts. 3º-B a 3º-F do CPP), para esclarecer que não se aplicam às seguintes situações: (a) processos de competência originária dos tribunais, os quais são regidos pela Lei n. 8.038/90; (b) processos de competência do Tribunal do Júri; (c) casos de violência doméstica e familiar; e (d) processos criminais de competência da Justiça Eleitoral".

127. Eugênio Pacelli, *Curso de processo penal*, 21. ed., São Paulo, Atlas, 2017, p. 803.

128. *Direito processual penal*, 11. ed., São Paulo, Saraiva, 2014, p. 963.

A referência à "competência do juiz singular" deixou de ter sentido já há algum tempo, e se justificou, no passado, quando crimes contra a honra praticados por meio de imprensa eram julgados pelo "júri de imprensa", o que levou o legislador da época a explicitar no CPP a existência de crimes que eram julgados pelo júri e outros por juiz singular.

Atualmente não subsiste nem mesmo a Lei de Imprensa (Lei n. 5.250/67), visto que no dia 30 de abril de 2009, quando do julgamento da ADPF n. 130/DF (Arguição de Descumprimento de Preceito Fundamental), de que foi relator o Min. CARLOS AYRES BRITTO, o Plenário do Supremo Tribunal Federal, por maioria de votos, reconheceu que todo seu conjunto de dispositivos não foi recepcionado pela vigente Constituição Federal.

Feitas tais ponderações preliminares, cabe observar que, *isoladamente considerados*, os crimes contra a honra se submetem ao *procedimento sumaríssimo* ditado pela Lei n. 9.099/95 (Juizados Especiais Criminais), já que todos se encaixam no conceito de infração penal de menor potencial ofensivo delimitado no art. 61 da referida lei, *verbis*: "Consideram-se infrações penais de menor potencial ofensivo, sujeitas ao *procedimento sumaríssimo*, as contravenções penais e os crimes a que a lei comine pena máxima não superior a 2 (dois) anos, cumulada ou não com multa".

Nas hipóteses previstas no parágrafo único do art. 66 e no § 3º do art. 77 da Lei n. 9.099/95, por imposição do art. 538 do CPP deverá ser observado o *procedimento sumário*.

De ver, entretanto, que havendo *concurso material* entre o crime de calúnia, que dentre eles é o que tem a maior pena privativa de liberdade cominada, e o crime de difamação ou de injúria (ou ambos), a soma das penas impedirá a adoção do procedimento sumaríssimo e então caberá observar as regras procedimentais dos arts. 519 a 523 do CPP.

Determina o art. 520 do CPP que: "Antes de receber a queixa, o juiz oferecerá às partes oportunidade para se reconciliarem, fazendo-as comparecer em juízo e ouvindo-as, separadamente, sem a presença dos seus advogados, não se lavrando termo".

De início cabe observar que há determinados crimes contra a honra que são de *ação penal pública condicionada à requisição do Ministro da Justiça*, tal como ocorre quando o ofendido for o Presidente da República ou chefe de governo estrangeiro (CP, art. 141, I, c.c. o parágrafo único do art. 145, ambos do CP), e outros de *ação penal pública condicionada à representação* do ofendido, o que se verifica quando o crime for praticado contra funcionário público no exercício de suas funções e também no caso de injúria racial (CP, art. 141, II, c.c. o parágrafo único do art. 145, ambos do CP).

Apesar da existência de expressa disposição de lei em sentido contrário (CP, art. 145, parágrafo único), na hipótese de crime contra a honra praticado contra funcionário público em razão de suas funções (*propter officium*), para o qual a ação penal é pública condicionada à representação do ofendido, a Súmula 714 do STF[129] admite *legitimação concorrente* e permite ao ofendido o ajuizamento de ação penal privada, independentemente do escoamento do prazo outorgado ao Ministério Público.

Se a injúria consistir em violência ou vias de fato, que, por sua natureza ou pelo meio empregado, considerem-se aviltantes, e da violência resultar lesão corporal, o crime será de *ação penal pública incondicionada* (§ 2º do art. 140, c.c. o art. 145, parte final, ambos do CP).

O procedimento sob análise não se aplica às ações penais públicas – incondicionadas ou condicionadas –, porque incidente o *princípio da indisponibilidade* na hipótese, cumprindo observar ainda, em relação às condicionadas, que é impossível a retratação da representação do ofendido e da requisição Ministerial, após o oferecimento da denúncia.

Nas hipóteses de ação penal privada, iniciada mediante *queixa-crime*, portanto, o juiz deverá abrir vista dos autos ao Ministério Público para os fins do disposto no § 2º do art. 46 do CPP e, a seguir, se ausentes os requisitos do art. 41 ou presente qualquer das hipóteses do art. 395 do CPP, o juiz deverá rejeitá-la de plano, pois não tem sentido algum praticar ato processual diverso quando desde logo se verificar *manifestamente* inviável a ação penal.

Não sendo caso de rejeição liminar, antes de receber a inicial acusatória o juiz deverá designar audiência para tentativa de (*re*)*conciliação* entre as partes, que serão intimadas a comparecer no dia e hora fixados, ocasião em que o juiz deverá ouvi-las separadamente, sem a presença dos respectivos advogados. Até este momento não será lavrado termo algum em que se faça constar o teor da conversa conciliatória mantida entre o juiz e cada uma das partes (querelante e querelado).

Entende Aury Lopes Jr.[130] que a audiência preliminar conciliatória deve ser realizada com a presença de advogado, haja vista o disposto no art. 133 da CF. Em sentido contrário, coincidindo com a nossa forma de pensar, há a opinião de Nucci.[131]

Se, apesar de regularmente intimado, o *querelante* deixar de comparecer à audiência e não justificar sua ausência, o juiz deverá julgar extinta a punibilidade[132] em razão da *perempção*, conforme determina o art. 60, III, primeira parte, do CPP.[133]

---

129. Súmula 714 do STF: "É concorrente a legitimidade do ofendido, mediante queixa, e do Ministério Público, condicionada à representação do ofendido, para a ação penal por crime contra a honra de servidor público em razão do exercício de suas funções".

130. *Direito processual penal*, 11. ed., São Paulo, Saraiva, 2014, p. 966.

131. Guilherme de Souza Nucci, *Manual de processo e execução penal*, 14. ed., Rio de Janeiro, Forense, 2017, p. 669.

132. Art. 107, IV, terceiro instituto, do Código Penal.

133. "Art. 60. Nos casos em que somente se procede mediante queixa, considerar-se-á perempta a ação penal: (...) III – quando o querelante deixar de comparecer, sem motivo justificado, a qualquer ato do processo a que deva estar presente (...)."

Na visão de Nucci, a situação indicada não comporta perempção, pois "inexiste razão para impor ao ofendido uma sanção tão severa, simplesmente porque deixou de comparecer a um ato conciliatório, anterior ao ajuizamento da ação penal".[134]

Como neste momento ainda não ocorreu o recebimento da inicial acusatória, argumenta-se que não se instaurou o *processo* e, portanto, resulta incabível a *sanção processual*.

O Superior Tribunal de Justiça e o Supremo Tribunal Federal já proferiram decisões nesse sentido:

> A perempção é passível de ocorrer apenas depois de instaurada a ação penal privada.[135]
>
> O não comparecimento do querelante à audiência de conciliação prevista no art. 520 do CPP não implica na ocorrência da perempção visto que esta pressupõe a existência de ação penal privada em curso, o que se dá apenas com o devido recebimento da exordial acusatória.[136]
>
> Não é obrigatório o comparecimento do querelante a audiência de tentativa de conciliação, de que trata o art. 520 do C.P.Penal.[137]
>
> A presença do querelante na audiência preliminar não é obrigatória, tanto por ser ato anterior ao recebimento ou rejeição da queixa-crime, quanto pelo fato de se tratar de mera faculdade conferida às partes.[138]

Quer nos parecer, entretanto, que, muito embora ainda não tenha ocorrido o *recebimento da queixa-crime*, não se pode negar que referida *audiência presidida pelo juiz* configura ato processual ou *típico ato de processo*, daí a incidência do instituto que pune a desídia do querelante. Desimporta, para a finalidade tratada, o momento em que ocorre a efetiva instauração do processo.

Prevalece na doutrina o entendimento que pensamos correto, no sentido de que a hipótese é de extinção da punibilidade pela perempção. Nesse sentido, dentre outros, conferir: Aury Lopes Jr;[139] Mirabete[140] e Tourinho Filho.[141]

Por outro vértice, se a *ausência injustificada* for do *querelado*, a única consequência será interpretar que não pretende a *(re)conciliação*, e o processo seguirá seu curso normal.

134. Guilherme de Souza Nucci, *Manual de processo e execução penal*, 14. ed., Rio de Janeiro, Forense, 2017, p. 669.

135. STJ, HC 24.218/MG, 6ª T., rel. Min. Paulo Medina, j. 8-5-2003, *DJ* de 26-5-2003, p. 378.

136. STJ, REsp 605.871/SP, 5ª T., rel. Min. Felix Fischer, j. 15-4-2004, *DJ* de 14-6-2004, p. 274.

137. STF, HC 71.219/PA, 1ª T., rel. Min. Sydney Sanches, j. 18-10-1994, *DJ* de 16-12-1994, p. 34.887.

138. STF, HC 86.942/MG, 2ª T., rel. Min. Gilmar Mendes, j. 7-2-2006, *DJ* de 3-3-2006, p. 91, *RT* 850/522.

139. *Direito processual penal*, 11. ed., São Paulo, Saraiva, 2014, p. 966.

140. Julio Fabbrini Mirabete, *Processo penal*, 16. ed., São Paulo, Atlas, 2004, p. 612.

141. Fernando da Costa Tourinho Filho, *Manual de processo penal*, 17. ed., São Paulo, Saraiva, 2017, p. 816.

Afigura-se juridicamente inviável ao juiz determinar a condução coercitiva de qualquer das partes – querelante ou querelado – para a audiência designada, visto que a *(re)conciliação* deve decorrer de ato livre das partes.

Se, depois de ouvir separadamente o querelante e o querelado, o juiz entender provável a *(re)conciliação*, providenciará para que ambos sejam colocados frente a frente na sala de audiência, juntamente com seus respectivos advogados, quando então formalizará a *(re)conciliação* (CPP, art. 521), após o que o querelante assinará um termo de desistência da ação e a queixa-crime será arquivada.[142]

O termo de desistência da ação configura hipótese de extinção da punibilidade não listada no art. 107 do CP, que sabidamente não é exaustivo, mas tão só exemplificativo.

Inconciliadas as partes, o processo seguirá seu curso normal, observando-se, a partir de então, as regras do *procedimento ordinário* conforme já analisado (recebimento da queixa; citação para resposta escrita; eventual absolvição sumária etc.).

A decisão sobre a resposta escrita deve ser convenientemente fundamentada e é de competência do juiz das garantias, quando e onde estiver implementado.[143]

Só após proferir tal decisão é que determinará a remessa dos autos ao juiz da instrução e julgamento.

4.2.2.1. Exceção da verdade

Os crimes contra a honra – calúnia, difamação e injúria – estão tipificados nos arts. 138, 139 e 140 do Código Penal,[144] respectivamente.

---

142. Ora, como afirmar que tal audiência não configura *ato processual* para fins de reconhecer perempção na situação de ausência injustificada do querelante!

143. Após a publicação da Lei n. 13.964/2019 foram ajuizadas no Supremo Tribunal Federal três ações diretas de inconstitucionalidade questionando alguns de seus dispositivos – ADI 6.298, 6.299 e 6.300 –, e no dia 15 de janeiro de 2020 o Min. Dias Toffoli concedeu medida cautelar nos autos da ADI 6.298, para, entre outras coisas: "**(i)** suspender-se a eficácia dos **arts. 3º -D, parágrafo único, e 157, § 5º**, do Código de Processo Penal, incluídos pela Lei n. 13.964/19; **(ii)** suspender-se a eficácia dos arts. 3º -B, 3º -C, 3º -D, *caput*, 3º -E e 3º -F do CPP, inseridos pela Lei n. 13.964/2019, até a efetiva implementação do juiz das garantias pelos tribunais, o que deverá ocorrer **no prazo máximo de 180 (cento e oitenta) dias, contados a partir da publicação desta decisão; (iii)** conferir-se interpretação conforme às normas relativas ao juiz das garantias (arts. 3º -B a 3º -F do CPP), para esclarecer que não se aplicam às seguintes situações: (a) processos de competência originária dos tribunais, os quais são regidos pela Lei n. 8.038/90; (b) processos de competência do Tribunal do Júri; (c) casos de violência doméstica e familiar; e (d) processos criminais de competência da Justiça Eleitoral".

144. Não subsistem no ordenamento os crimes contra a honra outrora tipificados na Lei de Imprensa (Lei n. 5.250/67), visto que no dia 30 de abril de 2009, quando do julgamento da ADPF n. 130/DF (Arguição de Descumprimento de Preceito Fundamental), de que foi relator o Min. Carlos Britto, o Plenário do Supremo Tribunal Federal, por maioria de votos, reconheceu que todo o conjunto de dispositivos da Lei de Imprensa não foi recepcionado pela vigente Constituição Federal.

O CP admite o apontamento de *exceção* apenas em relação aos crimes de *calúnia*, observadas as regras do art. 138, § 3º, e *difamação* praticada contra funcionário público, em razão de suas funções (art. 140, parágrafo único), onde há imputação de *fato*.

Quanto ao crime de injúria, não há dissenso a respeito do descabimento de prova da verdade (*demonstrativo veritatis*), impossível na espécie, na medida em que tal delito ofende a *honra subjetiva* do ofendido e não decorre da imputação de *fato* que se possa provar verdadeiro.

Nos limites do art. 138, § 3º, do CP, admite-se a prova da verdade, salvo: I – se, constituindo o fato imputado crime de ação privada, o ofendido não foi condenado por sentença irrecorrível; II – se o fato é imputado a qualquer das pessoas indicadas no n. I do art. 141; III – se do crime imputado, embora de ação pública, o ofendido foi absolvido por sentença irrecorrível.[145]

Conforme dispõe o art. 523 do CPP: "Quando for oferecida a exceção da verdade ou da notoriedade do fato imputado, o querelante poderá contestar a exceção no prazo de dois dias, podendo ser inquiridas as testemunhas arroladas na queixa, ou outras indicadas naquele prazo, em substituição às primeiras, ou para completar o máximo legal".

Fala-se em *exceção da verdade* (*exceptio veritatis*) em relação ao crime de calúnia e *exceção de notoriedade do fato* em face do crime de difamação de funcionário público, em razão de suas funções. Ambas configuram *questão prejudicial homogênea*, modalidade de defesa indireta, e visam a provar que o fato imputado realmente ocorreu.

Muito embora o art. 523 se refira ao *querelante*, não é correto entender cabível o apontamento de qualquer das exceções referidas apenas quando se tratar de crime de ação penal privada, sabido que o processo por crime de calúnia ou por difamação poderá ser deflagrado mediante *denúncia* formulada pelo Ministério Público quando o crime for praticado contra funcionário público, em razão de suas funções, modalidade de ação penal pública condicionada à representação (CP, parágrafo único do art. 145, c.c. o art. 141, II).

As exceções, portanto, poderão ser opostas pelo querelado ou pelo acusado, conforme o caso, que assim agindo se propõe a demonstrar em juízo que o fato imputado é verdadeiro.[146] Provando a veracidade do fato, não haverá delito de calúnia, por exemplo, pois a lei exige, para a adequação típica, que o agente venha a

145. A respeito da melhor interpretação que se deve emprestar a tais regras, recomendamos consultar Rogério Greco, *Curso de direito penal*, 2. ed., Niterói, Impetus, 2006, v. II, p. 476-482.

146. "A *exceptio veritatis* constitui ação declaratória incidental destinada, em sua precípua função jurídico-material, a viabilizar a 'prova da veracidade do fato imputado'. Tem pertinência nos processos penais condenatórios instaurados pela prática do delito de calúnia (STF, AC. 69.270, rel. Min. Ilmar Galvão, *DJU* 19-2-1993, p. 2.035)" (Alberto Silva Franco e outros, *Leis penais especiais e sua interpretação jurisprudencial*, São Paulo, Revista dos Tribunais, 1995, p. 1.180).

"caluniar alguém, imputando-lhe *falsamente* fato definido como crime". Retirada a elementar *falsamente*, não haverá crime de calúnia, e o acusado será absolvido por ausência de tipicidade.

A exceção deve ser apresentada no prazo para a resposta escrita à acusação, preferencialmente em peça autônoma, que deverá ser juntada aos próprios autos do processo-crime (não há necessidade de formação de autos apartados).[147]

Visando à economia processual e a evitar decisões conflitantes, caso não esteja diante de situação em que deva rejeitá-la liminarmente por se revelar desde logo inviável, o juiz deverá determinar a intimação do querelante ou do Ministério Público, conforme o caso, para que no prazo de 2 (dois) dias, querendo, apresente *contestação* à exceção, quando então poderá arrolar outras testemunhas, caso não tenha arrolado na inicial acusatória o limite máximo permitido, ou, verificada a hipótese, solicitar a substituição de qualquer das anteriormente arroladas.

Esse arranjo testemunhal é permitido em casos tais por força da ampliação do objeto da prova a ser colhida nos autos.

Após decidir sobre os termos da resposta, apresentada ou não a contestação, o juiz das garantias[148] deverá enviar o processo ao juiz da instrução e julgamento competente, onde caminhará pelo *rito ordinário*, seguindo-se com a oitiva das testemunhas da acusação e da defesa, nessa ordem, cumprindo observar que a prova a ser colhida no curso da instrução processual deverá alcançar a imputação contida na inicial acusatória e também os fundamentos da exceção.

Encerrada a instrução e apresentadas as alegações finais das partes, o juiz deverá proferir sentença na qual analisará todo o conteúdo discutido na denúncia ou queixa e também na exceção.

Se procedentes os fundamentos da exceção, a ação penal será julgada improcedente, e o juiz deverá determinar a adoção das providências cabíveis visando à

---

147. *No mesmo sentido:* Aury Lopes Jr., *Direito processual penal*, 11. ed., São Paulo, Saraiva, 2014, p. 967; Fernando da Costa Tourinho Filho, *Manual de processo penal*, 17. ed., São Paulo, Saraiva, 2017, p. 818.

148. Após a publicação da Lei n. 13.964/2019 foram ajuizadas no Supremo Tribunal Federal três ações diretas de inconstitucionalidade questionando alguns de seus dispositivos – ADI 6.298, 6.299 e 6.300 –, e no dia 15 de janeiro de 2020 o Min. Dias Toffoli concedeu medida cautelar nos autos da ADI 6.298, para, entre outras coisas: "**(i)** suspender-se a eficácia dos **arts. 3º -D, parágrafo único, e 157, § 5º**, do Código de Processo Penal, incluídos pela Lei n. 13.964/19; **(ii)** suspender-se a eficácia dos arts. 3º -B, 3º -C, 3º -D, *caput*, 3º -E e 3º -F do CPP, inseridos pela Lei n. 13.964/2019, até a efetiva implementação do juiz das garantias pelos tribunais, o que deverá ocorrer **no prazo máximo de 180 (cento e oitenta) dias, contados a partir da publicação desta decisão**; **(iii)** conferir-se interpretação conforme às normas relativas ao juiz das garantias (arts. 3º -B a 3º -F do CPP), para esclarecer que não se aplicam às seguintes situações: (a) processos de competência originária dos tribunais, os quais são regidos pela Lei n. 8.038/90; (b) processos de competência do Tribunal do Júri; (c) casos de violência doméstica e familiar; e (d) processos criminais de competência da Justiça Eleitoral".

responsabilização do querelante ou do funcionário público pelo fato praticado, conforme a hipótese recomendar.

4.2.2.1.1. Exceção da verdade oposta em relação a quem goza de foro privilegiado

Nos processos por crime contra a honra, em que forem *querelantes* as pessoas que a Constituição sujeita à jurisdição do Supremo Tribunal Federal, do Superior Tribunal de Justiça, dos Tribunais Regionais Federais e Tribunais de Justiça dos Estados e do Distrito Federal, a qualquer deles, respectivamente, caberá *o julgamento*, quando oposta e admitida exceção da verdade, conforme interpretação tirada do art. 85 do CPP.

Nas hipóteses admitidas, cabe ao querelado interpor exceção da verdade, que nesse caso se prestará a demonstrar que não cometeu o crime imputado pelo querelante, mas, ao contrário, suas afirmações têm correspondência com a realidade dos fatos.

Bem por isso, embora não seja o querelado-excipiente detentor de foro privilegiado por prerrogativa de função, a *exceptio veritatis* que ajuizar *será julgada* no foro originário a que se encontrar vinculado o querelante-excepto, pois, se demonstrada a veracidade de suas afirmações (do querelado-excipiente), poderá decorrer responsabilização ao querelante, inclusive de natureza penal, daí deferir-se desde logo ao foro competente a apreciação da matéria.

Discute-se se, com o ajuizamento da exceção da verdade, apenas esta deverá ser julgada pelo Tribunal ou todo o processo, o que envolveria prorrogação de competência para o foro privilegiado.

Parece-nos acertada a visão de GRECO FILHO quando diz que "a exceção da verdade não é um procedimento ritual autônomo, mas uma defesa de *direito material* que, se procedente, exclui a tipicidade ou a antijuridicidade, ou seja, é pertencente ao *mérito* da imputação. Logo, não poderia ser decidida separadamente".

Nada obstante, como arremata o citado jurista, "o entendimento jurisprudencial é o de que se desloca apenas a exceção, sob o argumento de que a deslocação total para o tribunal levaria a julgamento em competência originária pessoa sem prerrogativa de função. O argumento, contudo, *data venia*, não convence, porque nos crimes conexos, por exemplo, também pessoas não sujeitas à jurisdição de determinado tribunal por ele são julgadas".[149]

Na linha do pensamento jurisprudencial dominante, e considerando que cabe ao Tribunal apenas *o julgamento*, a exceção da verdade há de submeter-se preliminarmente a um juízo de admissibilidade e a processo que evidentemente se situam na instância inferior; ordinária.

149. VICENTE GRECO FILHO, *Manual de processo penal*, p. 183.

Por entender pertinente, pedimos *venia* para transcrever ementa de acórdão relatado pelo Min. CELSO DE MELLO, exauriente da matéria acima tratada:

> A formalização da *exceptio veritatis* contra aquele que goza de prerrogativa de foro *ratione muneris* perante o Supremo Tribunal Federal desloca, para esta instância jurisdicional, somente o julgamento da exceção oposta. Para esse efeito, impõe-se que a exceção da verdade de competência do Supremo Tribunal Federal, seja previamente submetida a juízo de admissibilidade que se situa na instância ordinária. Resultando positivo esse juízo de admissibilidade, a *exceptio veritatis* deverá ser processada perante o órgão judiciário inferior, que nela promoverá a instrução probatória pertinente, eis que a esta Corte cabe, tão somente, o julgamento dessa verdadeira ação declaratória incidental. A competência do Supremo Tribunal Federal para o julgamento da exceção da verdade resume-se, na linha da jurisprudência desta Corte, aos casos em que a *demonstratio veri* disser respeito ao delito de calúnia, no qual se destaca, como elemento essencial do tipo, a imputação de fato determinado revestido de caráter delituoso. Tratando-se de difamação, hipótese em que se revela inaplicável o art. 85 do Código de Processo Penal, a exceção da verdade, uma vez deduzida e admitida, deverá ser processada e julgada pelo próprio juízo inferior, ainda que o excepto disponha, nos termos do art. 102, I, *b* e *c*, da Constituição, de prerrogativa de foro perante o Supremo Tribunal Federal.[150]

Em casos tais, e observado o entendimento prevalente, ao contrário da regra geral, para que não ocorra tumulto processual a exceção *necessariamente* deverá ser arguida em *peça processual autônoma*, que depois de admitida em juízo prévio deverá *tramitar em separado*, o que acarretará a formação de *autos distintos*, em apenso.

Contestada ou não, a prova deverá ser colhida nos autos principais (no processo de conhecimento), e, depois de encerrada a instrução e apresentadas as alegações finais das partes, o juiz deverá determinar a *suspensão do processo principal* e a *remessa dos autos* ao Tribunal competente para que proceda ao *julgamento da exceção*, no apenso próprio.

Julgada a exceção, os autos serão encaminhados ao juízo de origem para que profira sentença quanto ao tema principal, e é óbvio que não se poderá contrariar os termos da decisão proferida na exceção. Disso decorre afirmar que: julgada procedente a exceção, não será juridicamente possível a procedência da ação penal de conhecimento.

4.2.3. Procedimento previsto para os crimes contra a propriedade imaterial

O procedimento em questão está regulado nos arts. 524 a 530-I, do CPP.

A propriedade imaterial, fruto da capacidade de criação atrelada ao ente humano, conta com proteção jurídica superior, disposta no art. 216 da CF.

---

150. STF, AP 305 QO/DF, Tribunal Pleno, rel. Min. Celso de Mello, j. 12-8-1993, *DJe* de 10-9-1993.

No plano infraconstitucional, encontramos modalidades típicas nos arts. 184 a 186 do Código Penal e também na Lei n. 9.279/96, que regula direitos e obrigações relativos à propriedade industrial.

Dentre os delitos catalogados, há alguns de ação penal pública, mas na maioria dos casos predomina a ação penal privada.

Por força do disposto no art. 158 do CPP, já sabemos que para o reconhecimento da materialidade delitiva é imprescindível prova pericial, sempre que a infração deixar vestígios.

Por aqui, tratando-se de crime contra a propriedade imaterial, o legislador foi um pouco mais além, de modo a exigir que "no caso de haver o crime deixado vestígio, a queixa ou a denúncia não será recebida se não for instruída com o exame pericial dos objetos que constituam o corpo de delito" (art. 525).

Em face da exigência específica e clara acima transcrita, não se aplica a regra geral disposta no art. 167 do CPP, que permite o exame pericial indireto, inclusive por meio de testemunhas.

Na hipótese cuidada, o exame pericial constitui *condição de procedibilidade*, de maneira que, em casos tais, ao contrário do que ocorre na generalidade, a inicial acusatória não será sequer recebida se estiver desacompanhada da prova técnica, e é aqui que reside uma das principais peculiaridades desse tipo de procedimento especial, conforme passaremos a analisar.

A exigência prévia desse tipo de prova tem por objetivo oferecer maior segurança a respeito da plausividade da acusação, visto que, em regra, não se faz possível aferir a ocorrência do delito de modo diverso. Em alguns casos, a propósito, reclama-se perícia muito específica e sutil, de maneira que seria temerária a instauração de ação penal apenas com base em informes testemunhais.

O legislador houve por bem estabelecer algumas regras distintas, que levam em conta a natureza da ação. De tal modo, inicialmente é preciso analisar se o crime é de (*1*) *ação penal privada* ou (*2*) *ação penal pública*.

É verdade que o art. 530-A diz que o disposto nos arts. 524 a 530 será aplicável aos *crimes em que se proceda mediante queixa*, mas não se pode negar que tais crimes são aqueles de *ação penal privada*, excetuada a hipótese de ação penal privada subsidiária da pública, daí preferirmos a classificação anteriormente indicada.

Vencida a fase preliminar que se destina à *prova prévia* da materialidade delitiva, **oferecida a denúncia ou queixa, segue-se o rito do *procedimento ordinário***, já analisado minuciosamente neste capítulo.

Cumpre agora verificar as regras específicas que devem ser aplicadas tendo em conta a natureza da ação penal.

1) ***Crimes de ação penal privada***

O ofendido deve requerer ao juiz que determine a **busca e apreensão do material** que constitui o corpo de delito da infração penal. O pedido deve estar convenientemente fundamentado e acompanhado dos elementos de prova de que dispuser, especialmente com vistas a provar seu direito de ação, pois do contrário a diligência preliminar não poderá ser deferida (art. 526).

Se encontrar fundamento para tanto, o juiz deverá determinar a diligência de busca e apreensão, que será realizada por *dois peritos*[151] por ele nomeados, e a estes competirá, no momento da diligência, deliberar a respeito do cabimento ou não da apreensão dos bens indicados.

Com ou sem apreensão de bens, o **laudo pericial** deverá ser apresentado no prazo de 3 (três) dias após o encerramento da diligência. O requerente da diligência poderá impugnar o laudo contrário à apreensão, e o juiz ordenará que esta se efetue, se reconhecer a improcedência das razões aduzidas pelos peritos (art. 527).

Ocorrendo apreensão, é preciso que se observe a cadeia de custódia, do isolamento ao descarte (CPP, arts. 158-B a 158-F).

Encerradas as diligências e apresentado o laudo pericial, os autos serão conclusos para **homologação do juiz** (art. 528).

A decisão de homologação, que comporta recurso de apelação, não resolve definitivamente a discussão sobre a materialidade delitiva, que poderá ser rediscutida na fase do contraditório judicial.

Homologado o laudo, nos **crimes de ação privada** o ofendido disporá de **30 (trinta) dias para o oferecimento da queixa-crime**, salvo se tiver ocorrido a prisão em flagrante do apontado autor do fato e este não for colocado em liberdade, quando então o prazo será de **8 (oito) dias**. Em qualquer caso, e a despeito da ausência de previsão expressa nesse sentido, os prazos devem ser **contados a partir da intimação** da decisão de homologação.[152]

---

151. "Em relação aos crimes contra a propriedade imaterial que deixam vestígios, prevê o Código de Processo Penal a necessidade de realização de exame pericial dos objetos que constituam o corpo de delito e que o respectivo laudo deverá instruir a ação penal. Tratando-se de ação penal privada, a diligência de busca e apreensão deve ser realizada por dois peritos nomeados pelo juiz, a fim de que possam verificar a existência de fundamento para a apreensão, de modo a evitar o recolhimento de provas dispensáveis à instrução do feito, conforme disposto no art. 527 do Código de Processo Penal" (STJ, RHC 27.964/RS, 5ª T., rel. Min. Laurita Vaz, j. 26-6-2012, *DJe* de 1º-8-2012). *Entendendo que basta um perito*: "O fato de o exame de corpo de delito ter sido efetivado por apenas um perito oficial não induz à nulidade do procedimento. Tal conclusão decorre da interpretação sistemática dos arts. 527 e 159 da Lei a*dje*tiva, com a redação dada pela Lei n. 11.690/2008, que passou a exigir a presença de duas pessoas para realização do exame tão somente na falta de perito oficial" (STJ, RMS 31.050/RS, 6ª T., rel. Min. Og Fernandes, j. 28-6-2011, *DJe* de 13-10-2011).

152. "O prazo para o oferecimento de queixa-crime, no caso de crimes contra a propriedade imaterial que deixam vestígios, é de trinta dias contados a partir da intimação da homologação do laudo peri-

Note-se que nos crimes de ação penal privada o ofendido dispõe do **prazo decadencial** (que não se interrompe nem se suspende; prazo fatal) de 6 (seis) meses para o ajuizamento da queixa-crime, na forma do art. 38 do CPP; contudo, no caso de crime contra a propriedade imaterial, esse prazo inicial sofre alteração, na medida em que incidente a regra especial que determina o ajuizamento da queixa no prazo de 30 ou 8 dias a contar da intimação da decisão de homologação do laudo, conforme as hipóteses analisadas.

A esse respeito, o Superior Tribunal de Justiça tem decidido reiteradamente que:

> Nos crimes contra a propriedade imaterial o prazo do art. 529 do CPP prepondera, por ser específico, sobre o disposto nos arts. 38 do CPP e 103 do CP (STJ, HC 12.815/SP, 5ª T., rel. Min. Felix Fischer, j. 2-10-2001, *DJ* de 19-11-2001, p. 293, *RSTJ* 152/473, *RT* 798/564).

> Recusa-se aplicação aos arts. 38 do CPP e 105 do CP, em se tratando de crime de violação de direito autoral, em decorrência da norma de caráter especial do art. 529 do CPP (...).[153]

Cabe ressaltar, ainda, que, segundo os arts. 306 e 310 do CPP, a prisão por força de flagrante tem prazo de duração bastante reduzido, daí por que o suposto infrator só poderá permanecer preso se for decretada sua *prisão preventiva* ou *temporária*.

Considerando que os crimes contra a propriedade imaterial não estão entre aqueles que autorizam prisão temporária e muito raramente comportarão prisão preventiva (medida constritiva subsidiária, de *ultima ratio*), a prisão iniciada por força de flagrante só poderá exceder seu exíguo prazo se o crime for praticado em concurso com qualquer daqueles mais graves, em relação aos quais é possível prisão cautelar por tempo mais dilatado, mas aí quase sempre teremos crime de ação penal pública conexo com crime de ação penal privada, e para casos tais, segundo pensamos, o ideal é a separação de processos.

Isso demonstra que nos dias atuais é praticamente inviável pensar que alguém venha a ser inicialmente preso por força de flagrante por crime contra a propriedade imaterial e permaneça sob privação cautelar da liberdade. Seja como

---

cial pelo Juiz. Inteligência do art. 529 do CPP" (STJ, RHC 17.390/SP, 5ª T., rel. Min. Arnaldo Esteves de Lima, j. 14-6-2005, *DJ* de 22-8-2005, p. 304, *RT* 840/548). "Com efeito, em relação aos crimes contra a propriedade imaterial, o Código de Processo Penal prevê uma medida preliminar de busca e apreensão e a realização de exame pericial para os ilícitos que deixam vestígios, conforme se depreende pela leitura dos arts. 524 a 528 do Código de Processo Penal, com o objetivo de colher os elementos necessários para o exercício do direito de queixa. Nesses casos, o prazo decadencial para oferecimento da queixa-crime é de 30 (trinta) dias, contados da ciência da homologação do laudo pericial, produzido na medida preparatória de busca e apreensão, nos termos do disposto dos arts. 529 e 530 do mesmo diploma legal. Precedentes desta Corte" (STJ, AgRg no REsp 402.488/SP, 6ª T., rel. Min. Og Fernandes, j. 17-11-2009, *DJe* de 7-12-2009).

153. STJ, RMS 10.589/SP, 6ª T., rel. Min. Fernando Gonçalves, j. 9-5-2000, *DJ* de 5-6-2000, p. 213, *LEXSTJ* 133/372.

for, a previsão do prazo decadencial para o caso de investigado preso está expressa, e é preciso estar atento.

2) *Crimes de ação penal pública*

Quando se estiver diante de crime de *ação penal pública* – condicionada ou incondicionada –, o procedimento inicial deverá levar em conta as disposições dos arts. 530-B, 530-C, 530-D, 530-E, 530-F, 530-G e 530-H do CPP.[154]

Essas mesmas regras serão aplicadas no caso de *ação penal privada subsidiária da pública*, porquanto de natureza pública o bem jurídico tutelado.

Em razão de provocação ou de ofício, "a autoridade policial procederá à apreensão dos bens ilicitamente produzidos ou reproduzidos, em sua totalidade, juntamente com os equipamentos, suportes e materiais que possibilitaram a sua existência, desde que estes se destinem precipuamente à prática do ilícito" (art. 530-B).

O art. 530-C determinava que a diligência de apreensão deveria ser documentada em termo próprio, lavrado pela autoridade e assinado por ao menos 2 (duas) testemunhas que tivessem presenciado a diligência, com a descrição de todos os bens apreendidos e informações sobre suas origens, o qual deveria integrar o inquérito policial ou o processo.

Esse dispositivo foi derrogado tacitamente, e agora devem ser aplicadas as disposições pertinentes à cadeia de custódia, tal como disciplinada nos arts. 158-B a 158-F do CPP.

Todos os bens apreendidos deverão ser submetidos à perícia, que será realizada por *perito oficial* (tal como o art. 159 do CPP) ou, na falta deste, por pessoa tecnicamente habilitada, e o laudo respectivo deverá ser juntado aos autos do inquérito.

Depois de oferecida a denúncia, impõe-se o *procedimento ordinário*, e as associações de titulares de direitos de autor e os que lhes são conexos poderão, em seu próprio nome, funcionar como assistente da acusação nos crimes previstos no art. 184 do Código Penal, quando praticados em detrimento de qualquer de seus associados (art. 530-H).

---

154. "O procedimento a ser observado nos casos de crimes contra a propriedade imaterial perseguidos mediante ação penal pública, como é o caso dos autos, encontra-se disposto nos arts. 530-B a 530-H do Código de Processo Penal, merecendo destaque o que contido nos arts. 530-B a 530-D, pelos quais a autoridade policial apreenderá os bens objeto do delito, que serão submetidos à perícia, que integrará os autos do processo. O exame técnico tem por finalidade atestar a ocorrência ou não de reprodução procedida com violação aos direitos autorais, sendo desnecessária a identificação das supostas vítimas, até mesmo porque o ilícito em exame é, consoante consignado alhures, perseguido mediante ação penal pública incondicionada, nos termos do inciso II do art. 186 do Estatuto Repressivo. Comprovada a materialidade do crime previsto no § 2º do art. 184 do Código Penal por meio da perícia que atestou serem falsificados os cds e dvds apreendidos com a paciente, mostra-se totalmente dispensável e irrelevante a inquirição dos produtores das mídias a partir das quais teriam sido feitas as cópias encontradas para confirmarem que seus direitos autorais teriam sido violados" (STJ, HC 233.230/MG, 5ª T., rel. Min. Jorge Mussi, j. 16-4-2013, *DJe* de 24-4-2013).

4.2.3.1. Destinação dos bens apreendidos

Decorre do disposto no art. 530-B que, nas diligências visando à apuração dos fatos, "a autoridade policial procederá à apreensão dos bens ilicitamente produzidos ou reproduzidos, em sua totalidade, juntamente com os equipamentos, suportes e materiais que possibilitaram a sua existência, desde que estes se destinem precipuamente à prática do ilícito".

Ao contrário do que ocorre na generalidade dos casos, **na hipótese de ação penal pública**, os bens apreendidos serão deixados mediante depósito em mãos do ofendido, que deverá colocá-los à disposição do juiz sempre que assim determinado.

Muito embora tal deferência ao ofendido, algumas vezes, possa representar vantagens em termos de recomposição patrimonial, na maioria dos casos irá configurar ônus indesejado; verdadeiro problema, na medida em que ficará responsável pelo acervo durante longo período de tempo.

Atento a essa realidade, permite o art. 530-F que o ofendido postule a destruição da *produção* ou *reprodução* apreendida, e, se não houver impugnação quanto à ilicitude dos bens ou quando a ação penal não puder ser iniciada por falta de determinação de quem seja o autor do delito, o juiz mandará preservar bens suficientes para a prova do corpo de delito e a destruição do material restante.

Por não comportarem destinação diversa, os bens que configurem *produção* ou *reprodução ilícita deverão* ser destruídos, no curso do processo ou por força de determinação final, contida na sentença condenatória.

Quanto aos *equipamentos* apreendidos, na sentença condenatória o juiz deverá determinar o *perdimento* em favor da Fazenda Nacional, desde que exista prova de que eram "precipuamente destinados à produção e reprodução dos bens".

A Fazenda Nacional deverá *destruí-los* ou *doá-los* aos Estados, Municípios e Distrito Federal, a instituições públicas de ensino e pesquisa ou de assistência social, bem como *incorporá-los*, por economia ou interesse público, ao patrimônio da União, mas referidos bens jamais poderão ser comercializados (art. 530-G), a qualquer tempo e por quem quer que seja.

A distinta destinação dos diversos bens apreendidos leva em conta a licitude ou ilicitude de cada um, e no caso dos *equipamentos*, embora utilizados para a prática de delitos, em regra configuram bens de *natureza lícita* (exemplo: sofisticado equipamento de som e imagem desvirtuado para a reprodução de CDs e DVDs piratas), daí por que a melhor e mais inteligente opção é reaproveitá-los em atividades lícitas, conforme as opções anteriormente indicadas.

4.2.4. Procedimento para restauração de autos extraviados ou destruídos

Considerando que o Livro II do CPP, Títulos I e II, disciplina os procedimentos atrelados aos diversos tipos de processo penal de conhecimento, condenatório, portanto, encontram-se tecnicamente fora de lugar adequado as disposições dos arts. 541 a 548 do CPP, que disciplinam o procedimento de restauração de autos extraviados ou destruídos. O ideal é que a matéria viesse regulada no Livro I, Título IV, que cuida das questões e processos incidentes.

Trata-se de procedimento não condenatório destinado à recomposição de *autos*.

Diz o art. 541 que: "Os autos originais de processo penal extraviados ou destruídos, em primeira ou segunda instância, serão restaurados".

Por *autos*, compreenda-se o ambiente em que ocorre a documentação dos atos jurídicos praticados no processo (atos processuais). Para os fins tratados, *autos* é o mesmo que *processo*.

O *extravio* (perda) e a *destruição* (inutilização por qualquer causa) podem decorrer de ato doloso ou culposo, ou de caso fortuito, tal como se verifica em razão de incêndio ou inundação.

Qualquer que seja a instância judiciária em que o extravio ou a destruição ocorra, a restauração sempre será processada na primeira instância, exceto quando se tratar de crime de competência originária, quanto então a restauração tramitará no Tribunal onde se instaurou o processo.

Se existir cópia autêntica, autos suplementares ou certidão do processo, tais documentos serão considerados como original e, nesse caso, ficará dispensado o procedimento detalhado que deverá ser observado na hipótese inversa, nos termos do que dispõem os §§ 1º e 2º do art. 541.

Muito embora o § 2º diga que, se não existir cópia autêntica ou certidão do processo, a restauração de autos poderá ser determinada *ex officio* pelo juiz ou atendendo a requerimento das partes (e também do assistente, segundo pensamos), não tem sentido o juiz esperar qualquer requerimento, daí por que deverá agir de ofício, sempre que cabível a providência restauradora, e, nessa toada, inicialmente determinará ao escrivão que certifique o estado do processo, segundo a sua lembrança, e reproduza o que houver a respeito em seus protocolos e registros; determinará sejam requisitadas cópias do que constar a respeito no Instituto Médico-Legal, no Instituto de Identificação e Estatística ou em estabelecimentos congêneres, repartições públicas, penitenciárias ou cadeias (§ 2º, *a* e *b*).

O juiz deve designar uma audiência para a oitiva das partes e conferência da documentação disponível, e determinar as *intimações* necessárias visando comparecimento.

Como adverte Nucci, "embora o Código faça referência à citação das partes (art. 541, § 2º, *c*), o ideal é falar em intimação, pois se trata de um chamamento para participar de um procedimento incidental e não para a formação de uma nova relação processual visando à condenação de alguém. A intimação por edital é possível unicamente para o réu e para o ofendido, quando este for parte, pois o Ministério Público é sempre localizado pessoalmente".[155]

No dia designado, as partes serão ouvidas a respeito da documentação reproduzida e/ou restaurada e será lavrado um termo circunstanciado em que constarão os pontos não impugnados/contrariados e a exibição e a conferência das certidões e demais reproduções do processo apresentadas e conferidas (art. 542).

Observadas as peculiaridades do caso concreto, diz o art. 543 que o juiz determinará as diligências necessárias para a restauração, observando-se o seguinte:

> I – caso ainda não tenha sido proferida a sentença, reinquirir-se-ão as testemunhas podendo ser substituídas as que tiverem falecido ou se encontrarem em lugar não sabido;
>
> II – os exames periciais, quando possível, serão repetidos, e de preferência pelos mesmos peritos;
>
> III – a prova documental será reproduzida por meio de cópia autêntica ou, quando impossível, por meio de testemunhas;
>
> IV – poderão também ser inquiridas sobre os atos do processo, que deverá ser restaurado, as autoridades, os serventuários, os peritos e mais pessoas que tenham nele funcionado;
>
> V – o Ministério Público e as partes poderão oferecer testemunhas e produzir documentos, para provar o teor do processo extraviado ou destruído.

Tais diligências devem ser realizadas no prazo de 20 (vinte) dias.

A qualquer tempo, antes da decisão final, o juiz poderá requisitar informações, esclarecimentos e diligências de qualquer natureza (desde que lícitas, evidentemente), por iniciativa própria.

Encerrada a colheita das provas, os autos serão conclusos ao juiz, que resolverá o incidente por meio de *sentença*, restrita à análise do procedimento de restauração, vedada, neste momento, por evidente, qualquer resolução sobre o mérito da ação penal de conhecimento.

Contra a sentença que julga o *processo de restauração de autos* cabe apelação (CPP, art. 593, II), que de igual maneira se restringirá ao conteúdo da restauração, de modo a não incursionar no mérito do processo principal.

Para que não ocorra locupletamento ilícito por parte do Estado, as taxas judiciárias já pagas nos autos principais não serão cobradas novamente das *partes* (art. 545), mas, se o extravio ou destruição for causado por *terceiro* (um funcionário do Poder Judiciário ou um perito, por exemplo), responderá ele pelas custas, em dobro, sem prejuízo da apuração de sua responsabilidade, inclusive criminal.

---

155. Guilherme de Souza Nucci, *Manual de processo e execução penal*, 14. ed., Rio de Janeiro, Forense, 2017, p. 678.

É evidente que as medidas sancionadoras e de responsabilização apontadas também poderão ser aplicadas em relação à *parte* que agir dolosa ou culposamente.

Julgada a restauração, os autos respectivos valerão pelos originais, e, se no curso da restauração aparecerem os autos originais, nestes continuará o processo, apensos a eles os autos da restauração (CPP, art. 547).

Cabe observar, por fim, que, em razão da implantação do *processo digital*, o procedimento ora tratado tende a se tornar cada vez menos usual, mas, conhecidas as diversas realidades nacionais, não é caso de afirmar que *em breve* irá desaparecer.

4.2.4.1. Restauração de autos de execução extraviados ou destruídos

Verificado o extravio ou destruição de autos de *execução de pena*, no que couber, aplicam-se as regras analisadas no tópico anterior.

Considerando que o processo de execução é instaurado com a guia de recolhimento (carta de guia) e cópias das principais peças do processo de conhecimento,[156] não haverá maiores dificuldades no procedimento de restauração, visto que de fácil obtenção a reprodução das respectivas peças processuais, porquanto existentes nos autos do processo de conhecimento arquivado e também no prontuário do sentenciado eventualmente recolhido preso (sendo esta a hipótese).

Nos termos do art. 548 do CPP: "Até à decisão que julgue restaurados os autos, a sentença condenatória em execução continuará a produzir efeito, desde que conste da respectiva guia arquivada na cadeia ou na penitenciária, onde o réu estiver cumprindo a pena, ou de registro que torne a sua existência inequívoca".

Observam a respeito MARCO ANTONIO MARQUES DA SILVA e JAYME WALMER DE FREITAS que "o desaparecimento dos autos não implica na libertação de sentenciado, mormente se há prova de sua publicação e registro nos livros regulares,[157] bem como a correspondente emissão da guia de recolhimento provisória ou definitiva".[158]

156. Conferir nossos: *Curso de execução penal*, 17. ed., São Paulo, Saraiva, 2019; *Lei de execução penal anotada*, 6. ed., São Paulo, 2017.

157. Referem-se os autores à publicação e registro *da sentença*.

158. *Código de Processo Penal comentado*, São Paulo, Saraiva, 2012, p. 759.

Capítulo 20

Procedimento Relativo aos Processos de Competência do Tribunal do Júri

1. Fundamentação Constitucional

Dentre os direitos e garantias fundamentais listados no art. 5º da Constituição Federal, dispõe o inciso XXXVIII que "é reconhecida a instituição do júri, com a organização que lhe der a lei, assegurados: *a)* a plenitude de defesa; *b)* o sigilo das votações; *c)* a soberania dos veredictos; *d)* a competência para o julgamento dos crimes dolosos contra a vida". Trataremos de cada uma dessas garantias nos momentos metodologicamente adequados.

De tal modo, e a teor do disposto no art. 60, § 4º, IV, da CF, a "instituição do júri" configura **cláusula pétrea**, insuscetível de modificação pelo Poder Constituinte Derivado.

Discorrendo sobre as características do júri, pontuou Paulo Lúcio Nogueira que: "Compõe-se de número ímpar de jurados, cujas decisões são *soberanas*, proferidas em votação *sigilosa* e tomadas por *maioria de votos*, depois de assegurada *plena defesa* ao réu".[1]

Muito embora já se tenha discutido sobre sua natureza e eventual autonomia enquanto "instituição", não há dúvida de que se trata de órgão do Poder Judiciário, apesar do art. 92 da CF a ele não se referir expressamente, como de resto não precisaria.

A seu tempo, afirmou Frederico Marques que o júri "é um órgão especial da Justiça comum, em virtude da sua competência heterogênea, visto que esse tribunal

1. *Questões processuais penais controvertidas*, 3. ed., Rio de Janeiro, Forense, 1988, p. 289.

é constituído por um juiz togado e por juízes populares, denominados juízes leigos ou juízes de fato".[2]

2. Competência

Acabamos de verificar que, por força de disposição constitucional, o Tribunal do Júri tem competência para o *julgamento* dos **crimes *dolosos* contra a vida** (CF, art. 5º, *d*).[3] Trata-se de competência em razão da matéria (*ratione materiae*).

A respeito desse tema, diz o art. 74, § 1º, do CPP, que: "Compete ao Tribunal do Júri o julgamento dos crimes previstos nos arts. 121, §§ 1º e 2º, 122, parágrafo único, 123, 124, 125, 126 e 127 do Código Penal, consumados ou tentados".

O art. 121 tipifica as diversas modalidades de *homicídio doloso* (simples; privilegiado e qualificado); o art. 122 regula o crime de *induzimento, instigação ou auxílio ao suicídio*; o art. 123 trata do crime de *infanticídio*, e os arts. 124, 125, 126 e 127 disciplinam modalidades de crime de *aborto*.

Qualquer deles, *tentado* ou *consumado*, encaixa-se na competência do Tribunal do Júri e, por isso, submete-se ao procedimento específico.

No caso de **concurso de crimes**, são também atraídos para a competência do Tribunal Popular aqueles que originariamente deveriam ser julgados por juiz singular, togado, conforme o disposto nos arts. 76 (conexão), 77 (continência) e 78, I (foro prevalente), todos do CPP.

Isso autoriza afirmar que os julgamentos levados a efeito perante o júri decorrem de *competência originária* ou a ele são arrastados por força de *foro prevalente*.

O **crime de genocídio** também poderá ser julgado pelo júri quando a execução constituir conduta dolosa contra a vida, nos moldes apontados no art. 1º, *a*, *c* e *d*, da Lei n. 2.889/56.

O crime de latrocínio, tipificado no art. 157, § 3º, II, do CP, não está regulado no capítulo que trata dos crimes dolosos contra a vida, mas sim naquele que cuida dos crimes contra o patrimônio, e bem por isso, conforme o entendimento doutrinário e jurisprudencial calcificado, não é da competência do Tribunal do Júri.

A propósito, sobre esse assunto temos a Súmula 603 do STF, *verbis*: "A competência para o processo e julgamento de latrocínio é do juiz singular e não do Tribunal do Júri".

Cabe, por fim, observar o teor da Súmula Vinculante 45, a determinar que: "A competência constitucional do Tribunal do Júri prevalece sobre o foro por prerrogativa de função estabelecido exclusivamente pela Constituição estadual".

---

2. José Frederico Marques, *Da competência em matéria penal*, São Paulo, Saraiva, 1953, p. 193.

3. "A competência do Tribunal do Júri 'para o julgamento dos crimes dolosos contra a vida' (art. 5º, XXXVIII, 'd', da Constituição Federal) afasta a possibilidade de análise do mérito da imputação pelo Juiz togado" (STF, HC 131.308/PR, 2ª T., rel. Min. Teori Zavascki, j. 21-6-2016, *DJe* n. 159, de 1º-8-2016).

3. Plenitude de Defesa

Aos *acusados em geral*, o art. 5º, LV, da CF, assegura a *ampla defesa*, com os meios e recursos a ela inerentes.[4]

Em relação aos *acusados em processos de competência do Tribunal do Júri*, art. 5º, XXXVIII, *a*, também da CF, assegura a *plenitude de defesa*, que sem sombra de dúvida tem conteúdo mais expressivo e consequências mais sensíveis na materialização prática do processo.

E não poderia ser de modo diverso, visto que, a par da excepcional gravidade dos crimes dolosos contra a vida, os julgamentos levados a efeito perante o Tribunal Popular são realizados por juízes leigos, juízes de fato, que *votam* conforme a *íntima convicção*, desobrigados de apresentar mínima fundamentação a respeito das decisões proferidas em relação aos fatos que lhes são submetidos à apreciação, de modo a excepcionar a regra do art. 93, IX, da CF.

Note-se que, mesmo ao lavrar a sentença final, o juiz-presidente não poderá fazer considerações de mérito, atado que se encontra à *decisão imotivada* dos jurados.

Atento à diferença de intensidade que há, Gustavo Badaró enfatiza que "não parece se tratar de mera variação terminológica, com o mesmo conteúdo. *Pleno* (significa repleto, completo, absoluto, perfeito) é mais que *amplo* (significa: muito grande, vasto, abundante). Assim, a plenitude de defesa exige uma defesa em grau ainda maior do que o da *ampla defesa*".

Quanto às consequências práticas disso, em razão das emanações da plenitude de defesa, e mais especificamente da autodefesa, aduz o jurista que "devem ser incluídas no questionário as teses defensivas expostas pelo acusado em seu interrogatório (...) ainda que sejam divergentes da versão apresentada pelo defensor em plenário".[5]

---

4. "A garantia constitucional à ampla defesa nos processos judiciais, prevista no art. 5º, LV, da Constituição Federal, engloba a autodefesa, exercida pelo próprio acusado, e a defesa técnica, a qual deve ser plena e efetiva, sob pena de ofensa ao aludido preceito. No caso do procedimento do Tribunal do Júri, o direito à defesa ganha destaque até mesmo pela Carta Política, na qual se assegura aos acusados pela prática de crimes dolosos contra a vida a plenitude de defesa (art. 5º, XXXVIII, 'a')" (STJ, HC 101.635/SP, 5ª T., rel. Min. Jorge Mussi, j. 1º-9-2009, *DJe* de 13-10-2009).

5. Sobre essa matéria, o Superior Tribunal de Justiça já decidiu que: "O direito à plenitude de defesa é garantido aos Réus submetidos ao Tribunal do Júri, cabendo ao magistrado incluir no questionário tese levantada pelo Réu no momento de seu interrogatório, ainda que não apresentada pela defesa técnica, sob pena de nulidade, nos termos do art. 484, III, do Código de Processo Penal (com redação anterior à vigência da Lei n. 11.689/2008) e por força do art. 482, parágrafo único, do referido estatuto" (STJ, REsp 737.824/CE, 5ª T., rel. Min. Laurita Vaz, j. 19-11-2009, *DJe* de 15-12-2009).

E arremata: "Aceita-se, ainda, que possa *inovar na tréplica*,[6] mesmo que isto cause surpresa ao acusador e impeça o contraditório".[7]

Também partidário dessa ótica, Nucci chega a sustentar que em determinados casos excepcionais, como decorrência da *plenitude de defesa*, entre outras providências o juiz poderá permitir aos defensores a utilização de tempo superior àquele utilizado pelo acusador, sem que disso se retire violação a qualquer princípio constitucional, e cita o seguinte exemplo de Tourinho Filho: "Quando houver mais de dois réus, no julgamento pelo júri, com defensores distintos, o prazo de três horas [atualmente, duas horas e meia] deverá ser dividido entre eles. Assim, se forem quatro réus, cada defensor contará com apenas 45 minutos [hoje, pouco mais de 37 minutos]. Portanto, para evitar que a plenitude de defesa seja ferida, das duas uma: 'ou o Juiz-Presidente aumenta o prazo dos Defensores, ou desmembra o julgamento, a teor do art. 80' (*Código de Processo Penal comentado*, v. 1, p. 207)".[8]

Como se vê, embora aparentemente sutis num primeiro olhar, na prática as diferenças entre *amplitude* e *plenitude de defesa* se agigantam.

A nosso ver, entretanto, a expressão maior da plenitude de defesa decorre do **quesito obrigatório** (CPP, § 2º do art. 483: O jurado absolve o acusado?),[9] por meio do qual os jurados são instados a votar secretamente, com "sim" ou "não", se absolvem o acusado.

Isso porque referido quesito – dada sua obrigatoriedade – deverá ser votado em todo e qualquer caso, **mesmo quando o acusado ou sua defesa técnica sequer postular a absolvição** e pretender, por exemplo, apenas a desclassificação ou a forma privilegiada de homicídio.

Maior benesse para a defesa, impossível!

O acusado poderá ser absolvido sem sequer ter sido sustentada sua inocência!

Segue nessa linha o entendimento adotado nas duas Turmas do Superior Tribunal de Justiça:

---

6. "Vem o júri pautado pela plenitude de defesa (Constituição, art. 5º, XXXVIII e LV). É-lhe, pois, lícito ouvir, na tréplica, tese diversa da que a defesa vem sustentando. Havendo, em casos tais, conflito entre o contraditório (pode o acusador replicar, a defesa, treplicar sem inovações) e a amplitude de defesa, o conflito, se existente, resolve-se a favor da defesa – privilegia-se a liberdade (entre outros, HC-42.914, de 2005, e HC-44.165, de 2007)" (STJ, HC 61.615/MS, 6ª T., rel. Min. Hamilton Carvalhido, rel. p/ o Acórdão Min. Nilson Naves, j. 10-2-2009, *DJe* de 9-3-2009).

7. Gustavo Henrique Badaró, *Direito processual penal*, São Paulo, Elsevier-Campus Jurídico, 2007, t. II, p. 19.

8. Guilherme de Souza Nucci, *Manual de processo e execução penal*, 14. ed., Rio de Janeiro, Forense, 2017, p. 37.

9. "A quesitação relativa à absolvição do acusado decorre expressamente da lei (art. 483, § 2º, do CPP), portanto sua formulação é obrigatória, em razão da garantia constitucional da plenitude de defesa" (STJ, HC 254.568/PB, 6ª T., rel. Min. Sebastião Reis Júnior, j. 12-3-2013, *DJe* de 19-3-2013).

O quesito absolutório genérico, previsto no art. 483, III, do Código de Processo Penal, é obrigatório, independentemente da tese defensiva sustentada em plenário, em razão da garantia constitucional da plenitude de defesa, cuja ausência de formulação acarreta nulidade absoluta.[10]

Nos termos do § 2º do art. 483 do CPP, reconhecida a autoria e a materialidade pelo Conselho de Sentença, deve-se indagar, obrigatoriamente, se "o jurado absolve o acusado?". Trata-se, pois, de quesito genérico de absolvição, que deve ser formulado independente das teses defensivas sustentadas em Plenário.[11]

4. DA ACUSAÇÃO E DA INSTRUÇÃO PRELIMINAR

O **procedimento** em testilha é **bifásico ou escalonado**; desenvolve-se em duas fases bem distintas.

A **primeira fase**, denominada **instrução preliminar** ou ***judicium accusationis***, destina-se à formação da culpa e é *submetida à apreciação exclusiva do juiz de direito*; juiz togado, que após os rituais tipificados irá proferir juízo de admissibilidade a respeito da acusação formulada, de modo a dizer se há ou não indícios da prática de crime, e, sendo caso, se este é da competência do Tribunal Popular do Júri.

Superada essa fase e admitida a *possibilidade* de estar-se diante de crime doloso contra a vida, na ***segunda fase*** ocorrerá a ***instrução e julgamento*, no plenário do júri**, perante jurados leigos escolhidos conforme a lei dispõe, nos moldes em que cuidaremos de analisar oportunamente.

A fase de *instrução preliminar* está regulada nos arts. 406 a 412 do CPP e, com algumas peculiaridades, assemelha-se ao procedimento comum ordinário.

De tal sorte: oferecida a acusação, que irá se materializar em uma denúncia ou queixa subsidiária, não sendo caso de rejeitá-la desde logo, o juiz das garantias, quando e onde estiver implementado,[12] deverá recebê-la e determinar a citação do

---

10. STJ, REsp 1.245.480/DF, 5ª T., rel. Min. Marco Aurélio Bellizze, j. 19-4-2012, *DJe* de 8-6-2012.

11. STJ, HC 137.710/GO, 6ª T., rel. Min. Og Fernandes, j. 16-12-2010, *DJ* de 21-2-2011.

12. Após a publicação da Lei n. 13.964/2019 foram ajuizadas no Supremo Tribunal Federal três ações diretas de inconstitucionalidade questionando alguns de seus dispositivos – ADI 6.298, 6.299 e 6.300 –, e no dia 15 de janeiro de 2020 o Min. Dias Toffoli concedeu medida cautelar nos autos da ADI 6.298, para, entre outras coisas: "**(i)** suspender-se a eficácia dos **arts. 3º-D, parágrafo único, e 157, § 5º**, do Código de Processo Penal, incluídos pela Lei n. 13.964/19; **(ii)** suspender-se a eficácia dos arts. 3º-B, 3º-C, 3º-D, *caput*, 3º-E e 3º-F do CPP, inseridos pela Lei n. 13.964/2019, até a efetiva implementação do juiz das garantias pelos tribunais, o que deverá ocorrer **no prazo máximo de 180 (cento e oitenta) dias, contados a partir da publicação desta decisão; (iii)** conferir-se interpretação conforme às normas relativas ao juiz das garantias (arts. 3º-B a 3º-F do CPP), para esclarecer que não se aplicam às seguintes situações: (a) processos de competência originária dos tribunais, os quais são regidos pela Lei n. 8.038/90; (b) processos de competência do Tribunal do Júri; (c) casos de violência doméstica e familiar; e (d) processos criminais de competência da Justiça Eleitoral".

acusado para responder à acusação, por escrito, no prazo de 10 (dez) dias, que será contado a partir do efetivo cumprimento do mandado ou do comparecimento, em juízo, do acusado ou de defensor constituído, no caso de citação inválida ou por edital (art. 406).

Se ocorrer citação por edital, é necessário relembrar que há implicações decorrentes do art. 366 do CPP, oportunamente estudado.

Em respeito aos princípios da ampla defesa e do contraditório, na resposta escrita o acusado poderá arguir preliminares e alegar tudo que interesse a sua defesa, oferecer documentos e justificações, especificar as provas pretendidas e arrolar testemunhas (§ 3º do art. 406).

Nessa fase preliminar, acusação e defesa poderão arrolar até o máximo de 8 (oito) testemunhas cada.

Eventuais exceções arguidas pela defesa serão processadas em apartado, nos termos dos arts. 95 a 112 do CPP (art. 407).

A resposta preliminar é obrigatória, de maneira que, não sendo ela apresentada no prazo legal, o juiz nomeará defensor para oferecê-la em até 10 (dez) dias, concedendo-lhe vista dos autos (art. 408).

Ao contrário do que ocorre no procedimento comum (ordinário, sumário ou sumaríssimo), apresentada a defesa, o juiz determinará a abertura de vista dos autos ao Ministério Público ou ao querelante (no caso de a ação penal ter se iniciado por queixa subsidiária) para que, querendo, manifeste-se em 5 (cinco) dias *sobre eventuais preliminares arguidas e documentos juntados* (art. 409).

Guiados pela opção do legislador, caso a defesa não alegue preliminares, tampouco requeira a juntada de documentos, não será necessário ouvir a parte contrária a respeito da resposta escrita.

Seja como for, em seguida o juiz das garantias decidirá de maneira fundamentada sobre os termos da resposta preliminar, e não sendo caso de absolvição sumária determinará a remessa dos autos ao juiz da instrução e julgamento, que então deliberará sobre as diligências eventualmente requeridas pelas partes (para deferi-las ou indeferi-las) e designará *audiência de instrução* a ser realizada no prazo máximo de 10 (dez) dias, na qual serão inquiridas as testemunhas arroladas (art. 410).

Na audiência, o juiz procederá à tomada de declarações do ofendido, quando possível, e a seguir providenciará a inquirição das testemunhas arroladas pela acusação e pela defesa, nessa ordem, bem como aos esclarecimentos dos peritos, às acareações e ao reconhecimento de pessoas e coisas, sendo caso. Em homenagem à ampla defesa, o interrogatório do acusado ocorrerá ao final, só depois que toda prova for colhida (art. 411).

A parte que desejar esclarecimentos periciais em audiência deverá formular requerimento prévio e específico, a fim de que o juiz possa aquilatar a real necessidade da diligência, decidir a respeito e determinar o necessário, cumprindo que se observe o disposto no art. 159, § 5º, I, do CPP.

A rigor, as provas devem ser produzidas em uma só audiência, podendo o juiz indeferir as consideradas irrelevantes, impertinentes ou protelatórias. Há casos, entretanto, em que a audiência poderá ser cindida, tal como ocorre nas situações em que determinada testemunha não comparece, apesar de regularmente intimada, e a parte que a arrolou insiste em sua oitiva, ou quando o réu não comparece e deva ser interrogado em comarca diversa.

A teor do disposto nos §§ 7º e 8º do art. 411, "nenhum ato será adiado, salvo quando imprescindível à prova faltante, determinando o juiz a condução coercitiva de quem deva comparecer", e "a testemunha que comparecer será inquirida, independentemente da suspensão da audiência, observada em qualquer caso a ordem estabelecida no *caput* deste artigo".

Encerrada a instrução probatória na audiência designada, o juiz concederá a palavra, respectivamente, à acusação e à defesa, pelo prazo de 20 (vinte) minutos cada, prorrogáveis por mais 10 (dez), a fim de que apresentem as respectivas alegações finais (é possível a aplicação do art. 384 do CPP, sendo caso).

Havendo mais de 1 (um) acusado, o tempo previsto para a acusação e a defesa de cada um deles será individual (§ 5º do art. 411).

Se houver assistente do Ministério Público habilitado nos autos, após a fala do Estado-acusador ele disporá de 10 (dez) minutos para aduzir suas razões finais, hipótese em que o tempo de manifestação da defesa (ou de cada defensor, havendo corréus) será prorrogado por igual período de tempo (§ 6º do art. 411).

Apresentadas as alegações finais, o juiz poderá proferir sua *decisão* de imediato, ou determinar que os autos lhe sejam conclusos para que decida no prazo de 10 (dez) dias (§ 9º).

Preso ou solto o acusado, o *prazo ideal previsto* para o procedimento *nessa fase* é de 90 (noventa) dias (art. 412), mas é necessário considerar que situações excepcionais, especialmente conectadas à complexidade da prova, podem justificar seu alongamento.

Na hipótese de encontrar-se o acusado preso, a instrução não pode prolongar-se indefinidamente, "por culpa do juiz ou por atos procrastinatórios do órgão acusatório".[13]

Conforme tem decidido o Supremo Tribunal Federal:

> O direito ao julgamento, sem dilações indevidas, qualifica-se como prerrogativa fundamental que decorre da garantia constitucional do *due process of law*. O réu – espe-

13. GUILHERME DE SOUZA NUCCI, *Manual de processo e execução penal*, 14. ed., Rio de Janeiro, Forense, 2017, p. 571-572

cialmente aquele que se acha sujeito a medidas cautelares de privação da sua liberdade – tem o **direito público subjetivo de ser julgado, pelo Poder Público, dentro de prazo razoável, sem demora excessiva e nem dilações indevidas.** Convenção Americana sobre Direitos Humanos (art. 7º, n. 5 e 6). O excesso de prazo, quando exclusivamente imputável ao aparelho judiciário – não derivando, portanto, de qualquer fato procrastinatório causalmente atribuível ao réu –, traduz situação anômala que compromete a efetividade do processo, pois, além de tornar evidente o desprezo estatal pela liberdade do cidadão, frustra um direito básico que assiste a qualquer pessoa: o direito à resolução do litígio, sem dilações indevidas e com todas as garantias reconhecidas pelo ordenamento constitucional. (...) A natureza da infração penal não pode restringir a aplicabilidade e a força normativa da regra inscrita no art. 5º, LXV, da Constituição da República, que dispõe, em caráter imperativo, que a prisão ilegal "será imediatamente relaxada" pela autoridade judiciária.[14]

Esta Corte tem considerado tratar-se de hipótese de constrangimento ilegal, corrigível via *habeas corpus*, a prisão cautelar mantida em razão da mora processual **provocada exclusivamente em razão da atuação da acusação ou em razão do próprio (mau) funcionamento do aparato judicial.**[15]

Uma vez constatado o excesso de prazo, impõe-se o relaxamento da prisão, sendo desinfluente o fato de o processo achar-se na fase de alegações finais.[16]

Ultrapassado o prazo total alusivo à instrução da ação penal, é de se reconhecer o excesso e a ilegalidade da persistência da custódia, expedindo-se o alvará de soltura. Ao Estado cumpre aparelhar-se objetivando o respeito ao balizamento temporal referente à tramitação da ação penal e julgamento respectivo, nada justificando a permanência do acusado, simples acusado, na prisão, além do período previsto.[17]

Mesmo nos crimes graves, não se admite o excesso de prazo injustificado[18] e não atribuível à defesa.[19]

---

14. STF, HC 80.379/SP, 2ª T., rel. Min. Celso de Mello, j. 18-12-2000, *DJ* de 25-5-2001, p. 11.

15. HC 85.237/DF, rel. Min. Celso de Mello, Pleno, *DJ* de 29-4-2005) (STF, HC 94.661/SP, 2ª T., rel. Min. Ellen Gracie, j. 30-9-2008, *DJe* 202, de 24-10-2008.

16. STF, HC 83.534/SP, 1ª T., rel. Min. Marco Aurélio, j. 18-11-2003, *DJ* de 27-2-2004, p. 27.

17. STF, HC 79.750-4/RJ, 2ª T., rel. Min. Marco Aurélio, j. 14-12-1999, *DJU* de 12-4-2002, *RT* 803/495.

18. "A jurisprudência do Supremo Tribunal Federal é firme no sentido de que a demora para o término da persecução criminal, como circunstância apta a ensejar constrangimento ilegal, somente se dá em hipóteses excepcionais, nas quais a mora seja decorrência de *(a)* evidente desídia do órgão judicial; *(b)* exclusiva atuação da parte acusadora; ou *(c)* situação incompatível com o princípio da razoável duração do processo, previsto no art. 5º, LXXVIII, da CF/88" (STF, HC 129.917/RJ, 2ª T., rel. Min. Teori Zavascki, j. 17-11-2015, *DJe* n. 242, de 1º-12-2015).

19. "O excesso de prazo para o término do processo quando diligências são requeridas pela Defesa, não serve para fundamentar pedido de relaxamento de prisão ou liberdade provisória" (STJ, HC 34.989/PE, 6ª T., rel. Min. Paulo Medina, j. 6-10-2005, *DJ* de 26-9-2005, p. 464).

É imprescindível que a prestação jurisdicional ocorra em prazo razoável,[20] pois, ultrapassado o horizonte da razoabilidade,[21] haverá manifesto constrangimento ilegal.[22]

4.1. Da absolvição sumária, da desclassificação, da impronúncia e da pronúncia

Encerrada a instrução e apresentadas as alegações finais das partes, caberá ao juiz proferir *decisão*, que poderá ser de: *1)* absolvição sumária; *2)* desclassificação; *3)* impronúncia, ou *4)* pronúncia.

Vejamos separadamente em que consiste cada uma delas e suas respectivas implicações.

4.1.1. Absolvição sumária

Muito embora a Constituição Federal tenha reservado ao Tribunal do Júri a competência para o *julgamento de mérito* dos processos por crimes dolosos contra a vida, há **situações excepcionais** em que a lei defere ao juiz de direito absolver desde logo o acusado, evitando seja ele submetido a formal julgamento popular.[23]

Nos casos em que permitida, é imperiosa a absolvição sumária, ou absolvição *in limine*, assim denominada por OLAVO OLIVEIRA,[24] pena de se ter por materializado indesculpável constrangimento ilegal. Por meio dela, após analisar o mérito, o juiz julga improcedente a pretensão punitiva e com isso impede que acusação infundada seja levada a julgamento em plenário, onde em alguma medida sempre haverá risco de condenação injusta.

Leciona PACELLI que "as peculiaridades da jurisdição do júri popular – integrado por leigos, sem conhecimento do Direito e das leis, e no qual, em regra, a formação do convencimento dos jurados pode ocorrer mais pelos insondáveis caminhos da dramaticidade e da emoção com que se desenvolve a atuação das partes em plenário do que pela atuação do Direito – estão a recomendar a adoção de algumas cautelas".

---

20. STJ, HC 62.759/SP, 5ª T., rel. Min. Laurita Vaz, j. 28-8-2008, *DJe* de 29-9-2008; STJ, HC 70.562/SP, 6ª T., rel. Min. Maria Thereza de Assis Moura, j. 26-5-2009, *DJe* de 1º-7-2009.

21. STJ, HC 44.315/BA, 6ª T., rel. Min. Hamilton Carvalhido, j. 29-11-2005, *DJ* de 6-2-2006, p. 356.

22. STJ, EDcl no HC 122.378/RN, 5ª T., rel. Min. Arnaldo Esteves Lima, j. 3-12-2009, *DJe* de 1º-2-2010; STJ, HC 132.928/SE, 6ª T., rel. Min. Celso Limongi, j. 24-8-2009, *DJe* de 14-9-2009, LEXSTJ 242/380.

23. "Em regra, o *meritum causae* nos processos de competência do júri é examinado pelo juízo leigo. Excepciona-se tal postulado, por exemplo, quando da absolvição sumária, ocasião em que o juiz togado não leva a conhecimento do júri ação penal em que, desde logo, se identifica a necessidade de absolvição. Precluindo a pronúncia, deve a matéria da inimputabilidade ser examinada pelo conselho de sentença, mormente, se existe tese defensiva diversa, como a da legítima defesa" (STJ, HC 73.201/DF, 6ª T., rel. Min. Maria Thereza de Assis Moura, j. 25-6-2009, *DJe* de 17-8-2009). *No mesmo sentido:* STJ, HC 99.649/MG, 5ª T., rel. Min. Arnaldo Esteves Lima, j. 17-6-2010, *DJe* de 2-8-2010.

24. *O júri na terceira república*, Rio de Janeiro, Freitas Bastos, 1949, p. 267.

E conclui: "Os riscos de uma condenação obtida mais pela excelência da *performance* pessoal do responsável pela acusação que pelo exame sereno e cuidadoso dos fatos não valem a preservação, a qualquer custo, da competência do Tribunal do Júri".[25]

Como bem observou HERMÍNIO MARQUES PORTO, "com a absolvição sumária, a instrução a ela antecedente ganha *adje*tivação de integral", visto que, se passar em julgado, não mais será possível a concretização do julgamento escalonado, pois restará obstado o julgamento em plenário.[26]

Determina o art. 415 do CPP que o juiz absolverá sumariamente o acusado nas seguintes hipóteses: *1ª*) **estiver provada a inexistência do fato**; *2ª*) **estiver provado não ser o acusado o autor ou partícipe do fato**; *3ª*) **quando o fato imputado não constituir infração penal**, ou *4ª*) **quando ficar provada a incidência de causa de isenção de pena**, *5ª*) **quando ficar provada a incidência de causa de exclusão do crime**.

As duas primeiras hipóteses revelam julgamento quanto à **matéria de fato**, ao passo que as três últimas estão apegadas à **matéria de direito**, o que não deixa de representar, em relação àquelas, considerável ampliação da competência do juiz singular em detrimento da competência do Tribunal do Júri, o que levou PACELLI a afirmar a inconstitucionalidade dos incisos I e II do art. 415 do CPP.[27]

A nosso ver, entretanto, apesar da inegável intromissão, não há inconstitucionalidade nas regras apontadas, visto que o princípio da dignidade da pessoa humana autoriza concluir não seja caso de submeter – quem quer que seja – a qualquer tipo de julgamento – quando o juiz desde logo verificar, com a certeza possível, que o fato imputado não ocorreu, ou, tendo ocorrido, que para ele o acusado não concorreu.

A propósito, mesmo diante de imputação submetida à competência do Tribunal do Júri, o juiz poderá/deverá rejeitar a denúncia ou queixa – por falta de justa causa – se desde logo verificar qualquer das situações apontadas.

Exemplo: imagine-se hipótese em que o Ministério Público desconsidere estar provado nos autos de inquérito que "Barnabé de Tal" não praticou o crime de homicídio investigado, para o qual também não concorreu de qualquer modo, e, mesmo assim, contra ele oferece denúncia em juízo. Estará o juiz obrigado a receber a inicial acusatória? Claro que não! Não cabe ao juiz referendar tamanho absurdo! Também nesse caso não é cabível falar que o juiz esteja a invadir competência do júri.

As situações em que cabíveis tais decisões falam por si, e a imediata atuação do Poder Judiciário, algumas vezes, não fará mais do que restabelecer a dignidade do

---

25. EUGÊNIO PACELLI, *Curso de processo penal*, 21. ed., São Paulo, Atlas, 2017, p. 734.
26. HERMÍNIO ALBERTO MARQUES PORTO, *Júri*, 11. ed., São Paulo, Saraiva, 2005, p. 58.
27. EUGÊNIO PACELLI, *Curso de processo penal*, 21. ed., São Paulo, Atlas, 2017, p. 736.

acusado, *irresponsavelmente* atingida pelo acusador. Não é algo diverso que se espera da atividade jurisdicional.

Na ordem do art. 415, a *terceira hipótese* de absolvição sumária tem cabimento quando o fato imputado não constituir infração penal. Nesse caso, a atipicidade da conduta é que determina a absolvição.

A *quarta hipótese* listada trata da incidência de *causa de isenção de pena*, ou seja, excludentes de culpabilidade.

Por aqui cabe enfatizar que a *semi-imputabilidade* do acusado (CP, parágrafo único do art. 26) não autoriza a absolvição sumária, pois em caso de condenação pelo júri poderá receber apenas redução de pena. Presentes os requisitos legais (autoria e materialidade), deverá ser pronunciado e submetido a julgamento perante o Tribunal Popular.[28]

Na doutrina há quem sustente que, no caso de *inimputabilidade* do agente (CP, *caput* do art. 26), o juiz também não poderá proferir absolvição sumária, que na hipótese seria absolvição imprópria com aplicação de medida de segurança, *salvo se* esta for a única tese defensiva, quando então será admitida a *absolvição direta*, pois nesse caso não haveria prejuízo para a defesa.

A despeito do disposto no art. 415, ousamos divergir de tal posicionamento.

Esse caminho não é tão simples quanto parece à primeira vista, já que no plenário do júri poderão surgir teses defensórias novas, não apresentadas na fase de instrução preliminar, autorizada que se encontra tal prática pelo princípio que garante a *plenitude de defesa* (CF, art. 5º, XXXVIII, *a*), e o inimputável pode, durante o julgamento em plenário, pretender provar, por exemplo, que não praticou o crime pelo qual responde, e em razão disso postular absolvição em sentido próprio; absolvição pura, deixando como tese alternativa ou subsidiária a inimputabilidade.

A propósito, também como decorrência da amplitude de defesa que se impõe observar, se existir prova nos autos indicando que o acusado não praticou crime algum e ainda assim a defesa técnica postular *apenas* o reconhecimento da inimputabilidade, o juiz deverá declarar o réu indefeso e adotar as providências cabíveis para que outro defensor assuma o processo. Diante de semelhante situação, o magistrado não poderá absolver sumariamente o acusado e aplicar medida de segurança.

Mas não é só, visto que os jurados poderão absolver o acusado mesmo sem que haja pedido nesse sentido, decisão que se faz viável em razão do quesito obrigatório de que trata o art. 483, § 2º, do CPP.

28. "(...) 'havendo tese defensiva relativa à excludente de ilicitude prevista no art. 23 do Código Penal (legítima defesa), não deve subsistir a sentença que absolveu sumariamente o paciente e aplicou-lhe medida de segurança, em face de sua inimputabilidade' (HC 99.649/MG, rel. Min. Arnaldo Esteves, 5ª T., *DJe de* 2-8-2010)" (STJ, HC 189.172/RS, 5ª T., rel. Min. Jorge Mussi, j. 21-6-2011, *DJe* de 1º-8-2011).

Como se vê, seja o acusado semi-imputável ou inimputável, estando presentes os requisitos mínimos de autoria e materialidade de fato que em tese configura crime doloso contra a vida, não caberá absolvição sumária.

A *quinta e última hipótese* se refere à incidência de *causa de exclusão do crime*, assim compreendidas as escusativas ou excludentes da ilicitude listadas no art. 23 do Código Penal, a saber: estado de necessidade; legítima defesa; estrito cumprimento de dever legal e exercício regular de direito.

Com vistas a preservar a competência do Tribunal do Júri, só terá cabimento a absolvição sumária quando a prova dos autos não deixar dúvida a respeito da incidência de qualquer das situações permissivas. Se existir dúvida, o juiz deverá proferir decisão de pronúncia, a fim de que o acusado seja levado a júri popular. É preciso certeza a respeito da existência do fundamento indicado, e a sentença que sobre esse tema deliberar deverá ser convenientemente fundamentada.

Com as ressalvas apontadas, a presença de qualquer das situações acima analisadas, ensinou BENTO DE FARIA, impõe ao juiz o dever de absolver o acusado desde logo, "poupando-lhe, assim, o vexame de comparecer ao Tribunal do Júri".[29]

A sentença de absolvição sumária pode ser atacada mediante **recurso de apelação** (CPP, art. 416).[30]

4.1.2. Desclassificação

Nos precisos termos do art. 419 do CPP:

> Quando o juiz se convencer, em discordância com a acusação, da **existência de crime diverso dos referidos no § 1º do art. 74 deste Código e não for competente para o julgamento**, remeterá os autos ao juiz que o seja.
>
> Parágrafo único. Remetidos os autos do processo a outro juiz, à disposição deste ficará o acusado preso (*negritamos*).

Não raras vezes o autor da ação penal comete excessos no ato de acusar.

Infelizmente, e para a desgraça de muitos, não é incomum o Ministério Público *carregar* na acusação de modo a lançar imputação muito mais grave do que a autorizada pelo material probatório disponível, e também por isso sustentamos o cabimento da rejeição parcial da denúncia, com vistas a decotar excessos, conforme cuidamos de tratar no momento acertado.

29. BENTO DE FARIA, *Código de Processo Penal*, 2. ed., Rio de Janeiro, Record, 1960, v. II, p. 130.

30. "Nos termos do art. 416 do Código de Processo Penal, com redação dada pela Lei n. 11.689/2008, [contra a sentença de impronúncia ou de absolvição sumária caberá apelação]. A indicação expressa, no Estatuto Processual Penal quanto ao recurso cabível na espécie, afasta a aplicação do princípio da fungibilidade recursal, diante da constatação do erro grosseiro" (STJ, HC 172.515/MG, 5ª T., rel. Min. Laurita Vaz, j. 20-3-2012, *DJe* de 29-3-2012).

Nesse passo, não é demais lembrar a sempre viva advertência feita por Whitaker no sentido de que "a sociedade pede a condenação em nome da ordem pública sobressaltada com o proceder criminoso de um de seus membros, mas não é movida por sentimentos de ódio, paixão e vingança".[31]

Em outras situações, perfeitamente autorizado pela prova colhida na fase pré-processual, o acusador narra na inicial a prática de crime doloso contra a vida, mas, depois de colhida a prova, durante o contraditório, o juiz se convence da prática de crime diverso, não catalogado na competência do júri.

É o que ocorre, por exemplo, quando o acusado responde por crime de *tentativa de homicídio*, mas, ao final da instrução preliminar, o juiz entende que a prova não autoriza o reconhecimento do dolo de matar (*animus necandi*) e por isso desclassifica a conduta para o crime de *lesões corporais*.

Quando o juiz assim decide, ele acaba por dizer que o crime apurado não é da competência do júri, e então deverá determinar a remessa dos autos ao juízo que entenda competente para a hipótese.

Trata-se, portanto, de **decisão interlocutória simples**, que não decide o mérito, tampouco resolve definitivamente a demanda penal.

Se tal decisão for objeto de recurso e ao final for mantida em Instância Superior, o juiz que receber o processo não poderá suscitar conflito negativo de competência. Ao contrário, se a decisão de desclassificação não for questionada pelas partes, o juiz que receber o processo poderá suscitar conflito negativo.

Por força do disposto no art. 78, I, do CPP, no caso de concurso de crimes ligados entre si por conexão ou continência, a competência para o julgamento de todos é atraída pelo Tribunal do Júri. É este o **foro prevalente** na hipótese.

Diz o art. 81, parágrafo único, do CPP, que, nesses mesmos casos (conexão ou continência), se ao final da instrução preliminar o juiz desclassificar a infração para outra que exclua a competência do júri, remeterá o processo ao juízo competente para o julgamento.

Discute-se se, nesse caso, o juiz que recebe o processo poderá sentenciar desde logo ou se deverá reabrir a fase de instrução para colher novamente a prova, tendo em vista a incidência do ***princípio da identidade física do juiz*** expressamente adotado no art. 399, § 2º, do CPP.[32]

Pensamos que deve ser reaberta a instrução.

---

31. Firmino Whitaker, *Jury*, 6. ed., São Paulo, Saraiva, 1930, p. 93.

32. "(...) Nos casos de convocação, licença, promoção, férias, ou outro motivo legal que impeça o Juiz que presidiu a instrução sentenciar o feito, o processo-crime será julgado, validamente, por outro Magistrado (STJ, HC 165.866/DF, 5ª T., rel. Min. Laurita Vaz, *DJe* de 17-10-2012). Em igual sentido: STJ, AgRg no Ag 1.299.889/SC, 6ª T., rel. Min. Maria Thereza de Assis Moura, *DJe* de 26-10-2012)" (STJ, AgRg no AREsp 214.163/DF, 6ª T., rel. Min. Assusete Magalhães, j. 16-4-2013, *DJe* de 10-5-2013).

Por aqui, concordamos com Pacelli quando afirma que, mesmo na ausência de regra expressa a esse respeito, "a estrutura fundada na identidade física do juiz e na imediatidade da prova está a exigir tal providência", inclusive porque o acusado tem "direito a ser ouvido pelo juiz da causa, conforme previsto no Pacto de San José da Costa Rica (art. 8º, 1 e 2)".[33]

Esse não parece ser o entendimento adotado por Nucci, segundo o qual, "como regra, baseado no princípio da economia processual, não se deve permitir a reinquirição, nos mesmos termos, de quem já foi ouvido no processo". Mas acrescenta: "Entretanto, essa não pode ser uma norma imutável. Em determinados casos, surgindo, ao longo da instrução, elementos que demonstrem ter o réu cometido um crime mais grave, pode haver expresso interesse da defesa de ouvir novamente alguém, com dados fundamentais para esclarecer a nova figura típica emergente. Anteriormente, nada lhe fora indagado a respeito, por ignorância das partes e do próprio juiz. A partir da existência de nova acusação, é imperiosa a reinquirição de quem já foi ouvido, o que deve ser deferido pelo magistrado, pois a norma processual penal não tem o condão de afastar a aplicação do princípio constitucional da ampla defesa".[34]

Na linha do pensamento anteriormente transcrito, basta imaginar, por exemplo, imputação inicial de tentativa de homicídio simples, depois desclassificada para tentativa de latrocínio. É evidente, por aqui, a necessidade de reabertura da instrução.

A desclassificação ora tratada – levada a efeito *pelo juiz ao final da instrução preliminar*, no momento do art. 419 – não se confunde com a desclassificação determinada *pelos jurados, no plenário do júri*, e sobre esta falaremos mais adiante, no momento oportuno.

Cabe acrescentar, por fim, que a decisão de desclassificação, por si só, não acarreta a imediata revogação da prisão preventiva outrora decretada.

Na dicção do parágrafo único do art. 419, "remetidos os autos do processo a outro juiz, à disposição deste ficará o acusado preso".

Essa é a regra, mas nada impede que, se identificada situação de constrangimento ilegal, o juiz que desclassificar a conduta, desde logo, revogue a prisão cautelar e determine a soltura do acusado.

A esse respeito, imagine-se hipótese em que o *acusado preso* responde por crime de tentativa de homicídio qualificado, mas, após analisar a prova colhida na instrução preliminar, o juiz entende que a conduta se amolda ao delito de lesões corporais dolosas simples (que é infração de pequeno potencial ofensivo).

---

33. Eugênio Pacelli, *Curso de processo penal*, 21. ed., São Paulo, Atlas, 2017, p. 737.

34. Guilherme de Souza Nucci, *Manual de processo e execução penal*, 14. ed., Rio de Janeiro, Forense, 2017, p. 716-717.

É evidente que no exemplo indicado, e em tantos outros, não terá sentido o magistrado desclassificar a conduta e manter o acusado preso.

Se for outra a situação, caberá ao juiz que receber o processo verificar se é caso de manter ou revogar a custódia cautelar.

4.1.3. Impronúncia

Além das situações em que autorizadas a absolvição sumária e a desclassificação, vezes há em que ao final da instrução preliminar o juiz analisa a prova e **não se convence da materialidade do delito**, ou, mesmo convencido a respeito dela, **não encontra indícios suficientes de que o acusado seja autor ou partícipe do delito imputado**.

Para tais casos, diz o art. 414 do CPP que:

> Não se convencendo da materialidade do fato ou da existência de indícios suficientes de autoria ou de participação, o juiz, fundamentadamente, impronunciará o acusado.
>
> Parágrafo único. Enquanto não ocorrer a extinção da punibilidade, poderá ser formulada nova denúncia ou queixa se houver prova nova.

Salvo a hipótese de tentativa branca de homicídio (em que a vítima não é sequer atingida), os crimes dolosos contra a vida são crimes materiais, que deixam vestígios, por isso a prova da materialidade é imprescindível, a teor do disposto no art. 158 do CPP.

Embora a denúncia possa ser recebida sem prova definitiva da materialidade (notadamente nos casos em que o acusado se encontra preso em razão de prisão preventiva decretada na fase de inquérito), não há como submeter o acusado a julgamento perante o júri popular se ao final da instrução preliminar inexistir prova definitiva da materialidade.

De igual maneira, ainda que provada a materialidade delitiva, mas ausentes indícios suficientes de que tenha praticado o delito ou de qualquer forma para ele concorrido, idêntica solução se impõe.

Para ambos os casos, o caminho é a *decisão de impronúncia*, que, embora tenha feição, odor e sabor de *decisão interlocutória mista* (encerra o processo sem julgar a pretensão punitiva), pela dicção do art. 416 do CPP deve ser admitida como **sentença**, contra a qual é cabível **recurso de apelação**.[35]

É certo que, para proferir *sentença* de impronúncia, o juiz incursiona na análise da prova – sob os enfoques da materialidade e autoria –, mas é força convir que não

35. "Nos termos do art. 416 do Código de Processo Penal, com redação dada pela Lei n. 11.689/2008, [contra a sentença de impronúncia ou de absolvição sumária caberá apelação]. A indicação expressa, no Estatuto Processual Penal quanto ao recurso cabível na espécie, afasta a aplicação do princípio da fungibilidade recursal, diante da constatação do erro grosseiro" (STJ, HC 172.515/MG, 5ª T., rel. Min. Laurita Vaz, j. 20-3-2012, *DJe* de 29-3-2012).

profere julgamento de mérito; não condena nem absolve, tanto que, enquanto não ocorrer a extinção da punibilidade, poderá ser formulada nova denúncia ou queixa se houver prova nova a respeito de qualquer dos fundamentos utilizados na decisão (parágrafo único do art. 419).

4.1.4. Pronúncia

Não ocorrendo qualquer das hipóteses anteriores, o juiz deverá proferir ***decisão de pronúncia***.

Se não é caso de absolvição sumária, desclassificação ou impronúncia, o acusado deverá ser submetido a julgamento pelo júri, já que presentes **prova da ocorrência e materialidade do crime, indícios suficientes da autoria ou participação**, e ausente qualquer causa *evidente* de exclusão da ilicitude ou da culpabilidade, impediente do julgamento frente ao tribunal popular em razão de se afigurar autorizada a absolvição sumária. É o que diz o art. 413, *caput*, do CPP.

Trata-se de *decisão interlocutória mista* em que o juiz, mediante análise e conclusão não vinculativa, decide apenas sobre a *admissibilidade da acusação*[36] e remete o processo a julgamento perante o Tribunal do Júri.

Por meio dela, o juiz **encerra a primeira fase** – de instrução preliminar – **e instaura a segunda fase** – em que ocorrerá a preparação para o julgamento definitivo em plenário.

Observada sua natureza, a decisão de pronúncia comporta ataque mediante **recurso em sentido estrito** (CPP, art. 581, IV).

4.1.4.1. Fundamentação da decisão de pronúncia

Esclarece Tourinho Filho que "a decisão de pronúncia não é de mérito, pois mesmo reconhecendo ser o réu o autor do crime, não aplica nenhuma *sanctio juris*. A decisão, aí, tem, por evidente, caráter nitidamente processual. Por meio dela se encerra a primeira etapa do procedimento escalonado do processo de competência do Júri".[37]

Como qualquer outra decisão judicial, a de pronúncia **deve ser fundamentada**. Essa regra estampada no art. 93, IX, da CF, também se encontra expressa no art. 413, *caput*, do CPP (... o juiz, *fundamentadamente*, pronunciará o acusado...).

Assentada a competência constitucional do Tribunal do Júri para o julgamento dos crimes dolosos contra a vida, o conteúdo da fundamentação da decisão de pronúncia se situa em ambiente delicado. Nesse momento sensível, **o juiz deve limitar-se a apontar seu convencimento a respeito da materialidade do fato e indícios**

---

36. "A decisão de pronúncia encerra mero juízo de admissibilidade da acusação" (STF, RHC 109.068/DF, 1ª T., rel. Min. Luiz Fux, j. 14-2-2012, *DJe* n. 53, de 14-3-2012).

37. Fernando da Costa Tourinho Filho, *Manual de processo penal*, 17. ed., São Paulo, Saraiva, 2017, p. 770.

suficientes da autoria.[38] Se for além, de modo a afirmar categoricamente a responsabilidade do acusado, a decisão terminará por materializar violação da competência do júri[39] – juiz natural da causa –, expondo-se à nulidade absoluta por **excesso de fundamentação,**[40] daí afirmar PAULO LÚCIO NOGUEIRA que: "Trata-se de decisão em que o juiz não deve esmiuçar a prova em profundidade, sob pena de prejudicar ou favorecer uma das partes".[41]

Se por um lado não se pode negar que "a Lei n. 11.689/2008, conferindo nova redação ao art. 478, inciso I, do CPP, vedou a alusão à sentença de pronúncia ou à decisão que a confirme em Plenário do Júri, justamente a fim de evitar a influência no ânimo dos jurados, fragilizando sobremaneira a tese do excesso de linguagem da pronúncia, uma vez que a referência a tais atos, na sessão do Júri, gera nulidade que pode ser alegada oportunamente pela defesa",[42] por outro, não se pode perder de vista que os jurados têm acesso direto à referida decisão, visto que o parágrafo único do art. 472 do CPP determina que, após a formação do Conselho de Sentença, cada jurado deverá receber uma cópia "da pronúncia, ou, se for caso, das decisões posteriores que julgaram admissível a acusação".

Impõe-se ao juiz não patrocinar excesso de fundamentação.

Sem dúvida, portanto, que o magistrado deve abster-se de qualquer afirmação que possa influenciar na decisão dos jurados, a fim de não colocar em risco a soberania do veredito, que deve advir, ao menos em tese, de ânimo imparcial; isento.

---

38. "A decisão de pronúncia encerra simples juízo de admissibilidade da acusação, exigindo o ordenamento jurídico somente o exame da ocorrência do crime e de indícios de sua autoria, não se demandando aqueles requisitos de certeza necessários à prolação de um édito condenatório, sendo que as dúvidas, nessa fase processual, resolvem-se contra o réu e a favor da sociedade, conforme o mandamento contido no art. 413 do Código Processual Penal. Em respeito ao princípio do juiz natural, somente é cabível a exclusão das qualificadoras na decisão de pronúncia quando manifestamente descabidas, porquanto a decisão acerca da sua caracterização ou não deve ficar a cargo do Conselho de Sentença, conforme já decidido por esta Corte" (STJ, AgRg no AREsp 1.150.203/PE, 5ª T., rel. Min. Jorge Mussi, j. 10-4-2018, *DJe* de 20-4-2018).

39. "Nunca é demais lembrar que a pronúncia é mero juízo de admissibilidade da acusação, cumprindo ao magistrado apontar, em termos comedidos, a prova do crime e os indícios de autoria, para não influenciar na decisão dos jurados" (STJ, HC 125.315/TO, 6ª T., rel. Min. Og Fernandes, j. 13-11-2012, *DJe* de 28-11-2012, *RSTJ* 229/707, *RT* 931/539).

40. "O juízo de reprovabilidade da conduta, tal como lançado na decisão de pronúncia, é apto a influenciar os jurados e, consequentemente, constitui violação ao preceito constitucional que define a competência do tribunal do júri para o julgamento dos crimes dolosos contra a vida (CF, art. 5º, XXXVIII, *d*). Precedentes: HC 193.037/PR, Rel. Min. Cármen Lúcia, *DJe* de 31-05-2011; HC 99.834/SC, Rel. Min. Joaquim Barbosa, *DJe* de 16-3-2011" (STF, RHC 109.068/DF, 1ª T., rel. Min. Luiz Fux, j. 14-2-2012, *DJe* n. 53, de 14-3-2012).

41. *Questões processuais penais controvertidas*, 3. ed., Rio de Janeiro, Forense, 1988, p. 293.

42. "Precedentes: HC 94274/SP, rel. Min. Carlos Britto, 1ª T., *DJ* de 4-2-2010; HC 86.414/PE, rel. Min. Marco Aurélio, 1ª T., *DJ* de 5-2-2009" (STF, HC 101.698/RJ, 1ª T., rel. Min. Luiz Fux, j. 18-10-2011, *DJe* n. 227, de 30-11-2011).

A jurisprudência do Supremo Tribunal Federal "é firme no sentido de que o defeito de fundamentação na sentença de pronúncia gera nulidade absoluta, passível de anulação, sob pena de afronta ao princípio da soberania dos veredictos. (...) Nos termos do que assentado pelo Supremo Tribunal Federal, os Juízes e Tribunais devem submeter-se, quando pronunciam os réus, à dupla exigência de sobriedade e de comedimento no uso da linguagem, sob pena de ilegítima influência sobre o ânimo e a vontade dos membros integrantes do Conselho de Sentença".[43]

Note-se, a propósito, que o *caput* e o § 1º do art. 413 falam em convencimento a respeito da materialidade do *fato*. Não há sequer menção à existência de *crime*.

Reconhecida a materialidade do *fato*, o juiz se restringirá a afirmar a presença de *indícios* de que o acusado seja o respectivo autor.

A pronúncia não afirma juízo de certeza, mas mera probabilidade,[44] daí não reclamar prova robusta a respeito da autoria delitiva.

É nesse sentido a tranquila jurisprudência das Turmas do Supremo Tribunal Federal e do Superior Tribunal de Justiça:

> A decisão de pronúncia encerra mero juízo de admissibilidade da acusação.[45]
>
> Na fase de pronúncia não se exige juízo de certeza.[46]
>
> Tratando-se a decisão de pronúncia de ato jurisdicional por meio do qual apenas se admite a acusação, não se exige, nem se poderia exigir, um juízo de certeza por parte do

---

43. STF, HC 103.037/PR, 1ª T., rel. Min. Cármen Lúcia, j. 22-3-2011, *DJe* n. 103, de 31-5-2011; STJ, HC 43.346/PE, 6ª T., rel. Min. Hamilton Carvalhido, j. 6-2-2007, *DJe* de 5-3-2007, p. 319. "A fundamentação da sentença de pronúncia deve observar os limites inerentes ao juízo de admissibilidade da acusação, restringindo-se a declinar as razões para o convencimento acerca da materialidade do fato e de indícios suficientes de autoria. Precedentes: HC 94274/SP, rel. Min. Carlos Britto, 1ª T., *DJ* de 4-2-2010; AI 458072-ED/CE, rel. Min. Joaquim Barbosa, 2ª T., *DJ* de 15-10-2009; RE 521813/PB, rel. Min. Joaquim Barbosa, 2ª T., *DJ* de 19-3-2009. A fórmula ideal para a fundamentação da sentença de pronúncia encontra-se no art. 413, § 1º do CPP, na redação da Lei n. 11.689/2008, que aperfeiçoou a redação outrora disposta no art. 408 do CPP, atentando para o problema do excesso de linguagem discutido amplamente na doutrina e para os julgados do Supremo e do STJ acolhendo a tese" (STF, HC 101.698/RJ, 1ª T., rel. Min. Luiz Fux, j. 18-10-2011, *DJe* n. 227, de 30-11-2011).

44. STF, HC 103.037/PR, 1ª T., rel. Min. Cármen Lúcia, j. 22-3-2011, *DJe* n. 103, de 31-5-2011; STF, HC 112.507/DF, 2ª T., rel. Min. Ricardo Lewandowski, j. 18-9-2012, *DJe* n. 194, de 3-10-2012. *No mesmo sentido*: STJ, REsp 1.851.312/RJ, 5ª T., rel. Min. Ribeiro Dantas, j. 17-12-2019, *DJe* de 19-12-2019; STJ, REsp 1.729.033/MG, 6ª T., rel. Min. Antonio Saldanha Palheiro, j. 17-12-2019, *DJe* de 3-3-2020.

45. STF, RHC 109.068/DF, 1ª T., rel. Min. Luiz Fux, j. 14-2-2012, *DJe* n. 53, de 14-3-2012. *No mesmo sentido*: STJ, AgRg no AREsp 1.695.513/TO, 5ª T., rel. Min. Ribeiro Dantas, j. 25-8-2020, *DJe* de 3-9-2020; STJ, REsp 1.840.262/RS, 6ª T., rel. Min. Rogério Schietti Cruz, j. 16-6-2020, *DJe* de 10-8-2020.

46. STF, HC 112.507/DF, 2ª T., rel. Min. Ricardo Lewandowski, j. 18-9-2012, *DJe* n. 194, de 3-10-2012. *No mesmo sentido*: STJ, AgRg no AREsp 1.601.070/SE, 5ª T., rel. Min. Reynaldo Soares da Fonseca, j. 5-5-2020, *DJe* de 11-5-2020; STJ, REsp 1.840.262/RS, 6ª T., rel. Min. Rogério Schietti Cruz, j. 16-6-2020, *DJe* de 10-8-2020.

magistrado singular que a profere, sob pena de invasão da competência constitucionalmente atribuída ao Tribunal do Júri.[47]

Para a pronúncia, que encerra simples juízo de admissibilidade da acusação, exige o ordenamento jurídico o exame da ocorrência da materialidade do fato e da existência de indícios suficientes da autoria ou de participação, não se demandando aqueles requisitos de certeza necessários à prolação de uma sentença condenatória. Inteligência do art. 413 do Código de Processo Penal.[48]

Observada a melhor interpretação que se deve emprestar ao art. 155 do CPP, tal como analisamos no capítulo destinado ao estudo do tema "prova" no processo penal, e sem esquecermos das limitações que decorrem do art. 3º-C, § 3º, do CPP, não se deve admitir decisão de pronúncia fundamentada exclusivamente no acervo informativo colhido na fase de inquérito.

Há quem entenda que em sede de pronúncia incide o princípio ***in dubio pro societate***,[49] daí bastar a presença de indícios suficientes da autoria para que o acusado seja submetido a julgamento popular.

A nosso ver, o que autoriza a decisão de pronúncia lastreada em indícios da autoria não é a incidência do princípio invocado, que entendemos **absolutamente incabível na hipótese**, mas a imperiosa necessidade de se respeitar a **competência do juiz natural** para tais casos, de tal modo que a dúvida eventualmente existente, que pode conduzir a qualquer dos resultados possíveis, deve sempre ser dirimida em sede própria.

Somente nas situações excepcionais anteriormente estudadas é que se pode subtrair o acusado do julgamento popular, determinado em regra constitucional.

Havendo **crime conexo**, este também deverá ser incluído na decisão de pronúncia, para julgamento conjunto em plenário.[50]

---

47. STJ, HC 230.544/SP, 5ª T., rel. Min. Jorge Mussi, j. 18-4-2013, *DJe* de 24-4-2013.

48. STJ, HC 218.400/DF, 6ª T., rel. Min. Sebastião Reis Junior, j. 19-11-2012, *DJe* de 28-11-2012.

49. "É consabido que na primeira fase do processo instaurado para apuração da materialidade e da autoria do crime de homicídio (conhecida como *judicium accusationis*) vigora o princípio *in dubio pro societate*, o que impõe a solução de eventual dúvida em favor da coletividade" (STJ, HC 152.116/SP, 5ª T., rel. Min. Napoleão Nunes Maia Filho, j. 5-5-2011, *DJe* de 24-5-2011). "(...) não se faz necessário, na fase de pronúncia, um juízo de certeza a respeito da autoria do crime, mas que o Juiz se convença da existência do delito e de indícios suficientes de que o réu seja o seu autor, por se aplicar, nessa fase, o princípio do *in dubio pro societate*. Precedentes: STF – RE 540.999/SP, rel. Min. Menezes Direito; STJ – REsp 1.072.709/RJ, rel. Min. Felix Fischer; STJ – AG 850.473/DF-AgRg, rel. Min. Arnaldo Esteves Lima; STJ – HC 87.499/SP, rel. Min. Laurita Vaz" (STJ, HC 121.331/SP, 5ª T., rel. Min. Laurita Vaz, j. 27-5-2010, *DJe* de 21-6-2010). "Em se tratando de crime afeto à competência do Tribunal do Júri, o julgamento pelo Tribunal Popular só pode deixar de ocorrer, provada a materialidade, caso se verifique ser despropositada a acusação, porquanto aqui vigora o princípio *in dubio pro societate*" (STJ, REsp 1.104.096/SP, 5ª T., rel. Min. Felix Fischer, j. 20-10-2009, *DJe* de 3-11-2009).

50. "Constatado que o crime de porte de arma é conexo com o de homicídio qualificado, e de-

Diz o § 1º do art. 413 que, na pronúncia, o juiz (ou Tribunal) deve indicar "o dispositivo legal em que reconhecer incurso o acusado e especificar as circunstâncias qualificadoras e as causas de aumento de pena".

A propósito desse tema, bem observou Espínola Filho que "para a classificação, é óbvio, terá o juiz de apreciar as circunstâncias qualificativas do delito, objeto do artigo legal em que considera incurso o pronunciado".[51]

Ainda em razão da natural competência do tribunal popular do júri, somente as **qualificadoras** que se apresentarem em absoluto descompasso com a prova colhida na fase de instrução preliminar é que podem ser subtraídas da apreciação dos jurados. Também aqui a dúvida[52] determina o encaminhamento para a apreciação em plenário.

Não é outro o entendimento que prevalece na jurisprudência do Supremo Tribunal Federal e do Superior Tribunal de Justiça, evidenciado nas referências que seguem:

> As qualificadoras, sendo elementos acidentais do crime, influem sobre a gravidade do delito e acarretam o aumento de pena. Por integrarem o tipo, a controvérsia a respeito da existência de qualificadoras situa-se no âmbito da competência funcional do Tribunal do Júri e somente podem ser afastadas quando, sendo totalmente divorciadas do conjunto fático-probatório, forem, por isso, declaradas manifestamente improcedentes ou incabíveis. Excluí-las da sentença de pronúncia a partir do exame e da análise do mérito da prova é promover prematuro juízo das condutas dos acusados, subtraindo-as da cognição do Conselho de Sentença, reduzindo a amplitude do julgamento do Tribunal popular (HC n. 66.334-6/SP, Pleno, redator para o acórdão Min. Moreira Alves, *DJ* de 19-5-89; HC n. 106.902/DF, 1ª T., rel. Min. Ricardo Lewandowski, *DJe* 4-5-2011) (STF, HC 108.374/DF, 1ª T., rel. Min. Luiz Fux, j. 6-3-2012, *DJe* 64, de 29-3-2012).
>
> Em respeito ao princípio do juiz natural, somente é cabível a exclusão das qualificadoras na sentença de pronúncia quando manifestamente improcedentes e descabidas, porquanto a decisão acerca da sua caracterização ou não deve ficar a cargo do Conselho de Sentença,

monstrados os requisitos suficientes para a pronúncia, deve ele ser submetido e decidido pelo Conselho de Sentença, conforme previsto no art. 78, I, do Código de Processo Penal, preservada a competência constitucional do Tribunal do Júri" (STJ, AgRg no HC 162.322/DF, 5ª T., rel. Min. Marco Aurélio Bellizze, j. 11-9-2012, *DJe* de 19-9-2012).

51. Eduardo Espínola Filho, *Código de Processo Penal brasileiro anotado*, 4. ed., Rio de Janeiro, Borsoi, v. IV, p. 252.

52. "O Júri Popular é o único competente para o julgamento dos crimes dolosos contra a vida, sendo certo que, na fase do *judicium accusationis*, existindo dúvidas acerca da autoria delitiva deve o réu ser pronunciado" (STJ, REsp 1.214.485/BA, 5ª T., rel. Min. Honildo Amaral de Mello Castro, rel. p/ o Acórdão Min. Jorge Mussi, j. 21-6-2011, *DJe* de 24-11-2011). Todavia, "a simples invocação, relativamente às qualificadoras do homicídio, do princípio *in dubio pro societate*, desacompanhada de qualquer motivação, é causa de nulidade parcial da pronúncia" (STJ, HC 66.912/MG, 6ª T., rel. Min. Hamilton Carvalhido, j. 11-10-2007, *DJe* de 19-11-2007, p. 297).

conforme já decidido por esta Corte (STJ, AgRg no AREsp 1.193.119/BA, 5ª T., rel. Min. Jorge Mussi, j. 5-6-2018, *DJe* de 15-6-2018).

A jurisprudência deste Superior Tribunal de Justiça é uniforme no sentido de que o decote das qualificadoras por ocasião da decisão de pronúncia só está autorizado quando for manifestamente improcedente, isto é, quando for completamente destituída de amparo nos elementos cognitivos dos autos (STJ, REsp 118.5400/MT, 6ª T., rel. Min. Maria Thereza de Assis Moura, j. 16-4-2013, *DJe* de 24-4-2013).

No mesmo sentido: STF, RHC 100.526/MG, 1ª T., rel. Min. Ayres Britto, j. 9-2-2010, *DJe* n. 45, de 12-3-2010, *LEXSTF* 376/382; STF, HC 110.467/PR, 2ª T., rel. Min. Joaquim Barbosa, j. 22-11-2011, *DJe* 239, de 19-12-2011; STJ, AgRg no AgRg no AREsp 1.165.409/MS, 5ª T., rel. Min. Felix Fischer, j. 5-6-2018, *DJe* de 20-6-2018; STJ, HC 246.820/RS, 6ª T., rel. Min. Sebastião Reis Junior, j. 21-2-2013, *DJe* de 1º -3-2013.

Observado que, na pronúncia, o juiz deverá dar ao fato correta tipificação, o art. 418 do CPP remete à possibilidade de ***emendatio libelli*** (CPP, *caput* do art. 383), de maneira que "o juiz poderá dar ao fato definição jurídica diversa da constante da acusação, embora o acusado fique sujeito a pena mais grave".

Na hipótese aventada, o fato foi corretamente descrito, e o juiz apenas procede à adequação da tipificação apresentada na inicial acusatória, de tal sorte que não haverá qualquer surpresa para o acusado, tampouco violação à ampla defesa, cediço que o acusado se defende dos fatos, e não da tipificação inicial feita pelo acusador, conforme já analisamos no capítulo destinado ao estudo do tema *sentença*.

Por outro vértice, caso o juiz se convença de *fato-crime não descrito na denúncia*, a hipótese inclinará para a aplicação do art. 384 do CPP (***mutatio libelli***), de modo que serão necessárias as providências destinadas à preservação do devido processo legal, também já analisadas em momento próprio.

4.1.4.2. Decretação de prisão preventiva

Após a reforma introduzida no procedimento do júri com a Lei n. 11.689/2008, já **não é possível falar em prisão preventiva decorrente de pronúncia**, nos moldes em que era praticada na vigência do vetusto § 2º do art. 408 do CPP.

Tal modalidade de prisão cautelar foi abolida da legislação processual penal brasileira.

O que agora se afigura possível e está indicado no § 3º do art. 413 é a decretação da prisão preventiva no momento da decisão de pronúncia,[53] desde que requerida

53. "Ao pronunciar o réu, deve o juiz, nos termos do art. 413, § 3º, do Código de Processo Penal, decidir, motivadamente, sobre a manutenção ou decretação da prisão" (STJ, RHC 89.170/BA, 6ª T., rel. Min. Antonio Saldanha Palheiro, j. 12-6-2018, *DJe* de 26-6-2018).

por quem seja legitimado; presentes os fundamentos exigidos para a generalidade dos casos e provada a invencível necessidade da medida extrema.

De igual maneira, nesse mesmo momento, o juiz deverá decidir a respeito da *manutenção*, *revogação* ou *substituição* da prisão preventiva ou de medida cautelar restritiva (CPP, arts. 319 e 320) anteriormente aplicada.

Não se impõe qualquer privação à liberdade ou restrição de direito *por força exclusiva* da pronúncia, conforme já discorremos no capítulo destinado ao estudo das *prisões cautelares*.

4.1.4.3. Intimação da decisão de pronúncia

Proferida a decisão, segue-se com as intimações cabíveis, inclusive para que sejam manifestados formalmente eventuais inconformismos por quem de direito, no prazo legal.

Observadas as disposições do art. 420 do CPP, intima-se:

a) **pessoalmente**: o acusado, o defensor nomeado e o Ministério Público;

b) **pela imprensa**: o defensor constituído, o querelante e o assistente do Ministério Público, na forma do disposto no § 1º do art. 370 do CPP (por publicação no órgão incumbido da publicidade dos atos judiciais da comarca, incluindo, sob pena de nulidade, o nome do acusado);

c) **por edital**: o acusado solto que não for encontrado.[54]

Não havendo recurso contra a decisão de pronúncia, sendo improvido ou provido em parte (nessa hipótese, apenas para afastar uma qualificadora, por exemplo) o recurso eventualmente interposto, haverá um tempo em que ela se tornará imutável.

Alcançada essa realidade jurídica, aplica-se o art. 421 do CPP, segundo o qual, "preclusa a decisão de pronúncia, os autos serão encaminhados ao juiz-presidente do Tribunal do Júri", a fim de que se inicie a segunda fase do procedimento escalonado (*judicium causae*), com a preparação do processo para o julgamento em plenário.

---

54. "É viável a intimação do acusado solto por edital, quando frustradas as tentativas de sua intimação pessoal, e, mesmo na sua ausência, a realização da sessão do júri (parágrafo único do art. 420 e art. 457 do Código de Processo Penal)" (STF, RHC 132.273/ES, 2ª T., rel. Min. Teori Zavascki, j. 27-9-2016, *DJe* n. 218, de 13-10-2016). "O art. 420 do Código de Processo Penal, com a redação determinada pela Lei n. 11.689/2008, não viola a ampla defesa, pois, ainda que procedida a intimação ficta por não ser o acusado encontrado para ciência pessoal da pronúncia, o ato foi precedido por anterior citação pessoal após o recebimento da denúncia, ainda na fase inicial do processo. A norma processual penal aplica-se de imediato, incidindo sobre os processos futuros e em curso, mesmo que tenham por objeto crimes pretéritos. O art. 420 do Código de Processo Penal, com a redação determinada pela Lei n. 11.689/2008, como norma processual, aplica-se de imediato, inclusive aos processos em curso, e não viola a ampla defesa" (STF, RHC 108.070/DF, 1ª T., rel. Min. Rosa Weber, j. 4-9-2012, *DJe* n. 196, de 5-10-2012). "Os arts. 420, parágrafo único e 457 da Lei *Adje*tiva Penal, alterado com a edição e entrada em vigor da Lei n. 11.689 de 9-6-2008, permite a intimação, por edital, da decisão de pronúncia do acusado solto, bem como deixa de exigir a presença do réu na sessão plenária" (STJ, REsp 1.201.301/RJ, 5ª T., rel. Min. Jorge Mussi, j. 15-3-2011, *DJe* de 4-4-2011).

4.1.4.4. Alteração da pronúncia em razão de circunstância superveniente

"Ainda que preclusa a decisão de pronúncia, havendo circunstância superveniente que altere a classificação do crime, o juiz ordenará a remessa dos autos ao Ministério Público" (CPP, § 1º do art. 421).

Exemplo bastante esclarecedor da situação tratada é aquele em que o acusado é pronunciado por tentativa de homicídio, e depois de preclusas as vias impugnativas da decisão, mas antes do julgamento em plenário, a vítima falece em razão das lesões sofridas.

No caso indicado, a morte superveniente está a exigir providências para que a acusação se ajuste à nova realidade fática e jurídica.

Qualquer que seja a alteração superveniente, apta a modificar a classificação do crime, o juiz deverá determinar a abertura de vista dos autos ao Ministério Público para que avalie a prova e, sendo caso, proceda ao aditamento da denúncia. Muito embora o Código de Processo Penal nada diga a respeito, na sequência o juiz deverá determinar a abertura de vista dos autos à Defesa para que se manifeste e, querendo, requeira a produção de novas provas, que nesse caso deverão ficar restritas ao acréscimo acusatório.

Na situação acima apontada, é sem sombra de dúvida que a defesa poderá pretender provar, por exemplo, que a morte decorreu de causa superveniente absolutamente independente, de modo a afastar o nexo de causalidade.

Com ou sem produção de provas novas pela defesa, o juiz deverá proferir outra decisão de pronúncia, conforme seu convencimento a respeito das circunstâncias alegadas e eventualmente provadas pelas partes.

Contra essa decisão, também caberá recurso em sentido estrito, nos moldes do art. 581, IV, do CPP.

4.1.4.5. Despronúncia

Como vimos, a decisão de pronúncia pode ser atacada por recurso em sentido estrito.

Esse tipo de recurso é dotado de *efeito devolutivo inverso*, assim denominado aquele que permite ao próprio juiz prolator reconsiderar sua decisão.

Diante de tal quadro, fala-se em *despronúncia* **em duas situações**: *1ª*) quando **o próprio juiz**, em razão do recurso interposto, reconsidera sua anterior decisão de pronúncia e despronuncia o acusado, ou, 2ª) caso o juiz não a modifique, **em grau de recurso** seja provido o desconformismo na Segunda Instância, de tal modo que nesse caso o tribunal é que procederá à despronúncia.

Em qualquer das situações tratadas, o resultado será exatamente o mesmo: a decisão final terá efeito de impronúncia.

4.2. Da preparação do processo para julgamento em plenário

Feitas as intimações cabíveis, preclusa a decisão de pronúncia e observado o procedimento escalonado, o processo deve ser encaminhado ao juiz-presidente do Tribunal do Júri, que na sequência determinará a intimação do Ministério Público ou do querelante (no caso de queixa subsidiária) e do defensor,[55] para que no prazo de 5 (cinco) dias, querendo, apresentem **rol indicativo das testemunhas** que pretendam ouvir em plenário, requeiram a **juntada de documentos e eventuais diligências complementares**.[56]

Nessa fase, cada parte poderá arrolar até o máximo de 5 (cinco) testemunhas, cumprindo observar que "a testemunha residente fora da comarca, ainda que arrolada com cláusula de imprescindibilidade, não está obrigada a comparecer ao Tribunal do Júri para depor. É-lhe facultado apresentar-se espontaneamente em plenário ou ser ouvida por meio de carta precatória, caso requerida na fase processual própria".[57]

Em seguida o juiz decidirá sobre os requerimentos eventualmente formulados[58] e, sendo caso, ordenará as diligências necessárias para sanar qualquer nulidade ou esclarecer fato que interesse ao julgamento da causa.

Por fim, o mesmo juiz-presidente fará **relatório sucinto do processo** e determinará sua **inclusão em pauta** da reunião do Tribunal do Júri, a fim de que seja julgado.

Esse relatório não é mais do que um resumo de todo o processo, com a indicação do conteúdo da denúncia ou queixa, teses defensivas, fases do processo, provas colhidas, eventuais incidentes processuais e resoluções respectivas etc. Assim como se verifica na pronúncia, nessa peça processual o magistrado não poderá externar juízo de valor que possa influenciar na convicção dos jurados.

Nos precisos termos do art. 424 do CPP: "Quando a lei local de organização judiciária não atribuir ao presidente do Tribunal do Júri o preparo para julgamento, o juiz competente remeter-lhe-á os autos do processo preparado até 5 (cinco) dias antes do sorteio a que se refere o art. 433 deste Código". E arremata o parágrafo único: "Deverão ser remetidos, também, os processos preparados até o encerramento da reunião, para a realização de julgamento".

---

55. "A perda do prazo para apresentação do requerimento do art. 422, do CPP, por si só, não é apta a revelar ausência ou insuficiência de defesa, uma vez que não se cuida de peça obrigatória" (STJ, RHC 64.465/PR, 5ª T., rel. Min. Felix Fischer, j. 25-10-2016, *DJe* de 14-11-2016).

56. "Consoante dispõem os arts. 422 e 423 do Código de Processo Penal, requerimento de prova a ser feita no Plenário deve vir à balha no prazo de cinco dias após a intimação para tanto" (STF, HC 99.184/RJ, 1ª T., rel. Min. Marco Aurélio, j. 10-5-2011, *DJe* n. 105, de 2-6-2011). "O tempo oportuno para pedir a realização de perícia em fita de vídeo apresentada no júri perpassa, necessariamente, pela análise do art. 571, I, do Código de Processo Penal" (STF, AI 855.774 AgR/MG, 2ª T., rel. Min. Gilmar Mendes, j. 7-8-2012, *DJe* n. 162, de 17-8-2012). "Consolidou-se na jurisprudência desta Corte Superior de Justiça o entendimento de que se opera a preclusão quando o requerimento do art. 422, do CPP, não for apresentado no quinquídio legal" (STJ, RHC 64.465/PR, 5ª T., rel. Min. Felix Fischer, j. 25-10-2016, *DJe* de 14-11-2016). *No mesmo sentido*: STJ, RHC 40.660/PB, 6ª T., rel. Min. Ericson Maranho, j. 2-6-2015, *DJe* de 11-6-2015; STJ, HC 343.334/BA, 6ª T., rel. Min. Nefi Cordeiro, j. 18-8-2016, *DJe* de 29-8-2016.

57. STF, HC 82.281/SP, 2ª T., rel. Min. Maurício Corrêa, j. 26-11-2002, *DJe* de 1º-8-2003, p. 141.

58. O juiz pode indeferir diligências requeridas nessa fase, notadamente aquelas que se afigurarem manifestamente procrastinatórias.

4.3. Desaforamento

O desaforamento só é cabível nos processos de competência do Tribunal do Júri e configura verdadeira **exceção ao princípio da *perpetuatio jurisdiciones***.

Desaforar é remeter de um foro competente para outro que originariamente não o era, mas passou a ser por força de decisão judicial fundamentada em necessidade invencível. Na singela expressão de Bento de Faria, **é a transferência de um julgamento para outra comarca.**[59]

A regra é que os processos sejam julgados pelo Tribunal Popular do local em que o crime ocorreu, mas a lei prevê hipóteses em que o julgamento pode ser transferido para Tribunal do Júri de comarca diversa.

Fundamentado em Carnelutti, ensinou Frederico Marques que: "O conceito de desaforamento delineia-se, pois, como derrogação à competência territorial. Donde poder-se defini-lo como o ato processual 'em virtude do qual é o processo submetido ao conhecimento de um foro estranho ao delito'".[60]

Diz o art. 427 do CPP que: "Se o interesse da ordem pública o reclamar ou houver dúvida sobre a imparcialidade do júri ou a segurança pessoal do acusado, o Tribunal, a requerimento do Ministério Público, do assistente, do querelante ou do acusado ou mediante representação do juiz competente, poderá determinar o desaforamento do julgamento para outra comarca da mesma região, onde não existam aqueles motivos, preferindo-se as mais próximas".

Não é simples aquilatar o cabimento da medida excepcional de desaforamento com base no **interesse da ordem pública**, compreendida esta como a segurança da coletividade local, mas será cabível, por exemplo, diante da ocorrência de distúrbios ou manifestações coletivas violentas, a evidenciar acentuada revolta social motivada por descontentamento em relação à atuação de instituições envolvidas com a segurança pública, com a persecução penal ou contra o acusado e o crime a que se encontra vinculado.

No mais, não se exige certeza (de prova impossível), e por isso basta a existência de **dúvida fundada sobre a imparcialidade do júri ou a segurança pessoal do acusado** para que se justifique a providência extrema. Lembrando que estamos diante de medida excepcional, por aqui não é suficiente a simples desconfiança ou suspeita desmotivada, puramente intuitiva. É preciso algum elemento de fato em que se possa fundamentar com alguma segurança.

Exemplo: a existência nos autos de cartas de "boa conduta social", juntadas a pedido da defesa, assinadas por diversos membros da sociedade que integram a

59. Bento de Faria, *Código de Processo Penal*, 2. ed., Rio de Janeiro, Record, 1960, v. II, p. 145.

60. José Frederico Marques, *Da competência em matéria penal*, São Paulo, Saraiva, 1953, p. 280.

lista de jurados, acena para o fato de que todos podem ter sido procurados "em nome do acusado".

Leciona Maria Lúcia Karam que: "Em tais situações, a repercussão do fato na localidade onde teria se dado seu cometimento converte-se em fator que, ao invés de se somar ao interesse pelo bom funcionamento da máquina judiciária, acaba por comprometer tal funcionamento, afetando a normal realização do julgamento, seja pela ameaça à integridade física do réu, seja pela possibilidade de grave perturbação da ordem durante seu desenrolar, seja por pressões que possam afetar a imparcialidade dos julgadores, passando por isso a se contradizer com o interesse público determinador da competência territorialmente estabelecida. É a necessidade de atender a este mesmo interesse público que, uma vez constatada a situação excepcional, irá impor o afastamento do julgamento do local que, a princípio e em tese, parecia ser o mais recomendável para o desenvolvimento do processo".[61]

Outra hipótese está regulada no art. 428 do CPP, que assim dispõe: "O desaforamento também poderá ser determinado, em razão do comprovado excesso de serviço, ouvidos o juiz-presidente e a parte contrária, se o julgamento não puder ser realizado no prazo de 6 (seis) meses, contado do trânsito em julgado da decisão de pronúncia".

Aqui a motivação é a **tardança no julgamento** *por excesso de serviço na Vara* e a *impossibilidade* de sua realização no prazo indicado.

Tanto o acusador (para evitar *prescrição* ou alegação de *excesso de prazo*, por exemplo) quanto o acusado (diminuir o tempo de encarceramento cautelar ou simplesmente ver resolvido o processo) podem pretender que o julgamento ocorra dentro do prazo ideal.

A redação do artigo é autoexplicativa e não permite dúvidas; fala por si só.

Por outro lado, há problema no texto do § 1º do art. 428, segundo o qual *não será cabível* o desaforamento se o prazo de 6 (seis) meses for extrapolado em razão de diligências a *requerimento da defesa*. Com efeito, não tem sentido lógico ou jurídico excluir a *acusação* dessa mesma consequência, pois não se pode negar que algumas vezes o Ministério Público poderá adotar determinados expedientes exatamente com vistas a conseguir o desaforamento.

"Não havendo excesso de serviço ou existência de processos aguardando julgamento em quantidade que ultrapasse a possibilidade de apreciação pelo Tribunal do Júri, nas reuniões periódicas previstas para o exercício, o acusado poderá requerer ao Tribunal que determine a imediata realização do julgamento" (§ 2º do art. 428).

---

61. *Competência no processo penal*, 4. ed., São Paulo, Revista dos Tribunais, 2005, p. 157.

Aqui não se trata de pedido de desaforamento, mas de inclusão na pauta de julgamento, e a medida pode ser utilizada tanto pelo *acusado preso* quanto por aquele que se encontra *solto*. É claro que com mais razão aquele que se encontrar preso, mas também o que aguarda em liberdade tem direito a julgamento célere e não pode esperar indefinidamente a solução de tão grave pendência.

De igual modo, errou o legislador ao não permitir a mesma providência *a requerimento do acusador*. Não há coerência, tampouco juridicidade, no tratamento desigual dispensado.

O *pedido* – que pode ser formulado por qualquer das partes (acusação e defesa) ou pelo assistente da acusação – deve ser feito em petição fundamentada, que na medida do possível deverá ser instruída com eventuais provas disponíveis, e **endereçado à Instância Superior, onde será julgado por uma Câmara ou Turma Criminal**. Não é o Juiz-Presidente do Tribunal do Júri quem decide.

Também o juiz poderá – *mediante representação* – provocar o Tribunal para que decida a respeito do desaforamento. De igual modo, a representação deverá estar convenientemente fundamentada e acompanhada das provas disponíveis.

A parte contrária sempre deverá ser instada a se manifestar a respeito do *pedido* feito pela outra.

A propósito, dispõe a Súmula 712 do STF que: "É nula a decisão que determina o desaforamento de processo da competência do júri sem audiência da defesa".

Com ou sem a manifestação da parte contrária, sobre o *pedido* formulado por qualquer delas o juiz-presidente deverá manifestar-se, de modo a prestar as informações de que disponha, a fim de que também sejam analisadas pelo órgão julgador (§ 3º do art. 427). É inegável que, no mais das vezes, o juiz reúne plenas condições de informar o tribunal, com imparcialidade, a respeito dos fatos alegados.

Se a provocação visando desaforamento for feita por *representação* do juiz, é necessário que o Tribunal determine a intimação das partes para que a respeito se manifestem.

Facultadas as manifestações cabíveis e colhidas as informações do juiz (exceto quando for o autor da *representação*), não havendo necessidade de produzir outras provas, o Tribunal deverá decidir a respeito – de maneira fundamentada (CF, art. 93, IX).

Não se admite pedido de desaforamento na pendência de recurso contra a decisão de pronúncia *ou* quando já efetivado o julgamento, salvo, nesta última hipótese, quanto a fato ocorrido durante ou após a realização do julgamento, se este for posteriormente anulado (§ 4º do art. 427).

Acolhido o pedido, o órgão julgador fixará a nova comarca em que o processo será submetido a julgamento e então determinará o encaminhamento dos autos ao juízo competente para as providências cabíveis.

O desaforamento não viola o princípio do juiz natural, pois em casos tais, dada a excepcionalidade evidenciada, há um interesse superior, fundamentado em princípio de justiça, a permitir que se providencie o necessário na busca de um julgamento imparcial, que transcorra em ambiente de normalidade e em prazo razoável, de modo a traduzir a afirmação do Estado de Direito.

Vejamos o que diz a **jurisprudência do Supremo Tribunal Federal** a respeito deste tópico:

> O desaforamento – que atua como causa derrogatória da competência territorial do júri – qualifica-se como medida de caráter excepcional (STF, HC 91.617/RJ, 2ª T., rel. Min. Celso de Mello, j. 16-10-2007, *DJe* n. 233, de 9-12-2011), e só pode ser deferido mediante ponderação entre o princípio do juiz natural e a garantia de imparcialidade do órgão julgador.[62]
>
> Por traduzir hipótese de mitigação das regras processuais de definição de competência, o art. 427 deve ser interpretado restritivamente.[63]
>
> A definição dos fatos indicativos da necessidade de deslocamento para a realização do júri – desaforamento – dá-se segundo a apuração feita pelos que vivem no local. Não se faz mister a certeza da parcialidade que pode submeter os jurados, mas tão somente fundada dúvida quanto a tal ocorrência.[64]
>
> Basta o fundado receio de que reste comprometida a imparcialidade dos jurados (STF, HC 96.785/ES, 2ª T., rel. Min. Eros Grau, j. 25-11-2008, *DJe* n. 094, de 22-5-2009, *LEXSTF* 365/478), todavia, a mera alegação de parcialidade do júri, desacompanhada de qualquer comprovação idônea e eficaz, não é suficiente para justificar a medida excepcional.[65]
>
> O desaforamento, que implica apenas na realização do JULGAMENTO em comarca distinta daquela do distrito da culpa, pressupõe estar o processo pronto para ser submetido ao Tribunal do Júri, sendo, por isso, prematuro seu deferimento na pendência de recurso contra a pronúncia.[66]
>
> Requerido o desaforamento pelo Ministério Público é imperativa a audiência da defesa (STF, HC 63.807/MG, 1ª T., rel. Min. Sepúlveda Pertence, j. 5-12-1989, *DJ* de 2-3-1990, p. 1.346, *RTJ* 131/125; STF, HC 70.792/PE, 2ª T., rel. Min. Marco Aurélio, j. 22-2-1994, *DJ* de 10-6-1994, p. 14.766). A garantia constitucional da ampla defesa reclama a audiência do acusado no pedido de desaforamento.[67]

62. STF, HC 93.038/RJ, 2ª T., rel. Min. Joaquim Barbosa, j. 5-8-2008, *DJe* n. 241, de 19-12-2008, *RTJ* 207-03/1.168.

63. STF, RHC 94.008/RJ, 1ª T., rel. Min. Carlos Britto, j. 24-6-2008, *DJe* n. 064, de 3-4-2009, *RTJ* 210-03/1.164.

64. STF, HC 109.023/SP, 1ª T., rel. Min. Dias Toffoli, j. 13-12-2011, *DJe* n. 39, de 27-2-2012; STF, HC 93.871/PE, 1ª T., rel. Min. Cármen Lúcia, j. 10-6-2008, *DJe* n. 142, de 1º-8-2008, *RT* 877/520.

65. STF, HC 91.617/RJ, 2ª T., rel. Min. Celso de Mello, j. 16-10-2007, *DJe* n. 233, de 9-12-2011.

66. STF, HC 91.617/RJ, 2ª T., rel. Min. Celso de Mello, j. 16-10-2007, *DJe* n. 233, de 9-12-2011.

67. STF, HC 69.054/MT, Tribunal Pleno, rel. Min. Célio Borja, j. 19-12-1991, *DJ* de 10-4-1992, p. 4.798, *RTJ* 139/242.

A decisão deve ser fundamentada, inclusive no que tange à escolha da comarca para onde será remetido o julgamento, notadamente quando houver exclusão das mais próximas e for escolhida cidade mais distante do distrito da culpa.[68]

Orienta-se a jurisprudência do STF no sentido de o desaforamento, quando necessário, dar-se para a comarca mais próxima do distrito da culpa, onde não subsistam os motivos que o determinam. A indicação de comarca mais distante deve ser particularmente fundamentada.[69]

4.4. Organização da pauta e designação do julgamento

Preclusa a decisão de pronúncia, intimadas as partes para a apresentação do rol de testemunhas e eventuais requerimentos, analisados estes e resolvidas eventuais nulidades, após a juntada do relatório sucinto do processo será designada data para a sessão de instrução e julgamento em plenário, conforme a ordem estabelecida no art. 429 do CPP, a saber:

> Salvo motivo relevante que autorize alteração na ordem dos julgamentos, terão preferência:
> I – os acusados presos;
> II – dentre os acusados presos, aqueles que estiverem há mais tempo na prisão;
> III – em igualdade de condições, os precedentemente pronunciados.

Muito embora o dispositivo indicado só se refira a acusados presos, é evidente que também em relação aos que aguardam julgamento em liberdade o juiz deverá agir com cautela, de modo a incluí-los em pauta o mais breve possível, até porque permitido o desaforamento quando houver atraso, nos moldes anteriormente analisados.

Respeitada a ordem listada, antes do dia designado para o primeiro julgamento da reunião periódica, será afixada na porta do edifício do Tribunal do Júri a lista dos processos a serem julgados.

Devidamente definida a data, o juiz-presidente do júri deverá determinar a intimação das partes (acusação e defesa), do ofendido, das testemunhas arroladas para oitiva em plenário e também do perito, sendo caso, a fim de que compareçam, no dia, local e hora designados (art. 431).

As intimações deverão ser feitas nos moldes do art. 420 do CPP, de tal modo que serão intimados:

a) *pessoalmente*: o acusado, o defensor nomeado e o Ministério Público;

b) *pela imprensa*: o defensor constituído, o querelante e o assistente do Ministério Público, na forma do disposto no § 1º do art. 370 do CPP, entenda-se: por

68. STF, HC 75.960/RS, 1ª T., rel. Min. Octavio Gallotti, j. 31-10-1997, *DJ* de 19-12-1997, p. 44.
69. STF, HC 65.278/MG, 1ª T., rel. Min. Néri da Silveira, j. 11-9-1987, *DJ* de 16-10-1987, p. 22.416.

publicação no órgão incumbido da publicidade dos atos judiciais da comarca, incluindo, sob pena de nulidade, o nome do acusado;

c) *por edital*: o acusado solto que não for encontrado.

O assistente somente será admitido se tiver requerido sua habilitação até 5 (cinco) dias antes da data da sessão na qual pretenda atuar (art. 430).

4.5. Dos jurados

Para WHITAKER, "jurado é o cidadão incumbido pela sociedade de declarar se os acusados submetidos a julgamento do júri são culpados ou inocentes".[70]

Essa definição foi criticada por FREDERICO MARQUES, para quem: "Nem o jurado se encontra adstrito à função exclusiva de dizer se o acusado é culpado ou inocente, nem possui ele mandato da sociedade para exercer as atribuições que lhe são conferidas por lei. O jurado não se limita a responder sobre a inocência ou não do réu, pois que também decide sobre os limites e pressupostos da pena a ser imposta a este, nos casos em que o declara culpado. Por outra parte, não há que falar em incumbência da sociedade para o exercício de tais funções, porquanto o Júri não exerce qualquer representação ou mandato do povo".

E arrematou: "O jurado é, apenas, órgão leigo do Poder Judiciário, investido, por lei, da função de julgar, em órgão coletivo a que se dá o nome de júri".[71]

Atento ao fato de que **o julgamento no plenário do júri é realizado por populares** (juízes leigos ou de fato), e não pelo juiz de direito (juiz togado),[72] o legislador regulou detalhadamente a maneira de se proceder à formação da lista composta por membros da sociedade local, aptos ao exercício da função de jurado, e também a forma pela qual devam ser selecionados e *convocados* para participar de determinado julgamento.

4.5.1. Alistamento

Advertiu ARY AZEVEDO FRANCO que "a escolha dos jurados é ponto vital da instituição do Júri".[73]

Compete ao juiz-presidente do Tribunal do Júri determinar anualmente as providências cabíveis visando ao alistamento de pessoas aptas ao exercício da função de jurado.

---

70. FIRMINO WHITAKER, *Jury*, 6. ed., São Paulo, Saraiva, 1930, p. 15.

71. JOSÉ FREDERICO MARQUES, *Elementos de direito processual penal*, Rio de Janeiro-São Paulo, Forense, 1962, v. III, p. 171-172.

72. "São chamados 'juízes de fato', para distingui-los dos membros da Magistratura – 'juízes de direito'" (ADRIANO MARREY, ALBERTO SILVA FRANCO e RUY STOCO, *Teoria e prática do júri*, 6. ed., São Paulo, Revista dos Tribunais, 1997, p. 107).

73. *O júri e a Constituição Federal de 1946*, 2. ed., Rio de Janeiro, Revista Forense, 1956, p. 118.

Vedada qualquer discriminação em razão de cor ou etnia, raça, credo, sexo, profissão, classe social ou econômica, origem ou grau de instrução, poderão integrar a **listagem geral anual** os cidadãos maiores de 18 (dezoito) anos de notória idoneidade (CPP, art. 436), residentes na comarca em que alistados.

Nos precisos termos do art. 437 do CPP, **estão isentos** do serviço do júri: I – o Presidente da República e os Ministros de Estado; II – os Governadores e seus respectivos Secretários; III – os membros do Congresso Nacional, das Assembleias Legislativas e das Câmaras Distrital e Municipais; IV – os Prefeitos Municipais; V – os Magistrados e membros do Ministério Público e da Defensoria Pública; VI – os servidores do Poder Judiciário, do Ministério Público e da Defensoria Pública; VII – as autoridades e os servidores da polícia e da segurança pública; VIII – os militares em serviço ativo; IX – os cidadãos maiores de 70 (setenta) anos que requeiram sua dispensa; X – aqueles que o requererem, demonstrando justo impedimento.

Trata-se de "isenções emergentes, direta e exclusivamente, do texto legal". [74]

Conforme pontuam Marco Antonio Marques da Silva e Jayme Walmer de Freitas: "Em que pese o serviço do júri ser obrigatório, algumas pessoas, em função do cargo que ocupam, gozam da isenção de servir como jurado. Equivale dizer, a função de jurado é relevante, mas há outras de igual ou superior patamar, e o respeito vem expresso no texto legal. As pessoas mencionadas nos incisos I a VIII estão isentas de pleno direito, impondo-se sua omissão na lista geral obrigatoriamente. (...) Já, os cidadãos maiores de 70 anos somente serão excluídos se requererem nesse sentido. Do mesmo modo, poderão gozar de isenção quem o requerer, demonstrando justo impedimento".[75]

Jurado virtual – observou Frederico Marques – "é a pessoa com a capacidade geral de ser membro do corpo de jurados",[76] ou, no dizer de Nucci – "é a denominação que se confere a todo aquele que, preenchendo os requisitos legais, tem capacidade para o alistamento, servindo como jurado". E acrescenta: "(...) é fundamental que o jurado seja pessoa de notória idoneidade, alfabetizado, possuidor de saúde mental e física compatível com a função, bem como deve estar no gozo dos seus direitos políticos e ser brasileiro".[77]

---

74. José Frederico Marques, *Elementos de direito processual penal*, Rio de Janeiro-São Paulo, Forense, 1962, v. III, p. 178.

75. *Código de Processo Penal comentado*, São Paulo, Saraiva, 2012, p. 667.

76. José Frederico Marques, *Elementos de direito processual penal*, Rio de Janeiro-São Paulo, Forense, 1962, v. III, p. 172.

77. Guilherme de Souza Nucci, *Manual de processo e execução penal*, 14. ed., Rio de Janeiro, Forense, 2017, p. 733.

Com sua natural veemência, afirma Tourinho Filho: "É intuitivo que os analfabetos não poderão ser incluídos na lista. Muito menos os surdos-mudos. Igualmente aqueles que não estiverem no gozo dos direitos políticos".[78]

Escreveu Whitaker que "o cego deve ser excluído do encargo de tantos sacrifícios; e, se é certo não ser, em absoluto, incapaz, também é certo que está privado do exame material de provas que, exibidas, podem ser indispensáveis a descoberta da verdade".[79]

A justificativa para tais objeções reside no fato de que as limitações decorrentes do analfabetismo e de problemas de saúde que impliquem ausência ou grave deficiência de sentidos (visão, fala e audição) terminam por afetar a capacidade de compreensão a respeito dos fatos tratados, de modo a acarretar julgamento injusto.

A nacionalidade, a idoneidade e a fruição dos direitos políticos configuram requisitos básicos para o exercício de qualquer função pública, e não haveria de ser diferente em relação ao exercício da função de jurado, observada sua destacada natureza de serviço público relevante (CPP, art. 439).

Para a formação da lista geral de *jurados virtuais*, dispõe o § 2º do art. 405 que: "O juiz-presidente requisitará às autoridades locais, associações de classe e de bairro, entidades associativas e culturais, instituições de ensino em geral, universidades, sindicatos, repartições públicas e outros núcleos comunitários a indicação de pessoas que reúnam as condições para exercer a função de jurado".[80]

É recomendado, ainda, que se faça o alistamento de jurados mediante pesquisa nos cartórios eleitorais.

Além da captação de nomes em razão das providências indicadas, a lista também poderá ser integrada por pessoas dispostas a colaborar, que por iniciativa própria procurem a serventia do juízo visando o alistamento.

Os jurados também podem ser incluídos na lista por iniciativa do juiz, com ou sem recomendação feita por terceiros.

"Os nomes e endereços dos alistados, em cartões iguais, após serem verificados na presença do Ministério Público, de advogado indicado pela Seção local da Ordem dos Advogados do Brasil e de defensor indicado pelas Defensorias Públicas competentes, permanecerão guardados em urna fechada a chave, sob a responsabilidade do juiz-presidente" (§ 3º do art. 426).

---

78. Fernando da Costa Tourinho Filho, *Manual de processo penal*, 17. ed., São Paulo, Saraiva, 2017, p. 787.

79. Firmino Whitaker, *Jury*, 6. ed., São Paulo, Saraiva, 1930, p. 16.

80. A seu tempo, disse Inocêncio Borges da Rosa que "a inclusão na lista é feita mediante: *a)* escolha por conhecimento pessoal; *b)* escolha por informação fidedigna; *c)* requisição às autoridades locais, associações de classe, sindicatos profissionais e repartições públicas" (*Processo penal brasileiro*, Porto Alegre, Globo, 1942, v. III, p. 61).

Seja como for, com vistas a **dar publicidade**, "a lista geral dos jurados, com indicação das respectivas profissões, será publicada pela imprensa até o dia 10 de outubro de cada ano e divulgada em editais afixados à porta do Tribunal do Júri" (art. 406, *caput*).

Após sua inicial publicação, a lista poderá ser alterada – para incluir ou excluir nomes – por iniciativa do próprio juiz (*ex officio*) ou em razão de impugnação que poderá ser feita por qualquer pessoa.

O prazo-limite para eventuais alterações no juízo em que é formada a lista é o dia 10 de novembro, data em que deve ocorrer sua **publicação definitiva**, contendo a transcrição dos arts. 436 a 446 do CPP, que disciplinam a função do jurado.

A lista definitiva pode ser atacada mediante **recurso em sentido estrito**, cabível contra a decisão que incluir jurado na lista geral ou desta o excluir, conforme aponta o art. 581, XIV, do CPP.

De tal modo, mesmo após sua publicação definitiva, a lista poderá sofrer alteração por força de recurso interposto. A alteração poderá ser feita pelo próprio juiz, em razão do *efeito devolutivo inverso* disciplinado no art. 589 do CPP, que permite ao magistrado reformar sua própria decisão, ou pelo Tribunal, caso o juiz mantenha sua decisão e o desconformismo seja provido na Instância Superior.

A lista geral deve ser feita ou refeita anualmente, a fim de ser utilizada no ano seguinte, e o jurado que efetivamente participar de julgamento nos 12 (doze) meses anteriores à publicação da lista – de modo a integrar o Conselho de Sentença – será dela excluído (§ 4º do art. 426).

Cumpre ao juiz determinar que se providencie o necessário a fim de que anualmente a lista geral de jurados seja completada, conforme obriga o § 5º do art. 406.

Quanto ao número de pessoas que devem ser selecionadas para integrar a lista geral, vejamos o que diz o CPP:

> Art. 425. Anualmente, serão alistados pelo presidente do Tribunal do Júri de 800 (oitocentos) a 1.500 (um mil e quinhentos) jurados nas comarcas de mais de 1.000.000 (um milhão) de habitantes, de 300 (trezentos) a 700 (setecentos) nas comarcas de mais de 100.000 (cem mil) habitantes e de 80 (oitenta) a 400 (quatrocentos) nas comarcas de menor população.
>
> § 1º Nas comarcas onde for necessário, poderá ser aumentado o número de jurados e, ainda, organizada lista de suplentes, depositadas as cédulas em urna especial, com as cautelas mencionadas na parte final do § 3º do art. 426 deste Código.

Muito embora a lei determine a formação de lista anual, e a renovação dos jurados seja algo saudável até certo ponto, não é imprescindível seja ela composta apenas por pessoas que não tenham sido anteriormente alistadas, pois do contrário, especialmente nas cidades menores, chegaria um tempo em que se tornaria muito difícil o alistamento.

De outro modo, aliás, não se compreenderia a regra do art. § 4º do art. 426 que manda excluir da lista os jurados que tenham efetivamente participado do Conselho de Sentença nos últimos doze meses (admitida a hipótese de que todos deveriam ser excluídos para a renovação integral).

Diante de tal quadro, feitas as exclusões cabíveis, e depois de completada ou reformulada, a lista poderá conter nomes da lista anterior; **poderá ser reeditada** em parte.

Nada impede, por fim, que o jurado excluído por força de participação anterior torne a compor a lista geral em momento posterior.

4.5.2. Sorteio e convocação

Organizada a pauta com a designação das datas para os julgamentos vindouros, o juiz-presidente do Tribunal do Júri determinará a intimação do representante do Ministério Público que atuar frente ao júri, da Ordem dos Advogados do Brasil e da Defensoria Pública, a fim de que compareçam no local, dia e hora que designar, para que acompanhem o sorteio dos jurados que atuarão na reunião periódica.

A **audiência de sorteio** não será redesignada em razão do não comparecimento de qualquer dos intimados.

O sorteio dos jurados, que deverá ser realizado a **portas abertas** entre o 15º (décimo quinto) e o 10º (décimo) dia útil antecedente à instalação da reunião, será **presidido pelo juiz**.

Para a reunião periódica ou extraordinária, **serão sorteadas 25 (vinte e cinco) cédulas** contendo nome de jurados, uma a uma. O jurado não sorteado poderá ter o seu nome novamente incluído para as reuniões futuras (§ 3º do art. 433).

Da listagem geral, portanto, passa-se à **lista específica**, que conterá os nomes dos vinte e cinco jurados sorteados, os quais deverão ser *intimados* pelo correio ou por qualquer outro meio hábil (oficial de justiça; e-mail; telefone etc.) a fim de que compareçam no local, dia e hora designados para ter lugar a reunião, sob as penas da lei (*caput* do art. 434), e o documento que formalizar a intimação deverá conter a transcrição dos arts. 436 a 446 do CPP, que tratam da *função do jurado*.

Muito embora o art. 434 diga que os jurados serão *convocados*, quer nos parecer que essa tal *convocação* não pode se dar por outra forma que não seja a *intimação*.

Com vistas a dar devida publicidade, diz o art. 435 do CPP que o juiz deverá mandar afixar "na porta do edifício do Tribunal do Júri a relação dos jurados convocados, os nomes do acusado e dos procuradores das partes, além do dia, hora e local das sessões de instrução e julgamento".

A rigor, não é imprescindível que a afixação seja feita *exatamente na porta de entrada do edifício* do fórum em que funcionar o Tribunal do Júri. É suficiente que se verifique em ponto diverso, determinado pelo juiz, sendo comum a existência de mural ou painel em local de trânsito de pessoas no interior do fórum.

Ademais, considerando que nem toda comarca dispõe de edifício específico para o funcionamento do Tribunal do Júri (até porque desnecessária tal estrutura, no mais das vezes), é comum e suficiente a afixação *na porta de entrada do salão do júri*, no prédio em que este funcionar.

4.5.3. Exercício da função de jurado e modalidades de recusas previstas

Observado tratar-se de serviço público relevante (CPP, art. 439), o jurado não pode se eximir da obrigação de servir como tal, daí BENTO DE FARIA ter afirmado, com acerto, que sendo o serviço do júri "obrigatório como encargo cívico, considerado serviço de natureza pública, o comparecimento dos cidadãos brasileiros, quando sorteados como jurados, é dever que deve ser rigorosamente cumprido".[81]

Apesar do dever imposto (*munus publicum*), no Código de Processo Penal encontramos que o jurado poderá deixar de participar do julgamento para o qual fora *convocado*, mediante **recusa injustificada ou justificada**.

Trata-se, aqui, de recusa por iniciativa do próprio jurado, que **em nada se confunde com as recusas motivadas** (impedimento, suspeição e incompatibilidade) **ou imotivadas** (recusa peremptória) que podem ser apresentadas logo em seguida ao sorteio de cada jurado para compor o Conselho de Sentença, na dimensão que veremos mais adiante.

Em caso de *recusa injustificada*, o juiz aplicará multa no valor de 1 (um) a 10 (dez) salários mínimos, que deverá ser individualizada com fundamento na condição econômica do jurado (CPP, § 2º do art. 436) e executada pela Fazenda Pública, mediante certidão respectiva, por se tratar de *dívida de valor*.

De igual forma, também será sancionado com multa nos mesmos parâmetros o jurado que, sem apresentar justificativa plausível, deixar de comparecer no dia marcado para a sessão ou retirar-se antes de ser dispensado pelo juiz-presidente (CPP, art. 442).

Caso necessite ser dispensado (por apresentar problemas de saúde ou ter viagem previamente agendada, por exemplo), o jurado deverá endereçar *requerimento fundamentado* ao juiz, expondo as razões de sua pretensão, e apresentar desde logo as provas disponíveis. Temos aqui hipótese de *recusa justificada*.

Admite-se o pedido de escusa até o momento em que ocorre a chamada dos jurados, em plenário, no dia do julgamento.

Extrai-se do art. 443 do CPP que se ocorrer **motivo de força maior**, hipótese em que a recusa também será justificada, a escusa poderá ser apresentada mesmo

81. BENTO DE FARIA, *Código de Processo Penal*, 2. ed., Rio de Janeiro, Record, 1960, v. II, p. 157.

depois da chamada dos jurados e do julgamento propriamente dito, e a razão para tal permissividade decorre exatamente da imprevisibilidade do motivo justificante.

Muito embora o dispositivo legal a ele não se refira, igual tratamento deverá ser observado se ocorrer **caso fortuito**, que para tal efeito se equipara ao motivo de força maior.

Se a *recusa* ao serviço do júri estiver **justificada em convicção religiosa, filosófica ou política**, embora acolhível, orientado pelos princípios da proporcionalidade e da razoabilidade, o juiz imporá, àquele que recusa, o dever de *prestar serviço alternativo*, entendendo-se como tal o exercício de atividades de caráter administrativo, assistencial, filantrópico ou mesmo produtivo, no Poder Judiciário, na Defensoria Pública, no Ministério Público ou em entidade conveniada para esses fins.

Se o jurado injustificadamente não cumprir com a prestação de serviços determinada, serão suspensos seus direitos políticos, enquanto durar a tardança.

Não há qualquer inconstitucionalidade em tal penalização. Ao contrário, cabe aqui observar que o art. 5º, VIII, da CF, dispõe que "ninguém será privado de direitos por motivo de crença religiosa ou de convicção filosófica ou política, salvo se as invocar para eximir-se de obrigação legal a todos imposta e recusar-se a cumprir prestação alternativa, fixada em lei", e conforme autoriza o art. 15, IV, da CF, a perda ou suspensão se faz cabível quando houver recusa ao cumprimento "de obrigação a todos imposta ou prestação alternativa, nos termos do art. 5º, VIII".

Na falta de regra específica a respeito dos limites mínimo e máximo, com vistas a evitar apenamento injusto, para cada recusa fundamentada em convicção religiosa, filosófica ou política – **objeção de consciência**, na expressão de Nucci[82] – o juiz deverá fixar *um dia* de prestação de serviços, conforme especificar.

Seja qual for o motivo da recusa, somente por decisão fundamentada do juiz-presidente do júri é que o jurado poderá ser dispensado do dever de participar dos julgamentos para os quais fora sorteado, o que deverá constar na ata dos trabalhos do júri, caso o pedido seja feito no dia do julgamento.

O exercício efetivo da função de jurado estabelece presunção de idoneidade moral e outorga "preferência, em igualdade de condições, nas licitações públicas e no provimento, mediante concurso, de cargo ou função pública, bem como nos casos de promoção funcional ou remoção voluntária" (CPP, arts. 439 e 440).

Conforme oportuna observação feita por Mirabete: "Tem-se entendido que, ao referir-se a lei ao '*exercício efetivo* da função de jurado', as regalias abrangem aquele que, convocado para a sessão, comparece, embora não sirva no julgamento por não

82. Guilherme de Souza Nucci, *Manual de processo e execução penal*, 14. ed., Rio de Janeiro, Forense, 2017, p. 734.

ter sido sorteado ou por ter sido recusado por uma das partes. Não perde as regalias o jurado excluído da lista, ainda que por motivo de incapacidade para o exercício daquela função (...)".[83]

Essa mesma linha de pensamento conta com o aval inestimável de ESPÍNOLA FILHO,[84] que cita e combate a posição contrária de MAGARINOS TORRES.

De fato, e de direito, sabendo que a ausência do jurado pode levar ao adiamento do júri por falta de *quórum mínimo*, é força convir que não se faz necessário venha ele a compor o Conselho de Sentença para fazer jus às positivas consequências jurídicas que lhe são endereçadas.

Não é acertado concluir que o jurado recusado (recusa motivada ou imotivada) não exerceu efetivamente funções de jurado, ainda que em parte. É evidente que de alguma maneira ele participou do julgamento, tanto que, sorteado, integrou a lista com 25 (vinte e cinco) nomes; intimado, compareceu na data marcada para o julgamento e sua presença permitiu a instalação dos trabalhos; novamente sorteado, agora para compor o Conselho de Sentença, deixou de integrá-lo por ser alvo de recusa.

A questão é polêmica, e em sentido contrário temos, por exemplo, a respeitada opinião de TOURINHO FILHO,[85] a emprestar interpretação restritiva à reclamada ideia de *efetivo exercício*.

Ainda nessa temática, questiona ESPÍNOLA FILHO o tempo durante o qual o cidadão-jurado pode desfrutar de tais vantagens e garantias. E ele mesmo responde: "não esclarecendo a lei qual o prazo, durante o qual deve gozar de tais direitos e vantagens quem exercer, efetivamente, a função de jurado, entendemos razoável reconhecer-lhe esses benefícios e privilégios, enquanto continuar jurado, isto é, figurar na lista geral, da qual o presidente do tribunal retira, infalivelmente, os que incorrerem em motivo de desmerecimento, após terem atuado no júri, como componentes do corpo de jurados".[86]

O jurado que for sorteado e comparecer à sessão do júri não poderá sofrer qualquer desconto em seus vencimentos ou salário em razão da falta ao trabalho para atender ao chamado do Poder Judiciário (CPP, art. 441).

Embora transitoriamente, o jurado exerce função pública e, por isso, "no exercício da função ou a pretexto de exercê-la", é equiparado ao juiz de direito para fins de responsabilização criminal (CPP, art. 445).

---

83. JULIO FABBRINI MIRABETE, *Processo penal*, 16. ed., São Paulo, Atlas, 2004, p. 554.

84. EDUARDO ESPÍNOLA FILHO, *Código de Processo Penal brasileiro anotado*, 4. ed., Rio de Janeiro, Borsoi, v. IV, p. 374.

85. FERNANDO DA COSTA TOURINHO FILHO, *Processo penal*, 17. ed., São Paulo, Saraiva, 2017, p. 791.

86. EDUARDO ESPÍNOLA FILHO, *Código de Processo Penal brasileiro anotado*, 4. ed., Rio de Janeiro, Borsoi, v. IV, p. 374.

Havendo exclusão de jurado sorteado para participar da reunião periódica (por escusa previamente analisada), deverá ser convocado suplente, de modo a recompor quantitativamente a lista com o mínimo necessário. Como veremos mais adiante, a convocação de suplente também deverá ocorrer na hipótese do art. 464 (ausência de jurado na data do julgamento).

São aplicáveis em relação aos suplentes as mesmas regras anteriormente analisadas, tal como determina o art. 446 do CPP.

4.5.3.1. Prisão especial para quem tenha exercido função de jurado

A Lei n. 12.403/2011 deu nova redação ao **art. 439 do CPP**, de maneira a não mais dispor sobre a possibilidade de prisão especial àquele que tenha *exercido efetivamente* a função de jurado no julgamento de processo submetido ao Tribunal do Júri.

De observar, entretanto, que **o art. 295, X, do CPP, continua a assegurar a possibilidade de prisão especial aos que tiverem exercido tal função**, conforme especifica.

Aury Lopes Jr. explica o imbróglio: "O que provavelmente tenha ocorrido foi um vacilo do legislador, pois até a véspera da votação do PL 4208, havia um consenso sobre a extinção da prisão especial e, portanto, haveria uma modificação radical no art. 295. Nesta linha, também teria que ser alterado o art. 439 (para supressão da parte final). Ocorre que, na última hora, decidiu-se pela manutenção da prisão especial e o art. 295 ficou inalterado (e esqueceram do art. 439 que acabou sendo alterado)".[87]

5. Composição do Tribunal do Júri e Julgamento em Plenário

O Tribunal do Júri é composto por **um juiz togado**, seu presidente, e por **25 (vinte e cinco) jurados** que serão sorteados dentre os alistados, **7 (sete) dos quais constituirão o Conselho de Sentença** em cada sessão de julgamento (CPP, art. 447).

Em outras palavras, da lista geral são sorteados 25 (vinte e cinco) jurados para a sessão, que só poderá ser validamente instalada se presentes ao menos 15 (quinze), dos quais 7 (sete) irão formar, novamente por sorteio, o Conselho de Sentença.

Nos termos do que dispõe o art. 497 do CPP, sem prejuízo de outras expressamente referidas, são atribuições do juiz-presidente do Tribunal do Júri: "I – regular a polícia das sessões e prender os desobedientes; II – requisitar o auxílio da força pública, que ficará sob sua exclusiva autoridade; III – dirigir os debates, intervindo em caso de abuso, excesso de linguagem ou mediante requerimento de uma das partes; IV – resolver as questões incidentes que não dependam de pronunciamento do júri; V – nomear defensor ao acusado, quando considerá-lo indefeso, podendo, neste caso, dissolver o Conselho e designar novo dia para o julgamento, com a nomeação

87. *O novo regime jurídico da prisão processual, liberdade provisória e medidas cautelares diversas*, Rio de Janeiro, Lumen Juris, 2011, p. 114.

ou a constituição de novo defensor;[88] VI – mandar retirar da sala o acusado que dificultar a realização do julgamento, o qual prosseguirá sem a sua presença; VII – suspender a sessão pelo tempo indispensável à realização das diligências requeridas ou entendidas necessárias, mantida a incomunicabilidade dos jurados; VIII – interromper a sessão por tempo razoável, para proferir sentença e para repouso ou refeição dos jurados; IX – decidir, de ofício, ouvidos o Ministério Público e a defesa, ou a requerimento de qualquer destes, a arguição de extinção de punibilidade; X – resolver as questões de direito suscitadas no curso do julgamento; XI – determinar, de ofício ou a requerimento das partes ou de qualquer jurado, as diligências destinadas a sanar nulidade ou a suprir falta que prejudique o esclarecimento da verdade; XII – regulamentar, durante os debates, a intervenção de uma das partes, quando a outra estiver com a palavra, podendo conceder até 3 (três) minutos para cada aparte requerido, que serão acrescidos ao tempo desta última".

Compete à lei local de organização judiciária dizer os períodos em que serão realizadas as sessões de julgamento, sendo comum o critério que leva em conta os meses – pares ou ímpares – para comarcas com determinado número de habitantes.

Em comarcas com elevada demanda, o que infelizmente se verifica em quase todos os grandes centros urbanos, não tem sentido impor qualquer restrição ao funcionamento pleno e ininterrupto do Tribunal do Júri, que em razão disso poderá ter sessões de julgamento todos os meses do ano.

5.1. Verificações e providências iniciais

No dia, local e hora designados para o julgamento, deverão comparecer o juiz-presidente, os jurados, o representante do Ministério Público, o defensor e o

88. "O art. 5º, XXXVIII, da Constituição Federal, assegura a plenitude de defesa nos julgamentos realizados pelo Tribunal do Júri. Na mesma linha, o art. 497, V, do Código de Processo Penal estatui que é atribuição do juiz-presidente do Tribunal do Júri nomear defensor ao acusado, quando considerá-lo indefeso, podendo, neste caso, dissolver o Conselho e designar novo dia para o julgamento, com a nomeação ou a constituição de novo defensor. A lei processual penal não estipula um tempo mínimo que deve ser utilizado pela defesa quando do julgamento do júri. Contudo não se consegue ver razoabilidade no prazo utilizado no caso concreto, por mais sintética que tenha sido a linha de raciocínio utilizado. Hipótese concreta em que o defensor dativo utilizou apenas quatro minutos para fazer a defesa do paciente, perante o plenário do Tribunal do Júri. A exiguidade do tempo utilizado, no caso, aponta no sentido de que não houve o desenvolvimento válido de nenhuma tese, levando à conclusão de que a defesa do paciente teve caráter meramente formal, o que determina a aplicação da primeira parte da Súmula 523/STF. Deveria, portanto, ter havido a intervenção do Juiz-presidente, com a nomeação de novo defensor ou a dissolução do Conselho e a marcação de novo dia de julgamento, a fim de garantir o cumprimento da norma constitucional que garante aos acusados a plenitude de defesa" (STJ, HC 234.758/SP, 6ª T., rel. Min. Sebastião Reis Júnior, j. 19-6-2012, *DJe* de 1º-8-2012).

acusado (é possível o julgamento sem a presença deste), bem como eventuais testemunhas oportunamente arroladas.

Excetuadas as hipóteses de caso fortuito ou força maior, os **pedidos de adiamento e as justificações** de não comparecimento deverão ser previamente submetidos à apreciação do juiz-presidente do Tribunal do Júri (CPP, § 1º do art. 457).

Até o momento de abertura da sessão, o juiz decidirá os casos de isenção e dispensa de jurados e eventual pedido de adiamento de julgamento, mandando consignar em ata as deliberações (CPP, art. 454).

Como providência inicial, o juiz procederá à conferência da urna que deverá conter as 25 (vinte e cinco) cédulas, uma com o nome de cada jurado sorteado, e determinará que o escrivão proceda à chamada nominal de cada um deles, publicamente, após o que as cédulas serão recolocadas na urna.

Para a instalação dos trabalhos e sequência do julgamento, é imprescindível que estejam presentes ao menos 15 (quinze) jurados. É este o *quórum mínimo*.

Ausência de jurado: Se não for alcançado o *quórum mínimo*, o juiz procederá ao sorteio de tantos suplentes quantos forem necessários, e designará nova data para o julgamento, que então será adiado.[89]

Os nomes dos suplentes sorteados serão consignados na ata dos trabalhos, e eles serão *convocados* para comparecimento no dia e hora marcados pelo juiz, cumprindo que por aqui se observe o disposto nos arts. 434 (*intimação* pelo correio ou qualquer outro meio hábil) e 435 (publicação da relação dos jurados), ambos do Código de Processo Penal (CPP, art. 465).

A respeito das *consequências para o jurado* que injustificadamente deixar de comparecer já tratamos anteriormente (imposição de multa, que deverá ser executada pela Fazenda Pública).

Ausência do Promotor de Justiça: Se o representante do Ministério Público não comparecer – com ou sem justificativa –, o julgamento será adiado para o primeiro dia desimpedido da mesma reunião, saindo todos os presentes (partes, testemunhas etc.) cientificados a respeito.

No caso de *ausência injustificada*, a fim de que sejam adotadas as providências disciplinares cabíveis, e especialmente com o propósito de evitar novo adiamento, o juiz comunicará o fato ao Procurador-Geral de Justiça, ocasião em que também informará a respeito da data designada para a nova sessão.

---

89. "Na instalação do Conselho de Sentença, não havendo o *quorum mínimo* exigido pela lei, de 15 jurados, deve o magistrado proceder na forma do que estabelece o art. 445 do Código de Processo Penal. Prejuízo presumido" (STF, HC 87.723/AP, 2ª T., rel. Min. Joaquim Barbosa, j. 5-6-2007, *DJe* n. 131, de 26-10-2007).

Cabe aqui anotar que o ordenamento jurídico vigente não contempla a figura do Promotor *ad hoc* (para o ato), e, ademais, ainda que assim não fosse, por certo o nomeado não reuniria condições de participar responsavelmente do julgamento em plenário, que, em razão de sua complexidade, sempre reclama tempo para estudo prévio e acurada reflexão sobre o processo.

Ausência do advogado do querelante: Na hipótese de ação penal privada subsidiária da pública, a ausência injustificada do advogado do querelante regularmente intimado não obsta o julgamento em plenário, ficando a acusação a cargo exclusivo do Ministério Público, que deverá retomar a ação como parte principal. Por outro vértice, se a ausência for justificada, adia-se o julgamento, e o querelante mantém sua posição no processo (CPP, *caput* do art. 457).

Ausência do advogado do assistente da acusação: Justificada ou não a ausência do advogado do assistente, o julgamento não será adiado, visto tratar-se de parte contingente (adesiva, desnecessária ou eventual), dispensável para a dinâmica e regularidade do processo e do plenário do júri (CPP, *caput* do art. 457).

Ausência do defensor: Se a falta for do advogado do acusado, o adiamento será inevitável, e se a ausência for *injustificada, sem escusa legítima* como diz o art. 456 do CPP, *e* o acusado não constituir outro para ingressar no processo, a respeito do ocorrido o juiz comunicará o presidente da seccional da Ordem dos Advogados do Brasil, a quem também informará a data designada para a nova sessão.

Se bem observado, para que ocorra a comunicação ao órgão de classe da OAB, o dispositivo citado exige a presença de dois requisitos: *1)* a falta do defensor ao julgamento, e *2)* que o acusado não constitua outro para o patrocínio de sua defesa (cumulativamente ou não com aquele que faltou).

Pensamos de forma diversa.

Muito embora não seja possível falar em falta funcional, como pode ocorrer na hipótese de ausência injustificada do Promotor de Justiça, a falta injustificada do defensor implica violação de dever expresso no Código de Ética Profissional do Advogado, daí por que, segundo nossa forma de ver, *sempre* deverá ser comunicada ao órgão de classe para conhecimento e providências cabíveis, mesmo se o acusado constituir novo defensor.

No caso de escusa legítima, poderá ocorrer mais de um adiamento. Exemplo: o advogado prova estar acometido de alguma doença, e que esta se agravou nas vésperas do julgamento. Designada nova data, por ocasião desta, a caminho do Tribunal do Júri o mesmo advogado acaba por se envolver em acidente de trânsito, do qual venha a suportar lesões que o impeçam de atuar em plenário.

Se a escusa não for legítima – inacolhível, portanto –, só haverá adiamento uma única vez, e o julgamento deverá ser marcado para o próximo dia desimpedido, em prazo *não inferior* a dez dias, a fim de que o novo defensor disponha de tempo hábil para estudar o processo.

Nesse caso, para impedir contratempo semelhante na nova data designada, o juiz determinará a intimação da Defensoria Pública para que Defensor com atribuições para tanto tenha vista dos autos e se prepare para o julgamento em plenário.

Se o advogado comparecer, caberá a ele patrocinar a defesa em plenário. Se ausente, a tarefa será desempenhada pelo Defensor Público.

Se ocorrer ausência injustificada do Defensor Público, o juiz comunicará a chefia da instituição para conhecimento e eventuais providências disciplinares, bem como para que se faça a designação de outro Defensor para o caso.

Ausência do acusado: O julgamento não será adiado pelo não comparecimento do acusado solto (CPP, *caput* do art. 457),[90] e a ausência, por si só, não serve de fundamento para a decretação de sua prisão preventiva.

No caso de acusado preso, se o Estado-Administração não cumprir com seu dever de conduzi-lo até o Tribunal do Júri, para que não ocorra violação ao princípio da ampla defesa, que envolve a autodefesa e o direito de presença,[91] o julgamento será adiado para o primeiro dia desimpedido da mesma reunião.

De outro modo, o julgamento poderá ser realizado se houver pedido expresso de dispensa de comparecimento, subscrito pelo acusado *e* por seu defensor (necessariamente por ambos) (CPP, § 2º do art. 457).

Ausência de testemunha: No caso de ausência de testemunha, o julgamento só será adiado se: por ocasião de (*1*) sua indicação para oitiva em plenário a parte que a arrolou (*2*) tiver indicado seu endereço, (*3*) requerido sua intimação por mandado, e (*4*) afirmado ser *imprescindível tal depoimento* (CPP, *caput* do art. 461).

Mesmo que atendidos os requisitos acima indicados, se o oficial de justiça certificar que a testemunha não foi localizada no endereço informado pela parte, o julgamento não será adiado.

Se, regularmente intimada, a testemunha deixar de comparecer, o juiz-presidente suspenderá os trabalhos e mandará conduzi-la coercitivamente até sua presença, a fim de participar do julgamento, como é seu dever (CPP, § 1º do art. 461).[92]

---

90. "É viável a intimação do acusado solto por edital, quando frustradas as tentativas de sua intimação pessoal, e, mesmo na sua ausência, a realização da sessão do júri (parágrafo único do art. 420 e art. 457 do Código de Processo Penal)" (STF, RHC 132.273/ES, 2ª T., rel. Min. Teori Zavascki, j. 27-9-2016, *DJe* n. 218, de 13-10-2016).

91. "A garantia constitucional à ampla defesa nos processos judiciais, prevista no art. 5º, LV, da Constituição Federal, engloba a autodefesa, exercida pelo próprio acusado, e a defesa técnica, a qual deve ser plena e efetiva, sob pena de ofensa ao aludido preceito. No caso do procedimento do Tribunal do Júri, o direito à defesa ganha destaque até mesmo pela Carta Política, na qual se assegura aos acusados pela prática de crimes dolosos contra a vida a plenitude de defesa (art. 5º, XXXVIII, 'a')" (STJ, HC 101.635/SP, 5ª T., rel. Min. Jorge Mussi, j. 1º-9-2009, *DJe* de 13-10-2009).

92. "A realização do julgamento pela sessão do júri, com a dispensa da oitiva de testemunha ausente, não obstante regularmente intimada, encontra amparo nos §§ 1º e 2º do art. 461 do Código de Processo Penal" (STF, HC 134.281 AgR/PI, 2ª T., rel. Min. Teori Zavascki, j. 21-6-2016, *DJe* n. 159, de 1º-8-2016).

Ocorre que, por razões diversas, nem sempre será possível ou recomendável a suspensão temporária dos trabalhos e a imediata condução coercitiva da testemunha, especialmente nos grandes centros urbanos, daí a lei facultar ao juiz adiar o julgamento para o primeiro dia desimpedido, e ordenar a condução coercitiva da testemunha na data designada.

Verificada a ausência injustificada, o juiz aplicará à testemunha desidiosa multa no valor de 1 (um) a 10 (dez) salários mínimos, quantificação que deverá ser individualizada, levando em conta a condição econômica dela, sem prejuízo das providências cabíveis com vistas à sua responsabilização por crime de desobediência.

É oportuno enfatizar que: "A testemunha residente fora da comarca, ainda que arrolada com cláusula de imprescindibilidade, não está obrigada a comparecer ao Tribunal do Júri para depor. É-lhe facultado apresentar-se espontaneamente em plenário ou ser ouvida por meio de carta precatória, caso requerida na fase processual própria".[93]

A testemunha que comparecer à sessão do júri não poderá sofrer qualquer desconto em seus vencimentos ou salário (CPP, art. 459).

Antes mesmo de ser formado o Conselho de Sentença, o juiz deverá providenciar para que as testemunhas de acusação e de defesa sejam colocadas em salas distintas, incomunicáveis entre si, de modo que umas não possam ouvir os depoimentos das outras (CPP, art. 460), para que seja mantida a integridade da prova a ser produzida. É sem sombra de dúvida que uma testemunha de defesa pode se sentir influenciada após ouvir a versão apresentada por testemunha(s) de acusação, de modo a colocar em risco a fidelidade das informações que prestar em plenário e assim contribuir negativamente para a busca da verdade real.

A violação da **incomunicabilidade**, *in casu*, acarreta apenas **nulidade relativa**, cujo reconhecimento não prescinde da demonstração de prejuízo efetivo.

Instalação dos trabalhos: Constatadas as presenças necessárias e satisfeito o *quórum mínimo*, o juiz-presidente declarará instalados os trabalhos e anunciará o processo que na ocasião será submetido a julgamento. Muito embora o art. 463, *caput*, do CPP, seja expresso a esse respeito, é comum o anúncio do processo feito por oficial de justiça, mas disso não se retira qualquer nulidade, considerando a absoluta ausência de prejuízo.

Incumbe ao oficial de justiça proceder ao **pregão das partes e testemunhas**, após o que certificará tal diligência nos autos (CPP, § 1º do art. 463).

Fazer o pregão significa anunciar em voz alta, publicamente, na antessala do Tribunal, o processo que vai ser submetido a julgamento, com a indicação dos nomes das partes e seus respectivos representantes, e o artigo de lei em que fora pronunciado o acusado.

93. STF, HC 82.281/SP, 2ª T., rel. Min. Maurício Corrêa, j. 26-11-2002, *DJe* de 1º -8-2003, p. 141.

Tão logo sejam instalados os trabalhos, pode ocorrer **arguição de impedimento, de suspeição ou de incompatibilidade contra o juiz-presidente do Tribunal do Júri, contra o órgão do Ministério Público ou qualquer funcionário do Judiciário**.

Se o juiz reconhecer a procedência da arguição contra sua pessoa, o adiamento será inevitável.

O acolhimento de qualquer impugnação contra a atuação do representante do Ministério Público, de igual maneira, impedirá a continuidade do julgamento.

Acolhida a impugnação de qualquer funcionário do Poder Judiciário – previsão legal que se nos afigura ridícula e injurídica –, visto que não praticam atos decisórios ou de opinião própria no processo, o ideal é que o juiz imediatamente designe e convoque outro em substituição, a fim de que o julgamento prossiga.

Desacolhida qualquer impugnação, o julgamento prosseguirá, e o juiz determinará que constem na ata dos trabalhos os fundamentos da arguição, eventuais respostas dos arguidos, e o teor de sua decisão a respeito, a fim de dar fiel registro quanto ao ocorrido e para que o incidente possa ser reapreciado em eventual recurso.

5.2. Formação do Conselho de Sentença

No momento em que se verifica a formação do Conselho de Sentença, poderão ocorrer **recusas motivadas** (impedimento, suspeição e incompatibilidade) e **imotivadas** (recusa peremptória).

As razões que fundamentam as *recusas motivadas* podem ser levantadas pelos próprios jurados ou pelas partes. Quanto às *imotivadas*, somente defesa e acusação podem proceder.

Vejamos.

Dando continuidade aos trabalhos, antes de iniciar o sorteio dos 7 (sete) jurados que irão formar o Conselho de Sentença, o juiz-presidente esclarecerá a todos os presentes sobre os **impedimentos**, a **suspeição** e as **incompatibilidades** aplicáveis aos jurados (CPP, art. 466).

A teor do disposto no **art. 448 do CPP**, são impedidos de servir no mesmo Conselho: I – marido e mulher; II – ascendente e descendente; III – sogro e genro ou nora; IV – irmãos e cunhados, durante o cunhadio; V – tio e sobrinho; VI – padrasto, madrasta ou enteado.

Tais impedimentos também são aplicáveis em relação às pessoas que mantenham união estável reconhecida como entidade familiar, inclusive uniões homoafetivas.

O impedimento por parentesco ou relação de convivência não implica o afastamento de todos, e, para solução do impasse, diz o art. 450 do CPP que servirá o que houver sido sorteado em primeiro lugar.

Considerando que os jurados são *juízes de fato* e que exercem função jurisdicional (embora transitoriamente), encontrando-se legalmente equiparados aos magistrados, inclusive para efeito de eventual responsabilização criminal, a eles também se aplicam as disposições sobre impedimentos, suspeição e incompatibilidades dos *juízes togados* (**arts. 252 e 254 do CPP**).

Também se encontra impedido de participar do mesmo julgamento o jurado que: I – tiver funcionado em julgamento anterior do mesmo processo, independentemente da causa determinante do julgamento posterior; II – no caso do concurso de pessoas, houver integrado o Conselho de Sentença que julgou o outro acusado; III – tiver manifestado prévia disposição para condenar ou absolver o acusado (**CPP, art. 449**).

Observado que a lei exige *a presença* de ao menos quinze jurados para a instalação dos trabalhos, os jurados excluídos por impedimento, suspeição ou incompatibilidade serão considerados para a constituição do *quórum mínimo*, pois não se pode negar que *estiveram presentes*.

Embora de difícil realização prática, "o mesmo Conselho de Sentença poderá conhecer de mais de um processo, no mesmo dia, se as partes o aceitarem, hipótese em que seus integrantes deverão prestar novo compromisso" (CPP, art. 452).

Os jurados também serão advertidos pelo juiz de que após o sorteio e até o final do julgamento não poderão comunicar-se entre si ou com qualquer outra pessoa, exceto com ele, o juiz, ou funcionário por ele indicado, tampouco manifestar sua particular opinião sobre o processo, e que a quebra do **dever de incomunicabilidade** implicará em exclusão do Conselho de Sentença e multa, de 1 (um) a 10 (dez) salários mínimos, conforme autorizar a condição econômica do jurado inquieto.

O que a lei impõe não é a **incomunicabilidade absoluta**, mas **relativa**, de maneira que as restrições apontadas não impedem que, durante os intervalos existentes ao longo do julgamento (pausas para almoço e lanche, ou para ir ao banheiro, p.ex.), os jurados conversem entre si e mesmo com o Promotor de Justiça, com o juiz, com o Defensor ou funcionários do Poder Judiciário, sobre temas diversos. O que não se permite é a conversa paralela entre jurados durante o transcorrer da efetiva instrução e julgamento em plenário, sobre qualquer tema, e a manifestação de opinião sobre a matéria tratada no processo,[94] a qualquer tempo.

Em razão disso, é vedado ao jurado durante o período de incomunicabilidade estabelecer conversa por telefone, ter acesso a computadores e outros meios de comunicação. A comunicação eventualmente necessária deverá ser intermediada pelo juiz-presidente ou funcionário da Justiça por ele indicado.

94. "Deve ser declarado nulo o júri em que membro do conselho de sentença afirma a existência de crime em plena fala da acusação" (STJ, HC 436.241-SP, 6ª T., rela. Mina. Maria Thereza de Assis Moura, j. 19-6-2018, *DJe* de 27-6-2018).

O Pleno do STF, com acerto, já afastou alegação de nulidade por ter o jurado telefonado a parente seu para avisar que havia sido sorteado.[95] No caso concreto, a conversa foi entabulada na presença de terceiros e não alcançou o mérito do processo, daí por que inviável reconhecer a existência de qualquer mácula.

Há processos complexos em que o julgamento pode demorar alguns dias, e nesses casos devem ser adotadas as providências cabíveis para que os jurados sejam alojados em hotéis e permaneçam incomunicáveis, o que, convenhamos, é de difícil alcance prático.

A incomunicabilidade, que é imprescindível para a validade do julgamento, será certificada nos autos pelo oficial de justiça (CPP, § 2º do art. 466).

Além das implicações indicadas, se, em meio ao julgamento, qualquer jurado verbalizar opinião sobre o mérito do processo, o Conselho de Sentença deverá ser dissolvido, na medida em que inviabilizada a continuidade do julgamento.

Vamos avante.

Verificada a presença de *quórum mínimo* e feitas as advertências pertinentes para o momento, na sequência o juiz procederá ao sorteio dos 7 (sete) jurados que formarão o Conselho de Sentença.

As cédulas serão retiradas da urna pelo juiz, uma a uma, e será anunciado o nome do jurado sorteado, que nesse momento deverá informar ao juiz sua eventual suspeição, impedimento ou incompatibilidade, e se assim não proceder poderá ser motivadamente impugnado pela defesa ou pela acusação.

Se houver **recusa motivada**, o juiz deverá decidir a respeito – para acolher ou rejeitar – e, seja qual for sua decisão, deverá determinar que conste na ata dos trabalhos o teor da impugnação, as informações do impugnado a respeito, e a decisão proferida.

Não sendo acolhida eventual recusa motivada, a defesa será perguntada se aceita ou recusa o jurado sorteado. Se for aceito, na sequência o Ministério Público será instado a dizer se o aceita ou recusa (CPP, art. 468). É de rigor que se observe a ordem indicada.

Essas são as denominadas **recusas peremptórias**, que podem ser feitas pela defesa e pela acusação sem apresentar qualquer fundamento,[96] até o limite de três

95. STF, AO 1.047 ED/RR, Tribunal Pleno, rel. Min. Joaquim Barbosa, j. 28-11-2007, *DJe* n. 65, de 11-4-2008, *RTJ* 205/576.

96. "A recusa peremptória de jurado (art. 468, CPP), em que as partes não precisam esclarecer os motivos dessa recusa, constitui típico exercício de poder discricionário, que prescinde da necessária justificação lógico-racional, razão por que é incontrastável judicialmente. O legislador cometeu à defesa e ao Ministério Público o poder de declinar imotivadamente de um jurado, no pressuposto de que a escolha do juiz leigo que melhor se enquadre nas expectativas de êxito da parte constitui estratégia inerente à dinâmica do Tribunal do Júri. Nesse contexto, é irrelevante que o Ministério Público tenha direcionado suas escolhas a que jurados do sexo feminino integrassem o conselho de sentença, razão por que não há falar-se em comportamento discriminatório de sua parte" (STF, RHC 126.884/RJ, 2ª T., rel. Min. Dias Toffoli, j. 27-9-2016, *DJe* n. 217, de 11-10-2016).

para cada parte, e evidentemente não se confundem com as *recusas motivadas* por impedimento, suspeição ou incompatibilidade.

A seu tempo, escreveu JOÃO MENDES "que as recusações peremptórias, isto é, não motivadas, são da *essencia* do Jury, visto que podem haver ódios, antipathias, prevenções que não se podem provar, e mesmo explicar, e que, exercendo sobre o espirito das partes impressões afflictivas, diminuam a confiança na justiça; e esta regra, consagrada na historia da jurisprudência (*Sors et urna judicium assignat, et licet rejicere, licet exclamare hunc nolo*), está tambem adoptada em todas as legislações estrangeiras e, em algumas, com maior latitude do que na nossa".[97]

A impugnação de jurado, motivada ou imotivada, deve ocorrer logo após o anúncio de seu nome pelo juiz, quando estiver com a palavra a defesa ou a acusação, respectivamente.

O jurado recusado por qualquer das partes não poderá participar da respectiva sessão de julgamento, cujo Conselho de Sentença será composto pelos sorteados remanescentes.

Havendo **corréus com defensores distintos**, as recusas *poderão* ser apresentadas por um só defensor, se para tanto houver acordo entre eles.

Inexistindo ajuste nesse sentido, poderá ocorrer que um defensor aceite o jurado sorteado e o outro defensor o recuse, seguindo assim alternadamente, o que poderá levar a determinado número de recusas que torne impossível a composição do Conselho de Sentença, hipótese em que a separação dos julgamentos será imprescindível.

Não é raro ocorrer situação em que nem todos os 25 (vinte e cinco) jurados comparecem para o julgamento de corréus, e, depois de verificadas situações de dispensa, impedimento, suspeição e incompatibilidade, os defensores estrategicamente se utilizam das recusas peremptórias com a finalidade de alcançar o adiamento e o desmembramento dos julgamentos, providência autorizada no § 1º do art. 469 do CPP.

Seja qual for a situação, a doutrina convencionou denominar – **estouro de urna** – a hipótese em que se revelar impossível a formação do Conselho de Sentença em razão de recusas de jurados, motivadas (impedimento, suspeição e incompatibilidade) ou imotivadas (recusa peremptória).

Em casos tais, o julgamento será adiado para o primeiro dia desimpedido e serão sorteados os suplentes (CPP, art. 471). Primeiro deverá ser julgado o acusado a quem for atribuída a autoria do crime, ou, em caso de coautoria, segue-se a ordem

97. JOÃO MENDES, *Processo criminal brazileiro*, 3. ed., Rio de Janeiro, Typographia Baptista e Souza, 1920, v. II, p. 412.

disposta no art. 429 do CPP,[98] segundo o qual, salvo motivo relevante que autorize alteração na ordem dos julgamentos, terão preferência: I – os acusados presos; II – dentre os acusados presos, aqueles que estiverem há mais tempo na prisão; III – em igualdade de condições, os precedentemente pronunciados.

Resolvidas e superadas as questões pertinentes, formado o Conselho de Sentença, passa-se ao **juramento solene**, quando então o juiz-presidente se coloca de pé, e com ele todos os presentes, após o que, nos termos do art. 472 do CPP, "fará aos jurados a seguinte exortação: *Em nome da lei, concito-vos a examinar esta causa com imparcialidade e a proferir a vossa decisão de acordo com a vossa consciência e os ditames da justiça*".

Em seguida os jurados serão chamados nominalmente pelo juiz, um a um, e deverão responder: "*Assim o prometo*".

É o juramento público que se faz; a reafirmação expressa do compromisso de servir em busca do ideal de Justiça.

Note-se, entretanto, que os jurados não se comprometem a decidir a causa *conforme a prova* do processo, mas guiados por *balizas outras*.

Com vistas a disponibilizar melhores informações sobre o processo e inclusive facilitar eventuais perguntas no momento próprio, durante a instrução em plenário, cada jurado receberá uma cópia da decisão de pronúncia ou, se for o caso, das decisões posteriores que julgaram admissível a acusação (acórdãos dos Tribunais, v.g.) e também do relatório do processo feito pelo juiz a ensejo do disposto no art. 423, II, do CPP.

5.3. Instrução em plenário

Muito embora já tenha ocorrido instrução preliminar na primeira fase do procedimento bifásico do júri, é possível nova colheita de provas em plenário, perante todos, inclusive com a participação dos jurados, que poderão fazer perguntas às testemunhas, conforme veremos.

Não é por razão diversa que o art. 422 permite às partes arrolarem testemunhas para oitiva em plenário. É possível, inclusive, a intimação de peritos para esclarecimentos nessa segunda fase do julgamento.

De tal sorte, composto o Conselho de Sentença e prestado o compromisso dos jurados, passa-se à instrução em plenário, que será iniciada com a **oitiva da vítima**, quando possível, e depois com a **oitiva das testemunhas** eventualmente arroladas, e, quanto a essas, primeiro serão ouvidas as da acusação, depois as de defesa.

Na ordem estabelecida pelo art. 473 do CPP, as testemunhas de acusação são inquiridas em primeiro lugar, e devem ser perguntadas sucessivamente: pelo juiz-presidente, depois pelo representante do Ministério Público; em seguida pelo

98. É o que determina o § 2º do art. 469 do CPP.

assistente da acusação (sendo caso), pelo querelante (na hipótese de ação penal privada subsidiária da pública) e, por último, pelo defensor do acusado.

Apesar da ordem indicada no art. 473, *caput* e § 1º, especialmente após a vigência do art. 3º-A, introduzido no Código de Processo Penal pela Lei n. 13.964/2019, seguimos convencidos de que o correto é proceder às oitivas conforme o procedimento determinado pelo art. 212 do CPP, segundo o qual, as perguntas serão formuladas pelas partes diretamente à testemunha, cumprindo ao juiz apenas complementar a inquirição, caso se faça necessário esclarecer qualquer obscuridade.

Ouvidas todas as testemunhas de acusação, segue-se com as eventualmente arroladas pela defesa.

Em qualquer das hipóteses anteriormente analisadas, **as perguntas são feitas diretamente** pelos inquiridores, vale dizer: não há necessidade de fazer as perguntas ao juiz para que ele as refaça ao ofendido ou testemunha.

Isso não quer dizer que o juiz não poderá intervir, especialmente para indeferir perguntas eventualmente já respondidas, impertinentes ou inadequadas, bem como impedir aquelas em que a parte induza à resposta pretendida.

Como presidente do júri que é, compete ao juiz conduzir os trabalhos, e no desempenho de tal atividade tem o dever de cuidar pela regularidade e seriedade do julgamento, adotando todas as providências que se revelarem adequadas.

Ao final de cada inquirição, é cabível sejam feitas **perguntas pelos jurados**. Para tanto, o juiz-presidente deverá perguntar se pretendem fazer algum questionamento; se necessitam de algum esclarecimento, lembrando a eles que não devem externar qualquer convicção sobre o mérito do processo.

Em relação aos jurados não se aplica a regra do questionamento direto, e o § 2º do art. 473 determina que eles façam as **perguntas por intermédio do juiz**, ou seja: havendo reperguntas, estas devem ser endereçadas ao juiz, que então irá refazê-las ao ofendido ou testemunha, conforme o caso.

Nesse particular, a diferença de tratamento em relação às partes deve-se ao fato de que o jurado, por ser leigo, pode ter alguma dificuldade na formulação das perguntas, o que é natural mesmo em relação aos mais esclarecidos, daí ser prudente a passagem pelo filtro do juiz de direito, necessariamente afeito à temática tratada.

Encerrada a oitiva das testemunhas, o juiz deve perguntar às partes se pretendem a permanência delas no recinto, à disposição do juízo enquanto durar o julgamento, ou se é caso de dispensá-las, visto que possível a reinquirição ao final dos debates, a teor do disposto no § 4º do art. 476 do CPP.

Colhidas as declarações do ofendido (quando possível) e das testemunhas, segue-se com o **interrogatório do acusado**, se estiver presente.

A renovação do interrogatório em plenário (já realizado na primeira fase do processo) atende aos princípios da ampla defesa, do contraditório e da imediatidade. É inegável a força de convicção que dele os jurados poderão extrair a respeito dos fatos.

Calha lembrar, nesse passo, que, mesmo diante do júri, o acusado poderá optar pelo **silêncio constitucional** e em razão disso deixar de responder às perguntas que lhe forem formuladas (CF, art. 5º, LXIII; CPP, art. 186), e, embora seja assegurado que do silêncio não se pode retirar qualquer conclusão desfavorável, não há dúvida de que, sendo essa a opção defensória, no mais das vezes, por certo não cairá bem aos olhos dos jurados leigos, sempre ansiosos pelas explicações facultadas ao *maior interessado* em provar a improcedência da grave acusação tratada no julgamento.

O cabimento do **interrogatório ao final**, **só depois de colhidas todas as provas**, atende ao princípio da ampla defesa, na medida em que, a essa altura do julgamento, o acusado já conhecerá na inteireza a carga probatória e terá condições de melhor se defender de todo e qualquer fato ou argumento que lhe seja contrário.

Havendo corréus, é necessário que aquele que ainda não foi interrogado não presencie o interrogatório do(s) outro(s), e, segundo pensamos, o ideal é que primeiro seja ouvido o autor principal, e só depois o partícipe, sendo caso.

Também nessa fase deve ser observado o **modelo geral de interrogatório** disciplinado nos arts. 185 a 196 do CPP, expressamente adotado (CPP, *caput* do art. 474), sendo ele dividido em duas partes (CPP, art. 187), iniciado pelo juiz[99] (CPP, art. 188) etc.

É possível, também em razão da regra escrita, a realização de interrogatório por videoconferência.[100]

A **diferença substancial**, entretanto, decorre do disposto no art. 474, §§ 1º e 2º, do mesmo *Codex*, que permite *às partes* fazerem **perguntas diretamente ao acusado**, ao contrário do que ocorre na generalidade, em que o juiz deve indagar das partes se restou algum *fato a ser esclarecido* e, sendo caso, ele mesmo (o juiz) é quem formula as perguntas correspondentes, se entender pertinente e relevante (CPP, art. 188).

Nessa ordem de ideias, as alterações expressamente determinadas no art. 474 são as seguintes.

---

99. "A condução do interrogatório do réu de forma firme durante o júri não importa, necessariamente, em quebra da imparcialidade do magistrado e em influência negativa nos jurados" (STJ, HC 140.161/PR, rela. Mina. Maria Thereza de Assis Moura, j. 17-4-2018, *DJe* de 27-4-2018).

100. "O art. 185, § 2º, II, do Código de Processo Penal estabelece a possibilidade, por meio de decisão fundamentada, da realização do interrogatório do réu preso, por sistema de videoconferência, com a finalidade de viabilizar a sua participação no referido ato processual. A periculosidade do réu, somada à dificuldade enfrentada na remoção e apresentação dos presos em juízo, constitui motivação suficiente e idônea para realização do interrogatório do réu, no plenário Júri, por meio do sistema de videoconferência, assegurado o exercício da ampla defesa através de entrevista prévia com o seu defensor" (STJ, RHC 83.318/RJ, 5ª T., rel. Min. Ribeiro Dantas, j. 27-6-2017, *DJe* de 1-8-2017).

✓ O Ministério Público, o assistente, o querelante e o defensor, nessa ordem, poderão formular, diretamente, perguntas ao acusado.

✓ Os jurados formularão perguntas por intermédio do juiz-presidente.

Em homenagem aos princípios da dignidade da pessoa humana e da presunção de inocência, **como regra, o § 3º do art. 474 não permite que o acusado permaneça algemado** durante o período em que estiver presente no plenário do júri.

Excepcionalmente, entretanto, será permitido o uso de algemas, quando tal artefato se revelar "absolutamente necessário à ordem dos trabalhos, à segurança das testemunhas ou à garantia da integridade física dos presentes".

A proibição do uso indiscriminado de algemas também tem por objetivo evitar que os jurados se impressionem com o impacto da cena, indicativa para muitos de "latente periculosidade".

Apesar da confiança genérica que se deve creditar ao senso de justiça de que são possuidores os probos jurados, não se pode negar que, em alguns casos, o **grave simbolismo das algemas** pode influenciar na decisão, de modo a encaminhar a solução de eventual dúvida em desfavor do acusado, o que evidentemente não atende ao desiderato de um julgamento democrático e imparcial, tampouco às justas expectativas de que em todo e qualquer caso, mais ou menos grave, o resultado final seja o mais acertado possível; traduza a concretização da Justiça.

Ainda sobre o uso de algemas, cabe relembrar que o Supremo Tribunal Federal editou a Súmula Vinculante 11, que tem a seguinte redação:

> Só é lícito o uso de algemas em caso de resistência e de fundado receio de fuga ou de perigo à integridade física própria ou alheia, por parte do preso ou de terceiros, justificada a excepcionalidade por escrito, sob pena de responsabilidade disciplinar, civil e penal do agente ou da autoridade e de nulidade da prisão ou do ato processual a que se refere, sem prejuízo da responsabilidade civil do Estado (Sessão Plenária de 13-8-2009; *DJe* n. 157, de 22-8-2008, p. 1; *DOU* de 22-8-2008, p. 1).[101]

Nos precisos termos do art. 2º do Decreto Federal n. 8.858, de 26 de setembro de 2016:[102] "É permitido o emprego de algemas apenas em casos de resistência e de

---

101. "A inobservância da Súmula Vinculante 11, por expressa previsão, acarreta a nulidade dos atos processuais produzidos em desacordo com sua enunciação. Acolhimento da irresignação para alcançar as provas testemunhais colhidas com a participação do acusado que, mesmo sem fundamentação adequada, permaneceu algemado durante toda a audiência de instrução" (STF, Rcl 22.557 AgR/RJ, 1ª T., rel. Min. Edson Fachin, j. 24-5-2016, *DJe* n. 116, de 7-6-2016).

102. O Decreto Federal n. 8.858/2016 regulamenta o art. 199 da LEP, e conforme traz expresso: "Art. 1º O emprego de algemas observará o disposto neste Decreto e terá como diretrizes: I – o inciso III do *caput* do art. 1º e o inciso III do *caput* do art. 5º da Constituição, que dispõem sobre a proteção e a promoção da dignidade da pessoa humana e sobre a proibição de submissão ao tratamento desumano e degradante; II – a Resolução n. 2.010/16, de 22 de julho de 2010, das Nações Unidas sobre o tratamento de mulheres presas e medidas não privativas de liberdade para mulheres infratoras (Regras de Bangkok);

fundado receio de fuga ou de perigo à integridade física própria ou alheia, causado pelo preso ou por terceiros, justificada a sua excepcionalidade por escrito".

Nesse ponto, pedimos *venia* para transcrever o desabafo e a crítica de Pacelli, lançados nos seguintes termos:

> Ora, se é mesmo possível supor-se a contaminação dos jurados – que, como se sabe, não têm dever de fundamentação de suas decisões – pela utilização das algemas em plenário, porque não anular-se a maioria esmagadora dos julgamentos no júri, quando presos os acusados? Os uniformes de presidiários não imporiam juízos de *desvalia* em relação aos réus?
>
> E, mais. Quando efetivamente necessária a utilização das algemas em plenário, conforme reconhece tal possibilidade a citada Súmula, não estaria inapelavelmente e ainda mais contaminado o corpo de jurados? Veja-se: se o uso de algemas depende de risco à integridade dos presentes, quem absolverá o acusado justificadamente algemado?
>
> A questão, portanto, não é essa. E nem passa perto do uso ou não de algemas em plenário. O problema é o próprio Tribunal do Júri, que não se vê na necessidade de justificar suas decisões! Problema real e concreto. Mas, opção do constituinte de 1988...[103]

A instrução probatória em plenário não se restringe a inquirições pura e simplesmente, visto que "as partes e os jurados poderão requerer **acareações, reconhecimento de pessoas e coisas** e **esclarecimento dos peritos**" (CPP, § 3º do art. 473; negritamos).

Pedidos de acareação e de reconhecimento podem ser feitos em plenário, se a necessidade decorrer da prova colhida perante os jurados. Por outro vértice, se a parte pretender esclarecimentos periciais durante o julgamento, deverá formular o correspondente requerimento no prazo outorgado pelo art. 422 do CPP, que é de cinco dias, cumprindo sejam observadas, ainda, as disposições do art. 159, § 5º, I, do CPP.

Tais requerimentos, evidentemente, deverão ser criteriosa e oportunamente apreciados pelo juiz-presidente, para que então sejam deferidos ou não, conforme seja imprescindível ou prescindível a providência.

Se deferido qualquer deles, tudo deverá ocorrer em plenário, na presença de todos, conforme as formalidades legais já analisadas no capítulo em que nos dedicamos ao estudo da *prova* no processo penal.

Se a imprescindibilidade de esclarecimentos periciais, de **nova perícia** ou qualquer outra prova, for reconhecida durante o julgamento em plenário e não for possível sua realização imediata, em respeito ao princípio da verdade real o juiz-presidente deverá **dissolver o Conselho de Sentença** e determinar as

e III – o Pacto de San José da Costa Rica, que determina o tratamento humanitário dos presos e, em especial, das mulheres em condição de vulnerabilidade".

103. Eugênio Pacelli, *Curso de processo penal*, 21. ed., São Paulo, Atlas, 2017, p. 758.

providências cabíveis visando à realização das diligências necessárias. Nesse caso, "se a diligência consistir na produção de prova pericial, o juiz-presidente, desde logo, nomeará perito e formulará quesitos, facultando às partes também formulá-los e indicar assistentes técnicos, no prazo de 5 (cinco) dias", tudo conforme o disposto no art. 481 do CPP.

As partes e os jurados também poderão requerer "a **leitura de peças** que se refiram, *exclusivamente*, às provas colhidas por carta precatória e às provas cautelares, antecipadas ou não repetíveis" (CPP, § 3º, última parte, do art. 473; negritamos).

Nesse momento, note-se que a lei se refere à **leitura de peças processuais a pedido das partes e dos jurados**, e não àquela leitura que eventualmente poderá ser feita pela acusação e também pela defesa durante os debates, e a restrição se nos afigura sensata, pois tem em vista evitar o que já se viu no passado, antes da regra atual, quando as partes solicitavam ao juiz, sem muito critério, que determinasse a leitura de todos ou quase todos os depoimentos colhidos na primeira fase do procedimento e outras tantas peças processuais, de maneira a proporcionar injustificável perda de tempo e enorme cansaço com tal atividade modorrenta e desnecessária.

Quanto à **leitura de peças e exibição de objetos pelas partes, durante os debates**, excepcionando a regra geral disposta no art. 231 do CPP, pela qual se permite, na generalidade dos casos, a juntada de documentos em qualquer fase do processo, por determinação expressa contida no art. 479 do CPP, "durante o julgamento não será permitida a leitura de documento ou a exibição de objeto que não tiver sido juntado aos autos com a antecedência mínima de 3 (três) **dias úteis**, dando-se ciência à outra parte" (negritamos).[104]

Para a utilização em plenário, note-se que não basta a juntada da prova aos autos no prazo indicado. A leitura ou exibição só será permitida se a parte contrária tiver tomado ciência prévia do conteúdo, a fim de que não seja surpreendida em plenário e com isso restem violados o princípio da igualdade e a paridade de armas, além do irrenunciável contraditório pleno.

Apesar de a redação do art. 479 até admitir que se pense de forma diversa, o prazo de 3 (três) dias úteis é para que a parte contrária seja cientificada a respeito da inovação introduzida no processo. Não atende à finalidade da regra, por exemplo, proceder à juntada dentro do tríduo indicado e dar ciência à parte *ex adversa* apenas na véspera ou na data do julgamento.

104. "As partes poderão fazer a leitura de documento juntado aos autos durante o julgamento em plenário no Tribunal do Júri, desde que observem o disposto nos arts. 478 e 479 do CPP" (STF, HC 137.182/SC, 2ª T., rel. Min. Ricardo Lewandowski, j. 11-10-2016, *DJe* n. 227, de 25-10-2016). "Nulo é o julgamento quando há exibição de documentos em plenário, durante os debates, sem que se tenha concedido a oportuna audiência à parte contrária. Não se veda, porém, a exibição de peças que não se refiram ao fato objeto do processo" (STJ, REsp 422.794/RS, 6ª T., rel. Min. Vicente Leal, j. 1º-4-2003, *DJ* de 5-5-2003, p. 327).

Observa Nucci, com o costumeiro acerto, que: "No prazo de três dias computa-se o dia do julgamento. Por isso, se este estiver designado para o dia 20, pode o documento ser apresentado, para ciência, à parte contrária até o dia 17. Logo, não são três dias inteiros (17, 18 e 19, devendo ser apresentado até o dia 16), mas sim a contagem normal de processo penal, partindo-se do dia do julgamento para trás, não se incluindo o primeiro, mas incluindo-se o último".[105]

Prevalece no Superior Tribunal de Justiça entendimento no sentido de que é relativa a nulidade por desrespeito ao art. 479 do CPP,[106] do que decorre à parte interessada o ônus de alegar e provar, oportunamente, o prejuízo advindo da violação ao texto legal.

Toda a prova colhida em plenário deve ser documentada, e, para tanto, "o **registro dos depoimentos e do interrogatório** será feito pelos meios ou recursos de gravação magnética, eletrônica, estenotipia ou técnica similar, destinada a obter maior fidelidade e celeridade na colheita da prova". "A **transcrição do registro**, após feita a degravação, constará dos autos" (CPP, *caput* e parágrafo único do art. 475; negritamos).

5.4. Debates

No dizer de Bento de Faria, debate "é a discussão entre a acusação e a defesa sobre a responsabilidade do réu, com fundamento no exame e valor das provas apreciadas",[107] e já de início se mostra conveniente fazer algumas advertências que levam em conta constatações do dia a dia: é preciso que o julgamento, como um todo, seja pautado pela boa-fé;[108] assinalado pela lisura. É necessário lhaneza no trato entre *todos* os presentes, sem exclusão de qualquer um.

O Tribunal do Júri não é lugar para *pessoas afetadas*; para hedonismo e "pavonices". Não se deve permitir, nesse ambiente sério e lúgubre, arroubos de vaidade imbecil; mediocridade motivada por "juizite", "promotorite" ou qualquer outra doença de caráter.

Observadas essas balizas *simples*, de resto, o que se espera é um resultado *justo*.

Pois bem.

Encerrada a instrução em plenário, passa-se à fase dos debates (obviamente orais), quando então acusação e defesa sucessivamente irão sustentar suas

---

105. Guilherme de Souza Nucci, *Manual de processo e execução penal*, 14. ed., Rio de Janeiro, Forense, 2017, p. 755.

106. STJ, AgRg no AREsp 744.187/DF, 5ª T., rel. Min. Joel Ilan Paciornik, j. 3-4-2018, *DJe* de 13-4-2018.

107. *Código de Processo Penal*, Rio de Janeiro, Record, 1960, v. II, p. 183.

108. "Advogados, membros do Ministério Público e magistrados devem-se respeito mútuo. A atuação de cada qual há de estar voltada à atenção ao desempenho profissional do homem médio e, portanto, de boa-fé" (STF, HC 71.408/RJ, 2ª T., rel. Min. Marco Aurélio, j. 16-8-1999, *DJ* de 29-10-1999, p. 2).

respectivas convicções a respeito da prova colhida e do resultado que se deve dar ao processo.

Para tanto, **inicialmente** o juiz concederá a palavra ao representante do **Ministério Público** pelo prazo de *uma hora e meia* para que sustente suas razões. Havendo pluralidade de réus, o prazo será acrescido de *uma hora* e então irá totalizar duas horas e meia.

Não é necessário que o acusador esgote todo o tempo disponível. Poderá usá-lo conforme entender conveniente. Só não poderá ultrapassá-lo, e, se assim o fizer, o juiz deverá cassar a palavra e dar por encerrada a explanação inicial.

A acusação deve ter como *limite máximo* o conteúdo da decisão de pronúncia "ou das decisões posteriores que julgaram admissível a acusação, sustentando, se for o caso, a existência de circunstância agravante" (CPP, art. 476).

A acusação deficiente poderá render, no máximo, implicações disciplinares ao Promotor de Justiça desidioso ou inapto, no âmbito da Corregedoria-Geral do Ministério Público a que pertença; jamais a anulação do processo.

Se houver **assistente de acusação** habilitado nos autos, este falará depois do membro do Ministério Público, com quem deverá dividir consensualmente o tempo total destinado à acusação, da maneira que convier a ambos, e, se não houver ajuste a esse respeito, caberá ao juiz partilhar o tempo de atuação entre eles, meio a meio.

Na hipótese de **ação penal privada subsidiária da pública**, falará em primeiro lugar o querelante – autor da ação – e depois o representante do Ministério Público, salvo se no curso do processo tiver ocorrido desídia do querelante e o Estado-acusador tiver retomado a ação penal como parte principal, na forma do art. 29 do CPP (CPP, § 2º do art. 476).

Encerrada a fala acusatória, o juiz concederá a **palavra à defesa**, também pelo prazo de *uma hora e meia*. Havendo corréus, o prazo máximo será aumentado em *uma hora*.

Havendo **pluralidade de defensores** e único acusado, os causídicos deverão dividir o tempo de maneira consensual, e, se não houver acordo entre eles, será partilhado igualitariamente pelo juiz, com observância ao limite permitido.

Encerrada a fala da defesa, o juiz deverá perguntar ao representante do Ministério Público se pretende fazer uso da **réplica**. Em caso afirmativo, ao acusador será concedida a palavra pelo prazo de *uma hora*. Existindo corréus, o prazo máximo será de *duas horas*.

A réplica serve para que o acusador possa contrariar a argumentação da defesa, que em seguida disporá de igual tempo para reafirmar sua(s) tese(s).

Se houver réplica, logo a seguir o juiz concederá a palavra à defesa para que faça a **tréplica**, no mesmo prazo de *uma hora*, que também será acrescido de igual período se estiver sendo julgado mais de um réu.

Em virtude da assegurada plenitude de defesa, é permitido ao defensor *inovar na tréplica*,[109] "mesmo que isto cause surpresa ao acusador e impeça o contraditório".[110]

Seja como for, como decorrência da inafastável plenitude de defesa, ao defensor sempre será *facultado* falar por último. No caso da tréplica trata-se de mera *faculdade*, sim, visto que depois da réplica a defesa poderá entender que não tem mais nada a dizer, e, nesse caso, o último discurso terá sido feito pela acusação, sem que isso represente, por si só, deficiência defensória.

Nesse momento, o § 4º do art. 476 do CPP admite a **reinquirição de testemunha** *já ouvida em plenário*, seja ela qual for.

Quanto ao mérito, é ampla **a atuação do Ministério Público**, na medida em que poderá postular a condenação integral, nos termos da pronúncia; poderá requerer a procedência em parte da ação penal, e com isso pedir, por exemplo, a retirada de qualificadora(s), o reconhecimento da forma privilegiada no caso de homicídio, a desclassificação do delito para outro mais leve, de competência ou não do júri, e, dentro dessa mesma ótica, poderá postular a absolvição do acusado.

Sua atuação deve trilhar o caminho da justiça, e não da acusação cega e irrefletida, que beira a irresponsabilidade, motivada pela prepotência, temperada pela arrogância e pela desconsideração com o drama social estampado nas Cortes Criminais, e mais particularmente com a desgraça que se abateu sobre todos os diretamente envolvidos.

No júri ninguém ganha. Seja qual for a *performance* de cada um e o resultado alcançado, todos perdem. O que se busca é minimizar os efeitos deletérios duramente impregnados no seio das famílias – do réu e da vítima – e na sociedade tisnada de sangue. A biografia social sempre estará manchada pelo crime e seus efeitos devastadores.

Segundo pensamos, com todo respeito, é preciso larga experiência de vida para compreender melhor o drama apresentado no palco de todo julgamento criminal, e com mais forte razão no plenário do júri.

A experiência reclamada nem sempre é alcançada ou presumida em razão do *tempo de vida ou de profissão*, pois não raras vezes nos defrontamos com Promotores de Justiça com décadas de carreira se vangloriando de acusações e condenações

---

109. "Vem o júri pautado pela plenitude de defesa (Constituição, art. 5º, XXXVIII e LV). É-lhe, pois, lícito ouvir, na tréplica, tese diversa da que a defesa vem sustentando. Havendo, em casos tais, conflito entre o contraditório (pode o acusador replicar, a defesa, treplicar sem inovações) e a amplitude de defesa, o conflito, se existente, resolve-se a favor da defesa – privilegia-se a liberdade (entre outros, HC-42.914, de 2005, e HC-44.165, de 2007)" (STJ, HC 61.615/MS, 6ª T., rel. Min. Hamilton Carvalhido, rel. p/ o Acórdão Min. Nilson Naves, j. 10-2-2009, *DJe* de 9-3-2009).

110. Gustavo Henrique Badaró, *Direito processual penal*, São Paulo, Elsevier-Campus Jurídico, 2007, t. II, p. 19.

levadas a efeito no plenário do júri, como se lhe fosse legítimo pretender algum mérito em detrimento de drama alheio.

Tal comportamento se nos afigura revelador de acentuado desvio de caráter e algo mais; triste realidade que só é mitigada pela brilhante, séria e responsável atuação da esmagadora maioria dos membros do Ministério Público, que entendem verdadeiramente a relevância de suas elevadas atribuições, e assim motivados, sem priorizar a atenção da mídia e holofotes passageiros, canalizam suas positivas energias em busca, apenas, de um resultado justo.

Nessa linha de reflexões, é oportuno citar as advertências feitas por Edmundo Oliveira:

> As grandes tragédias humanas não foram as escritas por Ésquilo ou Sófocles, nem imaginadas por Shakespeare ou Corneille; foram e são vividas por pessoas de carne e osso, sentidas por pessoas que se comovem e choram. Não são levadas ao palco, são vistas nas salas dos hospícios, nas enfermarias dos nosocômios, nas Cortes de Justiça.
>
> Não há espetáculo mais doloroso e comovente que o de um julgamento criminal. Ali não se encara um fato qualquer, mas um grande drama. Não se examina apenas um ato isolado da vida de um homem, mas um episódio intimamente unido ao seu passado, manifesto no seu presente e condicionador de seu futuro. O homem todo está ali, não apenas um momento de sua vida ou uma parte de seu ser.[111]

Em plenário, **a defesa** goza de *relativa liberdade* de argumentação, e, ao contrário do que alguns já sustentaram, dela não se espera tão somente pedido de total improcedência da ação penal e consequente absolvição do acusado. Como bem indicou Vitorino Prata Castelo Branco, há defesas que *negam*, defesas que *justificam*, que *discriminam*, que *dirimem*, que *desclassificam* ou *atenuam* e também defesas que ousou chamar de *especiais*.[112]

Atuando no Tribunal do Júri, incontáveis vezes presenciamos pedidos insustentáveis de absolvição fundamentados em ausência de prova... Tal postura defensória sempre foi, e continua sendo, extremamente perturbadora.

Não basta que o defensor atue bem; que fale fluentemente. É preciso conhecer as vísceras do processo e advogar a tese correta em plenário. O risco que se corre com alguns equívocos evitáveis é muito grande, e os prejuízos que deles decorrem, no mais das vezes, são irreparáveis.

Muito embora, na maioria dos julgamentos, a defesa postule a absolvição, em determinados casos, naqueles em que a prova é amplamente desfavorável ao réu

---

111. Edmundo Oliveira, *A identidade humana do crime*, Belém, CEJUP, 1987, p. 9.

112. *Como se faz uma defesa criminal no juízo singular e no tribunal do júri*, 3. ed., São Paulo, Michalany, 1963.

confesso, pode/deve ela postular a condenação com pena reduzida; a condenação sem qualificadoras; a condenação na forma privilegiada; a desclassificação e posterior condenação em delito menos grave etc.

É preciso fugir da vala comum e tantas vezes sedutora da tacanha alegação de falta de provas, muito mais palatável como tese secundária ou subsidiária do que argumento principal.

É preciso discutir tecnicamente o processo.

Nessa linha de pensamento, se o juiz constatar que a **defesa é ineficiente**,[113] deverá declarar o acusado indefeso e dissolver o Conselho de Sentença, após o que designará nova data para o julgamento e intimará o acusado para que constitua novo defensor, sob pena de ser-lhe nomeado defensor dativo quando não for possível a atuação de Defensor Público.

Embora vigente o princípio da *plenitude de defesa*, é equivocado pensar que a atividade defensória não sofre limitações. Tal qual a acusação, a defesa também está exposta a determinadas restrições, como nos dá mostras o art. 478 do CPP, onde está escrito que durante os debates não serão admitidas referências:

> I – à decisão de pronúncia, às decisões posteriores que julgaram admissível a acusação ou à determinação do uso de algemas como argumento de autoridade que beneficiem ou prejudiquem o acusado;[114]
>
> II – ao silêncio do acusado ou à ausência de interrogatório por falta de requerimento, em seu prejuízo.

Muito embora o art. 478 se refira genericamente *às partes*,[115] é bastante claro que o dispositivo em comento se dirige muito mais à acusação do que à defesa, mas vale para ambos.

Note-se, ainda, que, embora não seja permitido discorrer sobre os argumentos lançados na pronúncia, o parágrafo único do art. 472 do CPP determina que, logo após a formação do Conselho de Sentença, seja entregue uma cópia da referida

113. "Diante das peculiaridades do Tribunal do Júri, o fato de ter havido sustentação oral em plenário por tempo reduzido não implica, necessariamente, a conclusão de que o réu esteve indefeso" (STJ, HC 365.008/PB, 6ª T., rel. Min. Sebastião Reis Júnior, rel. p/ o Acórdão Rogério Schietti Cruz, j. 17-4-2018, *DJe* de 21-5-2018).

114. "Esta Corte Superior de Justiça, ao interpretar a determinação do art. 478, inciso I, do Código de Processo Penal, compreende que a legislação processual veda a utilização de decisões judiciais, como argumento de autoridade, na tentativa de constranger os jurados a aderirem a entendimentos expressados sobre os fatos pela justiça togada" (STJ, REsp 1.828.666/SC, 6ª T., rel. Min. Laurita Vaz, j. 12-5-2020, *DJe* de 28-5-2020).

115. "As partes poderão fazer a leitura de documento juntado aos autos durante o julgamento plenário no Tribunal do Júri, desde que observem o disposto nos arts. 478 e 479 do CPP" (STF, HC 137.182/SC, 2ª T., rel. Min. Ricardo Lewandowski, j. 11-10-2016, *DJe* n. 227, de 25-10-2016).

decisão a cada jurado, o que até certo ponto torna sem sentido a proibição ora tratada.[116]

A violação da regra proibitiva gera *nulidade absoluta*, que dispensa a demonstração de prejuízo efetivo, a rigor indemonstrável, já que os jurados estão proibidos de fundamentar suas decisões e, em razão disso, jamais seria possível provar que a utilização da argumentação vedada causou prejuízo.

Também em razão disso é imprescindível que o juiz se mantenha atento para o fato de que eventualmente uma das partes poderá se utilizar maliciosamente de tal expediente com o objetivo de nulificar o julgamento que na sua leitura tenda a um resultado negativo; contrário aos argumentos que tenha expendido.

Com o objetivo de evitar a materialização de nulidade, verificada a hipótese de argumentação proscrita, caberá ao juiz intervir prontamente, de modo a fazer cessar o discurso, advertir o orador a respeito da proibição expressa e restabelecer a ordem dos trabalhos, informando a seguir os jurados de que deverão desconsiderar o quanto expendido a respeito do(s) tema(s) vedado(s).

Outra restrição, já analisada em tópico precedente, decorre do disposto no art. 479, que não permite a leitura em plenário de documento novo, ou a exibição de objeto igualmente inusitado, do qual a parte contrária não tenha sido **cientificada no prazo de pelo menos 3 (três) dias úteis antes do julgamento**.

Ficam atreladas ao regime restritivo anotado "a leitura de jornais ou qualquer outro escrito, bem como a exibição de vídeos, gravações, fotografias, laudos, quadros, croqui ou qualquer outro meio assemelhado, cujo conteúdo versar sobre a matéria de fato submetida à apreciação e julgamento dos jurados" (CPP, parágrafo único do art. 479).

É natural que, durante os debates, os oradores se refiram a determinados documentos existentes nos autos, dentre aqueles permitidos,[117] e, para que não

116. "Embora o legislador ordinário, com a alteração dada pela Lei n. 11.689/2008 no procedimento do júri, tenha impedido que as partes façam em plenário qualquer referência à decisão de pronúncia ou às decisões posteriores que julgaram admissível a acusação (art. 478, I, do CPP), é certo que os jurados, caso solicitem, terão acesso aos autos e consequentemente ao *decisum* objurgado (art. 480, § 3º, do CPP), razão pela qual caracteriza-se o risco de influência no ânimo do Tribunal Popular, bem justificando o exame da existência ou não da eiva deduzida na inicial" (STJ, HC 123.148/RS, 5ª T., rel. Min. Jorge Mussi, j. 25-11-2010, *DJe* de 14-2-2011).

117. "A certidão de antecedentes criminais não tem o condão de colocar um inocente indevidamente no sítio dos fatos. É documento que ordinariamente integra o processo, utilizada pelo juiz togado no cálculo da pena e fixação do regime" (STJ, AgRg no REsp 1.403.161/SP, 5ª T., rel. Min. Reynaldo Soares da Fonseca, j. 20-8-2015, *DJe* de 28-8-2015). "A referência feita pelo *Parquet* durante os debates no julgamento perante o Tribunal do Júri, dos antecedentes do réu, não se enquadra nos casos apresentados pelo art. 478, I e II, do Código de Processo Penal, inexistindo óbice à sua menção por quaisquer das partes" (STJ, HC 333.390/MS, 6ª T., rel. Min. Sebastião Reis Júnior, j. 18-8-2016, *DJe* de 5-9-2016).

paire dúvida a respeito de seu verdadeiro conteúdo, o art. 480, *caput*, do CPP permite que a parte contrária e/ou os jurados, a qualquer momento, dirijam-se ao juiz com o objetivo de pedir que o orador seja instado a indicar exatamente a folha do processo a que se refere. De igual maneira, sempre sem expor seu convencimento sobre o mérito do processo ou mesmo deixar transparecer sua inclinação decisória, os jurados poderão solicitar ao juiz que peça ao orador esclarecimento(s) a respeito de determinado fato por ele aventado.

Esgotadas as alegações orais, com ou sem réplica e tréplica, o juiz perguntará ao Conselho de Sentença se há necessidade de algum esclarecimento complementar,[118] de alguma outra prova, ou se, ao contrário, os jurados se encontram aptos para deliberar em linhas de julgamento da causa debatida.

As dúvidas eventualmente existentes serão esclarecidas pelo juiz-presidente, que, havendo solicitação, facultará aos jurados compulsar os autos em busca de informações e acesso ao(s) instrumento(s) do crime.

Mesmo depois de encerrada a instrução e aduzidas as razões finais das partes, se for imprescindível produzir prova nova, que não possa ser realizada *imediatamente* em plenário, na busca da verdade real só restará ao juiz dissolver o Conselho de Sentença e determinar que se providencie o necessário visando à concretização da(s) diligência(s), e designar nova data para *novo julgamento*.

Se a prova pendente for de natureza pericial, para agilização dos trabalhos, sempre que possível o juiz deverá nomear desde logo o perito responsável e apresentar seus quesitos, facultando às partes a indicação de assistentes técnicos e a formulação de outros quesitos, no prazo de 5 (cinco) dias (CPP, parágrafo único do art. 481).

5.4.1. Aparte

Aparte é a intervenção que uma parte faz em meio à argumentação que está sendo exposta pela outra.

Normalmente tem por objetivo questionar alguma afirmação feita, ou esclarecer algo, em razão de provocação lançada por aquele que está discursando.

É comum, durante os debates em plenário, uma parte solicitar *aparte* à outra; *apartear*, como se diz. A rigor, pede-se o aparte ao *ex adverso*, e não ao juiz, mas o art. 497, XII, do CPP, informa o contrário quando diz que compete ao presidente do Tribunal do Júri "regulamentar, durante os debates, a

---

118. "O art. 466, § 1º, do CPP, impõe a incomunicabilidade dos jurados, dispondo que, uma vez sorteados, serão advertidos pelo Juiz Presidente acerca da vedação de comunicar-se entre si e com outrem, bem como de manifestar opinião sobre o processo, no intuito de evitar que qualquer deles exerça indevida influência no ânimo de decidir dos demais. A solicitação de esclarecimentos pelos Jurados é possível, cabendo ao Juiz Presidente o controle das expressões empregadas pelos membros do Júri, evitando, dessa forma, que expressem opinião quanto ao mérito da causa" (STJ, AgRg no AREsp 568.650/DF, 5ª T., rel. Min. Jorge Mussi, j. 24-4-2018, *DJe* de 4-5-2018).

intervenção de uma das partes, quando a outra estiver com a palavra, podendo conceder até três minutos para cada aparte requerido, que serão acrescidos ao tempo desta última".

Se não for concedido o aparte e ainda assim o solicitante insistir em se pronunciar, caberá ao juiz intervir prontamente, de modo a assegurar o uso da palavra ao orador do momento.

Se de tal embate resultar discussão paralela ou qualquer imbróglio que implique prejuízo de tempo, este deverá ser restituído ao orador prejudicado.

Algumas vezes o pedido de aparte é permeado de pura malícia e tem por objetivo apenas desestabilizar o orador; quebrar a linha de raciocínio em desenvolvimento, especialmente quando se percebe que os jurados estão completamente envoltos pela argumentação que está sendo exposta.

Essa e tantas outras são práticas rotineiras na lida do júri.

Há casos extremos em que acusação e defesa se perdem e partem para ataques pessoais e até mesmo ofensas físicas em plenário. Uma vergonha! (para dizer o mínimo).

Diante de tal descalabro, não resta ao juiz-presidente alternativa diversa: terá que dissolver o Conselho de Sentença e marcar o julgamento para outra data, sem deixar, é claro, de adotar as demais providências cabíveis, *inclusive* para efeito de responsabilização criminal de quem de direito, como decorrência das agressões perpetradas.

5.5. Quesitos

5.5.1. Formulação

No dizer de Ary Azevedo Franco, "os quesitos são perguntas que o presidente do Júri faz aos jurados sobre o fato criminoso e mais circunstâncias essenciais ao julgamento, e por meio das quais decidem os jurados a causa".[119]

São perguntas simples[120] e objetivas, feitas com base na acusação levada a plenário e em teses de defesa sustentadas.[121]

119. O júri e a Constituição Federal de 1946, 2. ed., Rio de Janeiro, *Revista Forense*, 1956, p. 154.

120. "Consolidou-se na doutrina e jurisprudência pátrias o entendimento no sentido de que os quesitos apresentados aos jurados não podem apresentar redação complexa, a ponto de inviabilizar o seu entendimento e confundir a opinião a ser emitida pelos juízes leigos" (STJ, HC 144.492/ES, 5ª T., rel. Min. Jorge Mussi, j. 13-4-2010, *DJe* de 13-9-2010). "Os quesitos a serem submetidos à apreciação do Conselho de Sentença devem ser formulados de forma a facilitar a compreensão dos jurados, sob pena de nulidade" (STJ, AgRg no REsp 1.162.334/SC, 5ª T., rel. Min. Jorge Mussi, j. 22-11-2011, *DJe* de 5-12-2011). "Não há que se falar em obscuridade ou contradição, se os quesitos foram formulados em proposições simples e distintas (inciso IV do art. 484 do CPP)" (STF, HC 89.814/MS, 1ª T., rel. Min. Carlos Britto, j. 18-3-2008, *DJe* n. 177, de 19-9-2008).

121. "Não há nulidade pela ausência de quesitação de tese não sustentada pelo defensor em

Observados os termos da **pronúncia** ou das decisões posteriores que julgaram admissível a acusação, do **interrogatório** e das **teses defendidas pelas partes em plenário**, o juiz elaborará cuidadosamente os quesitos que serão submetidos à análise e votação pelo Conselho de Sentença.

Leva-se em conta, portanto, não apenas o conteúdo da pronúncia, caso seja integralmente sustentada em plenário pela acusação, mas também os termos da autodefesa (interrogatório) e da defesa técnica (argumentos sustentados pelo defensor no plenário).

Na expressão do Min. Ayres Britto, "a elaboração dos quesitos é uma das fases processuais mais sensíveis da instituição do Júri. Isso porque, diante das variáveis que se materializam na trama dos crimes dolosos contra a vida – tentativas, qualificadoras, causas de aumento e de diminuição de pena, concursos de agentes e outras mais –, condensá-las em quesitos precisos é uma tarefa árdua e não raras vezes ingrata".[122]

Os jurados devem ser questionados sobre a **matéria de fato** e se é caso de **absolvição**, jamais sobre **matéria de direito**, que caberá exclusivamente ao juiz-presidente decidir.

É inegável que a matéria de fato decidida tem repercussões jurídicas (e nem seria possível pensar de modo diverso), mas o que se afirma é que os jurados não devem ser expostos a questionamentos que traduzam interpretação de regra de direito.

Nessa ordem de ideias, determina o parágrafo único do art. 482 do CPP que "os quesitos serão redigidos em proposições afirmativas, simples e distintas, de modo que cada um deles possa ser respondido com suficiente clareza e necessária precisão", e isso se faz imprescindível porque, sendo leigos os jurados, não estão afeitos a termos técnicos da lida forense.

Na hipótese de **concurso de crimes** ou de **corréus**, os quesitos serão formulados em **séries distintas**.

É preciso redobrada cautela na redação dos quesitos, visto que "a quesitação inadequada formulada pelo Juiz-presidente implica nulidade absoluta do julgamento do Tribunal do Júri".[123]

5.5.2. Votação

Encerrados os debates e não havendo outras provas a serem produzidas, se os jurados estiverem habilitados a julgar, o juiz fará a leitura dos quesitos em plenário, perante todos os presentes, e breve explicação a respeito de cada um, acrescentando que logo mais estes serão objeto de esclarecimentos pormenorizados, precedentemente à votação de cada um deles.

Plenário de julgamento do Tribunal do Júri. Precedentes: 76.050, HC 67.793, HC 81.855, HC 76.611" (STF, HC 84.754/SP, 1ª T., rel. Min. Carlos Britto, j. 19-9-2006, *DJ* de 7-12-2006, *RT* 806/521).

122. STF, HC 96.469/RJ, 1ª T., rel. Min. Carlos Britto, j. 9-6-2009, *DJe* n. 152, de 14-8-2009.

123. STJ, REsp 1.170.742/BA, 6ª T., rel. Min. Sebastião Reis Júnior, j. 16-5-2013, *DJe* de 29-5-2013.

Feitas tais colocações, o juiz perguntará às partes se têm algum requerimento ou reclamação a fazer (CPP, *caput*, do art. 484).

No que concerne às eventuais imperfeições geradoras de **nulidade relativa**, as impugnações ou protestos quanto a ordem, forma ou conteúdo dos quesitos, ou mesmo quanto à ausência de qualquer quesito que se entenda devido, deverão ser feitas pelas partes nesse exato momento, sob **pena de preclusão**.[124] A **nulidade absoluta**, em razão da sua natureza e efeitos, poderá ser reconhecida em qualquer tempo e grau de jurisdição, independentemente de eventual insurgência registrada em ata.

Conforme sedimentada jurisprudência do Supremo Tribunal Federal:

> Eventuais defeitos na elaboração dos quesitos, em regra, devem ser apontados logo após sua leitura pelo magistrado, sob pena de preclusão, que só pode ser superada nos casos em que os quesitos causem perplexidade aos jurados.[125]
>
> O momento oportuno para a insurgência contra nulidades a respeito dos quesitos formulados no tribunal do júri deve ser em plenário, logo depois de ocorrerem, sob pena de preclusão. Leitura do art. 571, VIII, do CPP (Art. 571. As nulidades deverão ser arguidas: (...) VIII – as do julgamento em plenário, em audiência ou sessão do tribunal, logo depois de ocorrerem.). Precedentes: HC 105.391/SC, rel. Min. Cármen Lúcia, 1ª T., j. 1-3-2011; RHC 99.787/RJ, rel. Min. Dias Toffoli, 1ª T., j. 14-9-2010; HC 97.064/RS, rel. Min. Joaquim Barbosa, 2ª T., j. 7-12-2010; HC 96.469/RJ, rel. Min. Ayres Britto, 1ª T., j. 9-6-2009.[126]
>
> A eventual nulidade na formulação dos quesitos no Tribunal do Júri é atingida pela preclusão quando não alegada na sessão de julgamento (art. 571, VIII, do Código de Processo Penal).[127-128]

O entendimento das duas Turmas Criminais do Superior Tribunal de Justiça não é diferente:

> A impugnação aos quesitos formulados no Tribunal do Júri deve se dar após sua leitura, sob pena de preclusão, conforme disciplina o art. 571, VIII, do Código de Processo Penal. Contudo, como é cediço, não há se falar em preclusão quando se tratar de nulidade absoluta[129]

---

124. "É pacífica a jurisprudência do Supremo Tribunal Federal no sentido de que 'qualquer oposição a quesitos formulados deve ser arguida, imediatamente, na própria sessão de julgamento, nos termos do art. 571, VIII, do CPP, sob pena de preclusão'. Precedentes" (STF, HC 127.428/BA, 2ª T., rel. Min. Dias Toffoli, j. 1º-12-2015, *DJe* n. 018, de 1º-2-2016). *No mesmo sentido*: STF, RHC 99.293/AC, 1ª T., rel. Min. Cármen Lúcia, j. 31-8-2010, *DJe* n. 24, de 7-2-2011; STF, HC 115.235/PA, 1ª T., rel. Min. Marco Aurélio, j. 10-11-2015, *DJe* n. 237, de 25-11-2015; STF, HC 85.295/SP, 2ª T., rel. Min. Cezar Peluso, j. 2-2-2010, *DJe* n. 55, de 26-3-2010; STF, HC 128.463 AgR/SP, 2ª T., rel. Min. Celso de Mello, j. 15-3-2016, *DJe* n. 098, de 16-5-2016.

125. STF, HC 101.799/MT, 1ª T., rel. Min. Dias Toffoli, j. 26-6-2012, *DJe* n. 166, de 22-8-2012.

126. STF, HC 104.776/MG, 1ª T., rel. Min. Luiz Fux, j. 2-8-2011, *DJe* n. 159, de 19-8-2011.

127. STF, HC 95.157/RJ, 2ª T., rel. Min. Joaquim Barbosa, j. 16-11-2010, *DJe* n. 20, de 1º-2-2011.

128. *No mesmo sentido*: STF, HC 93.175/SP, 1ª T., rel. Min. Marco Aurélio, j. 14-10-2008, *DJ* n. 236, de 12-12-2008; STF, HC 85.295/SP, 2ª T., rel. Min. Cezar Peluso, j. 2-2-2010, *DJe* n. 55, de 26-3-2010.

129. STJ, HC 162.189/RS, 5ª T., rel. Min. Marco Aurélio Bellizze, j. 11-12-2012, *DJe* de 17-12-2012.

Eventual irregularidade na quesitação deve ser apontada no Plenário, quando da leitura pelo Juiz, sob pena de preclusão.[130-131]

Se houver impugnação, deverá ser apreciada e julgada de pronto. Se acolhida, o juiz procederá aos ajustes necessários; se rejeitada, manterá seu trabalho conforme exposto, e, seja como for, **tudo deverá constar na ata** dos trabalhos.[132]

Superada essa fase, e não existindo dúvida a ser esclarecida, o Promotor de Justiça, o assistente (sendo caso), o Defensor, os jurados, o escrivão e os oficiais de justiça acompanharão o juiz até a "sala especial", vulgarmente conhecida como "sala secreta", onde será procedida a votação. Se no prédio não houver "sala especial", os trabalhos de votação poderão ser feitos no gabinete do juiz ou outra sala qualquer, ou, quando isso também não for possível, o juiz determinará que o público se retire do plenário do júri, e na presença daqueles que realmente são necessários dará continuidade aos trabalhos (CPP, *caput* e § 1º do art. 485).

Antes de iniciar a votação, o juiz "advertirá as partes de que não será permitida qualquer intervenção que possa perturbar a livre manifestação do Conselho", e que fará retirar da sala aquele que se portar de maneira inconveniente (CPP, § 2º do art. 485), mas isso não quer dizer que eventualmente as partes não poderão pedir a palavra, *pela ordem*, a fim de formular algum requerimento ou fazer observação que se afigurar cabível no momento. O que não se deve permitir, em hipótese alguma, são intervenções despropositadas e/ou maliciosas, aptas a causar embaraços e tumultuar o bom andamento da votação.[133]

Eventuais intervenções ou requerimentos levados a efeito durante a votação, bem como a solução ou decisão que se der, deverão constar na ata dos trabalhos com os respectivos fundamentos, para que possam ser avaliados em caso de recurso.

Para que não haja dúvida quanto ao procedimento a ser verificado durante a votação, o juiz mandará que os oficiais de justiça entreguem 2 (duas) pequenas cédulas de votação para cada um dos jurados, uma contendo a palavra **sim** e outra com a palavra **não**. A fim de assegurar que o voto seja sigiloso (CF, inciso XXXVIII do art. 5º), as cédulas são confeccionadas em papel opaco facilmente dobrável, de modo que ao ser feita a votação, e também o descarte, não se possa ver a palavra

---

130. STJ, HC 177.450/RS, 6ª T., rel. Min. Maria Thereza de Assis Moura, j. 9-4-2013, *DJe* de 22-4-2013.

131. *No mesmo sentido*: STJ, HC 180.708/SP, 5ª T., rel. Min. Jorge Mussi, j. 20-9-2011, *DJe* de 13-10-2011; STJ, AgRg no REsp 1.306.838/AP, 6ª T., rel. Min. Sebastião Reis Júnior, j. 28-8-2012, *DJe* de 12-9-2012.

132. STF, HC 104.776/MG, 1ª T., rel. Min. Luiz Fux, j. 2-8-2011, *DJe* n. 159, de 19-8-2011.

133. "Nos termos do antigo art. 481 do Código de Processo Penal, a manifestação das partes durante a votação dos quesitos, demonstrando aos jurados aquiescência ou discordância, conforme os votos forem proferidos, deve ser coibida. Todavia, eventualmente, pode a parte pedir a palavra para expressar algum protesto ou formular requerimento, o que não pode ser considerado, sempre, um ato de perturbação" (STJ, HC 119.781/AC, 6ª T., rel. Min. Maria Thereza de Assis Moura, j. 1º-9-2011, *DJe* de 19-9-2011).

contida nas respectivas cédulas, que serão depositadas nas distintas urnas (normalmente um pequeno saco de pano).

Passo a passo, um a um, os quesitos serão lidos pelo juiz-presidente e novamente esclarecidos aos presentes. "No julgamento do Tribunal do Júri, onde sobreleva a rigorosa observância da garantia da plenitude de defesa (CF, art. 5º, XXXVIII, *a)* impõe-se absoluta cautela na explicação de cada quesito, de modo a evitar dúvida, confusão ou perplexidade na formação do juízo de certeza pelos integrantes do Conselho de Jurados".[134]

Em seguida o juiz perguntará aos jurados se estão aptos a votar tal quesito e, sendo caso, mandará que o oficial de justiça recolha os votos válidos em uma urna e os descartes em urna separada. Para que não ocorra confusão, o ideal é que esse procedimento seja feito por dois oficiais de justiça, um com a urna para os votos válidos, que decidem o julgamento e são recolhidos primeiro, outro para a coleta das cédulas descartadas, mas nada impede que tudo seja feito por um só oficial, desde que as cédulas sejam cuidadosamente colocadas em urnas distintas.

Recolhidas todas as cédulas, o juiz abrirá inicialmente a urna com os votos válidos e em voz alta lerá cada resposta, depois mostrará as cédulas respectivas aos presentes, a fim de dar perfeita publicidade. Em seguida, separadamente, abrirá a urna dos votos não utilizados (os descartes) e novamente verificará um a um, na presença e à vista de todos, sendo lógico que para cada voto "sim" haverá um descarte "não", e vice-versa.

Esse procedimento deverá ser repetido tantas vezes quantos forem os quesitos submetidos à votação, um a um.

Considerando que os jurados são leigos e que nem sempre é tão simples compreender as proposições submetidas à votação, pode acontecer que algum se confunda e acabe por expressar voto evidentemente equivocado, em manifesta contradição[135] com votação anterior. Para casos tais, diz o art. 490 do CPP que: "Se a resposta a qualquer dos quesitos estiver em contradição com outra ou outras já dadas, o presidente, explicando aos jurados em que consiste a contradição, submeterá novamente à votação os quesitos a que se referirem tais respostas".[136]

---

134. STJ, REsp 422.794/RS, 6ª T., rel. Min. Vicente Leal, j. 1º-4-2003, *DJ* de 5-5-2003, p. 327.

135. "A jurisprudência do STF admite a possibilidade de homicídio privilegiado-qualificado, desde que não haja incompatibilidade entre as circunstâncias do caso. O recurso utilizado para atingir a vítima 'é realidade objetiva, pertinente à mecânica do agir do infrator' (HC 77.347, HC 69.524, HC 61.074). Daí a inexistência de contradição no reconhecimento da qualificadora, cujo caráter é objetivo (modo de execução do crime), e do privilégio, afinal reconhecido (sempre de natureza subjetiva)" (STF, HC 89.921/PR, 1ª T., rel. Min. Carlos Britto, j. 12-12-2006, *DJe* n. 4, de 27-4-2007).

136. STF, HC 85.150/SP, 1ª T., rel. Min. Marco Aurélio, j. 3-5-2005, *DJ* de 21-10-2005, p. 26; STF, HC 94.479/RJ, 2ª T., rel. Min. Eros Grau, j. 17-3-2009, *DJe* n. 152, de 14-8-2009.

Conforme vai se seguindo, caminha-se para a responsabilização, ou não, do acusado, e pode acontecer que a votação de determinado quesito afaste a necessidade de votação de outro(s) ou de todos os demais, que então o juiz dará por prejudicado ou prejudicados, e, conforme o caso, poderá dar por encerrada a votação.

Exemplo: se, apesar de reconhecerem a materialidade do crime, os jurados afastarem a autoria, não será necessária a votação de qualquer outro quesito, pois absolveram o acusado da imputação lançada.

Não se exige unanimidade de votos nas decisões proferidas no Tribunal do Júri; é suficiente que se obtenha o voto da maioria para que se verifique o acolhimento de uma ou outra tese – de acusação ou de defesa.

Bem por isso, o Conselho de Sentença é formado em número ímpar – por sete jurados –, para que também não ocorra empate, caso seja necessária a verificação dos votos proferidos por todos os jurados. Exemplo: empatada a votação de determinada tese em 3 (três) votos para cada parte (acusação e defesa), o sétimo voto fatalmente decidirá o julgamento do quesito sob análise.

Verificada a maioria, que corresponde a 4 (quatro) votos, não há por que seguir com a apuração dessa votação específica, porquanto alcançado o *quorum* necessário.

Finalizada a votação, o juiz mandará que o escrivão registre no termo os votos dados a cada quesito, bem como o resultado do julgamento de cada um e a conferência das cédulas descartadas (CPP, art. 488).

O termo de votação deverá ser assinado pelo juiz-presidente, pelos jurados e pelas partes (CPP, art. 491).

5.5.2.1. Ordem de votação

Com a reforma introduzida pela Lei n. 11.689/2008, esta matéria foi consideravelmente simplificada e agora vem disciplinada no art. 483 do CPP, onde encontramos que os quesitos devem sempre ser votados na seguinte ordem, indagando sobre:

> I – a materialidade do fato;
>
> II – a autoria ou participação;[137]
>
> III – se o acusado deve ser absolvido;
>
> IV – se existe causa de diminuição de pena alegada pela defesa;
>
> V – se existe circunstância qualificadora ou causa de aumento de pena reconhecidas na pronúncia ou em decisões posteriores que julgaram admissível a acusação.

---

137. "A apelação fundamentada na autoria ou na participação, que é matéria submetida ao corpo de jurados, caso provida, determinará a renovação do júri (CPP, art. 483, II). Precedentes" (STF, HC 133.073/GO, 2ª T., rel. Min. Dias Toffoli, j. 2-8-2016, *DJe* n. 180, de 25-8-2016).

Considerando que o Conselho de Sentença é composto por 7 (sete) jurados, se 4 (quatro) ou mais votarem *"não"* ao quesito da materialidade do fato (n. *1) ou* da autoria/participação (n. 2), a votação será imediatamente encerrada, porquanto declarada a absolvição do acusado e consequente improcedência da ação penal.

Por outro vértice, se 4 (quatro) ou mais votarem *"sim"* aos dois primeiros quesitos, de modo a reconhecer a materialidade e a autoria/participação delitiva, na sequência o juiz submeterá à votação um **quesito obrigatório**, por meio do qual os jurados são perguntados se absolvem o acusado.

Necessário frisar, nesse ponto, que a Súmula 156 do STF tem o seguinte teor: "É absoluta a nulidade do julgamento, pelo júri, por falta de quesito obrigatório".[138]

A redação do quesito obrigatório diz apenas o seguinte: O jurado absolve o acusado?

A pergunta é até sugestiva...

A absolvição poderá decorrer do acolhimento de qualquer das teses defensivas sustentadas pelo acusado (autodefesa, em seu interrogatório) ou pelo defensor (defesa técnica),[139] ou mesmo por outra razão qualquer desconhecida, já que as decisões dos jurados são desprovidas de fundamentação.

Simples assim: sem qualquer fundamentação, guiados apenas pela própria convicção, poderão os jurados absolver de pronto o acusado, quando então a votação será encerrada.

Disso não se extrai, entretanto, que, diante de decisão *manifestamente* contrária à prova dos autos, não poderá a acusação dela recorrer com fundamento no art. 593, III, *d*, do CPP, pois no sistema jurídico vigente o princípio do duplo grau de jurisdição (CF, art. 5º, LV) coexiste com o princípio da soberania dos veredictos (CF, art. 5º, XXXVIII, *c*).[140]

Com as exceções que adiante veremos, não é mais necessário formular quesitos sobre todas as teses defensórias, tais como: estado de necessidade, legítima defesa etc.

---

138. "A quesitação relativa à absolvição do acusado decorre expressamente da lei (art. 483, § 2º, do CPP), portanto sua formulação é obrigatória, em razão da garantia constitucional da plenitude de defesa. Precedente. Considerando-se que o quesito da absolvição é obrigatório, tem incidência a Súmula 156/STF e, em se tratando de nulidade absoluta, mostra-se irrelevante o fato de não ter sido suscitada em momento oportuno" (STJ, HC 254.568/PB, 6ª T., rel. Min. Sebastião Reis Júnior, j. 12-3-2013, *DJe* de 19-3-2013).

139. "O direito à plenitude de defesa é garantido aos Réus submetidos ao Tribunal do Júri, cabendo ao magistrado incluir no questionário tese levantada pelo Réu no momento de seu interrogatório, ainda que não apresentada pela defesa técnica, sob pena de nulidade, nos termos do art. 484, III, do Código de Processo Penal (com redação anterior à vigência da Lei n. 11.689/2008) e por força do art. 482, parágrafo único, do referido estatuto" (STJ, REsp 737.824/CE, 5ª T., rel. Min. Laurita Vaz, j. 19-11-2009, *DJe* de 15-12-2009).

140. STJ, HC 128.437/ES, 6ª T., rel. Min. Assusete Magalhães, j. 7-11-2012, *DJe* de 19-11-2012.

Especificamente aqui, cabe observar, com apoio em NUCCI, que: "Uma falha precisa ser corrigida. O art. 483 não faz referência à inclusão de quesito sobre excesso no contexto das excludentes de ilicitude. É verdade que elas estão todas abrangidas pelo quesito genérico 'o jurado absolve o acusado?'. No entanto, afirmada a ocorrência de legítima defesa, ilustrando, pode ser que o Conselho de Sentença entenda não deva o réu ser absolvido porque agiu sem moderação. Ora, o art. 23, parágrafo único, do Código Penal estabelece poder haver excesso doloso ou culposo nesse contexto. De tal forma, se, durante os debates, for alegada qualquer excludente, é preciso que o magistrado insira, após o genérico ('o jurado absolve o acusado?'), ao menos o quesito relativo ao excesso culposo ('o réu excedeu-se culposamente?')".[141]

Se a maioria dos jurados votar *"não"* ao quesito obrigatório, a votação prosseguirá pelo caminho da condenação, e nesse caso deverão ser *quesitados* sobre:

> I – causa de diminuição de pena alegada pela defesa;
>
> II – circunstância qualificadora ou causa de aumento de pena, reconhecidas na pronúncia ou em decisões posteriores que julgaram admissível a acusação.

Se a defesa postular a **desclassificação** do delito para outro que seja de competência do juiz singular (exemplo: tentativa de homicídio para lesões corporais), o quesito correspondente deverá ser colocado em votação após o 2º (segundo) ou 3º (terceiro) quesito, conforme o caso (§ 4º do art. 483).

Se a defesa sustentar a desclassificação para a **forma tentada** ou levantar divergência sobre a tipificação do delito, "sendo este da competência do Tribunal do Júri, o juiz formulará quesito acerca destas questões, para ser respondido após o segundo quesito" (§ 5º do art. 483).[142]

Quanto às **agravantes e atenuantes**, note-se que: "A partir do advento da Lei n. 11.689/2008, não há mais a exigência de submeter ao Conselho de Sentença quesitos sobre a existência de circunstâncias atenuantes ou agravantes, cabendo ao magistrado togado, no momento de proferir a sentença, decidir pela aplicação, ou não, das circunstâncias atenuantes e agravantes, desde que alegadas pelas partes e debatidas em Plenário".[143]

141. GUILHERME DE SOUZA NUCCI, *Manual de processo e execução penal*, 14. ed., Rio de Janeiro, Forense, 2017, p. 766.

142. "É obrigatória quesitação referente à tentativa, antes da pergunta sobre a eventual absolvição do réu, a teor do art. 483, § 5º, do Código de Processo Penal" (STJ, HC 232.236/SP, 5ª T., rel. Min. Laurita Vaz, j. 28-5-2013, *DJe* de 6-6-2013). "(...) a resposta afirmativa à segunda pergunta, referente à prática da tentativa de homicídio, não exclui a necessidade de se formular questão referente à tese defensiva, que só será submetida à apreciação dos jurados caso a anterior, relativa ao homicídio, seja respondida negativamente" (STJ, HC 183.737/SP, 5ª T., rel. Min. Jorge Mussi, j. 4-12-2012, *DJe* de 18-12-2012).

143. STJ, HC 243.571/MG, 5ª T., rel. Min. Laurita Vaz, j. 11-4-2013, *DJe* de 17-4-2013. "Segundo entendimento doutrinário de escol, os quesitos sobre atenuantes não são mais obrigatórios, podendo o juiz-presidente aplicá-las ao fazer a dosimetria da pena, desde que tenham sido suscitadas pela defesa"

5.6. Sentença

Decidido o destino do processo, caberá ao juiz-presidente proferir a sentença, que em hipótese alguma poderá desconsiderar as votações do Conselho de Jurados, cumprindo aqui observar que as decisões podem ser tomadas por **maioria de votos**, dispensada, portanto, a unanimidade.

Sob o **aspecto formal**, a sentença deverá observar o que dispõe o art. 381 do CPP, exceto em relação ao inciso III (a indicação dos motivos de fato e de direito em que se fundar a decisão), visto que a **condenação imposta pelos jurados** prescinde de fundamentação, e não cabe ao juiz fazer qualquer consideração a esse respeito, daí resultar dispensada, porquanto impossível, a fundamentação de mérito.

Conforme determina o art. 492, I e II, do mesmo Estatuto, **no caso de condenação** o juiz: *a)* fixará a pena-base; *b)* considerará as circunstâncias agravantes ou atenuantes alegadas nos debates; *c)* imporá os aumentos ou diminuições da pena, em atenção às causas admitidas pelo júri; *d)* observará as demais disposições do art. 387 deste Código; *e)* mandará o acusado recolher-se ou recomendá-lo-á à prisão em que se encontra, se presentes os requisitos da prisão preventiva, ou, no caso de condenação a uma pena igual ou superior a 15 (quinze) anos de reclusão, determinará a execução provisória das penas, com expedição do mandado de prisão, se for o caso, sem prejuízo do conhecimento de recursos que vierem a ser interpostos; *f)* estabelecerá os efeitos genéricos e específicos da condenação. **No caso de absolvição**: *a)* mandará colocar em liberdade o acusado se por outro motivo não estiver preso; *b)* revogará as medidas restritivas provisoriamente decretadas; *c)* imporá, se for o caso, a medida de segurança cabível.

Há que se considerar que a decisão dos jurados não se restringe à condenação ou absolvição, podendo também resolver o julgamento com a **desclassificação** do crime para outro que não seja de competência do Tribunal do Júri.

É possível, por exemplo, que os jurados reconheçam que ao invés de tentativa de homicídio, sustentada pela acusação, ocorreu delito de lesões corporais dolosas, leves, graves ou gravíssimas, ou simples disparo de arma de fogo, conforme o caso.

Operada a desclassificação, encerra-se a votação, e os jurados não poderão deliberar sobre a condenação ou absolvição, pois decidiram que não se trata de crime doloso contra a vida e, de consequência, afastaram a competência do Conselho de Sentença para o julgamento do mérito, de modo a remeter o processo para análise do juiz singular.

(STJ, HC 186.396/PB, 6ª T., rel. Min. Maria Thereza de Assis Moura, j. 21-3-2013, *DJe* de 2-4-2013). "Após a minirreforma processual ocorrida com o advento da Lei n. 11.689/2008, cabe ao magistrado singular, por ocasião da sentença condenatória, e não ao Conselho de Sentença, considerar as circunstâncias agravantes e atenuantes que foram objeto dos debates (art. 492 do CPP)" (STJ, HC 194.737/PB, 6ª T., rel. Min. Sebastião Reis Júnior, j. 11-12-2012, *DJe* de 19-12-2012). *No mesmo sentido*: STJ, AgRg no AREsp 245.469/RS, 5ª T., rel. Min. Marilza Maynard, j. 11-4-2013, *DJe* de 19-4-2013.

Com a desclassificação, **cabe ao juiz-presidente** do Tribunal do Júri decidir se condena ou absolve o acusado, inclusive em relação ao **crime conexo** que não seja doloso contra a vida, sendo caso.[144]

Nesse sentido:

> A competência penal do Júri possui extração constitucional, estendendo-se – ante o caráter absoluto de que se reveste e por efeito da *vis attractiva* que exerce – às infrações penais conexas aos crimes dolosos contra a vida. Desclassificado, no entanto, pelo Conselho de Sentença, o crime doloso contra a vida, para outro ilícito penal incluído na esfera de atribuições jurisdicionais do magistrado singular, cessa, em tal caso, a competência do Júri, incumbindo, a seu Presidente, o poder de julgar tanto o delito resultante da desclassificação quanto as infrações penais, que, *ratione connexitatis*, foram submetidas ao Tribunal Popular, mesmo que se cuide de crime de tráfico de entorpecentes ou de simples contravenção penal.[145]

Por outro vértice, se os jurados decretarem a absolvição do réu em relação ao crime doloso contra a vida, ao Tribunal do Júri competirá o julgamento de eventual crime conexo,[146] visto que, nesse caso, os jurados reconheceram a competência do júri para o julgamento.

Se, por força da desclassificação, o juiz estiver diante de delito de pequeno potencial ofensivo (exemplo: de homicídio tentado para lesões corporais dolosas leves), deverá observar o disposto no art. 69 e s. da **Lei n. 9.099/95** (Juizados Especiais Criminais), inclusive em relação ao crime conexo, no que couber (CPP, §§ 1º e 2º do art. 492), sendo oportuno lembrar que, em relação a este, a inicial competência foi levada para o júri em razão da regra definidora do foro prevalente, que exerce *vis attractiva* (CPP, inciso I do art. 78), e, uma vez afastada a competência do tribunal popular, tudo será decidido pelo juiz singular, sem qualquer outra interferência dos jurados.

É conveniente destacar, nesse passo, o entendimento exposto por Nucci, que considera incompetente o juiz do júri para sentenciar processo de competência do Juizado Especial Criminal, e inconstitucional o art. 492 quando dispõe a esse respeito. Justifica o jurista: "A competência do JECRIM advém da Constituição Federal e não pode ser alterada por lei ordinária. Logo, deve o feito ser remetido ao Juizado, quando este existir na comarca".[147]

---

144. "Crime doloso contra a vida em conexão com estupro consumado e tentado, em concurso material. Desclassificação, pelos jurados, da tentativa de homicídio para disparo de arma de fogo em local habitado. Competência do Presidente do Tribunal do Júri para o julgamento do crime desclassificado e do conexo" (STF, HC 100.843/RJ, 2ª T., rel. Min. Eros Grau, j. 2-2-2010, *DJe* de 21-5-2010).

145. STF, HC 74.295/RJ, 1ª T., rel. Min. Celso de Mello, j. 10-12-1996, *DJe* de 22-6-2001.

146. STF, HC 93.096/PA, 1ª T., rel. Min. Cármen Lúcia, j. 18-3-2008, *DJe* de 18-4-2008.

147. Guilherme de Souza Nucci, *Manual de processo e execução penal*, 14. ed., Rio de Janeiro, Forense, 2017, p. 778.

Seja como for, se a desclassificação resultar em delito de ação penal pública condicionada, como no exemplo indicado (lesões corporais dolosas leves), deverá ser providenciada a satisfação da condição de procedibilidade incidente, e sem ela o juiz não poderá proferir sentença de mérito.

Encerrada a votação, normalmente o juiz informa aos jurados que, a partir desse momento, cabe a ele proferir a decisão final; diz a eles que podem retornar aos seus assentos no plenário do tribunal, onde deverão permanecer até o final do julgamento, e pede que não se manifestem com terceiros sobre o que até então foi decidido.

Ainda na *sala secreta*, o juiz lavra a sentença e, em seguida, retorna ao plenário. Nesse momento, os presentes se levantam em sinal de respeito, e **a sentença é lida** perante todos, quando então é **publicada** (não é necessário se faça outra forma de publicação), ficando as **partes intimadas**. Para finalizar, o juiz gentilmente agradece a todos, dissolve o Conselho e **encerra a sessão de instrução e julgamento** (CPP, art. 493).

O **prazo para eventual recurso** passa a fluir desde logo, concretizadas que foram as devidas intimações (CPP, art. 798, § 5º, *b*).

5.7. Ata dos trabalhos

A *ata dos trabalhos*, ou *ata do julgamento*, é o documento em que são consignadas todas as **principais ocorrências** verificadas ao longo da instrução e julgamento em plenário. É o histórico ou retrato fiel do que se passou durante a sessão.

Dispõe o art. 495 do CPP que: "A ata descreverá fielmente todas as ocorrências, mencionando obrigatoriamente: I – a data e a hora da instalação dos trabalhos; II – o magistrado que presidiu a sessão e os jurados presentes; III – os jurados que deixaram de comparecer, com escusa ou sem ela, e as sanções aplicadas; IV – o ofício ou requerimento de isenção ou dispensa; V – o sorteio dos jurados suplentes; VI – o adiamento da sessão, se houver ocorrido, com a indicação do motivo; VII – a abertura da sessão e a presença do Ministério Público, do querelante e do assistente, se houver, e a do defensor do acusado; VIII – o pregão e a sanção imposta, no caso de não comparecimento; IX – as testemunhas dispensadas de depor; X – o recolhimento das testemunhas a lugar de onde umas não pudessem ouvir o depoimento das outras; XI – a verificação das cédulas pelo juiz-presidente; XII – a formação do Conselho de Sentença, com o registro dos nomes dos jurados sorteados e recusas; XIII – o compromisso e o interrogatório, com simples referência ao termo; XIV – os debates e as alegações das partes com os respectivos fundamentos; XV – os incidentes; XVI – o julgamento da causa; XVII – a publicidade dos atos da instrução plenária, das diligências e da sentença".

À luz do disposto no art. 494 do CPP, ela deve ser **lavrada pelo escrivão** do júri e **assinada pelo juiz e pelas partes**.

Considerando a complexidade das informações que necessariamente deve conter, sua confecção precisa ser cuidadosamente trabalhada, sempre sob a orientação do juiz, inclusive para evitar que de alguma falha de redação se retire fundamento para a anulação do julgamento em plenário.

Se o escrivão responsável deixar de lavrar a ata, ficará sujeito a sanções administrativa e penal (CPP, art. 496).

5.8. Execução provisória compulsória de condenação igual ou superior a 15 anos

A Lei n. 13.964/2019 determinou a atual redação do art. 492, I, *e*, do CPP, de modo a instituir a execução provisória compulsória de condenação igual ou superior a 15 (quinze) anos de reclusão. Conforme a letra da lei, tal imposição poderá ser excepcionada quando o juiz-presidente constatar a presença de questão substancial – relevante e verossímil, entenda-se – cuja resolução pelo tribunal ao qual competir o julgamento possa plausivelmente levar à revisão da condenação, conforme a dicção do § 3º do art. 492.

Configura questão substancial a que pode resultar em absolvição, anulação da sentença, novo julgamento ou redução da pena para patamar inferior a 15 (quinze) anos de reclusão, conforme interpretação que se extrai do § 5º do art. 492 do CPP.

É inconstitucional a execução provisória de pena igual ou superior a 15 (quinze) anos de reclusão, imposta em condenação por julgamento perante o Tribunal do Júri, na forma determinada pelo art. 492, I, *e*, do CPP.

O Supremo Tribunal Federal já decidiu, por maioria, ser inconstitucional a execução provisória de pena – resultante de condenação sem trânsito em julgado definitivo – quando ausentes os requisitos autorizadores da prisão preventiva e sua regular decretação.

Capítulo 21
Nulidades

1. Introdução

Como não poderia ser de modo diverso e já analisamos nos capítulos precedentes, o legislador processual penal cuidou de fixar regras a respeito de temas como *competência*, *legitimação*, *procedimento*, *sentença*, *forma e conteúdo mínimo* de certos documentos e atos processuais, dentre outros, daí não ser incorreto afirmar que o Direito Processual Penal é essencialmente formal. Não há como negar essa realidade jurídica que salta aos olhos desde um simples compulsar do Código de Processo Penal.

Os atos que integram e dão vida ao caminhar rumo à sentença devem ser praticados *conforme a lei*, daí falar-se em ***tipicidade do ato processual***.

Afirmou Fenech que: "La posibilidad de que se realice un acto sin que se observen y tengan en cuenta todos los presupuestos de su formación procesal, o cuyo fin o contenido se aparte de lo establecido en la Ley para cada acto en particular, da lugar a que el acto sea vicioso".[1]

Em conformidade com essa lógica irrecusável, ensinam Cintra, Grinover e Dinamarco que "a eficácia dos atos do processo depende, em princípio, de sua celebração segundo os cânones da lei (*sistema da legalidade formal*). A consequência natural da inobservância da forma estabelecida é que o ato fique privado dos efeitos que ordinariamente haveria de ter".[2]

Isso autoriza dizer que, em boa parte das vezes, a não observância das regras processuais acarreta consequências mais ou menos severas para os rumos do

1. Miguel Fenech, *Derecho procesal penal*, 3. ed., Barcelona, Editorial Labor, 1960, v. I, p. 519.

2. Antonio Carlos de Araújo Cintra, Ada Pellegrini Grinover e Cândido Rangel Dinamarco, *Teoria geral do processo*, 28. ed., São Paulo, Malheiros, 2012, p. 377.

processo, dentre as quais se situam as *nulidades*, que podem importar em retrocesso na marcha procedimental e constituem objeto de análise neste capítulo.

2. CONCEITO

De certa maneira, pode-se dizer que ***nulidade* é o vício** de que padece o ato processual ou mesmo o processo por inteiro, por não atender ao modelo fixado em lei, o que JULIO MAIER prefere denominar *atividade processual defeituosa*.[3]

Exemplos: é possível afirmar que um laudo pericial padece de nulidade, porquanto confeccionado em desacordo com as determinações legais; pode-se dizer que o processo contém nulidade insanável, por ter tramitado em juízo absolutamente incompetente.

Num outro olhar, ***nulidade* é a sanção ou consequência jurídica** (perda de eficácia) que decorre do descumprimento de determinada regra de direito, daí ser correto afirmar, ainda com apoio em CINTRA, GRINOVER e DINAMARCO, que "em algumas circunstâncias, reage o ordenamento jurídico à imperfeição do ato processual, destinando-lhe a ausência de eficácia. Trata-se de sanção à irregularidade, que o legislador impõe, segundo critérios de oportunidade (política legislativa), quando não entende conveniente que o ato irregular venha a produzir efeitos".[4]

Nessa mesma linha de pensamento, acrescenta CLARIÁ OLMEDO que "la nulidad ocupa el lugar más destacado entre las sanciones procesales penales. Consiste en la invalidación de los actos cumplidos e ingresados en el proceso sin observarse las exigencias legalmente impuestas para su realización".[5]

Essas são variantes com que empregamos a palavra *nulidade*, e, além da necessidade de identificarmos tais conceituações para a melhor compreensão da matéria, a advertência se faz oportuna porque delas nos utilizaremos ao longo deste capítulo, nos dois sentidos apontados.

Qualquer que seja o enfoque, a nulidade poderá ser *absoluta* ou *relativa*, decorrendo de uma ou outra algumas consequências jurídicas, dentre as quais a declaração de ineficácia do ato inquinado de nulidade e a determinação de que seja *retificado* ou *refeito*, conforme a hipótese.

3. NULIDADE ABSOLUTA E NULIDADE RELATIVA

A existência de *nulidade* só pode ser concebida sob o enfoque da *atipicidade*, compreendida esta como a prática levada a efeito em desconformidade com o modelo legal.

3. JULIO B. J. MAIER, *Derecho procesal penal*, Buenos Aires, Editores del Puerto s.r.l., 2011, t. III, p. 32.

4. ANTONIO CARLOS DE ARAÚJO CINTRA, ADA PELLEGRINI GRINOVER e CÂNDIDO RANGEL DINAMARCO, *Teoria geral do processo*, 28. ed., São Paulo, Malheiros, 2012, p. 378.

5. JORGE A. CLARIÁ OLMEDO, *Derecho procesal penal*, 1. ed., 1. reimp., Santa Fé, Rubinzal-Culzoni Editores, atualizado por CARLOS ALBERTO CHIARA DÍAZ, 2008, t. II, p. 229.

O epicentro do sistema de nulidades é o *prejuízo* que o desatendimento da regra de direito pode ou não acarretar, em maior ou menor grau.

Há casos em que, nada obstante o flagrante descumprimento da lei, o ato processual é suprido e sua finalidade atingida com a prática de ato diverso, daí não ser possível afirmar a existência de prejuízo algum a quem quer que seja. Em casos tais, por evidente, não se deve proclamar nulidade.

É o que ocorre, por exemplo, quando, embora diante de *citação* levada a efeito de forma *irregular* ou inexistente,[6] o acusado comparece espontânea e tempestivamente no processo, e se defende amplamente. Embora se trate de *ato irregular*, não será declarada sua ineficácia; não haverá sanção de nulidade, e isso decorre do *princípio da instrumentalidade das formas*, sobre o qual refletiremos mais adiante.

Em boa parte das vezes, entretanto, será possível detectar prejuízo, em maior ou menor dimensão, para o acusado, para o interesse público ou ambos, quando então estaremos diante de nulidade *absoluta* ou *relativa*.

Nulidade absoluta: atrelada à ideia de *atos essenciais*, assim considerados aqueles imprescindíveis para a regularidade do processo, incide nas hipóteses em que o *prejuízo* decorrente da violação da regra de direito é de tal ordem que a mácula não permitirá que se alcance prestação jurisdicional válida, impondo-se, sob tais condições, o refazimento do ato processual ou do processo fulminado de nulidade plena. Nesses casos incide presunção absoluta (*juris et de jure*) de prejuízo, e por isso não é possível prova em sentido contrário.[7]

O ato absolutamente nulo não comporta convalidação; é preciso seja refeito, e bem assim todos aqueles posteriores a sua realização e que dele dependam; todos os atos seguintes, bem por isso a contundente afirmação de Paulo Sérgio Leite Fernandes no sentido de que "as nulidades absolutas não se curam. Não há remédio que lhes sirva. Matam o ato processual, contagiando todos os atos subsequentes",[8] mas a respeito da possível contaminação por causalidade falaremos em tópico distinto, neste mesmo capítulo.

Haverá nulidade absoluta, por exemplo, toda vez que o juiz não observar os princípios da ampla defesa e do contraditório, constitucionalmente assegurados, tal como irá ocorrer, por exemplo, se o magistrado injustificadamente deixar de ouvir as

6. "Diante do comparecimento do preso em juízo, não é possível invocar nulidade por ausência de citação" (STF, HC 106.461/DF, 2ª T., rel. Min. Gilmar Mendes, j. 7-5-2013, *Informativo STF* n. 705).

7. Em sentido contrário, afirma Eugênio Pacelli: "Mas não nos parece exato afirmar que, nas nulidades absolutas, o prejuízo seja presumido. Não se cuida de qualquer presunção. O que há é verdadeira afirmação ou pressuposição da existência de prejuízo. Não se cuida de inversão do ônus da prova, passível de alteração no plano concreto, mas de previsão abstrata da lei, a salvo de qualquer indagação probatória" (*Curso de processo penal*, 21. ed., São Paulo, Atlas, 2017, p. 921-922).

8. *Nulidades no processo penal*, 3. ed., São Paulo, Revista dos Tribunais, 1987, p. 27-28.

testemunhas oportunamente arroladas pela defesa, ou não permitir que o defensor faça perguntas às testemunhas arroladas pela acusação.

Considerando a natureza da regra violada e o prejuízo que daí decorre, a nulidade absoluta deve ser declarada *ex officio* pelo magistrado, independentemente de qualquer requerimento específico, em qualquer tempo e grau de jurisdição.[9]

São suas características, em síntese:

✓ deve ser reconhecida *ex officio* pelo magistrado, pois ofende interesse público;

✓ pode ser alegada por qualquer das partes (inclua-se aqui o assistente da acusação);

✓ pode ser alegada a qualquer tempo, pois o ato nulo não se convalida;

✓ pode ser reconhecida em qualquer fase do processo e grau de jurisdição, independentemente de prévia alegação, pois não está sujeita à preclusão;

✓ pode ser reconhecida até mesmo depois do trânsito em julgado de sentença penal condenatória, em sede de *habeas corpus* ou revisão criminal.

Nulidade relativa: verifica-se quando o *prejuízo* causado pelo desatendimento da regra de direito não é tão grave, daí por que caberá à parte interessada alegar e provar sua existência.

Bem por isso, e em atenção aos princípios da economia e celeridade processual, não se exige que o magistrado a reconheça *ex officio*, mas, se assim proceder, não haverá mácula alguma em seu agir, visto que ao juiz compete presidir o processo.

Nossa forma de pensar conta com o respeitado aval de TOURINHO FILHO, para quem, "seja qual for a imperfeição do ato (nulidade absoluta, nulidade relativa ou simples irregularidade), deve o juiz, dela tomando conhecimento, determinar as diligências necessárias, visando a afastar do processo as impurezas, escoimando-o, limpando-o, sanando-o. É dever do magistrado prover à regularidade do processo, di-lo o art. 251 do estatuto processual penal".[10]

A propósito, o art. 109 do CPP permite que o magistrado declare *ex officio* sua incompetência relativa, que é geradora de nulidade também relativa.

Suas características:

✓ não reclama decretação *ex officio*, pois atende em primeiro plano ao interesse das partes (Ministério Público, querelante, defensor, e também o assistente da acusação, que é *parte contingente*);

---

9. Há restrições a esta afirmação, por força do disposto na Súmula 160 do STF, *verbis*: "É nula a decisão do Tribunal que acolhe, contra o réu, nulidade não arguida no recurso da acusação, ressalvados os casos de recurso de ofício".

10. FERNANDO DA COSTA TOURINHO FILHO, *Manual de processo penal*, 17. ed., São Paulo, Saraiva, 2017, p. 553.

✓ não pode ser alegada por quem a ela deu causa ou para tanto concorreu;[11]

✓ não pode ser alegada por quem não tenha interesse jurídico na sua decretação;

✓ deve ser alegada no momento processual ou prazo previsto em lei, sob pena de preclusão.[12]

Absoluta ou relativa a nulidade, a *perda de eficácia* não decorre automaticamente do texto legal. É imprescindível uma decisão judicial que a declare[13] e imponha a *sanção de nulidade*. Enquanto tal não se verificar, o ato atípico produzirá efeitos.

Ato nulo, portanto, é o ato que sofreu *sanção de nulidade* judicialmente imposta em razão de sua atipicidade total ou parcial.

Revisitaremos todos esses temas ao longo deste capítulo, quando então serão analisadas outras particularidades, para depois, ao final, falarmos sobre ***ato irregular*** e ***ato inexistente***.

4. Princípios Incidentes

A compreensão e a realização prática da matéria que estamos estudando reclama conhecimento dos princípios particularmente relacionados, e é preciso estar atento ao fato de que há grande divergência doutrinária e jurisprudencial a respeito dos variados enfoques que cuidaremos de enfrentar nas próximas páginas.

Ponto de partida, portanto, é conhecer os princípios incidentes.

Vejamos quais são.

4.1. *Pas de nulitté sans grief*

Não há nulidade sem prejuízo (*pas de nulitté sans grief*).

Também conhecido como ***princípio do prejuízo*** ou ***princípio da conservação***,[14] sem sombra de dúvida prestigia o princípio da economia processual.

Este princípio ou regra fundamental está expresso no art. 563 do CPP, segundo o qual: "Nenhum ato será declarado nulo, se da nulidade não resultar prejuízo para a acusação ou para a defesa".

---

11. STF, RHC 124.041/GO, 1ª T., rel. Min. Dias Toffoli, rel. p/ o Acórdão Min. Roberto Barroso, j. 30-8-2016, *DJe* n. 256, de 1º-12-2016.

12. "As nulidades devem ser arguidas em momento oportuno, conforme dispõe o art. 571 do Código de Processo Penal" (STF, HC 137.182/SC, 2ª T., rel. Min. Ricardo Lewandowski, j. 11-10-2016, *DJe* n. 227, de 25-10-2016). "A arguição a destempo de nulidades processuais induz à preclusão da matéria. Precedentes" (STF, RHC 132.273/ES, 2ª T., rel. Min. Teori Zavascki, j. 27-9-2016, *DJe* n. 218, de 13-10-2016).

13. Ada Pellegrini Grinover, Antonio Magalhães Gomes Filho e Antonio Scarance Fernandes, *As nulidades no processo penal*, 11. ed., São Paulo, Revista dos Tribunais, 2009, p. 24.

14. "O legislador processual penal acolheu expressamente o princípio de conservação, significando que, sem prejuízo, não há que se reconhecer nulidade, ainda que se esteja diante de vício existente" (STF, RHC 107.394/ES, 1ª T., rel. Min. Rosa Weber, j. 16-4-2013, *DJe* n. 083, de 6-5-2013).

Como já havíamos afirmado, a viga mestra do tema *nulidade* é a existência de *prejuízo*, e a jurisprudência fala em prejuízo concreto, não apenas potencial.

Reiteradamente este tema tem sido apreciado junto aos tribunais, e a orientação da Suprema Corte e do Superior Tribunal de Justiça é firme no sentido de que:

> Consoante o art. 563 do Código de Processo Penal, não se decreta nulidade sem prejuízo.[15]
>
> O princípio do *pas de nullité sans grief* exige, sempre que possível, a demonstração de prejuízo concreto pela parte que suscita o vício.[16]
>
> À luz da norma inscrita no art. 563 do Código de Processo Penal, a jurisprudência desta Corte firmou o entendimento de que o reconhecimento de nulidade dos atos processuais demanda, em regra, a demonstração do efetivo prejuízo causado à parte. Vale dizer, o pedido deve expor, claramente, como o novo ato beneficiaria o acusado. Sem isso, estar-se-ia diante de um exercício de formalismo exagerado, que certamente comprometeria o objetivo maior da atividade jurisdicional.[17]
>
> O reconhecimento de nulidades no curso do processo penal reclama uma efetiva demonstração do prejuízo à parte, sem a qual prevalecerá o princípio da instrumentalidade das formas positivado pelo art. 563 do CPP (*pas de nullité sans grief*).[18]
>
> Não se declara nulidade no processo se não resta comprovado o efetivo prejuízo, em obséquio ao princípio *pas de nullité sans grief* positivado no art. 563 do Código de Processo Penal e consolidado no Enunciado 523 da Súmula do Supremo Tribunal Federal.[19-20]

A necessidade de demonstração de prejuízo não alcança apenas a nulidade relativa, mas também a absoluta:

> Conforme o art. 563 do Código de Processo Penal, a demonstração de prejuízo é essencial à alegação de nulidade, seja ela absoluta ou relativa. Precedentes.[21]
>
> A demonstração de prejuízo, a teor do art. 563 do CPP, é essencial à alegação de nulidade, seja ela relativa ou absoluta, eis que, conforme já decidiu a Corte, "o âmbito normativo do dogma fundamental da disciplina das nulidades – *pas de nullité sans grief*

15. STF, HC 114.074/SC, 1ª T., rel. Min. Rosa Weber, j. 7-5-2013, *DJe* n. 099, de 27-5-2013.

16. STF, HC 115.336/RS, 2ª T., rel. Min. Cármen Lúcia, j. 21-5-2013, *DJe* n. 105, de 5-6-2013.

17. STF, HC 132.814/PR, 2ª T., rel. Min. Teori Zavascki, j. 21-6-2016, *DJe* n. 159, de 1º-8-2016.

18. STJ, HC 336.508/SP, 5ª T., rel. Min. Ribeiro Dantas, j. 3-4-2018, *DJe* de 9-4-2018.

19. STJ, AgInt no REsp 1.722.003/SC, 6ª T., rel. Min. Maria Thereza de Assis Moura, j. 5-4-2018, *DJe* de 16-4-2018.

20. *No mesmo sentido*: STF, HC 129.430 AgR/ES, Tribunal Pleno, rel. Min. Celso de Mello, j. 17-3-2016, *DJe* n. 103, de 20-5-2016; STF, HC 107.882/MG, 1ª T., rel. Min. Luiz Fux, j. 7-2-2012, *DJe* n. 048, de 8-3-2012; STF, RHC 114.739/PA, 1ª T., rel. Min. Dias Toffoli, j. 30-10-2012, *DJe* n. 241, de 10-12-2012; STF, HC 130.549 AgR/PA, 1ª T., rel. Min. Edson Fachin, j. 28-10-2016, *DJe* n. 243, de 17-11-2016; STF, HC 112.212/SP, 2ª T., rel. Min. Ricardo Lewandowski, j. 18-9-2012, *DJe* n. 194, de 3-10-2012; STF, HC ARE 986.753 AgR/SP, 2ª T., rel. Min. Gilmar Mendes, j. 7-10-2016, *DJe* n. 226, de 24-10-2016.

21. STF, HC 131.077/PE, 2ª T., rel. Min. Cármen Lúcia, j. 15-12-2015, *DJe* n. 018, de 1º-2-2016.

– compreende as nulidades absolutas" (HC 81.510, rel. Min. Sepúlveda Pertence, 1ª T., unânime, *DJ* de 12-4-2002).[22]

A Suprema Corte possui precedentes no sentido de que a demonstração de prejuízo, a teor do art. 563 do CPP, é essencial à alegação de nulidade, seja ela relativa ou absoluta (HC 85.155/SP, 2ª T., de relatoria da Ministra Ellen Gracie, *DJ* de 15-4-2005).[23]

Para reconhecimento de eventual nulidade, ainda que absoluta, faz-se necessária a demonstração do prejuízo (HC 82.899/SP, rel. Min. Cezar Peluso).[24-25]

Oportuno enfatizar que nem sempre se faz possível provar a existência de prejuízo concreto, daí ser cabível falar em nulidade decorrente de ***prejuízo indemonstrável***,[26] o que remete a discussão a outro grau de complexidade.

É o que ocorre, por exemplo, quando se está diante do art. 212 do CPP, segundo o qual: "As perguntas serão formuladas pelas partes diretamente à testemunha, não admitindo o juiz aquelas que puderem induzir a resposta, não tiverem relação com a causa ou importarem na repetição de outra já respondida. Sobre os pontos não esclarecidos, o juiz poderá complementar a inquirição".

Com efeito, para não expor o processo à incidência de nulidade absoluta, é necessário que se observe a ordem de inquirição disposta, pois do contrário haverá ofensa ao processo acusatório, de partes, adversarial (CPP, art. 3º -A), e ao princípio do devido processo legal,[27] que se apresenta sob as vertentes da garantia ao procedimento integral e da garantia ao procedimento tipificado a que se refere Scarance[28] com absoluta propriedade.

22. STF, HC 85.155/SP, 2ª T., rel. Min. Ellen Gracie, j. 22-3-2005, *DJ* de 15-4-2005, p. 38.

23. STF, RHC 114.739/PA, 1ª T., rel. Min. Dias Toffoli, j. 30-10-2012, *DJe* n. 241, de 10-12-2012.

24. STF, HC 112.191/SP, 2ª T., rel. Min. Gilmar Mendes, j. 11-12-2012, *DJe* n. 022, de 1º-2-2013.

25. *No mesmo sentido*: STF, AP 481 EI-ED/PA, Tribunal Pleno, rel. Min. Dias Toffoli, j. 20-3-2014, *DJe* n. 154, de 12-8-2014; STF, HC 111.582/PR, 1ª T., rel. Min. Luiz Fux, j. 17-4-2012, *DJe* n. 086, de 4-5-2012; STF, HC 112.212/SP, 2ª T., rel. Min. Ricardo Lewandowski, j. 18-9-2012, *DJe* n. 194, de 3-10-2012.

26. STF, HC 69.142/SP, 1ª T., rel. Min. Sepúlveda Pertence, j. 11-2-1992, *DJ* de 10-4-1992, p. 4.799, *RTJ* 140/926; STF, HC 85.443/SP, 1ª T., rel. Min. Sepúlveda Pertence, j. 19-4-2005, *DJ* de 13-5-2005, p. 19; STF, HC 84.835/SP, 1ª T., rel. Min. Sepúlveda Pertence, j. 9-8-2005, *DJ* de 26-8-2005, p. 28.

27. Embora não seja a opinião predominante naquela Augusta Corte, o Superior Tribunal de Justiça já se pronunciou a respeito da matéria nos seguintes termos: "(...) no caso vertente restou violado o *due process of law* constitucionalmente normatizado, pois o art. 5º, LIV, da Carta Política Federal preceitua que 'ninguém será privado da liberdade ou de seus bens sem o devido processo legal', e na espécie o ato reclamado não seguiu o rito estabelecido na legislação processual penal, acarretando a nulidade do feito, porquanto, a teor do art. 212 do Código Instrumental, a oitiva das testemunhas deve ser procedida com perguntas feitas direta e primeiramente pelo Ministério Público e depois pela defesa, sendo que, na hipótese, o Magistrado não se restringiu a colher, ao final, os esclarecimentos que elegeu necessários, mas realizou o ato no antigo modo, ou seja, efetuou a inquirição das vítimas, olvidando-se da alteração legal, mesmo diante do alerta ministerial no sentido de que a audiência fosse concretizada nos moldes da vigência da Lei n. 11.690/2008" (STJ, HC 121.216/DF, 5ª T., rel. Min. Jorge Mussi, *DJe* de 1º-6-2009, *Boletim IBCCrim* n. 200, Jurisprudência, p. 1.273).

28. Antonio Scarance Fernandes, *Processo penal constitucional*, 5. ed., São Paulo, Revista dos Tribunais, p. 123-124.

O prejuízo, na hipótese, é indemonstrável. Não se pode exigir do acusado a demonstração, na prática impossível, do prejuízo acarretado à sua defesa em razão do solene desrespeito, por parte do Estado, às regras do procedimento tipificado.[29]

Conforme destacamos anteriormente, mas não custa lembrar, ensinou Carnelutti que em matéria de procedimento "forma é garantia".[30]

4.2. Instrumentalidade das formas

Muito embora não se possa negar que *forma é sinônimo de garantia*, é certo que também não se afigura saudável à prestação jurisdicional o apego cego e incondicional ao puro formalismo, em si mesmo considerado, sem outra finalidade.

Não é por razão diversa que o art. 563 do CPP elevou a existência de prejuízo ao posto de condição ou pressuposto para o reconhecimento de nulidade.

Em razão disso, mesmo que algum ato venha a ser praticado em desconformidade com o modelo legal, não se declara sua nulidade se o objetivo final da norma de regência tiver sido alcançado.

Já mencionamos o exemplo da citação irregular ou inexistente que não irá acarretar a decretação de nulidade caso o acusado ainda assim compareça ao processo para se defender.[31]

Nesse caso, não se deve declarar a nulidade ainda que ele venha aos autos apenas para alegá-la, conforme reiterado entendimento jurisprudencial, em todas as instâncias judiciárias, lastreado no que dispõe o art. 570 do CPP, segundo o qual: "A falta ou a nulidade da citação, da intimação ou notificação estará sanada, desde que o interessado compareça, antes de o ato consumar-se, embora declare que o faz para o único fim de argui-la. O juiz ordenará, todavia, a suspensão ou o adiamento do ato, quando reconhecer que a irregularidade poderá prejudicar direito da parte".

Não é outro o entendimento reinante na Suprema Corte, como dão conta as ementas que seguem:

---

29. Nada obstante, a jurisprudência de ambas as Turmas do Supremo Tribunal Federal é no sentido de que a nulidade, *in casu*, é relativa (HC 107.318/SP, 1ª T., rel. Min. Marco Aurélio, rel. p/ o Acórdão Min. Rosa Weber, j. 5-6-2012, *DJe* n. 204, de 18-10-2012; HC 103.525/PE, 1ª T., rel. Min. Cármen Lúcia, j. 3-8-2010, *DJe* n. 159, de 27-8-2010; HC 112.217/SP, 2ª T., rel. Min. Gilmar Mendes, j. 13-11-2012, *DJe* n. 240, de 7-12-2012; HC 110.623/DF, 2ª T., rel. Min. Ricardo Lewandowski, j. 13-3-2012, *DJe* n. 61, de 26-3-2012; HC 115.336/RS, 2ª T., rel. Min. Cármen Lúcia, j. 21-5-2013, *DJe* n. 105, de 5-6-2013, *Informativo STF* n. 707), e na mesma linha segue o entendimento da 5ª e da 6ª Turmas do Superior Tribunal de Justiça (HC 251.737/RS, 5ª T., rel. Min. Laurita Vaz, j. 13-11-2012, *DJe* de 23-11-2012; HC 217.691/SP, 5ª T., rel. Min. Marco Aurélio Bellizze, j. 18-9-2012, *DJe* de 21-9-2012; HC 230.277/SP, 6ª T., rel. Min. Og Fernandes, j. 21-8-2012, *DJe* de 26-11-2012; REsp 1.305.986/RS, 6ª T., rel. Min. Sebastião Reis Junior, j. 2-5-2012, *DJe* de 23-5-2012).

30. Francesco Carnelutti, *Principi del processo penale*, Napoli, Morano Editore, 1960, p. 66 e s.

31. STF, HC 106.461/DF, 2ª T., rel. Min. Gilmar Mendes, j. 7-5-2013, *Informativo STF* n. 705.

Não se prestigia a forma pela forma, com o que se, da irregularidade formal, não deflui prejuízo, o ato deve ser preservado.[32]

É que o processo penal rege-se pelo princípio da instrumentalidade das formas, do qual se extrai que as formas, ritos e procedimentos não existem como fins em si mesmos, mas como meios de se garantir um processo justo, equânime, que confira efetividade aos postulados constitucionais da ampla defesa, do contraditório, e do devido processo legal.[33]

Em síntese, o princípio da instrumentalidade das formas "quer que só sejam anulados os atos imperfeitos se o objetivo não tiver sido atingido (o que interessa, afinal, é o objetivo do ato, não o ato em si mesmo). Várias são as suas manifestações na lei processual, e pode-se dizer que esse princípio coincide com a regra contida no brocardo *pas de nullité sans grief*".[34]

Ensinam Grinover, Gomes Filho e Scarance que: "Sem ofensa ao sentido teleológico da norma não haverá *prejuízo* e, por isso, o reconhecimento da nulidade nessa hipótese constituiria consagração de um formalismo exagerado e inútil, que sacrificaria o objetivo maior da atividade jurisdicional; assim, somente a atipicidade *relevante* dá lugar à nulidade".[35]

4.3. *Netio auditur propriam turpitudines allegans*

Não é dado à parte arguir vício a que haja dado causa, ou para que tenha concorrido.[36]

Também denominado ***princípio do interesse***, encontra-se grafado no art. 565 do CPP.[37]

Contraria a ética e o bom senso imaginar que qualquer das partes possa praticar determinado ato de forma irregular e depois alegar, ela mesma, em seu benefício, a nulidade do ato ou do processo.

---

32. STF, HC 112.446/SP, 1ª T., rel. Min. Rosa Weber, j. 8-5-2012, *DJe* n. 107, de 1º-6-2012, *RT* 926/772.

33. STF, HC 111.582/PR, 1ª T., rel. Min. Luiz Fux, j. 17-4-2012, *DJe* n. 086, de 4-5-2012.

34. Antonio Carlos de Araújo Cintra, Ada Pellegrini Grinover e Cândido Rangel Dinamarco, *Teoria geral do processo*, 28. ed., São Paulo, Malheiros, 2012, p. 380.

35. Ada Pellegrini Grinover, Antonio Magalhães Gomes Filho e Antonio Scarance Fernandes, *As nulidades no processo penal*, 11. ed., São Paulo, Revista dos Tribunais, 2009, p. 25.

36. STF, HC 114.095/MS, 1ª T., rel. Min. Luiz Fux, j. 2-4-2013, *DJe* n. 080, de 30-4-2013.

37. "Art. 565. Nenhuma das partes poderá arguir nulidade a que haja dado causa, ou para que tenha concorrido (...)". "O princípio da falta de interesse, tal como estabelecido no art. 565, primeira parte, do Código de Processo Penal, não admite a arguição da nulidade por quem tenha dado causa ou concorrido para a existência do vício" (STF, HC 99.457/RS, 1ª T., rel. Min. Cármen Lúcia, j. 13-10-2009, *DJe* n. 100, de 4-6-2010, *RTJ* 219/459, *RT* 904/523). "De fato, segundo o art. 565 do Código de Processo Penal, 'nenhuma das partes poderá arguir nulidade a que haja dado causa, ou para que tenha concorrido'" (STF, RHC 95.108/ES, 2ª T., rel. Min. Ellen Gracie, j. 24-11-2009, *DJe* n. 237, de 18-12-2009). "A regra do art. 565 do CPP determina que a defesa não pode se beneficiar de nulidade a que tenha dado causa" (STF, HC 131.466 AgR/DF, 2ª T., rel. Min. Gilmar Mendes, j. 14-10-2016, *DJe* n. 244, de 18-11-2016).

Com tal proibição coíbem-se a má-fé e a criação de chicanas processuais; condena-se ao descaso o mau uso das faculdades processuais; pune-se, enfim, a tentativa de *estelionato intelectual*.

Nessa linha de pensamento, já decidiu a Suprema Corte que:

> Deveras, por força do princípio *netio auditur propriam turpitudines allegans*, não é dado à parte arguir vício a que haja dado causa, ou para que tenha concorrido (art. 565 do CPP).[38]

A parte não pode beneficiar-se de nulidade que provoque. A propositada omissão do defensor, que, devidamente intimado, não se desincumbiu do ônus de responder, descaracteriza eventual nulidade. Ademais, não há formalidade por obedecer em tais situações, bastando, para efeito de observância das garantias processuais da defesa, intimação para manifestação oportuna da parte interessada. Não há, pois, nulidade por pronunciar.[39]

> Tendo o advogado do réu, devidamente intimado e presente, desistido voluntariamente de aguardar a realização de audiência de inquirição das testemunhas arroladas pelo Ministério Público, mesmo advertido pela magistrada de que o ato se realizaria naquela data, por se tratar de réu preso, não há que se falar em nulidade do ato realizado na presença de Defensor Público. Não podem os impetrantes, devido a incidente criado pela própria defesa, mesmo advertida de que a audiência, por envolver réu preso, seria realizada na data agendada, ainda que em horário mais adiantado, invocar a própria torpeza para a sua anulação (CPP, art. 565).[40]

Tecnicamente, ressalta a lei que não é dado a qualquer das partes aleatoriamente alegar nulidade. É preciso *interesse jurídico* no reconhecimento, e obviamente dele não dispõe aquele que, podendo cumprir a lei e/ou praticar o ato em conformidade com o modelo tipificado, por qualquer razão deixou de fazê-lo.

Necessário observar, entretanto, que, se a hipótese versar sobre nulidade absoluta, deverá ser reconhecida *ex officio*, sem qualquer provocação, de maneira que o princípio em tela tem incidência apenas no âmbito das nulidades relativas, pois como já mencionamos e não custa ressaltar, agora com apoio em Giovanni Leone, uma das características das nulidades absolutas é que podem ser alegadas "por cualquiera de las partes en todo estado y grado del juicio, independientemente del requisito del interés, que se exige para las nulidades relativas".[41]

4.4. Não se declara nulidade cujo reconhecimento só interessa à parte contrária

Também no art. 565 do CPP encontramos que nenhuma das partes poderá arguir nulidade referente a formalidade cuja observância só à parte contrária interesse.

---

38. STF, HC 114.095/MS, 1ª T., rel. Min. Luiz Fux, j. 2-4-2013, *DJe* n. 080, de 30-4-2013.

39. STF, RE 594.209/SC, 2ª T., rel. Min. Cezar Peluso, j. 25-11-2008, *DJe* n. 025, de 6-2-2009.

40. STF, HC 110.820/ES, 1ª T., rel. Min. Dias Toffoli, j. 29-5-2012, *DJe* n. 123, de 25-6-2012.

41. *Tratado de derecho procesal penal*, traducción de Santiago Sentís Melendo, Buenos Aires, EJEA – Ediciones Jurídicas Europa-América, 1989, t. I, p. 709.

Se a existência de *prejuízo é pressuposto* para a declaração de nulidade, só aquele que o suportou é que poderá invocá-la.

Essa vedação também decorre da necessidade de *legitimação* e *interesse jurídico* para tal tipo de alegação.

Não tem sentido admitir, por exemplo, que a defesa postule a declaração de *nulidade* a que deu causa, cujo reconhecimento só à acusação interesse.

Mas sob o olhar do Ministério Público a leitura não é tão simples assim, visto que a esse órgão do Estado a Constituição Federal incumbiu a defesa da ordem jurídica, entre outros elevados interesses, e, ao menos no plano do ideal, seu agir deve ser *imparcial* no que diz respeito ao exato cumprimento das regras jurídicas, de maneira que, diante do caso concreto, não será possível excluir, de plano, a possibilidade de que venha a arguir nulidade cujo reconhecimento beneficie a defesa.

Também aqui as restrições tratadas estão ligadas às "hipóteses de nulidade relativa, quando a exigência de determinada forma é instituída no interesse das partes e não da ordem pública".[42]

4.5. Não se declara nulidade de ato irrelevante

Este princípio está expresso no art. 566 do CPP, onde se lê que: "Não será declarada a nulidade de ato processual que não houver influído na apuração da verdade substancial ou na decisão da causa".

Também atende aos princípios da economia e celeridade processual.

Não tem sentido lógico ou jurídico declarar a nulidade e determinar o refazimento de ato processual que tenha se mostrado irrelevante para o julgamento do processo.

É de Nucci o seguinte exemplo: "A testemunha que se pronunciar em idioma estrangeiro deve ter intérprete (art. 223). É a formalidade do ato. Se ela for ouvida sem o intérprete, mas seu depoimento for considerado irrelevante pelo juiz e pelas partes, não se proclama a nulidade".[43]

4.6. Princípio da causalidade

O *princípio da causalidade* ou da *consequencialidade* está previsto no § 1º do art. 573, que assim dispõe: "A nulidade de um ato, uma vez declarada, causará a dos atos que dele diretamente dependam ou sejam consequência".

Já afirmamos em outro momento que o *procedimento* nada mais é do que o conjunto de atos processuais ou a sucessão deles; a marcha ordenada de atos

---

42. Antonio Carlos de Araújo Cintra, Ada Pellegrini Grinover e Cândido Rangel Dinamarco, *Teoria geral do processo*, 28. ed., São Paulo, Malheiros, 2012, p. 381.

43. Guilherme de Souza Nucci, *Manual de processo e execução penal*, 14. ed., Rio de Janeiro, Forense, 2017, p. 789.

processuais; a sequência como se desenvolve o processo com seus rituais, do início ao fim. Envolve a ideia de "orden, secuencia, progresividad en el desarrollo de la actividad de la justicia", na expressão sempre abalizada de BINDER.[44]

De tal forma, é natural que estejam interligados e que disso resulte uma relação de *causalidade* entre eles.

A esse respeito, explicam GRINOVER, GOMES FILHO e SCARANCE que: "Os diversos atos que compõem o procedimento não têm existência isolada, independente, mas constituem elos de uma cadeia lógica que objetiva a preparação da sentença final; pode existir um nexo de *causalidade* entre os diversos atos que se sucedem".

E arrematam: "Sendo assim, a ausência ou invalidade de um determinado ato processual provoca sempre a indagação sobre a extensão da nulidade; trata-se de saber se a violação da forma prescrita para o ato declarado nulo também atingiu outros atos ligados àquele; fala-se então em nulidade originária e derivada".[45]

Não é acertado afirmar que a nulidade de um ato qualquer *sempre* contamina os atos subsequentes. Para que isso ocorra é imprescindível que o(s) ato(s) posterior(es) dependa(m) diretamente do ato maculado ou seja(m) dele uma consequência, pois do contrário não haverá prejuízo[46] e será aplicável o ***princípio da conservação do ato processual***, que está por determinar a preservação dos atos não contaminados.[47]

Identificada a relação de causalidade entre eles, aí sim, a nulidade de um *causará* a nulidade dos demais, cumprindo que o juiz analise e declare, caso a caso, a extensão ou alcance. Fala-se aqui em *nulidade ou ineficácia contagiosa*.

Exemplos: *1)* anulada a citação, todos os demais atos subsequentes serão anulados e tudo deverá ser refeito, *2)* ao contrário, a nulidade de um laudo pericial destinado a provar a materialidade delitiva não determina a nulidade dos demais atos instrutórios, cumprindo que se refaça apenas a perícia respectiva ou tão só o laudo.

O juiz que pronunciar a nulidade declarará os atos a que ela se estende (CPP, § 2º do art. 573).

4.7. Princípio da convalidação

Convalidar é o mesmo que *atribuir ou reconhecer validade; validar*. É o inverso de *invalidar*.

---

44. ALBERTO M. BINDER, *Derecho procesal penal*, Buenos Aires, Ad-Hoc, 2013, t. I, p. 92.

45. ADA PELLEGRINI GRINOVER, ANTONIO MAGALHÃES GOMES FILHO e ANTONIO SCARANCE FERNANDES, *As nulidades no processo penal*, 11. ed., São Paulo, Revista dos Tribunais, 2009, p. 27.

46. E é sempre oportuno recordar que não há nulidade sem prejuízo (*pas de nulitté sans grief*).

47. Conforme JULIO FABBRINI MIRABETE: "A não contaminação do que é válido pelo que é viciado é chamada de princípio da conservação do ato processual" (*Processo penal*, 16. ed., São Paulo, Atlas, 2004, p. 655).

Por meio da convalidação, atos praticados em desconformidade com o modelo legal não são alcançados pela sanção de nulidade; relativiza-se a exigência de certos formalismos; busca-se a efetividade do processo.

Trata-se de técnica que atende, dentre outros, aos princípios da economia e celeridade processual, da razoabilidade e da instrumentalidade das formas, na medida em que permite que o processo siga seu caminhar rumo à prestação jurisdicional final, sem maiores entraves, suportando que, sob certas condições, ***nulidades relativas*** sejam consideradas sanadas. Por força de sua incidência, o ato atípico ou irregular não necessita ser retificado ou refeito.

Evidentemente, não é possível falar em convalidação quando se estiver diante de *nulidade absoluta*. Nem mesmo o trânsito em julgado de sentença condenatória impede que eventual nulidade absoluta seja declarada – *a pedido da defesa* – em sede de *habeas corpus* ou revisão criminal.[48] Oportuno enfatizar, entretanto, que essas providências jamais poderão ser manejadas por iniciativa e em atendimento a interesse do Estado-acusador.

Há quem entenda que a nulidade relativa pode ser convalidada: *1)* em razão da preclusão; *2)* pela superveniência da sentença, e *3)* pela coisa julgada.[49]

A nosso sentir, entretanto, as hipóteses de convalidação são aquelas dispostas no art. 572 do CPP, de onde se extrai que se considerarão sanadas: *1)* se não forem arguidas em tempo oportuno; *2)* se, praticado por outra forma, o ato tiver atingido o seu fim, e *3)* se a parte, ainda que tacitamente, tiver aceito os seus efeitos.

A única maneira que enxergamos de apontar *a **sentença*** como ato de *convalidação* pode ser compreendida por meio do seguinte exemplo, e sempre dependerá de seu conteúdo: a defesa oportunamente alega determinada nulidade, e o juiz, mesmo reconhecendo sua existência, ao invés de declará-la e determinar que o ato seja refeito, julga a ação penal improcedente e decreta a absolvição.

Nesse caso, mesmo tendo sido arguida oportunamente, em tese[50] a nulidade não reconhecida não causará prejuízo ao acusado, que então não terá interesse jurídico em atacar a decisão judicial, e aqui não ocorreu preclusão, mas sentença superveniente que terminou por fulminar o interesse-necessidade que havia em relação à nulidade oportunamente arguida.

---

48. "Embora o CPP não arrole existência de nulidade como motivo que autoriza o pedido de desconstituição da coisa julgada penal (art. 621), é certo que o art. 626, *caput*, parte final, estabelece que o tribunal, julgando procedente a revisão, poderá *anular o processo*. Assim, diante do pedido do interessado, ou mesmo de ofício (até por aplicação do art. 654, § 2º, que prevê a concessão de *habeas corpus ex officio*), caberá ao tribunal, conhecendo da revisão, anular o processo em que seja constatado o vício formal" (ADA PELLEGRINI GRINOVER, ANTONIO MAGALHÃES GOMES FILHO e ANTONIO SCARANCE FERNANDES, *As nulidades no processo penal*, 11. ed., São Paulo, Revista dos Tribunais, 2009, p. 35).

49. ADA PELLEGRINI GRINOVER, ANTONIO MAGALHÃES GOMES FILHO e ANTONIO SCARANCE FERNANDES, *As nulidades no processo penal*, 11. ed., São Paulo, Revista dos Tribunais, 2009, p. 29-31.

50. É preciso confrontar o fundamento da sentença absolutória com a pretensão da defesa.

Quanto à ***coisa julgada***, temos que, de fato e de direito, enterra definitivamente a nulidade relativa, mas apenas se ocorrer a seguinte situação: a nulidade é arguida no momento oportuno, mas o juiz deixa de reconhecê-la, e a parte interessada, ao invés de recorrer de tal decisão, permite que ocorra o trânsito em julgado, que agora irá convalidar o ato atípico.

Como se vê, em ambos os casos apontados – *sentença* e *coisa julgada* – pressupõe-se que a nulidade tenha sido *arguida oportunamente*, e que, portanto, não tenha ocorrido *preclusão*.

Vejamos agora as situações indicadas no art. 572.

1) ***Arguição em tempo oportuno***: por aqui, tudo se resolve com a **preclusão**, que, genericamente, pode decorrer da perda, extinção ou consumação de uma faculdade processual.

O art. 571 do CPP indica momentos em que as nulidades devem ser arguidas, e disso decorre que cabe à parte interessada assim proceder, pena de tornar preclusa a oportunidade.

O escoamento da ocasião fixada faz com que a nulidade relativa seja superada, e a partir daí a imperfeição do ato não mais poderá ser declarada.

É entendimento tranquilo na doutrina e na jurisprudência, inclusive da Corte Suprema, que "Tratando-se de nulidade absoluta, não há de se falar em preclusão".[51]

2) ***O ato imperfeito atingiu seu objetivo***: sem arredarmos da convicção a respeito de que a formalidade é da essência do Direito Processual, e que forma é garantia, decorre do princípio da instrumentalidade que, em determinados casos, não tem sentido reconhecer nulidade se a finalidade do ato irregular foi por outra maneira eficazmente alcançada.

Como já citamos, "não se prestigia a forma pela forma";[52] "as formas, ritos e procedimentos não existem como fins em si mesmos",[53] e isso diz tudo.

A finalidade não é *a forma do ato*, mas *o resultado* que dele se espera, e se este, de alguma maneira, foi alcançado, não há prejuízo que se possa reconhecer.

Exemplo claro, já destacado anteriormente, é o que vem disposto no art. 570 do CPP, segundo o qual "a falta ou a nulidade da citação, da intimação ou notificação estará sanada, desde que o interessado compareça, antes de o ato consumar-se, embora declare que o faz para o único fim de argui-la".[54]

---

51. STF, HC 92.958/SP, 2ª T., rel. Min. Joaquim Barbosa, j. 1º-4-2008, *DJe* n. 078, de 2-5-2008.

52. STF, HC 112.446/SP, 1ª T., rel. Min. Rosa Weber, j. 8-5-2012, *DJe* n. 107, de 1º-6-2012, *RT* 926/772.

53. STF, HC 111.582/PR, 1ª T., rel. Min. Luiz Fux, j. 17-4-2012, *DJe* n. 086, de 4-5-2012.

54. "(...) 'eventual nulidade da citação do acusado é sanada com a constituição de defesa técnica que passou a atuar desde o início do processo, com oferecimento de alegações preliminares, requerimentos e alegações finais' (HC 94.619/SP, 2ª T., rel. Min. Ellen Gracie, *DJ* de 25-9-08)" (STF, HC 96.465/MG, 1ª T., rel. Min. Dias Toffoli, j. 14-12-2010, *DJe* n. 084, de 6-5-2011).

3) ***O ato imperfeito foi aceito pela parte***: se a parte a quem compete arguir a imperfeição concorda *expressamente* com o ato praticado, não tem sentido a declaração de nulidade, porquanto manifesta a falta de *interesse jurídico* em seu reconhecimento, a estampar a *ausência de prejuízo* que se possa reparar.

A aceitação que convalida o ato atípico também pode ser *tácita*, e nesse caso se fará sentir muito mais facilmente com o não aproveitamento do prazo ou momento oportuno para arguição, ou, em outras palavras, com a preclusão.

5. Nulidades Absolutas e Relativas: Hipóteses Previstas

5.1. Advertências necessárias

O art. 564 do CPP lista uma série de situações jurídicas ensejadoras de nulidade, mas sua melhor compreensão reclama a análise conjunta do art. 572 para que se possa concluir a respeito daquilo que se deva considerar nulidade absoluta ou relativa.

Considere-se, ainda, o fato de que **o rol apresentado não é taxativo**, mas apenas exemplificativo, na medida em que outras tantas situações causadoras de idênticas consequências poderão decorrer do desatendimento a qualquer dos princípios vigentes (ampla defesa, contraditório, devido processo etc.), conforme alinhados no primeiro capítulo e em momentos distintos deste livro.

Necessário observar, por fim, que a maioria dos temas indicados no art. 564 já foi analisada em momento próprio (nos capítulos em que tratamos, respectivamente, dos temas: incompetência, suspeição, ilegitimidade de parte, citação, pronúncia, *quórum mínimo* etc.), exceto aquilo que diz com o tema *recursos*, que será objeto de estudo no próximo capítulo, daí optarmos por não revisitá-los agora, com vistas a evitar o enfaro da repetição e a "aquisição de páginas desnecessárias" pelo estimado leitor.

5.2. Hipóteses de nulidade absoluta

Combinadas as regras, é possível afirmar que haverá *nulidade absoluta*:

1) por incompetência, suspeição ou suborno do juiz (art. 564, I);

2) por ilegitimidade de parte (art. 564, II);

3) por falta de denúncia ou queixa e representação (art. 564, III, *a*);

4) por falta de exame de corpo de delito nos crimes que deixam vestígios, ressalvado o disposto no art. 167 (art. 564, III, *b*);

5) por falta de nomeação de defensor ao réu presente, que o não tiver, ou ao ausente (art. 564, III, *c*), cumprindo aqui relembrar que, desde a vigência do atual Código Civil, já não se nomeia Curador ao acusado menor de 21 anos;

6) por falta de citação do réu para ver-se processar (art. 564, III, *e*),[55] desde que a omissão não seja suprida nos moldes do art. 570 do CPP;

7) por falta de interrogatório do réu,[56] quando presente (art. 564, III, *e*);

8) por falta de *decisão de pronúncia* (art. 564, III, *f*), nos processos de competência do Tribunal do Júri, sendo caso de anotar que a referência ao *libelo* contida no art. 564 decorre de sua desatualização, visto que a necessidade de apresentação de *libelo-crime acusatório* deixou de existir desde a reforma introduzida no procedimento do júri pela Lei n. 11.689/2008;

9) pela ausência de *quórum mínimo*, que é de 15 jurados, para a instalação dos trabalhos no Tribunal do Júri (art. 564, III, *i*);[57]

10) pela falta de sorteio dos jurados do Conselho de Sentença em número legal (7 jurados) e a incomunicabilidade[58] de todos (art. 564, III, *j*), cumprindo aqui ressal-

---

55. "Na concreta situação dos autos, a ausência de oportunidade para o oferecimento da resposta preliminar na ocasião legalmente assinalada revela-se incompatível com a pureza do princípio constitucional da plenitude de defesa e do contraditório, mormente em matéria penal. Noutros termos, a falta da defesa preliminar à decisão judicial quanto ao recebimento da denúncia, em processo tão vincado pela garantia constitucional da ampla defesa e do contraditório, como efetivamente é o processo penal, caracteriza vício insanável. A ampla defesa é transformada em curta defesa, ainda que por um momento, e já não há como desconhecer o automático prejuízo para a parte processual acusada, pois o fato é que a garantia da prévia defesa é instituída como possibilidade concreta de a pessoa levar o julgador a não receber a denúncia ministerial pública. Logo, sem a oportunidade de se contrapor ao ministério público quanto à necessidade de instauração do processo penal – objetivo da denúncia do Ministério Público –, a pessoa acusada deixa de usufruir da garantia da plenitude de defesa para escapar à pecha de réu em processo penal. O que traduz, por modo automático, prejuízo processual irreparável, pois nunca se pode saber que efeitos produziria na subjetividade do magistrado processante a contradita do acusado quanto ao juízo do recebimento da denúncia" (STF, HC 95.712/RJ, 1ª T., rel. Min. Ayres Britto, j. 20-4-2010, *DJe* n. 091, de 21-5-2010).

56. "É causa de nulidade processual absoluta ter sido o réu qualificado e interrogado sem a presença de defensor, sobretudo quando sobrevém sentença que, para o condenar, se vale do teor desse interrogatório" (STF, RHC 87.172/GO, 1ª T., rel. Min. Cezar Peluso, j. 15-12-2005, *DJ* de 3-2-2006, p. 32, *RT* 847/504).

57. "Na instalação do Conselho de Sentença, não havendo o *quorum mínimo* exigido pela lei, de 15 jurados, deve o magistrado proceder na forma do que estabelece o art. 445 do Código de Processo Penal. Prejuízo presumido" (STF, HC 87.723/AP, 2ª T., rel. Min. Joaquim Barbosa, j. 5-6-2007, *DJe* n. 131, de 25-10-2007).

58. "Não se constitui em quebra da incomunicabilidade dos jurados o fato de que, logo após terem sido escolhidos para o Conselho de Sentença, eles puderam usar telefone celular, na presença de todos, para o fim de comunicar a terceiros que haviam sido sorteados, sem qualquer alusão a dados do processo. Certidão de incomunicabilidade de jurados firmada por oficial de justiça, que goza de presunção de veracidade. Desnecessidade da incomunicabilidade absoluta" (STF, AO 1.047/RR, Tribunal Pleno, j. 28-11-2007, *DJe* n. 065, de 11-4-2008, *RTJ* 205/576). "O art. 466, § 1º, do CPP, impõe a incomunicabilidade dos jurados, dispondo que, uma vez sorteados, serão advertidos pelo Juiz Presidente acerca da vedação de comunicar-se entre si e com outrem, bem como de manifestar opinião sobre o processo, no intuito de evitar que qualquer deles exerça indevida influência no ânimo de decidir dos demais. A solicitação de esclarecimentos pelos Jurados é possível, cabendo ao Juiz Presidente o controle das expressões empregadas pelos membros do Júri, evitando, dessa forma, que expressem opinião quanto ao mérito da

tar que, para a validade do julgamento, a incomunicabilidade deve ser certificada nos autos (CPP, § 2º do art. 466);

11) por falta dos quesitos[59] e as respectivas respostas (art. 564, III, *k*);

12) por falta de acusação e/ou de defesa,[60] na sessão de julgamento (art. 564, III, *l*);

13) por falta de sentença (art. 564, III, *m*);

14) por falta de recurso de ofício, nos casos em que a lei o tenha estabelecido (art. 564, III, *n*);

15) por falta de intimação,[61] nas condições estabelecidas pela lei, para ciência de sentenças e decisões de que caiba recurso (art. 564, III, *o*);[62]

16) por falta de *quorum* para a instalação da sessão de julgamento nos tribunais (art. 564, III, *p*);

---

causa" (STJ, AgRg no AREsp 568.650/DF, 5ª T., rel. Min. Jorge Mussi, j. 24-4-2018, *DJe* de 4-5-2018). "Deve ser declarado nulo o júri em que membro do conselho de sentença afirma a existência de crime em plena fala da acusação" (STJ, HC 436.241-SP, 6ª T., rela. Mina. Maria Thereza de Assis Moura, j. 19-6-2018, *DJe* de 27-6-2018).

59. A Súmula 156 do STF tem o seguinte teor: "É absoluta a nulidade do julgamento, pelo júri, por falta de quesito obrigatório". "A omissão de quesito relativo à defesa é nulidade absoluta (Súmula 156), portanto, em tese, não preclusa pela falta de arguição na sessão do Júri" (STF, HC 89.200/RJ, 1ª T., rel. Min. Sepúlveda Pertence, j. 29-8-2006, *DJ* de 15-9-2006, p. 45). "O quesito absolutório genérico, previsto no art. 483, III, do Código de Processo Penal, é obrigatório, independentemente da tese defensiva sustentada em plenário, em razão da garantia constitucional da plenitude de defesa, cuja ausência de formulação acarreta nulidade absoluta" (STJ, REsp 1.245.480/DF, 5ª T., rel. Min. Marco Aurélio Bellizze, j. 19-4-2012, *DJe* de 8-6-2012).

60. "A deficiência da defesa não acarreta nulidade absoluta, mas tão somente a falta desta (Súmula 523/STF)" (STF, HC 86.711/GO, 1ª T., rel. Min. Ricardo Lewandowski, j. 4-3-2006, *DJ* de 16-6-2006, p. 19, LEXSTF 331/503). "É cediço na Corte que: *a)* o princípio que vige no processo penal é o de que a nulidade de um ato processual somente deve ser declarada quando há a efetiva demonstração de prejuízo, nos termos do que dispõe o art. 563 do CPP, *verbis*: Nenhum ato será declarado nulo, se da nulidade não resultar prejuízo para a acusação ou para a defesa; *b)* o enunciado da Súmula 523 do Supremo Tribunal Federal é nesse mesmo sentido, *verbis*: No processo penal, a falta de defesa constitui nulidade absoluta, mas a sua deficiência só o anulará se houver prova de prejuízo para o réu; *c)* precedentes: HC 93.868/PE, Rel. Ministra Cármen Lúcia, 1ª T., j. 28-10-2008; HC 98.403/AC, Rel. Ministro Ayres Britto, 2ª T., j. 24-8-2010, HC 94.817, Rel. Ministro Gilmar Mendes, 2ª T., j. 3-8-2010" (STF, HC 111.472/MG, 1ª T., rel. Min. Luiz Fux, j. 25-6-2013, *DJe* n. 158, de 14-8-2013). "Diante das peculiaridades do Tribunal do Júri, o fato de ter havido sustentação oral em plenário por tempo reduzido não implica, necessariamente, a conclusão de que o réu esteve indefeso" (STJ, HC 365.008/PB, 6ª T., rel. Min. Sebastião Reis Júnior, rel. p/ o Acórdão Rogério Schietti Cruz, j. 17-4-2018, *DJe* de 21-5-2018).

61. "O Supremo Tribunal Federal assentou o entendimento de que, 'havendo mais de um advogado regularmente constituído, sem nenhuma ressalva ao recebimento de intimação, basta, para sua validade, que a publicação seja feita em nome de um deles' (Ext 913-ED, rel. Min. Carlos Velloso, Plenário, *DJ* 26-11-2004)" (STF, HC 102.433/PR, 2ª T., rel. Min. Ellen Gracie, rel. p/ o Acórdão Min. Joaquim Barbosa, j. 28-2-2012, *DJe* n. 234, de 29-11-2012).

62. "A ausência de intimação do advogado constituído para a sessão do julgamento e da decisão proferida gera sua nulidade, impondo-se novo pronunciamento judicial" (STF, HC 89.108/RS, 1ª T., rel. Min. Ricardo Lewandowski, j. 8-8-2006, *DJ* de 25-8-2006, p. 54).

17) em decorrência de decisão carente de fundamentação (art. 564, V);

18) por deficiência dos quesitos[63] ou das suas respostas, e contradição entre estas (art. 564, parágrafo único).

5.2.1. *Considerações destacadas*

Talvez motivado pela relevância ou porque mais comuns na prática forense, dentro do tema *nulidade* o legislador cuidou de tratar destacadamente de questões como a *incompetência do juízo, ilegitimidade do representante da parte* e *omissões da denúncia ou queixa*.

De igual maneira, faremos a seguir algumas considerações sobre tais assuntos.

5.2.1.1. Incompetência do juízo

Decorre do princípio do juiz natural, de envergadura constitucional, que a ação penal deve ser proposta[64] e tramitar frente ao juízo competente, a quem a lei incumbe a tarefa de julgar o caso concreto (CF, art. 5º, LIII).

Ensina Gimeno Sendra[65] que o direito ao juiz legal ou natural é um direito fundamental que assiste a todos os sujeitos de direito, de ser julgado por um órgão jurisdicional pertencente à jurisdição penal ordinária, comprometido com os princípios constitucionais de igualdade, independência, imparcialidade e submissão à lei, e constituído com base nas normas comuns de competência preestabelecidas.

Dispõe o art. 567 do CPP que: "A incompetência do juízo anula somente os atos decisórios,[66] devendo o processo, quando for declarada a nulidade, ser remetido ao juiz competente".

A regra é aplicável aos casos de *incompetência relativa ou absoluta*, e a propósito desta calha transcrever o julgado que segue, revelador da orientação da Suprema Corte a respeito da matéria:

63. "A quesitação inadequada formulada pelo Juiz-presidente implica nulidade absoluta do julgamento do Tribunal do Júri" (STJ, REsp 1.170.742/BA, 6ª T., rel. Min. Sebastião Reis Júnior, j. 16-5-2013, *DJe* de 29-5-2013). "Consolidou-se na doutrina e jurisprudência pátrias o entendimento no sentido de que os quesitos apresentados aos jurados não podem apresentar redação complexa, a ponto de inviabilizar o seu entendimento e confundir a opinião a ser emitida pelos juízes leigos" (STJ, HC 144.492/ES, 5ª T., rel. Min. Jorge Mussi, j. 13-4-2010, *DJe* de 13-9-2010).

64. "Uma vez assentada a incompetência da Justiça Federal, mostra-se insubsistente não só o ato de recebimento da peça primeira da ação penal como também o de formalização pelo Ministério Público Federal" (STF, HC 109.893/RS, 1ª T., rel. Min. Marco Aurélio, j. 13-12-2011, *DJe* n. 043, de 1º-3-2012).

65. Vicente Gimeno Sendra, *Derecho procesal penal*, Navarra, Civitas, 2012, p. 80-81.

66. "(...) a incompetência do juiz anula somente os atos decisórios. CPP, art. 567" (STF, HC 73.644/RS, 2ª T., rel. Min. Marco Aurélio, rel. p/o Acórdão Min. Carlos Velloso, j. 28-6-1996, *DJ* de 15-9-2000, p. 118). "Entendimento que se estende a atos de relativo caráter decisório, cujo aproveitamento não afronte o contraditório e a ampla defesa" (STF, RHC 129.809/MT, 2ª T., rel. Min. Cármen Lúcia, j. 15-3-2016, *DJe* n. 076, de 20-4-2016).

> Em princípio, a jurisprudência desta Corte entendia que, para os casos de incompetência absoluta, somente os atos decisórios seriam anulados. Sendo possível, portanto, a ratificação de atos não decisórios. Precedentes citados: HC n. 71.278/PR, Rel. Min. Néri da Silveira, 2ª T., j. 31-10-1994, *DJ* de 27-9-1996 e RHC n. 72.962/GO, Rel. Min. Maurício Corrêa, 2ª T., j. 12-9-1995, *DJ* de 20-10-1995. Posteriormente, a partir do julgamento do HC n. 83.006-SP, Pleno, por maioria, Rel. Min. Ellen Gracie, *DJ* de 29-8-2003, a jurisprudência do Tribunal evoluiu para admitir a possibilidade de ratificação pelo juízo competente inclusive quanto aos atos decisórios.[67]

O juiz que declinar da competência deverá determinar o encaminhamento dos autos àquele que entender competente,[68] e nesse caso caberá ao juiz que recebe o processo dizer se aceita ou não a afirmação de seu antecessor. Se discordar, deverá suscitar *conflito negativo*.[69] Se aceitar, deverá seguir no processo e decidir a respeito do aproveitamento ou não dos atos instrutórios praticados, até porque vigente o *princípio da identidade física do juiz*, na dimensão que analisamos oportunamente.

É evidente que se o deslocamento de competência decorrer de decisão do tribunal, proferida em acolhimento a desconformismo oportunamente manifestado, não caberá ao juiz que recebe o processo deixar de aceitá-lo.

5.2.1.2. Ilegitimidade do representante da parte

Enquanto o art. 564, II, do CPP, determina que a *ilegitimidade de parte*, ativa ou passiva, é causa de nulidade absoluta, o art. 568 do mesmo Estatuto autoriza que a nulidade por *ilegitimidade do representante da parte* seja sanada a qualquer tempo, mediante ratificação dos atos processuais.

A ilegitimidade do representante da parte pode decorrer da existência de *falha* na procuração outorgada ou da *ausência* desta nos autos. Em qualquer caso, suprida a deficiência, que se fará com a juntada do documento em ordem, bastará que se faça a ratificação expressa dos atos praticados.

Ratificar significa manter nos exatos termos aquilo que fora anteriormente praticado.

É o que ocorre, por exemplo, com a procuração que não atende aos requisitos do art. 44 do CPP.

---

67. STF, HC 88.262/SP, 2ª T., rel. Min. Gilmar Mendes, j. 8-8-2006, *DJ* de 15-9-2006, p. 63, *LEXSTF* 335/414, *RT* 856/503.

68. "Uma vez declinada a competência, dá-se, a critério do juízo competente, o aproveitamento dos atos instrutórios. Subsistência da norma do art. 567 do Código de Processo Penal – a incompetência do juízo anula somente os atos decisórios, devendo o processo, quando for declarada a nulidade, ser remetido ao juiz competente" (STF, HC 77.544/SP, 2ª T., rel. Min. Marco Aurélio, j. 17-11-1998, *DJ* de 5-2-1999, p. 9).

69. Matéria tratada no capítulo "Questões e Processos Incidentes".

O Supremo Tribunal Federal já decidiu nesse sentido:

> O defeito da procuração outorgada pelo querelante ao seu advogado, para propor queixa-crime, sem menção do fato criminoso, constitui hipótese de ilegitimidade do representante da parte, que, a teor do art. 568 C.Pr.Pen., "poderá ser a todo o tempo sanada, mediante ratificação dos atos processuais" (RHC 65.879, Célio Borja).[70]

Cabe aqui relembrar que boa parte da doutrina e da jurisprudência entende que, no exemplo citado, a procuração deve ser regularizada dentro do prazo decadencial disponibilizado para o ajuizamento da queixa-crime, posição com a qual não concordamos, conforme expusemos no capítulo em que discorremos sobre o tema *ação penal*.

5.2.1.3. Omissões da denúncia ou queixa

Apesar da presumida capacidade técnica daquele que elabora e assina a petição inicial de determinada ação penal – pública ou privada –, é possível que esta contenha algumas imperfeições, e diante disso, desde que não se trate de omissão grave,[71] impeditiva do exercício da ampla defesa,[72] **a inicial acusatória poderá ser aditada a fim de ser regularizada, a qualquer tempo, antes de proferida sentença**.

De ver, entretanto, que se a exordial padecer de defeito grave, especialmente em relação ao seu conteúdo, o correto será o seu indeferimento por inépcia ou falta de justa causa, conforme o caso.

Nessa ordem de ideias:

> A jurisprudência do Supremo Tribunal Federal é firme no sentido de que "os vícios da denúncia devem ser arguidos antes da prolação da sentença" (RHC 84.849/PR, rel. Min. Eros Grau, *DJ* de 12-8-2005). No mesmo sentido: HC 82.000, rel. Min. Nelson Jobim; HC 81.790, rel. Min. Carlos Velloso; HC 74.265, rel. Min. Ilmar Galvão; RHC 75.975, rel. Min. Néri da Silveira).[73]

A autorização para que assim se proceda vem expressa no art. 569 do CPP.[74]

---

70. STF, HC 86.994/RJ, 1ª T., rel. Min. Sepúlveda Pertence, j. 14-3-2006, *DJ* de 31-3-2006, p. 18.

71. "O que o art. 569 C. Pr. Pen. admite é o suprimento, a qualquer tempo antes da sentença, das omissões da denúncia que não lhe comprometem a idoneidade, cujo primeiro e essencial requisito é a tipicidade do fato imputado" (STF, HC 84.492/RJ, 1ª T., rel. Min. Sepúlveda Pertence, j. 15-12-2005, *DJ* de 1º-9-2006, p. 21, *RTJ* 199/1.084).

72. "Desde que permitam o exercício do direito de defesa, as eventuais omissões da denúncia, quanto aos requisitos do art. 41 do CPP, não implicam necessariamente na sua inépcia, certo que podem ser supridas a todo tempo, antes da sentença final (CPP, art. 569)" (STF, HC 85.636/PI, 2ª T., rel. Min. Carlos Velloso, j. 13-12-2005, *DJ* de 24-2-2006, p. 50).

73. STF, RHC 95.108/ES, 2ª T., rel. Min. Ellen Gracie, j. 24-11-2009, *DJe* n. 237, de 18-12-2009.

74. "(...) eventuais omissões da denúncia poderão ser supridas a qualquer tempo, desde que antes da sentença final (CPP, art. 569)" (STF, HC 88.525/SP, 2ª T., rel. Min. Ellen Gracie, j. 26-8-2008, *DJe* n. 172, de 12-9-2008).

5.3. Hipóteses de nulidade relativa

Ainda em razão da combinação dos arts. 564 e 572 do CPP, conclui-se que haverá *nulidade relativa*:

1) por ausência de intervenção do Ministério Público em todos os termos[75] da ação por ele intentada e nos da intentada pela parte ofendida, quando se tratar de crime de ação pública (art. 564, III, *d*);[76]

2) por ausência de concessão de prazo legal à acusação e à defesa para que possam praticar, respectivamente, os atos que a cada uma competir (art. 564, III, *e*, segunda parte);

3) por falta de intimação do réu para a sessão de julgamento, pelo Tribunal do Júri,[77] quando a lei não permitir o julgamento à revelia (art. 564, III, *g*);

4) por falta de intimação das testemunhas arroladas para oitiva no plenário do júri, nos termos estabelecidos pela lei (art. 564, III, *h*), cumprindo aqui reiterar que, a partir da reforma introduzida pela Lei n. 11.689/2008, já não há mais libelo e contrariedade, e o momento para arrolar testemunha é aquele tratado no art. 422 do CPP;

5) por omissão de formalidade que constitua elemento essencial do ato (art. 564, IV).

Já afirmamos que as hipóteses de nulidade listadas no Código de Processo Penal são exemplificativas, e disso também nos dá conta a Súmula 706 do STF, que

---

75. "Nos termos do posicionamento jurisprudencial firmado neste Superior Tribunal de Justiça, a simples ausência do órgão acusatório na audiência de oitiva de testemunhas não enseja a nulidade do ato, quando não restar devidamente demonstrada a ocorrência de prejuízos. Precedentes" (STJ, AgRg no REsp 1.712.039/RO, 5ª T., rel. Min. Jorge Mussi, j. 3-5-2018, *DJe* de 9-5-2018). "Esta Corte sufragou entendimento de que 'a ausência do Ministério Público na audiência de instrução constitui nulidade relativa que, para ser declarada, deve ser alegada em momento processual oportuno e demonstrado o efetivo prejuízo ao réu. Aplicação do princípio *pas nullité sans grief* (REsp 174.290/RJ, rel. Min. Hélio Quaglia Barbosa, 6ª T., *DJ* 3-10-2005)" (STJ, AgRg no AREsp 885.644/RS, 6ª T., rel. Min. Maria Thereza de Assis Moura, j. 2-6-2016, *DJe* de 14-6-2016). *No mesmo sentido*: STJ, REsp 1.493.227/RS, 6ª T., rel. Min. Rogério Schietti Cruz, j. 13-9-2016, *DJe* de 20-9-2016; STJ, AgRg no REsp 1.505.705/RS, 6ª T., rel. Min. Sebastião Reis Júnior, j. 8-11-2016, *DJe* de 21-11-2016.

76. Ensinou Giovanni Leone que "la participación en el procedimiento de persona que no tenga los requisitos para assumir la representación del ministerio público, debe ser considerada como no participación del ministerio público" (*Tratado de derecho procesal penal*, traducción de Santiago Sentís Melendo, Buenos Aires, EJEA – Ediciones Jurídicas Europa-América, 1989, t. I, p. 706). Já decidiu o STF que "A voluntária ausência do representante do Ministério Público a atos de instrução do processo, especialmente quando dela não resulta qualquer prejuízo ao réu, não pode ser invocada, pelo acusado, como causa de nulidade, eis que a legislação processual penal brasileira dispõe que nenhuma das partes poderá arguir nulidade referente à formalidade cuja observância só à parte contrária interessa (CPP, art. 565, '*in fine*'). O fato de o Promotor de Justiça deixar de assinar o termo da audiência, longe de configurar qualquer hipótese de nulidade, caracteriza mera irregularidade processual, que não dá ensejo à invalidação formal do procedimento penal persecutório" (STF, HC 70.231/SP, 1ª T., rel. Min. Celso de Mello, j. 30-11-1993, *DJ* de 12-8-2005, p. 11).

77. "É viável a intimação do acusado solto por edital, quando frustradas as tentativas de sua intimação pessoal, e, mesmo na sua ausência, a realização da sessão do júri (parágrafo único do art. 420 e art. 457 do Código de Processo Penal)" (STF, RHC 132.273/ES, 2ª T., rel. Min. Teori Zavascki, j. 27-9-2016, *DJe* n. 218, de 13-10-2016).

assim dispõe sobre: "É relativa a nulidade decorrente da inobservância da competência penal por prevenção".

6. Momento Oportuno para Arguição de Nulidade

Sabemos que **as** *nulidades absolutas* **podem ser alegadas a qualquer tempo e em qualquer grau de jurisdição**, mesmo depois do trânsito em julgado da sentença, conforme é permitido *à defesa* proceder, neste último caso, por meio de revisão criminal ou de *habeas corpus*.

Também já vimos que **as** *nulidades relativas* **precisam ser arguidas em momento próprio**, pela parte interessada, pois do contrário ocorrerá a *convalidação do ato atípico*, tão logo se verifique a *preclusão*.

Atento a esta última situação, e observadas as alterações introduzidas no Código de Processo Penal com as Leis n. 11.689/2008 (procedimento do júri) e 11.719/2008 (procedimentos em geral), dispõe o art. 571 do CPP (que infelizmente não foi atualizado na minirreforma processual) que as *nulidades relativas* deverão ser arguidas:

1) as da instrução criminal dos processos da competência do júri, até as alegações finais (art. 411, § 4º);

2) as da instrução criminal nos procedimentos comuns, até as alegações finais (arts. 403 e 534);

3) as ocorridas posteriormente à pronúncia, logo depois de anunciado o julgamento em plenário e apregoadas as partes (art. 463);

4) as verificadas na instrução criminal dos processos de *competência originária* de qualquer dos tribunais superiores, até as alegações finais;

5) as verificadas após a decisão da primeira instância, nas razões de recurso (na forma escrita) ou logo depois de anunciado o julgamento do recurso e apregoadas as partes (oralmente, perante o órgão julgador);

6) as verificadas durante o *julgamento no plenário do júri*,[78] em *audiência* ou em *sessão do tribunal*, *logo depois* de ocorrerem[79] (em qualquer caso, a arguição será feita oralmente e deverá constar na ata do julgamento ou termo respectivo).

---

78. "Não se cogitando de nulidade absoluta, as que eventualmente gravem a sessão de julgamento em plenário do Júri hão de ser, sob pena de preclusão, arguidas logo depois de ocorrerem" (STF, HC 93.753/SP, 2ª T., rel. Min. Cezar Peluso, j. 5-8-2008, *DJe* n. 211, de 7-11-2008). "A impugnação aos quesitos formulados no Tribunal do Júri deve se dar após sua leitura, sob pena de preclusão, conforme disciplina o art. 571, inciso VIII, do Código de Processo Penal. Contudo, como é cediço, não há se falar em preclusão quando se tratar de nulidade absoluta" (STJ, HC 162.189/RS, 5ª T., rel. Min. Marco Aurélio Bellizze, j. 11-12-2012, *DJe* de 17-12-2012). "A impugnação a quesito deve vir à balha na oportunidade revelada pelo inciso VIII do art. 571 do Código de Processo Penal – 'as do julgamento em plenário, em audiência ou em sessão do tribunal, logo depois de ocorrerem'" (STF, HC 115.235/PA, 1ª T., rel. Min. Marco Aurélio, j. 10-11-2015, *DJe* n. 237, de 25-11-2015). "É pacífica a jurisprudência do Supremo Tribunal Federal no sentido de que 'qualquer oposição a quesitos formulados deve ser arguida, imediatamente, na própria sessão de julgamento, nos termos do art. 571, VIII, do CPP, sob pena de preclusão'. Precedentes" (STF, HC 127.428/BA, 2ª T., rel. Min. Dias Toffoli, j. 1º-12-2015, *DJe* n. 018, de 1º-2-2016).

79. "Nos termos do art. 571, VIII, do Código de Processo Penal, as nulidades do julgamento em plenário devem ser arguidas logo após a sua ocorrência, sob pena de preclusão" (STJ, AgRg no AREsp 1.203.972/SP, 5ª T., rel. Min. Jorge Mussi, j. 10-4-2018, *DJe* de 20-4-2018).

Se houver alguma nulidade que possa ser arguida já na *resposta escrita*, o correto é que a defesa assim proceda, desde logo, a fim de que o juiz decida a respeito, antes mesmo de designar audiência de instrução e julgamento.

Outras nulidades eventualmente verificadas *no curso do processo* poderão ser arguidas e reconhecidas a qualquer tempo, ou, no máximo, até o momento das alegações finais, quando então o juiz deverá se pronunciar a respeito logo após a arguição ou *na sentença*.

Se ocorrer nulidade *após a sentença* (ou na sentença), caberá à *parte interessada* argui-la em sede de preliminar de recurso, a fim de que o tribunal dela conheça previamente, antes de julgar o mérito do inconformismo.

Não se olvide, nesse passo, que a *nulidade absoluta* pode, e deve, ser declarada a qualquer tempo, independentemente de arguição da parte interessada, respeitadas as restrições determinadas pela Súmula 160 do STF.

6.1. Súmula 160 do Supremo Tribunal Federal

Neste tópico cabe observar, por fim, as irradiações da Súmula 160 do STF, que tem o seguinte teor: "É nula a decisão do Tribunal que acolhe, contra o réu, nulidade não arguida no recurso da acusação, ressalvados os casos de recurso de ofício".

Pelo que se nota, e dada a ausência de restrições no verbete, o entendimento da E. Corte é no sentido de que nem mesmo *nulidade absoluta* poderá ser reconhecida em grau de recurso se não for arguida pela acusação, quando a declaração de atipicidade se revelar apta a ensejar prejuízo ao réu.

A respeito do tema:

> Naqueles casos em que a peça de interposição recursal é vaga, genérica, os limites de atuação da Corte de segunda instância hão de ser dimensionados pelas razões de apelação, desde que tempestivamente apresentadas. É ilegítima a atuação do Tribunal de segunda instância que, baseado em proposição estranha à peça recursal-acusatória, declara nulidades desfavoráveis ao acusado.[80]

> Quando o réu é absolvido na primeira instância e o Ministério Público apela com base na prova, exclusivamente, não pode o Tribunal acolher nulidade não arguida no apelo e anular o processo a partir da citação por edital: Súmula 160.[81]

A exceção prevista está atrelada à hipótese do art. 574 do CPP, mas, pelas razões que mais adiante veremos, o ordenamento vigente não admite essa providência anômala, que se convencionou denominar recurso *ex officio*, por configurar prática proativa incompatível com o processo penal acusatório (CPP, art. 3º-A).

---

80. STF, HC 85.609/MS, 1ª T., rel. Min. Carlos Britto, j. 28-6-2005, *DJ* de 20-4-2006, p. 14.
81. STF, HC 73.804/RJ, 2ª T., rel. Min. Maurício Corrêa, j. 4-6-1996, *DJ* de 30-8-1996, p. 30.605.

7. ATOS IRREGULARES E ATOS INEXISTENTES

Conforme a intensidade ou grau de imperfeição de que se revista determinado ato processual, também é possível falar em *1) ato irregular* e *2) ato inexistente*.

1) ***Ato irregular***: se a *irregularidade* ou *atipicidade* for *insignificante*, não alcançará *status* de nulidade (relativa ou absoluta), em face da total ausência de *prejuízo*, que trará ínsita a inexistência de *interesse jurídico* no refazimento do ato imperfeito.

Embora evidente e reconhecida a irregularidade, nenhuma consequência jurídica advirá para o processo, pois, no dizer de CALMON DE PASSOS, a irregularidade "é um defeito na estrutura do ato sem reflexos na sua eficácia".[82]

É o que ocorre, por exemplo, se o juiz e todos os demais presentes descumprirem o art. 472 do CPP e se mantiverem sentados por ocasião do juramento solene que deve ser feito pelos jurados no plenário do júri.

Na hipótese citada, embora a lei diga que todos deverão colocar-se de pé nesse momento, em sinal de respeito, o desatendimento da regra não acarreta qualquer prejuízo, daí não haver mácula a ser proclamada.

2) ***Ato inexistente***: ao contrário do ato irregular, em que é possível falar em *atipicidade insignificante*, fala-se em *ato inexistente* quando se estiver diante de ato processual tão *absurdamente praticado* que não restará alternativa outra que não seja desconsiderá-lo por completo.

MIRABETE definiu o ato inexistente como "aquele em que há falta de um elemento que o direito considera essencial, ou seja, em que ele existe de fato, mas sem o elemento essencial, ele inexiste *de jure*. É um 'não ato'".[83]

Para FREDERICO MARQUES, atos inexistentes são atos processuais que, "pela absoluta discordância com o respectivo modelo legal, não possuem existência jurídica".[84]

Segundo COUTURE, o conceito de inexistência "é utilizado para algo onde faltam aqueles elementos que são da essência e da própria vida do ato".[85]

Exemplo: prática comum – infelizmente –, audiências levadas a efeito em sede de Juizados Especiais Criminais são "presididas" por funcionários do Poder Judiciário, e não pelo juiz, que muitas vezes sequer permanece na sala enquanto o ato se desdobra.

A nosso ver, a hipótese é de ato inexistente, pois somente o juiz pode presidir audiência.

---

82. JOSÉ JOAQUIM CALMON DE PASSOS, *A nulidade no processo civil*, Rio de Janeiro, Forense, 1959, p. 79, apud JOSÉ FREDERICO MARQUES, *Elementos de direito processual penal*, Rio-São Paulo, Forense, s/d, v. II, p. 415.

83. JULIO FABBRINI MIRABETE, *Processo penal*, 16. ed., São Paulo, Atlas, 2004, p. 642.

84. JOSÉ FREDERICO MARQUES, *Elementos de direito processual penal*, Rio-São Paulo, Forense, s/d, v. II, p. 414.

85. EDUARDO COUTURE, *Fundamentos del derecho procesal civil*, 1951, p. 274-275, apud JOSÉ FREDERICO MARQUES, *Elementos de direito processual penal*, Rio-São Paulo, Forense, s/d, v. II, p. 414.

Ocorre, entretanto, que qualquer monstruosidade jurídica como essa deve ser declarada pela instância judiciária, a quem caberá determinar que o ato seja refeito conforme o modelo tipificado.

O ato inexistente acarreta, portanto, nulidade absoluta.

Em verdade, nesse tema é possível distinguir *inexistência material* de *inexistência jurídica*.

Ocorre a primeira – *inexistência material* – quando o ato não é praticado ou se tem por suprimida determinada fase. Exemplo: o réu não é citado para o processo. O que aqui se identifica é um *não ato*.

Na segunda – *inexistência jurídica* –, embora o ato tenha sido praticado, sua desconformidade com a lei é de tal ordem que corresponde a não ter sido praticado. Exemplo: sentença condenatória prolatada e assinada pelo diretor do cartório, e não pelo juiz.

Há quem entenda que o ato inexistente prescinde de declaração judicial a respeito de sua desconsideração ou inexistência,[86] e que em razão de sua própria natureza não produz qualquer efeito jurídico.[87]

Na dicção de Tourinho Filho, "quando se fala em inexistência do ato, a doutrina quer referir-se não à ausência material do ato, mas àquele ato que, embora tenha existência material, é totalmente desprovido de qualquer significado jurídico. É um não ato, e, por não ter nenhum significado, não haverá necessidade de provimento jurisdicional para torná-lo ineficaz. Ele é ineficaz *per se*".[88]

Ousamos divergir.

Essas afirmações reclamam sutis reflexões permeadas de olhar prático, e, a nosso ver, a situação só pode ser *juridicamente resolvida* com a declaração judicial de *nulidade absoluta*.

Em casos tais, temos que a *evidente ineficácia* do ato decorre de sua própria *inexistência jurídica*, mas é claro que essa situação deverá ser reconhecida nos autos do processo no qual se verificar ou em sede de *habeas corpus* ou revisão criminal, e será preciso decisão judicial que assim reconheça, pois, do contrário, embora o ato seja *juridicamente inexistente*, irá produzir efeitos (ilegais), como irá se verificar no exemplo

86. Nesse sentido, escreve Nucci que: "À margem das nulidades, existem atos processuais que, por violarem tão grotescamente a lei, são considerados inexistentes. Nem mesmo de nulidade se trata, uma vez que estão distantes do mínimo aceitável para o preenchimento das formalidades legais. Não podem ser convalidados, nem necessitam de decisão judicial para invalidá-los" (Guilherme de Souza Nucci, *Manual de processo e execução penal*, 14. ed., Rio de Janeiro, 2017, p. 786).

87. Nesse sentido é o pensamento de Eugênio Pacelli (*Curso de processo penal*, 21. ed., São Paulo, Atlas, 2017, p. 914).

88. Fernando da Costa Tourinho Filho, *Manual de processo penal*, 17. ed., São Paulo, Saraiva, 2017, p. 540.

que anteriormente indicamos, quando a sentença não assinada por juiz transitar em julgado e for expedido mandado de prisão contra o réu que, sendo preso, passará a *cumprir pena* decorrente de *condenação* imposta por sentença juridicamente inexistente.

No grotesco exemplo apontado, não será possível, a quem quer que seja, simplesmente soltar o réu sem que exista *decisão judicial* que assim determine, exatamente por reconhecer e declarar a ineficácia do ato aberrante.

Embora nulo ou juridicamente inexistente, continuará a produzir efeitos enquanto não for aplicada a *sanção de nulidade*.[89]

Essa também é a posição adotada por Clariá Olmedo ao afirmar que, dentro do sistema legal, a nulidade deve funcionar também para sancionar atos que só têm aparência de atos processuais penais por faltar-lhes o elemento básico que os caracterize como tal (inexistência). E conclui: "Esto porque sólo anulándolos se hace posible extirparlos del proceso con todos los efectos indebidamente producidos".[90]

8. Nulidade em Inquérito Policial

Este tema já foi objeto de análise no capítulo em que estudamos o inquérito policial, mas parece oportuno enfatizar que **não há *nulidade* em inquérito policial**.

O que pode ocorrer, e não raras vezes ocorre, é a prática de *irregularidade/ilegalidade*.

Eventual irregularidade, contudo, qualquer que seja sua natureza, não contamina a ação penal;[91] não cabe ser arguida após a instauração do processo com vistas a pretender a invalidação deste.[92]

Essa forma de compreensão da matéria tratada é tranquila na doutrina e na jurisprudência.

Ao explicar que a declaração de nulidade de prova produzida no inquérito não atinge o processo, assinalou Espínola Filho, com o costumeiro acerto, que "(...) não importa na consequência de invalidar, anulando-o, o processo criminal, a circunstância de se terem realizado, no inquérito, diligências ou quaisquer atos sem

89. Em sentido contrário, por entender que os atos inexistentes não produzem efeito algum, conferir o escólio de Eugênio Pacelli (*Curso de processo penal*, 21. ed., São Paulo, Atlas, 2017, p. 913-914).

90. Jorge A. Clariá Olmedo, *Derecho procesal penal*, 1. ed., 1. reimp., Santa Fé, Rubinzal-Culzoni Editores, atualizado por Carlos Alberto Chiara Díaz, 2008, t. II, p. 230.

91. "Eventuais vícios do inquérito policial não contaminam a ação penal" (STF, HC 83.921/RJ, 1ª T., rel. Min. Eros Grau, j. 3-8-2004, *DJ* de 27-8-2004, p. 70, *RTJ* 191/598). "Eventuais nulidades ocorridas na fase inquisitorial ou no curso de outros procedimentos investigativos preparatórios não têm o condão de macular a ação penal posteriormente instaurada, conforme já decidiu o Superior Tribunal de Justiça" (STJ, HC 83.611/SP, 5ª T., rel. Min. Laurita Vaz, j. 2-2-2010, *DJe* de 1-3-2010).

92. "(...) o inquérito não é parte integrante do processo criminal, mas mero elemento de instrução da Promotoria, ou da parte privada, na fundamentação da denúncia ou queixa" (Eduardo Espínola Filho, *Código de Processo Penal brasileiro anotado*, 3. ed., Rio de Janeiro, Borsoi, 1954, v. I, p. 259).

respeitar as formalidades legais, ou mesmo contrariando expressas determinações de lei. O fato só terá o resultado de retirar o valor probante do ato ou diligência assim viciados, que, entretanto, o juiz mandará, por sanar-lhe a falta, repetir, sempre que isso for realizável".[93]

A esse respeito, reiteradas vezes se tem decidido, inclusive na Suprema Corte, que: "Eventuais vícios formais concernentes ao inquérito policial não têm o condão de infirmar a validade jurídica do subsequente processo penal condenatório. As nulidades processuais concernem, tão somente, aos defeitos de ordem jurídica que afetam os atos praticados ao longo da ação penal condenatória".[94]

"Por se tratar de peça meramente informativa da denúncia ou da queixa, eventual irregularidade no inquérito policial não contamina o processo, nem enseja a sua anulação".[95] "Os vícios existentes no inquérito policial não repercutem na ação penal, que tem instrução probatória própria".[96]

Não é correto afirmar, entretanto, que eventual irregularidade praticada no inquérito não acarreta consequência alguma na ação penal; não influencia no seu destino.

Com efeito, é possível que *determinada prova* seja produzida de forma ilegal, de maneira a se expor à arguição e reconhecimento de sua nulidade.[97] Note-se: **nulidade da prova** colhida na fase de investigação, **e não nulidade do inquérito**.

É o que ocorre, por exemplo, na hipótese de interceptação telefônica e também na busca e apreensão de documentos realizada de forma ilegal, quando então a prova que de tais diligências decorre será declarada nula em juízo, sem que isso implique a nulidade do processo.

A nulidade da prova, como é evidente, poderá enfraquecer o conteúdo informativo do processo, de maneira a prejudicar a busca da verdade real e determinar a absolvição do acusado por falta de prova (princípio *in dubio pro reo*), daí não ser possível afirmar que as irregularidades/ilegalidades praticadas no inquérito não respingam, em hipótese alguma, no processo.

De ver, ainda, que a nulidade do auto de prisão em flagrante não acarreta a nulidade do processo-crime instaurado com base no inquérito que daquele decorre.

---

93. Eduardo Espínola Filho, op. cit., p. 259.

94. STF, HC 73.271/SP, 1ª T., rel. Min. Celso de Mello, j. 19-3-1996, *DJe* de 4-10-2006.

95. STF, HC 80.902/SP, 2ª T., rel. Min. Carlos Velloso, j. 18-12-2001, *DJ* de 8-3-2002, p. 52.

96. STF, RHC 85.286/SP, 2ª T., rel. Min. Joaquim Barbosa, j. 29-11-2005, *DJ* de 24-3-2006, p. 55.

97. "A unilateralidade das investigações preparatórias da ação penal não autoriza a Polícia Judiciária a desrespeitar as garantias jurídicas que assistem ao indiciado, que não mais pode ser considerado mero objeto de investigações. O indiciado é sujeito de direitos e dispõe de garantias, legais e constitucionais, cuja inobservância, pelos agentes do Estado, além de eventualmente induzir-lhes a responsabilidade penal por abuso de poder, pode gerar a absoluta desvalia das provas ilicitamente obtidas no curso da investigação policial" (STF, HC 73.271/SP, 1ª T., rel. Min. Celso de Mello, j. 19-3-1996, *DJe* de 4-10-2006).

Capítulo 22
Recursos

1. Sobre o Inconformismo

Tal qual o instinto de autodefesa, o inconformismo é da natureza humana.

É raro alguém que se conforme e aceite sem qualquer inquietação as adversidades da vida e o que mais vier em desfavor de seus interesses, daí o *direito de ação* e a existência do Poder Judiciário, que tem a precípua função de dizer o direito aplicável na solução de determinada controvérsia, ou, em outras palavras: dar a prestação jurisdicional.

Àquele que se sentir lesado, a ordem jurídica assegura o direito fundamental[1] de acesso aos órgãos judiciais, no tempo, modo e forma disciplinados.

Mas a prestação jurisdicional está sujeita a falhas,[2] porquanto obra ou produto de atividade humana, e disso resulta que as decisões proferidas nos processos também podem frustrar justas expectativas e desatender a interesses de uma das partes envolvidas na demanda, e não raras vezes de ambas.

O juiz é falível; suas decisões podem partir de premissas irreais ou de interpretação equivocada do material probatório disponibilizado no processo.

1. Em sentido contrário: "(...) Com esse sentido próprio – sem concessões que o desnaturem – não é possível, sob as sucessivas Constituições da República, erigir o duplo grau em princípio e garantia constitucional, tantas são as previsões, na própria Lei Fundamental, do julgamento de única instância ordinária, já na área cível, já, particularmente, na área penal (...)" (STF, RHC 79.785/RJ, Tribunal Pleno, rel. Min. Sepúlveda Pertence, j. 29-3-2000, *DJ* de 22-11-2000, p. 57, *RTJ* 183/1010).

2. "La sentencia es, pues, el acto procesal que produce los mayores efectos jurídicos. Por tal razón, esa sentencia debe ser controlada o revisada. Este control del producto genuino del juez se realiza a través de ciertos mecanismos procesales que pueden provocar una revisión total o parcial de esa sentencia y, por extensión, también de otros actos procesales que producen efectos jurídicos eventualmente gravosos para alguno de los sujetos procesales" (Alberto M. Binder, *Introducción al derecho procesal penal*, 2. ed., 5. reimp., Buenos Aires, Ad-Hoc, 2009, p. 285).

Fosse o homem um ser infalível, asseverou com absoluta propriedade Maurício Zanoide, "não só o Direito careceria do instituto jurídico do recurso, mas também a própria convivência social prescindiria do Direito, uma vez que este consiste num complexo de normas voltadas a minorar as imperfeições humanas em sua vida gregária".[3]

Gimeno Sendra chega a afirmar que o fundamento ou necessidade de se permitirem recursos "descansa en el reconocimiento de la **falibilidad del órgano judicial** y en la necesidad de evitar que la certeza, implícita en toda resolución judicial, alcance su plenitud cuando la parte gravada por ella la estime no ajustada a Derecho, para lo cual se le concede la posibilidad de poder combatir los errores en que pudieran haber incurrido los titulares de los órganos judiciales en la aplicación e interpretación de la Ley – procesal o material –, lo que incrementa, indudablemente, el nivel de acierto de la decisión final".[4]

Outras vezes a decisão judicial seguirá vertente que levará a interpretações rígidas demais, ou deveras suave, em razão de valores culturais, religiosos, políticos etc.

Entre as várias condicionantes, o provimento judicial também pode estar emoldurado pela falta de experiência do magistrado ou excesso de autoconfiança; pouca ou nenhuma vivência em determinados ambientes; falta de sensibilidade para as coisas da vida; desconsideração em relação ao infortúnio alheio etc.

Sim, os juízes erram, e, mesmo quando acertam e proferem decisões justas, a resolução do drama processual pode não incutir conforto no espírito dos demandantes, e é natural que isso também ocorra.

Para atender a essa realidade humana e com vistas a não desprestigiar o ideal de justiça, a Constituição Federal assegura não apenas o acesso à jurisdição, mas também determinados tipos de recursos a certas instâncias judiciárias.[5]

A perspectiva de apreciação de uma mesma situação de fato, propulsora de graves consequências jurídicas, por mais de um órgão, por si já é capaz de propiciar certo grau de conforto e esperança a quem tenha sido desgraçadamente arrastado para a cratera em que flamejam demandas judiciais.

Sob outro enfoque, a possibilidade de ter sua decisão reapreciada por órgão superior derrama sobre o juiz uma carga ainda maior de responsabilidade, a determinar que analise e fundamente com estremado zelo suas decisões, daí afirmarem Grinover, Gomes Filho e Scarance que "o juiz que profere a decisão fica

---

3. Maurício Zanoide de Moraes, *Interesse e legitimação para recorrer no processo penal brasileiro*, São Paulo, Revista dos Tribunais, 2000, p. 26.

4. Vicente Gimeno Sendra, *Derecho procesal penal*, Navarra, Civitas, 2012, p. 795.

5. "Evidenciado o abuso do direito de recorrer, decorrente da interposição de sucessivos recursos protelatórios, impõe-se a certificação do trânsito em julgado, com a consequente baixa imediata dos autos" (STF, RHC 124.968 AgR-ED/RJ, 1ª T., rel. Min. Luiz Fux, j. 28-10-2016, *DJe* n. 243, de 17-11-2016).

psicologicamente compelido a julgar melhor, quando sabe que será ela passível de revisão por outro órgão jurisdicional".[6]

A previsão legal de recursos atende, portanto, à *satisfação psicológica das partes, minimiza a possibilidade de erro judiciário* e inibe o arbítrio ou descaso do julgador em face do caso concreto.[7]

2. Fundamento Constitucional

Se eventual decisão judicial causar dano de natureza patrimonial, é possível buscar e alcançar justa reparação ou recomposição.

Já se a decisão injusta for de natureza penal condenatória, a situação será infinitamente mais grave, nada obstante o disposto no art. 5º, LXXV, da CF, segundo o qual o "Estado indenizará o condenado por erro judiciário, assim como o que ficar preso além do tempo fixado na sentença".

Por mais que se pretenda buscar meios de atenuação do estrago, a liberdade perdida, o drama psicológico imposto ao condenado e seus familiares; a mancha na biografia e no conceito social jamais será apagada a contento; haverá sempre um borrão tatuado na alma e vagando como onda sonora nas vibrações sociais negativas. Não há reparação suficiente. O fantasma acompanhará para sempre a mente, o corpo e o nome daquele que será lembrado pelo episódio, ainda que a qualquer tempo se declare injusta a condenação.

Também no art. 5º, LV, da CF, está assegurado que "aos litigantes, em processo judicial ou administrativo, e aos acusados em geral são assegurados o contraditório e ampla defesa, com os meios e recursos a ela inerentes", e não há como compreender o exercício da ampla defesa sem que haja faculdade recursal; sem a possibilidade de submeter a questão decidida à reapreciação de um órgão de instância superior, ou, na pior das hipóteses, ao mesmo órgão prolator, conforme ainda veremos.

A propósito desse tema, o art. 92 da CF aponta para a existência de Juízos e Tribunais (Supremo Tribunal Federal; Superior Tribunal de Justiça; Tribunais Regionais Federais e Juízes Federais; Tribunais e Juízes do Trabalho; Tribunais e Juízes Eleitorais; Tribunais e Juízes Militares; Tribunais e Juízes dos Estados e do Distrito Federal e Territórios) dotados de competência originária e *competência recursal*, e depois segue disciplinando cada um deles naquilo que lhe é dado fazer.

Cumpre observar, ainda, que o art. 8º, 2-*h*, da Convenção Interamericana de Direitos (Pacto de San José da Costa Rica), ratificada no Brasil pelo Decreto n.

---

6. Ada Pellegrini Grinover, Antonio Magalhães Gomes Filho e Antonio Scarance Fernandes, *Recursos no processo penal*, 6. ed., São Paulo, Revista dos Tribunais, 2009, p. 19.

7. "La legalidad y la justicia en la solución del caso concreto – a las que se agrega la seguridad jurídica – son, entonces, los objetivos principales del sistema de recursos" (José I. Cafferata Nores e outros, *Manual de derecho procesal penal*, 3. ed., Córdoba, Advocatus, 2012, p. 580).

678/92, também assegura a toda pessoa acusada de delito o direito de recorrer da sentença para juiz ou tribunal superior.

> Pode-se afirmar, assim, que a garantia do duplo grau, embora só implicitamente assegurada pela Constituição brasileira, é princípio constitucional autônomo, decorrente da própria Lei Maior, que estrutura os órgãos da chamada *jurisdição superior*. Em outro enfoque, que negue tal postura, a garantia pode ser extraída do princípio constitucional da igualdade, pelo qual todos os litigantes, em paridade de condições, devem poder usufruir ao menos de um recurso para a revisão de decisões, não sendo admissível que venha ele previsto para algumas e não para outras. Uma terceira colocação retira o princípio do duplo grau daquele da necessária revisão dos atos estatais, como forma de controle da legalidade e da justiça das decisões de todos os órgãos do Poder Público.[8]

3. CONCEITO E NATUREZA JURÍDICA

MAURÍCIO ZANOIDE explica que "recurso, etimologicamente originário do latim, significa 'tornar a correr', 'refazer um caminho já antes percorrido', 'retroagir'".[9]

Tecnicamente, *recurso* é o meio ou instrumento jurídico de impugnação formal das decisões judiciais, e no dizer de GIOVANNI LEONE "medio de impugnación es un remedio jurídico atribuido a las partes a fin de remover una desventaja proveniente de una decisión del juez".[10]

Trata-se de *faculdade conferida à parte*, com o objetivo de permitir que, atendidos os requisitos legais, seja determinada decisão submetida, total ou parcialmente, à reapreciação de outro órgão judicial de hierarquia superior.

Em determinados tipos de recursos, o próprio órgão prolator da decisão será instado a reexaminá-la, quando então poderá, ele mesmo, mantê-la ou modificá-la.

A possibilidade de interpor recurso surge com a prolação da decisão impugnável[11] e configura desdobramento *jurídico, lógico e natural* do *direito de ação*; do direito de postular em juízo com o objetivo de obter a satisfação de um direito lesado ou ameaçado de lesão.[12]

---

8. ADA PELLEGRINI GRINOVER, ANTONIO MAGALHÃES GOMES FILHO e ANTONIO SCARANCE FERNANDES, *Recursos no processo penal*, 6. ed., São Paulo, Revista dos Tribunais, 2009, p. 21.

9. MAURÍCIO ZANOIDE DE MORAES, *Interesse e legitimação para recorrer no processo penal brasileiro*, São Paulo, Revista dos Tribunais, 2000, p. 35.

10. *Tratado de derecho procesal penal*, traducción de Santiago Sentís Melendo, Buenos Aires, EJEA – Ediciones Jurídicas Europa-América, 1989, t. III, p. 3-4.

11. GIOVANNI LEONE, op. cit., v. III, p. 59.

12. "Superadas certas concepções que viam nos recursos ações distintas e autônomas, chegando a lhes atribuir natureza constitutiva – e isso tanto no processo civil, como no processo penal –, a doutrina prefere hoje conceituar o poder de recorrer como *aspecto, elemento ou modalidade do próprio direito de ação e de defesa*" (ADA PELLEGRINI GRINOVER, ANTONIO MAGALHÃES GOMES FILHO e ANTONIO SCARANCE FERNANDES, *Recursos no processo penal*, 6. ed., São Paulo, Revista dos Tribunais, 2009, p. 28).

4. Generalidades

Genericamente, denomina-se *recorrente* a parte que ingressa com o recurso e *recorrido(a)* a parte contrária.

Autor e réu da ação penal podem ao mesmo tempo figurar como recorrente e recorrido, quando ambos ingressarem com recurso contra determinada decisão ou sentença.

Observado o *nomem juris* do recurso interposto, fala-se em apelante e apelado; agravante e agravado, embargante e embargado etc.

Em matéria recursal, fala-se também em *jurisdição inferior* (juízo *a quo*) e *jurisdição superior* (juízo *ad quem*), para designar, respectivamente, o juízo prolator da decisão, sentença ou acórdão recorrido e a instância a quem compete o julgamento do recurso.

Quanto à *extensão* o recurso pode ser *total* ou *parcial*,[13] conforme busque rediscutir a integralidade da matéria decidida ou apenas parte dela, cumprindo que aqui se observe a incidência do brocardo *tantum devolutum quantum appellatum* (devolve-se a matéria à apreciação conforme a extensão do recurso), com as particularidades que adiante veremos por ocasião da análise a determinados princípios específicos.

Uma das características dos recursos em geral é a *voluntariedade*; vale dizer: a parte recorre se quiser.

Recurso voluntário, portanto, é aquele que *pode* ser interposto pela parte, desde que atendidos os pressupostos legais.

Excepcionalmente, para algumas situações a lei determina o *duplo grau de jurisdição obrigatório*, impropriamente denominado "recurso *ex officio*", assim compreendido aquele que *deve* ser *interposto* pelo próprio juiz, contra a decisão que ele mesmo proferiu, e desta matéria trataremos logo mais, em tópico específico.

5. Princípios

É possível identificarmos alguns princípios especificamente atrelados ao tema recursos. São eles:

5.1. Duplo grau de jurisdição

O exercício da ampla defesa traz consigo a possibilidade de recorrer a órgãos de superior instância judiciária visando nova apreciação da matéria decidida, tal como se extrai da Constituição Federal vigente e está disciplinado no regramento inferior.

13. "La impugnazione può essere totale o parziale" (Francesco Carnelutti, *Principi del processo penale*, Napoli, Morano Editore, 1960, p. 287).

Já decidiu o Pleno da Suprema Corte que:

> Para corresponder à eficácia instrumental que lhe costuma ser atribuída, o duplo grau de jurisdição há de ser concebido, à moda clássica, com seus dois caracteres específicos: a possibilidade de um reexame integral da sentença de primeiro grau e que esse reexame seja confiado a órgão diverso do que a proferiu e de hierarquia superior na ordem judiciária.[14]

Muito embora atenda à necessidade de satisfação da parte perdedora, naturalmente irresignada, o duplo grau de jurisdição não se presta à eternização de demandas judiciais, de modo a violar, inclusive, os *princípios da duração razoável do processo* e da *segurança jurídica*, de fundamental importância na estabilização do sistema judiciário e na pacificação social.

Nada obstante o inconformismo da alma e do espírito – destino cruel de tantos infelizes – possa não ser superado em tempo algum, o duplo grau sofre limitações jurídicas, na medida em que o sistema recursal não permite a infinita reapreciação do *meritum causae*. Haverá um momento em que, embora cabível algum tipo de recurso, o mérito do processo não poderá ser rediscutido, conforme veremos ao analisar as espécies recursais, um pouco mais adiante.

Há ainda limitação jurídica ao duplo grau de jurisdição imposta pela existência de foro privilegiado por prerrogativa de função.

É o que ocorre, por exemplo, na situação em que um membro do Congresso Nacional é julgado e condenado por crime praticado no exercício do mandato, tendo em vista a competência originária do Supremo Tribunal Federal (CF, art. 102, I) e a impossibilidade de recurso ordinário a outro órgão superior dotado de competência jurisdicional na estrutura judiciária brasileira, porquanto inexistente.

O *fundamento político* do duplo grau de jurisdição está no fato de que, no Estado de Direito, todo e qualquer ato estatal se encontra subordinado a controle jurisdicional, e não poderia ser de modo diverso em relação às decisões proferidas por determinado órgão judiciário, mesmo que em sede de controle *interna corporis*.

5.2. Taxatividade

Só é possível interpor recurso previsto em lei, do que decorre afirmar que **as hipóteses recursais estão taxativamente dispostas** no ordenamento jurídico, e não há que se falar em *recurso inominado* ou *indeterminado*.

Afirmar a taxatividade, entretanto, não exclui a possibilidade de utilização, em certos casos, das ações autônomas de impugnação: *habeas corpus* e mandado de segurança.

---

14. STF, RHC 79.785/RJ, Tribunal Pleno, rel. Min. Sepúlveda Pertence, j. 29-3-2000, *DJ* de 22-11-2000, p. 57, *RTJ* 183/1.010.

5.3. Unirrecorribilidade

Conforme a natureza da decisão há um específico recurso de ataque tipificado, de maneira que a parte inconformada não poderá ingressar com dois *recursos simultâneos versando sobre a mesma matéria*.

Disso decorre que, "Interpostos dois recursos pela mesma parte contra a mesma decisão, não se conhece daquele apresentado em segundo lugar, por força dos princípios da unirrecorribilidade e da preclusão consumativa".[15]

Não é dizer que o ordenamento jurídico não admite a interposição de dois ou mais recursos simultaneamente. Note-se: o que não se permite é a pluralidade visando a rediscutir *o mesmo tema*.

Tanto isso é exato que, a depender da decisão proferida, será possível a interposição concomitante de *embargos infringentes*, *recurso especial* (STJ) e *extraordinário* (STF), ou só estes dois últimos.

5.4. Fungibilidade

Está previsto no art. 579 do CPP, segundo o qual "salvo a hipótese de má-fé, a parte não será prejudicada pela interposição de um recurso por outro. Se o juiz, desde logo, reconhecer a impropriedade do recurso interposto pela parte, mandará processá-lo de acordo com o rito do recurso cabível".[16]

15. STJ, AgRg no AREsp 1.573.030/SP, 6ª T., rel. Min. Nefi Cordeiro, j. 4-2-2020, *DJe* de 10-3-2020. "Esta Corte tem decidido que 'A interposição de dois recursos pela mesma parte e contra a mesma decisão impede o conhecimento do segundo recurso, haja vista a preclusão consumativa e o princípio da unirrecorribilidade das decisões' (AgRg no AREsp n. 501.898/SP, rel. Ministro Raul Araújo, 4ª T., *DJe* 5-6-2014)" (STJ, AgRg no AREsp 1.047.139/MG, 6ª T., rel. Min. Rogério Schietti Cruz, j. 21-6-2018, *DJe* de 1-8-2018).

16. "Em respeito ao princípio da fungibilidade recursal, o recurso em sentido estrito interposto contra v. acórdão do E. Tribunal *a quo*, denegatório de *writ*, deve ser conhecido como recurso ordinário em *habeas corpus* (Precedentes desta Corte e do Pretório Excelso)" (STJ, RHC 21.095/PR, 5ª T., rel. Min. Felix Fischer, j. 10-5-2007, *DJ* de 18-6-2007, p. 278).

"(...) em prestígio ao princípio da fungibilidade recursal e em razão do seu nítido caráter infringente, podem os embargos de declaração ser conhecidos como agravo regimental" (STJ, AgRg no HC 48.988/DF, 5ª T., rel. Min. Arnaldo Esteves Lima, j. 18-5-2006, *DJ* de 12-6-2006, p. 513). *No mesmo sentido*: STJ, EDcl no REsp 912.145/AP, 6ª T., rel. Min. Rogério Schietti Cruz, j. 3-2-2015, *DJe* de 9-2-2015; STJ, EDcl no AREsp 1.074.162/RR, 6ª T., rel. Min. Nefi Cordeiro, j. 10-4-2018, *DJe* de 23-4-2018.

"Recurso conhecido e provido, determinando-se que o recurso em sentido estrito interposto seja processado como recurso ordinário em *habeas-corpus*" (STF, RHC 74.044/CE, 2ª T., rel. Min. Maurício Corrêa, j. 18-6-1996, *DJ* de 20-9-1996, p. 34.553).

"Em face do princípio da fungibilidade, não é suscetível de causar prejuízo ao paciente a controvérsia existente acerca do cabimento, na espécie, de correição parcial ou de apelação" (STF, HC 76.439/SP, 1ª T., rel. Min. Octávio Gallotti, j. 12-5-1998, *DJ* de 21-8-1998, p. 4).

"Recurso: princípio da fungibilidade: aplicação ao Processo Penal: HC deferido para que se processe como embargos infringentes impugnação interposta no prazo desses contra acórdão condenatório tomado em apelação por maioria de votos e visando à prevalência do voto vencido, sendo irrelevante o equívoco de denominá-la de 'razões de apelação'" (STF, HC 80.220/SP, 1ª T., rel. Min. Sepúlveda Pertence, j. 27-6-2000, *DJ* de 25-8-2000, p. 60).

Para a definição do que possa ser considerado "má-fé", a jurisprudência dos tribunais superiores tem se guiado pela regra do *prazo previsto* para o recurso adequado na hipótese.

De tal sorte, se, dentro do prazo para determinado tipo de recurso, a parte ingressa com recurso diverso, aplica-se a regra que permite o aproveitamento do recurso errôneo como se fosse aquele cabível, porquanto manifesta a ausência de dolo/má-fé, exceto se na hipótese restar configurado erro grosseiro, quando então não será possível a *benesse* da fungibilidade.

Por outro vértice, se a parte ingressa com recurso impróprio dotado de prazo de interposição mais dilatado que o recurso cabível, a situação se revela indicativa de má-fé processual.

Nessa linha de pensamento, cabe indicar as seguintes ementas de julgados do Superior Tribunal de Justiça:

> (...) a aplicação do princípio da fungibilidade recursal reclama: *1)* a inexistência de erro grosseiro; *2)* dúvida objetiva quanto ao recurso cabível; e *3)* tempestividade da interposição de um recurso em relação ao outro.[17]

> A jurisprudência deste Superior Tribunal de Justiça já se firmou no sentido de que é possível a aplicação do princípio da fungibilidade quando há interposição de recurso diverso do devido, considerando-se a ausência de má-fé e, obviamente, a tempestividade.[18]

> A fungibilidade recursal, a teor do art. 579 do CPP, é possível desde que observado o prazo do recurso que se pretenda reconhecer e a inexistência de erro grosseiro e de má-fé. (STJ, REsp 1.098.670/SP, 5ª T., rel. Min. Arnaldo Esteves Lima, j. 10-9-2009, *DJe* de 13-10-2009). Havendo fundada dúvida a respeito de qual recurso cabível e não constatada a má-fé, a parte não será prejudicada pela interposição de um recurso por outro; inteligência do art. 579 do CPP e aplicação do princípio da fungibilidade.[19]

Caminha na mesma direção o entendimento do Supremo Tribunal Federal, conforme demonstram os julgados que seguem:

> O princípio da fungibilidade dos recursos tem aplicação ao processo penal, desde que inocorra má-fé na interposição de uma modalidade recursal por outra, e que o recurso, embora impróprio, tenha sido deduzido tempestivamente, no prazo legal reservado a impugnação recursal adequada.[20]

---

17. STJ, AgRg nos EAg 1.321.228/MS, Terceira Seção, rel. Min. Assusete Magalhães, j. 27-2-2013, *DJe* de 5-3-2013.

18. STJ, AgRg no REsp 1.244.829/RS, 5ª T., rel. Min. Laurita Vaz, j. 17-4-2012, *DJe* de 27-4-2012.

19. STJ, RHC 22.345/MA, 5ª T., rel. Min. Napoleão Nunes Maia Filho, j. 13-12-2007, *DJ* de 7-2-2008, p. 1.

20. STF, HC 68.952 ED/SP, 1ª T., rel. Min. Celso de Mello, j. 10-3-1992, *DJ* de 3-4-1992, p. 4.290, *RTJ* 141/517.

O CPP positiva o princípio da fungibilidade dos recursos (art. 579), fazendo restrição expressa à hipótese de má-fé do recorrente; há, também, restrição relativa ao prazo, pois a transformação do recurso erroneamente interposto fica sujeita à observância do prazo previsto para o recurso correto.[21]

5.5. Dialeticidade

Ligado ao princípio da igualdade das partes e do contraditório, este princípio determina *que o recorrente apresente as razões do recurso interposto*, e que a parte contrária sempre seja intimada a fim de que tome conhecimento do inconformismo formalmente manifestado e apresente, querendo, *contrariedade às razões recursais*.

Diz, em última análise, que à parte contrária deve ser concedida a oportunidade de apresentar contrarrazões ao recurso, antes de ser ele julgado pelo órgão jurisdicional superior.

Esse entendimento foi adotado expressamente na edição da Súmula 707 do STF, que tem o seguinte teor: "Constitui nulidade a falta de intimação do denunciado para oferecer contrarrazões ao recurso interposto da rejeição da denúncia, não a suprindo a nomeação de defensor dativo".

Evidentemente, a regra sumulada vale para todos os recursos admitidos, e sua não observância, qualquer que seja a hipótese, configura nulidade absoluta.

5.6. *Non reformatio in pejus*

Se houver apenas recurso da defesa, a situação não poderá ser modificada para pior, em detrimento do réu.

Na expressão esclarecedora de GIOVANNI LEONE, genericamente, significa "la prohibición de pronunciar una nueva sentencia más desfavorable al imputado sobre el mismo objeto".[22]

Este princípio *não se aplica à acusação*, por força do princípio inverso que veremos a seguir.

No ambiente processual penal, o denominado **efeito prodrômico da sentença** impede que ocorra *reformatio in pejus* direta ou indireta, sempre que houver recurso exclusivo do réu.

Mesmo diante de nulidade absoluta, que pode e deve ser reconhecida *ex officio* em qualquer tempo e grau de jurisdição, diz a Súmula 160 do STF que: "É nula a

21. STF, RHC 74.044/CE, 2ª T., rel. Min. Maurício Corrêa, j. 18-6-1996, *DJ* de 20-9-1996, p. 34.553.

22. *Tratado de derecho procesal penal*, traducción de Santiago Sentís Melendo, Buenos Aires, EJEA – Ediciones Jurídicas Europa-América, 1989, t. III, p. 101.

decisão do Tribunal que acolhe, contra o réu, nulidade não arguida no recurso da acusação, ressalvados os casos de recurso de ofício".[23]

A agravação de determinada decisão judicial em desfavor do réu só poderá decorrer do provimento a recurso interposto pela acusação com vistas a alcançar o específico resultado, jamais por iniciativa manifestada em desconformismo defensório, tal como se vê na parte final do art. 617 do CPP.[24]

Nessa ordem de ideias, já decidiu a Corte Suprema, por exemplo, que:

> Em recurso exclusivo da defesa, não pode o Tribunal complementar a sentença para acrescentar fatos que possam repercutir negativamente no âmbito da dosimetria da pena. Precedentes: HC 108.562/MG, rel. Min. Cármen Lúcia, 1ª T., *DJ* de 14/9/2011; HC 105.768/MG, rel. Min. Cármen Lúcia, 1ª T., *DJ* de 1/6/2011; HC 98.307/MG, rel. min. Ricardo Lewandowski, 1ª T., *DJ* de 23/4/2010; HC 99.925/RR, rel. Min. Ricardo Lewandowski, 1ª T., *DJ* de 26/3/2010.[25]

> O princípio que veda a reforma prejudicial ao recorrente agasalha não só as hipóteses de vício de julgamento, como também as decorrentes de erro no procedimento. A razão de ser do óbice está na impossibilidade de recurso da defesa vir, quer de forma direta ou indireta, a ocasionar o surgimento de quadro mais gravoso para os envolvidos.[26]

Grinover, Gomes Filho e Scarance lembram que "(...) na jurisprudência brasileira, a proibição tem sido estendida aos casos em que a sentença venha a ser anulada, por intermédio de recurso do réu: assim, o juiz que vier a proferir nova decisão, em lugar da anulada, ficará vinculado ao máximo da pena imposta na primeira sentença, não podendo agravar a situação do réu. Se o fizesse, argumenta-se, estaria ocorrendo uma *reformatio in pejus indireta*".

E advertem: "Tecnicamente não parece correta a posição, ante a falta de texto expresso. Para que a *reformatio in pejus* se verifique, deve haver diferença para pior entre a *decisão recorrida* e a *decisão no recurso*. Sob o ponto de vista prático, a aplicação da tese pode levar a resultados aberrantes: à decisão anulada, proferida, por exemplo, por juiz incompetente, suspeito ou peitado, conferir-se-ia a força de impedir que o verdadeiro julgador pudesse solucionar a controvérsia legalmente e com justiça. E, em qualquer caso, haverá sempre a anomalia de se reconhecer a influência de uma

---

23. No que diz respeito ao denominado "recurso *ex officio*", ver nossas considerações lançadas mais adiante, neste mesmo capítulo.

24. "Não tendo havido interposição de recurso pela acusação contra a sentença, a ordem favorável ao paciente não poderia ter sido alterada pelo Tribunal de Justiça, sob pena de contrariedade ao disposto no art. 617 do Código de Processo Penal, que abriga o princípio da proibição da *reformatio in pejus*" (STF, HC 90.627/SC, 2ª T., rel. Min. Joaquim Barbosa, j. 3-6-2008, *DJe* n. 43, de 6-3-2009).

25. STF, HC 101.380/RS, 1ª T., rel. Min. Luiz Fux, j. 4-10-2011, *DJe* 28, de 9-2-2012.

26. STF, HC 72.609/SP, 2ª T., rel. Min. Marco Aurélio, j. 5-12-1995, *DJ* de 8-3-1996, p. 6.214.

sentença nula sobre a válida. No entanto, atualmente o entendimento é tranquilo na jurisprudência brasileira".[27]

Já decidiu a Corte Suprema que: "Anulada uma sentença mediante recurso exclusivo da defesa, da renovação do ato não pode resultar para o réu situação mais desfavorável que a que lhe resultaria do trânsito em julgado da decisão de que somente ele recorreu: é o que resulta da vedação da ***reformatio in pejus* indireta**, de há muito consolidada na jurisprudência do Tribunal. Aceito o princípio, é ele de aplicar-se ainda quando a anulação da primeira sentença decorra da incompetência constitucional da Justiça da qual emanou".[28]

Esse posicionamento dominante não tem prevalecido frente aos processos de competência do Tribunal do Júri, pois em relação a estes se tem decidido que o *princípio da soberania do tribunal popular* prevalece, de tal sorte que, anulada a primeira decisão em razão de recurso interposto pelo réu, nova condenação poderá implicar o agravamento da situação verificada na primeira sentença.

5.7. *Reformatio in melius*

De maneira contrária ao anterior, este princípio permite que eventual recurso interposto *pela acusação* visando ao agravamento da situação do réu termine por acarretar a reforma da decisão recorrida de maneira diametralmente oposta à pretensão recursal manifestada e, por consequência, em favor do réu que não recorreu.

Por aqui, a extensão do recurso (acusatório ou defensório) não impõe limites ao julgador, de maneira que o órgão competente poderá ultrapassar a *profundidade* do desconformismo e reanalisar todo o processo, quanto ao mérito e também quanto ao procedimento, não sendo aplicada a regra do *tantum devolutum quantum appellatum*.

Disso decorre que, em razão de recurso interposto pela acusação visando ao agravamento da situação, o recorrido poderá ter sua situação aliviada e até mesmo ser absolvido.

Há quem sustente que, na hipótese tratada – recurso exclusivo da acusação visando ao agravamento das consequências jurídicas –, a situação não poderia ser

---

27. ADA PELLEGRINI GRINOVER, ANTONIO MAGALHÃES GOMES FILHO e ANTONIO SCARANCE FERNANDES, *Recursos no processo penal*, 6. ed., São Paulo, Revista dos Tribunais, 2009, p. 41.

28. STF, HC 75.907/RJ, 1ª T., rel. Min. Sepúlveda Pertence, j. 11-11-1997, *DJ* de 9-4-1999, p. 2. *No mesmo sentido*: "O reconhecimento da incompetência absoluta da Justiça castrense para o julgamento dos requerentes não pode implicar risco de imposição de pena mais gravosa, sob pena da indisfarçável *reformatio in pejus* indireta" (STF, HC 107.731 Extn/PE, 2ª T., rel. Min. Ayres Britto, j. 13-9-2011, *DJe* n. 44, de 2-3-2012). *Em sentido contrário*, ao anular decisão de pronúncia o STF também já decidiu que: "A decisão proferida por juiz absolutamente incompetente não produz efeitos e, por conseguinte, não demarca nem vincula a atuação daquele indicado para fazê-lo" (STF, HC 107.457/MT, 2ª T., rel. Min. Cármen Lúcia, j. 2-10-2012, *DJe* n. 207, de 22-10-2012).

modificada em favor do réu silente, pois tal proceder resultaria em surpresa para a acusação e desrespeito ao princípio da igualdade das partes, cumprindo ao órgão julgador, sendo caso, conceder *habeas corpus "ex officio"* com vistas a decotar excessos e evitar constrangimento ilegal.

A nosso sentir, tal forma de enfrentar a questão se apega a preciosismo desnecessário e incabível em face dos direitos em colisão, até porque, em última análise, tudo resultará em atendimento ao ideal de justiça, que termina por prestigiar os princípios da dignidade humana e do *favor rei*.

5.8. Voluntariedade

As diversas modalidades de recurso configuram faculdade processual disponibilizada para a parte, que bem por isso não está obrigada a recorrer; recorre se quiser.

> Consoante regra inserta no art. 574 do Código de Processo Penal, o defensor constituído ou dativo, devidamente intimado da sentença, não está obrigado a recorrer, em razão do princípio da voluntariedade dos recursos. Precedentes desta Corte (STJ, RHC 33.642/SP, 5ª T., rel. Min. Marco Aurélio Bellizze, j. 19-9-2013, *DJe* de 26-9-2013).

5.9. Disponibilidade

Manifesta-se por meio da *renúncia* e da *desistência*, tendo ambas efeitos preclusivos.

A **renúncia** é sempre prévia à interposição do recurso.

Entre outras coisas, diz o art. 577 do CPP que o recurso pode ser interposto pelo *réu*, por seu *procurador* ou pelo *defensor*.

Observado que os recursos integram o rol das *faculdades processuais* conferidas *às partes*, o *réu*, seu *procurador* e seu *defensor* não estão obrigados por lei a recorrer de qualquer decisão ou sentença que se afigure desfavorável aos interesses do primeiro, muito embora, em algumas situações, tal proceder sirva para confirmar a ausência de defesa técnica imprescindível, de modo a recomendar providências por parte do juiz no sentido de destituir o defensor desidioso e nomear outro em substituição, sendo caso, conforme esclarecemos em outros momentos.

É legítimo, portanto, que, diante do caso concreto, o réu e seu defensor renunciem validamente ao *direito de recorrer*.

A respeito da controvérsia que pode haver entre as opções do réu e de seu defensor, dispõe a Súmula 705 do STF que: "A renúncia do réu ao direito de apelação, manifestada sem a assistência do defensor, não impede o conhecimento da apelação por este interposta".

> No processo penal, o papel do defensor, constituído ou dativo, não se reduz ao de simples representante *ad judicia* do acusado, investido mediante mandato, ou não, incumbindo-lhe velar pelos interesses da defesa: por isso, a renúncia do réu à apelação

não inibe o defensor de interpô-la. A pretendida eficácia preclusiva da declaração de renúncia ao recurso pelo acusado reduziria a exigência legal de subsequente intimação do defensor técnico – com a qual jamais se transigiu – a despropositada superfetação processual.[29]

Tem razão Afrânio Silva Jardim quando diz que "a circunstância de o Cód. Proc. Penal dizer que, em regra, os recursos são voluntários não significa que dependam da vontade apenas do réu. Vale dizer, o réu é o senhor único da sua interposição. Quando o seu defensor recorre também está manifestando expressamente a vontade de impugnar determinada decisão, seja para modificá-la, para desconstituí-la, esclarecê-la ou integrá-la. Se um dos 'órgãos' da defesa deseja recorrer, poderá fazê-lo de forma autônoma, manifestando a sua vontade neste sentido. Note-se que há sempre interesse público no aprimoramento da prestação jurisdicional e o exercício amplo do direito constitucional da defesa é condição imprescindível para o atingimento de tal escopo. O processo não é apenas um instrumento técnico de que se vale o Estado para exercer a sua função pública e dizer o direito diante de uma situação litigiosa concreta, mas também um instrumento ético".[30]

A nosso ver, se houver divergência entre o réu e seu defensor, prevalecerá sempre a opção manifestada no sentido de interpor recurso, venha de quem vier, por ser esta a que atende melhor ao princípio da ampla defesa, dentre outros.

Também o Ministério Público, o assistente (sendo caso) e o querelante não estão obrigados a recorrer, de maneira que podem renunciar ao exercício dessa faculdade processual.

Embora exista incoerência lógica entre o pedido de condenação formulado pelo acusador e a ausência de recurso contra eventual sentença de absolvição proferida, dever legal de recorrer não há.

A renúncia pode ser *expressa* ou *tácita*.

A primeira deverá ser manifestada por escrito, evidentemente. A segunda irá resultar da preclusão, que decorre do não aproveitamento do prazo disponibilizado em lei para a interposição do recurso.

A **desistência**, a seu turno, pressupõe recurso interposto (preclusão consumativa) e configura modalidade de extinção anormal deste, já que, observado o curso

29. STF, HC 76.524/RJ, Tribunal Pleno, rel. Min. Sepúlveda Pertence, j. 1º-4-1998, *DJ* de 29-8-2003, p. 19. Disso decorre que: "Pode o Defensor interpor recurso, embora o réu tenha se manifestado em sentido contrário, posto que irrenunciável o seu direito de recorrer, em face do princípio da ampla defesa, devendo aquele decidir sobre a conveniência ou não do exercício da faculdade de apelar" (STJ, REsp 120.170/DF, 6ª T., rel. Min. Fernando Gonçalves, j. 3-6-1997, *DJ* de 30-6-1997, p. 31.120).

30. *Direito processual penal*, 11. ed., Rio de Janeiro, Forense, 2002, p. 357.

procedimental, o normal é que seja submetido à Superior Instância para que, sendo conhecido, sobre ele se profira julgamento de mérito.

Quanto ao *réu*, a possibilidade de acolher ou não o pedido de desistência deve ser analisada caso a caso, pois, a depender da situação fática, fará concretizar violação ao *princípio da ampla defesa*, que deve prevalecer sempre que houver confronto entre eles.

Em relação ao *Ministério Público* há proibição expressa no art. 576 do CPP, segundo o qual não poderá desistir de recurso interposto.

Sendo o recurso um desdobramento do exercício do direito de ação, a lógica aplicada é a mesma, visto que o Estado-acusador se encontra a manusear direitos indisponíveis (especialmente nas ações penais públicas incondicionadas). Embora não esteja obrigado a interpor recurso, se assim proceder, dele não poderá desistir validamente.

Quanto ao *querelante* e ao *assistente da acusação*, a liberdade de desistir é ampla e, por isso, poderá ser manifestada a qualquer tempo, antes do julgamento do recurso.

6. Pressupostos

Não se movimenta a máquina judiciária a esmo.

Para interpor recurso é preciso atender a determinados pressupostos processuais, que podem ser **comuns** a toda e qualquer modalidade ou **específicos**, e, como bem observou Gimeno Sendra, "el incumplimiento de tales requisitos impedirá al Tribunal el examen de la pretensión en la segunda instancia".[31]

Os *pressupostos comuns de admissibilidade* são *objetivos* ou *subjetivos*.

São **pressupostos comuns objetivos ou gerais**: *1)* existência de previsão legal ou tipicidade; *2)* forma prescrita em lei, e *3)* tempestividade.

O ordenamento jurídico vigente não admite recurso que não esteja prévia e **expressamente previsto em lei**.

Ademais, observada a natureza da decisão que se quer atacar, é preciso que o recorrente se utilize do **recurso adequado**, vale dizer: do recurso cabível na espécie, cumprindo que observe, ainda, a exata **forma prevista em lei**.

Como vimos, o *princípio da unirrecorribilidade* está a determinar, como regra, que para cada tipo de decisão judicial há um recurso específico, rigor que é amenizado pelo *princípio da fungibilidade recursal*, na medida em que verificamos.

É imprescindível, por fim, que o recurso seja interposto **dentro do prazo previsto** para seu apontamento, pois, do contrário, sendo ele intempestivo, *não poderá ser conhecido* pelo órgão a quem é endereçado.

Conforme já decidiu o Supremo Tribunal Federal:

---

31. Vicente Gimeno Sendra, *Derecho procesal penal*, Navarra, Civitas, 2012, p. 799.

> Os prazos recursais são peremptórios e preclusivos (*RT* 473/200 – *RT* 504/217 – *RT* 611/155 – *RT* 698/209 – *RF* 251/244). Com o decurso, *in albis*, do prazo legal, extingue-se, de pleno direito, quanto à parte sucumbente, a faculdade processual de interpor, em tempo legalmente oportuno, o pertinente recurso. – A tempestividade – que se qualifica como pressuposto objetivo inerente a qualquer modalidade recursal – constitui matéria de ordem pública, passível, por isso mesmo, de conhecimento *ex officio* pelos juízes e Tribunais. A inobservância desse requisito de ordem temporal, por parte do interessado, provoca, como necessário efeito de caráter processual, a incognoscibilidade do recurso interposto ou, quando ausente este, do pedido de reconsideração.[32]

São **pressupostos gerais subjetivos**: *1)* interesse e *2)* legitimação para interpor recurso.

Com inegável acerto, afirmou De Marsico que "nessuna impugnazione è ammissibile senza *interesse ad impugnare*".[33]

A ideia de *interesse* é conexa à de *sucumbência*, pressuposto fundamental de todo e qualquer recurso.

Não se admite recurso da parte que não tiver interesse na reforma ou modificação da decisão (CPP, art. 577, parágrafo único).

Ademais, como ensinou Manzini, o interesse de impugnar deve fundar-se não em um interesse ético ou científico, mas processual.[34]

Se da decisão não decorrer qualquer prejuízo que legitime o desconformismo do acusado, para ele não se verifica sucumbência, e bem por isso em relação a ele não se identificará legítimo *interesse jurídico* para interpor recurso.

Note-se, por oportuno, que, mesmo diante de sentença absolutória, poderá ser identificado interesse do acusado em recorrer, quando a pretensão tiver por objetivo mudar o fundamento da decisão. Exemplo clássico: acusado absolvido por falta de provas que pretende ter reconhecido em seu favor que agiu em legítima defesa (nesse caso, a mudança de fundamento tem também implicações extrapenais).

No que tange ao autor da ação penal, a questão da sucumbência e a identificação do interesse recursal comportam ressalva em relação ao Ministério Público, visto que, em razão de suas elevadas funções constitucionais, este órgão pode (e deve) recorrer *em favor do acusado* diante de algumas situações.

É dizer: ainda que o Estado-acusador requeira a procedência da ação e a consequente condenação do acusado, poderá recorrer em favor deste se considerar que a

32. STF, AI 802.037 AgR-ED-Extn-Rcon/RJ, Tribunal Pleno, rel. Min. Celso de Mello, j. 27-11-2014, *DJe* 246, de 16-12-2014.

33. Alfredo De Marsico, *Diritto processuale penale*, 4. ed., Napoli, Casa Editrice Dott. Eugenio Jovene, 1966, p. 287.

34. Vincenzo Manzini, *Trattato di diritto processuale penale italiano*, 6. ed., Torino, Unione Tipografico-Editrice Torinese, 1972, v. 4, p. 620-621.

sentença proferida foi por alguma razão injusta (pena excessiva, regime muito severo, não substituição da privativa de liberdade por restritivas de direitos etc.).

Mas não basta, não é suficiente, identificar sucumbência, que de resto quase sempre decorrerá de uma decisão que acolhe ou desacolhe determinada pretensão, seja ela de que natureza for.

É imprescindível que o recurso adequado e tempestivo seja interposto pela *parte legítima*; por quem teve sua pretensão desatendida, total ou parcialmente, e aqui cabe ressaltar, mais uma vez, o cabimento de recurso interposto pelo Ministério Público em favor do acusado, tal como irá ocorrer na hipótese em que a ação for julgada procedente, conforme postulada pelo Estado-acusador, mas a pena for fixada erroneamente em patamar elevado.

Muito embora o art. 577 do CPP legitime à interposição de recursos em geral o *Ministério Público*, o *querelante*, o *réu* pessoalmente ou por seu *procurador*, e o *defensor*, é certo que o desconformismo também poderá ser formalmente manifestado pelo *assistente da acusação* habilitado; pelo *ofendido*, *cônjuge*, *ascendente*, *descendente* ou *irmão*, ainda que não se encontrem legalmente habilitados como assistentes, na hipótese do art. 598 do CPP, e também pelo *terceiro de boa-fé*, que poderá interpor apelação contra a decisão proferida nos embargos a que se refere o art. 130, II, do CPP.

Os pressupostos gerais objetivos e subjetivos são também denominados **pressupostos de admissibilidade** do recurso, sem os quais este não poderá ser *conhecido*.

Ser *conhecido* é o mesmo que ser *admitido para discussão* e apreciação pelo órgão a quem fora endereçado.

Ausente qualquer dos pressupostos, não se conhece do recurso, daí afirmar Manzini que "la mancanza d'interesse è causa d'inammissibilità delle' impugnazione".[35]

Por outro vértice, se presentes estiverem, o recurso será conhecido (admitido) e submetido à apreciação, após o que poderá ser provido (para mudar a decisão recorrida) ou improvido (para manter a decisão recorrida), total ou parcialmente.

É por isso que nos acórdãos encontramos os seguintes dizeres: "conheço do recurso, ao qual nego provimento"; "conheço do recurso e dou provimento", "conheço do recurso para provê-lo em parte" etc.

7. Interposição e Processamento na Origem

Satisfeitos os pressupostos, o recurso poderá ser interposto por **petição** ou por **termo nos autos**, assinado pelo recorrente ou por seu representante (CPP, art. 578).

---

35. Vincenzo Manzini, *Trattato di diritto processuale penale italiano*, 6. ed., Torino, Unione Tipografico-Editrice Torinese, 1972, v. 4, p. 623.

É possível a interposição de recurso via fax (art. 2º da Lei n. 9.800/99), mas é força convir que em sede de processo digital tal prática deixa de ter sentido e, portanto, aplicação. A manifestação do desejo de recorrer também pode ser feita **verbalmente**, tal como se verificará ao final da leitura da sentença em audiência ou no plenário do júri, devendo constar do termo/ata respectivo, cumprindo que a serventia, oportunamente, providencie o necessário com vistas à apresentação das razões do inconformismo.

Na hipótese de interposição por *termo nos autos*, se o acusado não souber ou não puder assinar o nome, o termo será assinado por alguém, a seu rogo, na presença de duas testemunhas (§ 1º).

"A petição de interposição de recurso, com o despacho do juiz, será, até o dia seguinte ao último do prazo, entregue ao escrivão, que certificará no termo da juntada a data da entrega" (§ 2º).

"Interposto por termo o recurso, o escrivão, sob pena de suspensão por dez a trinta dias, fará conclusos os autos ao juiz, até o dia seguinte ao último do prazo" (§ 3º).

Eventual erro ou omissão dos funcionários do Poder Judiciário (serventuários da Justiça) não poderá prejudicar o conhecimento e julgamento do inconformismo oportunamente manifestado, cumprindo, inclusive, sejam adotadas providências em relação ao funcionário desidioso, sendo caso.

A propósito, diz a Súmula 320 do STF que: "A apelação despachada pelo juiz no prazo legal não fica prejudicada pela demora da juntada, por culpa do cartório".

Novamente é preciso observar que parte das regras dispostas no Código de Processo Penal não se ajustam ao processo digital, a exemplo do que se verifica em relação aos §§ 1º e 2º acima transcritos, que regulam a interposição "por termo nos autos". De igual modo, também a Súmula 320 do STF foi afetada e se encontra desatualizada em face do sistema de automação implantado pelos tribunais.

Vamos avante.

Interposto o recurso, desde logo o juiz deverá proferir decisão de **recebimento** ou **rejeição** (não recebimento).

Se ausente qualquer pressuposto recursal, o juiz irá proferir decisão negativa, e não receberá o recurso.

Presentes os pressupostos, o juiz deverá proferir decisão positiva, de recebimento.

Da decisão que *recebe* ou *não recebe* o recurso também cabe recurso (como veremos mais adiante), o que autoriza dizer em relação a esta última que, *em regra*, a avaliação inicial dos pressupostos recursais para a finalidade de receber e dar seguimento ao desconformismo inicial é feita pelo próprio juiz prolator da decisão atacada, mas também poderá ser levada a efeito em grau de recurso, quando do julgamento daquele interposto contra a decisão negativa.

Observado que há modalidade recursal em que poderá o recorrente primeiro proceder à interposição, e só depois apresentar as razões de seu inconformismo, venha de onde vier o recebimento, em seguida será determinada a abertura de vista dos autos para a apresentação das **razões recursais** (os fundamentos de fato e/ou de direito da pretensão), quando estas não forem apresentadas juntamente com a interposição.

Note-se, a propósito, que as razões do recurso defensório têm "natureza de peça essencial, à luz do amplo direito de defesa, com todos os meios a ela inerentes, de modo que, não ofertadas, enseja-se ao réu a constituição de novo defensor ou, no seu silêncio, a nomeação de defensor público".[36]

Em atendimento aos princípios do devido processo legal, do contraditório e da paridade de armas, na sequência o juiz determinará a abertura de vista à parte contrária a fim de que, no prazo legal, apresente suas **contrarrazões ao recurso**, e ordenará que depois a serventia providencie o encaminhamento dos autos à Superior Instância, para julgamento.

8. EFEITOS

Efeito, por aqui, tem sentido de consequência que a interposição do recurso acarreta em relação ao comando emergente da decisão ou sentença recorrida. Pode ser: *devolutivo* ou *suspensivo*.

Efeito devolutivo: comum a toda e qualquer espécie recursal, é por força de sua incidência que se permite ao próprio juiz prolator ou à instância superior[37] rever a matéria atacada no recurso.[38] Por ele, *devolve-se* à apreciação judicial o conteúdo

36. STJ, RMS 15.470/SP, 6ª T., rel. Min. Hamilton Carvalhido, j. 9-11-2004, *DJ* de 13-12-2004, p. 458. "A jurisprudência desta Corte Superior de Justiça é firme em que as razões de recurso substanciam, à luz da nova ordem constitucional, ato essencial do processo, indispensável ao efetivo exercício da ampla defesa, assegurada na Constituição da República (art. 5º, LV). Não ofertadas as razões de recurso pelo patrono constituído, devidamente intimado para tanto, é obrigatório oportunizar ao réu, por intimação, a sua substituição, tanto quanto, permanecendo indiferente, que se lhe nomeie defensor dativo, pena de nulidade do processo" (STJ, HC 35.704/SC, 6ª T., rel. Min. Hamilton Carvalhido, j. 10-8-2004, *DJ* de 25-10-2004, p. 398, *RSTJ* 194/611).

37. "Sobre el fundamento del recurso debe escrutar y expedirse, por regla general, un órgano jurisdiccional distinto y de mayor jerarquía (tribunal 'de alzada' o *ad quem*) que el que dictó la resolución impugnada" (JOSÉ I. CAFFERATA NORES e outros, *Manual de derecho procesal penal*, 3. ed., Córdoba, Advocatus, 2012, p. 586).

38. "I – O efeito devolutivo dos recursos manejados contra as sentenças proferidas pelo Tribunal do Júri há de ser analisado em sua dimensão mais restritiva, devido à soberania dos veredictos desse Conselho de Sentença (alínea 'c' do inciso XXXVIII do art. 5º da Constituição Federal). II – Naqueles casos em que a peça de interposição recursal é vaga, genérica, os limites de atuação da Corte de segunda instância hão de ser dimensionados pelas razões de apelação, desde que tempestivamente apresentadas. III – É ilegítima a atuação do Tribunal de segunda instância que, baseado em proposição estranha à peça recursal-acusatória, declara nulidades desfavoráveis ao acusado. IV – Ordem concedida" (STF, HC 85.609/MS, 1ª T., rel. Min. Carlos Britto, j. 28-6-2005, *DJ* de 20-4-2006, p. 14).

das razões do desconformismo e também se permite ao órgão julgador a declaração *ex officio* de eventual nulidade absoluta que favoreça o acusado.[39]

Ensinou FENECH que "toda impugnación tiene como efecto primordial el devolver el conocimiento de su objeto al Juez o Tribunal *ad quem*".[40]

Efeito suspensivo: excepcional que é, a rigor deve incidir apenas quando estiver expressamente previsto para certa espécie recursal.

Por meio dele, *suspende-se* o comando emergente da decisão ou sentença, de maneira a tornar impossível a execução do julgado enquanto a matéria recursal não for decidida.

Em alguns casos, mesmo diante da ausência de previsão expressa, pode ser alcançado por meio de provimento judicial específico, em sede de mandado de segurança,[41] com vistas a evitar prejuízo de difícil ou impossível reparação.

Há situações em que, mesmo sem previsão autorizadora, o inconformado deve ingressar com o recurso adequado e postular os *dois efeitos*, justificando a necessidade do efeito suspensivo imprevisto. Negado este, deverá impetrar mandado de segurança com o único objetivo de consegui-lo, inclusive em sede de liminar.

Neste tema, é necessário observar a Súmula 604 do STJ, onde se lê que o "mandado de segurança não se presta para atribuir efeito suspensivo a recurso criminal interposto pelo Ministério Público".

Fala-se ainda em **efeito devolutivo inverso**, **regressivo** ou **iterativo**, quando a espécie recursal permitir que o próprio juiz prolator reveja sua decisão antes que ela seja reapreciada por outro órgão judiciário de instância mais elevada, ocasião em que poderá reconsiderá-la e, neste caso, o recurso não terá seguimento por ter perdido seu objeto.

ESPÍNOLA FILHO afirmou a incidência desse *efeito* em relação ao recurso em sentido estrito, ao agravo e à carta testemunhável, e sobre isso falaremos por ocasião da análise de cada espécie recursal.[42]

9. EFEITO EXTENSIVO

Verdadeira ampliação do efeito devolutivo do recurso, havendo corréus em idêntica situação,[43] a **decisão que favoreça** qualquer deles a todos se estenderá.

39. Súmula 160 do STF: "É nula a decisão do Tribunal que acolhe, contra o réu, nulidade não arguida no recurso da acusação, ressalvados os casos de recurso de ofício".

40. MIGUEL FENECH, *Derecho procesal penal*, 3. ed., Barcelona, Editorial Labor, 1960, v. II, p. 769.

41. Sobre a matéria, conferir: LUIZ MANOEL GOMES JUNIOR, LUANA PEDROSA DE FIGUEIREDO CRUZ, RENATO MARCÃO e outros, *Comentários à lei do mandado de segurança*, 4. ed., São Paulo, Revista dos Tribunais, 2015.

42. EDUARDO ESPÍNOLA FILHO, *Código de Processo Penal brasileiro anotado*, 3. ed., Rio de Janeiro, Borsoi, 1955, v. VI, p. 11.

43. "Uma vez verificados idênticos parâmetros, cumpre estender, de ofício, ordem formalizada

Diz-se *extensivo* o efeito porque termina por alcançar corréu interessado, que não recorreu.

Não se trata, todavia, **de efeito do recurso, mas da decisão** a seu respeito proferida.

Tal se verifica por força do disposto no art. 580 do CPP, segundo o qual, havendo concurso de agentes (CP, art. 29), "a decisão do recurso interposto por um dos réus, se fundado em motivos que não sejam de caráter exclusivamente pessoal", aproveitará aos demais.

Sua razão de ser está na necessidade de tornar efetiva a garantia de equidade;[44] destina-se à concreção do princípio da igualdade,[45] bem por isso o Supremo Tribunal Federal tem admitido sua aplicação mesmo quando a decisão favorável não decorrer de recurso propriamente dito, tal como se verifica com aquelas alcançadas em sede de revisão criminal ou em *habeas corpus*.[46]

Nesse sentido:

> Na hipótese de concurso de agentes, o provimento judicial que tenha beneficiado um dos corréus poderá ser estendido aos demais desde que seja fundado em motivos de caráter estritamente objetivos. Admissibilidade da extensão dos efeitos em sede de *habeas corpus*, conforme interpretação teleológica e sistemática dos arts. 580 e 654, § 2º, do CPP.[47]

> É firme a orientação jurisprudencial desta Casa de Justiça quanto à interpretação extensiva e à aplicação analógica da norma contida no art. 580 do CPP. Artigo que, em tema de concurso de agentes, preceitua: "a decisão do recurso interposto por um dos réus, se fundado em motivos que não sejam de caráter exclusivamente pessoal, aproveitará aos outros". Isso para admitir a aplicação do efeito extensivo mesmo às hipóteses de decisão favorável proferida em sede não recursal (como, por exemplo, em revisão criminal ou em *habeas corpus*) ou, se resultante de recurso, mesmo à decisão proferida por instância diversa ou de superior hierarquia, ainda que o paciente, ele próprio, haja recorrido.[48]

---

a corréu – art. 580 do Código de Processo Penal" (STF, HC 120.961/SP, 1ª T., rel. Min. Marco Aurélio, j. 2-8-2016, *DJe* n. 177, de 22-8-2016). "A incidência do art. 580 do Código de Processo Penal pressupõe a identidade de situação jurídica entre o paciente e o agente beneficiado (RHC 115.995/PR-Extn, 1ª T., relator o Ministro Marco Aurélio, *DJe* de 5-11-2013)" (STF, HC 132.699/PB, 2ª T., rel. Min. Dias Toffoli, j. 2-8-2016, *DJe* n. 177, de 22-8-2016). *No mesmo sentido*: STJ, PExt no HC 233.832/PR, 5ª T., rel. Min. Jorge Mussi, j. 12-6-2018, *DJe* de 20-6-2018; STJ, PExt no HC 362.797/DF, 6ª T., rel. Min. Rogério Schietti Cruz, j. 7-6-2018, *DJe* de 15-6-2018.

44. STF, HC 74.712/RJ, 1ª T., rel. Min. Celso de Mello, j. 20-5-1997, *DJe* n. 224, de 14-11-2012.
45. STF, HC 106.449/SP, 2ª T., rel. Min. Ayres Britto, j. 17-5-2011, *DJe* n. 030, de 13-2-2012.
46. STF, HC 106.449/SP, 2ª T., rel. Min. Ayres Britto, j. 17-5-2011, *DJe* n. 030, de 13-2-2012.
47. STF, HC 86.005/AL, 2ª T., rel. Min. Joaquim Barbosa, j. 5-8-2008, *DJe* n. 043, de 6-3-2009.
48. STF, HC 108.232/SP, 2ª T., rel. Min. Ayres Britto, j. 18-10-2011, *DJe* n. 035, de 17-2-2012.

Necessário enfatizar, entretanto, que a decisão, mesmo quando favorável, não terá efeito extensivo nas hipóteses em que o recurso estiver fundamentado em razões ligadas exclusivamente à pessoa do recorrente (estado civil, valoração da personalidade etc.).

De igual maneira, não alcançará o corréu que tenha seu recurso improvido, pois só se estende a quem não tenha recorrido.

Por fim, como bem observaram CATENA e DOMÍNGUEZ, "si se extienden los efectos favorables al no recurrente, es obvio que por imperativo de la prohibición de la *reformatio in pejus* no se extienden los efectos que sean desfavorables al mismo".[49]

10. DESERÇÃO

Considerando que a normal extinção do recurso se verifica com seu julgamento pelo órgão competente, tal qual a *desistência*, a *deserção* é forma de extinção anormal de recurso interposto.

Nesse caso, trata-se de penalidade imposta como consequência da omissão do recorrente quanto ao cumprimento de obrigação que lhe fora determinada por lei.

Diz-se que o recurso será julgado *deserto* nas seguintes hipóteses:[50]

1) quando o acusado não pagar as custas devidas (CPP, art. 806, § 2º, parte final);

2) quando o acusado deixar de promover o translado das peças dos autos, na hipótese regulada no art. 601, § 1º, do CPP.

11. RECURSO *EX OFFICIO*

O processo penal de modelo acusatório ideal, tal como preconizado no art. 3º-A, introduzido no Código de Processo Penal pelo art. 3º da Lei n. 13.964/2019, veda ao magistrado iniciativas atreladas a quem tenha qualidade de parte. Não estão proscritas apenas as inciativas probatórias ou que imponham restrição ou privação da liberdade. Absolutamente, não.

Vedadas se encontram ao magistrado imparcial todas as condutas proativas que identificam e caracterizam verdadeira "atividade de parte"; decorrente de ônus ou simples opção atrelada à parte no processo penal democrático.

Lastreado fundamentalmente nos vigorantes princípios da imparcialidade do juiz e da iniciativa das partes, vem de longa data o debate a respeito da

49. VICTOR MORENO CATENA e VALENTÍN CORTÉS DOMÍNGUEZ, *Derecho procesal penal*, 6. ed., Valencia, Tirant lo Blanch, 2012, p. 534.

50. Com a revogação do art. 595 do CPP pela Lei n. 12.433/2011, a fuga do recorrente preso não mais configura causa de deserção do recurso interposto.

(im)possibilidade de se admitir no ordenamento jurídico a providência judicial vulgarmente denominada recurso *ex officio*.

Até a Lei n. 13.964/2019, prevaleceu na jurisprudência, inclusive do Supremo Tribunal Federal, a constitucionalidade da providência em testilha.

Nesse sentido:

> O impropriamente denominado "recurso *ex officio*" não foi revogado pelo art. 129, I, da Constituição, que atribui ao Ministério Público a função de promover, privativamente, a ação penal, e, por extensão, a de recorrer nas mesmas ações. A pesquisa da natureza jurídica do que se contém sob a expressão "recurso *ex officio*" revela que se trata, na verdade, de decisão que o legislador submete a duplo grau de jurisdição, e não de recurso no sentido próprio e técnico.[51]

> A remessa oficial não fere o princípio do contraditório e tampouco a alteração do julgado por ela produzida ocasiona prejuízo ao réu, porquanto devolve a causa integralmente ao Tribunal revisor, não havendo, pois, falar em julgamento *extra petita*, bem como em *reformatio in pejus* na sua alteração pela instância superior, pois nada que se decidiu se faz precluso. Precedentes desta Corte e do STF.[52]

Nos dias que correm, tal forma de pensar não encontra estrutura jurídica em que possa se sustentar.

Ensinou De Marsico, com base no Direito Processual Penal italiano da época, é certo, que "non esiste una impugnazione del giudice, perchè il giudice non può accampare l'opinione dell'ingiustizia di un provvedimento proprio o di altro organo del potere giurisdizionale".[53]

Essa afirmação parece-nos adequada para o atual sistema jurídico brasileiro.

O art. 574 do CPP foi tacitamente revogado pelo art. 3º-A do CPP.

Deixou de ter sentido, e por isso deve ser cancelada, a Súmula 423 do STF, *verbis*: "Não transita em julgado a sentença por haver omitido o recurso *ex officio*, que se considera interposto *ex lege*".

Ainda assim não é ocioso mencionar, especialmente para quem entende vigente o art. 574 do CPP, que a providência a que se refere sempre teve em conta a natureza da matéria tratada, e por objetivo permitir o *duplo grau de jurisdição obrigatório*; o *reexame necessário* da decisão proferida.

Para aquele que entende vigente a regra em comento, será cabível a providência em face de: sentença que conceder *habeas corpus* (inciso I) e sentença que nos processos de competência do Tribunal do Júri absolver sumariamente o acusado (inciso II).

---

51. STF, HC 74.714/PI, 2ª T., rel. Min. Maurício Corrêa, j. 24-6-1993, *DJ* de 22-8-1997, p. 38.761.

52. STJ, RHC 17.143/SC, 5ª T., rel. Min. Laurita Vaz, j. 28-11-2007, *DJ* de 17-12-2007, p. 223.

53. Alfredo De Marsico, *Diritto processuale penale*, 4. ed., Napoli, Casa Editrice Dott. Eugenio Jovene, 1966, p. 283-284.

Nucci[54] já sustentou que o duplo grau de jurisdição obrigatório não se justifica em relação à sentença concessiva de *habeas corpus*, porque a previsão apenas tinha sentido quando não havia possibilidade de interposição de recurso voluntário pelo Ministério Público, situação superada com a vigência do art. 581, X, do CPP.

O mesmo autor, em relação ao disposto no inciso II do art. 574, ponderou que "a Lei n. 11.689/2008 provocou a eliminação do recurso de ofício nos casos de absolvição sumária". E justificou: "Há duas razões principais para essa conclusão: *a)* o art. 574, II, do CPP, mencionava a hipótese de recurso de ofício no caso de absolvição sumária, nos termos do art. 411. Ora, esse artigo transferiu seu conteúdo para o art. 415, que deixa de fazer qualquer referência ao duplo grau de jurisdição obrigatório; *b)* o contexto do art. 74, II, do CPP, faz referência somente às absolvições com base em excludentes de ilicitude ou de culpabilidade. Olvidou as demais hipóteses incluídas pelo art. 415, o que tornaria ilógica a sua aplicação. Algumas decisões de absolvição sumária ficariam, em tese, sujeitas ao recurso de ofício; outras, no mesmo contexto do júri, não. Por isso, reputamos eliminado o recurso de ofício nos casos de absolvição sumária no procedimento do júri".[55]

Confrontadas as regras do ordenamento jurídico vigente e o acima exposto, para aquele que entende que o *duplo grau de jurisdição obrigatório* sobrevive, caberá a providência anômala quando se estiver diante de:

1) sentença que conceder *habeas corpus*;

2) decisão que determinar arquivamento de inquérito ou sentença absolutória em processo por crime contra a economia popular ou contra a saúde pública, nos limites do art. 7º da Lei n. 1.521/51;

3) decisão do relator que indefere liminarmente pedido de revisão criminal;

4) decisão do presidente do tribunal que indefere liminarmente pedido de *habeas corpus*.

O Código de Processo Civil/2015 denomina "remessa necessária" o duplo grau de jurisdição obrigatório tratado em seu art. 496.

12. Dos Recursos em Espécie

12.1. Recurso em sentido estrito

Disciplinado nos arts. 581 a 592 (cabimento, prazo de interposição e processamento), conta também com regulamentação nos arts. 609 a 618 (processo e julgamento nos

54. Guilherme de Souza Nucci, *Manual de processo e execução penal*, 14. ed., Rio de Janeiro, Forense, 2017, p. 813-814.

55. Guilherme de Souza Nucci, *Manual de processo e execução penal*, 14. ed., Rio de Janeiro, Forense, 2017, p. 814.

tribunais), todos do CPP, e presta-se a atacar decisões interlocutórias, daí afirmar BADARÓ que, "*grosso modo*, o recurso em sentido estrito no CPP equivale ao agravo no CPC".[56]

12.1.1. Cabimento

As hipóteses de cabimento estão listadas no art. 581 do CPP, e também podem ser encontradas em leis especiais.

Esforçou-se o legislador em enumerá-las no Estatuto Processual, de maneira a *sugerir* a *taxatividade* do rol disponibilizado, e bem por isso há entendimento doutrinário e jurisprudencial no sentido de não ser cabível a ampliação do rol em razão do emprego de analogia,[57] embora se admita a incidência da interpretação extensiva.[58]

A nosso ver, tal como ocorre em relação às normas processuais em geral, e observado o disposto no art. 3º do CPP, não se pode afastar o emprego da analogia, da interpretação extensiva e dos princípios gerais de direito,[59] para o fim de apurar hipóteses de cabimento, especialmente quando se tem em vista que "a recorribilidade das decisões é essencial ao Estado de Direito, que não exclui a proteção da sociedade".[60]

BORGES DA ROSA já acenava para essa possibilidade ao afirmar que "a enumeração feita é taxativa, quanto ao espírito do texto legal, mas não quanto às suas expressões literais, quanto à sua forma. De sorte que, embora o novo caso não se identifique, pelas suas expressões literais, com os enumerados no texto legal, deve ser contemplado na enumeração taxativa, quando se identifique pelo seu espírito, tanto vale dizer pelos seus fins e efeitos, com qualquer um dos casos contemplados no texto legal".[61]

---

56. GUSTAVO HENRIQUE BADARÓ, *Direito processual penal*, São Paulo, Elsevier-Campus Jurídico, 2007, t. II, p. 229.

57. "As hipóteses de cabimento de recurso em sentido estrito, trazidas no art. 581 do Código de Processo Penal e em legislação especial, são exaustivas, admitindo a interpretação extensiva, mas não a analógica" (STJ, REsp 1.078.175/RO, 6ª T., rel. Min. Sebastião Reis Júnior, j. 16-4-2013, *DJe* de 26-4-2013).

58. "Este Superior Tribunal de Justiça registra já entendimento no sentido da possibilidade de interpretação extensiva das hipóteses de cabimento do recurso em sentido estrito" (STJ, RMS 15.470/SP, 6ª T., rel. Min. Hamilton Carvalhido, j. 9-11-2004, *DJ* de 13-12-2004, p. 458).

59. "O art. 581, da lei processual penal, que disciplina as hipóteses de cabimento do recurso em sentido estrito, deve ser interpretado extensivamente, à luz da analogia e dos princípios gerais de direito" (STJ, REsp 246.085/SP, 6ª T., rel. Min. Vicente Leal, j. 6-9-2001, *DJ* de 1º-10-2001, p. 256). "A legislação processual penal não é estranha a interpretação extensiva, em face de lacuna da lei, assim, admite-se a utilização do recurso em sentido estrito em face de uma decisão interlocutória que se enquadre nas hipóteses do art. 581 do Código de Processo Penal, a despeito de a linguagem restrita do rol não elencar explicitamente o caso" (STJ, HC 60.624/MS, 5ª T., rel. Min. Laurita Vaz, j. 6-3-2008, *DJe* de 7-4-2008).

60. STJ, REsp 601.924/PR, 5ª T., rel. Min. José Arnaldo da Fonseca, j. 28-9-2005, *DJ* de 7-11-2005, p. 339.

61. INOCÊNCIO BORGES DA ROSA, *Processo penal brasileiro*, Porto Alegre, Globo, 1942, v. 3, p. 506-507.

Essa compreensão vem muito bem delineada nas ementas que seguem:

> Não obstante predomine o entendimento de ser taxativo o rol de hipóteses de utilização do recurso em sentido estrito, esse rigor vem sendo abrandado, porque não se revela razoável sua estagnação, notadamente diante de constantes mudanças na legislação processual, sendo prudente, em determinadas situações, permitir que a ele se recorra.[62]
>
> Não se pode excluir a possibilidade de interpretação extensiva, bem como da analogia, nos casos que não são evidentemente excluídos pelo rol de hipóteses de cabimento do recurso em sentido estrito (art. 581, do CPP) (STJ, REsp 532.259/SC, 5ª T., rel. Min. Gilson Dipp, j. 6-11-2003, *DJ* de 9-12-2003, p. 329).
>
> Pela melhor orientação, o cabimento do recurso em sentido estrito não corresponde a *numerus clausus*, se submetendo, por isso, à interpretação extensiva e à integração por analogia, desde que a situação a que se busca enquadrar tenha similitude com as hipóteses do art. 581 do CPP (STJ, REsp 197.661/PR, 6ª T., rel. Min. Maria Thereza de Assis Moura, j. 12-6-2008, *DJe* de 1º-12-2008).
>
> O art. 581, da lei processual penal, que disciplina as hipóteses de cabimento do recurso em sentido estrito, deve ser interpretado extensivamente, à luz da analogia e dos princípios gerais de direito (STJ, REsp 246.085/SP, 6ª T., rel. Min. Vicente Leal, j. 6-9-2001, *DJ* de 1º-10-2001, p. 256).

Essa é a razão pela qual se tem decidido ser adequado o recurso em sentido estrito, por exemplo, contra decisão que *indefere aditamento da denúncia*,[63] ou em relação àquelas que versam sobre *suspensão condicional do processo* (art. 89 da Lei n. 9.099/95),[64] *suspensão do processo*[65] e *produção antecipada de provas*[66] em razão da revelia do réu citado por edital (CPP, art. 366).

---

62. STJ, REsp 504.789/GO, 6ª T., rel. Min. Paulo Gallotti, j. 21-8-2007, *DJ* de 17-9-2007, p. 363, *RT* 867/577.

63. "O aditamento, enquanto substancia imputação de fato criminoso, submete-se à disciplina legal da acusatória inicial quanto à sua forma, matéria e impugnação recursal, correndo firme a jurisprudência dos Tribunais Superiores no sentido de que cabe recurso em sentido estrito contra decisão que indefere aditamento da denúncia" (STJ, REsp 254.494/DF, 6ª T., rel. Min. Fernando Gonçalves, rel. p/ o Acórdão Min. Hamilton Carvalhido, j. 24-11-2004, *DJ* de 1º-2-2005, p. 621). "Da decisão monocrática que rejeita o aditamento à denúncia cabe recurso em sentido estrito, por interpretação extensiva do art. 581, I, do Código de Processo Penal" (STJ, REsp 184.477/DF, 5ª T., rel. Min. Gilson Dipp, j. 19-2-2002, *DJ* de 25-3-2002, p. 302).

64. STJ, REsp 296.343/MG, 5ª T., rel. Min. Gilson Dipp, j. 15-8-2002, *DJ* de 16-9-2002, p. 218; STJ, REsp 601.924/PR, 5ª T., rel. Min. José Arnaldo da Fonseca, j. 28-9-2005, *DJ* de 7-11-2005, p. 339.

65. "A jurisprudência desta Corte vem-se fixando no sentido de que a decisão que suspende o processo com base no art. 366 do CPP desafia recurso em sentido estrito, por analogia ao art. 581, XVI, do mesmo diploma instrumental" (STJ, HC 11.633/SP, 5ª T., rel. Min. José Arnaldo da Fonseca, j. 18-4-2000, *DJ* de 5-6-2000, p. 187). *No mesmo sentido*: STJ, REsp 246.085/SP, 6ª T., rel. Min. Vicente Leal, j. 6-9-2001, *DJ* de 1º-10-2001, p. 256.

66. "É cabível recurso em sentido estrito para impugnar decisão que indefere produção antecipada de prova, nas hipóteses do art. 366 do CPP" (STJ, EREsp 1.630.121/RN, Terceira Seção, rel. Min. Reynaldo Soares da Fonseca, j. 28-11-2018, *DJe* de 11-12-2018).

12.1.1.1. Hipóteses de cabimento listadas no CPP

Vejamos cada uma das situações indicadas no art. 581.

1) **decisão que não receber a denúncia ou a queixa (inciso I)**:

A rejeição da inicial acusatória (CPP, art. 395)[67] obsta a instauração do processo e de consequência o exercício pleno do direito de ação; impede a prestação jurisdicional perseguida pelo titular do *jus persequendi in judicio*.

Muito embora se trate de decisão terminativa, que impede a instauração do processo propriamente dito, o legislador houve por bem catalogá-la entre aquelas que comportam recurso em sentido estrito.

Com vistas a preservar a ampla defesa e o contraditório, embora ainda não exista processo instaurado, o recorrido sempre deverá ser intimado a fim de apresentar contrarrazões ao recurso.

Trata-se de matéria pacificada no Supremo Tribunal Federal, como nos mostram os enunciados que seguem:

Súmula 707: "Constitui nulidade a falta de intimação do denunciado para oferecer contrarrazões ao recurso interposto da rejeição da denúncia, não a suprindo a nomeação de defensor dativo".

Súmula 709: "Salvo quando nula a decisão de primeiro grau, o acórdão que provê o recurso contra a rejeição da denúncia vale, desde logo, pelo recebimento dela".

São duas as situações reguladas nesta última súmula:

a) se a decisão recorrida for de *rejeição* e o tribunal der provimento ao recurso, o acórdão já implicará em recebimento da inicial acusatória, sendo desnecessário que a seguir o juízo de origem profira decisão nesse sentido para *dar cumprimento* ao acórdão;

b) se o fundamento do recurso estiver lastreado na *nulidade da decisão* impugnada, provido o inconformismo e, portanto, anulada a decisão, o juízo de origem deverá proferir outra.

Conforme já discorremos em momento oportuno, é juridicamente possível que se verifique a **rejeição parcial** da denúncia ou queixa, e, se tal ocorrer, caberá o mesmo recurso em relação à parte da decisão que implica rejeição.

Contra a **decisão que recebe** a inicial acusatória caberá *habeas corpus* caso esta se preste a materializar constrangimento ilegal, tema de que nos ocuparemos no capítulo destinado ao estudo desse clássico remédio constitucional.

2) **decisão que concluir pela incompetência do juízo (inciso II)**:

Trata-se de decisão interlocutória que não põe fim ao processo, mas apenas provoca o deslocamento de competência entre juízes.[68]

---

67. "Contra a decisão que rejeita a denúncia, cabível é o recurso em sentido estrito, de acordo com o art. 581, I, do Código de Processo Penal" (STJ, AgRg no AREsp 2.707/MG, 5ª T., rel. Min. Jorge Mussi, j. 12-6-2012, *DJe* de 22-6-2012).

68. "Contra decisão que desclassifica o delito imputado ao réu e, como consequência, conclui pela incompetência do juízo, cabe recurso em sentido estrito. A interposição, como na espécie, de

Não se trata de decisão proferida em sede de incidente ou exceção de incompetência, matéria de que cuidaremos no item seguinte.

Por aqui, o próprio juiz é que reconhece sua incompetência[69] e determina a remessa dos autos àqueloutro que entende competente.[70]

Contra a decisão que *reconhecer a competência* do juízo, embora não exista recurso expressamente tipificado para a hipótese, eventualmente poderá ocorrer impugnação por meio de *habeas corpus* com vistas a se fazer respeitar o **princípio do juiz natural**.

3) **decisão que julgar procedentes as exceções, salvo a de suspeição (inciso III)**:

A ressalva quanto à procedência da exceção de suspeição atende a uma questão lógica; de coerência, pois não teria sentido admitir que a parte pudesse ingressar com recurso visando a modificar decisão em que o próprio juiz reconhece sua *suspeição*.

Se, ao revés, o juiz julgar improcedente qualquer das exceções, não há recurso algum tipificado, mas a depender do caso concreto será possível a impetração de *habeas corpus* com fundamento no art. 648, VI, do CPP.

4) **decisão que pronunciar o réu (inciso IV)**:

A decisão de pronúncia tem natureza de *decisão interlocutória mista*,[71] visto que apenas encerra uma fase do processo (instrução preliminar) e marca o início de outra (instrução e julgamento em plenário).

---

apelação constitui erro grosseiro, o que impede a aplicação do princípio da fungibilidade. Recurso especial improvido" (STJ, REsp 611.877/RR, 6ª T., rel. Min. Og Fernandes, rel. p/ o Acórdão Min. Sebastião Reis Júnior, j. 17-4-2012, *DJe* de 17-9-2012).

69. "Em qualquer fase do processo, o Juiz, reconhecendo a sua incompetência, há de declará-la, remetendo os autos da ação penal ao Juízo competente, previamente intimadas as partes, por cabível recurso em sentido estrito" (STJ, HC 36.696/PE, 6ª T., rel. Min. Hamilton Carvalhido, j. 16-5-2005, *DJ* de 4-9-2006, p. 328, *RSTJ* 208/512).

70. "A decisão de desclassificação de delito de competência do Tribunal do Júri é equivalente ao reconhecimento de incompetência do juízo, sendo, desta forma, impugnável por recurso em sentido estrito, com base no inciso II do art. 581 do CPP, não subindo o recurso nos próprios autos ao Tribunal, e, sim, por instrumento, devendo o feito ser encaminhado ao juízo competente, conforme a sistemática do art. 583 do mesmo diploma processual. A remessa dos próprios autos ao Tribunal de Justiça, face a recurso em sentido estrito interposto pelo Ministério Público Estadual, ocasiona constrangimento ilegal, pois, acarretará, necessariamente, atraso processual e prejudicará o andamento do processo (art. 583, III, do CPP), não resultante do comportamento do paciente ou do regular trâmite do processo" (STJ, HC 152.381/SP, 6ª T., rel. Min. Vasco Della Giustina, j. 13-9-2011, *DJe* de 26-9-2011).

71. "As nulidades da decisão de pronúncia devem ser questionadas por meio de recurso próprio, qual seja, recurso em sentido estrito" (STJ, HC 83.243/PB, 6ª T., rel. Min. Maria Thereza de Assis Moura, j. 5-8-2010, *DJe* de 23-8-2010). "Havendo irresignação acerca da manutenção de qualificadoras presentes na decisão de pronúncia, cabe à defesa interpor o competente recurso em sentido estrito, a teor do que dispõe o art. 581, IV, do CPP, sob pena de preclusão" (STJ, HC 125.598/RS, 6ª T., rel. Min. Og Fernandes, j. 17-9-2009, *DJe* de 13-10-2009). "Com efeito, eventuais vícios decorrentes da pronúncia devem ser arguidos no momen-

A decisão de impronúncia, por outro vértice, tem natureza terminativa, visto pôr fim ao processo, daí ser impugnável via apelação, conforme indica o art. 416 do CPP.

5) **decisão que conceder, negar, arbitrar, cassar ou julgar inidônea a fiança, indeferir requerimento de prisão preventiva ou revogá-la, conceder liberdade provisória ou relaxar a prisão em flagrante (inciso V)**:

Por configurarem decisões interlocutórias, é correta a tipificação de recurso em sentido estrito para as hipóteses indicadas, mas é preciso considerar que a decisão que negar, cassar ou julgar inidônea a fiança *poderá* acarretar constrangimento ilegal, daí ser cabível também o ajuizamento de *habeas corpus*.

Contra decisão que (*a*) defere pedido de prisão preventiva; (*b*) nega pedido de liberdade provisória ou (*c*) de relaxamento de prisão em flagrante, embora não exista recurso especificamente tipificado, é cabível pedido de *habeas corpus* com vistas a afastar constrangimento ilegal que dela decorra.

6) **decisão que julgar quebrada a fiança ou perdido o seu valor (inciso VII)**:

Sobre as consequências da decisão que julga quebrada a fiança ou perdido seu valor já discorremos no capítulo em que estudamos o tema "prisões cautelares", para onde remetemos o estimado leitor com vistas a evitar o enfaro da repetição.

Contra a *decisão que indefere* pedido de quebramento da fiança e/ou perda do valor pago a tal título não há recurso algum tipificado.

7) **decisão que decretar a prescrição ou julgar, por outro modo, extinta a punibilidade (inciso VIII)**:

Aqui nos parece que há equívoco quanto ao recurso tipificado, já que a decretação de extinção da punibilidade – qualquer que seja o fundamento – é *terminativa de mérito*, visto que põe fim ao processo (embora não decida exatamente sobre autoria e materialidade etc.), e por isso adequado *seria* o recurso de apelação.

Observada a opção do legislador, para não se expor ao risco de o recurso não ser conhecido em razão da inadequação, o correto é a impugnação via recurso em sentido estrito.

8) **decisão que indeferir o pedido de reconhecimento da prescrição ou de outra causa extintiva da punibilidade (inciso IX)**:

Aqui sim temos verdadeira *decisão interlocutória*, pois o indeferimento do pedido, qualquer que seja o fundamento utilizado, permite a continuidade do processo, daí a correção do recurso tipificado.

---

to oportuno com a demonstração do prejuízo sofrido pela parte, e por meio de recurso próprio, eis que o art. 581 do Código de Processo Penal assevera ser cabível a interposição de recurso em sentido estrito contra tal provimento" (STJ, HC 34.465/SP, 6ª T., rel. Min. Og Fernandes, j. 18-11-2008, *DJe* de 9-12-2008).

9) **decisão que conceder ou negar a ordem de *habeas corpus* (inciso X):**

Cabe aqui observar, apenas, que a decisão que concede *habeas corpus* pode ser atacada com recurso em sentido estrito – que é recurso voluntário –, mas também há previsão de recurso *ex officio*, conforme já analisamos e está previsto no art. 574, I, do CPP.[72]

Em relação ao *habeas corpus* decidido em única instância pelos Tribunais Superiores, se denegatória a decisão, cabe recurso ordinário constitucional (CF, art. 102, II, *a*),[73] sobre o qual refletiremos mais adiante.

Oportuno salientar, desde logo, que a teor do disposto na Súmula 691 do STF: "Não compete ao Supremo Tribunal Federal conhecer de *habeas corpus* impetrado contra decisão do Relator que, em *habeas corpus* requerido a tribunal superior, indefere a liminar".

10) **decisão que conceder, negar ou revogar a suspensão condicional da pena (inciso XI):**

Em relação à decisão que concede ou nega o *sursis*, se tal ocorrer por ocasião da sentença de mérito, proferida no processo de conhecimento, cabível será o recurso de apelação.

Por outro vértice, se as discussões ocorrem em sede de execução penal, desde o advento da Lei n. 7.210/84 o correto é interpor o recurso de agravo em execução previsto no art. 197 da LEP.[74]

11) **decisão que conceder, negar ou revogar livramento condicional (inciso XII):**

Pelas razões anteriormente informadas, as situações aqui reguladas devem ser impugnadas mediante recurso de agravo em execução (art. 197 da LEP).

12) **decisão que anular o processo da instrução criminal, no todo ou em parte (inciso XIII):**

Esta decisão não encerra o processo, mas impõe o refazimento da prova contaminada de nulidade, daí sua natureza interlocutória.

---

72. Conforme anotamos em linhas precedentes, o ordenamento vigente não admite a providência anômala que se convencionou denominar recurso *ex officio*, por configurar prática proativa incompatível com o processo penal acusatório (CPP, art. 3º-A).

73. "À luz do que dispõe o art. 105, II, 'a' da Constituição da República, é o recurso ordinário e, não, o recurso em sentido estrito, a via adequada para a impugnação de decisão denegatória de *habeas corpus* decidido em última instância por Tribunal Estadual" (STJ, RHC 11.145/SP, 6ª T., rel. Min. Hamilton Carvalhido, j. 19-6-2001, *DJ* de 24-9-2001, p. 344).

"Utilizado recurso em sentido estrito em lugar do ordinário constitucional, impossível a fungibilidade recursal" (STJ, RHC 9.780/RS, 6ª T., rel. Min. Fontes de Alencar, j. 14-11-2000, *DJ* de 5-2-2001, p. 127).

74. Sobre execução penal, conferir: Renato Marcão, *Curso de execução penal*, 17. ed., São Paulo, Saraiva, 2019; *Execução penal*, São Paulo, Saraiva, 2011 (Coleção Saberes do Direito, v. 9), e *Lei de execução penal anotada*, 6. ed., São Paulo, Saraiva, 2017.

Contra a decisão do juiz que *indefere* pedido de anulação da instrução não cabe recurso algum, cumprindo ao interessado articular os fundamentos de seu inconformismo em sede de preliminar em recurso de apelação.

13) **decisão que incluir jurado na lista geral ou desta o excluir (inciso XIV)**:

Nesse caso, excepcionalmente, o prazo de interposição do recurso é de 20 (vinte) dias, contado da data da publicação da lista definitiva de jurados, conforme determina o parágrafo único do art. 586 do CPP, e, observado o disposto no parágrafo único do art. 582, o recurso deverá ser endereçado ao Presidente do Tribunal de Justiça do Estado ou ao Presidente do Tribunal Regional Federal, conforme se trate de júri estadual ou federal, respectivamente.

14) **decisão que denegar a apelação ou a julgar deserta (inciso XV)**:

Tem evidente natureza interlocutória a decisão que não recebe ou julga deserto recurso de apelação (CPP, art. 806, § 2º), daí ser atacável por recurso em sentido estrito.

Já o inverso não ocorre, por isso irrecorrível a decisão que recebe o recurso ou deixa de decretar sua deserção, cumprindo à parte contrária alegar em preliminar de suas contrarrazões a ausência de pressupostos ou deserção que irá impedir seja aquele conhecido pelo tribunal *ad quem* e, de consequência, julgado o mérito.

15) **decisão que ordenar a suspensão do processo, em virtude de questão prejudicial (inciso XVI)**:

As questões prejudiciais estão reguladas nos arts. 92 e 93 do CPP e, nas hipóteses indicadas, a decisão tem nítido caráter interlocutório.

Contra a decisão que indefere pedido de suspensão do processo em razão de questão prejudicial não cabe recurso.

16) **decisão sobre unificação de penas (inciso XVII)**:

A decisão sobre unificação de penas também se insere no ambiente da execução penal e por isso se encontra exposta ao recurso de agravo em execução (LEP, art. 197), e não mais ao recurso em sentido estrito.

17) **decisão sobre incidente de falsidade (inciso XVIII)**:

A hipótese se refere a documento juntado nos autos do processo, sobre o qual recaia *suspeita* de falsidade, que pode ser material ou ideológica.

Observada a natureza interlocutória da decisão indicada, é adequado o recurso em sentido estrito para a situação tratada.[75]

18) **decisão que decretar medida de segurança, depois de transitar a sentença em julgado (inciso XIX)**:

75. "(...) caberia ao recorrente interpor recurso em sentido estrito contra a decisão que indeferiu o incidente de falsidade nos termos do art. 581, XVIII, do Código de Processo Penal. Este Superior Tribunal de Justiça vem entendendo não ser cabível a impetração de *habeas corpus* em substituição aos recursos cabíveis" (STJ, RHC 29.931/SP, 5ª T., rel. Min. Jorge Mussi, j. 23-4-2013, *DJe* de 8-5-2013).

Abolido que fora o *sistema do duplo binário* e vigente o *sistema vicariante* ou *unitário* desde a reforma penal determinada pela Lei n. 7.209/84, só é possível a imposição de medida de segurança (tratamento ambulatorial ou internação) quando for reconhecida, em *sentença de absolvição imprópria*, a semi-imputabilidade ou a inimputabilidade do acusado, restando vedada qualquer imposição dessa natureza aos imputáveis.

Portanto, *em processo de conhecimento* só se aplica medida de segurança em sentença (de absolvição imprópria, insista-se), que poderá ser atacada mediante recurso de apelação.

Depois de transitar em julgado sentença que impuser condenação (e não absolvição imprópria), situação tratada no inciso XIX do art. 581, ***em sede de execução penal*** é possível imposição de medida de segurança em substituição à pena aplicada, quando ficar provada a superveniência de doença mental, no curso da execução (LEP, art. 183), sendo certo que a impugnação a tal decisão deve ser formalizada mediante recurso de agravo em execução (LEP, art. 197), e não mais em recurso em sentido estrito.

19) **decisão que impuser medida de segurança por transgressão de outra (inciso XX)**:

Só é possível cogitar em imposição de medida de segurança "por transgressão de outra" quando houver descumprimento injustificado da medida de tratamento ambulatorial e ficar provada a necessidade de imposição da medida de internação (regressão na execução de medida de segurança), e para impugnar tal decisão o recurso adequado é o agravo em execução (LEP, art. 197), e não mais o recurso em sentido estrito.

20) **decisão que mantiver ou substituir a medida de segurança, nos casos do art. 774 (inciso XXI)**:

Considerando que a manutenção ou a substituição de medida de segurança deve ser decidida em sede de execução penal (LEP, arts. 175 a 179), por aqui o recurso cabível é o de agravo em execução, regulado no art. 197 da LEP, e não o recurso em sentido estrito.

21) **decisão que revogar a medida de segurança (inciso XXII)**:

Pelas mesmas razões apontadas no item anterior, também aqui o recurso cabível é o de agravo em execução (LEP, art. 197).

22) **decisão que deixar de revogar a medida de segurança, nos casos em que a lei admita a revogação (inciso XXIII)**:

Nos dias que correm, não é correto falar em "revogação" de medida de segurança, mas em "desinternação", que deverá ser determinada após constatada pericialmente a cessação de periculosidade (LEP, arts. 175 a 179).

Sob o enfoque indicado, a matéria se insere no ambiente execucional, e a decisão que sobre isso versar poderá ser impugnada em sede de agravo em execução (LEP, art. 197).

23) **decisão que converter a multa em detenção ou em prisão simples (inciso XXIV)**:

Desde o advento da Lei de Execução Penal, o agravo em execução (LEP, art. 197) passou a ser o recurso adequado para a hipótese ventilada.

Não bastasse isso, a Lei n. 9.268/96 deu nova redação ao art. 51 do CP e terminou por revogar o art. 182 da LEP para não mais permitir a conversão de pena de multa em privativa de liberdade.

Não é ocioso registrar que a atual redação do art. 51 do CP, determinada pela Lei n. 13.964/2019, também não contempla a possibilidade de conversão da pena de multa em privativa de liberdade.

Disso decorre a total inaplicabilidade do inciso XXIV do art. 581 do CPP.

24) **decisão que recusar homologação à proposta de acordo de não persecução penal, previsto no art. 28-A do CPP (inciso XXV)**:

Satisfeitos os requisitos legais, caberá ao titular do direito de ação propor acordo de não persecução penal, nos moldes oportunamente analisados. A proposta de transação, em casos tais, configura direito subjetivo do investigado.

Ajustada a avença dentro dos limites autorizados no ordenamento, em seguida, para que surta efeitos jurídicos e se torne exequível, deverá ser submetida à homologação do magistrado competente.

Qualquer que seja o fundamento utilizado, contra a decisão que não homologa acordo de não persecução penal caberá recurso em sentido estrito.

12.1.2. Prazos

Considerando o disposto no art. 586, como regra geral o recurso em sentido estrito deverá ser interposto no prazo de 5 (cinco) dias, e no caso do inciso XIV do art. 581 (decisão que incluir ou excluir jurado na lista geral) o prazo será de 20 (vinte) dias, a contar da data da publicação definitiva da lista de jurados (CPP, § 1º do art. 426).

No caso de inércia do Ministério Público, conjugadas as disposições do § 1º do art. 584 e do parágrafo único do art. 598, é possível a interposição do recurso pelo ofendido, cônjuge, ascendente, descendente ou irmão, ainda que não habilitados nos autos, no prazo de 15 (quinze) dias, a partir do dia em que terminar o prazo do Ministério Público.

Cumpre observar, por fim, que a teor do disposto na Súmula 710 do STF: "No processo penal, contam-se os prazos da data da intimação, e não da juntada aos autos do mandado ou da carta precatória ou de ordem".

Não se deve confundir o **prazo de interposição** com o **prazo para a apresentação das razões do recurso**, que em qualquer das hipóteses anteriormente tratadas é de 2 (dois) dias, à luz do disposto no art. 588, *caput*, do CPP.[76]

12.1.3. *Efeitos*

Em sintonia com a regra geral, o recurso de que ora se cuida é dotado de **efeito devolutivo**.

Eventualmente também terá **efeito suspensivo**, tal como taxativamente[77] determina o art. 584, quando interposto contra decisão que: *1)* determinar a perda de fiança, e *2)* que denegar a apelação ou a julgar deserta.

A jurisprudência do Superior Tribunal de Justiça se firmou no sentido de não admitir mandado de segurança com vistas a obter efeito suspensivo a recurso em sentido estrito que dele não dispõe.

A esse respeito:

> Nos termos da jurisprudência consolidada desta Corte Superior, é incabível a impetração de mandado de segurança pelo Ministério Público para atribuir efeito suspensivo a recurso em sentido estrito interposto pela acusação (Precedentes).[78]
>
> No sistema recursal processual penal, a destinação de efeito suspensivo obedece a uma lógica que presta reverência aos direitos e garantias fundamentais, iluminada pelo devido processo legal. Nesse contexto, segundo a jurisprudência desta Corte, revela constrangimento ilegal o manejo de mandado de segurança para se restabelecer constrição em desfavor do indivíduo, na pendência de irresignação interposta, qual seja, recurso em sentido estrito.[79-80]

Quanto ao efeito suspensivo na hipótese de recurso da decisão que conceder livramento condicional ou que versar sobre unificação de penas, indicadas no art. 584 do CPP, cumpre relembrar que tais regras foram revogadas pelo art. 197 da Lei de Execução Penal, conforme anteriormente anotado.

---

76. "Art. 588. Dentro de dois dias, contados da interposição do recurso, ou do dia em que o escrivão, extraído o traslado, o fizer com vista ao recorrente, este oferecerá as razões e, em seguida, será aberta vista ao recorrido por igual prazo."

77. "O art. 584 do Código de Processo Penal enumera, taxativamente, as hipóteses em que o recurso em sentido estrito terá efeito suspensivo" (STF, HC 71.890/RS, 1ª T., rel. Min. Celso de Mello, j. 22-11-1994, *DJ* de 19-12-2006, p. 41). "O § 2º do art. 584 do Código de Processo Penal, a revelar a eficácia suspensiva do recurso da pronúncia, diz respeito à impugnação direta, não alcançando a que se faça mediante recurso de natureza extraordinária – sabidamente desprovido, por força de lei, da citada eficácia" (STF, RHC 86.468/PB, 1ª T., rel. Min. Marco Aurélio, j. 19-8-2008, *DJ* n. 035, de 20-2-2009, *RTJ* 209/634).

78. STJ, HC 366.592/RJ, 5ª T., rel. Min. Reynaldo Soares da Fonseca, j. 25-10-2016, *DJe* de 8-11-2016.

79. STJ, HC 359.702/SP, 6ª T., rel. Min. Maria Thereza de Assis Moura, j. 20-9-2016, *DJe* de 30-9-2016.

80. *No mesmo sentido*: STJ, HC 367.172/SP, 5ª T., rel. Min. Felix Fischer, j. 11-10-2016, *DJe* de 27-10-2016; STJ, RCD no HC 372.760/SP, 6ª T., rel. Min. Nefi Cordeiro, j. 17-11-2016, *DJe* de 29-11-2016.

Quanto à decisão que converter a multa em detenção ou em prisão simples (inciso XXIV do art. 581), é caso de novamente afirmar a revogação do dispositivo, nos moldes oportunamente delineados.

O recurso em sentido estrito também é dotado de **efeito devolutivo inverso, regressivo** ou **iterativo**, pois o art. 589 do CPP permite que o próprio juiz prolator reveja sua decisão antes que ela seja reapreciada por outro órgão judiciário de instância mais elevada, ocasião em que poderá reconsiderá-la no todo ou em parte.

12.1.4. Interposição e processamento

O recurso em sentido estrito pode ser interposto por **petição** ou por **termo nos autos**, conforme anuncia o art. 587 do CPP, e nesta última hipótese, embora a interposição seja *verbal*, deverá ser reduzida a termo (nos autos) pelo escrivão ou escrevente do feito.

A petição de interposição pode estar acompanhada, ou não, das razões do inconformismo.

O processamento do recurso dar-se-á **nos próprios autos** da ação penal ou em **autos apartados**, quando então irá ocorrer a formação de *instrumento* (autos distintos).

A verificação de uma ou outra dentre as opções indicadas leva em conta a necessidade de não obstar o curso da instrução criminal; rende homenagem aos princípios da economia e celeridade processual.

De tal sorte, sempre que não prejudicar o andamento do processo, o recurso subirá (à Superior Instância) nos próprios autos.

Do art. 583 do CPP também se extrai que não haverá necessidade de providenciar a formação de instrumento nas seguintes hipóteses:

1) no denominado recurso *ex officio*, tal como se verifica quando o juiz determina o arquivamento de inquérito policial que verse sobre crime contra a economia popular (art. 7º da Lei n. 1.521/51).

A respeito desse tema, são necessárias observações: 1ª) a teor do disposto no atual art. 28, *caput*, do CPP, não cabe ao juiz determinar, mas ao próprio Ministério Público promover o arquivamento do inquérito; 2ª) conforme anotamos em linhas precedentes, o ordenamento vigente não admite a providência anômala que se convencionou denominar recurso *ex officio*, por configurar prática proativa incompatível com o processo penal acusatório (CPP, art. 3º-A);

2) contra a decisão que não receber a denúncia ou a queixa;

3) contra decisão que julgar procedentes as exceções, salvo a de suspeição;

4) contra decisão que pronunciar o réu;

5) contra decisão que decretar a prescrição ou julgar, por outro modo, extinta a punibilidade;

6) contra a decisão que conceder ou negar a ordem de *habeas corpus*.

O parágrafo único do art. 583 determina que o recurso contra a decisão de pronúncia subirá em traslado, "quando, havendo dois ou mais réus, qualquer deles se conformar com a decisão ou todos não tiverem sido ainda intimados da pronúncia", e isso se justifica porque o recurso interposto por qualquer deles não poderá prejudicar a marcha do processo em relação aos demais.

Quando o recurso não puder "subir nos próprios autos", caberá ao recorrente postular a **formação de instrumento** e desde logo indicar as peças do processo que deverão ser trasladadas (CPP, art. 587).

Verificada a hipótese, o juiz determinará ao escrivão que proceda ao traslado e conferência das cópias necessárias no prazo de 5 (cinco) dias, dentre elas, como é óbvio e está determinado no parágrafo único do art. 587, *deverão* estar presentes: *1)* a decisão recorrida, *2)* certidão de intimação das partes a respeito da decisão, e o *3)* termo ou petição de interposição do recurso.

Quando for impossível ao escrivão extrair o traslado no prazo anteriormente mencionado, poderá o juiz prorrogá-lo até o dobro (CPP, art. 590).

Conforme a modalidade, com ou sem a formação de instrumento, o escrivão providenciará a abertura de vista dos autos para que, no prazo de 2 (dois) dias, o recorrente apresente as razões do recurso, caso não as tenha apresentado com a petição de interposição.

Ultimadas as providências precedentes na medida em que cabíveis, será providenciada a abertura de vista dos autos ao *recorrido* para que, no prazo de 2 (dois) dias, apresente ***contrarrazões*** ao inconformismo formalizado.

Se o recorrido for o réu, será intimado do prazo na pessoa do defensor (CPP, parágrafo único do art. 588).

Em seguida os autos (do processo ou do instrumento) serão conclusos ao juiz para que, no prazo de 2 (dois) dias, decida se mantém ou modifica a decisão impugnada, quando então poderá mandar instruir o recurso com outros documentos que eventualmente se afigurarem necessários e que serão trasladados pelo escrivão sob sua ordem.

O **juízo de retratação** está previsto no art. 589 e é permitido em razão do já mencionado **efeito devolutivo inverso**, **regressivo** ou **iterativo**.

É imprescindível que o juiz se pronuncie em termos de manter ou reformar sua decisão, e, se assim não proceder, caberá ao tribunal converter o julgamento em diligência e determinar o retorno dos autos à origem para tal finalidade.

Se o juiz mantiver sua decisão – opção que deverá materializar em despacho fundamentado –, os autos seguirão à Superior Instância para julgamento.

Muito embora não seja prática comum, pode ocorrer que, em razão dos argumentos apresentados, o magistrado venha a modificar seu posicionamento quanto à matéria tratada, quando então deverá reformular, fundamentadamente, a decisão guerreada.

Bem observou Espínola Filho que "a sustentação do despacho há de ser bem fundamentada, como demonstração de que os novos elementos trazidos a esclarecimento da causa, quer como argumentos, quer como provas, foram considerados; do mesmo modo que, qual é natural e intuitivo, seria um despropósito e uma leviandade do juiz reconsiderar a decisão recorrida, sem uma motivação segura do seu novo entendimento".[81]

Verificada a retratação, o juiz do processo é quem irá *reformar* sua própria decisão, e então a parte contrária (antes recorrida) poderá recorrer dessa "nova decisão", se a hipótese comportar recurso, quando então deverá endereçar simples petição aos autos apontando seu inconformismo, ficando dispensada a apresentação de novas razões e contrarrazões.

O juízo de retratação só se opera uma vez, de maneira que já não será dado ao magistrado reformular novamente sua decisão, cumprindo que determine, de uma vez por todas, o encaminhamento dos autos à Instância Julgadora competente.

12.1.5. Endereçamento

Considerando, inclusive, a possibilidade de retratação determinada pelo efeito regressivo, o recurso em sentido estrito sempre será interposto no juízo em que a decisão impugnada foi proferida (juízo *a quo*), contudo deverá ser endereçado ao tribunal hierarquicamente competente para a revisão da matéria (tribunal *ad quem*).

É certo que o art. 582 do CPP se refere ao "Tribunal de Apelação", o que corresponde, nos dias que correm, aos Tribunais de Justiça, existentes em cada Unidade da Federação. De ver, entretanto, que em razão da atual estrutura do Poder Judiciário, indicada no art. 92 da Constituição Federal, também é possível a interposição contra decisões de primeiro grau que deverão ser revistas em segundo grau por Tribunal Regional Eleitoral (TRE) ou por Tribunal Regional Federal (TRF), a quem deverá ser endereçado o recurso, conforme o caso.

O mesmo art. 582 excepciona o endereçamento nas hipóteses dos incisos V (que se refere a fiança, prisão preventiva, liberdade provisória e relaxamento do flagrante), X (conceder ou negar *habeas corpus*) e XIV (incluir ou excluir jurado da lista geral), todos do art. 581, mas por aqui também é necessário cautela.

No que tange aos incisos V e X, a regra encontrava justificativa no passado, quando havia hierarquia *entre juízes de primeiro grau* e aos superiores competia o julgamento dos recursos nas hipóteses indicadas, situação jurídica que hoje não subsiste e, portanto, encontram-se revogadas tais exceções.

---

81. Eduardo Espínola Filho, *Código de Processo Penal brasileiro anotado*, 3. ed., Rio de Janeiro, Borsoi, 1955, v. VI, p. 103.

Quanto ao inciso XIV, observado o disposto no parágrafo único do art. 582, temos que o recurso deverá ser endereçado ao Presidente do Tribunal de Justiça do Estado ou ao Presidente do Tribunal Regional Federal, conforme se trate de júri estadual ou federal, respectivamente.

Feitas tais considerações, conclui-se que o quadro atual é o seguinte:

1) se a decisão for proferida por juiz estadual, o recurso deverá ser endereçado ao Tribunal de Justiça;

2) se a decisão for proferida por juiz federal, o recurso deverá ser endereçado ao Tribunal Regional Federal a que estiver vinculado;

3) em qualquer das situações anteriores, se a decisão for proferida em processo por crime de natureza eleitoral, o recurso deverá ser endereçado ao Tribunal Regional Eleitoral competente;

4) se a matéria for de competência do Juizado Especial Criminal (Estadual ou Federal), onde houver Turma Recursal, a ela o recurso deverá ser endereçado.

12.2. Apelação

Denomina-se apelação o recurso que se destina à impugnação de **decisões definitivas**, extintivas do processo, com ou sem julgamento de mérito.

Previsto nos arts. 593 a 603, dentre todos os tipificados no Código de Processo Penal, é o recurso que permite a mais ampla impugnação das decisões judiciais, conforme cuidaremos de expor, e bem por isso talvez seja o mais utilizado na rotina judiciária.

Sabido que a interposição de recurso reclama interesse jurídico na reforma da decisão, o que determina cuidadosa análise sobre os limites da sucumbência, é possível que a apelação seja total (plena, ampla) ou parcial (limitada, restrita), conforme recaia sobre a totalidade da matéria decidida ou parte dela, respectivamente.

12.2.1. Legitimidade

Genericamente, tem legitimidade para interpor apelação aquele que detiver interesse jurídico na modificação da decisão impugnável por essa via recursal.

De tal sorte, e conforme o alcance da sucumbência, a apelação poderá ser interposta pelo Promotor de Justiça (ou Procurador da República no âmbito da Justiça Federal), pela Defesa e também pelo assistente da acusação.

O ofendido ou qualquer das pessoas enumeradas no art. 31 do CPP (cônjuge, ascendente, descendente ou irmão), ainda que não se tenha habilitado nos autos como assistente, poderá interpor recurso de apelação nos crimes de competência do Tribunal do Júri, ou do juiz singular, se o Ministério Público deixar transcorrer *in albis* o prazo de que dispõe para tanto (CPP, art. 598), hipótese em que ocorrerá a denominada **apelação subsidiária**.

No tocante ao **Ministério Público**, cabe salientar que detém não apenas legitimidade para postulações recursais acusatórias, mas também defensórias, em favor do acusado ou querelado, portanto.

Bem por isso, ainda que o acusado venha a ser condenado, será possível apelo Ministerial, por exemplo, com vistas à modificação da pena ou do regime, caso tenham sido fixados de forma mais severa do que a postulada.

De outra parte, se a condenação acolher integralmente as postulações Ministeriais, faltará interesse jurídico para que ingresse com apelação.

Quando diante de ação penal privada subsidiária da pública, a legitimação recursal do Ministério Público é plena, irrestrita, já que, em casos tais, o Estado outorga ao particular apenas a legitimação para a propositura da ação, para deflagrar o processo, sem que isso implique modificação na natureza do bem jurídico tutelado e mesmo na titularidade da ação penal, que continua em mãos do Estado.

O Ministério Público não detém legitimidade para apelar de sentença absolutória proferida em ação penal privada, visto que nesse tipo de processo atua apenas como *custos legis*, sendo titular do direito de ação o particular ofendido: o querelante, e já vimos que o exercício da faculdade recursal não é mais que um *desdobramento* do direito de ação.

Por outro vértice, ainda em sede de ação penal privada, poderá interpor apelação contra sentença condenatória de modo a rediscutir amplamente o mérito ou questões procedimentais.

Quanto à **defesa**, não há qualquer dificuldade em se identificar sucumbência que legitime seu agir.

No que diz respeito ao **assistente da acusação**, apesar de a redação do art. 271, *caput*, referir-se apenas às hipóteses dos arts. 584, § 1º, e 598, observado nosso entendimento quanto à amplitude de sua atuação no processo penal, conforme expusemos no capítulo em que analisamos os "sujeitos processuais", temos que poderá apelar em qualquer caso, sempre que se identificar sucumbência em relação a interesse seu.

Considerando que sua atuação não está voltada apenas à obtenção de título executivo que possa fazer valer no juízo cível, a apelação do assistente não sofre limitações quanto aos fundamentos; não está restrita à pretensão condenatória, e por isso pode discutir amplamente o processo, inclusive no que diz respeito à pena cominada, regime inicial fixado, não cabimento de *sursis* ou pena restritiva de direitos etc.

Dada sua posição secundária no processo (parte contingente, adesiva ou desnecessária), sua **legitimidade recursal é supletiva**, vale dizer: seu recurso só será possível quando a mesma matéria não for objeto de apelação interposta pelo Ministério Público (parte necessária).

Cabe ainda relembrar que uma das características dos recursos em geral é a *voluntariedade*, daí por que os legitimados não se encontram obrigados a interpor apelação e, quanto ao Ministério Público, não poderá desistir da apelação eventualmente interposta, conforme expressa o art. 576 do CPP.

Por fim, a Súmula 705 do STF: "A renúncia do réu ao direito de apelação, manifestada sem a assistência do defensor, não impede o conhecimento da apelação por este interposta".

12.2.2. Cabimento

Observado o quanto expedido no capítulo em que discorremos sobre as modalidades de decisões que são proferidas no processo, a teor do disposto no art. 593, comportam apelação: *1)* as sentenças definitivas de condenação ou absolvição proferidas por juiz singular; *2)* as decisões definitivas, ou com força de definitivas, também proferidas por juiz singular, contra as quais não seja cabível recurso em sentido estrito; *3)* as decisões do Tribunal do Júri, quando: *3.1*) ocorrer nulidade posterior à pronúncia; *3.2*) for a sentença do juiz-presidente contrária à lei expressa ou à decisão dos jurados; *3.3*) houver erro ou injustiça no tocante à aplicação da pena ou da medida de segurança; *3.4*) for a decisão dos jurados manifestamente contrária à prova dos autos.

Por meio da **sentença definitiva**, o juiz decide sobre o mérito da ação penal, da pretensão punitiva (ocorrência do fato-crime, autoria, materialidade etc.), para o fim de julgá-la procedente (total ou parcialmente) ou improcedente, e com isso condenar ou absolver o acusado, incluindo-se aqui a sentença de absolvição imprópria, na qual o magistrado desenvolve raciocínio indicativo de procedência da ação penal, mas ao final absolve o acusado e aplica medida de segurança em razão da comprovada inimputabilidade.

Em sede de apelação, pode-se alegar matéria preliminar e também discutir amplamente o mérito.

Cabe alegar em preliminar, por exemplo, a nulidade de determinado ato processual ou do processo.

No mérito, a apelação poderá discutir a ocorrência ou não do fato; tipicidade; dolo ou culpa; forma consumada ou tentada, autoria, materialidade, incidência, ou não, de causas de exclusão da ilicitude ou da culpabilidade; prescrição; critérios utilizados para a individualização da pena, escolha do regime etc.

Contra a sentença de impronúncia ou de absolvição sumária, o art. 416 do CPP diz expressamente que caberá apelação.

As **decisões definitivas**, ou **com força de definitivas**, são assim denominadas porque *resolvem definitivamente* a questão debatida e posta à apreciação judicial. Diferem das sentenças, entretanto, na exata medida em que não julgam o mérito do processo (fato-crime, autoria, materialidade etc.) – o *meritum causae* –, mas tema diverso, tal como ocorre com as decisões que resolvem questões e processos incidentes (ver os arts. 92 a 154 do CPP).

Ainda nos moldes do art. 593, houve por bem o legislador particularizar determinadas **decisões do Tribunal do Júri** passíveis de apelação, e por aqui, ao contrário do que ocorre na generalidade dos casos, o fundamento do recurso só poderá estar circunscrito a uma das hipóteses taxativamente listadas e anteriormente indicadas,[82] mas a falta de indicação na petição de interposição dos dispositivos legais em que se funda o apelo não impede seja ele conhecido, desde que nas razões do inconformismo seja possível identificá-los.

Sabido que o procedimento do Tribunal do Júri é escalonado ou bipartido, vencida a instrução preliminar (primeira fase), que se encerra com a decisão de pronúncia, passa-se à fase de instrução e julgamento em plenário (segunda fase), e nesse ambiente podem ocorrer inúmeras situações ensejadoras de nulidade posterior à pronúncia.

O ato defeituoso poderá ser impugnado por meio de apelação, cuja procedência determinará a nulidade do julgamento em plenário, a fim de que, sanada a mácula, seja o acusado submetido a novo julgamento.

Também é atacável por apelação a sentença do juiz-presidente contrária à lei expressa *ou* à decisão dos jurados.

Note-se que não se trata de erro cometido pelos jurados, mas pelo juiz de Direito – presidente do Tribunal do Júri –, e o desacerto poderá decorrer de violação à regra expressa de direito, ao que fora deliberado pelos jurados, ou a ambos os aspectos.

Nos processos de competência do Tribunal do Júri, quem condena ou absolve em plenário são os jurados, e ao juiz togado resta apenas redigir a sentença, cujo conteúdo está determinado no art. 492 do CPP, e evidentemente não poderá se distanciar do que fora soberanamente decidido pelo "juiz natural dos crimes dolosos contra a vida".

Se houver algum descompasso, contra a sentença caberá apelação, e, se esta for provida, o próprio tribunal deverá determinar os ajustes necessários, com vistas à conformação do que fora decidido em plenário e a sentença (§ 1º do art. 593).

Também é apelável a sentença que materializa *erro* ou *injustiça* no tocante à aplicação da pena *ou* da medida de segurança, e por aqui é preciso admitir que enquanto o *erro* é mais facilmente perceptível, por envolver basicamente critério objetivo de quantificação, a afirmação de *injustiça* demanda análise de cunho subjetivo,

---

82. Súmula 713 do STF: "O efeito devolutivo da apelação contra decisões do júri é adstrito aos fundamentos da sua interposição". "Em razão das peculiaridades das quais são revestidas as decisões do Tribunal do Júri, o efeito devolutivo do recurso de apelação é restrito aos fundamentos da sua interposição, previstos nas alíneas do inciso III do art. 593 do Código de Processo Penal, sendo vedado ao órgão recursal julgar com base em outro" (STJ, HC 224.050/RJ, 5ª T., rel. Min. Jorge Mussi, j. 18-6-2013, *DJe* de 6-8-2013).

inegavelmente mais complexa, porquanto sujeita a influxos diversos e por isso variável de pessoa para pessoa.

Haverá *erro* na aplicação da pena, por exemplo, se ao trabalhar com a incidência do § 6º do art. 121 do CP[83] o juiz aumentar a pena em menos de 1/3 (um terço) ou em mais de metade, de modo a desrespeitar os extremos (mínimo e máximo) previstos.

Será possível argumentar *injusta* dosimetria de pena, por exemplo, quando, sem qualquer embasamento na prova colhida, o juiz dobrar a pena-base fixada e indicar a personalidade do acusado (CP, art. 59) como fundamento para tal exagero.

De igual maneira, em casos tais, o tribunal *ad quem*, se der provimento ao apelo, retificará a aplicação da pena ou da medida de segurança (§ 2º do art. 593).

Também caberá apelação se a *decisão dos jurados* for manifestamente contrária à prova dos autos.

Aqui, dois importantes aspectos necessitam ser destacados: *1º*) o equívoco, *in casu*, é praticado pelos jurados, e não pelo juiz togado; *2º*) é imprescindível que a decisão seja *manifestamente* contrária à prova dos autos.

Se a decisão dos jurados acolhe uma dentre as versões plausíveis disponibilizadas pela prova do processo, não há falar em decisão *manifestamente contrária*, do que resulta a impossibilidade jurídica de provimento ao apelo nesse cenário manifestado.

Nesse sentido:

> Os veredictos do Tribunal do Júri são soberanos e não podem ser revistos, salvo quando manifestamente contrários à prova dos autos, remontando a garantia do art. 5º, XXXVII, "c", da Constituição Federal ao célebre Buschel's Case, de 1670, decidido pelas Cortes Inglesas.[84]
>
> A decisão do Conselho de Sentença quando manifestamente divorciada do contexto probatório dos autos resulta em arbitrariedade que deve ser sanada pelo juízo recursal, nos termos do art. 593, III, *d*, do Código de Processo Penal.[85]
>
> Só se anula o julgamento proferido pelo Tribunal do Júri, com fundamento no art. 593, III, *d*, do Código de Processo Penal, nas hipóteses em que a decisão do Conselho de Sentença é arbitrária, dissociando-se completamente da prova dos autos, o que não ocorre quando os jurados, amparados pelo conjunto probatório existente, optam por uma das versões apresentadas.[86]
>
> Manifestamente contrária à prova dos autos é a decisão que despreza as provas produzidas, não aquela que, claramente, opta por uma das versões apresentadas em Plenário.[87-88]

83. A pena é aumentada de 1/3 (um terço) até a metade se o crime for praticado por milícia privada, sob o pretexto de prestação de serviço de segurança, ou por grupo de extermínio.

84. STF, RHC 113.314 AgR/SP, 1ª T., rel. Min. Rosa Weber, j. 11-9-2012, *DJe* n. 200, de 11-10-2012.

85. STF, RHC 107.250/SP, 1ª T., rel. Min. Rosa Weber, j. 3-4-2012, *DJe* n. 083, de 30-4-2012.

86. STJ, AgRg no AREsp 96.517/RJ, 5ª T., rel. Min. Laurita Vaz, j. 23-4-2013, *DJe* de 30-4-2013.

87. STJ, HC 170.447/DF, 6ª T., rel. Min. Sebastião Reis Júnior, j. 2-5-2013, *DJe* de 13-5-2013.

88. *No mesmo sentido*: STF, AI 76.8591 AgR/RS, 1ª T., rel. Min. Luiz Fux, j. 9-4-2013, *DJe* n. 078, de 26-4-2013; STJ, HC 198.985/RS, 5ª T., rel. Min. Marilza Maynard, j. 19-3-2013, *DJe* de 25-3-2013; STJ, HC

Em razão da absoluta pertinência, cabe aqui transcrever a lição do Min. ARY AZEVEDO FRANCO, conforme segue:

> Hoje só se legitima o recurso em se verificando uma decisão, de si tão contrária à verdade, que constitua evidente desrespeito ao que ficou inequivocamente provado no processo.
>
> Manifestamente... Nunca um vocábulo teve maior precisão, maior indubitabilidade no seu sentido. Assim como nunca a significação usual se ajustou mais rigorosamente à sua significação jurídica.
>
> *Manifesto*, segundo CÂNDIDO DE FIGUEIREDO, é sinônimo de patente, público, evidente. E DOMINGOS VIEIRA afirma "o que é manifesto é evidente para todos" (Dic., v. IV, p. 103).
>
> Que se poderá entender por manifesto, por evidente, senão aquilo que se impõe à percepção de todos, que todos veem necessariamente, e sôbre o que não é admissível, em sã consciência, a possibilidade de afirmações díspares?
>
> Onde exista, porém, matéria sujeita ao critério de observação pessoal do julgador, dependente, para firmar-se, não da fôrça dominadora da realidade indubitável, mas da apreciação subjetiva de cada um, não se há de cogitar de evidência.
>
> Assim, sempre que o fato se apresente suscetível de ser divisado à luz de critérios divergentes, capazes de lhe emprestarem diversa fisionomia moral ou jurídica, qualquer que seja a orientação vencedora, refletida na decisão do Tribunal, não poderá ser havida como manifestamente contrária à prova.[89]

É preciso não perder de vista que, na hipótese, o provimento da apelação configura medida excepcional, haja vista a obrigatoriedade de se respeitar a determinação constitucional garantidora da soberania das decisões proferidas pelo júri, juiz natural dos crimes dolosos contra a vida (CF, art. 5º, XXXVIII, *c* e *d*).

Identificada a situação autorizadora, a anulação do julgamento não configura afronta à soberania do Tribunal do Júri.[90]

Não é ocioso enfatizar que, mesmo quando se estiver diante de absolvição imposta pelos jurados com fundamento no art. 483, III, do CPP, tal decisão deverá ser anulada em grau de recurso, se manifestamente contrária à prova dos autos. Esse

---

204.231/SP, 5ª T., rel. Min. Jorge Mussi, j. 23-4-2013, *DJe* de 8-5-2013; STJ, HC 226.526/ES, 5ª T., rel. Min. Marco Aurélio Bellizze, j. 20-6-2013, *DJe* de 28-6-2013.

89. *O júri e a Constituição Federal de 1946*, 2. ed., Rio de Janeiro, Revista Forense, 1956, p. 261-262.

90. "Não viola o princípio constitucional da soberania dos veredictos, o comando de realização de novo julgamento pelo Tribunal do Júri, no caso de decisão proferida manifestamente contrária à prova dos autos" (STF, RHC 113.314 AgR/SP, 1ª T., rel. Min. Rosa Weber, j. 11-9-2012, *DJe* n. 200, de 11-10-2012). "Consoante orientação pacífica das Cortes Superiores, a submissão do réu a novo julgamento, na forma do disposto no art. 593, § 3º, do Código de Processo Penal, não ofende o art. 5º, XXXVIII, *c*, da Constituição da República" (STJ, HC 206.712/SC, 5ª T., rel. Min. Laurita Vaz, j. 21-3-2013, *DJe* de 2-4-2013). *No mesmo sentido*: STJ, HC 128.437/ES, 6ª T., rel. Min. Assusete Magalhães, j. 7-11-2012, *DJe* de 19-11-2012; STJ, HC 251.605/RJ, 6ª T., rel. Min. Sebastião Reis Júnior, j. 21-5-2013, *DJe* de 7-6-2013.

tema já foi enfrentado pela Terceira Seção do Superior Tribunal de Justiça, conforme ementa que segue transcrita:

> As decisões proferidas pelo Conselho de sentença não são irrecorríveis ou imutáveis, podendo o Tribunal *ad quem*, nos termos do art. 593, III, *d*, do CPP, quando verificar a existência de decisão manifestamente contrária às provas dos autos, cassar a decisão proferida, uma única vez, determinando a realização de novo julgamento, sendo vedada, todavia, a análise do mérito da demanda. A absolvição do réu pelos jurados, com base no art. 483, III, do CPP, ainda que por clemência, não constitui decisão absoluta e irrevogável, podendo o Tribunal cassar tal decisão quando ficar demonstrada a total dissociação da conclusão dos jurados com as provas apresentadas em plenário. Assim, resta plenamente possível o controle excepcional da decisão absolutória do Júri, com o fim de evitar arbitrariedades e em observância ao duplo grau de jurisdição. Entender em sentido contrário exigiria a aceitação de que o conselho de sentença disporia de poder absoluto e peremptório quanto à absolvição do acusado, o que, ao meu ver não foi o objetivo do legislador ao introduzir a obrigatoriedade do quesito absolutório genérico, previsto no art. 483, III, do CPP.[91]

Considerados os parâmetros delineados, se o tribunal *ad quem* se convencer de que a decisão dos jurados é manifestamente contrária à prova dos autos, dar-lhe-á provimento para sujeitar o réu a novo julgamento (§ 3º do art. 583).

Há uma última e importante observação a ser feita: não se admite, pelo mesmo fundamento, segunda apelação.[92]

12.2.3. Prazos de interposição

Regra geral, o prazo para interposição de apelação é de 5 (cinco) dias, conforme estatuído no art. 593, *caput*, do CPP.

Nos crimes de competência do Tribunal do Júri, ou do juiz singular, se da sentença não for interposta apelação pelo Ministério Público no prazo legal, que é contado a partir da leitura da sentença em plenário ao final do julgamento,[93] o ofendido ou qualquer das pessoas enumeradas no art. 31 (cônjuge, ascendente, descendente ou irmão), ainda que não se tenha habilitado nos autos como assistente, poderá interpor apelação no prazo de 15 (quinze) dias, contados do dia em que vencer o prazo do Ministério Público (CPP, art. 598).

---

91. STJ, HC 313.251/RJ, Terceira Seção, rel. Min. Joel Ilan Paciornik, j. 28-2-2018, *DJe* de 27-3-2018.

92. "Não se pode descurar, ademais, que o Código de Processo Penal inviabiliza a interposição de segundo recurso com fundamento no art. 593, III, *d*, do Código de Processo Penal, sob pena de se eternizar a lide" (STJ, HC 223.107/SP, 5ª T., rel. Min. Marco Aurélio Bellizze, j. 23-4-2013, *DJe* de 29-4-2013).

93. "Nos processos de competência do Tribunal do Júri, publicada a sentença ao final da sessão de julgamento, ficam a acusação e a defesa intimadas pessoalmente nesse momento. É intempestivo o recurso ministerial interposto após o prazo de 5 dias, contados da sua intimação (precedente)" (STJ, HC 259.602/MA, 6ª T., rel. Min. Sebastião Reis Júnior, j. 21-2-2013, *DJe* de 1º-3-2013).

Quanto ao prazo de apelação conferido ao assistente da acusação, é preciso distinguir se este já se encontrava *habilitado* nos autos *ou não*.

Se já estiver habilitado, cumprirá seja intimado na forma do art. 391 do CPP, e o prazo para interpor apelação será de 5 (cinco) dias – conforme a regra geral – contados a partir da intimação.

Se não estiver habilitado, o prazo será de 15 (quinze) dias (art. 598), observada a Súmula 448 do STF, *verbis*: "O prazo para o assistente recorrer, supletivamente, começa a correr imediatamente após o transcurso do prazo do Ministério Público".

Nos Juizados Especiais Criminais, o prazo para interpor apelação é de 10 (dez) dias, contados da ciência da sentença (Lei n. 9.099/95, art. 82, § 1º).

Não se deve confundir o **prazo de interposição** com **prazo para apresentação das razões da apelação**.

Se a interposição for tempestiva, **a intempestividade das razões** (e também das contrarrazões) constitui mera irregularidade que não compromete o normal processamento e o conhecimento do recurso.[94]

12.2.4. *Efeitos*

Já analisamos no início deste capítulo, genericamente, quais são os efeitos a que se encontram expostos os recursos.

Basicamente, incidem os efeitos *devolutivo* e *suspensivo*.

A apelação não proporciona juízo de retratação, daí não se verificar por aqui o *efeito regressivo*.

Consoante dispõe a Súmula 713 do STF: "O efeito devolutivo da apelação contra decisões do júri é adstrito aos fundamentos da sua interposição".

Observado que a apelação pode ser total ou parcial, é força convir que, a depender da hipótese, toda a matéria poderá ser *devolvida* à apreciação, ou apenas parte dela.

Nesse contexto, a regra do *tantum devolutum quantum appellatum* deve ser analisada com alguma reserva.

Com efeito. Na generalidade dos casos, mesmo diante de apelação interposta pela acusação (e com mais razão em face de apelação da defesa), não há óbice a que o Tribunal julgue além do pedido contido nas razões do inconformismo, desde que em benefício do acusado.

Exemplificando: se o Ministério Público apela de determinada sentença com vistas a obter tão somente a exasperação do regime inicial fixado na condenação,

94. "Segundo iterativa jurisprudência da 3ª Seção deste Tribunal, a apresentação das razões de Apelação a destempo constitui mera irregularidade, não caracterizando a intempestividade do recurso" (STJ, HC 72.893/AL, 5ª T., rel. Min. Napoleão Nunes Maia Filho, j. 28-11-2007, *DJ* de 17-12-2007, p. 243). "A apresentação extemporânea das razões da apelação interposta pelo Ministério Público constitui mera irregularidade, não implicando o reconhecimento da intempestividade do recurso" (STJ, AgRg no REsp 953.143/GO, 6ª T., rel. Min. Haroldo Rodrigues, j. 14-9-2010, *DJe* de 18-10-2010).

pode o Tribunal, mesmo que silente a defesa, conhecer do recurso para o fim de decretar a nulidade do processo ou a improcedência da ação penal e, de consequência, declarar a absolvição do réu, se a realidade dos autos assim recomendar.

Cabe aqui recordar, entretanto, a Súmula 160 do STF, que tem o seguinte teor: "É nula a decisão do Tribunal que acolhe, contra o réu, nulidade não arguida no recurso da acusação, ressalvados os casos de recurso de ofício".[95]

Proferida sentença absolutória, o acusado deverá ser imediatamente colocado em liberdade, caso se encontre cautelarmente custodiado em razão da decretação de prisão preventiva (CPP, art. 596), o que autoriza dizer que, nesse caso, a apelação será recebida apenas no *efeito devolutivo*.

Por outro vértice, na hipótese de sentença condenatória, a apelação terá efeito suspensivo, tal como decorre do disposto no art. 597 do CPP, que está em consonância com o art. 5º, LVII, da CF, segundo o qual "ninguém será considerado culpado até o trânsito em julgado de sentença penal condenatória" (princípio da presunção de inocência) e com o art. 9º da Declaração de Direitos do Homem e do Cidadão (1789), onde está expresso que "Todo acusado é considerado inocente até ser considerado culpado".[96]

Relevante observar, com apoio em Nucci, que: "A ressalva feita no art. 598, *caput*, parte final, de que não será admitido o recurso do ofendido ou de seus sucessores com efeito suspensivo, pressupõe tenha ele sido oferecido contra decisão absolutória. Ocorre que, atualmente, tem-se admitido apelação do ofendido ou seus sucessores para requerer, por exemplo, o aumento de pena. Se assim for, a vítima estará insurgindo-se contra sentença condenatória, que pode ter, sim, efeito suspensivo, não sendo aplicável a parte final deste artigo, harmonizando-se com o disposto na primeira parte do art. 597".[97]

Não há falar em *prisão para recorrer* ou *prisão resultante de sentença condenatória recorrível*, tal como se via no art. 594 do CPP, revogado pelo art. 3º da Lei n. 11.719/2008, tampouco em prisão cautelar resultante de sentença condenatória

95. Conforme anotamos em linhas precedentes, o ordenamento vigente não admite a providência anômala que se convencionou denominar recurso *ex officio*, por configurar prática proativa incompatível com o processo penal acusatório (CPP, art. 3º-A).

96. "A origem desse princípio 'remonta ao art. 9º da Declaração dos Direitos do Homem e do Cidadão proclamada em Paris em 26-8-1789 e que, por sua vez, deita raízes no movimento filosófico-humanitário chamado 'Iluminismo', ou Século das Luzes, que teve à frente, dentre outros, o Marquês de Beccaria, Voltaire, Montesquieu, Rousseau. Foi um movimento de ruptura com a mentalidade da época, em que, além das acusações secretas e das torturas, o acusado era tido como objeto do processo e não tinha nenhuma garantia. Dizia Beccaria que 'a perda da liberdade sendo já uma pena, esta só deve preceder a condenação na estrita medida que a necessidade o exige' (Dos delitos e das penas, São Paulo: Atena Ed., 1954, p. 106)" (STF, HC 99.141/SP, 1ª T., rel. Min. Luiz Fux, j. 29-3-2011, *DJe* n. 071, de 14-4-2011, *RT* 908/448).

97. Guilherme de Souza Nucci, *Manual de processo e execução penal*, 14. ed., Rio de Janeiro, Forense, 2017, p. 851.

recorrível, modalidade de custódia igualmente revogada pela Lei n. 12.403/2011, conforme cuidamos de expor no capítulo em que estudamos as prisões cautelares.[98]

Por força e nos limites do disposto no art. 580 do CPP, *a decisão proferida* em sede de apelação está sujeita ao *efeito extensivo*, sobre o qual já discorremos neste capítulo.

Na hipótese de condenação a uma pena igual ou superior a 15 (quinze) anos de reclusão, resultante de julgamento pelo Tribunal do Júri, diz o art. 492, I, *e*, c.c. o § 3º, do CPP, que a apelação eventualmente interposta não terá efeito suspensivo e caberá sua imediata execução provisória.

Pelo que se vê escrito, embora seja vedado ao juiz de primeiro grau, na situação referida, receber a apelação com efeito suspensivo, na petição de interposição do inconformismo, em tópico destacado no início das razões da apelação, ou, em petição distinta, endereçada diretamente ao relator do processo junto ao tribunal, "instruída com cópias da sentença condenatória, das razões da apelação e de prova da tempestividade, das contrarrazões e das demais peças necessárias à compreensão da controvérsia" (§ 6º do art. 492), o apelante poderá requerer a concessão de efeito suspensivo.

Observado que após a interposição a apelação será submetida a juízo de admissibilidade (que pode ser positivo ou negativo), quando então, sendo ele positivo e, portanto, recebido o inconformismo para processamento, será fixado o efeito meramente devolutivo e determinada a intimação do apelado para a apresentação das contrarrazões no prazo legal, em regra a postulação de efeito suspensivo será apresentada antes do juízo de admissibilidade e, portanto, antes das contrarrazões. É certo, contudo, que o § 6º do art. 492 do CPP indica que cópia das contrarrazões devem ser juntadas com o pedido de efeito suspensivo que poderá ser dirigido ao relator em petição apartada, e disso extrai-se que o pedido ao relator em *petição distinta* e devidamente instruída poderá ser realizado em dois momentos: antes ou depois da apresentação das contrarrazões da apelação nos autos do processo.

A teor do disposto no § 5º, I e II, do art. 492 do CPP, "Excepcionalmente, poderá o tribunal atribuir efeito suspensivo à apelação de que trata o § 4º deste artigo, quando verificado cumulativamente que o recurso: I – não tem propósito meramente protelatório; e II – levanta questão substancial e que pode resultar em absolvição, anulação da sentença, novo julgamento ou redução da pena para patamar inferior a 15 (quinze) anos de reclusão".

A nosso ver, é inconstitucional a execução provisória de pena igual ou superior a 15 (quinze) anos de reclusão, imposta em condenação por julgamento perante o

98. Sobre essa matéria, conferir também: Renato Marcão, *Prisões cautelares, liberdade provisória e medidas cautelares restritivas*, 2. ed., São Paulo, Saraiva, 2013.

Tribunal do Júri, na forma determinada pelo art. 492, I, *e*, do CPP, cuja redação decorre da Lei n. 13.964/2019.

O Supremo Tribunal Federal já decidiu, por maioria, ser inconstitucional a execução provisória de pena – resultante de condenação sem trânsito em julgado definitivo –, quando ausentes os requisitos autorizadores da prisão preventiva e sua regular decretação.

12.2.5. Processamento

Muito embora até possa assim proceder, o apelante não está obrigado a apresentar as razões do apelo juntamente com a petição de interposição.

De tal sorte, interposta a apelação – por *petição* ou *termo* nos autos –, o apelante disporá do prazo de 8 (oito) dias para apresentar as razões de seu inconformismo, vale dizer: apresentar as **razões da apelação**.

Nos processos que versem sobre contravenção penal (Decreto-Lei n. 3.688/41), o prazo para apresentação das razões do recurso é de 3 (três) dias, tudo conforme o disposto no art. 600, *caput*, do CPP.

Se houver *assistente da acusação* habilitado nos autos, este disporá do prazo de 3 (três) dias para apresentar suas razões, contados a partir do vencimento do prazo concedido ao Ministério Público (§ 1º).

Na hipótese de ação penal privada exclusiva ou subsidiária da pública (em qualquer caso, portanto, movida pela parte ofendida), após a apresentação das razões do apelante, o Ministério Público terá vista dos autos pelo prazo de 3 (três) dias para se manifestar (§ 2º).

Depois, em igual prazo para cada hipótese, o apelado terá vista dos autos para que possa apresentar as **contrarrazões da apelação**, em que irá impugnar os fundamentos do inconformado.

É possível que, nas contrarrazões, o apelado concorde com o apelante. Exemplo: apenas o acusado recorre da sentença condenatória, e, em sede de contrarrazões, o Ministério Público concorda, total ou parcialmente, com as razões do apelo.

Quando forem dois ou mais os apelantes ou apelados, os prazos para apresentação de razões e contrarrazões não serão sucessivos, mas comuns, o que corresponde a dizer que correrão conjuntamente, tal como manda o § 3º do art. 600.

Embora seja mais comum ocorrer todo o processamento do recurso no Juízo da comarca em que o processo foi julgado, o § 4º do art. 600 faculta ao apelante a apresentação *das razões do apelo* em Segundo Grau. Para tanto, deverá declarar no termo ou na petição de interposição que pretende arrazoar na segunda instância, para onde os autos serão oportunamente remetidos e será providenciada a abertura de vista, com a intimação pela imprensa, a fim de que proceda ao oferecimento das razões.

A ausência de intimação para o oferecimento das razões do apelo configura causa de nulidade absoluta do julgamento.[99]

Apesar de não existir restrição alguma na lei, essa regra não se aplica ao Ministério Público, em relação ao qual se apresenta – lógica e juridicamente – inviável.

É preciso ter em mente que a atuação dos Promotores de Justiça está circunscrita ao Primeiro Grau de jurisdição e que os Procuradores de Justiça não estão legitimados a arrazoar recurso no processo criminal (salvo quando se estiver diante de processo de competência originária, ainda assim iniciado pelo Procurador-Geral de Justiça, e não por qualquer Procurador).

Disso se extrai que o Promotor de Justiça não detém atribuições para atuar em Segunda Instância e, portanto, nela não poderá arrazoar apelo.

Poder-se-ia argumentar que o Promotor de Justiça poderia protestar pela apresentação de razões em Segundo Grau e, depois da remessa dos autos, o Tribunal determinaria o retorno à origem para a apresentação das razões, mas haveria aqui ao menos uma impropriedade lógica. Nessa hipótese, convenhamos, as razões do apelo seriam apresentadas em Primeiro, e não em Segundo Grau de jurisdição.

Ainda em razão das delimitadas e conhecidas atribuições dos órgãos de execução do Ministério Público – Promotores e Procuradores de Justiça – se as razões do *apelo defensório* forem apresentadas em Segundo Grau, na sequência deverá o Tribunal determinar a remessa dos autos ao juízo de origem para que o Promotor de Justiça oficiante apresente as contrarrazões,[100] já que essa tarefa não se insere no rol de atribuições dos Procuradores de Justiça.

Há Ministérios Públicos que preferem criar e manter setor em sua estrutura com Promotores de Justiça designados para contrariar recursos arrazoados em Segundo Grau, mas a depender da maneira como isso ocorre não é difícil incidir em violação ao princípio do Promotor Natural.

Conforme dispõe o art. 601, *caput*, do CPP, "findos os prazos para razões, os autos serão remetidos à instância superior, com as razões ou sem elas, no prazo de 5 (cinco) dias", mas, a nosso ver, essa regra colide com os princípios do contraditório e da ampla defesa.

---

99. "É nulo o processo criminal a partir do disposto no art. 600, § 4º, do CPP se ao réu não foi dada a oportunidade de apresentar as razões recursais" (STJ, HC 28.418/SC, 5ª T., rel. Min. Felix Fischer, j. 16-3-2004, *DJ* de 3-5-2004, p. 190). "Doutrina e jurisprudência são assentes em apontar nulidade absoluta do julgamento de recurso de apelação sem que se intime a parte que requereu arrazoar na instância superior (art. 600, § 4º, CPP)" (STJ, HC 29.605/PE, 6ª T., rel. Min. Paulo Medina, j. 10-8-2004, *DJ* de 20-9-2004, p. 335).

100. "Necessidade de intimação dos patronos para oferecimento das razões recursais em segunda instância – conforme requerido pela defesa, a teor do art. 600, § 4º, do CPP e, em seguida, o retorno dos autos à origem para as contrarrazões ministeriais" (STJ, HC 214.125/RJ, 6ª T., rel. Min. Og Fernandes, j. 4-12-2012, *DJe* de 18-12-2012).

Segundo pensamos, a apresentação das razões do apelo configura providência imprescindível para que a parte contrária – acusação ou defesa – possa formular contrarrazões e assim exercer o contraditório, inclusive e especialmente em razão da natureza jurídica dos recursos em geral, umbilicalmente ligada ao exercício do direito de ação.

Esse tema é bastante controvertido na jurisprudência e na doutrina, e há quem entenda, como Pacelli,[101] que, em relação à defesa, as razões da apelação são prescindíveis, porque o inconformismo defensório sempre permite ao tribunal a reapreciação total do processo, independentemente do objeto específico do recurso.

No que pertine ao recurso da acusação, a ausência de razões também afeta negativamente o exercício da ampla defesa, já que não será possível delimitar e, portanto, contrariar adequadamente a pretensão recursal.

Nesse tema, não se deve perder de vista que é por meio da análise das razões do inconformismo que se pode fiscalizar e assegurar a proibição de *reformatio in pejus* para a defesa. Logo, sem as razões, qual a matéria que estaria sendo devolvida à reapreciação da Instância Superior? Como saber se a pretensão recursal da acusação resume-se a parte da sentença (pena ou regime, por exemplo) ou envolve pretensão mais ampla (condenação por outro crime imputado, pelo qual o recorrido foi absolvido)?

Sob nosso olhar, em casos tais, se a omissão do dever de arrazoar advier do Ministério Público, caberá ao juiz comunicar a Procuradoria-Geral de Justiça para conhecimento e providências (semelhante agir caberá em relação aos Procuradores da República e Defensores Públicos, comunicando-se a respeito os órgãos superiores respectivos), opinião que compartilhamos com Espínola Filho.[102] Se a desídia for do advogado, deverá o juiz determinar a intimação do acusado para que providencie outro de sua confiança em substituição,[103] e, no caso de inércia, restará ao magistrado destituir o profissional silente e nomear outro para o exercício da nobre atividade, intimando-o desde logo para que apresente as razões da apelação.

São reiteradas as decisões do Superior Tribunal de Justiça nesse sentido:

> A motivação do recurso, em regra, é seu elemento essencial que não pode ser dispensado, sob pena de ocorrer evidente cerceamento aos interesses do réu. Se o defensor constituído, intimado, deixa de apresentar as razões recursais, o réu deve ser certificado para constituir outro ou, então, no caso de sua eventual inércia, deve o juiz nomear um defensor dativo para completar o recurso.[104]

101. Eugênio Pacelli, *Curso de processo penal*, 21. ed., São Paulo, Atlas, 2017, p. 984.

102. Eduardo Espínola Filho, *Código de Processo Penal brasileiro anotado*, 3. ed., Rio de Janeiro, Borsoi, 1955, v. VI, p. 25.

103. "Esta Corte já sedimentou o entendimento de que a escolha de profissional da confiança do acusado é uma das formas de concretização do princípio da ampla defesa" (STF, HC 112.212/SP, 2ª T., rel. Min. Ricardo Lewandowski, j. 18-9-2012, *DJe* n. 194, de 3-10-2012).

104. STJ, REsp 125.680/RS, 5ª T., rel. Min. Felix Fischer, j. 20-8-1998, *DJ* de 13-10-1988, p. 150.

> A jurisprudência desta Corte Superior de Justiça é firme em que as razões de recurso substanciam, à luz da nova ordem constitucional, ato essencial do processo, indispensável ao efetivo exercício da ampla defesa, assegurada na Constituição da República (art. 5º, LV). Não ofertadas as razões de recurso pelo patrono constituído, devidamente intimado para tanto, é obrigatório oportunizar ao réu, por intimação, a sua substituição, tanto quanto, permanecendo indiferente, que se lhe nomeie defensor dativo, pena de nulidade do processo.[105]

No Supremo Tribunal Federal, entretanto, fundamentado na ideia de que "a deficiência da defesa não acarreta nulidade absoluta, mas tão somente a falta desta (Súmula 523/STF)",[106] predomina entendimento diverso, conforme evidenciam as ementas que seguem:

> A não apresentação de razões da apelação por defensor constituído, desde que intimados para arrazoarem o recurso, não caracteriza cerceamento de defesa.[107]

> A jurisprudência deste Supremo Tribunal Federal firmou o entendimento de que a ausência de razões de apelação e de contrarrazões à apelação do Ministério Público não é causa de nulidade por cerceamento de defesa, se o defensor constituído pelo réu foi devidamente intimado para apresentá-las.[108]

> Não implica em nulidade a não apresentação de razões de apelação, ou contrarrazões a ela, por advogado constituído pelo réu.[109]

No que tange à necessidade de contrarrazões defensórias não há qualquer dissenso: a ausência de contrariedade acarreta nulidade absoluta, por malferir os princípios da ampla defesa e do contraditório, daí por que, na hipótese de inércia do defensor, o juiz deverá determinar a intimação do acusado para que constitua outro em substituição. Se ainda assim o acusado permanecer silente, o juiz deverá destituir o defensor desidioso e nomear outro em seu lugar, intimando-o imediatamente para a apresentação da contrariedade.

Pois bem.

Ainda no que diz respeito ao processamento da apelação, calha observar que, na hipótese de corréus, se "não houverem todos sido julgados, ou não tiverem todos apelado, caberá ao apelante promover extração do traslado dos autos, o qual deverá ser remetido à instância superior no prazo de trinta dias, contado da data da entrega das últimas razões de apelação, ou do vencimento do prazo para a apresentação das do apelado" (CPP, art. 601, § 1º).

---

105. STJ, HC 50.175/PR, 6ª T., rel. Min. Hamilton Carvalhido, j. 3-8-2006, *DJ* de 5-2-2007, p. 391.

106. STF, HC 86.711/GO, 1ª T., rel. Min. Ricardo Lewandowski, j. 4-3-2006, *DJ* de 16-6-2006, p. 19, *LEXSTF* 331/503.

107. STF, HC 77.270/MS, 2ª T., rel. Min. Nelson Jobim, j. 6-10-1998, *DJ* de 27-4-2001, p. 60.

108. STF, HC 91.251/RJ, 1ª T., rel. Min. Cármen Lúcia, j. 19-6-2007, *DJe* n. 082, de 17-8-2007, *RT* 866/580.

109. STF, HC 77.994/RJ, 2ª T., rel. Min. Maurício Corrêa, j. 10-11-1998, *DJ* de 27-4-2001, p. 61.

As despesas do traslado são de responsabilidade daquele que o solicitar, regra que não se aplica em relação ao réu pobre e também ao Ministério Público.

A apelação subirá nos autos originais e, a não ser no Distrito Federal e nas comarcas que forem sede de Tribunal de Justiça, ficará em cartório traslado dos termos essenciais do processo referidos no art. 564, III (CPP, art. 603).

Nada obstante a regra expressa, é força convir que nos dias atuais é impraticável manter traslados dos processos no juízo de origem, e isso em razão da generalizada ausência de estrutura e espaço nos cartórios judiciais (a maioria insalubres). Ademais, a digitalização dos processos direciona para a superação da cautela.

12.2.5.1. Juizados Especiais Criminais

No tocante aos Juizados Especiais Criminais, há disposição especial expressa no art. 82 da Lei n. 9.099/95, segundo o qual: "Da decisão de rejeição da denúncia ou queixa e da sentença caberá apelação, que poderá ser julgada por turma composta de três Juízes em exercício no primeiro grau de jurisdição, reunidos na sede do Juizado" (*caput*).

A petição de interposição deverá ser apresentada juntamente com as razões da apelação (§ 1º), não se aplicando, portanto, a regra geral que prevê momentos distintos e duplicidade de prazos para tais providências.

Ademais, por força do mesmo artigo, o prazo para a interposição do recurso e também para a apresentação das contrarrazões é de 10 (dez) dias (§ 2º).

Não tem aplicação, por aqui, o disposto no § 4º do art. 600 do CPP.

12.3. Correição parcial

Trata-se de **recurso**[110] destinado a atacar decisão de magistrado de primeira instância, ensejadora de **erro procedimental** ou **inversão tumultuária do processo**. Tais são os fundamentos disponibilizados às partes intencionadas em utilizar esse tipo de impugnação. Presta-se, portanto, a atacar *error in procedendo*,[111] jamais *error in judicando*.

Em vários aspectos, trata-se de modalidade de providência bastante controvertida na doutrina, havendo quem sustente, inclusive, sua inconstitucionalidade, visto não estar tipificada em lei federal, mas em leis estaduais e regimentos dos tribunais,

110. "A correição parcial, a quem a doutrina pátria moderna atribui natureza jurídica de recurso, constitui medida judicial contra decisões ou despachos dos juízes não impugnáveis por outro recurso e que representem erro ou abuso, de que resulte a inversão tumultuária dos atos e fórmulas da ordem legal do processo" (STJ, REsp 730.079/RS, 6ª T., rel. Min. Hamilton Carvalhido, j. 11-10-2005, *DJe* de 4-8-2008, *RT* 877/551).

111. "A correição parcial é o instrumento adequado a reparação de vício de procedimento (*error in procedendo*) interposto contra ato de juiz de que não haja previsão de recurso" (STJ, HC 151.267/PR, 5ª T., rel. Min. Arnaldo Esteves Lima, j. 25-5-2010, *DJe* de 14-6-2010). "A Correição Parcial objetiva sanar *error in procedendo*, sendo cabível quando não há previsão de recurso específico na legislação processual penal" (STJ, HC 102.082/GO, 5ª T., rel. Min. Napoleão Nunes Maia Filho, j. 27-5-2008, *DJe* de 17-11-2008).

que são despidos de competência para legislar *sobre processo* (criar uma espécie de *recurso*, nesse caso), por força do disposto no art. 22, I, da CF.

O art. 5º, II, da Lei n. 1.533/51 (antiga Lei de Mandado de Segurança) dispunha não ser cabível mandado de segurança quando existisse recurso previsto em leis processuais ou a decisão pudesse ser modificada por meio de *correção*, mas essa lei foi integralmente revogada pela Lei n. 12.016/2009 (atual Lei do Mandado de Segurança), que não dispõe de regra semelhante.

No âmbito federal, a Lei n. 5.010/66 (organiza a Justiça Federal de primeira instância e dá outras providências) dispõe no art. 6º, I, que compete ao Conselho da Justiça Federal conhecer de *correição parcial* requerida pela parte ou pela Procuradoria da República, no prazo de cinco dias, contra ato ou despacho do Juiz de que não caiba recurso, ou comissão que importe erro de ofício ou abuso de poder.

Não há outra lei federal dispondo expressamente a respeito, de maneira que sua aplicação fica na dependência de previsão nos Regimentos Internos dos tribunais ou em leis locais (estaduais), tal como se verifica nos arts. 93 a 96 do Código Judiciário de São Paulo (Decreto-Lei Complementar n. 3/69).

No âmbito normativo federal, sua **sustentação legal** está baseada, apenas, na Lei n. 5.010/66, de onde se tem extraído fundamento para afirmar sua constitucionalidade.

Também é bastante discutida sua **natureza jurídica**, e sobre esse tema formaram-se duas correntes bem distintas, a saber: *1ª*) tem natureza de autêntico **recurso**;[112] 2ª) trata-se de **providência administrativa**, com repercussões reflexas no processo.[113]

Como já acenamos no início deste tópico, a nosso ver, **trata-se de recurso**, e, como tal, reclama a existência de gravame à parte *corrigente*, demanda contraditório que se perfaz com a intimação da parte *corrigida* para apresentação de contrarrazões, e seu provimento fará mudar a decisão atacada, bem como, eventualmente, poderá desencadear providência de natureza administrativa em face do magistrado prolator da decisão impugnada.

Outra particularidade que merece destaque diz com sua **natureza residual** ou **subsidiária**, visto que só será admitido quando não houver outro recurso tipificado para a hipótese, do qual possa se valer a parte interessada.

Pode ser utilizado por qualquer das partes (acusação e defesa), inclusive pelo assistente da acusação, que no processo penal, já o dissemos, constitui *parte* secundária.

12.3.1. Processamento

Ainda em razão da ausência de regras específicas, também há séria divergência a respeito do processamento a ser adotado em relação a esse tipo de recurso,

---

112. Guilherme de Souza Nucci, *Manual de processo e execução penal*, 14. ed., Rio de Janeiro, Forense, 2017, p. 835.

113. Julio Fabbrini Mirabete, *Processo penal*, 16. ed., São Paulo, Atlas, 2004, p. 767.

existindo quem sustente ser adequado o procedimento do *recurso em sentido estrito*, enquanto outros, dentre os quais nos encontramos, pugnam pelo rito do *agravo de instrumento*, conforme disposto no Código de Processo Civil.

Mas é preciso admitir que o procedimento poderá variar conforme as regras dispostas nas leis estaduais ou mesmo nos Regimentos Internos dos tribunais, e isso em razão de o art. 24, XI, da CF, autorizar que os Estados legislem de forma concorrente sobre *procedimento em matéria processual* (não sobre *processo*).

Note-se, por exemplo, que o art. 94 do Código Judiciário do Estado de São Paulo designa o rito do agravo de instrumento para o processamento da correição parcial.

De tal sorte, e por força do disposto no art. 1.003, § 5º, c.c. o art. 1.016, ambos do CPC/2015, o recurso em testilha poderá ser interposto no prazo de 15 (quinze) dias, em petição endereçada diretamente ao tribunal competente, e a petição de interposição deverá conter: *1)* os nomes das partes; *2)* a exposição do fato e do direito; *3)* as razões do pedido de reforma ou de invalidação da decisão e o próprio pedido; *4)* o nome e o endereço completo dos advogados constantes do processo.

Do art. 1.017 do CPC/2015 se extrai que a petição de interposição será instruída, *obrigatoriamente*, com cópias da petição inicial, da contestação, da petição que ensejou a decisão agravada, da certidão da respectiva intimação ou outro documento oficial que comprove a tempestividade e das procurações outorgadas aos advogados do *corrigente* e do *corrigido* (este último requisito não se aplica ao Ministério Público, evidentemente, mas ao querelante, ao querelado, ao acusado e também ao assistente-corrigente); *facultativamente*, com outras peças que o corrigente entender úteis. Caso o corrigente não disponha de qualquer dos documentos anteriormente mencionados, o recurso deverá ser instruído com "declaração de inexistência" a tal respeito, firmada por seu advogado sob pena de responsabilidade pessoal. Acompanhará a petição o comprovante do pagamento das respectivas custas e do porte de retorno, quando devidos (§ 1º). No prazo do recurso, a petição deverá ser protocolada diretamente no tribunal competente para julgá-lo; levada a protocolo na própria comarca, seção ou subseção judiciárias; postada, sob registro, com aviso de recebimento; enviada mediante transmissão de dados tipo fac-símile, conforme regulamentação específica, ou por qualquer outro meio autorizado em lei (§ 2º).

Há uma cautela especial que deve ser observada pelo corrigente, cujo descumprimento pode implicar a inadmissibilidade do recurso, e se encontra disposta no art. 1.018, §§ 2º e 3º, do CPC/2015, segundo o qual, não sendo eletrônicos os autos, no prazo de 3 (três) dias a contar da interposição do recurso, deverá requerer a juntada aos autos do processo de cópia da petição do recurso, do comprovante de sua interposição e da relação dos documentos que o instruíram. *Se o recorrido arguir e provar* o descumprimento de tal exigência, tal mácula resultará na inadmissibilidade do recurso. Trata-se, portanto, de pressuposto especial de admissibilidade, mas em razão da redação do § 3º é necessário que seja *arguido e provado* tal descumprimento, o que implica a impossibilidade de seu reconhecimento *ex officio* pelo julgador.

No tribunal, observado o disposto nos arts. 1.019 e 932, III e IV, do CPC/2015, o recurso deverá ser imediatamente distribuído, e então caberá ao relator, no prazo de 5 (cinco) dias: *1) decidir pelo não conhecimento* do recurso, caso seja inadmissível, se encontre prejudicado ou por não ter impugnado especificamente os fundamentos da decisão recorrida, e *2) negar provimento ao recurso*, caso seja ele contrário: à súmula do Supremo Tribunal Federal, do Superior Tribunal de Justiça ou do próprio tribunal; a acórdão proferido pelo Supremo Tribunal Federal ou pelo Superior Tribunal de Justiça em julgamento de recursos repetitivos, ou entendimento firmado em incidente de resolução de demandas repetitivas ou de assunção de competência.

Superadas as opções anteriormente anotadas, o relator: poderá atribuir efeito suspensivo ao recurso ou deferir, em antecipação de tutela, total ou parcialmente, a pretensão recursal, comunicando ao juiz sua decisão; ordenará a intimação do corrigido pessoalmente, por carta com aviso de recebimento, quando não tiver procurador constituído, ou pelo *Diário da Justiça* ou por carta com aviso de recebimento dirigida ao seu advogado, para que responda no prazo de 15 (quinze) dias, facultando-lhe juntar a documentação que entender necessária ao julgamento do recurso; determinará a intimação do Ministério Público, preferencialmente por meio eletrônico, quando for o caso de sua intervenção, para que se manifeste no prazo de 15 (quinze) dias.

Na sequência, o relator solicitará dia para julgamento em prazo não superior a 1 (um) mês da intimação do corrigido (CPC/2015, art. 1.020).

O juiz prolator poderá reconsiderar a decisão proferida-recorrida, e, se tal ocorrer, deverá comunicar o relator a respeito. No caso de reconsideração integral, o relator considerará prejudicado o recurso (CPC/2015, § 1º do art. 1.018).

12.4. Embargos de declaração

Ensinou MIRABETE que "a sentença, como declaração de vontade, deve ser intrinsecamente justa, e para corrigir o erro na apreciação dos fatos ou na aplicação do Direito a lei oferece os recursos propriamente ditos. Mas a sentença deve ser também extrinsecamente clara e precisa, e para dissipar a dúvida ou incerteza criada por sua obscuridade ou imprecisão, a lei possibilita os embargos de declaração. Seriam eles, na verdade, meios de correção do que propriamente recursos. Por motivos de ordem prática, porém, os embargos declaratórios são incluídos na lei pátria como recursos, embora sua finalidade seja somente de esclarecer e não modificar, alterar, mudar ou corrigir substancialmente a decisão. Por eles não se adiciona, nem se suprime, mas se confirma, esclarece, torna-se claro o acórdão"[114] ou sentença, acrescentamos.

114. JULIO FABBRINI MIRABETE, *Processo penal*, 16. ed., São Paulo, Atlas, 2004, p. 723-724.

Os embargos de declaração têm natureza integrativa e âmbito de cognição restrito,[115] destinando-se a extirpar da *sentença* ou *acórdão* qualquer *obscuridade*, *ambiguidade*, *contradição* ou *omissão*,[116] de modo a tornar límpida e precisa a decisão que materializa título judicial,[117] daí ser possível afirmar que a fundamentação dos embargos é limitada ou circunscrita,[118] não se prestando à rediscussão do material probatório ou de questões procedimentais,[119] o que levou BENTO DE FARIA a afirmar que "não devem ser admitidos quando o seu objetivo for a infringência ou a nulidade do julgamento".[120]

A ausência de qualquer dos vícios apontados impõe o não acolhimento dos embargos[121] por falta de pressuposto lógico, mas é certo que, em razão de construção jurisprudencial, têm-se admitido embargos com a finalidade de corrigir erro material expresso no julgado.[122]

Disso decorre que, a rigor, os embargos não podem ser utilizados para *rediscutir critérios* de dosimetria de pena ou fixação de regime inicial de cumprimento da

---

115. STJ, EDcl no HC 162.416/DF, 6ª T., rel. Min. Maria Thereza de Assis Moura, j. 6-6-2013, *DJe* de 14-6-2013.

116. "Conforme disposto no art. 619 do Código de Processo Penal, os embargos declaratórios poderão ser opostos com finalidade de eliminar da decisão qualquer obscuridade, contradição ou suprir omissão sobre ponto acerca do qual se impunha pronunciamento" (STJ, EDcl no AgRg no AREsp 64.868/SC, 5ª T., rel. Min. Marco Aurélio Bellizze, j. 13-8-2013, *DJe* de 20-8-2013). "São incabíveis embargos de declaração quando a parte, a pretexto de esclarecer uma inexistente situação de obscuridade, omissão ou contradição, vem a utilizá-los com o objetivo de infringir o julgado e, assim, viabilizar indevido reexame da causa" (STF, RHC 101.886 ED/SP, 2ª T., rel. Min. Cármen Lúcia, j. 7-5-2013, *DJe* n. 095, de 21-5-2013).

117. "A oposição de embargos de declaração almeja o aprimoramento da prestação jurisdicional, por meio da integração de julgado que se apresenta omisso, contraditório, obscuro ou com erro material (art. 619 do CPP)" (STJ, EDcl no AgRg nos EDcl no REsp 721.555/PI, 6ª T., rel. Min. Sebastião Reis Júnior, j. 6-8-2013, *DJe* de 20-8-2013).

118. "Os embargos de declaração somente podem ser opostos dentro da sua previsão legal, ou seja, com vistas a suprir omissão, contradição ou obscuridade evidenciada no julgado" (STJ, EDcl no AgRg nos EDcl no ARE no RE no AgRg nos EDcl no AREsp 154.579/SC, Corte Especial, rel. Min. Gilson Dipp, j. 15-5-2013, *DJe* de 28-5-2013).

119. "Os embargos de declaração destinam-se a suprir omissão, afastar obscuridade ou eliminar contradição existente no julgado. Dessa forma, a pretensão de rediscutir matéria devidamente analisada e decidida, consubstanciada na mera insatisfação com o resultado da demanda, é inviável na via dos aclaratórios" (STJ, EDcl no AgRg nos EAREsp 8.645/MG, Terceira Seção, rel. Min. Laurita Vaz, j. 14-11-2012, *DJe* de 22-11-2012).

120. *Código de Processo Penal*, 2. ed., Rio de Janeiro, Record, 1960, v. 2, p. 340.

121. STJ, EDcl no AgRg na APn 668/MT, Corte Especial, rel. Min. João Otávio de Noronha, j. 5-6-2013, *DJe* de 17-6-2013.

122. "Nos termos do art. 619 do CPP, são admissíveis embargos declaratórios nos casos de omissão, contradição, obscuridade ou ambiguidade, bem como para sanar possível erro material existente na decisão" (STJ, EDcl no AgRg no AREsp 191.025/CE, 5ª T., rel. Min. Marilza Maynard, j. 6-8-2013, *DJe* de 9-8-2013). "Os aclaratórios somente são cabíveis para corrigir o julgado que se apresente omisso, contraditório ou obscuro, sendo também aceito, por construção jurisprudencial, para sanar a existência de possível erro material" (STJ, EDcl no HC 142.020/ES, 6ª T., rel. Min. Alderita Ramos de Oliveira, j. 15-8-2013, *DJe* de 27-8-2013).

privativa de liberdade, mas não se pode excluir a possibilidade de alteração de tais tópicos, reflexamente.

Obscuridade é a falta de clareza, que impede a exata compreensão do conteúdo decisório.

Haverá **ambiguidade** quando os fundamentos da decisão permitirem duas ou mais interpretações que não se harmonizam entre si, de modo a gerar dúvida ou incerteza.

A **contradição** se faz verificar diante de fundamentos autofágicos; colidentes. "Para se configurar a contradição, é necessário que a fundamentação do julgado esteja em desarmonia com a conclusão atingida".[123]

Por **omissão** entenda-se a falta de decisão sobre alguma tese invocada pela parte, cujo enfrentamento se faz imprescindível para a correta compreensão da solução judicial dada ao caso.[124]

O art. 382 dispõe sobre a possibilidade de **embargos à sentença** (que alguns preferem denominar *embarguinhos*), e os arts. 619 e 620,[125] todos do Código de Processo Penal, regulam os **embargos em face de acórdãos** proferidos por Tribunais (qualquer Tribunal: TJs, TRFs, TREs, STJ, STF etc.).

Muito embora os arts. 382 e 619 do CPP se refiram respectivamente ao cabimento em face de *sentença* e *acórdão*, é no mínimo razoável admitir a interposição de embargos de declaração em face de decisão interlocutória, pois do contrário impor-se-ia inaceitável conformismo frente a decisões judiciais desprovidas de liquidez e certeza.

Observada a lógica processual, é possível, inclusive, embargos de declaração em face de acórdão proferido no julgamento de embargos de declaração (embargos de embargos); embargos de declaração no agravo regimental no agravo em recurso especial (EDcl no AgRg no AREsp);[126] embargos de declaração em acórdão proferido no julgamento de recurso em sentido estrito, de apelação, de recurso especial, de recurso extraordinário etc.

Atualizada a redação do art. 619, onde está escrito "Tribunais de Apelação" entenda-se "Tribunais de Justiça".

---

123. STJ, EDcl no HC 243.571/MG, 5ª T., rel. Min. Laurita Vaz, j. 14-5-2013, *DJe* de 21-5-2013.

124. "Verificada a omissão, os aclaratórios devem ser acolhidos para sanar o vício" (STJ, EDcl no AgRg no Ag 1.425.156/DF, 5ª T., rel. Min. Marilza Maynard, j. 6-8-2013, *DJe* de 9-8-2013).

125. "Os embargos de declaração constituem recurso de estritos limites processuais de natureza integrativa, cujo cabimento requer estejam presentes os pressupostos legais insertos na legislação processual, mais especificamente nos arts. 619 e 620 do Código de Processo Penal" (STJ, EDcl no AgRg nos EREsp 489.079/SP, Terceira Seção, rel. Min. Adilson Vieira Macabu, j. 8-6-2011, *DJe* de 15-6-2011).

126. STJ, EDcl no AgRg no AREsp 191.025/CE, 5ª T., rel. Min. Marilza Maynard, j. 6-8-2013, *DJe* de 9-8-2013.

Não é juridicamente possível a interposição de embargos com vistas a corrigir eventual discrepância entre a *ementa do julgado* e o *corpo do acórdão*, visto que apenas neste é que se encontra a fundamentação do *decisum*.

Em harmonia com o princípio da igualdade processual ou paridade de armas, atendidos os requisitos legais, **qualquer das partes poderá opor** embargos de declaração em face de sentença ou acórdão, incluindo nesse raciocínio o *assistente da acusação* habilitado nos autos (parte secundária).

12.4.1. Prazos

Em qualquer caso, como regra geral, **o prazo de interposição é de 2 (dois) dias**, contados da data da publicação da decisão.[127]

O art. 263 do Regimento Interno do Superior Tribunal de Justiça era expresso ao fixar o prazo de **2 (dois) dias** para a interposição de embargos de declaração,[128] mas a redação atual, determinada pela Emenda Regimental n. 22/2016, fala apenas em "prazo legal".[129]

O art. 337, § 1º, do Regimento Interno do Supremo Tribunal Federal, fixa o prazo de **5 (cinco) dias** para a interposição de embargos de declaração em face de seus julgados.

De igual modo, é de **5 (cinco) dias** o prazo quando se tratar de processo submetido à competência dos Juizados Especiais Criminais, conforme determina o art. 83, § 1º, da Lei n. 9.099/95.

12.4.2. Efeitos

Como outro recurso qualquer, os embargos têm *efeito devolutivo*, na medida em que a matéria discutida é submetida a nova apreciação.

127. "O prazo para oposição de embargos de declaração é de 2 dias quando se tratar de matéria criminal (arts. 619 do CPP e 263 do RISTJ)" (STJ, EDcl no AgRg nos EDcl nos EREsp 1.270.581/SP, Terceira Seção, rel. Min. Sebastião Reis Júnior, j. 22-8-2012, *DJe* de 11-9-2012). "São intempestivos os embargos de declaração protocolados após o prazo de 2 (dois) dias contínuos de que tratam os arts. 619 e 798, ambos do Código de Processo Penal – CPP" (STJ, EDcl no AgRg nos EAREsp 321023/CE, Terceira Seção, rel. Min. Reynaldo Soares da Fonseca, j. 13-6-2018, *DJe* de 25-6-2018).

128. "São intempestivos os embargos de declaração protocolados após o prazo de 2 (dois) dias contínuos de que tratam os arts. 619 e 798, ambos do Código de Processo Penal – CPP" (STJ, EDcl no AgRg nos EAREsp 321.023/CE, Terceira Seção, rel. Min. Reynaldo Soares da Fonseca, j. 13-6-2018, *DJe* de 25-6-2018). *No mesmo sentido*: STJ, EDcl no AgRg no REsp 1.476.192/GO, 5ª T., rel. Min. Jorge Mussi, j. 22-5-2018, *DJe* de 28-5-2018; STJ, RCD nos EDcl no AREsp 1.211.070/RJ, 6ª T., rel. Min. Maria Thereza de Assis Moura, j. 17-5-2018, *DJe* de 6-6-2018.

129. "Art. 263. Cabem embargos de declaração contra qualquer decisão judicial, a serem opostos no prazo legal, para: I – esclarecer obscuridade ou eliminar contradição; II – suprir omissão de ponto ou questão sobre a qual devia pronunciar-se o Órgão Julgador de ofício ou a requerimento; ou III – corrigir erro material. § 1º O embargado será intimado para, querendo, manifestar-se, no prazo legal, sobre os embargos opostos, caso seu eventual acolhimento possa implicar a modificação da decisão embargada."

É dotado de nítido *efeito suspensivo*, pois, enquanto os embargos estiverem pendentes de julgamento, o título judicial estará sujeito a modificação, o que corresponde a dizer que não se apresentará líquido, certo e exigível, daí a impossibilidade de sua execução.

Também é adequado afirmar que se encontra dotado de *efeito regressivo*, visto que permite juízo de retratação, evidentemente formado pelo mesmo órgão prolator da sentença ou acórdão impugnado, nos limites da fundamentação apresentada pelo embargante.

12.4.3. *Interposição e processamento*

Se opostos *em relação à sentença*, **devem ser endereçados ao juiz prolator**, pois é a ele que a lei confere o poder de *receber ou não os embargos* e, uma vez recebidos, *acolher ou rejeitar* a pretensão do embargante.

Se opostos *em face de acórdão*, devem ser **endereçados ao relator do acórdão.**

Não há oportunidade para contrarrazões, de maneira que a parte contrária não será instada a se manifestar sobre as razões do embargante. Trata-se de recurso *inaudita altera parte*.

Excepcionalmente,[130] entretanto, **os embargos podem ter caráter infringente**, e isso se verifica quando sua procedência for apta a produzir modificação substancial no julgado,[131] mas o Supremo Tribunal Federal tem relutado em admitir tal possibilidade.[132]

Em casos tais, o relator deverá determinar a intimação da parte contrária para que se manifeste previamente em linhas de contrarrazões.

Diz o art. 620 do CPP que: "Os embargos de declaração serão deduzidos em requerimento de que constem os pontos em que o acórdão é ambíguo, obscuro, contraditório ou omisso". "O requerimento será apresentado pelo relator e julgado, independentemente de revisão, na primeira sessão" (§ 1º).[133] "Se não preenchidas as condições enumeradas neste artigo, o relator indeferirá desde logo o requerimento" (§ 2º).

---

130. STJ, EDcl no HC 215.680/SP, 6ª T., rel. Min. Maria Thereza de Assis Moura, j. 7-5-2013, *DJe* de 14-5-2013.

131. "É sabido que a atribuição de efeitos infringentes a embargos de declaração constitui medida excepcional, cabível apenas nas situações em que, sanada a omissão, contradição ou obscuridade, a alteração do julgado decorra como consequência natural da correção então efetuada" (STJ, EDcl no AgRg no HC 258.714/SP, 6ª T., rel. Min. Og Fernandes, j. 20-6-2013, *DJe* de 1º-7-2013).

132. STF, ARE 764.610, AgR-ED-EDv-AgR-ED/DF, Tribunal Pleno, rel. Min. Celso de Mello, j. 14-5-2014, *DJe* n. 108, de 5-6-2014.

133. "À diferença da apelação, do recurso em sentido estrito e dos embargos infringentes, o julgamento dos embargos declaratórios independe de inclusão em pauta, mediante publicação na Imprensa Oficial, uma vez que o feito é apresentado em mesa e não cabe a sustentação oral" (STJ, HC 210.478/SP, 5ª T., rel. Min. Campos Marques, j. 7-5-2013, *DJe* de 10-5-2013).

Discute-se a respeito do cabimento de recurso contra a decisão do relator que indefere liminarmente os embargos, havendo na doutrina quem compreenda cuidar-se de *decisão irrecorrível* e outros, como nós, entendendo ser adequada a interposição de *agravo regimental* em face da amplitude de defesa constitucionalmente assegurada (art. 5º, LV), e também pelo fato de que, não sendo os embargos declaratórios privativos da Defesa, "pode também a parte acusadora valer-se daquele agravo regimental".[134]

Por fim, cumpre anotar que "a jurisprudência do Supremo Tribunal é firme no sentido do não cabimento de embargos de declaração opostos contra decisão monocrática"[135] proferida em segundo grau de jurisdição.

12.4.4. Interrupção do prazo para outros recursos

Não há qualquer disposição no Código de Processo Penal informando se a interposição de embargos de declaração provoca a *interrupção* ou *suspensão* do prazo para outros recursos.

Ao contrário, o art. 1.026 do CPC/2015 dispõe expressamente que os embargos de declaração interrompem o prazo para a interposição de recurso, daí ser possível a aplicação da regra também em matéria processual penal, conforme autoriza o art. 3º do CPP.

De outro modo, o art. 83, § 2º, da Lei n. 9.099/95 (Juizados Especiais Criminais) dizia que a interposição de embargos contra a sentença *suspendia* o curso do prazo para o recurso, mas o art. 1.066 do CPC/2015 deu nova redação ao dispositivo, no qual agora está expresso que "os embargos de declaração interrompem o prazo para a interposição de recurso".

No caso de *suspensão*, quando o prazo tornar a correr, será computado o período passado; anterior à suspensão.

Na hipótese de *interrupção*, o prazo para recurso é integralmente restituído.

Com vistas à harmonia do macrossistema processual e também por ser esta a interpretação mais favorável à defesa, entendemos que a hipótese é de **interrupção**, e não de suspensão do prazo.

Esse também é o entendimento manifestado nas reiteradas decisões do Superior Tribunal de Justiça sobre a matéria, conforme retratam os enunciados que seguem:

> É assente na jurisprudência do Supremo Tribunal Federal e desta Corte de Justiça o

134. Fernando da Costa Tourinho Filho, *Manual de processo penal*, 17. ed., São Paulo, Saraiva, 2017, p. 916. *Em sentido contrário*: Eduardo Espínola Filho, *Código de Processo Penal brasileiro anotado*, 5. ed., Rio de Janeiro, Borsoi, v. VI, p. 302.

135. STF, RvC 5.428 ED/PE, Tribunal Pleno, rel. Min. Dias Toffoli, j. 16-5-2013, *DJe* n. 124, de 28-6-2013.

entendimento de que a oposição de embargos declaratórios por uma das partes interrompe o prazo para todos os recursos posteriores, salvo para o ajuizamento de aclaratórios pela outra parte em relação à decisão embargada.[136]

A oposição tempestiva de embargos declaratórios é suficiente, por si só, para interromper a fluência do prazo para a interposição de outros recursos.[137]

De ver, entretanto, que "reconhecida a intempestividade dos embargos de declaração opostos, não há falar em interrupção do prazo para os demais recursos cabíveis".[138]

12.4.5. Prequestionamento por meio de embargos

Não é incomum sentença ou acórdão em que não se tenham analisado teses discutidas no curso da instrução processual ou nas razões de recurso, aptas a fundamentar recursos especial (STJ) e extraordinário (STF).

Verificada a hipótese, a parte deverá ingressar com embargos de declaração com vistas a provocar o efetivo pronunciamento sobre a matéria no acórdão impugnado, e assim evidenciar o prequestionamento, que constitui pressuposto indispensável para a admissibilidade dos recursos excepcionais indicados.

Essa matéria já está sumulada nos tribunais superiores, conforme segue:

Súmula 98 do STJ: "Embargos de declaração manifestados com notório propósito de prequestionamento não têm caráter protelatório".

Súmula 211 do STJ: "Inadmissível recurso especial quanto à questão que, a despeito da oposição de embargos declaratórios, não foi apreciada pelo tribunal *a quo*".[139]

Súmula 356 do STF: "O ponto omisso da decisão, sobre o qual não foram opostos embargos declaratórios, não pode ser objeto de recurso extraordinário, por faltar o requisito do prequestionamento".

Também é preciso observar que:

---

136. STJ, AgRg no REsp 776.028/RS, 5ª T., rel. Min. Jorge Mussi, j. 26-6-2008, *DJe* de 4-8-2008.

137. STJ, REsp 1.329.048/SC, 6ª T., rel. Min. Sebastião Reis Júnior, j. 16-5-2013, *DJe* de 29-5-2013.

138. STJ, AgRg nos EDcl no AREsp 212.230/MG, 6ª T., rel. Min. Sebastião Reis Júnior, j. 6-8-2013, *DJe* de 21-8-2013. "Embargos de declaração julgados intempestivos não interrompem o prazo para novos recursos" (STJ, AgRg nos EDcl no AgRg no AREsp 279.995/RS, 6ª T., rel. Min. Og Fernandes, j. 23-4-2013, *DJe* de 30-4-2013). "Esta Corte Superior entende que, não conhecidos os embargos de declaração, por intempestividade, não ocorre a interrupção do prazo para os demais recursos, sendo intempestivos todos os recursos interpostos após, como ocorre na espécie" (STJ, AgRg nos EDcl no AgRg no AREsp 8.196/SP, 5ª T., rel. Min. Campos Marques, j. 18-6-2013, *DJe* de 24-6-2013).

139. "É inviável o apelo nobre quanto à questão que, a despeito da oposição de embargos declaratórios, não é apreciada pelo Tribunal *a quo*. Súmula 211/STJ" (STJ, AgRg no Ag no REsp 1.561.836/SP, 5ª T., rel. Min. Jorge Mussi, j. 19-4-2018, *DJe* de 25-4-2018). "A oposição de embargos declaratórios não é suficiente para suprir o requisito do prequestionamento, sendo indispensável o efetivo exame da questão pelo acórdão recorrido, em atenção ao disposto no art. 105, III, da Constituição Federal, de modo a se evitar a supressão de instância" (STJ, AgRg no REsp 1.209.625/ES, 6ª T., rel. Min. Maria Thereza de Assis Moura, j. 13-8-2013, *DJe* de 22-8-2013).

> A jurisprudência deste Superior Tribunal é remansosa quanto ao entendimento de que "os embargos declaratórios, mesmo para fins de prequestionamento, só serão admissíveis se a decisão embargada ostentar algum dos vícios que ensejariam o seu manejo (omissão, obscuridade ou contradição)" (EDcl no AgRg nos EDcl nos EREsp 1.003.429/DF, rel. Min. Felix Fischer, Corte Especial, *DJe* n. 17-8-2012).[140]

> São incabíveis embargos de declaração para que o STJ enfrente matéria constitucional, ainda que para fins de prequestionamento, sob pena de usurpação da competência do Supremo Tribunal Federal.[141]

12.5. Embargos infringentes e embargos de nulidade

Os embargos infringentes e os embargos de nulidade – singelamente referidos no parágrafo único do art. 609 do CPP – têm âmbito de incidência restrita, pois só podem ser opostos com vistas a impugnar *decisão não unânime, proferida em 2ª instância*, e ainda assim somente quando *desfavorável ao acusado*, sendo esses seus pressupostos específicos.

Disso decorre afirmar que, se a divergência expressa no acórdão for desfavorável a interesse do acusado, inadequada se torna a utilização. Para dizer o mesmo em outras palavras: o acórdão deve ser desfavorável ao acusado, e a divergência, a ele favorável.

Trata-se, portanto, de **recursos privativos da defesa**,[142] e por aqui não há falar em violação ao princípio da paridade de armas (igualdade processual), até porque a regulamentação atende à determinação contida no art. 5º, LV, da Constituição Federal, que garante a ampla defesa nos processos judiciais, com todos os recursos a ela inerentes, e, como é cediço, não há colidência de princípios.

Oportuno destacar, todavia, que não se pode afastar peremptoriamente a possibilidade de esse tipo de recurso ser manejado **por iniciativa do Ministério Público**, dada as peculiaridades de suas atribuições, permissivas de que seu atuar coincida com pretensão que atenda a interesse defensório, o que se apresenta mais factível quando o fundamento do recurso tratar de nulidade.

A denominação a ser utilizada leva em conta o objeto da pretensão recursal específica, de tal sorte que, havendo divergência quanto ao **mérito** da demanda, a hipótese será de **embargos infringentes**; se o objeto da divergência estiver relacionado com **matéria procedimental**, apta a causar nulidade, teremos obviamente **embargos de nulidade**.

---

140. STJ, AgRg no AREsp 343.147/PR, 6ª T., rel. Min. Maria Thereza de Assis Moura, j. 25-6-2013, *DJe* de 1º-8-2013.

141. STJ, EDcl no AgRg no REsp 1.264.865/CE, 5ª T., rel. Min. Marilza Maynard, j. 28-5-2013, *DJe* de 6-6-2013.

142. O art. 538 do Decreto-Lei n. 1.002/69 (Código de Processo Penal Militar) admite embargos infringentes e de nulidade por iniciativa do réu e também do Ministério Público.

Qualquer que seja a situação, o recurso sempre receberá a denominação embargos, e a complementação designativa decorre, como visto, da particularidade de seu fundamento.

Os embargos têm razões específicas e limitadas, pois só podem versar sobre a divergência que aponta **conclusão favorável ao réu**, não se prestando à rediscussão de toda matéria abordada no recurso precedente ou da causa por inteiro.

Nos limites analisados, prestam-se a questionar tão somente acórdão proferido em sede de apelação, recurso em sentido estrito e agravo em execução, pelos Tribunais de Justiça, Tribunais Regionais Eleitorais e Tribunais Regionais Federais.

Excepcionalmente, caberá também em relação a acórdão proferido em carta testemunhável, toda vez que, na forma autorizada pelo art. 644 do CPP, o tribunal conhecer da *carta* e julgar conjuntamente o recurso obstado, conforme ainda veremos.

Não se presta, por outro vértice, a atacar acórdão proferido em sede de revisão criminal[143] ou decisão de Turma Recursal (instância superior dos Juizados Especiais Criminais), já que o Capítulo V do Título II do Livro III do CPP, onde encontramos a anêmica regulamentação dos embargos ora tratados, refere-se expressamente, e apenas, ao processo e julgamento do recurso em sentido estrito e da apelação.

Consoante a Súmula 390 do STJ: "Nas decisões por maioria, em reexame necessário,[144] não se admitem embargos infringentes".

No Superior Tribunal de Justiça, os arts. 260 a 262 de seu Regimento Interno – revogados pela Emenda Regimental n. 22/2016 – dispunham apenas sobre o cabimento de *embargos infringentes*, ainda assim, tão só em relação a "julgado proferido em apelação e em ação rescisória".

No Supremo Tribunal Federal, os arts. 333 a 336 de seu Regimento Interno disciplinam as hipóteses de cabimento de *embargos infringentes* e o respectivo processamento, em face de decisão não unânime do Plenário ou Turma.

12.5.1. Prazo, endereçamento e efeitos

O prazo de interposição é de 10 (dez) dias, contados da publicação do acórdão.

As razões do recurso devem ser apresentadas desde logo, com a petição de interposição, pois não há previsão de novo prazo para tanto.

---

143. O art. 333, II, do Regimento Interno do Supremo Tribunal Federal admite embargos infringentes contra decisão que julgar improcedente revisão criminal, mas, como bem observa Tourinho Filho, não é caso de emprestar interpretação extensiva a essa regra excepcional, pois "não se pode colmatar um vazio do ordenamento processual penal comum com a invocação de 'lei especial'" (*Manual de processo penal*, 17. ed., São Paulo, Saraiva, 2017, p. 911).

144. Trata-se do já analisado e impropriamente denominado "recurso *ex officio*". Conforme anotamos em linhas precedentes, o ordenamento vigente não admite a providência anômala que se convencionou denominar recurso ex officio, por configurar prática proativa incompatível com o processo penal acusatório (CPP, art. 3º-A).

Os embargos devem ser endereçados ao Relator do acórdão embargado, que deverá determinar a intimação da parte contrária para que apresente impugnação aos embargos.

Os embargos são dotados dos efeitos **devolutivo** e **suspensivo**.

No que diz respeito ao efeito devolutivo, cabe destacar que apenas a matéria que justifica a interposição dos embargos – de divergência ou de nulidade – é que será *devolvida* à reapreciação; pontualmente.

Os embargos, ademais, **interrompem o prazo** para a interposição de outro recurso eventualmente cabível (especial ou extraordinário, v.g.), de maneira que, após seu julgamento, o prazo de interposição será devolvido por inteiro, e nem poderia ser de maneira diversa, visto que a matéria discutida em sede de embargos ainda poderá constituir fundamento do outro recurso, daí não ser juridicamente lógico o entendimento em sentido contrário, especialmente por se tratar de recurso defensório.

Necessário observar, entretanto, que, a teor do disposto na Súmula 355 do STF, "em caso de embargos infringentes parciais, é tardio o recurso extraordinário interposto após o julgamento dos embargos, quanto à parte da decisão embargada que não fôra por eles abrangida".

12.5.2. *Processamento*

O Código de Processo Penal não trata adequadamente dos recursos em apreço, de maneira que a análise dos respectivos processamentos deverá ser feita em face do Regimento Interno do Tribunal em que se der a interposição.

No Superior Tribunal de Justiça, tal como anteriormente anotado, a Emenda Regimental n. 22/2016 revogou os arts. 260 a 262 de seu Regimento Interno, que dispunham a respeito dos *embargos infringentes* em matéria extrapenal, e não há previsão de cabimento em relação a decisões proferidas nos processos que versem sobre matéria de natureza penal.

No âmbito do Supremo Tribunal Federal, recomendamos verificar os arts. 333 a 336 de seu Regimento Interno, também no que toca aos *embargos infringentes*.

12.6. Embargos de divergência

É cabível contra as decisões proferidas por órgão fracionário do Superior Tribunal de Justiça e do Supremo Tribunal Federal, e tem por objetivo a uniformização da jurisprudência na Corte respectiva.

No Superior Tribunal de Justiça, a 5ª e a 6ª Turmas têm competência para o julgamento de questões que envolvam matéria penal.

Com fundamento no art. 266, *caput*, do RISTJ, "cabem embargos de divergência contra acórdão de Órgão Fracionário que, em recurso especial, divergir do julgamento atual de qualquer outro Órgão Jurisdicional deste Tribunal, sendo: I – os acórdãos, embargado e paradigma, de mérito; II – um acórdão de mérito e outro que não tenha conhecido do recurso, embora tenha apreciado a controvérsia".[145]

145. E segue o art. 266 do RISTJ:

A divergência que autoriza a interposição de embargos pode ser de direito material ou de direito processual.

Com vistas à uniformização do entendimento, compete à Terceira Seção do STJ o processo e julgamento de embargos de natureza criminal, quando as Turmas Criminais (5ª e 6ª) divergirem entre si ou de decisão da Seção que integram.[146]

Também serão cabíveis os embargos de que ora se cuida quando houver divergência entre Turma e Seção com a Corte Especial do STJ.[147]

Necessário observar, ademais, que a teor do disposto no § 3º do art. 266 do RISTJ: "Cabem embargos de divergência quando o acórdão paradigma for do mesmo Órgão Fracionário que proferiu a decisão embargada, desde que sua composição tenha sofrido alteração em mais da metade de seus membros".

As ementas que seguem transcritas são esclarecedoras do tema tratado:

> 1. A presente controvérsia foi resolvida à luz da jurisprudencial firmada, à época, pela 6ª Turma desta Corte, no sentido de que a prática de falta disciplinar de natureza grave não interromperia o lapso necessário para a progressão de regime, por ausência de previsão legal. 2. Essa compreensão lastreava-se, fundamentalmente, no fato de que a interrupção do lapso temporal para nova progressão, em razão da prática de falta grave, não teria previsão legal. E mais: que o princípio da reserva legal, insculpido no art. 5º, XXXIX, da Constituição Federal, se estenderia também à fase de execução penal. 3. Entretanto, em 28-3-2012, o tema em questão foi submetido à apreciação da Terceira Seção desta Corte, por meio dos Embargos de Divergência no Recurso Especial n. 1.176.486/SP, oportunidade em que se uniformizou o entendimento das Quinta e Sexta Turmas, no sentido de que a prática de falta grave representa marco interruptivo para obtenção do benefício da progressão de regime.[148]

"§ 1º Poderão ser confrontadas teses jurídicas contidas em julgamentos de recursos e de ações de competência originária.

§ 2º A divergência que autoriza a interposição de embargos de divergência pode verificar-se na aplicação do direito material ou do direito processual.

§ 3º Cabem embargos de divergência quando o acórdão paradigma for do mesmo Órgão Fracionário que proferiu a decisão embargada, desde que sua composição tenha sofrido alteração em mais da metade de seus membros.

§ 4º O recorrente provará a divergência com certidão, cópia ou citação de repositório oficial ou credenciado de jurisprudência, inclusive em mídia eletrônica, em que foi publicado o acórdão divergente, ou com a reprodução de julgado disponível na internet, indicando a respectiva fonte, e mencionará as circunstâncias que identificam ou assemelham os casos confrontados".

146. Art. 12, parágrafo único, I, do RISTJ.

147. Conforme dispõe o art. 11, XIII, do RISTJ, é de competência da Corte Especial processar e julgar "os embargos de divergência, se a divergência for entre Turmas de Seções diversas, entre Seções, entre Turma e Seção que não integre ou entre Turma e Seção com a própria Corte Especial".

148. STJ, EDcl nos EDcl no HC 213.422/RJ, 6ª T., rel. Min. Og Fernandes, j. 20-6-2013, *DJe* de 1º-7-2013.

> O cometimento de falta grave pelo sentenciado no curso da execução da pena, nos termos do art. 127 da Lei 7.210/84, implica a perda integral dos dias remidos pelo trabalho, além de nova fixação da data-base para concessão de benefícios, exceto livramento condicional e comutação da pena; se assim não fosse, ao custodiado em regime fechado que comete falta grave não se aplicaria sanção em decorrência dessa, o que seria um estímulo ao cometimento de infrações no decorrer da execução.[149]

Por aqui, note-se que **só são cabíveis embargos de divergência em face de decisão proferida em recurso especial**.

Nesse sentido, já decidiu a Terceira Seção que:

> Em sede de embargos de divergência, os paradigmas devem, necessariamente, ser provenientes de julgados prolatados em recurso especial, não se prestando para demonstração do dissídio arestos provenientes de julgamento em *habeas corpus*, nem em conflito de competência.[150]

Cite-se, por oportuno, que: "Não cabem embargos de divergência, quando a jurisprudência do tribunal se firmou no mesmo sentido do acórdão embargado" (Súmula 168 do STJ).

No Supremo Tribunal Federal, cabem embargos de divergência à decisão de Turma que, em recurso extraordinário ou em agravo de instrumento, divergir de julgado de outra Turma ou do Plenário.[151] Havendo divergência entre suas duas Turmas (1ª e 2ª), o entendimento deverá ser uniformizado pelo Plenário, a quem competirá a análise e julgamento dos embargos (art. 6º, IV, do RISTF), observadas as regras dos arts. 330 e s. de seu Regimento Interno (RISTF).

12.6.1. Regras dispostas no CPC/2015

Modalidade de recurso que se interpõe apenas contra acórdão de órgão fracionário do STJ e do STF, de maneira particularizada, o *art. 1.043* do CPC, aplicável ao processo penal por força do disposto no art. 3º do CPP, diz ser cabível embargos de divergência em face de decisão que: I – em recurso extraordinário ou em recurso especial, divergir do julgamento de qualquer outro órgão do mesmo tribunal, sendo os acórdãos, embargado e paradigma, ***de mérito***; (...) III – em recurso extraordinário ou em recurso especial, divergir do julgamento de qualquer outro órgão do mesmo

149. STJ, EREsp 1.176.486/SP, Terceira Seção, rel. Min. Napoleão Nunes Maia Filho, j. 28-3-2012, *DJe* de 1º-6-2012.

150. AgRg nos EREsp 575.684/SP, Relatora Ministra Laurita Vaz, *DJe* de 7-4-2010) (STJ, AgRg nos EREsp 1.182.734/RS, Terceira Seção, rel. Min. Vasco Della Giustina, j. 28-3-2012, *DJe* de 23-4-2012.

151. Esta é a regra disposta no art. 330, *caput*, do RISTF, que diz serem cabíveis embargos de divergência quando a decisão versar sobre *interpretação do direito federal*, mas em relação a essa matéria é necessário observar que, em razão do disposto no art. 105, III, *c*, da Constituição Federal, a divergência sobre interpretação do direito federal é de competência do Superior Tribunal de Justiça. O âmbito de competência do Supremo Tribunal Federal em sede de recurso extraordinário está delimitado no art. 102, III, *a*, *b* e *c*, da Constituição Federal.

tribunal, ***sendo um acórdão de mérito e outro que não tenha conhecido do recurso, embora tenha apreciado a controvérsia***; (...).

Cumpre aqui consignar que os incisos II e IV do art. 1.043 foram revogados pelo art. 3º da Lei n. 13.256/2016.

> Art. 1.043. (...)
>
> (...)
>
> § 1º Poderão ser confrontadas teses jurídicas contidas em julgamentos de recursos e de ações de competência originária.
>
> § 2º A divergência que autoriza a interposição de embargos de divergência pode verificar-se na aplicação do direito material ou do direito processual.
>
> § 3º Cabem embargos de divergência quando o acórdão paradigma for da mesma turma que proferiu a decisão embargada, desde que sua composição tenha sofrido alteração em mais da metade de seus membros.

A prova da divergência deve ser feita mediante certidão, cópia ou citação de repositório oficial ou credenciado de jurisprudência, inclusive em mídia eletrônica, em que foi publicado o acórdão divergente, ou com a reprodução de julgado disponível na rede mundial de computadores, indicando a respectiva fonte, e mencionará as circunstâncias que identificam ou assemelham os casos confrontados (CPC, § 4º do art. 1.043).

Quanto ao processamento, devem ser aplicadas as normas dispostas no Regimento Interno do Tribunal Superior em que for apontado o recurso: STJ ou STF, conforme o caso.

O ingresso de embargos de divergência no Superior Tribunal de Justiça **interrompe o prazo para interposição de recurso extraordinário por qualquer das partes**, e, se os embargos de divergência forem desprovidos ou não alterarem a conclusão do julgamento anterior, o recurso extraordinário interposto pela outra parte antes da publicação do julgamento dos embargos de divergência será processado e julgado independentemente de ratificação (CPC, §§ 1º e 2º do art. 1.044).

12.7. Carta testemunhável

De inegável natureza recursal, esta forma de inconformismo prestigia o princípio do duplo grau de jurisdição, que visa assegurar.

Conforme dispõe o art. 639, I e II, do CPP, esse recurso de nome estranho só é cabível em duas hipóteses: *1)* contra decisão que denegar o recurso (entenda-se: deixar de receber o recurso) e, *2)* contra decisão que, embora admitindo o recurso, obstar seguimento para o juízo *ad quem*.

Caberá carta testemunhável, por exemplo, se o juiz deixar de receber recurso em sentido estrito, ou lhe negar seguimento.

Trata-se de recurso que tem *natureza subsidiária*, pois só será cabível quando não se revelar adequada a interposição de outro recurso tipificado para a hipótese, e isso fica claro quando se tem em vista, por exemplo, que para atacar a decisão que deixa de receber recurso de apelação o correto é interpor *recurso em sentido estrito* (CPP, art. 581, XV), e não carta testemunhável.

12.7.1. Legitimação

Satisfeitos os requisitos legais (gerais e específicos), *qualquer das partes* (acusação e defesa) poderá ingressar com carta testemunhável, inclusive o *assistente da acusação*, que no processo penal *é parte* secundária.

12.7.2. Prazo

Dispõe o art. 640 do CPP que **seu prazo de interposição é de 48 (quarenta e oito) horas**, o que remete à necessidade de contagem minuto a minuto, tal como se extrai do art. 132, § 4º, do Código Civil, aplicável subsidiariamente, porquanto inexistente regra específica no Código de Processo Penal e no Código de Processo Civil.

12.7.3. Efeitos

Em razão de disposição expressa contida no art. 646 do CPP, a carta testemunhável *não tem efeito suspensivo*.

Inegável, por outro lado, encontrar-se permeada de **efeito devolutivo**, e isso decorre do disposto no art. 644 do CPP, onde consta que o tribunal, câmara ou turma a que competir o julgamento da *carta*, se desta tomar conhecimento mandará processar o recurso, ou, se estiver suficientemente instruída, julgará desde logo o mérito do recurso originário.

A matéria objeto do recurso obstado, portanto, é devolvida ao tribunal, que poderá dela conhecer desde logo.

Tal qual o recurso em sentido estrito, a carta testemunhável também permite juízo de retratação, estando impregnada de **efeito devolutivo inverso, regressivo** ou **iterativo**.

12.7.4. Processamento

A carta testemunhável deve ser requerida ao escrivão do processo, nas *quarenta e oito horas seguintes ao despacho* que denegar o recurso, indicando o requerente as peças do processo que deverão ser trasladadas (CPP, art. 640).

O escrivão dará à parte testemunhante recibo da petição de interposição da carta e, no prazo máximo de cinco dias, no caso de recurso no sentido estrito, fará entrega da carta, devidamente conferida e concertada (CPP, art. 641).

Cabe aqui anotar que a referência feita no art. 641 ao recurso extraordinário foi revogada com a vigência do art. 28 da Lei n. 8.038/90, que tipificou o recurso de *agravo de instrumento* contra decisão que deixar de receber ou dar seguimento a recurso especial e extraordinário, depois alterado para *agravo nos próprios autos* pela Lei n. 12.322/2010. Ainda em relação a esse tema, calha destacar que o art. 1.072, IV, do CPC/2015 revogou o art. 28 citado, e que o art. 1.042 do mesmo *Codex* passou a disciplinar o cabimento de *agravo em recurso especial e em recurso extraordinário* para as hipóteses que menciona.[152]

O serventuário da Justiça que se negar a dar o recibo, ou deixar de entregar, sob qualquer pretexto, o instrumento, sofrerá processo de natureza administrativa, no qual, observados os princípios incidentes, em caso de procedência poderá ser imposta sanção de suspensão, por até trinta dias.

Com vistas à regularidade e fluência do procedimento, sem prejuízo do anteriormente anotado, o juiz, ou o presidente do Tribunal, em face de representação do testemunhante, mandará que o substituto do serventuário desidioso providencie a extração do instrumento, e, se ainda assim o testemunhante não for atendido, poderá peticionar informando o ocorrido ao presidente do tribunal *ad quem*, que avocará os autos, para o efeito do julgamento do recurso e demais providências de natureza administrativa em relação aos serventuários responsáveis (CPP, art. 642).

Se tudo transcorrer normalmente, após a formação do instrumento o *testemunhante* será intimado para apresentar – no prazo de dois dias – as razões de seu inconformismo.[153]

Apresentadas as razões, intima-se o *testemunhado* para que, no prazo de dois dias, apresente suas contrarrazões, ocasião em que também poderá indicar peças para o instrumento, embora o CPP não disponha a respeito.

A seguir, o serventuário providenciará que os autos sejam conclusos ao juiz do processo, que poderá manter ou reformar a decisão impugnada. Se mantiver a decisão, determinará a remessa *da carta* à Superior Instância para julgamento. Caso ocorra retratação e, portanto, reforma da decisão atacada, o juiz determinará o processamento do recurso obstado, que oportunamente será remetido ao tribunal para análise e julgamento, sendo certo que a decisão de retratação não pode ser atacada por outro tipo de recurso.[154]

---

152. Consoante dispõe o art. 1.042, *caput*, do CPC/2015: "Cabe agravo contra decisão do presidente ou do vice-presidente do tribunal recorrido que inadmitir recurso extraordinário ou recurso especial, salvo quando fundada na aplicação de entendimento firmado em regime de repercussão geral ou em julgamento de recursos repetitivos".

153. Art. 643 c.c. o art. 588, ambos do CPP.

154. Como ensina Fernando da Costa Tourinho Filho: "Observe-se que, se o juiz se retratar, e muito embora sejam aplicáveis à carta testemunhável os preceitos dos arts. 588 a 592 do CPP, por força do que dispõe o art. 643, nenhuma aplicação terá o parágrafo único do art. 589. E por uma

No tribunal, o processamento da carta testemunhável é o mesmo destinado ao recurso obstado, a que ela se refere.

Ao apreciar a carta, o tribunal poderá pautar-se por uma dentre as seguintes opções:

1) não conhecer do recurso (ausência de pressupostos);

2) conhecer e negar provimento (presentes os pressupostos, mas ausente razão ao testemunhante);

3) conhecer e dar provimento, de forma a determinar o processamento do recurso obstado;

4) conhecer da carta e desde logo julgar o recurso obstado, se a carta estiver suficientemente instruída (CPP, art. 644).

Na terceira hipótese indicada, embora até possa julgar o recurso obstado, o tribunal apenas conhece e julga procedente a carta, para o fim de determinar o recebimento e/ou processamento do recurso, que depois julgará.

Na quarta e última, sentindo-se apto para julgar o todo, conhece da carta, que julga procedente, e na mesma ocasião julga o recurso a que ela se refere, medida que, convenhamos, prestigia os princípios da celeridade e economia processual.

12.8. Recursos especial e extraordinário

No ordenamento jurídico vigente, os processos submetidos à competência da Justiça Estadual devem ser julgados dentro dos limites da jurisdição de cada Estado, de tal modo que, julgada determinada ação penal em qualquer comarca do Estado de São Paulo, por exemplo, eventual recurso deverá ser apreciado pelo Tribunal de Justiça desta Unidade da Federação, observadas as regras e também as exceções sobre as quais já discorremos (efeito regressivo, inclusive).

Os processos de competência da Justiça Federal são julgados em grau de recurso, *ordinariamente*, pelos Tribunais Regionais Federais, conforme a distribuição de competências entre eles.

Há exceção no que diz respeito à competência para o julgamento de recurso interposto no âmbito dos Juizados Especiais Criminais (Estaduais ou Federais[155]), pois, segundo dispõe o art. 82 da Lei n. 9.099/95: "Da decisão de rejeição da denúncia ou

---

razão muito simples: a retratação do Juiz, convencendo-se das razões do testemunhante, não implica modificar a decisão que ensejou o recurso em sentido estrito. O Juiz apenas receberá o recurso que fora denegado ou lhe dará o andamento normal. Como não há recurso para combater decisão que recebe recurso ou lhe dá andamento, nenhuma aplicação terá o disposto no parágrafo único do art. 589" (*Manual de processo penal*, 17. ed., São Paulo, Saraiva, 2017, p. 920-921).

155. Nos precisos termos do art. 1º da Lei n. 10.259/2001: "São instituídos os Juizados Especiais Cíveis e Criminais da Justiça Federal, aos quais se aplica, no que não conflitar com esta Lei, o disposto na Lei n. 9.099, de 26 de setembro de 1995".

queixa e da sentença caberá apelação, que poderá ser julgada por turma composta de três Juízes em exercício no primeiro grau de jurisdição, reunidos na sede do Juizado". A competência em segundo grau, em casos tais, será exercida por Turma Recursal.[156]

Excepcionalmente, com base em fundamentação particularizada, a Constituição Federal permite que a matéria decidida seja levada à apreciação do Superior Tribunal de Justiça ou do Supremo Tribunal Federal, mediante *recurso especial* ou *recurso extraordinário*, respectivamente.

Se bem analisadas, de uma forma bastante simples é possível afirmar que a razão de se permitir que determinadas matérias sejam julgadas fora dos limites da jurisdição do Estado-membro reside no fato de que a decisão impugnada termina por atingir interesse superior, que transcende os interesses das partes envolvidas e atinge outro maior, ligado à necessidade de preservação da ordem jurídica e constitucional, conforme a seguir exposto.

A teor do disposto no art. 638 do CPP, com a redação determinada pela Lei n. 13.964/2019, "O recurso extraordinário e o recurso especial serão processados e julgados no Supremo Tribunal Federal e no Superior Tribunal de Justiça na forma estabelecida por leis especiais, pela lei processual civil e pelos respectivos regimentos internos".

12.8.1. Recurso especial

O recurso especial é modalidade de impugnação voluntária e excepcional, cujo julgamento é de competência do Superior Tribunal de Justiça, cabível nas hipóteses taxativamente dispostas no art. 105, III, da CF, **em face de decisão proferida por Tribunal** inferior.

12.8.1.1. Cabimento

Já de início é preciso destacar que, em razão da excepcionalidade desse tipo de recurso, as hipóteses de cabimento devem ser interpretadas restritivamente, e que essa via de impugnação não se presta à alegação de ofensa a dispositivo constitucional.[157]

De *interesse para o momento*, está expresso no art. 105, III, alíneas *a* e *c*, da CF, que compete ao Superior Tribunal de Justiça julgar, *em recurso especial*, as causas decididas, em *única* ou *última instância*, pelos Tribunais Regionais Federais ou pelos tribunais dos Estados, do Distrito Federal e Territórios, quando a decisão recorrida:

✓ contrariar tratado ou lei federal, ou negar-lhes vigência;

✓ der a lei federal interpretação divergente da que lhe haja atribuído outro tribunal.

---

156. "Não cabe recurso especial contra decisão proferida por órgão de segundo grau dos Juizados Especiais" (Súmula 203 do STJ).

157. STJ, REsp 1.134.362/AC, 6ª T., rel. Min. Sebastião Reis Júnior, j. 13-8-2013, *DJe* de 28-8-2013.

Causas decididas em *única instância* são aquelas de competência originária dos Tribunais indicados (exemplo: crime praticado por prefeito – art. 29, X, da CF).

Por outro vértice, decididas em *última instância* são aquelas julgadas pelos Tribunais em grau de recurso.

Na hipótese da alínea *a*, primeira parte, a decisão do Tribunal desconsidera a existência e termina por *contrariar* solenemente disposições vigentes em tratado ou lei federal, aplicáveis na solução da controvérsia.

O órgão prolator da decisão não desconhece a existência da regra de direito, tampouco afirma esteja ela revogada, mas, ao contrário, entende por bem não aplicá-la em razão de concluir que ela não se ajusta ao caso concreto; não regula a matéria analisada, e por isso julga utilizando-se de fundamento contrário ao texto expresso.

Na situação regulada na parte final da alínea *a*, a decisão do Tribunal *nega vigência* à regra expressamente disposta em tratado ou lei federal, vale dizer: entende revogada ou inconstitucional a regra, e por isso deixa de aplicá-la.

O *tratado* a que se refere a norma constitucional, evidentemente, deve ter sido ratificado e internalizado pelo governo brasileiro, pois, do contrário, não há como exigir sua aplicação em território nacional.

Quanto à *lei*, note-se que o art. 105, III, alínea *a*, refere-se somente à *lei federal*, de tal sorte que não será admitido recurso especial com fundamento na negativa de vigência ou decisão contrária a texto de lei municipal, estadual, ou espécie normativa diversa.

Caberá recurso especial com fundamento na alínea *c* do art. 105, III, da CF, quando a decisão do Tribunal "der a lei federal interpretação divergente da que lhe haja atribuído outro tribunal".

Para tanto, parte-se do confronto entre decisões proferidas por **tribunais distintos** (exemplo: Tribunais de Justiça de São Paulo e Minas Gerais), nas quais se tenha interpretado a mesma lei federal de maneira antagônica.

"Não se conhece de recurso especial pela divergência se inexistente similitude fática entre os julgados em cotejo".[158]

Identificadas decisões contrapostas, busca-se a "última palavra" da Corte Superior; o entendimento que deve prevalecer sobre a matéria, e com isso a uniformização da jurisprudência a respeito.

De tal sorte, para que se possa alegar dissídio jurisprudencial é imprescindível que a decisão confrontada tenha transitado em julgado, o que corresponde a dizer que, se ainda estiver pendente qualquer outro tipo de recurso – embargos de declaração, por exemplo –, não se prestará para fundamentar recurso especial.

158. STJ, REsp 1.201.442/RJ, 6ª T., rel. Min. Maria Thereza de Assis Moura, j. 13-8-2013, *DJe* de 22-8-2013.

Vejamos o entendimento sumulado e que deve ser observado neste momento para a interposição do recurso em testilha:

Súmula 13 do STJ: "A divergência entre julgados do mesmo tribunal não enseja recurso especial".

Súmula 83 do STJ: "Não se conhece do recurso especial pela divergência, quando a orientação do tribunal se firmou no mesmo sentido da decisão recorrida". É dizer: não cabe recurso especial com fundamento no art. 105, III, *c*, da CF, se a decisão recorrida estiver no mesmo sentido da jurisprudência firmada no Superior Tribunal de Justiça. Nesse caso, a jurisprudência da Corte já está firmada, e a só existência de decisão divergente proferida por Tribunal inferior não legitima o reclamo excepcional.

Nota comum a toda e qualquer hipótese de cabimento é o fato de que o recurso especial se destina apenas à análise de **matéria de direito**, jamais ao revolvimento da prova produzida, conforme está claro no enunciado da Súmula 7 do STJ: "A pretensão de simples reexame de prova não enseja recurso especial".[159]

Porque admissível apenas contra decisão de Tribunal (CF, art. 105), "não cabe recurso especial contra decisão proferida por órgão de segundo grau dos Juizados Especiais" (Súmula 203 do STJ) – Turmas Recursais – e bem assim contra decisão proferida por juiz de primeiro grau.

Conforme a Súmula 518 do STJ: "Para fins do art. 105, III, *a*, da CF, não é cabível recurso especial fundado em alegada violação de enunciado de súmula".

12.8.1.2. Requisitos

Além dos requisitos gerais ou genéricos, verdadeiros pressupostos de admissibilidade (interesse, tempestividade etc.), não basta, não é suficiente que se alegue nas razões do recurso especial qualquer das hipóteses de cabimento anteriormente analisadas.

É imprescindível que o recurso não esteja fundamentado em argumento novo; é preciso, ainda, que a matéria das razões recursais – mesmo que se trate de matéria de ordem pública[160] – tenha sido submetida à apreciação do Tribunal – *prequestionada* – e que sobre ela a Corte tenha efetivamente se manifestado.

---

159. "A pretensão de simples reexame de prova não enseja recurso especial (Súmula 7/STJ)" (STJ, AgRg no AREsp 345.019/SP, 5ª T., rel. Min. Campos Marques, j. 20-8-2013, *DJe* de 26-8-2013). "É vedado em sede de recurso especial o reexame de matéria fático-probatória, nos termos do enunciado da Súmula 7/STJ" (STJ, AgRg no Ag 1.393.977/PA, 6ª T., rel. Min. Maria Thereza de Assis Moura, j. 25-6-2013, *DJe* de 1º-8-2013).

160. "Conforme reiterada jurisprudência do Superior Tribunal de Justiça, o prequestionamento das teses jurídicas constitui requisito de admissibilidade da via, inclusive em se tratando de matérias de ordem pública, sob pena de incidir em indevida supressão de instância e violação da competência constitucionalmente definida para esta Corte" (RHC 81.284/DF, 5ª T., rel. Min. Ribeiro Dantas, *DJe* de 30-8-2017)" (STJ, AgInt no HC 441.550/SP, 5ª T., rel. Felix Fischer, 19-4-2018, *DJe* de 25-4-2018).

Prequestionar é o mesmo que alegar no processo com vistas a obter o pronunciamento do Tribunal a respeito da matéria; significa provocar decisão a respeito do tema, antes da interposição do recurso especial.

Se na decisão do Tribunal for possível identificar *obscuridade*, *ambiguidade*, *contradição* ou *omissão* exatamente a respeito de matéria que serve de fundamento para o recurso especial (prequestionada), a parte inicialmente deverá se valer dos embargos de declaração com vistas a obter pronunciamento claro e expresso a respeito, e só depois é que se tornará admissível o recurso especial.

Nos precisos termos da Súmula 211 do STJ, é "inadmissível recurso especial quanto à questão que, a despeito da oposição de embargos declaratórios, não foi apreciada pelo Tribunal *a quo*".

Segundo a Súmula 98 do STJ: "Embargos de declaração manifestados com notório propósito de prequestionamento não têm caráter protelatório".

Na hipótese de ser cabíveis embargos infringentes, só depois de sua interposição e julgamento é que se tornará admissível o recurso especial, caso subsista qualquer dos fundamentos anteriormente apontados, sendo essa matéria também sumulada, conforme enunciado que segue: "É inadmissível recurso especial quando cabíveis embargos infringentes contra o acórdão proferido no tribunal de origem" (Súmula 207 do STJ).

Como se vê, em síntese, é preciso que todas as vias recursais ordinárias disponibilizadas para a solução do processo dentro dos Tribunais inferiores sejam esgotadas, pena de tornar inadmissível o recurso especial.

Tal como determina o art. 1.029, § 1º, do CPC/2015: "Quando o recurso fundar-se em dissídio jurisprudencial, o recorrente fará a prova da divergência com a certidão, cópia ou citação do repositório de jurisprudência, oficial ou credenciado, inclusive em mídia eletrônica, em que houver sido publicado o acórdão divergente, ou ainda com a reprodução de julgado disponível na rede mundial de computadores, com indicação da respectiva fonte, devendo-se, em qualquer caso, mencionar as circunstâncias que identifiquem ou assemelhem os casos confrontados". No mesmo sentido, segue o disposto no art. 255, § 1º, do RISTJ.[161]

Nos termos do art. 133 do RISTJ, são repositórios autorizados de jurisprudência as publicações de entidades oficiais ou particulares, habilitadas na forma do art. 134 do Regimento.

Diz o art. 255, § 3º, do RISTJ, que são repositórios oficiais de jurisprudência, a Revista Trimestral de Jurisprudência do Supremo Tribunal Federal, a Revista do Superior Tribunal de Justiça e a Revista do Tribunal Federal de Recursos e, autorizados ou credenciados, os habilitados na forma do art. 134 e seu parágrafo único do Regimento.[162]

161. Redação dada pela Emenda Regimental n. 22/2016.

162. Redação dada pela Emenda Regimental n. 22/2016.

São requisitos especiais, em síntese:

✓ prequestionamento;

✓ efetivo pronunciamento do Tribunal sobre a matéria prequestionada;[163]

✓ esgotamento das vias ordinárias de impugnação;

✓ prova da divergência,[164] conforme o art. 1.029, § 1º, do CPC/2015.[165]

12.8.1.3. Prazo e endereçamento

Deve ser interposto no prazo de 15 (quinze) dias e endereçado ao presidente ou ao vice-presidente do tribunal recorrido (TJ, TRF etc.), conforme o disposto nos arts. 1.003, § 5º, e 1.029, *caput*, ambos do CPC/2015.[166]

12.8.1.4. Efeito

O recurso especial deve ser recebido[167] apenas no **efeito devolutivo** (art. 995, *caput*, do CPC/2015).[168]

De observar que, consoante dispõe o parágrafo único do art. 995 do CPC/2015: "A eficácia da decisão recorrida poderá ser suspensa por decisão do relator, se da imediata produção de seus efeitos houver risco de dano grave, de difícil ou impossível reparação, e ficar demonstrada a probabilidade de provimento do recurso".

Conforme a fase do processamento do recurso, indica o § 5º do art. 1.029 do CPC/2015 que o pedido de efeito suspensivo deve ser endereçado: "I – ao tribunal superior respectivo, no período compreendido entre a publicação da decisão de admissão do recurso e sua distribuição, ficando o relator designado para seu exame prevento para julgá-lo; II – ao relator, se já distribuído o recurso; III – ao

---

163. "A ausência de pronunciamento em torno da questão contida nos dispositivos da legislação federal invocada impede o conhecimento do recurso especial, pela falta de prequestionamento. Incidência das Súmulas n. 211 do STJ e 282 do STF" (STJ, AgRg no AREsp 217.164/ES, 5ª T., rel. Min. Jorge Mussi, j. 20-6-2013, *DJe* de 1º-8-2013).

164. "Não se conhece de recurso especial pela divergência se inexistente similitude fática entre os julgados em cotejo" (STJ, REsp 1.201.442/RJ, 6ª T., rel. Min. Maria Thereza de Assis Moura, j. 13-8-2013, *DJe* de 22-8-2013).

165. "Deve ser negado seguimento ao recurso especial, interposto com amparo na alínea 'c' do permissivo constitucional, se não evidenciadas as circunstâncias que identifiquem ou assemelhem os casos confrontados, nos termos do art. 255 do RISTJ, mediante a realização do necessário cotejo analítico entre os paradigmas e o aresto recorrido" (STJ, AgRg no REsp 1.349.051/SP, 6ª T., rel. Min. Maria Thereza de Assis Moura, j. 20-8-2013, *DJe* de 3-9-2013).

166. No regramento anterior: art. 26, *caput*, da Lei n. 8.038/90.

167. "Compete constitucionalmente ao Superior Tribunal de Justiça o julgamento do recurso especial, cabendo-lhe, enquanto órgão *ad quem*, o segundo, e definitivo, juízo de admissibilidade positivo ou negativo quanto a tal recurso de fundamentação vinculada" (STF, HC 127.307 AgR/SP, 1ª T., rel. Min. Rosa Weber, j. 17-5-2016, *DJe* n. 128, de 21-6-2016).

168. Na regulamentação anterior: art. 27, § 2º, da Lei n. 8.038/90.

presidente ou ao vice-presidente do tribunal recorrido, no período compreendido entre a interposição do recurso e a publicação da decisão de admissão do recurso, assim como no caso de o recurso ter sido sobrestado, nos termos do art. 1.037".

12.8.1.5. Interposição e processamento

Em razão da similitude que há entre a interposição e o processamento dos recursos especial e extraordinário, trataremos desses temas conjuntamente, em um só tópico, ao final de nossas reflexões sobre o extraordinário, cumprindo destacar desde logo que o art. 1.072, IV, do CPC/2015 revogou, dentre outros, os arts. 26 a 29 da Lei n. 8.038/90, que instituiu normas procedimentais para os processos que especifica, perante o Superior Tribunal de Justiça e o Supremo Tribunal Federal.

12.8.2. Recurso extraordinário

Decorre do modelo constitucional vigente e do princípio da verticalidade das normas a necessidade de assegurar a absoluta submissão de toda normatividade infraconstitucional à supremacia da Carta Magna.

O Supremo Tribunal Federal é o guardião da Constituição Federal (CF, art. 102, *caput*), e, para dar cumprimento a essa elevada função, o recurso extraordinário, que é de sua competência julgar (CPP, art. 638), traduz valioso instrumento jurídico.

Como seu próprio nome está a indicar, diz-se *extraordinário* porque não se destina a hostilizar toda e *qualquer decisão*, revelando-se admissível apenas em face de situações jurídicas particularizadas, que evidenciem ataque ao texto da Carta Magna, cumprindo sejam interpretadas restritivamente, dada a própria excepcionalidade dessa via de impugnação.

Destinado ao controle difuso da constitucionalidade das leis, está disciplinado no art. 102, III, alíneas *a*, *b*, *c* e *d*, da CF, onde encontramos que compete ao Supremo Tribunal Federal julgar, mediante recurso extraordinário, as causas decididas em única ou última instância, quando a decisão recorrida:

a) contrariar dispositivo da Constituição;

b) declarar a inconstitucionalidade de tratado ou lei federal;

c) julgar válida lei ou ato de governo local contestado em face da Constituição;

d) julgar válida lei local contestada em face de lei federal.

Tal como anotamos nos comentários ao recurso especial, também aqui cabe observar que: "causas decididas em *única instância*" são aquelas referentes aos processos de competência originária dos Tribunais; já quando se diz "julgadas em *última instância*", está-se referindo àquelas julgadas em grau de recurso.

"Para simples reexame de prova não cabe recurso extraordinário" (Súmula 279 do STF).[169]

Há mais.

O recurso extraordinário se presta à apreciação de violação direta da Constituição Federal; bem por isso, não deve ser admitido quando estiver fundamentado tão somente na inobservância de princípios constitucionais, posto que na hipótese a violação, se existente, seria reflexa ou indireta, alcançada somente mediante raciocínio interpretativo, incidente sobre regras infraconstitucionais. "A situação de ofensa meramente reflexa ao texto constitucional, quando ocorrente, não basta, só por si, para viabilizar o acesso à via recursal extraordinária".[170]

O Supremo Tribunal Federal tem posição formada a esse respeito, conforme segue:

> Os princípios da legalidade, do devido processo legal, da ampla defesa, do contraditório e da motivação das decisões judiciais podem configurar, quando muito, situações de ofensa meramente reflexa ao texto da Constituição, circunstância que não viabiliza o acesso à instância extraordinária. Precedentes: AI 728.267-AgR/RS, rel. Min. Dias Toffoli, 1ª T., *DJe* de 22-2-2008; AI 677.074-AgR/AP, rel. Min. Celso de Mello, 2ª T., *DJe* de 27-8-2010.[171]

> O Supremo Tribunal Federal já definiu que a violação dos princípios do contraditório, da ampla defesa, dos limites da coisa julgada e do devido processo legal, quando implicarem em exame de legislação infraconstitucional, é matéria sem repercussão geral (Tema 660 – ARE 748.37/SP-RG).[172-173]

De modo diverso ao que ocorre com o recurso especial, é *possível* recurso extraordinário contra decisão proferida por Turma Recursal de Juizado Especial Criminal e também contra decisão de juiz de primeiro grau, em casos determinados, visto que, ao contrário do que se verifica no art. 105 da CF, o art. 102, III, não se refere apenas à possibilidade de impugnação extraordinária de *decisão de tribunal*.

---

169. "O recurso extraordinário não é meio próprio ao revolvimento da prova, também não servindo à interpretação de normas estritamente legais" (STF, AI 462.831 AgR/RJ, 1ª T., rel. Min. Marco Aurélio, j. 21-5-2013, *DJe* n. 108, de 10-6-2013).

170. STF, ARE 950.813 AgR/PI, 2ª T., rel. Min. Celso de Mello, j. 2-8-2016, *DJe* n. 178, de 23-8-2016. *No mesmo sentido*: STF, RE 751.394/MG, 1ª T., rel. Min. Dias Toffoli, j. 28-5-2013, *DJe* n. 168, de 28-8-2013; STF, ARE 742.224 AgR/MG, 1ª T., rel. Min. Rosa Weber, j. 18-6-2013, *DJe* n. 148, de 1-8-2013; STF, ARE 718.152 AgR/RJ, 2ª T., rel. Min. Cármen Lúcia, j. 13-11-2012, *DJe* n. 240, de 7-12-2012.

171. STF, AI 841.562 AgR/DF, 1ª T., rel. Min. Luiz Fux, j. 21-6-2011, *DJe* n. 125, de 1º-7-2011.

172. STF, RE 991.910 AgR/AM, 2ª T., rel. Min. Ricardo Lewandowski, j. 28-10-2016, *DJe* 243, de 17-11-2016.

173. No mesmo sentido: STF, AI 786.781 AgR/SP, 1ª T., rel. Min. Roberto Barroso, j. 30-9-2014, *DJe* n. 217, de 5-11-2014.

Não se restringe, ademais, à discussão de mérito,[174] podendo ser validamente manejado, inclusive, em face de matéria procedimental, desde que identificada hipótese de cabimento.

Outros enunciados que devem ser observados:

Súmula 280 do STF: "Por ofensa a direito local não cabe recurso extraordinário".

Súmula 281 do STF: "É inadmissível o recurso extraordinário, quando couber na justiça de origem, recurso ordinário da decisão impugnada".

Súmula 283 do STF: "É inadmissível o recurso extraordinário, quando a decisão recorrida assenta em mais de um fundamento suficiente e o recurso não abrange todos eles".

Súmula 284 do STF: "É inadmissível o recurso extraordinário, quando a deficiência na sua fundamentação não permitir a exata compreensão da controvérsia".

Súmula 286 do STF: "Não se conhece do recurso extraordinário fundado em divergência jurisprudencial, quando a orientação do plenário do Supremo Tribunal Federal já se firmou no mesmo sentido da decisão recorrida".

12.8.2.1. Requisitos

Também aqui, além dos requisitos ou pressupostos gerais, comuns à generalidade dos recursos (interesse/sucumbência etc.), é imprescindível que se demonstre a existência de outros, de natureza especial.

Para a **admissibilidade** do extraordinário, também se exige o **prequestionamento** explícito da matéria na instância inferior,[175] e sobre esse requisito já nos referimos quando tratamos do recurso especial, para onde remetemos o leitor com vistas a evitar o enfaro da repetição.

Nessa mesma linha:

> O prequestionamento não resulta da circunstância de a matéria haver sido arguida pela parte recorrente. A configuração do instituto pressupõe debate e decisão prévios pelo Colegiado, ou seja, emissão de juízo sobre o tema. O procedimento tem como escopo o cotejo indispensável a que se diga do enquadramento do recurso extraordinário no permissivo constitucional. Se o Tribunal de origem não adotou tese explícita a respeito do fato jurígeno veiculado nas razões recursais, inviabilizado fica o entendimento sobre a violência ao preceito evocado pelo recorrente.[176]

---

174. "O recurso extraordinário não é meio próprio ao revolvimento da prova, também não servindo à interpretação de normas estritamente legais" (STF, ARE 922.679 AgR/RJ, 1ª T., rel. Min. Marco Aurélio, j. 15-12-2015, *DJe* n. 080, de 26-4-2016).

175. "A matéria de ordem pública, conquanto cognoscível de ofício pelo juiz ou Tribunal em qualquer tempo e grau de jurisdição (art. 267, § 3º, do CPC), não prescinde do requisito do prequestionamento em sede de Recurso Extraordinário. Precedentes: AI 539.558-AgR, rel. Min. Dias Toffoli, 1ª T., *DJe* de 30-11-2011, e AI 733.846-AgR, rel. Min. Cármen Lúcia, 1ª T., *DJe* de 19-6-2009" (STF, AI 858.531 AgR-ED/SC, 1ª T., rel. Min. Luiz Fux, j. 27-10-2015, *DJe* n. 228, de 13-11-2015).

176. STF, AI 747.693 AgR/PA, 1ª T., rel. Min. Marco Aurélio, j. 28-2-2012, *DJe* n. 061, de 26-3-2012.

O requisito do prequestionamento é indispensável, por isso que inviável a apreciação, em sede de recurso extraordinário, de matéria sobre a qual não se pronunciou o Tribunal de origem, incidindo o óbice da Súmula 282 do Supremo Tribunal Federal.[177]

Se a questão constitucional invocada no Recurso Extraordinário não foi objeto de debate e decisão no acórdão recorrido, fica desatendido o pressuposto recursal do prequestionamento.[178]

É inadmissível o recurso extraordinário quando a matéria constitucional suscitada não tiver sido apreciada pelo acórdão recorrido.[179]

A esse respeito, ver ainda:

Súmula 282 do STF: "É inadmissível o recurso extraordinário, quando não ventilada, na decisão recorrida, a questão federal suscitada".

Súmula 356 do STF: "O ponto omisso da decisão, sobre o qual não foram opostos embargos declaratórios, não pode ser objeto de recurso extraordinário, por faltar o requisito do prequestionamento".[180]

Outro requisito ou pressuposto de admissibilidade é a **repercussão geral**.[181]

Diz o art. 102, § 3º, da CF, que: "No recurso extraordinário o recorrente deverá demonstrar a repercussão geral das questões constitucionais discutidas no caso, nos termos da lei, a fim de que o Tribunal examine a admissão do recurso, somente podendo recusá-lo pela manifestação de dois terços de seus membros".

Vejamos o entendimento pacificado no Supremo Tribunal Federal:

O requisito constitucional da repercussão geral (CF, art. 102, § 3º, red. EC 45/2004), com a regulamentação da L. 11.418/2006 e as normas regimentais necessárias à sua execução, aplica-se aos recursos extraordinários em geral, e, em consequência, às causas criminais.[182]

A repercussão geral como novel requisito constitucional de admissibilidade do recurso extraordinário demanda que a parte recorrente demonstre, fundamentadamente, que a irresignação extrema encarta questões relevantes do ponto de vista econômico, político,

---

177. STF, AI 768.591 AgR/RS, 1ª T., rel. Min. Luiz Fux, j. 9-4-2013, *DJe* n. 078, de 26-4-2013.

178. STF, ARE 707.672 ED/SP, 1ª T., rel. Min. Rosa Weber, j. 18-12-2012, *DJe* n. 032, de 19-2-2013.

179. STF, ARE 851.109/DF, 1ª T., rel. Min. Marco Aurélio, rel. p/ o Acórdão Min. Edson Fachin, j. 9-12-2015, *DJe* n. 059, de 1º-4-2016.

180. "É inadmissível o recurso extraordinário quando a matéria constitucional suscitada não tiver sido apreciada pelo acórdão recorrido" (STF, ARE 851.109/DF, 1ª T., rel. Min. Marco Aurélio, rel. p/ o Acórdão Min. Edson Fachin, j. 9-12-2015, *DJe* n. 059, de 1º-4-2016).

181. "Os recursos extraordinários interpostos contra acórdãos publicados a partir de 3-5-2007 devem demonstrar, em tópico devidamente fundamentado, a existência da repercussão geral das questões constitucionais discutidas no apelo extremo (AI n. 664.567/RS-QO)" (STF, ARE 858.965 AgR/RJ, 2ª T., rel. Min. Dias Toffoli, j. 9-8-2016, *DJe* n. 182, de 29-8-2016).

182. STF, AI 664.567 QO/RS, Tribunal Pleno, rel. Min. Sepúlveda Pertence, j. 18-6-2007, *DJe* n. 096, de 6-9-2007.

social ou jurídico que ultrapassem os interesses subjetivos da causa. A sistemática da repercussão geral tem aplicação plena nos recursos de matéria criminal, conforme a decisão na Questão de Ordem no AI n. 664.567-QO, rel. Min. Sepúlveda Pertence, Tribunal Pleno, *DJe* de 6-9-2007.[183]

Para melhor compreensão de discussão ensejadora de repercussão geral, segue exemplo:

> Possui repercussão geral a controvérsia acerca da constitucionalidade, ou não, da citação por hora certa, prevista no art. 362 do Código de Processo Penal.[184]

Conforme o art. 322 do RISTF: "O Tribunal recusará recurso extraordinário cuja questão constitucional não oferecer repercussão geral, nos termos deste capítulo. Parágrafo único. Para efeito da repercussão geral, será considerada a existência, ou não, de questões que, relevantes do ponto de vista econômico, político, social ou jurídico, ultrapassem os interesses subjetivos das partes".

Sobre esse tema, o Código de Processo Civil/2015 dispõe de forma suficientemente clara que:

> Art. 1.035. O Supremo Tribunal Federal, em decisão irrecorrível, não conhecerá do recurso extraordinário quando a questão constitucional nele versada não tiver repercussão geral, nos termos deste artigo.
>
> § 1º Para efeito de repercussão geral, será considerada a existência ou não de questões relevantes do ponto de vista econômico, político, social ou jurídico que ultrapassem os interesses subjetivos do processo.
>
> § 2º O recorrente deverá demonstrar a existência de repercussão geral para apreciação exclusiva pelo Supremo Tribunal Federal.
>
> § 3º Haverá repercussão geral sempre que o recurso impugnar acórdão que:
>
> I – contrarie súmula ou jurisprudência dominante do Supremo Tribunal Federal;
>
> II – *(Revogado pela Lei n. 13.256/2016)*;
>
> III – tenha reconhecido a inconstitucionalidade de tratado ou de lei federal, nos termos do art. 97 da Constituição Federal.
>
> § 4º O relator poderá admitir, na análise da repercussão geral, a manifestação de terceiros, subscrita por procurador habilitado, nos termos do Regimento Interno do Supremo Tribunal Federal.
>
> § 5º Reconhecida a repercussão geral, o relator no Supremo Tribunal Federal determinará a suspensão do processamento de todos os processos pendentes, individuais ou coletivos, que versem sobre a questão e tramitem no território nacional.
>
> § 6º O interessado pode requerer, ao presidente ou ao vice-presidente do tribunal de origem, que exclua da decisão de sobrestamento e inadmita o recurso extraordinário que

183. STF, AI 841.562 AgR/DF, 1ª T., rel. Min. Luiz Fux, j. 21-6-2011, *DJe* n. 125, de 1º-7-2011.

184. STF, RE 635.145 RG/RS, Tribunal Pleno, rel. Min. Marco Aurélio, j. 8-11-2012, *DJe* n. 038, de 27-2-2013.

tenha sido interposto intempestivamente, tendo o recorrente o prazo de 5 (cinco) dias para manifestar-se sobre esse requerimento.

§ 7º Da decisão que indeferir o requerimento referido no § 6º ou que aplicar entendimento firmado em regime de repercussão geral ou em julgamento de recursos repetitivos caberá agravo interno. (*Redação dada pela Lei n. 13.256/2016.*)

§ 8º Negada a repercussão geral, o presidente ou o vice-presidente do tribunal de origem negará seguimento aos recursos extraordinários sobrestados na origem que versem sobre matéria idêntica.

§ 9º O recurso que tiver a repercussão geral reconhecida deverá ser julgado no prazo de 1 (um) ano e terá preferência sobre os demais feitos, ressalvados os que envolvam réu preso e os pedidos de *habeas corpus*.

§ 10. (*Revogado pela Lei n. 13.256/2016.*)

§ 11. A súmula da decisão sobre a repercussão geral constará de ata, que será publicada no diário oficial e valerá como acórdão.

A repercussão geral deve ser alegada em preliminar do recurso extraordinário (art. 327 do RISTF),[185] a fim de que o Tribunal sobre ela se pronuncie, observada sua natureza de pressuposto de admissibilidade.

12.8.2.2. Prazo e endereçamento

Deve ser interposto no prazo de 15 (quinze) dias[186] e endereçado ao presidente ou ao vice-presidente do tribunal recorrido (TJ, TRF etc.).[187]

12.8.2.3. Efeito

O recurso extraordinário só pode ser recebido no **efeito devolutivo** (CPP, art. 637; CPC/2015, art. 995; RISTF, art. 321, § 4º).[188]

12.8.2.4. Interposição e processamento dos recursos especial e extraordinário

Estes temas eram regulados nos arts. 26 e 27 da Lei n. 8.038/90, que institui normas procedimentais para os processos que especifica, perante o Superior Tribunal de Justiça e o Supremo Tribunal Federal, mas referidos dispositivos foram

185. "A repercussão geral é requisito de admissibilidade do apelo extremo, por isso que o recurso extraordinário é inadmissível quando não apresentar preliminar formal de transcendência geral ou quando esta não for suficientemente fundamentada (Questão de Ordem no AI n. 664.567, rel. Min. Sepúlveda Pertence, *DJ* de 6-9-2007)" (STF, AI 820.480 AgR/RJ, 1ª T., rel. Min. Luiz Fux, j. 3-4-2012, *DJe* n. 078, de 23-4-2012).

186. Art. 1.003, § 5º, do CPC/2015.

187. Art. 1.029, *caput*, do CPC/2015.

188. No CPC/73, ver: art. 542, § 2º; STF, HC 133.679 AgR/SC, 2ª T., rel. Min. Gilmar Mendes, j. 3-5-2016, *DJe* n. 101, de 18-5-2016; STF, RHC 133.150 AgR/RR, 2ª T., rel. Min. Teori Zavascki, j. 14-6-2016, *DJe* n. 134, de 28-6-2016.

expressamente revogados pelo art. 1.072, IV, do CPC/2015, e a matéria encontra-se agora tipificada no art. 1.029 e s. do *Codex*.

Os recursos devem ser interpostos em petições distintas, nas quais deverão constar a exposição do fato e do direito, a demonstração de seu cabimento, bem como as razões do pedido de reforma ou de invalidação da decisão recorrida.

Nesses termos, dispõe a Súmula 284 do STF que: "É inadmissível o recurso extraordinário, quando a deficiência na sua fundamentação não permitir a exata compreensão da controvérsia".

No Superior Tribunal de Justiça prevalece o entendimento segundo o qual, "se nas razões do recurso especial, a parte recorrente deixa de indicar qual dispositivo legal teria sido supostamente violado, tem incidência, por analogia, o disposto na Súmula 284 do Excelso Pretório, ante a deficiência na fundamentação recursal".[189]

Quando o recurso especial estiver fundamentado em dissídio entre a interpretação da lei federal adotada pelo julgado recorrido e a que lhe haja dado outro Tribunal (art. 105, III, *c*), é oportuno relembrar que desde logo, com a interposição, o recorrente deverá fazer prova da divergência com a certidão, cópia ou citação do repositório de jurisprudência, oficial ou credenciado, inclusive em mídia eletrônica, em que houver sido publicado o acórdão divergente, ou ainda com a reprodução de julgado disponível na rede mundial de computadores, com indicação da respectiva fonte, devendo-se, em qualquer caso, mencionar as circunstâncias que identifiquem ou assemelhem os casos confrontados (CPC/2015, art. 1.029, § 1º). No mesmo sentido segue o disposto no art. 255, § 1º, do RISTJ.[190]

Recebida a petição pela Secretaria do Tribunal, onde deve ser protocolada, segue-se com a intimação do recorrido para a apresentação de **contrarrazões** no prazo de 15 (quinze) dias.

Decorrido o prazo, os autos serão conclusos ao presidente ou ao vice-presidente do tribunal recorrido, que deverá:[191]

> Art. 1.030. (...)
>
> I – negar seguimento:
>
> *a*) a recurso extraordinário que discuta questão constitucional à qual o Supremo Tribunal Federal não tenha reconhecido a existência de repercussão geral ou a recurso extraordinário interposto contra acórdão que esteja em conformidade com entendimento do Supremo Tribunal Federal exarado no regime de repercussão geral;

189. STJ, AgRg no REsp 1.228.177/RJ, 6ª T., rel. Min. Maria Thereza de Assis Moura, j. 13-8-2013, *DJe* de 22-8-2013.

190. Redação dada pela Emenda Regimental n. 22/2016.

191. O parágrafo único do art. 1.030 do CPC/2015, que determinava que a remessa dos autos deveria ser feita independentemente de juízo de admissibilidade, foi revogado pela Lei n. 13.256/2016.

b) a recurso extraordinário ou a recurso especial interposto contra acórdão que esteja em conformidade com entendimento do Supremo Tribunal Federal ou do Superior Tribunal de Justiça, respectivamente, exarado no regime de julgamento de recursos repetitivos;

II – encaminhar o processo ao órgão julgador para realização do juízo de retratação, se o acórdão recorrido divergir do entendimento do Supremo Tribunal Federal ou do Superior Tribunal de Justiça exarado, conforme o caso, nos regimes de repercussão geral ou de recursos repetitivos;

III – sobrestar o recurso que versar sobre controvérsia de caráter repetitivo ainda não decidida pelo Supremo Tribunal Federal ou pelo Superior Tribunal de Justiça, conforme se trate de matéria constitucional ou infraconstitucional;

IV – selecionar o recurso como representativo de controvérsia constitucional ou infraconstitucional, nos termos do § 6º do art. 1.036;

V – realizar o juízo de admissibilidade e, se positivo, remeter o feito ao Supremo Tribunal Federal ou ao Superior Tribunal de Justiça,[192] desde que:

a) o recurso ainda não tenha sido submetido ao regime de repercussão geral ou de julgamento de recursos repetitivos;

b) o recurso tenha sido selecionado como representativo da controvérsia; ou

c) o tribunal recorrido tenha refutado o juízo de retratação.

Importante observar que, se a decisão do Tribunal comportar recurso especial e também extraordinário, ambos deverão ser interpostos dentro do prazo indicado, pois do contrário ocorrerá preclusão em relação àquele não ajuizado.

Nos moldes do art. 1.031 do CPC/2015, se ocorrer interposição conjunta de recurso extraordinário e recurso especial, os autos serão remetidos ao Superior Tribunal de Justiça.

Concluído o julgamento do recurso especial, os autos serão remetidos ao Supremo Tribunal Federal para apreciação do recurso extraordinário, se este não estiver prejudicado (§ 1º).

Se o relator do recurso especial considerar prejudicial o recurso extraordinário, em decisão irrecorrível, sobrestará o julgamento e remeterá os autos ao Supremo Tribunal Federal (§ 2º).

Verificada a hipótese anterior, se o relator do recurso extraordinário, em decisão irrecorrível, rejeitar a prejudicialidade, devolverá os autos ao Superior Tribunal de Justiça para o julgamento do recurso especial (§ 3º).

Quanto ao que mais pode ocorrer antes do julgamento de mérito:

---

192. "Compete constitucionalmente ao Superior Tribunal de Justiça o julgamento do recurso especial, cabendo-lhe, enquanto órgão *ad quem*, o segundo, e definitivo, juízo de admissibilidade positivo ou negativo quanto a tal recurso de fundamentação vinculada" (STF, HC 127.307 AgR/SP, 1ª T., rel. Min. Rosa Weber, j. 17-5-2016, *DJe* n. 128, de 21-6-2016).

Art. 1.032. Se o relator, no Superior Tribunal de Justiça, entender que o recurso especial versa sobre questão constitucional, deverá conceder prazo de 15 (quinze) dias para que o recorrente demonstre a existência de repercussão geral e se manifeste sobre a questão constitucional.

Parágrafo único. Cumprida a diligência de que trata o *caput*, o relator remeterá o recurso ao Supremo Tribunal Federal, que, em juízo de admissibilidade, poderá devolvê-lo ao Superior Tribunal de Justiça.

Art. 1.033. Se o Supremo Tribunal Federal considerar como reflexa a ofensa à Constituição afirmada no recurso extraordinário, por pressupor a revisão da interpretação de lei federal ou de tratado, remetê-lo-á ao Superior Tribunal de Justiça para julgamento como recurso especial.

Seja como for, admitido o recurso extraordinário ou o recurso especial, o Supremo Tribunal Federal ou o Superior Tribunal de Justiça irá proferir seu julgamento, cumprindo observar que admitido o recurso extraordinário ou o recurso especial por um fundamento, devolve-se ao tribunal superior o conhecimento dos demais fundamentos para a solução do capítulo impugnado (CPC/2015, art. 1.034).

Dispunha o art. 28 da Lei n. 8.038/90, revogado pelo art. 1.072, IV, do CPC/2015, que contra a decisão que negava seguimento a recurso especial ou extraordinário era cabível recurso de agravo de instrumento, no prazo de 5 (cinco) dias, para o Supremo Tribunal Federal ou para o Superior Tribunal de Justiça, conforme o caso.

A Lei n. 12.322/2010 transformou referido agravo de instrumento em "agravo nos próprios autos", alterando dispositivos do Código de Processo Civil/73 (o inciso II do § 2º e o § 3º do art. 475-O; os arts. 544 e 545 e o parágrafo único do art. 736), de tal sorte que, não admitido o recurso extraordinário ou o recurso especial, era cabível agravo nos próprios autos, no prazo de 10 (dez) dias.

Na atual sistemática, para as hipóteses restritas que menciona, o art. 1.042 do CPC/2015 disciplina o cabimento, a interposição e o processamento do recurso de *agravo em recurso especial e em recurso extraordinário*, tema sobre o qual refletiremos em tópico distinto, mais adiante, cumprindo destacar que, caso ocorra interposição conjunta de recursos especial e extraordinário, o agravante deverá interpor um agravo para cada recurso não admitido.

Diz a Súmula 123 do STJ que "a decisão que admite, ou não, o recurso especial deve ser fundamentada, com o exame dos seus pressupostos gerais e constitucionais".

No Regimento Interno do STJ, o processamento do recurso especial está disciplinado no art. 255.

O recurso extraordinário, a seu turno, está regulado nos arts. 321 a 329 do Regimento Interno do STF.

12.9. Reclamação

Esta via de impugnação tem inegável natureza jurídica de recurso, mas assim não foi listada no CPC/2015,[193] conforme se verifica em seu art. 994. Atualmente,

193. "A reclamação é instrumento processual de caráter específico e aplicação restrita. Nos termos do art. 105, 'f', da Constituição Federal, presta-se para preservar a competência e garantir a autoridade

encontra-se regulada nos arts. 988 a 993 do referido *Codex*, e não conta com tipificação no Código de Processo Penal.

No âmbito do Supremo Tribunal Federal, está prevista no art. 102, I, *l*, da CF, e também nos arts. 156 a 162 de seu Regimento Interno (RISTF).

Diz o art. 103-A, § 3º, da CF, que: "Do ato administrativo ou decisão judicial que contrariar a súmula aplicável ou que indevidamente a aplicar, caberá reclamação ao Supremo Tribunal Federal que, julgando-a procedente, anulará o ato administrativo ou cassará a decisão judicial reclamada, e determinará que outra seja proferida com ou sem a aplicação da súmula, conforme o caso".

Quanto ao Superior Tribunal de Justiça, encontra-se no art. 105, I, *f*, da CF, e nos arts. 187 a 192 de seu Regimento Interno (RISTJ).

Em atendimento às orientações constitucionais, diz o art. 988 do CPC/2015[194] que: "Caberá reclamação da parte interessada ou do Ministério Público para: I – preservar a competência do tribunal; II – garantir a autoridade das decisões do tribunal; III – garantir a observância de enunciado de súmula vinculante[195] e de decisão do Supremo Tribunal Federal em controle concentrado de constitucionalidade; IV – garantir a observância de acórdão proferido em julgamento de incidente de resolução de demandas repetitivas ou de incidente de assunção de competência".

12.9.1. Processamento

> A reclamação pode ser proposta perante qualquer tribunal, e seu julgamento compete ao órgão jurisdicional cuja competência se busca preservar ou cuja autoridade se pretenda garantir. É inadmissível a reclamação proposta após o trânsito em julgado da decisão reclamada, bem como a proposta para garantir a observância de acórdão de recurso extraordinário com repercussão geral reconhecida ou de acórdão proferido em julgamento de recursos extraordinário ou especial repetitivos, quando não esgotadas as instâncias ordinárias. A inadmissibilidade ou o julgamento do recurso interposto contra a decisão proferida pelo órgão reclamado não prejudica a reclamação.[196]

das decisões dos Tribunais" (STJ, Rcl 4.515/SP, Terceira Seção, rel. Min. Maria Thereza de Assis Moura, j. 27-4-2011, *DJe* de 30-5-2011). "A reclamação não se presta a figurar como sucedâneo recursal e, nessa perspectiva, incumbe ao interessado, querendo, valer-se das vias próprias ao combate dos atos que entende incompatíveis com a ordem jurídica" (STF, Rcl 22.557 AgR/RJ, 1ª T., rel. Min. Edson Fachin, j. 24-5-2016, *DJe* n. 116, de 7-6-2016).

194. Na regulamentação anterior, ver: art. 13 da Lei n. 8.038/90 (Institui normas procedimentais para os processos que especifica, perante o Superior Tribunal de Justiça e o Supremo Tribunal Federal).

195. "A inobservância da Súmula Vinculante 11, por expressa previsão, acarreta a nulidade dos atos processuais produzidos em desacordo com sua enunciação. Acolhimento da irresignação para alcançar as provas testemunhais colhidas com a participação do acusado que, mesmo sem fundamentação adequada, permaneceu algemado durante toda a audiência de instrução" (STF, Rcl 22.557 AgR/RJ, 1ª T., rel. Min. Edson Fachin, j. 24-5-2016, *DJe* n. 116, de 7-6-2016).

196. Art. 988, §§ 1º, 5º e 6º, do CPC/2015.

A teor do disposto nos arts. 988 a 993 do CPC/2015,[197] a reclamação deverá ser dirigida ao Presidente do Tribunal, instruída com prova documental; será distribuída ao relator da causa principal, sempre que possível, e este, ao despachá-la: requisitará informações da autoridade a quem for imputada a prática do ato impugnado, que as prestará no prazo de 10 (dez) dias; ordenará, se necessário, para evitar dano irreparável, a suspensão do processo ou do ato impugnado, e determinará a citação do beneficiário da decisão impugnada, que terá prazo de 15 (quinze) dias para apresentar a sua contestação.

Qualquer interessado poderá impugnar o pedido do reclamante.

O Ministério Público, nas reclamações que não houver formulado, terá vista do processo, por 5 (cinco) dias, após o decurso do prazo para informações e para o oferecimento da contestação pelo beneficiário do ato impugnado.

Se a reclamação for julgada procedente, o Tribunal cassará a decisão exorbitante de seu julgado ou determinará medida adequada à solução da controvérsia.

Proferida a decisão, o Presidente do Tribunal determinará seu imediato cumprimento, lavrando-se o respectivo acórdão posteriormente.

12.10. Recurso ordinário constitucional

O recurso ordinário constitucional configura modalidade de impugnação disponibilizada para atacar decisões proferidas em processos específicos, taxativamente indicados na Constituição Federal, com vistas a submeter a matéria à reapreciação do Superior Tribunal de Justiça ou do Supremo Tribunal Federal, conforme o caso.

Nos precisos termos do art. 105, II, da CF, em matéria criminal tem cabimento sua interposição para o Superior Tribunal de Justiça: *1)* contra decisão denegatória de *habeas corpus* proferida por Tribunal de Justiça ou Tribunal Regional Federal; *2)* contra decisão denegatória de mandado de segurança proferida por Tribunal de Justiça ou Tribunal Regional Federal.

Para o Supremo Tribunal Federal, conforme se extrai do art. 102, II, da CF, é cabível recurso ordinário constitucional em matéria criminal: *1)* contra decisão denegatória de *habeas corpus* adotada pelo Superior Tribunal de Justiça, pelo Tribunal Superior Eleitoral ou pelo Superior Tribunal Militar; *2)* contra decisão denegatória de mandado de segurança decidida pelos mesmos Tribunais citados; *3)* contra sentença – condenatória ou absolutória – proferida em processo por crime político.

Em resumo, e nos limites apontados, só é cabível recurso ordinário constitucional em três hipóteses: *1)* decisão denegatória de *habeas corpus; 2)* decisão denegatória de mandado de segurança; *3)* condenação ou absolvição por crime político.

197. Na regulamentação anterior: arts. 13 a 18 da Lei n. 8.038/90.

Em relação a esta última cabe observar que o julgamento de crime político é de competência da Justiça Federal, e, proferida a decisão em primeira instância, caberá o recurso ordinário direto para o Supremo Tribunal Federal,[198] sem passar pelo Tribunal Regional Federal ou pelo Superior Tribunal de Justiça, conforme já decidiu o Pleno do Supremo Tribunal Federal:

> 1º) Os juízes federais são competentes para processar e julgar os crimes políticos e o Supremo Tribunal Federal para julgar os mesmos crimes em segundo grau de jurisdição (CF, arts. 109, IV, e 102, II, *b*), a despeito do que dispõem os arts. 23, IV, e 6º, III, *c*, do Regimento Interno, cujas disposições não mais estão previstas na Constituição. 2ª) Incompetência da Justiça Militar: a Carta de 1969 dava competência à Justiça Militar para julgar os crimes contra a segurança nacional (art. 129 e seu § 1º); entretanto, a Constituição de 1988, substituindo tal denominação pela de crime político, retirou-lhe esta competência (art. 124 e seu parágrafo único), outorgando-a à Justiça Federal (art. 109, IV). 3ª) Se o paciente foi julgado por crime político em primeira instância, esta Corte é competente para o exame da apelação, ainda que reconheça inaplicável a Lei de Segurança Nacional.[199]

Sobre o que deva ser considerado crime político:

> Na percuciente observação de Celso de Albuquerque Mello, "a conceituação de um crime como político é (...) um ato político em si mesmo, com toda a relatividade da política" (Extradição. Algumas observações. In: *O Direito Internacional Contemporâneo*. Org.: Carmen Tiburcio; Luís Roberto Barroso. Rio de Janeiro: Renovar, 2006. p. 222-223).[200]
>
> Só há crime político quando presentes os pressupostos do art. 2º da Lei de Segurança Nacional (Lei n. 7.170/82), ao qual se integram os do art. 1º: a materialidade da conduta deve lesar real ou potencialmente ou expor a perigo de lesão a soberania nacional, de forma que, ainda que a conduta esteja tipificada no art. 12 da LSN, é preciso que se lhe agregue a motivação política.[201]

12.10.1. Prazos

Contra decisão denegatória de *habeas corpus*, o prazo de interposição é de 5 (cinco) dias e está fixado no art. 30 da Lei n. 8.038/90.

Para impugnar decisão denegatória de mandado de segurança, o prazo é de 15 (quinze) dias e está regulado no art. 33 da Lei n. 8.038/90.

---

198. STF, HC 93.938/SP, 1ª T., rel. Min. Luiz Fux, j. 25-10-2011, *DJe* n. 222, de 23-11-2011.

199. STF, RC 1.468 segundo/RJ, Tribunal Pleno, rel. Min. Ilmar Galvão, rel. p/ o Acórdão Min. Maurício Corrêa, j. 23-3-2000, *DJ* de 16-8-2000, p. 88.

200. STF, Rcl 11.243/República Italiana, rel. Min. Gilmar Mendes, rel. p/ o Acórdão Min. Luiz Fux, j. 8-6-2011, *DJe* n. 191, de 5-10-2011.

201. STF, RC 1.468 segundo/RJ, Tribunal Pleno, rel. Min. Ilmar Galvão, rel. p/ o Acórdão Min. Maurício Corrêa, j. 23-3-2000, *DJ* de 16-8-2000, p. 88.

Muito embora os dispositivos citados se refiram apenas ao Superior Tribunal de Justiça, também devem ser aplicados em relação ao Supremo Tribunal Federal, respeitadas as respectivas esferas de competência.

12.10.2. Processamento

O recorrente deve apresentar a petição de interposição acompanhada das razões de seu inconformismo, pois não há previsão de prazo distinto para interposição e oferecimento das razões recursais.

Distribuído o recurso, a Secretaria, imediatamente, fará os autos com vista ao Ministério Público para apresentação de contrarrazões no prazo de 2 (dois) dias, no caso de *habeas corpus*, ou 5 (cinco) dias, na hipótese de mandado de segurança, conforme disciplinam os arts. 31 e 35 da citada lei.

Apresentadas as contrarrazões, os autos serão remetidos ao Superior Tribunal de Justiça ou ao Supremo Tribunal Federal, conforme seja competente um ou outro.

O Regimento Interno do STJ cuida da matéria nos arts. 244 a 246 (recurso ordinário em *habeas corpus*) e arts. 247 e 248 (recurso ordinário em mandado de segurança).

Os arts. 310 a 312 do Regimento Interno do STF versam sobre o recurso ordinário contra decisão denegatória de *habeas corpus*.

12.10.3. Habeas corpus *como substitutivo do recurso ordinário constitucional*

Observada a existência do recurso constitucionalmente tipificado, a rigor não é adequada a interposição de *habeas corpus* contra decisão que denega *habeas corpus*,[202] já que tal expediente termina por desconsiderar o disposto nos arts. 102 e 105 da CF, e o fato de que o *habeas corpus* não pode ser utilizado como substitutivo de outro recurso cabível na espécie.

A propósito do tema:

> A teor do disposto no art. 102, II, "a", da Constituição Federal, contra decisão, proferida em processo revelador de *habeas corpus*, a implicar a não concessão da ordem, cabível é o recurso ordinário.[203]
>
> Contra a denegação de *habeas corpus* por Tribunal Superior prevê a Constituição Federal remédio jurídico expresso, o recurso ordinário. Diante da dicção do art. 102, II, *a*, da Constituição da República, a impetração de novo *habeas corpus* em caráter substi-

---

202. Em sentido contrário: "A Segunda Turma. desta Corte possui o entendimento consolidado no sentido da possibilidade de impetração de *habeas corpus* substitutivo de recurso ordinário (HC 122.268, rel. Min. Dias Toffoli, 2ª T., *DJe* de 4-8-2015; HC 112.836, rel. Min. Cármen Lúcia, 2ª T., *DJe* de 15-8-2013; HC 116.437, rel. Min. Gilmar Mendes, 2ª T., *DJe* de 19-6-2013)" (STF, HC 132.233/PR, 2ª T., rel. Min. Teori Zavascki, j. 26-4-2016, *DJe* n. 101, de 18-5-2016).

203. STF, HC 109.956/PR, 1ª T., rel. Min. Marco Aurélio, j. 7-8-2012, *DJe* n. 178, de 11-9-2012.

tutivo escamoteia o instituto recursal próprio, em manifesta burla do preceito constitucional.[204]

1. A competência originária do Supremo Tribunal Federal é de direito estrito e, como consectário do efeito taxativo do rol constante da Constituição Federal, há de ser afastado do âmbito de suas atribuições jurisdicionais o processo e julgamento de causas que não se apresentam adequadas àquelas previstas no art. 102 da referida Carta. 2. Afigura-se flagrantemente paradoxal, em tema de direito estrito, conferir interpretação extensiva para abranger hipóteses não sujeitas à jurisdição originária do Supremo Tribunal Federal. Portanto, a prevalência do entendimento de que o Supremo Tribunal deve conhecer de *habeas corpus* substitutivo de recurso ordinário constitucional contrasta com os meios de contenção de feitos, que objetivam viabilizar o exercício, em sua plenitude, de função de guardião da Constituição Federal. 3. Pedido de *habeas corpus* não conhecido.[205]

Todavia, em homenagem à natureza da matéria tratada e dos valores em jogo, considerando, ainda, que o julgamento do recurso ordinário naturalmente demanda tempo superior àquele no qual se verifica a apreciação do *habeas corpus* (notadamente do pedido de liminar), em atenção ao princípio da dignidade da pessoa humana (CF, art. 1º, III), a regra não pode ser inflexível e por isso pode ceder, de tal modo que – diante de flagrante situação de constrangimento ilegal – *deve* o tribunal praticar desapego ao formalismo e conceder a ordem, mesmo que *ex officio*,[206] a fim de fazer cessar a realidade indesejada e absolutamente inaceitável no Estado de Direito.

Nesse sentido:

Impetração manejada em substituição ao recurso ordinário constitucional prescrito no art. 102, II, *a*, da Carta da República, a qual esbarra em decisão da Primeira Turma, que, em sessão extraordinária datada de 7-8-2012, assentou, quando do julgamento do HC n. 109.956/PR, rel. Min. Marco Aurélio, a inadmissibilidade do *habeas corpus* que tenha por objetivo substituir o recurso ordinário. Nada impede, entretanto, que a Suprema Corte, quando do manejo inadequado do *habeas corpus* como substitutivo (art. 102, II, *a*, da CF), analise a questão de ofício nas hipóteses de flagrante ilegalidade, abuso de poder ou teratologia, como é o caso dos autos.[207]

A Terceira Seção desta Corte, seguindo entendimento firmado pela Primeira Turma do col. Pretório Excelso, firmou orientação no sentido de não admitir a impetração de habeas corpus em substituição ao recurso adequado, situação que implica o não-conhecimento da

204. STF, HC 116.233 AgR/SP, 1ª T., rel. Min. Rosa Weber, j. 25-6-2013, *DJe* n. 166, de 26-8-2013.

205. STF, HC 110.015/RJ, 1ª T., rel. Min. Luiz Fux, j. 19-3-2013, *DJe* n. 066, de 11-4-2013.

206. "(...) Recurso ordinário em *habeas corpus* não provido, mas com concessão da ordem de ofício, para invalidar, desde a audiência de inquirição de testemunhas da acusação, inclusive, o Processo n. 035.020.583.437 (2965) da Terceira Vara Criminal da Comarca de Vila Velha/ES, anulando, em consequência, a condenação penal imposta" (STF, RHC 107.394/ES, 1ª T., rel. Min. Rosa Weber, j. 16-4-2013, *DJe* n. 083, de 6-5-2013).

207. STF, HC 115.395/MT, 1ª T., rel. Min. Dias Toffoli, j. 4-6-2013, *DJe* n. 154, de 8-8-2013.

impetração, ressalvados casos excepcionais em que, configurada flagrante ilegalidade apta a gerar constrangimento ilegal, seja possível a concessão da ordem de ofício.[208]

Voltaremos a tratar desse tema no capítulo destinado ao estudo do *habeas corpus*.

12.11. Agravo em Recurso Especial e em Recurso Extraordinário

12.11.1. Esclarecimentos iniciais

Embora sem qualquer regulamentação no Código de Processo Penal, o art. 28 da Lei n. 8.038/90 permitia a interposição de *agravo de instrumento* contra decisão denegatória de recurso especial ou extraordinário, lançada em juízo prévio de admissibilidade levado a efeito no âmbito do próprio Tribunal recorrido.

A Lei n. 12.322/2010 transformou referido agravo de instrumento em agravo nos próprios autos, alterando dispositivos do já revogado Código de Processo Civil/73 (o inciso II do § 2º e o § 3º do art. 475-O; os arts. 544 e 545 e o parágrafo único do art. 736).

Por sua vez, o art. 1.072, IV, do CPC/2015 revogou o art. 28 citado, e o art. 1.042 do mesmo *Codex* passou a disciplinar o *recurso de agravo em recurso especial e em recurso extraordinário*, cabível nas hipóteses que menciona.

12.11.2. Agravo em Recurso Especial e em Recurso Extraordinário

Em petições distintas, o recurso especial e o recurso extraordinário devem ser interpostos no prazo de 15 (quinze) dias,[209] e endereçados ao presidente ou ao vice-presidente do tribunal recorrido, a fim de que se faça o **juízo prévio de admissibilidade**.

Conforme dispõe o art. 1.042, *caput*, do CPC/2015: "Cabe agravo contra decisão do presidente ou do vice-presidente do tribunal recorrido que inadmitir recurso extraordinário ou recurso especial, salvo quando fundada na aplicação de entendimento firmado em regime de repercussão geral ou em julgamento de recursos repetitivos".

Já decidiu o Superior Tribunal de Justiça que:

> A admissão parcial do recurso especial, no Tribunal de origem, não impede seu exame integral pelo STJ. Não há interesse, portanto, em recorrer da decisão de admissão parcial (STJ, REsp 1.281.210/GO, 1ª T., rel. Min. Teori Albino Zavascki, j. 14-8-2012, *DJe* de 21-8-2012).

Consoante a vetusta Súmula 292 do STF, "Interposto o recurso extraordinário por mais de um dos fundamentos indicados no art. 101, n. III, da Constituição, a

208. STJ, HC 499.207/GO, 5ª T., rel. Min. Felix Fischer, j. 9-4-2019, *DJe* de 16-4-2019.

209. Art. 1.003, § 5º, do CPC/2015.

admissão apenas por um dêles não prejudica o seu conhecimento por qualquer dos outros".

12.11.2.1. Prazo

O prazo para a interposição do agravo é de quinze dias, a teor do disposto nos arts. 1.003, § 5º, e 1.070, ambos do CPC/2015. Este último, aliás, não permite qualquer dúvida a respeito de seu alcance quando diz que: "**É de 15 (quinze) dias o prazo para a interposição de qualquer agravo, previsto em lei ou em regimento interno de tribunal, contra decisão de relator ou outra decisão unipessoal proferida em tribunal**" (negritei). Antes do atual regramento o prazo era de cinco dias.[210]

No caso de que agora se cuida, não há dificuldade alguma em compreender que a decisão que comporta agravo, proferida pelo presidente ou pelo vice-presidente do tribunal recorrido, é decisão unipessoal, sendo aplicáveis, portanto, os dispositivos de lei anteriormente invocados.

12.11.2.2. Processamento

A **petição de agravo** deve ser endereçada ao presidente ou ao vice-presidente do tribunal prolator da decisão impugnada (não há pagamento de custas e despesas postais), aplicando-se a ela o regime de repercussão geral e de recursos repetitivos, inclusive quanto à possibilidade de sobrestamento e do juízo de retratação.

O agravado será intimado, de imediato, para no prazo de 15 (quinze) dias oferecer **resposta**.

Vencido o prazo, com ou sem resposta nos autos, **caberá juízo de retratação** a respeito da decisão atacada e, se não ocorrer retratação, os autos serão remetidos ao tribunal superior competente.

Não cabe ao Tribunal *a quo* decidir sobre a admissibilidade ou não do agravo. Essa tarefa é de competência da Corte Superior – STF ou STJ –, conforme se trate de agravo contra o indeferimento de recurso extraordinário ou de recurso especial, respectivamente.

No tribunal competente, conforme dispõe o art. 1.042 do CPC/2015, cujas regras são autoexplicativas e por isso não demandam comentários:

---

210. "O prazo para a interposição de agravo contra decisão denegatória de seguimento de recurso extraordinário em matéria criminal é de cinco dias (Súmula 699/STF)" (STF, AI 842.181 ED/RS, 1ª T., rel. Min. Rosa Weber, j. 18-12-2012, *DJe* n. 032, de 19-2-2013). "Alterações promovidas pela Lei n. 12.322/2010 não modificam o prazo de interposição de agravo em recurso extraordinário criminal, que é de 5 dias. Afere-se a tempestividade do recurso, não por sua postagem nos Correios, mas apenas pelo protocolo desta no Tribunal de origem" (STF, ARE 749.992 AgR/MG, 2ª T., rel. Min. Gilmar Mendes, j. 4-6-2013, *DJe* n. 114, de 17-6-2013).

O agravo poderá ser julgado, conforme o caso, conjuntamente com o recurso especial ou extraordinário, assegurada, neste caso, sustentação oral, observando-se, ainda, o disposto no regimento interno do tribunal respectivo (§ 5º).

Na hipótese de interposição conjunta de recursos extraordinário e especial, o agravante deverá interpor um agravo para cada recurso não admitido (§ 6º).

Havendo apenas um agravo, o recurso será remetido ao tribunal competente, e, havendo interposição conjunta, os autos serão remetidos ao Superior Tribunal de Justiça (§ 7º).

Concluído o julgamento do agravo pelo Superior Tribunal de Justiça e, se for o caso, do recurso especial, independentemente de pedido, os autos serão remetidos ao Supremo Tribunal Federal para apreciação do agravo a ele dirigido, salvo se estiver prejudicado (§ 8º).

12.12. Agravo regimental

Na dicção do art. 39 da Lei n. 8.038/90, que institui normas procedimentais para os processos que especifica, perante o Superior Tribunal de Justiça e o Supremo Tribunal Federal: "Da decisão do Presidente do Tribunal, de Seção, de Turma ou de Relator que causar gravame à parte, caberá agravo para o órgão especial, Seção ou Turma, conforme o caso".[211]

Observada a norma transcrita, é possível verificar que se trata de recurso contra decisão que causa gravame à parte, proferida individualmente[212] por membro de tribunal.

No Superior Tribunal de Justiça, o agravo regimental está disciplinado no art. 258[213] de seu Regimento Interno (RISTJ), de onde se extrai que somente é

---

211. "Não é possível o deferimento de sustentação oral em agravo regimental, pois o art. 159, do RISTJ, veda expressamente o deferimento do pedido" (STJ, EDcl no AgRg no Ag 751.534/MG, 6ª T., rel. Min. Og Fernandes, j. 14-5-2013, *DJe* de 6-6-2013). "Tendo em vista o princípio da especialidade, não cabe sustentação oral no julgamento de agravo regimental em matéria processual penal. Vedação expressa do regimento interno do STF" (STF, HC 130.810 AgR/AL, 1ª T., rel. Min. Roberto Barroso, j. 2-8-2016, *DJe* n. 198, de 16-9-2016).

212. "O art. 21, § 1º, do Regimento Interno, expressamente dispõe estar incluída, na esfera de atribuições do relator, a competência para negar, monocraticamente, trânsito a recursos, pedidos ou ações, quando incabíveis, inviáveis, intempestivos, sem objeto ou que veiculem pretensão incompatível com a jurisprudência predominante, tendo o Plenário do Supremo Tribunal Federal declarado a validade constitucional deste dispositivo legal por ocasião do julgamento do Mandado de Injunção n. 375 (AgRg), rel. Min. Carlos Velloso, e Mandado de Segurança n. 22.626 (AgRg), rel. Min. Celso de Mello, acórdãos publicados na Revista Trimestral de Jurisprudência n. 139, p. 53, e 168, p. 174-175, respectivamente" (STF, RE 575.071 AgR/SP, 1ª T., rel. Min. Luiz Fux, j. 5-2-2013, *DJe* n. 038, de 27-2-2013).

213. "A parte que se considerar agravada por decisão do Presidente da Corte Especial, de Seção, de Turma ou de relator, à exceção do indeferimento de liminar em procedimento de *habeas*

cabível agravo regimental contra decisão monocrática,[214] não havendo previsão de efeito suspensivo.[215]

É relevante registrar que a jurisprudência do Superior Tribunal de Justiça se consolidou no sentido de que "não é passível de agravo regimental a decisão do relator que defere ou indefere de forma fundamentada o pedido de liminar".[216]

No Regimento Interno do Supremo Tribunal Federal, está disciplinado no art. 317,[217] onde consta expressamente que não dispõe de efeito suspensivo (§ 4º).

12.12.1. Prazo

O art. 39 da Lei n. 8.038/90 dispõe que o prazo para a interposição de agravo regimental no STJ e no STF é de cinco dias, e tal previsão também está expressa no art. 258 do RISTJ, no art. 317 do RISTF e no enunciado da Súmula 699 do STF.[218]

Por outro vértice, conforme o art. 1.003, § 5º, do CPC/2015, excetuados os embargos de declaração, é de quinze dias o prazo para interpor os recursos e para responder-lhes.

Há mais.

Diz o art. 1.070 do CPC/2015 que: "É de 15 (quinze) dias o prazo para a interposição de qualquer agravo, previsto em lei ou em regimento interno de tribunal, contra decisão de relator ou outra decisão unipessoal proferida em tribunal".

Diante de tal quadro normativo – a sugerir conflito aparente de normas –, surge a indagação: Qual o prazo para interposição de agravo regimental?

---

corpus e recurso ordinário em *habeas corpus*, poderá requerer, dentro de cinco dias, a apresentação do feito em mesa relativo à matéria penal em geral, para que a Corte Especial, a Seção ou a Turma sobre ela se pronuncie, confirmando-a ou reformando-a". (*Redação dada pela Emenda Regimental n. 24/2016.*)

214. STJ, AgRg nos EREsp 1.176.486/SP, Terceira Seção, rel. Min. Marco Aurélio Bellizze, j. 10-10-2012, *DJe* de 17-10-2012. "Da irresignação à monocrática negativa de seguimento de recurso interposto no âmbito do Superior Tribunal de Justiça, cabível é agravo regimental, a fim de que a matéria seja analisada pelo respectivo Colegiado" (STF, HC 126.700/SP, 1ª T., rel. Min. Marco Aurélio, rel. p/ o Acórdão Min. Edson Fachin, j. 29-3-2016, *DJe* n. 125, de 17-6-2016).

215. "Os arts. 258 e 259 do RI/STJ não conferem efeito suspensivo ao agravo regimental, e, no Supremo Tribunal Federal, está expresso que o agravo regimental não tem efeito suspensivo (art. 317, § 4º RI/STF)" (STJ, EDcl nos EREsp 1.021.634/SP, Terceira Seção, rel. Min. Maria Thereza de Assis Moura, rel. p/ o Acórdão Min. Gilson Dipp, j. 8-8-2012, *DJe* de 4-9-2012).

216. STJ, AgRg no HC 440.873/SP, 5ª T., rel. Min. Joel Ilan Paciornik, j. 10-4-2018, *DJe* de 25-4-2018.

217. "Ressalvadas as exceções previstas neste Regimento, caberá agravo regimental, no prazo de cinco dias de decisão do Presidente do Tribunal, de Presidente de Turma ou do Relator, que causar prejuízo ao direito da parte".

218. Súmula 699 do STF: "O prazo para interposição de agravo, em processo penal, é de cinco dias, de acordo com a Lei 8.038/90, não se aplicando o disposto a respeito nas alterações da Lei 8.950/94 ao Código de Processo Civil".

A situação de normas incompatíveis entre si – ensinou Bobbio – "é uma dificuldade tradicional frente à qual se encontraram os juristas de todos os tempos, e teve uma denominação própria: *antinomia*".[219]

O mesmo Bobbio aponta os seguintes critérios para a solução das *antinomias*: *a)* critério cronológico; *b)* critério hierárquico; *c)* critério da especialidade.

Segundo pensamos, o art. 1.070 do CPC/2015 configura lei posterior que fixa prazo diverso para a interposição dos *agravos em geral*,[220] mas tal previsão não tem por efeito derrogar o disposto no art. 39 da Lei n. 8.038/90 no que diz respeito ao prazo nele indicado, visto estarmos diante de *lei especial*, e é sabido que a **lei geral posterior não derroga a lei especial anterior** – *lex posterior generalis non derogat priori speciali*.

De tal modo, continuam vigentes o art. 39 da Lei n. 8.038/90 e, de igual maneira, o art. 258 do RISTJ, o art. 317 do RISTF e a Súmula 699 do STF. Portanto, **o prazo para interposição de agravo regimental é de cinco dias**, contados da publicação do acórdão.[221]

A propósito, esse é o entendimento que prevalece no Superior Tribunal de Justiça e no Supremo Tribunal Federal, que continuam a aplicar as disposições citadas, de modo a entender que o prazo para interposição de agravo regimental em matéria penal é de cinco dias, o que está a recomendar cautela com o propósito de evitar, na prática, decisão em que se reconheça a intempestividade do recurso ajuizado após o decurso do quinquídio.

Nesse sentido:

> Observo, por necessário, que não se aplica a regra inscrita no art. 1.070 *do novo* Código de Processo Civil *às controvérsias de índole processual penal* instauradas perante o Supremo Tribunal Federal, a significar, *portanto*, que a ação de *"habeas corpus"* – que se qualifica *como ação penal de conhecimento*, embora destituída *de natureza condenatória* (José Frederico Marques, *Elementos de Direito Processual Penal*, v. IV/340-341, item n. 1.178, 3ª atualização, 2009, Millennium) – sofre a incidência do que dispõe o art. 39 da Lei n. 8.038/90 no que se refere *ao agravo interno*. E a razão *da inaplicabilidade* do preceito consubstanciado no art. 1.070 do CPC/2015 apoia-se no fato de a regência da matéria encontrar *suporte específico* na Lei n. 8.038/90, que constitui *"lex specialis"*, inclusive no que concerne ao lapso temporal pertinente ao *"agravo interno"*, tendo em vista a circunstância de o art. 39 dessa mesma Lei n. 8.038/90, que incide no tema ora em exame, não haver

---

219. Norberto Bobbio, *Teoria do ordenamento jurídico*, Brasília, Editora UNB, 10. ed., 1997, p. 81.

220. Há exceção no que diz respeito ao agravo em execução (LEP, art. 197), conforme veremos mais adiante.

221. "A jurisprudência firmada nesta Corte é no sentido de que o agravo regimental interposto antes da publicação do acórdão impugnado é considerado extemporâneo" (STJ, EDcl nos EDcl no AgRg no Ag 1.324.686/PR, 5ª T., rel. Min. Marco Aurélio Bellizze, j. 28-5-2013, *DJe* de 14-6-2013). "O prazo para interposição de agravo regimental, em processo penal, é de 5 dias, de acordo com os arts. 39 da Lei n. 8.038/1990 e 258 do RISTJ. Assim, mesmo após a entrada em vigor da Lei n. 13.105/2015, o prazo para a interposição de agravo regimental continuou sendo regido pelo art. 38 da Lei n. 8.038/1990" (STJ, AgRg no AREsp 1.047.139/MG, 6ª T., rel. Min. Rogério Schietti Cruz, j. 21-6-2018, *DJe* de 1-8-2018).

sido derrogado *pelo novíssimo* Código de Processo Civil, ao contrário do que ocorreu, p.ex., com os arts. 13 a 18, 26 a 29 e 38, todos do já referido diploma legislativo (CPC, art. 1.072, IV).[222]

O agravo contra decisão monocrática de Relator, em controvérsias que versam sobre matéria penal ou processual penal, nos tribunais superiores, não obedece às regras no novo CPC, referentes à contagem dos prazos em dias úteis (art. 219, Lei 13.105/2015) e ao estabelecimento de prazo de 15 (quinze) dias para todos os recursos, com exceção dos embargos de declaração (art. 1.003, § 5º, Lei 13.105/2015). Isso porque, no ponto, não foi revogada, expressamente, como ocorreu com outros de seus artigos, a norma especial da Lei 8.038/90 que estabelece o prazo de cinco dias para o agravo interno. Além disso, a regra do art. 798 do Código de Processo Penal, segundo a qual "todos os prazos correrão em cartório e serão contínuos e peremptórios, não se interrompendo por férias, domingo ou dia feriado" constitui norma especial em relação às alterações trazidas pela Lei 13.105/2015. Precedente recente desta Corte: AgInt no CC 145.748/PR, rel. Min. Maria Thereza de Assis Moura, 3ª S., j. 13-4-2016, *DJe* de 18-4-2016 (STJ, AgRg na Rcl 30.714/PB, Terceira Seção, rel. Min. Reynaldo Soares da Fonseca, j. 27-4-2016, *DJe* de 4-5-2016).

(...) O agravo contra decisão monocrática de Relator, em controvérsias que versam sobre matéria penal ou processual penal, nos tribunais superiores, não obedece às regras do novo CPC, referentes à contagem dos prazos em dias úteis (art. 219, Lei 13.105/2015) e ao estabelecimento de prazo de 15 (quinze) dias para todos os recursos, com exceção dos embargos de declaração (art. 1.003, § 5º, Lei 13.105/2015) (AgRg na Rcl 30.714/PB, Terceira Seção, rel. Min. Reynaldo Soares da Fonseca, j. 27-4-2016, *DJe* de 4-5-2016).[223-224]

12.12.2. Processamento

O agravo deve ser endereçado ao órgão colegiado detentor de competência para modificar a decisão impugnada.

O agravante deve especificar com precisão os fundamentos da decisão agravada.[225]

222. STF, HC 134.554/SP, 2ª T., rel. Min. Celso de Mello, j. 10-6-2016.

223. STJ, AgRg no RE nos EDcl no AgRg no AREsp 782.486/SP, Corte Especial, rel. Min. Humberto Martins, j. 16-11-2016, *DJe* de 24-11-2016.

224. *No mesmo sentido*: STJ, AgRg no AREsp 904.977/MG, 5ª T., rel. Min. Jorge Mussi, j. 18-10-2016, *DJe* de 26-10-2016; STJ, AgRg no AREsp 976.442/SP, 6ª T., rel. Min. Antonio Saldanha Palheiro, j. 10-11-2016, *DJe* de 24-11-2016; STJ, AgRg nos EAREsp 640.616/MT, Terceira Seção, rel. Min. Felix Fischer, j. 9-11-2016, *DJe* de 18-11-2016.

225. "Nos termos do entendimento consolidado no Superior Tribunal de Justiça, deve o agravo regimental impugnar especificamente os fundamentos da decisão agravada (Súmula 182/STJ)" (STJ, AgRg no REsp 117.1743/RJ, 6ª T., rel. Min. Sebastião Reis Júnior, j. 6-8-2013, *DJe* de 16-8-2013). "A jurisprudência do Supremo Tribunal Federal é firme no sentido de que a parte deve impugnar, na petição do agravo, todos os fundamentos da decisão de inadmissão do apelo extremo na origem, bem como deve, na petição do agravo regimental, impugnar todos os fundamentos da decisão objeto desse recurso" (STF, ARE 931.443 AgR/SP, 2ª T., rel. Min. Dias Toffoli, j. 7-6-2016, *DJe* n. 134, de 28-6-2016).

De interesse, é oportuno mencionar que: "A tempestividade de recurso interposto no Superior Tribunal de Justiça é aferida pelo registro no protocolo da secretaria e não pela data da entrega na agência do correio" (Súmula 216 do STJ).

Leis estaduais e Regimentos Internos de Tribunais também podem dispor a respeito do agravo regimental contra decisões individuais proferidas no âmbito das respectivas Cortes.

12.13. Agravo em execução

O agravo em execução é o único recurso previsto na Lei de Execução Penal, mas não é o único admitido no processo execucional.

Das decisões proferidas pelo juiz no processo de execução caberá *recurso de agravo, sem efeito suspensivo* (LEP, art. 197), exceto no caso de decisão que determina a desinternação ou liberação de quem cumpre medida de segurança (LEP, art. 179), quando então se processará com duplo efeito (devolutivo e suspensivo), pois a ordem de desinternação ou liberação só será expedida *quando a sentença transitar em julgado.*

O exercício do direito de recorrer está subordinado à existência de um interesse direto na reforma ou modificação do despacho ou sentença, e tem interesse apenas aquele que teve seu direito lesado pela decisão.

O recurso de agravo é um *recurso voluntário; tem natureza de recurso em sentido estrito*, e como tal deve seguir a disciplina que este orienta, já que a Lei de Execução Penal não faz qualquer alusão ao seu processamento.

12.13.1. Prazo e processamento

Na falta de expressa previsão legal, por analogia, e com base no art. 2º da LEP, o *prazo para a interposição* do agravo em execução é de 5 (cinco) dias, seguindo o que dispõe o art. 586 do CPP.

A propósito, o Supremo Tribunal Federal editou a Súmula 700, que tem o seguinte teor: "É de cinco dias o prazo para interposição de agravo contra decisão do juiz da execução penal".

Deve ser apresentado no juízo de primeiro grau, e o rito procedimental a ser adotado é, pois, o do recurso em sentido estrito, e não o do agravo de instrumento do Código de Processo Civil.

O agravo em execução pode ser remetido à apreciação nos próprios autos, sendo desnecessária a formação de instrumento nas hipóteses em que se verificar que a providência não acarretará prejuízo ao andamento do processo.

A petição de interposição do agravo, endereçada ao juízo da execução, poderá vir acompanhada das razões do inconformismo, ou, se preferir, o agravante poderá apresentá-las posteriormente, no prazo de 2 (dois) dias (CPP, art. 588). Em seguida será aberta *vista dos autos ao recorrido por igual prazo*, para a apresentação de suas contrarrazões. Com a resposta do agravado, o agravo será concluso ao juiz, que, dentro de 2 (dois) dias, reformará ou sustentará sua decisão, mandando instruir o agravo com os traslados que lhe parecerem necessários.

O recurso de agravo em execução submete-se a *juízo de retratação*, por força do *efeito devolutivo* ou *iterativo*, conforme disciplina o art. 589 do CPP.

Se, apesar de regularmente intimado, o defensor deixar de apresentar contrariedade ao agravo, o juiz determinará a intimação do executado para que providencie outro em substituição, no prazo que fixar, e, se persistir a inércia, deverá destituir o profissional desidioso e nomear outro para o desempenho da *defesa técnica efetiva*.

É controvertida a questão relativa à possibilidade de interposição de mandado de segurança para assegurar efeito suspensivo ao agravo em execução. Sobre a matéria existem duas posições: *1ª*) cabe mandado de segurança para obter efeito suspensivo ao agravo. Aliás, a mesma corrente sustenta, inclusive, que o Promotor de Justiça tem legitimidade para a impetração de mandado de segurança visando efeito suspensivo no agravo em execução; 2ª) não cabe mandado de segurança para buscar efeito suspensivo ao agravo, afastando-se, inclusive e, evidentemente, a legitimação do Ministério Público.

Em casos excepcionais, entendemos cabível e até necessário o efeito suspensivo. Adotamos, portanto, a primeira posição.

A decisão que negar seguimento ao agravo em execução pode ser atacada por carta testemunhável (CPP, arts. 639 a 646).

Capítulo 23
Revisão Criminal

1. Introdução

Embora disciplinada no Título II do Livro III do Código de Processo Penal, que trata "dos recursos em geral", e se destine a modificar decisão judicial precedente, a revisão criminal, a rigor, não tem natureza jurídica de *recurso*, mas de **ação autônoma de impugnação**, por isso a opção metodológica por cuidarmos dessa matéria em capítulo distinto, cumprindo destacar, desde logo, que há severa divergência doutrinária a esse respeito.

Dentre outros, Borges da Rosa[1] e Espínola Filho[2] entendiam tratar-se de *recurso*. Para Mirabete[3] e Tourinho Filho[4] tem natureza de *ação*: ação penal de natureza constitutiva. Diante de alguma perplexidade, Whitaker chegou a afirmar tratar-se de um "recurso *sui generis*; mais ação rescisória do que recurso".[5]

A seu tempo, advertiu Fenech: "Tradicionalmente se ha venido caracterizando la naturaleza jurídica de la revisión calificándola de recurso. Ahora bien, esta calificación ha de revisarse en el plano científico, puesto que ninguna de las notas características del recurso se dan en la revisión, salvo la de llevar a cabo un nuevo examen de lo decidido".[6]

---

1. Inocêncio Borges da Rosa, *Processo penal brasileiro*, Porto Alegre, Globo, 1942, v. 4, p. 62.

2. Eduardo Espínola Filho, *Código de Processo Penal brasileiro anotado*, 3. ed., Rio de Janeiro, Borsoi, 1955, v. VI, p. 305.

3. Julio Fabbrini Mirabete, *Processo penal*, 16. ed., São Paulo, Atlas, 2004, p. 732.

4. Fernando da Costa Tourinho Filho, *Manual de processo penal*, 17. ed., São Paulo, Saraiva, 2017, p. 989.

5. Firmino Whitaker, *Jury*, 6. ed., São Paulo, Saraiva, 1930, p. 239.

6. Miguel Fenech, *Derecho procesal penal*, 3. ed., Barcelona, Editorial Labor, 1960, v. II, p. 1.198.

Decorre da falibilidade humana e do próprio sistema jurídico que, por vezes, a disponibilização dos variados recursos tipificados no ordenamento não se revela suficiente para evitar condenações injustas, e, diante de situações dessa natureza, a possibilidade de indenização por erro judiciário, assegurada no art. 5º, LXXV, da CF, não é suficiente, não basta ao atendimento do *princípio superior de justiça* incorporado ao sistema democrático.

Ensinou Bento de Faria que: "O instituto da revisão é, assim, justificado, não por sentimentalismo mórbido, mas por evidentes e poderosas razões de justiça, sem ofensa às necessidades da disciplina social".[7]

O ápice da prestação jurisdicional deve traduzir justiça, e a sociedade atual não compactua com o pensamento e práticas que insistem em arrastar para conclusão diversa.

Não há dúvida de que a dignidade da pessoa humana configura garantia fundamental (CF, art. 1º, III), e que a imposição de pena criminal decorrente de condenação que materializa erro judiciário fere mortalmente esta e outras garantias dispostas na Carta Magna e também em tratados internacionais, daí concluirmos que a revisão criminal se apresenta nesse cenário como valioso instrumento jurídico destinado a assegurar a plenitude das garantias fundamentais malferidas por uma condenação criminal descabida em alguma medida.

"Exigência essencial à segurança jurídica" – lecionam Grinover, Gomes Filho e Scarance –, "a coisa julgada tem, entre nós, assento constitucional (art. 5º, XXXVI, CF), exatamente porque a relevância da imutabilidade e da indiscutibilidade das sentenças concretiza o anseio de segurança do direito presente nas relações sociais. Só em casos excepcionais, taxativamente arrolados pelo legislador, prevê o ordenamento jurídico a possibilidade de desconstituir-se a coisa julgada por intermédio da ação de revisão criminal e da ação rescisória para o juízo cível. Isto ocorre quando a sentença se reveste de vícios extremamente graves, que aconselham a prevalência do valor 'justiça' sobre o valor 'certeza'".[8]

2. Conceito

Trata-se de ação penal *sui generis*, destinada a rescindir decisão judicial transitada em julgado, desfavorável ao réu; "un medio válido de atacar la cosa juzgada", como afirmam Catena e Domínguez.[9]

Corresponde, em sede criminal, à ação rescisória do juízo cível.

7. Bento de Faria, *Código de Processo Penal*, 2. ed., Rio de Janeiro, Record, 1960, v. II, p. 343.

8. Ada Pellegrini Grinover, Antonio Magalhães Gomes Filho e Antonio Scarance Fernandes, *Recursos no processo penal*, 6. ed., São Paulo, Revista dos Tribunais, 2009, p. 237.

9. Victor Moreno Catena e Valentín Cortés Domínguez, *Derecho procesal penal*, 6. ed., Valencia, Tirant lo Blanch, 2012, p. 579.

Atende à imperiosa necessidade de corrigir erro judiciário transitado em julgado, desfavorável ao condenado.

3. Prazo

Não há prazo para o ajuizamento do pedido revisional, que poderá ser apontado a qualquer tempo, e, portanto, antes, durante ou depois de cumprida a pena (CPP, art. 622, *caput*).

O direito ao seu exercício é imprescritível.

4. Efeitos

Muito embora não se trate de *recurso*, não é errado discorrer sobre os efeitos atrelados à *ação* de que ora se cuida.

A revisão criminal devolve ao órgão jurisdicional competente a reapreciação da matéria que lhe serve de fundamento, vale dizer: que constitui sua *causa de pedir*. Isso permite identificar a presença de inegável **efeito devolutivo**.

Incogitável, por outro vértice, a incidência de **efeito suspensivo**. De tal sorte, a pena ou medida de segurança aplicada deverá ser executada,[10] ainda que pendente de apreciação pedido revisional, mas não é caso de afirmar que para ingressar com revisão criminal seja necessário o prévio recolhimento ao cárcere.

A esse respeito, diz a Súmula 393 do STF que: "Para requerer revisão criminal, o condenado não é obrigado a recolher-se à prisão".

Havendo corréus em idêntica situação na sentença condenatória, a **decisão revisional que favoreça** qualquer deles a todos se estenderá, desde que esteja fundamentada em motivos que não sejam de caráter exclusivamente pessoal. Aplica-se, portanto, o **efeito extensivo** de que fala o art. 580 do CPP.

No dizer de Manzini, *"la revisione dei giudicati* è un mezzo di impugnazione straordinario, non sospensivo, relativamente devolutivo ed estensivo".[11]

5. Legitimação

A revisão poderá ser ajuizada pelo próprio réu ou por procurador legalmente habilitado.

10. "Não há como admitir, por falta de amparo legal, que o paciente aguarde solto o julgamento de sua revisão criminal. O ajuizamento da ação revisional não suspende a execução da sentença penal condenatória" (STF, HC 74.078/RJ, 1ª T., rel. Min. Ilmar Galvão, j. 18-2-1997, *DJ* de 25-4-1997, p. 15.200). "O ajuizamento da ação revisional não suspende a execução da sentença penal condenatória" (STF, HC 76.650/RJ, 2ª T., rel. Min. Néri da Silveira, j. 16-6-1998, *DJ* de 15-12-2000, p. 63). *No mesmo sentido*: STJ, HC 60.190/SP, 5ª T., rel. Min. Arnaldo Esteves Lima, j. 19-9-2006, *DJ* de 16-10-2006, p. 409; STJ, AgRg no HC 106.368/PE, 6ª T., rel. Min. Og Fernandes, j. 23-4-2009, *DJe* de 25-5-2009.

11. Vincenzo Manzini, *Trattato di diritto processuale penale italiano*, 6. ed., Torino, Unione Tipografico-Editrice Torinese – UTET, 1972, v. IV, p. 860.

Conforme dispõe o art. 631 do CPP, "quando, no curso da revisão, falecer a pessoa, cuja condenação tiver de ser revista, o presidente do tribunal nomeará curador para a defesa", mas essa regra deixa de ter aplicação se o falecido deixar sucessores, visto que o art. 623 do mesmo *Codex* diz que, no caso de morte do réu, a ação poderá ser ajuizada pelo cônjuge, ascendente, descendente ou irmão, e, se é certo que podem ajuizá-la na circunstância mencionada, também podem assumi-la no estado em que se encontrar.

Acrescente-se ao rol tipificado a legitimação ativa do companheiro ou companheira, conviventes nos termos da lei, inclusive do mesmo sexo, haja vista o *status* jurídico das relações homoafetivas.

O pedido revisional pode ser assinado pelo próprio interessado, independentemente da assistência de advogado, tal como se verifica em relação ao *habeas corpus*, o que encontra justificativa na relevância dos valores a preservar, mas é certo que, em razão dos aspectos jurídicos a que está circunscrita a ação de revisão, o ideal é que sempre se busquem os serviços técnicos de um profissional habilitado, e isso para não ter que enfrentar o risco de um insucesso evitável.

Conforme veremos, a procedência do pedido depende da demonstração inequívoca de ao menos uma das hipóteses de cabimento, cuja compreensão envolve e reclama interpretação de regra de Direito, produção de prova e outras reflexões que só podem ser bem desempenhadas por quem tenha conhecimentos específicos.

Na legislação brasileira não há revisão *pro societate*, e disso decorre afirmar que, mesmo diante de **absolvição resultante de erro judiciário**, não se apresenta juridicamente possível o manuseio de revisão criminal pelo Ministério Público ou pelo querelante (conforme a natureza da ação) com vistas a reverter tal resultado.

Muito embora não exista autorização expressa no Código de Processo Penal, não há como negar que o art. 127 da Constituição Federal legitima o Ministério Público a interpor revisão criminal *em favor do réu*, com vistas a corrigir erro judiciário.[12] De outra maneira, não seria compreensível afirmar que incumbe ao *Parquet* a defesa da ordem jurídica, do regime democrático e dos interesses sociais e individuais indisponíveis, como está expresso no dispositivo indicado.

Não há parte passiva na ação de revisão. Ela não é proposta contra aquele que promoveu a ação penal de conhecimento (Ministério Público ou querelante).

Mesmo sabendo que se destina a corrigir erro judiciário, não tem sentido pretender incluir o "Poder Judiciário" no polo passivo. De ver, ainda, que nem mesmo as repercussões reparatórias dispostas no art. 630 do CPP autorizam a inclusão da

12. *No mesmo sentido:* Eugênio Pacelli, *Curso de processo penal*, 21. ed., São Paulo, Atlas, 2017, p. 1.031. Contra: Guilherme de Souza Nucci, *Manual de processo e execução penal*, 14. ed., Rio de Janeiro, Forense, 2017, p. 885, e Fernando da Costa Tourinho Filho, *Manual de processo penal*, 17. ed., São Paulo, Saraiva, 2017, p. 990.

União ou do Estado (conforme o caso) no polo passivo, como réu que deva ser instado a contestar o pedido inicial.

6. Cabimento

A existência de **sentença penal condenatória com trânsito em julgado definitivo**[13] constitui *pressuposto* ou *condição essencial de admissibilidade*[14] para o pedido revisional.

Como já foi dito e não é demais enfatizar, só se admite revisão *pro reo*. Descabe, portanto, semelhante postulação em face de sentença absolutória, salvo se a hipótese versar sobre **absolvição imprópria**, quando então será admitida, já que a medida de segurança[15] que desta decorre tem inegável natureza jurídica de sanção penal.

Para a aplicação da **lei posterior benéfica** não é preciso ajuizar revisão criminal, porquanto incidentes, na hipótese, o disposto no art. 66, I, da LEP, e a Súmula 611 do STF, *verbis*: "Transitada em julgado a sentença condenatória, compete ao juízo das execuções a aplicação de lei mais benigna".

A **prescrição da pretensão punitiva** constitui óbice ao ajuizamento de ação revisional, e isso porque na hipótese será declarada extinta a punibilidade, sem que desta decisão decorra qualquer efeito danoso ao réu, ainda que reflexamente.

De modo inverso, o reconhecimento da **prescrição da pretensão executória** não impede o manuseio da ação, já que tal decisão, embora extintiva da punibilidade, não apaga os efeitos secundários da condenação (reincidência, obrigação de reparar o dano eventualmente causado etc.).

De igual maneira, presentes os requisitos que adiante veremos, comporta revisão a **sentença que concede perdão judicial**, porquanto evidente sua natureza condenatória.

Não se admite a **reiteração do pedido**, em ações distintas, salvo se fundado em prova nova, inédita, assim considerada a prova até então desconhecida, e, por isso, não avaliada anteriormente.

13. "Conforme dispõe o art. 625, § 1º, do Código de Processo Penal, é inviável a revisão criminal caso não tenha ocorrido o trânsito em julgado da decisão revidenda" (STJ, REsp 792.595/RS, 5ª T., rel. Min. Felix Fischer, j. 6-6-2006, *DJ* de 11-9-2006, p. 340). "Com o manto do trânsito em julgado, a via apropriada para desconstituir o trânsito em julgado é a revisão criminal" (STJ, HC 157.414/SP, 6ª T., rel. Min. Maria Thereza de Assis Moura, j. 16-8-2011, *DJe* de 24-8-2011).

14. Bento de Faria, *Código de Processo Penal*, 2. ed., Rio de Janeiro, Record, 1960, v. II, p. 344.

15. "Tanto a doutrina como a jurisprudência não admitem o conhecimento de revisão criminal de sentença absolutória, salvo em caso de absolutória com aplicação de medida de segurança" (STJ, REsp 329.346/RS, 6ª T., rel. Min. Hélio Quáglia Barbosa, j. 31-5-2005, *DJ* de 29-8-2005, p. 443).

Sem desconsiderar as balizas anteriormente indicadas, é preciso ter em mente que a **causa de pedir** na ação de revisão criminal tem fundamentação vinculada,[16] restrita às hipóteses de cabimento taxativamente[17] listadas no **art. 621, I, II e III, do CPP**.[18]

Ademais, qualquer que seja o fundamento da ação, o ônus da prova incumbe ao autor do pedido de revisão. O princípio *in dubio pro reo* não incide nessa modalidade de demanda.

Minuciemos.

Art. 621, I: quando a sentença condenatória for contrária ao texto expresso da lei penal *ou* à evidência dos autos.

Envolve **duas ordens de ideias**.

Na **primeira**, relacionada com a interpretação da regra de Direito, a *sentença condenatória* se põe de forma contrária a texto de lei penal vigente.

Muito embora o dispositivo se refira à *lei penal*, também se afigura cabível igual providência em caso de contrariedade à *lei processual penal*, esteja a regra violada disposta no Código de Ritos ou em lei especial (Lei de Drogas, por exemplo). Não tem sentido lógico ou jurídico pensar de modo diverso.

Na avaliação do caso, procede-se a um estudo comparativo entre o que diz a lei e o que a respeito dela consta no corpo da decisão revisionada.

Em casos tais, o órgão prolator da decisão atacada pode ter desconsiderado a vigência da lei, por entendê-la revogada, ou reconhecer sua vigência, ao mesmo tempo em que dá a ela interpretação diversa da que deveria.

---

16. "Diversamente da apelação da defesa, a qual, salvo limitação explícita no ato de sua interposição, devolve ao Tribunal todas as questões relevantes do processo, o âmbito de devolutividade da revisão criminal restringe-se às questões especificamente arguidas e que se enquadrem nas hipóteses previstas no art. 621 do Código de Processo Penal" (STF, HC 92.956/SP, 1ª T., rel. Min. Cármen Lúcia, j. 1º-4-2008, *DJe* n. 074, de 25-4-2008, *LEXSTF* 358/439). "A revisão criminal consiste em ação de fundamentação vinculada, e torna imprescindível a adequação do pleito a uma das hipóteses taxativamente elencadas no art. 621 do CPP" (STJ, AgRg no AREsp 511248 / PR, 5ª T., rel. Min. Felix Fischer, j. 10-4-2018, *DJe* de 16-4-2018).

17. "O elenco das hipóteses de cabimento da revisão criminal previstas no art. 621 do Código de Processo Penal é taxativo" (STJ, AgRg na AR 3.679/PR, Terceira Seção, rel. Min. Hamilton Carvalhido, j. 14-3-2007, *DJ* de 21-5-2007, p. 537). *No mesmo sentido*: STJ, AgRg no AREsp 511248 / PR, 5ª T., rel. Min. Felix Fischer, j. 10-4-2018, *DJe* de 16-4-2018.

18. "A revisão criminal pressupõe enquadramento do pleito em um dos incisos do art. 621 do Código de Processo Penal, a revelar preceitos exaustivos" (STF, HC 93.515/PR, 1ª T., rel. Min. Marco Aurélio, j. 9-6-2009, *DJe* n. 121, de 1º-7-2009, *RTJ* 210/1.153, *LEXSTF* 367/363). "A revisão criminal é instrumento processual que se destina a sanar erro em condenação transitada em julgado, conforme as hipóteses previstas no art. 621 do Código de Processo Penal" (STJ, HC 144.732/SP, 5ª T., rel. Min. Laurita Vaz, j. 9-3-2010, *DJe* de 5-4-2010).

Caso o dispositivo legal seja mais um entre aqueles tantos sujeitos a **interpretação controvertida**, a opção levada a efeito por uma ou outra dentre as vertentes possíveis não serve de fundamento para a revisão.

Seja como for, não se pode negar que a matéria analisada é simplesmente de direito; por aqui não se discute fato ou prova.

Também não cabe admitir pedido de revisão com base em *questão controvertida* na jurisprudência dos tribunais.[19] O dissenso entre as diversas Cortes Superiores a respeito de um mesmo tema decorre da natureza humana; da diversidade de compreensão – até certo ponto saudável – a respeito de certos fatos da vida, e da possibilidade de interpretação – algumas vezes ampla demais – das regras de direito, e tais oscilações seguem impulsionadas, em última análise, pela formação cultural do julgador, sendo certo que a opção por uma dentre as possibilidades de compreensão da matéria – conforme a prova produzida no processo – não permite afirmar que houve erro judiciário.

No caso de condenação transitada em julgado que materialize contrariedade frontal à *jurisprudência contemporânea* da última Corte Federal a que poderia ser submetida – Superior Tribunal de Justiça ou Supremo Tribunal Federal –, conforme o caso, sem que por ela tenha sido julgada, permite-se afirmar violação ao inciso I do art. 621, pois não se pode negar que a jurisprudência também se presta a interpretar texto expresso de lei. De tal modo, em última análise, a sentença em rota de colisão com a *interpretação pacificada na Corte* que tem competência para preservar a norma jurídica em debate materializa contrariedade ao texto expresso da lei.

Por outro vértice, a *mudança de posicionamento* da jurisprudência, variável no tempo conforme a composição da Corte, não legitima pedido revisional, mas, segundo pensamos, a superveniência de Súmula Vinculante (STF) a respeito de determinada regra de direito abre a possibilidade de revisão da decisão em sentido contrário proferida anteriormente.

Na **segunda**, a sentença condenatória se afigura contrária à *evidência dos autos*, que não é outra coisa senão o conjunto de provas produzidas e disponíveis no processo.

Na hipótese tratada, em razão de sua clareza[20] (evidência), o acervo probatório não permite dúvida, tampouco a conclusão apontada na sentença ou acórdão rescindendo.

---

19. "Não cabe revisão criminal com amparo em questão jurisprudencial controvertida nos tribunais" (STJ, REsp 759.256/SP, 5ª T., rel. Min. Gilson Dipp, j. 2-2-2006, *DJ* de 6-3-2006, p. 436). "O pedido revisional não é cabível com amparo em matéria cuja interpretação seja controvertida nos tribunais. Precedentes" (STJ, HC 103.210/RS, 5ª T., rel. Min. Laurita Vaz, j. 19-10-2010, *DJe* de 22-11-2010).

20. "A revisão criminal, com fulcro no art. 621, I, do Código de Processo Penal, deve demonstrar que o decreto condenatório ofendeu de forma clara o conjunto probatório colhido durante a instrução, sendo diferente de um revolvimento de provas motivado pela interposição de um recurso de apelação" (STJ, AgRg nos EDcl no REsp 825.208/RS, 5ª T., rel. Min. Laurita Vaz, j. 22-6-2010, *DJe* de 2-8-2010). "O objetivo da revisão criminal fundada no inciso I do art. 621 do Código de Processo Penal (contrária à

Para tornar viável a pretensão revisional, a decisão atacada deve ser *manifestamente contrária* à prova dos autos. É o caso, por exemplo, do juiz que desconsidera totalmente a existência de álibi provado nos autos por documento, e ainda assim, *fundamentado em presunção* ou em *íntima convicção*, julga procedente a ação penal. Diante de aberrações dessa natureza, nem mesmo as emanações do princípio do livre convencimento fundamentado configuram óbice à revisão criminal, e isso por força da notoriedade do desacerto judiciário, a reclamar pronta e eficaz correção.

De outro modo, não comporta procedência a revisão criminal que evidencia nítido objetivo de rediscutir amplamente a prova produzida[21] e adequadamente considerada pelo julgador ou tratar da consistência ou fragilidade da prova,[22] como se fosse novo recurso de apelação.[23]

Art. 621, II: quando a sentença condenatória se fundar em depoimentos, exames ou documentos comprovadamente falsos.[24]

Sob o fundamento apontado, não basta *mera suspeita* a respeito da falsidade da prova. É imprescindível seja ela *comprovadamente falsa*, e a falsidade pode se referir a qualquer prova valorada (testemunhal, documental, pericial etc.).

---

prova dos autos) não é permitir 'uma terceira instância' de julgamento, uma segunda apelação. Se a sentença condenatória se apresenta verossímil e minimamente consentânea com as evidências produzidas durante a instrução criminal, não cabe ao Tribunal reverter a condenação mediante o afastamento de interpretação de prova aceitável e ponderada, ainda que não a melhor" (STF, HC 114.164/SP, 2ª T., rel. Min. Teori Zavascki, j. 3-11-2015, *DJe* n. 232, de 19-11-2015).

21. "Em sede de Revisão Criminal não é possível o reexame do conjunto probatório pela mera repetição de teses já anteriormente refutadas" (STJ, REsp 866.250/RJ, 5ª T., rel. Min. Laurita Vaz, j. 19-3-2009, *DJe* de 13-4-2009, *RMP* 33/217).

22. "A fundamentação baseada apenas na fragilidade das provas produzidas não autoriza o e. Tribunal *a quo* a proferir juízo absolutório, em sede de revisão criminal, pois esta situação não se identifica com o alcance do disposto no art. 621, I do CPP, que exige a demonstração de que a condenação não se fundou em uma única prova sequer, daí ser, portanto, contrária à evidência dos autos (Precedentes desta Corte e do Pretório Excelso). Esta Corte, a propósito, já firmou orientação no sentido de que: 'A expressão 'contra a evidência dos autos' não autoriza a absolvição por insuficiência ou precariedade da prova' (REsp 699.773/SP, 5ª T., rel. Min. Gilson Dipp, *DJ* de 16-5-2005)" (STJ, REsp 1.111.624/SP, 5ª T., rel. Min. Felix Fischer, j. 20-8-2009, *DJe* de 16-11-2009, *LEXSTJ* 245/385).

23. "Fere o sistema processual penal brasileiro a decisão que, não obstante ter se fulcrado no art. 621, I, do CPP, embasou toda a sua fundamentação na fragilidade e precariedade das provas produzidas, transformando o pedido revisional em recurso de apelação criminal. A expressão 'contra a evidência dos autos' não autoriza a absolvição por insuficiência ou precariedade da prova" (STJ, REsp 1.173.329/SP, 5ª T., rel. Min. Gilson Dipp, j. 13-3-2012, *DJe* de 10-3-2012). *Em sentido contrário*: "O reconhecimento da fragilidade do arcabouço probatório se ajusta à previsão trazida no inciso I do artigo que trata da revisão criminal, na medida em que uma condenação nestes termos encontra-se inequivocamente contrária à evidência dos autos" (STJ, AgRg no REsp 1.038.773/PR, 6ª T., rel. Min. Maria Thereza de Assis Moura, j. 6-3-2012, *DJe* de 21-3-2012).

24. "O art. 621, II, do Código de Processo Penal permite a revisão de processos findos 'quando a sentença condenatória se fundar em depoimentos, exames ou documentos comprovadamente falsos'" (STJ, HC 99.339/PE, 5ª T., rel. Min. Jorge Mussi, j. 26-10-2010, *DJe* de 6-12-2010).

Há mais. A prova falsa deve ter sido expressamente utilizada na decisão proferida em desfavor do autor do pedido revisional. Se desconsiderada, não dá ensejo ao pedido.

Para que possa ser recebida, a petição inicial da ação de revisão deve vir escoltada em elementos concretos de convicção. Deve haver ao menos início de prova, indicativo da verossimilhança do fundamento utilizado, inexistindo óbice à produção de outras provas no curso de regular instrução.

Na hipótese tratada, a condenação do autor do falso praticado no processo cuja sentença ou acórdão se pretende modificar *não constitui pressuposto* do pedido inicial, tampouco a instauração de ação penal condenatória contra ele. Esta última providência, aliás, poderá decorrer da decisão proferida na ação revisional, à luz do disposto no art. 40 do CPP.

Art. 621, III: quando, após a sentença, descobrirem-se novas provas de inocência do condenado ou de circunstância que determine ou autorize diminuição especial da pena.

Por aqui, é imprescindível que o autor da ação de revisão instrua a petição inicial com "provas novas",[25] indicativas da inocência ou da atenuação da responsabilidade, entendendo-se como tal a prova inédita, substancialmente nova, até então não conhecida, e por isso não produzida no processo revidendo.

Advertiu Bento de Faria que: "As – *novas provas* – devem ser positivas, isto é, devem demonstrar a *evidência* do que por elas se pretende provar. Não têm, pois, esse efeito as que apenas suscitarem – *dúvidas*".[26]

Presta-se a atacar a própria condenação (ou absolvição imprópria), de modo a inverter o resultado do processo em favor do réu, ou, com contornos menos abrangentes, diminuir a pena aplicada, quando então poderá alcançar, ainda que reflexamente, o regime inicial de cumprimento ou até mesmo permitir a conversão de privativa de liberdade em restritiva de direitos, em face do novo patamar punitivo que da revisão resultar.

Se a prova nova for oral, caberá ao autor do pedido de revisão ajuizar previamente, perante o juiz de primeiro grau, justificação ou produção antecipada de prova de natureza criminal.[27]

---

25. "Inviável o manejo da revisão criminal fulcrada no art. 621, III, primeira parte, do Código de Processo Penal, se não demonstrado o surgimento de prova nova" (STJ, HC 56.138/MG, 5ª T., rel. Min. Felix Fischer, j. 12-6-2006, *DJ* de 4-9-2006, p. 309).

26. Bento de Faria, *Código de Processo Penal*, 2. ed., Rio de Janeiro, Record, 1960, v. II, p. 348.

27. "O pedido de revisão criminal, calcado na existência de prova oral nova, pressupõe o ajuizamento de justificação criminal, dada a necessidade de sujeição dos novéis elementos probatórios ao eficiente e democrático filtro do contraditório" (STJ, HC 187.343/ES, 6ª T., rel. Min. Maria Thereza de Assis Moura, j. 7-2-2013, *DJe* de 20-2-2013). No mesmo sentido: STJ, HC 140.618/SP, 5ª T., rel. Min. Jorge Mussi, j. 2-8-2011, *DJe* de 29-8-2011.

Produzida a prova, aí sim poderá distribuir a ação revisional, com ela evidentemente aparelhada.

6.1. Revisão de condenação imposta pelo Tribunal do Júri

É possível revisão criminal em face de condenação determinada pelo Tribunal do Júri, sem que disso decorra violação à garantia constitucional atinente à soberania dos veredictos proferidos pelo Conselho de Sentença (CF, art. 5º, XXXVIII).

Referida garantia tem por objetivo resguardar interesses do réu, no que coincide com a ação de revisão criminal, só admitida na versão *pro reo*.

Venha de onde vier, presente qualquer das hipóteses de cabimento, a sentença que materializa erro judiciário deve ser corrigida, e não é diferente em relação aos processos de competência do júri, sabidamente de implicações tantas vezes mais severas do que qualquer outro, e ainda assim submetidos a julgamento por leigos.

A jurisprudência é pacífica nesse sentido:

> A soberania dos veredictos do Júri – não obstante a sua extração constitucional – ostenta valor meramente relativo, pois as decisões emanadas do Conselho de Sentença não se revestem de intangibilidade jurídico-processual. A competência do Tribunal do Júri, embora definida no texto da Lei Fundamental da República, não confere, a esse órgão especial da Justiça comum, o exercício de um poder incontrastável e ilimitado. As decisões que dele emanam expõem-se, em consequência, ao controle recursal do próprio Poder Judiciário, a cujos Tribunais compete pronunciar-se sobre a regularidade dos veredictos.[28]
>
> É possível, em sede de revisão criminal, a absolvição, por parte do Tribunal de Justiça, de réu condenado pelo Tribunal do Júri. Em homenagem ao princípio hermenêutico da unidade da Constituição, as normas constitucionais não podem ser interpretadas de forma isolada, mas como preceitos integrados num sistema unitário, de modo a garantir a convivência de valores colidentes, não existindo princípios absolutos no ordenamento jurídico vigente. Diante do conflito entre a garantia da soberania dos veredictos e o direito de liberdade, ambos sujeitos à tutela constitucional, cabe conferir prevalência a este, considerando-se a repugnância que causa a condenação de um inocente por erro judiciário. Não há falar em violação à garantia constitucional da soberania dos veredictos por uma ação revisional que existe, exclusivamente, para flexibilizar uma outra garantia de mesma solidez, qual seja, a segurança jurídica da Coisa Julgada (STJ, REsp 964.978/SP, 5ª T., rel. Min. Laurita Vaz, rel. p/ o Acórdão Min. Adilson Vieira Macabu, j. 14-8-2012, *DJe* de 30-8-2012, *RSTJ* 227/827).

6.2. Revisão nos Juizados Especiais Criminais

É possível revisão criminal que tenha por objeto sentença condenatória ou de absolvição imprópria proferida em sede de Juizado Especial Criminal, hipótese em

28. STF, HC 70.193/RS, 1ª T., rel. Min. Celso de Mello, j. 21-9-1993, *DJ* de 6-11-2006, p. 37, *RTJ* 201/557.

que deverá ser ajuizada junto ao Colégio Recursal, órgão competente para rever as decisões proferidas em sede de JECrim.[29]

Incabível, por outro vértice, pedido revisional contra decisão que homologou transação penal, necessariamente originária de consenso entre o titular do direito de ação e o apontado autor do fato, visto que tal decisão judicial não analisa a prova do processo, tampouco é provida de natureza condenatória.[30]

6.3. Revisão em sede de execução penal

Embora com contornos limitados, *é possível* revisão criminal no juízo execucional, e isso por força do disposto no art. 621, III, do CPP, que não se presta apenas ao ataque de *sentença condenatória* (ao contrário do que dispõem os incisos I e II do mesmo artigo).

Nesse sentido:

> O art. 621, III, do Código de Processo Penal não restringe a revisão criminal à sentença penal condenatória transitada em julgado, logo, desde que atendidos seus requisitos, nada impede manejar ação revisional contra sentença do Juízo das Execuções Penais que indefere o benefício da unificação das penas. Precedentes do Supremo Tribunal Federal.[31]

Advertiu Camargo Aranha que "a revisão deve ser examinada mais pelo espírito que a instituiu, desde o nascedouro romano, que pela sua forma redacional. Tem por escopo reparar uma injustiça cometida por erro ou má interpretação, já sedimentada pela força da coisa julgada. Ora, tais fatores também estão presentes na decisão que, em execução, indefere, no todo ou em parte, um pedido unificador de penas".[32]

A propósito, quando ainda for possível, a decisão que indefere pedido de unificação de penas no juízo execucional deve ser impugnada por meio de agravo em execução (LEP, art. 197), de maneira que a possibilidade do pedido revisional está condicionada à verificação do trânsito em julgado.

De igual forma, seguindo o mesmo raciocínio, também poderá ser atacada com pedido revisional, por exemplo, a decisão que reconhece a prática de falta grave em sede de execução, desde que transitada em julgado e materializadora de *erro judiciário*.

7. Competência para o Processo e Julgamento

Em regra, a revisão criminal deve ser processada e julgada perante órgão jurisdicional diverso daquele que figurar como prolator da decisão atacada.

---

29. STJ, CC 47.718/RS, Terceira Seção, rel. Min. Jane Silva, j. 13-8-2008, *DJe* de 26-8-2008.

30. STJ, REsp 1.107.723/MS, 5ª T., rel. Min. Laurita Vaz, j. 7-4-2011, *DJe* de 25-4-2011, *RSTJ* 224/579.

31. STJ, HC 134.321/RS, 5ª T., rel. Min. Laurita Vaz, j. 1º-9-2009, *DJe* de 18-9-2009.

32. Adalberto José Q. T. de Camargo Aranha, *Dos recursos no processo penal*, 2. ed., São Paulo, Saraiva, 2006, p. 236.

Observada a redação do art. 624, II, do CPP, quando tiver por objeto decisão proferida em primeiro grau de jurisdição da Justiça Estadual, a ação deverá ser ajuizada no Tribunal de Justiça do respectivo Estado; se atacar decisão da Justiça Federal também de primeiro grau, competente será o Tribunal Regional Federal a que estiver vinculada a jurisdição inferior.

Conforme a arguta observação de Nucci, com quem concordamos, "caso a decisão provenha de câmara ou turma de tribunal de segundo grau, cabe ao próprio tribunal o julgamento da revisão, embora, nessa hipótese, não pela mesma câmara, mas pelo grupo reunido de câmaras criminais. Tratando-se de decisão proferida pelo Órgão Especial ou Pleno do Tribunal, cabe ao mesmo colegiado o julgamento da revisão".[33]

Nos precisos termos do art. 105, I, *e*, da CF, compete ao Superior Tribunal de Justiça julgar originariamente as revisões criminais de seus julgados.

A teor do disposto no art. 102, I, *j*, da CF, e no art. 624, I, do CPP, compete ao Supremo Tribunal Federal julgar a revisão criminal de seus julgados.

O art. 624, §§ 2º e 3º, do CPP,[34] diz sobre a fixação de competência das câmaras ou turmas criminais, ou do Pleno, nos Tribunais de Justiça, e o art. 628 remete aos Regimentos Internos a tarefa de estabelecer normas complementares para o processo e julgamento das revisões criminais.

No Superior Tribunal de Justiça, a matéria está tratada nos arts. 239 a 243 de seu Regimento Interno.

No Supremo Tribunal Federal, o procedimento está regulado nos arts. 263 a 272 de seu Regimento Interno.[35]

8. Procedimento

Nos precisos termos do art. 625 do CPP, a revisão criminal deve ser instruída com a certidão de haver passado em julgado a sentença condenatória e com as peças necessárias à comprovação dos fatos arguidos, e no Tribunal competente será distribuída a um relator e a um revisor, devendo funcionar como relator um desembargador ou Ministro que não tenha pronunciado decisão em qualquer fase do processo.

---

33. Guilherme de Souza Nucci, *Manual de processo e execução penal*, 14. ed., Rio de Janeiro, Forense, 2017, p. 895.

34. "Art. 634. (...) § 2º Nos Tribunais de Justiça ou de Alçada, o julgamento será efetuado pelas câmaras ou turmas criminais, reunidas em sessão conjunta, quando houver mais de uma, e, no caso contrário, pelo tribunal pleno. § 3º Nos tribunais onde houver quatro ou mais câmaras ou turmas criminais, poderão ser constituídos dois ou mais grupos de câmaras ou turmas para o julgamento de revisão, obedecido o que for estabelecido no respectivo regimento interno."

35. "Define-se a competência para o julgamento da revisão criminal pelo regimento interno do tribunal" (STF, HC 93.515/PR, 1ª T., rel. Min. Marco Aurélio, j. 9-6-2009, *DJe* n. 121, de 1º-7-2009, *RTJ* 210/1.153, *LEXSTF* 367/363).

Com vistas a obter a completude das informações disponíveis, o relator *poderá* determinar o apensamento da revisão aos autos do processo de conhecimento em que fora proferida a decisão impugnada (§ 2º do art. 625).[36]

Se o relator julgar insuficientemente instruído o pedido, poderá indeferi-lo desde logo, *in limine*, e "recorrerá" *ex officio* dessa sua decisão[37] para as câmaras reunidas ou para o Pleno do Tribunal, conforme o caso (art. 624, parágrafo único).

Apesar da letra da lei, conforme anotamos em linhas precedentes, o ordenamento vigente não admite a providência anômala que se convencionou denominar recurso *ex officio*, por configurar prática proativa incompatível com o processo penal acusatório (CPP, art. 3º-A).

Contra a decisão do relator que indefere liminarmente o pedido revisional cabe agravo regimental.[38]

Interposto o recurso por petição, o relator apresentará o processo para o julgamento e o relatará, sem tomar parte na discussão (§ 4º do art. 625).

Não sendo caso de indeferimento liminar, o relator determinará o processamento do pedido e, se entender cabível, a produção de outras provas. De qualquer modo, a seguir será providenciada a abertura de vista dos autos ao Ministério Público em segundo grau para que se manifeste,[39] dispondo para tanto o Procurador de Justiça oficiante do prazo de 10 (dez) dias. Na sequência os autos serão submetidos,

---

36. "Extrai-se do § 2º do art. 625 do Código de Processo Penal que o apensamento dos autos originais é uma faculdade do relator, valendo ressaltar que o § 3º do citado dispositivo chega até mesmo a prever o indeferimento liminar da revisão criminal quando o pedido não estiver suficientemente instruído, caso se entenda inconveniente ao interesse da justiça a mencionada juntada da íntegra do processo originário" (STJ, HC 99.339/PE, 5ª T., rel. Min. Jorge Mussi, j. 26-10-2010, *DJe* de 6-12-2010).

37. "A revisão criminal, em regra, deve ser submetida ao órgão colegiado. Entretanto, seu relator pode indeferir liminarmente a inicial, dando recurso ao corpo de julgadores, em casos excepcionais e que se referiam a aspectos processuais (v.g., má instrução do pedido e inconveniência do apensamento dos autos originais). Inteligência do art. 625, § 3º, do Código de Processo Penal" (STJ, HC 228.338/PE, 5ª T., rel. Min. Laurita Vaz, j. 5-9-2013, *DJe* de 11-9-2013).

38. No Regimento Interno do Supremo Tribunal Federal o agravo regimental está tipificado no art. 317, *caput*, do seguinte modo: "Ressalvadas as exceções previstas neste Regimento, caberá agravo regimental, no prazo de cinco dias de decisão do Presidente do Tribunal, de Presidente de Turma ou do Relator, que causar prejuízo ao direito da parte".

No âmbito do Superior Tribunal de Justiça o art. 258, *caput*, de seu Regimento Interno, dispõe sobre o agravo regimental nos seguintes termos: "A parte que se considerar agravada por decisão do Presidente da Corte Especial, de Seção, de Turma ou de relator, à exceção do indeferimento de liminar em procedimento de *habeas corpus* e recurso ordinário em *habeas corpus*, poderá requerer, dentro de cinco dias, a apresentação do feito em mesa relativo à matéria penal em geral, para que a Corte Especial, a Seção ou a Turma sobre ela se pronuncie, confirmando-a ou reformando-a".

39. O representante do Ministério Público em primeiro grau não se manifesta em ação revisional.

sucessivamente, e em igual prazo, à análise do relator e do revisor, após o que a revisão criminal será submetida a julgamento (§ 5º do art. 625).[40]

Se julgá-la procedente, o tribunal poderá alterar a classificação da infração, absolver o réu, modificar a pena ou anular o processo (CPP, art. 626), conforme o caso.

Vedada a *reformatio in pejus* e também a revisão *pro societate*, qualquer que seja o resultado da decisão, a pena imposta na sentença ou acórdão impugnado não poderá ser agravada, e bem assim o respectivo regime de cumprimento.

Mesmo em caso de anulação do processo, quando então haverá novo julgamento (salvo se já estiver extinta a punibilidade por qualquer causa), o novo resultado que se alcançar não poderá acarretar consequências mais severas ao réu, sob pena de configurar *"reformatio in pejus" indireta*.

Se o tribunal declarar a absolvição do réu, todos os direitos perdidos em razão da condenação serão restabelecidos (art. 627).

A decisão proferida nos autos da ação de revisão criminal pode ser atacada com embargos de declaração, recurso especial ou recurso extraordinário, desde que presentes os pressupostos gerais e específicos atrelados a cada uma dessas espécies recursais.

Transitando em julgado a decisão, "à vista da certidão do acórdão que cassar a sentença condenatória, o juiz mandará juntá-la imediatamente aos autos, para inteiro cumprimento" (art. 629).

9. INDENIZAÇÃO POR ERRO JUDICIÁRIO

Com o costumeiro acerto, advertem GRINOVER, GOMES FILHO e SCARANCE que "a atividade jurisdicional, por melhor que seja, está sujeita a equívocos, pois o juízo humano, por mais precauções que se tomem, é inseparável do erro".[41]

Por determinação contida no art. 5º, LXXV, da CF, "o Estado indenizará o condenado por erro judiciário, assim como o que ficar preso além do tempo fixado na sentença".

De contornos dilatados, a regra constitucional alcança todo e qualquer erro judiciário, e muito embora se refira a excesso de encarceramento por tempo superior ao *fixado na sentença*, a indicar pena definitiva, é inegável que também se aplica em caso de excesso levado a efeito na duração de encarceramento cautelar.

---

40. "'Deve-se aplicar, à falta de norma expressa sobre o empate [em julgamento de revisão criminal], a regra do art. 615, § 1º, do Código de Processo Penal, reproduzida para o *habeas corpus* no parágrafo único do art. 664. Mesmo que se considere tratar-se de normas específicas, atinentes a recursos determinados, caberá o apelo à analogia, expressamente permitido pelo art. 3º' (Min. Xavier de Albuquerque, nos autos do HC 54.467, 2ª T., rel. Min. Leitão de Abreu, *DJ* de 18-3-1977)" (STJ, HC 137.504/BA, 5ª T., rel. Min. Laurita Vaz, j. 28-8-2012, *DJe* de 5-9-2012).

41. ADA PELLEGRINI GRINOVER, ANTONIO MAGALHÃES GOMES FILHO e ANTONIO SCARANCE FERNANDES, *Recursos no processo penal*, 6. ed., São Paulo, Revista dos Tribunais, 2009, p. 238.

Nessa mesma linha de pensamento, porém com enfoque restrito, nos moldes do art. 630 do CPP, se o autor da revisão criminal requerer, ao julgá-la procedente o tribunal poderá reconhecer seu direito a uma justa indenização pelos danos sofridos – morais e/ou materiais.

Trata-se de responsabilidade objetiva do Estado.[42]

A sentença nesses termos proferida deverá ser liquidada no juízo civil, onde será apurado e fixado o valor da indenização (§ 1º do art. 630).

Se o réu não formular pedido expresso, seu direito indenizatório não será reconhecido, mas nem por isso estará impedido de buscar justa reparação em processo de conhecimento, obviamente fortalecido com a sentença de procedência da revisão, prova robusta e incontestável de seu legítimo direito.

Diz o § 2º do art. 630 do CPP que a indenização não será devida:

> *a*) se o erro ou a injustiça da condenação proceder de ato ou falta imputável ao próprio impetrante, como a confissão ou a ocultação de prova em seu poder;
>
> *b*) se a acusação houver sido meramente privada.

As hipóteses indicadas na **alínea *a*** não são taxativas, mas tão somente exemplificativas.

De fato, se a condenação que materializa erro judiciário decorre de ação ou omissão do próprio réu, não há dever de indenizar por parte do Estado; falta, inclusive, fundamento jurídico para qualquer pretensão nesse sentido, pois, na hipótese, não é correto afirmar que *o Estado* causou dano.

Necessário observar, ainda, que a confissão isolada não se presta a fundamentar condenação, de maneira que é preciso cautela ao afirmar incabível indenização no caso de réu confesso.

Mesmo diante de confissão prestada em juízo, se toda a prova restante indicar o contrário, não é correto proferir condenação.

Conforme anotamos no capítulo destinado ao estudo do tema *prova*, o valor da confissão deve ser aferido pelos critérios adotados para os outros elementos de prova, e para a sua apreciação o juiz deve confrontá-la com as demais provas do processo, verificando se entre ela e estas existe compatibilidade ou concordância (CPP, art. 197).

A confissão não tem valor absoluto. *Seu valor é relativo.*

No art. 630, § 2º, **alínea *b***, encontramos outro "Frankenstein jurídico"; verdadeira aberração normativa, de inconstitucionalidade manifesta.

---

42. STF, RE 505.393/PE, 1ª T., rel. Min. Sepúlveda Pertence, j. 26-6-2007, *DJe* n. 117, de 5-10-2007, *RT* 868/161, *LEXSTF* 346/296.

Com efeito, independentemente de quem seja o titular do direito de ação – Ministério Público ou querelante –, quem condena ou absolve é o Estado-juiz. Bem por isso, é evidente que, se a sentença traduzir erro judiciário, desimporta considerar o titular e exercente do *jus postulandi in judicio*. Por imperativo constitucional (CF, art. 5º, LXXV), haverá dever de indenizar por parte do Estado.

Capítulo 24
Habeas Corpus

1. Introdução

Em Pontes de Miranda aprendemos que: "Os princípios essenciais do *habeas corpus* vêm, na Inglaterra, do ano 1215. Foi no Capítulo 29 da *Magna Charta libertatum* que se calcaram, através das idades, as demais conquistas do povo inglês para a garantia *prática, imediata* e *utilitária* da liberdade física". "*Habeas corpus* eram as palavras iniciais da fórmula no mandado que o Tribunal concedia, endereçado a quantos tivessem em seu poder, ou guarda, o corpo do detido. A ordem era do teor seguinte: 'Toma (literalmente: *tome*, no subjuntivo, *habeas*, de *habeo, habere*, ter, exibir, tomar, trazer etc.) *o corpo* deste detido e vem submeter ao Tribunal o homem e o caso'".[1]

Como se vê, na forma originalmente concebida, expedia-se ordem para a apresentação frente ao juiz daquele que sofria privação de liberdade, a fim de que se deliberasse a respeito, mas, embora tal prática ainda seja possível no Direito brasileiro, a realidade cuidou de demonstrar sua inviabilidade, conforme veremos mais adiante.

A evolução das reflexões e do sistema de garantias em torno do tema – *liberdade* – imprimiu nova significação ao instituto, que hoje se destina à tutela da liberdade física em todos os quadrantes, e por isso seu *nomen juris* é hoje sinônimo de liberdade: concede-se *habeas corpus* não para a apresentação de alguém frente ao juiz ou tribunal, mas para restaurar ou prevenir a liberdade afrontada; para fazer cessar constrangimento ilegal consumado ou temido.[2]

1. Pontes de Miranda, *História e prática do habeas corpus*, 2. ed., Rio de Janeiro, José Konfino, 1951, p. 11 e 23.

2. "Uma vez que o *habeas corpus* se ergue não só contra a coação consumada como também contra o constrangimento eventual, isto é, não apenas como remédio restaurador, mas também preventivo, todo ato que, alvejando o indivíduo, possa eventualmente privá-lo da liberdade de locomoção se insere em seu campo aplicativo" (Othon Sidou, *Habeas corpus, mandado de segurança e ação popular*, 3. ed., Rio de Janeiro, Forense, 1989, p. 136).

2. NATUREZA JURÍDICA

A liberdade física – ainda em PONTES DE MIRANDA – "é direito absoluto, tirado da natureza humana".[3]

Nos termos do art. 5º, LXVIII, da CF, "conceder-se-á *habeas corpus* sempre que alguém sofrer ou se achar ameaçado de sofrer violência ou coação em sua liberdade de locomoção, por ilegalidade ou abuso de poder".[4]

Em conformidade com a normatização superior, diz o art. 647 do CPP que: "Dar-se-á *habeas corpus* sempre que alguém sofrer ou se achar na iminência de sofrer violência ou coação ilegal na sua liberdade de ir e vir, salvo nos casos de punição disciplinar".

Nada obstante a equivocada opção do legislador ordinário em incluir o *habeas corpus* no Título II do Livro III do Código de Processo Penal, que disciplina os "recursos em geral", não há dúvida de que *não* se trata de espécie de recurso.[5]

Tal qual a ação de revisão criminal,[6] configura **ação autônoma de impugnação**.[7]

A propósito, o art. 5º, LXXVII, da CF, diz que "são gratuitas as ações de *habeas corpus*...".

Ação de conhecimento,[8] conforme veremos ao estudar as hipóteses de cabimento, este típico *writ* ou remédio heroico presta-se à tutela da liberdade; do direito de ir, vir e permanecer,[9] daí a possibilidade de sua utilização até mesmo em face de sentença penal transitada em julgado, da qual decorra constrangimento ilegal.

---

3. PONTES DE MIRANDA, *História e prática do habeas corpus*, 2. ed., Rio de Janeiro, José Konfino, 1951, p. 56.

4. "O *habeas corpus* tem previsão constitucional para aquele que sofre ou se acha ameaçado de sofrer violência ou coação em sua liberdade de locomoção, por ilegalidade ou abuso de poder (art. 5º, LXVIII, da Constituição Federal)" (STF, HC 96.238 AgR/DF, Tribunal Pleno, rel. Min. Dias Toffoli, j. 6-10-2011, *DJe* n. 212, de 8-11-2011).

5. "A ação de *habeas corpus* não tem natureza jurídica de recurso" (STF, RHC 83.716/RS, 1ª T., rel. Min. Joaquim Barbosa, j. 2-12-2003, *DJ* de 6-2-2004, p. 38). "Sob o ângulo estritamente processual, o *habeas corpus* não pode qualificar-se como recurso, embora assim o conceitue o Código de Processo Penal" (JOSÉ FREDERICO MARQUES, *Elementos de direito processual penal*, Campinas-SP, Bookseller, 1997, v. IV, p. 351). Dentre outros em sentido contrário, entendendo que se trata de recurso: LUIZ ANTONIO DA CÂMARA LEAL, *Comentários ao Código de Processo Penal brasileiro*, Rio de Janeiro/São Paulo, Freitas Bastos, 1943, v. IV, p. 173.

6. "O *habeas corpus*, em que pese configurar remédio constitucional de largo espectro, não pode ser utilizado como sucedâneo da revisão criminal, salvo em situações nas quais se verifique flagrante ilegalidade ou nulidade" (STF, RHC 128.485/TO, 2ª T., rel. Min. Ricardo Lewandowski, j. 25-10-2016, *DJe* n. 246, de 21-11-2016).

7. "Direito, pretensão, ação, remédio jurídico constitucionais, garantia constitucional, aí está o que se tornou o *habeas corpus*" (PONTES DE MIRANDA, *História e prática do habeas corpus*, 2. ed., Rio de Janeiro, José Konfino, 1951, p. 162).

8. Para ROGÉRIO LAURIA TUCCI, trata-se de "ação de conhecimento, declaratória ou constitutiva, em razão da natureza da prestação jurisdicional pleiteada pelo impetrante (...)" (*Direitos e garantias individuais no processo penal brasileiro*, 4. ed., São Paulo, Revista dos Tribunais, 2011, p. 354).

9. "(...) *ius manendi, ambulandi, eundi ultro citroque*" (PONTES DE MIRANDA, *História e prática do habeas corpus*, 2. ed., Rio de Janeiro, José Konfino, 1951, p. 185; HERÁCLITO ANTÔNIO MOSSIN, *Habeas corpus*, 6. ed., São Paulo, Atlas, 2002, p. 59).

Embora não se negue tratar-se de *remedium juris* destinado a tutelar a liberdade de locomoção,[10] se lançarmos o olhar ao horizonte, tal qual procedeu Sidou, concluiremos "que direta ou indiretamente, todos os princípios constitucionalmente consagrados só se podem exercitar tendo como pressuposto a liberdade individual".[11]

3. Conceito

O *habeas corpus* é modalidade de ação autônoma de natureza constitucional que se presta a atacar e vencer violência ou coação contra a liberdade de locomoção de *pessoa física*, consumada ou em via de ser praticada mediante ilegalidade ou abuso de poder.

A propósito, tem razão Frederico Marques quando afirma que "em sentido amplo, a *coação* pode ser tida como *nomen juris* de toda e qualquer limitação à liberdade individual, abrangendo, assim, a violência";[12] todavia, quer nos parecer que, na situação tratada, a pretensão do legislador caminhou no sentido de distinguir a *violência física* da *coação psicológica ou moral*.

Gimeno Sendra ensina que o objeto dessa ação "viene determinado por una **pretensión de naturaleza constitucional**, ya que incide en el derecho a la libertad".[13]

4. Modalidades

Decorre do disposto no art. 5º, LXVIII, da CF, e no art. 647 do CPP, a possibilidade jurídica de dois tipos de *habeas corpus*: *1)* **preventivo,** e *2)* **liberatório**.

Preventivo é aquele impetrado antes que o constrangimento ilegal se verifique, exatamente com o objetivo de impedir a concretização do mal anunciado e iminente.[14]

Destacou Espínola Filho que "perigo iminente é o que fatalmente acontecerá se não for evitado; é uma ideia de certeza, e não de dúvida".[15]

---

10. José Frederico Marques, *Elementos de direito processual penal*, Campinas-SP, Bookseller, 1997, v. IV, p. 342.

11. Othon Sidou, *Habeas corpus, mandado de segurança e ação popular*, 3. ed., Rio de Janeiro, Forense, 1989, p. 127.

12. José Frederico Marques, *Elementos de direito processual penal*, Campinas-SP, Bookseller, 1997, v. IV, p. 364.

13. Vicente Gimeno Sendra, *Derecho procesal penal*, Navarra, Civitas, 2012, p. 608.

14. "Dentre as ações autônomas de impugnação a decisões proferidas no âmbito da justiça criminal, sobressai a de *habeas corpus*, não só por propiciar o reexame de qualquer tipo de provimento, mas principalmente pela celeridade e simplicidade de seu procedimento, bem como pela possibilidade de sua utilização como forma de tutela preventiva, impedindo a concretização de eventuais ameaças ao direito de liberdade" (Ada Pellegrini Grinover, Antonio Magalhães Gomes Filho e Antonio Scarance Fernandes, *Recursos no processo penal*, 6. ed., São Paulo, Revista dos Tribunais, 2009, p. 265).

15. Eduardo Espínola Filho, *Código de Processo Penal brasileiro anotado*, 3. ed., Rio de Janeiro, Borsoi, 1955, v. VII, p. 41.

Liberatório, por outro vértice, é aquele que tem por escopo fazer cessar o mal já consumado, mas ainda presente.

Em qualquer das modalidades disponíveis, a finalidade específica é a salvaguarda do estado de liberdade ou *jus libertatis*.

5. COGNIÇÃO LIMITADA

Ao contrário do que se verifica com o mandado de segurança, em relação ao qual a legislação é expressa,[16] a Constituição Federal e o Código de Processo Penal não exigem demonstração de **direito líquido e certo** para a concessão de *habeas corpus*, mas a doutrina e a jurisprudência já pacificaram o entendimento no sentido de que é imprescindível, constituindo, em nossa maneira de pensar, verdadeira condição específica da ação.

De forma objetiva e perfeita, ensinou HELY LOPES MEIRELES que: "*Direito líquido e certo* é o que se apresenta manifesto na sua existência, delimitado na sua extensão e apto a ser exercitado no momento da impetração".[17]

É necessário ter em mente que em razão dos limites estreitos de cognição a que se encontra submetido, e por não permitir dilação probatória, o *habeas corpus* não se presta a discutir toda e qualquer situação.

A respeito desse tema coletamos o material que segue:

> **Limites materiais do *habeas corpus***: A concessão de *habeas corpus* em razão da configuração de excesso de prazo é medida de todo excepcional, somente admitida nos casos em que a dilação (A) seja decorrência exclusiva de diligências suscitadas pela acusação; (B) resulte da inércia do próprio aparato judicial, em obediência ao princípio da razoável duração do processo, previsto no art. 5º, LXXVIII da Constituição Federal; ou (C) implique em ofensa ao princípio da razoabilidade.[18]
>
> **O *habeas corpus* não comporta reexame de fatos e provas** para chegar-se à absolvição, consoante remansosa jurisprudência desta Corte: HC 105.022/DF, rel. Min. CÁRMEN LÚCIA, 1ª T., *DJe* de 9-5-2011; HC 102.926/MS, rel. Min. LUIZ FUX, 1ª T., *DJe* de 10-5-2011; HC 101.588/SP, rel. Min. DIAS TOFFOLI, 1ª T., *DJe* de 1º-6-2010; HC 100.234/SP, rel. Min. JOAQUIM BARBOSA, 2ª T., *DJe* de 1º-2-2011; HC 90.922, rel. Min. CEZAR PELUSO, 2ª T., *DJe* de 18-12-2009; RHC 84.901, rel. Min. CEZAR PELUSO, 2ª T., *DJe* de 7-8-2009.[19]
>
> Não se pode conhecer, em sede de *habeas corpus*, de matéria que demanda o revolvimento de fatos e provas.[20]

---

16. Leitura recomendada: LUIZ MANOEL GOMES JUNIOR, RENATO MARCÃO e outros, *Comentários à lei do mandado de segurança*, 4. ed., São Paulo, Revista dos Tribunais, 2015.

17. HELY LOPES MEIRELLES, ARNOLDO WALD e GILMAR FERREIRA MENDES, *Mandado de segurança e ações constitucionais*, São Paulo, Malheiros, 2009.

18. STJ, HC 87.741/PE, 5ª T., rel. Min. Napoleão Nunes Maia Filho, j. 8-4-2008, *DJe* de 28-4-2008.

19. STF, HC 108.455/MS, 1ª T., rel. Min. Luiz Fux, j. 10-9-2013, *DJe* n. 187, de 24-9-2013.

20. STF, HC 92.932/SP, Tribunal Pleno, rel. Min. Ricardo Lewandowski, j. 7-3-2013, *DJe* n. 188, de 25-9-2013.

O *habeas corpus* é marcado por cognição sumária e rito célere (...).[21]

Consoante firme entendimento desta Corte, a via do *habeas corpus* **não comporta o profundo exame do material cognitivo.**[22]

O *habeas corpus* constitui-se em meio impróprio para a análise de alegações que exijam o exame do conjunto fático-probatório – como a atipicidade da conduta e de flagrante preparado (STJ, HC 26.086/SP, 5ª T., rel. Min. Gilson Dipp, j. 24-6-2003, *DJ* de 22-9-2003, p. 347); **negativa de autoria** (STJ, HC 23.738/SP, 5ª T., rel. Min. Gilson Dipp, j. 21-11-2002, *DJ* de 3-2-2003, p. 336); **inocência do réu** (STJ, HC 33.886/RJ, 6ª T., rel. Min. Paulo Medina, j. 9-2-2006, *DJ* de 12-6-2006, p. 543; STJ, RHC 9.897/SP, 5ª T., rel. Min. Gilson Dipp, j. 19-9-2000, *DJ* de 23-10-2000, p. 148); **a participação, ou não, do agente nos delitos** (STJ, HC 12.234/SP, 5ª T., rel. Min. Gilson Dipp, j. 18-5-2000, *DJ* de 21-8-2000, p. 155); **a prática de tortura levada a efeito por policiais no momento do flagrante.**[23-24]

6. Cabimento

O art. 648, I a VII, do CPP, traz **lista exemplificativa**[25] de situações corriqueiras (infelizmente) em que a coação se considerará ilegal, a saber:

✓ quando não houver justa causa;

✓ quando alguém estiver preso por mais tempo do que determina a lei;

✓ quando quem ordenar a coação não tiver competência para fazê-lo;

✓ quando houver cessado o motivo que autorizou a coação;

✓ quando não for alguém admitido a prestar fiança, nos casos em que a lei a autoriza;

✓ quando o processo for manifestamente nulo;

✓ quando extinta a punibilidade.

Vejamos.

1) **Quando não houver justa causa**:

Na hipótese, pode ocorrer ausência de justa causa: *1)* para a ordem causadora de constrangimento ilegal, ou *2)* para a instauração de investigação *ou* de processo criminal.

---

21. STJ, HC 130.987/BA, 5ª T., rel. Min. Arnaldo Esteves Lima, j. 18-6-2009, *DJe* de 3-8-2009.

22. STJ, RHC 14.616/SC, 5ª T., rel. Min. Jorge Scartezzini, j. 23-9-2003, *DJ* de 19-12-2003, p. 500.

23. STJ, HC 12.405/GO, 6ª T., rel. Min. Vicente Leal, j. 12-9-2000, *DJ* de 25-9-2000, p. 142.

24. *No mesmo sentido*: STJ, HC 88.960/SP, 5ª T., rel. Min. Jane Silva, j. 12-2-2008, *DJe* de 3-3-2008; STJ, HC 149.403/SP, 5ª T., rel. Min. Felix Fischer, j. 2-3-2010, *DJe* de 26-4-2010; STJ, HC 33.886/RJ, 6ª T., rel. Min. Paulo Medina, j. 9-2-2006, *DJ* de 12-6-2006, p. 543; STJ, HC 90.807/MG, 6ª T., rel. Min. Jane Silva, j. 12-2-2008, *DJe* de 3-3-2008.

25. *No mesmo sentido:* Pontes de Miranda, *História e prática do habeas corpus*, 2. ed., Rio de Janeiro, José Konfino, 1951, p. 434. Em sentido contrário: José Frederico Marques, *Elementos de direito processual penal*, Campinas-SP, Bookseller, 1997, v. IV, p. 365.

Na primeira configuração, não há qualquer razão de fato ou fundamento de direito apto a legitimar a **ordem proferida**, daí ser manifesto o constrangimento ilegal que dela decorre.

Na segunda situação, faltará justa causa para a instauração de **inquérito policial** se a conduta imputada for atípica ou já estiver extinta a punibilidade por qualquer causa, sendo cabível, em casos tais, o ajuizamento de *habeas corpus* com vistas a paralisar as investigações e trancar o inquérito, de modo a cessar o constrangimento ilegal.

Mas "o trancamento de inquérito policial pela via estreita do *habeas corpus* é medida de exceção, só admissível quando emerge dos autos, de forma inequívoca e sem a necessidade de valoração probatória, a inexistência de autoria por parte do indiciado, a atipicidade da conduta",[26] ou outra causa justificadora da medida extrema.

"Sendo o inquérito policial mero procedimento administrativo preparatório para a ação penal, tem por objeto a apuração do fato tido como delituoso e a respectiva autoria, não devendo ser obstado pela restrita via do *habeas corpus*, para que não se incorra no risco de coactar as atividades da polícia judiciária e do Ministério Público",[27] salvo evidente hipótese de constrangimento ilegal que de sua existência decorra.

Nessa ordem de ideias, tem absoluta pertinência ALMEIDA PEDROSO ao afirmar que: "Somente quando a legalidade do procedimento estatal sobeje extrapassada pelo arbítrio ou quando se transluza flagrante e patente a atipia do fato que ao inquérito confere berço, é que o *habeas corpus* se assume como caminho defensório apto e idôneo para o trancamento da peça policial informativa".[28]

Sob outro enfoque, analisamos no capítulo destinado ao estudo dos procedimentos em geral que para ser viável a **ação penal**, além da regularidade formal da inicial acusatória, é preciso estar demonstrada a ocorrência do ilícito penal imputado, a autoria e a materialidade (sendo caso), razão pela qual deve estar acompanhada de elementos de convicção.

A imputação não pode afastar-se do conteúdo probatório que lhe serve de suporte.

Para comportar recebimento, a denúncia (e também a queixa) deve estar formalmente em ordem (arts. 41 e 395 do CPP) e substancialmente autorizada. Deve haver correlação entre os fatos apurados e a imputação.

Não havendo correlação entre o material probatório e a acusação, a petição inicial deverá ser rejeitada por falta de "justa causa".

---

26. STJ, HC 44.577/SP, 5ª T., rel. Min. Laurita Vaz, j. 26-2-2008, *DJe* de 7-4-2008.

27. STJ, RHC 74/SP, 5ª T., rel. Min. Cid Flaquer Scartezzini, j. 27-9-1989, *DJ* de 16-10-1989, p. 15.858, *RSTJ* 9/108.

28. FERNANDO DE ALMEIDA PEDROSO, *Processo penal*. O direito de defesa: repercussão, amplitude e limites, 3. ed., São Paulo, Revista dos Tribunais, 2001, p. 63-64.

> A verificação acerca da narração de fato típico, antijurídico e culpável, da inexistência de causa de extinção da punibilidade e da presença das condições exigidas pela lei para o exercício da ação penal (aí incluída a justa causa), revela-se fundamental para o juízo de admissibilidade de deflagração da ação penal.[29]

Todavia, a verificação de prova cabal da acusação só se faz necessária para o deslinde do processo, quando da decisão final acerca da procedência ou não da imputação, no momento do julgamento de mérito da ação penal.[30]

Se a inicial atende aos requisitos do art. 41 e, portanto, ausente qualquer das situações tratadas no art. 395, ambos do CPP; presentes as condições da ação e os pressupostos processuais, bem como "substrato fático-probatório suficiente para o início e desenvolvimento da ação penal de forma legítima",[31] não há falar em rejeição.

Oportuno relembrar, nesse passo, que "o Ministério Público pode oferecer denúncia independentemente de investigação policial, desde que possua os elementos mínimos de convicção quanto à materialidade e aos indícios de autoria (art. 46, § 1º, do CPP)".[32]

Se faltar justa causa e ainda assim for instaurada, a ação penal poderá ser trancada em sede de *habeas corpus*.

Assim como se verifica em relação ao inquérito, "o trancamento de ação penal em *habeas corpus* impetrado com fundamento na ausência de justa causa é medida excepcional que, em princípio, não tem cabimento quando a denúncia ofertada narra adequadamente fatos que constituem o crime".[33]

---

29. STF, Inq 1.926/DF, Tribunal Pleno, rel. Min. Ellen Gracie, j. 9-10-2008, *DJe* de 21-11-2008.
30. STJ, HC 159.295/RS, 5ª T., rel. Min. Marco Aurélio Bellizze, j. 13-3-2012, *DJe* de 29-3-2012.
31. STF, Inq 1.926/DF, Tribunal Pleno, rel. Min. Ellen Gracie, j. 9-10-2008, *DJe* de 21-11-2008.
32. STF, RE 464.893/GO, 2ª T., rel. Min. Joaquim Barbosa, j. 20-5-2008, *DJe* de 1º-8-2008. "O Ministério Público pode dispensar o inquérito policial quando dispuser de elementos de convicção aptos a embasar uma denúncia" (STF, HC 86.755/RJ, 1ª T., rel. Min. Eros Grau, j. 8-11-2005, *DJe* de 2-12-2005). "O Código de Processo Penal permite o oferecimento da denúncia mesmo com elementos mínimos ou apenas esclarecimentos que possam identificar o denunciado" (STF, RHC 135.300/DF, 2ª T., rel. Min. Ricardo Lewandowski, j. 6-12-2016, *DJe* n. 267, de 16-12-2016).
33. STF, HC 96.608/PE, 1ª T., rel. Min. Dias Toffoli, j. 3-11-2009, *DJe* de 4-12-2009. "O trancamento da ação penal, em *habeas corpus*, constitui medida excepcional que só deve ser aplicada nos casos de manifesta atipicidade da conduta, de presença de causa de extinção da punibilidade do paciente ou de ausência de indícios mínimos de autoria e materialidade delitivas, o que não ocorre na situação sob exame" (STF, HC 110.321/DF, 2ª T., rel. Min. Ricardo Lewandowski, j. 8-5-2012, *DJe* n. 158, de 13-8-2012). "É pacífica a jurisprudência do Supremo Tribunal Federal quanto à excepcionalidade do trancamento de ação penal pela via processualmente contida do *habeas corpus*. Jurisprudência assentada na ideia-força de que o trancamento da ação penal é medida restrita a situações excepcionalíssimas. Precedentes: HCs 87.310, 91.005 e RHC 88.139, da minha relatoria; HC 87.293, da relatoria do Min. Eros Grau; HC 85.740, da relatoria do Min. Ricardo Lewandowski; e HC 85.134, da relatoria do Min. Marco Aurélio" (STF, HC 95.154/SP, 2ª T., rel. Min. Ayres Britto, j. 27-3-2012, *DJe* n. 180, de 13-9-2012).

A via expedita do remédio heroico só se faz adequada, ademais, "quando se demonstrar, à luz da evidência, a atipicidade da conduta, a extinção da punibilidade ou outras situações comprováveis de plano, suficientes ao prematuro encerramento da persecução penal".[34]

Importa acrescentar, por fim, que a jurisprudência do Supremo Tribunal Federal "entende prejudicada a alegação de falta de justa causa para o oferecimento da denúncia com a superveniência da sentença condenatória, assim como coberta pela preclusão a questão da inépcia da denúncia, quando aventada após a sentença penal condenatória, entendimento que somente não se tem aplicado quando a sentença é proferida na pendência de *habeas corpus* já em curso".[35]

Em resumo:

> I – A peça acusatória deve conter a exposição do fato delituoso em toda a sua essência e com todas as suas circunstâncias (HC 73.271/SP, 1ª T., rel. Min. Celso de Mello, *DJU* de 4-9-1996). Denúncias genéricas que não descrevem os fatos na sua devida conformação, não se coadunam com os postulados básicos do Estado de Direito (HC 86.000/PE, 2ª T., rel. Min. Gilmar Mendes, *DJU* de 2-2-2007). A inépcia da denúncia caracteriza situação configuradora de desrespeito estatal ao postulado do devido processo legal. II – A exordial acusatória, na hipótese, contudo, apresenta uma narrativa congruente dos fatos (HC 88.359/RJ, 2ª T., rel. Min. Cezar Peluso, *DJU* de 9-3-2007), de modo a permitir o pleno exercício da ampla defesa (HC 88.310/PA, 2ª T., rel. Min. Joaquim Barbosa, *DJU* de 6-11-2006), descrevendo conduta que, ao menos em tese, configura crime (HC 86.622/SP, 1ª T., rel. Min. Ricardo Lewandowski, *DJU* de 22-9-2006), ou seja, não é inepta a denúncia que atende aos ditames do art. 41 do Código de Processo Penal (HC 87.293/PE, 1ª T., rel. Min. Eros Grau, *DJU* de 3-3-2006). III – A denúncia deve vir acompanhada com o mínimo embasamento probatório, ou seja, com lastro probatório mínimo (HC 88.601/CE, 2ª T., rel. Min. Gilmar Mendes, *DJU* de 22-6-2007), apto a demonstrar, ainda que de modo indiciário, a efetiva realização do ilícito penal por parte do denunciado. Em outros termos, é imperiosa existência de um suporte legitimador que revele, de modo satisfatório e consistente, a materialidade do fato delituoso e a existência de indícios suficientes de autoria do crime, a respaldar a acusação, de modo a tornar esta plausível. Não se revela admissível a imputação penal destituída de base empírica idônea (Inq 1.978/PR, Tribunal Pleno, rel. Min. Celso de Mello, *DJU* de 17-8-2007), o que implica a ausência de justa causa a autorizar a instauração da *persecutio criminis in iudicio*. IV – O trancamento da ação penal por meio do *habeas corpus* se situa no campo da excepcionalidade (HC 901.320/MG, 1ª T., rel. Min. Marco Aurélio, *DJU* de 25-5-2007), sendo medida que somente deve ser adotada quando houver comprovação, de plano, da atipicidade da conduta, da incidência de causa de extinção da punibilidade ou da ausência de indícios de autoria ou de prova sobre a materialidade do delito (HC 87.324/SP, 1ª T., rel. Min. Cármen Lúcia, *DJU* de 18-5-2007). Ainda,

---

34. STJ, HC 159.295/RS, 5ª T., rel. Min. Marco Aurélio Bellizze, j. 13-3-2012, *DJe* de 29-3-2012.
35. STF, HC 96.050/RS, 1ª T., rel. Min. Cármen Lúcia, j. 9-6-2009, *DJe* de 17-12-2010.

a liquidez dos fatos constitui requisito inafastável na apreciação da justa causa (HC 91.634/GO, 2ª T., rel. Min. Celso de Mello, *DJU* de 5-10-2007), pois o exame de provas é inadmissível no espectro processual do *habeas corpus*, ação constitucional que pressupõe para seu manejo uma ilegalidade ou abuso de poder tão flagrante que pode ser demonstrada de plano (RHC 88.139/MG, 1ª T., rel. Min. Carlos Britto, *DJU* de 17-11-2006). Na hipótese, há, com os dados existentes até aqui, o mínimo de elementos que autorizam o prosseguimento da ação penal. V – Tratando-se de denúncia que, amparada nos elementos que sobressaem do inquérito policial, expõe fatos teoricamente constitutivos de delito, imperioso o prosseguimento do processo-crime (RHC 87.935/RJ, 1ª T., rel. Min. Carlos Britto, *DJU* de 1º-6-2007). Recurso desprovido.[36]

2) **Quando alguém estiver preso por mais tempo do que determina a lei**:

Ponto de partida neste tópico é saber quando é que alguém pode ter sua prisão decretada em matéria penal, e qual o prazo máximo de prisão permitido para cada modalidade prevista.

No sistema jurídico brasileiro, em matéria penal, é possível falar em **prisão cautelar e prisão-pena**.

São modalidades de prisão cautelar:

✓ prisão em **flagrante**;

✓ prisão **temporária**;

✓ prisão **preventiva**;

✓ prisão **domiciliar substitutiva da prisão preventiva**; e

✓ prisão **para fins de extradição** (art. 84 da Lei n. 13.445/2017 – Lei de Migração).

Não sendo caso de privação cautelar da liberdade, só será possível, *em matéria penal*, a **prisão-pena**, assim compreendida aquela resultante de sentença penal condenatória transitada em julgado.

Se a privação penal da liberdade não tiver por base qualquer dos fundamentos acima anotados, manifesto será o constrangimento ilegal.

É inconstitucional a execução provisória de pena igual ou superior a 15 (quinze) anos de reclusão, imposta em condenação por julgamento perante o Tribunal do Júri, na forma determinada pelo art. 492, I, *e*, do CPP, cuja redação advém da Lei n. 13.964/2019.

Com análise que alcançou o art. 283 do CPP, o Supremo Tribunal Federal já decidiu, por maioria, ser inconstitucional a execução provisória de pena – resultante de condenação sem trânsito em julgado definitivo –, quando ausentes os requisitos autorizadores da prisão preventiva e sua regular decretação.

36. STJ, RHC 25.543/SP, 5ª T., rel. Min. Felix Fischer, j. 7-5-2009, *DJe* de 3-8-2009.

Com relação à **prisão em flagrante**, conforme analisamos no capítulo destinado ao estudo das prisões cautelares, no prazo de 24 (vinte e quatro) horas, contado da prisão,[37] o juiz competente deverá ser formalmente comunicado desta e a pessoa presa deverá ser levada até sua presença, a fim de que se realize a audiência de apresentação/custódia, quando então, observadas as formalidades pertinentes ao ato, não sendo caso de relaxamento, decretação de prisão temporária ou preventiva, o magistrado deverá conceder liberdade provisória com ou sem fiança, cumulada ou não com medida cautelar diversa da prisão.

Quanto à **prisão temporária**, o prazo máximo de duração é de cinco dias, prorrogável por igual período em caso de extrema e comprovada necessidade, podendo então chegar a dez dias (art. 2º, *caput*, da Lei n. 7.960/89). Em face de crimes hediondos ou assemelhados, o prazo inicial é de trinta dias, igualmente prorrogável nas mesmas circunstâncias que servem para a generalidade dos casos, quando então poderá alcançar sessenta dias (art. 2º, § 4º, da Lei n. 8.072/90).

Ao contrário do que ocorre em relação às modalidades precedentes, no que concerne à **prisão preventiva**, não há previsão legal a respeito de seu prazo máximo de duração, mas isso não quer dizer que não se encontra exposta a limitações, e tal raciocínio também se aplica em relação à **prisão domiciliar substitutiva da prisão preventiva**.

Esse tema também foi tratado no capítulo em que discorremos sobre as prisões cautelares, quando tivemos a oportunidade de salientar que toda pessoa detida tem direito a ser julgada dentro de prazo razoável ou a ser posta em liberdade sem prejuízo de que prossiga o processo (art. 7º da Convenção promulgada pelo Decreto n. 678/92[38] e art. 5º, LXXVIII, da CF). Mas é preciso considerar que "o tempo legal do processo submete-se ao princípio da razoabilidade, incompatível com o seu exame à luz de só consideração aritmética, sobretudo, por acolhida, no sistema de direito positivo, a força maior, como fato produtor da suspensão do curso dos prazos processuais".[39]

Ao contrário do que ocorre com a prisão temporária, que é determinada por prazo certo, já delineado na Lei n. 7.960/89, o legislador não cuidou de estabelecer prazo mínimo ou máximo de duração para a prisão preventiva, e o que se tem por

---

37. "Estão obrigados juízes e tribunais, observados os arts. 9.3 do Pacto dos Direitos Civis e Políticos e 7.5 da Convenção Interamericana de Direitos Humanos, a realizarem, em até noventa dias, audiências de custódia, viabilizando o comparecimento do preso perante a autoridade judiciária no prazo máximo de 24 horas, contado do momento da prisão" (STF, ADPF 347 MC/DF, Tribunal Pleno, rel. Min. Marco Aurélio, j. 9-9-2015, *DJe* n. 031, de 19-2-2016).

38. Promulga a Convenção Americana sobre Direitos Humanos (Pacto de São José da Costa Rica), de 22 de novembro de 1969.

39. STJ, HC 41.372/RJ, 6ª T., rel. Min. Hamilton Carvalhido, j. 31-8-2005, *DJ* de 26-6-2006, p. 204.

base, em regra, é o prazo que a lei confere para o encerramento da instrução criminal, a depender de cada tipo de procedimento.

Sobre esse tema, observa Nucci que "a regra é que perdure, até quando necessário, durante a instrução, não podendo, é lógico, ultrapassar eventual decisão absolutória – que faz cessar os motivos determinantes de sua decretação – bem como o trânsito de decisão condenatória, pois, a partir desse ponto, está-se diante de prisão-pena".[40]

Não pode, entretanto, prolongar-se indefinidamente, por culpa do juiz ou por atos procrastinatórios do Estado-acusador.[41]

Mesmo nos crimes graves, não se admite o excesso de prazo injustificado e não atribuível à defesa.

É imprescindível que a prestação jurisdicional ocorra em prazo razoável, pois, ultrapassado o horizonte da razoabilidade, haverá manifesto constrangimento ilegal.

Nada obstante o teor da Súmula 52 do STJ, no sentido de que o encerramento da instrução processual afasta eventual constrangimento ilegal por excesso de prazo na formação da culpa, à luz do ordenamento jurídico vigente, é correto afirmar deva ser reinterpretada, pois, "ainda que encerrada a instrução, é possível reconhecer o excesso de prazo, diante da garantia da razoável duração do processo, prevista no art. 5º, LXXVIII, da Constituição".[42]

Ademais, haverá constrangimento ilegal, e mesmo após o encerramento da instrução, se a custódia cautelar não resultar de prisão preventiva empírica e adequadamente fundamentada.

Ainda sobre a prisão preventiva, é importante acrescentar que, não raras vezes, a ilegalidade será **decorrente** não do *excesso de prazo na prisão*, mas **da própria decretação**, sob dois enfoques:

- ✓ porque incabível na espécie;
- ✓ ou, mesmo quando cabível, não estiver adequadamente fundamentada a decisão judicial que lhe serve de suporte, de modo a configurar desrespeito ao art. 5º, LXI (ninguém será preso senão em flagrante delito ou por ordem escrita e fundamentada de autoridade judiciária competente...), e também ao art. 93, IX, ambos da CF, que insiste na obrigatoriedade de fundamentação das decisões judiciais.

A respeito de tais questões, para evitar o enfaro da repetição sugerimos que o estimado leitor verifique o capítulo em que discorremos amplamente sobre as prisões cautelares.

40. Guilherme de Souza Nucci, *Manual de processo e execução penal*, 14. ed., Rio de Janeiro, Forense, 2017, p. 571.

41. Guilherme de Souza Nucci, op. cit., p. 571-572.

42. STJ, RHC 20.566/BA, 6ª T., rel. Min. Maria Thereza de Assis Moura, j. 12-6-2007, *DJ* de 25-6-2007, p. 300.

No que pertine à **prisão-pena** ou *prisão definitiva*,[43] sua duração deve levar em conta os termos da sentença condenatória (ou acórdão) e o que mais se verificar no curso do processo execucional, em que a incidência de certos benefícios, notadamente a anistia, o indulto e a comutação de pena (LEP, arts. 187 a 193),[44] termina por reduzir o tempo de encarceramento, de modo a permitir a flexibilização da coisa julgada com vistas ao atingimento do ideal ressocializador.

Muito embora o recurso tipificado para a impugnação das decisões proferidas em sede de execução penal seja o agravo em execução (LEP, art. 197), é inegável a possibilidade de utilização de *habeas corpus* naquelas situações em que o constrangimento ilegal se apresentar manifesto.

3) **Quando quem ordenar a coação não tiver competência para fazê-lo**:

Decorre do art. 5º, LXI, da CF, que "ninguém será preso senão em flagrante delito ou por ordem escrita e fundamentada de autoridade judiciária competente...".

Ademais, a existência do juiz natural – juiz competente – também está expressa no art. 5º, LII, da CF.

Diante de tais imposições constitucionais, é sem sombra de dúvida que qualquer ordem emanada de quem não disponha de competência para proferi-la materializa indesculpável e ilegal constrangimento.

4) **Quando houver cessado o motivo que autorizou a coação**:

A situação fala por si.

É possível, com base no ordenamento jurídico, que pessoas sejam expostas a certos tipos de "constrangimento legal". A prisão, quando corretamente decretada, não deixa de ser um constrangimento, mas, se atendidos os pressupostos para que se verifique, será um "constrangimento legal".

A partir do momento em que *cessa o motivo* determinante da coação, se ela ainda assim persistir, não há dúvida de que passará a ser ilegal.

Enquanto no inciso II o art. 648 se refere à prisão *por mais tempo* do que determina a lei (excesso de prazo na prisão), no inciso IV o constrangimento decorre da *cessação do motivo* que outrora determinou, legitimamente, a coação.

Exemplos: *1)* decretada a prisão temporária pelo prazo de cinco dias com a finalidade específica de conseguir determinada prova, colhida esta no terceiro dia de prisão, não se justifica a permanência no cárcere, ainda que não se tenha vencido o

---

43. Embora largamente utilizada na doutrina, não concordamos com a denominação – *prisão definitiva* –, visto que inadmitida na Carta Magna, que veda a prisão perpétua. Tal expressão só tem sentido, ainda assim sem muita técnica, quando utilizada exatamente para marcar sua diferença em relação às prisões cautelares, mas o ideal é denominá-la *prisão-pena*.

44. Sobre execução penal: Renato Marcão, *Lei de execução penal anotada*, 6. ed., São Paulo, Saraiva, 2017; *Execução penal*, São Paulo, Saraiva, 2011 (Coleção Saberes do Direito, v. 9); *Curso de execução penal*, 17. ed., São Paulo, Saraiva, 2019.

prazo total da decretação, devendo o investigado ser colocado em liberdade logo após o atingimento da finalidade da custódia ; *2)* decretada a prisão preventiva "por conveniência da instrução criminal", encerrada a fase de instrução do processo não mais se justifica a segregação cautelar, sob este único fundamento.

5) **Quando não for alguém admitido a prestar fiança, nos casos em que a lei a autoriza**:

Está expresso no art. 5º, LXVI, da CF, que "ninguém será levado à prisão ou nela mantido, quando a lei admitir a liberdade provisória, com ou sem fiança".

O cabimento de fiança decorre de raciocínio de exclusão: onde não estiver proibida, será admitida.

Nos precisos termos do art. 5º, XLII, XLIII e XLIV, da CF:

> XLII – a prática do racismo constitui crime inafiançável e imprescritível, sujeito à pena de reclusão, nos termos da lei;
>
> XLIII – a lei considerará crimes inafiançáveis e insuscetíveis de graça ou anistia a prática da tortura, o tráfico ilícito de entorpecentes e drogas afins, o terrorismo e os definidos como crimes hediondos, por eles respondendo os mandantes, os executores e os que, podendo evitá-los, se omitirem;
>
> XLIV – constitui crime inafiançável e imprescritível a ação de grupos armados, civis ou militares, contra a ordem constitucional e o Estado Democrático.

São essas as hipóteses de inafiançabilidade determinadas na Carta Magna.

No Código de Processo Penal:

> Art. 323. Não será concedida fiança:
>
> I – nos crimes de racismo;
>
> II – nos crimes de tortura, tráfico ilícito de entorpecentes e drogas afins, terrorismo e nos definidos como crimes hediondos;
>
> III – nos crimes cometidos por grupos armados, civis ou militares, contra a ordem constitucional e o Estado Democrático;
>
> Art. 324. Não será, igualmente, concedida fiança:
>
> I – aos que, no mesmo processo, tiverem quebrado fiança anteriormente concedida ou infringido, sem motivo justo, qualquer das obrigações a que se referem os arts. 327 e 328 deste Código;
>
> II – em caso de prisão civil ou militar;
>
> III – (*revogado*);
>
> IV – quando presentes os motivos que autorizam a decretação da prisão preventiva (art. 312).

Todas as questões pertinentes foram adequadamente analisadas no capítulo intitulado *prisões cautelares*.

Nos termos do art. 335 do CPP, podem prestar fiança: o *indiciado* ou *réu* ou *alguém por ele*.

A respeito disso, duas observações precisam ser feitas:

1ª) onde está escrito *indiciado*, leia-se *investigado*;

2ª) a referência ao *réu*, nos dias atuais, serve melhor em relação à *fiança restritiva*, prevista no art. 319, VIII, do CPP, pois a *fiança liberadora ou libertadora*, cabível como contracautela à prisão em flagrante, em regra[45] só pode ser prestada até a audiência de apresentação/custódia, e nesse momento ainda não será possível falar em *réu* (não haverá processo instaurado), mas apenas em *investigado*.

6) **Quando o processo for *manifestamente* nulo**:

Se o processo é nulo, não pode proporcionar efeitos danosos ao réu.

Quando o processo ainda estiver em curso, em regra a nulidade deverá ser atacada pelas vias regulares de impugnação, observada a espécie recursal que se afigurar adequada.

No caso de processo findo, com sentença ou acórdão transitado em julgado, a anulação poderá ser determinada em sede de revisão criminal (CPP, art. 626, *caput*),[46] conforme o caso.

A impetração de *habeas corpus* se apresenta possível apenas quando o processo for *manifestamente* nulo[47] – evidentemente imprestável – e a utilização das vias regulares de impugnação, em razão da demora natural do procedimento, não se revelar instrumento apto a obstar o constrangimento que visa a atacar. Exemplo: o réu está preso por sentença condenatória transitada em julgado, proferida em processo de ação penal privada iniciado por denúncia do Ministério Público (parte ilegítima para ajuizar a ação).

---

45. Também é possível em *habeas corpus* ou recurso em sentido estrito (CPP, art. 581, V): imagine-se hipótese em que fora decretada a prisão preventiva no momento do art. 310, II, do CPP, e o tribunal, em sede de *habeas corpus* ou provimento a recurso em sentido estrito (CPP, art. 581, V), reconhecer o direito à liberdade provisória mediante pagamento de fiança.

46. "O *habeas corpus*, em que pese configurar remédio constitucional de largo espectro, não pode ser utilizado como sucedâneo da revisão criminal, salvo em situações nas quais se verifique flagrante ilegalidade ou nulidade" (STF, RHC 128.485/TO, 2ª T., rel. Min. Ricardo Lewandowski, j. 25-10-2016, *DJe* n. 246, de 21-11-2016).

47. "Esta Corte já assentou que 'a inversão processual, falando antes a defesa e depois a acusação nas alegações finais, implica em nulidade tanto quanto no caso da sustentação oral' (RECrim n. 91.661-MG, *in RTJ* 92/448), por ofensa ao princípio da ampla defesa e do contraditório" (STF, RHC 104.261/ES, Tribunal Pleno, rel. Min. Dias Toffoli, j. 15-3-2012, *DJe* n. 154, de 7-8-2012). "A intimação da defesa para o julgamento do recurso em sentido estrito, quando faltante, consubstancia nulidade sanável, que deve ser arguida na primeira oportunidade, sob pena de preclusão, *ex vi* do art. 571-VIII do CPP. Precedentes: HC 94.277/SP, rel. Min. Ricardo Lewandowski, 1ª T., j. 3-2-2009, *DJe* de 26.02.2009; HC n. 89.709/SP, rel. Min. Joaquim Barbosa, 2ª T., j. 07.08.2007, *DJe* de 20.9.2007)" (STF, HC 113.919/SP, 1ª T., rel. Min. Luiz Fux, j. 13-8-2013, *DJe* n. 167, de 27-8-2013).

Cabe aqui lembrar, outra vez, a sempre oportuna lição de Ary Azevedo Franco:

> Manifestamente... Nunca um vocábulo teve maior precisão, maior indubitabilidade no seu sentido. Assim como nunca a significação usual se ajustou mais rigorosamente à sua significação jurídica.
>
> *Manifesto*, segundo Cândido de Figueiredo, é sinônimo de patente, público, evidente. E Domingos Vieira afirma "o que é manifesto é evidente para todos" (Dic., v. IV, p. 103).
>
> Que se poderá entender por manifesto, por evidente, senão aquilo que se impõe à percepção de todos, que todos veem necessariamente, e sobre o que não é admissível, em sã consciência, a possibilidade de afirmações díspares?[48]

Se a nulidade não é daquelas que saltam aos olhos num primeiro olhar, não é *manifesta*, e, de consequência, não rende ensejo ao manuseio de *habeas corpus*.

Depois de anulado, o processo poderá ser renovado (CPP, art. 652), salvo se já estiver extinta a punibilidade, que então deverá ser declarada.

7) **Quando extinta a punibilidade**:

De início é importante destacar que as causas de extinção da punibilidade estão dispostas no art. 107 do Código Penal, cujo rol não é exauriente, mas apenas *exemplificativo*.

Neste tópico, a questão deve ser pensada sob três enfoques:

✓ extinção da punibilidade antes de iniciada ou no curso da investigação;

✓ extinção da punibilidade no curso do processo;

✓ extinção da punibilidade depois da condenação, durante o cumprimento da pena.

É possível que a extinção da punibilidade tenha ocorrido antes mesmo de iniciada a investigação ou no curso dela, por exemplo, quando se tratar de crime de ação penal privada exclusiva e já estiver vencido, em qualquer caso, o prazo decadencial para o ajuizamento da ação. Outra hipótese: nos crimes contra a ordem tributária, quando o pagamento do tributo configura causa de extinção da punibilidade.[49]

No curso do processo poderá ocorrer extinção da punibilidade, por exemplo, em razão de *abolitio criminis*. Imagine-se a seguinte situação: o réu está sendo processado pelo crime de porte ilegal de droga para consumo pessoal quando entra em vigor lei nova que não mais considera tal conduta como ilícito penal.

Durante o cumprimento da pena, poderá ocorrer extinção da punibilidade como consequência da concessão de indulto ou em razão do integral cumprimento da pena, por exemplo.

48. *O júri e a Constituição Federal de 1946*, 2. ed., Rio de Janeiro, Revista Forense, 1956, p. 261-262.

49. Consultar: Renato Marcão, *Crimes contra a ordem tributária, econômica e relações de consumo*, 2. ed., São Paulo, Saraiva, 2018.

Em qualquer das situações apontadas, a partir do momento em que se verificar o fenômeno jurídico finalizador, o juiz deverá julgar extinta a punibilidade e determinar a remessa dos autos ao arquivo, bem como as demais providências cabíveis. Se assim não proceder, estará dando causa a constrangimento ilegal, passível de correção por meio do *writ*.

Dito isso, é de se receber com reservas a Súmula 695 do STF, que tem o seguinte enunciado: "Não cabe *habeas corpus* quando já extinta a pena privativa de liberdade".

Conforme vimos, pode acontecer que, mesmo diante de causa de extinção, o juiz deixe de declará-la, de modo a permitir que o processo ou até mesmo a prisão persista, do que irá decorrer inegável situação sanável pela via do remédio heroico.

Referida súmula só pode ser admitida, e ainda assim em termos, para aquelas situações em que o juiz *já declarou a extinção da punibilidade*,[50] quando então se poderia pensar, não sem correr certo risco, ser impossível a materialização de qualquer constrangimento ilegal.

6.1. Outras situações não listadas

As variantes apontadas no art. 648 são exemplificativas, já afirmamos, e nem poderia ser de modo diverso, em face da multiplicidade de situações verdadeiramente inimagináveis, aptas a ensejar constrangimento ilegal sanável pela via expedita de que ora se cuida.

Não é por razão diversa, aliás, que os Tribunais se referem, inclusive, à infeliz possibilidade de situações teratológicas.[51]

De relevo, ainda:

Súmula 692 do STF: "Não se conhece de *habeas corpus* contra omissão de relator de extradição, se fundado em fato ou direito estrangeiro cuja prova não constava dos autos, nem foi ele provocado a respeito".

Súmula 693 do STF: "Não cabe *habeas corpus* contra decisão condenatória a pena de multa, ou relativo a processo em curso por infração penal a que a pena pecuniária seja a única cominada".

Súmula 694 do STF: "Não cabe *habeas corpus* contra a imposição da pena de exclusão de militar ou de perda de patente ou de função pública".

---

50. "O *habeas corpus* pressupõe ameaça ou lesão ao direito de ir e vir. Surge inadequado quando já cumprida a pena e declarada extinta a execução" (STF, HC 82.484 AgR/RJ, 1ª T., rel. Min. Marco Aurélio, j. 6-4-2004, *DJ* de 21-5-2004, p. 38).

51. STF, HC 115.738/RS, 1ª T., rel. Min. Rosa Weber, j. 3-9-2013, *DJe* n. 182, de 17-9-2013; STF, HC 111.363/RJ, 1ª T., rel. Min. Luiz Fux, j. 13-8-2013, *DJe* n. 167, de 27-8-2013.

7. *Habeas Corpus* como Substitutivo de Recurso Adequado

Vem de longa data o uso indiscriminado do *habeas corpus* entre nós, especialmente como substitutivo de recurso previsto em lei.

Não se desconhece a existência de situações em que o constrangimento ilegal se faz latente – manifesto –, e que a utilização do recurso tipificado não é capaz de fazer cessar com a celeridade necessária o mal evidenciado. Para esses casos, não há dúvida de que se deve admitir a via rápida e eficiente do *writ*.[52] Para as demais situações, não excepcionais, o correto é a utilização da via de impugnação tipificada.[53]

De relevo para a compreensão desse tema, conferir:

> O *habeas corpus* tem uma rica história, constituindo garantia fundamental do cidadão. Ação constitucional que é, não pode ser o *writ* amesquinhado, mas também não é passível de vulgarização, sob pena de restar descaracterizado como remédio heroico. Contra a denegação de *habeas corpus* por Tribunal Superior prevê a Constituição Federal remédio jurídico expresso, o recurso ordinário. Diante da dicção do art. 102, II, *a*, da Constituição da República, a impetração de novo *habeas corpus* em caráter substitutivo escamoteia o instituto recursal próprio, em manifesta burla do preceito constitucional. Precedente da Primeira Turma desta Suprema Corte.[54]

> Buscando dar efetividade às normas previstas no art. 102, II, "a", da Constituição Federal, e aos arts. 30 a 32, ambos da Lei n. 8.038/90, a mais recente jurisprudência do Supremo Tribunal Federal passou a não mais admitir o manejo do *habeas corpus* em substituição a recursos ordinários (apelação, agravo em execução, recurso especial), tampouco como sucedâneo de revisão criminal. O Superior Tribunal de Justiça, alinhando-se à nova jurisprudência da Colenda Corte, passou também a restringir as hipóteses de cabimento do *habeas corpus*, não admitindo que o remédio constitucional seja utilizado em substituição do recurso cabível.[55]

---

52. "Impetração manejada em substituição ao recurso ordinário constitucional prescrito no art. 102, II, a, da Carta da República, a qual esbarra em decisão da Primeira Turma, que, em sessão extraordinária datada de 7-8-2012, assentou, quando do julgamento do HC n. 109.956/ PR, rel. Min. Marco Aurélio, a inadmissibilidade do *habeas corpus* que tenha por objetivo substituir o recurso ordinário. Nada impede, entretanto, que a Suprema Corte, quando do manejo inadequado do habeas corpus como substitutivo (art. 102, II, a, da CF), analise a questão de ofício nas hipóteses de flagrante ilegalidade, abuso de poder ou teratologia, como é o caso dos autos" (STF, HC 115.395/MT, 1ª T., rel. Min. Dias Toffoli, j. 4-6-2013, *DJe* n. 154, de 8-8-2013). "A Terceira Seção desta Corte, seguindo entendimento firmado pela Primeira Turma do col. Pretório Excelso, firmou orientação no sentido de não admitir a impetração de *habeas corpus* em substituição ao recurso adequado, situação que implica o não-conhecimento da impetração, ressalvados casos excepcionais em que, configurada flagrante ilegalidade apta a gerar constrangimento ilegal, seja possível a concessão da ordem de ofício" (STJ, HC 499.207/GO, 5ª T., rel. Min. Felix Fischer, j. 9-4-2019, *DJe* de 16-4-2019).

53. STJ, HC 267.447/MG, 5ª T., rel. Min. Jorge Mussi, j. 25-6-2013, *DJe* de 6-8-2013; STJ, HC 265.658/ PB, 6ª T., rel. Min. Og Fernandes, j. 10-8-2013, *DJe* de 6-9-2013.

54. STF, HC 114.579/SP, 1ª T., rel. Min. Rosa Weber, j. 23-4-2013, *DJe* n. 089, de 14-5-2013.

55. STJ, HC 135.809/RJ, 5ª T., rel. Min. Campos Marques, j. 20-8-2013, *DJe* de 26-8-2013.

8. RESTRIÇÕES CONSTITUCIONAIS

Já observamos que a possibilidade de utilização do *writ* não é plena, e há ainda outras limitações ou restrições impostas pela Carta Política.

Durante **estado de defesa** (CF, art. 136) e também no **estado de sítio** (CF, arts. 137 a 139), poderão ser suspensas garantias individuais e, de consequência, a possibilidade de utilização de *habeas corpus* contra os efeitos de tais determinações.

Note-se, por exemplo, que, dentre outras medidas excepcionais, o art. 139 da CF admite, durante o estado de sítio, que se imponha a obrigação de permanência em localidade determinada (inciso I) e a detenção em edifício não destinado a acusados ou condenados por crimes comuns (inciso II).

Há mais.

O art. 142, § 2º, é suficientemente claro quando diz não ser cabível *habeas corpus* em relação a punições disciplinares militares.[56]

9. LEGITIMIDADE ATIVA E PASSIVA

Como não poderia ser de modo diverso, para esta modalidade de ação constitucional[57] também é necessário identificar os sujeitos ativo e passivo da impetração.

Denomina-se **impetrante** aquele que ingressa com o *writ* constitucional, e **impetrado** aquele contra quem é ajuizado o pedido: contra quem é feita a impetração.

9.1. Legitimidade ativa

De início é apropriado distinguir as figuras do **impetrante** e do **paciente**.

Impetrante, como visto, é aquele que ingressa com o pedido em juízo.

Paciente é aquele em favor de quem se pede a ordem de *habeas corpus*; aquele que sofre o constrangimento ilegal.

Essa observação preliminar se faz necessária visto que, embora até possa ocorrer, nem sempre impetrante é o paciente, daí constar nas petições iniciais desse tipo de ação constitucional que "Fulano de Tal" impetra o pedido *em favor do paciente* "Sicrano de Tal".

Vejamos.

Diz o art. 654, *caput*, do CPP, que: "O *habeas corpus* poderá ser impetrado por qualquer pessoa, em seu favor ou de outrem, bem como pelo Ministério Público".

56. A Lei n. 13.967/2019 deu nova redação ao art. 18 do Decreto-Lei n. 667/1969 (Reorganiza as Polícias Militares e os Corpos de Bombeiros Militares dos Estados, dos Territórios e do Distrito Federal), para determinar, entre outros temas, a vedação de medida privativa e restritiva de liberdade como sanção decorrente da prática de infração disciplinar (art. 18, VII).

57. STF, HC 114.579/SP, 1ª T., rel. Min. Rosa Weber, j. 23-4-2013, *DJe* n. 089, de 14-5-2013.

Em razão da ausência de restrições na lei, e considerando que as regras asseguradoras de direitos fundamentais comportam interpretação ampliativa, a legitimidade para impetração de *habeas corpus* é de caráter universal; ilimitada quanto à pessoa que postula.

Qualquer pessoa física ou jurídica, nacional ou estrangeira,[58] pode figurar como impetrante.

De interesse:

> É inquestionável o direito de súditos estrangeiros ajuizarem, em causa própria, a ação de *habeas corpus*, eis que esse remédio constitucional – por qualificar-se como verdadeira ação popular – pode ser utilizado por qualquer pessoa, independentemente da condição jurídica resultante de sua origem nacional.[59]

É cabível o ajuizamento de *habeas corpus* coletivo. Este tema, aliás, foi devidamente enfrentado no âmbito do Supremo Tribunal Federal pela Egrégia 2ª Turma, por ocasião do julgamento do HC 143.641/SP ocorrido no dia 20 de fevereiro de 2018, de que foi relator o Min. Ricardo Lewandowski, quando se deu interpretação ao disposto no art. 318, IV e V, do CPP,[60] e também no julgamento do RE 855.810 AgR/RJ materializado perante a 2ª Turma no dia 28 de agosto de 2018 (*DJe* 221, de 17-10-2018), de que foi relator o Min. Dias Toffoli, versando sobre a (i)legalidade do exercício da "profissão de flanelinha".

Em razão de seu perfil institucional e da expressa incumbência de defesa da ordem jurídica, do regime democrático e dos interesses sociais e individuais indisponíveis (CF, art. 127, *caput*), é sem sombra de dúvida que o **Ministério Público** é parte legítima para ajuizar *habeas corpus* em favor de quem sofra constrangimento ilegal; detém capacidade postulatória, assegurada expressamente no art. 654.

Quanto ao **Juiz de Direito**, independentemente de qualquer postulação específica, se chegar ao seu formal conhecimento existência de constrangimento ilegal

---

58. "(...) o *habeas corpus* não se subordina à condição de cidadania e assim pode ser requerido em favor próprio, tanto por brasileiro como por estrangeiro, contanto que residente no Brasil" (Othon Sidou, *Habeas corpus, mandado de segurança e ação popular*, 3. ed., Rio de Janeiro, Forense, 1989, p. 141).

59. STF, HC 72.391-QO/DF, Tribunal Pleno, rel. Min. Celso de Mello, j. 8-3-1995, *DJ* de 17-3-1995.

60. "XIV – Ordem concedida para determinar a substituição da prisão preventiva pela domiciliar – sem prejuízo da aplicação concomitante das medidas alternativas previstas no art. 319 do CPP – de todas as mulheres presas, gestantes, puérperas ou mães de crianças e deficientes, nos termos do art. 2º do ECA e da Convenção sobre Direitos das Pessoas com Deficiências (Decreto Legislativo n. 186/2008 e Lei n. 13.146/2015), relacionadas neste processo pelo DEPEN e outras autoridades estaduais, enquanto perdurar tal condição, excetuados os casos de crimes praticados por elas mediante violência ou grave ameaça, contra seus descendentes. XV – Extensão da ordem de ofício a todas as demais mulheres presas, gestantes, puérperas ou mães de crianças e de pessoas com deficiência, bem assim às adolescentes sujeitas a medidas socioeducativas em idêntica situação no território nacional, observadas as restrições acima" (STF, HC 143.641/SP, 2ª T., rel. Min. Ricardo Lewandowski, j. 20-2-2018).

contra qualquer pessoa física sob sua jurisdição, deverá conceder *habeas corpus ex officio*. Bem a propósito, diz o art. 654, § 2º, do CPP, que: "Os juízes e os tribunais têm competência para expedir de ofício ordem de *habeas corpus*, quando no curso de processo verificarem que alguém sofre ou está na iminência de sofrer coação ilegal".

Como "qualquer do povo", tanto o membro do *Parquet* quanto o magistrado, e, de resto, qualquer outra autoridade, podem ingressar livremente com pedido de *habeas* em benefício próprio ou de terceiro.

9.1.1. *Pessoa jurídica como paciente*

Embora possa figurar como impetrante, a pessoa jurídica não reúne condições para ser paciente, compreendendo-se como tal "el titular del derecho fundamental vulnerado".[61]

Para ser juridicamente possível, o pedido deve apontar como paciente **pessoa física determinada**, pois, como adverte Gimeno Sendra, "los derechos fundamentales tutelados tan sólo son predicables de las personas físicas y no de las jurídicas".[62]

Não se desconhece que a pessoa jurídica pode ser alvo de investigação policial e sofrer processo de natureza criminal, tal como autorizado no art. 225, § 3º, da CF, e no art. 3º da Lei n. 9.605/98 (Crimes Ambientais), e a discussão que há entre a necessidade, ou não, de que a persecução se instale simultaneamente contra pessoa física e jurídica.

A esse respeito, o entendimento atual do Superior Tribunal de Justiça[63] aponta no sentido de que só é possível processar pessoa jurídica se houver imputação simultânea em relação a determinada pessoa física (seu administrador; proprietário etc.), mas o Supremo Tribunal Federal já decidiu em sentido contrário,[64] de modo a admitir apenas a responsabilização da pessoa jurídica.

Qualquer que seja o entendimento adotado, considerando que o ente jurídico não sofre restrição em sua **liberdade de locomoção**, contra eventual ilegalidade na

61. Vicente Gimeno Sendra, *Derecho procesal penal*, Navarra, Civitas, 2012, p. 609.

62. Vicente Gimeno Sendra, *Derecho procesal penal*, Navarra, Civitas, 2012, p. 609.

63. "A jurisprudência deste Sodalício é no sentido de ser possível a responsabilidade penal da pessoa jurídica em crimes ambientais desde que haja a imputação simultânea do ente moral e da pessoa natural que atua em seu nome ou em seu benefício" (STJ, EDcl no REsp 865.864/PR, 5ª T., rel. Min. Adilson Vieira Macabu, j. 20-10-2011, *DJe* de 1º-2-2012). "Como somente se admite a responsabilização penal da pessoa jurídica em crimes ambientais nas hipóteses de imputação simultânea da pessoa física que atua em seu nome (...)" (STJ, HC 147.541/RS, 6ª T., rel. Min. Celso Limongi, j. 16-12-2010, *DJe* de 14-2-2011, *RSTJ* 222/688). *No mesmo sentido*: STJ, REsp 969.160/RJ, 5ª T., rel. Min. Arnaldo Esteves Lima, j. 6-8-2009, *DJe* de 31-8-2009; STJ, AgRg no REsp 898.302/PR, 6ª T., rel. Min. Maria Thereza de Assis Moura, j. 7-12-2010, *DJe* de 17-12-2010. Sobre a matéria, consultar: Renato Marcão, *Crimes ambientais*, 4. ed., São Paulo, Saraiva, 2018.

64. STF, RE 548.181 AgR/PR, 1ª T., rel. Min. Rosa Weber, j. 14-5-2013, *DJe* n. 117, de 19-6-2013.

instauração de inquérito, recebimento de denúncia etc., adequada se revela a impetração de mandado de segurança, jamais o *habeas corpus*.[65]

9.1.2. Desnecessidade de advogado

Mesmo em face do disposto no art. 133 da CF,[66] há consenso na doutrina e na jurisprudência a respeito da desnecessidade de habilitação jurídica profissional para peticionar em juízo pleiteando *writ*.

A propósito, dispõe o art. 1º, § 1º, da Lei n. 8.906/94 (Estatuto do Advogado), que: "Não se inclui na atividade privativa de advocacia a impetração de *habeas corpus* em qualquer instância ou tribunal".

Nada obstante a assegurada liberdade de postulação, com vistas a obter melhor êxito na empreitada é recomendável que o interessado busque os serviços de profissional capacitado, para não se perder entre as inúmeras peculiaridades que envolvem as questões jurídicas, notadamente em razão da larga margem de interpretação das regras pertinentes, como já é possível constatar pelo que até aqui foi delineado.

9.2. Legitimidade passiva

A coação ilegal pode emanar de ato de **autoridade pública** ou da ação de **particular**, e, sendo assim, **qualquer pessoa** – autoridade ou não – pode figurar como coatora e ser incluída no polo passivo do pedido de *habeas corpus*.

Costa Manso foi categórico ao afirmar que: "A lei não exige que o constrangimento seja exercido por autoridade pública. Basta que haja prisão ou constrangimento ilegal, provenha a coação de autoridade constituída ou de particulares, para que o cidadão possa valer-se do *habeas corpus*. A ilegalidade tanto pode emanar de atos de autoridade pública, como da ação de particulares. A interpretação das leis deve ser feita sempre com espírito liberal. Interpretação que, em lugar de proteger a liberdade do indivíduo, só favorece a ação dos que a violam e restringem não é jurídica".[67]

Apontam Grinover, Gomes Filho e Scarance que: "Apesar da maior aplicação no âmbito criminal, dada a proeminência das penas privativas de liberdade no atual sistema punitivo, trata-se de instrumento destinado a remediar e prevenir toda e qualquer restrição ilegal ou abusiva da liberdade de ir, vir e ficar. Assim, não

65. Sobre esse tema, conferir: Luiz Manoel Gomes Junior, Renato Marcão e outros, *Comentários à lei do mandado de segurança*, 4. ed., São Paulo, Revista dos Tribunais, 2015.

66. "O advogado é indispensável à administração da justiça, sendo inviolável por seus atos e manifestações no exercício da profissão, nos limites da lei".

67. Manuel da Costa Manso, *O processo na segunda instância e suas aplicações à primeira*, 1923, v. 1, apud Bento de Faria, *Código de Processo Penal*, 2. ed., Rio de Janeiro, Record, 1960, v. II, p. 375.

visa atacar apenas medidas e decisões de juízes criminais, mas quaisquer atos judiciais, administrativos e até mesmo de particulares que possam interferir com a liberdade pessoal".[68]

É bem verdade que, na maioria das vezes, o constrangimento ilegal é patrocinado por autoridades públicas (delegados de polícia e magistrados, v.g.); contudo, imagine-se hipótese em que alguém seja impedido de deixar as dependências de um hospital em razão de não ter efetuado a integral quitação das despesas com seu tratamento. É evidente que tal limitação à liberdade de locomoção traduz constrangimento ilegal, passível de *habeas corpus*, além de materializar crime de exercício arbitrário das próprias razões (CP, art. 345), até porque o credor deve valer-se das vias judiciais adequadas para a cobrança de seu crédito.

A instauração *ex officio* de inquérito policial sem justa causa (fato atípico, por exemplo) e a indevida privação da liberdade de pessoa determinada são exemplos de situações que permitem o ajuizamento do *writ* constitucional **contra ato de Delegado de Polícia**.

Quanto ao **representante do Ministério Público**, não há dúvida de que pode ser apontado como autoridade coatora. Exemplo: o Promotor de Justiça requisita do Delegado de Polícia a instauração de inquérito policial para a apuração de fato que não tipifica delito.

Nesse caso, observado que a autoridade policial tem o dever de atender às requisições feitas pelo Ministério Público (*dominus litis* da ação penal pública) e que a atipicidade pode estar sendo discutida na doutrina e na jurisprudência, autoridade coatora será o Promotor de Justiça, e não o Delegado de Polícia que apenas cumpriu seu dever.

Dentre outras inúmeras situações rotineiras, caberá *habeas corpus* **contra ato do Juiz de Direito** que negar pedido de fiança que se afigurar cabível no caso concreto; decretar prisão temporária fora das hipóteses típicas de cabimento; receber denúncia por fato atípico ou quando já estiver extinta a punibilidade; decretar a prisão preventiva *ex officio*, em qualquer momento, do início da investigação à sentença ou acórdão; decretar prisão preventiva sem base empírica e/ou adequada fundamentação, qualquer que seja a fase da persecução penal etc.

10. Competência Jurisdicional

No primeiro grau de jurisdição, a fixação de competência para o julgamento da ação de *habeas corpus* leva em conta o critério territorial. Exemplo:

68. Ada Pellegrini Grinover, Antonio Magalhães Gomes Filho e Antonio Scarance Fernandes, *Recursos no processo penal*, 6. ed., São Paulo, Revista dos Tribunais, 2009, p. 265.

constrangimento ilegal praticado por **Delegado de Polícia** da cidade de São José do Rio Preto-SP deve ser analisado por juiz de direito da mesma comarca.

Havendo mais de um juiz igualmente competente, a fixação será determinada pela distribuição.

Num segundo olhar é preciso verificar a qualidade da autoridade apontada como coatora e o disposto no art. 109, VII, da CF, por força do qual compete aos juízes federais processar e julgar "os *habeas corpus*, em matéria criminal de sua competência ou quando o constrangimento provier de autoridade cujos atos não estejam diretamente sujeitos a outra jurisdição".

"A competência do juiz cessará sempre que a violência ou coação provier de autoridade judiciária de igual ou superior jurisdição" (CPP, § 1º do art. 650).

Dispõe o art. 3º-B, XII, do CPP, que compete ao juiz das garantias, quando e onde estiver implementado,[69] julgar *habeas corpus* impetrado antes do oferecimento da denúncia.

Se **Promotor de Justiça** a autoridade apontada como coatora, prevalece o entendimento no sentido de que o foro competente para o *habeas corpus* é o Tribunal de Justiça do Estado em que exercer sua profissão, e essa opção leva em conta o fato de que, algumas vezes, o constrangimento ilegal praticado pode configurar algum tipo de delito (abuso de autoridade, v.g.), e, dispondo o membro do Ministério Público de foro privilegiado por prerrogativa de função junto ao Tribunal de Justiça para questões de natureza criminal,[70] é adequado que o próprio Tribunal aprecie o *writ*.

Contra ato praticado por **Juiz de Direito Estadual**, a ação deve ser ajuizada no Tribunal de Justiça a que ele estiver funcionalmente vinculado.

---

69. Após a publicação da Lei n. 13.964/2019 foram ajuizadas no Supremo Tribunal Federal três ações diretas de inconstitucionalidade questionando alguns de seus dispositivos – ADI 6.298, 6.299 e 6.300 –, e no dia 15 de janeiro de 2020 o Min. Dias Toffoli concedeu medida cautelar nos autos da ADI 6.298, para, entre outras coisas: "**(i)** suspender-se a eficácia dos **arts. 3º-D, parágrafo único, e 157, § 5º**, do Código de Processo Penal, incluídos pela Lei n. 13.964/19; **(ii)** suspender-se a eficácia dos arts. 3º-B, 3º-C, 3º-D, *caput*, 3º-E e 3º-F do CPP, inseridos pela Lei n. 13.964/2019, até a efetiva implementação do juiz das garantias pelos tribunais, o que deverá ocorrer **no prazo máximo de 180 (cento e oitenta) dias, contados a partir da publicação desta decisão**; **(iii)** conferir-se interpretação conforme às normas relativas ao juiz das garantias (arts. 3º-B a 3º-F do CPP), para esclarecer que não se aplicam às seguintes situações: (a) processos de competência originária dos tribunais, os quais são regidos pela Lei n. 8.038/90; (b) processos de competência do Tribunal do Júri; (c) casos de violência doméstica e familiar; e (d) processos criminais de competência da Justiça Eleitoral".

70. No julgamento da Ação Penal n. 937, finalizado no dia 3 de maio de 2018, por maioria e seguindo o voto do relator, Min. Roberto Barroso, o Plenário da Suprema Corte decidiu que "o foro por prerrogativa de função aplica-se apenas aos crimes cometidos durante o exercício do cargo e relacionados às funções desempenhadas". A decisão precitada alcança apenas processos de competência daquela Augusta Corte prolatora, mas é certo que a nova orientação deve ser adotada por todos os demais tribunais pátrios (STJ, TRFs e TJs).

Se o constrangimento ilegal for imputado a **Juiz Federal**, competente será o Tribunal Regional Federal correspondente (CF, art. 108, I, *d*).

Compete ao Superior Tribunal de Justiça processar e julgar, originariamente, o *habeas corpus* em que **o coator ou o paciente** for Governador de Estado ou do Distrito Federal; desembargador de Tribunal de Justiça Estadual ou do Distrito Federal; membro de Tribunal de Contas Estadual ou do Distrito Federal; membro de Tribunal Regional Federal, de Tribunal Regional Eleitoral ou do Trabalho; membro de Conselho ou Tribunal de Contas Municipal ou do Ministério Público da União, ou, ainda, quando **o coator** for tribunal sujeito à sua jurisdição, Ministro de Estado ou Comandante da Marinha, do Exército ou da Aeronáutica, ressalvada a competência da Justiça Eleitoral (CF, art. 105, I, *a* e *c*).

Na dicção do art. 102, II, *d* e *i*, da CF, **compete ao Supremo Tribunal Federal** processar e julgar, originariamente:

> *d*) o *habeas corpus*, **sendo paciente**: Presidente e Vice-Presidente da República; membros do Congresso Nacional; Ministros do STF; Procurador-Geral da República; Ministros de Estado e Comandantes da Marinha, do Exército e da Aeronáutica; membros dos Tribunais Superiores; membros do Tribunal de Contas da União; chefes de missão diplomática de caráter permanente;
>
> *i*) o *habeas corpus*, **quando o coator** for Tribunal Superior ou **quando o coator ou o paciente** for autoridade ou funcionário cujos atos estejam sujeitos diretamente à jurisdição do Supremo Tribunal Federal, ou se trate de crime sujeito à mesma jurisdição em uma única instância;

Necessário observar que a competência do Supremo Tribunal é taxativa,[71] restrita às hipóteses anteriormente indicadas,[72] do que decorre a impossibilidade de sua ampliação.

Nesse sentido:

> A competência originária do Supremo Tribunal Federal é de direito estrito e, como consectário do efeito taxativo do rol constante da Constituição Federal, há de ser afastado do âmbito de suas atribuições jurisdicionais o processo e julgamento de causas que não se apresentam adequadas àquelas previstas no art. 102 da referida Carta. Afigura-se flagrantemente paradoxal, em tema de direito estrito, conferir interpretação extensiva para abranger hipóteses não sujeitas à jurisdição originária do Supremo Tribunal Federal.[73]

Por fim, vale destacar que a Suprema Corte pacificou o entendimento no sentido de que não é cabível *habeas corpus* contra decisão do Relator, de Turma ou do Tribunal Pleno, conforme segue:

> Não cabe *habeas corpus* para o Plenário contra ato de Ministro do Supremo Tribunal

71. STF, HC 114.095/MS, 1ª T., rel. Min. Luiz Fux, j. 2-4-2013, *DJe* n. 080, de 30-4-2013.
72. STF, HC 103.172/MT, 1ª T., rel. Min. Luiz Fux, j. 10-9-2013, *DJe* n. 187, de 24-9-2013.
73. STF, HC 110.015/RJ, 1ª T., rel. Min. Luiz Fux, j. 19-3-2013, *DJe* n. 066, de 11-4-2013.

Federal (STF, HC 107.325/PR, Tribunal Pleno, rel. Min. Marco Aurélio, rel. p/ o Acórdão Min. Cármen Lúcia, j. 1º-3-2012, *DJe* n. 105, de 30-5-2012).

Esta Corte já firmou jurisprudência no sentido de não caber *habeas corpus* contra ato de Ministro Relator, de Turma, ou do próprio Tribunal Pleno. Precedentes. Para impugnar ato do Relator que a parte entenda prejudicial ao seu direito, o Regimento Interno do STF prevê, em seu art. 317, o recurso de agravo regimental.[74]

A jurisprudência da Suprema Corte firmou o entendimento de que "não cabe *habeas corpus* contra decisão proferida por qualquer de suas Turmas, as quais não se sujeitam à jurisdição do Plenário, pois quando julgam matéria de sua competência representam o Supremo Tribunal Federal" (HC 80.375/RS-AgR, Tribunal Pleno, relator o Ministro Maurício Corrêa, *DJ* de 23-3-2001).[75]

O *habeas corpus* é incabível quando impetrado em face de ato dos Ministros do Supremo Tribunal Federal, de órgão fracionário da Corte ou de seu Pleno. Precedentes: (HC 86.548/SP, Tribunal Pleno, rel. Min. Cezar Peluso, *DJe* de 19-12-2008; HC 108.095/RJ, rel. Min. Gilmar Mendes, *DJe* de 29-4-2011; HC 106.654/RJ, rel. Min. Joaquim Barbosa, *DJe* de 1º-2-2011; HC 106.054/MG, rel. Min. Gilmar Mendes, *DJe* de 17-11-2010; HC 105.499/SP, rel. Min. Dias Toffoli, *DJe* de 23-9-2010).[76]

Sobre esse tema, dispõe a Súmula 606 do STF que: "Não cabe *habeas corpus* originário para o Tribunal Pleno de decisão de Turma, ou do Plenário, proferida em *habeas corpus* ou no respectivo recurso".

10.1. Decisão proferida por turma recursal de Juizado Especial Criminal

É discutida a competência para o julgamento de *habeas corpus* em que a autoridade coatora seja Turma Recursal, segundo grau de jurisdição dos Juizados Especiais Criminais, tendo em vista a ausência de previsão normativa expressa a esse respeito.

Até há pouco tempo a questão vinha sendo resolvida nos moldes da Súmula 690 do STF, *verbis*: "Compete originariamente ao Supremo Tribunal Federal o julgamento de *habeas corpus* contra decisão de turma recursal de Juizados Especiais Criminais".

Posteriormente, o Pleno da Augusta Corte revisitou o tema e modificou sua forma de pensar, conforme evidencia a ementa que segue:

Estando os integrantes das turmas recursais dos Juizados Especiais submetidos, nos crimes comuns e nos de responsabilidade, à Jurisdição do Tribunal de Justiça ou do Tribunal

---

74. STF, HC 109.604 AgR/MG, Tribunal Pleno, rel. Min. Ricardo Lewandowski, j. 22-9-2011, *DJe* 205, de 25-10-2011.

75. STF, HC 113.204 AgR/DF, Tribunal Pleno, rel. Min. Dias Toffoli, j. 31-10-2012, *DJe* n. 039, de 28-2-2013.

76. STF, HC 130.535 AgR/RJ, 1ª T., rel. Min. Luiz Fux, j. 3-5-2016, *DJe* n. 114, de 6-6-2016.

Regional Federal, incumbe a cada qual, conforme o caso, julgar os *habeas* impetrados contra ato que tenham praticado.[77]

Na hipótese de referir-se a Colégio Recursal da Justiça Estadual, o processo e julgamento de eventual delito praticado por um de seus integrantes é da competência originária do Tribunal de Justiça a que estiver vinculado. Se da Instância Federal, o magistrado terá foro privilegiado por prerrogativa de função junto ao Tribunal Regional Federal respectivo.[78]

A opção que fundamenta o atual entendimento é bastante clara: tal como ocorre em relação à impetração contra ato de Promotor de Justiça, leva-se em conta que, por vezes, o constrangimento ilegal praticado poderá tipificar algum delito (abuso de autoridade, v.g.), e, sendo assim, o ideal é que a instância detentora de competência originária para eventual persecução penal contra a autoridade coatora conheça e julgue o *writ* em que ventilada a questão.

11. *Habeas Corpus* Sucessivos

Diante da urgência e relevância de determinada situação, o impetrante pode **pedir a concessão de medida liminar** com vistas a fazer cessar o constrangimento ilegal desde logo, antes, portanto, do julgamento final, de mérito.

Junto aos tribunais, caberá ao Relator decidir se concede ou nega a liminar pretendida, e diante de tal quadro surge a seguinte indagação: **negada a liminar**, cabe outro *habeas corpus* contra essa decisão denegatória proferida pelo Relator?

A discussão é de extrema relevância, já que essa situação se repete diariamente, em todos os tribunais, e a decisão de indeferimento pode, de fato e de direito, estar referendando constrangimento ilegal.

Contra a admissibilidade, argumenta-se que a impetração sucessiva, sem o precedente julgamento de mérito no tribunal de origem, proporciona inadmissível supressão de instância, já que a Corte sucessivamente provocada estaria se antecipando à outra no conhecimento da matéria.[79]

77. STF, HC 86.834/SP, Tribunal Pleno, rel. Min. Marco Aurélio, j. 23-8-2006, *DJ* de 9-3-2007, p. 26, *LEXSTF* 341/350.

78. No julgamento da Ação Penal n. 937, finalizado no dia 3 de maio de 2018, por maioria e seguindo o voto do relator, Min. Roberto Barroso, o Plenário da Suprema Corte decidiu que "o foro por prerrogativa de função aplica-se apenas aos crimes cometidos durante o exercício do cargo e relacionados às funções desempenhadas". A decisão precitada alcança apenas processos de competência daquela Augusta Corte prolatora, mas é certo que a nova orientação deve ser adotada por todos os demais tribunais pátrios (STJ, TRFs e TJs).

79. "O Supremo Tribunal Federal não é competente para conhecer de *habeas corpus* impetrado contra decisão de relator que, em *habeas requerido* a Tribunal Superior indefere a liminar, sob pena de supressão de instância (art. 5º, XXXVII e LIII, da CRFB). Aplicação do verbete n. 691 da Súmula da jurisprudência predominante no Supremo Tribunal Federal. Precedentes (HC 107.415, Rel. Min. Joaquim

Mas não é só. Dispõe o art. 39 da Lei n. 8.038/90 (disciplina procedimentos no STJ e no STF) que: "Da decisão do Presidente do Tribunal, de Seção, de Turma ou de Relator que causar gravame à parte, caberá agravo para o órgão especial, Seção ou Turma, conforme o caso, no prazo de cinco dias", e essa regra é invariavelmente replicada nos regimentos internos dos tribunais.

O recurso adequado contra a decisão do relator que **indefere pedido de liminar** em *habeas corpus* é, portanto, o agravo regimental,[80] e já vimos, em tópico distinto, que não se deve admitir o *habeas* como substitutivo de recurso previsto para a hipótese.[81]

Nessa linha de raciocínio, a Súmula 691 do STF tem o seguinte enunciado: "Não compete ao Supremo Tribunal Federal conhecer de *habeas corpus* impetrado contra decisão do relator que, em *habeas corpus* requerido a Tribunal Superior, indefere a liminar".

Embora sem força vinculante, esse entendimento deve ser aplicado a todas as instâncias judiciárias, não há dúvida, e então, **em regra, não é possível a impetração sucessiva**.

A conclusão apontada vale para a generalidade dos casos, mas não para todos.

Há situações em que o constrangimento é manifesto – salta aos olhos –, e então, diante de realidade excepcional, em homenagem ao *valor fundamental liberdade*, os rigorismos formais devem ceder, de modo a flexibilizar o entendimento.

A esse respeito, vejamos o que tem decidido a Suprema Corte:

> Em casos teratológicos e excepcionais, necessário o afastamento do óbice da Súmula 691 desta Suprema Corte. Precedentes.[82]
>
> A jurisprudência desta nossa Corte firmou-se no sentido da inadmissibilidade de impetração sucessiva de *habeas corpus* sem o julgamento definitivo do HC anteriormente impetrado (cf. HC 79.776, da relatoria do Ministro Moreira Alves; HC 76.347-QO, da relatoria do Ministro Moreira Alves; HC 79.238, da relatoria do Ministro Moreira Alves; HC 79.748, da relatoria do Ministro Celso de Mello; e HC 79.775, da relatoria do Ministro Maurício Corrêa). Jurisprudência que deu origem à Súmula 691/STF, segundo a qual "não compete ao Supremo Tribunal Federal conhecer de *habeas corpus* impetrado contra decisão do Relator que, em

---

Barbosa, 2ª T.; HC 107053 AgR, Rel. Min. Ricardo Lewandowski, 1ª T., j. 29/03/2011)" (STF, HC 112.485 AgR/SP, 1ª T., rel. Min. Luiz Fux, j. 10-9-2013, *DJe* n. 187, de 24-9-2013).

80. "Da irresignação à monocrática negativa de seguimento do *habeas corpus* impetrado no âmbito do Superior Tribunal de Justiça, cabível é agravo regimental, a fim de que a matéria seja analisada pelo respectivo Colegiado" (STF, HC 133.992/DF, 1ª T., rel. Min. Edson Fachin, j. 11-10-2016, *DJe* n. 257, de 2-12-2016). *No mesmo sentido*: STF, HC 132.336/MT, 2ª T., rel. Min. Gilmar Mendes, j. 21-6-2016, *DJe* n. 159, de 19-8-2016; STF, HC 133.867/SP, 2ª T., rel. Min. Cármen Lúcia, j. 21-6-2016, *DJe* n. 136, de 30-6-2016.

81. STF, HC 120.121 AgR/RS, 1ª T., rel. Min. Rosa Weber, j. 25-11-2016, *DJe* n. 262, de 9-12-2016; STF, HC 119.028 AgR/SP, 2ª T., rel. Min. Gilmar Mendes, j. 10-9-2013, *DJe* n. 187, de 24-9-2013.

82. STF, HC 115.738/RS, 1ª T., rel. Min. Rosa Weber, j. 3-9-2013, *DJe* n. 182, de 17-9-2013.

> *habeas corpus* requerido a tribunal superior, indefere a liminar". É certo que esse entendimento jurisprudencial sumular comporta abrandamento, mas apenas quando de logo avulta que o cerceio à liberdade de locomoção do paciente decorre de ilegalidade, ou de abuso de poder (inciso LXVIII do art. 5º da CF/88); isto é, sempre que o relator se deparar com uma vistosa ilegalidade no próprio auto de prisão em flagrante ou mesmo com um injustificado excesso de prazo da custódia cautelar.[83]
>
> Não compete ao Supremo Tribunal Federal conhecer de *habeas corpus* impetrado contra decisão de Relator que, em HC requerido a Tribunal Superior, indefere a liminar. A relativização do entendimento sumulado só é admitida por este Tribunal em casos de flagrante ilegalidade ou abuso de poder.[84-85]

Quando cabível, a nova impetração deverá apontar como autoridade coatora o Relator que indeferiu o pedido, e por tal razão o *writ* deverá ser ajuizado no tribunal superior competente.

Sob outro enfoque, a **decisão final, de mérito, que nega pedido de *habeas corpus***, comporta impugnação mediante *recurso ordinário constitucional*, e sobre isso já discorremos no capítulo dedicado ao estudo das modalidades recursais, o que afasta, *em regra*,[86] a possibilidade de sua impugnação por outro *habeas corpus*.[87] Mas é certo que também aqui, e na mesma medida, valem as observações anteriormente expostas quanto ao cabimento de *writ* sucessivo com vistas a expurgar ilegalidade manifesta, e de tal modo, diante de situações teratológicas, inegavelmente excepcionais, é de se admitir a impugnação pela via expedita.

---

83. STF, HC 103.218 AgR/MG, 1ª T., rel. Min. Ayres Britto, j. 1º-6-2010, *DJe* n. 120, de 1º-7-2010.

84. STF, HC 118.720 AgR/SP, 2ª T., rel. Min. Ricardo Lewandowski, j. 10-9-2013, *DJe* n. 187, de 24-9-2013.

85. *No mesmo sentido*: STF, HC 120.235/SP, 1ª T., rel. Min. Marco Aurélio, rel. p/ o Acórdão Min. Edson Fachin, j. 15-3-2016, *DJe* n. 159, de 1º-8-2016; STF, HC 128.779/SP, 2ª T., rel. Min. Dias Toffoli, j. 20-9-2016, *DJe* n. 212, de 5-10-2016.

86. "A Segunda Turma desta Corte possui o entendimento consolidado no sentido da possibilidade de impetração de *habeas corpus* substitutivo de recurso ordinário (HC 122.268, rel. Min. Dias Toffoli, 2ª T., *DJe* de 4-8-2015; HC 112.836, rel. Min. Cármen Lúcia, 2ª T., *DJe* de 15-8-2013; HC 116.437, rel. Min. Gilmar Mendes, 2ª T., *DJe* de 19-6-2013)" (STF, HC 132.233/PR, 2ª T., rel. Min. Teori Zavascki, j. 26-4-2016, *DJe* n. 101, de 18-5-2016).

87. "A teor do disposto no art. 102, II, 'a', da Constituição Federal, contra decisão, proferida em processo revelador de *habeas corpus*, a implicar a não concessão da ordem, cabível é o recurso ordinário" (STF, HC 111.103/SP, 1ª T., rel. Min. Marco Aurélio, j. 3-9-2013, *DJe* n. 182, de 17-9-2013). "O *habeas corpus* tem uma rica história, constituindo garantia fundamental do cidadão. Ação constitucional que é, não pode ser o *writ* amesquinhado, mas também não é passível de vulgarização, sob pena de restar descaracterizado como remédio heroico. Contra a denegação de *habeas corpus* por Tribunal Superior prevê a Constituição Federal remédio jurídico expresso, o recurso ordinário. Diante da dicção do art. 102, II, *a*, da Constituição da República, a impetração de novo *habeas corpus* em caráter substitutivo escamoteia o instituto recursal próprio, em manifesta burla do preceito constitucional. Precedente da 1ª T. desta Suprema Corte" (STF, HC 114.579/SP, 1ª T., rel. Min. Rosa Weber, j. 23-4-2013, *DJe* n. 089, de 14-5-2013).

12. Petição Inicial da Ação

O art. 654, § 1º, do CPP, indica quais são os requisitos da petição inicial da ação constitucional de *habeas corpus*, a saber:

a) o nome da pessoa que sofre ou está ameaçada de sofrer violência ou coação e o de quem exercer a violência, coação ou ameaça;

b) a declaração da espécie de constrangimento ou, em caso de simples ameaça de coação, as razões em que funda o seu temor;

c) a assinatura do impetrante, ou de alguém a seu rogo, quando não souber ou não puder escrever, e a designação das respectivas residências.

Na verdade, como toda e qualquer petição inicial, a que versar sobre pedido de *habeas corpus* está sujeita a certos requisitos mínimos de forma e conteúdo. Deve conter, ao menos: endereçamento ao órgão judiciário competente; nome e qualificação do impetrante, do paciente e do impetrado (sempre que possível); os fundamentos de fato e de direito;[88] o pedido, identificação e assinatura do impetrante (há forma específica de *assinatura* quando se tratar de processo digital). Deve, ainda, ser redigida no idioma oficial (português).

Não se admite impetração anônima, mas, como adverte Nucci: "Nada impede, no entanto, conforme a gravidade do relato que a petição contiver, que o magistrado ou tribunal verifique de ofício se o constrangimento, realmente, está ocorrendo. Afinal, não se pode olvidar que o órgão jurisdicional pode conceder *habeas corpus* de ofício (conforme estabelecido pelo § 2º do art. 654 do CPP)".[89]

A *causa petendi*, na ação de *habeas corpus* – ensina Frederico Marques –, "é a privação indevida do direito de liberdade ou a ameaça que sobre alguém recai também indevidamente". E segue: "Causa próxima do pedido será o ato de coação, violência ou ameaça contra o direito de ir e vir. Causa remota é aquilo que caracteriza a ilegalidade ou o abuso de poder".[90]

O ideal é o atendimento a todos os requisitos *mínimos*; todavia, considerando a magnitude do direito fundamental violado ou na iminência de ataque ilegal, eventual desatendimento ao básico desejado deve ser relevado, de modo a prestigiar a *primazia do valor liberdade* e colocar o formalismo em segundo plano.

---

88. "Nos termos do art. 654 do Código de Processo Penal, a petição inicial de *habeas corpus* conterá a declaração da espécie de constrangimento ilegal ao direito de locomoção, ou, em caso de simples ameaça de coação, as razões em que se funda o seu temor" (STF, HC 129.302/PR, 2ª T., rel. Min. Teori Zavascki, j. 23-8-2016, *DJe* n. 246, de 21-11-2016).

89. Guilherme de Souza Nucci, *Manual de processo e execução penal*, 14. ed., Rio de Janeiro, Forense, 2017, p. 917.

90. José Frederico Marques, *Elementos de direito processual penal*, Campinas-SP, Bookseller, 1997, v. IV, p. 363.

Atento a tais diretrizes, se a petição inicial for endereçada a juiz que não seja competente, ao invés de indeferi-la de plano o correto é determinar seu reenvio àquele que detenha competência jurisdicional para a matéria. Nessa mesma linha de pensamento, não se deve indeferir petição inicial que não indique com precisão – nominalmente – a autoridade coatora, ou que padeça de outros tipos de imperfeições que não prejudicam o conhecimento do pedido.

Embora não exista previsão expressa nesse sentido, como já referimos, é sem sombra de dúvida que o impetrante pode postular a concessão de medida liminar com vistas a fazer cessar, imediatamente, o constrangimento ilegal, e para tanto deverá demonstrar a presença dos requisitos gerais da cautelaridade – *fumus boni juris* e *periculum in mora* –, base mínima de fundamentação da medida asseguradora excepcional.

Em razão da cognição sumária a que se encontra submetida essa modalidade de ação constitucional, que não comporta dilação probatória, a petição inicial deverá ser apresentada com toda a prova disponível a respeito do fato discutido, sob pena de inevitável insucesso.

13. Processamento

13.1. No primeiro grau de jurisdição

Recebida a petição de *habeas corpus*, o juiz **poderá conceder liminarmente a ordem**, ou, "se julgar necessário, e estiver preso o paciente, mandará que este lhe seja imediatamente apresentado em dia e hora que designar" (CPP, art. 656, *caput*), mas essa providência sempre se revelou de pouca ou nenhuma utilidade, além de dispendiosa, daí não ser usual a apresentação do preso em juízo nos dias que correm, embora isso represente certa desfiguração do sentido original da denominação emprestada ao instituto em sua matriz inglesa, inicialmente conectada à ideia de apresentação do preso à autoridade: "Tome o corpo (*habeas corpus*) desse homem detido e venha submeter, ao tribunal, o homem e o caso".[91]

Conforme Bento de Faria: "Não é comum a ordem de apresentação do paciente, e não deve mesmo ser facilmente deferida, porque na maioria dos casos é desnecessária para o julgamento".[92]

Oportuna, ainda, a advertência de Espínola Filho quando afirma: "Não é essencial ao processo a ordem de semelhante apresentação; fica a critério do juiz".[93]

91. Eduardo Espínola Filho, *Código de Processo Penal brasileiro anotado*, 3. ed., Rio de Janeiro, Borsoi, 1955, v. VII, p. 234-235.

92. *Código de Processo Penal*, 2. ed., Rio de Janeiro, Record, 1960, v. II, p. 385.

93. Eduardo Espínola Filho, *Código de Processo Penal brasileiro anotado*, 3. ed., Rio de Janeiro, Borsoi, 1955, v. VII, p. 235.

Se ordenada, aquele que detiver o preso em seu poder – o *detentor* na letra da lei – será instado a levá-lo à presença do juiz, sendo certo que o descumprimento *injustificado* da determinação acarretará repercussões criminais (crime de desobediência) e administrativas (falta funcional), sem prejuízo de outras providências cabíveis para que se cumpra, efetivamente, a ordem de apresentação expedida.

No dizer do art. 657 do CPP, haverá justa causa para o não cumprimento da determinação quando o preso: (I) estiver acometido por grave enfermidade, ou (II) não estiver sob a guarda da pessoa a quem se atribui a detenção. Em qualquer hipótese, o juiz poderá ir até o local em que o preso se encontrar.

Caso tenha sido determinada a apresentação ou o juiz tenha se deslocado para ir a seu encontro, o preso será *formalmente ouvido* a respeito da situação relatada na petição inicial, reduzindo-se a termo suas declarações. Muito embora o art. 660, *caput*, do CPP se refira ao *interrogatório* do paciente, a rigor, tecnicamente não há falar em interrogatório na hipótese, mas de **oitiva em declarações**.

Em seguida o juiz *requisitará* **informações do impetrado**, por escrito, a respeito da ilegalidade imputada. A nosso ver, nada obstante *a liminar* possa (*deva*, na verdade, quando cabível) ser concedida sem as informações da autoridade coatora, antes do julgamento final é de rigor a colheita das informações, muito embora sua ausência nos autos, qualquer que seja a razão, não dê ensejo a nulidade.

Por fim, com ou sem informações nos autos, **o juiz sentenciará** em 24 (vinte e quatro) horas, de modo a conceder ou negar a ordem.

O juiz julgará **prejudicado o pedido** se no momento da sentença verificar que se encontra cessada a violência ou coação (CPP, art. 659), mas ainda assim deverá determinar a extração de cópia dos autos e remessa a quem de direito, para as providências cabíveis.

Se não ficar demonstrada a situação de constrangimento ilegal apontada na petição inicial, **o juiz denegará a ordem**, o que corresponde a julgar improcedente a ação. Por outro vértice, se reconhecer a procedência do pedido inicial, **o juiz concederá a ordem** e determinará as providências necessárias com vistas a sanar a violência ou coação;[94] para fazer cessar imediatamente o constrangimento atual ou iminente,[95] e comunicará a autoridade coatora a respeito de sua decisão.

Consequentemente, se o paciente estiver preso, será posto em liberdade, salvo se por outro motivo se afigurar cabível sua permanência na prisão (exemplo: se

94. Art. 600, § 3º, do CPP: "Se a ilegalidade decorrer do fato de não ter sido o paciente admitido a prestar fiança, o juiz arbitrará o valor desta, que poderá ser prestada perante ele, remetendo, neste caso, à autoridade os respectivos autos, para serem anexados aos do inquérito policial ou aos do processo judicial".

95. "O *habeas corpus* é remédio urgente e, para que seja eficaz, não admite delongas em sua execução, desde que o juiz ou tribunal reconheceu sua procedência e necessidade" (Luiz Antonio da Câmara Leal, *Comentários ao Código de Processo Penal brasileiro*, Rio de Janeiro/São Paulo, Freitas Bastos, 1943, v. IV, p. 195).

houver decisão de outro juiz, em outro processo, determinando sua prisão temporária ou preventiva).

No caso de ***habeas corpus* preventivo**, dar-se-á ao paciente **salvo-conduto** assinado pelo juiz (CPP, art. 660, § 4º): verdadeira espécie de alvará para que não sofra o constrangimento anunciado.[96]

O **Ministério Público não se manifesta** em primeiro grau nas ações de *habeas corpus*; não há qualquer previsão legal que determine o pronunciamento do *Parquet* nesse momento.

De igual modo: o ofendido, o assistente da acusação habilitado e também o querelante não são ouvidos nos autos, mas o correto é que sejam, tal qual o Ministério Público, cientificados da decisão proferida, a fim de que possam tomar conhecimento e adotar eventuais providências em relação ao resultado da ação.

13.2. No segundo grau de jurisdição

Na Instância Superior, o processamento da ação de *habeas corpus* é disciplinado nos Regimentos Internos dos respectivos tribunais;[97] cada qual com o seu (CPP, art. 666).

Basicamente, procede-se da seguinte maneira: a petição inicial é levada à apreciação do Relator (Desembargador ou Ministro, conforme o tribunal em que tramitar), na câmara, turma ou outro órgão colegiado competente, que poderá **indeferir liminarmente** a ordem pretendida, hipótese em que fará submeter sua decisão ao tribunal, turma ou câmara (conforme dispuser o Regimento Interno), para que delibere a respeito (CPP, art. 663).

Não sendo essa a opção, e inviável a apresentação do paciente frente ao magistrado, por razões evidentes, se na petição inicial houver alguma irregularidade que deva ser suprida o Relator poderá determinar seja ela aditada.

Com ou sem aditamento, o Relator **poderá conceder a ordem liminarmente**, de modo a fazer cessar ou impedir o constrangimento ilegal tratado nos autos, providenciando para tanto as comunicações necessárias.

Na sequência, também **o Relator *poderá* requisitar informações** por escrito da autoridade apontada como coatora, a respeito das imputações contidas na petição inicial. Muito embora o art. 662 do CPP *apenas faculte* a requisição de informações (se necessárias...), quer nos parecer que tal providência é de grande utilidade, daí por que ser sempre (ou quase sempre) recomendada, até mesmo para o fim de verificar

96. "Em tal caso, a concessão do *habeas corpus* importa em munir o paciente de um salvo-conduto, pelo qual a autoridade judiciária o garante contra a consumação da violência ilegal temida" (EDUARDO ESPÍNOLA FILHO, *Código de Processo Penal brasileiro anotado*, 3. ed., Rio de Janeiro, Borsoi, 1955, v. VII, p. 256).

97. Em relação ao processamento no Superior Tribunal de Justiça e no Supremo Tribunal Federal, necessário observar, também, as disposições da Lei n. 8.038/90 (institui normas procedimentais para os processos que especifica, perante o Superior Tribunal de Justiça e o Supremo Tribunal Federal).

se o alegado constrangimento cessou, hipótese em que o tribunal deverá julgar prejudicado o pedido. Exemplo: o juiz decreta a prisão preventiva do réu, que após alguns dias de prisão ingressa com *habeas corpus* no Tribunal de Justiça alegando falta de fundamentação adequada, e antes do julgamento do *writ* o juiz reconsidera sua decisão e coloca o réu em liberdade.

Recebidas as informações (quando requisitadas, evidentemente), segue-se com a abertura de **vista dos autos ao Ministério Público** em segundo grau para que se manifeste no prazo de dois dias, tal como preceitua o art. 1º do Decreto-Lei n. 552/69.[98] Depois, na trilha indicada no art. 664 do CPP, "o *habeas corpus* será julgado na primeira sessão, podendo, entretanto, adiar-se o julgamento para a sessão seguinte" (*caput*). "A decisão será tomada por maioria de votos. Havendo empate, se o presidente não tiver tomado parte na votação, proferirá voto de desempate; no caso contrário, prevalecerá a decisão mais favorável ao paciente" (parágrafo único).

No julgamento,[99] admite-se sustentação oral.[100]

Concedida a ordem, a decisão será imediatamente comunicada ao impetrado, a fim de que providencie o necessário no sentido de fazer cessar o constrangimento ilegal consumado (*writ* liberatório), ou impedir que se realize (*writ* preventivo).

Se cabíveis providências com vistas à apuração de responsabilidade criminal e/ou administrativa, na mesma decisão o tribunal deverá determinar as comunicações respectivas.

É possível dar **efeito extensivo** à decisão concessiva de *habeas corpus*, com vistas a beneficiar quem não tenha impetrado, desde que em idêntica situação, observadas as limitações do art. 580 do CPP.[101]

Pelo juiz ou tribunal, venha de onde vier, "a concessão do *habeas corpus* não obstará, nem porá termo ao processo, desde que este não esteja em conflito com os fundamentos daquela" (CPP, art. 651). "Se o *habeas corpus* for concedido em virtude

---

98. "A vista ao Ministério Público será concedida após a prestação das informações pela autoridade coatora salvo se o relator entender desnecessário solicitá-las, ou se solicitadas, não tiverem sido prestadas" (art. 1º, § 2º, do Decreto-Lei n. 552/69).

99. "A falta de intimação pessoal do Defensor Público da data provável de julgamento do *habeas corpus* consubstancia nulidade processual que viola o exercício do direito de defesa. Precedentes" (STF, RHC 117.029/RS, 1ª T., rel. Min. Dias Toffoli, rel. p/ o Acórdão Min. Roberto Barroso, j. 17-11-2015, *DJe* n. 018, de 1º-2-2016).

100. "A sustentação oral, compreendida no direito à ampla defesa protegido constitucionalmente (art. 5º, LV, da Constituição Federal), configura sem dúvida importante instrumento para seu exercício, ainda que não reconhecida pela jurisprudência do STF como ato essencial à defesa" (STF, RHC 130.270/BA, 1ª T., rel. Min. Rosa Weber, j. 7-6-2016, *DJe* n. 169, de 12-8-2016).

101. "A extensão de ordem de *habeas corpus* pressupõe idêntico quadro jurídico – inteligência do art. 580 do Código de Processo Penal" (STF, HC 107.413/RO, 1ª T., rel. Min. Marco Aurélio, j. 13-8-2013, *DJe* n. 167, de 27-8-2013).

de nulidade do processo, este será renovado" (CPP, art. 652), exceto se já estiver extinta a punibilidade.

"Contra a denegação de *habeas corpus* por Tribunal Superior prevê a Constituição Federal remédio jurídico expresso, o recurso ordinário", matéria já analisada no capítulo destinado ao estudo dos recursos em espécie.[102]

---

102. STF, HC 114.249/PE, 1ª T., rel. Min. Rosa Weber, j. 10-9-2013, *DJe* n. 187, de 24-9-2013.

Capítulo 25
Reabilitação

1. Introdução

A grande reforma da Parte Geral do Código Penal, instituída pela Lei n. 7.209/84, alterou o instituto da reabilitação, de modo a revogar tacitamente algumas das disposições contidas no Título IV, Capítulo II, do Código de Processo Penal. Também o art. 202 da Lei n. 7.210/84 (Lei de Execução Penal) tornou inúteis algumas disposições processuais penais a respeito do tema.

De qualquer modo, apesar de seu reduzido alcance e pouco uso na prática judiciária brasileira, é relevante discorrer sobre o instituto da reabilitação, ou reabilitação criminal como é comumente referida, atualmente disciplinado nos arts. 93 a 95 do Código Penal, cujo procedimento ainda pode ser encontrado entre as disposições contidas nos arts. 743 a 750 do Código de Processo Penal.

2. Alcance

Desde a vigência da Lei n. 7.209/84 a reabilitação deixou de figurar no rol das causas de extinção da punibilidade e passou a configurar instituto autônomo.

O art. 93, *caput*, do CP, se refere à reabilitação que assegura ao condenado o sigilo dos registros em seu nome a respeito do processo e da condenação sofrida. Já seu parágrafo único faz referência aos efeitos da condenação indicados no art. 92 do mesmo *Codex*, mas ressalva a impossibilidade de reabilitação no tocante aos efeitos indicados em seus incisos I (*a perda de cargo, função pública ou mandato eletivo*) e II (*a incapacidade para o exercício do poder familiar, tutela ou curatela nos crimes dolosos, sujeitos à pena de reclusão, cometidos contra outrem igualmente titular do mesmo poder de família, contra filho, filha ou outro descendente ou contra tutelado ou curatelado).*

Observado o alcance do art. 202 da LEP, a determinar o sigilo dos registros sobre envolvimentos criminais pretéritos, conforme adiante veremos, é força convir que, nos dias que correm, a reabilitação alcança apenas e tão somente o efeito da condenação indicado no inciso III do art. 92 do Código Penal, qual seja: *a inabilitação para dirigir veículo, quando utilizado como meio para a prática de crime doloso.*

3. Requisitos

Os requisitos para o ajuizamento do pedido de reabilitação estão listados taxativamente no art. 94 do CP, que assim dispõe:

> A reabilitação poderá ser requerida, decorridos 2 (dois) anos do dia em que for extinta, de qualquer modo, a pena ou terminar sua execução, computando-se o período de prova da suspensão e o do livramento condicional, se não sobrevier revogação, desde que o condenado:
>
> I – tenha tido domicílio no país no prazo acima referido;
>
> II – tenha dado, durante esse tempo, demonstração efetiva e constante de bom comportamento público e privado;
>
> III – tenha ressarcido o dano causado pelo crime ou demonstre a absoluta impossibilidade de o fazer, até o dia do pedido, ou exiba documento que comprove a renúncia da vítima ou novação da dívida.

Embora apenas em parte, ainda comporta aplicação o art. 744 do CPP, segundo o qual o pedido de reabilitação deverá ser instruído com: I – *certidões comprobatórias de não ter o requerente respondido, nem estar res*pondendo a processo penal, em qualquer das comarcas em que houver residido durante o prazo a que se refere o artigo anterior; II – *atestados de autoridades policiais ou outros documentos que comprovem ter residido nas comarcas indicadas e mantido, efetivamente, bom comportamento; III – atestados de bom comportamento for*necidos por pessoas a cujo serviço tenha estado; IV – *quaisquer outros documentos que sirvam como prova de sua regeneração; V* – prova de haver ressarcido o dano causado pelo crime ou persistir a impossibilidade de fazê-lo.

Note-se que o bom comportamento público e privado exigido pelo art. 94, II, do CP, coincide com a exigência contida no art. 744, II, parte final, do CPP. De igual modo, o ressarcimento do dano mencionado no inciso III do art. 94 conta com semelhante e anterior menção no art. 744, V. Com relação a este último requisito, a lei penal posterior acrescentou a dispensa de prova do ressarcimento do dano quando ocorrer renúncia da vítima ou novação da dívida. Verificada qualquer destas duas situações apontadas, caberá ao requerente instruir seu pedido com prova documental pertinente.

4. Juízo Competente

A reabilitação não configura instituto incidente no curso do processo execucional, até porque, a extinção da pena aplicada constitui requisito imprescindível para que se verifique seu correto ajuizamento. O pedido de reabilitação, portanto, não deve ser endereçado ao Juízo da Vara das Execuções Penais perante o qual transcorreu o processo execucional, ou fora julgada extinta a pena em razão do cumprimento.

Competente para apreciar o pedido de reabilitação é o juízo da condenação; o juízo perante o qual tramitou o processo de conhecimento cuja imputação foi julgada procedente, total ou parcialmente.

5. Procedimento

É simples o procedimento a ser observado, e anêmica sua regulamentação no Código de Processo Penal.

Decorrido o prazo de 2 (dois) anos indicado no art. 94 do CP, e observada a limitação de seu alcance e objeto, o pedido de reabilitação poderá ser formulado perante o juízo que proferiu a condenação a que se refere.

Presentes os pressupostos de admissibilidade, o juiz poderá ordenar as diligências necessárias para apreciação do pedido, cercando-as do sigilo possível. A necessidade de sigilo é evidente e decorre da própria natureza do instituto, por meio do qual se busca apagar efeito da condenação e com isso reabilitar o condenado frente ao Estado e o meio social.

Com ou sem realização de diligências, antes de proferir sua decisão final o magistrado deverá determinar a abertura de vista dos autos ao Ministério Público a fim de que se manifeste sobre o pedido (CPP, art. 745).

Após a manifestação do *Parquet*, os autos seguirão conclusos para decisão.

Atendidos todos os requisitos, e sendo, portanto, acolhível, o pedido deverá ser julgado procedente.

Ocorrendo o inverso, à luz do disposto no parágrafo único art. 94 do CP, o pedido de reabilitação julgado improcedente poderá ser renovado a qualquer tempo, cumprindo ao postulante instruí-lo com os documentos imprescindíveis à comprovação dos requisitos necessários. Note-se que o parágrafo único do art. 94 do CP, com a redação da Lei n. 7.209/84, revogou tacitamente o disposto no art. 749 do CPP, segundo o qual, "indeferida a reabilitação, o condenado não poderá renovar o pedido senão após o decurso de dois anos, salvo se o indeferimento tiver resultado de falta ou insuficiência de documentos".

6. Recurso

Diz o art. 746 do CPP que da decisão que conceder a reabilitação haverá recurso de ofício.

Conforme anotamos em linhas precedentes, o ordenamento vigente não admite a providência anômala que se convencionou denominar recurso *ex officio*, por configurar prática proativa incompatível com o processo penal acusatório (CPP, art. 3º-A).

Ensinou ALFREDO DE MARSICO, com base no Direito Processual Penal italiano da época, é certo, que "non esiste una impugnazione del giudice, perchè il giudice non può accampare l'opinione dell'ingiustizia di un provvedimento proprio o di altro organo del potere giurisdizionale".[1]

Essa afirmação parece-nos adequada para o atual sistema jurídico brasileiro.

O recurso voluntário cabível contra decisão que nega ou concede reabilitação é a apelação, visto tratar-se de decisão com força de definitiva.

7. REVOGAÇÃO DA REABILITAÇÃO

Com contornos mais amplos que o tacitamente revogado art. 750 do CPP, dispõe o art. 95 do CP, com a redação da Lei n. 7.209/84, que a reabilitação será revogada, de ofício ou a requerimento do Ministério Público, se o reabilitado for condenado, como reincidente, por decisão definitiva, a pena que não seja de multa.

8. DIREITO AO ESQUECIMENTO. EXTINÇÃO DA PENA E ANOTAÇÕES SOBRE A VIDA PRETÉRITA

De relevo para o momento, é preciso refletir sobre o disposto no art. 202 da Lei de Execução Penal, que não permite qualquer margem a dúvida no que tange a seu alcance: "Cumprida ou extinta a pena, não constarão da folha corrida, atestados ou certidões fornecidas por autoridade policial ou por auxiliares da Justiça, qualquer notícia ou referência à condenação, salvo para instruir processo pela prática de nova infração penal ou outros casos expressos em lei".

O dispositivo transcrito revogou tacitamente os arts. 747 e 748 do CPP, que dispunham a respeito da omissão de informações sobre antecedentes criminais em certidões fornecidas por órgãos oficiais, exceto nas hipóteses de requisição judicial, como efeito da reabilitação criminal.

Pelas mesmas razões justificadoras da regra vigente, também não poderão constar de tais documentos quaisquer anotações que se refiram a inquéritos policiais arquivados ou trancados; ações penais trancadas, processos em que tenha ocorrido reabilitação criminal etc.

Tais consequências decorrem automáticas, e em caso de descumprimento do comando legal é cabível mandado de segurança visando a correção do ato violador do direito assegurado.

Conforme tem decidido o Superior Tribunal de Justiça, "a instauração de procedimento criminal, por si só, já é situação que traz repercussão negativa sobre a vida de determinada pessoa, o que, por vezes, nem mesmo uma posterior absolvição tem o

1. *Diritto processuale penale*, 4. ed., Napoli, Casa Editrice Dott. Eugenio Jovene, 1966, p. 283-284.

condão de desconstituir. Ainda que se tenha o correto indiciamento e a devida instauração de uma ação penal, sobrevindo eventualmente até mesmo uma condenação criminal, tem-se que seu registro não pode ser perpétuo, sob pena de se inviabilizar a reintegração social daquele que já cumpriu sua reprimenda. Não é por outro motivo que prevalece no Superior Tribunal de Justiça o entendimento no sentido de que os registros constantes nos terminais dos Institutos de Identificação Criminal devem ser mantidos em sigilo, o que já é por lei assegurado, independentemente de qualquer manifestação do Poder Judiciário, sob pena de violação do direito à intimidade".[2]

De tal modo, "operada qualquer das hipóteses mencionadas – extinção da punibilidade pela prescrição da pretensão punitiva, arquivamento, trancamento, absolvição ou reabilitação –, aparenta vício de ilegalidade o livre acesso aos Terminais de Identificação por agentes públicos que não o juiz criminal, visto que a Lei de Execuções Penais, bem como o Código de Processo Penal, atentos à disciplina do Código Penal, fixaram o caráter sigiloso das informações penais acerca do reabilitado e daquele em favor de quem se tenha operado a extinção da punibilidade. Somente o juiz criminal, e para certos e determinados fins, é a autoridade habilitada a determinar o acesso aos antecedentes penais daqueles protegidos pelo manto da reabilitação, da absolvição ou da extinção da punibilidade pela prescrição".[3]

9. O art. 202 da LEP e a Reabilitação

O direito ao esquecimento – relativo, é certo –, que decorre da aplicação do art. 202 da Lei de Execução Penal, não se confunde com a reabilitação tratada nos arts. 93 a 95 do Código Penal, de alcance mais amplo.

Conforme dispõe o art. 94 do CP, além de assegurar ao condenado o sigilo dos registros sobre seu processo e condenação, a reabilitação criminal poderá atingir também os efeitos da condenação, previstos no art. 92 do *Codex* (vedada a reintegração na situação anterior, nos casos de perda de cargo, função pública ou mandato eletivo; declaração de incapacidade para o exercício do pátrio poder, tutela ou curatela), conforme determina o parágrafo único do art. 94.

Da maneira como verificamos, é verdade que nos dias atuais a reabilitação alcança apenas o efeito da condenação anotado no art. 92, III, do CP (a inabilitação para dirigir veículo, quando utilizado como meio para a prática de crime doloso), mas, é força convir que, embora limitado seu alcance, sobrevive como instituto autônomo no ordenamento jurídico brasileiro.

---

2. STJ, RMS 37.140/PE, 5ª T., rel. Min. Reynaldo Soares da Fonseca, j. 18-8-2015, *DJe* de 25-8-2015. *No mesmo sentido*: STJ, RMS 28.838/SP, 2ª T., rel. Min. Humberto Martins, j. 1º-10-2009, *DJe* de 4-11-2009, *Informativo* STJ n. 409; STJ, RMS 42.972/SP, 5ª T., rel. Min. Laurita Vaz, j. 22-4-2014, *DJe* de 30-4-2014; STJ, AgRg no RMS 44.211/SP, 5ª T., rel. Min. Moura Ribeiro, j. 5-6-2014, *DJe* de 10-6-2014.

3. STJ, EDcl no RMS 35.622/SP, 6ª T., rel. Min. Rogério Schietti Cruz, j. 17-12-2013, *DJe* de 3-2-2014.

Capítulo 26

Relações Jurisdicionais com Autoridades Estrangeiras

1. Introdução

É induvidoso que, por força da realidade da vida e da ordem internacional vigente, também no campo jurisdicional existam situações de necessária cooperação entre as nações.

Crimes transnacionais; organizações criminosas com tentáculos em diversos países; crimes a distância, são alguns exemplos de que a atividade jurisdicional não prescinde de regras disciplinadoras de determinadas relações de recíproca cooperação, daí a necessidade de normas nacionais e também tratados e convenções internacionais dispondo a respeito.

O art. 105, I, *i*, da CF, diz ser competência do Superior Tribunal de Justiça processar e julgar, originariamente, a homologação de sentenças estrangeiras e a concessão de *exequatur* às cartas rogatórias.

Insere-se na competência dos juízes federais processar e julgar "(...) a execução de carta rogatória, após o *exequatur*, e de sentença estrangeira, após a homologação (...)" (CF, art. 109, X).

2. Disposições Gerais

Para a homologação de sentenças penais estrangeiras e expedição ou cumprimento de cartas rogatórias para citações, inquirições e outras diligências necessárias à instrução de processo penal, aplicam-se as regras do Código de Processo Penal, sem prejuízo de outras disposições constantes de Regimento Interno ou Resoluções dos Tribunais nacionais, convenções ou tratados internacionais de que o Brasil seja signatário.

Seguindo a tradição do Direito brasileiro, e não poderia ser de modo diverso, "as sentenças estrangeiras não serão homologadas, nem as cartas rogatórias cumpridas, se contrárias à ordem pública e aos bons costumes" (CPP, art. 781).

A teor do disposto no art. 216-P, do RISTJ: "Não será concedido *exequatur* à carta rogatória que ofender a soberania nacional, a dignidade da pessoa humana e/ou a ordem pública".

O trânsito, por via diplomática, dos documentos apresentados constituirá prova bastante de sua autenticidade (CPP, art. 782), sendo desnecessária, portanto, a apresentação de documentos autenticados em cartório.

A verificação dos documentos apresentados, original ou cópia, e sua conformidade, é tarefa dos funcionários da diplomacia e/ou consulados dos países envolvidos.

Por razões óbvias, os documentos deverão ser traduzidos para o idioma oficial do país solicitado, da mesma maneira que o cumprimento de qualquer solicitação estrangeira em território nacional pressupõe a instrução do pedido com documentos traduzidos para o português.

3. Cartas Rogatórias

Carta rogatória é o expediente em que se materializa a solicitação feita por um juízo a outro estrangeiro, com vistas ao cumprimento de diligência necessária a determinado processo judicial.[1]

Diante da necessidade de proceder a determinada diligência fora do juízo processante, por estar além de sua competência jurisdicional, o juiz do processo deverá solicitar a colaboração do juízo do local em que o ato deva ser realizado.

Se dentro do território nacional: entre juízos de mesmo grau, expedir-se-á *carta precatória*; *carta de ordem*, a seu turno, será expedida pelo Tribunal para cumprimento por juízo de instância inferior.

Se a diligência tiver que ser cumprida fora do território nacional, expedir-se-á *carta rogatória*,[2] que pode ter por objeto, por exemplo, a citação ou intimação do réu,

1. "Conforme disposto no art. 222-A do CPP, a expedição de carta rogatória para oitiva de testemunha requer demonstração de imprescindibilidade" (STJ, AgRg no REsp 1.589.291/PB, 5ª T., rel. Min. Joel Ilan Paciornik, j. 5-6-2018, *DJe* de 13-6-2018). "As cartas rogatórias só serão expedidas se demonstrada previamente a sua imprescindibilidade e o pagamento dos seus custos, inclusive de tradução (art. 222-A do CPP). Precedente do STF" (STJ, REsp 1.610.199/SC, 6ª T., rel. Min. Maria Thereza de Assis Moura, j. 9-8-2016, *DJe* de 24-8-2016).

2. "Quando seja juiz brasileiro, que para instrução de processo criminal da sua competência, tenha necessidade de alguma diligência a realizar-se no estrangeiro, cumpre-lhe dirigir, à Justiça de tal lugar, carta rogatória" (Eduardo Espínola Filho, *Código de Processo Penal brasileiro anotado*, 3. ed., Rio de Janeiro, Borsoi, 1956, v. VIII, p. 457).

oitiva da vítima ou de testemunha, e bem assim a realização de outra diligência qualquer, desde que permitida na legislação do país rogado.[3]

As cartas rogatórias podem ter por objeto atos decisórios ou não decisórios.[4]

Na expressão de Manzini, "l'istituto delle rogatorie internazionali penali si fonda sul principio della mutua assistenza fra gli Stati civili per l'attuazione della funzione giurisdizionale penale".

E acrescenta o mestre italiano: "Per *rogatoria internazionali* si intendono le richieste con le quali l'Autorità italiana si rivolge all'Autorità straniera, o questa a quella, per il compimento di determinati atti processuali (es.: citazioni, giuramento, esame di testimoni; ispezione, copia, traduzione, verifica o consegna di documenti; sequestro od invio di corpi di reato, e qualunque altra cosa che possa riguardare un reato pel quale si proceda, a scopo di indagare o di meglio chiarire la verità dei fatti allegatti dall'accusa o dalla difesa)".[5]

Ensinou Roberto Lyra que "as rogatórias são ativas ou passivas. A autoridade judiciária brasileira pode ter necessidade de assistência por parte de autoridade estrangeira, ou vice-versa".[6]

Rogatória ativa é aquela expedida por autoridade judiciária brasileira com vistas à realização de ato processual no estrangeiro.[7]

---

3. "Comissão rogatória é o pedido que um juiz faz a outro de Estado diverso para proceder a 'citações, inquirições, e outras diligências necessárias à instrução de processo penal' (art. 780) submetido a seu julgamento. Nas relações de direito interno, o meio é a precatória. Esta derroga a regra que confina a ação de cada magistrado à sua jurisdição, em nome do princípio de colaboração, no serviço da Justiça; aquela derroga a regra da territorialidade como expressão da soberania, em nome daquele mesmo princípio, que é universal, pois a função do poder judiciário é, ou deve ser, a mesma no espaço" (Roberto Lyra, *Comentários ao Código de Processo Penal*, Rio de Janeiro, Revista Forense, 1944, v. VI, p. 445).

4. Art. 216-O, § 1º, do RISTJ.

5. Vincenzo Manzini, *Trattato di diritto processuale penale italiano*, 6. ed., Torino, Unione Tipografico-Editrice Torinese, 1967, v. 1, p. 194-195.

6. *Comentários ao Código de Processo Penal*, Rio de Janeiro, Revista Forense, 1944, v. VI, p. 446.

7. "Conforme disposto no art. 222-A do CPP, a expedição de carta rogatória para oitiva de testemunha requer demonstração de imprescindibilidade" (STJ, AgRg no REsp 1.589.291/PB, 5ª T., rel. Min. Joel Ilan Paciornik, j. 5-6-2018, *DJe* de 13-6-2018). "As cartas rogatórias só serão expedidas se demonstrada previamente a sua imprescindibilidade e o pagamento dos seus custos, inclusive de tradução (art. 222-A do CPP). Precedente do STF" (STJ, REsp 1.610.199/SC, 6ª T., rel. Min. Maria Thereza de Assis Moura, j. 9-8-2016, *DJe* de 24-8-2016). "O deferimento de provas (v.g., testemunhal e documental) é ato que se inclui na esfera de discricionariedade regrada do magistrado processante, que poderá indeferi-las de forma fundamentada, quando as julgar protelatórias ou desnecessárias e sem pertinência com a instrução do processo. Recentíssimo julgado do col. Supremo Tribunal Federal, veiculado no *Informativo* de n. 823, consignou, *mutatis mutandis*, que 'não há direito absoluto à produção de prova. Em casos complexos, há que confiar no prudente arbítrio do juiz da causa, mais próximo dos fatos, quanto à avaliação da pertinência e relevância das provas requeridas pelas partes (...)' (HC n. 131.158/RS, 1ª T., rel. Min. Edson Fachin, *DJe* de 26-4-2016)" (STJ, RHC 67.916/SP, 5ª T., rel. Min. Felix Fischer, j. 27-9-2016, *DJe* de 14-10-2016).

Rogatória passiva é a recebida no Brasil, oriunda de autoridade alienígena.[8]

Aquele que solicita denomina-se juízo *rogante*; juízo *rogado* é aquele a quem foi solicitada a prática do ato, mediante carta rogatória.

Quando necessária a realização do ato processual fora do território nacional, o juiz rogante deverá remetê-la ao Ministro da Justiça, a quem o art. 783 do CPP confere as atribuições de receber e solicitar o respectivo cumprimento, via Ministério das Relações Exteriores, à competente autoridade estrangeira. O retorno da rogatória trilha o caminho inverso: recebida pelo Ministério das Relações Exteriores, segue para o Ministério da Justiça e de lá para o juízo rogante.

A carta rogatória deve atender às disposições da Portaria Interministerial n. 501, de 21 de março de 2012.[9]

Se tiver que ser cumprida em território brasileiro, a rogatória deverá ser encaminhada pela autoridade solicitante ao Ministério das Relações Exteriores (não passa pelo Ministério da Justiça), e à luz do disposto no art. 784 do CPP, independentemente de sua homologação por tribunal superior, observados os trâmites legais poderá ser cumprida, salvo se o delito a que se refere estiver dentre aqueles que não comportam extradição. *A contrario sensu*, é correto afirmar que a lei brasileira só permite o cumprimento de rogatória em relação a processo por crime passível de extradição.

A Emenda Constitucional n. 45/2004 deslocou para o Superior Tribunal de Justiça a competência que antes pertencia ao Supremo Tribunal Federal para a concessão de *exequatur* às cartas rogatórias, como se vê na atual redação do art. 105, I, *i*, da CF.

Conceder *exequatur* significa decidir a favor de seu cumprimento; determinar que se cumpra a diligência solicitada.

De tal sorte, a rogatória deverá vir instruída[10] e traduzida para o vernáculo (português), por tradutor oficial ou juramentado, e após os trâmites diplomáticos será encaminhada ao Presidente do Superior Tribunal de Justiça, que é a autoridade competente para conceder *exequatur*.

Nos termos do art. 216-Q, *caput*, do RISTJ, recebida a rogatória, a parte requerida será intimada para, querendo, impugnar a concessão do *exequatur*, no prazo

---

8. Nos termos do art. 2º, II, da Portaria Interministerial n. 501/2012, considera-se: "carta rogatória passiva, o pedido de cooperação jurídica internacional que enseja juízo de delibação pelo Superior Tribunal de Justiça".

9. "Art. 10. Esta Portaria revoga a Portaria Interministerial MRE/MJ n. 26, de 14 de agosto de 1990, e a Portaria Interministerial MRE/MJ de 16 de setembro de 2003, publicada no *Diário Oficial da União* de 19 de setembro de 2003."

10. "A Convenção Interamericana sobre Cartas Rogatórias não prevê a obrigatoriedade de que a Justiça rogante remeta instrumentos de mandato" (STJ, EDcl no AgRg na CR 9.832/EX, Corte Especial, rel. Min. Francisco Falcão, j. 17-8-2016, *DJe* de 30-8-2016).

de quinze dias;[11] todavia, e conforme dispõe o parágrafo único do referido artigo, "a medida solicitada por carta rogatória poderá ser realizada sem ouvir a parte requerida, quando sua intimação prévia puder resultar na ineficácia da cooperação internacional".

Revel ou incapaz a parte requerida, dar-se-lhe-á curador especial (art. 216-R do RISTJ).[12]

Na sequência, o Ministério Público Federal terá vista dos autos pelo prazo de quinze dias, podendo impugná-la (art. 216-S do RISTJ).

Venha de onde vier (dentre os legitimados), a impugnação só poderá ser acolhida se demonstrar:[13] *1)* que o cumprimento da rogatória atenta contra a soberania nacional, a dignidade da pessoa humana, a ordem pública ou os bons costumes; *2)* que falta autenticidade aos documentos apresentados; *3)* a falta de inteligência da decisão (quando a carta tiver por objeto ato decisório), ou *4)* a ausência de observância aos requisitos do Regimento Interno do Superior Tribunal de Justiça[14] (CPP, art. 781, c.c. o art. 216-P, e art. 216-Q, § 2º, ambos do RISTJ).

---

11. "Segundo dispõe o art. 216-Q do Regimento Interno do Superior Tribunal de Justiça, a parte interessada será intimada para, no prazo de quinze dias, impugnar o pedido de concessão do *exequatur*" (STJ, AgRg na CR 9.824/EX, Corte Especial, rel. Min. Francisco Falcão, j. 15-6-2016, *DJe* de 28-6-2016).

"Na fase de intimação prévia, é enviada ao interessado cópia integral da comissão rogatória por correspondência" (STJ, AgRg na CR 9.982/EX, Corte Especial, rel. Min. Francisco Falcão, j. 15-6-2016, *DJe* de 28-6-2016). "A Corte Especial, em recente julgamento, decidiu pela validade da intimação prévia da carta rogatória, por via postal, recebida por terceiro (AgRg na CR n. 9.824/EX, rel. Min. Francisco Falcão, *DJe* de 28-6-2016)" (STJ, AgRg na CR 9.544/EX, Corte Especial, rel. Min. Laurita Vaz, j. 5-10-2016, *DJe* de 21-10-2016).

12. "O rito do Regimento Interno do Superior Tribunal de Justiça prevê que, antes da concessão do *exequatur*, é possibilitado ao interessado oferecer impugnação. Caso o interessado não seja localizado, é regular a nomeação da Defensoria Pública da União como curadora especial, para que ela verifique as defesas possíveis constantes do art. 216-Q, § 2º, do Regimento Interno" (STJ, AgRg na CR 9.913/EX, Corte Especial, rel. Min. Francisco Falcão, j. 16-12-2015, *DJe* de 2-2-2016).

"No caso, ficou configurada a revelia, já que a parte interessada, apesar de intimada pelo *Diário da Justiça* eletrônico, deixou transcorrer *in albis* o prazo de que dispunha para impugnar a concessão do *exequatur*. Cabível, portanto, a atuação da Defensoria Pública da União na qualidade de curadora especial, com fundamento no art. 216-R do RISTJ. De outro modo, a parte interessada ficaria sem defesa técnica, na medida em que o rito das cartas rogatórias estabelece, como passo seguinte à decisão de concessão do *exequatur*, o envio da comissão à Justiça Federal, quando então serão realizadas as diligências adicionais com o objetivo de localizar a parte interessada e cumprir a diligência solicitada na carta rogatória" (STJ, AgRg na CR 9.556/EX, Corte Especial, rel. Min. Francisco Falcão, j. 2-12-2015, *DJe* de 18-12-2015).

13. "A alegação de litispendência desborda dos limites previstos no art. 216-Q do Regimento Interno do Superior Tribunal de Justiça" (STJ, AgRg nos EDcl na CR 9.874/EX, Corte Especial, rel. Min. Francisco Falcão, j. 15-6-2016, *DJe* de 28-6-2016).

14. "Para a concessão do *exequatur*, não é necessário que a comissão venha instruída com todos os documentos citados na inicial, bastando aqueles suficientes para que o interessado tenha ciência do processo em trâmite no Juízo rogante e compreenda a controvérsia" (STJ, AgRg na CR 10.078/EX, Corte Especial, rel. Min. Francisco Falcão, j. 15-6-2016, *DJe* de 28-6-2016).

De interesse:

> Não sendo hipótese de ofensa à soberania nacional, à ordem pública, à dignidade da pessoa humana ou de inobservância aos requisitos presentes do RI/STJ, cabe apenas ao e. Superior Tribunal de Justiça emitir juízo meramente delibatório acerca da concessão do *exequatur* nas cartas rogatórias, sendo competência da Justiça rogante a análise de eventuais alegações relacionadas ao mérito da causa.[15]
>
> Além dos tratados e acordos bilaterais entre o Brasil e os demais países, a garantia de aplicação do princípio da reciprocidade é também fundamento da cooperação jurídica internacional.[16]

Havendo impugnação ao pedido de concessão de *exequatur* à carta rogatória de ato decisório, o Presidente poderá determinar a distribuição dos autos do processo para julgamento pela Corte Especial (art. 216-T do RISTJ).

Não acolhida eventual impugnação e concedido o *exequatur*, mantida cópia integral na secretaria do Superior Tribunal de Justiça, em seguida a rogatória será encaminhada ao presidente do Tribunal Regional Federal ao qual se encontre vinculado o juízo federal que deva cumpri-la.

Das decisões do Presidente ou do relator nas cartas rogatórias caberá agravo (art. 216-U do RISTJ).

Importante observar que o art. 109, X, da CF, diz que compete aos juízes federais o cumprimento de cartas rogatórias, depois de lançado o *exequatur*,[17] daí por que insubsistente a redação do § 2º do art. 784 do CPP, que não foi recepcionado pela atual Carta Magna.

Recebida a rogatória pelo presidente do Tribunal Regional Federal, deverá ser encaminhada ao juízo federal competente para o efetivo cumprimento, onde, é claro, deverão ser observadas as formalidades previstas na legislação processual penal para a realização da diligência (citação,[18] intimação, perícia etc.).

---

15. AgRg na CR n. 7.852/EX, rel. Min. Felix Fischer, Corte Especial, *DJe* de 27-8-2014 e AgRg na CR n. 4.218/PT, rel. Min. Cesar Asfor Rocha, Corte Especial, *DJe* de 3-8-2010) (STJ, AgRg na CR 10.231/EX, Corte Especial, rel. Min. Francisco Falcão, j. 2-3-2016, *DJe* de 14-4-2016, *REPDJe* de 17-5-2016.

16. STF, AgRg na CR 7.861/EX, Corte Especial, rel. Min. Felix Fischer, j. 7-8-2013, *DJe* de 16-8-2013.

17. RISTJ: "Art. 216-V. Após a concessão do *exequatur*, a carta rogatória será remetida ao Juízo Federal competente para cumprimento. § 1º Das decisões proferidas pelo Juiz Federal competente no cumprimento da carta rogatória caberão embargos, que poderão ser opostos pela parte interessada ou pelo Ministério Público Federal no prazo de dez dias, julgando-os o Presidente deste Tribunal. § 2º Os embargos de que trata o parágrafo anterior poderão versar sobre qualquer ato referente ao cumprimento da carta rogatória, exceto sobre a própria concessão da medida ou o seu mérito".

"Art. 216-W. Da decisão que julgar os embargos cabe agravo. Parágrafo único. O Presidente ou o relator do agravo, quando possível, poderá ordenar diretamente o atendimento à medida solicitada."

18. "A citação de pessoa domiciliada no Brasil para responder a processo judicial no exterior deve se realizar necessariamente por meio de carta rogatória, sendo inadmissível a sua realização por outras

Se a hipótese versar sobre crime de ação penal privada, nos moldes da lei brasileira, caberá ao interessado providenciar o oportuno pagamento das despesas necessárias ao cumprimento das diligências.

Cumprida a rogatória, com ou sem êxito, faz-se exatamente o caminho inverso: o juiz a devolverá ao presidente de seu tribunal, que a encaminhará de volta ao presidente do Superior Tribunal de Justiça, que, por sua vez, devolvê-la-á ao Ministro da Justiça para os trâmites de retorno ao país/juízo solicitante.

A esse respeito, dispõe o art. 216-X do RISTJ que: "Cumprida a carta rogatória ou verificada a impossibilidade de seu cumprimento, será devolvida ao Presidente deste Tribunal no prazo de dez dias, e ele a remeterá, em igual prazo, por meio do Ministério da Justiça ou do Ministério das Relações Exteriores, à autoridade estrangeira de origem".

Importante observar que, antes de providenciar o envio ao Superior Tribunal de Justiça, o presidente do Tribunal Regional Federal, sendo caso, poderá determinar outras diligências em complementação ou que seja sanada eventual irregularidade/nulidade pelo juízo de primeiro grau. Exemplo: o réu não foi localizado para ser citado, mas o tribunal entende cabíveis outras diligências para sua localização.

O despacho que conceder o *exequatur* marcará prazo razoável para o cumprimento da diligência rogada. Se o prazo não for suficiente e por isso restar excedido, as razões da demora deverão constar em ofício que será endereçado ao presidente do Superior Tribunal de Justiça quando da devolução da carta rogatória (CPP, art. 786).

Em matéria penal – sentenciou Roberto Lyra – "não há mais 'lugar sagrado'. As fronteiras internacionais não são garantia de impunidade para o criminoso comum, nem refúgio de celerados opulentos e poderosos, com melhores meios de homísio".[19]

---

modalidades. Precedentes: SEC 3.383/US, Corte Especial, rel. Min. Teori Albino Zavascki, *DJe* de 2-9-2010; SEC 684/US, Corte Especial, rel. Min. Castro Meira, *DJe* de 16-8-2010; SEC 1.483/LU, Corte Especial, rel. Min. Ari Pargendler, *DJe* de 29-4-2010; SEC 4.611/FR, Corte Especial, rel. Min. João Otávio de Noronha, *DJe* de 22-4-2010; SEC 477/US, Corte Especial, rel. Min. Hamilton Carvalhido, *DJe* de 26-11-2009; SEC 2.493/DE, Corte Especial, rel. Min. Arnaldo Esteves Lima, *DJe* de 25-6-2009' (SEC 7.193/EX, rel. Min. Felix Fischer, Corte Especial, *DJe* de 10-5-2012)" (STJ, SEC 5.420/EX, Corte Especial, rel. Min. Herman Benjamin, j. 16-11-2016, *DJe* de 30-11-2016).

"Conforme já decidiu a Corte Especial, [é] 'dispensável a remessa da carta rogatória à Justiça Federal após a concessão do *exequatur*, quando a parte interessada é considerada citada em razão do comparecimento aos autos para apresentar impugnação' (AgRg na CR n. 8.820/EX, de minha relatoria, Corte Especial, j. 4-2-2015, *DJe* de 9-3-2015)" (STJ, AgRg na CR 9.832/EX, Corte Especial, rel. Min. Francisco Falcão, j. 1º-6-2016, *DJe* de 16-6-2016).

19. Roberto Lyra, *Comentários ao Código de Processo Penal*, Rio de Janeiro, Revista Forense, 1944, v. VI, p. 445.

4. Homologação de Sentença Estrangeira

Decorre do disposto nos arts. 9º do Código Penal e 788 do Código de Processo Penal que a sentença penal estrangeira, quando a aplicação da lei brasileira produzir na espécie as mesmas consequências, poderá ser homologada no Brasil para: *1)* obrigar o condenado à reparação do dano, a restituições e a outros efeitos civis; *2)* sujeitá-lo a medida de segurança.

A necessidade de homologação para que aqui possa surtir efeitos decorre da soberania nacional, que de outro modo restaria violada, e também em respeito à soberania é que não se homologa decisão estrangeira que imponha pena de prisão a qualquer cidadão brasileiro, ou mesmo a estrangeiro, que, sendo caso, deverá ser extraditado, respeitadas as limitações normativas incidentes.

Como disse Gama Malcher, "o Brasil adotou o *sistema de delibação* pelo qual a Sentença estrangeira para que produza efeitos no país depende de homologação".[20]

Não tem eficácia no território nacional a decisão estrangeira não homologada pelo Superior Tribunal de Justiça[21] (art. 216-B do RISTJ, c.c. o art. 105, I, *i*, da CF).[22]

À luz do disposto no art. 788 do CPP a sentença cuja homologação se pretende deverá atender aos seguintes requisitos:

> I – estar revestida das formalidades externas necessárias, segundo a legislação do país de origem;
>
> II – haver sido proferida por juiz competente, mediante citação regular, segundo a mesma legislação;
>
> III – ter passado em julgado;
>
> IV – estar devidamente autenticada por cônsul brasileiro;
>
> V – estar acompanhada de tradução, feita por tradutor público.

Nos moldes determinados pelo art. 216-D, do RISTJ, a decisão estrangeira deverá:

> I – ter sido proferida por autoridade competente;

---

20. José Lisboa da Gama Malcher, *Manual de processo penal*, 2. ed., Rio de Janeiro, Freitas Bastos, 1999, p. 771.

21. Consoante o art. 216-A do RISTJ: "É atribuição do Presidente do Tribunal homologar decisão estrangeira, ressalvado o disposto no art. 216-K", segundo o qual, "contestado o pedido, o processo será distribuído para julgamento pela Corte Especial, cabendo ao relator os demais atos relativos ao andamento e à instrução do processo".

22. "O Superior Tribunal de Justiça possui competência para homologação de sentenças estrangeiras em razão da Emenda Constitucional n. 45/2004, e o § 2º do art. 960 do novo Código de Processo Civil determina a validade dos requisitos regulamentares do RISTJ em relação aos procedimentos de homologação" (STJ, SEC 9.820/EX, Corte Especial, rel. Min. Humberto Martins, j. 19-10-2016, *DJe* de 26-10-2016).

II – conter elementos que comprovem terem sido as partes regularmente citadas[23] ou ter sido legalmente verificada a revelia;[24]

III – ter transitado em julgado.

Conforme a jurisprudência consolidada no Superior Tribunal de Justiça a respeito dessa matéria:

> Para ser homologada, a sentença estrangeira deve obedecer aos preceitos do Regimento Interno deste Superior Tribunal de Justiça preenchendo os requisitos elencados nos arts. 216-C e 216-D e não incidindo nos impedimentos do art. 216-F, além de observar o contido no art. 15 da Lei de Introdução às Normas do Direito Brasileiro – LINDB (STJ, SEC 12.846/EX, Corte Especial, rel. Min. Jorge Mussi, j. 16-11-2016, *DJe* de 25-11-2016).
>
> Nos termos dos arts. 15 e 17 da Lei de Introdução às Normas do Direito Brasileiro e arts. 216-C, 216-D e 216-F do Regimento Interno do Superior Tribunal de Justiça, que, atualmente, disciplinam o procedimento de homologação de sentença estrangeira, constituem requisitos indispensáveis ao deferimento da homologação, os seguintes: (i) instrução da petição inicial com o original ou cópia autenticada da decisão homologanda e de outros documentos indispensáveis, devidamente traduzidos por tradutor oficial ou juramentado no Brasil e chancelados pela autoridade consular brasileira; (ii) haver sido a sentença proferida por autoridade competente; (iii) terem as partes sido regularmente citadas ou haver-se legalmente verificado a revelia; (iv) ter a sentença transitado em julgado; (v) não ofender "a soberania, a dignidade da pessoa humana e/ou ordem pública".[25-26]

23. "'A citação de pessoa domiciliada no Brasil para responder a processo judicial no exterior deve se realizar necessariamente por meio de carta rogatória, sendo inadmissível a sua realização por outras modalidades. Precedentes: SEC 3.383/US, Corte Especial, rel. Min. Teori Albino Zavascki, *DJe* de 2-9-2010; SEC 684/US, Corte Especial, rel. Min. Castro Meira, *DJe* de 16-8-2010; SEC 1.483/LU, Corte Especial, rel. Min. Ari Pargendler, *DJe* de 29-4-2010; SEC 4.611/FR, Corte Especial, rel. Min. João Otávio de Noronha, *DJe* de 22-4-2010; SEC 477/US, Corte Especial, rel. Min. Hamilton Carvalhido, *DJe* de 26-11-2009; SEC 2.493/DE, Corte Especial, rel. Min. Arnaldo Esteves Lima, *DJe* de 25-6-2009'" (SEC 7.193/EX, rel. Min. Felix Fischer, Corte Especial, *DJe* 10-5-2012) (STJ, SEC 5.420/EX, Corte Especial, rel. Min. Herman Benjamin, j. 16-11-2016, *DJe* de 30-11-2016).

24. "O art. 216-D, II, do Regimento Interno deste Tribunal, ao estabelecer a citação ou o decreto de revelia como elemento condicional à homologação da sentença estrangeira, não prescreve como condição a igualdade de regimentos internacionais, dado que cada Estado é soberano na regulamentação de seu direito e direito processual. O que a norma visa é à comprovação da realização da citação, porque, na Constituição Federal do Brasil, estão consagrados os princípios do contraditório e da ampla defesa, de modo que a homologação de sentença estrangeira que superasse tais princípios feriria esse normativo, soberano no país. Assim, o art. 216-D, II, do RISTJ obsta a homologação de sentença que dispense a citação, por exemplo, na hipótese de algum Estado estrangeiro ter por procedimento válido a instauração de ações sem oferecer ao requerido a oportunidade de defender-se" (STJ, SEC 10.370/EX, Corte Especial, rel. Min. João Otávio de Noronha, j. 17-8-2016, *DJe* de 30-8-2016).

25. STJ, SEC 12.891/EX, Corte Especial, rel. Min. Benedito Gonçalves, j. 4-5-2016, *DJe* de 19-5-2016.

26. *No mesmo sentido*: STJ, SEC 10.907/EX, Corte Especial, rel. Min. Jorge Mussi, j. 19-10-2016, *DJe* de 26-10-2016.

Ainda em ROBERTO LYRA[27] encontramos que o juízo de delibação a que deve proceder o Tribunal brasileiro exclui o exame do mérito da sentença ou de outra parte do dispositivo, percepção também ressaltada por BENTO DE FARIA.[28]

Na dicção do art. 216-C do RISTJ: "A homologação da decisão estrangeira será proposta pela parte requerente, devendo a petição inicial conter os requisitos indicados na lei processual, bem como os previstos no art. 216-D, e ser instruída com o original ou cópia autenticada da decisão homologanda e de outros documentos indispensáveis, devidamente traduzidos por tradutor oficial ou juramentado no Brasil e chancelados pela autoridade consular brasileira competente, quando for o caso".

Não será homologada a decisão estrangeira que ofender a soberania nacional, a dignidade da pessoa humana e/ou a ordem pública (art. 216-F do RISTJ).

O interessado na execução de sentença penal estrangeira, **para a reparação do dano, restituição e outros efeitos civis**, poderá requerer ao Superior Tribunal de Justiça a sua homologação, observando-se o que a respeito prescreve o Código de Processo Civil (art. 105, I, *i*, da CF, c.c. o art. 9º, I, do CP, e art. 790 do CPP).

O Procurador-Geral da República é parte legítima para requerer a homologação de **sentença que tenha aplicado medida de segurança**, se houver tratado de extradição entre o Brasil e o país em que fora proferida a sentença (art. 789 do CPP, c.c. o art. 9º, parágrafo único, *b*, do CP). Extrai-se do § 1º do art. 789 que, no caso de inexistir tratado de extradição com o Brasil, a iniciativa do Ministério Público dependerá de requisição do Ministro da Justiça.

Muito embora o art. 789, *caput*, refira-se à homologação de sentença que tenha aplicado *pena acessória*, de longa data essa modalidade de sanção deixou de ser contemplada no ordenamento jurídico nacional.

Distribuído o requerimento de homologação, o Presidente do Tribunal ou o relator, conforme o caso,[29] mandará citar o interessado para deduzir impugnação no prazo de dez dias, se residir no Distrito Federal, ou de trinta dias, se residir em local diverso (§ 2º do art. 789).

Muito embora o art. 216-H do RISTJ se refira ao prazo de quinze dias para impugnação, pensamos ser este inaplicável em sede penal, haja vista a existência de regra expressa no Código de Processo Penal dispondo de modo diverso, conforme indicada.

Revel ou incapaz o requerido, a ele será nomeado curador especial, que será pessoalmente notificado para apresentar eventual impugnação no prazo de dez dias (art. 216-I do RISTJ, c.c. o § 3º do art. 789 do CPP).

27. *Comentários ao Código de Processo Penal*, Rio de Janeiro, Revista Forense, 1944, v. VI, p. 445.

28. *Código de Processo Penal*, 2. ed., Rio de Janeiro, Record, 1960, v. 3, p. 126.

29. Consoante o art. 216-A do RISTJ: "É atribuição do Presidente do Tribunal homologar decisão estrangeira, ressalvado o disposto no art. 216-K", segundo o qual, "contestado o pedido, o processo será distribuído para julgamento pela Corte Especial, cabendo ao relator os demais atos relativos ao andamento e à instrução do processo".

De contornos limitados, a impugnação somente poderá fundar-se em dúvida sobre a autenticidade do documento, sobre a inteligência da decisão alienígena, ou sobre a falta de qualquer dos requisitos listados nos incisos do art. 788 e nos arts. 216-C, 216-D e 216-F do RISTJ, anteriormente transcritos (art. 216-H, parágrafo único, do RISTJ, c.c. o § 4º do art. 789).[30]

Importante destacar, nesse passo, que:

> A jurisprudência desta Corte Superior de Justiça é no sentido de que, para homologação de sentença estrangeira proferida em processo que tramitou contra pessoa residente no Brasil, revela-se imprescindível que a citação tenha sido por meio de carta rogatória (STJ, SEC 12.635/EX, Corte Especial, rel. Min. Og Fernandes, j. 4-5-2016, *DJe* de 19-5-2016).
>
> Nos termos do art. 15, 'b', da Lei de Introdução às Normas do Direito Brasileiro, constitui requisito indispensável à homologação de sentença estrangeira "terem sido as partes citadas ou haver-se legalmente verificado à revelia". De acordo com a jurisprudência do Superior Tribunal de Justiça, para a homologação de sentença estrangeira, verifica-se a validade da citação de acordo com a lei estrangeira se o requerido era domiciliado, ao tempo da citação, no estrangeiro. E se o requerido, ao tempo da citação, era domiciliado no Brasil, sua citação haverá de ser válida segundo as normas do sistema jurídico brasileiro. Precedentes.[31]

Pois bem. Em seguida será determinada a abertura de vista dos autos ao Procurador-Geral da República pelo prazo de dez dias, a fim de que se manifeste.[32]

Se houver impugnação ao pedido, o processo será distribuído para julgamento pela Corte Especial, cabendo ao Relator os demais atos relativos ao andamento e à instrução do processo (art. 216-K do RISTJ).

Homologada a sentença, será enviada *carta de sentença*[33] ao presidente do Tribunal Regional Federal a que pertencer o juízo em que deva ser cumprida, que então providenciará a remessa ao referido juízo.

---

30. "É devida a homologação de sentença estrangeira que atenda os requisitos previstos no art. 15 da Lei de Introdução às Normas do Direito Brasileiro e nos arts. 216-A a 216-N do RISTJ, bem como não ofenda a soberania nacional, a ordem pública e a dignidade da pessoa humana (LINDB, art. 17; RISTJ, art. 216-F). A simples verificação da revelia no processo estrangeiro não configura ofensa à soberania nacional ou à ordem pública (LINDB, art. 17; RISTJ, art. 216-F)" (STJ, SEC 13.561/EX, Corte Especial, rel. Min. Raul Araújo, j. 16-12-2015, *DJe* de 2-2-2016).

31. STJ, SEC 13.332/EX, Corte Especial, rel. Min. Benedito Gonçalves, j. 4-5-2016, *DJe* de 19-5-2016.

32. Muito embora o art. 216-L do RISTJ disponha que "o Ministério Público terá vista dos autos pelo prazo de quinze dias, podendo impugnar o pedido", pensamos que na hipótese de homologação de sentença penal estrangeira continua aplicável o disposto no art. 789 do CPP, no que couber, daí a razão de concluirmos que o prazo para a manifestação Ministerial é de dez, e não quinze dias. É desnecessário, por óbvio, discorrermos sobre a impossibilidade de revogação/derrogação de dispositivo do Código de Processo Penal por regra de Regimento Interno.

33. Art. 216-N do RISTJ: "A decisão estrangeira homologada será executada por carta de sentença no Juízo Federal competente".

Da decisão do Presidente na homologação de sentença estrangeira cabe agravo, tal como dispõe o art. 216-M do RISTJ.

Por fim, a oportuna observação de BENTO DE FARIA, em forma de pergunta e resposta por ele mesmo apresentada:

> A homologação da sentença poderá significar a aplicação da lei estrangeira por Tribunal Nacional?
>
> Negativamente. É de distinguir entre a lei estrangeira de aplicação inadmissível pelo Juiz brasileiro e o reconhecimento de seus efeitos jurídicos decorrentes da respectiva aplicação *no país de origem*.
>
> A homologação dêsse ato será, então, possível porque, em tal caso, o Tribunal brasileiro não aplica a lei, mas apenas assegura os efeitos imediatos do caso julgado e o direito adquirido daí resultante.[34]

34. *Código de Processo Penal*, 2. ed., Rio de Janeiro, Record, 1960, v. 3, p. 131.

Capítulo 27
Disposições Gerais

1. Audiências e Sessões

Audiência é o ato solene designado e presidido pelo juiz com vistas à realização de determinados atos processuais e/ou o julgamento da causa. As **sessões** se prestam às mesmas finalidades e são realizadas nos tribunais, por isso o acerto de Frederico Marques quando diz que "os tribunais superiores e o Tribunal do Júri, juízos colegiados que são, têm assim as suas sessões".[1]

Na expressão sintética e perfeita de Roberto Lyra, temos que "nos juízos coletivos, há sessões e, nos juízos singulares, audiências".[2]

Muito embora o art. 791 do CPP se refira à existência de **audiências e sessões ordinárias e extraordinárias**, nos dias que correm elas não mais se realizam da maneira como inicialmente concebidas e levadas a efeito.

A oportunidade para designação de audiência está prevista em lei, conforme o procedimento destinado para o caso, e sob esse olhar ela sempre será *ordinária*. Exemplos: o art. 400 trata da audiência de instrução e julgamento no procedimento comum, ordinário; os arts. 56 a 58 da Lei n. 11.343/2006 dispõem sobre a audiência de instrução e julgamento na Lei de Drogas etc.

Mas é possível que, diante de situação particular, o juiz tenha necessidade de designar audiência que até poderá ser chamada de *extraordinária*, apenas para o fim de dar contornos de atualidade à norma em comento, assim compreendida aquela destinada à realização de determinado ato processual fora do procedimento básico previamente disposto.

1. José Frederico Marques, *Tratado de direito processual penal*, São Paulo, Saraiva, 1980, v. II, p. 352.
2. Roberto Lyra, *Comentários ao Código de Processo Penal*, Rio de Janeiro, Revista Forense, 1944, v. VI, p. 456.

É o que irá ocorrer, por exemplo, se ao final da audiência realizada nos moldes do art. 400 do CPP se mostrar necessário proceder à oitiva de testemunha referida (mencionada por outra testemunha em seu depoimento), esclarecimentos periciais ou coleta de outras provas cuja importância só no curso da audiência se revelou.

As audiências designadas para tais atos processuais poderão ser entendidas como *extraordinárias*, visto fugirem do *procedimento básico* estabelecido, sem que disso se retire a possibilidade de alegar violação ao devido processo legal.

Sobre esse tema asseverou Borges da Rosa que "normalmente, todos os atos e diligências processuais deverão ser praticados nas audiências ordinárias. Mas, quando estas forem insuficientes para esse mister, deverão ser designadas audiências extraordinárias".[3]

De igual forma, o tribunal ou seus órgãos fracionários (Câmara, Turma, Órgão Especial etc.) poderá designar sessões extraordinárias, especialmente para a realização de julgamentos fora do período de seu regular funcionamento, com vistas a atender a excesso de demanda, ou, como diz a parte final do art. 791, "de acordo com as necessidades do rápido andamento dos feitos".

As audiências devem ser realizadas no fórum da comarca, e as sessões, nas dependências do tribunal; todavia, "em caso de necessidade, poderão realizar-se na residência do juiz, ou em outra casa por ele especialmente designada" (CPP, art. 792, § 2º).

2. Publicidade dos Atos Processuais

A publicidade do Juízo – sentenciou Bento de Faria – "é a melhor garantia da própria justiça, constituindo um estímulo para seus servidores que, à vista de todos, se hão de esforçar no consciencioso desempenho do dever".[4]

Conforme anotamos no capítulo destinado ao estudo do tema *prova*, a publicidade dos atos processuais[5] **é regra**, e isso decorre do disposto nos arts. 5º, LX, e 93, IX, ambos da CF.

Note-se, entretanto, que o próprio art. 5º, LX, também da CF, afirma que a lei poderá restringir a publicidade dos atos processuais quando a defesa da intimidade ou o interesse social o exigirem.

Diz o art. 201, § 6º, do CPP, que: "O juiz tomará as providências necessárias à preservação da intimidade, vida privada, honra e imagem do ofendido, podendo,

---

3. Inocêncio Borges da Rosa, *Processo penal brasileiro*, Porto Alegre, Globo, 1942, v. IV, p. 491, também citado por José Frederico Marques (op. cit., p. 353).

4. *Código de Processo Penal*, 2. ed., Rio de Janeiro, Record, 1960, v. 3, p. 134.

5. Leitura recomendada: Rogério Lauria Tucci, *Direitos e garantias individuais no processo penal brasileiro*, 4. ed., São Paulo, Revista dos Tribunais, 2011, p. 182.

inclusive, determinar o segredo de justiça em relação aos dados, depoimentos e outras informações constantes dos autos a seu respeito para evitar sua exposição aos meios de comunicação".

A **possibilidade de restrição** também está prevista no art. 792, § 1º, do CPP, e autorizada para as hipóteses em que, da publicidade do ato, puder resultar escândalo, inconveniente grave ou perigo de perturbação da ordem.

Como se vê: a publicidade é a regra, o segredo ou sigilo, exceção.

A preservação moral do ofendido impõe o segredo em relação a terceiros em geral, o que inclui evidentemente a imprensa, pois, como bem observou Roberto Lyra, "o sensacionalismo da imprensa vive a fuçar nos lamaçais e nas esterqueiras da vida em busca de assunto".[6]

Há casos em que a publicidade do que for apurado poderá causar profunda exposição e desgaste à vítima, com sofrimento e danos proporcionais ou até mais significativos do que aqueles experimentados com o delito.

Isso é muito comum nos crimes contra a dignidade sexual; crimes contra a honra e outros mais.

Não é razoável admitir que aquele que já suportou o ônus do delito tenha que suportar também, sendo evitável, o desgaste, o *streptus* inegavelmente causado pela divulgação de detalhes a respeito do ocorrido.

O segredo em relação às informações materializadas no processo é apenas uma dentre as providências que poderão ser adotadas pelo juiz na preservação da integridade moral do ofendido (... podendo, *inclusive*, determinar...). Conforme o caso, o magistrado também poderá restringir a publicidade de sessão, audiência ou ato processual, devendo justificar convenientemente sua decisão.

Na ocasião em que tratamos do *princípio da publicidade*, no primeiro capítulo deste livro, destacamos que é preciso distinguir *publicidade geral* de *publicidade especial*.

Publicidade geral ou *ampla* é aquela que permite a qualquer pessoa acesso irrestrito a todo e qualquer ato processual e também ao processo; é a publicidade ilimitada.[7]

Publicidade especial ou *específica* diz respeito ao acesso das partes e seus procuradores (Ministério Público; advogado do assistente da acusação; querelante; defensores) ao processo e atos processuais.

---

6. *Formei-me em direito... E agora?* Rio de Janeiro, Editora Nacional de Direito, 1957, p. 41.

7. "A publicidade ampla é a regra geral no processo penal, e consiste na possibilidade plena de os atos do Judiciário transcorrerem 'a portas abertas', ou seja, sem quaisquer restrições de acesso ao público, permitindo uma plena fiscalização da comunidade, e não somente das partes interessadas no processo" (Américo Bedê Júnior e Gustavo Senna, *Princípios do processo penal*, São Paulo, Revista dos Tribunais, 2009, p. 321).

Como decorrência do sistema de garantias vigente, somente a publicidade geral é que poderá sofrer restrições, conforme o caso. Jamais, em hipótese alguma, a publicidade especial estará sujeita a limitação. Eventual decisão judicial que impuser tal tipo de restrição fará materializar desconfortável ilegalidade e violação de direito fundamental.

3. COMPORTAMENTO PERANTE O JUIZ

Diz o art. 793 do CPP que: "Nas audiências e nas sessões, os advogados, as partes, os escrivães e os espectadores poderão estar sentados. Todos, porém, se levantarão quando se dirigirem aos juízes ou quando estes se levantarem para qualquer ato do processo. *Parágrafo único*. Nos atos da instrução criminal, perante os juízes singulares, os advogados poderão requerer sentados".

Trata-se de dispositivo ultrapassado, vencido pelo tempo e pelos costumes, sem uso na rotina forense atual.

É claro que o dever de urbanidade sempre deve estar presente, como de resto também se espera permear toda e qualquer relação entre pessoas, e não seria de modo diverso no ambiente forense. Se o fino trato não decorrer da boa educação, que seja fruto, ao menos, das regras fixadas nos estatutos funcionais e também no Código de Ética do Advogado, que tratam da possibilidade de punição em caso de descumprimento a tais parâmetros básicos, mas daí a aplicar "ao pé da letra" o dispositivo citado há grande diferença.

4. POLÍCIA DAS AUDIÊNCIAS

"A polícia das audiências e das sessões compete aos respectivos juízes ou ao presidente do tribunal, câmara, ou turma, que poderão determinar o que for conveniente à manutenção da ordem. Para tal fim, requisitarão força pública, que ficará exclusivamente à sua disposição" (CPP, art. 794).

A lei incumbe ao magistrado que preside a audiência ou sessão o poder-dever de policiá-la. Para isso, afirmou TORNAGHI, "*preventivamente* determinará o que convier à manutenção da ordem e requisitará a força pública. *Repressivamente*, fará retirar da sala os desobedientes".[8]

Muito embora as audiências e sessões possam ser presenciadas por terceiros, é sem sombra de dúvida que não podem se manifestar em meio ao desenvolvimento dos trabalhos, seja em relação ao objeto do processo ou qualquer outro tema. É imprescindível que todos se portem com absoluto respeito às partes, ao juiz e à seriedade do ato.

A propósito, também às partes incumbe o *dever* de urbanidade, educação e respeito ao ato solene.

8. HÉLIO TORNAGHI, *Curso de processo penal*, 7. ed., São Paulo, Saraiva, 1990, v. 2, p. 494.

Aquele que se comportar de maneira inconveniente deverá ser advertido pelo juiz para que se ajuste à seriedade e exigências do momento; em caso de persistência, o juiz mandará que seja retirado do local, podendo valer-se, inclusive, e se necessário, de auxílio policial, e, se houver resistência ou desobediência que implique a prática de delito, deverão ser adotadas as providências cabíveis para a lavratura do termo circunstanciado em que se dará a inicial apuração.

Necessário lembrar, nesse passo, a sempre viva advertência feita por Roberto Lyra:

> No uso do poder de polícia processual, o juiz há de resguardar sempre o princípio da publicidade, adiando o julgamento por força de emergências extremas e nunca o transformando em instância secreta, com o nunca assaz amaldiçoado cunho medieval.
>
> Não está em função apenas o poder de polícia genérico, inerente à administração da Justiça, e que, aliás, se estende a todas as dependências do foro e dos tribunais. Trata-se, em relação às sessões e audiências, de arbítrio inevitável e irremediável, exercido urgentemente sob a pressão de circunstâncias, muitas vezes imprevistas, e que, por isso mesmo, devem convocar todas as reservas de serenidade e prudência. É preciso não sacrificar, salvo situações extremas, o irrestrito império da regra da publicidade e o direito de todos os cidadãos de aproveitar os benefícios educativos, inibitórios e exemplarizantes do julgamento.
>
> Seria absurdo, pela atitude desrespeitosa e inconveniente de alguns, punir todos os presentes. Retirar do recinto os responsáveis, detê-los ou prendê-los, fazê-los apresentar à autoridade policial, desocupar momentaneamente o recinto, seria o bastante.[9]

Sob tal enfoque, a retirada do réu da sala de audiências nas circunstâncias em que se fizer imprescindível não impede a continuidade da instrução, que deverá prosseguir com a assistência do defensor (CPP, art. 796).

Embora sob outro prisma, a respeito da possibilidade de retirada do réu da sala de audiência, também é oportuno relembrar o que diz o art. 217 do CPP, *verbis*: "Se o juiz verificar que a presença do réu poderá causar humilhação, temor, ou sério constrangimento à testemunha ou ao ofendido, de modo que prejudique a verdade do depoimento, fará a inquirição por videoconferência e, somente na impossibilidade dessa forma, determinará a retirada do réu, prosseguindo na inquirição, com a presença do seu defensor".

5. Prática de Atos Processuais

Por razões óbvias, que por consequência da própria obviedade dispensam explicações, os atos processuais, em regra, devem ser praticados em dias úteis, e excepcionalmente nos finais de semana ou feriados.

---

9. Roberto Lyra, *Comentários ao Código de Processo Penal*, Rio de Janeiro, Revista Forense, 1944, v. VI, p. 463.

Nos limites do art. 797 do CPP, encontramos que:

- ✓ as sessões de julgamento *não serão* marcadas para domingo ou dia feriado;
- ✓ os demais atos do processo (citação, intimação, busca e apreensão etc.) *poderão* ser praticados em período de férias, em domingos e dias feriados;
- ✓ os julgamentos iniciados em dia útil *não se interromperão* pela superveniência de feriado ou domingo.

A título de exemplo, não é incomum sessão de julgamento pelo Tribunal do Júri que se inicia em dia útil e pode se estender por feriado ou final de semana, conforme já analisamos no capítulo destinado ao estudo do respectivo procedimento.

6. Prazos

Prazo é o **espaço de tempo** destinado à prática de determinado ato processual.

Conforme observou Frederico Marques, o prazo desenrola-se entre dois ***termos***: "o termo inicial, ou termo *a quo* (ou ainda *dies a quo*), e o termo final, ou termo *ad quem* (ou *dies ad quem*). Sabe-se que um prazo começa em determinado dia, porque nessa data ele tem o seu termo *a quo*; e sabe-se que ele se finda em certo dia, porque aí se situa o seu termo *ad quem*".[10]

A existência de prazos atende à necessidade de orientação da marcha do processo, que não pode caminhar desordenada e indefinidamente. Tem relação, portanto, com os princípios do devido processo legal, economia e celeridade processual, dentre outros, o que justifica a afirmação de Bento de Faria no sentido de que "são instituídos não só em garantia da justiça, assegurando às partes a certeza da defesa dos seus direitos, como no interesse da economia do processo, quer quanto à sua pronta ultimação, quer relativamente a menores despesas".[11]

Não se inicia contagem de prazo em feriado ou final de semana; apenas em dia útil.

Todos os prazos serão contínuos e peremptórios, não se interrompendo por férias, domingo ou feriado (CPP, art. 798, *caput*).

Cabe aqui observar que a Carta Magna não mais permite a existência de férias coletivas, e isso está expresso em seu art. 93, XII, que assim dispõe: "a atividade jurisdicional será ininterrupta, sendo vedado férias coletivas nos juízos e tribunais de segundo grau, funcionando, nos dias em que não houver expediente forense normal, juízes em plantão permanente".

Considera-se prorrogado até o primeiro dia útil seguinte o prazo que terminar em sábado, domingo ou feriado.

---

10. José Frederico Marques, *Tratado de direito processual penal*, São Paulo, Saraiva, 1980, v. II, p. 364.
11. *Código de Processo Penal*, 2. ed., Rio de Janeiro, Record, 1960, v. 3, p. 140.

No *Direito Penal*, conforme o art. 10 do CP, o dia do começo inclui-se no cômputo do prazo. De tal modo, se "Delitino da Vida" for preso no dia 18 de outubro, independentemente do horário em que se verificar sua prisão, na contagem do *prazo penal* deverá ser incluído o dia 18.

De forma diversa, consta no § 1º do art. 798 do CPP que: "Não se computará no prazo o dia do começo, incluindo-se, porém, o do vencimento".

Exemplificando: se o réu for intimado no dia 13 de agosto para a prática de determinado ato processual em 5 dias, o prazo só começará a correr no dia 14, e o ato poderá ser praticado até o último horário de expediente regular do dia 18 (dia do vencimento). Necessário enfatizar, uma vez mais, que a contagem não se inicia, tampouco vence, em final de semana ou feriado.

Salvo os casos expressos em lei, os prazos correrão:

✓ da intimação;

✓ da audiência ou sessão em que for proferida a decisão, se a ela estiver presente a parte;

✓ do dia em que a parte manifestar nos autos ciência inequívoca da sentença ou despacho.

"Não correrão os prazos, se houver impedimento do juiz, força maior, ou obstáculo judicial oposto pela parte contrária" (§ 4º do art. 798).

A propósito, calha aqui transcrever o art. 1º da Lei n. 1.408/51 (prorroga vencimento de prazos judiciais e dá outras providências), segundo o qual: "Sempre que, por motivo de ordem pública, se fizer necessário o fechamento do Foro, de edifícios anexos ou de quaisquer dependências do serviço judiciário ou o respectivo expediente tiver de ser encerrado antes da hora legal, observar-se-á o seguinte: *a)* os prazos serão restituídos aos interessados na medida que houverem sido atingidos pela providência tomada; *b)* as audiências, que ficarem prejudicadas, serão realizadas em outro dia mediante designação da autoridade competente".

Relevante registrar que a jurisprudência do Superior Tribunal de Justiça é firme "no sentido de que, em ações que tratam de matéria penal ou processual penal, não incidem as regras do Código de Processo Civil – CPC, referentes à contagem dos prazos em dias úteis (art. 219 da Lei n. 13.105/2015), ante a existência de norma específica a regular a contagem do prazo (art. 798 do CPP), uma vez que o CPC é aplicado somente de forma suplementar ao processo penal".[12]

Uma vez iniciada, a contagem seguirá seu curso inexoravelmente, competindo ao escrivão certificar nos autos a data em que se verificar seu término, providência que se nos afigura necessária apenas nas hipóteses em que decorrido o prazo sem

12. STJ, RCD nos EDcl no AgRg nos EDcl no AREsp 1.144.842/MG, 5ª T., rel. Min. Reynaldo Soares da Fonseca, j. 17-4-2018, *DJe* de 25-4-2018.

manifestação de quem de direito (*in albis*: em branco) ou se lançada fora do prazo previsto. Se a parte praticar o ato dentro do prazo, não há razão para lançar certidão a respeito, salvo se houver determinação judicial nesse sentido, especialmente com vistas à verificação de eventual extemporaneidade.

Seja qual a for a situação tratada, a ausência de certidão do escrivão nos autos não implica modificação na data de início ou término do prazo, que deve ser sempre computado conforme as regras dispostas.

Com vistas ao cumprimento das determinações legais ou judiciais pertinentes ao processo, dispõe o **escrivão** do prazo de **dois dias**, cujo desatendimento injustificado poderá resultar na aplicação de multa, e, no caso de reincidência, suspensão de até trinta dias (CPP, art. 799).

Nos termos do art. 800, I a III, do CPP, se não houver disposição em sentido contrário, os juízes singulares darão seus despachos e decisões dentro dos prazos seguintes:

✓ **dez dias**, se a decisão for definitiva, ou interlocutória mista;

✓ **cinco dias**, se for interlocutória simples;

✓ **um dia**, se se tratar de despacho de expediente.

Para o **juiz**, inicia-se a contagem do prazo a partir do **termo de conclusão** (§ 1º).

Os prazos do **Ministério Público** são contados a partir da data aposta pelo escrivão no **termo de vista**, salvo para a interposição de recurso (art. 798, § 5º), quando então fluirá a partir da data em que tomar conhecimento formal da decisão que pretende impugnar.

"O escrivão que não enviar os autos ao juiz ou ao órgão do Ministério Público no dia em que assinar termo de conclusão ou de vista estará sujeito à sanção estabelecida no art. 799" (§ 4º do art. 800). A existência de tal previsão normativa levou Câmara Leal a recomendar[13] que "o juiz ou o Ministério Público, quando os autos lhes sejam enviados em dia diverso do da conclusão ou da vista, não deverá recebê-los, fazendo o escrivão retificar o termo, colocando-o de acordo com a data da entrega dos autos, ou, quando não, mencionarão no têrmo de carga a data exata do recebimento dos autos".[14] De nossa parte, entendemos suficiente anotar na manifestação a data exata do recebimento, inclusive para evitar transtornos decorrentes das atividades correcionais a que se encontram diuturnamente expostos o juiz e o promotor.

Os prazos para o **defensor público** (art. 5º, § 5º, da Lei n. 1.060/50; arts. 44, I, e 89, I, da LC n. 80/94) e também para o **defensor dativo** (art. 5º, § 5º, da Lei n. 1.060/50) serão computados em dobro, iniciando-se a fluência a partir da intimação pessoal.

---

13. Também citado por Eduardo Espínola Filho, *Código de Processo Penal brasileiro anotado*, 3. ed., Rio de Janeiro, Borsoi, 1956, v. VIII, p. 508.

14. Antonio Luiz da Câmara Leal, *Comentários ao Código de Processo Penal brasileiro*, Rio de Janeiro, Freitas Bastos, 1943, v. 4, p. 444.

Nos precisos termos do art. 4º, §§ 3º e 4º, da Lei n. 11.419/2006 (dispõe sobre a informatização do processo judicial...): "Considera-se como data da publicação o primeiro dia útil seguinte ao da disponibilização da informação no *Diário da Justiça* eletrônico". "Os prazos processuais terão início no primeiro dia útil que seguir ao considerado como data da publicação".

Disso decorre afirmar que se a publicação ocorrer no dia anterior a determinado feriado, ou em uma sexta-feira, considerar-se-á feita a publicação no primeiro dia útil que depois vier, e a contagem efetiva do prazo só terá início no dia seguinte àquele em que se considerar feita a publicação.

Nos limites do art. 800, § 3º, do CPP, diante de situações excepcionais, o juiz poderá exceder por igual tempo os prazos fixados em lei, devendo consignar nos autos a correspondente justificação, mas é certo que em razão do volume invencível de trabalho nas instâncias judiciárias, e outras vezes por evidente desídia funcional injustificada e injustificável, não raras vezes os prazos são excedidos muito além do permitido, sem que depois se lance qualquer justificativa razoável para tal morosidade.

Sobre esse tema, encontramos no art. 93, II, *e*, da Carta Magna, que: "não será promovido o juiz que, injustificadamente, retiver autos em seu poder além do prazo legal, não podendo devolvê-los ao cartório sem o devido despacho ou decisão".

Note-se, ainda, e nos contornos do art. 801, que os juízes e os representantes do Ministério Público, responsáveis pelo retardamento *injustificado*, devem perder tantos dias de vencimentos quantos forem os excedidos, e o dobro desses mesmos dias na contagem do tempo de serviço, para o efeito de promoção e aposentadoria,[15] mas não se tem notícia de que esse dispositivo venha sendo aplicado, até porque inconstitucional a perda de vencimentos (e isso por força da irredutibilidade de vencimentos constitucionalmente assegurada) e porque regulados por leis especiais (Leis Orgânicas do Ministério Público e da Magistratura) os requisitos para promoção, remoção e aposentadoria nas carreiras citadas, observado, ainda, em relação aos magistrados, o dispositivo constitucional anteriormente transcrito.

6.1. Classificação dos prazos

Prazo legal: é o prazo previsto expressamente em lei.

Prazo judicial: não é previsto em lei, mas fixado pelo juiz, mediante critério de razoabilidade.

15. Art. 802 do CPP. "O desconto referido no artigo antecedente far-se-á à vista da certidão do escrivão do processo ou do secretário do tribunal, que deverão, de ofício, ou a requerimento de qualquer interessado, remetê-la às repartições encarregadas do pagamento e da contagem do tempo de serviço, sob pena de incorrerem, de pleno direito, na multa de quinhentos mil-réis, imposta por autoridade fiscal."

Atento a tais possibilidades, afirmou Borges da Rosa que: "O prazo pode ser fixado em lei, ou por esta deixado ao arbítrio do juiz. Os prazos não expressamente fixados no Código são reservados à determinação dos juízes e tribunais, em atenção aos casos ocorrentes".[16]

Prazo próprio ou peremptório: é o prazo sujeito à preclusão, de maneira que, vencido sem aproveitamento, o ato processual não mais poderá ser praticado. Exemplo: prazo para interposição de determinado recurso. Decorrido o lapso temporal, a decisão transitará em julgado para aquele que ficou inerte.

Segundo o magistério de Espínola Filho, "diz-se peremptório, fatal, improrrogável, o prazo, fixado pela lei, sem possibilidade de dilatação, ou que o juiz determina, com a declaração de não poder ser prorrogado".[17]

Prazo impróprio ou ordinatório: é aquele que não se sujeita à preclusão. Mesmo depois de vencido, é possível a prática do ato processual, e da tardança poderão resultar, no máximo, implicações administrativas contra o responsável. Exemplo: mesmo depois de vencido o prazo fixado para o oferecimento de denúncia, poderá o Promotor de Justiça apresentá-la em juízo (salvo se já ajuizada queixa-crime subsidiária); o juiz poderá proferir despacho ou sentença depois de vencido o prazo originalmente fixado. Os prazos fixados no art. 800, I a III, são impróprios.

Prazo comum: é o prazo que corre simultaneamente para todos os destinatários.

Prazo exclusivo ou individual: é o prazo que corre apenas para uma parte.

Normalmente, diante de prazos exclusivos é possível verificar a existência de **prazos sucessivos ou consequenciais**: vencido o prazo de que dispõe uma das partes, inicia-se de forma automática a contagem do prazo que irá fluir para a outra parte, sucessivamente.

7. Retirada de Autos do Cartório

Quem preside e conduz o processo é o juiz. Para o desempenho de tais atividades, a Vara Judicial conta com cartório e funcionários (escrivão diretor, escreventes, oficiais de justiça etc.).

Os autos do processo devem permanecer no cartório do juízo competente, sob os cuidados da serventia respectiva, de onde só poderão ser retirados se houver alguma justificativa para tanto, e, ainda assim, apenas por quem de direito e mediante prévia autorização judicial.

De tal modo, em regra, a **acusação** só poderá ter os autos consigo se o juiz determinar a **abertura de vista** a fim de que se manifeste a respeito de qualquer

16. Inocêncio Borges da Rosa, *Processo penal brasileiro*, Porto Alegre, Globo, 1942, v. 4, p. 502.

17. Eduardo Espínola Filho, *Código de Processo Penal brasileiro anotado*, 3. ed., Rio de Janeiro, Borsoi, 1956, v. VIII, p. 504.

matéria, ato ou fase do processo, o que também vale, na mesma medida, para a **defesa**, que deverá ter procuração ou nomeação nos autos, salvo se patrocinada por Defensor Público.

Os autos também sairão do cartório quando a serventia providenciar que sigam **conclusos para o juiz**, por determinação deste ou em razão da ordem consecutiva (devido processo legal), a fim de que profira despacho ou sentença.

Em algumas situações, os autos **poderão ser entregues ao perito**, tal como ocorrerá, por exemplo, diante da necessidade de consulta para elaboração de complexa perícia contábil em crime de sonegação fiscal.

Seja como for, por quem quer que seja, os autos do processo não poderão ser retirados do cartório sem que exista determinação ou autorização judicial nesse sentido, e, se a parte pretender consultá-los quando não estiver com *vista aberta*, deverá peticionar ao juiz, postulando a abertura de vista pelo prazo que reputar necessário.

Sob pena de responsabilidade administrativa e por vezes criminal, o escrivão não pode proceder à entrega dos autos aleatoriamente, em confiança, sem autorização judicial (CPP, art. 803). Na prática, entretanto, essa regra tem comportado abrandamento, pois não raras vezes se permite breve consulta no interior do cartório, sem a retirada dos autos de suas dependências, e, com as devidas precauções, é recomendável que assim se proceda até mesmo por medida de economia e celeridade processual.

Ressalvada a hipótese de **conclusão ao juiz**, a retirada dos autos do cartório, é preciso insistir, só poderá ser feita pelo acusador (Promotor de Justiça ou querelante), pelo defensor (Defensor Público, advogado ou Procurador do Estado, sendo caso), pelo assistente da acusação habilitado ou pelo perito, **com vista aberta** ou **autorização de retirada**, sempre por prazo certo.

Ademais, qualquer que seja a movimentação, deverá ser anotada em livro ou sistema de controle próprio, a fim de que se tenha total e absoluto domínio a respeito da destinação do processo e também para que se faça o imprescindível acompanhamento dos prazos.

Importante registrar que, em se tratando de **autos digitais**, deixa de ter aplicabilidade o anteriormente exposto, visto que neste caso não há falar em "retirada de autos" e o acesso é permitido aos atores processuais a qualquer tempo, mediante providências adequadas. Desnecessária e sem sentido, ainda, a anotação de movimentação em "livro próprio".

8. Custas Processuais

Na hipótese de **ação penal pública**, condicionada ou incondicionada, o Ministério Público não está obrigado a pagar custas e taxas iniciais ou finais, ainda que a ação venha a ser julgada improcedente.

Como órgão do Estado que age no interesse da sociedade, não teria sentido lógico ou jurídico impor tal ônus ao *dominus litis* da ação penal pública.

Pelas mesmas razões, na **ação penal privada subsidiária da pública**, o querelante também não está obrigado ao pagamento de custas e taxas.

O ofendido também não está obrigado a pagar custas processuais na hipótese de ação penal pública.

Em se tratando de **ação penal privada exclusiva**, a situação é diferente e há regra expressa a respeito.

Dispõe o art. 806 do CPP que, salvo no caso de comprovada pobreza, "nas ações intentadas mediante queixa, nenhum ato ou diligência se realizará, sem que seja depositada em cartório a importância das custas" (*caput*).

Na dicção do § 1º do art. 806, nenhum ato requerido *no interesse da defesa* será realizado sem o prévio pagamento das custas, salvo se o acusado for pobre, regra evidentemente inconstitucional, por colidir com o princípio fundamental que assegura a ampla defesa (CF, art. 5º, LV).

Para o querelante, a falta de pagamento das custas, nos prazos fixados em lei, ou marcados pelo juiz, importará renúncia à diligência requerida ou deserção do recurso interposto (§ 2º).

A falta de qualquer prova ou diligência que deixe de realizar-se em virtude do não pagamento de custas não implicará a nulidade do processo, se a prova de pobreza do acusado só posteriormente foi feita (§ 3º).

Os entraves à produção de prova que decorrem do art. 806 não obstam a faculdade atribuída ao juiz de determinar de ofício inquirição de testemunhas ou outras diligências (CPP, art. 807), mas é oportuna a advertência de ESPÍNOLA FILHO quando diz que "o juiz deve, porém, ser cauteloso, para não se burlar a determinação legal, quanto ao pagamento das custas, pela parte interessada no ato, e, assim, só determinar as diligências, que, no seu entender, sejam necessárias ao esclarecimento da verdade, mas não aquelas cuja efetuação só possa interessar aos caprichos ou conveniências da parte, omissa na satisfação das obrigações firmadas na lei".[18]

A sentença ou o acórdão, que julgar a ação, qualquer incidente ou recurso, condenará nas custas o vencido (CPP, art. 804), devendo ser contadas e cobradas de acordo com os regulamentos expedidos pela União e pelos Estados (CPP, art. 805).

No Estado de São Paulo, dispõe o art. 4º, § 9º, da Lei n. 11.608/2003 que: "Nas ações penais, salvo aquelas de competência do Juizado Especial Criminal – JECRIM, em primeiro grau de jurisdição, o recolhimento da taxa judiciária será feito da seguinte forma: *a)* nas ações penais, em geral, o valor equivalente a 100 (cem) UFESPs,

18. EDUARDO ESPÍNOLA FILHO, *Código de Processo Penal brasileiro anotado*, 3. ed., Rio de Janeiro, Borsoi, 1956, p. 525.

será pago, a final, pelo réu, se condenado; *b)* nas ações penais privadas, será recolhido o valor equivalente a 50 (cinquenta) UFESPs no momento da distribuição, ou, na falta desta, antes do despacho inicial, bem como o valor equivalente a 50 (cinquenta) UFESPs no momento da interposição do recurso cabível, nos termos do disposto no § 2º do art. 806 do Código de Processo Penal".

9. Estatísticas Criminais

Com o objetivo de formar acervo de dados estatísticos de natureza criminal, determina o art. 809 do CPP que em cada processo a serventia do juízo providencie elaborar um *boletim individual*, no qual deverá constar, ao menos: I – os crimes e as contravenções praticados durante o trimestre, com especificação da natureza de cada um, meios utilizados e circunstâncias de tempo e lugar; II – as armas proibidas que tenham sido apreendidas; III – o número de delinquentes, mencionadas as infrações que praticaram, sua nacionalidade, sexo, idade, filiação, estado civil, prole, residência, meios de vida e condições econômicas, grau de instrução, religião, e condições de saúde física e psíquica; IV – o número dos casos de codelinquência; V – a reincidência e os antecedentes judiciários; VI – as sentenças condenatórias ou absolutórias, bem como as de pronúncia ou de impronúncia; VII – a natureza das penas impostas; VIII – a natureza das medidas de segurança aplicadas; IX – a suspensão condicional da execução da pena, quando concedida; X – as concessões ou denegações de *habeas corpus*.

Atendendo a critério do juiz criminal ou a pedido do órgão destinatário, poderão ser acrescidas outras informações úteis ao serviço de estatística criminal.

Os §§ 2º e 3º do art. 809 tratam, respectivamente, da periodicidade das informações que devem ser enviadas ao órgão incumbido das estatísticas (semestralmente) e da composição tripartida do boletim individual, mas é certo que tais determinações se encontram ultrapassadas em razão da atualização informatizada de dados, variável em cada Estado da Federação, em conformidade com a regulamentação local.

Referências

ÁBALOS, Raúl Washington. *Derecho procesal penal*. 2. ed. Mendoza: Ediciones Jurídicas Cuyo, 2006. t. I.

AFTALIÓN, Enrique R.; VILANOVA, José; RAFFO, Julio. *Introducción al derecho*. 3. ed. Buenos Aires: Abeledo-Perrot, 1988.

ALCALÁ-ZAMORA Y CASTILLO, Niceto. *Estudios de teoria general e historia del proceso* (1945-1972). México: Universidad Nacional Autónoma de México – Instituto de Investigaciones Jurídicas, 1974. t. II.

ALEXY, Robert. *Teoria da argumentação jurídica*. Tradução de Zilda Hutchinson Schild Silva. São Paulo: Landy, 2001.

ALMEIDA, Joaquim Canuto Mendes de. *Princípios fundamentais do processo penal*. São Paulo: Revista dos Tribunais, 1973.

ALMEIDA JUNIOR, João Mendes. *O processo criminal brasileiro*. Rio de Janeiro: Freitas Bastos, 1959, t. I.

ALONSO, Pedro Aragoneses. *Proceso y derecho procesal*. Madrid: Aguilar, 1960.

ALTAVILA, Jayme de. *Origem dos direitos dos povos*. 5. ed. São Paulo: Ícone, 1989.

________. *A testemunha na história e no direito*. São Paulo: Melhoramentos, 1967.

AMARAL, Sylvio do. *Falsidade documental*. 3. ed. São Paulo: Revista dos Tribunais, 1989.

AMBOS, Kai; LIMA, Marcellus Polastri. *O processo acusatório e a vedação probatória*. Porto Alegre: Livraria do Advogado, 2009.

ANCEL, Marc. *A nova defesa social*. Tradução do original da 2. edição, 1971, por Osvaldo Melo. 1. ed. Rio de Janeiro: Forense, 1979.

AQUINO, José Carlos G. Xavier de. *A prova testemunhal no processo penal brasileiro*. 3. ed. São Paulo: Saraiva, 1995.

ARAGÃO, Egas Moniz. *Comentários ao Código de Processo Civil*. 7. ed. Rio de Janeiro: Forense, 1991. v. II.

ARANHA, Adalberto José Queiroz Teles de Camargo. *Da prova no processo penal*. 6. ed. São Paulo: Saraiva, 2004.

________. *Dos recursos no processo penal*. 2. ed. São Paulo: Saraiva, 2006.

ARAÚJO, Sérgio Luiz de Souza. *Teoria do processo penal*. Belo Horizonte: Mandamentos, 1999.

ASSIS, Araken de. *Eficácia civil da sentença penal*. 2. ed. São Paulo: Revista dos Tribunais, 2000.

AVOLIO, Luiz Francisco Torquato. *Provas ilícitas*. 5. ed. São Paulo: Revista dos Tribunais, 2012.

AZEVEDO, Vicente de Paulo. *Curso de direito judiciário penal*. São Paulo: Saraiva, 1958. v. I.

BACIGALUPO, Enrique. *Los delitos de homicídio*. Santa Fé de Bogotá: Temis, 1999.

BADARÓ, Gustavo Henrique. *Correlação entre acusação e sentença*. São Paulo: Revista dos Tribunais, 2000.

________. *Direito processual penal*. São Paulo: Campus Jurídico-Elsevier, 2007. t. I e II.

________. *Ônus da prova no processo penal*. São Paulo: Revista dos Tribunais, 2003.

BARROS, Marco Antonio de. *A busca da verdade no processo penal*. 3. ed. São Paulo: Revista dos Tribunais, 2011.

BARROSO, Luís Roberto. *A dignidade da pessoa humana no direito constitucional contemporâneo*. Belo Horizonte: Fórum, 2013.

BELING, Ernest. *Derecho procesal penal*. Buenos Aires: DIN Editora, 2000.

BELLAVISTA, Girolamo. Competenza penale, in *Novisimo digesto italiano*. Torino: UTET, 1959. v. III.

BELO, Warley. Exumação cadavérica como meio de prova. *Revista Magister de Direito Penal e Processual Penal*, n. 50, p. 52-53, out./nov. 2012.

BENEDETTI, Carla Rahal. *Prescrição penal antecipada*. São Paulo: Quartier Latin, 2009.

BENTO DE FARIA, Antônio. *Código de Processo Penal*. 2. ed. Rio de Janeiro: Record, 1960. v. III.

________. *Código Penal brasileiro interpretado*: parte geral. 2. ed. Rio de Janeiro: Record, 1958. v. II.

BINDER, Alberto M. *Derecho procesal penal*. Buenos Aires: Ad-Hoc, 2013. t. I.

________. *Introducción al derecho procesal penal*. 2. ed., 5. reimpr. Buenos Aires: Ad-Hoc, 2009.

BITENCOURT, Cezar Roberto. *Falência da pena de prisão*. 2. ed. São Paulo: Saraiva, 2001.

BITTAR, Eduardo C. B. *Teorias sobre a justiça*. São Paulo: Juarez de Oliveira, 2000.

BOBBIO, Norberto. *Teoria do ordenamento jurídico*. 10. ed. Brasília: Editora UNB, 1997.

BOLAFFI, Renzo. *Le eccezione nel diritto sostanziale*. Milano: Societa Editrice Libraria, 1936.

BONFIM, Edilson Mougenot. *Curso de processo penal*. 6. ed. São Paulo: Saraiva, 2011.

BRUNO, Aníbal. *Direito penal*: parte geral. 3. ed. Rio de Janeiro: Forense, 1967. t. II.

BÜLLOW, Oskar Von. *Teoria das exceções e dos pressupostos processuais*. Tradução e notas de Ricardo Rodrigues Gama. Campinas: LZN Editora, 2003.

BURLE FILHO, José Emmanuel; MELO RODRIGUES, Eduardo Silveira. *O arquivamento do inquérito policial*. São Paulo: Fiuza, 1996.

BUZAID, Alfredo. *Estudos de direito*. São Paulo: Saraiva, 1972. v. I.

_______. *Do agravo de petição no sistema do Código de Processo Civil*. São Paulo: Saraiva, 1956.

CABETTE, Eduardo Luiz Santos. *Homicídio sem cadáver*. Porto Alegre: Nuria Fabris, 2012.

_______. *Lei 12.403 comentada*. Rio de Janeiro: Freitas Bastos, 2013.

CAFFERATA NORES, José I. *Manual de derecho procesal penal*. 3. ed. Córdoba: Advocatus, 2012.

CAFFERATA NORES, José I.; MONTERO, Jorge. *El imputado*. Córdoba: Mediterránea, 2004.

CAFFERATA NORES, José I.; HAIRABEDIÁN, Maximiliano. *La prueba en el proceso penal*. 7. ed. Buenos Aires: Abeledo Perrot, 2011.

CALMON DE PASSOS. José Joaquim. *A nulidade no processo civil*. Rio de Janeiro: Forense, 1959.

CAMIÑA, María Cristina e outros. *Principios de derecho procesal penal*. Buenos Aires: Ad-Hoc, 2002.

CANOTILHO, J. J. Gomes. *Direito constitucional e teoria da constituição*. 2. ed. Coimbra: Almedina, 1998.

CAPEZ, Fernando. *Curso de processo penal*. 24. ed. São Paulo: Saraiva, 2017.

CARNEIRO, Athos Gusmão. *Jurisdição e competência*. 18. ed. São Paulo: Saraiva, 2012.

CARNELUTTI, Francesco. *La prueba civil*. Tradução de Niceto Alcalá-Zamora Y Castilho. 2. ed. Buenos Aires: Depalma, 1982.

_______. *As misérias do processo penal*. Tradução de José Antonio Cardinalli. São Paulo: Conan, 1995.

_______. *Lecciones sobre el proceso penal*. Tradução de Santiago Sentís Melendo. Buenos Aires: Bosch y Cia. Editores, 1950. v. II.

_______. *Principi del processo penale*. Napoli: Morano Editore, 1960.

_______. *Teoria geral do direito*. São Paulo: Lejus, 1999.

_______. *Trattato del processo civile*. Napoli: Morano Editore, 1958.

CARRARA, Francesco. *Programa de derecho criminal*. Parte general. Bogotá: Temis, 1996. v. II.

_______. *Programa do curso de direito criminal*: parte geral. Tradução de José Luiz V. de A. Franceschini e J. R. Prestes Barra. São Paulo: Saraiva, 1957. v. II.

CASTELO BRANCO, Tales. *Da prisão em flagrante*. 5. ed. São Paulo: Saraiva, 2001.

CASTELO BRANCO, Vitorino Prata. *Como se requer um habeas corpus*. São Paulo: Sugestões Literárias, s/d.

CATENA, Victor Moreno; DOMÍNGUEZ, Valentín Cortés. *Derecho procesal penal*. 6. ed. Valencia: Tirant lo Blanch, 2012.

CERNICCHIARO, Luiz Vicente. *Questões penais*. Belo Horizonte: Del Rey, 1988.

CESARE, Beccaria. *Dos delitos e das penas*. 3. ed. São Paulo: Revista dos Tribunais, 2006.

CHIOVENDA, Giuseppe. *Derecho procesal civil*. México: Cardenas, 1989. t. I, v. I.

_______. *Instituições de direito processual civil*. Tradução de J. Guimarães Menegale e notas de Enrico Tullio Liebman. 2. ed. São Paulo: Saraiva, 1965. v. II.

CHOUKR, Fauzi Hassan. *Processo penal à luz da Constituição.* 1. ed. São Paulo: Edipro, 1999.

CINTRA, Antonio Carlos de Araújo; GRINOVER, Ada Pellegrini; DINAMARCO, Cândido Rangel. *Teoria geral do processo.* 28. ed. São Paulo: Malheiros, 2012.

COMPARATO, Fábio Konder. *A afirmação histórica dos direitos humanos.* São Paulo: Saraiva, 1999.

CONTI, Ugo. *Il codice de procedura penale.* Milano: Società Editrice Libraria, 1937. v. III.

COSTA, Alfredo Araújo Lopes da. *Direito processual civil brasileiro.* Rio de Janeiro: Forense, 1941. v. II.

COUTINHO, Jacinto Nelson de Miranda. *A lide e o conteúdo do processo penal.* Curitiba: Juruá, 1989.

COUTURE, Eduardo J. *Interpretação das leis processuais.* 3. ed. Rio de Janeiro: Forense, 1993.

CREUS, Carlos. *Derecho procesal penal.* 1. ed., 1. reimp. Buenos Aires: Editorial Astrea, 2010.

CUNHA, Rogério Sanches e outros. *Prisão e medidas cautelares.* Coordenação de Luiz Flávio Gomes e Ivan Luís Marques. 2. ed. São Paulo: Revista dos Tribunais, 2011.

DELLEPIANE. *Nova teoria da prova.* 2. ed. Rio de Janeiro: José Konfino, 1958 (Tradução da 5. ed. por Érico Maciel).

DEU, Teresa Armenta. *Estudios sobre el proceso penal.* Santa Fé: Rubinzal-Culzoni, 2008.

DIAS, Maria Berenice. *A Lei Maria da Penha na justiça.* 2. ed. São Paulo: Revista dos Tribunais, 2010.

DINAMARCO, Cândido Rangel. *Litisconsórcio.* 5. ed. São Paulo: Malheiros, 1997.

_______. *A instrumentalidade do processo.* 14. ed. São Paulo: Malheiros, 2009

DINIZ, Maria Helena. *Código Civil anotado.* 11. ed. São Paulo: Saraiva, 2005.

DOTTI, René Ariel. *Bases e alternativas para o sistema de penas.* 2. ed. São Paulo: Revista dos Tribunais, 1998.

ECHANDÍA, Hernando Devis. *Compendio de la prueba judicial.* Buenos Aires: Rubinzal-Culzoni, 2007. t. I e II.

ELLERO, Pietro. *De la certidumbre en los juicios criminales:* tratado de la prueba en matéria penal. 2. ed. Espanhola. Traducción de Adolfo Posada. Madrid: Revista de Legislación y Jurisprudencia, 1900.

ESPÍNOLA FILHO, Eduardo. *Código de Processo Penal brasileiro.* 3. ed. Rio de Janeiro: Editor Borsoi, 1954. v. I.

_________. *Código de Processo Penal brasileiro.* 5. ed. Rio de Janeiro: Editor Borsoi, 1959. v. II.

_________. *Código de Processo Penal brasileiro.* 3. ed. Rio de Janeiro: Editor Borsoi, 1955. v. III.

_________. *Código de Processo Penal brasileiro.* 4. ed. Rio de Janeiro: Editor Borsoi, s/d. v. IV.

_________. *Código de Processo Penal brasileiro.* 3. ed. Rio de Janeiro: Editor Borsoi, 1955. v. V.

_________. *Código de Processo Penal brasileiro.* 3. ed. Rio de Janeiro: Editor Borsoi, 1955. v. VI.

_______. *Código de Processo Penal brasileiro*. 3. ed. Rio de Janeiro: Editor Borsoi, 1955. v. VII.

_______. *Código de Processo Penal brasileiro*. 3. ed. Rio de Janeiro: Editor Borsoi, 1956. v. VIII.

FARIA, Bento de. *Código de Processo Penal*. 2. ed. Rio de Janeiro: Record, 1960. v. I a III.

FENECH, Miguel. *Derecho procesal penal*. 3. ed. Barcelona: Editorial Labor, 1960. v. I.

________. *Derecho procesal penal*. 3. ed. Barcelona: Editorial Labor, 1960. v. II.

________. *Principios de derecho procesal tributário*. Barcelona: Libreria Bosch, 1949.

FERNANDES, Antonio Scarance. *O papel da vítima no processo criminal*. São Paulo: Malheiros, 1995.

_______. *A reação defensiva à imputação*. São Paulo: Revista dos Tribunais, 2002.

________. *Processo penal constitucional*. 5. ed. São Paulo: Revista dos Tribunais, 2007.

________. *Teoria geral do procedimento e o procedimento no processo penal*. São Paulo: Revista dos Tribunais, 2005.

FENOLL, Jordi Nieva. *Fundamentos de derecho procesal penal*. Madrid: Edisofer, 2012.

FERNANDES, Antonio Scarance; ALMEIDA, José Raul Gavião de; MORAES, Maurício Zanoide de e outros. *Sigilo no processo penal*. São Paulo: Revista dos Tribunais, 2008.

FERRI, Enrique. *El homicida*. Tradução de J. Masaveu y R. Rivero de Aguilar. Madrid: Editorial Reus, 1930.

________. *Los nuevos horizontes del derecho y del procedimiento penal*. Versão castellana por Don Isidro Perez Oliva. Madrid: Centro Editorial de Góngora, 1887.

FLORIAN, Eugenio. *Delle prove penali*. Milão: F. Vallardi, 1921. v. I.

________. *De las pruebas penales*. 3. ed., 2. reimp. Bogotá: Temis, 1995. t. I e II.

FOSCHINI, Gaetano. *La pregiudizialità nel processo penale*. Milano: A. Giuffrè, 1942.

FRANÇA, R. Limongi. *Hermenêutica jurídica*. 13. ed. São Paulo: Revista dos Tribunais, 2015.

FRANCO, Ary Azevedo. *O júri e a Constituição Federal de 1946*. 2. ed. Rio de Janeiro: Revista Forense, 1956.

FROMM, Erich. *Anatomia de destrutividade humana*. Tradução de Marco Aurélio de Moura Matos. Rio de Janeiro: Zahar, 1975.

FRONDIZI, Román Julio; DAUDET, María Gabriela S. *Garantías y eficiencia en la prueba penal*. La Plata: Libreria Editora Platense, 2000.

FURTADO, Renato de Oliveira. Ônus da prova penal. *Jus Navigandi*, Teresina, ano 7, n. 53, 1º jan. 2002. Disponível em: <http://jus.com.br/revista/texto/2510>. Acesso em: 31 jan. 2013.

_______. Os riscos do reconhecimento sem as formalidades legais. *Revista Consultor Jurídico*, 29 de abril de 2012. Disponível em: <http://www.conjur.com.br/2012-abr-29/renato-furtado-riscos-reconhecimento-formalidades-legais>. Acesso em: 31 jan. 2013.

GARCIA, Basileu. *Comentários ao Código de Processo Penal*. Rio de Janeiro: Forense, 1945. v. III.

GARRAUD, René. *Compendio de direito criminal*. Tradução de A. T. de Menezes. Lisboa: Livraria Clássica Editora, 1915. v. I.

_______. *Traité théorique et pratique d'instruction criminelle et de procédure pénale*. Paris: Recueil Sirey, 1909. v. II.

GERAIDE NETO, Zaiden. *O princípio da inafastabilidade do controle jurisdicional*. São Paulo: Revista dos Tribunais, 2003. v. 56 (Coleção Estudos de Direito de Processo Enrico Tullio Liebman).

GOLDSCHMIDT, James. *Derecho, derecho penal y proceso*. Madrid: Marcial Pons, 2010. t. I.

_______. *Derecho, derecho penal y proceso*. Madrid: Marcial Pons, 2010. t. II.

GOLDSCHMIDT, Werner. La imparcialidad como principio basico del proceso. *Revista de Derecho Procesal*, n. 2, 1950.

GOMES JÚNIOR, Luiz Manoel e outros. *Comentários à lei do mandado de segurança*. 3. ed. São Paulo: Revista dos Tribunais, 2012.

GOMES, Luiz Flávio. *Nova lei de tóxicos:* qual procedimento deve ser adotado? Disponível em: <http://www.lfg.com.br>.

_______. *Suspensão condicional do processo penal*. São Paulo: Revista dos Tribunais, 1995.

GOMES, Luiz Flávio; CUNHA, Rogério Sanches; PINTO, Ronaldo Batista. *Comentários às reformas do Código de Processo Penal e da lei de trânsito*. São Paulo: Revista dos Tribunais, 2008.

GOMES, Willian Akerman. *Habeas Corpus no Supremo Tribunal Federal*. São Paulo: Revista dos Tribunais, 2019.

GORPHE, François. *Apreciación judicial de las pruebas*. 2. ed., 3. reimp. Bogotá: Editorial Temis, 2004.

GÖSSEL, Karl Heinz. *El derecho procesal penal en el Estado de derecho*. Buenos Aires: Rubinzal-Culzoni, 2007. t. I.

GOULART, Henny. *Penologia I*. São Paulo: Editora Brasileira de Direito, 1975.

GRECO, Rogério. *Curso de direito penal*. Niterói: Ímpetus, 2006. v. I.

_______. *Curso de direito penal*. Niterói: Ímpetus, 2006. v. IV.

GRECO FILHO, Vicente. *Manual de processo penal*. 11. ed. São Paulo: Saraiva, 2015.

GRINOVER, Ada Pellegrini. Aspectos processuais da responsabilidade penal da pessoa jurídica. In: *Responsabilidade penal da pessoa jurídica e medidas provisórias em direito penal*. São Paulo: Revista dos Tribunais, 1999.

_______. *Eficácia e autoridade da sentença penal*. São Paulo: Revista dos Tribunais, 1978.

_______. *Liberdades públicas e processo penal*. 2. ed. São Paulo: Revista dos Tribunais, 1982.

_______. *Novas tendências do direito processual penal de acordo com a Constituição de 1988*. São Paulo: Forense Universitária, 1990.

_______. O interrogatório como meio de defesa (Lei 10.792/2003). *Revista Brasileira de Ciências Criminais*, n. 53, p. 185-200.

GRINOVER, Ada Pellegrini; GOMES FILHO, Antonio Magalhães; FERNANDES, Antonio Scarance; GOMES, Luiz Flávio. *Juizados especiais criminais*. 5. ed. São Paulo: Revista dos Tribunais, 2005.

GRINOVER, Ada Pellegrini; GOMES FILHO, Antonio Magalhães; FERNANDES, Antonio Scarance. *Recursos no processo penal*. 6. ed. São Paulo: Revista dos Tribunais, 2009.

GUZMÁN, Nicolás. *La verdad en el proceso penal*. 2. ed. Buenos Aires: Editores del Puerto, 2011.

HART, Herbert L. A. *O conceito de direito*. 2. ed. Lisboa: Fundação Calouste Gulbenkian, 1994.

HUNGRIA, Nélson. *Comentários ao Código Penal*. 3. ed. Rio de Janeiro: Forense, 1955. t. II, v. I.

________. *Novas questões jurídico-penais*. Rio de Janeiro: Editora Nacional de Direito, 1945.

JARDIM, Afrânio Silva. *Direito processual penal*. 11. ed. Rio de Janeiro: Forense, 2002.

JAUCHEN, Eduardo M. *Tratado de la prueba en materia penal*. 1. ed., 1. reimp. Buenos Aires: Rubinzal-Culzoni, 2009.

JESUS, Damásio Evangelista de. *Direito penal*. 26. ed. São Paulo: Saraiva, 2003.

________. *Código de processo penal anotado*. 23. ed. São Paulo: Saraiva, 2009.

________. *Prescrição penal*. 3. ed. São Paulo: Saraiva, 1987.

KARAM, Maria Lúcia. *Competência no processo penal*. 4. ed. São Paulo: Revista dos Tribunais, 2005.

KARL, Engish. *Introdução ao pensamento jurídico*. 7. ed. Tradução de J. Baptista Machado. Lisboa: Fundação Calouste Gulbenkian, 1996.

KAUFMANN, Artur. *Filosofía del derecho*. Tradução de Luis Villar Borda e Ana María Montoya. Bogotá: Universidad Externado de Colombia, 1999.

LARENZ, Karl. *Metodologia da ciência do direito*. 3. ed. Tradução de José Lamego. Lisboa: Fundação Calouste Gulbenkian, 1997.

LEAL, Antonio Luiz da Câmara. *Comentários ao Código de Processo Penal brasileiro*. Rio de Janeiro: Freitas Bastos, 1943. v. 4.

LEAL, César Barros. *Vigilância eletrônica a distância*. Curitiba: Juruá, 2011.

LEONE, Giovanni. *Tratado de derecho procesal penal*. Traducción de Santiago Sentís Melendo. Buenos Aires: EJEA – Ediciones Jurídicas Europa-América, 1989. t. I.

________. *Tratado de derecho procesal penal*. Traducción de Santiago Sentís Melendo. Buenos Aires: EJEA – Ediciones Jurídicas Europa-América, 1989. t. II.

________. *Tratado de derecho procesal penal*. Traducción de Santiago Sentís Melendo. Buenos Aires: EJEA – Ediciones Juridicas Europa-America, 1989. t. III.

LIEBMAN, Enrico Tullio. *Eficácia e autoridade da sentença*. 3. ed. Rio de Janeiro: Forense, 1984.

LISZT, Franz von. *Tratado de direito penal alemão*. Tradução de José Higino Duarte Pereira. Campinas: Russel, 2003.

________. *Tratado de derecho penal*. Madrid: Reus, 1927.

LOPES JR., Aury. *O novo regime jurídico da prisão processual, liberdade provisória e medidas cautelares diversas*. Rio de Janeiro: Lumen Juris, 2011.

________. *Direito processual penal*. 11. ed. São Paulo: Saraiva, 2014.

LOPES, Maurício Antonio Ribeiro. *Crimes de trânsito*. São Paulo: Revista dos Tribunais, 1998.

________. Alternativas para o direito penal e o princípio da intervenção mínima, *RT* 757/402.

LYRA, Roberto. *Comentários ao Código de Processo Penal*. Rio de Janeiro: Revista Forense, 1944. v. VI.

________. *Formei-me em direito... E agora?* Rio de Janeiro: Editora Nacional de Direito, 1957.

________. *Teoria e prática da promotoria pública*. Porto Alegre: Sérgio Antonio Fabris, Escola Superior do Ministério Público do Rio Grande do Sul, 1989.

MAIER, Julio J. B. *Derecho procesal penal*. Buenos Aires: Editores del Puerto, s.r.l., 2011. t. I.

________. *Derecho procesal penal*. Buenos Aires: Editores del Puerto, s.r.l., 2011. t. II.

________. *Derecho procesal penal*. Buenos Aires: Editores del Puerto, s.r.l., 2011. t. III.

MALATESTA, Nicola Framarino dei. *A lógica das provas em matéria criminal*. Tradução de Alexandre Augusto Correia. Anotações de Hélio Pereira Bicudo. São Paulo: Saraiva, 1960. v. I e II.

MALCHER, José Lisboa da Gama. *Manual de processo penal*. 2. ed. Rio de Janeiro: Freitas Bastos, 1999.

MANZINI, Vicenzo. A prova ilícita no processo penal. In: BARANDIER, Márcio. *Revista Brasileira de Ciências Criminais*, ano 1, n. 2, p. 74, abr./jun. 1993, v. 2.

________. *Trattato di diritto processuale penale italiano*. 6. ed. Torino: UTET, 1968. v. I a II.

MARCÃO, Renato. *Código de processo penal comentado*. São Paulo: Saraiva, 2016.

________. *Crimes ambientais*. 4. ed. São Paulo: Saraiva, 2018.

________. *Crimes contra a ordem tributária, econômica e relações de consumo*. São Paulo: Saraiva, 2017.

________. *Crimes de trânsito*. 6. ed. São Paulo: Saraiva, 2018.

________. *Curso de execução penal*. 17. ed. São Paulo: Saraiva, 2019.

________. Delação premiada. *Revista Magister de Direito Penal e Processual Penal*, v. 7, p. 103-107, 2005.

________. *Estatuto do desarmamento*. 4. ed. São Paulo: Saraiva, 2012.

________. *Execução penal*. São Paulo: Saraiva, 2012. v. 9 (Coleção Saberes do Direito).

________. *Lei de execução penal anotada*. 6. ed. São Paulo: Saraiva, 2017.

________. *Prisões cautelares, liberdade provisória e medidas cautelares restritivas*. 2. ed. São Paulo: Saraiva, 2012.

________. *Tóxicos* – Lei n. 11.343/2006, anotada e interpretada. 11. ed. São Paulo: Saraiva, 2017.

________. Foro especial por prerrogativa de função: o novo artigo 84 do Código de Processo Penal. São Paulo: *RT* 834/431-441.

________. Antecedentes, para os fins do art. 59 do CP. São Paulo: *RT* 956/299.

MARCÃO, Renato e outros. *Comentários à lei do mandado de segurança*. Coordenação de Luiz Manoel Gomes Junior. 4. ed. São Paulo: Revista dos Tribunais, 2015.

MARCÃO, Renato; GENTIL, Plínio. *Crimes contra a dignidade sexual*. 2. ed. São Paulo: Saraiva, 2015.

MARQUES, José Frederico. *Da competência em matéria penal*. São Paulo: Saraiva, 1953.

_______. *Elementos de direito processual penal*. Rio de Janeiro: Forense, 1961. v. I.

_______. *Elementos de direito processual penal*. Rio de Janeiro: Forense, 1962. v. II.

_______. *Elementos de direito processual penal*. Rio de Janeiro: Forense, 1962. v. III.

_______. *Elementos de direito processual penal*. Campinas: Bookseller, 1997. v. 1.

_______. *Elementos de direito processual penal*. Campinas: Bookseller, 1997. v. 2.

_______. *Estudos de direito processual penal*. Rio de Janeiro: Forense, 1960.

_______. *Tratado de direito processual penal*. São Paulo: Saraiva, 1980. v. I e II.

MARQUES, Oswaldo Henrique Duek. *Fundamentos da pena*. São Paulo: Juarez de Oliveira, 2000.

MARRAFON, Marco Aurélio. *O Juiz de Garantia e a Compreensão do Processo à Luz da Constituição*: Perspectivas desde a virada hermenêutica do Direito Brasileiro. *Apud* Jacinto Nelson De Miranda Coutinho e outros. *O novo Processo Penal à Luz da Constituição*. Rio de Janeiro: Lumen Juris, 2010.

MARREY, Adriano e outros. *Teoria e prática do júri*. 6. ed. São Paulo: Revista dos Tribunais, 1997.

MARSICO, Alfredo de. *Diritto processuale penale*. 4. ed. Napoli: Casa Editrice Dott. Eugenio Jovene, 1966.

MARTELETO FILHO, Wagner. *O direito à não autoincriminação no processo penal contemporâneo*. Belo Horizonte: Del Rey, 2012.

MASSARI, Edoardo. *Il processo penal nella nuova legislazione italiana*. Napoli: Jovene, 1934.

MAXIMILIANO, Carlos. *Hermenêutica e aplicação do direito*. 21. ed. Rio de Janeiro: Forense, 2017.

MEIRELLES, Hely Lopes; WALD, Arnoldo; MENDES, Gilmar Ferreira. *Mandado de segurança e ações constitucionais*. São Paulo: Malheiros, 2009.

MELLO, Celso Antonio Bandeira de. *Elementos de direito administrativo*. São Paulo: Revista dos Tribunais, 1991.

MENDES JÚNIOR, João. *Processo criminal brasileiro*. Rio de Janeiro: Laemmert, 1901. v. 2.

MENDONÇA, Andrey Borges de. *Prisão e outras medidas cautelares*. São Paulo: Método, 2011.

MENDRONI, Marcelo Batlouni. *Curso de investigação criminal*. São Paulo: Juarez de Oliveira, 2002.

MIRABETE, Julio Fabbrini. *Processo penal*. 16. ed. São Paulo: Atlas, 2004.

_______. *Código de Processo Penal interpretado*. 10. ed. São Paulo: Atlas, 2003.

MIRANDA, Pontes de. *História e prática do habeas corpus*. 2. ed. Rio de Janeiro: José Konfino, 1951.

_______. *História e prática do habeas corpus*. 8. ed. São Paulo: Saraiva, 1979. v. I e II.

MITTERMAIER, C. J. A. *Tratado da prova em matéria criminal*. Tradução de Herbert Wüntzel Henrich. 3. ed. Campinas: Bookseller, 1996.

MONTERO, Pedro Dorado. *Naturaleza y función del derecho*. Madrid: Editorial Reus, 1927.

MOREIRA, José Carlos Barbosa. A garantia do contraditório na atividade de instrução. *RJTRJ* 10 (1981):4.

MOREIRA, Rômulo de Andrade. *A prisão processual, a fiança, a liberdade provisória e as demais medidas cautelares* – comentários à Lei n. 12.403/11. Disponível em: <http://www.conteudojuridico.com.br/?artigos&ver=2.32169>

________. *Direito processual penal*. Salvador: JusPodivm, 2007.

________. *Estudos de direito processual penal*. São Paulo: Editora BH, 2006.

________. *Juizados especiais criminais*. 2. ed. Porto Alegre: Lex Magister, 2012.

________. Responsabilidade penal da pessoa jurídica e o sistema processual penal brasileiro. *Revista Magister de Direito Penal e Processual Penal*, n. 50, p. 54-76, out./nov. 2012.

________. *Uma crítica à teoria geral do processo*. Porto Alegre: Lex Magister, 2013.

MOSSIN, Heráclito Antônio. *Habeas corpus*. 6. ed. São Paulo: Atlas, 2002.

MOURA, Maria Thereza Rocha de Assis. *A prova por indícios no processo penal*. São Paulo: Saraiva, 1994.

NERY JUNIOR, Nelson. *Princípios do processo na Constituição Federal*. 10. ed. São Paulo: Revista dos Tribunais, 2010.

NOGUEIRA, Fernando Célio de Brito. *Crimes do código de trânsito*. 2. ed. São Paulo: Mizuno, 2010.

NUCCI, Guilherme de Souza. *Manual de processo e execução penal*. 14. ed., Rio de Janeiro: Forense, 2017.

OLIVEIRA, Edmundo. *Direito penal do futuro*: a prisão virtual. Rio de Janeiro: Forense, 2007.

OLIVEIRA, Olavo. *O delito de matar*. São Paulo: Saraiva, 1962.

OLMEDO, Jorge A. Clariá. *Derecho procesal penal*. Atualizado por Jorge Eduardo Vázquez Rossi. 1. ed., 1. reimp. Santa Fé: Rubinzal-Culzoni Editores, 2008. t. I, II e III.

PACELLI, Eugênio. *Curso de processo penal*. 21. ed. São Paulo: Atlas, 2017.

PEDROSO, Fernando de Almeida. *Processo penal*. O direito de defesa: repercussão, amplitude e limites. 3. ed. São Paulo: Revista dos Tribunais, 2001.

PELLEGRINO, Laercio. *O habeas corpus*. 2. ed. Rio de Janeiro: Forense, 1992.

PIMENTEL, Manoel Pedro. *Do crime continuado*. 2. ed. São Paulo: Revista dos Tribunais, 1969.

PIOVESAN, Flavia. *Direitos humanos e o direito constitucional internacional*. 3. ed. São Paulo: Max Limonad, 1997.

PORTO, Hermínio Alberto Marques. *Júri*. 11. ed. São Paulo: Saraiva, 2005.

PRADO, Geraldo. *A cadeia de custódia da prova no processo penal*. São Paulo: Macial Pons, 2019.

________. *Sistema acusatório*. 3. ed. Rio de Janeiro: Lumen Juris, 2005.

PRADO, Luiz Regis. *Responsabilidade penal da pessoa jurídica*. São Paulo: Revista dos Tribunais, 2001.

PRINS, Adolphe. *La défense sociale et les transformations du droit penal*. Bruxelles: Misch et Thron, 1910.

PUGLIA, Ferdinando. *Manuale di procedura penale*. 2. ed. Napoli: Ernesto Anfossi, 1889.

QUEIJO, Maria Elizabeth. *O direito de não produzir prova contra si mesmo*. 2. ed. São Paulo: Saraiva, 2012.

RANGEL, Paulo. *Investigação criminal direta pelo Ministério Público*. Rio de Janeiro: Lumen Juris, 2003.

RÁO, Vicente. *O direito e a vida dos direitos*. São Paulo: Revista dos Tribunais, 1997. v. 1 e 2.

REALE JÚNIOR, Miguel. *Instituições de direito penal*: parte geral. Rio de Janeiro: Forense, 2002. v. I.

REISS, Rodolphe Archibald. *La photographie judiciaire*. Paris: Charles-Mendel, 1903.

RIPOLLÉS, José Luis Díez. *A racionalidade das leis penais*. Tradução de Luiz Regis Prado. São Paulo: Revista dos Tribunais, 2005.

ROCCO, Alfredo. *La sentenza civile*. Milano: A. Giuffrè, 1962.

ROSA, Inocêncio Borges da. *Processo penal brasileiro*. Porto Alegre: Globo, 1942. v. 3.

________. *Processo penal brasileiro*. Porto Alegre: Globo, 1942. v. 4.

ROXIN, Claus. *Derecho procesal penal*. Buenos Aires: Editores del Puerto, 2000.

________. *Pasado, presente y futuro del derecho procesal penal*. 1. ed., 1. reimp. Santa Fé: Rubinzal-Culzoni, 2009.

SÁ, Alvino Augusto de. *Criminologia clínica e execução penal*. São Paulo: Revista dos Tribunais, 2011.

SABATINI, Guglielmo. *Principi di diritto processuale penale*. 2. ed. Catania: Casa del Libro, 1931.

SANNINI NETO, Francisco. *Inquérito policial e prisões provisórias*. São Paulo: Ideias & Letras, 2014.

SANTIN, Valter Foleto. *O Ministério Público na investigação criminal*. São Paulo: Edipro, 2001.

SANTOS, José Heitor dos. *Aleitamento materno nos presídios femininos*. Disponível em: <http://www. noticiasforenses.com.br>.

SANTOS, Marina França. *A garantia do duplo grau de jurisdição*. Belo Horizonte: Del Rey, 2012.

SAUER, Guilhermo. *Derecho penal* – Parte general. Barcelona: Bosch, 1956.

SCHECAIRA, Sérgio Salomão. *Responsabilidade penal da pessoa jurídica*. São Paulo: Revista dos Tribunais, 1998.

SENDRA, Vicente Gimeno. *Derecho procesal penal*. Pamplona: Civitas, 2012.

SENNA, Gustavo; BEDÊ JÚNIOR, Américo. *Princípios do processo penal*. São Paulo: Revista dos Tribunais, 2009.

SIDOU, J. M. Othon. *Habeas corpus, mandado de segurança e ação popular*. 3. ed. Rio de Janeiro: Forense, 1989.

SILVA, José Afonso da. *Aplicabilidade das normas constitucionais*. 3. ed. São Paulo: Malheiros, 1998.

SILVA, Manuel Rivera. *El procedimiento penal*. 5. ed. México: Editorial Porrua, 1970.

SILVA, Marco Antonio Marques da; FREITAS, Jayme Walmer de. *Código de Processo Penal comentado*. São Paulo: Saraiva, 2012.

STEINER, Sylvia Helena de Figueiredo. *A Convenção Americana sobre Direitos Humanos e sua integração ao processo penal brasileiro*. São Paulo: Revista dos Tribunais, 2000.

TARUFFO, Michele. *La prueba de los hechos*. 4. ed. Tradução de Jordi Ferrer Beltrán. Madrid: Editorial Trotta, 2011.

TÁVORA, Nestor; ALENCAR, Rosmar Rodrigues. *Curso de direito processual penal*. 7. ed. Salvador: JusPodivm, 2012.

TELLES JUNIOR, Goffredo. *Iniciação da ciência do direito*. São Paulo: Saraiva, 2001.

TONINI, Paolo. *A prova no processo penal italiano*. Tradução de Alexandra Martins e Daniela Mróz. São Paulo: Revista dos Tribunais, 2002.

TORNAGHI, Hélio. *Curso de processo penal*. 7. ed. São Paulo: Saraiva, 1990. v. 1 e 2.

________. *Instituições de processo penal*. 1. ed. Rio de Janeiro: Forense, 1959. v. I, II, III, IV e V.

________. *Instituições de processo penal*. 2. ed. São Paulo: Saraiva, 1977. v. 1.

________. *Instituições de processo penal*. 2. ed. São Paulo: Saraiva, 1978. v. 2.

TORRES, Jaime Vegas. *Presunción de inocencia y prueba en el proceso penal*. Madrid: La Ley, 1993.

TOURINHO FILHO, Fernando da Costa. *Manual de processo penal*. 17. ed. São Paulo: Saraiva, 2017.

________. *Processo penal*. 25. ed. São Paulo: Saraiva, 2003. v. 1.

________.*Código de Processo Penal comentado*. 2. ed. São Paulo: Saraiva, 1997. v. 1.

TSCHADEK, Otto. *La prueba*. 2. ed. Bogotá: Temis, 2010.

STRECK, Lenio. *O que é isso* – As garantias processuais penais? Porto Alegre: Editora Livraria do Advogado, 2019.

TUCCI, Rogério Lauria. *Direitos e garantias individuais no processo penal brasileiro*. 4. ed. São Paulo: Revista dos Tribunais, 2011.

________. *Ministério Público e investigação criminal*. São Paulo: Revista dos Tribunais, 2004.

________. *Teoria do direito processual penal*. São Paulo: Revista dos Tribunais, 2002.

VANNINI, Ottorino. *Il delitto di omicidio*. Milano: Società Editrice Libraria, 1935.

VELLOSO, Alvarado. *Debido processo versus pruebas de oficio*. Bogotá: Editorial Temis, 2004.

VERBIC, Francisco. *Prueba científica en el proceso judicial*. Buenos Aires: Rubinzal-Culzoni Editores, 2008.

VERRI, Pietro. *Observações sobre a tortura*. São Paulo: Martins Fontes, 1992.

VILAS BOAS, Marco Antonio. *Processo penal completo*. São Paulo: Saraiva, 2001.

WELZEL, Hans. *Derecho penal alemán*. 4. ed. Santiago: Editorial Jurídica de Chile, 1997.

WESSELS, Johannes. *Direito penal* – Parte geral. Tradução de Juarez Tavares. Porto Alegre: Fabris, 1976.

WHITAKER, Firmino. *Jury*. 6. ed. São Paulo: Saraiva, 1930.

WIGMORE, John Henry. *The principles of judicial proof*. Buffalo: William S. Hein & Co. Inciso, 2000.

YOUNES, Paulo. *Direito penal médico – Ensaios sobre a culpa*. Birigui-SP: Boreal, 2016.

ZANOIDE, Maurício de Moraes. *Interesse e legitimação para recorrer no processo penal brasileiro*. São Paulo: Revista dos Tribunais, 2000.

ZWANCK, Carlos Alberto. *Indícios*. Enciclopédia Jurídica Omeba. Buenos Aires: Editora Bibliográfica Argentina, 1967. t. XV.